CATALOGUE

DES

MANUSCRITS ARABES

BIBLIOTHÈQUE NATIONALE

DÉPARTEMENT DES MANUSCRITS

CATALOGUE

DES

MANUSCRITS ARABES

PAR

M. LE BARON DE SLANE

MEMBRE DE L'INSTITUT

PARIS

IMPRIMERIE NATIONALE

1883-1895

AVERTISSEMENT.

L'origine du fonds des manuscrits arabes de la Bibliothèque nationale remonte aux commencements mêmes de l'ancienne bibliothèque des rois de France. Dans la Bibliothèque de Blois, il y avait 6 manuscrits arabes. La Bibliothèque de Fontainebleau, paraît-il, renfermait 40 volumes orientaux [1]. La bibliothèque de la reine Catherine de Médicis, d'après l'inventaire dressé en 1589, possédait 5 manuscrits arabes. Ce petit nombre de volumes, non seulement ne reçut aucun accroissement pendant toute la première moitié du XVIIe siècle, mais plusieurs de ces manuscrits s'étaient perdus ou avaient été égarés; car dans le catalogue de la Bibliothèque du Roi, dressé en 1622 et en 1645, on ne trouve mentionnés que 9 manuscrits arabes.

Cinq manuscrits furent acquis en 1667, lors de la vente des livres de l'intendant Foucquet.

C'est à partir de 1668 que l'on enregistre les premiers accroissements considérables. En cette année, l'échange qui eut lieu entre la Bibliothèque Mazarine et la Bibliothèque du Roi amena dans cette dernière 194 manuscrits arabes, et l'acquisition de la bibliothèque du président Gilbert Gaulmin, 247 manuscrits. Vers cette époque aussi, on commença à recevoir les manuscrits achetés en Orient par divers agents, chargés par Colbert de rechercher des manuscrits pour la Bibliothèque du Roi. Neuf manuscrits arabes, achetés à Constantinople, arrivèrent en 1669; 3 autres, un peu plus tard. Une mission qui eut le plus grand succès, aussi bien pour la Bibliothèque du Roi que pour celle de Colbert, fut celle dont avait été chargé J.-B. Wansleben ou Vansleb, qui parcourut les principales villes du Levant entre les années 1671 et 1675 et envoya à la Bibliothèque du Roi 630 manuscrits orientaux, parmi lesquels les ouvrages arabes étaient au nombre de 430. Petis de la Croix rapporta de ses voyages en Asie 12 manuscrits arabes. Le catalogue dressé en 1677 par Pierre Dipy et l'inventaire de 1682 énumèrent 897 manuscrits arabes [2].

Aucune acquisition importante de manuscrits arabes ne signale la fin du XVIIe siècle, soit que les occasions aient manqué, soit que le garde général de la Bibliothèque du Roi, Le Tellier, archevêque de Reims, ne portât pas aux littératures orientales le même intérêt que son prédécesseur [3]. Cependant la collection de ses propres manuscrits, donnée par lui à la Bibliothèque du Roi en 1700, contenait 5 manuscrits arabes. La même année, 3 manuscrits druzes furent présentés à Louis XIV par un médecin de Damas.

[1] Six de ces volumes actuellement cotés 395, 408, 414, 419, 1053 et 1077 reçurent à leur passage dans la bibliothèque de Fontainebleau la reliure au chiffre de Henri II qu'ils ont encore.

[2] Ces manuscrits sont cotés 368 à 1228. Mais il y a plusieurs sous-chiffres.

[3] On lit dans une lettre de Galland à Huet, datée de Caen, 21 mars 1701 : «Si dans le tems que j'estois à Constantinople employé à acheter des manuscrits et des médailles antiques pour le Roy, je n'avois pas reçu un ordre suggéré par M. l'archevesque de Rheims de ne pas acheter des manuscrits orientaux, pour lesquels il a une grande aversion, j'estois résolu d'en acheter un, le plus beau que l'on puisse imaginer.» (Ms. franç. 6138, p. 151.)

La collection formée par Melchisedech Thévenot et achetée en 1712 comprenait 96 manuscrits arabes. En 1715, la Bibliothèque reçut 15 manuscrits arabes provenant de la succession de Galland; en 1719, 8 manuscrits qui faisaient partie de la bibliothèque de Philibert de La Mare, et, vers le même temps, 23 manuscrits que Paul Lucas avait rapportés de ses voyages. En 1729 et 1730, l'abbé Sevin, envoyé au Levant, en même temps que l'abbé Fourmont, afin de rechercher des manuscrits et des antiquités, acquit à Constantinople plus de 200 manuscrits arabes, et, après son retour en France, grâce aux relations qu'il avait nouées pendant son séjour en Turquie, on reçut encore d'autres envois de manuscrits orientaux.

En 1732, l'acquisition de la bibliothèque de Colbert fit entrer dans la Bibliothèque du Roi 188 manuscrits arabes. Vers 1738, on acheta 44 manuscrits rapportés d'Orient par Benoît de Maillet, ancien consul général et inspecteur des établissements français du Levant.

Ces diverses acquisitions portèrent le nombre des manuscrits arabes de la Bibliothèque du Roi à 1,626 numéros en 1,683 volumes, dont le catalogue a été imprimé en 1739.

Les manuscrits entrés depuis cette époque forment le supplément de l'ancien fonds arabe. Ce nouveau fonds, qui d'abord se composait d'un petit nombre de volumes acquis durant la seconde moitié du XVIIIe siècle, a été surtout augmenté, pendant la Révolution, par l'incorporation des bibliothèques des couvents, qui apportèrent au grand dépôt national environ 350 manuscrits arabes (dont plus de 300 proviennent de l'abbaye de Saint-Germain-des-Prés), et par la campagne d'Égypte, qui y amena 320 manuscrits, tant arabes que turcs et persans. Mais les accroissements ont été plus importants dans le cours du XIXe siècle. A part les achats plus ou moins fréquents, selon les occasions qui se présentaient, et qui n'ont jamais cessé; à part aussi quelques dons qui sont venus enrichir le fonds arabe (18 manuscrits provenant d'un collège d'Alger, déposés à la Bibliothèque par le Ministre de la guerre en 1832, 18 manuscrits donnés par le Dr Clot Bey en 1866, 17 manuscrits druzes donnés par M. Eugène Poujade en 1867), il convient de mentionner particulièrement l'acquisition, faite en 1833, de la collection de 1,500 manuscrits, en majeure partie arabes, qui avait été formée par Asselin de Cherville, agent consulaire de France en Égypte.

Le nombre total des manuscrits du supplément arabe, au moment où fut arrêtée la rédaction du présent catalogue, était de 2,507 numéros en 3,004 volumes. 479 manuscrits ont été acquis dans ces dernières années.

Le premier catalogue des manuscrits arabes de l'ancienne Bibliothèque du Roi date de 1677 (voir ci-après n° 4484). Il est de la main de Pierre Diyâb, d'Alep, connu sous le nom de Pierre Dipy, qui avait décrit aussi les manuscrits orientaux de la bibliothèque de Colbert. Cependant il n'est pas certain que ce Syrien en soit le seul auteur. Quoi qu'il en soit, ce travail ayant paru insuffisant, deux savants illustres, d'Herbelot et l'abbé Renaudot, se chargèrent de rédiger de nouvelles notices qui, réunies et coordonnées, formèrent le premier volume du catalogue général des manuscrits de la Bibliothèque du Roi, achevé vers 1690[1]. Vingt-cinq ans plus tard, en 1715, le Syrien Barout, interprète de la Bibliothèque du Roi, entreprit de dresser un nouveau répertoire des ma-

[1] Ce catalogue est conservé sous le n° 5408 des nouvelles acquisitions françaises.

nuscrits arabes, turcs et persans[1]. Enfin, en 1735, au moment où l'on songea à imprimer les catalogues, on jugea nécessaire de charger le Maronite Ascary de faire la description, non seulement des manuscrits nouvellement acquis, mais de tous les manuscrits syriaques et arabes. Les bulletins d'Ascary ont été joints aux volumes auxquels ils se rapportent; mais on a eu le bon esprit de faire imprimer, sauf quelques légères modifications, les anciennes notices de d'Herbelot et de Renaudot. Le catalogue des manuscrits orientaux fut publié en 1739.

Les collections acquises postérieurement à cette date avaient été l'objet de divers travaux avant de prendre place sur les rayons de la Bibliothèque nationale. Dès l'année 1657, Elzéar de Sanxay, missionnaire de l'ordre des capucins, avait dressé le catalogue des manuscrits du chancelier Séguier (voir ci-après n° 4483). Ces mêmes manuscrits et ceux de Renaudot, qui, réunis, formaient la partie principale du fonds arabe de l'abbaye de Saint-Germain-des-Prés, étaient pourvus de notices très exactes de Renaudot. Après l'incendie de la Bibliothèque de Saint-Germain, en 1794, Silvestre de Sacy avait rédigé un inventaire complet des manuscrits orientaux de cet établissement[2]. Un inventaire de la collection d'Asselin avait été dressé, en 1825, au Caire (voir ci-après n° 4481), et M. de Slane avait été chargé d'en faire un autre après qu'elle eut été acquise par la Bibliothèque royale. Mais, afin de faciliter l'usage de tant de manuscrits de diverses provenances, on crut nécessaire de dresser un catalogue général de tous les manuscrits orientaux. Voici, à ce sujet, les renseignements communiqués au *Journal asiatique* par M. J. Reinaud, alors conservateur adjoint de la section orientale du département des manuscrits, et insérés dans le numéro de janvier 1846 de ce recueil : « Le travail a naturellement commencé par les manuscrits qui sont entrés à la Bibliothèque royale postérieurement à l'an 1739, année où fut rédigé le catalogue imprimé. Les catalogues des suppléments persan et turk, ainsi que celui des traductions manuscrites de livres orientaux, sont terminés depuis longtemps; les bulletins rédigés par M. Reinaud furent recopiés, il y a quelques années, par l'honorable feu Loiseleur-Deslongchamps, et reliés en volume, de manière à pouvoir être mis dans les mains du public. M. Reinaud achève en ce moment la catalogue du supplément arabe, et déjà la plus grande partie des bulletins ont été recopiés par M. Defrémery. Un certain nombre de bulletins avaient été rédigés par M. le baron de Slane; ils ont été revus et complétés sur les volumes mêmes. . . Il reste à revoir un à un les manuscrits arabes, persans et turks de l'ancien fonds et à soumettre les divers fonds à une classification générale. »

Mais les administrateurs de la Bibliothèque se préoccupèrent surtout de mettre entre les mains des savants un nouveau catalogue imprimé. Un éminent savant italien, feu Michel Amari, fut occupé pendant plusieurs années à soumettre à une revision minutieuse le fonds arabe et il rédigea un grand nombre de notices (voir ci-après n°s 4494 à 4501). Le travail, interrompu en 1859 par le départ de M. Amari, fut repris en 1867 par M. H. Derenbourg (voir ci-après n°s 4502 à 4505). Ce savant ayant, à son tour, quitté la Bibliothèque en 1870, l'administration, pour mener à bonne fin un travail depuis si longtemps commencé, s'adressa, en 1872, à M. le baron Mac Guckin de Slane, membre de l'Institut et l'un des arabisants les plus justement renommés de l'Europe. M. de Slane, malgré son âge avancé, se consacra à cette tâche avec un grand dévouement jusqu'aux derniers jours de sa vie, rédigeant les notices sous une forme définitive et absolument prêtes pour l'impression. Il

[1] Ce catalogue, qui n'est pas achevé, est conservé sous le n° 5407 des nouvelles acquisitions françaises.

[2] Ce répertoire est conservé sous le n° 5439 des nouvelles acquisitions françaises.

laissa le présent catalogue presque entièrement achevé au moment de sa mort. Quelques erreurs de détail que l'on y rencontrera ne sont pas de nature à diminuer le mérite du grand arabisant. Celles qui n'ont pas été relevées dans les additions et corrections et dans les notes ajoutées au bas des pages des premières feuilles pourront être corrigées dans un supplément des nouvelles acquisitions qu'il y aura lieu de publier dans quelques années. Mais, dès à présent, le travail de M. de Slane ne laissera pas de servir utilement les recherches. La description plus exacte des ouvrages et la fusion en une seule série des manuscrits de l'ancien fonds et du supplément disposés dans un ordre méthodique seront appréciées par tous les orientalistes. Au moyen de la concordance des anciens et des nouveaux numéros imprimée à la fin du volume, chacun retrouvera facilement les ouvrages cités auparavant avec les anciennes cotes.

H. Z.

MANUSCRITS
DU
FONDS ARABE.

ANCIEN FONDS,

SUPPLÉMENT ET FONDS DIVERS.

A. — OUVRAGES CHRÉTIENS.

I.

BIBLE.

1.

L'Ancien Testament, précédé d'une Introduction.

L'auteur de l'Introduction dit que la version du Pentateuque reproduite par lui est celle que Sa'îd, rabbin de Fayyoum, traducteur très-habile et très-considéré, avait faite sur le texte hébreu. Le copiste avait écrit *Sa'îd, moine*, الرهبان, *de Fayyoum*, leçon changée, plus tard, en الربان. Cette correction a été faite postérieurement à l'an 1734, car Joseph Ascari, en écrivant sur un des feuillets de garde la notice de ce volume, y avait lu الرهبان, puisqu'il dit que le traducteur se nommait *Saidus Phaioumensis monachus Cophtus.* Quoi qu'il en soit, le personnage ainsi désigné n'est autre que le célèbre rabbin Saadias Gaon de Fayyoûm. Cette Introduction, remplissant trois pages et demie, offre une critique très-juste du travail de Saadias. Elle se trouve reproduite, avec une traduction latine, dans le volume que C. F. Schnurrer a fait paraître à Gotha, l'an 1790, sous le titre de «Dissertationes philologico-criticæ», p. 197 et suiv.

S. de Sacy a donné une notice de cette version de l'Ancien Testament et un extrait de l'Introduction dans son «Mémoire sur la version arabe des livres de Moïse». (Voyez les «Mémoires de l'Académie des inscriptions», t. XLIX, p. 78 et suiv.)

La version de Saadias contenue dans ce volume a été corrigée à l'encre rouge par l'auteur de l'Introduction. Ce dernier ne se nomme pas, mais une note du copiste, qui était musulman (voyez fol. 404), nous apprend qu'il appartenait à une famille du Vieux-Caire, et qu'il s'appelait Fadhl-Allah, fils de Théodore (تادرس), fils de Yoûsouf, fils de Fadhl-Allah.

D'après une autre note (fol. 387 v°), le traducteur des petits Prophètes était un savant prêtre d'Alexandrie, qui avait pris pour base de son travail un vieux livre, écrit sur parchemin, en caractères latins : من نسخة عتيقة رق بقلم الليطن الرومى

Ce ms. est un de ceux qui ont servi pour l'édition de la version arabe insérée dans la Polyglotte de Paris.

Premiers versets de la Genèse : اول ما خلق الله السماء والارض وكانت الارض غامرة مستبحرة والظلام على وجه الغمر. On a écrit, au-dessus de السماء, le mot السموات, et au-dessus de الغمر, les mots الماء الكبير.

Papier. 459 feuillets. Hauteur du volume, 34 centimètres et demi ; largeur, 23 centimètres et demi. 29 lignes par page. Ms. daté des années 992-993 de l'hégire. — (Ancien fonds 1, Colbert 900.)

2.

L'Ancien Testament. Manuscrit moderne et très-bien écrit. Les deux volumes dont se compose cet exemplaire sont reliés ensemble, mais le second a été placé avant le premier (voyez fol. 256). Le premier volume finit par les deux livres des Paralipomènes; le second commence par Esdras et finit par les deux livres des Maccabées.

Commencement de la Genèse : في البدى خلق الله السماء والارض وكانت الارض خاوية خالية وكانت الظلمة على وجه الارض

Papier. 479 feuillets. Hauteur, 25 centimètres; largeur, 18 centimètres. 23 lignes par page. — (Supplément 1, fonds Ducaurroy.)

3.

Le Pentateuque. Ce volume, écrit à Paris, en 1685, par Jean de Damas, a été copié sur le ms. n° 1.

Papier. 477 feuillets. Hauteur, 20 centimètres; largeur, 15 centimètres. 13 lignes par page. — (Supplément 4 *bis*, S. Geneviève.)

4.

Le Pentateuque. Cette ancienne version paraît avoir été faite sur le texte samaritain. Elle est précédée d'une préface de deux pages, dans laquelle l'auteur indique la filière imaginaire par laquelle le texte de la Loi a passé de Moïse à ses derniers successeurs. Il ressort d'une table des matières, inscrite sur le *verso* du second feuillet, que nous n'avons ici qu'un premier volume de l'Ancien Testament. On remarque, en tête du ms., treize lignes en langue syriaque, dans lesquelles il est question des douze pierres précieuses du pectoral. Les gloses syriaques assez nombreuses qui se trouvent sur les marges sont tirées, pour la plupart, du commentaire sur l'Ancien Testament, composé par Mar-Denys Bar-Salibi. On remarque sur le *recto* du dernier feuillet du volume une courte dissertation, en syriaque, sur la chronologie biblique.

Premiers mots de la Genèse : اول ما خلق الله السماء والارض وكانت الارض غامرة مستبحرة والظلام على وجه الغمر...

Papier. 113 feuillets. Hauteur, 25 centimètres; largeur, 25 centimètres. 23 lignes par page. Plusieurs feuillets du commencement et de la fin sont mutilés. XIIIe siècle. — (Ancien fonds 3.)

5.

Le Pentateuque. Cette version est précédée d'une courte préface, dans laquelle un nommé Abou 'l-Barakât Ibn Sa'îd al-Bosrî le Syrien dit qu'ayant entrepris de faire une traduction du Pentateuque à l'aide du texte samaritain et du texte syriaque, il avait reconnu que celle dont ses coreligionnaires se servaient était remplie de fautes et de contre-sens, bien qu'elle eût pour auteur «le savant juif al-Fayyoûmî», c'est-à-dire Saadias. Cette préface, étrangement défigurée par des fautes et des omissions, se retrouve au complet dans le ms. n° 6; mais là on lit, au lieu d'Abou 'l-Barakât Ibn Sa'îd, le nom d'Abou Sa'îd Ibn abî 'l-Ḥosaïn Ibn abî Sa'îd. (Voyez à ce sujet le Mémoire de S. de Sacy dans le t. XLIX des «Mémoires de l'Académie des inscriptions», p. 51 et suiv. Ce savant n'hésite pas à regarder cette version comme l'ouvrage d'Abou Sa'îd). En tête de chaque chapitre se voient quelques mots du texte samaritain, et aux marges plusieurs scholies critiques et philologiques. En reliant ce volume, on a placé douze feuillets, depuis le huitième jusqu'au dix-neuvième, la tête en bas.

Premiers mots de la Genèse : في البداية خلق الله السماوات والارض والارض كانت مغمورة مستبحرة وظلاما على وجه الغمر

Papier. 232 feuillets. Hauteur, 27 centimètres; largeur, 18 centimètres. XVe siècle. — (Ancien fonds 2.)

6.

Le Pentateuque. Cette version est faite sur le texte samaritain et a pour auteur Abou Sa'îd Ibn abî 'l-Ḥosaïn Ibn abî Sa'îd. S. de Sacy a donné une notice de ce ms. dans les «Mémoires de l'Académie des inscriptions», t. XLIX, p. 10 et suiv. (Voyez le numéro précédent.)

Le texte est accompagné d'un assez grand nombre de notes marginales. Le premier feuillet et les deux derniers portent encore quelques notes ajoutées après coup et n'ayant aucun rapport au texte.

Premiers mots de la Genèse : للبداية خلق الله السماوات والارض والارض كانت مغمورة مستبحرة وظلاما على وجه الغمر

Papier. 337 feuillets. Hauteur, 27 centimètres; largeur, 17 centimètres. 14 à 15 lignes par page. Ms. daté de l'an 836 de l'hégire (1432-1433 de J. C.). Les trois derniers feuillets sont d'une écriture plus récente et datent de l'an 971 de l'hégire. — (Ancien fonds 4.)

7.

Le Pentateuque. Ce ms. est une copie faite à Paris sur le ms. n° 6. Le copiste, Jean de Damas Ibn Qatâ, يوحنا الشامى بن قطا, l'acheva, en l'an 1681, pour l'abbé L. de Longuerue. (Voyez «Mémoires de l'Académie des inscriptions», t. XLIX, p. 19 et 20.) A voir l'écriture peu gracieuse de ce volume, on serait porté à croire qu'Ibn Qatâ était né et avait été élevé en Europe.

Papier. 341 feuillets. Hauteur, 29 centimètres; largeur, 22 centimètres. 16 lignes par page. — (Supplément 2.)

8.

Le Pentateuque. Ce volume renferme une version du texte samaritain, précédée d'une introduction et d'une table des chapitres de la Genèse. Selon S. de Sacy, qui en a donné une notice étendue dans les «Mémoires de l'Académie des inscriptions», t. XLIX, p. 105 et suiv., cette version est, au fond, la même que celle dont les mss. 5 et 6 nous fournissent un texte plus ancien.

Premiers mots de la Genèse : فى البدء خلق الله السموات والارض وكانت الارض غامرة مستبحرة وظلاما على وجه الغمر

Papier. 282 feuillets. Hauteur, 21 centimètres; largeur, 15 centimètres. 17 lignes par page. xvie siècle. — (Ancien fonds 12.)

9.

Le Pentateuque, traduit sur la version des Septante. Le volume, dont l'écriture est assez belle, porte la date du mois de rebi'a second, 683 de l'hégire (1283 de J. C.).

Premiers mots de la Genèse : فى الاول خلق الله السماء والارض وكانت الارض غير منظورة وغير مستعدة والظلمة فوق اللجة

Papier. 329 feuillets. Hauteur, 24 centimètres; largeur, 16 centimètres et demi. 13 lignes par page. — (Supplément 3, Oratoire.)

10.

Le Pentateuque, traduit sur la version des Septante. Le texte est divisé en leçons et accompagné de gloses. Le copiste acheva d'écrire le livre des Nombres (fol. 153) l'an 730 de l'hégire (1330 de J. C.).

Premiers mots de la Genèse : فى البدء خلق الله السماء والارض وكانت الارض غير مستعدّه وكانت ظلمة على الغمق

Papier. 178 feuillets. Hauteur, 26 centimètres; largeur, 17 centimètres. 20 à 22 lignes par page. — (Supplément 5, St-Germain 229.)

11.

Le Pentateuque, traduit sur la version des Septante. Le texte est divisé en leçons, selon l'usage de l'Église copte. Des gloses, peu étendues, sont insérées dans le texte, à la suite de plusieurs leçons. Un assez grand nombre de feuillets, tant au commencement qu'au milieu et à la fin du volume, ayant disparu, ont été remplacés par d'autres, l'an 1600 de J. C. Une note à la fin de l'Exode nous apprend que le copiste avait terminé la transcription de cette partie du Pentateuque l'an 1047 de l'ère des martyrs (1331 de J. C.).

Premiers mots de la Genèse : فى البدى خلق الله دات السماء ودات الارض وكانت الارض غير منضوره (lis. منظورة) وغير مسعده

Papier. 244 feuillets. Hauteur, 26 centimètres; largeur, 15 centimètres et demi. 21 lignes par page. — (Supplément 4, St-Germain 8.)

12.

Le Pentateuque, traduit sur la version des Septante. Le copiste de ce beau ms., Djordjos (جُرْجُس), fils du prêtre Abou 'l-Mofaddhel et petit-fils d'Amîn al-Molk, a achevé son travail l'an des martyrs 1067, ou de l'hégire 754, dates qui correspondent à l'an 1353 de J. C. Au-dessus des noms propres qui se présentent dans le texte de ce volume, on trouve leur transcription en caractères coptes. Les marges nous offrent un assez grand nombre de notes en écriture *ta'lîk*, indiquant les variantes du texte hébreu et la signification de certains mots. Une de ces notes, inscrite sur le fol. 224, porte un long passage qui ne se trouvait pas dans le volume dont celui-ci est la copie, et que le copiste avait rencontré dans le texte des Septante et dans l'hébreu. Une autre note, inscrite sur le dernier feuillet, nous apprend que le texte de ce ms. a été collationné avec les textes grec, hébreu et copte. Les deux premiers feuillets sont couverts d'arabesques très-bien exécutées en or et en couleurs, selon le goût arabe. Les encadrements des deux

premières pages de chaque livre du texte sont richement ornés et portent deux lignes d'écriture en caractères coufiques, que nous lisons ainsi :

Fol. 2 v° et 3 :

بدو توراة موسى النبى
عليه السلام السفر الاول
وهو سفر الخليقة الفصل
الاول من السفر الاول

Fol. 71 v° et 72 :

السفر الثانى وهو سفر
الخروج يذكر فيه خروج
بنى اسرايل من ارض مصر
الفصل الاول من السفر المذكور

Fol. 132 v° et 133 :

السفر الثالث وهو سفر اللاويين يذكر
فيه هية تقدمة القرابين والذبايح عن
الخطايا وغيرها الفصل الاول من
السفر المذكور من التوراة المنزلة على موسى

Fol. 176 v° et 177 :

السفر الرابع وهو سفر العدد
يذكر فيه اسماء بنى اسرايل
وعدة سير فى الاعياد وغيرها الفصل
الاول من السفر المذكور من التوراة

Fol. 237 v° et 238 :

السفر الخامس وهو سفر المثناة يكدر (*sic*)
على اسماعهم ما تقدم من الوصايا
والسير وهو تمام التوراة المقدسة الفصل
الاول من السفر المذكور من التوراة

On lit à la fin du volume les inscriptions suivantes :

Fol. 289 et 290 :

كمل السفر الخامس وبتمامه كملت خمسة
اسفار التوراة المقدسة المنزلة على موسى
النبى عليه السلام والمجد له دايما
ابدا وعلينا رحمته الى الابد امين

Papier. 290 feuillets. Hauteur, 38 centimètres et demi; largeur, 27 centimètres. 13 lignes par page. — (Supplément 3 *bis*.)

13.

Le Pentateuque, traduit sur la version des Septante par al-Ḥârith ben Sinân ben Senbâṭ (سنباط). (Voyez fol. 200.) Le premier feuillet du ms. manque; les quatre derniers sont d'une écriture moderne.

Papier. 245 feuillets. Hauteur, 25 centimètres; largeur, 18 centimètres. 16 à 17 lignes par page. xve siècle. — (Ancien fonds 10, Colbert 4980.)

14.

Le Pentateuque, traduit sur la version des Septante par al-Ḥârith ben Sinân (voyez le feuillet 85 v°), traducteur qui vivait vers la fin du xve siècle.

Premiers mots de la Genèse : فى البدء خلق الله السماء والارض وكانت الارض غير مرئية وغير مستعدة وكانت الظلمة على الغمق

Papier. 307 feuillets. Hauteur, 25 centimètres; largeur, 17 centimètres. 14 à 15 lignes par page. — (Ancien fonds 5.)

15.

Le Pentateuque, traduit sur la version des Septante. Les sept premiers feuillets et les deux derniers sont d'une écriture moderne. Une note en arabe, inscrite sur le dernier feuillet, nous apprend que ce ms. avait été relié l'an du monde 7087 (1569 de J. C.). Les feuillets de garde, tant du commencement que de la fin, ont appartenu à un volume imprimé qui renfermait un eucologe en langue grecque.

Premiers mots de la Genèse : فى البدء خلق الله السماء والارض وكانت الارض غير مستعدّة وكانت ظلمة فوق الغمق

Papier. 320 feuillets. Hauteur, 20 centimètres; largeur, 14 centimètres. 14 lignes par page. Les feuillets ajoutés après coup portent 16 ou 17 lignes. — (Ancien fonds 11.)

16.

Le Pentateuque. Les vingt premiers feuillets de ce ms. sont d'une écriture plus récente que les autres. Les six dernières pages contiennent des règles pour calculer les fêtes de l'année. Ce fut l'an 954 de l'ère des martyrs (1238-1239 de J. C.) que le copiste termina son travail.

On remarque sur les pages de ce volume un grand nombre de notes marginales, ajoutées après coup.

Premiers mots de la Genèse : في البدء خلق الله السماء والارض وكانت الارض غير مرئيّة وغير محكمة

Papier. 239 feuillets. Hauteur, 25 centimètres; largeur, 17 centimètres. 19 lignes par page. — (Ancien fonds 5 A.)

17.

Le Pentateuque, traduit sur la pechîto, écrit sur deux colonnes. Le copiste a inséré dans le texte un grand nombre de gloses et de commentaires, empruntés aux ouvrages d'Éphrem le Syrien, de S. Jean Chrysostome, de S. Basile, de S. Hippolyte, de Jacques d'Édesse, de Jacques de Seroudj et de Denys Barsalibi. A la suite du Deutéronome se trouve encore un long commentaire sur le Lévitique. Deux feuillets, qui paraissent appartenir à ce commentaire, sont collés sur l'intérieur de la couverture. Le copiste de ce beau ms. a achevé son travail l'an 1377 de l'ère des martyrs (1661 de J. C.).

Premiers mots de la Genèse : في البدى خلق الله دات السماء ودات الارض وكانت الارض خاوية غير محسوسة من غير شيا وغير محكمة وكانت الظلمة على غمر المياه. Le mot دات ou ذات est employé pour représenter le préfixe hébreu אֵת־ et le syriaque ܝܬ, qui servent à marquer l'accusatif des noms déterminés.

Papier. 398 feuillets. Hauteur, 30 centimètres; largeur, 20 centimètres. 15 lignes par page. — (Ancien fonds 6.)

18.

La Genèse, accompagnée d'un commentaire. Cette version, dans laquelle est intercalé un commentaire assez étendu, est faite sur la version pechîto. Elle est divisée en leçons et paraît avoir été destinée à l'usage de l'Église copte. Nous ne connaissons pas le nom de l'auteur, car nous croyons ne devoir tenir aucun compte du renseignement fourni par le titre inscrit sur le *recto* du premier feuillet et qui porte ces mots : كتاب السفر الاول من التوره لابى بركات المعتبر. Il s'agit ici, sans doute, d'un médecin de Bagdad, appelé Abou 'l-Barakât Hibat-Allah, qui vivait vers la fin du VIe siècle de l'hégire, et qui abandonna la religion chrétienne pour embrasser l'islamisme. Il a composé plusieurs ouvrages, dont un porte le titre de المعتبر في المنطق. Une communauté chrétienne n'aurait certainement pas accepté un ouvrage provenant d'un apostat. Cette traduction n'est pas non plus celle d'Abou-Sa'îd, à qui le copiste du ms. n° 5 donne à tort le prénom d'Abou'l-Barakât. Les premiers feuillets de ce volume et les derniers, au nombre de plus de trente, sont d'une écriture plus moderne que le corps de l'ouvrage.

Premiers mots de la Genèse : في البدء خلق الله دات السماء ودات الارض وكانت الارض غير منظوره وغير مستعده والظلمة فوق اللجه وروح الله ترف فوق الماء التفسير القديس النبى موسى كتب هذا السفر وسماه الكون لكونه اظهر فيه كون الدنيا الخ

Papier. 352 feuillets. Hauteur, 24 centimètres; largeur, 15 centimètres et demi. 15 à 16 lignes par page. XIVe siècle. — (Ancien fonds 7.)

19.

La Genèse avec un commentaire. Le texte et le commentaire sont les mêmes que ceux du numéro précédent. L'écriture paraît être du XVIe siècle.

Papier. 454 feuillets. Hauteur, 20 centimètres; largeur, 15 centimètres et demi. 13 lignes par page. — (Ancien fonds 31.)

20.

La Genèse, accompagnée d'un commentaire. Cette version et les gloses qui y sont intercalées sont les mêmes que celles des deux numéros précédents. Le ms. est daté de l'an 1306 de l'ère des martyrs (1590 de J. C.).

Papier. 156 feuillets. Hauteur, 30 centimètres; largeur, 17 centimètres et demi. 25 lignes par page. — (Ancien fonds 8.)

21.

La Genèse, divisée en leçons et accompagnée de gloses. Cette version paraît avoir été faite sur la pechîto et collationnée avec la version des Septante. La copie est de l'an 1313 de l'ère copte (1597 de J. C.).

Premiers mots de la Genèse : في البدى خلق الله دات السموات والارض وكانت الارض غير منظوره وغير مستعده والظلمة فوق اللجة

Papier. 177 feuillets. Hauteur, 28 centimètres et demi; largeur, 19 centimètres et demi. 21 lignes par page. — (Supplément 6.)

22.

Les Livres de Josué, des Juges et des Rois. Beau ms., écrit l'an 1060 des martyrs (1344 de J. C.). (Voyez fol. 27.) Plusieurs feuillets du volume qui s'étaient perdus ont été remplacés par d'autres, l'an 1288 des martyrs (1571 de J. C.).

Premiers mots du Livre de Josué : من بعد وفاة موسى عبد الرب قال الرب ليسوع بن نون خادم موسى ان موسى عبدى قد توفى فقم الان وجز هذا الاردن انت وجميع هذا الشعب

Papier. 194 feuillets. Hauteur, 25 centimètres; largeur, 17 centimètres. 20 à 22 lignes par page. — (Supplément 8, St-Germain 10.)

23.

Le Livre de Josué et les autres livres historiques de l'Ancien Testament, à l'exception du Livre d'Esdras. Beau ms. du XIVe siècle, mais incomplet à la fin, à partir du 13e verset du chap. XXXV du second livre des Paralipomènes. Un feuillet, ajouté plus tard pour dissimuler cette lacune, renferme quelques lignes d'un commentaire sur le Livre de Job.

Premiers mots du Livre de Josué : ومن بعد وفاة موسى عبد الرب قال الرب ليسوع بن نون خادم موسى أن موسى عبدى قد توفى فقم الان وجز هذا الاردن انت وجميع هذا الشعب[1]

Papier. 188 feuillets. Hauteur, 33 centimètres et demi; largeur, 25 centimètres. 23 à 26 lignes par page. — (Supplément 7, St-Germain 9.)

24.

Les deux Livres des Paralipomènes. On remarque, entre les feuillets 38 et 39, une lacune qui s'étend depuis le chapitre XXIX, 3, du premier livre, jusqu'au chapitre XVI, 3, du deuxième livre.

Premiers mots du Ier livre : ادم شيث انوش قينان مهلايل روبال يرد خنوح ماتوشلح

Derniers mots du IIe livre : اله السمآ وهو الذى امرنى ان ابنى بيتًا فى اورشليم التى فى يهودا فمن الذى فيكم من ساير شعب الرب المختار ان يطلع يحى

Papier. 68 feuillets. Hauteur, 25 centimètres; largeur, 17 centimètres. 17 lignes par page. — (Supplément 9, St-Germain 11.)

25.

Les Livres prophétiques. Ce ms., écrit l'an 994 de l'hégire (1585 de J. C.), renferme les Livres d'Isaïe, de Jérémie, d'Ézéchiel, de Daniel, et des douze petits prophètes.

Papier. 256 feuillets. Hauteur, 30 centimètres et demi; largeur, 21 centimètres. 19 lignes par page. — (Supplément 22, St-Germain 12.)

26.

1° Psautier melkite.

2° (Fol. 118.) Les Cantiques de la Bible.

Papier. 129 feuillets. Hauteur, 18 centimètres et demi; largeur, 13 centimètres et demi. 12 lignes par page. Manuscrit mutilé au commencement et à la fin. Il est daté de l'an 6900 de l'ère d'Adam (1400 de J. C.). — (Supplément 1965 *bis*.)

27.

Psautier, à l'usage de l'Église melkite. Ce volume renferme les cent cinquante et un psaumes, divisés en sept parties, pour les offices du matin (سحر), et en vingt *cathisma*. Viennent ensuite les dix Cantiques et l'office de la sainte Vierge.

Quelques feuillets de ce ms. sont très-endommagés par l'usage; ceux du commencement et de la fin ont été remplacés par d'autres d'une écriture plus moderne.

Papier. 86 feuillets. Hauteur, 17 centimètres et demi; largeur, 12 centimètres et demi. 12 lignes par page. XVe siècle. — (Supplément 12.)

28.

1° Les Psaumes de David, au nombre de cent cinquante et un. Ils sont divisés, selon l'usage de l'Église melkite, en vingt *cathisma* (كاتسما, *κάδισμα* ou *κάθισμα*), et les *doxa* (دكصا, *δόξα*) y sont indiqués. Par le *doxa*, on entend la récitation du *Gloria patri*.

2° (Fol. 107 v°.) Les cantiques de l'Ancien Testament.

3° (Fol. 119.) Prières pour chaque jour de la semaine.

4° (Fol. 130.) Prières du soir.

5° (Fol. 137.) Derniers conseils (وصية) adressés par Salomon à son fils.

[1] Le texte tout entier est conforme à celui du ms. précédent. H. Z.

6° (Fol. 139 v°.) Prières pour chaque jour de la semaine.

7° (Fol. 141 v°.) Prière de S. Jean Chrysostome.

8° (Fol. 142 v°.) Prières de S. Jean Damascène.

9° (Fol. 144 v°.) Cantiques (طروباريات, Τροπάρια).

10° (Fol. 147.) Poëme qui rime en ب, et qui a pour sujet le renoncement aux biens de ce monde.

11° (Fol. 148 v°.) Derniers conseils adressés par Loqmân le sage à son fils.

12° (Fol. 153.) Vêpres.

13° (Fol. 161.) Calendrier des fêtes de l'année.

Les feuillets de garde, à la fin du volume, sont couverts de notes nécrologiques, de recettes médicales, etc., écrites de diverses mains et n'ayant aucune importance.

Papier. 171 feuillets. Hauteur, 21 centimètres; largeur, 15 centimètres. 15 à 21 lignes par page. Ms. écrit à Tripoli de Syrie et daté de l'an 945 de l'hégire (1538-1539). — (Ancien fonds 15.)

29.

Psautier melkite. Une main européenne y a ajouté un essai de traduction interlinéaire en latin. Les cent cinquante et un psaumes sont divisés en sept sections et en vingt *cathisma*, avec l'indication des *doxa*. A la suite des Psaumes, viennent les dix Cantiques, accompagnés d'une traduction latine.

Ce ms. a été exécuté en 982 de l'hégire (1574 de J. C.), par Naçr-Allah Ibn-Yoḥanna, de Tripoli.

Papier. 141 feuillets. Hauteur, 18 centimètres; largeur, 13 centimètres. — (Ancien fonds 19, Colbert 6186.)

30.

Psautier melkite. Ce petit volume, très-bien écrit et portant la date de 7083 de l'ère du monde (1575 de J. C.), renferme les Psaumes et les dix Cantiques. Les Psaumes sont divisés en sept matinées (سحر), ou offices pour les jours de la semaine, et en vingt *cathisma*. Le cent cinquante et unième psaume porte le titre suivant : هذا المزمور قاله داود لما قتل جليات وهو خارج من العدد وما قبلته الكنيسة لانه افتخار « Ce psaume, qui a été récité par David lorsqu'il eut tué Goliath, est exclu du nombre (des psaumes qui sont reçus). L'Église ne l'a pas accepté, parce qu'il sent la vaine gloire. »

Papier. 171 feuillets. Hauteur, 13 centimètres; largeur, 9 centimètres. 13 lignes par page. — (Ancien fonds 17.)

31.

Psautier melkite, très-bien écrit; chaque page du texte est entourée d'un encadrement en or. Le ms. est daté de l'an du monde 7083 (1575 de J. C.). Les cinq premiers feuillets sont d'une écriture plus moderne; les derniers feuillets ont disparu. Il renferme les cent cinquante psaumes, les dix Cantiques, un cantique composé par Mar-Élie, métropolitain de Nisibe, et une prière ou litanie qui commence par ces mots : يا من خلق السماوات والارض بمشيته يا جبّار يا غفّار الخ

Les psaumes sont divisés en *cathisma* avec *doxa*.

Commencement du huitième psaume : ايها الرب ربنا ما اعجب اسمك في كل الارض لان قد ارتفع عظم جلال مجدك فوق اعلا السماوات من افواه الاطفال والرضعان الخ

Papier. 140 feuillets. Hauteur, 17 centimètres et demi; largeur, 10 centimètres et demi. 13 lignes par page. — (Supplément 17.)

32.

Psautier, à l'usage de l'Église melkite. Ce ms., daté de l'an 7101 de l'ère du monde (1593 de J. C.), renferme d'abord les cent cinquante et un psaumes, divisés en sept سحر pour les offices du matin, et en vingt *cathisma*; puis les dix Cantiques.

Papier. 175 feuillets. Hauteur, 21 centimètres; largeur, 15 centimètres. 13 lignes par page. — (Supplément 13.)

33.

Psautier melkite, apporté de l'île de Chypre. Il est assez mal écrit et incomplet, tant au commencement qu'à la fin. Les psaumes sont divisés en *cathisma*.

Papier. 109 feuillets. Hauteur, 20 centimètres; largeur, 14 centimètres. 12 à 15 lignes par page. — (Ancien fonds 16, Colbert 6011.)

34.

Psautier, à l'usage de l'Église melkite. Ce volume, très-bien écrit et daté de l'an 7162 de l'ère mondaine (1654 de J. C.), renferme les psaumes, divisés en matinées (سحر), et en *cathisma* avec *doxa;* puis viennent les dix Cantiques.

Papier. 208 feuillets. Hauteur, 15 centimètres et demi; largeur, 10 centimètres et demi. 11 lignes par page. — (Supplément 15, St-Germain 515.)

35.

Psautier melkite, renfermant les cent cinquante psaumes et les dix Cantiques. Il est bien écrit et porte la date de l'an 7177 de l'ère mondaine (1669 de J. C.). Les psaumes sont divisés en sept parties pour les offices du matin; les *doxa* y sont marqués.

Papier. 154 feuillets. Hauteur, 15 centimètres; largeur, 10 centimètres et demi. 13 lignes par page. — (Supplément 16.)

36.

Psautier melkite, renfermant les Psaumes, divisés en sept سحر (*matinées* ou offices pour les jours de la semaine), et en vingt *cathisma.* Le nombre des psaumes est de cent cinquante, mais à la suite du dernier se trouve un acte de contrition, suivi d'une prière adressée à Dieu et d'une invocation à la sainte Vierge. Les treize dernières pages renferment les dix Cantiques de l'Ancien et du Nouveau Testament.

Papier. 82 feuillets. Hauteur, 22 centimètres; largeur, 16 centimètres. 17 lignes par page. XVIIe siècle. — (Ancien fonds 16 A.)

37.

Psautier melkite, renfermant les Psaumes, au nombre de cent cinquante et un, divisés en sept parties, pour les offices des jours de la semaine, et les dix Cantiques.

Volume de 188 feuillets. Hauteur, 15 centimètres; largeur, 10 centimètres. 13 lignes par page. XVIIe siècle. — (Ancien fonds 20, Colbert 6513.)

38.

Psautier melkite, renfermant les Psaumes, au nombre de cent cinquante et un, divisés en *cathisma,* accompagnés de *doxa.* Ensuite viennent les dix Cantiques.

Papier. 77 feuillets. Hauteur, 23 centimètres; largeur, 17 centimètres. 17 lignes par page. XVIIe siècle. — (Supplément 10.)

39.

Psautier melkite, renfermant :

1° Les cent cinquante et un Psaumes, divisés en sept *matinées.*

2° Les dix Cantiques de l'Ancien et du Nouveau Testament.

3° Prières et litanies de la sainte Vierge.

Papier. 216 feuillets. Hauteur, 15 centimètres; largeur, 11 centimètres. 11 lignes par page. XVIIIe siècle. — (Ancien fonds 18.)

40.

Le Psautier, à l'usage de l'Église copte. Ce ms., écrit l'an 1009 de l'ère des martyrs (1294 de J. C.), offre un grand nombre de lacunes, qu'une main peu habile a essayé de combler. Il renferme :

1° Un traité sur les prédictions que renferment les psaumes, au sujet de Notre-Seigneur, et sur la classification des psaumes. L'auteur de cet écrit a pris pour base de son travail le traité composé par le schaïkh Al-Makîn (الشيخ المكين), qui, après avoir embrassé la vie monastique, reçut le titre de *Révérend Père Siméon le Reclus* (الاب القديس سمعان الحبيس).

2° Un passage où S. Jean Chrysostome parle de la lecture des saintes écritures, et un autre contenant des réflexions morales.

3° Sur la division des psaumes en cinq classes.

4° Dates et indications historiques se rapportant à l'histoire du monde et aux patriarches, par S. Épiphane, évêque de Chypre.

5° Exhortation, par S. Grégoire.

6° (Fol. 24 v°.) Les Psaumes de David, y compris le cent cinquante et unième, accompagnés de quelques notes marginales.

7° Les sept prières que le chrétien est tenu de réciter chaque jour.

8° Les Cantiques de l'Ancien et du Nouveau Testament.

9° Le symbole de Nicée.

Premier verset du premier psaume : طوبا للرجل الذى لم يتبع راى المنافقين ولم يقف فى طريق الخاطيين

Papier. 240 feuillets. Hauteur, 17 centimètres; largeur, 11 centimètres et demi. 11 lignes par page. — (Ancien fonds 14.)

41.

Ce volume commence par une introduction, attribuée au prêtre Abou 'l-Faradj ʿAbd Allah Ibn al-Ṭayyib, et remplissant quatorze pages. L'auteur de cet écrit traite du caractère des Psaumes, de leur classification, des diverses voies d'inspiration par lesquelles David les avait reçus, etc. Le texte de ce traité offre des lacunes, surtout vers la fin. Il est suivi d'un second traité de quarante pages consacré au même sujet, qui présente un abrégé des doctrines énoncées sur ces matières par S. Athanase, patriarche de la chaire apostolique d'Alexandrie, et par d'autres docteurs de l'Église. Ce traité a pour auteur Semʿân ben Kalîl. Ensuite vient la version des Psaumes, accompagnée d'un grand nombre de notes marginales, dont plusieurs donnent les variantes obtenues par la collation de la version grecque avec la version copte. Le psaume CLI se trouve dans ce ms. Les douze derniers feuillets renferment les Cantiques de l'Ancien et du Nouveau Testament. Ce ms. paraît être du commencement du XVe siècle. Un certain nombre de feuillets ont été remplacés par d'autres d'une écriture assez moderne.

Commencement du premier psaume : طوبا للرجل الذى لم يتبع راى المنافقين ولم يقف فى طريق الخاطيين [1]

Papier. 139 feuillets. Hauteur, 20 centimètres; largeur, 14 centimètres. 15 lignes par page. — (Ancien fonds 13.)

42.

Ce volume, écrit l'an 1149 des martyrs (1433 de J. C.), renferme :

1° L'exhortation de S. Grégoire.

2° Les Psaumes, au nombre de cent cinquante et un.

3° Les dix Cantiques et quelques prières.

On lit à la fin du ms. une note singulière dont voici le texte et la traduction :

وذلك مما اهتمّ به الراهبه الراهبه (sic) الناسكه المجاهده العفيفه الدينه الخيره الذى (sic) لاجل سعيها الطاهر وسيرتها الفاضله ارتقت الى الدرجة الملايكية والسيرة الروحانيه الام الحنّونه الشفوقه مختاره الرب الاله يديم ايامها سنين كثيرة امين

«(Écrit) selon le désir de la religieuse, dévote et vaillante dans la lutte spirituelle, de la femme chaste, pieuse et vertueuse qui, à cause de sa conduite pure et excellente, se trouve élevée au degré angélique et aux hauteurs de la vie spirituelle; de la mère pleine de compassion et d'indulgence, l'élue du Seigneur. Que Dieu prolonge ses jours pendant beaucoup d'années!»

Papier. 331 feuillets. Hauteur, 17 centimètres et demi; largeur, 13 centimètres. 11 lignes par page. — (Supplément 14.)

43.

Ce volume commence par une introduction, dans laquelle l'auteur énumère les passages des Psaumes qui prédisent la naissance, la mort et la résurrection de Jésus-Christ. Il indique ensuite par leurs numéros les psaumes composés par David, et ceux dont les auteurs sont Assaf, Zacharie, Haggée, Nathan et les fils de Coré. Il marque aussi la division du psautier en cinq sections (فصول). L'auteur se nommait Semʿân (سمعان) ben Kalîl (كليل) ben Maqâra (مقاره), et portait le surnom de *Moine reclus* (الراهب الحبيس). Il appartenait au couvent de Daïr Yoḥannès, dans le désert de Scété, où il avait fait profession l'année lunaire (الهلالية) 703, c'est-à-dire l'an 703 de l'hégire, année qui correspondait à l'an 1303 de l'ère chrétienne. Ce religieux avait composé deux autres ouvrages, dont l'un portait le titre de : كتاب روضة الفريد وسلوة الوحيد «le Jardin du solitaire et la consolation de l'anachorète»; l'autre était un commentaire sur l'Évangile de S. Matthieu. (Voyez fol. 20 v° de ce ms.)

A la suite de l'Introduction se trouve une exhortation, composée par S. Grégoire le Théologien, évêque de Nazianze. Les psaumes, au nombre de cent cinquante et un, viennent ensuite; puis les Cantiques, la Prière dominicale et le Symbole de Nicée.

---

[1] Ce verset est à peu près le même que le premier verset du psautier contenu dans le ms. 40; mais il y a d'assez nombreuses différences entre les deux textes. H. Z.

Ce manuscrit paraît être du XVe siècle. Les premiers feuillets et les derniers sont d'une main plus moderne.

Papier. 234 feuillets. Hauteur, 18 centimètres; largeur, 12 centimètres. 11 lignes par page. — (Supplément 11, St-Germain 234.)

44.

Les Psaumes. Ce ms., paginé avec des chiffres coptes, porte la date de l'an 1352 des martyrs (1634-1635 de J. C.). Chaque psaume est précédé d'une note indiquant les vertus miraculeuses qu'il fait paraître lorsqu'on le lit avec une certaine intention ou qu'on le porte sur soi comme un talisman. Parmi les notes et chiffres ajoutés après coup sur les feuillets de garde, il y a une note écrite certainement par un musulman, et indiquant la manière de composer et d'employer un talisman très-utile. Ce volume renferme cent cinquante psaumes. Le premier psaume commence ainsi :

طوبا للرجل الذى لم يتبع راى المنافقين ولم يقف فى طريق الخاطيين

Papier. 182 feuillets. Hauteur, 15 centimètres et demi; largeur, 11 centimètres. 14 lignes par page. — (Ancien fonds 19 A.)

45.

Les Psaumes, suivis des Cantiques de l'Ancien Testament, le tout écrit par un Européen.

Premier verset du premier psaume : طوبى للرجل الذى لم يسلك فى راى المنافقين ولم يقف فى طريق الخاطيين

Ce texte est celui de l'Église copte.

Papier. 91 feuillets. Hauteur, 30 centimètres; largeur, 20 centimètres. 23 lignes par page. XVIIe siècle. — (Ancien fonds 9.)

46.

Psautier.

Papier. 70 feuillets. Hauteur, 18 centimètres; largeur, 14 centimètres. 18 lignes par page. XVIIIe siècle. — (Supplément 2370.)

47.

Psautier écrit l'an 1690 de J. C. pour les jésuites de la mission du Caire. C'est une copie du texte publié par la Congrégation de la Propagande.

Papier. 151 feuillets. Hauteur, 15 centimètres; largeur, 10 centimètres. 15 lignes par page. — (Ancien fonds 20 A.)

48.

Psautier écrit l'an 1784 de J. C., divisé en sept parties, les versets sont séparés et numérotés. Les cent cinquante et un psaumes sont suivis des dix Cantiques.

Le premier psaume commence ainsi : مغبوط الرجل الذى لم يسلك فى راى المنافقين وفى طريق الخطاة لم يقف وفى مجلس المفسدين لم يجلس

On voit que cette version diffère de la version reçue dans l'Église melkite et dans l'Église copte. Le copiste, Djordjis Mîkhaïl, était maître d'école (مودب) au Caire.

Papier. 187 feuillets. Hauteur, 16 centimètres; largeur, 11 centimètres. 15 lignes par page. — (Supplément 19.)

49.

1° Les Proverbes de Salomon.

2° (Fol. 57.) L'Ecclésiaste.

3° (Fol. 80 v°.) Conseils que Loqmân le Sage, étant sur son lit de mort, adressa à son fils.

4° (Fol. 83.) Extraits des conseils que Salomon, fils de David, adressa à son fils.

5° (Fol. 88 v°.) Un court extrait du discours dans lequel Jésus, fils de Sirach, donna des conseils à son fils.

6° (Fol. 90 v°.) Discours adressé par le sage Socrate à son fils.

7° (Fol. 93.) Recueil de sentences prononcées par les sages et traduites du copte en arabe.

8° (Fol. 119.) Récit du voyage de Zosime au séjour des bienheureux.

9° (Fol. 142 v°.) Épître dans laquelle Hermès le Sage adresse des réprimandes à l'âme et l'invite à renoncer aux occupations mondaines.

10° (Fol. 204.) Avertissements adressés aux prêtres par Sévère, évêque d'Achmounaïn, le même qui, avant d'entrer dans la vie monastique, était connu sous le nom d'Abou Bischr Ibn al-Moqaffa^{c}, le secrétaire égyptien.

11° (Fol. 217 v°.) Histoire de Secundus le philosophe.

Le ms. paraît être du xve siècle. Quelques feuillets, au commencement et à la fin, sont d'une écriture moderne.

Papier. 284 feuillets. Hauteur, 18 centimètres; largeur, 13 centimètres. Environ 13 lignes par page. — (Supplément 93, Saint-Germain 231.)

50.

Ce manuscrit renferme :

1° L'Ecclésiastique.

2° (Fol. 41 v°.) La Sagesse de Salomon.

3° (Fol. 59.) Une introduction à la Sagesse de Salomon.

4° (Fol. 60 v°.) Les Proverbes.

5° (Fol. 91.) L'Ecclésiaste.

6° (Fol. 100 v°.) Le Cantique des Cantiques.

7° (Fol. 105 v°.) L'histoire du roi Salomon et de la femme de Jésus, fils de Sirach.

Le premier ouvrage, intitulé : «Le livre de Ischou'a ben Schîrâkh, secrétaire de Solaïmân Ibn Dâwoud, roi d'Israël, à Jérusalem», commence par ces mots : قال كل حكمه هى من عند الرب وهى معه من قديم الدهر مثل البحر ونقط القطر, et finit par ceux-ci : اسمعوا معشر الناس على بكلام يسير وتعيشون بالذهب والفضه ولتطرب انفسكم بتوبى ولا تحزنوا للحامدى اعلموا علمكم (*sic*) فانه حماه ويوفوا اجركم حسيد تبارك الله ابدا والشكر لاسمه الى ابد الابدين امين

La version de la Sagesse, qui a pour auteur al-Ḥârith ben Sinân Ibn Senbât (سنباط), comme nous l'apprend le titre, commence ainsi : احبوا الصدق يا قضاة الارض فظنوا بالرب خيرا واطلبوه بسلامة قلب, et finit par ces mots : لم تحرق اجساد الحيوان التى هى ممكنه الهلاك منها وهى تسكن فيها ولم تذوب لحس الذى تشبه للجليد الممكن ان تذوب من الطعام الا لاسى وذكرت يا رب شعبك بكل شىء واكرمته ولم تتغافل عن نجدته فى كل وقت ومكان

L'introduction à la Sagesse de Salomon a probablement été composée par Ḥârith ben Sinân. L'auteur y expose les motifs qui portèrent Salomon à donner un certain parallélisme aux maximes qu'il énonce, et à faire figurer dans ses apologues des animaux et des êtres inanimés, en leur attribuant la faculté de la parole.

Le Livre des Proverbes commence par ces mots : هذه امثال سليمان بن داود ملك اسرائيل كتبها ليعلم بها الادب والحكمة ويعرف بها فهم الكلام ويقبل بها المتعلمون الادب وحشيه الله الخ, et finit par ceux-ci : والامراه التى تتقى الرب تحمد اعطها من عمل يديها فان اعمالها تحمدها على الابواب ✿

L'Ecclésiaste commence ainsi : خطب جامع الحكيم ابن داود الملك فى مدينه السلام فى هبا الاهبيه ✿ هبا الاهبيه والكل هبا اى فضيلة الانسان فى جميع كده الذى يكده تحت فلك الشمس, et finit par ces mots : وهذا هو المطلوب من جميع البشر لان الله جل وعز سوف يجلب كل انسان يوم الحشر الى الحكم على ما كان منه وجميع ما تقدم من فعله خيرا كان ام شرا ✿

Premiers mots du Cantique des Cantiques : قبلنى من قبل فيك لان نهديك احسن من الخمر ورواح عطرك اكثر من كل الغاليه. Les derniers mots sont : تنح يا ابن اخى وتشبه بالغزال او بخشف الايله على جبال الطيوب امين بكل نشيد الانشاد وتسبحه التسابيح ولربنا الحمد ✿

La dernière pièce contenue dans ce volume est intitulée : قصه امراه يسوع بن شيراخ مع سليمان بن داود الحكيم. C'est une espèce de roman, dont le commencement rappelle l'histoire de David et Bethsabée, et qui se termine par la justification de la femme.

Ce ms. a dû être écrit vers le commencement du xvie siècle; il est tout de la même main, à l'exception des cinq derniers feuillets. L'ancienne pagination est en chiffres coptes.

Papier. 108 feuillets. Hauteur, 20 centimètres; largeur, 13 centimètres et demi. 17 lignes par page. — (Supplément 20, Saint-Germain 232.)

51.

Les Évangiles, divisés en leçons, selon l'usage de l'Église copte. Les trois premières pages du ms. sont couvertes de notes indiquant des naissances et des décès; ces notes sont du xvie siècle. Sur le verso du second feuillet, on voit cinq portraits, grossièrement exécutés, et représentant Jésus-Christ et les quatre évangélistes. Ces figures sont entourées d'arabesques dans le goût byzantin. Le troisième feuillet commence par l'évangile de S. Matthieu. Le premier verset du second chapitre (selon la division de la Vulgate) se lit ainsi dans ce ms. : وميلاد يسوع المسيح هكذى كان لما خطبت مريم ليوسف قبل ان يعترفا وجدت حبلا من روح القدس

La copie de l'évangile de S. Matthieu a été achevée l'an 1129 de l'ère des martyrs (1413 de J. C.).

L'évangile de S. Marc est précédé d'une prière se terminant par une note sur S. Marc et une liste de chapitres. A la fin de cet évangile se trouve encore la date de 1129 des martyrs.

L'évangile de S. Luc est précédé d'une courte notice biographique et d'une liste de chapitres. A la fin de cette liste et sur une partie de la page laissée en blanc, on a écrit une notice sur le martyre de S. Luc.

L'évangile de S. Jean a aussi son introduction et sa liste de chapitres. Les derniers feuillets sont d'une écriture plus récente que les autres. Suit un feuillet (f. 226) qui contient encore les derniers versets de cet évangile, avec la date de 1037 des martyrs, et qui paraît avoir appartenu au ms. dont celui-ci est la copie. Sur le verso de ce feuillet, une autre main a inscrit un soi-disant symbole de Nicée, pièce qu'une note de Renaudot a eu raison de qualifier d'*insulsa et a Nicæna longe dissimilis*. Sur le verso du feuillet suivant se trouve une autre pièce, intitulée : من كتاب عزرا النبى فى خروج النفس من الجسد «Extrait du livre d'Esdras, traitant de la sortie de l'âme du corps».

Le feuillet 229 commence par la fin d'une phrase; aussi a-t-il dû être précédé d'un autre qui ne s'y trouve plus. Il renferme l'indication du nombre des chapitres contenus dans chaque évangile. Les feuillets suivants contiennent une concordance semblable au canon eusébien et l'indication des leçons pour les principales fêtes de l'année.

Papier. 243 feuillets. Hauteur, 26 centimètres; largeur, 18 centimètres. 14 lignes par page. Ms. du XVe siècle. La reliure est de la même époque; elle est dans le goût arabe et a dû être fort belle. — (Supplément 25.)

52.

Les Évangiles, divisés en leçons pour tous les jours de l'année, et suivis de commentaires qui paraissent être de S. Jean Chrysostome. Le premier feuillet et les six derniers sont d'une écriture beaucoup plus moderne que le corps de l'ouvrage. Il en est de même des feuillets numérotés 22, 23 et 24. Une note en arabe, écrite sur le verso du feuillet 4, nous apprend que cet exemplaire des Évangiles fut donné à l'église de Saint-Ḥanania (حنانيا), à Damas, l'an du monde 7043 (1535 de J. C.).

Titre : تفسير الاناجيل المقدسة التى تقرا فى الحدود والسبوت والاعياد وكافة السنة «Explication des saints Évangiles qu'on lit les jours fériés, les sabbats, les fêtes et toute l'année». Le volume commence par les leçons des fêtes mobiles.

Papier. 148 feuillets numérotés en chiffres coptes. Écriture à deux colonnes. Hauteur, 31 centimètres et demi; largeur, 22 centimètres. 28 lignes par page, excepté dans les feuillets qui ont remplacé ceux qui manquaient. — (Supplément 23.)

53.

Les quatre Évangiles, divisés en leçons et précédés d'un tableau en caractères syriaques indiquant les leçons de chaque fête de l'année. Les deux feuillets de garde sont en parchemin et ont appartenu à un ms. arménien.

Papier. 220 feuillets. Hauteur, 22 centimètres; largeur, 16 centimètres et demi. 17 lignes par page. Ce manuscrit a été rapporté de l'Inde et paraît être de la fin du XVIe siècle. — (Supplément 24.)

54.

Les quatre Évangiles, précédés chacun d'une courte notice sur l'auteur et d'une liste des chapitres. En tête du volume se trouve d'abord le Canon harmonique, puis la notice sur S. Matthieu et l'indication des passages de l'Ancien Testament cités dans les Évangiles. Un avertissement, dont l'écriture est la même que celle du corps de l'ouvrage, nous apprend que le texte de cet exemplaire a été corrigé au moyen de plusieurs autres mss., les uns syriaques, les autres grecs et coptes.

Papier. 222 feuillets. Hauteur, 15 centimètres; largeur, 11 centimètres. 13 lignes par page. Ms. daté de l'an 1028 de l'hégire (1619 de J. C.). — (Ancien fonds 27, Colbert 6528.)

55.

Les quatre Évangiles, avec des commentaires abrégés, empruntés à S. Jean Chrysostome, S. Cyrille, Sévère d'Antioche, Grégoire de Nazianze, Épiphane, Titus et autres docteurs de l'Église. Ms. copié l'an 1336 de l'ère des martyrs (1619 de J. C.), sur un autre ms. portant la date de 1005 des martyrs (1288 de J. C).

Papier. 208 feuillets. Hauteur, 20 centimètres; largeur, 15 centimètres. Le nombre des lignes par page varie de 14 à 18. — (Supplément 29, Saint-Germain 247.)

56.

Les quatre Évangiles, précédés d'une notice préliminaire qui renferme l'indication du nombre des chapitres

contenus dans chaque évangile, une concordance dans le genre du Canon eusébien, l'indication des passages de l'Ancien Testament qui se trouvent cités dans chaque évangile, et une introduction générale à l'évangile de S. Matthieu. Les trois autres évangiles ont chacun une notice du même genre. Une note, de la même écriture que le reste du volume, nous apprend que le texte de ce ms. a été revu et corrigé par l'éditeur, à l'aide de plusieurs mss., les uns en langue syriaque, les autres en langue grecque (*roumiya*), et d'autres encore en copte et en arabe. Viennent ensuite quelques exemples de ces corrections.

Papier. 248 feuillets. Hauteur, 19 centimètres et demi; largeur, 14 centimètres et demi. 13 lignes par page. Manuscrit du XVIIe siècle. Les *στίχοι* sont marqués en chiffres coptes. — (Supplément 27, Saint-Germain 239.)

57.

Les quatre Évangiles. Ce ms., écrit l'an 1362 de l'ère des martyrs (1646 de J. C.), commence par une introduction renfermant une concordance semblable au canon d'Eusèbe. Chaque évangile est précédé d'un index des chapitres. Les chiffres de la concordance et ceux des marges sont en caractères coptes.

Commencement du second chapitre de S. Matthieu :

مولد يسوع المسيح كان هكذا لما كانت امه مريم خطيبة يوسف قبل ان يعرف بعضهما بعضا وجدة (*sic*) حبلها من روح القدس

L'évangile de S. Marc commence ainsi :

بدو انجيل يسوع المسيح بن الله كما هو مكتوب في اسعيا النبى هانذا مرسل ملكى امام وجهك ليسهل طريقك قدامك

Commencement de S. Luc :

لاجل ان كثيرين راموا ترتيب قصص الامور الذى (*sic*) نحن بها عارفون

Commencement de l'évangile de S. Jean :

في البدىء كان الكلمة والكلمة كان عند الله والله هو الكلمة وكان هذه (*sic*) قديما عند الله كل به كان وبغيره لم يكن شى مما كان

Papier. 250 feuillets. Hauteur, 21 centimètres; largeur, 15 centimètres. 13 lignes par page. — (Ancien fonds 24 A.)

58.

Les Évangiles. Version dans laquelle l'auteur, Abou 'l-Mawâhib Ya'qoûb Ibn Na'ma (نعمة) Ibn Petrus al-Dibsi, grammairien, philologue et professeur, Maronite de nation et natif d'Alep, essaye de remettre en beau style arabe la traduction vulgaire de cette partie du Nouveau Testament. Il dit, dans la préface, qu'il a adopté pour base de son travail une version en prose rimée et cadencée, qu'avait composée un métropolitain de Nisibe, appelé 'Abd-Ischoûa'. Il nous apprend aussi qu'il a supprimé les rimes et les remplissages dont son devancier s'était servi, et qu'il a terminé sa tâche l'an 1691 de J. C. Chaque évangile est précédé d'une courte introduction, renfermant des réflexions morales. La préface ainsi que les introductions sont écrites dans un style très-recherché. Les soixante derniers feuillets renferment un glossaire des mots peu usités qui se rencontrent dans la préface et dans la version elle-même. Ce vocabulaire nous offre les mots dans l'ordre où ils se présentent au lecteur qui parcourt le volume. Nous lisons dans la notice d'Ascari qui se trouve en tête du volume, qu'il n'existe que deux exemplaires de cette version, l'un à la Bibliothèque du Roi et l'autre à Alep.

Voici le commencement du second chapitre de l'évangile de S. Matthieu :

فاما.مولد يسوع المسيح فهكذا كان اذ كانت مريم امه مملكة بوسف[1] من قبل ان يتعارفا أُلفيت[2] حاملا من روح القدس فاما يوسف خطيبها فكان عدلا ولم يرد[3] ان يشهر امرها وفكر معتقدا تسريحها سرًّا

Commencement du premier chapitre de l'évangile de S. Marc :

بدو انجيل يسوع المسيح بن الله في مصحف[4] اشعيا النبى انى مرسل ملكى امام وجهك ليلحب طريقك قدامك الصوت الذى يهتف في القفر خذوا اهبة لصراط الرب ومهدوا سبله

Commencement de l'évangile de S. Luc :

لان الاكثرين اثروا ان يدوّنوا اقاصيص الامور التى نحن بمعرفتها اولى حسبما اداه الينا الذين كانوا شاهدين

Commencement de l'évangile de S. Jean :

في البدى كان الكلمة والكلمة كان لدى الله والله هو الكلمة

[1] Le ms. porte بيوسف. H. Z.

[2] Lisez أُلفيت, ainsi que porte le ms. H. Z.

[3] C'est ainsi qu'on lit dans le ms. H. Z.

[4] Lisez, d'après le ms., كما رقم في مصحف. H. Z.

هذا كان فى القديم موجودا عند الله كل به كون ولا شىء موجود من دونه مما كان

Papier. 243 feuillets. Hauteur, 20 centimètres et demi; largeur, 14 centimètres et demi. 15 lignes par page. — (Ancien fonds 24 B.)

59.

L'évangile de S. Matthieu, rapproché des autres évangiles, et commenté par S. Jean Chrysostome et d'autres Pères de l'Église.

Le premier feuillet de l'ouvrage commence par ces mots :

من تفسير معانى انجيل متى
وما جا فى اناجيل مرقس ولوقا ويوحنا وال...
ذلك ما فسره يوحنا فم الذهب وجماعة من الابا القديسين

قال ان الانجيل لفظة يونانية وتفسيرها البشارة والمعرفه معرفه الاله تبارك وتعالى وتوحيد جوهره وتثليث اقانمه التى هى صفاته الذاتيه وتجسد الكلمة التى هى احد الاقانيم واتحادها بالجسد وما فعله السيد المسيح الذى هو الخ

Derniers mots de l'ouvrage :

وختم قوله بلفظة امين وتفسيرها وهو القسم الذى قسم به له المسيح الى الابد امين

Le ms., très-bien écrit, paraît être du xve siècle. Les traits de l'écriture du premier feuillet, étant devenus très-pâles, ont été rétablis par un scribe ignorant et maladroit.

Papier. 78 feuillets. Hauteur, 24 centimètres et demi; largeur, 16 centimètres et demi. 19 lignes par page. — (Ancien fonds 28.)

60.

Copie de l'évangile de S. Jean, faite à Paris, l'an 1599, par un natif de Marseille, appelé سوفين (*Soufin?*). Henri IV avait, dit-on, à son service, un valet de pied nommé Honoré Sofeyn.

Papier. 96 feuillets. Hauteur, 17 centimètres; largeur, 11 centimètres. 10 lignes par page. — (Supplément 26, Jacobins S. Honoré.)

61.

L'évangile de S. Jean, précédé d'une courte biographie de cet évangéliste, et de l'indication des passages de l'Ancien Testament qui se trouvent mentionnés dans son évangile.

Papier. 165 feuillets. Hauteur, 10 centimètres; largeur, 6 centimètres et demi. 9 lignes par page. Ms. daté de l'an 1665 de J. C. — (Ancien fonds 27 A.)

62.

L'évangile de S. Jean.

Le premier chapitre commence ainsi :

فى البدء كان الكلمة والكلمة كان عند الله والله هو الكلمة كان هذا قديما عند الله كل به كان وبغيره لم يكن شىء مما كان

Papier. 84 feuillets. Hauteur, 21 centimètres; largeur, 15 centimètres. 10 lignes par page. Ms. du xviie siècle. — (Ancien fonds 24.)

63.

Les Épîtres et les Actes des Apôtres. Ce ms., très-bien écrit, est une copie faite l'an 1056 des martyrs (1340 de J. C.), sur un volume écrit l'an 1016 de la même ère (1300 de J. C.), et renfermant la traduction d'une version syriaque des Épîtres et des Actes. En tête se trouve une préface de quatre pages, traitant de la conversion et de la mission de S. Paul. Une seconde préface, traduite apparemment du syriaque, traite de la vie et des épîtres de S. Paul, et se termine par une table des passages empruntés par cet apôtre à l'Ancien Testament. Suivent les épîtres de S. Paul, de S. Pierre, de S. Jean et de S. Jacques, et les Actes des Apôtres. On trouve, aux folios 1, 100, 114, 186 et 187, quelques passages en copte.

Papier. 188 feuillets. Hauteur, 25 centimètres et demi; largeur, 16 centimètres et demi. 17 lignes par page. — (Ancien fonds 21.)

64.

Les Épîtres et les Actes. Ce ms., d'une belle écriture, paraît être du xve siècle. Il renferme :

1° Une courte notice sur la vie et les écrits de S. Paul.

2° Les quatorze Épîtres de S. Paul.

3° Les Épîtres catholiques.

4° Les Actes des Apôtres.

On lit au commencement de la quatorzième épître, celle qui est adressée aux Hébreux, que ce texte, conforme à la version syriaque, est la quatrième épître dans la version copte saïdique, et la dixième dans la version copte bohaïrite. Les divisions du texte sont marquées, en chiffres coptes, sur les marges de la plupart des feuillets.

Papier. 157 feuillets. Hauteur, 26 centimètres; largeur, 16 centimètres et demi. 19 lignes par page. — (Ancien fonds 22.)

65.

Les Épîtres de S. Paul, les Épîtres catholiques et les Actes des Apôtres, traduits, comme on l'apprend par une note inscrite au fol. 4 v°, du syriaque, et précédés d'une courte introduction.

Papier. 247 feuillets. Hauteur, 21 centimètres; largeur, 15 centimètres et demi. 13 lignes par page. Ms. daté de l'an 1330 des martyrs (1614 de J. C.). — (Supplément 31, Saint-Germain 244.)

66.

Les Épîtres de S. Paul, les Épîtres catholiques et les Actes des Apôtres.

Papier. 297 feuillets. Hauteur, 21 centimètres et demi; largeur, 15 centimètres. 13 lignes par page. Ms. daté de l'an 1367 de l'ère copte (1641 de J. C.). — (Ancien fonds 25.)

67.

L'Apocalypse, avec un commentaire qui s'étend jusqu'au verset 6 du chapitre xx. Rien dans le texte n'indique le nom de l'auteur; nous voyons seulement qu'il était partisan des doctrines professées par les Millénaires, et qu'il cite (fol. 196 v°) les opinions de S. Ankolitos (انقوليطس, peut-être ايغوليطس *Hippolytus*), pape de Rome (بابا رومية), et de Paul Boûschì, évêque égyptien (بولص اسقف مصر المعروف بالبُوشى), au sujet du *nombre de la Bête*. On sait que S. Hippolyte, évêque et martyr, vivait dans le IIIe siècle. On a de lui un ouvrage intitulé «De Antechristo liber». On lit sur le premier feuillet que l'auteur de ce commentaire était S. Jean Chrysostome, indication changée en انقوليدس بابا رومية par celui qui a inscrit sur le recto du même feuillet le titre de l'ouvrage, en l'attribuant, et bien à tort, à Ankolithos, pape de Rome, et à Paul Boûschì, évêque d'Achmounaïn. Il faut observer que ce feuillet et le suivant sont d'une écriture beaucoup plus moderne que le corps de l'ouvrage. Il n'y a ni préface, ni introduction. Voici le troisième verset du premier chapitre (voyez fol. 4 v°), avec le commencement du commentaire :

فطوباهم الذين يقراؤن والذين يسمعون اقوال هذه النبوة
ويحفظون المكتوبات فيها لان الزمان قريب
يريد بحفظ هذه النبوة الاتعاظ بها والعمل بحسبها ويريد
بالمكتوبات معانيها والزمان تعريفه مقدار الحركة من جهة
المتقدم والمتاخر وقيل فيه ايضا انه الخ

Papier. 312 feuillets. Hauteur, 23 centimètres et demi; largeur, 18 centimètres. 15 lignes par page. Ms. de la fin du XVe siècle. — (Ancien fonds 23.)

II.

LIVRES APOCRYPHES ET PSEUDÉPIGRAPHES.

68.

1° Testament que notre père Adam adressa à son fils Seth.

2° (Fol. 11.) Paraboles tirées d'animaux, d'oiseaux, de plantes, etc., et appliquées à Jésus le Messie et à ses doctrines[1].

3° (Fol. 22.) Extrait d'un discours de S. Jean Chrysostome sur la patience.

4° (Fol. 36.) Sept discours de سبريانوس) نيونوبانويس *Severianus*), évêque de Gabala (جبلة), sur les jours de la création. (Voyez la «Bibliotheca græca» de Fabricius, éd. de Harless, t. X, p. 508.)

5° (Fol. 67.) Pièce intitulée : (*sic*) هذا ما كتب جنس قسيس قسطنطينية عن التدبير (*lis.* تدبير) الطوبانى ابغانيوس اسقف قبرص الجزيرة «Écrit de Jean, prêtre de Constantinople, touchant l'éducation du bienheureux Épiphane, évêque de l'île de Chypre.» (Voyez la «Biblioth. græca», t. VIII, p. 256, et t. X, p. 223.)

6° (Fol. 111.) Homélie (ميمر) sur la résurrection de Jésus-Christ.

7° (Fol. 131.) Réponse à certaines gens qui, dans leur ignorance, avaient demandé quel besoin il y avait de l'In-

[1] Cet ouvrage est une rédaction arabe assez ancienne du Physiologus. H. Z.

carnation, de la Passion et de la Résurrection de Jésus-Christ.

8° (Fol. 133.) Homélie sur la glorieuse Ascension.

9° (Fol. 142.) Homélie sur le Paraclète consolateur.

10° (Fol. 165.) Homélie sur l'assomption de la sainte Vierge (مرغريم *marat Maryam*).

11° (Fol. 182.) Homélie sur le crucifiement.

12° (Fol. 205.) Homélie prononcée par S. Théophile (ثاوفيلس), patriarche d'Alexandrie, sur les saints mystères de la Cène, le jeudi saint.

13° (Fol. 212.) Table des matières contenues dans chaque chapitre des quatre évangiles.

14° (Fol. 247.) Notice sur la vie de S. Paul. A la fin de ce traité, qui paraît avoir été rédigé pour servir d'introduction aux épîtres, l'auteur dit que les épîtres avaient été traduites du syriaque en arabe, et vérifiées sur la version copte et sur le texte grec.

15° (Fol. 250.) Le dix-huitième sermon de S. Cyrille (غرللس), de Jérusalem.

16° (Fol. 273.) Le treizième discours du même docteur.

17° (Fol. 296.) Discours intitulé : الوعض المستنيرون (*lis.* الوعظ للمستنيرين) من اجل الذى قام من بين الاموات وصعد الى السماء وجلس عن يمين الاب « Exhortation adressée à ceux qui recherchent des éclaircissements au sujet de celui qui se leva d'entre les morts et monta au ciel, où il s'assit à la droite du Père. »

18° (Fol. 312.) Quinzième discours de S. Cyrille de Jérusalem.

19° (Fol. 323.) Seizième discours du même.

20° (Fol. 340.) Dix-septième discours du même. La fin manque.

Les cinq derniers discours font partie des *Catéchèses* de S. Cyrille de Jérusalem. (Voyez la Bibliotheca græca de Fabricius, éd. Harless, t. VIII, p. 438, 440.)

Ce volume est écrit en entier de la même main. Une note inscrite au folio 110 nous apprend que ce ms. a été exécuté l'an 1651 de l'ère d'Alexandre (1339 de J. C.).

Papier. 352 feuillets. Hauteur, 25 centimètres; largeur, 17 centimètres. 13 à 17 lignes par page. — (Ancien fonds 52.)

69.

1° Histoire de Joseph, fils de Jacob.

2° (Fol. 79 v°.) Discours de S. Jean *Chrysostome* sur l'Annonciation.

3° (Fol. 86 v°.) Histoire de Job.

4° (Fol. 98 v°.) Quelques miracles de la sainte Vierge.

5° (Fol. 163.) Récit de ce qui arriva à notre seigneur Abraham et à sa femme Sarah, lorsqu'ils quittèrent la terre de Canaan pour se rendre en Égypte.

6° (Fol. 179.) Miracles opérés par l'archange Michel.

7° (Fol. 183.) Prière de Zacharie le prêtre, lors de la naissance de son fils Jean-Baptiste.

8° (Fol. 184.) Prière de S. Éphrem le Syrien.

9° (Fol. 187.) Prière de Mar-Isaac le Syrien.

10° (Fol. 191.) Sermon de Paul Boûschî (بولص البوشى) sur l'Annonciation.

11° (Fol. 224.) Sermon sur la mort de Joseph le charpentier, surnommé l'époux de Notre-Dame Marie.

Papier. 243 feuillets. Hauteur, 17 centimètres; largeur, 13 centimètres. 10 lignes par page. Ms. daté de l'an 1050 des martyrs (1334 de J. C.). — (Supplément 94, Saint-Germain 341.)

70.

1° Histoire des Pères bienheureux, descendants de Youânâdâb (يواناداب), qui s'étaient établis dans la contrée appelée la *Terre pure* (الارض الطاهرة). Ce fut S. Zosime qui, monté sur une autruche, traversa le désert, arriva à un fleuve qu'il passa miraculeusement, et trouva une population juive, dont l'aïeul s'était échappé de la captivité de Babylone. Cette légende commence à la dernière page du ms.; la suite se trouve au fol. 1 r°, et s'arrête au fol. 49 v°. Il y a plusieurs lacunes et quelques feuillets ont été intervertis.

2° (Fol. 50.) Histoire du moine Boheïra. Les trois premiers feuillets manquent, et il y a quelques lacunes au milieu du texte.

3° (Fol. 126 v°.) Interprétation d'un songe par Sibylle (سبيلا), fille d'Héraclius, chef des païens (حنفاء) d'Éphèse. Cent philosophes de la ville de Rome eurent tous ce songe dans la même nuit.

4° (Fol. 147 v°.) Controverse qui eut lieu en la pré-

sence du calife Al-Mamoun, entre Abou-Qorra (قرّة), évêque de Harrân, et quelques théologiens musulmans[1].

Papier. 215 feuillets. Hauteur, 16 centimètres; largeur, 11 centimètres. 9 lignes par page. Ms. du XVe siècle. — (Ancien fonds 170.)

71.

Ce volume renferme les mêmes opuscules que le ms. précédent, sur lequel il a été copié. Il offre les mêmes lacunes et plusieurs passages sont intervertis.

1° (Fol. 1 v°.) Sibylle d'Éphèse.

2° (Fol. 11.) Controverse soutenue par Abou-Qorra.

3° Légende de Bohaïra.

4° Voyage de Zosime chez les Pères bienheureux.

Papier. 98 feuillets. Hauteur, 16 centimètres et demi; largeur, 10 centimètres et demi. Ms. du XVIIe siècle. — 14 lignes par page. — (Ancien fonds 171.)

72.

1° Voyage de S. Zosime au séjour des bienheureux.

2° (Fol. 22.) Sur l'utilité des messes que l'on dit pour les fidèles qui sont morts en Jésus-Christ.

3° (Fol. 24.) Profession de foi orthodoxe.

4° Réponse du prêtre Abou Bâscher (باشر) à la question de savoir s'il faut accepter les prescriptions de la loi comme étant du ressort de la foi ou comme étant du ressort de la raison, ou bien comme étant du ressort de la foi et de la raison simultanément (fol. 25 v°). D'après une note qu'on lit au folio 27 v°, Abou Bâscher mourut à Ṭorâ (بطرا), l'an 920 de l'ère de Dioclétien (1204 de J. C.) (fol. 27 v°). Selon le Dictionnaire géographique de Yâqoût, le village de Ṭorâ était situé sur le Nil, près de Fostât, dans la direction de la haute Égypte.

5° (Fol. 28.) Sermon de S. Éphrem sur la pénitence.

6° Vie du saint homme Anba Barsoûmâ (برسوما), le Nu, fils de Wadjîh al-Dîn, surnommé Ibn al-Tebbân (التبان), et secrétaire de Schadjar al-Dorr (fol. 31 v°). Il mourut l'an 1033 des martyrs (1317 de J. C.). Au feuillet 42 commence l'histoire des quarante-trois miracles opérés par ce saint. On sait qu'après l'assassinat de Tourân Schâh, dernier sultan ayyoubide de l'Égypte, sa femme, Schadjar al-Dorr «bouche de perles», fut nommée régente de ce pays.

Papier. 83 feuillets. Hauteur, 19 centimètres; largeur, 14 centimètres. 17 lignes par page. Ms. daté de l'an 1074 des martyrs (1358 de J. C.). — (Supplément 91.)

73.

1° Vie et miracles de la sainte vierge et martyre *Mehrâï* (مهراى); légende racontée par Anba *Filentfos* (فيلنتفس, Philippus?), évêque de Memphis (منف).

2° (Fol. 39 v°.) Miracles de l'ange saint Michel.

Papier. 51 feuillets. Hauteur, 17 centimètres; largeur, 12 centimètres et demi. Manuscrit du XVIIe siècle — (Supplément 1964 *bis*.)

74.

1° Histoire de S. Pierre et de sa prédication à Rome.

2° (Fol. 14.) Martyre de S. Pierre.

3° (Fol. 20.) Martyre de S. Paul, à Rome.

4° (Fol. 26.) Sermon de Paul Boûschî (بولس البوشى) sur la Nativité.

5° (Fol. 39 v°.) Sermon de Paul Boûschî sur le baptême de Notre-Seigneur.

6° (Fol. 51.) Sermon composé par Jacques, évêque de Saroudj, sur le prophète Jonas (يونان) et sur la pénitence des habitants de Ninive.

7° (Fol. 79.) Sermon de Paul Boûschî sur l'Annonciation.

8° (Fol. 93.) Discours composé par Épiphane, archevêque de Chypre, pour être lu le dimanche des Rameaux.

9° (Fol. 102 v°.) Sermons de S. Jean Chrysostome sur les six jours de la création.

10° (Fol. 112 v°.) Panégyrique de Job, par S. Jean Chrysostome.

11° (Fol. 120 v°.) Sermon de S. Jean Chrysostome sur la pécheresse qui a oint le Seigneur.

[1] Sur Théodore Aboucarra et ses ouvrages, voyez Fabricius, *Biblioth. græca*, éd. de Harless, t. X, p. 364 et suiv. — Migne, *Patrol. græca*, t. XCVII, col. 1461 et suiv. — Comparez *Catal. des mss. syriaques et sabéens*, p. 155. — Dans le ms. syriaque-carschouni de la Bibliothèque nationale, n° 238, fol. 167, Aboucarra ou Aboucorra est appelé Mar-Siméon. H. Z.

12° (Fol. 133.) Sermon de S. Jean Chrysostome sur *le jeudi saint et le lavement des pieds.*

13° (Fol. 139 v°.) Sermon de S. Éphrem sur la passion de Notre-Seigneur.

14° (Fol. 144 v°.) Histoire de S. Denys l'Aréopagite, composée pour être lue le vendredi saint.

15° (Fol. 155.) Sermon de Jacques, évêque de Saroudj, sur le bon larron.

16° (Fol. 163 v°.) Sermon de Grégoire, évêque de Nysse, sur la résurrection de Notre-Seigneur.

Papier. 172 feuillets. Hauteur, 25 centimètres; largeur, 16 centimètres. 17 lignes par page. *Écriture qui paraît être de la fin du* XIII*e* siècle. — (Ancien fonds 151.)

75.

1° (Fol. 2 v°.) Actes de S. Pierre dans la ville de Rome.

2° (Fol. 18 v°.) Martyre de S. Pierre.

3° (Fol. 25.) Actes de S. Paul dans la ville de Rome.

4° (Fol. 31.) Légende des deux disciples, André et Barthélemy, et leurs actes dans la ville de Beïrout (*Bertous* برتوس).

5° (Fol. 55.) Vie et prédication de S. Thomas (توماس) dans l'Inde.

6° (Fol. 72.) Martyre de S. Thomas.

7° (Fol. 83 v°.) Traduction des passages tirés des livres prophétiques, des épîtres de S. Paul, des évangiles et des prières qu'on lit pendant la *génuflexion* le jour de la Pentecôte.

8° (Fol. 108.) Traduction des prophéties qu'on lit au catéchumène, lors du baptême.

9° (Fol. 112.) Canon composé par Anba Pierre, évêque de Behnesa, et destiné à être lu à l'office du matin, le cinquième jour du mois d'abîb, fête de S. Pierre et de S. Paul.

10° (Fol. 123.) Quelques prières pour la fête de Pâques. Sur le verso du feuillet 120, on voit six lignes en langue grecque écrites en caractères coptes. C'est une invocation adressée par le scribe à Jésus-Christ. Sur le verso du feuillet 122 et le recto et le verso du feuillet 125 se trouvent quelques lignes en copte.

Papier. 125 feuillets. Hauteur, 22 centimètres; largeur, 15 centimètres. 15 lignes par page. Le ms. paraît être du XIV*e* siècle. — (Ancien fonds 152.)

76.

Le livre appelé ordinairement «l'Apocalypse de S. Pierre» et faussement attribué à S. Clément (اقليمس). Il traite de la création du monde, du testament adressé par Adam à son fils Seth, de Moïse, d'Aaron, de Jésus-Christ, des apôtres, de l'antéchrist, de la fin du monde, etc. Dans les autres exemplaires appartenant à la Bibliothèque, ce recueil est divisé en quatre-vingt-dix-neuf chapitres. Voici la traduction de la note écrite à l'encre rouge et placée à la tête de l'ouvrage en guise de titre : «En invoquant l'aide et la faveur de Dieu, nous commençons à transcrire un de ces livres cachés (المكتومة) qui ont pour auteur S. Clément, disciple de Sim'ân al-Ṣafa (S. Pierre), et qu'il ordonna de tenir loin des regards du vulgaire. Ce livre se distingue des autres par le titre de كتاب الجال «feuillets pleins de mystères». Il contient l'exposition (littéralement : l'état) des généalogies, plusieurs mystères que notre Sauveur, Jésus le Messie, communiqua à ses disciples Sim'ân (S. Pierre) et Ya'qoûb (S. Jacques), l'indication de ce qui aura lieu à la fin des temps, la manière dont notre seigneur le Messie quittera le ciel pour reparaître dans le monde, la mention des erreurs qui s'y répandront, etc. Ce livre est un des six appartenant à Clément qui ont été cachés et gardés soigneusement dans la ville de Rome, depuis le temps des premiers disciples.»

Dans cet ouvrage apocryphe, on fait raconter par S. Clément ses entretiens avec S. Pierre.

Dans le Catalogue de la Bibliothèque Bodléienne, t. I, 2e partie, page 49, on trouve une notice sur un ms. du même ouvrage et les titres des quatre-vingt-huit premiers chapitres.

Commencement : (lisez القديس) قال اقليمس القدس انه لما طلع الهنا يسوع المسيح له المجد الى السماء وتفرق التلاميذ في اقطار الارض للبشارة الخ

Volume écrit au vieux Caire, l'an 1053 des martyrs (1336-1337 de J. C.), et reproduisant le texte d'un ms. copié, l'an 1004 des martyrs (1288 de J. C.), sur un autre ms. qui portait la date de 944 de la même ère (1228 de J. C.). Celui-ci eut pour prototype un ms. de l'an 572 de l'hégire (1176-1177 de J. C.). Notre exemplaire est très-bien écrit et porte toutes les motions.

Papier. 133 feuillets. Hauteur, 26 centimètres; largeur, 16 centimètres et demi. 21 lignes par page. — (Ancien fonds 54.)

77.

Apocalypse de S. Pierre. Voici la traduction de la préface qui, dans cet exemplaire, est un peu différente :

« Ceci est un des livres de S. Clément (الاقليمس السليح), disciple de Simon Pierre, chef des apôtres, etc. C'est un des livres mis à part (المبتوتة), que S. Clément ordonna de cacher au vulgaire. Il est appelé « Kitâb al-Madjâll » (المجال), c'est-à-dire feuillets pleins de mystères, et renferme beaucoup d'idées, les unes profondes, les autres claires, touchant les mystères que notre seigneur et Dieu et sauveur, Jésus le Messie, avait fait connaître à Sim'oûn al-Ṣafa Petros et à son disciple Ya'qoûb (S. Jacques). Ceux-ci traitèrent des choses qui eurent lieu depuis le commencement de la création et de ce qui arrivera jusqu'à la fin des temps; ils parlèrent de la seconde venue de notre Dieu et seigneur Jésus-Christ, et de ce que feront les hommes vertueux et les méchants. C'est le livre qui, depuis le temps des saints apôtres, resta caché à Nicosie (الاصقفية), ville de l'île de Chypre. »

Commencement : قال القديس اقليمس انه لما صعد ربنا والهنا وسيدنا يسوع المسيح الى السماء وتفرقت[1] التلاميذ في اقطار الارض للبشارة الخ

Papier. 71 feuillets. Hauteur, 32 centimètres; largeur, 21 centimètres. 26 lignes par page. Ms. daté de l'an 1076 de l'hégire (1665 de J. C.). — (Ancien fonds 53.)

78.

Apocalypse de S. Pierre. La préface de cet exemplaire est à peu près la même que celle du n° précédent, seulement le nom de la ville de Nicosie est écrit الافقسية.

Papier. 185 feuillets. Hauteur, 24 centimètres et demi; largeur, 18 centimètres. 16 lignes par page. Ms. du XIIIe siècle, sauf les huit derniers feuillets. — (Ancien fonds 53 A.)

79.

L'Apocalypse de S. Pierre.

Papier. 305 feuillets. Hauteur, 18 centimètres; largeur, 14 centimètres. 13 lignes par page. Ms. du XVe siècle. — (Ancien fonds 70.)

80.

1°. La vie de S. Paul, précédée d'une courte introduction.

2°. (Fol. 10 v°.) L'épître adressée par S. Paul à l'Église de Laodicée. Le copiste dit avoir copié ce texte sur un ms. écrit en caractères maghrébins, l'an 1151 de J. C. Ce ms. renfermait les épîtres traduites du latin en arabe par يرونم, nom qui, probablement, est une transcription de Hieronymus (S. Jérôme).

3°. (Fol. 17 v°.) L'Apocalypse de S. Jean.

Papier. 83 feuillets. Hauteur, 26 centimètres et demi; largeur, 19 centimètres. 10 lignes par page. Ms. du XVIIe siècle. — (Ancien fonds 142.)

81.

1° Fin de la légende de S. André l'apôtre.

2° (Fol. 4 v°.) « Les actes de S. André et de S. Barthélemy, disciples de notre seigneur Jésus-Christ. Ce fut dans la ville de Barnous (برنوس), après leur retour des oasis, qu'ils opérèrent ces choses. »

3° (Fol. 26 v°.) Martyre de S. André (اندراوس), disciple du Seigneur.

4° (Fol. 31.) Histoire de S. Jacques, fils de Zébédée et frère de S. Jean l'évangéliste. Récit de sa prédication dans la ville de Debriâ (دبريا) et de son martyre.

5° (Fol. 39 v°.) Martyre de S. Jean l'évangéliste, fils de Zébédée. Ce récit fut écrit par S. Prochorus (? ابروخورس), parent de S. Étienne, disciple et diacre[2].

6° (Fol. 68 v°.) Histoire de S. Pierre, chef des disciples, et de S. Philippe l'apôtre.

7° (Fol. 74 v°.) Martyre de S. Philippe le disciple.

8° (Fol. 78 v°.) Prédication de S. Barthélemy, et ses fréquentes missions dans la capitale des oasis.

9° (Fol. 90.) Apostolat de S. Thomas dans la capitale de l'Inde.

10° (Fol. 114 v° et fol. 119, l. 1.) Actes de S. Matthieu l'évangéliste dans la ville des prêtres (d'Apollon).

11° (Fol. 131.) Martyre de S. Jacques, fils de Cléophas (خلفا) et disciple du Seigneur.

[1] Lisez وتفرقت. H. Z. — [2] C'est le récit bien connu attribué à S. Prochore, l'un des sept diacres. Voyez *Catal. des mss. syriaques de la Bibliothèque nationale*, p. 189. H. Z.

12° (Fol. 132 v°.) Martyre de Simon ou Jude, fils de Cléophas (سيمن ابن اكلاوبا).

13° (Fol. 136 v°.) Prédication de Jude (يهودا) le Bienheureux, frère du Seigneur, nommé aussi Thaddée (طداوس).

14° (Fol. 144.) Apostolat du bienheureux Matthieu[1] (متياس), disciple du Seigneur, dans la ville dont les habitants mangeaient les hommes.

15° (Fol. 157 v°.) Martyre du même.

16° (Fol. 161.) Apostolat de S. Jacques le disciple, appelé le frère du Seigneur.

17° (Fol. 163 v°.) Son martyre.

18° (Fol. 169.) Panégyrique de S. Marc l'évangéliste, par l'évêque Sévère[2].

19° (Fol. 195.) Martyre de S. Luc, disciple, apôtre et évangéliste. La fin manque.

20° (Fol. 200.) Histoire de Macaire (مقاريوس) le Grand, et de son frère, Macaire d'Alexandrie. L'auteur de ce récit s'appelait Julien (يوليانس), et était natif d'Aqfâs, dans la haute Égypte[3].

21° (Fol. 236.) Récit de la vie de S. Philippe et de ce qui lui arriva à Carthage pendant son apostolat dans cette ville.

Papier. 241 feuillets. Hauteur, 22 centimètres; largeur, 15 centimètres. 12 à 13 lignes par page. Ms. du XVI° siècle. — (Supplément 88, Saint-Germain 242.)

III.

COMMENTAIRES DE LA BIBLE.

82.

1° Commentaire sur quelques passages de l'Ancien Testament. Le commencement manque, le premier feuillet n'étant qu'une fabrication assez moderne d'un libraire peu scrupuleux et peu instruit.

2° (Fol. 52.) Observations sur le Nouveau Testament.

3° (Fol. 68 v°.) Traité sur la nature de Dieu, par un monophysite.

4° (Fol. 73.) Notice abrégée des questions que Timothée (طيموتاوس) discuta à diverses reprises, en la présence (du calife abbaside) al-Mehdî, commandant des croyants.

Cette pièce diffère de celle qui porte à peu près le même titre et qui se trouve dans le ms. du Supplément n° 107.

5° (Fol. 95.) Discussion qui eut lieu en la présence d'un certain vizir, et dans laquelle trois docteurs chrétiens, ʿAbd-Ichoûaʿ, métropolitain nestorien, Abou-Qorra, évêque melkite, et Abou-Râïṭa (رايطة), le jacobite, expliquèrent leurs croyances respectives.

Cet opuscule n'est pas le même que celui qui est contenu dans le ms. n° 114 de l'Ancien fonds.

6° (Fol. 98.) Réfutation des astrologues par le schaïkh Abou 'l-Fatḥ ʿAbd-Allah Ibn al-Fadhl.

7° (Fol. 100.) «Que chaque chose procède de Dieu, soit par un effet de son bon plaisir, soit par suite d'une disposition formelle, soit encore par suite de son indifférence.» كلام فى صدور الامور عن مسرة الله وسياسته ومع تخليته

8° (Fol. 101 v°.) Commentaire sur cette parole de l'Évangile : «Mon père, qui est aussi le vôtre, etc.»

9° (Fol. 102.) Traité de morale et de théologie, composé par Ibn Atredî (اتردى), le nestorien, et intitulé «le Guide» (كتاب الهداية). L'auteur, qui était disciple d'Ibn al-Tayyib, a laissé un traité de médecine, intitulé «le Sufficient» (المغنى فى الطب)[4].

10° (Fol. 138.) Épître de Mar-Élie (ايليا), métropolitain de Nisibe.

Dans ce traité, l'auteur fournit au vizir Abou 'l-Qâsim Ḥosaïn Ibn Alî al-Maghrebî des éclaircissements sur les doctrines de la religion chrétienne. Ce ministre lui avait demandé des renseignements à ce sujet, l'an 417 de l'hégire, pendant qu'il était à Nisibe. L'épître commence par une préface de six pages. Les derniers feuillets du traité ayant disparu, on les a remplacés par quatre autres, d'une écriture très-serrée et renfermant le commencement d'un sermon prononcé à l'occasion de la fête de Barkhaumâ (برخوما). Le vizir Ḥosaïn Ibn ʿAlî al-Maghrebî mourut l'an 418 de l'hégire. Sa vie se trouve dans le Dictionnaire biographique d'Ibn Khallicân[5].

11° (Fol. 159.) Traité de politique, par Aristote (كتاب

---

[1] Lisez *Mathias*. H. Z.

[2] Sévère, évêque d'Aschmounaïn. H. Z.

[3] يوليانس الاقفاصى كاتب سير الشهدا. Sur S. Jules et son recueil de vies des Saints, voyez *Catal. des mss. éthiopiens de la Bibliothèque nationale*, p. 156 et *passim*. — Georgi, *De miraculis S. Coluthi*, Præf., p. XXXIV et suiv. — Dans le synaxare arabe des Jacobites, au vingt-deuxième jour du mois de tôt, le nom du saint et celui de la ville sont écrits plus correctement, يولياس الاقفهصى. H. Z.

[4] Ibn-Atredî est probablement le surnom d'un auteur connu sous le nom de Abou 'l-Ḥasan Saʿîd-ben-Hibatallah. H. Z.

[5] Comparez Assemani, *Bibliotheca orientalis*, tome III, pars I, p. 270. H. Z.

(السياسة لارسطاطاليس), adressé à son disciple, Alexandre, fils de Philippe, surnommé Dsou 'l-Qarnaïn.

Cet ouvrage, faussement attribué au grand philosophe grec, renferme dix discours ou chapitres, dont le dernier, ayant pour sujet les talismans, est rempli de caractères cabalistiques. Suivent quatre pages, que le copiste avait laissées en blanc, et qu'une main peu exercée a couvertes de prescriptions médicales et de signes cabalistiques. Le copiste reprend ensuite le traité de politique, et donne le commencement d'un chapitre qui traite des plantes. Puis viennent d'autres prescriptions médicales.

Papier. 200 feuillets. Hauteur, 18 centimètres; largeur, 14 centimètres. 11 lignes par page. Le ms. paraît être du XIVe siècle. — (Ancien fonds 112.)

83.

Copie d'une partie des notes qui se trouvent inscrites sur les marges du ms. n° 6. Le copiste, Solaïmân Ibn Ya'qoûb, a terminé le quarante-troisième feuillet de ce volume l'an 1685 de J. C. Les quatre derniers feuillets paraissent être d'une autre main et renferment de courtes notices obituaires, dont la plupart se trouvent également sur les marges du ms. cité.

48 feuillets. Hauteur, 15 centimètres; largeur, 11 centimètres. 14 lignes par page. — (Ancien fonds 35.)

84.

Les Homélies de S. Jean Chrysostome sur la Genèse. Le texte, écrit à deux colonnes, est incomplet, plusieurs feuillets ayant disparu, à la fin du volume. Une partie du soixante-cinquième discours et les deux derniers, le soixante-sixième et le soixante-septième, manquent.

Papier. 328 feuillets. Hauteur, 33 centimètres et demi; largeur, 24 centimètres. 24 lignes par page. Ms. de la fin du XIVe siècle. — (Ancien fonds 60, Colbert 947.)

85.

Seconde partie du commentaire d'Abou 'l-Faradj 'Abd-Allah Ibn al-Ṭayyib sur les quatre Évangiles. C'est un volume dépareillé du ms. original de l'ouvrage qui renferme l'explication de deux évangiles seulement, celui de Luc et celui de Jean. Selon une indication fournie par Bar-Hebræus, Ibn al-Ṭayyib mourut l'an 1355 d'Alexandre (1043 de J. C.). Ce commentaire, rédigé d'abord en syriaque, fut traduit en arabe par l'auteur lui-même.

Il manque un feuillet entre ceux qui sont numérotés 79 et 80.

Papier. 164 feuillets. Hauteur, 26 centimètres; largeur, 17 centimètres. Les premières pages portent 18 lignes, les pages suivantes 19. Ms. du XIe siècle. — (Supplément 28 *bis*, Saint-Germain 217.)

86.

Commentaire d'Abou 'l-Faradj Ibn al-Ṭayyib sur les quatre Évangiles. Ce volume renferme l'explication des évangiles de S. Marc, de S. Luc et de S. Jean; il a été copié sur l'exemplaire précédent, en l'an 964 des martyrs (1248 de J. C.).

Papier. 303 feuillets. Hauteur, 25 centimètres; largeur, 17 centimètres et demi. 18 lignes par page. — (Supplément 28, Saint-Germain 29.)

87.

Commentaire sur les évangiles que l'on récite chaque dimanche de l'année, tant de jour que de nuit, ainsi que sur les évangiles des fêtes du Seigneur (الاعياد السيدية). C'est un abrégé des commentaires de S. Jean Chrysostome et d'autres docteurs. Le dernier feuillet, qui remplace un feuillet perdu, porte la date de l'an 1310 des martyrs (1593 de J. C.).

Papier. 166 feuillets. Hauteur, 26 centimètres; largeur, 17 centimètres et demi. 14 à 15 lignes par page. Ms. de la fin du XVe siècle ou du commencement du XVIe. — (Ancien fonds 61.)

88.

1° Explication des évangiles des dimanches et des fêtes de l'année copte.

2° (Fol. 212.) Abrégé d'un discours sur la nativité du Sauveur, par Jacques, évêque de Saroudj.

3° (Fol. 217.) Discours de S. Grégoire de Nazianze sur le même sujet.

Les derniers feuillets de cette pièce manquent.

4° (Fol. 234 v°.) Discours sur la diversité des doctrines professées par les sectes chrétiennes.

Cette pièce est d'une main moderne.

Papier. 240 feuillets. Hauteur, 14 centimètres; largeur, 11 centimètres. 12 à 13 lignes par page. Ms. qui paraît être de la fin du XIVe siècle. — (Supplément 75, Saint-Germain 528.)

89.

Explication des épîtres et des évangiles que l'on récite dans l'Église copte pendant la semaine sainte. Parmi les Pères et docteurs de l'Église dont les ouvrages ont été mis à contribution par le compilateur, on remarque S. Jean Chrysostome, S. Cyrille, S. Athanase et S. Basile.

Le volume porte la date de 1311 de l'ère des martyrs (1595 de J. C.).

Papier. 304 feuillets. Hauteur, 21 centimètres et demi; largeur, 16 centimètres. 14 et 15 lignes par page. — (Ancien fonds 32.)

90.

Première partie d'un commentaire sur les évangiles et les épîtres que l'on récite, les dimanches et les fêtes, dans l'Église copte. En tête se trouve une introduction qui remplit plus de cinquante pages.

Papier. 395 feuillets. Hauteur, 21 centimètres; largeur, 15 centimètres. 13 lignes par page. Ms. du XVIIe siècle. — (Ancien fonds 33, Colbert 4539.)

91.

Ce volume renferme la suite de l'ouvrage contenu dans le ms. précédent et en forme le second volume. Une note inscrite sur le dernier feuillet nous apprend que ce ms. avait été collationné l'an 1314 des martyrs (1598 de J. C.).

Papier. 288 feuillets. Hauteur, 21 centimètres; largeur, 15 centimètres. 13 lignes par page. — (Ancien fonds 34.)

92.

Sixième volume d'une version arabe des Homélies de S. Jean Chrysostome sur l'Évangile de S. Matthieu. Après la liste des chapitres, dont il ne reste que la dernière page, viennent la soixante-seizième homélie et les suivantes, jusqu'à la quatre-vingt-dixième, qui est incomplète. Titre : شرح مقالة متى البشير العشار احد الاثنى عشر تلميذ لابينا الجليل فى القديسين يوحنا الذهبى الفم رييس اساقفه القسطنطينيه « Commentaire sur les paroles de Matthieu l'évangéliste et publicain, l'un des douze disciples; ouvrage de notre père, qui tient un rang éminent parmi les saints, Jean Bouche-d'Or, chef des évêques de Constantinople. »

Papier. 169 feuillets. Hauteur, 24 centimètres; largeur, 16 centimètres et demi. 16 lignes par page. Ms. du XVIe siècle. — (Ancien fonds 29, Colbert 4826.)

93.

Commentaire sur l'Évangile de S. Jean. C'est une compilation dont les écrits de S. Jean Chrysostome, de S. Cyrille, de S. Sévère[1], de S. Athanase, de S. Grégoire et d'autres Pères de l'Église ont fourni des matériaux. Ce volume paraît être de la fin du XIVe siècle. Il a beaucoup souffert de l'humidité. On voit sur le recto du premier feuillet une prière en carschouni.

Papier. 108 feuillets. Hauteur, 26 centimètres; largeur, 18 centimètres. 14 à 16 lignes par page. — (Ancien fonds 30.)

94.

Commentaire de S. Jean Chrysostome, patriarche de Constantinople, sur une partie de la première épître de S. Paul aux Corinthiens. L'ouvrage est divisé en dix-sept discours, dont chacun est suivi d'une exhortation.

Papier. 126 feuillets. Hauteur, 24 centimètres et demi; largeur, 16 centimètres. 18 lignes par page. Ms. très-bien écrit et daté de l'an 952 des martyrs (1236 de J. C.). — (Supplément 32, Saint-Germain 33.)

95.

Commentaire de S. Jean Chrysostome sur l'Épître de S. Paul aux Hébreux, traduit du grec en arabe par Constantin le prêtre (الكاهن), natif d'Antioche. Le texte de cette traduction est identiquement le même que celui de

[1] Sévère, patriarche d'Antioche. H. Z.

la traduction attribuée à ʿAbd-Allah Ibn al-Fadhl (voyez le numéro suivant). Ce volume est daté de l'an du monde 6726 (1218 de J. C.).

Papier. 301 feuillets. Hauteur, 21 centimètres; largeur, 15 centimètres et demi. 17 lignes par page. — (Supplément 71, Saint-Germain 30.)

96.

Trente-quatre homélies de S. Jean Chrysostome, dans lesquelles il explique l'Épître de S. Paul aux Hébreux. Ces discours furent traduits du grec en arabe par le métropolitain ʿAbd-Allah Ibn al-Fadhl. Une autre main a écrit sur le dernier feuillet que ce ms. fut copié par les soins de Sophrone, évêque melkite du Saʿîd (la haute Égypte), l'an 6737 de l'ère du monde, date qui correspond à l'an 626 de l'hégire (1229 de J. C.). Rien n'empêche d'accepter cette indication; l'aspect du volume, la qualité du papier et la forme massive de l'écriture se rapportent au XIIIe siècle de notre ère. Le premier feuillet est d'une autre main.

Papier. 217 feuillets. Hauteur, 27 centimètres et demi; largeur, 20 centimètres. 21 lignes par page. — (Ancien fonds 62, Colbert 2484.)

IV.

LITURGIES ET RITUELS.

97.

L'ordre de la messe, suivant l'usage de l'Église de Rome. Volume écrit l'an 1744 de J. C.

Papier. 24 feuillets. Hauteur, 15 centimètres; largeur, 10 centimètres. 16 lignes par page. — (Supplément 40.)

98.

Rituel de l'Église copte, composé l'an 1127 des martyrs (1411 de J. C.), sur l'ordre d'Anba Gabriel (انبا غبريال), quatre-vingt-huitième patriarche de l'Église d'Alexandrie. Cet ouvrage, rédigé en arabe et en copte, renferme les rubriques et les indications des prières que l'on récite aux cérémonies du baptême, de l'absolution, du mariage, des ordinations, de l'extrême-onction et de la prise de l'habit monastique. On y trouve aussi quelques autres prières et trois tables, dont l'une sert à déterminer les épactes; la seconde (fol. 170 et suiv.) est une table de multiplication, et la troisième (fol. 174 et suiv.) présente les formes des chiffres arabes, diwani, coptes et indiens.

Papier. 175 feuillets, dont plusieurs sont restés en blanc. Hauteur, 21 centimètres; largeur, 15 centimètres. 14 lignes par page. — (Ancien fonds 42.)

99.

Rites du baptême et du mariage dans l'Église copte.

Papier. 284 feuillets, paginés de gauche à droite, et, de plus, 15 feuillets paginés de droite à gauche. Hauteur, 23 centimètres; largeur, 17 centimètres. 15 lignes par page. Ms. du XVIIe siècle. — (Supplément 1961 *bis*. Renaudot.)

100.

Différents traités ayant pour sujet la préparation du saint chrême, selon le rite de l'Église copte.

Le premier ouvrage, composé par un prélat copte, sur la demande du suffragant d'Anba-Yaʿqoûb, *maphrien* (مفريان) de l'Église orthodoxe jacobite de Mossoul, renferme la description du saint chrême, et traite ensuite de la manière dont on le renouvelle, des ingrédients dont il doit se composer et des procédés employés dans sa préparation; en un mot, de tous les usages de l'Église copte à cet égard. Suivent six autres traités, renfermant la description des rites que les patriarches d'Alexandrie avaient suivis dans la préparation et dans la bénédiction du saint chrême, aux années 1015, 1021, 1036, 1046, 1056 et 1062 de l'ère des martyrs (1299, 1305, 1320, 1330, 1340 et 1346 de J. C.).

La seconde partie du volume contient un ouvrage écrit en copte et en arabe, qui traite du même sujet.

Papier. 181 feuillets. Hauteur, 26 centimètres; largeur, 17 centimètres et demi. 17 lignes par page pour les traités arabes, 21 à 26 pour les traités coptes. Ms. du XIVe siècle. — (Ancien fonds 37.)

101.

Prière qu'on récite sur le métropolitain, lors de son intronisation. Cette prière remplit quatorze feuillets, mais elle n'occupe que la moitié de chaque page; l'autre moitié devait probablement recevoir la traduction copte. Le

cahier suivant se compose de six feuillets, et contient la formule d'exhortation (وصية) adressée aux métropolitains et aux évêques, lors de leur intronisation (تقرير). Dans le premier cahier, les pages se suivent de gauche à droite.

Papier. 20 feuillets. Hauteur, 27 centimètres; largeur, 19 centimètres. 22 lignes par page. Ms. du XVIIe siècle. — (Supplément 1959 *bis.*)

V.

OFFICES ET PRIÈRES.

102.

Prières usitées dans l'Église melkite. Cette collection est distribuée en dix-huit sections, dont la cinquième (fol. 64 v°) est un octoêchos qui paraît être celui de Jean de Damas.

Papier. 299 feuillets. Hauteur, 9 centimètres; largeur, 7 centimètres. 12 lignes par page. Ms. daté de l'an 1596 de J. C. — (Ancien fonds 46.)

103.

1° Octoêchos (*ὀκτωήχος*), intitulé : كتاب يشتمل على الثمانية لحان تمجيدًا لقيامة الربّ يسوع ذات البرهان «Livre renfermant les huit tons pour la glorification de cette preuve irréfragable, la résurrection du Seigneur Jésus.» Il est dit encore dans le titre que cet ouvrage eut pour auteurs le saint père Jean, prêtre de Damas (S. Jean Damascène), et d'autres maîtres éminents, compositeurs de rhythmes. Titre du premier ton : اللحن الاول للقيامة عشية الاحد على كيريا اككركصا ستشراريات انسطاسيما «Premier ton pour la résurrection, le dimanche soir, sur (le ton de) *Κύριε ἐκέκραξα σΤιχηρὰ* (?) *ἀνασΤάσιμα.*» Commencement : لصلاتنا المسايية اقبل ايها الرب القدوس وامنحنا غفران الخطايا الخ

En tête du volume on lit que S. Jean Damascène portait le surnom de *Medjra al-Dsahab* «ruisseau d'or, Chrysorrhos». Voyez la «Bibliotheca græca» de Fabricius, éd. Harless, t. VII, p. 701, et t. IX, p. 738.

2° (Fol. 145 v°) الاكسابستلارو الاحد عشريات اما الذُكصايات تاليف لاون الملك الجزيل الحكمة واما الاكسابستلارى لابنة [lisez : لابنه] الملك قسطنطين «Les onze *ἐξαποσΤειλάρια*. Les *Doxa* sont l'ouvrage de Léon, roi de haute sagesse (l'empereur Léon, le sage ou le philosophe), mais les *Exaposteilaria* ont pour auteur son fils, le roi Constantin.» Le premier *exaposteilarion* commence ainsi : لنجتمع ونحن مع التلاميذ فى جبل الخليل[1] لنعاين بايمان المسيح قايلا قد اخذت سلطان فى السماء فوق وعلى الارض اسفل

3° (Fol. 154.) قانون الفصح المجيد[2] تاليف ابينا البارّ يوحنا القس الدمشقى «Canon (hymne) de la Pâque glorieuse, œuvre de notre saint père Jean, prêtre de Damas.»

Papier. 161 feuillets. Hauteur, 21 centimètres; largeur, 15 centimètres. 17 lignes par page. Ms. daté de l'an 7166 du monde. — (Ancien fonds 44, Colbert 4515.)

104.

Recueil d'hymnes à l'usage de l'Église melkite. On y trouve tous les *troparia* (اطروباريات) et les *contakia* (قنادق) que l'on récite dans le cours de l'année. Ouvrage traduit du grec (وهو منقول من الرومى).

Papier. 105 feuillets. Hauteur, 16 centimètres; largeur, 10 centimètres. 12 lignes par page. Ms. du XVIe siècle. — (Ancien fonds 51, Colbert 6502.)

105.

Leçons et prières usitées dans les offices de l'Église melkite pendant le carême et les fêtes de l'année. Ce ms. fut écrit l'an 7084 du monde (1576 de J. C.), par un moine de Daïr-Kanîsa (دير كنيسة), couvent situé dans le village d'Ablaḥ (ابلح), arrondissement de Karak-Nouḥ. Cet endroit est situé dans la Cœlésyrie, au sud-ouest de Baalbec et à une demi-lieue de Zehlé.

Papier. 107 feuillets. Hauteur, 28 centimètres et demi; largeur, 20 centimètres. 18 et 19 lignes par page. — (Ancien fonds 36.)

106.

Leçons tirées des Actes des apôtres et des Épîtres de S. Paul, et destinées à être récitées aux jours de fête, selon l'usage de l'Église melkite. Chacune de ces leçons est suivie d'un commentaire qui paraît être de S. Jean Chrysostome. Vient ensuite un calendrier indiquant les fêtes de l'année syriaque et renfermant des passages ex-

[1] Le ms. porte الجليل. H. Z. — [2] Lisez المجيد. H. Z.

traits des Épîtres de S. Paul, accompagnés aussi de commentaires. Au commencement du volume se trouvent trois feuillets d'une autre main renfermant des prières à l'usage des personnes qui assistent à la messe. Ce ms. paraît être du XVIIe siècle.

Papier. 168 feuillets. Hauteur, 21 centimètres et demi; largeur, 16 centimètres. 13 à 15 lignes par page. — (Ancien fonds 26.)

107.

1° Prières du jour et de la nuit, à l'usage de l'Église melkite.

2° Petite collection de prières diverses.

3° Histoire apocryphe du patriarche Job (fol. 162), intitulée : قصة ايوب المبتلى الصابر على ما جرى عليه «Histoire de Job l'éprouvé, qui souffrit avec patience ce qui lui était arrivé.» Le dernier feuillet de cette légende manque.

Papier. 188 feuillets. Hauteur, 15 centimètres; largeur, 9 centimètres. 9 à 13 lignes par page. Ms. daté de l'an 1385 de J. C. — (Ancien fonds 50, Colbert 6567.)

108.

1° Livre d'Heures à l'usage de l'Église melkite.

2° عظة من القديس اغراغوريوس الثاولوغس وتفسيرها «Les conseils moraux de S. Grégoire le théologien, avec commentaire.»

3° Les Psaumes, jusqu'au commencement du cent vingt-neuvième. Cette version se rapproche du texte de la Propagande.

Au verso du dernier feuillet du ms., on lit vingt et une lignes en grec. Cette note nous apprend qu'un diacre, natif de Thessalonique, avait relié le volume l'an 6929 de l'ère du monde (1421 de J. C.). La reliure actuelle est beaucoup plus moderne et a été faite à Paris.

Papier. 265 feuillets. Hauteur, 16 centimètres; largeur, 11 centimètres et demi. 10 à 12 lignes par page. — (Ancien fonds 48.)

109.

Livre d'Heures de l'Église melkite. Les cinq derniers feuillets, d'une écriture plus moderne, renferment des prières spéciales.

Papier. 149 feuillets. Hauteur, 10 centimètres; largeur, 7 centimètres. 10 à 13 lignes par page. Ms. du XVIe siècle. — (Ancien fonds 49.)

110.

Passages de la Bible, dont chacun est suivi de son antienne (ترنيمة) et de son verset des Psaumes, *prokeimenon* (بركيمنن), tels qu'on les lit dans l'Église melkite.

Papier. 189 feuillets. Hauteur, 22 centimètres; largeur, 15 centimètres et demi. 16 lignes par page. — (Ancien fonds 40.)

111.

Recueil de prières et de litanies à l'usage de l'Église melkite. Au feuillet 184 v° commence une série de prières en syriaque. Les feuillets 187 et suivants sont écrits d'une main peu exercée, et renferment encore quelques prières en arabe.

Il manque quelques feuillets au commencement et à la fin.

Papier. 199 feuillets. Hauteur, 21 centimètres; largeur, 16 centimètres. 16 lignes par page. Ms. du XVIe siècle. — (Ancien fonds 43, Colbert 4648.)

112.

Ordre des leçons que l'on récite chaque jour dans l'Église copte. Les leçons sont indiquées par les premiers et les derniers mots.

Papier. 263 feuillets. Hauteur, 16 centimètres; largeur, 10 centimètres. 9 à 12 lignes par page. Ms. du XVIe siècle. — (Ancien fonds 45.)

113.

Leçons et antiennes pour le service de la semaine sainte, selon l'usage de l'Église copte. Ce ms. a pour titre : كتاب الفصحة المقدسة «Livre de la sainte Pâque». Il est très-bien écrit et porte la date de l'an 1029 des martyrs (1314 de J. C.). Les folios 152, 153, 178, 179 sont d'une écriture moins élégante et plus moderne que les autres. Les trois derniers feuillets, apparemment de la

même main que le corps de l'ouvrage, renferment des réflexions pieuses et l'indication de certaines classes de personnes sur lesquelles on doit appeler les bénédictions de Dieu.

Papier. 185 feuillets. Hauteur, 24 centimètres; largeur, 16 centimètres. 13 lignes par page. — (Ancien fonds 41.)

114.

1° Sept supplications (طلبات) ou prières. La première est attribuée à S. Athanase et la seconde à S. Éphrem; les autres sont tirées de diverses sources. Ce ms. est bien écrit et paraît être du xve siècle; il est mutilé au commencement et à la fin, mais les feuillets qui y manquaient ont été remplacés par d'autres d'une écriture grossière et mal formée. Le copiste qui les a tracés nous informe qu'il avait eu sous les yeux un exemplaire écrit l'an 1346 des martyrs (1630 de J. C.), et reproduisant le texte d'un autre ms. qui, disait-on, avait appartenu à S. Antoine : وقيل في النسخة المنقول منها هذه النسخة انها نقلت من نسخة من كتب القديس العظيم اب جميع الرهبان انبا انطونيوس

2° (Fol. 221.) *Théotokion* (تذاكية) servant pour chaque jour de la semaine. Ces cantiques, composés en l'honneur de la vierge Marie, sont traduits du copte. En tête de chaque cantique se trouvent les premiers mots du texte copte qui y correspond. A la fin (fol. 285 v°), on lit une *doxologie* (دكصلجية) en l'honneur de la Vierge, des anges et des saints.

Papier. 310 feuillets. Hauteur, 16 centimètres; largeur, 11 centimètres et demi. 12 lignes par page. — (Ancien fonds 47.)

115.

1° Prières formant douze sections (افشين, en syriaque *pheschoh'o* « division »).

2° Prières que l'on récite au sortir du lit.

3° Prières diverses.

4° Prières que l'on récite lors de la messe.

5° Prières de plusieurs Pères de l'Église.

6° Prières diverses.

7° Prière attribuée à l'abbé Bìmìn (انبا بيمين), surnommé le Reclus (*al-Ḥabîs*).

8° Prières diverses.

Les derniers feuillets, au nombre de vingt-deux, renferment encore des prières écrites à la hâte et sans soin par une autre main.

Papier. 126 feuillets. Hauteur, 10 centimètres et demi; largeur, 7 centimètres. 18 lignes par page. Ms. du xvie siècle. — (Supplément 36.)

116.

Livre d'Heures, renfermant les prières des sept parties de la journée. Écrit à Paris, l'an 1677 de J. C., par Yoḥannâ ben Djordjos ben Qaṭâ (قطا), natif de Damas.

Papier. 150 feuillets. Hauteur, 16 centimètres; largeur, 10 centimètres. 15 lignes par page. — (Supplément 34.)

117.

Les Heures.

On a relié en tête du volume un exemplaire du psautier, en hébreu, imprimé à Paris, l'an 1545, par Robert Estienne.

Papier. Hauteur, 10 centimètres; largeur, 7 centimètres. — (Supplément 35.)

118.

Les Heures, pour l'usage des Maronites de la Syrie, et des litanies d'après le rite de l'Église romaine. Les dix premiers feuillets paraissent avoir appartenu à un psautier arabe.

Papier. 119 feuillets. Hauteur, 10 centimètres; largeur, 7 centimètres et demi. 11 lignes par page. Ms. du commencement du xviiie siècle. — (Supplément 39.)

119.

Prières et litanies. Le ms. paraît être du commencement du xviie siècle.

Papier. 22 feuillets. Hauteur, 16 centimètres et demi; largeur, 11 centimètres. 10 lignes par page. — (Supplément 43.)

120.

Prières, psaumes et litanies, à l'usage des Maronites.

On trouve à la fin du volume un tableau qui indique les fêtes mobiles, à partir de l'an 1693 de J. C. jusqu'à l'an 1800.

Papier. 126 feuillets. Hauteur, 17 centimètres; largeur, 11 centimètres. 15 lignes par page. Ms. du XVIIe siècle. — (Supplément 44.)

121.

Prières et litanies à l'usage des communiants.

Papier. 17 feuillets. Hauteur, 10 centimètres; largeur, 7 centimètres. 10 lignes par page. Ms. du XVIIIe siècle. — (Supplément 38.)

122.

Recueil maronite contenant le psaume 103, les sept psaumes pénitentiaux, des prières et des maximes des Pères de l'Église.

Papier. 16 feuillets. Hauteur, 15 centimètres; largeur, 10 centimètres. 13 lignes par page. Ms. du XVIIe siècle. — (Supplément 45.)

123.

Prières et litanies à l'usage de l'Église maronite. Petit volume écrit en France, l'an 1815, par Michel d'Alep (ميخائيل الحلبي).

Papier. 80 feuillets. Hauteur, 10 centimètres et demi; largeur, 7 centimètres et demi. 13 lignes par page. — (Supplément 37.)

124.

Petit volume écrit par un Européen et renfermant le Symbole de Nicée, le Décalogue, plusieurs prières et quelques extraits du Coran.

Papier. 49 feuillets. Hauteur, 12 centimètres; largeur, 8 centimètres. 7 lignes par page. Ms. du XVIIe siècle. — (Supplément 49.)

125.

Office de la sainte Vierge et prières qu'on doit lui adresser. Ouvrage dont les matériaux ont été tirés des écrits des saints Pères et mis en ordre par le R. P. Joseph, jésuite.

Papier. 138 feuillets. Hauteur, 11 centimètres; largeur, 7 centimètres. 13 lignes par page. Ms. du XVIIe siècle. — (Supplément 46.)

126.

Méditations pieuses pour chaque jour du mois. L'auteur dit, dans sa préface, qu'il a évité les réflexions profondes, dans le genre de celles d'Hypocrate et de Sénèque, pour ne donner que des pensées simples et dignes d'un chrétien. Volume écrit l'an 1685 de J. C., par un natif de Damas, nommé Solaïmân ben Ya'qoûb.

Titre : افكار مسيحية مرتّبة على عدد ايام الشهر يوم بعد يوم «Méditations chrétiennes pour chaque jour du mois.»

Papier. 60 feuillets. Hauteur, 12 centimètres et demi; largeur, 8 centimètres et demi. 13 lignes par page. — (Supplément 33.)

127.

1° Méditations pour les trente jours du mois et pour la messe, etc., par Petros Ibn Petros Ibn Isḥâq, prêtre maronite et économe du couvent, à Alep.

2° (Fol. 120.) Prières composées par S. François de Sales, évêque de Genève, à l'usage des prêtres qui vont célébrer la messe et des fidèles qui doivent y assister. En carschouni.

Papier. 163 feuillets. Hauteur, 14 centimètres; largeur, 9 centimètres. 21 lignes par page dans l'article 1°, 18 lignes par page dans l'article 2°. — (Supplément 1965.)

128.

1° Traité dont le premier feuillet et le titre manquent, et qui consiste en instructions, prières et méditations.

2° Ouvrage traduit de l'italien, et intitulé : «Un mois de méditations, à l'usage des jeunes catholiques qui désirent se façonner à la piété.» كتاب تامل شهري لاستعمال الاولاد القاتوليقية الشبان راغبين التقوى والعبادة

Papier. 48 feuillets. Hauteur, 13 centimètres et demi; largeur, 9 centimètres. Volume écrit l'an 1732, au Collège de la Propagande. — (Supplément 61.)

129.

Exercices spirituels pour les dix jours de la Retraite. Ouvrage composé d'abord en italien par le P. Onufre Piccini, capucin de Brescia (اونوفريوس بيچينى الراهب الكابوچينى من بلد بريسيا), et traduit en arabe, l'an 1730 de J. C., par le prêtre Josaphat (يواصف), moine de S. Antoine. L'exemplaire de la Bibliothèque fut copié sur le ms. original, l'an 1731 de J. C., par Khidr, fils de Maqdisi Hormoz, prêtre chaldéen de Ninive.

Papier. 234 feuillets. Hauteur, 15 centimètres; largeur, 10 centimètres et demi. 15 lignes par page. — (Supplément 41.)

130.

Prières et litanies à l'usage des prêtres arméniens. Volume écrit l'an 1743 de J. C., par Yoḥannâ (حنا), fils du Khodja Ya'qoûb, administrateur de l'église de Saint-Georges (مارجرجس), à Mardîn.

Papier. 53 feuillets. Hauteur, 16 centimètres; largeur, 11 centimètres. 14 lignes par page. — (Supplément 42.)

VI.

HOMÉLIES.

131.

1° Discours dans lequel Démétrius, archevêque d'Antioche (دميتريوس رييس اساقفة انطاكية), célèbre les mérites du saint martyr Victor (بقطر), fils de Romanus.

2° (Fol. 72.) Prophétie dans laquelle S. Samuel (صموييل), supérieur du monastère de Calamoûn, dans la province d'al-Fayyoûm, prédit les événements qui auront lieu lors de la fin du monde.

3° Chapitre tiré du «Discours concernant le Messie» (المقالة المسيحية), ouvrage composé par l'imâm al-Moëzz, calife d'Égypte. Il fut copié de la main de l'évêque Paulus, surnommé *natif de Damiette*, sur un exemplaire dont la souscription portait : «Fin du livre. Louange à Dieu, seigneur des mondes! Ceci a été écrit de la main de Dja'far ibn 'Âmir (عامر), au mois de djomada second de l'an 308.» L'ouvrage ne peut pas être d'al-Moëzz, qui naquit l'an 319 de l'hégire. Dans le court extrait que nous avons ici, l'auteur veut prouver que Dieu ne se laisse voir aux hommes que sous une figure humaine (ce qui, en effet, est un des principes de la religion chiite-fatimite), et cela lui donne l'occasion de citer l'apparition de Dieu sous la forme de Jésus-Christ. Comme tous les écrits qui se rapportent aux doctrines secrètes des sectes chiites, celui-ci n'est pas facile à comprendre.

4° (Fol. 90 v°.) Quelques miracles de l'ange Michel, chef des puissances célestes.

Papier. 109 feuillets. Hauteur, 15 centimètres; largeur, 11 centimètres et demi. 10 lignes par page, excepté plusieurs feuillets du traité n° 2, où le nombre des lignes varie de 11 à 13. Ms. écrit l'an 1156 des martyrs (1440 de J. C.). — (Supplément 27, Saint-Germain 527.)

132.

1° Panégyriques d'Abraham, d'Isaac et de Jacob, prononcés par S. Athanase, patriarche d'Alexandrie.

2° (Fol. 24 v°.) Homélie de S. Éphrem, ayant pour sujet la transfiguration du Messie sur le mont Thabor (طور تابور).

3° (Fol. 32.) Homélie sur le trépas (انتقال) d'Anbâ Matthieu, patriarche (jacobite) d'Alexandrie, et récit du martyre de plusieurs de ses ouailles (اولاده). Nous y lisons (fol. 40 et 55) que Matthieu fut nommé patriarche l'an 1094 des martyrs (1378 de J. C.), et qu'il mourut l'an 1125 de la même ère (1409 de J. C.). L'auteur parle des rapports qui eurent lieu entre ce patriarche et les Francs. Parmi les quarante-neuf martyrs dont il fait mention, il y avait quelques Francs (fol. 50 v°, 51).

4° (Fol. 59.) Histoire de la fondation de deux églises au vieux Caire, l'une sous l'invocation de Ste Barbe (بربارة), et l'autre sous celle de S. Serge (سرجة). Dans cette légende, l'auteur parle du siège de Damiette par les Croisés, l'an 465 de l'hégire (1072 de J. C.).

5° (Fol. 75 v°.) Voyage du patriarche Abraham et de sa femme Sarah, et leur arrivée en Égypte, par S. Éphrem.

6° (Fol. 84 v°.) Homélie sur le bon larron, par Jacques, évêque de Saroûdj.

7° (Fol. 92 v°.) Homélie de S. Éphrem sur la charité, le repentir et le jugement dernier (الدينونة).

8° (Fol. 102 v°.) Histoire de l'émir Mâroûn, de ses enfants et de sa femme Marie. Ce titre est placé à la fin de l'homélie, tandis qu'en tête on lit : «Récit de quelques-uns des nombreux miracles opérés par la croix, etc.»

9° (Fol. 116.) Fragment d'une homélie qui, d'après une note ajoutée après coup, avait pour sujet Mar Mina al-'Adjâïbî (مارى مينا العجايبى).

10° (Fol. 116 v°.) Homélie composée par S. Cyrille, patriarche d'Alexandrie, pour la fête de la Sainte Croix.

11° (Fol. 124.) Histoire de la sainte femme Fîkyâ (فيقيا), épouse de Jésus, fils de Sirach, vizir de Salomon, fils de David.

12° (Fol. 127 v°.) Vie de S. Argénius (ارجانيوس) et de Marie, sa fille.

13° (Fol. 139 v°.) Panégyrique de la sainte Vierge Marie, composé par Anbâ Cyriaque (انبا هرياقوس), évêque de Behnesâ.

14° (Fol. 147 v°.) Histoire d'Hélène (هيلانه), mère de l'empereur Constantin.

15° (Fol. 156.) Questions proposées par ʿIsâ Ibn Isḥâq Ibn Zorʿa à Yoûsouf Ibn abî 'l-Ḥakîm al-Boḥaïrî, originaire de Meyâfâreqîn, l'an 377 de l'hégire (987-988 de J. C.). Ce sont des questions théologiques, au nombre de dix-sept.

16° (Fol. 166 v°.) Traité dans lequel on cherche à démontrer que les hommes qui cultivent la logique et la philosophie ne méritent pas le reproche d'irréligion. Cet écrit est attribué par le copiste à ʿIsâ, fils de Zorʿa, mais il ne renferme aucun passage qui puisse autoriser cette supposition. D'ailleurs il porte en tête la formule par laquelle les musulmans commencent tous leurs ouvrages. D'après l'auteur du «Tarîkh al-Ḥokamâ», le chrétien ʿIsâ Ibn Zorʿa naquit à Baghdâd, l'an 331 de l'hégire (942-943 de J. C.), et mourut l'an 398 (1007-1008 de J. C.).

17° (Fol. 170.) Discours d'Aristote sur le gouvernement de soi-même (التدبير). Ce traité porte aussi la formule musulmane.

18° (Fol. 171 v°.) Exposition de l'opinion des jacobites au sujet de l'incarnation de J. C.

19° (Fol. 172.) Réponse d'Anbâ David (دويد) à une question qui circulait dans la ville d'Alexandrie, au sujet de l'incarnation du Messie.

Papier. 176 feuillets. Hauteur, 20 centimètres et demi; largeur, 15 centimètres. 18 lignes par page. Manuscrit daté de l'an 1345 des martyrs (1629 de J. C.). — (Ancien fonds 71.)

133.

Vingt-six homélies de S. Basile le Grand, traduites du grec. La première homélie est incomplète, les huit premiers feuillets ayant disparu. Il en est de même de la vingt-sixième, dont la fin manque. Quelques-uns de ces discours n'existent plus en grec[1].

Papier. 287 feuillets. Hauteur, 27 centimètres; largeur, 18 centimètres. 17 à 19 lignes par page. XVᵉ siècle. — (Ancien fonds 58.)

134.

1° L'Hexaméron (الاكسيمارس), ou discours sur les six jours de la création. Les cinq premiers discours sont de S. Basile, et le sixième de S. Grégoire de Nysse.

2° (Fol. 171.) L'Apologie de S. Grégoire. Les feuillets 204 et 205 paraissent appartenir à un autre exemplaire de l'Hexaméron.

Papier. 206 feuillets. Hauteur, 26 centimètres et demi; largeur, 18 centimètres et demi. 19 lignes par page. XVIᵉ siècle. — (Ancien fonds 59.)

135.

Les sermons de S. Éphrem suivis de l'éloge de S. Éphrem par S. Grégoire, évêque de Nysse. Titre : ميامر ورسايل واقوال لابينا القديس مار افرام السرياني «Homélies, épîtres et discours de notre saint père S. Éphrem le Syrien.»

Ces sermons sont au nombre de cinquante-deux. Les titres, sauf quelques légères variantes, correspondent à ceux des cinquante-deux premières homélies qu'Assemani a indiquées dans sa «Bibliotheca orientalis», t. I, p. 150, d'après un ms. de Rome.

L'éloge composé par l'évêque de Nysse remplit trente-cinq feuillets, à partir du deux cent soixante-dix-huitième. Il a pour titre : مدحة قالها الاب القديس اغريغوريوس اسقف نيسس في الاب البارّ افرام «Éloge de S. Éphrem, prononcé par S. Grégoire, évêque de Nysse.» A la fin (fol. 293 v°),

[1] Le ms. contient : La fin de l'homélie sur le psaume 1ᵉʳ; l'homélie sur le psaume VII; les deux homélies sur le psaume XIV; les homélies sur les psaumes XXII, XXVIII, XXIX, XXXII, XXXIII, XXXVII, XLIV, XLV, XLVIII, LIX, LXI, CXIV et CXV; les deux homélies sur le Jeûne; l'homélie sur les paroles πρόσεχε σεαυτῷ (Deutéron., chap. XV, vers. 9); l'homélie sur le passage de l'évangile de S. Luc, chap. XII, vers. 18; l'homélie περὶ εὐχαριστίας; l'homélie sur la parole de S. Paul πάντοτε χαίρετε κτλ. (1ʳᵉ ép. aux Thessaloniciens, chap. V, vers 16) et sur Sᵗᵉ Juliette; l'homélie *Quod Deus non est auctor malorum*; l'homélie *In ebriosos*. Toutes ces pièces se trouvent, en grec, dans les mss. et dans les éditions des œuvres de S. Basile. H. Z.

on lit une note qui commence par ces mots : نقل هذا المديح الابرطسبثار الكاتب الملكى ابرهيم بن يوحنا الانطاكى واملاه من كتبه بالعربية من نسخة يونانية «Le protospathaire et secrétaire, Abraham, fils de Jean le Melkite, natif d'Antioche, dicta en arabe cet éloge, au fur et à mesure qu'il le lisait dans le texte grec.»

Les deux derniers feuillets du volume contiennent des règles au moyen desquelles on peut trouver les épactes, la Pâque, la correspondance de l'ère des martyrs avec celles d'Alexandre, de J. C. et de l'hégire.

Papier. 295 feuillets. Hauteur, 23 centimètres et demi; largeur, 18 centimètres. 19 lignes par page. XIIIe siècle. — (Ancien fonds 57.)

136.

Homélies, épîtres et discours de S. Éphrem, au nombre de cinquante-deux, suivis du Panégyrique de S. Éphrem, par S. Grégoire de Nysse. En tête du volume se trouve la liste des titres.

Papier. 357 feuillets. Hauteur, 23 centimètres; largeur, 16 centimètres. 19 lignes par page. Ms. du XIIIe siècle. (Plusieurs feuillets ont été ajoutés après coup.) — (Supplément 69, Saint-Germain 35.)

137.

Les sermons de S. Éphrem et l'éloge de ce docteur par S. Grégoire, évêque de Nysse. Les quatre premières homélies et le commencement de la cinquième manquent. Le feuillet 198 n'appartient pas au volume; il faisait partie d'un livre d'Heures en langue copte.

Papier. 300 feuillets. Hauteur, 26 centimètres et demi; largeur, 18 centimètres. Les pages de la première partie du ms. portent chacune 21 lignes, les autres n'en portent ordinairement que 17. XIVe siècle. — (Ancien fonds 55.)

138.

Les homélies, épîtres et discours de S. Éphrem le Syrien, au nombre de cinquante, suivis de son éloge (fol. 350 v°), composé par S. Grégoire, évêque de Nysse. La liste des titres se trouve en tête du volume et s'accorde exactement avec celle qu'Assemani a donnée dans la «Bibliotheca orientalis», t. I, p. 150 et suiv.

Papier. 371 feuillets. Hauteur, 24 centimètres et demi; largeur, 16 centimètres et demi. 17 lignes par page. XIVe siècle. — (Supplément 67, Saint-Germain 34.)

139.

Ce volume est de deux écritures, dont la plus ancienne commence au folio 73 et finit au folio 326.

1° Les homélies de S. Éphrem, à l'exception des cinq premières, du commencement de la sixième et de la plus grande partie de la cinquante-deuxième. Une main plus moderne a écrit la plupart des feuillets qui manquaient. Le ms. commence par la liste des homélies, suivie d'une vie de S. Éphrem, qui remplit vingt feuillets. Cette notice biographique a beaucoup d'analogie avec le texte syriaque publié par Assemani dans sa «Bibliotheca orientalis», t. I, p. 26. Suivent les homélies, dont la quarante-neuvième se termine au verso du folio 326. Ce même feuillet nous donne le titre et les deux premières lignes de la cinquantième homélie, qui est restée incomplète.

2° (Fol. 327.) Discours portant ce titre : من قول ابينا القديس استافانوس صاحب المحسترية من سيق القديس مار سابا فى الاغربنيات صبحة الاحد الخ «Extrait du discours de notre père Étienne, chef (surveillant?) des cellules (ἡσυχαστήρια) de la laure de S. Saba, au sujet des vigiles (ἀγρυπνίαι) pour les matinées des dimanches, etc.»

3° (Fol. 329 v°.) Exhortation adressée par S. Jean Chrysostome aux frères qui se disposent à prendre l'habit monastique.

4° (Fol. 335.) Légende sans titre, qui a pour sujet les visions d'une sainte femme.

5° (Fol. 339 v°.) Histoire d'un moine de la haute Égypte, qui avait eu une vision de l'autre monde. La fin de cette pièce manque.

6° (Fol. 343 v°.) Notice d'une comète qui avait paru (en Syrie?) au commencement du mois de teschrîn II de l'an du monde 7086 (1578 de J. C.).

Le dernier feuillet reproduit le commencement de la vie de S. Éphrem, telle qu'elle se trouve au folio 8 v°. La suite se trouve au folio 2, puis au folio 1. La copie n'est pas achevée.

Papier. 344 feuillets. Hauteur, 25 centimètres; largeur, 17 centimètres et demi. 17 lignes par page. Ms. du XVe siècle. La plus grande partie des feuillets, ajoutés après coup, ont été écrits en l'an 7062 du monde. — (Ancien fonds 56, Colbert 2866.)

140.

Les homélies, épîtres et discours de S. Éphrem.

Cet exemplaire, daté de l'an 1405 des martyrs (1689 de J. C.), paraît être une copie du ms. n° 138, mais il ne renferme pas l'éloge de S. Ephrem par S. Grégoire de Nysse.

Papier. 262 feuillets. Hauteur, 32 centimètres; largeur, 21 centimètres et demi. 18 à 20 lignes par page. — (Supplément 68.)

141.

1° Panégyrique de la sainte Vierge par S. Cyrille, évêque de Jérusalem.

2° (Fol. 12.) Légende de l'apôtre S. Matthieu et des miracles opérés par la vierge Marie[1].

3° (Fol. 31.) Homélie composée par S. Cyrille, patriarche d'Alexandrie, et renfermant le panégyrique de la sainte Vierge.

4° (Fol. 63.) Homélie sur la Nativité, par Paul Boûschì.

5° (Fol. 77 v°.) Homélie sur le baptême de Notre-Seigneur, par le même auteur.

6° (Fol. 89 v°.) Homélie du même, pour la fête de l'Annonciation.

Papier. 104 feuillets. Hauteur, 21 centimètres et demi; largeur, 15 centimètres. 13 à 17 lignes par page. xve siècle. — (Supplément 73, Saint-Germain 248.)

142.

Version abrégée des sermons de S. Jean Chrysostome, au nombre de quatre-vingt-sept. Après la préface, dans laquelle il expose les motifs qui le portèrent à entreprendre son travail, le rédacteur indique le sujet de chaque sermon et en donne une courte analyse. Le titre du volume est ainsi conçu : كتاب مواعظ شريفة والفاظ مختصرة لطيفة لابينا العظيم فى القديسين يوحنا فم الذهب رئيس اساقفة مدينة القسطنطينية «Livre d'avertissements précieux et abrégé de beaux passages (offerts par les discours) de notre père, qui est si grand parmi les saints, Jean Bouche d'Or, archevêque de Constantinople.»

Papier. 149 feuillets. Hauteur, 31 centimètres; largeur, 21 centimètres. 21 lignes par page. Ms. daté de l'an 7169 de l'ère du monde (1661 de J. C.). — (Supplément 70.)

143.

1° Douze homélies de S. Jean Chrysostom :

1. Homélie pour le dimanche, le mercredi et le vendredi.
2. (Fol. 4.) Sur la résurrection de Lazare.
3. (Fol. 21.) Pour le dimanche des Rameaux.
4. (Fol. 26 v°.) Sur le figuier stérile.
5. (Fol. 35.) Sur les dix vierges.
6. (Fol. 43.) Sur la pécheresse qui oignit les pieds de Jésus-Christ.
7. (Fol. 69.) Sur la passion du Messie.
8. (Fol. 96 v°.) Sur la Pâque.
9. (Fol. 103.) Pour le dimanche *in albis*.
10. (Fol. 112.) Sur l'Ascension.
11. (Fol. 122.) Sur la naissance de S. Jean-Baptiste.
12. (Fol. 128.) Sur la décollation de S. Jean-Baptiste.

2° (Fol. 133.) Récit de la translation de la tête de S. Jean-Baptiste à Émèse.

Au milieu des homélies de S. Jean Chrysostome se trouvent intercalées les pièces suivantes :

3° (Fol. 10.) Deux homélies de S. Épiphane, archevêque de Chypre, dont l'une pour le dimanche des Rameaux et l'autre pour le samedi saint.

4° (Fol. 58.) Homélie de Théophile, patriarche d'Alexandrie, sur les mystères de la cène du Seigneur.

5° (Fol. 116 v°.) Homélie de S. Athanase, patriarche d'Alexandrie, sur le dimanche de la Pentecôte.

6° (Fol. 138 v°.) Deux homélies de S. Éphrem, dont l'une sur le prophète Élie et l'autre sur la Transfiguration.

7° (Fol. 157.) Trois courtes légendes, dont une a pour sujet un moine de Scété, et l'autre un saint nommé Arsène.

8° (Fol. 159.) Recueil des passages du Pentateuque et des livres prophétiques que l'on récite dans l'Église (melkite) pendant le carême et aux fêtes de la sainte

[1] C'est l'histoire de la délivrance de l'apôtre S. Mathias, à Béryte, par la Ste Vierge. Voyez *Catalogue des mss. éthiopiens*, p. 60. H. Z.

Vierge et des saints. Ces passages sont accompagnés chacun de leur antienne et de leur *prokeimenon*.

Papier. 246 feuillets, qui ne sont pas tous de la même époque ni du même format. La partie la plus ancienne existait déjà l'an 6818 du monde (1310 de J. C.), car une note écrite sur la marge du folio 151 porte cette date. Hauteur, 25 centimètres; largeur, 17 centimètres. Dans la partie la plus ancienne, le nombre des lignes varie de 14 à 16. — (Ancien fonds 63, Colbert 4214.)

144.

1° Homélie de S. Jean Chrysostome sur le renoncement aux choses de ce monde, sur le jeûne et sur la prière.

2° (Fol. 9.) Homélie dans laquelle le grand S. Abou-Schelouda (ابو شلوده), archimandrite universel (الارشى مدريدس بالعالم كله), invite les hommes à se repentir de leurs péchés[1].

3° (Fol. 23.) Les quatre Évangiles, précédés de tables de concordance, de préfaces et de notices sur les évangélistes. Cette partie du ms. est datée de l'an 1026 de l'hégire (1617 de J. C.).

Le copiste assure que cette version a été corrigée avec le secours de plusieurs anciens manuscrits en syriaque, en latin (رومية) et en copte (voyez fol. 189). Les homélies sont d'une autre écriture que les évangiles.

Papier. 190 feuillets. Hauteur, 19 centimètres; largeur, 14 centimètres et demi. Dans la première partie, il y a 14 lignes par page, dans la dernière, 16 lignes. — (Ancien fonds 74.)

145.

1° Homélie de S. Jean Chrysostome sur l'Annonciation et sur la naissance de S. Jean-Baptiste.

2° (Fol. 14.) Martyre de Barbara (بربارة) et de Juliana (يوليانة), qui moururent pour la foi dans la ville d'Héliopolis (مدينة الشمس), sous le règne de Maximien (مقسميانوس).

3° (Fol. 26 v°.) Homélie de S. Jean Chrysostome sur l'Annonciation.

4° (Fol. 31.) Autre homélie du même sur le même sujet.

5° (Fol. 51 v°.) Autre homélie du même sur le même sujet.

Une note marginale nous apprend que cette version a été faite sur un exemplaire copte appartenant à la bibliothèque du monastère de Saint-Macaire.

6° (Fol. 77.) Homélie sur le trépas du patriarche Anbâ Matthieu, et récit du martyre de plusieurs de ses ouailles. La même pièce se trouve dans le ms. n° 132.

7° (Fol. 155.) «Discours de S. Cyrille de Jérusalem à la louange des vingt-quatre prêtres que S. Jean l'apôtre vit assis autour du trône de Dieu (Apocalypse, IV, 4). Leur fête était célébrée le 24 du mois d'athîr (هتور).»

Suit un cantique en copte, avec la traduction en arabe, destiné à être récité en ce jour.

8° (Fol. 161 v°.) Panégyrique des quatre animaux spirituels et incorporels dont le même apôtre fait mention dans l'Apocalypse. Ce discours est de S. Jean Chrysostome.

9° (Fol. 179 v°.) Homélie de Théodose, patriarche d'Alexandrie, sur l'archange Michel.

10° (Fol. 219.) Homélie d'Anastase, évêque de l'île de Samothrace (? اتراك), sur le même sujet.

11° (Fol. 263 v°.) Miracles de l'archange Michel.

12° (Fol. 280 v°.) Homélie d'Archélaüs, évêque de la ville d'Irâ (?, ايرا), sur l'archange Gabriel.

Papier. 310 feuillets. Hauteur, 22 centimètres; largeur, 16 centimètres. Environ 14 lignes par page. Volume écrit l'an 1357 des martyrs (1641 de J. C.). — (Supplément 65, Saint-Germain 250.)

146.

Homélies de S. Jean Chrysostome. Le rédacteur anonyme de ce recueil, qui était probablement jacobite, nous apprend dans sa préface (fol. 1 à 4), qu'après avoir abrégé les homélies, il les a classées de manière à servir pour l'office de tous les dimanches de l'année et pour les jours de la semaine sainte[2].

Papier. 208 feuillets. Hauteur, 22 centimètres; largeur, 15 centimètres. Environ 17 lignes par page. Ms. du XVIIe siècle. — (Ancien fonds 69.)

147.

1° Homélie de S. Épiphane, archevêque de l'île de

[1] Au lieu de ابو شلوده, lisez ابو شنوده; il s'agit d'Abbâ Schenouti, le célèbre archimandrite copte. H. Z. — [2] Même recueil que celui qui est contenu dans le ms. n° 142. H. Z.

Chypre, sur l'enterrement du corps de Notre-Seigneur Jésus-Christ.

2° (Fol. 15.) Homélie de l'évêque S. Grégoire[1] sur la résurrection de Notre-Seigneur.

3° (Fol. 27 v°.) Maximes morales de S. Grégoire le Théologien, évêque de Nazianze (نازينزوا).

4° (Fol. 31.) Homélie de S. Grégoire le Théologien sur la fête de Pâque.

5° (Fol. 34.) Homélie du même sur le même sujet.

6° (Fol. 58.) Homélie du même sur le dimanche nouveau (الاحد الجديد).

7° (Fol. 67.) Homélie sur l'ascension de Notre-Seigneur.

8° (Fol. 75.) Homélie de S. Grégoire le Théologien sur la Pentecôte (البنتقستى).

9° (Fol. 89.) Apologie de S. Grégoire le Théologien, dans laquelle il s'excuse d'avoir hésité à accepter le sacerdoce.

10° (Fol. 122.) Martyre de l'apôtre S. Philippe.

11° (Fol. 146.) Histoire de S. Denys l'Aréopagite.

12° (Fol. 162.) Vie du saint père Anbâ Théodore (تادرس) qui, par sa dévotion et par sa mortification, pendant qu'il était moine dans la laure de Saint-Saba, mérita d'être élevé au siége épiscopal d'Édesse. Cet écrit a pour auteur Basile, disciple de Théodore et évêque de Manbadj (Bambyce, Hiéropolis).

On trouve dans cette notice (folios 196 v° et suiv.) une longue et singulière histoire de la conversion du calife al-Mâmoûn au christianisme, par Théodore, et du martyre de ce prince.

13° (Fol. 221 v°.) Histoire de la fondation de l'église de Saint-Élie al-Astabî, ايليا الاستبى[2], sur la montagne appelée Djebel-ʿAouf et située en face de Jérusalem, du côté de la mer Morte.

14° (Fol. 232.) Histoire de la nativité de Notre Dame Marie (مرتمريم) et de Notre-Seigneur Jésus-Christ, histoire attribuée à l'apôtre S. Jacques, dit le frère de Notre-Seigneur.

Les derniers feuillets de cet opuscule manquent.

15° (Fol. 306 à 321 v°, puis fol. 261 et suiv.) Histoire du S. P. Sylvestre, pape de Rome et premier des patriarches, composée par l'évêque Eusèbe Pamphile (اوسابيوس المبنفيلى).

Le fol. 305 doit se placer après le fol. 326.

Papier. 326 feuillets. Hauteur, 25 centimètres; largeur, 16 centimètres. 15 à 17 lignes par page. Ms. du xv° siècle. Le fol. 203 a été ajouté en l'an 1522. — (Ancien fonds 73, Colbert 3797.)

148.

1° Panégyrique de l'archange Michel, par Sévère, patriarche d'Antioche.

2° (Fol. 20.) Quelques miracles de l'archange Michel.

3° (Fol. 34.) Discours sur les mérites de l'archange, ministre de l'Annonciation, par Anbâ Archélaüs, évêque de la ville d'Irâ.

4° (Fol. 57.) Panégyrique de l'archange Gabriel, par Anbâ Aour (اور), évêque de Fayyoûm.

5° (Fol. 81.) Description des quatre animaux incorporels dont parle l'archevêque de Constantinople, S. Jean Chrysostome, d'après la version d'Aboû Ghâlamschîsch (غالمشيش).

Le copiste ou le rédacteur a confondu S. Jean Chrysostome avec S. Jean, l'auteur de l'Apocalypse; quant à *Aboû Ghâlamschîsch*, c'est une altération du mot *apocalypse*.

6° (Fol. 119 v°.) Panégyrique de S. Georges, par Anbâ Théodose, évêque de Gangres (غنجرا).

7° (Fol. 201.) Récit des douze miracles opérés par S. Georges.

8° (Fol. 215 v°.) Discours en l'honneur de S. Théodore, protecteur de la ville d'Antioche et vainqueur des Persans, par Théodore (تادرس), patriarche d'Antioche.

C'est une sorte de roman, dans lequel on raconte des fables au sujet d'une guerre entreprise par un empereur chrétien contre le roi sassanide.

9° (Fol. 271.) Martyre de S. Cyriaque (قرياقوس) et de sa mère Juliette (يوليطة).

10° (Fol. 295.) Vie d'Anbâ Harmonia (هرمنية) racontée par Abbâ Hoûr.

Papier. 331 feuillets. Hauteur, 21 centimètres; largeur, 15 centimètres. 12 et 13 lignes par page. Ms. daté de l'an 1371 des martyrs (1655 de J. C.). — (Ancien fonds 108.)

149.

1° Les discours de S. Siméon Stylite, مقالات الاب

[1] S. Grégoire de Nysse (دوسس). H. Z. — [2] Le ms. porte ايليا الاستب الغيور; ce sont les attributs du prophète Élie. H. Z.

القديس مار سمعان العمودى. L'auteur de ces discours est Siméon Stylite le jeune, surnommé Thaumastorite.

2° (Fol. 164 v°.) Paroles et questions, au nombre de dix, par le même.

3° (Fol. 184 v°.) Questions traitées par le même. Elles sont au nombre de quarante et une.

4° (Fol. 212.) La cinquième homélie d'Isaac, évêque de Ninive.

5° (Fol. 216.) Extraits d'autres écrits du même évêque.

Papier. 249 feuillets. Hauteur, 26 centimètres; largeur, 17 centimètres. Le nombre des lignes par page varie de 19 à 31. — (Supplément 74, Saint-Germain 36.)

150.

1° Exhortation qu'Anbâ Vicentius[1] (بسنتيوس), évêque de Qeft (قفط), en Égypte, adressa par écrit aux habitants de son diocèse, étant alors sur son lit de mort. Dans cette pièce, il prédit la conquête de l'Égypte par les Arabes musulmans et les violences qu'ils exerceraient sur les chrétiens.

2° (Fol. 14.) Explication de la vision que le prophète Daniel raconta à son disciple Esdras, et indication de ce qui doit arriver aux enfants d'Ismaël et d'Agar la Copte.

3° (Fol. 20.) Prophétie sous forme de sermon, attribuée à Anbâ Samuel, supérieur du monastère de Calmôn.

4° (Fol. 31.) Martyre du grand saint persan S. Jacques l'Intercis.

A la fin de cette pièce (fol. 48), se trouve une invocation en copte.

5° (Fol. 49.) Actes et miracles de S. Victor; discours composé par Anbâ Démétrius, archevêque d'Antioche, le même qui conféra l'ordre de la prêtrise à S. Jean Chrysostome. Il le prononça lors de la consécration de la grande église qui fut placée sous l'invocation du saint martyr, Victor, fils du vizir Romanus.

6° (Fol. 93.) Récit d'un grand miracle qui eut lieu le jour de la consécration de l'église de S. Victor.

7° (Fol. 101.) Récit de sept miracles que Dieu opéra par la main du saint martyr Ptolémée (ابطلاوس), le jour de la consécration de l'église dédiée à ce saint.

8° (Fol. 111 v°.) Sermon d'Anbâ Cyriaque (هرياقوس), évêque de Behnesâ, dans lequel il fait le panégyrique de la sainte Vierge et parle des larmes qu'elle répandit sur le tombeau de son Fils.

9° (Fol. 141.) Homélie à la louange de la sainte Vierge, prononcée par Anbâ Basile, archevêque de Césarée de Cappadoce, dans la grande église consacrée à la sainte Vierge, et bâtie à l'orient de la ville par le général (مقدم) Romanus.

10° (Fol. 157.) Sur la mort de la sainte Vierge, et description de son passage de ce monde transitoire à la vie éternelle.

11° (Fol. 171.) Panégyrique de la sainte Vierge, par Cyrille, archevêque de Jérusalem.

12° (Fol. 193.) Discours sur la présentation de la sainte Vierge au temple, composé par André de Jérusalem (اندراوس الاورشليمى).

13° (Fol. 202.) Épître adressée par Sévère, patriarche d'Antioche, à la sainte vierge Anastasie.

14° (Fol. 212 v°.) Panégyrique du général (اسبهسلار) Basilidès, martyr de Jésus-Christ; discours composé par Célestin (كلستينوس), archevêque de Rome, sur le désir de trois autres généraux, compatriotes du défunt et officiers au service de Théodose.

15° (Fol. 280.) Fragment d'un recueil de canons : « Vingt-quatrième chapitre. Sur le mariage. Extrait du titre (تطلس), qui défend le divorce absolument. »

16° (Fol. 290.) Extrait des canons écrits par Pierre, disciple de Jésus-Christ et chef des apôtres, et adressés par lui à S. Clément.

17° (Fol. 300.) Histoire de Secundus le philosophe, et ses réponses à plusieurs questions.

Papier. 333 feuillets. Hauteur, 21 centimètres; largeur, 15 centimètres. Ces pièces sont de diverses mains, et le nombre des lignes par page varie pour chaque pièce. Aux folios 201 et 279 v°, on trouve la date de 1322 des martyrs (1606 de J. C.). — (Ancien fonds 107.)

151.

1° Homélie de S. Jean Damascène sur l'Annonciation.

2° (Fol. 7 v°.) Homélie de S. Grégoire le Théologien sur la Nativité.

[1] Pisenti ou Pisentios. H. Z.

3° (Fol. 25.) Homélie de S. Jean Chrysostome sur la Nativité.

4° (Fol. 38 v°.) Panégyrique de la sainte Vierge par S. Épiphane.

5° (Fol. 58.) Homélie de S. Jean Chrysostome sur le massacre des innocents.

6° (Fol. 67 v°.) Discours de S. Cyrille d'Alexandrie sur la Circoncision.

7° (Fol. 76 v°.) Homélie de S. Jean Chrysostome sur le baptême de J. C.

8° (Fol. 87 v°.) Homélie du même sur le même sujet.

9° (Fol. 95.) Fragment d'une homélie sans titre.

10° (Fol. 117 v°.) Homélie de S. Éphrem sur la foi et la charité.

11° (Fol. 124.) Homélie du même sur la fin du monde et la venue de l'Antéchrist.

12° (Fol. 142 v°.) Homélie de S. Jean Chrysostome sur les afflictions, les maladies et la misère auxquelles l'homme est exposé.

13° (Fol. 149.) Homélie de S. Éphrem sur la charité et le jeûne.

14° (Fol. 154.) Homélie du même sur la pénitence.

15° (Fol. 168 v°.) Homélie de S. Jean Chrysostome sur la parabole du Phariséen (الفريسي) et du Publicain (العشار).

16° (Fol. 173 v°.) Homélie du même sur l'Enfant prodigue (الابن الشاطر النهم).

17° (Fol. 194.) Homélie du même sur la résurrection de Lazare.

18° (Fol. 199 v°.) Homélie du même sur le dimanche des Rameaux.

19° (Fol. 206.) Homélie du même sur le figuier stérile.

20° (Fol. 215.) Homélie du même sur les dix vierges.

21° (Fol. 224.) Homélie de S. Éphrem sur la pécheresse qui oignit les pieds du Seigneur.

22° (Fol. 233 v°.) Homélie de S. Jean Chrysostome sur l'Eucharistie.

23° (Fol. 248.) Homélie du même sur le vendredi saint, sur le reniement de Pierre et sur la conversion du bon larron.

24° (Fol. 258 v°.) Histoire de S. Jean l'aumônier, patriarche d'Alexandrie, écrite par Léonce, évêque de Néapolis (نابلس), dans l'île de Chypre.

La fin de ce récit manque.

Papier. 274 feuillets. Hauteur, 24 centimètres; largeur, 15 centimètres et demi. 13 lignes par page. Ms. du XIVe siècle. — (Ancien fonds 76, Colbert 4994.)

152.

1° L'ouvrage appelé ordinairement le *Martyre de Pilate*. «Discours de notre révérend Père Cyriaque (هرياقوس), évêque de Behnesâ, sur la résurrection de Notre-Seigneur Jésus le Messie, et sur les souffrances que Pilate le Nabatéen éprouva à Jérusalem, lors du crucifiement. L'auteur fait aussi mention de Joseph d'Arimathie (الذي من الرامة) et de Nicodème, les deux respectables chefs. Il fait connaître les tourments que Pilate eut à subir de la part des juifs, à cause du Seigneur le Messie, et le mauvais traitement qu'Hérode lui infligea avant de l'envoyer à Rome, capitale de l'empire, où il eut la tête tranchée, ce qui compléta son martyre. Il y est aussi question de ce qu'on trouve dans un écrit ayant pour auteurs Amaliel[1] (عماليال) et Ananias (انانيوس), qui assistèrent avec Joseph et Nicodème à la Passion, etc.»

2° (Fol. 47 v°.) Lutte spirituelle que le révérend Anbâ Boûlâ (بولا), le Syrien, eut à soutenir contre Satan.

3° (Fol. 70 v°.) Sermon de S. Jean Chrysostome sur les six jours de la création.

4° (Fol. 80.) Sermon de Jacques, évêque de Saroûdj, sur le sacrifice d'Isaac, type de la Passion de Notre-Seigneur.

5° (Fol. 90 v°.) Le martyre de Ṣalib (صليب), natif d'Aschmounaïn.

6° (Fol. 105 v°.) Traduction de l'hymne copte (طرح) qu'on chante à l'office de S. Ṣalib, suivi du texte original.

7° (Fol. 108 v°.) Histoire de Joseph et de ses frères.

La fin de cette pièce manque.

Papier. 143 feuillets. Hauteur, 20 centimètres et demi; largeur, 15 centimètres. 15 lignes par page, à l'exception du dernier opuscule, qui est d'une autre écriture, et dans lequel le nombre des lignes par page varie de 13 à 20. XVIe siècle. — (Ancien fonds 160.)

[1] Lisez Gamaliel. H. Z.

153.

Ce volume a souffert de l'humidité de telle sorte que la plus grande partie du texte est devenue illisible. Il se trouvait dans cet état lorsqu'il entra dans la bibliothèque de Colbert. Voici les titres des opuscules qu'il renferme, autant qu'on peut les déchiffrer.

1° Homélie de S. Cyriaque (هرياقوس), évêque de Behnesâ, sur la fuite de la Sainte Famille en Égypte.

2° (Fol. 8 v°.) Discours sur la vie méritoire d'Anbâ 'Alam (عَلَم), qui mourut l'an 1059 des martyrs (1343 de J. C.).

3° (Fol. 22.) Première partie de l'« Histoire des patriarches d'Alexandrie ».

4° (Fol. 92 v°.) Commémoration de la mort de Salomon, fils de David et roi d'Israël.

5° (Fol. 96 v°.) Discours sur le martyre du saint père Anbâ Grégorios (S. Grégoire l'Illuminateur), patriarche des Arméniens.

6° (Fol. 102.) Discours sur la mort d'Aboû Timsâḥ (تمساح), qui souffrit le martyre sous Dioclétien.

7° (Fol. 112.) Vie du bienheureux père Anbâ Élie (ايلياس), l'anachorète, qui avait fixé sa demeure sur la montagne de Bouâ (بوا).

8° (Fol. 114 v°.) Discours composé par le saint père Isaac (اساك), évêque de la ville d'Enṣenâ (انصنا), dans la Thébaïde, sur la découverte du corps de S. Coluthus (*sic* كولوتس).

9° (Fol. 124.) Discours sur le martyre d'Anbâ Ammonios (امونيوس), emprisonné sous Dioclétien et mis ensuite à mort.

10° (Fol. 135.) Récit de ce que souffrit pour la foi Dioscore (ديسقوروس), patriarche d'Alexandrie, qui fut condamné par le concile de Chalcédoine.

11° (Fol. 139 v°.) Miracles de S. Basile, évêque de Césarée de Cappadoce, racontés par son disciple Hilarion (يلاريون).

12° (Fol. 164.) Martyre d'Anbâ Nîfâ (نيفا), natif de la ville de Saft (سفط), dans la haute Égypte, et qui vécut sous Dioclétien.

13° (Fol. 170.) Histoire des saintes vierges et martyres Pistis, Elpis et Agapé (Foi, Espérance et Charité), qui ont souffert sous le règne d'Hadrien.

14° (Fol. 174 v°.) Histoire de S. Longin (لنجينوس), confesseur et hégumène, qui, aidé par son père spirituel, Lucius, maintint l'observance des préceptes de l'Évangile.

15° (Fol. 186 v°.) Vie de Mar Abschâï (ابشاى), saint religieux.

16° (Fol. 203.) Histoire de Mar Théodore (تادرس), fils de Basilidès (واسيليدس), le vizir. Il vivait sous le règne de Dioclétien.

17° (Fol. 216.) Vie du saint homme Aboû Fâna (ابو فانة).

18° (Fol. 226.) Vie de S. Macrobe (مقروفيوس), natif de Tkôou, dans la Thébaïde.

19° (Fol. 234.) Martyre d'Aboû Qalta (ابو قلتة), natif d'Enṣenâ, qui souffrit sous Dioclétien.

20° (Fol. 235 v°.) Miracles des deux martyrs Serge et Bacchus (واخس).

21° (Fol. 240 v°.) Miracles de Théodore le martyr (تاوادرس), découverte de son corps et dédicace de son église.

22° (Fol. 243 v°.) Discours composé par Sévère, patriarche d'Antioche, à l'occasion de la découverte du corps de S. Philothée (فيلوثاوس) et de la dédicace de son église.

23° (Fol. 250.) Discours composé par Anbâ Matthieu (متى), septième du nom, sur les miracles de Behnâm (بهنام) et de sa sœur Sarah, et sur la dédicace de leur église.

24° (Fol. 254.) Martyre de S. Démétrius, sous le règne de Maximien.

25° (Fol. 255.) Martyre de S. Biṭlân (بيطلان)[1].

26° (Fol. 257.) Histoire de Jean l'aumônier, patriarche d'Alexandrie, par Léonce, évêque de Néapolis, dans l'île de Chypre.

27° (Fol. 285.) Vie de S. Épiphane.

28° (Fol. 314.) Le livre d'Esther l'Israélite.

29° (Fol. 318 v°.) Le Livre de Judith (يوديد) l'Israélite.

30° (Fol. 334.) Le Livre de Tobie.

31° (Fol. 341 v°.) Le Livre de Job.

32° (Fol. 363.) L'Ecclésiastique.

33° (Fol. 386 v°.) La Sagesse.

34° (Fol. 400.) Avertissement préliminaire aux Proverbes de Salomon.

---

[1] بيطلان est une transcription fautive pour بنطلان, c'est-à-dire Pantaléémon (le médecin). H. Z.

35° (Fol. 401 v°.) Les Proverbes de Salomon.

36° (Fol. 432.) L'Ecclésiaste.

37° (Fol. 438.) Panégyrique de Ste Dîlâdjî (ذيلاج), par Yoûnos, évêque d'Esnâ. Cette sainte subit le martyre sous Maximien.

38° (Fol. 445 v°.) Histoire de Jean al-Nemrosî (النمرسى), qui subit le martyre l'an 1298 (1582).

39° (Fol. 452 v°.) Sermon sur les dix vierges, par Anbâ Zoïle? (سيوس), patriarche d'Alexandrie.

40° (Fol. 461 v°.) Sermon d'Anbâ Cyrus[1] sur ce que le prophète Daniel lui révéla en songe.

41° (Fol. 470.) Sermon composé par Jacques, évêque de Saroûdj, sur la mort d'Aaron le grand prêtre.

Papier. 477 feuillets. Hauteur, 21 centimètres; largeur, 15 centimètres. 21 ou 22 lignes par page, excepté les feuillets 438 et suivants, qui portent 18 lignes par page. XVII° siècle. — (Ancien fonds 149, Colbert 4442.)

154.

1° Homélie dans laquelle Élie (ايليا), évêque d'Absâï (ابصاى), célèbre les mérites du saint martyr Anbâ Absoûdî (ابصودى), évêque de la même ville.

2° (Fol. 29.) Histoire du vaillant soldat et martyr, Anbâ Marasch (مرش), natif de Dadjwa (دجوة), qui mourut pour la foi, sous le règne de Dioclétien.

3° (Fol. 38.) Courte relation des miracles opérés par les SS. Côme, Damien, Anthyme, Léonce, Eutrope, et leur mère Théodote (قزمان ودميان وانثيموس ولاونديوس وابرابيوس وامهم تاودودا).

4° (Fol. 53.) Histoire du saint prêtre (كاهن) et martyr Abbâ Noûb (ابانوب), l'élu du Seigneur.

5° (Fol. 64 v°.) Histoire véritable du saint père Moïse surnommé l'*Homme de Dieu*. Il naquit à Rome; son père se nommait Euphémius et sa mère Galéna (غلانية).

6° (Fol. 79.) Histoire du saint martyr Moïse le Noir.

7° (Fol. 93 v°.) Panégyrique du saint confesseur Anbâ Benfâ (بنفا), par Victor (بقطر), évêque d'Ensenâ (انصنا).

8° (Fol. 106.) Sermon prononcé par S. Basile le Grand, évêque de Cappadoce, lors de la consécration de l'église de la Sainte-Vierge.

9° (Fol. 145.) Discours de S. Cyrille, évêque de Jérusalem, sur la vie de S. Matthieu[2] et sur les miracles de la sainte Vierge.

10° (Fol. 167.) Miracles opérés par la sainte Vierge dans Atrîb (اتريب, ville de la haute Égypte), sous le règne d'al-Mâmoûn, fils de Haroûn al-Raschîd.

11° Discours prononcé par Jean, moine du monastère du mont Naqloûn (جبل النقلون), à l'occasion de la consécration de l'église de l'Archange-Gabriel.

Papier. 201 feuillets. Hauteur, 21 centimètres; largeur, 15 centimètres. 14 à 16 lignes par page. Ms. daté des années 1320-1323 des martyrs (1604-1607 de J. C.). — (Supplément 76, Saint-Germain 249.)

155.

1° Sermon au sujet d'un miracle opéré par la sainte femme Marînâ (مارينا), supérieure du couvent de religieuses (الامهات) situé à Sîdnâba (*sic* صيدنابه), près de Damas. On lit en marge et à côté du titre deux notes qui signifient : « Qu'il soit excommunié, celui qui lit cette histoire mensongère[3]. »

2° (Page 12.) Sermon de S. Éphrem sur la nativité de la sainte Vierge.

3° (Page 24.) Sermon de S. Cyrille, patriarche de Jérusalem, sur la présentation de la sainte Vierge au temple.

4° (Page 46.) Discours de S. Cyrille, patriarche d'Alexandrie, sur la mort de la sainte Vierge.

5° (Page 77.) Discours prononcé par S. Basile le Grand, évêque de Cappadoce, en commémoration de la sainte Vierge.

6° (Page 109.) Discours de S. Basile, évêque de Jérusalem, sur l'apôtre S. Matthieu et sur un miracle opéré par la sainte Vierge[4].

7° (Page 127.) Discours de S. Cyrille d'Alexandrie sur l'Assomption.

8° (Page 145.) Discours de S. Jean Chrysostome sur la fuite en Égypte.

---

[1] Au lieu de Cyrus et, à l'article précédent, Zoïle, lisez Athanase. Le ms. porte, dans les deux endroits, اناسيوس. H. Z.

[2] Lisez Mathias, et comparez ci-dessus n° 141, 2°. H. Z.

[3] Au lieu de Sîdnâba, lisez Saïdnâya. C'est l'histoire bien connue de l'image miraculeuse de la sainte Vierge, conservée dans cette ville. H. Z.

[4] Au lieu de S. Basile, lisez S. Cyrille, et au lieu de S. Matthieu, lisez S. Mathias. Comparez ci-dessus nos 141, 2° et 154, 9°. H. Z.

9° (Page 160.) Discours de Cyriaque, évêque de Behnesâ, sur la fuite en Égypte et sur le séjour de la Vierge et de l'enfant Jésus dans Bìsoûs (بيسوس), à l'est de Behnesâ.

10° (Page 178.) Discours de Cyriaque sur la fuite en Égypte et sur le séjour de la Vierge et de l'enfant Jésus dans la localité appelée plus tard Daïr al-Moḥarraq.

11° (Page 188.) Discours de Théophile, patriarche d'Alexandrie, sur la fuite en Égypte et sur le séjour de la Vierge et de l'enfant Jésus dans la montagne de Qaṣqâm (قصقام), appelée maintenant Daïr al-Moḥarraq.

12° (Page 217.) Récit des miracles de la Vierge.

13° (Page 263.) Discours sur un miracle opéré par la sainte Vierge dans la ville d'Atrîb (اتريب), près du vieux Caire, sous le califat d'al-Mâmoûn, fils de Haroûn al-Raschîd.

Le ms. a été copié dans l'île de Rhodes, l'an 1202 de l'ère des martyrs (1486 de J. C.).

Papier. 274 pages. Hauteur, 26 centimètres; largeur, 19 centimètres. 18 à 21 lignes par page. — (Ancien fonds 143.)

156.

Vingt-deux homélies ou discours (*khotba*) pour les diverses fêtes de l'année. Ces pièces sont écrites en belle prose rimée, dans le genre de celle des *Maqâmât* d'al-Ḥarîrî. La vingt-troisième section renferme l'explication de certains termes employés dans la *khotba de la Nativité*. Cette *khotba* devait se trouver en tête du volume, mais les feuillets qui la contenaient manquent. Les derniers feuillets du volume devaient contenir la suite des gloses et l'explication de toutes les expressions difficiles qui se rencontrent dans chacun de ces discours, mais ils manquent également. Le nom de l'auteur et le titre de l'ouvrage sont inconnus. Un titre qui a été écrit sur le verso du premier feuillet et quelques lignes collées sur le recto du second feuillet sont l'ouvrage d'un faussaire.

Papier. 79 feuillets. Hauteur, 24 centimètres; largeur, 16 centimètres et demi. 11 lignes par page. XIVe siècle. — (Ancien fonds 89.)

VII.

TRAITÉS DE THÉOLOGIE.

157.

1° « Épître du saint père Lucius au saint père Évagrius » رسالة القديس انبا لوكيوس الى القديس انبا وغرى. Commencement : انت ايها الاب ساكن فى البرية لكن هو فى حضن امه فى هذه السنين الكثيرة وانت تجاهد الاعدا الغير منظورة

L'auteur de cette lettre prie Évagrius de composer pour lui un traité dans lequel seraient indiquées les ruses employées par les démons pour nuire à la vie monastique.

2° (Fol. 3.) Réponse d'Évagrius à Lucius.

3° (Fol. 3 v°.) Traité de l'excellence de la vie solitaire, composé par Évagrius, sur la demande de Lucius l'Arien, patriarche d'Alexandrie. Évagrius fut ordonné diacre à Constantinople, l'an 381. Il passa les dernières années de sa vie au couvent de Nitrie, et composa plusieurs ouvrages, dont les titres se trouvent dans la « Bibliotheca græca » de Fabricius, éd. de Harles, t. IX, p. 284. Un de ses écrits, Μοναχὸς ἢ περὶ πρακτικῆς, est probablement celui dont nous avons ici la traduction. Dans cette version, il forme trente-cinq chapitres, et se termine au feuillet 153. Ensuite viennent plusieurs discours et sermons du même auteur[1].

4° (Fol. 175.) Notice sur la vie d'Évagrius, par un de ses disciples.

5° (Fol. 178 v°.) Sommaire d'un sermon. Incomplet.

6° (Fol. 179.) Ouvrage intitulé : كتاب الدرج اكليمقس الذى صنفه القديس يوحنا. Livre des degrés (Climax), composé par Jean le Scholastique, surnommé *Climacus*. L'un des cahiers (fol. 285 à 294) se trouve renversé dans le volume. Le cahier qui devait précéder celui-ci manque, comme l'indique l'ancienne pagination copte.

7° (Fol. 298.) « Discours composés par le saint père Jean Carpathius (كرباتيوس *sic*), moine célèbre, et adressés

[1] Cette première partie du ms. renferme un grand nombre de traités d'Évagrius. On y trouve d'abord les deux traités sur les Vertus et les Vices adressés à Euloge (l'article 2° ci-dessus en est le premier chapitre) et publiés sous le nom de S. Nil (voyez Migne, *Patrol. græca*, t. LXXIX, col. 1093 et suiv.); puis (fol. 35 v°) le traité sur la Prière, mais sans la préface (Migne, *l. c.*, col. 1168 et suiv.); ensuite (fol. 53) les cinq premières sentences des *Capita practica ad Anatolium* (Migne, *l. c.*, t. XL, col. 1221); le traité Περὶ τῶν ὀκτὼ λογισμῶν (Migne, *l. c.*, t. XL, col. 1272 et suiv.); les sentences VI à XIX des *Capita practica;* diverses sentences du λόγος πρακτικός (Migne, *l. c.*, col. 1244 et suiv.) mêlées à d'autres sentences; des extraits des *Dicta sanctorum*, etc. Plusieurs de ces compilations ne se trouvent ni dans les œuvres publiées d'Évagrius, ni parmi celles de S. Nil. H. Z.

par lui aux moines de l'Inde, en réponse à des questions qu'ils lui avaient soumises.» Ce traité est la traduction du Παρακλητικόν; il renferme cent chapitres.

8° (Fol. 312.) Légende de l'abbé de Qalaf, le Qalaf de S. Antoine, derrière Qolzoum, et testament qu'il adressa à son fils.

9° (Fol. 316 v°.) Deux discours de Mar Isaac, dont le dernier est incomplet.

10° (Fol. 322 v°.) Ouvrage sur la vie dévote, renfermant des homélies, des petits traités et des discours, dont l'auteur est nommé le *Vieillard spirituel* (الشيخ الروحانى). Il s'agit de S. Saba. Assemani a donné les titres de ces pièces dans la «Bibliotheca orientalis», t. I, p. 433 et suiv. Les deux derniers discours manquent.

Papier. 477 feuillets. Hauteur, 26 centimètres; largeur, 17 centimètres. 15 à 17 lignes par page. La partie du volume qui contient les numéros 6 et suivants est probablement du XIVe siècle. Les autres parties sont plus modernes. — (Ancien fonds 64.)

158.

1° Ouvrage en vingt-quatre chapitres, dans lesquels un auteur inconnu traite de plusieurs questions morales et religieuses. Le volume se termine par ces mots : كمل القول النافع «Fin du discours profitable», ce qui, très-probablement, est le vrai titre de l'ouvrage. On lit sur le premier feuillet : نبتدى...... بشرح ما وضعه الاب النفيس الحبر الكامل فى الاباء القديسين يوحنا الذهبى الفم بطريرك مدينة القسطنطينية; ce qui pourrait faire croire que nous avons ici la traduction (شرح) d'un ouvrage de S. Jean Chrysostome. Mais ce feuillet est d'une écriture beaucoup plus moderne que le reste de l'ouvrage et ne peut faire autorité. Voici le titre du premier chapitre : فى انه يلزمنا اضطرارا ان نذكر العلة التى منها تتولد الشكوك Dans la préface, l'auteur dit qu'il avait pour but de fournir des remèdes à ceux qui souffraient de maladies spirituelles.

2° (Fol. 98.) Discours dans lequel S. Jean Chrysostome réfute les opinions des idolâtres (اوتانيين, pour اوثانيين) au sujet du Messie.
La fin de ce traité manque.

3° (Fol. 147.) Un feuillet qui paraît avoir appartenu à une histoire des juifs.

4° (Fol. 148.) Un feuillet qui a dû appartenir à un traité sur les talismans.

Papier. 148 feuillets. Hauteur, 18 centimètres; largeur, 14 centimètres et demi. 13 lignes par page. Ms. du XIVe siècle. — (Supplément 72, Saint-Germain 252.)

159.

Les œuvres de S. Saba. L'auteur y est désigné par les mots القديس الروحانى الكامل المعروف بالشيخ «Le saint spirituel et parfait, généralement connu sous le titre d'al-Schaïkh (le vieillard)».

Papier. 170 feuillets. Hauteur, 25 centimètres et demi; largeur, 17 centimètres. 15 lignes par page. Ms. daté de l'an 1030 des martyrs (1314 de J. C.). — (Ancien fonds 86.)

160.

Sermons et épîtres du Vieillard spirituel (S. Saba).

Papier. 187 feuillets. Hauteur, 26 centimètres; largeur, 17 centimètres et demi. 15 lignes par page. Ms. du XVe siècle. — (Ancien fonds 65.)

161.

Ouvrage intitulé : «Livre des Degrés, c'est-à-dire l'Échelle des vertus, composé par S. Jean, supérieur du monastère du Mont-Sinaï, et adressé à Jean, supérieur du monastère de Râïtoû» كتاب الدرج اى سلم الفضايل وضعه القديس يوحنا رئيس دير طور سينا وارسله الى يوحنا رئيس دير رايتوا

C'est la version arabe du «Climax», célèbre traité sur la vie monastique, qui a pour autour Jean le Scolastique, surnommé *Climacus*. Le monastère de Râïtoû était situé auprès des soixante-dix sources d'Elim, sur le territoire du Mont-Sinaï. L'ouvrage commence par une épître adressée à Jean, supérieur de Râïtoû; ensuite vient la liste des chapitres ou homélies, au nombre de trente et un, et l'indication de leurs sujets. La fin de la trente et unième homélie (ميمار) manque.

Papier. 204 feuillets. Hauteur, 26 centimètres et demi; largeur, 17 centimètres. 17 lignes par page. Ms. du XIVe siècle. — (Ancien fonds 67.)

162.

L'«Échelle des vertus» (سلم الفضايل) de Jean Climacus.

Papier. 165 feuillets. Hauteur, 21 centimètres; largeur, 15 centimètres. 21 lignes par page. Ms. écrit à Rome, au collége de Ponte Sisto, en l'an 1728 de J. C. — (Supplément 62.)

163.

1° Traité adressé par S. Maxime à Elpidius. Cet écrit a pour sujet la charité et l'observance des préceptes de l'Évangile. Il est divisé en quatre sections, dont chacune contient cent paragraphes (راس), tirés des écrits des anciens Pères. C'est probablement la traduction du Κεφάλαια περὶ ἀγάπης. (Voyez la «Bibl. græca» de Fabricius, éd. de Harles, t. IX, p. 640.)

2° (Fol. 112.) Ouvrage intitulé الفردوس العقلي الخ «le Paradis intellectuel, avec l'explication (allégorique) des plantes et des arbres que Dieu y a placés».

On trouve dans le Catalogue des mss. arabes de la Bibliothèque bodléienne, t. II, pars II, page 44, un long extrait de cet ouvrage, dont l'auteur est inconnu.

3° (Fol. 291.) Traité de morale chrétienne, sans titre ni nom d'auteur. Il commence par ces mots : لما ان الله جل ذكره خلق الانسان ذو [*lis.* اذا] جسم ونفس ناطقة عقلية الخ

Papier. 305 feuillets. Hauteur, 17 centimètres; largeur, 12 centimètres et demi. 11 à 12 lignes par page. La première partie du ms. est probablement du XIVe siècle, la seconde, à partir du fol. 112, du XIIIe. — (Ancien fonds 75, Colbert 6512.)

164.

Traité théologique, intitulé «Les cent discours instructifs», (*lis.* العلمية) المائة مقالة العلمية, par S. Jean Damascène. C'est une version de l'Ἔκδοσις τῆς ὀρθοδόξου πίστεως de cet auteur. Les titres des chapitres correspondent à peu près à ceux qui se trouvent dans l'édition de Le Quien (Paris, 1712).

Papier. 222 feuillets, dont les derniers sont mutilés. Il manque à cet exemplaire le frontispice, une partie de la table des chapitres et plusieurs feuillets à la fin. Hauteur, 22 centimètres; largeur, 15 centimètres et demi. 13 lignes par page. Ms. du XIIIe siècle. — (Ancien fonds 96.)

165.

1° Les cent discours (ماية مقالة) de S. Jean Damascène. En tête de l'ouvrage se trouve la liste des chapitres.

2° (Page 229.) Traité de philosophie, de logique et de métaphysique, en cinquante-trois chapitres, par S. Jean Damascène. Cet ouvrage est précédé d'une lettre adressée par l'auteur à Cosmas (قزما), évêque de Mâyoûma (مايومه), port de mer de Ghazza.

3° (Page 305.) Cinq discours sur la foi, renfermant une réfutation des hérétiques : nestoriens, jacobites et iconoclastes.

4° (Page 390.) Traité dans lequel Paul d'Antioche, évêque de Sidon, expose la croyance chrétienne relative à l'unité de Dieu, et démontre que les chrétiens ne sont pas des polythéistes. Cet ouvrage renferme vingt-deux chapitres.

5° (Page 410.) Courte exposition de la doctrine chrétienne au sujet de l'unité et de la trinité de Dieu. L'auteur de ce traité est Paul d'Antioche.

Papier. 417 pages. Hauteur, 29 centimètres; largeur, 19 centimètres. 25 lignes par page. Ms. daté de l'an 7144 du monde. — (Supplément 77.)

166.

«La Solution des doutes et la Réfutation des objections d'un contradicteur juif» (حل الشكوك والرد على اليهودى المخالف), ouvrage composé par Ibrahîm Ibn ʿAoun, le Nestorien. Les premiers feuillets de ce volume ayant disparu, on les a remplacés par le commencement d'un traité intitulé : «Cinq difficultés offertes par l'Évangile et leur solution» (خمسة مسايل شكوك انجيلية واجوبتها). Les questions proposées sont d'Aboû 'l-Ḥasan al-Mokhtâr Ibn al-Ḥasan Ibn ʿAbdoûn, médecin de Baghdâd; les réponses sont d'Élie (اليا), évêque nestorien de Nisibe. Assemani parle de cet ouvrage et de l'auteur, dans la «Bibl. or.», t. III, 1re partie, p. 509. Voyez aussi Aboû 'l-Barakât, dans le ms. de l'ancien fonds, n° 84, fol. 112.

Papier. 210 feuillets. Hauteur, 21 centimètres; largeur, 14 centimètres. 17 lignes par page. Ms. daté de l'an 938 de l'ère des martyrs (1222 de J. C.). — (Supplément 108, Saint-Germain 275.)

167.

«Questions proposées par Aboû-ʿÎsâ al-Warrâq et les réponses que le schaïkh Yaḥyâ Ibn ʿAdî y a faites» (كتاب مسايل ابى عيسى وجواب الشيخ يحيى بن عدى). Tel est le titre inscrit sur la tranche de ce volume. Le premier feuillet manque. Dans un autre exemplaire de cet ouvrage (voyez le n° suivant), le titre se lit ainsi : كتاب الرد على كتاب ابى عيسى الوراق فى اصول الدين والتثليث والتوحيد «Réfutation du livre dans lequel Aboû ʿÎsâ al-Warrâq traite des dogmes de la religion, de la trinité et de l'unité». L'ouvrage d'Aboû ʿÎsâ, dont les vrais noms étaient Mohammed Ibn Haroûn, était dirigé contre les

croyances des jacobites, des nestoriens et des melkites. Dans l'ouvrage de Yaḥyâ Ibn ʿAdî, chaque objection d'Ibn ʿÎsâ est rapportée textuellement et suivie de la réponse de Yaḥyâ. Ce ms. a été copié sur l'exemplaire de l'auteur, l'an 944 des martyrs (1228 de J. C.), au monastère d'Aboû Yoḥannès, près du Caire, par Yoûsof, fils de Koûîl (كويل), fils de Djardja (جرجه), surnommé Anbâ Mîkha'îl. Ce personnage était évêque de Ṭowwa (طوّة) et de Ṭantâ (طنتا).

Papier. 248 feuillets. Hauteur, 25 centimètres; largeur, 18 centimètres. 17 lignes par page. — (Ancien fonds 100.)

168.

Ouvrage dans lequel le philosophe Yaḥyâ Ibn ʿAdî Ibn Ḥomaïd Ibn Zakaryâ réfute les attaques que Moḥammed Ibn Haroûn, généralement connu sous le nom d'Aboû ʿÎsâ al-Warrâq, avait dirigées contre les trois sectes chrétiennes, à savoir : les jacobites, les nestoriens et les melkites. (Voyez le n° précédent.)

Papier. 285 feuillets. Hauteur, 25 centimètres; largeur, 16 centimètres et demi. 17 lignes par page. Ms. daté de l'an 1302 des martyrs (1586 de J. C.). — (Supplément 106.)

169.

Les opuscules théologiques de Yaḥyâ Ibn ʿAdî, natif de Basra, et d'Aboû Râïṭa (رايطة) Ḥabîb Ibn Khadma, le jacobite :

1° Discours sur l'unité de Dieu, telle que l'entendent les chrétiens.

2° (Fol. 21.) Discours sur la vérité du dogme chrétien touchant le Créateur, qui est une seule substance, douée de trois qualités.

3° (Fol. 23.) Discours sur l'assimilation que font les chrétiens entre le Fils et l'*Intelligent* (عاقل), et entre l'Esprit et l'*objet de l'intelligence* (معقول), tout en niant que le Fils soit l'objet de l'intelligence et que l'Esprit soit l'intelligent [1].

4° (Fol. 23 v°.) Réponse de Yaḥyâ à certaines questions qu'on lui avait adressées au sujet des trois personnes formant un seul Dieu.

5° (Fol. 26 v°.) Discours dans lequel sont indiquées les preuves qui démontrent la vérité de la doctrine chrétienne au sujet du Créateur, à savoir qu'il est une substance unique, douée de trois qualités spéciales, qu'on appelle *personnes* (اقنوم).

6° (Fol. 30 v°.) Réponse à une question qui fut débattue en la présence d'ʿAlî Ibn ʿÎsâ Ibn al-Djarrâḥ, vizir du calife abbaside al-Moqtadir, au sujet de la trinité et de l'unité.

7° (Fol. 31 v°.) Discours sur la nécessité de l'incarnation (تأنّس).

8° (Fol. 34 v°.) Réponse à un argument par lequel on avait voulu démontrer que l'union du Verbe avec l'homme, considérée au moment de la mort (du Christ), était impossible.

9° (Fol. 37.) Réponse à une question proposée par les adversaires des chrétiens, qui prétendaient que ceux-ci abaissaient les qualités du Messie en professant le dogme de l'incarnation.

10° (Fol. 41.) Traité sur l'erreur de ceux qui enseignent que le Messie est unique, non par substance, mais par accident.

11° (Fol. 42 v°.) Réponse de Yaḥyâ Ibn ʿAdî à trois questions qui lui furent adressées par son ami Aboû ʿAlî Saʿîd Ibn Dâwoûd Ischouʿa (يشوع), au mois de dsoû 'l-qaʿda 358 (969 de J. C.).

Yaḥyâ Ibn ʿAdî mourut à Baghdâd, l'an 364 de l'hégire (974-975 de J. C.).

12° (Fol. 47.) Réfutation des objections faites par le philosophe Yaʿqoûb Ibn Isḥâq al-Kindî à la doctrine de la Trinité.

13° (Fol. 51 v°.) Épître sur la Trinité, par Aboû Râïṭa Ḥabîb Ibn Khadma (خدمه), jacobite de Takrît.

14° (Fol. 63 v°.) Épître du même sur l'incarnation.

15° (Fol. 81.) Réfutation des melkites, au sujet de l'unité de la nature de J. C., par le même auteur.

16° (Fol. 84 v°.) Épître dans laquelle le même docteur justifie l'usage d'adresser trois *taqdîs* à Celui qui fut crucifié pour nous. Voici la formule du *taqdîs* (تقديس) : « Ô toi, le saint, le Dieu tout puissant qui ne meurt pas, crucifié pour notre salut, montre-nous ta miséricorde! » انت القدوس الله ذو القوة الذى لا يموت المصلوب دوننا فارحمنا

17° (Fol. 91.) Discours du même auteur sur le même sujet. On y remarque un passage en copte avec une expli-

[1] Les paroles du texte sont : في تمثيل النصارى الابن بالعاقل دون المعقول والروح بالمعقول دون العاقل. H. Z.

cation (تفسير), suivi de quelques témoignages tirés des Prophètes et des Pères de l'Église.

Papier. 98 feuillets. En tête se trouve une croix dorée, accompagnée des initiales des mots Ἰησοῦς Χριστὸς υἱὸς Θεοῦ; au pied de la croix est inscrit le mot Θεωλουγος (*sic*). Hauteur, 20 centimètres et demi; largeur, 14 centimètres et demi. 18 à 21 lignes par page. Ms. daté de l'an 1064 de l'hégire (1654 de J. C.). — (Ancien fonds 101.)

170.

«Solution des questions proposées par Anbâ Sévère (ساويرس), évêque d'Aschmounaïn, connu sous le nom d'Aboû 'l-Bischr Ibn al-Moqaffa'» (ابو البشر بن المقفع), écrivain du xe siècle.

1° Sur le mystère de la Trinité.

2° (Fol. 21.) Sur l'incarnation et le crucifiement du fils de Dieu.

3° (Fol. 52 v°.) Explication des passages du Pentateuque et du livre de Josué qui servent à démontrer la vérité de la doctrine chrétienne.

4° (Fol. 68.) De l'agneau pascal et de la conversion du pain et du vin en la chair et le sang du Messie.

5° (Fol. 80.) Du combat spirituel et de la manière dont les fidèles peuvent vaincre les démons.

6° (Fol. 101 v°.) L'excellence du dimanche démontrée.

7° (Fol. 114.) Pourquoi on jeûne les mercredis et les vendredis.

8° (Fol. 125.) Comment le jeûne doit être pratiqué.

9° (Fol. 135 v°.) Dissertation sur la mort que le Seigneur, étant sur la croix, a vaincue.

10° (Fol. 147.) Preuves de l'orthodoxie de la doctrine jacobite.

11° (Fol. 160.) Explication du cantique de Moïse, du cantique de sa sœur Marie, et des psaumes 35 et 150.

12° (Fol. 171.) Explication de la quatrième vision de Daniel.

13° (Fol. 175.) Le cantique des trois Enfants, précédé et suivi d'observations.

14° (Fol. 186 v°.) Traité pour consoler les fidèles et pour les encourager à supporter avec patience les chagrins qu'ils éprouvent.

Papier. 188 feuillets. *Les 50 derniers feuillets sont plus ou moins rongés dans la marge supérieure.* Hauteur, 26 centimètres; largeur, 17 centimètres. 17 lignes par page. Ms. de la fin du XIIIe siècle. — (Ancien fonds 83.)

171.

1° تفسير الامانة وتاويل الفاظها «Explication du symbole de la foi et appréciation des termes dans lesquels il est conçu», ouvrage composé par Sévère Ibn al-Moqaffa', évêque d'Aschmounaïn. C'est un précis de l'histoire des conciles et une démonstration de la vérité des doctrines professées par les jacobites. Le traité se compose de dix chapitres, dont le dernier, qui est le plus long et le plus important (voyez fol. 37 v°), a donné son titre à l'ouvrage. Aboû 'l-Barakât l'indique sous ce titre (voyez ms. n° 203, fol. 113), ainsi qu'un des auteurs de l'Histoire des patriarches d'Alexandrie (voyez a. f., n° 140, p. 93, et n° 161, fol. 212).

2° (Fol. 85.) Ouvrage intitulé الاقوال النافعة «Les paroles utiles», dans lequel Sévère, évêque d'Aschmounaïn, adresse à un ami une défense des doctrines de sa religion, et cite à l'appui les paroles des prophètes et des évangélistes. En tête de l'ouvrage on lit: «Sentences des docteurs de l'Église, touchant la foi orthodoxe,» mais le vrai titre se trouve à la fin du traité.

Papier. 212 feuillets. Hauteur, 15 centimètres; largeur, 10 centimètres et demi. Environ 15 lignes par page. Ms. daté de l'an 1334 des martyrs (1618 de J. C.). — (Ancien fonds 162.)

172.

1° Ouvrage dans lequel Sévère Ibn al-Moqaffa', évêque d'Aschmounaïn, signale les erreurs commises par Sa'îd Ibn Baṭrîq (Eutychius), dans son Histoire des patriarches, et relève les attaques dirigées par lui contre les jacobites. C'est par erreur que le copiste a intitulé ce traité كتاب الجامع.

2° (Fol. 74.) Traité sur le jeûne, par Sévère, évêque d'Aschmounaïn.

3° (Fol. 90 v°.) Lettre dans laquelle un juif, nommé Aboû 'l-'Alâ al-Ṣâïgh (الصايغ «l'orfévre»), et généralement connu sous le nom d'Akhoû Dâwoûd al-Balâṭ (البلاط), soumet à un docteur chrétien, nommé Aboû 'l-Fakhr al-Masîḥî, plusieurs difficultés qu'il avait rencontrées dans les Évangiles.

4° (Fol. 96 v°.) Réponse à la lettre précédente, par Aboû 'l-Fakhr al-Masîḥî.

5° (Fol. 116 v°.) Lettre dans laquelle un juif adresse à un chrétien des objections contre la divinité de J. C. et contre d'autres doctrines de la religion chrétienne.

6° (Fol. 123 v°.) Réponse du chrétien à la lettre précédente.

7° (Fol. 164 v°.) Troisième lettre du juif Aboû 'l-ʿAlâ Ibn Moʿallâ al-Ṣâïgh au docteur chrétien Aboû 'l-Fakhr.

8° (Fol. 166.) Réponse à la troisième lettre du juif. Le copiste n'a reproduit que le commencement de cette réponse et s'est arrêté au milieu d'une phrase.

Papier. 166 feuillets, dont plusieurs ont été rétablis par une main assez moderne. Hauteur, 17 centimètres; largeur, 12 centimètres. 11 lignes par page. La partie ancienne du ms. est datée de l'an 690 de l'hégire (1291 de J. C.). — (Supplément 79.)

173.

1° Réfutation de Saʿîd Ibn Batrîq (Eutychius), l'auteur des «Annales». Le commencement manque. C'est à tort que, dans cette copie, une main moderne a attribué ce traité à Aboû ʿAlî ʿÎsâ Ibn Zorʿa (زرعة), le jacobite; le véritable auteur est Sévère d'Aschmounaïn.

2° (Fol. 39 v°.) Traité dans lequel ʿÎsâ Ibn Zorʿa, élève du docte philosophe Yaḥyâ Ibn ʿAdî, prouve qu'on a attribué injustement aux chrétiens jacobites l'opinion que le Fils Éternel souffrit corporellement (حلول الالام بالابن الازلى). Ibn Zorʿa naquit l'an 331 de l'hégire (942-943 de J. C.), et mourut en 398 (1007-1008 de J. C.).

3° (Fol. 46.) Traité dans lequel S. Jean Chrysostome fournit les preuves de la venue du Fils bien-aimé de Dieu.

4° (Fol. 75.) Traité composé par ʿÎsâ Ibn Zorʿa, et adressé par lui, l'an 387 (997 de J. C.), à Bischr Ibn Fenḥâs (فنحاس) Ibn Schoʿaïb, comptable juif.

Cet écrit contient les réponses à certaines questions controversées et se termine par une note dans laquelle le même écrivain explique la signification de quelques termes employés dans la métaphysique.

5° (Fol. 77.) Traité sur le jeûne, l'aumône et la prière.

6° (Fol. 79.) Série de questions que Yoûsof Ibn al-Ḥakîm al-Boḥaïrî envoya de Meyâfâreqîn, l'an 387 (997 de J. C.), à l'adresse d'ʿÎsâ Ibn Zorʿa, avec les réponses de celui-ci.

7° (Fol. 86 v°.) Autres questions, adressées par Ibn al-Ḥakîm à Ibn Zorʿa, l'an 386 (996 de J. C.).

8° (Fol. 91 v°.) Opinion d'un philosophe d'Orient au sujet de la Trinité.

9° (Fol. 92.) Opuscule attribué à Ibn Zorʿa, et composé à la suite d'une conférence dans laquelle on s'était occupé des dogmes professés par les Grecs, les jacobites et les nestoriens, au sujet de la Trinité et de l'incarnation.

10° (Fol. 99.) Traité sur l'origine des êtres et sur les qualités qu'on attribue à l'essence primordiale; l'auteur y indique sous quel rapport les chrétiens considèrent cette essence comme unique et multiple, comme substantielle et personnelle. Cet opuscule est attribué à un nommé Aboû Solaïmân Ṭâhir.

11° (Fol. 101 v°.) Traité sur les quatre points (de controverse) auxquels a donné naissance la doctrine de l'unité de Dieu, telle que l'entendent les chrétiens. L'auteur est ʿÎsâ Ibn Zorʿa.

12° (Fol. 109.) Note ajoutée par ʿÎsâ Ibn Zorʿa à la fin de son traité sur l'unité et la Trinité.

13° (Fol. 113.) Extrait d'un traité sur la divinité de J. C., composé par l'éminent philosophe Yaḥyâ Ibn ʿAdî, précepteur d'Ibn Zorʿa.

14° (Fol. 117.) Discours du saint solitaire Mar Isaac le Syrien, sur la prière et le jeûne. Isaac, disciple de S. Éphrem, composa un grand nombre d'homélies.

15° (Fol. 125.) Sermon de Jean le Syrien, connu sous le nom d'al-Schaïkh. C'est le même que S. Saba. Ce sermon est le vingt-cinquième de la liste donnée par Assemani, «Bibl. or.», t. I, p. 440.

16° (Fol. 127.) Abrégé de plusieurs traités de Mar Isaac le Syrien. L'auteur de cet abrégé se nommait Ḥonoûn (حنون), fils d'ʿOmar, fils de Yoḥannâ, fils d'al-Ṣalt. Il s'adresse, dans sa préface, à un grand personnage qui désirait prendre connaissance des écrits de Mar Isaac, et qui, ne sachant pas la langue syrienne, l'avait invité à faire une analyse en arabe ou une version abrégée de ces ouvrages instructifs [1].

17° (Fol. 147.) Traité sur la pénitence, par le prêtre et philosophe Aboû 'l-Faradj ʿAbd Allah Ibn al-Ṭayyib (الطيب).

18° (Fol. 156.) Traité sur l'incarnation.

19° (Fol. 167 v°.) Recueil de modèles du style épistolaire. L'auteur, qui était musulman, dit avoir trouvé ces pièces dans un ms. très-ancien et très-incorrect.

Les trois derniers feuillets de notre ms. sont hors de leur place. Ils font partie d'une instruction religieuse,

[1] A la suite de l'article 16° se trouve un petit recueil de sentences et d'apophthegmes. H. Z.

peut-être d'une des pièces qui se trouvent dans ce volume.

Papier. 170 feuillets. Hauteur, 25 centimètres et demi; largeur, 15 centimètres et demi. 17 lignes par page. Ms. du XIVe siècle. — (Ancien fonds 90.)

174.

Les opuscules d'Ibn Zor'a. Ce célèbre docteur jacobite portait le surnom d'Aboû-'Alî, et était fils d''Îsâ Ibn Isḥâq Ibn Zor'a :

1° Épître écrite au mois de dsoû 'l-ḥiddja 378 (989 de J. C.), et adressée à un de ses confrères. Dans cet écrit, il donne la solution de quelques difficultés que son correspondant lui avait signalées.

2° (Fol. 10 v°.) Exposition de la croyance des chrétiens jacobites, et justification de cette secte d'une accusation dirigée contre elle.

3° (Fol. 38 v°.) Discours adressé, l'an 387 (997 de J. C.), à un juif nommé Bischr Ibn Fenḥâs Ibn Scho'aïb, calculateur.

4° (Fol. 44.) Discours sur les quatre questions qu'on a soulevées au sujet de l'union (des deux natures de J. C.).

5° (Fol. 53 v°.) Réfutation d'un traité composé contre les chrétiens par Aboû 'l-Qâsim 'Abd Allah Ibn Aḥmad, natif de Balkh, et intitulé « Preuves de première force » (اوايل الادلّة). Cet opuscule fut composé au mois de dsoû 'l-ḥiddja 387 (997 de J. C.).

6° (Fol. 67.) Traité sur la nature des trois personnes de la Trinité. L'auteur a composé cette dissertation d'après le conseil de Yaḥyâ, fils de Ḥamîd Ibn Zakaryâ, son ancien professeur, qui lui apparut en songe, l'an 1290 (lisez 1299) de l'ère d'Alexandre, date qui correspond à l'an 378 de l'hégire (988-989 de J. C.).

7° (*Ibid.*) Questions se rattachant aux préceptes du jeûne, de la prière et des vœux.

8° (Fol. 76.) Réponses à plusieurs questions que Yoûsof al-Boḥaïrî, surnommé Aboû-Ḥakîm, lui avait adressées de la ville de Meyâfâreqîn, l'an 387 (997 de J. C.).

9° (Fol. 87.) Questions adressées à Ibn Zor'a, l'an 386 (996 de J. C.), par Ibn Ḥakîm, natif de Meyâfâreqîn. Cet opuscule est incomplet; on n'y trouve que deux questions et la réponse à la première.

Papier. 88 feuillets. Hauteur, 16 centimètres et demi; largeur, 12 centimètres et demi. 11 lignes par page. Ms. du XIVe siècle. — (Ancien fonds 98.)

175.

Traité de morale, divisé en douze chapitres, et intitulé : كتاب المعونة على دفع الهمّ « Secours contre les soucis ». Cet ouvrage a pour auteur Mar Élie (مار ايليا), métropolitain de Nisibe et chef des nestoriens. Il vivait dans la première moitié du XIe siècle. Voyez le « Catalogue de la Bibliothèque bodléienne », t. II, p. 43 et 44, où se trouvent les titres des chapitres. Dans notre ms., la liste des chapitres occupe le recto du septième feuillet. A la suite de ce traité se trouve le recueil appelé « Fables de Loqmân ». Le copiste termina son travail l'an 1016 des martyrs (1300 de J. C.). On voit que ce recueil, dont le style est si barbare, était connu au XIIIe siècle.

Papier. 144 feuillets. Hauteur, 17 centimètres; largeur, 12 centimètres et demi. 14 lignes par page. — (Supplément 58, Saint-Germain 540.)

176.

1° Exemplaire incomplet de l'ouvrage ascétique intitulé كتاب المعونة على دفع الهمّ « Secours contre les soucis ». La fin manque.

2° (Fol. 83.) Fragment acéphale d'un exemplaire du « Livre du gouvernement », attribué à Aristote. Voyez ci-dessus, n° 82.

3° (Fol. 133.) Fragment acéphale d'un recueil de préceptes politiques, attribués, les uns à un roi du Yemen, d'autres à un Arabe bédouin, à Cosroès Anouschirwân et à son vizir Bouzourdjmihr. Le commencement et la fin manquent.

Papier. 136 feuillets. Hauteur, 21 centimètres; largeur, 15 centimètres. 15 lignes par page. Ms. du XVIIe siècle. Il porte un grand nombre de notes de la main du Dr Picques. — (Supplément 63.)

177.

1° Histoire de la conférence qui eut lieu dans la capitale de la Mauritanie occidentale, entre un moine, grand métaphysicien, et le vizir Ṣâḥib al-Sa'âda. C'est un dialogue imaginaire, dans lequel un moine défend, contre un musulman, les dogmes de sa religion. Le premier feuillet, qui est d'une écriture bien plus moderne que le reste du ms., donne le titre du traité, puis une introduction qui commence au milieu d'une phrase. On voit par là que le copiste avait sous les yeux un ms.

dont le premier feuillet s'était perdu. La préface nous apprend que le dialogue a été composé par un savant théologien, Aboû 'l-Faradj ʿAbd Allah Ibn al-Ṭabîb (ailleurs al-Ṭayyib), secrétaire de Timothée, patriarche nestorien d'Orient.

2° Extrait d'un ouvrage anonyme, dans lequel on traite de plusieurs événements de la vie de J. C. Cet extrait se compose de la dernière partie du chapitre III et des chapitres suivants, jusqu'au douzième inclusivement. Le feuillet 28 devait renfermer le commencement du chapitre III, mais il nous offre un récit qui ne se rattache pas à celui qui se lit sur la page suivante. Ce feuillet est moderne et de la même main que le premier feuillet du volume.

Voici les titres des chapitres quatrième, cinquième et sixième :

الكتاب الرابع لاجل معودية الرب من يوحنا ابن زكريا
الكتاب الخامس لاجل امتحان الشيطان للرب في البرية
الكتاب السادس لاجل اعمال الرب المحيية في الانجيل من حين الصبغة...

3° (Fol. 115 v°.) Quelques miracles opérés par la sainte Vierge dans le monastère situé à Banhâ al-ʿAsal (بنها العسل). Le commencement de cet opuscule est l'œuvre du copiste qui a écrit les feuillets 2 et 28.

4° (Fol. 133 v°.) Histoire de S. Joseph le charpentier.

5° (Fol. 145 v°.) Formules de prières ou supplications (طلبة), empruntées aux écrits des saints Pères et aux ابصاليات (psautiers?) coptes.

Papier. 189 feuillets. Hauteur, 22 centimètres; largeur, 16 centimètres. 17 à 22 lignes par page. Ms. de deux écritures, dont la moins ancienne est datée de l'an 1005 des martyrs (1289 de J. C.). Quelques feuillets ont été ajoutés à une époque assez moderne pour remplacer et même pour déguiser certaines lacunes. — (Ancien fonds 104.)

178.

1° Ouvrage théologique, intitulé «Thériaque des intelligences», traité qui, d'après l'inscription sur le frontispice, eut pour auteur le prêtre Aboû 'l-Khaïr, dit Ibn al-Ghaïb. Une note du copiste, inscrite sur le feuillet 170, nous apprend que le livre fut achevé à Émèse, l'an 1364 des Séleucides (1052 de J. C.). Il s'agit nécessairement de la composition de l'ouvrage, car le ms. que nous avons ici est du XIIIᵉ siècle. L'ouvrage est désigné aussi par le titre de «Découverte des mystères cachés dans les principes de la religion du Messie» (كشف الاسرار الخفية من الاسباب المسيحية). Ce traité est divisé en deux sections (جملة), dont la première renferme vingt-quatre chapitres (فصول), et la seconde cinq. A la fin, le copiste a reproduit quelques notes qui se trouvaient dans le ms. original. Parmi ces notes, on remarque un court extrait du «Guide des égarés» de Maïmonide, et un autre, tiré de l'ouvrage intitulé «Signes directeurs, traitant des principes fondamentaux de la religion» (المعالم في اصول الدين), par Fakhr al-Dîn al-Râzî.

2° (Fol. 171.) Anecdote concernant le grand S. Macaire, et rapportée par S. Macaire d'Alexandrie.

3° (Fol. 175.) «Comment Sibylle (سبلا), fille de Héraclius (هرقل), chef des philosophes, expliqua le songe que cent hommes eurent, la même nuit, dans la ville de Rome, sous le règne d'Auguste César.»

4° (Fol. 181.) Prescriptions tirées des livres des médecins.

Papier. 189 feuillets. Hauteur, 19 centimètres; largeur, 13 centimètres. 12 lignes par page. Ms. du XIIIᵉ siècle. La pagination en chiffres coptes fait reconnaître la perte de plusieurs feuillets. — (Ancien fonds 102.)

179.

درياق العقول في علم الاصول «Thériaque des intelligences, traitant des principes de la foi». (Voyez le n° précédent dont celui-ci paraît être la copie.)

Papier. 82 feuillets. Hauteur, 21 centimètres, largeur, 15 centimètres. 23 lignes par page. Ms. daté de l'an 1054 de l'hégire (1644 de J. C.). — (Ancien fonds 97.)

180.

Autre exemplaire de l'ouvrage intitulé «Thériaque des intelligences».

Papier. 102 feuillets. Hauteur, 20 centimètres; largeur, 15 centimètres. 13 lignes par page. Ms. daté de l'an 1035 de l'ère *kharadjienne* (خراجية), c'est-à-dire de l'ère de Yezdeguird (1615 de J. C.). — (Ancien fonds 103 A.)

181.

Ce volume renferme l'ouvrage intitulé الحاوى الكبير «le Grand recueil», compilation théologique, divisée en

soixante-trois chapitres, et traitant des dogmes, de la morale et de la discipline monastique. L'auteur, dans la préface (fol. 1 v°), se donne la qualité de moine du Mont-Noir (الجبل الاسود), près d'Antioche. Il dit avoir composé cet ouvrage à l'exemple d'Antiochus, moine de Saint-Saba, près Jérusalem, qui écrivit son recueil ou pandecte (الحاوى وهو البندقتس, Πανδέκτης τῆς ἁγίας γραφῆς) lors de l'invasion de la Syrie par les Perses (au VIe siècle de J. C.). «De même, dit l'auteur, voyant les Turcs (Seldjoukides) envahir le même pays, sous le règne de Constantin Ducas (قسطنطين الملقب بالذوكتستس), et reconnaissant que les chrétiens pourraient désormais difficilement se procurer des livres, j'ai eu l'idée de réunir dans un seul ouvrage toutes les doctrines de la religion avec les commentaires qui se trouvent éparpillés dans une multitude de volumes.» Le compilateur a puisé ses matériaux dans la Bible, dans les écrits des saints Pères, dans les décrets des conciles et dans les lois impériales. Selon une note écrite de la main de Renaudot et insérée dans le volume, l'auteur n'a fait que travestir et interpoler l'ouvrage d'Antiochus, dans le but de soutenir les doctrines de la secte jacobite[1].

Au verso du feuillet 334 commence un traité, accompagné de deux tableaux qui servent à déterminer la Pâque et les jours de fête de chaque année. Au feuillet 336 se trouve un traité, composé par S. Basile, évêque de Césarée de Cappadoce, et intitulé تعليم ووصاة للكهنة «Instruction et conseils aux prêtres». Au verso du feuillet 336 on lit une note du même auteur, intitulée وصاة في معنى القداس الالهى «Avertissement sur l'objet de la sainte messe», et trois formules de prières.

Papier. 337 feuillets, dont tous, à l'exception des trois derniers, sont écrits à double colonne. Hauteur, 34 centimètres; largeur, 26 centimètres. 31 lignes par page. Ms. daté de l'an 6744 de l'ère du monde, correspondant à l'an 633 de l'hégire (1236 de J. C.). — (Ancien fonds 68.)

182.

الحاوى الكبير «Le Grand recueil» ou «Pandectes». Autre exemplaire de l'ouvrage précédent.

Papier. 759 feuillets. Hauteur, 31 centimètres; largeur, 21 centimètres. 22 lignes par page. Ms. daté de l'an 7155 de l'ère du monde (1647 de J. C.). Le copiste était un prêtre, natif de Tripoli, en Syrie, et desservant de l'église de la Résurrection, à Jérusalem. — (Ancien fonds 78, Colbert 982.)

183.

Exposition des doctrines des Pères de l'Église, au sujet des dogmes de la foi. Pour former cette compilation l'auteur a mis à contribution les écrits de plus de soixante docteurs et Pères de l'Église. En tête du volume se trouve une liste de chapitres; à la fin, on rencontre quelques passages tirés de diverses homélies sur l'incarnation[2].

Papier. 405 feuillets. Hauteur, 25 centimètres et demi; largeur, 18 centimètres. 17 lignes par page. La première partie du ms., jusqu'au folio 239, à l'exception des neuf premiers feuillets, est du XIIIe siècle. — (Supplément 51, Saint-Germain 31.)

184.

Traité de théologie, sans titre, divisé en trente-trois chapitres (راس), dont les premiers traitent de la Trinité, de l'incarnation et des commandements de Dieu; presque tous les autres traitent de la confession, de la communion et des devoirs de la vie monastique. D'après quelques-unes des rubriques, ce seraient des réponses à diverses questions qu'on avait soumises à Anbâ Michel, patriarche d'Antioche, à S. Cyrille, à S. Basile, à Anbâ Sem'ân, patriarche d'Alexandrie, et à d'autres docteurs. Ce ms. fut copié au monastère de Saint-Macaire, dans le désert de Scété, l'an 980 (ou 930?) des martyrs (1264 ou 1214 de J. C.).

Papier. 175 feuillets, dont quelques-uns sont des restaurations faites par une main assez moderne. Hauteur, 25 centimètres et demi; largeur, 16 centimètres. 18 à 19 lignes par page. — (Ancien fonds 79.)

185.

Même ouvrage. Les deux premiers feuillets, contenant une grande partie de l'introduction, manquent, et le recto du feuillet actuellement coté 1 est devenu presque illisible. On ne trouve dans ce volume que vingt chapitres (راس) et le commencement du vingt et unième. En comparant le texte des chapitres I, II, VI, XI de ce ms. avec celui des mêmes chapitres du ms. n° 184, on remarque des différences assez considérables. Il semble qu'il y ait

[1] Voyez, sur cet ouvrage et sur l'auteur, *Catal. des mss. éthiopiens*, p. 99 et suiv. H. Z. — [2] Voy. *Catal. des mss. éthiopiens*, p. 106 et suiv. H. Z.

lieu d'admettre deux versions d'un même texte grec, ou bien deux rédactions différentes d'un même traité.

Papier. 130 feuillets. Hauteur, 25 centimètres et demi; largeur, 17 centimètres. 17 à 18 lignes par page. Le ms. paraît être de la fin du XIIIe siècle. — (Ancien fonds 85.)

186.

Relation d'une controverse qui eut lieu à Alep, entre Georges (جرج), moine du monastère de Saint-Siméon, et trois docteurs musulmans, l'an 6615 du monde (1123 de J. C.), en présence de l'émir al-Mélik al-Moschammer (fils de Saladin), et sous le règne d'al-Mélik al-Ẓâhir Ghâzî, fils de Saladin et souverain d'Antioche et d'Alep. Cette défense de la religion chrétienne a été traduite par Le Grand, et publiée à Paris, en 1767, in-12, sous le titre de «Controverse sur la religion chrétienne».

Papier. 49 feuillets. Hauteur, 22 centimètres; largeur, 15 centimètres. 15 lignes par page. Ms. daté de l'an 1897 de l'ère d'Alexandre (1585 de J. C.). Il a été copié au monastère de Baït-Marqos, à Jérusalem, par l'ordre de Mar-Dâwoûd, appelé aussi Dâwoûd-Schah, métropolitain de cette ville. — (Ancien fonds 106.)

187.

Controverse qui eut lieu à Alep, entre Georges le moine et trois docteurs musulmans. C'est le même ouvrage que le précédent.

Papier. 98 feuillets. Hauteur, 15 centimètres; largeur, 10 centimètres. 13 lignes par page. Ms. daté de l'an du monde 7168. — (Supplément 103.)

188.

Relation d'une controverse qui eut lieu à Alep, entre Georges, moine du monastère de Saint-Siméon al-Baḥrî (البحرى), et trois docteurs musulmans. Dans ce ms., le copiste a mis par erreur le nom de Baïbars à la place de celui de Ghâzî. C'est le même ouvrage que les deux précédents.

Papier. 53 feuillets. Hauteur, 16 centimètres et demi; largeur, 10 centimètres et demi. 17 lignes par page. Ms. du XVIIIe siècle. — (Supplément 101.)

189.

Controverse qui eut lieu à Alep, entre Georges le moine et trois docteurs musulmans. Ce ms. paraît être une copie du n° 186. Il est daté de l'an 1690 de J. C.

Papier. 45 feuillets. Hauteur, 30 centimètres; largeur, 22 centimètres. 14 lignes par page. — (Supplément 101.)

190.

Traité de théologie nestorienne, intitulé كتاب المجدل «La Tour». On trouve en tête du volume une note qui dit que l'auteur de cet ouvrage se nommait ʿAmr, fils de Matthieu, fils de Behnâm al-Ṭaïrhânî, mais cette indication, écrite à une époque assez récente et par une main peu habile, est fausse. Le véritable auteur est Mârî (مارى), fils de Salomon (سليمان), qui vécut au XIIIe siècle, ainsi qu'on le voit dans ce ms., p. 909, l. 1. Assemani, après avoir partagé l'erreur de ceux qui attribuaient cet ouvrage à ʿAmr, auteur du XIVe siècle, s'est corrigé, dans le troisième volume de sa «Bibliotheca orientalis», p. 554, 580 et suiv., et lui donne le titre de كتاب المجدل للاستبصار والجدل «la Tour, servant de lieu d'observation et de défense». Il a donné aussi un tableau des sections et chapitres dont l'ouvrage se compose. Son tableau correspond exactement à celui qui se trouve aux pages 19 et suiv. de notre ms.

Dans la cinquième section, chapitre V, pages 708 à 911, se trouve l'histoire des primats d'Orient, depuis les temps apostoliques, et des *catholicos* ou patriarches nestoriens. A mesure que la chronique approche du temps de l'auteur, elle devient plus détaillée. Dans cette partie, elle offre des faits importants pour l'histoire des califes de Baghdâd, et contient le texte de quelques rescrits que ces princes avaient adressés aux primats nestoriens (voyez p. 879). Cette chronique finit par la biographie d'Ebedjésu, mort l'an 1147 de notre ère; mais un appendice, ajouté après coup, d'une main assez moderne (p. 911 à 921), contient les biographies de quelques autres primats, jusqu'à l'an 1317; un tableau des diocèses nestoriens et la profession de foi d'un des métropolitains de Nisibe. Sur deux feuillets de l'ancien ms. restés en blanc (p. 679, 680), on a écrit une notice chronologique et historique de Jésus-Christ.

Papier. 1075 pages. Hauteur, 26 centimètres; largeur, 19 centimètres. 17 lignes par page. Ms. du XIIIe siècle. — (Ancien fonds 82, Colbert 5246.)

191.

Premier volume du كتاب المجدل «Livre de la Tour». Une note en tête du volume et une autre à la fin attri-

buent cet ouvrage à ʿOmar (ou ʿAmr), fils de Matthieu (متى), al-Ṭaïrhânî le Nestorien.

Papier. 213 feuillets. Hauteur, 25 centimètres et demi; largeur, 18 centimètres. 17 lignes par page. Ms. du xivᵉ siècle. Un possesseur a inscrit sur le frontispice une note qui est datée de l'an 1157 des martyrs (1441 de J. C.). — (Supplément 53, Saint-Germain 58.)

192.

Seconde partie du كتاب المجدل «Livre de la Tour». Plusieurs feuillets du commencement et les cinquante derniers sont d'une écriture plus moderne que le corps de l'ouvrage, qui paraît être du xiiiᵉ siècle. Les feuillets qui servent à remplir les lacunes du volume furent écrits l'an 1283 des martyrs (1567 de J. C.) (voyez fol. 251 v°). Le scribe qui a complété le ms., s'étant aperçu d'une lacune dans le volume qu'il transcrivait, a laissé en blanc le folio 273 v° et les quatre feuillets suivants. Sur quelques-uns des derniers feuillets, on remarque des notes marginales et même des interpolations dans lesquelles le copiste de cette portion de l'ouvrage et un lecteur appartenant à la secte jacobite s'élèvent avec indignation contre les opinions nestoriennes de l'auteur.

Papier. 295 feuillets. Hauteur, 22 centimètres; largeur, 15 centimètres et demi. 17 lignes par page. — (Supplément 53 *bis*, Saint-Germain 58 *bis*.)

193.

Traité de morale intitulé روضة الفريد وسلوة الوحيد «Prairie du solitaire et consolation pour l'anachorète». L'auteur, Siméon (سمعان), fils de Kalîl Ibn Maqâra (مقارة), était du monastère d'Aboû Yoḥannès (Saint-Jean-le-Nain), dans le désert de Scété.

L'ouvrage, écrit en très-beau style et en prose rimée, se compose d'une introduction et de douze chapitres, ayant chacun un sujet qui lui est propre. Ces sujets sont : la création de l'homme, la foi, la piété, la prière, le jeûne et les actes de dévotion, la patience, la charité, la chasteté, l'humilité, le pardon des injures, le mépris du monde et les exercices spirituels.

Papier. 209 feuillets. Hauteur, 26 centimètres et demi; largeur, 18 centimètres. 18 lignes par page. Ms. copié à Alep, l'an 1896 de l'ère des Grecs (1584 de J. C.). — (Ancien fonds 87.)

194.

Traité de morale, intitulé «Prière du solitaire et consolation pour l'anachorète», composé par le R. P. Siméon le jeune, fils de Kalîl Ibn Maqâra, moine du monastère de Saint-Jean-le-Nain (القصير), situé dans le désert de Scété (الاسقيط).

Entre chaque feuillet du texte arabe se trouve une traduction latine, écrite avec soin, dont l'auteur est le R. P. F. Cœlestino de S. Liduina, carme déchaussé.

Papier. 361 feuillets. Hauteur, 31 centimètres; largeur, 21 centimètres. 19 lignes par page du texte arabe. xviiᵉ siècle. — (Supplément 56.)

195.

Traité intitulé كتاب الاعتراف والعمل الذى يخلص النفس من الخطية «De la confession et des pratiques qui délivrent l'âme du péché». Au commencement et à la fin du volume, on trouve le titre de كتاب التلميذ والمعلم «Le livre du disciple et du maître». En effet, l'ouvrage se compose de vingt-trois entretiens, dans lesquels un maître répond aux questions d'un disciple. Ces entretiens roulent principalement sur la nécessité de la confession et de la pénitence. L'auteur a intercalé, entre le dixième et le onzième dialogue, un chapitre dans lequel il démontre que l'Église du Messie ne doit pas être scindée ni divisée. S'il faut en croire un renseignement donné dans la préface, les matériaux qui ont servi à la composition de cet ouvrage furent tirés de la Bible et des écrits des saints Pères, puis traduits en arabe par le patriarche d'Alexandrie, Cyrille (انبا كيرلص), fils de Laqlaq (لقلق), qui était connu d'abord sous le nom de «Prêtre David», et qui eut pour collaborateur le prêtre Paul Boûschî (بولص البوشى). Ce Cyrille fut élevé au patriarcat l'an 1235 de J. C.

Papier. 184 feuillets. Hauteur, 21 centimètres; largeur, 15 centimètres. 14 lignes par page. Ms. daté de l'an 1387 des martyrs (1671 de J. C.). — (Supplément 48.)

196.

(Fol. 107.) Autre exemplaire du كتاب الاعتراف. Le feuillet 259 a été placé par mégarde à la fin de l'ouvrage. Le dernier feuillet contient le commencement d'un traité renfermant quelques extraits des constitutions de Basile, de Léon et de Constantin (Porphyrogénète), sur les cas de dissolution du mariage.

Papier. 269 feuillets. Hauteur, 18 centimètres; largeur, 13 centimètres. 13 lignes par page. Ms. daté de l'an 7007 du monde, 904 de l'hégire (1499 de J. C.). — (Ancien fonds 115.)

197.

Ouvrage intitulé كتاب الشفاء في كشف ما استتر من لاهوت سيدنا المسيح واختفا الخ «Livre du Remède, composé pour mettre au jour ce qui était caché concernant la divinité de Notre-Seigneur le Messie, ainsi que la réalité de sa divinité et de son humanité, etc.». L'auteur de ce traité nous informe dans la préface qu'il se nommait Aboû Schâkir, fils du moine Aboû 'l-Karm Pétros, qu'il était diacre de l'église de Notre-Dame, au vieux Caire, église des Coptes jacobites (المختصة بالقبط اليعاقبة), et qu'il s'occupait de ce travail l'an 984 des martyrs (1268 de J. C.). Dans le ms. n° 203 (voyez ci-après), fol. 116 v°, Aboû 'l-Barakât fait mention de cet ouvrage, ainsi que d'autres du même auteur, à qui il donne le nom d'Aboû Schâkir al-Sinî al-Râhib Ibn al-Rîscha.

Papier. 269 feuillets. Hauteur, 26 centimètres et demi; largeur, 18 centimètres. 21 lignes par page. Ms. autographe du XIIIe siècle, très-bien écrit et portant en marge les corrections de l'auteur. — (Supplément 52, Saint-Germain 56.)

198.

1° Commentaire sur le Symbole de Nicée (تفسير الامانة المقدسة). Renaudot attribue ce traité à Ibn al-ʿAssâl.

2° (Fol. 20 v°.) Tableau synoptique des noms des mois syriaques et coptes.

3° (Fol. 21.) Exposé de la conférence qui eut lieu entre Aboû Qorra (قرة) et le calife abbaside al-Mâmoûn, en la présence de quelques docteurs musulmans. Commencement : قال امير المومنين لخليفة المامون يا ابا قرة ان الغلفة قطعة من النجس. La copie n'est pas terminée. Les cinq dernières pages du volume sont couvertes de notes et de figures cabalistiques.

Papier. 84 feuillets. Hauteur, 14 centimètres; largeur, 10 centimètres. 10 à 13 lignes par page. Ms. du XVe siècle. — (Ancien fonds 116.)

199.

1° Abrégé d'un traité sur la trinité et l'unité, composé au Caire vers la fin de l'an 673 de l'hégire (1274 de J. C.), par l'éminent métaphysicien et docteur chrétien Aboû 'l-Fadhâïl Ibn al-ʿAssâl (العسال).

2° (Fol. 12.) Le troisième chapitre de la seconde section du *Kitâb al-Madjdal*, chapitre intitulé *le Renforcement* (التشديد).

3° (Fol. 19.) Témoignages des philosophes païens (الحنفا), au sujet de la Trinité (الثالوث).

4° (Fol. 22.) «Manifestation du saint Évangile» (تصريح الانجيل الطاهر). Cet article, ainsi que le précédent, est emprunté au troisième chapitre de la seconde section du *Madjdal* ou «Livre de la Tour».

5° (Fol. 27.) Chapitre sur l'union (des deux natures de J. C.). Cet article ne se trouve pas dans le *Madjdal*.

6° (Fol. 35.) Lettre renfermant une exposition de la doctrine concernant la Trinité et l'incarnation. Elle est attribuée à un homme qui fut ordonné prêtre, afin d'être attaché au monastère du patriarche (jacobite), à Antioche. Ce patriarche, dont l'auteur fait un grand éloge, se nommait Ignace (اغناطيوس).

Papier. 44 feuillets. Hauteur, 17 centimètres; largeur, 13 centimètres. 13 lignes par page. Ms. daté de l'an 673 de l'hégire (1274 de J. C.). On voit par l'ancienne pagination en chiffres coptes et par la table des matières écrite au XVIIe siècle, que ce ms. est incomplet. Il manque 117 feuillets au commencement et plusieurs autres dans le corps du ms. — (Ancien fonds 103.)

200.

Traité de théologie dogmatique, dans lequel l'auteur, Aboû Isḥâq Ibn al-Fadhl Ibn al-ʿAssâl, expose d'une manière très-systématique les doctrines de l'Église chrétienne jacobite. Cet ouvrage a pour titre : مجموع اصول الدين ومسموع محصول اليقين «Recueil des dogmes fondamentaux de la religion et indication de ce qu'on peut enseigner en fait des résultats certains (fournis par le raisonnement)». Cet ouvrage est divisé en cinq sections et en soixante-dix chapitres, dont on trouve la liste au fol. 6 v° et aux trois feuillets suivants. Dans cet exposé, l'auteur réfute les objections des philosophes, des juifs, des musulmans, des nestoriens et des melkites. Dans le premier chapitre, se trouvent quelques renseignements sur les ouvrages théologiques des Coptes, des Syriens, des Arméniens et des Nestoriens. Dans les chapitres XVII, XVIII, XIX, qui traitent de Dieu et de la Trinité, l'auteur a inséré plusieurs extraits d'ouvrages arabes peu connus, composés par des chrétiens ou par des musulmans. Les derniers feuillets de ce volume nous offrent une liste chronologique des sultans ottomans jusqu'à l'an 1013 de l'hégire, et une liste des gouverneurs de l'Égypte, depuis l'an 922 jusqu'à l'an 1040. Ces pièces sont d'une écriture plus moderne que le reste du ms. Au verso du der-

nier feuillet, on lit les dates de tous les grands événements qui eurent lieu dans le monde depuis la création jusqu'à Jésus-Christ.

Papier. 327 feuillets. Hauteur, 30 centimètres; largeur, 20 centimètres et demi. 19 lignes par page. XVIe siècle. La seconde partie du volume, à partir du fol. 168, porte la date de 1022 de l'hégire (1613 de J. C.). — (Ancien fonds 80.)

201.

Les deux premières sections de l'ouvrage théologique d'Ibn al-ʿAssâl, intitulé مجموع اصول الدين الخ.

Papier. 503 feuillets. Hauteur, 25 centimètres; largeur, 17 centimètres et demi. 13 lignes par page. Ms. de deux mains, dont la plus ancienne paraît être de la fin du XIIIe siècle. — (Ancien fonds 81.)

202.

Volume renfermant des fragments considérables de deux grands ouvrages de théologie chrétienne, un opuscule complet de philosophie et quelques débris d'un ouvrage d'Aboû-Hâmid al-Ghazzâli, intitulé المقاصد, ou, selon Haddji-Khalifa, مقاصد الفلاسفة «les Tendances des philosophes», aux feuillets actuellement cotés 13, 14, 15, 39, 40, 41, 42. Les folios 1 à 12 contiennent un traité de théologie dogmatique, composé par un chrétien pour la défense de sa foi. Le commencement et la fin manquent. L'ouvrage est rédigé sous forme d'objections et de réponses (قولهم فاقول). Au folio 16 commence un opuscule dans lequel un auteur anonyme a rassemblé les maximes des quatre philosophes (الحكماء الاربعة) : Pythagore, Socrate, Platon et Aristote. On trouve ensuite (fol. 17 v°) un morceau intitulé وصاياة الذهبية «les Conseils d'or»; ce sont probablement les *Vers dorés.* Au fol. 36 v° commence un traité de Mohî al-Dîn al-ʿAdjamî, natif d'Ispahân, sur l'intelligence, l'intelligent et l'intelligible; la fin manque. Au fol. 43, on rencontre le second chapitre préliminaire d'un ouvrage de philosophie. Dans ce chapitre, on cherche à démontrer que les corps, au commencement, n'étaient pas en mouvement. Suit la trente-neuvième des questions traitées dans l'ouvrage, question se rapportant à l'unité de Dieu. Ensuite vient la quarantième, où l'on traite de l'essence et des attributs; puis la quarante et unième, sur la divinité du Messie, où quelques textes du Nouveau Testament sont cités, les uns en grec (caractères coptes), et les autres en copte. Vient ensuite la vingt-troisième question, qui se rapporte à cette parole de Notre-Seigneur «Dieu seul est saint.» Suivent les autres questions dans leur ordre, jusqu'à la trente-huitième (qui est incomplète) de la sixième section. Au fol. 123 se trouve la dernière partie du troisième discours (مقالة) d'un autre ouvrage, dans lequel on discute quelques dogmes de la religion. Suivent le quatrième discours (fol. 127), le dix-neuvième (fol. 132), le vingtième (fol. 135), le vingt et unième (fol. 138), le vingt-deuxième (fol. 140), le vingt-huitième (fol. 144 v°), le vingt-troisième (fol. 145 *bis*), le vingt-quatrième (fol. 147 v°), le vingt-cinquième (fol. 152), le vingt-sixième (fol. 154 v°), le vingt-septième (fol. 159 v°). Au fol. 165 se trouve une liste de chapitres contenus dans le premier volume d'un ouvrage de controverse chrétienne. Cette liste se composait de trente-six chapitres (*bâb*), mais le premier feuillet, renfermant l'indication des cinq premiers chapitres, manque. L'ouvrage se composait de réponses faites par un chrétien à un juif qui avait présenté des objections contre certains passages du Nouveau Testament. De tous ces chapitres, on ne trouve que le premier, le second, le quatrième et le cinquième; ensuite viennent plusieurs chapitres du second volume, depuis le dix-septième jusqu'au quarante-deuxième, et depuis le quarante-troisième jusqu'au milieu du cinquante-cinquième. La fin de ce dernier manque.

Papier. 216 feuillets. Hauteur, 25 centimètres; largeur, 17 centimètres. 17 à 22 lignes par page. Ms. du XVe siècle. Le fragment du *Maqâcid* est daté de l'an 709 (1310 de J. C.). — (Ancien fonds 882.)

203.

Ouvrage intitulé مصباح الظلمة وايضاح الخدمة «Flambeau des ténèbres et explication du service divin». C'est une sorte d'encyclopédie ecclésiastique, à l'usage des jacobites d'Égypte. Le compilateur, Aboû 'l-Barakât Ibn Kabar (كبر), vivait à la fin du XIIIe et au commencement du XIVe siècle. Voici la liste des chapitres dont se compose cet ouvrage :

1. (Fol. 5.) Sur les dogmes fondamentaux de la religion.

2. (Fol. 21 v°.) Sur la foi orthodoxe.

3. (Fol. 32.) Sur l'incarnation.

4. (Fol. 36.) Sur l'histoire des apôtres.

5. (Fol. 43 v°.) Sur les conciles et sur les canons reçus par l'Église.

6. (Fol. 83.) Sur les livres de la Bible qui sont reçus par l'Église.

7. (Fol. 109.) Sur les écrits des Pères de l'Église.

8. (Fol. 118.) Sur la construction des églises, sur leur consécration et sur la consécration des autels.

9. (Fol. 127.) Sur la préparation et la consécration du saint chrême.

10. (Fol. 140.) Sur la présentation et le choix du patriarche, et sur sa consécration.

11. (Fol. 154 v°.) Sur le choix et la consécration des évêques.

12. (Fol. 172.) Sur l'ordination des prêtres.

13. (Fol. 177.) Sur les diacres.

14. (Fol. 186.) Sur les moines et la vie monastique.

15. (Fol. 189 v°.) Sur le baptême.

16. (Fol. 195.) Sur les prières du jour et de la nuit.

17. (Fol. 203 v°.) Sur la messe et le saint sacrifice.

18. (Fol. 210.) Sur le jeûne du carême.

19. (Fol. 214.) Sur les saints jours de la cinquantaine (الخمسين), ou du temps pascal, depuis Pâques jusqu'à la Pentecôte.

20. (Fol. 217 v°.) Sur les fiançailles (املاك), les couronnes et le mariage.

21. (Fol. 227.) Sur les funérailles et sur les prières pour les malades.

22. (Fol. 239 v°.) Indication des leçons pour chaque jour de l'année.

23. (Fol. 260.) Tables pour calculer l'épacte.

24. (Fol. 266.) Sur l'usage des images et des cloches, sur la communion, l'encens, le port de ceintures, les lumières, le signe de la croix, l'obligation d'être déchaussé dans l'église, etc.

Suit un chapitre renfermant des tables chronologiques, des listes des patriarches de l'Ancien Testament, des souverains, des patriarches d'Alexandrie, et des prières en copte et en arabe que l'on récite dans certaines occasions. A la fin, il manque un ou deux feuillets.

Papier. 296 feuillets. Hauteur, 27 centimètres; largeur, 18 centimètres. 19 lignes par page. Ms. du XIVe siècle. — (Ancien fonds 84.)

204.

1° Récit d'une controverse qui eut lieu à Merw entre un moine nommé Schoûḥâ (pour Schoubḥâ) la-Ischoû'a (شوحا لايشوع) «Gloire à Jésus», et le chef des juifs (راس الجالوت), au sujet de Notre-Seigneur le Messie.

2° (Fol. 38.) Prolégomènes des saints évangiles, composés l'an 713 de l'hégire (1313 de J. C.), par 'Abd Ischoû'a (*Ebed-Jésu*), métropolitain de Nisibe, et placés par lui en tête de sa version arabe des évangiles, version dans laquelle il avait employé le parallélisme des phrases et les expressions les plus recherchées de la langue.

3° (Fol. 44.) Discours dans lequel 'Abd Ischoû'a, métropolitain de Nisibe, expose ses croyances sur la Trinité et l'unité, l'incarnation, etc.

4° (Fol. 49 v°.) Épître dans laquelle un musulman raconte que, dans un entretien avec un chrétien, celui-ci lui avait cité, à l'appui de ses croyances, un grand nombre de passages du Coran, passages que l'écrivain a soin d'indiquer.

Papier. 68 feuillets. Hauteur, 22 centimètres; largeur, 12 centimètres. Dans le premier opuscule, le nombre des lignes par page est de 22, dans le second de 16, et dans les deux autres de 20. Ms. de deux écritures, dont la première est de l'an 1620 de l'ère des Grecs (1308 de J. C.), et la seconde, à partir du fol. 49, de l'an 1647 de la même ère. — (Ancien fonds 105.)

205.

1° Traité sur la foi, la prière, etc., divisé en dix chapitres, dont les cinq premiers et une grande partie du sixième manquent.

2° (Fol. 14.) Le symbole du concile de Nicée, suivi de quelques prières, d'une invocation et d'un charme pour guérir les épileptiques.

3° (Fol. 16.) Discussion qui eut lieu, l'an 347 des martyrs (631 de J. C.), entre un juif helléniste, nommé 'Amrân, et deux moines d'un monastère situé dans le diocèse de Ṭarâbiya (طرابية), dans la basse Égypte, au sujet de la religion chrétienne.

4° (Fol. 62 v°.) Explication des dix commandements, par S. Jean Chrysostome.

5° (Fol. 79 v°.) Explication du symbole de Nicée, composée par le prêtre Aboû 'l-Madjd Ibn-Loûs (لوس), natif de Monya Benî Khaṣîb, sur la demande de Gabriel, évêque de Qôṣ. La copie n'est pas terminée.

6° (Fol. 85.) Fragments d'un commentaire sur l'Ancien et le Nouveau Testament. Plusieurs feuillets sont transposés.

7° (Fol. 107.) Fragments d'un commentaire sur les épîtres de S. Paul.

8° (Fol. 110.) Explication de la liturgie copte. Le vo-

lume ne contient que les deux premières parties de ce traité.

9° (Fol. 113.) Plusieurs chapitres des sections II et III du «Guide des égarés», de Maïmonide.

10° (Fol. 136.) Dernière page de l'Hexaméron (اكسيمارس) de S. Basile.

11° (Fol. 136 v°.) Prophétie, sous forme d'un sermon, attribuée à Anbâ Samuel (صموييل), supérieur du monastère de Calmoûn. L'auteur de cette pièce prédit le triomphe des chrétiens sur les musulmans.

12° (Fol. 150 v°.) Septième miracle de S. Basile, évêque de Césarée de Cappadoce, qui convertit au christianisme le médecin et philosophe juif nommé Yoûsof.

13° (Fol 153.) Relation de ce qui s'est passé au monastère de Notre-Dame, à Namyâ (نميا), touchant le sacerdoce héréditaire de Notre-Seigneur Jésus et son entrée au Temple. Un chrétien de la Syrie, appelé Philippe, est indiqué comme l'auteur de ce récit. Il raconte que, sous le règne de Julien, il entendit de la bouche de son ami Théodose, médecin juif, les traditions du peuple juif, au sujet de la mission de Jésus-Christ, et que ce docteur finit par embrasser le christianisme.

14° (Fol. 161.) Fragment, sans commencement ni fin, d'une prophétie qui annonce le triomphe définitif des chrétiens sur les musulmans. Dans cette pièce, c'est Jésus-Christ qui est censé parler.

Papier. 166 feuillets. Hauteur, 25 centimètres; largeur, 17 centimètres. Ms. de diverses écritures. La pièce qui se trouve en tête du volume, la plus ancienne, porte la date (fol. 13 v°) de 1060 des martyrs (1344 de J. C.). — (Ancien fonds 95.)

206.

1° تسلية الاحزان «Le soulagement des chagrins», traité composé par Élie (اليا), évêque de Jérusalem, et commençant par ces mots : كما ان الحجر الهندى.

2° (Fol. 12 v°.) Traité intitulé : فرايد الفوايد في اصول الدين والعقايد «Renseignements précieux sur les bases de la religion et des dogmes». C'est un résumé de théologie jacobite.

3° (Fol. 62 v°.) Sermon ou exhortation commençant par ces mots : الحمد لله الواحد المعبود الدايم.

4° (Fol. 65 v°.) Récit allégorique, intitulé : قصد النفس روبيل قدس الله روحه «Visite de l'âme à Roûbîl, que Dieu sanctifie son âme!» Commencement : قصدنا للدير العز يوم عيده لنخطب بكرًا الخ.

5° «Exposition de la sainte foi», commençant par les mots : نومن برب سرمدى.

6° (Fol. 67 v°.) Entretien de Ṣâliḥ Ibn ʿAbd al-Qadoûs avec un moine de la Chine.

7° (Fol. 85 v°.) Anecdotes d'un moine de la ville de Nedjrân.

8° (Fol. 88.) Sentences attribuées à S. Grégoire et à quelques philosophes.

9° (Fol. 92.) Épître dans laquelle Mar Élie, métropolitain de Nisibe, raconte à un ami ce qui s'est passé aux conférences qu'il eut, l'an 417 de l'hégire, avec le vizir Aboû 'l-Qâsim al-Ḥosaïn Ibn ʿAlî al-Maghrebî. Dans la première conférence, il s'agit de la Trinité, et dans la seconde, de l'Incarnation. La sixième conférence (fol. 127) a pour sujet les sciences possédées par les chrétiens, telles que la grammaire, la philosophie, l'écriture et la logique.

10° (Fol. 164 v°.) Traité des poids et des mesures que l'on emploie dans le commerce, en seize chapitres, par Mar Élie, métropolitain de Nisibe.

11° (Fol. 184 v°.) Prière qui ne manque jamais d'être exaucée, composée par Aboû Makhlad Ilyâ (اليا), le secrétaire, natif de Mossoul.

12° (Fol. 194.) Pièce de vers, renfermant des exhortations religieuses.

Papier. 204 feuillets. Hauteur, 18 centimètres; largeur, 12 centimètres. 11 lignes par page. Ms. daté de l'an 773 de l'hégire (1371-1372 de J. C.). — (Ancien fonds 114.)

207.

الجوهرة النفيسة في علوم الكنيسة «Le Bijou, traitant des sciences ecclésiastiques».

Cet ouvrage traite de la théologie dogmatique, de la morale, de la liturgie et de la discipline ecclésiastique; en somme, des doctrines et usages de l'Église copte.

En tête se trouve la liste des chapitres, qui sont au nombre de cent onze. L'auteur, Jean, fils d'Aboû Zakaryâ, était connu sous le surnom d'Ibn Sabâʿ (ابن سباع).

Papier. 209 feuillets. Hauteur, 17 centimètres; largeur, 12 centimètres. 13 lignes par page. Ms. de la fin du XIVe siècle. — (Ancien fonds 113.)

208.

Autre exemplaire de l'ouvrage intitulé «Le Bijou, traitant des sciences ecclésiastiques», par Ibn Sabâʿ.

Papier. 133 feuillets. Hauteur, 21 centimètres; largeur, 15 centi-

mètres. 15 lignes par page. Ms. copié l'an 1354 des martyrs (1638 de J. C.). — (Ancien fonds 99.)

209.

Ouvrage intitulé : كتاب الدر الثمين فى ايضاح الاعتقاد فى الدين الخ «La Perle précieuse, étant une exposition de la foi, ouvrage tiré des paroles que les prophètes, les apôtres, les docteurs de l'Église et les patriarches ont énoncées au sujet de l'incarnation du Seigneur, de son ascension et de l'envoi du Paraclet».

L'auteur de ce traité est inconnu, mais il appartenait certainement à la secte jacobite. En tête du volume, on lit quelques règles pour calculer la Pâque et le carême, d'après la coutume de l'Église copte.

Papier. 260 feuillets. Hauteur, 16 centimètres; largeur, 10 centimètres. 11 lignes par page. Ms. daté de l'an 1268 des martyrs (1552 de J. C.). — (Supplément 54, Saint-Germain 329.)

210.

«La Perle précieuse». Même ouvrage que le précédent.

Papier. 166 feuillets. Hauteur, 21 centimètres et demi; largeur, 15 centimètres. 16 lignes par page. Ms. daté de l'an 1350 des martyrs (1634 de J. C.). — (Ancien fonds 102 *bis*.)

211.

1° Traité sur la prière.

2° (Fol. 55.) Le premier cantique de Moïse.

3° Le premier chapitre d'un ouvrage intitulé «Les flambeaux» (المصابيح).

4° Autre chapitre du même ouvrage, sur la pureté (الطهارة).

Papier. 114 feuillets. Hauteur, 12 centimètres; largeur, 9 centimètres et demi. 9 lignes par page. Ms. daté de l'an 1581 de J. C. — (Supplément 57, Saint-Germain 529 *bis*.)

212.

1° «Commentaire sur la formule «Au nom du Père, du Fils et du Saint-Esprit», suivi de l'exposition de l'unité du Créateur, quant à son essence divine, et de la trinité de ses attributs, quant à ses trois personnes. Traité accompagné d'une réfutation à l'adresse des hérétiques ignorants et des juifs, gens qui professent l'unité de Dieu et qui nient la trinité.»

2° (Fol. 9.) Homélie prononcée par le prêtre Paul Boûschî, à la fête de l'Annonciation.

3° (Fol. 22 v°.) Homélie de S. Cyrille, patriarche d'Alexandrie, sur la fête de la Circoncision et de l'entrée du Seigneur au Temple.

4° (Fol. 28 v°.) Homélie de Jacques, évêque de Saroûdj, sur l'entrée du Messie au Temple.

5° (Fol. 45 v°.) Homélie du prêtre Paul Boûschî sur la Nativité.

6° (Fol. 58.) Homélie du même sur la Théophanie (*sic* الثاوفانيه), c'est-à-dire le saint baptême, appelé aussi la Fête de la Manifestation.

7° (Fol. 69.) Traité dans lequel Sévère d'Aschmounaïn relève les erreurs et fausses représentations de Sa'îd ben Baṭrîq (Eutychius), auteur des «Annales».

8° (Fol. 133.) Traité intitulé مصباح العقل «Flambeau de l'intelligence», et renfermant une exposition sommaire de la doctrine chrétienne, par Sévère d'Aschmounaïn.

9° (Fol. 122.) Vie de S. Denys l'Aréopagite (ديوناسيوس قاضى الاريوس فاغوس), racontée par lui-même, et histoire de la vision qu'il eut dans la ville de Baalbec.

10° (Fol. 135.) Légende de Mâroûn (مارون) et de sa femme.

11° (Fol. 149.) Panégyrique de S. Victor, fils du vizir Romanus et général de cavalerie (الاسفهسلار مارى بقطر ابن رومانوس الوزير), par Cyriaque (هرياقوس), évêque de Behnesâ (en Égypte).

12° (Fol. 214.) Histoire de Joseph, fils de Jacob et roi d'Égypte.

13° (Fol. 261.) Martyre d'Abâ Hoûr (اباهور), de Siryâkoûs (en Égypte).

14° (Fol. 276.) Autres légendes sur le même sujet.

15° (Fol. 283 v°.) Vie d'Alexandre le Grand. La fin de cette histoire romanesque manque.

Papier. 322 feuillets. Hauteur, 21 centimètres; largeur, 15 centimètres et demi. 17 lignes par page dans la première partie. La première partie du ms., qui en est aussi la plus ancienne, est datée de l'an 1317 des martyrs (1601 de J. C.). — (Supplément 55, Saint-Germain 272.)

213.

1° «Questions ayant pour but de raffermir la foi et de faire sentir l'excellence de la religion chrétienne».

2° (Fol. 19 v°.) «Questions (au nombre de cent cinquante-cinq) agitées par S. Basile et S. Grégoire».

3° (Fol. 73.) Questions, au nombre de trente-sept, qui furent trouvées dans une pièce écrite de la main de Michel (ميخايل), évêque de Malîdj (مليج), en Égypte.

4° (Fol. 78.) Notice sur l'onguent que la pécheresse répandit sur le corps du Seigneur.

5° (Fol. 80.) Questions et notices concernant les prêtres et les moines.

6° (Fol. 96.) Questions et réponses, recueillies dans les Canons apostoliques, par Athanase, évêque de Cos, en Égypte.

7° (Fol. 103.) Abrégé des canons décrétés par les apôtres et les conciles.

8° (Fol. 107.) Traité sur le baptême.

9° (Fol. 111.) Traité sur la dîme.

10° (Fol. 112 v°.) Traité sur la signification de cette parole des philosophes : «l'homme est un microcosme».

11° (Fol. 122 v°.) Traité sur l'unité de Dieu.

12° (Fol. 126.) «Livre de la Pâque glorieuse». C'est une dissertation sur l'institution de cette fête et sur son importance. Elle est attribuée à Démétrius (دمتريوس), patriarche d'Alexandrie, d'Abyssinie, de Nubie, des cinq villes occidentales (la Pentapole) et de l'Ifrîkiya (la Mauritanie). Mais d'après une note marginale, cet écrit serait de Sévère, évêque d'Aschmounaïn.

13° (Fol. 128.) Entretiens de Moïse avec le Seigneur sur le mont Sinaï.

14° (Fol. 137.) Conseils sur les devoirs d'un chrétien, par S. Étienne, protomartyr.

15° (Fol. 144 v°.) Lettre d'exhortations, envoyée du ciel par S. Athanase, l'an 1750 de l'ère d'Alexandre (1438 de J. C.), et qui tomba dans l'église des SS. Pierre-et-Paul, à Rome.

16° (Fol. 152 v°.) قوانين معلمى البيعة الجامعة الرسولية «Canons des docteurs de l'Église catholique et apostolique».

17° (Fol. 166 v°.) Éclaircissements sur le jeûne.

18° (Fol. 180.) Sur la cause des tribulations qui affligent les fidèles.

19° (Fol. 190 v°.) *Sur la confession et son utilité.*

20° (Fol. 201.) Histoire de la persécution que S. Macaire l'ancien et S. Macaire d'Alexandrie eurent à subir de la part de Lucius, usurpateur de la chaire patriarcale d'Alexandrie. Il est dit que cette pièce a été composée par Socrate, auteur des Vies des saints et esclave de Jules d'Aqfahaṣ, ville de la haute Égypte.

Papier. 246 feuillets. Hauteur, 21 centimètres; largeur, 15 centimètres. 15 lignes par page. Ms. écrit vers la fin du XVIe siècle. Le folio 2, ajouté après coup, porte la date de l'an 1318 des martyrs (1602 de J. C.). — (Ancien fonds 72.)

214.

1° «Traité dans lequel un de nos saints hommes réfute l'opinion de ceux qui enseignent que Marie ne doit pas être appelée la *Mère de Dieu*».

2° (Fol. 26.) Discussion entre le moine Anbâ Abraham (ابراهام), natif de Tibériade, et le musulman ʿAbd al-Raḥmân, au sujet de la vérité de la religion chrétienne. On y a joint une légende qui renferme le récit des miracles opérés par ce moine, et du martyre de quelques musulmans qu'il avait convertis. Ce récit est attribué au susdit ʿAbd al-Raḥmân, que l'on désigne par le titre d'émir et par le surnom d'Ibn ʿAbd al-Mâlik Ibn al-Ṣâliḥ le Haschémide (membre de la famille de Mahomet).

3° (Fol. 48.) Épître envoyée de l'île de Chypre au schaïkh Taqî al-Dîn Ibn al-Taïmiya (التيمية), à Damas. C'est un exposé peu fidèle de la doctrine chrétienne. Ibn al-Taïmiya, docteur hanéfite, mourut à Damas, l'an 728 de l'hégire (1327-1328 de J. C.).

4° (Fol. 65 v°.) Controverse dans laquelle deux moines d'Égypte parviennent, avec le concours de leur évêque, à convertir un juif nommé ʿAmrân le lévite. Cet événement est placé dans l'année 347 des martyrs (631 de J. C.).

5° (Fol. 114 v°.) «Version du Livre de la Sagesse et des Proverbes de Salomon, fils de David». Dans une introduction dont le commencement a été supprimé, le traducteur fait remarquer la différence qui existe entre la prosodie et la versification des Arabes et celles des Grecs, des Syriens et des Hébreux. Il nous apprend aussi que la plupart des écrits de Salomon furent perdus pendant la Captivité. A la suite de l'introduction vient une version de l'Ecclésiaste, du Cantique des cantiques, de la Sagesse et des Proverbes. Cette traduction diffère tout à fait de celles de Saadias et de la Propagande.

6° (Fol. 186.) Les jugements du roi Salomon, fils de

David. Le premier de ces récits est tiré du IIIe livre des Rois, chapitre III; pour le second, on a emprunté au Nouveau Testament les noms de Marthe et de Marie pour en faire les filles de Joachim et les contemporaines de Salomon. Les autres récits sont tout aussi fabuleux.

7° (Fol. 203 v°.) Relation d'une controverse qui eut lieu entre un chrétien et un juif.

8° (Fol. 220.) Explication de la prière dominicale, par Anbâ André (اندرياوس).

9° (Fol. 221 v°.) Explication du *Credo*, tirée de l'ouvrage d'Ibn al-ʿAssâl, intitulé : كتاب الاصول.

10° (Fol. 227 v°.) Réponses d'Athanase, patriarche d'Alexandrie, à certaines questions qu'on lui avait adressées.

11° (Fol. 232.) Version d'un dialogue qui eut lieu entre S. Grégoire et son élève, S. Éphrem, au sujet de vingt-trois questions théologiques. En tête se trouve une notice sur S. Éphrem.

12° (Fol. 245.) Copie de la charte accordée par Mahomet, fils d'ʿAbd Allah et petit-fils d'ʿAbd al-Mottalib, à tous les chrétiens, avec les signatures d'environ une trentaine des Compagnons.

C'est une des nombreuses rédactions de ce document apocryphe.

Papier. 262 feuillets. Hauteur, 29 centimètres; largeur, 20 centimètres et demi. 17 lignes par page. Ms. daté de l'an 1254 des martyrs (1538 de J. C.). Deux souscriptions, l'une au fol. 114 et l'autre au fol. 125, nous apprennent que le copiste de ce ms. se nommait Georges, qu'il était de la religion jacobite et d'origine européenne; mais rien dans son écriture n'indique l'écrivain franc. — (Ancien fonds 88.)

215.

1° Réponses aux objections faites par certains musulmans aux doctrines de la religion chrétienne. Ce traité commence ainsi : قد وافا كتابك وانت تذكر فيه ما جرى بينك وبين رجل من اهل القبلة من المناظرة واحتجاجه عليك بالكتاب النالت (*sic*) الذى فى يده وان النصارى واليهود حرفوا التوراة والانجيل الخ

2° (Fol. 50.) Défense de la religion chrétienne par Abraham, moine du monastère d'Édesse et natif de Tibériade, en Syrie, dans une séance présidée par l'émir ʿAbd al-Raḥmân, fils d'ʿAbd al-Mâlik le Hachémide et gouverneur de Jérusalem.

3° (Fol. 83 v°.) Preuves de l'abolition de la loi mosaïque et de la vérité de la religion chrétienne.

4° (Fol. 121.) Relation d'une conférence dans laquelle Aboû Qorra (قرة), évêque de Ḥarrân, répond à trente-quatre questions que le calife al-Mâmoûn lui avait adressées.

Cette pièce est probablement apocryphe.

5° (Fol. 154 v°.) Vision du moine Boḥaïra et ses entrevues avec Mahomet; récit fait par lui-même au moine Morheb (مرهب).

Cette pièce apocryphe est intitulée : خبر بحيرة الراهب مع الرجل الاعرابى «Histoire de Boḥaïra le moine avec l'Arabe bédouin».

6° (Fol. 176 v°.) «Treize questions adressées par le calife al-Mahdî à l'excellent Père Catholicos, primat des nestoriens».

7° (Fol. 186.) Controverse soutenue par Anbâ Yoûnos, patriarche d'Alexandrie, contre un juif et un melkite. Cette discussion eut lieu du temps d'ʿAbd al-ʿAzîz, gouverneur de l'Égypte, le même qui restaura (عمر) le nilomètre de Holwân. La discussion prit son origine dans la découverte d'un morceau de la vraie croix qui s'était trouvé parmi d'autres objets composant la succession d'un juif.

8° (Fol. 203.) Épître dans laquelle un ami de l'imâm Taqî al-Dîn Ibn Taïmiya, de Damas, lui expose les résultats des recherches qu'il avait faites dans l'île de Chypre pour constater les vraies croyances des chrétiens.

Cette lettre, écrite l'an 716 de l'hégire (1316 de J. C.), par un musulman, est remplie de faits controuvés et d'appréciations erronées.

9° (Fol. 228 v°.) Controverse qui eut lieu en la présence (du calife) ʿAbd Allah al-Mâmoûn, entre Aboû Qorra, évêque de Ḥarrân, et plusieurs théologiens musulmans.

10° (Fol. 261.) Questions adressées par Zaïn al-Dîn al-Ramlî, Schaïkh al-Islâm (chef des docteurs musulmans), au patriarche du Caire et à la communauté chrétienne de cette ville.

Ces questions forment une pièce de vers de sept lignes. La réponse des chrétiens est en vingt-quatre vers, dont la mesure et la rime s'accordent avec celles de la pièce qu'ils avaient reçue. Ces questions ont rapport aux principales doctrines de l'Église chrétienne.

Papier. 262 feuillets. Hauteur, 18 centimètres; largeur, 13 centimètres. 17 lignes par page. Ms. daté de l'an 1306 des martyrs (1590 de J. C.). — (Supplément 107, Saint-Germain 276.)

216.

Défense de l'authenticité de l'Ancien et du Nouveau

Testament contre les attaques des musulmans. Ouvrage sans titre ni nom d'auteur. Ce ms. avait fait partie du ms. turc n° 121 de l'ancien fonds.

Papier. 30 feuillets. Hauteur, 21 centimètres; largeur, 14 centimètres. 21 lignes par page. Ms. du XVII° siècle. — (Supplément 47.)

217.

مخاطبة جرت بين بعض السريان على صحّة دينهم وحق ايمانهم هداية لمن احبّ المسيح وخلاص نفسه. «Entretien qui eut lieu entre quelques Syriens, au sujet de la pureté de leur religion et de l'orthodoxie de leurs aïeux...»

Papier. 39 feuillets. Hauteur, 18 centimètres; largeur, 12 centimètres et demi. 14 lignes par page. Ms. de la fin du XVII° siècle. — (Supplément 106 *bis*, Arsenal.)

218.

Ouvrage intitulé مصاحبات روحانية «Entretiens spirituels». Ce sont trois dialogues sur la religion chrétienne, dans lesquels l'auteur fait parler deux savants musulmans qui revenaient du pèlerinage de la Mecque. Ces docteurs, dont l'un se nomme Sinân et l'autre Aḥmad, finissent par reconnaître l'excellence du christianisme. On voit, en parcourant l'ouvrage, qu'il a été composé par un chrétien connaissant très-imparfaitement les musulmans et peu au courant de la grammaire arabe. Le style de cet écrit est vulgaire et incorrect. Ce volume est une copie du texte imprimé à Rome, dans un caractère mal formé et très-difficile à lire. Une traduction anglaise de cet ouvrage a paru à Londres, en 1615, sous le titre de «Mohammed, his imposture, etc.», in-8°, par W. Bedwell.

Le ms. est de la main d'un nommé اونوراد سُفَيْن (Honoré Sofeine), domestique (تابع) «du grand roi français (Henri IV), qui l'écrivit à Marseille (مارْسِلية)». Les premières pages portent une traduction interlinéaire qui paraît être de la main du Dr Picques.

Papier. 99 feuillets. Hauteur, 16 centimètres; largeur, 10 centimètres. 10 lignes par page. — (Supplément 104, Jacobins Saint-Honoré.)

219.

Autre copie du مصاحبات روحانية. Elle est d'une main européenne et porte la date de 1599 de J. C.

Papier. 264 pages. Hauteur, 16 centimètres et demi; largeur, 10 centimètres et demi. 9 lignes par page. — (Supplément 105 *bis*, Arsenal.)

220.

Profession de foi (اعتقاد الامانة), copiée sur le texte imprimé à Rome, l'an 1566. On y a joint une version interlinéaire en latin.

Papier. 24 feuillets d'une écriture européenne. Hauteur, 17 centimètres; largeur, 10 centimètres et demi. 10 lignes par page. — (Ancien fonds 117.)

221.

1° «Réponse au traité composé par Anastase, en vue de jeter la discorde (لرمى الانشقاق) entre les Grecs et les Latins orthodoxes. Cela eut lieu à l'époque où le P. Kîr-Joachim (كير يواكيم) était patriarche d'Antioche.» Dans cette réponse, l'auteur, qui était évidemment catholique romain, déclare d'abord qu'Anastase n'était pas le vrai nom de la personne qui composa ce traité, et nie que le pape Grégoire XIII eût envoyé des légats en Orient pour effectuer la réunion des deux Églises. Il s'agissait, en réalité, d'un écrit dans lequel ce pape exposa au patriarche de Constantinople l'avantage qui résulterait de la réforme du calendrier. Toute la réponse roule sur cette question et sur la procession du Saint-Esprit.

2° (Fol. 30 v°.) Exhortations à la piété.

3° (Fol. 35.) Récit d'une controverse qui eut lieu entre les chrétiens de la Syrie, au sujet de la pureté de leur religion et de l'orthodoxie de leurs aïeux. (Voyez ci-dessus n° 217.)

Papier. 76 feuillets. Hauteur, 17 centimètres; largeur, 10 centimètres et demi. 12 à 14 lignes par page. Ms. du XVII° siècle. — (Supplément 99.)

222.

Volume intitulé : «Doctrina christiana idiomate italico, latino, græco, arabico et gallico, Marco Antonio Gaïotio, divinarum literarum professore, Gallo-Annonæensi, Concinnatore.»

Une note de la main d'Ascari, à la fin du volume, nous apprend que cet ouvrage est une reproduction de la version arabe et du texte italien, imprimés à Rome par la

Propagande, et que le P. Gaiot n'y a ajouté que les versions grecque et française.

Papier. 98 feuillets. Hauteur, 22 centimètres; largeur, 15 centimètres. 17 lignes par page. Ms. du XVIIe siècle. — (Ancien fonds 111.)

223.

La première partie de l'ouvrage intitulé: خلاص الخطاة «Le Salut des pécheurs», en trente-huit chapitres (راس). L'auteur se nommait Agapius (اغابيوس); il était natif de Crète, moine du mont Athos, et vivait au XVIIe siècle. Le texte original de l'ouvrage, composé en grec moderne et intitulé Ἁμαρτωλῶν σωτηρία, a été imprimé à Venise, l'an 1641 de J. C. Voyez la «Bibliotheca græca» de Fabricius, éd. de Harles, t. XI, p. 396.

Papier. 201 feuillets. Hauteur, 17 centimètres; largeur, 15 centimètres. 17 lignes par page. Ms. daté de l'an 7199 du monde (1691 de J. C.). — (Supplément 59, Saint-Germain 254.)

224.

1° Réfutation de treize points de doctrine professés par les hérétiques qui ont paru récemment en France (الافرنجية) et dans d'autres pays de l'Europe, et qu'on nomme Qoloûniyîn (قلونيين)[1], par Kîr Macarius, patriarche d'Antioche. Traité composé à Damas, l'an 1671 de J. C.

2° (Fol. 16 v°.) Réfutation de huit autres points de doctrine professés par les mêmes hérétiques.

Les deux pièces sont signées de la main du patriarche, scellées de son sceau, et portent les signatures de plusieurs curés, ainsi que celle du métropolitain de Boṣra et du Ḥaurân.

Papier. 22 feuillets. Hauteur, 16 centimètres; largeur, 11 centimètres. 15 lignes par page. — (Supplément 1962 *bis*.)

225.

Rouleau de papier contenant la profession de foi de la secte copte jacobite, rédigée le 18 athîr 1388 (1671 de J. C.), par Matthieu, patriarche copte d'Alexandrie. Cette pièce, portant la signature du patriarche, celle du consul français à Alexandrie et celles des négociants français établis dans cette ville, fut écrite sur la demande d'Olier de Nointel, ambassadeur français au Levant. La note officielle qui constate ce dernier fait et qui est inscrite au verso du rouleau, porte la date de 1672.

(Ancien fonds 92.)

226.

Rouleau de papier portant une seconde épître de Matthieu, patriarche d'Alexandrie, dans laquelle ce prélat explique la croyance des coptes jacobites au sujet de la présence réelle. Cette pièce, légalisée de la même manière que la précédente, est également datée de l'an 1388 des martyrs.

(Ancien fonds 93.)

227.

Deux rouleaux de papier, dans un étui, contenant la profession de foi des chrétiens coptes au Caire, en arabe, et des chrétiens arméniens de la même ville, en arménien. Ces pièces, légalisées par le consul de France au Caire, portent la date de 1672.

(Supplément 89 *bis*.)

228.

Version française de l'«Imitation de Jésus-Christ», accompagnée d'une traduction arabe. La version est celle du sieur de Beüil, prieur de Saint-Val. Elle est imprimée et forme un volume in-18, de 466 pages, qui parut à Paris, l'an 1691. La traduction arabe, faite à Alep par le P. Ignace d'Orléans, avec le concours d'un homme de lettres du pays, est de l'écriture de Pétis de la Croix.

(Supplément 64.)

229.

Courte introduction à la logique et à la théologie chrétiennes. Ce volume, intitulé *Isagoge* (ايساغوجي), est d'une

[1] C'est-à-dire les Calvinistes. H. Z.

main européenne. La copie n'est pas terminée. En regard du texte arabe se trouve une traduction latine.

Papier. 34 feuillets. Hauteur, 15 centimètres; largeur, 10 centimètres. 11 lignes par page. Ms. du XVIIe siècle. — (Supplément 50.)

230.

بوق السماء النادة فى كل اذن صماء الخ «La Trompette du ciel retentissant aux oreilles sourdes, pour la conversion des pécheurs». L'ouvrage se compose de trois sections, dont chacune est précédée d'une liste des chapitres. C'est la traduction d'un livre français ou italien, composé, l'an 1717 de J. C., par le R. P. Joseph, capucin et missionnaire français au Caire. Cette version arabe porte la même date.

Papier. 256 feuillets. Hauteur, 21 centimètres; largeur, 15 centimètres. 18 lignes par page. — (Supplément 64 *bis*, Arsenal.)

231.

Ouvrage composé par un Druse converti au christianisme, et intitulé : مختصر بيان صحة الدين ودحض مذهب العقال الموحدين «Exposition abrégée de la vraie foi et de la faiblesse du système religieux que professent les initiés d'entre les unitaires (Druses)». Ce traité paraît avoir été rédigé sous la direction d'un Européen.

Papier. 39 feuillets. Hauteur, 21 centimètres; largeur, 14 centimètres et demi. 16 lignes par page. Ms. du XVIIIe siècle. — (Supplément 109.)

232.

Exposition de la doctrine chrétienne catholique. Ouvrage divisé en plusieurs chapitres, dont chacun renferme un dialogue entre un précepteur et son disciple.

Papier. 123 feuillets. Hauteur, 15 centimètres et demi; largeur, 11 centimètres. 15 lignes par page. Ms. daté de l'an 1745 de J. C. — (Supplément 60.)

233.

Petit traité de la doctrine chrétienne, suivi du *Credo* et de la litanie de la Vierge. Écrit à Paris, vers l'an 1830, par Brahimschah, maronite, qui, ensuite, fut interprète de l'armée d'Afrique.

Papier. 43 feuillets. Hauteur, 10 centimètres; largeur, 7 centimètres. 9 lignes par page. — (Supplément 60 *bis*.)

VIII.

CONCILES ET CANONS.

234.

كتاب السنودات وقوانينها «Le Livre des synodes et des canons», recueil des conciles de l'Église melkite.

1° Table des matières. Les premiers feuillets manquent.

2° (Fol. 13.) Liste des conciles.

3° (Fol. 16 v°.) «Histoire des actes des saints apôtres, à partir de l'ascension de Notre-Seigneur, et indication des canons et des règlements qu'ils ont établis; le tout extrait des livres de Clément.»

4° (Fol. 23.) «Les quatre-vingt et un canons ou titres (التطلسات) des disciples; pièces publiées par Clément.»

5° (Fol. 34 v°.) «Canons promulgués par les apôtres pour l'organisation du sacerdoce, et provenant de Siméon le Cananéen[1].»

6° (Fol. 45.) Les vingt-quatre canons du concile d'Ancyre.

7° (Fol. 50 v°.) Les quatorze canons de Néocésarée (ناوكسريا), dits de Carthage.

8° (Fol. 53 v°.) Notice sur Constantin et Ste Hélène, et sur la convocation du concile de Nicée, suivie d'une note sur les hérésies.

9° (Fol. 62.) Notice sur le concile de Nicée, appelé le Synode des trois cent dix-huit évêques.

10° (Fol. 64.) Les vingt canons du concile de Nicée.

11° (Fol. 70.) Quatre-vingt-quatre canons du même concile.

12° (Fol. 89 v°.) Statuts du même concile, concernant les habitants des monastères et les moines[2].

---

[1] القيناني, c'est-à-dire le zélateur (*κανανίτης* = קנאן). H. Z. — [2] اصحاب الديارات والرهبان «les moines et anachorètes». H. Z.

13° (Fol. 95 v°.) Règlements adoptés par le même concile, au sujet des monastères.

14° (Fol. 101 v°.) Les vingt canons du concile de Gangres (غنغرس), précédés de la lettre aux évêques d'Arménie.

15° (Fol. 105 v°.) Les vingt-cinq canons du concile d'Antioche, précédés des lettres synodales.

16° (Fol. 112.) Les cinquante-neuf canons du concile de Laodicée, en Phrygie.

17° (Fol. 121.) Les vingt et un canons du concile de Sardique.

18° (Fol. 128.) Le deuxième concile général de Constantinople. Notice préliminaire et quatre canons.

19° (Fol. 132.) Le concile d'Éphèse. Notice préliminaire et décret unique.

20° (Fol. 135.) Les vingt-sept canons du concile de Chalcédoine.

21° (Fol. 146.) Courte notice sur le cinquième concile général de Constantinople.

22° (Fol. 147.) Le sixième concile général de Constantinople. Notice; lettres de Jean VI, de Constant et de Martin. Récit de la persécution de Martin.

23° (Fol. 160 v°.) Les canons et statuts dressés par S. Épiphane, patriarche de Constantinople, d'après l'ordre de Justinien (اسطنيان), roi fortuné et vrai croyant.

24° (Fol. 180 v°.) Liste de dix-neuf hérésiarques.

25° (Fol. 183.) « Recueil des canons spirituels, c'est-à-dire des obligations envers Dieu qui doivent être strictement observées. Ces canons ont été extraits des quatre livres des Rois, volumes écrits sous les yeux des trois cent dix-huit évêques du grand concile de Nicée, et en la présence du roi Constantin. » Suivent les canons dont l'observation est seulement recommandée.

26° (Fol. 211.) Les statuts de l'ancienne loi, au nombre de cinquante-deux.

27° (Fol. 229.) Canons écrits par Clément, pape de Rome (رومس), sous la dictée de son précepteur, S. Pierre.

28° (Fol. 233.) Décisions des rois orthodoxes Constantin, Théodose et Léon.

29° (Fol. 254 v°.) Les quatorze canons de S. Basile.

30° (Fol. 256 v°.) Les premières lignes de la profession de foi d'Hiérothée, précepteur de Denys l'Aréopagite.

Le ms. est incomplet au commencement et à la fin.

Papier. 256 feuillets. Hauteur, 25 centimètres; largeur, 16 centimètres. 20 lignes par page. Ms. du XIIIe siècle. — (Ancien fonds 127.)

235.

Recueil de canons.

1° Observations préliminaires et table des matières.

2° (Fol. 20.) Liste des conciles.

3° (Fol. 27.) Actes des saints apôtres, à partir de l'Ascension; canons et règlements qu'ils ont établis.

4° (Fol. 38.) Canons ou *Titres* (قطسطات) des disciples.

5° (Fol. 52 v°.) Canons établis par les saints apôtres pour le règlement du sacerdoce.

6° (Fol. 66.) Les canons d'Ancyre.

7° (Fol. 73 v°.) Les canons de Néocésarée, dits de Carthage.

8° (Fol. 78.) Notice sur Constantin et sur sa mère Hélène.

9° (Fol. 89 v°.) Notice sur le concile de Nicée.

10° (Fol. 91 v°.) Les vingt canons du concile de Nicée.

11° (Fol. 101.) Quatre-vingt-quatre canons du même concile.

12° (Fol. 124 v°.) Statuts du même concile, au sujet des moines, etc.

13° (Fol. 131 v°.) Statuts relatifs aux monastères.

14° (Fol. 139.) Liste des hérésiarques. Le premier feuillet manque.

15° (*Ibid.*) Explication du symbole de foi qu'on récite le Jeudi saint en préparant le saint chrême (الميرون).

16° (Fol. 141 v°.) Noms des soixante-douze disciples de J. C.

17° (Fol. 142.) Les canons spirituels, extraits des quatre livres des Rois, etc.

18° (Fol. 175.) Les statuts de l'ancienne loi.

19° (Fol. 197.) Les statuts de Clément, pape de Rome (رومس).

20° (Fol. 202 v°.) Canons tirés des décisions des rois orthodoxes Constantin, Théodose et Léon.

21° (Fol. 229.) Les quarante-sept canons d'Épiphane, patriarche de Constantinople.

22° (Fol. 232 v°.) Les canons de S. Basile.

23° (Fol. 235 v°.) La profession de foi, servant à définir (تحديد) la nature de la substance divine, par Hiérothée.

24° (Fol. 237.) Notice sur les sept conciles généraux.

On lit au verso de ce feuillet une note grecque, constatant que ce ms. appartenait à Arsène, archevêque de Maximianopolis, et à son cousin Pierre, prêtre, et invoquant la malédiction des trois cent dix-huit (évêques du concile de Nicée) sur la personne qui déroberait le volume.

25° (Fol. 238.) Les canons du concile de Gangres (غنغراس).

26° (Fol. 243.) Les canons du concile d'Antioche.

27° (Fol. 251.) Les canons du concile de Laodicée, au nombre de cinquante-neuf.

28° (Fol. 262.) Les canons du concile de Sardique.

29° (Fol. 270 v°.) Le deuxième concile général de Constantinople.

30° (Fol. 275.) Le concile d'Éphèse.

31° (Fol. 280.) Le concile de Chalcédoine.

32° (Fol. 293.) Le cinquième concile général de Constantinople.

33° (Fol. 294 v°.) Le septième concile général de Constantinople.

34° (Fol. 312.) Les canons d'Épiphane.

35° (Fol. 338.) Sur les mariages qui sont permis par l'Église universelle.

36° (Fol. 340.) Les quarante chapitres ou titres promulgués par les rois fortunés et augustes (الاوغسطيين) Basile, Constantin et Léon.

C'est une version libre du Πρόχειρος Νόμος.

Papier. 404 feuillets. Hauteur, 23 centimètres; largeur, 15 centimètres et demi. 17 lignes par page. Ms. du XIII° siècle. — (Ancien fonds 128, Colbert 4177.)

236.

مصحف السينودسات وقوانينها الذى (lisez التى) ترجمتها حقوق الله الواجبة «Les synodes et leurs canons, c'est-à-dire les obligations envers Dieu qui doivent être strictement observées». Ce recueil, à l'usage des melkites de la Syrie, renferme les pièces suivantes :

1° Préface.

2° (Fol. 2 v°.) Manière de préparer le saint chrême.

3° (Fol. 4.) Sommaires de quatre conciles provinciaux (le premier, le deuxième, le cinquième et le sixième), et de quatre conciles généraux (le troisième, le quatrième, le cinquième et le septième), en grec et en arabe.

On y trouve aussi les sommaires du troisième et du quatrième concile provincial en arabe, écrit avec des caractères syriaques.

4° Indication des diverses hérésies, depuis celle d'Arius jusqu'à celle des monothélites Sergius et Pyrrhus (سرجه وفورس).

5° (Fol. 15, fol. 14 v° et r°.) Τὸ σύμβολον τῆς πίστεως τῆς ὀρθοδόξου «Profession de foi orthodoxe», en grec seulement.

La traduction arabe se trouve au fol. 270 v°.

6° (Fol. 15 v°.) Les canons des saints apôtres, tirés des écrits de Clément.

7° (Fol. 23 v°.) Les canons des disciples, publiés par Clément, et appelés les *Titres* (التطلسات).

8° (Fol. 35 v°.) Canons des saints apôtres sur l'organisation du sacerdoce (نظام الكهنوت), par Siméon le Cananéen (القيناني).

9° (Fol. 46 v°.) Canons du concile d'Ancyre, précédés d'un sommaire en grec et en arabe.

10° (Fol. 53.) Canons du concile de Néocésarée, dit de Carthage. En tête se trouve un sommaire en grec et en arabe.

11° (Fol. 56.) Notice sur Constantin et sur sa mère Hélène, avec une revue des sectes et des hérésies qui succédèrent aux persécutions.

12° (Fol. 65 v°.) Synode tenu par trois cent dix-huit évêques dans la ville de Nicée.

Il y a une courte introduction en grec et en arabe.

13° (Fol. 67 v°.) Les vingt canons du concile de Nicée.

14° (Fol. 79 v°.) Autres canons du concile de Nicée.

15° (Fol. 99 v°.) Autres prescriptions du même concile touchant les reclus et les moines.

16° (Fol. 105 v°.) Autres statuts concernant les monastères et la consécration des églises.

17° (Fol. 111 v°.) Canons du concile de Gangres (غنغراس).

En tête se trouve une courte introduction en grec et en arabe.

18° (Fol. 116 v°.) Canons du concile d'Antioche, avec une introduction en grec et en arabe.

19° (Fol. 123 v°.) Les cinquante-neuf canons du concile de Laodicée.

20° (Fol. 133 v°.) Les canons du concile de Sardique.

21° (Fol. 140 v°.) Concile de Constantinople (deuxième concile général). Il y a une notice préliminaire, dont le commencement est en grec et en arabe; puis viennent quatre canons.

22° (Fol. 145.) Concile d'Éphèse, avec une introduction dont le commencement est en grec et en arabe.

23° (Fol. 149 v°.) Le quatrième concile de Chalcédoine, avec une note préliminaire en grec et en arabe.

24° (Fol. 155 v°.) Les vingt-sept canons du concile de Chalcédoine.

25° (Fol. 163 v°.) Le sixième concile général de Constantinople.

Dans la notice préliminaire se trouvent deux lettres apostoliques du pape de Rome et quelques autres pièces.

26° (Fol. 181.) Canons présentés par le synode du sixième concile au roi Justinien.

27° (Fol. 214.) Le septième concile général (deuxième concile) tenu à Nicée.

Notice et canons au nombre de vingt-deux.

28° (Fol. 224.) «Règlement du septième concile général, concernant l'élection des évêques, les vœux qu'ils doivent prononcer, ainsi que les prêtres, les diacres et les autres membres du clergé (بقية الاكليروس). On y traite aussi des religieux, hommes et femmes.»

29° (Fol. 248 v°.) Canons et règlements composés par Épiphane, patriarche de Constantinople, sur la demande de l'empereur Justinien.

30° (Fol. 270.) Liste des hérétiques.

31° (Fol. 270 v°.) Version arabe de la profession de foi dont le texte grec se trouve aux fol. 14 et 15 du présent ms.

32° (Fol. 273.) «Les canons spirituels, c'est-à-dire les obligations envers Dieu qui doivent être strictement observées. Ils se trouvent dans les quatre livres impériaux qui furent écrits sous les yeux des trois cent dix-huit évêques du grand concile, et en la présence de l'empereur Constantin.»

33° (Fol. 300.) Les statuts de l'ancienne loi (احكام العتيقة الاول).

Nous n'avons ici que le commencement de ce recueil.

Papier. 300 feuillets. Hauteur, 25 centimètres; largeur, 16 centimètres. 19 à 21 lignes par page. Ms. du xve siècle. — (Ancien fonds 118.)

237.

1° Concile d'Éphèse; fragment du discours de Cyrille contre Nestorius, et définition de la foi.

2° (Fol. 2 v°.) Vingt-neuf canons du concile de Chalcédoine.

3° (Fol. 7.) Courte notice du cinquième concile de Constantinople.

4° (Fol. 7 v°.) Notice du sixième concile de Constantinople, et copies de quelques lettres qui s'y rapportent, professions de foi et canons.

5° (Fol. 24 v°.) Canons du septième concile œcuménique.

6° (Fol. 37.) Canons du concile (dit) de Carthage.

Papier. 47 feuillets écrits sur deux colonnes. Hauteur, 30 centimètres; largeur, 20 centimètres. 26 lignes par page. Ms. du xvie siècle. — (Ancien fonds 124.)

238.

Recueil de canons, savoir :

1° Canons du concile d'Antioche.

2° (Fol. 10.) Notice sur Constantin le Grand.

3° (Fol. 27 v°.) Notice sur le concile de Nicée.

4° (Fol. 33.) Les vingt canons de Nicée.

5° (Fol. 45 v°.) Les quatre-vingt-quatre canons de Nicée.

6° (Fol. 84.) Les canons de Nicée qui concernent les moines et les monastères.

7° (Fol. 112 v°.) Les vingt canons de Nicée, traduits sur une version copte.

8° (Fol. 132.) Canons du concile de Constantinople.

9° (Fol. 138.) Canon unique du concile d'Éphèse.

10° (Fol. 139.) Concile d'Ancyre.

11° (Fol. 149.) Concile de Laodicée.

12° (Fol. 164 v°.) Concile de Sardique.

13° (Fol. 175 v°.) Concile de Néocésarée, dit de Carthage.

14° (Fol. 180 v°.) Concile de Carthage.

15° (Fol. 214 v°.) Concile de Gangres.

16° (Fol. 218.) Tables des canons d'Antioche et de Laodicée.

17° (Fol. 231 v°.) Canons de S. Hippolyte (ابوليدس), archevêque de Rome.

18° (Fol. 259 v°.) Canons de S. Basile.

19° (Fol. 294 v°.) Canons de S. Athanase.

20° (Fol. 325.) Abrégé des canons, par Michel, métropolitain de Damiette.

21° (Fol. 329.) Canons de Cyrille, patriarche d'Alexandrie.

22° (Fol. 336.) Charte établissant une convention entre Cyrille et ses évêques.

23° (Fol. 339.) Autre charte de Cyrille.

24° (Fol. 346 v°.) Autre du même.

25° (Fol. 349 v°.) Autre du même.

26° (Fol. 351.) Questions relatives à la discipline ecclésiastique, adressées par Christodule (اخرسطادلو), métropolitain de Damiette, au patriarche Cyrille, avec les réponses de celui-ci.

27° (Fol. 353.) Canons de S. Jean Chrysostome.

28° (Fol. 354 v°.) Canons transitoires (الأزمنة).

29° (Fol. 361.) Autre copie des canons transitoires.

30° (Fol. 370.) Fragment acéphale des canons des docteurs de l'Église.

31° (Fol. 378.) Règlements institués par les Pères de l'Église, au sujet des prêtres, des moines et des fidèles en général.

32° (Fol. 384 v°.) Clef d'un chiffre dont se servaient les écrivains coptes.

Papier. 385 feuillets. Hauteur, 21 centimètres; largeur, 14 centimètres. Ms. composé de cahiers écrits à différentes époques. — (Supplément 86, Saint-Germain 34.)

239.

Recueil de canons, rédigé probablement à l'usage de l'Église copte jacobite.

1° Préface aux canons du premier concile général de Nicée.

2° (Fol. 12.) Titres des vingt canons du même concile et texte des canons.

3° (Fol. 18.) Version du symbole de Nicée, précédée d'une courte notice et suivie d'un commentaire.

4° (Fol. 20 v°.) Trente canons concernant les prêtres, les moines et les églises.

5° (Fol. 31.) Notice sur le concile de Nicée.

6° (Fol. 45.) Les quatre-vingts canons dits *arabiques*.

7° (Fol. 75.) Trente-trois canons du concile de Nicée, relatifs aux reclus (اصحاب الديارات) et aux moines.

8° (Fol. 92.) Symbole de foi adopté par le même concile.

9° (Fol. 98 v°.) Notice sur le deuxième concile œcuménique (premier de Constantinople), suivie de sept canons.

10° (Fol. 103.) « Vingt-trois canons, par lesquels cent cinquante évêques, qui se réunirent (dans le second concile œcuménique) à Constantinople, excommunièrent tous ceux qui professaient des opinions hétérodoxes au sujet de la Sainte Trinité. »

11° (Fol. 106.) Concile d'Éphèse.

12° (Fol. 109.) Concile d'Ancyre; table et canons, au nombre de vingt-quatre.

13° (Fol. 118.) Concile de Néocésarée, dit concile de Carthage; table et texte de quatorze canons. Quelques mots étrangers à l'arabe sont accompagnés de leur transcription en caractères coptes.

14° (Fol. 122.) Concile de Gangres (غنغراس); noms des vingt-cinq évêques; texte de leur lettre synodale; table et texte des vingt canons.

15° (Fol. 128.) Les vingt et un canons du concile de Sardique.

16° (Fol. 138 v°.) Concile d'Antioche; courte notice, table, vingt-cinq canons et noms des évêques.

17° (Fol. 148 v°.) Concile de Laodicée; table, cinquante-neuf canons et noms des évêques.

18° (Fol. 164.) Les quatre-vingt-trois canons du concile d'Antioche; lettre synodale, noms des évêques et texte des canons. Le tout est traduit du copte.

19° (Fol. 176 v°.) Les quatre-vingt-dix-huit canons du concile de Carthage et notice sur ce concile, dont la réunion eut lieu l'an 5925 de l'ère du monde, date qui correspondait à l'an 150 de l'ère des martyrs (433-434 de J. C.). A cette époque, dit le rédacteur du recueil, Honorius régnait à Rome, et Théodose le jeune était dans la troisième année de son règne.

Papier. 197 feuillets. Hauteur, 23 centimètres et demi; largeur, 16 centimètres. 17 lignes par page. Ms. du xve siècle. — (Ancien fonds 119.)

240.

1° Les dix derniers canons du concile de Néocésarée.

2° (Fol. 5 v°.) Les canons du concile de Gangres. Il manque un feuillet ou deux entre les folios actuellement cotés 6 et 7.

3° (Fol. 9 v°.) Les vingt et un canons du concile de Sardique.

4° (Fol. 18.) Les canons du concile d'Antioche.

5° (Fol. 27 v°.) Les canons du concile de Laodicée.

6° (Fol. 41.) Notice sur Constantin, fils d'Hélène, et énumération de plusieurs sectes hérétiques.

7° (Fol. 54.) Vingt canons du concile de Nicée.

8° (Fol. 70 v°.) Autres canons, au nombre de quatre-vingt-quatre, émanés du même concile.

9° (Fol. 105.) Trente-trois canons du concile de Nicée.

10° (Fol. 127 v°.) Symbole orthodoxe de Nicée.

11° (Fol. 129.) Canons du concile de Constantinople (deuxième concile général).

12° (Fol. 132 v°.) Vingt-trois canons du même concile.

13° (Fol. 137.) Décret du concile d'Éphèse (افسس).

14° Plusieurs canons dont les titres, écrits à l'encre rouge, sont effacés par la vétusté. Ce sont les trente canons transitoires qu'on trouve dans le n° 238.

Papier. 150 feuillets. Hauteur, 26 centimètres et demi; largeur, 17 centimètres. 17 lignes par page. Ms. du XIVe siècle. — (Supplément 80.)

241.

1° Canons, au nombre de soixante et onze, que les apôtres publièrent par l'entremise de Clément.

2° (Fol. 40.) Canons, au nombre de cinquante-six, provenant de la même source.

3° (Fol. 51.) Le deuxième livre du commentaire du schaïkh al-Ṣafî (الصفى) Ibn al-ʿAssâl.

Ce sont les quatre-vingt-trois canons, dits *arabiques*, qu'on attribue faussement au concile de Nicée.

4° (Fol. 82.) Les canons du concile d'Ancyre.

5° (Fol. 88.) Les canons du concile de Néocésarée, dit de Carthage.

Ils sont au nombre de quinze, et se rapportent aux mariages et aux prêtres.

6° (Fol. 90 v°.) Les vingt canons du concile de Gangres.

7° (Fol. 95.) Les quatre-vingt-trois canons du concile d'Antioche.

8° (Fol. 110 v°.) Notice sur Constantin.

9° (Fol. 123 v°.) Canons du concile de Nicée, au nombre de vingt.

10° (Fol. 130 v°.) Notice sur le concile de Nicée.

11° (Fol. 142.) Cinquante-neuf canons du concile de Laodicée.

12° (Fol. 155 v°.) Vingt et un canons du concile de Sardique.

Papier. 164 feuillets. Hauteur, 25 centimètres; largeur, 17 centimètres et demi. 18 lignes par page. Ms. du XIVe siècle. — (Supplément 81, Saint-Germain 40.)

242.

1° Notice sur les conciles œcuméniques de Nicée, de Constantinople, d'Éphèse, de Chalcédoine et de Constantinople; sur les conciles provinciaux d'Ancyre, de Néocésarée, d'Ancyre, de Sardique, d'Antioche, de Laodicée, etc.

2° (Page 10.) الامانة الحقيقة فى تجديد (lisez تحديد) الجوهرية لبروتوس المعلم صاحب ديونيسيوس الاروباجيتس «Profession de foi pour définir la nature de la substance divine, par le maître Hiérothée, précepteur de Denys, l'Aréopagite.»

3° (Page 13.) Profession de foi, rédigée par Denys l'Aréopagite.

4° (Page 16.) Opuscule dont on a laissé le titre en blanc. C'est la préface du مصباح الظلمة d'Aboû 'l-Barakât.

5° (Page 23.) Notice sur les apôtres (الابسطليين), sur ce qu'ils firent après l'ascension du Seigneur et sur les prescriptions, canons et règlements qu'ils établirent. Document tiré des écrits de Clément.

6° (Page 43.) Les quatre-vingt et un canons, appelés *Titres*, que les disciples adoptèrent unanimement, et qui nous furent transmis par Clément, sur l'autorité de son précepteur, S. Pierre.

7° (Page 68.) Canons des saints apôtres, sur l'organisation du sacerdoce, transmis par Siméon le Cananéen.

8° (Page 98.) Canons écrits par Clément, pape de Rome (رومس), sous la dictée de son précepteur, S. Pierre.

9° (Page 114.) Canons du concile d'Ancyre, au nombre de vingt-quatre.

10° (Page 122.) Les quatorze canons du concile de Néocésarée, dit de Carthage.

11° (Page 143.) Notice sur Constantin et sur sa mère Hélène, et sur la convocation du concile de Nicée.

12° (Page 169.) Notice sur le synode des trois cent dix-huit évêques tenu à Nicée, lequel fut le premier concile général.

13° (Page 175.) Les vingt canons du concile de Nicée.

14° (Page 196.) Autres canons du même concile, au nombre de quatre-vingt-quatre.

15° (Page 263.) Autres canons du même concile, pour régler l'état des habitants des monastères et des moines.

16° (Page 281.) Canons relatifs aux monastères et à la consécration des églises.

17° (Page 303.) Les vingt canons du concile de Gangres, avec l'épître aux évêques d'Arménie.

18° (Page 320.) Les vingt et un canons du concile de Sardique.

19° (Page 345.) Les vingt-cinq canons du concile d'Antioche.

20° (Page 374.) Les cinquante-neuf canons du concile de Laodicée, en Phrygie.

21° (Page 408.) Concile de Constantinople (deuxième concile général); quatre canons, avec une notice préliminaire.

22° (Page 422.) Concile d'Éphèse. Notice préliminaire et décret.

23° (Page 432.) « Recueil des canons spirituels, c'est-à-dire des obligations envers Dieu qui doivent être strictement observées, tirées des quatre volumes des livres des Rois qui furent écrits sous les yeux des trois cent dix-huit évêques du grand concile de Nicée, et en la présence du roi Constantin. » Suivent les canons dont l'observation est seulement recommandée.

24° (Page 511.) Décisions (قضايا) des rois orthodoxes Constantin, Théodose et Léon. C'est une collection de cent trente lois de droit civil. Les quarante-trois premières lois sont attribuées à Constantin, et les autres à Théodose.

25° (Page 528.) Les statuts de l'ancienne loi (احكام العتيقة).

26° (Page 619.) « Texte de la noble loi » (ناموس), précédé d'une introduction (عنوان). Cet ouvrage, appelé aussi les « Quarante titres » (التطلسات الاربعون), est un recueil de lois promulguées par les Césars (القياصرة), Basile, Constantin et Léon. L'original grec est bien connu sous le titre de Πρόχειρος Νόμος.

Papier. 798 pages. Hauteur, 20 centimètres; largeur, 15 centimètres. 17 lignes par page. Ms. du XVIe siècle. — (Ancien fonds 125.)

243.

Recueil de canons.

1° Table des matières.

2° (Fol. 2 v°.) Les trente canons des saints apôtres (الابسطليين). Une notice historique est placée en tête de la collection, et une autre à la fin.

3° (Fol. 17 v°.) Les quatre-vingt et un canons des disciples.

4° (Fol. 41.) Les soixante et onze canons des apôtres, transmis par Clément, sur l'autorité de son précepteur, S. Pierre.

On lit dans l'introduction : « Les melkites, les jacobites syriens et les nestoriens se servent d'une même version arabe, renfermant quatre-vingt-trois canons. Selon Ibn al-Ṭayyib, docteur nestorien, dans son livre intitulé « la Jurisprudence des chrétiens » (فقه النصارى), la version possédée par ses coreligionnaires renferme quatre-vingt-deux canons. Les Coptes en possèdent deux versions, dont l'une renferme soixante et onze canons et l'autre cinquante-six. Les trois versions s'accordent, quant au texte, et ne diffèrent que par la division et le nombre des sections. »

5° (Fol. 82 v°.) La seconde version copte, renfermant cinquante-six canons.

6° (Fol. 94 v°.) « Les *Didascalia*, c'est-à-dire « enseignement », renfermant trente-neuf chapitres, et composés par Paul, l'apôtre, par Jacques, frère du Seigneur et évêque de Jérusalem, et par les autres apôtres. »

7° (Fol. 205 v°.) Canons des apôtres transmis par Siméon le Cananéen, sur l'organisation du sacerdoce.

8° (Fol. 220 v°.) Canons écrits par S. Pierre, sous la dictée de N. S. Jésus-Christ, et communiqués par lui à son disciple Clément, pape de Rome.

Papier. 228 feuillets. Hauteur, 20 centimètres et demi; largeur, 15 centimètres. 13 lignes par page. Ms. daté de l'an 1357 des martyrs (1641 de J. C.). — (Ancien fonds 126.)

244.

Recueil de canons :

1° Le premier livre des canons des Rois (قوانين الملوك), livre appelé ordinairement les *Titres* (التطلسات). Le nombre de ces canons est de quarante.

2° (Fol. 61.) Le deuxième livre des canons des Rois, au nombre de cent trente.

3° (Fol. 106.) Les canons du concile de Carthage, au nombre de cent vingt-trois. Les derniers feuillets manquent.

Papier. 123 feuillets. Hauteur, 25 centimètres; largeur, 16 centimètres et demi. 19 à 21 lignes par page. Ms. du XIVe siècle. — (Supplément 82, Saint-Germain 31.)

245.

Recueil de canons par al-Ṣafî Ibn al-ʿAssâl. Cette compilation, où les canons sont classés dans un ordre méthodique, forme le code religieux, civil et pénal des Coptes jacobites. L'ouvrage se compose d'une introduction en deux parties, et de cinquante et un livres (باب), divisés en deux sections. La première partie de l'introduction indique les bases fondamentales du droit canon, à savoir, l'Écriture sainte, les canons de l'Église et l'analogie (قياس), c'est-à-dire les principes déduits des indications fournies par l'Écriture et les canons. La seconde partie renferme la liste des documents dont l'auteur s'est servi, et l'explication des monogrammes par lesquels il désigne les sources où il a puisé. Voici la liste de ces documents : l'Ancien et le Nouveau Testament; les trente canons attribués à un concile tenu par les apôtres, à Jérusalem; les canons des apôtres, publiés par S. Clément; le recueil de canons intitulé *Didascalia* (الدسقلية); l'épître de S. Pierre à S. Clément; les canons d'Ancyre; les canons de Néocésarée, dits canons de Carthage; les canons de Gangres, d'Antioche, de Nicée, de Laodicée et de Sardique; les douze canons du pape Hippolyte (بوليدس), de Porto; les treize canons de S. Basile, et enfin les canons des Rois (قوانين الملوك). Ceux-ci forment quatre collections, au sujet desquelles Ibn al-ʿAssâl donne des renseignements intéressants (fol. 6). La première section de l'ouvrage renferme vingt-deux livres, dont tous ont pour sujet le culte et le clergé. La deuxième section est consacrée aux affaires séculières, et renferme les lois relatives à l'individu, à la famille et à la cité (سياسة الشخص والسياسة المنزلية والسياسة المدنية). Des règlements et aussi des conseils ecclésiastiques sur la nourriture, l'habillement, etc., se trouvent mêlés aux lois positives du code civil et du code pénal. On y cite tantôt la Bible, tantôt les conciles et tantôt les *Titres* (تطلس), ou compilation des lois romaines, et quelquefois même des lois spéciales à la société copte, sous la domination musulmane. Tels sont les règlements de quelques patriarches, au sujet des successions. A la fin du volume se trouve un appendice intitulé « Chapitre des successions » (باب الميراث).

Papier. 216 feuillets. Hauteur, 26 centimètres et demi; largeur, 18 centimètres. 19 lignes par page. Ms. de la fin du XIIIe siècle. — (Ancien fonds 123.)

246.

Recueil de canons, par Ibn al-ʿAssâl, beau ms., dont les derniers feuillets ont été rétablis par une main moderne. A la fin de l'ouvrage se trouve la date de 1256 des martyrs et celle de l'an 947 de l'hégire, qui correspondent toutes les deux à l'an 1540 de J. C. C'est là, sans doute, l'année où le volume a été restauré, car la partie ancienne du ms. paraît être du XIVe siècle.

Papier. 242 feuillets. Hauteur, 25 centimètres et demi; largeur, 18 centimètres. 16 lignes par page. — (Supplément 85, Saint-Germain 42 *bis*.)

247.

Recueil de canons, par Ibn al-ʿAssâl. Les premiers feuillets de cet exemplaire et le dernier sont d'une écriture plus moderne que le reste du volume.

Papier. 257 feuillets. Hauteur, 26 centimètres; largeur, 17 centimètres. 18 lignes par page. Le ms. paraît être du XVe siècle. — (Ancien fonds 121.)

248.

Recueil de canons, par Ibn al-ʿAssâl.

Papier. 231 feuillets. Hauteur, 26 centimètres; largeur, 18 centimètres. 17 lignes par page. Ms. daté de l'an 1193 des martyrs (1477 de J. C.). — (Ancien fonds 122.)

249.

Recueil de canons, par Ibn al-ʿAssâl, suivi de l'ap-

pendice sur les successions, contenant les règles sanctionnées par Cyrille, patriarche d'Alexandrie. Cet exemplaire paraît être du xve siècle; les premiers et les derniers feuillets sont d'une écriture plus moderne; le folio 321, qui reproduit la date du ms. original, est écrit sur papier européen du xvie siècle. Le volume dont nous avons ici une copie fut écrit l'an 978 des martyrs (1262 de J. C.), dans la maison d'Ibn al-ʿAssâl, par le moine Gabriel (عبرمال الراهب).

Papier. 327 feuillets. Hauteur, 25 centimètres; largeur, 17 centimètres. 15 *lignes par page*. — (Supplément 84, Saint-Germain 42.)

250.

1° مجمع القوانين «Recueil de canons», par Faradj-Allah, natif d'Ekhmîm, en Égypte. Cette compilation, faite pour l'usage des jacobites, est un résumé, par ordre des matières, de diverses collections de canons. Elle est divisée en deux parties, dont la première, relative au culte, renferme vingt-six chapitres, et la deuxième, ayant pour sujet la morale, en renferme cinquante. Cette partie contient aussi une esquisse de l'organisation judiciaire chez les Coptes, ainsi que de leurs lois civiles, dont la plupart sont tirées de la jurisprudence romaine. On y cite quelques titres (تطلس) du code impérial. Parmi les lois sur les successions, l'auteur rapporte (fol. 180 v°) la loi *Falcidia* (الفلكيد). Le chapitre suivant est copié d'un ouvrage composé par Aboû 'l-Faradj ʿAbd-Allah Ibn abî al-Ṭayyib, et intitulé «Paradis de l'orthodoxie pour les chrétiens» (فردوس الارثدكسية للطايفة النصرانية). La partie la plus intéressante de l'ouvrage, au point de vue de la jurisprudence, commence au chapitre xxxiii de la seconde partie (fol. 159).

2° (Fol. 238.) Vers techniques, renfermant l'indication des canons qui règlent les devoirs des prêtres dans l'Église copte.

Une note, écrite au verso du folio 238, nous apprend que l'installation de l'évêque Christodule (اخرسطوطولو) eut lieu l'an 1372 de l'ère des martyrs (1656 de J. C.), et que celle du patriarche Marc (مرقس) eut lieu la même année.

3° (Fol. 240.) Conseils adressés aux prêtres, par Sévère d'Antioche.

4° (Fol. 244 v°.) Notes et tables diverses pour le calendrier copte, suivies d'une table synoptique, donnant les épactes et les fêtes pour les années coptes 1336 à 1420 (1620 à 1704 de J. C.).

Papier. 253 feuillets. Hauteur, 27 centimètres et demi; largeur, 19 *centimètres et demi*. 17 *lignes par page*. Les derniers feuillets, à partir du 238e, sont du xviie siècle. Le reste du volume date de l'an 1073 des martyrs (1357 de J. C.). — (Ancien fonds 120.)

251.

«Recueil de canons, ouvrage dû aux soins du maître Maqâra (مقارة), prêtre attaché au monastère de Saint-Jean-le-Nain, établissement situé dans le désert de Scété (شيهات). Il tira ces documents d'un grand nombre de livres trouvés par lui soit dans les monastères du désert, soit au Caire. Après un travail laborieux de plusieurs années, il compléta la collection dont ce ms. offre la copie exacte.» L'ouvrage renferme les pièces suivantes :

1° Table générale.

2° (Fol. 3 v°.) Notice sur les travaux des apôtres, après l'ascension de J. C., et sur l'authenticité de leurs canons.

3° (Fol. 11.) Les *canons apostoliques* (ابسطلوسات) des disciples.

4° (Fol. 18.) Canons touchant le règlement du sacerdoce.

5° (Fol. 37 v°.) Canons des saints apôtres, ayant pour but l'institution de l'Église, édités par S. Clément. Ces règlements sont au nombre de soixante et onze. On lit à la fin du chapitre que, dans le texte grec, le nombre de ces canons est de quatre-vingt et un.

6° (Fol. 38.) Canons de la sainte Église, arrêtés par les apôtres et édités par S. Clément. Ces canons sont au nombre de cinquante-six.

7° (Fol. 42.) Les *Didascalia* (الدسقلية), formant trente-neuf chapitres.

8° (Fol. 90 v°.) Les canons de S. Clément, désignés aussi par le titre de «Épître de S. Pierre».

9° (Fol. 93 v°.) Les statuts (احكام العتيقة), intitulés aussi «les Anciens statuts des rois» (قوانين الملوك العتيقة), tirés de la loi ancienne par les apôtres, sous l'inspiration du Saint-Esprit. On y trouve (fol. 103 v°) une prétendue déclaration des apôtres, au sujet des parties de la loi judaïque qu'il faut conserver dans la société chrétienne.

10° (Fol. 104 v°.) Concile d'Ancyre.

11° (Fol. 108.) Concile de Néocésarée, dit de Carthage.

12° (Fol. 109 v°.) Concile de Gangres.

13° (Fol. 112.) Concile d'Antioche; vingt-cinq canons.

14° (Fol. 121.) Notice sur Constantin le Grand et sur les motifs qui le portèrent à convoquer le concile de Nicée.

15° (*Ibid.*) Notice sur le concile de Nicée, suivie des vingt canons communs.

16° (Fol. 127.) Les quatre-vingt-quatre canons du même concile.

17° (Fol. 138 v°.) Canons du même concile, pour le règlement des monastères, suivis du symbole de la foi orthodoxe.

18° (Fol. 148.) Vingt canons traduits du copte; ils s'accordent, dit le copiste du ms., avec les canons de Nicée traduits du grec. Cette version correspond en partie seulement aux vingt canons du texte grec. A la suite se trouve une notice historique.

19° (Fol. 152.) Deuxième concile général de Constantinople; vingt-sept canons.

20° (Fol. 154.) Concile d'Éphèse. On n'y trouve que le simple décret.

21° (*Ibid.*) Concile de Laodicée.

22° (Fol. 159.) Concile de Sardique.

23° (Fol. 162 v°.) Trente-huit canons, transmis par Hippolyte (ابوليدس), archevêque de Rome (S. Hippolyte, martyr, dit de Porto). Il est dit que ces canons ont été promulgués par les apôtres, sous l'inspiration du Saint-Esprit.

24° (Fol. 171 v°.) Canons de S. Basile; deux séries, dont la première est de treize canons et la seconde de cent six.

25° (Fol. 188 v°.) «Les quatre livres de canons, intitulés قوانين الملوك, «Canons des rois», tirés des règlements des empereurs, et mis par écrit en présence des évêques du concile général de Nicée.»

Le premier livre, appelé «les Titres», se compose de quarante chapitres.

26° (Fol. 222.) Deuxième livre des canons impériaux renfermant cent trente canons.

27° (Fol. 233 v°.) Le troisième livre des canons impériaux.

28° (Fol. 247 v°.) «Canons de quelques pieux rois, adoptés par un décret des Pères du concile de Nicée. On suppose qu'il s'agit de Léon et de Justin. Ce recueil est traduit de l'hébreu en arabe.» Ce recueil est intitulé aussi, dans notre ms., الرابع للملوك «quatrième livre des canons impériaux».

29° (Fol. 260 v°.) «Testament de Notre-Seigneur et Dieu, Jésus le Messie, fait après sa résurrection, et allocution qu'il adressa aux apôtres. C'est la première pièce de la main de S. Clément.» Cette pièce apocryphe est intitulée العهد السيدى «Testament du Seigneur».

30° (Fol. 278.) «Canons des saints apôtres, deuxième pièce de la main de Clément.»

Suivent les pièces 3, 4, 5, 6, attribuées à S. Clément.

31° (Fol. 296.) Canons du concile de Carthage, au nombre de cent vingt-trois.

Ce concile, dit l'auteur, fut tenu l'an 5925 du monde, date qui correspondait à l'an 150 des martyrs (l'an 434 de J. C.), alors que Théodore le Jeune, fils de Théodore le Grand, régnait à Constantinople, et Honorius (انوريوس) à Rome, Christodule (كرسدول) étant pape de cette ville.

32° (Fol. 306.) «Canons du grand concile réuni à Antioche et à Laodicée.» C'est une copie, avec quelques variantes, des canons de ces deux conciles, que le rédacteur a réunis en un seul recueil.

33° (Fol. 310 v°.) Canons de S. Épiphane (قوانين ابيفانيوس).

34° (Fol. 312.) Canons de S. Jean Chrysostome, au nombre de douze.

35° (Fol. 313.) «Canons transitoires (زمنية), formulés par les saints Pères qui nous ont précédés. On les promulgua à cause de la dureté du temps et d'après le désir de ceux qui se repentaient avec componction.»

36° (Fol. 316.) Préceptes attribués à S. Grégoire, évêque de Nysse.

37° (Fol. 316 v°.) Liste des sept siéges patriarcaux.

38° (Fol. 317.) اوامر الاباء الايمة الرووساء «Mandements des Pères de l'Église».

39° (Fol. 319.) قوانين معلمى البيعة «Canons des docteurs de l'Église», traduits du copte. Il y en a quatre-vingt-deux.

40° (Fol. 323.) Canons de l'Église, mis en ordre par S. Athanase, patriarche d'Alexandrie, au nombre de cent sept. A la fin du livre, le rédacteur, Michel, évêque de Tennis (تنيس), nous apprend qu'il avait classé ces canons dans un ordre plus commode. Vient ensuite un appendice, intitulé «Passage qui se trouve dans le livre des prêtres francs». C'est une paraphrase de la profession de foi orthodoxe, suivie de deux commentaires jacobites.

41° (Fol. 339 v°.) Abrégé de la doctrine du saint Père Michel, métropolitain de Damiette, touchant les institutions (littéralement: les règles déduites de la loi, جزايات الشريعة) de l'Église copte.

42° (Fol. 341 v°.) «Copie d'un canon écrit par Christodule (اخريسطادلو), patriarche d'Alexandrie.»

43° (Fol. 343.) Canons de Cyrille, soixante-septième patriarche d'Alexandrie.

44° (Fol. 347.) Canons de Gabriel, surnommé Ibn-Tarîk, patriarche d'Alexandrie.

45° (Fol. 351.) «Copie des canons qui concernent les prêtres et les églises d'Alexandrie, et qui furent écrits par Gabriel Ibn Tarîk, au mois de *payni* (بوونه) de l'an 870 des martyrs (1154 de J. C.).»

46° (Fol. 352.) Abrégé des règlements concernant les successions, d'après les autorités anciennes et modernes, par Gabriel Ibn Tarîk.

47° (Fol. 353 v°.) Copie d'un acte renfermant certaines stipulations entre Cyrille, patriarche d'Alexandrie, et ses évêques.

48° (Fol. 355.) Dispositions arrêtées par le patriarche Cyrille, avec le concours des évêques et des notables (اراخنه) coptes, et ratifiées ensuite par le nouveau patriarche, Anbâ Yoûnos. Ces dispositions concernent les baptêmes, les mariages et les successions. L'acte fut signé le 20 du mois de thoth de l'an 955 des martyrs (1239 de J. C.).

49° (Fol. 361 v°.) Convention arrêtée entre le même patriarche et ses évêques, au mois de thoth de l'an 957 des martyrs (1241 de J. C.). La réunion eut lieu au Château (la citadelle du Caire, siége du gouvernement égyptien), en la présence du vizir Mo'în al-Dîn et de plusieurs notables chrétiens et musulmans.

50° (Fol. 363.) Règlement concernant les legs pieux et les aumônes, publié par le patriarche Cyrille, au mois de pharamouti 956 (1240 de J. C.).

51° (Fol. 364 v°.) Autre règlement du même patriarche, publié le 24 du mois de pharamouti 956 (1240 de J. C.). Il se rapporte aux fêtes de l'Église copte.

52° (*Ibid.*) Dix thèses sur la discipline ecclésiastique, proposées par Christodule, métropolitain de Damiette, et résolues par Cyrille, au mois de payni 956 (1240 de J. C.).

Papier. 366 feuillets. Hauteur, 34 centimètres et demi; largeur, 25 centimètres. 24 lignes par page. Ms. daté de l'an 1069 de l'ère des martyrs (1353 de J. C.). — (Supplément 83, Saint-Germain 41.)

252.

1° Recueil de canons, en deux parties. Le texte est à peu près le même que celui du n° précédent. Il fut copié au Caire, l'an 1664, par les soins de Vansleb. Quelques articles du recueil ont été supprimés *propter certas causas*, comme Vansleb lui-même l'a écrit en marge de la table des matières.

2° (Page 691.) Introduction à l'étude des canons, par Aboû Ṣalaḥ Yoûnos Ibn 'Abd Allah, surnommé Ibn Bânâ (بانا).

3° (Page 707.) Abrégé des lois établies par les Pères de l'Église pour le règlement des successions.

4° (Page 711.) Chapitre sur la solution, par analogie, des questions relatives aux successions. Ce chapitre est un extrait du «Paradis de la chrétienté» (فردوس النصرانية), ouvrage composé par Aboû 'l-Faradj 'Abd Allah Ibn al-Ṭabîb (ou al-Ṭayyib), prêtre nestorien.

5° Tables des épactes et des fêtes mobiles du calendrier copte, depuis l'an 1092 des martyrs (1376 de J. C.) jusqu'à l'an 1131 (1415 de J. C.), avec la correspondance de l'ère du monde, de l'ère de l'incarnation et de l'ère des martyrs.

Papier. 724 pages. Hauteur, 30 centimètres; largeur, 21 centimètres. 28 à 30 lignes par page. L'écriture change, à partir de la page 455. — (Supplément 78.)

IX.

VIES DES SAINTS.

253.

1° اقوال الاباء القديسين وقول كل واحد منهم مجموع في موضع واحد وهم يتبعون بعضهم بعض على حروف الغابيطا «Sentences des saints Pères. Chaque sentence est inscrite sous le nom de celui qui l'a prononcée. On a rangé ces noms selon l'ordre des lettres de l'alphabet grec». Ce recueil, qui renferme des notices sur plusieurs anachorètes, des anecdotes qui les concernent et des paroles qu'on leur attribue, est sans doute traduit du grec. Il a beaucoup d'analogie avec les «Apophthegmata Patrum», publiés par Cotelier dans les «Monumenta Ecclesiæ græcæ», t. I, p. 338 et suiv.; et quelques paragraphes sont une version libre de certains passages des «Apophthegmata». Après le chapitre ω (الحرف المسماة الاوة الكبير) se trouve une masse confuse d'anecdotes et de sentences, remplissant plusieurs feuillets, à partir du fol. 142.

2° (Fol. 219.) «Questions que S. Siméon le Stylite, reclus des temps anciens (بعض الحبساء القدماء وهو مار سمعان العمودي), qui était alors au début de sa carrière, adressa à

l'estimable précepteur (معلم) Mar Isaac, avec les réponses de celui-ci.»

3° (Fol. 233.) Discours de S. Macaire sur la prière.

4° (Fol. 235.) Épître de S. Macaire à ses chers enfants.

5° (Fol. 242 v°.) Quelques sentences de morale, par S. Macaire.

6° (Fol. 244 v°.) Extrait d'une homélie de S. Jean Chrysostome sur l'envie.

7° (Fol. 246.) Paroles d'Étienne Sabbaïte (اسطفانا *sic* الساداييتى), moine de S. Saba, sur la vie monastique.

Cet opuscule n'est pas complet, les derniers feuillets du ms. manquent.

Papier. 250 feuillets. Hauteur, 28 centimètres; largeur, 21 centimètres. 22 lignes par page. Ms. du XIV° siècle. — (Ancien fonds 144.)

254.

Le Synaxare des Melkites de la Syrie, renfermant les vies des saints et des martyrs pour chaque jour de l'année, à partir du commencement du mois de septembre. Les derniers feuillets, contenant la fin du mois d'août, manquent.

Papier. 297 feuillets. Hauteur, 18 centimètres; largeur, 14 centimètres. 18 lignes par page. Ms. du XV° siècle. — (Ancien fonds 150, Colbert 5990.)

255.

Synaxare à l'usage des Melkites de la Syrie.

Papier. 392 feuillets (les feuillets 34 à 82 sont restés en blanc. Il n'y a cependant pas de lacune dans le texte). Les deux derniers feuillets manquent. Hauteur, 25 centimètres; largeur, 17 centimètres. Dans la première partie du ms., datée de l'an 1704 de J. C., le nombre de lignes par page varie de 18 à 24; dans la seconde, qui est du XVI° siècle, il y en a 17 partout. — (Ancien fonds 141.)

256.

Synaxare de l'Église copte.

Cet exemplaire se compose de deux parties, reliées en un seul volume.

Papier. 289 feuillets. Hauteur, 30 centimètres et demi; largeur, 20 centimètres et demi. 21 lignes par page. Le manuscrit paraît être du XVII° siècle. — (Supplément 90, Saint-Germain 121.)

257.

1° Vie de S. Antoine, par Athanase, patriarche d'Alexandrie.

2° (Fol. 38.) Vie et miracles de S. Éphrem le Syrien.

3° (Fol. 57.) Vie de S. Macaire (مكاريوس) l'Égyptien, par Sérapion, disciple de S. Antoine.

4° (Fol. 68.) Vie de S. Euthymius (افتيميوس) le Grand, instituteur des Laures (معلم الاسياق).

5° (Fol. 87.) Vie de S. Théodose, chef et instituteur de tous les monastères du désert de Jérusalem.

6° (Fol. 92.) Vie de S. Palladius, ermite d'Ambâl (الامهال), montagne située près du village d'ʿImm (عم), dans la province d'Antioche. Pièce traduite du grec en arabe, par le médecin ʿÎsâ, fils de Constantin.

7° (Fol. 119.) Vie de S. Gérasime (جراسيموس), de Lycie (ليكيا), par Cyrille, prêtre du monastère de Saint-Saba.

8° (Fol. 122 v°.) Homélie d'Isaac, évêque de Ninive, sur la pénitence et le renoncement au monde.

9° (Fol. 130.) Homélie de S. Éphrem le Syrien sur la pénitence et sur le salut de l'âme.

10° (Fol. 133.) Exhortation adressée par S. Éphrem à ceux qui s'adonnent au vin et aux femmes.

11° (Fol. 139.) Autre homélie de S. Éphrem sur la pénitence et sur le salut de l'âme.

12° (Fol. 147.) Vie de S. Paul de la Thébaïde (الثغلي), le premier ermite.

13° (Fol. 149.) Vie du pèlerin Marc al-Tirmaqânî (الترمقانى). D'après le ms., la montagne de Tirmaqâ (ترمقا) est située au delà de l'Abyssinie, sur le bord de la mer, à vingt-cinq journées d'Alexandrie.

14° (Fol. 153.) Enseignement (تعليم) de S. Macaire, et récit de ce qui lui apparut en fait d'œuvres des démons.

15° (Fol. 160 v°.) Enseignements d'Anbâ Isaïe (شعيا) pour la conduite de celui qui veut offrir son âme à Dieu.

16° (Fol. 170.) Sentences de S. Denys l'Aréopagite et de S. Maxime. Extraits du livre intitulé «al-Ḥâwî» (voy. ci-dessus, n° 181).

17° (Fol. 172 v°.) Récit d'Anbâ Cassianus (قسيانوس) le Romain, au sujet de quelques moines de Scété.

18° (Fol. 179.) Vie de S. Arsène (ارسانوس).

19° (Fol. 194 v°.) Vie de S. Saba (مار سابا).

Papier. 224 feuillets. Hauteur, 29 centimètres et demi; largeur, 20 centimètres et demi. 23 lignes par page. Ms. daté de l'an 7181 du monde (1673 de J. C.). — (Ancien fonds 145, Colbert 2768.)

258.

1° Miracles de S. Basile le Grand, racontés par son disciple, Mar Hilarion (ايلاريون).

2° (Fol. 48.) Histoire du moine Boḥaïra, racontée par le moine Serge (سرجس). Légende composée vers le XIIe siècle.

3° (Fol. 64.) Vies des SS. Galactius (غالكتيوس) et Epistimé (ابيستيمى).

4° (Fol. 73.) Fragment du livre intitulé: الكافى فى المعنى الشافى «Instruction suffisante, au sujet de la réalité salutaire». Cet ouvrage, composé par Gérasime (جراسيمس), supérieur du monastère de S. Siméon (سمعان), renferme des témoignages empruntés à l'Ancien et au Nouveau Testament, aux ouvrages philosophiques des Grecs et au Coran (كتاب المسلمين).

5° (Fol. 78 v°.) Abrégé de théologie dogmatique, composé par le moine Paul d'Antioche, évêque de Sidon.

6° (Fol. 97.) Opuscule dans lequel Paul d'Antioche parle des diverses sectes chrétiennes qui existaient de son temps.

7° (Fol. 104.) Abrégé de la doctrine chrétienne, composé par Paul d'Antioche, sur la demande du schaïkh Aboû 'l-Seroûr, de Tinnîs.

8° (Fol. 105 v°.) Profession de foi, rédigée par Paul d'Antioche, afin d'être opposée à toutes les professions de foi hérétiques.

9° (Fol. 111 v°.) Chapitre sur la réalité du voyage des mages à Bethléem.

10° (Fol. 114 v°.) Traité de Paul d'Antioche sur la ligne de conduite (السياسات) que les hommes croient être agréable à Dieu et qui, en réalité, provoque sa colère.

11° (Fol. 120.) Panégyrique des quarante martyrs, par S. Basile le Grand. Les noms de ces martyrs se trouvent à la fin de la pièce.

12° (Fol. 128.) Fragment d'une légende dans laquelle se trouve la mention d'un miracle opéré par SS. Cosme et Damien.

13° (Fol. 129.) Légende du grand saint Mar Dsoûmaṭ (ذومط) ou Dsoûmîṭ (ذوميط), qui fut persécuté par un roi infidèle. Il s'agit peut-être de S. Domèce qui souffrit le martyre sous Julien.

14° (Fol. 132.) Explication de la Pâque, de l'agneau et du changement du pain et du vin en la chair et le sang du Messie.

15° (Fol. 139 v°.) Traité sur la manière de combattre les démons tentateurs.

16° (Fol. 152.) Histoire des SS. Maxime (مكسيمس) et Domèce (ذوماتيوس), enfants de Léon, l'empereur grec. D'après cette légende, les princes allèrent trouver S. Macaire, dans le désert de Scété.

17° (Fol. 177 v°.) Anecdotes sur S. Antoine.

18° (Fol. 181.) Histoire de S. Macaire, père des moines du désert de Scété, par Sérapion, disciple de S. Antoine le Grand.

19° (Fol. 198 v°.) Histoire de Ste Thaïs (طهسيا).

20° (Fol. 201.) Histoire de Ste Cyriaque (قرياقة).

21° (Fol. 202 v°.) Histoire d'un ermite qui demeura cinquante ans dans un désert.

22° (Fol. 207.) Actes de S. Thomas, apôtre de l'Inde.

23° (Fol. 215 v°.) Martyre de S. Thomas.

24° (Fol. 218.) Histoire d'Hérode et de S. Jean-Baptiste. Le commencement manque.

25° (Fol. 223 v°.) Martyre des saints apôtres Pierre et Paul.

26° (Fol. 247 v°.) Controverse religieuse qui eut lieu entre le moine Ibrahîm de Tibériade d'un côté, et de l'autre ʿAbd al-Raḥmân le Hachémite, secondé par Manṣoûr al-ʿAbsî.

27° (Fol. 275.) Quelques passages des homélies prononcées par Grégoire, le théologien scolastique (من قول اغريغورس المتكلم بالاهوت).

Papier. 280 feuillets. Hauteur, 21 centimètres et demi; largeur, 15 centimètres et demi. 19 à 23 lignes par page. Le ms. paraît être du commencement du XVe siècle. — (Ancien fonds 156, Colbert 4600.)

259.

1° Histoire de S. Macaire, père des moines du désert de Scété, par Sérapion, disciple du grand S. Antoine.

2° (Fol. 57.) Vie et mérites d'Ababius (ابابيوس), habitant du désert de Scété.

3° (Fol. 104 v°.) Vie du vertueux anachorète Timothée (تيماثيوس), contemporain du calife Haroûn al-Raschîd. Ce saint mourut l'an 257 de l'hégire.

4° (Fol. 151.) Vie de S. Jean l'Aumônier, patriarche d'Alexandrie, traduite de l'ouvrage grec composé par Léonce, évêque de Néapolis, en Chypre.

5° (Fol. 220.) Histoire de la femme à la main brûlée.

6° (Fol. 232.) Histoire de l'homme qui passa en jugement devant Dieu, trois jours avant sa mort.

7° (Fol. 237.) Histoire d'un négociant charitable.

8° (Fol. 242 v°.) Histoires de quelques saints.

9° (Fol. 246.) Réponse d'un maître à son disciple, qui demanda pourquoi le bon larron fut admis dans le paradis.

Papier. 247 feuillets. Hauteur, 18 centimètres; largeur, 13 centimètres. Ms. de plusieurs écritures dont la plus ancienne paraît être du XIVe siècle. — (Ancien fonds 167, Colbert 6034.)

260.

1° Vie du saint pèlerin Marc de Tirmaqâ. Les premiers feuillets de cet opuscule, qui manquaient, ont été remplacés par deux autres, renfermant le commencement de la vie du saint anachorète Anbâ Sérapion.

2° (Fol. 20 v°.) Histoire de Ste Théodora d'Alexandrie, qui fut expulsée du couvent, avec un enfant qu'elle avait auprès d'elle.

3° (Fol. 51 v°.) Les douze miracles de S. Basile.

4° (Fol. 115 v°.) Homélie de S. Éphrem sur la résurrection et sur la fin du monde.

5° (Fol. 126 v°.) Homélie de Jacques, évêque de Saroûdj, sur le bon larron.

6° (Fol. 144.) Homélie de S. Jean Chrysostome sur la trahison des juifs, qui livrèrent N. S. Jésus, le Messie.

7° (Fol. 151.) Histoire de S. Onuphre (انفريوس) et de ses compagnons, Paphnuce (بفنوتيوس) et Zosime (زوسيما).

8° (Fol. 186 v°.) Discours dans lequel Isaac, évêque de Ninive, traite des quatre sources d'où dérivent tous les péchés. La fin manque.

Papier. 212 feuillets et, de plus, un feuillet de parchemin, fragment d'un antiphonaire grec du XIe siècle. Hauteur, 17 centimètres; largeur, 13 centimètres. 9 lignes par page. La partie la plus ancienne du ms. est du XIVe siècle. — (Ancien fonds 168, Colbert 6174.)

261.

سيرة ابينا الكبير باخوميوس القديس وتلميذه الخصيص به تاودرس النفيس « Histoire de S. Pacôme et de son disciple favori, Théodore ».

Cette biographie est la traduction d'un texte grec, composé par un témoin des actes de S. Pacôme.

Papier. 273 feuillets. Hauteur, 17 centimètres; largeur, 12 centimètres. 14 lignes par page. Le manuscrit paraît être de la fin du XIVe siècle. — (Ancien fonds 165, Colbert 6027.)

262.

1° Histoire de S. Georges (مار جاورجيوس).

2° (Fol. 29 v°.) Histoire de S. Jacques l'Intercis (المقطع).

3° (Fol. 44 v°.) Histoire d'un négociant chrétien d'Édesse et de sa femme, et d'un Arménien, leur associé.

4° (Fol. 50.) Histoire d'un homme d'Ascalon.

5° (Fol. 52 v°.) Homélie de S. Éphrem le Syrien sur les vertus de la sainte Croix.

6° (Fol. 58 v°.) Miracles opérés par Ste Marina à Ṣaïdnâyâ (صيدنايا).

7° (Fol. 65 v°.) Discours de S. Jacques, frère de Notre-Seigneur, sur la nativité de la sainte Vierge.

8° (Fol. 79 v°.) « Panégyrique de Notre-Dame, mère du Seigneur, par S. Éphrem le Syrien, traduit par le P. Yôḥannâ, auteur du présent livre, qui y a fait les additions nécessaires. »

9° (Fol. 98 v°.) Homélie de S. Jean Chrysostome sur Ste Élisabeth (اليسبع) et sur son fils (S. Jean-Baptiste), et sur le rocher qui s'ouvrit pour les cacher.

10° (Fol. 101.) Histoire de ce qui arriva au saint prêtre Boûlâ (بولا), pendant qu'il était au bain, dans la ville des Samaritains, et comment Satan lui apparut et lui raconta tout ce qu'il avait fait.

11° (Fol. 118 v°.) Histoires de quelques saints personnages.

12° (Fol. 122.) Histoire de S. Démétrius.

13° (Fol. 130.) Homélie sur l'Annonciation, par S. Jean Chrysostome.

14° (Fol. 140.) Récit d'un moine du couvent de Saint-Saba, à Jérusalem, sur la prise de cette ville par les Perses.

15° (Fol. 153 v°.) Homélie de S. Basile le Grand sur la mort et sur le jugement dernier.

16° (Fol. 159.) Histoire de Joseph, vendu par ses frères.

17° (Fol. 189 v°.) Homélie de S. Jean Chrysostome, qu'on lit le jour de Pâques.

18° (Fol. 192.) Vie de S. Arsène.

19° (Fol. 212 v°.) Histoire de S. Marcel (مركلس). Il est dit que cette histoire, écrite avec une certaine encre, le vendredi ou le dimanche, guérit les femmes possédées, et est d'une grande utilité aux femmes dont les enfants meurent en bas âge.

20° (Fol. 228 v°.) Homélie de S. Basile, destinée à être lue les dimanches et les vendredis, et auprès des agonisants.

21° (Fol. 232 v°.) Homélie de S. Jean Chrysostome sur la pénitence.

22° (Fol. 239.) Histoire d'Isaac, fils d'Abraham (ابراهيم).

23° (Fol. 243 v°.) Histoire de la tentation d'un homme sage et riche.

La fin manque.

24° (Fol. 245.) Prières pour la fête de l'Épiphanie.

Papier. 250 feuillets. Hauteur, 21 centimètres; largeur, 15 centimètres. 10 à 13 lignes par page. Ms. du xv° siècle. — (Ancien fonds 154, Colbert 4441.)

263.

1° Martyre de S. Georges.

2° (Fol. 33 v°.) Histoire de la vie et du martyre de S. Mercure (مرقوريوس).

3° (Fol. 53.) Panégyrique composé par Théodore (تادرس), archevêque d'Antioche, en l'honneur des saints martyrs Théodore l'oriental et Théodore général de cavalerie (الاسفهسلار).

4° (Fol. 70.) Panégyrique de la sainte Vierge, par Cyrille, archevêque d'Alexandrie.

5° (Fol. 91.) Discours sur la sainte Vierge et sur l'Assomption, par Cyrille, patriarche d'Alexandrie.

6° (Fol. 103.) Sermon prononcé en commémoration de la sainte Vierge et de la fondation de son église, par S. Basile, évêque de Césarée.

7° (Fol. 111.) Fragments d'un discours sur la vie d'Anbâ Tomâs (تماس), un des Pères du désert.

8° (Fol. 116.) Martyre d'Abbâ Hoûr (ابا هور).

9° (Fol. 121 v°.) Vie d'un saint homme de Dieu, appelé Moïse.

10° (Fol. 128.) Vie d'Abânoûb (S. Anoubi?).

Le commencement et la fin manquent.

11° (Fol. 139.) Discours sur l'arrivée de Notre-Seigneur à la sainte montagne de Qasqâm (قسقام), près de Behnesâ.

12° (Fol. 166.) Homélie sur le monastère du prophète Élie.

Le commencement manque.

13° (Fol. 169 v°.) Homélie de S. Jean Chrysostome pour le dimanche des Rameaux.

14° (Fol. 177 v°.) Martyre d'Abbâ Isḥâq, natif de Difra (دفرة), dans le diocèse de Banâ (بنا).

15° (Fol. 188 v°.) Vie du prophète Habacuc.

16° (Fol. 196.) Martyre de Ste Marina (مارينا).

Papier. 206 feuillets. Hauteur, 21 centimètres et demi; largeur, 16 centimètres. Le nombre des lignes par page varie beaucoup. Ms. d'écritures diverses du xv° siècle. — (Ancien fonds 153.)

264.

1° Vie de S. Jean Calybite, auteur du livre intitulé «l'Évangile d'or[1]».

2° (Fol. 19.) Martyre d'Abbâ Isḥâq, de Difrâ (دفرى).

3° (Fol. 33.) Homélie de Jacques (مارى يعقوب), évêque de Saroûdj, dans laquelle il explique la signification mystique du sacrifice d'Abraham.

4° (Fol. 45.) Explication du verset : «Notre père qui es dans les cieux», par S. Jean Chrysostome.

5° (Fol. 55.) Panégyrique de S. Jean-Baptiste, par S. Jean Chrysostome.

6° (Fol. 64 v°.) Exposition de l'histoire de S. Jean-Baptiste, par S. Jean Chrysostome.

7° (Fol. 70 v°.) «Exposé de la cause qui enleva la royauté de David à la descendance du roi Salomon pour la transmettre (aux princes) du pays des Nedjâschî, qui est l'Abyssinie.»

[1] صاحب الانجيل الذهبي «possesseur de l'Évangile d'or». H. Z.

8° (Fol. 82.) «Histoire de l'apôtre et évangéliste S. Marc, premier patriarche et archevêque d'Alexandrie, qui prêcha au nom du Messie, en Égypte, dans la Pentapole, en Mauritanie, en Abyssinie, en Nubie,» etc.

Nous n'avons ici qu'un fragment de l'ouvrage.

9° (Fol. 84 v°.) «Questions ayant pour but de raffermir la foi et de faire sentir l'excellence de la religion chrétienne.»

10° (Fol. 107.) Épître (الابسطلا) envoyée du ciel à S. Athanase, pour recommander l'observance du dimanche. Ce saint était alors, l'an 1750 de l'ère d'Alexandre (1438 de J. C.), patriarche de la ville de Rome.

Le commencement de cette pièce a été modifié et ne s'accorde pas avec les autres exemplaires de cet ouvrage.

11° (Fol. 114 v°.) L'histoire des bienheureux enfants de Yoûnâdâb (يوناداب).

C'est le récit du voyage de Zosime à l'île des Bienheureux.

Papier. 129 feuillets. Hauteur, 21 centimètres et demi; largeur, 15 centimètres. Le nombre des lignes par page, dans la partie la plus ancienne du ms., est de 12; dans l'autre partie, il varie beaucoup. Ms. de deux écritures, dont la moins ancienne est datée (fol. 54 v°) de l'an 1310 des martyrs (1594 de J. C.). — (Supplément 92, Saint-Germain 350.)

265.

1° Histoire de S. Zosime (زسيما).

2° (Fol. 24 v°.) Homélie de S. Éphrem le Syrien sur la différence qui existe entre le vice et la vertu.

3° (Fol. 39 v°.) Histoire de la mort d'Aaron (Moïse dépouille Aaron du vêtement de grand-prêtre).

4° (Fol. 49 v°.) Homélie de S. Jean Chrysostome sur cette parole de S. Paul : «Jésus le Messie a sauvé, au moyen du sang de la croix, ce qui est dans le ciel et ce qui est sur la terre.»

5° (Fol. 55 v°.) Homélie de Jacques, évêque de Saroûdj, sur la naissance de S. Jean-Baptiste.

6° (Fol. 66 v°.) «Histoire de la mort de Notre-Dame, mère de Dieu.»

7° (Fol. 77.) «Miracle de Notre-Dame, mère de la lumière.»

8° (Fol. 79 v°.) Histoire de S. Jacques l'Intercis (المقطع).

9° (Fol. 92.) Homélie de Mar Isḥâq, évêque de Ninive, sur la pénitence et sur le renoncement au monde.

10° (Fol. 107.) Homélie de S. Théodule (ثاودالالس) sur le mauvais riche, sur Lazare et sur la pénitence.

11° (Fol. 120.) Homélie de S. Éphrem sur la fin du monde et sur l'Antéchrist.

12° (Fol. 132 v°.) Homélie de S. Éphrem sur la seconde venue du Messie, sur la charité et sur la foi, traduite par Nicon (نيقون) le moine, métropolitain de Manbedj (Bambyce, Hiéropolis).

13° (Fol. 151.) Histoire édifiante, racontée par un des saints Pères, au sujet d'un anachorète qui avait demeuré pendant cinquante ans dans le désert.

14° (Fol. 154.) Homélie de S. Jean Chrysostome sur le dimanche, le mercredi et le vendredi.

15° (Fol. 159.) Homélie de S. Jean Chrysostome contre ceux qui s'absentent de la messe et de la sainte table.

16° (Fol. 164 v°.) Récit du ravissement du saint Père Grégoire, qui fut enlevé au ciel, où il vit des choses merveilleuses.

Les derniers feuillets manquent.

Papier. 174 feuillets. Hauteur, 15 centimètres; largeur, 10 centimètres. 13 à 14 lignes par page. Ms. du XVIIe siècle. — (Ancien fonds 166.)

266.

1° (Fol. 9.) Vie de S. Jean Chrysostome par Georges, archevêque d'Alexandrie, traduite du grec.

La fin manque.

2° (Fol. 162 v°.) Martyre des SS. Serge et Bacchus (بخس).

Cette traduction s'accorde en général avec le texte grec.

3° (Fol. 185 v°.) Histoire du saint disciple, Jean le Théologien (الثاولوغس).

4° (Fol. 192.) Relation de la vie et du martyre de Febronia (فبرونيا), femme dévote et pieuse, qui fut mise à mort dans la ville de Nisibe, sous le règne de Dioclétien.

La fin de cette relation manque. Les Bollandistes en ont donné le texte grec, Oct. t. III, p. 871.

Les premiers feuillets de ce volume et le feuillet 161 renferment des prières et des notes écrites de diverses mains.

Papier. 209 feuillets. Hauteur, 19 centimètres et demi; largeur, 13 centimètres et demi. Le premier opuscule a 15 lignes par page. Dans les autres, le nombre des lignes varie considérablement. Ms. de

diverses écritures du XIIIe siècle. D'après une note qu'on lit au folio 4, un chrétien de Syrie a vu ce ms. à Venise, l'an 1003, sans doute de l'ère des martyrs (1287 de J. C.). — (Ancien fonds 164.)

267.

1° Vie de S. Jean Chrysostome, patriarche de Constantinople, par Georges, archevêque d'Alexandrie. Le traducteur dit, dans une courte introduction, que le fond de l'ouvrage est emprunté à un dialogue entre Théodore (تادرس), diacre de Rome, et l'évêque Palladius.

2° (Fol. 143 v°.) Histoire de Théodore (تادرس), négociant de Constantinople, et du juif Abraham.

3° (Fol. 153 v°.) Histoire d'un païen de Nisibe, dont la femme était chrétienne.

4° (Fol. 157.) Histoire d'un jeune homme pécheur et libertin racontée par S. Athanase.

5° (Fol. 160 v°.) Sermon dans lequel Anastase, supérieur du couvent du mont Sinaï, explique le sens du sixième psaume, à propos du commencement du carême.

Papier. 171 feuillets. Hauteur, 26 centimètres; largeur, 16 centimètres et demi. 16 lignes par page au commencement du volume, puis 17. — (Supplément 96, Saint-Germain 127.)

268.

Histoire de Barlaam et Josaphat. Voici la traduction du titre : « Récit profitable à l'âme, tiré de l'intérieur de l'Abyssinie, c'est-à-dire de l'Inde, et apporté à Jérusalem, par les soins de Yoûḥannâ, moine très-distingué de la laure (سيق) de Saint-Saba, etc. » S'il faut en croire une note marginale (fol. 2 v°), ce moine était le célèbre S. Jean Damascène. Les cinq dernières pages du volume renferment une courte légende, le commencement de l'évangile de S. Jean et le commencement d'une table contenant le comput de la Pâque copte pour quelques années.

Papier. 231 feuillets. Hauteur, 18 centimètres; largeur, 13 centimètres. 15 lignes par page. Ms. daté de l'an 6873 du monde (1365 de J. C.). — (Supplément 111, Saint-Germain 343.)

269.

Histoire de Barlaam et Josaphat. Le commencement manque.

Papier. 323 feuillets. Hauteur, 17 centimètres; largeur, 11 centimètres. 13 à 14 lignes par page, excepté aux derniers feuillets à partir du fol. 217, qui, plus modernes que le reste du ms., ne contiennent que 11 lignes par page. Manuscrit daté de l'an du monde 6729 (1221 de J. C.); mais le scribe a sans doute reproduit ici la date du ms. dont il faisait la copie; le présent ms. est probablement du XIVe siècle. — (Ancien fonds 169, Colbert 6143.)

270.

Histoire de Barlaam et Josaphat. La fin manque.

Papier. 108 feuillets. Hauteur, 27 centimètres; largeur, 18 centimètres. 19 lignes par page. Ms. du XIVe siècle. — (Ancien fonds 146, Colbert 4080.)

271.

Histoire de Barlaam et Josaphat. Le commencement de cet exemplaire est le même que celui du ms. n° 268, sauf qu'à la place des mots « laure de Saint-Saba » (سيق مار سابا), on lit « monastère de Mar-Moûsâ » (دير مار موسى).

Papier. 202 feuillets. Hauteur, 25 centimètres; largeur, 17 centimètres. 17 lignes par page. Les sept premiers feuillets et les huit derniers sont d'une écriture plus moderne que le reste du ms., qui paraît être du XIVe siècle. Les espaces laissés en blanc par le copiste devaient recevoir des dessins. — (Supplément 112, Saint-Germain 124.)

272.

Histoire de Barlaam et Josaphat. En tête du volume se trouve une page d'écriture, qui paraît avoir appartenu à un ouvrage de controverse dont on n'aurait pas achevé la transcription.

Papier. 242 feuillets. Hauteur, 21 centimètres; largeur, 15 centimètres. 13 lignes par page. Ms. daté de l'an 1358 des martyrs (1642 de J. C.). — (Ancien fonds 160 A.)

273.

Histoire de Barlaam et Josaphat. Voici la traduction du titre qu'on lit dans cet exemplaire : « Vie du bienheureux et saint personnage Yowâṣaf (يواصف), fils d'Antîr (انتير), roi de la ville d'al-Hind (l'Inde), et histoire de ce qui lui arriva de la part du grand et bienheu-

reux saint, le P. Anbâ Barlâm (برلام); récit de sa sortie de ce monde transitoire, ayant abandonné le royaume de l'Inde pour obtenir le royaume céleste. On y raconte des choses merveilleuses, au point d'étonner l'intelligence. C'est l'un des ouvrages composés par un saint moine, demeurant dans la montagne de Getsémané (الجسمانية). L'auteur y parle dignement des vertus de ce saint (Yowâsaf), de la conversion de son père Antîr, qui cessa d'adorer les idoles vers la fin de sa vie et reconnut le Messie. Sa conversion eut lieu par les efforts de son fils, S. Yowâṣaf, et par la bonté de Dieu très-haut, qui accomplit les promesses faites à ceux qui l'invoquent, car il ne désire pas la mort du pécheur.»

Papier. 174 feuillets. Hauteur, 32 centimètres; largeur, 21 centimètres et demi. 21 lignes par page. Ms. daté de l'an 1479 des martyrs (1763 de J. C.). Dessins à la plume coloriés. — (Supplément 110.)

274.

Histoire de Barlaam et Josaphat. Le premier paragraphe de cet exemplaire est à peu près le même que celui du n° précédent.

Papier. 184 feuillets. Hauteur, 32 centimètres; largeur, 21 centimètres. 17 lignes par page. Ms. daté de l'an 1494 des martyrs (1778 de J. C.). Dessins coloriés. — (Supplément 113.)

275.

1° Histoire de Secundus (سكندس) le philosophe.

2° (Fol. 35.) Histoire de la mort et panégyrique d'Aaron le prêtre (الكاهن).

3° (Fol. 44.) Conférences (مناجات) de Moïse avec le Seigneur, au sujet des dix commandements.

4° (Fol. 51.) Sermon prononcé par S. Basile, archevêque de Césarée de Cappadoce, à l'occasion de la consécration de l'église de Notre-Dame-Marie (مرتمريم).

5° (Fol. 71.) Histoire de la naissance de Moïse, de ses conférences avec le Seigneur et de sa mort.

6° (Fol. 74.) Sur la mort du patriarche Joseph.

7° (Fol. 74 v°.) Histoire de la mort de Salomon.

8° (Fol. 83.) Histoire de la mort de S. Joseph.

9° (Fol. 92.) Histoire du voyage d'Abraham et de Sarah en Égypte, par S. Éphrem.

10° (Fol. 98.) Histoire extraordinaire de Théodose (باضوسيوس *sic*), juif de Jérusalem, qui s'était fait chrétien.

11° (Fol. 112.) Histoire de deux frères qui, étant devenus moines, vivaient et priaient ensemble, jusqu'à ce que l'ennemi (le démon) parvint à les séparer.

12° (Fol. 144.) Miracles opérés par S. Basile.

13° (Fol. 123 v°.) Histoire d'un jeune homme et d'une princesse.

14° (Fol. 130 v°.) Conseils et enseignements attribués aux sages des temps anciens.

La fin de cette pièce manque.

15° (Fol. 133.) Histoire de la mort de Notre-Dame Marie (مرتمريم), traité attribué à S. Jean, fils de Zébédée.

16° (Fol. 142 v°.) Martyre de S. Georges.

17° (Fol. 170 v°.) Miracles de S. Georges.

18° (Fol. 207.) Sermon prononcé par S. Théodore l'évêque, au jour de la fête de l'archange Michel.

19° (Fol. 244 v°.) Sermon de S. Grégoire l'évêque, à l'occasion de la fête de l'archange Gabriel.

20° (Fol. 256.) Histoire de la descente du Saint-Esprit sur les disciples de J. C.

21° (Fol. 257 v°.) Énumération des qualités du lion appliquées à J. C.

22° (Fol. 258.) Sur la sainte Trinité.

Papier. 259 feuillets. Hauteur, 21 centimètres et demi; largeur, 15 centimètres. 14 à 20 lignes par page. Ms. daté de l'an 1401 des martyrs (1685 de J. C.). — (Ancien fonds 69 A.)

276.

Volume renfermant un grand nombre d'écrits édifiants, traduits du grec par les soins de l'abbé Antoine, moine et précepteur dans le monastère de S. Siméon le Thaumaturge (مارى سمعان العجايبى) :

1° Dialogues de S. Grégoire le Grand, précédés d'une introduction, dont le commencement manque. La fin du traité manque également.

2° (Fol. 145.) Récit de l'apparition de Jésus-Christ, sous la figure d'un mendiant, dans un monastère dirigé par un abbé peu charitable. Le commencement manque.

3° (Fol. 145 v°.) Pièce intitulée : قول السلوس القديس في تواضع اللبب «Discours de S. Alsîloûs (?) sur l'humilité». C'est un recueil d'anecdotes tirées de diverses sources.

4° (Fol. 149 v°.) Traité intitulé : اخبار قتالات الزنا

« Luttes contre la concupiscence ». Dans une de ces anecdotes, il est fait mention du monastère de Scété (الاسقيط).

5° (Fol. 151.) Recueil d'anecdotes, ayant pour titre : اخبار في اجتناب الدينونة, ce qui paraît signifier « Qu'il faut éviter les jugements téméraires ».

6° (Fol. 153 v°.) خبر ابا ظولاس « Récit concernant abbâ Zoûlâs », suivi de quelques anecdotes. L'auteur de ce récit est abbâ Daniel (ابا دانيال), supérieur du couvent de ʿÂm al-Madshab (عام المذهب), puis de celui de Scété, qui vivait probablement vers la fin du ve siècle. (Voy. « Acta sanctorum », octob., t. IV, p. 998.)

7° (Fol. 158.) Traité intitulé : هذه تعاليم منتخبة من اقوال القديسين فم الذهب وباسيليوس وافرام ونيلوس وقربس وباقي الاباء الابرار « Enseignements recueillis dans les discours de Chrysostome, de Basile, d'Éphrem, de Nilus, de Carpus (Polycarpe), et d'autres saints Pères ». Les feuillets 167 et 168 sont d'une écriture moderne.

8° (Fol. 169.) خبر من كان يبيع الفضة وامراته « Histoire du marchand d'argenterie (Athanase) et de sa femme (Andromaque) », racontée par abbâ Daniel, supérieur du monastère de Scété. Les Bollandistes ont donné, dans les « Acta sanctorum », octob., t. IV, p. 998, le texte grec et la traduction latine de cette légende. La version arabe paraît être une paraphrase du grec.

9° (Fol. 173.) Récit attribué à abbâ Daniel, et intitulé : في المتظاهر بالسكو (بالسكوت?) « Sur l'affectation de la taciturnité ».

10° (Fol. 175.) Autre récit, attribué au même, et portant le titre de خبر في قطاع الحجارة « Histoire du tailleur de pierres ».

11° (Fol. 179.) Histoire de quatre vieillards qui s'étaient engagés à vivre ensemble dans ce monde et à se voir dans l'autre.

12° (Fol. 180 v°.) Histoire d'un moine dont le corps, après sa mort, devenu très-noir, avait repris son aspect normal.

13° (Fol. 181 v°.) Légende du même genre que la précédente.

14° (Fol. 182 v°.) Quelques maximes d'Athanase, évêque d'Alexandrie.

15° (Fol. 183.) Maximes de l'abbé Macaire, suivies de plusieurs anecdotes et légendes.

16° (Fol. 204 v°.) Pièce intitulée : عظات واخبار نافعة للنفس لزوسيما المغبوط « Conseils et récits d'un grand profit pour l'âme, par le bienheureux Zosime ». C'est une version des *Διαλογισμοί* de l'abbé Zosimas, dans laquelle le traducteur a interpolé plusieurs légendes et anecdotes. Dans cette partie du volume, plusieurs feuillets sont intervertis.

17° (Fol. 209 v°.) Histoire d'un bijoutier (جوهري).

18° (Fol. 216.) Histoire de certains moines qui, tentés par le diable, demandèrent des conseils à l'abbé Zénon (زينن). Cette légende est incomplète.

19° (Fol. 217 v°.) Histoire d'un moine qui, tourmenté par la chair, se réfugia dans la tanière d'une hyène.

20° (Fol. 219.) Histoire d'un évêque malade qui commit un péché avec une religieuse qui le soignait.

21° (Fol. 221.) Histoire de la tentation et de la pénitence d'un nommé Paul, habitant du Saʿîd, en Égypte.

22° (Fol. 223.) Recueil intitulé : اخبار نافعة حكاها بولوس اسقف المدينة التى تدعا مونوقاسيه عن رجال ونسا مفضلين « Anecdotes instructives, racontées par Paul, évêque de Moûnoûqâsiya (Monembasie ou Malvasie, ville du Péloponnèse), au sujet de certains hommes et femmes qui s'étaient distingués par leur mérite ».

a. Histoire de trois femmes qui vécurent sous le règne de Constantin (Porphyrogénète), fils de Léon le Philosophe. Paul, l'auteur du recueil, dit qu'il tenait d'un témoin oculaire le fait dont il rend compte.

b. (Fol. 226.) Histoire d'un homme qui passa en jugement devant Dieu, trois jours avant sa mort.

c. (Fol. 228.) Histoire d'un homme qui se confessa à un vieillard, sur le mont Olympe.

d. (Fol. 228 v°.) Histoire de la femme qui alla chez l'abbé Néophyte pour se confesser.

23° (Fol. 230 v°.) Histoire d'un pauvre qui priait dans l'église de la Mère de Dieu, à Chalcédoine (الخلقوتونية).

24° (Fol. 232.) Histoire d'un prêtre qui fut interdit par son évêque.

25° (Fol. 233.) Histoire d'un prêtre qui tomba dans « l'abîme de la fornication ».

26° (Fol. 234 v°.) Histoire de trois moines qui furent enlevés des côtes de la Calabre par des Musulmans et emmenés captifs en Afrique.

27° (Fol. 237 v°.) Histoire d'un jeune garçon qui eut une vision merveilleuse, en recevant le saint baptême. Le fait se passa dans le Péloponnèse, du temps des empereurs Léon et Alexandre.

28° (Fol. 239.) Histoire d'un moine qui habitait une caverne.

29° (Fol. 242 v°.) Histoire d'une femme ressuscitée après sa mort.

30° (Fol. 244 v°.) Histoire de la bienheureuse Marthe, supérieure du couvent de la Mère de Dieu.

31° (Fol. 246.) Histoire de la découverte miraculeuse des os de S. Hilaire (ولازنـــوس), du diacre Vincent (فيكنتيوس) et de la vierge Eulalie (هولاليه البـتـول). Ces reliques, demeurées cachées dans l'île de Crète, pendant l'occupation musulmane, furent retrouvées plus tard; puis, sous les règnes de Léon et d'Alexandre, elles furent transportées à l'église métropolitaine par Nicétas (نيقيطا), évêque de Monembasie.

32° (Fol. 247.) Histoire d'un miracle opéré par l'image (ايقونة, εἰκών) de S. Cyr (كيرس), dans l'église de la ville de Monembasie (مونوفاسية).

33° (Fol. 248 v°.) Histoire de Théophile l'économe (الاقنوم), qui dut son pardon à l'intercession de la Mère de Dieu.

34° (Fol. 258.) Acte original (sur papier), par lequel Mélétius (ملاتيوس), métropolitain d'Alep, fait don de ce ms. à l'église de Notre-Dame, dans cette ville, afin qu'il soit à l'usage des orthodoxes du rite romain (الـروم الارثدكسين). Cette pièce est datée de l'an du monde 7151 (1643 de J. C.).

Vélin. 258 feuillets. Hauteur, 24 centimètres et demi; largeur, 17 centimètres. 18 à 20 lignes par page. L'écriture du ms. est ancienne et rappelle par sa forme la roideur de l'écriture coufique et les traits angulaires de l'écriture syriaque. En plusieurs pages des mots et des lignes entières, presque effacés par la vétusté, ont été retouchés et restaurés, mais pas toujours d'une manière heureuse. Cela est surtout évident au folio 297, lignes 13 et 14, où se trouve la date du ms.; le scribe en a surchargé les traits effacés, de sorte qu'on y lit maintenant l'an 1091 d'Alexandre, ce qui répond à l'an 779 de J. C. Mais on trouve au fol. 237 la mention d'événements qui se passèrent sous les règnes de Léon le Philosophe et de son successeur Alexandre, c'est-à-dire dans la première moitié du xᵉ siècle. Il est assez probable que le ms. fut écrit vers le commencement du xiiiᵉ siècle. Plusieurs feuillets du volume sont hors de leur place. Les huit premiers feuillets et le dernier sont modernes. — (Ancien fonds 66, Colbert 4219.)

277.

Martyrologe égyptien, renfermant les pièces suivantes:

1° Première partie du martyre de S. Pirôou (ابيروه) et de son frère, S. Athom (اتوم), natifs de Senbâṭ (سنباط), dans le diocèse de Bousir-Banâ.

2° (Fol. 19.) Deuxième partie du martyre des SS. Pirôou et Athom; récit de la belle confession qu'ils firent, en présence de Pompée (عمبيوس), gouverneur de Farma, et des miracles et prodiges que Dieu opéra en cette ville par leur moyen.

3° (Fol. 30 v°.) Troisième partie du martyre des SS. Pirôou et Athom, qui furent mis à mort par Publius (ببليوس), gouverneur de Ṣaṭmaoun (الصرموون).

4° (Fol. 41.) Martyre d'Agathon (اغاثـوا) et de ses frères, Pierre et Jean, ainsi que de leurs sœurs, Amoûn (امون) et Amoûnâ (امونا), et de leur belle-mère, Refqa (رفقة), natifs de Kous, qui furent mis à mort sous le règne de Dioclétien et de Maximien.

5° (Fol. 74 v°.) Martyre de Jean et de son cousin Siméon, natifs de سرملس ou شرملس, lieu situé dans la province d'al-Gharbiya, en Égypte.

6° (Fol. 116.) Vie et martyre de S. Ababnoûda (ابنودة), du pays de Bandarâ (البندرا), dans le diocèse de Banâ (بنا). Ce saint souffrit sous Dioclétien.

Papier. 170 feuillets. Hauteur, 21 centimètres et demi; largeur, 14 centimètres. 13 à 15 lignes par page. Ms. daté de l'an 1246 des martyrs (1530 de J. C.). — (Supplément 89, Saint-Germain 351.)

278.

1° Quarante histoires édifiantes, racontées par les moines de Wâdî-Habîb (هبيب) et autres lieux. C'est le recueil intitulé «Paradis des délices». (Voy. le n° suivant.)

2° (Fol. 155 v°.) Histoire de S. Xénaphore (? اكسنافر), de ses deux fils et de sa femme. L'un des fils s'appelait Arcadius et l'autre Jean; la femme se nommait Marthe (مرتا). Le père était patrice romain; ses fils, qu'il envoya à Beïrout pour faire leurs études, embrassèrent la vie monastique; le père et la mère suivirent leur exemple.

3° (Fol. 164.) Histoire de S. Macaire le Grand et de S. Macaire d'Alexandrie.

4° (Fol. 189 v°.) Histoire de Moïse, fils d'Euphémien (اوفيميانوس), de Rome, surnommé l'Homme de Dieu.

Papier. 199 feuillets. Hauteur, 26 centimètres; largeur, 17 centimètres et demi. 17 lignes par page. Ms. daté de l'an 1010 des martyrs (1294 de J. C.). Une note, inscrite sur le dernier feuillet du ms. par un des anciens possesseurs, porte la date de 1108 des martyrs. — (Supplément 97, Saint-Germain 126.)

279.

Recueil de quarante légendes, intitulé «Paradis des délices». On lit en tête de l'ouvrage le titre suivant: «Ce

livre, intitulé «Paradis des délices» (فردوس النعم), est désigné dans la plupart des exemplaires par le titre de «Jardins des Pères moines» (بساتين الابا الرهبان). Il est profitable au lecteur et à celui qui l'entend expliquer, et qui désire marcher dans les voies de la piété et se délivrer des tribulations du monde.»

Ces légendes sont de divers auteurs. On y trouve quelques détails sur la vie intérieure des monastères de l'Égypte, à une époque antérieure à la conquête musulmane.

Papier. 401 feuillets. Hauteur, 17 centimètres; largeur, 13 centimètres. 10 lignes par page. Ms. du XIVe siècle. — (Ancien fonds 163.)

280.

1° الاربعين خبر «Quarante histoires». C'est le même ouvrage que le précédent.

2° (Fol. 244.) Récit et discours édifiants, par Yoûsâb (يوساب), moine de Scété.

3° (Fol. 253.) Extrait de l'ouvrage intitulé : كتاب الفهم وشفا الحزن «Livre de l'intelligence et remède contre le chagrin».

4° (Fol. 260.) Préceptes utiles pour les moines.

5° (Fol. 304.) Histoire qui a été racontée par un saint homme qui avait demeuré pendant cinquante ans dans le désert.

6° (Fol. 308 v°.) Exhortation à la lecture des livres saints, par S. Jean Chrysostome.

7° (Fol. 315.) Liste chronologique des grands événements du monde, jusqu'à l'hégire; suivie de tableaux indiquant le commencement des quatre saisons de l'année, les noms des grands et des petits prophètes, et les noms des mois coptes et syriaques.

Papier. 318 feuillets. Hauteur, 21 centimètres et demi; largeur, 15 centimètres et demi. 14 lignes par page. Ms. daté de l'an 1321 des martyrs (1605 de J. C.). — (Ancien fonds 155.)

281.

1° Histoire de S. Jean le Deïlémite, originaire de Mossoul, qui souffrit le martyre dans les premiers temps de la domination musulmane.

2° (Fol. 88.) Homélie de S. Jean Chrysostome sur la décollation de S. Jean-Baptiste.

3° (Fol. 96.) Homélie du même sur le baptême de Jésus-Christ.

4° (Fol. 103.) Testament d'Adam, adressé à Seth.

5° (Fol. 109.) Prophétie de Sibylle, fille du roi philosophe Héraclius.

6° (Fol. 117 v°.) Histoire de Ḥasana (حسنة), fille d'Israël.

7° (Fol. 144 v°.) Récit d'un miracle qui eut lieu dans l'église de Mar Élie (الياس), au Mont ʿAuf (جبل عوف).

8° (Fol. 153.) Histoire du prophète Élie, toujours vivant (الياس الحى), qui, au temps d'Achab (احاب), roi des Israélites, lia le ciel et la terre, et empêcha la pluie de tomber.

9° (Fol. 188.) Homélie de S. Jean Chrysostome sur la pénitence.

10° (Fol. 207.) Épître de Jésus-Christ à Abgar (ابجر), roi d'Édesse.

11° (Fol. 207 v°.) Histoire de ce qui arriva au saint moine Jérémie (ايراميا), à Damas et en Égypte.

12° (Fol. 229.) Histoire du saint Pèlerin Marc, qui séjourna sur le Tirmaqâ (الترمقا), montagne située au delà de l'Abyssinie, sur le bord de l'Océan.

13° (Fol. 242 v°.) Histoire du marchand et des merveilles de la puissance de Notre-Seigneur dont il fut témoin.

14° (Fol. 247 v°.) Dissertation sur la charité, tirée du livre intitulé «l'Éclaircissement» (الايضاح).

15° (Fol. 249 v°.) Extrait d'un discours prononcé par un religieux. On croit que cette pièce est la traduction d'un écrit de S. Jean Chrysostome (ويظن انه من شرح يوحنا فم الذهب).

16° (Fol. 264.) Homélie sur le sixième psaume par le R. P. Anastase, supérieur du monastère de Sinaï.

17° (Fol. 282 v°.) Histoire de la femme à la main brûlée.

18° (Fol. 287 v°.) Histoire du guerrier (جندى) de Carthage qui mourut sous le patriciat de Nicétas (نيقيطا), visita le purgatoire et l'enfer, puis, rendu à la vie, raconta au grand philosophe Thalassius (ثلاسيوس) ce qu'il avait vu.

19° (Fol. 292 v°.) Histoire racontée par le bienheureux Zosime (زوسيما), qui dit l'avoir apprise de notre Père Théophane et de Théodore (ثاوذورس) le médecin.

20° (Fol. 295 v°.) Discours sur le jugement dernier (الدينونة), par Jean, surnommé le *Merveilleux* (Thaumaturge?), le *Guérisseur* (العجيب الشافى).

21° (Fol. 297.) Homélie de S. Basile sur le dimanche et le vendredi, et sur la séparation de l'âme et du corps.

22° (Fol. 303.) Autre homélie, sur les mêmes sujets, attribuée à S. Basile.

23° (Fol. 313 v°.) Histoire de la mort du prophète Moïse.

24° (Fol. 314.) Histoire d'Abraham et de son fils Isaac.

25° (Fol. 318.) Histoire de Joseph, fils d'un verrier juif. S'étant converti au christianisme, il fut jeté dans une fournaise (اتون) par son père, et en sortit le lendemain sain et sauf.

26° (Fol. 322.) Histoire du saint martyr Théodore (مار تادرس), qui souffrit sous Julien l'Apostat.

27° (Fol. 342.) Histoire de l'invention de la vraie croix, par Hélène.

28° (Fol. 350.) Extrait d'une homélie sur la séparation de l'âme et du corps.

29° (Fol. 351 v°.) Homélie de S. Jean Chrysostome sur le jugement dernier.

30° (Fol. 353 v°.) Homélie du même sur la foi et sur la fréquentation de l'église.

31° (Fol. 355 v°.) Trente avertissements, tirés de l'enseignement des saints Pères.

32° (Fol. 356 v°.) Homélie sur l'incarnation.

33° (Fol. 359 v°.) Enseignements et avertissements pour ceux qui cherchent le salut.

Papier. 361 feuillets. Hauteur, 18 centimètres et demi; largeur, 13 centimètres. 10 à 13 lignes par page. Ms. daté des années 7054 et 7055 de l'ère du monde (1546-1547 de J. C.). — (Ancien fonds 158, Colbert 6141.)

282.

1° Histoire d'Anbâ Barṣaumâ le Nu (العريان), fils d'al-Wadjîh, surnommé Ibn-al-Tabbân «fils du marchand de paille», et secrétaire de Schadjar al-Dorr («bouche de perles»), princesse souveraine de l'Égypte, l'an 1250 de J. C. On y trouve le récit de ses miracles et de ses souffrances pour la cause de Dieu.

2° (Fol. 18 v°.) Quelques-uns des miracles opérés par Barṣaumâ.

3° (Fol. 72 v°.) Discours lu dans le monastère de Schahrân (شهران), lors de l'anniversaire de la mort de Barṣaumâ Ibn al-Tabbân.

4° (Fol. 82 v°.) Vie et miracles du saint P. Farîdj (فرج), surnommé Rouaïs (رويس «le petit chef»). On rapporte sa mort à l'an 1121 des martyrs (1405 de J. C.).

5° (Fol. 140 v°.) Panégyrique du saint P. Rouaïs.

6° (Fol. 144.) Prières en langue copte, composées par le saint P. Rouaïs.

7° (Fol. 152 v°.) Notice sur Anbâ Abraham (ابراهام) le Syrien, surnommé Ibn Zorʿa (ابن زرعة), soixante-deuxième patriarche d'Alexandrie.

Cette pièce renferme, de plus, quelques anecdotes au sujet d'un patriarche nommé Sévère, et de ses rapports avec le calife fatémide al-Moʿizz.

Papier. 186 feuillets. Hauteur, 21 centimètres; largeur, 15 centimètres. 13 à 14 lignes par page. Ms. daté de l'an 1375 des martyrs (1659 de J. C.). — (Ancien fonds 157.)

283.

Recueil d'anecdotes et de discours édifiants, attribués à des moines distingués par la sainteté de leur vie. Le compilateur dit avoir pris ses matériaux dans le livre intitulé «le Paradis» (فردوس), et dans d'autres ouvrages. L'auteur du «Paradis» se nommait Aboû 'l-Fadhâïl al-Ṣafî, fils d'Aboû 'l-Mofaddhal. Au folio 68, on trouve quelques extraits, empruntés à l'ouvrage intitulé «Les Jardins des Pères moines» (بساتين الاباء الرهبان); puis, au folio 92, commence une suite d'extraits du «Climax» (اقليمقس), ouvrage bien connu, dont l'auteur était supérieur du couvent du mont Sinaï.

La fin du volume manque; car le dernier feuillet a été composé exprès et à une époque assez récente, afin de remplir la lacune. On voit par la pagination copte que trois feuillets manquent au commencement, et plusieurs feuillets au milieu du volume.

Papier. 133 feuillets. Hauteur, 26 centimètres et demi; largeur, 17 centimètres et demi. 17 lignes par page. Le ms. paraît être du XIIIe siècle. — (Supplément 98, Saint-Germain 123.)

284.

«Vie du bienheureux père, du grand saint, du prêtre, père des moines, Anbâ Takla-Hîmânoût (تكلهيمانوت) l'Abyssin, dont le nom signifie «le paradis de la trinité» (فردوس الثلوث). Cet ouvrage fut envoyé d'Abyssinie à Anbâ Gabriel, quatre-vingt-quinzième patriarche (d'Alexandrie), par Claudius (اقلوديوس), roi d'Abyssinie.»

Papier. 146 feuillets. Hauteur, 22 centimètres; largeur, 15 centimètres. 12 à 13 lignes par page. Ms. daté de l'an 1307 des martyrs (1591 de J. C.). — (Ancien fonds 159.)

285.

Quelques légendes touchant la chasteté, recueil composé par un chrétien copte. Le premier de ces récits, qui sert de cadre aux autres, a pour sujet l'action d'un certain Aboû 'l-Ṣâbî (ابو الصابى), qui se fit eunuque. On discute à ce propos les opinions de quelques écrivains grecs et celle qu'al-Djâḥiẓ (الجاحظ) a énoncée dans son «Kitâb al-Ḥaïwân». L'ouvrage commence par ces mots : بسم الله الخالق الحى الناطق له الحمد نبتدى بعون الله تعالى الخ.

Papier. 39 feuillets. Hauteur, 21 centimètres; largeur, 15 centimètres. 13 lignes par page. Ms. daté de l'an 1372 des martyrs (1656 de J. C.). — (Ancien fonds 857.)

286.

Histoires édifiantes, dont plusieurs sont tirées de la Bible, mais plus ou moins modifiées. On y trouve aussi des homélies et des anecdotes empruntées à l'hagiographie orientale.

Papier. 214 feuillets. Hauteur, 23 centimètres; largeur, 16 centimètres et demi. 18 à 25 lignes par page. Ms. écrit à Jérusalem en 1785 de J. C. — (Supplément 21.)

X.

HISTOIRE.

287.

Fragment d'une histoire ecclésiastique par un auteur copte. Elle contenait au moins vingt et un chapitres. Ce fragment se compose de vingt-quatre feuillets, dont plusieurs sont hors de leur place, ainsi qu'on peut le reconnaître par l'ancienne pagination en chiffres coptes. Voici les titres de quelques chapitres :

Esdras le prêtre est tué; histoire des sept frères mis à mort par Antiochus; Hérode; Dara, roi de Médie, et Cyrus, roi de Perse, marchent contre les Kazdanites; Belchazzar, roi de Babylone, est tué; explication des mots inscrits sur la muraille de la salle du festin; Isaïe, le prophète; histoire de Mardochée et de sa nièce Esther; questions proposées aux philosophes par Alexandre; histoire des Juifs après la mort d'Alexandre. — Livre XX. Administration du sacrement de l'extrême-onction[1].

Papier. Hauteur, 17 centimètres et demi; largeur, 12 centimètres et demi. 12 lignes par page. XIIIe siècle. — (Supplément 2067.)

288.

كتاب تاريخ سعيد بن بطريق المتطبب الذى سماه نظم الجوهر كتبه الى اخيه عيسى بن بطريق المتطبب فى معرفة مدخل صوم النصارى وفطرهم «Les Annales de Sa'îd (Εὐτύχιος) Ibn Baṭrîq, le médecin, ouvrage qu'il intitula «le Rang de perles», et qu'il adressa à son frère, 'Îsâ Ibn Baṭrîq, le médecin, pour lui faire connaître à quelles époques de l'année commence et finit la Pâque des chrétiens».

Ce titre n'indique nullement le contenu de l'ouvrage. Il en est de même de la liste des chapitres qui se trouve dans la préface, et qui appartient plutôt à un traité de chronologie qu'à un résumé de l'histoire du monde. L'illustre Pocock, dans son édition de ce livre, rejette avec raison cette liste comme une interpolation (voyez «Eutychii Annales», Oxoniæ, 1659, fin de la préface). La suscription mise en tête de l'ouvrage aurait dû se terminer par ces mots : فى معرفة التواريخ الكلية من عهد ادم الى سنى الهجرة الاسلامية «pour faire connaître l'histoire universelle, depuis le temps d'Adam jusqu'aux années de l'hégire». Cette leçon est celle que Pocock a adoptée et qui se trouve aussi dans le ms. n° 292 (voyez ci-après).

A la suite des «Annales», qui se terminent à l'an 326 de l'hégire, se trouve, dans le présent ms., une continuation, qui commence à l'an 349 de l'hégire et s'arrête à l'an 400. D'après une note inscrite au bas du folio 212, cette continuation aurait pour auteur le célèbre Jean d'Antioche.

Papier. 218 feuillets. Hauteur, 26 centimètres; largeur, 16 centimètres et demi. 17 lignes par page. Ms. du XIVe siècle. — (Ancien fonds 131.)

289.

Les Annales d'Eutychius. Le texte et le titre de cet

[1] Ce sont des extraits de quelque version de l'histoire des Juifs par Joseph-ben-Gorion. Le chapitre sur l'extrême-onction, d'une autre écriture que les feuillets précédents, n'avait pas appartenu au ms. primitif. Mais le folio 147 du ms. 158 (voyez ci-dessus, n° 158, 3°) en est un autre fragment. H. Z.

exemplaire sont les mêmes que ceux du ms. précédent. La fin de l'ouvrage manque.

Papier. 323 feuillets. Hauteur, 25 centimètres; largeur, 16 centimètres et demi. 14 lignes par page. Ms. du XIVe siècle; il paraît avoir été écrit par un musulman. — (Ancien fonds 134.)

290.

Les Annales d'Eutychius. Le titre et le texte sont les mêmes que dans les deux mss. précédents.

Papier. 201 feuillets. Hauteur, 30 centimètres et demi; largeur, 20 centimètres. 13 lignes par page dans la première partie, 19 dans la seconde. Ms. de deux écritures différentes. La plus ancienne, celle du commencement, est probablement du XVe siècle; l'autre est du commencement du XVIIe. Le dernier feuillet du ms. porte la date de l'an 7109 du monde (1601 de J. C.). — (Ancien fonds 133.)

291.

Les Annales d'Eutychius. Titre et texte comme dans les mss. précédents. Au folio 82 v° commence la continuation de l'ouvrage par Jean d'Antioche (Yaḥyâ Ibn Sa'îd al-Anṭâkî). Cet auteur nous apprend dans sa préface qu'après avoir remanié son ouvrage deux fois, il se rendit à Antioche, l'an 403 de l'hégire (1012-1013 de J. C.), où il trouva plusieurs documents historiques, à l'aide desquels il put achever la rédaction définitive de son travail. Cette continuation, rédigée sous forme d'annales, offre des renseignements importants pour l'histoire de l'empire byzantin et des deux califats, celui des Abbasides et celui des Fatémides. On y trouve aussi les noms des patriarches d'Alexandrie, de Jérusalem, d'Antioche et de Constantinople. La copie n'est pas terminée. Le récit s'arrête au milieu de l'an 417 de l'hégire (1026 de J. C.).

Papier. 137 feuillets. Hauteur, 30 centimètres; largeur, 19 centimètres et demi. 25 lignes par page. Le ms. paraît être de la fin du XVIIe siècle. — (Ancien fonds 131 A.)

292.

التاريخ المجموع على التحقيق والتصديق تاليف البطريرك افتيشيوس المكنى سعيد بن بطريق كتبه الى اخيه عيسى فى معرفة التواريخ الكلية من عهد ادم الى سنى الهجرة الاسلامية «Compilation historique, fondée sur la vérification et l'authenticité (des faits), ouvrage du patriarche Eutychius, appelé Sa'îd Ibn Batrîq, qui l'adressa à son frère 'Isâ, pour lui faire connaître l'histoire universelle, depuis le temps d'Adam jusqu'aux années de l'hégire islamique.»

On voit que le titre de cet exemplaire est plus conforme au contenu de l'ouvrage que celui des mss. précédents. La liste des chapitres ne se trouve pas dans la préface de ce ms. Le texte s'accorde avec celui de l'édition de Pocock.

Papier. 215 feuillets. Hauteur, 32 centimètres et demi; largeur, 21 centimètres. 19 lignes par page. Ms. daté de l'an 7132 du monde (1624 de J. C.). — (Ancien fonds 132.)

293.

Les Annales d'Eutychius, texte conforme à celui qui est contenu dans le numéro précédent.

Au commencement et à la fin se trouvent quelques feuillets très-mal écrits d'un livre de liturgie.

Papier. 277 feuillets. Hauteur, 31 centimètres; largeur, 21 centimètres. 17 lignes par page. Ms. copié l'an du monde 7155 (1647 de J. C.). — (Ancien fonds 135, Colbert 2186.)

294.

تاريخ ابن العميد «Histoire universelle d'Ibn al-'Amîd», surnommé al-Makîn (Elmacin). Ce volume renferme l'histoire du monde, depuis la création jusqu'à la treizième année du règne d'Héraclius, date qui correspond à la première année de l'hégire.

Papier. 258 feuillets. Hauteur, 25 centimètres; largeur, 17 centimètres. Ms. de plusieurs écritures; la partie la plus ancienne et la plus considérable est du XIVe siècle. — (Supplément 751, Saint-Germain 102.)

295.

Seconde partie de l'Histoire universelle d'al-Makîn. Elle commence à l'hégire et va jusqu'à l'an 414 (1023-1024 de J. C.). Cette copie peut servir à corriger une partie des nombreuses fautes qu'on rencontre dans l'édition d'Erpenius, laquelle, toutefois, s'étend jusqu'à l'an 512 (1118 de J. C.).

Papier. 65 feuillets. Hauteur, 33 centimètres; largeur, 22 centimètres. 33 lignes par page. Ms. copié à Tunis, vers l'an 1854. — (Supplément 751 *bis*.)

296.

L'Histoire des dynasties d'Aboû 'l-Faradj. Titre:

المختصر في الدول « L'Abrégé, traitant des dynasties ». Cet ouvrage, composé par Aboû 'l-Faradj Grégoire, dit Bar-Hebræus, a été publié par Pocock (Oxford, 1663). La lacune qui se trouve à la page 562 de l'édition peut se combler à l'aide de ce ms.

Papier. 152 feuillets. Hauteur, 25 centimètres; largeur, 15 centimètres. 24 lignes par page. Ms. du xve siècle. Les sept derniers feuillets sont d'une main plus moderne. Au bas du dernier feuillet se trouve la note que Pocock a reproduite dans la préface de son édition, et qui nous apprend qu'Aboû 'l-Faradj mourut dans la religion musulmane. D'après une autre note, inscrite sur la même page, l'auteur de la première note serait Ibn Khallikân; mais cela ne saurait être vrai, ce biographe étant mort quelques années avant Aboû 'l-Faradj. — (Ancien fonds 137, Colbert 4178.)

297.

L'Histoire des dynasties d'Aboû 'l-Faradj. Le texte de ce ms. est très-correct. Il s'arrêtait d'abord à l'an 676 de l'hégire; mais le copiste l'a complété plus tard. On y trouve un grand nombre de notes marginales, et, sur les feuillets de garde, plusieurs extraits de divers ouvrages, quelques vers et beaucoup de notes chronologiques, historiques et géographiques. La plupart des notes historiques concernent la ville d'Amid et la Mésopotamie; les autres se rapportent à la Syrie, à la Palestine et aux conquêtes de Djenguîz-Khân. On y trouve aussi une liste des soixante-huit grands prêtres juifs, à partir d'Aaron, une liste des patriarches d'Antioche, une liste des primats jacobites d'Orient, jusqu'à l'an 1805 de l'ère des Séleucides (1493 de J. C.), et une liste des catholicos nestoriens. Le feuillet 180 porte deux notes en syriaque, dont l'une est la notice biographique d'un métropolitain nommé Jean. L'autre nous apprend qu'en l'an 1873 (1561 de J. C.), ce ms. appartenait au couvent syrien de Saint-Moïse, l'un des monastères de Scété. L'auteur de ces notes, qui est le copiste même du ms., était évêque, et se nommait Timothée; il termina son travail l'an 1866 de l'ère des Séleucides (1554 de J. C.). Il est possible que ce prélat fût le Timothée, évêque d'Amid, qui vivait encore l'an 1583 de J. C., et dont il est fait mention dans « l'Oriens christianus », t. II, p. 1418.

Papier. 184 feuillets. Hauteur, 21 centimètres et demi; largeur, 14 centimètres. 19 lignes par page. — (Ancien fonds 147.)

298.

L'Histoire des dynasties d'Aboû 'l-Faradj.

Papier. 163 feuillets. Hauteur, 25 centimètres; largeur, 17 centimètres et demi. 19 lignes par page. Ms. écrit en l'an 1006 de l'hégire (1598 de J. C.) par un scribe *musulman*, comme paraît l'indiquer le *Bismillah* qui se lit en tête de la première page. — (Ancien fonds 136.)

299.

L'Histoire des dynasties d'Aboû 'l-Faradj. Cet exemplaire, écrit par un chrétien, bien qu'il porte en tête la formule musulmane du *Bismillah*, commence ainsi : هذا كتاب انتقال الدول وهم (*sic*) عشرة (*sic*) دول قال سيدنا ومولانا الاب القديس علامة الوقت والزمان ملك العلماء تاج الفضلاء مفريان الشرق مار غريغوريوس ابو الفرج بن هارون الحكيم المتطبب قدس الله نور ظريحه (*sic*) امين امين « Ceci est le livre de la « Transmission des empires », qui sont au nombre de dix. Voici ce qu'a dit notre seigneur et maître, le révérend père, le savant de l'époque et du temps, le roi des docteurs, la couronne des hommes de mérite, le maphrien (métropolitain) de l'Orient, Mar Grégoire Aboû 'l-Faradj Ibn Hâroûn, médecin philosophe; que Dieu sanctifie la lumière de son tombeau. Amen! »

Papier. 211 feuillets. Hauteur, 30 centimètres; largeur, 20 centimètres. 21 lignes par page. Ms. copié l'an 1409 des martyrs (1693 de J. C.). — (Ancien fonds 136 A.)

300.

Histoire du monde, depuis la création jusqu'au temps de Jésus-Christ, ouvrage composé par un chrétien, et renfermant le développement des faits indiqués dans la première partie des Annales d'Eutychius. Outre l'histoire d'Adam, des patriarches, des Israélites, des Pharaons et des Ptolémées, on y trouve une cosmologie (fol. 106), une description de la terre, des sept climats et des planètes, avec l'indication des villes, des pays et des climats sur lesquels chacune de ces planètes préside. Ce chapitre se trouve placé entre celui de Nemrod et celui des rois coptes de l'Égypte. L'ouvrage se termine par une notice sur les lieux saints (fol. 489 v°), précédée de la mention des miracles opérés par J. C. et confirmant les prédictions des prophètes.

Papier. 501 feuillets. Hauteur, 26 centimètres; largeur, 17 centimètres. Ms. du xiiie siècle. Des lacunes très-nombreuses ont été comblées par divers copistes et à diverses époques; l'ordre des cahiers est entièrement bouleversé. — (Supplément 752, Saint-Germain 96.)

301 et 302.

سير الاباء البطارقة....... « Histoire des patriarches

d'Alexandrie», recueil de notices et de mémoires, rédigés à diverses époques et par divers auteurs, divisé en trois sections, formant deux volumes. A la suite du titre et de quelques chapitres qui servent de préface et d'introduction, se trouvent vingt-neuf chapitres, appelés سيرة, et dont chacun renferme plusieurs notices biographiques; ensuite viennent quelques suppléments, dont le dernier et le plus important contient les annales de l'Église d'Alexandrie. La préface, composée par le premier rédacteur de l'ouvrage, nous apprend que Sévère Ibn al-Moqaffa' (انبا سويرس بن المقفع), évêque d'Achmoûnaïn, avait recueilli dans divers monastères, tels que ceux d'Aboû Maqâr (ابو مقار, S. Macaire) et de Nahyâ (نهيا), et dans les collections des particuliers, un grand nombre de notices sur les patriarches d'Alexandrie. Mauhoûb Ibn Mansoûr, qu'on a reconnu être l'auteur de la préface, ajoute, en parlant de lui-même, qu'après de longues et pénibles recherches, il était parvenu à rassembler les cahiers épars qui renfermaient ces documents, et qu'il y a ajouté une *sîra* de sa composition (la neuvième). Sévère d'Achmoûnaïn, dans une autre préface, déclare avoir eu recours à quelques-uns de ses coreligionnaires pour obtenir la traduction en arabe de certaines notices biographiques, écrites originairement en grec ou en copte, langues ignorées alors (xe siècle) par la grande majorité des chrétiens de l'Égypte. Il fit aussi transcrire quelques documents des temps anciens, c'est-à-dire les canons des conciles, et composa pour son ouvrage un supplément renfermant l'histoire des patriarches, ses contemporains. Mauhoûb coordonna ces pièces et y en ajouta d'autres. C'est cette rédaction, retouchée par Marc Ibn Zor'a et d'autres continuateurs, que contient le présent ms. Mauhoûb, diacre d'Alexandrie, écrivait dans la seconde moitié du XIe siècle.

Deux volumes. Papier. 266 et 441 pages. Hauteur du premier volume, 34 centimètres; largeur, 25 centimètres et demi. Hauteur du second volume, 35 centimètres; largeur, 27 centimètres. 25 lignes par page. Le ms. paraît être du milieu du XVe siècle. — (Ancien fonds 139 et 140.)

303.

Histoire des patriarches d'Alexandrie; volume dépareillé, commençant par la notice biographique du quarante-neuvième patriarche, et finissant par celle du soixante-cinquième. Les premiers feuillets manquent, ainsi que les derniers. Quelques feuillets, au commencement du volume, sont rongés. Au fol. 159, on trouve une addition importante écrite par le diacre Aboû Djaïb Michel, fils de Bodaïr, de Demenhour.

Papier. 278 feuillets. Hauteur, 18 centimètres; largeur, 14 centimètres. 13 à 16 lignes par page. Le ms. paraît être du XIVe siècle. — (Ancien fonds 161.)

304.

Histoire des patriarches d'Alexandrie.

Papier. 204 feuillets. Hauteur, 22 centimètres; largeur, 15 centimètres et demi. 19 lignes par page. Ms. copié à Alep, l'an 7105 de l'ère du monde (1597 de J. C.). — (Ancien fonds 148.)

305.

1° Divers extraits de l'Histoire des patriarches d'Alexandrie, copiés, probablement sur les mss. 301 et 302.

2° (Fol. 311.) La cent douzième homélie de S. Athanase, patriarche d'Alexandrie, qu'il prononça à l'occasion de la visite que lui fit S. Antoine.

3° (Fol. 326.) Histoire de Ste Anâsîman (اناسيمن), fille du roi des Romains.

4° (Fol. 331.) Histoire d'une sainte femme, racontée par Anbâ Maqâra (S. Macaire).

5° (Fol. 332.) Première des histoires racontées par un saint personnage.

6° (Fol. 341.) Panégyrique des martyrs Anbâ Abschâï (انبا ابشاى) et Anbâ Pierre.

7° (Fol. 342.) Histoire de quelques saints, tirée des écrits du R. P. Victor (بقطر), le secrétaire, chef du couvent d'al-Hâbetoûn (الهابطون), situé dans la province d'Alexandrie.

8° (Fol. 353.) Comment le corps du grand martyr S. Georges (مارى جرجس) fut transporté de la Palestine jusqu'à la haute Égypte.

9° (Fol. 357 v°.) Miracles opérés par Ste Barbara (بربارة) dans son église, au Caire.

10° (Fol. 361.) Homélie de S. Jacques de Saroûdj, sur l'incrédulité de Thomas l'apôtre.

11° Les quatre derniers feuillets du ms. renferment un extrait du Menæon copte. (Le 16 décembre, service de commémoration des trois enfants, Ananias, Azarias et Misaël.)

Papier. 370 feuillets. Hauteur, 21 centimètres; largeur, 15 centimètres. Le nombre des lignes par page varie beaucoup; au commencement on en compte 17, et vers la fin 23. Ms. transcrit l'an 1325 des martyrs (1609 de J. C.). — (Supplément 656, Saint-Germain 352.)

306.

Notices sur un certain nombre de patriarches d'Alexandrie, à commencer par Anbâ Cyrille, fils de Loqloq (لقلق), soixante-quinzième patriarche. Cet article remplit vingt-sept feuillets. Les quatre feuillets suivants ont été laissés en blanc. Viennent ensuite des notices sur Anbâ Athanase ben Kalîl (كليل), soixante-seizième patriarche, et sur ses successeurs, jusqu'à Anbâ Yoûnos, quatre-vingt-dix-neuvième patriarche. En tête du volume se trouve cette note de Renaudot : « Supplementum historiæ patriarcharum Alexandrinorum. »

Papier. 62 feuillets. Hauteur, 23 centimètres; largeur, 17 centimètres. 15 lignes par page. Ms. du XVIIe siècle. — (Supplément 1960 *bis*.)

307.

Histoire des monastères d'Égypte. Cet ouvrage n'a ni préface, ni titre; car le titre qu'on lit en tête du volume a été ajouté après coup : تاريخ الشيخ ابى صلح الارمنى فيه يذكر اخبار من نواح مصر واقطاعها « Histoire du schaïkh Aboû Ṣalaḥ l'Arménien, dans laquelle on trouve des renseignements sur les localités du Caire et sur les terrains qu'on y a concédés. » Il semblerait que le libraire a voulu faire passer ce volume pour un exemplaire du « Khiṭaṭ » d'al-Maqrîzî. L'auteur commença son travail l'an 564 de l'hégire (1168-1169 de J. C.), mais il ne paraît pas l'avoir terminé (voy. fol. 1 v° et 112 v°). Cet ouvrage traite principalement de l'histoire des monastères de l'Égypte, sur lesquels il fournit des renseignements très-précieux. Parmi les nombreuses indications topographiques et historiques dont il est rempli, on rencontre quelques renseignements sur les Ayyoubides, sur les établissements nestoriens en Asie, sur le Yemen, l'Inde, la Malaisie, etc.

Papier. 113 feuillets. Hauteur, 26 centimètres; largeur, 17 centimètres. 17 lignes par page. Ms. copié au Caire, l'an 1054 des martyrs, date qui correspond à l'an 738 de l'hégire (1338 de J. C.). — (Ancien fonds 138.)

308.

Histoire des Maronites : leur origine et preuves de leur orthodoxie, par Étienne Pierre, patriarche d'Antioche. Cet ouvrage renferme dix-huit chapitres, dont le contenu est indiqué dans une liste très-développée qui se trouve en tête du volume.

Papier. 178 feuillets. Hauteur, 21 centimètres; largeur, 14 centimètres. 21 lignes par page. Ms. daté de l'an 1799. — (Supplément 782.)

XI.

OUVRAGES DIVERS.

309.

1° Notice sur Aristote (ارسطاطاليس), ses doctrines et sa vie.

2° (Fol. 3 v°.) Louanges et remerciements adressés au Créateur par Aristote.

3° (Fol. 9.) Extrait du discours prononcé par Aristote quand le roi l'invita à parler en public.

4° (Fol. 13 v°.) Enseignements pour ceux qui savent les entendre.

5° (*Ibid.*) Histoire d'Alexandre, surnommé Dsoû 'l-Qarnaïn.

6° (Fol. 32.) Lettre qu'Alexandre, avant de mourir, adressa à sa mère.

7° (Fol. 35.) Vie, préceptes et enseignements de Loqmân le sage.

8° (Fol. 44 v°.) Réponse de Loqmân à cette question : « Quel est l'homme le plus savant? »

9° (Fol. 47.) Derniers conseils que Loqmân adressa à son fils.

10° (Fol. 48 v°.) Testaments de Loqmân et de Jésus, fils de Sirach.

11° (Fol. 50 v°.) Vie et enseignements du sage Galien (جالينوس).

12° (Fol. 52 v°.) Autres enseignements du sage Galien.

13° (Fol. 54 v°.) Histoire de Secundus le philosophe.

14° (Fol. 104 v°.) « Prière de S. Cyprien (قبريانوس), qui, d'abord magicien, se convertit à la religion de Jésus le Messie, devint évêque de Carthage (قرطاجنة), et subit la mort du martyre par le glaive. Cette pièce, traduite du grec en arabe, est une bonne amulette pour chasser les démons et neutraliser le mauvais œil. »

15° (Fol. 112.) Notice sur les sept conciles et sur les causes de leur convocation.

Il s'agit du concile de Nicée, des deux conciles d'Éphèse et des quatre conciles de Constantinople. L'auteur du traité était jacobite.

16° (Fol. 127.) Exposition de la foi orthodoxe, telle que les apôtres du Messie la communiquèrent aux Coptes.

17° (Fol. 129.) Traité en quatre sections, dans lequel un évêque de Kaskar (كسكر) démontre l'orthodoxie de la croyance jacobite et indique les causes du schisme.

Papier. 156 feuillets. Hauteur, 26 centimètres; largeur, 17 centimètres et demi. 15 lignes par page. Ms. du xv° siècle. — (Supplément 95, Saint-Germain 129.)

310.

1° كتاب اخبار الحكماء «Histoire des philosophes», ouvrage appelé aussi الهوجل «Le Bon guide». Le premier feuillet manque. On y trouve d'abord l'histoire apocryphe d'Aristote et d'Alexandre.

2° (Fol. 38.) Maximes d'Athanase (اتناسيوس).

3° (Fol. 38 v°.) Histoire de Loqmân le sage.

4° (Fol. 49 v°.) Testament de Loqmân, adressé à son fils.

5° (Fol. 52 v°.) Testaments de Salomon, fils de David, et de Jésus, fils de Sirach.

6° (Fol. 53 v°.) Les Paroles de مهادرخيش.

7° (Fol. 56 v°.) Les Maximes de Grégoire et de Galien le médecin.

8° (Fol. 61.) Histoire de Secundus. Pourquoi il garda le silence jusqu'à sa mort. Ses conférences avec l'empereur Hadrien et ses réponses aux questions qu'on lui adressa.

9° (Fol. 108.) Testament de Ḥârith Ibn Kâ'ab.

Les feuillets 20 à 24 sont intervertis; il faut les lire dans cet ordre : 20, 22, 21, 24 et 23.

Papier. 116 feuillets. Hauteur, 21 centimètres; largeur, 15 centimètres. 15 lignes par page. Ms. du xvii° siècle. — (Ancien fonds 943.)

311.

1° Lettre écrite par S. Athanase et descendue du ciel, à Rome, l'an 1438. Cette épître recommande l'observation du dimanche.

2° (Fol. 16.) Maximes de sagesse.

3° (Fol. 19.) Prières à la sainte Vierge, aux archanges, etc.

4° (Fol. 82.) Office de la sainte Vierge.

5° (Fol. 122.) Cantique de la sainte Vierge.

6° (Fol. 124.) Abrégé de la prière d'Athanase l'apostolique (الرسولى).

Papier. 138 feuillets. Hauteur, 16 centimètres; largeur, 10 centimètres et demi. 9 à 11 lignes par page. Ms. du xvi° siècle. Chaque pièce est d'une main différente. — (Ancien fonds 77.)

312.

1° Description de Jérusalem, de l'église de la Résurrection, de Bethléem, de Nazareth et des autres lieux saints, par un chrétien de Syrie.

2° (Fol. 19.) Note sur l'arrivée du sultan Amurath IV à Alep, en l'an du monde 7140 (1632 de J. C.), sur son expédition contre Baghdâd, sur la prise de cette ville et l'avènement du sultan Ibrahîm en 1640 de J. C.

3° (Fol. 19 v°.) Poème dans lequel le métropolitain 'Îsâ (عيسى), disciple du patriarche Kyr Joachim, décrit les églises, couvents et autres monuments qu'il avait vus pendant un voyage en Russie, en Valachie et en d'autres pays.

4° (Fol. 22.) Description du couvent et des églises du mont Sinaï, avec les itinéraires partant du Caire, de Gaza et de Jérusalem.

5° (Fol. 33 v°.) Notes sur un prétendu ms. en parchemin renfermant l'histoire du monde depuis la création, et la description de tous les animaux et de toutes les plantes. Suivent quelques notes sur la longueur du jour, pendant l'été, en Bourgogne, en Flandres et en Angleterre.

6° (Fol. 34 v°.) Description fabuleuse de la ville de Rome, empruntée en grande partie aux écrivains musulmans.

7° (Fol. 38 v°.) Description de Constantinople, de Rome et d'Alexandrie.

8° (Fol. 42 v°.) Histoire et description de la ville d'Antioche, depuis sa fondation.

9° (Fol. 52.) Histoire et description du temple de Salomon.

10° (Fol. 54 v°.) Histoire d'Alexandre Dsoû 'l-Qarnaïn.

11° (Fol. 59.) Sur les trente merveilles du monde; sur la citadelle d'Alep; sur la grande mosquée de cette ville, et sur quelques événements qui s'y sont passés.

12° (Fol. 73.) Testament de Loqmân adressé à son fils.

13° (Fol. 74.) Testament d'al-Ḥârith Ibn Kâʿab (كاعب) adressé à son fils.

Papier. 75 feuillets. Hauteur, 21 centimètres; largeur, 15 centimètres et demi. 15 lignes par page. Ms. du XVIIIᵉ siècle — (Supplément 949.)

313.

Relation d'un pèlerinage fait au couvent de Sainte-Catherine, au mont Sinaï, l'an 1753 de J. C., par le schaïkh Khalîl Ṣabbâgh (صباغ) al-Schâmî. Il y a une bonne description du couvent et des églises du mont Sinaï, avec les dimensions de ces édifices. L'auteur dit aussi quelques mots de la bibliothèque du couvent. A la fin de la relation vient une litanie (طلبة) que l'on doit réciter après la communion.

Papier. 14 feuillets. Hauteur, 21 centimètres et demi; largeur, 14 centimètres et demi. Environ 20 lignes par page. — (Supplément 948.)

314.

ارشاد الحيارى في معرفة استخراج عيد النصارى « Guide des embarrassés, leur enseignant à trouver le jour de la fête des chrétiens ». Ce traité se compose de quelques tableaux indiquant l'époque de la Pâque chez les Coptes et les juifs, pour toute la période qui s'étend depuis l'an 1312 des martyrs (1596 de J. C.) jusqu'en 1431 de cette ère (1715 de J. C.), avec les jours correspondants de l'année arabe. Ces tables comparatives sont précédées d'une introduction, dans laquelle l'auteur musulman, Khidhr (خضر) ben ʿAbd al-Qâdir al-Borlosî al-Qabbânî (البرلسى القبانى), dit avoir fait ces calculs sur la demande de quelques jacobites qui ne se trouvaient pas d'accord avec les autres chrétiens sur la fixation de la fête de Pâques.

Papier. 6 feuillets. Hauteur, 31 centimètres; largeur, 20 centimètres. Ms. de la fin du XVIᵉ siècle, probablement autographe. — (Ancien fonds 91, Colbert 1161.)

315.

Ce volume renferme deux opuscules, dont le premier, composé à Damas par le R. P. Britius (بريسيوس), capucin français, traite de la nécessité de remplacer le vieux style par le style grégorien dans le calcul du carême, de la Pâque et des autres fêtes mobiles. Le second opuscule est du même auteur; il traite de l'utilité de l'oraison mentale.

Papier. 42 feuillets. Hauteur, 21 centimètres; largeur, 15 centimètres. 19 lignes par page. Ms. écrit l'an 1055 de l'hégire (1645 de J. C.). — (Ancien fonds 110.)

316.

Diplôme par lequel Gabriel, quatre-vingt-quinzième patriarche jacobite d'Alexandrie, constate que, le 13 du mois d'abîb 1266 de l'ère des martyrs (1550 de J. C.), il avait conféré le diaconat à Jean et à Georges, fils de Gabriel, intendant du palais (القلاية, littéralement : cellule) patriarcal.

Rouleau en papier. Écriture à l'encre noire et à l'encre rouge. — (Ancien fonds 94.)

317.

Rouleau, long d'environ douze mètres, renfermant l'original d'un acte par lequel Gabriel, quatre-vingt-quinzième patriarche d'Alexandrie, confie à Jean, fils de Georges, surnommé Ibn al-Sinânî (السنانى), l'administration de l'église de Saint-Mercurius (مرقوريوس), située au Caire, dans la rue appelée Ḥârat al-Baḥr (حارة البحر).

Rouleau en papier. Écriture en caractère neskhi, en noir, rouge et bleu. Au commencement plusieurs vignettes ornées et dorées. Ms. daté de l'an 1276 des martyrs (1559 de J. C.). — (Ancien fonds 39.)

318.

Rouleau, long de plus de vingt-cinq mètres, large de trente et un centimètres, renfermant un acte par lequel Anbâ Gabriel, quatre-vingt-quinzième patriarche d'Alexandrie, nomme une commission de trois diacres pour l'administration de son Église. On voit en tête de la pièce, sur une longueur de plus de quatre mètres, une série de vignettes de diverses formes en or et en couleur. Les plus grandes contiennent des inscriptions.

Rouleau en papier. Écriture du XVIᵉ siècle. — (Supplément 2344.)

319.

Rouleau, long d'environ douze mètres et demi (les

lignes ont une longueur de vingt centimètres), renfermant des lettres de provision, datées de l'an 1354 de l'ère des martyrs (1638 de J. C.), accordées par Matthieu III, patriarche d'Alexandrie, au *moʿallim* Ṣalib, fils d'Aboû 'l-Faradj, l'autorisant à exercer les fonctions d'intendant ou d'économe dans le monastère de Notre-Dame d'ʿAdoûya (العدوية), et aussi dans le monastère d'al-Nozha (النزهة), situé auprès des monastères d'al-Ṭîn (الطين) et al-Aṭfîḥiya, aux environs du Caire.

Un autre document du même genre, du même âge et émanant de la même source, se trouve dans la Bibliothèque Bodléienne. Voyez, pour la description détaillée, le catalogue de Nicoll, t. II, p. 475 et suivantes.

Rouleau en papier. Écriture neskhi à l'encre noire et à l'encre rouge. Au commencement plusieurs vignettes. — (Ancien fonds 38.)

320.

Lettres de provisions du supérieur du couvent des Syriens, dans la vallée de Natron, données par le synode patriarcal d'Égypte, en faveur d'Aboû 'l-Faradj al-Barmawî, l'an 1352 des martyrs (1636 de J. C.). En tête se trouve la formule de la Trinité en copte.

Rouleau en papier. — (Supplément 90 *bis*.)

321.

Lettre d'Adyâm Sagad, roi d'Abyssinie, au pape Clément XI.

Rouleau. — (Supplément 2413.)

322.

Recueil de plusieurs pièces de vers sur l'histoire et les doctrines de la religion chrétienne, depuis la Conception jusqu'à l'an 1700 de J. C. L'auteur, Gabriel Ibn Farhât, évêque maronite, en avait composé la première édition en 1697.

73 feuillets. Hauteur, 21 centimètres; largeur, 16 centimètres. 11 lignes par page. Ms. du XVIIIᵉ siècle. — (Ancien fonds 1482 A.)

323.

Le « Divan » de Djarmânôs Ibn Farhât, évêque d'Alep, avec le commentaire du prêtre maronite Arsène al-Fâkhoûrî.

Papier. 505 feuillets. Hauteur, 21 centimètres et demi; largeur, 16 centimètres. 21 à 23 lignes par page. Ms. daté de l'an 1837 de J. C. — (Supplément 2177.)

B. — OUVRAGES MUSULMANS.

I.

CORAN.

324.

Ce volume et les cinquante-sept qui suivent renferment des feuillets de parchemin, de diverses dimensions, au nombre d'environ quatre mille huit cents, provenant de deux cent vingt-sept exemplaires du Coran. Asselin de Cherville, agent du consulat de France en Égypte, avait recueilli ces fragments au Caire, et la Bibliothèque en a fait l'acquisition en 1830. Les feuillets ont été classés par M. Amari.

Fragments du Coran.

Très-grosse écriture carrée, d'un style raide, tel que devaient l'offrir les premiers essais d'écriture coufique; douze lignes par page; sans points-voyelles; quelques rares points diacritiques, ajoutés après coup. Les versets sont séparés par un groupe de six ou sept traits parallèles de diverses couleurs; une rosace grossièrement peinte sert à indiquer les groupes de cinq versets; de grands dessins d'une forme carrée marquent les groupes de dix versets; de larges bandes assez grossièrement exécutées servent à séparer les sourates. (Ms. du commencement du IIᵉ siècle de l'hégire.)

Contenu : sourates III, versets 100 à 108, 116 à 126, 133 à 140, 175 à 184; IV, 3 à 10, 12 à 16, 28 à 33, 40 à 46, 91 à 94, 121 à 127; V, 1 à 26, 45 à 49; XXXIV, 11 et suiv.; XXXV, 1 à 39; LV, 1 à 27; LXVIII, 51 et suiv.; LXIX; LXX; LXXI, 1 à 20, 40 et suiv.; LXXII, 1 à 16; LXXV; LXXVI, 1 à 22; LXXVII, 11 à 41; LXXX, 10 et suiv.; LXXXI, 1 et 2; XCV, 5 et suiv.; XCVI, 1 à 19; C, 3 et suiv.; CI; CII; CV, 1 et suiv.; CVI; CVII, 1 à 7.

Vélin. 46 feuillets. Hauteur, 55 centimètres et demi; largeur, 63 centimètres. — (Supplément 150 *lii*.)

325.

Fragments de onze exemplaires du Coran.

1° (Fol. 1 à 12.) Petite écriture coufique, se rapprochant du neskhi; dix-huit lignes par page; toutes les lettres sont pourvues de traits diacritiques, qui ne se distinguent pas beaucoup de simples points; points-voyelles; les versets sont séparés par un groupe de trois points .·.; un *alif*, grossièrement marqué à l'encre rouge, indique les groupes de cinq versets, un rond en noir et en rouge les groupes de dix versets; les sourates se terminent par un *khâtima*, écrit à l'encre rouge, contemporain du texte. (Ms. du IIe siècle de l'hégire.)

Contenu : sourates XIII, 8 et suiv.; XIV; XV; XVI, 1 à 75; XXVI, 133 à 199; XXVII, 51 et suiv.; XXVIII, 1 à 18, 71 et suiv.; XXIX, 1 à 6.

2° (Fol. 13 à 19.) Grande et belle écriture coufique; sept lignes par page; quelques traits diacritiques, dont quelques-uns en jaune et en rouge; points-voyelles en rouge, avec variantes en vert; les versets sont séparés par quatre ou six petits traits; le *hâ* coufique doré indique les groupes de cinq versets, une bande circulaire en or et en couleur, renfermant le nom d'une dizaine en toutes lettres, les groupes de dix versets. (Ms. du IVe siècle de l'hégire.)

Contenu : sourate XII, 24 à 33, 38 à 40, 46 à 51.

3° (Fol. 20 et 21.) Écriture coufique, moins ancienne que la précédente et moins élégante; onze lignes par page; des points diacritiques ont été ajoutés après coup dans quelques endroits; quelques points-voyelles en rouge; les versets ne sont pas séparés. (Ms. de la fin du IVe siècle de l'hégire.)

Contenu : sourate XX, 67 à 85.

4° (Fol. 22.) Belle écriture coufique; dix lignes par page; traits diacritiques, ajoutés après coup; points-voyelles en rouge avec variantes en vert; les versets ne sont pas séparés; une lettre numérale en or, sur un fond rouge, entourée d'une bande historiée, désigne la fin d'un groupe de dix versets. (Ms. du IVe siècle de l'hégire.)

Contenu : sourate XXV, 22 à 26.

5° (Fol. 23.) Belle écriture coufique; cinq lignes par page; sans traits diacritiques; points-voyelles en rouge avec variantes en bleu et en vert; chaque verset se termine par un ornement en forme de pendeloque renfermant le mot آية en lettres dorées; à la marge on voit le mot عشر en or sur un fond rouge, entouré d'une bande historiée; cette marque indique la fin du premier groupe de dix versets. (Ms. de la fin du IVe siècle de l'hégire.)

Contenu : sourate XCII, 6 à 13.

6° (Fol. 24 à 29.) Belle écriture coufique; dix lignes par page; points-voyelles; nombreux traits diacritiques, ajoutés après coup; les versets ne sont pas séparés; un *hâ* coufique doré indique les groupes de cinq versets, et une lettre numérale en or, sur un fond rouge grossièrement encadré, les groupes de dix versets. (Ms. du IVe siècle de l'hégire.)

Contenu : sourates L, 16 à 26; LII, 1 à 46.

7° (Fol. 30 à 32.) Belle et grosse écriture coufique; sept lignes par page; points-voyelles; quelques traits diacritiques, ajoutés après coup; variantes des voyelles en jaune; les *hamza* sont indiqués par des points verts; les versets ne sont pas séparés; à la fin de chaque groupe de cinq versets se trouve un ornement en forme de pendeloque historiée, renfermant le mot خمس écrit en lettres d'or sur un fond blanc. (Ms. du IVe siècle de l'hégire.)

Contenu : sourates II, 192 à 194; IX, 70; XXXIII, 49 et 50.

8° (Fol. 33 à 43.) Grosse écriture coufique, à traits fort raccourcis; le *fâ* et le *qâf* ont la forme d'un cercle plein, rattaché à la ligne par une courte tige; l'*aïn* ressemble à un *fâ* dont on aurait détaché la moitié supérieure; les traits diacritiques, ajoutés après coup, ressemblent à des points un peu allongés; points-voyelles en rouge; les versets sont séparés par un groupe de cinq ou six traits; le *hâ* doré marque les groupes de cinq versets; les noms des dizaines sont écrits en toutes lettres, or sur rouge, avec bandeau historié. (Ms. de la fin du IVe siècle de l'hégire.)

Contenu : sourates XVI, 53 à 106; XXXIV, 31 à 38; XXXV, 2 à 15.

9° (Fol. 44.) Belle et grosse écriture coufique; cinq lignes par page; sans traits diacritiques; voyelles en rouge, avec variantes en bleu; un point vert indique le *hamza;* les versets ne sont pas séparés. (Ms. de la fin du IIIe siècle de l'hégire.)

Contenu : sourate VII, 49 à 51.

10° (Fol. 45 à 59, 59 *bis*, 59 *ter* à 101.) Belle et grosse écriture coufique; sept lignes par page; quelques signes diacritiques, ajoutés après coup; points-voyelles en rouge, avec variantes en jaune et en vert; le *hamza* est indiqué quelquefois par un point vert; les versets sont séparés par de petites rosaces dorées; plusieurs grandes rosaces, dessinées, les unes en marge, les autres dans le texte, indiquent les groupes de dix et de cinq versets; ces derniers se terminent par le *hâ* doré. Deux titres de sourates, écrits en lettres d'or et contemporains du texte (fol. 85 et 98), sont ainsi conçus : سس ثمانون وىلث et سال سائل اربعون واربع. En regard des titres,

sur la marge, se trouvent de grands fleurons, bien exécutés en or et en couleurs. (Ms. du IVe siècle.)

Contenu : sourates II, 63 à 81; IV, 28 à 29, 36 à 39, 87, 95 à 97; XVI, 15 à 26, 38 et 39, 93 et 94; XX, 5 à 17, 82 à 86, 106 à 109, 113 à 119, 125 à 128; XXIII, 54 à 81; XXIV, 28 à 43; XXXV, 44 et suiv.; XXXVI, 1 à 5; XXXVII, 8 à 13; XLIX, 1 à 7, 12 à 15; L, 21 à 31; LXIX, 21 et suiv.; LXX, 1 à 24; LXXVI, 23 à 28.

11° (Fol. 102 à 145.) Belle écriture coufique; sept lignes par page; quelques points-voyelles et de rares traits diacritiques; les versets sont séparés par trois petits traits |||; le *hâ* coufique marque les groupes de cinq versets, un médaillon portant le nom de la dizaine, les groupes de dix versets. Le ms. dont proviennent ces feuillets était divisé en sections (جزء), dont la sixième se termine au fol. 105. Le verso de ce feuillet est occupé par un dessin assez bien exécuté, en or et en couleur, et représentant un parallélogramme en blanc, ayant pour encadrement un pavé en mosaïque, entouré de baguettes historiées et coupé, au milieu de chaque côté, par une arabesque circulaire; à la marge se trouve un grand fleuron en or. Ce dessin, qui rappelle l'art byzantin de la fin du XIe siècle, représente la *saddjâda* ou tapis de prière, et la *qibla*. (Ms. du IVe siècle de l'hégire.)

Contenu : sourates II, 144 à 146; XII, 33 à 38, 51, 52, 86 à 93; XVI, 119 à 123; XVII, 21 à 59, 83 à 91; XVIII, 18 et 19, 40 à 55; XXII, 31 à 34, 36 à 44, 46 à 65; XXIII, 14 à 37.

Vélin. 147 feuillets. Hauteur, 25 centimètres; largeur, 32 centimètres. — (Supplément 150 Cc.)

326.

Fragments de trois exemplaires du Coran.

1° (Fol. 1 à 6.) Écriture du Ḥidjâz; 11 et 12 lignes par page; quelques traits diacritiques, contemporains du texte; sans points-voyelles; le *qâf* est marqué d'un seul trait au-dessous de la ligne; le *yâ* final est très allongé vers la droite; les versets sont séparés par des groupes de trois ou de quatre traits. La sourate XII se termine par les mots حمه لسورة يوسف, écrits de la main du copiste. (Ms. du IIe siècle de l'hégire.)

Contenu : sourates XII, 96 et suiv.; XIV, 19 et suiv.; XV, 1 à 99.

2° (Fol. 7 et 8.) Écriture du Ḥidjâz; 11 lignes par page; quelques traits diacritiques très-fins, contemporains du texte; sans points-voyelles; les versets sont séparés par des groupes de plusieurs traits; un rond rouge, un carré rouge et un *alif* de la même couleur indiquent les groupes de cinq et de dix versets. (Ms. du IIe siècle de l'hégire.)

Contenu : sourate VII, 38 à 55.

3° (Fol. 9 à 16.) Écriture coufique, sans traits diacritiques, mais avec des points-voyelles; quinze lignes par page; les versets sont séparés par trois traits |||; chaque groupe de dix versets est suivi d'une étoile ou rosace historiée; des lignes laissées en blanc pour recevoir les titres des sourates ont été remplies plus tard; ces titres sont à l'encre rouge et d'une écriture qui peut s'appeler *coufique brisée*, et qui représente la transition du coufique au neskhi. (Ms. du IIIe siècle de l'hégire.)

Contenu : sourates LIX, 16 et suiv.; LX; LXI; LXII; LXIII; LXIV; LXV, 1 à 6.

Vélin. 16 feuillets. Hauteur, 19 centimètres et demi; largeur, 28 centimètres. — (Supplément 150 E.)

327.

Fragments d'un exemplaire du Coran.

Écriture coufique; dix-huit lignes par page; sans traits diacritiques; quelques points-voyelles; les versets sont séparés par trois traits obliques superposés; chaque groupe de dix versets se termine par un petit carré en jaune, avec des traces de dorure; les sourates (fol. 6 et 12) sont séparées par une torsade dorée, occupant une ligne entière; on y a inscrit, après coup, les titres en petits caractères rouges; au folio 1, ligne 6, le mot والارض, leçon fautive, a été remplacé par السبع; cette correction est écrite en neskhi ancien. (Ms. du IIe siècle de l'hégire.)

Contenu : sourates XXIII, 82 et suiv.; XXIV, 1 à 56; XXXIV, 44 et suiv.; XXXV, 1 à 22; XXXVIII, 22 à 48; XL, 36 à 72; XLI, 23 et suiv.; XLII, 1 à 4; XLIII, 35 à 68; XLVI, 10 à 25.

Vélin. 14 feuillets. Hauteur, 28 centimètres et demi; largeur, 30 centimètres. — (Supplément 150 K.)

328.

Fragments de cinq exemplaires du Coran.

1° (Fol. 1 à 70.) Écriture du Ḥidjâz, se rapprochant du neskhi; le nombre des lignes par page varie de vingt et une à vingt-cinq; sans points-voyelles; quelques rares points diacritiques qui semblent être contemporains du texte; les *alif* de prolongation sont omis (le mot قال écrit ainsi : قل); une main plus moderne a indiqué les groupes

de cinq versets par une lettre de l'alphabet arabe, entourée de points noirs; une autre lettre, ayant la valeur d'une dizaine, et entourée d'un cercle de points noirs, marque les groupes de dix versets; une ligne laissée en blanc servait à marquer la fin de chaque sourate; plus tard, on y avait inscrit le titre de la sourate suivante à l'encre rouge (fol. 49 v°, 51, 62), mais ces titres se sont effacés presque partout. Aux folios 1 à 28, la fin de chaque verset est indiquée par ce signe ═ ═ ═; les folios 28 v° à 30 sont d'une autre main, et la séparation des versets est indiquée par le signe ☰☰; au verso du folio 30, le premier copiste a repris son travail, puis, au verso du folio 32, il a cédé le calam à son confrère qui a continué l'ouvrage jusqu'à la fin du folio 38. Les folios 38 v° à 56 sont de l'écriture du premier copiste; les feuillets suivants jusqu'au dernier du fragment sont de la main d'un troisième scribe qui s'est servi du signe :: pour séparer les versets. L'écriture de tous ces feuillets est celle du Ḥidjâz et se reconnaît facilement à l'aspect des traits montants qui ont tous une inclinaison très-prononcée vers la droite. «Le plus ancien caractère arabe, dit l'auteur du *Fihrist*, est celui de la Mecque; ensuite vient celui de Médine, puis celui de Baṣra, puis celui de Koûfa. Dans le caractère de la Mecque et dans celui de Médine, les *alif* sont fortement inclinés vers le côté droit de la main, et la figure des lettres est un peu couchée.» Une ligne en blanc à la fin de chaque sourate prouve qu'on avait alors l'habitude d'y inscrire les titres des chapitres, usage qui s'établit vers la fin du IIe siècle de l'hégire. (Ms. du IIIe siècle de l'hégire.)

Contenu : sourates II, 276 et suiv.; III, 1 à 38, puis 78 et suiv.; IV; V, 1 à 37; VI, 20 et suiv.; VII; VIII, 1 à 25; IX, 67 et suiv.; X, 1 à 79; XII, 85 et suiv.; XIII; XIV; XV, 1 à 87; XXXV, 14 à 39; XXXVIII, 66 et suiv.; XXXIX, 1 à 17; XLI, 31 et suiv.; XLII; XLIII; XLIV; XLV; XLVI, 1 à 7; LX, 7 et suiv.; LXI; LXII; LXIII, 1 à 9; LXV, 2 et suiv.; LXVI; LXVII, 1 à 27; LXIX, 2 et suiv.; LXX; LXXI; LXXII, 1 et 2.

2° (Fol. 71 à 86.) Écriture du Ḥidjâz, se rapprochant du neskhi; le nombre des lignes par page varie de vingt-trois à vingt-cinq; sans points-voyelles; quelques traits diacritiques ajoutés par le copiste lui-même; ces traits sont si peu allongés qu'on pourrait les prendre pour des points; des groupes de cinq ou six traits disposés ainsi ⁞⁞ ⁞⁞ ⁞⁞ servent à séparer les versets; les groupes de cinq et de dix versets ne sont pas marqués; des lignes brisées et quelquefois entre-croisées indiquent la fin de chaque sourate; chacune de ces chaînes (سلسلة) occupe une ligne en longueur et en largeur; l'emploi de bandes ou chaînes pour séparer les sourates précédait l'usage des *khâtima*, خاتمة سورة فلان, «fin de telle sourate», et des *fâtiḥa*, فاتحة سورة فلان, «commencement de telle sourate». (Ms. de la fin du IIe siècle de l'hégire.)

Contenu : sourates X, 36 et suiv.; XI, 1 à 112; XX, 99 à 128, 131 et suiv.; XXI; XXII (lacune de quelques versets); XXIII, 1 à 27.

3° (Fol. 87 à 89.) Écriture du Ḥidjâz, mais moins penchée et plus grosse que l'écriture ordinaire; le nombre des lignes par page varie de vingt-trois à vingt-cinq; sans points-voyelles; assez nombreux traits diacritiques, contemporains du texte; les versets sont séparés par un groupe de cinq traits ou gros points disposés en forme de cercle; les groupes de cinq et de dix versets ne sont pas indiqués; une ligne laissée en blanc pour recevoir un titre de sourate a été remplie après coup par ces mots, à l'encre rouge : فاتحه سوره حم الزخرف ثمان وثمنون آيه «Commencement de la sourate ḥâ-mîm al-Zakhraf, 88 versets». (Ms. de la fin du IIe siècle de l'hégire.)

Contenu : sourates XLII, 4 et suiv.; XLIII, 1 à 16.

4° (Fol. 90 et 95.) Écriture du même genre que la précédente, mais encore plus grosse; vingt-quatre et vingt-cinq lignes par page; le *yâ* final se prolonge beaucoup vers la droite; sans points-voyelles; nombreux points diacritiques contemporains du texte; les versets sont séparés par un cercle de points; des ronds, composés d'un cercle rouge entouré de points noirs et renfermant des points noirs et rouges disposés aussi en cercle, indiquent les groupes de dix versets et semblent être une addition postérieure. Ce fragment est probablement un peu plus moderne que le précédent.

Contenu : sourates V, 10 à 70; VI, 39 à 113.

5° (Fol. 96 et 97.) Écriture du Ḥidjâz; vingt lignes par page; sans points-voyelles; nombreux traits diacritiques, qui ne sont pas tous contemporains du texte; les versets sont séparés par un groupe de six traits disposés ainsi ☰ ☰; un cercle noir, très-grossièrement tracé par une main plus récente, indique la fin du premier groupe de dix versets d'une sourate; une bande assez bien historiée en diverses couleurs remplit une ligne laissée en blanc entre deux sourates. (Ms. du IIIe siècle de l'hégire.)

Contenu : sourates XXV, dernier verset; XXVI, 1 à 51; XXVIII, 9 à 32.

Vélin. 97 feuillets. Hauteur, 34 centimètres; largeur, 26 centimètres. — (Supplément 150 A.)

329.

Fragments de six exemplaires du Coran.

1° (Fol. 1 et 2.) Petite écriture du Ḥidjâz; dix-sept

lignes par page; sans points diacritiques, ni points-voyelles; les versets sont séparés par des points à peine visibles; les groupes de dix versets sont indiqués par un petit cercle rouge; les titres des sourates, écrits à l'encre rouge, et contemporains du texte, commencent par ces mots فاتحة السورة التى يذكر فيها الخ. (Ms. de la fin du IIe siècle de l'hégire.)

Contenu : sourates LXVI, 8 et suiv.; LXVII, 1 à 19; LXIX, 31 et suiv.; LXX, 1 à 39.

2° (Fol. 3 à 14.) Petite écriture coufique; dix-sept lignes par page; sans traits diacritiques; quelques points-voyelles; aucune marque pour distinguer les versets; un cercle tracé à l'encre rouge marque les groupes de dix versets; l'écriture de quelques feuillets a été repassée à l'encre noire. Les titres des sourates sont écrits à l'encre rouge et contemporains du texte. (Ms. de la fin du IIe siècle de l'hégire.)

Contenu : sourates II, 219 à 247, 272 et suiv.; III, 1 à 24; LIX, 8 et suiv.; LX; LXI; LXII, 1 à 11.

3° (Fol. 15 à 20.) Petite écriture coufique; seize lignes par page; sans points diacritiques; points-voyelles. Les titres des sourates, écrits à l'encre d'or, sont contemporains du texte. Les versets ne sont pas séparés. Les groupes de cinq versets sont marqués par un *hâ* doré, les groupes de dix versets par une rosace historiée. (Ms. du commencement du IIIe siècle de l'hégire.)

Contenu : sourates XLIV, 29 et suiv.; XLV; XLVI, 1 à 25; XLVII, 18 à 33.

4° (Fol. 21 à 26.) Petite écriture coufique; dix-sept lignes par page; quelques points diacritiques ajoutés après coup; points-voyelles; un point jaune désigne le *hamza;* des rosaces historiées indiquent les groupes de dix versets. Au folio 25 v° on lit ce titre de sourate, écrit en or et contemporain du texte : هود مائة وعسرون «Hoûd, cent vingt». (Ms. du commencement du IIIe siècle de l'hégire.)

Contenu : sourates X, 35 et suiv.; XI, 1 à 20.

5° (Fol. 27 à 36.) Petite et grosse écriture coufique; l'*alif* isolé est représenté par un simple trait vertical; quinze lignes par page; nombreux traits diacritiques contemporains du texte; points-voyelles; les versets ne sont pas séparés; les groupes de dix versets sont indiqués par des ronds en noir et en rouge. (Ms. du IIIe siècle de l'hégire.)

Contenu : sourate IV, 28 à 122.

6° (Fol. 37 à 39.) Petite et grosse écriture coufique; dix lignes par page; quelques traits diacritiques, contemporains du texte; points-voyelles, avec variantes à l'encre verte; les versets sont séparés par trois points en or, formant triangle; les groupes de cinq versets sont indiqués par un *hâ* doré, et les groupes de dix versets par un petit cercle en or et en couleur, renfermant le nom de la dizaine écrit en toutes lettres avec de l'encre d'or. (Ms. du IIIe siècle de l'hégire.)

Contenu : sourate XXIV, 6 à 23.

Vélin. 39 feuillets. Hauteur, 14 centimètres et demi; largeur, 19 centimètres et demi. — (Supplément 150 M.)

330.

Fragments de six exemplaires du Coran.

1° (Fol. 1 à 2.) Grosse écriture du Ḥidjâz, se rapprochant du neskhi; vingt cinq et vingt-six lignes par page; nombreux traits diacritiques contemporains du texte; sans points-voyelles; les versets sont séparés par un groupe de six traits disposés ainsi ⁄⁄⁄; les groupes de cinq et de dix versets sont indiqués par des ronds grossièrement tracés en noir et en rouge; une sourate se termine (fol. 1 v°, l. 20) par ces mots, écrits de la main du copiste : خمسه ابرهيم خمسون وخمس ايه «fin de la sourate d'Abraham, 55 versets». Ce fragment paraît être de la fin du IIe siècle de l'hégire.

Contenu : sourates XIV, 28 et suiv.; XV, 1 à 79.

2° (Fol. 3 à 10.) Grosse écriture du Ḥidjâz, se rapprochant de l'écriture coufique; quinze et seize lignes par page; points-voyelles et nombreux traits diacritiques contemporains du texte; les versets sont séparés par le signe ⁖; le *qâf* est marqué d'un trait au-dessous de la ligne; les groupes de cinq versets sont parfois indiqués, d'une main plus moderne, par un gros *alif* coufique évidé; un cercle noir entouré d'un trait rouge marque les groupes de dix versets; ce signe paraît être contemporain du texte. Une grosse étoile en rouge et en noir (fol. 4 v°, dernière ligne), tracée par le copiste lui-même, est placée à la fin d'une première centaine de versets. Ce fragment paraît être du IIIe siècle de l'hégire.

Contenu : sourates IV, 83 à 150; XVII, 70 à 88; XVIII, 9 à 20.

3° (Fol. 11 à 19.) Écriture du Ḥidjâz, se rapprochant de l'écriture coufique; vingt-cinq lignes par page; points-voyelles; nombreux traits diacritiques contemporains du texte; une ligne horizontale rouge indique le *wasla;* le *qâf* est marqué d'un trait au-dessous de la ligne; le signe ☰ indique la fin d'un verset; une lettre coufique, évidée et dorée, ayant une valeur numérale, sert à marquer les groupes de dix versets; une bande à dessins assez bien exécutés en or et en couleur (fol. 12 et fol. 18) sépare les sourates. Les titres des sourates ont été ajoutés après

coup; par exemple : محكه سوره بنى اسريل وهى مايه وعسر ايات «Commencement de la sourate des Enfants d'Israël, elle se compose de cent vingt versets». (Ms. du IIIᵉ siècle de l'hégire.)

Contenu : sourates XV, 14 et suiv.; XVI; XVII, 1 à 13; 38 à 61.

4° (Fol. 20 à 30.) Écriture de transition entre celle du Ḥidjâz et celle de l'ʿIrâq; seize et dix-sept lignes par page; quelques points-voyelles; nombreux traits diacritiques contemporains du texte; le *qâf* est marqué d'un point au-dessous de la ligne; le signe /// sert à séparer les versets; quelques groupes de cinq et de dix versets sont indiqués par des carrés en noir et par des ronds. Au fol. 30 v° on lit un titre de sourate écrit à l'encre rouge, d'une main plus moderne : محكه سوره الملكه سب واربعون ايه «Commencement de la sourate des Anges, 46 versets». (Ms. du IIIᵉ siècle de l'hégire.)

Contenu : sourates II, 89 à 100, 145 à 159; X, 14 à 100; XXXIII, 37 à 49; XXXIV, 42 et suiv.; XXXV, 1 à 3.

5° (Fol. 31 à 49.) Écriture de transition analogue à l'écriture du fragment précédent; dix-huit lignes par page; points-voyelles assez nombreux; le *fatḥa* est parfois représenté par un *alif* à l'encre rouge, le *dhamma* par un *wâw;* beaucoup de traits diacritiques ont été ajoutés après coup; le *qâf* est marqué de deux traits au-dessus de la ligne, et le *fâ* d'un trait au-dessous, le *sîn* de trois traits placés au-dessous et dirigés obliquement vers la gauche; un groupe de quatre ou cinq traits sépare les versets; quelques groupes de cinq et de dix versets sont indiqués par des losanges ou par des ronds tracés à l'encre noire; un titre de sourate à l'encre rouge (fol. 38), ajouté après coup, commence par les mots سوره المايده «Sourate de la Table». (Ms. du IIIᵉ siècle de l'hégire.)

Contenu : sourates IV, 80 à 109, 130 à 158; V, 1 à 6; IX, 54 à 120; XII, 87 à 110; XXXIII, 33 à 51; XXXIV, 18 à 30.

6° (Fol. 50 à 69.) Écriture du Ḥidjâz se rapprochant beaucoup du neskhi; le nombre des lignes par page varie de dix-neuf à vingt-deux; le trait inférieur du *yâ* final est très-allongé vers la droite, quelquefois jusqu'à l'extrémité de la ligne; les points-voyelles manquent tout à fait; les traits diacritiques sont rares; un groupe de traits disposés ainsi ☰☰ sert à séparer les versets; les lignes destinées à recevoir les titres des sourates sont restées en blanc. Ce fragment est probablement de la fin du IIIᵉ siècle de l'hégire.

Contenu : sourates III, 182 et suiv.; IV, 1 à 52, 97 à 170; VII, 124 et suiv.; VIII; IX; X, 1 à 32.

Vélin. 69 feuillets. Hauteur, 38 centimètres; largeur, 31 centimètres. — (Supplément 150 B.)

331.

Fragments d'un exemplaire du Coran.

Belle écriture du Ḥidjâz; dix-neuf lignes par page; sans points-voyelles; quelques traits diacritiques contemporains du texte; le *qâf* est marqué d'un trait au-dessous de la ligne; les versets sont séparés par un groupe de cinq points disposés en triangle ⁛; les groupes de dix versets sont indiqués par des lettres numérales inscrites dans des ronds; les lignes qui avaient été laissées en blanc pour les titres des sourates n'ont pas été remplies; une main plus récente a inséré à la fin de chaque sourate l'ancienne formule, par exemple : حتمه سوره بنى اسريل. Des lettres numérales accompagnent ces inscriptions et indiquent le nombre de versets dont se composent les sourates. Sur quelques feuillets on trouve inscrits en anciens caractères neskhi les mots حبس لله عز وجل «Consacré à Dieu, qu'il soit exalté et glorifié». Ces fragments sont probablement de la fin du IIᵉ siècle de l'hégire.

Contenu : sourates II, 119 à 260; VII, 162 et suiv.; VIII; IX, 1 à 34; XIV, 11 et suiv.; XV; XVI; XVII; XVIII, 1 à 6; XXV; XXVI, 1 à 18; XLIII, 81 et suiv.; XLIV, 1 à 47; XLV, 8 et suiv.; XLVI, 1 à 7, 20 et suiv.; XLVII, 1 à 18, 38 et suiv.; XLVIII; XLIX; L; LI; LII; LIII; LIV; LV; LVI; LVII; LVIII; LIX, 1 à 11.

Vélin. 56 feuillets. Hauteur, 43 centimètres; largeur, 35 centimètres et demi. — (Supplément 150 C.)

332.

Fragments d'un exemplaire du Coran.

Belle écriture coufique; vingt et une lignes par page; sans points-voyelles; quelques traits diacritiques contemporains du texte; les versets sont séparés par le signe ///; chaque groupe de dix versets est indiqué par un rond rouge; des lignes laissées en blanc pour les titres des sourates ont été remplies en écriture neskhi du VIᵉ ou du VIIᵉ siècle de l'hégire. Le mot وقف, inscrit sur les marges de quelques feuillets, indique que cet exemplaire du Coran avait appartenu à une mosquée. Ce fragment paraît être de la fin du IIᵉ siècle de l'hégire.

Contenu : sourates III, 59 à 172; VII, 1 à 156, 169 et suiv.; VIII, 1 à 7, 29 et suiv.; IX, 1 à 26, 40 à 74; XIII, 4 et suiv.; XIV; XV; XVI, 1 à 38; XIX, 65 et suiv.; XX, 1; XXXII, 24 et suiv.; XXXIII; XXXIV; XXXV, 1 à 12; XXXVI, 6 et suiv.; XXXVII; XXXVIII; XXXIX, 1 à 8; LIV, 24 et suiv.; LV, 1 à 22.

Vélin. 49 feuillets. Hauteur, 46 centimètres; largeur, 37 centimètres. — (Supplément 150 D.)

333.

Fragments de quatre exemplaires du Coran.

1° (Fol. 1 à 20.) Écriture du Ḥidjâz se distinguant par la longueur des traits qui unissent les lettres; quinze lignes par page; traits diacritiques contemporains du texte; sans points-voyelles; les versets sont séparés par un groupe de traits disposés ainsi ///// ; les divisions par groupes de dix versets sont marquées par une rosace dessinée à l'encre noire. Les titres des sourates (fol. 9 v° et fol. 17 r°) ajoutés après coup en caractères neskhi, à l'encre jaune, sont à peu près effacés. (Ms. du commencement du IIIe siècle de l'hégire.)

Contenu : sourates XII, 13 à 39, puis 77 et suiv.; XIII; XIV, 1 à 28.

2° (Fol. 21 à 32.) Écriture coufique aux traits plus minces qu'à l'ordinaire; seize lignes par page; points-voyelles; traits diacritiques contemporains du texte, réduits à peu près à la dimension de points; la marque distinctive du *qâf* est placée au-dessous de la lettre; les groupes de dix versets sont indiqués par un gros point noir entouré d'un cercle de même couleur; les lignes laissées en blanc pour marquer la séparation des sourates (fol. 26 v° et fol. 30) ont été remplies plus tard par les mots هذه خاتمة سورة... (Ms. du IIIe siècle de l'hégire.)

Contenu : sourates XXI, 57 à 87; XXII, 22 à 41; XXVI, 26 et suiv.; XXVII; XXVIII, 1 à 53.

3° (Fol. 33 à 60.) Écriture coufique dont les traits montants sont peu allongés; quinze lignes par page; points-voyelles; sans points diacritiques; des bandes dessinées à la plume par un artiste plus ou moins habile, maintenant presque effacées (fol. 38 v°, 44, 50 et 57), remplissent les blancs que le copiste avait laissés à la fin de chaque sourate; de petites rosaces exécutées par le même artiste indiquent les groupes de dix versets. (Ms. du IIIe siècle de l'hégire.)

Contenu : sourates XII, 43 à 68; XIII, 5 et suiv.; XIV; XV, 1 à 25, 85 et suiv.; XVI, 1 à 10, 70 à 80; XX, 132 et suiv.; XXI, 1 à 13, 33 et suiv.; XXII, 1 à 31; XXVI, 81 et suiv.; XXVII, 1 à 60.

4° (Fol. 61 à 78.) Écriture coufique semblable à celle du fragment précédent; dix-sept lignes par page; points-voyelles; sans points diacritiques; les *hamza* et les *djazm* sont indiqués par des points verts; chaque groupe de dix versets se termine par un rond historié peu élégant; sur les lignes qui avaient été laissées en blanc pour séparer les sourates on a inscrit plus tard les titres des sourates : فاتحة سورة... « Commencement de la sourate... » (Ms. du IIIe siècle de l'hégire.)

Contenu : sourates XXXV, 37 et suiv.; XXXVI, 1 à 50; XXXVII, 2 à 115; XLIII, 31 et suiv.; XLIV; XLV; XLVI; XLVII, 1 à 23; LIII, 23 et suiv.; LIV; LV; LVI; LVII, 1 à 16.

Vélin. 78 feuillets. Hauteur, 21 centimètres et demi; largeur, 28 centimètres. — (Supplément 150 F.)

334.

Fragments de douze exemplaires du Coran.

1° (Fol. 1 à 12.) Écriture du Ḥidjâz; dix-sept lignes par page; quelques traits diacritiques, contemporains du texte, et des points diacritiques, ajoutés après coup; voyelles marquées par des points rouges en forme de losanges; les versets sont séparés par un groupe de quatre traits ainsi disposés //// ; un cercle rouge sert à indiquer les groupes de cinq versets; une ligne a été laissée en blanc pour séparer deux sourates (fol. 6 v°). (Ms. du IIIe siècle de l'hégire.)

Contenu : sourates IV, 86 à 96; V, 2 à 22; XXXIV, 7 et suiv.; XXXV; XXXVI; XXXVII, 1 à 29.

2° (Fol. 13 à 24.) Écriture du Ḥidjâz, moins grosse que celle du fragment précédent; seize lignes par page; points-voyelles et quelques traits diacritiques; les groupes de dix versets sont indiqués par un grand rond en rouge; les groupes de cinq versets par un *alif* évidé; les sourates sont séparées par des bandes ou par des torsades, grossièrement exécutées en couleur; une main plus moderne a inscrit à la fin de chaque sourate le titre et le nombre des versets de la sourate. (Ms. du commencement du IIIe siècle de l'hégire.)

Contenu, sourates XXXIV, 10 à 42; XLI, 53 et suiv.; XLII; XLIII; XLIV; XLV; XLVI, 1 à 3.

3° (Fol. 25 à 49.) Écriture du Ḥidjâz; vingt et une lignes par page; nombreux traits diacritiques contemporains du texte; les groupes de dix versets sont indiqués par un cercle rouge entouré de points noirs; quatre cercles entourés de points noirs et disposés en carré indiquent le centième verset d'une sourate; trois traits superposés et placés obliquement marquent la fin de chaque verset; des bandes assez bien dessinées à la plume et coloriées séparent les sourates; une main plus moderne a écrit en caractères coufiques, à la fin de chaque sourate, le titre et le nombre des versets. (Ms. du IIIe siècle.)

Contenu : sourates XI, 101 et suiv.; XII et les sourates suivantes jusqu'à XVIII, 48, à l'exception des versets 2 à 18 de la sourate XII.

4° (Fol. 50 à 62.) Écriture de Baṣra (?); lettres allongées horizontalement; les traits verticaux sont raccourcis de manière à former des losanges dont l'angle supérieur est penché vers la droite; plusieurs lettres sont *piriformes*, et leurs traits inférieurs dirigés vers la gauche; les *fâ* et les *qâf*, au milieu d'un mot, sont représentés par des disques circulaires, rattachés par un pédoncule très-court à la ligne horizontale de l'écriture; le *ghain* médial ressemble à un *ghain* coufique dont les deux têtes auraient été retranchées obliquement de droite à gauche. Quinze lignes par page; points-voyelles en rouge avec variantes en différentes couleurs; sans points diacritiques; un trait horizontal jaune indique le *waṣla;* les versets ne sont pas séparés; un cercle évidé, contemporain du texte, indique les groupes de cinq versets; un blanc de trois lignes (fol. 56 v°) sépare les sourates XXXVII et XXXVIII; à la fin de la sourate XXXVII, on lit une note en caractères coufiques ainsi conçue : خاتمة سورة الصعفت [*lisez* الصافات]ماية وثمنون واثنان «fin de la sourate *al-Ṣâfât*, cent quatre-vingt-deux versets».

Cette écriture, malgré son aspect bizarre, est vraiment belle, mais difficile à lire. Elle est évidemment celle d'une grande école de calligraphie, probablement l'école de Baṣra. (Ms. du IIIe siècle de l'hégire.)

Contenu : sourates XXVIII, 24 à 57; XXXVII, 171 et suiv.; XXXVIII, 1 à 25; XXXIX, 9 à 24.

5° (Fol. 63.) Écriture de Médine (?); la queue de l'*alif*, au lieu de se prolonger vers la droite en devenant graduellement plus mince, comme dans l'écriture coufique, se termine brusquement en pointe tournée à droite; le *fâ* et le *qâf*, au milieu d'un mot, ont la forme d'une poire dont la queue s'attache à la ligne d'écriture; le *ʿaïn* est représenté par une figure semblable, mais tronquée par le haut et légèrement évidée; la queue du *mîm* final est très-courte et se dirige horizontalement vers la gauche; les dents des lettres et les hastes sont droites, épaisses et carrées; seize lignes par page; sans points-voyelles; quelques traits diacritiques contemporains du texte; un *alif* coufique, évidé et doré, marque la fin d'un groupe de cinq versets; une rosace historiée, la fin d'un groupe de dix versets. (Ms. de la fin du IIe siècle de l'hégire.)

Contenu : sourate XII, 52 à 65.

6° (Fol. 64 à 66.) Belle écriture coufique; treize lignes par page; points-voyelles; quelques traits diacritiques contemporains du texte; les versets sont séparés par trois ou quatre traits disposés ainsi '///, et remplacés plus tard par trois cercles en or formant triangle; un cercle en or et en couleur (fol. 64 v°), renfermant la lettre numérique *ṣad*, se trouve à la fin du verset 60 de la IVe sourate; une marque semblable se trouve au verso du folio 66; un autre signe de forme carrée, renfermant la lettre *ʿaïn* = 70, a été inséré à la suite du verset qui, dans l'édition de Flügel, porte le n° 73. (Manuscr. de la fin du IIIe siècle.)

Contenu : sourate IV, 61 à 74, 91 à 94.

7° (Fol. 67.) Belle écriture coufique; quatorze lignes par page; points-voyelles avec variantes; quelques traits diacritiques contemporains du texte; les versets sont séparés par de petites rosaces en or, bien exécutées; un carré historié et renfermant un *noûn* marque la fin du cinquantième verset de la sourate. (Ms. de la fin du IIIe siècle de l'hégire.)

Contenu : sourate XXX, 45 à 53.

8° (Fol. 68 à 87.) Belle écriture coufique; quinze lignes par page; points-voyelles; quelques traits diacritiques contemporains du texte; un signe de cette forme ⁝ sert à séparer les versets; des rosaces historiées, assez bien exécutées et renfermant des lettres numérales, indiquent les groupes de dix versets; en quelques endroits, un *hâ* doré marque les groupes de cinq versets. (Ms. du IIIe siècle.)

Contenu : sourate IV, 23 à 160.

9° (Fol. 88.) Écriture du Ḥidjâz; seize lignes par page; points-voyelles; traits diacritiques ajoutés après coup; les versets ne sont pas séparés; des cercles grossièrement dessinés à l'encre rouge marquent les groupes de dix versets. (Ms. du IIe siècle.)

Contenu : sourate III, 51 à 67.

10° (Fol. 89 à 141.) Belle écriture de l'école de Damas (?); hastes très-allongées; les queues de quelques lettres finales, telles que le *sîn*, le *noûn* et le *yâ*, forment de grands demi-cercles tournés vers la gauche; la haste du *mîm* final est pendante et se recourbe vers la gauche; les autres lettres n'ont pas la forme anguleuse qui distingue les produits plus récents de cette école calligraphique. Cinq lignes par page; traits diacritiques ajoutés au texte un peu plus tard; points-voyelles avec variantes; un point vert indique le *hamza;* quelques *alif* de prolongation ont été insérés après coup, les uns à l'encre rouge, les autres à l'encre jaune; les versets se terminent par de petites rosaces bien exécutées en or et en couleur; le *hâ* doré marque les groupes de cinq versets; de grandes rosaces historiées, à dessins différents et très-bien exécutés, renfermant des noms de dizaines, indiquent les groupes de dix versets. (Ms. du Ve siècle de l'hégire.)

Contenu : sourates II, 41 à 48, 55 à 58, 76 à 79, 235 à 248, 256 à 260; III, 43 à 51, 57 à 73, 84 à 90; IV, 4 à 9; V, 84 à 92; VI, 39 à 44, 75 à 121; VII, 17 à 23; XXI, 22 à 45, 66 à 74, 81 à 89; XXII, 13 à 19; XXIII, 73 à 81; XXIV, 51 à 55; XXVI, 83 à 116; XXVII, 1 à 10, 16 à 23, 33 à 40; XXXVI, 39 à 47; XLII,

14 à 17; XLIII, 37 à 61; XLV, 1 à 16; XLVI, 1 à 7; XLVIII, 21 à 25 (déchiré); LVIII, 13 à 19; LXIII, 6 à 10 (déchiré); LXVIII, 4 à 39; LXXXIII, 18 à 34.

11° (Fol. 142 à 148.) Belle écriture coufique; treize lignes par page; traits diacritiques probablement contemporains du texte; points-voyelles; les versets sont séparés par de petites rosaces historiées; un *hâ* doré marque les groupes de cinq versets; les groupes de dix versets sont indiqués par une grande rosace en or, insérée dans le texte, et une autre encore plus grande en or et en couleurs, dessinée sur la marge et renfermant le nom de la dizaine écrit en toutes lettres. Deux titres de sourate (fol. 147 r° et 156 v°) sont écrits en lettres d'or très-bien exécutées: à la marge, à côté des titres, on voit des arabesques à fleurons; une note marginale en caractères coufiques dorés, indiquant l'une des grandes divisions du Coran (par moitiés, quarts, sixièmes, etc.), se trouve au verso du folio 144. (Ms. du IVe siècle.)

Contenu : sourates XVIII, 42 et suiv.; XIX, 1 à 29; XXVIII, 12 à 43; XXX, 30 à 41; XXXIV, 12 et suiv.; XXXV, 1 à 19.

12° (Fol. 159 à 215.) Grande et magnifique écriture coufique; cinq lignes par page; des ronds dorés avec un point rouge au centre servent de points-voyelles; sans traits diacritiques; des points bleus indiquent les *hamza;* la plupart des versets se terminent par une pendeloque historiée, renfermant le mot ابه; les folios 194 et 199 portent en tête les mots حبس لله عز وجل «consacré à Dieu tout-puissant». Ces mots sont écrits en caractères neskhi. (Ms. du IVe siècle de l'hégire.)

Contenu : sourates II, 56 et 57, 64 à 66, 74 et 75; III, 80 à 84; II, 96 à 101, 120 à 122, 127 et 128, 130 à 132, 273 et 274, 276, 278, 279, 282, 283; III, 8 à 12 (feuillets mutilés), 20, 21, 68 à 75; IV, 40, 42 à 45, 46 à 50, 85 à 94, 97 à 99, 117 à 128, 130 à 132.

Vélin. 215 feuillets. Hauteur, 31 centimètres; largeur, 40 centimètres et demi. — (Supplément 150 G.)

335.

Fragments d'un exemplaire du Coran. Écriture de transition, se rapprochant de celle de l'ʿIrâq, mais conservant encore le caractère de l'écriture du Ḥidjâz; vingt lignes par page; tous les traits diacritiques sont marqués et paraissent être contemporains du texte; quelques points-voyelles en rouge; les sourates sont séparées par de larges bandes, dont une (fol. 8) se compose de dix carrés, portant chacun une croix de Saint-André, ondée et contournée de triangles, lesquels forment une croix pattée. La première croix est de couleur violette, la seconde est verte, et la troisième jaune, et ainsi de suite. Une autre bande, composée de dix triangles verts, sur des fonds violets et jaunes, se trouve au verso du folio 5. Ces ornements sont exécutés très-grossièrement. Les titres des sourates, qui ont été ajoutés après coup, d'une écriture qui se rapproche beaucoup du neskhi, commencent par les mots خاتمه سوره; un *alif,* évidé et colorié moitié rouge, moitié vert, indique les groupes de cinq versets; un petit losange, de couleur jaune, marque la fin de chaque verset; un carré mal formé et colorié en rouge et en jaune termine chaque groupe de dix versets. (Ms. du commencement du IIIe siècle de l'hégire.)

Contenu : sourates XVIII, 19 à 36; XL, 8 et suiv.; XLI; XLII, 1 à 14.

Vélin. 10 feuillets. Hauteur, 52 centimètres; largeur, 35 centimètres. — (Supplément 150 L.)

336.

Fragments d'un exemplaire du Coran, écrits en beaux caractères coufiques; vingt lignes par page. Le texte est presque entièrement dépourvu de traits diacritiques; les points-voyelles, à l'encre rouge, sont assez nombreux; le *hamza* est quelquefois marqué par un point jaune, surmonté d'un trait rouge; les lignes qui devaient contenir les titres des sourates sont restées en blanc; les groupes de cinq et de dix versets se terminent par un gros *alif* évidé ou par un cercle. Sur la marge du folio 7 est inscrite une note, tracée à la hâte en gros caractères neskhi (deux mots sont presque effacés), qui est d'une grande importance pour fixer l'âge de ce ms. : هدا الحزو حبس لله يعرا فيه بالفسطاط فى الجامع حبسه... عمران بن الطلب سته صفر من سنه تسع وعشرين ومىتين «Ce volume a été consacré à Dieu pour qu'on y lise, à Fosṭâṭ, dans la mosquée; il fut donné par (le nom a disparu avec un morceau du bord du feuillet) ʿAmrân ben al-Ṭalab (ou al-Ṭayyib), le six ṣafar de l'an vingt-neuf et deux cent.» Cette date correspond au mois de novembre 843 de J. C. M. Amari a lu «trois cents», à la place de مىتين «deux cents»; mais il nous semble que, dans ce groupe de lettres, la partie supérieure de l'initiale *mîm* est encore visible, ainsi que la queue du *noûn* final. Au reste, on retrouve dans ce fragment tous les caractères d'un ms. du IIIe siècle.

Contenu : sourates III, 55 à 108, 153 à 166; IV, 28 à 38; XXXVII, 1 à 76, 169 et suiv.; XXXVIII, 1 à 29, 86 et suiv.; XXXIX; XL; XLI, 1 à 8, 28 à 45; LII, 1 à 31; LIII,

12 et suiv.; LIV, 1 à 8, 36 et suiv.; LV, 1 à 19; LXIII, 10 et suiv.; LXIV; LXV; LXVI; LXVII; LXVIII, 1 à 33.

Vélin. 34 feuillets. Hauteur, 40 centimètres; largeur, 34 centimètres. — (Supplément 150 H.)

337.

Fragments de cinq exemplaires du Coran.

1° (Fol. 1 à 6.) Écriture de transition entre celle du Ḥidjâz et celle de l'ʿIrâq; seize lignes par page; traits diacritiques, ajoutés après coup; points-voyelles en rouge et variantes en vert; un groupe de quatre ou de cinq traits, ////, sépare les versets; les groupes de dix versets sont marqués par un *alif* à l'encre rouge; titres des sourates, contemporains du texte, écrits par le copiste lui-même en caractères coufiques et à l'encre rouge. (Ms. du IIIe siècle de l'hégire.)

Contenu : sourates IV, 136 et suiv.; V, 1 à 22.

2° (Fol. 7 à 9.) Écriture du Ḥidjâz; seize lignes par page; quelques traits diacritiques; nombreux points-voyelles; les versets ne sont pas séparés. Au fol. 7 v° se trouve ce titre, à l'encre rouge, de la même écriture que le texte : ال عمران ماىتا اىه «la famille d'ʿAmrân, deux cents versets». (Ms. de la fin du IIe siècle.)

Contenu : sourates II, 282 et suiv.; III, 1 à 4, et 28 à 51.

3° (Fol. 10 à 48.) Belle écriture coufique, quinze lignes par page; assez nombreux traits diacritiques contemporains du texte; points-voyelles en rouge; les versets sont séparés par trois traits ///; chaque groupe de cinq versets est suivi d'un *alif* à l'encre rouge; les groupes de dix versets se terminent par une figure carrée ou ovale, dont l'intérieur porte un dessin en couleur et en or; les titres des sourates et le nombre des versets (par exemple : المدىر سب وحمسون اىه) sont inscrits en tête des sourates, à l'encre rouge; ils sont répétés sur la marge, très-bien dessinés en lettres d'or. (Ms. du IIIe siècle de l'hégire.)

Contenu : sourates III, 66 à 145; V, 96 à 109; VII, 87 à 99, 116 à 138, 148 à 162; XI, 49 et suiv.; XII, 1 à 19; XVI, 2 à 78; XXVI, 12 à 63; XXXI, 9 à 19; LVII, 21 et suiv.; LVIII, 16 et suiv.; LIX, 1 et 2; LXXIII, 20 et suiv.; LXXIV; LXXV, 1 à 9; LXXVI, 6 et suiv.; LXXVII; LXXVIII, 1 à 37.

4° (Fol. 49 à 87.) Belle écriture coufique; quinze lignes par page; sans traits diacritiques; points-voyelles en rouge; les versets ne sont pas séparés; les groupes de cinq versets sont indiqués par un *hâ* doré, et les groupes de dix versets par une rosace historiée, renfermant le nombre des versets écrit en toutes lettres et en or; les titres des sourates sont écrits en lettres d'or et paraissent contemporains du texte; en marge des titres se trouvent des fleurons en or. (Ms. du commencement du IIIe siècle de l'hégire.)

Contenu : sourates II, 152 à 168, 181 à 192; IX, 82 à 130; X, 81 à 92; XI, 25 à 34, 46 à 57, 67 et suiv.; XII, 1 à 14, 33 à 55, 79 à 103; XVI, 37 à 99, 110 et suiv.; XVII, 1 à 72; XXII, 37 à 53.

5° (Fol. 88 à 94.) Écriture coufique; quinze lignes par page; points-voyelles en rouge; points diacritiques ajoutés après coup; un *hâ* doré termine chaque groupe de cinq versets; chaque groupe de dix versets est suivi d'un carré renfermant une lettre en or ayant une valeur numérale; le nombre est écrit en toutes lettres dans un cercle tracé sur la marge du même feuillet. (Ms. du IIIe siècle de l'hégire.)

Contenu : sourates X, 17 à 31, 53 à 81; XI, 22 à 43.

Vélin. 34 feuillets. Hauteur, 27 centimètres; largeur, 34 centimètres et demi. — (Supplément 150 I.)

338.

Fragments de trois exemplaires du Coran.

1° (Fol. 1 à 12.) Petite écriture coufique; seize lignes par page; sans traits diacritiques; points-voyelles; les versets ne sont pas séparés; les groupes de cinq versets sont indiqués par un *hâ* doré, les groupes de dix versets par des cercles en or et en couleur; les titres des sourates (fol. 6 v° et 10 v°), écrits en or, sont contemporains du texte; l'un se lit السحده حمسون وىمان, et l'autre عسق حمسون اىه. (Ms. du IIIe siècle de l'hégire.)

Contenu : sourates XL, 2 et suiv.; XLI; XLII, 1 à 3, 14 à 26; XLIV, 7 à 40.

2° (Fol. 13 à 35.) Grosse écriture coufique, de grandeur moyenne; dix lignes par page; sans traits diacritiques; points-voyelles; les versets ne sont pas séparés; les titres, écrits en or, sont contemporains du texte. (Ms. de la fin du IIIe siècle de l'hégire.)

Contenu : sourates IV, 140 et suiv.; V, 1 à 46; XXVI, 36 à 180.

3° (Fol. 35 à 37.) Petite écriture coufique, assez belle; neuf lignes par page; le *noûn* final est pourvu d'un trait diacritique; points-voyelles; les versets ne sont pas séparés. (Ms. du IIIe siècle de l'hégire.)

Contenu : sourate IV, 97 à 106.

Vélin. 37 feuillets. Hauteur, 11 centimètres; largeur, 17 centimètres. — (Supplément 150 N.)

339.

Fragments d'un exemplaire du Coran.

Écriture coufique, plus fine que l'écriture ordinaire; vingt-deux lignes par page; traits diacritiques, probablement moins anciens que le texte; points-voyelles; le *hamza* est marqué par un point vert; les versets ne sont pas séparés; un *hâ* doré indique les groupes de cinq versets; un cercle en couleur, avec une lettre numérale en or, termine chaque groupe de dix versets; les titres des sourates, écrits en lettres d'or et contemporains du texte, sont encadrés dans une moulure d'or, simple, mais bien exécutée; les marges et une partie du texte de ces feuillets ont été rongées. (Ms. du milieu du IIIe siècle de l'hégire.)

Contenu : sourates II, 96 à 106, 187 et suiv.; III; IV; V; VI; VII, 1 à 7.

Vélin. 75 feuillets. Hauteur, 25 centimètres; largeur, 15 centimètres et demi. — (Supplément 150 Q.)

340.

Fragments de dix exemplaires du Coran.

1° (Fol. 1 à 12.) Petite écriture coufique, se rapprochant du neskhi; quinze lignes par page; quelques traits diacritiques, contemporains du texte, et quelques petits points rouges pour marquer les voyelles; les versets ne sont pas séparés; chaque groupe de dix versets est suivi d'un cercle rouge, entouré de points noirs. (Ms. de la fin du IIIe siècle de l'hégire.)

Contenu : sourates IV, 29 à 117, 143 à 169; V, 31 à 52.

2° (Fol. 13 à 30.) Écriture du Ḥidjâz, tirant légèrement sur le neskhi; seize lignes par page; quelques points diacritiques, ajoutés après coup; sans points-voyelles; les titres des sourates, à l'encre rouge, d'une écriture plus récente que le texte, commencent par les mots فاتحة سورة; un cercle rouge et noir a été tracé à la fin de quelques groupes de dix versets. (Ms. de la fin du IIIe siècle de l'hégire.)

Contenu : sourates XXX, 22 et suiv.; XXXI à XXXV; XXXVI, 1 à 51.

3° (Fol. 31 à 46.) Petite écriture coufique, à gros traits; seize lignes par page; sans marques diacritiques; points-voyelles; les versets ne sont pas séparés; un *hâ* doré marque les groupes de cinq versets, et un rond en or et en couleur les groupes de dix versets; les titres des sourates, écrits en lettres d'or, sont contemporains du texte. (Ms. du IIIe siècle de l'hégire.)

Contenu : sourates XIII, 15 et suiv.; XIV; XV, 1 à 88; XXI, 67 et suiv.; XXII, 1 à 67.

4° (Fol. 47 à 66.) Petite écriture coufique; quinze lignes par page; sans marques diacritiques; points-voyelles; titres des sourates en lettres d'or, contemporains du texte; les versets ne sont pas séparés; un *hâ* doré indique les groupes de cinq versets, un cercle en or et en couleur les groupes de dix versets. (Ms. du IIIe siècle de l'hégire.)

Contenu : sourates IX, 119 et suiv.; X; XI, 1 à 86.

5° (Fol. 67 à 76.) Belle écriture coufique; quinze lignes par page; les traits diacritiques, mis presque partout, ont été ajoutés après coup; points-voyelles assez nombreux; les versets ne sont pas séparés; un *hâ* doré indique les groupes de cinq versets, et un cercle en or et en couleur les groupes de dix versets. (Ms. de la fin du IIIe siècle de l'hégire.)

Contenu : sourate XI, 3 à 116.

6° (Fol. 77 à 105.) Belle écriture coufique; seize lignes par page; points-voyelles; quelques points diacritiques ajoutés après coup; un gros point en or termine chaque verset, un *hâ* doré sépare les groupes de cinq versets, et une rosace en or et en couleur les groupes de dix versets; les titres des sourates sont en or; le *yâ* final s'allonge quelquefois vers la droite et même jusqu'à la fin de la ligne. (Ms. du IIIe siècle de l'hégire.)

Contenu : sourates III, 99 à 110, 153 à 117; VII, 26 à 150; XXXIX, 10 et suiv.; XL, 1 à 69; XLV, 27 et suiv.; XLVI, 1 à 4; LIII, 30 et suiv.; LIV, 1 à 27; LXVI, 12; LXVII; LXVIII, 1 à 7.

7° (Fol. 106 à 110.) Écriture coufique, inclinée vers la gauche; quatorze lignes par page; sans marques diacritiques; points-voyelles; division en groupes de cinq et de dix versets; un titre de sourate contemporain du texte, écrit en or, se trouve au folio 108. (Ms. du IIIe siècle de l'hégire.)

Contenu : sourates XV, 27 et suiv.; XVI, 1 à 28.

8° (Fol. 111 à 119.) Grosse écriture coufique, légèrement inclinée vers la gauche; douze lignes par page; sans marques diacritiques; points-voyelles; les versets ne sont pas séparés; un *hâ* doré marque les groupes de cinq versets, et un rond doré les groupes de dix versets; titre de sourate (fol. 114) en lettres d'or contemporain du texte. (Ms. de la fin du IIIe siècle.)

Contenu : sourates XXIV, 35 et suiv.; XXV, 1 à 71.

9° (Fol. 120.) Belle écriture coufique; seize lignes par page; quelques points diacritiques, ajoutés après coup; points-voyelles; un *hâ* doré marque les groupes de cinq

versets, et un cercle doré les groupes de dix versets. (Ms. du IIIe siècle de l'hégire.)

Contenu : sourate XLVIII, 4 à 15.

10° (Fol. 121.) Écriture mince et angulaire, plutôt neskhi que coufique; quatorze lignes par page; sans signes diacritiques; quelques traces de points-voyelles. (Ms. de la fin du IVe siècle de l'hégire.)

Contenu : sourate VII, 34 à 49.

Vélin. 121 feuillets. Hauteur, 17 centimètres; largeur, 23 centimètres. — (Supplément 150 P.)

341.

Fragments de deux exemplaires du Coran.

1° (Fol. 1 à 129.) Grande et belle écriture coufique; sept lignes par page; points-voyelles en rouge, avec variantes en d'autres couleurs; des traits diacritiques assez nombreux, ainsi que plusieurs signes orthographiques, ont été ajoutés après coup aux folios 22 et suivants; les versets sont séparés par un rond en or, dont le centre est rouge et la circonférence bleue; une sorte de pendeloque historiée, renfermant le mot خمس, marque les groupes de cinq versets; un nom de dizaine, écrit en toutes lettres, or sur blanc ou sur couleur, et entouré d'une bande historiée, indique les groupes de dix versets. Au folio 32 on trouve un titre de sourate écrit en lettres d'or, et, à la marge, une arabesque circulaire en or et en couleur, représentant des palmes posées sur une mosaïque. Au folio 102 se trouve un dessin en or et en couleur, servant à remplir la page laissée en blanc à la fin d'une des sections (جزء); cet ornement représente un tapis de prière, *saddjâda*, à fond blanc, sur lequel s'étend un filet de rubans entrelacés; une large bordure, formée de baguettes brisées et entre-croisées, entoure le tout. A l'une des extrémités du tapis on voit une arabesque piriforme, en or et en couleurs, représentant la *qibla*. (Ms. du commencement du IVe siècle de l'hégire.)

Contenu : sourates II, 46 à 63, 79 et 80, 99 à 102, 136 à 138, 141 à 143, 192, 200 à 203, 228 à 234, 265, 266, 276 à 279; III, 74 à 76; IV, 130 à 135, 139 à 142; VI, 161 et suiv.; VII, 1 à 24, 45 à 47, 55 et 56; VIII, 43 à 46, 50 et 51; IX, 75 à 77, 87 à 89, 97 à 99; XII, 6 à 16, 23 à 30, 33 à 38, 44 à 47; XV, 7 à 17; XVII, 77 à 87, 90 à 96, 99 à 106; XVIII, 101 à 107; XIX, 13 à 25; XX, 13 à 19, 44 à 49, 86 à 89, 113 à 115, 131 à 134; XXI, 21 à 24; XXVII, 51 à 63; XXVIII, 15 à 31, 34 à 36, 69 à 72, 80 à 82; XXIX, 63 à 66; XXX, 35 à 37, 53 à 56; XXXI, 18 à 20; XXXIII, 9 à 14, 52 à 58; XXXVI, 27 à 60, 74 à 82; XXXVII, 18 à 23, 118 à 129, 144 à 152; XXXVIII, 2 à 9, 50 à 55; XLI, 39 à 44, 47 à 50; XLII, 10 à 14, 18 à 23, 31 à 35; XLVI, 9 à 14; LIII, 53 à 60.

2° (Fol. 130 à 201.) Belle écriture coufique, à gros traits; cinq lignes par page; points-voyelles en rouge, avec variantes en jaune et en bleu; traits diacritiques, ajoutés après coup à l'encre verte; les versets sont séparés par trois cercles dorés, disposés en forme de trèfle; des *alif* de prolongation en vert, en jaune et en bleu; les groupes de cinq versets se terminent par une rosace historiée renfermant le mot خمس; une rosace plus grande et plus belle, renfermant le nom d'une dizaine en toutes lettres, indique la fin de chaque groupe de dix versets.

Un autre feuillet de cet exemplaire du Coran se trouve à la Bibliothèque royale de Copenhague; il a dû précéder immédiatement le folio 130 de notre ms. (Voyez la planche VII de la brochure intitulée « Lettre à M. Bröndsted », par M. Lindberg. Copenhague, 1830.)

(Ms. du même âge que le précédent.)

Contenu : sourates II, 18 à 21, 25 à 34, 41 à 45, 48 à 50, 73 et 74, 94 à 96, 100 à 104, 106 et 107, 111 et 112, 114 et 115, 141 à 143, 172 à 180, 216 et 217; III, 31, 40 à 42, 43, 53 et 54, 86 à 97; VI, 131 à 133, 141 et 142, 147 à 149; IX, 72 et 73, 97 à 102; XIII, 35 et 36; XIV, 3 et 4; XVII, 16 à 18, 23 et 24; XVIII, 35 à 37, 48 et 49; XXII, 72 à 74; XXVI, 61 à 71, 79 à 83; XXXII, 14 et 15; XXXIV, 22 et 23; XXXV, 32 à 34; LXIV, 3 et 4, 6 à 9, 16 à 18.

Vélin. 201 feuillets. Hauteur, 25 centimètres; largeur, 31 centimètres et demi. — (Supplément 150 D d.)

342.

Fragments de trois exemplaires du Coran.

1° (Fol. 1 à 29.) Belle écriture coufique légèrement arrondie; les groupes de lettres sont soigneusement séparés; onze lignes par page; quelques traits diacritiques, contemporains du texte; points-voyelles; variantes de points-voyelles en vert; un *ʿaïn tronqué*, à l'encre verte, indique le *hamza;* les versets sont séparés par des cercles en rouge et en or; le mot خمس, écrit à la marge, en caractères blancs sur un fond circulaire rouge et or, indique les groupes de cinq versets; ce rond est entouré d'un cercle blanc, puis d'un autre cercle en or et en rouge; un ornement semblable porte en toutes lettres l'indication des groupes de dix versets; un titre de sourate (*fol.* 8 v°), contemporain du texte, est écrit en blanc, sur une large bande rouge et or, avec un fleuron sem-

indiquées sur les marges en lettres d'or; titre en lettres d'or contemporain du texte. (Ms. du IVe siècle de l'hégire.)

Contenu : sourates IX, 75 à 104; X, 19 à 62; XXIII, 28 et suiv.; XXIV, 1 à 31.

Vélin. 138 feuillets. Hauteur, 22 centimètres; largeur, 28 centimètres. — (Supplément 150 B b.)

350.

Fragments de deux exemplaires du Coran.

1° (Fol. 1 à 42, 42 *bis*, 42 *ter*, 43 à 58, 58 *bis* à 141.) Belle et grande écriture coufique; cinq lignes par page; traits diacritiques contemporains du texte; points-voyelles en rouge, avec variantes en or, en jaune et en vert; un petit rond historié en or marque la fin de chaque verset; un *hâ* doré indique les groupes de cinq versets, une belle et grande rosace historiée, renfermant le nom d'une dizaine en toutes lettres, les groupes de dix versets; les titres de sourates, écrits en lettres d'or, sont contemporains du texte; le premier (fol. 61 v°) a en marge une grande arabesque en or et en couleur; le second (fol. 129 v°) est en lettres d'or, sur un beau fond historié, rouge et blanc, avec encadrement très-bien exécuté en or, et une grande arabesque dorée en marge; le troisième (fol. 141 v°) est sur fond blanc, avec une grande arabesque en marge; la moitié de la dernière ligne de la sourate précédente est remplie par une bande, exécutée en or et en couleur, d'un très-beau dessin. (Ms. du IVe siècle de l'hégire.)

Contenu : sourates II, 21 à 28, 80 à 85, 87 à 89, 261 à 271; III, 87 à 96, 153 à 158; V, 86 à 92; VI, 91 à 93, 139 à 148; IX, 88 à 90; XI, 48 à 82; XII, 43 à 50; XV, 1 à 27, 80 et suiv.; XVI, 1 à 10; XVII, 31 à 33, 40 à 48, 53 à 57; XVIII, 31 à 48, 69 à 72; XXI, 15 à 18; XXIII, 7 à 15, 33 à 40; XXIV, 53 à 56, 59 et 60; XXV, 1 à 3, 65 à 75; XXVI, 1 à 4, 13 à 18, 71 à 77, 104 à 109; XXXVIII, 2 à 7; XXXIX, 22 à 29; XLII, 29 à 47; LII, 11 à 47; LIII, 21 et suiv.; LIV, 1 à 45; XCII, 14 et suiv.

2° (Fol. 142 à 237.) Grande et très-belle écriture coufique; cinq lignes par page; quelques traits diacritiques; quelques *alif* de prolongation en rouge; points-voyelles en rouge, avec variantes en vert et en jaune; les versets sont séparés par des ronds dorés et historiés, les groupes de cinq versets par des pendeloques, et les groupes de dix et les centaines par de belles rosaces historiées; une sourate se termine (fol. 191 v°) par une ligne de feuillage doré. (Ms. du IVe siècle de l'hégire.)

Contenu : sourates III, 151 à 160; IV, 8 à 10, 12 et 13, 38 et 39, 41 à 45, 65, 124 à 130; VIII, 74 à 76; IX, 3 à 5, 96 à 98, 100 et 101; XII, 26 et 27; XVIII, 81 à 83; XXII, 16 à 18; XXVII, 65 à 78, 83 à 89, 94 à 95; XXXII, 1 et 2; XXXIII, 19 à 21, 35 et 36; XXXIV, 11 et 12, 27 à 32, 38 à 42; XXXVII, 142 à 145; XL, 22 et 23, 29 et 30; XLV, 20 à 22; XLVI, 8 à 10, 14 à 16, 25 à 33; XLVII, 19 à 21, 29 et 30; XLVIII, 16 à 23; L, 9 à 13, 16 à 18; LVII, 1 à 10.

Vélin. 241 feuillets. Hauteur, 24 centimètres et demi; largeur, 32 centimètres. — (Supplément 150 E e.)

351.

Fragments d'un exemplaire du Coran.

Belle et grande écriture coufique; cinq lignes par page; quelques traits diacritiques, ajoutés après coup; points-voyelles en rouge, avec variantes en bleu; chaque verset se termine par le mot اية, inscrit dans une pendeloque historiée; les groupes de cinq et de dix versets sont indiqués par des rosaces en or et en couleurs; les titres (fol. 200 et 249), écrits en lettres d'or, sont contemporains du texte; en marge de chaque titre se trouve une grande rosace en or et en couleurs; le verso du fol. 105, qui contient la fin d'une section (جزء), est occupé par un beau dessin en or et en couleurs, représentant un tapis de prière, avec un gros rond historié en marge; on lit au même folio et aux folios 230 et 271 une note en *neskhi*, constatant que cet exemplaire du Coran avait été donné en *waqf* à la mosquée appelée *al-Djâmi' l 'Atîq* (la mosquée d''Amr, au vieux Caire). Voici le texte de cette note, à laquelle nous ajoutons les points diacritiques : حبس موقوف محرّم موبّد فى الجامع العتيق لا يحلّ لاحد ان يغيّره ولا يبدّله ولا يبيعه ولا يهبه ولا يورثه حتى يرث الله الارض ومن عليها (Ms. du IVe siècle de l'hégire.)

Contenu : sourates IV, 123 à 134; II, 168 à 170, 175 et 176, 183 à 193, 199 à 203, 211 à 214, 219 à 226, 231 et 232, 234, 242 à 244, 264 à 266, 282 et 283; III, 6 à 9, 51 à 53, 66 à 72; IV, 78 et 79, 96, 104 et 105; V, 1 et 2, 51 et 52; VI, 34 à 38, 44 à 48, 51 et 52, 54 à 56, 57 à 59, 76 à 78, 124 à 131; VII, 21 à 25, 30 et 31, 36 et 37, 66 à 68, 71 à 77, 83 et 84, 108 et 109, 112 à 114, 119 à 125, 127 à 130, 133, 139 à 143, 160 et 161, 164 à 166, 167 et 168; VIII, 16 à 19, 39 à 42, 47 et 48, 51 et 52, 54 à 63, 67 à 73; IX, 24 à 26, 34 à 36, 60 et 61, 80 à 89, 118 et 119; X, 13, 31 à 47, 61 et 62, 81 à 83; XI, 60 à 62, 69 à 73, 78 à 81, 93 à 95, 101 à 103; XII, 104 et 108; XIII, 33 et 34; XIV, 11 à 13, 21 et 22; XV, 39 à 42, 57 à 61; XVI, 73 et 74, 92 et 93; XVII, 1 à 14, 16 à 19, 25 à 30, 32 à 34, 47 et 48, 104 à 106;

xviii, 28 à 30, 89 à 93; xix, 1 à 5, 20 à 23; xxiii, 69 à 73; xxiv, 3 à 5, 11, 23 à 29, 31 à 33, 37 à 40, 47 à 50, 60 et suiv.; xxv, 1 et 2; xxvi, 68 à 72; xxvii, 40 à 44; xxviii, 38 et 39; xxix, 33 à 35; xxxi, 19 à 29; xxxiii, 4 à 10, 44 à 48, 53 à 60; xxxiv, 21 à 23, 51 à 54; xxxv, 43 et 44; xxxvi, 16 à 18; xxxvii, 27 à 30, 45 à 54, 59 à 74; xxxviii, 59 à 62, 65 à 69, 73 à 76; xlii, 21 à 22, 25 à 28; xlv, 9 et 10, 12 à 14; xlvi, 10 et 11, 17 à 19, 34 et suiv.; xlvii, 1 à 33; xlix, 1 et 2, 6 à 9; l, 22 à 26; lxv, 5 et 6; lxvi, 6 à 12; lxxv, 4 à 10.

Vélin. 279 feuillets. Hauteur, 25 centimètres; largeur, 32 centimètres. — (Supplément 150 F f.)

352.

Fragments de huit exemplaires du Coran.

1° (Fol. 1.) Belle écriture coufique, de moyenne grandeur; seize et dix-sept lignes par page; points rouges pour les voyelles; points verts pour les *hamza;* sans traits diacritiques; les versets ne sont pas séparés; une ligne a été laissée en blanc pour recevoir le titre d'une sourate. (Ms. du ive siècle de l'hégire.)

Contenu : sourates xlix, 17 et suiv.; l, 1 à 15.

2° (Fol. 2.) Belle et grosse écriture coufique; six lignes par page; points rouges pour les voyelles; points jaunes pour les *hamza;* sans traits diacritiques; les versets sont séparés par un petit fleuron doré, les groupes de cinq versets par un *hâ* doré. (Ms. du ive siècle de l'hégire.)

Contenu : sourate xxxvi, 41 à 45.

3° (Fol. 3 à 5.) Belle et grosse écriture coufique; six lignes par page; sans traits diacritiques; points rouges pour les voyelles; un groupe de quatre traits //// sépare les versets; un *hâ* doré indique les groupes de cinq, une petite rosace historiée, renfermant un chiffre de dizaine en or sur un fond blanc, les groupes de dix versets. (Ms. du ive siècle de l'hégire.)

Contenu : sourate lxxvii, 10 à 37.

4° (Fol. 6.) Belle et grosse écriture coufique; six lignes par page; points rouges pour les voyelles; quelques traits diacritiques, dont un seul est contemporain du texte; un rond en or et en couleur sépare les versets. (Ms. du ive siècle de l'hégire.)

Contenu : sourate iv, 23 et 24.

5° (Fol. 7 à 27.) Belle écriture coufique, de moyenne grandeur; onze lignes par page; points diacritiques, plus modernes que le texte; points-voyelles en rouge, avec variantes en vert; les titres de sourates (fol. 16 et 25) en or, sur un fond blanc, paraissent être contemporains du texte; les versets ne sont pas séparés; un *hâ* doré indique les groupes de cinq versets, une petite rosace historiée, renfermant un chiffre de dizaine, les groupes de dix versets; au fol. 14, en marge, on lit ces mots en lettres d'or : نصف السبع الثالث « moitié du troisième septième »; au fol. 15, en marge, les mots : الخمس الرابع وهو العشر الثمن « le quatrième cinquième, qui est aussi le huitième dixième », en lettres d'or. (Ms. de la fin du ive siècle de l'hégire.)

Contenu : sourates ix, 59 à 70, 79 à 84; x, 31 à 67; xli, 45 et suiv.; xlii; xliii, 1 à 28.

6° (Fol. 28 à 31.) Belle et grosse écriture coufique de grandeur moyenne; sept lignes par page; quelques traits diacritiques, moins anciens que le texte; points-voyelles en rouge; un point vert pour le *hamza;* le mot آية, inscrit dans une pendeloque historiée, marque la fin de chaque verset; le mot خمس, écrit en marge et entouré d'un bandeau historié, indique les groupes de cinq versets, un nom de dizaine, dans un encadrement circulaire, or, rouge et vert, les groupes de dix versets. (Ms. du ive siècle de l'hégire.)

Contenu : sourate v, 16 à 18, 22 à 24, 37 à 44.

7° (Fol. 32 à 76.) Belle écriture coufique; six lignes par page; traits diacritiques, ajoutés après coup; points-voyelles en rouge; un point vert pour le *hamza;* une pendeloque historiée sépare les versets; un *hâ* doré indique les groupes de cinq versets, et un nom de dizaine en lettres d'or, entouré d'une bande cloisonnée, or et couleurs, les groupes de dix versets. (Ms. du ive siècle de l'hégire.)

Contenu : sourates ii, 19 à 36; viii, 29 et 30; xii, 80 à 82, 85 à 87, 93 à 96, 100 et 101; xiv, 7 à 50; xvii, 62 à 64; xix, 63 à 66; xxvi, 187 à 191; xliii, 1 à 38.

8° (Fol. 77 à 161.) Belle écriture coufique; cinq lignes par page; quelques traits diacritiques; points-voyelles en rouge, avec variantes en jaune; quelques *alif* de prolongation, ajoutés après coup à l'encre rouge ou à l'encre jaune; un petit fleuron doré sépare les versets; des rosaces en or et en couleurs, portant le mot خمس ou le nom d'une dizaine, indiquent les groupes de cinq et de dix versets; sur la marge du folio 142, on trouve un titre de sourate en lettres blanches, sur un fond rouge, avec arabesques d'or, accompagné d'un grand fleuron or et couleurs; ce titre est bien exécuté et contemporain du texte. (Ms. du ive siècle de l'hégire.)

Contenu : sourates iii, 77 à 79; vi, 12, 23 à 25, 27 à 34; vii, 61 et 62, 68 et 69, 71 à 84; viii, 4 à 6, 9 à 21; x, 61 à 69, 74 à 81, 94 et 95; xii, 65 et 66, 74 à 76,

77 à 87; xx, 101 à 106; xxiii, 37 à 39, 56 à 62; xxvi, 201 et suiv.; xxvii, 1 à 3; xxxiv, 3 à 6; xxxvi, 27 à 32; xlii, 40 à 43; xliii, 7 à 9, 24 à 46; lviii, 9; lx, 10; lxi, 6 et 7.

Vélin. 161 feuillets. Hauteur, 21 centimètres; largeur, 28 centimètres. — (Supplément 150 G g.)

353.

Fragments de quatre exemplaires du Coran.

1° (Fol. 1 à 11.) Belle écriture coufique, de moyenne grandeur; sept lignes par page; points diacritiques ajoutés après coup; points-voyelles en rouge, avec quelques variantes; les versets sont séparés par une petite rosace historiée; les groupes de cinq et de dix versets sont indiqués, à la marge, par des rosaces portant le mot خمس ou le nom d'une dizaine; les titres des sourates sont contemporains du texte. Au recto du premier feuillet, on voit les dessins d'une *saddjâda* et d'une *qibla*, en or et en couleurs. Ces dessins indiquent le commencement et la fin d'une section (جزء). (Ms. du ive siècle de l'hégire.)

Contenu : sourates i; ii, 1 à 19, 211 à 225.

2° (Fol. 12 à 23.) Écriture coufique; dix lignes par page; points-voyelles et traits diacritiques plus modernes que le texte; les versets ne sont pas séparés; le *hâ* doré indique les groupes de cinq versets, et des rosaces, or et couleurs, insérées dans le texte, les groupes de dix versets. (Ms. du ive siècle de l'hégire.)

Contenu : sourate ii, 154 à 187, 194 à 199, 207 à 238.

3° (Fol. 24 à 45.) Écriture coufique; dix lignes par page; points-voyelles avec variantes; sans traits diacritiques; une petite rosace historiée sépare les versets; le *hâ* doré marque les groupes de cinq versets, une rosace, or et couleurs, dessinée tantôt en marge, tantôt dans le texte, et renfermant le nom d'une dizaine, les groupes de dix versets; les titres de sourates (fol. 26 et 44), en or sur blanc, sont contemporains du texte. (Ms. du ive siècle de l'hégire.)

Contenu : sourates ii, 206 à 209, 215 à 220; xxi, 112; xxii, 1 à 47; xxv, 26 à 47; xxvi, 146 et suiv.; xxvii, 1 à 10.

4° (Fol. 46 à 56.) Belle écriture coufique; huit lignes par page; sans traits diacritiques; points-voyelles en rouge, avec variantes; un point vert désigne le *hamza;* quelques *alif* de prolongation ont été ajoutés après coup à l'encre verte; les versets ne sont pas séparés; le *hâ* doré indique les groupes de cinq versets, une rosace insérée dans le texte, les groupes de dix versets. (Ms. du ive siècle de l'hégire.)

Contenu : sourate iii, 20 à 41, 183 à 186.

Vélin. 56 feuillets. Hauteur, 17 centimètres et demi; largeur, 23 centimètres et demi. — (Supplément 150 Ii.)

354.

Fragments de cinq exemplaires du Coran.

1° (Fol. 1 à 10.) Belle écriture coufique, de moyenne grandeur; onze lignes par page; points-voyelles en rouge; traits diacritiques ajoutés après coup, ainsi que les groupes de trois traits ///, qui séparent les versets; un *hâ* doré indique les groupes de cinq versets, des rosaces ornées, les groupes de dix versets. (Ms. du ive siècle de l'hégire.)

Contenu : sourate iii, 122 à 174.

2° (Fol. 11 à 13.) Belle écriture coufique, de moyenne grandeur; huit lignes par page; points-voyelles en rouge, avec variantes; sans traits diacritiques; les versets ne sont pas séparés; les groupes de cinq versets sont indiqués par un *hâ* doré, et les groupes de dix versets par une rosace ornée. (Ms. du ive siècle de l'hégire.)

Contenu : sourates xxix, 57 à 62; xxx, 21 à 25, 28 à 32.

3° (Fol. 14 à 31.) Belle écriture coufique, de moyenne grandeur; six lignes par page; points-voyelles en rouge, avec variantes; sans traits diacritiques; quelques points diacritiques, ajoutés après coup; un titre de sourate, écrit en or, est contemporain du texte (fol. 22); le *hâ* doré indique les groupes de cinq versets, et la rosace historiée les groupes de dix versets. (Ms. du ive siècle de l'hégire.)

Contenu : sourates xiii, 18 et suiv.; xiv, 1 à 6; xl, 5 à 36.

4° (Fol. 32 à 75.) Belle écriture coufique, de moyenne grandeur; sept lignes par page; points-voyelles en rouge, avec variantes à l'encre verte; sans distinction de versets; le *hâ* doré indique les groupes de cinq versets, la rosace historiée, renfermant le nom d'une dizaine, les groupes de dix versets; le folio 35, qui remplace un feuillet perdu, est d'une autre main; le contenu du feuillet précédent, qui avait disparu aussi, a été rétabli sur la marge inférieure du fol. 34 v° et sur la marge supérieure du fol. 35, en écriture neskhi, dépourvue de points diacritiques; cette écriture paraît être du ve siècle. (Ms. du ive siècle de l'hégire.)

Contenu : sourates v, 98 à 114; vi, 1 à 5; viii, 29 à 34, 50 à 55; ix, 30 à 94; xx, 68 à 73, 89 à 95; l, 2 à 7.

5° (Fol. 76 à 83.) Belle écriture coufique, de moyenne grandeur; six lignes par page; points-voyelles en rouge; quelques points diacritiques ajoutés après coup; les versets sont séparés par un groupe de trois traits; le *hâ* doré indique les groupes de cinq versets, et la rosace ornée les groupes de dix versets.

Contenu : sourate XXIV, 27 à 35.

Vélin. 83 feuillets. Hauteur, 17 centimètres; largeur, 22 centimètres. — (Supplément 150 Kk.)

355.

Fragments de deux exemplaires du Coran.

1° (Fol. 1 à 44.) Belle écriture coufique; sept lignes par page; points-voyelles en rouge; points diacritiques, ajoutés après coup; les versets sont séparés par une petite rosace; les groupes de cinq et de dix versets sont indiqués par des rosaces historiées, la plupart à la marge; titres de sourate (fol. 9 v°, 18 v°) en lettres d'or, contemporains du texte. (Ms. du IVe siècle de l'hégire.)

Contenu : sourates II, 19 à 21, 220 à 222; III, 96 à 110, 173 à 176; XXXI, 32 et suiv.; XXXII; XXXIII, 1 à 30, 35 à 42, 60 à 63; XXXVII, 78 à 179.

2° (Fol. 45 à 73.) Belle écriture coufique; huit lignes par page; points-voyelles en rouge; points diacritiques, ajoutés après coup; un titre de sourate (fol. 57 v°), en lettres d'or, est contemporain du texte; un *hâ* doré marque les groupes de cinq, une rosace historiée, les groupes de dix versets; une arabesque se trouve à la marge du fol. 60. (Ms. de la fin du IIIe siècle de l'hégire.)

Contenu : sourates VI, 22 à 44; VII, 131 à 133, 146 à 149; XI, 18 à 20, 45 et 46, 85 à 89; XXXIV, 51 et suiv.; XXXV, 1 à 5, 29 à 33; XL, 46 à 74; XLVIII, 11 à 25; LIX, 2 et 3.

Vélin. 73 feuillets. Hauteur, 17 centimètres et demi; largeur, 24 centimètres. — (Supplément 150 Ll.)

356.

Fragments de huit exemplaires du Coran.

1° (Fol. 1 à 46.) Belle écriture coufique, à gros traits et de moyenne grandeur; cinq lignes par page; points-voyelles en rouge; des points verts pour les *hamza;* quelques traits diacritiques ajoutés après coup; les versets sont séparés par une petite rosace en or; les groupes de cinq versets sont indiqués par un *hâ* doré et, à la marge, par une rosace renfermant le mot خمس; des rosaces plus grandes, en or et en couleurs, renfermant les noms des dizaines, sont dessinées à la marge pour marquer les groupes de dix versets. Au folio 17 v° se trouve un titre de sourate, en lettres d'or, contemporain du texte, et à la marge, un beau fleuron ayant la forme d'un vase. (Ms. du IVe siècle de l'hégire.)

Contenu : sourates XI, 105 à 107, 110, 111, 116 à 118; XVI, 92 à 96; XVII, 15 à 31; XVIII, 109 et suiv.; XIX, 1 à 21; XXVIII, 43 à 45, 51 à 54, 57 à 74; XXXIII, 52 à 57; XXXV, 12 à 14; XXXIX, 9 à 14; LI, 4 à 11.

2° (Fol. 47.) Belle écriture coufique, de moyenne grandeur; cinq lignes par page; points-voyelles en rouge; points verts pour les *hamza;* les versets sont séparés par une petite rosace dorée et historiée. (Ms. du IVe siècle de l'hégire.)

Contenu : sourate XXIII, 21 à 23.

3° (Fol. 48.) Belle écriture coufique; cinq lignes par page; sans points-voyelles; les versets ne sont pas séparés; le *noûn* final est marqué d'un trait diacritique, qui a été ajouté après coup. (Ms. du IVe siècle de l'hégire.)

Contenu : sourate XXVIII, 49 à 51.

4° (Fol. 49 à 52.) Belle écriture coufique; cinq lignes par page; points-voyelles en rouge; les versets sont séparés par six points dorés, groupés en triangle. (Ms. du commencement du IVe siècle de l'hégire.)

Contenu : sourate II, 189 et 190, 238 à 241.

5° (Fol. 53 à 57.) Belle écriture coufique; cinq lignes par page; points-voyelles en rouge; traits diacritiques, ajoutés après coup; les versets sont séparés par six points dorés formant un triangle; un *hâ* doré indique les groupes de cinq, la rosace dorée, portant un nom de dizaine, les groupes de dix versets. (Ms. du commencement du IVe siècle de l'hégire.)

Contenu : sourate III, 119 à 122, 125 à 127, 129 à 131.

6° (Fol. 58.) Belle écriture coufique; cinq lignes par page; points-voyelles en rouge; quelques traits diacritiques, ajoutés après coup; les versets ne sont pas séparés; une petite rosace historiée marque les groupes de dix versets. (Ms. du IVe siècle de l'hégire.)

Contenu : sourate IX, 20 à 23.

7° (Fol. 59.) Belle écriture coufique; cinq lignes par page; points-voyelles en rouge; points verts pour les *hamza;* les versets sont séparés par un triangle composé de six points dorés; le *hâ* doré indique les groupes de cinq versets. (Ms. de la fin du IIIe siècle de l'hégire.)

Contenu : sourate XXI, 55 à 57.

8° (Fol. 60.) Grosse écriture coufique, de moyenne

grandeur; cinq lignes par page; points-voyelles en rouge; points jaunes pour les *hamza;* les *alif* de prolongation sont à l'encre rouge; le *waṣla* est indiqué par un trait horizontal vert; une rosace historiée sépare les versets. (Ms. du IVe siècle de l'hégire.)

Contenu : sourate XXXIX, 22.

Vélin. 60 feuillets. Hauteur, 18 centimètres; largeur, 24 centimètres. — (Supplément 150 Nn.)

357.

Fragments d'un exemplaire du Coran.

Belle et grosse écriture coufique, de moyenne grandeur; cinq lignes par page; points-voyelles en rouge, avec variantes en couleurs; quelques traits diacritiques en vert; les *alif* de prolongation, les *teschdîd*, les *djazm* et autres signes orthographiques également en vert; les versets sont séparés par une feuille de trèfle, composée de trois points dorés; le *hâ* doré indique les groupes de cinq versets, la rosace historiée, renfermant un nom de dizaine, et dessinée tantôt dans le texte, tantôt à la marge, les groupes de dix versets; les titres de sourates (fol. 63 v°, 88 r°), en lettres d'or, sont contemporains du texte; en marge de chaque titre on voit un fleuron assez bien exécuté. (Ms. du IVe siècle de l'hégire.)

Contenu : sourates II, 204 et 205, 214, 270 à 274; IV, 36 à 42, 65 et 66, 120 à 122, 130 et 131; VI, 144 et 145, 152 à 160; VII, 12 à 16, 27 et 28, 114 à 119; XI, 14 et 15, 24 à 28, 77, 79, 85 et 86; XX, 41 à 46, 94 à 97, 112 à 115; XXII, 5, 76 et 77; XXIII, 93 à 97; XXIV, 18 et 19, 42 à 50; XXXIV, 31 à 43; XXXVI, 54 à 61, 77 et suiv.; XXXVII, 1 à 12, 71 à 105; XXXVIII, 34 à 36, 62 à 65, 69 à 72; XL, 15 et 16; XLII, 1 à 3, 47 à 52; XLIII, 4 à 14; XLV, 34 et suiv.; XLVI, 1 à 3; LXXVII, 36 à 47; LXXXV, 2 à 7.

Vélin. 92 feuillets. Hauteur, 19 centimètres; largeur, 27 centimètres. — (Supplément 150 Oo.)

358.

Fragments de six exemplaires du Coran.

1° (Fol. 1 à 10.) Belle écriture coufique, de moyenne grandeur; six lignes par page; points-voyelles en rouge; traits diacritiques, ajoutés après coup; les versets sont séparés par un trèfle doré; les groupes de dix versets sont indiqués par des rosaces historiées, renfermant les noms des dizaines, tantôt à la marge, tantôt dans le texte; une rosace, à la marge, renfermant le mot خمس, et le *hâ* doré indiquent les groupes de cinq versets. (Ms. du IVe siècle de l'hégire.)

Contenu : sourate XVIII, 74 à 106.

2° (Fol. 11 à 20.) Belle écriture coufique, à gros traits et de grandeur moyenne; six lignes par page; points-voyelles en rouge, avec variantes; traits diacritiques, ajoutés après coup; une rosace historiée, renfermant un nom de dizaine, indique les groupes de dix versets, et le *hâ* doré les groupes de cinq versets. Au folio 14 v° on trouve un titre de sourate en or, contemporain du texte; un fleuron en marge du titre. Au verso du folio 11 commence une section (جزء). Le recto, qui avait été laissé en blanc, contient la note suivante, en caractères coufiques, se rapprochant beaucoup du neskhi, et accompagnés de traits diacritiques peu allongés : اوقف هذه الاجزا لحسن بن حمدان غلام ساكن الكيغلغى بطرسوس فى مسجد الجامع فى الجانب الايمن لا تباع ولا تشترا ولا تورث ولا توهب ولا تتلف بوجه تلف فمن فعل ذلك فقد با باثمه والله مسايله وحسيبه وكفى بالله حسيبا « Al-Ḥasan ben Ḥamdân, serviteur de Sâkin al-Kîghlighî, a déposé ces sections, comme donation perpétuelle, dans la grande mosquée de Tarse, côté droit. On ne doit pas les vendre, ni les acheter, ni les recevoir comme héritage, ni les donner, ni les gâter en aucune manière. Quiconque fera cela, se chargera d'un crime dont Dieu lui fera rendre compte : *Dieu suffit pour faire rendre compte.* » (Coran, XXXIII, 39.)

Au-dessous de cette inscription se trouvent deux lignes d'écriture neskhi, dont voici le texte et la traduction : وذلك فى سنه ثلمائة وجرى على يدى الحجاج بن سندى بن على رحم الله من قرا فيه « Cela eut lieu l'an 300 (913-914 de J. C.), par l'entremise d'al-Ḥaddjâdj ben Sindì ben ʿAlì. Que Dieu montre sa miséricorde à quiconque y lit. »

Au-dessus de la même inscription, on lit les mots suivants, écrits en neskhi cursif : اخرجه على بن الحسين من بلد الروم سنه سبعمائة وثلثين « ʿAlî ben al-Ḥosaïn l'a fait sortir de Balad al-Roûm (l'Asie Mineure), l'an 730 (1329-1330 de J. C.). » (Ms. de la fin du IIIe siècle de l'hégire.)

Contenu : sourates XLI, 46 et suiv.; XLII, 1 à 15.

3° (Fol. 21 à 28.) Belle écriture coufique, à gros traits et de grandeur moyenne; huit lignes par page; points-voyelles en rouge, avec variantes; une rosace historiée indique les groupes de dix versets, le *hâ* doré les groupes de cinq versets. En tête de la cinquième section (fol. 21) se trouve une note d'une bonne écriture coufique, ajoutée après coup, qui constate que le nommé Yaḥyâ ben Saʿîd, surnommé Ibn H hî (هاجى), avait donné

cette section et treize autres à un établissement religieux. (Ms. du IVe siècle de l'hégire.)

Contenu : sourates VII, 170 à 183; XXVI, 9 à 17, 62 à 69; XXVIII, 18 à 20.

4° (Fol. 29 à 35.) Belle écriture coufique, de moyenne grandeur; cinq lignes par page; points-voyelles en rouge, avec variantes; sans traits diacritiques; les versets sont séparés par une petite rosace; une grande rosace historiée marque les groupes de dix versets. (Ms. du IVe siècle de l'hégire.)

Contenu : sourates II, 192 à 194; XIV, 40 à 42; XIX, 19 à 22; XXI, 44 à 46.

5° (Fol. 36 à 41.) Belle écriture coufique, de moyenne grandeur; neuf lignes par page; points-voyelles en rouge; les versets sont séparés par un trèfle doré; un *hâ* doré indique les groupes de cinq, et une rosace, tantôt à la marge, tantôt dans le texte, les groupes de dix versets. (Ms. du IVe siècle de l'hégire.)

Contenu : sourate XVI, 28 à 38, 44 à 50, 72 à 75, 79 à 82.

6° (Fol. 42.) Jolie écriture coufique, de moyenne grandeur; sept lignes par page; points-voyelles en rouge; traits diacritiques ajoutés après coup; les versets ne sont pas séparés. (Ms. du IVe siècle de l'hégire.)

Contenu : sourate II, 270 à 273.

Vélin. 42 feuillets. Hauteur, 21 centimètres et demi; largeur, 15 centimètres. — (Supplément 150 Qq.)

359.

Fragments de trois exemplaires du Coran.

1° (Fol. 1 à 75.) Belle écriture coufique, de moyenne grandeur; huit lignes par page; les folios 24 et 43 ne portent que six lignes, le folio 75 v°, quatre lignes; points-voyelles en rouge, avec variantes; quelques traits diacritiques, ajoutés après coup; les versets sont séparés par un rond doré; le *hâ* doré indique les groupes de cinq, des rosaces historiées, renfermant un nom de dizaine, les groupes de dix versets; les titres de sourates, écrits en or, sont contemporains du texte. (Ms. du IVe siècle de l'hégire.)

Contenu: sourates XXVIII, 47 et suiv.; XXIX et suivantes, jusqu'à XXXIV, 18.

2° (Fol. 76 et 77.) Belle écriture coufique, de moyenne grandeur; huit lignes par page; points-voyelles en rouge, avec variantes; des ronds dorés indiquent les groupes de dix versets. (Ms. du IVe siècle de l'hégire.)

Contenu : sourate IV, 156 à 165.

3° (Fol. 78 à 84.) Belle écriture coufique, de moyenne grandeur; sept lignes par page; points-voyelles en rouge; le *hâ* doré indique les groupes de cinq, et la rosace les groupes de dix versets. (Ms. du IVe siècle de l'hégire.)

Contenu : sourate XIV, 5 à 29.

Vélin. 84 feuillets. Hauteur, 21 centimètres; largeur, 15 centimètres. — (Supplément 150 Rr.)

360.

Fragments de deux exemplaires du Coran.

1° (Fol. 1 à 3.) Belle écriture coufique, de moyenne grandeur; six lignes par page; points-voyelles en rouge; points verts pour les *hamza;* les versets sont séparés par une pendeloque historiée, portant le mot آية. (Ms. du IVe siècle de l'hégire.)

Contenu : sourates XIX, 17 à 21, 34 à 37; XLVIII, 17 et 18.

2° (Fol. 4 à 17.) Belle écriture coufique, de moyenne grandeur; sept lignes par page; points-voyelles en rouge; points verts pour les *hamza* et pour les variantes; une rosace portant le mot خمس indique les groupes de cinq versets, une autre rosace, portant un nom de dizaine, les groupes de dix versets. Aux folios 16 verso et 17 recto, on lit les mots suivants, écrits à la hâte, en caractères neskhi : حبس في سبيل الله للجامع الاسفليه للجانب الايمن «Donation pieuse, faite à la mosquée de..., côté droit», c'est-à-dire «à déposer dans l'armoire, du côté droit». (Ms. du IVe siècle de l'hégire.)

Contenu : sourates XXVIII, 48 à 64; XXIX, 12 à 33.

Vélin. 17 feuillets. Hauteur, 15 centimètres; largeur, 21 centimètres. — (Supplément 150 Ss.)

361.

Fragments de six exemplaires du Coran.

1° (Fol. 1 à 3.) Belle écriture coufique, de moyenne grandeur; sept lignes par page; points-voyelles en rouge; les versets sont séparés par un trèfle d'or. Au verso du folio 1 commence la vingt-septième section du Coran; au recto, une note de huit lignes, en écriture neskhi, constate que la nommée Kolthoum, fille de Yaḥyâ, avait donné cette section en waqf à la grande mosquée du vieux Caire (مسجد الجامع بمصر). Cette note n'est pas datée. (Ms. du IVe siècle de l'hégire.)

Contenu : sourates XLI, 46 et 47; XLII, 12 à 15.

2° (Fol. 4.) Belle écriture coufique; quatre lignes par

page; points-voyelles en rouge; un rond doré sépare les versets; une rosace historiée indique les groupes de dix versets. Au verso du feuillet on voit un assez joli dessin d'une *saddjâda* et d'une *qibla*. Ce feuillet est le dernier d'une section. (Ms. du IVe siècle de l'hégire.)

Contenu : sourate XXXIV, 19 et 20.

3° (Fol. 5 et 6.) Belle écriture coufique; huit lignes par page; points-voyelles en rouge, avec variantes; les versets se terminent par un rond doré. (Ms. du IVe siècle de l'hégire.)

Contenu : sourate XIV, 21 à 27.

4° (Fol. 7.) Belle écriture coufique; huit lignes par page; points-voyelles en rouge; le *hâ* doré indique les groupes de cinq versets. (Ms. du IVe siècle de l'hégire.)

Contenu : sourate VIII, 4 à 8.

5° (Fol. 8 et 9.) Belle écriture coufique; huit lignes par page; points-voyelles en rouge, avec variantes; un rond doré marque un groupe de dix versets. (Ms. du IVe siècle de l'hégire.)

Contenu : sourate IV, 74 à 77, 81 et 85.

6° (Fol. 10 à 31.) Belle écriture coufique; sept lignes par page; points-voyelles en rouge; traits diacritiques ajoutés après coup; une rosace historiée marque les groupes de dix versets. (Ms. de la fin du IVe siècle de l'hégire.)

Contenu : sourates IX, 99 à 120; XVI, 29 à 33; XXI, 25 à 96; XLVII, 13 à 17; XLVIII, 11 à 25.

Vélin. 31 feuillets. Hauteur, 15 centimètres; largeur, 21 centimètres. — (Supplément 150 Tt.)

362.

Fragments de deux exemplaires du Coran.

1° (Fol. 1 à 89.) Assez belle écriture coufique; sept lignes par page; points-voyelles en rouge, avec variantes en couleur; sans traits diacritiques; quelques *alif* de prolongation ajoutés après coup à l'encre jaune; de petits ronds historiés séparent les versets; de petites rosaces historiées, renfermant le mot خمس, indiquent les groupes de cinq versets, une grande rosace du même genre, renfermant le nom d'une dizaine, les groupes de dix versets; titres de sourates (fol. 41 v° et 75) contemporains du texte. (Ms. du IVe siècle de l'hégire.)

Contenu : sourates II, 81 à 101, 103 à 105, 108 à 113, 265 à 277; III, 175 à 198; IV, 95 et 96; VI, 4 à 10, 70 à 75, 94 à 108; XII, 111; XIII, 1 à 16; XVI, 46 à 72, 78 à 93, 98 à 119; XXVIII, 64 à 69; XXXI, 3 à 6, 25 et suiv.; XXXII, 1 à 20; XXXIII, 20 à 27; XXXIX, 34 à 43, 46 à 48; XLV, 22 à 27.

2° (Fol. 90 à 131.) Belle écriture coufique; sept lignes par page; sans traits diacritiques; points-voyelles en rouge, avec variantes; un point vert pour le *hamza;* les versets se terminent par le mot آية, enfermé dans une pendeloque; une petite rosace historiée, renfermant le mot خمس, indique les groupes de cinq versets, un nom de dizaine, inscrit dans une rosace historiée, les groupes de dix versets. (Ms. du IVe siècle de l'hégire.)

Contenu : sourates II, 181 à 183; IV, 161 et 162; V, 2, 3, 22 à 35, 48, 56 à 63; X, 81 à 107; XI, 91 à 116; XIV, 32 à 41; XV, 53 à 59; XVI, 21 à 47; XVII, 25 à 30.

Vélin. 131 feuillets. Hauteur, 17 centimètres; largeur, 23 centimètres et demi. — (Supplément 150 Uu.)

363.

Fragments de trois exemplaires du Coran.

1° (Fol. 1 à 46.) Écriture coufique, de moyenne grandeur; sept lignes par page; points-voyelles en rouge; quelques traits diacritiques ajoutés après coup, et un assez grand nombre de points diacritiques encore plus modernes; les versets ne sont pas séparés; le *hâ* doré indique les groupes de cinq versets, la rosace, les groupes de dix versets; un titre de sourate (fol. 35 v°), en lettres d'or, est contemporain du texte. (Ms. du IVe siècle de l'hégire.)

Contenu : sourates VII, 27 à 46; XVI, 38 et suiv.; XVII, 1 à 46.

2° (Fol. 47 à 53.) Belle écriture coufique; sept lignes par page; points-voyelles en rouge; quelques traits diacritiques ajoutés après coup; les versets ne sont pas séparés. (Ms. du IVe siècle de l'hégire.)

Contenu : sourate VI, 80 à 98.

3° (Fol. 54.) Écriture coufique ordinaire; huit lignes par page; les *alif* sont indiqués par un trait droit; points-voyelles avec variantes; les versets ne sont pas séparés; titre de sourate en lettres d'or. (Ms. du IVe siècle de l'hégire.)

Contenu : sourates XX, 131 et suiv.; XXI, 2.

Vélin. 54 feuillets. Hauteur, 13 centimètres et demi; largeur, 19 centimètres. — (Supplément 150 Vv.)

364.

Fragments de deux exemplaires du Coran.

1° (Fol. 1 à 3.) Écriture coufique ordinaire; cinq lignes

par page; points-voyelles en rouge; les versets sont séparés par de petits fleurons en or. (Ms. du IVe siècle de l'hégire.)

Contenu : sourates II, 194 à 196; VII, 154 et 155, 160 à 168.

2° (Fol. 4 à 42.) Grande et assez belle écriture coufique; cinq lignes par page; points-voyelles en rouge; les variantes et autres signes orthographiques en couleur; quelques traits diacritiques ajoutés après coup; les versets ne sont pas séparés; le *hâ* doré indique les groupes de cinq versets, une rosace, les groupes de dix versets. (Ms. du IVe siècle de l'hégire.)

Contenu : sourates II, 254, 260; IV, 28 à 34, 38, 46 et 47; VII, 102 à 120, 148 et 149; IX, 101 à 109; XXI, 99 à 102, 105 à 108; XXXV, 35 à 45; XLVII, 24 à 28.

Vélin. 42 feuillets. Hauteur, 14 centimètres et demi; largeur, 20 centimètres. — (Supplément 150 W w.)

365.

Fragments de deux exemplaires du Coran.

1° (Fol. 1 à 73.) Grande et assez belle écriture coufique; quatre lignes par page; points-voyelles en rouge, avec variantes en couleur; traits diacritiques, ajoutés après coup; les versets sont séparés par un trèfle d'or; le *hâ* doré indique les groupes de cinq versets, une grosse rosace historiée, renfermant un nom de dizaine, les groupes de dix versets. (Ms. du IVe siècle de l'hégire.)

Contenu : sourates II, 98 à 102, 256, 260 et 261; V, 20 à 37; VII, 19 à 21, 52 à 56; X, 50 à 61; XI, 45 à 56; XXIII, 77 à 93; XXIV, 33 à 40; XXIX, 39 et 40, 49 à 52; XXXIX, 62 à 67, 71 à 73; XLI, 16, 24 et 25.

2° (Fol. 74 à 136.) Assez belle écriture coufique de moyenne grandeur; cinq lignes par page; points-voyelles en rouge, avec variantes; quelques traits diacritiques ajoutés après coup; le *hâ* doré indique les groupes de cinq versets, une rosace historiée, les groupes de dix versets; titres de sourates (fol. 99 et 129 v°) en lettres d'or, contemporains du texte. (Ms. du IVe siècle de l'hégire.)

Contenu : sourates XXV, 23 à 45, 70 à 72; XXVI, 22 à 73; XXXIV, 45 et suiv.; XXXV, 1 à 8, 11 à 21; XLIII, 8 à 32, 65 et suiv.; XLIV, 14 à 21, 27 à 44.

Vélin. 136 feuillets. Hauteur, 12 centimètres et demi; largeur, 17 centimètres. — (Supplément 150 X x.)

366.

Fragments de six exemplaires du Coran.

1° (Fol. 1 à 6.) Écriture coufique de moyenne grandeur; six lignes par page; points-voyelles en rouge; gros points diacritiques de couleur grise, ajoutés après coup; les versets sont séparés par un petit fleuron; le *hâ* doré indique les groupes de cinq versets, une rosace historiée, renfermant le nom d'une dizaine, les groupes de dix versets. (Ms. du IVe siècle de l'hégire.)

Contenu : sourate III, 6 à 18.

2° (Fol. 7 à 10.) Écriture coufique de moyenne grandeur; six lignes par page; points-voyelles en rouge, avec variantes; traits diacritiques d'une grande finesse, ajoutés après coup; les versets sont séparés par un petit fleuron d'or; le *hâ* doré indique les groupes de cinq versets, la rosace historiée, renfermant le nom d'une dizaine, les groupes de dix versets. (Ms. du IVe siècle de l'hégire.)

Contenu : sourate XX, 119 à 131.

3° (Fol. 11 à 24.) Belle écriture coufique de moyenne grandeur; cinq lignes par page; points-voyelles en rouge; les variantes et autres signes orthographiques en couleur; les versets sont séparés par des ronds dorés. (Ms. du IVe siècle de l'hégire.)

Contenu : sourates X, 72 à 74; XIII, 25 à 33; LXVI, 8 à 12; LXXIII, 20, 33 à 35.

4° (Fol. 25 à 62.) Écriture coufique ordinaire; huit lignes par page; points-voyelles en rouge, avec variantes en couleur; quelques traits et points diacritiques ajoutés après coup; les versets ne sont pas séparés; le *hâ* doré indique les groupes de cinq versets, la rosace historiée, renfermant le nom de la dizaine, les groupes de dix versets. (Ms. de la fin du IVe siècle de l'hégire.)

Contenu : sourates II, 153 à 233; XXVI, 206 à 228; XXVII, 28 à 39; XXX, 27 à 41.

5° (Fol. 63 à 72.) Écriture coufique de moyenne grandeur; six lignes par page; points-voyelles en rouge, avec variantes; sans marques diacritiques; les versets ne sont pas séparés; le *hâ* indique les groupes de cinq versets, et la rosace historiée les groupes de dix versets. (Ms. du IVe siècle de l'hégire.)

Contenu : sourate V, 4 à 18.

6° (Fol. 73 à 85.) Écriture coufique un peu grosse; sept lignes par page; points-voyelles en rouge; un point vert pour le *hamza;* traits diacritiques ajoutés après coup; le *hâ* indique les groupes de cinq versets, et la rosace historiée les groupes de dix versets; titres de sourates (fol. 73 et 82) en lettres d'or, contemporains du texte. (Ms. du IVe siècle de l'hégire.)

Contenu : sourates LIX, 22 et suiv.; LX, 1 à 12; LXI, 9 et suiv.; LXII, 1 à 11.

Vélin. 85 feuillets. Hauteur, 13 centimètres; largeur, 18 centimètres. — (Supplément 150 Y y.)

367.

Fragments de neuf exemplaires du Coran.

1° (Fol. 1 à 8.) Écriture coufique ordinaire; huit lignes par page; points-voyelles en rouge; quelques traits diacritiques sur le *noûn* final; les versets ne sont pas séparés; le *hâ* doré indique les groupes de cinq versets, la rosace historiée les groupes de dix versets. (Ms. du IVe siècle de l'hégire.)

Contenu : sourates III, 31 à 33; XIX, 7 à 13, 36 à 41, 52 à 57; XX, 8 à 16; XXXIV, 23 à 32, 38 à 42.

2° (Fol. 9 à 16.) Écriture coufique, dont les traits horizontaux sont très-allongés; dix lignes par page; points-voyelles en rouge; points verts pour les *hamza;* quelques *alif* de prolongation à l'encre verte; les versets ne sont pas séparés; un *hâ*, écrit à l'encre jaune, indique les groupes de cinq versets, la rosace historiée les groupes de dix versets. (Ms. du IVe siècle de l'hégire.)

Contenu : sourate VI, 76 à 111, 125 à 130.

3° (Fol. 17 à 20.) Belle écriture coufique; huit lignes par page; sans points-voyelles, ni signes diacritiques; les versets ne sont pas séparés. (Ms. du IVe siècle de l'hégire.)

Contenu : sourate IV, 156 à 168.

4° (Fol. 21 à 36.) Écriture coufique, à gros traits et de grandeur moyenne; huit lignes par page; points-voyelles en rouge; traits diacritiques très-raccourcis, ajoutés après coup; le *hâ* doré indique les groupes de cinq versets, la rosace historiée les groupes de dix versets; titre de sourate (fol. 31 v°) en lettres d'or, contemporain du texte. (Ms. de la fin du IVe siècle de l'hégire.)

Contenu : sourates XVIII, 24 à 59, 107 et suiv.; XIX, 1 à 51; XLIX, 5 à 10.

5° (Fol. 37 à 40.) Petite écriture coufique; dix lignes par page; points-voyelles en rouge; les versets ne sont pas séparés; le *hâ* doré indique les groupes de cinq versets, la rosace historiée les groupes de dix versets; titre de sourate en lettres d'or, contemporain du texte. (Ms. du commencement du Ve siècle.)

Contenu : sourates XXXI, 31 et suiv.; XXXII, 1 à 30.

6° (Fol. 41 à 50.) Belle écriture coufique; cinq lignes par page; points-voyelles en rouge; points diacritiques ajoutés après coup; quelques versets se terminent par un fleuron en or; le *hâ* doré indique les groupes de cinq versets, la rosace historiée, renfermant le nom de la dizaine, les groupes de dix versets. (Ms. du IVe siècle de l'hégire.)

Contenu : sourate XXVII, 7 à 40.

7° (Fol. 51 à 58.) Petite écriture coufique; neuf lignes par page; points-voyelles en rouge; quelques traits diacritiques sur le *noûn* final; les versets ne sont pas séparés; le *hâ* doré indique les groupes de cinq versets, une petite rosace historiée les groupes de dix versets. (Ms. du Ve siècle de l'hégire.)

Contenu : sourate XII, 56 à 101.

8° (Fol. 59 à 61.) Fragment semblable au précédent. (Ms. du IVe siècle de l'hégire.)

Contenu : sourate II, 58 à 70.

9° (Fol. 60 à 63.) Écriture coufique; quinze lignes par page; points-voyelles en rouge; sans marques diacritiques, ni signes pour distinguer les versets; titre de sourate (fol. 63) à l'encre rouge. (Ms. du Ve siècle de l'hégire.)

Contenu : sourates XXV, 31 à 51; XXVI, 216 et suiv.; XXVII, 1 à 16.

Vélin. 63 feuillets. Hauteur, 12 centimètres et demi; largeur, 17 centimètres. — (Supplément 150 Z z.)

368.

Fragments d'un exemplaire du Coran.

Belle écriture coufique; six lignes par page; points-voyelles en rouge, avec variantes; quelques traits diacritiques; les versets sont séparés par une petite rosace historiée; une rosace historiée, renfermant le mot خمس, indique les groupes de cinq versets, une rosace historiée, de grande dimension, renfermant le nom de la dizaine, les groupes de dix versets. (Ms. du IVe siècle de l'hégire.)

Contenu : sourates II, 276 à 282; IV, 154 à 166; IX, 5 à 30; XXV, 51 à 54; XXXIX, 14 à 24.

Vélin. 43 feuillets. Hauteur, 20 centimètres et demi; largeur, 14 centimètres et demi. — (Supplément 150 B b b.)

369.

Fragments de quatre exemplaires du Coran.

1° (Fol. 1 à 5.) Belle écriture coufique, dont les hastes inclinent légèrement vers la gauche; quatorze et quinze lignes par page; nombreux traits diacritiques; points-voyelles; plusieurs versets se terminent par un rond jaune; titres des sourates à l'encre jaune; le texte a été gratté et corrigé en plusieurs endroits. (Ms. de la fin du IVe siècle de l'hégire.)

Contenu : sourates IX, 88 à 98; XXXVII, 53 à 133; XXXVIII, 21 et suiv.; XXXIX, 1 à 5.

2° (Fol. 6 à 12.) Belle écriture coufique, à gros traits; quinze lignes par page; le texte porte presque tous les traits diacritiques; points-voyelles; les versets ne sont pas séparés; un *hâ* de couleur jaune indique les groupes de cinq versets, et un rond de la même couleur les groupes de dix versets. (Ms. du IVe siècle de l'hégire.)

Contenu : sourate V, 2 à 69.

3° (Fol. 13 à 22.) Belle écriture coufique, à gros traits; quinze lignes par page; traits diacritiques assez nombreux; points-voyelles en rouge; les versets ne sont pas séparés; un *hâ* doré indique les groupes de cinq versets, une rosace en or et en couleur les groupes de dix versets. (Ms. du commencement du IVe siècle.)

Contenu : sourates II, 248 à 276; III, 122 à 171.

4° (Fol. 23.) Écriture coufique, inclinée vers la gauche; quatorze lignes par page; sans traits diacritiques; points-voyelles en rouge; les versets ne sont pas séparés. (Ms. de la fin du IIIe siècle de l'hégire.)

Contenu : sourate X, 30 à 46.

Vélin. 23 feuillets. Hauteur, 15 centimètres et demi; largeur, 22 centimètres. — (Supplément 150 U.)

370.

Fragments de trois exemplaires du Coran.

1° (Fol. 1 à 11.) Écriture coufique, tirant sur le neskhi; treize lignes par page; quelques points diacritiques, ajoutés après coup; points-voyelles; des points verts indiquent les *hamza;* quelques passages ont été corrigés par une main plus moderne; la même main a repassé plusieurs mots à l'encre noire; titres des sourates à l'encre noire, contemporains du texte, en petite écriture coufique, avec la formule فاتحة السورة التى يذكر فيها الخ. (Ms. de la fin du IVe siècle de l'hégire.)

Contenu : sourates XII, 56 à 69; XIV, 29 et suiv.; XV; XVI, 1 à 10; XVIII, 15 à 37, 104 et suiv.; XIX, 1 à 38.

2° (Fol. 12 et 13.) Écriture coufique; seize lignes par page; quelques traits diacritiques, contemporains du texte; points-voyelles; le *hamza* est indiqué par un point vert; les versets se terminent par quatre petits traits ////; un gros *alif* colorié marque les groupes de cinq versets, et une petite rosace coloriée les groupes de dix versets. (Ms. du IIIe siècle de l'hégire.)

Contenu : sourate XI, 60 à 90.

3° (Fol. 14 à 68.) Jolie écriture coufique, penchant légèrement vers la gauche; quinze lignes par page; quelques traits diacritiques, dont la majeure partie a été ajoutée après coup; points-voyelles; les versets sont séparés par deux ou trois petits traits; un *hâ* à l'encre rouge marque les groupes de cinq versets, et une petite rosace en rouge et en vert les groupes de dix versets; titres des sourates contemporains du texte, écrits alternativement en rouge et en vert. (Ms. du IIIe siècle de l'hégire.)

Contenu : sourates XVI, 82 à 106; XVII, 110 et suiv.; XVIII, 1 à 14; XL, 16 et suiv.; XLI à LVIII, 4; LXXIII, 20 et suiv.; LXXIV; LXXV, 1 à 16.

Vélin. 68 feuillets. Hauteur, 16 centimètres et demi; largeur, 22 centimètres et demi. — (Supplément 150 O.)

371.

Fragment d'un exemplaire du Coran.

Grosse écriture coufique, tirant sur le neskhi; treize et quatorze lignes par page; sans marques diacritiques; points-voyelles en rouge; les versets sont séparés par plusieurs traits ainsi disposés ///; un cercle écartelé de rouge et de vert indique les groupes de dix versets; titre de sourate à l'encre rouge, contemporain du texte. (Ms. de la fin du IVe siècle de l'hégire.)

Contenu : sourates II, 163 à 172, 185 à 203, 221 à 229; III, 115 à 136; IV, 163 et suiv.; V, 1 à 35.

Vélin. 12 feuillets. Hauteur, 35 centimètres; largeur, 40 centimètres. — (Supplément 150 A a.)

372.

Fragments d'un exemplaire du Coran.

Belle écriture coufique, de moyenne grandeur; six lignes par page; points-voyelles en rouge; traits diacritiques ajoutés après coup; le *hâ* doré indique les groupes de cinq versets, des rosaces historiées, dont quelques-unes à la marge, les groupes de dix versets; le recto du folio 19 est encadré dans une arabesque historiée avec fleuron, formant le commencement d'une section (جزء); titres de sourates (fol. 26, 43 v° et 55 v°) en lettres d'or, contemporains du texte. (Ms. de la fin du IVe siècle de l'hégire.)

Contenu : sourates II, 32 à 60, 231 et 232; IV, 38 à 49, 55 à 61; VIII, 2 à 5, 19 à 22; XIV, 32 à 52; XV, 1 à 6, 27 à 34, 86 à 95; XIX, 19 et suiv.; XX, 1 à 30; XXIV, 49 à 52, 58 à 60; XXV, 5 à 9, 17 à 21, 58 à 61; LXVII, 16 et suiv.; LXVIII, 1.

Vélin. 55 feuillets. Hauteur, 17 centimètres; largeur, 20 centimètres et demi. — (Supplément 150 M m.)

373.

Fragments de quatre exemplaires du Coran.

1° (Fol. 1 à 10.) Belle écriture coufique, mince et élancée; sept lignes par page; points diacritiques en rouge; points verts pour les *hamza;* traits diacritiques, raccourcis presque à la dimension de simples points, qui paraissent être contemporains du texte; les versets se terminent par une petite rosace historiée; le *hâ* doré indique les groupes de cinq versets, la rosace historiée, les groupes de dix versets. (Ms. de la fin du IVe siècle de l'hégire.)

Contenu: sourate IV, 118 à 139.

2° (Fol. 11 à 16.) Grosse écriture coufique, de moyenne grandeur; neuf lignes par page; points-voyelles en rouge; traits diacritiques, ajoutés après coup; le *hâ* doré indique les groupes de cinq versets, et la rosace historiée, dessinée en marge, renfermant le nom de la dizaine, les groupes de dix versets. (Ms. de la fin du IVe siècle de l'hégire.)

Contenu: sourates XVII, 72 à 93; XLVII, 17 à 20.

3° (Fol. 17 à 26.) Écriture coufique, semblable à celle du fragment précédent; neuf lignes par page; points-voyelles en rouge; quelques traits diacritiques contemporains du texte, et un assez grand nombre de points diacritiques ajoutés plus tard; le *hâ* doré indique les groupes de cinq versets, la rosace historiée, portant le nom de la dizaine, les groupes de dix versets; titre de sourate (fol. 25 v°) en lettres d'or, avec fleuron en marge, contemporain du texte. (Ms. de la fin du IVe siècle de l'hégire.)

Contenu: sourates VI, 145 à 163; XLI, 52 et suiv.; XLII, 1 à 3, 15 à 19.

4° (Fol. 27 à 32.) Écriture coufique, mince et élancée; six lignes par page; points-voyelles en rouge, avec variantes en couleurs; petits traits diacritiques, ajoutés après coup; les versets sont séparés par une petite rosace historiée; le *hâ* doré indique les groupes de cinq versets, la rosace historiée, portant le nom de la dizaine, les groupes de dix versets. (Ms. du IVe siècle de l'hégire.)

Contenu: sourates XXV, 68 à 75; XXVI, 4 à 16.

Vélin. 32 feuillets. Hauteur, 20 centimètres; largeur, 14 centimètres. — (Supplément 150 C c c.)

374.

Fragments de quatre exemplaires du Coran.

1° (Fol. 1 à 12.) Petite écriture coufique, se rapprochant beaucoup de l'écriture maghrebine ou ancien neskhi; neuf lignes par page; points-voyelles en rouge, avec variantes et autres signes orthographiques en couleur; sans marques diacritiques; les versets ne sont pas séparés; le *hâ* doré indique les groupes de cinq versets, et la rosace historiée les groupes de dix versets; titre de sourate (fol. 2 v°) en lettres d'or, contemporain du texte. (Ms. de la fin du IVe siècle de l'hégire.)

Contenu: sourates XVII, 102 et suiv.; XVIII, 1 à 27; XXXIII, 36 à 69.

2° (Fol. 13 à 22.) Écriture du même genre que la précédente, mais un peu plus grosse; cinq lignes par page; points-voyelles en rouge; points verts pour les *hamza;* sans points ni traits diacritiques; les versets ne sont pas séparés; le *hâ* doré indique les groupes de cinq versets, des rosaces mal exécutées, les groupes de dix versets; titre de sourate (fol. 21 v°) en lettres d'or, avec fleuron en marge, le tout contemporain du texte. (Ms. du Ve siècle de l'hégire.)

Contenu: sourates XXI, 77 et suiv.; XXII, 1 à 4.

3° (Fol. 23 à 62.) Écriture du même genre que la précédente, mais peu soignée; sept lignes par page; points-voyelles en rouge; traits diacritiques ajoutés après coup; les versets ne sont pas séparés; le *hâ* doré indique les groupes de cinq versets, la rosace, mal exécutée, les groupes de dix versets; titres de sourates (fol. 28 et 61 v°) en lettres d'or, contemporains du texte. (Ms. du Ve siècle de l'hégire.)

Contenu: sourates IV, 134 à 147, 168 et suiv.; V, 1 à 13, 24 et suiv.; VI, 1 à 6.

4° (Fol. 63 et 64.) Écriture du même genre que les précédentes, mais plus maigre; neuf lignes par page; points-voyelles en rouge; sans points diacritiques; signes orthographiques de diverses couleurs; on y remarque des *teschdîd* ayant la forme actuelle, à l'encre bleue; les versets ne sont pas séparés; petite rosace historiée pour les groupes de dix versets. (Ms. du commencement du Ve siècle.)

Contenu: sourate V, 24 à 31, 69 à 73.

Vélin. 64 feuillets. Hauteur, 12 centimètres et demi; largeur, 17 centimètres. — (Supplément 150 F f f.)

375.

Fragments de quatre exemplaires du Coran.

1° (Fol. 1 à 30.) Écriture coufique, à gros traits et de grandeur moyenne; six lignes par page; points-voyelles en rouge; points diacritiques ajoutés après coup; les ver-

sets ne sont pas séparés; le *hâ* doré indique les groupes de cinq versets, un rond doré, entouré de quatre points en couleur, les groupes de dix versets; titre de sourate (fol. 19) en lettres d'or, contemporain du texte. (Ms. de la fin du IVe siècle de l'hégire.)

Contenu : sourates III, 159 et suiv.; IV, 1 à 19.

2° (Fol. 31 à 49.) Belle écriture coufique ordinaire; cinq lignes par page; points-voyelles en rouge; quelques traits diacritiques, contemporains du texte; les versets ne sont pas séparés; le *hâ* doré indique les groupes de cinq versets, un rond doré, entre quatre points en couleur, les groupes de dix versets. (Ms. de la fin du IVe siècle de l'hégire.)

Contenu : sourate XVII, 61 à 104.

3° (Fol. 50 à 58.) Belle écriture coufique; cinq lignes par page; points-voyelles en rouge, avec variantes en couleurs; traits diacritiques ajoutés après coup; les versets sont séparés par un rond doré; le *hâ* doré indique les groupes de cinq versets, un rond doré et entouré de huit autres plus petits, les groupes de dix versets. (Ms. du IVe siècle de l'hégire.)

Contenu : sourate XXVII, 16 à 32.

4° (Fol. 59 à 64.) Belle écriture coufique; cinq lignes par page; points-voyelles en rouge; quelques traits diacritiques qui paraissent être contemporains du texte; versets séparés par un rond en or et en couleurs; le *hâ* indique les groupes de cinq versets, une grande rosace historiée, portant le mot عشرون, les groupes de dix versets. (Ms. du IVe siècle de l'hégire.)

Contenu : sourate XLVII, 1 à 11.

Vélin. 64 feuillets. Hauteur, 11 centimètres; largeur, 16 centimètres. — (Supplément 150 H h.)

376.

Fragments de deux exemplaires du Coran.

1° (Fol. 1 à 75.) Écriture coufique, de moyenne grandeur; neuf lignes par page; points diacritiques, ajoutés après coup; points-voyelles en rouge; les versets ne sont pas séparés; un *hâ* doré indique les groupes de cinq versets, une petite rosace, or et couleur, les groupes de dix versets; titres de sourates (fol. 59 v° et 70 v°) en lettres d'or, contemporains du texte. (Ms. du commencement du Ve siècle de l'hégire.)

Contenu : sourates V, 21 à 25, 37 à 59; VI, 11 à 82; VII, 176 à 203; IX, 20 à 90; XXI, 28 à 90; XXXVII, 102 et suiv.; XXXVIII; XXXIX, 1 à 26.

2° (Fol. 76 à 103.) Écriture coufique, de moyenne grandeur; six lignes par page; points-voyelles en rouge, avec variantes en jaune; les *hamza* en vert; les *alif* de prolongation ont été ajoutés après coup à l'encre rouge, ainsi que les points diacritiques; les versets ne sont pas séparés. Le fol. 82 r°, ayant été laissé en blanc, porte maintenant une note en écriture courante, dépourvue de points diacritiques, que nous lisons ainsi : هذا الجزء مع عشرة اجزاء وجّه بهن ابو العص السـ.....ى المعروف بالدجاج [من] دمشق انّ امراة حبستهن فى الجامع العتيق بمصر وهو احد عشر جزء من اجزاء ثلثين غير مؤلّفة جرى ذلك على يد عمر بن محمد بن مجراك بن محمد فى رمضان سنة ست وستين وثلاثماية

« Cette section, avec dix autres, fut envoyée de Damas, par Aboû 'l-ʿAṣ al-Sa...î, généralement appelé al-Dadjâdjî, (qui disait) qu'une femme les avait données comme *waqf* à la mosquée du Caire, nommée al-Djâmiʿ 'l-ʿAtîq. Ce sont onze sections sur trente, formant chacune un cahier séparé. (Ce don) se fit par l'entremise d'ʿOmar, fils de Mohammad, fils de Madjrâk, fils de Mohammad, au mois de ramadhân de l'an 366 (977 de J. C.). » Cette note ne paraît pas être de la même main que celles qui se trouvent dans le ms. n° 351 (voyez ci-dessus). (Ms. du IVe siècle de l'hégire.)

Contenu : sourates VII, 29 à 38; VIII, 42 à 47; X, 98 et suiv.; XI, 1 et 2; XIII, 7 à 15, 25 à 34; XIV, 39 et 40, 49 à 51.

Vélin. 103 feuillets. Hauteur, 19 centimètres; largeur, 24 centimètres. — (Supplément 150 H h.)

377.

Fragments de deux exemplaires du Coran.

1° (Fol. 1 à 23.) Belle écriture de Damas, aux formes angulaires, aux queues arrondies et aux hastes élancées; cinq lignes par page; points-voyelles en rouge, avec variantes en couleur; traits diacritiques contemporains du texte; une petite rosace dorée sépare les versets; une rosace historiée, portant le mot خمس, indique les groupes de cinq versets, d'autres rosaces, d'une dimension bien plus grande, portant le nom de la dizaine, les groupes de dix versets. (Ms. du commencement du Ve siècle de l'hégire.)

Contenu : sourates II, 131 à 135; III, 163 à 183; IV, 54 à 70, 80 à 82; XVII, 21 à 41; XVIII, 40 à 43, 55 à 57.

2° (Fol. 24 à 64.) Écriture du même genre que la précédente; cinq lignes par page; points-voyelles en

rouge, avec variantes en couleur; traits diacritiques contemporains du texte; de petites rosaces historiées, renfermant le mot الله, et assez mal exécutées, séparent les versets; des rosaces contenant le mot خمس indiquent les groupes de cinq versets, d'autres rosaces, plus grandes, les groupes de dix versets. (Ms. du ve siècle de l'hégire.)

Contenu : sourates II, 193 à 205, 210 à 214, 220 à 223; V, 69 à 80; VII, 122 à 124; IX, 33 à 34, 40; XVI, 2 à 28, 97 à 116; XVII, 109 à 111; XVIII, 16; LXIII, 9 et suiv.; LXIV, 14 à 16.

Vélin. 64 feuillets. Hauteur, 22 centimètres; largeur, 17 centimètres. — (Supplément 150 E e e.)

378.

Fragment d'un exemplaire du Coran.

Écriture coufique; six lignes par page; points-voyelles en rouge; les *hamza* sont indiqués par des points jaunes; un trait vert horizontal désigne le *waṣla;* les versets sont séparés par une petite rosace dorée; un *hâ* doré indique les groupes de cinq versets; titres de sourates (fol. 6 v°, 41 et 77 v°) en caractères coufiques, tracés avec de l'encre d'or et contemporains du texte; en regard de chaque titre se trouve un fleuron bien exécuté, en or et en couleurs.

Contenu : sourates XXXVI, à partir du verset 45; XXXVII; XXXVIII et les vingt-deux premiers versets de la sourate XXXIX. Il y a une lacune entre les folios 1 et 2. (Ms. du commencement du ve siècle de l'hégire.)

Vélin. 90 feuillets. Hauteur, 15 centimètres et demi; largeur, 23 centimètres. — (Supplément 158, Saint-Germain 286 *bis*.)

379.

Fragments de six exemplaires du Coran.

1° (Fol. 1 à 5.) Grande écriture coufique; sept lignes par page; traits diacritiques contemporains du texte; points-voyelles; un rond en or sépare les versets; un *hâ* doré indique les groupes de cinq versets, une rosace en or et en couleurs, dessinée sur la marge, et portant le nombre de la dizaine en toutes lettres, les groupes de dix versets; titre de sourate (fol. 3 v°) en lettres d'or, contemporain du texte; en marge, à côté du titre, une rosace piriforme, en or et en couleurs, dans laquelle est inscrit en toutes lettres le nombre des versets. (Ms. du ve siècle de l'hégire.)

Contenu : sourates LII, 38 à 48; LIII, 33 et suiv.; LIV, 1 à 4; LXIII, 17 à 33.

2° (Fol. 6 à 10, et 10 *bis* à 30.) Écriture semblable à celle du fragment précédent, mais moins soignée; il n'y a que six lignes par page, et la rosace indiquant les groupes de dix versets est placée dans le texte. (Ms. de la fin du ve siècle de l'hégire.)

Contenu : sourates VI, 112 à 138; IX, 60 à 76, 80 à 82, 110 à 112, 116 et suiv.; XXXIX, 48 à 68.

3° (Fol. 31 à 39.) Écriture coufique, dont les traits verticaux sont légèrement inclinés vers la gauche; l'*alif* est représenté par un trait droit; huit lignes par page; points-voyelles; un trait horizontal en rouge représente le *waṣla;* les versets ne sont pas séparés; un *ha* doré indique les groupes de cinq versets, une rosace en or et en couleur, les groupes de dix versets; un des titres des sourates (fol. 33) est en blanc, sur un fond d'or et de couleurs; les deux autres (fol. 35 v° et 39) sont en lettres d'or, et occupent le milieu d'un encadrement, assez grossièrement dessiné, en or et en couleurs; ces titres sont plus modernes que le texte. (Ms. du ve siècle de l'hégire.)

Contenu : sourates II, 274 à 282; V, 119 et suiv.; VI, 1 à 12; XLIII, 80 et suiv.; XLIV, 1 à 17; XLV, 22 et suiv.; XLVI, 1 à 6.

4° (Fol. 40 à 45.) Écriture coufique, se rapprochant beaucoup du neskhi ancien; six lignes par page; traits diacritiques; la lettre *qâf* est marquée d'un trait au-dessous de la ligne; points-voyelles; les versets ne sont pas séparés; le *hâ* doré indique les groupes de cinq versets, une rosace en or et en couleurs, les groupes de dix versets. (Ms. de la fin du ve siècle de l'hégire.)

Contenu : sourates XI, 36 à 39; XXXIV, 6 à 19.

5° (Fol. 46 à 76.) Écriture coufique, se rapprochant du neskhi; points diacritiques et points-voyelles; le *qâf* est marqué d'un point au-dessous; titre de sourate (fol. 46) à l'encre jaune. (Ms. de la fin du IVe siècle de l'hégire.)

Contenu : sourates III, 200; IV, 1 à 199.

6° (Fol. 77 et 78.) Écriture de Damas, dont les traits verticaux affectent quelquefois une légère courbure; les lettres isolées et les groupes de lettres sont bien détachés les uns des autres; sans marques diacritiques; points-voyelles en rouge; les versets sont séparés par trois points dorés, disposés en forme de triangle; une rosace d'or, assez bien dessinée, indique les groupes de cinq versets. (Ms. du ve siècle de l'hégire.)

Contenu : sourate XXI, 7 à 13, 40 à 46.

Vélin. 79 feuillets. Hauteur, 18 centimètres; largeur, 22 centimètres et demi. — (Supplément 150 W.)

380.

Fragments de cinq exemplaires du Coran.

1° (Fol. 1 à 7.) Grosse écriture coufique, peu élégante; six lignes par page; points-voyelles en rouge, avec variantes; traits diacritiques ajoutés après coup; les versets sont séparés par une petite rosace historiée; au fol. 2, le texte est placé entre deux bandes historiées, avec trois fleurons historiés en marge. C'est le commencement d'une section. (Ms. du ve siècle de l'hégire.)

Contenu : sourates XXVIII, 12 à 14; XLIX, 2 à 15.

2° (Fol. 7 *bis* à 30.) Écriture coufique, peu élégante; cinq lignes par page; points-voyelles en rouge, avec variantes; traits diacritiques plus modernes que le texte; le *hâ* doré indique les groupes de cinq versets, et la rosace historiée les groupes de dix versets. (Ms. du ve siècle de l'hégire.)

Contenu : sourates VI, 156 à 159; VIII, 10 à 13; IX, 34 à 36, 76 à 79, 93 à 95, 107 à 110; X, 26 à 29, 39 à 44; XV, 32 à 38; XXVII, 48 à 71.

3° (Fol. 31 à 51.) Grosse écriture coufique, de moyenne grandeur; cinq lignes par page; points-voyelles en rouge, avec variantes; des rosaces dorées séparent les versets; des pendeloques historiées indiquent les groupes de cinq versets, des rosaces ornées, les groupes de dix versets. (Ms. du IVe siècle de l'hégire.)

Contenu : sourates IX, 3 à 13; XII, 15 à 17, 30 à 31; XXXV, 14 et 15, 35 à 37, 43 à 45; XXXVIII, 39 à 54, 60 à 81.

4° (Fol. 52 à 64.) Belle écriture coufique, de moyenne grandeur; six lignes par page; points-voyelles en rouge, avec variantes; le *hâ* doré indique les groupes de cinq versets, la rosace historiée, les groupes de dix versets. Une *saddjâda* et une *qibla*, très-bien dessinées en or et en couleurs, marquent le commencement d'une section. (Ms. du IVe siècle de l'hégire.)

Contenu : sourates III, 122 à 128; XI, 49 à 63; XXIV, 56 et 57; XXV, 18 à 22.

5° (Fol. 65 à 67.) Belle écriture coufique moyenne; six lignes par page; points-voyelles en rouge; traits diacritiques ajoutés après coup; le *hâ* doré indique les groupes de cinq versets; une rosace, à la marge du fol. 65 v°, indique la fin d'un groupe de dix versets. (Ms. de la fin du IVe siècle de l'hégire.)

Contenu : sourate XLII, 20 à 27.

Vélin. 70 feuillets. Hauteur, 15 centimètres et demi; largeur, 22 centimètres. — (Supplément 150 P p.)

381.

Fragments de sept exemplaires du Coran.

1° (Fol. 1 à 54.) Écriture coufique ordinaire; six lignes par page; points-voyelles en rouge; points verts pour le *hamza;* sans marques diacritiques; les versets ne sont pas séparés; le *hâ* doré indique les groupes de cinq versets, et la rosace historiée les groupes de dix versets; titres de sourates (fol. 9 v°, 44 v°, 51) en lettres d'or, contemporains du texte. (Ms. du ve siècle de l'hégire.)

Contenu : sourates IX, 113 et suiv.; X, 1 à 62, 88 et suiv.; XI, 1 à 9; LXIV, 7 et suiv.; LXV, 1 à 6.

2° (Fol. 55 à 63.) Écriture coufique moyenne; cinq lignes par page; quelques traits diacritiques; points-voyelles en rouge; point vert pour le *hamza;* une petite rosace sépare les versets; le *hâ* indique les groupes de cinq versets, une rosace historiée les groupes de dix versets; titre de sourate (fol. 60) en or, contemporain du texte. (Ms. du IVe siècle de l'hégire.)

Contenu : sourates XLII, 45 et suiv.; XLIII, 1 à 9; LVII, 11.

3° (Fol. 64 et 66.) Écriture coufique ordinaire; huit lignes par page; l'*alif* est représenté par un trait droit; la queue du *mîm* est dirigée en bas; points-voyelles en rouge; point vert pour le *hamza.* (Ms. du ve siècle de l'hégire.)

Contenu : sourate XVI, 63 à 66, 95 à 99.

4° (Fol. 66 à 69.) Écriture coufique ordinaire; cinq et six lignes par page; semblable pour le reste au fragment précédent. (Ms. du ve siècle de l'hégire.)

Contenu : sourate XX, 41 à 49, 76 à 83.

5° (Fol. 70 à 80.) Écriture coufique ordinaire; cinq lignes par page; points-voyelles en rouge; points diacritiques ajoutés après coup; les versets sont séparés par une petite rosace historiée. (Ms. de la fin du IVe siècle de l'hégire.)

Contenu : sourates III, 161-175; XXVII, 65 à 68.

6° (Fol. 81 et 82.) Écriture coufique ordinaire; l'*alif* est représenté par un trait vertical; la queue du *mîm* est dirigée en bas; six lignes par page; points-voyelles en rouge; titre de sourate en lettres d'or et encadré, avec fleuron en marge, contemporain du texte. (Ms. du ve siècle de l'hégire.)

Contenu : sourates I, 2 et suiv.; II, 1, 9 à 13.

7° (Fol. 83.) Écriture coufique ordinaire; six lignes par page; points-voyelles en rouge; trait diacritique sur le *noûn* final; rosace historiée. (Ms. du ve siècle de l'hégire.)

Contenu : sourate II, 166 à 168.

Vélin. 83 feuillets. Hauteur, 11 centimètres; largeur, 16 centimètres. — (Supplément 150 A a a.)

382.

Fragments de cinq exemplaires du Coran.

1° (Fol. 1 à 17.) Écriture coufique, brisée et angulaire, se rapprochant beaucoup de l'ancienne écriture neskhi; six lignes par page; points-voyelles en rouge; sans traits ni points diacritiques; les versets ne sont pas séparés; le *hâ* doré indique les groupes de cinq versets, et une rosace grossièrement exécutée les groupes de dix versets; titre de sourate (fol. 16 v°) en lettres d'or, contemporain du texte. (Ms. du ve siècle de l'hégire.)

Contenu : sourates IV, 115 à 136; VIII, 4 à 10; IX, 96 à 101; X, 1 à 12; XVIII, 32 à 59; LX, 3 à 10; LXI, 6 et suiv.; LXII, 1 à 7.

2° (Fol. 18 à 35.) Écriture du même genre que la précédente, mais plus rapprochée du neskhi; sept lignes par page; points-voyelles en rouge, avec variantes en couleurs; points diacritiques ajoutés après coup; les versets sont séparés par une petite rosace historiée; le *hâ* doré indique les groupes de cinq versets, une grosse rosace en or et en couleur, tantôt insérée dans le texte, tantôt en marge, les groupes de dix versets; titre de sourate (fol. 32) en lettres d'or, contemporain du texte, avec fleuron à la marge. (Ms. du ve siècle de l'hégire.)

Contenu : sourates II, 79 à 99; XXVII, 45 à 88; XLIII, 61 à 67, 77 et suiv.; XLIV, 1 à 44.

3° (Fol. 36 à 58.) Ancienne écriture neskhi; six lignes par page; points-voyelles en rouge; points verts pour les *hamza;* des pendeloques historiées, renfermant le mot ﺁية, séparent les versets; le *hâ* doré indique les groupes de cinq versets, la rosace historiée les groupes de dix versets; titre de sourate (fol. 46) en lettres d'or, contemporain du texte, avec un fleuron à la marge. (Ms. de la fin du ve siècle de l'hégire.)

Contenu : sourates II, 138 à 160, 200 à 209; VIII, 73 et suiv.; IX, 1 à 37.

4° (Fol. 59 à 61.) Écriture du même genre que la précédente; points-voyelles en rouge; traits diacritiques ajoutés après coup; le *hâ* doré indique les groupes de cinq versets, une rosace grossièrement historiée, les groupes de dix versets. (Ms. de la fin du ve siècle de l'hégire.)

Contenu : sourates VII, 99 à 115; XXX, 17 à 22.

5° (Fol. 62 et 63.) Écriture neskhi; neuf lignes par page; points-voyelles en rouge; sans marques diacritiques; les versets ne sont pas séparés; des rosaces historiées indiquent les groupes de dix versets. (Ms. de la fin du ve siècle de l'hégire.)

Contenu : sourate IX, 13 à 21, 36 à 42.

Vélin. 63 feuillets. Hauteur, 21 centimètres; largeur, 15 centimètres et demi. — (Supplément 150 D d d.)

383.

Fragments de quatre exemplaires du Coran.

1° (Fol. 1 à 8.) Belle écriture de Damas; sept lignes par page; points-voyelles en rouge; points verts pour les *hamza; teschdîd* de la forme actuelle, à l'encre bleue; nombreux traits diacritiques, contemporains du texte; le *qâf* est surmonté de deux traits; les versets sont séparés par une petite rosace en or et en couleur; le *hâ* doré indique les groupes de cinq versets, la rosace historiée, les groupes de dix versets. (Ms. du ve siècle de l'hégire.)

Contenu : sourate VI, 62 à 84.

2° (Fol. 9 à 19.) Écriture coufique, de moyenne grandeur; sept lignes par page; points-voyelles en rouge, avec variantes en couleurs; traits diacritiques ajoutés après coup; les versets sont séparés par une petite rosace dorée; des rosaces, portant le mot خمس, indiquent les groupes de cinq versets, d'autres rosaces, portant chacune un nom de dizaine, les groupes de dix versets. (Ms. de la fin du IVe siècle de l'hégire.)

Contenu : sourates VI, 7 à 12; VII, 131 à 134, 145 et 146; XI, 64 à 73; XXI, 48 à 51, 78 à 80.

3° (Fol. 20 et 21.) Jolie écriture de Damas, angulaire et brisée; dix lignes par page; quelques traits diacritiques, contemporains du texte; le *qâf* est surmonté de deux traits; points-voyelles et autres signes orthographiques de forme moderne, à l'encre rouge; les versets et groupes de versets ne sont pas séparés. (Ms. du ve siècle de l'hégire.)

Contenu : sourate II, 276 à 282.

4° (Fol. 22 et 23.) Écriture neskhi; neuf lignes par page; points diacritiques; sans points-voyelles, deux points sur le *qâf;* les versets ne sont pas séparés; des rosaces tracées à l'encre indiquent les groupes de dix versets. (Ms. de la fin du ve siècle de l'hégire.)

Contenu : sourate XXVIII, 19 à 30.

Vélin. 23 feuillets. Hauteur, 17 centimètres; largeur, 12 centimètres. — (Supplément 150 G g g.)

384.

Le Coran; beau ms. du commencement du XIIIe siècle. Les derniers feuillets, renfermant la sourate اذ زلزلت et les quatorze sourates suivantes, manquent. Le texte n'est pas ponctué, ni divisé en versets, mais les groupes de dix versets sont marqués. Une main italienne, de la fin du XIIIe siècle, a écrit plusieurs remarques en latin sur les premières pages du volume, et un grand nombre

de gloses et de traductions sur les marges de presque toutes les pages. On reconnaît, à la lecture de ces notes, que l'écrivain était un ecclésiastique catholique romain, et qu'il possédait une parfaite connaissance du Coran et de la langue arabe. Sur le feuillet de garde, à la fin du volume, on lit la note suivante : «Ex Bibliotheca Jo. Huralti Boistallerii. Emi 10 coro (coronis?) a quodam Constantinopolitano.»

Papier. 248 feuillets. Hauteur, 23 centimètres; largeur, 17 centimètres et demi. 17 lignes par page. — (Ancien fonds 209.)

385.

Le Coran; exemplaire daté de l'an 703 de l'hégire (1304 de J. C.). Ce volume, de provenance espagnole, probablement de Grenade, est écrit dans un caractère qui se rapproche beaucoup de l'écriture coufique et qui se distingue par l'élégance des traits et par leur netteté. Les deux premières pages portent chacune une arabesque carrée, en or et en couleurs. Les titres des sourates sont en lettres d'or; les divisions du texte sont indiquées par des rosaces, tracées sur les marges, et offrant presque partout un dessin différent. Des cartouches ogivales marquent les leçons de chaque jour du mois de ramadhân (تجزية رمضان). Tous ces ornements sont d'une exécution parfaite. Deux arabesques, en forme d'échiquier, et ne renfermant aucune inscription, se trouvent à la fin du texte au verso du folio 129 et au recto du folio suivant. Viennent ensuite deux feuillets portant une très-belle arabesque, servant d'encadrement à une inscription en coufique, en lettres d'or, dont voici la traduction : «Ce volume a été terminé avec le bon secours de Dieu; grâces lui soient rendues! Que la bénédiction et la meilleure des salutations de la part de Dieu reposent sur notre seigneur et prophète et patron, Moḥammad, et sur sa famille pure et vertueuse! Louange à Dieu, Seigneur de toutes les créatures! Ce volume fut achevé au mois de djoumâdâ second de l'an 703.»

L'orthographe est celle des anciens exemplaires; les signes phonétiques et autres sont ceux des meilleurs mss. occidentaux. Notre exemplaire a conservé intacte son ancienne reliure, dont l'ornementation atteste le bon goût des artistes maures-espagnols.

Vélin. 132 feuillets. Hauteur, 18 centimètres; largeur, 17 centimètres et demi. 25 lignes par page. — (Ancien fonds 143.)

386.

Le Coran; exemplaire écrit en caractères occidentaux. L'écriture, petite et mince, offre un beau modèle de calligraphie; c'est l'écriture maure-espagnole dans toute son élégance. L'orthographe est celle des anciens mss. du Coran; les motions sont à l'encre rouge, les *djazm* et les *teschdîd* à l'encre bleue; les *alif* de prolongation, supprimés dans le texte, y ont été ajoutés à l'encre rouge. Les titres des sourates sont écrits en lettres d'or. Le premier feuillet, renfermant la première sourate et une partie de la seconde, manque, ainsi que les derniers feuillets, qui devaient contenir les sourates LXXXIII et suivantes. Il y a aussi quelques lacunes dans le corps de l'ouvrage.

Vélin. 78 feuillets. (Le folio 33 n'appartient pas à ce ms.) Hauteur, 17 centimètres et demi; largeur, 16 centimètres. 29 lignes par page. Ms. du XIVe siècle. — (Supplément 135.)

387.

Le Coran; exemplaire très-bien écrit, en gros caractères, et portant, outre les signes de ponctuation, un grand nombre de gloses marginales, indiquant les diverses leçons du texte. Les feuillets du commencement et ceux de la fin, ainsi que plusieurs dans le corps du volume, sont d'une écriture moderne, d'une main peu exercée. Le nombre de ces feuillets restaurés est environ d'une centaine.

Papier. 484 feuillets. Hauteur, 33 centimètres et demi; largeur, 25 centimètres. 11 lignes par page. Ms. du XIVe siècle. — (Supplément 139.)

388.

Les sourates III et IV du Coran, écrites en caractères maghrebins. Les points-voyelles et les *alif* de prolongation sont à l'encre rouge, les *teschdîd* et les *djazm* à l'encre bleue; un point jaune indique le *hamza*, et un point vert le *waṣla;* un trèfle d'or sépare les versets; un *hâ* coufique doré marque la fin de chaque groupe de cinq versets; des rosaces historiées, à la marge, indiquent les groupes de dix versets; un titre de sourate (fol. 42) est en caractères coufiques et en lettres d'or, avec une grande rosace à la marge. Au premier feuillet on voit un ornement, représentant un tapis carré, assez bien exécuté en or et en couleurs; les deux dernières pages sont entourées d'un cadre exécuté en or et en argent. Ce ms. provient de la mosquée d'al-Zaïtoûna, à Tunis, mais il paraît avoir été écrit en Espagne.

Vélin. 87 feuillets. Hauteur, 19 centimètres et demi; largeur, 17 centimètres et demi. 9 lignes par page. Ms. du XIVe siècle. — (Supplément 157, Saint-Germain 289.)

389 à 392.

Les volumes 1, 2, 3 et 5 d'un exemplaire du Coran, écrit en lettres d'argent sur papier pourpré. Il manque les sections 19 à 24; il y a en outre quelques lacunes de moindre étendue, et quelques feuillets sont déplacés. Bonne écriture neskhi occidentale; les points diacritiques, les signes des voyelles, les *teschdîd* et les autres marques orthographiques ont la forme moderne. Les versets se terminent par une pendeloque renfermant un trèfle doré; les groupes de cinq versets sont indiqués par un *hâ* coufique doré, et les groupes de dix versets par une rosace en or, entourée d'un cercle. Les sourates ne portent pas de titres, mais elles se terminent par un *khâtima;* voici celui de la cinquième sourate : جملة السورة التى يذكر فيها المايدة وهى تعدماية واثنتين وعشرين اية «La totalité de la sourate dans laquelle il est fait mention de la Table; elle compte cent vingt-deux versets.» En tête du premier volume se trouve un avertissement remplissant deux pages, et faisant connaître les signes par lesquels le copiste a indiqué les variantes des sept leçons et celles qui se présentent dans la division des versets. Le ms. a été probablement écrit à Grenade.

4 volumes. Papier. Le premier volume renferme 90 feuillets, le deuxième 82, le troisième 68, et le cinquième 77. Hauteur, 21 centimètres et demi; largeur, 16 centimètres. 13 lignes par page. Ms. du XIVe siècle. — (Supplément 152, Saint-Germain 68, 69, 70, 71.)

393.

Section du Coran commençant par اقترب للناس حسابهم, et finissant par ابرهيم هو سمّاكم والمسلمين من قبل.

Papier. 38 feuillets. Hauteur, 24 centimètres; largeur, 16 centimètres. 6 lignes par page; les deux premières pages ne portent que 4 lignes, tracées sur un fond orné et entourées d'un encadrement doré; frontispice carré avec inscription en lettres d'or. Ms. du XIVe siècle. — (Supplément 1974.)

394.

Le Coran, très-bien écrit, et portant les signes des sections, des groupes de dix versets et de la ponctuation. Un des derniers cahiers a été remplacé par une main plus moderne. Ce ms. est daté de l'an 770 de l'hégire (1369 de J. C.). Il a appartenu à Galland. On lit sur le feuillet de garde de la fin un passage du Coran qui sert d'amulette pour faciliter les accouchements difficiles.

Papier. 290 feuillets. Hauteur, 15 centimètres; largeur, 10 centimètres. 17 lignes par page. — (Ancien fonds 210.)

395.

Le second volume d'un exemplaire du Coran qui devait se composer de quatre volumes. Il renferme les sourates VII à XVIII; mais il y a une lacune à la fin de la sourate XIII et au commencement de la sourate XIV. Ce texte, écrit probablement vers la fin du XIVe siècle, en beaux caractères neskhi occidentaux ou espagnols, est accompagné des voyelles à l'encre rouge; les *soukoûn* et les *teschdîd* sont à l'encre bleue, les *alif* de prolongation, à l'encre rouge. Une note, en écriture courante et assez difficile à lire, en tête du ms., nous apprend que ce volume, avec ses trois *frères*, c'est-à-dire les trois volumes faisant partie du même exemplaire, était contenu dans un étui en bois (بداخل الحوالق الحسى), l'an 844 de l'hégire (1440 de J. C.), époque où le possesseur le donna en *waqf* (حبس) à la grande mosquée (المسجد) de Malaga.

Vélin. 89 feuillets. Hauteur, 14 centimètres et demi; largeur, 12 centimètres. 16 lignes par page. Volume relié à l'orientale. Il porte les armes de Henri II, quoiqu'il vienne de la bibliothèque de Colbert. — (Ancien fonds 219, Colbert 6481.)

396.

Feuillet détaché d'un exemplaire du Coran.

Papier. Hauteur, 41 centimètres; largeur, 29 centimètres. 17 lignes par page. Grande et belle écriture espagnole du XIVe siècle, les contours des lettres sont tracés en noir et l'intérieur avait été doré. — (Supplément 2250.)

397.

Second volume d'un exemplaire du Coran. Il commence par le troisième verset de la dix-neuvième sourate, et finit au milieu du vingtième verset de la quatre-vingt-neuvième sourate. Les derniers feuillets manquent. Ce volume paraît être de la fin du XIVe siècle; il est écrit en grands et beaux caractères; des étoiles marquent les groupes de dix versets. Le texte n'est pas ponctué. Au-dessus de chaque mot arabe se trouve l'équivalent persan. Sur la marge du premier feuillet et sur le feuillet de

garde de la fin on lit les mots suivants, tracés évidemment par une main européenne : Ἀνέγνωκε Ναυλωτ τόδε, 1573.

Papier. 374 feuillets. Hauteur, 32 centimètres; largeur, 19 centimètres et demi. 8 lignes par page. — (Ancien fonds 177, Colbert 1032.)

398.

Le Coran; exemplaire daté de l'an 831 de l'hégire (1437 de J. C.). Le texte, très-bien écrit, porte les signes ordinaires de division et de ponctuation. Les pages sont encadrées d'un filet rouge; les deux premières sont ornées d'une arabesque. Ce volume fut trouvé à la prise de Bude, en 1686.

Papier. 328 feuillets. Hauteur, 14 centimètres; largeur, 11 centimètres. 13 lignes par page. — (Supplément 141 *bis*.)

399.

Le Coran en écriture coufique.

A la suite de la dernière sourate se trouve une note, tracée en caractères coufiques, et d'une écriture plus moderne que le corps de l'ouvrage, ainsi conçue : كتب برسم امير المؤمنين خلّد الله ملكه الخليفة هارون الرشيد صلى الله عليه وعلى ابائه الطاهرين فى رمضان سنة اثنتين وثمانين ومائة «Écrit sur l'ordre du Commandeur des croyants, de qui Dieu perpétue le règne, le calife Haroûn al-Raschîd, à qui Dieu soit propice, ainsi qu'à ses ancêtres, les purs; au mois de ramadhân de l'an 182 (798 de J. C.).» Cette inscription a donné lieu de croire que notre ms. faisait partie d'un présent que le calife Haroûn al-Raschîd avait envoyé à Charlemagne. Un examen attentif du ms., de son écriture, de sa reliure et de l'étui qui le renferme, nous autorise à repousser cette légende:

1° L'écriture du ms. ressemble à celle des monnaies coufiques du IXe siècle, et sa fraîcheur ainsi que la blancheur des feuillets ne permettent pas de le regarder comme plus ancien que cette époque.

2° Les feuillets sont numérotés en chiffres indiens, de la forme de ceux qu'on remarque dans les mss. du XVIe et du XVIIe siècle.

3° Le ms. a été réparé en Orient, sans doute au XVIe siècle.

4° La reliure du ms. est évidemment orientale, et du XVIe siècle.

5° L'étui en peau, fait exprès pour ce ms., porte sur le rebord l'inscription ordinaire en neskhi moderne : لا يمسه الا المطهرون.

6° En dedans de l'étui on lit : «Ex munificentia magistri Cochu, 1787.»

7° La note arabe dont nous avons donné le texte a été ajoutée à une époque assez récente, comme il est facile de le reconnaître à la couleur de l'encre et aux formes peu archaïques de plusieurs lettres.

8° La formule employée, en parlant du calife : «à qui Dieu soit propice, ainsi qu'à ses ancêtres, les purs,» appartient au rite schiite et ne pouvait être appliquée à un calife abbaside.

Il résulte de ces indications, que le volume est du IXe ou du Xe siècle; qu'il fut raccommodé et relié en Orient au XVIe siècle; qu'il reçut sa pagination au XVIIe siècle; qu'en l'an 1787 il se trouvait entre les mains d'un Européen, et que la Bibliothèque du roi n'a pu l'acquérir que postérieurement à cette date.

Le texte de ce ms. n'offre d'autres divisions que celle en groupes de dix versets; il est dépourvu de points diacritiques. Les points rouges, placés tantôt au milieu des lignes, tantôt au-dessus et au-dessous des mots, marquent les *hamza* et même quelques motions. Ils paraissent avoir été ajoutés après coup.

Vélin. 369 feuillets. Hauteur, 4 centimètres; largeur, 7 centimètres et demi. 11 lignes par page. — (Supplément 114.)

400.

Le Coran. Le texte est accompagné des signes de division et des signes indiquant la ponctuation. Les deux premières pages sont encadrées d'une belle arabesque en or et en azur, mais un peu fanée. La reliure originale, bien que très-fatiguée, offre un bel échantillon de l'art arabe; le dessin représente un parallélogramme d'environ 18 centimètres sur 12, dans lequel se déploient sur un fond d'or les volutes, les spirales et les fleurons d'une arabesque très-légère et très-élégante.

Papier. 324 feuillets. Hauteur, 23 centimètres; largeur, 17 centimètres. 12 lignes par page. Ms. du XIVe siècle. — (Ancien fonds 192, Colbert 3633.)

401.

Le Coran; beau ms. dont l'écriture, la reliure et l'ornementation sont du même genre et de la même époque

que celles du ms. décrit sous le n° précédent. On y remarque de plus, sur le verso du premier feuillet, une belle arabesque en forme d'étoile renfermant, en guise d'épigraphe, une partie du verset 90 de la dix-septième sourate; une étoile semblable, dessinée sur le recto du second feuillet, contient la fin du verset : «Quand les hommes et les génies se réuniraient pour produire quelque chose de semblable à ce Coran, ils ne produiraient rien de pareil, lors même qu'ils s'aideraient mutuellement!» A la fin du volume se trouve la prière que le musulman doit réciter après avoir lu le texte en entier, puis vient le *Fâl-namè* en persan et en écriture ta'lîq.

Papier. 463 feuillets. Hauteur, 32 centimètres et demi; largeur, 20 centimètres et demi. 9 lignes par page. — (Ancien fonds 176, Colbert 3097.)

402.

Volume composé de cahiers appartenant à divers exemplaires du Coran, presque tous très-mal écrits, en caractères occidentaux. Les six premiers feuillets sont de l'écriture de Constantinople; le feuillet 7 est africain; les feuillets suivants jusqu'au folio 163 ont appartenu à un exemplaire écrit en Espagne au xve siècle; on y a joint quelques feuillets en écriture orientale du xvie siècle, pour remplir les lacunes. Les feuillets 167 à 201 ont appartenu à un autre exemplaire espagnol du même âge que le précédent. Les feuillets 202 à 227 sont d'une autre écriture et probablement du même siècle. Les cahiers suivants jusqu'à l'avant-dernier sont aussi d'une écriture occidentale, et paraissent avoir été écrits en Afrique. Ils offrent cette particularité que le texte arabe porte entre les lignes de courtes gloses et explications, les unes en arabe et les autres en une langue qui semble être un dialecte berber. Le dernier feuillet, écrit en Afrique, renferme la fin du Coran.

Tous ces cahiers, à l'exception des derniers, n'offrent aucun intérêt. Le volume entier porte les marques d'un long usage chez une population grossière.

Papier. 254 feuillets. Hauteur, 20 centimètres; largeur, 14 centimètres et demi. — (Supplément 124.)

403.

Le Coran; exemplaire en caractères neskhi occidentaux, de diverses mains. Les signes orthographiques sont ceux de tous les exemplaires africains. Les premiers et les derniers feuillets manquent.

Papier. 283 feuillets. Hauteur, 21 centimètres; largeur, 14 centimètres et demi. 16 lignes par page. Ms. qui paraît être du xve siècle. — (Supplément 137.)

404.

Le Coran; exemplaire d'une bonne écriture du xve siècle. Les signes de division et de ponctuation y sont marqués. Des notes, renfermant des traditions (حديث) servant à éclaircir le sens du texte, sont inscrites sur les marges de quelques feuillets. La dernière sourate manque.

Papier. 162 feuillets. Hauteur, 26 centimètres; largeur, 17 centimètres et demi. 19 lignes par page. — (Supplément 148 vi.)

405.

Le Coran; exemplaire du xve siècle. Il y manque deux cahiers, contenant la fin de la sourate xvi et le commencement de la sourate xvii.

Papier. 367 feuillets. Hauteur, 18 centimètres; largeur, 12 centimètres et demi. 12 lignes par page. Relié aux armes et au chiffre de Henri IV. — (Ancien fonds 195.)

406.

Le Coran; exemplaire du xve siècle, bien écrit et portant les signes de division et de ponctuation. Il paraît avoir beaucoup servi. Le dernier feuillet est d'une écriture plus moderne.

Papier. 249 feuillets. Hauteur, 25 centimètres; largeur, 16 centimètres et demi. 15 lignes par page. — (Ancien fonds 194.)

407.

Le Coran, d'une belle écriture orientale, divisé en trente sections (جزء) et pourvu des signes de ponctuation.

Papier. 388 feuillets. Hauteur, 32 centimètres; largeur, 23 centimètres. 10 lignes par page. Ms. du xve siècle relié aux armes et au chiffre de Fouquet. — (Ancien fonds 172.)

408.

Le Coran; belle écriture orientale, qui paraît être du xve siècle. La division par sections y est indiquée ainsi que la ponctuation. Sur le verso du premier feuillet est inscrit un acte de constitution de *waqf*. Cette note, rédigée en mauvais arabe, nous apprend que cet exemplaire fut donné à la mosquée de la citadelle d'Otrante (اوترنده) dans la Pouille (پوليا), l'an 886 de l'hégire (1481 de J. C.).

Papier. 342 feuillets. Hauteur, 26 centimètres; largeur, 17 centimètres et demi. 13 lignes par page. Relié aux armes de France et au chiffre de Henri II. — (Ancien fonds 173.)

409.

Feuillet portant sur un seul côté six lignes du Coran.

Papier. Hauteur, 32 centimètres et demi; largeur, 23 centimètres. Grosse écriture maghrebine du xve siècle. — (Supplément 2251.)

410.

Fragment d'un exemplaire du Coran, commençant par le sixième verset de la seconde sourate et finissant avec la dix-huitième sourate. Les motions ou voyelles y sont marquées à l'encre rouge. L'écriture est très-mauvaise, comme celle de la plupart des mss. arabes écrits en Espagne par les musulmans du xve et du xvie siècle. A la suite de ce fragment, au folio 126, se trouvent onze lignes écrites en caractères arabes et paraissant renfermer un charme contre la fièvre. Cette pièce est rédigée en espagnol mêlé d'arabe. Le feuillet 132 est un fragment d'un traité de jurisprudence. Le feuillet suivant est une amulette. Ce volume provient de la succession du duc de Bournonville, qui fut vice-roi et capitaine général de Barcelone, en 1680.

Papier. 133 feuillets. Hauteur, 29 centimètres; largeur, 20 centimètres. 17 lignes par page. — (Ancien fonds 182.)

411.

Le Coran; exemplaire en caractères orientaux, d'une écriture très-serrée et très-fine, qui paraît être de la fin du xve siècle.

Papier. 160 feuillets. Hauteur, 11 centimètres et demi; largeur, 10 centimètres. 15 lignes par page. — (Supplément 144.)

412.

Les sourates xv et xvi du Coran; grande écriture neskhi occidentale; cinq lignes par page; les points-voyelles et les *alif* de prolongation en rouge; les *djazm* et les *teschdîd* en vert; titres de sourates en caractères coufiques très-mal dessinés à l'encre d'or; les versets sont séparés par un trèfle d'or, les groupes de cinq versets par des pendeloques d'or, et les groupes de dix versets, par de grands ronds historiés.

Au commencement du volume se trouve un cahier de vingt pages, d'une écriture du xviie siècle, ayant appartenu à un ouvrage en langue turque, qui traite du sens de certains passages du Coran, quand on consulte le sort au moyen de ce livre. Très-belle écriture neskhi.

Papier. 68 feuillets. Hauteur, 33 centimètres; largeur, 23 centimètres. Ms. de la fin du xve siècle. — (Supplément 165.)

413.

Le Coran; ms. d'une assez bonne écriture daté de l'an 923 de l'hégire (1517 de J. C.). La division par parties et par huitièmes de section (جزء) est indiquée, mais les signes de ponctuation manquent. Les *alif* de prolongation sont en rouge.

Papier. 515 pages. Hauteur, 17 centimètres; largeur, 12 centimètres et demi. 15 lignes par page. — (Supplément 120, Saint-Germain 278.)

414.

Le Coran; bonne écriture orientale. La division du texte en sections et en groupes de dix versets est indiquée, ainsi que la ponctuation. D'après un acte de donation inscrit sur le recto du premier feuillet, ce volume fut donné à la mosquée de Qal'at Nowâ نوى (Castel-Novo, en Dalmatie?) l'an 943 de l'hégire (1536 de J. C.).

Papier. 296 feuillets. Hauteur, 31 centimètres; largeur, 20 centimètres et demi. 15 lignes par page. Ms. du xvie siècle, relié aux armes et au chiffre de Henri II. — (Ancien fonds 174.)

415.

Le Coran, d'une belle écriture persane, daté du mois

de safar 945 (juillet 1538 de J. C.). Le texte est ponctué et divisé en sections et en groupes de dix versets. Les pages sont encadrées d'un filet d'or. Les titres des sourates sont en or. Une arabesque assez simple, qui ornait les deux premières pages, a été effacée par une main européenne. A la fin du volume on trouve un traité de divination, en persan, remplissant cinq pages.

Papier. 352 feuillets. Hauteur, 12 centimètres; largeur, 8 centimètres et demi. 14 lignes par page. — (Supplément 127.)

416.

Le Coran; ms. daté de l'an 956 de l'hégire (1549 de J. C.). Le texte est accompagné des signes de division et de ponctuation.

Papier. 297 feuillets. Hauteur, 13 centimètres; largeur, 6 centimètres. 15 lignes par page. — (Supplément 118, Saint-Germain 531.)

417.

Le Coran; beau ms. qui paraît être de la fin du xve siècle. Le texte est divisé en parties et porte les signes de ponctuation. Les deux premières pages sont encadrées d'une arabesque assez bien exécutée. Un possesseur du ms. a inscrit son nom sur le recto du premier feuillet avec la date de 957 (1550 de J. C.). Sur la même page on voit la signature de Du Ryer, traducteur du Coran.

Papier. 191 feuillets. Hauteur, 18 centimètres; largeur, 13 centimètres. 15 lignes par page. — (Supplément 122, Saint-Germain 284.)

418.

Le Coran, d'une très-belle écriture neskhi. Le texte porte les signes de ponctuation. Les groupes de cinq versets sont indiqués, à la marge, par des étoiles qui sont alternativement à fond d'azur et à fond d'or. Les quatre premières pages du texte, les deux pages qui se trouvent au milieu du volume et les deux dernières pages du texte sont encadrées d'arabesques, exécutées en or et en couleurs, d'un très-beau dessin. La quatrième et la cinquième page sont écrites sur un fond d'or. Les titres des sourates sont entourés de belles arabesques. La reliure orientale, qui est à repli et qui se ferme au moyen de deux agrafes en argent, est ornée, tant en dedans qu'au dehors, d'arabesques et d'inscriptions en caractère neskhi, renfermant des versets du Coran. Ces ornements sont en or et en couleurs.

A la fin du volume se trouve un petit traité en vers persans intitulé فال نامه, «Livre de Divinations», qui enseigne la manière de consulter le sort au moyen du Coran. Cette pièce, écrite en ta'lîq, est de la main du copiste qui a transcrit le reste du volume.

Un acte de donation, rédigé en turc et inscrit sur le recto du premier feuillet, nous apprend que ce magnifique volume fut donné par le grand vizir Sinân Pacha à l'église de Yâniq (يانق) qui venait d'être convertie en mosquée. Cette pièce est datée de l'an 1003 de l'hégire (1594 de J. C.). Meninski nous apprend que *Yâniq*, en latin *Iaurinum* et en italien *Giavarino*, est une ville de Hongrie.

Papier. 450 feuillets. Hauteur, 39 centimètres; largeur, 25 centimètres et demi. 10 lignes par page. — (Ancien fonds 175, Colbert 1391.)

419.

Le Coran. Les titres des sourates sont en lettres d'or. Il en est de même des mots inscrits sur les marges et qui indiquent la division du texte en soixante parties (حزب) et en quarts de partie. Les signes de ponctuation n'y sont pas marqués. Le ms., qui paraît être du xvie siècle, est relié aux armes et au chiffre de Henri II. Le commencement, jusqu'au verset 81 de la sourate II, manque.

Papier. 218 feuillets. Hauteur, 28 centimètres; largeur, 20 centimètres. 13 lignes par page. — (Ancien fonds 180.)

420.

Le Coran, écrit en caractères neskhi occidentaux et probablement par un Maure espagnol qui était émigré au Maroc. Le style de l'écriture est tout à fait celui de la bonne école espagnole. Les points-voyelles et les *alif* de prolongation sont en rouge. La division par parties y est indiquée. Les titres des sourates sont en lettres coufiques, lavées d'or.

Au folio 343 se trouvent quelques lignes en vers *radjaz*, paraissant renfermer une opération d'arithmétique; mais la mauvaise écriture et les fautes d'orthographe empêchent d'en reconnaître la nature. Sur le verso du même feuillet on lit une recette pour la préparation de la pierre philosophale appelée l'*émeraude rouge* (الدهنج الاحمر).

Papier. 344 feuillets. Hauteur, 20 centimètres et demi; largeur,

15 centimètres. 15 lignes par page. Ms. du XVIe siècle. — (Ancien fonds 188.)

421.

Le Coran. Tous les signes de division et de ponctuation sont indiqués. Les feuillets 1 et 2 sont d'une écriture plus moderne que le reste du ms. Le dernier feuillet manque. Le feuillet 60 et les neuf feuillets suivants ont été renversés à la reliure.

Papier. 300 pages. Hauteur, 23 centimètres; largeur, 15 centimètres. 13 lignes par page. Ms. du XVIe siècle. — (Ancien fonds 190, Colbert 4993.)

422.

Le Coran. Les signes de division et de ponctuation sont indiqués. La fin de la sourate intitulée النبا «La Nouvelle» et les sourates suivantes manquent.

Papier. 274 feuillets. Hauteur, 18 centimètres; largeur, 13 centimètres et demi. 15 lignes par page. Ms. du XVIe siècle. — (Ancien fonds 191, Colbert 6144.)

423.

Le septième volume d'un exemplaire du Coran, écrit en caractères neskhi occidentaux, contenant les sourates XXXVIII et suivantes jusqu'à la fin de la sourate LII. L'écriture est grande et d'un très-beau style; l'encre est d'une couleur brune et foncée; les points-voyelles sont en rouge, les *soukoûn* et les *teschdîd* en vert; les *hamza* sont représentés par des points rouges et les *tanwîn* sont figurés de la manière ordinaire. Les *alif* de prolongation sont marqués à l'encre rouge. Les groupes de cinq et de dix versets sont indiqués par des disques inscrits dans le texte ou sur les marges, et richement dorés; les disques des groupes de dix versets sont des cercles, ceux des groupes de cinq versets ont la forme d'un angle aigu fermé par un demi-cercle. Les titres des sourates sont écrits en caractères coufiques à l'encre d'or. Sur le verso du premier feuillet se trouve une belle arabesque représentant un cercle inscrit dans un carré et renfermant un treillage de raies blanches formant étoile, et dont le fond est une croix grecque à queue d'aronde. Le même ornement est reproduit sur le recto du second feuillet. A la fin du volume on voit deux ornements du même genre, seulement le treillage est remplacé par une note en caractères neskhi, qui contient l'explicit de la septième partie et une invocation pour Mahomet et sa famille.

Vélin. 114 feuillets. Hauteur, 20 centimètres; largeur, 18 centimètres. 9 lignes par page. Ms. du XVIe siècle. — (Ancien fonds 202.)

424.

Les dernières sourates du Coran, à partir de la sourate الرحمن.

Papier. 58 feuillets. Hauteur, 20 centimètres; largeur, 14 centimètres. 12 ou 13 lignes par page. Ms. du XVIe siècle. — (Ancien fonds 206.)

425.

Extraits du Coran accompagnés d'une traduction espagnole, écrite en caractères arabes. M. de Sacy a donné la notice de ce volume dans le tome IV des «Notices et extraits», page 626 et suivantes. Ce ms. offre un exemple de cette mauvaise écriture maure-espagnole dont on se servait à Grenade au XVIe siècle.

Papier. 119 feuillets. Hauteur, 20 centimètres; largeur, 13 centimètres et demi. 12 lignes par page. — (Ancien fonds 108, Colbert 3652.)

426.

Le Coran, texte pourvu des signes de division et de ponctuation. Au commencement se trouve une belle arabesque renfermant la première sourate, écrite sur un fond d'or et en caractères microscopiques. Le texte est encadré de filets très-fins, rehaussés d'un trait d'or. La reliure sort probablement d'un atelier persan; elle est encore très-belle, bien que très-fatiguée.

Papier. 434 feuillets. Hauteur du volume, 11 centimètres et demi; largeur, 7 centimètres et demi. Hauteur des pages écrites, 6 centimètres; largeur, 3 centimètres et demi. 12 lignes par page. Ms. du XVIe siècle. — (Ancien fonds 211, Colbert 6627.)

427.

Le Coran, texte pourvu des signes de division et de ponctuation. Le texte des quatre premières pages est en-

touré de belles arabesques; le copiste y a mis pour épigraphe les versets 76 à 79 de la sourate LVI. Aux autres pages, le texte est encadré de filets noirs et bleus, rehaussés d'or. Les derniers feuillets manquent.

Papier. 439 feuillets. Hauteur, 12 centimètres; largeur, 9 centimètres. 11 lignes par page. Ms. du XVIe siècle. — (Ancien fonds 212.)

428.

Le Coran. Le texte, pourvu des signes de division et de ponctuation, est encadré d'un filet rouge. La première sourate et le commencement de la seconde sont entourés d'une arabesque à fond d'azur.

Papier. 268 feuillets. Hauteur, 15 centimètres; largeur, 10 centimètres. 15 lignes par page. Ms. du XVIe siècle. — (Ancien fonds 215, Colbert 6418.)

429.

Le Coran, texte pourvu des signes de division et de ponctuation. La première sourate et le commencement de la seconde sont entourés d'une arabesque en azur et en or. Les autres pages sont encadrées de trois filets noirs rehaussés d'or. A la fin du volume se trouvent des instructions en langue turque sur la manière dont il faut consulter le sort au moyen du Coran, avant d'entreprendre un voyage. Au verso du folio 327 se trouve une prière en arabe, suivie d'une pièce de vers en turc remplissant douze pages et faisant connaître les indications que chaque lettre de l'alphabet fournit à celui qui consulte le sort. Reliure orientale.

Papier. 334 feuillets. Hauteur, 13 centimètres et demi; largeur, 9 centimètres. 15 lignes par page. Ms. du XVIe siècle. — (Ancien fonds 216, Colbert 6636.)

430.

Le Coran, texte pourvu des signes de division et de ponctuation. La première sourate occupe deux pages dont chacune est couverte d'une arabesque en azur et en or. Les autres pages sont encadrées de quatre filets de couleur et d'un filet d'or.

Papier. 466 feuillets. Hauteur, 13 centimètres; largeur, 8 centimètres. 12 lignes par page. Ms. du XVIe siècle. — (Ancien fonds 217.)

431.

Le Coran; ms. de deux écritures différentes. Le premier feuillet, ayant disparu, a été remplacé par une main européenne. Le folio 301, qui devait contenir la sourate LXXXIV en entier et les seize premiers versets de la sourate suivante, est resté en blanc. Le texte est accompagné des signes de division et de ponctuation.

Papier. 310 feuillets. Hauteur, 15 centimètres; largeur, 10 centimètres et demi. Dans la première moitié du volume, les pages contiennent 17 lignes; dans la seconde moitié, le nombre des lignes est de 15. Ms. du XVIe siècle. — (Ancien fonds 218.)

432.

Volume renfermant des extraits du Coran de diverses écritures.

Papier. 65 feuillets. Hauteur, 15 centimètres; largeur, 10 centimètres. 9 lignes par page. Ms. du XVIe siècle. — (Ancien fonds 230.)

433.

Quelques sourates du Coran. Écriture de Constantinople. Les deux premières pages sont ornées d'une arabesque, toutes les autres sont encadrées d'un filet doré.

Papier. 60 feuillets. Hauteur, 16 centimètres; largeur, 11 centimètres. 7 lignes par page. Ms. du XVIe siècle. — (Ancien fonds 231.)

434.

Le Coran, texte pourvu des signes de division et de ponctuation. Les pages sont encadrées d'un filet rouge. Les titres des sourates sont écrits à l'encre rouge, et les deux premiers sont entourés d'une arabesque.

Papier. 300 feuillets. Hauteur, 18 centimètres et demi; largeur, 11 centimètres et demi. 15 lignes par page. Ms. du XVIe siècle. — (Supplément 138.)

435.

Le Coran. Les motions sont marquées très-irrégulièrement. Les titres des sourates sont en lettres d'or. Le verso du premier feuillet et le recto du second portent

chacun une arabesque circulaire, assez bien exécutée. Au verso du second feuillet se trouve une jolie arabesque carrée, avec une fleur au milieu. Le recto du troisième feuillet contient une autre arabesque carrée, au milieu de laquelle le mot الله, tracé en caractères coufiques, est reproduit deux fois. Le folio 3 verso et le folio 4 recto contiennent le texte de la première sourate et du commencement de la seconde, encadré dans une jolie arabesque. Les pages suivantes sont entourées de filets noirs et d'un filet d'or. Le dernier cahier est d'une autre main et remplace sept feuillets perdus.

Papier. 487 feuillets. Hauteur, 9 centimètres; largeur, 8 centimètres. 11 lignes par page. Ms. du XVIe siècle. — (Supplément 149 *ter*.)

436.

La vingt-troisième section (جزء) du Coran. Les signes de division ont la forme d'assez grands disques exécutés en or et en couleurs. Les titres des sourates et les derniers versets sont entourés de belles arabesques. Il y a quelques lacunes.

Papier. 16 feuillets. Hauteur, 38 centimètres; largeur, 26 centimètres. 5 lignes par page. Ms. du XVIe siècle. — (Supplément 150, Saint-Germain 59.)

437.

Très-grand exemplaire du Coran en caractères neskhi orientaux, ayant appartenu à la mosquée d'al-Azhar, au Caire, et rapporté en France l'an 1800 par J. J. Marcel. Les titres des sourates sont en lettres d'or, les versets séparés par des rosettes dorées. Le texte des deux premières pages et des deux dernières est encadré d'une arabesque dessinée avec soin, mais d'un goût fort médiocre. L'écriture est grande, régulière et assez belle, sans toutefois égaler en beauté celle du ms. n° 418.

Hauteur, 71 centimètres; largeur, 21 centimètres et demi. 13 lignes par page. Ms. du XVIe siècle. — (Supplément 152 *bis*.)

438 à 440.

Trois volumes d'un exemplaire du Coran. Très-grosse écriture neskhi-africaine. Les traits qui marquent les voyelles sont en rouge; les *wasla* sont indiqués par un gros rond de couleur verte, et les *hamza* par un rond jaune. Les versets sont séparés par un trèfle d'or. Le *hâ* coufique doré indique les groupes de cinq versets, un très-gros rond en or et en couleur, les groupes de dix versets. Les titres des sourates sont écrits en caractères coufiques, évidés et dorés; les uns sont encadrés avec une certaine élégance, les autres accompagnés d'un fleuron assez bien dessiné en or et en couleur, sur la marge du feuillet.

Le premier volume contient les sourates I, II et III, le second volume, les sourates IV à VI, et le troisième, les sourates XXVII à XXXVII. En tête du second volume, on lit ces mots : « C'est Lalchoran que Charles le Quint, empereur des Romains et roy des Espagnes, aporta de ses expéditions de Tunis et Alger et que le cardinal de Granvelle avoit tiré de l'Escurial pour le mettre en sa bibliothèque. »

Papier. 114, 118 et 121 feuillets. Hauteur, 38 centimètres et demi; largeur, 27 centimètres. 9 lignes par page. — (Supplément 170.)

441.

Volume de diverses écritures, renfermant plusieurs sourates du Coran, suivies de prières et de litanies en langue turque. A la fin se trouve la *Borda* de Boûsîrî, très-bien écrite en caractère ta'lîq et accompagnée de toutes les motions. Le texte du poëme est entouré d'un filet d'or.

Papier. 206 feuillets. Hauteur, 15 centimètres; largeur, 9 centimètres et demi. — (Ancien fonds 197.)

442.

Les sourates XLVI à LI du Coran. Très-belle écriture. Le texte est encadré d'un filet rouge. A la fin du volume se trouve un feuillet qui contient la copie d'un passeport daté de l'an 1008 de l'hégire (1599 de J. C.) et adressé par la cour du Maroc à un de ses kaïds, le nommé Ibn-Baddja, lui ordonnant de laisser partir pour son pays le médecin franc Étienne Hubert (اسطفن هوبرت) qui s'était rendu à ladite cour. Suivent le signalement du médecin et celui de son domestique, Lubin Ponce. Cette copie, faite par un Européen peu habitué à la lecture de pièces arabes, renferme plusieurs fautes.

On a collé sur le plat intérieur une belle pièce de calligraphie arabe, renfermant quelques versets du Coran.

Papier. 25 feuillets. Hauteur, 24 centimètres; largeur, 16 centimètres. 9 lignes par page. — (Ancien fonds 199, Colbert 3822.)

443.

Les sourates VI, XXXVI, XLIV, XLVIII, LV, LXVII et LXXVIII du Coran. Une prière en arabe a été écrite sur la marge du folio 21; une autre prière est insérée dans le texte au folio 28. En tête du folio 55 verso se trouve une dissertation en turc sur les vertus d'une certaine prière, celle probablement qui a été transcrite au folio 65. Les feuillets qui suivent contiennent des prières et des passages du Coran.

Papier. 82 feuillets. Hauteur, 16 centimètres; largeur, 10 centimètres. 9 lignes par page. Ms. du XVIe siècle. — (Ancien fonds 220.)

444.

Les sourates VI, XXXVI, LXVII et LXXVIII du Coran. Sur les marges de quelques feuillets et à la fin du volume se trouvent des prières en arabe avec des titres en turc.

Papier. 38 feuillets. Hauteur, 15 centimètres et demi; largeur, 10 centimètres et demi. 9 lignes par page. Ms. du XVIe siècle. — (Ancien fonds 223, Colbert 6414.)

445.

Les sourates VI, XXXVI, XLVIII et LXVII du Coran. Volume de diverses écritures. A la fin se trouve une prière en turc.

Papier. 35 feuillets. Hauteur, 16 centimètres; largeur, 10 centimètres et demi. 9 lignes par page. Ms. du XVIe siècle. — (Ancien fonds 224, Colbert 6412.)

446.

Les sourates VI, XXXII, XXXVI, XLIV, XLVIII, LV, LVI, LXVII et LXXVIII du Coran. Au folio 42 commence une instruction, en langue turque, indiquant ce que le croyant doit faire afin que ses prières soient exaucées.

Papier. 85 feuillets. Hauteur, 9 centimètres; largeur, 5 centimètres et demi. 9 lignes par page. Ms. du XVIe siècle. — (Ancien fonds 234, Colbert 6619.)

447.

Extraits de plusieurs sourates du Coran, avec une version interlinéaire en espagnol. Certains termes religieux comme *paradis*, *ange*, etc., ne sont pas traduits, mais transcrits en caractères européens, et le mot *Dieu* est toujours écrit en arabe (الله). Ce volume a été écrit en entier, texte et traduction, à Salonique, par un musulman espagnol nommé Ibrahîm Isquierdo, en l'an 976 de l'hégire (1568 de J. C.). L'écriture arabe est une mauvaise imitation de l'écriture occidentale, ou maghrebine, celle du texte espagnol est au contraire très-régulière et très-belle.

Papier. 107 feuillets. Hauteur, 21 centimètres; largeur, 14 centimètres et demi. 5 lignes par page. — (Ancien fonds 201.)

448.

Le Coran, texte de la rédaction d'ʿOthmân, avec les voyelles et les signes orthographiques que Doûrî et Soûsî avaient transmis à leurs disciples sur l'autorité du célèbre *lecteur* Aboû ʿAmr Ibn al-ʿAlâ. En marge se trouvent les variantes provenant des maîtres lecteurs des diverses écoles. Ces variantes sont écrites à l'encre rouge. Le texte porte les signes de ponctuation. Au folio 267, à la suite du texte, se trouve une note du rédacteur dans laquelle il explique les chiffres dont il s'est servi pour indiquer les sources des variantes, etc. M. de Sacy a inséré la traduction de cette pièce dans la notice très-étendue qu'il a donnée de notre ms. (Voyez «Notices et extraits», etc., tome IX, page 76.) Sur le verso du feuillet 270 on lit une note attribuée au calife ʿAlî relative à la manière de consulter le sort au moyen du Coran. Au verso du feuillet suivant se trouve une prière composée pour servir à des opérations magiques et qu'on attribue à Aboû Ḥâmid al-Ghazzâlî. Le feuillet suivant contient un charme pour faire dormir les enfants. Ms. daté de l'an 979 de l'hégire (1571 de J. C.).

Papier. 275 feuillets. Hauteur, 20 centimètres et demi; largeur, 15 centimètres. 15 lignes par page. — (Ancien fonds 189, Colbert 3641.)

449.

Le Coran. Ms. de forme octogone, daté de l'an 990 de l'hégire (1582 de J. C.). L'écriture, fine, mais peu élégante, paraît être d'une plume persane. Le dernier feuillet porte le nom de l'un des anciens possesseurs : Moḥammad, fils de Timur-Khan.

Papier. 238 feuillets. 10 centimètres de diamètre. — (Supplément 123, Supplément de Saint-Germain 27.)

450.

Le Coran, exemplaire daté de l'an 996 (1588 de J. C.), écrit par un copiste turc. Les signes de division et de ponctuation manquent.

Papier. 321 feuillets. Hauteur, 19 centimètres; largeur, 14 centimètres. 15 lignes par page. — (Ancien fonds 186.)

451.

Le Coran, texte pourvu des signes de ponctuation. Les parties et les groupes de dix versets sont marqués à l'encre rouge sur les marges. Cette copie a été exécutée par un scribe turc en l'an 999 de l'hégire (1590 de J. C.).

Papier. 304 feuillets. Hauteur, 21 centimètres; largeur, 15 centimètres. 13 lignes par page. — (Ancien fonds 185.)

452.

La section XIX du Coran, renfermant la fin de la sourate xxv, la sourate xxvi en entier et la première partie de la sourate xxvii. Ce volume fut donné, en 1648, à Charles de Montchal, archevêque de Toulouse, par Antoine Gaiot, professeur de littérature sacrée.

Papier. 22 feuillets. Hauteur, 18 centimètres; largeur, 13 centimètres, 9 lignes par page. Ms. du xvie siècle. — (Ancien fonds 200.)

453.

Le Coran; exemplaire daté de l'an 1001 de l'hégire (1593 de J. C.). Dans la première partie du volume, les titres des sourates sont restés en blanc. Les points qui séparent les versets et les signes de ponctuation sont souvent omis. A la fin du volume se trouve la prière que l'on récite après avoir terminé la lecture du Coran en entier.

Papier. 303 feuillets. Hauteur, 30 centimètres; largeur, 19 centimètres et demi. 13 lignes par page. — (Supplément 130.)

454.

Le Coran, texte pourvu des signes de division, mais non ponctué.

Papier. 402 feuillets. Hauteur, 17 centimètres; largeur, 11 centimètres. 13 lignes par page. Ms. de la fin du xvie siècle. — (Supplément 121, Saint-Germain 280.)

455.

Le Coran, copie exécutée à Constantinople. Les titres des sourates sont écrits à l'encre rouge. Les signes de division et de ponctuation sont omis. Le premier et le dernier feuillet manquent. A la fin se trouve une pièce arabe que l'on récite après avoir terminé la lecture du Coran. Cette prière remplit à peu près trois pages. Suit une prière en turc, dans laquelle il est fait mention du sultan Sélim (سليم), fils de Solaïmân.

Papier. 203 feuillets. Hauteur, 27 centimètres; largeur, 20 centimètres. 15 lignes par page. Ms. de la fin du xvie siècle. — (Supplément 128.)

456.

Le Coran. Une belle arabesque orne les deux premières pages; les autres pages sont entourées de filets noirs, rehaussés de filets d'or. Texte pourvu des signes de division et de ponctuation.

Papier. 305 feuillets. Hauteur, 15 centimètres; largeur, 10 centimètres. 15 lignes par page. Ms. de la fin du xvie siècle. — (Supplément 148 v.)

457.

Les sourates vi, xxxvi, xliv, xlviii, lv, lvi, lxvii et lxxviii du Coran; bonne écriture neskhi. Les versets sont séparés par un rond en or; titres des sourates en or; texte encadré; les deux premières pages portent des arabesques en or et en couleurs, formant un encadrement dont chaque moitié renferme cinq lignes de texte.

Papier. 81 feuillets. Hauteur, 12 centimètres et demi; largeur, 8 centimètres et demi. 9 lignes par page. Ms. de la fin du xvie siècle. — (Supplément 169.)

458.

Le Coran; exemplaire de diverses écritures, dont celle qui remplit le milieu du volume, depuis le folio 49 jusqu'au folio 278, paraît être de la fin du xvie siècle.

Le texte de cette partie est écrit sur papier européen, de même que les premiers feuillets, qui ont été ajoutés pour remplir une lacune. Les derniers feuillets sont écrits sur papier de riz. Le texte porte partout les signes de division et de ponctuation. A la suite du Coran, vient une prière à l'usage de ceux qui achèvent la lecture de ce livre; puis (fol. 282 v°) un traité sur la manière de lire le Coran à haute voix, avec les contractions phonétiques et les intonations convenables. Cette pièce, dont la fin manque, devait recevoir des gloses interlinéaires en langue malaie; elle en porte quelques-unes, mais le travail n'a pas été terminé. Au reste, on remarque dans plusieurs parties du volume de courtes notes en malai.

Papier. 290 feuillets. Hauteur, 30 centimètres; largeur, 19 centimètres et demi. 15 lignes par page dans la partie principale du volume; les premiers feuillets en portent 17. Ms. du commencement du XVIIe siècle. — (Supplément 129.)

459.

Le Coran; exemplaire daté de l'an 1011 de l'hégire (1062 de J. C.). Le texte porte les signes de division et de ponctuation. Une arabesque assez simple orne les deux premières pages. Les autres pages sont encadrées de deux traits rouges.

Papier. 730 pages. Hauteur, 25 centimètres; largeur, 18 centimètres. 13 lignes par page. — (Supplément 148.)

460.

Extraits du Coran, accompagnés des signes de ponctuation. Les trois premières sourates et les huit dernières sont reproduites en entier; quant aux autres, le copiste n'en a donné que les premières lignes. On lit sur le dernier feuillet la note suivante : « Quelques chapitres de l'Alcoran, escrits par François de Boulogne, Turc que mon frère avoit retiré des gardes du roy, en VI^c XII. » Ce ms. fut donc écrit en 1612, probablement à Paris.

Papier. 54 feuillets. Hauteur, 27 centimètres; largeur, 19 centimètres et demi. 15 lignes par page. — (Ancien fonds 184.)

461.

Le Coran, ms. daté de l'an 1026 de l'hégire (1617 de J. C.). On y remarque plusieurs lacunes, dont la plupart ont été remplies par d'autres copistes.

Papier. 457 feuillets. Hauteur, 22 centimètres; largeur, 14 centimètres et demi. 13 lignes par page. — (Supplément 153, Saint-Germain 277.)

462.

Le Coran; exemplaire de diverses écritures; celle qui remplit la plus grande partie du volume est d'une main turque et porte la date de l'an 1036 de l'hégire (1626 de J. C.).

Papier. 348 feuillets. Hauteur, 15 centimètres; largeur, 10 centimètres, 13 lignes par page. — (Supplément 145.)

463.

Le Coran, texte pourvu des signes de division et de ponctuation. Les deux premières pages sont entourées d'une arabesque. Le ms. est daté de l'an 1049 de l'hégire (1639 de J. C.). A la fin se trouve une prière, dans laquelle celui qui vient de faire la lecture à haute voix d'une partie de ce livre demande à Dieu le pardon des fautes de lecture qu'il aurait pu commettre. Les divers genres de ces fautes y sont énumérés.

Papier. 464 feuillets. Hauteur, 15 centimètres; largeur, 10 centimètres. 12 lignes par page. — (Supplément 116, Saint-Germain 532.)

464.

Le Coran, texte dépourvu de points-voyelles, daté de l'an 1059 de l'hégire (1649 de J. C.).

Papier. 344 feuillets. Hauteur, 11 centimètres; largeur, 8 centimètres. 18 lignes par page. — (Ancien fonds 214, Colbert 6611.)

465.

Le Coran; exemplaire daté de l'an 1059 (1649 de J. C.). Les signes de division par groupes de dix versets sont marqués, ainsi que les signes de ponctuation.

Papier. 332 feuillets. Hauteur, 19 centimètres et demi; largeur, 13 centimètres. 15 lignes par page. — (Supplément 121 B.)

466.

Le Coran, en mauvaise écriture maghrebine, daté de l'an 1069 de l'hégire (1659 de J. C.). Les premiers feuillets manquent. Le texte est accompagné de tous les signes orthographiques. Les six dernières pages sont couvertes de morceaux sans intérêt, en prose et en vers.

Papier. 175 feuillets. Hauteur, 18 centimètres; largeur, 15 centimètres. 17 lignes par page. — (Supplément 154, Saint-Germain 283.)

467.

Le Coran; texte exécuté en Perse, pourvu des signes de division et de ponctuation.

Papier. 449 feuillets. Hauteur, 26 centimètres et demi; largeur, 14 centimètres et demi. 15 lignes par page. Ms. du XVIIe siècle. — (Ancien fonds 179.)

468.

Le Coran; exemplaire écrit en grande partie par un Européen. Le texte, à partir du folio 20, est accompagné d'une traduction française interlinéaire, dont on ne connaît pas l'auteur. Les folios 297 à 304 renferment la table des chapitres et des matières.

Papier. 306 feuillets. Hauteur, 28 centimètres; largeur, 19 centimètres. Le nombre des lignes par page n'est pas constant. Ms. du XVIIe siècle. — (Ancien fonds 183.)

469.

Le Coran; exemplaire peu soigné et d'une écriture médiocre.

Papier. 249 feuillets. Hauteur, 21 centimètres; largeur, 15 centimètres. 15 lignes par page. Ms. du XVIIe siècle. — (Ancien fonds 193.)

470.

Les dernières sourates du Coran, à partir de la sourate LXVII. La première sourate a été ajoutée à la fin.

Papier. 38 feuillets. Hauteur, 20 centimètres et demi; largeur, 14 centimètres. 11 lignes par page. Ms. du XVIIe siècle. — (Ancien fonds 196, Colbert 4977.)

471.

Les sourates VI, XXXVI, XLVIII, LXVII, LXXVIII et suivantes du Coran. La première sourate est placée à la fin. Ms. pourvu des signes de division et de ponctuation.

Papier. 74 feuillets. Hauteur, 20 centimètres; largeur, 13 centimètres et demi. 9 lignes par page. Ms. du XVIIe siècle. — (Ancien fonds 203.)

472.

Quelques sourates du Coran. Texte très-incorrect. A la fin se trouvent quelques prières.

Papier. 122 feuillets. Hauteur, 20 centimètres et demi; largeur, 13 centimètres. 9 lignes par page. Ms. du XVIIe siècle. — (Ancien fonds 205.)

473.

La treizième section du Coran, contenant la fin de la sourate XII, la sourate XIII en entier et le commencement de la sourate XIV.

Papier. 23 feuillets. Hauteur, 20 centimètres; largeur, 14 centimètres. 9 lignes par page. Ms. du XVIIe siècle. — (Ancien fonds 207.)

474.

Le Coran, texte pourvu des signes de division et de ponctuation. Les pages sont encadrées d'un filet rouge.

Papier. 337 feuillets. Hauteur, 17 centimètres; largeur, 12 centimètres. 15 lignes par page. Ms. du XVIIe siècle. — (Ancien fonds 213.)

475.

Les sourates XXXVI, XLVIII, LVI, LXVII, LXXVIII du Coran, suivies de la litanie de Mahomet, de quelques invocations et quelques autres extraits du Coran.

Papier. 44 feuillets. Hauteur, 16 centimètres; largeur, 10 centimètres. Première partie, 9 lignes par page; seconde partie, 7 lignes. La première partie du ms. est du XVIIe siècle, la seconde du XVIIIe. — (Ancien fonds 221, Colbert 6409.)

476.

Les sourates I, VI, XXXVI, XLVIII et LXXVIII du Coran. Les deux premières pages sont ornées d'une belle arabesque en or et en couleurs; les autres pages sont encadrées de deux filets d'or.

Papier. 61 feuillets. Hauteur, 10 centimètres; largeur, 16 centimètres et demi. 9 lignes par page. Ms. du XVIIe siècle. — (Ancien fonds 222.)

477.

Les sourates VI, XXXVI, LXVII et LXXVIII du Coran. Suivent quelques traditions du Prophète, des litanies et des prières, le tout en langue turque.

Papier. 96 feuillets. Hauteur, 10 centimètres et demi; largeur, 7 centimètres et demi. 7 lignes par page. Ms. du XVIIe siècle. — (Ancien fonds 225, Colbert 6615.)

478.

Plusieurs sourates du Coran.

Papier. 38 feuillets. Hauteur, 15 centimètres; largeur, 10 centimètres et demi. 9 lignes par page. Ms. du XVIIe siècle. — (Ancien fonds 236.)

479.

Les premières sourates du Coran, jusqu'au cinquante-sixième verset de la neuvième sourate. Les deux premières pages contiennent une arabesque assez grossièrement exécutée.

Papier. 130 feuillets. Hauteur, 14 centimètres et demi; largeur, 9 centimètres et demi. 13 lignes par page. — (Ancien fonds 237.)

480.

Les sourates VI, XVIII, XXXVI, XLIV, XLVIII, LV, LVI, LVII, LIX, LXVII, LXXVI et LXXVIII du Coran. Le texte est pourvu des signes de division et de ponctuation. Le folio 15 porte en marge une prière, le folio 21, une litanie. A la fin de la dernière sourate, on trouve la prière qu'on récite après la lecture du Coran. Au folio 63, on lit une courte instruction en turc sur la manière de faire son salut, suivie de prières et d'une litanie en arabe. Tous ces textes sont encadrés d'or.

Papier. 67 feuillets. Hauteur, 18 centimètres et demi; largeur, 12 centimètres. 11 lignes par page. Ms. du XVIIe siècle. — (Ancien fonds 238.)

481.

Le Coran, texte pourvu des signes de ponctuation. Les sections et les quarts de section sont indiqués à la marge.

Papier. 269 feuillets. Hauteur, 30 centimètres; largeur, 20 centimètres et demi. 15 lignes par page. Ms. du XVIIe siècle. — (Supplément 115, Saint-Germain 63.)

482.

Le Coran, texte non ponctué, mais divisé en sections et en groupes de dix versets. Une arabesque d'une bonne exécution entoure les deux premières pages du texte. Très-belle reliure.

Papier. 324 feuillets. Hauteur, 26 centimètres; largeur, 17 centimètres. 13 lignes par page. Ms. du XVIIe siècle. — (Supplément 117, Saint-Germain 65.)

483.

Le Coran. Les premiers feuillets, contenant la sourate I et les cent dix-sept premiers versets de la sourate II, manquent. Le copiste a négligé d'écrire les titres des sourates, ainsi que les signes de division et de ponctuation.

Papier. 294 feuillets. Hauteur, 20 centimètres et demi; largeur, 14 centimètres et demi. 13 lignes par page. Ms. du XVIIe siècle. — (Supplément 119, Saint-Germain 278.)

484.

Le Coran, texte divisé en groupes de dix versets et ponctué. Les titres des sourates sont écrits à l'encre bleue; les pages encadrées d'un filet d'or. A la fin se trouve un tableau, au moyen duquel on consulte le sort.

Papier. 367 feuillets. Hauteur, 18 centimètres; largeur, 12 centi-

mètres. 15 lignes par page. Ms. du XVIIe siècle. — (Supplément 126; provient de la maison professe des Jésuites, à Paris.)

485.

Le Coran, ms. qui paraît avoir été exécuté dans l'Inde. Texte ponctué. Les pages sont grossièrement encadrées de deux filets rouges.

Papier. 347 feuillets. Hauteur, 22 centimètres; largeur, 15 centimètres. 13 lignes par page. Ms. du XVIIe siècle. — (Supplément 132.)

486.

Le Coran; exemplaire pourvu des signes de division, mais non ponctué.

Papier. 311 feuillets. Hauteur, 21 centimètres et demi; largeur, 15 centimètres. 15 lignes par page. Ms. du XVIIe siècle. — (Supplément 141.)

487.

Le Coran.

Papier. 381 feuillets. Hauteur, 21 centimètres; largeur, 15 centimètres. 13 lignes par page. Ms. du XVIIe siècle. — (Supplément 146.)

488.

Le Coran, texte pourvu des signes de division et de ponctuation.

Papier. 244 feuillets. Hauteur, 30 centimètres; largeur, 20 centimètres. 15 lignes par page. Ms. du XVIIe siècle. — (Supplément 147.)

489.

Le Coran; exemplaire écrit sur papier de riz, probablement en Malaisie. L'écriture est régulière, mais peu gracieuse. Les signes de ponctuation sont marqués. Les deux premières pages portent huit lignes de texte, entourées d'une arabesque assez bien dessinée, mais coloriée de la façon la plus barbare.

Papier. 334 feuillets. Hauteur, 24 centimètres; largeur, 16 centimètres. 13 lignes par page. Ms. du XVIIe siècle. — (Supplément 148, VII; vient de la Bibliothèque Mazarine.)

490.

Les dernières sourates du Coran, à partir de la fin de la dix-huitième. Belle écriture africaine. Les motions, les *teschdîd* et les *alif rétablis* sont en rouge; les *waṣla* sont marqués par un point vert, et les *hamza* par un point jaune.

Papier. 195 feuillets. Hauteur, 20 centimètres; largeur, 15 centimètres. Le nombre des lignes par page varie de 15 à 17. Ms. du XVIIe siècle. — (Supplément 149; provient de la maison professe des Jésuites, à Paris.)

491.

Les dix-sept premières sourates du Coran, et soixante-treize versets de la sourate XVIII. Écriture africaine.

Papier. 92 feuillets. Hauteur, 18 centimètres; largeur, 13 centimètres et demi. 19 lignes par page. Ms. du XVIIe siècle. — (Supplément 149 *bis*; provient de la maison professe des Jésuites, à Paris.)

492.

Les sourates XVI et XVII du Coran, qui forment la quatorzième section d'un exemplaire divisé en trente sections. Un nommé Sâlim ben ʿAbd al-Karîm l'avait donné en *waqf*, avec les autres sections, à la grande mosquée de مسامودو. Une note en français nous apprend que ce volume fut pris, en l'île Damjouan, l'an 1700, dans un temple des Mahométans où il y en avait beaucoup d'autres semblables. L'île d'Anjouana est l'une des Comores.

Papier. 15 feuillets. Hauteur, 15 centimètres; largeur, 11 centimètres. 13 lignes par page. Ms. du XVIIe siècle. — (Supplément 151, Saint-Germain 533.)

493.

Les sourates XIX à LXXVII du Coran, d'une mauvaise écriture européenne; en marge, un assez grand nombre de notes et d'essais de traduction, tant en français qu'en latin.

Papier. 428 pages. Hauteur, 13 centimètres; largeur, 15 centimètres et demi. Le nombre des lignes par page varie de 10 à 15. Ms. du XVIIe siècle. — (Supplément 155, Saint-Germain 285.)

494.

Les sourates VI, XXXVI, XLIV, XLVIII, LXVII, LXXVIII et CX du Coran.

Papier. 62 feuillets. Hauteur, 16 centimètres; largeur, 10 centimètres et demi. 7 lignes par page. Ms. du XVIIe siècle. — (Supplément 155 *bis*, Arsenal.)

495.

Les sourates LXVII et suivantes du Coran; mauvaise écriture maghrebine.

Papier. 58 feuillets. Hauteur, 20 centimètres et demi; largeur, 15 centimètres et demi. 11 lignes par page. Ms. du XVIIe siècle. — (Supplément 156.)

496.

Les sourates LXVI à LXXVII du Coran. Les titres sont omis.

Papier. 16 feuillets. Hauteur, 21 centimètres; largeur, 15 centimètres. 11 lignes par page. Ms. du XVIIe siècle. — (Supplément 166.)

497.

Les sourates LXXVIII et suivantes du Coran; écriture neskhi turque. Les titres sont omis.

Papier. 22 feuillets. Hauteur, 19 centimètres et demi; largeur, 14 centimètres. 9 lignes par page. Ms. du XVIIe siècle. — (Supplément 168.)

498.

Les sourates LXXVIII et suivantes du Coran; écriture neskhi turque. Les titres sont omis.

Papier. 18 feuillets. Hauteur, 21 centimètres; largeur, 15 centimètres. 11 lignes par page. Ms. du XVIIe siècle. — (Supplément 168 *bis*, Sainte-Geneviève.)

499.

Le Coran; exemplaire daté de l'an 1090 de l'hégire (1679 de J. C.); les signes de division par groupes de dix versets et les signes de ponctuation sont marqués. Les pages sont encadrées de deux filets rouges. A la fin du volume se trouve la prière que l'on récite après avoir achevé la lecture du Coran. Au folio 362, commence un traité en turc sur les *medda*, les *ikhfâ*, les *idghâm* et autres signes de prononciation.

Papier. 368 feuillets. Hauteur, 25 centimètres; largeur, 18 centimètres. 13 lignes par page. — (Supplément 136.)

500.

Le Coran; ms. daté de l'an 1096 de l'hégire (1685 de J. C.); les divisions usuelles sont marquées, ainsi que les signes de ponctuation; les pages sont encadrées de filets rouges et bleus.

Papier. 402 feuillets. Hauteur, 19 centimètres et demi; largeur, 13 centimètres. 11 lignes par page. — (Ancien fonds 187.)

501.

Le Coran, texte pourvu des signes de division et de ponctuation. Les pages sont encadrées d'un filet d'or; les titres des chapitres dessinés en blanc sur un fond d'or; les deux premières pages sont entourées d'une assez belle arabesque. D'après un acte de *waqf* inscrit sur le recto du premier feuillet, ce ms. fut donné à un établissement religieux, qui n'est pas nommé, par Aboû 'l-Hosaïn ʿAlî, dey d'Alger, en 1124 de l'hégire (1712 de J. C.). Deux notes en latin, qu'on lit en tête du volume, témoignent que ce volume fut porté à Paris près d'un siècle avant la conquête française de l'Algérie.

Papier. 335 feuillets. Hauteur, 20 centimètres; largeur, 12 centimètres et demi. 17 lignes par page. Ms. de la fin du XVIIe siècle. — (Supplément 140.)

502.

Le Coran, texte pourvu des signes de division et de ponctuation. Une belle arabesque entoure le texte des deux premières pages. Les autres pages sont encadrées de filets noirs et rouges. La reliure, richement dorée, est en maroquin rouge et d'un travail français; elle est de la fin du XVIIe siècle.

Papier. 255 feuillets. Hauteur, 25 centimètres et demi; largeur, 18 centimètres et demi. 15 lignes par page. Ms. du XVIIe siècle. — (Supplément 148 *ter*, Arsenal.)

503.

Seconde moitié d'un Coran.

Papier. 143 feuillets. Hauteur, 21 centimètres; largeur, 16 centimètres. 11 à 17 lignes par page. Ms. du XVIIe siècle. — (Supplément 1969.)

504.

Quelques sourates du Coran.

Papier. 69 feuillets. Hauteur, 16 centimètres; largeur, 11 centimètres. 11 lignes par page. Ms. du XVIIe siècle. — (Supplément 1970.)

505.

Une section du Coran, commençant par les mots فهم لا يومنون انا جعلنا فى اعناقهم اغلالا, et finissant par مغفرة واجرا عظيما.

Papier. 31 feuillets. Hauteur, 16 centimètres; largeur, 10 centimètres. 11 lignes par page. Ms. du XVIIe siècle. — (Supplément 1971.)

506.

Fragment du Coran, commençant par ان الله على كل شىء شهيد المتر ان الله يسجد له من فى السموات, et finissant par كما استخلف الذين من قبلهم.

Papier. 26 feuillets. Hauteur, 20 centimètres et demi; largeur, 15 centimètres. 13 lignes par page. Ms. du XVIIe siècle. — (Supplément 1975.)

507.

Quelques extraits du Coran. Cahier d'écriture d'un Européen qui apprenait l'arabe d'un maître indigène.

Papier. 33 feuillets. Hauteur, 21 centimètres; largeur, 16 centimètres et demi. Ms. du XVIIe siècle. — (Supplément 1976.)

508.

Extrait du Coran, commençant par la sourate الانعام, et finissant au milieu d'un verset de la sourate يس. Texte encadré.

Papier. 52 feuillets. Hauteur, 10 centimètres; largeur, 7 centimètres. 7 lignes par page. Ms. du XVIIe siècle. — (Supplément 1977.)

509.

Le Coran; exemplaire en caractères africains, écrit probablement par un nègre. Les deux premières sourates manquent. Les voyelles et autres signes sont marqués à l'encre rouge.

Papier. 307 feuillets. Hauteur, 19 centimètres; largeur, 15 centimètres. Le nombre des lignes par page varie de 13 à 15. Ms. de la fin du XVIIe siècle. — (Supplément 161.)

510.

Les sourates LXXVIII et suivantes du Coran; écriture neskhi orientale; le texte n'est pas divisé en versets.

Papier. 55 feuillets. Hauteur, 14 centimètres et demi; largeur, 11 centimètres. 7 lignes par page. Ms. de la fin du XVIIe siècle. — (Supplément 162.)

511.

Les sourates LXXVIII et suivantes du Coran; mauvaise écriture neskhi, caractère de Constantinople. Les titres des sourates sont omis.

Papier. 19 feuillets. Hauteur, 21 centimètres; largeur, 15 centimètres. 11 lignes par page. Ms. de la fin du XVIIe siècle. — (Supplément 167.)

512.

Le Coran, exemplaire daté de l'an 1129 (1717 de J. C.), pourvu des signes de division et de ponctuation.

Papier. 274 feuillets. Hauteur, 25 centimètres; largeur, 19 centimètres. 15 lignes par page. — (Supplément 148 *bis*, Arsenal.)

513.

Petit volume, composé de deux parties, dont la première, écrite en neskhi oriental, renferme les sourates XXXV, XLVII, LXVII, LXXVIII et LV du Coran. La seconde partie, écrite en neskhi occidental, renferme des prières, des amulettes, des conseils adressés par un vizir

à son fils au sujet des vertus d'une amulette; un petit traité indiquant toutes les conditions à remplir pour que la prière soit valable, etc. Ms. écrit l'an 1130 de l'hégire (1718 de J. C.), probablement à Constantinople.

Papier. 202 feuillets. Hauteur, 9 centimètres et demi; largeur, 6 centimètres et demi. — (Supplément 159 *bis*.)

514 à 541.

Le Coran, divisé en trente sections. Vingt-huit volumes de seize à vingt feuillets de différents formats. Il manque les sections 11, 17, 18, 19, 20, 21 et 26. Les sections 1, 2, 12, 15 et 25 sont en double. Écriture neskhi du xviiie siècle. Cet exemplaire avait été donné en *waqf* à un établissement religieux, peut-être à l'une des mosquées du Caire, par l'émir Ḥasan, serviteur du colonel (امير اللوى) Ismaël Beg, l'an 1205 de l'hégire (1791 de J. C.).

(Supplément 163.)

542 à 570.

Le Coran, divisé en trente sections. Vingt-neuf volumes de trente à quarante feuillets de différents formats. Les sections 8, 19, 22, 23, 30 manquent. Les sections 9, 14, 16 et 24 sont en double. Écriture neskhi du xviiie siècle. En tête de la cinquième section se trouve un certificat de *waqf*, daté du mois de moḥarram de l'an 1140 de l'hégire (1727 de J. C.).

(Supplément 164.)

571.

Rouleau de papier, long de 3 mètres 80 centimètres, et large de 6 centimètres et demi, devant servir d'amulette et contenant le texte entier du Coran, en caractères presque microscopiques sans motions, ni points diacritiques. Quelques passages du texte sont disposés de manière à représenter les mots qui forment le *verset du Trône* (sourate ii, 256). Le scribe a employé de l'encre rouge et de l'encre noire.

(Supplément 148 viii.)

572.

Le Coran, texte portant les signes de ponctuation. Les deux premières pages sont encadrées d'une arabesque; les autres pages sont entourées de deux filets, l'un rouge et l'autre bleu. Ce ms. paraît provenir de l'Inde; il a été écrit au xviiie siècle, antérieurement à l'an 1158 de l'hégire (1745 de J. C.).

Papier. 416 feuillets. Hauteur, 21 centimètres et demi; largeur, 15 centimètres et demi. 10 lignes par page. — (Supplément 148 iv, Arsenal.)

573.

Le Coran; exemplaire écrit dans l'Inde, l'an 1185 de l'hégire (1771 de J. C.); texte pourvu des signes de division et de ponctuation. En tête du volume se trouve une série de notes en français, indiquant, d'une manière très-sommaire, le contenu de quelques sourates. Cette pièce a pour auteur Ouessant, « interprète juré du roy, du persan, maure et bengal. » A la fin du volume on lit une note en persan, donnant le nombre des lettres contenues dans chaque sourate.

Papier. 1087 pages. Hauteur, 25 centimètres; largeur, 17 centimètres et demi. 11 lignes par page. — (Supplément 133.)

574.

Le Coran; exemplaire écrit dans l'Inde, l'an 1191 de l'hégire (1777 de J. C.); texte pourvu des signes de division et de ponctuation.

Papier. 456 feuillets. Hauteur, 23 centimètres et demi; largeur, 17 centimètres. 13 lignes par page. — (Supplément 134.)

575.

Le Coran; exemplaire daté de l'an 1194 de l'hégire (1780 de J. C.). Écriture maghrebine.

Papier. 203 feuillets. Hauteur, 25 centimètres et demi; largeur, 18 centimètres. 20 lignes par page. — (Supplément 1967.)

576.

Le Coran; exemplaire daté de l'an 1195 de l'hégire (1781 de J. C.). Écriture maghrebine.

Papier. 180 feuillets. Hauteur, 25 centimètres; largeur, 18 centimètres. 19 à 21 lignes par page. — (Supplément 1968

577.

Les sections 1, 2, 3, 4, 5, 10, 15, 20, 25 et 30 du Coran. Ces sections forment autant de cahiers, dont chaque feuillet porte sur le recto une partie du texte, pourvu des signes phonétiques et des signes de ponctuation. En tête du volume se trouve une liste des sourates avec l'indication du nombre des lettres contenues dans chaque sourate, ainsi que du nombre total, qui est de 257,786, et du nombre de versets de chaque sourate; suivent quelques prières à l'usage des musulmans, accompagnées d'une traduction en persan. Ces cahiers ont été écrits au Bengale, sous la direction de Ouessant, et portent la date de 1784 de J. C.

Papier. 478 feuillets, dont 26 sont restés en blanc. Hauteur, 29 centimètres et demi; largeur, 19 centimètres et demi. 11 lignes par page. — (Supplément 131.)

578.

Extrait du Coran, comprenant les sourates الحجر et النحل.

Papier. 21 feuillets. Hauteur, 21 centimètres; largeur, 15 centimètres. 9 lignes par page Ms. du xviiie siècle. — (Supplément 1973.)

579.

Section du Coran, commençant par تلك الرسل فضّلنا بعضهم على بعض, et finissant par وما تنفقوا من شيء فان الله به عليم.

Papier. 30 feuillets. Hauteur, 21 centimètres; largeur, 15 centimètres. 7 lignes par page. Ms. du xviiie siècle. — (Supplément 1972.)

580.

Extraits du Coran, en caractères coufiques. C'est un essai assez bien réussi d'un musulman du xviiie siècle.

Papier. 4 feuillets. Hauteur, 25 centimètres; largeur, 26 centimètres et demi. — (Supplément 2249.)

581.

Quelques sourates et passages du Coran.

Papier. 12 feuillets. Hauteur, 18 centimètres; largeur, 11 centimètres. 13 à 18 lignes par page. Ms. du xviiie siècle. — (Supplément 2225.)

582.

Fragment d'un exemplaire du Coran, écrit sur papier de riz, dans l'île de Java.

Papier. 72 feuillets. Hauteur, 21 centimètres; largeur, 14 centimètres et demi. 11 lignes par page. Ms. du xviiie siècle. — (Supplément 2171.)

583.

Premiers feuillets d'un exemplaire du Coran, écrits sur papier de riz, et provenant de l'île de Java.

Papier. 26 feuillets. Hauteur, 24 centimètres; largeur, 17 centimètres et demi. 25 lignes par page. Ms. du xviiie siècle. — (Supplément 2172).

584.

Plusieurs extraits du Coran. Ce volume, qui commence par la *Fâtiha*, et se termine par la sourate *al-Nâs*, est écrit sur papier de riz; il vient de l'île de Java.

Papier. 43 feuillets. Hauteur, 24 centimètres et demi; largeur, 16 centimètres. 13 lignes par page. Ms. du xviiie siècle. — (Supplément 2173.)

585.

Les trente-sept dernières sourates du Coran, précédées d'un syllabaire arabe.

Papier. 42 feuillets. Hauteur, 18 centimètres et demi; largeur, 12 centimètres. 7 lignes par page dans la première partie, et 10 dans la seconde. — (Supplément 148 ix.)

586.

Les sourates iv à xviii du Coran; écriture africaine. Les motions, les signes orthographiques et les signes phonétiques sont en rouge, en bleu, en vert et en jaune, selon l'usage de l'Afrique et de l'Espagne.

Papier. 131 feuillets. Hauteur, 25 centimètres; largeur, 19 centimètres. 12 lignes par page. Ms. du xviiie siècle. — (Supplément 149 iv, Arsenal.)

587.

Le Coran; exemplaire daté de l'an 1200 de l'hégire (1786 de J. C.), et apporté de l'Égypte au commencement de ce siècle. Texte pourvu des signes de division et de ponctuation. Une arabesque, grossièrement exécutée, orne les deux premières pages. Les autres pages sont entourées d'un filet d'or.

Papier. 293 feuillets. Hauteur, 32 centimètres et demi; largeur, 21 centimètres. 15 lignes par page. — (Supplément 142.)

588.

Le Coran, à partir de la sourate dix-neuvième; mauvaise écriture maghrebine. Les motions et autres signes orthographiques sont en rouge. Ce ms. a été probablement écrit au Sénégal, vers la fin du XVIIIe siècle.

Papier. 127 feuillets. Hauteur, 21 centimètres; largeur, 15 centimètres et demi. 15 lignes par page. — (Supplément 160.)

589.

Le Coran; belle écriture africaine. Ce volume, qui avait appartenu à un établissement religieux de la ville de Constantine, a été écrit l'an 1242 de l'hégire (1826 de J. C.). C'est le texte dans sa forme occidentale, avec les motions en rouge, les *djesma* et les *teschdîd* en vert, les *hamza* marqués par un point rouge, et les *alif* de prolongation également en rouge. Le mot الله est toujours écrit avec de l'encre de couleur. Les pages sont encadrées d'un filet vert et de deux filets rouges. Deux arabesques, au commencement du volume, sont d'un beau dessin, mais mal exécutées.

Papier. 166 feuillets. Hauteur, 37 centimètres et demi; largeur, 26 centimètres et demi. 17 lignes par page. — (Supplément 125.)

II.

COMMENTAIRES DU CORAN.

590.

غريب القرءان «Explication des mots et des noms peu connus qui se rencontrent dans le Coran», par Aboû Bakr Mohammad ibn ʿAzîz al-Sidjistânî (mort en 330 de l'hégire). L'auteur suit l'ordre alphabétique, puis l'ordre des voyelles, *fatha*, *dhamma*, *kesra*. L'ouvrage commence par ces mots : الحمد لله على افضاله. Beau ms. du XIIIe siècle, mais défiguré par des chiffres et des notes latines marginales et interlinéaires qu'un étudiant européen du XVIIe siècle y a ajoutés. Les trois derniers feuillets du volume sont d'une écriture moderne qui paraît être du commencement du XVIe siècle.

Papier. 60 feuillets. Hauteur, 24 centimètres et demi; largeur, 17 centimètres. 19 lignes par page. — (Ancien fonds 258.)

591.

نزهة القلوب فى تفسير كلام علام الغيوب «Délices des cœurs, explication du discours de l'Être qui sait tout ce qui est caché». Commencement : الحمد لله رب العالمين والعاقبة للمتقين. C'est le même ouvrage que le numéro précédent.

Papier. 72 feuillets. Hauteur, 22 centimètres; largeur, 17 centimètres. 21 à 29 lignes par page. Ms. de la fin du XVIIIe siècle. — (Supplément 1982.)

592.

1° المكتفى فى الوقف والمبتدى «Traité qui suffit pour faire connaître les pauses et les commencements des phrases (dans la lecture du Coran)», par Aboû ʿAmr ʿOthmân ibn Saʿîd al-Dânî. (Voyez sur cet auteur le numéro suivant.)

2° (Fol. 100 v°.) التمهيد فى علم التجويد «Simplification de la science de bien lire le Coran à haute voix»; ouvrage composé vers la fin de l'an 769 de l'hégire (1368 de J. C.), par Schams al-Dîn Aboû 'l-Khaïr ibn al-Djazwî (الجزوى)[1].

3° (Fol. 149.) الايجاز والبيان «Abrégé et exposition», traité dans lequel Aboû ʿAmr al-Dânî expose les bases du système de lecture du Coran adopté par Nâfiʿ (نافع). Nous n'avons ici que quelques chapitres de ce traité.

4° (Fol. 159 v°.) زلة القارى «Fautes que le lecteur du Coran est exposé à commettre», par Nadjm al-Dîn Aboû Hafs ʿOmar ibn Mohammad al-Nasafî.

5° (Fol. 164 v°.) كتاب التبيان فى آداب حملة القرآن «Exposé des convenances que doivent observer ceux qui savent

[1] C'est ainsi que porte le ms., mais il faut lire الجزرى. Le nom complet de l'auteur est Schams al-Dîn Aboû 'l-Khaïr Mohammad ibn Mohammad ibn al-Djazarî. H. Z.

le Coran par cœur», par Aboû Zakarîyâ Yaḥyâ ibn Scharaf al-Nawâwî.

6° (Fol. 215.) Commencement d'un traité en vers sur les héritages.

Ms. daté de l'an 1123 de l'hégire (1711 de J. C.).

Papier. 215 feuillets. Hauteur, 18 centimètres et demi; largeur, 14 centimètres. 18 lignes par page. — (Supplément 194.)

593.

المقنع «Le Suffisant», traité sur l'orthographe des anciens exemplaires du Coran. L'auteur, Aboû ʿAmr ʿOthmân ibn Saʿîd ibn ʿOthmân, client de la famille des Omayyades (الاموى), surnommé Al-Dânî, parce qu'il habitait Denia, en Espagne, mourut dans cette ville en 417 de l'hégire, selon Al-Dsahabî, ou en 444, selon Hadji Khalfa et Al-Maqqarî. Dans cet exemplaire, la préface commence ainsi : الحمد لله الذى اكرمنا بكتابه المنزل وشرفنا بنبيّه المرسل. Ce traité, qui se termine au feuillet 72 r°, est suivi d'un opuscule du même auteur, intitulé كتاب النقط, qui traite de l'origine des points-voyelles. Hadji Khalfa dit que le *Moqniʿ* commence par ces mots : الحمد لله الذى خصنا بدينه الذى ارتضاه, ce qui n'est pas exact pour notre exemplaire, et il paraît regarder les mots الحمد لله الذى اكرمنا بكتابه الخ comme formant le commencement du traité sur l'origine des points-voyelles. Au reste, son article bibliographique est mal rédigé et peu clair. «Ce ms. est d'une bonne main, et écrit avec soin; mais il y est survenu quelques lacunes, qui ont été réparées par une mauvaise main, et il y manque encore plusieurs pages, surtout à la fin de l'ouvrage. Les parties restituées sont les quatre premiers feuillets et les feuillets 27, 28, 29, 30, 31 et 32.» M. de Sacy, dont nous venons de citer les paroles, a donné une notice très-détaillée de ce ms., avec la traduction du traité sur les points-voyelles, dans le tome VIII des «Notices et Extraits des manuscrits». Les lacunes signalées par M. de Sacy ont été remplies, au xviᵉ siècle, par un copiste aussi peu habile que peu instruit. On y remarque plusieurs fautes de grammaire et d'orthographe. Le titre de l'ouvrage, inscrit par le même copiste sur le recto du premier feuillet, est ainsi rédigé: كتاب (*sic*) المقنع فى معرفة خط مصاحف الامصار التى جمعت فى زمن عثمن بن عفان رضى الله عنه وعن الصحابة اجمعين تصنيف الامام الاوحد عثمن بن سعيد بن عثمن المقرى الحافظ رحمة الله عليه امين. Le titre primitif paraît être celui que l'on trouve dans le dictionnaire de Hadji Khalfa, et qui est ainsi conçu : المقنع فى رسم المصحف «Le Suffisant, traitant de l'orthographe du Coran».

Papier. 84 feuillets. Hauteur, 26 centimètres; largeur, 16 centimètres. 15 lignes par page. Ms. du xivᵉ siècle. — (Ancien fonds 239.)

594.

Commentaire du Coran, attribué à l'imâm Al-Mahdawî. D'après une note inscrite sur un des plats de la reliure, le titre de ce commentaire serait التفصيل; mais, comme les premiers feuillets du volume manquent, ainsi que les derniers, on ne saurait dire si cette indication est exacte. Toutefois, la rédaction de cet ouvrage a une grande analogie avec celle de l'exemplaire du *Tafṣîl* que Hadji Khalfa a eu entre les mains (voyez le Dictionnaire bibliographique, t. II, p. 384). Ce ms. commence par le trente-quatrième verset de la sourate ii et s'arrête au trente et unième verset de la sourate ix.

Papier. 320 feuillets. Hauteur, 27 centimètres; largeur, 18 centimètres. 25 lignes par page. Ms. du xvᵉ siècle. — (Supplément 181.)

595.

Commentaire du Coran, sans titre ni nom d'auteur. Les premiers feuillets et les derniers manquent. Le ms. commence par une introduction et finit au deux cent soixante-quinzième verset de la sourate ii. Dans cet ouvrage, l'auteur traite des leçons du Coran, de l'exégèse, de l'analyse grammaticale et des versets abrogeants et abrogés. Il cite comme ses autorités les commentateurs et traditionnistes les plus célèbres des quatre premiers siècles de l'hégire, et s'appuie très-souvent sur les indications que son professeur, Aboû 'l-Qâsim al-Naïsaboûrî (al-Ḥasan ibn Moḥammad), lui avait fournies de vive voix (لفظا). Or, nous savons par Hadji Khalfa, t. II, p. 382, que ce personnage mourut en 406 de l'hégire (1015 de J. C.). Un des chapitres de cet ouvrage (fol. 27) est intitulé : ذكر وجوب قراتها (يعنى الفاتحة) على الماموم كوجوبها على الامام. Le commentaire sur la sourate ii (fol. 29 v°) commence ainsi : وهى خمس وعشرون الف وخمساية حرف وست الاف ومساية واحد وعشرون كلمة ومايتان وست وثمانون اية فى العدد الكوفى وفى عدد امير المومنين على رضى الله عنه۞ اخبرنا عبد الله بن حامد الاصبهانى بقرآتى عليه قال نا[1] احمد بن محمد بن يوسف قال نا يعقوب بن سفين الصغير قال الخ... عن عكرمة قال اول سورة نزلت بالمدينة سورة البقرة۞

[1] Abréviation de حدثنا. H. Z.

Papier. 328 feuillets. Hauteur, 22 centimètres; largeur, 15 centimètres. 20 lignes par page. Ms. du XIIIe siècle. Quelques feuillets sont intervertis. — (Supplément 180, Sorbonne 290.)

596.

Le second volume du ملخص اعراب القرآن «Résumé de l'analyse grammaticale du Coran». C'est non-seulement une analyse du texte du Coran, mais aussi un commentaire. L'auteur, Aboû Zakarîyâ Yaḥyâ ibn ʿAlî al-Khaṭîb al-Tibrîzî (الخطيب التبريزي), mourut l'an 502 de l'hégire (1108-1109 de J. C.). Cette partie de l'ouvrage commence par la sourate VI et finit par la sourate XXIII. Le volume a été copié sur un exemplaire écrit de la main de Schihâb al-Dîn Aḥmad ibn ʿAlî al-Djaʿbarî, surnommé al-Samîn (السمين), l'un des disciples de l'auteur. Au verso du dernier feuillet se trouve la copie de deux *certificats d'audition* (سماع) qui étaient inscrits sur l'exemplaire d'Ibn al-Samîn (صورة سماع في الاصل), datés, l'un de 546 de l'hégire, l'autre de 542 (1147-1148 de J. C.).

Papier. 159 feuillets. Hauteur, 25 centimètres; largeur, 17 centimètres. 29 à 34 lignes par page. — (Supplément 186 *bis*.)

597 à 599.

Trois volumes dépareillés du commentaire du Coran intitulé الكشّاف عن حقائق التنزيل «Qui met au jour les vérités de la révélation», par Al-Zamakhscharî (Aboû 'l Qâsim Moḥammad ibn ʿOmar), surnommé Djâr Allah.

a. Le premier volume, daté de l'an 856 de l'hégire (1452 de J. C.), renferme les six premières sourates. Le texte du Coran, écrit à l'encre rouge, est intercalé dans le commentaire. Notes marginales.

Papier. 284 feuillets. Hauteur, 27 centimètres; largeur, 18 centimètres. 23 lignes par page. — (Supplément 171 A, Ducaurroy 2.)

b. Le second volume, dont les premiers feuillets manquent, renferme les sourates VII et suivantes, jusqu'au commencement de la sourate XIX. Le texte entier du Coran n'y est pas donné. Écriture du XVIe siècle. Notes marginales.

Papier. 230 feuillets. Hauteur, 32 centimètres; largeur, 21 centimètres. 23 lignes par page. — (Supplément 171 B, Ducaurroy 2.)

c. Le troisième volume, copié à Baghdâd, en 732 de l'hégire (1331-1332 de J. C.), sur le ms. de l'auteur, renferme la fin de l'ouvrage, à partir de la sourate XIX. Le texte entier du Coran est écrit par morceaux sur les marges.

Le dernier feuillet du ms. contient un extrait de l'ouvrage intitulé مصارع العشّاق «Morts des amants célèbres».

Papier. 405 feuillets. Hauteur, 23 centimètres; largeur, 16 centimètres. — (Supplément 171 C, Ducaurroy 2.)

600 à 603.

Quatre volumes dépareillés du *Kaschschâf* de Zamakhscharî.

a. Le premier volume est composé de cahiers ayant appartenu à divers exemplaires de l'ouvrage. Le texte s'arrête au commencement de la sourate VI. La reliure est de la fin du XVIe siècle.

Papier. 243 feuillets. Hauteur, 26 centimètres; largeur, 17 centimètres et demi. — (Supplément 172 A.)

b. Le second volume commence par la sourate VI et finit par la sourate XVIII. Ms. tout entier de la même main et daté de l'an 875 de l'hégire (1470-1471 de J. C.). Le texte du Coran est intercalé dans le texte, à l'encre rouge.

Papier. 310 feuillets. Hauteur, 26 centimètres; largeur, 18 centimètres. 25 lignes par page. — (Supplément 172 B.)

c. Le troisième volume commence par la sourate XIX et finit par la sourate XXXV. Ce ms. paraît être du XVe siècle.

Papier. 280 feuillets. Hauteur, 26 centimètres et demi; largeur, 18 centimètres. 23 lignes par page. — (Supplément 172 C.)

d. Le quatrième volume commence par la sourate XXXVI. Exemplaire écrit à la Mecque, l'an 528 de l'hégire (1114 de J. C.) [1]. Il est tout entier de la même main, excepté les trois premiers feuillets, qui sont une restauration.

Papier. 191 feuillets. Hauteur, 26 centimètres; largeur, 18 centimètres. 25 lignes par page. — (Supplément 172 D.)

604.

Premier volume du حاشية الكشّاف «Notes sur le *Kaschschâf*», explication des passages obscurs qui se trou-

[1] C'est la date du ms. autographe. La note qui renferme cette date se trouve également à la fin du n° 599. Elle a été reproduite d'après le ms. autographe, par différents copistes. Le présent ms. a été écrit à Ḥamât, en 690 de l'hégire. H. Z.

vent dans le *Kaschschâf* de Zamakhscharî, par Qoṭb al-Dîn al-Schîrâzî. Commencement : الحمد لله الذى علم القران خلق الانسان علّمه البيان. Ce volume s'arrête à la fin de la sourate النساء; il est de trois écritures différentes. Une quatrième main a inscrit sur les marges un assez grand nombre de notes.

Papier. 149 feuillets. Hauteur, 28 centimètres; largeur, 19 centimètres et demi. 31 et 32 lignes par page. Ms. du XVe siècle. — (Ancien fonds 249.)

605.

حاشية الكشّاف «Gloses sur le *Kaschschâf*» de Zamakhscharî, par un auteur inconnu. Ce volume, qui est le dernier de l'ouvrage, commence par la sourate LXXV. Le ms., autographe et d'une mauvaise écriture, sans points diacritiques, est du XVe siècle.

Papier. 301 feuillets. Hauteur, 23 centimètres et demi; largeur, 15 centimètres. 27 à 29 lignes par page. — (Ancien fonds 266.)

606.

1° Fragment d'un commentaire (حاشية) sur le *Kaschschâf* de Zamakhscharî. Commencement : الحمد لله الذى انزل القرءان كلاما مؤلّفا منظّما. Le commentaire se termine au verset 91 de la sourate II. Le texte est accompagné de nombreuses notes interlinéaires et marginales.

2° (Fol. 40.) Fragments d'un commentaire du Coran, qui paraît être celui de Zamakhscharî, suivis d'une note de Sinân-Efendi sur un passage d'Al-Baïdhâwî.

3° (Fol. 42.) Commencement du تنبيه الغافلين, exhortations morales, par Aboû 'l-Laïth Naṣr ibn Moḥammad ibn Ibrâhîm al-Samarqandî, mort en 375 de l'hégire.

4° (Fol. 62.) Fragment d'un recueil de traditions authentiques (صحاح), qui commence par celles qui se rapportent à l'ablution (وضوء), et se termine par les premières traditions se rapportant à la manière d'assister aux funérailles (المشى بالجنازة). Gloses interlinéaires et marginales. L'écriture est la même que celle de l'article 1°.

5° (Fol. 92.) Première partie de l'ouvrage intitulé الضياء المعنوى على المقدّمة الغزنويّة «Éclaircissements intellectuels sur les Prolégomènes du Ghaznévite». Commencement : الحمد لله الذى رزقنا الهداية فى البداية. L'auteur, Aboû 'l-Baqâ Moḥammad ibn al-Dhiyâ, membre de la tribu de Qoraïsch et docteur hanéfite, explique dans cet ouvrage les passages obscurs qui se rencontrent dans le traité intitulé : المقدّمة الغزنويّة فى فروع الحنفيّة «Prolégomènes du Ghaznévite touchant le développement de l'étude des points secondaires du droit hanéfite». Aḥmad ibn Moḥammad, de Ghazna, mourut en 593 de l'hégire (1196 de J. C.), Ibn al-Dhiyâ en 854 (1450 de J. C.).

Papier. 129 feuillets. Hauteur, 30 centimètres; largeur, 20 centimètres. 20 à 30 lignes par page. Écritures diverses du XVIe siècle. — (Ancien fonds 257.)

607.

Le treizième volume d'un ouvrage dans lequel le vizir 'Aun al-Dîn Aboû 'l-Moẓaffar Yaḥyâ ibn Hobaïra indique les mots du Coran sur la lecture desquels les grands maîtres de lecture du Coran n'étaient pas d'accord. Il suit l'ordre des sourates, signale successivement les mots qu'un ou plusieurs des lecteurs prononçaient de différentes manières, et explique la signification de ces variantes. Chacun des mots dont il parle forme le sujet d'un paragraphe, en général assez court. L'ouvrage a pour titre كتاب الافصاح عن معانى الصحاح, ce qui paraît signifier «Explication du sens de chaque (variante) autorisée». Hadji Khalfa, dans son Dictionnaire bibliographique (t. I, p. 371), regarde le mot الصحاح comme l'équivalent de الاحاديث الصحاح «les traditions authentiques», mais il n'est pas question de traditions dans ce livre. Au reste, Hadji Khalfa ne paraît pas avoir vu cet ouvrage. Ce ms., qui commence par la sourate النساء, et se termine par la sourate الرحمن, a été collationné avec un exemplaire appartenant à un établissement religieux fondé à Damas par Noûr al-Dîn. Ce travail de révision fut terminé au mois de dsoû 'l-ḥiddja de l'an 582 de l'hégire (février 1187 de J. C.). D'un autre côté, on lit sur le recto du premier feuillet une note d'après laquelle ce volume fut écrit du vivant de l'auteur. Le vizir Ibn Hobaïra mourut en 560 de l'hégire (1165 de J. C.).

Papier. 188 feuillets. Hauteur, 26 centimètres; largeur, 17 centimètres. 17 lignes par page. — (Ancien fonds 247.)

608.

Le second volume d'un commentaire du Coran qui devait remplir huit volumes et auquel l'auteur, Ḥoddja al-Dîn Moḥammad ibn Ẓafar, le même qui composa le recueil de contes intitulé سلوان المطاع, a donné le titre de ينبوع الحياة «La source de la vie». Ce volume commence

au verset 86 de la sourate III et se termine par la sourate VI. Il est daté de l'an 858 de l'hégire (1454 de J. C.).

Papier. 187 feuillets. Hauteur, 28 centimètres; largeur, 18 centimètres et demi. 37 lignes par page. — (Ancien fonds 248.)

609.

الشاطبيّة, traité en vers sur les sept leçons du Coran, par Ibn Ferro (فيرّه) al-Schâṭibî (natif de Xativa, en Espagne). L'auteur avait donné à son ouvrage le titre de حرز الامانى ووجه التهانى «Amulette (objet) de tous les souhaits et aspect des félicitations»; mais le titre de *Schâṭibiyya* a prévalu. C'est un poëme didactique, renfermant 1173 vers, qui se terminent tous par la même syllabe *lâm-alif.* Dans les premiers chapitres, Ibn Ferro expose les règles de l'orthographe canonique; puis il indique, sourate par sourate, les variantes que présentent les systèmes de chacun des sept grands *lecteurs.* Quelques mss. de la *Schâṭibiyya* donnent à Ibn Ferro le surnom d'*Aboû 'l-Qâsim*, mais il est certain qu'il se nommait Al-Qâsim Aboû Moḥammad. La copie est datée de l'an 1123 de l'hégire (1711 de J. C.).

Le dernier feuillet de ce volume a appartenu à un autre commentaire du Coran; il renferme la fin de la sourate XIV et le commencement de la sourate XV.

Papier. 94 feuillets. Hauteur, 28 centimètres; largeur, 21 centimètres. 7 lignes par page. — (Supplément 196.)

610.

1° الوسيلة الى كشف العقيلة «Moyen de parvenir à comprendre l'*ʿAqîla*». Ce commentaire sur l'*ʿAqîla* ou *Râyiyya*, d'Al-Schâṭibî, a été composé par ʿAlam al-Dîn Aboû 'l-Ḥasan ʿAlî ibn Moḥammad al-Sakhâwî (السخاوى). Exemplaire écrit à Damas, en 632 (1234-1235 de J. C.), du vivant même de l'auteur. M. de Sacy a publié un article sur ce ms. et sur l'ouvrage dans les «Notices et Extraits», t. VIII, p. 333 et suiv.

2° (Fol. 149 v°.) Neuf vers mnémoniques, servant à faire connaître les sigles employés pour désigner les principaux *lecteurs.* Cette petite pièce est intitulée : التقى الجرائدى فى الرمز «Taqî al-Dîn al-Djarâïdî (?) sur les sigles».

3° (Fol. 150.) الزوائد «Additions», par Aboû ʿAmr. C'est une pièce de vingt-six vers, rimant en *râ moqayyad* et traitant de l'orthographe du Coran.

4° (Fol. 151.) Traité en vers sur la prononciation des lettres, par Aboû ʿAmr, de Cordoue. Publié par S. de Sacy dans les «Notices et Extraits», t. VIII, p. 352.

5° (Fol. 152.) Quelques vers extraits d'un ouvrage intitulé طهارة القلوب «La Pureté des cœurs».

Papier. 152 feuillets. Hauteur, 18 centimètres; largeur, 13 centimètres. 15 lignes par page. — (Supplément 193, Saint-Germain 282.)

611.

La première moitié de l'ouvrage intitulé : فتح الوصيد فى شرح القصيد «Ouverture de la porte, pour servir de commentaire au poëme». L'auteur, ʿAlam al-Dîn al-Sakhâwî, y développe d'une manière très-détaillée la construction grammaticale et la signification de chacun des vers dont se compose la *Schâṭibiyya* d'Ibn Ferro.

Papier. 155 feuillets. Hauteur, 26 centimètres et demi; largeur, 18 centimètres. 17 lignes par page. Ms. du XVIe siècle. — (Supplément 197.)

612.

1° سراج القارى المبتدى وتذكرة المقرى المنتهى «Lampe pour le lecteur qui commence, et aide-mémoire pour le maître de lecture accompli». C'est un commentaire sur la *Schâṭibiyya*, par ʿAlî ibn ʿOthmân, surnommé *Ibn al-Qâṣiḥ* (ابن القاصح). L'auteur de la *Schâṭibiyya* est désigné par le surnom d'*Aboû Moḥammad* et par le nom de Qâsim. Copie datée de l'an 1212 de l'hégire (1797-1798 de J. C.).

2° (Fol. 211 v°.) Liste des diverses leçons du Coran, sourate par sourate; les sigles qui désignent les noms des lecteurs sont écrits dans les interlignes à l'encre rouge.

3° (Fol. 225.) Commentaire grammatical sur le *bismillah*, intitulé كتاب التحبير «Livre de l'Embellissement».

4° (Fol. 229 v°.) التقييد فى مقرى الامام نافع «Registre de toutes les leçons du Coran adoptées par Nâfiʿ», l'un des sept grands lecteurs. L'auteur de cet ouvrage se nommait Moḥammad ibn ʿAbd al-Raḥmân, et appartenait à l'*aït Zarwâl*, tribu berbère de la Kabylie (الازروالى). Copie datée de l'an 1184 de l'hégire (1770 de J. C.).

Papier. 290 feuillets. Hauteur, 19 centimètres et demi; largeur, 15 centimètres. 24 lignes par page. — (Supplément 198.)

613.

التفسير الكبير «Le Grand commentaire». Cet ouvrage,

appelé aussi مفاتيح الغيب « Les Clefs du mystère », a pour auteur l'imâm Fakhr al-Dîn Moḥammad ibn ʿOmar al-Râzî, qui avait entrepris de mettre au jour tous les mystères que renferme le texte du Coran. Il déclare que la première sourate seule pourrait donner lieu à dix mille questions. En effet, il consacre à l'explication des sept versets de la *Fâtiḥa* un chapitre de cent vingt-quatre pages de notre ms. L'auteur étant mort en 606 de l'hégire (1209-1210 de J. C.), son ouvrage fut terminé par le grand cadi Schihâb al-Dîn Aḥmad ibn Khalîl al-Khowayyî, de Damas. Notre ms., daté de l'an 1188 (1774-1775 de J. C.), renferme le commentaire des quatre premières sourates.

Papier. 563 feuillets. Hauteur, 33 centimètres; largeur, 22 centimètres et demi. 49 lignes par page. — (Supplément 177.)

614.

Le quatrième volume du كتاب التنوير في التفسير مختصر التفسير الكبير « L'Éclaircissement au sujet de l'exégèse pour servir d'abrégé du *Tafsîr al-Kabîr* » de Fakhr al-Dîn al-Râzî. Le *Tanwîr a été composé* par Schams al-Dîn Aboû ʿAbd Allah Moḥammad ibn abî 'l-Qâsim ibn ʿAbd al-Salâm ibn Djamîl (جمل *sic*) al Rîghî (الريغي) al-Toûnisî (natif de Wâd Righ, dans la Tunisie), grand cadi malékite d'Alexandrie, qui a achevé son travail en 707 de l'hégire (1307-1308 de J. C.). Ce volume renferme la sourate v et la sourate vi, jusqu'au verset 94. Il est tout entier de la même main, et l'écriture est presque entièrement dépourvue de points diacritiques.

Papier. 1279 feuillets. Hauteur, 25 centimètres et demi; largeur, 17 centmètres. 21 lignes par page. Ms. du xvᵉ siècle. — (Supplément 178 A, Saint-Germain 74.)

615.

Le troisième volume d'un exemplaire du تنوير في التفسير. Comme il commence précisément au passage où s'arrête le numéro précédent, qui est le quatrième volume d'un autre exemplaire, un libraire a changé le mot *troisième* (الثالث) en *cinquième* (الخامس). En effet, nous pouvons le regarder comme le cinquième volume de l'exemplaire qui appartient à la Bibliothèque. Nous apprenons par la souscription, que Fakhr al-Dîn al-Râzî avait achevé cette partie de son ouvrage en 601 de l'hégire, et que son abréviateur avait fini en 708 de l'hégire (1308-1309 de J. C.). Notre ms. est daté de l'an 724 de l'hégire (1324 de J. C.). Il renferme la sourate vi, à partir du verset 94, et les sourates suivantes jusqu'à la xviiiᵉ inclusivement.

Papier. 224 feuillets. Hauteur, 26 centimètres; largeur, 17 centimètres et demi. Les 37 premiers feuillets sont d'une écriture plus moderne et d'environ 40 lignes par page; les autres feuillets ont 26 lignes par page. — (Supplément 178 B, Saint-Germain 75.)

616.

Sixième volume d'un exemplaire du *Tanwîr fî 'l-Tafsîr*, commençant par la sourate xix et finissant au verset 44 de la sourate xxiv. L'écriture des deux derniers feuillets est la même que celle du numéro précédent.

Papier. 181 feuillets. Hauteur, 26 centimètres; largeur, 18 centimètres. 29 et 30 lignes par page. Ms. du xvᵉ siècle. — (Supplément 178 C, Saint-Germain 76.)

617.

Huitième volume d'un exemplaire du *Tanwîr fî 'l-Tafsîr*, renfermant les sourates xxix, versets 45 à l.

Papier. 197 feuillets. Hauteur, 25 centimètres et demi; largeur, 17 centimètres. 23 lignes par page. Ms. du xivᵉ siècle. — (Supplément 178 D, Saint-Germain 77.)

618 et 619.

Huitième volume, relié en deux tomes, d'un exemplaire du *Tanwîr fî 'l-Tafsîr*, commençant par la sourate li et finissant au milieu du commentaire de la sourate cxii.

Papier. 139 feuillets. Hauteur, 25 centimètres et demi; largeur, 16 centimètres. 21 lignes par page. — (Supplément 178 E, F, Saint-Germain 78 et 215 *bis*.)

620.

كتاب التبيان في اعراب القرءان « Exposition de l'analyse grammaticale du texte du Coran », par Aboû 'l-Baqâ ʿAbd Allah ibn al-Ḥosaïn al-ʿOkbarî (العكبرى, natif d'ʿOkbara, ville située dans l'arrondissement de Dodjaïl, à dix parasanges de Baghdâd), al-Faradhî (الفرضى) « le calculateur », mort en 616 de l'hégire (1219 de J. C.) Le titre de l'ouvrage n'est pas mentionné dans le ms., mais il se trouve dans le Dictionnaire bibliographique de Hadji Khalfa, et à la fin du nᵒ 621. Le premier feuillet manque.

Papier. 198 feuillets. Hauteur, 28 centimètres; largeur, 20 centimètres et demi. 29 lignes par page. Ms. du xiiiᵉ siècle. — (Supplément 179, Ducaurroy 3.)

621.

Le *Tibyân* d'Aboû 'l-Baqâ al-ʿOkbarî. La présente copie, écrite en beau caractère maghrebin espagnol, par un Berbère appelé ʿAbd Allah ibn ʿAtîq al-Lowatî, porte la date de 801 de l'hégire (1398 de J. C.).

Papier. 144 feuillets. Hauteur, 29 centimètres; largeur, 19 centimètres. 35 lignes par page. — (Ancien fonds 251.)

622.

Second volume de l'ouvrage intitulé رموز الكنوز «Indications de trésors», commentaire du Coran, composé par ʿIzz al-Dîn ʿAbd al-Razzâq ibn Rizq-Allah ibn abî 'l-Haïdjâ, natif de Râs-ʿAïn (الرسعني). La partie du Coran dont on y trouve l'explication commence au milieu du verset 11 de la sourate III et finit avec la sourate IV. Dans ce commentaire, qui est très-étendu, on trouve plusieurs dissertations, dont une (fol. 52 v°) sur les expéditions auxquelles assista Mahomet; une autre (fol. 54 v°) sur la présence des anges au combat de Bedr; une autre (fol. 64 v°) sur le combat d'Ohod; une autre (fol. 112 v°), en cinq sections, sur la signification du terme كلالة; une autre (fol. 116 v°) sur la peine réservée aux fornicateurs, etc. Ms. daté de l'an 634 de l'hégire (1236-1237 de J. C.). Le commencement manque. Au verso du fol. 199 se trouve un certificat de lecture, daté de l'an 730 de l'hégire. Le même feuillet et le suivant contiennent deux extraits d'un autre commentaire du Coran.

Papier. 200 feuillets. Hauteur, 25 centimètres; largeur, 17 centimètres et demi. 15 lignes par page. — (Supplément 185.)

623.

Questions et réponses touchant les difficultés que présente le texte du Coran, en ce qui concerne la grammaire et l'exégèse. Titre : أسولة القران المجيد واجوبتها. Ces questions et réponses sont disposées dans l'ordre des sourates. L'auteur, Mohammad ibn abî Bakr ibn ʿAbd al-Qâdir al-Râzî, mourut en 660 de l'hégire (1261-1262 de J. C.). Ms. daté de l'an 723 de l'hégire (1323 de J. C.). Quelques feuillets perdus ont été remplacés par une main plus moderne.

Papier. 119 feuillets. Hauteur, 18 centimètres et demi; largeur, 12 centimètres. 25 lignes par page. — (Ancien fonds 272.)

624.

1° Les Questions et réponses de Mohammad ibn abî Bakr al-Râzî. Copie datée de l'an 832 de l'hégire (1432-1433 de J. C.).

2° (Fol. 155 v°.) الانجم الزاهرات على حلّ الفاظ الورقات «Les Étoiles brillantes; solution des difficultés que présentent les termes employés dans le *Waraqât*». L'ouvrage intitulé *Waraqât* «feuillets», qui traite des principes du droit schaféite, a pour auteur Aboû 'l-Maʿâlî al-Djowaïnî, généralement connu sous le titre d'Imâm al-Haramaïn, mort en 478 de l'hégire (1085-1086 de J. C.). L'auteur du commentaire des «Étoiles brillantes», Kamâl al-Dîn Mohammad, mourut en 874 de l'hégire (1469-1470 de J. C.), selon Hadji-Khalfa.

3° (Fol. 209 v°.) Recueil de notes sur le partage des successions. La copie est de la même main que l'article 1°.

4° (Fol. 214 v°.) Deux pièces de vers en langue turque.

Papier. 217 feuillets. Hauteur, 18 centimètres; largeur, 14 centimètres. 13 à 19 lignes par page. Ms. du XVᵉ siècle. — (Ancien fonds 270.)

625.

Les Questions et réponses, de Mohammad ibn abî Bakr al-Râzî. Les feuillets de garde sont couverts de notes en prose et en vers, étrangères à l'ouvrage.

Papier. 171 feuillets. Hauteur, 25 centimètres et demi; largeur, 16 centimètres. 23 à 26 lignes par page. Ms. du XVᵉ siècle. — (Supplément 189.)

626.

Dissertation de Djalâl al-Dîn Mohammad al-Razzâq sur le verset du Coran امنت انه لا اله الا الذى آمنت به بنوا اسرائيل وانا من المسلمين.

Papier. 2 feuillets. Hauteur, 19 centimètres; largeur, 10 centimètres et demi. 27 lignes par page. — (Supplément 2253.)

627.

Commentaire du Coran d'Al-Baïdhâwî, intitulé انوار

التنزيل واسرار التاويل «Lumières de la révélation et secrets de l'exégèse».

Papier. 498 feuillets. Hauteur, 26 centimètres; largeur, 20 centimètres. 22 à 24 lignes par page. XVIe siècle. — (Supplément 173, Anquetil 35.)

628.

Commentaire du Coran d'Al-Baïdhâwî. Cet exemplaire renferme un texte très-correct, ainsi que le constate une note en arabe, écrite sur le recto du premier feuillet. Le ms. est daté de l'an 969 de l'hégire (1562 de J. C.). La préface commence par ces mots: الحمد لله الذى نزل القران على عبده.

Papier. 335 feuillets. Hauteur, 31 centimètres; largeur, 21 centimètres. 38 à 41 lignes par page. — (Ancien fonds 252.)

629 et 630.

Commentaire du Coran d'Al-Baïdhâwî. Exemplaire daté de l'an 1067 de l'hégire (1657 de J. C.).

2 volumes. Papier. 369 et 249 feuillets. Hauteur, 21 centimètres; largeur, 15 centimètres. 25 lignes par page. — (Ancien fonds 265 et 263.)

631.

Commentaire du Coran d'Al-Baïdhâwî. Première moitié de l'ouvrage, renfermant les sourates I à XVIII.

Papier. 413 feuillets. Hauteur, 25 centimètres; largeur, 18 centimètres. 21 lignes par page. Ms. du XVe ou du XVIe siècle. — (Supplément 175.)

632 et 633.

Commentaire du Coran d'Al-Baïdhâwî. Exemplaire daté de l'an 1210 de l'hégire (1795-1796 de J. C.).

2 volumes. Papier. 398 et 382 feuillets. Hauteur, 22 centimètres; largeur, 16 centimètres. 25 lignes par page. — (Supplément 176.)

634.

Volume dépareillé d'un exemplaire du commentaire du Coran d'Al-Baïdhâwî, commençant par la sourate XVIII (الكهف), et finissant au verset 140 de la sourate XXVI (الشعراء). Notes marginales. Le premier feuillet est d'une main plus moderne; la fin manque.

Papier. 88 feuillets. Hauteur, 28 centimètres; largeur, 18 centimètres et demi. 31 lignes par page. Ms. du XVIe siècle. — (Ancien fonds 253.)

635.

Le second et dernier volume du commentaire du Coran d'Al-Baïdhâwî. Quelques feuillets manquent au commencement; il ne reste du commentaire de la sourate XVIII que les dernières lignes. Quelques notes marginales.

Papier. 316 feuillets. Hauteur, 28 centimètres; largeur, 16 centimètres. 27 à 28 lignes par page. Ms. du XVIIe siècle. — (Supplément 174.)

636.

Notes sur la partie du commentaire du Coran d'Al-Baïdhâwî qui se compose de la préface et de l'explication de la première sourate. L'auteur, Aḥmad ibn ʿAlî ibn ʿOthmân, avait dédié cet ouvrage au sultan Mourad Khân (Amurat III).

Papier. 117 feuillets. Hauteur, 21 centimètres et demi; largeur, 13 centimètres. 13 lignes par page. Ms. du XVIe siècle. — (Ancien fonds 264.)

637.

Volume dépareillé d'un grand commentaire du Coran. Les feuillets du commencement et de la fin ayant disparu, une main plus moderne les a remplacés par d'autres qui ne paraissent pas appartenir à l'ouvrage. Le titre même, inscrit au recto du premier feuillet, est inexact, car il attribue ce commentaire à un docteur nommé Al-Qorṭobî (sans doute Moḥammad ibn Aḥmad, natif de Cordoue, et auteur d'un commentaire du Coran. Voyez Hadji Khalfa, t. II, p. 499); mais dans divers endroits de l'ouvrage, le schaïkh Al-Qorṭobî est cité et son nom est accompagné des mots رحمه الله, qui indiquent qu'il était mort avant la composition de cet ouvrage. Ce volume ne contient que l'explication des versets 100 à 183 de la sourate II.

Papier. 138 feuillets. Hauteur, 26 centimètres; largeur, 16 centimètres. 23 à 26 lignes par page. Ms. du XIIIe siècle. — (Supplément 188.)

638.

نجم المهتدى ورجم المعتدى «L'Étoile du bien dirigé, lancée contre le (démon) transgresseur», par l'imâm Mohammad ibn Moḥammad, surnommé *Ibn al-Mo'allim*. Cet ouvrage est une diatribe dirigée contre un docteur hanbalite qui avait donné à certains passages du Coran une interprétation différente de celles des docteurs asch'arites. Pour appuyer ses propres opinions, l'auteur cite l'autorité de plusieurs docteurs orthodoxes, dont il donne les biographies, et dont il mentionne les ouvrages. Cette liste commence au califat d'Aboû Bakr, et s'arrête à l'an 706 de l'hégire. Les Asch'arites y tiennent une place très-distinguée. L'ouvrage, divisé en seize chapitres (voy. fol. 26 v°), a été composé à l'époque où le sultan mamlouc Al-Naṣr, fils d'Al-Mâlik al-Manṣoûr Kalavoun, remporta sa grande victoire sur les Mongols (en 1303 de J. C.). Ce volume est autographe; il porte les additions de l'auteur, dont quelques-unes sont écrites sur des onglets.

Papier. 327 feuillets. Hauteur, 27 centimètres; largeur, 18 centimètres. 23 lignes par page. — (Supplément 200, Saint-Germain 85.)

639.

La première partie du لباب التاويل فى معانى التنزيل «Moelle de l'exégèse, touchant les idées exprimées dans le livre révélé». C'est une grande compilation, dans laquelle l'auteur, 'Alî ibn Moḥammad ibn Ibrâhîm ibn Khalîl al-Baghdâdî al-Schîḥî, surnommé *Al-Khâzin*, reproduit de nombreux passages tirés de divers commentaires, et surtout du معالم التنزيل «Monuments de la révélation» d'Al-Ḥosaïn ibn Mas'oûd al-Baghawî (البغوى). Al-Khâzin avait reçu le surnom de *Schîḥî*, parce que sa famille était de Schîḥa (شيحة), village de la province d'Alep; mais il était né à Baghdâd, en 673 de l'hégire (1274-1275 de J. C.). Le nom d'*Al-Khâzin* «le trésorier» lui fut donné parce qu'il était bibliothécaire du collége *Somaïschâṭiya* (السميشاطية). Ce ms., daté de l'an 1078 de l'hégire (1667-1668 de J. C.), contient le commentaire des sourates I à VI.

Papier. 589 feuillets. Hauteur, 21 centimètres et demi; largeur, 17 centimètres. 25 lignes par page. — (Supplément 1861.)

640.

Premier volume du commentaire d'Al-Khâzin. Le texte s'arrête au verset 238 de la sourate II. Ms. daté de l'an 865 de l'hégire (1460-1461 de J. C.).

Papier. 470 feuillets. Hauteur, 26 centimètres; largeur, 17 centimètres et demi. 11 lignes par page. — (Supplément 187.)

641.

Seconde partie du commentaire d'Al-Khâzin. Ce volume contient les sourates VII à XVII.

Papier. 716 feuillets. Hauteur, 22 centimètres et demi; largeur, 17 centimètres. 21 lignes par page. Ms. de diverses écritures du XVIIe siècle. — (Supplément 186 III.)

642.

Dernière partie du commentaire d'Al-Khâzin. Ce volume contient les sourates XVIII à CXIV. Ms. daté de l'an 1167 de l'hégire (1753-1754 de J. C.).

Papier. 602 feuillets. Hauteur, 23 centimètres; largeur, 16 centimètres. Les premiers feuillets ont 27 lignes, les autres 25. — (Supplément 186 IV.)

643.

الدرّ النظيم فى فضائل القران العظيم «Rangée de perles, traitant des vertus admirables du saint Coran», par Ibn al-Khaschschâb (الخشّاب). Dans cet ouvrage, qui traite des vertus mystiques des versets du Coran, l'auteur a réuni les données du برق اللامع du cadi Aboû Bakr al-Ghassânî, et du خواص الايات وفواتح القران d'Aboû Ḥâmid al-Ghazâlî, en y insérant quelques carrés magiques, empruntés au traité d'Al-Boûnî. Le dernier feuillet contient un *certificat de lecture*, daté de l'an 1008 de l'hégire (1599 de J. C.).

Papier. 180 feuillets. Hauteur, 21 centimètres; largeur, 15 centimètres. 13 lignes par page. Ms. du XVIe siècle. — (Supplément 191.)

644.

1° تحفة الاديب بما فى القرءان من الغريب «Cadeau pour l'homme instruit, traitant des mots peu usités qui se trouvent dans le Coran», par Athîr al-Dîn Aboû Ḥayyân Moḥammad ibn Yoûsof ibn Ḥayyân al-Andalosî, mort en 745 de l'hégire (1344-1345 de J. C.). Les mots expliqués sont rangés dans l'ordre de l'alphabet.

2° (Fol. 25.) الدرّ الفاخر فى شرح عقود الجواهر «La Perle magnifique, qui est un commentaire sur les Colliers de pierreries», par Djamâl al-Dîn Aboû Ya'qoûb Yoûsof ibn Ibrâhîm, le Maghrebin, natif de Wânnoûghâ (الوانّوغى). (Le Wânnoûghâ, grand territoire de l'Algérie, s'étend au sud du Djurdjura, depuis Ṣoûr al-Ghozlân ou Aumale, jusqu'aux Bîbân ou les Portes de Fer.) L'auteur de l'ouvrage commenté, dont le titre entier est عقود الجواهر ودرر المفاخر, se nommait Ḥosâm al-Dîn d'Édesse (الرهاوى), et vivait au commencement du IXe siècle de l'hégire. Dans ce commentaire, le compilateur a emprunté des matériaux à plusieurs autres écrivains. Il a divisé son travail en quatre sections, précédées d'une introduction (مقدّمة) contenant l'éloge de la science et des savants. Dans la première section, il traite de la conduite (ادب) du précepteur, dans sa vie et dans ses enseignements; la seconde section traite de la conduite des disciples; la troisième, des livres, et la quatrième, de la vie des colléges. C'est un recueil de traditions et d'anecdotes.

3° (Fol. 157 v°.) Liste de proverbes, rangés dans l'ordre de l'alphabet.

Papier. 162 feuillets. Hauteur, 19 centimètres; largeur, 14 centimètres. 16 à 19 lignes par page. Ms. du XVIe siècle. — (Ancien fonds 267.)

645.

1° متشابه القرءان «Les Expressions ambiguës du Coran», par Ibn al-Labbân, mort en 749 (1348-1349 de J. C.). Ces expressions, d'après l'auteur, ne doivent pas être entendues dans leur sens littéral, qui conduirait à l'anthropomorphisme. Commencement : الحمد لله الواحد بذاته وصفاته. La fin manque.

2° (Fol. 30.) Fragment du commentaire de Dâoûd ibn Maḥmoûd al-Qaïsarî sur la خمريّة d''Omar ibn al-Fâridh.

Papier. 37 feuillets. Hauteur, 18 centimètres; largeur, 13 centimètres et demi. 13 lignes par page. Ms. du XVIIe siècle. — (Supplément 2152.)

646.

Commentaire du Coran, par 'Abd al-Raḥmân ibn Moḥammad ibn Makhloûf al-Tha'âlibî (الثعالبى), intitulé : الجواهر الحسان فى تفسير القرءان. Cet ouvrage, qui est resté inconnu à Hadji Khalfa[1], commence par ces mots : الحمد لله الذى منّ علينا بالايمان وشرّفنا بتلاوة القرءان. Il se compose de deux parties, dont la première occupe 355 feuillets. A la fin de l'ouvrage, l'auteur nous apprend qu'il avait terminé son travail le 25 rabî'a premier de l'an 833 de l'hégire (1429 de J. C.). Le présent exemplaire a été copié, sur l'autographe, au mois de ramadhân de l'an 877 (janvier 1473 de J. C.). Écriture maghrebine de diverses mains.

Papier. 586 feuillets, dont trois, entre la première partie et la seconde, sont restés en blanc. Hauteur, 31 centimètres; largeur, 22 centimètres. 25 à 27 lignes par page. — (Ancien fonds 254.)

647 et 648.

الجواهر الحسان فى تفسير القرءان «Les Belles pierreries, commentaire du Coran», par 'Abd al-Raḥmân ibn Moḥammad ibn Makhloûf al-Tha'âlibî. Ms. daté de l'an 1064 de l'hégire (1654 de J. C.).

2 volumes. Papier. 229 et 257 feuillets. Hauteur, 29 centimètres; largeur, 20 centimètres. 33 lignes par page. — (Supplément 1978 et 1979.)

649.

Ouvrage auquel l'auteur, Schams al-Dîn Moḥammad ibn Ahmad ibn al-'Imâd (العماد), a donné deux titres, à savoir : كتاب الذريعة الى معرفة الاعداد الواردة فى الشريعة «Moyen d'arriver à la connaissance des nombres qui se présentent dans la loi divine», et كتاب الارشاد الى ما وقع فى الفقه وغيره من اعداد «Guide à la connaissance des nombres qui se présentent dans la jurisprudence et ailleurs». C'est une compilation de tous les passages du Coran, des commentaires de ce livre, et des traditions, dans lesquels il est fait mention des nombres. Les traditions sont classées dans l'ordre adopté pour les livres de droit. L'auteur a achevé son travail en 836 de l'hégire (1432-1433 de J. C.).

Papier. 384 feuillets. Hauteur, 28 centimètres; largeur, 18 centimètres et demi. 23 lignes par page. — (Supplément 201.)

650.

1° Traité du repos de la voix (*waqf*) dans la lecture

[1] Voyez cependant Hadji-Khalfa, édition de Flügel, t. II, p. 642. L'ouvrage commence, dans notre ms. comme dans Hadji-Khalfa, par les mots الحمد لله رب العالمين وصلوات الخ. La phrase citée ci-dessus n'est que la seconde. H. Z.

du Coran, par Saʿd Allah ibn Ḥosaïn d'Adserbaïdjân, généralement connu sous le nom de Salmâsî (سلماسى) (voyez fol. 7). L'ouvrage commence par ces mots : الحمد لله الذى زيّن الانسان بزينة اللطيفة النظيفة القرءان. D'après une rubrique inscrite au fol. 108, le titre serait : بحث المعروف فى معرفة الوقوف. M. de Sacy, qui a publié une notice sur cet opuscule et sur le suivant dans les «Notices et Extraits» (t. VIII, p. 360), croit que notre exemplaire est de la main de l'auteur. Ms. daté de l'an 847 de l'hégire (1443-1444 de J. C.).

2° باب وقف حمزة وهشام على الهمز «Traité des repos de voix sur le *hamza*, pratiqués par Ḥamza et Hischâm», par Al-Schâṭibî.

Papier. 129 feuillets. Hauteur, 18 centimètres et demi; largeur, 13 centimètres et demi. Le premier traité a 11 lignes par page, le second 17 lignes. — (Ancien fonds 262.)

651.

1° كتاب وقف القرءان «Traité sur les pauses dans la lecture du Coran». Cet ouvrage, attribué à Saʿd al-Dîn Aboû Saʿîd Moḥammad ibn Moḥammad ibn Khalîfa, se compose d'une courte introduction, divisée en cinq sections, et de la liste des mots qui, dans chaque sourate, doivent être suivis d'une pause. Ces mots sont rangés dans l'ordre où le texte de la sourate nous les présente, et sont accompagnés de lettres marquées à l'encre rouge qui indiquent la nature de la pause. La copie est datée de l'an 882 de l'hégire (1478 de J. C.).

2° (Fol. 67.) Observations d'Aboû Bakr Moḥammad ibn al-Qâsim al-Anbârî, mort en 328 de l'hégire, sur les passages du Coran où, au lieu de ة, on trouve écrit ت.

3° (Fol. 69.) Note sur le *tanwîn*, le *teschdîd*, le *medd*, le *waqf* et les *mâ* (الماءات), écrite de la même main que l'article 2°.

4° (Fol. 73 v°.) Poëme didactique sur la manière de lire le Coran, par ʿAlam al-Dîn ʿAlî ibn Moḥammad al-Sakhâwî (السخاوى). Voyez, sur cet auteur, le mémoire de S. de Sacy, «Notices et Extraits», t. VIII, p. 336. La rime du poëme est en ان.

5° (Fol. 76 v°.) Vers techniques, dont la rime est en ى, et qui indiquent les divers cas dans lesquels le *yâ* final, dans le texte du Coran, est pourvu ou non pourvu d'une voyelle.

6° (Fol. 77 v°.) Règle pour connaître le jour de la semaine par lequel commence chaque mois de l'année musulmane.

7° (Fol. 81 v°.) Recette pour faire de l'encre avec la noix de galle.

Papier. 81 feuillets. Hauteur, 18 centimètres; largeur, 13 centimètres. 13 et 14 lignes par page. — (Ancien fonds 259.)

652.

تفسير الجلالين «Commentaire des deux Djalâl al-Dîn». La première partie de l'ouvrage, qui s'étend jusqu'à la fin de la sourate XVII, a été composée en 850 de l'hégire (1446-1447 de J. C.), par Djalâl al-Dîn Moḥammad ibn Aḥmad al-Maḥallî (المحلّى), la seconde partie par Djalâl al-Dîn ʿAbd al-Raḥmân ibn abî Bakr al-Soyoûṭî (السيوطى), qui a achevé son travail en 870. (Voyez la préface et une note copiée sur l'exemplaire autographe de Soyoûṭî et insérée entre les deux parties de l'ouvrage (fol. 84 v° et 85 r°).

Papier. 183 feuillets. Hauteur, 27 centimètres et demi; largeur, 17 centimètres et demi. Les pages de la première partie portent 33 lignes, celles de la seconde partie 31 lignes. Ms. du XVe siècle. — (Supplément 182, Saint-Germain 79.)

653.

Le *Tafsîr al-Djalâlaïn*, exemplaire daté de l'an 1141 de l'hégire (1728 de J. C.). Au fol. 2 commence une copie du commentaire du Coran d'Aboû Zakarîyâ al-Anṣârî, intitulé *Fatḥ al-Raḥmân*. (Voy. ci-après, n° 660.) La suite de ce commentaire est inscrite sur les marges des feuillets suivants. En tête du volume on lit un passage emprunté à un autre commentaire du Coran.

Papier. 190 feuillets. Hauteur, 30 centimètres; largeur, 22 centimètres. 27 lignes par page. — (Supplément 183.)

654.

La première partie du *Tafsîr al-Djalâlaïn*. Il y a quelques gloses interlinéaires en langue javanaise.

Les feuillets de garde sont en papier végétal, apparemment de bambou.

Papier. 165 feuillets. Hauteur, 30 centimètres et demi; largeur, 18 centimètres et demi. 21 lignes par page. — (Supplément 184.)

655.

Premiers cahiers du *Tafsîr al-Djalâlaïn*. Cet exemplaire s'arrête à l'explication des mots وترغبون ان تنكحوهن.

Papier. 128 feuillets. Hauteur, 23 centimètres; largeur, 15 centimètres et demi. 19 lignes par page. Ms. du XVIIIe siècle. — (Supplément 1980.)

656.

الاتقان في علوم القرءان «Traité des sciences qui ont pour objet le texte du Coran», par Djalâl al-Dîn ʿAbd al-Raḥmân al-Soyoûṭî. C'est la première partie de l'ouvrage. Copie très-négligée et très-incorrecte. Il y a un grand nombre de lacunes.

Papier. 100 feuillets. Hauteur, 31 centimètres; largeur, 21 centimètres et demi. 30 à 33 lignes par page. Ms. du XVIIe siècle. — (Supplément 192.)

657.

Première partie de l'*Itqân* de Soyoûṭî.

Papier. 181 feuillets. Hauteur, 22 centimètres; largeur, 16 centimètres. 24 lignes par page. Ms. du XVIIIe siècle. — (Supplément 171 A.)

658.

La seconde moitié de l'*Itqân* de Soyoûṭî. Ms. daté de l'an 1212 de l'hégire (1797 de J. C.).

Papier. 179 feuillets. Hauteur, 23 centimètres; largeur, 15 centimètres et demi. 24 et 25 lignes par page. — (Supplément 171 B.)

659.

Plusieurs opuscules de Djalâl al-Dîn al-Soyoûṭî :

1° Le تحرّر «Écrit», dans lequel l'auteur expose et discute les opinions des docteurs au sujet de la signification du verset 2 de la sourate XLVIII du Coran, verset qui commence par les mots ليغفر لك الله ما تقدّم من ذنبك.

2° (Fol. 6.) انوار السعادة في اسباب الشهادة «Les Lumières de la félicité, traitant des circonstances qui constituent le martyre». Dissertation fondée sur les traditions de Mahomet.

3° (Fol. 15.) تاخير الظلامة الى يوم القيامة «Remise de la transgression jusqu'au jour de la résurrection». Ce sont des récits relatifs à des personnes qui, ayant reçu des offenses, avaient refusé toute satisfaction pour s'en remettre au jugement de Dieu, lors de la résurrection.

4° (Fol. 21.) الارج في الفرج «Parfum ajouté au plaisir», abrégé de l'ouvrage d'Ibn abî 'l-Dounyâ intitulé الفرج بعد الشدّة «Le Plaisir après la peine». Ce traité est suivi d'une anthologie poétique, formée de passages composés par divers poëtes.

5° (Fol. 76 v°.) رفع شان الحبشان «Le Mérite des Abyssins exalté», traité qui se compose d'une introduction, de sept chapitres et d'une conclusion. C'est un recueil de traditions, de récits et d'anecdotes qui montrent les Abyssins sous le jour le plus favorable.

6° (Fol. 167.) الوسائل الى معرفة الاوائل «Guide à la connaissance des origines». On y trouve l'énumération des usages et inventions et de leurs auteurs, des époques où certaines maladies parurent dans le monde pour la première fois, etc.

7° (Fol. 212.) انموذج لطيف نقل من اوّل كتاب تفسير ابن الخازن «Petit échantillon, tiré du commencement du commentaire qu'Ibn al-Khâzin rédigea pour éclaircir le texte du Coran». (Voyez ci-dessus, n°s 639 et suiv.) Cet abrégé se compose de plusieurs chapitres, dont le premier a pour sujet l'excellence du Coran; le second traite des peines auxquelles s'expose celui qui parle du Coran sans le connaître; le troisième traite de la manière dont furent réunis les divers passages de ce livre, et de l'opinion de ceux qui affirment qu'il a été révélé en sept dialectes (احرف); ce chapitre renferme l'explication de certains termes employés par les traditionnistes, et l'indication de l'ordre dans lequel les passages qui composent le Coran furent révélés à Mahomet. Le quatrième chapitre a pour sujet les sept dialectes du Coran.

Papier. 239 feuillets. Hauteur, 21 centimètres; largeur, 18 centimètres. Quelques pièces ont 15 lignes par page, d'autres 17. Ms. de diverses écritures du XVIIe siècle. — (Ancien fonds 441.)

660.

فتح الرحمن بكشف ما يلبس في القرءان «Explication, par la grâce de Dieu miséricordieux, de ce qui est obscur dans le Coran», par Aboû Yaḥyâ Zakariyâ al-Anṣârî, mort en 926 de l'hégire (1520 de J. C.). Ms. daté de l'an 1073 de l'hégire (1662-1663 de J. C.).

Papier. 171 feuillets. Hauteur, 21 centimètres; largeur, 15 centimètres et demi. 19 lignes par page. — (Ancien fonds 269.)

661.

Commentaire du Coran, intitulé تسهيل السبيل فى فهم معانى التنزيل «Aplanissement de la voie qui mène à l'intelligence du livre révélé», par le docteur schaféite Aboû 'l-Hasan al-Bakrî. Commencement : الحمد لله الذى أعجز الفصحاء عن معارضة كتابه. Ce volume, qui ne renferme que la première moitié de l'ouvrage, c'est-à-dire les dix-huit premières sourates, fut écrit en 945 de l'hégire (1538-1539 de J. C.), du vivant de l'auteur, et probablement au Caire. En tête du volume se trouve un frontispice orné, portant le titre de l'ouvrage et le nom de l'auteur.

Papier. 250 feuillets. Hauteur, 26 centimètres; largeur, 17 centimètres et demi. 29 lignes par page. — (Ancien fonds 241.)

662.

Seconde moitié du commentaire du Coran d'Aboû 'l-Hasan al-Bakrî, commençant par la sourate XIX. Deux notes, l'une au commencement du volume, l'autre à la fin, nous apprennent que l'auteur avait commencé son travail en 923 de l'hégire (1517 de J. C.), et qu'il l'avait terminé en 926 de l'hégire (1520 de J. C.). Ms. daté de l'an 1001 de l'hégire (1591 de J. C.).

Papier. 455 feuillets. Hauteur, 21 centimètres; largeur, 15 centimètres. 23 lignes par page. — (Ancien fonds 268.)

663.

Collection d'opuscules se rapportant au texte et à la lecture du Coran. M. de Sacy a consacré à ce ms. un article dans les «Notices et Extraits», t. VIII, p. 355.

1° Liste des mots dont l'orthographe donne lieu à des observations.

2° (Fol. 45.) Sur le salaire que l'on doit payer pour la récitation du Coran.

3° (Fol. 45 v°.) Que la pureté du texte du Coran se conserve mieux par la tradition orale que par la tradition écrite.

4° (Fol. 46 v°.) Notice sur la formation du recueil du Coran.

5° (Fol. 50 v°.) Règles orthographiques que l'on doit suivre pour le *hamza*.

6° (Fol. 53.) Sur les irrégularités de l'orthographe du Coran. Traité analogue à l'article 1°.

7° (Fol. 120 v°.) Prière composée de paroles du Coran et relative à la lecture de ce livre.

8° (Fol. 122 v°.) Un troisième traité de l'orthographe du Coran. Incomplet.

9° (Fol. 157.) Copie d'un chapitre du مقنع (voyez ci-dessus, n° 593), dans lequel l'auteur indique les variantes des exemplaires du Hidjâz, de la Syrie et de l'ʿIrâq.

10° (Fol. 161 v°.) Prière pour le jour du pèlerinage consacré à la station sur le mont ʿArafât. Cette prière est attribuée à ʿAlî Zaïn al-ʿÂbidîn.

11° (Fol. 164 v°.) Liste de tous les mots du Coran dans lesquels il y a un *hamza* qui peut être articulé de diverses manières.

12° (Fol. 166 v°.) Signes de convention pour indiquer les différentes leçons du Coran.

13° (Fol. 170 v°.) Traité sur l'alphabet arabe. Texte et traduction publiés par M. de Sacy dans les «Notices et Extraits», t. IX, p. 1 et suiv.

14° (Fol. 186 v°.) Sur les divisions du Coran.

15° (Fol. 193 v°.) Sur les rites que l'on doit observer lorsqu'on récite le Coran.

Papier. 195 feuillets. Hauteur, 22 centimètres et demi; largeur, 15 centimètres. 15 à 20 lignes par page. Ms. du XVIIe siècle. — (Ancien fonds 260.)

664.

Traité sur les différentes leçons du Coran. On y trouve d'abord quelques notions générales sur l'orthographe du Coran, puis les variantes de chaque sourate, et enfin le nombre de mots et de lettres qui entrent dans le texte sacré. Le titre de l'ouvrage et le nom de l'auteur sont inconnus. C'est une compilation moderne, car Al-Soyoûtî y est cité. Ms. daté de l'an 1068 de l'hégire (1658 de J. C.).

Papier. 59 feuillets. Hauteur, 21 centimètres; largeur, 15 centimètres et demi. 9 à 24 lignes par page. — (Supplément 199.)

665.

1° Commentaire sur la première sourate du Coran.

2° (Fol. 9.) كتاب الناصح وحزب الفلاح الناجح فى معرفة الطريق الواضح. Traité des préceptes de la religion, par le

schaïkh Aboû 'l-ʿAbbâs Schihâb al-Dîn Aḥmad, fils de Moḥammad al-Zâhid.

3° (Fol. 41.) عمل اليوم والليلة «Des devoirs pendant le jour et la nuit», par Soyoûṭî.

4° (Fol. 64.) كتاب متشابه القران. Des expressions ambiguës du Coran, par l'imâm Aboû 'l-Ḥasan ʿAlî, fils de Ḥamza al-Kisâî.

5° (Fol. 79.) Prières, extraits divers, etc.

6° (Fol. 156 v°.) Conseils en vers, par Moḥyî al-Dîn al-Ghîlânî.

Papier. 165 feuillets. Hauteur, 20 centimètres; largeur, 15 centimètres. Écritures diverses du XVIIe siècle. — (Supplément 1946, Sorbonne 284.)

666.

1° Traité d'un prédicateur du temps du sultan Mourad Khân, dans lequel l'auteur explique quelques passages du Coran.

2° (Fol. 9 v°.) Observations sur un traité de la jurisprudence du mariage.

3° (Fol. 16 v°.) Sur l'excellence du mois de ramadhân.

4° (Fol. 26 v°.) Autre traité semblable.

5° (Fol. 38 v°.) Troisième traité sur le même sujet.

6° (Fol. 47.) فتح الرحمن فى ذكر صلة الرحم والاوطان «Sur les liens du sang et l'amour de la patrie», par Aboû Bakr ibn Moḥammad ibn Ibrâhîm al-Ḥalabî.

7° (Fol. 59.) كتاب الغالب والمغلوب. Traité sur les jours néfastes, par Aristote. (Voyez Wenrich, «De auctorum græcorum», p. 162, et le Catalogue des mss. arabes, persans et turcs de la Bibliothèque de Leipzig, p. 337.)

8° (Fol. 69 v°.) Traité de la capitation et du kharadj.

9° (Fol. 75 v°.) Autre traité sur le même sujet, en turc.

10° (Fol. 81 v°.) Traité de l'administration politique, à l'usage des gouverneurs et des cadis.

11° (Fol. 99.) Dix décisions, en turc, par Ḥasan Tschelebî Qanâlî-Zâdè.

12° (Fol. 104 v°.) Conseils à la jeunesse.

13° (Fol. 109 v°.) Cinq traditions sur la bienveillance, اصطناع بالمعروف.

Papier. 112 feuillets. Hauteur, 21 centimètres; largeur, 15 centimètres et demi. 9 à 21 lignes par page. Écritures diverses du XVIIIe et du XIXe siècle. — (Supplément 1945, Ducaurroy 40.)

667.

1° المقصد لتلخيص ما فى المرشد «Essai d'abréger le contenu du *Morschid*», par Aboû Yaḥyâ al-Anṣârî. Le *Morschid* ou «guide» est un traité sur les pauses (الوقف والابتداء) que doivent observer ceux qui récitent le Coran. L'auteur se nommait Al-Ḥasan ibn abî 'l-Noʿmânî. Cet abrégé indique la ponctuation du Coran, sourate par sourate.

2° (Fol. 162.) Profession de foi (ʿ*aqîda*) attribuée à ʿAlî, fils d'Aboû Ṭâlib.

Ms. daté de l'an 1157 de l'hégire (1744 de J. C.).

Papier. 163 feuillets. Hauteur, 16 centimètres; largeur, 11 centimètres. 15 lignes par page. — (Supplément 195.)

668.

1° Traité (رسالة) anonyme sur le sens des quatre premiers versets de la sourate XLVIII du Coran.

2° (Fol. 10.) Abrégé de la foi musulmane, en persan.

3° (Fol. 16 v°.) Explication, en persan, des mots par lesquels on désigne les quatre-vingt-dix-neuf attributs de Dieu.

4° (Fol. 20 v°.) Indication des vertus attribuées à chaque sourate du Coran. En persan.

Papier. 26 feuillets. Hauteur, 16 centimètres et demi; largeur, 10 centimètres. Les pages du premier traité contiennent 17 lignes, celles des trois autres n'en portent que 13. Ms. du XVIIe siècle. — (Ancien fonds 274.)

669.

1° Épître dans laquelle le schaïkh Yaḥyâ ibn Moḥammad examine ce passage du Coran : ليس كمثله شىء وهو السميع البصير. L'épître est adressée à Yaḥyâ Efendi Minqârzâdè (منقارزاده). Commencement : حق الحمد والصلاة على الطاهر احمد. La copie est datée de l'an 1077 de l'hégire (1667 de J. C.).

2° (Fol. 29.) Notice biographique du schaïkh Khaïr al-Dîn al-Ramlî. Cette pièce est datée de l'an 1081 de l'hégire (1671 de J. C.).

3° (Fol. 38.) Épître du schaïkh al-Islâm Yaḥyâ Efendi Minqârzâdè, mufti de Roumélie, dans laquelle il consulte Khaïr al-Dîn al-Ramlî sur une question relative à l'expiation du parjure, avec la réponse de celui-ci.

4° (Fol. 51 v°.) Traité sur le *qîrâṭ*, le *dâniq*, le *ḥabba*, le *dirhem* et le *dînâr*. Écriture du XVIIe siècle.

Papier. 58 feuillets. Hauteur, 15 centimètres; largeur, 10 centimètres et demi. 15 à 21 lignes par page. — (Supplément 1861.)

670.

Analyse grammaticale du texte du Coran. On lit sur la tranche du volume : كتاب اعراب القران للمقرى, ce qui peut faire croire que l'auteur était connu sous le nom d'Al-Maqqarî. La perte des premiers feuillets empêche de reconnaître si cette indication est exacte. Le ms. commence par le deux cent cinquante-quatrième verset de la sourate II. Ms. daté de Tunis, de l'an 1071 de l'hégire (1660-1661 de J. C.).

Papier. 229 feuillets. Hauteur, 20 centimètres et demi; largeur, 13 centimètres et demi. 19 lignes par page. — (Supplément 190.)

671.

Commentaire sur le verset *du trône* (آية الكرسى, Coran, II, 256), par Ṣadr al-Dîn al-Schîrwânî (الشيروانى).

Papier. 6 feuillets. Hauteur, 15 centimètres; largeur, 10 centimètres. Environ 30 lignes par page. Ms. du XVIIe siècle. — (Ancien fonds 274 A.)

672.

1° Traité sur les pauses à observer dans la lecture du Coran (تقييد وقف القران العظيم), par Moḥammad ibn abî Djom'a al-Habaṭî (ابن ابى جمعة الهبطى). Le Habaṭ est une province de l'empire marocain. La ponctuation du texte du Coran est indiquée sourate par sourate.

2° (Fol. 49 v°.) La *Schâṭibiyya* d'Ibn Ferro.

3° (Fol. 91 v°.) L'*Alfiyya*, traité de grammaire d'Ibn Mâlik.

4° (Fol. 126.) لامية الافعال, traité des conjugaisons, d'Ibn Mâlik. Tous les vers de ce poëme didactique se terminent en *lâm-alif*.

5° (Fol. 131 v°.) Court exposé de la théorie de la jurisprudence (اصول الفقه) et des grandes divisions de cette science, et définitions des principaux termes techniques. Le nom de l'auteur est indiqué ainsi : Aboû 'l-Ma'âlî 'Abd al-Mâlik, auteur, dit-on, de plusieurs ouvrages instructifs. Il s'agit évidemment du célèbre docteur schaféite, l'imâm al-Ḥaramaïn al-Djowaïnî (امام الحرمين الجوينى). Ms. daté de l'an 1183 de l'hégire (1769 de J. C.).

Papier. 139 feuillets. Hauteur, 12 centimètres et demi; largeur, 14 centimètres. 16 lignes par page. — (Supplément 195 *bis*.)

673.

1° Traité de Moḥammad ibn Yaḥyâ al-Schîrwânî sur l'importance de certains passages du Coran. Commencement : سبحان من نصب رايات العلماء فى العالم.

2° (Fol. 9 v°.) Observations critiques sur quelques passages du تنقيح اصول الفقه et du توضيح.

3° (Fol. 12 v°.) Observations sur quelques questions relatives à la purification.

4° (Fol. 18 v°.) Observations sur quelques passages du traité de philosophie scolastique intitulé المواقف.

5° (Fol. 22 v°.) Observations sur quelques passages du مطوّل d'Al-Taftâzânî.

Papier. 26 feuillets. Hauteur, 20 centimètres; largeur, 13 centimètres. 15 lignes par page. Ms. du XVIIIe siècle. — (Supplément 1865.)

674.

1° (Fol. 1 v°.) Analyse grammaticale de la première sourate du Coran.

2° (Fol. 5 v°.) Observations sur les notions grammaticales, suivies d'un commentaire grammatical sur un traité scientifique commençant par ces mots : بسم الله الوهّاب للمومنين سبيل الصواب. La fin manque.

En tête du volume se trouve une note sur la prière du vendredi.

Papier. 8 feuillets. Hauteur, 17 centimètres et demi; largeur, 13 centimètres. 11 lignes par page. Ms. du XVIIIe siècle. — (Supplément 2252.)

III.

TRADITIONS.

675.

الموطّا «Voie aplanie», recueil de traditions classées par ordre de matières, publié d'après Mâlik ibn Anas (مالك ابن انس), par son disciple Yaḥyâ ibn Yaḥyâ, le

même qui fit prévaloir le système de droit malékite en Espagne. Les chapitres sont rangés à peu près dans l'ordre adopté pour la plupart des traités de jurisprudence. Cet exemplaire, composé de deux parties reliées ensemble, est écrit sur parchemin et daté de l'an 726 de l'hégire (1326 de J. C.). L'écriture, maghrebine-espagnole, est d'une grande élégance. Les titres des chapitres et des paragraphes sont tracés en or ou en différentes couleurs. Sur le recto du premier feuillet on voit une vignette dont les couleurs et la dorure ont presque entièrement disparu. Entre la première partie et la seconde (fol. 75 v°, 76), on remarque deux encadrements, dessinés et ornés avec art; le premier renferme deux vers et les dernières lignes du texte; le second porte aussi deux lignes, entre lesquelles se trouve une note qui nous apprend que le ms. fut copié sur l'ordre d'un personnage appelé Aboû Isḥâq Ibrâhîm ibn abî 'Othmân al-Ragrâguî (الرجراجي), de la tribu marocaine appelée *Ragrâga*. A la suite du folio 76 on a intercalé deux feuillets de parchemin qui avaient appartenu à un autre recueil de traditions, et dont l'écriture maghrebine espagnole, extrêmement petite, est d'une élégance toute particulière. Ces feuillets contiennent la fin du chapitre de la fornication et le commencement de celui du mariage. La seconde partie du *Mowaṭṭâ*, commençant par le chapitre du divorce, est de la même main que la première, et se termine, comme celle-ci, par deux pages encadrées, où se retrouvent la date et le nom du personnage qui avait fait copier l'ouvrage.

Vélin. 154 feuillets. Hauteur, 24 centimètres; largeur, 20 centimètres. 25 lignes par page. — (Supplément 388.)

676.

Recueil de traditions, probablement le *Mowaṭṭâ* de Mâlik. Le commencement et la fin manquent[1].

Vélin. 26 feuillets. Hauteur, 22 centimètres; largeur, 16 centimètres. 20 lignes par page. Ms. du XIVe siècle. — (Supplément 2354.)

677.

Le *Mowaṭṭâ* de Mâlik. Ce ms., daté de l'an 1186 de l'hégire (1772 de J. C.), avait été donné en *waqf* par Ṣâliḥ bey à la mosquée qu'il avait fondée dans le Soûq al-Djoma', à Constantine. L'acte de donation (fol. 2 r°) est daté de l'an 1198 de l'hégire (1784 de J. C.).

Papier. 171 feuillets. Hauteur, 26 centimètres; largeur, 18 centimètres. 26 lignes par page. — (Supplément 389.)

678.

Le *Mowaṭṭâ* de Mâlik. Exemplaire daté de l'an 1191 de l'hégire (1777 de J. C.).

Papier. 195 feuillets. Hauteur, 30 centimètres; largeur, 20 centimètres et demi. 21 lignes par page. — (Supplément 387.)

679.

Le *Ṣaḥîḥ* d'Al-Bokhârî. Cet exemplaire, qui est complet en un volume, commence par le chapitre intitulé : باب كيف كان بدء الوحي. En tête du volume se trouve une note relative à quelques termes techniques employés par les traditionnistes.

Papier. 457 feuillets. Hauteur, 27 centimètres; largeur, 17 centimètres et demi. Au commencement 31 lignes, ensuite 29 lignes par page. Ms. du XVe siècle. — (Supplément 299.)

680 à 683.

Le *Ṣaḥîḥ* d'Al-Bokhârî, en quatre volumes. Le premier cahier du premier volume manque. Les chapitres sont soigneusement marqués, au moyen d'encres de diverses couleurs. Exemplaire daté de l'an 1139 de l'hégire (1727 de J. C.).

4 volumes. Papier. 203, 218, 235 et 236 feuillets. Hauteur, 30 centimètres; largeur, 21 centimètres et demi. 22 lignes par page. — (Supplément 300.)

684 et 685.

Le *Ṣaḥîḥ* d'Al-Bokhârî, en deux volumes. Exemplaire daté de l'an 1146 de l'hégire (1734 de J. C.).

2 volumes. Papier. 310 et 471 feuillets. Hauteur, 30 centimètres; largeur, 19 centimètres. 31 lignes par page. — (Supplément 295.)

---

[1] Ce recueil n'est pas le *Mowaṭṭâ*, mais un fragment de la grande collection de Bokhârî. On y trouve plusieurs chapitres du livre du Pèlerinage et du livre du Jeûne. Les feuillets du ms. sont transposés, et il y a quelques lacunes. H. Z.

686.

Le *Ṣaḥîḥ* d'Al-Bokhârî. Ms. daté de l'an 1168 de l'hégire (1755 de J. C.).

Papier. 471 feuillets. Hauteur, 32 centimètres et demi; largeur, 20 centimètres. 33 lignes par page. — (Supplément 301.)

687.

Le *Ṣaḥîḥ* d'Al-Bokhârî; premier volume, commençant par les mots باب كيف كان بدأ الوحى, et finissant par le chapitre intitulé باب القراءة فى العصر. Ce texte, qui porte les points-voyelles, a été collationné avec soin.

Papier. 141 feuillets. Hauteur, 27 centimètres; largeur, 18 centimètres. 17 lignes par page. Ms. du XIIIe siècle. — (Ancien fonds 355.)

688.

Le *Ṣaḥîḥ* d'Al-Bokhârî; premier volume, commençant par les mots كيف كان بدو الوحى, et finissant par le court chapitre intitulé باب غسل الخلوق ثلث مرات من الثياب. Texte pourvu des points-voyelles. Il y a des notes marginales en assez grand nombre, dont la plupart renferment des indications philologiques. Les têtes de chapitre sont écrites à l'encre rouge. Ce volume a été écrit au mois de djomâdâ second de l'an 833 de l'hégire (mars 1430 de J. C.).

Papier. 200 feuillets. Hauteur, 27 centimètres et demi; largeur, 18 centimètres et demi. 19 lignes par page. — (Ancien fonds 242.)

689.

La première partie du *Ṣaḥîḥ* d'Al-Bokhârî, commençant par le chapitre باب بدو الوحى, et se terminant par celui qui est intitulé : باب صدقة الفطر على الصغير والكبير. On lit au verso du premier feuillet un acte de *waqf*, daté de l'an 1208 de l'hégire (1793-1794 de J. C.), et constatant la donation de ce volume à la mosquée fondée par Ṣâliḥ Bey, près de Constantine.

Papier. 216 feuillets. Hauteur, 29 centimètres et demi; largeur, 21 centimètres. 20 lignes par page. Ms. du XVIIe siècle. — (Supplément 296.)

690.

Le *Ṣaḥîḥ* d'Al-Bokhârî; seconde partie, commençant par le chapitre intitulé : باب الطيب عند الاحرام, et finissant par le chapitre intitulé : باب فكاك الاسير. Texte pourvu des points-voyelles. Notes marginales. Ce volume, qui fait suite au n° 688, a été écrit le dernier mois de l'an 833 de l'hégire (octobre 1430 de J. C.), et a reçu les dernières corrections dix ans plus tard.

Papier. 216 feuillets. Hauteur, 27 centimètres et demi; largeur, 18 centimètres et demi. 19 lignes par page; le cahier composé des feuillets 199 à 208 a été renversé par le relieur. — (Ancien fonds 243.)

691.

Troisième volume d'un exemplaire du *Ṣaḥîḥ* d'Al-Bokhârî, commençant par la tradition مَنْ كبّر فى نواحى الكعبة, et se terminant par la section intitulée : كتاب اللقطة. Texte portant les points-voyelles. Notes marginales.

Papier. 210 feuillets. Hauteur, 26 centimètres et demi; largeur, 18 centimètres. 15 lignes par page. Ms. du XVIe siècle. — (Ancien fonds 244.)

692.

Treizième volume d'un exemplaire du *Ṣaḥîḥ* d'Al-Bokhârî, commençant par le chapitre باب قل يااهل الكتاب تعالوا الى كلمة سواء, et finissant par celui qui est intitulé : باب قوله تعلى ان الله وملئكته يصلون على النبى الخ. Ce volume fut enlevé à la grande mosquée de Bône, lors de l'expédition de Charles-Quint contre Tunis.

Papier. 154 feuillets. Hauteur, 25 centimètres; largeur, 19 centimètres. 13 lignes par page. Ms. du XVe siècle. — (Supplément 298.)

693.

Le *Ṣaḥîḥ* d'Al-Bokhârî, dixième et dernière partie, commençant par le chapitre intitulé : باب الرجم بالمصلّى. Cet exemplaire, exécuté par un scribe natif du Ḥaurân, et daté de l'an 894 de l'hégire (1489 de J. C.), porte quelques corrections et un certain nombre de notes marginales. Frontispice orné.

Papier. 185 feuillets. Hauteur, 21 centimètres et demi; largeur, 16 centimètres. 17 lignes par page. — (Ancien fonds 392, Colbert 5057.)

694.

La dernière partie du *Ṣaḥîḥ* d'Al-Bokhârî, commençant par la section intitulée : كتاب التفسير. Le texte est pourvu des points-voyelles. En marge, quelques notes et corrections. La copie de ce ms. fut achevée au mois de moharram de l'an 815 (avril-mai 1412 de J. C.).

Papier. 292 feuillets. Hauteur, 27 centimètres; largeur, 18 centimètres. 19 lignes par page. — (Ancien fonds 245.)

695.

بهجة النفوس وتحليها بمعرفة ما لها وما عليها « Les âmes embellies et parées au moyen de la connaissance de leurs droits et de leurs devoirs », par Aboû Mohammad ʿAbd Allah ibn Saʿîd ibn abî Djamra al-Azdî, natif d'Espagne, pour servir de commentaire à son abrégé du *Ṣaḥîḥ* d'Al-Bokhârî, intitulé : جمع النهاية في بدء الخير وغاية (*sic*) « Conjonction des limites qui marquent le premier et le dernier degré du bonheur ». (Voyez fol. 208 du ms.) Ce n'est que le second volume de l'ouvrage, écrit à Mostaganem, en 1106 de l'hégire (1695 de J. C.), par Aḥmad ibn ʿAlî, de Grenade. La fin manque.

Papier. 226 feuillets. Hauteur, 30 centimètres; largeur, 20 centimètres. 30 à 32 lignes par page. — (Supplément 2009.)

696.

Ouvrage dans lequel Badr al-Dîn Mohammad al-Zarkaschî (الزركشى), docteur schaféite, mort en 794 de l'hégire (1391-1392 de J. C.), éclaircit par de courtes notes les difficultés philologiques, grammaticales, orthographiques et historiques du *Ṣaḥîḥ* d'Al-Bokhârî. Cet exemplaire, d'une bonne écriture cursive, paraît avoir été transcrit par un savant pour son propre usage. Les marges portent un assez grand nombre de notes de la même main. Les onze premiers feuillets ont été ajoutés après coup pour remplacer un cahier qui s'était perdu. Les mots et les passages expliqués sont écrits à l'encre rouge. L'ouvrage commence par ces mots : الحمد لله على ما عمّ بالانعام.

Papier. 141 feuillets. Hauteur, 27 centimètres et demi; largeur, 18 centimètres et demi. 31 lignes par page. — (Ancien fonds 246.)

697.

Huitième volume du فتح البارى على صحيح البخارى « Explication du *Ṣaḥîḥ* d'Al-Bokhârî, faite avec l'aide de Dieu », par Schihâb al-Dîn Aḥmad ibn ʿAlî ibn Ḥadjr al-ʿAsqalânî, docteur schaféite, mort en 852 de l'hégire (1448-1449 de J. C.). Voyez, sur ce commentaire, le Dictionnaire bibliographique de Hadji Khalfa, t. II, p. 525 et suiv. Les chapitres du *Ṣaḥîḥ* commentés dans ce volume sont ceux qui portent les titres de الحدود, الفرائض, التعبير, الحيل, الاكراه, استتابة المرتدين, الديات, المحاربين, الفتن, الاحكام, التمنى, اخبار الاحاد et الاعتصام. Ms. daté de l'an 1001 de l'hégire (1592-1593 de J. C.).

Papier. 355 feuillets. Hauteur, 31 centimètres; largeur, 21 centimètres. 35 lignes par page. — (Ancien fonds 351.)

698.

Quatrième volume du commentaire de Badr al-Dîn al-ʿAïnî sur le *Ṣaḥîḥ* d'Al-Bokhârî, commençant par le titre كتاب الجمعة, et finissant par celui de باب صدقة الفطر على الصغير والكبير. Ṣâliḥ Bey avait donné cet exemplaire, qui était alors complet, en 1196 de l'hégire (1782 de J. C.), à la mosquée qu'il avait fait construire et qui porte son nom dans le voisinage de Constantine.

Papier. 633 feuillets. Hauteur, 30 centimètres; largeur, 20 centimètres. 33 lignes par page. Ms. du xviie siècle. — (Supplément 297.)

699.

Septième volume du commentaire d'Al-ʿAïnî sur le *Ṣaḥîḥ* d'Al-Bokhârî. Ce volume a fait partie du même exemplaire que le ms. précédent. Il commence par le titre كتاب احاديث الانبياء عليهم السلام, et finit par celui de باب الشاة التى سمّت للنبى صلعم بخيبر.

Papier. 423 feuillets. Hauteur, 29 centimètres; largeur, 20 centimètres et demi. 23 lignes par page. — (Supplément 297 *bis*.)

700.

Neuvième volume du commentaire d'Al-ʿAïnî sur le *Ṣaḥîḥ* d'Al-Bokhârî. Il commence par le chapitre intitulé : كتاب النكاح, et finit par celui de باب ما كنا لنهتدى لولا ان هدانا الله. Ce volume a fait partie du même exemplaire que les deux numéros précédents.

Papier. 622 feuillets. Hauteur, 28 centimètres; largeur, 20 centimètres. 35 lignes par page. — (Supplément 297 *ter*.)

701.

ارشاد الساری الی شرح البخاری «Guide de celui qui cherche l'explication (du *Ṣaḥîḥ*) d'Al-Bokhârî». L'auteur, Aḥmad ibn Moḥammad ibn al-Qasṭalânî (ابن القسطلانی), docteur schaféite, naquit au Caire, en 851 de l'hégire (1447-1448 de J. C.), et mourut en 923 de l'hégire (1517 de J. C.). Nous avons ici le premier des dix volumes dont se compose l'ouvrage. Le commentateur, dans sa préface, traite des grands mérites des traditionnistes et donne ensuite l'explication des nombreux termes techniques de la science des traditions. Dans le cinquième chapitre (fol. 36 v°), il donne une biographie assez étendue d'Al-Bokhârî. Le commentaire proprement dit commence au fol. 55. Les marges du volume portent un certain nombre de notes. Le second volume de cet exemplaire devait commencer par le chapitre intitulé : باب المواقيت.

Papier. 635 feuillets. Hauteur, 23 centimètres; largeur, 16 centimètres. 25 lignes par page. Ms. du XVIIIe siècle. — (Supplément 301 *bis*.)

702 et 703.

Deux volumes sans commencement ni fin, et composés de cahiers renfermant une portion d'un grand commentaire sur le *Ṣaḥîḥ* d'Al-Bokhârî, probablement du ارشاد الساری, d'Ibn al-Qasṭalânî.

2 volumes. Papier. 610 et 610 feuillets. Hauteur, 22 centimètres; largeur, 16 centimètres. 21 lignes par page. Ms. du XIXe siècle. — (Supplément 2007 et 2008.)

704.

Second volume du recueil de traditions connu sous le titre de *Ṣaḥîḥ de Moslim* (المسند الصحیح للامام مسلم بن الحجّاج), commençant par le chapitre des ventes (كتاب البیوع), et finissant par celui de l'interprétation du Coran (كتاب التفسیر). Le titre et le nom de l'auteur sont inscrits sur le frontispice en or et en couleurs. Ms. daté de l'an 760 de l'hégire (1359 de J. C.).

Papier. 291 feuillets. Hauteur, 31 centimètres et demi; largeur, 21 centimètres et demi. 27 lignes par page. — (Ancien fonds 489.)

705.

Première partie de l'abrégé (مختصر) du *Ṣaḥîḥ* de Moslim, par Zakî al-Dîn ʿAbd al-ʿAẓîm al-Mondsirî, célèbre docteur schaféite, natif d'Égypte, mort en 656 de l'hégire (1258 de J. C.). Voyez le Dictionnaire biographique d'Ibn Khallikân, vol. I, p. 89 de la traduction de M. de Slane.

Papier. 205 feuillets. Hauteur, 26 centimètres; largeur, 17 centimètres. 19 lignes par page. Ms. du XIVe siècle. — (Ancien fonds 478.)

706.

كتاب السنن, recueil de traditions publié par Ibn Mâdja (ابن ماجة) Aboû ʿAbd Allah Moḥammad ibn Yazîd al-Qazwînî, mort en 273 de l'hégire (887 de J. C.). A la fin du volume se trouvent un assez grand nombre de certificats d'audition dont quelques-uns sont reproduits d'après l'exemplaire dont celui-ci est la copie. Ms. daté de l'an 730 de l'hégire (1330 de J. C.).

Papier. 303 feuillets. Hauteur, 26 centimètres; largeur, 18 centimètres et demi. 23 lignes par page. — (Supplément 306, Saint-Germain 84.)

707.

كتاب سنن ابی داوود, traditions recueillies par Aboû Dâwoûd Solaïmân ibn al-Aschʿath, de Sidjistân. Ce volume commence par les traditions relatives à l'ablution (الوضوء), et finit par celles qui se rapportent aux invocations (الدعاء). On lit au verso du dernier feuillet un certificat d'études, dans lequel le schaïkh al-Islâm ʿAbd al-Wahhâb ʿAlî ibn ʿAlî déclare que les frères Madjd al-Dîn Aboû 'l-Saʿâdât al-Moubârak ibn Moḥammad ibn al-Athîr et le savant schaïkh l'Imâm ʿIzz al-Dîn Aboû 'l-Ḥasan ʿAlî avaient lu ce volume tour à tour en sa présence, ainsi que le fils de leur sœur, appelé Ṣafî al-Dîn Aboû 'l-Ḥasan ʿAlî ibn Saʿîd ibn Wahbân. La dernière leçon qu'ils reçurent eut lieu au commencement de dsou 'l-qaʿda 585 (décembre 1189 de J. C.). ʿIzz al-Dîn ibn al-Athîr dont il est fait mention dans cette pièce est l'auteur de la grande chronique intitulée le *Kâmil*.

Papier. 262 feuillets. Hauteur, 24 centimètres; largeur, 17 centimètres. 19 lignes par page. Ms. du XIIe siècle. — (Ancien fonds 518.)

708.

Le recueil de traditions (كتاب السنن) d'Aboû Dâwoûd al-Sidjistânî. Ce volume, daté de l'an 604 de l'hégire

(1207 de J. C.), commence par la seconde section et finit par la douzième : on sait qu'un exemplaire complet contient trente-deux sections. Le ms. est très-bien écrit et porte en marge de nombreuses corrections. Les blancs laissés au commencement et à la fin de chaque section sont remplis de certificats qui nous font connaître les diverses époques où ce volume a été collationné, et les noms des docteurs qui ont pris part à ce travail. Plusieurs de ces documents sont datés des années 654 et 655, et portent la signature autographe d'ʿAbd al-ʿAẓîm al-Mondsirî.

Papier. 172 feuillets. Hauteur, 24 centimètres; largeur, 17 centimètres et demi. 25 lignes par page. — (Ancien fonds 354.)

709.

الجامع الكبير ou « Grande collection » de traditions, formée par Aboû ʿÎsâ Moḥammad ibn ʿÎsâ al-Tirmidsî, mort en 279 de l'hégire (892-893 de J. C.). Ce volume, daté de l'an 547 de l'hégire (1152-1153 de J. C.), est d'une écriture cursive qu'on parvient difficilement à lire. En tête se trouve un *isnâd* rattachant l'éditeur, ʿAbd al-Mélik ibn abî 'l-Qâsim, à l'auteur de l'ouvrage, et indiquant par quelle filière le texte lui était parvenu oralement. Les deux premiers feuillets et les trois derniers contiennent environ une quarantaine d'attestations de diverses mains. Les auteurs de ces notes déclarent qu'ils ont lu ou entendu lire ce volume en tout ou en partie. Presque toutes ces pièces, émanant de docteurs égyptiens, espagnols, africains, syriens, etc., sont datées du VIe siècle de l'hégire.

Papier. 272 feuillets. Hauteur, 26 centimètres; largeur, 17 centimètres et demi. 32 lignes par page. — (Supplément 302.)

710 et 711.

Abrégé du grand recueil de traditions d'Aboû ʿÎsâ Moḥammad al-Tirmidsî, par Nadjm al-Dîn Moḥammad ibn ʿAqîl (عقيل) al-Bâlesî, mort en 729 de l'hégire (1328-1329 de J. C.). Cette copie porte la date de 747 de l'hégire (1346-1347 de J. C.).

2 volumes. Papier. 164 et 183 feuillets. Hauteur, 28 centimètres et demi; largeur, 20 centimètres. 21 lignes par page. — (Ancien fonds 471 et 472.)

712.

شمائل النبي « Les belles qualités du Prophète », recueil de traditions rédigé par Aboû ʿÎsâ Moḥammad ibn ʿÎsâ ibn Saura al-Tirmidsî. Dans ce recueil, l'auteur s'est occupé plutôt des pratiques personnelles de Mahomet que de ses qualités morales et intellectuelles. Cet exemplaire, qui est du XIVe siècle, a été écrit d'après les leçons données à Alep, en 723 de l'hégire (1323 de J. C.), par le schaïkh ʿIzz al-Dîn ʿAbd al-Moûmin ibn al-ʿAdjamî (العجمي). Le texte est surchargé de notes marginales, interlinéaires et inscrites sur des onglets.

Papier. 79 feuillets. Hauteur, 27 centimètres; largeur, 19 centimètres. 15 lignes par page. — (Supplément 507.)

713.

Le شمائل النبي d'Al-Tirmidsî.

Papier. 129 feuillets (y compris deux feuillets blancs, fol. 48 et 55, qui remplacent deux feuillets qui manquent). Hauteur, 17 centimètres et demi; largeur, 11 centimètres et demi. 11 lignes par page. Ms. du XVIe siècle. — (Supplément 506.)

714.

اشرف الوسائل الى فهم الشمائل « Le meilleur secours pour l'intelligence du texte du *Schamâïl* », ou commentaire philologique et historique du شمائل النبي, par Schihâb al-Dîn Aḥmad ibn Ḥadjr al-Makkî, mort en 973 de l'hégire (1565-1566 de J. C.). Ce commentaire a été composé en 947 de l'hégire. Commencement : اما بعد فهذه عجالة علقتها.

Papier. 278 feuillets. Hauteur, 21 centimètres; largeur, 15 centimètres et demi. 19 lignes par page. Ms. du XVIe siècle. — (Ancien fonds 423.)

715.

اشرف الوسائل الى فهم الشمائل « Le meilleur secours pour l'intelligence du *Schamâïl* », par Schihâb al-Dîn Aḥmad ibn Ḥadjr. La copie est datée de l'an 1092 de l'hégire (1681 de J. C.).

Papier. 210 feuillets. Hauteur, 21 centimètres; largeur, 15 centimètres. 23 lignes par page. — (Supplément 2020.)

716.

حلل الاصطفاء بشيم المصطفى « Manteaux de choix sur

les qualités de l'Élu», par Ismâ'îl ibn Ghonaïm (غنيم) al-Djauharî. C'est un commentaire sur le شِيَمِ المصطفى, ouvrage du même auteur, et qui n'est qu'un abrégé du شمائل d'Al-Tirmidsî. Le texte du شيم, écrit à l'encre rouge, est intercalé dans le commentaire. Ms. daté de l'an 1205 de l'hégire (1700 de J. C.).

Papier. 70 feuillets. Hauteur, 23 centimètres et demi; largeur, 16 centimètres et demi. 21 lignes par page. — (Supplément 508.)

717.

Volume dépareillé, probablement le second, d'un recueil de traditions intitulé الكتاب الكافي «Le livre suffisant». Ces traditions proviennent presque toutes d'ʿAlî ou de quelques-uns de ses descendants, tels qu'Al-Ḥasan, fils d'ʿAlî, Aboû Djaʿfar Moḥammad, petit-fils d'Al-Ḥosaïn, Aboû ʿAbd Allah, surnommé *Al-Nafs al-Zakiyya*, et ʿAlî ibn Moûsâ, surnommé *Al-Ridhâ*. Elles sont classées par matières, comme dans toutes les collections semblables, et forment une série de chapitres, dont ce volume renferme les suivants : النكاح (fol. 1 v°); العقيقة (fol. 81); الطلاق (fol. 96); العتق (fol. 135); الصيد (fol. 143); الذباح (fol. 150); الاطعة (fol. 154); الاشربة (fol. 195); الزيّ (fol. 214); الدواجن (fol. 245); الوصايا (fol. 251); الغرائض (fol. 273); الحدود (fol. 309); الديات (fol. 341); الشهادات (fol. 379); الاحكام (fol. 388); الايمان (fol. 398).

Ce ms., daté de l'an 1062 de l'hégire (1652 de J. C.), a été enlevé à une mosquée dans le pays des Motoalis (متوالة), en 1750, par l'émir des Druzes.

Papier. 407 feuillets. Hauteur, 31 centimètres; largeur, 20 centimètres. 23 lignes par page. — (Supplément 276.)

718.

ناسخ الحديث ومنسوخه «Les Abrogeants et les abrogés en fait de traditions», par Aboû Ḥafṣ ibn Schâhîn (شاهين), mort en 385 de l'hégire (995 de J. C.). Les premiers feuillets manquent. Ms. écrit au Caire, en 574 de l'hégire (1178-1179 de J. C.).

Papier. 67 feuillets. Hauteur, 19 centimètres; largeur, 14 centimètres. 28 lignes par page. — (Ancien fonds 383.)

719.

مصابيح السنن «Les Lampes du corps des traditions», par Ḥosaïn ibn Masʿoûd al-Farrâ al-Baghawî (الفرّاء البغوى), docteur schaféite, mort en 516 de l'hégire (1122-1123 de J. C.). C'est un recueil coordonné de toutes les traditions certaines et probables qui se trouvent dans les grandes collections d'Al-Bokhârî, de Moslim et d'autres traditionnistes. Texte pourvu des points-voyelles. Au recto du second feuillet se trouve une longue note, dans laquelle sont expliqués les principaux termes techniques de la science des traditions. Beaucoup de notes marginales et interlinéaires. Ms. daté de l'an 799 de l'hégire (1396-1397 de J. C.).

Papier. 334 feuillets. Hauteur, 28 centimètres; largeur, 18 centimètres et demi. 17 lignes par page. — (Supplément 303, Ducaurroy 5.)

720.

مشكوة المصابيح «Niche pour le *Maṣâbîḥ* (les lampes)». C'est une nouvelle édition, annotée et augmentée, du مصابيح السنن de Ḥosaïn ibn Masʿoûd al-Baghawî, par Walî al-Dîn Aboû ʿAbd Allah Moḥammad ibn ʿAbd Allah al-Khaṭîb, qui a achevé son travail en 742 de l'hégire (1341-1342 de J. C.). Cet ouvrage a été traduit en anglais par Matthews (Calcutta, 1809, 2 vol. in-4°). Notre exemplaire renferme environ la première moitié de l'ouvrage et s'arrête au livre X, chap. v, § 2 (t. I, p. 572 de la traduction). Les rubriques, à partir du feuillet 120, sont restées en blanc.

Papier. 152 feuillets. Hauteur, 30 centimètres; largeur, 19 centimètres. 25 lignes par page. Ms. du XVIe siècle. — (Ancien fonds 353.)

721.

الدرر السنيّة والجواهر البهيّة من الاحاديث النبويّة «Perles précieuses et joyaux magnifiques, extraits des traditions du Prophète», ouvrage renfermant les traditions relatives aux œuvres de piété et de bienfaisance, et dédié à Son Excellence (المقرّ) Aboû 'l-Maḥâsin Yoûsof, surintendant du domaine privé du calife fatémide Al-ʿAdhod li-Dîn Allah, et inspecteur général de l'armée (العضدى ناظر الخواص وناظر الجيوش), par le *ḥâfiẓ* Ibn Fahd (فهد) le Hâschimide. Dans la préface, l'auteur donne une longue liste des mosquées, colléges, hôpitaux, puits, fontaines, que ce personnage avait fait construire au Caire, à la Mecque, à Yanbouaʿ et autres lieux. A la fin se trouvent quelques prières qui sont réputées être d'une vertu mer-

veilleuse. Ms. écrit à la Mecque, en 855 de l'hégire (1451 de J. C.).

Papier. 97 feuillets. Hauteur, 16 centimètres; largeur, 11 centimètres. 11 lignes par page. — (Ancien fonds 456.)

722.

1° L'*Arba^cîn* du célèbre *hâfiz* Aboû Ṭâhir Aḥmad al-Silafî. (Voyez le Dictionnaire biographique d'Ibn Khallikân, t. I, p. 86 de la traduction.) Chacune des traditions de ce recueil ayant été recueillie dans une ville différente, l'ouvrage est habituellement désigné par le titre de الاربعين البلدانية, mais le titre primitif est كتاب الاربعين المستغنى بتعيين ما فيه عن المعين «Le Livre des quarante, pouvant se passer d'éclaircissement (littéralement : de secours) par la précision de son contenu». La préface fournit quelques indications au sujet des voyages de l'auteur. Les derniers feuillets de ce traité sont transposés; ils sont actuellement cotés 44, 33 et 32.

2° (Fol. 11.) Un *Arba'în* composé de traditions dont chacune a été recueillie dans un livre différent. L'auteur, Dhiâ al-Dîn Aboû Bakr 'Atîq (عتيق) ibn 'Alî ibn Moḥammad ibn 'Omar الماليني, natif de Hérat, a dicté son ouvrage à un de ses disciples, en 637 de l'hégire (1239-1240 de J. C.).

3° (Fol. 34.) L'*Arba'în des Moḥammad*, ainsi nommé parce que ces traditions furent transmises successivement d'un traditionniste appelé Moḥammad à un autre du même nom. Le compilateur, Aboû Bakr Moḥammad ibn 'Alî ibn Yâsir al-Djayânî (الجياني), natif de Jaën, en Espagne, a rédigé son ouvrage en 557 de l'hégire (1162 de J. C.).

4° (Fol. 45.) L'*Arba'în* d'Aboû 'Abd Allah Moḥammad ibn al-Fadhl al-'Azâwî (العزاوى), composé en 528 de l'hégire (1133-1134 de J. C.).

5° (Fol. 55.) L'*Arba'în septénaire* (الاربعين السباعيات). Traditions qui remontent à Al-Bokhârî et à Moslim, et qui ont été recueillies par sept de leurs disciples. Le compilateur, Aboû 'l-Ma'âlî 'Abd al-Mon'im (المنعم), était né en 497 de l'hégire (1103-1104 de J. C.).

6° (Fol. 67.) L'*Arba'în* d'Aboû 'Abd Allah al-Qâsim ibn al-Fadhl al-Thaqafî, transmis par lui au *hâfiz* Silafî. L'auteur mourut en 489 (1096 de J. C.). Ce sont quarante chapitres assez courts et ayant pour sujet la morale et la religion.

7° (Fol. 100.) L'*Arba'în* d'Aboû Naṣr Moḥammad ibn 'Alî, généralement désigné par le surnom d'*Ibn Wad'ân* (ودعان), de Mossul, mort en 430 de l'hégire (1038-1039 de J. C.).

8° (Fol. 116 v°.) Une quarantaine de chapitres très-courts, dans lesquels se trouvent rapportées les *traditions sur la religion* et sur la morale.

Ms. écrit à Alep, en 881 de l'hégire (1476-1477 de J. C.).

Papier. 123 feuillets. Hauteur, 18 centimètres; largeur, 13 centimètres. 19 lignes par page. — (Ancien fonds 389.)

723.

Recueil de traditions, formé, comme l'indique une note du copiste, par Qoṭb al-Dîn Aboû 'l-Barakât Manṣoûr ibn Hibat Allah, natif de Kharizme. D'après cette même note, ces sentences, au nombre de cinq mille deux cent soixante-six, ont été tirées des recueils d'Al-Bokhârî, de Moslim, d'Aboû Dâwoûd, de Tirmidsî, d'Al-Nasâï, d'Ibn Mâdja, d'Al-Dârimî, de Mâlik, de Dâraqoṭnî et d'Al-Baïhaqî. Le copiste ajoute qu'il manque à son exemplaire les deux premiers feuillets, renfermant une préface dans laquelle l'auteur parle des ouvrages composés sur le même sujet. Ce volume commence par le chapitre *sur la foi* (باب الايمان), et finit au milieu de la troisième section du chapitre intitulé باب ما يقول عند الصباح والمساء والمنام. Les derniers feuillets manquent.

Papier. 227 feuillets. Hauteur, 21 centimètres et demi; largeur 15 centimètres. 18 à 20 lignes par page. Ms. du XVIe siècle. — (Ancien fonds 391.)

724.

تلقيح فهوم اهل الاثر فى عيون التواريخ والسير «Fécondation des esprits pour ceux qui recherchent les sources de l'histoire et de la biographie», par Djamâl al-Dîn Aboû 'l-Faradj 'Abd al-Raḥmân ibn 'Alî ibn al-Djauzî, moraliste et prédicateur célèbre, mort en 597 de l'hégire (1201 de J. C.). Ibn Khallikân a donné la biographie de cet auteur dans son Dictionnaire biographique (t. II, p. 98 de la traduction anglaise). Cet ouvrage est un manuel à l'usage des traditionnistes. Il commence à la création d'Adam, présente ensuite des notices plus ou moins détaillées sur les prophètes, sur Mahomet, sur les membres de sa famille et sur les premiers califes, et des listes par ordre alphabétique des compagnons, de ceux qui ont transmis des traditions, de ceux qui assistèrent au serment de l''Aqaba, de ceux qui émigrèrent en Abyssinie ou à Médine, de ceux qui assistèrent aux combats de Badr et

d'Ohod, de ceux qui se fixèrent à la Mecque, à Médine, à Koufa, à Basra, à Al-Madâïn ou dans le Yemâma et le Bahraïn, etc. En tête du volume se trouve une liste très-détaillée des chapitres. Ms. daté de l'an 791 de l'hégire (1389 de J. C.).

Papier. 272 feuillets. Hauteur, 26 centimètres et demi; largeur, 19 centimètres. 25 lignes par page. — (Ancien fonds 631.)

725.

Le تلقيح فهوم d'Aboû 'l-Faradj ʿAbd al-Rahmân ibn ʿAlî ibn al-Djauzî; première moitié de l'ouvrage, se terminant par le chapitre qui contient les noms des premiers musulmans qui naquirent en Abyssinie.

Papier. 284 feuillets. Hauteur, 22 centimètres; largeur, 16 centimètres. 15 lignes par page. Ms. du XVIIe siècle. — (Supplément 668.)

726.

عمدة الاحكام من كلام سيد الانام «Les paroles du Prophète qui servent de base aux maximes du droit musulman». Ces traditions sont classées dans l'ordre adopté pour les traités de jurisprudence. L'auteur, ʿAbd al-Ghanî ibn ʿAbd al-Wâhid ibn ʿAlî ibn abî Soroûr, natif de Jérusalem, mourut en 600 de l'hégire (1203-1204 de J. C.). Le ms. est daté de l'an 742 de l'hégire (1341-1342 de J. C.). A la fin du volume se trouvent trois *idjâza*, ou certificats d'étude.

Papier. 98 feuillets. Hauteur, 17 centimètres; largeur, 13 centimètres. 10 lignes par page. — (Supplément 290.)

727.

1° Le عمدة الاحكام d'ʿAbd al-Ghanî ibn ʿAbd al-Wâhid.

2° (Fol. 53 v°.) منهاج الوصول الى علم الاصول «Voie qui mène à la connaissance des principes de la jurisprudence», par le cadi Nâsir al-Dîn ʿAbd Allah al-Baïdhâwî.

3° (Fol. 86 v°.) Note intitulée فايدة «Renseignement utile», et renfermant des observations grammaticales sur les mots اذا et اثنا qu'on lit dans le Coran.

Papier. 87 feuillets. Hauteur, 25 centimètres et demi; largeur, 17 centimètres et demi. 21 lignes par page. Ms. du XVIe siècle. — (Supplément 289.)

728.

Volume détaché, probablement le sixième, d'un exemplaire du كتاب جامع الاصول فى احاديث الرسول «Réunion des sources, c'est-à-dire des traditions du Prophète». Cet ouvrage renferme toutes les traditions, distribuées, suivant leur contenu, en plusieurs chapitres qui sont classés dans l'ordre de l'alphabet. A la fin de chaque chapitre se trouve l'explication des termes obscurs ou peu connus qui s'y rencontrent (شرح غريب), et à côté de chaque tradition le nom de celui à qui on la faisait remonter, ainsi que des sigles, à l'encre rouge, indiquant l'une ou l'autre des six grandes collections de traditions authentiques d'où le compilateur l'avait tirée. Ce vaste recueil a été composé par Madjd al-Dîn Aboû 'l-Saʿâdât Moubârak ibn Mohammad al-Djazarî, frère de l'historien Ibn al-Athîr. (Voyez les «Extraits des historiens arabes relatifs aux Croisades», t. I, p. 752, et le second volume de la traduction d'Ibn Khallikân, p. 551.) Le premier feuillet manque, ainsi que le dernier. Le volume commence par le chapitre de la lettre *ghaïn* qui est intitulé: *Les expéditions de Mahomet* (الغزوات); suit (fol. 71) l'explication des termes peu usités qui se rencontrent dans ce chapitre; ensuite, au fol. 87, commence la lettre *fâ*, dont le premier chapitre, intitulé les *Mérites* (فضائل), remplit le reste du volume. Au fol. 216 nous trouvons la neuvième section du chapitre des *Mérites*, et au fol. 274 v°, la quinzième section (نوع) du treizième chapitre des *Mérites*. Le chapitre des *Mérites* est consacré à la foi, à la prière, aux vertus et aux mérites des compagnons de Mahomet, etc.

Papier. 274 feuillets. Hauteur, 27 centimètres et demi; largeur, 19 centimètres et demi. 19 lignes par page. Ms. du XVe siècle. — (Supplément 590.)

729.

Le septième volume d'un exemplaire du جامع الاصول de Madjd al-Dîn Moubârak ibn al-Athîr, contenant les articles suivants : الفضائل, الفرائض, الفتن, الغدر, القناعة, القيامة, القصص, القصاص, القسامة, الغراض, القتل. Beau ms., daté de l'an 742 de l'hégire (1341-1342 de J. C.), et écrit pour être placé dans la bibliothèque de l'émir Béhâdur al-Badrî, lieutenant du gouverneur de la citadelle du Caire (نايب والى قلعة الجبل).

Papier. 232 feuillets. Hauteur, 26 centimètres et demi; largeur, 17 centimètres et demi. 19 lignes par page. — (Supplément 313.)

730.

تيسير الوصول الى جامع الاصول «Traité qui facilite la connaissance des matières contenues dans le جامع الاصول», par Waḥîd al-Dîn ʿAbd al-Raḥmân ibn ʿAlî al-Schaïbânî, surnommé *Al-Dîbaʿ* (الديبع), mot qui, dit-on, signifie «blanc» dans la langue des Nubiens. Cet auteur, de l'école schaféite, mourut au commencement de l'an 866 de l'hégire (1461-1462 de J. C.)[1]. Dans cet ouvrage, les traditions sont distribuées en sections qui correspondent à celles des traités de droit, et qui, contrairement à l'usage, sont rangées dans l'ordre de l'alphabet. Un index général, placé en tête du volume, indique le sujet de chacun des trois cent cinquante chapitres dont se compose l'ouvrage. Ce ms. a été exécuté en 988 de l'hégire (1580 de J. C.), à la Mecque, dans le collége hanéfite appelé *Solaïmaniyya*, d'après son fondateur, le sultan ottoman Soliman.

Papier. 373 feuillets. Hauteur, 33 centimètres; largeur, 18 centimètres et demi. 25 lignes par page. — (Ancien fonds 349.)

731.

La seconde moitié d'un commentaire sur le *Mosnad*, ou corps de traditions authentiques, qui ont été transmises par l'imâm Al-Schafiʿî (Moḥammad ibn Idrîs al-Moṭṭalibî). C'est probablement l'ouvrage de Madjd al-Dîn Aboû 'l-Saʿâdât Moubârak al-Djazarî, surnommé Ibn al-Athîr. Hadji Khalfa désigne ce commentaire par le titre de شاق العى فى شرح مسند الشافعى «Livre qui met fin à l'embarras, renfermant l'explication du *Mosnad* d'Al-Schafiʿî». Le titre, tel qu'il est écrit en tête du ms., est d'une main plus moderne et renferme des erreurs.

Papier. 295 feuillets. Hauteur, 27 centimètres et demi; largeur, 19 centimètres. 25 à 30 lignes par page. Ms. du xivᵉ siècle. — (Supplément 430, Saint-Germain 87.)

732.

كتاب انس المنقطعين الى عبادة ربّ العالمين «Compagnon pour ceux qui ont renoncé au monde, afin de se dévouer au service du Seigneur de toutes les créatures», recueil de trois cents traditions, suivies d'histoires édifiantes et de courtes pièces de vers. L'auteur, Al-Moʿâfâ (المعافى) ibn abî Ismâʿîl ibn abî 'l-Sinân, natif de Mossul, mourut en 630 de l'hégire (1232-1233 de J. C.). Au premier feuillet se trouve un frontispice orné, et à la fin du ms. une vignette portant le nom d'un général égyptien nommé ʿAbd al-Razzâq ibn abî 'l-Faradj.

Papier. 188 feuillets. Hauteur, 27 centimètres; largeur, 18 centimètres. 17 lignes par page. Ms. du xivᵉ ou du xvᵉ siècle. — (Supplément 503.)

733.

كتاب انس المنقطعين الى عبادة ربّ العالمين. Même ouvrage que le précédent.

Papier. 138 feuillets. Hauteur, 21 centimètres; largeur, 15 centimètres. 19 lignes par page. Ms. du xviᵉ siècle. — (Supplément 502.)

734.

كتاب انس المنقطعين وبرهان العابدين «Compagnon pour les gens qui ont renoncé au monde, et démonstration à l'usage des gens dévots». Même ouvrage que les deux précédents. A la fin se trouve un appendice contenant la généalogie de Mahomet. Ms. daté de l'an 955 de l'hégire (1548 de J. C.).

Papier. 291 feuillets. Hauteur, 20 centimètres; largeur, 15 centimètres. 15 lignes par page. — (Supplément 501.)

735.

كتاب انس المنقطعين «Compagnon pour les gens qui ont renoncé au monde». Même ouvrage que les précédents. Cet exemplaire, daté de l'an 976 de l'hégire (1568-1569 de J. C.), contient le même appendice que le ms. 734.

Papier. 159 feuillets. Hauteur, 30 centimètres et demi; largeur, 21 centimètres. 13 lignes par page. — (Supplément 500.)

736.

دلائل الاحكام «Indication des (sources d'où dérivent

[1] Dans la notice biographique qui se trouve en tête du volume, il est dit que l'auteur était né en 866 de l'hégire, et qu'il était mort en 944. D'après une note finale, l'ouvrage a été achevé en 916. H. Z.

les) maximes de droit», traité méthodique de jurisprudence, avec l'indication des traditions sur lesquelles chaque article du code est fondé, par le grand cadi Bahâ al-Dîn Aboû 'l-Maḥâsin Yoûsof ibn Râfi' ibn Tamîm ibn Schaddâd. Le présent exemplaire a été copié sur le propre manuscrit de l'auteur, qui se fit lire la copie à deux reprises. La *Vie de Saladin*, publiée par A. Schultens, est du même auteur. Ms. daté de l'an 631 de l'hégire (1233-1234 de J. C.).

Papier. 173 feuillets. Hauteur, 28 centimètres; largeur, 20 centimètres. 31 lignes par page. — (Supplément 312.)

737.

مشارق الانوار النبوية فى صحاح الاخبار المصطفوية «Levers des lumières prophétiques, traitant des récits authentiques faits par l'Élu (Mahomet)», recueil de traditions authentiques, classées dans un ordre qui permet de les trouver plus facilement, par Radhî al-Dîn Ḥasan ibn Moḥammad al-Ṣaghânî (الصغانى), mort en 650 de l'hégire (1252-1253 de J. C.). Le copiste de ce ms. a omis la préface, dans laquelle l'auteur avait sans doute exposé son système de classification, dont Hadji Khalfa parle brièvement (t. V, p. 547). Nombreuses notes marginales. Ms. daté de l'an 979 de l'hégire (1571-1572 de J. C.).

Papier. 154 feuillets. Hauteur, 22 centimètres; largeur, 16 centimètres. 15 lignes par page, à l'exception des premiers feuillets qui sont d'une autre main et portent 25 lignes par page. — (Ancien fonds 387.)

738.

مبارق الازهار فى شرح مشارق الانوار «Parterres des fleurs éclatantes, pour servir de commentaire au *Maschâriq al-Anwâr*», traité composé en 611 de l'hégire, par 'Abd al-Laṭîf ibn 'Abd al-'Azîz, surnommé Ibn al-Mâlik. Commencement : الحمد لله على هدية الهداية والاسلام. L'ouvrage commenté est celui dont le second titre est على صحاح الاخبار; et qui donne l'explication des termes peu connus qui se rencontrent dans les trois principaux recueils de traditions, celui de Mâlik, celui d'Al-Bokhârî et celui de Moslim, et a pour auteur le célèbre cadi 'Iyâdh (عياض) ibn Moûsâ al-Yaḥṣobî, mort en 544 de l'hégire (1149 de J. C.)[1]. Ms. daté de l'an 1038 de l'hégire (1628 de J. C.).

Papier. 299 feuillets. Hauteur, 27 centimètres et demi; largeur, 18 centimètres et demi. 23 lignes par page. — (Supplément 2010.)

739.

مبارق الازهار فى شرح مشارق الانوار «Éclats des fleurs, pour servir de commentaire au *Maschâriq al-Anwâr*» d'Al-Ṣaghânî, par 'Abd al-Laṭîf ibn 'Abd al-'Azîz, surnommé Ibn al-Mâlik. Ce volume avait été donné en *waqf* à la mosquée et au collége fondés près de Constantine par Ṣâliḥ Bey. L'acte de donation (fol. 1 r°) porte la date de 1201 de l'hégire (1786-1787 de J. C.).

Papier. 264 feuillets. Hauteur, 30 centimètres et demi; largeur, 19 centimètres. 30 lignes par page. Ms. du XVIIIe siècle. — (Supplément 306 *bis*.)

740.

الترغيب والترهيب «Encouragement et avertissement», recueil de traditions formé par Zakî al-Dîn 'Abd al-'Aẓîm al-Mondsirî, mort en 656 de l'hégire (1259 de J. C.). Nous n'avons ici que le premier volume de l'ouvrage. Il y a plusieurs lacunes dans le corps du volume.

Papier. 226 feuillets. Hauteur, 18 centimètres et demi; largeur, 14 centimètres. 17 lignes par page. Ms. du XVe siècle. — (Ancien fonds 432.)

741.

Le premier volume du الترغيب والترهيب d'"Abd al-'Aẓîm al-Mondsirî. Ms. daté de l'an 829 de l'hégire (1426 de J. C.).

Papier. 219 feuillets. Hauteur, 25 centimètres; largeur, 15 centimètres. 25 lignes par page. — (Supplément 307, Saint-Germain 86.)

742.

La seconde partie d'un ouvrage intitulé : كتاب التيسير والتقريب «Livre qui rend facile et qui aplanit», et qui est

[1] Le مبارق الازهار est un commentaire sur le مشارق الانوار de Ṣaghânî, contenu dans le numéro précédent. Cet exemplaire est entièrement conforme au n° 739. H. Z.

un abrégé du الترغيب والترهيب d'ʿAbd al-ʿAẓîm al-Mondsirî. L'auteur se nommait Moḥammad ibn ʿAmmâr al-Mâlikî. Ce volume, qui est autographe, commence par le chapitre du jeûne et finit par celui des louanges et de l'invocation, الذكر والدعاء.

Papier. 133 feuillets. Hauteur, 16 centimètres; largeur, 12 centimètres. 17 lignes par page. Ms. du XIVe ou du XVe siècle. — (Supplément 308, Saint-Germain 292.)

743.

1° Extrait du رياض الصالحين « Les Jardins des hommes vertueux », recueil de traditions formé par Aboû Zakariyâ Yaḥyâ ibn Scharaf al-Nawawî, docteur schaféite, de Damas.

2° (Fol. 174 v°.) « Histoire extraordinaire, tirée du livre d'Al-Ḥoraïfîsch (الحُرَيْفِيش) ». Le livre en question est un recueil de discours et d'histoires édifiantes, intitulé الروض الفائق.

3° (Fol. 179.) الحزب الشامخ الافخم المشتمل على الاسم الاعظم « Le *Hizb* (prière ou charme) sublime, renfermant le grand nom de Dieu », par Karîm al-Dîn Aboû 'l-Barakât al-Khalwatî (الخلوتي).

4° (Fol. 188 v°.) Le *Ḥizb* de Sîdî Moḥammad al-Ḥanafî.

5° (Fol. 195 v°.) Le *Ḥizb* de l'imâm Al-Schafiʿî.

6° (Fol. 198 v°.) Prière d'Aboû 'l-ʿAbbâs al-Boûnî, servant de préservatif contre les génies et les démons.

7° (Fol. 199 v°.) Le حرز الوقاية « Amulette de protection », composé par Moḥyî al-Dîn ibn al-ʿArabî al-Ḥâtimî.

8° (Fol. 204.) دعا لهلاك الاعداء « Invocation par laquelle on fait périr ses ennemis ».

9° (Fol. 204 v°.) حزب النصر « Charme pour vaincre », par le schaïkh Aboû 'l-Ḥasan al-Schâdsilî (الشاذلي).

10° (Fol. 207 v°.) Prière à réciter le matin (دعا يقرا عند الصباح).

11° (Fol. 209 v°.) Autres prières et renseignements utiles (فوائد).

12° (Fol. 220 v°.) كتاب فوائد القران « Renseignements utiles au sujet du Coran », par Ibn Farischta. Dans ce petit traité on donne le nombre des mots et des lettres de chaque sourate du Coran, ainsi que les traditions où sont indiquées les vertus de chaque sourate.

13° (Fol. 271.) Autres prières et invocations.

14° (Fol. 286 v°.) *Qaṣîda* mystique, intitulée المنفرجة « Qui délivre des soucis », poëme dans lequel se trouve, dit-on, le grand nom de Dieu. (Voyez le Dictionnaire bibliographique de Hadji Khalfa, t. IV, p. 551.)

15° (Fol. 289.) La *Qaṣîda* du faquir Aḥmad al-Khâmî (الخامي).

16° (Fol. 293.) La *Qaṣîda* intitulée المنبلجة « Qui réjouit », poëme mystique de Sîdî Moṣṭafâ al-Bakrî.

17° (Fol. 297 v°.) Charmes et recettes talismaniques.

Papier. 301 feuillets. Hauteur, 22 centimètres; largeur, 15 centimètres et demi. 10 et 11 lignes par page. Ms. du XVIIIe siècle. — (Supplément 223.)

744.

1° *Arbaʿîn* (Quarante traditions), rédigé par Yaḥyâ ibn Scharaf al-Nawawî. L'auteur dit qu'il a achevé cet ouvrage en 668 de l'hégire (1269-1270 de J. C.).

2° (Fol. 17.) الادعية المعدّة عند الكرب والشدّة « Prières à réciter dans les malheurs et les afflictions », par le même auteur.

3° (Fol. 28.) *Arbaʿîn*, au sujet des vertus de la sourate du Coran, intitulée الاخلاص, par Yoûsof ibn ʿAbd Allâh al-Ḥosaïn al-Ormiyoûnî (الارميوني), docteur schaféite.

4° (Fol. 37 v°.) *Arbaʿîn* au sujet du *verset du trône*, par le même auteur. Les traditions, au nombre de quarante et une, sont suivies d'un commentaire sur ce verset et de quelques paroles des docteurs sur le même sujet. L'auteur expose ensuite les vertus mystérieuses de ce verset (fol. 49), et termine sa notice par un extrait du شمس المعارف d'Aboû 'l-ʿAbbâs Aḥmad al-Boûnî.

5° (Fol. 51 v°.) *Arbaʿîn* sur les mérites de Mahomet, l'envoyé de Dieu, par le même auteur.

6° (Fol. 60.) *Arbaʿîn* sur les mérites du pèlerinage et de l'*ʿomra*, ou visite de la Ville Sainte, par Walî al-Dîn al-Baṣîr bi ʿAïni Qalbihi (l'ami de la religion, qui voit avec l'œil de son cœur). Un court chapitre, sous forme de *khâtima* (conclusion), termine le recueil.

7° (Fol. 70 v°.) Commentaire de Khâlid ibn ʿAbd Allah al-Azharî sur le *Borda* d'Al-Boûṣîrî. C'est un travail bien fait; le texte du poëme est reproduit à l'encre rouge.

8° (Fol. 120.) Traité attribué à Aboû 'l-Fadhl ibn Ḥadjr al-ʿAsqalânî, dans lequel ce docteur répond à vingt-

neuf questions touchant l'état de l'âme après la mort du corps.

9° (Fol. 132 v°.) Traité anonyme sur les devoirs et les cérémonies du pèlerinage de la Mecque.

10° (Fol. 138.) Chronologie de la vie de Mahomet, tirée du تهذيب الاسماء d'Al-Nawawî, dont le texte a été publié par M. Wüstenfeld.

Papier. 139 feuillets. Hauteur, 20 centimètres; largeur, 15 centimètres. 15 à 21 lignes par page. Ms. de diverses écritures du XVIIe siècle. — (Ancien fonds 385.)

745.

شرح الاحاديث الاربعين «Commentaire sur les quarante traditions» d'Al-Nawawî. Le commencement manque. Ms. daté de l'an 1054 de l'hégire (1644-1645 de J. C.).

Papier. 87 feuillets. Hauteur, 21 centimètres; largeur, 15 centimètres. 21 lignes par page. — (Supplément 2014.)

746.

1° L'*Arba'în* d'Al-Nawawî, commenté par Mohammad ibn Ahmad al-Hanafî. Ce commentaire, composé en 812 de l'hégire (1409-1410 de J. C.), est, en général, philologique, mais il renferme aussi de courtes notices biographiques sur quelques savants. Commencement : الحمد لله رافع اعلام الملّة.

2° زوال الترح فى شرح منظومة ابن فرح «Cessation de l'inquiétude, commentaire sur la *Manzoûma* d'Ibn Farah». La *Manzoûma*, qui se compose de trente vers et contient une énumération des termes techniques employés dans la science des traditions, a pour auteur Schihâb al-Dîn Ibn Farah, de Séville. L'auteur du commentaire, 'Izz al-Dîn Mohammad ibn Ahmad ibn Djamâ'a, mourut en 817 de l'hégire (1414-1415 de J. C.). Ms. daté de l'an 1022 de l'hégire (1613 de J. C.).

Papier. 206 feuillets. Hauteur, 22 centimètres; largeur, 15 centimètres. 15 lignes par page. — (Ancien fonds 393.)

747.

Commentaire sur l'*Arba'în* d'Al-Nawawî, par Aboû 'l-'Abbâs Ahmad al-Lakhmî, fils du vizir Aboû Soroûr Faradj ibn Ahmad. Ms. daté de l'an 1068 de l'hégire (1657-1658 de J. C.).

Papier. 116 feuillets. Hauteur, 20 centimètres et demi; largeur, 15 centimètres. 25 lignes par page. — (Supplément 294.)

748.

1° الفتح المبين فى شرح الاربعين «Acquisition manifeste, commentaire sur l'*Arba'în*» d'Al-Nawawî, par Schihâb al-Dîn Ahmad ibn Hadjr al-Haïthamî. Cet ouvrage a été composé en 951 de l'hégire (1544-1545 de J. C.).

2° (Fol. 170 v°.) Discours d'Aboû Hâmid al-Ghazâlî, sur la nécessité de dompter ses passions.

3° (Fol. 171.) Fin d'un traité de morale, intitulé : حصول الرفق باصول الرزق «Acquisition facile des moyens d'existence», par Djalâl al-Dîn al-Soyoûtî.

La partie principale du ms. a été écrite en 1064 de l'hégire (1673-1674 de J. C.).

Papier. 172 feuillets. Hauteur, 21 centimètres; largeur, 15 centimètres. 23 lignes par page. — (Supplément 293.)

749.

الفتوحات الوهبيّة «Explications concédées(?)», par Ibrâhîm ibn Mara'î (مرعى) ibn 'Atiya al-Schobrâkhîtî (الشبراخيتى), pour servir de commentaire à l'*Arba'în* d'Al-Nawawî. Au commencement de l'ouvrage se trouve une notice biographique de Yahyâ ibn Morî (مُرى) al-Nawawî, d'après laquelle il était né en 631 de l'hégire (1233-1234 de J. C.), et mort en 676 de l'hégire (1277-1278 de J. C.). Ms. daté de l'an 1161 de l'hégire (1738 de J. C.).

Papier. 258 feuillets. Hauteur, 22 centimètres et demi; largeur, 17 centimètres. 25 lignes par page. — (Supplément 292.)

750.

المشيخة الفخريّة «Les professeurs de Fakhr al-Dîn», par Aboû 'l-Hasan 'Alî ibn Ahmad, surnommé Fakhr al-Dîn, et généralement appelé Ibn al-Bokhârî. Cet auteur, natif de Jérusalem, appartenait à la secte hanbalite. D'après Hadji Khalfa (t. I, p. 290, et t. V, p. 561), il mourut en 690 de l'hégire (1291 de J. C.). Cet ouvrage, que Hadji Khalfa mentionne sous le titre de اسنى المقاصد

واعذب الموارد, est un recueil de traditions, classées sous les noms des professeurs qui les avaient transmises de vive voix à l'auteur; il contient aussi de courtes notices biographiques sur la plupart de ces docteurs. Il est divisé en vingt-trois sections; le nombre des docteurs cités est de soixante-deux, sans compter six femmes professeurs (شيخات) que l'auteur mentionne avec éloge dans la dernière section. A la fin de l'ouvrage se trouvent un chapitre supplémentaire, qui a été ajouté par l'éditeur, Djamâl al-Dîn Aḥmad ibn Moḥammad al-Ẓâhirî, et un second chapitre supplémentaire, par Aboû 'l-Ḥaddjâdj Yoûsof ibn al-Mozakkî (المزكى). Le ms. a été écrit au couvent des derviches, à Syriâqoûs, près du Caire, en 837 de l'hégire (1433-1434 de J. C.).

Papier. 163 feuillets. Hauteur, 24 centimètres; largeur, 16 centimètres. 25 lignes par page. — (Ancien fonds 376.)

751.

الكاشف عن حقائق السنن «Les vérités de la *Sonna* mises au jour», ou commentaire critique du recueil de traditions intitulé مصابيح, par Al-Ḥosaïn ibn ʿAbd Allah ibn Moḥammad al-Ṭayyibî (الطيبى), mort en 743 de l'hégire (1342-1343 de J. C.). Un faussaire a écrit, en tête du volume, le titre suivant : شرح مشكاة المصابيح «Commentaire du *Mischkât al-Maṣâbîḥ*»; il a aussi altéré le texte de la préface dans deux endroits, en y ajoutant le mot مشكاة. Cependant il n'y a rien dans la préface qui puisse faire supposer que l'ouvrage ait été composé en vue d'élucider le texte du *Mischkât*. Ce nom n'y est pas même mentionné. Le dernier chapitre est intitulé باب حرم المدينة.

Papier. 322 feuillets. Hauteur, 27 centimètres; largeur, 18 centimètres. 31 lignes par page. Ms. de diverses écritures du XVIe siècle. — (Supplément 304.)

752.

La seconde moitié de l'ouvrage intitulé الكاشف عن حقائق المصابيح, commençant par la section intitulée كتاب البيوع, et finissant par le chapitre باب ثواب هذه الامة.

Papier. 530 feuillets. Hauteur, 22 centimètres; largeur, 16 centimètres. Les premières pages portent 31 lignes, les autres 25. Ms. de diverses écritures du XVIIe siècle. — (Supplément 305.)

753.

Le second et dernier volume du جوهر النقى فى الرد على البيهقى «La perle fine, pour servir de réfutation d'Al-Baïhaqî», ou critique des deux recueils de traditions, le grand et le petit (السنن الكبير والصغير), formés par Al-Baïhaqî (Aboû Bakr Aḥmad al-Khosroûdjerdî), mort en 458 de l'hégire (1066 de J. C.), par ʿAlî ibn ʿOthmân ibn al-Turkomânî, qui mit au net sa réfutation en 747 de l'hégire (1346-1347 de J. C.). Au folio 2 on lit une notice biographique sur Loqmân, tirée du تهذيب الاسماء d'Al-Nawawî. Le folio 239 a dû faire partie d'un traité de droit; il y est question des conditions sous lesquelles les chrétiens peuvent conserver leurs églises. Ms. daté de l'an 801 de l'hégire (1398-1399 de J. C.).

Papier. 239 feuillets. Hauteur, 26 centimètres et demi; largeur, 16 centimètres et demi. 23 lignes par page. — (Ancien fonds 477.)

754.

ارجوزة فى اصول الحديث «Traité en vers sur la science des traditions», par ʿAbd al-Raḥîm ibn al-Ḥosaïn al-Athîrî al-ʿIrâqî, accompagné d'un commentaire du même auteur. Hadji Khalfa en a parlé sous le titre de الفيّة العراقى «Poëme en mille vers techniques d'ʿIrâqî». Premier vers du poëme :

يقول راجى ربّه المقتدر
عبد الرحيم بن الحسين الاثرى

Premiers mots de la préface du commentaire : الحمد لله الذى قبل تصحيح النيّة حسن العمل.

L'auteur dit avoir composé ce commentaire en 771 de l'hégire (1370 de J. C.).

Papier. 224 feuillets. Hauteur, 25 centimètres; largeur, 14 centimètres et demi. 19 lignes par page. Ms. du XVIIIe siècle. — (Supplément 2018.)

755.

تبصرة المبتدى وتذكرة المنتهى «Instruction pour l'élève et aide-mémoire pour le maître». Traité sur la science

des traditions, rédigé en vers, par le docteur Zaïn al-Dîn ʿAbd al-Raḥîm al-ʿIrâqî [1].

Papier. 38 feuillets. Hauteur, 20 centimètres; largeur, 15 centimètres. 15 lignes par page. Ms. du XVIIe siècle. — (Supplément 288.)

756.

فتح الباقى بشرح الفيّة العراقى «Exposé de ce qui reste à faire pour l'élucidation de l'*Alfiyya* d'Al-ʿIrâqî». Commentaire de Zakarîyâ ibn Moḥammad ibn Aḥmad al-Anṣârî, mort en 928 de l'hégire (1521-1522 de J. C.), sur l'*Alfiyya* de Zaïn al-Dîn ʿAbd al-Raḥîm ibn al-Ḥosaïn al-ʿIrâqî.

Ms. daté de l'an 1108 de l'hégire (1696-1697 de J. C.).

Papier. 203 feuillets. Hauteur, 21 centimètres et demi; largeur, 15 centimètres. 19 lignes par page. — (Supplément 316 *bis*.)

757.

Un *Arbaʿîn*, ou recueil de quarante traditions. La première commence par ces mots : انما الاعمال بالنيّة «Les œuvres se jugent d'après l'intention». Les trois dernières pages, qu'on avait laissées en blanc, portent maintenant des notes de diverses mains et de peu d'importance. A la fin du volume on lit la note suivante, écrite en lettres d'or sur un fond bleu : كتبه المملوك قصروه من خانم من طبقة الرفرف الكبرى.

Papier. 38 feuillets. Hauteur, 27 centimètres; largeur, 18 centimètres. 7 lignes par page. Ms. du XIVe siècle. — (Ancien fonds 350.)

758.

1° Le تقييد ou مشيخة d'Al-Sarrâdj al-Nafzî, recueil de traditions et de notices biographiques, par Yaḥyâ ibn Aḥmad ibn Moḥammad al-Nafzî al-Ḥimyarî al-Sarrâdj (النفزى الحميرى شهر بالسراج), auteur africain qui vivait à la fin du VIIIe siècle de l'hégire. D'après la préface, cet ouvrage devait contenir cinq chapitres, savoir : 1. Sur l'importance des traditions et des traditionnistes. 2. Sur les *idjâza* (اجازة) ou licences d'enseigner les traditions. 3. Sur les docteurs africains et espagnols desquels l'auteur avait appris des traditions et reçu des enseignements dans cette branche des connaissances. 4. Énumération des ouvrages que l'auteur avait étudiés sous ses professeurs. 5. Plusieurs séries d'autorités (*isnâd*) servant à terminer l'ouvrage. Les deux derniers chapitres manquent.

2° روحة الجنان وراحة الجنان «L'haleine des jardins et le repos de l'esprit», traité sur les mérites de la prière qu'on adresse à Dieu en faveur du prophète Mahomet, par Ibn al-Marî Moḥammad ibn Ibrâhîm al-Maʿâfirî. L'auteur y a intercalé beaucoup de vers.

Ms. daté de l'an 955 de l'hégire (1546-1547 de J. C.).

Papier. 170 feuillets. Hauteur, 20 centimètres; largeur, 15 centimètres. 25 lignes par page dans le premier ouvrage, 23 lignes dans le second. — (Ancien fonds 382.)

759.

خلاصة الفكر فى شرح مختصر اصطلاح اهل الاثر «Pur extrait de la réflexion, pour servir de commentaire à l'ouvrage intitulé : Résumé de la partie technique de la science des traditions», par ʿAbd Allâh ibn Moḥammad al-Schanschoûrî. Ce docteur avait composé le *Résumé*, en 796 (1394 de J. C.), pour l'usage de son fils, et l'a publié plus tard avec un commentaire perpétuel. Notre volume renferme le texte et le commentaire.

Papier. 82 feuillets. Hauteur, 21 centimètres; largeur, 15 centimètres. Le nombre de lignes par page va en diminuant, de 22 à 14. Ms. du XVe siècle. — (Supplément 287.)

760.

1° Le premier feuillet et les trois derniers d'un ouvrage intitulé : نخبة الفكر فى اصطلاح [2] اهل الاثر «Choix de réflexions, traitant des locutions conventionnelles employées par les docteurs de la science des traditions», par Schihâb al-Dîn Aḥmad ibn ʿAlî ibn Ḥadjr al-ʿAsqalânî, mort en 852 de l'hégire (1448-1449 de J. C.). Copie datée de l'an 821 de l'hégire (1418 de J. C.).

2° (Fol. 5.) Dernière page d'une lettre contenant des conseils adressés à un jeune professeur, par Aḥmad ibn Moḥammad ibn Yaḥyâ al-Bokhârî.

3° (Fol. 6.) Le كتاب المنتقا «Extraits» tirés du كتاب المستخلص d'Aboû 'l-Qâsim al-Samarqandî. Ces extraits formaient plusieurs chapitres, dont chacun avait pour sujet une question de droit ou de morale. Nous n'en

[1] C'est le même ouvrage que le précédent, sans le commentaire. Le titre est de la main du copiste. H. Z. — [2] Le ms. porte فى مصطلح. H. Z.

avons ici que le premier, traitant de l'excellence de l'érudition et du mérite des savants, et le commencement du second.

4° (Fol. 23.) Fin d'un cantique attribué à un soufi appelé Moḥammad ibn abî Bakr ibn al-Moftî al-Bokhârî; une *qaṣîda* religieuse, intitulée الخطلة, et une autre *qaṣîda* du même genre, attribuée au schaïkh Bahâ al-Dîn ibn Behâdur.

5° (Fol. 24 v°.) Traité de Hibat Allah ibn Salâma sur les versets du Coran qui abrogent ou qui sont abrogés (ناسخ القران ومنسوخه). Exemplaire écrit à ʿAïnṭâb, en Syrie, en 853 de l'hégire (1449 de J. C.).

6° (Fol. 57.)[1] رسالة العاشق والمعشوقة «L'amant et la bien-aimée», épître dans laquelle un schaïkh, nommé ʿAbd Allah ibn Moḥammad Schâhâwer (شاهاور) al-Asadî, explique la parole d'un docteur nommé Aboû 'l-Ḥasan al-Kharaqânî (الخرقانى), qui avait dit : «le soufi n'est pas créé» (الصوفى غير مخلوق). La copie est datée de l'an 853 de l'hégire (1449 de J. C.).

7° (Fol. 62 v°.) Prière, suivie d'un *wird* (office à réciter), composé par un grand docteur soufi, nommé Zaïn al-Milla al-Khawâfî (الخوافى).

8° (Fol. 65.) Prière appelée دعا الخصم (*sic*), suivie d'une sorte de litanie.

9° (Fol. 67.) Réflexions morales et religieuses, divisées en trente-quatre chapitres très-courts, appelés *sourates*, suivies de quelques traditions.

10° (Fol. 73 v°.) Abrégé de jurisprudence.

Papier. 82 feuillets. Hauteur, 18 centimètres; largeur, 13 centimètres et demi. 20 à 30 lignes par page. Ms. de diverses mains. — (Ancien fonds 380.)

761.

1° نزهة النظر فى توضيح نخبة الفكر «Plaisir du coup-d'œil jeté pour éclaircir le *Nokhbat al-Fiqr*», par l'auteur même du traité original, Aḥmad ibn Ḥadjr al-ʿAsqalânî. (Voyez l'article 1° du numéro précédent.) Commencement : الحمد لله الذى لم يزل عالما قد يرا حيا قيوما.

2° (Fol. 40.) قضاء الوطر من نزهة النظر «Traité qui fait obtenir du *Nozhat al-Naẓr* tout ce qui est nécessaire», commentaire très-étendu sur l'ouvrage précédent, par Aboû 'l-Amdâd (الامداد) Ibrâhîm al-Loqânî (اللقانى). Commencement : حمدا لك اللهم على ما ابرزت فى افلاك الهداية من طوالع الحديث.

Papier. 396 feuillets. Hauteur, 20 centimètres et demi; largeur, 14 centimètres et demi. 20 à 23 lignes par page dans le premier traité, 21 lignes par page dans le second. Ms. du XVIIe siècle. — (Supplément 2019.)

762.

1° *Arbaʿîn*, par Moḥammad ibn Moḥammad ibn Moḥammad al-Djazarî (الجزرى).

2° (Fol. 3 v°.) Derniers conseils (وصيّة) adressés par l'imâm Aboû Ḥanîfa à ses disciples. Commencement : الحمد لله والسلام على عباده الذين اصطفى.

3° (Fol. 6 v°.) Conseils spirituels adressés par un soufi aux jeunes gens qui veulent s'adonner à la vie dévote. Ce discours commence par les mots اما بعد حمد الله. Hadji Khalfa mentionne cet opuscule sous le titre الوصايا القدسيّة «Conseils donnés à Jérusalem», et nomme comme auteur Zaïn al-Dîn Aboû Bakr Moḥammad al-Khawâfî, mort en 838 de l'hégire (1434-1435 de J. C.).

Ms. daté de l'an 882 de l'hégire (1477-1478 de J. C.).

Papier. 38 feuillets. Hauteur, 17 centimètres et demi; largeur, 13 centimètres. 15 lignes par page. — (Ancien fonds 386.)

763.

Recueil de traditions, sans titre, distribuées en cinq sections, dont la première, intitulée *Introduction*, traite de la croyance orthodoxe; la seconde, désignée comme le premier chapitre, a pour sujet l'excellence des traditions sacrées; la troisième fait valoir le haut mérite des traditionnistes; la quatrième indique la nécessité de suivre la *sonna* du Prophète, et la cinquième, intitulée *Conclusion*, renferme quelques traditions qui recommandent aux souverains musulmans la pratique de la justice. Ce traité a été rédigé à l'intention du sultan mamlouc Al-Mâlik al-Ẓâhir Djaqmaq, par un de ses serviteurs, nommé Ḥosaïn al-Fatḥî (الفتحى) al-Schîrâzî.

A la fin du volume se trouve, écrit d'une autre main, un sermon sur les mérites des trois premiers califes, qui avait été prononcé devant le calife ʿOmar ibn ʿAbd al-ʿAzîz, par ʿAbd Allah ibn Ahtam (اهتم).

Papier. 52 feuillets. Hauteur, 18 centimètres; largeur, 13 centimètres et demi. 7 lignes par page. Ms. du XVe siècle. — (Supplément 310.)

---

[1] Le ms. porte رسالة العاشق الى المعشوق. H. Z.

764.

Second volume d'un recueil de traditions. Chaque tradition (le volume en renferme quatre-vingt-dix-neuf, à partir de la cent et unième) est suivie de réflexions morales et d'autres observations. Les feuillets du ms. ne se suivent pas dans leur ordre, et les derniers feuillets manquent. Les numéros des traditions sont écrits en toutes lettres, mais en plusieurs endroits ils sont altérés, pour faire croire qu'ils se suivaient régulièrement et que l'ouvrage était complet. L'auteur de cette fraude est probablement le même personnage qui a inscrit sur le recto du premier feuillet, d'une écriture très-mal formée, le titre suivant : كتاب انس المنقطعين المؤلف ادريس «Le compagnon des solitaires; l'auteur est Idrîs».

Papier. 156 feuillets. Hauteur, 25 centimètres; largeur, 16 centimètres et demi. 11 lignes par page. Ms. du xve siècle. — (Supplément 309.)

765.

كتاب الفوائد والصلاة والعوائد «Livre des renseignements utiles, de la prière et des pratiques». C'est un mélange de traditions, de prières et d'indications talismaniques, divisées en cent chapitres, par Aboû 'l-Ḥasan ʿAlî al-ʿAlawî. Selon Hadji Khalfa, cet ouvrage aurait pour auteur Schihâb al-Dîn Aḥmad ibn Aḥmad ibn ʿAbd al-Laṭîf al-Schardjî (الشرجي) al-Zobaïdî, mort en 898 de l'hégire (1492-1493 de J. C.). La fin manque.

Papier. 157 feuillets. Hauteur, 21 centimètres; largeur, 15 centimètres. 15 lignes par page. Ms. du xviie siècle. — (Supplément 311.)

766.

Dernière partie du recueil de traditions intitulé : «La petite collection», الجامع الصغير من حديث البشير النذير, par Djalâl al-Dîn ʿAbd al-Raḥmân al-Soyoûṭî. Les traditions sont énumérées dans l'ordre de l'alphabet, d'après le premier mot de chaque tradition. Ce volume commence par la tradition كبّرى الله مائة مرة واحمدى الله مائة مرة الخ. Nombreuses notes marginales. Ms. daté de l'an 1169 de l'hégire (1756 de J. C.).

Papier. 209 feuillets. Hauteur, 22 centimètres et demi; largeur, 16 centimètres. 17 lignes par page. — (Supplément 2011.)

767.

Troisième volume du مصباح البارع النضير والمفتاح للجامع الصغير «Lampe transcendante et brillante, et clef du *Djâmiʿ al-Ṣaghîr*», par Aḥmad ibn Moḥammad ibn Aḥmad al-Anṣârî al-Matboûlî (المتبولى). C'est un commentaire sur la Petite collection de traditions d'Al-Soyoûṭî. Cet ouvrage a dû être très-volumineux, car le présent ms. ne renferme qu'une partie de la première lettre de l'alphabet. Hadji Khalfa le mentionne sous le titre de الاستدراك النضير على الجامع الصغير (t. II, p. 552). Notre ms. est autographe et porte la signature de l'auteur (كتبه مولفه) sur le dernier feuillet et à la suite des nombreuses notes de collation qui se trouvent inscrites sur les marges du volume. Ms. daté de l'an 1000 de l'hégire (1591 de J. C.).

Papier. 418 feuillets. Hauteur, 22 centimètres; largeur, 16 centimètres. 25 lignes par page. — (Supplément 315 *bis*.)

768 et 769.

التيسير بشرح الجامع الصغير. Commentaire sur la «Petite collection» d'Al-Soyoûṭî. C'est l'abrégé d'un commentaire beaucoup plus étendu, que l'auteur, ʿAbd al-Raoûf al-Manâwî (عبد الرءوف المناوى), avait composé antérieurement, et dont la longueur avait donné lieu à des plaintes. Il a suivi l'ordre alphabétique du *Djâmiʿ al-Ṣaghîr*. Dans cet exemplaire, divisé en deux volumes, le texte est écrit à l'encre rouge. Le ms. est daté de l'an 1183 de l'hégire (1769 de J. C.).

2 volumes. Papier. 385 et 342 feuillets. Hauteur, 26 centimètres et demi; largeur, 19 centimètres. 25 lignes par page. Ms. du xviiie siècle. — (Supplément 315 *ter*.)

770 à 772.

Le second, le troisième et le quatrième volume du commentaire de Schams al-Dîn Moḥammad al-ʿAlqamî sur la «Petite collection» de Soyoûṭî. Les premiers feuillets du tome II et du tome IV manquent. Ms. daté de l'an 1020 de l'hégire (1611-1612 de J. C.).

3 volumes. Papier. 328, 298 et 287 feuillets. Hauteur, 30 centimètres et demi; largeur, 18 centimètres et demi. 32 à 35 lignes par page. Ms. du xviiie siècle. — (Supplément 315.)

773.

1° القول الاشبه من عرف نفسه فقد عرف ربّه «L'explica-

tion la plus probable du sens de la tradition ainsi conçue : celui qui se connaît lui-même connaît Dieu», par Djalâl al-Dîn ʿAbd al-Raḥmân al-Soyoûṭî.

2° (Fol. 5.) Abrégé du حوض الحياة «Bassin des eaux de la vie», par Rokn al-Dîn Moḥammad al-Samarqandî. C'est un traité en partie philosophique, en partie talismanique.

Papier. 26 feuillets. Hauteur, 15 centimètres et demi; largeur, 10 centimètres et demi. 17 lignes par page. Ms. du XVIe siècle. — (Ancien fonds 462.)

774.

En tête du volume se trouve une note, de la main de M. de Sacy, ainsi conçue : «Ce ms. contient un grand nombre de morceaux de l'Alcoran, en arabe, et beaucoup de prières et autres pièces écrites en espagnol mêlé de mots arabes, et en caractère arabe africain. Quelques-unes de ces prières s'y trouvent dans les deux langues. Aux fol. 400 et suivants se trouvent diverses prophéties sur les malheurs et scandales qui doivent arriver en Espagne, dont quelques-unes sont attribuées à S. Isidore. Ce ms. est imparfait au commencement; il commence au feuillet 114.» (Il s'agit d'une ancienne cote au crayon.)

1° Traité sur les traditions de Mahomet, en espagnol mêlé de termes de la religion musulmane en arabe, le tout écrit en caractères arabes. Le commencement manque.

2° (Fol. 37.) Prières musulmanes, partie en espagnol écrit en caractères arabes, partie en arabe.

3° (Fol. 41.) Dialogue de quelques juifs avec Mahomet, en espagnol écrit en caractères arabes.

4° (Fol. 54.) Extrait d'un livre intitulé *Libro Abisador llamado de los negligentes*. En espagnol écrit en caractères arabes. C'est le تنبيه الغافلين d'Aboû 'l-Laïth (ابو الليث) Naṣr ibn Moḥammad, de Samarcande.

5° (Fol. 77.) Récit édifiant, en espagnol écrit en caractères arabes, suivi de quelques prières en arabe, attribuées à Aboû Moslim.

6° (Fol. 80.) Prières pour être récitées aux fêtes indiquées par le calendrier musulman. En espagnol écrit en caractères arabes.

7° (Fol. 87.) Instructions aux musulmans, relativement à la mort. En espagnol écrit en caractères arabes.

8° (Fol. 89.) Extraits du Coran, en arabe. Les sourates les plus courtes sont données en entier. Quelquefois elles sont suivies de gloses et de prières en espagnol.

9° (Fol. 189.) Diverses traditions touchant Mahomet, la prière et le jour du jugement dernier. Le cadre est un récit attribué à ʿOmar. La fin manque.

10° (Fol. 255.) Prières diverses, en arabe, accompagnées d'une version espagnole écrite en caractères arabes.

11° (Fol. 264.) Histoire de Moïse, en espagnol écrit en caractères arabes.

12° (Fol. 288 v°.) Prophétie dans laquelle ʿAlî ibn Djâbir al-Fârâsî (على بن جابر الفاراسى) annonce ce qui doit arriver en Espagne et ailleurs. En espagnol écrit en caractères arabes.

13° (Fol. 293 v°.) Prophéties attribuées à S. Isidore (?), tirées de son livre intitulé *Secreto de los secretos* (شَاكْرَاتْ دالشْ سَاكْرَاتْش).

14° (Fol. 308 v°.) Conférences de Moïse avec Dieu. Cet opuscule est divisé en plusieurs sections. A la fin on lit : *Acabase el razunamiento de musa* (أَكَبَشَىاء الرَّزُنَمِيَانْتْ ذا مُوسَى). En espagnol écrit en caractères arabes.

15° (Fol. 343 v°.) Prières pour diverses occasions. En espagnol écrit en caractères arabes.

Papier. 473 feuillets, en y comptant huit feuillets restés en blanc. Hauteur, 19 centimètres; largeur, 14 centimètres. 9 à 13 lignes par page. Ms. du XVIe siècle. — (Supplément 159, Saint-Germain 208.)

775.

1° Quelques traditions de Mahomet, avec un commentaire en deux sections.

2° (Fol. 25.) Les quarante traditions de Jérusalem, القدسيّة, recueillies par Moḥammad ibn Djamâl al-Dîn Aqsarâï.

3° (Fol. 34.) Petit recueil de traditions.

4° (Fol. 37.) Pièce de vers, en arabe, à la louange de la science.

5° (Fol. 42.) Petit recueil de traditions.

6° (Fol. 45.) Courte prière pour le sultan Murâd-Khân, fils d'Aḥmad-Khân.

7° (Fol. 46.) Fragments de diverses mains, les uns en prose, les autres en vers; quelques-uns sont en langue turque.

Papier. 56 feuillets. Hauteur, 21 centimètres; largeur, 14 centimètres. 5 à 23 lignes par page. Ms. de diverses écritures. — (Ancien fonds 285.)

776.

Ouvrage intitulé : الحبل المتين في احكام احكام الدين « La corde solide pour consolider les maximes de la religion ». C'est un traité dans lequel l'auteur, Bahâ al-Dîn al-ʿÂmilî (العاملي), passe en revue les traditions qui servent d'appui aux maximes de la loi religieuse. Il a été composé dans la mosquée de Meschhed-ʿAlî, dans le Khorâsân, en 1007 de l'hégire (1598-1599 de J. C.). Ce volume n'est que le premier de l'ouvrage, et a pour sujet la prière et les purifications. Il a été copié sur l'autographe, en 1029 de l'hégire (1620 de J. C.). Aux fol. 100 et suiv., l'auteur, en parlant des eaux dormantes dont on peut faire usage pour les purifications, donne un traité sur la mesure du volume des eaux, et l'accompagne de plusieurs figures géométriques. Commencement : الحمد لله الذى دلّنا على الطريق القويم.

Papier. 226 feuillets. Hauteur, 26 centimètres; largeur, 13 centimètres. 24 lignes par page. Ms. du XVIIe siècle. — (Ancien fonds 277.)

777.

Le كنز الحقائق في حديث خير الخلائق « Trésor des vérités, renfermant les paroles de la meilleure des créatures ». L'auteur, ʿAbd al-Raoûf al-Manâwî (عبد الرءوف المناوى), y a rassemblé toutes les paroles de Mahomet qui se trouvent rapportées dans les divers recueils de traditions, et les a classées dans l'ordre de l'alphabet, en tenant seulement compte du premier mot de chaque parole ou maxime. Des sigles à l'encre rouge indiquent les sources d'où proviennent ces paroles. Un acte authentique, daté de l'an 1208 de l'hégire (1793-1794 de J. C.), qu'on lit au fol. 2, constate que ce volume avait été consacré comme *waqf* par Moḥammad ibn Koudjek ʿAlî, qui, nous le savons, était natif de la ville de Constantine.

Papier. 105 feuillets. Hauteur, 31 centimètres; largeur, 19 centimètres et demi. 25 lignes par page. Écriture à deux colonnes du XVIIIe siècle. — (Supplément 303 *bis*.)

778.

1° Les vingt et une dernières traditions d'un *Arbaʿîn*.

2° (Fol. 3 v°.) Paroles et maximes attribuées à Mahomet.

Papier. 7 feuillets. Hauteur, 14 centimètres et demi; largeur, 10 centimètres et demi. 13 lignes par page. Ms. du XVIIe siècle. — (Supplément 2013.)

779.

Recueil de traditions, commençant par un *Arbaʿîn*. Les premiers et les derniers feuillets manquent.

Papier. 65 feuillets. Hauteur, 20 centimètres; largeur, 13 centimètres et demi. Ms. du XVIe siècle. — (Supplément 2353.)

780.

1° Les فرائض, ou *Devoirs* d'un musulman, traditions recueillies par le célèbre ascète Al-Ḥasan al-Baṣrî, et classées, suivant les matières, en cinquante-quatre chapitres [1].

2° (Fol. 15 v°.) Cent paroles ou sentences, prononcées par Mahomet, et expliquées chacune par deux vers en langue turque.

3° (Fol. 24 v°.) Discours d'Anbâ-Yoûnos, évêque de Asyoûṭ, sur le martyre de plusieurs chrétiens dans la ville d'Esné (اسنا). Il y est fait mention de la mort de Ste Dilâdjî et de ses quatre enfants. Copie datée de l'an 1236 des martyrs (1520 de J. C.).

Papier. 115 feuillets. Hauteur, 21 centimètres; largeur, 14 centimètres. 12 et 24 lignes par page. — (Ancien fonds 390.)

781.

Traité sur l'excellence du mois de ramadhân. Cet ouvrage, qui se compose d'un avant-propos et de quarante et une traditions, a pour auteur Moḥammad ibn abî Soroûr al-Ṣiddîqî, le même qui a composé un abrégé du *Khiṭaṭ* d'Al-Maqrîzî. Commencement : الحمد لله الذى فضل اشرف عباده.

Papier. 26 feuillets. Hauteur, 20 centimètres et demi; largeur, 15 centimètres. 13 lignes par page. Ms. du XVIIe siècle. — (Ancien fonds 442.)

[1] Cette attribution me paraît très-douteuse. Le titre de l'ouvrage, très-incorrect, كتاب حديث شريف حكى حسن بصرى, a été ajouté après coup; il ne faut en tenir aucun compte. Ḥasan de Baṣra est seulement cité dans la préface. H. Z.

782.

1° L'*Arba'în* de Moḥammad ibn abî Bakr.

2° (Fol. 64.) Extrait du روض الفائق d'Al-Ḥoraïfîsch, dans lequel est racontée la conversion de plusieurs moines espagnols à l'islamisme, par Boû-Medîn (ابو امدين), célèbre docteur musulman, natif de Tlemcen.

3° (Fol. 66.) Quelques observations sur la manière de faire la prière.

4° (Fol. 68.) Poëme composé par Moḥammad ibn Solaïmân البهلي, et intitulé الدعاء العظيم «La prière incomparable». Les premiers vers manquent.

Papier. 69 feuillets. Hauteur, 19 centimètres; largeur, 13 centimètres et demi. 15 lignes par page. Ms. du XVIIᵉ siècle. — (Supplément 291.)

783.

La tradition intitulée حديث الرحمة «La Miséricorde», avec les *isnâd* qui la font remonter jusqu'aux premiers rapporteurs, par Aḥmad al-Djauharî. Voici le texte de cette tradition : الراحمون يرحمهم الرحمن تبارك وتعالى ارحموا من فى الارض يرحمكم من فى السماء.

Papier. 8 feuillets. Hauteur, 16 centimètres; largeur, 11 centimètres. 9 lignes par page. Ms. du XVIIIᵉ siècle. — (Supplément 314.)

IV.

DROIT.

A. — PRINCIPES DU DROIT.

784.

1° Ouvrage, sans préface ni nom d'auteur, dans lequel sont exposés les principes d'après lesquels le légiste doit se guider dans ses déductions. Le premier chapitre traite du terme امر «ordre, commandement»; le dernier indique la signification précise des particules de la langue arabe (حروف المعانى). Le texte est accompagné d'un grand nombre de notes, les unes marginales ou interlinéaires, les autres écrites sur des onglets. Ce traité sur la théorie de la jurisprudence est peut-être celui qui est attribué à Moḥammad ibn al-Ḥasan (al-Schaïbânî), et dont nous possédons un commentaire écrit par Aboû Bakr Moḥammad al-Sarakhsî. (Voyez le numéro suivant.)

2° (Fol. 128 v°.) منار الانوار فى اصول الفقه «Phare des lumières, traité sur les principes de la science du droit», par Aboû 'l-Barakât 'Abd Allâh ibn Aḥmad al-Nasafî, surnommé Ḥâfiẓ al-Dîn, mort en 710 de l'hégire (1310-1311 de J. C.). Copie datée de l'an 754 de l'hégire (1353-1354 de J. C.). Le folio 177 appartient à l'ouvrage, bien qu'il soit séparé par un cahier d'une écriture plus moderne.

3° (Fol. 178.) عمدة العقيدة لاهل السنّة «La colonne du dogme sonnite», par Ḥâfiẓ al-Dîn 'Abd Allâh ibn Aḥmad al-Nasafî.

Papier. 191 feuillets. Hauteur, 25 centimètres; largeur, 17 centimètres. 13 et 17 lignes par page. — (Ancien fonds 486.)

785.

Commentaire sur un ouvrage composé par Moḥammad ibn al-Ḥasan (al-Schaïbânî?), et qui traite de la théorie de la jurisprudence. (Voyez le numéro précédent.) Ce commentaire a pour auteur Aboû Bakr Moḥammad ibn abî Sahl al-Sarakhsî, qui dit l'avoir composé en 499 de l'hégire (1105-1106 de J. C.), dans la Transoxiane. L'ouvrage commence par le chapitre du commandement (باب الامر), qui est suivi du chapitre de la prohibition (باب النهى). Un chapitre spécial (fol. 70) traite des particules (معانى الحروف).

Papier. 179 feuillets. Hauteur, 27 centimètres; largeur, 16 centimètres et demi. 25 lignes par page. Ms. du XVᵉ siècle. — (Ancien fonds 509.)

786.

Second volume d'un ouvrage de théologie scolastique, intitulé : كتاب الوصول الى مسائل الاصول «Introduction à la connaissance des questions qui se rattachent aux principes (de la foi)», par Aboû Isḥâq Ibrâhîm ibn 'Alî ibn Yoûsof al-Schîrâzî. Les derniers feuillets manquent. Le ms. commence par le chapitre بيان الخبر واثبات صيغته.

Papier. 169 feuillets. Hauteur, 25 centimètres et demi; largeur, 17 centimètres et demi. 21 lignes par page. Ms. du XVIᵉ siècle. — (Ancien fonds 359.)

787.

Ouvrage sans titre ni nom d'auteur, renfermant des notes sur des conférences tenues à Baghdâd, au Caire et ailleurs, et dans lesquelles plusieurs docteurs, les uns

hanéfites, les autres schaféites, malékites ou hanbalites, avaient fait connaître leurs opinions sur différents points de droit. L'auteur avait assisté à plusieurs de ces réunions. Il a inséré dans son ouvrage d'autres notes du même genre, qu'il avait recueillies dans ses lectures, mais il n'a observé aucun ordre dans le classement de ces pièces. Il se trouvait à Baghdâd, sous le règne du calife abbaside Al-Mostazhir Billah, entre les années 487 et 511 de l'hégire (1094 à 1117 de J. C.), et y rencontra le célèbre docteur schaféite Al-Kiyâ al-Harâsî, qui y était venu comme ambassadeur du sultan seldjouqide Barkyaroq. (Voyez les fol. 99, 159 et 206.) Ms. daté de l'an 534 de l'hégire (1140 de J. C.). C'est donc bien à tort qu'une main plus moderne a inscrit sur le recto du premier feuillet le titre suivant : كتاب كشف الغمة, qui est le titre d'un ouvrage sur les différences des quatre écoles de droit, par Al-Scha'rânî, auteur du xvie siècle.

Papier. 267 feuillets. Hauteur, 26 centimètres; largeur, 17 centimètres. 20 lignes par page. — (Supplément 452.)

788.

تقويم النظر في المسائل الخلافيّة «Tableau synoptique des questions controversées», ouvrage composé en 563 de l'hégire (1167-1168 de J. C.), par Aboû Schodjâ' Mohammad ibn 'Alî ibn Scho'aïb, surnommé Ibn al-Dahhân (ابن الدهان). C'est une série de tableaux, dans lesquels sont exposés et discutés les points de jurisprudence sur lesquels les docteurs de l'école schaféite sont en désaccord avec ceux des trois autres. L'auteur était lui-même schaféite. Ces tableaux sont divisés en plusieurs colonnes, où se trouvent : 1° la question; 2° l'opinion schaféite; 3° l'opinion hanéfite; 4° à 7° les bases de ces opinions, sous le double rapport de l'autorité et de la raison; 8° et 9° les opinions malékite et hanbalite; 10° observations générales. Les questions sont classées en quatre sections : celles qui concernent les devoirs religieux (العبادات), celles des transactions civiles (معاملة), celles du mariage (نكاح), et celles des crimes (جنايات). L'auteur y a joint une introduction, dans laquelle il classe les lettres de l'alphabet selon leurs sons et expose les éléments les plus simples de la grammaire et de la logique. A la suite des tableaux, il a placé une liste des principaux traditionnistes et jurisconsultes de l'islamisme, au nombre d'environ huit cents. Ms. copié en 802 de l'hégire (1399-1400 de J. C.), pour un haut personnage mamlouc, nommé Altoun-Bogha (الطنبغا), fils d''Abd Allâh al-Aschqar (الاشقر).

Papier. 89 feuillets. Hauteur, 42 centimètres; largeur, 30 centimètres et demi. — (Supplément 449, Ducaurroy 13.)

789.

تقويم النظر. Autre exemplaire de l'ouvrage précédent. Il est mieux écrit et porte la date de 1165 de l'hégire (1654-1655 de J. C.). A la fin de l'ouvrage se trouvent quelques notes sur le partage des successions et un tableau général pour faciliter cette opération.

Papier. 143 feuillets. Hauteur, 43 centimètres et demi; largeur, 28 centimètres et demi. — (Supplément 450.)

790.

المحصول في اصول الفقه «La somme de jurisprudence»[1], par Fakhr al-Dîn al-Râzî (Mohammad ibn 'Omar). Commencement : اعلم ان هذا الكتاب يشتمل على كشف الغطا عن كلام السلف. Ms. daté de l'an 620 de l'hégire (1223 de J. C.).

Papier. 153 feuillets. Hauteur, 17 centimètres; largeur, 12 centimètres et demi. 15 lignes par page. — (Ancien fonds 408.)

791.

كتاب الإحكام في اصول الاحكام «Raffermissement des bases des jugements», par Saïf al-Dîn 'Alî ibn abî 'Alî al-Âmidî (الامدى), mort en 631 de l'hégire (1233-1234 de J. C.). Cet ouvrage, qui traite des principes de la jurisprudence schaféite, est dédié à Al-Malik al-Mo'azzam, sultan de Damas, qui régnait de 615 à 624 de l'hégire (1218 à 1227 de J. C.).

Papier. 289 feuillets. Hauteur, 27 centimètres; largeur, 18 centimètres et demi. 29 lignes par page. Ms. du xve siècle. — (Ancien fonds 491.)

792.

1° Traité anonyme sur les principes de la jurispru-

[1] Le titre, tel qu'il se trouve dans le ms., est كتاب المحصول في علم الاصول. H. Z.

dence (اصول الفقه). Commencement : اما بعد حمد الله على نواله. Beaucoup de notes marginales et interlinéaires. Le ms. est incomplet à la fin, ce qu'une note, ajoutée après coup (voyez fol. 42 v°), était destinée à dissimuler.

2° (Fol. 43.) شرح المقصورة «Commentaire sur la *Maqṣoûra*» d'Ibn Doraïd, par Ibn Hischâm al-Lakhmî. Le commencement, l'explication des quatorze premiers vers, manque. Une note marginale (fol. 132 v°) nous apprend que cet exemplaire a été collationné à Damas, en 685 de l'hégire (1286 de J. C.).

3° (Fol. 133 v°.) Treize vers, dans lesquels Ibn Doraïd indique les noms des parties du corps humain dont le genre est masculin et ceux dont le genre est féminin.

4° (Fol. 134 v°.) Pièce de cinquante vers, dans chacun desquels Ibn Doraïd introduit un nom se terminant par un *alif* bref, et le même nom se terminant par un *alif* long. L'auteur indique aussi le sens de chacun de ces mots.

Papier. 137 feuillets. Hauteur, 25 centimètres; largeur, 17 centimètres et demi. 15 à 17 lignes par page. — (Ancien fonds 490.)

793.

Le cinquième volume du traité de jurisprudence intitulé غاية الاحكام فى الاحاديث والاحكام «L'Extrême limite de la certitude, traitant des traditions et des maximes de droit», par Moḥibb al-Dîn Aḥmad ibn ʿAbd Allâh ibn Moḥammad al-Ṭabarî, natif de la Mecque et mufti de cette ville. Le volume commence par la section de *composition à l'amiable* (الصلح), et finit par celle du *droit de la mère à l'éducation de l'enfant* (الحضانة). Le ms. a été écrit à la Mecque, en 707 de l'hégire (1307-1308 de J. C.), du vivant de l'auteur. Écriture dépourvue de points diacritiques.

Papier. 169 feuillets. Hauteur, 26 centimètres; largeur, 19 centimètres. 33 lignes par page. — (Ancien fonds 485.)

794.

Le منار الانوار de Ḥâfiẓ al-Dîn Ibn Mâlik al-Nasafî, avec le commentaire d'ʿAbd al-Laṭîf Farischta. Le commentaire commence par ces mots : لله الحى الاحد حمد لا يحتويه الحد. Ms. daté de l'an 846 de l'hégire (1442-1443 de J. C.).

Papier. 125 feuillets. Hauteur, 28 centimètres; largeur, 18 centimètres. 31 lignes par page. — (Ancien fonds 507.)

795.

Le commentaire d'ʿAbd al-Laṭîf Farischta sur le *Manâr al-Anwâr* de Ḥâfiẓ al-Dîn al-Nasafî. Le texte du *Manâr* est écrit à l'encre rouge. Le premier feuillet manque.

Papier. 217 feuillets. Hauteur, 22 centimètres et demi; largeur, 16 centimètres. 23 lignes par page. Ms. du XVIIIe siècle. — (Supplément 375.)

796.

التوضيح فى حل غوامض التنقيح «L'Éclaircissement, servant à résoudre les difficultés du *Tanqîḥ*», commentaire composé par Ṣadr al-Scharîʿa ʿObaïd Allah ibn Masʿoûd ibn Tâdj al-Scharîʿa (تاج الشريعة), pour élucider son propre ouvrage. Bel exemplaire de l'an 1029 de l'hégire (1619 de J. C.).

Papier. 200 feuillets. Hauteur, 21 centimètres; largeur, 13 centimètres. 21 lignes par page. — (Supplément 348, Saint-Germain 300.)

797.

التلويح الى كشف حقائق التنقيح «Éclaircissement pour jeter du jour sur les vérités renfermées dans le *Tanqîḥ*», par Saʿd al-Dîn Masʿoûd ibn ʿOmar al-Taftâzânî. Cet ouvrage, qui est un commentaire complet du تنقيح الاصول de Ṣadr al-Scharîʿa ʿObaïd Allah ibn Masʿoûd al-Maḥboûbî, commence par ces mots : الحمد لله الذى احكم بكتابه اصول الشريعة الغرّاء . . .

Papier. 338 feuillets. Hauteur, 23 centimètres et demi; largeur, 14 centimètres. 25 lignes par page. Ms. du XVIIe siècle. — (Supplément 349.)

798.

تغيير التنقيح «Remaniement du texte du *Tanqîḥ*», par Ibn Kemâl-Pacha. Bel exemplaire de l'an 964 de l'hégire (1556-1557 de J. C.).

Papier. 205 feuillets. Hauteur, 22 centimètres; largeur, 16 centimètres. 19 lignes par page. — (Supplément 347, Ducaurroy 16.)

799.

Commentaire de Schams al-Dîn al-Iṣfahânî (Aboû 'l-Thanâ Maḥmoûd ibn ʿAbd al-Raḥmân) sur le traité de

jurisprudence intitulé : منهاج الوصول الى علم الاصول «Voie pour arriver à la connaissance des principes», par le cadi Nâṣir al-Dîn ʿAbd Allâh ibn ʿOmar al-Baïdhâwî. Schams al-Dîn, mort en 749 de l'hégire, avait composé ce commentaire au Caire, en 734 de l'hégire (1333-1334 de J. C.). Copie datée de l'an 774 (1372-1373 de J. C.).

Papier. 77 feuillets. Hauteur, 22 centimètres et demi; largeur, 16 centimètres. 29 lignes par page. — (Ancien fonds 528.)

800.

Commentaire de Schihâb al-Dîn Aḥmad ibn Ḥosaïn al-Ramlî sur le منهاج الوصول الى علم الاصول d'Al-Baïdhâwî. Il y a des lacunes considérables au commencement, au milieu et à la fin.

Papier. 114 feuillets. Hauteur, 30 centimètres et demi; largeur, 21 centimètres. 33 lignes par page. Ms. du xviie siècle. — (Supplément 2230.)

801.

Commentaire d'Adhod al-Dîn ʿAbd al-Raḥmân al-Îdjî (الايجى), mort en 756 de l'hégire (1355 de J. C.), sur le مختصر d'Aboû ʿAmr ʿOthmân ibn ʿOmar, mort en 646 de l'hégire (1248-1249 de J. C.). Le *Mokhtaṣar* est un abrégé, fait par l'auteur lui-même, du grand ouvrage de jurisprudence malékite, intitulé منتهى السؤال والامل, qui traite des principes et des topiques. L'ouvrage commence par les mots : الحمد لله الذى برأ الانام. Voyez le Dictionnaire bibliographique de Hadji Khalfa, t. VI, p. 171. Ms. daté de l'an 1013 de l'hégire (1605 de J. C.). L'écriture des deux premières pages et des deux dernières est devenue presque illisible. Notes marginales.

Papier. 311 feuillets. Hauteur, 24 centimètres; largeur, 12 centimètres. 20 lignes par page. — (Supplément 406.)

802.

التبيين «Éclaircissement», commentaire d'Amîr Kâtib ibn Amîr ʿOmar al-Itqânî (الاتقانى), mort en 758 de l'hégire (1357 de J. C.), sur le منتخب de Ḥosâm al-Dîn Moḥammad al-Akhsîkatî (الاخسيكتى), mort en 644 de l'hégire (1246-1247 de J. C.). Le *Montakhab* est un résumé des doctrines fondamentales de l'école hanéfite. Ms. daté de l'an 767 de l'hégire (1365-1366 de J. C.).

Papier. 168 feuillets. Hauteur, 27 centimètres; largeur, 19 centimètres. 25 lignes par page. — (Supplément 324, Saint-Germain 80.)

803.

Le traité de jurisprudence schaféite intitulé جمع الجوامع «Collection de recueils», par Tâdj al-Dîn ʿAbd al-Wahhâb ibn ʿAlî al-Sobkî (السبكى), avec le commentaire de Djalâl al-Dîn Moḥammad ibn Aḥmad al-Maḥallî (المحلى). Beaucoup de notes marginales.

Papier. 224 feuillets. Hauteur, 22 centimètres; largeur, 15 centimètres. 23 lignes par page. Ms. du xviie siècle. — (Supplément 436.)

804.

Le جمع الجوامع d'ʿAbd al-Wahhâb al-Sobkî, avec le commentaire d'Al-Maḥallî. Ms. daté de l'an 1129 de l'hégire (1717 de J. C.).

Papier. 302 feuillets. Hauteur, 21 centimètres; largeur, 15 centimètres. 19 lignes par page. — (Supplément 435.)

805.

Premier volume du الآيات البينات «Signes manifestes», ou Explication du commentaire de Djalâl al-Dîn al-Maḥallî sur le جمع الجوامع, par le schaïkh al-Islâm Schihâb al-Dîn Aḥmad ibn Qâsim al-Ṣabbâgh al-ʿIbâdî.

Papier. 637 feuillets. Hauteur, 22 centimètres; largeur, 16 centimètres. 21 lignes par page. Ms. du xviiie siècle. — (Supplément 436 *bis*.)

806.

Premier volume des Gloses, حاشية, au جمع الجوامع, par le schaïkh ʿÎsâ ibn Moḥammad al-Barâwî (البراوى).

Papier. 380 feuillets. Hauteur, 22 centimètres; largeur, 16 centimètres. 19 lignes par page. Ms. du xviiie siècle. — (Supplément 438 *bis*.)

807.

Gloses de Nâṣir al-Dîn al-Loqânî (اللقانى) au commentaire de Djalâl al-Dîn al-Maḥallî sur le جمع الجوامع.

Papier. 145 feuillets. Hauteur, 24 centimètres; largeur, 16 centimètres et demi. 21 lignes par page. Ms. du xviiie siècle. — (Supplément 438.)

808.

Même ouvrage que le numéro précédent.

Papier. 167 feuillets. Hauteur, 22 centimètres et demi; largeur, 16 centimètres et demi. 21 lignes par page. Ms. du XVIIIe siècle. — (Supplément 439.)

809.

1° Commentaire sur le لبّ الاصول «Moelle des principes», ou abrégé du جمع الجوامع. On ne trouve dans ce volume que deux feuillets du premier cahier et le troisième cahier en entier.

2° (Fol. 11.) Un feuillet contenant la fin du treizième chapitre et le commencement du quatorzième (باب النكاح وما اتصل به) d'un traité de jurisprudence.

3° (Fol. 12.) Quelques feuillets d'un traité d'onirocritie.

4° (Fol. 21.) Un feuillet d'un traité cabalistique.

5° (Fol. 23.) Fragments, de diverses mains, d'un traité sur les vertus secrètes des lettres de l'alphabet et sur les talismans.

6° (Fol. 34.) Cahier détaché d'un commentaire sur un traité de logique.

7° (Fol. 44.) Feuillets détachés d'une collection de traditions. On y trouve des paroles de Mahomet sur les fonctions de cadi, sur le talion, sur le serment de *disculpation* (قسامة); sur les enfants au berceau qui parlaient, sur les sept dormants, etc. Les noms des traditionnistes sont inscrits en marge.

8° (Fol. 50.) Deux feuillets du مختصر في الدول d'Aboû 'l-Faradj Grégoire (Bar Hebræus), copiés par un homme venu de l'Orient, pour فورمون (Fourmont), professeur d'hébreu à Paris.

9° (Fol. 51 v°.) Copie d'un acte authentique (وثيقة محيحة) par lequel le sultan ottoman Aḥmad Khân, fils du sultan Moḥammad Khan al-Ghâzî, constitue en *waqf* pour des œuvres pies un assez grand nombre d'immeubles situés en Égypte.

10° (Fol. 60 v°.) Commentaire perpétuel de Moḥammad al-Ḥanafî al-Tibrîzî, mort vers l'an 900 de l'hégire (1494-1495 de J. C.), sur le ادب البحث «Convenances à observer dans les discussions», petit traité d'une dizaine de lignes, du célèbre Adhod al-Dîn al-Îdjî. (Voyez la Bibliographie de Hadji Khalfa, t. I, p. 210, 211.) La copie est datée de l'an 1108 de l'hégire (1696 de J. C.).

11° (Fol. 80.) Premier feuillet d'un recueil de fables, écrit de la main d'Asselin.

Papier. 80 feuillets. Hauteur, 23 centimètres et demi; largeur, 16 centimètres. Ms. de diverses écritures et de diverses époques. — (Supplément 2026.)

810.

منع الموانع على جمع الجوامع «Réponses aux objections faites au جمع الجوامع». Les objections, au nombre de trente-deux, sont placées en tête de l'ouvrage. Suivent les réponses faites par le schaïkh al-Islâm Aboû 'l-Naṣr ʿAbd al-Wahhâb ibn ʿAlî ibn ʿAbd al-Kâfî al-Sobkî, auteur du جمع الجوامع. Ms. daté de l'an 1179 de l'hégire (1766 de J. C.).

Papier. 72 feuillets. Hauteur, 23 centimètres; largeur, 16 centimètres. 23 lignes par page. — (Supplément 437.)

811.

البحر المحيط «Le Grand océan», ouvrage qui traite des principes de la jurisprudence (اصول الفقه); grande compilation, rédigée au Caire, en 777 de l'hégire (1375-1376 de J. C.), d'après les écrits, non-seulement des musulmans orthodoxes, à commencer par ceux d'Al-Schafiʿî, fondateur de la science, mais aussi d'après les livres des Ẓahirites (الظاهرية), des Motazélites et des Schiites. L'auteur est sans doute le célèbre docteur schaféite Badr al-Dîn Moḥammad ibn ʿAbd Allah al-Zarkaschî (الزركشى), mort en 794 de l'hégire (1391-1392 de J. C.). On remarque sur le frontispice un rond très-élégamment dessiné en or et en couleurs, renfermant une inscription persane en or, sur un fond azuré. Nous y lisons : اين كتاب مستطاب تيمّنا وتبرّكا از مكه مشرّفه ابتدا شده بكتابخانه عامره حضرت بادشاه دنياپناه ظل الله عدلت دركاه ابو المظفر عادلشاه خلّد الله ملكه وسلطانه وافاض على العالمين برّه واحسانه. Le sens de cette note est difficile à saisir; voici comment nous avons essayé de la traduire : «Ce livre précieux (envoyé) de la sainte ville de la Mecque, afin de porter bonheur et bénédictions, fut commencé pour (être mis dans) la riche bibliothèque de Sa Majesté, asile du monde, ombre de Dieu, siége de la justice, Aboû 'l-Moẓaffar ʿÂdil-Schâh (roi juste); que Dieu éternise son règne et sa puissance, qu'il lui accorde de verser des faveurs et des

bienfaits sur toutes les créatures.» Ces titres et attributs sont ceux d'un souverain indien, et, en effet, à l'époque où la transcription de cet exemplaire fut achevée (l'an 882 de l'hégire), un prince appelé Al-Mozaffar régnait sur le pays de Guzerate. Au-dessus de cette note, une main plus moderne a tracé assez grossièrement un certificat, daté de l'an 906 de l'hégire (1500 de J. C.), déclarant que Son Excellence le grand émir Ezbek ou Uzbek (ازبك) al-Mâlikî al-Makhdoûmî al-Saïfî avait fait don (*waqf*) de ce volume à la mosquée (*djâmi'*) qu'il avait fondée dans le quartier de l'Ezbekiya (خط الازبكية), au Caire. D'après ces indications, on peut supposer que notre ms., envoyé de la Mecque à un prince indien, tomba plus tard entre les mains d'un émir égyptien, qui le donna à une mosquée du Caire.

Papier. 370 feuillets. Hauteur, 27 centimètres et demi; largeur, 18 centimètres. 35 lignes par page. — (Supplément 431.)

812.

1° Questions sur quelques points obscurs de la jurisprudence. Nous lisons dans la préface que l'auteur avait donné à son opuscule le titre peu intelligible de المسائل الغريبة في الاحكام العزية. Peut-être cette phrase a-t-elle été défigurée par un scribe, car Hadji Khalfa indique ce même recueil sous le titre de المسائل اللغزية في الاحكام الشرعية «Quæstiones ænigmaticæ de statutis legalibus».

2° (Fol. 12.) Commencement d'un sermon.

3° (Fol. 12 v°.) Traité de droit, intitulé كتاب الفروق «Points sur lesquels les docteurs ne sont pas d'accord».

4° (Fol. 32 v°.) Deux questions de jurisprudence avec leur solution.

5° (Fol. 33.) Traité intitulé الفاظ الكفر «Expressions hérétiques». Il s'agit de certaines expressions dont se servent très-innocemment les gens peu instruits, et qui, étant prises à la lettre, seraient contraires aux dogmes de la foi.

6° (Fol. 42 v°.) Abrégé de jurisprudence intitulé تحفة الملوك «Cadeau pour les princes», par Zaïn al-Dîn Mohammad ibn abî Bakr al-Râzî.

7° (Fol. 69.) Fragment d'un commentaire sur un traité de grammaire.

Ce ms. a été exécuté entre les années 802 et 804 de l'hégire.

Papier. 69 feuillets. Hauteur, 20 centimètres; largeur, 13 centimètres. 21 lignes par page. — (Ancien fonds 574.)

813.

Premier cahier du قرّة العين «Ce qui fait plaisir aux yeux», commentaire de Mohammad ibn Mohammad ibn 'Abd al-Rahmân al-Khattâb, docteur schaféite, sur les ورقات «feuilles», traité dans lequel l'Imâm al-Haramaïn al-Djowaïnî expose les principes du droit schaféite.

Papier. 9 feuillets. Hauteur, 21 centimètres et demi; largeur, 15 centimètres et demi. 23 lignes par page. Ms. du XVIII° siècle. — (Supplément 2227.)

814.

الميزان الشعرانيّة المدخلة لجميع اقوال الائمّة المجتهدين ومقلديهم في الشريعة المحمديّة «La Balance de Scha'rânî, servant d'introduction à la connaissance des doctrines énoncées par les imâm *modjtahid* et par leurs disciples, relativement (aux questions qui se rattachent) à la loi mahométane», par 'Abd al-Wahhâb al-Scha'rânî, fils d'Ahmad ibn 'Alî, etc. Ce docteur mourut dans la dernière moitié du x° siècle de l'hégire (entre 1543 et 1591 de J. C.). Le *Mîzân* est consacré principalement à indiquer les points sur lesquels les légistes des quatre écoles orthodoxes sont en désaccord. Dans ce traité, le mot ميزان est toujours considéré comme étant du genre féminin. Ms. daté de l'an 996 de l'hégire (1588 de J. C.).

Papier. 255 feuillets. Hauteur, 29 centimètres et demi; largeur, 19 centimètres et demi. 31 lignes par page. — (Ancien fonds 369.)

815.

Le ميزان الشعرانيّة d''Abd al-Wahhâb al-Scha'rânî. Exemplaire daté de l'an 1075 de l'hégire (1664-1665 de J. C.).

Papier. 262 feuillets. Hauteur, 29 centimètres; largeur, 20 centimètres. 31 lignes par page. — (Supplément 451.)

816.

القول السديد في بعض مسائل الاجتهاد والتقليد «Discours bien intentionné sur quelques questions se rattachant au procédé des docteurs qui jugent pour eux-mêmes et de ceux qui suivent l'autorité d'un maître», par le schaïkh al-Islâm Mohammad (ibn) 'Abd al-'Azîm ibn

Farroùkh, docteur hanéfite de la Mecque. Ouvrage composé vers le milieu du XVIe siècle. (Voyez fol. 7.)

Papier. 21 feuillets. Hauteur, 21 centimètres et demi; largeur, 15 centimètres. 21 lignes par page. Ms. du XVIIIe siècle. — (Supplément 265.)

817.

Dissertation du schaïkh Moḥammad al-Ḥafnâwî (الحفناوى) sur l'obligation de s'en tenir à la parole de l'imâm quand il s'agit d'un point secondaire de la loi (تقليد الامام فى الفروع). Commencement : الحمد لله الذى ارسل سيدنا محمدا رحمة للعالمين.

Papier. 3 feuillets. Hauteur, 20 centimètres; largeur, 15 centimètres. Ms. du XVIIIe siècle. — (Supplément 2228.)

818.

الدرّ الثمين والمورد المعين « La perle précieuse et l'abreuvoir d'eau pure », commentaire de Mayyâra (مَيّارة) Moḥammad ibn abî 'l-ʿAbbâs Aḥmad, sur le poëme d'ʿAbd al-Wâḥid ibn ʿÂschir, natif d'Espagne, intitulé المرشد المعين على الضرورى من علوم الدين « Le guide serviable qui conduit à la connaissance de ce qui est essentiel dans les sciences religieuses ». Nous avons ici le texte du *Morschid* avec le commentaire. Premiers mots de la préface de Mayyâra : الحمد لله مرشد هاذه الامة لما اختار لها من الايمان. Premiers vers du poëme :

يقول عبد الواحد بن عاشر مبتديا بسم الاله القادر

الحمد لله الذى علّمنا من العلوم ما به كلّفنا

Ms. daté de l'an 1175 de l'hégire (1762 de J. C.).

Papier. 104 feuillets. Hauteur, 21 centimètres; largeur, 15 centimètres. 17 lignes par page. — (Supplément 2022.)

819.

Commentaire sur un petit ouvrage qui traite des principes de la jurisprudence (اصول الفقه), et spécialement de la doctrine de l'*istiṣḥâb* et de l'*idjtihâd*. Le commencement manque. Ms. daté de l'an 1210 de l'hégire (1796 de J. C.).

Papier. 53 feuillets. Hauteur, 23 centimètres; largeur, 15 centimètres et demi. 21 lignes par page. — (Supplément 2015.)

B. — DROIT SPÉCIAL.

1. DROIT HANÉFITE.

820.

Rédaction poétique et commentaire en prose du grand traité de droit hanéfite, intitulé الجامع الكبير « Le Grand recueil », de Moḥammad ibn Ḥasan al-Schaïbânî. L'auteur des vers et du commentaire est Aboû Naṣr Aḥmad ibn abî 'l-Mowayyad al-Ḥamoûdî (الحمودى) al-Nasafî, qui a terminé la rédaction de cet ouvrage en 515 de l'hégire (1121-1122 de J. C.). Les vers de chaque chapitre ont tous la même rime, mais la rime varie d'un chapitre à un autre. Ms. daté de l'an 618 de l'hégire (1221 de J. C.).

Papier. 283 feuillets. Hauteur, 25 centimètres; largeur, 17 centimètres. 21 lignes par page. — (Ancien fonds 503.)

821.

الجامع الصغير « Le Petit recueil », abrégé de jurisprudence hanéfite, par Moḥammad ibn al-Ḥasan al-Schaïbânî, dans la rédaction de Ḥosâm al-Dîn ʿOmar ibn ʿAbd al-ʿAzîz al-Bokhârî, mort en 586 de l'hégire (1190 de J. C.). Ms. daté de l'an 740 de l'hégire (1339-1340 de J. C.). Nombreuses notes marginales; les feuillets de garde sont chargés de notes relatives à différents points de droit, etc.

Papier. 194 feuillets. Hauteur, 24 centimètres; largeur, 15 centimètres. 15 lignes par page dans la première moitié du volume, 17 lignes dans la seconde. — (Ancien fonds 521.)

822.

Le جامع الصغير de Moḥammad al-Schaïbânî, dans la rédaction d'ʿOmar ibn ʿAbd al-ʿAzîz al-Bokhârî. Cet exemplaire paraît moins complet que le n° précédent. Ms. daté de l'an 1140 de l'hégire (1727-1728 de J. C.). Notes marginales.

Papier. 208 feuillets. Hauteur, 34 centimètres; largeur, 23 centimètres. 13 lignes par page. — (Supplément 378.)

823.

لمعة البدر « Rayonnement de la lune (ou de Badr) »,

rédaction en vers du جامع الصغير, par Badr al-Dîn Aboû Naṣr Maḥmoûd ibn abî Bakr al-Farâhî (الفراهى), qui a composé cet opuscule en 617 de l'hégire (1220-1221 de J. C.). Les derniers feuillets manquent.

Papier. 44 feuillets. Hauteur, 22 centimètres; largeur, 15 centimètres et demi. 15 lignes par page. Ms. du XIVe siècle. — (Supplément 379.)

824.

1° السواد الاعظم «La Grande majorité», résumé des croyances des musulmans orthodoxes. Le ms. nomme comme auteur Aboû Ḥafṣ al-Kabîr, docteur du rite hanéfite; mais Hadji Khalfa nous apprend que ce traité n'est qu'un abrégé de l'ouvrage dans lequel le cadi hanéfite Aboû 'l-Qâsim Ibrâhîm ibn Moḥammad, surnommé *Al-Ḥakîm al-Samarqandî* «le sage de Samarcande», mort en 342 de l'hégire (953-954 de J. C.), discute soixante-deux questions de droit.

2° (Fol. 51 v°.) Traité dans lequel l'imâm Aboû 'l-Ḥasan ʿAlî ibn Yaḥyâ al-Zendoûbestî (الزندوبستى) raconte, sur l'autorité d'un personnage qu'il désigne par le titre de *jurisconsulte* (الفقيه), de quelle manière la sagesse divine s'est manifestée dans certains faits de l'Ancien Testament, de la vie de Mahomet et de l'histoire naturelle. La fin manque.

3° (Fol. 61.) Troisième, quatrième et cinquième cahiers d'un commentaire sur un traité de jurisprudence, par un docteur désigné dans la suscription par les noms et titres de *schaïkh, imâm, Kamâl al-Dîn* (الكمال) *Ḥamdân* (حمدان). Le *Moltaqâ 'l-Baḥraïn* est cité dans ce commentaire. Ms. daté de l'an 1009 de l'hégire (1600-1601 de J. C.).

Papier. 84 feuillets. Hauteur, 23 centimètres; largeur, 15 centimètres et demi. 19 lignes par page. — (Supplément 382.)

825.

1° Le كتاب مختلف الرواية d'Aboû 'l-Laïth Naṣr ibn Moḥammad al-Samarqandî. Dans cet ouvrage, l'auteur rapporte, classés dans l'ordre des matières, les divers points de doctrine sur lesquels les jurisconsultes de l'école hanéfite ne s'accordaient pas avec leur maître. On lit à la fin que la copie a été achevée en 591 de l'hégire (1195 de J. C.), dans le collége que le prince seldjouqide Mîrânschâh, fils de Qâwerd (قاورد), avait fondé à Siwâs.

2° (Fol. 321.) Extrait d'un ouvrage intitulé كتاب شامل (*sic*). On y trouve quelques questions de droit avec leur solution.

3° (Fol. 322.) الاعتقاد الكاسانى. Profession de foi musulmane, par Aboû Bakr ibn Masʿoûd ibn Aḥmad al-Kâsânî.

4° (Fol. 325 v°.) كتاب المثلث «Les Ternaires», par Qoṭrob (قطرب) ibn Aḥmad le grammairien. C'est un traité sur les mots de la langue arabe dont le sens change selon les voyelles qu'on ajoute à la première lettre radicale. Nous n'avons ici qu'une partie du traité.

5° (Fol. 327.) Trois questions de droit avec leur solution. La première est en langue persane.

6° (Fol. 328.) Questions relatives au partage des successions, avec leur solution au moyen de l'algèbre.

Les articles 2° à 6° sont de la même main que l'article 1°.

Papier. 339 feuillets. Hauteur, 25 centimètres et demi; largeur, 17 centimètres. 23 lignes par page. — (Supplément 340, Saint-Germain 80.)

826.

خزانة الفقه «Trésor de jurisprudence», par Aboû 'l-Laïth al-Samarqandî. Ms. daté de l'an 1152 de l'hégire (1740 de J. C.).

Papier. 91 feuillets. Hauteur, 22 centimètres et demi; largeur, 16 centimètres. 19 lignes par page. — (Supplément 381.)

827.

مختصر القدورى. Abrégé de jurisprudence hanéfite, par Al-Qodoûrî. Cet exemplaire commence, ainsi que tous les autres manuscrits du *Mokhtaṣar* appartenant à la Bibliothèque, par le titre de la première section, tandis que l'exemplaire cité par Hadji Khalfa portait une préface.

Papier. 165 feuillets. Hauteur, 26 centimètres et demi; largeur, 18 centimètres. 13 lignes par page. Ms. du XVe siècle. — (Supplément 336.)

828.

1° Le *Mokhtaṣar* d'Al-Qodoûrî. Copie datée de l'an 892 de l'hégire (1487 de J. C.).

2° (Fol. 167 v°.) باب شروط الصلاة «Chapitre sur les

conditions à remplir pour la validité de la prière». Copie datée de l'an 980 de l'hégire (1572 de J. C.).

En tête du volume se trouvent, outre une note sur l'ouvrage d'Al-Qodoûrî, quelques prières, dont une est suivie d'un commentaire d'une écriture différente, puis neuf pages de commentaires sur la prière appelée دعاء القنوت. Trois feuillets, insérés avec quelques onglets entre le *Mokhtaṣar* et le *Bâb al-Schoroûṭ*, contiennent des gloses et des notes peu importantes, les unes en arabe, les autres en turc.

Papier. 176 feuillets. Hauteur, 21 centimètres; largeur, 14 centimètres et demi. Dans la première partie, 11 lignes, dans la seconde, 9 lignes par page. — (Ancien fonds 530.)

829.

Le *Mokhtaṣar* d'Al-Qodoûrî. Exemplaire daté de l'an 932 de l'hégire (1525-1526 de J. C.).

Papier. 93 feuillets. Hauteur, 21 centimètres; largeur, 14 centimètres. 15 lignes par page. — (Supplément 337.)

830.

1° Le *Mokhtaṣar* d'Al-Qodoûrî. Copie datée de l'an 994 de l'hégire (1586 de J. C.). Le premier feuillet manque.

2° (Fol. 127.) Le منية المصلّى وغنية المبتدى. Traité complet sur la prière, par Sadîd al-Dîn al-Kâschgharî.

Papier. 193 feuillets. Hauteur, 21 centimètres et demi; largeur, 15 centimètres et demi. Dans la première partie, 12 lignes par page, dans la seconde, 13 lignes par page. — (Supplément 1873.)

831.

Le *Mokhtaṣar* d'Al-Qodoûrî. Exemplaire daté de l'an 1036 de l'hégire (1626-1627 de J. C.).

Papier. 153 feuillets. Hauteur, 13 centimètres; largeur, 7 centimètres et demi. 17 lignes par page. — (Supplément 338.)

832.

Le *Mokhtaṣar* d'Al-Qodoûrî. Notes marginales et interlinéaires.

Papier. 127 feuillets. Hauteur, 21 centimètres; largeur, 14 centimètres et demi. 13 lignes par page. Ms. du XVIIe siècle. — (Supplément 333. Saint-Germain 331.)

833.

1° Le *Mokhtaṣar* d'Al-Qodoûrî. Exemplaire daté de l'an 1090 de l'hégire (1679 de J. C.).

2° (Fol. 141 v°.) Le باب شروط الصلات. Traité des conditions à remplir afin d'assurer la validité de la prière. Dans cette copie, le titre est écrit الصلاة (*sic*) شروت.

Papier. 143 feuillets. Hauteur, 21 centimètres; largeur, 14 centimètres. 15 lignes par page. — (Supplément 334, Saint-Germain 304.)

834.

Troisième et dernier volume du commentaire sur le *Mokhtaṣar* d'Al-Qodoûrî, par Aḥmad ibn Moḥammad ibn Dja'far al-Baghdâdî, surnommé الاقطع «le manchot». Le ms. commence par la section de l'affranchissement (العتاق), et finit par celle des successions (الفرائض). La copie est datée de l'an 611 de l'hégire (1214-1215 de J. C.).

Papier. 265 feuillets. Hauteur, 22 centimètres; largeur, 14 centimètres. 19 lignes par page. — (Supplément 339.)

835.

الجوهرة النيّرة «Le Joyau brillant», commentaire du *Mokhtaṣar* d'Al-Qodoûrî, par le schaïkh et imâm Aboû 'l-Ḥosaïn. Selon Hadji Khalfa, l'auteur de cet ouvrage se nommait Aboû Bakr ibn 'Alî al-Ḥaddâdî (الحدادى). Commencement: الحمد لله ولا قوة الا بالله. Ms. daté de l'an 974 de l'hégire (1566-1567 de J. C.). Quelques notes marginales. En tête du volume se trouvent plusieurs questions de droit avec leurs solutions.

Papier. 300 feuillets. Hauteur, 28 centimètres et demi; largeur, 20 centimètres. 33 lignes par page. — (Ancien fonds 502.)

836.

Les اصول البزدوى. Ouvrage qui traite des principes de la jurisprudence hanéfite, par l'imâm 'Alî ibn Moḥammad al-Pezdewî, mort en 482 de l'hégire (1089-1090 de

J. C.). Ms. daté de l'an 651 de l'hégire (1253-1254 de J. C.).

Papier. 200 feuillets. Hauteur, 18 centimètres et demi; largeur, 14 centimètres et demi. 19 lignes par page. — (Ancien fonds 527.)

837 et 838.

السير الكبير «Grand traité des lois de la guerre», par Al-Sarakhsî (السرخسى). C'est un commentaire sur l'ouvrage composé sur le même sujet par Moḥammad ibn al-Ḥasan al-Schaïbânî. Al-Sarakhsî (Aboû Bakr Moḥammad ibn abî Sahl) termina la rédaction de son ouvrage en 480 de l'hégire (1087-1088 de J. C.). Dans la préface, il raconte pour quel motif Al-Schaïbânî, disciple d'Aboû Ḥanîfa, s'était abstenu de citer l'autorité de son condisciple, le célèbre jurisconsulte Aboû Yoûsof. En tête du volume se trouvent une liste des chapitres et quelques notes, parmi lesquelles on remarque trois courtes notices biographiques sur Al-Sarakhsî. Cet exemplaire, daté de l'an 864 de l'hégire (1459-1460 de J. C.), a été écrit pour la bibliothèque du sultan Moḥammad ibn ʿOthmân, conquérant de Constantinople. Il est de diverses mains. Chaque volume a un frontispice, orné d'arabesques, portant le titre en lettres blanches, sur un fond d'or et de couleurs.

2 volumes. Papier. 248 et 273 feuillets. Hauteur, 26 centimètres et demi; largeur, 17 centimètres et demi. 25 lignes par page. — (Supplément 380.)

839.

تتمّة الفتاوى «Supplément aux collections des décisions juridiques». Une note, inscrite sur le dernier feuillet, donne à l'ouvrage le titre de الفتاوى الصغرى «Petite collection de décisions», et nomme comme auteur Ḥosâm (حسام), c'est-à-dire Ḥosâm al-Dîn. L'ouvrage n'a pas de préface et commence immédiatement par le chapitre des purifications (كتاب الطهارات).

Papier. 232 feuillets. Hauteur, 28 centimètres; largeur, 18 centimètres. 33 lignes par page. Ms. du xivᵉ siècle. — (Ancien fonds 492.)

840.

Le premier volume du كتاب الخلاصة «La Quintessence», renfermant une collection de décisions juridiques, disposées dans l'ordre des matières. Ce volume devait se terminer par le chapitre du change des monnaies (الصرف), mais les derniers feuillets manquent. L'auteur, Ṭâhir ibn Aḥmad ibn ʿAbd al-Raschîd al-Bokhârî, mourut en 542 de l'hégire (1147-1148 de J. C.). L'ouvrage, au dire de Hadji Khalfa, porte aussi le titre de خلاصة الفتاوى, et forme un seul volume; mais, sur ce dernier point, Hadji-Khalfa s'est évidemment trompé, car le présent exemplaire ne renferme, comme l'indique la table des matières, que le quart de l'ouvrage.

Papier. 329 feuillets. Hauteur, 26 centimètres; largeur, 18 centimètres et demi. 23 lignes par page. Ms. du xvᵉ siècle. — (Supplément 374.)

841.

فصول الاحكام فى اصول الاحكام «Décisions tirées des principes (de la science) et classées par chapitres». Commencement : وباسمه يُبْتَدَ كل كتاب. Le nom de l'auteur est inconnu. Ce volume renferme vingt-huit chapitres sur quarante, et le commencement du vingt-neuvième. Les derniers feuillets manquent.

Papier. 181 feuillets. Hauteur, 30 centimètres; largeur, 19 centimètres. 33 lignes par page. Ms. du xviᵉ siècle. — (Ancien fonds 493.)

842.

Premier volume de la هداية «Guide», commentaire sur le précis de droit hanéfite intitulé بداية المبتدى. Le texte et le commentaire ont pour auteur Borhân al-Dîn Aboû 'l-Ḥasan ʿAlî ibn abî Bakr ibn ʿAbd al-Djalîl ibn al-Khalîl al-Marghînânî (المرغينانى). Ce volume finit par le chapitre du marché à terme avec avance du prix (السلم). Nombreuses gloses marginales et interlinéaires.

Papier. 225 feuillets. Hauteur, 26 centimètres; largeur, 17 centimètres et demi. 23 lignes par page. Ms. du xviᵉ siècle. — (Supplément 440, Sorbonne 265.)

843.

La seconde moitié de la *Hidâya*, par Borhân al-Dîn ʿAlî ibn abî Bakr al-Marghînânî. Ms. daté de l'an 771 de l'hégire (1369 de J. C.). Notes marginales. A la fin du volume se trouvent de nombreux extraits et notes se rapportant à des questions de jurisprudence.

Papier. 276 feuillets. Hauteur, 27 centimètres; largeur, 18 centimètres et demi. 23 lignes par page. — (Ancien fonds 495.)

844.

Le dernier volume de la *Hidâya*, commençant par le chapitre intitulé باب الحيض, et finissant par celui qui traite des questions diverses. Les premiers feuillets manquent.

Papier. 218 feuillets. Hauteur, 22 centimètres; largeur, 15 centimètres et demi. 23 lignes par page. Ms. du XVIIe siècle. — (Ancien fonds 517.)

845.

Le troisième volume d'un exemplaire du معراج الدراية الى شرح الهداية «Échelle pour aider la compréhension à monter jusqu'à l'intelligence de la *Hidâya*», par Qiwâm al-Dîn Moḥammad ibn Moḥammad al-Bokhârî al-Kâkî (الكاكى), mort en 749 de l'hégire (1348-1349 de J. C.). On ne trouve dans ce volume que les trois chapitres du mariage, de l'allaitement et du divorce.

Papier. 292 feuillets. Hauteur, 25 centimètres; largeur, 17 centimètres. 25 lignes par page. Ms. du XVe siècle. — (Supplément 443.)

846.

العناية, commentaire sur la *Hidâya*, par Akmal (اكمل) al-Dîn Moḥammad ibn Maḥmoûd al-Bâbertî (البابرتى), mort en 786 de l'hégire (1384 de J. C.). Exemplaire composé de deux parties, et daté de l'an 957 de l'hégire (1550 de J. C.).

Papier. 620 feuillets. Hauteur, 29 centimètres; largeur, 19 centimètres. 33 lignes par page. — (Ancien fonds 494.)

847.

La seconde moitié de l'*ʿInâya*, par Akmal al-Dîn. Ms. daté de l'an 1035 de l'hégire (1625-1626 de J. C.).

Papier. 408 feuillets. Hauteur, 26 centimètres; largeur, 19 centimètres. — (Supplément 442.)

848.

Volume dépareillé, d'un grand commentaire sur un traité de droit hanéfite, consacré en entier aux questions qui se rattachent à la purification (الطهارة). Le commencement manque. Une main moderne a écrit sur le feuillet de garde les mots كتاب شرح الهداية «Commentaire sur la *Hidâya*».

Papier. 188 feuillets. Hauteur, 26 centimètres; largeur, 18 centimètres et demi. 23 lignes par page. Ms. du XIVe siècle. — (Ancien fonds 506.)

849.

Sixième volume d'un commentaire sur un traité de droit, probablement la *Hidâya*, renfermant les chapitres de la mise en culture des terrains incultes, des boissons défendues, de la chasse, des gages (hypothèques), des crimes, du prix du sang. L'auteur anonyme, mort en 758 de l'hégire (1357 de J. C.), cite d'autres commentaires sur le même ouvrage, tels que le *Kifâya*, l'*ʿInâya* et le *Ghâyat al-Bayân*. Ms. daté (au fol. 102) de l'an 987 de l'hégire (1579 de J. C.).

Papier. 147 feuillets. Hauteur, 22 centimètres; largeur, 15 centimètres. 21 lignes par page. — (Supplément 385.)

850.

Le premier quart d'un exemplaire du فتح القدير للعاجز الفقير «Révélation du Tout-Puissant à son faible et pauvre serviteur», ou commentaire de la *Hidâya*, par Kamâl al-Dîn Moḥammad ibn ʿAbd al-Wâḥid, de Sîwâs, surnommé Ibn al-Hammâm (ابن الهمّام), qui avait commencé la composition de cet ouvrage en 829 de l'hégire (1426 de J. C.). Ms. daté de l'an 1076 de l'hégire (1665-1666 de J. C.).

Papier. 328 feuillets. Hauteur, 31 centimètres; largeur, 21 centimètres. 35 lignes par page. — (Supplément 441.)

851.

مختارات الهداية «Extraits de la *Hidâya*», par le mufti ʿAlâ al-Dîn ʿAlî ibn Aḥmad al-Djamâlî, docteur hanéfite, mort en 932 de l'hégire (1525-1526 de J. C.). Ms. daté de l'an 1055 de l'hégire (1645 de J. C.).

Papier. 136 feuillets. Hauteur, 20 centimètres et demi; largeur, 13 centimètres et demi. 19 lignes par page. — (Supplément 383 *bis*, Arsenal.)

852.

Le المقدّمة الغزنويّة. Traité sur les devoirs personnels du musulman, tels que les purifications, la prière et le jeûne, par Aḥmad ibn Moḥammad al-Ghaznawî, mort en 593 de l'hégire (1196-1197 de J. C.).

Papier. 152 feuillets. Hauteur, 21 centimètres et demi; largeur, 15 centimètres. 11 lignes par page. Ms. du XVIIᵉ siècle. — (Supplément 325, Saint-Germain 303.)

853.

مصابيح الاخروى «Lumières pour celui qui s'occupe de la vie future», abrégé de l'ouvrage intitulé الضياء المعنويّة «La lumière tirée de la signification du texte», lequel est un commentaire sur la *Moqaddama* d'Al-Ghaznawî, par Ibn Ḍiyâ al-Dîn (Moḥammad ibn Aḥmad al-Qoraschî). Le *Maṣâbiḥ* a pour auteur Moṣliḥ al-Dîn Ḥamza ibn Ibrâhîm ibn Walî al-Dîn al-Roûmî. Le texte de la *Moqaddama* est inséré dans le commentaire, à l'encre rouge. Exemplaire de la main de l'auteur, daté de l'an 1007 de l'hégire (1598-1599 de J. C.).

Papier. 292 feuillets. Hauteur, 21 centimètres; largeur, 15 centimètres. 19 lignes, puis 15 lignes par page. — (Supplément 326.)

854.

Le شرح التكملة, ouvrage composé par Ḥosâm al-Dîn ʿAlî ibn Aḥmad ibn Makkî al-Râzî, pour expliquer le texte du *Takmila*, traité qu'il avait rédigé pour servir de supplément au *Mokhtaṣar*, ou Abrégé de droit hanéfite, d'Al-Qodoûrî.

Papier. 232 feuillets. Hauteur, 26 centimètres et demi; largeur, 18 centimètres. 27 lignes par page. Ms. du XIVᵉ siècle. — (Ancien fonds 500.)

855.

Volume dépareillé d'un grand ouvrage de jurisprudence hanéfite. La partie principale du texte consiste en questions de droit avec leurs solutions. Le premier chapitre a pour titre : فصل فيما يقضى فى المجتهد الخ ; le dernier est intitulé باب الحجر.

Papier. 225 feuillets. Hauteur, 27 centimètres; largeur, 18 centimètres et demi. 33 lignes par page. Ms. du XVIᵉ siècle. — (Ancien fonds 487.)

856 et 857.

الفتاوى الظهوريّة. Deux volumes (le deuxième et le troisième) des décisions légales, du docteur hanéfite Ẓahîr al-Dîn Aboû Bakr Moḥammad ibn Aḥmad al-Bokhârî, mort en 619 de l'hégire (1222 de J. C.). Ms. daté de l'an 1111 de l'hégire (1699-1700 de J. C.).

2 vol. Papier. 256 et 269 feuillets. Hauteur, 28 centimètres et demi; largeur, 20 centimètres. 19 lignes par page. — (Supplément 354.)

858.

منية المفتى «Le Souhait du jurisconsulte», traité de droit hanéfite, par Yoûsof ibn abî Saʿd ibn Aḥmad al-Sidjistânî. L'auteur a inséré dans son ouvrage les décisions légales de Nadjm al-Dîn al-Khâsî et de Sirâdj al-Dîn al-Auschî (الاوشى).

Papier. 431 feuillets. Hauteur, 21 centimètres; largeur, 15 centimètres. 15 lignes par page. Ms. du XVIIᵉ siècle. — (Ancien fonds 541.)

859.

السراجيّة, ou فرائض السجاوندى, traité de droit touchant le partage des successions, par Moḥammad ibn Moḥammad ibn ʿAbd al-Raschîd al-Sedjâwendî, surnommé *Sirâdj al-Dîn*. Cet exemplaire est accompagné de notes en turc et en arabe. Un onglet, posé entre les feuillets 3 et 4, renferme le commencement de ce traité, mis en vers turcs. La suite de cette traduction est inscrite sur les marges du volume. Ms. daté de l'an 973 de l'hégire (1565-1566 de J. C.).

Papier. 56 feuillets. Hauteur, 18 centimètres; largeur, 11 centimètres et demi. 7 lignes par page. — (Ancien fonds 576.)

860.

La *Sirâdjiyya* de Sedjâwendî.

Papier. 77 feuillets. Hauteur, 17 centimètres et demi; largeur, 12 centimètres. 5 lignes par page. Ms. du XVIIᵉ siècle. — (Ancien fonds 550.)

861.

La *Sirâdjiyya* de Sedjâwendî. Exemplaire copié dans

l'île de Chypre, en 1040 de l'hégire (1630-1631 de J. C.).

2° (Fol. 21 v°.) Commentaire anonyme sur la *Sirâdjiyya*. Exemplaire copié au même endroit que l'ouvrage précédent et par le même scribe, et daté de l'an 1040 de l'hégire.

3° (Fol. 93 v°.) المنهاج, autre commentaire sur le même traité. Exemplaire de la même main que les articles précédents, et daté de l'an 1050 de l'hégire (1640-1641 de J. C.).

4° (Fol. 136 v°.) Traité du partage des successions, par ʿAlî ibn Khidr, de Belgrade. Copie autographe, datée de l'an 1078 de l'hégire (1667-1668 de J. C.). Commencement: الحمد لله الذى بيّن بكتابه فرائض الدين القويم.

5° (Fol. 142 v°.) Autre traité sur le même sujet, intitulé جواهر الفرائض, par Ibn Kamâl Paschazâdè. Commencement : اذا مات رجل وترك مالا. Exemplaire daté de l'an 1080 de l'hégire (1669-1670 de J. C.).

6° (Fol. 147 v°.) La *Sirâdjiyya*, traduite en vers turcs, avec un commentaire dans la même langue, par Ṭoûrsoûn Zâdè Efendi (طورسون زاده افندى). Copie exécutée par le même scribe que les trois premiers articles, et datée de l'an 1050 de l'hégire.

Papier. 201 feuillets. Hauteur, 21 centimètres et demi; largeur, 13 centimètres. 11 à 27 lignes par page. — (Ancien fonds 524.)

862.

La *Sirâdjiyya* de Sedjâwendî. Exemplaire daté de l'an 1050 de l'hégire (1641 de J. C.).

Papier. 40 feuillets. Hauteur, 8 centimètres; largeur, 5 centimètres et demi. 12 lignes par page. — (Supplément 469, Oratoire.)

863.

La *Sirâdjiyya* de Sedjâwendî. Notes marginales.

Papier. 27 feuillets. Hauteur, 19 centimètres; largeur, 11 centimètres. 11 lignes par page. Ms. du xviie siècle. — (Ancien fonds 575.)

864.

Commentaire sur la *Sirâdjiyya*, par Schams al-Dîn Moḥammad ibn Ḥamza al-Fanârî. Exemplaire daté de l'an 871 de l'hégire (1466-1467 de J. C.).

Papier. 96 feuillets. Hauteur, 21 centimètres; largeur, 12 centimètres et demi. 17 lignes par page. — (Ancien fonds 551.)

865.

1° Commentaire sur la *Sirâdjiyya*, par un auteur inconnu. Commencement : الحمد لمن منّ على عباده.

2° (Fol. 43 v°.) Le ضوء السراج, commentaire sur la *Sirâdjiyya*, par Maḥmoûd ibn abî Bakr al-Kilâbâdî (الكلاباذى).

Ces deux ouvrages sont écrits de la même main; la copie porte la date de 831 de l'hégire (1427-1428 de J. C.). Les feuillets de garde, au commencement et à la fin du volume, sont couverts de notes de diverses mains, se rapportant pour la plupart à des questions relatives au partage des successions.

Papier. 180 feuillets. Hauteur, 17 centimètres et demi; largeur, 15 centimètres. 17 lignes par page. — (Ancien fonds 554.)

866.

Commentaire anonyme sur la *Sirâdjiyya*. Même ouvrage que le n° 861, 2°. Copie datée de l'an 908 de l'hégire (1502-1503 de J. C.).

Papier. 63 feuillets. Hauteur, 18 centimètres et demi; largeur, 13 centimètres. 21 lignes par page. — (Supplément 467, Saint-Germain 332.)

867.

1° Commentaire sur la *Sirâdjiyya*. Même ouvrage que le précédent. Exemplaire daté de l'an 950 de l'hégire (1543-1544 de J. C.).

2° (Fol. 69.) Fragment d'une dissertation sur les espérances de l'homme.

3° (Fol. 69 v°.) Notes sur des questions touchant le partage des successions.

4° (Fol. 71 v°.) Traité en vers sur le partage des successions, avec un commentaire. L'auteur du poëme et du commentaire se nommait Moḥsin al-Qaiṣarî (محسن القيصرى), mort en 755 de l'hégire (1354 de J. C.). Exemplaire daté de l'an 982 de l'hégire (1574-1575 de J. C.).

5° (Fol. 133 v°.) Texte du même poëme. Exemplaire daté de l'an 1023 de l'hégire (1614 de J. C.).

Papier. 138 feuillets. Hauteur, 21 centimètres et demi; largeur, 15 centimètres. 19 à 21 lignes par page. — (Ancien fonds 552.)

868.

Commentaire sur la *Sirâdjiyya*. Même ouvrage que l'article 1° du numéro précédent. Nombreuses notes marginales en langue turque. Exemplaire daté de l'an 953 de l'hégire (1545-1546 de J. C.).

Papier. 95 feuillets. Hauteur, 23 centimètres et demi; largeur, 16 centimètres et demi. 17 lignes par page. — (Supplément 468, Sorbonne 268.)

869.

1° Commentaire sur la *Sirâdjiyya*. Même ouvrage que les numéros précédents. Exemplaire daté de l'an 997 de l'hégire (1589 de J. C.). Nombreuses notes marginales.

2° (Fol. 111 v°.) Exemples, en langue turque, de la manière dont on applique les règles de calcul indiquées dans la *Sirâdjiyya*.

Papier. 114 feuillets. Hauteur, 19 centimètres et demi; largeur, 13 centimètres et demi. 17 lignes par page. — (Ancien fonds 553.)

870.

1° Commentaire sur la *Sirâdjiyya*. Même ouvrage que les numéros précédents. Ms. daté de l'an 1173 de l'hégire (1759-1760 de J. C.).

2° (Fol. 102.) كشف الغوامض فى علم الفرائض «Aplanissement des difficultés qui se rencontrent dans l'art de partager les successions», par le docteur schaféite Badr al-Dîn Aboû 'l-Djoûd Moḥammad, fils de Moḥammad Sibṭ al-Mâridînî (سبط الماردينى). Exemplaire daté de l'an 1085 de l'hégire (1674 de J. C.).

3° (Fol. 140 v°.) Copie d'une note «que l'on avait trouvée dans l'écriture d'Al-Malik al-Kâmil.» C'est un tableau de douze cases, paraissant indiquer un jour de jeûne pour chaque mois de l'année.

4° (Fol. 141.) Note sur la concordance de l'année musulmane avec l'année solaire.

Papier. 141 feuillets. Hauteur, 21 centimètres; largeur, 16 centimètres. 21 lignes par page. — (Supplément 461.)

871.

Premiers cahiers d'une copie du même commentaire anonyme sur la *Sirâdjiyya* qui se trouve dans les numéros précédents.

Papier. 28 feuillets. Hauteur, 20 centimètres et demi; largeur, 14 centimètres et demi. 21 lignes par page. Ms. du XVIIIe siècle. — (Supplément 2033.)

872.

المنهاج. Commentaire sur la *Sirâdjiyya*. Commencement : الحمد لله الذى ابرز بالفرائض بهجة رياض الشراع. Ms. daté de l'an 870 de l'hégire (1475-1476 de J. C.).

Papier. 62 feuillets. Hauteur, 18 centimètres; largeur, 13 centimètres et demi. 19 lignes par page. — (Ancien fonds 569.)

873.

تحفة الملوك «Cadeau pour les princes», traité de droit hanéfite, divisé en dix chapitres (la purification, la prière, la dîme, le jeûne, le pèlerinage, la guerre sainte, la chasse, les actes répréhensibles, le partage des successions, le gain licite ou illicite), par Zaïn al-Dîn Moḥammad ibn abî Bakr al-Râzî. Ms. daté de l'an 1001 de l'hégire (1592-1593 de J. C.).

Papier. 60 feuillets. Hauteur, 21 centimètres; largeur, 14 centimètres et demi. 13 lignes par page. — (Supplément 383.)

874.

Le *Toḥfat al-Moloûk*, de Zaïn al-Dîn al-Râzî, avec le commentaire de Moḥammad ibn ʿAbd al-Laṭîf. Notes marginales.

Papier. 149 feuillets. Hauteur, 21 centimètres; largeur, 13 centimètres et demi. 19 lignes par page. Ms. du XVIe siècle. — (Supplément 384.)

875.

Traité de droit hanéfite, intitulé المختار للفتوى. Dans le titre de ce commentaire, on a donné à l'auteur le titre honorifique de *Djamâl al-Dîn* et le patronymique d'*Al-Bel-*

dedjî (البلدجى)[1]. Ms. daté de l'an 838 de l'hégire (1434-1435 de J. C.).

Papier. 101 feuillets. Hauteur, 18 centimètres; largeur, 13 centimètres et demi. 15 lignes par page. — (Ancien fonds 543.)

876.

المختار للفتوى. Exemplaire daté de l'an 999 de l'hégire (1590-1591 de J. C.).

Papier. 103 feuillets. Hauteur, 14 centimètres et demi; largeur, 20 centimètres et demi. 15 lignes par page. — (Ancien fonds 544.)

877.

المختار للفتوى, par Khalîl ibn Ismâ'îl ibn al-Ḥaddj Ḥaïder[2].

Papier. 111 feuillets. Hauteur, 21 centimètres; largeur, 15 centimètres. 15 lignes par page. Ms. du xviiie siècle. — (Supplément 372, Saint-Germain 314.)

878.

الاختيار لشرح المختار «Le Choix, traité composé pour servir de commentaire au *Mokhtâr*» de Khalîl ibn Isma'îl ibn al-Ḥaddj. Le commentaire est du même docteur[3]. Cet exemplaire se compose de deux volumes reliés en un seul. Le second volume commence au fol. 159 v°. La partie la plus ancienne du ms. a été écrite en 891 de l'hégire (1486 de J. C.). A peu près la moitié du volume consiste en feuillets écrits beaucoup plus tard pour combler un grand nombre de lacunes.

Papier. 344 feuillets. Hauteur, 27 centimètres; largeur, 18 centimètres. 23 à 29 lignes par page. — (Supplément 377.)

879.

Le second volume du الاختيار لشرح المختار «Le Choix, traité composé pour servir de commentaire au *Mokhtâr*». Le texte et le commentaire sont du même auteur, Aboû 'l-Fadhl 'Abd Allah ibn Maḥmoûd ibn Maudoûd, de Mosul, mort en 683 de l'hégire (1284-1285 de J. C.). Ms. daté de l'an 843 de l'hégire (1439-1440 de J. C.).

Papier. 184 feuillets. Hauteur, 27 centimètres et demi; largeur, 18 centimètres. 25 lignes par page. — (Ancien fonds 508.)

880.

الوافي في شرح المختصر «Le Commentaire complet du *Mokhtaṣar*», de Ḥosâm al-Dîn Moḥammad ibn Moḥammad al-Akhsîkatî (الاخسيكتى), par Ḥosaïn ibn 'Alî ibn Ḥaddjâdj al-Saghnâqî (السغناقى). L'auteur dit avoir dicté cet ouvrage à ses élèves en 692 de l'hégire (1293 de J. C.). Ce ms. porte des corrections qui paraissent être de la main de l'auteur.

Papier. 255 feuillets. Hauteur, 24 centimètres; largeur, 16 centimètres. 21 lignes par page. — (Ancien fonds 561.)

881.

مجمع البحرين وملتقى النيّرين «Confluent des deux mers et conjonction des deux luminaires», traité de jurisprudence, dans lequel l'auteur, Borhân al-Dîn al-Sâ'âtî (الساعاتى), a combiné les doctrines d'Al-Qodoûrî et d'Aboû Ḥafṣ al-Nasafî. C'est un abrégé très-estimé de droit hanéfite.

Papier. 86 feuillets. Hauteur, 29 centimètres; largeur, 17 centimètres. 23 lignes par page. Ms. de diverses écritures du xive siècle. — (Ancien fonds 482.)

882.

Le *Madjma' al-Baḥraïn* d'Ibn al-Sâ'âtî. Nombreuses notes marginales et interlinéaires.

Papier. 231 feuillets. Hauteur, 22 centimètres et demi; largeur, 14 centimètres et demi. 13 lignes par page. Ms. du xve siècle. — (Supplément 329.)

---

[1] Voici le nom complet de l'auteur, d'après le présent ms. : الشيخ جمال الدين عبد الله بن محمود بن مودود البلدجى. Mais dans Hadji Khalfa (t. V, p. 436) et dans d'autres exemplaires, l'auteur est appelé مجد الدين..... الموصلى. Les numéros suivants, qui contiennent le même ouvrage, ne donnent pas le nom de l'auteur. H. Z.

[2] L'ouvrage est le même que celui qui est contenu dans les deux numéros précédents. Khalîl ibn Ismâ'îl est le nom du copiste du présent exemplaire. H. Z.

[3] Pour le vrai nom de l'auteur, voyez le numéro suivant. H. Z.

883.

Le *Madjma' al-Baḥraïn* d'Ibn al-Sâ'âtî. Ms. daté de l'an 900 de l'hégire (1494 de J. C.). Nombreuses notes marginales et interlinéaires.

Papier. 174 feuillets. Hauteur, 27 centimètres et demi; largeur, 18 centimètres. 13 lignes par page. — (Supplément 328, Saint-Germain 183.)

884.

1° Le *Madjma' al-Baḥraïn* d'Ibn al-Sâ'âtî. Dans la dernière moitié du volume, les feuillets sont, les uns de couleur blanche, les autres de couleur jaune. Le texte est accompagné de notes marginales et interlinéaires.

2° (Fol. 125.) Prière intitulée دعاء الكفن «Prière de l'ensevelissement». Le ms. porte الدعاء الكفن. On a écrit plusieurs questions légales sur le recto du premier feuillet.

Papier. 127 feuillets. Hauteur, 27 centimètres et demi; largeur, 18 centimètres. 13 et 15 lignes par page. Ms. du XVIe siècle. — (Ancien fonds 483.)

885.

حاشية «Gloses», composées par Al-Aqseraï (الاقسراى) (Moḥammad ibn Moḥammad ibn Moḥammad), pour éclaircir le commentaire dans lequel l'auteur du *Madjma' al-Baḥraïn* explique les difficultés de son propre ouvrage. Ms. daté de l'an 761 de l'hégire (1360 de J. C.). Écriture cursive, de la main de l'auteur. A partir du fol. 20 v°, on a cessé d'inscrire les rubriques.

Papier. 101 feuillets. Hauteur, 25 centimètres et demi; largeur, 17 centimètres et demi. 23 et 24 lignes par page. — (Supplément 330.)

886.

شرح مجمع البحرين «Commentaire sur le *Madjma' al-Baḥraïn*», par 'Abd al-Laṭîf ibn 'Abd al-'Azîz ibn Amîn al-Dîn. Le volume ne renferme que le premier quart de l'ouvrage.

Papier. 124 feuillets. Hauteur, 26 centimètres et demi; largeur, 18 centimètres. 27 lignes par page. Ms. du XVe siècle. — (Supplément 332.)

887.

Commentaire d''Abd al-Laṭîf ibn 'Abd al-'Azîz sur le *Madjma' al-Baḥraïn*. Les premiers feuillets et plusieurs feuillets au milieu manquent. Ms. daté de l'an 896 de l'hégire (1490-1491 de J. C.).

Papier. 302 feuillets. Hauteur, 27 centimètres; largeur, 18 centimètres. 27 à 33 lignes par page. — (Supplément 2030.)

888.

Premier volume du commentaire d''Abd al-Laṭîf ibn 'Abd al-'Azîz ibn Amîn al-Dîn sur le *Madjma' al-Baḥraïn*. Ms. daté de l'an 897 de l'hégire (1492 de J. C.). Notes marginales.

Papier. 429 feuillets. Hauteur, 27 centimètres et demi; largeur, 18 centimètres. 25 à 27 lignes par page. — (Supplément 331.)

889.

Premier volume du commentaire d''Abd al-Laṭîf ibn 'Abd al-'Azîz sur le *Madjma' al-Baḥraïn*. Notes marginales et interlinéaires.

Papier. 196 feuillets. Hauteur, 25 centimètres; largeur, 17 centimètres et demi. 25 lignes par page. Ms. du XVIe siècle. — (Ancien fonds 484.)

890.

الكافى «Le Suffisant», ouvrage composé par Aboû 'l-Barakât 'Abd Allâh ibn Aḥmad al-Nasafî, pour développer les doctrines exposées dans son abrégé de jurisprudence intitulé الوافى.

Papier. 604 feuillets. Hauteur, 28 centimètres; largeur, 16 centimètres et demi. 23 lignes par page. Ms. du XVIe siècle. — (Supplément 352, Anquetil 36.)

891.

1° (Fol. 8 v°.) كنز الدقائق «Trésor des subtilités», traité de jurisprudence hanéfite, par Aboû 'l-Barakât 'Abd Allâh ibn Aḥmad al-Nasafî. Cet exemplaire est chargé de notes marginales et interlinéaires, à l'exception du der-

nier tiers de l'ouvrage qui ne porte ni notes, ni titres de chapitres. La copie est datée de l'an 822 de l'hégire (1419 de J. C.).

2° (Fol. 121 v°.) المختار للفتوى «Choix (de notes) pour servir à la décision des questions juridiques». (Voyez ci-dessus, nos 875 et suiv.)

3° (Fol. 192 v°.) اذكار المخلصين «Aide-mémoire, ou Manuel des croyants sincères», par un auteur anonyme du VIe siècle de l'hégire. C'est un traité en cinq chapitres, sur la prière, d'après le Coran, les traditions et les opinions des ulémas. Commencement : الحمد لله الموفق للخيرات المجيب للدعوات. Les feuillets sont alternativement blancs et jaunes.

Les fol. 2 à 8 v° et le fol. 117 v° sont remplis de notes relatives à des questions de jurisprudence et aux traditions.

Papier. 209 feuillets. Hauteur, 27 centimètres et demi; largeur, 18 centimètres et demi. 13 à 17 lignes par page. Ms. du XVe siècle. — (Ancien fonds 473.)

892.

Le كنز الدقائق d'Aboû 'l-Barakât al-Nasafî. Exemplaire daté de l'an 838 de l'hégire (1434 de J. C.), couvert de notes marginales et interlinéaires. Les trois derniers feuillets contiennent des notes sur différents points de droit.

Papier. 149 feuillets. Hauteur, 28 centimètres et demi; largeur, 18 centimètres. 11 lignes par page. — (Ancien fonds 474.)

893.

Le كنز الدقائق d'Aboû 'l-Barakât al-Nasafî. Ms. daté de l'an 862 de l'hégire (1457 de J. C.).

Papier. 187 feuillets. Hauteur, 21 centimètres et demi; largeur, 15 centimètres et demi. 13 lignes par page. — (Supplément 361.)

894.

Le كنز الدقائق d'Aboû 'l-Barakât al-Nasafî. Ms. daté de l'an 1074 de l'hégire (1663-1664 de J. C.).

Papier. 188 feuillets. Hauteur, 21 centimètres; largeur, 15 centimètres. 15 lignes par page. — (Ancien fonds 536.)

895.

Le كنز الدقائق d'Aboû 'l-Barakât al-Nasafî, suivi (fol. 170 v°) d'une notice sur la vie et sur les écrits de l'auteur. Ms. daté de l'an 1085 de l'hégire (1675 de J. C.).

Papier. 175 feuillets. Hauteur, 15 centimètres; largeur, 10 centimètres. 15 lignes par page. — (Supplément 362.)

896.

Le كنز الدقائق, avec un commentaire perpétuel, dont l'auteur nous est inconnu.

Papier. 433 feuillets. Hauteur, 22 centimètres; largeur, 15 centimètres et demi. 21 à 27 lignes par page. Ms. de diverses écritures du XVIIIe siècle. — (Supplément 358.)

897 et 898.

Commentaire du *Kanz al-Daqâïq*, par ʿOthmân ibn ʿAlî al-Zaïlaʿî (الزيلعي), mort en 743 de l'hégire (1342-1343 de J. C.).

2 vol. Papier. 431 et 464 feuillets. Hauteur, 31 centimètres; largeur, 20 centimètres et demi. 31 lignes par page. — (Supplément 355 et 356.)

899.

رمز الحقائق فى شرح كنز الدقائق «Vérités subtiles, pour servir de commentaire au *Kanz al-Daqâïq*», par Moḥammad ibn Aḥmad al-ʿAïnî, mort en 818 de l'hégire (1415-1416 de J. C.). Le commencement et la fin manquent.

Papier. 450 feuillets. Hauteur, 20 centimètres; largeur, 15 centimètres et demi. Ms. du XVIIIe siècle. — (Supplément 2028.)

900.

Le second volume du رمز الحقائق. Ms. daté de l'an 1129 de l'hégire (1717 de J. C.).

Papier. 430 feuillets. Hauteur, 33 centimètres; largeur, 22 centimètres. 21 lignes par page. — (Supplément 360.)

901.

مستخلص الحقائق فى شرح كنز الدقائق «Les vérités pures, traité servant de commentaire au *Kanz al-Daqâïq*», par Ibrâhîm ibn Mohammad, lecteur du Coran, mort en 907 de l'hégire (1502 de J. C.). Ms. daté de l'an 1140 de l'hégire (1727-1728 de J. C.). Nombreuses notes marginales de l'écriture du copiste.

Papier. 251 feuillets. Hauteur, 56 centimètres et demi; largeur, 23 centimètres. 21 lignes, puis 33 lignes par page. — (Supplément 359.)

902.

1° Le second volume du الايضاح «Éclaircissement», commentaire que Yahyâ al-Qoûdjhiṣârî (القوجحصارى) avait composé pour éclaircir les obscurités du *Kanz al-Daqâïq*. L'ouvrage commence par le chapitre des ventes.

2° (Fol. 202 v°.) Extrait du commentaire d'Al-Zaïla'î (الزيلعى) sur le *Kanz al-Daqâïq*.

En tête du volume se trouvent quelques décisions légales sur la responsabilité de ceux qui, en allumant du feu à la campagne, causent, par leur imprudence, des incendies dans les propriétés voisines.

Papier. 208 feuillets. Hauteur, 26 centimètres et demi; largeur, 18 centimètres et demi. 27 lignes par page. Ms. du xvie siècle. — (Supplément 363.)

903.

البحر الرائق «La mer attrayante», commentaire sur le *Kanz al-Daqâïq*, par Zaïn al-'Âbidîn ibn Nadjîm (نجيم) al-Miṣrî. L'ouvrage s'arrête à la fin du chapitre du pèlerinage. Notes marginales.

Papier. 459 feuillets. Hauteur, 30 centimètres; largeur, 23 centimètres. 29 à 32 lignes par page. Ms. du xvi° siècle. — (Supplément 364.)

904.

كتاب مستحسن الطرائق فى نظم كنز الدقائق «Le livre aux méthodes approuvées, reproduisant en vers le contenu du *Kanz al-Daqâïq*», par Ahmad ibn 'Alî al-Hamdânî (الهمدانى), surnommé Ibn al-Faṣîḥ (ابن الفصيح), mort en 755 de l'hégire (1354 de J. C.).

Papier. 186 feuillets. Hauteur, 21 centimètres et demi; largeur, 15 centimètres. 13 lignes par page. Ms. du xvii° siècle. — (Supplément 357.)

905.

وقاية الرواية فى مسائل الهداية «Préservatif du texte des questions discutées dans la *Hidâya*», par l'imâm Borhân al-Scharî'a Mahmoûd, fils de Ṣadr al-Scharî'a Ier. L'ouvrage commenté est l'exposition de la jurisprudence hanbalite d'Ibn al-Khaṭṭâb Maḥfoûẓ al-Ṭoûbâdî (الطوبادى)[1]. Ms. daté de l'an 879 de l'hégire (1474-1475 de J. C.). Dans la première moitié du volume, il y a beaucoup de notes marginales et interlinéaires. Quelques feuillets perdus ont été remplacés plus tard.

Papier. 148 feuillets. Hauteur, 28 centimètres; largeur, 18 centimètres. 11 à 17 lignes par page. — (Ancien fonds 470.)

906.

La *Wiqâya*. Ms. daté de l'an 971 de l'hégire (1563-1564 de J. C.).

Papier. 209 feuillets. Hauteur, 21 centimètres; largeur, 15 centimètres. 9 lignes par page. — (Supplément 343.)

907.

Abrégé de la *Wiqâya* de Maḥmoûd ibn Ṣadr al-Scharî'a, par 'Obaïd Allâh ibn Mas'oûd ibn Tâdj al-Scharî'a. Commencement : الحمد لله رافع اعلام الشريعة الغرّاء. Il y a beaucoup d'onglets et de notes marginales dans la première moitié du volume. Les derniers feuillets manquent.

Papier. 130 feuillets. Hauteur, 16 centimètres et demi; largeur, 10 centimètres et demi. 11 et 13 lignes par page. Ms. du xvii° siècle. — (Supplément 2038.)

---

[1] La *Wiqâya* a pour base le traité de droit hanéfite appelé *Hidâya*, dont l'auteur est Borhân al-Dîn al-Marghînânî. (Voyez ci-dessus, n°s 843 et suiv.) H. Z.

908.

كتاب صدر الشريعة, commentaire de Tâdj al-Scharî'a 'Obaïd Allâh ibn Mas'oûd sur les passages difficiles de la وقاية الرواية de son grand-père, Borhân al-Scharî'a Maḥmoûd. Exemplaire écrit à Constantinople et daté de l'an 911 de l'hégire (1505-1506 de J. C.). Notes marginales.

Papier. 190 feuillets. Hauteur, 26 centimètres et demi; largeur, 17 centimètres et demi. 21 lignes par page. — (Ancien fonds 501.)

909.

Le *Ṣadr al-Scharî'a* d''Obaïd Allâh ibn Mas'oûd. Ms. daté de l'an 958 de l'hégire (1551 de J. C.). Les feuillets de garde sont couverts de notes relatives à divers points de droit et d'extraits d'autres ouvrages. Notes marginales et interlinéaires.

Papier. 187 feuillets. Hauteur, 27 centimètres et demi; largeur, 18 centimètres et demi. 23 et 24 lignes par page. — (Ancien fonds 488.)

910.

Le *Ṣadr al-Scharî'a* d''Obaïd Allâh ibn Mas'oûd. Ms. daté de l'an 1056 de l'hégire (1646 de J. C.). Notes marginales de la main du copiste.

Papier. 253 feuillets. Hauteur, 25 centimètres; largeur, 14 centimètres. 19 lignes par page. — (Supplément 341, Sorbonne 293.)

911 et 912.

Le *Ṣadr al-Scharî'a*. Exemplaire daté de l'an 1099 de l'hégire (1687-1688 de J. C.).

A la fin du premier volume se trouve une décision légale au sujet des *waqf* conditionnels.

2 volumes. Papier. 220 et 214 feuillets. Hauteur, 21 centimètres; largeur, 14 centimètres et demi. 17 lignes par page. — (Supplément 342.)

913.

Le *Ṣadr al-Scharî'a*. Ms. daté de l'an 1125 de l'hégire (1713 de J. C.).

Papier. 252 feuillets. Hauteur, 27 centimètres; largeur, 16 centimètres et demi. 21 lignes par page dans la première moitié du volume, 19 dans la seconde. — (Ancien fonds 510.)

914.

Gloses de Ya'qoûb Pacha sur le *Ṣadr al-Scharî'a*. Ms. daté de l'an 908 de l'hégire (1502-1503 de J. C.). L'un des plats du volume porte la signature d'Abraham Ecchellensis.

Papier. 219 feuillets. Hauteur, 18 centimètres et demi; largeur, 13 centimètres et demi. 21 lignes par page. — (Supplément 344.)

915.

Gloses de Ya'qoûb Pacha sur le *Ṣadr al-Scharî'a*. Ms. daté de l'an 962 de l'hégire (1554-1555 de J. C.).

Papier. 175 feuillets. Hauteur, 21 centimètres et demi; largeur, 15 centimètres. 25 lignes par page. — (Supplément 350.)

916.

Gloses de Ya'qoûb Pacha sur le *Ṣadr al-Scharî'a*.

Papier. 209 feuillets. Hauteur, 22 centimètres; largeur, 16 centimètres. 17 lignes par page. Ms. du xviie siècle. — (Ancien fonds 537.)

917.

الاصلاح والايضاح « L'Explication corrigée », ou اصلاح الوقاية « Rectification de la *Wiqâya* », par le molla Ibn Kemâl Pacha (Schams al-Dîn Aḥmad ibn Solaïmân), mort en 940 de l'hégire (1533-1534 de J. C.). Ce traité renferme non-seulement des corrections à la *Wiqâya*, mais aussi au *Ṣadr al-Scharî'a*. Commencement : أحمده في البداية والنهاية على الهداية والوقاية. Ms. daté de l'an 980 de l'hégire (1572-1573 de J. C.). Texte encadré en or et en couleurs; notes marginales de la main du copiste.

Papier. 309 feuillets. Hauteur, 26 centimètres; largeur, 16 centimètres et demi. 21 lignes par page. — (Supplément 345.)

918.

1° الاصلاح والايضاح, par Ibn Kemâl Pacha.

2° (Fol. 200 v°.) Commentaire sur les douze premiers chapitres de la *Wiqâya*.

Ms. daté de l'an 991 de l'hégire (1583 de J. C.).

Papier. 238 feuillets. Hauteur, 28 centimètres; largeur, 17 centimètres. 27 lignes par page. — (Ancien fonds 377.)

919.

الاصلاح والايضاح, par Ibn Kemâl Pacha. Ms. daté de l'an 1036 de l'hégire (1626-1627 de J. C.). Nombreuses notes marginales de la main du copiste.

Papier. 265 feuillets. Hauteur, 25 centimètres et demi; largeur, 15 centimètres et demi. 23 lignes par page. — (Supplément 346.)

920.

الاصلاح والايضاح, par Ibn Kemâl Pacha.

Papier. 238 feuillets. Hauteur, 20 centimètres; largeur, 13 centimètres et demi. 21 lignes par page. Ms. du xvie siècle. — (Ancien fonds 538.)

921.

1° Explication d'un passage du اصلاح وايضاح, dans lequel l'auteur de cet ouvrage fait une exception en ce qui concerne la prière faite dans la ka'ba. Commencement : الحمد لمن اتخذ بانى الكعبة ابراهيم خليلا.

2° (Fol. 5.) Fragment d'un recueil de paroles de Mahomet, accompagnées d'observations philologiques.

Papier. 8 feuillets. Hauteur, 19 centimètres et demi; largeur, 6 centimètres et demi. 15 lignes par page. Ms. du xviiie siècle. — (Supplément 2034.)

922.

حاشية دده افندى «Gloses de Dedeh Efendi» sur le *Ṣadr al-Scharî'a*. Ms. daté de l'an 1073 de l'hégire (1662-1663 de J. C.).

Papier. 69 feuillets. Hauteur, 21 centimètres; largeur, 15 centimètres. 23 lignes par page. — (Supplément 350 *bis*.)

923.

تلقيح العقول «Fécondation des esprits», recueil de questions légales avec leurs réponses, par Aḥmad ibn 'Obaïd Allâh (le ms. porte 'Abd Allâh) al-Maḥboûbî, connu sous le nom de *Ṣadr al-Scharî'a Ier*.

Papier. 176 feuillets. Hauteur, 20 centimètres et demi; largeur, 15 centimètres. 17 lignes par page. Ms. du xvie siècle. — (Supplément 351.)

924.

كتاب التنبيه على احاديث الهداية والخلاصة «L'Indicateur des traditions citées dans la *Hidâya* et la *Kholâṣa*», par 'Alâ al-Dîn 'Alî ibn 'Othmân al-Turkomânî, de Mâridîn, mort en 750 de l'hégire (1349-1350 de J. C.). La خلاصة النهاية فى قواعد الهداية a été composée par Maḥmoûd ibn Aḥmad al-Qoûnî (d'Icone). L'ouvrage d''Alâ al-Dîn se compose principalement d'annotations se rapportant aux traditions citées dans la *Hidâya* et la *Kholâṣa*. Ms. daté de l'an 755 de l'hégire (1354 de J. C.).

Papier. 124 feuillets. Hauteur, 21 centimètres; largeur, 14 centimètres. 21 lignes par page. — (Ancien fonds 394.)

925.

كتاب الاعلام بمصطلح الشهود والحكّام «L'Indicateur, faisant connaître la pratique des notaires et des magistrats». Formulaire d'actes notariés, par Aboû Isḥâq 'Alî ibn Aḥmad al-Ṭarsoûsî, mort en 758 de l'hégire (1357 de J. C.). Le dernier chapitre de l'ouvrage est consacré à l'explication des surnoms, sobriquets et titres. Le dernier feuillet manque et a été remplacé par un autre, contenant un extrait du Coran, puis dix lignes, d'une écriture de convention, qui paraissent renfermer une formule magique.

Papier. 137 feuillets. Hauteur, 18 centimètres et demi; largeur, 14 centimètres. 15 lignes par page. Ms. du xive siècle. — (Supplément 453.)

926.

1° الاعلام بمصطلح الشهود والحكّام «Formulaire d'actes notariés», par Ibrâhîm ibn 'Alî al-Ṭarsoûsî[1]. Copie datée de l'an 861 de l'hégire (1456 de J. C.).

[1] Le copiste de cet exemplaire, dans un titre placé en tête du ms., indique comme auteur Nâṣir al-Dîn ibn al-Sirâdj al-Ḥanafî al-Dimaschqî. Deux possesseurs orientaux ont corrigé le titre, en y insérant le nom de Ṭarsoûsî. H. Z.

2° (Fol. 94.) عرف التعريف. Modèles de lettres, en cinq chapitres, dont le premier indique la manière d'écrire aux rois; le second contient des lettres adressées à des vizirs; le troisième, des lettres aux cadis; le quatrième, des lettres adressées à des hommes pieux; le cinquième traite des surnoms. Commencement : اما بعد حمد الله الذى رفع بعض الناس فوق بعض درجات. Même écriture que celle de l'article 1°.

3° (Fol. 114 v°.) Document, en langue turque, par lequel Moḥammad ibn 'Alî al-Fenârî, grand-juge de Rumélie, porte à la connaissance du public une note écrite par Al-Taftazânî sur la marge de son exemplaire du *Kaschschâf*. Ce document est intitulé : رسالة فى الشكاية عن افعال الزمان والحكاية عن احوال الاخوان.

4° (Fol. 116.) Copie d'un acte notarié et d'un acte relatif au partage d'une succession. En turc.

5° (Fol. 124 v°.) Traité des actes notariés, en vingt-quatre chapitres.

6° (Fol. 138.) Liste des mots arabes qui désignent les personnes qui exercent des métiers, suivie d'une liste d'adjectifs qui s'emploient dans les signalements, soit des hommes, soit des chevaux. Chaque terme est accompagné de son équivalent turc.

7° (Fol. 139 v°.) Pièce notariée, en persan, suivie d'autres pièces et notes en persan.

8° (Fol. 143 v°.) Formulaire d'actes notariés, par le derviche Moḥammad ibn Eflâtoûn ibn Kemâl al-Dîn. Commencement : الحمد لله الذى زيّن سماء الشريعة بنجوم العلماء والابرار. La fin manque.

Papier. 166 feuillets. Hauteur, 18 centimètres; largeur, 13 centimètres et demi. Ms. du XVIIe siècle (à l'exception des deux premières pièces). — (Supplément 1877.)

927.

درّ المهتدى وذخر المقتدى «Perles pour celui qui est parvenu au but, et trésor pour celui qui suit la bonne direction», par Sirâdj al-Dîn Aboû Bakr ibn 'Alî ibn Moûsâ al-Hâmilî (الهاملى). C'est une rédaction en vers du traité de droit hanéfite, intitulé بداية المبتدى, de Borhân al-Dîn al-Marghînânî. Cet ouvrage est suivi d'une autre pièce de vers, moins étendue, touchant le partage des successions (الفرائض). Ms. daté de l'an 990 de l'hégire (1582 de J. C.).

Papier. 199 feuillets. Hauteur, 21 centimètres; largeur, 15 centimètres. 13 lignes par page. — (Supplément 444.)

928.

درر البحار «Perles ramassées dans les océans», résumé de droit hanéfite, en vers techniques se terminant en لا, par Al-Ḥasan ibn Scharaf (شرف) al-Tibrîzî, mort en 770 de l'hégire (1368-1369 de J. C.)[1]. Ces vers sont au nombre de 4,250.

Papier. 152 feuillets. Hauteur, 21 centimètres; largeur, 15 centimètres et demi. 15 lignes par page. Ms. du XVIIe siècle. — (Supplément 353.)

929.

كتاب الجواهر «Livre des pierres précieuses», traité de jurisprudence, par Ṭâhir ibn Islâm (اسلام) ibn Qâsim al-Anṣârî, al-Khowârezmî. Le premier chapitre renferme les preuves de l'existence et de l'unité du Créateur; le second a pour sujet les purifications; le troisième indique ce qui invalide l'ablution; le quatrième traite de l'ablution complète; le cinquième, de la prière; le sixième, de la récitation du Coran; le septième, de la prière du vendredi et des prières des deux fêtes; le huitième, des purifications des voyageurs; le neuvième est consacré à des renseignements utiles, et le dixième indique les convenances que les personnes engagées dans la pratique de la vie dévote sont tenues à observer. L'auteur nous apprend qu'il avait voyagé en Asie Mineure, et qu'il a terminé la composition de son ouvrage en 771 de l'hégire (1369-1370 de J. C.). Dans la préface, il donne une liste des nombreux ouvrages dont il s'est servi. L'ouvrage commence par ces mots : الحمد لله الذى هدانا لمعرفته. Hadji Khalfa le mentionne dans sa Bibliographie, sous le titre de جواهر الفقه. Notes marginales, surtout au commencement.

Papier. 159 feuillets. Hauteur, 20 centimètres et demi; largeur, 13 centimètres. 19 lignes par page. Ms. du XVIe siècle. — (Ancien fonds 417.)

[1] Dans ce ms., l'auteur est seulement désigné par le titre de Moḥyî al-Dîn. H. Z.

930.

Le *Kitâb al-Djawâhir* de Ṭâhir ibn Islâm.

Papier. 108 feuillets. Hauteur, 21 centimètres; largeur, 15 centimètres. 19 lignes par page. Ms. du XVIIe siècle. — (Supplément 316, Sorbonne 274.)

931.

Le *Kitâb al-Djawâhir* de Ṭâhir ibn Islâm. En tête du volume se trouve une notice, ajoutée après coup, sur les prophètes, depuis Adam. A la fin se trouve un extrait du traité de morale intitulé تنبيه الغافلين.

Papier. 157 feuillets. Hauteur, 21 centimètres; largeur, 15 centimètres. 21 lignes par page. Ms. du XVIIe siècle. — (Supplément 317.)

932.

Le *Kitâb al-Djawâhir* de Ṭâhir ibn Islâm. En tête du ms. se trouve un index assez bien fait. Sur le recto du premier feuillet on a inscrit quelques vers, composés en langue turque par Kemâl Pacha Zâdè. Ms. daté de l'an 1135 de l'hégire (1723 de J. C.).

Papier. 185 feuillets. Hauteur, 22 centimètres et demi; largeur, 15 centimètres et demi. 17 lignes par page. — (Supplément 571.)

933.

البسيط في الشروط «Traité étendu sur les contrats», par Schams al-Dîn al-Akramî (الاكرمى). L'ouvrage commence par ces mots : الحمد لله الذى رفع علم الشرع واعلى قدره. (Voyez Hadji Khalfa, t. IV, p. 47.) Les premiers et les derniers feuillets sont couverts de notes relatives à différents points de jurisprudence. Le titre inscrit sur le premier feuillet et sur la tranche du volume n'est pas exact. Ms. daté de l'an 818 de l'hégire (1415 de J. C.).

Papier. 185 feuillets. Hauteur, 18 centimètres et demi; largeur, 14 centimètres. 14 et 15 lignes par page. — (Supplément 455.)

934.

الالفيّة في الفرائض «Poëme composé de mille distiques et renfermant les règles du partage des successions». C'est probablement l'ouvrage que Hadji Khalfa attribue au cadi Moḥibb al-Dîn Moḥammad ibn Schiḥna (شحنة) al-Ḥalabî, mort en 815 de l'hégire (1412-1413 de J. C.). Le premier feuillet manque. En tête du second feuillet se trouve le distique suivant, qui terminait sans doute la *khoṭba* ou préface :

واسال الله الكريم العونا   على كمال نظمها والصونا

Ms. daté de l'an 982 de l'hégire (1575 de J. C.).

Papier. 42 feuillets. Hauteur, 21 centimètres; largeur, 15 centimètres et demi. 13 lignes par page. — (Supplément 462.)

935.

لسان الحكّام في معرفة الأحكام «Paroles des juges, faisant savoir comment former des jugements», par le grand cadi d'Alep, Aboû 'l-Walîd Aḥmad ibn Schiḥna [1]. Ce traité, composé de trente chapitres, traite des devoirs du cadi et des jugements à prononcer dans les cas ordinaires. A la fin du volume se trouve une prière ayant une grande vertu, qui est précédée d'une introduction en langue turque. Cette pièce est intitulée شرح دعاء فرس الهيكل. Ms. daté de l'an 1080 de l'hégire (1669-1670 de J. C.).

Papier. 192 feuillets. Hauteur, 21 centimètres; largeur, 15 centimètres. 17 lignes par page. — (Ancien fonds 540.)

936.

درر الحكام في شرح غرر الاحكام «Les Perles des juges, pour servir de commentaire au *Ghorar al-Aḥkâm*», par le molla Khosroû al-Roûmî. L'ouvrage commenté est du même auteur et est reproduit en entier, à l'encre rouge. Exemplaire daté de l'an 964 de l'hégire (1556-1557 de J. C.). En tête du volume se trouvent une notice biographique de l'auteur, tirée du الشقائق النعمانيّة في علماء الدولة العثمانيّة, et un grand nombre de notes détachées, relatives à des questions de jurisprudence et à divers autres sujets.

Papier. 232 feuillets. Hauteur, 28 centimètres et demi; largeur, 20 centimètres. 33 lignes par page. — (Supplément 318, Sorbonne 263.)

---

[1] Tel est le nom qu'on lit dans notre ms. Dans d'autres exemplaires, l'auteur est appelé Aboû 'l-Walîd Ibrâhîm ibn Moḥammad Ibn al-Schiḥna. H. Z.

937.

Le *Dorar al-Ḥokkâm* de Khosroû al-Roûmî. Ms. daté de l'an 1008 de l'hégire (1599-1600 de J. C.).

Papier. 479 feuillets. Hauteur, 25 centimètres; largeur, 15 centimètres. 23 lignes par page. — (Ancien fonds 479.)

938.

Le *Dorar al-Ḥokkâm* de Khosroû al-Roûmî. Exemplaire daté de l'an 1013 de l'hégire (1604 de J. C.).

Papier. 475 feuillets. Hauteur, 23 centimètres et demi; largeur, 15 centimètres. 23 lignes par page. — (Supplément 321.)

939.

Le *Dorar al-Ḥokkâm* de Khosroû al-Roûmî. Exemplaire daté de l'an 1029 de l'hégire (1620 de J. C.).

Papier. 413 feuillets. Hauteur, 28 centimètres; largeur, 16 centimètres et demi. 23 lignes par page. — (Ancien fonds 504, Colbert 5055.)

940.

Le *Dorar al-Ḥokkâm* de Khosroû al-Roûmî. Les premiers feuillets manquent.

Papier. 353 feuillets. Hauteur, 26 centimètres et demi; largeur, 15 centimètres. 29 lignes par page. Ms. du XVIIe siècle. — (Supplément 322.)

941 et 942.

Le *Dorar al-Ḥokkâm* de Khosroû al-Roûmî. La copie n'a pas été achevée. Il manque la dernière section et la moitié de l'avant-dernière.

2 vol. Papier. 303 et 295 feuillets. Hauteur, 21 centimètres; largeur, 15 centimètres et demi. 25 lignes par page. Ms. du XVIIIe siècle. — (Supplément 319.)

943.

Gloses sur quelques passages du *Dorar al-Ḥokkâm* de Khosroû al-Roûmî. Ce traité anonyme commence par les mots : الحمد لله على نعمه التي تقصر عن احاطتها.

Papier. 19 feuillets. Hauteur, 21 centimètres et demi; largeur, 14 centimètres et demi. 25 lignes par page. Ms. du XVIIe siècle. — (Supplément 320.)

944.

Le premier volume d'un commentaire sur le *Zâd al-Faqîr* « Provisions de voyage de l'homme pauvre », traité de jurisprudence hanéfite, composé par Kamâl al-Dîn ibn Hammâm (ابن همام), mort, d'après Hadji Khalfa, en 861 de l'hégire (1456-1457 de J. C.). Le commentaire, intitulé نزهة البصير بحل زاد الفقير « Jouissance de l'homme clairvoyant, qui lit l'explication du *Zâd al-Faqîr* », a pour auteur ʿAbd al-Raḥîm al-Maschnâwî (المشناوى) [1]. Dans cet exemplaire, il y a une lacune d'au moins un feuillet, entre les folios actuellement cotés 2 et 3. A la fin du volume il manque un ou plusieurs feuillets. Écriture cursive et difficile à lire.

Papier. 131 feuillets. Hauteur, 21 centimètres et demi; largeur, 15 centimètres. 25 lignes par page. Ms. de la fin du XVe siècle. — (Ancien fonds 566.)

945.

1° كتاب التهذيب لذهن اللبيب « Livre pour le redressement de l'esprit de l'homme intelligent », recueil de questions de droit avec leur solution, d'après la jurisprudence de l'école hanéfite. Le nom de l'auteur ne se trouve pas mentionné dans le dictionnaire de Hadji Khalfa. En tête de notre ms., où le titre est indiqué d'une manière inexacte, l'auteur est nommé Aboû 'l-Maḥâsin ibn Bint al-Aʿazz (ابن بنت الاعزّ).

2° (Fol. 107 v°.) Vision d'Aboû Ḥâzim al-Madanî et sa conférence avec l'ange Gabriel.

3° (Fol. 111 v°.) زلّة القارى « Fautes que le lecteur du Coran est exposé à commettre », et qui, en certains cas, peuvent invalider la prière.

---

[1] C'est ainsi que le nom est orthographié dans le titre, qui paraît écrit de la main du copiste. H. Z.

4° (Fol. 127.) Notes biographiques sur les quatre grands jurisconsultes.

5° (Fol. 127 v°.) Questions et réponses au sujet de la prière.

6° (Fol. 129.) Énumération des patriarches qui sont les auteurs des différentes parties de la prière.

Manuscrit tout entier de la même main, daté (voyez fol. 126 v°) de l'an 872 de l'hégire (1467-1468 de J. C.).

Papier. 129 feuillets. Hauteur, 18 centimètres et demi; largeur, 14 centimètres. 15 lignes par page. — (Ancien fonds 560.)

946.

Traité de jurisprudence hanéfite. Le commencement manque. Le ms. commence au milieu du chapitre du divorce, et finit par celui des fondations pieuses, dont voici les premiers mots : قال ابو حنيفة رحمه الله لا يزول الواقف عن الوقف الا ان يحكم به الحاكم. Ms. daté de l'an 892 de l'hégire (1487 de J. C.).

Papier. 166 feuillets. Hauteur, 18 centimètres; largeur, 14 centimètres. 19 lignes par page. — (Ancien fonds 558.)

947.

Dernières pages d'un formulaire de requêtes adressées au tribunal. Ms. daté de l'an 904 de l'hégire (1498 de J. C.).

Papier. 5 feuillets. Hauteur, 18 centimètres; largeur, 13 centimètres. 21 lignes par page. — (Supplément 2256.)

948.

مجموعة مويدزاده «Collection de *Mowayyad-Zâdè*». Recueil d'extraits d'un grand nombre d'ouvrages de droit hanéfite, par ʿAbd al-Raḥmân ibn al-Mowayyad al-Amâsî, mort en 922 de l'hégire (1516 de J. C.). Ms. daté de l'an 1039 de l'hégire (1629-1630 de J. C.). Les premiers feuillets renferment deux tables des matières et plusieurs notes de diverses mains.

Papier. 142 feuillets. Hauteur, 26 centimètres; largeur, 15 centimètres et demi. 31 lignes par page. — (Supplément 373, Ducaurroy.)

949.

Traité anonyme de jurisprudence hanéfite, se composant d'extraits d'un grand nombre d'ouvrages, dont quelques-uns sont du xve siècle de notre ère. Ces extraits sont classés dans l'ordre adopté pour les traités de jurisprudence. Au recto du fol. 4 se trouve un acte authentique, daté de l'an 1180 de l'hégire (1766 de J. C.), qui constate que ce volume avait été donné à la grande mosquée Verte (الجامع الاعظم الاخضر), par Ḥosaïn Pacha, fils de Ḥasan Bey. L'écriture de cette pièce est maghrebine.

Papier. 442 feuillets. Hauteur, 29 centimètres et demi; largeur, 15 centimètres et demi. 31 lignes par page. Ms. du xviiie siècle. — (Supplément 371.)

950.

فتاوى شيخ الاسلام... القاضى زكرياء «Décisions légales du cadi Zakariyâ». Le cadi Aboû Yaḥyâ Zakariyâ ibn Moḥammad ibn Aḥmad ibn Zakariyâ al-Anṣârî, docteur hanéfite, et auteur d'un ouvrage intitulé اللولو النظيم, mourut en 926 de l'hégire (1520 de J. C.). L'auteur anonyme de ce recueil lui donna le titre de اعلام الاهتمام بجمع فتاوى شيخ الاسلام «Indices du zèle que l'on a mis à rassembler les décisions du schaïkh al-Islâm». Le ms. porte والاهتمام : il manque peut-être un mot.

Papier. 156 feuillets. Hauteur, 22 centimètres et demi; largeur, 15 centimètres et demi. 17 lignes par page. Ms. du xvie siècle. — (Ancien fonds 542.)

951.

بضاعة القاضى لاحتياجه اليه فى المستقبل والماضى «Le Capital du cadi, ce dont il avait besoin dans le passé et qui lui sera utile dans l'avenir», formulaire d'actes notariés, par Pîr Moḥammad ibn Moûsâ al-Broûsî.

Papier. 60 feuillets. Hauteur, 19 centimètres; largeur, 13 centimètres. 13 et 14 lignes par page. Ms. du xviie siècle. — (Ancien fonds 547.)

952.

1° مهمات القضاة «Renseignements importants à l'usage des cadis», formulaire d'actes judiciaires et notariés, rédigés par Ḥamza Qaraḥiṣârî (حمزه قره حصارى). (Voyez

Hadji Khalfa, t. VI, p. 280.) La transcription n'a pas été achevée.

2° (Fol. 58 v°.) Acte par lequel un père excommunie et déshérite son fils, *Derwîch*, qui buvait du vin publiquement, mangeait du hachich et commettait d'autres péchés.

3° (Fol. 71 v°.) Formulaire d'actes judiciaires, par Mohammad, de la ville de Brousse, fils d'Iflâṭoûn al-Roûmî, généralement connu sous le nom d'Iflâṭoûn Zâdè (fils de Platon), mort en 937 de l'hégire (1530-1531 de J. C.). (Voyez Hadji Khalfa, t. IV, p. 46.)

4° (Fol. 101 v°.) Formulaire d'actes judiciaires, en langue turque. La préface commence par ces mots : حمد لا يعد وثناء بى حد اول خالق كاينات ورازق موجودات. Copie datée de l'an 998 de l'hégire (1590 de J. C.).

5° (Fol. 121 v°.) Modèles d'actes judiciaires et de *waqf*, en turc, précédés d'une longue préface.

6° (Fol. 187 v°.) Acte en arabe, par lequel certaines propriétés, dont le détail est très-long, sont consacrées à des œuvres pies.

Papier. 210 feuillets. Hauteur, 21 centimètres; largeur, 13 centimètres. 25 lignes par page. Ms. du XVIe siècle. — (Supplément 456, Sorbonne.)

953.

كتاب الاعلام بقواطع الاسلام « Notification des arguments péremptoires de l'islamisme », traité dans lequel un jurisconsulte, nommé Schihâb al-Dîn Aḥmad ibn Ḥodjr al-Haïthamî, justifie certaines décisions légales qu'il avait données à la Mecque, en 942 de l'hégire (1535-1536 de J. C.), et qui lui avaient attiré les attaques des ignorants. Cet exemplaire paraît avoir été écrit du vivant de l'auteur.

Papier. 82 feuillets. Hauteur, 21 centimètres; largeur, 15 centimètres. 19 lignes par page. — (Supplément 459.)

954.

Abrégé de droit. Ouvrage sans préface, commençant par ces mots : من اراد الصلوة وهو محدث فليتوضا. Ms. daté de l'an 959 de l'hégire (1552 de J. C.). On y remarque quelques lacunes.

Papier. 158 feuillets. Hauteur, 22 centimètres; largeur, 16 centimètres. 11 lignes par page. — (Ancien fonds 532.)

955.

كنز العباد فى فضائل الغزو والجهاد « Trésor des serviteurs de Dieu, dans lequel sont indiqués les mérites de la guerre sainte et des incursions sur le territoire des infidèles », par Ramadhân ibn Moṣṭafâ ibn al-Walî ibn al-Ḥâddj Yoûsof, docteur hanéfite. L'ouvrage est dédié au sultan Soliman II, fils de Sélim, fils de Bayazid, et renferme dix-neuf chapitres, avec une introduction. Copie datée de l'an 954 de l'hégire (1547-1548 de J. C.).

2° (Fol. 115.) كتاب الفوائد والصلاة والعوائد « Livre des connaissances utiles, des prières et des pratiques religieuses », par Aboû 'l-Ḥasan ʿAlî al-ʿAlawî al-Yamanî. Le commencement manque. La copie est de la même main que l'article 1° et porte la date de 957 de l'hégire (1550 de J. C.).

3° (Fol. 256 v°.) Diagramme composé de trois disques concentriques, dont le premier, qui est le plus grand, est immobile; le second, portant un indicateur marqué شمس « soleil », est divisé, sur la marge, en trente parties; le troisième, qui est le plus petit, porte un indicateur marqué قمر « lune ». La marge du disque immobile est divisée en douze parties, dont chacune est subdivisée en *trente et un* degrés; un cercle renferme des signes du zodiaque, puis à l'intérieur de ce cercle on trouve les noms des mansions de la lune. Ensuite vient un autre cercle, divisé en vingt-huit parties inégales, dans lesquelles sont inscrites les lettres de l'alphabet arabe, dans l'ordre de leur valeur numérique.

Le premier feuillet contient une prière.

Papier. 256 feuillets. Hauteur, 21 centimètres; largeur, 15 centimètres. 8 à 15 lignes par page. — (Supplément 476.)

956.

ملتقى الابحر « Jonction des mers », traité de jurisprudence hanéfite, par Ibrâhîm al-Ḥalabî, mort en 956 de l'hégire (1549 de J. C.). Exemplaire daté de l'an 923 de l'hégire (1517 de J. C.).

Papier. 149 feuillets. Hauteur, 18 centimètres; largeur, 10 centimètres. 21 lignes par page. — (Ancien fonds 573.)

957.

Le *Moltaqâ 'l-Abḥor* d'Ibrâhîm al-Ḥalabî. Les premiers feuillets portent des notes touchant divers points de juris-

prudence et de discipline. Ms. daté de l'an 1058 de l'hégire (1648 de J. C.).

Papier. 323 feuillets. Hauteur, 17 centimètres; largeur, 10 centimètres. 15 lignes par page. — (Supplément 365.)

958.

Le *Moltaqâ 'l-Abḥor* d'Ibrâhîm al-Ḥalabî. Exemplaire de diverses écritures, daté de l'an 1065 de l'hégire (1654-1655 de J. C.). Nombreuses notes marginales.

Papier. 233 feuillets. Hauteur, 19 centimètres; largeur, 11 centimètres. 18 à 23 lignes par page. — (Ancien fonds 572.)

959.

Le *Moltaqâ 'l-Abḥor* d'Ibrâhîm al-Ḥalabî. Exemplaire daté de l'an 1069 de l'hégire (1658-1659 de J. C.). Nombreuses notes marginales.

Papier. 331 feuillets. Hauteur, 20 centimètres; largeur, 13 centimètres et demi. 13 lignes par page. — (Supplément 367.)

960.

Le *Moltaqâ 'l-Abḥor* d'Ibrâhîm al-Ḥalabî. Exemplaire incomplet vers la fin. Le premier feuillet et les trois derniers contiennent des pièces de vers et des sentences pieuses; on y trouve aussi les noms des sept dormants.

Papier. 122 feuillets. Hauteur, 18 centimètres et demi; largeur, 13 centimètres et demi. 15 lignes par page. Ms. du XVIIe siècle. — (Supplément 370.)

961.

Le *Moltaqâ 'l-Abḥor* d'Ibrâhîm al-Ḥalabî. Les derniers feuillets manquent.

Papier. 159 feuillets. Hauteur, 20 centimètres; largeur, 12 centimètres et demi. 19 lignes par page. Ms. du XVIIe siècle. — (Supplément 366.)

962 et 963.

Le *Moltaqâ 'l-Abḥor*[1].

2 vol. Papier. 566 et 618 feuillets. Hauteur, 21 centimètres; largeur, 17 centimètres. 25 lignes par page. — (Supplément 369.)

964.

Le *Moltaqâ 'l-Abḥor*. Le commencement et la fin manquent.

Papier. 168 feuillets. Hauteur. 18 centimètres et demi; largeur, 13 centimètres. 15 lignes par page. Ms. du XVIIIe siècle. — (Supplément 2052.)

965 et 966.

مجمع الانهر فى شرح ملتقى الابحر «Confluent des rivières, pour servir de commentaire au *Moltaqâ 'l-Abḥor*», par ʿAbd al-Raḥmân ibn Moḥammad ibn Solaïmân Schaïkhî-Zâdè.

2 vol. Papier. 330 et 331 feuillets. Hauteur, 33 centimètres; largeur, 22 centimètres. 35 lignes par page. Ms. du XVIIe siècle. — (Supplément 368.)

967.

كتاب الاشباه والنظائر «Les ressemblances et les conformités», traité des principes de la jurisprudence hanéfite, par Zaïn al-ʿÂbidîn ibn Ibrâhîm al-Miṣrî, surnommé le Schaïkh Zaïn ibn-Nadjîm, mort en 970 de l'hégire (1562-1563 de J. C.).

Papier. 252 feuillets. Hauteur, 19 centimètres et demi; largeur, 12 centimètres et demi. 21 lignes par page. Ms. du XVIIe siècle. — (Ancien fonds 529.)

968.

Le *Kitâb al-Aschbâh* de Zaïn ibn-Nadjîm.

Papier. 201 feuillets. Hauteur, 22 centimètres; largeur, 15 centimètres. 23 lignes par page. — (Supplément 2436.)

[1] Ces deux volumes renferment l'ouvrage intitulé مجمع الانهر فى شرح ملتقى الابحر, et qui est un commentaire sur le *Moltaqâ 'l-Abḥor* (voyez les nos 965 et 966). La présente copie est datée de l'an 1116 de l'hégire (1704 de J. C.). Le premier feuillet de la préface manque. H. Z.

969.

Commentaire sur un opuscule qui traite de la purification. Le chapitre intitulé باب المسح على الخفين (fol. 40), commence ainsi : يريد به المسح على الخفين وغيرها مما تعرض لمسحه في هذا الباب اثباتا او نفيا.

Papier. 59 feuillets. Hauteur, 23 centimètres; largeur, 13 centimètres. 21 lignes par page. Ms. du XVIe siècle. — (Supplément 475.)

970.

1° Commentaire sur un traité de droit, sans titre, ni nom d'auteur, commençant par ces mots : الحمد الالف واللام لجنس الحمد. La copie s'arrête au chapitre de la Petite culture (المساقاة).

2° (Fol. 37.) Commentaire sur le مجمع البحرين d'Ibn al-Sâ'âtî, par 'Abd al-Laṭîf ibn 'Abd al-'Azîz ibn Amîn al-Dîn. C'est le commencement de l'ouvrage; la copie s'arrête vers la fin du livre premier.

3° (Fol. 47.) Traité de jurisprudence hanéfite. Le commencement manque. L'exemplaire commence vers le milieu du livre de l'Association commerciale (الشركة). Écriture dépourvue de points diacritiques.

Papier. 118 feuillets. Hauteur, 27 centimètres et demi; largeur, 17 centimètres. 25 à 37 lignes par page. Ms. de diverses écritures du XVe et du XVIe siècle. — (Ancien fonds 512.)

971.

Abrégé de jurisprudence, commençant par ces mots : قال الله تعالى يا ايها الذين امنوا اذا قمتم الى الصلوة فاغسلوا. Nombreuses notes marginales.

Papier. 177 feuillets. Hauteur, 17 centimètres; largeur, 11 centimètres. 12 lignes par page. Ms. du XVIe siècle. — (Ancien fonds 571.)

972.

Fragment d'un traité de droit hanéfite. C'est une partie du chapitre de la purification.

Papier. 80 feuillets. Hauteur, 22 centimètres et demi; largeur, 16 centimètres. 15 lignes par page. Ms. du XVIe siècle. — (Ancien fonds 522.)

973.

التهذيب للقلانسى «Examen critique, par Qalânisî». Cet ouvrage est mentionné par Hadji Khalfa sous le titre de تهذيب الواقعات «Examen critique des cas». Dans ce traité de droit, l'auteur signale les divergences d'opinion qui existaient entre les docteurs de l'école de jurisprudence hanéfite, et subsidiairement les opinions d'Al-Schâfi'î et de Mâlik.

Papier. 182 feuillets. Hauteur, 21 centimètres; largeur, 15 centimètres et demi. 25 lignes par page. Ms. du XVIIe siècle. — (Supplément 386.)

974.

واقعات المفتين «Décisions des muftis», par 'Abd al-Qâdir ibn Yoûsof. L'auteur a tiré ces décisions d'un grand nombre de recueils de jurisprudence hanéfite et les a classées dans l'ordre généralement adopté pour les traités de jurisprudence.

Papier. 253 feuillets. Hauteur, 21 centimètres; largeur, 15 centimètres. 23 lignes par page. Ms. du XVIIe siècle. — (Supplément 323.)

975.

Les décisions juridiques du cadi hanéfite Moḥyî al-Dîn Aboû 'l-'Abbâs Aḥmad, fils de Ṣadr al-Dîn Aboû Isḥâq Ibrâhîm.

Papier. 76 feuillets. Hauteur, 24 centimètres et demi; largeur, 15 centimètres. 27 lignes par page. Ms. du XVIIe siècle. — (Ancien fonds 499.)

976.

1° الجواهر النفيسة في شرح الدرّة المنيفة «Joyaux de prix, pour servir de commentaire au traité de droit hanéfite intitulé la Perle magnifique». Les deux ouvrages sont du même auteur, 'Omar ibn 'Omar al-Zohrî (الزهرى). Le commentaire a été composé en 1046 de l'hégire (1636-1637 de J. C.), et notre exemplaire est daté de l'an 1102 de l'hégire (1690-1691 de J. C.).

2° (Fol. 252.) كتاب الخير الباق في جواز الوضوء من الفساق «Le bien durable, preuve qu'il est permis de faire

l'ablution dans les bassins à jet d'eau ». L'auteur, Zaïn al-ʿÂbidîn ibn Nadjîm, avait composé ce traité en 951 de l'hégire (1544-1545 de J. C.).

Papier. 264 feuillets. Hauteur, 21 centimètres; largeur, 15 centimètres. 21 lignes par page dans le premier traité, 19 lignes dans le second. — (Supplément 376.)

977.

Manuel de jurisprudence hanéfite, sans titre, ni préface, ni nom d'auteur. Nombreuses notes marginales. Les derniers feuillets du volume sont couverts de notes relatives à différentes questions de droit, les unes en arabe, les autres en turc.

Papier. 105 feuillets. Hauteur, 21 centimètres; largeur, 15 centimètres. 13 lignes par page. Ms. du XVIIᵉ siècle. — (Ancien fonds 520.)

978.

1° Question et réponse touchant un point de droit.

2° (Fol. 2.) Conseils de Mahomet à sa fille Fâṭima.

3° (Fol. 9.) Dernières instructions d'Aboû Ḥanîfa à ses disciples.

4° (Fol. 12 v°.) الفقه الكبير, petit traité de théologie d'Aboû Ḥanîfa.

5° (Fol. 18.) Le تعليم المتعلّم.

6° (Fol. 46.) Le كتاب السبعات. Cet ouvrage traite des sept règles qu'il faut observer dans chaque acte de la vie musulmane. Le premier chapitre commence par la science et par l'énumération des sept classes de savants. L'auteur se nommait Aboû 'l-Ṭayyib Hamdân ibn Ḥamdoûya.

7° (Fol. 96.) Notes diverses, les unes en arabe, les autres en turc.

Papier. 99 feuillets. Hauteur, 21 centimètres; largeur, 14 centimètres et demi. 16 à 20 lignes par page. Ms. du XVIIᵉ siècle. — (Supplément 1884.)

979.

Traité de droit hanéfite, commençant par le كتاب الطهارة.

Papier. 187 feuillets. Hauteur, 20 centimètres; largeur, 13 centimètres. 13 lignes par page. Ms. du XVIIᵉ siècle. — (Supplément 2029, Saint Germain 295.)

980.

Cahier détaché d'un commentaire sur un traité de droit hanéfite. Ce fragment renferme la fin de la section des lois qui règlent la position de l'étranger, puis le chapitre sur le *kharâdj* et la *djizya*, qui commence par ces mots : قال ارض العرب وما اسلم اهله او فتح عنوة; et ensuite la première partie du chapitre sur l'apostasie, dont voici le commencement : يعرض الاسلام على المرتد وتكشف شبهته.

Papier. 12 feuillets. Hauteur, 30 centimètres et demi; largeur, 20 centimètres et demi. 31 lignes par page. Ms. du XVIIIᵉ siècle. — (Supplément 2231.)

981.

Fragment d'un traité de jurisprudence hanéfite, commençant au milieu du chapitre de l'affranchissement. La marge supérieure du volume, ayant été endommagée par l'humidité, a été coupée par le relieur. Les chapitres du traité sont désignés par le mot كتاب.

Papier. 125 feuillets. Hauteur, 13 centimètres; largeur, 11 centimètres. 6 à 11 lignes par page. Ms. du XVIIIᵉ siècle. — (Supplément 2414, Arsenal.)

982.

Consultation donnée par le schaïkh al-Islâm Ḥasan al-Schoronbilâlî (الشرنبلالى), au sujet de l'impureté légale qui peut résulter de l'emploi des pois à cautère. Cette pièce, rédigée en 1166 de l'hégire (1752-1753 de J. C.), porte le titre de الاحكام الملخّصة فى حكم ماء الحمّصة « Sommaire des opinions touchant le liquide du pois ».

Papier. 6 feuillets. Hauteur, 15 centimètres et demi; largeur, 22 centimètres. 15 lignes par page. Ms. du XVIIIᵉ siècle. — (Supplément 474.)

2. DROIT SCHÂFÉITE.

983.

فتاوى القاضى حسين « Décisions légales du cadi Ḥosaïn ». L'auteur schaféite Aboû ʿAlî al-Ḥosaïn ibn Moham-

mad al-Marwaroûdî mourut en 462 de l'hégire (1069-1070 de J. C.).

Papier. 185 feuillets. Hauteur, 26 centimètres; largeur, 17 centimètres. 16 *lignes par page* Ms. du XVe siècle. — (Ancien fonds 497.)

984.

مغيث الخلق في اختيار الاحق «Secours qui permet aux hommes de faire le meilleur choix», par l'Imâm al-Ḥaramaïn Aboû 'l-Ma'âlî al-Djowaïnî. L'auteur cherche à prouver la supériorité de la jurisprudence schâféite sur celles des autres écoles.

Papier. 17 feuillets. Hauteur, 30 centimètres; largeur, 14 centimètres. 25 lignes par page. Ms. du XVIIe siècle. — (Supplément 410 *bis*.)

985.

الوجيز «Sommaire» de jurisprudence schâféite, par Aboû Ḥâmid al-Ghazâlî. Le ms., de deux mains différentes, est daté de l'an 594 de l'hégire (1197-1198 de J. C.). Le premier feuillet manque.

Papier. 291 feuillets. Hauteur, 20 centimètres; largeur, 14 centimètres. 15 lignes par page dans les premiers cahiers, 25 lignes dans les cahiers suivants. — (Supplément 409, Saint-Germain 329.)

986.

Premier volume du عزيز في شرح الوجيز «Le Précieux, pour servir de commentaire au *wadjîz*». L'ouvrage commenté est l'épitomé de droit schâféite d'Aboû Ḥâmid al-Ghazâlî. Le commentaire est d'Aboû 'l-Qâsim 'Abd al-Karîm ibn Moḥammad al-Qazwînî al-Râfi'î, auteur du XIIIe siècle. (Voyez Hadji Khalfa, t. II, p. 272, et t. VI, p. 428.) Ms. autographe; écriture cursive et difficile à lire. Les derniers feuillets manquent.

Papier. 275 feuillets. Hauteur, 20 centimètres; largeur, 13 centimètres. 20 à 25 lignes par page. — (Ancien fonds 562.)

987 à 989.

Trois volumes, le premier, le second et le quatrième, du commentaire sur le وجيز «Le Sommaire», d'Aboû Ḥâmid al-Ghazâlî, par Aboû 'l-Qâsim 'Abd al-Karîm ibn Moḥammad al-Râfi'î. Ms. daté de l'an 738-739 de l'hégire (1338-1339 de J. C.).

3 vol. Papier. 230, 247 et 261 feuillets. Hauteur, 29 centimètres; largeur, 15 centimètres. 19 lignes par page. — (Supplément 408.)

990.

كتاب الروضة «Le Jardin», par Moḥyî al-Dîn Aboû Zakariyâ Yaḥyâ *ibn Scharaf* al-Nawawî. C'est un abrégé du commentaire d'Aboû 'l-Qâsim 'Abd al-Karîm al-Râfi'î sur le *Wadjîz* d'Aboû Ḥâmid al-Ghazâlî. Ms. daté de l'an 796 de l'hégire (1393-1394 de J. C.).

Papier. 649 feuillets. Hauteur, 24 centimètres et demi; largeur, 17 centimètres. 35 lignes par page. — (Ancien fonds 523.)

991.

Second volume de l'ouvrage intitulé خادم الرافعي والروضة «Le Serviteur d'Al-Râfi'î et du *Raudha*», c'est-à-dire qui sert à expliquer les difficultés du *Raudha* ou *Jardin*, de Moḥyî al-Dîn al-Nawawî. (Voyez le numéro précédent.) Le présent volume ne contient qu'une partie de l'ouvrage, à savoir le chapitre de la purification avec du sable (تيمّم), et une partie du chapitre de la prière. L'auteur est Badr al-Dîn Moḥammad ibn Behâdur ibn 'Abd Allah al-Zarkaschî.

Papier. 291 feuillets. Hauteur, 27 centimètres et demi; largeur, 18 centimètres. 31 lignes par page. Ms. du XVe siècle. — (Supplément 432.)

992.

ملخص زوائد كتاب مهمّات المهمّات على المهمّات «Résumé des additions faites au livre intitulé: *Considérations sur les Considérations auxquelles donnèrent lieu les Considérations*». Ce dernier ouvrage avait pour sujet le texte du روضة d'Al-Nawawî. Les *Considérations sur le Raudha* ont été composées par Djamâl al-Dîn al-Asnawî (الاسنوى), mort en 772 de l'hégire (1370-1371 de J. C.), et les *Considérations sur les Considérations*, par Zaïn al-Dîn al-'Irâqî, mort en 806 de l'hégire (1403-1404 de J. C.). Les *Nouvelles considérations* auxquelles ce dernier traité donna lieu sont d'un auteur que nous ne connaissons pas. Le *Résumé* des additions faites à celui-ci est attribué à un docteur nommé Aboû Yazîd al-Dowânî (الدوانى). Les additions elles-mêmes provenaient d'Al-Bolqînî et d'autres docteurs. Le

Résumé commence par le chapitre sur les ventes et finit par celui de l'affranchissement.

Papier. 98 feuillets. Hauteur, 22 centimètres et demi; largeur, 12 centimètres et demi. 25 lignes par page. Ms. du XVIIe siècle. — (Ancien fonds 535.)

993.

Les deux premiers volumes, reliés en un seul, de l'ouvrage intitulé اسنى المطالب فى شرح روض الطالب «Le Meilleur des trésors à rechercher, commentaire sur le *Raudh al-Ṭâlib*». L'ouvrage commenté est un abrégé de jurisprudence schâféite [1], par Scharaf al-Dîn Ibrâhîm ibn al-Moqrî (المقرى), mort en 837 de l'hégire (1433-1434 de J. C.). Le commentaire est du schaïkh al-Islâm Aboû Yaḥyâ Zakariyâ al-Anṣârî. Les derniers feuillets du second volume manquent, car celui qui porte la cote 649 est l'œuvre d'un faussaire. On voit par la liste des chapitres (fol. 414 v°) que le dernier quart du volume a disparu. Le texte de l'ouvrage commenté est écrit à l'encre rouge.

Papier. 649 feuillets. Hauteur, 21 centimètres; largeur, 15 centimètres. 19 lignes par page. Ms. du XVIe siècle. — (Supplément 434 I.)

994.

Le quatrième et le cinquième volume du commentaire de Zakariyâ al-Anṣârî sur le *Raudh al-Ṭâlib*.

Papier. 506 feuillets. Mêmes dimensions que le numéro précédent. 19 lignes par page. Ms. du XVIe siècle. — (Supplément 434 II.)

995.

Le cinquième et le sixième volume du commentaire de Zakariyâ al-Anṣârî sur le *Raudh al-Ṭâlib*. Le cinquième volume est daté de l'an 801 de l'hégire (1379 de J. C.), et le sixième de l'an 944 de l'hégire (1537 de J. C.).

Papier. 505 feuillets. Mêmes dimensions que les deux numéros précédents. 19 lignes par page. — (Supplément 434 III.)

996.

كتاب ادب القضاء «Connaissances nécessaires pour celui qui veut exercer les fonctions de cadi». L'ouvrage, divisé en six sections, commence par ces mots : الحمد لله الذى شهدت العقول بقدرته ووحدانيته. L'auteur, Scharaf al-Dîn Ibrâhîm ibn ʿAbd Allah, natif de la ville de Hamât, surnommé Ibn abî al-Damm, docteur de droit schâféite, mourut, d'après Hadji Khalfa (t. I, p. 222), en 642 de l'hégire (1244-1245 de J. C.). Ms. daté de l'an 852 de l'hégire (1438-1439 de J. C.).

Papier. 157 feuillets. Hauteur, 31 centimètres et demi; largeur, 21 centimètres. 19 lignes par page. — (Supplément 457, Saint-Germain 135.)

997.

الحاوى الصغير «Le Petit contenant», précis de jurisprudence schâféite, composé par Nadjm al-Dîn ʿAbd al-Ghaffâr al-Qazwînî, mort en 665 de l'hégire (1266-1267 de J. C.). Le frontispice de ce volume est orné d'arabesques, et porte l'inscription suivante en caractères coufiques : كتاب الحاوى فى الفتاوى على مذهب الشافعى المطلبى «Le Contenant, renfermant la jurisprudence de l'école d'Al-Schâfiʿî al-Moṭṭalibî (descendant d'Al-Moṭṭalib, fils de ʿAbd Manâf)». Chaque feuillet du texte a été encadré, plus tard, dans un feuillet plus grand, afin que les marges fussent assez larges pour recevoir des annotations. Cette opération a été faite avec une grande habileté.

Papier. 152 feuillets. Hauteur, 16 centimètres; largeur, 11 centimètres. 13 lignes par page. Ms. du XVIe siècle. — (Supplément 416, Saint-Germain 542.)

998.

Commentaire sur «Le Petit contenant», d'Al-Qazwînî. Le titre et le nom de l'auteur ne sont pas connus, mais c'est le plus ancien commentaire de l'ouvrage de Qazwînî, car le présent ms. est daté de l'an 710 de l'hégire (1310 de J. C.). Il commence par ces mots : الحمد لله المتفضل بانزال الكتب تتبيين شرايع الانام. Les premiers et les derniers feuillets contiennent des notes peu importantes, dont quelques-unes en persan, le commencement d'un autre commentaire sur le *Ḥâwî*, et quelques contes.

Papier. 319 feuillets. Hauteur, 25 centimètres; largeur, 11 centimètres. 30 lignes par page. — (Supplément 417.)

[1] C'est un extrait du *Raudha*. H. Z.

999.

البهجة المرضيّة فى شرح البهجة الورديّة «L'Élégance approuvée, commentaire sur le *Bahdjat al-Wardiyya*», par Aboû Zor'a (ابو زرعة) Aḥmad ibn 'Abd al-Raḥîm al-'Irâqî. Le traité appelé le *Bahdja* «L'Élégant», de Zaïn al-Dîn 'Omar ibn al-Moẓaffar al-Wardî, est une rédaction en vers du résumé de jurisprudence schaféite composé par Nadjm al-Dîn 'Abd al-Ghaffâr ibn 'Abd al-Karîm al-Qazwînî, et intitulé الحاوى الصغير. Le présent ms., qui ne contient que la seconde moitié de l'ouvrage, est daté de l'an 859 de l'hégire (1455 de J. C.). Au commencement se trouvent plusieurs satires, en vers, contre les Turcs, et une anecdote relative à Al-Schâfi'î; à la fin les derniers vers du *Wardiyya*. Nous y lisons que ce poème fut achevé peu de temps après l'an 730 de l'hégire (1330 de J. C.). Suit l'indication de quelques terres situées dans diverses provinces de l'Égypte, et payant des redevances en nature à la grande mosquée d'Al-Ghomrî (الغمرى).

Papier. 245 feuillets. Hauteur, 28 centimètres; largeur, 18 centimètres. 31 lignes par page. — (Supplément 415 *bis.*)

1000.

La seconde moitié de l'ouvrage intitulé الغرر البهيّة فى شرح البهجة الورديّة «Les Étoiles brillantes, commentaire sur le *Bahdjat al-Wardiyya*», par le cadi Zakariyâ ibn Moḥammad al-Anṣârî. Ms. daté de l'an 1084 de l'hégire (1673-1674 de J. C.).

Papier. 328 feuillets. Hauteur, 22 centimètres; largeur, 15 centimètres et demi. 21 lignes par page. — (Supplément 415.)

1001.

Second volume d'un traité de droit. Le commencement manque, mais on lit à la fin le titre suivant : تسهيل الفتاوى فى خلاصة اسرار الحاوى «Traité qui facilite la déduction d'opinions juridiques, quand elle est appliquée aux secrets du *Ḥâwî*». Le premier chapitre complet dans ce ms., باب المساقاة, commence ainsi : هو باب المساقاة واصلها من السقى لانه انفع الاعمال وهى عقد يعقده مالك الشجر مع عامل الخ. Le dernier chapitre est intitulé باب النفقات.

Papier. 198 feuillets. Hauteur, 27 centimètres; largeur, 18 centimètres. 27 lignes par page. Ms. du XVIe siècle. — (Supplément 2417.)

1002.

Le منهاج الطالبين, abrégé de droit schâféite, par Moḥyî al-Dîn al-Nawawî. C'est un résumé, et un commentaire en même temps, du traité d'Al-Râfi'î (الرافعى), intitulé المحرّر. Ms. daté de l'an 860 de l'hégire (1456 de J. C.). Il y a une lacune entre les feuillets 172 et 173.

Papier. 174 feuillets. Hauteur, 17 centimètres; largeur, 13 centimètres. 19 lignes par page. — (Ancien fonds 531.)

1003.

Le *Minhâdj al-Ṭâlibîn* d'Al-Nawawî. Ms. daté de l'an 997 de l'hégire (1588-1589 de J. C.).

Papier. 207 feuillets. Hauteur, 20 centimètres et demi; largeur, 15 centimètres. 17 lignes par page. — (Supplément 428.)

1004.

1° Le *Minhâdj al-Ṭâlibîn* d'Al-Nawawî.

2° (Fol. 154 v°.) شرح دقائق الفاظ المنهاج والفرق بين الفاظه والفاظ المحرّر للرافعى «Explication des subtilités qui se trouvent dans la terminologie du *Minhâdj*, et indication des différences qui existent entre cette terminologie et celle du *Moḥarrar* d'Al-Râfi'î».

3° (Fol. 168 v°.) La sourate du Coran intitulée *Yâ-sîn*.

Papier. 170 feuillets. Hauteur, 21 centimètres; largeur, 16 centimètres. 20 lignes par page. — (Supplément 418.)

1005.

Commentaire de Schihâb al-Dîn Aḥmad ibn Hamdân Al-Adsra'î (الاذرعى), mort en 783 de l'hégire (1381-1382 de J. C.), sur le *Minhâdj al-Ṭâlibîn*. Ce ms. est l'avant-dernier volume d'un exemplaire composé primitivement de neuf tomes. En effet, il commence par un des derniers paragraphes du chapitre de la capitation (الجزية), et finit vers le milieu du chapitre des témoignages (الشهادات), section qui constitue environ la neuvième partie du *Minhâdj*.

Papier. 328 feuillets. Hauteur, 27 centimètres; largeur, 18 centimètres. 31 lignes par page. Ms. du XVe siècle. — (Supplément 429.)

1006.

منهاج الراغبين فى اختصار منهاج الطالبين «La voie à suivre par les personnes qui désirent posséder un abrégé du *Minhâdj al-Ṭâlibîn*», par Schams al-Dîn Moḥammad ibn Yoûsof al-Qoûnawî (القونوى), mort en 788 de l'hégire (1386 de J. C.). Ms. daté de l'an 753 de l'hégire (1352 de J. C.). Écriture dépourvue de points diacritiques; notes marginales [1].

Papier. 218 feuillets. Hauteur, 27 centimètres; largeur, 19 centimètres. Le nombre de lignes par page varie de 25 à 37. — (Ancien fonds 514.)

1007.

Le troisième volume du Commentaire du *Minhâdj al-Ṭâlibîn*, par Badr al-Dîn Moḥammad ibn ʿAbd Allah al-Zarkaschî, mort en 794 de l'hégire (1391-1392 de J. C.).

Papier. 229 feuillets. Hauteur, 28 centimètres; largeur, 18 centimètres et demi. 25 lignes par page. Ms. du xvᵉ siècle. — (Ancien fonds 505, Colbert 2485.)

1008.

Volume dépareillé d'un exemplaire du commentaire d'Al-Zarkaschî sur le *Minhâdj al-Ṭâlibîn*, commençant par le chapitre de la petite culture (مساقات), et finissant par le chapitre de la distribution de la dîme d'aumône (قسم الصدقات). Le volume suivant devait commencer par le chapitre du mariage (نكاح).

Papier. 255 feuillets. Hauteur, 27 centimètres; largeur, 18 centimètres et demi. 24 à 26 lignes par page. Ms. du xviᵉ siècle. — (Supplément 420.)

1009.

Septième et avant-dernier volume de l'ouvrage intitulé عمدة المحتاج فى شرح المنهاج «L'appui sûr pour celui qui désire bien comprendre le texte du *Minhâdj*». Selon Hadji Khalfa, l'auteur du commentaire se nommait Sirâdj al-Dîn ʿOmar ibn ʿAlî ibn al-Molaqqin (الملقن), docteur schâféite, mort en 804 de l'hégire (1401-1402 de J. C.). Ms. daté de l'an 855 de l'hégire (1451 de J. C.).

Papier. 216 feuillets. Hauteur, 27 centimètres et demi; largeur, 18 centimètres et demi. 25 lignes par page. — (Supplément 424.)

1010.

La seconde moitié d'un commentaire anonyme sur le *Minhâdj al-Ṭâlibîn*. Ce commentaire diffère de tous les autres commentaires du *Minhâdj* que possède la Bibliothèque nationale. Le volume commence par le chapitre des *waqf*. Ms. daté de l'an 822 de l'hégire (1419 de J. C.).

Papier. 291 feuillets. Hauteur, 25 centimètres; largeur, 16 centimètres. Le nombre de lignes par page varie de 23 à 29. — (Supplément 447.)

1011.

Commentaire de Djalâl al-Dîn al-Maḥallî sur le *Minhâdj al-Ṭâlibîn*. Le texte entier du *Minhâdj* s'y trouve écrit à l'encre rouge. L'auteur avait terminé son travail en 860 de l'hégire (1456 de J. C.). Nombreuses notes marginales.

Papier. 462 feuillets. Hauteur, 30 centimètres; largeur, 21 centimètres. Au commencement 33 lignes, puis 29 lignes par page. Ms. du xviiᵉ siècle. — (Supplément 427.)

1012.

هادى المدقّق لعبارة المحقّق «Guide pour conduire l'investigateur curieux à la connaissance du contenu du *Moḥaqqiq*», traité dans lequel le schaïkh Aboû 'l-Ḥasan al-Bakrî al-Ṣiddîqî (descendant du calife Aboû Bakr al-Ṣiddîq) explique les difficultés du *Moḥaqqiq* ou *vérificateur*, ouvrage composé par Djalâl al-Dîn al-Maḥallî pour développer le sens du *Minhâdj*. Ms. daté de l'an 1033 de l'hégire (1623-1624 de J. C.).

Papier. 252 feuillets. Hauteur, 21 centimètres; largeur, 15 centimètres et demi. 23 lignes par page. — (Supplément 419.)

1013.

1° Fragment (le premier cahier) du commentaire du

[1] Ces notes marginales, qui sont des additions et des corrections, paraissent être de la main de l'auteur. H. Z.

Minhâdj al-Ṭâlibîn, par le docteur schâféite Schams al-Dîn ibn al-Qâyâtî (القاياتى).

2° (Fol. 12.) Copie des gloses écrites par le schaïkh Badr al-Dîn al-Zarkaschî sur les marges de son exemplaire du traité de jurisprudence intitulé قواعد العلائى. Copie datée de l'an 878 de l'hégire (1473-1474 de J. C.).

3° (Fol. 22 v°.) Traité de jurisprudence schâféite, avec un commentaire, dont une partie considérable est attribuée au schaïkh Al-Bolqînî (البلقينى). Cet opuscule commence par le chapitre relatif aux fonctions de cadi (كتاب القضاء), et finit par le chapitre qui traite des esclaves mères d'enfants (كتاب امهات الاولاد). Même écriture que le traité précédent. Copie datée de l'an 887 de l'hégire (1482 de J. C.). Le recto du folio 22 est un fragment d'un traité d'astrologie.

4° (Fol. 100 v°.) Traité des topiques, intitulé الاغراب فى جدل الاعراب «La nouveauté, traitant de la manière de raisonner des Arabes du désert», par Kamâl al-Dîn Aboû 'l-Barakât ʿAbd al-Raḥmân ibn Moḥammad al-Anbârî, mort en 577 de l'hégire (1181-1182 de J. C.).

5° (Fol. 111.) القواعد الثلاثون فى علم العربيّة «Les trente principes fondamentaux de l'analyse grammaticale de la langue arabe», par Schihâb al-Dîn Aḥmad ibn Idrîs al-Ṣinhâdjî, surnommé *Al-Qarâfî* (القرافى), mort en 684 de l'hégire (1285-1286 de J. C.). Le véritable titre de cet ouvrage est très-probablement : القواعد السنيّة فى اسرار العربيّة «Les principes d'une valeur approuvée, faisant connaître les secrets de l'analyse grammaticale». Copie datée de l'an 878 de l'hégire (1473-1474 de J. C.).

6° (Fol. 123 v°.) التهذيب فى المنطق. Traité de logique de Saʿd al-Dîn al-Taftâzânî. Quelques notes marginales. Copie datée de l'an 878 de l'hégire (1473-1474 de J. C.).

7° (Fol. 133 v°.) Traité de logique, par Moḥammad ibn Scharîf al-Ḥosaïnî, commençant par ces mots : المنطق كل منطيق بنشر محامده خليق. Quelques notes marginales. Copie datée de l'an 878 de l'hégire.

8° (Fol. 147 v°.) Traité de logique, composé en langue persane, par le Sayyid Scharîf al-Ḥosaïnî, et traduit en arabe par son fils, Moḥammad. La préface du traducteur commence par ces mots : احقّ منطق نطق به اللسان. Sans points diacritiques. Notes marginales. Copie datée de l'an 878 de l'hégire.

9° (Fol. 154.) Définitions des termes حقيقة, ملازمة, الجنس البعيد et حد. La note sur la signification de ce dernier mot est assez étendue.

10° (Fol. 154 v°.) Commentaire de Khaïr al-Dîn al-Batlîsî (البتليسى) sur l'opuscule (رسالة) intitulé l'*Isagogé d'Athîr al-Dîn al-Abharî*. Notes marginales. Copie datée de l'an 887 de l'hégire (1482 de J. C.).

Papier. 203 feuillets. Hauteur, 18 centimètres et demi; largeur, 14 centimètres. 10 à 21 lignes par page. — (Ancien fonds 564.)

1014.

كشف المحتاج الى توضيح كلام المنهاج «Éclaircissements pour celui qui a besoin de comprendre le *Minhâdj*», ouvrage anonyme, dont nous n'avons ici que le premier volume, commençant par le chapitre de la purification et finissant par le chapitre du pèlerinage.

Papier. 315 feuillets. Hauteur, 25 centimètres; largeur, 17 centimètres et demi. 25 lignes par page. Ms. du XVIe siècle. — (Ancien fonds 352.)

1015.

Commentaire du schaïkh Noûr al-Dîn ʿAlî al-Ḥalabî sur l'ouvrage dans lequel le schaïkh al-Islâm Zakariyâ al-Anṣârî explique les difficultés du *Minhâdj al-Ṭâlibîn*.

Le premier feuillet manque.

Papier. 454 feuillets. Hauteur, 31 centimètres; largeur, 20 centimètres et demi. 33 lignes par page. Ms. du XVIIe siècle. — (Supplément 425.)

1016.

Dernière partie du commentaire du schaïkh al-Islâm ʿAlî al-Ḥalabî sur l'explication du *Minhâdj al-Ṭâlibîn*, par le schaïkh al-Islâm Zakariyâ al-Anṣârî. Le volume commence par le chapitre sur le partage des successions (الفرائض).

Papier. 363 feuillets. Hauteur, 21 centimètres; largeur, 15 centimètres et demi. 21 lignes par page. Ms. du XVIIIe siècle. — (Supplément 425 *bis*.)

1017 à 1020.

غاية المحتاج الى شرح المنهاج «Tout ce qu'il faut pour l'intelligence du *Minhâdj*». L'auteur de ce commentaire, Zaïn al-Dîn Moḥammad ibn Aḥmad ibn Ḥamza al-Ramlî (الرملى) al-Anṣârî, était schaïkh al-Islâm et docteur en jurisprudence schâféite. L'ouvrage, qui est très-étendu, commence par ces mots : الحمد لله الذى شيّد بمنهاج دينه اركان الشريعة الغرّاء. L'auteur l'a terminé en 973 de l'hégire (1565 de J. C.).

Au commencement du volume, l'auteur est appelé Schams al-Dîn Moḥammad al-Ramlî. Ms. daté de l'an 1191 de l'hégire (1777 de J. C.).

4 volumes. Papier. 629, 554, 447 et 426 feuillets. Hauteur, 23 centimètres; largeur, 16 centimètres. 25 lignes par page. — (Supplément 421.)

1021.

Gloses du schaïkh ʿAlî al-Schobrâmelsî (الشبراملسى), pour faciliter l'intelligence du commentaire d'Al-Ramlî sur le *Minhâdj*. Ce volume devait se terminer par le chapitre de la prière du vendredi (باب صلاة الجمعة), mais les derniers feuillets manquent.

Papier. 290 feuillets. Hauteur, 30 centimètres; largeur, 21 centimètres. 33 lignes par page. Ms. du XVIIe siècle. — (Supplément 422.)

1022.

Second volume et première moitié du quatrième et dernier volume des gloses d'Al-Schobrâmelsî sur le commentaire d'Al-Ramlî.

Papier. 574 feuillets. Hauteur, 23 centimètres; largeur, 17 centimètres. 23 à 26 lignes par page. Ms. du XVIIIe siècle. — (Supplément 423 *bis*.)

1023.

Second et dernier volume d'un commentaire sur un traité de droit. Il y a lieu de croire que c'est le commentaire de Madjd al-Dîn Aboû Bakr ibn Ismaʿîl al-Senkeloûmî (السنكلومى) ou al-Senkeloûnî (السنكلونى), sur le *Tanbîh* d'Aboû Isḥâq al-Schîrâzî. (Voyez Hadji Khalfa, t. II, p. 430, 434.) Un libraire a inscrit sur le premier feuillet le titre suivant : رابع الزيكلونى على التنبيه تاليف الشيخ الامام . . . ابى عبد الله البر. . .لجونى. C'est peut-être الزنكلونى qu'il faut lire. Au reste, nous n'avons pas ici un quatrième volume, mais bien un second, ainsi que l'atteste la souscription نجز الجزو الثانى «fin du tome II». Le ms. commence par le chapitre des prêts et se termine par le chapitre des dispositions testamentaires. Voici les premiers mots de l'ouvrage commenté : من جاز تصرفه فى ما له جازت اعارته. Ms. daté de l'an 764 de l'hégire (1363 de J. C.).

Papier. 197 feuillets. Hauteur, 19 centimètres; largeur, 14 centimètres et demi. 18 lignes par page. — (Supplément 411.)

1024.

Commentaire sur le traité de jurisprudence schâféite intitulé الغاية القصوى «La dernière limite», du cadi Naṣr al-Dîn ʿAbd Allâh ibn ʿOmar al-Baïdhâwî, mort en 685 de l'hégire (1286 de J. C.). Le premier feuillet du volume ayant disparu, nous ne pouvons indiquer avec certitude le nom de l'auteur. Nous inclinons à croire que ce commentaire a été composé par ʿAbd Allâh ibn Moḥammad al-Farghânî. Ms. daté de l'an 806 de l'hégire (1403-1404 de J. C.).

Papier. 436 feuillets. Hauteur, 25 centimètres; largeur, 14 centimètres et demi. 23 lignes par page. — (Ancien fonds 511.)

1025.

1° المجموع فى علم الفرائض «Recueil de traités sur le partage des successions et sur le calcul des parts», par le docteur schâféite Moḥammad ibn Scharaf al-Kalâï (الكلاى), mort en 777 de l'hégire (1375-1376 de J. C.). Hadji Khalfa, t. V, p. 471, a donné la liste de ces traités, empruntée à la préface de cette compilation. Copie datée de l'an 909 de l'hégire (1504 de J. C.).

2° (Fol. 49.) Problèmes, en vers, relatifs au calcul des parts; notes sur les degrés de parenté indiqués par le mot عصبات; autres problèmes en prose.

3° (Fol. 51 v°.) باب الوصايا «Chapitre sur les dispositions testamentaires». Série de questions relatives au calcul des parts.

4° (Fol. 80 v°.) Notes détachées, les unes sur des questions de droit, les autres sur le partage des successions.

Papier. 82 feuillets. Hauteur, 18 centimètres et demi; largeur, 13 centimètres et demi. 17 et 18 lignes par page. — (Supplément 464.)

1026.

Quatrième volume du جواهر البحر المحيط «Perles du grand Océan», commentaire du schaïkh Nadjm al-Dîn Aḥmad ibn Moḥammad ibn Makkî al-Qamoûlî (القمولى), docteur schâféite, sur le texte du وسيط «Traité moyen», ouvrage de jurisprudence, composé par Aboû Ḥâmid al-Ghazâlî. Le ms., dont les premiers feuillets manquent, commence par le chapitre des crimes (الجنايات), et se termine par le chapitre relatif aux esclaves mères (امهات

الاولاد). Ms. daté de l'an 863 de l'hégire (1458-1459 de J. C.).

Papier. 347 feuillets. Hauteur, 27 centimètres; largeur, 18 centimètres. 29 lignes par page. — (Supplément 408 *bis*.)

1027.

Volume dépareillé et incomplet au commencement, formant le second quart d'un traité de droit, qui porte le titre de الانوار «La Lumière». Les nombreuses citations de docteurs schâféites nous portent à croire que c'est le traité de jurisprudence schâféite composé par Yoûsof ibn Ibrâhîm al-Ardobîlî, et intitulé الانوار لعمل الابرار «La Lumière pour diriger les justes dans leurs actions». Le volume contient la fin du chapitre du mariage, qui est suivi du chapitre du serment, et se termine par le chapitre de l'affranchissement des esclaves mères, عتق امهات الاولاد.

Papier. 253 feuillets. Hauteur, 27 centimètres; largeur, 17 centimètres et demi. 23 lignes par page. Ms. du xvie siècle. — (Supplément 412.)

1028.

Commentaire sur un traité de droit. Le commencement et la fin manquent. Ce volume devait commencer par le chapitre de la société en participation (قراض), et finir par le chapitre des objets trouvés (لقطة). L'auteur du commentaire cite un assez grand nombre de traités schâféites et quelques traités hanéfites, tous antérieurs au xve siècle de notre ère. C'est par imposture qu'une main plus moderne a écrit en tête du premier feuillet : كتاب التبصرة لابن فرحون ناقص ورقة «Le *Tabṣira* d'Ibn Farḥoûn; un feuillet manque». La même main a effacé la réclame du dernier feuillet et l'a remplacée par les mots تم الكتاب «fin du livre». L'ouvrage d'Ibn Farḥoûn, n'étant pas un commentaire et appartenant à l'école de droit mâlékite, n'a rien de commun avec celui-ci.

Papier. 324 feuillets. Hauteur, 27 centimètres et demi; largeur, 18 centimètres et demi. 31 lignes par page. Ms. du xve siècle. — (Supplément 400.)

1029.

الاقتصاد في كفاية العقّاد «Le juste milieu, manuel suffisant pour des parties contractantes», traité en vers, renfermant les lois du mariage. L'auteur était un schaïkh al-Islâm nommé Aboû 'l-ʿAbbâs Schihâb al-Dîn Aḥmad Ibn al-ʿImâd (العماد). Nous avons ici le texte du poème, accompagné d'un commentaire écrit par Schams al-Dîn Moḥammad, fils de l'auteur.

Papier. 62 feuillets. Hauteur, 21 centimètres; largeur, 15 centimètres. 25 lignes par page. Ms. du xviie siècle. — (Supplément 460.)

1030.

Second volume d'un commentaire sur un traité de droit schâféite, commençant par le chapitre des ventes et finissant par le chapitre du partage du butin. Le volume suivant devait commencer par le chapitre du mariage. Ms. daté de l'an 859 de l'hégire (1455 de J. C.).

Papier. 260 feuillets. Hauteur, 28 centimètres; largeur, 18 centimètres et demi. 31 lignes par page. — (Supplément 426.)

1031.

ابراز لطائف الغوامض واحراز صناعة الغرائض «Exposé des finesses cachées et acquisition de l'art de calculer les parts», ouvrage dans lequel le docteur schâféite Schihâb al-Dîn Aboû 'l-ʿAbbâs Aḥmad ibn al-Madjdî reproduit, avec des modifications et des additions, bien que sous une forme abrégée, le contenu de son traité sur le partage des successions, intitulé الكافي. Un natif du Maghreb a écrit sur les derniers feuillets du volume une longue instruction sur la manière de consulter le sort, au moyen du tableau cabalistique appelé la *noble zâïrdja*. Voyez sur ce tableau, nommé aussi *zâïrdja d'Al-Sibtî*, la traduction des *Prolégomènes d'Ibn Khaldoûn*, tome I, page 245.

Papier. 131 feuillets. Hauteur, 21 centimètres; largeur, 15 centimètres. 13 lignes par page. Ms. du xviie siècle. — (Ancien fonds 556.)

1032.

منتقى الجوامع للنسائي «Extraits choisis dans les grands recueils, par Al-Nisâî». Cet auteur, dont le nom complet est Aboû Bakr ibn Bahram (بهرم) al-Anṣârî al-Zaïnî, vivait encore à l'époque où ce volume fut écrit, c'est-à-dire en 889 de l'hégire (1484 de J. C.), puisque le dessinateur du frontispice fait suivre son nom de la formule عظم الله شانه «que Dieu l'exalte en dignité». L'auteur nous informe dans la préface que son ouvrage devait être un abrégé du commentaire d'Aboû 'l-Qâsim ʿAbd al-Karîm ibn Moḥammad al-Râfiʿî (الرافعي) sur le *Wadjîz*

d'Aboû Ḥâmid al-Ghazâlî, et qu'il y a ajouté des extraits d'autres ouvrages, dont il donne les titres. Le frontispice, portant le titre de l'ouvrage et les noms de l'auteur, est dessiné avec beaucoup de goût et exécuté en or et en couleurs. Les deux premières pages sont encadrées en or, ainsi que la dernière qui porte, de plus, divers dessins dorés et coloriés.

Papier. 313 feuillets. Hauteur, 27 centimètres; largeur, 18 centimètres. 41 lignes par page. — (Supplément 410.)

1033.

Questions de droit musulman avec leur solution. Le commencement et la fin manquent. Le titre de l'ouvrage et le nom de l'auteur nous sont inconnus. Le premier feuillet porte, il est vrai, une préface, mais les derniers mots de la page ne se rattachent pas aux mots par lesquels commence la page suivante; d'ailleurs l'écriture est différente de celle du corps du ms. Ce feuillet appartient à un autre ouvrage.

Papier. 221 feuillets. Hauteur, 18 centimètres; largeur, 14 centimètres. 19 lignes par page. Ms. du xvie siècle. — (Ancien fonds 428.)

1034.

نهاية الهداية الى تحرير الكفاية «La meilleure direction pour bien saisir le sens de la *Kifâya*». La *Kifâya* est un traité en vers sur les lois qui, d'après la jurisprudence schâféite, règlent le partage des successions (الفرائض), et a pour auteur Aboû 'l-ʿAbbâs Aḥmad ibn Moḥammad al-Hâïm (الهايم), mort en 887 de l'hégire (1482 de J. C.). Le commentaire a été composé par le schaïkh al-Islâm Aboû Yaḥyâ Zakariyâ al-Anṣârî, mort en 910 de l'hégire (1504-1505 de J. C.). Le texte du poème est écrit à l'encre rouge et intercalé dans le commentaire. Ms. daté de l'an 1120 de l'hégire (1708-1709 de J. C.).

Papier. 155 feuillets. Hauteur, 21 centimètres et demi; largeur, 15 centimètres. 23 lignes par page. — (Supplément 433.)

1035.

غاية الوصول الى علم الفصول «La réussite des efforts pour bien comprendre le *Foṣoûl*», ou commentaire du schaïkh al-Islâm Aboû Yaḥyâ Zakariyâ al-Anṣârî sur le traité intitulé الفصول المهمّة فى علم ميراث الامّة «Paragraphes importants, servant à faire connaître les lois d'héritage chez le peuple (musulman)», par Schihâb al-Dîn Aḥmad ibn Moḥammad, surnommé *Ibn al-Hâïm* (ابن الهايم). Le texte de cet ouvrage, écrit à l'encre rouge, est intercalé dans le commentaire.

Papier. 118 feuillets. Hauteur, 21 centimètres; largeur, 15 centimètres. 23 lignes par page. Ms. du xviie siècle. — (Supplément 463.)

1036.

شرح الفصول المهمّة, commentaire sur le فصول المهمّة de Schihâb al-Dîn Aḥmad ibn Moḥammad al-Hâïm. Le texte du *Foṣoûl*, écrit à l'encre rouge, est intercalé dans le commentaire, qui a pour auteur Schams al-Dîn Moḥammad Sibṭ al-Mâridînî. Ms. daté de l'an 918 de l'hégire (1512 de J. C.).

Papier. 158 feuillets. Hauteur, 18 centimètres; largeur, 13 centimètres et demi. Le nombre de lignes par page est d'abord de 17, mais il augmente graduellement jusqu'à 24. — (Ancien fonds 557.)

1037.

الانوار البهيّة فى الفرائض الاشنهيّة «Les lumières éclatantes, commentaire sur le traité du partage des successions d'Al-Oschnohî», par Moḥammad ibn Moḥammad al-Schaʿbî (الشعبى). Le nom de l'auteur de l'ouvrage commenté est Aboû 'l-Fadhl ʿAbd al-ʿAzîz ibn ʿAlî, natif d'Oschnoh. Le village ainsi nommé était situé à deux journées d'Ormya et à cinq journées d'Arbelles. Al-Oschnohî mourut en 450 de l'hégire (1058 de J. C.). Ms. daté de l'an 862 de l'hégire (1457-1458 de J. C.).

Papier. 130 feuillets. Hauteur, 18 centimètres et demi; largeur, 14 centimètres. 15 à 19 lignes par page. — (Ancien fonds 549.)

1038.

تحفة الطلاب بشرح تحرير تنقيح اللباب «Cadeau pour ceux qui cherchent l'explication du *Taḥrîr Tanqîḥ al-Lobâb*», traité de droit schâféite, par le cadi Aboû Yaḥyâ Zakariyâ al-Anṣârî. Le *Taḥrîr* «Constatation» a été composé par le même auteur pour fixer le sens du *Tanqîḥ al-Lobâb*, ouvrage dans lequel Aboû Zorʿa al-ʿIrâqî corrigea le texte du *Lobâb al-Fiqh* «Moelle de la jurisprudence», composé par le docteur schâféite Aḥmad ibn Moḥammad al-Maḥâmilî. Aboû Yaḥyâ al-Anṣârî mourut

en 926 de l'hégire (1520 de J. C.), Al-ʿIrâqî en 826 de l'hégire (1423 de J. C.), et Al-Maḥâmilî (المحاملي) en 415 de l'hégire (1024-1025 de J. C.). Ms. daté de l'an 1001 de l'hégire (1592-1593 de J. C.).

Papier. 179 feuillets. Hauteur, 24 centimètres; largeur, 17 centimètres. 21 lignes par page. — (Supplément 414.)

1039.

Le *Tohfat al-Ṭollâb* du cadi Aboû Yaḥyâ al-Anṣârî. Ms. daté de l'an 1175 de l'hégire (1761-1762 de J. C.).

Papier. 366 feuillets. Hauteur, 23 centimètres; largeur, 16 centimètres et demi. 15 lignes par page. — (Supplément 413.)

1040.

Premier volume du commentaire du schaïkh Ḥasan al-Madâbaghî (المدابغي) sur le texte et le commentaire du *Taḥrîr*, c'est-à-dire sur le *Tohfat al-Ṭollâb* d'Aboû Yaḥyâ al-Anṣârî.

Papier. 549 feuillets. Hauteur, 22 centimètres; largeur, 16 centimètres. 23 lignes par page. Ms. du XVIIe siècle. — (Supplément 414 *bis*.)

1041.

الوراقة المرضيّة في الوثائق والتعلقات الشرعيّة «Guide approuvé du notariat, traitant des contrats et des minutes d'actes authentiques», ouvrage composé en Égypte vers le commencement du XVIe siècle, par Naṣr al-Dîn Moḥammad al-Djaʿfarî, docteur schâféite. Ms. daté de l'an 1139 de l'hégire (1726 de J. C.).

Papier. 77 feuillets. Hauteur, 21 centimètres; largeur, 15 centimètres. 21 lignes par page. — (Supplément 454.)

1042.

1° Traité des successions (فرائض), en vers, intitulé المقدّمة الرحبيّة, par le docteur schâféite Ṣalâḥ al-Dîn Yoûsof ibn ʿAbd al-Laṭîf al-Ḥamawî, accompagné d'un commentaire composé par Badr al-Dîn Moḥammad, surnommé *Sibṭ al-Mâridînî*.

2° (Fol. 29.) Deux feuillets, de la même écriture que les précédents, contenant un chapitre intitulé الاصل السابع في حبّ الدنيا نقل من كتاب الاربعين «Le septième principe, savoir l'amour du monde. Extrait du *Kitâb al-Arbaʿîn*». La fin manque.

3° (Fol. 31 v°.) Les premiers feuillets d'un traité de droit qui commence par ces mots : كتاب الطهارة قال الله تعالى يا ايّها الذين امنوا.

4° (Fol. 35.) Fragment d'un traité de droit. C'est une partie du chapitre relatif à la manière d'égorger les animaux.

5° (Fol. 39.) Fragment d'un traité de droit. C'est le chapitre de la prière et des purifications.

6° (Fol. 47 v°.) Le premier cahier de l'abrégé du غنية المتملّي d'Ibrâhîm ibn Moḥammad al-Ḥalabî.

7° (Fol. 57 v°.) Premier cahier d'un chapitre tiré d'un traité de droit intitulé كتاب في ادب القاضي. Ce traité est un commentaire d'un autre ouvrage, et expose alternativement, par les formules قوله «l'auteur dit», et اقول «je dis», les opinions de l'auteur du traité et celles du commentateur.

8° (Fol. 64 v°.) Fragment d'un commentaire sur le chapitre des locations (باب الاجارة), tiré d'un traité de droit.

9° (Fol. 72.) Fragment d'un traité de jurisprudence, renfermant la dernière portion du chapitre de la prière et les chapitres suivants, jusqu'au chapitre de l'allaitement. Il commence par la section intitulée باب صلوة المسافر «De la prière du voyageur».

10° (Fol. 132.) Fragment d'un traité de droit. C'est le commencement du chapitre de la procuration.

11° (Fol. 133.) Fragment d'un commentaire sur un traité de droit. C'est une partie du chapitre relatif aux ablutions.

12° (Fol. 134.) Fragment d'un commentaire sur un traité de droit, chapitre des purifications. Quelques notes marginales.

13° (Fol. 138.) Fragment d'un traité de droit, chapitre des ventes.

14° (Fol. 139.) Fragment d'un traité de droit, chapitre des purifications.

15° (Fol. 147.) Fragment d'un traité de droit, chapitre des ventes.

16° (Fol. 148.) Fragment d'un traité de droit, chapitre du témoignage.

17° (Fol. 149.) Fragment d'un traité de droit, chapitre de la caution (الكفالة). Notes marginales.

18° (Fol. 150.) Fragment d'un traité de droit, chapitre du témoignage.

19° (Fol. 151.) Cahier d'un commentaire sur un traité de droit, chapitres de la location, de l'affranchissement conditionnel et de la caution.

20° (Fol. 169.) Autre fragment du même ouvrage, mais sans les rubriques.

21° (Fol. 187.) Fragment du même commentaire, chapitres du décès, de la compulsion, de l'émancipation et de l'usurpation.

22° (Fol. 211.) Fragment d'un commentaire sur un traité des principes de la jurisprudence. Beaucoup de notes marginales et interlinéaires.

23° (Fol. 219.) Fragment d'un commentaire sur un traité de théologie scolastique. Beaucoup de notes marginales.

24° (Fol. 226.) Le premier cahier d'un commentaire sur un traité de théologie scolastique.

25° (Fol. 234.) Fragment d'un commentaire sur un traité de théologie scolastique.

26° (Fol. 236.) Fragment d'un commentaire sur un traité de logique.

27° (Fol. 246.) Fragment d'un traité de métaphysique.

28° (Fol. 256.) Fragment d'un traité de logique.

29° (Fol. 257.) Fragment d'un commentaire sur un traité de logique.

30° (Fol. 261.) Trois autres fragments du même genre.

31° (Fol. 267 v°.) Premier cahier d'un commentaire sur un traité de métaphysique.

32° (Fol. 277.) Plusieurs feuillets ayant appartenu à des traités de logique, de théologie scolastique, etc.

33° (Fol. 299.) Premier cahier d'un traité dans lequel l'auteur anonyme se propose d'éclaircir les obscurités du الفوائد الغنارية.

34° (Fol. 307.) Note sur la signification des mots فجر, شفق, مغرب.

Papier. 307 feuillets. Hauteur, 21 centimètres; largeur, 15 centimètres et demi. 11 à 23 lignes par page. Écritures diverses du XVI° siècle. — (Ancien fonds 555.)

1043.

Seconde partie d'un recueil de décisions juridiques intitulé الجامع الحاوى لما تفرّق من الفتاوى «Recueil contenant les décisions qui étaient restées éparses», ouvrage sans nom d'auteur. Cette partie est composée de deux sections, dont la première commence par le chapitre de la procuration (كتاب الوكالة), et finit par le chapitre du partage des successions (الفرائض); la seconde section (fol. 120) commence par le chapitre des dispositions testamentaires (كتاب الوصايا), et finit par le chapitre du divorce (الطلاق). Notes marginales. Les premiers feuillets manquent.

Papier. 228 feuillets. Hauteur, 24 centimètres et demi; largeur, 16 centimètres et demi. 27 lignes par page. Ms. du XV° siècle. — (Ancien fonds 498.)

1044.

Consultation, datée de l'an 976 de l'hégire (1568 de J. C.), de Nadjm al-Dìn Moḥammad ibn Aḥmad al-Ghaïṭì (الغيطى), docteur schâféite, au sujet de la tradition qui assure que le Prophète avait donné certaines terres en toute propriété à Tamìm al-Dârì. Le titre de cette concession était, disait-on, de la main d'ʿAlì, et portait les signatures d'Aboû Bakr et d'ʿOmar. Ms. daté de l'an 1116 de l'hégire (1704-1705 de J. C.).

Papier. 9 feuillets. Hauteur, 20 centimètres et demi; largeur, 15 centimètres. 21 lignes par page. — (Supplément 472.)

1045.

Commentaire de l'ouvrage intitulé عماد الرضى فى ادب القضا «Appui de la satisfaction, traitant des fonctions de cadi» de Zakariyâ al-Anṣârì al-Sanìkì (السنيكى), par ʿAbd al-Raouf al-Manâwì (عبد الرؤف المناوى), docteur schâféite. Le texte, écrit à l'encre rouge, est intercalé dans le commentaire. ʿAbd al-Raouf a achevé son travail en 991 de l'hégire (1583 de J. C.). Notre exemplaire a été copié deux années plus tard. Au fol. 11, l'auteur du commentaire donne la notice biographique d'un grand cadi, nommé Scharaf al-Dìn Aboû 'l-Faradj ʿÌsâ ibn ʿOthmân al-Ghazzì (الغزى), auteur d'un traité qui avait servi de prototype à l'*ʿImâd*.

Papier. 191 feuillets. Hauteur, 21 centimètres; largeur, 15 centimètres. 21 lignes par page. — (Ancien fonds 565.)

1046.

1° Premier feuillet du commentaire d'ʿAbd al-Raouf

al-Manâwî sur le traité de jurisprudence d'Al-Maḥâmilî, intitulé اللباب «La moelle».

2° (Fol. 2.) Cahier d'un commentaire perpétuel sur un traité de droit. Il s'agit des dispositions testamentaires.

3° (Fol. 12.) Autre cahier d'un commentaire perpétuel sur un traité de droit. Il s'agit de la chasse et des victimes pour le sacrifice.

4° (Fol. 20.) Six feuillets d'un recueil de légendes musulmanes.

5° (Fol. 26.) Dernier cahier du dialogue entre Mahomet et Aboû Horaïra sur la religion.

6° (Fol. 37.) Notes diverses, suivies des premiers feuillets d'un traité sur la connaissance de Dieu au sens subjectif, composé par ʿAbd al-Ḥakîm ibn Schams al-Dîn, auteur indien du XVIIe siècle, pour le sultan Aboû 'l-Moẓaffar Schams al-Dîn Moḥammad Schâh Djihân Ṣâḥib al-Kirân.

Papier. 42 feuillets. Hauteur, 24 centimètres; largeur, 16 centimètres, 19 à 23 lignes par page. Écritures diverses du XVIIe siècle. — (Supplément 2027.)

1047.

الكوكب المشرق فيما يحتاج اليه الموثق «L'étoile qui se lève, ouvrage qui traite de ce qu'un notaire a besoin de connaître», instructions sur la manière de rédiger des actes judiciaires, par Moḥammad ibn ʿAbd Allâh al-Djorwânî (الجروانى), docteur schâféite. Exemplaire daté de l'an 1010 de l'hégire (1601-1602 de J. C.).

Papier. 84 feuillets. Hauteur, 19 centimètres et demi; largeur, 15 centimètres. 21 lignes par page. — (Ancien fonds 545.)

1048.

كشف القناع عن متن وشرح ابى شجاع «Le voile enlevé au texte et au commentaire d'Aboû Schodjâʿ». L'ouvrage commenté par Aboû Schodjâʿ est le traité de jurisprudence schâféite de Schams al-Dîn ibn Qâsim (قاسم) al-Ghozzî ou al-Ghazzî (الغزى). L'ouvrage et le commentaire ne sont pas mentionnés, non plus que les deux auteurs, dans Hadji Khalfa. Le *Kaschf al-Qinâʿ* renferme les observations que le schaïkh al-Islâm Aboû 'l-Dhiyâ (ابو الضياء) Noûr al-Dîn ʿAlî al-Schobrâmelsî avait faites pendant les leçons où il expliquait le traité d'Ibn Qâsim et celui du commentateur. Ces observations ont été recueillies et publiées par ʿAbd al-Raḥmân al-Maḥallî, docteur schâféite attaché à la mosquée d'Al-Azhar, au Caire. Ms. daté de l'an 1163 de l'hégire (1750 de J. C.).

Papier. 73 feuillets. Hauteur, 23 centimètres; largeur, 16 centimètres et demi. 29 lignes par page. — (Supplément 423.)

1049.

اتحاف الراغب «Présent pour l'amateur», commentaire de Moḥammad al-Djauharî al-Khâlidî sur le نهج الطالب لاشرف المطالب «Chemin de celui qui poursuit le plus noble des buts», ouvrage qui est le résumé et le commentaire philologique d'un traité de droit schâféite composé par Badr al-Dîn Zakariyâ al-Anṣârî, et intitulé منهج الطلاب «Chemin des étudiants». L'*Itḥâf* a été composé en 1198 de l'hégire (1784 de J. C.). Commencement : الحمد لله الذى فقه من اختاره لدينه. Commencement du *Nahdj* : الحمد لله الذى صدقنا وعده. Deux parties reliées en un seul volume, datées de l'an 1199 de l'hégire (1785 de J. C.).

Papier. 432 feuillets. Hauteur, 23 centimètres et demi; largeur, 16 centimètres et demi. 19 lignes par page. — (Supplément 2032.)

3. DROIT MÂLÉKITE.

1050.

1° Traité de droit mâlékite attribué à ʿAbd al-Raḥmân ibn al-Qâsim, l'un des principaux disciples de Mâlik. Une liste des chapitres, en tête du ms., qui ne correspond pas exactement à la série des chapitres qui se trouvent dans le volume, est suivie d'une tradition rapportée par Soḥnoûn (سحنون), un autre disciple de Mâlik, sur l'autorité d'ʿAbd al-Raḥmân ibn al-Qâsim ibn Moḥammad (au lieu d'ibn Khâlid), et le témoignage d'une série de onze traditionnistes. Ce passage paraît être une fabrication maladroite. Au reste, la plupart des renseignements contenus dans le traité sont donnés directement sur l'autorité d'Ibn al-Qâsim, qui les aurait reçus de la bouche de Mâlik.

2° (Fol. 95.) Traité sans titre ni nom d'auteur, en prose mêlée de vers, contenant des récits fabuleux au sujet de Mahomet.

3° (Fol. 109.) Histoire fabuleuse du juif ʿAbd Allah ibn Salâm et de son entretien avec Mahomet.

4° (Fol. 133.) Traité sur la peine du talion (فصل فى القصاص). On y cite l'autorité du célèbre docteur mâlékite Yaḥyâ ibn Yaḥyâ.

5° (Fol. 138.) Note sur les vertus d'un certain vers qui, étant récité trois mille fois chaque jour, pendant quarante et un jours, produit des effets merveilleux. L'auteur de cette pièce, dont la fin manque, est désigné par le titre de «schaïkh de Damiette» (الضماطى pour الدمياطى).

Ce ms., daté de l'an 1143 de l'hégire (1731 de J. C.) (voyez fol. 92 v°), avait appartenu à Sâliḥ bey, qui le donna en *waqf*, l'an 1190 de l'hégire (1776 de J. C.), à la grande mosquée qu'il avait fondée dans le *Soûq al-Djom'a*, à Constantine.

Papier. 139 feuillets. Hauteur, 20 centimètres; largeur, 14 centimètres. 18 à 20 lignes par page. — (Supplément 390.)

1051.

تهذيب مسائل المدوّنة والمختلطة «Examen critique des questions traitées dans la *Modawwana* et dans la *Mokhtalaṭa*», par Aboû Sa'îd Khalaf ibn abî 'l-Qâsim al-Barâdsi'î, ouvrage composé en 372 de l'hégire (982 de J. C.). Exemplaire daté de l'an 850 de l'hégire (1446-1447 de J. C.).

Papier. 257 feuillets. Hauteur, 25 centimètres; largeur, 18 centimètres et demi. 26 lignes par page. — (Supplément 395.)

1052.

Autre exemplaire du même ouvrage. Les derniers feuillets manquent. Les quatre premiers feuillets sont une restauration faite au XVIIe siècle.

Papier. 230 feuillets. Hauteur, 26 centimètres; largeur, 19 centimètres et demi. 31 lignes par page. Ms. du XVe siècle. — (Supplément 396.)

1053.

Autre exemplaire du même ouvrage.

Papier. 252 feuillets. Hauteur, 28 centimètres; largeur, 20 centimètres et demi. 23 lignes par page dans les premiers feuillets, 31 dans les derniers. Ms. du XVIe siècle. — (Ancien fonds 481.)

1054.

1° Second volume d'un traité de droit mâlékite, intitulé التقييد على المدوّنة «Établissement des doctrines énoncées dans la *Modawwana*». L'auteur du *Taqyîd* a commenté très-longuement le texte d'Ibn al-Qâsim. L'exemplaire dont nous avons ici le second volume a dû se composer de trois ou quatre volumes.

2° (Fol. 131.) تهذيب مسائل المدوّنة والمختلطة «Examen critique des questions traitées dans la *Modawwana* et la *Mokhtalaṭa*». Le commencement et la fin manquent. Les folios cotés 217 et suivants doivent être placés avant le folio 131. Il y a, de plus, quelques lacunes dans le corps du volume.

Papier. 223 feuillets. Hauteur, 28 centimètres et demi; largeur, 20 centimètres et demi. 37 lignes par page dans le premier traité, 27 dans le second. Écriture maure-espagnole du XIIIe siècle. — (Ancien fonds 469.)

1055.

Traité de jurisprudence mâlékite. Le commencement et la fin manquent, et plusieurs feuillets sont intervertis. Au fol. 2 commence le chapitre de la chasse (كتاب الصيد والذبائح), au dernier feuillet le chapitre de l'affranchissement. Nombreuses notes marginales, dont une partie considérable est écrite à l'encre rouge. Nous lisons dans l'opuscule de M. Vincent, intitulé *Études sur la loi musulmane*, page 41, que ce volume est probablement une copie de l'*'Otbiyya*, traité de droit musulman, composé par Al-'Otbî (Moḥammad ibn Aḥmad ibn 'Abd al-'Azîz), qui avait étudié sous Yaḥyâ ibn Yaḥyâ et qui mourut en 254 de l'hégire (868 de J. C.).

Papier. 115 feuillets. Hauteur, 25 centimètres; largeur, 17 centimètres et demi. 29 lignes par page. Écriture maure-espagnole du XIe siècle. — (Ancien fonds 525.)

1056.

Recueil de questions de droit avec leurs solutions, d'après la jurisprudence mâlékite. C'est une compilation de renseignements empruntés aux écrits d'Ibn al-Mawâz (المواز), d'Ibn Ḥabîb, d'Ibn 'Abdoûs, d''Abd al-'Azîz al-'Otbî, d'Ibn Soḥnoûn et d'autres grands docteurs de l'école de Mâlik. L'autorité de Soḥnoûn et d'Ibn al-Qâsim y est souvent invoquée. La majeure partie de ce volume est consacrée à des questions d'affranchissement. Les premiers et les derniers feuillets manquent.

Papier. 189 feuillets. Hauteur, 27 centimètres; largeur, 20 centimètres. 25 lignes par page. Ms. du XVIIe siècle. — (Supplément 392 *bis*.)

1057.

1° Traité (رسالة) de droit mâlékite, par Ibn abî-Zaïd al-Qaïrawânî, mort en 389 de l'hégire (999 de J. C.). Le texte porte toutes les voyelles. Copie du xve siècle.

2° (Fol. 68.) L'*Adjorroûmiyya*, traité de grammaire arabe, composé par Moḥammad ibn Dawoûd al-Ṣinhâdjî, surnommé *Ibn Adjorroûm* (ابن أجرّوم). Le texte porte les voyelles.

3° (Fol. 74.) Traité sur la théorie du droit, commençant par ces mots : الحكم اثبات امر او نفيه وينقسم الى ثلاثة اقسام شرعي وعادي وعقلي.

4° (Fol. 78 v°.) Traité sur les viandes prohibées, par Aboû 'l-Walîd ibn Roschd, cadi de Cordoue, grand-père d'Averroès. Très-mauvaise écriture.

5° (Fol. 82 v°.) Traité des ventes, en vers techniques, distribué en quinze sections et une conclusion. Les opinions d'Ibn Djamâʿa et d'Ibn al-Qâsim y sont citées.

6° (Fol. 96.) لامية الافعال. Traité des verbes, par Ibn Mâlik, avec un commentaire par un anonyme. Ce traité est en vers, dont chacun se termine par la syllabe *lâ* (لا). Le texte porte les voyelles.

7° (Fol. 113 v°.) Pièce de dix-sept vers, renfermant les règles de permutation pour l'*alif*, par ʿAbd al-Dâïm, natif de Téza, au Maroc.

8° (Fol. 114.) Règles de la réduplication de la lettre *yâ*, suivies de quelques pièces de vers.

9° (Fol. 115 v°.) Formulaire d'actes, à l'usage des notaires, intitulé الوثائق الفاسيّة «Contrats de Fez». Copie datée de l'an 1049 de l'hégire (1639-1640 de J. C.).

10° (Fol. 142 v°.) Prière suivie de quelques vers.

11° (Fol. 143.) Fragment d'un traité sur les vertus particulières de chaque sourate du Coran.

12° (Fol. 144.) Trois fragments d'un traité sur les ventes, en vers.

13° (Fol. 144 v°.) Traité en vers sur l'*alif* bref, l'*alif* long, l'insertion (*idghâm*), les *yâ*, etc., par Moḥammad ibn Aḥmad al-Miknâsî, surnommé Ibn Ghâzî (ابن غازى) al-ʿOthmânî.

14° (Fol. 148 v°.) Traité sur le partage des successions, par Aboû Naṣr. Copié en 1053 de l'hégire (1643-1644 de J. C.).

15° (Fol. 165.) Traité en vers sur les dogmes de la foi musulmane, sur la purification, la prière, etc. Poème à l'usage des enfants (ارجوزة الولدان).

16° (Fol. 169 v°.) Poème sur les devoirs du musulman, par ʿAbd al-Raḥmân.

17° (Fol. 189 v°.) Traité sur les dogmes de la foi (العقيدة الصغرى), par Moḥammad ibn Yoûsof al-Sanoûsî.

18° (Fol. 195 v°.) Poème indiquant les leçons du Coran adoptées à la Mecque. L'auteur, Moḥammad ibn Aḥmad al-Maṣmoûdî (المصمودى), a intitulé cette pièce المنحة المكيّة لمبتدى القراءة المكيّة «Récit offert en cadeau à celui qui commence l'étude des leçons mecquoises». Ce traité est suivi d'un appendice en vers sur le même sujet.

19° (Fol. 208 v°.) Neuf vers techniques, qui présentent une explication des lettres ou sigles par lesquels on a l'habitude de désigner les principaux lecteurs du Coran.

20° (Fol. 209.) Diverses règles d'orthographe et de grammaire, en vers.

21° (Fol. 214.) Série de poèmes à la louange de Mahomet. La première de ces pièces rime en *â*, la seconde en *bâ*, la troisième en *tâ*, jusqu'à la fin de l'alphabet. L'auteur, Moḥammad ibn Roschd al-Baghdâdî, a intitulé son ouvrage الوتريات فى مدح صاحب الايات «Pièces venant à la suite les unes des autres et renfermant les louanges du *Maître des signes*», c'est-à-dire de Mahomet.

22° (Fol. 237 v°.) Poème dont la rime alternante est le nom de Mahomet.

23° (Fol. 240.) Les noms des vingt-huit mansions du zodiaque; puis quatre vers relatifs à la manière de trouver la *qibla*, ou la direction de la Mecque, à l'aide des étoiles de la grande Ourse.

24° (Fol. 245.) Sermon ou prière pour demander la pluie (خطبة الاستسقاء).

25° (Fol. 249.) Sermon pour les deux grandes fêtes (خطبة العيدين).

26° (Fol. 251.) Traité de grammaire, par Moḥammad ibn ʿOmar ibn ʿOthmân.

27° (Fol. 256.) Termes grammaticaux avec leurs définitions (حدود النحو), par le schaïkh Schihâb al-Dîn.

28° (Fol. 258 v°.) Explication du مثلّث de Qoṭrob, par ʿAbd al-ʿAzîz al-Miknâsî.

Papier. 259 feuillets. Hauteur, 19 centimètres; largeur, 14 centimètres. Écritures diverses des xve, xvie et xviie siècles. — (Ancien fonds 526.)

1058.

La رسالة d'Ibn abî Zaïd al-Qaïrawânî. Ms. daté de l'an

1059 de l'hégire (1649 de J. C.). Les premiers feuillets manquent.

Papier. 140 feuillets. Hauteur, 23 centimètres et demi; largeur, 16 centimètres et demi. 13 lignes par page. — (Supplément 391.)

1059.

La رسالة d'Ibn abî Zaïd al-Qaïrawânî. Ms. daté de l'an 1083 de l'hégire (1672-1673 de J. C.). Quelques notes marginales.

Papier. 128 feuillets. Hauteur, 21 centimètres; largeur, 15 centimètres. 11 lignes par page. — (Ancien fonds 430.)

1060.

1° La رسالة d'Ibn abî Zaïd al-Qaïrawânî.

2° (Fol. 69.) Traité en vers (*râiya*) sur la prononciation des lettres du Coran, par Yaḥyâ ibn Moûsâ al-Djazoûlî. Premier vers :

بدات لبسم الله الرحمن مولانا
وسيدنا الرحيم سبحن ذى القدر

3° (Fol. 82 v°.) L'ʿ*Aqîda* d'Al-Sanoûsî (Moḥammad ibn Yoûsof), commençant par ces mots : ان اول ما يجب قبل كل شى على من بلغ ان يعل فكره فيما يوصله الى العلم بمعبوده.

4° (Fol. 96.) L'ʿ*Aqîda* d'Al-Sanoûsî, commençant par ces mots : اعلم ان الحكم العقلى ينحصر فى ثلاثة اقسام.

5° (Fol. 101.) Autre ouvrage de Sanoûsî. (Voyez ci-dessus, n° 1057, 3°.)

6° (Fol. 105.) Traité sur l'existence de Dieu. Commencement : اعلم ان مولانا جل وعز واجب الوجود ويستحيل عليه ضدّه وهو العدم.

7° (Fol. 106.) حرز الامانى. Traité en vers sur la lecture du Coran, par Ibn Fierro al-Schâṭibî.

8° (Fol. 144 v°.) L'*Alfiyya* d'Ibn Mâlik.

9° (Fol. 176.) كتاب التلقين. Traité d'ʿAbd Allâh ibn Moûsâ al-Sarâqî sur les devoirs religieux du musulman.

10° (Fol. 189.) Traité intitulé كتاب الكلكل, renfermant des traditions au sujet de la prière, du jeûne, de l'ablution, etc.

11° (Fol. 212.) Série de questions touchant divers points de la doctrine musulmane, avec les réponses.

12° (Fol. 221 v°.) Prière en vers, composée par Ḥasan ibn Masʿoûd al-Yoûsî (اليوسى). Premier vers :

يا رب يا رحمن يا من لا طلب   الا الله وعنده يرجا الارب

Papier. 224 feuillets. Hauteur, 21 centimètres; largeur, 14 centimètres. Ms. du XVIIe siècle. — (Supplément 1876.)

1061.

1° La رسالة d'Ibn abî Zaïd al-Qaïrawânî.

2° (Fol. 77.) Traité des ventes d'Ibn Djamâʿa, mis en vers par Aboû Zaïd ʿAbd al-Raḥmân al-Tilimsânî.

3° (Fol. 87 v°.) Traité des devoirs du musulman, en vers, par ʿAbd al-Raḥmân al-Raqʿî (الرقعى).

4° (Fol. 106.) Traité en vers sur l'année et ses divisions.

5° (Fol. 112 v°.) Traité en vers sur l'orthographe du Coran, par Moḥammad ibn Ibrâhîm al-Omawî (الاموى) al-Scharîschî. Premier vers :

الحمد لله العظيم المنن   ومرسل الرسل باهدى سنن

6° (Fol. 127 v°.) Autre poème sur le même sujet, par Ibn Barrî. Premier vers :

الحمد لله الذى اورثنا   كتابه وعلمه علمنا

7° (Fol. 134 v°.) L'*Adjorroûmiyya*.

8° (Fol. 140.) Indication des sections du Coran, par moitié, par quart, par huitième, par *ḥizb*, etc. Le commencement manque.

9° (Fol. 167 v°.) L'*Alfiyya* d'Ibn Mâlik.

10° (Fol. 204.) L'ʿ*Aqîda* d'Al-Sanoûsî. (Voyez le numéro précédent, article 4°.)

11° (Fol. 208.) Traité d'Al-Sanoûsî sur les devoirs de tout homme responsable de ses actes.

12° (Fol. 209 v°.) Autre traité d'Al-Sanoûsî. (Voyez ci-dessus, n° 1057, 3°.)

Papier. 211 feuillets. Hauteur, 19 centimètres et demi; largeur, 13 centimètres et demi. Écritures diverses du XVIIe et du XVIIIe siècle. — (Supplément 1875.)

1062.

كفاية الطالب الربانى لرسالة ابن ابى زيد القيروانى «Ce qui suffit pour faire comprendre à celui qui poursuit la voie spirituelle la *Risâla* d'Ibn abî Zaïd al-Qaïrawânî». L'auteur

de ce commentaire est Aboû 'l-Ḥasan al-Mâlikî. Notes marginales. La fin manque.

Papier. 104 feuillets. Hauteur, 21 centimètres et demi; largeur, 16 centimètres. 23 lignes par page. Ms. du XVIIe siècle. — (Supplément 2021.)

1063 à 1069.

الفواكه الدواني على رسالة ابن ابي زيد القيرواني « Fruits à la portée de tout le monde, (commentaire) sur la *Risâla* d'Ibn abî Zaïd al-Qaïrawânî ». L'auteur de cet ouvrage se nommait Schihâb al-Dîn Aḥmad ibn Ghonaïm (غنيم) ibn Sâlim, natif de Baghdâd, docteur mâlékite attaché à la mosquée d'Al-Azhar, au Caire. Ms. daté de l'an 1170 de l'hégire (1757 de J. C.). Cet exemplaire formait deux volumes, qui ont été reliés en sept tomes.

Sept volumes. Papier. 220, 177, 228, 287, 278, 307, 251 feuillets. Hauteur, 22 centimètres; largeur, 15 centimètres. 19 lignes par page. — (Supplément 392.)

1070.

Second et dernier volume d'un commentaire sur la *Risâla* d'Ibn abî Zaïd al-Qaïrawânî. Les premiers feuillets manquent. Ms. daté de l'an 1165 de l'hégire (1752 de J. C.).

Papier. 450 feuillets. Hauteur, 21 centimètres; largeur, 15 centimètres. 21 lignes par page. — (Supplément 407.)

1071.

Les deux dernières parties d'un traité de droit mâlékite consacré aux matières litigieuses. D'après une note finale et d'après le titre écrit sur la tranche, cet ouvrage porte le titre de التبصرة, et a pour auteur un docteur nommé Aboû 'l-Ḥasan al-Lakhmî. La première partie du ms. est datée de l'an 1247 de l'hégire (1831-1832 de J. C.), et la seconde, d'une autre main, porte la date de 1242 de l'hégire (1826-1827 de J. C.).

Papier. 396 feuillets. Hauteur, 31 centimètres; largeur, 21 centimètres. 31 lignes par page. — (Supplément 399.)

1072.

Les décisions juridiques d'Aboû 'l-Walîd Moḥammad ibn Aḥmad ibn Roschd (رشد), imâm de la grande mosquée de Cordoue, et grand-père du célèbre Averroès (Ibn Roschd). La plupart des questions auxquelles répond l'auteur lui avaient été adressées de différentes villes musulmanes de l'Espagne, ainsi que de Ceuta, de Tanger et de la ville de Maroc. D'autres lui avaient été proposées par les princes almoravides (fol. 83, 107 v°, 116 v°, 120 v°, 123, 142 v°). Ces questions ne sont pas classées par matières. Le compilateur, Ibn al-Warrân (ابن الوران), y a intercalé quelques dissertations ou leçons faites par Ibn Roschd à ses élèves. On y trouve des renseignements sur quelques faits de l'histoire d'Espagne, sur certains usages (fol. 106 v°), et même sur l'administration militaire (fol. 170 v°). A la fin du volume, l'éditeur donne une liste des écrits d'Ibn Roschd, et mentionne quelques événements de la vie politique de ce cadi qui, selon lui, naquit en 450 de l'hégire (1058 de J. C.), et mourut en 520 (1126 de J. C.). Ms. daté de l'an 722 de l'hégire (1322 de J. C.).

Papier. 177 feuillets. Hauteur, 28 centimètres; largeur, 22 centimètres. 27 lignes par page. — (Supplément 398.)

1073.

Huitième et dernier volume d'un commentaire sur le احكام, traité de droit mâlékite. Le compilateur mentionne quelquefois les opinions d'Aboû Ḥanîfa, d'Al-Schâfi'î et d'autres docteurs, et indique par des sigles les sources où il a puisé.

Un certificat de vente, inscrit sur le verso du dernier feuillet, nous apprend que le nommé Aḥmad ibn انداغمحمد, se trouvant à Tombouktou (تنبكت), en 983 de l'hégire (1575-1576 de J. C.), a acheté ce volume d'un étudiant qui venait de passer cinq ans à Fez et au Maroc, et qu'il l'a payé quatre mithqal d'or et un sixième de mithqal.

Papier. 189 feuillets. Hauteur, 26 centimètres; largeur, 20 centimètres. 27 lignes par page dans la première partie et 31 lignes dans la seconde. Ms. de deux mains différentes. Écriture maure-espagnole du XIIe ou du XIIIe siècle. — (Ancien fonds 480.)

1074.

مفيد الحكام فيما يعرض لهم من نوازل الاحكام « Compilation utile aux juges pour ce qui se rapporte aux cas imprévus qui peuvent se présenter devant eux ». Traité de droit mâlékite sur les questions litigieuses, divisé en dix sections, par Aboû 'l-Walîd Hischâm ibn 'Abd Allâh

al-Azdî (الازدى), docteur mâlékite, dont Hadji Khalfa place la mort en 606 de l'hégire (1209-1210 de J. C.). Ms. daté de l'an 1186 de l'hégire (1772 de J. C.).

Papier. 138 feuillets. Hauteur, 25 centimètres; largeur, 17 centimètres et demi. 29 lignes par page. — (Supplément 400 *bis*.)

1075.

Commentaire de Moḥammad ibn abî Bakr ibn Yoûsof al-ʿAdnânî (العدنانى), généralement connu sous le nom d'Ibn Adjânâ (ابن اجانا), sur le *Traité des successions* d'Aboû 'l-Qâsim Aḥmad ibn Khalaf al-Kalâʿî (الكلاعى), surnommé Al-Ḥaufî (الحوفى), natif de Séville, mort en 588 de l'hégire (1192 de J. C.). Au fol. 3 v° se trouve une notice biographique de cet auteur. La plus grande partie du commentaire roule sur le calcul des parts. A la fin du volume se trouve un chapitre d'environ quatre pages, sur un problème de partage.

Papier. 158 feuillets. Hauteur, 26 centimètres; largeur, 18 centimètres. 29 lignes par page. Ms. du xve siècle. — (Supplément 465.)

1076.

منتهى البانى ومرتقى العانى فى شرح منظومة ابى اسحق التلمسانى «Terme (du travail) de l'architecte et hauteur à laquelle parvient celui qui s'efforce, pour servir de commentaire à la *Manẓoûma* d'Aboû Isḥâq, de Tlemcen». La *Manẓoûma* est un traité en vers sur le partage des successions, composé par Aboû Isḥâq Ibrâhîm ibn abî Bakr, né à Tlemcen, en 609 de l'hégire (1212-1213 de J. C.), et mort à Ceuta, vers l'an 690 de l'hégire (1292 de J. C.). Pour sa biographie, voyez fol. 2 du présent ms. L'auteur du commentaire se nommait Yaʿqoûb ibn Moûsâ ibn ʿAbd al-Raḥmân al-Bostânî (البستانى). Un certificat inscrit sur le recto du premier feuillet, daté de l'an 1203 de l'hégire, nous apprend que ce ms. fut donné en *waqf* par Ṣâliḥ Bey au collège qu'il avait fondé auprès de la mosquée de Sîdî 'l-Kittânî (الكتانى), à Constantine. Ms. daté de l'an 1163 de l'hégire (1749 de J. C.).

Papier. 301 feuillets. Hauteur, 22 centimètres; largeur, 15 centimètres et demi. 25 lignes par page. — (Supplément 466.)

1077.

1° L'abrégé de jurisprudence mâlékite de Khalîl ibn Isḥâq ibn Yaʿqoûb, traité qu'on désigne ordinairement par le titre de مختصر سيدى خليل «Abrégé de Sîdî Khalîl». Exemplaire écrit à Grenade, en 877 de l'hégire (1472-1473 de J. C.). Au fol. 1 v° se trouvent quinze vers, dans lesquels le cadi et professeur Aboû ʿAmr ibn Manẓoûr (منظور), qui était contemporain du copiste, fait l'éloge de Sîdî Khalîl et de son ouvrage.

2° (Fol. 119 v°.) تسهيل الفوائد وتكميل المقاصد «L'acquisition des connaissances utiles rendue facile, et l'accomplissement des objets qu'on avait en vue complètement effectué». Traité de grammaire en prose, composé par Djamâl al-Dîn Moḥammad ibn Mâlik, l'auteur de l'*Alfiyya*. Plusieurs notes marginales sont empruntées à un commentaire du même auteur. Exemplaire écrit à Grenade, en 860 de l'hégire (1456 de J. C.), par le même copiste que l'article précédent.

3° (Fol. 132 v°.) L'*Alfiyya* d'Ibn Mâlik, traité de grammaire en vers, avec des gloses marginales. Exemplaire écrit à Grenade, en 860 de l'hégire, de la même main que les précédents.

4° (Fol. 199 v°.) La *Schâṭibiyya* d'Aboû 'l-Qâsim ibn Fierro al-Schâṭibî. Écrit à Grenade, en 860 de l'hégire, par le même copiste.

5° (Fol. 227 v°.) الدرر اللوامع «Les perles brillantes», traité en vers, dans lequel Ibn Barrî (ابن برّى) ʿAlî ibn Moḥammad al-Ribâṭî (الرباطى) expose le système de lecture du Coran suivi par Nâfiʿ (نافع). Voici le premier vers de cette pièce :

الحمد لله الذى اورثنا كتابه وعلمه علمنا

En marge se trouvent quelques gloses tirées d'un commentaire, dont l'auteur est désigné par le titre de Al-Mantoûrî (المنتورى).

6° (Fol. 232 v°.) الخزرجية. Traité de prosodie, en vers, par Dhiyâ al-Dîn ʿAbd Allâh ibn Moḥammad al-Khazradjî, natif d'Espagne. Copie datée de l'an 862 de l'hégire.

7° (Fol. 235.) Abrégé de prosodie, en prose. Cet opuscule a été dicté en 862 de l'hégire, dans le village d'Al-Fakhar (la tuilerie), près de Grenade.

8° (Fol. 236.) Réponse à Aboû 'l-Ḥasan al-Aschʿarî, qui avait refusé à la grammaire le titre de science.

Papier. 236 feuillets. Hauteur, 20 centimètres; largeur, 14 centimètres. 23 lignes par page. — (Ancien fonds 539.)

1078.

Le *Mokhtaṣar* ou abrégé de droit musulman de Khalîl

ibn Isḥâq. Exemplaire daté de l'an 1034 de l'hégire (1624-1625 de J. C.). Nombreuses notes marginales.

Papier. 148 feuillets. Hauteur, 22 centimètres et demi; largeur, 17 centimètres. 17 lignes par page. — (Supplément 400 *ter*.)

1079.

Premier volume du commentaire d'Aḥmad al-Zarqânî (الزرقاني) sur l'Abrégé de Sîdî Khalîl. Ce glossateur, qu'il ne faut pas confondre avec son homonyme, ʿAbd al-Bâqî al-Zarqânî, autre commentateur du même ouvrage, se nommait Aḥmad ibn Moḥammad. Il était mort (سقى الله ضريحه) en 1063 de l'hégire (1653 de J. C.), époque à laquelle fut écrit le présent exemplaire de son ouvrage; tandis que ʿAbd al-Bâqî ne mourut qu'en 1099 de l'hégire (1687-1688 de J. C.). Au reste, les deux commentaires diffèrent beaucoup l'un de l'autre. Ce volume renferme à peu près le tiers de l'ouvrage; il finit par le chapitre de la pension alimentaire (نفقة). Le premier feuillet contient une pièce ajoutée après coup, à savoir, l'explication des formules par lesquelles Ibn ʿArafa, célèbre docteur mâlékite, désignait les auteurs dont il citait les opinions.

Papier. 155 feuillets. Hauteur, 21 centimètres; largeur, 15 centimètres et demi. 31 lignes par page. — (Supplément 402.)

1080 et 1081.

Deux volumes dépareillés du commentaire d'Aboû 'l-Irschâd ʿAlî al-Adjhoûrî (الاجهوري) sur l'Abrégé de Sîdî Khalîl. Le premier volume commence au milieu du chapitre du pèlerinage et finit par le chapitre de la guerre sainte. Le second volume commence par le chapitre de l'apostasie. Ms. daté de l'an 1076-1078 de l'hégire (1666-1668 de J. C.).

2 volumes. Papier. 426 et 355 feuillets. Hauteur, 20 centimètres; largeur, 15 centimètres. 25 lignes par page. — (Supplément 397.)

1082 à 1087.

Commentaire d'ʿAbd al-Bâqî ibn Yoûsof al-Zarqânî, mort en 1099 de l'hégire (1687-1688 de J. C.), sur l'Abrégé de Sîdî Khalîl.

6 volumes. Papier. 712, 652, 643, 416, 623, 714 feuillets. Hauteur, 21 centimètres; largeur, 15 centimètres. 19 lignes par page. — (Supplément 2394 à 2399.)

1088 à 1090.

Trois volumes, le premier, le second et le dernier, du commentaire d'ʿAbd al-Bâqî al-Zarqânî sur l'Abrégé de Sîdî Khalîl. Cet exemplaire était composé d'au moins quatre volumes. Comme les douze premiers feuillets du premier volume avaient disparu, on les a remplacés, pour dissimuler la lacune, par le même nombre de feuillets empruntés à un autre volume de l'exemplaire.

3 volumes. Papier. 617, 472 et 497 feuillets. Hauteur, 22 centimètres et demi; largeur, 16 centimètres. 21 lignes par page. Ms. du XVIIIe siècle. — (Supplément 401.)

1091.

Quatrième et dernier volume du commentaire d'ʿAbd al-Bâqî al-Zarqânî sur l'Abrégé de Sîdî Khalîl, commençant par le chapitre des locations (اجارة).

Papier. 232 feuillets. Hauteur, 30 centimètres; largeur, 20 centimètres et demi. 31 lignes par page. Ms. du XVIIIe siècle. — (Supplément 402 *bis*.)

1092.

Commentaire sur l'Abrégé de Sîdî Khalîl. Volume mutilé au commencement et à la fin.

Papier. 81 feuillets. Hauteur, 28 centimètres; largeur, 19 centimètres et demi. 46 et 47 lignes par page. — (Supplément 2351.)

1093.

Premier volume du commentaire de Moḥammad al-Kharschî (الخرشي) sur l'Abrégé de Sîdî Khalîl. Vers la fin du chapitre du pèlerinage, fol. 183, paraît une écriture plus régulière, qui continue jusqu'à la fin du volume; mais ces nouveaux feuillets ont dû appartenir à un autre volume du même ouvrage et ne sont pas à leur place.

Papier. 212 feuillets. Hauteur, 33 centimètres; largeur, 23 centimètres. 34 à 42 lignes par page. Ms. du XVIe siècle. — (Supplément 403.)

1094.

Le premier quart du commentaire d'Al-Kharschî sur

l'Abrégé de Sîdî Khalîl, se terminant par le chapitre du pèlerinage. Ms. daté de l'an 1199 de l'hégire (1784-1785 de J. C.). En tête du volume se trouvent quelques traditions de Mahomet et quelques notes peu importantes; à la fin plusieurs notes, écrites de diverses mains, sur des morceaux de papier détachés, parmi lesquels se trouve un feuillet qui paraît avoir appartenu à un autre volume du commentaire d'Al-Kharschî. Le reste se compose de vers, de notes peu intéressantes, de talismans, etc.

Papier. 219 feuillets. Hauteur, 25 centimètres et demi; largeur, 18 centimètres. 31 lignes par page au commencement, puis 27. — (Supplément 405.)

1095.

Second volume d'un exemplaire du commentaire de Moḥammad al-Kharschî, sur l'Abrégé de Sîdî Khalîl, commençant par le chapitre de la dîme. Ms. daté de l'an 1106 de l'hégire (1695 de J. C.).

Papier. 301 feuillets. Hauteur, 21 centimètres; largeur, 15 centimètres. 24 lignes par page. — (Supplément 2031.)

1096.

Second volume du commentaire d'Al-Kharschî sur l'Abrégé de Sîdî Khalîl, commençant par le chapitre des ventes et se terminant par celui de la petite culture (مساقات). Ms. daté de l'an 1189 de l'hégire (1775-1776 de J. C.).

Papier. 221 feuillets. Hauteur, 26 centimètres; largeur, 18 centimètres. 27 et 28 lignes par page. — (Supplément 404.)

1097.

Commentaire très-étendu sur un traité de jurisprudence. Le volume commence sans préface ni *bismillâh*, par le titre du chapitre qui ouvre la section de la prière. Au fol. 235 se trouve le chapitre de la dîme. Premières lignes du volume : قوله فصل الاذان لجماعة طلبت غيرها ش الاذان اعلام باى شىء كان الخ. Les derniers feuillets manquent.

Papier. 356 feuillets. Hauteur, 24 centimètres; largeur, 17 centimètres et demi. 25 lignes par page. Ms. du XVIIIe siècle. — (Supplément 2024.)

1098.

Commentaire sur un traité de droit mâlékite[1]. Le commencement et la fin manquent, ainsi que plusieurs feuillets dans le corps du volume, qui commence par le chapitre de la purification avec du sable. L'auteur dit : باب فيمن لم يجد الماء وصفة التيمم وهذا ترتيب حسن لما فرغ رضى الله عنه من الوضوء والغسل الذين يفعلان بالماء شرع فى بدلهما وهو التمم (*lis.* التيمم) الخ.

Papier. 126 feuillets. Hauteur, 30 centimètres; largeur, 21 centimètres. 27 à 29 lignes par page. Ms. du XVIIe siècle. — (Supplément 2356.)

1099.

Volume dépareillé d'un commentaire sur un traité de jurisprudence. D'après le titre écrit sur la tranche du livre, ce serait le quatrième volume d'un commentaire sur l'ʿOmda, رابع شرح العمدة. Parmi les nombreux ouvrages qui portent ce titre, il serait difficile d'indiquer avec certitude celui dont il s'agit ici. C'est peut-être l'ʿ*Omda* du célèbre Aboû Bakr Moḥammad al-Schâschî, docteur schâféite; mais le commentateur appartenait certainement à l'école de Mâlik (voyez fol. 276 v°). Le volume commence par ces mots : كتاب الزكاة قال الشيخ رحمه الله الزكاة نطلق بمعنى النما وبمعنى الطهارة. Ms. daté de l'an 806 de l'hégire (1403-1404 de J. C.).

Papier. 276 feuillets. Hauteur, 26 centimètres; largeur, 16 centimètres et demi. 26 lignes par page. — (Supplément 327, Saint-Germain 83.)

1100.

تحفة الحكام فى نكت العقود والاحكام «Don offert aux juges, traitant des minuties (à observer) dans les actes authentiques et les sentences». Ce manuel de jurisprudence en vers a été composé en 835 de l'hégire (1432 de J. C.), par Moḥammad ibn Moḥammad ibn ʿÂṣim (عاصم) al-Qaïsî, grand cadi de Grenade. Ms. daté de l'an 1241 de l'hégire (1826 de J. C.).

Papier. 113 pages. Hauteur, 19 centimètres; largeur, 12 centimètres et demi. 16 lignes par page. — (Supplément 393.)

---

[1] C'est un commentaire sur l'Abrégé de Sîdî Khalîl, de même que le numéro précédent. H. Z.

1101.

Le *Tohfat al-Hokkâm* d'Aboû Bakr Mohammad ibn Âsim al-Qaïsî. Exemplaire daté de l'an 1252 de l'hégire (1836 de J. C.). En tête se trouve une liste des chapitres. Nombreuses notes marginales.

Papier. 68 feuillets. Hauteur, 25 centimètres et demi; largeur, 19 centimètres. 15 lignes par page. — (Supplément 2337.)

1102.

Gloses marginales d'Aboû ʿAlî al-Hasan ibn Rahhâl (حاشية ابن رحّال) au commentaire de Mayyâra (ميّارة) sur le *Tohfat al-Hokkâm* d'Ibn Âsim. Le schaïkh Aboû ʿAbd Allâh Mohammad ibn Ahmad, surnommé *Mayyâra*, natif de Fez, vivait vers la fin du xiᵉ siècle de l'hégire (xviiᵉ siècle de l'ère chrétienne). Ms. daté de l'an 1248 de l'hégire (1832 de J. C.).

Papier. 295 feuillets. Hauteur, 21 centimètres; largeur, 15 centimètres. 22 lignes par page. — (Supplément 394.)

1103.

Commentaire sur un traité de droit. Le commencement manque. Le chapitre de la prière (fol. 2) commence par ces mots : الصلاة في لغة الدّعا وشرعا اقوال وافعال مخصوصة في اوقات مخصوصة. Le texte commenté, écrit à l'encre rouge, commence ainsi : الصلاة في اربعة انواع وهي فرض عين الخ. Les deux derniers chapitres sont intitulés : باب احكام الاعمى et باب حكم الاولاد, ce qui montre que nous n'avons pas ici la fin de l'ouvrage. Ms. daté de l'an 1180 de l'hégire (1767 de J. C.).

Papier. 269 feuillets. Hauteur, 23 centimètres; largeur, 16 centimètres et demi. 25 lignes par page. — (Supplément 2232.)

4. DROIT HANBALITE.

1104.

Second volume d'un traité de droit qui paraît être le كافي «Suffisant», du docteur hanbalite Mowaffiq al-Dîn ibn Qodâma (ʿAbd Allâh ibn Ahmad), natif de Jérusalem, mort en 620 de l'hégire (1223 de J. C.). Le commencement, jusqu'à la fin du chapitre de la composition à l'amiable (الصلح), manque. Le dernier chapitre a pour sujet le serment de ne pas cohabiter (الايلاء).

Papier. 289 feuillets. Hauteur, 23 centimètres; largeur, 16 centimètres. 19 à 21 lignes par page. Ms. du xivᵉ siècle. — (Ancien fonds 533.)

1105.

كتاب الارشاد الى سبيل الرشاد «Livre de la direction vers la voie droite», traité de droit hanbalite, par le chérif Ibn abî Moûsâ al-Hâschimî. Premiers mots : الحمد لله الذى ابتدانا بنعمته. Exemplaire de diverses mains, daté de l'an 892 de l'hégire (1487 de J. C.). On lit au premier feuillet un fragment d'un traité de métaphysique.

Papier. 164 feuillets. Hauteur, 27 centimètres; largeur, 18 centimètres. 25 lignes par page dans la partie la plus ancienne, et 27 partout ailleurs. — (Ancien fonds 475.)

1106.

Exposé systématique du droit hanbalite (?). Le titre paraît être indiqué dans la préface par les mots : مختصر الاحكام في مسائل الحلال والحرام «Sommaire des décisions touchant ce qui est licite et ce qui est défendu». L'auteur se nommait le schaïkh Nadjm al-Dîn Aboû 'l-Qâsim al-Mahallî (المحلى), s'il faut s'en rapporter à une note inscrite sur le recto du premier feuillet. La préface commence par ces mots : اللهم انى احمدك حمدا يقل في انتشاره حمد كل حامد. Ms. écrit dans la ville de Lâr (في بلدة اللار), en 1087 de l'hégire (1676-1677 de J. C.).

Papier. 464 feuillets. Hauteur, 25 centimètres; largeur, 17 centimètres. 14 lignes par page. — (Supplément 446.)

1107.

الروض المشبع في حلّ الفاظ مختصر المقنع «La riche prairie, renfermant l'explication de l'Abrégé du *Moqniʿ*», ouvrage composé en 1043 de l'hégire (1633-1634 de J. C.), par le schaïkh Mansoûr ibn Yoûnos al-Bahoûtî (البهوتى). Le *Moqniʿ*, traité de droit hanbalite, a pour auteur Mowaffiq al-Dîn ʿAbd Allah ibn Qodâma, et l'Abrégé, Scharaf al-Dîn Aboû 'l-Nadjâ (ابو النجاء) Moûsâ ibn Ahmad al-Maqdisî.

Papier. 259 feuillets. Hauteur, 21 centimètres et demi; largeur, 16 centimètres. 23 à 27 lignes par page. Ms. du xviiᵉ siècle. — (Supplément 445.)

5. DROIT SCHIITE.

1108.

1° كـتـاب من لا يحـضـره الـفـقـيـه «Livre à l'usage de celui qui ne trouve pas de jurisconsulte», traité de droit schiite, par Ibn Bâboûyeh (Aboû Dja'far Moḥammad ibn 'Alî). Ce traité a été composé sur la demande d'un descendant d''Alî, qui a désigné, comme modèle à suivre, l'ouvrage du médecin Moḥammad ibn Zakariyâ al-Râzî, intitulé كتاب من لا يحضره الطـبـيـب «Livre à l'usage de celui qui n'a pas de médecin auprès de lui». De la troisième section de l'ouvrage il ne reste qu'un cahier. A la fin se trouve un chapitre dans lequel l'auteur explique les sigles dont il s'est servi pour désigner les traditionnistes. Copie datée des années 1033 et 1035 de l'hégire (1625-1627 de J. C.).

2° (Fol. 377.) كتاب خلاصة الاقوال فى معرفة الرجال «La quintessence de ce qu'on a dit pour faire connaître les hommes (qui ont transmis des traditions)», dictionnaire biographique des traditionnistes, compilé par Djamâl al-Dîn al-Ḥasan ibn Yoûsof ibn al-Moṭahhir. Copie datée de l'an 1032 de l'hégire.

3° (Fol. 419.) البداية فى علم دراية الحديث «Éléments de la critique des traditions», dissertation attribuée à un docteur nommé Zaïn al-Din ibn 'Alî ibn al-Ḥâdja? (الحاجه), et désigné par le titre de الشهيد الثانى «le second martyr». Copie de la même date et de la même écriture que l'article précédent.

Papier. 424 feuillets. Hauteur, 21 centimètres et demi; largeur, 15 centimètres. 27 à 38 lignes par page. — (Ancien fonds 406.)

6. ÉCOLES NON DÉTERMINÉES.

1109.

Traité de droit. Le commencement, jusqu'au milieu du livre des successions, manque. On lit en tête du premier feuillet les mots كتاب التهذيب لابى... (Aboû 'Alî al-Zaddjâdjî?). Ms. daté de l'an 774 de l'hégire (1372 de J. C.).

Papier. 149 feuillets. Hauteur, 27 centimètres et demi; largeur, 18 centimètres et demi. 23 lignes par page. — (Ancien fonds 496.)

1110.

Dernière partie d'un traité de jurisprudence. Le ms. commence par le livre des successions (ميراث), dont les premiers feuillets manquent. On a cherché à dissimuler cette lacune, en collant un feuillet de papier blanc sur le recto du feuillet 1, et en y inscrivant le titre de الجلد الاول من شرح معانى الاثار للامام العالم العلامة الطحاوى «Premier volume du commentaire sur le *Ma'ânî 'l-Athâr* du savant imâm Al-Ṭahâwî». On sait que l'ouvrage de Ṭahâwî a pour sujet les traditions de Mahomet, tandis que le présent ms. traite de la jurisprudence. L'ouvrage se termine par le chapitre intitulé باب الحضانة «Sur le droit de la mère à l'éducation de son enfant». Presque tous les chapitres commencent par les mots قال المصنّف رحمه الله.

Papier. 240 feuillets. Hauteur, 26 centimètres; largeur, 19 centimètres. 21 lignes par page. Ms. du XIVe siècle. — (Ancien fonds 513.)

1111.

Premier volume d'un commentaire sur un traité de jurisprudence. Le commencement et la fin manquent. Après la section de la prière vient celle des funérailles (fol. 68). La section de la dîme commence au fol. 98 v°; le chapitre intitulé باب من يلزمه الزكاة au fol. 135, et le باب الاحرام au fol. 201 v°.

Papier. 257 feuillets. Hauteur, 28 centimètres; largeur, 18 centimètres. 25 à 28 lignes par page. Ms. du XVe siècle. — (Supplément 2025.)

1112.

Volume dépareillé d'un commentaire sur un traité de jurisprudence commençant par le chapitre de l'anathème (اللعان), et finissant par celui qui est intitulé باب من لا يجب عليه الدية بالجناية «Chapitre du délinquant pour qui le payement du prix du sang n'est pas obligatoire». On voit, à la fin du volume, que l'auteur du traité commenté se nommait Aboû Isḥâq (Aboû Isḥâq al-Schîrâzî?).

Papier. 295 feuillets. Hauteur, 26 centimètres; largeur, 17 centimètres et demi. 23 lignes par page. Ms. du XVe siècle. — (Ancien fonds 467.)

1113.

Texte et commentaire d'un traité sur la purification (الطهارة). Les premiers feuillets manquent. Ms. daté de l'an 968 de l'hégire (1560-1561 de J. C.).

Papier. 161 feuillets. Hauteur, 22 centimètres; largeur, 16 centimètres. 19 lignes par page. — (Ancien fonds 286.)

1114.

Traité de droit musulman. Le commencement manque. Le premier chapitre qui se présente a pour titre باب اليمين في الطلاق والرجعة, et commence par ces mots : ان ولد فانت كذا; le dernier chapitre traite du partage des successions (الفرائض). Ms. daté de l'an 969 de l'hégire (1561-1562 de J. C.). A la fin du volume se trouve un court traité sur la prière, attribué à Aboû 'l-Laïth al-Samarqandî.

Papier. 68 feuillets. Hauteur, 20 centimètres et demi; largeur, 15 centimètres. 19 lignes par page. — (Ancien fonds 534.)

1115.

Fragment d'un commentaire sur un traité de jurisprudence. Les premiers feuillets contiennent la fin du chapitre sur l'ablution générale (غسل). Au fol. 11 commence le chapitre sur l'ablution partielle (وضوء), et au fol. 60 v°, le chapitre sur la purification avec du sable.

Papier. 60 feuillets. Hauteur, 25 centimètres et demi; largeur, 17 centimètres et demi. 25 lignes par page. Ms. du xve siècle. — (Ancien fonds 271.)

1116.

Dernier volume d'un traité de jurisprudence, commençant par le chapitre des ventes et finissant par le chapitre des questions diverses. Voici les premiers mots du chapitre des ventes : قال البيع ينعقد بالايجاب والقبول.

Papier. 322 feuillets. Hauteur, 21 centimètres et demi; largeur, 16 centimètres. 21 lignes par page. Ms. du xvie siècle. — (Ancien fonds 548.)

1117.

Formulaire d'actes notariés et autres, sans préface, ni titre, ni nom d'auteur.

Papier. 178 feuillets. Hauteur, 21 centimètres et demi; largeur, 16 centimètres. 19 lignes par page. Ms. du xviie siècle. — (Supplément 458.)

1118.

Copie de deux actes authentiques par lesquels Aboû Naṣr Qâïtbey (قايتباى), sultan mamlouc qui régna en Égypte de 872 à 901 de l'hégire (1468-1496 de J. C.), constitua plusieurs de ses propriétés en *waqf*, afin que les revenus en fussent affectés à des œuvres pies. On y remarque la fondation d'un *waqf* pour l'achat du blé qui devait être distribué sous forme de petits pains et de bouillie (دسيسة) aux pauvres de la Mecque et de Médine, ainsi qu'aux voyageurs nécessiteux qui passeraient par ces villes. La première de ces pièces est datée de l'an 888, la seconde de 889. Suivent d'autres pièces, en assez grand nombre, dont la dernière porte la date de 988 de l'hégire (1580 de J. C.); elles se rapportent à l'administration desdites propriétés. La description et la délimitation des immeubles constitués en *waqf* remplissent un grand nombre de pages. Ce volume paraît être de la fin du xvie siècle; les actes ont été copiés sur les originaux.

Papier. 235 feuillets. Hauteur, 27 centimètres; largeur, 18 centimètres. 18 lignes par page. — (Supplément 471.)

1119.

Copie d'un acte de *waqf* daté de l'an 964 de l'hégire (1566-1567 de J. C.), déclarant que Aḥmad Pacha, gouverneur de la Syrie, avait consacré à des œuvres pies les revenus de certains immeubles, sis à Damas et ailleurs. On lit dans cette pièce la description de ces propriétés, et l'emploi de leurs revenus est indiqué avec détails. Ms. daté de l'an 983 de l'hégire (1575-1576 de J. C.).

Papier. 14 feuillets. Hauteur, 21 centimètres; largeur, 14 centimètres et demi. 17 lignes par page. — (Supplément 473.)

1120.

Original d'un acte de *waqf* dressé au tribunal de la mosquée d'Al-Ṣâliḥ, au Caire (مصر), en 1130 de l'hégire (1718 de J. C.), portant que l'émir ʿAlî Ketkhodâ (كتخدا), chef du régiment des *camélites* (كمليان), a consacré une partie de ses biens à des œuvres pies et une partie aux deux villes saintes (la Mecque et Médine), après extinction de ses descendants directs. Ce document est muni des signatures et cachets des juges et des témoins. Il renferme l'énumération et la description des nombreuses propriétés qui devaient constituer le *waqf*.

Papier. 39 feuillets. Hauteur, 21 centimètres; largeur, 15 centimètres. 9 lignes par page. — (Supplément 470.)

V.

THÉOLOGIE.

1. — TRAITÉS SUR LA PRIÈRE.

1121.

المقدمة «Introduction à la prière», par Aboû 'l-Laïth Naṣr ibn Moḥammad al-Samarqandî, mort en 375 de l'hégire (985 de J. C.). Les derniers feuillets manquent.

Papier. 50 feuillets. Hauteur, 17 centimètres; largeur, 11 centimètres. 9 lignes par page. Ms. du XVIIe siècle. — (Ancien fonds 309.)

1122.

1° La *Moqaddama* d'Aboû 'l-Laïth al-Samarqandî.

2° (Fol. 26.) Quelques traditions.

3° (Fol. 26 v°.) Le traité ايّها الولد d'Al-Ghazâlî, avec la préface.

4° (Fol. 39 v°.) Tableau du nombre de sourates, versets, mots et lettres que renferme le Coran, avec l'indication des pauses.

5° (Fol. 46 v°.) Traité en turc sur l'art de lire le Coran.

6° (Fol. 75 v°.) الفقه الاكبر. Traité de théologie, attribué à Aboû Ḥanîfa.

7° (Fol. 83 v°.) الوصية «Conseils», d'Aboû Ḥanîfa.

8° (Fol. 99.) Histoire d'Aboû Ḥanîfa et d'un matérialiste (دهرى).

Papier. 100 feuillets. Hauteur, 20 centimètres; largeur, 14 centimètres. 15 lignes par page. Ms. de diverses écritures du XVIIe siècle. — (Supplément 1867.)

1123.

La *Moqaddama* d'Aboû 'l-Laïth al-Samarqandî. Ms. daté de l'an 1186 de l'hégire (1772-1773 de J. C.).

Papier. 52 feuillets. Hauteur, 22 centimètres; largeur, 16 centimètres. 9 lignes par page. — (Supplément 221.)

1124.

التوضيح «Élucidation», commentaire de Mostafâ ibn Zakariyâ ibn Aïdoghmisch (آيدغمش) al-Qaramânî (القرماني), mort en 809 de l'hégire (1406-1407 de J. C.), sur la *Moqaddama* d'Aboû 'l-Laïth al-Samarqandî. L'auteur a terminé son travail, au Caire, en 762 de l'hégire (1360-1361 de J. C.).

Papier. 86 feuillets. Hauteur, 27 centimètres; largeur, 18 centimètres et demi. 17 et 19 lignes par page. Ms. du XVIe siècle. — (Ancien fonds 275.)

1125.

Le commentaire d'Ibn Aïdoghmisch al-Qaramânî sur la *Moqaddama* d'Aboû 'l-Laïth al-Samarqandî.

Papier. 103 feuillets. Hauteur, 21 centimètres; largeur, 16 centimètres. 19 lignes par page. Ms. du XVIe siècle. — (Ancien fonds 291.)

1126.

1° Le commentaire d'Ibn Aïdoghmisch al-Qaramânî sur la *Moqaddama* d'Aboû 'l-Laïth al-Samarqandî. Copie datée de l'an 991 de l'hégire (1583 de J. C.).

2° (Fol. 118 v°.) اسهل المسالك فى تحرير المناسك «La voie la plus facile pour accomplir les cérémonies du pèlerinage», d'après les prescriptions du rite hanéfite. Ouvrage composé par ʿAlî ibn Ibrâhîm al Ghamrî (الغمرى). A partir du fol. 122, le copiste a écrit sur les marges, et en suivant les pages dans l'ordre inverse, la suite et la fin de ce traité.

3° (Fol. 122 v°.) الروضة الزاهرة النافعة فى الدنيا والاخرة «Le jardin fleuri et profitable, tant dans ce monde que dans l'autre». C'est un recueil de ce que les grands docteurs de l'islamisme ont dit au sujet de l'excellence de la prière du vendredi. L'auteur se nommait Mohyî al-Dîn Moḥammad ibn Solaïmân al-Roûmî, généralement connu sous le nom de *Al-Kânyâdjî* (الكانياجى).

Papier. 132 feuillets. Hauteur, 24 centimètres et demi; largeur, 14 centimètres. 23 lignes par page. — (Supplément 220.)

1127.

Le commentaire d'Ibn Aïdoghmisch al-Qaramânî sur

la *Moqaddama* d'Aboû 'l-Laïth al-Samarqandî. Ms. daté de l'an 1005 de l'hégire (1596-1597 de J. C.).

Papier. 183 feuillets. Hauteur, 21 centimètres; largeur, 12 centimètres et demi. 17 lignes par page. — (Ancien fonds 308.)

1128.

1° Commentaire sur la *Moqaddama* d'Aboû 'l-Laïth al-Samarqandî.

2° (Fol. 29 v°.) Paroles de Mahomet touchant les devoirs du musulman.

3° (Fol. 37 v°.) علم الهدى. Traité sur les dogmes de la religion, par Sa'îd ibn Moûsâ al-Ḥalabî.

4° (Fol. 44 v°.) La *Borda* d'Al-Boûṣîrî.

5° (Fol. 48 v°.) Traité cabalistique sur le grand nom de Dieu. La fin manque.

6° (Fol. 50.) Quelques traditions.

7° (Fol. 51.) Le même traité que l'article 5 ci-dessus, mais commençant par une phrase en langage cabalistique.

8° (Fol. 53.) Prières.

Papier. 55 feuillets. Hauteur, 18 centimètres; largeur, 12 centimètres et demi. 18 à 21 lignes par page. Ms. du xviiie siècle. — (Supplément 1866.)

1129.

الجواهر الزكية في حلّ الفاظ العسماوية «Les pierres fines, explication des termes employés dans l'*Asmâwiyya*», commentaire d'Aḥmad ibn Torkî ibn Aḥmad, sur un traité dans lequel Sîdî Moḥammad ibn Moḥammad ibn Aḥmad explique les obscurités de la *Moqaddama* ou introduction à la prière d''Abd al-Bârrî al-'Asmâwî. Commencement : الحمد لله على نعمه المتواترة. Les marges et les feuillets de garde sont couverts de notes.

Papier. 154 feuillets. Hauteur, 22 centimètres; largeur, 16 centimètres. 11 lignes par page. Ms. du xviie siècle. — (Supplément 2037.)

1130.

كتاب الاذكار «Livre de prières», par Aboû Zakariyâ Yaḥyâ al-Nawawî, mort en 676 de l'hégire (1277-1278 de J. C.). C'est un manuel de dévotion et de politesse, indiquant les prières qu'on peut réciter dans chaque circonstance de la vie et les règles de la bienséance. Ms. daté de l'an 737 de l'hégire (1337 de J. C.).

Papier. 214 feuillets. Hauteur, 26 centimètres; largeur, 18 centimètres. 23 lignes par page. — (Supplément 493.)

1131.

Premier cahier du commentaire d'Al-Malwî (الملوى) sur le *dsikr* employé par Yaḥyâ al-Nawawî. Commencement : الحمد لله الذى رفع قدر الذاكرين.

Papier. 10 feuillets. Hauteur, 17 centimètres; largeur, 11 centimètres et demi. 17 lignes par page. Ms. du xviiie siècle. — (Supplément 1987.)

1132.

منية المصلّى وغنية المبتدى «Souhait de celui qui veut faire la prière et (guide) suffisant pour le novice», ouvrage sans nom d'auteur, mais attribué à Sadîd al-Dîn, de Kâschghar. Les mots sont espacés, à la manière européenne; le texte est encadré; le frontispice porte le titre orné et les mots برسم الخزانة الشريفة الملكية الظاهرية خلد الله ملكه «Écrit pour la bibliothèque d'Al-Mâlik al-Ẓâhir, que Dieu éternise son règne!»

Papier. 117 feuillets. Hauteur, 26 centimètres et demi; largeur, 18 centimètres. 11 lignes par page. Ms. du xive siècle. — (Ancien fonds 292.)

1133.

Le *Monyat al-Moṣallî*. Ms. daté de l'an 1022 de l'hégire (1613 de J. C.).

Papier. 41 feuillets. Hauteur, 20 centimètres; largeur, 15 centimètres. 23 lignes par page. — (Ancien fonds 294.)

1134.

1° Le *Monyat al-Moṣallî*. Ms. daté de l'an 1023 de l'hégire (1614-1615 de J. C.). Nombreuses notes marginales et interlinéaires.

2° (Fol. 46 v°.) باب شروط الصلوة «Les conditions de la prière». Nombreuses notes marginales et interlinéaires.

3° (Fol. 49.) Notes, les unes en arabe, les autres en turc, sur diverses questions qui se rattachent à la prière.

4° (Fol. 51 v°.) Commentaire d'Aḥmad Taschkeupri-Zâdé (mort en 968 de l'hégire) sur la *Moqaddama* (مقدمة الصلوة) de Schams al-Dîn Moḥammad al-Fanârî (الفنارى). Le commentaire commence par ces mots : الحمد لله الذى جعل الصلوة تالية للايمان.

5° Notes en arabe et en turc sur diverses questions de droit.

Papier. 89 feuillets. Hauteur, 21 centimètres; largeur, 15 centimètres. 17 et 19 lignes par page. Ms. de diverses écritures du XVIe et du XVIIe siècle. — (Ancien fonds 293.)

1135.

Le *Monyat al-Moṣallî*. Ms. daté de l'an 1045 de l'hégire (1635-1636 de J. C.).

Papier. 69 feuillets. Hauteur, 20 centimètres; largeur, 15 centimètres. 15 lignes par page. — (Ancien fonds 283.)

1136.

1° Le *Monyat al-Moṣallî*.

2° (Fol. 83 v°.) باب شروط الصلوة «Chapitre des conditions de la prière». Dissertation sur les huit conditions à remplir pour que la prière soit valide.

3° (Fol. 94 v°.) الكافية. Traité de grammaire, par Djamâl al-Dîn ibn al-Ḥâdjib.

4° (Fol. 134 v°.) المصباح. Traité de grammaire, divisé en cinq sections, par Al-Moṭarrizî.

Papier. 161 feuillets. Hauteur 21 centimètres; largeur, 15 centimètres. 8 à 15 lignes par page. Ms. de diverses écritures du XVIIe siècle. — (Ancien fonds 287.)

1137.

Le *Monyat al-Moṣallî*. Nombreuses notes marginales.

Papier. 86 feuillets. Hauteur, 11 centimètres et demi; largeur, 10 centimètres et demi. 15 lignes par page. Ms. du XVIIe siècle. — (Ancien fonds 306.)

1138.

Le *Monyat al-Moṣallî*. A la fin du volume se trouve une prière ou invocation (دعا نامه) en turc.

Papier. 61 feuillets. Hauteur, 21 centimètres; largeur, 14 centimètres et demi. 21 lignes par page. Ms. du XVIIe siècle. — (Supplément 228.)

1139.

الايذان بفتح اسرار التشهد والاذان «L'annonce de l'explication des mystères renfermés dans (la formule de) la profession de foi et dans l'appel à la prière», ouvrage attribué à un nommé Ibrâhîm ibn ʿOmar al-Biqâʿî (البقاعى). L'auteur dit (fol. 81) qu'il a composé cet ouvrage en 873, au Caire, place de la Porte de la fête (رحبة باب العيد), dans l'espace de trois jours. Ms. daté de l'an 875 de l'hégire (1470-1471 de J. C.).

Papier. 82 feuillets. Hauteur, 14 centimètres; largeur, 9 centimètres. 7 lignes par page. — (Ancien fonds 311.)

1140.

1° بهجة الانوار وحضرة الاسرار فى فضل لا اله الا الله افضل الاذكار «L'éclat des lumières et la découverte des secrets, traitant de l'excellence de la formule : *Il n'y a pas de dieu excepté Dieu*, comme acte de commémoration», ouvrage composé par le schaïkh Ridhâ al-Dîn Ṣiddîq ibn Maʿroûf. Commencement : الحمد لله الواحد الاحد.

2° (Fol. 27.) المنهل العذب الرائق السلسال فى شرح اسماء الله الكبير المتعال «L'abreuvoir d'eau douce, limpide et agréable, contenant l'explication des noms de Dieu, le grand, qu'il soit exalté!», ouvrage du même auteur, commençant par ces mots : الحمد لله العلى شانه القديم سلطانه.

3° (Fol. 117.) Charmes et amulettes.

Ms. daté de l'an 1037 de l'hégire (1627-1628 de J. C.).

Papier. 118 feuillets. Hauteur, 20 centimètres et demi; largeur, 15 centimètres. 17 lignes par page. — (Supplément 222.)

1141.

1° باب شروط الصلوة «Conditions à remplir pour que la prière soit valide». Cet exemplaire commence par les mots : باب شروط الصلوة وهى ستة.

2° (Fol. 16 v°.) La *Moqaddama* d'Aboû 'l-Laïth al-Samarqandî.

3° (Fol. 81.) La *ʿAqîda* d'Al-Sanoûsî.

4° (Fol. 92.) اسما المناجات «Les noms saints (qui se présentent) dans les oraisons», titre d'une prière qu'on

prétend être un psaume de David, traduit de l'hébreu, par ʿAbd Allâh ibn ʿAbbâs, cousin de Mahomet.

5° (Fol. 99.) Récit fait par un saint personnage, nommé Ibrâhîm al-Tamîmî, qui, se trouvant dans la kaʿba, eut une entrevue avec le prophète Élie (Al-Khiḍr), et fut ensuite porté au ciel, où il vit le prophète Mahomet.

Papier. 104 feuillets. Hauteur, 16 centimètres et demi; largeur, 11 centimètres et demi. 10 à 13 lignes par page. Ms. de diverses écritures du XVIᵉ siècle. — (Ancien fonds 307.)

1142.

1° Le *Bâb Schoroûṭ al-Ṣalât.*

2° (Fol. 14 v°.) La *Moqaddama* d'Aboû 'l-Laïth al-Samarqandî.

3° (Fol. 67.) Questions relatives à certaines pratiques religieuses, notamment celles des derviches. En turc.

Ms. daté de l'an 995 de l'hégire (1587 de J. C.).

Papier. 89 feuillets. Hauteur, 15 centimètres et demi; largeur, 11 centimètres. 11 lignes par page. — (Ancien fonds 455.)

1143.

1° Le *Bâb Schoroûṭ al-Ṣalât.*

2° (Fol. 24 v°.) Poème turc, intitulé : التحفة المحمدية «Le cadeau mahométan», ayant pour sujet les conditions de la prière.

3° (Fol. 33.) Album renfermant des notes de divers genres et de plusieurs mains; le tout en langue turque.

En tête du volume se trouvent des notes diverses en langue turque.

Papier. 53 feuillets. Hauteur, 15 centimètres; largeur, 10 centimètres. 9 lignes par page. Ms. du XVIIᵉ siècle. — (Ancien fonds 310, Colbert 6413.)

1144.

Le *Bâb Schoroûṭ al-Ṣalât.*

Papier. 7 feuillets. Hauteur, 21 centimètres; largeur, 15 centimètres. 11 lignes par page. — (Supplément 232.)

1145.

Pages détachées d'un traité sur les conditions de la prière.

Papier. 8 feuillets. Hauteur, 20 centimètres; largeur, 15 centimètres. 7 lignes par page. Ms. du XVIIIᵉ siècle. — (Supplément 2255.)

1146.

منقولة الدلائل «Indications tirées des bonnes sources», commentaire sur un chapitre détaché qui traite des conditions à remplir pour que la prière soit valide (باب شروط الصلوة). L'auteur de ce commentaire n'a fait que reproduire le texte du chapitre, en y ajoutant des explications. Dans la préface, il donne la généalogie de Mahomet, sur l'autorité d'un ouvrage intitulé الاصلاح «La Rectification», servant de commentaire à la préface (ديباجة) d'un traité intitulé المصباح «La Lampe», et aux deux commentaires d'un traité intitulé المقدمة «L'Introduction». Ms. daté de l'an 1052 de l'hégire (1642-1643 de J. C.).

Papier. 72 feuillets. Hauteur, 20 centimètres; largeur, 18 centimètres et demi. 11 lignes par page. — (Ancien fonds 284.)

1147 et 1148.

حلبة المجلّى وبغية المهتدى فى شرح منية المصلّى وغنية المبتدى «L'Hippodrome du vainqueur et le souhait du bien dirigé, commentaire sur le *Monyat al-Moṣallî*», par Ibn Amîr Ḥâddj (ابن امير حاج) Schams al-Dîn Moḥammad ibn Moḥammad al-Ḥalabî, auteur hanéfite, mort en 879 de l'hégire (1474-1475 de J. C.). Exemplaire daté des années 1179 et 1181 de l'hégire (1765-1767 de J. C.). Hadji Khalfa mentionne cet ouvrage sous le titre de حلبة المحلى.

2 volumes. Papier. 503 et 616 feuillets. Hauteur, 22 centimètres; largeur, 16 centimètres. 21 lignes par page. — (Supplément 229.)

1149.

مختصر غنية المتملّى «Abrégé du *Ghonyat al-Motamallî*», par Ibrâhîm ibn Moḥammad al-Ḥalabî, mort en 956 de l'hégire (1549 de J. C.). Le texte est accompagné d'un assez grand nombre de gloses. En tête du volume se

trouve une liste des chapitres. Exemplaire daté de l'an 1136 de l'hégire (1723-1724 de J. C.).

Papier. 199 feuillets. Hauteur, 22 centimètres; largeur, 15 centimètres. 21 lignes par page. — (Supplément 230 *bis*, Sorbonne.)

1150.

Abrégé du *Ghonyat al-Motamallî*, par Ibrâhîm ibn Moḥammad al-Ḥalabî. Nombreuses gloses marginales. A la fin du volume se trouve une liste des chapitres. Ms. de deux mains différentes, daté de l'an 1156 (1743 de J. C.).

Papier. 230 feuillets. Hauteur, 22 centimètres; largeur, 15 centimètres et demi. 17 lignes par page. — (Supplément 230.)

1151.

Abrégé du *Ghonyat al-Motamallî*, par Ibrâhîm ibn Moḥammad ibn Ibrâhîm al-Ḥalabî. Ms. daté de l'an 1179 de l'hégire (1765-1766 de J. C.).

Papier. 369 feuillets. Hauteur, 18 centimètres; largeur, 12 centimètres. 15 lignes par page. — (Supplément 227.)

1152.

غنية المتملّى «Encouragement de celui qui patiente», commentaire d'Ibrâhîm ibn Moḥammad al-Ḥalabî sur le *Monyat al-Moṣallî*. Le commentaire commence par les mots : الحمد لله جاعل الصلوة عماد الدين. Le texte du *Monyat* est reproduit en entier. Ms. daté de l'an 1047 de l'hégire (1637 de J. C.).

Papier. 203 feuillets. Hauteur, 29 centimètres; largeur, 20 centimètres et demi. 29 à 31 lignes par page. — (Ancien fonds 276.)

1153.

كتاب الدرّ المنضود فى الصلوة والسلام على صاحب المقام المحمود «Les Perles montées, traité de la prière par laquelle on appelle les bénédictions célestes sur celui qui occupe la station la plus belle», c'est-à-dire sur Mahomet. Ouvrage composé par le schaïkh al-Islâm Schihâb al-Dîn Aḥmad ibn Ḥadjr (حجر) al-Haïthamî (الهيثمى), mufti de la Mecque, mort en 973 (1565-1566 de J. C.).

2° (Fol. 92 v°.) الجوهر المنظّم فى زيارة القبر المكرّم «Le Bijou bien monté, traité sur le pèlerinage au tombeau très-honoré», celui de Mahomet. Dans ce livre, l'auteur, Schihâb al-Dîn ibn Ḥadjr, donne des renseignements sur l'origine de ce pèlerinage et sur les préparatifs qu'on faisait de son temps avant de s'y engager.

Papier. 172 feuillets. Hauteur, 21 centimètres; largeur, 13 centimètres. Les feuillets du premier traité portent 21 lignes par page, et ceux du second 17 lignes. Ms. de deux mains différentes du XVIe siècle. — (Supplément 218.)

1154.

1° Le *Dorr al-Mandhoûd* de Schihâb al-Dîn ibn Ḥadjr, exemplaire daté de l'an 1167 de l'hégire (1753-1754 de J. C.).

2° (Fol. 80.) Passages relatifs à la prière, extraits de l'ouvrage d'Al-Ghazâlî, intitulé احياء علوم الدين «Renaissance des sciences religieuses».

3° (Fol. 85.) Passages, tirés du حلية الابرار de Nawawî, relatifs aux prières appelées اذكار, c'est-à-dire commémorations de la bonté de Dieu.

Papier. 88 feuillets. Hauteur, 22 centimètres et demi; largeur, 16 centimètres. 23 lignes par page. Ms. du XVIIIe siècle. — (Supplément 219.)

1155.

1° معدّل الصلوة «Régulateur de la prière», traité composé en 975 de l'hégire (1567-1568 de J. C.), par Moḥammad Pîr ʿAlî al-Birghelî. Copie datée de l'an 1028 de l'hégire (1619 de J. C.).

2° (Fol. 18.) Pièces diverses en langue turque.

Papier. 83 feuillets. Hauteur, 21 centimètres; largeur, 15 centimètres. — (Ancien fonds 290.)

1156.

1° Dernières pages d'un traité dans lequel Ḥosâm al-Dîn, natif d'Alep et mufti d'Amasie, examine s'il est permis d'élever la voix en récitant des prières et des litanies.

2° (Fol. 2 v°.) Traité dans lequel un auteur anonyme réfute les opinions de quelques légistes qui prétendent que la danse des Soufis (رقص المتصوّفة) est contraire à la loi divine.

3° (Fol. 13 v°.) Épître formant le treizième chapitre de l'ouvrage intitulé الفتاوى الصوفيّة «Décisions juridiques en ce qui regarde les Soufis», ouvrage composé par Fadhl Allah ibn Moḥammad ibn Ayyoûb. On trouve dans le Dictionnaire de Hadji Khalfa un extrait de la préface de cet ouvrage.

4° (Fol. 38 v°.) Traité dans lequel le schaïkh al-Islâm Djamâl al-Dîn al-Qaramânî (القرمانى) répond à un personnage nommé Al-Wazîr al-Wâʿiẓ (الواعظ) al-Anṭâkî, qui avait condamné certaines pratiques des Soufis, telles que les danses, les sauts et les invocations accompagnés de cris. L'auteur de cet opuscule mourut en 934 de l'hégire (1527-1528 de J. C.).

6° (Fol. 73 v°.) رسالة فى طريقة الصوفيّة «Traité sur la règle des Soufis», par Moḥammad ibn Ḥamza, arrière-petit-fils de Schihâb al-Dîn al-Sohrawardî.

Papier. 100 feuillets. Hauteur, 22 centimètres; largeur, 14 centimètres. 19 lignes par page. Ms. du XVIIe siècle. — (Ancien fonds 444.)

1157.

جواهر الصلاة ويواقيت الحياة «Les Joyaux de la prière et les rubis de la vie», ouvrage composé postérieurement à la prise de Samarcande par Tamerlan, et destiné à ramener les fidèles à l'observance exacte de toutes les cérémonies de la prière. On désigne l'auteur par les titres de *Schaïkh des schaïkhs de l'islamisme*, l'imâm Al-Noṣḥî al-Nâṣiḥî (النصحى الناصحى). Ms. daté de l'an 1065 de l'hégire (1654-1655 de J. C.).

Papier. 106 feuillets. Hauteur, 21 centimètres; largeur, 14 centimètres et demi. 17 lignes par page. — (Supplément 226.)

1158.

نور الايضاح ونجاة الارواح «Éclaircissements pour le salut des âmes», ouvrage dans lequel Aboû 'l-Ikhlâṣ Ḥasan ibn ʿOmâra ibn ʿAlî al-Schoronbilâlî (ابو الاخلاص حسن الشرنبلالى) a réuni tous les renseignements essentiels au musulman qui veut s'acquitter rigoureusement de ses devoirs religieux et surtout de celui de la prière.

Papier. 77 feuillets. Hauteur, 22 centimètres; largeur, 16 centimètres. 15 lignes par page. Ms. du XVIIIe siècle. — (Supplément 224.)

1159.

مراقى الفلاح بامداد الفتّاح «Échelle pour parvenir au bonheur avec le secours de Dieu», commentaire sur le *Noûr al-Idhâḥ* de Ḥasan al-Schoronbilâlî.

Papier. 212 feuillets. Hauteur, 21 centimètres; largeur, 14 centimètres et demi. 19 à 23 lignes par page. Ms. de diverses écritures du XVIIe siècle. — (Supplément 225.)

1160.

1° نور الشمعة فى بيان ظهر الجمعة. Traité sur la prière du vendredi. Quelques prières sont intercalées dans ce traité.

2° (Fol. 26 v°.) Traité sur la prière, intitulé: العروس المجليّة على نور الشمعة البهيّة.

3° (Fol. 31 v°.) منّة الجليل فى قبول قول الوكيل, par Aboû 'l-Ikhlâṣ Ḥasan al Wafâʾî al-Schoronbilâlî. Traité sur la question de savoir si le témoignage d'un fondé de pouvoirs ou intendant est recevable en certains cas.

4° (Fol. 50.) حاشية على الاشباه والنظائر الزينيّة. Notes sur un traité de jurisprudence, par ʿAlî al-Maqdisî al-Ḥanafî.

5° (Fol. 79.) كتاب قلائد الفوائد وشوارد الفرائد. Recueil d'extraits en vers, renfermant des renseignements utiles et instructifs, par Soyoûṭî.

6° (Fol. 92.) كتاب نظم البديع فى مدح الشفيع. *Badîʿa* en l'honneur de Mahomet, par Soyoûṭî.

7° (Fol. 111 v°.) فتح الرحمن بشرح رسالة الولى ارسلان. Commentaire d'Aboû Yaḥyâ Zakarîyâ al-Anṣârî sur le traité de l'unité de Dieu, composé par Al-Walî Arslân, de Damas.

8° (Fol. 121 v°.) Dissertation sur une question de droit, par Schoronbilâlî.

9° (Fol. 129 v°.) Commentaire sur le poème de Ṭantarânî, par Moḥammad al-Bihischtî.

11° (Fol. 138 v°.) Texte du même poème, avec une traduction persane.

12° (Fol. 141.) Dissertation sur une question de jurisprudence, par Schoronbilâlî.

13° (Fol. 159 v°.) Traité sur certaines erreurs populaires.

14° (Fol. 170 v°.) Traité d'Al-Aqḥiṣârî sur l'organisation de la société dans les pays musulmans.

15° (Fol. 178 v°.) Dissertation sur l'art de réciter le Coran.

Papier. 182 feuillets. Hauteur, 20 centimètres; largeur, 13 centimètres. 19 à 25 lignes par page. Écritures diverses du XVIIe siècle. — (Supplément 1947, Ducaurroy 42.)

1161.

Commentaire très-détaillé sur un ouvrage qui traite de tout ce qui concerne la prière, intitulé : كتاب مواقيت الصلاة «Traité des temps de la prière». Les mots isolés et les passages du texte qui sont l'objet de gloses et d'explications sont écrits à l'encre rouge. Le nom du commentateur et celui de l'auteur du livre commenté ne sont pas connus. Les derniers feuillets manquent.

Papier. 610 feuillets. Hauteur, 23 centimètres; largeur, 16 centimètres et demi. 21 lignes par page. Ms. du XVIIIe siècle. — (Supplément 213.)

1162.

Fragment d'un commentaire d'un traité sur la prière suivi de diverses dissertations.

Papier. 8 feuillets. Hauteur, 20 centimètres; largeur, 14 centimètres. 19 lignes par page. Ms. du XVIIIe siècle. — (Supplément 2041.)

2. PRIÈRES ET INVOCATIONS

1163.

Plusieurs cahiers de diverses mains, renfermant des passages du Coran, des prières et des sermons pour les jours de fête, etc. Quelques-unes de ces prières sont en espagnol écrit en caractères arabes, d'après le système décrit par M. de Sacy (voyez les *Notices et Extraits*, t. IV, p. 626, et t. XII, p. 311). Ces pièces sont, les unes du XVe siècle, les autres du XVIe. Dans les pièces les plus anciennes, l'écriture a encore conservé le type du bon maghrebin, mais dans les autres elle est roide, anguleuse et mal formée, comme en général dans les manuscrits espagnols écrits en caractères arabes.

Papier. 188 feuillets. Hauteur, 21 centimètres et demi; largeur, 14 centimètres et demi. — (Supplément 263.)

1164.

1° La sourate VI du Coran.

2° (Fol. 17.) Quelques prières, dont une en turc.

3° (Fol. 25 v°.) Indication des heures les plus fortunées (اشرف الساعات) de la journée.

Papier. 26 feuillets. Hauteur, 12 centimètres; largeur, 8 centimètres. 11 lignes par page. Ms. du XVIe siècle. — (Supplément 212.)

1165.

1° Les sourates VI, XXXVI, LXVII et LXXVIII du Coran.

2° (Fol. 50.) Prières diverses, en arabe et en turc.

3° (Fol. 108.) Petit traité en turc sur les principes de la géomancie (قواعد فال رمل).

Papier. 110 feuillets. Hauteur, 11 centimètres; largeur, 7 centimètres et demi. Écritures diverses du XVIIe siècle — (Supplément 211.)

1166.

Les sourates I, VI, XXXVI, XLVIII, LXVII et LXXVIII du Coran, suivies (au fol. 64) d'une série de prières en arabe et en turc, entremêlées d'extraits du Coran. Au fol. 70 se trouve la liste des noms divins (الاسماء الحسنى), et au fol. 72 v° la liste des noms par lesquels on désigne Mahomet (اسماء النبى).

Papier. 106 feuillets. Hauteur, 15 centimètres et demi; largeur, 10 centimètres. 9 lignes par page. Ms. du XVIIIe siècle. — (Supplément 209.)

1167.

1° Une prière contre la peste.

2° (Fol. 2 v°.) Les sourates VI, XVIII, XXXII, XXXVI, LV, LVI et LVII du Coran, accompagnées de quelques prières.

3° (Fol. 57 et suiv.) Prières, les unes en arabe, les autres en turc.

4° (Fol. 72 v°.) La *Borda* d'Al-Boûṣîrî, avec les motions.

5° (Fol. 85.) Quelques notes en turc, suivies d'une prière en arabe que l'on récite après la lecture du Coran.
Les feuillets 88 à 117, sont restés en blanc.

6° (Fol. 117.) Prière en turc, suivie d'un passage du Coran.
Les feuillets 119 à 123 sont restés en blanc.

7° (Fol. 123 v°.) Prières et invocations en arabe.

8° (Fol. 132.) Prières et hymnes en langue turque.

7° (Fol. 141 v°.) Prière en arabe, composée par le schaïkh Ibrâhîm Efendi.

10° (Fol. 143 et suiv.) Plusieurs morceaux de poésie en langue turque.

12° (Fol. 169.) Invocations en turc et en arabe.

Papier. 171 feuillets. Hauteur, 19 centimètres et demi; largeur,

14 centimètres et demi. Ms. de diverses écritures du XVIIe siècle. — (Ancien fonds 198, Colbert 4966.)

1168.

Livre de dévotion, renfermant les prières canoniques, plusieurs sourates et fragments du Coran, un office (ورد) pour les sept jours de la semaine, partie en arabe, partie en turc (fol. 60 v°); la liste des *noms excellents* (fol. 200 v° et 243); quelques talismans (fol. 203 et suiv.); quelques prières et une litanie en langue turque (fol. 206).

Papier. 245 feuillets. Hauteur, 15 centimètres; largeur, 10 centimètres. 9 à 11 lignes par page. Ms. du XVIIe siècle. — (Ancien fonds 348.)

1169.

1° الحصن الحصين من كلام سيد المرسلين «Le Château fort, composé des paroles du prince des apôtres», ouvrage dans lequel Moḥammad ibn Moḥammad ibn Moḥammad al-Djazarî (الجزري), docteur schâféite, mort en 833 de l'hégire (1429-1430 de J. C.), a réuni un certain nombre de traditions puisées aux sources les plus authentiques, et d'un intérêt tout particulier pour les vrais croyants. Cet ouvrage a une grande réputation chez les musulmans. Le titre est en or et en couleurs, mais la dernière partie ayant disparu par suite de la détérioration du feuillet, a été remplacée par une arabesque, empruntée à un autre ms. Copie datée de l'an 854 de l'hégire (1450 de J. C.).

2° (Fol. 199 v°.) فهرس ما التزم في المصحف الشريف «Liste des (vingt-neuf) règles qui ont été observées dans la composition du livre sacré». Il s'agit de certaines expressions du Coran. En tête du volume on trouve une liste des chapitres dont se compose le *Ḥiṣn*, et quelques notes et prières, les unes en arabe, les autres en turc.

Papier. 202 feuillets. Hauteur, 19 centimètres; largeur, 13 centimètres. 9 lignes par page dans le premier traité, 20 dans le second. — (Supplément 484.)

1170.

1° الحصن الحصين من حديث سيد المرسلين «Le Château bien fortifié, composé de traditions du prince des apôtres», par Moḥammad al-Djazarî.

2° (Fol. 111.) La *Borda*, de Al-Boûṣîrî. Points-voyelles.

Papier. 149 feuillets. Hauteur, 10 centimètres; largeur, 7 centimètres et demi. 6 à 13 lignes par page. Le premier traité est du *XVIe siècle, le second du XVIIe*. — (Ancien fonds 315.)

1171.

الحصن الحصين de Moḥammad al-Djazarî. Exemplaire daté de l'an 1015 de l'hégire (1606-1607 de J. C.). Les premiers feuillets manquent.

Papier. 125 feuillets. Hauteur, 9 centimètres et demi; largeur, 6 centimètres et demi. 9 à 11 lignes par page. — (Ancien fonds 343.)

1172.

Petit livre destiné à servir d'amulette, renfermant :

1° Un recueil de prières, intitulé الحصن الحصين والدرع العتنين (*sic*).

2° (Fol. 15 v°.) Une amulette pour se dérober à ses ennemis, intitulée حجاب عظيم «Le Rideau admirable». Cette pièce est attribuée à ʿAlî ibn abî Ṭâlib. Suivent d'autres pièces du même genre et quelques tableaux talismaniques.

Papier. 64 feuillets. Hauteur, 6 centimètres et demi; largeur, 6 centimètres et demi. 9 lignes par page. Ms. du XVIIIe siècle. — (Supplément 203.)

1173.

مهج الدعوات ومنهج الغايات «Invocations efficaces (littér. vivantes) et voie à suivre pour arriver à ses fins». C'est un recueil de prières, d'invocations, d'amulettes préservatives, etc. Quelques-unes de ces pièces sont attribuées à Mahomet, à ʿAlî, aux douze imams et à d'autres saints personnages. L'auteur, Aboû 'l-Qâsim ʿAlî ibn Djaʿfar ibn Moḥammad al-Tâwous, était un descendant d'ʿAlî et vivait dans la première moitié du VIIe siècle de l'hégire (voyez fol. 192).

Papier. 258 feuillets. Hauteur, 25 centimètres; largeur, 16 centimètres. 17 lignes par page. Ms. du XVIe siècle. — (Ancien fonds 281.)

1174.

الصحيفة الكاملة «La Feuille complète», recueil de prières attribuées à ʿAlî et conservées par tradition orale dans la famille de ce calife. On lit dans la préface que ces prières, adaptées aux diverses circonstances de la

vie, ont été mises au jour par ʿOmaïr (عمير), fils d'Al-Motawakkil ibn Hâroûn Thaqafî. Le rouleau sur lequel elles se trouvaient inscrites avait été confié à celui-ci par Yaḥyâ ibn Zaïd, descendant d'ʿAlî. Il manque un feuillet au commencement et plusieurs à la fin.

Papier. 173 feuillets. Hauteur, 15 centimètres; largeur, 8 centimètres et demi. 11 lignes par page. Ms. du XVIᵉ siècle. — (Supplément 214.)

1175.

La *Ṣaḥîfat al-Kâmila*, texte arabe, avec une traduction persane interlinéaire. Le texte est écrit en neskhi, la traduction en taʿlîq et à l'encre rouge.

Papier. 174 feuillets. Hauteur, 25 centimètres; largeur, 12 centimètres et demi. 11 lignes par page. Ms. du XVIᵉ siècle. — (Supplément 217 *bis*.)

1176.

Recueil de matières diverses, composé au XVIᵉ siècle, probablement au Caire. Le titre de l'ouvrage nous est inconnu, mais le contenu du volume est assez bien indiqué par la liste des chapitres qui en occupe les premières pages et qui porte cette rubrique : نبذة اوراد وادعية وفوائد «Choix d'Heures, de prières et de connaissances utiles». Le mot rendu ici par *heures* indique certains passages du Coran, que les dévots récitent chaque jour en vue d'obtenir la faveur de Dieu.

1° *Heures* tirées de la collection intitulée الاوراد الزينيّة «Les Heures de Zaïn al-Dîn», titre honorifique d'un personnage qui se nommait Moḥammad ibn Moḥammad al-Ḥâfî «le déchaussé», mort en 838 de l'hégire (1434-1435 de J. C.).

2° (Fol. 12 v°.) Extraits d'un livre intitulé اللوامع والاسرار الخ «Lueurs et mystères, traitant de l'efficacité (de certains passages) du Coran, et contenant des anecdotes authentiques à ce sujet».

3° (Fol. 13 v°.) Heures pour les sept jours de la semaine.

4° (Fol. 16.) Prières composées de versets du Coran et servant de préservatifs contre les accidents, etc.

5° (Fol. 24 v°.) Prières pour l'anniversaire de la naissance du Prophète, par le schaïkh ʿAlâ al-Dîn ʿAlî, suivies d'un grand nombre de *qaṣîda* et d'autres pièces de vers, les unes en l'honneur de Mahomet, les autres relatives à divers sujets religieux.

6° (Fol. 42.) Chapitre sur les vertus des médicaments simples, par ordre alphabétique, tiré d'un livre intitulé كتاب الارشاد فى مصالح الانفس والاجساد «Directions pour le bien de l'âme et du corps».

7° (Fol. 60 v°.) Traitement du prurit et de la gale. Recettes diverses, tirées du même ouvrage.

8° (Fol. 62 v°.) Plusieurs recettes superstitieuses (talismans, pratiques astrologiques, etc.).

9° (Fol. 76.) Noms et explication des figures que l'on obtient par la géomancie; puis quelques notes chronologiques de peu d'importance, se terminant par la mention de Qâït Bey, sultan d'Égypte.

10° (Fol. 78 v°.) Noms des stations, ou maisons, du soleil et de la lune.

11° (Fol. 79.) Remèdes et diverses sortes de thériaques.

12° (Fol. 80.) Abrégé du traité de médecine en vers techniques (*ordjoûza*) qui porte le nom d'Avicenne.

13° (Fol. 80 v°.) Sur les vertus cabalistiques de certains mots renfermant la lettre ظ.

14° (Fol. 81 v°.) Des chiffres au moyen desquels on peut écrire en abrégé les noms de nombre.

15° (Fol. 82.) Alphabets secrets; recette pour détruire les effets de la magie; remarques sur les mois coptes et syriaques.

16° (Fol. 83 v°.) Extrait du traité des minéraux intitulé مطالع البدور فى منازل السرور, ouvrage composé par Aboû 'l-ʿAbbâs Schihâb al-Dîn Aḥmad ibn Yoûsof al-Taïfâschî (التيفاشى). Un livre portant ce titre est mentionné dans le Dictionnaire bibliographique de Hadji Khalfa, mais attribué à ʿAlâ al-Dîn ʿAlî ibn ʿAbd Allâh al-Behâî (البهائى).

17° (Fol. 88 v°.) Recettes, amulettes, talismans et figures cabalistiques.

18° (Fol. 93 v°.) Énumération des vertus de certaines amulettes, composées de versets du Coran.

19° (Fol. 95 v°.) Carrés magiques.

20° (Fol. 96.) Noms des mois chez les Berbers, les Grecs, les Coptes, etc., suivis de notions astrologiques se rattachant aux jours de chaque mois.

21° (Fol. 98.) Les vingt-huit mansions (منازل) de la lune. Autres talismans et amulettes.

22° (Fol. 102.) Prescriptions médicales, tirées d'un ouvrage d'Aboû Bakr Moḥammad al-Râzî.

23° (Fol. 102 v°.) Extraits du مقنع اللبيب فى معرفة

التراكيب. « Traité satisfaisant pour l'homme intelligent qui veut s'occuper de la composition des remèdes », par Scharaf al-Dîn Moûsâ al-Boldânî. C'est un recueil de recettes.

24° (Fol. 144.) Vingt-neuf questions adressées au schaïkh al-Islâm Aboû 'l-ʿAbbâs Aḥmad ibn Ḥadjr al-ʿAsqalânî, au sujet des morts, de l'interrogatoire du tombeau, etc.; chaque question est suivie du *fatwa* rendu par ce docteur.

25° (Fol. 145 v°.) Extraits d'un ouvrage composé par l'imâm Al-Solamî sur les devoirs sociaux imposés à chaque musulman. Ce traité a pour titre : نهاية الرغبة فى اداب الصحبة « Tous les renseignements qu'on peut désirer au sujet des convenances sociales ».

26° (Fol. 152.) Dissertation sur le même sujet, par Al-Ghazâlî.

27° (Fol. 154.) Sur les convenances que l'on doit garder quand on va au bain.

28° (Fol. 154 v°.) Instructions et formulaire à l'usage des notaires.

29° (Fol. 173.) Traditions au sujet des versets du Coran et de leur nombre.

30° (Fol. 179.) Opinion du docteur ʿAbd Allâh ibn Aḥmad al-Nasafî, au sujet de l'emploi du بنج, c'est-à-dire du hachich.

31° (Fol. 179 v°.) Épître dans laquelle un docteur nommé Schams (?) al-Dîn Moḥammad ibn al-Âmidî condamne ceux qui se livrent au péché de sodomie.

32° (Fol. 181.) Sur la divination au moyen du Coran.

33° (Fol. 182.) Extrait d'un livre intitulé يواقيت المواقيت. Ce sont des formules d'éloge et de blâme plus ou moins élégantes, qui ont été employées par des prosateurs, des poètes et des personnages marquants. Ces formules se rapportent aux sujets les plus divers : le monde, les femmes, la poésie, la mort, etc.

34° (Fol. 201.) Traité sur le gouvernement de soi-même (السياسة الانسانية), dans lequel on indique les devoirs de l'homme envers lui-même et sa famille, et envers l'État. Cette dernière partie renferme un chapitre sur l'art militaire, فصل فى سياسة امر الجيوش (fol. 211 v°).

35° (Fol. 215.) Extraits du مبهج d'Aboû 'l-Manṣoûr Thaʿâlabî. C'est une collection d'anecdotes curieuses, de maximes, de moralités, de phrases sur divers sujets, et de beaux passages en prose rimée.

Ce recueil est divisé en quatre cent quarante chapitres, dont la liste occupe les onze premiers feuillets.

Papier. 222 feuillets. Hauteur, 27 centimètres; largeur, 18 centimètres. 27 lignes par page. Ms. du XVIᵉ siècle. — (Ancien fonds 240.)

1177.

1° حلية الابرار وشعار الاخيار « La Parure des hommes vertueux et le signe distinctif (ou la livrée) des hommes de bien », ouvrage dans lequel Moḥyî al-Dîn Yaḥyâ ibn Scharaf al-Nawawî indique les prières les plus propres à être exaucées, ainsi que les éjaculations qu'il convient de proférer dans les diverses circonstances de la vie. Ces invocations, en général très-courtes, proviennent des premiers temps de l'islamisme, et le compilateur, pour constater leur authenticité, cite l'autorité des meilleurs traditionnistes. Copie datée de l'an 868 de l'hégire (1465 de J. C.).

2° (Fol. 197.) Un *Arbaʿîn* de quarante-deux traditions, dans lesquelles sont énoncés les principes de l'islamisme. Le feuillet renfermant les trois premières traditions manque. A la suite de ce petit recueil se trouvent le premier et le dernier feuillet d'un traité sur l'orthographe des mots peu connus que renferment ces traditions.

Papier. 203 feuillets. Hauteur, 27 centimètres; largeur, 18 centimètres; 21 lignes par page. — (Supplément 217.)

1178.

1° اذكار الاذكار المستحبّة بالليل والنهار « Indication des prières qui sont agréées (de Dieu) la nuit et le jour », ouvrage dans lequel Djalâl al-Dîn ʿAbd al-Raḥmân al-Soyoûṭî a rassemblé en un seul corps les prières et invocations qui se trouvaient dans l'ouvrage composé par Moḥyî al-Dîn Aboû Zakariyâ Yaḥyâ al-Nawawî (النووى), portant le titre de حلية الابرار وشعار الاخيار.

2° (Fol. 23.) مقاصد الصلاة « Ce qu'on doit chercher dans la prière », par ʿAbd al-ʿAzîz ibn ʿAbd al-Salâm al-Solamî (السلمى).

3° (Fol. 29.) Une longue *qaṣîda*, commençant par ces mots : تذكرت ليلى والسنين الخواليا, dans laquelle l'auteur exprime, sous l'emblème de son amour pour Laïlâ, tout l'amour qu'un dévot doit porter à Dieu. Suivent quelques notes en prose, puis, fol. 34, trois cantiques (موشّح) religieux. Vient ensuite une *qaṣîda* d'Al-Nawawî, commençant par ces mots : لك الحمد يا ذا الجود والمجد والعلى, avec une traduction interlinéaire en langue turque.

4° (Fol. 37.) Poèmes, notes diverses et fragments littéraires de diverses écritures.

Papier. 64 feuillets. Hauteur, 20 centimètres et demi; largeur, 15 centimètres. Ms. du XVIIᵉ siècle. — (Ancien fonds 304.)

1179.

1° Prières musulmanes.

2° (Fol. 12.) Divers fragments d'un ou de deux commentaires sur l'Abrégé de droit de Sîdî Khalîl.

Papier. 152 feuillets. Hauteur, 25 centimètres; largeur, 18 centimètres. 15 à 34 lignes par page. Écritures diverses du XVIIIe siècle. — (Supplément 2447.)

1180.

دلائل الخيرات وشوارق الانوار فى ذكر الصلاة على النبى المختار

« Indications de bonnes œuvres et brillantes lumières, traitant de la prière en l'honneur du prophète choisi ». L'auteur se nommait Aboû ʿAbd Allâh Moḥammad ibn Solaïmân al-Djozoûlî, membre de la tribu berbère de Djizoûla, mort en 870 de l'hégire (1465-1466 de J. C.). Ce sont des litanies et des prières en l'honneur de Mahomet. Quelques vignettes mal exécutées; en tête, le plan de la mosquée de Médine. Nombreuses notes marginales.

Papier. 56 feuillets. Hauteur, 20 centimètres et demi; largeur, 15 centimètres et demi. 15 lignes par page. Ms. du XVIe siècle. — (Supplément 1985.)

1181.

Le *Dalâïl al-Khaïrât.* Exemplaire daté de l'an 1007 de l'hégire (1598-1599 de J. C.).

Papier. 101 feuillets. Hauteur, 20 centimètres; largeur, 15 centimètres. 9 lignes par page. — (Ancien fonds 300.)

1182.

Le *Dalâïl al-Khaïrât.*

Papier. 83 feuillets. Hauteur, 20 centimètres et demi; largeur, 14 centimètres. 13 lignes par page. Ms. du XVIIe siècle. — (Supplément 497, Saint-Germain 317.)

1183.

Le *Dalâïl al-Khaïrât.*

Papier. 105 feuillets. Hauteur, 17 centimètres; largeur, 17 centimètres et demi. 11 lignes par page. Ms. du XVIIe siècle. — (Supplément 498, Saint-Germain 318.)

1184.

Le *Dalâïl al-Khaïrât.* Au fol. 11 v° et au fol. 12 se trouvent deux dessins assez bien faits, représentant le tombeau de Mahomet et de ses deux successeurs, Aboû Bakr et ʿOmar.

Papier. 72 feuillets. Hauteur, 21 centimètres; largeur, 15 centimètres. 14 lignes par page. Ms. du XVIIe siècle. — (Ancien fonds 288.)

1185.

1° Le *Dalâïl al-Khaïrât.* Exemplaire daté de l'an 1035 de l'hégire (1625-1626 de J. C.).

2° (Fol. 91 v°.) Un *Arbaʿîn*, ou collection de quarante traditions attribuées à Mahomet.

Papier. 97 feuillets. Hauteur, 15 centimètres; largeur, 10 centimètres et demi. 11 lignes par page. — (Ancien fonds 312.)

1186.

1° Le *Dalâïl al-Khaïrât.* Copie datée de l'an 1049 de l'hégire (1639-1640 de J. C.).

2° (Fol. 47.) Poème, divisé en plusieurs chapitres, sur les devoirs et les pratiques religieuses des musulmans. Copie datée de l'an 1049 de l'hégire. L'auteur se désigne par le titre de الفقيه عابد الرحمان.

Papier. 65 feuillets. Hauteur, 21 centimètres et demi; largeur, 15 centimètres. 17 à 18 lignes par page. — (Ancien fonds 297.)

1187.

1° Le *Dalâïl al-Khaïrât.* Aux fol. 17 v° et 18 se trouvent le plan de l'intérieur de la mosquée de Médine et la représentation du *minbar*, ou pupitre.

2° (Fol. 119.) Épître dans laquelle le schaïkh ʿAbd al-Raḥmân al-Thaʿlabî (الثعلبى) fait le récit de ses visions. Il recommande cet écrit comme un excellent talisman pour écarter les dangers.

Papier. 124 feuillets. Hauteur, 22 centimètres; largeur, 16 centimètres. 11 lignes par page. Ms. du XVIIe siècle. — (Ancien fonds 296.)

1188.

Le *Dalâïl al-Khaïrât.*

Papier. 159 feuillets. Hauteur, 23 centimètres; largeur, 17 centimètres. 9 lignes par page. Ms. du xviie siècle. — (Ancien fonds 301.)

1189.

Le *Dalâïl al-Khaïrât.*

Papier. 112 feuillets. Hauteur, 14 centimètres; largeur, 10 centimètres. 11 lignes par page. Ms. du xviie siècle. — (Ancien fonds 313.)

1190.

Le *Dalâïl al-Khaïrât.*

Papier. 107 feuillets. Hauteur, 20 centimètres; largeur, 15 centimètres. 12 lignes par page. Ms. du xviie siècle. — (Supplément 495, Saint-Germain 315.)

1191.

Le *Dalâïl al-Khaïrât.*

Papier. 92 feuillets. Hauteur, 20 centimètres; largeur, 15 centimètres. 12 lignes par page. Ms. du xviie siècle. — (Supplément 496, Saint-Germain 316.)

1192.

Le *Dalâïl al-Khaïrât.* Exemplaire daté de l'an 1132 de l'hégire (1720 de J. C.).

Papier. 116 feuillets, dont les deux derniers portent la représentation de la chaussure de Mahomet. Hauteur, 28 centimètres et demi; largeur, 19 centimètres. 9 lignes par page, dont la première, la cinquième et la dernière sont plus longues que les autres. — (Supplément 494.)

1193.

1° Le *Dalâïl al-Khaïrât.* Copie datée de l'an 1165 de l'hégire (1752 de J. C.).

2° (Fol. 56.) La prière intitulée حزب البحر, par l'imâm Aboû 'l-Ḥasan al-Schâdsilî (الشاذلى).

3° (Fol. 60 v°.) Les quatre-vingt-dix-neuf fondements de la foi.

4° (Fol. 61.) Prières pour chaque jour de la semaine.

5° (Fol. 64 v°.) Commentaire d'Aḥmad ibn Moḥammad al-Bornoûṣî (البرنوصى) sur certains vers mystiques composés par le schaïkh Noûr al-Dîn, de Damiette.

6° (Fol. 77.) Les divers noms par lesquels on désigne Mahomet.

7° (Fol. 89.) Copie d'une lettre dans laquelle un certain schaïkh Aḥmad, gardien du tombeau du Prophète, raconte une vision dont il avait été favorisé.

A la fin du volume se trouvent quelques lettres d'affaires, des notes de diverses mains, des prières, etc.

Papier. 98 feuillets. Hauteur, 18 centimètres; largeur, 13 centimètres. 14 à 18 lignes par page. Ms. de diverses écritures. — (Supplément 499 *bis.*)

1194.

Le *Dalâïl al-Khaïrât.* Exemplaire daté de l'an 1187 de l'hégire (1774 de J. C.).

Papier. 101 feuillets. Hauteur, 15 centimètres; largeur, 10 centimètres. 12 lignes par page. — (Supplément 2446.)

1195.

Le *Dalâïl al-Khaïrât.*

Papier. 142 feuillets. Hauteur, 10 centimètres et demi; largeur, 7 centimètres et demi. 9 lignes par page. Ms. du xviiie siècle. — (Supplément 499.)

1196.

Le *Dalâïl al-Khaïrât.* Aux fol. 13 v° et 14 r°, se trouvent deux dessins coloriés, représentant les mosquées de la Mecque et de Médine. Ms. daté de l'an 1261 de l'hégire (1845-1846 de J. C.).

Papier. 82 feuillets. Hauteur, 15 centimètres et demi; largeur, 10 centimètres. 11 lignes par page. — (Supplément 206 *bis.*)

1197.

1° الجواهر الخمس «Les Cinq joyaux», recueil de prières et de litanies, distribuées en cinq chapitres, par Moḥammad ibn Khaṭîr (خطير) al-Dîn ibn Bâyazîd ibn Khodja Farîd al-ʿAṭṭâr (خواجه فريد العطار), ouvrage composé en 956

de l'hégire (1549 de J. C.). La dernière partie du recueil renferme un grand nombre d'amulettes et de figures cabalistiques.

2° (Fol. 168 v°.) Traité anonyme sur l'usage et les vertus cabalistiques d'un cercle (دايرة), ou plutôt d'un groupe de cercles concentriques, dont on attribue l'invention à Al-Schâdsilî, fondateur de l'ordre de derviches qui porte son nom.

3° (Fol. 173 v°.) Traité anonyme sur les principaux attributs de Dieu et sur le caractère prophétique de Mahomet.

4° (Fol. 176 v°.) Carré magique, pour faciliter les accouchements difficiles.

Ms. daté de l'an 1076 de l'hégire (1665-1666 de J. C.).

Papier. 176 feuillets. Hauteur, 21 centimètres; largeur, 15 centimètres et demi. 25 lignes par page. — (Ancien fonds 305.)

1198.

1° مرموزات. Prières que les musulmans chantent et par lesquelles ils s'excitent à la piété. L'auteur est le schaïkh Ṣadr al-Dîn Aboû 'l-Ma'âlî Moẓaffar, fils de Moḥammad, de Schîrâz.

2° (Fol. 46 v°.) Choix de lettres de Qoṭb al-Dîn Köschkenârî, les unes en persan, les autres en arabe, suivi d'autres extraits, en vers et en prose.

Papier. 406 feuillets. Hauteur, 19 centimètres; largeur, 12 centimètres et demi. 15 à 25 lignes par page. Ms. du xviie siècle. — (Supplément 1952, Oratoire.)

1199.

Les Offices (اوراد) du grand schaïkh et docteur mystique Moḥyî al-Dîn ibn al-'Arabî. Ce sont des prières pour chaque jour de la semaine, dont la récitation est recommandée aux hommes dévots.

Papier. 29 feuillets. Hauteur, 21 centimètres et demi; largeur, 14 centimètres. 11 lignes par page. Ms. du xviie siècle. — (Supplément 215.)

1200.

1° حزب السادات «Office (ou rituel) des seigneurs (derviches)». Collection de prières, d'invocations et de cantiques, formée par le schaïkh Aboû 'l-Wafâ Moḥammad (محمد وفا).

2° (Fol. 21.) المنح الالهيّة من مناقب السادات الوفائيّة «Les Dons spirituels provenant des mérites des seigneurs (derviches) de l'ordre d'Aboû 'l-Wafâ», par Aboû 'l-Laṭâïf, généralement connu sous le nom d'*Ibn Fâris* (فارس). C'est un recueil de traditions pieuses, dont la plupart proviennent des dévots qui se tenaient dans le célèbre sanctuaire de Mechhed-'Alî.

Papier. 70 feuillets. Hauteur, 21 centimètres et demi; largeur, 16 centimètres. 11 à 13 lignes par page. Ms. du xviie siècle. — (Ancien fonds 298.)

1201.

1° Recueil de prières du genre appelé حزب, formant un office, dont on récite une partie le matin, l'autre le soir. L'auteur dit avoir appris ces prières de son précepteur, qui avait mis à profit le grand *ḥizb* des derviches schâdsilites et qui avait étudié sous Aboû Moḥammad 'Abd Allâh al-Ghazwânî et Sîdî Moḥammad ibn Solaïmân al-Djozoûlî. Le premier feuillet manque.

2° (Fol. 100 v°.) الاسماء الحسنى «Les Beaux noms (des attributs de Dieu)», avec les prières qui doivent accompagner chacun de ces noms, par Sîdî 'Abd Allâh ibn Moḥammad ibn 'Abbâd (عباد). Copié à Fez, en 1011 de l'hégire (1602-1603 de J. C.).

Papier. 131 feuillets. Hauteur, 17 centimètres; largeur, 11 centimètres et demi. 9 lignes par page. — (Ancien fonds 299.)

1202.

Prière attribuée au schaïkh 'Abd Allâh ibn Yâsîn (يس). Ms. daté de l'an 1251 de l'hégire (1835 de J. C.).

Papier. 28 feuillets. Hauteur, 11 centimètres; largeur, 8 centimètres. 9 à 12 lignes par page. — (Supplément 1986.)

1203.

1° (Fol. 3 v°.) Prière qui paraît être le commencement de la préface de quelque ouvrage. Commencement : الحمد لله القادر العليم المدبر الحكيم.

2° (Fol. 9 v°.) Itinéraire du Caire à Médine, en pas-

sant par la Mecque. Ce n'est qu'une liste des stations et des distances.

3° (Fol. 12.) Commentaire d'Aboû Zaïd ʿAbd al-Raḥmân ibn Moḥammad al-Fâsî (الفاسى), natif de Fez, sur le *Ḥizb* (حزب), ou recueil de prières d'Aboû 'l-Ḥasan al-Schâdsilî.

4° (Fol. 31 v°.) كتاب قرّة العين فى اوصاف الحرمين «Réjouissance des yeux, ou description des deux villes saintes». Description topographique et histoire de la Mecque et de Médine, depuis les temps anciens jusqu'au IXe siècle de l'hégire (XVe siècle de l'ère chrétienne), par Aboû ʿAbd Allâh Moḥammad al-Maḥdjoûb (المحجوب). L'auteur donne (fol. 32) la liste des auteurs et des ouvrages qui lui ont fourni ses renseignements. Au fol. 41 v° se trouve un plan de la *Kaʿba*, et au fol. 72 un plan de la mosquée de Médine.

5° (Fol. 158 v°.) Poème rimant en *râ*, sur les cérémonies à observer pendant le pèlerinage de la Mecque, par le légiste et grammairien Aḥmad ibn Moḥammad ibn ʿAbd al-Raḥmân, pour servir de contre-partie au كتاب الناسك فى علم المناسك «Livre du dévot, sur les cérémonies du pèlerinage», d'Ibn al-Moʿallâ (المعلى).

6° (Fol. 160.) Éloge de Zaïn al-ʿÂbidîn, poème célèbre de Farazdak. En voici le premier vers :

هذا الذى تعرف البطحاء وطاته
والبيت يعرفه والحل والحرم

7° (Fol. 161.) Éloge d'Aboû 'l-ʿAbbâs.

8° (Fol. 161 v°.) Inauguration d'Aboû Bakr.

9° (Fol. 162.) Mort d'Aboû Bakr.

10° (Fol. 165.) Inauguration d'ʿOthmân.

Ms. tout entier de la même main.

Papier. 166 feuillets. Hauteur, 20 centimètres; largeur, 14 centimètres. 23 à 24 lignes par page. Ms. du XVIe siècle. — (Supplément 216 *bis*.)

1204.

Prière du pécheur pour obtenir la miséricorde de Dieu, par les mérites des premiers musulmans, à commencer par les *dix évangélisés*. Les noms de ces musulmans sont classés, dans l'ordre alphabétique, en trois listes; la première renferme ceux des *mohâdjir* ou émigrés, et des *anṣâr;* la seconde, les noms de ceux qui furent tués au combat d'Oḥod, et la troisième, les noms de ceux qui s'appelaient اهل الصّفّة الصفوة «les gens de l'Estrade ou du Banc». (Voyez Caussin de Perceval, *Essai sur l'histoire des Arabes*, t. III, p. 334.)

Papier. 103 feuillets. Hauteur, 14 centimètres et demi; largeur, 10 centimètres. 7 lignes par page. Ms. du XVIIe siècle. — (Supplément 213 *bis*.)

1205.

1° تهليل القران العظيم «La Profession de l'unité de Dieu, comme elle est formulée dans le Coran». Il s'agit de la formule لا اله الا هو, qui, au dire de Mahomet, se présente dans le Coran trente-sept fois.

2° (Fol. 3 v°.) Invocation dans laquelle le *tahlîl* est employé plusieurs fois.

3° (Fol. 11.) شرح سبعة هياكل «Les Sept temples, avec leur explication». Le *haïkal* était une prière mystique écrite sur les pieds du trône de Dieu (sur le huitième pied se trouvait le *tahlîl*). Adam en avait reçu une copie, qui passa à Noé, puis à Abraham, à Moïse, à Jésus et à Mahomet. Cette prière était toujours sous les yeux de celui qui la possédait, et lui procurait un bonheur parfait. Ce sont sept entretiens de Mahomet avec les anges et les patriarches.

4° (Fol. 71.) Prière.

5° (Fol. 78.) Prière intitulée حرز البحرى «Talisman du marin».

6° (Fol. 84.) «Le Talisman des talismans, et le Trésor des trésors». Prière, légende et litanie.

7° (Fol. 101 v°.) Autres prières et invocations.

Ce ms., écrit en 1117 de l'hégire (1706 de J. C.), par un nommé Al-Ḥaddjî Mauṣilî Oglou, est très-incorrect.

Papier. 210 feuillets. Hauteur, 14 centimètres et demi; largeur, 8 centimètres et demi. 8 lignes par page. — (Supplément 216.)

1206.

1° (Fol. 3.) Prière.

2° (Fol. 7.) Autre prière, suivie de quelques notes et de pièces de vers.

3° (Fol. 10.) Sur les devoirs du musulman en voyage.

4° (Fol. 11.) Conseil religieux.

5° (Fol. 11 v°.) Commentaire d'Al-Sanoûsî (Moḥammad ibn Yoûsof) sur son ouvrage intitulé *ʿAqîda*.

6° (Fol. 88.) Le مثلث de Qoṭrob, mis en vers, avec les additions de Tammâm ibn ʿAbd al-Salâm.

7° (Fol. 91.) L'ʿ*Aqîda* d'Al-Sanoûsî.

8° (Fol. 107.) Prières, notes et extraits.

9° (Fol. 111 v°.) Poème sur les devoirs du croyant, d'après la loi musulmane, par le Faqîh ʿAbd al-Raḥmân. Premier vers :

الحمد لله العظيم الخالق   البارى من غير شكل سابق

10° (Fol. 151 v°.) La *Borda* d'Al-Boûṣîrî.

11° (Fol. 169.) La *Qaṣîda lâmiya* d'Omm Hânî (ام هانى).

12° (Fol. 171 v°.) L'*Adjorroûmiyya.*

13° (Fol. 183 v°.) Poème d'Aboû Moqraʿ (ابو مقرع) sur le calcul des nativités.

14° (Fol. 199 v°.) Notes et extraits.

15° (Fol. 200 v°.) السر المصون المستنبط من القرءان المكنون. Traité dans lequel Al-Ghazâlî expose les vertus secrètes de certains passages du Coran.

16° (Fol. 204 v°.) Notes et extraits divers.

Nombreuses notes marginales.

Papier. 208 feuillets. Hauteur, 19 centimètres et demi; largeur, 15 centimètres. Écritures diverses du XVIe siècle. — (Supplément 1870.)

1207.

1° Prières et invocations.

2° Sur certains versets du Coran ayant de grandes vertus magiques. En turc.

Papier. 6 feuillets. Hauteur, 17 centimètres et demi; largeur, 10 centimètres et demi. Ms. du XVIIe siècle. — (Supplément 1983.)

1208.

Prières.

Papier. 26 feuillets. Hauteur, 13 centimètres; largeur, 9 centimètres. 9 lignes par page. Ms. du XVIIe siècle. — (Supplément 1984.)

1209.

Prières, dont une, en vers, renferme les saints noms de Dieu.

Papier. 109 feuillets. Hauteur, 11 centimètres; largeur, 8 centimètres. 9 lignes par page. Ms. du XVIIe siècle. — (Supplément 1988.)

1210.

1° Prière en vingt-trois strophes de cinq vers. Première strophe :

يا سامع الدعاء   ويا فاطر السماء
ويا دايم البقاء   ويا واسع العطاء
لِذِى الفاقة العديم

Tous les cinquièmes vers ont la même rime.

2° (Fol. 9 v°.) Longue prière en prose.

Papier. 14 feuillets. Hauteur, 18 centimètres et demi; largeur, 10 centimètres. 12 lignes par page. Ms. du XVIIIe siècle. — (Supplément 1989.)

1211.

1° زبدة الصلوات وعمدة التسليمات «La Crème des prières et le pilier des salutations», recueil de prières en l'honneur de Mahomet, par un derviche nommé ʿAlî ibn Solaïmân al-Silikfoûï (السلكفوى).

2° (Fol. 20 v°.) عدّة الحصن الحصين «Approvisionnement du *Château fort*». C'est un abrégé du *Ḥisn al-Ḥaṣîn*, fait par l'auteur lui-même, Schams al-Dîn Moḥammad ibn Moḥammad ibn Moḥammad al-Djazarî.

Papier. 64 feuillets. Hauteur, 21 centimètres; largeur, 15 centimètres et demi. 17 lignes par page. Ms. du XVIIe siècle. — (Supplément 205.)

1212.

المواهب المدنيّة فى الصلاة على خير البرية «Les Dons de Médine, litanie en l'honneur du meilleur des êtres créés», c'est-à-dire de Mahomet. Pièce composée par un natif de Damas, appelé Moṣṭafâ ibn ʿAbd al-Qâdir al-Dihnî (الدهنى), qui s'était établi à Médine. Ms. daté de l'an 1217 de l'hégire (1802 de J. C.).

Papier. 4 feuillets. Hauteur, 16 centimètres et demi; largeur, 11 centimètres. 18 à 25 lignes par page. — (Supplément 206.)

1213.

1° Prière à réciter après la lecture du *Dalâïl al-Noubouwa.* La fin manque.

2° (Fol. 4.) Extraits d'une collection de cantiques chrétiens.

Papier. 5 feuillets. Hauteur, 16 centimètres et demi; largeur, 11 centimètres. 17 lignes par page dans le premier fragment, 12 et 13 lignes dans le second. Ms. du XVIIIe siècle. — (Supplément 2234.)

1214.

Recueil de fragments de diverses mains. On y trouve des prières, des extraits du Coran, des recettes médicinales, des figures talismaniques, des indications astrologiques et d'autres compositions superstitieuses.

Papier. 114 feuillets. Hauteur, 17 centimètres; largeur, 11 centimètres. Ms. de diverses écritures du XVIe siècle. — (Supplément 214 *bis*.)

1215.

Recueil de prières intitulé الجوشن «La Cuirasse», suivi de «L'Amulette d'Ibn Hischâm», de «La Prière du vizir», etc.

Papier. 40 feuillets. Hauteur, 14 centimètres; largeur, 9 centimètres et demi. 11 lignes par page. Ms. du XVIIe siècle. — (Ancien fonds 346.)

1216.

Invocations, prières et listes de noms, pour servir d'amulettes :

1° دعاء الجوشن «Prière de la cuirasse».

2° (Fol. 27.) حرز الوزير «Amulette du vizir».

3° (Fol. 36 v°.) L'amulette de Yoûsof al-Ṣinhâdj (الصنهاج).

4° (Fol. 59.) حرز التاجر «Amulette du négociant». Cette formule, qui est censée être utile dans les opérations commerciales, provient d'Anas ibn Mâlik, l'un des compagnons du Prophète.

5° (Fol. 62.) L'Amulette d'ʿAlî ibn abî Ṭâlib.

6° (Fol. 73 v°.) السبعة عهود السليمانيّة وق للعين والنظرة وامّ الصبيان «Les Sept recommandations de Salomon, préservatifs contre le mauvais œil, les regards du démon et contre les larves». Cette pièce est accompagnée de chiffres et de figures talismaniques.

7° (Fol. 81 v°.) البدريّة. Liste des compagnons de Mahomet qui prirent part au combat de Badr. L'auteur, Djaʿfar ibn Ḥasan al-Barzandjî (البرزنجى), parle d'abord de ceux qui sont les mieux connus, puis il donne la liste alphabétique de ceux qui n'étaient connus que par des surnoms. Dans la préface, il s'étend longuement sur les vertus de cette liste qui, dit-il, est une amulette approuvée contre les brigands et les bêtes féroces.

Papier. 136 feuillets. Hauteur, 10 centimètres; largeur, 7 centimètres et demi. 10 lignes par page. Ms. du XVIIe siècle. — (Supplément 207.)

1217.

Petit livre formé de dix feuillets de carton, se repliant les uns sur les autres, et renfermant «les grands noms de Dieu», quelques courtes sourates du Coran, le verset du trône, des prières, les portraits détaillés de Mahomet et des quatre premiers califes.

Carton. 10 feuillets. Hauteur, 14 centimètres; largeur, 10 centimètres. 10 à 14 lignes par page. — (Supplément 204.)

1218.

Recueil de formules, d'invocations et d'amulettes pour toutes sortes de circonstances. Les derniers feuillets manquent.

Papier. 196 pages. Hauteur, 10 centimètres et demi; largeur, 7 centimètres et demi. 10 à 12 lignes par page. Ms. du XVIIe siècle. — (Supplément 210.)

1219.

Recueil d'extraits du Coran, destinés à servir de talismans (حمائل).

Papier. 52 feuillets. Hauteur, 15 centimètres; largeur, 10 centimètres. Les premières pages contiennent 9 lignes, les autres 7 lignes. Ms. du XVIIe siècle. — (Ancien fonds 338.)

1220.

Recueil de talismans, les uns écrits avec des lettres isolées et des chiffres, les autres en caractères ordinaires. Les lignes de plusieurs de ces textes sont écrites alternativement à l'encre rouge et à l'encre noire.

Papier. 75 feuillets. Hauteur, 13 centimètres; largeur, 9 centimètres. 6 à 12 lignes par page. Ms. du XVIe siècle. — (Ancien fonds 337.)

1221.

Recueil d'extraits du Coran, destinés à servir de talismans.

Papier. 25 feuillets. Hauteur, 15 centimètres et demi; largeur, 10 centimètres. 9 lignes par page. Ms. du XVIIe siècle. — (Ancien fonds 339.)

1222.

Recueil de prières, d'invocations superstitieuses, de mots et de passages écrits en chiffres, et de figures talismaniques.

Papier. 66 feuillets. Hauteur, 18 centimètres et demi; largeur, 11 centimètres et demi. 11 à 16 lignes par page. Ms. de diverses mains du XVIIIe siècle. — (Supplément 208.)

1223.

Recueil de prières, de litanies et d'amulettes.

Papier. 202 feuillets. Hauteur, 11 centimètres et demi; largeur, 7 centimètres et demi. 8 à 11 lignes par page. Ms. du XVIe siècle. — (Ancien fonds 345.)

1224.

1° Prières et invocations, précédées d'une méthode de divination au moyen des lettres du Coran, attribuée à Dja'far al-Ṣâdiq.

2° (Fol. 16.) Énumération, sous forme de dialogue, des infractions qui invalident le pèlerinage.

3° (Fol. 28.) Récit attribué à Ibn 'Abbâs, rapportant une conversation de Mahomet avec des patriarches et des anges, au sujet de la vertu de certaines prières et formules cabalistiques.

4° (Fol. 79 v°.) Traité attribué à Dja'far al-Ṣâdiq sur le choix des jours propices (اختيارات).

5° (Fol. 88.) Invocations et pratiques cabalistiques, que l'on désigne par le nom de النجم الثاقب «l'astre perçant». Au fol. 99 v° se trouve la figure d'un talisman.

6° (Fol. 100.) Pièce de vers, accompagnée de chiffres cabalistiques.

7° (Fol. 107 v°.) Prières et invocations, accompagnées de signes cabalistiques.

8° (Fol. 148.) Le poème de *Borda*.

9° (Fol. 169.) Charmes et invocations.

Papier. 243 feuillets. Hauteur, 15 centimètres et demi; largeur, 11 centimètres. 10 lignes par page. Ms. du XVIIe siècle. — (Ancien fonds 340.)

1225.

اللمعة النورانيّة «Lueurs de la lumière divine», par Aboû 'l-'Abbâs Aḥmad al-Boûnî (البونى). Cet ouvrage renferme des prières et des litanies pour chaque heure des sept jours de la semaine, et une suite de chapitres sur l'influence des quatre-vingt-dix-neuf noms de Dieu. La préface commence par ces mots : الحمد لله على حسن توفيقه وإسآله هداية لطريقة. Ms. daté de l'an 845 de l'hégire (1441-1442 de J. C.).

Papier. 41 feuillets. Hauteur, 23 centimètres; largeur, 15 centimètres. 17 lignes par page. — (Ancien fonds 303.)

1226.

Le *Loma't al-Noûrâniyya* d'Aboû 'l-'Abbâs al-Boûnî. La distribution des matières dans cet exemplaire n'est pas tout à fait la même que dans le numéro précédent. Les derniers feuillets manquent.

Papier. 61 feuillets. Hauteur, 14 centimètres; largeur, 9 centimètres. 15 lignes par page. Ms. du XVIe siècle. — (Ancien fonds 460.)

1227.

Prières et litanies cabalistiques. Au fol. 24, on trouve la liste des noms ou attributs de Dieu (الاسماء الحسنى); au fol. 44 v°, la liste de tous les prophètes et envoyés de Dieu, d'après le منهاج المذكرين d'Ibrâhîm ibn Ḥosaïn al-Fâradhî (الفارضى), mort vers l'an 880 de l'hégire (1475-1476 de J. C.), et, au fol. 51 v°, une décision juridique motivée, par laquelle un schaïkh al-Islâm, appelé 'Abd al-Ḥaqq, condamne l'usage du café.

Papier. 63 feuillets. Hauteur, 20 centimètres et demi; largeur, 15 centimètres. 11 lignes par page. — (Supplément 202.)

1228.

Prières et formules cabalistiques.

Papier. 119 feuillets. Hauteur, 6 centimètres; largeur, 8 centimètres. 5 à 7 lignes par page. Ms. du XVIIe siècle. — (Ancien fonds 459.)

3. THÉOLOGIE DOGMATIQUE ET SCOLASTIQUE.

1229.

الفقه الاكبر في الكلام. Traité de théologie dogmatique, ou sommaire de la foi orthodoxe, par Aboû Ḥanîfa al-Noʿmân, surnommé l'*Imâm al-ʿÂẓim*, fondateur du système de droit hanéfite. Le texte de ce petit traité, écrit à l'encre rouge, est intercalé dans un commentaire dont l'auteur se désigne par le surnom d'*Aboû 'l-Montahî* (ابو المنتهى), mais, en réalité, portait les noms de Mollâ Aḥmad ibn Moḥammad al-Maghnisâwî (المغنيساوى), et, selon Hadji Khalfa, a terminé son travail en 939 de l'hégire (1532-1533 de J. C.).

Papier. 46 feuillets. Hauteur, 20 centimètres et demi; largeur, 13 centimètres et demi. 15 lignes par page. Ms. du xviie siècle. — (Supplément 257.)

1230.

1° الفقه الاكبر, par Aboû Ḥanîfa.

2° (Fol. 6.) Les conseils (وصيّة) d'Aboû Ḥanîfa.

3° (Fol. 9.) Traité de religion et de morale, par ʿOmar Efendi.

4° (Fol. 18.) فقه كيدانى. Petit traité sur les prescriptions de la loi.

5° (Fol. 24.) سراج المصلّى. Traité de la prière.

6° (Fol. 41 v°.) نور الايضاح ونجاة الارواح. Traité de la prière et du jeûne, par Aboû 'l-Ikhlâs Ḥasan al-Wafâï Schoronbilâlî ou Schoronbilâï (الشرنبلاى), docteur hanéfite, mort, selon Hadji-Khalfa (t. III, p. 189), en 1069 de l'hégire (1658-1659 de J. C.).

7° (Fol. 71 v°.) Traité de droit hanéfite, composé par le schaïkh Ḥasan, et mis en vers par Aḥmad al-Babloûl.

8° (Fol. 97.) Sur diverses prières : celles des deux grandes fêtes, celle des éclipses, celle des enterrements et celle des rogations.

9° (Fol. 99 v°.) Un *Arbaʿîn* de quarante-deux traditions, dont chacune renferme une des bases essentielles de l'islamisme.

10° (Fol. 106.) Poésies religieuses de Moḥammad ibn Mazroûq al-Tilimsânî, de Boû Medîn (Aboû Madyan Schoʿaïb) et de Moḥammad al-Touâtî.

11° (Fol. 110 v°.) Prières et litanies.

12° (Fol. 117 v°.) Recettes pour teindre les cheveux.

13° (Fol. 118.) Analyse grammaticale du *Bismillâh* et du *Taʿawwouds.*

14° (Fol. 123.) Traditions sur la création d'Adam et sur l'ange de la mort, etc.

15° (Fol. 127 v°.) Traité sur les obligations de tout homme qui est responsable de ses actes (مكلّف), avec un commentaire.

16° (Fol. 154 v°.) Commentaire de Khâlid al-Azharî sur l'*Adjorroûmiyya.*

Papier. 172 feuillets. Hauteur, 22 centimètres; largeur, 16 centimètres. 16 à 24 lignes par page. Ms. du xviiie siècle. — (Supplément 1874.)

1231.

Exposé de la doctrine des Schîites, au sujet de l'*Imâm*. Cet ouvrage, écrit par Ibn Bâboûyeh (بابويه) al-Kommî, partisan de la doctrine des duodécimains, a pour titre : اكمال الدين واتمام النعمة في اثبات الغيبة وكشف الحيرة «Achèvement de la religion et accomplissement de la grâce divine, servant à prouver la réalité de l'absence (ou disparition du douzième imâm) et à dissiper les incertitudes». Ibn Bâboûyeh (Aboû Djaʿfar Moḥammad ibn ʿAlî ibn al-Ḥosaïn ibn Moûsâ), auteur du ive siècle de l'hégire (voyez *Tousy's List of schy'ah Books*, Calcutta, 1853-1855, p. 304), traite surtout du douzième imâm, Moḥammad al-Mahdî, appelé Al-Qâïm (القايم). Il fait mention de quelques fractions de la secte schiite, et il cite à l'appui de ses opinions le Coran, les traditions de Mahomet et les livres de l'Ancien et du Nouveau Testament. Il donne l'histoire des imâms, soit visibles, soit cachés, qui se sont succédé depuis le commencement du monde. «La succession des prophètes, dit-il, peut être interrompue, mais il doit y avoir toujours un imâm.» L'ouvrage est divisé en deux parties (voyez fol. 90). La copie porte la date de 1066 de l'hégire (1655-1656 de J. C.).

Papier. 198 feuillets. Hauteur, 24 centimètres et demi; largeur, 16 centimètres. 25 lignes par page. — (Ancien fonds 400.)

1232.

بحر الكلام «Océan de théologie», traité de théologie scolastique par Aboû 'l-Moʿîn (المعين) al-Nasafî.

Papier. 164 feuillets. Hauteur, 21 centimètres; largeur, 14 centimètres et demi. 11 lignes par page. Ms. du xviie siècle. — (Supplément 266.)

1233.

Le بحر الكلام d'Al-Nasafî. Exemplaire daté de l'an 1172 de l'hégire (1758-1759 de J. C.).

Papier. 80 feuillets. Hauteur, 21 centimètres; largeur, 15 centimètres et demi. 13 lignes par page. — (Supplément 267.)

1234.

Commentaire de Saᶜd al-Dîn Masᶜoûd al-Taftâzânî sur l'ᶜAqâïd d'Al-Nasafî. Commencement : الحمد لله المتوحد بجلال ذاته وكمال صفاته. Exemplaire daté de l'an 864 de l'hégire (1459-1460 de J. C.).

Papier. 115 feuillets. Hauteur, 22 centimètres et demi; largeur, 13 centimètres. 13 lignes par page. — (Supplément 2040.)

1235.

1° Commentaire de Saᶜd al-Dîn al-Taftâzânî sur l'ᶜ*Aqâïd* d'Al-Nasafî. Notes marginales et interlinéaires.

2° (Fol. 64.) طريق اهل البدعة. Notice incomplète des soixante-douze hérésies qui naquirent au sein de l'islamisme.

Ms. daté de l'an 877 de l'hégire (1472-1473 de J. C.).

Papier. 65 feuillets. Hauteur, 21 centimètres et demi; largeur, 13 centimètres et demi. 18 à 21 lignes par page. — (Supplément 251.)

1236.

1° Commentaire d'Al-Taftâzânî sur l'ᶜ*Aqâïd* d'Al-Nasafî. Copie datée de l'an 915 de l'hégire (1509-1510 de J. C.). Nombreuses gloses marginales et interlinéaires.

2° (Fol. 130 v°.) Gloses se rapportant au texte d'un traité de théologie musulmane. Rien n'indique le nom de l'auteur. Copie datée de l'an 860 de l'hégire (1456 de J. C.).

3° (Fol. 139 v°.) Commencement du commentaire d'Al-Khiyâlî sur l'ᶜ*Aqâïd* d'Al-Nasafî. Ce fragment renferme la dédicace à Kemâl Pacha.

4° (Fol. 140 v°.) Exemplaire complet du commentaire d'Al-Khiyâlî sur l'ᶜ*Aqâïd*. Ainsi que le fragment précédent, il commence par ces mots : اما بعد الحمد لمستاهله والصلوة الخ. Gloses marginales. Copie datée de l'an 915 de l'hégire (1509-1510 de J. C.).

5° (Fol. 182 v°.) Quelques observations sur la théorie de la grammaire, par le *mollâ* Saᶜd al-Dîn.

Papier. 184 feuillets. Hauteur, 18 centimètres; largeur, 13 centimètres. 11 à 15 lignes par page. — (Ancien fonds 407.)

1237.

1° Commentaire d'Al-Taftâzânî sur l'ᶜ*Aqâïd* d'Al-Nasafî. Copie datée de l'an 969 de l'hégire (1562 de J. C.).

2° (Fol. 44.) تكليل التاج بجواهر المعراج. Dissertation sur le voyage nocturne de Mahomet au ciel, composée en 1015 de l'hégire (1606 de J. C.), par Aboû 'l-Taufîq Sâlim al-Wafâï. Commencement : الحمد لله على نعمه التى لا تستطيع الخلايق.

Papier. 75 feuillets. Hauteur, 21 centimètres; largeur, 15 centimètres et demi. 21 lignes par page. — (Supplément 1872.)

1238.

Commentaire d'Al-Taftâzânî sur l'ᶜ*Aqâïd* d'Al-Nasafî. Gloses et notes marginales. Ms. daté de l'an 1012 de l'hégire (1603-1604 de J. C.). Les deux derniers feuillets sont couverts de notes détachées, en langue turque.

Papier. 106 feuillets. Hauteur, 20 centimètres; largeur, 12 centimètres. 11 lignes par page. — (Ancien fonds 454.)

1239.

Commentaire d'Al-Taftâzânî sur l'ᶜ*Aqâïd* d'Al-Nasafî. Notes marginales.

Papier. 102 feuillets. Hauteur, 22 centimètres; largeur, 17 centimètres. 17 lignes par page. Ms. du XVIIIᵉ siècle. — (Supplément 250.)

1240.

Explication du commentaire d'Al-Taftâzânî sur l'ᶜ*Aqâïd* d'Al-Nasafî. L'auteur ne se nomme pas, mais on lit en tête du ms. qu'il s'appelait Moḥammad ibn Al-Schiḥna

(ابن الشحنه). L'ouvrage commence par ces mots : الحمد لله الواحد لا من عدد القادر بقدرة لا يفتقر الى الات وعدد.

Papier. 317 feuillets. Hauteur, 22 centimètres; largeur, 16 centimètres et demi. 27 à 31 lignes par page. Ms. du XVIIIe siècle. — (Supplément 252.)

1241.

1° حاشية للخيالى. Notes marginales d'Al-Khiyâlî au commentaire de Taftâzânî sur l'ʿAqâïd de Nasafî. Ms. d'une écriture peu élégante. Les nombreuses notes et additions qui se trouvent sur les marges sont de la main du copiste, qui, s'il faut en croire une note inscrite sur le frontispice, fut l'auteur lui-même. Voyez cependant l'article suivant.

2° (Fol. 29.) حاشية كستل. Notes marginales de Kastal, c'est-à-dire de Moslih al-Dîn al-Qastalânî (القسطلانى), au même commentaire. Les premiers feuillets sont de la même main que les précédents; les autres sont d'un copiste qui a terminé son travail en 1135 de l'hégire (1722-1723 de J. C.). Al-Qastalânî mourut en 901 de l'hégire, et il n'est guère probable que son ouvrage ait été copié par Al-Khiyâlî, mort en 860 de l'hégire.

Papier. 121 feuillets. Hauteur, 21 centimètres; largeur, 15 centimètres. 25 lignes par page. — (Supplément 253.)

1242.

Commentaire de ʿAbd al-Hakîm sur les Notes marginales d'Al-Khiyâlî.

Papier. 244 feuillets. Hauteur, 23 centimètres; largeur, 16 centimètres. 23 lignes par page. Ms. du XVIIIe siècle. — (Supplément 254.)

1243.

1° Explication du commentaire de Kara Kemâl sur les Notes marginales d'Al-Khiyâlî.

2° (Fol. 89 v°.) Explication du commentaire de Hossâm al-Dîn Hasan al-Kânî (الكانى) sur l'*Isagogé* de Porphyre, par Mohyî al-Dîn Tâlidjî.

Ms. daté de l'an 971 de l'hégire (1563-1564 de J. C.).

Papier. 139 feuillets. Hauteur, 21 centimètres et demi; largeur, 14 centimètres. 24 ou 25 lignes par page dans le premier traité, 21 lignes dans le second. — (Ancien fonds 396.)

1244.

تحرير شرح العقائد «Élucidation des questions soulevées dans le commentaire de l'ʿ*Aqâïd*», par Nizâm al-Dîn Ahmad ibn Schaïkh ʿAlî al-Qâdhî, natif de Badakhschân (القاضى البدخشى), surnommé ʿ*Arikân* (عاركان?). Ibn al-Qâdhî approfondit quelques questions très-obscures de théologie dogmatique, qu'un commentateur de l'ʿ*Aqâïd*, peut-être Al-Taftâzânî, avait soulevées dans son ouvrage. Ms. daté de l'an 992 de l'hégire (1584 de J. C.). L'écriture est dépourvue de points diacritiques.

Papier. 230 feuillets. Hauteur, 25 centimètres et demi; largeur, 14 centimètres et demi. 19 lignes par page. — (Ancien fonds 357.)

1245.

كتاب الانتقاد فى شرح عمدة الاعتقاد. Explication du commentaire de Taftâzânî sur l'ʿ*Aqâïd* d'Al-Nasafî. Ouvrage anonyme, commençant par ces mots : الحمد لمن ثبت وجوده بالبراهين القاطعة. Ms. daté de l'an 858 de l'hégire (1454 de J. C.).

Papier. 99 feuillets. Hauteur, 27 centimètres et demi; largeur, 17 centimètres. 29 lignes par page. — (Ancien fonds 361.)

1246.

نهاية الاقدام فى علم الكلام «La théologie scolastique portée jusqu'à ses dernières limites», par Aboû 'l-Fath Mohammad ibn ʿAbd al-Karîm al-Schahrastânî, l'auteur du Traité sur les religions et les sectes, الملل والنحل, mort en 548 de l'hégire (1153-1154 de J. C.). Le *Nihâya* se compose de vingt chapitres (قواعد), dont chacun établit un principe de la théologie acharite, à savoir :

1. Que le monde est nouveau, c'est-à-dire, a eu un commencement dans le temps.

2. Que tous les êtres ont été créés.

3. Que Dieu est unique.

4. Réfutation de l'assimilation, c'est-à-dire, de l'anthropomorphisme.

5. Réfutation de la doctrine qui refuse à Dieu tout attribut (تعطيل).

6. Sur les *états* (احوال), c'est-à-dire, les jugements qui concluent de l'existence d'attributs à l'existence d'un sujet qui les porte.

7. Le néant (المعدوم) est-il un être?

La fin de ce chapitre manque dans le ms., ainsi que les quatre chapitres suivants. Le douzième chapitre, dont il ne reste que la fin, paraît être une réfutation de la doctrine motazélite relative aux attributs de Dieu et à sa parole (le Coran). En effet, les Motazélites niaient l'éternité des attributs et affirmaient que la parole était créée.

13. Que la parole du Créateur est unique.

14. Que la parole de l'homme est réellement un être.

15. Ce qu'on entend par les attributs de l'audition et de la vue.

16. Qu'au moyen de l'intellect (عقل) on peut voir Dieu et l'entendre.

17. Sur la distinction du bien et du mal (في التحسين والتقبيح).

18. Réfutation de la doctrine qui affirme que toutes les actions de Dieu ont leur but et leur motif.

19. De la qualité prophétique, de la réalité des miracles et de l'impeccabilité des prophètes.

20. Preuve de la qualité prophétique de Mahomet et de la réalité de ses miracles.

Ms. daté de l'an 580 de l'hégire (1184-1185 de J. C.). Une lacune qui existait entre les feuillets 7 et 58 a été en partie comblée par un copiste du XVIIe siècle.

A la fin du volume se trouve l'histoire, en persan, de la sainte Vierge et de l'enfant Jésus en Égypte.

Papier. 211 feuillets. Hauteur, 24 centimètres; largeur, 16 centimètres. 13 lignes par page, dans la partie ancienne du ms., 17 lignes dans la partie moderne. — (Supplément 239.)

1247.

1° الصحائف الالهية «Pages de métaphysique» ou الصحائف في الكلام «Pages de théologie scolastique», sans nom d'auteur. Commencement : الحمد لله الذى استحق الوجود والوحدة بالذات. Les derniers feuillets manquent.

2° (Fol. 65 v°.) المعارف في شرح الصحائف «Commentaire sur le *Ṣaḥâïf*», ouvrage que Hadji Khalfa paraît attribuer à Aboû 'l-Laïth al-Samarqandî. Les premiers cahiers manquent.

3° (Fol. 144.) Traité sur les croyances des philosophes (اعتقاد الحكماء), par Schihâb al-Dîn al-Sohrawardî.

Ms. daté de l'an 775 de l'hégire (1373-1374 de J. C.).

Papier. 145 feuillets. Hauteur, 22 centimètres et demi; largeur, 15 centimètres. Les feuillets du premier traité portent 23 lignes par page, ceux du second et du troisième 31 lignes. — (Ancien fonds 398.)

1248.

1° مفاتيح الجنان ومصابيح الجنان «Clefs des jardins et lampes des ténèbres», commentaire sur le شرعة الاسلام de Rokn al-Islâm Imâm-Zâdé, par Ya'qoûb Sayyid 'Alî. Commencement : حمدا لمن منّ على عباده نعمة الاسلام وجعله شرعة ومنهاجا.

2° (Fol. 219 v°.) Dissertation d'Al-Ghazâlî (Djamâl al-Islâm Aḥmad ibn Moḥammad) sur les mérites de la formule لا اله الا الله.

3° (Fol. 229 v°.) Le *Minhâdj al-'Âbidîn* d'Al-Ghazâlî (Ḥoddjat al-Islâm Aboû Ḥâmid Moḥammad).

4° (Fol. 286 v°.) حقوق اخوة الاسلام «Les devoirs réciproques des musulmans», par Al-Scha'rânî ('Abd al-Wahhâb ibn Aḥmad). Commencement : الحمد لله نحمده ونستعينه.

5° (Fol. 330.) Vocabulaire arabe, persan et turc, par ordre de matières.

Les quatre premiers traités sont datés de l'an 922 de l'hégire (1516 de J. C.), le cinquième de l'an 869 de l'hégire (1464-1465 de J. C.).

Papier. 368 feuillets. Hauteur, 21 centimètres et demi; largeur, 14 centimètres et demi. 25 lignes par page. — (Supplément 1869.)

1249.

1° Commentaire sur le شرعة الاسلام de Rokn al-Islâm Imâm-Zâdé, par Ya'qoûb ibn Sayyid 'Alî.

2° (Fol. 257 v°.) Chapitre sur l'ablution (الوضوء), extrait du livre intitulé ثواب العبادات وفضائل الاوقات «La Récompense des actes de dévotion et les mérites des Heures (prières)», par un personnage surnommé زين الائمة, qui se trouvait à la Mecque en 545 de l'hégire (1150-1151 de J. C.).

Papier. 257 feuillets. Hauteur, 29 centimètres; largeur, 21 centimètres. 25 lignes par page. Ms. du XVIe siècle. — (Ancien fonds 466.)

1250.

Commentaire de Yaḥyâ ibn Yaïsch sur le شرعة الاسلام de Rokn al-Islâm Imâm-Zâdé.

Papier. 200 feuillets. Hauteur, 18 centimètres; largeur, 13 centimètres. 19 à 24 lignes par page. Ms. du XVIe siècle, probablement autographe. — (Ancien fonds 563.)

1251.

1° ضوء المعالى. Commentaire d'ʿAlî ibn Solṭân Moḥammad al-Kârî, mort en 1014 de l'hégire (1605-1606 de J. C.), sur le بدء الامالى ou يقول العبد, traité de théologie scolastique, en vers, par le schaïkh Sirâdj al-Dîn ʿAlî ibn ʿOthmân al-Ausî (الاوسى). Le commentaire commence par les mots : الحمد لله الذى وجب وجود ذاته, et le poème par ce vers :

يقول العبد فى بدء الامالى لتوحيد بنظم كاللآلى

Nombreuses notes marginales.

2° (Fol. 41 v°.) الزبدة فى شرح البردة «La Crème, commentaire sur la *Borda*» d'Al-Boûṣîrî, par ʿAlî ibn Solṭân. Commencement : احمده امتثالا لامره لا احصاء لشكره.

3° (Fol. 141 v°.) Le *takhmîs* de la *Borda* qui commence par les mots : ما بال قلبك لا ينفك ذا الم.

4° (Fol. 158.) Autre *takhmîs* du même poème, commençant par لما رايتك تذرى الدمع كالعنم.

Ms. daté de l'an 1174 de l'hégire (1761 de J. C.). Texte entouré d'un double encadrement en or et en encre noire; dans la première pièce, l'espace compris entre les deux encadrements est couvert de notes; il y a deux vignettes, assez bien exécutées; les vers sont écrits à l'encre rouge.

Papier. 174 feuillets. Hauteur, 21 centimètres et demi; largeur, 16 centimètres. 19 lignes par page dans la première pièce, 15 dans les trois autres. — (Supplément 1471.)

1252.

Traité de théologie scolastique, et réfutation des dualistes (fol. 26), des mages (fol. 27), des chrétiens (fol. 27 v°), et des sectes juives (fol. 74 v°), par un schiite de la secte des duodécimains (voyez fol. 80 et suivants). Les sept premiers et les deux derniers feuillets manquent. Il manque en outre un feuillet entre les folios actuellement cotés 73 et 74, et un feuillet entre les folios 81 et 82.

Papier. 98 feuillets. Hauteur, 18 centimètres et demi; largeur, 12 centimètres et demi. 15 lignes par page. Ms. du xɪɪᵉ siècle. — (Supplément 259.)

1253.

كتاب الخمسين فى اصول الدين «Livre de cinquante questions touchant les dogmes de la religion», ouvrage d'un musulman orthodoxe, qui vivait sous le règne du calife abbaside Al-Naṣr li-Dîn Illah, entre les années 575 et 622 de l'hégire (1179-1225 de J. C.). Une main assez moderne a inscrit sur le revers du plat de la couverture les mots فى اصول الدين للرازى «Traité sur les dogmes, par Al-Râzî». Cette indication est peut-être exacte, car nous savons que Fakhr al-Dîn Moḥammad ibn ʿOmar al-Râzî mourut en 606 de l'hégire. L'ouvrage commence par les mots المسئلة الاولى فى حدوث العالم, sans qu'il y ait un mot de préface.

Papier. 48 feuillets. Hauteur, 17 centimètres; largeur, 10 centimètres. 11 lignes par page. Ms. du xvᵉ siècle. — (Ancien fonds 452.)

1254.

المفصّل فى شرح المحصّل «Exposition distincte, commentaire du *Moḥaṣṣal*». Ce dernier ouvrage est un traité de métaphysique et de théologie, composé par Fakhr al-Dîn al-Râzî (Moḥammad ibn ʿOmar). Le nom du commentateur ne paraît nulle part [1]. L'ouvrage commence par ces mots : الحمد لله الذى افاض بجوده العام وجود الحقائق. Ms. daté de l'an 709 de l'hégire (1309-1310 de J. C.).

Papier. 248 feuillets. Hauteur, 22 centimètres et demi; largeur, 12 centimètres. 27 lignes par page. — (Ancien fonds 404.)

1255.

طوالع الانوار من مطالع الانظار «Les Levers des lumières de l'horizon de la spéculation», traité de métaphysique et de théologie dogmatique, par le cadi ʿAbd Allâh ibn ʿOmar al-Baïdhâwî, auteur du commentaire du Coran. Nous avons ici le texte de l'ouvrage, accompagné d'un commentaire perpétuel. L'ouvrage commence par ces mots : الحمد لمن وجب وجوده. Le commentaire commence ainsi : لما جرت عادة المصنفين بل فاعل كل امر ان يبتدا بالبسملة. L'ouvrage se compose d'une introduction et de trois chapitres, dont le premier a pour sujet les *possibilités* (الممكنات), le second traite de la théologie (الالهيات), et le troisième des qualités qui constituent la

[1] D'après Hadji Khalfa (t. V, p. 422), ce commentaire a été composé par ʿAlî ibn ʿOmar al-Kâtibî al-Qazwînî. H. Z.

faculté prophétique (النبوات). L'auteur du commentaire est inconnu. Ms. daté de l'an 896 de l'hégire (1490-1491 de J. C.).

Papier. 223 feuillets. Hauteur, 18 centimètres et demi; largeur, 10 centimètres. 15 à 25 lignes par page. — (Ancien fonds 273.)

1256.

Le طوالع الانوار d'Al-Baïdhâwî.

Papier. 84 feuillets. Hauteur, 22 centimètres et demi; largeur, 13 centimètres et demi. 12 lignes par page. Ms. du XVIe siècle. — (Ancien fonds 403.)

1257.

مطالع الانظار «Les Levers (des lumières) des spéculations», commentaire sur le طوالع الانوار d'Al-Baïdhâwî, par Aboû 'l-Thanâ Schams al-Dîn Maḥmoûd ibn ʿAbd al-Raḥmân al-Iṣfahânî, mort en 745 de l'hégire (1344-1345 de J. C.). Dans cet exemplaire, l'ouvrage commence par les premiers mots de la préface du طوالع. Ms. daté de l'an 843 de l'hégire (1439-1440 de J. C.). Nombreuses gloses marginales.

Papier. 139 feuillets. Hauteur, 27 centimètres et demi; largeur, 17 centimètres et demi. 27 lignes par page. — (Ancien fonds 360.)

1258.

Le مطالع الانظار d'Aboû 'l-Thanâ Schams al-Dîn al-Iṣfahânî. Cet exemplaire commence par les mots : الحمد لله الذى توحّد بوجوب الوجود. Ms. daté de l'an 883 de l'hégire (1478-1479 de J. C.). Notes marginales.

Papier. 197 feuillets. Hauteur, 19 centimètres; largeur, 13 centimètres. 17 lignes par page. — (Ancien fonds 410.)

1259.

Traité de théologie scolastique (التوحيد). Le commencement et la fin manquent. Plusieurs feuillets sont hors de leur place, d'autres sont renversés. L'ouvrage est divisé en livres (كتاب), en sections (فصل) et en preuves (حجة).

Papier. 177 feuillets. Hauteur, 25 centimètres et demi; largeur, 16 centimètres et demi. 23 lignes par page. Ms. du XIIIe ou du XIVe siècle. — (Supplément 242.)

1260.

Première partie du commentaire d'Al-Sirâdj al-Hindî sur le بديع النظام, célèbre traité de théologie dogmatique de Moẓaffar al-Dîn Aḥmad ibn ʿAlî, surnommé Ibn al-Sâʿâtî, mort en 694 de l'hégire. Le commentaire, qui se compose de quatre parties, porte le titre de كشف معانى البديع وبيان مشكلة المنيع. L'auteur, Sirâdj al-Dîn Aboû Ḥafṣ ʿOmar ibn Isḥâq, de Ghazna, dit *l'Indien* (الهندى), mourut en 773 de l'hégire (1371 de J. C.). Les premiers et les derniers feuillets manquent.

Papier. 259 feuillets. Hauteur, 28 centimètres; largeur, 18 centimètres et demi. 25 lignes par page. Ms. du XVIe siècle. — (Ancien fonds 255.)

1261.

1° الاعتماد فى الاعتقاد «L'Appui de la foi», par le *ḥâfiẓ* Aboû 'l-Barakât ʿAbd Allâh ibn Aḥmad al-Nasafî, mort en 710 de l'hégire (1310-1311 de J. C.). C'est un commentaire du عمدة العقائد, traité de théologie dogmatique du même auteur. Le اعتماد commence par ces mots : الحمد لله المتعالى بكمال صمديّته عن الحلول.

2° (Fol. 114.) عقائد النسفى. Exposition de la foi musulmane, par Nadjm al-Dîn Aboû Ḥafṣ ʿOmar ibn Moḥammad al-Nasafî. Cet exemplaire commence par les mots قال اهل الحق حقائق الاشياء ثابتة والعلم بها متحقق خلافا للسوفسطائية. Quelques notes marginales.

Papier. 117 feuillets. Hauteur, 19 centimètres et demi; largeur, 14 centimètres. 18 lignes par page. Ms. du XIVe siècle. — (Ancien fonds 412.)

1262.

1° Commentaire sur le مواقف, célèbre traité de métaphysique et de théologie scolastique d'Al-Îdjî (ʿAdhod al-Dîn ʿAbd al-Raḥmân). Ce commentaire, dont nous n'avons ici que les quinze premières pages, est attribué à ʿAlâ al-Dîn ʿAlî al-Toûsî, mort en 940 de l'hégire (1533-1534 de J. C.).

2° (Fol. 9.) Commentaire anonyme (peut-être celui de Kamâl al-Dîn Masʿoûd al-Schîrwânî) sur l'ouvrage de Schams al-Dîn Moḥammad al-Samarqandî, intitulé اداب البحث «Règles à observer dans les discussions scientifiques».

3° (Fol. 43 v°.) Commentaire de Sa'd al-Dîn al-Taftâzânî sur l'*Aqâid* d'Al-Nasafî. Exemplaire écrit à Angora et daté de l'an 974 de l'hégire (1566-1567 de J. C.).

4° (Fol. 133.) Commentaire abrégé sur la préface du *Miṣbâḥ*, célèbre traité de grammaire, composé par Al-Moṭarrizî.

Papier. 133 feuillets. Hauteur, 21 centimètres; largeur, 15 centimètres. Ms. de diverses écritures du xvi° siècle. — (Ancien fonds 418.)

1263.

Gloses d'un anonyme sur le traité de théologie d'ʿAdhod al-Dîn al-Îdjî, intitulé العقائد العضديّة. Commencement : قوله بسم الله بدا كتابه بـبـسـم الله الرحمن الرحيم اقتداء باسلوب ام الكتاب والسبع المثاني الخ. La copie n'a pas été achevée.

Papier. 39 feuillets. Hauteur, 15 centimètres et demi; largeur, 10 centimètres. 15 lignes par page. Ms. du xviii° siècle. — (Supplément 2039.)

1264.

1° Commentaire de Mîr Aboû 'l-Fatḥ al-Ardebîlî sur l'ouvrage d'ʿAdhod al-Dîn ʿAbd al-Raḥmân al-Îdjî, traitant des règles à observer dans la discussion des questions obscures (حاشية للرسالة العضدية فى اداب البحث).

2° (Fol. 79.) الرسالة الشمسيّة فى القواعد المنطقيّة « Épître à Schams al-Dîn sur les principes fondamentaux de la logique ». Notes marginales.

Papier. 132 feuillets. Hauteur, 22 centimètres; largeur, 12 centimètres. 13 lignes par page. Ms. du xvii° siècle. — (Ancien fonds 465.)

1265.

Commentaire sur les chapitres cinquième et sixième du مقاصد, traité de théologie scolastique et de métaphysique (الهيات), d'Al-Taftâzânî. Les premiers feuillets contiennent de nombreuses notes marginales.

Papier. 77 feuillets. Hauteur, 27 centimètres; largeur, 18 centimètres. 29 lignes par page. Ms. du xvi° siècle. — (Ancien fonds 366.)

1266.

1° قواطع فى قواعد العقائد « Preuves tranchantes à l'appui des principes des croyances », traité anonyme de théologie scolastique, commençant par ces mots : الحمد لله بارى النسم وكحيى الرم. Le titre inscrit sur le frontispice du manuscrit est faux. Le véritable titre se trouve à la fin de l'ouvrage. Hadji Khalfa donne le même titre, en y ajoutant la phrase : يستقل بها المبتدى وينشوق اليه المنتهى ; or, cette phrase se retrouve, à une variante près, dans notre manuscrit, à la suite du titre (fol. 112 v°). Copie datée de l'an 847 de l'hégire (1443-1444 de J. C.).

2° (Fol. 113.) Commentaire d'Ibn Firkâḥ (فركاح) ʿAbd al-Raḥmân ibn Ibrâhîm sur le ورقات « Feuilles », traité dans lequel le célèbre Imâm al-Ḥaramaïn Aboû 'l-Maʿâlî al-Djowaïnî expose les principes (اصول) du droit schâféite. Copie datée de l'an 877 de l'hégire (1472-1473 de J. C.).

3° (Fol. 181.) المسائل العشر المتعبة للحشر « Les dix questions dont la solution défie les efforts des gens ». Ibn Barrî (ابن برى), surnommé « le roi des grammairiens », nous donne ici les réponses à ces questions, qui se rapportent toutes à des difficultés grammaticales. Écriture du xv° siècle.

4° (Fol. 218 v°.) Traité sur le partage des successions, ouvrage anonyme, commençant par ces mots : الحمد لله رب العالمين حمد الشاكرين. Copie datée de l'an 785 de l'hégire (1383-1384 de J. C.).

5° (Fol. 250 v°.) Traité des successions, en vers, par Yaḥyâ ibn abî Bakr al-Ḥanafî. En voici le premier hémistiche : مات عن الورّات هم صنغاى. Le texte de ce poème est accompagné de notes marginales et suivi de plusieurs tableaux.

6° (Fol. 270.) Dissertation en prose sur le partage des successions.

7° (Fol. 271 v°.) Traité sur le partage des successions, rédigé en vers, par Moḥsin al-Qaïṣarî. Voici le premier hémistiche de cette pièce : بسم من مِنّ لطفه متّا. Copie datée de l'an 778 de l'hégire (1376-1377 de J. C.).

Papier. 280 feuillets. Hauteur, 17 centimètres; largeur, 12 centimètres et demi. — (Ancien fonds 405.)

1267.

1° تحرير المباحث فى تعلّق القدرة بالحوادث « Résumé des discussions au sujet de la manière dont les événements dépendent de la puissance divine ». Traité anonyme. Copie du xv° siècle.

2° (Fol. 3.) Gloses au commentaire de Ḥossâm al-Dîn Ḥasan al-Kânî (الكانى) sur le traité de logique d'Athîr al-

Dîn Mofaddhal ibn ʿOmar al-Abharî (الابهرى), intitulé l'*Isagogé*. Cette pièce commence ainsi : قال الحمد لله الواجب وجوده الخ اقول الحمد هو الوصف بالجميل على جهة التعظيم والتفضيل. Copie du XVIᵉ siècle.

Papier. 8 feuillets. Hauteur, 21 centimètres; largeur, 15 centimètres. 22 à 38 lignes par page. — (Supplément 527.)

1268.

المنظومة الجزائرية « Le Poème algérien », composé d'un assez grand nombre de vers rimant en *lâm*. Chaque paragraphe de ce poème, qui traite de l'unité de Dieu, est accompagné d'un commentaire, souvent très-développé. La *Manzoûma* a pour auteur Aboû 'l-ʿAbbâs Aḥmad ibn ʿAbd Allâh al-Djazâïrî, natif d'Alger. Le commentaire que nous avons ici a été composé par le célèbre docteur maghrebin Aboû ʿAbd Allâh Moḥammad ibn Yoûsof al-Sanoûsî (السنوسى).

Papier. 376 feuillets. Hauteur, 22 centimètres; largeur, 15 centimètres. 29 lignes par page. — (Supplément 240.)

1269.

اللوامع اللامعة على المنظومة الجزائرية « Les Coruscations brillantes se rapportant à la *Manzoûma algérienne* ». Commentaire sur la *Manzoûma*, par le schaïkh al-Islâm Moḥammad al-Djauharî al-Khâlidî. Exemplaire écrit en 1196 de l'hégire (1782 de J. C.), probablement pour l'auteur.

Papier. 72 feuillets. Hauteur, 22 centimètres; largeur, 16 centimètres. 20 et 21 lignes par page. — (Supplément 241.)

1270.

1° العقيدة, ou Exposition de la foi musulmane, par Aboû ʿAbd Allâh Moḥammad ibn Yoûsof al-Sanoûsî. Commencement : اعلم ان الحكم العقلى ينحصر فى ثلاثة اقسام. Copie datée de l'an 1029 de l'hégire (1620 de J. C.).

2° (Fol. 8 v°.) Le *Dalâïl al-Khaïrât*. Au fol. 18 v° se trouve le plan du tombeau de Mahomet.

3° (Fol. 82 v°.) Traité de théologie scolastique, commençant par ces mots : بالمخلوقات يُعرَف الخالق كما ان بالمصنوعات يعرف الصانع.

4° (Fol. 86.) Prière commençant par les mots : جعلت نفسى فى حما الله.

Papier. 86 feuillets. Hauteur, 18 centimètres; largeur, 14 centimètres. 13 lignes par page. Ms. du XIVᵉ siècle. — (Ancien fonds 302, Colbert 3915.)

1271.

عمدة اهل التوفيق والتسديد فى شرح عقيدة اهل التوحيد « Le Soutien de ceux qui jouissent de la grâce de Dieu et de sa bonne direction, traité servant à expliquer le texte de l'ʿ*Aqîda* (ou profession de foi) des unitaires ». Les deux ouvrages ont pour auteur l'imâm Moḥammad ibn Yoûsof al-Sanoûsî, qui a composé deux ʿ*Aqîda*, une grande et une petite. Nous avons ici le commentaire de la grande ʿ*Aqîda* (العقيدة الكبرى). Ms. daté de l'an 1114 (1702-1703 de J. C.).

Papier. 178 feuillets. Hauteur, 21 centimètres; largeur, 15 centimètres. 23 lignes par page. — (Supplément 247.)

1272.

Autre exemplaire de l'ʿ*Omda* d'Al-Sanoûsî. Ms. daté de l'an 1154 de l'hégire (1741-1742 de J. C.).

Papier. 132 feuillets. Hauteur, 21 centimètres et demi; largeur, 15 centimètres et demi. 23 à 25 lignes par page. — (Supplément 246.)

1273.

شرح عمدة اهل التوفيق. Commentaire sur l'ʿ*Omda* d'Al-Sanoûsî, par Al-Ḥasan ibn Masʿoûd al-Yoûsî (اليوسى). Commencement : الحمد لله الذى اوضح معالم الدين. Ms. daté de l'an 1119 de l'hégire (1707-1708 de J. C.).

Papier. 269 feuillets. Hauteur, 29 centimètres et demi; largeur, 18 centimètres et demi. 29 lignes par page. — (Supplément 248.)

1274.

Commentaire sur l'ʿ*Omda* d'Al-Sanoûsî, par un auteur qu'on désigne par le titre d'Al-ʿAkkârî (العكّارى). Voyez les notes marginales, fol. 1 et fol. 11 du volume. Commencement, après le *bismillâh* : الحمد لله الخ اثر الحمد المقيد على المطلق لان له مزية الخ. Ms. daté de l'an 1169 de l'hégire (1756 de J. C.).

Papier. 259 feuillets. Hauteur, 22 centimètres; largeur, 16 centimètres et demi. 23 et 24 lignes par page. — (Supplément 2247.)

1275.

L'ʿ*Omda* d'Al-Sanoûsî, abrégé par l'auteur lui-même. Commencement : الحمد لله العلى العظيم القدير المنفرد بالخلق والتدبير. Les derniers feuillets manquent, et il y a quatre lacunes dans le corps du volume.

Papier. 117 feuillets. Hauteur, 21 centimètres et demi; largeur, 15 centimètres et demi. 23 lignes par page. Ms. du XVIe siècle. — (Supplément 2248.)

1276.

1° شرح العقيدة الصغرى للسنوسى «Commentaire sur la *Petite ʿAqîda* d'Al-Sanoûsî», par Moḥammad al-Mâmoûn ibn Moḥammad al-Ḥafṣî (الحفصى). Copie datée de l'an 1104 de l'hégire (1595-1596 de J. C.). Commencement : الحمد لمن نشر اعلام الادلة على الوجود.

2° (Fol. 29.) Gloses de Ḥamîd al-Saʿdî, fils d'ʿAbd al-Karîm al-Widjhânî (الوجهانى), sur le ام البراهين, traité de théologie scolastique, d'Al-Sanoûsî.

Papier. 52 feuillets. Hauteur, 21 centimètres et demi; largeur, 15 centimètres et demi. 23 lignes par page. — (Supplément 249.)

1277.

Traité sur l'unité de Dieu (رسالة فى التوحيد), par Loṭf Allâh ibn Aḥmad al-Ḥosaïnî, exemplaire présenté par l'auteur à Solaïmân Pacha, lors de l'arrivée de celui-ci en Égypte, en 943 de l'hégire (1536-1537 de J. C.).

Papier. 51 feuillets. Hauteur, 16 centimètres et demi; largeur, 12 centimètres. 11 lignes par page. — (Supplément 264.)

1278.

1° Dissertation sur la preuve intellectuelle et la preuve traditionnelle.

2° (Fol. 2 v°.) Commentaire du traité précédent, accompagné de notes marginales et interlinéaires, intitulé شرح الاداب العضدية لمولانا حنفى.

3° (Fol. 16.) Instructions morales et religieuses, adressées par Mahomet à Aboû Horaïra.

4° (Fol. 30 v°.) Traité de logique, commençant par ces mots : الحكم اثبات امر او نفيه وينقسم الى ثلثة اقسام شرعى وعادى وعقلى.

5° (Fol. 35 v°.) Traité de dialectique, attribué à Tachkeupri Zâdé, et accompagné d'un commentaire. Commencement : احمدك اللهم يا مجيب كل سائل. Ce traité a été composé à Constantinople, en 964 de l'hégire (1556-1557 de J. C.).

6° (Fol. 49 v°.) Sur quelques questions obscures de droit musulman. En turc.

Papier. 66 feuillets. Hauteur, 15 centimètres et demi; largeur, 11 centimètres. 11 lignes par page, à l'exception du troisième traité qui en a 17. Ms. de diverses écritures du XVIe siècle. — (Ancien fonds 336.)

1279.

الاجوبة الجلية عن الاسئلة الخفية «Réponses claires à des questions sur des matières obscures», traité dans lequel un docteur nommé ʿAlî ibn Moḥammad al-Miṣrî répond à différentes questions touchant la théologie, les traditions, la philologie et l'exégèse du Coran. L'auteur vivait postérieurement à Djalâl al-Dîn al-Soyoûṭî, dont il cite l'autorité (fol. 98 v°). Ms. daté de l'an 1109 de l'hégire (1697-1698 de J. C.).

Papier. 502 feuillets. Hauteur, 21 centimètres et demi; largeur, 16 centimètres. 23 lignes par page. — (Supplément 448.)

1280.

Commentaire sur un traité de théologie scolastique. Commencement : اما بعد حمد واجب الوجود. Nombreuses notes marginales.

Papier. 81 feuillets. Hauteur, 27 centimètres; largeur, 17 centimètres. 23 à 26 lignes par page. Ms. du XVIe siècle. — (Ancien fonds 365.)

1281.

اتحاف المريد بجوهرة التوحيد «Le *Djauharat al-Tauḥîd* (expliqué et) offert en cadeau à l'étudiant», commentaire d'ʿAbd al-Salâm ibn Ibrâhîm al-Loqânî (اللقانى), docteur mâlékite, sur son propre ouvrage, جوهرة التوحيد «Bijou de la doctrine de l'unité», traité de théologie scolastique en vers. Selon Hadji Khalfa, cet auteur mourut en 1041 de l'hégire (1631-1632 de J. C.).

Papier. 110 feuillets. Hauteur, 22 centimètres; largeur, 15 centimètres et demi. 19 lignes par page. Ms. du XVIIe siècle. — (Supplément 244.)

1282.

Autre exemplaire du اتحاف المريد. Ms. daté de l'an 1093 de l'hégire (1682 de J. C.).

Papier. 89 feuillets. Hauteur, 20 centimètres et demi; largeur, 14 centimètres et demi. 23 lignes par page. — (Supplément 245.)

1283.

منظومة الاجهورى فى اصول الدين «La *Manzoûma* du (schaïkh mâlékite Noûr al-Dîn ʿAlî) al-Adjhoûrî sur les dogmes de la foi», en vers du mètre *radjaz*, accompagné d'un commentaire du même auteur. Le texte du poème est écrit à l'encre rouge.

Papier. 69 feuillets. Hauteur, 21 centimètres et demi; largeur, 15 centimètres et demi. 23 lignes par page. Ms. du XVII° siècle. — (Supplément 234.)

1284.

La *Manzoûma* de Noûr al-Dîn ʿAlî al-Adjhoûrî, avec le commentaire de l'auteur.

Papier. 93 feuillets. Hauteur, 20 centimètres et demi; largeur, 15 centimètres. 23 lignes par page. Ms. du XVIII° siècle. — (Supplément 235.)

1285.

1° Traité des principes de l'islamisme et des devoirs des musulmans, formant soixante et une sections (مسئلة). Commencement : اعلم ارشدنا الله واياك انه وجب على كل مكلف ان يعلم ان الله الخ.

2° (Fol. 58 v°.) عقيدة صحيحة على مذهب الامام ابى حنيفة «La croyance orthodoxe, d'après la doctrine de l'imâm Aboû Ḥanîfa». Pièce de vers (*lâmiya*), connue sous le titre de بدء الامالى, par Sirâdj al-Dîn ʿAlî ibn Moḥammad al-Oûschî (الأوشى). Premier vers :

يقول العبد فى بدء الامالى لتوحيد بنظم كالّلالى

3° (Fol. 61 v°.) Commentaire sur le poème précédent, par Ibn Djamâʿa (ʿIzz al-Dîn Moḥammad).

4° (Fol. 75.) L'ʿ*Aqîdat Ahl al-Sonna* d'Al-Nasafî (ʿOmar ibn Moḥammad).

5° (Fol. 82 v°.) L'ʿ*Aqîda* d'Al-Sanoûsî (Moḥammad ibn Yoûsof). Démonstration logique de deux articles de foi musulmane.

Ms. daté de l'an 1052 de l'hégire (1643 de J. C.).

Papier. 86 feuillets. Hauteur, 21 centimètres et demi; largeur, 14 centimètres et demi. 13 lignes par page. — (Supplément 1868.)

1286.

1° اصول الشرع. Traité de la religion musulmane.

2° (Fol. 34 v°.) L'ʿ*Aqâïd*, d'Al-Nasafî.

3° (Fol. 39 v°.) تلخيص. Troisième partie du مفتاح العلوم.

4° (Fol. 78 v°.) Traité de prosodie, par Aboû ʿAbd Allâh Moḥammad Aboû 'l-Djaïsch al-Andaloûsî.

5° (Fol. 87 v°.) Traité du partage des successions.

6° (Fol. 101 v°.) Divers extraits en turc.

7° (Fol. 107 v°.) Traité (مقدّمة) de la prononciation, en vers, par Moḥammad ibn al-Djazarî.

8° (Fol. 110 v°.) Traité des devoirs du musulman.

9° (Fol. 114 v°.) Commencement du traité de logique d'Al-Abharî.

10° (Fol. 117 v°.) Traité de lecture et de prononciation.

11° (Fol. 158.) La *Kâfiya*, accompagnée de nombreuses gloses.

12° (Fol. 203 v°.) Grammaire persane, en arabe.

13° (Fol. 217.) Traité de cabale, en turc.

Nombreuses notes marginales et interlinéaires.

Papier. 227 feuillets. Hauteur, 21 centimètres; largeur, 11 centimètres. Écritures diverses du XVII° siècle; plusieurs pièces sont datées des années 1078 ou 1079 de l'hégire (1668-1669 de J. C.). — (Supplément 1948, Oratoire.)

1287.

1° Traité de théologie, par Yaḥyâ ibn abî Bakr al-Ḥanafî, traduit du persan par l'auteur lui-même.

2° (Fol. 14.) Liste chronologique des soufis qui se sont transmis la *ṭarîqa*, ou système de pratiques religieuses enseigné par le calife Aboû Bakr.

3° (Fol. 16.) Notes et extraits divers.

4° (Fol. 19 v°.) Traité, en persan, sur les devoirs du musulman.

5° (Fol. 27 v°.) Deux sermons.

6° (Fol. 28 v°.) Abrégé du *Qawâ^cid al-I^crâb*, traité de grammaire d'Ibn Hischâm.

7° (Fol. 30 v°.) Commentaire sur le *Qawâ^cid* d'Ibn Hischâm.

8° (Fol. 43.) Une pièce de vers en persan, et deux autres en turc.

9° (Fol. 44 v°.) *Fatwa* du mufti ʿAlî Tchelébi, au sujet des exercices des soufis.

10° (Fol. 46 v°.) Fragments divers.

11° (Fol. 50 v°.) الارشاد «La Direction», traité de la religion musulmane, selon la doctrine d'Aboû Ḥanîfa.

Papier. 89 feuillets. Hauteur, 20 centimètres; largeur, 13 centimètres et demi. Écritures diverses du XVIIIe siècle. — (Supplément 1871.)

1288.

Gloses de Schihâb al-Dîn Aḥmad al-Malawî (الملوى), sur un traité de théologie qui paraît avoir été rédigé en vers (ارجوزة). Le commencement manque.

Papier. 75 feuillets. Hauteur, 22 centimètres et demi; largeur, 16 centimètres. 23 lignes par page. Ms. du XIXe siècle. — (Supplément 2023.)

4. THÉOLOGIE MORALE.

1289.

1° Les sermons d'Ibn Nobâta (خطب ابن نباتة), célèbre prédicateur de la cour des Ḥamdânides, mort en 374 de l'hégire (984-985 de J. C.), sur la religion, la morale, les fêtes musulmanes, la guerre contre les infidèles (الجهاد), etc., suivis de courtes allocutions, prononcées devant plusieurs princes hamdanides, à l'occasion des victoires qu'ils avaient remportées sur les armées byzantines. Le nom complet de l'auteur était Aboû Yaḥyâ ʿAbd al-Raḥîm ibn Moḥammad ibn Ismaʿîl ibn Nobâta al-Fâraqî, natif de Mayyâfâraqîn. M. de Slane a publié un de ces sermons dans le *Journal asiatique*, numéro de janvier 1840, p. 66 et suiv.

2° (Fol. 202 v°.) Douze sermons d'Aboû Ṭâhir Moḥammad, fils de Ibn Nobâta.

Ms. écrit à Damas, en 690 de l'hégire (1291 de J. C.). Les folios 1 à 9 sont d'une main plus récente. Au commencement et à la fin du volume se trouvent des fragments d'invocations et de sermons, des certificats d'origine du ms., de collation et de lecture.

Papier. 225 feuillets. Hauteur, 19 centimètres; largeur, 12 centimètres et demi. 13 lignes par page. — (Ancien fonds 451.)

1290.

شرح الخطب النباتيّة «Commentaire sur les sermons des Ibn Nobâta», par un auteur anonyme. Cet ouvrage commence par les mots : اللهم انا نحمدك على جزيل نعمائك وجميل بلائك. Entre le quatre-vingt-neuvième et le quatre-vingt-dixième sermon, l'auteur a inséré une série de remarques sur les Sermons abrégés (الخطب المختصرة), qui sont au nombre de neuf. Il présente ensuite des observations sur certaines allocutions (فصل) du même auteur, sur les douze discours d'Aboû Ṭâhir Moḥammad, fils d'ʿAbd al-Raḥmân ibn Nobâta, sur un sermon de mariage et sur un discours d'Aboû 'l-Qâsim, arrière-petit-fils du grand prédicateur. Ms. daté de l'an 777 de l'hégire (1375-1376 de J. C.).

Papier. 123 feuillets. Hauteur, 17 centimètres et demi; largeur, 12 centimètres et demi. 15 lignes par page. — (Ancien fonds 450, Colbert 6059.)

1291.

Fragment du traité ايّها الولد «O mon fils!», épître dans laquelle Aboû Ḥâmid al-Ghazâlî enseigne à un de ses disciples les connaissances qui, seules, peuvent servir pour la vie future.

Papier. 2 feuillets. Hauteur, 21 centimètres; largeur, 15 centimètres. 33 à 35 lignes par page. Ms. du XVIe ou du XVIIe siècle. — (Supplément 521.)

1292.

منهاج العابدين «La Voie à suivre par les serviteurs de Dieu», traité de théologie morale, composé par Aboû Ḥâmid al-Ghazâlî. (Voyez Hadji Khalfa t. VI, p. 210.) Les feuillets de garde portent quelques prières et des notes insignifiantes; la date du volume, exprimée par une série de fractions, qu'on lit au folio 110, est évidemment une mystification.

Papier. 110 feuillets. Hauteur, 18 centimètres; largeur, 13 centimètres. 17 lignes par page. Ms. du XVIe siècle. — (Supplément 529, Oratoire.)

1293.

بداية الهداية «Commencement de la bonne direction», traité de morale religieuse, par Aboû Ḥâmid al-Ghazâlî. Commencement : فاعلم ايّها الحريص على اقتباس العلم.

2° (Fol. 44 v°.) Qaṣîda d'Aboû 'l-Fatḥ al-Bostî. Premier vers :

زيادة المرء فى دنياه نقصان
وربحه غير محض الخير خسران

3° (Fol. 47.) L'Introduction (مقدّمة) à la connaissance de l'islamisme, par Schams al-Dîn Moḥammad al-Schernoûbî (الشرنوبى).

Papier. 58 feuillets. Hauteur, 20 centimètres et demi; largeur, 15 centimètres. 23 lignes par page dans le premier traité, 19 dans les deux autres. Ms. du xviie siècle. — (Supplément 1882.)

1294.

تحفة المودود فى احكام الولود «Cadeau pour l'ami, traitant des règles à observer relativement aux enfants», par Moḥammad ibn abî Bakr ibn Ayyoûb, surnommé *Ibn Qayyim al-Djoûziya* (fils du recteur du collège fondé à Baghdâd par Ibn al-Djoûzî?). C'est un traité sur l'éducation physique, morale et religieuse des enfants, divisé en dix-sept chapitres (باب), dont chacun est subdivisé en plusieurs sections (فصل). L'auteur mourut en 571 de l'hégire (1175-1176 de J. C.).

Papier. 73 feuillets. Hauteur, 21 centimètres; largeur, 15 centimètres et demi. 25 à 28 lignes par page. Ms. du xviie siècle. — (Supplément 514.)

1295.

منهاج القاصدين ومفيد الصادقين «Grand chemin pour ceux qui se dirigent (vers le bien) et (avertissement) utile pour les (cœurs) sincères», discours sur plusieurs sujets de morale, de religion et sur les convenances sociales, par Aboû 'l-Faradj ʿAbd al-Raḥmân ibn ʿAlî ibn Moḥammad ibn al-Djauzî. Ms. daté de l'an 1109 de l'hégire (1697-1698 de J. C.).

Papier. 87 feuillets. Hauteur, 21 centimètres; largeur, 15 centimètres et demi. 33 lignes par page. — (Supplément 512.)

1296.

كتاب ذمّ الهوى «Censure de la concupiscence». Traité sur les moyens de dompter les passions, en cinquante discours, par Aboû 'l-Faradj ʿAbd al-Raḥmân ibn ʿAlî ibn Moḥammad ibn al-Djauzî. Ms. daté de l'an 746 de l'hégire (1345 de J. C.). Le volume porte la signature du voyageur Seetzen.

Papier. 301 feuillets. Hauteur, 21 centimètres; largeur, 15 centimètres. 19 lignes par page. — (Supplément 513.)

1297.

بحر الدموع «Océan de larmes», recueil de trente-deux discours ou sermons, en prose et en prose rimée, entremêlée de vers, par Aboû Moḥammad (Aboû 'l-Faradj) ʿAbd al-Raḥmân ibn ʿAlî al-Djauzî.

Papier. 77 feuillets. Hauteur, 20 centimètres; largeur, 19 centimètres et demi. 19 lignes par page. Ms. du xviie siècle. — (Supplément 511.)

1298.

تاج العروس «Couronne de la fiancée», traité de théologie morale, par Ibn ʿAtâ Allâh al-Iskandarî, mort en 709 de l'hégire (1309-1310 de J. C.).

Papier. 21 feuillets. Hauteur, 23 centimètres; largeur, 16 centimètres et demi. 27 lignes par page. Ms. du xviie siècle. — (Supplément 515.)

1299.

1° المواعظ «Prédications», par Ibn ʿAtâ Allâh al-Iskandarî.

2° (Fol. 36 v°.) Collection de recettes médicales, en douze chapitres.

Papier. 68 feuillets. Hauteur, 21 centimètres; largeur, 14 centimètres et demi. 21 lignes par page. Ms. du xviie siècle. — (Supplément 1883.)

1300.

غرر الخصائص الواضحة وعرر النقائص الفاضحة «Marques éclatantes pour (distinguer) les qualités louables et les ordures avilissantes qui se rattachent aux vices», par Djamâl al-Dîn Moḥammad ibn Ibrâhîm al-Kotbî, mort en 718 de l'hégire (1318-1319 de J. C.). Recueil de paroles remarquables au sujet des vertus et des vices. L'auteur a encadré ces passages dans une prose très-recherchée. Ce traité renferme seize chapitres (باب), dont chacun est

divisé en trois sections (فصل). La liste des quarante-huit sections est donnée dans l'introduction. L'ouvrage commence par ces mots : الحمد لله الذى جعل اللسان عنوان عقل الانسان.

Papier. 208 feuillets. Hauteur, 26 centimètres; largeur, 17 centimètres. 35 lignes par page. Ms. du XIVe siècle, écrit probablement du vivant de l'auteur. — (Ancien fonds 886.)

1301.

Le *Ghorar al-Khaṣâïṣ* de Moḥammad ibn Ibrâhîm al-Kotbî.

Papier. 219 feuillets. Hauteur, 26 centimètres et demi; largeur, 18 centimètres et demi. 21 lignes par page. Ms. du XIVe siècle. — (Supplément 516.)

1302.

Le *Ghorar al-Khaṣâïṣ* d'Al-Kotbî. Les trois ou quatre derniers feuillets manquent. Le fol. 126 n'appartient pas à l'ouvrage.

Papier. 126 feuillets. Hauteur, 21 centimètres; largeur, 15 centimètres. 21 lignes par page. Ms. du XVIe siècle. — (Supplément 517.)

1303.

1° Le *Ghorar al-Khaṣâïṣ* de Moḥammad ibn Ibrâhîm al-Kotbî.

2° (Fol. 162 v°.) نضرة الاغريض فى نصرة القريض «La Fleur de palmier toute fraîche, étant une défense de la poésie», par Aboû ʿAlî al-Moẓaffar ibn al-Fadhl ibn Yaḥyâ al-ʿAlawî al-Ḥosaïnî. Ce traité de l'art poétique, composé pour le vizir Moḥammad al-ʿAlkamî (vizir d'Al-Mostacem Billah), est divisé en cinq sections et renferme de nombreuses pièces de vers.

3° (Fol. 247.) Quelques *Qaṣîdâ* et fragments poétiques, tirés de la *Kharîda* d'ʿImâd al-Dîn al-Iṣfahânî.

4° (Fol. 250.) Récit d'une vision, tiré de l'ʿ*Adjâïb al-Makhloûqât* d'Al-Qazwînî.

Ms. daté de 1039-1040 de l'hégire (1629-1630 de J. C.).

Papier. 250 feuillets. Hauteur, 20 centimètres et demi; largeur, 15 centimètres et demi. 22 à 23 lignes par page. — (Ancien fonds 434.)

1304.

Le *Ghorar al-Khaṣâïṣ* d'Al-Kotbî.

Papier. 189 feuillets. Hauteur, 21 centimètres; largeur, 15 centimètres. 25 lignes par page. Ms. du XVIIe siècle. — (Supplément 518.)

1305.

الروض الفائق فى المواعظ الرقائق «La Prairie magnifique, contenant des exhortations touchantes», par le schaïkh Zaïn al-Dîn Schoʿaïb al-Danoûscherî (الدنوشرى), surnommé *Al-Ḥoraïfîsch* (الحريفيش), ce qui paraît signifier «l'humble personnage». Hadji Khalfa (t. III, p. 42) place la mort d'Al-Ḥoraïfîsch en 801 de l'hégire, mais il se trompe sur les noms de l'auteur. Le *Raudh al-Fâïq* est un recueil d'anecdotes édifiantes, de traditions, de pièces de vers sur des sujets de morale, etc., divisé en cinquante-deux discours ou sermons. Chaque discours est consacré à un seul sujet. Cet exemplaire, daté de l'an 1024 de l'hégire (1615 de J. C.), présente de nombreuses lacunes.

Papier. 264 feuillets. Hauteur, 21 centimètres et demi; largeur, 15 centimètres et demi. 18 à 20 lignes par page. — (Ancien fonds 447).

1306.

Le *Raudh al-Fâïq* d'Al-Ḥoraïfîsch.

Papier. 347 feuillets. Hauteur, 20 centimètres; largeur, 14 et 15 centimètres. 21 lignes par page. Ms. du XVIIe siècle. Les premiers et les derniers feuillets ont été ajoutés après coup. — (Supplément 1774.)

1307.

Le *Raudh al-Fâïq* d'Al-Ḥoraïfîsch.

Papier. 364 feuillets. Hauteur, 21 centimètres; largeur, 15 et 16 centimètres. 23 lignes par page dans les premiers feuillets, 21 lignes dans les autres. Ms. du XVIIe siècle. Les cinquante premiers feuillets ont été ajoutés après coup. — (Supplément 1775.)

1308.

Le *Raudh al-Fâïq* d'Al-Ḥoraïfîsch. Exemplaire daté de l'an 1061 de l'hégire (1651 de J. C.).

Papier. 208 feuillets. Hauteur, 30 centimètres et demi; largeur, 21 centimètres. 25 lignes par page. — (Supplément 1773.)

1309.

Le *Raudh al-Fâïq* d'Al-Ḥoraïfîsch. Ms. daté de l'an 1145 de l'hégire (1732-1733 de J. C.).

Papier. 180 feuillets. Hauteur, 27 centimètres et demi; largeur, 17 centimètres. 29 lignes par page. — (Supplément 637.)

1310.

نزهة الناظرين في تسلية الصابرين «Jouissance pour les lecteurs, pour servir de consolation aux hommes patients». Cet ouvrage se compose de quatre-vingt-six versets du Coran, qui recommandent la patience et la constance dans l'adversité. Chacun de ces versets est suivi d'une explication empruntée au *Lobâb al-Tâwîl*, commentaire d'Al-Khâzin sur le Coran. Une main plus moderne a inscrit sur les deux dernières pages, qui étaient restées en blanc, une histoire fabuleuse attribuée à Mâlik ibn Anas.

Papier. 116 feuillets. Hauteur, 21 centimètres; largeur, 15 centimètres et demi. 11 lignes par page. Ms. du XVIIe siècle. — (Supplément 510.)

1311.

La première moitié de l'ouvrage intitulé بستان الواعظين ونزهة الناظرين «Le Jardin des prédicateurs, et spectacle attrayant pour les observateurs». C'est un recueil de discours moraux et religieux, à l'adresse des bons musulmans. L'ouvrage se compose de cent trente sermons (مجلس). Le présent ms. contient les soixante-trois premiers. Le nom de l'auteur est inconnu, mais on voit par la liste des ouvrages qu'il dit avoir mis à contribution, et parmi lesquels se trouve un traité de l'imâm ʿAbd Allah ibn Asʿad (اسعد) al-Yâfiʿî (اليافعي), mort en 768 de l'hégire (1366-1367 de J. C.), qu'il n'a pu écrire qu'après le second tiers du VIIIe siècle de l'hégire.

Papier. 604 feuillets. Hauteur, 21 centimètres; largeur, 15 centimètres. 21 lignes par page. Ms. du XVIe siècle. — (Supplément 256.)

1312.

برد الاكباد عند موت الاولاد «Consolations (à un ami) sur la mort de ses enfants», par Schams al-Dîn Moḥammad al-Dimaschqî, docteur schaféite, mort en 842 de l'hégire (1438-1439 de J. C.). Ce sont différents passages du Coran, des traditions et des anecdotes concernant les hommes dévots.

Papier. 41 feuillets. Hauteur, 17 centimètres; largeur, 12 centimètres et demi. 15 lignes par page. Ms. du XVe siècle. — (Ancien fonds 464.)

1313.

طهارة القلوب والخضوع لعلام الغيوب «Pureté des cœurs et humble soumission à celui qui connaît tout ce qui est caché», par ʿAbd al-ʿAzîz (ibn Aḥmad ibn Saʿîd) al-Dîrînî (الديريني). Cet ouvrage, divisé en trente sections, se compose de commentaires sur des versets du Coran, d'anecdotes édifiantes, de conseils, de prières, de beaux morceaux de vers et de prose, etc. Le premier feuillet manque. Vers la fin de la troisième section se trouve une grande lacune, qui s'étend jusqu'à la dix-neuvième section, dont il ne reste que la fin. Ms. daté de l'an 1159 de l'hégire (1746 de J. C.).

Papier. 102 feuillets. Hauteur, 21 centimètres; largeur, 15 centimètres et demi. 19 lignes par page. — (Supplément 2017.)

1314.

كتاب السبعيات في مواعظ البريات «Les Septénaires, pour servir d'avertissement aux créatures». Ce sont sept discours ou sermons pour les sept jours de la semaine. L'auteur, Aboû 'l-Naṣr Moḥammad ibn ʿAbd al-Raḥmân al-Hamdânî (الهمداني), indique pour chaque jour les grands événements de l'histoire de Mahomet.

Papier. 60 feuillets. Hauteur, 21 centimètres; largeur, 15 centimètres. 20 à 29 lignes par page. Ms. de différentes mains du XVIIe siècle. — (Supplément 528.)

1315.

Premier cahier des *Septénaires* d'Aboû 'l-Naṣr Moḥammad ibn ʿAbd al-Raḥmân al-Hamdânî.

Papier. 20 feuillets. Hauteur, 28 centimètres; largeur, 19 centimètres et demi. 33 à 47 lignes par page. Ms. du XVIe siècle. — (Supplément 2035.)

1316.

1° Traité de morale, sans titre ni nom d'auteur, qui

se compose d'extraits du Coran, de traditions plus ou moins authentiques et d'histoires édifiantes. L'ouvrage est divisé en sections, appelées tantôt باب, tantôt مجلس. Après une longue introduction, la première section traite de la peine qu'encourt celui qui néglige la prière; la seconde indique la peine due à celui qui boit du vin; trois autres chapitres ont pour sujet la punition des fornicateurs, de ceux qui refusent de payer la dîme, et des meurtriers; un autre chapitre traite de la défense de s'adonner à la musique. La copie n'est pas terminée. Le commencement manque.

2° (Fol. 91.) Une prière.

3° (Fol. 92.) Traité ascétique, divisé en sections (باب et مجلس). Ce traité anonyme commence par ces mots : ان الله والملايكة يصلون على النبى الاية. Nombreuses notes en latin, écrites par un savant européen du XVIIe siècle, peut-être le président Gilbert Gaulmin.

Papier. 376 pages. Hauteur, 20 centimètres; largeur, 14 centimètres et demi. 14 à 15 lignes par page. Ms. du XVIe siècle. — (Ancien fonds 388.)

1317.

1° الدرر واللالى. Anecdotes édifiantes et instructives, qu'un savant docteur, peut-être Al-Sakhâwî, avait recueillies dans ses lectures.

2° (Fol. 131 v°.) *Qaṣîda lâmiyya* (sur les saints noms de Dieu), par Noûr al-Dîn al-Dimyâṭî, avec le commentaire de Zarroûq (زروق) Aḥmad ibn Moḥammad al-Bornosî.

Papier. 136 feuillets. Hauteur, 22 centimètres; largeur, 16 centimètres. 23 lignes par page. Ms. du XVIIIe siècle. — (Supplément 1885.)

1318.

المواعظ المذكّرة للموت وامور الاخرة «Exhortations dans lesquelles on recommande de songer à la mort et aux choses de l'autre vie», ouvrage divisé en six chapitres, précédés d'une introduction et suivis d'une conclusion. L'auteur, dont le nom est resté inconnu, l'a composé pour consoler un de ses amis dont le fils venait de mourir. Il mentionne dans l'introduction les noms des docteurs qui avaient déjà traité ce sujet, et en premier lieu celui de son professeur Djalâl al-Dîn al-Soyoûṭî. Le traité commence par ces mots : الحمد لله الذى خصّ نفسه بالدوام. Ms. daté de l'an 1194 de l'hégire (1780 de J. C.).

Papier. 197 feuillets. Hauteur, 22 centimètres; largeur, 15 centimètres et demi. 19 lignes par page. — (Supplément 523.)

1319.

تعليق ou «Gloses» sur le traité intitulé وصية الادب «Conseils sur les bienséances», par ʿAlî ibn Moḥammad, généralement appelé Al-Miṣrî (الشهير بالمصرى). Le vrai titre du commentaire est كشف القناع عن وجه الفاظ شهية السّماع (*lisez* السماع) «Le Secret dévoilé de paroles douces à entendre». L'ouvrage commenté se compose d'un grand nombre de paragraphes très-courts, dans lesquels l'auteur indique aux derviches les fautes qu'ils sont exposés à commettre. Au fol. 39 se trouve une liste d'ouvrages dont ils doivent éviter la lecture, entre autres les écrits de Mohyî al-Dîn ibn al-ʿArabî, ceux de ʿAbd al-Ḥaqq ibn Sabʿîn, ceux d'Ibn Ḥazm al-Ẓâhirî, plusieurs passages de l'*Iḥyâ ʿOloûm al-Dîn* d'Al-Ghazâlî, certaines parties du *Kaschschâf* d'Al-Zamakhscharî et du معتقد d'Averrhoès. Hadji Khalfa n'a connu ni le وصيّة الادب, ni le commentaire d'Al-Miṣrî. Ms. daté de l'an 1191 de l'hégire (1777 de J. C.).

Papier. 80 feuillets. Hauteur, 21 centimètres; largeur, 15 centimètres et demi. 21 lignes par page. — (Supplément 525.)

1320.

الأحكام شرح تكلة الاحكام «Les Statuts, commentaire sur le *Supplément des statuts*» (fol. 2 v°). Commentaire anonyme sur un traité de morale intitulé التكلة الاحكام والتصفية من بواطن الآثام «Supplément des Statuts (ou de Maximes de morale), et purification (du cœur, en le délivrant) des vices». Nous lisons dans la préface que le *Takmila* a pour auteur un imâm nommé Schams al-Dîn Aḥmad ibn Yaḥyâ ibn Aḥmad, surnommé *Al-Mahdî*. Hadji Khalfa ne mentionne ni l'ouvrage, ni le commentaire. Ms. daté de l'an 1069 de l'hégire (1658 de J. C.).

Papier. 248 feuillets. Hauteur, 20 centimètres et demi; largeur, 15 centimètres. 19 lignes par page. — (Supplément 524.)

1321.

الطريقة المحمديّة والسنن الاحمديّة «La Voie de Moḥammad et les coutumes d'Aḥmad», c'est-à-dire de Mahomet. Traité de morale et de dogmatique, composé par le *mollâ* Moḥammad ibn Pîr ʿAlî al-Birguelî, mort en 981 de l'hégire (1573-1574 de J. C.). Commencement : الحمد لله الذى جعلنا امة وسطا خير امم. Le premier feuillet con-

tient l'explication des sigles par lesquels l'auteur désigne les traditionnistes dont il cite l'autorité. Ms. daté de l'an 1033 de l'hégire (1623-1624 de J. C.). Notes marginales et interlinéaires.

Papier. 162 feuillets. Hauteur, 20 centimètres et demi; largeur, 14 centimètres et demi. 15 lignes par page. — (Ancien fonds 433.)

1322.

Le même ouvrage. Exemplaire daté de l'an 1118 de l'hégire (1706-1707 de J. C.). Les huit premiers feuillets sont d'une main plus moderne.

Papier. 194 feuillets. Hauteur, 20 centimètres et demi; largeur, 13 centimètres. 17 lignes par page. — (Supplément 534 *bis*.)

1323.

مجالس «Conférences» de Roûmî Efendi. Aḥmad ibn 'Abd al-Qâdir Roûmî Efendi, né dans l'île de Chypre, passa une grande partie de sa vie à Aq-Ḥiṣâr «le château blanc», l'ancienne Thyatira, ville de l'Asie Mineure. Il dit, dans la préface, que son intention étant de réformer les mœurs par des avertissements tirés des sources sacrées et des écrits des docteurs orthodoxes, il a composé cent discours, remplis de bons conseils. Dans notre ms., les deux derniers discours et une partie du quatre-vingt-huitième manquent.

Papier. 445 feuillets. Hauteur, 22 centimètres; largeur, 14 centimètres et demi. 19 lignes par page. Ms. du XVIIe siècle. — (Ancien fonds 546.)

1324.

الزهر الفائح في وصف من تنزّه عن الذنوب والقبائح «La Fleur odorante, description de ceux qui se tiennent loin des péchés et des actions viles». Tel est le titre inscrit sur le recto du premier feuillet du ms. C'est un traité des devoirs du musulman. On y trouve beaucoup d'anecdotes édifiantes et des morceaux de poésie. Commencement : اما بعد فان حقوق الله اعظم من ان يقوم بها العبد.

Papier. 40 feuillets. Hauteur, 16 centimètres; largeur, 22 centimètres. 25 lignes par page. Ms. du XVIIe siècle. — (Supplément 2036.)

1325.

1° Discours en prose rimée entremêlée de vers, dans lequel un auteur anonyme rapporte d'abord un dialogue entre lui et sa propre âme; il raconte ensuite qu'il fut transporté dans un jardin mystique, où il rencontra tous les grands écrivains qui avaient fait l'ornement de l'islamisme dans les temps passés, et dont l'un fait un éloge long et pompeux d'un docteur dont il ne mentionne pas le nom, et que le copiste du ms. (fol. 16 v°) dit être Al-Baïdhâwî. Une autre main a inscrit sur le recto du premier feuillet : هذه (*sic*) الدرّ النفيس ونزهة الجليس «Ceci est la perle précieuse et le charme de la société», mais ce titre ne paraît pas authentique.

2° (Fol. 29 v°.) Requête d'un étudiant arrivant au Caire, qui se recommande à la bienveillance d'un vizir de l'empire ottoman.

Papier. 32 feuillets. Hauteur, 19 centimètres et demi; largeur, 12 centimètres et demi. 13 à 15 lignes par page. Ms. du XVIIe siècle. — (Supplément 526.)

1326.

Ms. renfermant des maximes de morale, des anecdotes édifiantes, des récits apocryphes de l'Ancien Testament, etc. Le commencement manque. Les derniers feuillets contiennent des prières.

Papier. 88 feuillets. Hauteur, 21 centimètres; largeur, 15 centimètres. 15 lignes par page. Ms. du XVIIe siècle. — (Ancien fonds 395.)

1327.

المجموع (*lisez* مجموع) الاحاديث المباركة «Recueil de traditions saintes». Ce recueil se compose de quatre-vingt et un discours, dont chacun traite d'un point de morale ou de religion, et dans lesquels on trouve des extraits du Coran, des traditions et des prières. Commencement : قال الله عز وجل في سورة الاحزاب. Ms. daté de l'an 1138 de l'hégire (1725 de J. C.).

Papier. 210 feuillets. Hauteur, 16 centimètres; largeur, 10 centimètres. 11 lignes par page. — (Supplément 233.)

1328.

1° كتاب التبكليّات. Recueil d'histoires pieuses, de traditions, de demandes et de réponses sur diverses matières de religion, etc., traduit du persan en arabe, par Yoûnis ibn Aïdoghmisch ibn Ḥasan, originaire de Malatia.

2° (Fol. 40 v°.) Dissertation sur la création, sur Mahomet, sur les hommes et les anges, sur la mort et le jugement dernier.

3° (Fol. 67.) Commentaire sur le فرائض de Moḥammad ibn ʿAbd al-Raschîd Sedjâwendî.

4° (Fol. 147 v°.) Autre traité du partage des successions.

Papier. 158 feuillets. Hauteur, 19 centimètres; largeur, 14 centimètres. Écritures diverses du xviie siècle. — (Supplément 1937, Saint-Germain 449.)

1329.

Cahier détaché d'un recueil de sermons. Ce fragment commence par la fin du douzième et finit au commencement du vingt-neuvième sermon. Le texte est accompagné de toutes les motions et de quelques gloses marginales.

Papier. 12 feuillets. Hauteur, 14 centimètres et demi; largeur, 11 centimètres. 11 lignes par page. Ms. du xviie siècle. — (Supplément 2254.)

5. THÉOLOGIE MYSTIQUE.

1330.

رسالة القشيرى. Traité d'ʿAbd al-Karîm ibn Hawâzin al-Qoschaïrî sur le soufisme, composé en 437 de l'hégire (1045-1046 de J. C.). Ce volume renferme les vingt premiers chapitres de l'ouvrage, savoir :

1. (Fol. 3 v°.) Les croyances de cet ordre (طايفة).
2. (Fol. 11.) Les grands docteurs du soufisme.
3. (Fol. 43.) Explication des termes mystiques qui ont cours chez les soufis.
4. (Fol. 67 v°.) Du repentir (توبة).
5. (Fol. 72 v°.) Du combat spirituel (مجاهدة).
6. (Fol. 76.) De la solitude et de la retraite (الخلوة والعزلة).
7. (Fol. 76 v°.) De la crainte de Dieu (تقوى).
8. (Fol. 81.) De la dévotion (ورع).
9. (Fol. 85.) Du renoncement (زهد).
10. (Fol. 88.) Du silence (صمت).
11. (Fol. 91 v°.) De la crainte (خوف).
12. (Fol. 96 v°.) De l'espérance (رجا).
13. (Fol. 103.) De la faim et de la suppression des appétits (الجوع وترك الشهوة).
14. (Fol. 106.) De l'humilité et de la condescendance (الخضوع والتواضع).
15. (Fol. 110 v°.) De la résistance aux passions (مخالفة النفس).
16. (Fol. 113 v°.) De l'envie (حسد).
17. (Fol. 116 v°.) Du contentement (قناعة).
18. (Fol. 126 v°.) De la reconnaissance (شكر).
19. (Fol. 129 v°.) De la certitude (يقين).
20. (Fol. 133.) De la patience (صبر).

Ms. daté de l'an 839 de l'hégire (1435 de J. C.).

Papier. 136 feuillets. Hauteur, 26 centimètres; largeur, 17 centimètres. 15 lignes par page. — (Supplément 561.)

1331.

Opuscules d'Aboû Ḥâmid Moḥammad ibn Moḥammad ibn Moḥammad al-Ghazâlî :

1° المعارف العقلية «Connaissances intellectuelles», dissertation mystique, en cinq chapitres, dans laquelle l'auteur traite des termes نطق, كلام, قول, كتاب et غرض, et en indique la vraie signification au point de vue de l'exégèse. Le dernier chapitre, intitulé الغرض «but qu'on se propose», est consacré exclusivement aux lettres dont se composent les mots.

2° (Fol. 25.) المنقذ من الضلال والمفصح عن الاحوال «Ce qui délivre de l'égarement et qui expose l'état vrai des choses». Résumé des doctrines des diverses sectes philosophiques. L'auteur raconte l'histoire de ses propres études et de ses efforts pour arriver à la connaissance de la vérité. Le texte de ce traité a été publié, avec une traduction française, par M. Schmölders, Paris, 1842, in-8°.

3° (Fol. 55 v°.) المضنون به عن غير اهله «Ce dont on doit être avare envers ceux qui n'en sont pas dignes», réponses de l'auteur à des questions qu'on lui avait adressées. Dans ce traité, Ghazâlî soutient l'éternité du monde et écarte de Dieu tous les attributs (voyez Munk, *Mélanges de philosophie juive et arabe*, p. 382).

4° (Fol. 85 v°.) مشكاة الانوار ومصفاة الاسرار «La Niche aux lumières et la passoire des secrets». Traité de soufisme et réfutation des doctrines philosophiques, commençant par ces mots : الحمد لله فايض الانوار وفاتح الابصار. M. Gosche a donné une analyse de cet ouvrage dans son

mémoire intitulé *Ueber Ghazzâlis Leben und Werke* (voyez *Abhandlungen der K. Akademie der Wissenschaften zu Berlin*, 1858, p. 263).

5° (Fol. 114 v°.) Table astrologique, suivie de quelques notes (sur les coups de trompette dont il est question dans le Coran) et de quelques traditions.

6° (Fol. 116.) معارج السالكين «Gradins à l'usage de ceux qui marchent (dans la voie spirituelle)», traité mystique, composé de sept «gradins» (*mi'râdj*), renfermant des instructions et des exhortations.

7° (Fol. 177 v°.) Note sur la qualité appelée فتوة (virilité), commençant par ces mots : قال اهل الحق ان الفتوة شعبة من النبوة. Suivent plusieurs notes et traditions de diverses mains.

Les deux premiers feuillets sont couverts de notes de diverses natures, parmi lesquelles on remarque une notice biographique sur Ghazâlî.

Papier. 181 feuillets. Hauteur, 25 centimètres et demi; largeur, 15 centimètres et demi. 17 lignes par page. Ms. du xive siècle; un certain nombre de feuillets sont d'une écriture plus moderne. — (Ancien fonds 884.)

1332.

عوارف المعارف «Connaissances accordées (par la grâce de Dieu)», traité de soufisme, par Aboû Ḥafṣ al-Sohrawardî. Plusieurs feuillets, à la fin de l'ouvrage, d'une écriture moins ancienne que les autres, sont datés de l'an 783 de l'hégire (1381-1382 de J. C.). Les marges de presque tous les feuillets portent des notes et des variantes en grand nombre. A la suite de l'ouvrage (fol. 194 v°) se trouvent quelques règles de conduite pour les aspirants à la vie céleste; au fol. 196 v°, un extrait du commentaire du Coran, d'Al-Qorṭobî, et au fol. 195 le dessin d'une échelle, représentant les divers degrés par lesquels le soufi doit passer pour arriver à la perfection. Pour la vie d'Al-Sohrawardî, voyez Ibn Khallikân, t. II, page 382 de la traduction anglaise.

Papier. 197 feuillets. Hauteur, 25 centimètres; largeur, 16 centimètres et demi. 21 lignes par page. Ms. du xiiie siècle. — (Ancien fonds 375.)

1333 à 1335.

الفتوحات المكية فى معرفة اسرار المالكية والملكية «Les Révélations mecquoises, faisant connaître les mystères de Dieu et des anges», par Moḥyî al-Dîn Aboû 'Abd Allah Moḥammad ibn 'Alî Ibn al-'Arabî. Recueil mystique, divisé en dix-sept livres et en cinq cent soixante chapitres. (Voyez, sur cet ouvrage, le Catalogue des manuscrits de la Bibliothèque de Leipzig, p. 490 et suiv.)

3 volumes. Papier. 432, 496 et 551 feuillets. Hauteur, 32 centimètres; largeur, 20 centimètres. 29 lignes par page. Écritures diverses du xvie siècle. — (Supplément 237.)

1336.

الفتوحات المكية de Moḥyî al-Dîn Ibn al-'Arabî. Aux fol. 418 et suivants, se trouvent les plans des cieux, du paradis, de l'enfer, etc. Ms. daté de 1026-1027 de l'hégire (1617-1618 de J. C.).

Papier. 567 feuillets. Hauteur, 30 centimètres; largeur, 21 centimètres. 41 lignes par page. — (Ancien fonds 362.)

1337.

1° الامر المحكم المربوط فيما يلزم اهل طريق الله تعالى من الشروط «L'Ordre positif et formel, touchant les obligations que les gens de la voie de Dieu doivent remplir». Sur les devoirs du soufi, par Moḥyî al-Dîn Ibn al-'Arabî.

2° (Fol. 21.) كتاب الكنوز الخفية وصية بعض الصوفية «Livre des trésors cachés, renfermant des conseils adressés à un certain soufi», par le schaïkh Moḥammad al-Ṣiddîq.

3° (Fol. 26 v°.) رسالة الانوار فيما يمنح صاحب الخلوة من اسرار «Les Lumières, traité indiquant les mystères dont la connaissance est donnée au solitaire (qui s'est détaché du monde)», par Ibn al-'Arabî.

4° (Fol. 34 v°.) Traité dans lequel un auteur anonyme, peut-être Moḥyî al-Dîn Ibn al-'Arabî, démontre que ce n'est pas le froc (خرقة) et le tapis de prière (سجادة) qui font le soufi. Commencement : الحمد لله الدال على انفراد وحدانيته بوجود مخلوقاته

5° (Fol. 41.) الخلاصة المرضية من الدرة المضية «Quintessence satisfaisante de l'ouvrage intitulé *Al-Dorra al-Modhîa*». C'est un guide des aspirants à la dignité de soufi, par le célèbre docteur maghrebin Boû Medîn (Moḥammad ibn Aḥmad). Le *Dorra* ou *Perle brillante* est du même auteur.

6° (Fol. 92.) اداب المريدين «Instructions pour les aspirants», traité dans lequel le célèbre docteur Al-Sohrawardî (Aboû 'l-Nadjîb Dhiyâ al-Dîn 'Abd al-Qâdir) explique la doctrine des soufis.

7° (Fol. 122 v°.) رسالة النجاة من شر الصفات «Épître sur les moyens d'échapper aux mauvaises habitudes», exposé des devoirs du soufi, par un anonyme.

8° (Fol. 135.) Traité sur le repentir (توبة), par un auteur inconnu. Commencement : الحمد لله المفتّح باب توبته للمذنبين.

9° (Fol. 139 v°.) Commencement d'un discours mystique, adressé par un anonyme à Qoṭb al-Dîn Efendi, auteur de l'*Irschâd* (الارشاد).

10° (Fol. 140 v°.) Traité sur les devoirs des derviches de l'ordre de Naqschbandî, par Aboû Sa'îd al-Khâdimî.

11° (Fol. 145 v°.) Traité sur le même sujet, par Moufti al-Khâdim (مفتى الخادم), peut-être le même personnage que l'auteur de l'article précédent.

12° (Fol. 149 v°.) رسالة فى حقائق العلوم لاهل الفهوم «Sur les vrais caractères des connaissances (acquises, soit par inspiration, لدنية, soit par l'étude), traité adressé aux gens intelligents», par Aboû Ḥâmid Moḥammad ibn Moḥammad ibn Moḥammad al-Ghazâlî. Un autre traité du même genre se trouve sur les marges des fol. 153 v° à 158 v°.

13° (Fol. 161 v°.) رسالة زاد المساكين الى منازل السالكين «Provisions de route pour les pauvres qui veulent se rendre aux demeures de ceux qui ont marché dans la bonne voie», instructions spirituelles, par Aboû 'l-Ḥasan 'Alî الكيزوانى.

La plupart des pièces sont datées de l'an 1056 de l'hégire (1646-1647 de J. C.).

Papier. 164 feuillets. Hauteur, 21 centimètres; largeur, 14 centimètres. 25 lignes par page, excepté dans le dernier article, où l'écriture est très-serrée. — (Supplément 559.)

1338.

1° حلية الابدال وما يظهر عنها من المعارف والاحوال «Parure des hommes dévots et ce qu'elle laisse paraître en fait de *connaissances* et d'*états*», traité mystique, composé à Ṭâïf, près de la Mecque, en 599 de l'hégire (1203 de J. C.), par Moḥyî al-Dîn Ibn al-'Arabî. Commencement : الحمد لله على ما الهم.

2° (Fol. 6.) تذكرة الخواص وعقيدة اهل الاختصاص «Aide-mémoire des intimes et croyances religieuses des gens de distinction», traité dogmatique et mystique de Moḥyî al-Dîn Ibn al-'Arabî, commençant par les mêmes mots que le traité précédent.

3° (Fol. 49 v°.) مواقع النجوم ومطالع اهلّة الاسرار والعلوم «Lieux de la chute des astres, et nouvelles lunes des mystères et des connaissances», traité mystique, par Moḥyî al-Dîn Ibn al-'Arabî. Commencement : الحمد لله وحده وصلوته على سيدنا محمد نبيه وعبده قال العبد الفقير

4° (Fol. 117 v°.) Notice biographique de Moḥyî al Dîn Ibn al-'Arabî.

5° (Fol. 127.) Traité de théologie mystique, de psychologie et d'astrologie, apparemment du même auteur. Le commencement, paraît-il, manque; la première page commence par ces mots : ان فى نفسك لوحًا هو روح لا جسم يقال له الخيال ومركب الدماغ وفى هذا اللوح جملة

6° (Fol. 167 v°.) الكمالات الالهية فى الصفات المحمدية «Les Perfections divines, démontrées par les qualités de Mahomet», ouvrage en sept chapitres, composé par l'auteur du الانسان الكامل فى معرفة الاواخر والاوايل, c'est-à-dire par le soufi 'Abd al-Karîm ibn Ibrâhîm al-Djîlî, écrivain mystique du xv° siècle. Commencement : الحمد لله الذى جعل محمدا صلعم مظهر الكمال. L'auteur dit avoir composé cet ouvrage à Ghazza, en 803 de l'hégire (1400-1401 de J. C.). Le second chapitre est consacré à une explication mystique des quatre-vingt-dix-neuf noms de Dieu.

7° (Fol. 209.) مراءة العالم «Miroir de l'univers». Sur les mystères du macrocosme, par un auteur anonyme.

8° (Fol. 221 v°.) Traité des définitions, par Avicenne.

La première pièce est datée de l'an 1113 de l'hégire (1701-1702 de J. C.). Les autres, toutes de la même main, sont datées des années 1084 et 1088 de l'hégire (1673-1678 de J. C.).

Papier. 223 feuillets. Hauteur, 26 centimètres et demi; largeur, 15 centimètres. 31 lignes par page, puis 28. — (Supplément 2045.)

1339.

1° Extrait du عنقاء مغرب, traité dans lequel Moḥyî al-Dîn Ibn al-'Arabî énumère les points de ressemblance entre l'homme et l'univers, entre le macrocosme et le microcosme. L'ouvrage commence par ces mots : البحر المحيط الذى لا يسمع لموجه اطيط فى معرفة الذات والصفات والافعال بكر ضهيا

2° (Fol. 11.) كتاب الجلالة «Traité de la majesté», ouvrage cabalistique, dans lequel Ibn al-'Arabî traite des vertus secrètes du mot جلالة. Commencement : الحمد لله بالله حمدًا لا تعلمه الاسرار ولا تعرفه الارواح ولا تدركه العقول ولا تضمره القلوب الخ

3° (Fol. 14 v°.) كتاب الازل «Traité de l'éternité», par Ibn al-ʿArabî. L'auteur y expose les significations mystiques et secrètes du mot ازل. Commencement : الحمد لله الدايم الذى لم يزل عاطف الابد المعقول على الازل الذى انطق السنة عباده بالازلية فتنة فثبت بها مَنْ ثبت وزل بها من زل الخ

4° (Fol. 18.) كتاب الباء «Traité sur la lettre *bâ*», par Ibn al-ʿArabî. L'auteur expose les mystères que renferme cette lettre.

5° (Fol. 22 v°.) Poésies mystiques, accompagnées d'un commentaire. Les vers, ainsi que le commentaire, sont de Ibn al-ʿArabî. C'est l'ouvrage dont Hadji Khalfa fait mention, sous le titre de ترجمان الاشواق «L'Interprète des désirs».

Ms. daté de l'an 971 de l'hégire (1563-1564 de J. C.).

Papier. 80 feuillets. Hauteur, 26 centimètres et demi; largeur, 19 centimètres et demi. 29 à 33 lignes par page. — (Supplément 2046.)

1340.

فصوص الحكم «Chatons (ou pierres précieuses) de la sagesse», recueil, divisé en vingt-sept chapitres (فص), de maximes de sagesse attribuées aux patriarches et aux prophètes, par Moḥyî al-Dîn Ibn al-ʿArabî. Chaque chapitre contient les maximes d'un seul personnage. Voyez la Bibliographie de Hadji Khalfa, t. IV, p. 424. L'ouvrage commence par ces mots : الحمد لله منزل الحكم على قلوب الكلم. Ms. daté de l'an 726 de l'hégire (1326 de J. C.).

Papier. 127 feuillets. Hauteur, 19 centimètres; largeur, 11 centimètres et demi. 17 lignes par page. — (Ancien fonds 457.)

1341.

Le même ouvrage.

Papier. 99 feuillets. Hauteur, 20 centimètres; largeur, 15 centimètres. 19 lignes par page. Ms. du XVIᵉ siècle. — (Ancien fonds 414, Colbert 4982.)

1342.

Commentaire sur le *Foṣoûṣ al-Ḥikam*, par ʿAbd al-Razzâq ibn abî 'l-Ghanâïm al-Kâschî al-Qâschânî. L'ouvrage commence par ces mots : الحمد لله الاحد بذاته وكبريائه. Ms. daté de l'an 1008 de l'hégire (1599-1600 de J. C.).

Papier. 234 feuillets. Hauteur, 21 centimètres; largeur, 15 centimètres et demi. 21 lignes par page. — (Ancien fonds 415, Colbert 5002.)

1343.

1° (Fol. 3.) كيميا السعادة «L'Alchimie du bonheur», traité mystique, par Moḥyî al-Dîn Ibn al-ʿArabî.

2° (Fol. 14.) رسالة الهايم الخايف من لومة اللايم «Épître adressée à celui qui reste flottant et indécis par crainte du blâme», par Nadjm al-Dîn al-Kobrâ (الكبرى) Aḥmad ibn ʿOmar ibn Moḥammad al-Khayyoûqî (الخيوقى). L'auteur indique les dix moyens par lesquels on obtient la pureté de l'âme et du corps.

3° (Fol. 35.) Texte et commentaire de la يائية, poème d'ʿOmar ibn al-Fâridh (الفارض). Quelques notes marginales.

4° (Fol. 76.) Texte et commentaire de la خمرية d'Ibn al-Fâridh. Cette copie est datée de l'an 998 de l'hégire (1590 de J. C.).

5° (Fol. 102.) Commentaire du même poème, par ʿAlâ al-Dîn ibn Ṣadaqa.

6° (Fol. 120.) Récit d'Aboû ʿAbd Allah ibn Ḥamdoûn, au sujet d'une pièce de vers que le calife Al-Motawakkil avait découverte dans un monastère, près d'Al-Roṣâfa.

Les articles 3° à 6° paraissent être de la même main.

En tête du volume se trouvent quelques vers, attribués à l'imâm Al-Schâfiʿî, et une note sur ʿAlî Efendi Qanâlî Zâdè, puis un talisman pour dissiper les chagrins.

Papier. 120 feuillets. Hauteur, 19 centimètres; largeur, 11 centimètres. 13 à 15 lignes par page. Ms. du XVIᵉ siècle. — (Ancien fonds 461.)

1344.

1° عظة الالباب وذخيرة الاكتساب «Admonition pour toucher les cœurs et trésor d'acquisitions spirituelles», ouvrage mystique, renfermant des exhortations, des prières, des anecdotes édifiantes, des pièces de vers et des réflexions morales. Nous lisons dans la préface que c'est un abrégé du *Tatimma* ou Supplément, résumé d'un traité sur la vie dévote, intitulé الدرّة اليتيمة «La Perle unique», ouvrage que Hadji Khalfa (t. III, p. 212) attribue au grand littérateur ʿAbd Allah ibn al-Moqaffaʿ. Dans le titre écrit en tête du volume l'auteur est nommé Moḥyî al-Dîn,

natif de Grenade (*sic* المغرناطى), en Espagne, personnage qui ne peut être que le célèbre mystique Ibn al-ʿArabî. Il y a une lacune de trois cahiers entre les folios actuellement cotés 1 et 2.

2° (Fol. 78.) Plusieurs morceaux édifiants en prose et en vers.

3° (Fol. 82 v°.) Commentaire mystique sur le *Bismillâh*, par Moḥammad ibn Mobârak al-Tonoûkhî, généralement connu sous le nom de الازرق الاربسى («l'homme aux yeux bleus», natif de Laribus, dans la Tunisie?). Il renferme trois chapitres, précédés d'une introduction et suivis de quelques passages sur le même sujet.

4° (Fol. 102.) Manuel, en prose et en vers, pour l'homme dévot qui désire atteindre à ce degré d'illuminisme que les soufis désignent par le terme معرفة «connaissance». Le commencement manque.

Volume écrit à la Mecque, en 888 de l'hégire (1480-1481 de J. C.).

Papier. 137 feuillets. Hauteur, 26 centimètres; largeur, 18 centimètres. 25 lignes, puis 23 lignes par page. — (Supplément 565.)

1345.

بغية الناجين فى شرح مقامات السايرين «Trésor désiré par ceux qui marchent dans la voie spirituelle, renfermant l'explication des *stations* auxquelles les voyageurs peuvent atteindre», traité de morale religieuse et mystique, en cent discours, par Ibn al-ʿAṭṭâr (Khalîl ibn Solaïmân al-Ḥanbalî). Ms. daté de l'an 688 de l'hégire (1289 de J. C.).

Papier. 247 feuillets. Hauteur, 26 centimètres; largeur, 20 centimètres. 17 lignes par page. — (Supplément 557.)

1346.

Commentaire sur le *Manâzil al-Sâïrîn*, par Kamâl al-Dîn ʿAbd al-Razzâq al-Kâschî, mort en 702 de l'hégire (1302-1303 de J. C.). Le منازل السايرين «Stations des voyageurs» est un traité de la vie spirituelle, très-estimé des musulmans, dont l'auteur, ʿAbd Allah ibn Moḥammad al-Harawî (الهروى), mourut en 481 de l'hégire (1088-1089 de J. C.). La date de ٩٨٧, inscrite sur le dernier feuillet du volume, est fausse.

Papier. 189 feuillets. Hauteur, 27 centimètres et demi; largeur, 18 centimètres. Environ 17 lignes par page. Ms. du xvᵉ siècle. — (Ancien fonds 372.)

1347.

1° الاصطلاحات الصوفية «Traité de la terminologie des soufis», par Kamâl al-Dîn Aboû 'l-Ghanâïm ʿAbd al-Razzâq al-Kâschî. Nous n'avons ici que la première des deux parties dont se compose l'ouvrage. Les mots de ce dictionnaire sont disposés dans l'ancien ordre (*abdjad*) de l'alphabet arabe.

2° (Fol. 32.) Vocabulaire des termes employés par les soufis, par Moḥyî al-Dîn Ibn al-ʿArabî, commençant par ces mots : وعليك ايها الولى الحكيم والصفى الكريم.

Papier. 35 feuillets. Hauteur, 21 centimètres; largeur, 14 centimètres. 21 lignes par page. Ms. du xviᵉ siècle. — (Ancien fonds 425.)

1348.

التنوير فى اسقاط التدبير «Éclaircissement sur la nécessité de supprimer la précaution», traité de soufisme, dans lequel Tâdj al-Dîn ibn ʿAṭâ Allah (Aḥmad ibn Moḥammad ibn ʿAbd al-Karîm), mort en 709 de l'hégire (1309-1310 de J. C.), enseigne que les précautions sont inutiles contre le destin. Le premier feuillet, qui était resté en blanc, porte maintenant quelques notes insignifiantes. Le second feuillet contient le titre de l'ouvrage, les noms de l'auteur et les titres de plusieurs autres ouvrages qu'il a composés. Ms. daté de l'an 914 de l'hégire (1508 de J. C.).

Papier. 84 feuillets. Hauteur, 20 centimètres et demi; largeur, 15 centimètres. 21 lignes par page. — (Supplément 520.)

1349.

الحكم العطائية «Les Apophthegmes d'ʿAṭâ Allah», traité de morale et de mysticisme, par ʿAṭâ Allah Tâdj al-Dîn Aḥmad al-Iskandarânî al-Schâdsilî. Nous avons ici le texte complet de l'ouvrage, avec un commentaire dont l'auteur est resté inconnu. Ms. daté de Constantinople, de l'an 1023 de l'hégire (1614 de J. C.). Le commentaire commence par les mots : الحمد لله الذى شرح الحكم. Les derniers feuillets contiennent des passages en prose et en vers, se rapportant à la vie dévote; on y trouve aussi le fragment d'un commentaire sur un autre ouvrage du même genre.

Papier. 90 feuillets. Hauteur, 30 centimètres et demi; largeur, 21 centimètres. Environ 30 lignes par page. — (Ancien fonds 373.)

1350.

Commentaire sur le الحكم العطائية «Les Apophthegmes d'ʿAṭâ Allah», par le docteur soufi Ibn ʿAbbâd (عباد) Moḥammad ibn Ibrâhîm al-Nafzî al-Ṣardanî (النفزى الصردنى), natif de Nafza, ville située dans la Ṣardaniya, province de la Tunisie).

Papier. 134 feuillets. Hauteur, 28 centimètres; largeur, 18 centimètres. 27 lignes par page. Ms. du XVᵉ siècle. — (Supplément 258.)

1351.

Commentaire sur les Apophthegmes d'ʿAṭâ Allah, par un schaïkh soufi, nommé Sîdî Moḥammad ibn Dikrâ (دكرى). Commencement : الحمد لله متولى الحكم ليعظ بها من وعظ. Ms. daté de l'an 1142 de l'hégire (1633 de J. C.).

Papier. 305 feuillets. Hauteur, 22 centimètres; largeur, 16 centimètres. 25 lignes par page. — (Supplément 567.)

1352.

Gloses d'un auteur anonyme sur les Apophthegmes d'ʿAṭâ Allah. A la fin se trouve une *qaṣîda* mystique de soixante-deux vers qui riment en *b*.

Papier. 26 feuillets. Hauteur, 21 centimètres; largeur, 15 centimètres. 15 lignes par page. Ms. du XVIIᵉ siècle. — (Ancien fonds 419.)

1353.

جوامع الكلم فى المواعظ والحكم «Collection de maximes morales et philosophiques», par ʿAlî ibn Ḥossâm al-Dîn, surnommé Al-Mottaqî (المتقى). Ces sentences, qui se rapportent principalement à la discipline religieuse des musulmans, et surtout à celle des soufis, sont au nombre d'environ trois mille, dont cinq cents ont été empruntées par l'auteur à différentes sources (اقتباسات); cinq cents lui avaient été communiquées (تضمينات); deux cents traditions ont été recueillies au hasard (الاحاديث الغير المضمنة); trois cents maximes ont pour auteur Ibn ʿAṭâ, deux cents proviennent des élèves de celui-ci, et le reste est emprunté aux discours des premiers musulmans. Ces passages sont classés dans l'ordre de matières.

Papier. 272 feuillets. Hauteur, 21 centimètres; largeur, 14 centimètres et demi. 17 lignes par page. Ms. du XVIIᵉ siècle. — (Ancien fonds 448.)

1354.

كتاب النفحات الربّانية «Les Inspirations divines», ouvrage divisé en plusieurs chapitres (نفحات, souffles), dans lesquels sont exposées quelques-unes des doctrines transcendantes qui avaient cours chez les soufis. Commencement : الحمد لله بلسان المرتبة الجامعة للمقامات كلها والمراتب. Cet ouvrage, que l'auteur, Ṣadr al-Dîn Moḥammad ibn Isḥâq ibn Moḥammad al-Qoûnawî (القونوى), mort en 673 de l'hégire (1274-1275 de J. C.), n'avait pas achevé, a été terminé en 739 de l'hégire (1338-1339 de J. C.), par Moḥammad ibn Aḥmad ibn Moḥammad al-Qoûnawî, qui était peut-être le petit-fils de l'auteur. Ce traité est précédé d'une note de quatre pages, intitulée بيان سلك اهل الطريق المحمدية ومنهج السادة الصوفية «Exposition de la suite des chefs de l'ordre de Moḥammad et de la voie suivie par nos seigneurs les soufis». Nous y lisons que Moḥammad ibn Isḥâq ibn Moḥammad, l'auteur du نفحات, avait reçu la *khirqa*, ou froc de grand-maître de l'ordre des soufis, de la main de Moḥammad ibn ʿAlî Ibn al-ʿArabî al-Ḥâtimî, à qui ce vêtement avait été transmis par un schaïkh appelé Al-Qassâr, qui l'avait reçu d'un autre schaïkh, et ainsi de suite, énumération qui remonte jusqu'à ʿAlî, fils d'Aboû Ṭâlib. Vient ensuite une seconde série du même genre, commençant aussi par le nom de Moḥammad ibn Isḥâq. Une troisième liste indique comment la *khirka* passa de Mahomet à ʿAlî, de ʿAlî à Al-Ḥasan al-Baṣrî, etc., jusqu'au schaïkh Ṣadr al-Dîn al-Qoûnawî. Hadji Khalfa a décrit cet ouvrage sous le titre de نفحات الالهية «Souffles divins». Ms. daté de l'an 998 de l'hégire (1589-1590 de J. C.). Les derniers feuillets sont datés de l'an 1072 de l'hégire (1661-1662 de J. C.).

Papier. 138 feuillets. Hauteur, 20 centimètres; largeur, 14 centimètres. 19 lignes par page. — (Ancien fonds 426.)

1355.

كتاب البرهان فى اسرار علم الميزان «La Démonstration, traitant des secrets de la science de la balance», c'est-à-dire de l'équilibre que Dieu a établi entre toutes les parties de la nature, par Al-Djildakî (الجلدكى) Aïdemur ibn ʿAlî, écrivain mystique qui, selon Hadji Khalfa (t. II, p. 38), florissait vers le milieu du VIIIᵉ siècle de l'hégire. Nous avons ici le premier livre du troisième discours du quatrième volume de l'ouvrage. L'auteur traite d'abord de l'âme et de ses facultés, puis des facultés de l'homme. Deux tables, dont l'une est incomplète, ont été ajoutées en tête du volume. Les pages du premier cahier sont plus

grandes que celles des cahiers suivants. A la fin du volume se trouvent des notes diverses en assez grand nombre, notamment des recettes d'alchimie, en langue turque.

Papier. 168 feuillets. Hauteur, 20 centimètres et demi; largeur, 15 centimètres. Au commencement, 19 lignes par page, puis 17. Ms. du XVIIe siècle. — (Supplément 582.)

1356.

الانسان الكامل فى معرفة الاواخر والاوائل «L'Homme parfait, traité faisant connaître les origines et les fins». L'auteur, ʿAbd al-Karîm ibn Ibrâhîm ibn ʿAbd al-Karîm ibn Khalîfa, natif du Guilân (Al-Djîlî), qui vivait dans la seconde moitié du XIVe siècle, cherche à démontrer que l'homme ne parvient à la perfection que par la connaissance parfaite de Dieu et de ses attributs. La préface commence par ces mots : الحمد لمن قام بحمده اسم الله. Suivent soixante-trois chapitres, dont voici les titres :

1° فى الذات ; 2° فى الاسم مطلقا ; 3° فى الصفة مطلقا ;
4° فى الالوهية ; 5° فى الاحدية ; 6° فى الواحدية ; 7° فى الرحمانية ;
8° فى الربوبية ; 9° فى العماء ; 10° فى التنزيه ; 11° فى التشبيه ;
12° فى تجلّى الافعال ; 13° فى تجلى الاسماء ; 14° فى تجلى الصفات ;
15° فى تجلى الذات ; 16° فى الحياة ; 17° فى العلم ; 18° فى الارادة ;
19° فى القدرة ; 20° فى الكلام ; 21° فى السمع ; 22° فى البصر ;
23° فى الجمال ; 24° فى الجلال ; 25° فى الكمال ; 26° فى الهويّة ;
27° فى الانيّة ; 28° فى الازل ; 29° فى الابد ; 30° فى القِدَم ;
31° فى ايام الله ; 32° فى صلصلة الجرس ; 33° فى ام الكتاب ;
34° فى القرءان ; 35° فى الفرقان ; 36° فى التورية ; 37° فى الزبور ;
38° فى الانجيل ; 39° فى نزول الحق الى سماء الدنيا ; 40° فى فاتحة
الكتاب ; 41° فى الطور وكتاب مسطور ; 42° فى الرفرف الاعلى ;
43° فى السرير والتاج ; 44° فى القدمين والنعلين ; 45° فى العرش ;
46° فى الكرسى ; 47° فى القلم الاعلى ; 48° فى اللوح المحفوظ ;
49° فى سدرة المنتهى ; 50° فى روح القدس ; 51° فى الملك
المسمّى بالروح ; 52° فى القلب وانه محتد اسرافيل من محمد
صلعم ; 53° فى العقل الاول وانه محتد جبريل من محمد صلعم ;
54° فى الوهم وانه محتد عزرائل من محمد صلعم ; 55° فى الهمّة
وانه محتد ميكائل من محمد صلعم ; 56° فى الفكر وانه محتد
باقى الملائكة من محمد صلعم ; 57° فى الخيال وانه هيولى جميع
العوالم ; 58° فى الصورة المحمدية وانه النور الذى خلق الله
; منه الجنة والجحيم والمحتد الذى وجد فيه العذاب والنعيم
59° فى النفس وانه محتد ابليس ومن تبعه من الشياطين
اهل ابليس ; 60° فى الانسان الكامل وانه محمد صلعم وانه
مقابل للحق والخلق ; 61° فى اشراط الساعة وفيه ذكر الموت
والبرزخ والقيامة والحساب والميزان والصراط والجنة والنار والاعراف
والكثيب ; 62° فى السبع السموات وما فوقها والسبع الارضين
وما تحتها والسبع البحار وما فيها من العجايب والغرايب ومن
يسكنها من انواع المخلوقات ; 63° فى سر ساير الاديان والعبادات
ونكتة جميع الاحوال والمقامات

On voit par cette liste que l'*Insân al-Kâmil* est un des recueils les plus complets des doctrines des soufis. L'auteur a inséré dans son ouvrage un grand nombre de vers mystiques.

Papier. 119 feuillets. Hauteur, 20 centimètres; largeur, 13 centimètres et demi. 23 lignes par page. Ms. du XVIe siècle. — (Supplément 574.)

1357.

L'*Insân al-Kâmil* d'ʿAbd al-Karîm ibn Ibrâhîm al-Djîlî. Ms. daté de l'an 971 de l'hégire (1564 de J. C.).

Papier. 185 feuillets. Hauteur, 22 centimètres; largeur, 12 centimètres. 21 lignes par page. — (Supplément 575.)

1358.

L'*Insân al-Kâmil* d'ʿAbd al-Karîm al-Djîlî. Ms. daté de l'an 1015 de l'hégire (1606-1607 de J. C.).

Papier. 146 feuillets. Hauteur, 21 centimètres; largeur, 15 centimètres et demi. 25 lignes par page. — (Ancien fonds 437.)

1359.

1° وصايا سيدى على وفا «Les Conseils de Sîdî ʿAlî Wafâ». Ce sont des conseils et des instructions religieuses qu'un derviche exalté avait reçus du chef de son ordre, personnage qu'il désigne par le titre de صاحب الحضرة الوفوية «Le Seigneur de la présence wafaïenne». Ces conseils, dit-il, émanés de Dieu, lui furent transmis par l'entremise de son chef. Au fol. 10 v°, il raconte qu'en 800 de l'hégire (1397-1398 de J. C.), il mourut lui-même et revint ensuite à la vie. Au fol. 11 v°, il écrit que Dieu, comme *imâm de la direction* (امام الهدى), doit s'incarner et prendre la figure d'un homme, doctrine particulière à cette branche de la secte schiite qu'on appelle les *extra-*

vagants. Copie datée de l'an 971 de l'hégire (1563-1564 de J. C.).

2° (Fol. 113.) الرسالة في بيان المحبة «Traité dans lequel on expose la nature de l'amour (de Dieu)», par Khalîl Allah ibn Noûr Allah ibn Mo'în al-Dîn Yazdî. Commencement : الحمد لله الذى اشرق قلب المحب بضياء وجه الحبيب.

Papier. 122 feuillets. Hauteur, 21 centimètres et demi; largeur, 15 centimètres et demi. 19 lignes par page dans le premier ouvrage, 13 lignes dans le second. — (Ancien fonds 424.)

1360.

1° تلخيص العويص لنيل التخصيص «Diminution des difficultés pour l'obtention de la prééminence». Exposé des pratiques au moyen desquelles l'âme parvient à exercer des influences surnaturelles sur les êtres créés. L'auteur, 'Abd al-Khâliq ibn abî 'l-Qâsim al-Miṣrî al-Khazradjî, a divisé son livre en quatre sections: la première est consacrée aux exercices ou pratiques qui rapprochent l'âme du Créateur (رياضات ربّانية); la seconde indique les pratiques qui disposent l'âme à recevoir les connaissances qui émanent du monde de l'entendement et de l'âme universelle; la troisième décrit les pratiques qui mettent l'âme en rapport avec les anges qui président aux sept corps célestes (رياضات جرمانية); la quatrième expose les pratiques qui assurent à l'âme le concours des diverses classes de génies (الرياضات الطبيعية).

2° (Fol. 99 v°.) الاختيارات العلائية «Les Élections d''Alâ al-Dîn», traité sur le choix (*élection*) des heures propices quand il s'agit de s'engager dans une entreprise, par Aboû 'Abd Allah Moḥammad ibn 'Omar al-Râzî. Cet ouvrage astrologique a été composé sur la demande d'un sultan de Kharizm, appelé Aboû 'l-Moẓaffar 'Alâï al-Dîn, *Borhân amîr al-Moûminîn* («preuve démonstrative de la puissance du commandeur des croyants»).

3° (Fol. 138 v°.) Recette pour teindre les cheveux.

Papier. 139 feuillets. Hauteur, 21 centimètres et demi; largeur, 15 centimètres et demi. 15 lignes par page. Ms. du xve siècle. — (Ancien fonds 427.)

1361.

طبقات الشرنوبى «Les Classes d'Al-Scharnoûbî». Cet ouvrage, qui a été dicté par Al-Scharnoûbî à son élève, Al-Bolqînî (البلقينى), est rédigé en forme de dialogue. Le grand *qoṭb* et *ghauth* de l'ordre mystérieux d'hommes spirituels, directeurs des événements du monde, Aḥmad ibn 'Othmân al-Scharnoûbî, raconte à son élève, l'aspirant Moḥammad al-Bolqînî, les miracles opérés par lui-même, ainsi que par ses prédécesseurs, Ibrâhîm al-Dessoûqî (الدسوقى), 'Abd al-Qâdir, le sayyid Aḥmad al-Rifâï et par plusieurs autres saints thaumaturges. M. de Sacy, dans le *Journal des Savants*, août 1831, page 158, parle de cette corporation, ainsi que des *qoṭb* «pôles», des *ghauth* «secours», des *autâd* «pieux ou piquets», et des *abdâl* «remplaçants», etc., dont elle est composée. Voyez aussi le Dictionnaire biographique d'Ibn Khallikân, t. III, p. 98, de la traduction anglaise. Une autre main a écrit sur le verso du dernier feuillet la première partie d'une *qaṣîda* mystique.

Papier. 42 feuillets. Hauteur, 21 centimètres; largeur, 15 centimètres. 21 lignes par page. Ms. du xvie siècle. — (Supplément 648.)

1362.

الكشف الغيوبى للقطب الشرنوبى «Le Mystérieux dévoilé, par le *qoṭb* Al-Scharnoûbî». Même ouvrage que le précédent. Exemplaire daté de l'an 1106 de l'hégire (1695 de J. C.).

Papier. 27 feuillets. Hauteur, 21 centimètres; largeur, 15 centimètres et demi. 23 lignes par page. — (Supplément 639.)

1363.

1° كشف الغيوبى «Le Mystérieux dévoilé». Même ouvrage que les deux précédents. A la fin se trouvent quelques traditions fabuleuses sur Mahomet.

2° (Fol. 53 v°.) Histoire de Tamîm ibn Ḥabîb al-Dârî.

3° (Fol. 78 v°.) Sur les premières prédications de Mahomet, ses controverses avec les Qoraïschites, ses miracles, etc., par Aboû 'l-Ḥasan al-Bakrî.

4° (Fol. 122 v°.) Historiettes édifiantes, dont la première a pour sujet le devoir de faire l'aumône à ceux qui cherchent la science.

5° (Fol. 124 v°.) Prétendu récit fait par Al-Schâfi'î, au sujet du fils d'un évêque, avec lequel il s'était entretenu à la Mecque.

6° (Fol. 126 v°.) Histoire de *Tawaddoud* la belle esclave.

7° (Fol. 154 v°.) Dialogue de Jésus-Christ avec le crâne d'un ancien émir des croyants, en Syrie.

8° (Fol. 159.) قصة اهل الكساء «Histoire des gens

du manteau». Récit de la faveur spéciale que Mahomet avait accordée à ʿAlî, à Fâtima et à leurs enfants.

9° (Fol. 163.) Derniers conseils adressés par Mahomet à ʿAlî ibn abî Ṭâlib.

10° (Fol. 174 v°.) Histoire d'Al-Kabbâs ibn Ḥanẓala (الكبّاس ابن حنظلة), racontée par ʿAbd Allah ibn al-Zobaïr.

11° (Fol. 183 v°.) Aventures d'ʿAlî ibn abî Ṭâlib, que le Prophète avait envoyé pour combattre un dragon.

12° (Fol. 194 v°.) Pièces de vers attribuées à l'imâm Al-Schâfiʿî.

13° (Fol. 196 v°.) Histoire de l'entretien d'Al-Ḥaddjâdj avec un jeune homme.

14° (Fol. 205 v°.) Récit de l'entretien de Moïse avec Dieu.

15° (Fol. 207 v°.) Entretien d'ʿOthmân avec Mahomet sur divers sujets. Dialogue qui eut lieu entre Mahomet et Iblîs.

16° (Fol. 217.) مناهج التوسّل الى مباهج الترسّل « Sentiers pour arriver aux jouissances du laisser-aller », traité de philosophie mystique, par le derviche ʿAbd al-Raḥmân ibn Moḥammad al-Bisṭâmî, mort en 858 de l'hégire (1454 de J. C.). Ce recueil de belles phrases, de maximes de sagesse, de récits et d'anecdotes historiques, empruntés à différents ouvrages, est divisé en quarante-six chapitres, intitulés لطيفة « élégances ». Ces chapitres commencent ordinairement par une invocation en forme de lettre, suivie d'un trait d'esprit ou de sagesse, soit en prose, soit en vers, et d'une anecdote historique. Le style de ces articles est très-élégant et très-recherché.

Ms. tout entier de la même main, daté de l'an 1204 de l'hégire (1789-1790 de J. C.).

Papier. 272 feuillets. Hauteur, 23 centimètres; largeur, 16 centimètres. 19 lignes par page. — (Supplément 519.)

1364.

الروض النيق في علم الطريق « Le Jardin charmant, traité de la connaissance de la voie », par le schaïkh Moḥammad ibn Yoûsof al-ʿAddjân (العجّان). Poème sur le soufisme, en trente-six paragraphes, appelés دور « circuit, tournée », et composés chacun de cinq vers, suivi d'un commentaire, par le schaïkh Moḥammad ibn al-Ḥanafî.

Papier. 124 feuillets. Hauteur, 21 centimètres; largeur, 14 centimètres et demi. Au commencement 23 lignes par page, puis 19. Ms. du xviie siècle. — (Supplément 560.)

1365.

Traité de la vie dévote et de la connaissance de Dieu, par un auteur soufi. Une note en langue turque, en tête du volume, nous apprend que cet ouvrage a pour titre مرآت الجمال « Le Miroir de la beauté », et qu'il fut traduit en turc sur l'ordre du sultan Mourad (Amurath). Commencement : اللهم ايّدنا بنور الرشد والهداية.

Papier. 38 feuillets. Hauteur, 21 centimètres; largeur, 13 centimètres et demi. 15 lignes par page. Ms. du xviie siècle. — (Ancien fonds 431, Colbert 5959.)

1366.

اسرار الآيات وانوار البلغات « Mystères des signes (ou versets du Coran) et lumières des (grâces) données comme provisions », traité de théologie, partie scolastique, partie mystique, dont l'auteur, Ṣadr al-Dîn Moḥammad, paraît avoir appartenu à une confrérie de derviches. Commencement : نحمدك اللهم يا من بيده ملكوت الارض والسماء.

Papier. 158 feuillets. Hauteur, 20 centimètres; largeur, 12 centimètres. 17 lignes par page. Ms. du xviiie siècle. — (Supplément 262.)

1367.

اصول مقدّمات الوصول « Principes des préliminaires de l'arrivée », c'est-à-dire principes des opérations et pratiques spirituelles à l'aide desquelles on entre dans la vie dévote, et qui font parvenir l'âme jusqu'à la véritable connaissance de Dieu. Traité de soufisme, par le célèbre derviche et ascète Ibrâhîm ibn Maḥmoûd al-Schâdsilî. Le texte, écrit à l'encre rouge, est accompagné d'un commentaire du même auteur, commentaire intitulé نفحات الصفا بالسؤل لشرح اصول مقدّمات الوصول « Haleines de la sincérité, en réponse à une demande, pour servir d'explication au traité intitulé Oṣoûl Moqaddamât al-Woṣoûl ». Le premier feuillet de ce volume manque. Sur le verso du feuillet 117 l'auteur a inscrit, de sa propre main, l'approbation suivante : ممّن ذلك كتبه ابراهيم بن محمود الشاذلي المواهبي عفا الله عنه. Cette note est accompagnée d'un certificat de lecture, daté du mois de rebîʿa second 906 (novembre 1500). Au fol. 118 commence une prière de trois pages, intitulée حزب المغرب, attribuée à Borhân al-Dîn Ibrâhîm al-Schâdsilî. Au fol. 119 v° se trouve un court poème mystique du même auteur.

Papier. 199 feuillets. Hauteur, 19 centimètres; largeur, 14 centimètres. 13 lignes par page. Ms. de la fin du xve siècle. — (Supplément 566.)

1368.

الزهرة المضية في سماء طرق الشاذلية «La Fleur éclatante dans le ciel (?) des pratiques des derviches schâdsilites». Traité des doctrines et des pratiques particulières à l'ordre des Schâdsilites, par Aboû Ibrâhîm ʿAlî al-Azharî. C'est, pour ainsi dire, un manuel d'aspirant. Commencement : الحمد لله الذى نبه العقول لعرفانه. Ms. daté de l'an 907 de l'hégire (1501 de J. C.). On voit, sur le frontispice et sur le verso du dernier feuillet, deux médaillons en or et en couleurs, grossièrement exécutés; chaque page porte en marge deux fleurons dorés et un rond entourant un trèfle ou un bouton de fleur. Quelques notes marginales.

Papier. 119 feuillets. Hauteur, 18 centimètres; largeur, 14 centimètres. 15 lignes par page. — (Supplément 570, Saint-Germain 328.)

1369.

روضة المريدين «Jardin pour les aspirants», manuel à l'usage de ceux qui veulent s'adonner à la vie contemplative et aux pratiques du soufisme, par le schaïkh Ibn Yazdân Yâr (ami de Dieu) Aboû Djaʿfar Moḥammad ibn al-Ḥosaïn. Commencement : الحمد لله رب العالمين حمدا يكون له به رضا. Ms. daté de l'an 980 de l'hégire (1572 de J. C.).

Papier. 221 feuillets. Hauteur, 16 centimètres; largeur, 10 centimètres et demi. 7 lignes par page. — (Ancien fonds 458.)

1370.

نفحات الانس من حضرات القدس. Célèbre traité de soufisme, composé en persan par Al-Djâmî (Noûr al-Dîn ʿAbd al-Raḥmân) et traduit en arabe par Tâdj al-Dîn al-ʿOthmân, derviche de l'ordre des Naqschbandîs. Ms. daté de l'an 1104 de l'hégire (1693 de J. C.).

Papier. 245 feuillets. Hauteur, 21 centimètres et demi; largeur, 15 centimètres et demi. 25 lignes par page. — (Supplément 2044.)

1371.

تاييد الحقيقة العلية وتشديد الطريقة الشاذلية «Soutien de la vérité sublime et raffermissement de la voie de Schâdsilî», par ʿAbd al-Raḥmân al-Soyoûṭî. C'est une apologie de l'ordre de derviches fondé par Al-Schâdsilî. Commencement : ان علم التصوف في نفسه علم شريف رفيع قدره سني امره. Ms. daté de l'an 1140 de l'hégire (1727-1728 de J. C.).

Papier. 61 feuillets. Hauteur, 21 centimètres; largeur, 15 centimètres et demi. 21 lignes par page. — (Supplément 555.)

1372.

رسالة الاخوان من اهل الفقه وحملة القران «Épître à nos frères les légistes et les maîtres dans la connaissance du texte du Coran». Traité sur le sens mystique de quelques passages du Coran, composé à Ṣâliḥiyya, près de Damas, en 915 de l'hégire (1509-1510 de J. C.), par un Maghrebin nommé ʿAlî ibn Maïmoûn. L'auteur, de race berbère, fait remonter sa généalogie jusqu'à Al-Ḥasan, fils d'ʿAlî ibn abî Ṭâlib. Dans la préface, il parle de quelques-uns de ses compatriotes et de ses professeurs. Ms. daté de l'an 990 de l'hégire (1582 de J. C.).

Papier. 85 feuillets. Hauteur, 24 centimètres; largeur, 15 centimètres. 19 lignes par page. — (Ancien fonds 436.)

1373.

الجوهر الفريد والعقد المفيد في ترجمة اهل التوحيد «La Perle unique et le collier avantageux, traité faisant connaître les gens de la doctrine de l'unité», par Moḥammad ibn Schoʿaïb al-Ḥidjâzî. Ce traité de soufisme, composé probablement au XVIIe siècle, commence par une introduction (مقدمة) qui énumère les personnages mystérieux qui occupent les rangs et les grades les plus élevés dans l'ordre (اصحاب المراتب والوظايف); suivent deux chapitres (باب), dont le premier renferme des détails sur leurs miracles (حكاياتهم الخارقة وكراماتهم الفايقة), et le second les noms et les maximes des soufis distingués par leur savoir (اقوال علمائهم واسمائهم). Un long exposé, renfermant des renseignements utiles, des principes et des maximes (فوايد وقواعد واحكام), termine le volume. L'ouvrage commence par ces mots : الحمد لله الذى وهب لاوليائه من مديد نعمه وجوده وكرمه اعلى المراتب.

Papier. 78 feuillets. Hauteur, 21 centimètres; largeur, 15 centimètres. 25 lignes par page. — (Supplément 563.)

1374.

1° الاصطلاحات «Termes techniques», employés par

les soufis et rangés dans l'ordre de l'*abdjad*. Le premier feuillet manque.

2° (Fol. 25.) كتاب الاستحسان «Livre de l'approbation», divisé en six chapitres, savoir : 1° sur les diverses actions dont l'homme est responsable ; 2° règles pour la récitation des litanies (*dsikr*) et pour la lecture du Coran; 3° convenances qu'il faut observer en mangeant et en buvant; 4° convenances qu'il faut observer à l'égard des femmes, et 5° aux funérailles; 6° solution de diverses questions.

3° (Fol. 29.) هتك الاستار في علم الاسرار «Les voiles enlevés devant les mystères», traité en dix sections, sur la doctrine des soufis. L'auteur, qui ne se nomme pas, dit avoir emprunté ses matériaux aux ouvrages de Moḥyî al-Dîn ibn al-ʿArabî.

4° (Fol. 33.) كتاب جامع الاحاديث النبوية «Recueil de traditions provenant du Prophète». Ces traditions sont classées dans l'ordre des matières et forment cent chapitres. En tête se trouve une notice sur les diverses collections de traditions.

5° (Fol. 60.) Examen de cette maxime des *unitaires*, c'est-à-dire des soufis panthéistes, que rien n'existe, excepté Dieu (ليس في الوجود الا الله). L'auteur cite quelques passages d'un ouvrage persan d'Aḥmad al-Ghazâlî.

6° (Fol. 63 v°.) Première page d'une série de questions adressées aux *ulémas*, touchant l'interrogatoire du tombeau, etc. La fin des questions et les réponses manquent.

7° (Fol. 64.) Liste des choses défendues par les médecins.

Les derniers feuillets contiennent quelques extraits et fragments en prose et en vers.

Papier. 66 feuillets. Hauteur, 20 centimètres et demi ; largeur, 17 centimètres et demi. 23 lignes par page. Ms. du XVIe siècle. — (Supplément 564.)

1375.

كتاب الفتوّة «Sur (la congrégation religieuse appelée) la *Fotouwwa* (ou *ordre de la noblesse*)». Cet écrit est attribué à Moḥammad ibn ʿÂlâ al-Dîn ibn al-Ridhâ. L'auteur fait remonter l'institution de la *Fotouwwa* jusqu'à Adam; il retrace l'histoire de l'ordre, donne des conseils au lecteur, l'exhorte à embrasser la vie dévote et à entrer dans la *voie* (طريقة). C'est une production assez moderne qui paraît avoir été composée par un derviche. Commencement : الحمد لله الذى جعل الفتوّة لباس التقوى. Le ms. porte la signature de «P. Lucas, an. 1718».

Papier. 39 feuillets. Hauteur, 17 centimètres; largeur, 10 centimètres et demi. 15 lignes par page. Ms. du XVIIe siècle. — (Ancien fonds 453.)

1376.

La première moitié du كتاب الفتوّة. Le texte ne s'accorde pas toujours avec celui des autres exemplaires.

Papier. 37 feuillets. Hauteur, 15 centimètres et demi ; largeur, 10 centimètres. 9 lignes par page. Ms. du XVIIe siècle. — (Supplément 569.)

1377.

Le كتاب الفتوّة. A la fin du ms. se trouve un fragment d'un recueil de maximes, classées dans l'ordre de l'alphabet, par Mostafâ ibn Kamâl al-Dîn al-Khalwatî. Ms. daté de l'an 1145 de l'hégire (1733 de J. C.).

Papier. 38 feuillets. Hauteur, 17 centimètres; largeur, 11 centimètres. 14 lignes par page. — (Supplément 568.)

1378.

قرّة العين الباصرة فيما يزهد في الدنيا ويرغب في الآخرة «Rafraîchissement de l'œil clairvoyant, traité qui enseigne à mépriser les choses de ce monde et à désirer celles de l'autre». Traité de morale ascétique qui renferme des traditions, des récits édifiants et des morceaux de poésie. Le nom de l'auteur est inconnu. Ms. daté de l'an 1084 de l'hégire (1673-1674 de J. C.).

Papier. 126 feuillets. Hauteur, 20 centimètres et demi; largeur, 15 centimètres. 33 lignes par page. — (Supplément 522.)

1379.

1° Sur les sept stations par lesquelles l'âme doit passer avant d'arriver à l'union avec la divinité. Commencement : الحمد لله الذى اهبط بحكمه اسرار ذاته من سماء العماء الخ. On a inscrit sur le recto du premier feuillet le titre suivant : كتاب السير والسلوك الى طريق مالك الملوك.

2° (Fol. 89 v°.) الفوايد المستجادات في حل العقود الجوهريات. Traité dans lequel le schaïkh ʿAlî al-Khaṭîb explique les obscurités de son ʿ*Oqoûd al-Djauhariyyât*, ou-

vrage dans lequel il démontrait la réalité des attributs divins. Commencement : الحمد لله الذى جعل الاسلام وقاية لنا وحماية من النار.

Papier. 103 feuillets. Hauteur, 21 centimètres; largeur, 15 centimètres et demi. 19 lignes par page dans la première pièce, et 23 lignes dans la seconde. Ms. du XVIIIe siècle. — (Supplément 1879.)

1380.

تاسيس القواعد والاصول وتحصيل الفوايد لذوى الوصول « Établissement des maximes et des principes faisant acquérir des connaissances utiles aux aspirants qui parviennent », traité dans lequel Aḥmad ibn Aḥmad البرنيسى, développe un grand nombre de maximes de la métaphysique professée par les soufis.

Papier. 59 feuillets. Hauteur, 20 centimètres; largeur, 15 centimètres. 21 lignes par page. Ms. du XVIIe siècle. — (Supplément 558.)

6. MATIÈRES DIVERSES DE THÉOLOGIE.

1381.

1° الدرر (lisez الدرّة) الفاخرة فى كشف علوم الاخرة « La Perle magnifique, faisant connaître les secrets de l'autre vie », par Aboû Ḥâmid al-Ghazâlî. L'auteur parle de l'état des âmes après la mort et du jugement dernier. On voit que ce traité n'est pas authentique.

2° (Fol. 20.) اخبار اهل الجنة « Nouvelles des habitants du Paradis ». Description assez détaillée du paradis.

3° (Fol. 34 v°.) الدر الوهاج فى احاديث المعراج « La Perle ardente, renfermant le récit traditionnel de l'ascension de Mahomet au ciel ».

4° (Fol. 43 v°.) Figure talismanique.

5° (Fol. 44.) Forme et contenu de l'inscription qui se trouve sur la planche ou tablette de Vénus, لوح الزهرة.

6° (Fol. 44 v.) Sur le pronostic de l'*Ikhtilâdj* (اختلاج), ou frisson involontaire d'un membre quelconque du corps humain.

Papier. 46 feuillets. Hauteur, 18 centimètres et demi; largeur, 13 centimètres. 19 lignes par page. Ms. du XVe siècle. — (Supplément 261.)

1382.

1° Le درّة الفاخرة. Cet exemplaire, dans sa dernière partie, diffère de l'exemplaire précédent.

2° (Fol. 33 v°.) باب فضل صلاة « Chapitre sur l'excellence d'une certaine prière ». Il est dit que cette prière assure à celui qui la récite le paradis et toutes ses jouissances.

Ms. daté de l'an 1153 de l'hégire (1740-1741 de J. C.).

Papier. 35 feuillets. Hauteur, 21 centimètres; largeur, 15 centimètres et demi. 23 lignes par page. — (Supplément 260.)

1383.

مختار التخيير « Extrait du *Takhyîr* ». Tel est le titre inscrit deux fois sur le premier feuillet de ce manuscrit et une fois sur le dernier feuillet. L'ouvrage a pour auteur Fakhr Al-Dîn Aboû Bakr Moḥammad al-Râzî, et renferme un commentaire sur les quatre-vingt-dix-neuf noms de Dieu (شرح الاسماء الحسنى). Une préface très-courte nous apprend que le *Takhyîr* avait été composé par Aboû 'l-Qâsim ʿAbd al-Karîm al-Qoschaïrî, mais aucun traité portant ce titre ne se trouve mentionné dans le Dictionnaire bibliographique de Hadji Khalfa. Il y a cependant un ouvrage d'Al-Qoschaïrî, intitulé *Takhbîr* (تحبير) *fî ʿilm al-Tadskîr* « Renseignements sur les litanies », renfermant quatre-vingt-dix-neuf chapitres, consacrés chacun à un nom de Dieu. C'est probablement de cet ouvrage que Fakhr al-Dîn s'est servi, et le véritable titre de notre ms. serait *Mokhtâr al-Takhbîr*. Ms. daté de l'an 1106 de l'hégire (1597-1598 de J. C.). Les premiers et les derniers feuillets sont couverts de notes et d'extraits divers, le tout de la même main.

Papier. 38 feuillets. Hauteur, 21 centimètres et demi; largeur 15 centimètres. 25 lignes par page. — (Supplément 562.)

1384.

كتاب التوّابين « Histoire des pécheurs qui se sont convertis à Dieu », par Mowaffiq al-Dîn ʿAbd Allah ibn Aḥmad al-Maqdisî, surnommé Ibn Qodâma, mort en 620 de l'hégire (1223 de J. C.). L'ouvrage commence par ces mots : الحمد لله الكريم الوهاب. Hadji Khalfa en indique le contenu dans son Dictionnaire bibliographique, t. V, p. 65. Ms. daté de l'an 732 de l'hégire (1331-1332 de J. C.). Quelques feuillets sont d'une écriture plus moderne.

Papier. 146 feuillets. Hauteur, 17 centimètres; largeur, 12 centimètres et demi. 15 lignes par page. — (Ancien fonds 445.)

1385.

Le *Kitâb al-Tawwâbîn*, de Mowaffiq al-Dîn ʿAbd Allah ibn Qodâma. A la fin de l'ouvrage se trouvent plusieurs pièces de vers, dont la première, rimant en *a*, renferme l'éloge de Mahomet.

Papier. 105 feuillets. Hauteur, 18 centimètres; largeur, 13 centimètres et demi. 17 à 18 lignes par page. Ms. du XVᵉ siècle. — (Supplément 509.)

1386.

1° Sur la création du monde, des anges et de l'homme, par Ibn al-ʿArabî. La préface commence par ces mots : الحمد لله الواهب الذى افتتح وجود السوى.

2° (Fol. 25 v°.) رسالة فى بيان معارج الاعمال «Indication des voies par lesquelles les bonnes œuvres montent au ciel». Extrait du traité intitulé الرسالة العبادلة, attribué à un saint personnage appelé الشيخ الاكبر «le très-grand schaïkh». C'est probablement Ibn al-ʿArabî qui est ainsi désigné.

3° (Fol. 29 v°.) Le زبدة التحقيق ونزهة التوفيق. Commentaire de Pîr Moḥammad ibn Qoṭb al-Dîn al-Khoûyî (الخوبى) sur l'ouvrage mystique de Ṣadr al-Dîn Moḥammad ibn Isḥâq al-Qoûnî (d'Icone), intitulé نصوص فى تحقيق الخصوص «Sentences pour faire connaître la vraie nature de l'être qui est distinct de tous les autres» (?). Selon Hadji Khalfa, Moḥammad al-Qoûnî mourut en 673 de l'hégire (1274-1275 de J. C.), et Pîr Moḥammad al-Khoûyî termina son commentaire en 856 de l'hégire (1452 de J. C.).

Papier. 237 feuillets. Hauteur, 21 centimètres; largeur, 14 centimètres. 19 à 23 lignes par page. Diverses écritures du XVIᵉ siècle. — (Ancien fonds 409.)

1387.

هادى الارواح الى بلاد الافراح «Conducteur des âmes vers le pays des joies». Sur les merveilles de la vie future, par Schams al-Dîn Moḥammad ibn Qayyim al-Djauziya, docteur hanbalite, mort en 751 de l'hégire (1350-1351 de J. C.). L'ouvrage est divisé en soixante-dix chapitres. Ms. daté de l'an 1153 de l'hégire (1740-1741 de J. C.).

Papier. 394 feuillets. Hauteur, 21 centimètres et demi; largeur, 14 centimètres et demi. 14 à 17 lignes par page. — (Supplément 578.)

1388.

اكام المرجان فى احكام الجان «Amas de corail, traité relatif à tout ce qui concerne les génies», par Schams al-Dîn al-Ischbilî (الاشبلى *sic*), docteur hanéfite, natif de Séville (voyez le titre du ms.). L'auteur de cette compilation, divisée en cent quarante chapitres, a puisé ses renseignements dans soixante-dix ouvrages, dont la liste se trouve au fol. 4 v°, à la suite de la liste des chapitres. Selon Hadji Khalfa, t. I, p. 386, le cadi Badr al-Dîn Moḥammad ibn ʿAbd Allah al-Schiblî (الشبلى) mourut en 769 de l'hégire (1367-1368 de J. C.). Commencement de l'ouvrage : الحمد لله خالق الانس والجنة واشهد أن لا اله الا الله الخ.

Papier. 146 feuillets. Hauteur, 26 centimètres et demi; largeur, 18 centimètres. 21 lignes par page. Ms. du XVIIᵉ siècle. — (Supplément 581.)

1389.

الحبائك فى اخبار الملائك. Traditions sur les anges, par Soyoûṭî.

Papier. 46 feuillets. Hauteur, 21 centimètres; largeur, 15 centimètres. 21 lignes par page. Ms. du XVIIIᵉ siècle. — (Supplément 2443.)

1390.

1° كتاب بشرى الكئيب بلقاء الحبيب, par Soyoûṭî. C'est un abrégé du grand ouvrage du même auteur sur l'état des âmes après la mort.

2° (Fol. 26.) كتاب فتوح الغيب, par Moḥyî al-Dîn Aboû Moḥammad ʿAbd al-Qâdir ibn abî Ṣâliḥ al-Ḥanbalî.

Papier. 83 feuillets. Hauteur, 20 centimètres; largeur, 14 centimètres. 15 à 17 lignes par page. Ms. du XVIIIᵉ siècle. — (Supplément 2442.)

1391.

1° Examen des traditions qui se rapportent à la reconnaissance envers Dieu et à la mort, par un auteur inconnu. Commencement : الحمد لله الذى جعل الليل والنهار خلفة لمن اراد ان يذكر او اراد شكورا.

2° (Fol. 34.) Sur les peines de l'enfer, extrait d'un commentaire sur un recueil de traditions intitulé الكوكب المنير.

3° (Fol. 35 v°.) Sur certaines traditions provenant de Mahomet. Sans introduction.

4° (Fol. 47 v°.) Recueil de traditions se rapportant à plusieurs points du dogme musulman.

5° (Fol. 57 v°.) Dissertation sur les devoirs du musulman.

6° (Fol. 60 v°.) « Sachez, musulmans, que ce monde n'est pas un lieu de demeure fixe. . . » En turc.

7° (Fol. 63.) Traité de théologie. Le commencement manque.

8° (Fol. 76.) Notes diverses, dont une, en langue turque, donne le portrait de Mahomet.

9° (Fol. 80 v°.) Sur le partage des successions, sans préface ni nom d'auteur.

10° (Fol. 102 v°.) Le *Ta'alloum al-Mota'allam.*

11° (Fol. 114 v°.) Conseils d'Aboû Ḥanîfa.

12° (Fol. 114 v°.) جوهر الفرائض. Soixante-quinze questions se rapportant au partage des successions.

13° (Fol. 123 v°.) Notes et traditions diverses.

14° (Fol. 126 v°.) Sur diverses questions touchant la foi, par Yaḥyâ ibn abî Bakr al-Ḥanafî. Commencement : الحمد لله المتوحد بازلى الوجود.

15° (Fol. 145 v°.) Traditions pour l'instruction des musulmans. A la fin se trouvent quelques instructions en turc.

16° (Fol. 156.) Notes diverses.

17° (Fol. 157.) Conseils moraux. Le commencement manque.

Papier. 161 feuillets. Hauteur, 21 centimètres; largeur, 15 centimètres. 13 à 19 lignes par page. Écritures diverses du XVII° et du XVIII° siècle. — (Supplément 1856.)

1392.

Fragment d'un ouvrage de théologie, dans lequel se trouvent des chapitres intitulés : فى صفة السموات وما فيها, من العجايب — ; فى فضل الصلاة على النبى صعم — ; فى ذكر — ; فى بيان مولد النبى — ; فى الميزان والصراط — ; القيامة — ; فيما يصيب الانسان من العلل والامراض — ; فى وفاته — ; فى فضل يوم الجمعة — ; فى عيادة المريض. Le commencement et la fin manquent, ainsi que plusieurs feuillets dans le corps de l'ouvrage.

Papier. 35 feuillets. Hauteur, 20 centimètres; largeur, 14 centimètres et demi. 21 lignes par page. Ms. du XVIII° siècle. — (Supplément 2167.)

1393.

Dissertations sur le prophétisme et les prophètes, sur Mahomet et ses grands mérites, sur certains miracles, tels que la séparation de la lune en deux, sur les anges, leur nature et leur impeccabilité. L'auteur cite de nombreuses traditions, dont il discute ordinairement l'authenticité. Le commencement et la fin manquent, et il y a des lacunes dans le corps du volume.

Papier. 178 feuillets. Hauteur, 22 centimètres et demi; largeur, 17 centimètres. 21 à 23 lignes par page. Ms. de la fin du XVIII° siècle. — (Supplément 2016.)

1394.

التحفة السنية باجوبة الاسئلة المرضية « Cadeau de prix, renfermant des réponses à des questions bien accueillies », par Aḥmad ibn 'Abd al-Laṭîf al-Bischbîschî (البشبيشى). L'auteur répond à une série de questions que le vizir ottoman 'Abd al-Raḥmân Pacha lui avait adressées au sujet de la faculté prophétique, de la prière, de la mort, des sept cieux. Commencement : الحمد لله الذى علم بالقلم علم الانسان ما لم يعلم. Ms. daté de l'an 1146 de l'hégire (1733-1734 de J. C.).

Papier. 24 feuillets. Hauteur, 22 centimètres; largeur, 16 centimètres et demi. 21 lignes par page. — (Supplément 556.)

1395.

1° Sur les soixante-dix péchés graves (كباير) et sur les châtiments qui leur sont réservés.

2° (Fol. 13 v°.) La *Borda* d'Al-Boûṣîrî. Les deux premiers vers sont accompagnés d'une traduction interlinéaire en turc.

3° (Fol. 17.) Opinion d'Aboû Bakr al-Râzî sur l'état des âmes après leur sortie du corps.

4° (Fol. 17 v°.) Traité sur la prière, avec des réponses à certaines questions, extrait de l'introduction du ملخص فى الحديث d'Ibrâhîm ibn 'Alî al-Fîroûzâbâdî.

5° (Fol. 21.) Quelques traditions.

6° (Fol. 22.) Traité sur les prières d'obligation.

7° (Fol. 26.) رسالة الاذكار الموصلة الى الحضرة نور الانوار « Traité des prières de commémoration qui rapprochent l'homme de celui qui est la lumière des lumières », par le soufi Al-Schara al-Balâsî.

8° (Fol. 39 v°.) Traité sur les prières que le novice en soufisme doit réciter. Commencement : الحمد لله العلم الحليم الستار.

9° (Fol. 41 v°.) Traité mystique sur Dieu et sur la création des âmes.

10° (Fol. 47.) Traité en turc sur les quatre espèces ou qualités de l'âme; savoir : امّارة «ordonnant»; لوّامة «blâmant»; مُلهمة «qui inspire», et مطمئنة «qui est en repos».

Papier. 49 feuillets. Hauteur, 21 centimètres et demi; largeur, 15 centimètres. 11 à 22 lignes par page. Écritures diverses du XVI° et du XVII° siècle. — (Supplément 1840.)

1396.

1° Traité sur le *Bismillah*, par Zaïn al-Dîn Aboû Zakariyâ al-Anṣârî. La fin manque.

2° (Fol. 8 v°.) La *Schamsiyya*, traité de logique, par Nadjm al-Dîn ʿOmar al-Qazwînî al-Kâtibî. Commencement : الحمد لله الذى نظام الوجود الخ.

3° (Fol. 23 v°.) عقيدة السلف «Croyances des anciens musulmans», traité dogmatique, par Aboû Isḥâq al-Schîrâzî. Commencement : اعلم ان جميع المخلوقات والحوادث تنقسم ثلاثة اقسام.

4° (Fol. 28 v°.) تهذيب المنطق والكلام «Résumé de logique et de scolastique», par Saʿd al-Dîn al-Taftâzânî. Commencement : الحمد لله الذى هدانا سواء الطريق.

5° (Fol. 33 v°.) التهذيب فى شرح التهذيب. Commentaire sur le *Tahdsîb* d'Al-Taftâzânî, par ʿObaïd Allah ibn Fadhl al-Khabîṣî (الخبيصى). Commencement : ان احق ما يتزين بنشره منطق القاصى والحاضر

6° (Fol. 78 v°.) كنز الامانى والامل فى نظم منطق الخونجى فى الجمل «Trésor des désirs et des espérances, mise en vers du traité de logique d'Al-Khoûndjî, intitulé les *Propositions*», par Ibn Marzoûq, de Tlemcen.

7° (Fol. 85 v°.) Commentaire d'Al-Fanârî sur l'*Isagogé* d'Athîr al-Dîn al-Abharî.

8° (Fol. 97 v°.) Commentaire de Djalâl al-Dîn al-Maḥallî sur le *Waraqât* de l'Imâm al-Ḥaramaïn.

9° (Fol. 105.) Dernières pages d'un traité d'arithmétique en vers, suivi d'un commentaire en prose.

10° (Fol. 106 v°.) Questions touchant le partage des successions.

11° (Fol. 107 v°.) ميزان المنطق. Traité de logique. Commencement : فصل العلم اما تصوّر فقط وهو حصول صورة الشىء فى الذهن او تصديق وهو تصور معه حكم وهو اسناد امر الى اخر الخ

12° (Fol. 122 v°.) الجمل «Propositions», traité de logique, par Ibn Nâmâwar al-Khoûndjî. Nombreuses gloses marginales et interlinéaires.

13° (Fol. 130 v°.) Traité de logique, sans titre, ni nom d'auteur. Commencement : فصل اللفظ اما دال بالمطابقة وهو الذى يعتبر دلالته بالنسبة الى تمام مسماه الخ

14° (Fol. 143 v°.) Réfutation d'une doctrine anthropomorphique qu'on avait tirée de certains noms de Dieu, cités dans le Coran. Commencement : الحمد لله الواحد بذاته وصفاته. Sans titre ni nom d'auteur.

Papier. 170 feuillets. Hauteur, 19 centimètres; largeur, 14 centimètres. 9 à 25 lignes par page. Écritures diverses du XIV°, du XV° et du XVI° siècle. — (Ancien fonds 440.)

1397.

Ouvrage composé de cent sections ou paragraphes, appelés *sourates*, et précédés du *Bismillah*, comme les sourates du Coran. Dans plusieurs de ces pièces, Dieu adresse la parole à David, et dans quelques-unes il annonce la venue du prophète Mahomet. Cette prétendue traduction des psaumes de David est une œuvre entièrement apocryphe. Les premiers feuillets, renfermant les huit premières sourates et le commencement de la neuvième, manquent. Le Dr Picques avait voulu combler cette lacune, en copiant, sur un manuscrit que nous ne connaissons pas, les sourates qui manquaient; mais, s'étant probablement aperçu que l'ouvrage où il croyait les avoir trouvées était en réalité une traduction des psaumes, il n'a pas achevé la copie. (Voyez fol. 2.)

Papier. 40 feuillets. Hauteur, 21 centimètres et demi; largeur, 13 centimètres et demi. 13 lignes par page. Ms. du XVII° siècle. — (Supplément 236.)

1398.

Opuscules (رسائل) du schaïkh Fakhr al-Dîn ʿAbd Allah ʿAlî ibn Aḥmad al-Ḥirâlî (الحرالى) :

1° Instructions religieuses pour les fidèles, touchant l'accomplissement de la prière et la conduite qu'ils doivent tenir en vue de la mort.

2° (Fol. 12.) كتاب اللمحة «Coup d'œil» sur les significations mystiques des lettres de l'alphabet et sur leur

emploi dans le but de connaître l'avenir. Commencement : الحمد لله فاتح المبهمات.

3° (Fol. 112.) Traité cabalistique, intitulé تفهيم معانى الحروف التى هى موادّ الكلم فى السنة جميع الامم «Explication de la signification des lettres qui sont les éléments dont se composent les mots dans les langues de tous les peuples».

4° (Fol. 122.) مفتاح الباب المقفل لفهم القران المنزل «La Clef qui ouvre la porte fermée et qui permet de comprendre le Coran révélé». Traité sur l'interprétation mystique du Coran.

5° (Fol. 134.) كتاب التوشية والتوفية «L'Embellissement et l'accomplissement», traité mystique sur le caractère et sur l'objet du Coran.

6° (Fol. 146.) عروة المفتاح الخ «L'Attache de la clef», etc., supplément au traité intitulé le *Miftâh*.

7° (Fol. 176.) Recueil de maximes et de réflexions d'Al-Ḥirâlî, publié probablement par un de ses disciples.

8° (Fol. 188.) Sur le sens du mot حكمة «sagesse», tel qu'il est employé dans le Coran. Ms. daté de l'an 721 de l'hégire (1321 de J. C.).

Papier. 197 feuillets. Hauteur, 17 centimètres et demi; largeur, 13 centimètres. 20 à 23 lignes par page. — (Ancien fonds 435.)

1399.

الزهر الزاهر فى الدلالة على قدرة العزيز القاهر «La Fleur épanouie, démonstration de la puissance de l'Être très-grand qui domine tout», par Moḥammad ibn Moḥammad al-Dabsiyâwî (الدبسياوى). Vingt-quatre sections, suivies d'un épilogue. L'auteur parle des mérites du Prophète, de la création des cieux et de la terre, des mois et des jours, de la prière, des vertus morales, des maladies, de la mort, de la naissance, etc. C'est un recueil de traditions, de récits édifiants et d'extraits en prose et en vers. Commencement : الحمد لله الذى خلق ورزق واحيا وامات. Ms. daté de l'an 1109 de l'hégire (1697-1698 de J. C.).

Papier. 156 feuillets. Hauteur, 21 centimètres; largeur, 15 centimètres et demi. 23 lignes par page. — (Supplément 572.)

1400.

كنز الاسرار ولواقح الافكار «Trésor de mystères et pensées fécondantes», par Aboû ʿAbd Allah Moḥammad ibn Saʿîd al-Ṣinhâdjî, cadi d'Ozommoûr (ازمور), ville du Maroc. L'ouvrage est divisé en quatre sections, appelées اركان «piliers», subdivisées en chapitres, فصول, et en paragraphes, نوع, نظر et وجه. La première section traite du monde supérieur, la seconde du monde inférieur, la troisième de l'âge de l'homme, des ordonnances d'obligation (الاحكام التكليفية), de la mort, de la sortie de l'âme du corps et de l'endroit qu'elle doit occuper dans le *Barzakh*; la quatrième section est consacrée à la résurrection des morts, aux récompenses et aux peines, etc.

Papier. 273 feuillets. Hauteur, 21 centimètres; largeur, 16 centimètres. 21 lignes par page. Ms. du XVIIe siècle. — (Supplément 576.)

1401.

Le *Kanz al-Asrâr* d'Al-Ṣinhâdjî.

Papier. 237 feuillets. Hauteur, 21 centimètres et demi; largeur, 15 centimètres et demi. 23 puis 21 lignes par page. Écritures diverses du XVIIe et du XVIIIe siècle. — (Supplément 577.)

1402.

Recueil de traditions touchant la création d'Adam et d'Ève, leur expulsion du Paradis, l'histoire de Caïn et d'Abel, et autres matières de la mythologie musulmane.

Papier. 109 feuillets. Hauteur, 33 centimètres; largeur, 21 centimètres. 17 à 21 lignes par page. Ms. d'écriture européenne du XVIIe siècle. — (Ancien fonds 371.)

1403.

بدايع الزهور فى وقايع الدهور «Merveilles éclatantes, traité sur les événements des siècles», ouvrage attribué au schaïkh ʿAbd Allah al-Baṣrî, commençant par ces mots : الحمد لله القديم الاول الازلى الذى لا يتحول. L'auteur parle d'abord de la création du ciel et de la terre, puis il traite des fleuves, du Nil, du phare d'Alexandrie, de la colonne de Sévère, etc. Il passe ensuite à l'histoire d'Adam, des patriarches, de Salomon, de Dsoû 'l-Qarnaïn, de Jonas, de Jean, fils de Zacharie, de la vierge Marie, de Jésus, de l'Antéchrist, de Mahomet, des merveilles de l'Égypte, etc.

Ms. daté de l'an 1154 de l'hégire (1741 de J. C.).

Papier. 200 feuillets. Hauteur, 21 centimètres; largeur, 15 centimètres. 21 lignes par page. — (Supplément 573.)

1404.

Histoire du monde, depuis la création jusqu'à la mort d'Adam. Recueil de légendes attribuées à Wahb ibn Monabbih, Ka'b al-Aḥbâr, et autres traditionnistes de la même école.

Papier. 22 feuillets. Hauteur, 21 centimètres; largeur, 13 centimètres et demi. 15 lignes par page. Ms. du XVIIe siècle. — (Supplément 2053.)

1405.

1° كتاب شرح اسماء الله الحسنى «Traité sur les noms de Dieu», par Aḥmad al-... Dans la préface, l'ouvrage est intitulé : المقصد الاسنى فيما يتعلّق باسماء الله الحسنى. Il a été composé en 1170 de l'hégire.

2° (Fol. 61.) Traité sur les noms de Dieu, par Ghazâlî.

Ms. daté de l'an 1180 de l'hégire (1767 de J. C.).

Papier. 136 feuillets. Hauteur, 22 centimètres; largeur, 16 centimètres. 21 lignes par page. — (Supplément 2438.)

7. CROYANCES HÉTÉRODOXES.

1406.

كتاب الملل والنحل «Les Religions et les sectes», par Schahrastânî. Cet ouvrage a été publié par Cureton, et traduit en allemand par Haarbrücker. Ms. daté de l'an 967 de l'hégire (1560 de J. C.).

Papier. 182 feuillets. Hauteur, 25 centimètres et demi; largeur, 18 centimètres et demi. 21 lignes par page. — (Supplément 277.)

1407.

Le ملل والنحل de Schahrastânî.

Papier. 242 feuillets. Hauteur, 23 centimètres et demi; largeur, 16 centimètres. 21 lignes par page. Ms. du XVIIIe siècle. — (Supplément 278.)

1408.

Écrits sacrés des Druzes. Premier volume, contenant les traités suivants :

1° (Fol. 2.) ميلاد مولانا الحاكم جلّ ذكرُهُ

2° (Fol. 2 v°.) نسخة السجل الذى وجد معلّقا على المشاهد فى غيبة مولانا الامام الحاكم

3° (Fol. 9.) السجل المنهى فيه عن الخمر

4° (Fol. 10.) خبر اليهود والنصارى

5° (Fol. 19.) نسخة ما كتبه القِرْمطى الى مولانا الحاكم بامر الله امير المومنين عند وصوله الى مصر

6° (Fol. *Ibid.*) فاجابه سلامُهُ علينا

7° (Fol. 19 v°.) ميثاق ولى الزمان

8° (Fol. 20 v°.) الكتاب المعروف بالنقض الخفى وقد رُفع الى الحضرة اللاهوتيّة

9° (Fol. 33 v°.) الرسالة الموسومة ببدو التوحيد لدعوة الحق

10° (Fol. 38.) ميثاق النساء

11° (Fol. 41 v°.) رسالة البلاغ والنهاية فى التوحيد الى كافة الموحدين المتبرّئين من التلحيد

12° (Fol. 50.) الغاية والنصيحة

13° (Fol. 62.) كتاب فيه حقايق ما يظهر قدام مولانا جل ذكره من الهزل

14° (Fol. 74.) السيرة المستقيمة

15° (Fol. 90 v°.) الموسومة بكشف الحقايق

16° (Fol. 104 v°.) الرسالة الموسومة بسبب الاسباب والكنز لمن ايقن واستجاب

Points-voyelles; les têtes des paragraphes sont à l'encre rouge, et les titres en lettres d'or; les textes des fol. 2 v° et 3 r° sont encadrés dans un filet d'or.

Papier. 119 feuillets. Hauteur, 21 centimètres; largeur, 15 centimètres. 15 lignes par page. Ms. du XVIe siècle. — (Ancien fonds 1580.)

1409.

Les quatorze premiers traités des écrits sacrés des Druzes.

Ms. daté de l'an 1084 de l'hégire (1673 de J. C.).

Papier. 121 feuillets. Hauteur, 22 centimètres; largeur, 15 centimètres. 13 lignes par page. — (Supplément 1993.)

1410.

Premier volume des écrits sacrés des Druzes.

Papier. 106 feuillets. Hauteur, 21 centimètres; largeur, 15 centimètres. 15 lignes par page. Ms. du XVIIe siècle. — (Supplément 2421.)

1411.

Les quatorze premiers traités des écrits sacrés des Druzes.

Papier. 129 feuillets, en y comprenant un feuillet de garde. Hauteur, 22 centimètres; largeur, 16 centimètres. 15 lignes par page, et 13 lignes à partir du fol. 40. Ms. du XVIIIe siècle. — (Supplément 2000.)

1412.

Écrits sacrés des Druzes. Ce volume renferme les traités suivants :

1° (Fol. 1.). ميلاد مولانا الحاكم جل ذكره

2° (*Ibid.*) نسخة السجل الذى وجد معلقا على المشاهد فى غيبة مولانا الامام الحاكم

3° (Fol. 6 v°.) السجل المنهى فيه عن الخمر

4° (Fol. 8.) خبر اليهود والنصارى وسوالهم لمولانا الامام الحاكم بامر الله امير المومنين

5° (Fol. 13 v°.) نسخة ما كتبه القرمطى الى مولانا الحاكم.

6° (Fol. 14.) فاجابه سلامه علينا.

7° (*Ibid.*) ميثاق ولى الزمان

8° (Fol. 16.) الكتاب المعروف بالنقض الخفى وقد رفع الى الحضرة اللاهوية

9° (Fol. 27 v°.) الرسالة الموسومة ببدو التوحيد لدعوت (*sic*) الحق

10° (Fol. 32.) ميثاق النساء

11° (Fol. 35.) رسالة البلاغ والنهاية فى التوحيد

12° (Fol. 43.) الغاية والنصيحة

13° (Fol. 52 v°.) كتاب فيه حقايق ما يظهر (*sic*) قدام مولانا جل ذكره من الهزل

14° (Fol. 62 v°.) السيرة المستقيمة

15° (Fol. 77 v°.) الموسومة بكشف الحقايق

16° (Fol. 90.) الرسالة المومنة (*sic*) بسبب الاسباب

Papier. 100 feuillets. Hauteur, 23 centimètres et demi; largeur, 16 centimètres et demi. 16 lignes par page. Ms. du XIXe siècle. — (Supplément 274 *ter.*)

1413.

Les traités 5, 7, 8 et 13 des écrits sacrés des Druzes.

Papier. 26 feuillets. Hauteur, 21 centimètres; largeur, 15 centimètres. 13 à 14 lignes par page. Ms. du XVIIe siècle. — (Supplément 1999.)

1414.

Écrits sacrés des Druzes. Ce volume renferme les traités suivants :

1° ميثاق ولى الزمان

2° (Fol. 3.) ميثاق النساء

3° (Fol. 10.) كشف الحقايق

Papier. 37 feuillets. Hauteur, 15 centimètres; largeur, 11 centimètres. 11 lignes par page. Ms. du XVIIe siècle. — (Supplément 271 *bis.*)

1415.

Second volume des écrits sacrés des Druzes :

1° (Fol. 1 v°.) الرسالة الدامغة للفاسق الرد على النصيرى لعنه المولى فى كل كور ودور

2° (Fol. 16.) الرسالة الموسومة بالرضى والتسليم

3° (Fol. 27 v°.) رسالة التنزيه الى جماعة الموحدين

4° (Fol. 40.) الموسومة برسالة النساء الكبيرة

5° (Fol. 49.) الصُبحة الكاينة

6° (Fol. 55.) نسخة سجل المجتبى

7° (Fol. 56.) تقليد الرضى سفير القُدرة

8° (Fol. 61.) تقليد المقتنى

9° (Fol. 66.) مكاتبة الى اهل الكُدْية البيضاء

10° (Fol. 67.) رسالة الانصنا

11° (Fol. 68 v°.) شرط الامام صاحب الكشف

12° (Fol. 70.) الرسالة التى ارسلت الى ولى العهد عهد المسلمين عبد الرحيم بن إلياس

13° (Fol. 72.) رسالة حمار بن جَيْش السليمانى العكّاوى

14° (Fol. 74.) الرسالة المنفذة الى القاضى
15° (Fol. 76.) المناجاة مناجاة ولى الحقّ
16° (Fol. 82.) الدعا المستجاب
17° (Fol. 86.) التقديس دعا السادقين
18° (Fol. 88.) ذكر معرفة الامام واسماء الحُدود العلوية روحانيّا وجسمانيّا
19° (Fol. 89 v°.) رسالة التحذير والتنبيه
20° (Fol. 94.) الرسالة الموسومة بالاعذار والانذار
21° (Fol. 98.) رسالة الغيبة
22° (Fol. 108.) كتاب فيه تقسيم العلوم واثبات الحقّ وكشف المكنون
23° (Fol. 123.) الموسومة برسالة الزناد
24° (Fol. 128 v°.) الموسومة برسالة الشمعة
25° (Fol. 134 v°.) الموسومة بالرشد والهداية
26° (Fol. 142.) شعر النفس وما توفيقى الا بالله

Titres ornés; gloses marginales et interlinéaires à l'encre rouge.

Papier. 143 feuillets. Hauteur, 20 centimètres et demi; largeur, 15 centimètres et demi. 11 lignes par page. Ms. du XVe siècle. — (Ancien fonds 1581.)

1416.

Second volume des écrits sacrés des Druzes. Ms. renfermant les mêmes pièces que le précédent.

Papier. 136 feuillets. Hauteur, 16 centimètres; largeur, 10 centimètres et demi. 13 à 15 lignes par page. Ms. de plusieurs écritures, dont la plus ancienne paraît être du XVe siècle. — (Supplément 271.)

1417.

Second volume des écrits sacrés des Druzes. Ms. renfermant les mêmes pièces que les deux précédents.

Texte avec les voyelles, accompagné de notes, points et sigles à l'encre rouge.

Papier. 105 feuillets. Hauteur, 21 centimètres et demi; largeur, 15 centimètres. 13 lignes par page. Ms. du XVIe siècle. — (Supplément 273.)

1418.

Second volume des écrits sacrés des Druzes, et les sept premières lignes du traité intitulé الرسالة الموسومة ببدوّ التوحيد.

Papier. 123 feuillets. Hauteur, 16 centimètres et demi; largeur, 13 centimètres. 13 lignes par page. Ms. du XVIe siècle; un certain nombre de feuillets sont plus modernes. — (Supplément 1997.)

1419.

Second volume des écrits sacrés des Druzes :

1° (Fol. 1.) ميثاق النساء
2° (Fol. 5 v°.) الرسالة الدامغة للفاسق الرد على النُصيرى لعنه المولى فى كل كور ودور
3° (Fol. 17.) الرسالة الموسومة بالرضى والتسليم
4° (Fol. 26 v°.) رسالة التنزيه الى جماعة الموحدين
5° (Fol. 36 v°.) رسالة النساء الكبيرة
6° (Fol. 43 v°.) الصبحة الكاينة
7° (Fol. 47 v°.) نسخة سجل المجتبى
8° (Fol. 53.) نسخة تقليد المقتنى
9° (Fol. 57 v°.) مكاتبة اهل الكدية البيضاء
10° (Fol. 58.) رسالة الانصنا
11° (Fol. 59.) شرط الامام صاحب الكشف
12° (Fol. 60 v°.) الرسالة التى ارسلت الى ولى العهد
13° (Fol. 62.) رسالة خمار ابن جيش السليمانى العكاوى
14° (Fol. 63 v°.) الرسالة المنفذة الى القاضى
15° (Fol. 65 v°.) المناجاة مناجاة ولى الحق
16° (Fol. 70.) الدعاء المستجاب
17° (Fol. 73.) التقديس دعاء السادقين
18° (Fol. 74 v°.) ذكر معرفة الامام واسماء الحدود العلوية
19° (Fol. 76.) رسالة التحذير والتنبيه
20° (Fol. 79 v°.) الرسالة الموسومة بالاعذار والانذار
21° (Fol. 82 v°.) (*sic*) الرسالة التى وردت على يد ابى يعلا وهى رسالة التحذير بعد الغيبة
22° (Fol. 90 v°.) كتاب فيه تقسيم العلوم الخ
23° (Fol. 102 v°.) الموسومة برسالة الزناد
24° (Fol. 107 v°.) الموسومة برسالة الشمعة
25° (Fol. 112 v°.) الموسومة بالرشد والهداية
26° (Fol. 118 v°.) شعر النفس

Papier. 120 feuillets. Hauteur, 21 centimètres; largeur, 16 centimètres. 13 lignes par page. Ms. du XVIIe siècle. — (Supplément 275 *ter*.)

1420.

Second volume des écrits sacrés des Druzes, renfermant les mêmes traités que le n° 1415.

Texte pourvu des points-voyelles.

Papier. 109 feuillets. Hauteur, 20 centimètres et demi; largeur, 15 centimètres. 13 lignes par page. Ms. du XVIIe siècle. — (Supplément 270.)

1421.

Second volume des écrits sacrés des Druzes, renfermant les mêmes pièces que le numéro précédent.

Au fol. 103 v° commence une pièce d'une autre écriture que celle de l'ouvrage, portant le titre de ذكر الرد على اهل التاويل «Réfutation des partisans de la doctrine allégorique».

Papier. 106 feuillets. Hauteur, 21 centimètres; largeur, 15 centimètres. 15 lignes par page. Ms. du XVIe siècle. — (Supplément 270 *bis*.)

1422.

Second volume des écrits sacrés des Druzes. Exemplaire daté de l'an 1238 de l'hégire (1822-1823 de J. C.). Texte entouré de trois traits, rouge, vert et rouge; frontispice orné de figures circulaires en or et en couleurs. Au recto du premier feuillet se trouve la liste des traités; cette page est très-ornée; le verso du dernier feuillet porte la date, entourée d'une figure géométrique en or et en couleurs. Au fol. 111 v° on remarque un titre très-orné.

Papier. 113 feuillets. Hauteur, 21 centimètres; largeur, 16 centimètres. 13 lignes par page. — (Supplément 1998.)

1423.

Second volume des écrits sacrés des Druzes. Cet exemplaire renferme les traités qui, dans l'*Exposé de la religion des Druzes* de M. de Sacy (t. II, préface, p. CCCCLXVI et suiv.), sont énumérés sous les numéros XV à XXXVIII.

Papier. 99 feuillets. Hauteur, 22 centimètres; largeur, 15 centimètres et demi. 13 lignes par page. Ms. du XVIIe siècle. — (Supplément 1995.)

1424.

Traités rassemblés pour l'instruction des Druzes, formant le premier des sept volumes que l'auteur, obéissant aux ordres de *Qâïm al-Zamân* (*Hamza*), avait entrepris de composer. Après la préface, qui se termine par une longue exhortation aux fidèles, on trouve les pièces suivantes :

1° (Fol. 10 v°.) الرسالة الموسومة بالتنبيه والتانيب والتوبيخ

2° (Fol. 24 v°.) مثلا ضربه بعض حكما الديانة توبيخا لمن قصّر عن حفظ الامانة

3° (Fol. 26 v°.) رسالة بنى ابى حمار

4° (Fol. 30.) تقليد لاحق التقليد الاول

5° (Fol. 33.) تقليد سُكَين

6° (Fol. 36 v°.) تقليد الشيخ ابى الكتايب

7° (Fol. 38 v°.) تقليد الامير ذى المحامد كفيل الموحدين ابى الفوارس مِعْضاد ابن يوسف الساكن بفِلَجّين

8° (Fol. 41.) تقليد بنى الجرّاح

9° (Fol. 43.) الرسالة الموسومة بالجُمَيْهِرية

10° (Fol. 48.) الرسالة الموسومة بالتعنيف والتهجين لجماعة منْ بسَنْهور من كُتامة الكاتمين الكَحّيسيين

11° (Fol. 51.) الموسومة برسالة الوادى رسالة الى دعاة الموحدين بالبلد الميمون الطاهر الوادى

12° (Fol. 53 v°.) الرسالة الموسومة بالقسطنطينية المنفذة الى قسطنطين ابن ارمانوس متملك النصرانية

13° (*Ibid.*) الرسالة الموسومة بالمسيحية واُمّ القلايد النسكية وقامعة العقايد الشركية

14° (Fol. 81 v°.) الرسالة الموسومة بالتعقّب والافتقاد لاداء ما بقى علينا من هدم شريعة النصارى الفسقة الاضداد

15° (Fol. 93.) الموسومة برسالة الايقاظ والبشارة لاهل الغفلة وال الحق والطهارة

16° (Fol. 98 v°.) الرسالة الموسومة بالحقايق والانذار والتاديب لجميع الخلايق

17° (Fol. 106 v°.) الرسالة الموسومة بالشافية لنفوس الموحدين الممرضة لقلوب المقصرين الجاحدين

18° (Fol. 114.) رسالة العرب

19° (Fol. 118 v°.) الموسومة برسالة اليمن وهداية النفوس الطاهرات ولمّ الشمل وجمع الشتات

20° (Fol. 122 v°.) رسالة الهند الموسومة بالتذكار والكمال

21° (Fol. 126 v°.) الرسالة الموسومة بالتقريع والبيان واقامة الحجة لولى الزمان

22° (Fol. 130 v°.) الرسالة الموسومة بتاديب الولد العاقّ من الاولاد

23° (Fol. 135 v°.) الرسالة الموسومة بالقاصعة للفرعون الدّعىّ الخ

24° (Fol. 140 v°.) كتاب ابى يقظان

25° (Fol. 146.) الرسالة الموسومة بتمييز الموحدين الخ

26° (Fol. 159.) من دون قايم الزمان والهادى الى طاعة الرحمن

27° (Fol. 167.) الموسومة برسالة السفر الى السادة فى الدعوة لطاعة ولى الحق الامام القايم المنتظر

Les titres des épîtres sont écrits en or et en couleurs, les têtes des paragraphes à l'encre rouge; les passages en prose rimée sont divisés par des fleurons en or et en couleurs, ou par des ronds de couleur bleue.

Papier. 177 feuillets. Hauteur, 21 centimètres; largeur, 14 centimètres et demi. 15 lignes par page. Ms. du XVIe siècle. — (Supplément 274 *bis*.)

1425.

Les écrits sacrés des Druzes. Volume renfermant les mêmes traités que le numéro précédent.

Papier. 326 feuillets. Hauteur, 21 centimètres; largeur, 16 centimètres. 25 lignes par page. Ms. du XVIIe siècle. — (Supplément 275.)

1426.

Les écrits sacrés des Druzes. Ce sont les traités qui, dans l'*Exposé de la religion des Druzes*, sont énumérés sous les numéros XLI à LXVIII. Les premiers feuillets manquent.

Papier. 138 feuillets. Hauteur, 20 centimètres et demi; largeur, 15 centimètres. 15 lignes par page. Ms. de diverses mains du XVIIe siècle. — (Supplément 1996.)

1427.

Écrits sacrés des Druzes :

1° (Fol. 2.) Traité, sans titre, commençant par ces mots : توكلت على مولانا الحاكم المنّان وشكرت عبده قايم الزمان

2° (Fol. 11.) الرسالة الموسومة بالتنبير (*sic*) والتانيب والتوبيخ والتوقيف (*sic*)

3° (Fol. 23.) مَثَلًا ضربه بعض حكماء الديانة توبيخا لمن قصّر عن حفظ الامانة

4° (Fol. 25.) رسالة بنى ابى جار

5° (Fol. 26.) تقليد لاحق التقليد الاول الى الشيخ المختار

6° (Fol. 31.) تقليد سكين

7° (Fol. 34 v°.) تقليد الشيخ ابى الكتايب.

8° (Fol. 36.) تقليد الامير ذى الحامد كفيل الموحدين

9° (Fol. 38 v°.) تقليد بنى جرّاح

10° (Fol. 40 v°.) الرسالة الموسومة بالجميهريّة

11° (Fol. 45 v°.) الرسالة الموسومة بالتعنيف والتهجين

12° (Fol. 48 v°.) الموسومة برسالة الوادى

13° (Fol. 52 v°.) الرسالة الموسومة بالقسطنطينية

14° (Fol. 65 v°.) الرسالة الموسومة بالمسيحية

15° (Fol. 77.) الرسالة الموسومة بالتعقب والافتقاد

Les deux derniers feuillets contiennent une note sur les trente limites (*sic*) ذكر الثلاثين حد. Le traité n° 1 est de la main de Pétis de la Croix; quelques feuillets perdus ont été rétablis par le même orientaliste.

Papier. 89 feuillets. Hauteur, 21 centimètres et demi; largeur, 15 centimètres et demi. 15 lignes par page. La partie ancienne du ms. est du XVe siècle. — (Ancien fonds 1582.)

1428.

Les écrits sacrés des Druzes. Ce sont les traités XLI à LV.

Papier. 109 feuillets. Hauteur, 22 centimètres; largeur, 16 centimètres et demi. 13 lignes par page. Ms. du XVIIIe siècle. — (Supplément 1994.)

1429.

Écrits sacrés des Druzes :

1° (Fol. 1.) الرسالة الموسومة برسالة الايقاظ والبشارة لاهل الغفلة وآل الحق والطهارة

2° (Fol. 6.) الرسالة الموسومة بالحقايق والانذار والتاديب لجميع الخلايق

3° (Fol. 13.) الرسالة الموسومة بالشافية لنفوس الموحدين الممرّضة لقلوب المقصّرين الجاحدين

4° (Fol. 24.) الرسالة الموسومة برسالة اليمن وهداية النفوس الطاهرات ولمّ الشمل وجمع الشتات

5° (Fol. 28.) رسالة الهند

6° (Fol. 32 v°.) الرسالة الموسومة بالتقريع والبيان واقامة الحجة لولى الزمان وايضاح الحجّة لمن افا الى التوحيد والايمان

7° (Fol. 35.) الرسالة الموسومة بتأديب الولد العاقّ من الاولاد

8° (Fol. 38.) الرسالة القاصعة للفرعون الدعى الفاضحة لعقيدة الكذّاب المعتوة الشقى

9° (Fol. 49.) الرسالة الموسومة بتمييز الموحدين الطايعين من حزب العصاة الفسقة الناكثين

10° (Fol. 61.) من دِونِ (*sic*) قايم الزمان والهادى الى طاعة الرحمن

11° (Fol. 69.) الموسومة برسالة السفر الى السادة فى الدعوة لطاعة ولى الحق الامام القايم المنتظر

12° (Fol. 82 v°.) الرسالة الموسومة بالاسرار ومجالس الرحمة للاولياء الابرار

13° (Fol. 88 v°.) Les trois premières lignes du traité intitulé الرسالة الموسومة بمجالس الرحمة.

On a inséré, à la suite du fol. 79, une gravure représentant l'«émir Fechrredin, prince des Druses».

Papier. 88 feuillets, dont les 78 premiers sont de la main de Pétis de la Croix, copiés sur un ms. «donné aux RR. PP. dominicains par le Dr Pic (*sic*)». Les folios 82 et suiv. sont d'une main orientale du xve siècle. Hauteur, 21 centimètres; largeur, 15 centimètres. 15 lignes par page. — (Ancien fonds 1583.)

1430.

Écrits sacrés des Druzes :

1° (Fol. 2 v°.) الموسومة برسالة الايقاظ والبيان (*sic*) لاهل الغفلة وال لحق والطهارة

2° (Fol. 13.) الرسالة الموسومة بالحقايق والانذار والتأديب لجميع الخلايق

3° (Fol. 27 v°.) الرسالة الموسومة بالشافية لنفوس الموحدين

4° (Fol. 41.) رسالة العرب

5° (Fol. 49 v°.) الموسومة برسالة اليمن وهداية النفوس الطاهرات ولمّ الشمل وجمع الشتات

6° (Fol. 57.) رسالة الهند الموسومة بالتذكار والكمال

7° (Fol. 64 v°.) الرسالة الموسومة بالتقريع والبيان واقامة الحجة لولى الزمان

8° (Fol. 72.) الرسالة الموسومة بتأديب الولد العاقّ من الاولاد

9° (Fol. 78 v°.) الرسالة الموسومة بالقاصعة للفرعون الدعى الخ

10° (Fol. 90.) كتاب ابى يقظان الخ

11° (Fol. 100 v°.) الرسالة الموسومة بتمييز الموحدين الطايعين الخ

12° (Fol. 125 v°.) من دون قايم الزمان الهادى الى طاعة الرحمن

13° (Fol. 142.) الموسومة برسالة السفر الى السادة فى الدعوة الخ

Le texte est accompagné des voyelles. Notes à l'encre rouge.

Papier. 162 feuillets. Hauteur, 15 centimètres et demi; largeur, 11 centimètres. 11 lignes par page. Ms. du xvie siècle. — (Supplément 274.)

1431.

Écrits sacrés des Druzes. Ce sont les traités LVII à LXVIII. Quelques gloses marginales.

Papier. 79 feuillets. Hauteur, 20 centimètres et demi; largeur, 15 centimètres. 13 lignes par page, et 14 lignes à partir du fol. 38. Ms. du xviie siècle. — (Supplément 1992.)

1432.

Écrits sacrés des Druzes :

1° (Fol. 1 v°.) الرسالة الموسومة بمعراج نجاة الموحدين وسلّم حياة الموقنين

2° (Fol. 12.) الرسالة فى ذكر المعاد والرّد على من عبّر عنه بالغلط والالحاد

3° (Fol. 21 v°.) الموسومة برسالة التبيين والاستدراك لبعض ما لم تدركه العقول فى كشف الكفر المحجوب من الالحاد والاشراك

4° (Fol. 32.) الرسالة الموسومة بالاسرايلية الدامغة لاهل اللدد والجحود اعنى الكفرة من اهل شريعة اليهود

5° (Fol. 42 v°.) الموسومة باحد وسبعين سوال سئل عنها بعض المدّعين الفسقة الجهال وايمة الجور والضلال

6° (Fol. 52 v°.) الموسومة بايضاح التوحيد لمن تنبّه من سِنة الغفلة الخ

7° (Fol. 72 v°.) ذكر الرد على اهل التاويل الذين يوجبون تكرار الاله فى الاقمسة المختلفة

8° (Fol. 78 v°.) توبيخ ابن البربرية الرسالة الموسومة بالدامغة للفاسق النجس الفاضحة لاتباعه اهل الردّة والبلس

9° (Fol. 88.) توبيخ لاحق

10° (Fol. 95 v°.) توبيخ الخايب العاجز سُكَين

11° (Fol. 110.) توبيخ ابن ابى حصيّة

12° (Fol. 118.) توبيخ سهل

13° (Fol. 125.) توبيخ حسن ابن مُعلّا

14° (Fol. 128.) توبيخ الخايب محلَّا

15° (Fol. 133.) رسالة البنات الكبيرة

16° (Fol. 136.) رسالة البنات الصغيرة

17° (Fol. 138 v°.) رسالة الردّ على المنجمين

18° (Fol. 143.) الرسالة الموسومة ببدو الخلق

19° (Fol. 146 v°.) الموسومة بالموعظة

20° (Fol. 148 v°.) المواجهة

21° (Fol. 149 v°.) كاتبة الشيخ ابى الكتايب

22° (Fol. 151.) منشور الى ال عبد الله

23° (Fol. 153 v°.) جواب كتاب السادة

24° (Fol. 155.) لكتاب المنفذ على يد سرايا

25° (Fol. 157 v°.) مكاتبة تذكرة

26° (Fol. 159.) مكاتبة نصر بن فتوح

27° (Fol. 162 v°.) السجل الوارد الى نصر

28° (Fol. 163 v°.) منشور الشيخ ابى المعالى الطاهر

29° (Fol. 165.) منشور الى جماعة ابى تراب وشيوخ المواضع من الاهل والاصحاب

30° (Fol. 166 v°.) رسالة جبل السُمّاق

31° (Fol. 168.) منشور الى ال عبد الله وال سليمان

32° (Fol. 169 v°.) منشور ابا على

33° (Fol. 171 v°.) منشور رمز لابى الخير سلامة

34° (Fol. 174 v°.) منشور الشرط والبطّ

35° (Fol. 178.) مكاتبة الى الشيوخ الاوّابين

36° (Fol. 180.) منشور فى ذكر اقالة سعد

37° (Fol. 183 v°.) مكاتبة رمز الى الشيخ ابى المعالى

38° (Fol. 185 v°.) منشور الى المحلّ الازهر الشريف

39° (Fol. 190 v°.) منشور نصر بن فتوح

40° (Fol. 194.) مكاتبة الى ال ابى تراب

41° (Fol. 197.) الرسالة الواصلة الى جبل الانور

42° (Fol. 201.) مكاتبة الشيخ ابى المعالى

43° (Fol. 204 v°.) منشور الغيبة

C'est le même recueil que celui dont S. de Sacy a donné la liste des chapitres dans son *Exposé de l'histoire des Druzes*, p. CCCCXCVII et suiv. Quelques notes marginales et interlinéaires à l'encre rouge.

Papier. 206 feuillets. Hauteur, 22 centimètres; largeur, 15 centimètres. 15 lignes par page dans la première partie, 13 lignes dans la seconde. Ms. du XVIIe siècle. — (Supplément 272.)

1433.

Écrits sacrés des Druzes. Ce volume renferme les pièces 78 à 123 de la liste de M. de Sacy.

Papier. 131 feuillets. Hauteur, 18 centimètres; largeur, 14 centimètres. 13 lignes par page. Ms. du XVIIe siècle. — (Supplément 1990.)

1434.

Écrits sacrés des Druzes. Ce volume renferme les mêmes pièces que le précédent.

Papier. 109 feuillets. Hauteur, 22 centimètres; largeur, 15 centimètres et demi. 15 lignes par page. Ms. du XVIIe siècle. — (Supplément 1991.)

1435.

Écrits sacrés des Druzes :

1° (Fol. 3 v°.) معراج نجاة الموحدين

2° (Fol. 13 v°.) فى ذكر المعاد والرد على من عبّر عنه بالغلط والالحاد

3° (Fol. 23 v°.) رسالة التنبيين والاستدراك

4° (Fol. 34 v°.) الاسرايلية الدامغة لاهل الرد والجحود

5° (Fol. 45.) الموسومة باحد وسبعين سوال

6° (Fol. 54 v°.) ايضاح التوحيد

7° (Fol. 77 v°.) الرد على اهل التاويل

Les deux premiers feuillets contiennent une pièce intitulée طبايع العقل «les Facultés de l'intellect»; les deux derniers une prière ou invocation, suivie d'une litanie.

Texte accompagné de toutes les voyelles. Nombreuses notes marginales à l'encre rouge.

Papier. 83 feuillets. Hauteur, 21 centimètres et demi; largeur, 15 centimètres et demi. 15 lignes par page. Ms. du XVIe siècle. — (Supplément 272 *bis*.)

1436.

Commentaire sur le cinquième traité des écrits sacrés des Druzes, intitulé ميثاق ولى الزمان «Formule d'engagement envers le lieutenant de ce siècle».

Papier. 78 feuillets. Hauteur, 15 centimètres; largeur, 10 centimètres et demi. 13 lignes par page. Ms. du XVIIIe siècle. — (Supplément 2001.)

1437.

1° Commentaire sur le cinquième traité des écrits sacrés des Druzes. Même ouvrage que le précédent. Les premiers feuillets manquent.

2° (Fol. 55 v°.) Le soixante-sixième traité des écrits sacrés des Druzes.

Papier. 56 feuillets. Hauteur, 17 centimètres et demi; largeur, 13 centimètres. 13 lignes par page. Ms. du XVIIe siècle. — (Supplément 2002.)

1438.

Commentaire ou discours moral qui paraît se rapporter au premier paragraphe du cinquième traité des écrits sacrés des Druzes. Commencement : وجسمه اول درجة تسليم الجسم هو ان الانسان يستعمل جوارحه السبعة فيما خلقها الله له وهى اللسان والعين والاذن واليد والرجل والبطن والفرج الخ

Papier. 123 feuillets. Hauteur, 15 centimètres; largeur, 10 centimètres et demi. 11 lignes par page. Ms. du XVIIe siècle. — (Supplément 2003.)

1439.

1° Suite d'un commentaire sur le كشف الحقايق, treizième traité des écrits sacrés des Druzes. Le premier passage commenté est le suivant : ثم نرجع للحروف ومعانيها على الترتيب ا ب ت ث ج ح خ فالجيم والحا والخا فى الصورة شىء واحد. Le dernier feuillet manque.

2° (Fol. 69.) Commentaire sur une pièce dont les premiers mots paraissent être : ..... اسباب المناداة خمسة الحمد لله الذى من على اوليائه بالنعمة... الرضى..... وفى حقائق الهزل...

3° (Fol. 92.) Pièce intitulée : (*sic*) تعيين الفصول الذى شرحها الشيخ شرف الدين ابن المرحوم الشيخ بدر الدين وهو دون البلوغ

4° (Fol. 100.) Prière attribuée au schaïkh al-Fâdhil. Commencement : اللهم لك الحمد على نعمة وجودك ولك الحمد على معرفة وليك وحدودك

5° (Fol. 102.) Prières pour le matin (صباحية), par le même docteur.

6° (Fol. 105 v°.) Prière à réciter sur un néophyte, afin de le garantir contre l'influence du mauvais œil.

7° (Fol. 106 v°.) Gloses sur quelques passages des écrits sacrés des Druzes.

8° (Fol. 109.) Énumération des cinquante-quatre choses qu'on est obligé de connaître.

9° (Fol. 114.) Poème et morceaux divers.

10° (Fol. 121.) Notice incomplète sur les principaux ministres (حدود) de la secte druze.

11° (Fol. 127.) Mérites du *Sayyid al-Amîr*.

12° (Fol. 131.) Anecdotes touchant le schaïkh Aboû Hilâl, mort en 1050 de l'hégire (1640 de J. C.).

Papier. 132 feuillets. Hauteur, 15 centimètres et demi; largeur, 10 centimètres et demi. 13 lignes par page. Ms. du XVIIe siècle. — (Supplément 2004.)

1440.

Exposé de la religion des Druzes, commençant (fol. 3) par une liste de passages tirés du Pentateuque, des Psaumes, des Évangiles et du Coran, et devant servir à établir la vérité des doctrines druzes. Ces passages sont suivis d'un commentaire très-détaillé d'un paragraphe du كشف الحقايق «Les vérités révélées» (voy. le ms. n° 1408, depuis le fol. 90 v°, ligne 13, jusqu'au fol. 91, ligne 7). L'auteur donne ensuite (fol. 19) l'interprétation allégorique du premier passage du Pentateuque et l'explique, ainsi que tous les autres, comme étant la parole même

de la Divinité qui, plus tard, s'est incarnée dans Al-Ḥâkim. Cet ouvrage a été composé en 408 de l'hégire (1017-1018 de J. C.). Sur les trois premières pages laissées en blanc, le copiste du ms. a écrit quelques renseignements à l'usage des illettrés d'entre les Druzes.

Papier. 96 feuillets. Hauteur, 18 centimètres et demi; largeur, 13 centimètres et demi. 13 lignes par page. Ms. du XVIe siècle. — (Supplément 268 *bis*.)

1441.

Exposé de la religion des Druzes, intitulé مختصر البيان في مجرى الزمان «Exposition abrégée du cours du temps». C'est un traité de théologie scolastique de la secte des Druzes, commençant par ces mots : الحمد لله المتسدق على عباده بالهداية. La substitution du *sîn* au *sad* dans le mot متسدق indique que l'auteur lui-même appartenait à cette secte. Trois pages qui étaient restées en blanc au commencement du volume, portent maintenant un traité sur les sept péchés (ذكر معرفة الشرور السبعة) réprouvés par la religion druze.

Papier. 79 feuillets. Hauteur, 18 centimètres; largeur, 14 centimètres. 13 lignes par page. Ms. du XVIe siècle. — (Supplément 272 *ter*.)

1442.

Même ouvrage. Le premier feuillet de cet exemplaire manque. A la fin du volume, on a inséré deux pièces, écrites en *divani* turc, dont l'une est intitulée رسالة الانذار «l'Avertissement», et l'autre سوق قسم الدروز «Formule du serment usité chez les Druzes». Ms. daté de l'an 1053 de l'hégire (1644 de J. C.).

Papier. 139 feuillets. Hauteur, 15 centimètres et demi; largeur, 10 centimètres et demi. 13 lignes par page. — (Supplément 275 *bis*.)

1443.

Abrégé du مختصر البيان. L'auteur, qui s'intitule le *prêtre Ḥanna* (القس حنّا), médecin, a achevé son travail en 1807 de J. C. Cet exemplaire est de la main de Jean Varsy, savant orientaliste de Marseille, qui a terminé cette copie en 1852, étant alors âgé de soixante-dix-sept ans. Le texte de ce traité, accompagné d'une traduction française, a été publié à Paris, en 1863, sous le titre de *Théogonie des Druzes*.

Papier. 45 feuillets. Hauteur, 21 centimètres; largeur, 13 centimètres. 13 lignes par page. — (Supplément 269 *bis*.)

1444.

Catéchisme des Druzes, intitulé سوال وجواب وهو حد ما ذهب اليه الدروز واعتقدوه et commençant par les mots : ادرزى انت. La dernière des réponses porte le n° 104, et finit ainsi : وباشاوات (*sic*) اصحاب مناصب عاليه.

Papier. 15 feuillets. Hauteur, 16 centimètres; largeur, 10 centimètres. 15 lignes par page. Ms. du XVIIe siècle. — (Supplément 269.)

1445.

Catéchisme des Druzes, copié sur le ms. précédent, à Paris (باريج), par Denys Chaouch, prêtre maronite de Saint-Jean-d'Acre, professeur d'arabe et interprète à la Bibliothèque du roi.

Papier. 15 feuillets. Hauteur, 40 centimètres; largeur, 25 centimètres. 16 lignes par page. Ms. du XVIIIe siècle. — (Supplément 268.)

1446.

Catéchisme des Druzes.

Papier. 15 feuillets. Hauteur, 20 centimètres; largeur, 13 centimètres. 13 lignes par page. Ms. du XIXe siècle. — (Supplément 2005.)

1447.

Catéchisme des Druzes.

Rouleau de papier vert. Longueur, 6 mètres; largeur, 14 centimètres et demi. — (Supplément 2346.)

1448.

Poème composé de plus de trois cents stances de cinq hémistiches. L'auteur, qui était Druze, y parle de la création du monde et raconte l'histoire des patriarches et des prophètes, jusqu'à Mahomet, puis celle des Omayyades, des Abbasides et des Fatémites, jusqu'à Al-Ḥâkim.

Ms. daté de l'an 1168 de l'hégire (1755 de J. C.).

Papier. 159 feuillets. Hauteur, 16 centimètres et demi; largeur, 11 centimètres. 11 lignes par page. — (Supplément 2006.)

1449.

Écrits sacrés de la secte des Noṣaïriens.

1° Ouvrage intitulé كتاب الاسوس, ce qui signifie, d'après l'auteur, « le livre du fondement », parce que, dit-il, c'est la base de toutes les connaissances et l'exposé de la sagesse de Salomon, fils de David. Ce prophète, ayant reçu de Dieu l'ordre de composer le présent ouvrage, avait réuni les savants des quatre parties du monde, et avait, d'après leurs conseils, fait composer d'abord un traité sur les formes du discours, تأليف ابنيت (sic) الكلام; puis, pour rédiger l'*Asoûs*, il avait choisi entre ces docteurs un seul qui, en présence des autres, répondait à différentes questions relatives à la nature de Dieu, à la matière informe, à la création, aux anges, à tout ce qui est dans le ciel et sur la terre. Suit ce long dialogue, dans lequel le سائل ou «questionneur» formule les demandes, et le عالم ou «savant» donne les réponses. Le présent exemplaire a été copié à Ras Baghlîa? (بعلبه), dépendance d'Al-ʿOlaïqa, château fort situé sur le territoire de Ṣafîta (صافيتا), qui fait partie du *liwâ* ou gouvernement de Tripoli (طرابلس), en 1206 d'une hégire que le copiste appelle hétaïenne et mohammédane (حتاسه محمدية).

2° (Fol. 80.) Deux pièces de vers à la louange d'ʿAlî, la première par le copiste de ce volume, Yoûsof, fils du schaïkh ʿArib; l'autre par le schaïkh ʿAlî ibn Sârim (صارم). Le copiste s'intitule عبد المؤمنين وخادم الموحدين المقر بالرجعة البيضا والكرة الزهرا يوم كشف الغطا, qui paraît être une formule particulière aux Noṣaïriens.

3° (Fol. 86.) كتاب الصراط «Livre du sentier», ouvrage composé par Al-Mofaddhal ibn ʿOmar, et transmis oralement (روا) par le schaïkh Aboû 'l-Ḥasan Moḥammad al-Hadrî (الهدرى). Ce sont les renseignements que Al-Mofaddhal avait recueillis de la bouche de son maître (مولاى), Djaʿfar al-Ṣâdiq, au sujet du sens mystérieux du mot صراط «sentier», et de quelques autres termes, tels que قيصات «enveloppes», هياكل «temples» (avec le sens de *corps* ou *figures*), etc. Ce traité, de même que le précédent, est très-obscur et intelligible aux seuls initiés. Le copiste a daté son travail de la manière suivante : تاريخ كتابته وسطره سبة الف ومايتين وست سواه بعد الهجرة لحتابه على صاحبها افضل الصلاة والسلام «Date de la transcription de ce volume : mille deux cent six ans après l'hégire hétaïenne (?), sur l'auteur de laquelle soit la bénédiction et le salut». La même ère est employée dans le volume suivant. Nombreuses fautes d'orthographe et de grammaire.

Papier. 182 feuillets. Hauteur, 21 centimètres et demi; largeur, 16 centimètres. 13 à 16 lignes par page. Ms. du xvii° siècle. — (Supplément 275 D.)

1450.

Écrits sacrés des Noṣaïriens.

1° Le كتاب الاصيغر, par l'imâm Moḥammad ibn Schaʿba al-Ḥarrânî (محمد بن شعبة الحراني). Cette pièce est datée de l'an 1208 de l'hégire prophétique hétaïenne (السنه لحتابه).

2° (Fol. 42.) Traité sur la doctrine de l'unité de Dieu (رسالة التوحيد), par ʿAlî ibn ʿIsâ al-Djesrî (لجسرى).

3° (Fol. 48 v°.) Questions adressées par Aboû ʿAbd Allah ibn Hâroûn al-Ṣâïgh (الصايغ) à Al-Ḥosaïn ibn Ḥamdân al-Khaṣîbî (الحسين بن حمدان الخصيبى).

4° (Fol. 54.) Traité qui commence par ces mots : الحمد لله اقررة انه ابدع من كيانه كون للعارفين وجعله عين للعالمين

5° (Fol. 65.) Dessin circulaire, renfermant les noms de Moḥammad et de Salmân (سلمان) quatre fois répétés, accompagné d'une figure ovale qui renferme le nom du dessinateur, عمل يوسف ابراهيم الميلى.

6° (Fol. 67 v°.) Conférence (sic مناضرة) de Yoûsof ibn al-ʿAdjoûz al-Ḥalabî, généralement connu sous le nom d'Al-Naschschâbî (النشابى).

7° (Fol. 130 v°.) Traité d'Al-Mofaddhal sur les douze points (حرف) qu'il faut connaître pour être vrai croyant.

8° (Fol. 155.) Traité sur les devoirs de l'imâm et sur l'affiliation à la secte. Pièce datée de l'an 1211 d'une ère jusqu'à présent inconnue.

9° (Fol. 167 v°.) Élégie composée par le schaïkh ʿAlî ibn Manṣoûr, développée dans un *takhmîs* par le schaïkh Moûsâ al-Rabṭ (الربط). Pièce datée de l'an 1211.

10° (Fol. 174 v°.) Poème de Moḥammad al-Kalâzî (الكلازى).

11° (Fol. 175 v°.) Poème du schaïkh Ḥasan al-Adjroûd (الاجرود).

12° (Fol. 176 v°.) Relation écrite par Al-Ḥosaïn ibn Hâroûn al-Ṣâïgh de la conférence qui avait eu lieu en 346 chez son maître, ʿAlî ibn ʿIsâ al-Djesrî, au sujet de cette doctrine que Dieu n'accepte les actions d'aucune personne avant qu'elle ait connu le *nom* (اسم) et la *réalité* (معنى). Pièce datée de l'an 1212.

Papier. 179 feuillets. Hauteur, 23 centimètres; largeur, 16 centimètres. 13 à 16 lignes par page. Ms. du xvii° siècle. — (Supplément 275 E.)

1451.

Les œuvres complètes du *Mahdî des Almohades*, volume d'une très-belle écriture maure-espagnole, datée de la dernière décade du mois de scha'bân de l'an 579 (25 novembre au 5 décembre 1183 de J. C.). Titre du recueil : سفر فيه جميع تعاليق الامام المعصوم المهدى المعلوم رضى الله عنه مما املاه سيدنا الامام الخليفة امير المومنين ابو محمد عبد المومن بن على «Volume renfermant la totalité des écrits de l'imâm impeccable, du Mahdî connu, sur qui soit la grâce de Dieu! Pièces dictées par notre seigneur l'imâm, calife et commandant des Croyants, Aboû Moḥammad 'Abd al-Moûmin ibn 'Alî».

Moḥammad ibn Toûmert (تومرت «le petit 'Omar», en langue berbère), s'étant fait accepter par les tribus berbères de l'Atlas comme l'imâm attendu, personnage mystérieux qui, lors de la consommation des siècles, doit se montrer sous le nom d'Al-Mahdî et renouveler le monde, et ayant renversé la dynastie des Almoravides et fondé celle des Almohades (*Al-Mowaḥḥidîn* «unitaires»), avait eu pour successeur son élève favori, 'Abd al-Moûmin ibn 'Alî, qui, sous les titres de calife et de Commandeur des Croyants, régna sur le Maroc et une grande partie de l'Espagne, et mourut en 558 de l'hégire (1163 de J. C.). Le Mahdî Ibn Toûmert, en sa qualité d'envoyé céleste, avait pris le titre de *ma'ṣoûm* «impeccable», et, pour se distinguer du Mahdî des schiites, qu'on désignait sous le titre de l'*attendu*, de l'*imâm qui doit venir*, il s'était appelé le *connu*, c'est-à-dire le *visible*. Pour l'histoire du Mahdî des Almohades, on peut consulter l'*Histoire des Berbers*, d'Ibn Khaldoun, t. II, p. 161 de la traduction, et le *Dictionnaire biographique* d'Ibn Khallikân, traduction anglaise, t. II, p. 182.

Ce volume renferme les traités suivants, qui, tous, sont divisés en sections, chapitres et paragraphes.

1° اعزّ ما يطلب «La chose la plus précieuse qu'on puisse rechercher», traité des principes de la loi musulmane (اصول الفقه), dicté par l'auteur, dans le *ribâṭ* ou couvent des Hergha, tribu qui habitait la montagne portant leur nom, au Maroc, en 515 de l'hégire (1121-1122 de J. C.).

2° (Fol. 17 v°.) الكلام فى الصلاة. Sur la prière et les purifications.

3° (Fol. 42.) الدليل على ان الشريعة لا تثبت بالعقل من وجوه «Preuve que la simple raison ne peut, en aucune façon, établir les principes de la loi révélée».

4° (Fol. 46 v°.) الكلام فى العموم والخصوص والمطلق والمقيّد والمجمل والمفسّر والناسخ والمنسوخ والحقيقة والمجاز وفايدتهما والكناية والتعريض والتصريح والاسماء اللغوية التى غلب عليها العرف وخصّصها والاسماء المنقولة من اللغة الى عرف الشرع «Traité sur le général et le particulier, sur l'absolu et le relatif (littéralement : le restreint), sur le sommaire et le développé, sur l'abrogeant et l'abrogé, sur le (sens) vrai et le (sens) figuré, et sur l'utilité de ces deux choses, sur la métonymie, l'allusion, et sur le sens propre, sur les mots auxquels l'usage a donné une signification nouvelle et spécifique, et sur les mots empruntés au langage pour être employés comme termes techniques de la loi».

5° (Fol. 48 v°.) الكلام على العلم «Traité de la science» et de ses divisions.

6° (Fol. 50.) المعلومات «Les connaissances». Celles-ci forment deux classes, معدوم «le non-existant», et موجود «l'existant», dont chacun peut être absolu ou restreint.

7° (Fol. 53 v°.) المُحْدَث «Le nouveau» ou «le créé».

8° (Fol. 57.) العبادة «La dévotion», en quoi elle consiste.

9° (Fol. 59.) Sur l'excellence de la doctrine de l'unité de Dieu (التوحيد). Ce traité est aussi intitulé العقيدة.

10° (Fol. 61 v°.) Sur l'unité du Créateur et sur l'imâmat.

11° (Fol. 65.) Sur les principes des sciences religieuses.

12° (Fol. 66.) Diatribe très-virulente contre les Almoravides (الملثّمون).

13° (Fol. 68.) Sur l'islamisme et sur les devoirs des musulmans.

14° (Fol. 69 v°.) Sur la profession de l'unité de Dieu.

15° (Fol. 74.) Traditions se rapportant aux doctrines musulmanes.

16° (Fol. 79.) Traditions relatives à Mahomet.

17° (Fol. 86 v°.) Contre le détournement du butin (غلول).

18° (Fol. 90.) Contre l'usage du vin.

19° (Fol. 93.) Sur la guerre sainte (الجهاد).

Papier. 98 feuillets. Hauteur, 21 centimètres et demi; largeur, 16 centimètres. 27 lignes par page. — (Supplément 238.)

8. CONTROVERSE.

1452.

التبصير فى الدين وتمييز الفرقة الناجية من فرق الهالكين «Démonstration de la vraie religion et distinction établie entre la secte qui sera sauvée et celles qui seront perdues», par Aboû 'l-Moẓaffar Ṭâhir ibn Moḥammad al-Isfarâïnî, mort en 471 de l'hégire. Ce traité est divisé en quinze chapitres, dont voici les titres, énumérés dans la préface :

1. الباب الاول فى بيان اول خلاف ظهر فى الاسلام
2. الباب الثانى فى بيان فرق الامة على الجملة
3. الباب الثالث فى تفصيل مقالات الروافض وبيان فضايحهم
4. الباب الرابع فى بيان مقالات الخوارج وبيان فضايحهم
5. الباب الخامس فى تفصيل مقالات القدرية الملقبة بالمعتزلة وبيان فضايحهم
6. الباب السادس فى تفصيل مقالات المرجية وبيان فضايحهم
7. الباب السابع فى تفصيل مقالات النجارية وبيان فضايحهم
8. الباب الثامن فى تفصيل مقالات الضرارية وبيان فضايحهم
9. الباب التاسع فى تفصيل مقالات البكرية وبيان فضايحهم
10. الباب العاشر فى تفصيل مقالات الجهمية وبيان فضايحهم
11. الباب الحادى عشر فى تفصيل مقالات الكرامية وبيان فضايحهم
12. الباب الثانى عشر فى تفصيل مقالات المشبهة وبيان فضايحهم
13. الباب الثالث عشر فى بيان فرق ينتسبون الى دين الاسلام ولا تعدون فى جملة المسلمين
14. الباب الرابع عشر فى بيان مقالات اقوام من الملحدين كانوا قبل ظهور دولة الاسلام
15. الباب الخامس عشر فى بيان اعتقاد اهل السنة والجماعة

Ms. daté de l'an 1229 de l'hégire (1814 de J. C.).

Papier. 130 feuillets. Hauteur, 23 centimètres et demi; largeur, 16 centimètres. Environ 20 lignes par page. — (Supplément 279.)

1453.

Exposé des croyances des diverses sectes hérétiques, nées au sein de l'islamisme. Le volume, dont les premiers feuillets manquent, commence par les dernières lignes d'une notice sur la troisième fraction des Râfédhites. L'auteur parle ensuite des autres branches de cette secte et passe aux Zaïdites et aux Bakrites; puis il énumère (fol. 23 v°) tous les descendants d'ʿAlî, qui s'étaient révoltés contre les Omayyades et les Abbasides. A cette occasion, il reproduit une pièce de vers composée sur la mort tragique d'Al-Ḥosaïn. Il s'occupe ensuite des Khârédjites et termine par les Motazélites. Le nom de l'auteur, qui vivait probablement au v° siècle de l'hégire, n'est pas mentionné. Ce volume, daté de l'an 586 de l'hégire (1190 de J. C.), est la copie d'un exemplaire plus ancien.

Papier. 200 feuillets. Hauteur, 18 centimètres; largeur, 13 centimètres. 21 lignes par page. — (Supplément 280.)

1454.

مسالك النظر فى مسالك البشر «Coups d'œil jetés sur les voies (doctrines) suivies par les hommes», ouvrage anonyme, qui est une défense de l'islamisme et la réfutation des doctrines des juifs, des chrétiens et des philosophes. L'auteur est désigné, en tête du volume, par le titre d'*imâm Ḥoddjat al-Islâm*, par lequel on désigne ordinairement le célèbre philosophe Aboû Ḥâmid al-Ghazâlî; mais ce docteur est cité lui-même dans la préface (fol. 5), ainsi que l'ouvrage sur les religions et les sectes de Schahrestânî. Cet ouvrage, très-bien fait au point de vue musulman, se compose de quatre chapitres préliminaires et de six sections. Dans le premier chapitre, l'auteur avertit ses lecteurs de ne pas confondre ce traité avec un autre qu'il avait composé sur le même sujet. Le second chapitre préliminaire fait connaître les motifs qui portaient l'auteur à composer cet ouvrage. Dans le troisième chapitre, il indique comment on peut réduire à huit points toutes les doctrines religieuses et toutes les opinions philosophiques. Le quatrième chapitre explique en quoi consiste la qualité de prophète et la différence qui existe entre un simple prophète et un prophète chargé d'une mission. La première section traite de Mahomet et de sa qualité de prophète; la seconde, des diverses sectes chrétiennes; la troisième, de la religion juive; la quatrième, de la religion des mages; la cinquième, des doctrines des différentes nations et des opinions des

philosophes. Dans la sixième et dernière section, l'auteur résume toutes ses dissertations et distingue entre les vraies doctrines et les fausses.

Papier. 97 feuillets. Hauteur, 26 centimètres et demi; largeur, 17 centimètres et demi. 15 lignes par page. Ms. du xve siècle. — (Ancien fonds 368.)

1455.

Copie du ms. précédent, exécutée à Paris, en 1692, par Solaïmân ibn Ya'qoûb, de Damas.

Papier. 94 feuillets. Hauteur, 29 centimètres; largeur, 20 centimètres. 15 lignes par page. — (Supplément 286.)

1456.

الاجوبة الفاخرة ردًّا عن الملّة الكافرة «Réponses triomphantes pour servir de réfutation aux assertions de la secte des mécréants». C'est un ouvrage de controverse, dans lequel l'auteur, peut-être le renégat juif Samuel ibn Yaḥyâ (voyez l'article suivant), répond très-longuement à cent six objections faites à l'islamisme, les unes par les juifs, les autres par les chrétiens. Cette partie de l'ouvrage forme trois sections, باب. La quatrième section renferme cinquante et un passages du Pentateuque et de l'Évangile, dans lesquels, suivant l'auteur, la venue de Mahomet est prédite. Chacun de ces passages est suivi d'un commentaire et porte le titre de بشارة «bonne nouvelle». Le premier feuillet manque.

2° (Fol. 59.) Derniers feuillets d'une réfutation de la religion juive, par Samuel ibn Yaḥyâ le Maghrebin, juif converti à l'islamisme. (Voyez, sur ce personnage, Casiri, *Bibl. ar. hisp.*, t. I, p. 440, et une note de M. Munk, dans le *Journal asiatique*, cahier de juillet 1842.) Dans ce traité, l'auteur cite des passages du Pentateuque, transcrits en caractères arabes, à l'encre rouge.

3° (Fol. 64 v°.) Relation de la conversion de Samuel ibn Yaḥyâ à l'islamisme, et du songe dans lequel il vit Mahomet, ce qui eut lieu vers la fin de l'an 558 de l'hégire (1163 de J. C.).

Ce ms. porte, à la fin, la date de 735 de l'hégire (1334-1335 de J. C.), et au fol. 58 la date de 737.

Papier. 68 feuillets. Hauteur, 28 centimètres; largeur, 20 centimètres. 25 lignes par page. — (Supplément 284.)

1457.

ارشاد الحيارى في الردّ على النصارى. Réfutation du christianisme, par 'Izz al-Dîn 'Abd al-'Azîz Moḥammad al-Damîrî al-Daïrînî al-Schâfi'î. La copie n'est pas achevée.

Papier. 30 feuillets. Hauteur, 14 centimètres; largeur, 9 centimètres. 15 lignes par page. Ms. du xixe siècle. — (Supplément 2441.)

1458.

احكام الدينية (*sic*) «Décisions religieuses», diatribe contre la secte schiite et contre Isma'îl Schâh, roi de Perse. L'auteur, Ḥosaïn ibn 'Abd Allah al-Schîrwânî, adressa cet ouvrage, qui a été terminé en 947 de l'hégire (1540-1541 de J. C.), au sultan ottoman Solaïmân Khân, pour l'engager à faire la guerre aux Persans. Il commence par les mots du Coran : كتاب كريم انه من سليمان وانه بسم الله الرحمن الرحيم.

Papier. 42 feuillets. Hauteur, 21 centimètres; largeur, 15 centimètres. 11 lignes par page. Ms. du xvie siècle. — (Ancien fonds 429.)

1459.

النواقض للروافض والنوافض «Coups portés aux hérétiques et aux agitateurs», par le chérif Moḥammad ibn Rasoûl al-Barzandjî (البرزنجي). Ce traité de polémique orthodoxe, dans lequel l'auteur discute les vingt erreurs, هفوات, des Râfédhites, a pour base un ouvrage beaucoup plus étendu, que le chérif Mîrzâ Makhdoûm, mort vers l'an 995 de l'hégire (1587 de J. C.), avait fait paraître sous le même titre. L'abréviateur dit avoir entrepris sa tâche en 1097 de l'hégire. Selon Hadji Khalfa, il mourut en 1103 de l'hégire (1691-1692 de J. C.). Ms. daté de l'an 1126 de l'hégire (1714 de J. C.).

Papier. 144 feuillets. Hauteur, 22 centimètres et demi; largeur, 16 centimètres. 21 lignes par page. — (Supplément 283.)

1460.

La première partie d'un ouvrage de controverse, intitulé كتاب العواصم في الذبّ عن سنة ابى القاسم صلى الله عليه وسلم «Les asiles (ou forteresses) pour la protection de la *sonna* d'Aboû 'l-Qâsim (Mahomet)», par Aboû 'Abd Allah

Moḥammad ibn Ibrâhîm al-Ḥasanî al-Qâsimî al-Hâdawî (الهادوى), chef d'une communauté de derviches et un des théologiens les plus savants de son temps. L'auteur, mort antérieurement à l'an 1030 de l'hégire (1620 de J. C.), probablement vers la fin du x° siècle de l'hégire, défend, dans cet ouvrage prolixe et verbeux, l'autorité des anciens imams et des livres des traditions contre les objections d'un soufi, nommé ʿAlî ibn Moḥammad ibn abî 'l-Qâsim, dont il était le père spirituel. Ces objections, rédigées sous forme de dissertation, occupent les vingt premiers feuillets du volume.

Papier. 239 feuillets. Hauteur, 30 centimètres et demi; largeur, 21 centimètres. 25 lignes par page. — (Ancien fonds 370.)

1461.

1° المناظرة والمعارضة فى ردّ الرافضة «Discussion et réfutation des opinions des hérétiques», par ʿAbd Allah ibn Fâris al-Tâzî (التازى) (né à Téza, dans le Maroc). Ce traité a été composé en 1009 de l'hégire (1600-1601 de J. C.).

2° (Fol. 49 v°.) النكت واللطائف فى نقض كتاب الطرائف «Traits d'esprit et de finesse, pour servir de réfutation au livre intitulé Kitâb al-Ṭarâïf». Ce dernier ouvrage avait été composé par un membre de la secte appelée المرجية. L'auteur de la réfutation appartenait au rite orthodoxe. Ms. daté de l'an 1127 de l'hégire (1715-1716 de J. C.).

Papier. 97 feuillets. Hauteur, 21 centimètres et demi; largeur, 15 centimètres et demi. 21 lignes par page. — (Supplément 282.)

1462.

اليمانيات المسلولة على الروافض المخذولة «Épées tirées pour confondre les hérétiques», par Zaïn al-ʿÂbidîn Yoûsof ibn Moḥammad al-Koûrânî (الكورانى). Ce traité de polémique, qui est une réponse à un traité schiite qui avait été répandu dans le public, en 1066 de l'hégire (1655-1656 de J. C.), est dédié au sultan ottoman, Moḥammad IV, fils d'Ibrâhîm. Ms. daté de l'an 1070; frontispice doré, avec arabesques; texte encadré en or et en couleurs.

Papier. 99 feuillets. Hauteur, 21 centimètres; largeur, 12 centimètres et demi. 13 lignes par page. — (Supplément 281.)

1463.

Ms. sans titre ni nom d'auteur. C'est une défense de l'islamisme contre les objections des juifs et des chrétiens, dédiée au sultan ottoman, Moḥammad III, fils d'Amurath (مراد).

Papier. 63 feuillets. Hauteur, 18 centimètres et demi; largeur, 13 centimètres. 7 lignes par page. Ms. du xvi° siècle. — (Ancien fonds 399.)

1464.

تحفة الاريب فى الردّ على اهل الصليب «Cadeau pour l'homme intelligent, contenant la réfutation des (doctrines professées par les) sectateurs du Crucifié». Ouvrage dirigé contre la religion chrétienne, par un renégat de Mayorque qui avait pris le nom d'ʿAbd Allah Tardjomân. Un nommé Aboû 'l-Ghaïth Moḥammad al-Qasschâsch (القشاش) a ajouté une préface à cet ouvrage, et l'a dédié au sultan ottoman, Aḥmad, fils de Moḥammad et petit-fils d'Amurath III. Dans les premiers chapitres, l'auteur, qui était devenu drogman à la cour de Tunis, raconte l'histoire de sa jeunesse et de sa conversion. Il avait fait ses premières études à Lérida, et avait ensuite étudié la théologie à Bologne, en Italie. Il parle ensuite de quelques événements qui eurent lieu en Tunisie, vers la fin du xiv° siècle, et de l'occupation d'Al-Mahdiya par les Génois et les Français, en 1389 de J. C. (Voyez, sur ce personnage, la *Revue africaine*, numéro de juillet 1861.) Ms. daté de l'an 1212 de l'hégire (1797-1798 de J. C.).

Papier. 64 feuillets. Hauteur, 22 centimètres; largeur, 15 centimètres. 15 lignes par page. — (Supplément 285.)

VI.

HISTOIRE.

1. HISTOIRE UNIVERSELLE.

1465.

كتاب المعارف «Recueil des connaissances utiles», par ʿAbd Allah ibn Moslim Ibn Qotaïba. L'édition lithographiée de M. Wüstenfeld renferme le texte des fol. 1 à 111 du présent ms. Après les mots فلم تجب للخراج, fin de la page ٣٣٤ de cette édition, vient, dans notre exemplaire, un chapitre qui traite des rois du Yémen, depuis ʿAbd ibn Abraham; un autre sur les rois d'Abyssinie qui régnèrent dans le Yémen, puis une notice sur les rois arabes de la Syrie, et une notice biographique de Mahomet, qui paraît être tirée de la Chronique d'Aboû 'l-Faradj ibn

al-Djauzî; enfin la mention de quelques événements curieux; l'un de ces derniers est accompagné d'une date : l'an 1006 de l'hégire (1597 de J. C.). Notes marginales.

Papier. 182 feuillets. Hauteur, 30 centimètres et demi; largeur, 20 centimètres et demi. 28 à 31 lignes par page. Ms. du xviie siècle. — (Supplément 2059.)

1466.

Premier volume de la Chronique d'Aboû Dja'far Mohammad ibn Djarîr Al-Ṭabarî, mort en 310 de l'hégire (923 de J. C.). Le récit s'arrête au milieu de l'histoire de Joseph et de Pharaon. Premiers mots de la préface : الحمد لله الاول قبل كل اول والاخر بعد كل اخر. Copie exécutée dans la première moitié de ce siècle, probablement à Constantinople. Au commencement, quelques passages sont laissés en blanc.

Papier. 138 feuillets. Hauteur, 29 centimètres et demi; largeur, 19 centimètres. 25 lignes par page. — (Supplément 2338.)

1467.

تاريخ الطبرى «Chronique d'Al-Ṭabarî». Ce volume, le troisième d'un très-bel exemplaire de l'ouvrage, commence par la naissance de Mahomet et se termine par le combat de Badr. Il a été collationné une première fois par un inconnu, et la seconde fois par un écrivain que l'on croit être Schams al-Dîn, l'auteur des *Annales de l'islamisme*.

Papier. 208 feuillets. Hauteur, 24 centimètres; largeur, 16 centimètres et demi. 17 lignes par page. Ms. du xiiie siècle. — (Ancien fonds 627.)

1468.

1° Volume détaché de la Chronique d'Al-Ṭabarî. Ce ms., dont les premiers et les derniers feuillets manquent, commence au milieu d'un chapitre se rapportant à l'an 82 de l'hégire (701 de J. C.), et se termine au milieu de l'an 101 de l'hégire (719-720 de J. C.). Plusieurs feuillets sont intervertis; ainsi les années 92 et 93 de l'hégire suivent l'an 96, et un feuillet de cette dernière année est placé entre les années 97 et 99. L'année 98 n'est pas indiquée.

2° (Page 340.) Quatre feuillets d'un exemplaire du *Kâmil* d'Ibn al-Athîr, contenant la fin de l'an 296 de l'hégire et le premier chapitre de l'an 297. Le feuillet actuellement coté 342-343 doit être placé à la suite du feuillet coté 344-345.

Papier. 347 pages. Hauteur, 24 centimètres; largeur, 16 centimètres et demi. 15 lignes par page. Ms. du xiiie siècle. — (Supplément 744.)

1469.

تكملة تاريخ الطبرى «Supplément à la Chronique d'Al-Ṭabarî», par Aboû 'l-Ḥasan Moḥammad, fils d''Abd al-Mâlik al-Hamdânî (الهمدانى), mort en 521 de l'hégire (1127 de J. C.). Cet ouvrage commence à l'avènement de Moqtadir, et finit à l'an 487, à l'avènement d'Al-Mostaẓhir. Le présent ms., qui est le premier du volume, se termine par l'an 367 de l'hégire. La préface commence ainsi : اما بعد الحمد لله الذى وفقنا لهدايته.

Papier. 154 feuillets. Hauteur, 22 centimètres et demi; largeur, 16 centimètres et demi. 19 lignes par page. Ms. du xviie siècle. — (Supplément 744 *bis*.)

1470.

مختصر العجائب «Abrégé de (l'ouvrage intitulé) les *Merveilles (du monde)*», attribué à Al-Mas'oûdî. C'est le traité généralement connu sous le titre d'*Akhbâr al-Zamân*. Après une courte mention des préadamites et des génies, d'Adam et de Noé, l'auteur parle des mers, des îles de l'océan Indien et de la Méditerranée; il raconte l'histoire d'Adam, de Noé et de Japhet, ainsi que l'histoire des Grecs, des Chinois et des Francs. Il décrit ensuite les merveilles de l'Égypte et donne de courtes notices sur les rois et les Pharaons qui ont régné sur ce pays, avant et après le déluge. C'est un recueil de fables. Le frontispice, en or et en couleurs, est une pièce rapportée, et semble être du xvie siècle.

Papier. 168 feuillets. Hauteur, 26 centimètres; largeur, 18 centimètres. 15 lignes par page. Ms. du xive siècle. — (Ancien fonds 901.)

1471.

كتاب اخبار الزمان وما اباده الحدثان وعجائب البلدان والغامر بالماء والعمران «Histoire des temps passés et de ce que les jours et les nuits ont détruit, ainsi que des merveilles des pays, de ce qui est couvert par l'eau et de ce qui est habité». C'est le même ouvrage que le précédent.

Le présent exemplaire porte le nom de l'auteur supposé, Aboû 'l-Ḥasan ʿAlî ibn al-Ḥosaïn ibn ʿAlî ibn ʿAbd Allah al-Hodsalî (الهذلى) al-Masʿoûdî. Al-Maqrîzî cite, dans le *Khiṭaṭ* (édition de Boulâq, t. I, p. ٣٧١, l. 10), un court passage de l'*Akhbâr al-Zamân* d'Aboû 'l-Ḥasan al-Masʿoûdî. On trouve ce passage au fol. 57 v° de ce ms. Ms. daté de l'an 882 de l'hégire (1477 de J. C.).

Papier. 132 feuillets. Hauteur, 18 centimètres; largeur, 13 centimètres et demi. 15 lignes par page. — (Supplément 719.)

1472.

Le *Mokhtaṣar al-ʿAdjâïb* ou *Akhbâr al-Zamân*, attribué à Al-Masʿoûdî. Ms. daté de l'an 953 de l'hégire (1546 de J. C.).

Papier. 443 pages. Hauteur, 20 centimètres et demi; largeur, 15 centimètres. 13 lignes par page. — (Ancien fonds 955.)

1473.

Même ouvrage. C'est une copie faite par Pétis de la Croix sur un ms. daté de l'an 1038 de l'hégire (1629 de J. C.). En regard des dix-sept premiers feuillets se trouve une traduction française de la main du même orientaliste.

Papier. 95 feuillets. Hauteur, 31 centimètres; largeur, 20 centimètres et demi. 20 à 29 lignes par page. — (Supplément 717.)

1474.

Le même ouvrage, copié par un Européen, probablement par Asselin de Cherville.

Papier. 127 feuillets. Hauteur, 22 centimètres et demi; largeur 15 centimètres. 25 à 26 lignes par page. Ms. du XIXe siècle. — (Supplément 718.)

1475.

Première moitié du même ouvrage (كتاب اخبار الزمان وغرائب البحر والعمران). Le premier feuillet manque.

Papier. 77 feuillets. Hauteur, 24 centimètres; largeur, 16 centimètres et demi. 17 lignes par page. Ms. de la fin du XIIIe siècle. — (Supplément 717 *bis*.)

1476 et 1477.

مروج الذهب « Les Prairies d'or », par Al-Masʿoûdî. La première partie du premier volume a été copiée en 922 de l'hégire (1516 de J. C.); cette date est inscrite sur le frontispice. Le reste du ms. est de l'an 1120 de l'hégire (1708-1709 de J. C.). Cet exemplaire du *Moroûdj* est ordinairement appelé *Manuscrit de Constantinople*.

2 volumes. Papier. 471 et 358 feuillets. Hauteur, 17 centimètres et demi; largeur, 9 centimètres. 27 lignes par page. — (Supplément 714.)

1478.

Même ouvrage. La première partie du ms., jusqu'au milieu du fol. 71 v°, n'appartient pas à l'ouvrage. Ces premiers feuillets contiennent des extraits de l'*Akhbâr al-Zamân*. Ms. daté de l'an 1119 de l'hégire (1707-1708 de J. C.).

Papier. 493 feuillets. Hauteur, 30 centimètres; largeur, 20 centimètres. 27 lignes par page. — (Ancien fonds 599 A.)

1479.

Même ouvrage. Ms. daté de l'an 1131 de l'hégire (1719 de J. C.).

Papier. 465 feuillets. Hauteur, 23 centimètres; largeur, 13 centimètres. 27 lignes par page. — (Supplément 715.)

1480 à 1483.

Même ouvrage. Deux volumes, reliés en quatre tomes. Le premier volume est daté de l'an 1231 de l'hégire (1816 de J. C.), le second volume de 1232.

4 volumes. Papier. 342, 342, 337 et 367 feuillets. Hauteur, 22 centimètres et demi; largeur, 16 centimètres et demi. 17 à 19 lignes par page. — (Supplément 716.)

1484.

Même ouvrage. Ce volume renferme les deux premiers tiers de l'ouvrage. La seconde partie commence au fol. 102, et se termine par le chapitre qui, dans l'édi-

tion de la Société asiatique, est le soixante-huitième. Ms. daté de l'an 964 de l'hégire (1556-1557 de J. C.). Le texte est pourvu des voyelles, qui ont été ajoutées après coup.

Papier. 189 feuillets. Hauteur, 21 centimètres; largeur, 15 centimètres. 17 lignes par page. — (Ancien fonds 599.)

1485.

Même ouvrage. Ce volume renferme la première partie de l'ouvrage et se termine par le chapitre qui, dans l'édition de la Société asiatique, est le trente-troisième. Le commencement (les dix premières pages du tome Ier du texte imprimé) manque. Ms. écrit à Ṣafad, en Syrie, et daté de l'an 974 de l'hégire (1566-1567 de J. C.).

Papier. 138 feuillets. Hauteur, 21 centimètres; largeur, 15 centimètres. 19 lignes par page. — (Ancien fonds 598.)

1486.

Table des matières des pages 1 à 158 du ms. n° 1478. Cette table est de la main de Michel Ṣabbâgh.

Papier. 10 feuillets. Hauteur, 23 centimètres; largeur, 17 centimètres. 15 lignes par page. — (Ancien fonds 599 B.)

1487.

كتاب التنبيه والاشراف «Indication et éclaircissement», traité de cosmographie et d'histoire, par Al-Mas'oûdî. M. de Sacy a donné une notice étendue de cet ouvrage dans le tome VIII des *Notices et Extraits*.

Papier. 224 feuillets. Hauteur, 21 centimètres; largeur, 15 centimètres et demi. 21 lignes par page. Ms. du XVIIe siècle. — (Supplément 901, Saint-Germain 337.)

1488.

كتاب الغرر فى سير الملوك واخبارهم «Livre des traits éclatants touchant l'histoire des rois», par Aboû Manṣoûr al-Ḥosaïn ibn Moḥammad al-Mar'aschî al-Tha'âlibî, auteur qui vivait au commencement du ve siècle de l'hégire, sous le règne du sultan ghaznévide Maḥmoûd ibn Saboktiguîn. Cet ouvrage, connu sous le titre de *Ghorar al-Siyar*, est une chronique universelle, divisée en quatre volumes, dont le présent ms. contient les deux premiers. Le premier volume renferme l'histoire de la Perse, depuis le règne de Kayomarth jusqu'à la mort de Yazdaguird, fils de Bahrâm, et la guerre qui eut lieu entre Fîroûz et Hormoz, les deux fils de ce prince. L'antique histoire de la Perse est racontée avec beaucoup de détails. Le second volume (fol. 153 v°) conduit le récit jusqu'à la chute de Yazdaguird, fils de Schahryâr. Viennent ensuite les chapitres suivants : histoire des rois prophètes chez les juifs; histoire des Pharaons; histoire des rois du Yémen; histoire des rois arabes de la Syrie, des rois arabes de l''Irâq, des rois des Grecs, et une notice très-détaillée sur Mahomet. En tête de chaque volume se trouve une liste de chapitres. Les deux autres volumes, que nous ne possédons pas, renferment l'histoire des quatre califes légitimes, des Omayyades, des Abbasides, d'Aboû Moslim, des Barmécides, des Tahirides, des Samanides, des Hamdanides, des Bouïdes, de Saboktiguîn et de Maḥmoûd, fils de Saboktiguîn, à qui l'auteur souhaite un long règne. Il dit avoir rédigé cet ouvrage sur le désir de son patron, Aboû 'l-Moẓaffar Naṣr, frère du sultan Maḥmoûd. Ce ms., d'une écriture très-cursive, qu'on avait voulu faire passer pour un volume de l'Histoire universelle d'Ibn Khaldoûn, a été exécuté à Constantinople, vers 1837.

Papier. 298 feuillets. Hauteur, 25 centimètres; largeur, 18 centimètres et demi. 21 lignes par page. — (Supplément 742 A.)

1489.

الآثار الباقية عن القرون الخالية «Les traces laissées par les siècles passés», traité de chronologie, par Aboû 'l-Raïḥân Moḥammad ibn Aḥmad al-Bîroûnî. Dans cet ouvrage, l'auteur indique les divers systèmes chronologiques des peuples anciens et leurs fêtes religieuses. On y trouve un assez grand nombre de tableaux astronomiques et autres, et vingt-cinq miniatures. Les premiers mots de chaque paragraphe sont écrits en caractères coufiques, tantôt à l'encre rouge, tantôt à l'encre noire. Le texte a tous les points-voyelles.

Papier. 171 feuillets. Hauteur, 30 centimètres; largeur, 21 centimètres. 21 lignes par page. Ms. du XVIIe siècle. — (Supplément 713 *bis*.)

1490.

عيون المعارف وفنون اخبار الخلائف «Sources des connaissances et branches de l'histoire des califes», par le cadi

Aboû ʿAbd Allah Moḥammad ibn Salâma ibn Khadhr al-Qodhâʿî (القضاعى), mort en 454 de l'hégire (1062 de J. C.). C'est un résumé de l'histoire des patriarches, des prophètes, de Mahomet et des califes omayyades, abbasides et fatémides. Plusieurs onglets, portant des renseignements, les uns en arabe, les autres en turc, sont intercalés dans le volume; ces additions ont été faites par un Turc, vers la fin du xviie siècle. Les premiers et les derniers feuillets contiennent plusieurs historiettes et anecdotes, apparemment de la même main.

2° (Fol. 123 v°.) Continuation de l'ouvrage précédent, par un anonyme. Ce supplément, qui s'arrête à l'an 926 de l'hégire, renferme une notice sur la dynastie fatémide. A la fin se trouve une liste chronologique des califes et des souverains musulmans, jusqu'à Qânṣou 'l-Ghaurî, dernier sultan mamlouc.

Papier. 144 feuillets. Hauteur, 21 centimètres; largeur, 14 centimètres. 15 à 17 lignes par page. Le premier ouvrage est du xiiie siècle, le second du xviie. — (Ancien fonds 773.)

1491.

Même ouvrage. Le volume se termine par la mention de l'avènement et de la mort d'Al-Ḥâkim bi-Amri'llâh, calife d'Égypte.

Papier. 121 feuillets. Hauteur, 21 centimètres et demi; largeur, 15 centimètres. 15 lignes par page. Ms. du xviie siècle. — (Ancien fonds 761.)

1492.

Le *Kâmil* d'Ibn al-Athîr. Ce volume renferme le commencement de l'ouvrage et se termine par le chapitre intitulé ذكر اخبار الردة, qui est le premier chapitre de l'histoire du califat d'Aboû Bakr.

Papier. 151 feuillets. Hauteur, 33 centimètres et demi; largeur, 22 centimètres. 17 lignes par page. Ms. du xixe siècle. — (Supplément 740 *bis*, i.)

1493.

Autre volume du même ouvrage, commençant par l'an 11 de l'hégire, au chapitre intitulé ذكر خبر طليحة الاسدى, et finissant par l'an 36 de l'hégire, immédiatement avant le chapitre intitulé ذكر قصد الخوارج سجستان.

Papier. 270 feuillets. Hauteur, 26 centimètres et demi; largeur, 18 centimètres. 21 lignes par page. Ms. du xiiie siècle. — (Supplément 740 *bis*, ii.)

1494.

Autre volume du même ouvrage, commençant par l'an 36 de l'hégire, au chapitre intitulé ذكر قصد الخوارج سجستان, et finissant par l'an 66 de l'hégire.

Papier. 99 feuillets. Hauteur, 35 centimètres; largeur, 22 centimètres et demi. 17 lignes par page. Ms. du xixe siècle. — (Supplément 740 *bis*, iii.)

1495.

Autre volume du même ouvrage, renfermant l'histoire des années 66 à 353 de l'hégire. Les vingt-six premiers feuillets et quelques feuillets dans le corps du volume ont été ajoutés après coup. Au fol. 27 se trouve un frontispice orné, portant le titre de l'ouvrage, كتاب الكامل في التاريخ «Le Complet, ouvrage d'histoire».

Papier. 390 feuillets. Hauteur, 31 centimètres; largeur, 24 centimètres et demi. 31 lignes par page. Ms. du xive siècle; les vingt-six premiers feuillets et les autres feuillets ajoutés après coup sont d'une écriture turque du xvie siècle. — (Supplément 740 *bis*, iv.)

1496.

Autre volume du même ouvrage, commençant à la fin du premier chapitre de l'an 155 de l'hégire, et finissant par le cinquième chapitre de l'an 248 de l'hégire. Le volume suivant devait commencer par l'avènement d'Al-Mostaʿîn. Le premier feuillet du présent ms., qui manquait, a été remplacé par un autre avec un titre et une préface apocryphes. Les chiffres qu'on lit à la fin ont été altérés, et le mot المستعين a été changé en وبه نستعين. Il y a plusieurs lacunes dans le corps du volume. Ms. daté de l'an 711 de l'hégire (1311 de J. C.).

Papier. 205 feuillets. Hauteur, 25 centimètres et demi; largeur, 17 centimètres. 21 lignes par page. — (Supplément 740, i.)

1497.

Autre volume du même ouvrage, commençant à la fin de l'an 227 de l'hégire, et finissant par le chapitre viii de l'an 321 de l'hégire.

Papier. 271 feuillets. Hauteur, 26 centimètres; largeur, 19 centimètres. 23 lignes par page. Ms. du xvie siècle. — (Supplément 740, ii.)

1498.

Autre volume du même ouvrage, commençant au milieu de l'année 296 de l'hégire, et finissant par l'an 369 de l'hégire. Ms. daté de l'an 666 de l'hégire (1268 de J. C.). Les premiers feuillets manquent.

Papier. 310 feuillets. Hauteur, 26 centimètres; largeur, 17 centimètres et demi. 19 lignes par page. — (Supplément 741 *bis.*)

1499.

Autre volume du même ouvrage, commençant par l'an 349 de l'hégire, et finissant par le chapitre IV de l'an 620 de l'hégire, qui est la dernière de la présente rédaction de l'ouvrage. L'écriture est très-belle, mais petite et serrée. Le copiste, Ibn al-Foûṭî (الفوطى) Moḥammad ibn Aḥmad al-Schaïbânî, jouissait d'une haute réputation comme calligraphe (voyez les deux notices biographiques, à la fin du volume). Ms. daté de l'an 691 de l'hégire (1293 de J. C.).

Papier. 289 feuillets. Hauteur, 26 centimètres et demi; largeur, 19 centimètres. 26 à 28 lignes par page. — (Supplément 740 *bis*, V.)

1500.

Autre volume du même ouvrage, commençant par le chapitre II de l'an 364 de l'hégire, et finissant par l'an 438 de l'hégire. Il y a quelques lacunes dans l'histoire de l'an 432.

Papier. 270 feuillets. Hauteur, 25 centimètres; largeur, 18 centimètres. 19 lignes par page. Ms. du XVe siècle. Les derniers feuillets sont modernes. — (Supplément 740, III.)

1501.

Autre volume du même ouvrage, commençant par l'an 439 de l'hégire, et finissant au milieu du chapitre V de l'an 498 de l'hégire. La fin du volume manque. Les trois dernières lignes du fol. 212 v° ont été ajoutées après coup. Le feuillet suivant devait commencer par les mots لحرب وسار الى ان اشرف على عسكر السلطان محمد. On remarque entre les fol. 150 et 173 un cahier d'une écriture assez moderne, qui a été inséré à cette place pour dissimuler une lacune de six années. Ce cahier contient des extraits du *Kâmil* se rapportant aux années 426, 427, 623, 428, 430, 431, 422, 600 et 210. Ces dates, dont la plupart sont écrites à l'encre rouge, ont été altérées.

Papier. 212 feuillets. Hauteur, 25 centimètres et demi; largeur, 18 centimètres. 21 lignes par page. Ms. du XIVe siècle. — (Supplément 740, IV.)

1502.

Autre volume du même ouvrage. Ce volume, dont les premiers et les derniers feuillets manquent, commence au milieu de l'an 456 de l'hégire, et finit par les premières lignes du chapitre I de l'an 507 de l'hégire. Les points diacritiques sont souvent omis.

Papier. 167 feuillets. Hauteur, 25 centimètres et demi; largeur, 18 centimètres. 21 lignes par page. Ms. du XIVe siècle. — (Supplément 741.)

1503.

Autre volume du même ouvrage, commençant par le chapitre IV de l'an 527 de l'hégire, et finissant par le chapitre II de l'an 572 de l'hégire. Il y a, dans ce volume, des lacunes, plusieurs feuillets sont intervertis, d'autres ajoutés pour remplir des lacunes. Un certain nombre de dates ont été altérées.

Papier. 293 pages. Hauteur, 27 centimètres; largeur, 19 centimètres et demi. 23 lignes par page. Ms. du XIVe siècle. — (Supplément 740, V.)

1504.

Autre volume du même ouvrage, commençant par l'an 572 de l'hégire, et finissant par l'an 628 de l'hégire.

Papier. 349 pages. Hauteur, 27 centimètres et demi; largeur, 20 centimètres. 23 lignes par page. Ms. du XIVe siècle. — (Supplément 740, IV.)

1505.

مراءة الزمان فى تاريخ الاعيان «Miroir du temps, traitant de l'histoire des hommes notables», corps d'annales et nécrologe, composés par Ibn Kizoghli (Aboû 'l-Moẓaffar Yoûsof), généralement connu sous le nom de *Sibṭ Ibn al-Djauzî.* L'auteur, petit-fils de la fille du célèbre docteur Aboû 'l-Faradj ʿAbd al-Raḥmân ibn al-Djauzî, mourut en 654 de l'hégire (1257 de J. C.). Ce volume, le sixième

d'un très-bel exemplaire, commence par l'an 190 de l'hégire, et finit par l'an 281. Ms. daté de l'an 971 de l'hégire (1564 de J. C.). Frontispice orné, avec titre en lettres d'or sur un fond bleu.

Papier. 227 feuillets. Hauteur, 31 centimètres; largeur, 21 centimètres. 25 lignes par page. — (Ancien fonds 640.)

1506.

Second volume du même ouvrage, commençant par l'an 440 de l'hégire, et finissant au milieu de l'an 517 de l'hégire. Les derniers feuillets manquent et il y a plusieurs lacunes dans le corps du volume.

Papier. 313 feuillets. Hauteur, 28 centimètres; largeur, 18 centimètres et demi. 25 lignes par page. Ms. du xve siècle. — (Ancien fonds 641.)

1507.

مختصر سير الاوائل والملوك ووسيلة العبد المملوك «Abrégé de l'histoire des anciens et des rois, ouvrage par lequel l'humble serviteur se recommande à la faveur de son maître», abrégé d'histoire universelle, par Moḥammad ibn ʿAlî ibn ʿAbd al-ʿAzîz ibn ʿAlî ibn Barakât, de Ḥamâh. Cet ouvrage, composé pour servir de lecture de voyage à l'émir général en chef (*isfahsalâr*), Saïf al-Dîn ʿAlî, fils de l'émir ʿIzz al-Dîn Ḥasan ibn abî ʿAlî, contient, dans le premier volume, après un résumé de l'histoire antéislamique, l'histoire de Mahomet, des quatre premiers califes et du califat d'Al-Ḥasan, l'histoire de Moʿâwiya et des Omayyades et celle des Abbasides jusqu'à la mort d'Al-Mohtadî. Le second volume, commençant au fol. 166, renferme la suite de l'histoire des Abbasides, jusqu'à l'avènement d'Al-Moqtadir, en 295 de l'hégire. Les folios 179 et suivants, jusqu'au fol. 182, contiennent l'histoire des Fatémides. Le dernier feuillet porte la mention de la mort du calife Al-Râdhî. Le reste, c'est-à-dire la plus grande partie du second volume, manque.

Ms. de diverses écritures, dont la plus ancienne est antérieure à l'an 683 de l'hégire (1284 de J. C.), date de quelques actes de vente inscrits au fol. 1 et au fol. 165 v°.

Papier. 189 feuillets. Hauteur, 23 centimètres; largeur, 15 centimètres et demi. 14 lignes par page. — (Supplément 722.)

1508.

La Chronique d'Aboû 'l-Fidâ (المختصر فى اخبار البشر). Cet exemplaire porte les corrections de l'auteur et renferme plusieurs feuillets écrits de sa main. (Pour la description détaillée de ce ms., voyez le *Recueil des historiens orientaux des croisades*, t. I, p. 747.)

Papier. 348 feuillets. Hauteur, 31 centimètres; largeur, 21 centimètres et demi. 19 à 20 lignes par page. — (Supplément 750, Saint-Germain 101.)

1509.

Quatre feuillets d'une copie du même ouvrage. Une partie considérable de cet exemplaire a servi à compléter le ms. 1508. L'écriture de ces feuillets est de la même main que ceux qui, dans le *Recueil des historiens orientaux des croisades*, t. I, p. 747, sont désignés par la lettre C.

Papier. 4 feuillets. Hauteur, 29 centimètres et demi; largeur, 20 centimètres. 25 lignes par page. Ms. du xviie siècle. — (Supplément 2068.)

1510.

Même ouvrage. Cet exemplaire s'arrêtait primitivement à la fin de l'an 693 de l'hégire; mais une autre main y a ajouté les premiers événements de l'année suivante. (Voyez le *Recueil des historiens orientaux des croisades*, t. I, p. 750.)

Papier. 371 feuillets. Hauteur, 30 centimètres et demi; largeur, 23 centimètres. 25 lignes par page. — (Supplément 748.)

1511.

Première partie du même ouvrage. La copie s'arrête au commencement de l'an 468 de l'hégire.

Papier. 280 feuillets. Hauteur, 27 centimètres; largeur, 17 centimètres et demi. 17 à 26 lignes par page. Ms. de la fin du xive siècle. Les 80 premiers feuillets sont d'une main plus moderne. — (Ancien fonds 615 A.)

1512.

Seconde partie du même ouvrage, commençant par l'an 455 de l'hégire et finissant au milieu de l'an 709. Les derniers feuillets manquent. Bel exemplaire, du commencement du xive siècle, écrit du vivant même de l'au-

teur. (Voyez le *Recueil des historiens orientaux des croisades*, t. I, p. 749.)

Papier. 530 pages. Hauteur, 26 centimètres et demi; largeur, 19 centimètres. 21 lignes par page. — (Ancien fonds 615 B.)

1513.

Seconde partie du même ouvrage, commençant par l'an 455 de l'hégire, et finissant par l'an 709 de l'hégire. (Voyez le *Recueil des historiens orientaux des croisades*, t. I, p. 750.)

Papier. 287 feuillets. Hauteur, 26 centimètres; largeur, 18 centimètres et demi. 21 lignes par page. Ms. du milieu du XIVe siècle. — (Supplément 749.)

1514.

Premier volume d'une histoire universelle qui porte le titre de منتخب التذكرة فى التاريخ تاليف الامام العلامة تقى الدين ابو (*sic*) بكر المقريزى «Extrait du *Tadskira*, ouvrage historique, composé par le savant maître Taqî al-Dîn Aboû Bakr al-Maqrîzî». Ces mots, inscrits sur le recto du premier feuillet, sont de la même main que le commencement de la préface, au verso du même feuillet, qui remplace le premier feuillet du ms. qui manquait. L'authenticité du titre et de cette préface est très-douteuse, car le reste du ms. est évidemment du XIVe siècle et, par conséquent, antérieur à la naissance d'Al-Maqrîzî. D'ailleurs, on ne voit pas si Maqrîzî est désigné comme auteur de l'*Extrait* ou du *Tadskira*. Voici les premiers mots de la préface : الحمد لله خالق الامم ومعيدها ومبديها قرنا بعد قرن ومبيدها. Le volume renferme un résumé de l'histoire antéislamique, de la vie de Mahomet et de l'histoire musulmane, depuis l'hégire jusqu'en 555. Au fol. 121 commence la narration d'une série d'événements divers, survenus depuis la chute des Omayyades, en 132 de l'hégire, jusqu'en 270 de l'hégire.

Papier. 165 feuillets. Hauteur, 23 centimètres; largeur, 18 centimètres. 15 lignes par page. Ms. du XIVe siècle — (Ancien fonds 796.)

1515.

Premier volume de la Chronique universelle, intitulée البداية والنهاية «Le commencement et la fin», d'Ibn Kathîr (Aboû 'l-Fidâ Ismâ'îl ibn 'Omar), de Damas, mort, selon Hadji Khalfa, en 774 de l'hégire (1372-1373 de J. C.). Ce volume commence par la création et finit par le récit du mariage d''Abd Allah, père de Mahomet.

Papier. 333 feuillets. Hauteur, 30 centimètres; largeur, 20 centimètres. 29 lignes par page. Ms. du XVIIe siècle. — (Supplément 736.)

1516.

Dernier volume de la nouvelle rédaction de la chronique d'Ibn Kathîr. Une note, inscrite sur le frontispice, nous apprend que l'auteur de cette rédaction se nommait Aboû 'l-'Abbâs Aḥmad ibn abî Bakr ibn Khalîl al-Ṭabarânî (الطبرانى), docteur hanbalite, mort au mois de safar de l'an 835 de l'hégire (1431 de J. C.). (Voyez, pour d'autres renseignements, le folio 275 du présent ms. et le *Recueil des historiens orientaux des croisades*, t. I, p. LII et suiv.) Ce ms. commence par l'an 617, et finit avec l'an 737 de l'hégire.

Papier. 277 feuillets. Hauteur, 27 centimètres et demi; largeur, 18 centimètres, 25 lignes par page. Ms. du XVe siècle. — (Supplément 814, Saint-Germain 112.)

1517 à 1523.

Chronique universelle d'Ibn Khaldoûn. Copie exécutée en 1836-1837, sur l'exemplaire qui se trouve dans la bibliothèque d'Ibrâhîm Pacha, à Constantinople.

Le premier volume contient les Prolégomènes.

Le second volume, qui est le troisième de l'ouvrage, commence par l'histoire des Omayyades et s'étend jusqu'à la prise de Baghdâd par les Tartares.

Le troisième volume, qui est le quatrième de l'ouvrage, renferme l'histoire des petites dynasties de l'Orient et de l'Occident.

Le quatrième volume, désigné dans l'explicit comme le cinquième de l'*Histoire universelle* d'Ibn Khaldoûn, commence par la deuxième section (قسم) d'un ouvrage sur l'histoire d'Égypte. Cette section, consacrée aux Fatémides, est suivie de la treizième section, qui traite des Ayyoubides, et des quatorzième et quinzième, consacrées aux deux dynasties des Mamloucs. Ce qui appartient à l'ouvrage d'Ibn Khaldoûn commence au fol. 47 v°. Nous y trouvons les notices sur les Zoghba, les Ma'qil (fol. 52 v°), les Dsoûî 'Abd Allah, les Tha'âliba, les Dsoûî Manṣoûr, le faux prophète Hâ-Mîm, la dynastie des Hammoudites, les peuplades de l'Atlas, le Mahdî des Almohades, Qâsim ibn Merâ, les Solaïm, etc. Au fol. 71 commence le pre-

mier chapitre de l'*Histoire des Berbères*, suivi d'autres chapitres tirés du même ouvrage.

Le cinquième volume, qui est le sixième de l'ouvrage, commence par la section des tribus arabes de la quatrième race. Vient ensuite toute la première partie de l'*Histoire des Berbères*. Le dernier chapitre est consacré aux Benî Thâbit de Tripoli.

Le sixième volume, désigné sur le frontispice et dans l'explicit comme le septième de l'ouvrage, commence par le chapitre des Zenâta et finit par le chapitre consacré à l'histoire d'Ibn ʿAlî Ifellousen.

Le septième volume, qui est donné comme le huitième de l'ouvrage, et qui, en réalité, est le cinquième, commence par l'histoire des Seldjoukides et finit par l'histoire des Benî Doûschî Khân.

7 vol. Papier. 511, 609, 559, 190, 402, 339, 492 feuillets. Hauteur, 25 centimètres; largeur, 18 centimètres. 21 lignes par page. — (Supplément 742 B-H.)

1524.

المقدمة في التاريخ «Les Prolégomènes historiques» d'Ibn Khaldoûn. Ms. daté de l'an 1146 de l'hégire (1733 de J. C.).

Papier. 251 feuillets. Hauteur, 22 centimètres; largeur, 15 centimètres. 31 lignes par page. — (Supplément 742 U.)

1525.

Second volume de la Chronique universelle d'Ibn Khaldoûn, commençant par le chapitre qui traite des «peuples du monde», et finissant par le récit de l'avènement d'Al-Ḥasan, fils d'ʿAlî.

Papier. 240 feuillets. Hauteur, 28 centimètres; largeur, 21 centimètres. 26 lignes par page. Ms. du XVIe siècle. — (Supplément 742 K.)

1526.

Même ouvrage, second volume, commençant par le chapitre consacré aux «peuples du monde», et finissant par le chapitre qui traite des tribus descendant de Kahlân ibn Saba. Les chapitres des Mondsirites, des Kindites, des Ghassanides, des Qoraïsch et des quatre premiers califes manquent. (Voyez *Notices et Extraits*, t. XIX, 1re partie, p. XCVIII.)

Papier. 113 feuillets. Hauteur, 29 centimètres et demi; largeur, 20 centimètres. 29 lignes par page. Ms. du XVIIe siècle. — (Supplément 742 J.)

1527.

Même ouvrage, second volume, commençant par le chapitre des «peuples du monde», et finissant par le récit de l'avènement d'Al-Ḥasan, fils d'ʿAlî. Le premier feuillet manque. Il a été probablement enlevé pour faire disparaître l'acte par lequel Ṣâliḥ-Bey donna ce volume en *waqf* à la mosquée de Sîdî 'l-Kattânî, près de Constantine.

Ms. daté de l'an 1192 de l'hégire (1778 de J. C.).

Papier. 197 feuillets. Hauteur, 31 centimètres; largeur, 21 centimètres et demi. 33 lignes par page. — (Supplément 742 Q.)

1528.

Même ouvrage, troisième volume, renfermant l'histoire des Omayyades et des Abbasides, jusqu'à la prise de Baghdâd par les Tartares. En tête se trouve l'autobiographie de l'auteur. Au folio 3 se trouve le cachet de Ṣâliḥ-Bey et l'acte par lequel il donna ce volume au collège attenant à la mosquée de Sîdî 'l-Kattânî.

Papier. 258 feuillets. Hauteur, 32 centimètres; largeur, 21 centimètres et demi. 23 lignes par page. Ms. du XVIIe siècle. — (Supplément 742 R.)

1529.

Même ouvrage, quatrième volume, renfermant l'histoire des petites dynasties de l'Orient et de l'Occident.

Papier. 234 feuillets. Hauteur, 28 centimètres; largeur, 19 centimètres et demi. 35 lignes par page. Ms. du XVIIe siècle. — (Supplément 742 M.)

1530.

Même ouvrage, cinquième volume, commençant par l'histoire des Seldjoukides et finissant par l'histoire des Doûschî Khân.

Papier. 207 feuillets. Hauteur, 28 centimètres; largeur, 20 centimètres. 35 lignes par page. Ms. du XVIe siècle. — (Supplément 742 N.)

1531.

Même ouvrage, cinquième volume, commençant par

l'histoire des Seldjoukides et finissant par l'histoire des Ottomans. Ms. daté de l'an 1192 de l'hégire (1778 de J. C.).

Papier. 243 feuillets. Hauteur, 31 centimètres; largeur, 21 centimètres. 33 lignes par page. — (Supplément 742 T.)

1532.

Même ouvrage, sixième volume, commençant par l'histoire des Arabes de la quatrième race et finissant par le chapitre des Benî Makkî, de Gabès (قابس).

Papier. 192 feuillets. Hauteur, 33 centimètres; largeur, 22 centimètres et demi. 23 lignes par page. Ms. du XVIIe siècle. — (Supplément 742 S.)

1533.

Même ouvrage, sixième volume, commençant par la section des Arabes de la quatrième race et finissant par le chapitre des Benî Thâbit, de Tripoli. Aux fol. 211 v° et suiv. se trouvent cinq chapitres formant le commencement du septième volume de l'ouvrage, volume que le copiste désigne comme le cinquième. Ces chapitres traitent des Zenâta, de la Kâhina, des Benî Ifren, d'Aboû Qorra et d'Aboû Yazîd. Ms. daté de l'an 1199 de l'hégire (1784-1785 de J. C.).

Papier. 217 feuillets. Hauteur, 31 centimètres; largeur, 22 centimètres et demi. 26 lignes par page. — (Supplément 742 O.)

1534.

Même ouvrage, sixième volume, commençant par la section des tribus arabes de la quatrième race et finissant par le chapitre des Benî Thâbit, de Tripoli. Ms. daté de l'an 1200 de l'hégire (1785-1786 de J. C.).

Papier. 192 feuillets. Hauteur, 34 centimètres; largeur, 23 centimètres. 30 lignes par page. — (Supplément 742 L.)

1535.

Même ouvrage, septième volume, commençant par les Zenâta et finissant par le chapitre des « volontaires de la foi ». Ms. daté de l'an 1179 de l'hégire (1766 de J. C.).

Papier. 160 feuillets. Hauteur, 30 centimètres et demi; largeur, 20 centimètres. 31 lignes par page. — (Supplément 742 P.)

1536.

Ouvrage anonyme, commençant par une esquisse de l'histoire du monde, jusqu'à la prédication de Mahomet, suivie d'un corps d'annales très-abrégé, qui se termine par la mention de Tamerlan (تمرلنك). Une longue dissertation sur les signes avant-coureurs de la fin du monde sert d'épilogue à l'ouvrage. Le premier feuillet manque, ainsi que le dernier. Une préface, ajoutée après coup, donne à cet ouvrage le titre de المنح الربانية في التواريخ العرفانية « Dons spirituels fournissant les dates des connaissances inspirées », titre qui ne convient guère au contenu de cet abrégé historique. En tête de la préface, et écrit de la même main, se trouve le nom de l'auteur : Aboû Zaïd ʿAbd al-Raḥmân ibn Khaldoûn. Nous sommes portés à croire que ce premier feuillet est l'œuvre d'un faussaire.

Papier. 71 feuillets. Hauteur, 31 centimètres; largeur, 21 centimètres et demi. 25 lignes par page. Ms. du XVIIe siècle. — (Supplément 745.)

1537.

روض المناظر في علم الاوائل والاواخر « Jardin offrant divers points de vue touchant la connaissance des origines et des fins », par Moḥibb al-Dîn Aboû 'l-Walîd Moḥammad ibn al-Schiḥna. Abrégé d'histoire universelle, composé d'une introduction (مفتتح), de deux sections (مصراع), et d'une conclusion, خاتمة. L'introduction traite de la création des cieux et de la terre; la première section renferme l'histoire antéislamique; la seconde, l'histoire musulmane, jusqu'à l'an 806 de l'hégire. Dans la conclusion, l'auteur énumère les signes qui doivent annoncer la fin du monde. Ce résumé d'histoire commence ainsi : الحمد لله الذى احسن كل شى خلقه.

Ms. daté de l'an 860 de l'hégire (1456 de J. C.). En tête du volume se trouvent deux notes, l'une de la main de Galland et l'autre de la main de Dom Berthereau.

Papier. 91 feuillets. Hauteur, 27 centimètres et demi; largeur, 18 centimètres et demi. 29 lignes par page. — (Ancien fonds 617.)

1538.

Même ouvrage. Ms. daté de l'an 983 de l'hégire (1575 de J. C.). Frontispice en or et en couleurs. Au commencement et à la fin du volume se trouvent des notes diverses.

Papier. 166 feuillets. Hauteur, 20 centimètres et demi; largeur, 15 centimètres et demi. 23 lignes par page. — (Ancien fonds 774.)

1539 à 1541.

Même ouvrage, accompagné d'une traduction française, exécutée en 1736 et en 1737, à Constantinople, par Galland, jeune de langues. Le texte arabe est de la main d'un scribe oriental. Le récit s'arrête à l'an 584 de l'hégire.

3 vol. Papier. 26, 34 et 39 feuillets de texte arabe, et 157, 281 et 302 pages de texte français. Hauteur, 16 centimètres et demi; largeur, 10 centimètres et demi. 21 lignes par page dans le texte arabe, 19 lignes dans la partie française. — (Fonds des traductions 83, 84, 85.)

1542.

عقد الجمان فى تاريخ اهل الزمان «Le Collier de perles, traité d'histoire des peuples», par Badr al-Dîn Maḥmoûd al-ʿAïnî, mort en 855 de l'hégire (1451-1452 de J. C.). Ce volume, le second de l'ouvrage, renferme l'histoire d'Abraham (Al-Khalîl) et des autres patriarches, l'histoire des rois des diverses nations, l'histoire des tribus arabes, et enfin la généalogie de Mahomet. Ms. daté de l'an 1158 de l'hégire (1745 de J. C.).

Papier. 325 feuillets. Hauteur, 24 centimètres; largeur, 15 centimètres et demi. 25 lignes par page. — (Supplément 737.)

1543.

Volume dépareillé du même ouvrage, contenant l'histoire musulmane, depuis l'an 621 de l'hégire, jusqu'à l'an 679 de l'hégire. Le premier feuillet, avec le titre, et la seconde page du dernier feuillet sont l'œuvre d'un faussaire. (Voyez le *Recueil des historiens orientaux des croisades*, t. I, p. XLIV.) En tête du volume se trouve une liste des chapitres, écrite par Michel Ṣabbâgh.

Papier. 234 feuillets. Hauteur, 26 centimètres et demi; largeur, 18 centimètres. 31 lignes par page. Ms. du XVe siècle. — (Supplément 757.)

1544.

Volume dépareillé du même ouvrage. Ce volume qui, jusqu'au fol. 168 r°, est de la main d'Aḥmad al-ʿAïnî, frère de l'auteur (voyez fol. 99, à la marge, et fol. 134 v°), contient un journal très-détaillé des événements de l'Égypte et de la Syrie, depuis le commencement de l'an 799 de l'hégire, jusqu'en 832 de l'hégire. Chaque année est suivie d'un obituaire.

Papier. 186 feuillets. Hauteur, 25 centimètres; largeur, 16 centimètres. 13 lignes par page, 23 lignes à partir du feuillet 168. Ms. du XVe siècle. — (Ancien fonds 684.)

1545.

كتاب الجمان فى مختصر اخبار الزمان «Livre des perles, abrégé d'histoire universelle», par Aboû ʿAbd Allah Moḥammad ibn ʿAlî ibn Moḥammad al-Schaṭibî (الشطيبى) al-Andalosî. Cet ouvrage est divisé en trois sections, dont la première est consacrée à l'histoire antéislamique, la seconde à la vie de Mahomet, et la troisième à l'histoire des dynasties musulmanes, y compris celle des Almohades. Dans un chapitre supplémentaire de sept pages, l'auteur énumère les signes précurseurs de la fin du monde.

Dans l'ancien catalogue et dans les notices qui sont en tête du ms., cet ouvrage est attribué à Ibn Khaldoûn. «Je ne comprends pas, dit M. de Sacy (*Notices et Extraits*, t. II, p. 124 et suiv.), ce qui a pu donner lieu à cette erreur.» Les premiers feuillets manquent.

Papier. 174 feuillets. Hauteur, 22 centimètres; largeur, 16 centimètres et demi. 23 lignes par page. Ms. du XVe siècle. — (Ancien fonds 769, Colbert 5283.)

1546.

1° Le *Kitâb al-Djomân* d'Al-Schaṭibî.

2° (Fol. 176 v°.) الوفيات «Les Décès», par le *khatîb* ou prédicateur Aḥmad ibn Qonfod (قنفد). (La famille des Benî Qonfod est une des plus notables de la ville de Constantine.) C'est un nécrologe des saints personnages de l'islamisme, par périodes de dix ans, depuis l'an 1 de l'hégire jusqu'en 807 de l'hégire. Nous lisons à la fin du traité que l'auteur lui avait donné le titre de شرف المطالب فى اسنى المطالب «L'endroit par excellence où l'on peut trouver des trésors cachés».

3° (Fol. 191.) كشف عن جواز هذه الامّة الالف, par Al-Soyoûṭî. Dans ce traité, l'auteur prétend démontrer que la nation musulmane doit durer au delà de mille ans.

4° (Fol. 195.) هداية المشتاق المستهام الى رؤيا النبى عليه الصلاة والسلام «Guide pour celui qui a un grand désir de voir en songe le prophète Mahomet», par Zaïn al-ʿÂbidîn al-ʿOmarî, surnommé *Sibṭ al-Mauṣafî* (سبط الموصفى).

5° (Fol. 198.) خلاصة سير سيد البشر «Quintessence

de l'histoire du Seigneur du genre humain », par le mouftî al-Ḥaramaïn Moḥibb al-Dîn Aḥmad ibn ʿAbd Allah al-Ṭabarî. C'est une biographie de Mahomet en vingt-quatre chapitres.

6° (Fol. 221.) فصل فى اداب المتزوّج ونيّاته ومستحبّاته ومكروهاته على وجه الاختصار «Court chapitre sur les devoirs d'un homme qui se marie, sur les intentions qu'il doit avoir et sur ce qu'il fera de louable ou de répréhensible».

7° (Fol. 224.) Visions du schaïkh ʿAbd al-Raḥmân al-Thaʿâlibî (الثعالبى), racontées par lui-même. Ms. écrit à Fez et daté de l'an 1004 de l'hégire (1596 de J. C.).

Papier. 226 feuillets. Hauteur, 30 centimètres; largeur 20 centimètres et demi. Au commencement 29 lignes par page, puis 26, puis 24. — (Ancien fonds 616, Colbert 3149.)

1547.

Le *Kitâb al-Djomân* d'Al-Schaṭîbî. Dans cet exemplaire on donne à l'auteur les noms de Schihâb al-Dîn Aḥmad al-Moqrî al-Fâsî. Il y a plusieurs lacunes dans ce volume. Ms. daté de l'an 1051 de l'hégire (1641 de J. C.).

Papier. 160 feuillets. Hauteur, 22 centimètres; largeur, 15 centimètres. Au commencement 17 lignes par page, puis 23. — (Ancien fonds 762.)

1548.

Même ouvrage. Le titre complet est indiqué aux folios 59 et 115 v°. Ms. daté de l'an 1197 de l'hégire (1783 de J. C.).

Papier. 190 feuillets. Hauteur, 34 centimètres; largeur, 20 centimètres et demi. 25 lignes par page. — (Supplément 755.)

1549.

Extraits de divers ouvrages arabes, dont quelques-uns sont accompagnés d'une traduction française, le tout de la main de Venture de Paradis. Le premier morceau est tiré du *Kitâb al-Djomân* d'Al-Schaṭîbî. Au fol. 37 v° commence une série d'observations critiques sur la vie de Mahomet, composée par Savary.

Papier. 61 feuillets. Hauteur, 30 centimètres; largeur, 23 centimètres. Ms. du commencement du xix° siècle. — (Supplément 2369.)

1550.

مختصر المنتظم وملتقط الملتزم «Abrégé du *Montaẓam* et récolte de l'homme assidu», ouvrage composé en 870 de l'hégire (1465 de J. C.), par ʿAlî ibn Madjd al-Dîn al-Schâhroûdî al-Bisṭâmî. La grande chronique universelle, intitulée المنتظم «le coordonné», a pour auteur le célèbre polygraphe et prédicateur Aboû 'l-Faradj ʿAbd al-Raḥmân Ibn al-Djauzî. Hadji Khalfa, en parlant de ce dernier ouvrage, attribue à un nommé ʿAlî ibn ʿAlâ al-Dîn Moḥammad المصنّفك «petit auteur» cet abrégé, dont le présent ms. n'est que le premier volume, renfermant l'histoire du monde, depuis la création jusqu'à l'hégire.

Papier. 260 feuillets. Hauteur, 21 centimètres et demi; largeur, 15 centimètres et demi. 21 lignes par page. Ms. du xvii° siècle. — (Ancien fonds 772.)

1551.

البحر الزاخر فى علم الاول والاخر «Mer prête à déborder, où l'on puise la connaissance du commencement et de la fin», chronique universelle, par Aboû 'l-Maḥâsin Yoûsof ibn Taghrî Bardî. Le présent volume, le cinquième de l'ouvrage, commence par l'an 32 de l'hégire, et finit par l'an 70 de l'hégire.

Papier. 248 feuillets. Hauteur, 27 centimètres et demi; largeur, 18 centimètres. 23 lignes par page. Ms. du xv° siècle. — (Ancien fonds 659 A.)

1552.

بدائع الزهور فى وقائع الدهور «Fleurs magnifiques, cueillies parmi les événements des siècles», par Djalâl al-Dîn ʿAbd al-Raḥmân al-Soyoûṭî. Premier volume d'une chronique universelle, commençant par la création du monde et finissant par l'an 783 de l'hégire. Le second volume devait contenir l'histoire des Mamloucs circassiens. Ms. daté de l'an 1094 de l'hégire (1683 de J. C.).

Papier. 441 feuillets. Hauteur, 21 centimètres; largeur, 17 centimètres. 17 lignes par page. — (Supplément 728.)

1553.

Abrégé d'histoire universelle, composé par un anonyme, d'après les ouvrages d'Aboû 'l-Fidâ (Ismâʿîl ibn

ʿAlî ibn Maḥmoûd..... ibn ʿOmar ibn Schâhinschâh), d'Ibn al-Monaddjim (Aboû ʿIsâ Aḥmad), d'Al-Qâdhî al-Ḥamawî, auteur du *Tarîkh al-Moẓaffarî*, d'Ibn Khallikân, d'Al-Iṣfahânî, auteur du *Djâmiʿ wa 'l-Bayân fî Tarîkhi 'l-Kaïrawân*, d'Ibn Saʿîd, d'Ibn Wâṣil, auteur du *Mofarridj al-Koroûb* et d'Al-Maqrîzî. L'auteur dit aussi avoir mis à contribution les compilations d'Al-Qodhâʿî et l'Histoire des juges des enfants d'Israël (سفر قضاة بنى اسرايل). On voit aussi qu'il s'était servi des ouvrages d'Al-Masʿoûdî. C'est un abrégé de l'histoire du monde, depuis Adam jusqu'à la conquête de l'Égypte par les Ottomans. Au fol. 136 v° commence une notice sur le Caire, sur les mosquées et les autres monuments de cette ville, sur les pyramides, sur la ville de Jérusalem, sur le torrent d'ʿArim, sur les fêtes des Coptes et sur d'autres sujets. Le frontispice orné porte le titre de : كتاب التاريخ مجموع من التواريخ القديمة والاسلامية تاليف الشيخ الامام العلامة المورخ محمد بن محمد بن محمد بن عمر بن شاهين شاه. Ce titre inexact a été ajouté après coup. Ms. daté de l'an 973 de l'hégire (1565-1566 de J. C.).

Papier. 197 feuillets. Hauteur, 30 centimètres et demi; largeur, 20 centimètres et demi. 14 lignes par page. — (Ancien fonds 615.)

1554.

مرج الزهور فى وقائع الدهور « Le Pré des fleurs, traitant des événements de tous les siècles », par un auteur anonyme. C'est une chronique universelle, depuis la création du monde jusqu'au règne du sultan mamlouc Barqoûq et ses successeurs. Le présent volume, le premier de l'ouvrage, renferme l'histoire des patriarches, de Nabuchodonosor, d'Alexandre, etc., et se termine par une notice sur les Sassanides et sur Yazdagird. L'auteur écrivait sous le califat d'Al-Mostamsik billâh Aboû 'l-Ṣabr Yaʿqoûb, de la seconde dynastie abbaside, qui régnait de 903 à 945 de l'hégire (1496 à 1539 de J. C.)[1]. Ms. daté de l'an 1038 de l'hégire (1628-1629 de J. C.).

Papier. 349 feuillets. Hauteur, 31 centimètres; largeur, 21 centimètres. 13 lignes par page. — (Ancien fonds 617 A.)

1555.

مختصر تاريخ ابن البديع « Abrégé des annales d'Ibn al-Badîʿ », par ʿAbd al-Qâdir ibn Djâr Allâh al-Amîn. Cet abrégé devait se composer de trois parties, mais l'auteur n'a pu en rédiger que la première et la seconde. La première partie remplit treize feuillets et contient une histoire des Sassanides, depuis Ardaschîr, fils de Bâbak, jusqu'à la conquête de la Perse par les Musulmans. La seconde partie commence à l'hégire et donne une esquisse de l'histoire musulmane, année par année, jusqu'à l'avènement de la dynastie abbaside.

Papier. 140 feuillets. Hauteur, 20 centimètres; largeur, 14 centimètres. 17 lignes par page. Ms. du XVIe siècle. — (Ancien fonds 768.)

1556.

اخبار الدول وآثار الاول « Histoire des dynasties et monuments des temps passés », par Aboû 'l-ʿAbbâs Aḥmad ibn Yoûsof ibn Aḥmad al-Dimaschqî, mort en 1019 de l'hégire (1610-1611 de J. C.). Cette chronique universelle se compose d'une introduction et de cinquante-cinq chapitres. Chaque chapitre est divisé en plusieurs sections. Les vingt-sept dernières sections forment un dictionnaire géographique, où les noms de lieu sont classés dans l'ordre de l'alphabet. En tête du volume se trouve une table des matières très-complète. Premiers mots de la préface : الحمد لله على تصاريف العبر عند سماع التواريخ والسير. Les feuillets du dernier tiers du volume ont beaucoup souffert de l'humidité. Le dernier feuillet manque.

Papier. 267 feuillets. Hauteur, 29 centimètres et demi; largeur, 19 centimètres et demi. 31 lignes par page. Ms. du XVIIe siècle. — (Supplément 754.)

1557.

Même ouvrage.

Papier. 375 feuillets. Hauteur, 30 centimètres; largeur, 20 centimètres. 21 lignes par page. Ms. du XVIIIe siècle. — (Supplément 753.)

1558 et 1559.

Première partie du même ouvrage. Texte arabe, accompagné d'une traduction française, exécutée en 1733, par Paul Astoin Sielve, chevalier du Saint-Sépulcre et premier interprète de France au Caire. Le texte est de la main d'un scribe oriental.

2 volumes. Papier. 106 feuillets de texte arabe et 386 pages de texte

---

[1] L'auteur de cette chronique est l'Imâm hanéfite Moḥammad ibn Iyâs al-Miṣrî. H. Z.

français. Hauteur, 30 centimètres; largeur, 20 centimètres et demi. 15 lignes par page dans le texte arabe, 19 lignes dans la partie française. — (Fonds des traductions 3.)

1560.

عيون الاخبار ونزهة الابصار «Source de l'histoire et délassement des yeux», ouvrage composé par un descendant du calife Abou Bakr, qui portait les noms de Moḥammad ibn Moḥammad ibn abî 'l-Soroûr et les surnoms d'Al-Ṣiddîqî al-Bakrî, et qui était contemporain de Hadji Kalfa (voyez Hadji Khalfa, t. II, p. 264). Ce volume, renfermant huit sections, n'est que la première moitié de l'ouvrage. On y trouve l'histoire d'Adam et des patriarches, des souverains de la Perse, de la Grèce, de l'Arménie, de Rome, l'histoire de Mahomet, des premiers califes, des Omayyades d'Orient, des Abbasides de la première et de la seconde race, jusqu'en 957 de l'hégire. Le second volume devait contenir l'histoire des Omayyades d'Espagne, des Bouïdes, des Fatémides, des Seldjoukides, des Ayyoubides, des Turcs, des Musulmans circassiens et des Ottomans. Ce ms. porte des corrections de la main de l'auteur.

Papier. 256 feuillets. Hauteur, 20 centimètres; largeur, 14 centimètres et demi. 15 lignes par page. — (Ancien fonds 763.)

1561.

نزهة الابصار وجهينة الاخبار «Les Délices des yeux et les Nouvelles certaines», par Moḥammad ibn abî Bakr al-Ṣiddîqî. Cet ouvrage se compose d'une introduction et de vingt-quatre chapitres. Les premiers chapitres sont consacrés aux sept races des génies qui habitaient la terre avant Adam. Le dernier chapitre (fol. 122 v°), le plus étendu, renferme l'histoire de la dynastie ottomane, depuis ʿOthmân Khân, jusqu'au règne de Mourâd, fils d'Aḥmad [1]. Ms. daté de l'an 1199 de l'hégire (1785 de J. C.).

Papier. 184 feuillets. Hauteur, 34 centimètres; largeur, 20 centimètres et demi. 25 lignes par page. — (Supplément 756.)

1562.

الروض البلسم فى اخبار من مضى من العوالم «Le Riant jardin, histoire des peuples d'autrefois», par un auteur inconnu. On a écrit sur le recto du premier feuillet que c'est «la grande histoire d'Al-Isḥâqî» (هذا كتاب تاريخ الاسحاق الكبير), auteur qui n'est pas mentionné ailleurs. Dans ce volume, nous trouvons d'abord un sommaire de l'histoire des prophètes, puis (fol. 15) l'histoire des quatre premiers califes et d'Al-Ḥasan, fils d'ʿAlî; ensuite (fol. 59) l'histoire des Omayyades et celle des Abbasides (fol. 94). Les chapitres suivants traitent des gouverneurs de l'Égypte sous les califes (fol. 165 v°), des Fatémides (fol. 174) et des Ayyoubides (fol. 195 v°). L'histoire du règne d'Al-Mâlik al-ʿÂdil, fils d'Al-Mâlik al-Kâmil, est précédée d'une dissertation relative à certains cadis du Caire. Après l'histoire d'Al-ʿÂdil, l'auteur donne un résumé de l'histoire de l'Égypte, jusqu'en 1032 de l'hégire (1623 de J. C.). De nombreuses et intéressantes anecdotes, parfois étrangères au sujet, se trouvent mêlées au récit. L'auteur dit (fol. 166) qu'il était né en 915 de l'hégire, et qu'il a commencé cet abrégé historique en 955; mais plus loin (fol. 208 v°), il dit qu'il lui naquit un fils en 1032. Ms. daté de l'an 1062 de l'hégire (1623 de J. C.).

Papier. 212 feuillets. Hauteur, 21 centimètres; largeur, 15 centimètres. 17 à 21 lignes par page. — (Supplément 735.)

1563.

سمط النجوم العوالى فى ابناء الاوائل والتوالى «Fil (ou collier) d'étoiles culminantes, traité qui fait connaître les fils (ou l'histoire, انباء?) des anciens et de leurs successeurs», ouvrage composé entre les années 1094 et 1098 de l'hégire (1683 et 1687 de J. C.), par ʿAbd al-Mâlik al-ʿIṣâmî (العصامى). C'est une chronique universelle qui, commençant par la création d'Adam, traite des prophètes, de Mahomet, des quatre premiers califes, d'Al-Ḥasan et d'Al-Ḥosaïn, des Omayyades, des Abbasides, des Fatémides, des Ayyoubides, des sultans mamloucs et des sultans ottomans. Ce volume se termine par le récit de la mort d'Al-Ḥasan. Dans la préface, qui commence par les mots احمد الملك وانا عبده حمد المملوك لمالك, l'auteur donne la liste des nombreux ouvrages qu'il a consultés. Il fait observer que le titre de son ouvrage est un chronogramme indiquant l'année de sa composition.

Ms. daté de l'an 1157 de l'hégire (1744 de J. C.).

Papier. 361 feuillets. Hauteur, 29 centimètres; largeur, 20 centimètres et demi. 29 lignes par page. — (Supplément 734.)

---

[1] Cet ouvrage est une nouvelle rédaction du عيون الاخبار, dont plusieurs chapitres sont reproduits littéralement. H. Z.

1564.

Première partie de l'Histoire ancienne de Rollin (كير رولين, Κυριος Ρολλιν), traduite sur la traduction romaïque du chancelier Alexandros (الكسندروس قاتجيلارى), par le prêtre ʿAbd al-Masîḥ, chef de la communauté chrétienne de Damiette, avec le concours du prêtre ʿIsâ Petro (بيترو), natif de Jérusalem (الاورشليمى), qui était alors de passage à Damiette. Ce travail fut entrepris en 1806 de J. C., sous les auspices de Kir Youkir Basili (كير يوكير باسيلى), consul en cette ville, et achevé en 1808. Le présent ms. se termine par la troisième guerre punique et la notice sur la famille de Masinissa (عيلة ماسى نسيس).

Papier. 284 feuillets. Hauteur, 23 centimètres; largeur, 16 centimètres. 27 lignes par page. Ms. du XIXe siècle. — (Supplément 713.)

1565.

Arbres généalogiques des patriarches, des prophètes, des califes et des sultans. Le dernier souverain mentionné est le sultan ottoman Moușțafâ III, fils d'Aḥmad III, qui monta sur le trône en 1171 de l'hégire (1758-1759 de J. C.). Une autre main a ajouté le nom de Sélim, fils de Moușțafâ III, avec la date de son avènement. A la suite des tables, vient une liste de tous les pachas d'Égypte et les dates de leur nomination, depuis l'an 923 de l'hégire jusqu'en 1133. Une autre main a continué cette liste, en y ajoutant dix-neuf noms. Les derniers feuillets contiennent la liste chronologique de tous les grands saints et docteurs de la loi, depuis Aboû Ḥanîfa, jusqu'au schaïkh Mollâ Moḥammad صرون, mort en 1071 de l'hégire (1660-1661 de J. C.).

Papier. 51 feuillets. Hauteur, 21 centimètres et demi; largeur, 16 centimètres. Ms. du XVIIIe siècle. — (Supplément 756 *bis*.)

2. HISTOIRE DES CALIFES.

1566.

احاديث الامامة والسياسة «Récits au sujet de la puissance spirituelle et temporelle», ou histoire des califes, depuis la mort de Mahomet, jusqu'à la mort de Haroûn al-Raschîd. Les deux premiers feuillets ne sont pas de la même main que le reste du volume. Mais on a laissé en blanc le commencement de la préface, tout en y inscrivant le titre de كتاب الامامة والسياسة للكاتب الاديب النحوى الاريب اللغوى ابو (*sic*) عبد الله بن مسلم بن قتيبة الدنورى (*sic*) نزيل بغداد قال رحمه الله الحمد لله. Le scribe, en attribuant cet ouvrage au célèbre Ibn Qotaïba, ignorait le nom exact de cet auteur (Aboû Moḥammad ʿAbd Allâh..... الدينورى). Ibn Khallikân et Hadji Khalfa ont ignoré l'existence de cet ouvrage. Le titre que nous avons donné en tête de cette notice est mentionné deux fois vers la fin du volume. Ms. daté de l'an 1229 de l'hégire (1813-1814 de J. C.).

Papier. 293 feuillets. Hauteur, 20 centimètres et demi; largeur, 17 centimètres. 17 lignes par page. — (Supplément 543 *bis*.)

1567.

عجائب البدائع «Événements extraordinaires», recueil d'anecdotes et de faits historiques, attribué au célèbre docteur et prédicateur Aboû 'l-Faradj ʿAbd al-Raḥmân Ibn al-Djauzî. Cet ouvrage se compose de deux parties, dont la première énumère les événements remarquables de chaque année, depuis l'hégire, jusqu'à l'an 520. La seconde partie, commençant au fol. 67, et intitulée فصل فى ذكر عجائب الحكايات «Récits extraordinaires», renferme des anecdotes de tout genre, provenant de diverses sources. Le compilateur les rapporte, sans observer ni l'ordre des matières, ni l'ordre chronologique. La préface commence par ces mots : الحمد لله الذى جعل علم التواريخ به معرفة اخبار الامم الماضين. Ms. daté de l'an 880 de l'hégire (1475 de J. C.).

Papier. 155 feuillets. Hauteur, 18 centimètres et demi; largeur, 13 centimètres. 15 lignes par page. — (Supplément 747, Saint-Germain 363.)

1568.

كتاب الاكتفاء فى مغازى المصطفى والثلاثة الخلفاء «Livre qui suffit pour faire connaître l'histoire des guerres de l'Élu (Mahomet) et des trois (premiers) califes», ouvrage connu sous le titre de سيرة الكلاعى «Histoire du Prophète, par Al-Kalâʿî». L'auteur, Aboû 'l-Rabîʿ Solaïmân ibn Moûsâ al-Kalâʿî, descendant des Arabes himyarites, était né en 565 de l'hégire (1169-1170 de J. C.), aux environs de Murcie; après avoir rempli les fonctions de *khatîb* dans la grande mosquée de Valence, il trouva la mort en 634 (1236-1237 de J. C.), sous les murs de sa ville natale, en combattant les chrétiens. Il a laissé plusieurs ouvrages, dont la liste, avec une notice biographique, tirée du طبقات ابن فرحون, se trouve en tête du présent ms., qui ne contient que la première partie de l'*Iktifâ*, c'est-à-

dire l'histoire de Mahomet, d'après les sources les plus authentiques, se terminant par quelques élégies composées à l'occasion de la mort du Prophète. Ms. daté de l'an 909 de l'hégire (1504 de J. C.).

Papier. 255 feuillets. Hauteur, 28 centimètres; largeur, 18 centimètres et demi. 27 lignes par page. — (Ancien fonds 633.)

1569.

Seconde moitié de l'*Iktifâ* d'Aboû 'l-Rabîᶜ Solaïmân al-Kalâᶜî. Exemplaire copié à la Mecque, en 885 de l'hégire (1480 de J. C.)[1].

Papier. 143 feuillets. Hauteur, 27 centimètres; largeur, 18 centimètres et demi. 25 lignes par page. — (Ancien fonds 653.)

1570.

Fragments d'une histoire musulmane. Le premier feuillet appartient au chapitre qui traite du calife abbaside Al-Ṭâïᶜ. Vient ensuite la mention du massacre des derniers Omayyades et de l'avènement des Abbasides. L'histoire très-incomplète de cette dynastie se termine par le règne d'Al-Moqtafî. L'auteur parle ensuite des vizirs de ces califes, puis de l'origine et de l'histoire des Fatémides, jusqu'au règne d'Al-Mostaᶜlî. Plusieurs feuillets sont intervertis.

Papier. 85 feuillets. Hauteur, 18 centimètres; largeur, 13 centimètres. 19 lignes par page. Ms. du XIIIᵉ siècle. — (Supplément 726, Saint-Germain 360.)

1571.

مجلّة الحنفاء فى مناقب الخلفاء « Livre pour les orthodoxes, traitant des mérites des califes », traité spécial des mérites des quatre premiers califes, d'Al-Ḥasan et d'Al-Ḥosaïn, et des dix compagnons de Mahomet qui avaient reçu de lui l'assurance qu'ils entreraient dans le paradis. L'auteur anonyme déclare avoir puisé les matériaux de son ouvrage dans le traité intitulé الرياض النضرة فى فضائل العشرة المبشرة « Les Prairies verdoyantes, où mérites des dix à qui le paradis fut promis », de Moḥibb al-Dîn Aboû Djaᶜfar al-Ṭabarî (Aḥmad ibn ᶜAbd Allah), docteur schaféite de la Mecque, mort, selon Hadji Khalfa, en 694 de l'hégire (1294-1295 de J. C.). Il donne, dans la préface, la liste de ses professeurs et un catalogue des livres qui fournissent les renseignements les plus authentiques sur les premiers temps de l'islamisme. L'ouvrage commence par ces mots : الحمد لله الذى رزقنى فى الصغر شرف خدمة علماء السنة.

Papier. 135 feuillets. Hauteur, 20 centimètres et demi; largeur, 15 centimètres et demi. 17 lignes par page. Ms. du XVIIᵉ siècle. — (Ancien fonds 775.)

1572.

زبدة الفكرة فى تاريخ الهجرة « Crème de la réflexion, traitant de l'histoire musulmane depuis l'hégire », par Rokn al-Dîn Baïbars al-Manṣoûrî, chancelier du gouvernement égyptien (دوادار), mort en 725 de l'hégire (1325 de J. C.). Ce volume est le cinquième d'un exemplaire qui se composait de onze volumes, et qui avait été donné en *waqf* à un établissement religieux par le sultan mamlouc Al-Mâlik al-Ẓâhir Aboû Saᶜîd Barqoûq. Il commence par l'an 252 de l'hégire, et finit par l'an 322 de l'hégire. L'auteur a puisé la plupart de ses matériaux dans le *Kâmil* d'Ibn al-Athîr.

Ms. revu et corrigé par l'auteur; frontispice orné.

Papier. 234 feuillets. Hauteur, 26 centimètres; largeur, 17 centimètres. 17 lignes par page. Ms. du XIVᵉ siècle. — (Ancien fonds 668.)

1573.

Encyclopédie d'Al-Nowaïrî. Le commencement et la fin manquent. Ce volume renferme les parties suivantes :

1. Fin de l'histoire des rois himyarites, à partir de la mort du second tobbaᶜ, Asᶜad Aboû Karib.

2. (Fol. 5 v°.) Histoire des princes de Ḥîra, de la race de Kahtân.

3. (Fol. 9 v°.) Histoire de la digue de Ma'rib.

4. (Fol. 11.) Commencement du cinquième باب du quatrième قسم du cinquième فن. Histoire des Arabes et de leurs *journées* pendant le temps de l'*ignorance*. Cette partie se termine par le récit de la journée de Dsoû Qâr, mais les derniers feuillets manquent.

5. (Fol. 40.) Histoire des Pharaons d'Égypte, à partir de مرقونس, qui régnait plusieurs générations avant

[1] C'est plutôt la troisième partie de l'ouvrage, car le récit commence au milieu du califat d'ᶜOmar. H. Z.

Rayyân ibn al-Walîd, le Pharaon du patriarche Joseph. Elle se termine par la notice du roi Ṭamâïr Qoûs (طماير قوس), le Pharaon de Moïse, et par un court appendice, qui s'arrête à l'époque de l'islamisme.

6. (Fol. 57.) Commencement du troisième باب du quatrième قسم du cinquième فنّ. Histoire des rois de Perse, depuis Kayoûmarth jusqu'à Yazdagird.

7. (Fol. 86 v°.) Histoire des rois grecs, à partir de Philippe, père d'Alexandre, finissant par la liste des Ptolémées.

8. (Fol. 93.) Liste des anciens rois d'Assyrie.

9. (Fol. 94.) Liste des rois chaldéens (*sic* الكلوانيين).

10. (Fol. 95 v°.) Liste des empereurs romains, depuis Jules César jusqu'à Dèce.

11. (Fol. 96 v°.) Histoire des sept dormants (اصحاب الكهف).

Ce ms. est considéré comme autographe. Les quarante premiers feuillets doivent être placés à la fin du volume.

Papier. 98 feuillets. Hauteur, 25 centimètres et demi; largeur, 19 centimètres et demi. 27 lignes par page. — (Ancien fonds 700.)

1574.

Encyclopédie d'Al-Nowaïrî. Ce volume renferme :

1. Histoire des deux dynasties des califes abbasides, depuis l'avènement d'Al-Moqtafî Billâh jusqu'à l'avènement d'Al-Mostaqfî Billâh, de la seconde branche abbaside, qui fut proclamé au Caire, en 701 de l'hégire (1320 de J. C.). Au fol. 90 se trouvent, écrites d'une autre main, quelques notes sur les successeurs de celui-ci, jusqu'en 763 de l'hégire. Mais cette addition ne peut appartenir à Al-Nowaïrî, mort en 732.

2. (Fol. 90 v°.) Histoire de l'Espagne sous les Omayyades

Les parties de l'Encyclopédie qui se trouvent dans ce volume forment la fin du quatrième باب du quatrième قسم du cinquième فنّ, et le commencement du cinquième فنّ du même قسم. Le titre qu'on lit en tête du volume est faux.

Ce ms. est de la même main que le numéro précédent.

Papier. 110 feuillets. Hauteur, 27 centimètres et demi; largeur, 20 centimètres. 27 lignes par page. Ms. du XIVe siècle. — (Ancien fonds 645.)

1575.

Encyclopédie d'Al-Nowaïrî. Ce volume commence par le sixième باب du cinquième قسم du cinquième فنّ. Cette partie renferme :

1. Histoire de la Mauritanie, depuis la conquête musulmane jusqu'à la chute de la dynastie almohade.

2. (Fol. 68 v°.) Histoire de la Sicile sous la domination musulmane.

3. (Fol. 72.) Histoire de la Crète sous les Musulmans.

4. (Fol. 73 v°.) Septième باب du cinquième قسم du cinquième فنّ, renfermant l'histoire des prétendants de la famille d'ʿAlî, sous la dynastie omayyade.

Il manque un feuillet entre les fol. 13 et 14, un feuillet entre les fol. 15 et 16, un feuillet entre les fol. 20 et 21. Ce ms., d'après l'*explicit*, serait autographe : على يد مولّفه فقير رحمة ربه احمد بن عبد الوهّاب بن محمد بن عبد الدايم البكرى التيمى عرف بالنويرى عفا الله عنه وعن جميع المسلمين. Le ms. est de la même main que les deux numéros précédents.

Papier. 79 feuillets. Hauteur, 27 centimètres et demi; largeur, 20 centimètres. 27 lignes par page. Ms. du XIVe siècle. — (Ancien fonds 702.)

1576.

Encyclopédie d'Al-Nowaïrî. Ce volume commence par l'histoire des prétendants de la famille d'ʿAlî, sous les Abbasides. Suit un récit assez étendu des révoltes des Zendj et des Caramathes; puis (fol. 82) une courte notice de la révolte des Khâridjites, en 252 de l'hégire (866 de J. C.), dans la province de Mossoul. Au folio 86 commence le neuvième باب du cinquième قسم du cinquième فنّ, renfermant des notices sur les Samanides, sur les Saffarides (fol. 97 v°) et sur les princes qui régnèrent en Espagne, après la chute de la dynastie omayyade. Après un résumé de l'histoire d'Al-Moʿtamid ibn ʿAbbâd, de courtes notices sont consacrées aux princes qui régnèrent à Saragosse et dans l'Aragon, à Tortose, à Salé, à Dénia et aux Baléares, à Murcie et à Almeria. La fin du ms. (notice des princes de Malaga et quelques autres) manque. Ce ms. est de la même main que les numéros précédents.

Papier. 108 feuillets. Hauteur, 27 centimètres et demi; largeur, 20 centimètres. 27 lignes par page. Ms. du XIVe siècle. — (Ancien fonds 647.)

1577.

Extraits de l'Encyclopédie d'Al-Nowaïrî.

1. *Histoire* des Almohades d'Espagne et d'Afrique, *et* de la conquête de la ville de Maroc. La narration s'arrête à la mort du sultan Aboû Moḥammad ibn ʿAbd al-ʿAzîz ibn Yoûsof ibn ʿAbd al-Moûmin. Suivent la liste des souverains almohades et celle des souverains mérinides.

2. (Fol. 14.) Histoire de l'occupation de la Sicile par les Musulmans.

3. (Fol. 14 v°, ligne 11.) Passage interpolé, relatif au sultan almohade Aboû Yoûsof Yaʿqoûb, mort à Salé, en 595 de l'hégire (1198-1199 de J. C.).

4. (Fol. 15.) Avènement d'Aboû ʿAbd Allah Moḥammad, fils d'Aboû Yoûsof Yaʿqoûb. Les dernières lignes du recto de ce feuillet sont une interpolation. Il y est question de la Sicile, de la mort du cadi Asad ibn al-Forât, en 213 de l'hégire, de l'avènement de Moḥammad ibn abî 'l-Djewârî, et de la mort de Moḥammad ibn ʿAbd Allah l'Aghlabite, en 236 de l'hégire.

5. (Fol. 16.) Suite de l'histoire des Musulmans en Sicile.

6. (Fol. 20.) Histoire de la conquête de l'île de Crète par les Musulmans.

7. (Fol. 21.) Premiers feuillets de l'histoire des prétendants de la famille d'ʿAlî, dont le premier fut Zaïd ibn ʿAlî.

8. (Fol. 24.) Histoire des guerres qui eurent lieu entre les Tartares et le sultan Djalâl al-Dîn, et histoire des descendants de Djenguiz Khân.

9. (Fol. 43.) Histoire des gouverneurs du Maghreb et des Aghlabites. Les premiers feuillets manquent.

10. (Fol. 56.) Fragment de l'histoire des Fatémides, depuis l'an 437 de l'hégire, jusqu'en 492. Histoire de la première croisade.

11. (Fol. 66.) Fragment de l'histoire des Tartares; conquête de la Syrie par Ghâzân.

12. (Fol. 68.) Fragment de l'histoire de Tamîm ibn al-Moʿizz ibn Badis et de ses successeurs; prise de Tripoli d'Afrique par les Francs.

13. (Fol. 75.) Règne d'Aboû Bakr al-Lamtoûnî, et suite de l'histoire des Almoravides.

14. (Fol. 80.) Extraits de lettres écrites par diverses personnes. Épître composée par Ibn Badroûn au nom de la princesse Wellada et autres pièces; épître attribuée à Aboû Bakr et adressée à ʿAlî, fils d'Aboû Ṭâlib.

15. (Fol. 94.) Fragment de l'histoire des Atabecs de Mossoul, à partir de la mort de Djamâl al-Dîn, vizir de Qoṭb al-Dîn Maudoûd.

16. (Fol. 97 v°.) Histoire des Khârizm Schâh.

17. (Fol. 106.) Fragments d'épîtres.

Papier. 112 feuillets. Hauteur, 27 centimètres et demi; largeur, 18 centimètres et demi. 29 lignes par page. Ms. de diverses écritures du XVe siècle. — (Ancien fonds 702 A.)

1578.

Vingt-cinquième volume d'un exemplaire de l'Encyclopédie d'Al-Nowaïrî, contenant l'histoire des sultans mamlouks, à partir de l'avènement d'Al-Mâlik al-Ẓâhir Baïbars, en 658 de l'hégire, jusqu'en 701 de l'hégire. La première partie de ce volume est donnée comme autographe, mais les derniers feuillets, à partir du folio 202, ont été écrits en 814 de l'hégire (1411-1412 de J. C.).

Papier. 220 feuillets. Hauteur, 28 centimètres; largeur, 20 centimètres. 27 lignes par page. — (Supplément 739.)

1579.

Vingt-neuvième (avant-dernier) volume d'un exemplaire de l'Encyclopédie d'Al-Nowaïrî. L'exemplaire complet avait été donné en *waqf* à la bibliothèque fondée par Al-Mâlik al-Ẓâhir (Baïbars), dans le quartier d'Al-Mawâzîn (بخط الموازين). L'acte de dépôt, inscrit sur le recto du premier feuillet, est daté de l'an 797 de l'hégire (1395 de J. C.). Le donateur, nommé Maḥmoûd, était *ostadar* «grand maître du palais» de ce prince. Ce volume commence par l'avènement de Qalawoûn, en 678 de l'hégire, et finit par l'année 700 de l'hégire.

Ms. daté de l'an 726 de l'hégire (1326 de J. C.). Il est donné comme autographe.

Papier. 217 feuillets. Hauteur, 26 centimètres et demi; largeur, 17 centimètres et demi. 17 lignes par page. — (Ancien fonds 683.)

1580.

تاريخ الاسلام «Annales de l'islamisme», par Schams al-Dîn Moḥammad ibn Aḥmad al-Dsahabî (الذهبي), mort en 748 de l'hégire (1348 de J. C.). Ce volume, sans pré-

face, commence par la généalogie de Mahomet et renferme l'histoire de Mahomet et des quatre premiers califes, jusqu'à l'an 40 de l'hégire.

Papier. 192 feuillets. Hauteur, 26 centimètres; largeur, 17 centimètres et demi. 27 lignes par page. Ms. du XVIᵉ siècle. — (Ancien fonds 626.)

1581.

Sixième volume d'un exemplaire du même ouvrage, commençant par l'an 301 de l'hégire, et finissant par l'an 400 de l'hégire. Chaque période décennale, dont les événements sont brièvement énumérés, est suivie d'un obituaire, qui est disposé dans l'ordre de l'alphabet; mais à partir de l'an 350, jusqu'à la fin du siècle, la distribution par périodes décennales n'est plus observée, et l'obituaire, toujours dans l'ordre alphabétique, est disposé par ordre d'années. Frontispice orné; titre en or et en couleurs.

Papier. 334 feuillets. Hauteur, 27 centimètres et demi; largeur, 18 centimètres et demi. 29 lignes par page. Ms. du XVᵉ siècle. — (Ancien fonds 646, Colbert 2865.)

1582.

Autre volume du même ouvrage. Ce volume, probablement le dixième de l'exemplaire auquel appartenait le numéro précédent, commence par l'an 581 de l'hégire, et finit par l'an 620 de l'hégire. Il y a une lacune entre les folios 128 et 129. Frontispice orné.

Papier. 267 feuillets. Hauteur, 27 centimètres et demi; largeur, 18 centimètres. 29 lignes par page. Ms. du XVᵉ siècle. — (Ancien fonds 753, Colbert 2864.)

1583.

Index alphabétique des noms des personnages mentionnés dans le ms. précédent, par Michel Ṣabbâgh.

Papier. 43 feuillets. Hauteur, 36 centimètres; largeur, 22 centimètres et demi. 26 à 27 lignes par page. —(Supplément 2069.)

1584 et 1585.

كتاب العبر في خبر من عبر «Exemples instructifs fournis par l'histoire des hommes du passé», corps d'annales et obituaire, depuis la première année de l'hégire jusqu'à l'an 700 de l'hégire. Le premier volume s'arrête à l'an 444 de l'hégire. Copie datée de l'an 756 de l'hégire (1355 de J. C.). Le premier feuillet du premier volume manque. Le premier feuillet du second volume est orné d'un frontispice portant que cet exemplaire était destiné à la bibliothèque برسم خزانة, fondée par le sultan Al-Mâlik al-Nâṣir Aboû 'l-Saʿadât Faradj, et que l'ouvrage a pour auteur Schams al-Dîn Aboû ʿAbd Allah Moḥammad ibn Aḥmad ibn ʿOthmân ibn Qâïmâz (قايماز) ibn al-Dsahabî. Cette note n'est pas contemporaine de la copie, car le sultan Al-Mâlik al-Nâṣir Faradj ne monta sur le trône qu'en 801 de l'hégire.

2 vol. Papier. 218 et 237 feuillets. Hauteur, 21 centimètres; largeur, 15 centimètres. 19 lignes par page. — (Supplément 746, Saint-Germain 358 et 359.)

1586.

Dernier cahier du premier volume de la chronique intitulée عيون التواريخ (voyez le numéro suivant), contenant le récit des derniers événements de l'an 21 de l'hégire et des événements de l'an 22. Le dernier feuillet porte dans un encadrement les titres des chapitres du *Khiṭaṭ* qui traitent des sept premiers califes fatémides.

Papier. 8 feuillets. Hauteur, 26 centimètres; largeur, 17 centimètres et demi. 20 à 23 lignes par page. Ms. du XIVᵉ siècle. — (Supplément 2075.)

1587.

عيون التواريخ «Sources historiques», par Ibn Schâkir Fakhr al-Dîn Moḥammad al-Kotobî (الكتبي, le libraire). Selon Hadji Khalfa, cet ouvrage se terminait par l'an 760 de l'hégire. Le présent ms., troisième volume d'un exemplaire qui devait en avoir dix ou quinze, commence par l'an 80 et se termine par l'an 123. Cet ouvrage est très-riche en anecdotes historiques et en notices biographiques. Dans le récit de l'an 96 de l'hégire se trouve une longue description topographique et littéraire de la ville de Damas. Les marges du ms. sont couvertes de notes et d'extraits, écrits en taʿlîq, en 1051 de l'hégire (1641-1642 de J. C.), à Constantinople, par le *faqîr* Aḥmad (voyez fol. 166 r°), à savoir :

a. Notices biographiques d'un certain nombre de compagnons du Prophète et de plusieurs traditionnistes. Ces notices, tirées du *Tahdsîb* d'Ibn

Ḥadjr al-ʿAsqalânî et du استيعاب (d'Ibn ʿAbd al-Barr?), forment une sorte de dictionnaire, commençant par la lettre ش et finissant par la lettre م.

b. (Fol. 8 v°.) Extraits du اخبار الجلاد فى فتوح البلاد «Histoire des conflits qui amenèrent la conquête de tant de pays (par les premiers musulmans)», ouvrage composé à Damas, en 884 de l'hégire (1479 de J. C.), par Borhân al-Dîn Ibrâhîm al-Baqâʿî (البقاعى), disciple d'Ibn Ḥadjr al-ʿAsqalânî. Ce traité, qui débute par les exploits de Khâlid ibn al-Walîd, en Syrie, et se termine par la mort du calife ʿOthmân, fournit des renseignements très-intéressants sur les premières expéditions des musulmans, par terre et par mer.

c. (Fol. 166 v°.) Extrait de l'Encyclopédie d'Al-Nowaïrî, relatif aux premières expéditions des musulmans en Espagne.

Papier. 185 feuillets. Hauteur, 32 centimètres; largeur, 21 centimètres. 19 lignes par page. Ms. du XVIe siècle. — (Ancien fonds 638.)

1588.

Même ouvrage, huitième volume de l'exemplaire, dont le numéro précédent est le troisième. Le ms. commence par une série d'anecdotes concernant le calife abbaside Al-Ma'moûn, mort en 218 de l'hégire; le récit s'arrête à la fin de l'an 250 de l'hégire.

Les marges du ms. contiennent les extraits suivants, écrits par le *faqîr* Aḥmad :

a. Histoire de l'Espagne, depuis l'avènement des Omayyades jusqu'à la conquête de ce pays par les Almoravides. C'est un extrait de l'Encyclopédie d'Al-Nowaïrî, onzième section.

b. (Fol. 27 v°.) Histoire de la Mauritanie, depuis la conquête musulmane jusqu'au règne du souverain almohade Al-Mostanṣir Billâh Aboû Yaʿqoûb Yoûsof, fils du sultan Al-Nâṣir Moḥammad. C'est encore un extrait de l'Encyclopédie d'Al-Nowaïrî.

Ce ms., de la même main que le précédent, est daté de l'an 963 de l'hégire (1556 de J. C.).

Papier. 160 feuillets. Hauteur, 32 centimètres; largeur, 21 centimètres. 19 lignes par page. — (Ancien fonds 638 A.)

1589.

مراءة الجنان وعبرة اليقظان فى معرفة حوادث الزمان «Miroir de l'intelligence et exemple pour l'homme attentif, faisant connaître les événements du temps», annales et obituaire (dans l'ordre de l'alphabet et dans l'ordre chronologique), par ʿAfîf al-Dîn ʿAbd Allah ibn Asʿad al-Yâfiʿî, mort, selon Al-Sobkî (*Ṭabaqât al-Kobrâ*), en 767 de l'hégire (1366 de J. C.), ou, selon Ibn Schohba (*Classes de docteurs schaféites*), en 778 de l'hégire. Ce ms. renferme la première partie de l'ouvrage, depuis l'an 1 jusqu'à l'an 399 de l'hégire. Le dernier feuillet manque.

Papier. 299 feuillets. Hauteur, 26 centimètres et demi; largeur, 18 centimètres. 25 lignes par page. Ms. du XVe siècle. — (Ancien fonds 637.)

1590.

Seconde partie du même ouvrage, commençant par l'an 401 de l'hégire et finissant par l'an 750. Un appendice contient la biographie de quelques saints personnages du Yémen. Ms. écrit en 873 de l'hégire (1469 de J. C.), par un arrière-petit-fils de l'auteur.

Papier. 243 feuillets. Hauteur, 27 centimètres; largeur, 17 centimètres et demi. 27 lignes par page. — (Ancien fonds 644.)

1591.

Seconde partie du même ouvrage, commençant par l'an 402 de l'hégire. Copie exécutée à Bassore, en 1154 de l'hégire.

Papier. 391 feuillets. Hauteur, 30 centimètres; largeur, 19 centimètres. 21 lignes par page. — (Supplément 723.)

1592.

Index du *Mirât al-Djanân* d'Al-Yâfiʿî.

Papier. 41 feuillets. Hauteur, 26 centimètres; largeur, 17 centimètres et demi. Environ 21 lignes par page. Ms. du XVIIIe siècle. — (Supplément 692.)

1593.

غربال الزمان فى وفاة الاعيان (*sic*) «Le Crible du temps, obituaire des personnages marquants». C'est un extrait du *Mirât al-Djanân* d'Al-Yâfiʿî, par Al-Ḥosaïn ibn al-Raḥmân al-Ahdal (qui a la lèvre pendante). Premiers mots

de la préface : الحمد لله الملك الديّان مقلّب الازمان. Ms. daté de l'an 1076 de l'hégire (1665 de J. C.).

Papier. 221 feuillets. Hauteur, 29 centimètres et demi; largeur, 20 centimètres. 25 lignes par page. — (Supplément 724.)

1594.

Abrégé de l'histoire des califes, depuis Aboû Bakr jusqu'à la chute de la dynastie abbaside, suivi d'une collection d'anecdotes historiques et biographiques, dont plusieurs sont très-intéressantes, et de nombreuses curiosités instructives (فائدة), que l'auteur avait rencontrées dans ses lectures. Cet ouvrage paraît avoir été composé vers la fin du XIVe siècle. Ms. daté de l'an 1145 de l'hégire (1732 de J. C.).

Papier. 163 feuillets. Hauteur, 20 centimètres et demi; largeur, 15 centimètres et demi. 19 lignes par page. — (Supplément 733.)

1595.

1° تاريخ ابن الفرات. La Chronique d'Ibn al-Forât (Mohammad ibn ʿAbd al-Rahîm ʿAlî ibn al-Ḥasan), docteur hanéfite, mort, selon Hadji Khalfa, en 807 de l'hégire (1404-1405 de J. C.). La partie de l'ouvrage contenue dans le présent volume commence par l'an 11 de l'hégire, et se termine au milieu de l'an 19. Cette copie paraît être une mise au net du brouillon de l'auteur et avoir été écrite pour son usage.

2° (Fol. 139.) Plusieurs feuillets d'un exemplaire, écrit en 675 de l'hégire (1276 de J. C.), du *Kâmil* d'Ibn al-Athîr, se rapportant aux années 179, 180, 181, 194, 435, 436 et 437 de l'hégire.

Papier. 164 feuillets. Hauteur, 23 centimètres et demi; largeur, 16 centimètres et demi. 25 lignes par page dans le premier ouvrage, 19 lignes dans l'article 2°. — (Supplément 743.)

1596.

Extraits, dont plusieurs sont accompagnés de la traduction française, de la Chronique d'Ibn al-Forât. Ces extraits, copiés et traduits par M. Jourdain, commencent par l'an 664 de l'hégire et finissent par l'an 690.

Papier. 150 pages. Hauteur, 26 centimètres; largeur, 19 centimètres et demi. — (Supplément 2162.)

1597.

نزهة الانام فى تاريخ الاسلام « Récréation pour les hommes, ouvrage contenant les Annales de l'islamisme », par Ibrâhîm ibn Moḥammad ibn Aïdemir Doqmâq (ابن ايدمر دقماق), mort en 809 de l'hégire (1406-1407 de J. C.). Ce volume, le sixième de l'ouvrage, renferme l'histoire des années 628 à 659 de l'hégire. Ms. autographe. Le commencement manque.

Papier. 137 feuillets. Hauteur, 26 centimètres; largeur, 17 centimètres et demi. 17 lignes par page. — (Supplément 721.)

1598 et 1599.

الذيل على تاريخ الاسلام « Continuation des Annales de l'islamisme », Histoire des années 741 à 806 de l'hégire, faisant suite aux Annales d'Al-Dsahabî, par Taqî al-Dîn ibn Qâdhî Schohba, mort en 851 de l'hégire (1447-1448 de J. C.). Comme les Annales d'Al-Dsahabî, l'ouvrage d'Ibn Qâdhî Schohba est une chronique et un obituaire. Le premier volume de cet exemplaire mène le récit jusqu'à l'an 785 de l'hégire. Les premiers feuillets du premier volume et les derniers du second volume manquent.

Copie datée de l'an 840 de l'hégire (1436 de J. C.).

2 vol. Papier. 287 et 220 feuillets. Hauteur, 28 centimètres; largeur, 18 centimètres et demi. 25 lignes par page. — (Ancien fonds 643 et 687.)

1600.

Premier volume du même ouvrage. Un titre absolument faux (تاريخ العلامة السخاوى) a été ajouté après coup, ainsi que, à la fin, les mots تم الكتاب « fin de l'ouvrage ». Ms. daté de l'an 849 (1446 de J. C.).

Papier. 290 feuillets. Hauteur, 27 centimètres et demi; largeur, 18 centimètres et demi. 25 lignes par page. — (Ancien fonds 754.)

1601 et 1602.

انباء الغمر بابناء العمر « Renseignements pour l'homme sans instruction, au sujet des fils du siècle », par Ibn Ḥadjr al-ʿAsqalânî (Aḥmad ibn ʿAlî). Chronique et obituaire, embrassant toute la période de la vie de l'auteur, depuis 773 de l'hégire, année de sa naissance, jusqu'en

850 de l'hégire, environ deux années avant sa mort. Le premier volume se termine par la relation des événements de l'an 811 de l'hégire.

2 vol. Papier. 246 et 279 feuillets. Hauteur, 28 centimètres; largeur, 18 centimètres et demi. 21 à 31 lignes par page. Ms. du xve siècle. — (Ancien fonds 656 et 657.)

1603.

Premier volume du même ouvrage. Cet exemplaire a été exécuté pour la bibliothèque d'un grand émir du Caire.

Papier. 245 feuillets. Hauteur, 28 centimètres; largeur, 19 centimètres. 29 lignes par page. Ms. du xve siècle. — (Ancien fonds 658.)

1604.

Second volume (d'un exemplaire divisé en trois volumes) du même ouvrage, commençant par l'an 801 de l'hégire, et finissant par l'an 823. Ms. daté de l'an 880 de l'hégire (1475 de J. C.). Le premier feuillet est moderne.

Papier. 246 feuillets. Hauteur, 26 centimètres et demi; largeur, 18 centimètres et demi. 21 lignes par page, puis 23 dans la dernière partie du volume. — (Ancien fonds 648.)

1605.

1° Abrégé du انباء الغمر d'Ibn Ḥadjr al-ʿAsqalânî, par Moḥammad ibn al-Qâdir al-Damîrî. Le présent ms. est le brouillon de cet épitomé.

2° (Fol. 146.) Extrait du traité mystique intitulé الفتح المبين فى معرفة مقام الصديقين «Éclaircissement complet au sujet de la station des *témoins sincères*», d'ʿAbd al-Qâdir ibn Ḥosaïn ibn Moghaïzil (مغيزل), derviche schadsilite (الشاذلى). Ce traité mystique qui, selon Hadji Khalfa, a été composé en 894 de l'hégire (1488-1489 de J. C.), porte aussi le titre de الكواكب الزاهرة فى اجتماع الاولياء يقظة بسيد الدنيا والاخرة «Les Astres brillants, ouvrage qui traite de l'union qui s'établit pendant qu'ils sont en état de veille entre les saints et le Seigneur de ce monde et de l'autre».

Papier. 150 feuillets. Hauteur, 22 centimètres et demi; largeur, 16 centimètres. 29 lignes par page. Ms. du xvie siècle. — (Ancien fonds 804.)

1606.

مورد اللطافة فى من ولى السلطنة والخلافة «Abreuvoir d'agrément ou histoire des sultans et des califes», abrégé d'histoire musulmane, depuis la prédication de Mahomet jusqu'en 872 de l'hégire, par Aboû 'l-Maḥâsin Yoûsof ibn Taghrî Bardî. Premiers mots de la préface : الحمد لله الذى جعل الدول مؤبّدة بالخلفاء الراشدين. Ms. daté de l'an 1011 de l'hégire (1602-1603 de J. C.).

Papier. 357 feuillets. Hauteur, 21 centimètres et demi; largeur, 15 centimètres et demi. 21 lignes par page. — (Ancien fonds 777.)

1607.

بهجة السالك والمسلوك فى تاريخ الخلفاء والسلاطين والملوك «Amusement du promeneur et charme du chemin, histoire des califes, des sultans et des rois», résumé de l'histoire musulmane, depuis le temps de Mahomet jusqu'en 886 de l'hégire, par Moḥammad ibn Moḥammad ibn Moḥammad al-Djaʿfarî. Cet ouvrage, composé sous le règne du sultan mamlouc Qâïtbey, contient entre autres (fol. 98 v°) une dissertation sur la peste, plusieurs pièces de vers, et une longue *qaṣîda*, intitulée الوصية الصرصرية «Les Dernières injonctions de (l'imâm Aboû ʿAbd Allâh Moḥammad) al-Ṣarṣarî. Ms. daté de l'an 886 de l'hégire (1481-1482 de J. C.).

Papier. 127 feuillets. Hauteur, 22 centimètres; largeur, 16 centimètres. 17 lignes par page. — (Ancien fonds 778.)

1608.

تاج المعارف وتاريخ الخلائف «Couronne des connaissances et histoire des califes», par Moḥammad ibn Maḥmoûd ibn abî 'l-Saʿadât..... ibn abî 'l-Djoûd al-Salmoûnî. Ce résumé historique, qui s'arrête à l'avènement de Qâïtbey, sultan d'Égypte, en l'an 872 de l'hégire, est suivi (fol. 83) d'une série de notices sur les cadis des quatre rites qui ont siégé au Caire, depuis la conquête musulmane (fol. 200 v°), et d'une pièce de vers, dans laquelle Djamâl al-Dîn ibn al-Djazzâr, poëte égyptien, mentionne les émirs qui ont successivement gouverné l'Égypte; cette pièce, intitulée العقود الدرّية فى الامراء المصرية, est suivie d'une continuation, par Djamâl al-Dîn al-Soyoûṭî. Une autre pièce de vers, composée par Ibn Dânyâl (دانيال) et renfermant les noms des cadis du Caire, a été égale-

ment complétée par Soyoûṭî. Ms. daté de l'an 899 de l'hégire (1494 de J. C.).

Papier. 206 feuillets. Hauteur, 21 centimètres et demi; largeur, 15 centimètres et demi. 21 à 26 lignes par page. — (Supplément 727.)

1609.

مناهل الصفاء بتواريخ الائمة الخلفاء « Sources de la pureté, renfermant l'histoire des califes », par Djalâl al-Dîn al-Soyoûṭî. Histoire des califes, qui s'étend jusqu'en 787 de l'hégire. La préface commence par ces mots : اما بعد حمد لله الذى وعد فوفى واوعد فعفى. C'est l'ouvrage mentionné par Hadji Khalfa, sous le titre de تاريخ الخلفاء. Ms. daté de l'an 1026 de l'hégire (1617 de J. C.).

Papier. 249 feuillets. Hauteur, 20 centimètres et demi; largeur, 15 centimètres. 23 lignes par page. — (Supplément 729.)

1610.

Même ouvrage. Ms. daté de l'an 1099 de l'hégire (1687-1688 de J. C.).

Papier. 210 feuillets. Hauteur, 20 centimètres et demi; largeur, 15 centimètres. 23 lignes par page. — (Ancien fonds 776.)

1611.

Seconde partie du même ouvrage, commençant au milieu du règne d'Al-Mahdî, troisième calife abbaside. Les premiers feuillets manquent.

Ce ms., daté de l'an 887 de l'hégire (1482 de J. C.), a été corrigé sous les yeux de l'auteur.

Papier. 146 feuillets. Hauteur, 26 centimètres et demi; largeur, 17 centimètres. 17 lignes par page. — (Ancien fonds 639.)

1612.

Abrégé de l'Histoire des califes d'Al-Soyoûṭî. Le titre et le nom de l'auteur ne sont pas indiqués. La préface commence par ces mots : الحمد لله مالك المخلوقات باسرها. Ms. daté de l'an 1198 de l'hégire (1784 de J. C.).

Papier. 154 feuillets. Hauteur, 20 centimètres; largeur, 14 centimètres. 21 lignes par page. — (Supplément 730.)

1613.

Abrégé de l'Histoire des califes d'Al-Soyoûṭî. C'est le même ouvrage que le précédent, et la copie est datée du même endroit et de la même année.

Papier. 151 feuillets. Hauteur, 22 centimètres; largeur, 15 centimètres et demi. 21 lignes par page. — (Supplément 731.)

1614.

Histoire des califes, par Djalâl al-Dîn al-Soyoûṭî. C'est une rédaction plus développée du *Manâhil al-Ṣafâ*. Le présent ms., qui ne renferme que la première partie de l'ouvrage, embrasse une période de deux cent cinquante-cinq années. La préface, sans *bismillâh* et sans la *khotba*, commence par ces mots : مما نقله الشيخ الامام العلّامة جلال الدين السيوطى رحمه الله تعالى ونفعنا والمسلمين بعلومه فى الدنيا والاخرة امين انه على ما يشاء قدير ولما تقدّم الناس الى التاليف فى ذكر الاعيان من طبقات الفقها والقرّاء والقضاة داخلون فى ذلك وكذلك الصوفية وغيرهم كما ذكر فى طبقات الذهبى وابن الملقّن وغيرهم ولم يبق من الاعيان الا الخلفاء...

Les rubriques indiquant les années, etc., ont été laissées en blanc. Les derniers feuillets manquent.

Papier. 307 feuillets. Hauteur, 22 centimètres; largeur, 15 centimètres. 19 lignes par page. Ms. du xvie siècle. — (Supplément 732.)

1615.

1° ارجوزة لطيفة فى التاريخ « L'Histoire mise en vers ». Cet opuscule traite des premiers califes, des Omayyades, des Abbasides, des Fatémides, des Ayyoubites et des sultans mamlouks d'Égypte, jusqu'à Qâïtbey. L'auteur, Schams al-Dîn Moḥammad al-Bâʿoûnî (الباعونى), était fils de Schihâb al-Dîn, grand cadi schaféite et schaïkh al-Islâm. Hadji Khalfa dit que cet ouvrage portait encore deux autres titres : فرائد السلوك فى تاريخ الخلفاء والملوك, et تحفة الظرفاء فى تاريخ الملوك.

2° (Fol. 30.) اللمحة الاشرفيّة والبهجة السنيّة « L'Éclat d'Aschraf et le lustre princier », panégyrique en vers d'Al-Mâlik al-Aschraf Qâïtbey, par Moḥammad ibn Yoûsof ibn Aḥmad al-Bâʿoûnî. La fin manque.

3° (Fol. 51.) الدرة المضية فى المآثر الاشرفية « La Brillante perle ou nobles actions d'Al-Mâlik al-Aschraf »,

autre poème, composé en l'honneur de Qâïtbey, par le cadi Al-Sakhâwî.

Ms. daté de l'an 894 de l'hégire (1489 de J. C.).

Papier. 62 feuillets. Hauteur, 22 centimètres; largeur, 16 centimètres. 11 lignes par page. — (Supplément 811, Saint-Germain 21.)

1616.

جواهر السلوك فى الخلفاء والملوك «Perles rangées sur leurs fils, ou histoire des califes et des rois», abrégé d'histoire musulmane, par un anonyme du XVIe siècle. Cet ouvrage commence par l'histoire de Mahomet et se termine par l'an 903 de l'hégire. Premiers mots de la préface : الحمد لله الذى لا يغيّره الدهور والاعصار. Ms. daté de l'an 1047 de l'hégire (1637-1638 de J. C.). Les premiers et les derniers feuillets sont couverts de notes de diverses mains.

Papier. 146 feuillets. Hauteur, 21 centimètres; largeur, 15 centimètres. 19 lignes par page. — (*Ancien fonds* 774 A.)

1617.

الجوهر الثمين فى اخبار الخلفاء والسلاطين «La Perle précieuse, histoire des califes et des sultans». Abrégé d'histoire musulmane, depuis Mahomet jusqu'au règne du sultan mamlouc Qânṣoûh al-Ghaurî, qui monta sur le trône en 906 de l'hégire (1501 de J. C.). Le nom de l'auteur est inconnu. En tête du volume se trouve une élégie de seize vers sur la mort de l'émir Yeschbek (يشبك), le *devâdâr*. Au verso du fol. 2 on lit une note sur la construction du nilomètre.

Papier. 109 feuillets. Hauteur, 27 centimètres; largeur, 18 centimètres. 25 lignes par page. Ms. du XVIe siècle. — (Supplément 758.)

1618.

تحفة الظرفاء فى حكايات الخلفاء «Présent offert aux hommes d'esprit, ou histoires des califes». Recueil de contes, en général assez courts, dans lesquels on fait figurer les anciens califes et les littérateurs célèbres, tels qu'Al-Aṣmaʿî, Aboû Nowâs, etc. Dans une de ces historiettes (fol. 185 v°), l'auteur anonyme parle d'une disette qui eut lieu sous le règne de Qâïtbey, sultan d'Égypte. Cet ouvrage paraît être différent de celui qui, portant à peu près le même titre, est attribué par Hadji Khalfa à Moḥammad ibn abî 'l-Soroûr.

Papier. 248 feuillets. Hauteur, 21 centimètres; largeur, 15 centimètres. 23 lignes par page. Ms. du XVIIe siècle. — (Ancien fonds 779.)

1619.

Onzième section d'un grand ouvrage historique, dont on ignore le nom de l'auteur. Nous lisons sur la tranche du volume : قطعة من تواريخ المولى المرحوم جيانى افندى «Fragments des histoires du feu maître Djayânî Efendi», personnage dont Hadji Khalfa ne fait pas mention dans sa Bibliographie. Cette section renferme les notices biographiques des Compagnons, des *Tâbiʿ* et des docteurs de la troisième génération après Mahomet. Puis viennent des articles concernant les califes omayyades et abbasides, jusqu'à Al-Moʿtazz Billâh. L'auteur nous apprend (fol. 1 v°) qu'il avait pris pour modèle le وفيات الصحابة «Nécrologe des compagnons», composé par le savant imâm Al-Ḥasan ibn Moḥammad al-Ṣaghânî.

Papier. 74 feuillets. Hauteur, 27 centimètres; largeur, 18 centimètres. 19 lignes par page. Ms. du XVIIe siècle. — (Ancien fonds 632.)

1620.

1° (Fol. 3 v°.) Liste chronologique des califes omayyades, abbasides et fatémites, suivie des noms des souverains ayyoubites, des Mamloucs turcs et des Mamloucs circassiens.

2° (Fol. 9.) *Qaṣîda* de vingt-cinq vers, attribué à ʿAlî et commençant par ces mots :

لك الحمد يا ذا الجود والمجد والعلى
تباركت تعطى من تشاء وتمنع

C'est une série d'invocations adressées à Dieu.

3° (Fol. 9 v°.) Commentaire sur la *Borda* d'Al-Boûṣîrî, par Aboû Schâmaṭ ʿAbd al-Raḥmân ibn Ismaʿîl, mort en 665 de l'hégire (1266-1267 de J. C.). Commencement : سبحان من اخفى سبحات وجهه بحجاب عجاب الانوار.

4° (Fol. 46 v°.) La *Borda* mise en strophes de quatre vers, c'est-à-dire avec addition de trois vers ou six hémistiches avant chaque vers du poème. En marge, une traduction de la *Borda* en vers persans. Premier vers :

ما بال قلبك لا ينفك ذا الم   بان التصبّر بين البان والعلم

5° (Fol. 60 v°.) Le *Bânat Soʿâd* de Kaʿb ibn Zohaïr. Chaque vers du poème est précédé de trois autres sur la même rime. Premier hémistiche :

اسير شوق عن السلوان مشغول

6° (Fol. 65 v°.) Pièce de vers dont voici le premier :

حسنك الموروث عن ارم   عشقه فى سائر النسم

7° (Fol. 66 v°.) La لامية العجم d'Al-Ṭoghrâï.

8° (Fol. 69 v°.) Les *Nawâbigh* d'Al-Zamakhscharî.

9° (Fol. 80 v°.) الشهدة «Rayon de miel», poème composé à l'imitation de la *Borda*, par Moḥammad ibn Moûsâ al-Naddjâr. Premier vers :

الحمد لله ربى بارىء النسم
ذى الطول والحول والالاء والنعم

10° (Fol. 85 v°.) Le poème d'Avicenne sur l'âme, accompagné de gloses marginales et interlinéaires. Premier vers :

هبطت اليك من المحل الارفع ورقاء ذات تعزز وتمنع

11° (Fol. 86 v°.) Quelques pièces de vers sans nom d'auteur.

12° (Fol. 91 v°.) Le *Bânat So'âd*, avec un commentaire tiré de l'ouvrage de Djamâl al-Dîn ibn Hischâm.

13° (Fol. 106 v°.) Pièce de vers, au nombre de quarante-deux, dont voici le premier :

اشتدّى ازمة تنفرجى قد اذن ليلك بالبلج

Plusieurs pièces de ce ms. sont datées de l'an 966 de l'hégire (1558-1559 de J. C.).

Papier. 118 feuillets, dont plusieurs sont restés en blanc. Hauteur, 21 centimètres et demi ; largeur, 15 centimètres. 25 lignes par page. — (Supplément 1466.)

1621.

Tableau généalogique des dynasties ottomane, seldjoukide, tartare, etc., depuis Adam, et généalogies des patriarches, des souverains antérieurs à l'islamisme, des califes, et de la famille de Mahomet.

Rouleau collé sur toile, long de 6 mètres et demi. Ms. du xvi° siècle. — (Supplément 857 *bis*.)

1622.

الرسالة الفتحية الرادوسية «Épître triomphale de Rhodes». Histoire de la conquête de Rhodes par le sultan ottoman Solaïmân Khân, en 928 de l'hégire (1521-1522 de J. C.). Cet ouvrage, composé par le médecin de ce prince, nommé Ramadhân, est divisé en vingt sections (فصل), une introduction et un épilogue. Le premier feuillet, contenant le commencement de la préface, manque. L'abbé Tercier a donné un résumé de cet ouvrage dans son Mémoire sur la prise de la ville et de l'île de Rhodes. (Voyez l'ancien recueil des *Mémoires de l'Académie des Inscriptions*, t. XXVI, p. 728 et suiv.)

Papier. 174 feuillets. Hauteur, 22 centimètres; largeur, 15 centimètres et demi. 10 lignes par page. Ms. du xvi° siècle. — (Ancien fonds 830.)

1623.

المنح الرحمانية فى الدولة العثمانية «Les Grâces du miséricordieux dont la dynastie ottomane offre de nombreux exemples», par le Schaïkh al-Islâm Moḥammad ibn abî 'l-Soroûr al-Bakrî al-Ṣiddîqî. Ce traité, qui forme une section d'une Histoire universelle, intitulée عيون الاخبار ونزهة الابصار, commence par l'histoire d''Othmân Ier et finit par celle du sultan Moustafâ Ier, fils de Moḥammad III. La préface commence par ces mots : الحمد لله الذى منح من شاء من عباده فضلا جزيلا.

Papier. 43 feuillets. Hauteur, 21 centimètres; largeur, 15 centimètres. 23 lignes par page. Ms. du xvii° siècle. — (Supplément 858

1624.

قلائد العقيان فى فضائل آل عثمان «Les Colliers d'or, traité dans lequel on signale les grands mérites des sultans ottomans», par Mar'î (مرعى) ibn Yoûsof al-Maqdisî, mort en 1033 de l'hégire (1623-1624 de J. C.).

Papier. 64 feuillets. Hauteur, 22 centimètres; largeur, 17 centimètres. 17 lignes par page. Ms. du xvii° siècle. — (Supplément 857

1625.

الدرّ المنصان (*sic*) فيما يحدث فى ايام دولة آل عثمان «La Perle conservée avec soin, traité des événements qui doivent arriver sous la dynastie des sultans ottomans», par Ḥosaïn ibn Kamâl. Commentaire sur un poème rimant en *lâ*. L'auteur en tire des prédictions par des procédés cabalistiques. La fin manque. Commencement : الحمد لله الذى اطلع من اجتباه من عباده على كنوز الاسرار.

Papier. 59 feuillets. Hauteur, 21 centimètres; largeur, 14 centimètres et demi. 19 lignes par page. Ms. du xvii° siècle. — (Supplément 2078.)

1626.

الكشف الشافى والبيان الوافى فى معرفة حوادث الزمان فى

دولة آل عثمان «La Révélation satisfaisante et l'explication suffisante touchant les événements qui doivent arriver sous la dynastie ottomane», par le schaïkh ʿAbd al-Ghanî al-Nablosî (originaire de Naplouse). L'auteur énumère les événements, tels que les pestes, les famines, etc., qui devaient survenir sous le gouvernement ottoman, depuis l'an 1107 de l'hégire (1695 de J. C.), jusqu'à l'an 1159 (1746 de J. C.). Ces prédictions sont fondées sur le calcul de la valeur des lettres dont se compose l'ouvrage cabalistique intitulé اشارات «indications», du grand écrivain mystique Moḥyî al-Dîn Ibn al-ʿArabî.

Papier. 50 feuillets. Hauteur, 22 centimètres; largeur, 15 centimètres. 17 lignes par page. Ms. du XVIIIe siècle. — (Supplément 855.)

1627.

1° فك طلسم الرموز الجفرية عن بيان حوادث الزمان فى دولة آل عثمان «Rupture du talisman attaché aux énigmes du *djafr*, pour mettre en évidence les événements qui doivent arriver sous la dynastie ottomane», par le schaïkh Zaïn al-Dîn ʿAbd al-Ghanî al-Nablosî. Dans ce traité, qui est du même genre que le précédent, l'auteur prédit les événements des années 1139 (1726 de J. C.) à 1284 de l'hégire (1868 de J. C.).

2° (Fol. 206.) فتح من لا يُرى فى حلّ رموز الدائرة الكبراء «Révélation faite par un être invisible, et dans laquelle sont expliquées les énigmes du grand tableau circulaire», par ʿAbd al-Ghanî al-Nablosî. Ce sont encore des prédictions touchant la dynastie ottomane que l'auteur prétend avoir tirées du grand tableau circulaire, dressé d'après la première conjonction de Saturne et de Jupiter, et inséré par Moḥyî al-Dîn Ibn al-ʿArabî dans son ouvrage intitulé الشجرة النعمانية فى الدولة العثمانية «L'Arbre généalogique de l'empire ottoman, de Noʿmân». La dernière de ces prédictions se rapporte à l'année 1296 de l'hégire (1879 de J. C.).

Ms. daté de l'an 1139 de l'hégire (1726-1727 de J. C.).

Papier. 357 feuillets. Hauteur, 21 centimètres; largeur, 16 centimètres. 13 lignes par page. — (Supplément 856.)

3. HISTOIRE DES VILLES SAINTES.

1628.

تاريخ مكّة للازرق «Histoire de la Mecque, par Al-Azraqî» (Aboû 'l-Walîd Moḥammad ibn ʿAbd Allah..... ibn al-Walîd ibn ʿOkba ibn al Azraq..... al-Ghassânî). L'année de la mort de ce traditionniste n'est pas exactement connue, mais dans son ouvrage il mentionne la date de 244 de l'hégire (858-859 de J. C.). M. Wüstenfeld a publié le texte de cet ouvrage à Leipzig, en 1858.

Papier. 273 feuillets. Hauteur, 24 centimètres; largeur, 17 centimètres. 19 lignes par page. Ms. du XIIIe siècle. — (Ancien fonds 843, Colbert 3697.)

1629.

Même ouvrage, seconde partie, commençant par le chapitre intitulé باب ما جاء فى اخراج جبريل عليه السلام زمزم لام اسمعيل عليه السلام. Ms. daté de l'an 762 de l'hégire (1361 de J. C.).

Papier. 154 feuillets. Hauteur, 25 centimètres et demi; largeur, 17 centimètres. 23 lignes par page. — (Ancien fonds 723.)

1630.

الدرّة الثمينة فى اخبار المدينة «La Perle précieuse, ou Histoire de Médine», par Moḥibb al-Dîn ibn al-Naddjâr (Moḥammad ibn Maḥmoûd), mort en 643 de l'hégire (1245-1246 de J. C.). Cet ouvrage se compose de dix-huit chapitres; il commence par ces mots : الحمد لله حمدا يقتضى من احسانه المزيد. Ms. daté de l'an 887 de l'hégire (1482 de J. C.).

Papier. 53 feuillets. Hauteur, 26 centimètres; largeur, 18 centimètres. 27 lignes par page. — (Ancien fonds 724.)

1631.

زبدة الاعمال وخلاصة الافعال «La Crème des œuvres et l'essentiel des actes», histoire de la Mecque et de Médine, en deux parties. La première partie, tirée de l'ouvrage d'Al-Azraqî, et consacrée à la Mecque, renferme cinquante-quatre chapitres; la seconde, composée de vingt chapitres, traite de l'histoire de Mahomet, suivie de la description de son tombeau, et des privilèges de Médine. Le titre, transcrit ci-dessus, est indiqué dans la préface (fol. 2); en tête du volume, on lit le même titre, avec une variante (جريدة, au lieu de خلاصة). L'auteur, également d'après la préface, se nommait Aboû 'l-Ḥasan ʿAlî ibn Nâṣir, المكّى الحجازى الشافعى الاشعرى. Hadji Khalfa, t. III, p. 534, l'appelle Saʿd al-Dîn al-Isfarâinî. Quoi qu'il en soit, l'auteur nous apprend qu'il a achevé la composition de son ouvrage en 762 de l'hégire (1360-1361 de J. C.).

A la fin du volume se trouve une tradition transmise par ʿAlî et suivie de son *isnâd*, au sujet de la voie la plus courte pour obtenir la faveur de Dieu. Ms. daté de l'an 961 de l'hégire (1554 de J. C.).

Papier. 81 feuillets. Hauteur, 25 centimètres; largeur, 17 centimètres et demi. 25 lignes par page. — (Ancien fonds 718.)

1632.

Même ouvrage. Une note ajoutée après coup au commencement du volume donne, comme nom de l'auteur, Saʿd al-Dîn al-Isfarâïnî. Ms. daté de l'an 996 de l'hégire (1588 de J. C.).

Papier. 123 feuillets. Hauteur, 21 centimètres; largeur, 14 centimètres et demi. 23 lignes par page. — (Ancien fonds 844.)

1633.

شفاء الغرام باخبار البلد الحرام «Guérison du désir de connaître l'histoire du territoire sacré», description topographique et historique de la Mecque, par Taqî al-Dîn al-Fâsî. L'ouvrage renferme quarante chapitres, et commence par ces mots : الحمد لله الذى جعل مكة المشرفة اعظم البلاد شانا. On lit dans l'*explicit* que cet ouvrage est la seconde édition, revue et augmentée, du *Tohfat al-Kirâm* (voyez ci-après, n° 1668, 3°), du même auteur. Ms. de plusieurs mains, daté de l'an 939 de l'hégire (1533 de J. C.).

Papier. 256 feuillets. Hauteur, 26 centimètres; largeur, 17 centimètres et demi. 27 et 28 lignes par page. — (Ancien fonds 722.)

1634.

خلاصة الوفاء باخبار دار المصطفى «Quintessence du livre intitulé *Renseignements complets au sujet de la résidence de l'Élu* (*Mahomet*), par Noûr al-Dîn Aboû 'l-Ḥasan ʿAlî ibn Aḥmad al-Samhoûdî, mort en 911 de l'hégire (1505-1506 de J. C.). Cet abrégé du *Wafâ* est divisé en huit sections, savoir : 1° sur les mérites attachés aux pèlerinages; 2° sur le pèlerinage au tombeau du Prophète; 3° histoire particulière de Médine, depuis les temps les plus anciens; 4° histoire de la mosquée; 5° sur la *Moṣallâ* et les tombeaux qui s'y trouvent; 6° sur les puits de la ville et sur les fondations pieuses dues au Prophète; 7° sur les lieux où le Prophète a célébré la prière dans ses voyages et ses expéditions militaires; 8° sur les rivières, les terrains arides, les châteaux, les collines et autres lieux des environs de la ville. Chacune de ces sections est divisée en plusieurs chapitres. Le quatrième chapitre de la dernière section est rédigé sous forme de dictionnaire alphabétique. La préface commence par ces mots : الحمد لله الذى شرّق طابة وشوّق القلوب لسماع اخبارها المستطابة Ms. daté de l'an 973 de l'hégire (1565 de J. C.).

Papier. 269 feuillets. Hauteur, 20 centimètres et demi; largeur, 15 centimètres. 19 lignes par page. — (Supplément 763 *bis*.)

1635.

Même ouvrage. A la fin du volume se trouve, écrit d'une autre main, un poème intitulé قصيدة البسكرى, renfermant l'éloge de la ville de Médine.

Papier. 245 feuillets. Hauteur, 23 centimètres; largeur, 14 centimètres. 25 lignes par page. Ms. du XVIᵉ siècle. — (Ancien fonds 848.)

1636.

Même ouvrage. Ms. daté de l'an 1131 de l'hégire (1719 de J. C.).

Papier. 281 feuillets. Hauteur, 21 centimètres; largeur, 15 centimètres et demi. 23 lignes par page. — (Supplément 763.)

1637.

الاعلام باعلام بلد الله الحرام «Indication des marques (ou monuments) de la grande ville de Dieu». Histoire de la Mecque, par Qoṭb al-Dîn Moḥammad ibn Aḥmad, mort en 990 de l'hégire (1582 de J. C.), ou en 988, selon Hadji Khalfa. M. de Sacy a donné une analyse étendue de cet ouvrage dans les *Notices et Extraits*, t. IV, p. 538. Le texte arabe a été publié à Leipzig, en 1857, par les soins de M. Wüstenfeld. Ms. daté de l'an 997 de l'hégire (1589 de J. C.).

Papier. 210 feuillets. Hauteur, 26 centimètres; largeur, 16 centimètres. 25 lignes par page. — (Supplément 760.)

1638.

Même ouvrage. Ms. daté de l'an 1002 de l'hégire (1594 de J. C.).

Papier. 370 feuillets. Hauteur, 21 centimètres et demi; largeur, 14 centimètres. 17 lignes par page. — (Ancien fonds 845.)

1639.

Même ouvrage. Ms. daté de l'an 1018 de l'hégire (1609 de J. C.).

Papier. 339 feuillets. Hauteur, 21 centimètres; largeur, 14 centimètres. 19 lignes par page. — (Supplément 762.)

1640.

Même ouvrage. Ms. daté de l'an 1027 de l'hégire (1618 de J. C.).

Papier. 224 feuillets. Hauteur, 21 centimètres; largeur, 15 centimètres. 21 lignes par page. — (Supplément 761, Saint-Germain 356.)

1641.

1° Même ouvrage.

2° (Fol. 221 v°.) شرح حال الاولياء «Exposition de l'état des saints», par ʿIzz al-Dîn ʿAbd al-Salâm ibn Aḥmad ibn Ghânim al-Maqdisî. Ce sont des discours mystiques mis dans la bouche de plusieurs grands saints musulmans, depuis Aboû Bakr jusqu'à Raïḥâna (ريحانة).

3° (Fol. 258 v°.) Le كشف الاسرار d'ʿIzz al-Dîn ʿAbd al-Salâm al-Maqdisî.

4° (Fol. 291.) Extrait du ميزان d'Al-Schaʿrânî.

Papier. 300 feuillets. Hauteur, 21 centimètres; largeur, 15 centimètres. 19 à 26 lignes par page. Ms. du XVIIe siècle. — (Supplément 1887.)

1642.

Histoire de la Mecque de Qoṭb al-Dîn Moḥammad. (Voyez les numéros précédents.) Exemplaire copié à Bassore, en 1740, par les soins d'Otter.

Papier. 212 feuillets. Hauteur, 29 centimètres et demi; largeur, 18 centimètres et demi. 21 lignes par page. — (Supplément 759.)

4. HISTOIRE DU YÉMEN.

1643.

تاريخ الرازى «Histoire d'Al-Râzî». C'est la troisième section de cet ouvrage, la seule qui en existe (voy. Hadji Khalfa, t. II, p. 159), et qui forme un ouvrage à part, avec le titre de تاريخ مدينة صنعا اليمن «Histoire de la ville de Ṣanʿâ du Yémen». Le contenu des autres sections nous est inconnu. L'auteur, Aboû 'l-ʿAbbâs Aḥmad ibn ʿAbd Allah ibn Moḥammad al-Râzî, natif de Ṣanʿâ, qui vivait encore en 460 de l'hégire (1067-1068 de J. C.), traite d'abord de la ville et des environs de Ṣanʿâ, puis des légendes et traditions qui s'y rapportent, et finit par une série de notices biographiques des personnages des premiers temps, des Compagnons du Prophète et d'autres personnages remarquables de l'islamisme qui se sont trouvés dans cette ville jusqu'au commencement du IIe siècle de l'hégire. L'ouvrage commence par ces mots : الحمد لله ولى الحمد ومستحقه. Ms. daté de l'an 995 de l'hégire (1586 de J. C.).

Papier. 102 feuillets. Hauteur, 29 centimètres; largeur, 18 centimètres. 21 lignes par page. — (Ancien fonds 701.)

1644.

البرق اليمانى فى الفتح العثمانى «L'Éclair du Yémen ou conquête de ce pays par les Ottomans», par Qoṭb al-Dîn Moḥammad ibn Aḥmad. Cet ouvrage, dédié à Sinân Pacha, grand vizir du sultan Sélim II, est divisé en trois sections et un appendice, contenant l'histoire de la prise de Tunis et de la Goulette par les Ottomans. Commencement de la préface : الحمد لله الذى نصر الدين الحنيفى بصارم وسنان. (Voyez, sur cet ouvrage, l'article de M. de Sacy, dans les *Notices et Extraits*, t. IV, p. 412.)

Papier. 190 feuillets. Hauteur, 21 centimètres; largeur, 15 centimètres. 23 lignes par page. Ms. du XVIe siècle. — (Ancien fonds 826 A.)

1645.

Même ouvrage. La copie s'arrête au trente-deuxième chapitre de la troisième section. Ms. daté de l'an 981 de l'hégire (1573-1574 de J. C.).

Papier. 87 feuillets. Hauteur, 21 centimètres; largeur, 14 centimètres et demi. 21 lignes par page. — (Supplément 766.)

1646.

Même ouvrage.

Papier. 259 feuillets. Hauteur, 20 centimètres et demi; largeur, 14 centimètres. 19 lignes par page. Ms. du XVIIe siècle. — (Supplément 764.)

1647.

Même ouvrage.

Papier. 227 feuillets. Hauteur, 21 centimètres; largeur, 15 centimètres. 21 lignes par page. Ms. du XVIIe siècle. — (Ancien fonds 828.)

1648.

Même ouvrage. C'est la seconde édition qui a été rédigée sous le règne du sultan Amurath III. Cet exemplaire a été revu et corrigé par l'auteur, qui a écrit lui-même son nom en tête du volume, ainsi qu'il suit : Moḥammad Qoṭb al-Dîn ibn ʿAlâ al-Dîn al-Nahrawânî al-Makkî al-Ḥanafî al-Qâdirî (القادرى) al-Kharkânî (الخرقانى).

Papier. 293 feuillets. Hauteur, 24 centimètres; largeur, 15 centimètres. 19 lignes par page. Ms. du XVIe siècle. — (Supplément 765.)

1649.

Même ouvrage. Seconde édition.

Papier. 239 feuillets. Hauteur, 21 centimètres; largeur, 13 centimètres. 17 lignes par page. Ms. du XVIe siècle. — (Ancien fonds 826.)

1650.

Même ouvrage. Seconde édition.

Papier. 197 feuillets. Hauteur, 20 centimètres et demi; largeur, 15 centimètres. 21 lignes par page. Ms. du XVIIe siècle. — (Ancien fonds 827.)

1651.

1° مطالع النيران «Levers des astres», histoire du Yémen au Xe siècle de l'hégire, par Aḥmad ibn Yoûsof ibn Moḥammad Fîroûz. M. de Sacy a donné l'analyse de cet ouvrage dans les *Notices et Extraits*, t. IV, p. 505.

2° (Fol. 32.) التيجان الوافرة «Les Couronnes précieuses», histoire du Yémen, en vers, depuis le gouvernement de Rodhwân Pacha jusqu'à l'arrivée de Bahrâm Pacha. (Voyez *Notices et Extraits*, t. IV, p. 510.)

3° (Fol. 50 v°.) بلوغ المرام فى تاريخ مولانا بهرام «Réalisation du désir quand on veut connaître l'histoire de Monseigneur Bahrâm», par Moḥammad ibn Yaḥyâ al-Moṭayyib, docteur hanéfite, natif de la ville de Zabîd. C'est l'histoire du Yémen sous l'administration de Bahrâm Pacha, depuis l'an 977 de l'hégire (1569 de J. C.), jusqu'en 983. (Voyez *Not. et Extr.*, t. IV, p. 512 et suiv.)

Papier. 109 feuillets. Hauteur, 21 centimètres; largeur, 14 centimètres et demi. 13 lignes par page. Ms. du XVIe siècle. — (Ancien fonds 829.)

5. HISTOIRE DE LA SYRIE.

1652.

فتوح الشام «Victoires remportées en Syrie». Histoire de la conquête de la Syrie par les musulmans, roman historique attribué à Al-Wâqidî.

Papier. 207 feuillets. Hauteur, 27 centimètres et demi; largeur, 18 centimètres. 25 lignes par page. — (Ancien fonds 698.)

1653.

Même ouvrage.

Papier. 199 feuillets. Hauteur, 25 centimètres et demi; largeur, 18 centimètres. 23 lignes par page. Ms. du XVIe siècle. — (Ancien fonds 697.)

1654.

Même ouvrage. Ms. daté de l'an 994 de l'hégire (1586 de J. C.).

Papier. 211 feuillets. Hauteur, 31 centimètres; largeur, 21 centimètres et demi. 25 lignes par page. — (Ancien fonds 696.)

1655.

Même ouvrage. La rédaction est légèrement différente. Ms. daté de l'an 1009 de l'hégire (1600-1601 de J. C.).

Papier. 234 feuillets. Hauteur, 27 centimètres; largeur, 18 centimètres et demi. 23 lignes par page. — (Ancien fonds 699.

1656 à 1658.

Trois volumes dépareillés, désignés comme le troisième, le cinquième et le sixième d'un exemplaire du

même ouvrage. Copie datée de l'an 1191 de l'hégire (1777 de J. C.).

3 volumes. 60, 60 et 65 feuillets. Hauteur, 22 centimètres; largeur, 15 centimètres et demi. 21 lignes par page. — (Supplément 779, III, V, VI.)

1659.

Volume dépareillé du même ouvrage. Le ms. commence par une courte préface, dont voici les premiers mots : الحمد لله الذى منّ بالفتح والنصر المبين. Suit un discours, adressé aux Musulmans, et le récit du combat qui eut lieu entre Khâlid et le patrice Nestor. Ce ms., on le voit, a été copié sur le deuxième ou le troisième volume d'un exemplaire en tête duquel il a été ajouté une préface apocryphe. En tête du volume, on lit un titre également inexact : الجزء الرابع من فتوح الشام الخ.

Papier. 62 feuillets. Hauteur, 21 centimètres; largeur, 14 centimètres et demi. 19 lignes par page; les trois derniers feuillets sont d'une autre main et portent 25 lignes par page. Ms. du XVIIe siècle. — (Supplément 780.)

1660.

Dernière partie du même ouvrage.

Papier. 203 feuillets. Hauteur, 24 centimètres; largeur, 17 centimètres. 19 à 21 *lignes par page. Ms. du* XVe *siècle.* — (Ancien fonds 820.)

1661.

Dernière partie du même ouvrage. Les derniers feuillets manquent.

Papier. 160 feuillets. Hauteur, 21 centimètres et demi; largeur, 15 centimètres. 15 lignes par page. Ms. du XVIIIe siècle. — (Supplément 777.)

1662.

Autre roman historique, intitulé فتوح الشام «Conquête de la Syrie». L'ouvrage, après le بسم الله, commence ainsi : قال القاضى الامام ابو عبد الله محمد بن عمر الواقدى رحمة الله عليه حدثنى محمد بن ابو (*sic*) بكر بن احمد بن الحسن البصرى قال حدثنى احمد بن عمر الخ. Suit une longue liste de traditionnistes, quelques mots sur la mort de Mahomet et un discours adressé aux Musulmans, par Aboû Bakr, pour les exhorter à la conquête de la Syrie.

Papier. 222 feuillets. Hauteur, 26 centimètres; largeur, 17 centimètres. 25 lignes par page. Ms. du XVe siècle. — (Supplément 778.)

1663.

1° ذكر فتح الشام وقلاعها «Histoire de la prise de la Syrie et de ses forteresses». Roman historique commençant par ces mots : قال الواقدى رحمه الله لما فتح الله التبوك على يد عمرو بن العاص, et finissant par la mention de la bataille d'Al-Yarmoûk. A la fin, le copiste énumère les noms des treize premiers sultans ottomans avec les dates de leur avènement au trône. Ces dates ne sont pas toujours exactes.

2° (Fol. 49.) Extrait du livre intitulé *Al-Bostân*. Nous y lisons les noms des califes, depuis Aboû Bakr jusqu'à Al-Ma'moûn, fils de Hâroûn al-Raschîd.

3° (Fol. 49 v°.) Histoire de la conquête de l'Égypte et d'autres pays par les Musulmans. Roman historique, commençant par ces mots : من محمد رسول الله الى صاحب مصر اما بعد فان الله تبارك وتعالى ارسلنى الخ. Le récit se termine par l'explication de la prophétie du Coran, relative à la défaite des Grecs et à la victoire qu'ils devaient remporter plus tard.

4° (Fol. 100 v°.) Histoire des conquêtes musulmanes dans la haute Mésopotamie. Roman historique commençant par ces mots : ذكر فتح الجزيرة واراضى ربيعة وديار بكر وارض فارس والعراق وبلاد العجم والترك رواية الواقدى. Le récit se termine par la conquête de l'île d'Aradus (رواد), sous le califat d'ʿOthmân.

Ms. daté des années 999 et 1002 de l'hégire (1591 et 1594 de J. C.).

Papier. 242 feuillets. Hauteur, 21 centimètres; largeur, 15 centimètres. 21 à 23 lignes par page. — (Supplément 781.)

1664.

مختصر فتوح الشام «Histoire abrégée de la conquête de la Syrie», par Aboû Ismaʿîl Moḥammad ibn ʿAbd Allah al-Azdî al-Baṣrî. Cet ouvrage, rédigé sous forme de récits faits par un certain Aboû Ismaʿîl al-Baṣrî, et précédés chacun d'un *isnâd* à cinq ou six degrés, a été publié par M. Lees, à Calcutta, en 1854, sous le titre de *Fotooh al-Sham by Aboû Ismaîl Mohammad, etc.* D'après le caractère des récits et des *isnâd*, cet ouvrage doit être considéré comme un roman historique. (Voyez De Goeje, *Mémoires*

d'histoire et de géographie orientales, Leyde, 1864.) Ms. daté de l'an 613 de l'hégire (1217 de J. C.).

Papier. 82 feuillets. Hauteur, 23 centimètres; largeur, 16 centimètres et demi. 23 lignes par page. — (Ancien fonds 819.)

1665.

Histoire abrégée de la conquête de la Syrie, par Aboû Isma'îl Moḥammad ibn 'Abd Allah al-Azdî al-Baṣrî. Ce sont les mêmes récits que ceux du numéro précédent, mais ils diffèrent par leurs *isnâd*. Ms. daté de l'an 764 de l'hégire (1362-1363 de J. C.).

Papier. 148 feuillets. Hauteur, 21 centimètres; largeur, 16 centimètres. 17 lignes par page. — (Ancien fonds 822.)

1666.

زبدة الحلب من تاريخ حلب «La Crème de l'histoire d'Alep», histoire générale de la ville et de la province d'Alep, depuis les temps les plus reculés jusqu'à l'an 639 de l'hégire, par Kamâl al-Dîn Aboû Ḥafṣ 'Omar, surnommé Ibn al-'Adîm. L'auteur dit en avoir pris les matériaux dans sa grande histoire de la ville, c'est-à-dire dans le dictionnaire biographique intitulé *Boghât al-Ṭâlib fî Tarîkh Ḥalab*. (Voyez, sur cet ouvrage, *Extraits des historiens arabes des croisades*, t. I, introd., p. LVII.) Ce ms., daté de l'an 666 de l'hégire (1268 de J. C.), a été copié sur l'original autographe.

Papier. 268 feuillets. Hauteur, 25 centimètres; largeur, 17 centimètres et demi. 17 lignes par page. — (Ancien fonds 728, Colbert 5158.)

1667.

1° مثير الغرام الى زيارة القدس والشام «Traité qui doit exciter le désir de visiter Jérusalem et la Syrie», par Djamâl al-Dîn Aboû Maḥmoûd Aḥmad ibn Moḥammad al-Maqdisî, mort en 765 de l'hégire (1363-1364 de J. C.). Ce traité que l'auteur dit (fol. 64 v°) avoir achevé à Jérusalem, en 752 de l'hégire (1351 de J. C.), se compose de deux sections (قسم), dont la première est consacrée à la Syrie et la seconde à la mosquée d'Al-Aqṣâ. Chaque section est divisée en plusieurs chapitres. A part les nombreuses notices historiques et topographiques touchant un grand nombre de lieux de la Syrie, et, en particulier, Jérusalem, on trouve, dans cet ouvrage, des articles sur Mahomet, sur les Compagnons et sur les autres grands personnages musulmans qui ont habité ou visité la Syrie. A la fin on lit une courte notice sur Saladin. La préface commence par ces mots : الحمد لله الذى زاد مسجدنا الاقصى شرفا بالاسراء اليه بخير البشر

2° (Fol. 120.) مثير الغرام لزيارة الخليل عليه السلام «Traité qui doit exciter le désir de visiter Abraham, l'ami de Dieu», par Aboû 'l-Fidâ Isḥâq al-Khalîlî. C'est une histoire d'Abraham et des prophètes, ses successeurs, y compris Mahomet. Elle se compose de vingt-sept chapitres, dont le quinzième traite du tombeau d'Abraham, à Hébron. Au commencement de la préface, l'auteur nous apprend qu'il était originaire de Palmyre (Al-Tadmorî), et que son père, Ibrâhîm, était fils d'Aḥmad ibn Moḥammad ibn Kâmil. La phrase suivante, formant le commencement de la *khoṭba*, est ainsi conçue : الحمد لله الجليل الجميل ان جعلنا من جيران نبيه ابراهيم الخليل

3° (Fol. 189.) Prière intitulée مناجاة شريفة «Noble entretien» (de l'âme avec Dieu).

4° (Fol. 190 v°.) Dialogue, en prose et en vers, entre les villes saintes, la Mecque et Médine, au sujet de la prééminence. Après avoir exposé leurs titres, elles invoquent le jugement du grand émir, Saïf al-Dîn Ilboghâ (يلبغا). Ce personnage paraît être l'émir qui se révolta contre le sultan mamlouc Barqoûq, le détrôna en 1389, et fut alors nommé général en chef de l'armée et régent du royaume. Après la restauration de Barqoûq, il fut mis à mort.

5° (Fol. 200.) Vers (sentences et conseils moraux, traditions, anecdotes) attribués à 'Alî ibn abî Ṭâlib.

6° (Fol. 204.) خصائص افضل المخلوقين «Privilèges appartenant spécialement à la plus excellente des créatures», c'est-à-dire à Mahomet, par Sirâdj al-Dîn 'Omar, fils d''Alî, surnommé ابن الملقن, docteur schaféite. Dans le dernier chapitre, l'auteur énumère les miracles du Prophète. Il dit avoir terminé son ouvrage en 758 de l'hégire (1357 de J. C.).

En tête du volume on lit une note au sujet de certains phénomènes atmosphériques et météorologiques qui avaient eu lieu en Syrie en 589 de l'hégire (1193 de J. C.), et, écrite de la même main, une anecdote au sujet de l'imâm Al-Schâfi'î, qui aurait épousé dans le Yémen une femme à deux têtes. A la fin du volume se trouve un talisman au moyen duquel on découvre les objets volés.

Ms. daté des années 872 et 874 de l'hégire (1469-1470 de J. C.).

Papier. 254 feuillets. Hauteur, 18 centimètres; largeur, 14 centimètres. 17 lignes par page. — (Ancien fonds 841.)

1668.

1° Le مثير الغرام d'Aḥmad ibn Moḥammad al-Maqdisî. (Voyez l'article 1° du numéro précédent.)

2° (Fol. 65.) Le مثير الغرام d'Aboû 'l-Fidâ Isḥâq al-Khalîlî. (Voyez l'article 2° du numéro précédent.) On lit en tête de la copie que l'auteur mourut en 833 de l'hégire (1430 de J. C.).

3° (Fol. 107.) تحفة الكرام باخبار البلد الحرام «Présent destiné aux hommes généreux, composé de notices sur la ville sainte». Description historique et topographique de la Mecque, par Taqî al-Dîn Aboû 'l-Ṭayyib Moḥammad al-Ḥasanî ibn Aḥmad ibn ʿAlî, cadi malékite, originaire de Fez (*Al-Fâsî*). Cet ouvrage est la première édition de l'abrégé du عجالة القراء للراغب فى تاريخ ام القرى, qui lui-même est l'abrégé du العقد الثمين, l'un et l'autre du même auteur. La seconde édition de l'abrégé de l'ʿ*Odjâla*, consacrée plus spécialement aux biographies, est intitulée شفاء الغرام باخبار البلد الحرام (voyez ci-après). Cet ouvrage renferme vingt-quatre chapitres et se termine par une pièce de vers de Moḥammad ibn abî Bakr ibn Raschîd al-Baghdâdî, sur le pèlerinage de la Mecque et celui de Médine. Ce poème a pour titre : القصيدة الذهبية فى الحجة المكية والزورة المحمدية «La *qaṣîda* dorée, traitant du pèlerinage de la Mecque et de la visite qu'on rend au tombeau de Mahomet». Le *Toḥfat al-Kirâm* commence par ces mots : الحمد لله الذى جعل مكة المشرفة خير الارض

4° (Fol. 201.) Offices (اوراد), prières et invocations (حجاب) à réciter dans diverses occasions.

5° (Fol. 211.) Prières pour les sept jours de la semaine.

Les trois premiers ouvrages, écrits de la même main, sont datés de 970 et 971 de l'hégire (1562-1564 de J. C.).

Les deux dernières pièces sont d'une autre main; la première est datée de l'an 991 de l'hégire (1583 de J. C.).

Papier. 223 feuillets. Hauteur, 31 centimètres; largeur, 21 centimètres. 31 lignes par page. — (Ancien fonds 716.)

1669.

Le مثير الغرام d'Aḥmad ibn Moḥammad al-Maqdisî.

Papier. 137 feuillets. Hauteur, 18 centimètres et demi; largeur, 13 centimètres et demi. 19 lignes par page. Ms. du XVIᵉ siècle. — (Ancien fonds 842.)

1670.

Histoire de Beyrouth et de la famille Boḥtor (بحتر), émirs d'Al-Gharb, province située au sud de cette ville. L'auteur, Ṣâliḥ ibn Yaḥyâ, membre de la même famille, composa son ouvrage en vue de perpétuer les beaux souvenirs qu'elle avait laissés. Il vivait encore en 840 de l'hégire (1437 de J. C.). Une courte esquisse de l'histoire de Beyrouth est suivie de l'histoire des diverses branches de la famille Boḥtor et de l'analyse des pièces officielles que ces émirs avaient reçues, soit du gouvernement égyptien, soit du gouvernement de Damas, soit encore des princes francs qui commandaient à Beyrouth et à Sidon. Les derniers feuillets, renfermant la suite de l'histoire de l'expédition entreprise en 828 de l'hégire (1425 de J. C.) contre l'île de Chypre, manquent. Nombreuses notes marginales.

Papier. 130 feuillets. Hauteur, 21 centimètres; largeur, 15 centimètres et demi. 15 lignes par page. Ms. du XVᵉ siècle. — (Ancien fonds 821, Colbert 4584.)

1671.

الانس الجليل بتاريخ القدس والخليل «Familiarité intime avec l'histoire de Jérusalem et d'Hébron», par Modjîr al-Dîn Aboû 'l-Yomn ʿAbd al-Raḥmân al-ʿAlîmî (العليمى), cadi hanbalite, mort en 927 de l'hégire (1521 de J. C.). En tête du volume, le nom de l'auteur, écrit de la main du copiste, se lit ainsi : ʿAbd al-Raḥmân ibn Moḥammad al-ʿOmarî al-ʿAlîmî. Le titre honorifique de *Modjîr al-Dîn* est omis. Les premiers chapitres de cet ouvrage traitent de la création du monde, de l'histoire d'Adam, d'Abraham, de Moïse, du voyage nocturne de Mahomet, du rétablissement du temple sur l'ordre de Cyrus, de la destruction du temple par Nabuchodonosor, et de sa conquête par les Perses et par ʿOmar. Viennent ensuite des notices sur le Mahdî qui doit paraître vers la fin du monde, sur le dôme de la Ṣakhra, construit par ʿAbd al-Mélik ibn Merwân; sur Ḥaddjâdj ibn Yoûsof et Ibn al-Zobaïr; sur les dimensions de la mosquée Al-Ḥarâm; sur les *Tâbiʿ*, les pèlerins, les dévots et les *ulémas* qui ont visité Jérusalem. Suit l'histoire de cette ville, depuis l'an 398 jusqu'en 659 de l'hégire (dans cette partie, il est souvent question des Croisés); la description de la mosquée Al-Aqṣâ (avec l'indication des dimensions actuelles de cet édifice); l'énumération des mosquées, chapelles et écoles de Jérusalem; les noms des professeurs; la description des environs de Jérusalem; les noms des souverains musulmans qui ont possédé cette ville, etc. Suit l'histoire de la ville d'Hébron, la liste des cadis et

des émirs, une notice sur le sultan mamlouc Qâïtbey, et une série d'annales, depuis l'an 873 de l'hégire, jusqu'à l'an 900. L'auteur dit avoir terminé son ouvrage en 901 de l'hégire (1495-1496 de J. C.). La préface commence par ces mots : الحمد لله المتفضل على خلقه بفتح ابواب الرحمة. Ce ms. a été copié sur l'exemplaire de l'auteur.

Papier. 411 feuillets. Hauteur, 27 centimètres; largeur, 18 centimètres. 33 lignes par page. Ms. du XVIe siècle. — (Ancien fonds 713, Colbert 2868.)

1672.

Même ouvrage. Exemplaire daté de l'an 962 de l'hégire (1555 de J. C.). En tête du volume on trouve la biographie d'un schaïkh appelé Ḥasan Baïdemir (بيدمر) al-ʿAdjamî, et une pièce de vers rimant en ك, composée par le Schaïkh al-Islâm Al-ʿAdjloûnî (العجلوني).

Papier. 277 feuillets. Hauteur, 27 centimètres et demi; largeur, 18 centimètres. 17 lignes par page. — (Supplément 784.)

1673.

Même ouvrage. Exemplaire daté de l'an 969 de l'hégire (1562 de J. C.).

Papier. 184 feuillets. Hauteur, 32 centimètres; largeur, 21 centimètres. 31 lignes par page. — (Supplément 785.)

1674.

Même ouvrage. Exemplaire daté de l'an 974 de l'hégire (1566-1567 de J. C.).

Papier. 258 feuillets. Hauteur, 26 centimètres; largeur, 18 centimètres. 27 lignes par page. — (Ancien fonds 711.)

1675.

Même ouvrage. Exemplaire daté de l'an 986 de l'hégire (1577 de J. C.).

Papier. 359 feuillets. Hauteur, 27 centimètres et demi; largeur, 17 centimètres. 23 lignes par page. — (Supplément 783.)

1676.

Même ouvrage. Exemplaire daté de l'an 998 de l'hégire (1590 de J. C.). Vignette ornée sur le verso du premier feuillet.

Papier. 285 feuillets. Hauteur, 21 centimètres; largeur, 14 centimètres et demi. 23 lignes par page. — (Ancien fonds 835.)

1677.

Même ouvrage. Exemplaire de diverses mains, daté de l'an 1012 de l'hégire (1604 de J. C.).

Papier. 317 feuillets. Hauteur, 20 centimètres et demi; largeur, 15 centimètres. 20 et 23 lignes par page. — (Ancien fonds 832.)

1678.

Même ouvrage.

On a collé en tête du volume deux feuillets, contenant chacun le texte du poème d'Al-Abîwardî, qui est cité par Modjîr al-Dîn, à propos de la prise de Jérusalem par les Francs. Ces vers sont accompagnés d'une paraphrase latine. Exemplaire daté de l'an 1022 de l'hégire (1613 de J. C.).

Papier. 239 feuillets. Hauteur, 30 centimètres; largeur, 20 centimètres et demi. 29 lignes par page. — (Ancien fonds 710.)

1679.

Même ouvrage. En tête de cet exemplaire se trouve une liste de chapitres. Ms. daté de l'an 1062 de l'hégire (1652 de J. C.).

Papier. 273 feuillets. Hauteur, 21 centimètres; largeur, 15 centimètres et demi. 25 et 27 lignes par page. — (Ancien fonds 831.)

1680.

Même ouvrage.

Papier. 371 feuillets. Hauteur, 21 centimètres; largeur, 15 centimètres et demi. 19 lignes par page. Ms. du XVIIe siècle. — (Ancien fonds 834.)

1681.

Même ouvrage. Ms. daté de l'an 1100 de l'hégire (1688-1689 de J. C.).

Papier. 233 feuillets. Hauteur, 28 centimètres; largeur, 16 centimètres. 31 lignes par page. — (Ancien fonds 712.)

1682.

Même ouvrage. Ms. daté de l'an 1122 de l'hégire (1710 de J. C.).

Papier. 266 feuillets. Hauteur, 21 centimètres; largeur, 15 centimètres. 27 lignes par page. — (Ancien fonds 833.)

1683.

Description de la ville et de la province d'Alep et des lieux voisins. Cette compilation, rédigée probablement au xviie siècle, se compose de passages tirés principalement de l'Histoire d'Aboû 'l-Walîd ibn al-Schiḥna; elle est divisée en vingt-cinq chapitres. Le dix-neuvième chapitre et le vingt-cinquième fournissent des renseignements sur plusieurs villes et forteresses de la province de Tripoli et de la frontière septentrionale de la Syrie. Cet exemplaire a été écrit en 1082 de l'hégire (1671 de J. C.), par Ṭoûma ibn Solaïmân, catholique romain orthodoxe (الارتودكسى من ملة الروم).

Papier. 98 feuillets. Hauteur, 21 centimètres; largeur, 15 centimètres et demi. 25 lignes par page. — (Supplément 789.)

1684.

نزهة الزمان فى حوادث جبل لبنان «Délices de l'époque, traité sur les événements qui eurent lieu dans le Liban». C'est une histoire des émirs du mont Liban de la famille d'Al-Schihâb, depuis l'apparition de l'islamisme jusqu'à la mort de l'émir Yoûsof, dans la prison de Djazzâr Pacha, en 1205 de l'hégire.

Papier. 74 feuillets. Hauteur, 23 centimètres; largeur, 17 centimètres et demi. 29 à 33 lignes par page. — (Supplément 2081.)

1685.

كتاب المقترب فى حوادث الحضر والعرب «Écrit dans lequel un proche observateur raconte les événements qui viennent de se passer chez les populations sédentaires (de la Syrie) et chez les Arabes», par Fatḥ-Allah Ibn al-Ṣâïgh. C'est une chronique de l'occupation de la Syrie par Ibrâhîm Pacha, accompagnée de notices touchant les Anézé (عنازة), les Noṣaïriens et les autres peuples de ce pays. Ms. daté de l'an 1843 de J. C.

Papier. 99 feuillets. Hauteur, 21 centimètres; largeur, 14 centimètres. 14 lignes par page. — (Supplément 947.)

7. HISTOIRE D'ÉGYPTE.

1686.

فتوح مصر واخبارها «Conquête de l'Égypte et histoire de ce pays», par 'Abd al-Raḥmân ibn 'Abd Allah ibn 'Abd al-Ḥakam ibn A'yan, de la tribu de Qoraïsch, traditionniste et historien, mort en 257 de l'hégire (870-871 de J. C.). Cet exemplaire renferme le texte tel qu'il avait été transmis aux étudiants par Aboû 'l-Qâsim 'Alî ibn al-Ḥasan ibn Khalaf al-Djauharî al-Azdî. (Voyez l'article publié par M. de Slane dans le *Journal asiatique* de 1844.) Ms. daté de l'an 585 de l'hégire (1190 de J. C.). La plupart des points diacritiques manquent.

Papier. 195 feuillets. Hauteur, 22 centimètres; largeur, 15 centimètres. 21 lignes par page. — (Ancien fonds 785.)

1687.

Même ouvrage. Ms. daté de l'an 776 de l'hégire (1374 de J. C.).

Papier. 447 feuillets. Hauteur, 27 centimètres; largeur, 18 centimètres. 15 lignes par page. — (Ancien fonds 655.)

1688.

تاريخ مصر «Histoire d'Égypte», attribuée à Moḥammad ibn Moyassar (ms. ميّسر). Le présent ms., qui ne renferme que la seconde partie de l'ouvrage, depuis l'an 439 jusqu'à l'an 553 de l'hégire, a été copié sur un exemplaire que l'historien Al-Maqrîzî avait écrit pour son propre usage, et dans lequel il avait intercalé un extrait d'un autre ouvrage, afin de combler une lacune de cinquante ans qu'il avait remarquée dans le ms. dont il se servait

(voyez fol. 39 v° et 52 v°). Ce ms. est ponctué d'une manière très-incorrecte.

Papier. 94 feuillets. Hauteur, 21 centimètres et demi; largeur, 15 centimètres. 15 lignes par page. Ms. du XVIIe siècle. — (Ancien fonds 801 A.)

1689.

كتاب فتوح مصر «La Conquête de l'Égypte», roman historique attribué à Al-Wâqidî. Commencement : قال الواقدى حدثنا (sic) عن اشياخه قرآة عليهما (sic) بالخفراء بمدينة عسقلان. Ms. daté de l'an 1194 de l'hégire (1780 de J. C.).

Papier. 198 feuillets. Hauteur, 21 centimètres et demi; largeur, 14 centimètres et demi. 15 lignes par page. — (Supplément 791.)

1690.

كتاب فتوح البهنسا «Victoires de Bahnasâ». Roman historique. Dans cet exemplaire (fol. 20 v°), l'auteur cite parmi ses autorités le célèbre Zamakhscharî, mort en 1143 de J. C. Ms. daté de l'an 975 de l'hégire (1567 de J. C.).

Papier. 197 feuillets. Hauteur, 21 centimètres; largeur, 15 centimètres. 11 lignes par page. — (Ancien fonds 815.)

1691.

Même ouvrage.

Papier. 148 feuillets. Hauteur, 21 centimètres; largeur, 15 centimètres. 14 à 16 lignes par page. Ms. du XVIIe siècle. — (Ancien fonds 814.)

1692.

Même ouvrage.

Papier. 190 feuillets. Hauteur, 21 centimètres; largeur, 15 centimètres. 15 lignes par page. Ms. de plusieurs écritures, dont la plus ancienne est du XVIIe siècle. — (Supplément 792.)

1693.

الفتح القسّى فى الفتح القدسى «L'Ouverture de Qoss au sujet de l'ouverture de Qods» (c'est-à-dire, éloquence digne du grand prédicateur Qoss, appliquée au récit de la conquête de Jérusalem, par Saladin), par ʿImâd al-Dîn Aboû ʿAbd Allah Moḥammad ibn Moḥammad ibn Ḥâmid... ibn Oloh, الله, al-Iṣfahânî. C'est une histoire de Saladin, depuis la bataille de Tibériade, en 583 de l'hégire, jusqu'à la mort de ce souverain, en 589. Cet ouvrage important, écrit en prose rimée, est plein d'archaïsmes, d'allusions énigmatiques, d'assonances et de jeux de mots, et d'une lecture fort difficile. L'auteur était secrétaire de Saladin et souvent témoin des événements qu'il raconte. Exemplaire pourvu de points-voyelles, écrit du vivant de l'auteur (sauf les vingt-six derniers feuillets).

Papier. 264 feuillets. Hauteur, 24 centimètres; largeur, 15 centimètres et demi. 19 lignes par page. — (Ancien fonds 717.)

1694.

Même ouvrage. Dans cet exemplaire, le premier mot du titre, qui se trouve au recto des feuillets 1 et 168, est écrit القَدَح «le gobelet». Cette leçon est indiquée aussi par Hadji Khalfa (*Bibliogr.*, t. IV, p. 505), qui fait observer qu'elle ne s'accorde pas avec celle qui est donnée par l'auteur lui-même à la fin de la préface. Exemplaire daté de l'an 600 de l'hégire (1204 de J. C.).

Papier. 333 feuillets. Hauteur, 25 centimètres et demi; largeur, 17 centimètres. 17 lignes par page. — (Ancien fonds 714, Colbert 4204.)

1695.

Même ouvrage.

Papier. 323 feuillets. Hauteur, 24 centimètres; largeur, 17 centimètres. 19 lignes par page. Ms. du XIIIe siècle (à l'exception des 23 derniers feuillets). — (Ancien fonds 715.)

1696.

Même ouvrage. Exemplaire écrit en 629 de l'hégire (1231-1232 de J. C.), pour la bibliothèque de Waḥîd al-Dîn Ḥoddjat al-Islâm al-Salmânî. Points-voyelles. Sur le verso du dernier feuillet, on lit une pièce de vers, composée à l'éloge de Moḥammad (?) Efendi (?) al-ʿImâdî, par ʿAbd al-Raḥmân Moḥammad al-Turkomânî. Cette pièce est datée de l'an 1130 de l'hégire (1718 de J. C.).

Papier. 160 feuillets. Hauteur, 30 centimètres et demi; largeur, 23 centimètres. 21 lignes par page. — (Supplément 786.)

1697.

Même ouvrage.

Papier. 248 feuillets. Hauteur, 26 centimètres; largeur, 17 centimètres. 21 lignes par page. Ms. du XIVe siècle. — (Supplément 787.)

1698.

Même ouvrage. Les rimes du texte sont ponctuées en rouge.

Papier. 272 feuillets. Hauteur, 21 centimètres; largeur, 15 centimètres. 23 lignes par page. Ms. du XVIe siècle. — (Ancien fonds 840.)

1699.

Même ouvrage. Exemplaire daté de l'an 1067 de l'hégire (1657 de J. C.). Quelques notes marginales.

2° (Fol. 197 v°.) Note relative à une controverse qui avait eu lieu en 1071 de l'hégire (1661 de J. C.) entre Moḥammad al-Bâbilî et certains théologiens chrétiens.

3° (Fol. 201 v°.) مراءة المعانى لادراك العالم الانسانى «Miroir des réalités, pour servir à faire comprendre le microcosme humain». Cet ouvrage, qui porte aussi le titre de طب الانسان لنفسه «Chaque homme son propre médecin» ou «Médecine de l'âme», est, d'après la préface, la traduction d'un traité de philosophie transcendante, composé en langue indienne, par un *djôguî* (جوكى), et intitulé انبرت كند «Réservoir de l'eau de la vie». Cet ouvrage a été traduit en persan par le cadi Rokn al-Dîn Moḥammad al-Samarqandî, et du persan en arabe par le célèbre théosophe Moḥyî al-Dîn Ibn al-ʿArabî. Il est divisé en dix chapitres, dont M. de Guignes a donné une bonne analyse dans les *Mémoires de l'Académie des inscriptions et belles-lettres*, ancienne série, t. XVI, p. 791.

4° (Fol. 215.) ثواب قضاء حوائج الاخوان واغاثة اللهفان «Récompense de ceux qui rendent service aux frères et qui portent secours à l'opprimé», par Moḥyî al-Dîn Ibn al-ʿArabî. L'auteur cite un grand nombre de traditions en faveur de la fraternité universelle.

5° (Fol. 225 v°.) Éloge de Jérusalem, en vers, par Moḥammad Efendi, qui avait été cadi de cette ville. Ces vers riment en ى.

6° (Fol. 229 v°.) Autre *qaṣîda* sur la rime ى du même auteur.

Papier. 232 feuillets. Hauteur, 21 centimètres; largeur, 15 centimètres. 21 lignes par page. Ms. du XVIIe siècle. — (Ancien fonds 839.)

1700.

كتاب الروضتين فى اخبار الدولتين «Les Deux Jardins, renfermant l'histoire des deux règnes», par Aboû Schâma Schihâb al-Dîn ʿAbd al-Raḥmân ibn Ismaʿîl, de Jérusalem, mort en 665 de l'hégire (1266-1267 de J. C.). Hadji Khalfa donne à cet ouvrage le titre de ازهار الروضتين «Fleurs des deux jardins». C'est une histoire des Atabecs de Mossoul, de Noûr al-Dîn et de Ṣalâḥ al-Dîn (Saladin), jusqu'à l'an 597 de l'hégire. Exemplaire daté de l'an 1121 de l'hégire (1709 de J. C.).

Papier. 294 feuillets. Hauteur, 33 centimètres et demi; largeur, 22 centimètres et demi. 43 lignes par page. — (Ancien fonds 707 A.)

1701.

Première partie du même ouvrage. Le titre de cet exemplaire a été altéré. Le premier feuillet a été ajouté après coup, ainsi que l'*explicit* du ms.

Papier. 211 feuillets. Hauteur, 27 centimètres et demi; largeur, 19 centimètres. 19 lignes par page. Ms. du XIVe siècle. — (Supplément 788.)

1702.

مفرّج الكروب فى اخبار بنى ايوب «Livre qui dissipe les soucis et qui renferme l'histoire des princes Ayyoubides», par le cadi Djâmâl al-Dîn Ibn Wâṣil (Moḥammad ibn Sâlim al-Ḥamawî), docteur schaféite, mort, selon Hadji Khalfa, en 697 de l'hégire (1297-1298 de J. C.). Le titre qui se trouve en tête du volume, ainsi que les renseignements qu'on lit au premier feuillet et au dernier, sont faux; ils ont été ajoutés après coup. Le texte authentique, c'est-à-dire la fin de l'histoire de l'an 530 de l'hégire, commence au second feuillet. Ce volume devait contenir l'histoire des années 530 à 680 de l'hégire; mais il y a plusieurs lacunes, dont quelques-unes très-considérables, et plusieurs feuillets sont intervertis.

Papier. 442 feuillets. Hauteur, 28 centimètres; largeur, 19 centimètres et demi. 21 lignes par page. Ms. du XIVe siècle. — (Supplément 725.)

1703.

Dernière partie de l'histoire des Ayyoubides de Djamâl

al-Dîn Ibn Wâṣil, commençant par le récit de la mort d'Al-Malik al-Kâmil, sultan d'Égypte, événement qui eut lieu en 635 de l'hégire. L'ouvrage se termine par l'expédition d'Al-Malik al-Ẓâhir Baïbars et du nouveau calife, Al-Mostanṣir II, contre la Syrie, en 650 de l'hégire. Entre les folios 8 et 9 il manque plusieurs feuillets.

2° (Fol. 172.) Continuation de la même histoire, par ʿAlî ibn ʿAbd al-Raḥîm ibn Aḥmad, secrétaire et client d'Al-Malik al-Moẓaffar (الكاتب الملك المظفرى), cousin et prédécesseur de l'historien Aboû 'l-Fidâ, dans la principauté de Ḥamâh. Le récit s'arrête à l'an 695 de l'hégire.

Papier. 216 feuillets. Hauteur, 28 centimètres; largeur, 18 centimètres. 23 lignes par page. Ms. de la fin du XIVe siècle. — (Supplément 742.)

1704.

Seconde et troisième parties de l'ouvrage intitulé تشريف الايام والعصور بسيرة السلطان الملك المنصور «Histoire du sultan al-Malik al-Manṣoûr (*Qalawoûn*), pour servir d'illustration aux jours et aux siècles». Ce volume renferme le récit des événements des années 681 à 689 de l'hégire, jusqu'à la mort de Qalawoûn. Le commencement et la fin de la troisième partie manquent. La seconde partie se termine au fol. 147 v°. Cet ouvrage renferme plusieurs pièces diplomatiques. (Voyez *Recueil des historiens orientaux des croisades*, t. I, p. LVI.)

Papier. 376 feuillets. Hauteur, 26 centimètres et demi; largeur, 20 centimètres. 7 lignes par page. Ms. de la fin du XIIIe siècle. — (Supplément 810, Saint-Germain 118 *bis*.)

1705.

Histoire du sultan mamlouc Al-Malik al-Nâṣir, fils de Qalawoûn. Ce volume, dont le commencement et la fin manquent, contient le récit des événements qui eurent lieu en Égypte, en Syrie et en Cilicie, pendant les années 704 et 705 de l'hégire. L'ouvrage, rédigé en prose rimée et du vivant même de ce sultan, n'est qu'un long et verbeux panégyrique du prince; mais il renferme plusieurs faits intéressants et ressemble beaucoup à l'histoire du sultan Qalawoûn, contenue dans le numéro précédent.

Papier. 107 feuillets. Hauteur, 25 centimètres et demi; largeur, 17 centimètres et demi. 9 lignes par page. — (Supplément 839, Saint-Germain 94.)

1706.

نزهة المالك والمملوك فى مختصر سيرة من ولى مصر من الملوك «Distraction pour les rois et leurs sujets, abrégé de l'histoire des souverains de l'Égypte», par Al-Ḥasan ibn abî Moḥammad ʿAbd Allah al-ʿAbbâsî al-Hâschimî, client d'Al-Malik al-Nâṣir, fils de Qalawoûn, et généralement connu sous le surnom d'*Al-Ṣafadî*. Résumé de l'histoire de l'Égypte, depuis les temps les plus reculés jusqu'au milieu de l'an 711 de l'hégire. Ms. daté de l'an 1012 de l'hégire (1603 de J. C.).

Papier. 47 feuillets. Hauteur, 21 centimètres; largeur, 15 centimètres et demi. 19 lignes par page. — (Supplément 823.)

1707.

المناقب السريّة المنتزعة من السيرة الظاهريّة «Les Vertus princières, abrégé de l'histoire de Ẓâhir», par Schâfiʿ ibn ʿAlî ibn ʿAbbâs. C'est le résumé, en prose, d'un long poème, composé par Aboû 'l-Fadhl ʿAbd Allah ibn ʿAbd al-Ṭâhir, renfermant l'histoire du sultan mamlouc Al-Malik al-Ẓâhir Baïbars. D'autres mains ont écrit sur les derniers feuillets plusieurs maximes, tant en prose qu'en vers, des traditions de Mahomet, etc. Ms. daté de l'an 716 de l'hégire (1316 de J. C.).

Papier. 160 feuillets. Hauteur, 20 centimètres et demi; largeur, 14 centimètres. 13 lignes par page. — (Ancien fonds 803.)

1708.

النور اللائح والدر الصادح فى اصطفا مولانا السلطان الملك الصالح «La Lumière brillante et l'amulette des perles, montrant que notre seigneur le sultan Al-Malik al-Ṣâliḥ jouit de la faveur divine», par Ibrâhîm ibn ʿAbd al-Raḥmân ibn ʿAbd Allah al-Qaïsarânî, le Qoraïschite, surnommé *Al-Khâlidî*, parce qu'il descendait de Khâlid ibn al-Walîd. C'est un panégyrique du sultan mamlouc, Al-Malik al-Ṣâliḥ Ismaʿîl, fils d'Al-Mâlik al-Nâṣir Moḥammad et petit-fils de Saïf al-Dîn Qalawoûn. L'auteur était secrétaire (كاتب دست) du sultan Al-Malik al-Ṣâliḥ. Il raconte d'une manière sommaire, mais avec les dates, comment la souveraineté de l'Égypte passa de Noûr al-Dîn Moḥammad, fils de Zengui, au petit-fils de Qalawoûn. Ce volume, écrit avec une rare élégance et de la main de l'auteur, porte un double frontispice, très-artistement exécuté en or et en couleurs; les deux dernières pages sont

ornées de la même manière. Ms. exécuté entre les années 743 et 746 de l'hégire (1342-1345 de J. C.).

Papier. 48 feuillets. Hauteur, 30 centimètres; largeur, 21 centimètres et demi. 7 lignes par page. — (Supplément 813, Saint-Germain 130.)

1709.

سكردان السلطان «Sucrier du sultan», par Aboû ʿAbd Allah ibn abî Ḥadjla (حجلة), natif de Tlemcen. Cet ouvrage, dédié au sultan mamlouc Al-Malik al-Nâṣir Ḥasan ibn Moḥammad, se compose de sept chapitres et un appendice, divisé aussi en sept parties, le tout servant à illustrer l'excellence du nombre *sept* et son rôle dans l'histoire de l'Égypte. C'est un recueil d'anecdotes en prose et en vers, composé en 757 de l'hégire (1356 de J. C.). La quatrième section de l'appendice traite des actes criminels commis par le calife fatémide Al-Ḥâkim bi-Amr Illâh. Voyez, pour le contenu de l'ouvrage, le Catalogue de la bibliothèque bodléienne, t. II, p. 140. La préface commence par ces mots : الحمد لله الذى انطق الطير بحكمه واجرى السبعة بقدرته. Ms. daté de l'an 834 de l'hégire (1431 de J. C.).

Papier. 115 feuillets. Hauteur, 18 centimètres; largeur, 13 centimètres et demi. 16 lignes par page. — (Ancien fonds 806, Colbert 6025.)

1710.

Même ouvrage. Ms. daté de l'an 869 de l'hégire (1465 de J. C.).

Papier. 219 feuillets. Hauteur, 26 centimètres; largeur, 18 centimètres. 17 lignes par page. — (Supplément 818.)

1711.

Même ouvrage. Ms. daté de l'an 870 de l'hégire (1465-1466 de J. C.).

Papier. 136 feuillets. Hauteur, 18 centimètres; largeur, 14 centimètres. 17 lignes par page. — (Ancien fonds 808.)

1712.

Même ouvrage.

Papier. 139 feuillets. Hauteur, 27 centimètres; largeur, 18 centimètres et demi. 17 lignes par page. Ms. du XIVe siècle. — (Ancien fonds 692.)

1713.

Même ouvrage. Au verso du folio 9 se trouve un planisphère grossièrement exécuté. Ms. daté de l'an 962 de l'hégire (1555 de J. C.).

Papier. 56 feuillets. Hauteur, 28 centimètres; largeur, 18 centimètres et demi. 27 lignes par page. — (Ancien fonds 694.)

1714.

Même ouvrage. Ms. daté de l'an 1061 de l'hégire (1651 de J. C.).

Papier. 120 feuillets. Hauteur, 21 centimètres; largeur, 15 centimètres et demi. 19 lignes par page. — (Supplément 819.)

1715.

Même ouvrage. Le dernier feuillet du ms. manque.

Papier. 124 feuillets. Hauteur, 19 centimètres; largeur, 15 centimètres. 17 lignes par page. Ms. du XVIIe siècle. — (Supplément 817.)

1716.

1° Même ouvrage. L'appendice est d'une écriture plus ancienne que le reste de l'ouvrage.

2° (Fol. 110.) طرح المدر لحل اللالاء والدرر. Commentaire sur un poème renfermant des conseils et des maximes de sagesse, par Yoûsof ibn Moḥammad ibn ʿAbd al-Djawwâd ibn Khidr al-Scharbînî. Le poème et le commentaire sont du même auteur, qui déclare n'y avoir employé que les quatorze lettres non ponctuées de l'alphabet arabe. Cet ouvrage a été composé en 1098 de l'hégire (1686-1687 de J. C.).

Papier. 150 feuillets. Hauteur, 20 centimètres; largeur, 15 centimètres. 15 lignes par page, puis 21 et 19 dans la première partie; 17 lignes dans la seconde. Ms. de diverses écritures du XVIIe siècle. — (Supplément 817 *bis*.)

1717.

Le *Soukkardân al-Solṭân* d'Ibn abî Ḥadjla. Exemplaire

composé de cahiers de diverses écritures, dont la plus moderne (fol. 128) est datée de l'an 1070 de l'hégire (1659-1660 de J. C.).

Papier. 128 feuillets. Hauteur, 18 centimètres; largeur, 13 centimètres et demi. 15 lignes par page. — (Ancien fonds 807, Colbert 6035.)

1718.

Fragment du même ouvrage, depuis la fin du chapitre III jusque vers la fin du chapitre VII.

Papier. 49 feuillets. Hauteur, 18 centimètres; largeur, 13 centimètres. 13 lignes par page. Ms. du XVe siècle. — (Supplément 2076.)

1719.

درة الاسلاك في دولة الاتراك « La Perle des colliers, concernant la dynastie des Turcs », par Ibn Ḥabîb (Al-Ḥasan ibn ʿOmar), mort en 779 de l'hégire (1378 de J. C.). Histoire, sous forme d'annales, des sultans mamloucs d'Égypte, depuis l'an 648 de l'hégire, renfermant un grand nombre de notices obituaires. D'après Hadji Khalfa, ces annales s'étendaient jusqu'à l'an 778 de l'hégire. Mais le présent exemplaire, composé de deux volumes reliés en un seul, s'arrête à l'an 760. Ms. daté de l'an 982 de l'hégire (1574 de J. C.).

Papier. 300 feuillets. Hauteur, 28 centimètres; largeur, 17 centimètres et demi. 31 lignes par page. — (Ancien fonds 688.)

1720.

Le premier volume du même ouvrage. Ce volume se termine avec l'année 714. Ms. daté de l'an 1026 de l'hégire (1617 de J. C.).

Papier. 178 feuillets. Hauteur, 22 centimètres; largeur, 15 centimètres et demi. 17 lignes par page. — (Supplément 849.)

1721.

منتخب تاريخ ابن حبيب « Extraits de l'ouvrage historique d'Ibn Ḥabîb », c'est-à-dire du *Dorrat al-Aslâk*, avec d'autres extraits. Le ms., un simple brouillon, est, paraît-il, de la main de l'historien Ibn Qâdhî Schohba. L'écriture est assez régulière, mais très-souvent dépourvue de points diacritiques et assez difficile à lire. Il y a des additions marginales d'une autre main. Ms. daté de l'an 816 de l'hégire (1413 de J. C., voyez fol. 133).

Papier. 270 feuillets. Hauteur, 19 centimètres; largeur, 14 centimètres. 19 lignes par page. — (Ancien fonds 859.)

1722.

Résumé de l'histoire musulmane, depuis l'avènement de Moʿâwiya ibn abî Sofyân jusqu'à l'an 783 de l'hégire, alors que Barqoûq plaça Ḥâddjî Ṣâliḥ, fils de Schaʿbân, sur le trône d'Égypte. Ce ms. paraît être le brouillon de l'auteur. Il y a des lacunes et plusieurs feuillets sont transposés.

Papier. 203 feuillets. Hauteur, 21 centimètres et demi; largeur, 16 centimètres. 12 à 18 lignes par page. — (Supplément 845.)

1723.

السيف المهنّد في سيرة الملك المؤيّد « L'Épée indienne, histoire du prince aidé de Dieu », par Aboû Moḥammad Maḥmoûd ibn Aḥmad al-ʿAînî. C'est un long panégyrique du sultan mamlouc, Al-Malik al-Mowayyad Aboû 'l-Naṣr, qui régnait de 815 à 824 de l'hégire. La partie historique de ce volume commence au fol. 53 v°, et s'arrête vers la fin de l'année 819, où l'ouvrage se termine. Le reste contient des louanges, des rêveries astrologiques et un arbre généalogique (fol. 18 v°), qui démontre que les Turcs sont les ancêtres de la race arabe.

Papier. 60 feuillets. Hauteur, 26 centimètres et demi; largeur, 18 centimètres. 24 et 25 lignes par page. Ms. du XVe siècle. — (Ancien fonds 685.)

1724.

1° زبدة كشف الممالك « La Crème de l'ouvrage intitulé *Kaschf al-Mamâlik* », par Khalîl ibn Schâhîn al-Ẓâhirî. C'est un tableau topographique, historique et politique de l'empire des sultans mamloucs de l'Égypte, vers l'année 839 de l'hégire, tiré de l'ouvrage du même auteur, intitulé كشف الممالك وبيان الطرق والمسالك. M. de Sacy en a publié un extrait dans sa *Chrestomathie arabe*, t. II, n° x. Le même savant nous apprend que l'auteur avait été nommé colonel dans la cavalerie de la garde (امير الف), en 843 de l'hégire (1439 de J. C.). Premiers mots de la préface : الحمد لله رافع بعض خلقه فوق بعض درجات. Ce volume a été écrit pour la bibliothèque du sultan Qâîtbey, par conséquent, entre les années 872 et 901 de l'hégire. En tête du ms. se trouve une note qui constate que

ce volume a été donné, en 890 de l'hégire, par ce sultan au collège qu'il avait fait construire dans la *Ṣaḥrâ*. (Voyez S. de Sacy, *l. c.*, t. I, p. 194.)

2° (Fol. 306 v°.) Lettre adressée par le sultan Al-Malik al-Aschraf Barasbey (بَرْسْبای) à Mirzâ Schâh Rokh, fils de Timour. Cette pièce a été publiée par M. de Sacy dans sa *Chrestomathie arabe*, t. I, p. 71.

Papier. 312 feuillets. Hauteur, 28 centimètres; largeur, 19 centimètres. 10 lignes par page. Ms. du XVe siècle. — (Ancien fonds 695.)

1725.

البيان والاعراب عن ما فى مصر من الاعراب «Notices sur les tribus arabes établies en Égypte», par Aḥmad ibn ʿAlî al-Maqrîzî. Ms. copié sur l'autographe et daté de l'an 841 de l'hégire.

Papier. 19 feuillets. Hauteur, 23 centimètres; largeur, 14 centimètres et demi. 23 lignes par page. Ms. du XVIIe siècle. — (Supplément 793.)

1726 et 1727.

كتاب السلوك لمعرفة دول الملوك «Introduction à la connaissance des dynasties», histoire d'Égypte, depuis l'avènement des Ayyoubides jusqu'à la fin de l'année 822 de l'hégire, par Taqî al-Dîn Aḥmad ibn ʿAlî al-Maqrîzî, mort en 845 de l'hégire (1442 de J. C.). L'auteur donne d'abord de courtes notices sur d'autres dynasties, telles que la dynastie des Bouïdes et celle des Seldjoukides. Il parle ensuite de Ṣalâḥ al-Dîn (Saladin), qu'il fait descendre de Maʿadd ibn ʿAdnân, puis il entre en matière et rapporte les événements de l'an 568 de l'hégire et des années suivantes, jusqu'à l'an 844. Le premier volume finit à la fin de l'an 753 de l'hégire. Copie datée de l'an 1041 de l'hégire (1631 de J. C.). La dernière partie du second volume, qui présente quelques lacunes, est d'une autre main, et datée de l'an 939 de l'hégire (1533 de J. C.).

2 vol. Papier. 630 et 488 feuillets. Hauteur, 26 centimètres et demi; largeur, 16 centimètres et demi. 25 lignes par page. — (Ancien fonds 672 et 673.)

1728.

Dernière partie du même ouvrage, embrassant l'histoire des années 801 à 822 de l'hégire.

Papier. 165 feuillets. Hauteur, 27 centimètres et demi; largeur, 18 centimètres. 31 lignes par page. Ms. du XVe siècle. — (Ancien fonds 674.)

1729 et 1730.

كتاب المواعظ والاعتبار فى ذكر الخطط والاثار «Les Avertissements et l'explication au sujet de la topographie et des monuments», par Taqî al-Dîn Aḥmad ibn ʿAlî al-Maqrîzî. Exemplaire daté de l'an 874 de l'hégire (1470 de J. C.).

2 vol. Papier. 350 et 368 feuillets. Hauteur, 27 centimètres; largeur, 19 centimètres. 35 lignes par page. — (Ancien fonds 673 A et B.)

1731 et 1732.

Même ouvrage. Frontispice orné dans chacun des deux volumes.

2 vol. Papier. 414 et 442 feuillets. Hauteur, 21 centimètres; largeur, 13 centimètres et demi. 29 lignes par page. Ms. du XVIe siècle. — (Ancien fonds 797 et 798.)

1733.

Même ouvrage. Un grand nombre de feuillets du ms. sont détériorés.

Papier. 517 feuillets. Hauteur, 26 centimètres; largeur, 16 centimètres. 35 lignes par page. Ms. du XVIe siècle. — (Supplément 2072.)

1734 et 1735.

Même ouvrage. Copie datée de l'an 978 de l'hégire (1570 de J. C.).

2 vol. Papier. 477 et 518 feuillets. Hauteur, 21 centimètres; largeur, 15 centimètres. 25 lignes par page. — (Supplément 926 et 926 *bis*.)

1736.

Même ouvrage. Ms. daté de l'an 981 de l'hégire (1573-1574 de J. C.).

Papier. 588 feuillets. Hauteur, 31 centimètres; largeur, 20 centimètres. 41 lignes par page. — (Ancien fonds 682, Colbert 2840.)

1737 à 1740.

Même ouvrage.

4 vol. Papier. 331, 272, 350 et 340 feuillets. Hauteur, 21 centimètres et demi; largeur, 14 centimètres. 27 lignes par page. Ms. du XVIIe siècle. — (Ancien fonds 795 A.)

1741 à 1743.

Même ouvrage.

3 vol. Papier. 269, 269 et 235 feuillets. Hauteur, 30 centimètres; largeur, 20 centimètres. 25 lignes par page. Ms. du XVIIe siècle. — (Ancien fonds 673 c.)

1744.

1° Premier volume du même ouvrage, finissant par le chapitre qui traite de l'ère des Perses.

2° (Fol. 194.) Notice chronologique des souverains hafsides.

3° (Fol. 194 v°.) Courte notice des peuples nègres (الخبر عن اجناس السودان).

4° (Fol. 196 v°.) Examen des traditions qui se rapportent à l'investiture d'ʿAlî par Mahomet près de l'*étang de Khomm* (غدير خم).

Ms. daté de l'an 881 de l'hégire (1476-1477 de J. C.).

Papier. 197 feuillets. Hauteur, 26 centimètres; largeur, 17 centimètres et demi. 31 lignes par page. — (Ancien fonds 676.)

1745.

Premier volume d'un exemplaire du *Khiṭâṭ* de Maqrîzî. Le commencement manque. Le volume suivant devait commencer par le chapitre intitulé ذكر الاهرام. Ms. daté de l'an 921 de l'hégire (1515 de J. C.).

Papier. 301 feuillets. Hauteur, 27 centimètres et demi; largeur, 18 centimètres et demi. 17 lignes par page. — (Supplément 2073.)

1746.

Premier volume du même ouvrage, se terminant par le chapitre intitulé ذكر ما كان من امر القصرين والمناظر بعد زوال الدولة الفاطمية. A la fin se trouve une courte notice biographique de l'auteur.

Papier. 381 feuillets. Hauteur, 27 centimètres; largeur, 18 centimètres. 36 lignes par page. Ms. du XVIe siècle. — (Supplément 925.)

1747.

Première moitié du même ouvrage. Le dernier feuillet manque; mais un savant musulman a reproduit, dans une très-mauvaise écriture et sur deux feuillets à part, la suite du chapitre qui, du reste, est beaucoup plus détaillé que celui de l'édition de Boulâq. Le même savant a écrit sur les marges de plusieurs feuillets du volume, notamment des feuillets 185 à 192, de longues notes et des éclaircissements historiques, qu'il paraît avoir tirés de son propre fonds.

Papier. 430 feuillets. Hauteur, 30 centimètres et demi; largeur, 20 centimètres et demi. 31 lignes par page. Ms. du XVIe siècle. — (Supplément 923, Saint-Germain 106.)

1748.

Premier volume du même ouvrage. Le dernier chapitre a été omis par le copiste. Le volume se termine par une courte notice biographique de l'auteur.

Papier. 311 feuillets. Hauteur, 31 centimètres; largeur, 21 centimètres. 35 lignes par page. Ms. du XVIIe siècle. — (Supplément 924, Saint-Germain 108.)

1749.

Premier volume du même ouvrage. Les derniers feuillets manquent. Le texte s'arrête au milieu de la description des bords du Nil, dans la ville de Miṣr (page 344, ligne 22 du premier volume de l'édition de Boulâq).

Papier. 488 feuillets. Hauteur, 21 centimètres; largeur, 15 centimètres. 25 lignes par page. Ms. du XVIIe siècle. — (Supplément 930.)

1750.

Premier volume du même ouvrage. Le dernier chapitre est celui qui traite des successeurs d'Alexandre dans le gouvernement de l'Égypte. (Voyez l'édition de Boulâq, t. I, p. 155.)

Papier. 222 feuillets. Hauteur, 26 centimètres et demi; largeur, 18 centimètres. 23 lignes par page. Ms. du XVIIe siècle. — (Supplément 927.)

1751.

Premier volume du même ouvrage.

Papier. 239 feuillets. Hauteur, 17 centimètres; largeur, 12 centimètres et demi. 23 lignes par page. Ms. du XVIIe siècle. — (Ancien fonds 799, Colbert 3677.)

1752.

Même ouvrage, second volume d'un exemplaire distribué en trois volumes. Le ms. commence par le chapitre sur Fosṭâṭ et finit par celui qui traite de l'hippodrome d'Al-Malik al-Nâṣir (الميدان الناصرى).

Papier. 257 feuillets. Hauteur, 27 centimètres et demi; largeur, 18 centimètres. 35 lignes par page. Ms. du XVe siècle. — (Ancien fonds 677.)

1753.

Second volume du même ouvrage, commençant par le chapitre sur Fosṭâṭ (t. I, p. 285 de l'édition de Boulâq), et finissant par la *Raḥaba wazîr Baghdâd* (t. II, p. 50 de la même édition). Le copiste a placé en tête du volume une liste de chapitres, dans laquelle il a intercalé quelques traditions relatives au Prophète.

Papier. 246 feuillets. Hauteur, 27 centimètres; largeur, 18 centimètres. 31 lignes par page et 29 lignes vers la fin du volume. Ms. du XVe siècle. — (Ancien fonds 678.)

1754.

Second volume du même ouvrage, commençant par le chapitre sur la fondation de la ville du Caire par les Fatémides (voyez l'édition de Boulâq, t. I, p. 361), et se terminant par celui qui renferme la liste des sultans mamloucs (voyez l'édition de Boulâq, t. II, p. 244, l. 4).

Papier. 275 feuillets. Hauteur, 27 centimètres; largeur, 18 centimètres et demi. 27 lignes par page. Ms. du XVIe siècle. — (Supplément 929.)

1755.

Second volume du même ouvrage, commençant par le chapitre relatif à la ville de Fosṭâṭ (voyez l'édition de Boulâq, t. I, p. 339), et finissant par le chapitre qui traite du pont de la route de Qalyoûb à Damiette » (*ibidem*, t. II, p. 171).

Papier. 223 feuillets. Hauteur, 26 centimètres et demi; largeur, 18 centimètres. 31 lignes par page, puis 33, puis 35 dans le dernier cahier, qui est d'une écriture plus moderne; le dernier feuillet est de la même écriture que le corps du volume. Ms. du XVIe siècle. — (Supplément 927 *bis*.)

1756.

Second volume du même ouvrage, commençant par le chapitre relatif à Fosṭâṭ, et se terminant par celui qui traite de l'île d'*Al-Rôdha*.

Papier. 270 feuillets. Hauteur, 27 centimètres; largeur, 18 centimètres. 31 lignes par page. Ms. du XVIIe siècle. —(Supplément 2074.)

1757 et 1758.

Second et troisième (dernier) volumes du même ouvrage. Vignette sur le verso du premier feuillet.

2 vol. Papier. 343 et 347 feuillets. Hauteur, 21 centimètres; largeur, 15 centimètres. 27 lignes par page. Ms. du XVIIe siècle. — (Ancien fonds 800 et 801, Colbert 3678 et 3679.)

1759.

Dernière partie du même ouvrage, commençant par le chapitre intitulé ذكر اخطاط القاهرة وظواهرها. Ce ms., daté de l'an 887 de l'hégire (1482 de J. C.), est de la main d'Aḥmad ibn Moḥammad al-Qasṭalânî, auteur du traité mystique intitulé المواهب اللدنية.

Papier. 277 feuillets. Hauteur, 26 centimètres; largeur, 18 centimètres et demi. 31 lignes par page. — (Supplément 923 *bis*, Saint-Germain 105.)

1760.

Dernière partie du même ouvrage, commençant par le chapitre intitulé ذكر حارات القاهرة وظواهرها.

Papier. 390 feuillets. Hauteur, 31 centimètres; largeur, 20 centimètres. 31 lignes par page. Ms. du XVIe siècle. — (Ancien fonds 680.)

1761.

Quatrième (dernier) volume du même ouvrage, com-

mençant par la section qui traite des collèges. (Voyez t. II, p. 362 de l'édition de Boulâq.)

Papier. 217 feuillets. Hauteur, 21 centimètres; largeur, 15 centimètres. 21 lignes par page. Ms. du XVIe siècle. — (Supplément 922, Saint-Germain 367.)

1762.

Troisième (dernier) volume du même ouvrage, commençant par le chapitre intitulé ذكر الجزائر, qui correspond à la page 177 de l'édition de Boulâq. Le copiste a ajouté à la fin de l'ouvrage trois courts chapitres, tirés d'une source anonyme, et intitulés الخبر عن الافرنجة «Notice sur les Francs», الخبر عن الامام الزيدى القايم بصنعا اليمن «Notice sur l'imam zaïdite de Ṣanʿâ, du Yémen», من الفوائد المعتبرة «Indication utile» (au sujet des symptômes de la grossesse chez les femmes). Frontispice orné.

Papier. 221 feuillets. Hauteur, 27 centimètres; largeur, 18 centimètres. 31 lignes par page. Ms. du XVIe siècle. — (Ancien fonds 681.)

1763.

Troisième (dernière) partie du même ouvrage, commençant par le chapitre intitulé ذكر الميادين.

Papier. 280 feuillets. Hauteur, 29 centimètres; largeur, 19 centimètres et demi. 23 lignes par page. Ms. du XVIIIe siècle. — (Supplément 925 *bis*.)

1764.

Deux fragments du même ouvrage. Le premier fragment, fol. 1 à 438, correspond au t. II, p. 1 à 324 de l'édition de Boulâq. Le second fragment, fol. 439 à 587, correspond au t. I, p. 68 à 285. Outre ce déplacement de feuillets on y remarque quelques lacunes. Ms. daté de l'année 964 de l'hégire (1557 de J. C.).

Papier. 587 feuillets. Hauteur, 31 centimètres; largeur, 21 centimètres. 35 lignes par page. — (Ancien fonds 679.)

1765.

قطف الازهار من الخطط والاثار «Cueillette de fleurs faite dans le *Khiṭaṭ* et dans les Monuments». Abrégé du *Khiṭaṭ* de Maqrîzî, rédigé par un descendant d'Aboû Bakr (الصديق), nommé Aboû 'l-Soroûr ibn Moḥammad ibn abî 'l-Soroûr al-Ṣiddîqî. Cet ouvrage, divisé en trente-quatre chapitres, a été achevé en 1054 de l'hégire (1644 de J. C.), et notre exemplaire, écrit de la main de l'auteur, est de l'an 1058 de l'hégire. La préface commence par ces mots : الحمد لله الذى اطلع شمس من افلاك السماء المحمدية.

Papier. 131 feuillets. Hauteur, 29 centimètres; largeur, 20 centimètres. 31 lignes par page. — (Supplément 931.)

1766.

Même ouvrage. Les derniers feuillets manquent.

Papier. 104 feuillets. Hauteur, 19 centimètres et demi; largeur, 15 centimètres. 27 lignes par page. Ms. du XVIIIe siècle. — (Ancien fonds 802.)

1767.

الفضائل الباهرة فى محاسن مصر والقاهرة «Prérogatives éclatantes ou avantages possédés par le vieux et le nouveau Caire». L'auteur de ce résumé ne se nomme pas, mais on voit (fol. 81 v°) qu'il avait étudié sous Al-Maqrîzî. Le contenu du livre est suffisamment indiqué par le titre. La préface commence par ces mots : الحمد لله الذى فاوت بين البلاد فى فضلها وصفاتها.

Papier. 148 feuillets. Hauteur, 18 centimètres; largeur, 11 centimètres. 17 lignes par page. Ms. du XVIe siècle. — (Ancien fonds 878, Colbert 6053.)

1768.

1° Fragments d'une histoire d'Égypte, dont l'auteur a connu la *Khiṭaṭ* de Maqrîzî.

2° (Fol. 31.) Fragments d'un ouvrage composé de plus de seize séances (مجلس), dans chacune desquelles l'auteur explique, avec de grands détails historiques et littéraires, un verset du Coran.

3° (Fol. 109.) Commentaire sur une prière, par laquelle on demande d'être préservé de péchés, d'erreurs de conduite, etc. Le commencement manque.

Papier. 166 feuillets. Hauteur, 21 centimètres et demi; largeur, 16 centimètres. 21 à 23 lignes par page. Ms. du XVIIe siècle. — (Supplément 1889.)

1769.

1° نزهة الانسان فى ذكر الملوك والاعيان «Agrément pour les hommes ou Histoire des rois et des personnages distingués». C'est une histoire des sultans mamloucs, depuis l'avènement d'Al-Mo'izz Aïbek, en 668 de l'hégire, jusqu'à l'inauguration de Qâïtbey, en 872 de l'hégire. L'auteur, dont le nom est resté inconnu, parle en détail des événements d'Égypte, année par année, et, dans la dernière moitié de son ouvrage, presque jour par jour. La préface commence par ces mots : الحمد لله الحنّان المنّان منشى الاكوان مدبر الزمان.

2° (Fol. 150.) Premier cahier d'un traité d'astrologie en cinq sections (فصل), dont chacune est divisée en plusieurs chapitres (باب). Le commencement manque, et il y a une lacune entre les folios 158 et 159.

3° (Fol. 160 v°.) Commencement d'une note sur les éléments de l'algèbre.

Papier. 160 feuillets. Hauteur, 22 centimètres; largeur, 14 centimètres et demi. 17 à 25 lignes par page. Écritures diverses. — (Supplément 838, Saint-Germain 365.)

1770.

مَنْشأ اللطافة فى ذكر من ولى الخلافة «Source de l'agrément, traité renfermant la mention de ceux qui ont rempli les fonctions de calife», par Aboû 'l-Maḥâsin Yoûsof ibn Taghrî Bardî (en turc, تكرى وردى *Deus dedit*), mort en 874 de l'hégire (1469-1470 de J. C.). Ce titre, écrit au verso du premier feuillet, est répété au fol. 24. Le titre absolument inexact qu'on lit sur le frontispice, كتاب تاريخ ابن ملكان, a été ajouté après coup. L'ouvrage (différent du مورد اللطافة du même auteur) commence par ces mots : الحمد لله العالم العلام البر السلام. Les premiers chapitres traitent de l'histoire ancienne de l'Égypte; il y est question de quelques prophètes, des rois qui ont régné dans ce pays avant le déluge, des Pharaons et des merveilles qui s'y trouvent. A la fin de cette section, l'auteur renvoie le lecteur à l'ouvrage d'Al-Qazwînî intitulé كتاب عجائب الدنيا والاخرة «Merveilles de ce monde et de l'autre». La seconde section, précédée du titre mentionné ci-dessus, commence par un chapitre sur les Arabes qui régnèrent en Égypte avant l'islamisme; viennent ensuite des notices assez courtes sur Mahomet, sur les quatre califes légitimes, sur les Omayyades, sur les Abbasides, jusqu'à Al-Mostakfî, sur les Fatémides, sur les Ayyoûbides et sur les sultans mamloucs, jusqu'en 719 de l'hégire. L'auteur parle d'une guerre qui eut lieu en Égypte, entre les Musulmans et les Francs. Viennent ensuite des notices sur les vizirs célèbres, à commencer par Yaḥyâ ibn Khâlid le Barmékide. Suit un journal de la dernière année du règne d'Al-Nâṣir, fils de Qalawoûn, et de la première année du règne d'Al-Malik al-Manṣoûr. Après quelques notices sur ceux des Compagnons et des *Tâbi'* qui ont vécu en Égypte, ainsi que sur les grands jurisconsultes, les littérateurs et les poètes, l'auteur reprend l'histoire des sultans mamloucs, en commençant par Al-Malik al-Ṣâliḥ Isma'îl, fils d'Al-Nâṣir. Les derniers feuillets du volume sont d'une autre main et contiennent la suite de l'histoire des sultans mamloucs, jusqu'à la conquête ottomane. Une troisième main a continué l'histoire jusqu'en 932 de l'hégire (1525-1526 de J. C.). Le travail de l'auteur paraît s'être arrêté à l'an 842, où il renvoie le lecteur à sa continuation de l'histoire d'Al-Maqrîzî (المذيل على تاريخ المقريزى).

Papier. 109 feuillets. Hauteur, 23 centimètres; largeur, 15 centimètres. 21 lignes par page. Ms. du xv° siècle. — (Ancien fonds 795.)

1771.

النجوم الزاهرة فى ملوك مصر والقاهرة «Brillantes étoiles, histoire des souverains de Miṣr et du Caire», par Djamâl al-Dîn Aboû 'l-Maḥâsin Yoûsof ibn Taghrî Bardî, تغرى بردى. Ce volume contient la première partie de l'ouvrage, c'est-à-dire l'histoire de l'Égypte, depuis la conquête musulmane jusqu'à l'an 254 de l'hégire. La préface commence par ces mots : الحمد لله الذى ايّد الاسلام ببعث سيد الانام. Ms. daté de l'an 881 de l'hégire (1476 de J. C.), mais le premier cahier est d'une écriture du xvii° siècle.

Papier. 220 feuillets. Hauteur, 27 centimètres et demi; largeur, 18 centimètres et demi. 25 lignes par page. — (Ancien fonds 654.)

1772.

Même ouvrage. Premier volume, se terminant par l'an 254 de l'hégire. Frontispice très-orné, où on lit que ce volume a été exécuté pour la bibliothèque de Son Excellence (المقرّ) Dhâdjî 'l-Djamâlî, inspecteur du domaine privé (ناظر الخواصّ الشريفة) et de l'armée.

Papier. 219 feuillets. Hauteur, 26 centimètres; largeur, 17 centimètres et demi. 23 lignes par page. Ms. du xv° siècle. — (Ancien fonds 659.)

1773.

Même ouvrage. Second volume, commençant à l'an 141 de l'hégire, et finissant par l'an 253. Ms. daté de l'an 883 de l'hégire (1478 de J. C.).

Papier. 228 feuillets. Hauteur, 28 centimètres; largeur, 18 centimètres. 17 lignes par page. — (Supplément 815, Saint-Germain 109.)

1774.

Même ouvrage. Second volume, commençant par l'an 254 de l'hégire, et finissant par l'an 524. Cet exemplaire a été écrit pour la bibliothèque d'un fonctionnaire égyptien, nommé Faradj, qui avait été grand chambellan du sultan mamlouc Al-Malik al-Aschraf Inâl, dont le père, Ized Beg (ازدبك), avait été *émir de mille*, c'est-à-dire colonel d'un des vingt-quatre régiments de cavalerie qui composaient la *ḥalqa* ou garde impériale. Ms. daté de l'an 885 de l'hégire (1481 de J. C.).

Papier. 228 feuillets. Hauteur, 27 centimètres; largeur, 18 centimètres. 29 lignes par page. — (Ancien fonds 669.)

1775.

Même ouvrage. Second volume, commençant par l'an 254 de l'hégire, et finissant par l'an 524. Le premier feuillet manque. Ms. daté de l'an 866 de l'hégire (1461-1462 de J. C.).

Papier. 196 feuillets. Hauteur, 27 centimètres; largeur, 18 centimètres. 25 lignes par page. — (Ancien fonds 660.)

1776.

Même ouvrage. Second volume, commençant à l'an 254 de l'hégire, et finissant par l'an 362. Frontispice orné.

Papier. 300 feuillets. Hauteur, 28 centimètres; largeur, 18 centimètres et demi. 13 lignes par page. Ms. du xve siècle. — (Supplément 815 *bis*, Saint-Germain 110.)

1777.

Même ouvrage. Second volume, commençant par l'an 255 de l'hégire, et finissant par l'an 524. Ms. daté de l'an 862 de l'hégire (1458 de J. C.). Frontispice très-orné, portant le titre de l'ouvrage ainsi que le nom de l'auteur.

Papier. 270 feuillets. Hauteur, 32 centimètres; largeur, 21 centimètres et demi. 23 lignes par page. — (Ancien fonds 671.)

1778.

Même ouvrage. Second volume, commençant par l'an 362 de l'hégire, et finissant par l'an 524. Frontispice orné.

Papier. 333 feuillets. Hauteur, 28 centimètres; largeur, 18 centimètres. 13 lignes par page. Ms. du xve siècle. — (Supplément 816.)

1779.

Même ouvrage. Troisième volume, commençant à l'an 524 de l'hégire, et finissant par l'an 675. Il y a quelques lacunes. Ms. autographe, daté de l'an 860 de l'hégire (1456 de J. C.).

Papier. 168 feuillets. Hauteur, 23 centimètres et demi; largeur, 16 centimètres. 26 lignes par page. — (Supplément 816 *bis*.)

1780.

Même ouvrage. Troisième volume, commençant par l'avènement du calife fatémide Al-Ḥâfiẓ ʿAbd al-Madjîd, en 525 de l'hégire, et finissant par l'an 675, dix-septième année du règne du sultan Al-Malik al-Ẓâhir Baïbars. Ms. daté de l'an 861 de l'hégire (1457 de J. C.).

Papier. 227 feuillets. Hauteur, 32 centimètres; largeur, 22 centimètres. 25 lignes par page. — (Ancien fonds 661.)

1781.

Même ouvrage. Troisième volume, commençant par l'an 525 de l'hégire, et finissant par l'an 675. Ms. copié en 866 de l'hégire (1462 de J. C.) sur le ms. autographe daté de l'an 860.

Papier. 197 feuillets. Hauteur, 27 centimètres; largeur, 18 centimètres et demi. 25 lignes par page. — (Ancien fonds 670.)

1782.

Même ouvrage. Troisième volume, commençant par le récit de l'avènement au trône d'Al-Malik al-Kâmil l'Ayyoubite, en 616 de l'hégire, et finissant par l'an 675. Le premier feuillet ne fait pas partie de l'ouvrage. Ms. daté de l'an 883 de l'hégire (1488 de J. C.), copié sur le ms. autographe.

Papier. 250 feuillets. Hauteur, 28 centimètres; largeur, 19 centimètres. 17 lignes par page. — (Ancien fonds 661 A.)

1783.

Même ouvrage. Quatrième volume, commençant par l'avènement d'Al-Malik al-Sa'îd Moḥammad, fils de Baïbars, en 676 de l'hégire, et finissant par l'an 783. Frontispice orné, portant le nom de l'auteur. Un titre inexact a été ajouté après coup.

Papier. 229 feuillets. Hauteur, 31 centimètres; largeur, 21 centimètres et demi. 33 lignes par page. Ms. du XVe siècle. — (Ancien fonds 663.)

1784.

Même ouvrage. Quatrième volume, commençant par l'avènement d'Al-Malik al-Sa'îd Moḥammad, fils de Baïbars, en 676 de l'hégire, et finissant par l'an 745. Ce ms., qui a fait partie du même exemplaire que le n° 1780, est daté de l'an 861 de l'hégire (1457 de J. C.). Frontispice et titre en or et en couleurs.

Papier. 259 feuillets. Hauteur, 32 centimètres; largeur, 22 centimètres. 25 lignes par page. — (Ancien fonds 662.)

1785.

Même ouvrage. Cinquième volume, commençant par l'avènement d'Al-Malik al-Kâmil Scha'bân, fils d'Al-Malik al-Nâṣir Moḥammad, en 746 de l'hégire, et finissant par l'an 800.

Papier. 194 feuillets. Hauteur, 27 centimètres et demi; largeur, 18 centimètres et demi. 27 lignes par page. Ms. du XVe siècle. — (Ancien fonds 664.)

1786.

Même ouvrage. Volume commençant par l'an 746 de l'hégire, à l'avènement d'Al-Malik al-Kâmil Scha'bân, et finissant par l'an 783 de l'hégire. D'après le titre, ce volume serait le neuvième d'un exemplaire complet, mais dans l'*explicit* il est désigné comme le cinquième. On lit dans le même *explicit* que ce ms. est de la main de Yoûsof Ibn Taghrî Bardî al-Atâbekî, c'est-à-dire de l'auteur lui-même.

Papier. 224 feuillets. Hauteur, 26 centimètres; largeur, 18 centimètres et demi. 17 lignes par page. Ms. du XVe siècle. — (Ancien fonds 665.)

1787.

Même ouvrage. Ce volume, qui a fait partie du même exemplaire que le n° 1785, commence par l'avènement d'Al-Malik al-Ẓâhir Barqoûq, en 784 de l'hégire, et finit par l'an 836. Frontispice orné, portant le nom de l'auteur. Un titre faux a été ajouté après coup.

Papier. 229 feuillets. Hauteur, 31 centimètres; largeur, 21 centimètres et demi. 33 lignes par page. Ms. du XVe siècle. — (Ancien fonds 666.)

1788.

Même ouvrage. Ce volume, le septième d'un exemplaire, commence au milieu de la biographie de Barasbey, et renferme l'histoire des années 836 à 856 de l'hégire. Les derniers feuillets manquent. Un feuillet blanc, coté 173, indique une lacune.

Papier. 193 feuillets. Hauteur, 28 centimètres; largeur, 18 centimètres. 25 lignes par page. Ms. du XVe siècle. — (Ancien fonds 667.)

1789.

Même ouvrage. Ce volume renferme l'histoire des années 842 à 872 de l'hégire. La copie n'a pas été achevée.

Papier. 155 feuillets. Hauteur, 27 centimètres et demi; largeur, 18 centimètres et demi. 27 lignes par page. Ms. du XVIIe siècle. — (Supplément 809.)

1790.

الكواكب الباهرة من النجوم الزاهرة «Astres brillants, de (l'ouvrage intitulé) *Al-Nodjoûm al-Zâhira*». C'est un abrégé du *Nodjoûm* renfermant l'histoire de l'Égypte, depuis la conquête jusqu'à l'an 867 de l'hégire, rédigé par l'auteur lui-même. Le présent ms. a été corrigé par l'auteur, et les derniers feuillets, dont il manque un ou plusieurs, sont de sa main. La préface commence par ces mots : الحمد لله الذى زين السماء الدنيا بالنجوم الزاهرة. Les premiers feuillets portent une pièce de vers et une litanie. Au fol. 3, on lit une courte notice biographique, très-mutilée, et dont l'écriture est celle d'Al-Maqrîzî. Ce feuillet a dû appartenir au brouillon d'un des volumes du *Moqaffâ*.

Papier. 211 feuillets. Hauteur, 22 centimètres; largeur, 16 centimètres. Au commencement 26, puis 25 lignes par page. Ms. du XVe siècle. — (Ancien fonds 789, Colbert 4516.)

1791.

Neuvième volume d'une chronique renfermant l'histoire de l'Égypte et de la Syrie, pendant les années 873 à 877 de l'hégire. Dans l'obituaire qui termine chaque année du récit, les noms des personnages, accompagnés de longs détails biographiques, sont disposés dans l'ordre de l'alphabet. La fin du volume manque. Les quatre derniers feuillets ne sont pas à leur place. D'après une note, en tête du volume, le titre de l'ouvrage serait انباء الهصر فى ابناء العصر, et le nom de l'auteur Noûr al-Dîn ʿAlî ibn Dâwoûd al-Khaṭîb al-Djauharî qui, selon Hadji Khalfa, a rédigé les annales de l'Égypte, de 786 à 870 de l'hégire, sous le titre de نزهة النفوس والابدان.

Papier. 207 feuillets. Hauteur, 27 centimètres et demi; largeur, 18 centimètres et demi. 21 à 23 lignes par page. Ms. du XVe siècle. — (Supplément 776.)

1792.

Modèle de trois inscriptions qui devaient être placées sur un certain nombre de ponts (قناطر) bâtis par le sultan mamlouc Qâït Bey, en 884 de l'hégire. La seconde et la troisième de ces inscriptions sont reproduites au bas des pages en caractères ordinaires.

Papier. 2 feuillets. Hauteur, 31 centimètres et demi; largeur, 22 centimètres et demi. La première inscription a 3 lignes, les deux autres 4. — (Supplément 2271.)

1793.

البدر الزاهر فى نصرة الملك الناصر «La Lune brillante, ou triomphe d'Al-Malik al-Nâṣir». C'est un panégyrique du sultan mamlouc Al-Malik al-Nâṣir Aboû 'l-Saʿadât Moḥammad, fils du sultan Qâït Bey. La préface commence par ces mots : الحمد لله الذى ملا بنصرة محمد قلوب عباده المسلمين بهجة وسرورا. L'ouvrage finit au fol. 132. Les quatre derniers feuillets contiennent un supplément. Ms. autographe, daté de l'an 902 de l'hégire (1496 de J. C.), provenant de la bibliothèque du sultan Al-Malik al-Nâṣir. Frontispice en or et en couleurs.

Papier. 137 feuillets. Hauteur, 18 centimètres; largeur, 13 centimètres. 7 lignes par page. — (Ancien fonds 805.)

1794.

كتاب حسن المحاضرة فى اخبار مصر والقاهرة «Causeries agréables au sujet de l'Égypte et du Caire», par Djalâl al-Dîn al-Soyoûṭî. Le texte de cet exemplaire paraît être celui de la première édition de l'ouvrage. Beaucoup de chapitres manquent, et la série des sultans d'Égypte s'arrête une vingtaine d'années plus tôt que dans d'autres examplaires. Une main africaine a inscrit sur le verso du dernier feuillet une pièce de (dix-huit) vers, rimant en لا, et contenant des observations sur les pratiques religieuses des chrétiens. Cette pièce est attribuée au grand docteur mystique, Moḥyî al-Dîn Ibn al-ʿArabî. Ms. daté de l'an 969 de l'hégire (1559-1560 de J. C.).

Papier. 136 feuillets. Hauteur, 21 centimètres; largeur, 15 centimètres et demi. 21 lignes par page. — (Ancien fonds 790.)

1795.

Même ouvrage. Exemplaire de la première édition.

Papier. 213 feuillets. Hauteur, 21 centimètres; largeur, 15 centimètres. 21 lignes par page. Ms. du XVIe siècle. — (Ancien fonds 793.)

1796.

Même ouvrage. Exemplaire de la première édition. Ms. daté de l'an 1072 de l'hégire (1661-1662 de J. C.).

Papier. 191 feuillets. Hauteur, 24 centimètres et demi; largeur, 13 centimètres et demi. 23 lignes par page. — (Supplément 801.)

1797.

Le حسن المحاضرة d'Al-Soyoûṭi.

Papier. 431 feuillets. Hauteur, 22 centimètres; largeur, 16 centimètres. 19 à 25 lignes par page. Ms. de diverses écritures; la partie la plus ancienne est du XVIe siècle. — (Supplément 803, Saint-Germain 366.)

1798.

Même ouvrage. Ms. daté de l'an 970 de l'hégire (1563 de J. C.).

Papier. 286 feuillets. Hauteur, 28 centimètres; largeur, 18 centimètres. 27 lignes par page. — (Supplément 802.)

1799.

Même ouvrage. Ms. daté de l'an 992 de l'hégire (1584 de J. C.).

Papier. 289 feuillets. Hauteur, 28 centimètres; largeur, 18 centimètres et demi. 35 lignes par page. — (Ancien fonds 652.)

1800.

Même ouvrage. Ms. daté de l'an 1008 de l'hégire (1599 de J. C.).

Papier. 317 feuillets. Hauteur, 30 centimètres et demi; largeur, 20 centimètres et demi. 31 lignes par page. — (Ancien fonds 649, Colbert 690.)

1801.

Même ouvrage. Ms. daté de l'an 1009 de l'hégire (1600 de J. C.).

Papier. 440 feuillets. Hauteur, 21 centimètres; largeur, 15 centimètres. 25 lignes par page. — (Ancien fonds 791.)

1802.

Même ouvrage. On remarque un grand nombre d'omissions dans cet exemplaire. La copie s'arrête au milieu du chapitre des grandes mosquées. Ms. daté de l'an 1009 de l'hégire (1600 de J. C.).

Papier. 334 feuillets. Hauteur, 21 centimètres; largeur, 12 centimètres et demi. 15 lignes par page. — (Ancien fonds 792.)

1803.

Même ouvrage.

Papier. 239 feuillets. Hauteur, 29 centimètres; largeur, 20 centimètres et demi. 35 lignes par page. Ms. du XVIIe siècle. — (Supplément 805.)

1804.

Même ouvrage.

Papier. 282 feuillets. Hauteur, 30 centimètres; largeur, 19 centimètres. 29 lignes par page. Ms. du XVIIIe siècle. — (Supplément 800.)

1805.

Même ouvrage. Ms. daté de l'an 1196 de l'hégire (1782 de J. C.).

Papier. 590 feuillets. Hauteur, 23 centimètres; largeur, 16 centimètres. 21 lignes par page. — (Supplément 807.)

1806.

Première partie du même ouvrage, finissant par le chapitre des poètes et des littérateurs. Ms. daté de l'an 1138 de l'hégire (1726 de J. C.).

Papier. 376 feuillets. Hauteur, 23 centimètres; largeur, 16 centimètres. 21 lignes par page. — (Supplément 806.)

1807.

Seconde partie du même ouvrage. Ms. daté de l'an 962 de l'hégire (1555 de J. C.).

Papier. 281 feuillets. Hauteur, 23 centimètres; largeur, 17 centimètres. 21 lignes par page. — (Ancien fonds 794.)

1808.

Fragment du même ouvrage, commençant par la fin

de la lettre *alif* du Dictionnaire des compagnons de Mahomet qui passèrent en Égypte, et finissant par la liste des grammairiens et des philologues.

Papier. 162 feuillets. Hauteur, 21 centimètres; largeur, 15 centimètres et demi. 19 lignes par page. Ms. du xviiie siècle. — (Supplément 2071.)

1809.

Fragment de même ouvrage, commençant au milieu du chapitre des traditionnistes et se terminant par le chapitre des poètes et des littérateurs. Il manque plusieurs feuillets au milieu du volume.

Papier. 79 feuillets. Hauteur, 21 centimètres; largeur, 15 centimètres. 26 à 28 lignes par page. Ms. du xviie siècle. — (Supplément 2070.)

1810.

Fragment du même ouvrage, commençant par l'article سند بن عنان du chapitre des jurisconsultes malékites, et se terminant par un des derniers articles du chapitre des traditionnistes célèbres. Les chapitres ne se suivent pas dans leur ordre naturel.

Papier. 218 feuillets. Hauteur, 21 centimètres et demi; largeur, 16 centimètres. 21 lignes par page. Ms. du xvie siècle. — (Supplément 808.)

1811.

1° Abrégé du *Hosn al-Mohâdhira* d'Al-Soyoûtî. Ce résumé est attribué à Aboû Ḥâmid al-Maqdisî, docteur hanbalite.

2° (Fol. 83 v°.) Notices diverses sur l'Égypte, formant un opuscule qui commence ainsi : الحمد لله رب العالمين قال عمرو بن العاص بن يوسف الكندى هذا كتاب امر بجمعه وحض على تاليفه الاستاذ اطال الله بقاه الخ

Ms. daté de l'an 1189 de l'hégire (1775 de J. C.).

Papier. 100 feuillets. Hauteur, 23 centimètres; largeur, 15 centimètres et demi. 23 lignes par page. — (Supplément 804.)

1812.

الدر الثمين المنظوم فيما ورد فى مصر واعمالها بالخصوص والعموم «Fil de perles précieuses, indication générale et particulière des faits qui sont arrivés au Caire et dans les provinces», par Al-Khaṭîb al-Djauharî (ʿAlî ibn Dâwoûd). Cet opuscule est divisé en vingt chapitres. Ms. daté de l'an 1019 de l'hégire (1611 de J. C.).

Papier. 44 feuillets. Hauteur, 21 centimètres et demi; largeur, 15 centimètres. 11 lignes par page. — (Supplément 812.)

1813.

Même ouvrage.

Papier. 80 feuillets. Hauteur, 21 centimètres; largeur, 14 centimètres et demi. 15 lignes par page. Ms. du xviie siècle. — (Ancien fonds 812.)

1814.

النزهة السنيّة فى ذكر الخلفاء والملوك المصريّة «Amusement qui a son prix, ou histoire des califes et des souverains de l'Égypte». Résumé historique composé de courtes notices sur les émirs et les souverains qui ont gouverné l'Égypte. L'auteur, Ḥasan al-Ṭoloûnî, ou, d'après Hadji Khalfa, Ḥasan ibn Ḥosaïn ibn Aḥmad, naquit en 832 de l'hégire (1428-1429 de J. C.). Hadji Khalfa dit que l'ouvrage s'arrête à l'an 909; mais on voit par notre exemplaire qu'un anonyme l'a continué jusqu'à l'an 982 de l'hégire, alors que le pacha ottoman, Ḥazrat Masîḥ, fut chargé du gouvernement de l'Égypte. A la suite de cet ouvrage se trouve, écrite de la même main, une copie apparemment tronquée de la dépêche adressée par Schâh Ismaʿîl au sultan Al-Ghaurî, avec la réponse de celui-ci. Le feuillet de garde du commencement porte une prière qu'on doit réciter après la lecture de la quatre-vingt-quatorzième sourate du Coran. A la fin du volume se trouvent quelques recettes médicales.

Papier. 90 feuillets. Hauteur, 21 centimètres; largeur, 15 centimètres. 11 lignes par page. Ms. du xvie siècle. — (Ancien fonds 780.)

1815.

1° Même ouvrage. Cet exemplaire se termine par l'article sur Toumân Bey.

2° (Fol. 26 v°.) Lettre de Qalawoûn, répondant à une lettre de Takôdâr, roi des Moghuls.

3° (Fol. 30.) انهج الطرائق والمناهج والسلوك الى تواريخ الانبياء والخلفاء والملوك «Le plus direct des chemins, des voies et des routes pour arriver à la connaissance de l'his-

toire des prophètes, des califes et des rois», par Moḥammad ibn Moḥammad al-Dja'farî, docteur schaféite. Le présent ms. contient la première partie de l'ouvrage, qui est un résumé de l'histoire universelle, depuis Adam jusqu'à l'an 70 de l'hégire. L'auteur indique dans la préface les sources où il a puisé, et particulièrement l'ouvrage du kâtib 'Imâd al-Dîn Moḥammad al Iṣfahânî, intitulé البستان الجامع لتواريخ الزمان «Le Jardin, renfermant l'histoire du temps». La préface se termine par une notice sur 'Imâd al-Dîn et un extrait de l'introduction de son ouvrage, et à la fin de cette première partie de l'ouvrage se trouvent (fol. 61 v°) quelques extraits du *Bostân*, et une pièce de vers dans laquelle l'auteur, Moḥammad al-Dja'farî le Schaféite, dit avoir terminé son ouvrage en 875 de l'hégire (1470-1471 de J. C.). Premiers mots de la préface : الحمد لله على كل حال الدائم الباقى بلا زوال.

4° (Fol. 65 v°.) Autre partie du même ouvrage, commençant par une préface dont les premiers mots sont : الحمد لله الكبير المتعال, et renfermant une esquisse assez confuse de l'histoire antéislamique, quelques extraits de la *qaṣîda* d'Ibn 'Abdoûn et des notices sur quelques compagnons de Mahomet, nommés dans ce poëme.

5° (Fol. 111.) Autre partie du même ouvrage, qui commence également par une préface et renferme une histoire de Mahomet, des califes et de l'Égypte, jusqu'à l'année 874 de l'hégire. On y trouve aussi des notices abrégées sur les Tahérides, les Bouides, les Aghlabides et les Omayyades d'Espagne.

Ms. daté de l'an 948 de l'hégire (1541-1542 de J. C.).

Papier. 228 feuillets. Hauteur, 18 centimètres et demi; largeur, 14 centimètres. 19 à 21 lignes par page. — (Ancien fonds 783.)

1816.

1° Sur les avantages dont jouit l'Égypte et sur l'histoire de ce pays. En tête du ms. on lit un titre ainsi conçu : كتاب فضائل مصر واخبارها وخواصّها للشيخ الامام الاوحد لحسن بن ابرهيم بن زولاق الخ. D'après la préface, qui est très-courte et qui commence par les mots قال الشيخ الامام الاوحد... بن زولاق, ce serait un abrégé du grand traité d'Ibn Zoûlâq, mort en 387 de l'hégire (997 de J. C.). A part quelques indications topographiques et quelques pièces en prose et en vers à la louange de l'Égypte, cet opuscule ne renferme que des fables; un des premiers chapitres traite des rois qui gouvernaient l'Égypte après le déluge.

2° (Fol. 50.) فتوح اليمن, roman historique de la conquête du Yémen par les armes d''Alî, fils d'Aboû Ṭâlib. L'auteur est nommé Aboû 'l-Ḥasan 'Alî ibn Aḥmad al-Bakrî. Les derniers feuillets manquent.

Papier. 88 feuillets. Hauteur, 21 centimètres; largeur, 14 centimètres. 15 lignes par page dans le premier ouvrage et 17 dans le second. Ms. du XVI° siècle. — (Supplément 790.)

1817.

تاريخ مصر وفضائلها لابن زولاق «Histoire de l'Égypte et de ses droits à l'excellence, par Ibn Zoûlâq». (Voyez le numéro précédent.) La préface commence par ces mots : اعلم ايها السامع وفقنى الله واياك اطاعته ان مصر كانت من اجل البلاد قدرا. A la fin du volume se trouvent quelques recettes médicales en langue turque, ainsi qu'une amulette. Ms. daté de l'an 1073 de l'hégire (1662-1663 de J. C.).

Papier. 93 feuillets. Hauteur, 21 centimètres; largeur, 14 centimètres et demi. 13 lignes par page. — (Supplément 820, Saint Germain 368.)

1818.

Courte description topographique et historique de l'Égypte, attribuée à Ibn Zoûlâq, commençant par ces mots : قال لحسن بن ابراهيم كانت مصر دار كفر والاسكندرية ومنيف الخ. Ms. daté de l'an 1118 de l'hégire (1706 de J. C.).

Papier. 45 feuillets. Hauteur, 20 centimètres et demi; largeur, 13 centimètres. 21 lignes par page. — (Supplément 821.)

1819.

1° Abrégé de l'histoire de l'Égypte, depuis les temps les plus anciens jusqu'à la conquête de ce pays par les Ottomans. En tête se trouve le titre suivant : جواهر البحور ووقائع الامور وعجائب الدهور واخبار الديار المصريّة الخ «Joyaux des mers et événements qui sont arrivés, etc.» D'après ce titre et les indications de Hadji Khalfa, on a cru que c'était l'ouvrage d'Ibrâhîm ibn Waṣîf Schâh; mais cet auteur est cité (fol. 41) lui-même parmi les sources.

2° (Fol. 89 v°.) Recueil de légendes relatives à Mahomet.

Le premier ouvrage est daté de l'an 1033 de l'hégire (1623-1624 de J. C.), le second de l'an 1032.

Papier. 121 feuillets. Hauteur, 21 centimètres; largeur, 15 centimètres. 19 lignes par page dans le premier ouvrage, 11 lignes dans le second. — (Ancien fonds 781.)

1820.

جواهر البحور ووقائع الامور «Joyaux des mers et événements qui sont arrivés». Résumé de l'histoire d'Égypte, différent de l'ouvrage contenu dans le numéro précédent, mais également attribué à Ibrâhîm ibn Waṣîf Schâh, bien que cet auteur soit cité parmi les sources (voyez fol. 19 v°). Cet ouvrage commence par un chapitre sur les avantages dont jouit l'Égypte, et donne ensuite de courtes notices des souverains qui y ont régné, depuis les temps les plus anciens jusqu'à la conquête de ce pays par les Ottomans. La préface commence par ces mots : الحمد لله على نعمة الزاخرة. Ms. daté de l'an 1118 de l'hégire (1706 de J. C.).

Papier. 128 feuillets. Hauteur, 20 centimètres et demi; largeur, 15 centimètres. 13 lignes par page. — (Supplément 847.)

1821.

Histoire des souverains d'Égypte, ouvrage rédigé sous forme d'annales et attribué à Ibn Asbâṭ (ابن اسباط), Ḥamza ibn Aḥmad al-Gharbî. Ce volume, dont les premiers feuillets manquent, commence au milieu de l'an 526 de l'hégire. Ms. daté de l'an 1080 de l'hégire (1669-1670 de J. C.).

Papier. 218 feuillets. Hauteur, 30 centimètres; largeur 19 centimètres et demi. 21 lignes par page. — (Supplément 720.)

1822 et 1823.

بدائع الزهور فى وقائع الدهور «Merveilles éclatantes, traité sur les événements des siècles», par Moḥammad ibn Aḥmad ibn Iyâs, docteur hanéfite et auteur de la cosmographie intitulée نشق الازهار. Cette grande compilation présente, après quelques généralités sur l'Égypte et sur les anciens rois de ce pays, les annales de l'Égypte, depuis la conquête musulmane jusqu'à la fin de l'année 928 de l'hégire. Le premier volume se compose de deux parties, dont la première renferme l'histoire de l'Égypte, jusqu'à l'avènement de la dynastie mamlouc circassienne; les derniers feuillets de cette partie manquent. La seconde partie du même volume est d'une autre écriture; elle commence (fol. 217) par l'histoire des Mamloucs circassiens et s'arrête à la fin de l'année 857 de l'hégire. Dans cette partie, l'auteur rapporte les événements mois par mois. Le second volume commence par l'an 858 de l'hégire, et finit par l'an 928. Dans cette partie, l'auteur raconte les événements mois par mois et souvent jour par jour. La copie est datée de l'an 1118 de l'hégire (1706-1707 de J. C.).

Papier. 333 feuillets. Hauteur, 29 centimètres; largeur, 18 centimètres. 31 lignes par page. Ms. du XVIII° siècle. — (Ancien fonds 595 A et B.)

1824.

بدائع الامور فى وقائع الدهور «Choses à remarquer parmi les événements des siècles», histoire d'Égypte, par Moḥammad ibn Aḥmad Ibn Iyâs. Le présent ms., neuvième volume de l'ouvrage complet, et qui renferme le récit des événements des années 891 à 912 de l'hégire, a été copié en 1127 de l'hégire (1715 de J. C.), sur l'autographe daté de l'an 914 de l'hégire (1508 de J. C.).

Papier. 167 feuillets. Hauteur, 28 centimètres et demi; largeur, 17 centimètres. 29 lignes par page. — (Ancien fonds 686.)

1825.

Même ouvrage. Ce volume, qui est le onzième d'un exemplaire, a dû commencer par l'an 922 de l'hégire, mais les premiers feuillets manquent; il se termine par les événements de l'an 928 de l'hégire. Le ms. sur lequel le présent volume a été copié était daté de l'an 934 de l'hégire (1528 de J. C.)[1].

Papier. 340 feuillets. Hauteur, 27 centimètres et demi; largeur, 18 centimètres. 15 lignes par page. Ms. du XVII° siècle. — (Ancien fonds 689.)

1826.

نزهة الناظرين فيمن ولى مصر من الخلفاء والسلاطين «Amusement pour les observateurs, faisant connaître les califes et les sultans qui ont régné en Égypte», par Marʿî (مرعى) ibn Yoûsof al-Maqdisî, docteur hanbalite. (Le ms. porte *Yoûsof ibn Marʿî*, mais c'est une faute du scribe.) Selon Hadji Khalfa, cet auteur mourut en 1033 de l'hégire (1623 de J. C.). Il acheva son ouvrage en 1007 de l'hégire. C'est un résumé de l'histoire de l'Égypte,

[1] Dans le ms. 1824, le titre de بدائع الامور فى وقائع الدهور a été ajouté après coup au commencement du volume. Dans le ms. 1825, ce même titre est indiqué dans l'*explicit*. Ce dernier texte s'accorde avec le بدائع الزهور. Mais le ms. 1824 présente une autre rédaction. H. Z.

depuis la conquête musulmane jusqu'à l'avènement du sultan ottoman, ʿOthmân, fils d'Aḥmad. L'ouvrage commence par ces mots : الحمد لله الباق وكل من عليها فان, et se termine par un chapitre sur les devoirs du souverain. Au commencement et à la fin du volume se trouvent un assez grand nombre de notes diverses, en arabe et en français, de la main de Venture de Paradis.

Papier. 86 feuillets. Hauteur, 21 centimètres; largeur, 16 centimètres. 21 lignes par page. Ms. du XVIIe siècle. — (Supplément 833.)

1827.

Même ouvrage. Ms. daté de l'an 1034 de l'hégire (1624 de J. C.).

Papier. 163 feuillets. Hauteur, 21 centimètres; largeur, 14 centimètres. 11 lignes par page. — (Ancien fonds 786.)

1828.

Même ouvrage. Ms. daté de l'an 1067 de l'hégire (1657 de J. C.).

Papier. 112 feuillets. Hauteur, 21 centimètres et demi; largeur, 15 centimètres. 17 lignes par page. — (Supplément 837.)

1829.

Même ouvrage. Ms. daté de l'an 1076 de l'hégire (1666 de J. C.).

Papier. 69 feuillets. Hauteur, 21 centimètres; largeur, 15 centimètres. 19 lignes par page. — (Supplément 834.)

1830.

Même ouvrage. A la fin du volume se trouvent deux traditions relatives aux derniers moments de la vie de Mahomet.

Papier. 95 feuillets. Hauteur, 20 centimètres et demi; largeur, 15 centimètres. 17 lignes par page. Ms. du XVIIe siècle. — (Supplément 835.)

1831.

Même ouvrage. La fin manque.

Papier. 54 feuillets. Hauteur, 20 centimètres; largeur, 14 centimètres et demi. 21 lignes par page. Ms. du XVIIIe siècle. — (Supplément 836.)

1832.

1° Histoire de la conquête de l'Égypte par le sultan ottoman Sélim Khân, et de la chute de la dynastie des Mamloucs circassiens. L'auteur, d'après la préface, serait Moḥammad al-Zanbalî (الزنبلى) al-Rammâl al-Maḥallî, mais dans d'autres exemplaires il est appelé Aḥmad ibn Zanbal al-Rammâl al-Maḥallî ou al-Maḥlâwî. Le récit se termine par le second avènement du sultan ottoman, Mouṣṭafâ Ier, en 1031 de l'hégire (1622 de J. C.). L'auteur dit dans sa préface, après le *bismillâh* : وبعد فقد سال الفقير الى الله تعالى الشيخ محمد الزنبلى الرمّال ان يوفقه الله تعالى ويعينه على التيسير اذ يولف سيرة الملك الاشرف السلطان الغورى رحمه الله مع السلطان سليم خان وما وقع لهم (*sic*) من الحروب والقتل والقتال والامر العجيب بعد الف صلاة ترضى الحبيب فنقول لما بلغ السلطان الغورى وامراء دولته وعسكره بان السلطان سليم خان قادم على مصر الخ

2° (Fol. 118.) Fragment (الباب العاشر), renfermant les noms et l'histoire des pachas qui gouvernèrent successivement l'Égypte, depuis la conquête de ce pays par le sultan Sélim jusqu'en 1028 de l'hégire (1619 de J. C.).

3° (Fol. 149.) Chapitre de l'Histoire des califes d'Al-Soyoûṭî, dans lequel cet auteur expose que la fin de chaque siècle était toujours signalée par un événement très-grave.

Papier. 150 feuillets. Hauteur, 21 centimètres et demi; largeur, 16 centimètres. 17 et 19 lignes par page. Ms. de deux écritures, dont la plus ancienne est du XVIIe siècle, et l'autre de l'an 1198 de l'hégire (1783-1784 de J. C.). — (Supplément 794.)

1833.

Même ouvrage que l'article 1° du numéro précédent. La rédaction est différente. Ms. daté de l'an 1030 de l'hégire (1620-1621 de J. C.).

Papier. 139 feuillets. Hauteur, 20 centimètres et demi; largeur, 14 centimètres et demi. 17 lignes par page. — (Supplément 796.)

1834.

Même ouvrage. Ms. daté de l'an 1066 de l'hégire (1655-1656 de J. C.).

Papier. 168 feuillets. Hauteur, 15 centimètres et demi; largeur, 10 centimètres et demi. 13 lignes par page. — (Ancien fonds 880.)

1835.

Même ouvrage. Ce ms. présente la même rédaction que le n° 1834, mais dans la préface on lit le nom de l'auteur ainsi : Moḥammad ibn Zanbal al-Rammâl al-Maḥlâwî; et dans le titre on lit : Aḥmad ibn Zanbal al-Maḥlâwî al-Rammâl. Ms. daté de l'an 1083 de l'hégire (1672 de J. C.).

Papier. 81 feuillets. Hauteur, 21 centimètres; largeur, 15 centimètres et demi. 21 lignes par page. — (Ancien fonds 809.)

1836.

Même ouvrage. Ms. daté de l'an 1179 de l'hégire (1765-1766 de J. C.).

Papier. 194 feuillets. Hauteur, 21 centimètres; largeur, 14 centimètres et demi. 17 lignes par page. — (Supplément 797.)

1837.

Même ouvrage. Ms. daté de l'an 1186 de l'hégire (1772-1773 de J. C.).

Papier. 73 feuillets. Hauteur, 22 centimètres; largeur, 15 centimètres. 25 lignes par page. — (Supplément 795.)

1838.

Même ouvrage. Exemplaire écrit par Michel Ṣabbâgh, en 1809, et copié sur un ms. daté de l'an 1081 de l'hégire (1670-1671 de J. C.).

Papier. 132 feuillets. Hauteur, 20 centimètres; largeur, 15 centimètres. 14 lignes par page. — (Supplément 798.)

1839.

لطائف اخبار الاول فى من تصرّف فى مصر من ارباب الدول

« Beautés de l'histoire ancienne ou notices des souverains qui ont régné sur l'Égypte », ouvrage composé en 1031 de l'hégire (1622 de J. C.), sous le règne du sultan ottoman Moustafâ Ier, fils de Mahomet III, par Moḥammad ibn ʿAbd al-Moʿṭî al-Isḥâqî. L'introduction renferme des considérations générales sur l'Égypte, et quelques notions sur l'histoire de ce pays avant l'islamisme; viennent ensuite dix chapitres consacrés à l'histoire de ce pays, depuis le califat d'Aboû Bakr jusqu'en 1032 de l'hégire. Un appendice contient des exhortations religieuses, des conseils et des anecdotes touchant les rois et les princes. Copie exécutée en 1040 de l'hégire (1630 de J. C.), sur le ms. de l'auteur.

Papier. 230 feuillets. Hauteur, 26 centimètres; largeur, 16 centimètres et demi. 19 lignes par page. — (Supplément 829.)

1840.

Même ouvrage. Ms. daté de l'an 1045 de l'hégire (1636 de J. C.).

Papier. 248 feuillets. Hauteur, 21 centimètres et demi; largeur, 15 centimètres. 19 lignes par page. — (Supplément 825.)

1841.

Même ouvrage. Ms. daté de l'an 1052 de l'hégire (1643 de J. C.).

Papier. 236 feuillets. Hauteur, 21 centimètres; largeur, 13 centimètres et demi. 19 lignes par page. — (Supplément 830.)

1842.

Même ouvrage. Ms. daté de l'an 1074 de l'hégire (1664 de J. C.).

Papier. 191 feuillets. Hauteur, 20 centimètres et demi; largeur, 15 centimètres. 25 lignes par page. — (Supplément 826.)

1843.

Même ouvrage. Ms. daté de l'an 1080 de l'hégire (1669-1670 de J. C.).

Papier. 244 feuillets. Hauteur, 20 centimètres; largeur, 16 centimètres. 23 lignes par page. — (Ancien fonds 782.)

1844.

Même ouvrage.

Papier. 208 feuillets. Hauteur, 21 centimètres; largeur, 15 centimètres. 19 lignes par page. Ms. du XVIIe siècle. — (Ancien fonds 782 A.)

1845.

Même ouvrage.

Papier. 184 feuillets. Hauteur, 21 centimètres; largeur, 15 centimètres. 25 lignes par page. Ms. du XVIIe siècle. — (Ancien fonds 787.)

1846.

Même ouvrage.

Papier. 176 feuillets. Hauteur, 21 centimètres et demi; largeur, 15 centimètres. 23 lignes par page. Écritures diverses du XVIIe siècle. — (Supplément 827.)

1847.

Même ouvrage. Cet exemplaire porte le titre suivant : دوحة الازهار الاسحاقيّة فيمن ولى الديار المصريّة «Bocage de fleurs d'Isḥâq, où l'on traite de ceux qui ont gouverné l'Égypte».

Papier. 100 feuillets. Hauteur, 21 centimètres; largeur, 15 centimètres. 21 lignes par page. Ms. du XVIIe siècle. — (Ancien fonds 788.)

1848.

Même ouvrage.

Papier. 166 feuillets. Hauteur, 21 centimètres; largeur, 17 centimètres. 23 lignes par page. Ms. de deux écritures, dont l'une est du XVIIe siècle, l'autre de l'an 1152 de l'hégire (1740 de J. C.). — (Supplément 828.)

1849.

Même ouvrage.

Papier. 193 feuillets. Hauteur, 21 centimètres; largeur, 15 centimètres. 21 lignes par page. Ms. de plusieurs écritures, dont la plus ancienne est du XVIIIe siècle. — (Supplément 824.)

1850.

ذخيرة الاعلام بتواريخ الخلفاء الاعلام وامراء مصر الحكّام وقضاة قضاتها فى الاحكام «Trésor de renseignements au sujet des califes éminents et des émirs qui ont gouverné l'Égypte, avec la liste des cadis qui ont administré la justice dans ce pays», par Aḥmad ibn Sa'd al-Dîn al-Ghomrî al-'Othmânî. Histoire de l'Égypte, en vers, depuis la conquête musulmane jusqu'à l'an 1040 de l'hégire, suivie de la liste des cadis. Premier vers :

بدات باسم الواحد الرحمن   رب رحيم دائم السلطان

Papier. 220 feuillets. Hauteur, 22 centimètres; largeur, 15 centimètres. 21 lignes par page. — (Supplément 832.)

1851.

Même ouvrage. Ms. daté de l'an 1178 de l'hégire (1765 de J. C.).

Papier. 183 feuillets. Hauteur, 22 centimètres; largeur, 16 centimètres. 26 lignes par page. — (Supplément 831.)

1852.

الكواكب السائرة فى اخبار مصر والقاهرة «Les Étoiles qui marchent, histoire de l'ancien et du nouveau Caire», par Schams al-Dîn Moḥammad ibn abî 'l-Soroûr al-Bakrî al-Ṣiddîqî (descendant du premier calife, Aboû Bakr al-Ṣiddîq). C'est une description topographique de l'Égypte, accompagnée d'une histoire de ce pays. La partie historique commence par la mention des rois qui régnèrent en Égypte avant le déluge, et se termine à l'an 1063 de l'hégire. L'ouvrage est divisé en vingt chapitres, dont la liste est placée à la fin de la préface. Commencement : الحمد لله الذى فضل بعض البقاع على بعض وزادها شرفا وتبجيلا. M. de Sacy a donné une analyse de cet ouvrage dans le premier volume des *Notices et Extraits*, p. 165 et suiv. (Les patronymiques البكرى الصدّيقى y sont expliqués par «descendant de Moḥammad Baker (الباقر) et de Djafar Sadik».) Ms. daté de l'an 1055 de l'hégire (1645 de J. C.), mais corrigé quelques années plus tard par le même copiste (voyez fol. 74 et 89 v°).

Papier. 175 feuillets. Hauteur, 20 centimètres; largeur, 15 centimètres. 21 lignes par page. — (Ancien fonds 784.)

1853.

تراجم الصواعق فى وقعة الصناجق «Comment furent lancés les coups de foudre dans l'affaire des Ṣandjaq-Beys», par Ibrâhîm ibn abî Bakr al-Ṣâliḥî. C'est un récit très-circonstancié de la révolte des Ṣandjaq-Beys contre le gouvernement du pacha turc, en 1071 de l'hégire. L'ou-

vrage est divisé en cinq parties. La première partie ou l'introduction renferme des généralités sur la prédestination; le premier chapitre traite des versets du Coran que les hommes doivent méditer, le second de la date de cette révolte, et le troisième de la révolte de Moḥammad Bey dans la Haute Égypte, en 1069 de l'hégire; la cinquième partie renferme des considérations morales et religieuses sur les malheurs (مصائب) qui affligent les hommes. Ms. daté de l'an 1071 de l'hégire (1660-1661 de J. C.).

Papier. 86 feuillets. Hauteur, 21 centimètres; largeur, 15 centimètres. 19 lignes par page. Le premier cahier est d'une autre main et porte 25 lignes par page. — (Supplément 843.)

1854.

Histoire abrégée des sultans ottomans et des pachas de l'Égypte, jusqu'à l'an 1084 de l'hégire. Les derniers feuillets de ce volume sont couverts de notes de la main de Venture de Paradis.

Papier. 230 feuillets. Hauteur, 21 centimètres; largeur, 16 centimètres. 14 à 16 lignes par page. Ms. du XVIIIe siècle. — (Supplément 844.)

1855.

Fragment d'une histoire des sultans ottomans et des pachas turcs établis en Égypte. Les premiers cahiers (probablement six), et plusieurs feuillets à la fin, manquent. Le ms. commence au milieu de l'histoire de Moḥammad II, fils de Mourâd, conquérant de Constantinople. Le dernier article est consacré au règne de Solaïmân ibn Ibrâhîm Khân, qui monta sur le trône en 1099 de l'hégire. L'histoire des pachas de l'Égypte (fol. 30) est indiquée comme le quatrième chapitre (باب) de l'ouvrage. Le récit s'arrête à l'an 1120 de l'hégire.

Papier. 78 feuillets. Hauteur, 21 centimètres et demi; largeur, 15 centimètres. 23 lignes par page. Ms. du XVIIIe siècle. — (Supplément 2077.)

1856.

Récit de ce qui s'est passé en Égypte, depuis l'an 1191 de l'hégire jusqu'en 1198. Ouvrage sans titre, ni préface, ni nom d'auteur. Les premiers et les derniers feuillets sont endommagés par l'humidité.

Papier. 32 feuillets. Hauteur, 17 centimètres; largeur, 16 centimètres et demi. 15 lignes par page. — (Supplément 848.)

1857.

Histoire de l'expédition française en Égypte, par un chrétien de l'Orient, appelé *Nicolas le Turc* (نقولا الترك). L'ouvrage commence par une esquisse de la Révolution française et de la mort de Louis XVI. Cette relation a été publiée en arabe et en français, par M. Desgranges aîné. Ce ms., daté de l'an 1826 de J. C., a été écrit pour le chancelier du consulat français, à Damas.

Papier. 58 feuillets. Hauteur, 22 centimètres et demi; largeur, 16 centimètres. 28 lignes par page. — (Supplément 842.)

1858.

تذكرة لاهل البصائر والابصار مع وجه الاختصار « Aide-mémoire des gens intelligents, sous forme d'abrégé », récit des événements qui se passèrent en Égypte, depuis l'an 1120 de l'hégire jusqu'à l'expédition française, par le schaïkh Isma'îl Khaschâb (خشاب), secrétaire du divan du Caire sous l'administration française.

Papier. 26 feuillets. Hauteur, 19 centimètres et demi; largeur, 13 centimètres et demi. 17 lignes par page. — (Supplément 850.)

1859.

Vie de Mourâd Bey, émir mamlouc d'Égypte, mort en 1214 de l'hégire, pendant l'occupation française. Ms. daté de l'an 1216 de l'hégire (1801 de J. C.).

Papier. 30 feuillets. Hauteur, 22 centimètres et demi; largeur, 16 centimètres. 15 lignes par page. — (Supplément 2084.)

1860.

تحفة الناظرين فى من تصرّف فى مصر من الولاة والسلاطين « Présent pour les observateurs, indiquant les préfets et les rois qui ont gouverné l'Égypte », par 'Abd Allah ibn Ḥidjâzî, généralement connu sous les noms d'Al-Scharqâwî al-Khalwatî (الخلوتى). L'auteur donne d'abord un résumé de l'histoire d'Égypte, depuis l'époque de Mahomet jusqu'au règne du sultan ottoman Sélim III. Il termine (fol. 57 v°) par le récit de l'expédition française en Égypte, depuis l'an 1213 de l'hégire jusqu'au départ des Français. Ms. copié sur l'original qui était daté de l'an 1228 de l'hégire (1813 de J. C.).

Papier. 64 feuillets. Hauteur, 23 centimètres et demi; largeur, 16 centimètres. 21 lignes par page. — (Supplément 822.)

1861 à 1863.

عجائب الاثار فى التراجم والاخبار «Renseignements intéressants, en fait de notices biographiques et récits historiques», par ʿAbd al-Raḥmân ibn Ḥasan al-Djabartî (الجبرتى), docteur hanéfite. Ce corps d'annales et d'articles nécrologiques commence par le xiiᵉ siècle de l'hégire, et se termine par l'année 1220. L'auteur passe rapidement sur les événements des premières années, mais il traite avec plus de détails les années suivantes, et, vers la fin, il consacre un chapitre spécial à chaque mois de l'année. Dans la préface, il donne la liste des nombreux ouvrages qu'il a mis à contribution, et ce n'est qu'après une assez longue introduction, renfermant des généralités sur l'histoire de l'Égypte, qu'il aborde le sujet principal de son ouvrage. La préface commence par ces mots : الحمد لله القديم الاول الذى لا يزول ملكه ولا يتحول. Le premier volume se termine avec l'an 1189 de l'hégire. Le second volume, d'une main plus moderne, commence par l'an 1190 de l'hégire, et finit par l'an 1212. Le troisième volume commence par l'an 1213.

3 volumes. Papier. 473, 269 et 426 feuillets. Hauteur, 22 centimètres; largeur, 15 centimètres et demi. 25 lignes par page. — (Supplément 840.)

1864 à 1866.

Même ouvrage. Cet exemplaire a été copié sur le ms. de l'auteur. La division des volumes est la même que celle de l'exemplaire précédent.

3 vol. Papier. Le tome I renferme 593 feuillets. Hauteur, 23 centimètres; largeur, 16 centimètres. 21 lignes par page. Le tome II, du même format, a 423 feuillets. Le tome III, 402 feuillets. Hauteur, 24 centimètres; largeur, 16 centimètres et demi. 25 lignes par page. — (Supplément 841.)

7. HISTOIRE DE L'AFRIQUE ET DE L'ESPAGNE.

1867.

1° Histoire de l'Espagne par Moḥammad ibn ʿOmar Ibn al-Qoûṭîya (ابن القوطية). Le récit commence par la conquête arabe et se termine au règne d'ʿAbd al-Raḥmân III. Commencement : اخبرنا ابو بكر محمد بن عمر بن عبد العزيز قال حدثنا غير واحد من علمائنا منهم الشيخ محمد بن عمر بن لبانة الخ. On a inscrit, comme titre, sur le recto du premier feuillet, les mots تاريخ افتتاح الاندلس لابن القوطية. Ibn al-Qoûṭîya, descendant de Sara, petite-fille de Witiza, avant-dernier roi goth, naquit à Cordoue et mourut dans cette ville en 367 de l'hégire (977 de J. C.). (Voyez le Dictionnaire biographique d'Ibn Khallikân, t. III, p. 79 de la traduction anglaise, et une analyse de l'ouvrage dans l'introduction au *Bayân*, édition de M. Dozy, p. 28 et suiv.)

2° (Fol. 51 v°.) Autre relation de la conquête de l'Espagne par les Arabes et histoire des chefs qui ont gouverné ce pays. Le récit s'arrête au règne d'ʿAbd al-Raḥmân III. Voici le titre que le copiste a inscrit en tête de l'ouvrage : اخبار مجموعة فى افتتاح الاندلس وذكر من وليها من الامراء الى دخول عبد الرحمن بن معوية وتغلبه عليها وملكه فيها هو وولده والحروب الكائنة فى ذلك بينهم

Papier. 118 feuillets. Hauteur, 26 centimètres; largeur, 20 centimètres. 15 lignes par page. Ms. du xviᵉ siècle. — (Ancien fonds 706.)

1868.

الانيس المطرب روض القرطاس فى اخبار ملوك المغرب وتاريخ مدينة فاس «Le Compagnon qui fait le charme du jardin de Qarṭâs, ou Histoire des rois de la Mauritanie, ainsi que de la ville de Fez», par Ibn abî Zarʿ (زرع) Aboû 'l-Ḥasan Alî ibn Moḥammad. Tel paraît être le véritable titre de cet important ouvrage, qui a été traduit en allemand par Dombey, en portugais par le P. Moura, en français par Beaumier, et publié, avec une traduction latine, par Tornberg. Le jardin public appelé *Qarṭâs* avait été créé dans le voisinage de Fez par Zîrî ibn ʿAṭîya, souverain de cette ville et chef de la grande tribu des Maghrawa, qui porta lui-même le surnom de Qarṭâs et dont le règne se prolongea jusqu'en 391 de l'hégire. Dans quelques exemplaires, la préface, qui commence par les mots الحمد لله مصرف الامور بمشيئته وتدبيره, est précédée de deux lignes, où nous lisons : قال الشيخ الفقيه الجليل العالم العلامة المحدث ابو محمد صالح بن عبد الحليم رحمه الله «Voici ce que dit le professeur et légiste très-illustre et très-savant, le docte traditionniste Aboû Moḥammad Ṣâliḥ ibn ʿAbd al-Ḥalîm, maintenant décédé». On croit cependant que cette indication est fausse, et on a fait la remarque qu'Ibn Khaldoûn, toutes les fois qu'il cite le *Qarṭâs*, l'attribue à Ibn abî Zeraʿ. Telle est aussi l'opinion de Hadji Khalfa (édition de Flügel, t. I, p. 489). Dans quelques exemplaires, on lit المضروب بروض, المضروب روض, المعروف بروض, etc., au lieu de المطرب روض, expression que les copistes ne comprenaient pas.

Ce volume, qui a appartenu à Petis de Lacroix, est interfolié. Ms. daté de l'an 971 de l'hégire (1563 de J. C.).

Papier. 135 feuillets. Hauteur, 26 centimètres et demi; largeur, 20 centimètres. 31 lignes par page. — (Supplément 853.)

1869.

Même ouvrage. Ms. daté de l'an 1100 de l'hégire (1689 de J. C.).

Papier. 222 feuillets. Hauteur, 28 centimètres; largeur, 20 centimètres. 20 à 22 lignes par page. — (Supplément 853 *ter.*)

1870.

Commencement du même ouvrage. Ms. daté de l'an 1028 de l'hégire (1619 de J. C.).

Papier. 9 feuillets. Hauteur, 37 centimètres et demi; largeur, 25 centimètres. 24 à 26 lignes par page. — (Supplément 853 *bis.*)

1871.

1° عقد اللآلئ المستضيئة «Collier de perles brillantes», opuscule dans lequel on démontre l'authenticité de la généalogie d'Idrìs, fondateur de la dynastie des Idrìsides. L'auteur raconte l'histoire de ce prince, et, après avoir donné une courte description de Fez, il traite des diverses branches de la famille d'Idrìs. La préface commence par ces mots : الحمد لله الذى خلق الخلق فتعلى عن العرض. On lit, en tête de la préface, le titre suivant : كتاب القرطاس على الشجرة واخبار فاس وذرّيّة مولانا ادريس «Livre du *Qarṭâs* sur l'arbre (?) et histoire de Fez et de la postérité de notre seigneur Idrìs», et le nom de l'auteur Djalâl al-Dìn ʿAbd al-Raḥmân al-Soyoûṭì. L'*explicit* donne à peu près le même titre, mais dans la préface on lit celui qui est transcrit ci-dessus.

2° (Fol. 26 v°.) روضات الازهار فى التعريف فى ال سيدنا محمد المختار «Jardins de fleurs pour la connaissance des descendants de notre seigneur Moḥammad, l'élu de Dieu», par le chérif Moḥammad, fils d'Aḥmad al-Tafrâwì (التغراوى). Histoire abrégée des descendants de Mahomet, et surtout des Idrìsides, et généalogie d'un grand nombre de familles africaines dont l'origine remonte à Idrìs. Cet opuscule est daté de l'an 1162 de l'hégire.

3° (Fol. 50 v°.) كتاب الاعتبار من النسب (*sic*) النبى المختار «Considérations sur la progéniture du Prophète élu». Sur les Idrìsides et les généalogies des diverses branches de cette famille. Opuscule tiré d'un écrit laissé par Sìdì ʿAbd Allah al-Bakrì.

4° (Fol. 60 v°.) Autre opuscule, portant le même titre que le précédent et traitant du même sujet, par Aboû 'l-ʿAbbâs Aḥmad ibn ʿAbd Allah al-Bakrì.

5° (Fol. 70 v°.) Le *Qarṭâs*. La préface est omise, et il y a quelques lacunes dans le corps du texte. La copie est datée de l'an 1161 de l'hégire (1748 de J. C.).

Papier. 233 feuillets. Hauteur, 21 centimètres; largeur, 15 centimètres et demi. 22 lignes par page. Ms. du XVIIIᵉ siècle. —(Supplément 854.)

1872.

Copie authentique de la généalogie des Idrìsides, et un acte de notoriété constatant qu'une certaine personne appartenait à cette famille. Pièce dressée à Alger, vers l'an 1173 de l'hégire (1759-1760 de J. C.).

Rouleau de papier. Hauteur, 1 mètre 50 centimètres; largeur, 24 centimètres et demi. — (Supplément 2345.)

1873.

1° الحلل الموشيّة فى ذكر اخبار المرّاكشيّة «Robes de couleur, ou histoire de la ville de Maroc». Abrégé de l'histoire de cette ville, depuis sa fondation par Yoûsof ibn Tâschifìn, jusqu'à l'an 783 de l'hégire. On ne sait pas ce qui a pu donner naissance à l'erreur qui, dans l'ancien catalogue, a fait attribuer cet ouvrage à Ibn Baṭoûṭa.

2° (Fol. 51.) ذكر جزء من اخبار البحر وغرائبه ونبذ من اخبار فى ادم وذرّيّته وغير ذلك «Exposé des merveilles de la mer et de l'histoire d'Adam et de ses descendants». La mer dont il s'agit ici est celle de la Chine et de l'Inde. L'auteur parle des îles, d'Adam et des patriarches, de Dsoû 'l-Qarnaïn, de Methusalem et des descendants de Noé.

Ms. daté de l'an 996 de l'hégire (1590 de J. C.).

Papier. 192 pages. Hauteur, 21 centimètres; largeur, 15 centimètres. 21 lignes par page. — (Ancien fonds 825, Colbert 5296.)

1874.

Histoire des Almohades Ḥafṣides. Cet ouvrage, attribué à Aboû ʿAbd Allah al-Zarqaschì, commence par une notice touchant l'origine du Mahdì Ibn Toûmert et une courte esquisse de l'histoire des sultans almohades. L'histoire des Ḥafṣides s'arrête à l'avènement de Moḥammad al-Manṣoûr, fils d'Aboû Fâris ʿAbd al-ʿAzìz, en 839 de l'hégire (1435 de J. C.).

Ms. daté de l'an 1133 de l'hégire (1721 de J. C.).

Papier. 113 feuillets. Hauteur, 21 centimètres; largeur, 16 centimètres. 19 lignes par page. — (Supplément 852.)

IMPRIMERIE NATIONALE.

1875.

نظم الدرّ والعقيان فى بيان شرف بنى زيان «Fil de perles et d'or, traité de la noblesse des Benî Ziyân», par Moḥammad ibn ʿAbd Allah Ibn ʿAbd al-Djalîl al-Tanasî, mort en 899 de l'hégire (1494 de J. C.). Cet ouvrage, composé en l'honneur des ʿAbd al-Wâdites, souverains de Tlemcen, sous le règne d'Al-Motawakkil (Aboû ʿAbd Allah Moḥammad ibn Moḥammad ibn abî Thâbit ibn abî Tâschifîn), est divisé en cinq sections (قسم), dont la première traite de la généalogie de ce sultan et de l'origine illustre de la famille des Ziyânides; la seconde section traite des qualités qui conviennent à un souverain; la troisième se compose d'anecdotes piquantes et de traits d'esprit; la quatrième est une anthologie en vers et en prose; la cinquième est un traité de morale (voyez *Journal asiatique*, cahier d'octobre 1849 et cahier de décembre 1851). Le présent ms. ne renferme que les deux premières sections de l'ouvrage. La préface commence par ces mots : الحمد لله فالق الاصباح وجاعل الليل (*sic*) سكناء.

Papier. 152 feuillets. Hauteur, 26 centimètres et demi; largeur, 20 centimètres. 25 lignes par page. Ms. du xvᵉ siècle. — (Ancien fonds 703, Colbert 3103.)

1876.

Même ouvrage. À la fin se trouve un court précis historique des origines du peuple arabe, race à laquelle la famille berbère des Benî Ziyân prétendait appartenir; puis viennent quelques *qaṣîda* et autres pièces de vers, composées par le sultan Aboû Ḥammoû, حمّوا, de la dynastie d'ʿAbd al-Wâd. Ms. daté de l'an 1167 de l'hégire (1763 de J. C.). Le premier feuillet manque, ainsi que quelques feuillets à la fin.

Papier. 280 feuillets. Hauteur, 27 centimètres et demi; largeur, 17 centimètres et demi. 31 lignes par page. — (Supplément 852 *ter*.)

1877.

Épisodes de la conquête de l'Afrique par les Ottomans. Ms. daté de l'an 1265 de l'hégire (1849 de J. C.).

Papier. 35 feuillets. Hauteur, 23 centimètres; largeur, 18 centimètres. 11 lignes par page. — (Supplément 2448.)

1878.

سيرة المجاهد خير الدين. Vie de Khaïr al-Dîn Barberousse. Cet ouvrage (qui n'est pas le même que celui dont la traduction française a été publiée par MM. Sander Rang et Ferdinand Denis, d'après un ms. de la Bibliothèque nationale), commence ainsi : الخبر عن قدوم عروج رايس الى الجزاير وقدوم اخيه خير الدين بعده. Titre orné d'arabesques de diverses couleurs.

Papier. 114 feuillets. Hauteur, 25 centimètres; largeur, 19 centimètres. 19 lignes par page. Ms. du xviiᵉ siècle. — (Supplément 852 *bis*.)

1879.

Histoire de la conquête de l'Afrique [1]. Ms. daté du mois d'octobre 1866.

Papier. 60 feuillets. Hauteur, 24 centimètres; largeur, 18 centimètres. 22 lignes par page. — (Supplément 2429.)

1880.

فتوح افريقية والمغرب «Conquête de la Mauritanie» par les Musulmans, roman historique en deux parties. L'ouvrage est attribué à un auteur nommé Aboû 'l-Ḥasan Bakrî.

Papier. 174 feuillets. Hauteur, 25 centimètres; largeur, 18 centimètres. 29 lignes par page. Ms. du xviiᵉ siècle. — (Supplément 2342.)

1881.

فتوح افريقية «Conquête de la Mauritanie» par les Musulmans. Roman historique plein d'anachronismes, en deux parties [2]. Ms. daté de l'an 1148 de l'hégire (1735-1736 de J. C.).

Papier. 335 feuillets. Hauteur, 21 centimètres; largeur, 15 centimètres et demi. 17 lignes par page. — (Ancien fonds 824.)

1882.

نفح الطيب من غصن الاندلس الرطيب وذكر وزيرها لسان

---

[1] L'auteur dit dans la préface : فان هذا الكتاب جمعنا فيه فتوح افريقية بعد ان سألنى عنه صاحبى وهو ابو العبّاس احمد بن عبد الله الانطاكى H. Z. — [2] C'est le même ouvrage que le précédent. H. Z.

الدين ابن الخطيب «Odeur suave du rameau verdoyant de l'Espagne et biographie de Lisân al-Dîn ibn Khaṭîb, vizir espagnol». Histoire politique et littéraire de l'Espagne, par Aḥmad ibn Moḥammad al-Maqqarî, mort au Caire, en 1041 de l'hégire (1631 de J. C.). L'ouvrage se compose de deux parties, dont chacune est divisée en deux volumes. La première partie est consacrée à l'Espagne et la seconde au vizir Lisân al-Dîn. Une traduction anglaise de la première partie a été publiée par M. de Gayangos; le texte arabe de la même partie a été imprimé à Leyde, et une édition complète des deux parties a paru en Égypte. Dans l'introduction de l'édition de Leyde, M. Gustave Dugat a donné un aperçu général de l'ouvrage et une vie de l'auteur. Le présent ms. renferme les cinq premiers livres de la première partie.

Papier. 268 feuillets. Hauteur, 30 centimètres; largeur, 19 centimètres et demi. 33 lignes par page. Ms. du XVIIe siècle. — (Ancien fonds 704, Colbert 3150.)

1883.

Première partie du même ouvrage qui, dans cet exemplaire, porte le titre de عرف الطيب في اخبار ابن الخطيب «Odeur des parfums, ou histoire d'Ibn al-Khaṭîb». Ms. daté de l'an 1080 de l'hégire (1669 de J. C.).

Papier. 224 feuillets. Hauteur, 29 centimètres; largeur, 19 centimètres. 25 lignes par page. — (Ancien fonds 743.)

1884.

Second volume de la première partie et premier volume de la seconde partie du même ouvrage.

Papier. 220 feuillets. Hauteur, 30 centimètres; largeur, 20 centimètres et demi. 31 lignes par page. Ms. du XVIIe siècle. — (Ancien fonds 758, Colbert 3152.)

1885.

Second volume de la première partie du même ouvrage.

Papier. 268 feuillets. Hauteur, 30 centimètres; largeur, 19 centimètres et demi. 33 lignes par page. Ms. du XVIIe siècle. — (Ancien fonds 705, Colbert 3151.)

1886.

Seconde partie du même ouvrage. Ms. daté de l'an 1039 de l'hégire (1629-1630 de J. C.).

Papier. 238 feuillets. Hauteur, 30 centimètres; largeur, 20 centimètres et demi. 33 lignes par page. — (Ancien fonds 759, Colbert 3153.)

1887.

المونس في اخبار افريقية وتونس «Le Compagnon agréable, traité de l'histoire d'Afrique et de Tunis», par Aboû ʿAbd Allah Moḥammad ibn abî 'l-Qâsim al-Roʿaïnî (الرعيني), généralement connu sous le nom d'Ibn abî Dînâr al-Qaïrawânî. Cet ouvrage, divisé en huit sections, a été achevé en 1092 de l'hégire (1681 de J. C.). La première section traite du nom de تونس, la seconde du nom de افريقية, la troisième de la conquête de ces pays par les Musulmans, la quatrième des califes fatémites, la cinquième du gouvernement des émirs sanhadjiens, la sixième de l'histoire des Ḥafṣides, la septième de l'histoire des Ottomans, et la huitième, intitulée *appendice* (خاتمة), divisée en quatre chapitres, renferme des notices diverses sur Tunis. La préface commence par ces mots : الحمد لله الذي لا يبدا احد في كتاب الا باسمه ليصل الى التمام. Une traduction française de cet ouvrage, a été publiée à Paris, en 1845, par MM. Pellissier et Rémusat. Ms. daté de l'an 1145 de l'hégire (1733 de J. C.).

Papier. 142 feuillets. Hauteur, 24 centimètres; largeur, 17 centimètres et demi. 22 lignes par page. — (Supplément 851.)

1888.

Histoire des ʿObaïdites, par Aboû ʿAbdallah Moḥammad ibn Ḥammâd. (Voyez *Journal asiat.*, 1852, t. II, p. 470). Ms. daté de l'an 1868.

Papier. 33 feuillets. Hauteur, 20 centimètres; largeur, 15 centimètres. 18 lignes par page. — (Supplément 2456.)

1889.

1° التذكار فيمن ملك طرابلس وما كان بها من الاخبار «L'Aide-mémoire, renfermant l'histoire de Tripoli et des souverains qui y ont régné», commentaire historique d'un éloge poétique de cette ville, composé par Aḥmad ibn ʿAbd al-Dâïm al-Anṣârî. L'auteur du commentaire, Moḥammad ibn Khalîl Ghalboûn (غلبون), nous donne l'histoire de Tripoli, depuis la conquête musulmane jusqu'au milieu du XIIe siècle de l'hégire. Les derniers feuillets manquent.

2° (Fol. 120.) Notice sur Tripoli, par le voyageur

Moḥammad ibn Moḥammad al-ʿAbdarî, qui avait visité cette ville en 688 de l'hégire (1289 de J. C.).

3° (Fol. 122.) Deux copies d'une pièce de vers d'un anonyme, renfermant l'éloge de Tripoli, pour répondre à une satire composée par un voyageur, natif de l'Orient.

Papier. 126 feuillets. Hauteur, 20 centimètres et demi; largeur, 15 centimètres et demi. Ms. du xviiie siècle. — (Supplément 2343.)

1890.

Histoire abrégée de la régence de Tripoli, depuis l'an 958 de l'hégire, et de la conquête du Fezzân. Texte arabe et traduction française, suivie de la traduction française de l'histoire du règne d'ʿAlî Caramanli, pacha de Tripoli de Barbarie. Ces pièces, traduites en français par un ancien vice-consul de France en cette résidence, ont été copiées par M. de Slane, en 1845, sur l'original, conservé dans la Bibliothèque de Malte.

Papier. 32 pages. Hauteur, 23 centimètres et demi; largeur, 16 centimètres et demi. — (Supplément 850 *bis*.)

1891.

Monographie de la ville de Ghadâmès. Commencement : الحمد لله هذه نسخة نقلت من زمام بلد غدامس القديمة نصّه الخ. Ms. daté de l'an 1181 de l'hégire (1767 de J. C.).

Papier. 7 feuillets. Hauteur, 20 centimètres; largeur, 15 centimètres et demi. 17 et 18 lignes par page. — (Supplément 2083.)

1892.

1° Histoire de la ville de Ghadâmès, précédée de conseils moraux et religieux. Mauvaise compilation, faite probablement par un Turc, et datée de l'an 1181 de l'hégire (1767 de J. C.)[1].

2° (Fol. 10.) Histoire de la ville de Tripoli d'Afrique qui se termine par le récit des conquêtes de Dseraghoût Pacha. Copie exécutée en 1809, par le chancelier du consulat de France (وانا كنسلير الفرانصيس فى بلد طربلس الغرب تممت هد (*sic*) النسخة فى اوايل ايام محرم سنه ١٢٢٤ الخ).

3° (Fol. 29 v°.) Modèles de lettres au sultan et à d'autres personnages.

4° (Fol. 59.) Recueil d'apophthegmes attribués à Aristote. A la fin se trouvent quelques maximes d'ʿAbd al-Malik ibn al-Marwân.

5° (Fol. 64.) Histoire de Maulây Solimân, empereur du Maroc, depuis l'an 1202 de l'hégire (1787-1788 de J. C.).

6° (Fol. 72 v°.) Notice topographique et historique de la ville de Fez, tirée d'un ouvrage d'Aḥmad ibn ʿAbd Allah al-Bornoûṣî.

7° (Fol. 82.) Généalogie des familles de l'Afrique occidentale, qui descendaient d'ʿAlî ibn abî Ṭâlib.

Papier. 93 feuillets. Hauteur, 32 centimètres; largeur, 21 centimètres et demi. Ms. de diverses écritures du xviiie siècle. — (Supplément 1954.)

1893.

كتاب ريّ الغليل فى اخبار بنى عبد الجليل « Livre qui désaltère l'homme altéré, histoire de la famille d'ʿAbd al-Djalîl », souverains du Fezzân, par Moḥammad ʿAbd al-Djalîl, fils du dernier sultan de ce pays. Ms. exécuté par l'auteur, à Paris, en 1862.

Papier. 103 feuillets. Hauteur, 28 centimètres; largeur, 22 centimètres et demi. 16 lignes par page. — (Supplément 850 *ter*.)

8. HISTOIRE DES CONTRÉES ORIENTALES.

1894.

Histoire du sultan ghaznévite Yamîn al-Daula Maḥmoûd ibn Sobokteguîn, par Aboû 'l-Naṣr Moḥammad ibn ʿAbd al-Djabbâr al-ʿOtbî. Cet ouvrage, connu sous le titre de تاريخ عتبى ou اليمينى, se termine par la mort de l'émir Naṣr, frère du sultan Maḥmoûd (en 412 de l'hégire?), et par l'éloge de ce prince, rédigé sous forme de lettre adressée à *tous les personnages distingués des pays qui s'étendent* depuis l'extrême Orient jusqu'au fond de l'ʿIrâq. C'est dans cette pièce que l'auteur indique ses noms, que nous avons transcrits ci-dessus. L'ouvrage d'Al-ʿOtbî est écrit dans un style très-recherché, inintelligible sans l'aide d'un commentaire ou de gloses. Aussi les marges de ce ms. sont-elles chargées de notes et d'éclaircissements, les

[1] C'est le même ouvrage que le numéro précédent. La date de 1181 de l'hégire, qu'on lit à la fin des deux exemplaires, est celle du ms. original. L'auteur se nomme également à la fin : Moustafâ Khôdja ibn Qâsim al-Miṣrî. H. Z.

uns à l'encre noire, les autres écrits en rouge. Ces derniers sont datés de l'an 668 de l'hégire (1269-1270 de J. C.). Plusieurs onglets, portant des notes d'une écriture très-moderne, sont intercalés dans le volume. La préface commence par ces mots : الحمد لله الظاهر باياته الباطن بذاته. M. de Sacy a inséré, dans les *Notices et extraits*, t. IV, p. 325, une analyse très-détaillée de la traduction persane de cet ouvrage. Ms. daté de l'an 617 de l'hégire (1220 de J. C.).

Papier. 322 feuillets. Hauteur, 20 centimètres et demi; largeur, 15 centimètres. 19 lignes par page. — (Supplément 770.)

1895.

Même ouvrage. Ms. daté de l'an 666 de l'hégire (1268 de J. C.). Notes marginales. En tête du volume se trouve le célèbre poème d'Avicenne sur l'âme.

Papier. 218 feuillets. Hauteur, 29 centimètres et demi; largeur, 18 centimètres et demi. 18 lignes par page. — (Supplément 771.)

1896.

Le Livre des Rois d'Aboû 'l-Qâsim Manṣoûr al-Ḥasan al-Ṭoûsî al-Firdoûsî, traduit du persan, par Al-Fatḥ ibn ʿAlî ibn Moḥammad al-Bondârî, d'Ispahân, auteur d'une histoire des vizirs seldjoukides, qui reproduit dans un style plus simple l'ouvrage d'ʿImâd al-Dîn al-Iṣfahânî. Cette traduction, qui n'est qu'un abrégé du texte persan, a été exécutée sous le règne d'Al-Malik al-Moʿaẓẓam, fils d'Al-Malik al-ʿÂdil, sultan ayyoubite de Damas, c'est-à-dire entre les années 615 et 624 de l'hégire, et non, comme on lit dans Hadji Khalfa, en 675 de l'hégire. Dans ce volume, l'ordre des cahiers est interverti; mais une note qu'on lit en tête du volume indique comment on peut le rétablir. C'est par mégarde que le copiste de la dernière partie de l'ouvrage écrit le nom du traducteur : Aboû 'l-Fatḥ ʿIsâ ibn ʿAlî ibn Moḥammad al-Iṣfahânî (fol. 199, 319), et ailleurs (fol. 258 v°), Al-Fatḥ ibn Khâkân.

Papier. 320 feuillets. Hauteur, 28 centimètres; largeur, 15 centimètres et demi. 25 et 27 lignes par page. La première partie paraît être du xvᵉ siècle; la seconde est datée de l'an 1039 de l'hégire (1629-1630 de J. C.). — (Ancien fonds 624.)

1897.

Seconde moitié du même ouvrage. Ms. daté de l'an 754 de l'hégire (1353 de J. C.). Les deux premiers feuillets sont d'une main moderne.

Papier. 228 feuillets. Hauteur, 27 centimètres; largeur, 18 centimètres et demi. 19 lignes par page. — (Ancien fonds 625.)

1898.

Histoire des Atabecs de Mossoul, par ʿIzz al-Dîn ʿAlî ibn el-Athîr, auteur de l'histoire universelle intitulée *Al-Kâmil*. Une analyse très-étendue de cette monographie, par M. de Guignes, se trouve dans les *Notices et extraits*, t. I, p. 542 et suiv. L'ouvrage a été publié dans le tome II du *Recueil des historiens arabes des croisades*.

Papier. 231 feuillets. Hauteur, 20 centimètres; largeur, 14 centimètres et demi. 13 lignes par page. Ms. du xviiᵉ siècle. — (Ancien fonds 818, Colbert 4995.)

1899.

سيرة السلطان جلال الدين منكبرتي «Histoire du sultan Djalâl al-Dîn Mankoubirti (Dieu donné)», roi du Kharizm, par Schihâb al-Dîn Moḥammad ibn Aḥmad ʿAlî al-Nasawî (النسوي), secrétaire de ce souverain. Cet ouvrage, composé en 639 de l'hégire, a beaucoup servi à M. D'Ohsson, fils, pour la rédaction de son *Histoire des Mongols* (voyez à la page III de l'Exposition du premier volume). On remarque à la page 314 cinq lignes d'écriture en langue et en caractères mongols, suivies des mots arabes هذا كتاب الامير سيف الدين نايب الكرك «Ceci est la lettre (ou l'écriture) de l'émir Saïf al-Dîn, lieutenant gouverneur d'Al-Karak». Le feuillet qui porte ces lignes est un bout de rouleau qui paraît avoir contenu une dépêche officielle et n'a aucun rapport avec le texte d'Al-Nasawî. Ms. daté de l'an 660 de l'hégire (1262 de J. C.).

Papier. 337 pages. Hauteur, 21 centimètres; largeur, 14 centimètres. 15 lignes par page. — (Ancien fonds 849.)

1900.

Histoire de Tamerlan, par Aḥmad ibn Moḥammad ibn ʿArabschâh. Le titre (عجائب المقدور في نوائب تيمور «les Merveilles de la destinée dans les aventures de Tîmoûr») manque dans cet exemplaire. A la suite de l'ouvrage

(fol. 173 v°) se trouve l'auto-biographie de l'auteur. Exemplaire daté de l'an 843 de l'hégire (1440 de J. C.).

Papier. 178 feuillets. Hauteur, 20 centimètres et demi; largeur, 15 centimètres. 19 lignes par page. — (Ancien fonds 850.)

1901.

Même ouvrage. En tête se trouve la liste des chapitres, et au fol. 128 v°, la figure de l'échiquier, inventé par Tamerlan. Ms. daté de l'an 855 de l'hégire (1451 de J. C.).

Papier. 139 feuillets. Hauteur, 26 centimètres et demi; largeur, 18 centimètres. 22 et 27 lignes par page. — (Supplément 775.)

1902.

Même ouvrage. A la fin du volume se trouvent les Visions d'Al-Ḥârith ibn Nabhân (نبهان).

Papier. 234 feuillets. Hauteur, 27 centimètres; largeur, 18 centimètres. 15 lignes par page. Ms. du xve siècle. — (Ancien fonds 709, Colbert 2826.)

1903.

1° Même ouvrage. La fin manque (à partir du cinquième chapitre, page 416 du tome Ier de l'édition de Manger).

2° (Fol. 74.) الفتوحات الربانيّة في مزج الاشارات الهمدانيّة «Révélations divines au sujet du mélange des Indications de Hamadân». Commentaire du traité mystique de Bâbâ Ṭâhir al-Hamadânî, composé en 889 de l'hégire (1484 de J. C.).

3° (Fol. 101.) Maximes de Bâbâ Ṭâhir al-Hamadânî.

4° (Fol. 108 v°.) La *Borda* d'Al-Bouṣîrî en takhmîs.

Papier. 143 feuillets. Hauteur, 27 centimètres; largeur, 18 centimètres. Ms. de diverses écritures. Les articles 2° et 3° sont datés de l'an 890 de l'hégire (1485 de J. C.) — (Ancien fonds 708.)

1904.

Histoire de Tamerlan d'Ibn ʿArabschâh. Les marges d'un certain nombre de feuillets sont couvertes de longs extraits de divers ouvrages, tels que la Géographie d'Idrîsî (fol. 30), etc. Mais l'écriture de ces extraits est presque indéchiffrable. Ms. daté de l'an 1013 de l'hégire (1605 de J. C.).

Papier. 195 feuillets. Hauteur, 21 centimètres et demi; largeur, 16 centimètres. 21 lignes par page. — (Supplément 774.)

1905.

Même ouvrage. Ms. daté de l'an 1157 de l'hégire (1745 de J. C.).

Papier. 205 feuillets. Hauteur, 21 centimètres; largeur, 15 centimètres et demi. 21 lignes par page. — (Supplément 773.)

9. DIVERS.

1906.

كتاب اخبار العبرانيين المسمّا كتاب المكابيين المنسوب الى يوسيبس ويسمّا يوسف بن كريون «Livre des histoires des Hébreux ou livre des Maccabées, attribué à Josippos ou Joseph ben Gorion». (Voyez, sur cet ouvrage, J. B. de Rossi, *Dizionario storico degli autori ebrei*, article *Gorionide*, et Hadji Khalfa, t. II, p. 121). Ms. daté de l'an 1057 des martyrs, 743 de l'hégire (1341 de J. C.).

Papier, 120 feuillets. Hauteur, 25 centimètres; largeur, 17 centimètres. 21 lignes par page. — (Ancien fonds 130.)

1907.

Relation des victoires de Louis XIV sur les Hollandais, en arabe, suivie de la fable du Soleil et des grenouilles (le soleil désigne le roi de France et les grenouilles les Hollandais), et accompagnée d'une traduction française. Ms. exécuté à Alep, en 1672 de J. C.

Papier. 27 feuillets. Hauteur, 20 centimètres et demi; largeur, 16 centimètres. 17 lignes par page. — (Supplément 2163.)

1908.

Même ouvrage, texte arabe et traduction française. Ms. exécuté à Alep, en 1673 de J. C., par Jean François La Croix, fils de l'interprète Pétis de La Croix.

Papier. 34 feuillets. Hauteur, 20 centimètres et demi; largeur, 15 centimètres et demi. 17 à 22 lignes par page. — (Ancien fonds 851, Colbert 3777.)

VII.

BIOGRAPHIE.

1. VIES DES PATRIARCHES ET DES PROPHÈTES.

1909.

قصص الانبيا « Histoire des prophètes », par Aboû 'l-Ḥasan Moḥammad ibn ʿAbd Allah al-Kisâʾî. (Voyez Hadji Khalfa, t. III, p. 174.)

Papier. 174 feuillets. Hauteur, 25 centimètres; largeur, 16 centimètres et demi. 23 lignes par page. Ms. du XVᵉ siècle. — (Supplément 632.)

1910.

Même ouvrage. A la fin du ms. on lit une prière, une tradition et une pièce de (trente-six) vers, citée par Ibn ʿAbbâs comme un des psaumes de David (سورة من الزبور).

Papier. 309 feuillets. Hauteur, 19 centimètres; largeur, 14 centimètres et demi. 17 lignes par page. Ms. du XVIᵉ siècle. — (Supplément 631.)

1911.

Même ouvrage. Le premier feuillet manque; d'autres, surtout vers la fin, ont été ajoutés après coup. Beaucoup de notes marginales en latin.

Papier. 192 feuillets. Hauteur, 26 centimètres; largeur, 18 centimètres et demi. 21 lignes par page. Ms. du XVIᵉ siècle. — (Ancien fonds 622.)

1912.

Même ouvrage.

Papier. 213 feuillets. Hauteur, 27 centimètres; largeur, 17 centimètres. 25 lignes par page. Ms. du XVIᵉ siècle. — (Supplément 633.)

1913.

Même ouvrage[1].

2° (Fol. 165.) « Extrait de l'histoire des prophètes d'Al-Thaʿlabî, renfermant les actes des apôtres envoyés à Antioche, ainsi que Dieu l'a dit dans le Coran (XXXVI, 12 et suiv.). Ce récit n'a pas été rapporté par Al-Kisâʾî. »

3° (Fol. 173.) Histoire du prophète Siméon.

4° (*Ibid.*) Histoire des gens du Fossé (اصحاب الاخدود, Coran, LXXXV, 4).

5° (Fol. 174.) Histoire des gens de l'Éléphant (Coran, CV, 1).

6° (Fol. 176.) Sur les mérites de l'ange Gabriel.

7° (Fol 177 v°.) Aventure de Moïse dans l'île merveilleuse.

8° (Fol. 183.) Des droits de la femme sur le mari.

9° (Fol. 183 v°.) Des droits du père sur le fils.

10° (Fol. 185 v°.) Des droits du mari sur la femme.

11° (Fol. 187 v°.) Des droits qui dérivent des liens du sang.

12° (Fol. 188.) Des droits réciproques des voisins.

13° (Fol. 192 v°.) Histoire de la conférence qui avait eu lieu entre quelques moines de Syrie et le calife Aboû Bakr.

14° (Fol. 195.) Histoire d'Aboû Yazîd al-Bostâmî et du moine.

15° (Fol. 196.) كتاب البعث والنشور. Sur la résurrection des morts, par Aboû ʿAbd Allah al-Ḥârith al-Moḥâsibî[2]. (Voyez Ibn Khallikân, traduction anglaise, t. I, p. 365.)

16° (Fol. 203.) Conseils adressés par le Prophète à ʿAlî.

17° (Fol. 207.) Conseils de Loqmân à son fils.

18° (Fol. 207 v°.) Prière de la *Cuirasse* (دعاء الجوشن), avec un commentaire. Opuscule attribué à Djaʿfar al-Ṣâdiq.

Ms. exécuté à la Mecque, l'an 1004 de l'hégire (1596 de J. C.).

Papier. 213 feuillets. Hauteur, 30 centimètres et demi; largeur, 21 centimètres. 25 lignes par page. — (Ancien fonds 620.)

1914.

Histoire des Prophètes d'Al-Kisâʾî. Ms. daté de l'an 1016 de l'hégire (1607 de J. C.).

Papier. 190 feuillets. Hauteur, 21 centimètres; largeur, 15 centimètres. 27 lignes par page. — (Ancien fonds 764.)

---

[1] Cet exemplaire porte le titre de : كتاب نفائس العرائس المعروف ببدو الخلق وفيه قصص الانبيآء. H. Z. — [2] Le ms. porte المحاسبى. H. Z.

1915.

Même ouvrage.

Papier. 145 feuillets. Hauteur, 20 centimètres et demi; largeur, 15 centimètres et demi. 23 lignes par page. Ms. du XVIIe siècle. — (Supplément 579.)

1916.

1° Même ouvrage. Quelques-unes des légendes qui, dans d'autres exemplaires, se trouvent à la suite de l'ouvrage, sont, dans le présent ms., intercalées dans le texte.

2° (Fol. 194.) Choix d'anecdotes concernant le Prophète.

Ms. daté de l'an 1076 de l'hégire (1666 de J. C.).

Papier. 222 feuillets. Hauteur, 29 centimètres; largeur, 21 centimètres. 25 lignes par page. — (Ancien fonds 621.)

1917.

Histoire des prophètes, peut-être le Qiṣaṣ قصص الانبياء d'Al-Kisâ'î. La copie n'est pas achevée. Le commencement manque [1].

Papier. 176 feuillets. Hauteur, 20 centimètres et demi; largeur, 15 centimètres. 13 lignes par page. Ms. du XVIIe siècle. — (Supplément 2058.)

1918.

Histoire des patriarches et des prophètes (عرائس المجالس), par Aboû Isḥâq Aḥmad ibn Moḥammad al-Tha'labî, mort en 427 de l'hégire (1035-1036 de J. C.). La fin manque. Quelques feuillets sont intervertis et tout le ms. a souffert de l'humidité.

Papier. 192 feuillets. Hauteur, 24 centimètres et demi; largeur, 17 centimètres et demi. 25 lignes par page. Ms. de la fin du XIe siècle. — (Ancien fonds 256.)

1919.

Même ouvrage. En tête du volume se trouve la liste des chapitres. Ms. daté de l'an 1124 de l'hégire (1712 de J. C.).

Papier. 332 feuillets. Hauteur, 22 centimètres et demi; largeur, 15 centimètres. 23 lignes par page. — (Supplément 628.)

1920.

Premier volume du même ouvrage.

Papier. 168 feuillets. Hauteur, 22 centimètres; largeur, 15 centimètres. 25 lignes par page. Ms. du XVIe siècle. — (Supplément 629.)

1921.

Second volume du même ouvrage. Ms. daté de l'an 869 de l'hégire (1465 de J. C.).

Papier. 192 feuillets. Hauteur, 26 centimètres et demi; largeur, 18 centimètres. 15 lignes par page. — (Ancien fonds 623.)

1922.

Second volume du même ouvrage.

Papier. 131 feuillets. Hauteur, 25 centimètres et demi; largeur, 17 centimètres. 17 lignes par page. Ms. du XVIe siècle. — (Supplément 630.)

1923.

Premier volume d'un قصص الانبياء ou histoire des prophètes. Cet ouvrage est divisé en séances (مجلس) et en chapitres (باب). Le présent ms. se termine par la mort de Josué. La préface commence par ces mots : الحمد لله الذى حكم على الاعمال بالاجال. Il est dit dans cette préface que l'auteur se nommait Aboû Isḥâq Aḥmad ibn Moḥammad al-Tha'labî; mais d'après une note, écrite d'une autre main, qu'on lit en tête du volume, cette histoire des prophètes présente le texte de d'Al-Tha'labî, combiné avec celui d'Al-Kisâ'î. Ms. daté de l'an 999 de l'hégire (1590-1591 de J. C.).

Papier. 391 feuillets. Hauteur, 21 centimètres; largeur, 16 centimètres. 21 lignes par page. — (Ancien fonds 767, Colbert 5001.)

[1] C'est, en effet, un exemplaire de l'ouvrage de Kisâ'î. Le ms. commence au milieu de l'histoire d'Abraham et finit au milieu de l'histoire de Moïse. Il manque quelques feuillets dans le corps du volume. H. Z.

1924.

Histoire des prophètes (قصص الانبياء), depuis Idrîs jusqu'à Mahomet. Une note, à la fin de l'ouvrage, qui est divisé en vingt-sept chapitres, nous apprend que l'auteur, dont nous ignorons le nom, a terminé son travail en 814 de l'hégire (1411 de J. C.). Ms. daté de l'an 1145 de l'hégire (1732-1733 de J. C.). Le premier feuillet manque. Il a été remplacé par un autre qui contient une préface rédigée après coup.

Papier. 92 feuillets. Hauteur, 21 centimètres; largeur, 15 centimètres. 17 lignes par page. — (Supplément 635.)

1925.

Histoire des prophètes (قصص الانبياء). Volume mutilé au commencement et à la fin. Le premier chapitre commence par ces mots : قد قدمنا ان الله خلق الارض قبل ان خلق السماء. Au verso du dernier feuillet, l'histoire de Hoûd commence ainsi : هود بن شالخ بن ارفخشذ بن سام بن نوح ويقال ان هود هو غابر بن شالخ الخ.

Papier. 76 feuillets. Hauteur, 21 centimètres; largeur, 15 centimètres. 25 lignes par page. Ms. du xviie siècle. — (Supplément 630 *bis*.)

1926.

لطائف قصص الانبياء «Les Passages intéressants de l'histoire des prophètes», par un auteur inconnu. L'ouvrage, divisé en seize chapitres, commence ainsi : الحمد لله الاول فلا شيء قبله. Ms. daté de l'an 1193 de l'hégire (1779 de J. C.).

Papier. 218 feuillets. Hauteur, 22 centimètres et demi; largeur, 16 centimètres. 7 à 11 lignes par page. — (Supplément 634.)

1927.

1° تحرير المنقول فى مناقب امّنا حواء وفاطمة البتول «Rédaction écrite des traditions concernant les mérites de notre mère Ève et de Fâṭima la vierge», par Noûr al-Dîn ʿAlî ibn Moḥammad Ibn al-Ṣabbâgh al-Mâlikî. Ouvrage schiïte, divisé en trente chapitres, dont la composition a été terminée en 1025 de l'hégire (1616 de J. C.). Le premier feuillet manque.

2° (Fol. 27 v°.) الفصول المهمّة فى معرفة الائمّة, par Ibn Ṣabbâgh. (Voyez ci-après, n° 2023.) Ms. daté de l'an 1038 de l'hégire (1628 de J. C.). Le dernier cahier est d'une écriture plus récente.

Papier. 157 feuillets. Hauteur, 19 centimètres; largeur, 10 centimètres. 27 lignes par page. — (Ancien fonds 881.)

1928.

Histoire de Noé et de la tour de Babel. Le commencement manque.

Papier. 6 feuillets. Hauteur, 20 centimètres; largeur, 13 centimètres et demi. 15 lignes par page. Ms. du xviie siècle. — (Supplément 2268.)

1929.

مثير الغرام وخلاصة الكلام فى فضل زيارة سيدنا الخليل عليه السلام «Livre qui excite le désir et qui renferme la crême du langage, montrant les mérites attachés au pèlerinage fait au tombeau de notre seigneur Abraham», par Tâdj al-Dîn Isḥâq al-Tadmorî (التدمرى), docteur schaféite et prédicateur de la mosquée d'Ibrâhîm, à Hébron. Cet ouvrage, divisé en vingt-sept sections et trois sections supplémentaires, traite non-seulement d'Abraham, mais aussi d'Ismael, d'Isaac, de Jacob, de Joseph et de Loth. Dans le présent exemplaire, le nom de l'auteur est écrit ainsi : Isḥâq ibn Ibrâhîm ibn Aḥmad ibn Moḥammad ibn Kâmil التزمرى, mais on remarque que la dénomination ethnique a été altérée. Ms. daté de l'an 1063 de l'hégire (1653 de J. C.).

Papier. 147 feuillets. Hauteur, 20 centimètres et demi; largeur, 14 centimètres et demi. 13 lignes par page. — (Supplément 617.)

1930.

Même ouvrage. Ms. daté de l'an 1084 de l'hégire (1673 de J. C.).

Papier. 202 feuillets. Hauteur, 21 centimètres; largeur, 15 centimètres. 17 lignes par page. — (Supplément 616.)

1931.

Recueil de légendes musulmanes, à savoir :

1. Histoire d'Abraham, par Ibrâhîm ibn ʿAbd al-Raḥmân, surnommé Ibn al-Karakî ابن الكركى.

2. Entretiens de Moïse avec Dieu (fol. 18 v°).

3. Questions qu'ʿAbd Allah ibn Salâm avait adressées au Prophète (fol. 32).

4. Histoire de Schordjîl ibn Djorhoûn (شرحبيل ابن جرحون), et des cent moines qui l'accompagnèrent à la Mecque et qui se convertirent tous à l'islamisme (fol. 52).

5. Conseils (وصيّة) que le Prophète avait adressés à ʿOmar ibn al-Khaṭṭâb (fol. 58 v°).

6° Histoire de l'ascension (معراج) de Mahomet au ciel, par Aboû 'l-Ḥasan al-Bakrî (fol. 70 v°).

7. Histoire des gens de la Caverne (les sept dormants) (fol. 91 v°).

8. Histoire de la Lune fendue par Mahomet (fol. 101 v°).

9. Histoire de Tamîm al-Dârî, qui avait été enlevé par un démon et qui était resté absent du monde pendant quelques années (fol. 105 v°).

10. Histoire d'Al-Ḥaddjâdj ibn Yoûsof et du jeune homme (الصبى), qui n'était autre que Ibn al-Ḥanafiyya (fol. 118).

11. Histoire d'Al-Ḥaddjâdj et d'Al-Rabîʿa ibn Ḥâtim (fol. 127).

12. Prière efficace qui avait préservé Anas ibn Malik de la colère d'Al-Ḥaddjâdj (fol. 143).

13. Histoire d'une femme juive qui avait perdu ses deux fils et qui avait eu une de ses mains coupée par ordre du roi. Un ange lui rendit tout ce qu'elle avait perdu (fol. 144 v°).

14. Histoire d'Aboû ʿAbd Allah al-Andalosî (fol. 145).

15. Histoire d'Al-Khidr (fol. 148 v°).

16. Histoire des chamelles qui avaient adressé la parole au Prophète (fol. 150).

17. Histoire de Malik ibn Dînâr et d'ʿAbd al-Raḥmân ibn Moḥammad (fol. 157).

18. Histoire d'un jeune homme de Médine et du Prophète (fol. 161).

19. Histoire de l'expédition d'Al-Rabâb et de ce qui arriva à Ghasschâm et à قطرية (ou قطرمة) avec ʿAlî, fils d'Aboû Ṭâlib (fol. 164).

20. Conversion de Dhirâr ibn al-Azwar, par ʿAlî, fils d'Aboû Ṭâlib (fol. 171).

21. Histoire du patriarche Joseph (fol. 191).

22. كتاب فضائل مصر «Traité des avantages de l'Égypte», par Al-Ḥasan ibn ʿAbd Allah al-Ṣafadî; compilation, dont la première moitié est un recueil de fables et la dernière un résumé de l'histoire d'Égypte, depuis la conquête musulmane jusqu'en 711 de l'hégire (fol. 211).

23. Histoire de Moʿâds ibn Djabal, de son expédition dans le Yémen et de la mort du Prophète (fol. 253).

Papier. 265 feuillets. Hauteur, 21 centimètres; largeur, 15 centimètres et demi. 17 lignes par page. Ms. du xviie siècle. — (Supplément 618.)

1932.

1° Histoire d'Abraham et du marchand.

2° (Fol. 5 v°.) Histoire de Job.

3° (Fol. 29 r°.) Histoire des sept hommes pieux et d'un roi d'Israël.

4° (Fol. 43 v°.) Extrait du «Poème militaire», العسكريّة, composé par Ṣalâḥ al-Dîn al-Ḥalabî. Premiers vers :

لك الحمد يا مولاى باطن وظاهر (sic)
والشكر للمختار خير العشاير
لك الحمد جدا لا ابتداء له ولا
نهاية لغايته وليس باخر

5° (Fol. 56.) La *Khamriyya* d'ʿOmar ibn al-Fâridh. Incomplet.

6° (Fol. 61.) Dialogue entre la plume et l'épée, en vers.

7° (Fol. 63 v°.) Histoire de Yoḥannâ al-Ṣâïgh.

8° (Fol. 71.) Histoire de Salomon et de la reine de Saba.

9° (Fol. 80.) Histoire d'ʿAïn al-Zamân et de Ṣâfî al-Raḥmân.

10° (Fol. 83 v°.) Histoire de Salmân le Persan.

11° (Fol. 95 v°.) Histoire d'Abel.

12° (Fol. 98.) Histoire du prophète Ṣâliḥ.

13° (Fol. 103 v°.) Histoire du prophète Isaïe.

14° (Fol. 105 v°.) Histoire de Loth.

15° (Fol. 115.) Histoire de Moḥammad Ibn al-Hâschimî.

16° (Fol. 120.) Histoire de Moḥammad Ibn al-Mobârak.

17° (Fol. 123.) Panégyrique des saints, en vers.

Papier. 129 feuillets. Hauteur, 16 centimètres et demi; largeur, 11 centimètres. 11 lignes par page. Ms. du xvi° siècle. — (Supplément 2211.)

1933.

زهر الكمام «Fleur du calice». Histoire du patriarche Joseph, par Aboû Isḥâq Ibrâhîm al-Ausî al-Anṣârî. Cet ouvrage, divisé en dix-sept séances ou discours, et contenant un grand nombre de versets du Coran, de traditions, de réflexions morales, d'anecdotes édifiantes, de pièces de vers et de morceaux en prose rimée, a probablement été composé au xiii° ou au xiv° siècle.

Papier. 129 feuillets. Hauteur, 29 centimètres et demi; largeur, 21 centimètres et demi. 31 lignes par page. Ms. du xvi° siècle. — (Supplément 621.)

1934.

Même ouvrage. Ms. daté de l'an 1082 de l'hégire (1671-1672 de J. C.).

Papier. 124 feuillets. Hauteur, 20 centimètres; largeur, 15 centimètres. 21 lignes par page. — (Ancien fonds 766.)

1935.

Même ouvrage, avec une préface entièrement différente. On remarque aussi quelques légers changements dans le corps de l'ouvrage.

Papier. 149 feuillets. Hauteur, 31 centimètres et demi; largeur, 15 centimètres et demi. Au commencement, 17 lignes par page, puis 15 lignes. Ms. du xvii° siècle. — (Ancien fonds 765.)

1936.

Même ouvrage.

Papier. 448 feuillets. Hauteur, 21 centimètres; largeur, 15 centimètres. 13 lignes par page. Ms. du xvii° siècle. — (Supplément 622.)

1937.

Même ouvrage. En tête du volume on lit le titre suivant : نشر الاكمام في قصة يوسف الصديق عليه السلام.

Papier. 137 feuillets. Hauteur, 21 centimètres et demi; largeur, 16 centimètres. 21 lignes par page. Ms. du xvii° siècle. — (Supplément 2054.)

1938.

Même ouvrage. Ms. daté de l'an 1197 de l'hégire (1686 de J. C.).

Papier. 218 feuillets. Hauteur, 23 centimètres; largeur, 16 centimètres. 17 lignes par page. — (Supplément 620.)

1939.

Histoire de Joseph, depuis sa jeunesse jusqu'au moment où son père, ayant recouvré la vue, vint le rejoindre en Égypte. L'auteur s'appuie sur le texte du Coran, en le développant et en y ajoutant un grand nombre d'anecdotes et de pièces de vers. Les premiers feuillets manquent. Ms. daté de l'an 973 de l'hégire (1566 de J. C.).

Papier. 83 feuillets. Hauteur, 21 centimètres; largeur, 15 centimètres. 17 à 20 lignes par page. — (Supplément 1981.)

1940.

Histoire de Joseph, en vers. Ouvrage attribué à un nommé Ibn ʿIsâ. Premier vers :

سلام من الله الكريم   على اشرف العربان

Papier. 133 feuillets. Hauteur, 16 centimètres; largeur, 10 centimètres. 12 à 20 lignes par page. Ms. du xvii° siècle. — (Supplément 2056.)

1941.

Histoire de Joseph, par Mohammad ibn al-ʿAbbâs ibn Aḥmad al-Moqrî. Cet ouvrage commence par ces mots : الحمد لله الذى شهدت المكنونات بوحدانيته. Ms. daté de l'an 1160 de l'hégire (1747 de J. C.).

Papier. 143 feuillets. Hauteur, 22 centimètres; largeur, 15 centimètres. 13 lignes par page. — (Supplément 625.)

1942.

Histoire de Joseph et de Zoulaïkhâ, d'après le texte

du Coran et les traditions, contenant de nombreuses anecdotes plus ou moins édifiantes. Commencement : الحمد لله الذى جعل قلوب اوليائه معادن الاسرار. La préface ne mentionne ni le titre, ni le nom de l'auteur. Un titre, ajouté après coup en tête du volume, nomme comme auteur «le schaïkh Al-Ḥamdânî». Ms. daté de l'an 1138 de l'hégire (1726 de J. C.).

Papier. 124 feuillets. Hauteur, 28 centimètres; largeur, 18 centimètres. 19 lignes par page. — (Supplément 623.)

1943.

Même ouvrage. Le commencement et la fin manquent.

Papier. 117 feuillets. Hauteur, 18 centimètres; largeur, 13 centimètres. 13 lignes par page. Ms. du XVIe siècle. — (Supplément 624.)

1944.

Histoire de Moïse, composée en grande partie de récits que l'auteur dit avoir tirés d'Al-Ṭabarî.

Papier. 239 feuillets. Hauteur, 16 centimètres et demi; largeur, 11 centimètres. 13 lignes par page. Ms. du XVIIe siècle. — (Supplément 2057.)

1945.

Recueil de légendes musulmanes, contenant les entretiens de Moïse avec Dieu, l'histoire de Jésus et de sa mère, la prière d'Ibn Ṭoûloûn, invoquant des bénédictions sur le Prophète, l'histoire du juif Naṣoûḥ (نصوح) et de la brebis, et l'histoire des Sept Dormants, le tout d'après les traditions de Dja'far al-Ṣâdiq, Wahb ibn Monabbih et Ka'b al-Aḥbâr.

Papier. 95 feuillets. Hauteur, 22 centimètres; largeur, 15 centimètres. 11 lignes par page. Ms. du XVIIIe siècle. — (Supplément 615.)

1946.

Histoire du patriarche Al-Khidhr (قصة الخضر), commençant par ces mots : الحمد لله وكفى. Frontispice en or et en couleurs.

Papier. 53 feuillets. Hauteur, 27 centimètres; largeur, 18 centimètres. 5 lignes par page. Ms. du XVe siècle. — (Supplément 627.)

1947.

Histoire d'Idrîs, d'après Ibn 'Abbâs.

Ce ms. vient de la Bibliothèque du sultan Qânṣoûh al-Ghaurî.

Papier. 18 feuillets. Hauteur, 28 centimètres; largeur, 18 centimètres. 5 lignes par page. Ms. du XVe siècle. — (Ancien fonds 129.)

2. VIE DE MAHOMET.

1948.

سيرة الرسول «Vie du Prophète», par Moḥammad 'Abd al-Mâlik Ibn Hischâm. Cet exemplaire porte des corrections, des gloses et des notes marginales. Le texte, d'après M. de Sacy, est très-correct. M. Wüstenfeld ne paraît pas s'en être servi pour son édition, imprimée à Gœttingue, en 1858. Ms. daté de l'an 1059 de l'hégire (1649 de J. C.).

Papier. 274 feuillets. Hauteur, 30 centimètres et demi; largeur, 21 centimètres. 33 lignes par page. — (Ancien fonds 629.)

1949.

Même ouvrage. Ce volume, renfermant le premier tiers de l'ouvrage, est composé de cahiers ayant appartenu à plusieurs exemplaires, tous de la même époque. Le texte s'arrête au milieu d'une phrase [1].

Papier. 176 feuillets. Hauteur, 25 centimètres et demi; largeur, 19 centimètres. 9 à 19 lignes par page. Ms. du XIIIe siècle. — (Supplément 613.)

1950.

Le *Sîrat al-Rasoûl* d'Ibn Hischâm. Volume renfermant tout l'ouvrage, mais les deux premiers feuillets manquent. Ms. daté de l'an 781 de l'hégire (1379 de J. C.) [2].

Papier. 184 feuillets. Hauteur, 24 centimètres et demi; largeur, 19 centimètres. 25 lignes par page. — (Supplément 614.)

---

[1] Ce ms. ne contient que des fragments de l'ouvrage d'Ibn Hischâm, complétés par plusieurs chapitres d'une autre vie de Mahomet. H. Z.

[2] Ce n'est qu'un abrégé du *Sîrat al-Rasoûl* d'Ibn Hischâm. On lit à la fin : كتبه لنفسه تعليقا هاشم بن عيسى بن عمر الصرخدى الشافعى... Ce serait le nom de l'auteur de cet abrégé, si, comme il paraît, le ms. est autographe. H. Z.

1951.

1° Lettres adressées par Mahomet à divers souverains et grands personnages.

2° (Fol. 4.) Note sur les Motazélites.

3° (Fol. 4 v°.) Note sur le Coran.

4° (Fol. 5.) Liste de plusieurs compagnons de Mahomet.

5° (Fol. 6.) Épître des chrétiens de la Syrie au calife ʿOmar.

6° (Fol. 7 v°.) Sur les premiers copistes du Coran.

7° (Fol. 8.) Sur la chronologie. Extrait de la Chronique d'Ibn al-Djauzî.

Papier. 9 feuillets. Hauteur, 23 centimètres; largeur, 16 centimètres et demi. 23 à 25 lignes par page. Ms. du xviiie siècle. — (Supplément 504.)

1952.

شهاب الاخبار «Flambeau de nouvelles». Sentences attribuées à Mahomet, au nombre de mille. Ce recueil a pour auteur, Moḥammad ibn Salâmat ibn Ḥakmoûn (حكمون) al-Qodhâʿî, cadi schaféite, mort en 457 de l'hégire (1062 de J. C.). Chaque sentence est suivie d'un commentaire assez détaillé, en persan. La préface du compilateur, rédigée en arabe, se trouve sur la marge du fol. 4 v°. Cette collection de maximes est très-importante pour faire connaître le caractère de Mahomet et mériterait d'être publiée. Ms. daté de l'an 774 de l'hégire (1372-1373 de J. C.). Le texte est écrit à l'encre rouge, le commentaire à l'encre noire.

Papier. 177 feuillets. Hauteur, 24 centimètres; largeur, 17 centimètres. 19 lignes par page. — (Ancien fonds 449.)

1953.

الشفاء بتعريف حقوق المصطفى «La Panacée, faisant connaître les mérites de celui (Mahomet) que Dieu avait spécialement choisi», par le cadi Aboû 'l-Fadhl ʿIyâdh ibn Moûsâ al-Yaḥṣobî. On trouve dans Hadji Khalfa, t. IV, p. 56, le tableau du contenu de ce célèbre ouvrage.

Papier. 262 feuillets. Hauteur, 21 centimètres; largeur, 14 centimètres. 19 lignes par page. Ms. du xviie siècle. — (Supplément 485.)

1954.

Même ouvrage. Les derniers feuillets sont détériorés par l'humidité.

Papier. 125 feuillets. Hauteur, 29 centimètres; largeur, 21 centimètres. 30 lignes par page. Ms. du xviie siècle. — (Supplément 487.)

1955.

Même ouvrage. Exemplaire daté de l'an 1126 de l'hégire (1714 de J. C.). Le texte des deux premières pages est entouré d'ornements en or et en couleurs.

Papier. 326 feuillets. Hauteur, 17 centimètres et demi; largeur, 11 centimètres. 19 lignes par page. — (Supplément 486.)

1956.

Même ouvrage. Ms. daté de l'an 1153 de l'hégire (1740 de J. C.).

Papier. 328 feuillets. Hauteur, 22 centimètres; largeur, 14 centimètres et demi. 17 lignes par page. — (Supplément 488.)

1957.

1° Commentaire perpétuel du شفاء du cadi ʿIyâdh, par le schaïkh ʿAbd al-Raoûf al-Manâwî, dernier *hâfiz* d'Égypte. Commencement : هذا تعليق وجيز ان شاء الله تعالى على كتاب الشفاء. La copie est restée inachevée.

2° (Fol. 103.) مزيل الخفاء عن الفاظ الشفاء «Explication des termes employés dans le شفاء», par Ahmad ibn Moḥammad al-Schomonnî (الشُمُنّى), mort en 872 de l'hégire (1467-1468 de J. C.). Copie datée de l'an 898 de l'hégire (1493 de J. C.).

Papier. 144 feuillets. Hauteur, 21 centimètres; largeur, 16 centimètres. Les pages du premier ouvrage, dont l'écriture est du xviie siècle, ont 25 lignes et celles du second 25 et 26 lignes. — (Ancien fonds 397.)

1958.

Première moitié d'un commentaire sur le شفاء du cadi ʿIyâdh, par ʿAlî ibn Soltân al-Qârî, qui a commencé cet ouvrage en 1013 de l'hégire (1604-1605 de J. C.), et

a terminé cette première partie en 1020 (1611-1612 de J. C.). Ms. daté de l'an 1148 de l'hégire (1735-1736 de J. C.).

Vélin. 478 feuillets. Hauteur, 32 centimètres; largeur, 21 centimètres et demi. 31 lignes par page. — (Supplément 489.)

1959.

خير البشر بخير البشر «Les meilleures annonces concernant le meilleur des hommes», recueil de prophéties relatives à la venue de Mahomet, par Ibn Ẓafar (Moḥammad ibn abî Moḥammad), auteur sicilien. La première section renferme les prophéties qui se rencontrent dans les livres saints; la seconde, les prophéties des grands prêtres juifs (الاحبار); la troisième, celles des devins arabes; la quatrième et dernière, les prédictions des génies. L'ouvrage commence par ces mots : الحمد لله مولى اوليائه الرفعة والتمكين.

Ms. daté de l'an 724 de l'hégire (1324 de J. C.).

Papier. 92 feuillets. Hauteur, 27 centimètres; largeur, 19 centimètres et demi. 13 lignes par page. — (Supplément 586.)

1960.

الروض الانف والمشرع الروى فى تفسير ما يشتمل عليه حديث السيرة واحتوى «La Prairie vierge et la source abondante, (traité composé) pour expliquer ce que contiennent les traditions sur la vie du Prophète et ce qu'elles renferment d'obscur». Commentaire philologique, étymologique, historique et généalogique sur l'histoire du Prophète d'Aboû Bakr Moḥammad ibn Isḥâq al-Moṭṭalibî, par Aboû 'l-Qâsim ʿAbd al-Raḥmân ibn ʿAbd Allah al-Sohaïlî, mort en 581 de l'hégire (1185-1186 de J. C.). L'auteur dit dans la préface qu'il a composé cet ouvrage en 569 de l'hégire (1173-1174 de J. C.). L'ouvrage commence par ces mots : حمد الله مقدم على كل امر ذى بال.
Ms. daté de l'an 984 de l'hégire (1576 de J. C.).

Papier. 332 feuillets. Hauteur, 27 centimètres; largeur, 15 centimètres. 29 lignes par page. — (Supplément 604.)

1961.

Première partie du même ouvrage.

Papier. 175 feuillets. Hauteur, 26 centimètres et demi; largeur, 17 centimètres. 25 lignes par page. Ms. du XIVe siècle. Les cinq derniers feuillets sont d'une écriture plus moderne. — (Supplément 605 I.)

1962.

Première partie du même ouvrage. Ms. daté de l'an 783 de l'hégire (1382 de J. C.).

Papier. 199 feuillets. Hauteur, 25 centimètres et demi; largeur, 17 centimètres et demi. 21 lignes par page. — (Supplément 606.)

1963.

Seconde partie du même ouvrage, commençant par le chapitre de l'Hégire. Ms. de plusieurs écritures, dont la plus récente est de l'an 1116 de l'hégire (1705 de J. C.).

Papier. 206 feuillets. Hauteur, 28 centimètres et demi; largeur, 19 centimètres. 21 lignes par page. — (Supplément 605 II.)

1964.

1° Trois fragments (le premier feuillet, un feuillet du milieu et le dernier feuillet) du vingt-cinquième cahier du كتاب المجالسة «Livre de la conversation», recueil d'anecdotes et des traditions provenant de Mahomet. Le recto du fol. 1 et le verso du fol. 2 portent des certificats qui constatent que certains personnages avaient étudié ce livre sous un professeur autorisé.

2° (Fol. 4.) شرح السنة «Explication de la *Sonna*» (voy. fol. 10, 20, 30, etc.). Le présent ms., qui n'est que le premier volume de l'ouvrage et dont le commencement (treize cahiers et les deux premiers feuillets du quatorzième) manque, renferme l'exposition des lois canoniques relatives à la prière et les traditions de Mahomet, sur lesquelles ces lois sont fondées.

Ms. daté de l'an 622 de l'hégire (1225 de J. C.). Les points diacritiques manquent souvent.

Papier. 159 feuillets. Hauteur, 24 centimètres; largeur, 16 centimètres. 21 lignes par page. — (Ancien fonds 468.)

1965.

الدرر الفاخرة «Les Perles magnifiques», par Badr al-Dîn Moḥammad ibn Ayyoûb al-Tâdsifî (التاذفى), docteur hanéfite, natif d'Alep. C'est un commentaire sur une vie de Mahomet en vers (rimant en ان), intitulée الروضة الناضرة «La Prairie charmante». Le présent ms. ne con-

tient que la seconde partie de l'ouvrage. Il commence par neuf vers qui traitent du combat de Badr, suivis d'un long commentaire avec la liste des Musulmans qui avaient assisté à ce combat. La suite du poème se trouve au folio 18, puis aux fol. 29 v°, 35, 43, 55 v°, 70 v°, 88 v°, 106. Le dernier passage est relatif aux dix-sept expéditions militaires auxquelles Mahomet n'avait pas assisté. On trouve de nombreux détails sur ces expéditions, ainsi que sur la prise de la Mecque et sur l'expédition de Khaïbar. L'auteur du commentaire explique, à la fin de chaque article, le sens des mots peu connus qui se rencontrent dans les traditions reproduites par lui. Le volume se termine au milieu du récit de l'expédition d'Osâma ibn Zaïd en Palestine.

Papier. 118 feuillets. Hauteur, 25 centimètres et demi; largeur, 18 centimètres et demi. 25 lignes par page. Ms. du xivᵉ siècle. — (Supplément 610.)

1966.

الدرة المضيئة فى السيرة النبويّة «La Perle brillante, histoire du Prophète». Tel est le titre que Hadji Khalfa donne à cet ouvrage, qui traite de Mahomet, de ses divers noms, des membres de sa famille, des lettres qu'il envoya à plusieurs princes, de ses mœurs, de ses miracles, de ses compagnons, etc. Le présent exemplaire porte en tête le nom de l'auteur, Aboû Moḥammad ʿAbd al-Ghanî ibn ʿAbd al-Wâḥid al-Maqdisî, et commence par ces mots : الحمد لله خالق الارض والسماء; mais le titre n'est pas indiqué. Ms. daté de l'an 732 de l'hégire (1332 de J. C.).

A la fin du volume se trouve une ligne d'écriture secrète en chiffres indiens.

On a relié en tête de ce volume trois pièces de diverses mains, en caractères maghrebins. La première est une généalogie spirituelle dressée par Moḥammad ibn Moḥammad ibn Nâṣir qui, en commençant par son maître et initiateur, énumère tous les docteurs soufis, jusqu'à ʿAlî, fils d'Aboû Ṭâlib, qui ont transmis la doctrine. La seconde pièce est un acte par lequel le nommé Yoûsof ibn Moḥammad ibn Moḥammad ibn Nâṣir constitue son parent, Moḥammad ibn Nâṣir ibn Ghalboûn, chef de la branche nasérienne des derviches schâdsilites établie dans le Rabât al-Schaïkh, au Caire. Cette pièce est datée de l'an 1162 de l'hégire (1749 de J. C.). La troisième pièce, portant la même date, est une note de Yoûsof ibn Moḥammad ibn Moḥammad ibn Nâṣir, qui indique à Moḥammad ibn Nâṣir ibn Ghalboûn les diverses prières et invocations qu'il doit prononcer chaque jour, et le nombre de fois que chaque invocation doit être répétée.

Papier. 47 feuillets. Hauteur, 24 centimètres; largeur, 17 centimètres. 27 lignes par page. — (Supplément 611.)

1967.

عيون الاثر فى فنون المغازى والشمائل والسير «Sources des traditions touchant les expéditions (de Mahomet), ses belles qualités et ses actes», par Ibn Sayyid al-Nâs Moḥammad ibn Moḥammad ibn Moḥammad ibn Aḥmad al-Yaʿmarî al-Rabʿî (اليعمرى الربعى), surnommé Fatḥ al-Dîn et Aboû 'l-Fatḥ, originaire d'Espagne, mort en 734 de l'hégire (1333-1334 de J. C.). L'auteur a fait précéder son ouvrage de quelques dissertations, dans lesquelles il parle de ses principales autorités, et surtout d'Ibn Isḥâq et d'Al-Wâqidî. On voit par la liste des chapitres, en tête du volume, que cet ouvrage est l'un des plus complets sur la vie de Mahomet. Ms. daté de l'an 1095 de l'hégire (1683-1684 de J. C.).

Papier. 464 feuillets. Hauteur, 22 centimètres; largeur, 15 centimètres. 21 lignes par page. — (Ancien fonds 771.)

1968.

نور النبراس على سيرة ابن سيّد الناس «Lumière de la lampe pour éclaircir la biographie (de Mahomet) d'Ibn Sayyid al-Nâs», par Borhân al-Dîn Ibrâhîm ibn Khalîl al-Ḥalabî, surnommé Sibṭ Ibn Aʿdjamî, mort en 841 de l'hégire (1437-1438 de J. C.)[1].

Papier. 546 feuillets. Hauteur, 21 centimètres; largeur, 15 centimètres et demi. 21 lignes par page. Ms. du xviiiᵉ siècle. — (Supplément 603 *ter*.)

1969.

La seconde partie du même ouvrage. Ms. daté de l'an 1059 de l'hégire (1649 de J. C.).

Papier. 528 feuillets. Hauteur, 21 centimètres; largeur, 15 centimètres. 21 lignes par page. — (Supplément 603 *ter* II.)

1970.

توثيق عرى الايمان فى تفضيل حبيب الرحمن «Raffermis-

[1] Le ms. porte le titre de كتاب حاشية نور النبراس. Il ne contient que la première partie de l'ouvrage. H. Z.

sement des nœuds (ou poignets) de la foi, en montrant l'excellence du favori de Dieu». Relation des miracles et des mérites de Mahomet, par Hibat Allah ibn ʿAbd al-Raḥmân, surnommé Ibn al-Bârizî, mort en 738 de l'hégire (1337-1338 de J. C.). Le présent ms. contient les deux premières des quatre parties (اركان) qui composent l'ouvrage. La préface, qui commence par les mots الحمد لله ذى العزة والسلطان والنعمة والامتنان, renferme la liste des sections, des chapitres et paragraphes des quatre parties. Dans une note qui termine le volume, l'auteur, après une profession de foi, suivie de l'éloge de Mahomet, déclare que sept cent trente et quelques années s'étaient écoulées depuis l'hégire jusqu'à l'époque où il écrivait. Ms. daté de l'an 769 de l'hégire (1368 de J. C.).

Papier. 273 feuillets. Hauteur, 27 centimètres et demi; largeur, 19 centimètres et demi. 19 lignes par page. — (Ancien fonds 630.)

1971.

1° المصباح المضى فى كتّاب النبى الامّى ورسله الى ملوك الارض من عربى وعجمى «Le Flambeau qui éclaire, livre qui traite des secrétaires du Prophète illettré et des envoyés qu'il expédia aux princes de la terre, arabes et étrangers», par Ibn Ḥadìda (ابن حديدة) Moḥammad ibn ʿAlî ibn Aḥmad al-Anṣârî al-Khazradjî, qui dit avoir achevé son travail en 779 de l'hégire (1378 de J. C.). La préface est suivie d'un chapitre sur la généalogie de Mahomet et sur les divers noms et titres par lesquels on le désignait. La dernière partie de l'ouvrage, qui a été composée d'après les meilleures sources, contient, dans l'ordre de l'alphabet, les noms de toutes les personnes à qui il avait fait écrire et les noms de toutes celles qui lui avaient adressé des lettres. Copie datée de l'an 923 de l'hégire (1517 de J. C.).

2° (Fol. 78 v°, 79.) Deux éloges, adressés, l'un à Aboû Bakr et l'autre à ʿOmar.

3° (Fol. 80.) Le آثار البلاد d'Al-Qazwînî.

Papier. 227 feuillets. Hauteur, 26 centimètres; largeur, 17 centimètres. Écritures diverses du XVIᵉ siècle. — (Supplément 658.)

1972.

النفحة العنبريّة فى انساب خير البريّة «L'Odeur d'ambre, généalogie du meilleur des êtres créés». Généalogies de Mahomet, de ses descendants et de ses collatéraux, y compris les imams, les califes abbasides et les califes omayyades, et des principales branches des tribus arabes, par Aboû 'l-Fadhâïl Moḥammad, fils d'Aboû 'l-Fotoûḥ, fils d'Aboû 'l-Yomn Solaïmân. L'auteur, qui fait remonter sa propre origine à Al-Ḥosaïn, petit-fils de Mahomet (voyez fol. 3 v°), a dédié son ouvrage à un prince du Yémen, qu'il appelle Moḥammad al-Mahdî, fils d'Al-Nâṣir li-Dîn Illâh, fils d'Aḥmad, qu'il fait déscendre de Tabâtaba, fils d'Ismaʿîl, arrière-petit-fils d'Al-Ḥasan ibn ʿAlî ibn abî Ṭâlib.

Papier. 115 feuillets. Hauteur, 21 centimètres; largeur, 15 centimètres. 15 lignes par page. Ms. du XVIIᵉ siècle. — (Ancien fonds 853.)

1973.

1° مسائل عبد الله بن سلام «Questions (adressées à Mahomet) par ʿAbd Allah ibn Salâm». Ouvrage apocryphe. Ces questions concernent la cosmographie, la physiologie, etc.

2° (Fol. 22 v°.) Recueil de prières attribuées à plusieurs saints personnages.

3° (Fol. 63.) Invocation appelée الدعاء المعروف بالف اسم واسم.

4° (Fol. 88 v°.) Oraison (حِزْب) d'Aboû 'l-Ṣafâ Aboû Bakr ibn abì 'l-Waqt Dâoûd, soufi hanbalite.

5° (Fol. 95 v°.) Explication légendaire de la sourate de l'*éléphant* (تعبير سورة الفيل وقصة اصحابه).

6° (Fol. 105.) منافع الاسماء الحسنى «Les Vertus des saints noms de Dieu».

Papier. 111 feuillets. Hauteur, 17 centimètres et demi; largeur, 13 centimètres. 11 lignes par page. Ms. du XVᵉ siècle. — (Supplément 482.)

1974.

1° مسائل عبد الله ابن سلام للنبى عليه السلام «Questions adressées par ʿAbd Allah ibn Salâm, au Prophète.» Autre rédaction de l'ouvrage contenu dans le numéro précédent (article 1°).

2° (Fol. 74 v°.) Autres questions en turc.

3° (Fol. 78.) Prière attribuée à Aboû 'l-Ḥasan al-Schâdsilî, servant de talisman contre les dangers de la mer (حزب البحر لابى الحسن الشاذلى).

4° (Fol. 81.) Conseils moraux. Trois chapitres intitulés : شياد حمزه, عاشق فرمايد et اشرف اغلى عبدى. En turc.

Papier. 83 feuillets. Hauteur 26 centimètres et demi; largeur 17 centimètres et demi. 11 lignes par page. Ms. du XVIIᵉ siècle. — (Ancien fonds 358.)

1975.

Histoire des expéditions de Mahomet, depuis le combat du Fossé jusqu'à l'expédition d'Al-Ḥonaïn. Sans préface, ni titre. Le titre qu'on lit en tête du volume, مجموع غزوات على التمام والكمال, a été ajouté après coup. L'auteur cite quelquefois la همزية d'Al-Boûṣîrî.

Papier. 77 feuillets. Hauteur, 22 centimètres; largeur, 16 centimètres. 32 à 36 lignes par page. Ms. du XVII siècle. — (Supplément 591.)

1976.

بهجة المحافل وبغية الاماثل فى السير والمعجزات والشمائل «Ornement des réunions et souhait des hommes distingués, traitant de l'histoire (de Mahomet), de ses miracles et de ses qualités», par Yaḥyâ ibn abî Bakr al-ʿAmirî (العامرى), mort en 893 de l'hégire (1488 de J. C.). Cet ouvrage est divisé en trois sections. Ms. daté de l'an 957 de l'hégire (1550 de J. C.). Il est dit, dans une note, qu'il a été collationné et corrigé trois fois. Premiers mots : الحمد لله الواحد البرّ الرحيم.

Papier. 220 feuillets. Hauteur, 21 centimètres et demi; largeur, 15 centimètres et demi. 20 lignes par page. — (Supplément 584.)

1977.

جواهر العقدين فى فضل الشرفين شرف العلم الجلى والنسب العلى «Les Perles des deux colliers, concernant les mérites des deux illustrations, celle de la profonde érudition et celle de la haute naissance», par le chérif ʿAlî al-Samhoûdî. (Voyez Hadji Khalfa, t. II, p. 643). Ms. daté de l'an 1120 de l'hégire (1708 de J. C.).

Papier. 277 feuillets. Hauteur, 21 centimètres et demi; largeur, 15 centimètres. 23 lignes par page. — (Supplément 491.)

1978.

Première partie du كتاب المعجزات والخصائص «Livre des miracles et des qualités spéciales», ouvrage désigné ordinairement par le titre de الخصائص الكبرى «La grande édition du *Khaṣâïṣ*», par Djalâl al-Dîn al-Soyoûṭî. C'est un vaste recueil de traditions et de récits plus ou moins authentiques concernant les miracles de Mahomet et les dons spéciaux dont Dieu l'avait favorisé. L'auteur a composé aussi un abrégé de cet ouvrage sous le titre de الخصائص الصغرى «La petite édition du *Khaṣâïṣ*». Le présent exemplaire est de deux écritures, dont la première, du folio 3 au folio 162, paraît être de la main de l'auteur. Les autres feuillets, au nombre de cent quinze, viennent de la seconde partie d'un autre exemplaire divisé en quatre sections. Cette seconde partie se terminait par les mots : تم الربع الثانى من المعجزات والخصائص. Le premier feuillet est moderne.

Papier. 277 feuillets. Hauteur, 27 centimètres et demi; largeur, 18 centimètres. 31 lignes par page. Ms. du XV siècle. — (Supplément 505.)

1979.

Premier volume du المواهب اللدنيّة فى سير خير البريّة «Dons venus directement de Dieu (et qui se sont manifestés) dans les actes de la meilleure des Créatures», par Schihâb al-Dîn Aḥmad ibn Moḥammad al-Qasṭallânî, mort en 923 de l'hégire (1517 de J. C.). C'est une histoire de la vie et des miracles de Mahomet. Ms. daté de l'an 1008 de l'hégire (1696 de J. C.).

Papier. 244 feuillets. Hauteur, 29 centimètres et demi; largeur, 21 centimètres. 31 lignes par page. — (Supplément 492.)

1980.

كتاب الخميس فى احوال النفس النفيس «Le livre en cinq parties, traitant de l'histoire de l'âme très-précieuse», c'est-à-dire de Mahomet, par Ḥosaïn ibn Moḥammad ibn al-Ḥasan al-Diyârbakrî, docteur malékite, mort, d'après Hadji Khalfa, vers l'an 966 de l'hégire (1558-1559 de J. C.). L'ouvrage est divisé en cinq parties : une introduction, trois اركان (colonnes) et une خاتمة. Le premier ركن renferme tout ce qui concerne Mahomet, depuis la création de sa lumière prophétique jusqu'à sa naissance; le second donne la biographie du Prophète, depuis sa naissance jusqu'à l'hégire, et le troisième, depuis l'hégire jusqu'à sa mort. Ces اركان sont subdivisés en chapitres (باب), en sections (فصل) et en *stations* (موطن). La خاتمة renferme les listes des esclaves, des affranchis, des cadis de Mahomet, etc., ainsi que l'histoire des quatre premiers califes et un résumé de l'histoire musulmane jusqu'à la conquête de l'Égypte par les Ottomans. La préface commence par ces mots : الحمد لله الذى خلق نور نبيّه قبل كل اوائل. Hadji Khalfa mentionne l'avis de certaines personnes d'après lequel le véritable titre de ce livre serait الخميس, qui est un

des noms de la Mecque. Dans quelques mss. et dans l'édition du Caire on lit انفس نغيس «l'être le plus précieux», au lieu des mots du titre النفس النفيس. Ms. daté de l'an 1066 de l'hégire (1656 de J. C.).

Papier. 412 feuillets. Hauteur, 29 centimètres; largeur, 20 centimètres. 35 lignes par page. — (Ancien fonds 635.)

1981.

Les deux premiers livres du même ouvrage. Ms. daté de l'an 1106 de l'hégire (1695 de J. C.).

Papier. 410 feuillets. Hauteur, 21 centimètres; largeur, 15 centimètres. Au commencement 23 lignes, puis 18 lignes par page. — (Supplément 607.)

1982.

Second volume (le 3ᵉ ركن et la خاتمة) du même ouvrage.

Papier. 436 feuillets. Hauteur, 29 centimètres; largeur, 20 centimètres et demi. 24 lignes par page. Ms. du XVIIᵉ siècle. — (Supplément 607 *bis*.)

1983.

Second volume, d'un exemplaire distribué en trois volumes, du même ouvrage.

Papier. 238 feuillets. Hauteur, 30 centimètres et demi; largeur, 21 centimètres. 27 lignes par page. Ms. du XVIIIᵉ siècle. — (Supplément 608.)

1984.

كتاب الانوار وكيف خلق الله النبىّ المختار «Livre des lumières, et comment Dieu créa son prophète choisi». Histoire de Mahomet, suivie de la relation de ses miracles. L'ouvrage renferme un grand nombre de traditions.

Papier. 80 feuillets. Hauteur, 25 centimètres; largeur, 18 centimètres et demi. 21 à 38 lignes par page. Ms. du XVIᵉ siècle. — (Supplément 612.)

1985.

الاسراء والمعراج «Histoire du voyage nocturne de Mahomet et de son ascension au ciel» ouvrage attribué à un docteur schaféite, d'Alexandrie, nommé Nadjm al-Dîn Moḥammad ibn Aḥmad al-Ghaïṭî, mort en 984 de l'hégire (1576-1577 de J. C. Voyez Hadji Khalfa, t. IV, p. 84). En tête du volume on lit un titre ainsi conçu : كتاب الابتهداج (*sic*) بالكلام على الاسرا والمعراج. Ms. daté de l'an 987 de l'hégire (1579 de J. C.).

Papier. 76 feuillets. Hauteur, 21 centimètres; largeur, 15 centimètres. 23 lignes par page. — (Supplément 588.)

1986.

شرح قصّة المعراج «Commentaire sur le *Récit de l'ascension*». L'histoire de l'ascension de Mahomet au ciel, dont le texte est écrit à l'encre rouge, a pour auteur Nadjm al-Dîn al-Ghaïṭî, mais ce texte diffère beaucoup de l'ouvrage attribué à cet auteur et contenu dans le numéro précédent. Le commentaire, écrit à l'encre noire, est attribué à un docteur schaféite, nommé Ḥasan al-Madâbighî (المدابغى) al-Azharî. Ms. daté de l'an 1192 de l'hégire (1778 de J. C.).

Papier. 79 feuillets. Hauteur, 21 centimètres; largeur, 16 centimètres. 19 lignes par page. — (Supplément 589.)

1987.

سبل الهدى والرشاد فى سيرة خير العباد «Voies de bonne direction et de rectitude, histoire du meilleur des serviteurs», par Moḥammad ibn Yoûsof ibn ʿAlî al-Schâmî, natif de Damas. Cet ouvrage, plus connu sous le titre de سيرة الشامى, est une histoire très-détaillée de Mahomet, de ses guerres, de ses habitudes, de ses miracles, etc. La rédaction de cet ouvrage a été terminée en 999 de l'hégire (1590-1591 de J. C.), ainsi que nous l'apprenons par la souscription du ms. 1996, qui en renferme le dernier volume. Cependant on lit dans Hadji Khalfa (t. III, p. 380) que l'auteur est mort en 942 de l'hégire. L'ouvrage commence par ces mots : الحمد لله الذى خصّ سيدنا محمدا صلعم باسنى المناقب. La préface, qui se termine par la liste des auteurs dont les écrits ont été mis à contribution, est suivie de la liste de chapitres qui remplit près de soixante pages. Ces chapitres, classés dans l'ordre des matières, sont rangés sous cent huit titres ou sections (جماع ابواب). Le présent volume, le premier de l'ouvrage, se termine par la onzième section, intitulée بدوّ اسلام الانصار. Ms. daté de l'an 1061 de l'hégire (1651 de J. C.).

Papier. 482 feuillets. Hauteur, 27 centimètres; largeur, 19 centimètres. 31 lignes par page. — (Supplément 600.)

1988.

Même ouvrage, premier volume. Le ms. s'arrête au septième chapitre de la neuvième section, intitulé جماع ابواب بعض الامور الكاينة بعد بعثه. La préface et la liste des chapitres manquent.

Papier. 271 feuillets. Hauteur, 30 centimètres et demi; largeur 21 centimètres. 31 lignes par page. — (Supplément 602.)

1989.

Autre volume du même ouvrage. Ce ms. renferme la treizième section et les sections suivantes, jusqu'au seizième chapitre de la dix-huitième section.

Papier. 446 feuillets. Hauteur, 29 centimètres et demi; largeur, 19 centimètres. 35 lignes par page. — (Supplément 603 II.)

1990.

Autre volume du même ouvrage, commençant par le vingt-troisième chapitre de la seizième section, intitulé باب المغازى التى غزى فيه النبى بنفسه, et finissant par la dix-septième section, intitulée سراياه وبعوثه وبعض فتوحاته.

Papier. 335 feuillets. Hauteur, 29 centimètres; largeur, 20 centimètres et demi. 31 lignes par page. — (Supplément 600 *bis* A.)

1991.

Autre volume du même ouvrage. Les premiers feuillets manquent. Le ms. commence au milieu du premier chapitre de la dix-septième section, intitulée جماع ابواب سراياه وبعوثه وبعض فتوحاته, et se termine par la quarante-septième section, intitulée جماع ابواب سيرته فى الصوم والاعتكاف. Ms. daté de l'an 997 de l'hégire (1589 de J. C.), écrit probablement du vivant de l'auteur.

Papier. 527 feuillets. Hauteur, 23 centimètres; largeur, 17 centimètres. 29 lignes par page. — (Supplément 603 *bis*.)

1992.

Autre volume du même ouvrage, commençant par le seizième chapitre de la dix-huitième section, et se terminant par le troisième chapitre de la quarante-troisième section.

Papier. 300 feuillets. Hauteur, 27 centimètres et demi; largeur, 18 centimètres et demi. 31 lignes par page. — (Supplément 603 III.)

1993.

Autre volume du même ouvrage, commençant par la dix-huitième section, intitulée الوفود, et finissant par la trente-quatrième section, intitulée سيرة صلعم فى السجدات التى ليست بركن.

Papier. 307 feuillets. Hauteur, 29 centimètres et demi; largeur, 20 centimètres et demi. 31 lignes par page. — (Supplément 600 *bis* B.)

1994 et 1995.

Deux volumes du même ouvrage, commençant par la trente-sixième section, intitulée سيرته صلعم فى يوم الجمعة وليلتها, et finissant par la soixantième, intitulée معجزاته صلعم السماوية. Copie datée de l'an 1063 de l'hégire (1653 de J. C.).

2 vol. Papier. 223 et 255 feuillets. Hauteur, 27 centimètres; largeur, 19 centimètres et demi. 31 lignes par page. — (Supplément 601.)

1996.

Dernier volume du même ouvrage, commençant par la quatre-vingt-sixième section, intitulée ذكر اعامه ووفاته, et finissant par la dernière section, intitulée بعثه وحشره واحواله يوم القيامة. Ms. daté de l'an 1114 de l'hégire (1702-1703 de J. C.).

Papier. 301 feuillets. Hauteur, 29 centimètres et demi; largeur, 19 centimètres. 31 lignes par page. — (Supplément 600 *bis* C.)

1997.

المقالات السنيّة فى مدح خير البريّة «Discours magnifiques à la louange de la meilleure des créatures», histoire de Mahomet, en soixante-douze discours, rédigée en vers, dont chacun se termine par la syllabe رم. Premier vers :

ابارق لاح فى الظلماء كالعلم ام نارٌ بدت ليلا على علم

Le présent ms. renferme les trente-six premières sec-

tions de l'ouvrage qui, par l'ordre des chapitres et par leur contenu, ressemble aux compilations du même genre en prose. Le copiste, auteur de la préface, qui est écrite dans un style très-recherché, nous apprend que ce poème a été composé par un militaire de haut rang de l'armée ottomane, le colonel ʿOthmân Bey, fils du colonel ʿAlî Bey. Cette préface a été écrite du vivant de l'auteur, au mois de schaʿbân 1029 (juillet 1620 de J. C.).

Les soixante-dix-huit premiers feuillets de ce ms. sont couverts, sur les marges et entre les lignes, d'un certain nombre d'extraits écrits d'une petite écriture orientale, très-serrée et mal formée, au point d'être illisible en plusieurs endroits. Ce sont des documents relatifs à l'histoire musulmane, depuis la seconde année de l'hégire, jusqu'à la conquête de l'Égypte par Noûr al-Dîn, qu'un savant a réunis pour son propre usage. L'un des ouvrages qui a fourni ces extraits est le تاريخ العبر في خبر من عبر de Dsahabî. Au fol. 65 v°, on trouve, avec quelques modifications, le récit de Bahâ al-Dîn ibn Schaddâd, touchant la bataille de *Hiṭṭîn*, qui amena la prise de Jérusalem par Saladin. Les feuillets suivants contiennent des extraits relatifs aux Musulmans d'Espagne; il y est question d'Ibn Mardanisch (*Martinus*), prince de Saragosse, de la mort du sultan Yoûsof, sous les murs de Santarem; puis d'un certain produit maritime, dont on tissait des étoffes magnifiques. Ces récits sont suivis d'autres extraits, relatifs aux événements de l'Espagne jusqu'au commencement du VIIIe siècle de l'hégire. Au fol. 83 on trouve une troisième série d'extraits relatifs à l'Espagne, qui paraissent avoir été empruntés à l'ouvrage de Lisân al-Dîn ibn al-Khaṭîb, vizir de Grenade, intitulé الاحاطة في تاريخ غرناطة. Aux fol. 95 et 96, on lit plusieurs notes, notamment le récit de la conquête de Candie (كانديا) par le sultan ottoman Ibrâhîm, en 1055 de l'hégire (1645 de J. C. La date de ١٠٩٩ a été écrite par erreur pour ١٠٥٥). D'autres notes, qui paraissent être d'une main plus moderne, se rapportent à certains événements qui eurent lieu à Malte, dans l'Inde, au Maroc et en Tunisie, au cours du XVIIe et du XVIIIe siècle. Au fol. 265 commence une nouvelle série d'extraits, tirés d'un ouvrage philologique dont le titre, un peu effacé, paraît devoir se lire, الضياء المجلّي «La Lumière qui éclaire». Le feuillet de garde du commencement contient un long passage, presque illisible, où on parvient toutefois à déchiffrer une note sur l'adjectif ethnique كومى, titre d'ʿAbd al-Mou'min, l'Almohade; une autre sur le mot جفر, employé pour désigner un certain recueil de prédictions; on y lit aussi le nom de Moḥammad ibn abî ʿÂmir (Almanṣoûr), ainsi que les noms de plusieurs villes d'Espagne. Le verso du même feuillet contient un fragment qui paraît se rapporter à l'histoire des premiers Omayyades. Au verso du fol. 287 on lit une épître dans laquelle on examine une question de dogme. Au fol. 81 se trouve une note de Soyoûṭî (ʿAbd al-Raḥmân ibn abî Bakr), datée de 868 de l'hégire, et en tête du fol. 79, une note datée de l'année même où ce volume a été écrit, certifiant qu'un nommé Al-Maqqarî (المقرى) Aḥmad ibn Moḥammad, natif du Maghreb, qui s'était établi au Caire, donnait son approbation à l'ouvrage. Aux fol. 142 v° et 143 r° se trouve un dessin représentant les sandales de Mahomet.

Papier. 288 feuillets. Hauteur, 30 centimètres; largeur, 21 centimètres. 19 lignes par page. — (Supplément 609.)

1998.

القول الصحيح البديع في معراج الرفيع للرقيع «Parole véritable et belle au sujet de l'ascension de Son Éminence (Mahomet) au ciel». Poème d'environ dix-sept cents vers, qui riment en *mîm*, précédé d'une préface, également en vers, qui riment en *aï*. L'auteur, qui n'est désigné que par le surnom d'Al-Bakrî, nous apprend que le présent ouvrage n'est qu'un extrait et un abrégé d'un grand poème composé par lui et intitulé المقالات السنيّة في مدح خير البريّة «Le discours précieux, à la louange de la meilleure des créatures».

Papier. 85 feuillets. Hauteur, 21 centimètres; largeur, 14 centimètres. 11 lignes par page. Ms. du XVIIe siècle. — (Supplément 587.)

1999 et 2000.

انسان العيون في سيرة الامين المأمون «La Pupille des yeux, renfermant l'histoire du (serviteur) fidèle et constant», par Noûr al-Dîn ʿAlî al-Ḥalabî, mort, selon Hadji Khalfa, en 1044 de l'hégire (1634-1635 de J. C.). Cet ouvrage est aussi connu sous le titre de السيرة الحلبيّة. Ms. daté de l'an 1091 de l'hégire (1680 de J. C.).

2 vol. Papier. 298 et 312 feuillets. Hauteur, 21 centimètres; largeur, 15 centimètres. 21 lignes par page. — (Supplément 596.)

2001.

Première partie du même ouvrage. Ms. daté de l'an 1115 de l'hégire (1703-1704 de J. C.). Plus d'une centaine de feuillets, à partir du fol. 42, sont d'une écriture du XIXe siècle.

Papier. 453 feuillets. Hauteur, 31 centimètres; largeur, 21 centimètres. 29 à 32 lignes par page. — (Supplément 597.)

2002.

Première partie du même ouvrage. Les derniers feuillets sont d'une autre main que le reste du ms., et la copie s'arrête au milieu d'une phrase.

Papier. 310 feuillets. Hauteur, 21 centimètres; largeur, 15 centimètres. 21 lignes par page. Ms. du XVIIe siècle. — (Supplément 595.)

2003.

Première partie du même ouvrage. Ms. daté de l'an 1162 de l'hégire (1749 de J. C.).

Papier. 459 feuillets. Hauteur, 22 centimètres; largeur, 16 centimètres. 21 lignes par page. — (Supplément 599.)

2004.

Seconde partie du même ouvrage. Ce ms. a été complété au moyen de cahiers provenant de différents exemplaires.

Papier. 459 feuillets. Hauteur, 31 centimètres; largeur, 21 centimètres et demi. 27 à 31 lignes par page. Ms. du XVIIe siècle. — (Supplément 594.)

2005.

Seconde partie du même ouvrage.

Papier. 450 feuillets. Hauteur, 22 centimètres; largeur, 16 centimètres. 17 lignes par page. Ms. du XVIIIe siècle. — (Supplément 595 *bis*.)

2006.

Abrégé du انسان العيون, composé en 1104 de l'hégire (1692-1693 de J. C.), par un anonyme. En tête du volume on lit le titre suivant : كتاب مختصر السيرة الحلبيّة فى مدح خير البريّة بمعجزاته وغزواته. Ms. daté de l'an 1112 de l'hégire (1700-1701 de J. C.).

Papier. 457 feuillets. Hauteur, 20 centimètres et demi; largeur, 15 centimètres. 19 lignes par page. — (Supplément 598.)

2007.

Dictionnaire alphabétique renfermant des éclaircissements sur les hommes, les tribus, les lieux, les expéditions militaires dont il est fait mention dans les biographies de Mahomet, notamment dans le سيرة النبويّة et le دلائل الخيرات. La copie s'arrête au milieu de l'article غزوة الحديبية. Il y a de nombreuses lacunes dans le corps du volume, et plusieurs pages sont restées en blanc. Cet exemplaire, d'un ouvrage qui aurait pu être très-utile, a été évidemment transcrit et disposé pour recevoir les additions de l'auteur. Le titre de l'ouvrage et le nom de l'auteur sont inconnus.

Papier. 357 feuillets. Hauteur, 21 centimètres et demi; largeur, 11 centimètres et demi. 28 lignes par page. Ms. du XVIIe siècle. — (Supplément 697.)

2008.

ريحانة المشتاقين الى ذكر معجزات سيّد المرسلين «Bouquet pour ceux qui désirent connaître les miracles du prince des apôtres», par ʿAbbâs ibn Aḥmad ibn ʿAbd al-Karîm al-Ḥaddâd al-Marḥoûmî, le Schaféite. Ce recueil énumère, non seulement les miracles attribués à Mahomet, mais aussi les faits merveilleux touchant les quatre premiers califes, les chefs des quatre écoles de jurisprudence, et les fondateurs des divers ordres de derviches. Ms. autographe, daté de l'an 1187 de l'hégire (1773-1774 de J. C.).

Papier. 105 feuillets. Hauteur, 23 centimètres; largeur, 16 centimètres. 12 lignes par page. — (Supplément 490.)

2009.

1° Traité des miracles de Mahomet. Commencement : (*sic*) الحمد لله الذى شرّف محمد. Au premier feuillet, on lit cette rubrique : ان شقاق (lisez انشقاق) القمر للنبى صلى الله عليه وسلم.

2° (Fol. 41 v°.) Histoire d'Aboû Yazîd al-Basṭâmî et du moine.

3° (Fol. 54 v°.) Histoire de l'Arabe du désert et de sa femme.

4° (Fol. 61.) L'*Arbaʿîn* d'Al-Nawawî.

5° (Fol. 89 v°.) Description de la personne (حلية) du Prophète.

6° (Fol. 94 v°.) Dissertation sur le sacrifice, sur les

défauts corporels qui rendent un animal impropre pour le sacrifice, et sur quelques points relatifs au mariage et au divorce.

Papier. 106 feuillets. Hauteur, 21 centimètres et demi; largeur, 16 centimètres. 13 lignes par page. Ms. du XVIIIe siècle. — (Supplément 585.)

2010.

التحفة الشريفة والطرفة المنيفة «Le Beau présent et la nouveauté de haute valeur». Arbre généalogique de Mahomet et de tous les membres de sa famille, par le schérif et généalogiste Aboû 'l-Qâsim Moḥammad ibn al-Ḥasan ibn ʿAlî ibn al-Ḥosaïn al-Djowânî. A la fin des tables se trouve la représentation des sandales de Mahomet, suivie de la liste de ses expéditions militaires, de la description de sa personne, de l'énumération de ses miracles, de ses armes et de ses montures, et du récit de sa mort. Ms. daté de l'an 1163 de l'hégire 1750 de J. C.).

Papier. 26 feuillets. Hauteur, 32 centimètres; largeur, 22 centimètres et demi. 15 lignes par page. — (Supplément 593.)

3. VIES DES COMPAGNONS DU PROPHÈTE.

2011.

معجم الطبرانى الكبير «Le Grand dictionnaire d'Al-Ṭabarânî (Aboû 'l-Qâsim Solaïmân ibn Aḥmad ibn Ayyoûb)». Le présent ms. est le sixième et dernier volume de cet ouvrage; mais les folios 1 à 19 appartiennent au commencement d'un autre volume, peut-être du quatrième. Bien que, d'après le titre, l'auteur ait rangé les noms dans l'ordre de l'alphabet, cet ordre n'est pas régulièrement suivi. Peut-être les feuillets du ms. ont ils été intervertis, surtout dans la partie du volume comprise entre les folios 20 et 92. Au fol. 92 v° commence la section intitulée مسند من يعرف بالكنى; au fol. 112 v° se trouve une section consacrée aux femmes : مسند النساء اللاتى روين عن رسول الله صلعم; et au folio 314 v° : باب من يعرف من النساء بالكنى. Dans ces sections, l'ordre alphabétique est mieux observé. On lit au verso du premier feuillet, la copie d'un certificat d'audition de lecture, daté de l'an 771 de l'hégire (1369 de J. C.), et au verso du dernier feuillet deux certificats de lecture autographes.

Ms. daté de l'an 728 de l'hégire (1327 de J. C.).

Papier. 336 feuillets. Hauteur, 27 centimètres; largeur, 17 centimètres. 29 lignes par page. — (Supplément 663.)

2012.

كتاب سير السلف «Notices biographiques des Anciens», par Aboû 'l-Qâsim Ismaʿîl ibn Moḥammad ibn al-Fadhl al-Taïmî, surnommé Al-Ḥâfiẓ al-Iṣfahânî. Cet ouvrage traite des principaux Compagnons de Mahomet, des *Tâbiʿoûn* et de plusieurs saints personnages. Les derniers articles du volume sont consacrés à Ibn Manda (Aboû ʿAbd Allah), à Maʿmar (Aboû Manṣoûr) et au père de l'auteur. La préface commence par ces mots : الحمد لله محيى الاموات وسامع الاصوات. En tête du volume se trouve la table des notices avec l'indication des pages. D'après Hadji-Khalfa (tome II, p. 256), l'auteur de cet excellent répertoire est mort en 535 de l'hégire (1140-1141 de J. C.).

Ms. daté de l'an 894 de l'hégire (1489 de J. C.).

Papier. 248 feuillets. Hauteur, 26 centimètres; largeur, 17 centimètres et demi. 21 lignes par page. — (Supplément 693.)

2013.

Dictionnaire des noms des Compagnons de Mahomet et des *Tabiʿoûn*, avec l'indication des ouvrages dans lesquels ces noms se rencontrent. Cet exemplaire, qui est autographe et qui porte les corrections et additions de l'auteur, les unes à la marge, les autres sur des onglets, est daté du mois de rabiʿa premier de l'an 712 de l'hégire (juillet-août 1312 de J. C.). Comme le premier feuillet manque, on ne peut indiquer avec certitude ni le titre de l'ouvrage, ni le nom de l'auteur; mais il est probable que le présent ms. est le brouillon du *Tadjrîd* (التجريد فى اسماء الصحابة) du célèbre polygraphe Schams al-Dîn Moḥammad ibn Aḥmad al-Dsahabî, mort en 748 de l'hégire (1347-1348 de J. C.).

Papier. 238 feuillets. Hauteur, 19 centimètres; largeur, 14 centimètres. 13 à 18 lignes par page. — (Ancien fonds 379.)

2014.

اشراق التواريخ «Splendeur des histoires», par Yaʿqoûb ibn ʿAṭâ Allâh al-Roûmî al-Qaramânî, mort en 833 de l'hégire (1429-1430 de J. C.). Cet opuscule se compose d'une introduction, de trois grands chapitres et d'une conclusion. L'introduction traite des prophètes antérieurs à Mahomet; le premier chapitre, de Mahomet; le second, des membres de la famille de Mahomet et des dix Compagnons prédestinés au Paradis; le troisième, des Com-

pagnons. La conclusion contient de courtes notes biographiques sur les grands docteurs de l'islamisme, depuis Aboû Ḥanîfa jusqu'à Aboû Ḥâmid al-Ghazâlî. Ms. daté de l'an 985 de l'hégire (1577-1578 de J. C.).

Papier. 50 feuillets. Hauteur, 21 centimètres; largeur, 14 centimètres. 21 lignes par page. — (Supplément 636.)

2015.

Volume sans titre, renfermant une histoire des prophètes, une notice sur Mahomet, sur sa famille et sur ses principaux Compagnons, et une série de notes sur les grands docteurs de l'islamisme, depuis Aboû Ḥanîfa. Le dernier nommé de ces docteurs est Aboû Ḥâmid al-Ghazâlî, mort en 505 de l'hégire (1111 de J. C.). La préface commence par ces mots : الحمد لله الذى هدانا لهذا وما كنّا لنهتدى. Le nom de l'auteur n'est pas indiqué[1].

Papier. 92 feuillets. Hauteur, 19 centimètres; largeur, 13 centimètres et demi. 15 lignes par page. Ms. du XVIe siècle. — (Supplément 592.)

2016.

1° درّ السحابة فى من دخل مصر من الصحابة «La Pluie du nuage, traité renfermant la mention des Compagnons (de Mahomet) qui sont venus en Égypte», par Al-Soyoûṭî. A la suite de ce dictionnaire, disposé dans l'ordre de l'alphabet, l'auteur énumère, en ajoutant quelques détails biographiques, les grands imâms appelés مجتهدون, parmi lesquels figure Al-Schâfi'î. Il termine son traité par une série de notices consacrées aux docteurs schaféites les plus distingués qui ont habité l'Égypte, et dont la dernière est datée de l'an 825 de l'hégire. Dans cette partie, les personnages sont désignés par leurs patronymiques ou par leurs titres honorifiques. La préface commence par ces mots : الحمد لله حمدا كثيرا.

2° (Fol. 53 v°.) Abrégé du traité mystique d'Aboû Ṭâlib al-Makkî, intitulé قوت القلوب فى معاملة المحبوب «Nourriture des cœurs, ou manière de se conduire envers le bien-aimé». Ce sont des extraits relatifs aux devoirs du musulman, des instructions morales et religieuses, des anecdotes et des légendes édifiantes. Il y a une lacune entre les folios actuellement cotés 74 et 75. La préface commence par les mots : الحمد لله الذى لا ينسى من ذكره. Aboû Ṭâlib Moḥammad ibn 'Alî ibn 'Aṭiya al-Makkî est mort à Baghdâd, en 386 de l'hégire (996 de J. C.).

3° (Fol. 142.) كتاب المواعيظ «Livre d'exhortations», par Al-Ḥosaïn ibn Moḥammad al-Ḥannâṭî (الحناطى), ouvrage qui traite des mérites des musulmans les plus distingués par leur vertu et leur piété. C'est une série d'extraits de cet ouvrage commençant par le calife Aboû Bakr, puis viennent des notices sur 'Omar, 'Othmân, Fâṭima, Al-Ḥasan, Al-Ḥosaïn, Al-Qoschaïrî, Abd al-Qâdir al-Djîlânî et quelques autres ascètes.

4° (Fol. 171 v°.) بهجة الاسرار ومعدن الانوار «Beauté des mystères et mine des lumières». Dissertation sur le grand docteur soufi, 'Abd al Qâdir al-Djîlânî, et quelques notices sur quelques autres docteurs mystiques. Le traité commence par un paragraphe écrit à l'encre rouge, dont voici les premiers mots : ذكر بعض مناقب امام العارفين ولسان المتكلّمين حجّة المناظرين..... القطب الغوث سيدنا ومولانا عبد القادر الجيلانى الحنبلى

Après وبعد, nous lisons فانى كنت سُالت ان اجمع ما وقع من قول شيخنا شيخ الاسلام الخ. C'est peut-être le traité que Hadji Khalfa attribue à Noûr al-Dîn 'Alî ibn Yoûsof al-Lakhmî, docteur schaféite, qui l'aurait composé, à la Mecque, en 660 de l'hégire (1261-1262 de J. C.).

Ce ms., tout entier de la même main, est daté de l'an 943 de l'hégire (1536 de J. C.).

Papier. 205 feuillets. Hauteur, 27 centimètres; largeur, 18 centimètres et demi. 21 lignes par page. — (Ancien fonds 650.)

2017.

الانوار اللائحة والازهار الفائحة «Lumières brillantes et fleurs odorantes». Recueil de notices instructives et d'anecdotes édifiantes, tirées des commentaires d'Ibn Ḥadjr et d'Al-Schobrakhîtî sur l'*Arba'în* d'Al-Nawawî, par Moḥammad ibn 'Alî al-Moschtoûlî (المشتولى). L'auteur s'occupe surtout de ce qui peut faire apprécier les hauts mérites des Compagnons et de leurs successeurs immédiats. La préface commence par ces mots : الحمد لله المتوحّد فى ملكه بجلال ذاته.

Papier. 282 feuillets. Hauteur, 22 centimètres; largeur, 16 centimètres. 19 lignes par page. Ms. du XVIIe siècle. — (Supplément 657.)

[1] C'est le même ouvrage que le précédent. H. Z.

4. VIES DES DESCENDANTS D'ʿALÎ.

2018.

عيون اخبار الرضى «Sources de l'histoire d'Al-Ridhâ», par le jurisconsulte Ibn Bâbawaïh (ابن بابويه) Aboû Djaʿfar Moḥammad ibn ʿAlî ibn al-Ḥosaïn ibn Moûsâ al-Qommî, mort à Raï (الرى), en 381 de l'hégire (991-992 de J. C.). (Sur le père de l'auteur, l'un des grands jurisconsultes de la secte schiite, qui avait composé deux cents ouvrages, voyez le *Fihrist*, édit. de Flügel, page ١٩٦.) Cet ouvrage est un recueil de toutes les traditions qui se rapportent à ʿAlî ibn Moûsâ al-Ridhâ, l'un des douze imâms. Il est divisé en soixante et dix chapitres, mais l'auteur déclare dans la préface, à deux reprises, que le nombre des chapitres était de cent quatre-vingt-treize. La préface commence par ces mots : الحمد لله الواحد القهّار العزيز الجبّار.

2° (Fol. 207 v°.) النصوص على الائمّة الاثنى عشر «Déclarations authentiques au sujet des douze imâms». Ces déclarations sont celles des Compagnons de Mahomet et les propres déclarations des imâms. Le nom de l'auteur (probablement Ibn Bâbawaïh) n'est pas mentionné.

Ms. daté de l'an 1086 de l'hégire (1675 de J. C.).

Papier. 257 feuillets. Hauteur, 28 centimètres; largeur, 17 centimètres. 25 lignes par page. — (Supplément 651.)

2019.

الجواهر السنيّة فى النسبة والكرامات الاحمديّة «Les Joyaux de prix, traitant de l'origine et des actes surnaturels d'Aḥmad», c'est-à-dire d'Aboû 'l-ʿAbbâs Aḥmad ibn ʿAlî al-Badawî (البدوى). Ce saint personnage, descendant d'Al-Ḥosaïn, fils d'ʿAlî, appartenait à une famille almoravide (ملثم) qui émigra de Fez, en 603 de l'hégire (1206-1207 de J. C.), et s'établit à la Mecque. Aḥmad ayant embrassé la vie dévote, se rendit dans l'ʿIrâq, puis, en 634 de l'hégire (1236-1237 de J. C.), en Égypte et demeura dans le voisinage de Ṭandtâ (طندتا) jusqu'à sa mort, en 675 de l'hégire (1276 de J. C.). Son tombeau est encore aujourd'hui un lieu de pèlerinage très-fréquenté. Cet ouvrage, composé par Zaïn al-Dîn ʿAbd al-Ṣamid, prédicateur attaché au mausolée d'Aḥmad al-Badawî (الداعى بالمقام الاحمدى), est divisé en cinq chapitres, précédés d'une préface et suivis d'une conclusion qui renferme plusieurs poëmes d'Al-Badawî, classés d'après l'ordre alphabétique des rimes. La préface commence par ces mots : الحمد لله الذى اطلع انوار الاحمدية فى سماء الشهود وجلا جمالها فى مرءاة الوجود. Ms. daté de l'an 1114 de l'hégire (1703 de J. C.).

Papier. 147 feuillets. Hauteur, 21 centimètres; largeur, 15 centimètres. 19 lignes par page. — (Supplément 643.)

2020.

Premier feuillet d'un opuscule sur les mérites de Sîdî Aḥmad al-Badawî.

Papier. 1 feuillet. Hauteur, 20 centimètres; largeur, 12 centimetres. 18 lignes par page. *Ms. du* XVIII*e siècle*. — (Supplément 2270.

2021.

عمدة الطالب فى نسب آل ابى طالب «L'Appui de celui qui cherche à connaître les généalogies des descendants d'ʿAlî ibn abî Ṭâlib». Selon Hadji Khalfa, cet ouvrage aurait été composé par Djamâl al-Dîn ibn al-Ḥosaïn ibn ʿOqba al-Ḥalabî, pour être offert à Tamerlan; l'auteur, mort en 828 de l'hégire (1424-1425 de J. C.), se serait principalement servi des ouvrages d'Al-Soûfî (Aboû 'l-Ḥasan ʿAlî ibn Moḥammad) et d'Al-Bokhârî (Aboû Nâṣir Sahl ibn ʿAbd Allah). Dans notre exemplaire, l'auteur, qui ne se nomme pas, dit avoir composé son ouvrage sur la demande du chérif Djalâl al-Dîn al-Ḥasan ibn ʿAlî, descendant d'ʿAlî à la vingt-deuxième génération. A la fin (fol. 231 v°) se trouve un chapitre sur la terminologie et les sigles employés par les généalogistes, puis un autre chapitre sur le même sujet, par un certain Al-Aṣîlî (الاصيلى), natif d'Aṣîla (*Arzille*), près de Tanger. En tête du volume, on lit une note, d'après laquelle l'ouvrage entier aurait été composé par ʿAbd Allah ibn Ibrâhîm al-Aṣîlî, mort en 792 de l'hégire (1390 de J. C.); mais, comme l'auteur de cette note ajoute qu'Al-Dâraqoṭnî (mort, comme nous le savons, en 385 de l'hégire), avait fait l'éloge d'Aṣîlî, on voit qu'il n'y a pas lieu d'en tenir compte.

Ms. daté de l'an 938 de l'hégire (1532 de J. C.).

Papier. 237 feuillets. Hauteur, 27 centimètres; largeur, 18 centimètres. 16 lignes par page. — (Ancien fonds 636.)

2022.

الفصول المهمّة فى معرفة الائمّة «Chapitres importants pour la connaissance des imâms», par ʿAlî ibn Moḥam-

mad Ibn Al-Ṣabbâgh docteur malékite, né à la Mecque, mort en 855 de l'hégire (1451 de J. C.). Cet ouvrage, qui traite spécialement des douze imâms des Schiites, commence par ces mots : الحمد لله الذى جعل من صلاح هذه الامة نصب الامام العادل.

Ms. daté de l'an 1010 de l'hégire (1601 de J. C.).

Papier. 163 feuillets. Hauteur, 21 centimètres; largeur, 15 centimètres. 19 lignes par page. — (Ancien fonds 852.)

2023.

Même ouvrage.

Papier. 91 feuillets. Hauteur, 21 centimètres; largeur, 15 centimètres. 21 à 27 lignes par page. Ms. du xviie siècle. — (Supplément 650.)

2024.

Même ouvrage. Ms. daté de l'an 1095 de l'hégire (1684 de J. C.). A la fin, on lit une qaṣîda du kâtib Ibn Rozaïq (رزيق) al-Baghdâdî, dont voici le premier vers :

لا تعذليه فان العذل يولعه
قد قلت حقّا ولكن ليس يسمعه

Papier. 154 feuillets. Hauteur, 29 centimètres et demi; largeur, 20 centimètres. 19 lignes par page. — (Supplément 649.)

2025.

Traditions relatives aux quatre premiers califes et aux descendants d'ʿAlî. Cet ouvrage a été composé vers 950 de l'hégire (1547 de J. C.), à la Mecque.

Papier. 196 feuillets. Hauteur, 21 centimètres; largeur, 15 centimètres. 23 lignes par page. — (Supplément 2440.)

2026.

Les opuscules de Marʿî ibn Yoûsof ibn abî Bakr al-Maqdisî, docteur hanbalite.

1° فرائد فوائد الفكر فى الامام المهدى المنتظر «Notions rares et précieuses, au sujet d'Al-Mahdî, l'imâm attendu», traité historique en neuf chapitres. L'auteur dit avoir achevé cet ouvrage dans la mosquée d'Al-Azhar, au Caire, en 1022 de l'hégire (1613 de J. C.). Commencement de la préface : حمد الملك الملك والملك ومدبر الفلك والفلك.

2° (Fol. 23.) تحقيق الظنون باخبار الطاعون «Examen des différentes opinions concernant la peste». L'auteur discute vingt questions qui se rapportent à ce sujet. Commencement : الحمد لله ذى البطش الشديد.

3° (Fol. 63.) سلوان المصاب بفرقة الاحباب «Consolation pour celui qui est affligé de la perte de ceux qu'il aime». Sur les causes de la peste et sur le bien qu'elle produit en raffermissant les âmes contre le malheur. Commencement : الحمد لله مجيب دعوة المضطرّين.

4° (Fol. 82.) غذا الارواح بالمحادثة والمزاح «Nourriture des âmes par la conversation et la plaisanterie». Sur ce qui est permis en fait de plaisanterie et ce qui est blâmable. Commencement : الحمد لله خالق الاشباح ومدبر الارواح.

5° (Fol. 96.) الحكم الملكيّة والكلم الازهريّة «Maximes de sagesse à l'usage des princes et sentences belles comme des fleurs». Conseils et avertissements adressés aux rois, aux vizirs, aux chambellans et aux courtisans. Commencement : الحمد لله ملك الملوك ومولى الملك والمملوك.

Papier. 114 feuillets. Hauteur, 21 centimètres et demi; largeur, 15 centimètres. 21 lignes par page. — (Supplément 652.)

5. VIES DES SAINTS ET DES SOUFIS.

2027.

كتاب سيرة عمر بن عبد العزيز «Vie d'ʿOmar ibn ʿAbd al-ʿAzîz». Ce sont des traditions et récits divers, relatifs surtout à la vie privée de ce calife. Ms. daté de l'an 1017 de l'hégire (1609 de J. C.).

Papier. 71 feuillets. Hauteur, 21 centimètres; largeur, 15 centimètres. 19 lignes par page. — (Supplément 2439.)

2028.

حلية الاولياء وطبقة الاصفياء «Parure des saints et liste d'hommes purs», par Aboû Noʿaïm Aḥmad ibn ʿAbd Allah al-Iṣfahânî, mort en 430 de l'hégire (1038-1039 de J. C.). C'est un recueil de toutes les traditions, précédées de leurs *isnâd*, qui concernent les Compagnons, les *Tâbiʿoûn*, les successeurs de ceux-ci, et les personnages les plus remarquables par la sainteté de leur vie. Le présent ms. est le second volume de l'ouvrage; il commence par l'article Moʿâds ibn Djabal, et finit par les premières lignes de la notice sur Khobaïb ibn Yasâf. Les

IMPRIMERIE NATIONALE.

derniers feuillets manquent. Les folios 235 à 244 ne sont pas à leur place et paraissent appartenir à l'article Mo'âds ibn Djabal.

Papier. 244 feuillets. Hauteur, 23 centimètres; largeur, 17 centimètres. 13 lignes par page. Ms. du XIVe siècle. — (Ancien fonds 381.)

2029.

Neuvième volume du même ouvrage.

Papier. 179 feuillets. Hauteur, 25 centimètres; largeur, 17 centimètres. 22 à 26 lignes par page. Ms. du XIVe siècle. — (Supplément 647.)

2030.

صفوة الصفوة «La Quintessence», abrégé du حلية الاولياء d'Aboû No'aïm al-Iṣfahânî, par Aboû 'l-Faradj 'Abd al-Raḥmân ibn al-Djauzî, mort en 597 de l'hégire (1201 de J. C.). Ces notices biographiques sont classées, pour chaque province, dans l'ordre chronologique. Le présent ms., qui est le second volume de l'ouvrage, commence au milieu de la troisième classe des Compagnons de Mahomet, natifs de Médine. Suivent des notices sur les *Tâbi'oûn* de Médine, de la Mecque, du Ṭâïf, du Yémen et de Baghdâd. Ms. daté de l'an 717 de l'hégire (1317 de J. C.).

Papier. 230 feuillets. Hauteur, 26 centimètres et demi; largeur, 19 centimètres. 19 lignes par page. — (Ancien fonds 738.)

2031.

Troisième volume du même ouvrage, commençant par la notice sur Ibn Sam'oûn, dévot de Baghdâd, mort en 387 de l'hégire (997 de J. C.). Viennent ensuite des notices sur plusieurs autres dévots, hommes et femmes, de la même ville, puis des villes de Madâïn, de Wâsiṭ et de Koûfa. Le volume se termine par la notice sur Moslim ibn Yasâr, mort en 100 ou 101 de l'hégire.

Papier. 168 feuillets. Hauteur, 25 centimètres; largeur, 17 centimètres. 18 lignes par page. Ms. du XIVe siècle. — (Ancien fonds 739.)

2032.

مجمع الاحباب وتذكرة اولى الالباب «Réunion des amis et aide-mémoire des gens de cœur», par Moḥammad ibn Ḥasan ibn 'Abd Allah al-Ḥosaïnî, mort en 776 de l'hégire (1374-1375 de J. C.). Recueil de notices sur les Compagnons, les Tâbi'oûn et les personnages les plus remarquables par leur piété et par la sainteté de leur vie. Le présent ms., premier volume de l'ouvrage, commence par la vie d'Aboû Bakr et finit par celle de Sofyân al-Thaurî. Il renferme cent trois articles, dont les titres sont indiqués sur le feuillet de garde. Le second volume devait contenir trois sections, dont la première traite des femmes distinguées par leur sainteté; la seconde, de certains dévots dont on ignorait les vrais noms, et dont la troisième renferme deux notices biographiques, celle de Noûr al-Dîn et celle de son successeur, Ṣalâḥ al-Dîn (Saladin). L'auteur déclare que son ouvrage n'était qu'un abrégé du صفوة الصفوة d'Aboû 'l-Faradj 'Abd al-Raḥmân ibn al-Djauzî, ouvrage qui, lui-même, n'est qu'un extrait du حلية الاولياء d'Aboû No'aïm al-Iṣfahânî. Hadji Khalfa donne à l'ouvrage de Moḥammad al-Ḥosaïnî le titre de مجمع الاخبار فى مناقب الاخيار «Collection de renseignements sur les mérites des saints». En tête du volume se trouve le dix-neuvième feuillet d'un traité de métaphysique. Ms. daté de l'an 994 de l'hégire (1586 de J. C.).

Papier. 440 feuillets. Hauteur, 31 centimètres et demi; largeur 21 centimètres et demi. 35 lignes par page. — (Supplément 659.)

2033.

الزهر الفائح فى من تنزّه عن الذنوب والقبائح «La Fleur odorante, ouvrage traitant de ceux qui ont évité le péché et les turpitudes». Ce traité de morale, qui se compose d'histoires de quelques saints, de traditions, d'exhortations et de pièces de vers, est attribué au célèbre prédicateur et polygraphe Aboû 'l-Faradj 'Abd al-Raḥmân ibn al-Djauzî. La préface commence par ces mots : بسم الله ابتداءى وبكتابه اقتداءى وبنبيّه اهتداءى.

Papier. 52 feuillets. Hauteur, 21 centimètres; largeur, 15 centimètres. 23 lignes par page. Ms. du XVIe siècle. — (Supplément 644.)

2034.

Autre rédaction du même ouvrage. En tête du volume on lit deux prières, et à la fin un sermon et une prière.

Papier. 90 feuillets. Hauteur, 21 centimètres; largeur, 16 centimètres. 15 lignes par page. Ms. du XVIIe siècle. — (Supplément 645.)

2035.

1° شرح حال الاولياء ومناقب الاتقياء «Exposé de l'état

des saints personnages et mérites des hommes pieux». Anecdotes concernant les principaux saints de l'islamisme. Commencement : الحمد لله الذى اودع قلوب اوليائه من لطيف حكمته اسرارا.

2° (Fol. 29.) Deux feuillets détachés d'un recueil d'anecdotes, dont un chapitre est intitulé ما قيل فى القلم والسيف منثورا «Ce qu'on a dit de mieux, en prose, de la plume et de l'épée».

3° (Fol. 31 v°.) Le نصيحة الملوك d'Aboû Ḥâmid al-Ghazâlî, traduit du persan en arabe par un anonyme. Commencement : الحمد لله على انعامه وافضاله الخ.

Papier. 103 feuillets. Hauteur, 22 centimètres; largeur, 15 centimètres. 19 lignes par page. Ms. du XVIII° siècle. — (Supplément 2055.)

2036.

تذكرة المتقين اثار اولى الصفاء وتبصرة المقتدين بطريق تاج العارفين ابى الوفاء «Aide-mémoire de ceux qui marchent sur les traces des gens de la pureté et indicateur pour ceux qui suivent la voie d'Aboû 'l-Wafâ Tâdj al-ʿÂrifîn (Couronne des hommes qui ont obtenu la connaissance parfaite de Dieu)». Cet ouvrage, qu'on désigne aussi par le titre de تذكرة فى مناقب ابى الوفاء, a pour auteur un nommé Schihâb al-Dîn Aḥmad ibn ʿAbd al-Monʿim al-Schabrîsî al-Wâsiṭî. C'est une histoire très détaillée de Tâdj al-ʿÂrifîn Aboû 'l-Wafâ Moḥammad, saint personnage qui était parvenu à une très-haute station dans la vie spirituelle. Né à Koûsân, ville située dans cette partie du Kurdistân qui touche au Zâb supérieur, il mourut en 501 de l'hégire (1107-1108 de J. C.), à l'âge de quatre-vingt-trois ans. La seconde partie de l'ouvrage traite des parents d'Aboû 'l-Wafâ, de son directeur dans la voie spirituelle, le schaïkh al-Schanbakî (الشنبكى) et de ses disciples. On y trouve beaucoup d'exhortations, de poésies morales et d'anecdotes édifiantes. Le présent ms. se compose de deux volumes, reliés ensemble; mais le dernier feuillet du premier volume manque. Ms. daté de l'an 878 de l'hégire (1473-1474 de J. C.).

Papier. 182 feuillets. Hauteur, 27 centimètres; largeur, 18 centimètres. 29 lignes par page. — (Supplément 642.)

2037.

1° مناقب ابى العباس السبتى «Mérites d'Aboû 'l-ʿAbbâs (Aḥmad ibn Djaʿfar) al-Sabtî», par Yoûsof ibn Yaḥyâ ibn ʿÎsâ al-Schâdsilî. Aboû 'l-ʿAbbâs al-Sabtî, mentionné dans les *Prolégomènes* d'Ibn Khaldoûn, était né à Ceuta et est mort dans cette ville, en 601 de l'hégire (1204-1205 de J. C.). Copie datée de l'an 1152 de l'hégire (1739 1740 de J. C.).

2° (Fol. 30.) هداية المريد للسبيل الحميد «Guide pour l'aspirant vers la voie louable», par Moḥammad al-Bakrî.

3° (Fol. 36.) الرسالة المرشدة «Épître directrice». Traité de soufisme.

4° (Fol. 39.) الفتح المبين بجواب بعض السائلين «Éclaircissements en réponse à un questionneur». Traité de soufisme, par le schaïkh Moḥammad ibn abî 'l-Ḥosaïn al-Ṣiddîqî.

5° (Fol. 42.) الرسالة الناصرية. Traité de soufisme, par le même auteur.

6° (Fol. 46.) الرسالة المنصورية. Traité de soufisme, composée en 988 de l'hégire (1580 de J. C.), par le même.

7° (Fol. 49 v°.) صادحة الازل «Le Réveil-matin de l'éternité», par le même.

Papier. 58 feuillets. Hauteur, 19 centimètres; largeur, 13 centimètres et demi. 17 à 19 lignes par page. Ms. du XVIII° siècle. — (Supplément 641.)

2038.

بهجة الاسرار ومعدن الانوار «Splendeur des mystères et mines de lumières». Histoire, discours et miracles du grand saint musulman, Moḥyî al-Dîn ʿAbd al-Qâdir al-Djîlî ou al-Djîlânî, par ʿAlî ibn Yoûsof ibn Djarîr (ou Ḥarîz? حريز) ibn Miʿdhâd ibn Fadhl. (Voyez sur ʿAbd al-Qâdir al-Djîlânî, le Dictionnaire d'Ibn Khallikân, traduction anglaise, t. II, p. 172.) Cet ouvrage a été composé après l'an 671 de l'hégire (Préface, fol. 2 v°). La seconde partie traite de l'histoire des docteurs les plus distingués dans l'ordre des derviches soufis fondé par Al-Djîlânî. Commencement : استفتح باب العون بايدى محامد الله عز وجل.

Ms. daté de l'an 998 de l'hégire (1590 de J. C.).

Papier. 282 feuillets. Hauteur, 21 centimètres; largeur, 15 centimètres et demi. 21 lignes par page. — (Supplément 1959.)

2039.

Même ouvrage. A la fin on lit une épître adressée par ʿAbd al-Qâdir à un de ses disciples.

Ms. daté de l'an 1008 de l'hégire (1600 de J. C.).

Papier. 252 feuillets. Hauteur, 28 centimètres; largeur, 21 centimètres. 19 lignes par page. — (Ancien fonds 744.)

2040.

روض الرياحين في حكايات الصالحين «Jardin de plantes odorantes, renfermant des récits concernant les hommes saints», par ʿAbd Allah ibn Asʿad al-Yâfiʿî al-Yamanî, mort, selon Hadji Khalfa, en 768 de l'hégire (1366-1367 de J. C.). L'ouvrage est divisé en cinq chapitres qui contiennent des histoires édifiantes, des légendes et des pièces de vers, au nombre de cinq cents, se rapportant aux anciens patriarches et aux saints personnages de l'islamisme. L'auteur dit dans la préface qu'il avait donné à son ouvrage un second titre (لقب), à savoir : نزهة العيون النواظر وتحفة القلوب الحواضر «Délices des yeux qui contemplent (Dieu) et cadeau pour les cœurs qui sont en sa présence». Ms. daté de l'an 909 de l'hégire (1503 de J. C.)

Papier. 291 feuillets. Hauteur, 22 centimètres; largeur, 15 centimètres et demi. 17 lignes par page. — (Ancien fonds 854.)

2041.

Même ouvrage. Ms. daté de l'an 1122 de l'hégire (1710 de J. C.).

Papier. 154 feuillets. Hauteur, 30 centimètres; largeur, 21 centimètres. 34 lignes par page. — (Supplément 638.)

2042.

1° سير الصالحات المومنات الخيرات «Vies des saintes femmes vertueuses et croyantes», par Taqî al-Dîn Aboû Bakr al-Ḥiṣnî (الحصنى) al-Ḥosaïnî (descendant d'Al-Ḥosaïn). L'ouvrage est suivi de deux appendices, dont le premier est intitulé فصل يتعلّق باسباب المحبّة للمحبوب «Traité sur les causes qui conduisent à l'amour de Dieu», et le second, فصل في الاسباب المهلكات «Traité sur les causes qui amènent la perte de l'âme». C'est un exposé des vertus et des vices.

2° (Fol. 83 v°.) Extraits du livre intitulé سير السالك في اسنى المسالك «Vies de ceux qui ont marché dans le plus excellent des sentiers», par Taqî al-Dîn al-Ḥiṣnî. Ce sont des conseils et des exhortations.

Le ms. porte la date de 875 de l'hégire (1471 de J. C.) (voyez fol. 83), mais il paraît être du XVIe siècle.

Papier. 90 feuillets. Hauteur, 21 centimètres et demi; largeur, 15 centimètres et demi. 21 lignes par page. — (Ancien fonds 855.)

2043.

Traité des mérites éminents du célèbre ascète Dsoû 'l-Noûn al-Miṣrî (Aboû 'l-Faïdh Thaubân ibn Ibrâhîm), né à Ikhmîm, en Égypte, et mort dans ce pays, d'après Aboû 'l-Maḥâsin, en l'an 245 de l'hégire (859-860 de J. C.). Le premier feuillet manque et le recto du second feuillet a été recouvert d'un feuillet contenant une préface apocryphe, précédée d'un titre où on lit encore ces mots : المكنون في مناقب ابى الفيض ذى النون. Dans cette préface, l'ouvrage est attribué à un certain Moḥammad ibn al-Ḥosaïn al-Solamî (السلمى), mais il est possible que l'auteur soit Al-Soyoûṭî.

Ms. daté de l'an 994 de l'hégire (1586 de J. C.).

Papier. 62 feuillets. Hauteur, 21 centimètres; largeur, 15 centimètres. 21 lignes par page. — (Supplément 640.)

2044.

رشحات عين الحياة «Gouttes provenant de la source de la vie», par ʿAlî, fils de Ḥosaïn Wâʿiẓ al-Kâschifî. Cet ouvrage, composé en persan, en 909 de l'hégire (1503-1504 de J. C.), a été traduit en arabe, en 1029 de l'hégire (1620 de J. C.), par Tâdj al-Dîn ibn Zakarîya ibn Solṭân, derviche de l'ordre des Naqschbendis. Ce sont des notices biographiques sur les derviches les plus remarquables des Naqschbendis (طبقات خوجكان السلسلة النقشبندية), se terminant par une notice très-détaillée (fol. 135 et suiv.) sur le khodja Nâṣir al-Dîn ʿObaïd Allâh Aḥrâr (احرار), directeur spirituel de l'auteur. On trouve dans cet ouvrage un grand nombre de maximes et de réflexions morales, recueillies parmi les religieux de cette confrérie et portant chacune le titre de رشحة «goutte». La préface du traducteur commence par ces mots : الحمد لله الذى جعل رشحات حزبه من اوليائه طيبة; celle de l'auteur commence ainsi : الحمد لله الذى رش رشحات الحقائق والحكم الخ.

Ms. daté de l'an 1119 de l'hégire (1707 de J. C.).

Papier. 202 feuillets. Hauteur, 22 centimètres et demi; largeur, 15 centimètres. 25 lignes par page. — (Supplément 664.)

2045.

لواقح الانوار في طبقات الاخيار «Les Lumières qui fécondent ou classes d'hommes saints», par ʿAbd al-Wahhâb ibn Aḥmad al-Schaʿrânî. Notices des dévots, des ascètes

et des soufis de l'islamisme des neuf premiers siècles de l'hégire. Ces notices, qui sont au nombre de plus de quatre cents, ne contiennent ordinairement que les traits de sainteté qui distinguaient les personnages et les paroles et maximes qu'on leur attribuait. La préface commence par ces mots : الحمد لله الذى خلع على اوليائه خلع انعامه.

Ms. autographe, daté de l'an 952 de l'hégire (1545 de J. C.), sauf 75 feuillets, ajoutés en 1191 de l'hégire (1777 de J. C.).

Papier. 301 feuillets. Hauteur, 19 centimètres et demi; largeur, 15 centimètres. 23 à 24 lignes par page dans la partie ancienne, 30 à 32 dans la partie moderne. — (Supplément 646.)

2046.

تحفة اهل الصديقية باسانيد الطايفة الجزولية والزروقية « Cadeau offert aux hommes intègres, renfermant la filiation des docteurs appartenant à l'ordre d'Al-Djozoûlî et d'Al-Zarroûq », ouvrage composé en 1090 de l'hégire (1679 de J. C.), par Moḥammad al-Mahdî ibn Aḥmad al-Fâsi. Al-Djozoûlî (Moḥammad ibn ʿAbd al-Raḥmân ibn abî Bakr), et Al-Zarroûq (Aḥmad ibn Aḥmad al-Bornosî al-Fâsî), avaient été les chefs d'une branche de l'ordre des derviches schâdsilites du Maghreb, au VIIe siècle de l'hégire. Ce traité renferme une notice sur ces deux schaïkhs et la liste chronologique de leurs disciples.

Ms. daté de l'an 1228 de l'hégire (1813 de J. C.).

Papier. 48 feuillets. Hauteur, 21 centimètres et demi; largeur, 15 centimètres et demi. 25 lignes par page. — (Supplément 642 *bis*.)

6. BIOGRAPHIES GÉNÉRALES.

2047.

Fragments de généalogies arabes, probablement du جمهرة النسب « Collection des généalogies », de Hischâm ibn Moḥammad al-Kalbî. En comparant le texte de ces fragments avec le *Kitâb al-Maʿârif* d'Ibn Qotaïba, on reconnaît que cet auteur s'en était servi, en faisant quelques changements dans la rédaction. Ce ms., écrit en caractères coufiques, est probablement de la fin du IIe siècle de l'hégire. Les traits diacritiques sont contemporains du texte.

Vélin. 13 feuillets. Hauteur, 22 centimètres; largeur, 29 centimètres et demi. 13 à 15 lignes par page. — (Supplement 655 *bis*.)

2048.

التحفة فى نظم اصول الانساب وبيان اتصال من الخرج عن اصله من ذوى الاحساب « Présent pour servir à coordonner les principes de la science généalogique et pour faire reconnaître la filiation des personnages distingués qui ont perdu les traces de leur origine ». Généalogies des tribus arabes, composées par un schaféite, descendant d'Al-Ḥasan ibn ʿAlî (الحسنى). Le nom de l'auteur est illisible. La préface commence par ces mots : الحمد لله خالق الخلق وباسط الرزق. Le ms., daté de l'an 659 de l'hégire (1261 de J. C.), est autographe. L'écriture est dépourvue de points diacritiques.

Papier. 204 feuillets. Hauteur, 20 centimètres; largeur, 14 centimètres. 17 lignes par page. — (Supplément 655 *ter*.)

2049.

نهاية الأرب فى معرفة انساب العرب « Tout ce dont on peut avoir besoin pour bien connaître les généalogies des Arabes », par Moḥammad ibn Aḥmad ibn ʿAbd Allah al-Qalqaschandî (né à Qalqaschand, près du Caire) al-Schâfiʿî. L'auteur dit dans la préface qu'il a composé ce volume pour l'usage de Zaïn al-Dîn Aboû 'l-Djoûd Baqr (بقر) ibn Râschid al-Zaïnî, grand émir des Arabes nomades des contrées orientales et occidentales. L'ouvrage commence par une introduction, divisée en cinq chapitres, qui traite des connaissances nécessaires à quiconque veut s'occuper des généalogies. Le quatrième chapitre énumère les localités que les Arabes occupaient dans les temps anciens. Vient ensuite une section intitulée مقصد « but », dont le premier chapitre renferme la généalogie du Prophète. La seconde partie de l'ouvrage est un dictionnaire alphabétique, renfermant les noms des diverses branches de chaque tribu. La conclusion, divisée en cinq chapitres, traite des croyances religieuses des Arabes avant l'islamisme, des discussions qui eurent lieu entre les tribus, au sujet de leur noblesse, de leurs *journées* et combats, de certains feux qu'elles allumaient et de leurs foires et autres réunions. Ce ms., autographe, est daté de l'an 846 de l'hégire (1442-1443 de J. C.). A la fin du volume se trouve la signature de Schams al-Dîn Moḥammad ibn Qâsim al-Zaïnî, petit-fils de l'émir pour lequel Al-Qalqaschandî a composé cet ouvrage.

Papier. 187 feuillets. Hauteur, 26 centimètres et demi; largeur, 18 centimètres. 21 lignes par page. — (Supplément 655.)

2050.

وفيات الاعيان وانباء ابناء الزمان « Les Décès des hommes illustres et renseignements sur les enfants des siècles », dictionnaire biographique, par Schams al-Dîn Aḥmad ibn Moḥammad Ibn Khallikân, mort en 681 de l'hégire (1282 de J. C.). Ce volume renferme les passages qui ne se trouvent pas dans tous les exemplaires.

Ms. daté de l'an 992 de l'hégire (1584 de J. C.).

Papier. 516 feuillets. Hauteur, 29 centimètres et demi; largeur, 20 centimètres. 29 lignes par page. — (Ancien fonds 730.)

2051.

Même ouvrage.

Papier. 310 feuillets. Hauteur, 35 centimètres; largeur, 21 centimètres. 33 lignes par page. Ms. du XVIe ou du XVIIe siècle. — (Supplément 704.)

2052 et 2053.

Premier et troisième volumes d'un exemplaire du même ouvrage. Le premier volume finit par la lettre ل; l'autre volume commence par l'article واصل et se termine par la vie de Yoûsof ibn Hâroûn al-Kindî, suivie d'une notice biographique de l'auteur.

2 vol. Papier. 354 et 266 feuillets. Hauteur, 27 centimètres et demi; largeur, 19 centimètres. 21 lignes par page. Ms. du XVIIe siècle. — (Ancien fonds 751 A.)

2054.

Première partie du même ouvrage. Ce volume, qui s'arrête à la lettre س, a été collationné sur trois mss. et porte plusieurs additions, les unes en marge, les autres sur des onglets.

Papier. 251 feuillets. Hauteur, 18 centimètres; largeur, 14 centimètres. 21 lignes par page. Ms. du XVe siècle. — (Ancien fonds 864.)

2055.

Première partie du même ouvrage, se terminant par l'article غيلان بن عقبة. Au commencement et à la fin du volume se trouvent deux courtes notices sur l'auteur et quelques recettes talismaniques.

Papier. 364 feuillets. Hauteur, 26 centimètres et demi; largeur, 15 centimètres. 27 à 33 lignes par page. Ms. du XVIe siècle. — (Supplément 700.)

2056.

Première partie du même ouvrage, s'arrêtant au commencement de la lettre م. Ms. daté de l'an 1048 de l'hégire (1638-1639 de J. C.).

Papier. 220 feuillets. Hauteur, 21 centimètres; largeur, 15 centimètres. 17 lignes par page. — (Supplément 701.)

2057.

Première partie du même ouvrage, se terminant par l'article ظافر بن القاسم. Ms. daté de l'an 1065 de l'hégire (1655 de J. C.).

Papier. 167 feuillets. Hauteur, 29 centimètres et demi; largeur 20 centimètres. 25 lignes par page. — (Ancien fonds 731.)

2058.

Même ouvrage, volume commençant par le premier article, ابراهيم, et se terminant par l'article يونس بن محمد. Le *post-scriptum* de l'auteur est omis. On a joint au volume une table des matières, écrite par Michel Ṣabbâgh.

Papier. 434 feuillets. Hauteur, 32 centimètres; largeur, 21 centimètres. 43 lignes par page. Ms. du XVIe siècle. — (Supplément 702.)

2059.

Second volume du même ouvrage, commençant par la lettre ع et finissant par la lettre ل.

Papier. 203 feuillets. Hauteur, 26 centimètres; largeur, 18 centimètres et demi. 21 lignes par page. Ms. du XIVe ou du XVe siècle. — (Supplément 705.)

2060.

مختصر الانباء. Abrégé du Dictionnaire biographique

d'Ibn Khallikân (dont le second titre est انباء ابناء الزمان). L'auteur, ʿAlî ibn Yaʿqoûb ibn ʿAlî ibn al-Walî ibn al-Bârizî, natif de Ḥamâh, dit, dans une note finale, qu'il a terminé cet ouvrage le dernier mois de l'année 751 de l'hégire (janvier 1351 de J. C.). Le ms., probablement autographe, est d'une belle écriture cursive; les points diacritiques sont très-souvent omis, et l'encre est presque effacée en plusieurs endroits par l'humidité. La préface commence par ces mots : الحمد لله الدائم على مرّ الدهور الباقي على انقضاء الايام والشهور. En tête du volume se trouve une liste des notices qu'il renferme, et à la fin une copie du لامية العجم d'Al-Ṭoghrâï, un extrait du *Kitâb al-Maʿârif* d'Ibn Qotaïba, et quelques notes peu importantes.

Papier. 138 feuillets. Hauteur, 27 centimètres et demi; largeur, 20 centimètres et demi. 26 à 41 lignes par page. Ms. du XIVe siècle. — (Supplément 703.)

2061.

تالى كتاب وفيات الاعيان. Continuation du Dictionnaire biographique d'Ibn Khallikân, par Al-Mowaffaq Fadhl Allah ibn abî 'l-Fakhr al-Ṣaqâʿî. Cet ouvrage renferme des notices, disposées dans l'ordre de l'alphabet, sur les personnages remarquables de l'Égypte et de la Syrie, morts entre les années 660 et 715 de l'hégire, ainsi qu'un nécrologe des années 717 à 725 de l'hégire. Ce ms. a appartenu à Khalîl ibn Aïbek al-Ṣafadî, comme on le voit par une note, probablement autographe, en tête du volume.

Ms. daté de l'an 733 de l'hégire (1332-1333 de J. C.).

Papier. 100 feuillets. Hauteur, 25 centimètres; largeur, 18 centimètres. 21 lignes par page. — (Ancien fonds 732.)

2062.

Introduction au Dictionnaire biographique, الوافى بالوفيات, de Ṣalâh al-Dîn Khalîl ibn Aïbek (ms. أيبك) al-Ṣafadî. Ce dictionnaire fait suite au Dictionnaire d'Ibn Khallikân. Hadji Khalfa, à l'article الخان, place la mort de Khalîl ibn Aïbek en l'an 749 de l'hégire (1348-1349 de J. C.); mais, à l'article الوافى, il indique l'an 764. Dans le long article que l'auteur d'Al-Manhil al-Ṣâfî a consacré à Khalîl ibn Aïbek, nous lisons (ms. arabe de a Bibliothèque nationale, n° 2070, fol. 59), qu'il mourut à Damas, le 10 schawwâl de l'an 764.

Papier. 27 feuillets. Hauteur, 26 centimètres; largeur, 19 centimètres. 23 lignes par page. Ms. du XVIIIe siècle. — (Supplément 2430.)

2063.

Copie moderne du ms. précédent.

Papier. 34 feuillets. Hauteur, 30 centimètres; largeur, 23 centimètres. 22 lignes par page. — (Supplément 2431.)

2064.

Volume dépareillé du Dictionnaire biographique de Khalîl ibn Aïbek al-Ṣafadî. Le nom de l'auteur est écrit, en tête du volume, ainsi : صلاح الدين ابو الصفا خليل بن عبد الله الصفدى. Ce volume, écrit du vivant de l'auteur, renferme, d'après la souscription, la huitième partie de l'ouvrage. Il commence par l'article خاتون بنت الملك الاشرف, et finit par l'article سنقر شاه.

Papier. 197 feuillets. Hauteur, 27 centimètres; largeur, 19 centimètres. 25 lignes par page. — (Supplément 706 *bis*.)

2065.

Autre volume du même ouvrage. Les premiers feuillets manquent. Ce volume qui, d'après la souscription, renferme la quinzième partie, commence par l'article سعيد بن على, et se termine par l'article صاعد بن الحسن.

Papier. 187 feuillets. Hauteur, 28 centimètres et demi; largeur, 18 centimètres et demi. 19 lignes par page. Ms. du XIVe siècle. — (Supplément 706.)

2066.

Autre volume du même ouvrage, renfermant trois parties : la quinzième, la seizième (fol. 99) et la dix-septième (fol. 203). Le premier article est عبادة بن الصامت, le dernier عبيد الله بن الفضل. Le titre qu'on lit en tête du volume, الجزء الخامس عشر من الطبقات الكبراء, a été ajouté après coup.

Papier. 307 feuillets. Hauteur, 32 centimètres; largeur, 20 centimètres. 29 lignes par page. Ms. du XVIIe siècle. — (Supplément 2432.)

2067.

لحان السواجع بين البادى والمراجع «Roucoulement des tourterelles qui eut lieu entre celui qui avait commencé

(la correspondance) et celui qui lui avait répondu». Notices biographiques des littérateurs avec lesquels l'auteur, Khalîl ibn Aïbek al-Ṣafadî, avait été en correspondance.

Ms. daté de l'an 1004 de l'hégire (1596 de J. C.).

Papier. 249 feuillets. Hauteur, 20 centimètres et demi; largeur, 14 centimètres. 25 lignes par page. — (Supplément 698.)

2068 à 2072.

المنهل الصافي والمستوفي بعد الوافي «La Source pure et le complément du Supplément», par l'émir Aboû 'l-Maḥâsin Yoûsof ibn Taghrî Bardî. Dictionnaire biographique qui fait suite au Dictionnaire de Khalîl ibn Aïbek al-Ṣafadî. Le présent exemplaire, dont le sixième et dernier volume manque, a été transcrit pour l'usage de l'auteur.

Le tome I commence par la biographie du sultan mamlouc ʿIzz al-Dîn Aïbek, et finit par le nom de اقطوان.

Le tome II commence par le nom de اقطوه et finit par le nom de جكم.

Le tome III commence par le nom de جلال et finit par le nom de طلحة.

Le tome IV commence par l'article طه et finit par l'article فيروز شاه. Ce volume est daté du dernier jour de l'an 855 de l'hégire (1452 de J. C.).

Le tome V commence par le nom de قارا et finit par l'article Moḥammad ibn Moḥammad. Ce volume est daté du commencement de l'an 856 de l'hégire (février 1452 de J. C.).

On a ajouté à chaque volume la liste des notices qu'il renferme. Ces tables sont de la main de Michel Ṣabbâgh.

5 vol. Papier. 210, 207, 194, 223 et 207 feuillets. Hauteur, 27 centimètres; largeur, 19 centimètres. 23 lignes par page. — (Ancien fonds 747 à 751.)

2073.

Table des articles contenus dans le premier volume du منهل الصافي.

Papier. 14 feuillets. Hauteur, 22 centimètres; largeur, 17 centimètres. 29 lignes par page. Ms. du xixe siècle. — (Supplément 2280.)

2074.

Volume détaché d'un nécrologe disposé par périodes de dix ans. Le présent ms. renferme la trente-sixième et la trente-septième période. Chaque période commence par une table, divisée en sept compartiments, dont le premier renferme le nom du calife régnant; le second les noms des cadis morts dans cette période; le troisième les noms des légistes; le quatrième ceux des lecteurs; le cinquième ceux des traditionnistes; le sixième ceux des soufis, et le septième ceux des hommes de lettres. Ces notices nécrologiques sont suivies de l'énumération des événements politiques ou autres de la période de dix ans. Il paraît, d'après le catalogue de la Bibliothèque royale de Munich, page 142, qu'au moins une partie des Annales de l'islamisme d'Al-Dsahabî était rédigée par périodes de dix ans. L'ouvrage dont le présent volume n'est qu'un fragment, a été composé postérieurement au viie siècle de l'hégire; car le Dictionnaire biographique d'Ibn Khallikân y est cité (fol. 45 v°).

Papier. 75 feuillets. Hauteur, 26 centimètres; largeur, 16 centimètres. 17 lignes par page. Ms. du xive siècle. — (Supplément 694.)

2075.

المشتبه في اسماء الرجال وانسابهم «Ambiguités des noms propres d'hommes et des patronymiques», dictionnaire orthographique de noms propres, par Schams al-Dîn Moḥammad ibn Aḥmad al-Dsahabî, mort en 748 de l'hégire (1347-1348 de J. C.). Ce volume, copié du vivant de l'auteur et lu en sa présence, est accompagné de six certificats de lecture et d'audition.

Papier. 234 feuillets. Hauteur, 19 centimètres; largeur, 13 centimètres et demi. 19 lignes par page. Ms. du xive siècle. — (Ancien fonds 862.)

2076.

Notices biographiques, tirées des dictionnaires et de la Chronique d'Al-Dsahabî, et transcrites pour son propre usage par Ibn Qâdhî Schohba :

1. Notes biographiques.

2. (Fol. 44.) Articles nécrologiques des années 741 à 776 de l'hégire.

3. (Fol. 66 v°.) Notices biographiques de docteurs schaféites et autres, tirées du معجم الكبير d'Al-Dsahabî.

4. (Fol. 143.) Biographies des docteurs schaféites, tirées du même ouvrage. Elles se rapportent aux années 640 à 699 de l'hégire.

5. (Fol. 183 v°.) Biographies de personnages marquants des années 640 à 700 de l'hégire, tirées de la Chronique d'Al-Dsahabî.

Ms. autographe, dépourvu de points diacritiques.

Papier. 284 feuillets. Hauteur, 18 centimètres et demi; largeur, 14 centimètres. 19 lignes par page. Ms. du xv° siècle. — (Ancien fonds 872.)

2077.

الدرر الكامنة في اعيان المائة الثامنة «Les Perles cachées, notices biographiques des personnages marquants du VIII° siècle», par Schihâb al-Dîn Aḥmad ibn 'Alî ibn Ḥadjar al-'Asqalânî. Les noms sont disposés dans l'ordre de l'alphabet. Le présent volume, le premier de l'ouvrage, finit par l'article عطيّة. L'auteur énumère ses sources, dans une courte préface, qui commence par ces mots : الحمد لله الذى يحيى ويميت.

Papier. 228 feuillets. Hauteur, 27 centimètres; largeur, 18 centimètres. 29 lignes par page. Ms. du xv° siècle. — (Supplément 675.)

2078.

البدر الطالع من الضوء اللامع «La Lune qui se lève, extrait du livre intitulé الضوء اللامع», par Aḥmad ibn Moḥammad ibn 'Abd al-Salâm al-Manoûfî. L'ouvrage intitulé الضوء اللامع لاهل القرن التاسع, de Schams al-Dîn al-Sakhâwî, est un dictionnaire biographique des hommes illustres du IX° siècle de l'hégire. Ibn 'Abd al-Salâm dit avoir rédigé cet abrégé, qui ne renferme que les articles les plus importants de l'ouvrage de Sakhâwî, en 905 de l'hégire (1499-1500 de J. C.), à la Mecque. Commencement : الحمد لله القادر على الاحياء والاماتة. D'après une note qu'on lit au verso du dernier feuillet, ce ms. est antérieur à l'an 941 de l'hégire (1534-1535 de J. C.). Notes marginales, dont quelques-unes très-étendues.

Papier. 88 feuillets. Hauteur, 27 centimètres et demi; largeur, 18 centimètres et demi. 29 lignes par page. — (Supplément 2080.)

2079.

محاضرة الاوائل ومسامرة الاواخر «Discours sur les premiers et causerie sur les derniers». Recueil de notices sur les personnages qui, les premiers ou les derniers, ont accompli certains actes. L'auteur, désigné sur le frontispice par les noms d' 'Alî Qârî (مولى على قارى), dit avoir pris pour base de son travail l'ouvrage d'Al-Soyoûṭî sur le même sujet; il en a fait d'abord un abrégé, puis il a ajouté de nouveaux renseignements. La préface commence par ces mots : يا اول بلا بداية ويا اخر بلا نهاية.

Ms. daté de l'an 996 de l'hégire (1588 de J. C.).

Papier. 155 feuillets. Hauteur, 21 centimètres et demi; largeur, 15 centimètres. 19 lignes par page. — (Supplément 653.)

2080.

Autre rédaction du même ouvrage, commençant par ces mots : باسم الاول الاخر الباطن الظاهر. On lit en tête du volume que l'auteur s'appelait Al-Sektewârî (السكتوارى) al-Roûmî, connu sous le nom d''Alî Dedeh (على دده), schaïkh d'Aiya-Soufia (Sainte-Sophie), à Constantinople.

Ms. daté de l'an 1125 de l'hégire (1713 de J. C.).

Papier. 258 feuillets. Hauteur, 21 centimètres; largeur, 15 centimètres. 23 lignes par page. — (Supplément 654.)

2081.

Recueil de notices biographiques des personnages les plus célèbres de l'islamisme. Ces articles, généralement très-courts, ne sont disposés ni dans l'ordre de l'alphabet ni dans l'ordre chronologique. Le ms., d'une assez bonne écriture, apparemment européenne, n'a pas été achevé. Le premier article, consacré à Mahomet et rédigé évidemment par un chrétien, ne renferme que les principales dates de la vie du Prophète; le second article traite d'un docteur musulman, né à Amasia, en 864 de l'hégire (1459-1460 de J. C.).

Papier. 94 feuillets. Hauteur, 20 centimètres et demi; largeur, 15 centimètres et demi. 14 lignes par page. Ms. du XVII° siècle. — (Ancien fonds 865.)

2082.

Dictionnaire biographique des savants musulmans, composé, en arabe et en français, par Armain, d'après les notes marginales qui se trouvent dans l'exemplaire du روض الاخيار de la Bibliothèque nationale. Ms. autographe.

Papier. 65 feuillets. Hauteur, 32 centimètres et demi; largeur, 21 centimètres. 20 lignes par page. Ms. du XVIII° siècle. — (Supplément 2221.)

IMPRIMERIE NATIONALE.

2083.

خلاصة الاثر فى اعيان القرن الحادى عشر «La Crême des renseignements sur les personnages marquants du xɪᵉ siècle». Dictionnaire biographique, disposé dans l'ordre de l'alphabet, par Moḥammad Amîn, surnommé Al-Amîn al-Schâmî et al-Amîn al-Moḥibbî, fils de Moḥibb al-Dîn ibn abî 'l-Fadhl. L'auteur, dont le nom ethnique était Al-ʿOlwânî, originaire de la ville de Ḥamâh, est mort à Damas, en 1111 de l'hégire (1699 de J. C.). Ces renseignements se trouvent écrits sur le recto du premier feuillet du volume. Ms. daté de l'an 1106 de l'hégire (1694-1695 de J. C.).

Papier. 615 feuillets. Hauteur, 30 centimètres et demi; largeur, 18 centimètres et demi. 33 lignes par page. — (Supplément 676.)

7. BIOGRAPHIES SPÉCIALES.

2084.

كتاب معرفة القرّاء الكبار على الطبقات والاعصار «Livre faisant connaître l'histoire des grands *lecteurs*, biographies classées dans l'ordre chronologique», par Schams al-Dîn Aboû ʿAbd Allah Moḥammad ibn Aḥmad ibn ʿOthmân ibn al-Dsahabî, mort en 748 de l'hégire (1347-1348 de J. C.). L'ouvrage commence par l'article ʿOthmân ibn ʿAffân, et se termine par une notice sur un lecteur espagnol, Ibn al-Zayyât Aḥmad ibn al-Ḥasan al-Kalâʿî, de Velez (بلش), mort vers 730 de l'hégire (1329-1330 de J. C.). Ce ms., écrit du vivant de l'auteur (voy. au fol. 1 v°, ligne 3, les mots عمّره الله), a été collationné sur l'exemplaire de l'auteur.

Papier. 242 feuillets. Hauteur, 27 centimètres; largeur, 18 centimètres et demi. 23 lignes par page. — (Ancien fonds 742.)

2085.

Questions adressées par Aboû ʿObaïd Moḥammad ibn ʿAlî al-Adjorrî (الآجرّى) à Aboû Dâwoûd Solaïmân ibn al-Aschʿath al-Sidjistânî, célèbre traditionniste, mort, selon Ibn Khallikân (vol. I, p. 590 de la traduction), en 275 de l'hégire. Ces questions sont relatives aux différents traditionnistes et à l'authenticité de leurs traditions. C'est le texte dicté par le *ḥâfiẓ* Aḥmad ibn Moḥammad al-Silafî, mort en 576 de l'hégire (1180 de J. C.), à ses auditeurs (voyez Ibn Khallikân, tome I, p. 86). Ce volume, le second d'un exemplaire qui devait se composer d'au moins trois volumes, renferme la quatrième section de l'ouvrage et la cinquième, consacrée aux traditionnistes d'Aïla, de Damas, d'Édesse, des frontières de la Syrie, de Ramla, de Ḥarrân, de la Mésopotamie septentrionale, de Raqqa, de Mossoul et de Baghdâd.

Au fol. 17 on lit un certificat de lecture qui commence par ces mots : سمع جميع هذا الجزء على الشيخ, et qui est daté de l'an 630 de l'hégire (1232 de J. C.). Les autres certificats qu'on trouve dans le volume ont été copiés dans le ms. original.

Papier. 68 feuillets. Hauteur, 19 centimètres et demi; largeur, 13 centimètres et demi. 17 lignes par page. Ms. du xɪɪɪᵉ siècle. — (Ancien fonds 866.)

2086.

Dictionnaire des traditionnistes, par ʿAbd Allah ibn ʿAbd al-Raḥmân ibn Djozayy, qui a achevé ce volume en 562 de l'hégire (1167 de J. C.). C'est une nouvelle édition de l'ouvrage cité par Hadji Khalfa, sous le titre de اسماء رجال صحيح البخارى «Noms des hommes dont l'autorité est citée dans le *Saḥîḥ* d'Al-Bokhârî», et qui a pour auteur Aboû Naṣr Aḥmad ibn Moḥammad al-Kalâbâdsî, mort en 398 de l'hégire (1007-1008 de J. C.). Ms. autographe.

Papier. 164 feuillets. Hauteur, 26 centimètres et demi; largeur, 17 centimètres et demi. 25 lignes par page. Ms. du xɪɪᵉ siècle. — (Ancien fonds 736.)

2087.

Volume dépareillé (le vingtième d'un exemplaire divisé en quarante volumes) d'un dictionnaire des traditionnistes. Les premiers feuillets manquent. Le ms. commence au milieu de la notice sur Ibn abî 'l-ʿAschrîn ʿAbd al-Ḥamîd ibn Ḥabîb, et se termine par la notice sur ʿAbd al-Raḥmân ibn ʿAbd Allah Aboû 'l-Miṣbaḥ al-Ḥamadânî, surnommé «l'aveugle de Ḥamadân». La date la plus récente que l'on rencontre dans le présent volume est celle de 661 de l'hégire (voyez fol. 78 v°).

Papier. 123 feuillets. Hauteur, 25 centimètres et demi; largeur, 16 centimètres et demi. 26 à 29 lignes par page. Ms. du xɪɪɪᵉ siècle. — (Ancien fonds 735.)

2088.

Commentaire sur l'ouvrage d'ʿAbd al-Ghanî, intitulé عمدة الاحكام من كلام سيّد الانام, par ʿImâd al-Dîn Aboû

'l-Ẕâhir Isma'îl ibn Tâdj al-Dîn al-Ḥaqq al-Kâtib ibn Scharaf al-Dîn Sa'îd, généralement connu sous le nom patronymique d'Ibn al-Athîr, mort, selon Hadji Khalfa, en 699 de l'hégire (1299-1300 de l'hégire). Premiers mots de la préface : الحمد لله منوّر البصاير بحقايق معارفه.
Ms. daté de l'an 742 de l'hégire (1341 de J. C.).

Papier. 242 feuillets. Hauteur, 26 centimètres; largeur, 18 centimètres. 25 lignes par page. — (Supplément 661.)

2089.

تهذيب الكمال في اسماء الرجال «Remaniement de l'ouvrage intitulé Traité complet pour faire connaître les noms des traditionnistes». L'ouvrage intitulé الكمال a pour auteur Moḥibb al-Dîn al-Naddjâr ibn Maḥmoûd al-Baghdâdî, mort en 643 de l'hégire (1245-1246 de J. C.), et la nouvelle édition, Djamâl al-Dîn Aboû 'l-Ḥaddjâdj Yoûsof ibn al-Zakî 'Abd al-Raḥmân ibn Yoûsof al-Mizzî (de Mizza, village près de Damas), mort en 742 de l'hégire (1341-1342 de J. C.). Le présent volume, qui renferme la troisième partie de l'ouvrage et la quatrième, commence au milieu de la notice sur Al-Ḥosaïn, fils d''Alî, et se termine par la notice sur Solaïmân ibn Sofyân.

Papier. 324 feuillets. Hauteur, 30 centimètres; largeur, 20 centimètres et demi. 30 lignes par page. Ms. du XVIIe siècle. — (Supplément 665.)

2090.

Autre volume du même ouvrage. Les premiers feuillets manquent. Le ms. commence au milieu de la notice sur Sa'îd ibn 'Abd al-'Azîz et finit par la notice sur 'Âmir ibn abî 'Âmir al-Asch'arî. Une note marginale du copiste (fol. 70) nous apprend que la première partie du présent volume formait le fascicule 95 du ms. original.
Ms. daté de l'an 746 de l'hégire (1345-1346 de J. C.).

Papier. 238 feuillets. Hauteur, 27 centimètres et demi; largeur, 19 centimètres. 27 lignes par page. — (Supplément 667.)

2091.

Autre volume du même ouvrage. Ms. autographe, renfermant les fascicules 152, 153, 154, 155, 157 et 158 de l'ouvrage. Le volume commence par la notice sur 'Ammâr ibn Naṣr al-Sa'dî, et finit au milieu de la notice sur 'Amr ibn Morra al-Djohanî. A la fin de chaque fascicule se trouvent plusieurs certificats d'audition, dont quelques-uns, écrits de la main de l'auteur, portent la date de 714 de l'hégire (1314-1315 de J. C.).

Papier. 166 feuillets. Hauteur, 27 centimètres et demi; largeur, 19 centimètres. 23 lignes par page. Ms. du XIVe siècle. — (Supplément 666.)

2092.

بهجة المحافل واجمل الوسائل بالتعريف برواة الشمائل «L'ornement des assemblées, fournissant les moyens les plus complets pour parvenir à la connaissance des traditionnistes dont l'autorité est citée dans le *Schamâïl* (d'Al-Tirmidsî)», par Aboû 'l-Imdâd Ibrâhîm al-Loqânî, docteur malékite, mort en 1041 de l'hégire (1631-1632 de J. C.). Premiers mots de la préface : الحمد لله الذى اصطفى لنقل السنة المحمدية رجالا. Ce volume a été écrit par le fils de l'auteur en 1049 de l'hégire (1639 de J. C.).

Papier. 122 feuillets. Hauteur, 21 centimètres; largeur, 15 centimètres. 20 à 23 lignes par page. — (Supplément 662.)

2093.

طبقات الفقهاء «Classes des jurisconsultes», par le cadi Schams al-Dîn al-'Othmânî al-Ṣafadî. Notices biographiques des principaux docteurs musulmans, dans l'ordre chronologique, depuis Mahomet jusque vers le milieu du VIIIe siècle de l'hégire. Ms. surchargé de corrections de la main de l'auteur.

Papier. 158 feuillets. Hauteur, 26 centimètres et demi; largeur, 19 centimètres. 19 lignes par page. Ms. du XIVe siècle. — (Ancien fonds 755.)

2094.

تبييض الصحيفة بمناقب ابى حنيفة «Pages rendues éclatantes par les mérites d'Aboû Ḥanîfa». Éloge d'Aboû Ḥanîfa, par Djalâl al-Dîn al-Soyoûṭî. Commencement : الحمد لله وسلام على عباده الذين اصطفى. Il y a une lacune considérable entre les folios actuellement cotés 3 et 4. Ms. daté de l'an 1245 de l'hégire (1829 de J. C.).

Papier. 5 feuillets. Hauteur, 21 centimètres et demi; largeur, 14 centimètres et demi. 21 lignes par page. — (Supplément 2085.)

2095.

Dernières pages d'un traité sur les mérites (مناقب) du grand imâm Aboû Ḥanîfa.

Papier. 4 feuillets. Hauteur, 13 centimètres et demi; largeur, 21 centimètres. 15 lignes par page. Ms. du xviii° siècle. — (Supplément 2269.)

2096.

نظم الجمان فى طبقات اصحاب امامنا النعمان «Fil de perles ou biographies disposées par classes des disciples de notre imâm (Aboû Ḥanîfa) al-No'mân», par Ibrâhîm ibn Moḥammad ibn Aïdemir al-'Alâyî ibn Doqmâq, mort en 809 de l'hégire (1406 de J. C.). Ce volume, le premier de l'ouvrage, est consacré exclusivement à l'éloge d'Aboû Ḥanîfa, à l'histoire de sa vie et à un résumé de ses doctrines. Il est de la main de l'auteur et daté du mois de scha'bân 795 de l'hégire (1393 de J. C.). La lecture de ce volume inspire une vive admiration pour le caractère sage et conciliant d'Aboû Ḥanîfa. La préface commence par ces mots : الحمد لله الذى رفع طبقات العلماء الاعلام

Papier. 154 feuillets. Hauteur, 25 centimètres et demi; largeur, 16 centimètres et demi. 21 lignes par page. — (Ancien fonds 741.)

2097.

Première partie d'une histoire des docteurs hanéfites, intitulée كتاب اعلام الاخيار من فقهاء مذهب النعمان المختار «Indication des principaux jurisconsultes de l'école (d'Aboû Ḥanîfa) al-No'mân», par Moḥammad ibn Solaïmân al-Kafawî, auteur du xvi° siècle. (La date de 920 de l'hégire est mentionnée au fol. 214 v° du présent ms.) L'ouvrage commence par une préface (عنوان), suivie d'un chapitre intitulé برهان «la preuve», qui traite de la grande utilité de l'étude du droit; vient ensuite un chapitre sur les prophètes (اركان); puis l'article de Mahomet, سلطان الكتائب, chef des classes de jurisconsultes, le corps des Compagnons, le corps des تابعون avec l'arrière-garde (ساق), le corps des مجتهدون et les divers corps des hanéfites. Un index, qui a été achevé par M. de Slane, se trouve à la fin du volume.

Papier. 226 feuillets. Hauteur, 30 centimètres; largeur, 19 centimètres et demi. 29 lignes par page. Ms. du xvi° siècle. — (Supplément 699.)

2098.

توالى التأسيس فى معالى ابن ادريس «Continuation de la fondation (du monument qui doit conserver le souvenir) des hauts mérites d'Ibn Idrîs». Notice très-détaillée sur l'imâm Al-Schâfi'î (Moḥammad ibn Idrîs al-Mottalibî) et sur ses élèves, par Aḥmad ibn 'Alî ibn Ḥadjar al-'Asqalânî. L'auteur a terminé son travail en 835 de l'hégire (1432 de J. C.). Dans la préface, il donne les titres des ouvrages antérieurs sur le même sujet.

A la fin du volume se trouve un éloge de l'imâm Al-Schâfi'î, en vers, par Schams al-Dîn Moḥammad al-Nawâdjî, mort en 859 de l'hégire (1455 de J. C.).

Ms. daté de l'an 879 de l'hégire (1474 de J. C.).

Papier. 98 feuillets. Hauteur, 18 centimètres et demi; largeur, 13 centimètres. 15 lignes par page. — (Supplément 660.)

2099.

فضائل الامام الشافعى «Mérites de l'imâm al-Schâfi'î». Ouvrage anonyme, divisé en dix chapitres. La préface commence par les mots : الحمد لله تعالى وكفى. On lit en tête du volume deux pièces de vers, ajoutées après coup, et dont la seconde est attribuée à Ibn Sanâ al-Molk (Hibat Allah ibn Dja'far), poète dont Ibn Khallikân nous a donné la vie (vol. III, p. 589 de la traduction). A la fin du ms. se trouvent figurés certains sigles que Dieu, dit-on, avait révélés au prophète Jérémie, et une prière attribuée à Ka'b al-Aḥbar. Ce ms. porte au fol. 1 ter un acte de waqf, daté de l'an 1063 de l'hégire (1653 de J. C.).

Papier. 75 feuillets. Hauteur, 21 centimètres; largeur, 15 centimètres. 15 lignes par page. Ms. du xvii° siècle. — (Ancien fonds 856.)

2100.

طبقات الشافعية «Classes des docteurs schaféites», par Tâdj al-Dîn 'Abd al-Wahhâb ibn 'Alî ibn 'Abd al-Kafî al-Sobkî al-Khazradjî, mort en 771 de l'hégire (1369-1370 de J. C.). On lit dans Hadji Khalfa qu'Ibn al-Sobkî a composé trois traités sur le même sujet : le grand, dont nous avons ici le premier volume, portant en marge les corrections de l'auteur, le traité moyen (الطبقات الوسطى), et un autre plus concis (الطبقات الصغيرة). Le passage reproduit par Hadji Khalfa (t. IV, p. 139 et suiv.), se trouve, avec quelques différences, au fol. 39 de notre exemplaire, qui renferme les notices biographiques des docteurs des premières classes (jusqu'au commencement du vi° siècle de l'hégire). Les noms des personnages, en tête des articles, ont été laissés en blanc.

Papier. 221 feuillets. Hauteur, 27 centimètres et demi; largeur, 18 centimètres. 31 lignes par page. Ms. du xiv° siècle. — (Ancien fonds 737, Colbert 1804.)

2101.

Dernier volume des Classes des docteurs schaféites, par Tâdj al-Dîn al-Sobkî. On lit à la fin, le titre de الطبقات الكبرى للسبكى, mais ce volume ne paraît pas appartenir à la grande édition de l'ouvrage. Le ms. commence par une très-longue notice sur Taqî al-Dîn Aboû 'l-Ḥasan ibn ʿAlî ibn Tammâm al-Sobkî, probablement le grand-père de l'auteur. Cet article remplit plus de la moitié du volume. Suivent des notices sur d'autres personnages portant le nom d'ʿAlî, et sur les différents personnages appelés ʿOmar, Maḥmoûd, Yaḥyâ et Yoûsof. Un chapitre, tiré de la grande édition et placé à la fin du volume (fol. 145), renferme un certain nombre de prières que Tâdj al-Dîn al-Sobkî avait recueillies de la bouche de plusieurs grands docteurs de l'islamisme.

Ms. daté (fol. 144) de l'an 856 de l'hégire (1452-1453 de J. C.).

Papier. 155 feuillets. Hauteur, 19 centimètres; largeur, 14 centimètres. 15 lignes par page. — (Ancien fonds 860.)

2102.

طبقات الشافعية لابن قاضى شهبة «Classes des docteurs schaféites, par Ibn Qâdhî Schohba» (Taqî al-Dîn Aboû Bakr ibn Aḥmad ibn Moḥammad), de Damas, mort en 851 de l'hégire (1447-1448 de J. C.). L'ouvrage est divisé en vingt-neuf chapitres, qui suivent l'ordre chronologique, et dans chaque chapitre les articles biographiques sont classés dans l'ordre de l'alphabet. Le dernier chapitre contient les notices des docteurs morts vers le milieu du IXe siècle de l'hégire. A la fin se trouvent les tables des noms, des patronymiques qui commencent par ابو, des titres honorifiques, des appellations ethniques et des sobriquets de la forme de «fils d'un tel» (ابن), et une table des auteurs désignés par les titres abrégés de leurs ouvrages, par exemple : صاحب الارشاد, صاحب التقريب. Ms. exécuté à la Mecque, en 882 de l'hégire (1477-1478 de J. C.).

Papier. 173 feuillets. Hauteur, 19 centimètres; largeur, 15 centimètres et demi. 23 lignes par page. — (Ancien fonds 861.)

2103.

Notices biographiques de toutes les personnes dont les noms sont mentionnés dans l'Abrégé de droit malékite (مختصر) du célèbre docteur et grammairien Ibn al-Ḥâdjib Aboû ʿAmr ʿOthmân ibn abî Bakr, mort en 646 de l'hégire (1249 de J. C.). (Voyez Hadji Khalfa, t. V, p. 441, et t. VI, p. 178.) Il est question dans cet ouvrage des prophètes, de Mahomet, des quatre premiers califes, des compagnons, des *tâbiʿoûn*, des grands docteurs de l'islamisme, et surtout de Malik et de ses disciples. On y trouve aussi beaucoup d'indications utiles pour l'explication du texte de l'Abrégé, et une notice biographique sur d'Ibn al-Ḥâdjib.

Papier. 45 feuillets. Hauteur, 27 centimètres; largeur, 17 centimètres et demi. 29 lignes par page. Ms. du XVIe siècle. — (Supplément 669.)

2104.

ذكر احوال ابى العباس احمد بن تيمية الحرانى «Biographie d'Aboû 'l-ʿAbbâs Aḥmad ibn Taïmiya al-Ḥarrânî». Ce docteur, né à Ḥarrân, en 661 de l'hégire (1262-1263 de J. C.), était schaïkh al-Islâm, avec le titre de Taqî al-Dîn, à Damas, où il mourut en 728 de l'hégire (1327-1328 de J. C.). Dans cet ouvrage, on trouve de nombreux extraits de sa correspondance littéraire et théologique, et au fol. 38 v°, une dissertation sur l'ivresse, فصل فى السكر واسبابه واحكامه. La préface commence par ces mots : الحمد لله نحمده ونستعينه ونستشهد به ونعوذ بالله من شرير انفسنا الخ.

Papier. 42 feuillets. Hauteur, 18 centimètres; largeur, 13 centimètres. 34 lignes par page. Ms. du XVIe siècle. — (Ancien fonds 858.)

2105.

الجواهر والدرر فى ترجمة شيخ الاسلام ابن حجر «Joyaux et perles, biographie du schaïkh al-Islâm Ibn Ḥadjar», par Schams al-Dîn Aboû 'l-Khaïr Moḥammad ibn ʿAlî al-Sakhâwî. Commencement : الحمد لله الذى جعل العلماء ورثة الانبياء. L'introduction, dans laquelle l'auteur expose très-longuement la signification des termes *schaïkh al-Islâm*, *moḥaddith* et *ḥâfiẓ*, est suivie de dix chapitres : 1° sur la généalogie et la naissance d'Ibn Ḥadjar. (On lit, fol. 14 v°, ligne 6, que ce nom doit se prononcer avec un *fatḥa* sur le *ḥâ*, ainsi que sur le *djim*); 2° histoire de sa jeunesse et de ses premières études; 3° sur les maîtres dont il reçut les leçons; 4° sur son enseignement; 5° sur ses ouvrages; 6° sur ses compositions en prose et en vers; 7° sur son caractère; 8° liste de ses élèves; 9° sur sa dernière maladie et sa mort; 10° sur les élégies composées à l'occasion de sa mort.

Ms. exécuté en 871 de l'hégire (1466 de J. C.), du vivant de l'auteur. Les points diacritiques manquent souvent.

Papier. 298 feuillets. Hauteur, 27 centimètres et demi; largeur, 18 centimètres et demi. 31 lignes par page. — (Supplément 690.)

2106.

ازهار الرياض فى اخبار عياض «Fleurs des prairies, ou Histoire du cadi ʿIyâdh», par Aḥmad al-Maghribî, neveu d'Aḥmad ibn Moḥammad al-Maqqarî, auteur de l'Histoire politique et littéraire de l'Espagne et de la Vie d'Ibn al-Khaṭîb. L'ouvrage se compose d'une préface et de huit grands chapitres, dont le premier, intitulé «la Rose», traite de l'origine d'ʿIyâdh; le deuxième, intitulé الاقحوان «la Camomille», de son adolescence; le troisième, intitulé البهار «le Buphthalme», de ses professeurs»; le quatrième, intitulé المنثور «la Giroflée», traite des pièces en prose et en vers composées par lui; 5° le cinquième, intitulé النسرين «la Rose musquée on l'églantine», de ses ouvrages; le sixième, intitulé الاس «le Myrte», de sa mort; le septième, intitulé الشقيق «l'Anémone», contient un exposé de ses mérites, et le huitième, intitulé النيلوفر «le Nénuphar», renferme les éloges qu'on a fait de ce docteur. Le présent ms. ne contient que les quatre premiers chapitres. Un certain nombre de vers inscrits sur les murs de l'Alhambra sont tirés des poésies qu'on lit dans cet ouvrage. Notre auteur, à l'imitation de son oncle, dans la vie d'Ibn al-Khaṭîb, a consacré la plus grande partie de son ouvrage à différents sujets plus ou moins étrangers à la biographie d'ʿIyâdh. Commencement : الحمد لله الذى اعلى مراتب العلماء الاعلام.

Ms. daté de l'an 1085 de l'hégire (1674 de J. C.).

Papier. 368 feuillets. Hauteur, 29 centimètres; largeur, 20 centimètres. 31 lignes par page. — (Ancien fonds 1377.)

2107.

احسن المسالك لاخبار البرامك «La Meilleure voie pour arriver à la connaissance de l'histoire des Barmécides», par Yoûsof ibn Moḥammad al-Mîlawî (الميلوى). C'est une histoire bien faite, et, d'après la préface, le premier ouvrage composé sur ce sujet. La préface commence par les mots : الحمد لله الكريم الوهاب.

Ms. daté de l'an 1019 de l'hégire (1610-1611 de J. C.).

Papier. 109 feuillets. Hauteur, 17 centimètres; largeur, 10 centimètres et demi. 19 lignes par page. — (Supplément 710.)

2108.

اعلام الناس بما وقع للبرامكة من بنى العباس «Renseignements pour le public, au sujet de ce qui est arrivé aux Barmécides de la part des Abbasides», par Moḥammad Diyâb al-Atlîdî (var. الاتدمندى, الاقليدى, الاتليدى, الاقليدى), natif de l'arrondissement de Monschiyya al-Khaṣîb, dans la haute Égypte. Le récit commence au califat d'ʿOmar ibn al-Khaṭṭâb et se termine au règne d'Al-Moʿtaṣim. Cette compilation est du genre des romans historiques. La préface commence par ces mots : الحمد لله الذى انزل الكتاب المبين على اشرف الانبياء والمرسلين.

Papier. 134 feuillets. Hauteur, 22 centimètres; largeur, 15 centimètres. 21 lignes par page. Ms. du XVIIᵉ siècle. — (Supplément 708.)

2109.

Même ouvrage. Ms. daté de l'an 1120 de l'hégire (1708-1709 de J. C.).

Papier. 170 feuillets. Hauteur, 21 centimètres; largeur, 15 centimètres. 18 à 21 lignes par page. — (Supplément 707.)

2110.

Même ouvrage.

Ms. daté de l'an 1149 de l'hégire (1736-1737 de J. C.).

Papier. 153 feuillets. Hauteur, 21 centimètres et demi; largeur, 16 centimètres. 21 lignes par page. — (Supplément 709.)

2111.

Histoire de la famille Baschîr, émirs du Liban. L'introduction, qui porte le titre spécial de : غرر الحسان فى ذكر ابناء الزمان «Ornements éclatants des belles, ouvrage renfermant la mention des hommes des temps passés (littéralement : des enfants du temps)», nous apprend que la tribu arabe des Makhzoûm s'établit dans le Ḥaurân, lors de la conquête de la Syrie par les Musulmans. Au VIᵉ siècle de l'hégire, la famille (ال) de Schihâb, branche des Makhzoûm, aida Noûr al-Dîn et Ṣalâḥ al-Dîn dans leurs guerres contre les Croisés, et obtint la permission de s'établir dans le Wâdî al-Taïm, canton situé au nord

de Banyâs et traversé par le Jourdain. Après un intervalle de plusieurs siècles, pour lesquels l'ouvrage ne fournit aucun renseignement, les Schihâb contractèrent une alliance avec Fakhr al-Dîn al-Ma'nî (le célèbre Facardin), et les deux tribus, les Schihâb et les Ma'nî, se soutinrent mutuellement, jusqu'à ce que le chef des Schihâb, Baschîr, fils de Mansoûr, obtint de la Porte Ottomane le gouvernement du Liban. Suit une courte histoire de la famille Baschîr, histoire qui s'arrête à l'an 1204 de l'hégire (1789-1790 de J. C.). Au fol. 9 du volume commence la seconde partie de l'ouvrage, intitulé درر الحسان في حوادث ابناء الزمان. C'est l'histoire de la famille Baschîr, depuis l'an 1109 de l'hégire jusqu'à la fin de l'an 1241.

Papier. 149 feuillets. Hauteur, 31 centimètres; largeur, 21 centimètres. 24 lignes par page. Ms. du XIXe siècle. — (Supplément 711.)

2112.

كتاب تواريخ الحكما « Histoire des philosophes », ouvrage qui serait plus exactement intitulé معجم الحكما « Dictionnaire des philosophes », car les notices biographiques sont disposées dans l'ordre de l'alphabet. L'auteur, nommé dans la préface et dans la note finale, Moḥammad ibn 'Alî ibn Moḥammad al-Khaṭîbî al-Zauzanî, dit avoir terminé son ouvrage en 647 de l'hégire (1249 de J. C.). C'est à tort que l'on a considéré ce dictionnaire comme un abrégé du *Ṭabaqât al-Ḥokamâ* du vizir 'Alî ibn Yoûsof al-Qifṭî, mort en 646 de l'hégire (1248-1249 de J. C.).

Ms. daté de l'an 1770 de J. C.

Papier. 178 feuillets. Hauteur, 22 centimètres; largeur, 15 centimètres. 21 lignes par page. — (Supplément 672.)

2113.

عيون الانباء في طبقات الاطبّاء « Sources d'informations au sujet des médecins des diverses classes », par Mowaffiq al-Dîn Aḥmad ibn al-Qâsim ibn Khalîfa ibn Yoûnos ibn abî 'l-Qâsim al-Khazradjî al-Sa'dî ibn abî Oṣaïbi'a, mort en 668 de l'hégire (1269-1270 de J. C.). Pour la liste des chapitres, on peut consulter l'ouvrage de M. Wüstenfeld, *Arabische Aerzte*, etc., et le Catalogue de la Bibliothèque Bodléïenne, t. II, p. 131 et suiv. La préface commence par ces mots : الحمد لله ناشر الامم ومنشر الرمم. Dans ce ms., le surnom de l'auteur est écrit ابن ابي ضبيعه, mais c'est une erreur de copiste. Il y a plusieurs lacunes.

Ms. daté de l'an 1245 de l'hégire (1830 de J. C.).

Papier. 273 feuillets. Hauteur, 30 centimètres; largeur, 20 centimètres. 33 lignes par page. — (Supplément 673.)

2114.

Même ouvrage. Dans cet exemplaire, le surnom de l'auteur est écrit ابن (ابي) ضبيعه, comme dans le ms. précédent.

Ms. daté de l'an 1262 de l'hégire (1846 de J. C.).

Papier. 313 feuillets. Hauteur, 22 centimètres et demi; largeur, 15 centimètres. 31 lignes par page. — (Supplément 673 *bis*.)

2115.

Les deux premiers volumes du même ouvrage. La copie se termine par la notice sur Aboû 'l-Faradj Yaḥyâ Ibn al-Talmîd. Sans points diacritiques.

Papier. 170 feuillets. Hauteur, 26 centimètres; largeur, 17 centimètres. 25 à 27 lignes par page. Ms. du XIVe siècle. — (Ancien fonds 757.)

2116.

Premier volume du même ouvrage, se terminant au milieu de la huitième section, par la notice sur Gabriel ibn Bakhtischou'. Le fol. 101, qui n'appartient pas à l'ouvrage, contient quelques recettes pharmaceutiques en caractères syriaques, mais en langue arabe.

Papier. 131 feuillets. Hauteur, 26 centimètres et demi; largeur, 18 centimètres. 17 lignes par page. Ms. du XVe siècle. — (Supplément 674.)

2117.

Les sept premières sections et le commencement de la huitième section du même ouvrage. Les derniers feuillets manquent.

Papier. 138 feuillets. Hauteur, 26 centimètres et demi; largeur, 17 centimètres. 17 lignes par page. Ms. du XIVe siècle. — (Ancien fonds 756.)

2118.

Rédaction abrégée du même ouvrage.

Papier. 111 feuillets. Hauteur, 17 centimètres et demi; largeur, 12 centimètres et demi. 19 lignes par page. Ms. du XVIe siècle. — (Ancien fonds 873.)

2119.

طبقات النحاة «Dictionnaire biographique des grammairiens arabes». C'est le ms. autographe du dictionnaire moyen, طبقات النحاة الوسطى, de Djalâl al-Dîn al-Soyoûṭî (voyez aux fol. 146, 149 v°, 193, 198, 221 v° du présent ms.). L'ouvrage commence par les auteurs portant le nom de Moḥammad; puis suivent ceux du nom d'Aḥmad, et les autres noms, disposés dans l'ordre de l'alphabet. Le volume se termine par des chapitres sur les prénoms, surnoms, synonymes, etc. Les quatorze premiers feuillets de cet exemplaire manquent, ainsi qu'un ou deux feuillets à la fin. Le volume commence par la notice sur Moḥammad ibn Abân al-Lakhmî, de Cordoue.

Papier. 238 feuillets. Hauteur, 26 centimètres; largeur, 17 centimètres. 27 lignes par page. — (Supplément 683.)

2120.

1° Biographies des professeurs d'ʿAbd Allah ibn Moḥammad al-Schobrâwî, docteur schaféite. ʿAbd Allah al-Schobrâwî, auteur de cet opuscule, écrivait vers l'an 1142 de l'hégire (1729-1730 de J. C.).

2° (Fol. 22 v°.) عنوان البيان وبستان الاذهان. Recueil d'apologues et d'anecdotes, en sept sections (*osloûb*), par le même auteur. Commencement : الحمد لله الذى اظهر من مكنونات اسراره كنوزا.

3° (Fol 92 v°.) الاتحاف بحبّ الاشراف «Don qui enseigne à aimer les descendants de Mahomet», en huit sections, par le même auteur. Commencement : الحمد لله الذى اوجب حب ال محمد صلعم على جميع الانام.

4° (Fol. 208 v°.) Commentaire d'ʿAbd Allah al-Schobrâwî, sur la *qaṣîda* d'Aḥmad ibn Masʿoûd, chérif de la Mecque, qui vivait vers le milieu du xviie siècle de J. C. Le commentaire est précédé d'une notice sur ce personnage. Premiers mots de la préface : الحمد لله الذى زين الالباب بالاداب.

5° (Fol. 267 v°.) Dissertation sur la profession de foi, لا اله الا الله محمد رسول الله, par le même. Le titre authentique est, sans doute, تلخيص العقيدة.

6° (Fol. 272 v°.) شرح الصدر بغزوة بدر. Notices sur les principaux compagnons de Mahomet qui avaient assisté au combat de Badr, par le même. Commencement : الحمد لله القادر على مراده. Le dernier cahier manque.

Toutes ces pièces sont de la main de l'auteur. La cinquième est datée de l'an 1049 de l'hégire (1639-1640 de J. C.).

Papier. 284 feuillets. Hauteur, 22 à 23 centimètres; largeur, 15 centimètres et demi. 27 lignes par page. — (Supplément 1890.)

2121.

انباء نجباء الابناء «Histoire des enfants célèbres», par Schams al-Dîn Moḥammad ibn Ẓafar, auteur sicilien. Ms. daté de l'an 930 de l'hégire (1523 de J. C.). Cette date a été altérée après coup.

Papier. 79 feuillets. Hauteur, 27 centimètres et demi; largeur, 18 centimètres. 17 lignes par page. — (Supplément 679.)

2122.

Même ouvrage.

Papier. 55 feuillets. Hauteur, 27 centimètres et demi; largeur, 18 centimètres et demi. 21 lignes par page. Ms. du xvii siècle. — (Supplément 678.)

8. BIOGRAPHIES LOCALES.

2123 à 2126.

العقد الثمين فى تاريخ البلد الامين «Le Collier de haut prix, renfermant l'histoire du territoire sacré de la Mecque», par le docteur malékite Taqî al-Dîn Aboû 'l-Taiyib Moḥammad ibn Aḥmad al-Fâsî al-Ḥasanî, mort en 831 de l'hégire (1428-1429 de J. C.). C'est un dictionnaire biographique des Mecquois les plus distingués et des personnages qui ont résidé à la Mecque ou qui ont rendu des services à cette ville. En tête se trouve une courte histoire de la Mecque, avec l'indication des ouvrages que l'auteur a consultés. Cette esquisse historique se termine à l'an 829 de l'hégire (1425 de J. C.). L'article sur Moḥyî al-Dîn Ibn al-ʿArabî (fol. 196 v°) renferme les *fatwâ* déclarant impies les doctrines panthéistes du فصوص الحكم.

Ms. écrit à la Mecque, en 891 de l'hégire (1486 de J. C.).

4 vol. Papier. 273, 277, 243 et 208 feuillets. Hauteur, 27 centimètres et demi; largeur, 18 centimètres. 25 lignes par page. — (Ancien fonds 719, 720, 721, 863.)

2127.

Histoire biographique du Yémen, depuis Mahomet jusqu'à l'an 736 de l'hégire, renfermant des notices sur tous les personnages remarquables qui ont séjourné dans cette province. L'auteur dit avoir puisé une grande partie de ses renseignements dans l'Histoire yemenite d'Ibn Samoura (سمرة), dans l'Histoire de Ṣan'â, d'Ibn Djarîr, dans le *Mofîd*, histoire de la ville de Zabîd, et dans le Dictionnaire biographique d'Ibn Khallikân. La préface commence par ces mots : الحمد لله الملك العظيم الاول الاخر القديم. C'est l'ouvrage que Hadji Khalfa mentionne sous le titre de السلوك في طبقات العلماء والملوك «Le Progrès, indication des classes des ulémas et des rois», et dont l'auteur est le cadi Aboû 'Abd Allah Yoûsof ibn Ya'qoûb, connu sous le titre de *Bahâ al-Dîn* (البهاء) *al-Djanadî*.

Ms. daté de l'an 820 de l'hégire (1417 de J. C.).

Papier. 207 feuillets. Hauteur, 33 centimètres et demi ; largeur, 25 centimètres et demi. 31 lignes par page. — (Supplément 767.)

2128.

Premier volume du تاريخ بغداد «Histoire de Baghdâd», par Aboû Bakr Aḥmad ibn 'Alî ibn Thâbit al-Khaṭîb al-Baghdâdî, mort en 463 de l'hégire (1071 de J. C.). Ce dictionnaire biographique commence par une description de la ville de Baghdâd et des lieux environnants, divisée en plusieurs chapitres, qui traitent des sujets suivants : 1. Examen de la question de savoir, s'il est permis de vendre les terrains de Baghdâd (c'est-à-dire si cette ville a été prise d'assaut ou par capitulation : dans le premier cas, ces terrains n'appartiennent pas aux particuliers, mais à l'État); — 2. notice sur le *Sawâd* ou la campagne de Baghdâd, et comment le calife 'Omar en disposa; — 3. sur la question de savoir si la vente des terrains dans le Sawâd est permise; — 4. sur les sept climats et sur la position de la ville de Baghdâd; — 5. traditions concernant les défauts de la ville et des habitants de Baghdâd; — 6. traditions renfermant l'éloge de cette ville; — 7. plusieurs traditions à la louange de Baghdâd; — 8. sur les deux fleuves de Baghdâd, le Tigre et l'Euphrate; — 9. sur les premiers cultivateurs du Sawâd; — 10. sur l'origine du nom de Baghdâd; sur la part que le calife Aboû Dja'far al-Manṣoûr prit à la fondation du nouveau Baghdâd; — fondation de Baghdâd (Madînat al-Salâm); — 11. même sujet; — 12. rues et places de Baghdâd; — 13. le palais du calife, la citadelle et le pavillon de la couronne (التاج); — 14. sur le palais du sultan (دار المملكة); — 15. sur les canaux de Baghdâd et les lieux voisins; — 16. sur les anciens ponts de Baghdâd; — 17. dimensions de Baghdâd en longueur et en largeur; — 18. tombeaux musulmans les plus remarquables; — 19. notice sur la ville d'Al-Madâïn; — 20. prédictions de Mahomet, touchant la conquête de cette ville. Suit (fol. 41 v°) la liste des compagnons de Mahomet qui assistèrent à la conquête d'Al-Madâïn. Des notices assez détaillées sont consacrées à quelques-uns de ces personnages (fol. 45 v°), à savoir : Sa'd ibn abî Waqqâṣ, 'Abd Allah ibn Mas'oûd, 'Ammâr ibn Yâsir, Aboû Ayyoûb al-Anṣârî, 'Otba ibn Ghazwân, Aboû Mas'oûd al-Badrî, Aboû Qatâda 'l-Anṣârî, Ḥodsaïfa ibn al-Yamân, Salmân al-Fârisî, 'Abd Allah ibn 'Omar ibn al-Khaṭṭâb, 'Abd Allah ibn 'Abbâs, Thâbit ibn Qaïs, Al-Barâ ibn 'Âzib, Qaïs ibn Sa'd ibn 'Obâda, 'Othmân ibn Ḥonaïf, Aboû Sa'îd al-Khodrî, 'Abd al-Raḥmân ibn Somra, Aboû Barza al-Aslamî, 'Iyâdh ibn Ghânim al-Fihrî, Qorẓa ibn Ka'b, Nâfi' ibn 'Otba, Somra ibn Aboû Laïlâ al-Anṣârî, Djarîr ibn 'Abd Allah, 'Adî ibn Ḥâtim, Al-Moghîra ibn Scho'ba, 'Orwa ibn abî Dja'd, 'Omar ibn abî Salama, Baschîr ibn al-Khaṣâṣiya, Hischâm ibn 'Otba, Al-Asch'ath ibn Qaïs, Wâïl ibn Ḥodjr, 'Âmir ibn Wâthila, Aboû Djoḥaïfa al-Sowâî, Khâlid ibn 'Orfoṭa, Dhirâr ibn al-Khaṭṭâb, Solaïmân ibn Ṣorad, Al-Sâïb ibn al-Aqra', Ḥabîb ibn Rabî'a, Yazîd ibn Nowaïra, les fils de Bodaïl, 'Abd Allah ibn Khabbâb, Iyâdh ibn 'Amr, Mo'awiya ibn abî Sofyân, Bosr ibn abî Arṭâ ou Ibn Arṭâ. Le dictionnaire biographique commence au fol. 66 v°. Il contient des notices sur les califes, les descendants du Prophète, les grands personnages, les cadis, les traditionnistes, les lecteurs, les ascètes, les hommes pieux, les littérateurs et les poètes, en somme sur tous les hommes remarquables nés à Baghdâd ou qui y avaient demeuré. Il commence par les personnages appelés Moḥammad; les autres noms sont disposés dans l'ordre de l'alphabet; les patronymiques se trouvent à la fin. Le premier article est consacré à Moḥammad ibn Isḥâq ibn Yassâr. Le présent ms. se termine par la notice de Moḥammad ibn al-Ḥasan ibn Schaïkh al-Iṣfahânî.

Ce ms., qui a été collationné avec soin, est daté de l'an 633 de l'hégire (1235-1236 de J. C.).

Papier. 185 feuillets. Hauteur, 26 centimètres; largeur, 18 centimètres. 25 lignes par page. — (Supplément 684.)

2129.

Second volume du même ouvrage. Les premiers feuillets manquent. Le ms. commence au milieu de la notice de Moḥammad ibn Kathîr al-Fihrî, et finit par celle d'Aḥmad ibn 'Obaïd al-Ṣaffâr.

Ms. daté de l'an 635 de l'hégire (1238 de J. C.).

Papier. 152 feuillets. Hauteur, 26 centimètres; largeur, 18 centimètres. 25 lignes par page. — (Supplément 684 *bis*.)

2130.

Volume dépareillé du même ouvrage. Le ms. commence par la notice de Ṣâliḥ ibn Moḥammad ibn ʿAmr (Aboû 'l-Aschras al-Azdî), et finit par celle d'ʿAbd al-ʿAzîz ibn Moḥammad al-Moṭarriz.

Le ms. est pourvu des points-voyelles.

Papier. 177 feuillets. Hauteur, 29 centimètres; largeur, 19 centimètres. 27 lignes par page. Ms. du XVIIe siècle. — (Supplément 685.)

2131.

Vingt-huitième volume du même ouvrage. Les premiers feuillets manquent. Le ms. commence par la notice d'ʿAlî ibn Moḥammad al-Dâmaghânî, grand cadi, et finit par celle d'Al-Fadhl ibn Moḥammad ibn Sâʿid al-Ḥaddâd.

Ms. daté de l'an 748 de l'hégire (1347 de J. C.).

Papier. 145 feuillets. Hauteur, 26 centimètres; largeur, 19 centimètres. 17 lignes par page. — (Supplément 686.)

2132.

مختصر تأريخ الخطيب البغدادي «Abrégé de l'histoire de Baghdâd du Khaṭîb», par un auteur inconnu. Il manque quelques feuillets à la fin et au milieu; plusieurs autres sont intervertis. Ms. autographe.

Papier. 180 feuillets. Hauteur, 24 centimètres et demi; largeur, 16 centimètres. 17 à 21 lignes par page. Ms. du XIVe siècle — (Ancien fonds 634.)

2133.

الذيل على تأريخ بغداد «Supplément à l'histoire de Baghdâd». C'est un supplément au dictionnaire biographique d'Aboû Saʿd ʿAbd al-Karîm al-Samʿânî, par Moḥammad ibn Saʿîd ibn al-Dobaïthî al-Wâsiṭî, mort en 637 de l'hégire (1239 de J. C.). Le présent ms. renferme la seconde partie de l'ouvrage, commençant par le nom d'Aḥmad et finissant par la notice de Ḥaddjâdj ibn ʿAlî. (Voyez sur Samʿânî et Ibn al Dobaïthî, le Dictionnaire biographique d'Ibn Khallikân, t. II, p. 156 et t. III, p. 102 de la traduction anglaise).

Papier. 211 feuillets. Hauteur, 25 centimètres; largeur, 17 centimètres. 21 lignes par page. Ms. du XIIIe siècle, écrit probablement du vivant de l'auteur. — (Ancien fonds 745.)

2134.

ريحانة الالبّا وزهرة الحياة الدنيا «Bouquet pour les hommes intelligents et éclat de la vie mondaine», ou, d'après la souscription du volume, ريحانة الندماء وسمامة الادباء «Bouquet pour les gais convives et orange parfumée pour les lettrés», recueil d'observations critiques, d'anecdotes, de pièces de vers et de notices biographiques, le tout rédigé dans un style encore plus recherché et plus fleuri que celui de Ḥarîrî. L'ouvrage est divisé en deux sections, dont la première contient des notices sur les savants et les hommes de lettres que l'auteur avait rencontrés en Syrie; la seconde traite de ceux qu'il avait connus en Égypte. Au fol. 181 se trouve, sous forme de lettre, une notice rédigée par l'auteur sur ses études, et au fol. 184 la liste de ses ouvrages, parmi lesquels on remarque un recueil de poésies (divan), une collection de gloses sur le commentaire du Coran d'Al-Baïdhâwî, collection qui remplissait plusieurs volumes; un traité intitulé طراز المجالس, et un autre intitulé خبايا الزوايا (ces deux ouvrages ont été imprimés au Caire). A la fin du volume, on lit une pièce de vers portant le titre de المقامة الرومية, suivie d'un éloge de l'ouvrage, où l'auteur est désigné par le surnom d'Al-Schihâb al-Khafâdjî, probablement forme abrégée de Schihâb al-Dîn Aḥmad ibn Moḥammad al-Khafâdjî. Cet auteur égyptien est mort en 1069 de l'hégire (1658-1659 de J. C.). Une table des matières, ajoutée après coup, se trouve en tête du volume. Cette table, d'ailleurs très-détaillée, a été complétée par une autre, écrite à la fin du volume.

Ms. daté de l'an 1080 de l'hégire (1669-1670 de J. C.).

Papier. 195 feuillets. Hauteur, 24 centimètres et demi; largeur, 15 centimètres. 25 lignes par pages. — (Supplément 670.)

2135.

Même ouvrage. Le nom de l'auteur, Schihâb al-Khafâdjî, grand cadi, se trouve en tête du volume. Cet exem-

plaire se termine par une autre *maqâma* et par quelques remarques littéraires dues à l'auteur.

Ms. daté de l'an 1082 de l'hégire (1671 de J. C.).

Papier. 325 feuillets. Hauteur, 21 centimètres; largeur, 15 centimètres. 21 lignes par page. — (Supplément 671.)

2136.

Même ouvrage. Les derniers feuillets manquent.

Papier. 222 feuillets. Hauteur, 20 centimètres et demi; largeur, 15 centimètres et demi. 25 lignes par page. Ms. du xviie siècle. — (Supplément 1412.)

2137.

تأريخ دمشق لابن عساكر «Histoire de Damas d'Ibn ʿAsâkir». Dictionnaire biographique de la ville de Damas, rédigé sur le modèle du Dictionnaire biographique de Baghdâd. D'après Ibn Khallikân, l'ouvrage d'ʿAlî ibn Moḥammad ibn ʿAsâkir, mort en 571 de l'hégire (1176 de J. C.), se composait de quatre-vingt parties ou volumes; mais l'exemplaire de la bibliothèque d'ʿAṭef Pacha, à Constantinople, ne remplit que sept volumes in-folio, dont chacun est divisé en trois sections. Le présent ms. est le dernier volume de l'ouvrage. Les premiers et les derniers feuillets manquent. Le volume commence au milieu de la notice de Yazîd ibn Yazîd ibn Djâbir. Après la lettre ى, qui finit par l'article Yoûnos al-Madînî al-Kâtib, viennent les notices des personnes généralement désignées par leurs patronymiques. Cette partie commence par Aboû Aḥmad. Le ms. s'arrête au commencement de l'article Aboû Moḥammad ibn al-ʿAbbâs al-ʿAṭṭâr.

Papier. 234 feuillets. Hauteur, 22 centimètres; largeur, 15 centimètres. 23 lignes par page. Ms. du xve siècle. — (Supplément 687.)

2138.

بغية الطالب فى تأريخ حلب «L'objet que doit rechercher celui qui désire connaître l'histoire d'Alep». Dictionnaire biographique de la ville d'Alep, par le cadi Kamâl al-Dîn Aboû Ḥafṣ ʿOmar ibn abî Djarâda, connu sous le nom d'Ibn al-ʿAdîm. Le présent ms., qui paraît être le second ou le troisième volume de l'ouvrage, commence au milieu de la notice d'Isḥâq ibn Manṣoûr, et finit par la notice d'Omayya ibn ʿAbd Allah l'Omayyade.

Ms. exécuté au Caire, en 814 de l'hégire (1412 de J. C.), d'après le ms. de l'auteur.

Papier. 208 feuillets. Hauteur, 27 centimètres; largeur, 18 centimètres. 25 lignes par page. — (Ancien fonds 726.)

2139.

الدرّ المنتخب بتكملة تأريخ حلب «Perles choisies pour compléter l'histoire d'Alep». Supplément au Dictionnaire biographique, بغية الطالب, d'Ibn al-ʿAdîm, par ʿAlî ibn Moḥammad al-Djibrînî, surnommé Khaṭîb al-Nâṣirîya, mort en 843 de l'hégire (1439-1440 de J. C.). Le présent ms. est le troisième volume d'un exemplaire écrit pour l'usage de l'auteur. Les points diacritiques sont très-souvent omis; un assez grand nombre d'articles ont été laissés en blanc, et les marges portent plusieurs additions et corrections, probablement de la main d'Al-Djibrînî. Les vingt-cinq premiers feuillets manquent (voyez les notes en tête des fol. 66, 76, 86). Les fol. 1, 10, 11, 12, 135 ont été ajoutés après coup et ne font pas partie de l'ouvrage. Le texte authentique commence au fol. 2, où l'on trouve la notice d'ʿAbd al-Karîm ibn ʿAbd al-Malik al-Djanadî. Le volume se termine par l'article Moḥammad ibn Tammâm al-Ḥimyarî. Le quatrième volume devait commencer par l'article Moḥammad ibn Djâbir, de Cadix.

Papier. 150 feuillets. Hauteur, 26 centimètres et demi; largeur, 17 centimètres et demi. 23 à 25 lignes par page. Ms. du xve siècle. — (Supplément 688.)

2140.

درّ الحبب فى تأريخ اعيان حلب «Le Fil de perles, histoire des personnages remarquables d'Alep», par le docteur hanéfite Ibn al-Ḥanbalî Moḥammad ibn Ibrâhîm, (الربعى الثادفى), mort, d'après Hadji Khalfa, en 971 de l'hégire (1563-1564 de J. C.). Ce dictionnaire biographique des contemporains de l'auteur, commence par Ibrâhîm. L'article يونس est suivi des noms patronymiques. Dans la préface, l'auteur énumère ses autres ouvrages sur l'histoire politique et biographique d'Alep.

Ce ms., daté de l'an 985 de l'hégire (1577-1578 de J. C.), a été collationné sur l'exemplaire de l'auteur.

Papier. 202 feuillets. Hauteur, 26 centimètres et demi; largeur, 16 centimètres et demi. 33 lignes par page. — (Ancien fonds 727.)

2141.

Même ouvrage.

Ms. daté de l'an 999 de l'hégire (1590-1591 de J. C.).

Papier. 238 feuillets. Hauteur, 27 centimètres et demi; largeur, 19 centimètres. 27 lignes par page. — (Ancien fonds 725.)

2142.

Même ouvrage.

Ms. daté de l'an 1010 de l'hégire (1601 de J. C.).

Papier. 310 feuillets. Hauteur, 30 centimètres; largeur, 20 centimètres et demi. 25 lignes par page. — (Supplément 689.)

2143.

Fragment du même ouvrage.

Le ms. commence au milieu de la notice du grand cadi ʿIzz al-Dîn al-Roûmî ʿAbd al-ʿAzîz ibn Zaïn al-ʿÂbidîn.

Papier. 131 feuillets. Hauteur, 26 centimètres et demi; largeur, 17 centimètres et demi. 25 lignes par page. Ms. du xvie siècle. — (Ancien fonds 729.)

2144.

المُقَفَّى «La Continuation». Dictionnaire biographique d'Égypte, par Al-Maqrîzî. Ms. autographe. Ce volume, dont plusieurs feuillets sont transposés, commence (fol. 5) par le nom de طغتكين, et finit par le nom de عبيد الله.

Papier. 260 feuillets. Hauteur, 25 centimètres; largeur, 16 centimètres. 27 lignes par page. — (Ancien fonds 675.)

2145.

نصرة الفترة وعصرة الفطرة «Secours contre la langueur et asyle de la piété (?)», par ʿImâd al-Dîn Moḥammad al-Iṣfahânî, mort en 597 de l'hégire (1201 de J. C.). C'est une histoire, en prose rimée, des vizirs des souverains seldjoukides. Le dernier tiers de l'ouvrage est consacré au récit des événements qui eurent lieu du temps de l'auteur. La préface commence par ces mots : الحمد لله مصرّف الاقدار ومقدّر الصروف ومعرّف الشرايع وشارع المعروف.

Papier. 328 feuillets. Hauteur, 20 centimètres et demi; largeur, 14 centimètres. 21 lignes par page. Ms. du xviie siècle. — (Supplément 772.)

2146.

زبدة النصرة ونخبة العصرة. Abrégé de l'ouvrage précédent, par Al-Fatḥ ibn ʿAlî ibn Moḥammad Al-Bondârî.

Ce ms., daté de l'an 660 de l'hégire (1261 de J. C.), a été copié sur l'autographe. Titres de chapitres en lettres d'or; frontispice en or et en couleurs.

Papier. 208 feuillets. Hauteur, 22 centimètres; largeur, 15 centimètres. 13 lignes par page. — (Ancien fonds 767 A.)

2147.

1° النكت العصريّة فى اخبار الوزراء المصريّة «Anecdotes au sujet des vizirs égyptiens, mes contemporains». Autobiographie du célèbre poète Nadjm al-Dîn ʿOmârat al-Yamanî (عمارة اليمنى). L'auteur parle surtout de ses rapports avec les vizirs Razzîq (ou Rozaïq) ibn Ṣâliḥ, Dirghâm (ضرغام) et Schâwur. Il a rédigé ces mémoires peu de temps après la mort de Schâwur (voyez fol. 30), et, comme lui, il mourut victime de la politique ombrageuse de Saladin. (Voyez le Dictionnaire biographique d'Ibn Khallikân, tome II, p. 367 et suiv. de la traduction anglaise.) Commencement : الحمد لله الذى فضل الانسان بعقله ونطقه الخ. Les derniers feuillets manquent.

2° (Fol. 41.) Le divan d'Aboû 'l-Fadhl Badîʿ al-Zamân al-Hamdânî, l'auteur des مقامات (voyez fol. 50, 67, 81). Ce recueil renferme une pièce de vers composée de mots dont les lettres sont alternativement ponctuées et non ponctuées et qui, sans doute, a servi d'exemple à Ḥarîrî, dans la vingt-sixième *maqâma*. Les premiers feuillets manquent.

Papier. 93 feuillets. Hauteur, 22 centimètres; largeur, 15 centimètres. 17 lignes par page dans le premier ouvrage, 30 dans le second. Ms. du xiie siècle. — (Ancien fonds 810.)

2148.

الطالع السعيد الجامع اسماء نجباء الصعيد «L'Ascendant heureux, contenant les noms des personnages distingués du Ṣaʿîd», dictionnaire biographique des hommes remarquables de la haute Égypte, précédé d'une description de cette province. Cet ouvrage a été composé sur la demande d'un savant, né à Grenade, nommé Athîr al-Dîn Aboû Ḥaiyân Moḥammad ibn Yoûsof, précepteur de l'auteur, dont le nom, d'après Hadji Khalfa, était Kamâl al-Dîn Aboû 'l-Fadhl Djaʿfar ibn Thaʿlab al-Odfawî, mort en 748

de l'hégire (1347-1348 de J. C.). L'ouvrage a été achevé en 740 de l'hégire.

Ms. daté de l'an 1061 de l'hégire (1651 de J. C.)

Papier. 329 feuillets. Hauteur, 21 centimètres et demi; largeur, 15 centimètres et demi. 17 lignes par page. — (Supplément 799.)

2149.

رفع الاصر عن قضاة مصر. Dictionnaire biographique des cadis du Caire, par Aḥmad ibn ʿAlî ibn Ḥadjar al-ʿAsqalânî. L'auteur dit avoir disposé dans l'ordre de l'alphabet les noms des fonctionnaires, qui étaient énumérés dans l'ordre chronologique et sans aucun éclaircissement, dans un poème composé par Schams al-Dîn Moḥammad ibn Dânyâl (دانيال), et dont le texte se trouve au commencement. La préface renferme la liste des ouvrages que l'auteur avait consultés; elle commence par ces mots : الحمد لله الذى لا معقب لحكمه ولا راد لقضائه.

Ms. daté de l'an 1031 de l'hégire (1622 de J. C.).

Papier. 147 feuillets. Hauteur, 29 centimètres; largeur, 19 centimètres. 31 lignes par page. — (Supplément 691.)

2150.

الذيل على كتاب القضاة « Supplément au Livre des cadis », ouvrage composé par Schams al-Dîn Abou 'l-Khaïr Moḥammad ibn ʿAbd al-Raḥmân al-Sakhâwî, pour servir de suite et de supplément à l'Histoire des cadis d'Égypte d'Ibn Ḥadjar al-ʿAsqalânî (voyez le numéro précédent). L'auteur a suivi l'ordre alphabétique dans ce supplément, dont le véritable titre paraît être بغية العلماء والرواة فى الذيل على كتاب شيخى فى القضاة « Le Désir des savants et des érudits, servant d'appendice au livre de mon professeur sur les cadis ».

Papier. 113 feuillets. Hauteur, 27 centimètres; largeur, 18 centimètres et demi. 29 lignes par page. Ms. du XVIᵉ siècle. — (Ancien fonds 690.)

2151.

مختصر ذيل رفع الاصر « Abrégé du supplément du رفع الاصر (voyez les deux numéros précédents), par le nommé ʿAlî ibn abî 'l-Loṭf. Commencement : اما بعد حمد الله الذى حكم فلا يعقب لحكمه.

Ms. daté de l'an 900 de l'hégire (1494-1495 de J. C.).

Papier. 134 feuillets. Hauteur, 18 centimètres; largeur, 14 centimètres. 19 lignes par page. — (Ancien fonds 811.)

2152.

النجوم الزاهرة بتلخيص اخبار قضاة مصر والقاهرة « Les Étoiles brillantes, résumé de l'histoire des cadis du vieux et du nouveau Caire », par Djalâl al-Dîn Yoûsof ibn Schahîn, docteur hanéfite, petit-fils, par sa mère, d'Ibn Ḥadjar al-ʿAsqalânî (سبط ابن حجر). L'ouvrage se termine par une liste de patronymiques, de sobriquets et de noms ethniques.

Ms. revu et corrigé par l'auteur qui, selon Hadji Khalfa, était né en 828 de l'hégire (1424-1425 de J. C.).

Papier. 119 feuillets. Hauteur, 28 centimètres; largeur, 19 centimètres. 29 lignes par page. — (Ancien fonds 691.)

2153.

رياض النفوس « Jardins des âmes », histoire biographique de Qaïrawân et d'Ifrîqiya (la Tunisie et les contrées voisines), depuis la conquête de ce pays jusqu'à l'an 356 de l'hégire, par Aboû Bakr ʿAbd Allah ibn Moḥammad al-Mâlikî. L'auteur déclare que, dans ce volume, il s'occupe principalement des docteurs de la loi et des dévots; mais dans ces notices, dont quelques-unes sont fort étendues, on rencontre parfois des renseignements importants sur l'histoire du pays.

Ms. mutilé au commencement et à la fin, et daté de l'an 729 de l'hégire (1329 de J. C.). Le copiste a eu sous les yeux deux exemplaires de l'ouvrage, l'un portant la date de 544 de l'hégire (1149-1150 de J. C.), l'autre celle de 601 (1204).

Papier. 108 feuillets. Hauteur, 35 centimètres; largeur, 26 centimètres. 35 lignes par page. — (Ancien fonds 752.)

2154.

Biographie des hommes illustres de Qaïrawân, par ʿAbd al-Raḥmân ibn Moḥammad ibn ʿAbdallah al-Anṣârî, surnommé Al-Dabbâgh. Première partie[1].

Papier. 198 feuillets. Hauteur, 20 centimètres; largeur, 14 centimètres. 23 lignes par page. Ms. du XVIIIᵉ siècle. — (Supplément 2426.)

[1] L'ouvrage, d'après la préface, porte le titre de معالم الايمان فى معرفة اهل القيروان. Le nom de l'auteur, tel qu'il est transcrit ci-dessus, est égalemement indiqué dans la préface. Mais le présent ms. est une édition commentée et augmentée par un écrivain de Qaïrawân, nommé Ibn Nâdjî. Le texte du premier auteur et celui de l'éditeur sont distingués par les mots قال et قلت. H. Z.

2155.

عنوان الدراية فيمن عرف من العلماء فى المائة السابعة ببجاية «Principes du savoir, traitant des ulémas qu'on connaissait à Bougie au VIIe siècle de l'hégire». C'est un recueil de notices biographiques, dont l'auteur, Aboû 'l-ʿAbbâs Aḥmad, appartenait à la famille des Ghobrînî (الغبرينى), famille qui tient encore une place distinguée dans la magistrature musulmane de l'Algérie. Au folio 108 v° se trouve une esquisse des diverses sciences qui se rattachent au droit musulman.

Papier. 119 feuillets. Hauteur, 21 centimètres; largeur, 14 centimètres et demi. 21 lignes par page. Ms. du XVIe siècle. — (Supplément 706 *ter*.)

2156.

Le sixième volume du dictionnaire biographique intitulé الذيل والتكملة لكتابى الموصول والصلة «Appendice et supplément aux deux ouvrages intitulés le موصول et le صلة». Cet ouvrage renferme des notices sur les personnages remarquables de l'Espagne musulmane qui avaient vécu au Ve, au VIe et au VIIe siècle de l'hégire. L'auteur, Moḥammad ibn Moḥammad ibn ʿAbd al-Malik al-Ausî al-Anṣârî al-Marrâkoschî, qui était grand cadi (قاضى القضاة), peut-être de Cordoue, a achevé son travail postérieurement à l'an 675 de l'hégire (1276-1277 de J. C.), ainsi qu'on lit au fol. 176 v°. Le ms. a été écrit après la mort de l'auteur; car dans l'*explicit* son nom est suivi de la formule رحمه الله تعالى. D'un autre côté, une note en écriture cursive sur le verso du dernier feuillet, nous apprend qu'un certain Moḥammad ibn Ibrâhîm al-Khazradjî, avait terminé d'étudier ce volume au mois de dsou'l-qaʿda 768 (juillet 1367 de J. C.). Il est donc permis de supposer que ce ms. a été écrit dans la première moitié du XIVe siècle, et que l'auteur est mort vers la fin du XIIIe. Ce sixième volume commence par le nom de *Moḥammad ibn Aḥmad* et finit par *Moḥammad ibn ʿAlî*. On y trouve entre autres articles très-intéressants, une notice sur Averroès (*Ibn Roschd*), dont le commencement manque (fol. 7 r°). Il y a encore d'autres lacunes. Le mot الصلة, titre du dictionnaire biographique de l'Espagne d'Ibn Baschkowâl, signifie, en arabe, «addition» ou «don»; mais, dans le langage technique des grammairiens, il désigne le «conjoint», c'est-à-dire le pronom gouverné par une préposition et venant après le موصول ou pronom relatif. En effet, l'ouvrage d'Ibn Baschkowâl est le complément d'un ouvrage semblable, intitulé الموصول «le conjoint», probablement celui dont l'auteur est Aboû 'l-Walîd ʿAbd Allah ibn al-Fâradhî.

Papier. 205 feuillets. Hauteur, 23 centimètres; largeur, 16 centimètres. 25 lignes par page. — (Supplément 682, Saint-Germain 361.)

2157.

الشقائق النعمانية فى علماء الدولة العثمانية «Les Fleurs de Noʿmân, classes des ulémas de l'empire ottoman», par Ṭâsch ibn Kopri-Zâdè (Aḥmad ibn Moṣṭafâ), mort en 968 de l'hégire (1560 de J. C.).

Papier. 143 feuillets. Hauteur, 21 centimètres et demi; largeur, 14 centimètres. 25 lignes par page. Ms. du XVIe siècle. — (Ancien fonds 868.)

2158.

Même ouvrage.

Exemplaire daté de l'an 980 de l'hégire (1572-1573 de J. C.).

Papier. 224 feuillets. Hauteur, 21 centimètres et demi; largeur, 15 centimètres. 17 lignes par page. — (Ancien fonds 869.)

2159.

Même ouvrage.

Papier. 227 feuillets. Hauteur, 21 centimètres et demi; largeur, 16 centimètres. 19 lignes par page. Ms. du XVIe siècle. — (Ancien fonds 870.)

2160.

Même ouvrage. En tête de ce volume se trouve une table des matières, et à la fin une courte notice sur l'auteur, par son élève, Moḥammad ibn Moḥammad Qâdhî-Zâdè.

Exemplaire daté de l'an 999 de l'hégire (1591 de J. C.).

Papier. 157 feuillets. Hauteur, 21 centimètres; largeur, 13 centimètres et demi. 25 lignes par page. — (Ancien fonds 871).

2161.

Même ouvrage. Texte arabe et traduction française

abrégée. La copie arabe est datée de l'an 1001 de l'hégire (1593 de J. C.).

Papier. 155 feuillets de texte arabe et 180 feuillets de texte français. Hauteur, 20 centimètres; largeur, 18 centimètres et demi. 21 lignes par page dans le texte arabe, 17 lignes dans la partie française. — (Fonds des traductions 51.)

2162.

Même ouvrage.

Papier. 162 feuillets. Hauteur, 21 centimètres; largeur, 15 centimètres et demi. 20 à 23 lignes par page. Ms. du XVIIe siècle. — (Supplément 695.)

2163.

العقد المنظوم في ذكر افاضل الروم «Collier de perles bien rangées, traitant des savants distingués de l'empire ottoman», par ʿAlî ibn Bâlî (بالى), surnommé *Tchemnaq* (جمنق), mort en 992 de l'hégire (1584 de J. C.). C'est une suite à l'ouvrage que Lutfi Beg Zâdè avait composé pour servir de supplément au *Schaqâïq al-Noʿmaniyya* de Ṭâsch ibn Kopri-Zâdè. En tête du ms. se trouve une liste des savants morts sous les règnes du sultan Solaïmân, du sultan Sélîm et du sultan Mourâd. Les feuillets de garde sont couverts de notes et d'observations diverses, les unes en arabe, les autres en turc.

Papier. 107 feuillets. Hauteur, 20 centimètres et demi; largeur, 12 centimètres. 19 lignes par page. Ms. du XVIe siècle. — (Supplément 680.)

2164.

1° ذيل شقائق النعمان. Supplément du شقائق النعمان (ou شقائق النعمانيّة), par ʿAbd al-Qâdir Efendi, surnommé بلاحجق «menteur», mort en 1000 de l'hégire (1591-1592 de J. C.). Cet exemplaire n'a pas de préface et commence ainsi : ومنهم العالم الفاضل عبد الوهاب بن عبد الرحمن. En tête se trouve une table des matières.

2° (Fol. 68.) Autre supplément du شقائق النعمانيّة, par le cadi ʿÂschiq Tschelebi. Les derniers feuillets manquent. En tête se trouve une table des matières. La préface commence par ces mots : تبارك الذى نزل الفرقان.

Papier. 97 feuillets. Hauteur, 21 centimètres; largeur, 13 centimètres. 19 à 21 lignes par page. Écritures diverses du XVIIe siècle. — (Supplément 696.)

2165.

فتح الوجود وشرح الجود في مدح مولانا الباشا محمود «Ouverture de l'existence et déploiement de la générosité, offrant les louanges de Maḥmoûd Pacha». Panégyrique en vingt-quatre chapitres de Maḥmoûd Pacha, gouverneur d'Égypte, sous le règne du sultan Sélim (1566 à 1574 de J. C.), par Ramadhân ibn ʿÂmir ibn ʿAlî. A la fin, l'auteur a ajouté deux qaṣîdas : la première se compose de quatrains, dont les trois premiers vers commencent et finissent par la même lettre de l'alphabet, à commencer par l'*élif;* le quatrième vers est un refrain, dont les mots sont قد عمر الوجود لما ولى المحمود «l'existence fut embellie sous le gouvernement de Maḥmoûd». La seconde qaṣîda est écrite sur les côtés et dans l'intérieur d'une enfilade de cercles. Le présent ms., accompagné d'apostilles en prose rimée dont chacune est écrite de la main d'un docteur parmi les ulémas, est l'exemplaire original offert par l'auteur au pacha.

Papier. 36 feuillets. Hauteur, 40 centimètres; largeur, 27 centimètres et demi. 19 lignes par page. Ms. du XVIe siècle. — (Ancien fonds 760.)

2166.

سيرة احمد باشا الجزّار «Histoire d'Aḥmad Pacha Al-Djazzâr (le boucher)», ouvrage composé en 1225 de l'hégire (1810 de J. C.), pour faire partie d'une grande histoire universelle, que l'auteur anonyme avait l'intention d'écrire.

Papier. 98 feuillets. Hauteur, 22 centimètres; largeur, 16 centimètres. 19 lignes par page. — (Supplément 712.)

VIII.

COSMOGRAPHIE ET GÉOGRAPHIE.

1. COSMOGRAPHIE.

2167.

تحفة الالباب «Cadeau pour les esprits éclairés», par Moḥammad ibn ʿAbd al-Raḥîm al-Qaïsî, de Grenade, mort en 565 de l'hégire (1169-1170 de J. C.). Cet ouvrage traite des merveilles du monde. L'auteur décrit les

choses remarquables qu'il a observées dans ses voyages et reproduit les descriptions plus ou moins fabuleuses, tirées d'autres sources. Il dit avoir composé ce livre, se trouvant à Mossoul, en 557 de l'hégire, sur la demande de son ami Aboû-Ḥafs ʿOmar al-Ardabîlî. L'ouvrage est divisé, à part l'introduction, en quatre sections (ابواب), dont voici les rubriques : 1° Description du monde et de ses habitants, les hommes et les génies (فى صفة الدنيا وسكّانها من انسها وجانّها); 2° merveilles des divers pays et édifices remarquables (فى صفة عجايب البلدان وغرايب البنيان); 3° description des mers, de leurs animaux extraordinaires, et ce qu'elles produisent en fait d'ambre gris et de poix; indication des diverses espèces de naphte et des substances inflammables qui se trouvent dans les îles (فى صفة البحار وعجايب حيواناتها وما يخرج منها من العنبر والقار وما فى جزايرها من انواع النفط ولنار); 4° sur les excavations (il faut lire الحفاير, au lieu de الحضاير), les tombeaux et les ossements qui s'y trouvent (فى صفات الحضاير والقبور وما تضمنت من العظام الخ).

Papier. 104 feuillets. Hauteur, 13 centimètres; largeur, 12 centimètres et demi. 11 lignes par page. Ms. de diverses écritures, dont la plus ancienne paraît être du XIIIe siècle. — (Ancien fonds 586, Colbert, 6002.)

2168.

تحفة الالباب ونخبة الاعجاب « Cadeau offert aux hommes intelligents et choix de merveilles », par Moḥammad ibn ʿAbd al-Raḥîm al-Qaïsî, de Grenade. Même ouvrage que le précédent. Quelques dessins grossièrement exécutés sont intercalés dans la partie relative aux édifices fabuleux.

Papier. 46 feuillets. Hauteur, 21 centimètres et demi; largeur, 15 centimètres. 21 lignes par page. Ms. du XVIe siècle. — (Ancien fonds 954.)

2169.

Même ouvrage. Ms. interfolié, contenant un commencement de traduction par Pétis de la Croix.

Papier. 56 feuillets. Hauteur, 20 centimètres et demi; largeur, 15 centimètres. 21 à 23 lignes par page. Ms. du XVIIe siècle. — (Supplément 861.)

2170.

Même ouvrage, avec un titre un peu différent : تحفة الالباب وتحيّة الاعجاب « Cadeau pour les hommes intelligents et (traité) qui excite l'admiration ».

Ms. daté de l'an 1140 de l'hégire (1728 de J. C.).

Papier. 94 feuillets. Hauteur, 21 centimètres et demi; largeur, 15 centimètres. 13 lignes par page. — (Supplément 863.)

2171.

Même ouvrage. Le titre se lit ainsi : تحفة الالباب ونخبة الانجاب « Cadeau pour les hommes intelligents, objet choisi et digne d'être offert aux hommes de mérite ».

Papier. 59 feuillets. Hauteur, 22 centimètres et demi; largeur, 16 centimètres. 19 lignes par page. Ms. du XVIIIe siècle. — (Supplément 862.)

2172.

تحفة العجائب وطرفة الغرائب « Cadeau composé de merveilles et nouveauté renfermant des choses étranges ». Cet ouvrage, divisé en quatre sections ou discours (*maqâlât*), commence par ces mots : الحمد لله رب الارباب ومنشى السحاب. La première section traite, en deux chapitres, des choses célestes et des choses terrestres, du ciel et de la terre; la seconde section, des merveilles du monde, du temps, des nuits et des jours; la troisième, des merveilles des mers, des fleuves, des sources, des montagnes, etc.; la quatrième traite des minéraux, des plantes et des animaux. Les deux dernières parties renferment une sorte de dictionnaire géographique et une nomenclature des minéraux. Plusieurs pièces de vers, en général assez courtes, et dont la plupart portent des noms de poètes qui vivaient sous le règne des Abbasides, sont insérées dans le texte. Hadji Khalfa nous apprend que cette compilation a pour auteur Ibn al-Athîr al-Djazarî. Mais il y avait trois frères qui portaient ce nom.

Il y a une lacune entre les feuillets 103 et 104, et une autre entre les feuillets 147 et 148.

Ms. daté de l'an 684 de l'hégire (1285 de J. C.).

Papier. 189 feuillets. Hauteur, 26 centimètres et demi; largeur, 17 centimètres. 25 lignes par page. — (Ancien fonds 903.)

2173.

عجائب المخلوقات « Merveilles des choses créées », par Zakarîya ibn Moḥammad ibn Maḥmoûd al-Qazwînî, mort en 682 de l'hégire (1283 de J. C.). Voici le titre qu'on lit en tête du présent ms. et qui diffère de celui qui se trouve dans d'autres exemplaires : كتاب فيه عجايب المخلوقات

وغرايب المصنوعات عنى بتاليفه الشيخ الامام محمد بن محمد القزوينى عفا الله عنه ونفع به امين

La préface commence par ces mots : العظمة لك والكبريا يا قايم الذات.

Papier. 293 feuillets. Hauteur, 27 centimètres et demi; largeur, 19 centimètres et demi. 17 lignes par page. Ms. du XIVe siècle. — (Ancien fonds 898.)

2174.

Même ouvrage.

Ms. daté de l'an 930 de l'hégire (1524 de J. C.).

Papier. 322 feuillets. Hauteur, 18 centimètres et demi; largeur, 14 centimètres. 15 lignes par page.— (Ancien fonds 958.)

2175.

Même ouvrage.

Ms. daté de l'an 986 de l'hégire (1578 de J. C.).

Papier. 227 feuillets. Hauteur, 21 centimètres et demi; largeur, 15 centimètres et demi. 21 lignes par page. — (Supplément 864.)

2176.

Même ouvrage. Le premier feuillet manque.

Papier. 344 feuillets. Hauteur, 21 centimètres; largeur, 14 centimètres et demi. 21 lignes par page. Ms. du XVIIe siècle. — (Supplément 867.)

2177.

Même ouvrage. Le copiste, un chrétien maronite, a écrit, en tête et à la fin du ms., le titre de تحفة الغرايب. Le texte est souvent abrégé, et la fin de l'ouvrage est omise.

Papier. 165 feuillets. Hauteur, 29 centimètres; largeur, 19 centimètres. 23 lignes par page. Ms. du XVIIe siècle. — (Ancien fonds 900.)

2178.

Même ouvrage. Ms. orné de figures coloriées, représentant les animaux et les plantes décrits dans le texte. Il est daté de l'an 1176 de l'hégire (1762-1763 de J. C.).

Papier. 280 feuillets. Hauteur, 30 centimètres et demi; largeur, 21 centimètres. 23 lignes par page. — (Supplément 866.)

2179.

Premier volume du même ouvrage. La copie s'arrête au chapitre des oiseaux, article حمام.

Papier. 162 feuillets. Hauteur, 20 centimètres; largeur, 13 centimètres et demi. 27 à 29 lignes par page. Ms. du XVIe siècle. — (Supplément 2087.)

2180.

Extrait du même ouvrage, chapitre des animaux.

Papier. 17 feuillets. Hauteur, 14 centimètres; largeur, 10 centimètres et demi. 13 lignes par page. — (Ancien fonds 983.)

2181.

عجائب المخلوقات الصغرى «La petite édition des merveilles de la création», ouvrage anonyme, commençant par ces mots : الحمد لله رب الارباب ومسبب الاسباب, et ayant beaucoup d'analogie avec l'ouvrage d'Al-Qazwînî en ce qui concerne l'ordonnance du sujet. L'auteur dit dans la préface : وبعد فهذا كتاب ينصرف الناظر فيه بين جد وهزل وملح غريبة دقيقة وجزل وعجايب جمعته من كتب عدة ورتبته على ابواب الخ

Ms. daté de l'an 1122 de l'hégire (1710 de J. C.).

Papier. 152 feuillets. Hauteur, 22 centimètres; largeur, 14 centimètres et demi. 23 lignes par page. — (Supplément 868.)

2182.

1° Abrégé du عجائب المخلوقات. Cette rédaction s'accorde tantôt avec la grande édition, tantôt avec l'abrégé contenu dans le numéro précédent. La préface qu'on lit en tête est apocryphe; elle a été ajoutée après coup. Le texte commence par ces mots : الباب الاول فى الاثار العلوية فنقول المخلوقات تنقسم الى ما لا يعرف اصلها. Le second chapitre (fol. 10) commence ainsi : الباب الثانى فى الدهور

والزمان والليالى والايام اما الشهور فالشهور عبارة عن الزمان الذى بين الهلالين

2° (Fol. 188.) الرسالة المذهبة « Le Traité doré », épître dans laquelle l'Imâm (Aboû 'l-Ḥasan ʿAlî ibn Moûsa al-Ridha) donne au calife Al-Ma'moûn des instructions pour la conservation de sa santé. La copie s'arrête au milieu d'une phrase.

3° (Fol. 197 r°.) Recettes médicales. Les derniers feuillets sont restés en blanc.

Papier. 199 feuillets. Hauteur, 21 centimètres; largeur, 15 centimètres. 15 lignes par page. Ms. du XVII° siècle. — (Supplément 865, Saint-Germain 398.)

2183.

Abrégé du عجائب المخلوقات, intitulé الدرر المنتقاة من عجائب المخلوقات. La préface commence ainsi : الحمد لله الذى اظهر وجود وجود اياته عبرًا لكل عاقل.

Ms. daté de l'an 872 de l'hégire (1467 de J. C.).

Papier. 193 feuillets. Hauteur, 26 centimètres; largeur, 18 centimètres. 21 lignes par page. — (Ancien fonds 990 A.)

2184.

كتاب مغرب عن امور عجاب « Traité des merveilles », par un anonyme qui paraît avoir vécu vers la fin du VII° siècle de l'hégire. La préface commence par ces mots : الحمد لله رب الارباب ومنشى السحاب. L'ouvrage est divisé en quatre sections, et traite : 1° des pierres; 2° des plantes; 3° des villes; 4° des pays, des mers, des fleuves et des montagnes, etc.

Papier. 76 feuillets. Hauteur, 21 centimètres et demi; largeur, 12 centimètres et demi. Environ 27 lignes par page. Ms. de diverses écritures du XV° siècle. — (Ancien fonds 956.)

2185.

Traité de cosmographie, consacré principalement à la description des océans. Le premier feuillet manque. A la fin de la préface, l'auteur dit qu'il a puisé ses matériaux dans les ouvrages d'Al-Qazwînî, d'Al-Masʿoûdî et d'autres. Il a divisé son ouvrage en trois chapitres (قول), dont le premier, intitulé القول الاول على كرة الارض, commence par ces mots : اجمع العلماء بالهية وعلمها ان الارض جسم بسيط. Le second chapitre est intitulé القول الثانى على كرة الماء, et le troisième, القول الثالث فى بحر طنجة.

Papier. 25 feuillets. Hauteur, 22 centimètres; largeur, 14 centimètres. 21 lignes par page. Ms. du XVIII° siècle. — (Supplément 2267.)

2186.

Manuel de cosmographie, par Isḥâq ibn al-Ḥasan ibn al-Zaiyât. L'auteur dit que les latitudes se comptent, vers le nord et vers le sud, et les longitudes vers l'ouest et vers l'est, à partir de l'île d'Arîn (ارين), qui est le centre du monde. Il parle ensuite des sept climats, des phases de la lune (fol. 32 v°), des éclipses, des étoiles fixes et des constellations, et des bourrasques (بوارح) qui accompagnent les levers des vingt-huit mansions de la lune. Suit une *ardjoûza* de vingt-huit vers sur la direction de la *qibla* dans les diverses contrées musulmanes. Le fol. 44 porte un dessin représentant l'orientation de la *kaʿba*. Au feuillet suivant commence un traité de gnomonique, suivi de tables indiquant la longueur des ombres, les levers des signes du zodiaque, les positions des étoiles, etc.

Papier. 75 feuillets. Hauteur, 24 centimètres; largeur, 17 centimètres. 17 à 19 lignes par page; quelques feuillets sont intervertis. Ms. du XIV° siècle. — (Supplément 956, Saint-Germain 142.)

2187.

نخبة الدهر فى عجائب البرّ والبحر « Choix de ce que le monde nous offre en fait de merveilles de la terre et de la mer », par Schams al-Dîn Aboû ʿAbd Allah Moḥammad ibn abî Ṭâlib al-Anṣârî al-Dimaschqî, mort en 727 de l'hégire (1326-1327 de J. C.). C'est une compilation faite sans critique, mais qui offre quelques bons renseignements. L'ouvrage est divisé en neuf sections (voyez la traduction de la Géographie d'Abou 'l-Féda, de M. Reinaud, p. CL, et le Catalogue de la bibliothèque de Leyde, t. II, p. 134). Quelques figures mal dessinées et grossièrement coloriées sont intercalées dans le texte. Le premier feuillet manque.

Ms. daté de l'an 845 de l'hégire (1441-1442 de J. C.).

Papier. 148 feuillets. Hauteur, 27 centimètres et demi; largeur, 18 centimètres. 29 lignes par page. — (Ancien fonds 581.)

2188.

خريدة العجائب وفريدة الغرائب « Perle des merveilles

et joyau des raretés», traité de cosmographie, par Aboû Ḥafṣ ʿOmar ibn Moḥammad ibn al-Wardî, mort en 749 de l'hégire (1349 de J. C.). Un planisphère d'environ vingt-cinq centimètres de diamètre, représente la partie habitée de la terre et occupe le verso du folio 2 et le recto du folio 3. Au verso du folio 25 se trouve un tableau carré qui montre l'orientation des villes et des pays du territoire musulman, par rapport au temple de la Mecque. (Voir, sur cet ouvrage, De Guignes, dans les *Notices et Extraits*, t. II, p. 19 et suiv.) L'ouvrage est suivi d'une pièce de vers, dont quelques hémistiches et beaucoup de mots sont restés en blanc, et dans laquelle sont énumérés les événements qui auront lieu au jour du jugement dernier. Au folio 93, on voit l'arbre généalogique d'un personnage nommé مطرف بن كبريت, qui descendait de نوفل بن عبد مناف.

Ms. daté de l'an 883 de l'hégire (1479 de J. C.).

Papier. 93 feuillets. Hauteur, 28 centimètres; largeur, 20 centimètres. 25 lignes par page. — (Ancien fonds 577.)

2189.

Même ouvrage.

Ms. daté de l'an 885 de l'hégire (1480 de J. C.). Le premier feuillet, ainsi que celui qui précédait le poème qui forme l'appendice, manquent.

Papier. 113 feuillets. Hauteur, 26 centimètres; largeur, 17 centimètres et demi. 25 lignes par page. — (Supplément 888.)

2190.

Même ouvrage.

Ms. daté de l'an 928 de l'hégire (1522 de J. C.).

Papier. 110 feuillets. Hauteur, 32 centimètres et demi; largeur, 22 centimètres. 25 lignes par page. — (Supplément 900.)

2191.

Même ouvrage.

Ms. daté de l'an 992 de l'hégire (1584 de J. C.).

Papier. 162 feuillets. Hauteur, 22 centimètres et demi; largeur, 15 centimètres. 22 à 25 lignes par page. — (Ancien fonds 593.)

2192.

Même ouvrage. Outre les appendices qui se trouvent dans d'autres exemplaires, ce volume contient plusieurs morceaux de poésie religieuse, dont le premier, intitulé الاستغاثة «Appel au secours», a pour auteur un nommé Aḥmad, derviche de l'ordre des *Khalwâtî*.

Ms. daté de l'an 1000 de l'hégire (1591-1592 de J. C.).

Papier. 279 feuillets. Hauteur, 21 centimètres; largeur, 14 centimètres et demi. 15 lignes par page. — (Ancien fonds 594.)

2193.

Même ouvrage.

Ms. daté de l'an 1005 de l'hégire (1596-1597 de J. C.).

Papier. 163 feuillets. Hauteur, 21 centimètres; largeur, 15 centimètres. 19 lignes par page. — (Ancien fonds 588.)

2194.

Même ouvrage. C'est par erreur que, dans le titre, l'ouvrage est attribué à Qazwînî.

Ms. daté de l'an 1020 de l'hégire (1611 de J. C.).

Papier. 242 feuillets. Hauteur, 20 centimètres; largeur, 11 centimètres et demi. 19 lignes par page. — (Ancien fonds 591.)

2195.

Même ouvrage.

Ms. daté de l'an 1020 de l'hégire (1611 de J. C.).

Papier. 164 feuillets. Hauteur, 20 centimètres et demi; largeur, 15 centimètres. 21 lignes par page. — (Supplément 897.)

2196.

Même ouvrage.

Ms. daté de l'an 1021 de l'hégire (1612-1613 de J. C.).

Papier. 155 feuillets. Hauteur, 18 centimètres; largeur, 10 centimètres et demi. 21 lignes par page. — (Ancien fonds 601.)

2197.

Même ouvrage.

Ms. de deux écritures. La partie plus récente a été écrite en l'an 1037 de l'hégire (1627-1628 de J. C.).

Papier. 213 feuillets. Hauteur, 20 centimètres; largeur, 15 centimètres. 19 lignes par page. — (Ancien fonds 592.)

2198.

Même ouvrage.

A la fin du volume on lit une note sur la manière de deviner l'issue d'un combat, et une pièce de vers sur le jeu d'échecs, par le chérif Ibn al-Habbâriya (الهبّارية).

Papier. 210 feuillets. Hauteur, 22 centimètres; largeur, 15 centimètres. 17 lignes par page. Ms. du xviie siècle. — (Ancien fonds 590.)

2199.

Même ouvrage.

A la fin du volume, on lit l'histoire d'Og, tirée, dit le copiste, de l'ouvrage d'Aboû ʿObaïd al-Bakrî, intitulé مسالك الانصار فى ممالك الامصار. Mais c'est l'encyclopédie de Schihâb al-Dîn al-ʿOmarî qui porte ce titre.

Papier. 119 feuillets. Hauteur, 23 centimètres et demi; largeur, 17 centimètres et demi. 23 lignes par page. Ms. du xviie siècle. — (Ancien fonds 589, Colbert 5298.)

2200.

Même ouvrage.

Papier. 278 feuillets. Hauteur, 21 centimètres; largeur, 15 centimètres. 14 lignes par page. Ms. du xviie siècle. — (Supplément 1906.)

2201.

Même ouvrage.

Papier. 185 feuillets. Hauteur, 20 centimètres et demi; largeur, 14 centimètres. 19 lignes par page. Ms. du xviie siècle. — (Supplément 896.)

2202.

Même ouvrage.

Ms. daté de l'an 1090 de l'hégire (1679 de J. C.).

Papier. 145 feuillets. Hauteur, 21 centimètres; largeur, 15 centimètres et demi. 21 lignes par page. — (Supplément 898.)

2203.

Même ouvrage.

Papier. 118 feuillets. Hauteur, 29 centimètres et demi; largeur, 20 centimètres. 25 lignes par page. Ms. du xviie siècle. — (Supplément 899.)

2204.

1° Même ouvrage.

2° (Fol. 147 v°.) بغية الطلّاب فى شرح منية الحسّاب «Objet des désirs des étudiants, commentaire sur le Souhait des calculateurs». L'ouvrage commenté est le traité d'arithmétique de Mohammad ibn Ahmad Ghâzî, commençant par ces mots : الحمد لله الذى قد نورا قلوبنا بمائة تخبّر من كل علم فايق ورايق. Le commentaire commence ainsi : الحمد لله الذى احاط بكل شى علما.

Papier. 255 feuillets. Hauteur, 20 centimètres et demi; largeur, 15 centimètres. Le premier ouvrage porte 20 lignes par page, le second 22 lignes. Ms. du xviie siècle. — (Supplément 2341.)

2205.

Fragments de la première partie du *Kharîdat al-ʿAdjâïb* d'Ibn al-Wardî.

Papier. 37 feuillets. Hauteur, 21 centimètres; largeur, 15 centimètres. 17 lignes par page. Ms. du xviie siècle. — (Supplément 2100.)

2206.

Table de la cosmographie d'Ibn al-Wardî. Cette table a été dressée sur le ms. 2198, par Michel Ṣabbâgh.

Papier. 22 pages. Hauteur, 23 centimètres et demi; largeur, 18 centimètres. 15 lignes par page. — (Supplément 2101.)

2207.

نشق الازهار فى عجائب الاقطار «Le Parfum des fleurs, traité des merveilles des diverses régions», par Mohammad ibn Ahmad ibn Aiyâs. Dans cette cosmographie, l'auteur parle d'abord des villes, des pays, des mers et des îles, des fleuves et surtout du Nil, des sources (عيون) remarquables, des puits (بير) et des montagnes. Suit une notice sur les pyramides, une autre sur les fêtes des Coptes, puis quelques observations sur le calendrier copte et sur les noms des mois chez les Arabes, les Coptes et les Persans. L'auteur a achevé son travail en 922 de l'hégire (1516 de J. C.). (Voyez, sur cet ouvrage, une notice de Langlès, dans le tome VIII des *Notices et Extraits.*)

Ms. daté de l'an 1018 de l'hégire (1609 de J. C.).

Papier. 356 feuillets. Hauteur, 20 centimètres et demi; largeur, 15 centimètres. 19 lignes par page. — (Supplément 905.)

2208.

Même ouvrage.

Ms. daté de l'an 1044 de l'hégire (1634 de J. C.).

Papier. 410 pages. Hauteur, 25 centimètres et demi; largeur, 18 centimètres. 29 lignes par page. — (Supplément 904.)

2209.

Même ouvrage.

Ms. daté de l'an 1115 de l'hégire (1703 de J. C.).

Papier. 380 feuillets. Hauteur, 23 centimètres; largeur, 16 centimètres. 19 lignes par page. — (Ancien fonds 595.)

2210.

Fragment du même ouvrage.

Ms. daté de l'an 1110 de l'hégire (1699 de J. C.).

Papier. 54 feuillets. Hauteur, 21 centimètres; largeur, 15 centimètres et demi. 23 lignes par page. — (Supplément 906.)

2211.

Table de la cosmographie d'Ibn Aïyâs. Cette table a été dressée sur le ms. 2209, par Michel Ṣabbâgh, en 1808.

Papier. 48 feuillets. Hauteur, 23 centimètres et demi; largeur, 18 centimètres. 15 lignes par page. — (Supplément 2102.)

2212.

1° البستان في عجائب الارض والبلدان «Le Jardin, traité des merveilles de la terre et des pays», par Salâmisch ibn Kondogdî (سلامش ابن كندغدى) al-Ṣaliḥî. L'auteur dit dans la préface qu'il a recueilli les matériaux de son ouvrage dans les livres de ses devanciers, et il énumère les titres d'une dizaine de ces traités. Ces extraits sont classés en sept chapitres qui traitent : 1° des sphères célestes; 2° de la terre et des climats; 3° des mers, des îles et de leurs merveilles, des lacs, des sources et des fleuves; 4° des montagnes, des puits et des qualités merveilleuses des pierres précieuses; 5° des divers pays et peuples du monde; 6° des animaux, des génies, des plantes et des merveilles des êtres créés; 7° des monuments anciens, des grands édifices, des rois et des magiciens, ainsi que des talismans. Cette compilation de fables paraît avoir été rédigée, au XVIe siècle, en Égypte.

2° (Fol. 35.) Extrait du روض المناظر de Moḥibb al-Dîn ibn al-Schiḥna (voyez ci-dessus, n° 1537). C'est un résumé des principaux faits de l'histoire universelle, qui se termine par un tableau des événements qui annonceront la fin du monde.

3° (Fol. 40 v°.) Notes, les unes en arabe, les autres en turc, relatives aux lieux où il y a des trésors cachés.

Ms. daté (fol. 34 v°) de l'an 945 de l'hégire (1539 de J. C.).

Papier. 41 feuillets. Hauteur, 20 centimètres et demi; largeur, 15 centimètres. 25 lignes par page. — (Supplément 903.)

2. GÉOGRAPHIE GÉNÉRALE.

2213.

Traité de géographie, intitulé مسالك والممالك, par ʿAbd Allah ibn ʿAbd Allah ibn Khordâdbeh. Ce traité, qui date de la seconde moitié du IXe siècle de l'ère chrétienne, a été publié et traduit par M. Barbier de Meynard, dans le *Journal asiatique* de l'année 1865. Le présent exemplaire a été copié à Constantinople.

Papier. 54 feuillets. Hauteur, 20 centimètres; largeur, 14 centimètres. 15 lignes par page. Ms. du XIXe siècle. — (Supplément 895 *bis*.)

2214.

Traité de géographie, accompagné de cartes. Ouvrage anonyme, dédié à Saïf al-Daula ibn Ḥamdân, souverain de la Syrie et de la Mésopotamie, mort en 356 de l'hégire (967 de J. C.). La préface commence par ces mots : الحمد لله المحمود بنعمه المشكور بالآئه وقسمه. Après l'éloge de Saïf al-Daula, et l'exposé du plan suivi par l'auteur, on trouve la liste des cartes, dont chacune est accompagnée d'une description détaillée, à savoir : 1° L'Arabie; 2° la mer de la Perse ou l'Océan indien; 3° la Mauritanie; 4° l'Égypte; 5° la Syrie; 6° la Mésopotamie; 7° l'ʿIrâq; 8° le Khouzistân; 9° le Fars; 10° le Kirmân; 11° le Sind; 12° l'Adserbaïdjân; 13° le Djibâl; 14° le Djabal, le Daïlam et le Ṭabaristân; 15° la mer de Ṭabaristân (la mer Caspienne); 16° le désert qui sépare le Fars du Khorâsân; 17° le Sidjistân; 18° le Ṭokhâristân (طخيرستان), les montagnes d'Al-Bâmyân (جبال الباميان), le Ṭoûs et le Koûhistân; 19° le cours du fleuve Djaïhoun (l'Oxus).

Le ms. renferme les cartes suivantes :

Fol. 3. Tracé de l'hémisphère septentrional (sans la nomenclature).

Fol. 4. Tracé de la mer indienne, au sud de l'Arabie.

Fol. 5. La mer indienne, l'Arabie et le cours inférieur de l'Euphrate.

(La carte et la description de la Mauritanie et le commencement de la description de l'Arabie manquent.)

Fol. 10. La Méditerranée.

Fol. 12. La basse Égypte.

Fol. 13 v°. Le cours supérieur du Nil.

Fol. 18. La Mésopotamie.

Fol. 21 v°. L'ʿIrâq.

Fol. 24 v°. Le Khoûzistân.

Fol. 25 v°. Le Kirmân.

Fol. 29 v°. Le Fars.

Fol. 30 v°. Le Sind.

Fol. 32. L'Arménie, l'Adserbaïdjân et l'Arrân.

Fol. 34. Le Djibâl.

Fol. 36. Le Djabal et le Ṭabaristân.

Fol. 37. La mer des Khazar (la mer Caspienne).

Fol. 39 v°. Le désert qui sépare le Fars et le Khorâsân.

Fol. 42. Le Sidjistân.

Fol. 45 v°, 46 r°. Le Khorâsân.

Fol. 53. Planisphère oval.

Ce manuel de géographie qui a été souvent copié, a été interpolé à chaque nouvelle copie. La plupart de ces additions sont du VIe siècle de l'hégire, la plus récente porte la date de 858, date qui contredit une note ajoutée après coup à la fin du volume : تم في تاريخ سبع واربعين وثمانماية «achevé l'an 847».

Le titre de l'ouvrage est inconnu. Deux titres différents, qu'on lit au commencement du ms., paraissent apocryphes. On peut supposer que ce traité a eu pour auteur Al-Istakhrî; mais il diffère en plusieurs points du texte lithographié et publié à Gotha, en 1839, par les soins du Dr J. H. Möller. Le présent ms. est pourvu d'une table, de la main de Michel Ṣabbâgh.

Papier. 53 feuillets. Hauteur, 35 centimètres; largeur, 26 centimètres et demi. 23 lignes par page. Ms. du XVIe siècle. — (Ancien fonds 582.)

2215.

المسالك والممالك «Routes et royaumes», traité de géographie, par Ibn Ḥauqal. Ms. copié sur le ms. de Leyde, par MM. Langlès et Jourdain.

Papier. 256 pages. Hauteur, 26 centimètres et demi; largeur, 21 centimètres et demi. 27 lignes par page. — (Supplément 885.)

2216.

Cinquante-six passages de la géographie d'Ibn Ḥauqal qui, dans la copie contenue dans le numéro précédent, avaient été omis. Ces morceaux, écrits de la main de Michel Ṣabbâgh, ne se suivent pas dans l'ordre du texte.

Papier. 56 feuillets. Hauteur, 21 centimètres et demi; largeur, 16 centimètres. — (Supplément 885 *bis*.)

2217.

Table de la Géographie d'Ibn Ḥauqal, faite sur le ms. 2215, par Michel Ṣabbâgh.

Papier. 18 feuillets. Hauteur, 22 centimètres; largeur, 16 centimètres et demi. Environ 20 lignes par page. — (Supplément 885 *ter*.)

2218.

Fragment de l'ouvrage intitulé المسالك والممالك «Routes et royaumes», par ʿAbd Allah ibn ʿAbd al-ʿAzîz Aboû ʿObaïd al-Bakrî. C'est probablement la dernière partie du second volume de l'ouvrage. Plusieurs feuillets manquent dans le corps du volume, ainsi que les derniers cahiers, qui contenaient la description de l'Espagne, dont il ne reste que le commencement. M. de Slane a publié le texte de ce ms., après l'avoir corrigé au moyen d'un second exemplaire qu'il avait découvert à Alger. Le frontispice et le titre qui occupent le premier feuillet sont apocryphes.

Papier. 256 feuillets. Hauteur, 26 centimètres et demi; largeur, 18 centimètres. 21 lignes par page. Ms. du XIIIe siècle. — (Ancien fonds 580.)

2219.

كتاب الجبال والامكنة والمياه «Traité des montagnes, des lieux et des sources», par Aboû 'l-Qâsim Maḥmoûd Zamakhscharî. Dictionnaire des noms géographiques contenus dans les anciennes poésies arabes. Cet ouvrage a été imprimé à Leyde, en 1856.

Exemplaire copié par Michel Ṣabbâgh, en 1811, sur le ms. de Leyde, n° 739.

Papier. 38 feuillets. Hauteur, 29 centimètres; largeur, 20 centimètres et demi. 21 lignes par page. — (Supplément 889.)

2220.

كتاب الجغرافية « Livre intitulé *Geographia* », par Mohammad ibn abî Bakr al-Zohrî. L'auteur dit qu'il a copié ce résumé sur un exemplaire de la *Géographie d'Al-Qomârî* (القمارى), qui avait copié le sien sur l'exemplaire de l'ouvrage que soixante-dix philosophes avaient composé pour Al-Ma'moûn, fils de Haroûn al-Raschîd. Cela paraît signifier qu'Al-Qomârî avait donné une nouvelle édition de la Géographie d'Al-Ma'moûn, et que Ibn abî Bakr a remanié l'édition d'Al-Qomârî. On lit au fol. 40 v° du présent ms. que l'auteur se trouvait à Grenade, en 532 de l'hégire (1137-1138 de J. C.). Le texte porte les points-voyelles.

Papier. 58 feuillets. Hauteur, 21 centimètres; largeur, 13 centimètres et demi. 18 lignes par page. Ms. du XVIe siècle. — (Ancien fonds 596, Colbert 5974.)

2221.

نزهة المشتاق فى اختراق الآفاق « Amusement pour qui désire parcourir les différentes parties du monde ». C'est le célèbre traité de géographie, composé par Idrîsî, vers le milieu du XIIe siècle, à la cour de Roger II, roi de Sicile. Les premiers feuillets sont en partie détériorés; le dernier feuillet, renfermant la dixième section du septième climat, manque; d'autres feuillets dans le corps du volume ont été raccommodés et présentent des lacunes. Cet exemplaire renferme un planisphère dessiné avec soin et soixante-huit cartes, représentant chacune la dixième section d'un climat, également fort bien dessinées et coloriées. Ce sont probablement, de toutes les cartes arabes, les mieux exécutées. Deux cartes, celles de la première et de la seconde section du septième climat, manquent.

Papier. 352 feuillets. Hauteur, 26 centimètres; largeur, 21 centimètres. 23 lignes par page. Ms. maghrebin du XIIIe siècle. — (Supplément 892.)

2222.

1° Même ouvrage. Exemplaire dépourvu de cartes, exécuté en 744 de l'hégire (1344 de J. C.), à Coimbre (قلمرية). Les deux premiers feuillets sont du XVII° siècle.

2° (Fol. 236 v°.) Le dix-huitième chapitre de l'ouvrage d'Aboû 'l-Raïhân al-Bîroûnî sur l'Inde. Copie moderne.

Papier. 238 feuillets. Hauteur, 30 centimètres et demi; largeur, 21 centimètres. 25 à 29 lignes par page. — (Supplément 893.)

2223.

Abrégé de la Géographie d'Idrîsî. C'est probablement l'exemplaire d'après lequel a été imprimé le texte publié à Rome, vers la fin du XVI° siècle. Un titre apocryphe, ajouté après coup au commencement du volume, a été reproduit dans l'édition.

Ms. daté de l'an 944 de l'hégire (1538 de J. C.).

Papier. 101 feuillets. Hauteur, 21 centimètres; largeur, 15 centimètres. 25 lignes par page. — (Supplément 894, Saint-Germain 334 *ter*.)

2224.

Table des matières de l'abrégé de la Géographie d'Idrîsî. Cette table est de la main de Michel Ṣabbâgh. Elle paraît avoir été destinée à un exemplaire paginé du texte imprimé.

Papier. 121 feuillets. Hauteur, 23 centimètres; largeur, 17 centimètres et demi. 15 lignes par page. — (Supplément 895.)

2225.

Traité de géographie. Les premiers feuillets manquent. Le ms. commence par la description du mont Aboû Qobaïs et d'autres lieux des environs de la Mecque; vient ensuite une notice sur la ville de Médine, puis un article sur l'Égypte, suivi d'un traité sur l'Afrique, depuis la vallée du Nil jusqu'à l'océan Atlantique. L'auteur, qui vivait sous la domination des califes Almohades, dit qu'il a rédigé cet ouvrage en 586 et 587 de l'hégire (1190 et 1191 de J. C.).

Ms. daté de l'an 1143 de l'hégire (1730-1731 de J. C.).

Papier. 97 feuillets. Hauteur, 32 centimètres; largeur, 21 centimètres. 26 lignes par page. — (Supplément 906 *bis*.)

2226 à 2231.

معجم البلدان. Grand dictionnaire géographique de Yâqoût al-Ḥamawî. Cet ouvrage a été publié par M. Wüstenfeld. Copie exécutée d'après les mss. de Constantinople, vers 1850.

6 vol. Papier. 552, 332, 321, 527, 501, 580 feuillets. Hauteur, 30 centimètres et demi; largeur, 19 centimètres et demi. 17 lignes par page. — (Supplément 886.)

2232.

مراصد الاطّلاع على اسماء الامكنة والبقاع «Points de vue d'où l'on aperçoit les noms des lieux et des contrées». Ce dictionnaire de géographie est un abrégé du معجم البلدان de Yâqoût al-Ḥamawî. Feu M. Juynboll en a publié une édition avec des notes. Dans la préface du traité de géographie intitulé اوضح المسالك الى معرفة الممالك, dont un exemplaire se trouve à Constantinople, dans la bibliothèque fondée par Râghib Pacha, on lit que l'auteur du مراصد se nommait Taqî al-Dîn ʿAbd al-Moûmin ibn ʿAbd al-Ḥaqq. Ms. copié en 1810, sur le ms. de Leyde, n° 724, par Michel Ṣabbâgh.

Papier. 354 feuillets. Hauteur, 28 centimètres et demi; largeur, 20 centimètres et demi. 21 lignes par page. — (Supplément 891.)

2233.

المشترك وضعا والمختلف صقعا «Lieux de noms semblables et de positions différentes», dictionnaire d'homonymes géographiques, par Yâqoût al-Ḥamawî. Cet ouvrage a été publié par M. Wüstenfeld. Ms. copié en 1811, sur le ms. de Leyde, n° 725, par Michel Ṣabbâgh.

Papier. 114 feuillets. Hauteur, 28 centimètres et demi; largeur, 20 centimètres et demi. 21 lignes par page. — (Supplément 890.)

2234.

1° Traité de géographie générale, par ʿAlî ibn Saʿîd al-Maghribî. Copie datée de l'an 714 de l'hégire (1314-1315 de J. C.), ayant appartenu au célèbre Aboû 'l-Fidâ, prince de Ḥamâh.

2° (Fol. 117.) الاعلام والتبيين فى خروج الفرنج الملاعين على بلاد المسلمين «Traité des invasions des pays musulmans par les maudits Francs». Histoire abrégée et très sommaire des Croisades, depuis la première arrivée des Croisés en Syrie jusqu'à leur expulsion définitive de ce pays, par Aḥmad ibn ʿAlî ibn al-Ḥarîrî. Exemplaire autographe daté de l'an 926 de l'hégire (1520 de J. C.).

3° (Fol. 148.) النظر والتحقيق فى تقليب الرقيق. Sur la manière de choisir et de gouverner des esclaves, par Moḥammad ibn Ibrâhîm ibn Sâʿid ibn al-Akfânî al-Anṣârî. Exemplaire incomplet et interpolé, qui paraît dater du xv° siècle. Écriture souvent dépourvue de points diacritiques.

4° (Fol. 158.) القطر النباتى «La Pluie qui fait pousser les plantes», choix d'extraits du divan d'Ibn Nobâta Djamâl al-Dîn Moḥammad, poète de la cour d'Aboû 'l-Fidâ. Ce recueil a été composé par l'auteur lui-même. Commencement : اما بعد حمد الله على لطف غير مقطوع. Copie datée de l'an 732 de l'hégire (1332 de J. C.).

5° (Fol. 201.) Plusieurs pièces de vers, entre autres le commencement d'une élégie d'Ibn Nobâta sur la mort d'Aboû 'l-Fidâ.

Papier. 202 feuillets. Hauteur, 18 centimètres; largeur, 13 centimètres. Écritures diverses. — (Supplément 1905.)

2235.

آثار البلاد واخبار العباد «Monuments des contrées et notices des habitants». Première édition du Dictionnaire de géographie de Zakarîya ibn Moḥammad ibn Maḥmoûd al-Qazwînî. Cet ouvrage a été publié par M. Wüstenfeld. Le présent exemplaire est incomplet et s'arrête à la lettre *ṣad* du septième climat. Un index général est placé en tête du volume; un autre index, de la main de Michel Ṣabbâgh, se trouve à la fin.

Papier. 252 feuillets. Hauteur, 30 centimètres; largeur, 18 centimètres et demi. 23 lignes par page. Ms. du xvi° siècle. — (Ancien fonds 899.)

2236.

Même ouvrage. En tête de cet exemplaire se trouvent quelques détails biographiques sur l'auteur, empruntés au *Ṭabaqât* d'ʿAbd al-Raouf al-Manâwî. Il y a aussi un index des principaux personnages.

Papier. 216 feuillets. Hauteur, 21 centimètres; largeur, 15 centimètres et demi. 19 lignes par page. Ms. du xvii° siècle. — (Ancien fonds 957.)

2237.

عجائب البلدان «Merveilles des pays», par Qazwînî. C'est un abrégé du آثار البلاد. Commencement : الحمد لله رب العالمين والصلاة والسلام على سيد المرسلين الخ. L'auteur est désigné par les noms d'Aboû Zakarîya Moḥammad ibn Moḥammad al-Qazwînî. La division du Dictionnaire géographique par climats n'est pas bien indiquée; aucune marque ne distingue les noms de lieux placés en tête de chaque article; mais, en revanche, il y a

beaucoup de rubriques tout à fait inutiles. La fin manque. Le texte s'arrête au milieu de l'article قزوين.

Papier. 131 feuillets. Hauteur, 27 centimètres et demi; largeur, 18 centimètres. 22 à 24 lignes par page. Ms. du xviie siècle. — (Supplément 916, Saint-Germain 94.)

2238.

Même ouvrage. La préface commence ainsi : الحمد لله رب العالمين والصلاة والسلام على ارواح المرسلين الخ. Le nom de l'auteur est indiqué ainsi : Zakariya ibn Moḥammad ibn Maḥmoûd al-Qazwînî.

Papier. 245 feuillets. Hauteur, 21 centimètres; largeur, 15 centimètres et demi. Au commencement 19 lignes, puis 31 lignes par page. Ms. de diverses écritures du xviie siècle. — (Supplément 917, Saint-Germain 397.)

2239.

تقويم البلدان « Tableau synoptique des pays », traité de géographie comparée, par Aboû 'l-Fidâ (Al-Malik al-Mowaïyad ʿImâd al-Dîn Ismaʿîl), prince de Ḥamâh. Cet exemplaire est l'un de ceux dont MM. Reinaud et de Slane se sont servis pour leur édition du texte arabe, publiée pour la Société asiatique, en 1840.

Papier. 125 feuillets. Hauteur, 27 centimètres; largeur, 18 centimètres. 23 lignes par page. Ms. du xve siècle. — (Ancien fonds 578.)

2240.

Même ouvrage. Ms. copié sur l'exemplaire de la bibliothèque de l'université de Leyde, en 1655 de J. C.

Papier. 289 feuillets. Hauteur, 32 centimètres; largeur, 21 centimètres. 31 lignes par page. — (Ancien fonds 579.)

2241 et 2242.

Même ouvrage. Ms. copié par G. Schickart, professeur d'hébreu à Tubingue, au xviie siècle, sur le ms. arabe, n° 1265, de la Bibliothèque impériale de Vienne. Outre le texte arabe, on trouve des notes et quelques passages traduits en latin, le tout de la main de Schickart. Le verso de chaque feuillet est resté en blanc.

2 vol. Papier. 240 et 624 feuillets. Hauteur, 20 centimètres; largeur, 17 centimètres. 16 à 20 lignes par page. — (Ancien fonds 587.)

2243.

Extrait du même ouvrage. Copie faite à Paris, sur le ms. 2239, par Pierre Dippy, d'Alep, et datée de l'an 1696 de J. C.

Papier. 106 feuillets. Hauteur, 28 centimètres et demi; largeur, 20 centimètres. 15 lignes par page. — (Supplément 2098.)

2244.

Divers passages du même ouvrage, copiés et traduits en français, par M. Solvet. A ces fragments se trouve joint un exemplaire du « Abulfedæ Africa », publié par Eichhorn.

Papier. 53 feuillets. Hauteur, 29 centimètres; largeur, 22 centimètres. Ms. du xixe siècle. — (Supplément 2502.)

2245.

Liste des chapitres et d'articles divers du *Taqwîm al-Boldân*, d'après le ms. 2239, de la main de Michel Ṣabbâgh.

Papier. 40 pages. Hauteur, 23 centimètres et demi; largeur, 18 centimètres. 16 lignes par page. Ms. du xixe siècle. — (Supplément 2099.)

2246.

تلخيص الآثار في عجائب الاقطار « Sommaire des renseignements concernant les merveilles des divers pays ». Traité de géographie qui commence par une courte introduction et renferme des notices sur les lieux les plus remarquables de chacun des sept climats. Les noms sont disposés dans l'ordre de l'alphabet. L'auteur, ʿAbd al-Raschîd Ṣâliḥ ibn Noûrî al-Bâkawî, né à باكوية ou Bacou, ville située sur les bords de la mer Caspienne, dit, dans l'article consacré à cette ville, que son père était mort en 806 de l'hégire (1403-1404 de J. C.). Dans la préface de notre exemplaire, le nom ethnique de l'auteur est écrit الباكوى. Le titre qui se trouve en tête du volume : تلخيص الاثار وعجايب الملك القهار, n'est pas exact; le copiste a mal lu ou mal compris ces mots : هذا اخر ما ذكرناه من كتاب تلخيص الاثار والملك لله الواحد القهّار, qui terminent le traité. M. de Guignes a donné une notice de cet ouvrage dans le second volume des *Notices et Extraits*.

Au fol. 75, on lit une pièce de vers rimant en ـه, et attribuée à un schaïkh égyptien, nommé Moḥammad al-

IMPRIMERIE NATIONALE.

Bakrî. Au fol. 76 se trouve une notice sur le poète Al-Motanabbî. Ms. daté de l'an 1023 de l'hégire (1614 de J. C.).

Papier. 77 feuillets. Hauteur, 21 centimètres; largeur, 15 centimètres. 19 lignes par page. — (Ancien fonds 585, Colbert 5299.)

2247.

Même ouvrage. Copie exécutée sur le ms. précédent par Michel Ṣabbâgh.

Papier. 124 feuillets. Hauteur, 32 centimètres et demi; largeur, 20 centimètres et demi. 12 lignes par page. Ms. du XIXe siècle. — (Supplément 887.)

2248.

Traité de géographie, sans préface ni nom d'auteur, renfermant des notices sur la ville de Médine, sur le Nedjd, sur le Yémen, sur Zabîd, sur Ṣan'â, sur Aden, etc.; puis un article sur l'Inde, un autre sur Qomar, et une notice sur le pays des Francs et sur les îles de la Méditerranée. Les noms de lieux qui devaient être écrits à l'encre rouge sont presque tous restés en blanc. L'ouvrage est rempli d'histoires fabuleuses. Les derniers feuillets manquent. Les deux titres qu'on lit en tête du volume sont apocryphes.

Papier. 38 feuillets. Hauteur, 20 centimètres et demi; largeur, 15 centimètres. 19 lignes par page. Ms. du XVIIe siècle. — (Supplément 914.)

2249.

Traité de géographie et d'astronomie. C'est une traduction de l'ouvrage de Chrysanthus Notaras, *Εἰσαγωγὴ εἰς τὰ γεωγραφικὰ καὶ σφαιρικά*, publié à Paris, en 1716. Notaras, patriarche de Jérusalem, avait étudié les mathématiques à Paris, sous Cassini. La traduction arabe est sans préface, mais en tête de la liste des chapitres qui se trouve au commencement du volume, on lit le nom de l'auteur : «Chrysanthus Notara, archimandrite et successeur au siége apostolique de Jérusalem». Les figures géométriques sont tracées au crayon.

Papier. 118 feuillets. Hauteur, 34 centimètres; largeur, 23 centimètres. 27 lignes par page. Ms. du XVIIIe siècle. — (Supplément 913.)

3. GÉOGRAPHIE SPÉCIALE.

2250.

1° Traité de Ḥasan al-Baṣrî sur l'excellence de la ville de la Mecque.

2° (Fol. 23.) Calendrier romain, copte et persan.

3° (Fol. 84.) Traité des talismans, attribué à Apollonius de Tyane.

Papier. 134 feuillets. Hauteur, 15 centimètres; largeur, 10 centimètres. 10 à 13 lignes par page. Écritures diverses du XVIIe siècle. — (Supplément 1944.)

2251.

الخبر اللبيب عن منزل الحبيب «Le narrateur intelligent, touchant la demeure du bien-aimé». Description de la ville de Médine, composée après l'an 860 de l'hégire (1456 de J. C.). Le commencement et la fin manquent.

Papier. 165 feuillets. Hauteur, 21 centimètres; largeur, 15 centimètres. 16 à 21 lignes par page. Ms. du XVIIe siècle. — (Supplément 2418.)

2252.

1° الجواهر الثمينة فى محاسن المدينة «Les Pierres précieuses, traité des privilèges de la ville de Médine», par le chérif Moḥammad al-Ḥosaïnî, surnommé *Kibrît* (كبريت). Cet ouvrage, écrit en prose rimée entremêlée de vers, renferme la description de Médine et de ses environs. L'auteur l'a terminé en 1048 de l'hégire (1639 de J. C.). Cette copie est datée de l'an 1078 de l'hégire (1667 de J. C.). Une notice biographique de l'auteur, mort en 1070 de l'hégire (1660 de J. C.), se trouve au fol. 1 v° et au fol. 2 r°.

2° (Fol. 99.) خلاصة الوفاء باخبار دار المصطفى, par 'Alî ibn al-Ḥosaïn al-Samhoûdî. (Voyez ci-dessus, nos 1634 et suiv.) La copie est datée de l'an 1079 de l'hégire (1668 de J. C.).

Papier. 307 feuillets. Hauteur, 23 centimètres; largeur, 15 centimètres. 29 lignes par page. — (Supplément 918.)

2253.

1° Description de Damas. Ouvrage anonyme, divisé

en six chapitres, dont le premier traite de la Syrie; le second, de Damas; le troisième, de la grande mosquée de Damas; le quatrième, qui est le plus long, renferme des notices sur les prophètes, les compagnons de Mahomet, les ulémas et les saints qui ont été enterrés sur le territoire de Damas; le cinquième chapitre traite des monuments sacrés de la ville, et le sixième, des grands événements qui auront lieu à Damas lors de la consommation des siècles. La préface commence par ces mots : الحمد لله الاول بلا بداية والاخر بلا نهاية.

2° (Fol. 47 v°.) نزهة الانام في محاسن الشام «Récréation pour les hommes ou beautés de la Syrie», par ʿAbd Allah ibn Moḥammad al-Badrî, auteur qui vivait encore en 821 de l'hégire (1418 de J. C.). C'est un recueil de passages de divers auteurs sur les productions et les beautés de la Syrie, et principalement de Damas, avec une liste des saints personnages qui y sont enterrés. Premiers mots de la préface : الحمد لله الذى جعل الشام في وجه الارض شامة خضراء.

Ms. daté de l'an 1043 de l'hégire (1633-1634 de J. C.).

Papier. 93 feuillets. Hauteur, 21 centimètres; largeur, 15 centimètres. 27 lignes par page. — (Ancien fonds 823.)

2254.

1° باعث النفوس الى زيارة القدس المحروس «Livre qui excite dans l'âme le désir de visiter Jérusalem la bien gardée», par Borhân al-Dîn al-Qazâwî (القزاوى), ou, selon Hadji Khalfa, Al-Fazârî (الفزارى), docteur schaféite. C'est une sorte de guide du pèlerin. M. de Guignes en a donné l'analyse dans les *Notices et Extraits*, tome III, pages 605 et suiv.

2° (Fol. 62.) Prières et litanies.

3° (Fol. 66 v°.) Notes de diverses mains, en langue turque.

4° (Fol. 68 v°.) Traditions et légendes, en turc.

5° (Fol. 79 v°.) Notes en arabe sur des questions se rapportant aux purifications, suivies d'extraits divers en turc.

6° (Fol. 84 v°.) Poème en l'honneur de Mahomet, en turc. Premier vers :

بسمليله ايدهلم فتح كلام فتح اولا تا بو معناى بنام

7° (Fol. 100 v°.) *Arbaʿîn* de Moḥammad ibn abî Bakr. Il n'y a que vingt-cinq traditions.

8° (Fol. 131 v°.) Recettes médicales, en turc.

9° (Fol. 132 v°.) Généalogie des sultans ottomans, en vers turcs. Cette généalogie s'arrête à l'an 1099 de l'hégire (1687 de J. C.).

10° (Fol. 134.) Histoires édifiantes, en langue turque.

11° (Fol. 137.) Notes diverses et vers en langue turque.

12° (Fol. 139.) ارشاد العقل السليم الى مزايا الكتاب الكريم «Direction de la saine intelligence vers les excellences du noble livre». C'est un commentaire sur la préface du commentaire du Coran d'Aboû Saʿoûd ibn Moḥammad al-ʿImâdî, par Moḥammad al-Ḥosaïnî, surnommé Buzurg-Zâdè. En arabe. Exemplaire parafé par l'auteur en 1007 de l'hégire (1598 de J. C.). Le commencement manque.

13° (Fol. 160 v°.) Extraits d'un commentaire sur le traité de grammaire, intitulé *Al-Miftâḥ*.

Papier. 163 feuillets, plus 36 feuillets restés en blanc. Hauteur, 19 centimètres et demi; largeur, 14 centimètres. Ms. de diverses écritures du XVIe et du XVIIe siècle. — (Ancien fonds 837.)

2255.

اتحاف الاخصّاء بفضائل المسجد الاقصى «Cadeau pour les hommes d'élite, traitant des prérogatives de la mosquée la plus éloignée», c'est-à-dire de la ville de Jérusalem, par Moḥammad ibn Aḥmad al-Minhâdjî al-Osyoûṭî, docteur schaféite d'Égypte, mort en 906 de l'hégire (1500-1501 de J. C.). Selon Hadji Khalfa, le nom de l'auteur était Kamâl al-Dîn Moḥammad ibn abî Scharîf. L'auteur avait visité Jérusalem en 874 de l'hégire (1470 de J. C.). L'ouvrage, composé en 875 de l'hégire, renferme dix-sept chapitres : 1° sur les divers noms de cette ville; 2° sur la construction du temple par David et Salomon; 3° sur les vertus de la Pierre (*Al-Ṣakhra*); 4° sur le mérite particulier des prières faites à Jérusalem; 5° sur les vertus de l'eau qui sort de la base de la Pierre; 6° sur le voyage nocturne de Mahomet; 7° sur le mur qui entoure la mosquée; 8° sur les puits et les sources qui se trouvent près de la mosquée; 9° sur la prise de la ville par le calife ʿOmar; 10° énumération des prophètes qui y sont entrés; 11° sur Abraham; 12° sur la tentation d'Abraham; 13° sur la caverne dans laquelle il est enterré; 14° sur Ismaël; 15° histoire de Loth; 16° sur ce qu'on dit du tombeau de Moïse; 17° sur les prérogatives de la Syrie. La préface commence par ces mots : الحمد لله الذى جلت نعماؤه عن الاحصاء. Dans cette préface, l'auteur indique les ouvrages sur le même sujet qu'il a consultés. M. de Guignes a publié une notice de cet ouvrage dans le Recueil das *Notices et Extraits*, t. III, p. 610.

Ms. daté de l'an 973 de l'hégire (1566 de J. C.).

Papier. 154 feuillets. Hauteur, 21 centimètres; largeur, 15 centimètres. 21 à 23 lignes par page. — (Ancien fonds 836.)

2256.

Même ouvrage.
Ms. daté de l'an 981 de l'hégire (1574 de J. C.).

Papier. 129 feuillets. Hauteur, 21 centimètres et demi; largeur, 15 centimètres. 25 lignes par page. — (Supplément 919, Saint-Germain 354.)

2257.

Même ouvrage.
Ms. daté de l'an 993 de l'hégire (1585 de J. C.).

Papier. 104 feuillets. Hauteur, 21 centimètres et demi; largeur, 15 centimètres et demi. 23 à 26 lignes par page. — (Ancien fonds 838.)

2258.

زبدة كشف الممالك وبيان الطرق والمسالك «La Crême de l'exposition détaillée des provinces et du tableau des chemins et des routes». Tableau de l'Égypte, par Khalîl ibn Schâhîn al-Ẕâhirî. Cette copie est antérieure à l'an 876 de l'hégire (1472 de J. C.). Le premier feuillet manque.

Papier. 65 feuillets. Hauteur, 27 centimètres et demi; largeur, 18 centimètres. 22 lignes par page. — (Supplément 921.)

2259.

القول المفيد في النيل السعيد «Discours instructif au sujet du Nil bienfaisant», par Djalâl al-Dîn al-Maḥallî. C'est un petit recueil de versets du Coran, de traditions de Mahomet, de passages d'Al-Mas'oûdî et de quelques autres écrivains, le tout se rapportant au Nil. Commencement : الحمد لله حمدا يوافي نعمه ويدافع نقمه.

Papier. 39 feuillets. Hauteur, 15 centimètres; largeur, 10 centimètres. 17 lignes par page. Ms. du XVIe siècle. — (Supplément 933.)

2260.

Même ouvrage. Un titre, ajouté après coup, donne le nom de l'auteur ainsi : Schihâb al-Dîn Aḥmad ibn 'Imâd al-Aqfahsî. La fin manque.

Papier. 65 pages. Hauteur, 21 centimètres; largeur, 14 centimètres. 13 lignes par page. Ms. du XVIIe siècle. — (Ancien fonds 813, Colbert 4985.)

2261.

نيل الرائد من النيل الزائد «Réussite (préparée) pour celui qui cherche des renseignements sur les crues du Nil». C'est la liste des hauteurs que les eaux du Nil ont atteintes, depuis les premières années de l'hégire jusqu'à l'an 874 (1470 de J. C.), précédée d'une notice sur les nilomètres des différentes époques, et d'une liste des années où le fleuve n'avait pas atteint la hauteur requise pour la prospérité du pays. Cet ouvrage a été composé par un nommé Schihâb al-Dîn Aḥmad al-Ḥidjâzî. Ms. autographe. En tête du volume se trouve une introduction de trois pages, écrite d'une autre main.

Papier. 169 feuillets. Hauteur, 15 centimètres; largeur, 11 centimètres. 16 lignes par page, rouges et noires alternativement. — (Ancien fonds 879.)

2262.

Terrier d'Égypte, copié, probablement en 827 de l'hégire (1423-1424 de J. C.), sur un rôle dressé en 777 de l'hégire (1375-1376 de J. C.). Le revenu de chaque village est indiqué sur le pied de l'évaluation faite en 777, avec les changements survenus postérieurement à cette date et avec les noms des propriétaires ou apanagistes qui en jouissaient en la même année 777, et les noms des personnages qui les tenaient, soit à titre de *waqf* ou fondation pieuse, soit comme apanagistes ou comme acquéreurs à l'époque de la confection du présent registre. On trouve aussi à chaque article le nombre de فدّان ou arpents qui étaient distraits du territoire de chaque village, comme formant le fonds des رزقات ou pensions. (Voyez S. de Sacy, *Abdallatif*, pages 585-586.) Le titre qui se trouve en tête du volume est apocryphe. Dans la préface, l'ouvrage est désigné ainsi : كتاب ذكر ما باقاليم مصر من البلدان وعبرة كل بلدة وكم مساحتها فدّان «Indication de tous les villages que renferme l'Égypte et du nombre des *feddân* dont le territoire de chaque village se compose.

Papier. 120 feuillets. Hauteur, 27 centimètres et demi; largeur, 18 centimètres. 21 lignes par page. — (Ancien fonds 693.)

2263.

1° Copie des tables statistiques contenues dans le ms. précédent, de la main du docteur Piques, accompagné de notes et de la transcription des noms.

2° Liste alphabétique de tous les villages d'Égypte, d'après les tableaux des différentes provinces. Dans cette liste, les noms sont écrits en caractères européens. (Voyez l'*Abdallatif* de S. de Sacy, page 587).

Papier. 50 feuillets et 204 pages. Hauteur, 28 centimètres; largeur, 18 centimètres. — (Supplément 2079.)

2264.

Nomenclature des villages ou arrondissements agricoles de chaque province de l'Égypte. Au-dessus de chaque nom se trouve le mot ناحية «arrondissement». Ce cahier (دفتر) a probablement appartenu au bureau de l'administration territoriale.

Papier. 11 feuillets. Hauteur, 32 centimètres; largeur, 21 centimètres. Ms. du XVIII° siècle. — (Supplément 932.)

2265.

التحفة الفاخرة في ذكر رسوم خطوط القاهرة «Le Cadeau magnifique, indiquant les vestiges des rues du Caire». Description topographique du Caire, par Âq-Boghâ al-Khâṣekî الخاسكى [*sic*] (familier du souverain), secrétaire du sultan Al-Malik al-Aschraf Qânṣoû 'l-Ghaurî. Qânṣoû 'l-Ghaurî monta sur le trône en 906 de l'hégire (1500 de J. C.), et mourut en combattant les Turcs ottomans, en 922 de l'hégire (1516 de J. C.). Cet ouvrage, composé plus de cinquante ans après la mort d'Al-Maqrîzî, contient la description et l'histoire des rues (حارات), des quartiers (خطط), des passages et des ruelles (الدروب والازقّة), des poternes (خوخ), des places (رحاب), des bazars (اسواق) et des petits marchés (سويقات). Dans la seconde partie, qui forme à peu près la moitié du volume, l'auteur traite des environs (ظواهر) du Caire, des *maïdân*, des enclos (حكار), des lieux appelés المقس et ميدان القمح et du ارض الطبّالة; ensuite il traite du حشيشة الفقرا, du ارض البغل والتاج, de *Boulâq* et de plusieurs autres localités; puis des canaux et des ponts, et termine par le pont de Gizé. L'auteur paraît avoir mis à contribution le *Khiṭaṭ* ou description topographique du Caire d'Al-Maqrîzî. Ms. autographe.

Papier. 145 feuillets. Hauteur, 24 centimètres; largeur, 15 centimètres et demi. 25 lignes par page. — (Supplément 920.)

2266.

كوكب الروضة «L'Étoile de Raudha», par Djalâl al-Dîn ʿAbd al-Raḥmân al-Soyoûṭî. Traditions et autres extraits, en prose et en vers, se rapportant plus ou moins directement à l'île de Raudha, située en face du Caire, et qui traitent des productions de ce lieu de délices, du nilomètre, du cours du Nil, dont on trouve une carte. Il y a aussi quelques *maqâmât* et autres morceaux littéraires de la composition de Soyoûṭî. L'ouvrage, qui a été achevé en 895 de l'hégire (1489-1490 de J. C.), commence par ces mots : سبحان الله فاتق الانهار وفالق الازهار.

Papier. 244 feuillets. Hauteur, 26 centimètres; largeur, 16 centimètres. 23 lignes par page. Ms. du XV° siècle. — (Ancien fonds 651.)

2267.

Même ouvrage, précédé d'une liste des chapitres.

Papier. 228 feuillets. Hauteur, 24 centimètres; largeur, 13 centimètres et demi. 25 lignes par page. Ms. du XVI° siècle. — (Supplément 938.)

2268.

Même ouvrage.

Papier. 134 feuillets. Hauteur, 28 centimètres et demi; largeur, 19 centimètres et demi. 31 à 35 lignes par page. Ms. du XVI° siècle. — (Supplément 937.)

2269.

Même ouvrage.
Ms. daté de l'an 989 de l'hégire (1581 de J. C.).

Papier. 372 feuillets. Hauteur, 21 centimètres; largeur, 16 centimètres. 17 lignes par page. — (Supplément 939, Saint-Germain 370.)

2270.

Même ouvrage. Ms. daté de l'an 1016 de l'hégire (1607

de J. C.). Il y a une lacune entre les folios actuellement cotés 101 et 102.

Papier. 277 feuillets. Hauteur, 21 centimètres; largeur, 15 centimètres. 21 lignes par page. — (Supplément 935, Saint-Germain 416.)

2271.

Même ouvrage.

Papier. 223 feuillets. Hauteur, 23 centimètres; largeur, 17 centimètres. 25 lignes par page. Ms. du XIXe siècle. — (Supplément 2434.)

2272.

Le premier volume du même ouvrage.

Papier. 162 feuillets. Hauteur, 21 centimètres et demi; largeur, 14 centimètres et demi. 19 à 21 lignes par page. Ms. du XVIIe siècle. — (Supplément 936.)

2273.

Dialogue sur le nilomètre de l'île de Raudha, composé par Legrand, drogman de l'ambassade française à Constantinople.

Papier. 5 pages. Hauteur, 23 centimètres; largeur, 17 centimètres. 17 lignes par page. — (Supplément 2096.)

2274.

انوار علوّ الاحرام فى الكشف اسرار الاهرام «Lumière de l'exaltation des lieux sacrés (?), éclaircissements sur les mystères des pyramides», par le chérif Djamâl al-Dîn Aboû Dja'far Moḥammad ibn 'Abd al-'Azîz al-Idrîsî qui, d'après Hadji Khalfa, aurait composé cet ouvrage en 623 de l'hégire (1226 de J. C.), pour Al-Malik al-Kâmil Moḥammad ibn Khalîl. Mais le père de ce prince s'appelait, non pas Khalîl, mais Moḥammad. Selon Hadji Khalfa encore, la préface commencerait par ces mots : الحمد لله الذى جعل ما ابقاه; mais notre exemplaire commence ainsi : الحمد لله رب العالمين... اما بعد فهذا كتاب فى الاهرام والصنم المسمى بابى الهول كان مكتوبا على درج قديم قد اخلق كالعظم الرميم..... وزاد عليه البلى حتى كان لا يقرى... فاجتهدت فى تصحيحه وتنقيحه «Ce livre sur les pyramides et sur l'idole nommé le *Père de l'épouvante* (le Sphinx), se trouva écrit sur un vieux rouleau, semblable à un os qui tombe en poussière, et tellement détérioré par la vétusté qu'à peine pouvait-on le lire. J'ai fait mes efforts pour le rétablir, etc.» L'auteur nous apprend (fol. 20 v°) qu'à l'époque où il écrivait, la citadelle du Caire, appelée le *Château de la montagne*, était la résidence du sultan Aboû Bakr Khalîl, fils d'Al-Malik al-Afdhal Nadjm al-Dîn Amîr al-Moûminîn. Mais il n'y a jamais eu de sultan de ce nom, et aucun sultan ne porta le titre d'*Amîr al-Moûminîn* avant la conquête de l'Égypte par les Ottomans. En conséquence, cet ouvrage a dû être rédigé à une époque où les titres de *sultan* et d'*Amîr al-Moûminîn* étaient regardés comme inséparables. Une note, en tête du volume, de la même main que le texte, nous apprend qu'un savant grammairien, appelé 'Abd al-Qâdir ibn 'Omar al Baghdâdî, a tiré le contenu de ce volume d'un vieux rouleau (استخرجه من درج قديم), et qu'il est mort au Caire, en 1092 de l'hégire (1681 de J. C.). Ce renseignement paraît également apocryphe. Les quatre exemplaires de l'ouvrage, conservés à la Bibliothèque nationale, sont tous écrits de la même main et datés de 1232 ou 1233 de l'hégire (1816-1818 de J. C.). Par conséquent, c'est à cette date que l'ouvrage a dû être mis en vente pour la première fois. Il renferme sept chapitres : 1° ce que les anciens ont dit des pyramides; 2° ce que les savants ont raconté des merveilles du monde; 3° désignation du lieu où se trouvent les pyramides; 4° sur l'origine du nom des pyramides et l'époque de leur construction; 5° sur le but de leur construction; 6° sur ce que les savants égyptiens ont dit dans leurs livres, au sujet des merveilles des pyramides; 7° passages en prose et en vers se rapportant aux pyramides.

Ms. daté de l'an 1232 de l'hégire (1817 de J. C.).

Papier. 106 feuillets. Hauteur, 22 centimètres et demi; largeur, 16 centimètres. 17 lignes par page. — (Supplément 941 *bis*.)

2275.

Même ouvrage.

Ms. daté de l'an 1232 de l'hégire (1817 de J. C.).

Papier. 115 feuillets. Hauteur, 24 centimètres; largeur, 15 centimètres. 19 lignes par page. — (Supplément 940.)

2276.

Même ouvrage.

Ms. daté de l'an 1233 de l'hégire (1817 de J. C.).

Papier. 99 feuillets. Hauteur, 22 centimètres et demi; largeur, 14 centimètres. 17 lignes par page. — (Supplément 941.)

2277.

Même ouvrage.

Ms. daté de l'an 1233 de l'hégire (1817-1818 de J. C.).

Papier. 103 feuillets. Hauteur, 23 centimètres; largeur, 16 centimètres. 15 lignes par page. — (Supplément 942.)

2278.

Portulan de la mer Méditerranée, par ʿAlî ibn Aḥmad ibn Moḥammad al-Scharqî, de Sfax (الصفاقسى), en Tunisie. Cet atlas, dressé sur huit feuillets de carton et daté de l'an 958 de l'hégire (1551 de J. C.), commence par un calendrier solaire. Viennent ensuite : 1° un plan du temple de la Mecque, avec l'orientation des divers pays musulmans; 2° un planisphère général; 3° carte des côtes de l'Espagne et du pays situé au sud du détroit; 4° carte des côtes de la mer Noire; 5° carte des côtes méridionales de l'Asie-Mineure, de celles de la Syrie et de l'Égypte jusqu'à la Cyrénaïque; 6° carte de la Grèce, de l'archipel, de l'île de Crète et de la côte africaine, située vis-à-vis; 7° carte de la Cyrénaïque, de la Tripolitaine, de la Tunisie et de la Sicile; 8° tableau circulaire, représentant la longueur du jour pour chaque mois de l'année solaire dans le quatrième climat; 9° calendrier agricole pour chaque mois de l'année solaire. Cet atlas est un beau monument de la cartographie chez les Arabes au XVIe siècle. La nomenclature est très-riche.

Hauteur, 25 centimètres; largeur, 20 centimètres. — (Ancien fonds 847.)

2279.

Carte du *Schoṭṭ al-ʿArab* (شط العرب), c'est-à-dire de la partie inférieure du cours de l'Euphrate et du Tigre. La nomenclature de cette carte est très-riche, mais difficile à lire. Le dessinateur a mal orienté son travail : il fait couler les deux fleuves de l'ouest à l'est. Ce document paraît être du commencement du XIXe siècle.

Hauteur, 1 mètre 91 centimètres; largeur, 52 centimètres. — (Supplément 902.)

2280.

Quatre-vingt chapitres sur l'Inde et sur les sciences des Indiens, les doctrines philosophiques, les théories cosmographiques, etc., par Aboû 'l-Raïḥân Moḥammad ibn Aḥmad al-Bîroûnî. On connaît les renseignements précieux que ce traité, appelé ordinairement *Ta'rîkh al-Hind*, a fournis à M. Reinaud pour son *Mémoire sur l'Inde*. (Voyez *Mémoires de l'Académie des inscriptions et belles-lettres*, t. XVIII, 2e partie. — Voyez aussi l'introduction à la traduction de la *Géographie d'Abou 'l-Féda*, p. xcv et suiv., et le *Journal asiatique*, année 1844.) La préface commence par ces mots : انما صدق قول القايل ليس الخبر كالعيان.

Papier. 165 feuillets. Hauteur, 24 centimètres et demi; largeur, 15 centimètres et demi. 31 lignes par page. Ms. du XVIIIe siècle. — (Supplément 934.)

4. VOYAGES.

2281.

1° كتاب اخبار الصين والهند « Renseignements sur la Chine et sur l'Inde ». Tel paraît être le vrai titre (voir fol. 24) de l'ouvrage dont la traduction a été publiée par Renaudot sous le titre de *Anciennes relations des Indes et de la Chine, de deux voyageurs mahométans qui y allèrent dans le IXe siècle de notre ère*. Le texte, imprimé par les soins de M. Langlès, a été publié en 1845, avec une nouvelle traduction, par M. Reinaud. Comme les premiers feuillets du ms. manquent, un des anciens possesseurs, homme peu instruit, les a remplacés par une introduction apocryphe avec le titre imaginaire de سلسلة التوارخ « Chaîne (ou série) de dates ». M. Reinaud, bien qu'il eût reconnu la fraude, a adopté ce titre, en le traduisant par « Chaîne des chroniques ». Le même savant suppose que la première partie de l'ouvrage renferme le récit d'un nommé Solaïmân, qui avait fait plusieurs voyages dans l'Inde et en Chine, et que la seconde partie n'était qu'un supplément rédigé par un nommé Aboû Zaïd al-Ḥasan, de Sîraf, qui n'avait jamais visité ces pays. La copie est du XIIe siècle.

2° (Fol. 57.) Tableau des dimensions, en chiffres *dîwânî*, de quelques places fortes de la Syrie. Écriture du XIIe siècle.

3° (Fol. 58.) Notice rédigée en 544 de l'hégire (1169 de J. C.), peu de temps après la mort du sultan Noûr al-Dîn, fils de Zenguî, sur les dimensions de plusieurs forteresses des États de ce prince, avec la mention des distances d'une forteresse à une autre. Ainsi que dans la pièce précédente, les nombres sont exprimés en caractères *dîwânî*. Cette notice a été imprimée, mais pas toujours correctement, à la suite de l'édition du سلسلة التوارخ de M. Langlès. Écriture du XIIe siècle.

4° (Fol. 63.) Traduction du traité *De Cœlo*, d'Aristote, accompagné de gloses marginales. Le commencement et la fin manquent, ainsi que plusieurs feuillets au milieu. Quelques feuillets sont transposés. Écriture du XIe siècle.

5° (Fol. 125.) Commencement d'un traité, rédigé sous forme de Questions et réponses, sur la construction et l'usage des membres du corps humain. Cette partie traite de la main et du bras. Les Réponses paraissent être fondées sur les enseignements de Gallien, dans son traité *De usu partium;* mais, de même que les Questions, elles sont très-concises. Le premier feuillet manque, et le second feuillet, contenant la suite de la préface, ne fournit aucune indication qui puisse faire reconnaître le titre du livre et le nom de l'auteur. Au reste, ce questionnaire diffère complétement de celui de Ḥonaïn ibn Isḥâq. L'écriture, qui paraît être du XIe siècle, est dépourvue des points diacritiques, et ressemble au premier *neskhi*, celui qui a remplacé dans les livres l'écriture coufique. Le dernier feuillet a été ajouté après coup et n'appartient pas à l'ouvrage.

Papier. 148 feuillets. Hauteur, 18 et 19 centimètres; largeur, 8 centimètres et demi et 9 centimètres. Écritures diverses du XIe et du XIIe siècle. — (Ancien fonds 597, Colbert 6004.)

2282.

Relations de voyages dans l'Inde et la Chine. Copie de l'article 1° du ms. précédent, de la main de Renaudot.

Papier. 21 feuillets. Hauteur, 25 centimètres; largeur, 18 centimètres. 24 à 26 lignes par page. Ms. du XVIIe siècle. — (Supplément 2095.)

2283.

رحلة العبدرى «Voyage d'Al-ʿAbdarî». C'est la relation d'un voyage fait en 688 de l'hégire (1289 de J. C.), de l'Océan Atlantique à la Mecque, par Moḥammad ibn Moḥammad al-ʿAbdarî. M. Cherbonneau en a publié une analyse dans le *Journal asiatique* (année 1854).

Ms. daté de l'an 745 de l'hégire (1345 de J. C.). Les deux premiers feuillets sont modernes.

Papier. 151 feuillets. Hauteur, 23 centimètres; largeur, 17 centimètres. 23 lignes par page. — (Supplément 911 *ter.*)

2284.

Relation des voyages d'Aboû Dolaf, d'après le *Moʿdjam al-Boldân* de Yâqoût, par l'abbé Renaudot. A la fin se trouve une notice de Yâqoût sur la Chine.

Papier. 18 feuillets. Hauteur, 21 centimètres et demi; largeur, 16 centimètres. 12 à 16 lignes par page. Ms. du XVIIe siècle. — (Supplément 2094.)

2285.

Voyage du schaïkh Aboû Moḥammad ʿAbd Allah al-Tidjânî dans la régence de Tunis, pendant les années 706, 707 et 708 de l'hégire (1306 à 1309 de J. C.). M. Alphonse Rousseau a publié une traduction de cette relation, dans le *Journal asiatique*, année 1852. La préface commence par ces mots : اما بعد حمد الله الذى سوغ عوارف فضله.

Papier. 163 feuillets. Hauteur, 21 centimètres; largeur, 15 centimètres et demi. 19 lignes par page. — (Supplément 911 *bis.*)

2286.

تاج المفرق فى تحلية علماء المشرق «Couronne pour la tête, contenant les signalements des docteurs du Levant», par le cadi Aboû 'l-Baqâ Khâlid ibn ʿÎsa al-Balawî, auteur du XIVe siècle, né à Cantoria, sur l'Almanzora, province de Grenade (قنتورية من حصون المنصورة). C'est la relation d'un voyage, exécuté dans les années 736 et suivantes de l'hégire, à travers l'Afrique, depuis l'Espagne jusqu'à la Mecque et à Médine, et de Médine en Espagne. L'auteur raconte, dans un style très-recherché et très-prétentieux, ses entretiens avec les savants qu'il avait rencontrés dans ces divers pays, et donne de longues notices, biographiques et littéraires, de ces personnages. Il a fait lui-même plusieurs copies de cet ouvrage, et a terminé la dernière en 771 de l'hégire (1369 de J. C.), à Purchena (برشانة). En tête du volume se trouvent quatre feuillets, dont le premier porte quelques gloses et la copie d'une lettre adressée par le calife ʿOmar à Saʿd ibn abî Waqqâṣ. Les feuillets suivants contiennent : une lettre d'ʿAbd al-Raḥmân ibn Ghânim à ʿOmar; une lettre d'Al-ʿAbbâs à son fils, ʿAbd Allah; une lettre du calife abbaside Al-Qâïm bi-Amr Illâh, renfermant de vives plaintes contre Al-Besâsirî; enfin une lettre, dans laquelle ʿAbd al-Raḥmân al-Nâṣir, calife omayyade d'Espagne, ordonne au prédicateur de la grande mosquée de Cordoue de le désigner par le titre d'*Amîr al-Moûminîn*. On lit ensuite une notice sur l'auteur de ce voyage, tirée de l'*Iḥâṭa* d'Ibn al-Khaṭîb, suivi d'éloges, en prose et en vers, de l'admirable style de

cette narration. Toutes ces pièces sont de la même main que l'ouvrage principal.

Ms. exécuté en l'an 1245 de l'hégire (1830 de J. C.).

Papier. 113 feuillets. Hauteur, 21 centimètres; largeur, 15 centimètres. 24 à 26 lignes par page. — (Supplément 912 *bis*.)

2287.

Les Voyages d'Ibn Batoutâh (رحلة بن بطوطة). On lit, en tête du volume, un titre apocryphe, ajouté après coup : تحفة النظّار فى غرايب الامصار وعجايب الاسفار. Le copiste lui-même a désigné l'ouvrage (fol. 111 v°) par un titre mal rédigé, savoir : نزهة النواظر وبهجة المسامع والنواظر.

Papier. 206 feuillets. Hauteur, 28 centimètres; largeur, 19 centimètres et demi. 28 lignes par page. Ms. du XVII° siècle. — (Supplément 909.)

2288.

Même ouvrage. Le premier feuillet et les deux derniers manquent.

Papier. 160 feuillets. Hauteur, 30 centimètres; largeur, 20 centimètres et demi. 27 lignes par page. Ms. du XVII° siècle. — (Supplément 911.)

2289.

Même ouvrage.

Ms. daté de l'an 1180 de l'hégire (1766 de J. C.).

Papier. 153 feuillets. Hauteur, 30 centimètres; largeur, 20 centimètres et demi. 31 lignes par page. — (Supplément 910.)

2290.

Première partie du même ouvrage.

Ms. daté de l'an 1134 de l'hégire (1721 de J. C.).

Papier. 200 feuillets. Hauteur, 31 centimètres; largeur, 21 centimètres. 20 lignes par page. — (Supplément 908.)

2291.

Seconde partie du même ouvrage. Ce volume a été écrit par Ibn Djozayy, sous la dictée de l'auteur; il est daté de l'an 757 de l'hégire (1356 de J. C.). Quelques feuillets sont plus modernes.

Papier. 110 feuillets. Hauteur, 27 centimètres et demi; largeur, 20 centimètres et demi. 23 lignes par page. — (Supplément 907.)

2292.

كتاب الفوائد فى اصول علم البحر والقواعد «Renseignements utiles sur les bases et les principes de la science nautique». Traité de navigation, composé en 895 de l'hégire (1490 de J. C.), par un marin nommé Schihâb al-Dîn Aḥmad ibn Mâdjid (ماجد) ibn Moḥammad... ibn Maʿlaq (معلق) al-Saʿdî, fils d'Aboû 'l-Rakâïb al-Nadjdî, et divisé en douze sections, dont la première traite de l'origine de la navigation et du progrès de cet art depuis les temps de Noé. Les sections suivantes traitent des mansions de la lune, des constellations du zodiaque, des principales étoiles, de la navigation du Golfe persique et de l'Océan indien, des côtes de la péninsule arabique, de la péninsule de Qomar, de l'île de Sumatra (شمطرة), située sous l'équateur, de Ceylan (سيلان), de Zanzibar, etc.; des vents, des typhons, des moussons (مواسم). L'auteur parle de l'usage de la boussole, qu'il appelle بيت الابرة «maison de l'aiguille». Le style de l'ouvrage est très-prolixe et chargé de termes techniques, dont le sens n'était connu qu'aux navigateurs de la mer indienne.

2° (Fol. 88 v°.) حاوية الاختصار فى اصول علم البحار «Traité abrégé des principes de la science des mers». *Ardjoûza* sur le même sujet et par le même auteur, Ibn Mâdjid.

3° (Fol. 123 v°.) *Ardjoûza*, appelée المعربة, et traitant du golfe de Berbera (الخليج البربرى), par le même.

4° (Fol. 128.) *Ardjoûza* sur la manière de trouver la direction de la Mecque, quel que soit le pays où l'on se trouve. Ouvrage du même auteur.

5° (Fol. 137.) *Ardjoûza* renfermant la description de la côte arabique du Golfe persique, par le même.

6° (Fol. 139 v°) Quelques autres poèmes d'Ibn Mâdjid sur des matières analogues aux précédentes, et une *ardjoûza* (folio 163) sur les mansions de la lune, attribuée au calife ʿAlî, fils d'Aboû Ṭâlib.

Ms. daté (fol. 88 r°.) de l'an 984 de l'hégire (1576 de J. C.).

Papier. 183 feuillets. Hauteur, 27 centimètres et demi; largeur, 18 centimètres. 19 lignes par page. — (Supplément 891 *bis*.)

IMPRIMERIE NATIONALE.

2293.

Relation d'un voyage en Syrie, en Égypte et à Constantinople, par le cadi hanéfite Moḥibb al-Dîn ibn Taqî al-Dîn ibn Dâwoud. Parti de Damas, en 978 de l'hégire (1571 de J. C.), Moḥibb al-Dîn accompagna le grand cadi à Jérusalem, afin d'enlever aux chrétiens une ancienne mosquée, enclavée dans une église; il passa ensuite en Égypte, où il devint cadi de Foûwa; plus tard, il fut nommé cadi de Qadmoûs, en Syrie. Rentré à Damas, en 981 de l'hégire (1573 de J. C.), il partit l'année suivante pour Constantinople, où il assista à l'avènement du sultan Amurath. Il devint ensuite cadi de Ma'arrat al-No'mân, en Syrie. Dans ce récit, écrit avec une certaine élégance, l'auteur raconte ses entrevues avec les docteurs et les littérateurs des diverses villes qu'il avait traversées, et il rapporte diverses correspondances et autres pièces littéraires.

Ms. daté de l'an 1017 de l'hégire (1609 de J. C.).

Papier. 42 feuillets. Hauteur, 16 centimètres; largeur, 10 centimètres et demi. 29 à 34 lignes par page. — (Ancien fonds 602.)

2294.

رحلة الشتاء والصيف «Voyage d'hiver et d'été», par Moḥammad al-Ḥosaïnî, fils du chérif 'Abd Allah, surnommé كريت, ou, selon un autre ouvrage du même auteur, كبريت. Dans cette relation, composée en prose rimée entremêlée de vers, l'auteur, qui était né à Médine et qui écrivait sous le règne du sultan ottoman Mourâd Khân (Amurath IV), vers l'an 1040 de l'hégire (1630 de J. C.), raconte tout ce qu'il avait vu ou appris d'intéressant dans un long voyage. Il avait d'abord fait le pèlerinage de la Mecque; puis il était parti de nouveau et avait visité l'Égypte, Constantinople, l'Asie-Mineure et la Syrie. L'ouvrage est rédigé dans un style très-recherché.

Ms. daté de l'an 1241 de l'hégire (1826 de J. C.).

Papier. 124 feuillets. Hauteur, 21 centimètres; largeur, 15 centimètres. 23 lignes par page. — (Supplément 912.)

2295.

Cahier renfermant un extrait d'un voyage en italien; un firman turc, en caractères européens, avec une traduction hollandaise interlinéaire; d'autres pièces du même genre, avec traduction interlinéaire en français; un extrait de la bible anglaise, imprimée à Cambridge, en 1677; des notes et comptes commerciaux; le texte arabe de quelques passages des psaumes, avec une traduction latine. Le tout écrit par un Européen.

Papier. 78 feuillets. Hauteur, 21 centimètres et demi; largeur, 16 centimètres et demi. Ms. du XVIIe siècle. — (Supplément 2082.)

2296.

Relation de la mission de Moḥammad Efendi à la cour de France, en 1720 de J. C. L'ambassadeur parle à la première personne, mais son récit est beaucoup moins développé que celui qu'il a composé en langue turque.

Papier. 23 feuillets. Hauteur, 21 centimètres; largeur, 15 centimètres. 22 lignes par page. Ms. du XVIIIe siècle. — (Supplément 944.)

2297.

نتيجة الاجتهاد فى المهادنة والجهاد لمؤلّفها اديب الدولة الهاشمية وكاتب اوامرها المطاعة المحمية الفقيه السيد احمد بن المهدى الغزّال الفاسى الدار الاندلسى النسبة الحميرى النجار حُشر فى زمرة الاخيار «Le Fruit des efforts dans la négociation d'un traité de paix et dans la guerre sainte, par le littérateur de la dynastie hâschimide (du Maroc) et le secrétaire de ses commandements obéis et respectés, le jurisconsulte Sîdî Aḥmad ibn al-Mahdî al-Ghazzâl al-Fâsî (domicilié à Fez), originaire d'Espagne et himyarite de race. Puisse-t-il se trouver dans la compagnie des justes au jour de la résurrection». C'est la relation d'une mission diplomatique près de la cour d'Espagne, en 1179 de l'hégire (1765-1766), dont fut chargé le susdit Sîdî Aḥmad par Aboû 'Abd Allah Moḥammad ibn 'Abd Allah, empereur du Maroc. Dans ce récit, l'auteur fait la description des villes qu'il avait traversées, lors de son voyage, depuis Ceuta jusqu'à Madrid et à l'Escurial.

Papier. 90 feuillets. Hauteur, 20 centimètres; largeur, 14 centimètres. 23 lignes par page. Ms. du XVIIIe siècle — (Supplément 943.)

2298.

Mémoire de Fatḥ Allah ibn al-Ṣâïgh, d'Alep, chrétien du rite latin, sur ses voyages dans les déserts de la Syrie et chez les Bédouins, pendant les années 1810, 1811, 1812 et 1813. Fatḥ Allah avait accompagné, en qualité d'interprète, un Piémontais nommé Théodore Lascaris,

qui était chargé, dit-on, par Napoléon Ier, d'explorer les pays entre la Syrie et les frontières de la Perse, et de lier des relations politiques avec les tribus nomades de cette région. C'est le récit dont M. de Lamartine a publié une traduction dans son *Voyage en Orient*. En tête du volume se trouve un tableau renfermant les noms des tribus et le nombre de tentes ou familles dont chacune d'elles se compose.

Papier. 129 feuillets. Hauteur, 21 centimètres et demi; largeur, 15 centimètres. 22 à 25 lignes par page. Ms. du XIXe siècle. — (Supplément 945.)

2299.

Extrait du mémoire d'Ibn al-Ṣâïgh (voyez le numéro précédent), traduit en arabe, par Fulgence Fresnel (فلجنس فرسنل), d'après la traduction française de M. de Lamartine, et accompagné d'observations critiques par le schaïkh Aḥmad ibn Raschîd al-Ḥanbalî. Ce docteur relève les nombreuses erreurs et les mensonges d'Ibn al-Ṣâïgh.

Exemplaire de la main du schaïkh Moḥammad ʿIyâd al-Ṭanṭâwî.

Papier. 9 feuillets. Hauteur, 22 centimètres et demi; largeur, 15 centimètres et demi. 21 lignes par page. — (Supplément 946.)

IX.

ENCYCLOPÉDIES.

2300.

كتاب العلل «Livre des causes». Première partie d'un grand ouvrage, dans lequel le sage Balînôs (بلينوس) a exposé tous les mystères de la création, et dont la seconde partie portait le titre de كتاب خلق المخلوقة. Commencement : اقول على كتابى هذا واصف الحكمة التى ابدت بها لتسمعوا حكمتى الخ. Le paragraphe suivant commence ainsi : انا بلينوس الحكيم صاحب الطلسمات والعجائب انا الذى اوتيت الحكمة من مدبّر العالم بخصوصية انتقلت مع طبيعة[1] سلمت من الاعراض فقويت الخ.

A la fin de l'ouvrage, le traducteur s'exprime ainsi : قد فرغنا من تفسير كتاب العلل الذى سمّاه بلينوس الجامع للاشياء وانا ساجيوس (sic) القس الذى منزله بنابلس انا الذى ترجمت كتاب بلينوس الحكيم صاحب الطلسمات والعجايب وكشفت ما كان مستورا فى كتابه من اسرار علم الاشياء الخ

On voit, par ces extraits, que nous avons ici l'ouvrage connu sous le titre de سرّ الخليقة, attribué à Apollonius de Tyane, dont M. de Sacy a publié une notice étendue. (Voyez *Notices et Extraits*, t. IV, p. 107 et suiv.)

Papier. 149 feuillets. Hauteur, 33 centimètres et demi; largeur, 25 centimètres et demi. 19 lignes par page. Ms. du XIIe siècle. — (Supplément 1097.)

2301.

سرّ الخليقة وصنعة الطبيعة... «Le Secret de la créature et l'art de la nature», par «le sage Balanyâs (Apollonius de Tyane), maître en fait de talismans, de merveilles et de choses extraordinaires». Commencement : بسم واجب الجود نبتدى، والى سابق علمه ننتهى،. Au fol. 19 v° se trouve un autre ouvrage du même genre, qui commence par ces mots : هذا كتاب ما بدا به القس من كلام بلنيوس (sic) وهو كتاب العلل الذى كان بين يدى هرمس فى السرب المظلم الموضوع عليه الطلسمات المستخرج بالحكمة ترجم هذا الكتاب لينفع به من يريده من الناس وهذا كلام بلنياس (sic) بعينه قال الخ. On voit que la rédaction de cet exemplaire du *Sirr al-Khalîqa* diffère beaucoup du texte, d'après lequel M. de Sacy a écrit sa notice (voyez le numéro suivant)[2].

Papier. 95 feuillets. Hauteur, 26 centimètres et demi; largeur, 18 centimètres. 21 lignes par page. Ms. de la fin du XIVe siècle. — (Supplément 1096.)

2302.

سرّ الخليقة «Le Secret de la créature». (Voyez *Notices et Extraits*, tome IV, page 107, l'article de M. de Sacy.)

Ms. daté de l'an 958 de l'hégire (1551 de J. C.).

Papier. 117 feuillets. Hauteur, 19 centimètres; largeur, 13 centimètres et demi. 23 lignes par page. — (Ancien fonds 959, Colbert 6187.)

---

[1] Le ms. porte مع طبيعة لطيفة. H. Z.

[2] Il y a des différences entre les diverses copies de l'ouvrage; mais les passages ci-dessus transcrits se trouvent aussi dans le ms. 2302. C'est, en réalité, l'ouvrage lui-même, le كتاب العلل ou سرّ الخليقة, qui commence au fol. 19 v°. Tout ce qui précède n'est qu'une sorte d'introduction. Il en est de même dans les autres exemplaires. H. Z.

2303.

رسائل اخوان الصفا «Traités des frères de la pureté». Ces traités, au nombre de cinquante-et-un, forment une sorte d'encyclopédie, dont le contenu est suffisamment connu par la notice de M. Flügel (voyez *Zeitschrift der Deutschen Morgenländischen Gesellschaft*, 1859, tome XIII, pages 1-43), et dont quelques chapitres ont été publiés par M. Dieterici. C'est à tort qu'on a écrit sur la tranche de ce volume le nom d'Al-Madjrîṭî.

Ms. daté de l'an 1020 de l'hégire (1611 de J. C.).

Papier. 529 feuillets. Hauteur, 27 centimètres et demi; largeur, 16 centimètres. 31 lignes par page. — (Supplément 1845.)

2304.

Même ouvrage.

Exemplaire daté de l'an 1065 de l'hégire (1654 de J. C.). Les figures sont restées en blanc. En tête du volume se trouve une vignette coloriée et dorée; le frontispice, en or et en couleurs, est resté inachevé.

Papier. 488 feuillets. Hauteur, 29 centimètres et demi; largeur, 20 centimètres et demi. 31 lignes par page. — (Ancien fonds 1105, Colbert 2393.)

2305.

Même ouvrage [1].

Ms. daté de l'an 1153 de l'hégire (1740 de J. C.). En tête, se trouve une vignette en or et en couleurs.

Papier. 414 feuillets. Hauteur, 31 centimètres et demi; largeur, 19 centimètres et demi. 31 lignes par page. — (Supplément 1844.)

2306.

رسائل اخوان الصفا. Traité de philosophie hermétique, par Al-Madjrîṭî (Moslima), mort en 398 de l'hégire. Cet ouvrage, dont nous avons ici la première partie, renferme vingt-six épîtres. Commencement : الحمد لله الذى خلق فسوى.

Papier. 66 feuillets. Hauteur, 23 centimètres et demi; largeur, 16 centimètres et demi. 23 lignes par page. Ms. du xvᵉ ou du xviᵉ siècle. — (Supplément 1846.)

2307.

1° Extrait de l'*Ikhwân al-Ṣafâ* d'Al-Madjrîṭî.

2° (Fol. 14 v°.) Extrait du حل الرموز ومفاتيح الكنوز d'ʿAbd al-Salâm al-Maqdasî.

3° (Fol. 19.) Le *Maqṣoûd*, traité de grammaire.

4° (Fol. 31 v°.) L'*Adjarroûmiyya.*

5° (Fol. 99.) Traité de la foi et du repentir (معرفة شروط الايمان والتوبة في).

6° (Fol. 106.) البديعيّة. Traité des figures de rhétorique, par le schaïkh Ṣafî al-Dîn ʿAbd al-ʿAzîz ibn Sarâyâ.

7° (Fol. 168.) Un *Isagoge* qui commence par ces mots : باب دلالة اللفظ وتقسيم اللفظ الدال يدل على ما وضع له بالمطابقة. Ce petit traité est accompagné d'une traduction latine, placée en regard.

8° (Fol. 180.) l'*Isagoge* d'Athîr al-Dîn al-Abharî.

9° (Fol. 184 v°.) Commentaire du schaïkh Ḥosâm al-Dîn Kânî (ms. كاتى) [2] sur l'*Isagoge* d'Al-Abharî.

Papier. 205 feuillets. Hauteur, 19 centimètres; largeur, 12 centimètres et demi. 15 à 20 lignes par page. Ms. du xviiᵉ siècle. — (Supplément 1847.)

2308.

Traité sur la musique, formant le cinquième traité de la grande collection intitulée *Rasâïl Ikhwân al-Ṣafâ.* L'auteur était originaire de Madrid (المجريطى), et se nommait Moḥammad ibn abî Bakr ابن شرون [3].

Papier. 47 feuillets. Hauteur, 21 centimètres; largeur, 15 centimètres. 18 lignes par page. Ms. du xviiᵉ siècle. — (Ancien fonds 1215.)

2309.

1° Extraits du *Rasâïl Ikhwân al-Ṣafâ.* Un de ces extraits est relatif aux charmes et à la magie.

2° (Fol. 123.) Tableau chronologique des Ayyoubides et des sultans mamlouks jusqu'à l'an 740 de l'hégire.

---

[1] Dans le titre, écrit sur la tranche, l'auteur est nommé محمد باقر العاملى. H. Z.

[2] La forme كاتى est cependant généralement admise. H. Z.

[3] Telle est, en effet, l'indication du titre qui se trouve en tête du ms. Mais, dans les deux mss. précédents, on ne lit aucun nom d'auteur. H. Z.

3° (Fol. 127.) Lettre adressée par le sultan Saladin au vizir Râschid al-Dìn et réponse de celui-ci.

Papier. 129 feuillets. Hauteur, 20 centimètres; largeur, 13 centimètres et demi. 15 lignes par page. Ms. du XVI° siècle. — (Supplément 1094.)

2310.

كتاب الحكمة فى المخلوقات «La Sagesse divine qui se manifeste dans les êtres créés», par d'Aboû Ḥâmid Moḥammad ibn Moḥammad ibn Moḥammad al-Ghazâlî. Les cieux, le soleil, la lune et les étoiles, la terre, la mer, l'eau, l'air, le feu, l'homme, les oiseaux, les quadrupèdes, les abeilles, les fourmis, les araignées, les vers à soie, les mouches, les poissons, les plantes forment la matière de dix-huit chapitres. Ouvrage bien conçu, bien exécuté, écrit dans un style simple, et tout à fait digne d'Al-Ghazâlî.

Ms. daté de l'an 925 de l'hégire (1519 de J. C.).

Papier. 53 feuillets. Hauteur, 21 centimètres; largeur, 15 centimètres. 19 à 21 lignes par page. — (Ancien fonds 422.)

2311.

فاتحة العلوم «Introduction aux sciences», par Aboû Ḥâmid al-Ghâzalî. Cet ouvrage se compose de sept chapitres qui traitent : 1° de l'excellence de la science; 2° de la rectitude de l'intention dans la poursuite de la science; 3° des signes qui distinguent les mondains parmi les savants de ceux qui pensent à la vie future; 4° des sciences les plus importantes et de leurs divisions; 5° des règles à observer dans les discussions scientifiques; 6° des devoirs du précepteur et de l'élève; 7° des dons d'argent que les savants peuvent accepter du sultan ou souverain temporel. Il y a une lacune entre les folios actuellement cotés 5 et 6. La préface commence par ces mots : الحمد لله الذى بذكره يفتح كل كتاب. On a écrit sur le feuillet de garde une *qaṣîda*, dans laquelle le poète dépeint les souffrances du peuple et invoque l'aide de Dieu. En voici le premier vers :

مال الزمان تغيّرت احواله وتركت نكباته ونكاله

Ms. daté de l'an 873 de l'hégire (1469 de J. C.).

Papier. 46 feuillets. Hauteur, 21 centimètres; largeur, 15 centimètres et demi. 21 lignes par page. — (Ancien fonds 918.)

2312.

1° تعليم المتعلّم طريق التعلّم «Traité qui enseigne (littéralement : enseignement) à l'étudiant la manière d'apprendre», par Borhân al-Dìn al-Zarnoûdjî.

Papier. 48 feuillets. Hauteur, 17 centimètres; largeur, 10 centimètres. 11 lignes par page. Ms. de la fin du XV° siècle. — (Supplément 533.)

2313.

Même ouvrage.

Exemplaire daté de l'an 952 de l'hégire (1545-1546 de J. C.) Notes marginales.

Papier. 34 feuillets. Hauteur, 16 centimètres et demi; largeur, 11 centimètres et demi. 13 lignes par page. — (Ancien fonds 516.)

2314.

1° Même ouvrage.

Exemplaire daté de l'an 988 de l'hégire (1580 de J. C.). Quelques gloses marginales.

2° (Fol. 17.) Sur le partage des successions, par Aḥmad ibn Mosṭafa, surnommé La'lî (الشهير بلالى). Copie exécutée par l'auteur, en 971 de l'hégire (1564 de J. C.). Le commencement manque.

3° (Fol. 34.) Fragment d'un commentaire du Coran, en langue turque.

Papier. 34 feuillets. Hauteur, 20 centimètres; largeur, 13 centimètres et demi. — (Ancien fonds 515.)

2315.

1°. Le *Ta'lîm al-Mota'allim* d'Al-Zarnoûdjî.

2° (Fol. 30 v°.) Le *Pend-Nâmè* d''Attâr, en persan.

Papier. 61 feuillets. Hauteur, 20 centimètres et demi; largeur, 14 centimètres. 15 lignes par page. Ms. du XVII° siècle. — (Supplément 1880.)

2316.

1° Le *Ta'lîm al-Mota'allim* d'Al-Zarnoûdjî. Notes marginales et interlinéaires.

2° (Fol. 28 v°.) Conseils moraux et religieux, adressés par l'imâm Aboû Ḥanîfa à son fils Ḥammâd. Commencement : يا بنى ارشدك الله تعالى واياك اوصيك بوصايا.

3° (Fol. 30 v°.) Conseils adressés par l'imâm Aboû Ḥanîfa à son disciple, Aboû Yoûsof Ya'qoûb. Commencement : وصيّة الامام الاعظم لابى يوسف رحمهما الله تعالى بعد ان ظهر له منه الرشد وحسن السيرة والاقبال على الناس.

4° (Fol. 37 v°.) Conseils d'Aboû Ḥanîfa, renfermant un résumé de la doctrine musulmane. Commencement: الايمان اقرار باللسان وتصديق بالجنان.

5° (Fol. 40.) Sur les expressions incorrectes dont l'emploi doit être évité dans la rédaction des pièces notariées. En turc. Ce traité, intitulé سقطات عوام «Fautes vulgaires», a pour auteur un nommé Aboû Mas'oûd.

6° (Fol. 42 v°.) كتاب الانجاح «La Réussite», commentaire sur le traité de grammaire intitulé مختصر العوامل (voyez ci-après, article 8°), dont le texte est reproduit littéralement.

7° (Fol. 78.) Analyse grammaticale des sourates I, CVI et suivantes du Coran, par Khâlid ibn 'Abd Allah al-Azharî.

8° (Fol. 84 v°.) مختصر العوامل «Les régissants en abrégé». Commencement: اعلم ان العامل وهو فى اللغة الفاعل وفى الاصطلاح ما اوجب كون آخر.

Papier. 90 feuillets. Hauteur, 20 centimètres et demi; largeur, 12 centimètres. 19 à 21 lignes par page. Ms. du XVIIe siècle. — (Supplément 531.)

2317.

1° Le *Ta'lîm al-Mota'allim* d'Al-Zarnoûdjî. Notes marginales.

2° (Fol. 58 v°.) Traité élémentaire de la doctrine musulmane. En turc.

Papier. 84 feuillets. Hauteur, 21 centimètres et demi; largeur, 14 centimètres et demi. Écritures diverses du XVIIe siècle. — (Supplément 532.)

2318.

1° Le *Ta'lîm al-Mota'allim* d'Al-Zarnoûdjî.

2° (Fol. 84 v°.) Fragment du باب شروط الصلاة.

3° (Fol. 88.) Traité des éléments de la religion musulmane, sous forme de Questions et Réponses. En turc.

Papier. 106 feuillets. Hauteur, 14 centimètres et demi; largeur, 10 centimètres et demi. 9 lignes par page. Ms. du XVIIe siècle. — (Supplément 2153.)

2319.

Le *Ta'lîm al-Mota'allim* d'Al-Zarnoûdjî. Exemplaire incomplet et très incorrect, écrit par un Européen.

Papier. 56 feuillets. Hauteur, 17 centimètres; largeur, 11 centimètres et demi. 20 lignes par page. — (Ancien fonds 570.)

2320.

Commentaire d'Ibn Isma'îl sur le *Ta'lîm al-Mota'allim*.

Papier. 125 pages. Hauteur, 21 centimètres; largeur, 13 centimètres et demi. 21 lignes par page. — (Ancien fonds 976.)

2321.

اقاليم التعاليم «Les Climats des enseignements», par le cadi Aḥmad ibn Khalîl al-Khouwaïyî, mort en 693 de l'hégire (1293-1294 de J. C.). L'ouvrage traite, en sept sections, de sept sciences, et chaque section est suivie de sept anecdotes. Les sciences sont: l'exégèse du Coran, les traditions (fol. 56), la jurisprudence (fol. 82), et la science appelée الادب, qui comprend la littérature (fol. 126), la médecine (fol. 170), l'astronomie (fol. 181), la géométrie et l'arithmétique (fol. 187). La classification par sept paraissait très-naturelle aux Musulmans, qui comptent sept cieux, sept terres, sept mers, sept jours de la semaine et sept versets dans la première sourate du Coran. L'ouvrage commence par ces mots: الحمد لله خالق الاشياء رازق الاحياء واضع الارض ورافع السماء.

Papier. 202 feuillets. Hauteur, 18 centimètres; largeur, 13 centimètres. 19 lignes par page. Ms. du XVe siècle. — (Ancien fonds 261.)

2322.

1° Extraits du اقاليم التعاليم du cadi Schams al-Dîn ibn al-Khouwaïyî.

2° (Fol. 60 v°.) Liste des traditions dépourvues d'*isnâd*, rapportées dans le احياء علوم الدين d'Al-Ghazâlî.

3° (Fol. 106.) Traditions tirées d'un ouvrage qui traite des mérites de la ville sainte.

4° (Fol. 109 v°.) Autres traditions sur le même sujet.

5° (Fol. 119 v°.) Sur une parole de Mahomet, relative à la femme veuve ou divorcée.

6° (Fol. 129 v°.) تحفة راغب وعجالة راكب. Traité d'Aboû 'l-Ma'âlî Moḥammad ibn 'Alî al-Anṣârî, sur certaines questions qui se rattachent aux devoirs du pélerinage.

7° (Fol. 136.) Traité du même auteur sur l'autorité des paroles des grands docteurs de la loi.

8° (Fol. 145 v°.) Recueil de Questions et Réponses relatives au droit.

9° (Fol. 154 v°.) Poème d'Avicenne sur l'Âme, avec un commentaire perpétuel.

10° (Fol. 158 v°.) Recueil de traditions diverses.

11° (Fol. 168 v°.) Autres recueils du même genre.

12° (Fol. 175.) Exposé de la doctrine musulmane, en vers, par Ibn abî 'l-Aswad.

Papier. 184 feuillets. Hauteur, 18 centimètres; largeur, 13 centimètres. Écritures diverses du xvi° siècle. — (Supplément 1853.)

2323.

جامع الفنون وسلوة المحزون «Recueil de matières diverses (pour servir de) consolation à l'homme affligé». Cet ouvrage qui, selon Hadji Khalfa, a pour auteur un écrivain nommé Nadjm al-Dîn Aḥmad ibn Ḥamdân ibn Schabîb al-Ḥarrânî, mort en 695 de l'hégire (1295 de J. C.), est divisé en plusieurs livres (مقالات). Le premier livre, qui traite de divers sujets (فى فنون مختلفة), commence par quelques sentences, tirées des livres sacrés, plusieurs traditions attribuées à Mahomet, des phrases toutes faites sur divers sujets, etc. Le second livre traite des choses célestes et des choses terrestres (فى الآثار العلويّة والسفليّة), telles que la sphère, les constellations, les éclipses, les anges, les éléments, les jours et les mois, les saisons, la prospérité et l'adversité, la générosité, la pauvreté, l'amour du pays natal, etc. Le quatrième livre traite, d'une manière très-concise, des mers, des îles, des fleuves, des sources, des montagnes, des pierres précieuses, des villes, des pyramides, des souverains de l'ancienne Égypte, des peuples de la terre, des monstres, etc. Il manque un feuillet entre les folios actuellement cotés 132 et 133.

Papier. 152 feuillets. Hauteur, 26 centimètres et demi; largeur, 17 centimètres. 17 lignes par page. Ms. du xvi° siècle. — (Ancien fonds 367.)

2324.

المجموعة الرشيدية «Recueil de Raschîd», opuscules de Raschîd al-Dîn, vizir des sultans mongols de la Perse et historien de cette dynastie. Ces traités sont classés sous quatre rubriques, à savoir : التوضيحات «Éclaircissements» (fol. 54 v°); مفتاح التفاسير «la Clef des commentaires» (fol. 168); السلطانية «le Sultanien» (fol. 207), et لطائف الحقائق «les Vérités curieuses» (fol. 284). En tête du volume se trouvent les attestations de soixante-dix docteurs qui rendent témoignage de l'orthodoxie des principes énoncés par l'auteur. Les nombreux opuscules réunis dans ce volume traitent de questions théologiques et philosophiques, des commentateurs du Coran, des généalogies, des patriarches, des prophètes, de Mahomet, des califes d'Orient et d'Égypte, des docteurs et des saints personnages qui ont illustré les premiers siècles de l'islamisme, etc. M. Quatremère a donné une notice très-étendue sur Raschîd al-Dîn et sur ses ouvrages, et une description du présent ms., dans l'introduction à l'*Histoire des Mogols de la Perse.* (*Collection orientale*, t. I, préface, p. I et suiv., CXIV et suiv.)

Les titres des sections sont encadrés dans des arabesques. Le copiste, surnommé *Zoûd-Nawîs* (زود نويس) «le tachygraphe», a terminé ce volume après un travail de trois années, en 710 de l'hégire (1310 de J. C.).

Papier. 375 feuillets. Hauteur, 52 centimètres; largeur, 36 centimètres et demi. 15 lignes par page. — (Ancien fonds 356.)

2325.

مسالك الابصار فى ممالك الامصار «Sentiers à parcourir des yeux, dans les royaumes à grandes capitales», grande encyclopédie géographique, historique et biographique, par Schihâb al-Dîn al-ʿOmarî (Aḥmad ibn Yaḥya ibn Fadhl Allah), de Damas, mort en 749 de l'hégire (1346-1349 de J. C.). Le présent volume renferme la troisième section de l'ouvrage, qui traite de l'Inde, du Sind, de l'empire de Djenguiz-Khân et de ses descendants, de l'empire du grand Khân, des princes du Tourân et de ceux de l'Irân. L'auteur parle ensuite du Guilân, des Curdes, des Lôr, des Schoûl et des Schebankera, des principautés turques de l'Asie Mineure, des empires de Trébizonde et de Constantinople, de l'Égypte et de la Syrie. M. Quatremère a donné une excellente notice de ce ms. avec de longs extraits, dans le treizième volume des *Notices et Extraits*. L'écriture de ce ms. est souvent dépourvue de points diacritiques.

Papier. 231 feuillets. Hauteur, 27 centimètres; largeur, 18 centimètres et demi. 17 lignes par page. Ms. du xv° siècle. — (Ancien fonds 583.)

2326.

Même ouvrage.

Ce volume, le quatorzième d'un exemplaire, renferme de courtes notices, écrites dans un style assez prétentieux, sur les poètes des temps antérieurs à l'islamisme et sur

ceux des premiers siècles de l'hégire, et de nombreuses pièces de vers.

Papier. 177 feuillets. Hauteur, 27 centimètres et demi; largeur, 18 centimètres et demi. 17 lignes par page. Ms. du xve siècle. — (Ancien fonds 1371.)

2327.

Même ouvrage.

Ce volume, le dix-septième d'un exemplaire, renferme des notices sur les poètes maghrebins, depuis le commencement du ɪvᵉ siècle de l'hégire jusqu'à l'époque où vivait l'auteur, qui, dans sa préface, reconnaît avoir fait de nombreux emprunts au *Moghrib* d'Ibn Saʿîd, célèbre auteur espagnol. Un index des poètes mentionnés se trouve en tête du volume. Le ms. porte des additions et des corrections de la main de l'auteur.

Papier. 218 feuillets. Hauteur, 30 centimètres et demi; largeur, 21 centimètres. 19 lignes par page. Ms. du xɪvᵉ siècle. — (Ancien fonds 1372.)

2328.

Même ouvrage.

Ce volume, le vingt-troisième d'un exemplaire, renferme un abrégé des annales de l'islamisme, depuis l'an 541 jusqu'à l'an 744 de l'hégire.

Le présent ms., écrit du vivant de l'auteur, ou peu de temps après sa mort, avait appartenu, en 761 de l'hégire (1360 de J. C.), à un nommé Moḥammad, fils d'ʿÎsa, fils de Dâwoud, fils de Schîrkouh, fils de Moḥammad, fils du célèbre vizir d'Égypte Schîr. Un acte de *waqf*, inscrit sur le frontispice du volume et daté de l'an 797 de l'hégire (1395 de J. C.), nous apprend qu'un nommé Maḥmoûd, grand-maître du palais (استادار) du sultan mamlouk Al-Malik al-Ẓâhir Barcouc, avait donné les vingt-trois premiers volumes de cet ouvrage, à l'exception du vingt-et-unième, au collège situé dans le quartier d'Al-Mawâzîn (الموازين), au Caire. Titre en lettres d'argent, avec encadrement en or et en couleurs.

Papier. 150 feuillets. Hauteur, 27 centimètres; largeur, 19 centimètres. 23 lignes par page. Ms. du xɪvᵉ siècle. — (Ancien fonds 642.)

2329.

Même ouvrage.

Ce volume, le vingt-troisième d'un exemplaire, commence par un chapitre intitulé «Troisième espèce des corps gras», اجسام دهنية, parmi lesquels l'auteur range le mercure, le soufre, le baume momie et l'ambre gris. Ce chapitre est suivi d'une esquisse de l'histoire universelle, depuis la création du monde jusqu'au califat d'ʿAlî, fils d'Aboû Ṭâlib. L'auteur parle ensuite des douze imâms et des autres descendants d'ʿAlî, jusqu'à ceux de la cinquième génération; mais, au fol. 208, il suspend son récit pour reproduire une quantité de beaux vers, composés par le chérif Al-Ridhâ. La suite de la généalogie des Alides devait se trouver dans le vingt-quatrième volume.

Papier. 235 feuillets. Hauteur, 27 centimètres et demi; largeur, 18 centimètres et demi. 21 lignes par page. Ms. du xvᵉ siècle. — (Ancien fonds 904.)

2330.

1° رسالة في اقسام الحكمة «Sur les divisions de la science». Commencement : الحمد لله ملهم الصواب ومنوّر الالباب. Le nom de l'auteur n'est pas mentionné.

2° (Fol. 12 v°.) فصل في مقادير الافلاك والكواكب والارض بالاميال من كتاب المدخل تاءليف ابي الحسين عبد الرحمن بن عمر الصوفي «Chapitre sur les dimensions, calculées en milles, des sphères, des étoiles et de la terre, extrait de l'Introduction (à l'astronomie) d'Aboû 'l-Ḥosaïn ibn ʿOmar ʿAbd al-Raḥmân al-Ṣoûfî».

3° (Fol. 14.) Note d'Athîr al-Dîn al-Abharî sur la manière de procéder, en astrologie, pour découvrir l'époque de la naissance d'un individu dont le jour natal est inconnu.

4° (Fol. 15.) Note sur la signification du mot جد.

5° (Fol. 15 v°.) القول في الطبيعات «Discours sur la physique», formant la seconde partie du traité général de philosophie (هداية الحكمة), d'Athîr al-Dîn al-Abharî. Le texte est accompagné d'un grand nombre de notes marginales et interlinéaires.

6° (Fol. 44 v°.) Deux notes de Naṣîr al-Dîn al-Ṭoûsî. La première explique comment le multiple émane de l'unité, bien que rien ne puisse émaner de l'unité, excepté l'unité. La seconde indique les jugements que l'on peut tirer de la lune, dans chacune des six dispositions que lui attribue l'astrologie. Suivent d'autres notes sur les influences des sept planètes, sur les conjonctions de la lune et sur les jugements que l'on peut tirer du jour dans lequel la lune entre dans l'une ou dans l'autre de ses vingt-huit mansions.

7° (Fol. 48 v°.) الملخّص فى الهيئة «Abrégé d'Astronomie», par Maḥmoûd ibn Moḥammad al-Djaghmînî al-Khowârazmî. Le texte est accompagné de notes marginales et interlinéaires. La préface commence par ces mots : الحمد لله كفاء افضاله. La copie est datée de l'an 787 de l'hégire (1385-1386 de J. C.).

8° (Fol. 83 v°.) Deux chapitres du traité d'astronomie de Naṣîr al-Dîn al-Ṭoûsî, intitulé التذكرة «Aide-mémoire». Le premier chapitre contient l'explication des termes techniques employés dans la géométrie; le second traite de la méthode pour mesurer les surfaces planes.

9° (Fol. 93 v°.) Principes de géométrie, avec figures. Pièce datée de l'an 788 de l'hégire.

10° (Fol. 100 v°.) Traité d'arithmétique.

11° (Fol. 105 v°.) Tables de multiplication et quelques règles d'arithmétique.

12° (Fol. 106 v°.) التجنيس فى الحساب «Assimilation dans l'art du calcul», traité d'algèbre, précédé d'un chapitre sur la réduction des fractions. Selon Hadji Khalfa, l'auteur de ce traité se nommait Sirâdj al-Dîn Aboû Ṭâhir Moḥammad al-Sadjâwandî[1].

13° (Fol. 108 v°.) Introduction à un traité d'arithmétique.

14° (Fol. 109 v°.) Suite de l'article 12°.

Papier. 116 feuillets. Hauteur, 19 centimètres et demi; largeur, 13 centimètres et demi. Diverses écritures du XVe siècle. — (Ancien fonds 922, Colbert 6028.)

2331.

ارشاد القاصد الى اسنى المقاصد «Guide à l'usage de celui qui se dirige vers le but le plus élevé», par Moḥammad ibn Ibrâhîm ibn Sâ'id al-Anṣârî al-Sakhâwî, mort en 749 de l'hégire (1347-1348 de J. C.). Dans cette petite encyclopédie, l'auteur parle brièvement de toutes les sciences. Chaque notice est suivie de l'indication des ouvrages qui traitent du sujet. Cet ouvrage a été imprimé à Calcutta, dans le vingt et unième cahier de la *Bibliotheca indica*, et traduit en allemand par M. Haarbrücker (Berlin 1859). Premiers mots de la préface : الحمد لله الذى خلق الانسان وفضله على ساير انواع الحيوان.

Ms. daté de l'an 779 de l'hégire (1377 de J. C.).

Papier. 65 feuillets. Hauteur, 23 centimètres; largeur, 15 centimètres et demi. 17 lignes par page. — (Supplément 2165.)

2332.

Même ouvrage.

Papier. 77 feuillets. Hauteur, 18 centimètres; largeur, 13 centimètres. 13 lignes par page. Ms. de la fin du XVIe siècle. — (Ancien fonds 920.)

2333.

Même ouvrage.

Ms. daté de l'an 1023 de l'hégire (1614 de J. C.). A la fin se trouvent quelques prières.

Papier. 43 feuillets. Hauteur, 21 centimètres et demi; largeur, 15 centimètres et demi. 21 lignes par page. — (Supplément 1340.)

2334.

مفيد العلوم ومبيد الهموم «Qui communique des connaissances et qui dissipe les soucis», recueil de notions sur des sujets divers, par Djamâl al-Dîn Aboû 'Abd Allah Moḥammad ibn Aḥmad al-Qazwînî. Commencement : الحمد لله الذى ما للعالم سواه خالق وصانع. L'ouvrage est divisé en trente-deux sections, dont voici les rubriques :

1° قواعد الدين; 2° احكام النبوة; 3° شرح السنّة; 4° الغرائب; 5° الرد على الكفرة; 6° قواعد الدين; 7° اداب الاسلام; 8° الاوراد; 9° المناظرات; 10° معرفة الجواهر; 11° الاقاليم; 12° معالجة الذنوب; 13° حقيقة الدنيا; 14° سلوة العقلا, 15° الحلال والحرام; 16° الحقوق; 17° المكارم والمفاخر; 18° غرور الانسان; 19° نوادر العلما; 20° عشرة النسا; 21° السلطان; 22° اسرار الوزارة; 23° التواريخ; 24° سير الملوك; 25° الحرب; 26° التعبير; 27° عجائب البلدان; 28° الخواصّ; 29° المناظرات; 30° الباه; 31° الجهاد; 32° فتن اخر الزمان.

La date, un peu effacée, qu'on lit à la fin du ms., paraît être l'an 823 de l'hégire (1420 de J. C.)[2].

Papier. 278 feuillets. Hauteur, 19 centimètres; largeur, 14 centimètres. 19 lignes par page. — (Ancien fonds 519.)

2335.

Même ouvrage.

[1] Le chapitre sur les fractions fait partie intégrante du traité d'Aboû-Ṭâhir. H. Z. — [2] Le ms. paraît être du XVIIe siècle. H. Z.

Ms. daté de l'an 1081 de l'hégire (1670 de J. C.).

Papier. 146 feuillets. Hauteur, 26 centimètres et demi; largeur, 17 centimètres. 31 lignes par page. — (Supplément 1851.)

2336.

Même ouvrage. Le titre de cet exemplaire porte que l'auteur se nommait Aboû ʿAbd Allah Moḥammad al-Khowârazmî.

Ms. daté de l'an 1126 de l'hégire (1714 de J. C.).

Papier. 233 feuillets. Hauteur, 25 centimètres; largeur, 19 centimètres et demi. 19 à 21 lignes par page. — (Supplément 1851 A.)

2337.

Même ouvrage.

Ms. daté de l'an 1228 de l'hégire (1813 de J. C.). Il y a une lacune entre les folios actuellement cotés 89 et 90.

Papier. 253 feuillets. Hauteur, 22 centimètres et demi; largeur, 16 centimètres. 21 lignes par page. — (Supplément 2164.)

2338.

الغواتح المسكيّة فى الفواتح المكّيّة «Odeurs de musc, ou révélations faites à la Mecque», encyclopédie à l'usage des soufis, qui renferme des renseignements littéraires, des dissertations philosophiques et surtout mystiques, par ʿAbd al-Raḥmân ibn Moḥammad al-Ḥanafî al-Basṭâmî. L'auteur a achevé cette première partie, qui contient trente chapitres (l'ouvrage entier se compose de cent chapitres), au mois de dsoû'l-ḥiddja de l'an 844 de l'hégire (1441 de J. C.).

Papier. 275 feuillets. Hauteur, 20 centimètres et demi; largeur, 12 centimètres et demi. 19 lignes par page. Ms. du xviᵉ siècle. — (Ancien fonds 877.)

2339.

مطالع العلوم «Les Lieux d'ascendant des sciences», ouvrage composé de vingt livres, dont le présent ms. renferme dix-neuf, qui traitent des flexions grammaticales, de la syntaxe, de la rhétorique, de la logique, de la prosodie, de la controverse, de la théologie scolastique, de la jurisprudence, du partage des successions, de la théologie dogmatique, de la physique, de la métaphysique, de l'astronomie, de la géométrie, des corps sphériques, de la géomancie, de l'usage de l'astrolabe, de la musique. Cet ouvrage a été composé sur la demande d'un grand personnage, nommé Schaïkh-Zâdè. Commencement : حمدا لك يا واجب الوجود ويا مبدأ كل موجود.

Papier. 205 feuillets. Hauteur, 17 centimètres; largeur, 12 centimètres et demi. 18 lignes par page. — (Ancien fonds 1325.)

2340.

درّة الغوّاص وكنز الاختصاص فى معرفة الخواصّ «Perle des plongeurs et trésor de spécification, traité de la connaissance des qualités». C'est une sorte d'encyclopédie, dans laquelle l'auteur anonyme traite successivement des divers règnes de la nature, des drogues, des pierres, des maladies, des boissons, etc. La section des drogues et des simples est rédigée dans l'ordre alphabétique. Le dernier tiers de l'ouvrage est consacré aux talismans, à la cabale et à la divination[1].

Papier. 202 feuillets. Hauteur, 31 centimètres; largeur, 20 centimètres et demi. 27 lignes par page. Ms. du xviᵉ siècle; mais certaines parties sont plus récentes. — (Supplément 1119.)

2341.

Encyclopédie des sciences musulmanes, grand ouvrage sans titre ni nom d'auteur. Commencement : الحمد لله الذى لا تحسن الاشياء الّا ان يكون بدؤها حمده الخ. La première section (فصل) commence ainsi : العلوم الحكمية اربعة انواع اوّلها الرياضيّة والثانى المنطقيّات والثالث الطبيعيّات والرابع الالهيّات. Le premier livre traite de l'arithmétique.

Ms. daté de l'an 1228 de l'hégire (1813 de J. C.).

Papier. 339 feuillets. Hauteur, 30 centimètres; largeur, 25 centimètres et demi. 31 lignes par page. — (Supplément 1849.)

---

[1] Cet ouvrage, sous le titre légèrement différent de كنز الاختصاص ودرة الغواص فى معرفة الخواص, est mentionné par Hadji Khalfa (tome V, p. 246), qui indique aussi le nom de l'auteur : Aïdamir ibn ʿAlî ibn Aïdamir al-Djildakî. H. Z.

2342 à 2344.

Même ouvrage.

3 vol. Papier. 412, 414 et 393 feuillets. Hauteur, 23 centimètres; largeur, 16 centimètres et demi. 19 lignes par page dans le premier volume, 17 dans le deuxième et le troisième. Ms. du commencement du XIXe siècle. — (Supplément 1850 I-III.)

2345.

ذكر العاقل وتنبيه الغافل. Coup d'œil général sur les sciences et la civilisation, par l'émir ʿAbd al-Qâdir (Abd el-Kader). Un feuillet du journal le *Moniteur*, contenant un rapport de M. Reinaud sur cet ouvrage, qui a été traduit par M. Dugat, est joint au volume.

Ms. écrit par un Maghrebin, sous les yeux de l'auteur, et daté de l'an 1855 de J. C.

Papier. 38 feuillets. Hauteur, 24 centimètres et demi; largeur, 17 centimètres. 21 lignes par page. — (Supplément 1953.)

X.

PHILOSOPHIE.

2346.

L'Organon, la Rhétorique et la Poétique d'Aristote, et l'*Isagoge* de Porphyre. Ces versions sont dues à plusieurs traducteurs. Il ne peut rester aucun doute sur leur origine; car les mots «traduit du syriaque» sont répétés dans plusieurs rubriques. On voit, du reste, par les nombreuses notes interlinéaires et marginales que porte le manuscrit, qu'il existait, dès le Xe siècle, plusieurs traductions des différents ouvrages d'Aristote, et que les traductions faites à la hâte sous les califes Al-Ma'moûn et Al-Moutawakkil ont été revues plus tard, corrigées sur le texte syriaque ou grec, ou même exécutées à nouveau. Le livre des Réfutations des sophistes se présente, dans notre ms., dans quatre traductions différentes» (voyez S. Munk, *Mélanges de philosophie juive et arabe*, page 313). Une partie des notes qui couvrent les marges de ce volume sont tirées des commentaires que Ḥasan ben Sawar, auteur chrétien du Xe siècle, disciple de Yaḥya ben ʿAdî, avait écrits sur l'Organon d'Aristote. Ce ms. a été collationné et corrigé en 418 de l'hégire (1027 de J. C.). L'écriture des feuillets 147-172, est plus soignée que dans le reste du ms. Un certain nombre de passages sont devenus illisibles.

Papier. 380 feuillets. Hauteur, 43 centimètres; largeur, 30 centimètres. 21 à 25 lignes par page. — (Ancien fonds 882 A.)

2347.

Le traité intitulé Θεολογία, attribué à Aristote. Commencement : الميمر الاول من كتاب ارسطوطاليس الفيلسوف المسمّى باليونانيّة اثولوجيا وهو القول على الربوبيّة تفسير فرفوريوس الصورى ونقله الى العربيّة عبد المسيح ابن عبد الله بن ناعمة الحمصى واصلحه لاجل احمد بن المعتصم بالله ابو يوسف يعقوب بن اسحق الكندى «Premier discours du livre d'Aristote le philosophe, (livre) intitulé, en grec, *Theologia*, ce qui signifie discours sur la divinité, expliqué par Porphyre de Tyr, et traduit en arabe par ʿAbd al-Masîḥ, fils d'ʿAbd Allah, fils de Nâʿima, d'Émesse. Ce travail a été revisé pour l'usage d'Aḥmad, fils (du calife) Al-Moʿtaṣim Billâh, par Aboû Yoûsof Yaʿqoûb ibn Isḥâq al-Kindî». Cet ouvrage se compose de dix chapitres, ou *maïmar*, mot qui, en syriaque, signifie «discours». Écriture cursive, dépourvue, en général, de points diacritiques.

Papier. 87 feuillets. Hauteur, 25 centimètres; largeur, 15 centimètres. 15 lignes par page. Ms. du XVIIe siècle. — (Supplément 1343.)

2348.

1° الاراء والمشاورات «Avis et conseils», par le médecin Aboû 'l-Ḥasan ʿAlî ibn Aḥmad (Ibn Hobâl). Cette dissertation, divisée en vingt et un chapitres, traite du jugement, de ce qui le fortifie et de ce qui l'affaiblit, de la manière de se former un avis et de chercher des conseils, etc. Commencement : الحمد لله الذى ابدع بحكمته ما دلّ على كنه معرفته.

2° (Fol. 35.) تنزّل الارواح بالروح والريحان والإرواح الخ «Descente des esprits au moyen de l'âme, des parfums et des fumigations, etc.», recueil de poésies mystiques, de Moḥyî al-Dîn ibn al-ʿArabî. Cet ouvrage porte aussi le titre de ديوان المعارف الالهيّة واللطائف الروحانيّة «Recueil de connaissances divines et de subtilités spirituelles». Commencement : الحمد لله الذى خلق الانسان وعلّمه البيان.

3° (Fol. 275.) كشف الحجاب والران عن وجه اسئلة الجانّ «Traité qui enlève le voile et la couverture (littéralement : la guêtre) qui couvrent les questions des génies», par ʿAbd

al-Wahhâb ibn Aḥmad Al-Scha'rânî. L'auteur répond à une série de questions que lui avaient adressées certains vrais croyants de la race des génies. Commencement : قل اعوذ بربّ الفلك من شرّ ما خلق.

Ms. daté de l'an 1093 de l'hégire (1682 de J. C.).

Papier. 300 feuillets. Hauteur, 25 centimètres; largeur, 15 centimètres. 27 à 29 lignes par page. — (Supplément 2154.)

2349.

Seconde partie du commentaire de Qoṭb al-Dîn Maḥmoûd al-Schîrâzî sur le حكمة الاشراق «Philosophie d'illuminisme», du célèbre théosophe Al-Sohrawardî, qui a été mis à mort à Alep, en 1191 de J. C., sur l'ordre du sultan Saladin. (Voyez Ibn Khallikân, t. IV, page 153 de la traduction anglaise).

Ms. daté de l'an 750 de l'hégire (1350 de J. C.).

Papier. 210 feuillets. Hauteur, 17 centimètres et demi; largeur, 13 centimètres. 17 lignes par page. — (Supplément 1337.)

2350.

آداب البحث «Règles de la discussion», par Schams al-Dîn Moḥammad al-Samarqandî. Traité de dialectique qui commence par ces mots : المنّة علينا لواهب العقل. Le texte est accompagné d'un commentaire perpétuel et d'un grand nombre de gloses, tant marginales qu'interlinéaires.

2° (Fol. 47 v°.) Le même ouvrage, sans commentaire ni gloses.

3° Prière qui sert d'amulette (حرز), et qui protège contre la colère des princes et contre beaucoup d'autres dangers.

Papier. 67 feuillets. Hauteur, 20 centimètres; largeur, 14 centimètres. 13 lignes par page dans le premier traité, 7 lignes dans le second. Ms. du XVIe siècle. — (Ancien fonds 931.)

2351.

1° Gloses de Sinân al-Dîn Yoûsof al-Roûmî pour élucider certains passages du commentaire de Kamâl al-Dîn Mas'oûd al-Schirwânî sur le آداب البحث de Schams al-Dîn al-Samarqandî. Premiers mots : حمدا لمن منّ من فضله على من يشاء.

2° (Fol. 16.) Commentaire de Mas'oûd sur le اداب البحث de Schams al-Dîn al-Samarqandî. Beaucoup de gloses marginales. Les derniers feuillets manquent.

3° (Fol. 23 v°.) تهذيب حواشي التهذيب «Remaniement des gloses du *Tahdsîb*», par Zaïn al-'Âbidîn ibn Yoûsof al-Kourânî. Le *Tahdsîb* est un traité de logique et de théologie scolastique, dont l'auteur est Sa'd al-Dîn al-Taftâzânî. Premiers mots de la préface : يا من وفقنا لتهذيب المنطق والكلام. La fin manque.

4° (Fol. 33 v°.) Premiers feuillets du ايّها الولد d'Aboû Ḥâmid al-Ghazâlî.

Papier. 36 feuillets. Hauteur, 21 centimètres; largeur, 14 centimètres. Ms. de diverses écritures du XVIe et du XVIIe siècle. — (Supplément 2116.)

2352.

Cahier détaché d'un traité de métaphysique. Chaque paragraphe est intitulé قاعدة «principe». L'auteur traite de l'union de l'âme et du corps, de l'immortalité de l'âme (بقاء النفس), de l'infériorité des plaisirs des sens comparé à la volupté de la contemplation de la majesté divine, etc.

Papier. 10 feuillets. Hauteur, 15 centimètres et demi; largeur, 8 centimètres et demi. 16 lignes par page. Ms. du XIIIe siècle. — (Supplément 2157.)

2353.

1° Commentaire d'Al-Fanârî sur l'*Isagoge* d'Athîr al-Dîn al-Abharî.

2° (Fol. 22 v°.) l'*Isagoge* d'Al-Abharî.

3° (Fol. 00.) Commentaire de Ḥosâm al-Dîn al-Kânî[1] sur l'*Isagoge* d'Al-Abharî.

Le dernier de ces traités est daté de l'an 911 de l'hégire (1505-1506 de J. C.).

Papier. 36 feuillets. Hauteur, 18 centimètres; largeur, 13 centimètres. Diverses écritures du XVIe siècle. — (Ancien fonds 927.)

2354.

1° Commentaire d'Al-Fanârî sur l'*Isagoge* d'Athîr al-Dîn al-Abharî.

[1] La forme exacte de ce nom est Al-Kâtî. Voyez ci-dessus, p. 404, note 2. H. Z.

2° (Fol. 49.) L'*Isagoge* d'Al-Abharî. Le commencement manque.

3° (Fol. 56 v°.) Commentaire d'Al-Kânî sur l'*Isagoge* d'Al-Abharî.

Papier. 92 feuillets. Hauteur, 15 centimètres; largeur, 10 centimètres et demi. 15 lignes par page. Ms. du XVII° siècle. — (Ancien fonds 977.)

2355.

Commentaire d'Al-Fanârî sur l'*Isagoge* d'Athîr al-Dîn al-Abharî. Quelques gloses marginales.

Papier. 24 feuillets. Hauteur, 23 centimètres; largeur, 17 centimètres. 19 lignes par page. Ms. du XVIII° siècle. — (Supplément 1330.)

2356.

1° Gloses (de Moḥyî al-Dîn al-Tâlischî?), pour élucider quelques passages du commentaire d'Al-Kânî sur le commentaire de l'*Isagoge* d'Athîr al-Dîn al-Abharî. Commencement : الحمد لله رب العالمين.

2° (Fol. 78 v°.) Commentaire d'Al-Kânî sur l'*Isagoge* d'Al-Abharî.

3° (Fol. 103 v°.) L'*Isagoge* d'Athîr al-Dîn al-Abharî.

Ms. daté de l'an 1091 de l'hégire (1680 de J. C.).

Papier. 108 feuillets. Hauteur, 20 centimètres; largeur, 12 centimètres. 17 lignes par page. — (Supplément 1329.)

2357.

1° Commencement du commentaire d'Al-Kânî sur l'*Isagoge* d'Athîr al-Dîn al-Abharî.

2° (Fol. 12.) Sur l'art de découvrir les trésors cachés. Ce traité renferme un assez grand nombre de passages en chiffres et en caractères de convention. Le premier feuillet manque. Il a été remplacé par un autre qui se trouve, par erreur, en tête du volume. Sur ce feuillet, nous lisons le titre suivant : كتاب المارب فى جميع الخبايا والمناخ والمطالب « Livre des choses nécessaires, traitant de tous les trésors cachés, des puits et des lieux à explorer ». Le copiste ajoute que ce traité est la reproduction du livre du sage Hermès, le philosophe, livre qui se trouvait à Miṣr, dans la bibliothèque du Pharaon.

3° (Fol. 59.) Sur les vertus des lettres de l'alphabet et sur la construction des *wiqf*, ou carrés magiques, pour servir de talismans.

4° (Fol. 89.) منتخب قبول الاجابات لكل ساعة من الساعات « Extrait de l'ouvrage intitulé l'Obtention de réponses pour chacune des heures », traité cabalistique et mystique, renfermant les oraisons pour chaque heure de la journée. L'auteur cite quelquefois l'autorité d'Abou 'l-ʿAbbâs al-Boûnî.

5° (Fol. 106.) الكافى فى علم العروض والقوافى « Le Suffisant, qui traite de la prosodie et des rimes », par Aḥmad ibn ʿAbbâd ibn Schoʿaïb al-Qanâʾî. Commencement : الحمد لله على الانعام والشكر له على الالهام.

6° (Fol. 115.) Quatre feuillets, contenant la fin de l'*Isagoge* d'Al-Abharî.

7° (Fol. 119.) انموذج فى علم الفلك « Spécimen d'astronomie », par Dâwoud le médecin. C'est plutôt un traité d'astrologie médicale.

8° (Fol. 132 v°.) Pronostics qu'on peut tirer, pour les maladies, des jours de la semaine et des mois.

9° (Fol. 133 v°.) Traité des charmes et des paroles magiques appelées طهطيل.

10° (Fol. 143.) Traité de magie naturelle (سيميا) et des talismans.

11° (Fol. 161.) العرف فى تصريف الحرف « L'usage reçu en ce qui concerne l'emploi des lettres ». Traité de divination et de talismanique.

12° (Fol. 175.) دائرة الاحرف الابجدية « Cercle des lettres de l'alphabet ». Traité cabalistique, attribué à Hermès le sage, dans lequel sont exposées les propriétés secrètes des vingt-huit lettres.

13° (Fol. 206.) Modèle d'écriture turque. Feuille pliée.

14° (Fol. 207.) Prière.

15° (Fol. 207 v°.) Traité sur les vertus des lettres, attribué à Hermès trismagiste et transmis par Al-Khowârazmî. Quelques figures et talismans.

16° (Fol. 214.) Sur les vertus du sceau d'Abou Ḥâmid al-Ghazâlî. Cette pièce, qui est de la même écriture que l'article précédent, est datée de l'an 1063 de l'hégire (1653 de J. C.).

17° (Fol. 218.) Les sept horoscopes des anges.

18° (Fol. 223.) Deux carrés magiques.

Papier. 225 feuillets. Hauteur, 22 centimètres; largeur, 15 centimètres. Écritures diverses du XVI° et du XVII° siècle. — (Ancien fonds 929.)

2358.

1° Gloses de Mohyî al-Dîn sur le commentaire de l'*Isagoge* d'Al-Abharî par Al-Kânî.

2° (Fol. 73.) اندليب المنظرة [1]. Sur la manière de discuter les questions métaphysiques, par Mohammad ibn Wâïz ibn Walîdjân de Mar'asch. Cette dissertation est suivie d'un commentaire du même auteur. Commencement : باسمك من يا هو لحمد الحجيب [2].

Papier. 77 feuillets. Hauteur, 20 centimètres; largeur, 19 centimètres. 17 lignes par page. Ms. du XVIIIe siècle. — (Supplément 1331.)

2359.

1° Gloses sur le commentaire de l'*Isagoge* d'Al-Abharî, par Al-Kânî. Commencement : الحمد لمن حده احسن كل المقول وشكره اشرف ما يختلج في العقول. C'est peut-être l'ouvrage que Hadji Khalfa (t. I, p. 503) attribue à Al-Barda'î.

2° (Fol. 21 v°.) Commentaire d'Al-Kânî sur l'*Isagoge* d'Al-Abharî. Les premières pages de cet exemplaire portent un grand nombre de notes marginales.

3° (Fol. 46 v°.) L'*Isagoge* d'Athîr al-Dîn al-Abharî.

4° (Fol. 52 v°.) الرسالة الشمسيّة في القواعد المنطقيّة «Traité sur les principes de la logique, dédié à Schams al-Dîn», par Nadjm al-Dîn 'Omar ibn 'Alî al-Kâtibî al-Qazwînî, disciple de Naṣîr al-Dîn al-Ṭoûsî. Cet ouvrage se compose d'une introduction, de trois discours et d'un appendice. L'introduction traite de la nature (ماهيّة) de la logique; le premier discours, des termes simples (مفردات); le second, des propositions (القضايا), et le troisième du syllogisme (قياس). La copie s'arrête au milieu du second discours.

5° (Fol. 62 v°.) Commentaire anonyme sur la *Schamsîya* de Nadjm al-Dîn al-Kâtibî. Nombreuses gloses marginales. Il y a une lacune entre les feuillets 114 et 115.

Volume écrit en entier de la même main, en 954 de l'hégire (1547 de J. C.).

Papier. 121 feuillets. Hauteur, 22 centimètres; largeur, 15 centimètres. 11 lignes par page. — (Ancien fonds 926.)

2360.

Commentaire sur les deux dernières parties de la *Hidâya* d'Athîr al-Dîn al-Abharî, par Maulânâ Zâdè Aḥmad ibn Maḥmoûd al-Harawî. La هداية ou, d'après Hadji Khalfa, هداية الحكمة «Guide vers la philosophie», est divisée en trois parties, dont la première est consacrée à la logique, la seconde à la physique et la troisième à la métaphysique (الالهى). L'ouvrage est rédigé sous forme de Questions et Réponses. La préface commence par ces mots : باسمك اللهم اهل الحمد والثناء ويا ذا العظمة والكبرياء. A la fin du volume on lit : 1° une explication du terme philosophique *hylé* (الهيولى); 2° la prière des funérailles. Les premières pages du texte sont couvertes de gloses marginales et interlinéaires.

Papier. 107 feuillets. Hauteur, 26 centimètres et demi; largeur, 18 centimètres. 16 lignes par page. — (Ancien fonds 902.)

2361.

Même ouvrage.

Le commencement manque (le folio actuellement coté 1 correspond au fol. 41 v° du ms. précédent). A la fin, on lit une dissertation sur les divisions de la science philosophique, une courte notice sur Socrate, le maître de Platon, et l'explication de quelques termes de métaphysique.

Papier. 83 feuillets. Hauteur, 18 centimètres et demi; largeur, 13 centimètres et demi. 15 lignes par page. — (Ancien fonds 960.)

2362.

1° Explication du commentaire de Maulânâ Zadè sur la *Hidâya* d'Al-Abharî. La préface commence par ces mots : حمدًا لا له عم الاه شكرا لمن لا اله الا هو.

2° (Fol. 41 v°.) Commentaire anonyme sur la seconde et sur la troisième section de la *Hidâya* d'Al-Abharî. Commencement : وبعد فقد ساءلنى احبّائى ان اكتب لقسمى الطبيعىّ والالهىّ من كتاب الهداية.... شرحا.

Papier. 80 feuillets. Hauteur, 22 centimètres; largeur, 13 centimètres et demi. 21 lignes par page. Ms. du XVe siècle. — (Ancien fonds 928.)

[1] Lisez عندليب. Le ms. porte عن دليب. H. Z. — [2] Le ms. porte باسمك...لحميد الحجيب. H. Z.

2363.

Commentaire sur la *Hidâya* d'Athîr al-Dîn al-Abharî, par Ḥosaïn ibn Mo'în al-Dîn al-Maïbodsî. Ce commentaire a été composé en 880 de l'hégire (1476 de J. C.). Commencement : الهداية امر من لديه وكل شيء يعود اليه. Nombreuses gloses marginales.

Papier. 165 feuillets. Hauteur, 20 centimètres; largeur, 13 centimètres et demi. 12 lignes par page. Ms. du xve siècle. — (Ancien fonds 930.)

2364.

Gloses de Schams al-Dîn Moḥammad, surnommé Mosliḥ al-Dîn al-Lârî sur la *Hidâya* d'Athîr al-Dîn al-Abharî. Ms. daté de l'an 1075 de l'hégire (1665 de J. C.).

Papier. 77 feuillets. Hauteur, 20 centimètres; largeur, 14 centimètres et demi. 28 lignes par page. — (Supplément 2290.)

2365.

Volume composé de soixante-huit fragments de manuscrits et d'ouvrages différents, de diverses écritures, portant presque tous, en marge, des gloses dont la plupart sont de la même main et en écriture *ta'lîq*. Ces fragments se composent en général d'un très petit nombre de feuillets, et quelquefois même d'un seul. Plusieurs sont des commentaires renfermant quelques mots seulement du texte; aussi serait-il très difficile de reconnaître les ouvrages commentés. M. Amari, qui a examiné avec grand soin cette collection de feuillets détachés, a indiqué les divers sujets dont ils traitent, ainsi qu'il suit :

1° *Logique et métaphysique.* Fol. 12 v° : Commentaire sur deux chapitres de la *Hidâya* d'Athîr al-Dîn al-Abharî. Fol. 347 : Fin du traité d'Aboû Ḥâmid al-Ghazâlî, qui a pour titre المنقذ من الضلال. — Fragments qui n'ont pu être identifiés : fol. 11, 13, 20, 37, 52, 59, 61, 66, 92, 106, 116, 118, 122, 128, 134, 140, 168, 176, 177, 184, 215, 239, 245, 261, 263, 265, 279, 289, 290, 295, 304.

2° *Théologie.* Fol. 330 : Le second feuillet de l'introduction à un poème composé par 'Âmir ibn 'Âmir al-Baṣrî, intitulé ذات الانوار «Doué de lumières». Nous avons ici vingt-deux vers, formant le commencement du poème et portant le titre de الاشارة الاولى في التوحيد «La première indication touchant la confession de l'unité de Dieu». — Fragments qui n'ont pu être identifiés : fol. 21, 27, 36, 200, 204, 225, 242, 248, 272, 296, 331.

3° *Grammaire.* Fol. 4, 10, 39, 58, 117, 144, 145, 146, 152, 179, 195, 227, 231, 243, 308, 310.

4° *Jurisprudence.* Fol. 205, 207, 213, 243, 308.

5° *Traditions des premiers califes.* Fol. 336.

6° *Cosmogonie.* Fol. 19.

7° *Gnomonique.* Fol. 1 : Premières pages d'un traité d'Aboû 'l-Fadhâïl 'Abd al-'Azîz Moḥammad al-Wafâï, *mowaqqit* (indicateur des heures des prières, ou plutôt horloger), de la mosquée d'Al-Mowaiyidî, de la mosquée d'Al-Azhar et d'autres mosquées. Le titre de l'ouvrage manque.

8° Commentaire d'un commentaire. Fol. 260.

9° Fragments de prières.

Papier. 347 feuillets. Hauteur, 19 centimètres; largeur, 13 centimètres. — (Ancien fonds 295.)

2366.

La seconde et la troisième partie du commentaire de Naṣîr al-Dîn al-Ṭoûsî sur l'ouvrage d'Avicenne intitulé اشارات.

Papier. 175 feuillets. Hauteur, 22 centimètres; largeur, 12 centimètres. 29 lignes par page. Ms. du xve siècle. — (Supplément 2513.)

2367.

Traité de métaphysique, faisant suite à un traité de physique et portant, d'après l'*explicit*, le titre de المحاكمات «Discussions»[1]. Commencement : بعد الفراغ من الحكمة الطبعية شرع في الحكمة الفلسفية الالهية وترتيبها على انماط اربعة لان الفلسفة الالهية هي العلم باحوال الموجودات المجردة من حيث الوجود والبحث عنها الخ.

En tête du volume se trouvent plusieurs alphabets imaginaires.

Ms. dépourvu de points diacritiques, excepté dans les trois premières pages.

Papier. 122 feuillets. Hauteur, 20 centimètres et demi; largeur, 13 centimètres et demi. 17 lignes par page. Ms. du xviie siècle. — (Supplément 1338.)

[1] Comparez Hadji Khalfa, t. I, p. 302. H. Z.

2368.

تسديد القواعد في شرح تجريد العقائد «Régularisation des bases, pour servir de commentaire au *Tadjrîd al-ʿAqâïd*». Le تجريد العقائد «Exposé du dogme», ou تجريد الكلام «Exposé de la métaphysique», de Naṣîr al-Dîn al-Ṭoûsî est un traité de logique, de physique et de métaphysique. Le commentaire commence par ces mots : الحمد لله المتوحّد بوجوب الوجود. Le nom de l'auteur n'est pas indiqué. Il est fort douteux que ce soit le commentaire d'Al-Iṣfahânî, dont le nom est mentionné dans la préface avec des louanges qu'un auteur ne se donnerait pas.

Papier. 244 feuillets. Hauteur, 18 centimètres; largeur, 13 centimètres. 19 lignes par page. Ms. du XVIe siècle. — (Ancien fonds 933.)

2369.

1° Explication des passages obscurs et énigmatiques du grand commentaire d'Al-Djordjânî, qui sert à élucider le commentaire d'ʿAbd al-Raḥmân ibn Aḥmad al-Iṣfahânî sur le تجريد العقائد de Naṣîr al-Dîn al-Ṭoûsî. Ce traité a été composé sous le règne du sultan ottoman Moḥammad II, entre les années 1453 et 1481, ainsi qu'on lit dans la préface (fol. 1 v°) : سلطان السلاطين فاتح حصين القسطنطين. Commencement : الحمد للمتين الذى متّن قلوب السعداء بتجريد العقائد.

2° (Fol. 11 v°.) Commencement du commentaire d'Al-Taḥtânî (Qoṭb al-Dîn Moḥammad ibn Moḥammad al-Râzî), mort en 766 de l'hégire (1364-1365 de J. C.), sur le مطالع الانوار d'Al-Ormawî. Commencement : الحمد لله فيّاض ذوارف العوارف.

3° (Fol. 32.) مطالع الانظار فى شرح طوالع الانوار «Points d'observation pour servir de commentaire au traité de métaphysique intitulé *Ṭawâliʿ 'l-Anwâr* (d'ʿAbd Allah ibn ʿOmar al-Baïḍhâwî)», par Schams al-Dîn Aboû 'l-Thanâ Maḥmoud ibn ʿAbd al-Raḥmân al-Iṣfahânî. Ce n'est qu'un fragment, dont le premier feuillet manque. Le texte est surchargé de gloses et de notes.

4° (Fol. 41.) Fragment d'un commentaire sur un commentaire d'un traité de métaphysique.

5° (Fol. 51.) Fragment d'un commentaire sur un ouvrage qui traite de la matière première, de la forme, du corps, du mouvement et du repos, etc.

6° (Fol. 64.) Fragment d'un autre commentaire sur le même traité de métaphysique.

7° (Fol. 72 v°.) Explication d'un commentaire sur la préface (ديباجة) du traité de grammaire intitulé مصباح. Commencement : الحمد لمن جعل النحو نورا لثمار حديقة الكلام. La fin manque.

8° (Fol. 92.) Fragment d'un commentaire sur un traité de grammaire. Il est question des pronoms.

9° (Fol. 100.) Fragment du وافية (c'est la fin du traité) de Rokn al-Dîn al-Istirâbâdsî, mort en 717 de l'hégire (1317-1318 de J. C.). Le وافية est un commentaire du traité de grammaire intitulé الكافية d'Ibn al-Ḥâdjib. La copie est datée de l'an 869 de l'hégire (1464-1465 de J. C.).

10° (Fol. 115 v°.) Conseils adressés aux jeunes gens qui cherchent à s'instruire.

Papier. 118 feuillets. Hauteur, 18 centimètres; largeur, 13 centimètres et demi. Écritures diverses. — (Ancien fonds 925.)

2370.

جامع الدقائق فى كشف الحقائق «Réunion des subtilités pour la découverte de la vérité», par Aboû 'l-Ḥasan ʿAlî ibn ʿOmar Al-Kâtibî, mort vers l'an 650 de l'hégire (1252-1253 de J. C.). La première des trois parties (قسم) dont se compose cet ouvrage est consacrée à la logique, la seconde à la physique et la troisième à la métaphysique. Ces parties sont divisées en discours (مقالة), dont chacun contient plusieurs chapitres. La seconde partie commence au fol. 110 v°, et la troisième au fol. 130 v°.

Ms. daté (au fol. 110) de l'an 863 de l'hégire (1459 de J. C.).

Papier. 151 feuillets. Hauteur, 18 centimètres; largeur, 13 centimètres. 21 lignes par page. — (Ancien fonds 932.)

2371.

1° الرسالة الشمسيّة فى القواعد المنطقيّة «Traité dédié à Schams al-Dîn, sur les principes de la logique», par Nadjm al-Dîn ʿOmar al-Qazwînî al-Kâtibî (Voyez ci-dessus, n° 2359, 4°).

2° (Fol. 13 v°.) تحرير القواعد المنطقيّة فى شرح الرسالة الشمسيّة. Commentaire de Qoṭb al-Dîn Moḥammad al-Râzî sur la *Schamsîya* d'Al-Kâtibî. Commencement : أن

ابهى درر تنظم ببنان البيان وازهر زهر ينشر فى اردان الاذهان حمد مبدع الخ.

Papier. 211 feuillets. Hauteur, 22 centimètres et demi; largeur, 16 centimètres. L'écriture du premier ouvrage est du XVIIe, celle du second, du XVIIIe siècle. — (Supplément 1323.)

2372.

1° La *Schamsîya* d'Al-Kâtibî. Copie datée de l'an 1085 de l'hégire (1674-1675 de J. C.).

2° (Fol. 30.) Le *Talkhîṣ al-Miftâḥ*. Copie du XVIIe siècle, de diverses mains.

Papier. 113 feuillets. Hauteur, 21 centimètres; largeur, 13 centimètres. — (Supplément 1324 *bis*.)

2373.

1° Le *Taḥrîr al-Qawâʿid* ou commentaire de Qoṭb al-Dîn al-Râzî sur la *Schamsîya* d'Al-Qazwînî. La copie est datée de l'an 767 de l'hégire (1365-1366 de J. C.). Nombreuses notes marginales.

2° (Fol. 83 v°.) Commentaire sur la *Schamsîya*, commençant par ces mots : قال ورتبته على مقدمة وثلاث مقالات اقول هكذا عبارة المتن فى كثير من النسخ والصواب ان لفظة ثلاث هنا زيادة الخ[1].

En tête du volume, on lit des notes diverses, des traditions, des pièces de vers, dont quelques-unes en persan, des observations grammaticales, etc.

Papier. 131 feuillets. Hauteur, 21 centimètres et demi; largeur, 12 centimètres et demi. — (Ancien fonds 940.)

2374.

تجريد القواعد المنطقيّة فى شرح الرسالة الشمسيّة «Dépouillement des principes de la logique, pour servir de commentaire au traité intitulé *Al-Schamsîya*. La préface commence par ces mots : ان ابهى درر تنظم ببنان البيان. Notes marginales, en caractères microscopiques[2].

Papier. 151 feuillets. Hauteur, 18 centimètres; largeur, 11 centimètres. 17 lignes par page. Ms. du XVIe siècle. — (Ancien fonds 978.)

2375.

Le *Taḥrîr al-Qawâʿid* de Qoṭb al-Dîn al-Râzî. Notes marginales et interlinéaires.

Papier. 215 feuillets. Hauteur, 23 centimètres et demi; largeur, 16 centimètres et demi. 11 lignes par page. Ms. du XVIIe siècle. — (Supplément 1324.)

2376.

Même ouvrage.

Exemplaire daté de l'an 1236 de l'hégire (1821 de J. C.).

Papier. 298 feuillets. Hauteur, 19 centimètres et demi; largeur, 12 centimètres. 13 lignes par page. — (Supplément 1325.)

2377.

1° Commentaire d'Aḥmad ibn ʿAbd al-Fattâḥ Al-Malawî sur la préface du *Taḥrîr al-Qawâʿid* de Qoṭb al-Dîn al-Râzî.

2° (Fol. 24 v°.) Le *Taḥrîr al-Qawâʿid* de Qoṭb al-Dîn al-Râzî.

3° (Fol. 183 v°.) شرف الموضوع ببيان معنى الموضوع «Noble sujet à traiter, à savoir la signification du terme *objet*», par Aboû 'l-Morschid Khalîl al-Mâlikî. Il s'agit de la signification du mot *objet*, qui s'emploie dans la *Schamsîya*. Commencement : اعلم ان موضوع العلم ما يبحث فيه عن عوارضه الذاتية.

Papier. 186 feuillets. Hauteur, 22 centimètres; largeur, 16 centimètres. Écritures diverses du XVIIIe siècle. — (Supplément 1326.)

2378.

Gloses d'Aḥmad al-Abîwardî sur le commentaire du *Taḥrîr al-Qawâʿid* par Djordjânî. Commencement : الحمد لله الذى نوّر قلوب العارفين.

Ms. daté de l'an 895 de l'hégire (1490 de J. C.).

Papier. 193 feuillets. Hauteur, 19 centimètres; largeur, 12 centimètres. 21 lignes par page. — (Supplément 1327.)

[1] L'auteur de cet ouvrage est Al-Djordjânî. C'est un commentaire du *Taḥrîr al-Qawâʿid*. H. Z. — [2] Le ms. porte (dans la préface) : وسميته بتحرير القواعد. C'est, en effet, l'ouvrage de Qotb al-Dîn al-Râzî. H. Z.

IMPRIMERIE NATIONALE.

2379.

Commentaire sur la *Schamsîya*. Commencement : الحمد لله الذى نصرنا بنور الهداية والتوفيق الخ. Une note qu'on lit à la fin du volume nous apprend que cet exemplaire est de la main d'Al-Taftâzânî (كتبه سعد الدين التفتازانى).

Papier. 98 feuillets. Hauteur, 17 centimètres et demi; largeur, 11 centimètres et demi. 21 lignes par page. Ms. du xve siècle. — (Ancien fonds 942.)

2380.

Commentaire sur la *Schamsîya*. Commencement : الحمد لله الذى بصّر بالنور الهداية والتوفيق. Ce commentaire paraît être celui de Sa'd al-Dîn al-Taftâzânî[1]. Ms. de deux écritures, daté de l'an 877 de l'hégire (1473 de J. C.).

Papier. 119 feuillets. Hauteur, 18 centimètres et demi; largeur, 13 centimètres et demi. 15 lignes par page. — (Supplément 1328.)

2381.

1° Gloses sur la *Schamsîya*. Une note qu'on lit au commencement, attribue ces gloses au docteur connu sous le surnom d'Al-Saïyid al-Scharîf, c'est-à-dire 'Alî ibn Moḥammad al-Djordjânî. L'ouvrage commence par ces mots : قال ورتبته على مقدمة وثلث مقالات وخاتمة قلت.

2° (Fol. 116.) Gloses sur le لوامع الاسرار «Éclairs de l'intelligence», qui est un commentaire sur le traité de logique intitulé مطالع الانوار, de Sirâdj al-Dîn al-Ormawî.

Papier. 235 feuillets. Hauteur, 21 centimètres et demi; largeur, 15 centimètres. Environ 20 lignes par page. Ms. du xvie siècle. — (Ancien fonds 938.)

2382.

Commentaire sur la *Schamsîya*, accompagné de gloses. Ce ms. avait appartenu à Saumaise.

Papier. 160 feuillets. Hauteur, 19 centimètres; largeur, 14 centimètres. 16 lignes par page. — (Supplément 1930.)

2383.

Commentaire sur le *Schamsîya*. Commencement : قال ورتبته على مقدمة وثلث مقالات وخاتمة اعلم ان من داءب المصنفين ان يشيروا فى اوائل تصانيفهم الى اجزائها اجمالاً الخ

Papier. 77 feuillets. Hauteur, 17 centimètres; largeur, 13 centimètres et demi. 17 lignes par page. Ms. de différentes écritures du xvie siècle. — (Ancien fonds 941.)

2384.

شرح حكمة العين «Commentaire sur le *Ḥikmat al-'Aïn*», par Schams al-Dîn Moḥammad ibn Mobârakschâh, al-Bokhârî. L'ouvrage commenté a pour auteur Nadjm al-Dîn Aboû Bakr ibn 'Omar al-Kâtibî al-Qazwînî, qui s'est proposé de mettre au grand jour la doctrine (حكمة) renfermée dans son traité de logique intitulé عين القواعد «Source des principes» et qui l'a complété par ce traité de métaphysique et de physique. Commencement du commentaire : اما بعد حمد الله فاطر ذوات العقول النورية. Commencement du texte : سبحانك اللهم يا واجب الوجود. Gloses marginales.

Ms. daté de l'an 950 de l'hégire (1543 de J. C.).

Papier. 156 feuillets. Hauteur, 18 centimètres et demi; largeur, 13 centimètres. 15 lignes par page. — (Supplément 2156.)

2385.

Même ouvrage.

2° (Fol. 31 v°.) Gloses de Mîrzâdjân sur le حكمة العين. La fin manque.

3° (Fol. 96 v°.) Gloses d'un anonyme sur le même ouvrage. Commencement : الحمد لله الحكيم الخبير العليم القدير.

4° (Fol. 102 v°.) Gloses de Monlâ Ḥaïdar (منلا حيدر) sur le même ouvrage.

5° (Fol. 114 v°.) Gloses d'un anonyme sur le même ouvrage.

6° (Fol. 126.) Dernier cahier d'un recueil de gloses sur le même ouvrage. La copie n'est pas terminée.

La plupart des traités contenus dans ce volume sont

[1] C'est, en effet, le même ouvrage que le précédent. Dans l'*incipit* du ms. 2379, il faut lire بصرنا, au lieu de نصرنا (le ms. porte بصرنا), et dans celui du ms. 2380 بصّرنا بنور (le ms. porte distinctement بصرنا بنور). H. Z.

de la même écriture. Nombreuses gloses marginales, disposées ordinairement en deux colonnes.

Papier. 133 feuillets. Hauteur, 22 centimètres; largeur, 16 centimètres et demi. 19 lignes par page dans le premier et le second traité, 23 lignes dans le troisième, le quatrième et le cinquième traité. Ms. du XVIIIe siècle. — (Supplément 1327 *bis*.)

2386.

1° مطالع الانوار «Levers des lunaires», traité de logique, par Sirâdj al-Dîn Mohammad ibn abî Bakr al-Ormawî. Commencement : اللهم انا نحمدك ولك الحمد من آلائك. On lit sur le second feuillet une note en langue turque, datée de l'an 1662 de J. C., portant que Barthélemy d'Herbelot a fait don de ce volume à un nommé Des Vallès? (ديس واليس). La copie elle-même est probablement de la main de d'Herbelot.

2° (Fol. 51 v°.) Sentences, maximes et pièces de vers, les unes en arabe, les autres en persan et en turc.

3° (Fol. 58.) Pièce de vers en langue turque.

Papier. 60 feuillets. Hauteur, 16 centimètres; largeur, 10 centimètres et demi. 8 lignes par page. Ms. du XVIIe siècle. — (Supplément 1332.)

2387.

Premières pages du مطالع الانوار de Sirâdj al-Dîn al-Ormawî.

Papier. 16 pages. Hauteur, 23 centimètres; largeur, 18 centimètres. Écriture européenne du XVIIe siècle. — (Supplément 2259.)

2388.

تنوير المطالع. Commentaire sur le مطالع الانوار d'Al-Ormawî, attribué à Ḥâdji Pacha. Commencement : الحمد لله الذى خصّص نوع الانسان بالهداية الى دليل توحيده.

Papier. 198 feuillets. Hauteur, 22 centimètres et demi; largeur, 12 centimètres et demi. 25 lignes par page. Ms. du XVe siècle. — (Supplément 1333.)

2389.

Le مطالع الانظار de Schams al-Dîn al-Iṣfahânî. (Voyez ci-dessus, n° 2369, 3°.)

Ms. daté de l'an 898 de l'hégire (1492-1493 de J. C.).

Papier. 210 feuillets. Hauteur, 17 centimètres et demi; largeur, 11 centimètres. 25 lignes par page. — (Supplément 2155.)

2390.

Commentaire du Saïyid al-Scharîf al-Djordjânî sur le مطالع الانظار de Schams al-Dîn Maḥmoûd al-Iṣfahânî. Commencement : قوله اراد ان يشير الى ان اشرف العلوم الخ.

Ms. daté de l'an 881 de l'hégire (1476 de J. C.).

Papier. 38 feuillets. Hauteur, 19 centimètres; largeur, 14 centimètres. 21 lignes par page. — (Ancien fonds 939.)

2391.

Gloses de Mîrzâdjân Ḥabîb al-Schîrâzî sur le commentaire du منتهى السؤال d'Ibn al-Ḥâdjib (Aboû ʿOmar ʿOthmân), par Adhod al-Dîn al-Îdjî. Commencement : قوله من لطف الله تعالى احداث الموضوعات اللغوية الخ.

Papier. 233 feuillets. Hauteur, 18 centimètres; largeur, 12 centimètres et demi. 21 lignes par page. Ms. de diverses écritures du XVIe siècle. — (Supplément 1336.)

2392.

كتاب المواقف «Les Stations», traité de philosophie scolastique appliquée aux dogmes de la religion musulmane, par le cadi ʿAdhad al-Dîn ʿAbd al-Raḥmân ibn Aḥmad al-Îdjî. Cet ouvrage se compose de six parties ou *stations*, divisées en plusieurs مرصد (lieux d'observation), et chaque مرصد en plusieurs مقصد (points de vue). La première *station* sert d'introduction à l'ouvrage; la seconde traite des universaux; la troisième, des accidents; la quatrième, des substances; la cinquième, de la nature de Dieu, et la sixième, des dogmes. M. Sœrensen a publié le texte des deux dernières *stations*, avec le commentaire d'ʿAlî ibn Mohammad al-Djordjânî.

Ms. daté de l'an 782 de l'hégire (1381-1382 de J. C.).

Papier. 160 feuillets. Hauteur, 24 centimètres et demi; largeur, 15 centimètres. 25 lignes par page. — (Ancien fonds 883.)

2393.

Commentaire d'Al-Djordjânî sur le مواقف d'Al-Îdjî.

Exemplaire écrit à Hérat, en 902 de l'hégire (1495 de J. C.), pour le vizir ʿAlî Schîr. Ms. dépourvu de points diacritiques. Le premier feuillet a été ajouté après coup; entre ce feuillet et le suivant il y a une lacune considérable.

Papier. 249 feuillets. Hauteur, 25 centimètres; largeur, 18 centimètres. 30 lignes par page. — (Supplément 1320 *bis*.)

2394.

Même ouvrage.

Ms. daté de l'an 1168 de l'hégire (1750 de J. C.).

Papier. 792 feuillets. Hauteur, 22 centimètres; largeur, 17 centimètres. 23 lignes par page. — (Supplément 1320.)

2395.

Commentaire sur le مواقف d'Al-Îdjî, par un anonyme. Commencement : الحمد لله الذى هدانا لهذا وما كنّا لنهتدى لولا ان هدانا الخ.

Papier. 399 feuillets. Hauteur, 21 centimètres et demi; largeur, 16 centimètres. 23 lignes par page. Ms. du XVIIIᵉ siècle. — (Supplément 1321.)

2396.

Commentaire d'ʿAbd Allah ibn Fadhl Allah al-Khabîṣî, sur le traité de logique d'Al-Taftâzânî, intitulé التهذيب. Commencement : ان احقّ ما يتزيّن بنشره منطق القاضى الخ. Nombreuses gloses marginales.

Papier. 88 feuillets. Hauteur, 24 centimètres; largeur, 17 centimètres. 11 lignes par page. Ms. de deux mains différentes du XVIIIᵉ siècle. — (Supplément 1322.)

2397.

شرح الغرّة. Commentaire de Qoṭb al-Dîn ʿÎsâ ibn Moḥammad al-Ṣafawî, mort en 953 de l'hégire (1546 de J. C.), sur le traité de logique de Noûr al-Dîn Moḥammad Al-Djordjânî, intitulé الغرّة فى المنطق.

Ms. daté de l'an 1077 de l'hégire (1667 de J. C.).

Papier. 76 feuillets. Hauteur, 21 centimètres; largeur, 14 centimètres et demi. 21 lignes par page. — (Ancien fonds 917.)

2398.

Le *Tahâfout* du *mollâ* Moṣṭafâ ibn Yoûsof al-Borsawî Khwâdja Zâdè, mort en 893 de l'hégire (1488 de J. C.). Cet ouvrage, imité du تهافت الفلاسفة «Chute des philosophes», d'Al-Ghazâlî et composé sur l'ordre du sultan ottoman Moḥammad II, fils d'Amourathe II, renferme, en vingt-deux chapitres, la réfutation des opinions impies professées par les philosophes. Copie exécutée en 928 de l'hégire (1521 de J. C.), sur le ms. de l'auteur. Quelques feuillets manquent.

2° (Fol. 125 v°.) Mélanges théologiques et métaphysiques : 1° Examen de la question de savoir si la *taṣliya* (صلى الله عليه وسلم), jointe au nom du prophète Mahomet, est supérieure à celle qui accompagne le nom du patriarche Abraham; 2° dissertation sur l'individualité qui est en dehors de la quiddité spécifique (ان التشخيص امر زايد على الماهيّة النوعيّة); 3° dissertation où l'on démontre que l'homme possède une faculté raisonnable et d'autres facultés, sur lesquelles s'impriment les images des choses (ان للانسان قوّة عاقلة ينطبع فيها وغيرها صور الاشياء); 4° commentaire sur une proposition qui se trouve dans l'ouvrage intitulé المحاكمات, et qui est énoncée sous cette forme : ان الاصل مقدمة كلية يصلح ان يكون كبرى لصغرى سهلة. Suivent d'autres gloses sur le même livre.

3° (Fol. 147 v°.) Commentaire de Mîr Ṣadr al-Dîn Moḥammad al-Schîrâzî, mort en 898 de l'hégire (1492-1493 de J. C.), sur le traité de métaphysique intitulé رسالة فى اثبات الواجب «Comment démontrer l'existence de l'être nécessaire?»

4° (Fol. 165 v°.) Gloses de Djalâl al-Dîn al-Dauwânî sur le traité de logique intitulé مطالع الانوار de Sirâdj al-Dîn Moḥammad al-Ormawî. Cet opuscule est daté de l'an 928 de l'hégire (1521-1522 de J. C.).

Papier. 196 feuillets. Hauteur, 20 centimètres et demi; largeur, 13 centimètres. Écritures diverses du XVIᵉ siècle. — (Ancien fonds 923.)

2399.

1° Gloses sur le تهافت de Khwâdja Zâdè, par Ibn Kamâl-Pacha.

2° (Fol. 75.) Gloses du même auteur sur le محاكمات.

3° Gloses du même auteur sur le اثبات الواجب de Djalâl al-Dîn al-Dauwânî.

Papier. 130 feuillets. Hauteur, 21 centimètres et demi; largeur, 13 centimètres et demi. 21 lignes par page. Écritures diverses du XVIᵉ siècle. — (Ancien fonds 924.)

2400.

1° Gloses de Moḥammad ibn Yoûsof al-Sanoûsî sur son *Abrégé de logique* (حواشى المختصر فى المنطق). Commencement : الحمد لله الملك الوهاب الملهم للصواب. Copie du XVIIIe siècle.

2° (Fol. 104 v°.) نفائس الدرر فى حواشى المختصر. Commentaire de l'ouvrage précédent, par Al-Ḥasan ibn Mas'oûd al-Yoûsî. Commencement : الحمد لله الناطق له بالربوبيّة اثره الظاهر. Copie datée de l'an 1162 de l'hégire (1749 de J. C.).

Papier. 251 feuillets. Hauteur, 22 centimètres; largeur, 16 centimètres et demi. 23 et 29 lignes par page. — (Supplément 1344.)

2401.

Commencement du commentaire d'Al-Sanoûsî sur son traité de logique.

Papier. 10 feuillets. Hauteur, 23 centimètres; largeur, 16 centimètres et demi. 25 lignes par page. Ms. du XVIIe siècle. — (Supplément 2159.)

2402.

السلّم المرونق فى علم المنطق «L'Échelle polie, traité de logique», par 'Abd al-Raḥmân al-Akhdharî. Traité de logique, en vers, accompagné d'un commentaire par le même auteur. Premier vers :

الحمد لله الذى قد اخرجا   نتائج الفكر لارباب الحجا

Commencement du commentaire : الحمد لله الذى جعل قلوب العلماء سموات تتجلّى شموس المعارف.

Papier. 22 feuillets. Hauteur, 21 centimètres; largeur, 15 centimètres. 23 lignes par page. Ms. du XVIIIe siècle. — (Supplément 1317.)

2403.

Commentaire sur le سلّم المرونق d''Abd al-Raḥmân al-Akhdharî, par Aḥmad al-Malawî. Commencement : الحمد لله الذى نطقت مصنوعاته بربوبيته.

Ms. daté de l'an 1192 de l'hégire (1778 de J. C.).

Papier. 194 feuillets. Hauteur, 23 centimètres et demi; largeur, 16 centimètres et demi. 23 lignes par page. — (Supplément 1318.)

2404.

Abrégé du commentaire précédent, par l'auteur lui-même. Commencement : الحمد لله العالم بالكليات والجزئيات.

Ms. daté de l'an 1143 de l'hégire (1730 de J. C.).

Papier. 48 feuillets. Hauteur, 21 centimètres et demi; largeur, 16 centimètres. 23 lignes par page. — (Supplément 1319.)

2405.

1° كشف الحجاب والران عن وجه اسئلة الجانّ «Les Questions des génies dévoilées», par 'Abd al-Wahhâb al-Scha'rânî. Copie datée de l'an 1020 de l'hégire (1612 de J. C.).

2° (Fol. 103.) نزهة المحافل وحكم الاوائل «Source d'agrément pour les réunions et maximes des anciens». Recueil d'anecdotes en prose et en vers, en dix chapitres. Chaque chapitre contient dix anecdotes. Le chapitre dixième traite de l'écriture coufique et de certains alphabets secrets : المعقلى, الهندى, المشجر et الفهلوى. Ce dernier, dit l'auteur, est un alphabet de convention, tiré de l'alphabet arabe. Le huitième chapitre indique divers artifices employés dans la composition des vers, comme dans le vers suivant :

مودته تدوم لكل هول   وهل كل مودته تدوم

que l'on peut lire de droite à gauche et de gauche à droite. Commencement de la préface : الحمد لله الذى جعل القلوب دون الجوارح هو السلطان. Copie datée de l'an 1020 de l'hégire.

3° (Fol. 160.) Quatre pièces de vers. La première est attribuée à Al-Aṣma'î; la seconde est de Borhân al-Dîn al-Qirâṭî; la troisième a été récitée en la présence du sultan Baresbaï par Moḥammad al-Ḥakîm; la quatrième commence ainsi :

عشق ورد الخديد القانى   فى جحيم اللظى القانى

4° (Fol. 162.) La qaṣîda يا خلى البال قد بلبلت بالبلبال بال d'Al-Ṭanṭarânî.

5° (Fol. 166.) القول العتيق فى رد قول يعقوب البطريق «Beau discours pour réfuter le patriarche Ya'qoûb». Dissertation composée à Constantinople par un nommé Moḥammad ibn 'Alî, pour démontrer au patriarche la supériorité de l'islamisme sur la religion chrétienne. Copie datée de l'an 1175 de l'hégire (1762 de J. C.).

6° (Fol. 182.) بلغة الغوّاص فى الاكوان الى معدن الاخلاص

في معرفة الانسان « Ce qui suffit pour celui qui plonge dans (la mer des) êtres afin d'atteindre la mine de la sincérité dans la connaissance de l'homme ». Ouvrage mystique de Mohyî al-Dîn ibn al-ʿArabî.

7° (Fol. 325 v°.) رسالة الانوار « Les Lumières », petit traité mystique de Mohyî al-Dîn Ibn al-ʿArabî. Commencement : الحمد لله المستحق لجميع المحامد كلها.

8° (Fol. 337 v°.) انس الوحيد ونزهة المريد « Compagnon du solitaire et amusement pour l'aspirant », traité de morale, par Aboû Madyan (Boû Medîn) Schoʿaïb, de Tlemcen.

9° (Fol. 344.) Le traité intitulé ايها الولد d'Aboû Hâmid al-Ghazâlî.

Papier. 363 feuillets. Hauteur, 21 centimètres; largeur, 14 centimètres et demi. Écritures diverses du XVIIe et du XVIIIe siècle. — (Supplément 2333.)

2406.

1° رسالة من (*lis.* في) علم الميزان الموسوم بالمنطق « Traité sur la science de la balance, science qu'on désigne par le nom de *logique* ». Commencement : الحمد لمن لا يصل الى كنهه الافكار والصلوة والسلام على افضل الرسل وآله الاخيار.

2° (Fol. 14 v°.) Gloses relatives au commentaire de Hosâm al-Dîn al-Kânî sur l'*Isagoge* d'Athîr al-Dîn al-Abharî. Commencement : قال الحمد لله الواجب وجوده اقول فتح كتابه بالحمد بعد الابتداء بالتسمية الخ.

Papier. 56 feuillets. Hauteur, 19 centimètres et demi; largeur, 12 centimètres. 17 lignes par page dans le premier traité, 19 lignes dans le second. Ms. du XVIIe siècle. — (Ancien fonds 921.)

2407.

Commentaire sur un traité de métaphysique. Le commencement manque.

Le premier feuillet contient le commencement d'une prière, amplification de la première sourate du Coran.

Papier. 54 feuillets. Hauteur, 21 centimètres; largeur, 14 centimètres. 16 lignes par page. Ms. du XVIIe siècle. — (Ancien fonds 204.)

2408.

Dissertation sur la nature de l'âme (رسالة في بيان الروح).

Ms. daté de l'an 965 de l'hégire (1558 de J. C.).

Papier. 3 pages. Hauteur, 20 centimètres; largeur, 22 centimètres et demi. 25 lignes par page. — (Supplément 2257.)

2409.

Commentaire sur un traité de logique. Le commencement manque. L'ouvrage commenté se termine par un appendice qui commence par ces mots : اجزاء العلوم الموضوعات.

Ms. daté de l'an 972 de l'hégire (1564 de J. C.).

Papier. 44 feuillets. Hauteur, 17 centimètres; largeur, 10 centimètres et demi. 19 lignes par page, et à partir du fol. 31, 17 lignes. — (Supplément 1335.)

2410.

1° Gloses sur un commentaire d'un traité de logique. Commencement : قال الشارح في الحاشية لم يرد به معينا الخ اقول مراده بالزيادة في الجملة الزيادة بوجه ما وذلك ليس معنى ثالثا كما ظن بل هو جار في المعنيين الخ. Ce n'est qu'un fragment de l'ouvrage, et il y a de nombreuses lacunes dans le corps du texte.

2° (Fol. 45.) Extrait d'un traité sur les traditionnistes, commençant par les mots : باب حلاوة الايمان. Le copiste s'est arrêté au chapitre intitulé باب علاج النفاق. Le commencement manque.

Papier. 55 feuillets. Hauteur, 14 centimètres; largeur, 9 centimètres. 13 et 14 lignes par page. Ms. du XVIe siècle. — (Supplément 2158.)

2411.

Gloses sur un traité de métaphysique. Commencement : قوله ورتبه على مقدمة وثلث مقالات وخاتمة اقول هكذا وجد عبارة المتن الخ.

Papier. 88 feuillets. Hauteur, 18 centimètres; largeur, 11 centimètres et demi. 17 lignes par page. Ms. du XVIIe siècle. — (Supplément 1339.)

2412.

Gloses sur un commentaire d'un traité de métaphysique. Commencement : قوله لما كان الوجود الى اخره اشار الى ان العلة الموجدة والمبقية واحدة.

Papier. 26 feuillets. Hauteur, 16 centimètres; largeur, 17 centimètres et demi. 26 lignes par page. Ms. du XVIIe siècle. — (Supplément 2258.)

2413.

Commentaire sur un traité de logique. Le commencement et la fin manquent.

Papier. 59 feuillets. Hauteur, 21 centimètres; largeur, 14 centimètres. 18 lignes par page. Ms. du XVIIe siècle. — (Supplément 2265.)

2414.

Fragment d'un commentaire sur un traité de logique. Nombreuses notes marginales.

Papier. 20 feuillets. Hauteur, 21 centimètres; largeur, 13 centimètres et demi. 11 lignes par page. Ms. du XVIIe siècle. — (Supplément 2266.)

2415.

Traité de philosophie intitulé : رسالة مرآة الحكمة في علم الفلسفة par Karîm ibn Ibrâhîm. Ms. daté de l'an 1264 de l'hégire (1847 de J. C.).

Papier. 107 feuillets. Hauteur, 21 centimètres; largeur, 15 centimètres. 20 lignes par page. — (Supplément 2514.)

XI.

MORALE ET POLITIQUE.

2416.

العهود اليونانية المستخرجة من رموز كتاب السياسة لافلاطون « Préceptes grecs, tirés des énigmes contenues dans le Livre de la politique de Platon », par Aḥmad ibn Yoûsof ibn Ibrâhîm. Traité de morale et de politique, divisé en trois chapitres, contenant les préceptes du roi grec Hadrien à son fils, ceux du vizir à son fils et ceux de l'homme du peuple à son fils. Commencement : الحمد لله اهل الحمد ووليه.

Papier. 56 feuillets. Hauteur, 24 centimètres et demi; largeur, 16 centimètres. 15 lignes par page. Ms. du XIVe siècle. — (Ancien fonds 885.)

2417.

سرّ الاسرار « Le Secret des secrets », traité de politique attribué à Aristote. L'ouvrage commence par une préface, dans laquelle le traducteur, Yoûḥannâ ibn al-Baṭrîq (Johannes Patricius, surnommé *Al-Tardjomân* « l'interprète »), s'adressant au calife Amîr al-Moûminîn (il s'agit d'Al-Ma'moûn l'Abbâside), déclare que, suivant ses ordres, il avait fait des recherches pour découvrir le livre du *Secret des secrets*, ouvrage composé par Aristote, fils de Nicomaque (نيقوماخوس), pour son disciple, le très grand roi Alexandre, fils de Philippe, surnommé *Dsou'l-Qarnaïn*. Il ajoute qu'après avoir visité tous les grands temples (هياكل), où les philosophes avaient coutume de placer leurs écrits secrets (اسرارهم), et interrogé les supérieurs de tous les couvents (عظماء الرهبان), il était venu au temple du Soleil, édifice que s'était construit Esculape le Sage (selon un autre ms., Hermès le Grand), et que là il avait trouvé le traité tant désiré. Revenu à la cour, il avait commencé, sous les auspices du calife (بسعد امير المومنين), à traduire cet écrit du grec en latin (اللسان الرومى), puis du latin en arabe. L'ouvrage était précédé d'une lettre, adressée par Aristote à Alexandre, et contenant la liste des discours (مقالة), au nombre de dix, dont se compose l'ouvrage. Nous donnons ici les titres de ces discours, en les abrégeant.

1. (Fol. 3 v°.) *Sur les diverses catégories de rois.* « Il y a quatre catégories de rois : le roi magnifique pour lui-même et libéral envers ses sujets; le roi magnifique pour lui-même et parcimonieux à l'égard de ses sujets; le roi parcimonieux pour lui-même et à l'égard de ses sujets; le roi parcimonieux pour lui-même et libéral à l'égard de ses sujets. »

2. (Fol. 5 v°.) *Sur la conduite qui convient à un roi.* « Ô Alexandre! le roi qui met sa royauté au service de la religion est digne de régner; le roi qui met la religion au service de la royauté méprise ce qui est convenable et en sera la victime. »

3. (Fol. 27.) *Sur la forme de la justice.* « Ô Alexandre! la justice est un des plus nobles attributs du Créateur, et le roi à qui Dieu a confié la garde de ses serviteurs est comme un simple instrument, etc. »

4. (Fol. 28.) *Sur les vizirs et leur nombre, etc.* « Ô Alexandre! fais bien attention au sens de ce discours, qui est, sache-le bien, de la plus haute importance, etc. »

5. (Fol. 33 v°.) *Sur les écrivains de la chancellerie.* « Ô Alexandre! tu dois mettre beaucoup de soin dans le choix des écrivains de tes pièces officielles; ce sera là la plus forte preuve de ton intelligence, etc. »

6. (Fol. 34.) *Sur le choix des ambassadeurs.* « Sache, Alexandre, puisse Dieu te favoriser! qu'on peut apprécier, d'après le caractère de l'envoyé, l'intelligence de celui qui l'a chargé de sa mission, etc. »

7. (Fol. 34 v°.) *Sur les gouverneurs des provinces et sur les percepteurs.* «Tu sais bien, ô Alexandre! que tes sujets .... sont le soutien de ta puissance, etc.»

8. (*Ibid.*) *Sur les généraux et sur l'armée.* «Ô Alexandre! l'armée est la crême de l'empire, l'éclat du royaume, etc.»

9. (Fol. 35 v°.) *Sur l'art de la guerre.* «Ô Alexandre! ne fais pas la guerre en personne, etc.»

10. (Fol. 38 v°.) *Sur la talismanique, l'astrologie, la manière de gagner les esprits, les propriétés des pierres et des plantes, etc.* «Tu sais, d'après ce que je t'ai plusieurs fois exposé, que la substance du monde supérieur et du monde inférieur, de près et de loin, est unique et ne varie pas, en tant que substance; les variations ne proviennent que des accidents, etc.»

Il est certain que cet ouvrage n'est pas d'Aristote, et Yoûḥannâ (ou Yaḥyâ) ibn al-Baṭrîq n'en est probablement ni le traducteur, ni l'auteur.

Papier. 45 feuillets. Hauteur, 21 centimètres; largeur, 14 centimètres et demi. 21 lignes par page. Ms. du XVIIe siècle. — (Supplément 540.)

2418.

كتاب السياسة فى تدبير الرياسة المعروف بسرّ الاسرار. Même ouvrage que le précédent.

Ms. daté de l'an 1037 de l'hégire (1627 de J. C.).

Papier. 61 feuillets. Hauteur, 21 centimètres et demi; largeur, 15 centimètres. 17 lignes par page. — (Ancien fonds 944.)

2419.

1° Même ouvrage.

2° (Fol. 19 v°.) كتاب الفرايد والقلايد «Pierres et colliers», par Moḥammad ibn al-Ḥosaïn al-Ahwâzî. Recueil de maximes et d'expressions proverbiales, divisé en huit sections, dont la première traite de la dévotion; la seconde, de la science; la troisième, de l'avantage du silence; la quatrième, de la conduite vertueuse; la cinquième, de la culture de l'esprit; la sixième, des belles qualités de l'âme; la septième, de la bonne administration de l'État, et la huitième, de la correction et de la précision du style. Les derniers feuillets de la huitième section manquent. Commencement: الحمد لله العلى الكبير القوى العزيز السميع البصير.

3° (Fol. 40.) Abrégé du *ʿAdjâïb al-Makhloûqât* d'Al-Qazwînî. Les premiers feuillets, ainsi que plusieurs autres dans le corps de l'ouvrage, manquent.

4° (Fol. 167 v°.) Pièces diverses. (Prière d'un opprimé se plaignant de l'oppresseur; quelques vers détachés; indication de la valeur numérique des lettres de l'alphabet; sur l'*exaltation*, شرف, des astres, etc.)

5° (Fol. 169 v°.) Tableau des maladies et des remèdes.

6° (Fol. 180.) Tableau des jours fastes et néfastes.

7° (Fol. 185 v°.) Vers attribués à l'imâm Al-Schâfiʿî et à d'autres.

8° (Fol. 187.) Copie d'un document officiel, en écriture de bureau.

Papier. 188 feuillets. Hauteur, 21 centimètres; largeur, 15 centimètres. 13 à 20 lignes par page. Ms. du XVIIe siècle. — (Ancien fonds 945.)

2420.

1° Le *Sirr al-Asrâr*. (Voyez les numéros précédents.)

Copie datée de l'an 1102 de l'hégire (1690-1691 de J. C.).

2° (Fol. 57 v°.) Recueil de paroles attribuées à Mahomet et tirées du recueil d'Al-Raschîdî (ديوان الرشيدى).

Papier. 60 feuillets. Hauteur, 20 centimètres et demi; largeur, 15 centimètres. Écritures diverses du XVIIe siècle. — (Supplément 542.)

2421.

Le *Sirr al-Asrâr*. Cet exemplaire ne renferme que huit discours, le copiste ayant supprimé le cinquième et le septième. La rédaction du huitième discours (le dixième des autres exemplaires) présente de notables différences, quoique les titres soient identiques.

Ms. daté de l'an 1144 de l'hégire (1732 de J. C.).

Papier. 45 feuillets. Hauteur, 16 centimètres; largeur, 10 centimètres et demi. 15 lignes par page. — (Supplément 543)

2422.

رسالة العامية. Autre rédaction du سرّ الاسرار. Au fol. 24 v° commence un discours de Platon, adressé aux Éphésiens, sur la vanité des richesses, et plus loin, (fol. 62), une lettre adressée par Alexandre à Porus, souverain de l'Inde.

Le titre du ms., très orné, nous apprend qu'il a été écrit pour la bibliothèque et du vivant de la princesse Dilschâd (دلشاد خاتون). Nous savons par le *Gulschen al-Kholafâ*, histoire de Baghdâd, de Nezmi-Zâdè, qu'une princesse Dilschâd avait pour mari le schaïkh Ḥosaïn Il-khânî, gouverneur de cette ville, qui est mort en 757 de l'hégire (1356 de J. C.).

Papier. 90 feuillets. Hauteur, 25 centimètres et demi; largeur, 18 centimètres. 9 lignes par page. — (Supplément 541.)

2423.

نهج البلاغة «Voie qui mène à l'éloquence», recueil de discours, d'épîtres et de maximes attribués à ʿAlî, fils d'Aboû Ṭâlib. D'après le titre, qui se trouve en tête de l'ouvrage, l'auteur de cette compilation est «celui qui a devancé tous ses compétiteurs dans la carrière de l'excellence, celui sur lequel Dieu a imprimé le cachet de sa satisfaction, à savoir ʿAlî al-Mourtadhâ, sur qui soit le salut de Dieu» (من كلام سابق مضمار البراعة خاتم الرضى على المرتضى عليه السلام), c'est-à-dire le célèbre descendant d'ʿAlî, le chérif ʿAlî al-Mourtadhâ, mort en 448 de l'hégire (1057 de J. C.). Ibn Khallikân, dans son Dictionnaire biographique, (tome II, page 236 de la traduction anglaise), nous apprend qu'on a nié l'authenticité de ces pièces et supposé que le chérif lui-même en fut l'auteur. On peut aussi consulter à ce sujet le Dictionnaire bibliographique de Hadji Khalfa, tome VI, pages 406 et 408. Commencement : اما بعد حمد الله تعالى الذى جعل الحمد ثمنا لنعائه ومعاذا من بلائه.

Ms. daté de l'an 735 de l'hégire (1334 de J. C.).

Papier. 351 feuillets. Hauteur, 26 centimètres; largeur, 17 centimètres. 12 lignes par page. — (Ancien fonds 1563.)

2424.

نصيحة الملوك «Conseils aux princes», traité de morale et de politique, par Aboû Ḥâmid al-Ghazâlî. Cet ouvrage, dédié au sultan seldjoukide Moḥammad ibn Malik Schâh, renferme sept chapitres, précédés d'une longue introduction. Une analyse en est donnée dans le Catalogue des mss. de la bibliothèque bodléienne, tome II, page 99. La préface, commence par ces mots : احمد الله على انعامه وافضاله. Elle nous apprend que cet ouvrage avait été primitivement composé en langue persane, puis traduit en arabe. Le nom du traducteur n'est pas mentionné.

Papier. 132 feuillets. Hauteur, 23 centimètres et demi; largeur, 16 centimètres. 13 à 15 lignes par page. Ms. du XIVe ou du XVe siècle. — (Supplément 549.)

2425.

1° Même ouvrage. Les premiers feuillets de cet exemplaire ont été transposés lors de la reliure. Ils doivent se placer dans l'ordre suivant : 1, 24 à 29; 3 à 15; 2, 16 à 23, 30 à 65.

2° (Fol. 66.) Les *Taʿrîfât* d'Al-Djordjânî. Nombreuses notes marginales. La copie s'arrête à l'un des premiers articles de la lettre *djîm*.

Papier. 83 feuillets. Hauteur, 23 centimètres et demi; largeur, 17 centimètres. Le premier ouvrage est du XVe siècle, le second du XVIIe. — (Ancien fonds 894.)

2426.

Le *Naṣîḥat al-Moloûk* d'Al-Ghazâlî. La préface commence par ces mots : قال الشيخ الامام العالم العلامة العارف بالله تعالى حجة الاسلام ابو حامد محمد بن محمد بن محمد الغزالى رضى الله عنه الحمد لله على انعامه والصلاة والسلام الخ. Par conséquent, il faudrait conclure que la traduction est d'Al-Ghazâlî lui-même. Mais ce passage ne se trouve pas dans les autres mss. Dans la préface, l'ouvrage est intitulé التبر المسبوك فى نصيحة الملوك «L'Or fondu, pour servir de conseils aux princes». Cependant nous devons faire remarquer que le premier feuillet, qui contient ces passages, a été ajouté après coup.

Papier. 66 feuillets. Hauteur, 20 centimètres et demi; largeur, 14 centimètres et demi. 23 lignes par page. Ms. du XVIe siècle. — (Supplément 550.)

2427.

Même ouvrage. Le titre de cet exemplaire est le même que celui que l'on trouve dans la préface du numéro précédent.

Papier. 141 feuillets. Hauteur, 22 centimètres et demi; largeur, 16 centimètres. 15 lignes par page. Ms. du XVIe siècle. — (Supplément 552.)

2428.

Même ouvrage. La préface commence par ces mots : الحمد لله بارى النسم وباعث الرمم, et se termine par la

IMPRIMERIE NATIONALE.

liste des chapitres. Il n'est pas dit que l'ouvrage est traduit du persan. L'introduction commence par ces mots : قال الامام الغزالى رحمه الله تعالى مخاطبة للسلطان محمد بن الملك شاه هداه الله تعالى. Elle est beaucoup plus courte que celle des deux numéros précédents et présente une rédaction différente. Le texte des sept chapitres est à peu près le même que dans les autres mss.

Papier. 69 feuillets. Hauteur, 21 centimètres; largeur, 14 centimètres. 19 lignes par page. Ms. du xve siècle. — (Supplément 548.)

2429.

Même ouvrage. Il est dit, au commencement de la préface, que l'ouvrage, composé primitivement en persan, a été traduit en arabe par un nommé Aboû 'l-Ḥasan ʿAlî ibn al-Mobârak ibn Mauhoûb, sur l'ordre de son patron, Alb Qotlogh-Bek Qaïmâz al-Zaïnî. Qaïmâz, grand amateur des belles-lettres, était premier ministre de Saïf al-Dîn Ghâzî ibn Maudoûd, atabec de Mossoul, et de son successeur ʿIzz al-Dîn Masʿoûd. Il est mort en 595 de l'hégire (1199 de J. C.). Sa vie se trouve dans le Dictionnaire biographique d'Ibn Khallikân, tome II, page 510 de la traduction anglaise.

Ms. daté de l'an 1210 de l'hégire (1796 de J. C.).

Papier. 142 feuillets. Hauteur, 22 centimètres; largeur, 16 centimètres. 21 lignes par page. — (Supplément 551.)

2430.

Premier cahier d'un exemplaire du même ouvrage. Le premier feuillet manque.

Papier. 19 feuillets. Hauteur, 21 centimètres; largeur, 15 centimètres. 15 lignes par page. — (Supplément 2051.)

2431.

سراج الملوك «Flambeau des rois», traité d'éthique et de politique, à l'usage des princes, en soixante-quatre sections, par Aboû Bakr Moḥammad ibn al-Walîd al-Ṭortoûschî al-Qoraschî, mort à Tlemcen, en 520 de l'hégire (1126 de J. C.). La préface commence par ces mots : الحمد لله الذى لم يزل ولا يزال.

Le copiste, par erreur, a écrit le nom de l'auteur : Aboûʾl-Walîd ibn Roschd (Averroès). Frontispice orné.

Ms. daté de l'an 786 de l'hégire (1384 de J. C.).

Papier. 281 feuillets. Hauteur, 26 centimètres; largeur, 18 centimètres et demi. 17 lignes par page. — (Ancien fonds 887.)

2432.

Même ouvrage. Exemplaire pourvu des points voyelles.

Ms. daté de l'an 801 de l'hégire (1398-1399 de J. C.).

Papier. 167 feuillets. Hauteur, 24 centimètres; largeur, 16 centimètres. 23 lignes par page. — (Supplément 545.)

2433.

Même ouvrage. Le titre inscrit dans une vignette richement ornée, partie en caractères coufiques, partie en caractères neskhi, est ainsi conçu : كتاب سراج الملوك والخلفاء ومنهاج الولاة والامراء. Le nom de l'auteur est écrit Aboû Bakr Moḥammad ibn al-Walîd al-Fihrî al-Ṭorṭoûschî [1].

Papier. 273 feuillets. Hauteur, 29 centimètres; largeur, 22 centimètres. 17 lignes par page. Ms. du commencement du xve siècle. — (Ancien fonds 892, Colbert 3148.)

2434.

Même ouvrage.

Ms. daté de l'an 841 de l'hégire (1437 de J. C.).

Papier. 246 feuillets. Hauteur, 27 centimètres; largeur, 18 centimètres. 15 lignes par page. — (Supplément 547.)

2435.

Même ouvrage.

Texte soigneusement corrigé et pourvu des points voyelles. Frontispice orné.

Papier. 263 feuillets. Hauteur, 31 centimètres; largeur, 21 centimètres. 17 lignes par page. Ms. du xve siècle. — (Supplément 546.)

[1] Le ms. porte الطرسوسى. H. Z.

2436.

Même ouvrage.

Ms. daté de l'an 870 de l'hégire (1466 de J. C.).

Papier. 230 feuillets. Hauteur, 28 centimètres; largeur, 18 centimètres. 19 lignes par page. — (Ancien fonds 889.)

2437.

Même ouvrage. Vignette ornée.

Ms. daté de l'an 1007 de l'hégire (1598-1599 de J. C.).

Papier. 221 feuillets. Hauteur, 27 centimètres; largeur, 16 centimètres et demi. 21 lignes par page. — (Ancien fonds 888.)

2438.

النهج المسلوك في سياسة الملوك «La Route à suivre, traité d'administration politique à l'usage des princes», par ʿAbd al-Raḥmân ibn Naṣr ibn ʿAbd Allah. Cet ouvrage, composé pour le sultan Saladin, commence par ces mots : الحمد لله الذى عجزت العقول عن معرفة ذاته. Il est divisé en vingt chapitres (باب) : 1° il faut aux sujets un roi juste; 2° une bonne éducation est nécessaire aux rois; 3° bases d'une bonne éducation; 4° les bases de l'État; 5° qu'il faut se distinguer par des nobles qualités; 6° qu'il ne faut pas contracter des défauts; 7° sur la place qu'un souverain doit tenir quand il sort à cheval, accompagné de ses grands officiers, et quand il tient ses séances solennelles; 8° qu'il est nécessaire de prendre conseil; 9° qualités requises dans un conseiller; 10° principes d'administration politique; 11° sur la haute cour de justice présidée par le souverain; 12° sur les qualités requises dans un courtisan; 13° sur les intrigues et les complots auxquels un souverain est exposé; 14° ce qu'il faut à un souverain pour administrer et commander la force armée; 15° sur les devoirs des soldats engagés dans la guerre sainte; 16° que les soldats ne doivent pas reculer devant les chrétiens (المشركين); 17° les renégats, les brigands et les coupeurs de route doivent être punis de mort; 18° sur le partage du butin; 19° ce qu'un souverain doit faire quand il entreprend une expédition; 20° qu'il doit écouter et bien accueillir les exhortations pieuses.

Papier. 91 feuillets. Hauteur, 20 centimètres; largeur, 15 centimètres. 19 lignes par page. Ms. du XVIIe siècle. — (Supplément 553.)

2439.

ادب السلوك «Règles à observer par celui qui marche dans la bonne voie», par un auteur anonyme. C'est un traité d'éthique, composé d'un grand nombre de maximes en prose et en vers, classées dans l'ordre des matières, et divisées en soixante chapitres, appelés مشارع «abreuvoirs». Un des derniers chapitres, le cinquante-cinquième, est daté de l'an 596 de l'hégire (1199-1200 de J. C.). Les différents exemplaires de cet ouvrage dérivent d'une copie, faite sur l'autographe, par un habitant d'Espagne, nommé ʿAbd al-Monʿim ibn ʿOmar ibn Ḥasanî al-Djilyânî (de Djiliana, château-fort des environs de Cadix), mort en 602 de l'hégire (1205-1206 de J. C.), ou en 603, qui, entre autres ouvrages, avait écrit une relation de voyages en Orient. Cet écrivain dit, au commencement de notre ouvrage : كتبت هذه النسخة من نسخة كتبت بخط المصنف «J'ai écrit cet exemplaire d'après un autre qui était de la main de l'auteur». C'est donc à tort que Hadji-Khalfa (t. I, p. 219), attribue cet ouvrage à ʿAbd al-Monʿim al-Djilyânî.

Papier. 98 feuillets. Hauteur, 18 centimètres; largeur, 12 centimètres. 15 lignes par page. — (Ancien fonds 979.)

2440.

العقد الفريد للملك السعيد «Le Collier sans pareil, destiné au roi fortuné», c'est-à-dire à Al-Malik al-Saʿîd Nadjm al-Dîn Ghâzî, fils d'Ortoq Arslân, souverain de Mâridîn. L'auteur, Moḥammad ibn Ṭalḥa al-Qoraschî al-ʿAdawî, mort, selon Hadji Khalfa, en 652 de l'hégire (1254 de J. C.), désigne le prince par les termes مولوى السلطانى الملكى السعيدى النجمى. Ce traité de politique est divisé en quatre parties (قاعدة) : la première traite de la nécessité des bonnes mœurs; la seconde, de l'administration de l'État; la troisième, de la loi et de la religion; la quatrième renferme des renseignements supplémentaires, dont un certain nombre sous forme de Questions et réponses.

Ms. daté de l'an 805 de l'hégire (1402 de J. C.).

Papier. 139 feuillets. Hauteur, 26 centimètres; largeur, 17 centimètres. 23 lignes par page. — (Ancien fonds 890.)

2441.

الاداب السلطانية والدول الاسلامية «(Tableau) des qualités requises dans un sultan et des dynasties musul-

manes », par Moḥammad ibn ʿAlî ibn Ṭabâṭabâ (طباطبا), surnommé Ibn al-Ṭiqṭaqa (الطقطقى). Cet ouvrage est connu aussi sous le titre d'*Al-Fakhrî*, parce que, dit-on, il a été composé en l'honneur d'un prince de Mossoul, nommé ʿÎsâ ibn Ibrâhîm et surnommé Fakhr al-Dîn. Il a été publié à Gotha, en 1860, avec une introduction critique en allemand, par M. Ahlwardt. Une note à la fin du volume, de la main de l'auteur, nous apprend que cet exemplaire a été écrit à Mossoul, en 701 de l'hégire (1302 de J. C.). Texte pourvu des points voyelles.

Papier. 311 feuillets. Hauteur, 24 centimètres; largeur, 16 centimètres. 13 lignes par page. — (Ancien fonds 895.)

2442.

مختصر فى التاريخ « Abrégé historique », par Ṣafî al-Dîn Moḥammad ibn ʿAlî al-Ḥasanî, connu sous le nom d'Ibn al-Ṭiqṭaqa. C'est un abrégé du traité de politique الاداب السلطانية, qui forme la première partie de l'ouvrage historique qui porte le titre d'*Al-Fakhrî*. (Voyez le numéro précédent.)

Ms. daté de l'an 711 de l'hégire (1311-1312 de J. C.).

Papier. 57 feuillets. Hauteur, 17 centimètres; largeur, 12 centimètres. 13 lignes par page. — (Ancien fonds 982.)

2443.

السياسة الشرعية فى اصلاح الراعى والرعية « Administration conforme à la loi divine et devant être également avantageuse au pasteur (au souverain) et au troupeau (aux sujets) ». Traité de politique, par Taqî al-Dîn Aḥmad ibn Taïmîya, célèbre docteur hanbalite du VIIIᵉ siècle de l'hégire.

Ms. daté de l'an 876 de l'hégire (1471 de J. C.).

Papier. 57 feuillets. Hauteur, 19 centimètres; largeur, 13 centimètres et demi. 13 à 20 lignes par page. — (Ancien fonds 980.)

2444.

Même ouvrage. Les derniers feuillets manquent.

Papier. 73 feuillets. Hauteur, 18 centimètres; largeur, 13 centimètres. 15 lignes par page. Ms. du XVIᵉ siècle. — (Ancien fonds 946.)

2445.

تحفة الترك فى ما يجب ان يعمل فى الملك « Cadeau pour les Turcs, dans lequel on expose ce qui doit se faire dans l'administration d'un royaume », ouvrage attribué à Ibn al-ʿIzz, docteur hanéfite et auteur d'un commentaire sur la *Hidâya*. Cet ouvrage, divisé en douze chapitres, a été composé en 753 de l'hégire, alors que la dynastie des Mamlouks turcs régnait en Égypte. Dans le premier chapitre, l'auteur démontre, à l'encontre de l'opinion d'Al-Schâfiʿî et d'autres docteurs, que le sultanat peut être exercé par un Turc, et que, pour remplir cette dignité, la qualité de Qoraïschite n'est pas obligatoire. Les autres sections contiennent des instructions touchant la surveillance qu'il faut exercer sur les grands fonctionnaires et les cadis; le bien-être des sujets; l'inspection des *waqf*, des digues et du *Baït al-Mâl;* les confiscations, les cadeaux reçus des puissances étrangères; les brigands et les insurgés, et la guerre contre les infidèles.

Papier. 91 feuillets. Hauteur, 18 centimètres; largeur, 13 centimètres et demi. 9 lignes par page. Ms. du XVIᵉ siècle. — (Ancien fonds 947.)

2446.

1° Même ouvrage. L'auteur est nommé en tête du volume : le grand cadi Borhân al-Dîn Ibrâhîm ibn ʿAlî al-Ṭarsoûsî al-Ḥanafî.

2° (Fol. 29.) كتاب الدرّ الثمين المنظوم فيما ورد فى مصر واعمالها بالخصوص والعموم. Notice historique et topographique sur l'Égypte, par le schaïkh ʿAlî ibn Dâwoud al-Khaṭîb[1].

3° (Fol. 54.) Traité sur les terres de dîme et les terres de kharadj.

4° (Fol. 65.) Traditions[2].

5° (Fol. 80.) Traité des degrés de parenté.

Papier. 87 feuillets. Hauteur, 20 centimètres; largeur, 15 centimètres. Écritures diverses du XVIIᵉ et du XVIIIᵉ siècle. — (Supplément 1927.)

2447.

1° معيد النعم ومبيد النقم « Qui ramène les faveurs (divines) et qui met fin aux châtiments », traité de mo-

[1] Voyez ci-dessus, nᵒˢ 1812 et 1813. H. Z. — [2] Ce sont des traditions sur les merveilles de l'Égypte. Ce traité porte le titre de : كتاب يذكر فيه عجائب مصر وغرائبها وفرائد على الكمال. En regard de ce titre, on lit le nom de (l'auteur ?) : احمد شلبى. H. Z.

rale, par Tâdj al-Dîn al-Sobkî (ʿAlî al-Wahhâb ibn ʿAlî). L'auteur énumère les devoirs que chaque homme doit remplir, selon sa position dans la société. C'est en s'appliquant à remplir ces obligations sociales et religieuses qu'on obtient la faveur divine. L'ouvrage renferme plus de cent dix exemples (مثال), dont chacun est consacré à un emploi ou à un métier.

2° (Écrit sur les marges des feuillets 2 à 25.) سلوك المالك فى تدبير الممالك. (Voyez le n° 2448 ci-après.) Ce n'est qu'un extrait de l'ouvrage. Une partie des tableaux sont insérés dans le texte.

Les deux ouvrages sont ornés, au commencement, d'une vignette en or et en couleurs.

3° (Fol. 63.) نصيحة الملوك «Conseils adressés aux rois», par Aboû 'l-Ḥasan ʿAlî ibn Moḥammad ibn Ḥabîb al-Mâwardî, mort à Bagdhâd, en 450 de l'hégire (1058 de J. C.). Dans ce traité, qui se compose de dix sections (*bâb*), l'auteur traite de l'administration de l'État et de ce qui amène la ruine ou la prospérité d'un empire. La préface commence par ces mots : نحمد الله نفتتح وعليه نتوكل وبه نستعين

Ms. daté de l'an 1007 de l'hégire (1598 de J. C.).

Papier. 158 feuillets. Hauteur, 25 centimètres et demi; largeur, 14 centimètres et demi. 25 lignes par page. — (Ancien fonds 893.)

2448.

سلوك المالك فى تدبير الممالك «Voie que le souverain (l'homme) doit suivre dans le gouvernement de ses États (les facultés intellectuelles)», par Ibn abî 'l-Rabîʿ (Aḥmad ibn Moḥammad). C'est un traité de morale composé sur le modèle de certains traités de médecine, l'auteur ayant voulu faire pour l'âme ce que les auteurs de ces traités avaient fait pour le corps. L'ouvrage est divisé en quatre sections, dont la première, formant l'introduction, traite de la supériorité de l'homme; la seconde des facultés de l'âme, des vertus et des vices; la troisième des connaissances acquises par l'intelligence et de leur application; la quatrième de la vie sociale et de l'administration politique. L'auteur a combiné toutes ces facultés et toutes ces connaissances sous forme de tableaux, et en a rempli la majeure partie du volume. Premiers mots de la préface : الحمد لله الذى خلق الانسان فى احسن تقويم.

Papier. 44 feuillets. Hauteur, 28 centimètres; largeur, 18 centimètres. Ms. du xvᵉ siècle. — (Ancien fonds 896.)

2449.

كتاب البركة. Traité sur les avantages du travail [1].

Ms. daté de l'an 1086 de l'hégire (1675 de J. C.).

En tête du volume se trouve un poème à la louange de Dieu.

Papier. 126 feuillets. Hauteur, 23 centimètres; largeur, 17 centimètres. 23 lignes par page. — (Supplément 1932.)

2450.

1° Ms. sans titre ni préface, renfermant un grand nombre de discours sur divers sujets, tels que la nature de l'homme, le souvenir, l'invocation, la jalousie, l'avarice et la prodigalité; des conseils aux aspirants, une liste des termes employés par les soufis (اهل الحقيقة), etc.

2° (Fol. 45.) Une autre partie du même ouvrage.

3° (Fol. 79.) Fragments d'un traité des origines, rédigé au point de vue mystique.

4° (Fol. 84 v°.) Commentaire de Moḥammad ibn Ibrâhîm al-Bakrî al-Roûdî sur le recueil de maximes (كتاب الحكم) de Tâdj al-Dîn al-Sikandarî (Aḥmad ibn Moḥammad). Commencement : الحمد لله المنفرد بالعظمة والجلال.

Papier. 94 feuillets. Hauteur, 21 centimètres; largeur, 13 centimètres et demi. 23 lignes par page. Ms. du xviiᵉ siècle. — (Supplément 1315.)

2451.

بذل النصائح الشراعية فيما على السلطان وولات الامور وساير الرعية. Traité des devoirs respectifs du souverain, des hommes en place et du peuple [2].

Ms. daté de l'an 1056 de l'hégire (1646 de J. C.).

Papier. 129 feuillets. Hauteur, 19 centimètres; largeur, 14 centimètres. 19 lignes par page. Ms. du xixᵉ siècle. — (Supplément 544.)

XII.

ADMINISTRATION.

2452.

كتاب الخراج «Traité de l'impôt», par le cadi Aboû Yoûsof Yaʿqoûb ibn Ibrâhîm, docteur hanéfite, mort en

[1] L'auteur de cet ouvrage est Djamâl al-Dîn Moḥammad ibn abi-Zaïd ʿAbd al-Raḥmân al-Ḥabaschî. H. Z. — [2] L'auteur est nommé à la fin : Mouḥibb al-Dîn Moḥammad Aboû Ḥâmid al-Maqdisî al-Schâfiʿî. H. Z.

182 de l'hégire (798 de J. C.). Cet ouvrage a été composé sur la demande du calife Al-Hâdî ou de Haroûn al-Raschîd. Il renferme une série de conseils et d'opinions juridiques au sujet de la manière dont il faut percevoir l'impôt sur les récoltes (*kharâdj*), la dîme des troupeaux (*'oschr*), la dîme aumônière (*ṣadaqât*), le tribut personnel imposé aux non musulmans (*djawâlî*), etc. On trouve une notice très-intéressante sur le grand cadi Aboû Yoûsof dans le Dictionnaire biographique d'Ibn Khallikân (tome IV, page 272 de la traduction anglaise). Commencement : اطال الله بقائك امير المومنين.

Ms. daté de l'an 1195 de l'hégire (1781 de J. C.).

Papier. 101 feuillets. Hauteur, 21 centimètres et demi; largeur, 15 centimètres et demi. 23 lignes par page. — (Supplément 2339.)

2453.

Même ouvrage.
Ms. copié à Constantinople vers 1840.

Papier. 140 feuillets. Hauteur, 24 centimètres et demi; largeur, 16 centimètres et demi. 17 lignes par page. — (Supplément 552 *bis*.)

2454.

كتاب الاستخراج لاحكام الخراج «Exposition des règlements touchant l'impôt appelé *kharâdj*», par Aboû 'l-Faradj 'Abd al-Raḥmân ibn Aḥmad ibn Radjab, docteur hanbalite. L'auteur, sur lequel nous ne possédons aucun renseignement, cite plusieurs fois un jurisconsulte qu'il désigne par les noms d'Aboû 'l-ʿAbbâs ibn Taīmīya. Taqî al-Dîn Aboû 'l-ʿAbbâs Aḥmad ibn Taīmīya, docteur hanbalite, est mort en 728 de l'hégire (1327 de J. C.). Par conséquent, on peut supposer que l'*Istikhrâdj* a été composé vers la fin du XIVe siècle. Voici la liste des chapitres de cet important ouvrage :

1. Sur le sens propre et primitif du mot *kharâdj*, فى معنى الخراج فى اللغة. (Fol. 3 v°.)

2. Passages de la *sonna* dans lesquels il est fait mention du *kharâdj*, فيما ورد فى السنة من ذكر الخراج. (Fol. 4 v°.)

3. Principe sur lequel cet impôt est fondé; qui fut le premier qui l'établit sous la domination musulmane, فى اصل وضع الخراج واول من وضعه فى الاسلام. (Fol. 6 v°.)

4. Des terres qui doivent être soumises au *kharâdj* ou qui doivent en rester exemptes, فيما يوضع عليه الخراج من الارض وما لا يوضع. (Fol. 10.)

5. Examen de la question de savoir si le *kharâdj* est un loyer, un prix ou une capitation, فى معنى الخراج وهل هو اجرة او ثمن او جزية. (Fol. 39 v°.)

6. Énumération des pays soumis au *kharâdj* par le calife ʿOmar, فيما وضع عليه عمر رضى الله عنه الخراج من الارض. (Fol. 41 v°.)

7. Sur la quotité du *kharâdj*, فى مقدار الخراج. (Fol. 65.)

8. Droits et devoirs des propriétaires dont les terres sont soumises au *kharâdj*, حكم تصرفات ارباب الارض الخراجية فيها. (Fol. 78.)

9. Droits et devoirs de l'Imâm (souverain spirituel et temporel) à l'égard des terres conquises par la force des armes et rapportées ensuite dans la catégorie du butin, حكم تصرفات الامام فى ارض العنوة بعد ان تصير فيئًا. (Fol. 113 v°.)

10. Du caractère de l'argent provenant du *kharâdj* et de l'emploi qu'on doit lui donner, فى حكم مال الخراج ومصارفه. (Fol. 125.)

Ms. copié à Constantinople, vers 1840.

Papier. 140 feuillets. Hauteur, 24 centimètres; largeur, 16 centimètres. 17 lignes par page. — (Supplément 552 *ter*.)

2455.

Comptes rendus des séances du Divan du Caire, en l'an IX de la République française. C'est probablement une copie du registre original.

Papier. 44 feuillets. Hauteur, 23 centimètres; largeur, 14 centimètres et demi. 15 lignes par page. — (Supplément 2103.)

2456.

اتحاف المنصفين والادباء بمباحث الاحتراز من الوباء. Sur les mesures sanitaires à prendre contre la peste, d'après le Coran, les traditions, etc., par Sîdî Hamdân, d'Alger. L'auteur a rédigé cet ouvrage après avoir séjourné à Paris et avoir pris connaissance des moyens préventifs employés en Europe.

Papier. 30 feuillets. Hauteur, 29 centimètres; largeur, 17 centimètres. 21 lignes par page. Ms. du XIXe siècle. — (Supplément 544 *bis*.)

XIII.

MATHÉMATIQUES.

2457.

Recueil de cinquante et un traités de mathématique. La liste des ouvrages contenus dans ce ms. a été publiée

par M. Wœpcke, dans le tome XIV des *Mémoires présentés par divers savants à l'Académie des sciences.*

1° مقالة لابرهيم بن سنان فى طريق التحليل والتركيب فى المسايل الهندسية «Traité d'Ibrâhîm ibn Sinân sur la méthode de l'analyse et de la synthèse dans les problèmes géométriques». Copié à Schîrâz, au mois de rabî' premier de l'an 358 de l'hégire (février 969 de J. C.), par Aḥmad ibn Moḥammad ibn 'Abd al-Djalîl al-Sidjzî.

2° (Fol. 19.) كتاب مراكز الدواير المتماسّة على الخطوط بطريق التحليل استخرجه ويجن بن وستم المعروف بابى سهل القوهى «Traité sur les centres de cercles qui se touchent sur des lignes (données), d'après la méthode de l'analyse, par Wîdjan ibn Wastam, connu sous le nom d'Aboû Sahl al-Qoûhî». On lit à la fin les mots عورض بالاصل «a été collationné avec le ms. autographe». M. Wœpcke a donné une analyse de ce traité dans l'*Algèbre d''Omar Alkhayyami* (page 55, note).

3° (Fol. 21 v°.) مقالة لاقليدس فى الميزان «Traité d'Euclide sur la balance». Commencement : الوزن هو قياس الثقل والخفّة بعضها الى بعض بالميزان. Ce texte a été publié et traduit par M. Wœpcke dans le *Journal asiatique* (cahier de septembre-octobre 1851).

4° (Fol. 22 v°, ligne 12.) مقالة لارشميدس فى الثقل والخفة «Traité d'Archimède sur la pesanteur et la légèreté». Ce sont les énoncés des propositions du premier livre et de la première proposition du deuxième livre du traité d'Archimède, *De iis qui in humido vehuntur* (édition d'Oxford, page 333 et suiv.).

5° (Fol. 23 v°.) المقالة الاولى من كتاب بُبُّس فى الاعظام المنطقة والصمّ التى ذكرت فى المقالة العاشرة من كتاب اوقليدس فى الاسطقسات ترجمة ابى عثمن الدمشقى «Premier livre du traité de ..... (Pappus?) sur les quantités rationnelles et sourdes dont il est fait mention dans le dixième livre de l'ouvrage d'Euclide sur les Éléments, traduit par Aboû 'Othmân, de Damas». M. Wœpcke a publié un extrait de ce traité dans son *Essai d'une restitution des travaux perdus d'Apollonius sur les quantités irrationnelles.* (*Mémoires de l'Académie des sciences, savants étrangers*, t. XIV.)

6° (Fol. 31 v°.) المقالة الثانية من تفسير المقالة العاشرة من كتاب اوقليدس فى الاصول «Second livre du commentaire du dixième livre des Éléments d'Euclide». Traduit par Aboû 'Othmân, de Damas, et copié par Aḥmad ibn Moḥammad ibn 'Abd al-Djalîl, au mois de djomâda Ier de l'an 358 (avril 969 de J. C.).

7° (Fol. 43.) فى معنى المقالة العاشرة «Sur la signification du dixième livre (d'Euclide)». Cet opuscule commence par ces mots : قد بين ما فى الاعداد من الضرب والتقسيم والنسب فيما بينها بالمشاركة والمباينة والمشابهة وغير ذلك فى ثلث مقالات الخ

8° (Fol. 48.) كتاب اخراج الخطين من نقطة على زاوية معلومة بطريق التحليل استخرجه ويجن بن وستم المعروف بما سهل القوهى (*lisez* بابى) «Traité sur la manière de mener deux lignes issues d'un point et renfermant un angle donné, d'après la méthode de l'analyse, par Wîdjan ibn Wastam, connu sous le nom d'Aboû Sahl al-Qoûhî». Collationné sur le ms. autographe. M. Wœpcke a donné une analyse succincte de ce traité dans son édition de l'*Algèbre d''Omar al-Khayyami* (page 55 de la traduction française).

9° (Fol. 51.) Traité sur l'objet et le contenu des Éléments d'Euclide, devant servir de préface à une édition de cet ouvrage. Commencement : ان الغرض فى هذا الكتاب اعنى كتاب اوقليدس فى الاصول الهندسية انما هو تبيين خواص الكمية واجناسها وتقسيم انواعها الخ

10° (Fol. 52 v°.) Lettre d'Aḥmad ibn Moḥammad ibn 'Abd al-Djalîl sur la solution d'un problème tiré de l'ouvrage de Yôḥannâ ibn Yoûsof, relatif à la division d'une ligne droite en deux parties égales, et indication de l'erreur de Yôḥannâ à ce sujet. Commencement : سال الامير السيد الملك العادل ابو جعفر احمد بن محمد اطال الله بقاه وادام علوه ونضله وتمكينه عن انقسام خط مستقيم ذى نهاية بنصفين

11° (Fol. 53 v°.) كتاب اوقليدس فى القسمة «Traité d'Euclide sur la division (des lignes planes)». M. Wœpcke a publié une traduction de ce traité dans le *Journal asiatique* (cahier de septembre-octobre 1851).

12° (Fol. 56.) Quatre formules astronomiques, dont voici la première : نسبة جيب عرض البلد الى جيب تمامه كنسبة حصة جهة السمت الى جيب ارتفاع ارتفاع (*sic*) الساعة.

13° (Fol. 56 v°.) كتاب الفه ثابت فى ابطا الحركة فى فلك البروج وسرعتها بحسب المواضع التى تكون فيه (lisez فيها) من الفلك الخارج المركز «Traité de Thâbit (ibn Qorra) sur la retardation du mouvement dans la sphère des signes et sur son accélération suivant les points de l'excentrique où se trouve (le corps en mouvement)».

14° (Fol. 59.) Fragment relatif à la théorie du mouvement de la lune. Copie datée de Schîrâz, du jeudi 30 rabî' second 359 de l'hégire (10 mars 970 de J. C.).

15° (Fol. 60 v°.) كتاب ابى الحسن ثابت بن قرة الصابى فى تاليف النسب «Traité d'Aboû 'l-Ḥasan Thâbit ibn Qorra le Sabéen, sur la composition des rapports». Ce traité est divisé en trois chapitres. Dans l'*explicit*, on lit qu'il a été

copié par Aḥmad ibn Moḥammad ibn ʿAbd al-Djalîl sur l'exemplaire de Naẓîf ibn Yomn (نظيف بن يمن), médecin chrétien, à Schîrâz, le 29 du mois de djomâda second, de l'an 359 (mai 970 de J. C.).

16° (Fol. 76.) رسالة محمد بن عبد العزيز الهاشمى الموسومة بالموضحة فى حساب جذور الصمّ الى الامير ابى الفضل جعفر بن المكتفى «Épître intitulé *Éclaircissement touchant le calcul des racines sourdes*, adressé par Moḥammad ibn ʿAbd al-ʿAzîz al-Hâschimî à l'émir Aboû 'l-Fadhl Djaʿfar, fils d'Al-Moktafî (le calife abbaside)». Copié à Schîrâz, sur l'exemplaire du médecin Naẓîf ibn Yomn. M. Wœpcke a publié la traduction de ce traité dans le *Journal asiatique* (cahier de septembre-octobre 1851).

17° (Fol. 78 v°.) رسالة الفضل بن حاتم النيريزى فى سمت القبلة «Traité d'Al-Fadhl ibn Hâtim al-Naïrîzî sur l'azimuth de la Qibla».

18° (Fol. 80 v°.) هذا ما نقله نظيف بن يمن المتطبب مما وجد فى اليونانى من الزيادة فى اشكال المقالة العاشرة «Additions à quelques propositions du dixième livre (d'Euclide), existant en langue grecque et traduites par Naẓîf ibn Yomn, le médecin». Ce sont deux démonstrations, l'une de la première et l'autre de la sixième proposition du dixième livre d'Euclide, à savoir : la première démonstration de la première proposition et la première démonstration de la sixième proposition (avec quelques différences) de l'édition d'Oxford. Comparez le passage du *Ta'rîkh al-Ḥokama*, rapporté par Casiri, tome I, page 340, col. *a*, l. 14 et suiv., et page 341, l. 22 et suiv.

19° (Fol. 82.) Sur la formation des triangles rectangles en nombres rationnels ou entiers. Les deux dernières pages et la partie inférieure du fol. 85 contiennent les tables. Le commencement manque.

20° (Fol. 86 v°.) رسالة الشيخ ابى جعفر محمد بن الحسين الى ابى محمد عبد الله بن على الحاسب فى انشاء المثلثات القائمة الزوايا المنطقة الاضلاع والمنفعة فى معرفتها «Traité adressé par le schaïkh Aboû Djaʿfar Moḥammad ibn al-Ḥosaïn à Aboû Moḥammad ʿAbd Allah ibn ʿAlî, le calculateur, sur la formation des triangles rectangles ayant des côtés rationnels, et sur l'utilité qu'offre leur connaissance». Copie collationnée avec le ms. autographe.

21° (Fol. 93.) Formules astronomiques pour trouver les azimuths, les levers des signes du zodiaque dans la sphère droite, la longueur des heures et l'amplitude ortive.

22° (Fol. 93 v°.) Quelques recettes médicales, dont la première indique la préparation d'une panacée appelée الغياق. Au milieu de ce morceau, on trouve intercalées (fol. 94 v°) les observations de quelques conjonctions, qui ont été citées et traduites par Caussin de Perceval, père, dans son Mémoire sur les tables d'Ibn Younis (*Notices et extraits*, t. VII, p. 238).

23° (Fol. 95, l. 9.) Sur la manière de prendre les hauteurs égales sur le dos (ظهر) de l'astrolabe.

24° (Fol. 95 v°.) لثابت بن قرة فى مساحة المجسمات المكافية «Traité de Thâbit ibn Qorra sur la mesure des corps paraboliques». Copie datée du mois de rabîʿ premier de l'an 358 (février 969 de J. C.).

25° (Fol. 122 v°.) كتاب ثابت بن قرة فى مساحة قطع المخروط الذى يسمى المكافى «Traité de Thâbit ibn Qorra sur la mesure de la parabole».

26° (Fol. 134 v°.) كتاب ابرهيم بن سنان فى مساحة القطع المكافى «Traité d'Ibrâhîm ibn Sinân sur la mesure de la parabole». Copie datée du mois d'ardibihischt de l'an 338 de Yazdadjird (avril-mai 969 de J. C.).

27° (Fol. 136 v°.) رسالة احمد بن محمد بن عبد الجليل الى ابى على نظيف بن يمن المتطبب فى عمل مثلث حاد الزوايا من خطين مستقيمين مختلفين «Lettre d'Aḥmad ibn Moḥammad ibn ʿAbd al-Djalîl à Aboû ʿAlî Naẓîf ibn Yomn, le médecin, sur la construction d'un triangle acutangle au moyen de deux lignes droites inégales». Copie datée du jeudi, 23 (دى بعدس, *lisez* دى بادين) du mois d'abân de l'an 302 de Yazdadjird (octobre 970 de J. C.).

28° (Fol. 137 v°.) Lettre d'Aḥmad ibn Moḥammad ibn ʿAbd al-Djalîl au schaïkh Aboû 'l-Ḥosaïn Moḥammad ibn ʿAbd al-Djalîl sur les sections produites dans les paraboloïdes et hyperboloïdes de révolutions. Le texte arabe porte : خواص الشكل المجسم الحادث من ادارة القطع الزايد والمكافى «les propriétés du solide engendré par la révolution de l'hyperbole et de la parabole». Copie datée du lundi, 21 (*râm-roûz*) de Bahman de l'an 342 de Yazdadjird (janvier 372 de J. C.).

29° (Fol. 139 v°.) فى خواص القطوع الثلثة استخراج العلاء بن سهل «Mémoire d'Al-ʿAlâ ibn Sahl sur les propriétés des trois sections (coniques)».

30° (Fol. 141.) كتاب عمل الاسطرلاب المبطح مما وضعه ابو جعفر احمد بن عبد الله «Traité sur la construction de l'astrolabe *mobṭakh* (à projection stéréographique?), par Aboû Djaʿfar Aḥmad ibn ʿAbd Allah».

31° (Fol. 151.) Traité d'Aḥmad ibn Moḥammad ibn ʿAbd al-Djalîl sur les solutions de dix problèmes que lui avait proposés un géomètre de Schîrâz.

32° (Fol. 156 v°.) مقالة ثابت بن قرة فى ان الخطين اذا اخرجا على اقل من زاويتين قائمتين التقيا «Traité de Thâbit ibn Qorra sur (ce théorème) que deux droites, menées de manière à renfermer (avec une troisième) moins de deux angles droits, se rencontrent». La copie

est datée de Schîrâz, du mercredi, 27e jour du mois de rabî' second de l'an 359 de l'hégire (9 mars 970 de J. C.).

33° (Fol. 160.) Une construction de la trisection de l'angle.

34° (Fol. 161.) Traité relatif à la théorie des quantités irrationnelles, reproduisant, à quelques légères modifications près, les propositions 7 et 8, et une partie du corollaire de la proposition 9 du dixième livre d'Euclide, telles qu'elles se trouvent dans l'édition d'Oxford. Le commencement manque. Ce fragment paraît être la suite de l'article 18° ci-dessus.

35° (Fol. 161 v°.) مسايل عددية لطيفة حسنة «Problèmes subtils et élégants sur les nombres».

36° (Fol. 162.) كتاب اسقلاوس (*sic*) في المطالع نقل اسحق بن حنين واصلاح ثابت بن قرة «Le Traité d'Hypsiclès sur les ascensions, traduit par Isḥâq ibn Ḥonaïn, et revu par Thâbit ibn Qorra».

37° (Fol. 164.) Lettre d'Abou 'l-Ḥasan Thâbit ibn Qorra sur le théorème tranchant (في الشكل القطاع). Il s'agit de la première proposition du troisième livre des sphériques de Menelaus, proposition nommée ordinairement *règle d'intersection*, employée par Ptolémée pour calculer sa table de cordes.

38° (Fol. 170 v°.) مقالة الفها ابو الحسن ثابت بن قرة في استخراج الاعداد المتحابة بسهولة المسلك الى ذلك «Traité d'Abou 'l-Ḥasan Thâbit ibn Qorra sur la manière de trouver les nombres aimables, d'après une méthode facile». Voyez, sur les nombres aimables, la note de M. de Slane, à la page 178 du tome III de la traduction des *Prolégomènes* d'Ibn Khaldoûn (*Notices et extraits*, t. XXI, 1re partie). M. Wœpcke a donné une analyse de ce traité dans le *Journal asiatique*, cahier d'octobre-novembre 1852. La copie est datée de Schîrâz, de la fin du mois de khordâd de l'an 338 de Yazdadjird (juin 969 de J. C.).

39° (Fol. 180 v°.) تفسير المقالة العاشرة من كتاب اقليدس للماهاني «(Extrait du) commentaire d'Al-Mâhânî sur le dixième livre d'Euclide».

40° (Fol. 181 v°, l. 4.) Démonstration d'un problème de géométrie.

41° (Fol. 181 v°, l. 16.) حساب المنفصل من المقالة العاشرة من كتاب اقليدس وجملة حساب ذو (*lisez* ذى) الاسمين «Exposé du calcul des apotomes, tiré du dixième livre d'Euclide, et calcul des droites à deux noms». La copie est datée de Schîrâz, de la fin du mois de scha'bân de l'an 358 de l'hégire (juillet 969 de J. C.).

42° (Fol. 187.) القول في ان كل متصل فانه منقسم الى اشياء ينقسم دايما بغير نهاية «Discussion de la proposition que toute quantité continue est divisible à l'infini».

43° (Fol. 188 v°.) كتاب ابى الحسن ثابت بن قرة الى ابن وهب في التأتي لاستخراج عمل المسايل الهندسية «Traité d'Abou 'l-Ḥasan Thâbit ibn Qorra adressé à Ibn Wahb, sur la manière de trouver la construction des problèmes géométriques».

44° (Fol. 191 v°.) كتاب اوطوقيس في حكاية ما استخرجه القدماء من خطين بين خطين حتى يتوالى الاربعة متناسبة نقل ابى الحسن ثابت بن قرة «Traité d'Eutocius, rendant compte des solutions, données par les anciens, du problème de la détermination de deux lignes entre deux autres lignes, de telle sorte que ces quatre lignes soient en proportion continue. Traduit par Thâbit ibn Qorra». C'est un extrait du commentaire d'Eutocius sur la deuxième proposition du second livre du Traité de la sphère et du cylindre d'Archimède.

45° (Fol. 192 v°.) قسمة الزاوية المستقيمة الخطين بثلثة اقسام متساوية صنعة ثابت بن قرة الحراني «Trisection de l'angle rectiligne, par Thâbit ibn Qorra al-Ḥarrânî.»

46° (Fol. 195 v°.) كتاب احمد بن محمد بن عبد الجليل في مساحة الاكر بالاكر «Traité d'Aḥmad ibn Moḥammad ibn 'Abd al-Djalîl sur la mesure des sphères au moyen des sphères».

47° (Fol. 198 v°.) في استخراج خطين بين خطين متوالية متناسبة من طريق الهندسة الثابتة للشيخ ابى جعفر محمد بن الحسين «Sur la construction des deux moyennes proportionnelles par la méthode de la géométrie *fixe*. Traité composé par le schaïkh Aboû Dja'far ibn Moḥammad ibn al-Ḥosaïn». La géométrie *fixe* est peut-être la géométrie théorique, et l'opposé de la géométrie *mobile* ou empirique.

48° (Fal. 199 v°.) مقالة يوحنا بن يوسف بن الحرث في المقادير المنطقة والصم «Traité de Yôḥannâ ibn Yoûsof ibn al-Ḥârith sur les quantités rationnelles et irrationnelles».

49° (Fol. 204.) رسالة الشيخ ابى جعفر محمد بن الحسين الى ابى عبد الله بن على الحاسب في البرهان على انه لا يمكن ان يكون ضلعا عددين مربعين يكون مجموعهما مربعا فردين بل يكونان زوجين او [يكون] احدهما زوجا والاخر فردا يتلوا رسالة اليه في انشاء المثلثات القايمة الزوايا المنطقة الاضلاع «Lettre du schaïkh Aboû Dja'far Moḥammad ibn al-Ḥosaïn à 'Abd Allah ibn 'Alî, le calculateur, sur la démonstration du problème que la somme de deux carrés ne peut pas être un carré, si les racines des deux premiers carrés sont des nombres impairs. Pour que cette somme soit un carré, il faut que les racines des deux premiers carrés soient des nombres pairs, ou bien que l'une soit un nombe pair et l'autre un nombre impair. Cette lettre est suivie d'une autre, adressée au même, sur la

Imprimerie nationale.

construction des triangles rectangles en nombres rationnels».

50° (Fol. 215 v°.) Liste des traités contenus dans le présent volume. Il ressort de cette table que quelques pièces ont été transposées à l'époque déjà ancienne où le volume a été relié.

51° (Fol. 217.) Diverses propositions relatives à la théorie des quantités irrationnelles.

Ce précieux ms. est écrit presque tout entier de la main d'Ibn ʿAbd al-Djalîl al-Sidjzî (de Sidjistân), mathématicien distingué, qui florissait au xᵉ siècle. L'écriture est très-régulière et les figures, dont il y a un assez grand nombre, sont tracées avec beaucoup de soin. Les quatre derniers feuillets sont plus modernes.

Papier. 219 feuillets. Hauteur, 18 centimètres; largeur, 13 centimètres et demi. 25 à 31 lignes par page. — (Supplément 952 *bis*.)

2458.

1° رسالة لاحمد بن محمد بن عبد الجليل رحمه الله في اخراج الخطوط في الدواير الموضوعة من النقط المعطاة «Traité de feu Aḥmad ibn Moḥammad ibn ʿAbd al-Djalîl sur les lignes menées dans des cercles donnés par des points donnés». (Voyez l'analyse de ce traité, par A. Sedillot, dans les *Notices et extraits*, t. XIII, p. 143.)

2° (Fol. 4 v°.) تحصيل القوانين الهندسية المحدودة لاحمد بن محمد بن عبد الجليل السجزي رحمه الله «Règles géométriques bien précises (?), trouvées par feu Aḥmad ibn Moḥammad ibn ʿAbd al-Djalîl al-Sidjzî». (Voyez *Notices et extraits*, t. XIII, p. 139.)

3° (Fol. 5.) رسالة احمد بن محمد بن عبد الجليل في الجواب عن المسايل التي سئل في حل الاشكال الماخوذة من كتاب الماخوذات لارشميدس «Lettres d'Aḥmad ibn Moḥammad ibn ʿAbd al-Djalîl, répondant aux questions qu'on lui avait adressées sur la solution des propositions (littéralement : des figures) tirées du *Livre des Lemmes* d'Archimède». (Voyez *Notices et extraits*, t. XIII, p. 136.)

4° (Fol. 9 v°.) المقالة الرابعة عشر من اختصار الامام المظفر الاسفزاري لاصول اقليدس «Quatorzième chapitre de l'épitomé des Éléments d'Euclide, par l'imâm al-Moẓaffar al-Isferledî».

5° (Fol. 11 v°.) مقالة الحسن بن الحسن بن الهيثم في المعلومات «Traité d'Al-Ḥasan, fils d'Al-Ḥasan, fils d'Al-Haïtham, sur les connus (géométriques)». (Voyez *Journal asiatique*, cahier de mai 1834.)

6° (Fol. 26 v°.) Propositions de trigonométrie sphérique, pour servir à l'intelligence de l'Almageste, par le schaïkh Abou 'l-Walîd. قال الشيخ ابو الوليد هذه الاشكال التي يجب ان تضاف الى الاكر حتى يفهم المجسطي على الحقيقة من غير تقريب. Il se peut que l'auteur de cet opuscule soit le célèbre philosophe Averroès (Abou 'l-Walîd ibn Roschd), qui a composé un abrégé de l'Almageste, dont la Bibliothèque possède la traduction hébraïque. Il est vrai qu'Averroès est ordinairement désigné par le titre d'*Al-Qâdhî*; mais comme, à l'époque où ce ms. fut écrit, il était âgé de cinquante-six ans, le titre d'*Al-Schaïkh* s'explique facilement.

7° (Fol. 28.) Traité d'algèbre d'Al-Khaïyâmî.

M. Wœpcke a publié le texte et la traduction de cet opuscule en 1851. La copie n'est pas achevée.

Ce ms., écrit par un géomètre pour son propre usage, est daté de l'an 539 de l'hégire (1144-1145 de J. C.). Les nombreuses figures géométriques sont dessinées avec soin.

Papier. 32 feuillets. Hauteur, 27 centimètres; largeur, 16 centimètres et demi. 30 à 37 lignes par page. — (Ancien fonds 1104.)

2459.

الفخري في الجبر والمقابلة «Traité d'algèbre, intitulé *Al-Fakhrî*», par Aboû Bakr Moḥammad ibn al-Ḥasan al-Karkhî (الكرخي), auteur du xᵉ siècle. Voyez le Dictionnaire biographique d'Ibn Khallikân, vol. III, page 279 de la traduction anglaise. M. Wœpcke a publié, en 1853, une description de ce ms. et une analyse très-détaillée de l'ouvrage.

Papier. 108 feuillets. Hauteur, 21 centimètres; largeur, 14 centimètres. 21 lignes par page. Ms. du xivᵉ siècle (à l'exception du feuillet 88 et du dernier cahier qui paraissent être de la fin du xvᵉ siècle). — (Supplément 952.)

2460.

تحرير المناظرة «Révision (du traité) de l'Optique». Il s'agit sans doute du traité d'Al-Ḥasan ibn al-Haïtham, géomètre égyptien qui vivait encore en 432 de l'hégire (1040-1041 de J. C.). (Voyez les *Prolégomènes* d'Ibn Khaldoûn, traduction, tome I, page 111, fin de la note, et tome III, page 144). L'auteur du *Kitâb al-Ḥokamâ* lui a consacré un article de plus de deux pages (fol. 73 v°). Les figures géométriques sont bien exécutées.

Papier. 26 feuillets. Hauteur, 21 centimètres; largeur, 15 centimètres. 17 lignes par page. Ms. du xviᵉ siècle. — (Ancien fonds 1130.)

2461.

رسالة الخيامى فى الجبر والمقابلة «Mémoire d'Al-Khaïyâmî sur l'algèbre». (Voyez ci-dessus, n° 2458, 7°.)

Ms. daté de l'an 626 de l'hégire (1229 de J. C.).

Papier. 25 feuillets. Hauteur, 18 centimètres et demi; largeur, 13 centimètres et demi. 19 lignes par page. — (Ancien fonds 1136.)

2462.

الحاوى للاعمال السلطانية ورسوم الحساب الديوانية «Collection d'opérations cadastrales (littéralement : gouvernementales) et de principes de calculs employés dans les bureaux de l'administration». Cet ouvrage, qui est un traité de calcul et de ses diverses applications, est divisé en trois parties. Le présent ms. ne contient que la fin de la seconde partie et la troisième partie. L'auteur est peut-être l'imâm Aboû ʿAbd Allah Aḥmad ibn al-Ḥosaïn al-Schaqqâq, qui est mentionné au fol. 144. Parmi les ouvrages cités, on remarque celui d'Al-Karkhî et le كتاب المنازل d'Abou 'l-Wafâ 'l-Boûzdjânî. Le ms. renferme les chapitres qui traitent des ventes, des baux à loyer, de la mesure des surfaces planes, des surfaces courbes et des solides, de l'arithmétique des fractions, du calcul des proportions et de l'algèbre. Entre autres renseignements très curieux, on trouve un chapitre sur les huit espèces de coudées alors usitées, à savoir : السوداء, اليوسفيّة, القضيّة, الميزانيّة, العُمَريّة, الهاشميّة الكبرى, البلاليّة, الهاشميّة (fol. 155 v°). La place des figures est restée en blanc.

Ms. daté de l'an 734 de l'hégire (1333 de J. C.).

Papier. 188 feuillets. Hauteur, 26 centimètres; largeur, 18 centimètres. 15 lignes par page. — (Ancien fonds 1106, Colbert 4186.)

2463.

1° Traité d'arithmétique pratique, intitulé, dans la préface, تلخيص اعمال الحساب «Exposé sommaire des opérations du calcul», et qui paraît être le célèbre ouvrage d'Ibn al-Bannâ. D'après M. Wœpcke, ce ne serait qu'un commentaire du *Talkhîṣ*. (Voyez *Journal asiatique*, février-mars 1862, page 108.) Ce traité est suivi d'un recueil de problèmes qui occupe vingt-quatre feuillets. Commencement : وبعد فالغرض من هذا الكتاب.

2° (Fol. 77 v°.) فتح رب البرية على متن السخاوية «Explication du texte de la *Sakhâwiya*, effectuée par la grâce du Seigneur de toutes les créatures», par le docteur schaféite Ḥosaïn ibn Moḥammad al-Maḥallî. Le traité d'arithmétique intitulé tantôt *Al-Risâlat al-Sakhâwiyat* «le Traité de Sakhâwî», et tantôt *Mokhtaṣar fî ʿilm al-Ḥisâb* «Abrégé d'arithmétique», a pour auteur ʿAbd al-Qâdir al-Sakhâwî. Le traité du *Mokhtaṣar* est écrit à l'encre rouge. Cet ouvrage se compose d'une introduction, de onze chapitres et d'un appendice. La liste des chapitres a été publiée par M. Wœpcke dans le *Journal asiatique* (février-mars 1862, page 109).

3° (Fol. 123 v°.) كشف الجلباب عن علم الحساب «La science du calcul dévoilée», par Abou 'l-Ḥasan ʿAlî ibn Moḥammad al-Qalaṣâdî. C'est un commentaire du traité d'arithmétique, intitulé التبصرة فى علم الحساب, du même auteur. Ce commentaire se compose de quatre sections et d'un appendice. (Voyez *Journal asiat.*, février-mars 1862, page 110.) L'auteur, qui appartenait à une famille qoraïschite établie à Baza (البسطى), en Espagne, est mort, selon Al-Maqqarî, vers l'an 851 de l'hégire (1447-1448 de J. C.).

Papier. 172 feuillets. Hauteur, 21 centimètres; largeur, 16 centimètres. 20 à 25 lignes par page. Écritures diverses du XVIII° siècle. — (Supplément 951 *ter*.)

2464.

1° Commentaire sur le *Talkhîṣ* d'Ibn al-Bannâ, par ʿAlî ibn Moḥammad ibn Moḥammad ibn ʿAlî al-Qalaṣâdî. Le commentaire est précédé d'une courte invocation, qui commence par ces mots : الحمد لله الذى خلق الانسان بفضله.

2° (Fol. 72.) تقريب الاقصا من مسايل ابن البنّا «Traité qui facilitera l'intelligence des questions les plus difficiles traitées par Ibn al-Bannâ». Commentaire du *Talkhîṣ* d'Ibn al-Bannâ, par un auteur anonyme qui dit en avoir composé un autre plus étendu.

Papier. 129 feuillets. Hauteur, 21 centimètres; largeur, 16 centimètres. Écritures diverses du XVII° siècle. — (Supplément 951 *bis*.)

2465.

تحرير اصول اقليدس «Révision des *Éléments* d'Euclide», par Naṣîr al-Dîn Moḥammad al-Ṭousî (voyez Hadji Khalfa, t. I, p. 383). La préface du texte arabe d'Euclide, imprimée à Rome, est tout à fait différente de la préface du présent ms., dont les premiers mots ont été cités par Hadji Khalfa. Commencement : الحمد لله الذى

منه الابتداء الخ..... وبعد فلما فرغت من تحرير المجسطي رايت ان احرر كتاب اصول الهندسة والحساب المنسوب الى اقليدس

Ms. écrit à Schîrâz et daté du mercredi, 22 ṣafar de l'an 698 (1298 de J. C.).

Papier. 208 feuillets. Hauteur, 13 centimètres; largeur, 8 centimètres. 19 lignes par page. — (Ancien fonds 1216.)

2466.

Même ouvrage.

2° (Fol. 197 v°.) Une note du même Naṣîr al-Dîn sur la musique.

Figures nombreuses et bien exécutées; beaucoup de notes marginales de la même main que le texte.

Papier. 198 feuillets. Hauteur, 21 centimètres; largeur, 12 centimètres. 17 lignes par page. Ms. du xve siècle. — (Ancien fonds 1129.)

2467.

1° اصول مانالاوس في الاشكال الكرية «Les Éléments de Menelaus, traité des figures sphériques». C'est une traduction des *Sphériques* de Menelaus, remaniée par Naṣîr al-Dîn al-Ṭoûsî. Un extrait de la préface se trouve dans Hadji Khalfa. Les chapitres ou livres de la présente rédaction ne sont ni composés, ni distribués comme dans l'édition latine, qui a été faite sur un texte arabe.

2° (Fol. 56 v°.) Extrait du اصلاح المناظر «Corrections faites à l'Optique (d'Euclide)», par Ya'qoûb ibn Isḥâq al-Kindî.

3° (Fol. 58 v°.) معرفة مساحة الاشكال البسيطة والكرية «Traité sur la mesure des figures planes et des figures sphériques», composé par les fils de Moûsâ: Moḥammad, Al-Ḥosaïn et Aḥmad. Ce traité renferme dix-sept figures ou propositions.

4° (Fol. 68 v°.) تحرير كتاب المفروضات «Révision du *Kitâb al-Mafroûdhât*». Le traité de géométrie intitulé كتاب المفروضات «Problèmes à résoudre», est de Thâbit ibn Qorra.

5° (Fol. 73 v°.) Discussion des postulats (مصادرات) d'Euclide, par Naṣîr al-Dîn al-Ṭoûsî.

6° (Fol. 87 v°.) Lettre au sujet du traité précédent, adressée à l'auteur par 'Alam al-Dîn Qaïsar ibn 'Abd al-Qâsim al-Ḥanafî, ingénieur mathématicien au service des princes ayyoubites de Ḥamâh.

7° (Fol. 89.) Note (رسالة) d'Al-Fadhl ibn Ḥâtim al-Tibrîzî sur le célèbre postulat (المصادرة المشهورة) d'Euclide.

8° (Fol. 90.) Commentaire de Naṣîr al-Dîn al-Ṭoûsî sur le traité d'Archimède, intitulé «La Sphère et le cylindre», الكرة والاسطوانة. Hadji Khalfa a reproduit, dans son Dictionnaire, la partie la plus importante de la préface de ce commentaire.

9° (Fol. 139 v°.) مقالة ارشميدس في تكسير الدائرة «Traité de la Mesure du cercle d'Archimède».

10° (Fol. 143 v°.) Traité en cinq chapitres sur le théorème de Menelaus appelé الشكل القطاع «le tranchant», c'est-à-dire la *règle d'intersection*. Cet opuscule commence par ces mots : الحمد لله مبدع الحقائق الخارجة عن الحصر.

11° (Fol. 149.) المقالة الثانية في الشكل القطاع السطحي. Autre traité sur le même sujet, divisé en onze sections, dont la septième, la huitième, la neuvième et le commencement de la dixième manquent.

12° (Fol. 155 v°.) Troisième opuscule sur le même sujet.

L'auteur de ces trois traités est probablement Naṣîr al-Dîn al-Ṭoûsî.

13° (Fol. 195.) Extrait d'un traité de Thâbit ibn Qorra sur le même sujet.

14° (Fol. 196.) Sur la proposition qui enseigne que la somme des carrés de deux nombres ne peut être un carré, si ces deux nombres sont impairs.

15° (Fol. 196 v°.) Dissertation d'Ibn Yoûnos sur le même sujet.

16° (Fol. 197 v°.) Éclaircissements d'Al-Mâhânî sur la théorie des proportions exposée par Euclide dans le cinquième livre des *Éléments*.

17° (Fol. 201.) تفسير صدر المقالة العاشرة من كتاب اقليدس «Commentaire sur le commencement du dixième livre d'Euclide», par Aboû Dja'far al-Khâzin.

18° (Fol. 207.) Extrait du commentaire d'Al-Ahwâzî sur le dixième livre d'Euclide.

19° (Fol. 211 v°.) كتاب الاكر لثاوذوسيوس «Traité des Sphères de Théodose». Trois sections, renfermant cinquante-neuf figures ou propositions.

20° (Fol. 232 v°.) تحرير كتاب الكرة المتحركة لاوطولوقس «Révision du traité de la *Sphère en mouvement* d'Autolycus (par Thâbit ibn Qorra)». Dix-neuf propositions.

L'écriture de ce ms. est souvent dépourvue de points

diacritiques. Les nombreuses figures sont tracées avec soin.

Papier. 235 feuillets. Hauteur, 23 centimètres; largeur, 14 centimètres. 14 lignes par page. Ms. du XVIe siècle. — (Supplément 955 *bis*.)

2468.

1° تهذيب مقالات تاذوسيوس في الاكر «Remaniement des traités de Théodose sur les sphères», par Mohyî al-Dîn Yaḥyâ ibn Moḥammad ibn abî Schokr al-Maghrabî. Cette copie, datée de l'an 906 de l'hégire (1500 de J. C.), a été exécutée d'après un ms. du VIIe siècle de l'hégire. Le texte est accompagné d'un grand nombre de figures dessinées avec soin.

2° (Fol. 29 v°.) Traité de pneumatique, attribué à Archimède, touchant le mécanisme des automates, des orgues, des clepsydres, etc. Commencement : قال ارشميدس بعد حمد الله والثناً عليه انّني لمّا رايت اقاويل الناس في عمل البنكامات غير تامّة ولا مستقصاة الفت هذا الكتاب وعملته على غاية الاستقصا وذلك ان تعمد الى نحاس الخ. Plusieurs figures sont intercalées dans le texte. Les points diacritiques sont rares. La fin manque.

3° (Fol. 46.) Fragment d'un traité de géométrie. On trouve d'abord la fin d'un chapitre sur la mesure des polygones réguliers; puis viennent des chapitres très-courts sur la mesure des solides, sur les poids comparés des diverses substances minérales, sur la sphère, sur le nivellement. Suit la quatrième section (مقالة) de l'ouvrage, commençant par un chapitre sur l'algèbre, dont il ne reste que les premières lignes.

4° (Fol. 52.) رسالة البركار التامّ وكيفيّة التخطيط به «Traité du compas parfait et de la manière de s'en servir», par Moḥammad ibn al-Ḥosaïn. C'est la description et la théorie du compas parfait, au moyen duquel on peut tracer toutes les sections coniques. Ce traité a été présenté par l'auteur au sultan Saladin. Il a été publié avec une traduction française par M. Wœpcke, dans le tome XXIII, 1re partie, des *Notices et extraits*. La copie est datée de l'an 768 de l'hégire (1367 de J. C.).

Papier. 63 feuillets. Hauteur, 16 centimètres; largeur, 8 centimètres et demi. 21 à 23 lignes par page. Écritures diverses du XIVe et du XVe siècle. — (Supplément 955.)

2469.

حاوى اللباب من علم الحساب «Traité contenant la moëlle de la science de l'arithmétique», par Taqî al-Dîn al-Ḥanbalî, fils du schaïkh 'Izz al-Dîn. Cet ouvrage se compose d'une introduction, de trois قطب (*pivots*) et d'un appendice. Chacune de ces sections est divisée en chapitres. L'introduction renferme des notions générales; le premier قطب traite de la numération et de l'arithmétique des nombres entiers; le second, du calcul des fractions; le troisième, des définitions; l'appendice, de la preuve des calculs, des proportions et des questions se rattachant aux quatre opérations fondamentales. Commencement : الحمد لله مخترع النسم ووارث الامم.

Ms. daté de l'an 812 de l'hégire (1409 de J. C.).

Papier. 43 feuillets. Hauteur, 25 centimètres et demi; largeur, 16 centimètres et demi. 23 lignes par page. — (Supplément 951.)

2470.

Traité d'arithmétique, par 'Abd Allah ibn Moḥammad ibn al-Khawwâm. En tête du volume on lit ce titre : الرسالة الشمسيّة في القواعد الحسابيّة «L'Épître *Schamsîya* (ou solaire?) sur les principes du calcul». Cet ouvrage traite, en outre, des éléments de la géométrie, de la mesure des surfaces, des principes de l'algèbre et de la répartition des successions. La copie a été exécutée du vivant de l'auteur.

Papier. 88 feuillets. Hauteur, 20 centimètres et demi; largeur, 15 centimètres. 11 lignes par page. Ms. du XIVe siècle. — (Ancien fonds 1133.)

2471.

اللمع في علم الحساب «Les Lumières, traité d'arithmétique», par Schihâb al-Dîn Aḥmad ibn al-Hâïm, avec le commentaire de Sibṭ al-Mâridînî (Moḥammad ibn Moḥammad ibn Aḥmad ibn Moḥammad). Le texte, écrit à l'encre rouge, commence par le *bismillah*, et le commentaire par les mots الحمد لله حمدا يليق بجلاله.

Papier. 44 feuillets. Hauteur, 23 centimètres; largeur, 17 centimètres. 17 lignes par page. Ms. de la fin du XVIIIe siècle. — (Supplément 950.)

2472.

1° Le même traité d'Ibn al-Hâïm, avec le commentaire d'Aḥmad ibn Moûsâ ibn 'Abd al-Ghaffâr al-Mâlikî.

Ibn al-Hâïm est mort en 887 de l'hégire[1]. Le commentateur a composé son ouvrage à la Mecque, en 920 de l'hégire (1515 de J. C.). Commencement du commentaire : الحمد لله الذى انعم على من ادى فرايضه بما لم يكن حساب. Ms. autographe.

2° (Fol. 56.) حساب المتعلّمين «Arithmétique pour les commençants». Commencement : حمد الله بتوفيقه بركة لمن بدا به.

Papier. 63 feuillets. Hauteur, 19 centimètres; largeur, 14 centimètres. — (Ancien fonds 1135.)

2473.

كشف الاسرار عن وضع حروف الغبار «Révélation des secrets dans l'emploi des caractères *ghobâr*», par ʿAlî ibn Moḥammad al-Qalaṣâdî, d'Espagne. C'est un traité sur l'application des chiffres décimaux au calcul par écrit. Feu M. Wœpcke en a donné une analyse complète dans le *Journal asiatique* (cahier d'octobre-novembre 1854). L'auteur dit dans la préface que cet ouvrage est l'abrégé d'un autre qu'il a composé, sur le même sujet, sous le titre de كشف الجلباب عن علم الحساب «Exposé de la science du calcul». Commencement : الحمد لله سريع الحساب مسبل النعماء وفاتح الابواب.

Papier. 40 feuillets. Hauteur, 21 centimètres; largeur, 15 centimètres. 19 lignes par page. Ms. du xvie siècle. — (Ancien fonds 1134.)

2474.

مخائل الملاحة فى مسائل المساحة «Indices d'agrément, traité des problèmes des mesures», par Moḥammad ibn Ibrâhîm ibn al-Ḥanbalî, mort en 971 de l'hégire (voyez Hadji Khalfa, tome IV, page 191). C'est un commentaire littéral et critique du غنية الحسّاب فى علم الحساب «Traité qui suffit au calculateur pour connaître la science du calcul», de Djamâl al-Dîn Aḥmad ibn Thâbit, qui expose les connaissances nécessaires pour évaluer les mesures des surfaces et des solides.

Ms. daté de l'an 961 de l'hégire (1554 de J. C.).

Papier. 53 feuillets. Hauteur, 19 centimètres; largeur, 13 centimètres et demi. 27 lignes par page. — (Ancien fonds 1131.)

2475.

التحفة البهيّة على المقدّمة الرحبيّة «Le Beau cadeau (commentaire) sur l'*Introduction* d'Al-Raḥabî», par Aboû Moûsâ ibn Qâsim al-Maghrabî. L'ouvrage commenté, dont l'auteur était Aboû ʿAbd Allah Moḥammad ibn ʿAlî ibn Aḥmad, est une *ordjoûza* qui traite du partage des successions. Commencement : الحمد لله الذى تولى قسمة الفرائض بنفسه حكمة. Le texte est écrit à l'encre rouge.

2° (Fol. 44.) فتح الوهّاب على نزهة الحساب «Révélations du donateur au sujet de (l'ouvrage intitulé) *Récréations arithmétiques*», c'est un commentaire sur l'abrégé d'un traité d'arithmétique, intitulé المرشدة فى صناعة الغبار «Guide de l'art du calcul». Cet ouvrage, ainsi que son abrégé, sont du même auteur, dont le nom est resté inconnu. Le نزهة الحساب, qui se compose d'une introduction, de deux chapitres et d'un appendice, traite de la notation arithmétique, des diverses opérations qu'on peut faire avec les nombres entiers, du calcul des fractions et de l'art de dégager l'inconnue. Le texte est écrit à l'encre rouge. Le commentaire a été rédigé en 1029 de l'hégire (1620 de J. C.), et complété en 1039 de l'hégire. Le présent exemplaire, copié sur celui de l'auteur, est daté de l'an 1091 de l'hégire (1680 de J. C.). L'auteur du commentaire est nommé à la fin : ʿAlî ibn abî Bakr ibn al-Djamâl al-Anṣârî.

3° (Fol. 100.) Commentaire du schaïkh Badr al-Dîn Sibṭ al-Mâridînî sur le traité des successions intitulé المقدّمة الرحبيّة.

4° (Fol. 120 v°.) Traité de Schihâb al-Dîn Ibn al-Hâïm sur la solution de certaines questions qui se présentent lors du partage des successions et que l'on désigne par le terme مناسخات. Il y a plusieurs tableaux dans cet opuscule.

5° (Fol. 132 v°.) Traité d'arithmétique pratique, par Schihâb al-Dîn Ibn al-Hâïm (Aḥmad ibn Moḥammad ibn ʿAli ibn ʿImâd).

(Voyez, sur ces traités, un article de M. Wœpcke, dans le *Journal asiatique*, cahier de février 1862.)

Papier. 168 feuillets. Hauteur, 20 centimètres; largeur, 14 centimètres et demi. Écritures diverses du xviie siècle. — (Supplément 950 *bis*.)

---

[1] C'est la date que donne Hadji Khalfa, t. V, p. 331, et qui renferme une erreur. Le même auteur, dans un autre passage, t. VI, p. 494, indique la date de 815. H. Z.

XIV.

MÉCANIQUE.

2476.

العقد الثمين بما يتعلّق بالموازين «Le Collier de prix, qui traite de tout ce qui se rapporte aux balances», par Ḥasan ibn Ibrâhîm al-Djabartî. C'est un traité systématique et détaillé sur les poids et mesures. L'auteur y a joint plusieurs tables. Commencement : حمدا لمن رفع السماء ووضع الميزان.

Papier. 48 feuillets. Hauteur, 22 centimètres; largeur, 15 centimètres. 23 lignes par page. Ms. du XVIII° siècle — (Supplément 985.)

2477.

Deuxième partie du traité d'Abou 'l-ʿIzz Ismâʿîl al-Djazarî, sur l'emploi de l'eau pour donner du mouvement aux automates, pour faire rendre des sons musicaux à des boyaux, etc., et sur la manière de faire sortir plusieurs liqueurs d'un même vase, etc. Il y a un assez grand nombre de plans et de figures coloriées, qui représentent la construction intérieure de ces automates et de ces vases merveilleux. Cet ouvrage a été composé en 602 de l'hégire (1206 de J. C.).

Ms. daté de l'an 890 de l'hégire (1485 de J. C.).

Papier. 112 pages. Hauteur, 27 centimètres; largeur, 18 centimètres et demi. 29 lignes par page. — (Ancien fonds 1577.)

2478.

Traité d'horlogerie (علم البنكامات), par Taqî al-Dîn Moḥammad ibn Maʿroûf, ministre de la loi dans l'arrondissement de Naplouse (خويدم الشرع الشريف بقضاء نابلس). L'auteur explique la construction des pendules à poids et des pendules à ressorts. Des dessins explicatifs, bien exécutés, en assez grand nombre, servent à l'intelligence du texte. Commencement : يا من ابدع الحركة والسكون.

Papier. 85 feuillets. Hauteur, 27 centimètres et demi; largeur, 17 centimètres et demi. 13 lignes par page. Ms. du XVII° siècle. — (Ancien fonds 1121.)

XV.

MUSIQUE.

2479.

الرسالة الشرفيّة في النسب التأليفيّة «Le Traité dédié à Scharaf al-Dîn sur les rapports combinés». Cet ouvrage, qui traite de la musique et du chant, a été composé pour Scharaf al-Dîn Hâroûn, fils de Moḥammad ibn Moḥammad al-Djoûfî, qui était vizir du dernier calife de Baghdâd. Hadji Khalfa, sur l'autorité du *Habîb al-Siyar* de Khondemir, raconte que, lors de la prise de Baghdâd par les Tartars, Houlagou, charmé du talent de Scharaf al-Dîn comme joueur de luth, lui fit rendre tous ses biens. L'ouvrage, qui renferme beaucoup de termes techniques, commence par ces mots : احمد الله على آلائه واشكره على سوابغ نعمائه. Il se compose de cinq discours (مقالة), dont voici les rubriques : 1. في الكلام على الصوت ولواحقه الخ. — 2. في حصر اضافات الابعاد نسب الابعاد بعضها الى بعض الخ. — 3. في ترتيب الاجناس في طبقات بعضها الى بعض الخ. — 4. في الابقاع ونسب ادوارة الخ. — 5. الابعاد العظمى الخ. L'auteur dit qu'il a suivi la voie frayée par les anciens philosophes grecs, mais que son traité renferme des renseignements qu'on ne trouve ni chez les auteurs anciens, ni chez leurs successeurs. Il y a un grand nombre de tables et de figures qui paraissent indiquer des accords et des intervalles harmoniques.

Ms. daté de l'an 897 de l'hégire (1491 de J. C.).

Papier. 56 feuillets. Hauteur, 23 centimètres; largeur, 13 centimètres. 19 lignes par page. — (Supplément 984.)

2480.

1° كتاب الانعام بمعرفة الانغام «Traité qui fait connaître les modes de la musique», par Schams al-Dîn al-Ṣaïdâwî, de Damas. Ce traité est composé en vers. Les termes de l'art sont exprimés en persan. Commencement : الحمد لله ولى النعمة.

A la fin se trouvent plusieurs tableaux et diagrammes.

2° (Fol. 19 v°.) Deux pièces en prose rimée, dans lesquelles l'auteur anonyme exprime les sentiments que lui inspirent les divers modes de la musique. Viennent ensuite : 1° un panégyrique de Mahomet, en prose rimée, par un nommé Al-Bâbilî; 2° deux morceaux en prose rimée, dans lesquels un certain ʿAlî ibn abi 'l-Wafâ ra-

conte les peines de l'amour (divin); 3° un poëme sur le même sujet, par le même auteur.

Papier. 25 feuillets. Hauteur, 21 centimètres; largeur, 17 centimètres. 17 lignes par page; 11 à 13 lignes dans l'article 2°. Ms. du XVI° siècle. — (Ancien fonds 1214.)

2481.

Tableau synoptique des douze tons ou modes principaux du système musical des Arabes, et en général des Orientaux. En arabe, en italien et en français.

Papier. 13 feuillets. Hauteur, 56 centimètres; largeur, 40 centimètres. Ms. du XIX° siècle. — (Supplément 2371.)

XVI.

ASTRONOMIE.

2482.

المجسطى لبطليوس «L'Almageste de Ptolémée». Commencement : جمل ما فى المقالة الاولى من كتاب بَطْلَمْيُوس القلوذى المنسوب الى التعاليم وهو الكتاب الكبير المعروف بالمجسطى ترجمه من اللسان اليونانى الى اللسان العربى لابى الصقر اسماعيل بن بلبل اسحق بن حنين بن اسحق المتطبب وصححه ثابت بن قرة الحرّانى «Contenu de la première section du livre de Ptolémée *al-Feloûdsî*, surnommé le *Mathématicien*. C'est le grand ouvrage appelé l'*Almageste*. Traduit du grec en arabe pour Abou 'ṣ-Ṣaqr Ismâ'îl ibn Boulboul, par le médecin Isḥâq ibn Ḥonaïn ibn Isḥâq, et corrigé par Thâbit ibn Qorra al-Ḥarrânî». Suit la liste des chapitres. On sait que les premiers traducteurs arabes ont transcrit sous la forme القلودى le prénom Claudius, mot que les copistes ont changé en الغلوذى. Abou 'ṣ-Ṣaqr, vizir d'Al-Mowaffaq, frère du calife Al-Mo'tamid, a été mis à mort en 278 ou 279 de l'hégire (891 de J. C.). Ce volume renferme les six premières sections de l'ouvrage.

Ms. daté de l'an 618 de l'hégire (1221 de J. C.).

Papier. 131 feuillets. Hauteur, 25 centimètres; largeur, 19 centimètres. 24 lignes par page. — (Ancien fonds 1107.)

2483.

L'*Almageste* de Ptolémée. Sept parties (*maqâlât*), dont la première est incomplète au commencement. Les figures sont dessinées avec soin. Les tables sont restées en blanc.

Papier. 166 feuillets. Hauteur, 23 centimètres et demi; largeur, 18 centimètres. 24 à 25 lignes par page. Ms. du XV° siècle. — (Ancien fonds 1139.)

2484.

1° Abrégé de l'*Almageste* de Ptolémée, par Avicenne.

2° (Fol. 144.) Les Éléments d'Euclide. Cette traduction abrégée se compose de quinze livres (مقالات).

Le texte des deux ouvrages est presque entièrement dépourvu de points diacritiques. Dans l'un et dans l'autre, les figures n'ont été exécutées qu'au commencement.

Le volume est tout entier de la même main et daté de l'an 683 de l'hégire (1284-1285 de J. C.).

Papier. 221 feuillets. Hauteur, 24 centimètres; largeur, 13 centimètres. 24 lignes par page. — (Supplément 2097.)

2485.

تحرير المجسطى «Remaniement de l'Almageste», par Naṣîr al-Dîn Moḥammad ibn Moḥammad al-Ṭoûsî. (Voyez Hadji Khalfa, tome V, page 387.) On lit en tête du présent ms. un titre apocryphe, d'après lequel l'auteur de l'ouvrage serait Moḥammad ibn Schâkir. Commencement : احمد الله مبدأ كل مبدأ وغاية كل غاية. Le verso du fol. 103 porte une note en écriture cursive, où l'on trouve la liste des nombreux traités de mathématiques qui ont été remaniés par Naṣîr al-Dîn al-Ṭoûsî.

Papier. 103 feuillets. Hauteur, 36 centimètres; largeur, 23 centimètres. 29 lignes par page. Ms. du XV° siècle. — (Ancien fonds 1108).

2486.

زيج الاستاد جمال الدين. Tables astronomiques de Djamâl al-Dîn Abou 'l-Qâsim ibn Maḥfoûẓ, astronome de Baghdâd. Commencement : الحمد لله على انعمه والآيه. Dans la première partie de ce manuel d'astronomie, l'auteur traite des ères et indique le moyen d'établir la concordance des années musulmanes avec les années des Coptes, des Grecs, des Perses et des Sabéens. Il donne ensuite une chronologie des califes, jusqu'à la mort d'Al-Mosta'ṣim; puis il traite des signes du zodiaque, et donne les tables des apogées (اوجات) du soleil, de la lune, des cinq planètes, des comètes et des étoiles fixes.

Il traite aussi des mouvements, direct et rétrograde, des cinq planètes, de la mesure de l'arc diurne et des tables de hauteurs pour la latitude de Baghdâd. On trouve ensuite : la liste des éclipses du soleil et de la lune, avec des tables; la table des levers des signes pour la latitude de Baghdâd et pour d'autres latitudes; la liste des sept climats; une table des longitudes et des latitudes des différentes villes; des tables des latitudes de Saturne, de Jupiter et de Mars; une table pour trouver l'ascendant d'une année quelconque; les mansions de la lune; les conjonctions de la lune avec différentes étoiles; le calcul de nativités; des thèmes et des tables genethliaques; les levers des signes dans la sphère droite; une table d'aspects; une table des sinus; le calcul de la déclinaison du soleil et de la latitude de la lune; une table pour trouver la quantité de l'arc diurne parcouru par le soleil et pour déterminer les heures égales. Cette dernière table est intitulée : زجْ الطيلسان لابي القاسم علي بن ماجور.

Ms. daté de l'an 684 de l'hégire (1285 de J. C.). Un titre apocryphe, en caractères coufiques, الزيج الوقبيه, a été ajouté après coup, en tête du volume.

Papier. 225 feuillets. Hauteur, 26 centimètres; largeur, 18 centimètres. 17 lignes par page. — (Ancien fonds 605.)

2487.

1° كتاب الاصطرلاب. Sur l'astrolabe et son emploi, par Abou 'l-Ḥasan Koûschyâr ibn Labbân ibn Bâschahrî al-Djîlî.

2° (Fol. 32.) اسرار كلام هرمس المثلّث بالحكمة وهو هرمس الثاني المدعو بين الكلدانيين ذوانای وتفسير ذواناى البشر مخلص «Les Secrets d'Hermès trismégiste, qui est Hermès II, appelé chez les Chaldéens *Dsovânâï*, nom qui signifie *sauveur du genre humain*». Traité d'astrologie, avec quelques tables.

3° (Fol. 39.) Traité des conjonctions, par le «sage Djâmâsb».

4° (Fol. 56.) كتاب القرانات «Traité des conjonctions», par «Zarâdouscht le sage, chef des écrivains des mages».

Ms. daté de l'an 699 de l'hégire (1300 de J. C.).

Papier. 105 feuillets. Hauteur, 25 centimètres; largeur, 17 centimètres. 15 lignes par page. — (Supplément 1901.)

2488.

Catalogue des étoiles, par 'Abd al-Raḥmân ibn 'Omar al-Ṣoûfî, ouvrage connu sous le titre de الصور السمائية «Les Figures célestes», ou صور الكواكب «Les Figures des étoiles», ou encore كتاب كواكب الثابتة «Livre des étoiles fixes». Ce dernier titre est donné par l'auteur du *Tawârîkh al-Ḥokamâ*. Ce traité renferme les figures des constellations et l'énumération des étoiles qui composent chaque constellation. Les figures, dessinées au simple trait, sont doubles, l'une représentant la constellation telle qu'elle paraît sur la voûte céleste, l'autre, renversée de droite à gauche, représentant la même constellation, telle qu'on la trouve dessinée sur les globes (في الكرة). Dans l'*Histoire de l'astronomie du moyen-âge*, de Delambre, il est dit par erreur (page 204) que les doubles figures sont, les unes pour les cartes et les autres pour les globes. Chaque figure est précédée de sa description et suivie de la liste des étoiles dont elle se compose et de leurs latitudes et longitudes. Chaque étoile est accompagnée de son numéro, dans les figures et dans la table. L'auteur indique aussi les étoiles qui se trouvent en dehors des constellations. Ce catalogue raisonné a été composé postérieurement à l'an 335 de l'hégire (947 de J. C.), et dédié au sultan bouïde 'Adhod al-Daula Fenna Khosrou, qui monta sur le trône en 338 de l'hégire. L'auteur, 'Abd al-Raḥmân ibn 'Omar ibn Moḥammad ibn Sahl al-Ṣoûfî, généralement connu sous le nom d'Abou 'l-Ḥosaïn, naquit à Reï, en 291 de l'hégire (903 de J. C.), et mourut en 376 de l'hégire (986 de J. C.). Employé par 'Adhod al-Daula en qualité de professeur d'astronomie, il enseigna à ce prince les noms et les positions des étoiles fixes. Caussin de Perceval, père, a donné une notice sur cet ouvrage et un extrait considérable de la préface, dans le recueil des *Notices et Extraits*, t. XII, pages 236 et suiv. L'ouvrage complet a été publié récemment en Russie.

Le dernier feuillet du ms. ne fait pas partie de l'ouvrage. Il contient la recette d'une lotion qui fait disparaître la lèpre blanche.

Papier. 151 feuillets. Hauteur, 29 centimètres et demi; largeur, 20 centimètres. 25 lignes par page. Ms. du XIVᵉ siècle. — (Ancien fonds 1111.)

2489.

1° Même ouvrage.

2° (Fol. 171.) Quelques maximes détachées.

3° (Fol. 175 v°.) شرح كتاب العجائب والغرائب «Traduction (turque) du livre intitulé *Al-'Adjâib wa 'l-Gharâib*». Commencement : حمد اول مبدع حكمه كه اسمانی بنیاد قلدی. C'est un traité de cosmogonie, dans le genre de celui d'Al-Qazwînî. L'introduction, en quatre

chapitres, est suivie d'un premier discours (المقالة الاولى), qui traite des corps célestes (العلويّات). Ce discours est divisé en chapitres (نظر) et en sections (فصل). La dernière section de cet exemplaire est consacrée aux merveilles de l'année. C'est peut-être l'ouvrage qui est mentionné sous le même titre par Hadji Khalfa, qui a été traduit en turc par Al-Soroûrî et qui renferme dix discours. En effet, le troisième discours de la traduction d'Al-Soroûrî traite du temps. Mais notre exemplaire ne contient que trois discours.

Papier. 229 feuillets. Hauteur, 27 centimètres; largeur, 18 centimètres et demi. Le premier ouvrage, écrit au XIVe siècle, a 17 lignes par page; le troisième, écrit au XVIIe siècle, a 19 lignes. — (Ancien fonds 1113.)

2490.

Catalogue des étoiles fixes, par ʿAbd al-Raḥmân al-Ṣoûfî.

Ms. daté de l'an 922 de l'hégire (1516 de J. C.). Les figures sont dessinées au trait; mais il en manque un assez grand nombre, dont la place est restée en blanc.

Papier. 155 feuillets. Hauteur, 28 centimètres; largeur, 21 centimètres. 19 lignes par page. — (Ancien fonds 1110.)

2491.

Même ouvrage.

Ms. daté de l'an 1183 de l'hégire (1770 de J. C.). Les figures sont dessinées avec beaucoup de soin.

Papier. 182 feuillets. Hauteur, 23 centimètres et demi; largeur, 15 centimètres. 17 lignes par page. — (Supplément 964.)

2492.

Même ouvrage.

En tête du volume se trouve une *ordjoûza*, poème en vers mnémoniques, qui contient la description des différentes constellations. Les figures sont dessinées avec soin et coloriées; les étoiles sont indiquées (sans leurs numéros) par des petits ronds dorés.

Papier. 295 feuillets. Hauteur, 22 centimètres; largeur, 15 centimètres. 23 lignes par page. Ms. du XVIIIe siècle. — (Supplément 964 *bis*.)

2493.

Traité de l'astrolabe et de son emploi, par ʿAbd al-Raḥmân ibn ʿOmar al-Ṣoûfî, divisé en trois cent quatre-vingt-six chapitres, dont la plupart sont consacrés à des problèmes astronomiques. L'ouvrage commence par une dédicace adressée à un grand personnage dont le nom n'est pas indiqué.

Ms. daté de l'an 1283 de l'hégire (1866 de J. C.). Vignettes en or et en couleurs; les deux premières pages sont ornées d'arabesques en or.

Vélin. 183 feuillets. Hauteur, 22 centimètres et demi; largeur, 13 centimètres et demi. 18 lignes par page. — (Supplément 1964.)

2494.

مجسطى ابى الوفا البوزجانى «L'Almageste d'Abou 'l-Wafâ al-Boûzdjânî». Ce ms., dont le commencement et la fin manquent, renferme les sept premiers livres de l'ouvrage; les autres devaient se trouver dans un second volume. En effet, nous lisons sur la tranche inférieure du manuscrit : الجزو الاول من مجسطى البوزجانى «Premier volume de l'Almageste d'Al-Boûzdjânî». Chaque livre (مقالة) est divisé en sections (نوع) et en chapitres (فصل), et précédé d'une table des matières. L'auteur, Abou 'l-Wafâ Moḥammad ibn Moḥammad al-Boûzdjânî (né à Boûzdjân, petite ville du Khorâsân, située entre Hérat et Naïsâboûr), est mort en 387 de l'hégire (997 de J. C.), à l'âge de cinquante-neuf ans. (Voyez le Dictionnaire biographique d'Ibn Khallikân, t. III, page 320 de la traduction anglaise.) M. Am. Sédillot a traité de l'*Almageste* d'Abou 'l-Wafâ dans son ouvrage intitulé *Matériaux pour servir à l'histoire comparée des sciences mathématiques chez les Grecs et les Orientaux*, p. 42 et suiv.

Papier. 107 feuillets. Hauteur, 20 centimètres; largeur, 16 centimètres. 19 lignes par page. Ms. du XIIe siècle. — (Ancien fonds 1138.)

2495.

الزيج الكبير الحاكمى «Les Grandes tables hakémites», dressées par Ibn Yoûnos. Ce volume, copié par Michel Sabbâgh, sur le ms. 1057 de la bibliothèque de l'université de Leyde, ne renferme que la première moitié de l'ouvrage. M. Caussin de Perceval, père, a traité de cet ouvrage dans le tome VII des *Notices et Extraits*. (Voyez aussi Delambre, *Histoire de l'astronomie du moyen-âge*, p. 76 et suiv.)

Papier. 208 feuillets. Hauteur, 28 centimètres et demi; largeur, 22 centimètres. 21 lignes par page. Ms. du XIXe siècle. — (Supplément 965.)

2496.

1° (Fol. 10.) Fragments des Tables hakémites d'Ibn Doûnos. On trouve une partie du chapitre v, puis les chapitres vi, x, xi, lxxviii, lxxix, lxxx, lxxxi, xviii et plusieurs autres, qui ne se suivent pas dans l'ordre indiqué par l'auteur. (Voyez *Notices et Extraits*, tome VII, page 82 et suiv.) M. Sédillot, père, avait communiqué un extrait de ce ms. à M. Delambre, qui l'a publié dans son *Histoire de l'astronomie du moyen-âge*, page 125 et suiv.

2° (Fol. 95.) Tables astronomiques, dont quelques-unes sont attribuées à ʿAbd al-Raḥmân al-Ṣâliḥî, et d'autres à Olough-Beg.

En tête du volume se trouvent quelques notes, en écriture cursive, sur l'histoire et la pratique de l'art de l'écriture, et un modèle d'écriture, lettres isolées et syllabes, écrites sur les marges de deux feuillets d'une table astronomique. Puis viennent six feuillets de tables astronomiques qui, probablement, font partie des tables d'ʿAbd al-Raḥmân al-Ṣâliḥî; enfin deux tables, composées en 973 de l'hégire (1566 de J. C.), au moyen desquelles on trouve la concordance de l'année musulmane avec l'année copte. Ces deux tables n'embrassent que les six premiers mois de l'année musulmane.

Papier. 131 feuillets. Hauteur, 27 centimètres et demi; largeur, 18 centimètres. 25 lignes par page. Écritures diverses. — (Ancien fonds 1112.)

2497.

Manuel d'astronomie, accompagné de figures et suivi d'un traité sur l'astrolabe. Commencement الحمد لله مانح عطايه وكاشف غطايه. C'est la traduction d'un ouvrage persan, à savoir les Éléments d'astronomie d'Aboû 'l-Raîḥân Moḥammad ibn Aḥmad al-Bîroûnî.

Papier. 85 feuillets. Hauteur, 20 centimètres et demi; largeur, 14 centimètres. 22 lignes par page. Ms. du xviiᵉ siècle. — (Ancien fonds 584, Colbert 5958.)

2498.

1° Traité sur les divers genres d'astrolabes et sur leur usage, par Aboû 'l-Raîḥân Moḥammad al-Bîroûnî. L'ouvrage est divisé en vingt chapitres (*bâb*), et chaque chapitre en sections (*faṣl*). Les figures n'ont pas été exécutées.

2° (Fol. 65 v°.) Traité sur l'usage de l'astrolabe, par ʿAbd al-Raḥmân ibn ʿOmar, généralement connu sous le nom d'Aboû 'l-Ḥosaïn al-Ṣoûfî. Les figures manquent.

Papier. 177 feuillets. Hauteur, 18 centimètres; largeur, 12 centimètres et demi. 17 lignes par page. Ms. du xviiᵉ siècle. — (Ancien fonds 1159.)

2499.

منتهى الادراك فى تقاسيم الافلاك « La Dernière limite de la connaissance en ce qui concerne les divisions des sphères ». Manuel d'astronomie, par Al-Khiraqî, auteur qui est mort en 533 de l'hégire (1138-1139 de J. C.). Selon Hadji Khalfa, l'auteur se nommait Moḥammad ibn Aḥmad al-Ḥosaïnî; mais en tête de notre ms. on lit les noms d'Aboû Moḥammad ʿAbd al-Djabbâr ibn ʿAbd al-Djabbâr ibn Moḥammad al-Thâbitî al-Khiraqî [1]. Cet ouvrage se compose de trois discours (مقالة), divisés en chapitres (باب) et en sections (فصل). Le premier discours traite de l'astronomie proprement dite; le second (fol. 72), de la géographie astronomique, et le troisième (fol. 103), de la chronologie. Commencement : الحمد لله المنفرد بالخلق (sic) والابداع

Ms. daté de l'an 633 de l'hégire (1237 de J. C.).

Papier. 156 feuillets. Hauteur, 25 centimètres; largeur, 16 centimètres. 21 lignes par page. — (Ancien fonds 1115, Colbert 4377.)

2500.

1° الملخّص فى الهيئة « Abrégé d'astronomie », par Maḥmoûd ibn Moḥammad ibn ʿOmar al-Djaghmînî. Commencement : الحمد لله كفاء افضاله.

2° (Fol. 29 v°.) شرح منشاء النظر « Commentaire sur l'ouvrage intitulé *Produit de la spéculation* ». Cet ouvrage traite des matières théologiques qui ont donné lieu à des controverses. L'auteur du منشاء النظر, Borhân al-Dîn al-Nasafî, est mort, selon Hadji Khalfa, en 684 de l'hégire (1285-1286 de J. C.). Le commentaire commence par ces mots : وبعد فان تدقيق الدلائل وتحقيق المسائل لا يتصوّر الّا الخ

---

[1] Ms. الخرقى. H. Z.

3° (Fol. 62 v°.) Autre commentaire sur le même ouvrage. Commencement : وبعد فان منشاء النظر وان كان بحسب الصورة من المختصرات الخ.

4° (Fol. 95 v°.) Traité de géométrie élémentaire, avec figures, fondé sur les Éléments d'Euclide. La dernière proposition est celle du carré de l'hypoténuse égal à la somme des carrés des côtés.

5° (Fol. 109 v°.) Commencement d'un traité intitulé خواصّ الحروف «Sur les propriétés des lettres de l'alphabet».

6° (Fol. 110.) Dernière page d'un traité de diététique.

7° (Fol. 111 v°.) شرح هداية الابهرى «Commentaire sur la *Hidâya* d'Al-Abharî». Ce commentaire n'embrasse que la physique et la métaphysique. Commencement : وبعد فقد سألنى بعض احبابى ان اكتب لقسمى الطبيعىّ والالهىّ من كتاب الهداية الخ [1].

8° (Fol. 182 v°.) Recettes pour faire des tisanes.

9° (Fol. 183 v°.) اسباب الحفظ والادوية المعينة عليه «Traité sur la mémoire et les remèdes à employer pour la fortifier».

10° (Fol. 192 v°.) L'*Isagoge* d'Athîr al-Dîn al-Abharî.

Ms. daté de l'an 806 de l'hégire (1404 de J. C.).

Papier. 197 feuillets. Hauteur, 27 centimètres; largeur, 18 centimètres et demi. 15 lignes par page. — (Ancien fonds 1114.)

2501.

Le ملخّص فى الهيئة d'Al-Djaghmînî.

Ms. daté de l'an 896 de l'hégire (1490-1491 de J. C.).

Papier. 58 feuillets. Hauteur, 22 centimètres; largeur, 15 centimètres et demi. 19 lignes par page. — (Ancien fonds 1153.)

2502.

1° Même ouvrage.

2° (Fol. 26.) Tables pour trouver le complément de l'axe qui fixe l'heure de la prière du ظهر.

3° (Fol. 29.) سلخ الشان «Dépouillement du traité intitulé *Kitâb al-Schân* (Livre de l'affaire)». L'auteur du كتاب الشان, le célèbre théosophe Moḥyî al-Dîn Ibn al-ʿArabî, prétend expliquer le passage du Coran : فى كلّ يوم هو فى شان. Nous avons ici un abrégé de l'ouvrage, accompagné de plusieurs tableaux circulaires, au moyen desquels on peut trouver l'*affaire* de chaque jour de la semaine.

4° (Fol. 35 v°.) Pièce de (cent huit) vers, dont voici le premier :

بدات باسم الله فى نظم حسن
اذكر ما جربت فى طول الزمان

Le sujet de cette pièce nous échappe; mais il y a un endroit où il est question d'un collyre, et, plus loin, de la composition d'une eau merveilleuse.

5° (Fol. 39 v°.) *Ordjoûza* sur les augures que l'on peut tirer des rencontres et des objets qu'on voit par accident. Le poème est divisé en chapitres, dont chacun est consacré à un objet particulier.

6° (Fol. 51 v°.) Sur les moyens employés pour déterminer l'azimut de la *qibla*. Ce traité se compose d'une introduction et de huit chapitres. Commencement : الحمد لله الذى خلق السموات والارض بكمال قدرته.

7° (Fol. 59 v°.) Traité de Sibṭ al-Mâridînî sur l'emploi du quart de cercle à sinus. Introduction et cinq chapitres.

8° (Fol. 66 v°.) La *qaṣîda* d'Avicenne, avec un commentaire. Ce poème mystique commence par ces mots : هبطتّ اليك من المحلّ الارفع.

9° (Fol. 71.) زهر الربيع فى غواهد (*lis.* شواهد) البديع «Fleurs du printemps, pour servir d'illustrations du beau style», traité de rhétorique en quarante-trois chapitres, par Nâṣir al-Dîn Moḥammad ibn Qorqamâs, mort, selon Hadji Khalifa, en 882 de l'hégire (1477-1478 de J. C.). Commencement : الحمد لله الذى زيّن سماء المعالى بمصابيح البديع.

10° (Fol. 107 v°.) Les Cent paroles ou maximes (ماية كلمة) d'ʿAlî, fils d'Aboû Ṭâlib, rapportées par Djaʿfar al-Ṣâdiq d'après la tradition de ses aïeux.

11° (Fol. 109.) La qaṣida intitulée لامية العجم d'Al-Ṭoghrâï, avec le commentaire de Djamâl al-Dîn Moḥammad ibn ʿOmar al-Ḥadhramî. Le commentaire est très détaillé et commence par ces mots : الحمد لله الكريم المنّان المنعم بالايجاد والاحسان. Copie datée de l'an 1102 de l'hégire (1690-1691 de J. C.).

12° (Fol. 134 v°.) Prières pour chaque jour de la semaine.

[1] Comparez ci-dessus, n° 2362, 2°. H. Z.

13° (Fol. 136.) Litanie (صلوات) du schaïkh Al-Sanoûsî.

14° (Fol. 137 v°.) غرر الحكم ودرر الكلم «Apophthegmes brillants et maximes précieuses», recueil de maximes attribuées à ʿAlî, fils d'Aboû Ṭâlib, et classées dans l'ordre alphabétique, par ʿAbd al-Wâḥid al-Âmidî al-Tamîmî. Commencement : الحمد لله الذى هدانا بتوفيقه. La fin manque, et il y a des lacunes dans le corps du texte.

Papier. 159 feuillets. Hauteur, 21 centimètres ; largeur, 15 centimètres et demi. Écritures diverses du XVIe et du XVIIe siècle. — (Ancien fonds 1149.)

2503.

Le ملخّص d'Al-Djaghmînî, avec le commentaire composé pour Oloûgh-Beg, en 815 de l'hégire (1412-1413 de J. C.), par Moûsâ ibn Maḥmoûd Qâdhî Zâdè al-Roûmî. Notes marginales et figures astronomiques. Ms. daté de l'an 1000 de l'hégire (1591 de J. C.).

Papier. 82 feuillets. Hauteur, 21 centimètres et demi; largeur, 15 centimètres. 19 lignes par page. — (Ancien fonds 600.)

2504.

1° Même ouvrage.

Copie datée de l'an 1016 de l'hégire (1607 de J. C.).

2° (Fol. 24 v°.) Commentaire de Moûsâ ibn Maḥmoûd Qâdhî-Zâdè sur le ملخّص d'Al-Djaghmînî.

Copie datée de l'an 1016 de l'hégire.

3° (Fol. 116 v°.) هيئة الفرغانى. Traité d'astronomie en trente chapitres, par Abou 'l-ʿAbbâs Aḥmad ibn Moḥammad ibn Kathîr (ms. بشير) al-Farghânî. C'est probablement l'ouvrage que l'on désigne sous le titre de الفصول الثلاثون «les trente sections». Commencement : هذا كتاب جوامع النجوم واصول الحركات السماوية وهى ثلاثون فصلا.

4° (Fol. 145 v°.) الرسالة الفتحية. Traité d'astronomie, par ʿAlâ al-Dîn al-Qoûschdjî (القوشجى), dédié au sultan ottoman Moḥammad II, surnommé *Abou 'l-Fatḥ*. Commencement : الحمد لله الذى خلق السموات ليتذكر فى عجائبها اولوا الالباب.

Copie datée de l'an 1174 de l'hégire (1760-1761 de J. C.).

5° (Fol. 174 v°.) Commentaire sur le traité précédent, par Mîram (ميرم) Tchelebi, petit-fils d'Al-Qoûschdjî. L'ouvrage est dédié au sultan Sélim, fils de Bayazid. Commencement : الحمد لله الذى خلق السموات والارض جدا متجاوزا عن احاطة الطول والعرض. L'ouvrage se termine par une table des quantités astronomiques.

(Voyez, sur ce ms. et sur les diverses traductions de l'*Astronomie* d'Al-Farghânî, la notice de M. Wœpcke dans le *Journal asiatique*, cahier de février-mars 1862, p. 112 et suiv.)

Papier. 268 feuillets. Hauteur, 20 centimètres et demi; largeur, 15 centimètres. Écritures diverses. — (Supplément 954 *bis*.)

2505.

Le ملخّص d'Al-Djaghmînî avec le commentaire d'Al-Sayyid al-Scharîf ʿAlî al-Djordjânî. Commencement : سبحانك اللهم يا مدير اطباق السموات بلا عمد.

Papier. 122 feuillets. Hauteur, 22 centimètres; largeur, 12 centimètres. 17 lignes par page. Ms. du XVIIIe siècle. — (Ancien fonds 1152.)

2506.

1° Traité sur les cadrans solaires sans direction déterminée et perpendiculaires à l'horizon, et sur leur emploi, par Abou 'l-Fatḥ Saʿîd ibn Khafîf al-Samarqandî. Commencement : الحمد لله رب العالمين حمدا نستمد من نعمه حسن مزيده. Le ms., sauf les premiers feuillets, paraît être autographe.

2° (Fol. 62 v°.) الرسالة القمرية «Traité lunaire», par le schaïkh Aboû Yoûsof. Instructions pour calculer des nativités et pour tirer des horoscopes d'après la position de la lune.

Papier. 65 feuillets. Hauteur, 18 centimètres; largeur, 12 centimètres. 17 lignes par page. Ms. du XIVe siècle. — (Ancien fonds 1220, Colbert 6060.)

2507 et 2508.

جامع المبادى والغايات «Recueil de principes et de résultats», traité théorique et pratique de gnomonique et des instruments astronomiques, par Al-Ḥasan ibn ʿAlî ibn ʿOmar al-Marrâkoschî, auteur du XIIIe siècle. Cet ouvrage a été traduit en français par J. J. Sédillot, sous le titre de *Traité des instruments astronomiques des Arabes*. Paris, 1834-1835.

2 vol. Papier. 182 et 195 feuillets. Hauteur, 22 centimètres; largeur, 16 centimètres et demi. 21 lignes par page. Ms. du XIVe siècle. Les derniers feuillets de chaque volume sont d'une main plus récente. — (Ancien fonds 1147 et 1148.)

2509.

التذكرة في علم الهيئة «Aide-mémoire astronomique», ou, selon Hadji Khalfa, التذكرة النصيرية, par Naṣîr al-Dîn Moḥammad al-Ṭoûsî. L'ouvrage est divisé en quatre sections (*bâb*), qui sont divisées en chapitres (*faṣl*). La première section traite des connaissances préliminaires et donne l'explication des termes techniques; la seconde (fol. 6), composée de quatorze chapitres, traite des corps célestes; la troisième (fol. 52), en douze chapitres, de la terre, et la quatrième (fol. 72), en sept chapitres, des distances et des masses des corps célestes. Cet exemplaire, daté de l'an 791 de l'hégire (1389 de J. C.), renferme plusieurs figures tracées avec soin. Le texte est accompagné de notes marginales et interlinéaires, et il y a deux notes détachées, ajoutées après coup (fol. 6 *bis* et 7 *bis*), dont l'une donne un extrait du *Lama*ᶜ, ouvrage attribué à Al-Djaghmînî.

Papier. 83 feuillets. Hauteur, 21 centimètres et demi; largeur, 15 centimètres et demi. 15 lignes par page. Ms. du xivᵉ siècle. — (Supplément 962.)

2510.

توضيح التذكرة. Commentaire de l'ouvrage précédent, par Al-Ḥasan ibn Moḥammad al-Naïsâboûrî, surnommé *Niẓâm*. L'auteur dit avoir composé ce commentaire en 711 de l'hégire (1311 de J. C.). Un grand nombre de figures géométriques sont intercalées dans le texte.

Papier. 255 feuillets. Hauteur, 20 centimètres; largeur, 10 centimètres. 16 lignes par page. Ms. du xivᵉ siècle. — (Supplément 963.)

2511.

1° زبدة الادراك في هيئة الافلاك «La Crême de l'acquisition, touchant la forme des sphères», traité élémentaire d'astronomie, par Naṣîr al-Dîn Moḥammad al-Ṭoûsî. Commencement : الحمد لله فاطر السموات فوق الارضين وجاعلها عبرة للناظرين المتوسّمين.

2° (Fol. 21 v°.) Gloses sur le texte arabe du سي فصل de Naṣîr al-Dîn al-Ṭoûsî. L'auteur, ᶜAbd al-Wâḥid ibn Moḥammad, a composé ce commentaire en 797 de l'hégire (1395 de J. C.).

Papier. 68 feuillets. Hauteur, 22 centimètres; largeur, 16 centimètres. 21 lignes par page. Ms. du xiᵉ siècle. — (Ancien fonds 1151.)

2512.

سي فصل «Trente chapitres», éphémérides astronomiques, par Naṣîr al-Dîn al-Ṭoûsî, texte arabe, accompagné d'un commentaire, par un anonyme. On lit dans le commentaire, après la doxologie : اما بعد فان المختصر الذى الفه في علم التنجيم ومعرفة التقويم الامام المحقق والفيلسوف المدقق نصير الدين الطوسى رحمه الله لما كان مشتملا على مسايل دقيقة ومباحث عميقة من الهيئة وغيرها مما لم يكن له بدّ من شرح لا يغادر صغيرة ولا كبيرة الخ. On trouve quelques détails sur l'ouvrage d'Al-Ṭoûsî dans le tome II du Catalogue des manuscrits de la bibliothèque Bodléïenne, page 300. Hadji Khalfa a mentionné cet ouvrage dans son Dictionnaire bibliographique, tome III, page 642. D'après une note qui se trouve en tête du ms., celui-ci avait appartenu à Mouley Zîdân, empereur du Maroc, au commencement du xviiᵉ siècle : من كتب عبد الله المتوكل عليه زيدان امير المومنين ابن امير المومنين الحسنى خلد الله له (?).

Papier. 64 feuillets. Hauteur, 18 centimètres; largeur, 13 centimètres. 17 lignes par page. Ms. du xviᵉ siècle. — (Ancien fonds 1140.)

2513.

Tables astronomiques. Ouvrage sans titre ni nom d'auteur, divisé en quatre parties : 1° sur les ères et les fêtes; 2° sur les mouvements des corps célestes, avec tables; 3° sur l'usage des tables pour déterminer les positions des corps célestes; 4° tables supplémentaires pour faciliter les calculs. Les derniers feuillets manquent. Un titre apocryphe, qu'on lit au commencement, attribue l'ouvrage à Ibn Yoûnos. Le second feuillet, qui est le premier de l'ouvrage, est d'une main plus moderne. Le folio 94 est couvert de notes astronomiques.

Papier. 94 feuillets. Hauteur, 21 centimètres; largeur, 14 centimètres et demi. 23 lignes par page. Ms. du xiiiᵉ siècle. — (Supplément 966.)

2514.

Deux séries de Tables astronomiques, dont la première indique les heures temporaires et équinoctielles, la longueur des ombres du cadran et l'altitude de l'ᶜ*aṣr* pour chaque degré de hauteur du soleil, et pour chaque degré de latitude; la seconde série donne l'ascendant et le lieu de l'ascendant des principales étoiles du zodiaque pour

chaque degré de hauteur. Il n'y a pas de préface. Une rubrique qu'on lit au commencement et qui, probablement, est de la même main que le reste du ms., nous apprend que ces tables, intitulées زيج الطيلسان «Tables du capuchon», sont nocturnes et diurnes, qu'elles n'indiquent que les heures et qu'elles ont été écrites le quatrième jour du mois de djomâdâ premier de l'an 612 de l'hégire (31 août 1215 de J. C.). Voici le texte de cette note : كتاب فيه معرفة زيج الطيلسان الليلى والنهارى فى الساعات خاصة وكان الفراغ منه اليوم الرابع من جمادى الاول سنة اثنى عشرة وستماية للهجرة

Papier. 49 feuillets. Hauteur, 22 centimètres et demi; largeur, 18 centimètres. — (Supplément 958.)

2515.

Traité d'astronomie mathématique, en vingt-deux chapitres (جملة), sans préface ni nom d'auteur. Un titre qui a été collé après coup sur le premier feuillet porte que cet ouvrage est le مختصر فى علم الهيئة «Abrégé d'astronomie», d'Athîr al-Dîn al-Mofaddhal ibn ʿOmar al-Abharî[1]. Al-Abharî, mort vers l'an 700 de l'hégire (1300-1301 de J. C.), n'est connu que par un abrégé de Isagoge de Porphyre. Contenu des vingt-deux chapitres : 1° Notions préliminaires, neuf figures; 2° sur la forme des cieux et de la terre; 3° sur les sinus et les cordes, six figures; 4° sur les ombres, deux figures; 5° sur les propriétés des triangles sphériques, cinq figures; 6° sur l'obliquité de l'écliptique, sept figures; 7° sur la latitude du lieu et la longueur des jours, sept figures; 8° introduction à la connaissance des divers mouvements des étoiles, sept figures; 9° sur l'observation des étoiles et sur la cause de l'irrégularité de leurs mouvements, cinq figures; 10° sur les changements des mouvements des étoiles dans la sphère de révolution, huit figures; 11° sur les changements des mouvements des étoiles dans l'excentrique, quatre figures; 12° sur les mouvements et les sphères du soleil, seize figures; 13° sur les mouvements et les sphères de la lune, sept figures; 14° sur les mouvements et les sphères des astres supérieurs, trois figures; 15° sur les mouvements et les sphères de Vénus et de Mercure, deux figures; 16° sur les mouvements directs et rétrogrades des cinq astres, quatre figures; 17° sur la latitude des étoiles, deux figures; 18° sur la latitude des étoiles fixes; 19° sur l'ascendant, cinq figures; 20° sur les aspects de la lune (فى اختلاف المنظر), huit figures; 21° sur les éclipses, trois figures; 22° sur les problèmes (اعمال) qui restent à indiquer, cinq figures; conclusion : sur l'ordre des sphères.

Les nombreuses figures sont dessinées avec soin.

Papier. 67 feuillets. Hauteur, 26 centimètres; largeur, 17 centimètres et demi. 21 lignes par page. Ms. du XVe siècle. — (Supplément 957, Saint-Germain 141.)

2516.

التحفة الشاهية فى علم الهيئة «Le Cadeau royal, traité d'astronomie», par Maḥmoûd ibn Masʿoûd al-Schîrâzî, vizir du prince Modjîr al-Dîn Tâdj al-Islâm Amîr-Schâh, fils de Moʿtazz, fils de Ṭâhir. L'ouvrage est divisé en quatre parties, dont la première contient des notions préliminaires, (fol. 5) فيما يحتاج الى تقديمه قبل الشروع; la seconde partie traite des corps célestes, فى هيئة الاجرام البسيطة واوضاعها, et se compose de seize chapitres; la troisième (fol. 71 v°) traite de la terre, فى هيئة الارض وقسمتها وما يلزمها بحسب اختلاف اوضاع العلويات ونحوه, et renferme treize chapitres; la quatrième (folio 103 v°), des distances et des masses des corps célestes. Un assez grand nombre de diagrammes accompagnent le texte. Selon Hadji Khalfa, l'auteur est mort en 710 ou 720 de l'hégire (1310 ou 1320 de J. C.). Commencement : خير المبادى ما زين بالحمد لواهب القوة على حمده.

Copie exécutée à Sîwâs, en 684 de l'hégire (1285 de J. C.), du vivant de l'auteur.

Papier. 118 feuillets. Hauteur, 25 centimètres; largeur, 20 centimètres. 21 lignes par page. — (Supplément 2359.)

2517.

نهاية الادراك فى دراية الافلاك «Le Dernier terme auquel on puisse atteindre dans la connaissance des sphères célestes», traité d'astronomie, par Qoṭb al-Dîn al-Maḥmoûd ibn Masʿoûd al-Schîrâzî. Cet ouvrage est divisé en quatre parties. La première partie expose les connaissances nécessaires pour celui qui veut aborder le sujet; la seconde traite des corps célestes; la troisième, de la terre et de ses divisions; la quatrième, des distances et des masses

[1] Le premier feuillet a été réparé, mais le titre appartient au ms. et il est de la main du copiste. H. Z.

des planètes. Commencement : اما بعد حمد الله فاطر السموات فوق الارضين [وجاعلها] عبرة للناظرين المتوسّمين.

Cette copie, exécutée du vivant de l'auteur, s'arrête au milieu de la troisième section. L'écriture, en majeure partie, est dépourvue des points diacritiques; les figures sont dessinées avec soin.

Papier. 126 feuillets. Hauteur, 17 centimètres; largeur, 13 centimètres. 23 à 29 lignes par page. — (Ancien fonds 1150.)

2518.

Même ouvrage.

Ms. daté de l'an 1200 de l'hégire (1785-1786 de J. C.).

Papier. 284 feuillets. Hauteur, 24 centimètres; largeur, 14 centimètres et demi. 15 lignes par page. — (Supplément 969.)

2519.

1° Premier et dernier feuillet du traité d'ʿAbd al-Raḥîm al-Mizzî sur l'astrolabe. Commencement : الحمد لله الكريم الوهاب.

2° (Fol. 4 v°.) الدرّ المنثور فى العمل بربع الدستور «La Perle détachée, indiquant l'usage du quart de cercle appelé *destoûr*», traité d'astronomie pratique, appliquée à la détermination des heures, en soixante chapitres, par Sibṭ al-Mâridînî. Commencement : الحمد لله الذى خلق السموات ورفعها بغير عمد ولا علائق.

3° (Fol. 52.) المطلب فى العمل بالربع المجيّب «Ouvrage où l'on trouve indiqué la manière d'opérer avec le quart de cercle à sinus», par Badr al-Dîn Moḥammad ibn Moḥammad ibn Aḥmad, *mowaqqit* de la mosquée d'Al-Azhar, connu sous le nom de Sibṭ al-Mâridînî, mort en 934 de l'hégire (1527-1528 de J. C.). C'est un traité complet d'astronomie pratique, en cent cinquante chapitres. Commencement : الحمد لله الذى تقدّس فى جمال صفاته عما يخطر فى الاوهام. Les derniers feuillets manquent.

4° (Fol. 113.) Notes diverses, relatives à l'astronomie.

5° (Fol. 114 v°.) غاية المطلب فى العمل بالربع الافاقى المجيّب «Le But qu'on cherche et où l'on apprend l'usage du quart de cercle universel à sinus». L'ouvrage est divisé en trois sections (*fenn*). Le nom de l'auteur est inconnu. Commencement : الحمد لله الذى جعل النجوم اعلاما يهتدى بها فى ظلمات البحر والبر. Entre les folios 167 et 170 se trouve intercalé le traité suivant :

6° (Fol. 168.) Une *ordjoûza* sur l'astronomie, par Abou 'l-Khaïr, fils du cadi Aboû Saʿoûd. La fin de cette pièce de vers se trouve au fol. 195.

7° (Fol. 176.) التحفة المنصورية فى معرفة الاوقات الشرعية «Présent digne d'Al-Manṣoûr et enseignant à reconnaître les heures fixées par la loi (pour la prière).» Traité sur l'astrolabe, en vingt chapitres, par Badr al-Dîn Moḥammad ibn Moḥammad al-Mâridînî. Nous ignorons si le nom de Manṣoûr «le victorieux», mentionné dans le titre, désigne le sultan ottoman Sélim, le conquérant de l'Égypte, ou un autre prince. Cet exemplaire a été écrit en l'an 897 de l'hégire et corrigé sous les yeux de l'auteur.

8° (Fol. 195 v°.) Traité (*faṣl*) en douze chapitres sur l'usage du quart de cercle appelé ربع المقنطرات.

9° (Fol. 202 v°.) Traité (*faṣl*) en dix chapitres, sur l'usage du quart de cercle à sinus.

10° (Fol. 213 v°.) Opuscule en treize chapitres, sur l'usage d'un instrument astronomique ayant la forme d'un demi cercle, dont la circonférence est divisée en quatre-vingt-dix parties égales et le rayon en soixante parties. Commencement : الحمد لله الذى خلق وصوّر.

11° (Fol. 217 v°.) Traité en dix-huit chapitres sur un instrument astronomique, ressemblant beaucoup à celui qui est décrit dans l'article précédent et appelé الجيب الغايب, par Schams al-Dîn al-Ghazoûlî.

Papier. 222 feuillets. Hauteur, 18 centimètres; largeur, 13 centimètres et demi. Écritures diverses du xvᵉ siècle. — (Ancien fonds 1158.)

2520.

1° Les huit premiers feuillets (cotés A, B, etc.), d'un traité d'astronomie en quatre sections, dont la première traite des ères; la seconde, des mouvements des astres; la troisième, des opérations usitées pour observer ces mouvements, et la quatrième, des calculs qui facilitent ces opérations. Ce fragment renferme une partie de la première section. Il n'y a pas de préface. Un titre ajouté après coup, كتاب الزيج المصطلح لابن يونس «les Tables techniques (?) d'Ibn Yoûnos», est apocryphe, car le زيج المصطلح a pour auteur un calculateur nommé Moḥammad ibn Moḥammad al-Fâriqî.

2° (Fol. 2 v°.) الروض العاطر فى تلخيص زيج ابن الشاطر «Le Jardin parfumé, sommaire des tables d'Ibn al-Schâṭir», par Moḥammad ibn ʿAlî ibn Ibrâhîm, surnommé Ibn Zarîq al-Khaïrî. C'est une collection de tables précédées d'une introduction. Elle se termine par une table des latitudes et longitudes et une table des sinus. A la

fin du volume on trouve deux tableaux circulaires, dont l'un représente l'orientation des divers pays vers la Mecque. Commencement : الحمد لله الذى رفع السماء بقدرته ودبر الافلاك بحكمته.

Papier. 175 feuillets, plus les feuillets A-H préliminaires. Hauteur, 18 centimètres et demi; largeur, 12 centimètres et demi. 17 lignes par page. Ms. du XIVe siècle. — (Ancien fonds 1144.)

2521.

1° Deux fragments (le commencement et la fin) de l'ouvrage intitulé الروض العاطر فى تلخيص زيج ابن الشاطر. (Voyez le numéro précédent, article 2°.)

2° (Fol. 11.) Deux tables, dont l'une fait connaître la concordance de l'année lunaire avec l'année solaire, et l'autre (à une minute près), les positions du soleil, jusqu'à la fin de l'an 1000 de l'hégire. L'introduction commence par ces mots : الحمد لله الذى جعل الشمس ضياء والقمر نورا. L'auteur, qui était *mowaqqit* de la grande mosquée de Damas, se nommait Moḥammad ibn Moḥammad ibn abî Bakr al-Tîzînî (التيزينى).

3° (Fol. 19.) Tables du soleil, de la lune et des planètes, table d'élections (اختيارات), tables de jugements astrologiques, etc.

4° (Fol. 91.) Mélange d'astronomie, d'astrologie et de chronologie.

5° (Fol. 109 v°.) الاختيارات العلائية فى الاختيارات السمائية «Les Sélections d'ʿAlâ al-Dîn, faites parmi les élections célestes», traité d'astrologie composé originairement en persan, par Fakhr al-Dîn ʿOmar al-Râzî pour le sultan ʿAlâ al-Dîn Moḥammad ibn Khwarizm-Schâh, et traduit en arabe par un anonyme. Commencement : الحمد لمستحق الحمد بكماله.

6° (Fol. 124 v°.) Traité sur les vertus secrètes des lettres de l'alphabet.

7° (Fol. 129.) Calendrier perpétuel, intitulé : فصل فى علم اوقات السنة وفصولها وعدد شهورها وايامها وتجارى الشمس فى بروجها ومنازلها الخ

8° (Fol. 136.) كفاية القنوع «Ce qui suffit à celui qui se contente de peu», traité sur l'usage du quart de cercle appelé الربع المقطوع, par Badr al-Dîn Moḥammad Sibṭ al-Mâridînî.

9° (Fol. 137 v°.) الكواكب الزاهرة فى العمل بجيب ربع الدايرة «Les Étoiles brillantes, traité sur l'usage du quart de cercle à sinus», par Aboû Horaïra ʿAbd al-Raḥmân ibn Benefschâ (بنفشا), *mowaqqit* de la mosquée des Omayyades, à Damas.

10° (Fol. 139 v°.) Description d'un astrolabe appelé دايرة المعدل, et instructions pour son usage, par l'inventeur de cet instrument, ʿIzz al-Dîn ʿAbd al-ʿAzîz al-Wafâï, *mowaqqit* de la mosquée de Damas. (Voyez ci-après, n° 2544, 7°.)

En tête du volume on trouve une recette pour faire de l'encre noire, et quelques extraits d'un traité d'astrologie, par Abou 'l-Ḥasan Koûschyâr ibn Labbân ibn Bâschahrî al-Djîlî.

Papier. 154 feuillets. Hauteur, 31 centimètres et demi; largeur, 17 centimètres. Écritures diverses du XVIe siècle. — (Ancien fonds 1118.)

2522.

Tables du soleil, de la lune et des planètes, par ʿAlâï al-Dîn Ibn al-Schâṭir. Le commencement manque. Le premier feuillet du ms. porte le titre de جدول مبسوطة الشمس; le folio 4 v°, جدول مجموعة القمر; les folios suivants, جدول مبسوطة القمر. Les fol. 7 à 37 contiennent une table qui paraît se rapporter à la lune. Au fol. 37 v° commencent les tables de Saturne; au fol. 61 v°, celles de Jupiter, dressées d'après les observations faites au Caire, long. 54° 30′; au fol. 66 v°, les tables de Mars; au fol. 80 v°, celles de Vénus; au fol. 93 v°, celles de Mercure. Toutes ces tables ont été dressées d'après des observations faites au vieux Caire par ʿAlâï al-Dîn ibn al-Schâṭir, de Damas, mort, d'après Hadji Khalfa, en 777 de l'hégire (1375-1376 de J. C.). Les sept derniers feuillets du volume renferment les ابهات du soleil et de la lune, dressés par un calculateur qui a écrit de sa propre main, en caractères cursifs, une note que nous lisons ainsi : هذه جداول ابهات الشمس ويتلوه جداول ابهات القمر بتفاصل عشرة دقايق صنعه فقير رحمة ربه محمد بن عبد الرحمن بن حسن بن سويد المالكى عامله الله بالطع (*lis.* باللطف) ولم يسبقنى احد بهذه الطريقة غير ان الذى وقع بيدى انما هو ابهات بتفاصل نصف درجة وهذا ابلغ فى التحرير «Tables des ابهات du soleil, suivies des tables des ابهات de la lune, dressées pour toutes les dix minutes, par l'humble serviteur du Seigneur, Moḥammad, fils d'ʿAbd al-Raḥmân, fils de Ḥasan, fils de Sowaïd al-Mâlikî, que Dieu le traite avec bonté! Personne ne m'a surpassé dans cette voie (ou genre de tables), car les tables qui me sont tombées entre les mains n'étaient dressées que pour chaque demi-degré; mais celle-ci offre une plus grande exactitude».

Papier. 113 feuillets. Hauteur, 25 centimètres et demi; largeur, 17 centimètres. Ms. du XVIe siècle. — (Ancien fonds 607.)

IMPRIMERIE NATIONALE.

2523.

Tables astronomiques, précédées d'une introduction, où l'auteur traite de la concordance des ères et des opérations par lesquelles on détermine les positions des planètes, les heures, les éclipses, etc. Le commencement manque.

Quatre feuillets provenant d'un ms. arménien ont été reliés au commencement et à la fin du volume.

Papier. 107 feuillets. Hauteur, 24 centimètres; largeur, 17 centimètres. Dans l'introduction, environ 23 lignes par page. Ms. du XIVe siècle. — (Ancien fonds 1143, Colbert 4202.)

2524.

1° رسالة في اعمال الربع الافاقي «Sur l'usage du quart de cercle astronomique», par Aḥmad ibn Khalîl al-Fâkhoûrî.

2° (Fol. 8.) Observations apparemment astrologiques relatives aux premiers mois de l'année copte. Cette pièce porte le titre apocryphe de رسالة في العمل بالاسطرلاب.

3° (Fol. 8 v°.) كنز الطلاب في العمل بالاسطرلاب «Trésor pour ceux qui cherchent, traité sur l'usage de l'astrolabe», par le schaïkh Nâṣir al-Dîn ibn Sam'oûn. C'est une compilation faite d'après le traité d'Abou 'l-Ṣalt, d'après l'abrégé de ce même traité, par Al-Marrâkoschî, et d'autres ouvrages. Le présent opuscule est divisé en quatre chapitres (*bâb*), dont chacun renferme cinq sections (*faṣl*).

Ces trois pièces sont de la même main.

4° (Fol. 21 v°.). Sur l'astrolabe et son emploi. Ce traité se compose de quatre discours (مقالة), dont chacun est divisé en plusieurs sections (فصل). Le texte est accompagné de tables, de figures et de notes marginales. Le premier feuillet manque; l'écriture du recto du second feuillet est effacée en plusieurs endroits.

5° (Fol. 85 v°.) Sur l'astrolabe et son emploi. Traité sans titre ni nom d'auteur, divisé en vingt sections (فصل). Commencement : بشما لاها رحمانا رحيما (c'est la forme syriaque du *Bismillah*) الحمد لله حمد الشاكرين والصلوة على سيدنا محمد واله الطاهرين هذا مختصر في كيفية العمل بالاسطرلاب وفيه عشرون فصلا. Quelques figures. La copie est datée de l'an 815 de l'hégire (1412 de J. C.).

6° (Fol. 96.) Explication du bissexte. En turc.

7° (Fol. 96 v°.) Sur l'astrolabe. Deux chapitres (فصل). Commencement : وبعد فهذه فصول جمعتها في العمل بالاسطرلاب. Cet opuscule, copié l'an 815 de l'hégire, est de la même main que l'article 5°.

8° (Fol. 102.) Sur l'usage de l'astrolabe. Même écriture et même date que dans l'article précédent.

9° (Fol. 104 v°.) Sur les éphémérides (تقاويم?). Commencement : اعتصمت بالله واهب العقل. Ce traité est divisé en trente chapitres (فصل), mais la fin du chapitre v, les chapitres vi et vii, le commencement du chapitre viii et les treize derniers chapitres manquent. Le premier chapitre énumère les valeurs numériques assignées à chaque lettre de l'alphabet; le deuxième, les jours de la semaine; le troisième traite de l'année arabe; le quatrième, de l'année des Grecs; le cinquième, de l'année des Perses; le neuvième, de la durée des révolutions du soleil, de la lune et des planètes; le dixième, du zodiaque; le onzième, des heures du jour et de la nuit; le douzième, des aspects réciproques des planètes; le treizième, de la conjonction (مراجات ou ممارجات) de la lune avec les étoiles; le quatorzième, des mansions (منازل) de la lune; le quinzième, de l'apparition et de la disparition des étoiles; le seizième est intitulé في بقايا مادور; le dix-septième traite des maisons (بيوت) des étoiles. L'écriture est presque partout dépourvue de points diacritiques.

10° (Fol. 112 v°.) بغية الطلاب في العمل بربع بالاسطلاب (*sic*) «Le Traité souhaité des amateurs, ayant pour sujet l'usage de l'instrument appelé le *quart d'astrolabe*», par Aḥmad ibn Ibrâhîm ibn Khalîl al-Ḥalabî. Commencement : الحمد لله الذى بنعمته تتم الصالحات. On y trouve l'explication de plusieurs termes d'astronomie pratique. La fin manque.

11° (Fol. 120.) Notes et dissertations astrologiques et cabalistiques, dont l'une est intitulée le *Livre de Daniel* (fol. 124 v°). Ces textes, d'une écriture moderne, renferment de nombreuses fautes d'orthographe.

Papier. 127 feuillets. Hauteur, 18 centimètres et demi; largeur, 13 centimètres. 21 lignes par page. Écritures diverses du XIVe et du XVe siècle. — (Ancien fonds 612.)

2525.

1° Tables trigonométriques et astronomiques, calculées par Djamâl al-Dîn al-Mâridînî et intitulées الشبكة. La première table donne les sinus des arcs pour chaque minute du cadran.

2° (Fol. 37.) Catalogue d'étoiles fixes, avec l'indication de leurs positions.

Papier. 54 feuillets. Hauteur, 19 centimètres; largeur, 13 centimètres. Ms. du XVe siècle. — (Ancien fonds 1155, Colbert 6006.)

2526.

اللمعة فى حل السبعة «Lumières pour résoudre les questions relatives aux sept planètes». Tables astronomiques, calculées pour la latitude du Caire, par Schihâb al-Dîn Aḥmad ibn Gholâm Allah, connu sous le nom d'Al-Koûm al-Rischî, *mowaqqit* de la mosquée d'Al-Malik al-Mowayyad (fondée au Caire, près de la porte de Zowaïla, en 818 de l'hégire, par le sultan mamlouc Al-Malik al-Mowayyad Aboû Naṣr Schaïkh al-Maḥmoûdî). Dans l'introduction, l'auteur dit que ce traité est un abrégé commode et utile d'un grand ouvrage qu'il avait composé, sous le titre de نزهة الناظر فى تلخيص زيج ابن الشاطر «Délices du lecteur, rédaction abrégée des Tables d'Ibn al-Schâṭir». Il donne des instructions pour l'emploi des tables, qui font connaître la concordance des ères et des dates, les fêtes, les positions des planètes, les mouvements directs et rétrogrades, les plus grandes hauteurs du soleil et les heures équinoctielles, les points de lever des signes du zodiaque, selon les différents pays, les conjonctions et oppositions, les éclipses, les occultations des cinq planètes, les conjonctions des planètes, etc. Une des dernières tables donne les latitudes et longitudes de plusieurs villes, ainsi que l'azimut de la *qibla*.

Ms. daté de l'an 1146 de l'hégire (1733 de J. C.).

Papier. 53 feuillets. Hauteur, 23 centimètres; largeur, 16 centimètres. — (Supplément 960.)

2527.

Même ouvrage. Copie datée de l'an 1177 de l'hégire (1764 de J. C.).

Papier. 48 feuillets. Hauteur, 31 centimètres; largeur, 21 centimètres. — (Supplément 959.)

2528.

الزيج الشامل «La Table compréhensive». Recueil de tables astronomiques, par un auteur anonyme, dont voici la préface (corrigée d'après le ms. 2530) : احمد الله على تواتر الائه واشكره على تظاهر نعمائه الخ........ وبعد فهذا زيج اوضعته (var. وضعته) من (var. على) مقتضى اوساط صححها ابو الوفا محمد بن احمد البوزجانى واصحابه بارصاد متوالية وامتحانات (var. وامتناحات) صدرت منهم بعد رصد المامون وقد اوردها صاحب الزيج العلاى مدعيا (var. مديعا) لقلة انصافه انها مرصودة بآلات اتخذها هو بنفسه من غير (var. بغير) اشتهاره بالرصد وانى (var. وقد) وجدت فى تصانيف البوزجانى جدولا مشتملا على هذه الاوساط فنقلتها بعد ما رايتها مصححة بمشاهدة القرانات وطرق الاعتبار ولما كان فى الزيج العلاى نوع كلفة من جهة تعديل ما بين سطرى جداول التعاديل مع تضمنه تغير الاصول فى الحساب واشتماله على تكرير التعاديل الثانية للكواكب الخمسة عملت فى هذا الزيج بحيث تحوى (var. يحتوى) على سهوله الاعمال من غير تغيير (var. من تغيير) يقتضيه موجب الهيئة والاصول واستعنت بالله ولى التوفيق وهو حسبنا ونعم المعين ۞ القول فى موامرة الاعمال وفيه ابواب ۞ الباب الاول فى التاريخ وفيه فصول ۞ فصل فى ذكر التواريخ المستعملة فى زماننا الخ

«Je loue Dieu de ses nombreux bienfaits et je le remercie de la manifestation de ses grâces, etc. J'ai dressé ces tables, conformément aux résultats moyens dont Abou 'l-Wafâ al-Boûzdjânî et ses compagnons avaient constaté l'exactitude par des observations répétées et par des expériences dont ils furent les auteurs, (et cela) à la suite des observations d'Al-Ma'moûn. Ces résultats moyens avaient été publiés par l'auteur du *Zîdj al-ʿAlâï* (voyez la Bibliographie de Hadji Khalfa, t. III, p. 567), qui, dans sa déloyauté, disait les avoir obtenus lui-même à l'aide d'instruments de son invention, et (cela) bien qu'il fût peu connu comme observateur. Ayant trouvé, moi, parmi les traités d'Al Boûzdjânî, une table renfermant ces résultats moyens, je les ai reproduits (ici), après les avoir vérifiés par l'observation des conjonctions et par d'autres modes d'examen. Comme le *Zîdj al-ʿAlâï* offrait un certain inconvénient, par rapport à la manière dont l'auteur avait fait correspondre les deux colonnes d'équations, et qu'on y remarquait des changements dans les formes de calcul usuelles, ainsi que la répétition des équations du second ordre pour chacune des cinq planètes, j'ai rédigé cette table de manière à en faciliter l'emploi et sans rien changer aux règles essentielles de l'art astronomique. Je demande à Dieu son secours et sa faveur; lui seul me suffit, et il est le meilleur des soutiens! Discours sur l'emploi des Tables, en plusieurs chapitres. Chapitre Ier, sur la chronologie, en plusieurs sections. Section : sur les ères employées de notre temps, etc.»

Dans ce discours, qui est assez court, l'auteur traite des ères et de l'emploi des tables pour la solution des problèmes. La première table donne les sinus et les sinus

verses; une autre indique les ombres du cadran; une autre (fol. 19 v°), la latitude et la longitude de plusieurs villes. Le reste du volume est consacré aux tables du soleil, de la lune et des cinq planètes. Toutes ces tables, à l'exception des deux derniers feuillets, sont écrites avec beaucoup de soin et paraissent être du xve siècle. L'introduction est d'une autre main et paraît dater du xvie siècle. Une table supplémentaire, écrite au verso du premier feuillet, porte la date de 882 de l'hégire (1477 de J. C.). Le titre qu'on lit en tête du ms. et qui désigne ces tables comme les *Tables d'Al-Ma'moûn*, est apocryphe. Dans l'introduction, le nom d'Abou 'l-Wafâ a été effacé et remplacé par celui d'Al-Ma'moûn.

Papier. 73 feuillets. Hauteur, 31 centimètres; largeur, 21 centimètres. 27 lignes par page. — (Ancien fonds 606, Colbert 749.)

2529.

Même ouvrage. L'introduction est d'une autre main que les tables.

Papier. 76 feuillets. Hauteur, 22 centimètres; largeur, 14 centimètres. Dans l'introduction, 17 lignes par page. Ms. du xvie siècle. — Ancien fonds 1141.)

2530.

الكامل فى شرح الزيج الشامل «Le Traité complet, pour servir de commentaire à l'ouvrage intitulé *Al-Zîdj al-Schâmil*», par Sîdî Ḥasan, fils de Sîdî 'Alî القومنانى. Ce commentaire, assez étendu et renfermant lui-même des figures et des tables, a été composé en 822 de l'hégire (1419 de J. C.), sous le règne et sous les auspices du sultan ottoman Moḥammad, fils de Bayazet, fils d'Amurath. Commencement : الحمد لله الذى جعل فى السماء بروجا. Ms. daté de l'an 1121 de l'hégire (1709-1710 de J. C.). On a altéré ce chiffre en changeant ١١٢١ en ٨٢١.

A la fin se trouvent des notes et extraits divers, les uns en arabe, les autres en turc, parmi lesquels on remarque un poème religieux composé de cinquante quatrains, par Afdhal al-Kâschî (افضل الكاشى).

Papier. 118 feuillets. Hauteur, 18 centimètres; largeur, 13 centimètres et demi. 15 lignes par page. — (Ancien fonds 608.)

2531.

1° النجوم الزاهرات فى العمل بالربع المقنطرات «Les Brillantes étoiles, traitant de l'usage du quart de cercle appelé ربع المقنطرات», par Abou 'l-Fadhâïl 'Abd al-'Azîz al-Wafâï. L'auteur dit avoir rédigé cet ouvrage, divisé en vingt-cinq chapitres, à l'aide des deux traités de Schams al-Dîn Moḥammad al-Mizzî et de Djamâl al-Dîn 'Abd Allah al-Mâridînî.

2° (Fol. 21 v°.) نزهة النظر فى العمل بالشمس والقمر «Plaisir de la spéculation, traitant des opérations (de calcul) relatives au soleil et à la lune», par le même auteur. Cet ouvrage est également divisé en vingt-cinq chapitres, précédés d'une introduction et suivis d'un appendice. L'introduction traite des lignes tracées sur le quart de cercle et de leurs noms; l'appendice, des heures de la prière et de l'observation de la nouvelle lune. Cet opuscule est accompagné de trois tables.

3° (Fol. 38 v°.) غنية الفهم والطريق الى حلّ التقويم «Ce qui suffit pour l'homme intelligent, et manière de résoudre les problèmes au moyen des tables», par Abou 'l-'Abbâs Schihâb al-Dîn Aḥmad Ibn al-Madjdî. Cet opuscule renferme trois chapitres : 1° sur les années et les fêtes; 2° sur le calcul des lieux des sept corps célestes; 3° sur les conjonctions, les oppositions, les ascendants, etc.

4° (Fol. 80.) Autre traité sur le même sujet. Suivent trente-trois pages de tables, dont les dernières sont attribuées à Ibn Yoûnos.

Ms. daté de l'an 887 de l'hégire (1482 de J. C.).

Vélin. 131 feuillets. Hauteur, 20 centimètres et demi; largeur, 15 centimètres et demi. 20 lignes par page. — (Supplément 967, Saint-Germain 387.)

2532.

1° De l'instrument astronomique appelé دايرة المعدّل, et instructions pour son usage, par 'Abd al-'Azîz al-Wafâï, inventeur de cet instrument. Copie datée de l'an 911 de l'hégire (1505-1506 de J. C.).

2° (Fol. 20 v°.) De l'instrument astronomique appelé الصفيحة العجمية, et instructions pour son usage. Ce traité se compose d'une introduction, de quinze chapitres et d'un appendice.

Papier. 39 feuillets. Hauteur, 16 centimètres; largeur, 10 centimètres et demi. Dans le premier traité, 11 lignes par page; dans le second, 15 lignes par page. — (Ancien fonds 1219.)

2533.

ارشاد السائل الى اصول المسائل «Guide de celui qui dé-

sire connaître les principes des problèmes (astronomiques)», par Schihâb al-Dîn Aḥmad ibn Radjab (ms. رحبة) al-Ṭanboghâ, mort en 850 de l'hégire (1446-1447 de J. C.). C'est un commentaire du traité d'astronomie mathématique et pratique d'Aboû ʿAbd al-Raḥmân ʿAbd Allah al-Mâridînî (dans Hadji Khalfa, l'auteur est nommé Djamâl al-Dîn Moḥammad ibn Moḥammad al-Mâridînî), intitulé الدرّ المنثور في العمل بربع الدستور «Perles éparpillées ou manière de se servir du quart de cercle appelé دستور», et qui est une théorie des opérations astronomiques au moyen desquelles on détermine les heures de la prière. Le texte commenté est reproduit en entier, phrase par phrase. Al-Ṭanboghâ développe et explique tous les problèmes que Al-Mâridînî, son précepteur, avait employés sans en donner la démonstration. Le commentaire, renfermant plusieurs tables et un grand nombre de figures très bien exécutées, commence par ces mots : الحمد لله الذى افاض على القلوب مواهوب (*sic*) عرفانه. Le texte commenté commence ainsi : الحمد لله الذى خلق السموات ورفعها بغير عمد ولا علايق.

Ms. daté de l'an 994 de l'hégire (1586 de J. C.).

Papier. 150 feuillets. Hauteur, 30 centimètres et demi; largeur, 19 centimètres et demi. 31 lignes par page. — (Ancien fonds 1103.)

2534.

زيج الغ بيك «Tables astronomiques d'Oloûgh-Beg», traduites du persan en arabe par Yaḥyâ ibn ʿAlî al-Zamâʿî ou Al-Rafâʿî, sur la prière d'un mathématicien distingué, nommé Schams al-Dîn ibn abi 'l-Fatḥ al-Ṣoûfî. Dans le texte original, les quatre discours qui forment les prolégomènes, sont placés l'un à la suite de l'autre; mais, dans cette traduction, chaque discours est suivi des tables auxquelles il se rapporte. Les prolégomènes ont été traduits du persan en français par M. Sédillot, Paris, 1853. Ce ms. contient les prolégomènes et la majeure partie des tables; la copie n'a pas été achevée. Commencement : الحمد لله الذى جعل العلم شمسا حُرس من الكسوف شعاعه.

Papier. 102 feuillets. Hauteur, 30 centimètres; largeur, 18 centimètres et demi. 23 lignes par page. Ms. du XVIIe siècle. — (Ancien fonds 1116.)

2535.

Même ouvrage.

Ms. daté de l'an 1097 de l'hégire (1686 de J. C.).

Papier. 190 feuillets. Hauteur, 25 centimètres; largeur, 15 centimètres et demi. 29 lignes par page. — (Supplément 968.)

2536.

Tables astronomiques d'Oloûgh-Beg, adaptées à la longitude 41° 45′, du méridien des îles Fortunées, et précédées d'une introduction qui commence par ces mots : الحمد لله الذى جعل الشمس ضياءا والقمر نورا. La première section de l'introduction renferme six chapitres et traite de la manière de déterminer par le calcul les places des planètes; la seconde, en huit chapitres, des procédés qui font connaître les places du soleil et de la lune, les éclipses, etc. Cet ouvrage a été évidemment composé pour la longitude de Tunis. Une note d'une main européenne l'attribue à un savant de Tunis, nommé Moḥammad Sandjakdâr al-Scharîf.

Papier. 48 feuillets. Hauteur, 25 centimètres et demi; largeur, 19 centimètres et demi. 28 lignes par page. Ms. du XVIIIe siècle. — (Supplément 968 *bis*.)

2537 et 2538.

اسنى المواهب في تقويم الكواكب «Le Don le plus précieux pour déterminer les positions des astres». Tables des mouvements des sept planètes et des nœuds de la lune, construites pour la longitude du Caire, d'après l'ouvrage d'Oloûgh-Beg, par Rodhwân Efendi. Les tables sont précédées d'un avertissement de dix pages qui enseigne la manière de s'en servir. L'auteur, qui vivait encore en 1115 de l'hégire (1703 de J. C.), affirme que la longitude du Caire est au 55e degré, à compter du rivage de l'Océan atlantique. Partout, dans cet exemplaire, le nom d'Oloûgh Beg est écrit الغبك.

2 vol. Papier. 197 et 229 feuillets. Hauteur, 22 centimètres et demi; largeur, 16 centimètres et demi. Ms. du XVIIIe siècle. — (Supplément 970 *bis*.)

2539.

Tables astronomiques, tirées de l'ouvrage de Rodhwân Efendi :

a. Tables des nouvelles lunes pour les années 1115 à 1130 de l'hégire.

b. Tables de Mercure, pour les mêmes années, calculées d'après les principes du traité intitulé الدرّ اليتيم.

c. Tables de Saturne pour les mêmes années.

d. Tables du soleil pour les années 1116 à 1121.

e. Tables de Mercure pour les années 1115 à 1121.

f. Tables de Mars pour les années 1115 à 1121.

g. Tables des nœuds (?الجوزهر) pour les années 1116 à 1120.

h. Tables de la lune pour les années 1116, 1119, 1121.

i. Tables du soleil pour l'année 1115.

j. Tables de Vénus pour les années 1115 à 1121.

k. Tables des nœuds pour l'année 1115.

Il y a une lacune de six feuillets dans les tables de Saturne.

Les folios 22, 44 et 46 sont intervertis; le folio 45 porte un tableau circulaire représentant les signes du zodiaque avec leurs levers ignés, aériens, terrestres et aqueux; sur le verso est un tableau semblable, indiquant les jours de la bonne et de la mauvaise influence de chaque planète.

Ms. daté de l'an 1115 de l'hégire (1703-1704 de J. C.).

Papier. 47 feuillets. Hauteur, 21 centimètres et demi; largeur, 16 centimètres. — (Supplément 970.)

2540.

1° Notes détachées, tableaux et figures touchant l'astronomie.

2° (Fol. 7 v°.) Traité d'astronomie pratique, pour servir d'introduction à une série de tables, calculées d'après les positions moyennes, telles qu'Abou 'l-Wafâ Moḥammad al-Boûzdjânî les avait déterminées au moyen d'observations répétées.

3° (Fol. 16.) الدستور العجيب «Formulaire merveilleux», par Nâṣir al-Dîn ibn ʿÎsâ ibn al-Ḥiṣkafî (de Ḥiṣn Kaïfa). L'auteur se propose de simplifier et d'abréger les calculs astronomiques au moyen d'une série de tables rédigées pour cet objet.

4° (Fol. 17.) Tables de la lune et des planètes, les mêmes, peut-être, qui devaient accompagner le traité précédent.

5° (Fol. 29 v°.) Collection complète de tables astronomiques, précédées d'une table de sinus et de sinus-verses. Ces tables sont dressées avec beaucoup de soin.

Papier. 99 feuillets. Hauteur, 30 centimètres et demi; largeur, 21 centimètres. Ms. du xvᵉ siècle. — (Ancien fonds 1109, Colbert 680.)

2541.

1° رقائق الدقائق في حساب الدرج والدقائق «Artifices pour faciliter le calcul des degrés et des minutes», par Moḥammad Sibṭ al-Mâridînî. Commencement : الحمد لله حمد الشاكرين.

2° (Fol. 20.) Dernier cahier d'une *ordjoûza* sur l'art de dire la bonne aventure.

3° (Fol. 28.) Le poème d'Avicenne sur l'âme, avec un commentaire perpétuel.

4° (Fol. 33 v°.) زاد المسافر في معرفة رسم فضل الدائر «Provisions du voyageur, traité faisant connaître la manière de tracer le surplus du *dâïr*», par Schihâb al-Dîn Aḥmad al-Madjdî. Cet ouvrage enseigne la projection des *surplus* sur les plans horizontaux, perpendiculaires ou obliques. Le *dâïr* est la distance de l'astre à l'horizon, comptée sur sa parallèle; le *surplus* est la distance de l'astre au méridien, prise sur la même parallèle. C'est un traité de gnomonique.

5° (Fol. 43 v°.) Tables de latitudes et de longitudes, tirées des tables astronomiques d'ʿAlâ al-Dîn ibn al-Schâṭir, de Damas.

6° (Fol. 48 v°.) Traité de Badr al-Dîn al-Mâridînî sur l'emploi du quart de cercle appelé ربع المقنطرات.

Ms. de diverses mains, daté de l'an 1150 de l'hégire (1737-1738 de J. C.).

Papier. 54 feuillets. Hauteur, 21 centimètres; largeur, 15 centimètres. — (Supplément 1904.)

2542.

1° كفاية القنوع في العمل بالربع المقطوع «Satisfaction suffisante relativement à la manière de se servir du quart de cercle, appelé المقطوع». Vingt-cinq chapitres, précédés d'une introduction renfermant l'explication des termes de l'art[1].

2° (Fol. 14 v°.) Description du quart de cercle à sinus et instructions pour son usage, d'après les ouvrages d'Aboû ʿAbd Allah Moḥammad al-Mâridînî. Cet instrument était aussi appelé الدستور, المقّنص ou المقصّص. Son pivot central (مركز), était nommé القطب, الخش ou الحزم. Dix-sept chapitres, précédés d'une introduction.

[1] L'auteur de cet ouvrage est Moḥammad Sibṭ al-Mâridînî (comp. Hadji Khalfa, t. V, p. 223 et suiv.). H. Z.

3° (Fol. 34.) Explication des lignes tracées sur l'astrolabe nommé ذات صفائح.

4° (Fol. 47 v°.) Description de la sphère armillaire ذات الكرسى ou الكرة, et instructions pour son usage. Explication de quelques termes astronomiques en langue turque.

5° (Fol. 69 v°.) Notes et observations diverses.

Papier. 76 feuillets. Hauteur, 16 centimètres; largeur, 11 centimètres. 15 lignes par page. Ms. du XVIII° siècle. — (Supplément 971.)

2543.

اشكال الوسائط في المنحرفات والبسائط « Figures des lignes horaires (?) dans les cadrans déclinants et horizontaux ». Traité de gnomonique, par Badr al-Dîn Ḥasan ibn Khalîl ibn ʿAlî ibn Mazroûʿ al-Ṭobnî (de Ṭobna, en Algérie). Ms. de la main de l'auteur et portant ses corrections. L'ouvrage a été terminé en 882 de l'hégire (1477-1478 de J. C.), mais il avait été commencé quelques années auparavant. On y trouve les figures des lignes horaires et les tables.

Papier. 59 feuillets. Hauteur, 18 centimètres; largeur, 13 centimètres et demi. 19 lignes par page. — (Ancien fonds 282.)

2544.

1° رسالة في الربع المجيّب « Traité sur l'usage du quart de cercle à sinus », par Gharś al-Dîn, fils de Schihâb al Dîn Aḥmad al-Naqîb. Vingt chapitres, précédés d'une introduction. Commencement : فلما كان علم الوقت مندوبا اليه الخ.

2° (Fol. 8 v°.) Sur l'usage de l'instrument astronomique appelé الشكازية. Dix chapitres, précédés d'une introduction. Commencement : احمد الله على نعائه واشكره على توالى الآئه.

3° (Fol. 12 v°.) رسالة على الكرة ذات الكرسى « Traité sur le globe soutenu par un horizon comme un support (sphère armillaire) ». Vingt-trois chapitres, précédés d'une introduction. Commencement : الحمد لله الذى خلق السموات والارض ونصب فيها ايات للمتفكرين.

4° (Fol. 21.) Note sur la manière de trouver les positions des planètes dans le zodiaque.

5° (Fol. 21 v°.) Traité sur l'astrolabe, en quatorze chapitres, par Athîr al-Dîn al-Abharî. L'auteur explique d'abord les différentes parties de cet instrument et les lignes qui y sont tracées, puis il enseigne la manière de s'en servir.

6° (Fol. 27 v°.) Traité en persan sur la manière de trouver le *dâïr* et son augment, ainsi que l'altitude du soleil, l'heure étant donnée; sur les heures égales et inégales; sur la manière de trouver la longueur de l'ombre, la hauteur étant donnée, et *vice-versa;* sur les ascendants et les coascendants.

7° (Fol. 41 v°.) Traité d'ʿAbd al-ʿAzîz al-Wafâï, *mowaqqit* de la grande mosquée Al-Mowaïyadî, mort en 876 de l'hégire (1471-1472 de J. C.), sur un instrument astronomique de son invention et sur ses divers emplois. C'est un compas azimutal accompagné des cercles de la sphère et appelé دائرة المعدّل « cercle équinoctiel ».

8° (Fol. 45 v°.) تتمّات الرسالة المتعلّقة بربع الدائرة « Complément du traité qui concerne le quart de cercle ». En turc. Ce sont les chapitres VI à XXX du traité sur l'emploi du quart de cercle, intitulé كفاية الوقت « Ce qui suffit pour déterminer l'heure », et attribué ici à Al-Salamî le *mowaqqit*, par Hadji-Khalfa à ʿAbd al-ʿAzîz al-Wafâï.

9° (Fol. 56 v°.) Explication du passage de Ptolémée (au commencement du sixième livre de l'Almageste), contenant la description de la sphère armillaire (ذات الحلق), passage qui avait été mal rendu par les traducteurs arabes. L'auteur, Abou Yoûsof Yaʿqoûb ibn Isḥâq al-Kindî, décrit toutes les parties de l'instrument.

10° (Fol. 60 v°.) Traité d'un auteur anonyme qui se trouvait à Damas, en 650 de l'hégire (1252-1253 de J. C.), sur plusieurs instruments d'observation, construits par lui-même, tels qu'un quart de cercle mural, un astrolabe, des règles parallactiques (ذات الهدفة السيّارة?), ou (ذات الثقبتين), l'instrument à sinus et à sinus verses (ذات الجيوب والسهم), l'instrument à deux cadrans (ذات الربعين), etc. Plusieurs de ces instruments sont figurés dans le texte.

11° (Fol. 79 v°.) Traité du globe, de ses cercles et de son usage. L'auteur anonyme dit, au commencement de son ouvrage : الكرة آلة مؤلفة من نفس الكرة والحلقة الثابتة عليها الكرسى الحامل لها. Vingt-cinq chapitres.

12° (Fol. 84 v°.) ارشاد « Guide », traité d'astronomie, en persan. Cinquante chapitres. Cet opuscule renferme quelques tables. Nombreuses notes marginales en langue persane.

13° (Fol. 107.) Chapitre sur la *Qibla* et sur les heures. Quelques figures.

14° (Fol. 110 v°.) Traité, en turc, sur la manière de déterminer le signe du zodiaque, dans lequel se trouve

le soleil, et le degré de ce signe, par Moṣṭafâ, *mowaqqit* du sultan Sélim-Khân. Cet opuscule se termine par une table d'heures.

15° (Fol. 120 v°.) Traité d'Abou 'l-Fadhâïl ʿIzz al-Dîn ʿAbd al-ʿAzîz al-Wafâï, docteur schaféite et *mowaqqit* de la mosquée Al-Mowaïyadî, reproduisant, avec des additions et des corrections, le contenu des deux traités sur le ربع المقنطرات de Schams al-Dîn Moḥammad al-Mizzî, et de Djamâl al-Dîn ʿAbd Allah al-Mâridînî [1]. L'auteur a achevé son travail dans la Raudha du Caire, en 843 de l'hégire (1439 de J. C.). Copie exécutée à Constantinople, en 1012 de l'hégire (1604 de J. C.).

Papier. 141 feuillets. Hauteur, 21 centimètres et demi; largeur, 15 centimètres. Écritures diverses du XVIe et du XVIIe siècle. — (Ancien fonds 1157.)

2545.

نتيجة الافكار فى عمل الليل والنهار «Produit de la réflexion, en forme de procédé (pour déterminer les heures) de la nuit et du jour». Tables horaires, dressées au XVIe siècle, pour la latitude du Caire, par Moḥammad ibn ʿOmar ibn Ṣâdiq ibn ʿOmar al-Bakrî, connu sous le nom de Al-Fawânîsî (الفوانيسى). Dans la préface, l'auteur indique les principes d'après lesquels il a calculé ses tables; il donne ensuite pour chaque mois de l'année solaire quatre tables, dont deux pour le jour et deux pour la nuit. Les tables du jour se composent de vingt-deux colonnes (renfermant treize cases), appelées اعمال «procédés», à savoir :

1. Les mois de l'année copte.

2. Les mois de l'année grecque.

3. Le degré occupé par le soleil dans le signe du zodiaque.

4. La quantité de l'arc semi-diurne (الدائر عند طلوع الشمس).

5. L'amplitude ortive (سعة المشرق).

6. Hauteur du soleil dans le premier vertical.

7. Hauteur du soleil dans le vertical de la Mecque.

8. L'arc du cercle diurne, compris entre l'horizon et le vertical de la Mecque (الدائر من طلوع الشمس الى حيث تكون على سمت القبلة).

9. La déclinaison du soleil, الميل الجرى ou الميل الجروى (الجزوى ?).

10. La plus grande hauteur du soleil.

11. La longueur en doigts de l'ombre du cadran horizontal au moment où le soleil quitte le méridien (اصابع ظلّ الزوال المبسوط).

12. La longueur en doigts de l'ombre du cadran vertical (المنكوس), au moment où le soleil quitte le méridien.

13. L'équation du midi.

14. La moitié de l'arc diurne.

15. Le nombre d'heures égales (عدد ساعاته المستوية).

16. Les heures temporaires (ازمان ساعاته).

17. La longueur de l'arc diurne au moment ou le soleil quitte le méridien (الدائر عند الزوال).

18. Le temps écoulé depuis le moment où le soleil quitte le méridien, jusqu'à l'ʿaṣr (الماضى من الزوال الى العصر).

19. L'arc parcouru par le soleil, depuis le lever jusqu'à l'ʿaṣr.

20. La hauteur du soleil au commencement de l'ʿaṣr.

21. Sa hauteur à la fin de l'ʿaṣr.

22. Le temps écoulé depuis l'ʿaṣr jusqu'au coucher du soleil.

Les tables de la nuit sont disposées en onze colonnes, à savoir :

1. Les mois de l'année copte.

2. L'arc parcouru par le soleil jusqu'à son coucher (غروب).

3. L'arc au moment de la disparition du crépuscule (الدائر عند غياب الشفق).

4. L'argument du crépuscule moyen lors de la disparition du crépuscule rouge (حصّة الشفق المتوسّط... عند غياب الشفق الاحمر).

5. L'arc nocturne en totalité.

6. Le nombre d'heures égales.

7. L'arc parcouru par le soleil, depuis son coucher jusqu'au lever de l'aurore (الماضى من غروب الشمس الى طلوع الفجر).

8. L'arc semi-nocturne (الدائر عند نصف الليل).

9. Chiffre pour trouver l'heure de l'aurore moyenne,

[1] Voyez ci-dessus, n° 2531, 1°. H. Z.

lorsque telle étoile du zodiaque est sur le méridien (الحر بسماك [بسعد السعود ou] المتوسّط عند نصف الليل?).

10. Jours de la mansion (?المنزلة).

11. L'arc au moment de l'aurore.

12. L'argument de l'aurore moyenne au lever de l'aurore.

Ce volume a été écrit et corrigé par l'auteur.

Papier. 71 feuillets. Hauteur, 26 centimètres; largeur, 18 centimètres. — (Ancien fonds 603.)

2546.

1° كشف القناع فى رسم الارباع «Révélations sur l'art de tracer les (lignes et divisions des) quarts de cercle», par Aboû ʿAbd Allah Moḥammad ibn Moḥammad... ibn al-ʿAṭṭâr al-Bakrî. C'est surtout une description du quart de cercle appelé الربع المقنطرات.

2° (Fol. 21 v°.) تحفة اللبيب وبغية الاريب «Cadeau offert à l'homme intelligent et souhaité par l'homme avisé». Sur la manière de trouver le quart de cercle et le sinus, par ʿAbd Allah ibn Aḥmad al-Maqdisî al-Ḥanbalî. Copie datée de l'an 1009 de l'hégire (1601 de J. C.).

3° (Fol. 31 v°.) Tables pour servir à la construction du quart de cercle appelé الربع المقنطرات, d'après Al-Farghânî et Al-Ḥalabî.

4° (Fol. 47.) Sur la construction du quart de cercle appelé المقطوع.

5° (Fol. 52 v°.) Traité sur la construction des astrolabes, accompagné de figures, par Aḥmad ibn Moḥammad ibn Kathîr al-Farghânî. Cet opuscule est daté de l'an 1107 de l'hégire (1695-1696 de J. C.).

Papier. 91 feuillets. Hauteur, 21 centimètres; largeur, 15 centimètres et demi. Écritures diverses du XVIIe siècle. — (Supplément 971 *bis*.)

2547.

1° طريق عمل البسيط «Instructions pour faire un cadran solaire horizontal».

2° (Fol. 4 v°.) Traité sur l'usage du quart de cercle appelé الربع المجيّب «le cadran à sinus». Cet opuscule est attribué à Al-Mâridînî et daté de l'an 979 de l'hégire (1572 de J. C.).

3° (Fol. 13 v°.) رسالة فى [العمل] بالربع المرسوم بالمقنطرات «Traité sur l'usage du quart de cercle sur lequel sont tracés les cercles de progression», par Schihâb al-Dîn Aḥmad ibn al-Madjdî.

4° (Fol. 21 v°.) Sur l'usage du quart de cercle à sinus, par Aḥmad ibn ʿAbd Allah al-Mâridînî.

5° (Fol. 26 v°.) Sur l'emploi du quart de cercle à sinus pour trouver l'heure de la journée, par Ghars al-Dîn al-Naqîb, fils de Schihâb al-Dîn Aḥmad ibn al-Madjdî.

6° (Fol. 33 v°.) Traité de l'astrolabe, par Schams al-Dîn Moḥammad ibn Aḥmad al-Mizzî. Le premier chapitre (فصل) contient la description de cet instrument; les autres, au nombre de neuf, indiquent l'emploi de l'astrolabe pour la solution des problèmes. Cet opuscule est daté de l'an 980 de l'hégire (1572 de J. C.).

7° (Fol. 43 v°.) اللفظ المحرّر فى اظهار العمل بالربع المستّر «Énonciation précise pour rendre clair l'emploi du quart de cercle appelé مستّر», par Aḥmad ibn Moḥammad ibn Aḥmad al-Azharî al-Khâniqî. Il s'agit probablement de l'instrument qui a été décrit par Al-Ḥasan ibn ʿAlî ibn ʿOmar al-Marrâkoschî, sous le nom de مساترة. (Ms. arabe n° 2508, page 42.) Ce petit traité est suivi de onze pages de notes sur le même sujet.

8° (Fol. 55 v°.) رسالة فى الربع المستّر بارض دمشق «Traité sur le quart de cercle appelé مستّر, employé sur le territoire de Damas», par Moûsâ ibn Aḥmad al-Khalîlî, *mowaqqit* de la grande mosquée de Damas.

9° (Fol. 65 v°.) رسالة مختصرة فى العمل بربع الدائرة الموضوع عليه المقنطرات المطويّة ويعرف بالآسة والمستّر «Traité concis sur l'usage du quart de cercle qui porte les courbes المقنطرات et qui s'appelle آسة (myrthe), et le مستّر», par Moḥammad ibn Moḥammad ibn abî Bakr al-Tîzînî.

10° (Fol 72.) Traité sur l'usage de l'astrolabe, appelé *safîha d'Arzachel* (الصفيحة الزرقالية).

11° (Fol. 82 v°.) فى العمل بالمخش الذى فى اخر قوس الارتفاع «Traité sur la manière d'employer le مخش qui est à l'extrémité de l'arc de hauteur». Cet instrument servait aux mêmes usages que l'astrolabe.

12° (Fol. 85 v°.) Sur l'art de déterminer les heures de la prière, la direction de la Mecque, etc., par Moûsâ ibn Moḥammad al-Khalîlî, *mowaqqit* de la grande mosquée de Damas. L'auteur traite d'abord des sinus et des sinus verses. Les derniers feuillets manquent.

13° (Fol. 92.) كشف الريب فى العمل بالجيب «Éloignement de l'incertitude, touchant l'usage de l'astrolabe à sinus», par Moḥammad ibn Aḥmad al-Mizzî.

14° (Fol. 116 v°.) الروضات المزهرة فى العمل بالربع المقنطرات «Les Jardins fleuris, traité sur l'usage du quart de cercle appelé الربع المقنطرات». Trente-cinq chapitres (باب), attribués à l'auteur du traité précédent.

15° (Fol. 129 v°.) المفضّل فى العمل بنصف دائرة المعدّل «Le Prééminent, traité sur l'usage du demi-cercle (ou astrolabe) méridional».

16° (Fol. 133 v°.) رسالة فى معرفة ربع الشكازية للاعمال الفلكية «Traité sur le quart de cercle appelé شكازية et sur son usage». Cet opuscule est attribué à Moḥammad ibn abî Bakr al-Tîzâî. Vingt chapitres (باب), précédés d'une introduction.

17° (Fol. 138 v°.) النجوم الزاهرات فى العمل بالربع المقنطرات «Les Étoiles brillantes, traité sur l'usage du ربع المقنطرات». Abrégé du traité composé sur le même sujet par Djamâl al-Dîn al-Mâridînî. Le verso du feuillet 142 avait été laissé en blanc par mégarde. Le copiste y a écrit plus tard le titre et le commencement du traité.

18° (Fol. 168 v°.) لطائف الاختراع فى الربع الذى قطبه من طرف قوس الارتفاع «Inventions adroites, manifestées dans le quart de cercle dont le pôle est à l'extrémité de l'arc de hauteur», par Moḥammad ibn Sibṭ al-Mâridînî. (La *hauteur* signifie le pôle de l'horizon.)

19° (Fol. 174 v°.) Traité en turc sur le ربع المقنطرات.

20° (Fol. 183 v°.) Tables indiquant les jours initiaux de chaque mois pour les années 972 à 1001 de l'hégire.

21° (Fol. 187 v°.) Traité sur le ربع المقنطرات, par Moḥammad ibn Moḥammad ibn abî Bakr, d'Alep.

22° (Fol. 199 v°.) Traité sur le ربع المجيّب et sur son utilité pour déterminer les heures de la prière. Cet opuscule est du même auteur que le précédent. Il se compose de vingt chapitres et d'une courte introduction.

23° (Fol. 211.) Traité sur l'instrument astronomique appelé مجنّحة (l'*ailé*), par Moḥammad ibn Aḥmad ibn ʿAbd al-Raḥîm al-Mizzî. La fin manque.

On trouve à la fin du volume quatre tableaux numériques qui paraissent être des carrés magiques.

Papier de différentes couleurs et vélin. 225 feuillets. Hauteur, 21 centimètres et demi; largeur, 14 centimètres et demi. Écritures diverses du XVIe siècle. — (Ancien fonds 613.)

2548.

مقدّمة فى علم الميقات «Introduction à l'art de déterminer les heures de la prière», par Moḥammad ibn Idrîs. C'est un traité sur la manière de trouver l'heure du jour au moyen d'observations astronomiques.

Papier. 28 feuillets. Hauteur, 20 centimètres; largeur, 15 centimètres. 15 lignes par page. Ms. du XVIIe siècle. — (Supplément 954.)

2549.

1° Manuel d'astronomie en soixante chapitres, à l'usage des astrologues. Commencement : الحمد لله الذى زيّن السماء بمصابيحه. Le *Bismillah* (بسم الله الحى الازلى السرمدى) n'est pas celui des Musulmans. L'ouvrage a probablement été rédigé par un Copte.

2° (Fol. 43.) نزهة النصار (lisez النظّار) فى اعمال الليل والنهار «Jouissance des observateurs, traitant des opérations (astronomiques) de nuit et de jour». L'écrivain anonyme prétend expliquer l'emploi des astrolabes, des globes et autres instruments astronomiques; mais, au lieu de remplir ce programme, il offre au lecteur une esquisse de cosmographie, un chapitre sur les mansions de la lune, et un autre sur les levers des signes du zodiaque.

3° (Fol. 59.) Tableau pour trouver le commencement de chaque mois du calendrier arabe, suivi du calendrier général de l'année solaire et de trois tableaux, dont l'un est pourvu d'un disque mobile pour trouver la concordance des années solaires et lunaires.

Ms. daté des années 1075 et 1076 de l'hégire (1664-1666 de J. C.).

Papier. 63 feuillets. Hauteur, 20 centimètres; largeur, 14 centimètres. 15 lignes par page. — (Ancien fonds 1146, Colbert 4541.)

2550.

1° Sur la manière de déterminer la direction de la *qibla* et les heures de la journée. Commencement : الحمد لله الذى خلق السموات والارض بكمال قدرته. Il y a une lacune après le fol. 3.

2° (Fol. 6 v°.) Sur le quart de cercle à sinus. Vingt chapitres. Commencement : لما كان علم الوقت مندوبا اليه.

3° (Fol. 17.) Sur la manière de déterminer les heures de la prière. Exposé des principes géométriques, par l'auteur d'un traité d'astronomie intitulé المطلب. C'est peut-être l'ouvrage de Sibṭ al-Mâridînî.

4° (Fol. 27 v°.) Description du quart de cercle à sinus et instructions pour son usage. Vingt chapitres. Commencement : هذه رسالة فى العمل بالربع المجيّب.

5° (Fol. 36 v°.) Sur le ربع المقنطرات. Dix sections (فصل). Commencement : الحمد لله حمد الشاكرين.

6° (Fol. 44 v°.) Sur le ربع المقنطرات. En turc. Quinze chapitres, précédés d'une introduction.

7° (Fol. 50 v°.) Les cinq premières pages d'un traité en turc sur le ربع المقنطرات. Douze chapitres, précédés d'une introduction.

8° (Fol. 53.) Les quatre derniers chapitres d'un traité d'astronomie pratique, en langue turque. L'ouvrage complet renfermait vingt-cinq chapitres. Le vingt-deuxième chapitre commence par ces mots : فى معرفة المطالع الفلكية يكرمى اكنجى باب مطالع فلكية بلدرر مطالع فلكينه عبارتدر.

Papier. 57 feuillets. Hauteur, 15 centimètres; largeur, 10 centimètres et demi. Écritures diverses du XVII siècle. — (Ancien fonds 1218, Colbert 6504.)

2551.

الدرر الفاخرات فى العمل بربع المقنطرات فى جميع الاقطار والجهات «Les Perles brillantes, traité sur l'usage du quart de cercle appelé ربع المقنطرات, dans tous les lieux et toutes les directions», par Aḥmad al-Scharqî, de Sfax (الصفاقسى), en Tunisie, attaché à la mosquée d'Al-Azhar, au Caire. Cet opuscule est divisé en vingt chapitres, précédés d'une introduction. Il a été composé en 1087 de l'hégire. L'auteur l'a mis au net en 1093 de l'hégire (1682 de J. C.).

Ms. autographe.

Papier. 28 feuillets. Hauteur, 20 centimètres; largeur, 14 centimètres et demi. 19 lignes par page. — (Supplément 961.)

2552.

Table astronomique qui indique l'augment du *dâïr* (فضل الدائر). Le *dâïr* est l'arc de cercle horaire qui mesure la partie écoulée du jour, et l'*augment*, ou plutôt l'*excès* (فضل), est l'excès de l'arc semi-diurne sur le *dâïr*. (Voyez Delambre, *Histoire de l'astronomie du moyen-âge*, p. 111, 118, 187.) Cette table est calculée pour chaque minute du degré, jusqu'à 60°.

Papier. 182 feuillets. Hauteur, 28 centimètres et demi; largeur, 10 centimètres et demi. 61 lignes par page. Ms. du XVII siècle. — (Ancien fonds 1117.)

2553.

بغية النفس فى حل الشمس «Souhait de l'âme, touchant la solution (des problèmes relatifs à la position) du soleil». Tables astronomiques, servant à déterminer les heures de la prière, par Moḥammad ibn Moḥammad al-Lâdsakî. ʿAbd al-Raḥmân al-Ṭanânî (الطنانى), *mowaqqit* de la mosquée d'Al-Azhar, au Caire, y a joint une courte introduction, dans laquelle il traite de la notation par chiffres et par lettres, de la concordance des ères et de l'emploi de ces tables, calculées pour la longitude 44°, 45', à partir de l'océan Atlantique, et pour les années 1059-1104 de l'hégire (1649-1693 de J. C.).

Papier. 19 feuillets. Hauteur, 21 centimètres; largeur, 15 centimètres. Ms. du XVIII siècle. — (Ancien fonds 1156.)

2554 et 2555.

L'Astronomie de Lalande, traduite en arabe sur l'édition italienne, par un nommé Basili Fakhr (باسيلى فخر).

Ms. daté de l'an 1808 de J. C.

2 vol. Papier. 111 et 102 feuillets. Hauteur, 30 centimètres et demi; largeur, 21 centimètres. 27 lignes par page. — (Supplément 953.)

XVII.

CALENDRIER.

2556.

Traité sur les quatre saisons de l'année, attribué à Hippocrate. L'ouvrage, divisé en treize sections, dont la dernière est restée inachevée, commence par ces mots : الفصل الاول فى مفهوم لفظ الفصل وسبب فصول السنة الفصل هو المميز سوا كان تميزه دايما او غير دايم الخ. Il est probable que la double signification du mot فصول, *saisons et aphorismes*, a fait croire que nous avions ici un exemplaire des *Aphorismes* du grand médecin grec.

Papier. 39 feuillets. Hauteur, 20 centimètres et demi; largeur, 14 centimètres. 17 lignes par page. Ms. du XVII siècle. — (Supplément 998.)

2557.

طوالع البدور فى تحويل السنين والشهور «Levers des pleines lunes, traitant de la conversion des années et des mois», par Son Excellence (المقرّ) Abou 'l-Bakâ ibn

al-Djaïʿân al-Badrî. L'auteur expose le système employé dans les bureaux de la guerre et dans ceux de la chancellerie, en Égypte, pour convertir les années lunaires en années solaires. Il y ajoute la copie d'un règlement promulgué par le sultan à ce sujet et devant s'appliquer à l'an 835 de l'hégire (1431-1432 de J. C.).

Titre orné. Ce volume était probablement destiné à un haut personnage.

Papier. 24 feuillets. Hauteur, 22 centimètres; largeur, 16 centimètres. 7 lignes par page. — (Ancien fonds 611.)

2558.

كتاب جدول فضل الدائر واعمال الليل والنهار لعرض لج ل من حساب الشيخ شمس الدين محمد بن محمد بن محمد الخليلى المؤذّن بالجامع الاموى ويليه جدول تعرف منه انحراف القبلة ويليه جدول افاق نعمل به فى ساير البلاد برسم الخزانة العالية المولوية الاميرية الكبيرية المخدومية السيفية قرابغا العلاى امير حاجب بالشام المحروس اعز الله انصاره وضاعف اقتداره الخ «Livre renfermant une table des compléments d'arcs, de *pratiques* pour la nuit et le jour, pour la latitude 33° 30', d'après les calculs du schaïkh Schams al-Dîn Moḥammad, fils de Moḥammad, fils de Moḥammad al-Khalîlî (au fol. 51 v°, on lit الخلى), muezzin de la mosquée Omayyade (de Damas); suit une table qui fait connaître l'azimut de la qibla; puis une table d'angles horizontaux, avec laquelle nous pouvons opérer dans tous les pays. Volume destiné à la bibliothèque du haut et puissant seigneur *makhdoumien* et *seifien*, Qarâboghâ 'l-ʿAlâï, grand-chambellan de Damas, la bien gardée; que Dieu lui accorde des victoires éclatantes et augmente sa puissance, etc.!»

Ce volume renferme les opuscules suivants :

1° Commencement d'un traité sur la concordance des années de l'hégire et de l'ère des Séleucides. Le copiste ayant trouvé un autre ouvrage sur le même sujet, qu'il appréciait davantage, a collé les deux premiers feuillets ensemble, et commencé la transcription du traité suivant.

2° (Fol. 1 *bis* v°.) Deux tables dressées par Moḥammad ibn Moḥammad ibn abî Bakr al-Tîzînî, *mowaqqit* de la grande mosquée de Damas. La première de ces deux tables donne la correspondance des années 851 à 1001 de l'hégire avec les années 1789 à 1904 des Séleucides.

3° (Fol. 9 v°.) Tables intitulées اعمال مواقيت النهار والليل لعرض دمشق لج ل «Pratiques pour déterminer les heures du jour et de la nuit, calculées pour la latitude 33° 30', qui est celle de Damas». Chacune de ces tables occupe en largeur deux pages, et renferme seize colonnes, dont les titres sont généralement les mêmes que ceux de la table contenue dans le نتيجة الافكار. (Voyez n° 2545.)

4° (Fol. 15 v°.) Levers des signes du zodiaque lors de la disparition du crépuscule et lors de l'apparition de l'aurore, calculés pour la latitude de Damas.

5° (Fol. 18 v°.) Liste d'étoiles fixes, avec leurs levers, etc., d'après le schaïkh ʿAlâ al-Dîn ibn al-Schâkir.

6° (Fol. 20 v°.) Arcs de hauteur et leurs compléments, calculés pour toutes les latitudes, depuis l'équateur jusqu'au 80e degré.

7° (Fol. 40 v°.) Tables pour trouver la hauteur du soleil, étant donnée l'heure du jour.

8° (Fol. 51 v°.) Latitudes, longitudes et azimuts (انحرافات) de la *qibla* pour quelques villes de l'Arabie et de l'Égypte, et pour les principales villes de la Syrie.

9° (Fol. 52.) Latitudes des lieux situés sur la route qui conduit de Damas à la Mecque.

10° (Fol. 52 v°.) Tables pour trouver la direction de la *qibla*, calculées pour toutes les latitudes, du 10e degré au 56e.

11° (Fol. 61 v°.) Tables calculées pour toutes les latitudes, jusqu'au 55e degré, et servant à déterminer les heures de la prière et la direction de la *qibla*. Il y a une notice préliminaire portant la date de 811 de l'hégire.

12° (Fol. 92 v°.) Table des *sinus du tartîb* (جيب الترتيب) pour toutes les hauteurs, jusqu'au 49e degré. Le *sinus du tartîb* (ou de la *directrice*) est celui de l'angle formé par la verticale de l'astre observé et par la verticale de la *qibla*.

13° (Fol. 104 v°.) Levers des signes du zodiaque dans la sphère droite.

Ms. daté de l'an 811 de l'hégire (voir fol. 62 et 105 v°), bien que les premières tables soient calculées pour les années 851 et suivantes.

Papier. 105 feuillets. Hauteur, 57 centimètres; largeur, 14 centimètres. — (Ancien fonds 604.)

2559.

1° قلادة الشموس واستخراج قواعد الاسوس «Collier (ou licou) pour le cheval rétif, et exposé des principes qui forment les bases des épactes». Traité anonyme sur la concordance de l'année musulmane avec l'année solaire.

2° (Fol. 4 v°.) تحفة الفحول فى تمهيد الاصول «Cadeau destiné aux hommes éminents, et servant à faciliter la connaissance des principes». Notions élémentaires d'astronomie nautique, par Solaïmân ibn Aḥmad ibn Solaïmân al-Mahrî, qui, selon M. Reinaud (*Géographie d'Abou 'l-Fédâ*, p. CLVI), aurait composé ce traité en 917 de l'hégire (1511 de J. C.).

3° (Fol. 11 v°.) العمدة المهرية فى ضبط العلوم البحرية «L'appui de Mahrî pour bien acquérir les connaissances nautiques», par Solaïmân ibn Aḥmad al-Mahrî. Ce traité de navigation théorique et pratique, commence par l'explication de plusieurs termes employés dans la marine, tel que خنّ, au pluriel اخنان, qui signifie *aire*, trente-deuxième partie du cercle de l'horizon. On y trouve d'intéressantes instructions sur la navigation de la mer Rouge, de l'océan Indien et des mers de la Chine. L'opuscule est daté de l'an 961 de l'hégire (1554 de J. C.).

4° (Fol. 59 v°.) المنهاج الفاخر فى علم البحر الزاخر «Noble voie pour arriver à la connaissance de la grande mer», traité de navigation, par Solaïmân ibn Aḥmad al-Mahrî al-Moḥammadî. Après avoir expliqué quelques termes d'astronomie nautique, l'auteur décrit les parages de Socotora, de Ceylan et d'autres îles de l'océan Indien. Il parle des cyclones, des vents, des signes auxquels on reconnaît les côtes des divers pays, et donne ensuite des directions pour naviguer d'un port à un autre dans l'océan Indien.

5° (Fol. 93.) الارجوزة السبعية «Le Poème septenaire», par Schihâb al-Dîn Aḥmad ibn Mâdjid ibn Moḥammad ibn ʿOmar al-Saʿdî. Ce poème didactique, composé de trois cent six vers, traite des sept genres de connaissances nécessaires à un marin. La rime est en ى.

6° (Fol. 109 v°.) Autre poème du même auteur, composé de trente-trois vers, sur l'astronomie. La rime est en ق. La pièce est datée de l'an 865 de l'hégire (1460-1461 de J. C.).

7° (Fol. 111.) القصيدة الهادية «La Direction en vers», par le même auteur. Instructions pour la navigation de la mer des Indes et de la mer Rouge. Cent cinquante-cinq vers.

8° (Fol. 117.) حاوية الاختصار فى اصول علم البحار «Abrégé universel des principes de la connaissance des mers», par le même auteur. Poème de près de mille vers, divisé en onze sections et précédé d'une préface en prose. La fin de la première section, qui forme l'introduction, et toute la seconde section manquent. La troisième section traite des diverses ères; la quatrième, des phénomènes du ciel; la cinquième et les suivantes, de la navigation des côtes de l'Arabie, de l'Inde, de Sumatra et des îles voisines. Dans cette pièce, l'auteur est désigné ainsi : *Al-Moʿallim* Aḥmad ibn Mâdjid ibn Moḥammad ibn ʿAmr ibn Fadhl ibn Dowîk, du Nadjd.

9° (Fol. 155.) Commentaire du تحفة الفحول (voyez ci-dessus, l'article 2°), par l'auteur lui-même, Solaïmân ibn Aḥmad al-Mahrî. Le texte est écrit à l'encre rouge.

Toutes ces pièces sont de la même main.

Papier. 187 feuillets. Hauteur, 22 centimètres; largeur, 15 centimètres. 15 lignes par page. Ms. du XVIIᵉ siècle. — (Ancien fonds 609.)

2560.

1° Commentaire sur le traité intitulé الدرجة, par ʿAbd al-Raḥmân al-Tâdjoûrî. (Voyez ci-après, article 3°.)

2° (Fol. 10.) Tables de concordance des années 937 à 1029 de l'hégire et des années correspondantes de l'ère des Coptes.

3° (Fol. 13.) Le رسالة الدرجة. Préface à une collection de tables servant à trouver la concordance des années solaires et lunaires, par le schaïkh Honaïd (الهنيد).

4° (Fol. 17 v°.) Traité (مقدمة) d'ʿAbd al-Raḥmân al-Tâdjoûrî, sur la manière de déterminer les quatre saisons, les heures de la nuit, les heures de la prière et la direction de la *qibla*.

5° (Fol. 30.) عدة الحذّاق فى العمل بها فى سائر الافاق «Appui des hommes intelligents, indiquant l'usage du (quart de cercle à sinus?) dans toutes les contrées». Abrégé d'un traité du même auteur, intitulé نور الاحداق «Lumière des yeux». La présente dissertation renferme les règles, sans démonstration. Commencement : الحمد لله الذى احصى الانفاس عددا.

6° (Fol. 32.) Le vingt-sixième chapitre (باب) du وصيلة الطلاب, traité d'astronomie de Sibṭ al-Mâridînî.

7° (Fol. 34.) الرسالة الشهابية. Premier feuillet d'un traité en vingt chapitres sur l'usage du quart de cercle à sinus, par Moḥammad Sibṭ al-Mâridînî.

8° (Fol. 35.) Autre traité sur le même sujet. Deux cent cinq chapitres. Les feuillets sont intervertis. Le commencement et beaucoup d'autres feuillets manquent.

9° (Fol. 69.) Traité sur l'astrolabe, par ʿAlî ibn Moḥammad al-Naqqâsch («le graveur»). Cent cinquante chapitres, y compris l'appendice (خاتمة).

10° (Fol. 132 v°.) Traité d'ʿAbd al-Raḥmân al-Tâdjoûrî sur l'usage astronomique de la boussole (بيت الابرة).

11° (Fol. 148 v°.) Tableaux qui donnent l'argument des latitudes, depuis le 10° degré jusqu'au 56°.

12° (Fol. 160.) Tables de longitudes et latitudes.

13° (Fol. 164 v°.) Dissertation, en turc, sur la longitude et la latitude.

14° (Fol. 171 v°.) Sur la manière de marquer au cadran les signes de l'augment du dâïr. (Voyez ci-dessus, n° 2552.)

15° (Fol. 184 v°.) رقائق الحقائق فى حساب الدرج والدقائق «Vérités subtiles pour servir à calculer les degrés et les minutes», par Moḥammad Sibṭ al-Mâridînî. L'auteur enseigne, au moyen des lettres de l'alphabet employées numériquement, le حساب الجمل, c'est-à-dire les calculs faits.

16° (Fol. 204 v°.) Description des pièces et des lignes dont se compose l'astrolabe et instructions pour son usage.

17° (Fol. 236.) Fragment d'un traité d'astronomie sphérique et de l'usage des horonomes. La fin manque.

18° (Fol. 259.) Fin du huitième et commencement du neuvième chapitre d'un traité d'astronomie. Ces fragments renferment la démonstration des règles qui servent à calculer la position du soleil et des cinq planètes.

La plupart des pièces contenues dans ce ms. sont de la même main.

Papier. 268 feuillets. Hauteur, 21 centimètres; largeur, 15 centimètres. 19 à 23 lignes par page. Ms. du XVIII° siècle. — (Supplément 2092.)

2561.

1° عنوان المهمّات فى تحرير الاوقات «Le Souci le plus important, de la manière de déterminer les heures (de la prière)». La première partie indique les règles pour établir la concordance des années 958 à 1115 de l'hégire avec les années correspondantes de l'ère des Coptes. L'auteur inconnu déclare s'être servi des tables contenues dans l'ouvrage intitulé نتيجة. Selon Hadji Khalfa, le نتيجة الافكار فى اعمال الليل والنهار «Produit de la réflexion, indiquant les opérations (de calcul) pour déterminer les heures du jour et de la nuit», a pour auteur Moḥammad ibn ʿOmar al-Qawânisî; mais le savant bibliographe ne connaissait l'ouvrage que par un catalogue [1]. Après avoir indiqué comment on détermine la hauteur du soleil pour la latitude du Caire, l'auteur montre, dans la seconde partie (fol. 7), comment se fait la même opération pour les autres lieux. En tête du volume se trouve un titre apocryphe.

2° (Fol. 21 v°.) لقط الجواهر فى تحديد الخطوط والدواير «Amas de joyaux, fournissant les définitions des lignes et des cercles (de la sphère)», écrit pour l'usage de ceux qui veulent apprendre l'art de déterminer les heures de la prière.

3° (Fol. 33 v°.) Traité de trigonométrie et du calcul des heures, rédigé en vers et divisé en vingt-trois chapitres.

4° (Fol. 37 v°.) ارجوزة sur les constellations, par Aboû ʿAlî ibn abi 'l-Ḥo-saïn al-Ṣoûfî.

5° (Fol. 45 v°.) Tables des levers des étoiles et de leurs culminations, par le schaïkh Moṣṭafa 'l-Khaïyâṭ.

6° (Fol. 49 v°.) بغية النفس فى حلّ الشمس «Désir de l'âme, touchant la manière de calculer la place du soleil». En tête se trouve un titre apocryphe.

Papier. 52 feuillets. Hauteur, 21 centimètres; largeur, 16 centimètres. 21 lignes par page. Ms. du XVIII° siècle. — (Supplément 979.)

2562.

1° Calendrier de l'année copte. La longueur, en degrés, des jours de chaque mois, ainsi que la croissance et la décroissance des eaux du Nil y sont spécialement indiquées.

2° (Fol. 9 v°.) Traité anonyme sur les années musulmanes et les années coptes, comprenant l'énumération des jours de fête, des jours fastes et néfastes, des mouvements des planètes, des conjonctions, des mansions de la lune, des influences astrologiques des planètes, et quelques notions sur les Nativités. Un certain nombre de chapitres est consacré à la *chute de la goutte* (نزول النقطة), phénomène sur lequel on peut consulter l'*Abdallatif* de M. de Sacy. Vers la fin du traité, on trouve plusieurs sceaux ou carrés magiques.

3° (Fol. 54.) Feuillet qui paraît avoir appartenu à un recueil de recettes médicales. La plus grande partie du texte est écrite en chiffres et en caractères de convention.

4° (Fol. 56.) Traité des Nativités. L'auteur, désigné par l'appellation de الحكيم «le philosophe», commence par citer l'autorité de Hermès et d'Aristote.

[1] Voyez ci-dessus, n° 2545. H. Z.

5° (Fol. 83.) Traité des vertus des quarante noms sacrés : شكحيثا, سموطيثيا, مصميت, etc.

6° (Fol. 93 v°.) Traité de géomancie, en vers, avec un commentaire. On y trouve les figures et les valeurs des diverses combinaisons de points dont il est fait mention dans les *Prolégomènes* d'Ibn Khaldoûn.

7° (Fol. 113.) Traité sur la divination au moyen de la géomancie et des tableaux cabalistiques appelés الزايرج. On y trouve également les groupes de points en usage dans la géomancie, avec leurs noms, etc.

8° (Fol. 195.) Recueil de charmes, de prières et de conjurations. La première de ces conjurations a pour effet de maintenir la bourse toujours remplie d'argent. L'auteur se nommait Badr al-Dîn al-Noûhânî.

9° (Fol. 211 v°.) Traité en vers sur les influences des lettres de l'alphabet et sur l'hygiène, suivi d'un autre, rimant en *ali*, sur les convenances qu'il faut observer dans le commerce conjugal (فى شروط الجماع), par Aḥmad ibn Montaṣer.

10° (Fol. 217 v°.) Traité de médecine, en soixante-sept chapitres. L'auteur déclare y avoir inséré toutes les doctrines du sage Hippocrate, à qui les arbres avaient adressé la parole pour lui apprendre leurs qualités et leurs vertus. Le copiste a laissé quelques chapitres en blanc.

11° (Fol. 227.) *Ordjoûza* attribuée à Avicenne, sur l'art d'appliquer les ventouses.

12° (Fol. 282 v°.) غاية القصد فى علم الفصد «Le But à atteindre, touchant l'art de saigner», pièce de vers attribuée à Avicenne.

13° (Fol. 285.) Autre copie de la pièce de vers sur le commerce conjugal. (Voyez ci-dessus, article 9°.)

14° (Fol. 287.) Recettes, tirées du livre intitulé حيوة الحيوان, pour produire l'obésité et pour exciter l'amour sexuel.

15° (Fol. 289.) Conseils, en vers, sur l'entretien de la santé dans les quatre saisons de l'année, attribués à Avicenne, suivis de deux pièces de vers : l'une traite de la préparation d'un certain aphrodisiaque; dans l'autre il est question d'un roi, désigné par le titre d'*Al-Malik al-Imâm*, qui consulte le calife ʿAlî sur sa santé et qui est favorisé d'une réponse d'ʿAlî.

16° (Fol. 294.) Recette attribuée au schaïkh Dâwoud al-Anṭakî pour composer un certain électuaire (معجون) aphrodisiaque.

17° (Fol. 294 v°.) Traité sur les artères du corps humain (فى علم العروق).

18° (Fol. 297.) الطبّ النبوى «La Médecine du Prophète», par Moḥammad ibn ʿAbd al-Wâḥid al-Maqdisî.

19° (Fol. 299.) Notions médicales, tirées d'une lettre adressée par Chosroès (كسرا) à César, roi des peuples non arabes (العجم).

20° (Fol. 326 v°.) Dissertation sur les signes précurseurs de la mort, par Moḥammad ibn abî Ṭâlib al-Anṣârî, supérieur d'une corporation de soufis, à Damas. La liste de ces symptômes, au nombre de vingt et un, est empruntée, dit-il, à Hippocrate.

21° (Fol. 329 v°.) Traité en vers sur les présages que l'on peut tirer des mouvements involontaires (*ikhtilâdj*) des membres du corps humain.

22° (Fol. 343.) Commentaire du schaïkh Aḥmad ibn ʿÎsâ sur la pièce de vers du schaïkh soufi Noûr al-Dîn al-Dimyaṭî, touchant les noms de Dieu.

23° (Fol. 359 v°.) Prière efficace (الدعاء المستجاب), en vers.

Papier. 364 feuillets. Hauteur, 15 centimètres et demi; largeur, 10 centimètres et demi. Ms. du XVIᵉ siècle. — (Ancien fonds 614, Colbert 6514.)

2563.

1° Calendrier de l'année copte, dressé par un musulman. Les jours des mois sont rangés en colonnes et accompagnés de diverses indications, telles que les fêtes musulmanes et coptes, anniversaires d'événements mémorables, levers des constellations, etc. Commencement : الحمد لله الذى زيّن السماء بالكواكب.

2° (Fol. 17 v°.) Autre calendrier de l'année copte. Aux indications ordinaires est jointe la durée de chaque jour. Ce calendrier est également d'un auteur musulman. A la fin se trouvent les noms des vingt-huit mansions de la lune.

Papier. 40 feuillets. Hauteur, 20 centimètres et demi; largeur, 14 centimètres. Le premier opuscule a 15 lignes par page; le second, 21 lignes. Ms. du XVIIᵉ siècle. — (Supplément 981.)

2564.

Concordance des calendriers arabe, grec et copte.

Papier. 18 feuillets. Hauteur, 29 centimètres; largeur, 19 centimètres. Ms. du XVIIᵉ siècle. — (Supplément 974.)

2565.

Calendrier qui indique les phénomènes naturels, célestes et terrestres, particuliers à chaque jour de l'année solaire. Les onze premiers jours du mois de janvier manquent; ils ont été omis par le copiste.

Papier. 134 feuillets. Hauteur, 16 centimètres; largeur, 10 centimètres et demi. 15 lignes par page. Ms. du XVIIe siècle. — (Supplément 972.)

2566.

1° Calendrier de l'année solaire, avec l'indication des phénomènes de la nature, des grands événements, etc., et précédé d'un chapitre sur la division de l'année en saisons et en mois. Plusieurs blancs laissés dans le texte devaient probablement recevoir les figures de certains groupes d'étoiles. La fin, à partir du 15 novembre, manque.

2° (Fol. 40.) Traité d'astronomie en vers, accompagné d'un commentaire. Vingt chapitres. Les trois premiers chapitres et le commencement du quatrième manquent.

Papier. 54 feuillets. Hauteur, 21 centimètres; largeur, 15 centimètres et demi. 23 lignes par page dans le premier traité, 21 lignes dans le second. Ms. du XVIIe siècle. — (Supplément 980.)

2567.

Tableaux au moyen desquels on trouve la concordance des dates coptes et musulmanes et qui ont pour argument les noms des sept dormants. En tête se trouve une préface en langue turque. Traité composé en 1118 de l'hégire (1706-1707 de J. C.). Commencement : باعث وشحه فشانى قلم باذىء ترجانى خامة رقم اولدركه.

Papier. 15 feuillets. Hauteur, 23 centimètres et demi; largeur, 15 centimètres et demi. Ms. du XVIIIe siècle. — (Supplément 2091.)

2568.

1° Explication de certains termes employés dans l'ouvrage d'Al-Soûsî, intitulé المقنع, et qui traite de la concordance de l'année lunaire et de l'année solaire, par Moḥammad ibn ʿAbd al-ʿAzîz ibn abî Bakr al-Djozoûlî al-Yaʿqoûbî al-Resmoûkî. Cet opuscule a été composé à Bedja, en Tunisie, en 1143 de l'hégire (1730 de J. C.).

2° (Fol. 30 v°.) Note sur la date de la naissance de Mahomet, suivie de notes cabalistiques.

3° (Fol. 32 v°.) Commentaire d'Aboû Zaïd ʿAbd al-Raḥmân الزيرى sur le *Moqnaʿ* (المقنع), traité en vers techniques d'Aboû Moqraʿ (مقرع), qui enseigne la manière de trouver les jours et les mois de l'année lunaire correspondant au 1er janvier de l'année solaire et aux fêtes chrétiennes.

4° (Fol. 57.) المطلع على مسائل المقنع. Solution des questions auxquelles donne lieu le traité intitulé *Al-Moqnaʿ*, par Moḥammad ibn Saʿîd Al-Marʿî (المرعى).

5° (Fol. 67.) Traité d'astrologie, par Moḥammad ibn Aḥmad al-Dhakhrî (الذخرى), d'Alger.

6° (Fol. 80.) Traité de médecine intitulé الهدية المقبولة « Le Don agréable ».

7° (Fol. 90.) Autre dissertation médicale.

8° (Fol. 91.) Sur les vertus de certains fruits et de certaines plantes.

9° (Fol. 97.) Traditions touchant les mérites des cultivateurs de la terre.

10° (Fol. 100 v°.) السراج العالى فى شرح ابى حامد الغزالى « Le Flambeau élevé, pour l'explication d'Aboû Ḥâmid al-Ghazâlî ». Traité de cabale et de magie.

11° (Fol. 119 v°.) Commentaire sur la *qaṣîda* de Moḥammad ibn Saʿîd al-Soûsî.

12° (Fol. 127 v°.) Commentaire sur l'*ordjoûza* cabalistique d'ʿOmar ibn ʿAbd al-Raḥmân al-Djizqâî (الجزقاى). Cette pièce est datée de l'an 1222 de l'hégire (1807 de J. C.).

13° (Fol. 145.) Notice biographique sur ʿAlî ibn abî Ṭâlib, intitulée التاج المرصّع فى شرح رجز ابى مقرع. Cette pièce paraît être l'introduction d'un commentaire sur l'*ordjoûza*, intitulé *Al-Moqnaʿ*.

14° (Fol. 196 v°.) Traité sur le grand-œuvre.

15° (Fol. 204.) Traité d'alchimie.

16° (Fol. 217 v°.) الدرّة اليتيمة فى الملاغم القديمة. Traité d'alchimie qui, suivant la préface, a été copié sur un très ancien livre, renfermant tous les secrets du grand art, et qui avait été transmis par un prophète à l'autre. L'original avait été trouvé en Égypte et traduit du syriaque en arabe.

Papier. 266 feuillets. Hauteur, 24 centimètres et demi; largeur, 17 centimètres. 26 à 34 lignes par page. Ms. du XVIIIe siècle. — (Supplément 1902.)

2569.

1° كتاب الفضل «Livre de l'excès», c'est-à-dire de l'excès de l'année solaire sur l'année lunaire. Il s'agit du procédé au moyen duquel on trouve le jour de Pâques. Ce traité, composé par un chrétien copte, est précédé d'une prière et d'une note sur le sens du mot *fadhl*. En tête se trouve une liste de chapitres. Le texte est accompagné de plusieurs tables astronomiques.

2° (Fol. 82.) اظهار التحجج لفسح سيدنا المسيح «Exposé de la manière de vérifier le temps de la Pâque de notre Seigneur le Messie». Traité composé en Égypte, sous la domination turque, par un mufti hanéfite nommé Mohammad ibn Yoûsof, de Damiette. Commencement : الحمد لله خالق الازمان والدهور. Cet opuscule est suivi d'un corps de tables.

3° (Fol. 94.) كتاب التنقيح فى تحرير فسح المسيح «Dépouillement des matières, afin de fixer le jour de la Pâque du Messie», par Mohammad ibn Mohammad ibn abi 'l-Khaïr al-Hasanî l'Arménien, le Malékite, *mowaqqit* de la mosquée d'Al-Azhar, au Caire. Commencement : حمدا لك اللهم يا من تفرّد بالابداع والاختراع. Cet opuscule est suivi d'un corps de tables et précédé d'une approbation signée : Solaïmân ibn Hamza, astronome hanéfite et ottoman (الفلكى الحنفى العثمانى).

Papier. 106 feuillets. Hauteur, 21 centimètres; largeur, 15 centimètres. 14 à 16 lignes par page. Ms. du XVIII° siècle. — (Supplément 977, Saint-Germain 385.)

2570.

1° Almanach pour l'année solaire commençant à l'équinoxe du printemps de l'an 980 de l'hégire (1573 de J. C.). Dans l'introduction, l'auteur traite de l'influence des planètes, de leurs aspects et de la concordance des différentes ères pour l'an 980. On y remarque quelques figures astronomiques. À la fin se trouvent des tables de pronostics, de *jugements* et d'*élections*.

2° (Fol. 16 v°.) Almanach du même genre, en langue turque, calculé pour l'an 983 de l'hégire (1575-1576 de J. C.). L'auteur s'étend très-longuement sur la bonne fortune qui favorise le règne du sultan Amurat, fils de Sélim.

Papier. 28 feuillets. Hauteur, 27 centimètres et demi; largeur, 19 centimètres. — (Supplément 978, Saint-Germain 148.)

2571.

1° تقويم السنة العربية القمرية «Calendrier de l'année arabe lunaire (1015 de l'hégire)», par Mohammad ibn Mansoûr, descendant du sultan mamlouc Al-Nâsir, fils du sultan Qalâwoûn.

2° (Fol. 19 v°.) كتاب المقصود فى الصرف «But à atteindre en ce qui regarde les inflexions grammaticales». Commencement : الحمد لله الوهاب للمومنين سبيل الصواب. L'auteur y expose la conjugaison et les formes du verbe.

3° (Fol. 22 v°.) Paradigmes des diverses inflexions du verbe de la première forme. Chaque inflexion devait être accompagnée de sa désignation technique; mais le copiste n'a donné ces indications que pour les deux premières pages.

4° (Fol. 37.) Recueil d'anecdotes et de traditions touchant la religion et le droit.

5° (Fol. 45 v°.) الاجرومية, traité de grammaire arabe, par Mohammad ibn Dâwoud al-Sanhâdjî. Copie datée de l'an 1039 de l'hégire (1629-1630 de J. C.).

6° (Fol. 51.) مقدمة. Introduction à la lecture du Coran, par Mohammad ibn al-Djazarî, docteur schaféite. C'est un traité en vers. Texte ponctué. Les feuillets sont renversés.

7° (Fol. 53 v°.) Règles pour la prononciation du *noûn* et de l'*alif*, surtout dans la lecture du Coran, par le schaïkh Schahâda (شحادة) al-Yamanî.

8° (Fol. 58 v°.) Les régissants grammaticaux. Commencement : فان العوامل على ما الفه الشيخ الامام عبد القاهر بن عبد الرحمن الجرجانى رحمة الله عليه مائة عامل وهى العوامل جمع عامل العامل هو الذى يتقوم به المعنى المقتضى للاعراب من فاعلية او مفعولية او اضافة الخ

9° (Fol. 63.) Le ملحة الاعراب d'Al-Harîrî. Copie dépourvue de points-voyelles.

Papier. 66 feuillets. Hauteur, 21 centimètres; largeur, 15 centimètres. Écritures diverses du XVII° siècle. — (Ancien fonds 610, Colbert 5201.)

2572.

Calendrier astronomique et astrologique pour l'an 1040 de l'hégire (1630-1631 de J. C.).

Tables et préface en diverses couleurs.

Papier. 22 feuillets. Hauteur, 29 centimètres; largeur, 20 centimètres. — (Ancien fonds 1119.)

IMPRIMERIE NATIONALE.

2573.

Calendrier avec diverses prédictions pour l'an 1053 de l'hégire (1643-1644 de J. C.). Le calendrier est précédé d'une introduction générale et de deux dissertations, dont la première traite de la concordance de l'an 1049 de l'hégire avec l'année solaire correspondante, et la seconde, du cycle des Mongols. On y remarque quatre figures circulaires dessinées avec soin.

Papier. 14 feuillets. Hauteur, 29 centimètres et demi; largeur, 20 centimètres et demi. 33 lignes par page. — (Ancien fonds 1120, Colbert 1815.)

2574.

Calendrier pour l'an 1163 de l'hégire (1749-1750 de J. C.), dédié au sultan ottoman Mahmoûd et précédé d'une longue introduction, d'une table d'*élections* (اختيارات), d'une dissertation sur les éclipses, d'une autre sur les influences des corps célestes, et d'une table qui indique les apparitions de la nouvelle lune. Suivent les tableaux ordinaires, dont chacun est accompagné d'une colonne de prédictions.

Papier. 17 feuillets. Hauteur, 29 centimètres; largeur, 20 centimètres. — (Supplément 2093.)

2575.

Concordance de l'année lunaire 1214 de l'hégire avec l'année solaire (1797-1798 de J. C.).

Papier. 12 feuillets. Hauteur, 16 centimètres et demi; largeur, 16 centimètres. 15 à 18 lignes par page. — (Supplément 2373.)

2576.

Almanach de l'année solaire 1806-1807 de J. C., qui correspond à l'année 1221-1222 de l'hégire.

Papier. 10 feuillets. Hauteur, 16 centimètres et demi; largeur, 11 centimètres. 17 lignes par page. — (Supplément 982.)

XVIII.

ASTROLOGIE.

2577.

1° Livre hermétique (كتاب هرمس), composé de deux parties, dont la première, intitulée الأسْتُوطاس, traite de la cosmogonie, du macrocosme et du microcosme; la seconde, des êtres spirituels (الروحانيات) et notamment, sous forme d'un dialogue entre Hermès et Aristote, des heures favorables ou défavorables de chaque jour de la semaine et des spiritualités des astres et des conjonctions. Le titre استوطاس rappelle celui des traités πρὸς Τάτ attribués à Hermès.

2° (Fol. 104.) Recettes pour composer des onguents magiques, tirées du *Livre des lois* (كتاب النواميس) *de Platon.*

Au premier feuillet se trouve le *toghra* d'un sultan.

Papier. 105 feuillets. Hauteur, 21 centimètres; largeur, 15 centimètres et demi. 13 lignes par page. Ms. du XVIe siècle. — (Ancien fonds 1167.)

2578.

1° كتاب هرمس الهرامسة وهو ادريس فى الحكم عند طلوع الشعرة اليمانية «Le Livre d'Hermès des Hermès, qui est le même qu'Idrîs, sur les jugements que l'on peut tirer des levers de Sirius yemenite». Traité d'astrologie attribué à Hermès Trismégiste, qui expose les influences exercées par Sirius dans chaque signe du zodiaque. Il est dit dans la préface qu'il a été traduit par Aristote, du *Livre des secrets* (الكتاب المخزون فى الاسرار), ouvrage écrit dans *la langue ancienne* (اللسان القديم), et corrigé par نقطويه. Commencement : قال عليه السلام فى الكلام عند طلوع الشعرا وما لها من الحوادث التى تكون فى العالم فى كل عام مما علمه الله تعالى واظهره له الخ.

2° (Fol. 41 v°.) نزهة الناظر فى معرفة ما بين الاوقات من الدواير «Délices de l'observateur, faisant connaître les arcs compris entre les heures», par le *mowaqqit* Schihâb al-Dîn ʿAbd al-Qâdir ibn Ahmad al-ʿAdjmâwî (العجماوى). Ce sont les mesures, en degrés et en fractions de degrés, des arcs de cercle compris entre les cercles horaires, pour chaque jour de l'année solaire. Commencement : الحمد لله الذى خلق الخلق وابدع السموات. La copie est datée de l'an 1024 de l'hégire (1616 de J. C.).

Papier. 96 feuillets. Hauteur, 20 centimètres; largeur, 15 centimètres. 15 lignes par page dans la première pièce, 23 dans la seconde. — (Ancien fonds 1171.)

2579.

1° Traité d'astrologie attribué à Hermès Trismégiste. (Voyez l'article 1° du numéro précédent). Copie datée de l'an 1064 de l'hégire (1653-1654 de J. C.).

2° (Fol. 14 v°.) Traité d'astronomie, sans préface ni titre, contenant la description des mansions de la lune et celle des constellations, ainsi que des notices sur la manière de déterminer l'heure du jour et de la nuit, sur la manière de dresser la *qibla* et sur l'année solaire, commençant au mois d'octobre (اكتوبر). Les derniers chapitres traitent des انوا ou levers d'étoiles qui influent sur l'atmosphère; de l'ère du Dsou 'l-Qarnaïn; de l'année des chrétiens de Syrie; de l'année des Coptes; des saisons; des nuages et des éclairs.

Papier. 49 feuillets. Hauteur, 21 centimètres; largeur, 15 centimètres. 25 lignes par page dans le premier opuscule, 19 dans le second. Écritures diverses du XVII° siècle. — (Supplément 983.)

2580.

1° Traité d'astrologie attribué à Hermès Trismégiste. (Voyez les deux numéros précédents.)

2° (Fol. 17.) باب فى طالع سنى العالم «Chapitre sur l'ascendant des années de l'univers». Il y est question des influences exercées par les diverses planètes dans chaque signe du zodiaque.

3° (Fol. 19 v°.) كتاب قرانات الكواكب «Traité des conjonctions des astres», par Aboû Maʿschar (Albumasar) ibn Moḥammad al-Balkhî.

4° (Fol. 36.) Chapitre sur les obligations (فرض) de diverse nature imposées par la loi, par Sîdî Moḥammad al-Bakrî.

5° (Fol. 36 v°.) مقدّمة الورديّة. Poème didactique, en vers du mètre *radjaz*, sur l'interprétation des songes, par ʿOmar ibn al-Wardî.

Ms daté de l'an 1021 de l'hégire (1709-1710 de J. C.).

Papier. 63 feuillets. Hauteur, 21 centimètres; largeur, 15 centimètres. 17 à 20 lignes par page. — (Ancien fonds 1137.)

2581.

Traité sur l'influence que les corps célestes exercent dans les affaires du monde. C'est probablement le كتاب الادوار والالوف «Les Périodes et les Milliers d'années» d'Aboû Maʿschar. Le titre de كتاب القرانات وتحويل سنى العالم, qu'on lit en tête du ms., est apocryphe. L'ouvrage se compose principalement de tableaux. Commencement : ان وجود دلايل الاشخاص العلوية فى الاشخاص السفلية بوجه عشر.

Papier. 66 feuillets. Hauteur, 25 centimètres; largeur, 16 centimètres et demi. Ms. du XIV° siècle. — (Supplément 1131.)

2582.

1° Traité sur les influences des planètes et des signes du zodiaque, attribué à Aboû Maʿschar, et précédé d'une introduction qui commence par ces mots : الحمد لله الذى خلق الانسان من طين. L'ouvrage lui-même commence ainsi : قال الحكيم ابو معشر وهو برج مذكر نارى منقلب نهارى فيه الحرارة واليبوسة الخ.

2° (Fol. 45 v°.) Autre traité du même genre, attribué aussi à Aboû Maʿschar.

Papier. 81 feuillets. Hauteur, 28 centimètres et demi; largeur, 20 centimètres. 19 lignes par page. Ms. du XVI° siècle. — (Supplément 1135 *bis*.)

2583.

Traité des nativités, attribué à Aboû Maʿschar et renfermant de nombreux dessins coloriés, dont les quatre premiers représentent Satan et d'autres démons. Les dessins qui suivent représentent les figures des signes du zodiaque, les phases de la lune personnifiées, et d'autres formes bizarres. Les premiers feuillets manquent. Les deux derniers feuillets, d'une main plus moderne que le reste du ms., sont datés de l'an 700 de l'hégire (1300 de J. C.).

Papier. 37 feuillets. Hauteur, 36 centimètres; largeur, 26 centimètres et demi. Environ 27 lignes par page. — (Supplément 1126 *bis*.)

2584.

كتاب المواليد «Traité des nativités», attribué à Aboû Maʿschar. Il y est question des influences planétaires, des talismans et des signes du zodiaque, représentés par douze figures coloriées. Commencement : اعلم ان الله خلق الكواكب السيارة سبعة.

Papier. 51 feuillets. Hauteur, 21 centimètres et demi; largeur, 15 centimètres et demi. 15 lignes par page. Ms. du XVI° siècle. — (Ancien fonds 1165.)

2585.

Traité des nativités, par le *Ḥakîm*, titre qui, probablement, désigne Aboû Maʿschar. Chacun des douze discours traite d'un signe du zodiaque. Des figures coloriées représentent ces signes.

Papier. 234 feuillets. Hauteur, 31 centimètres; largeur, 21 centimètres et demi. 6 à 8 lignes par page. Ms. du XVI° siècle. — (Supplément 1130.)

2586.

Traité des nativités, attribué à Aboû Maʿschar. Commencement : اذا أردت العمل به فانك تحسب اسم الشخص واسم امه الخ.

Ms. daté de l'an 1057 de l'hégire (1647 de J. C.).

Papier. 73 feuillets. Hauteur, 26 centimètres et demi; largeur, 18 centimètres et demi. 17 lignes par page. — (Supplément 1132.)

2587.

Traité des nativités, attribué à Aboû Maʿschar, et précédé d'une courte notice sur les douze signes du zodiaque.

Ms. daté de l'an 1088 de l'hégire (1678 de J. C.).

Papier. 124 feuillets. Hauteur, 15 centimètres et demi; largeur, 10 centimètres. 11 lignes par page. — (Supplément 1135.)

2588.

احكام تحويل سنى المواليد «Jugements fournis par la conversion des années des naissances», grand traité d'astrologie, par Aboû Maʿschar. Commencement : قال ابو معشر جعفر بن محمد البلخى ان عامّة المتقدّمين من اصحاب صناعة النجوم كتب كل واحد منهم كتابًا فى تحويل سنى المواليد وشهورها الخ. L'ouvrage est divisé en neuf discours. En tête se trouve une longue introduction, commençant par ces mots : هذا كتاب ابو (sic) معشر فى ذكر ما تدل عليه الاشخاص العلوية من السمائية للتأثيرات فى الاشياء السفلية الخ.

Ms. daté de l'an 609 de l'hégire (1212 de J. C.).

Papier. 198 feuillets. Hauteur, 27 centimètres; largeur, 18 centimètres et demi. 19 lignes par page. — (Supplément 1133.)

2589.

المدخل الى علم احكام النجوم «Introduction à l'astrologie judiciaire», ouvrage composé, selon Hadji Khalfa, en 357 de l'hégire (968 de J. C.), par Aboû Naṣr al-Qommî al-Ḥasan ibn ʿAlî. Ce traité, dédié au prince bouïde Fakhr al-Daula Schâhânschâh, est divisé en cinq discours (مقالات), dont chacun renferme plusieurs chapitres (فصول). On y trouve les éléments de l'astronomie, quelques figures et un petit nombre de tables, avec des instructions sur la manière de connaître l'avenir au moyen de *jugements* tirés de la position des corps célestes. Chaque *maqâla* commence par le بسم الله, écrit en gros caractères coufiques d'un genre très-fantastique. La date de 595 qui se trouve à la fin de la première *maqâla* (fol. 39), est probablement celle de l'exemplaire dont le présent ms., daté de l'an 704 (ذد) de l'hégire (1304-1305 de J. C.), est la copie.

A la fin du ms. se trouve une dissertation, en cinq pages, par Scharîf al-Dîn Moḥammad ibn Moḥammad ibn ʿOmar al-Djaghmînî, sur les influences fortes et faibles des étoiles (قوى الكواكب وضعفها).

Papier. 178 feuillets. Hauteur, 20 centimètres et demi; largeur, 11 centimètres et demi. 19 lignes par page. — (Supplément 961 *bis*.)

2590.

البارع فى احكام النجوم «Le Prééminent, traité d'astrologie judiciaire», par ʿAlî ibn abi 'l-Ridjâl al-Schaïbânî. L'ouvrage est divisé en huit parties et chaque partie en plusieurs chapitres. En tête du volume se trouve un index, remplissant quinze pages. Commencement : الحمد لله الواحد القهّار. Les feuillets du ms. ont souffert par l'humidité.

Papier. 352 feuillets. Hauteur, 26 centimètres; largeur, 15 centimètres. 23 lignes par page. Ms. du XVIIe siècle. — (Supplément 1127.)

2591.

الكامل «Le Complet». L'auteur de ce traité d'astrologie prétend déduire de certains thèmes dressés par lui et dont il donne les figures, les événements passés et futurs, depuis les temps les plus reculés jusqu'à la fin de la vingtième année du VIIe siècle de l'hégire. A partir du milieu du VIe siècle, les indications fournies par les thèmes se rapportent à des événements futurs, circonstance qui détermine l'époque où vivait l'auteur.

Papier. 107 feuillets. Hauteur, 28 centimètres et demi; largeur, 15 centimètres et demi. 21 lignes par page. Ms. du XIIe siècle. — (Supplément 1129.)

2592.

الاحكام العلائية فى الاعلام السمائية «Maximes dignes d'ʿAlâ al-Dîn, touchant les indications célestes». Cet ou-

vrage, divisé en neuf chapitres, traite des اختيارات ou *Élections*, c'est-à-dire des heures propices pour entreprendre une affaire. Il a été composé originairement en persan, par Fakhr al-Dîn al-Râzî (Moḥammad ibn ʿOmar) et dédié au sultan ʿAlâ al-Dîn Moḥammad Khwârizm Schâh, fils de Tukusch (تكش), mort en 596 de l'hégire. Il a été traduit en arabe par l'auteur lui-même. Le ms. est daté de l'an 678 de l'hégire (1279 de J. C.).

Papier. 57 feuillets. Hauteur, 22 centimètres et demi; largeur, 15 centimètres et demi. 15 lignes par page. — (Ancien fonds 1170, Colbert 4710.)

2593.

1° كيفيّة الحكم على تحويل سنى العالم «Sur la manière d'établir des jugements d'après la *conversion* des années de l'univers». Traité complet d'astrologie judiciaire, par Yaḥyâ ibn Moḥammad ibn abî Schokr al-Maghrabî.

2° (Fol. 89 v°.) Poème dont tous les vers riment en *ili*, sur les pronostics que l'on peut tirer de la position de Saturne dans les différents signes du zodiaque.

3° (Fol. 94 v°.) ملحمة ou prédictions de Daniel le Sage, se rapportant aux positions de Sirius dans les différents signes du zodiaque.

4° (Fol. 104 v°.) Notes et tables astrologiques.

Papier. 107 feuillets. Hauteur, 21 centimètres; largeur, 15 centimètres. 23 lignes par page. Ms. du xviᵉ siècle. — (Ancien fonds 1161.)

2594.

Traité d'astrologie judiciaire, en vingt-trois chapitres, attribué à Moḥyî al-Dîn Ibn abî Schokr al-Maghrabî. C'est probablement l'ouvrage que Hadji Khalfa, t. II, p. 560, mentionne sous le titre de الجامع الصغير «Le Petit recueil». Suivent quelques tableaux indiquant les jours que les aspects des diverses planètes rendent propices ou défavorables.

Papier. 140 feuillets. Hauteur, 19 centimètres; largeur, 14 centimètres. 15 lignes par page. Ms. du xviᵉ siècle. — (Ancien fonds 1142.)

2595.

1° عيون الحقائق فى كل ما يحمل من علم الطرائق «Source des vérités, traité qui enseigne tout ce qui peut s'apprendre en ce qui concerne la connaissance des procédés». Traité d'astrologie et de magie, dont l'auteur est désigné par le surnom d'*Al-Djîlî*, natif du Guîlân, et qui traite des noms des esprits des sept planètes, des vertus secrètes des chiffres indiens et des chiffres arabes, des tours de magie blanche, de la talismanique, des alphabets magiques, etc.

2° (Fol. 59.) كتاب طمطم. Traité sur les influences des astres, attribué à طمطم, ancien sage de l'Inde.

3° (Fol. 89.) كتاب مصحف القمر «Livre de la lune», attribué à un philosophe grec, nommé لنوداطيش, et qui traite des principes de la magie, spirituelle (روحانى) et terrestre.

4° (Fol. 104 v°.) كتاب سجيّة الجدى «Livre des opérations magiques qui se font au moyen d'un chevreau».

5° (Fol. 113 v°.) كتاب مصحف زحل «Livre de Saturne», attribué au sage لنوداطيش, et qui traite des talismans qu'on peut confectionner sous l'influence de cette planète.

6° (Fol. 118.) سرّ الحكم وجوامع الكلم «Secret des jugements et collection des sentences», traité de cabale et et de divination, par Abou 'l-ʿAbbâs al-Boûnî. Commencement : الحمد لله الدايم النعم.

7° (Fol. 136 v°.) Traité de magie naturelle et de prestiges (الشعبذة والسيميا). Ce traité renferme un grand nombre de signes cabalistiques et d'alphabets de convention.

8° (Fol. 148 v°.) Traité de divination et d'opérations magiques, attribué à Aristote.

Ms. daté de l'an 1041 de l'hégire (1631-1632 de J. C.).

Papier. 154 feuillets. Hauteur, 21 centimètres; largeur, 15 centimètres et demi. 17 lignes par page. — (Ancien fonds 1154, Colbert 4986.)

2596.

1° انوار الجواهر واللآلى فى اسرار منازل المعدن العالى «Lumières des pierreries et des perles, sur les secrets des stations (gangues) de la mine supérieure». Cet ouvrage traite des influences que les sphères célestes et les mansions de la lune exercent sur les choses de ce monde. Il a été composé en 867 de l'hégire (1462-1463 de J. C.). Commencement : الحمد لله الذى جعل الشمس ضياء والقمر نورا

2° (Fol. 217 v°.) Extraits du chapitre qui traite de la magie, des incantations, etc., de l'ouvrage intitulé رسائل اخوان الصفا.

Ms. daté (fol. 215 v°) de l'an 971 de l'hégire (1565 de J. C.).

Papier. 286 feuillets. Hauteur, 23 centimètres; largeur, 15 centimètres et demi. 17 à 21 lignes par page. — (Supplément 1128.)

2597.

بهجة المحادث فى احكام جملة من الحوادث «Ornement (de l'esprit) du causeur, traitant des pronostics qu'on peut tirer d'une foule d'événements», par Mohammad ibn ʿAlî al-Schobrâmolsî. Ce traité de prédictions (ملاحم) se compose d'une introduction à la chronologie et de deux chapitres, l'un se rapportant aux jours de l'année (arabe, copte et grecque), et l'autre aux phénomènes de la nature. Commencement : الحمد لله الذى لا يعزب شى عن علمه.

Le ms. a été écrit avant la mort de l'auteur.

A la fin du volume se trouve la recette d'un aphrodisiaque.

Papier. 82 feuillets. Hauteur, 21 centimètres; largeur, 15 centimètres et demi. 15 lignes par page. Ms. du XVIe ou du XVIIe siècle. — (Supplément 973.)

2598.

الحكم فى المنازل «Jugements d'après les stations (de la lune).» Traité d'astrologie, composé de trente tableaux doubles et de huit tableaux supplémentaires. Les six premiers tableaux et la moitié du septième manquent.

Papier. 28 feuillets. Hauteur, 24 centimètres; largeur, 18 centimètres. Ms. du XVIe siècle — (Supplément 1126.)

2599.

1° Commentaire sur un traité d'astrologie touchant les aspects et les influences des planètes. Le commencement manque.

2° (Fol. 17 v°.) Tables dressées par Fakhr al-Dîn al-Râzî, donnant la description des esprits qui président à chaque degré de chaque signe du zodiaque, avec l'indication de leurs influences et des fumigations qu'il convient d'employer.

Papier. 47 feuillets. Hauteur, 22 centimètres; largeur, 15 centimètres et demi. Ms. du XVIIe siècle. — (Supplément 2089.)

2600.

1° Traité d'astrologie en cent trente-sept chapitres, par ʿOmar ibn Ferdjân al-Ṭîrân[1]. Il n'y a pas de préface.

2° (Fol. 51 v°.) Traité des vertus secrètes des lettres de l'alphabet et de leur emploi dans le *Djafr* (الجفر).

3° (Fol. 80 v°.) Notes sur les lettres *mâles* et les lettres *femelles*.

4° (Fol. 83 v°.) Instructions pour l'emploi d'un tableau de divination.

Papier. 93 feuillets. Hauteur, 20 centimètres et demi; largeur, 14 centimètres. Écritures diverses du XVIIIe siècle. — (Supplément 1891.)

2601.

1° Sur les influences qu'exercent les diverses planètes dans chaque signe du zodiaque. Ouvrage sans titre, ni préface.

2° (Fol. 77.) Autre traité du même genre, accompagné de tables, dont une table de latitudes et de longitudes. Commencement : الحمد لله خالق الدايرة وحرّك النجوم الثابتة والسايرة.

Ms. daté de l'an 1036 de l'hégire (1626 de J. C.).

Papier. 180 feuillets. Hauteur, 21 centimètres; largeur, 14 centimètres et demi. 15 à 17 lignes par page. — (Ancien fonds 1162.)

2602.

1° Notes cabalistiques et astrologiques, dont quelques-unes en langue turque.

2° (Fol. 7.) Traité d'astrologie, en turc, renfermant un grand nombre de tables astronomiques et de diagrammes.

3° (Fol. 45.) العرف فى تصريف الحرف. Traité de cabale, par Ibn abi 'l-Fatḥ al-Ṣoûfî.

4° (Fol. 56 v°.) كتاب البِمْداع. Ce titre, emprunté, dit l'auteur, à la langue syriaque, signifie *les signes et les indications* (العلامات والدلايل). C'est un traité d'astrologie, fondé, toujours d'après l'auteur, sur les doctrines d'Hermès le sage, de Daniel, de Dsou 'l-Qarnaïn et d'Alexandre. Il se compose de vingt-deux chapitres.

5° (Fol. 109 v°.) Traité des *Élections* astrologiques.

6° (Fol. 114.) Traité sur la construction et l'emploi du *Zâïrdja*.

7° (Fol. 117.) المنتخب. Traité de géomancie.

[1] Le ms. porte, en effet, عمر بن فرجان الطيران et un titre, ajouté après coup : كتاب جوامع الاسرار فى علم النجوم. H. Z.

8° (Fol. 120 v°.) Notes sur la science de la cabale (علم الحرف).

9° (Fol. 128.) Sur le commencement et la fin du monde. Ce traité renferme une longue *qaṣîda* qui, dit-on, avait été composée pour un *tobba* régnant à Yathrib et qui a été découverte par ʿOthmân ibn ʿAffân. Ce poème, rempli de prédictions, porte le titre de السلك الزاهر.

10° (Fol. 136.) اسماء مفاتيح الكنوز «Noms des clefs des trésors», c'est-à-dire noms des esprits qu'il faut invoquer dans la recherche des trésors cachés. Ce traité renferme une formule de conjuration et plusieurs formules de talismans, etc.

Papier. 156 feuillets. Hauteur, 20 centimètres et demi; largeur, 14 centimètres. Écritures diverses du XVIIe et du XVIIIe siècle. — (Supplément 1892.)

2603.

Éphémérides, pronostics et thèmes astrologiques pour l'an 1130 de l'hégire (1718 de J. C.), seizième année du règne du sultan ottoman Aḥmad Khân, fils de Mohammad Khân. Les tables, qui paraissent être incomplètes, sont précédées d'une introduction qui traite de la chronologie et de l'astrologie.

Papier. 10 feuillets. Hauteur, 22 centimètres; largeur, 15 centimètres et demi. Ms. du XVIIIe siècle. — (Supplément 975.)

2604.

Éphémérides, pronostics et thèmes astrologiques pour l'an 1133 de l'hégire (1720-1721 de J. C.), dix-huitième du règne du sultan ottoman Aḥmad Khân, fils de Mohammad Khân. La première table donne l'explication des mouvements involontaires qui se manifestent dans les membres du corps, science appelée علم الاختلاج.

Papier. 18 feuillets. Hauteur, 32 centimètres; largeur, 21 centimètres et demi. Ms. du XVIIIe siècle. — (Supplément 976.)

XIX.

SCIENCES OCCULTES.

1. ALCHIMIE.

2605.

1° فصول اسطانس الحكيم «Les (douze) chapitres d'Ostanès le sage». Traité de la pierre philosophale. Il est dit dans la préface que cet ouvrage, écrit dans la langue de l'auteur (la langue pehlevie?), a été traduit en grec, puis du grec en parsi (الفارسي); il a été traduit du parsi en persan (الاعجمي), dialecte du Khorâsân (على اقصى لفظ خراسان), par un nommé Ibn ʿOmar, et ce texte a été l'original de la version arabe. Ces renseignements ne méritent aucune créance. Quant au mage Ostanès, il était, dit-on, disciple de Zoroastre; d'autres le font contemporain de Xerxès ou bien d'Alexandre le Grand. Quoiqu'il en soit, le texte grec de certains opuscules chimiques attribués à Ostanès ou Hostanès, existe encore. (Voyez la *Bibliotheca græca* de Fabricius, t. I, p. 106 de l'édition de Harless.) La copie est datée de l'an 738 de l'hégire (1337 de J. C.). Plusieurs feuillets sont intervertis et il y a quelques lacunes.

2° (Fol. 52 v°.) كتاب الملك «Livre du royaume», traité d'administration politique, fondée sur l'alchimie. D'après une note qui se trouve en tête, cet opuscule serait le huitième des cinq cents ouvrages composés par le schaïkh soufi Aboû Moûsâ Djâbir ibn Ḥaiyân (le célèbre Géber).

3° (Fol. 58.) كتاب الرحمة الصغير «Le Petit traité de la Miséricorde», traité d'alchimie, par Djâbir ibn Ḥaiyân, commençant par un dialogue entre l'auteur et son maître.

4° (Fol. 62.) Traité d'alchimie divine, attribué au sage Ostanès. Trente-deux chapitres, précédés d'une longue introduction. L'ouvrage, ainsi qu'on le voit par les rubriques des chapitres, porte le titre de علم اسطانس.

Papier. 142 feuillets. Hauteur, 18 centimètres et demi; largeur, 13 centimètres et demi. Écritures diverses du XIVe siècle. — (Ancien fonds 972.)

2606.

Vingt-et-un traités d'alchimie, par Djâbir ibn Ḥaiyân. Le premier opuscule traite de l'or; le second, de l'argent; le troisième, du cuivre; le quatrième, du fer; le cinquième, de l'étain (القلعي); le sixième, du plomb, etc. On y remarque deux traités sur les vertus secrètes des lettres de l'alphabet, un sur les diverses catégories d'êtres (العوالم?); deux autres sur la pierre philosophale, et deux autres sur les combinaisons chimiques. Les derniers feuillets manquent. Le folio 163 n'appartient pas à l'ouvrage.

Papier. 163 feuillets. Hauteur, 21 centimètres et demi; largeur, 13 centimètres et demi. 16 lignes par page. Ms. du XVIe siècle. — (Supplément 1080.)

2607.

سرّ الحكمة في شرح كتاب الرحمة «Secret de la philosophie (hermétique) pour servir de commentaire au *Livre de la*

miséricorde (de Géber)». Ce commentaire est attribué au célèbre vizir Al-Toghraï. Commencement : الحمد لله الذى هدانا لما لم نهتدى له.

A la fin du volume se trouve la note d'un adepte qui donne la composition de la pierre philosophale. Il déclare que la première opération avait manqué, l'opérateur ayant chauffé trop fort, et que, faute d'argent, il n'a pu la recommencer.

Papier. 160 feuillets. Hauteur, 21 centimètres; largeur, 14 centimètres et demi. 17 lignes par page. Ms. du XVIIe siècle. — (Supplément 1073.)

2608.

مجرّبات ذى النون الاخميمى «Recettes approuvées, provenant de Dsou 'l-Noûn d'Ikhmîm (Al-Miṣrî)», célèbre ascète et saint musulman, médecin et alchimiste, mort en 245 de l'hégire (859-860 de J. C.). C'est une collection de recettes médicales et chimiques, de charmes, de talismans, d'invocations magiques, etc.

Ms. daté de l'an 1000 de l'hégire (1591-1592 de J. C.).

Papier. 91 feuillets. Hauteur, 20 centimètres; largeur, 14 centimètres. 21 lignes par page. — (Ancien fonds 1083.)

2609.

1° Commentaire de Moḥammad ibn Amyal al-Tamîmî sur un traité d'alchimie, intitulé الصور والاشكال «Formes et figures», composé par un personnage désigné par le titre d'*Al-Ḥakîm* «le sage, le philosophe». Le commentateur prétend expliquer ces formes et figures mystérieuses qui étaient au nombre de dix, sans les reproduire; il en parle comme si le lecteur les avait sous les yeux, et il ajoute : «J'en donne ici l'explication, sans la cacher par jalousie (بلا حسد)». Cette explication consiste en rêveries cabalistiques et en pièces de vers peu intelligibles. A la fin se trouvent plusieurs poèmes composés par le Ḥakîm.

2° (Fol. 44.) Note sur les *Formes et figures*, par Ibn Amyal.

3° (Fol. 45 v°.) كتاب الحياة «Livre de la vie». Note sur une opération d'alchimie.

4° (Fol. 47 v°.) Pièce de vers sur la pierre philosophale, attribuée à Dsou 'l-Noûn al-Miṣrî.

Papier. 51 feuillets. Hauteur, 20 centimètres et demi; largeur, 14 centimètres et demi. 25 lignes par page. Ms. du XVIIe siècle. — (Supplément 1074 *bis*.)

2610.

1° Dissertation de Moḥammad ibn Amyal al-Tamîmî sur certaines figures d'êtres ailés et d'hommes qui étaient représentés sur le plafond et les murs d'un temple de Boûṣîr qui, dit-on, avait été la prison du patriarche Joseph. Ces figures, représentées d'une façon rudimentaire, sont expliquées dans une *qaṣîda* appelée *Épître du soleil à la lune* (voyez le numéro suivant), suivie d'un commentaire très étendu, qui traite surtout de la pierre philosophale.

2° (Fol. 77 v°.) Pièce de vers sur la pierre philosophale, dont voici le premier :

رايت عقابا طالبا صيد عقربا فأوت لعبد تبتغى منه مهربا

Papier. 79 feuillets. Hauteur, 21 centimètres; largeur, 16 centimètres. 19 lignes par page. Ms. du XVIe siècle. — (Ancien fonds 1178, Colbert 4988.)

2611.

1° Commentaire sur une قصيدة مخمّس, poème composé de strophes, dont chacune renferme cinq vers. Ce poème, intitulé رسالة الشمس الى الهلال «Épître du soleil à la lune», traite de l'élixir et de la pierre philosophale. C'est le même que celui qui est mentionné par Ḥadji Khalfa, sous le titre de ماء الورق والارض النجميّة «Eau de la feuille et de la terre stellaire». Premier vers :

رسالة الشمس الى الهلال لما بدا فى رقة الخلال

L'auteur du poème se nommait Aboû ʿAbd Allah Moḥammad ibn Amyal al-Tamîmî. Le commencement et la fin du commentaire manquent.

2° (Fol. 67.) رسالة اشفيديوس «Épître d'Aschfidius», sur l'emploi de la pierre philosophale. Commencement : يا معشر الطالبين لهذه الصنعة الالهية الخ. Le mot اشفيديوس est peut-être une altération de اسقليبيوس «Asclepius», nom de l'écrivain hermétique dont Fabricius parle dans sa *Bibliotheca græca*, tome I, page 64 de l'édition de Harless.

3° (Fol. 75.) رسالة الدنيا للذى دفنت معه فى قبره «Épître de la fortune à celui avec lequel elle avait été enterrée dans le même tombeau». Traité de philosophie hermétique.

4° (Fol. 81.) Traité d'alchimie, intitulé العلم المكتسب فى زراعة الذهب «Science acquise touchant l'ensemencement de l'or». Commencement : الحمد لله الاول لا اول قبله الاخر لا اخر بعده.

5° (Fol. 109 v°.) Notes et récits au sujet de l'élixir, etc.

Papier. 112 feuillets. Hauteur, 24 centimètres; largeur, 15 centimètres et demi. Écritures diverses du xv° siècle. — (Ancien fonds 975, Colbert 4990.)

2612.

1° رتبة الحكيم «Grade auquel peut parvenir le philosophe», traité d'alchimie, par Maslama ibn Aḥmad al-Madjrîṭî (né à Madrid), astronome distingué, mort en 398 de l'hégire (1007-1008 de J. C.). (Voyez *Prolégomènes* d'Ibn Khaldoun, traduction de M. de Slane, t. III, p. 173, note.) Dans le premier chapitre, l'auteur examine les ouvrages de ses devanciers, à partir d'Euclide et de Ptolémée; dans le second, il traite de la pierre employée dans les opérations (حجر العقل), c'est-à-dire de la pierre philosophale; dans le troisième, de la préparation de l'élixir (الاكسير), et dans le quatrième et dernier, de la solution des énigmes employées par les alchimistes. Commencement : الحمد لله العزيز الوهاب المسبب الاسباب

2° (Fol. 108 v°.) رسالة متعوّنة بضياء الظلمة لطلاب الحكمة «Épître qui aide à dissiper les ténèbres pour ceux qui cherchent la science». Traité d'alchimie.

Papier. 117 feuillets. Hauteur, 21 centimètres et demi; largeur, 16 centimètres. 17 lignes par page. Ms. du xvi° siècle. — (Ancien fonds 973.)

2613.

Le رتبة الحكيم de Maslama al-Madjrîṭî.
La fin du ms. manque.

Papier. 138 feuillets. Hauteur, 19 centimètres; largeur, 11 centimètres. 18 lignes par page. Ms. du xvii° siècle. — (Supplément 1078.)

2614.

مفاتيح الرحمة ومصابيح الحكمة «Les Clefs de la miséricorde et les lumières de la sagesse». Première partie d'un traité d'alchimie et de la pierre philosophale, par le vizir Al-Ḥosaïn ibn ʿAlî al-Ṭoghrâï, qui fut mis à mort en 515 de l'hégire (1121 de J. C.). L'auteur déclare dans la préface que son livre est destiné à ceux qui ont déjà la connaissance du sujet, puis il ajoute : واعلم ان هذه الصناعة كاينة موجودة صحيحة لا محالة «Sache que cet art existe et qu'il est réel; cela est incontestable». L'ouvrage se compose de deux parties (مقالة), dont le présent volume renferme la première.

Ms. daté de l'an 934 de l'hégire (1528 de J. C.).

Papier. 123 feuillets. Hauteur, 18 centimètres; largeur, 13 centimètres et demi. 21 lignes par page. — (Ancien fonds 974, Colbert 6147.)

2615.

المصباح في اسرار علم المفتاح «Le Flambeau qui éclaircit les secrets de la science de la clef», traité d'alchimie attribué à ʿIzz al-Dîn Aïdamir ibn ʿAlî al-Djildakî. (Voyez *Notices et Extraits*, t. IV, p. 108.) «La clef dont il s'agit, dit l'auteur, est la grande clef (المفتاح الاعظم) qui a trois cent soixante dents (littéralement : doigts), et au moyen de laquelle on peut ouvrir toutes les portes du grand art et trouver le sens des expériences énigmatiques qui s'y emploient». L'ouvrage est divisé en quatre parties et chaque partie en plusieurs chapitres qui, tous, commencent par le *bismillah*.

Ms. daté de l'an 973 de l'hégire (1565-1566 de J. C.).

Papier. 145 feuillets. Hauteur, 27 centimètres; largeur, 17 centimètres et demi. 25 lignes par page. — (Ancien fonds 905, Colbert 3699.)

2616.

Premier volume du même ouvrage.
Ms. daté de l'an 1094 de l'hégire (1683 de J. C.).

Papier. 249 feuillets. Hauteur, 17 centimètres; largeur, 11 centimètres. 15 lignes par page. — (Ancien fonds 984.)

2617.

التقريب في اسرار التركيب «Les Secrets de la *combinaison* rendus intelligibles», par Aïdamir ibn ʿAlî al-Djildakî. Commencement : الحمد لله الذى فضل الانسان على كثير ممن خلق تفضيلا. Ce traité d'alchimie fait suite à un grand ouvrage du même auteur sur le même sujet. Le ms. commence, après la préface, par la quatrième section (فصل) du quatrième livre (باب) de la première division (قسم) du troisième volume. Ce chapitre est intitulé : «Produit des corps imparfaits traités au moyen des parties combinées provenant de métaux, de plantes at d'animaux». La fin manque.

Papier. 118 feuillets. Hauteur, 20 centimètres et demi; largeur, 15 centimètres. 19 lignes par page. Ms. du xvii° siècle. — (Supplément 2110.)

IMPRIMERIE NATIONALE.

2618.

1° La quatrième partie du même ouvrage, où l'on trouve la description d'un grand nombre d'opérations chimiques, faites en vue de la pierre philosophale, et une quinzaine de balances cabalistiques qui se rapportent aux corps célestes.

2° (Fol. 143 v°.) Plusieurs recettes d'alchimie, de diverses écritures.

Papier. 150 feuillets. Hauteur, 21 centimètres; largeur, 15 centimètres. 25 lignes par page. Ms. du xvie siècle. — (Supplément 1079.)

2619.

حلّ الطلسم وكشف السرّ المبهم «Le Talisman déplié et découverte du secret caché». Traité des vertus de la pierre philosophale, par Abou 'l-ʿAbbâs Aḥmad al-Ghomrî. Commencement : الحمد لله خالق الارواح والاجساد ومغرقها بعد ذلك عند الموت لحكمة اراد.

Papier. 36 feuillets. Hauteur, 21 centimètres; largeur, 16 centimètres. 27 lignes par page. Ms. du xviie siècle. — (Supplément 1069.)

2620.

1° Même ouvrage.

2° (Fol. 46 v°.) الرسالة الزينية فى حلّ بيت قصيدة النونية. Explication d'un vers d'une *qaṣîda* d'Aboû Amyal sur la pierre philosophale.

3° (Fol. 51 v°.) Traité dédié à Ibrâhîm Pacha, vizir du sultan Amurath, et contenant le compte-rendu de quelques opérations alchimiques.

4° (Fol. 57.) Recette pour traiter la pierre qu'on désigne sous le nom de الحر الانسانى.

5° (Fol. 58 v°.) Épître sur le grand-œuvre, adressée au sultan ottoman Solaïmân par un adepte nommé Maghousch al-Maghrabî (مغوش المغربى).

6° (Fol. 63 v°.) Traité d'opérations alchimiques, intitulé كتاب الاصول بدايع الموصول.

7° (Fol. 94 v°.) Autre traité sur le même sujet.

8° (Fol. 134.) Note sur la pierre philosophale.

9° (*Ibid.*) Autre traité d'alchimie. L'auteur y a inséré une lettre du vizir Al-Ṭoghrâï sur le même sujet. Commencement : الحمد لله الذى اقرّت الجوارح بربوبيّته وكبرته.

Papier. 153 feuillets. Hauteur, 21 centimètres; largeur, 14 centimètres et demi. 25 lignes par page. Ms. de diverses écritures du xviiie siècle. — (Supplément 1895.)

2621.

1° Commentaire d'un anonyme sur le حلّ الطلسم, dont l'auteur est nommé ici Moḥammad al-Ghomrî.

2° (Fol. 64.) Extraits du نهاية المطلب d'Al-Djildakî et des ouvrages d'alchimie les plus célèbres. Un index des extraits, qui sont au nombre de quatre cent quatre-vingt, se trouve au commencement.

Papier. 257 feuillets. Hauteur, 26 centimètres et demi; largeur, 13 centimètres et demi. 39 lignes par page. Ms. du xviie siècle. — (Supplément 1082.)

2622.

ديوان الشذور «Divan de paillettes d'or»[1]. Premières lettres d'un recueil de poésies ayant pour sujet l'alchimie. Le premier feuillet manque.

Papier. 26 pages. Hauteur, 23 centimètres et demi; largeur, 17 centimètres et demi. 18 à 20 lignes par page. Ms. du xviie siècle. — (Supplément 1527.)

2623.

Gloses sur le شذور الذهب d'ʿAlî ibn Moûsâ al-Andalosî. A la fin du ms. se trouve un poème sur le grand œuvre.

Ms. daté de l'an 1087 de l'hégire (1676 de J. C.).

Papier. 19 feuillets. Hauteur, 21 centimètres et demi; largeur, 17 centimètres. 23 lignes par page. — (Supplément 1070.)

2624.

طوالع البدور لصدر ديوان الشذور «Les Ascendants des pleines lunes, pour accompagner le commencement de l'ouvrage intitulé *Diwân al-Schodsoûr*». Ce sont des gloses composées par ʿAlî Tchelebi pour expliquer une phrase

[1] Ce titre ne se trouve pas dans le ms., qui est une copie moderne du شذور الذهب. H. Z.

cabalistique de trois lignes, qu'Abou 'l-Ḥasan al-Anṣârî avait placée en tête de son traité d'alchimie, intitulé *Dîwân al-Schodsoûr*. Commencement : الحمد لله الذى زين السموات بانوار الطوالع[1].

Papier. 82 feuillets. Hauteur, 21 centimètres; largeur, 15 centimètres. 23 lignes par page. Ms. du XVIIe siècle. — (Supplément 1071.)

2625.

1° كتاب اللآلى والاحجار « Perles et pierreries », traité sur le grand œuvre qui, dit l'auteur, ʿAlî ibn abî Bakr ibn Aḥmad al-Ṣâliḥî, est appelé *alchimie* (الكيميا) par le vulgaire, et *philosophie* (الحكمة) par les adeptes.

2° (Fol. 16.) Recueil de recettes d'alchimie.

3° (Fol. 41.) درّ الانوار « Flux de lumières », traité d'alchimie (الصنعة الالاهية *l'art divin*), par ʿAlî Tchelebi, surnommé *Al-Moʿallim al-djadîd* « le nouveau maître ».

4° (Fol. 51.) فكّ الرموز ومفاتيح الكنوز « Solution des énigmes et clefs des trésors ». Traité d'alchimie.

5° (Fol. 55 v°.) Épître attribuée à Socrate sur l'*art divin*.

6° (Fol. 57 v°.) Pièce de dix-sept vers sur les qualités de l'élixir d'or (خواص الاكسير الذهب), par Géber, suivi d'un commentaire et d'une autre pièce de vers sur la *pierre très-honorable* (الحجر المكرم).

7° (Fol. 61.) Traité anonyme sur l'*art divin*.

8° (Fol. 74.) Traité du *maître* (الاستاد) Dâwoud ibn Khalîl al-Antakî sur l'*oiseau* (الطاير) ou l'*aigle* (عقاب), pierre philosophale ainsi nommée, parce qu'elle s'*envole* et *emporte* ce qui est combiné avec elle.

9° (Fol. 83.) Autre traité sur l'*art divin*.

10° (Fol. 87 v°.) Commentaire sur le poème d'Aboû Yaḥyâ Zakarîyâ al-Marrâkoschî qui traite des vertus de l'*aigle* (عقاب), appelé aussi l'*esprit des esprits*.

Ce ms. est de la main d'Aḥmad Tchorbadji, janissaire de Damiette; il est daté des années 1198 et 1199 de l'hégire (1783-1785 de J. C.).

Papier. 93 feuillets. Hauteur, 17 centimètres et demi; largeur, 24 centimètres. 20 lignes par page. — (Supplément 1072.)

2626.

ثمرة الارشاد وتمزيج الارواح فى الاجساد « Fruit de la bonne direction et manière de mélanger les âmes avec les corps ». Traité d'alchimie qui, dit l'auteur anonyme, enseigne la science du تدبير (« arrangement, opération »). Cent trente-six chapitres. Commencement : الحمد لله الذى علم وهدى الى العلوم.

Papier. 184 feuillets. Hauteur, 21 centimètres; largeur, 15 centimètres. 21 lignes par page. Ms. du XVIIe siècle. — (Supplément 1069 *bis*.)

2627.

1° Traité d'alchimie, sans titre.

2° (Fol. 130.) Traité sur les vertus secrètes des plantes qui portent les noms des sept planètes et des sept métaux.

Ms. daté de l'an 1196 de l'hégire (1782 de J. C.).

On lit, en tête du volume, la description de quelques amulettes.

Papier. 180 feuillets. Hauteur, 17 centimètres et demi; largeur, 12 centimètres. 18 lignes par page. — (Supplément 1074.)

2628.

Traité d'alchimie. L'auteur emploie, en s'adressant au lecteur, la formule ايها الحكيم « ô sage! » Commencement : لا هدى الا بالله فمن عرف تاليف هذه بعضها ببعض فقد ادرك علم الصنعة الخ.

Papier. 157 feuillets. Hauteur, 22 centimètres et demi; largeur, 15 centimètres. 19 lignes par page. Ms. du XVIIIe siècle. — (Supplément 1076.)

2629.

كنز النعمة ومفتاح الحكمة « Trésor des grâces divines et clef de la sagesse ». Traité d'alchimie. Commencement : الحمد لله الذى اظهر البيان.

Au commencement et à la fin du ms. se trouvent un grand nombre de recettes d'alchimie.

Papier. 81 feuillets. Hauteur, 21 centimètres; largeur, 15 centimètres. 19 lignes par page. Ms. du XVIIIe siècle. — (Supplément 1081.)

[1] Comparez Hadji Khalfa, t. IV, p. 18. H. Z.

2. MAGIE.

2630.

كتاب اندهريوش البابلى فى علاجات الجنّ والاوجاع والامراض «Traité d'*Andahrioûsch* le Babylonien, sur les moyens de guérir les personnes possédées, les douleurs et les maladies». Recueil de charmes, d'invocations et de talismans. Commencement : الحمد لله الذى خلق ادم ونفخ فيه من روحه. Dans l'*explicit*, on lit : تم كتاب اندهريوش البابلى المسمّى باجراق (*sic*) الكواكب والافلاك.

Papier. 42 feuillets. Hauteur, 15 centimètres et demi; largeur, 10 centimètres et demi. 18 lignes par page. Ms. du XVe siècle. — (Ancien fonds 1226.)

2631.

Traité de géomancie, attribué au prophète Idrîs et commençant par un tableau de seize figures que l'on obtient en marquant quatre lignes de points sur le sable.

Papier. 80 feuillets. Hauteur, 21 centimètres; largeur, 16 centimètres. 15 lignes par page. Ms. du XVIIIe siècle. — (Supplément 1111.)

2632.

Autre traité de géomancie, également attribué à Idrîs.

Papier. 37 feuillets. Hauteur, 22 centimètres; largeur, 15 centimètres. 18 lignes par page. Ms. du XVIIIe siècle. — (Supplément 1113.)

2633.

Traité de divination, attribué au prophète Daniel, indiquant les pronostics qu'on peut tirer du tonnerre et des éclairs.

Papier. 74 feuillets. Hauteur, 16 centimètres; largeur, 10 centimètres et demi. 11 lignes par page. Ms. du XVIIe siècle. — (Supplément 1109.)

2634.

كتاب شراسيم الهندية فى علم السيميا «Traité de *Scherâsîm* l'Indienne sur la science de la magie». L'ouvrage commence par la liste des noms des esprits préposés aux sept astres et dont on invoque le concours pour opérer des choses surnaturelles. Commencement : اسماء روحانية القمر وهى احياماه مايامه ساماه اسطاماه جموش ه كوش الموش الخ.

Papier. 57 feuillets. Hauteur, 20 centimètres et demi; largeur, 15 centimètres. 15 lignes par page. Ms. du XVIe siècle. — (Ancien fonds 1195.)

2635.

Même ouvrage.
Ms. écrit à Paris, en 1677.

Papier. 170 pages. Hauteur, 19 centimètres; largeur, 13 centimètres. 12 lignes par page. — (Supplément 1095, Saint-Germain 1095.)

2636.

الخنفطرات الكبرى «Les Grands phylactères (?)». Traité de magie (السيمية) et de cabale, attribué à Aristote.

Papier. 22 feuillets. Hauteur, 20 centimètres et demi; largeur, 14 centimètres. 15 lignes par page. Ms. du XVIIe siècle. — (Supplément 2111.)

2637.

1° قرعة جعفر الصادق «Traité des sorts, par Dja'far al-Ṣâdiq». Les questions doivent d'abord se réduire à un groupe de trois lettres, et ce groupe sert à indiquer le paragraphe qui renferme la réponse et qui se compose de versets du Coran et de traditions. Le chapitre qui traite de la manière de réduire les questions à trois lettres manque. Dans le présent ms., on trouve les groupes trilitères formés par les diverses combinaisons des quatre premières lettres de l'alphabet. Le ms. commence par la prière qu'il faut réciter avant de consulter ce traité des sorts.

2° (Fol. 15 v°.) Calendrier de l'année julienne.

3° (Fol. 21 v°.) حزب البحر «Amulette maritime», par Abou 'l-Ḥasan al-Schâdsilî. C'est une prière à l'usage des marins. (Voyez Hadji Khalfa, t. III, p. 57.)

4° (Fol. 24 v°.) Indication des *fortuna* (فرتونة, au pluriel فراتين) ou coups de vent qui surviennent dans chaque mois de l'année julienne.

5° (Fol. 25 v°.) Liste des mois de l'année arabe et diverses prières.

6° (Fol. 26 v°.) القرطبية «La Cordouane», poème des-

tiné à être appris par les enfants et qui traite des devoirs du musulman.

7° (Fol. 30 v°.) دعاء الصحيفة «Prière du volume», en vers. Chaque hémistiche commence par سبحانه.

8° (Fol. 32.) Notes diverses.

9° (Fol. 34.) La *Borda* d'Al-Bouṣîrî.

10° (Fol. 44.) Conte moral. Commencement : روى أن رجل جاء الى الشبل فقال له انى لاريد الحج فقال الشبل لم.

11° (Fol. 46.) Traité sur l'utilité qu'on peut tirer des diverses parties du corps de certains animaux, à commencer par le loup.

12° (Fol. 50.) Prières et notes diverses.

13° (Fol. 53.) Prière, commençant par ces mots : اللهم انى اعوذ بك من الكسل والهزم والمغرم والمأثم.

14° (Fol. 55.) Quatre مولوديات ou poèmes en l'honneur de la naissance de Mahomet.

En tête du volume se trouvent des versets du Coran dont on fait usage dans les sciences occultes.

Papier. 60 feuillets. Hauteur, 19 centimètres; largeur, 13 centimètres. Environ 16 lignes par page. Écritures diverses du xvᵉ siècle. — (Ancien fonds 1204.)

2638.

1° قرعة جعفر الصادق. (Voyez l'article 1° du numéro précédent.)

2° (Fol. 15 v°.) Énumération des heures favorables et défavorables des sept jours de la semaine.

3° (Fol. 16 v°.) Énumération des jours de chaque mois (du calendrier romain) où il doit tomber de la pluie (فصل فى النوات التى فى كل شهر).

Papier. 21 feuillets. Hauteur, 22 centimètres; largeur, 14 centimètres. 18 lignes par page. Ms. du xviᵉ siècle. — (Ancien fonds 438, Colbert 6118.)

2639.

1° قرعة جعفر الصادق. (Voyez les deux numéros précédents.) Il y a quelques différences de rédaction.

2° (Fol. 13 v°.) استخارة جليلة «Excellente méthode pour consulter le sort (au moyen de versets du Coran)».

3° (Fol. 39 v°.) Présages que l'on peut tirer de la position de la lune, lorsqu'on entreprend un voyage.

4° (Fol. 40.) Tables pour trouver la position de la lune dans le zodiaque, ainsi que le mois et le jour de l'année solaire. D'autres tables, dressées pour chaque signe du zodiaque, font connaître la signification de certains présages.

5° (Fol. 60 v°.) Tables tirées par «le philosophe indien» du tableau de la vie et de la mort.

6° (Fol. 67 v°.) قرعة جعفر الصادق. Ce traité diffère complètement de l'article 1°.

Ms. daté (voy. fol. 13) de l'an 1041 de l'hégire (1631-1632 de J. C.).

Papier. 83 feuillets. Hauteur, 20 centimètres; largeur, 15 centimètres. 18 lignes par page. — (Ancien fonds 1205.)

2640.

القرعة المأمونية «Les Sorts de Ma'moûn». Tables dressées, dit-on, par le calife Aboû Moḥammad (*sic*) ʿAbd Allah al-Ma'moûn, fils de Hâroûn al-Raschîd, pour faire connaître d'avance l'issue, bonne ou mauvaise, d'un projet qu'on veut exécuter. L'ouvrage se compose de plusieurs cercles, de quelques tables se rapportant aux planètes et aux stations de la lune, de vingt grands cercles à rayons, couverts d'inscriptions, et de plusieurs colonnes de distiques tirés des ouvrages des grands poètes, parmi lesquels l'auteur fait figurer, malgré l'anachronisme, Al-Motanabbî et Al-Ḥarîrî.

Papier. 48 feuillets. Hauteur, 25 centimètres et demi; largeur, 18 centimètres. Ms. du xviᵉ siècle. — (Supplément 1093.)

2641.

Tables analogues aux précédentes. A la fin, on lit le même titre : قرعة المأمونية.

Papier. 24 feuillets. Hauteur, 21 centimètres; largeur, 15 centimètres. Ms. du xviᵉ siècle. — (Supplément 1122.)

2642.

Traité de cabale et de divination, intitulé ترجمان لسان الحق المبثوث فى الامر والخلق, par ʿAbd al-Salâm ibn ʿAbd al-Raḥmân al-Lakhmî, surnommé Ibn Barridjân (برّجان), mort, dans la ville de Maroc, en 536 de l'hégire (1141-1142 de J. C.). L'auteur explique l'étymologie et les ver-

tus miraculeuses des quatre-vingt-dix-neuf noms de Dieu. Cet ouvrage est divisé en trois sections.

Ms. daté de l'an 983 de l'hégire (1575-1576 de J. C.).

Papier. 276 feuillets. Hauteur, 23 centimètres; largeur, 17 centimètres. 19 lignes par page. — (Supplément 243.)

2643.

الطبّ الروحانى بالقرءان الرحمانى «Médication spirituelle, au moyen du Coran du Miséricordieux», par Abou 'l-Ḥasan ʿAlî ibn Moûsâ, de Grenade, connu sous le nom d'*Al-Schodsoûrî*, parce qu'il avait composé un ouvrage sur l'alchimie, intitulé شذور الحكم فى الصناعة الشريفة. Le présent ouvrage traite des mystères des lettres de l'alphabet, puis des talismans. Il est divisé en huit chapitres, précédés de deux introductions. Le trosième chapitre traite des mystères du sceau triangulaire attribué à Aboû Ḥâmid al-Ghazâlî.

Papier. 94 feuillets. Hauteur, 21 centimètres et demi; largeur, 15 centimètres. 21 lignes par page. Ms. du xviie siècle. — (Ancien fonds 1172.)

2644.

1° شرح خواص اسماء الله الاربعين «Exposé des qualités inhérentes aux quarante noms de Dieu», traité fondé, dit-on, sur les leçons de Schihâb al-Dîn Aḥmad al-Sohrawardî, docteur soufi du xiie siècle. On rapporte, d'après cette autorité, que, lorsqu'un homme connaît l'usage de ces quarante noms, il peut commander aux esprits, aux anges, aux génies, aux hommes, aux cieux, à la terre, aux bêtes sauvages et aux oiseaux. Mais, pour les employer avec succès, il faut remplir huit conditions, dont la première est de croire fermement à la puissance de ces noms. Commencement : الحمد لله الذى اوجد من العدم المحض.

2° (Fol. 36 v°.) Autre commentaire sur le même traité d'Al-Sohrawardî.

Papier. 54 feuillets. Hauteur, 21 centimètres; largeur, 15 centimètres et demi. 17 lignes par page. — (Ancien fonds 1194.)

2645.

Traité de talismanique, extrait du السرّ المكتوم «Le Secret bien caché», de Fakhr al-Dîn al-Râzî. L'ouvrage commence par une déclaration sur les avantages de cette science (علم) qui, dit-il, nous fait connaître les mystères du monde supérieur et ceux du monde inférieur. Il y a quelques chapitres sur l'astrologie et un calendrier des jours fastes et néfastes. Le premier feuillet manque.

Papier. 245 feuillets. Hauteur, 23 centimètres; largeur, 13 centimètres. 17 lignes par page. Ms. du xiiie siècle. — (Ancien fonds 1039.)

2646.

Traité d'Abou 'l-ʿAbbâs al-Boûnî sur les mystères des lettres de l'alphabet et sur les vertus des noms de Dieu. Abou 'l-ʿAbbâs Aḥmad al-Boûnî (né à Bone), est mort en 622 de l'hégire (1225 de J. C.). Commencement : الحمد لله الذى خلق من الماء بشرا فجعله نسبا. Un titre, ajouté après coup, qui se trouve en tête du volume, affirme que cet ouvrage d'Al-Boûnî est le الدرّ المنظّم فى سرّ الاعظم.

Papier. 59 feuillets. Hauteur, 18 centimètres et demi; largeur, 13 centimètres et demi. 15 lignes par page. Ms. du xvie siècle. — (Supplément 1087.)

2647.

شمس المعارف ولطايف العوارف «Soleil des connaissances (mystiques) et dons précieux», grand ouvrage sur la cabale, les talismans, les carrés magiques, etc., par Abou 'l-ʿAbbâs Aḥmad al-Boûnî. C'est la première édition de l'ouvrage qui est moins étendue que la seconde. Le frontispice, portant le titre et le nom de l'auteur, est orné d'arabesques.

Papier. 148 feuillets. Hauteur, 25 centimètres; largeur, 17 centimètres. 17 lignes par page. Ms. du xiiie siècle. — (Ancien fonds 363.)

2648.

Même ouvrage. Exemplaire de la première édition, daté de l'an 847 de l'hégire (1443 de J. C.). Le premier feuillet manque.

Papier. 137 feuillets. Hauteur, 26 centimètres; largeur, 17 centimètres et demi. 17 lignes par page. — (Supplément 1091.)

2649.

Même ouvrage. Exemplaire de la première édition, daté de l'an 913 de l'hégire (1508 de J. C.).

Papier. 108 feuillets. Hauteur, 27 centimètres; largeur, 18 centimètres. 17 lignes par page. — (Ancien fonds 1122, Colbert 3700.)

2650.

Première partie de la grande édition du même ouvrage.

Papier. 227 feuillets. Hauteur, 29 centimètres; largeur, 19 centimètres et demi. 26 lignes par page. Ms. du XVIIe siècle. — (Ancien fonds 378.)

2651.

Seconde partie de la grande édition du même ouvrage.

Papier. 256 feuillets. Hauteur, 29 centimètres et demi; largeur, 20 centimètres. 25 lignes par page. — (Ancien fonds 1123.)

2652 et 2653.

Même ouvrage, écrit par un Européen. Le commencement est accompagné d'une version latine interlinéaire. La copie est datée de l'an 1711 de J. C.

2 vol. Papier. 579 et 605 feuillets. Hauteur, 37 centimètres et demi; largeur, 24 centimètres. Environ 16 lignes par page. — (Supplément 1088 I, II.)

2654.

Même ouvrage.

Papier. 348 feuillets. Hauteur, 29 centimètres; largeur, 20 centimètres. 29 lignes par page. Ms. du XVIIIe siècle. — (Supplément 1089.)

2655.

Même ouvrage. Exemplaire daté de l'an 1188 de l'hégire (1774 de J. C.). En tête, une vignette assez bien exécutée.

Papier. 509 feuillets. Hauteur, 32 centimètres; largeur, 20 centimètres. 27 lignes par page. — (Supplément 1090.)

2656.

الاصول والضوابط «Les Principes et les règles», traité des sciences occultes attribué à Schihâb al-Dîn Aḥmad al-Boûnî. Commencement : اما بعد فهذه رسالة من اخ صادق النصح فى المقال الى الاخوان من رضاعة ثدى الحكمة

Papier. 110 feuillets. Hauteur, 15 centimètres et demi; largeur, 10 centimètres et demi. 13 lignes par page. Ms. du XVIIe siècle. — (Ancien fonds 1221, Colbert 6503.)

2657.

لطائف الاشارات فى اسرار الحروف العلويات «Indications subtiles touchant les vertus secrètes des lettres de l'alphabet céleste». Traité de cabale et de talismanique, par Abou 'l-ʿAbbâs al-Boûnî. Commencement : الحمد لله الذى ادار بيد الاسرار لطائف افلاك الملكوتيات. Ms. exécuté à la Mecque, en 784 de l'hégire (1382-1383 de J. C.).

Papier. 66 feuillets. Hauteur, 25 centimètres et demi; largeur, 17 centimètres. 21 lignes par page. — (Ancien fonds 364.)

2658.

Même ouvrage.

Papier. 93 feuillets. Hauteur, 19 centimètres; largeur, 14 centimètres. 17 lignes par page. Ms. du XVe siècle. — (Ancien fonds 1185.)

2659.

Amulette composée par Al-Boûnî. Cette pièce est écrite sur une bande de papier insérée dans un petit étui de carton.

Papier. Longueur, 1 mètre 55 centimètres; largeur, 8 centimètres et demi. Ms. du XVIIe siècle. — (Supplément 2115.)

2660.

مفاتيح اسرار الحروف ومصابيح انوار الظروف «Clefs des mystères des lettres et flambeaux des lumières des vases». Ce traité est à tort attribué à Abou 'l-ʿAbbâs Aḥmad al-Boûnî, qui est mentionné dans la préface avec d'autres écrivains ayant traité de ce sujet. Son nom est accompagné de la formule قدّس الله سرّه. Commencement : الحمد لله الذى اطلع شمس المعارف فى سماء سرّ العارف.

Au commencement et à la fin du volume (fol. 1 à 16 et 109 à 134) se trouvent des extraits et des fragments, en général très mal écrits, se rapportant tous à la cabale.

Ms. daté de l'an 1096 de l'hégire (1685 de J. C.).

Papier. 134 feuillets. Hauteur, 20 centimètres; largeur, 15 centimètres. 19 lignes par page. — (Supplément 1105.)

2661.

1° الجفر الكبير «Le Grand جفر». Recueil de prédictions au moyen de la divination par lettres, par Schams al-Dîn Moḥammad ibn Sâlim al-Khallâl. L'auteur dit avoir puisé les matériaux de cette compilation dans les traités d'Al-Kindî, de Kamâl al-Dîn Moḥammad al-Bastâmî, de Moḥyî al-Dîn Ibn al-ʿArabî et d'ʿAbd al-Ḥaqq ibn Sabaʿîn. Il a eu entre les mains l'ouvrage de ce dernier en 735 de l'hégire (1325 de J. C.). Chaque chapitre de ce recueil forme un ouvrage séparé. Au fol. 11 v° se trouve la *khoṭba* prononcée, dit-on, par ʿAlî, fils d'Aboû Ṭâlib, devant les habitants de Koûfa; au fol. 21, la litanie des symboles d'ʿAlî, dont les premiers sont : انا سرّ الاسرار انا شجرة الانوار.

2° (Fol. 46 v°.) Sur les mystères des lettres. Ce traité paraît faire partie de l'ouvrage précédent. C'est le même opuscule que l'article 9° du n° 2669.

3° (Fol. 49 v°.) Plusieurs figures talismaniques, servant à illustrer le texte d'un traité de prédictions de Moḥyî al-Dîn Ibn al-ʿArabî.

4° (Fol. 61 v°.) مجرّبات «Expériences», par Avicenne. Poème sur l'emploi, en médecine, de la thériaque, des talismans, des charmes et des influences astrologiques. Premiers vers :

قال على هو ابن سينا
وكونه بالله مستعينا
بدات باسم الله فى نظم حسن
اذكر ما جربته طول الزمن

5° (Fol. 67 v°.) الفوائد النافعة فى التحذير من افعال مضرّة «Notions utiles, ou avertissements, au sujet de certains actes nuisibles».

6° (Fol. 69 v°.) Dialogue entre Mahomet et Satan et quelques traditions du Prophète.

7° (Fol. 74 v°.) Questions adressées à Mahomet par ʿAbd Allah ibn Salâm.

8° (Fol. 79.) Fragments de poésies religieuses.

9° (Fol. 80 v°.) Histoire de *la chemise d'Al-Bahloûl* (قميص البهلول) et du calife Hâroûn al-Raschîd.

10° (Fol. 88.) Traité sur l'excellence du nom de Joseph (يوسف). Le commencement manque. On remarque dans cette pièce des carrés magiques, un tableau circulaire et l'imitation de quelques hiéroglyphes égyptiens.

11° (Fol. 93.) Notes et extraits sur l'art de la divination.

12° (Fol. 101.) Divers autres fragments sur le même sujet.

13° (Fol. 104 v°.) Autre exemplaire du جفر الكبير de Moḥammad ibn Sâlim al-Khallâl.

Papier. 134 feuillets. Hauteur, 20 centimètres et demi; largeur, 15 centimètres. Ms. de diverses écritures du XVIIe siècle. — (Ancien fonds 1174.)

2662.

Recueil de charmes, d'incantations et de recettes magiques, commençant sous forme d'un commentaire sur un traité dont le nom n'est pas indiqué. Il est dit que le commentaire a été composé par Abou 'l-ʿAbbâs al-Boûnî, mais cet écrivain est cité lui-même, fol. 5 v°.

Papier. 78 feuillets. Hauteur, 22 centimètres; largeur, 15 centimètres et demi. 21 lignes par page. Ms. du XVIIe siècle. — (Ancien fonds 1176.)

2663.

الدرّ المنظّم فى السرّ الاعظم «La Rangée de perles, traité sur le grand secret», ouvrage de cabale, par Kamâl al-Dîn Aboû Sâlim Moḥammad ibn Ṭalḥa, mort en 652 de l'hégire (1254 de J. C.). Commencement : الحمد لله الذى اطلع من اجتباه من عباده الابرار على خفايا الاسرار.

Papier. 80 feuillets. Hauteur, 21 centimètres et demi; largeur, 15 centimètres. 21 lignes par page. Ms. du XVIe siècle. — (Ancien fonds 420.)

2664.

Même ouvrage.
Ms. daté de l'an 939 de l'hégire (1532-1533 de J. C.).

Papier. 143 feuillets. Hauteur, 19 centimètres et demi; largeur, 14 centimètres. 13 lignes par page. — (Supplément 1120.)

2665.

Même ouvrage.

Papier. 88 feuillets. Hauteur, 31 centimètres et demi; largeur, 21 centimètres et demi. Ms. de deux écritures, dont la plus ancienne est du XVIe siècle. — (Supplément 1099.)

2666.

Même ouvrage.

Papier. 142 feuillets. Hauteur, 21 centimètres et demi; largeur, 15 centimètres et demi. 13 lignes par page. Ms. du xviie siècle. — (Ancien fonds 1192.)

2667.

Même ouvrage.

A la fin de cet exemplaire se trouvent plusieurs tableaux magiques, composés de cercles et de parallélogrammes.

Papier. 110 feuillets. Hauteur, 21 centimètres; largeur, 14 centimètres et demi. 17 lignes par page. Ms. du xviie siècle. — (Ancien fonds 770.)

2668.

1° Même ouvrage.

2° (Fol. 17 v°.) Traité sur la durée du monde. Commencement : الحمد لله الذى اطلع من شاء من ارباب القلوب على حقائق اسرار الغيوب. Ce traité est suivi de quelques dissertations et poèmes sur la divination par lettres, et d'une vingtaine de figures cabalistiques.

Papier. 88 feuillets. Hauteur, 20 centimètres; largeur, 14 centimètres et demi. 21 lignes par page. Ms. du xviie siècle. — (Supplément 1103.)

2669.

1° Explication des mystères renfermés dans le جفر, ou livre de prédictions qui étaient écrites sur une planche (لوح) qu'ʿAlî, fils d'Aboû Ṭâlib avait reçue du ciel. Ces prédictions se rapportent à la série des princes qui devaient régner sur l'Égypte. L'auteur, Kamâl al-Dîn Moḥammad ibn Ṭalḥa, a pris pour base de son commentaire la valeur mystique des lettres de l'alphabet. Une qaṣîda d'une quarantaine de vers est intercalée dans la préface, qui commence ainsi : الحمد لله الذى اطلع من اجتباه من عباده الابرار على خبايا الاسرار[1].

2° (Fol. 10 v°.) Prédictions au sujet des grands événements qui doivent arriver jusqu'à la fin du monde. Commencement : الحمد لله الذى الهم وفهّم وعلّمنا من العلوم ما لم نعلم.

3° (Fol. 16.) Chapitre extrait du جفر الكبير de Moḥammad ibn Sâlim al-Khallâl, renfermant un sermon prononcé devant les habitants de Koûfa par ʿAlî, fils d'Aboû Ṭâlib. Commencement : الحمد لله خالق السموات والارض وفاطرها.

4° (Fol. 27.) Prédictions. Commencement : الحمد لله مفنى الامم ومحيى الرمم.

5° (Fol. 31.) Autre chapitre du même genre. On y remarque de singulières combinaisons de lettres, des mots renversés, etc.

6° (Fol. 42.) Prédiction relative à la fin du monde, annoncée pour le xe siècle de l'hégire (xvie siècle de J. C.). Commencement : الحمد لله الذى اطلع من شاء من ارباب القلوب على حقائق الغيوب.

7° (Fol. 47.) Prédictions relatives à la fin du monde. La grande ville de Rome sera prise par les Musulmans, sept ans avant l'apparition de l'Antéchrist, puis viendra la grande catastrophe. Commencement : الحمد لله الذى اطلع شموس الغيوب من حنادس القلوب.

8° (Fol. 56 v°.) Autres prédictions. Commencement : الحمد لله عالم المدد ومدّ العدد.

9° (Fol. 74 v°.) Traité sur les mystères des lettres. On y trouve des lettres et des mots répétés plusieurs fois, et des mots renversés. Commencement : اعلم ان سرّ الحروف فى الالف المعطوفة وسرّ الالف فى النقطة ولا يعرفه الّا ارباب النقطة.

10° (Fol. 84 v°.) Prédictions et renseignements, en prose et en vers, touchant l'Égypte et ses merveilles. Commencement : فان مصرا شانها عجيب وسرّها غريب.

11° (Fol. 109 v°.) صيحة البوم فى حوادث الروم «Le Cri du hibou, touchant les grands événements de l'empire romain», poème rimant en ل, composé de plus de cent vingt vers. Dans cette pièce, l'auteur, Moḥyî al-Dîn Ibn al-ʿArabî, prédit, au moyen des lettres de l'alphabet, les grands événements de l'avenir. Premier vers :

ناهيك يا منزل الاحباب من طلل
متى وجدت نعيمًا غير منتقل

Ce poème est suivi de prédictions, de pièces de vers, d'une vingtaine de figures talismaniques, dont chacune occupe une page, et d'explications touchant la valeur mystique des lettres.

[1] Ce traité, en effet, est le premier du الدرّ المنظّم. Les articles suivants font partie du même ouvrage. H. Z.

12° (Fol. 152.) ذكر خراب البلدان فى اخر الزمان «Destruction des villes, lors de la fin des temps». Recueil de traditions sur la fin du monde.

13° (Fol. 156.) Recueil de prédictions, renfermant quelques pièces de vers attribuées à Moḥyî al-Dîn Ibn al-ʿArabî. Ces vers sont accompagnés d'un commentaire. Premier vers de la première pièce :

فسبحان من اخفى عن العين ذاته
ونور تجلّيها عليه عيم

14° (Fol. 166 v°.) Le جفر du schaïkh Moḥyî al-Dîn Ibn al-ʿArabî. Traité sur les vertus des lettres, accompagné d'une grande quantité de tableaux, de carrés magiques (وفق) et de talismans. Commencement : الحمد لله الذى اودع السرّ المكتوم فى طىّ الحرف المرقوم.

Toutes ces pièces sont de la même main. Le ms. est daté de l'an 1026 de l'hégire (1617 de J. C.).

Papier. 243 feuillets. Hauteur, 21 centimètres; largeur, 15 centimètres et demi. 11 à 20 lignes par page. — (Ancien fonds 1173.)

2670.

مستوجبة المحامد فى شرح خاتم ابى حامد «Traité digne d'éloges, servant à expliquer le sceau d'Aboû Ḥâmid». L'auteur, Moḥammad ibn ʿOthmân el-Anṣârî, donne l'explication des carrés magiques et des lettres mystiques qu'on voyait sur un certain sceau d'Aboû Ḥâmid al-Ghazâlî, appelé le *talisman de Saturne* (وفق زحل). Commencement : الحمد لله مستوجب الحمد برزقه المبسوط.

Papier. 62 feuillets. Hauteur, 21 centimètres; largeur, 15 centimètres et demi. 17 à 19 lignes par page. Ms. du XVIIe siècle. — (Ancien fonds 1160.)

2671.

1° مستوجبة المحامد فى شرح خاتم ابى حامد. Traité cabalistique, renfermant l'explication du sceau d'Aboû Ḥâmid al-Ghazâlî.

2° (Fol. 137.) Traité sur un charme ou talisman (تسليط), par la vertu duquel on triomphe de son ennemi.

Papier. 186 feuillets. Hauteur, 13 centimètres; largeur, 9 centimètres. 9 lignes par page. Ms. du XVIIe siècle. — (Supplément 1084.)

2672.

Traité sur les carrés magiques. En tête se trouve un chapitre sur le sceau d'Aboû Ḥâmid al-Ghazâlî.

Ms. daté de l'an 997 de l'hégire (1589 de J. C.).

Papier. 59 feuillets. Hauteur, 21 centimètres et demi; largeur, 16 centimètres et demi. 15 lignes par page. — (Ancien fonds 1187.)

2673.

عيون الحقائق وايضاح الطرائق «Sources des vérités et exposition des procédés». Cet ouvrage, divisé en trente chapitres et attribué à un auteur nommé *Maïmoûn*, vivant sous le règne d'Al-Malik al-Ẓâhir Rokn al-Dîn, est un traité de magie et de prestidigitation. Il renferme un grand nombre de recettes pour opérer des prodiges et pour fasciner et tromper le public. Commencement : الحمد لله الذى اطلع لنا من مشارق الارض. L'auteur indique en ces termes le contenu de son ouvrage : وهو يشتمل على ساير الحيل من النواميس والمحاريق والدخن والتعافين والمراقد والنارنجيات والاختفايات والدك والحيلة وخواص المعادن والنبات والحيوان الخ.

Papier. 72 feuillets. Hauteur, 21 centimètres; largeur, 15 centimètres et demi. 10 à 12 lignes par page. Ms. du XVIe siècle — (Ancien fonds 1201.)

2674.

Même ouvrage.

Papier. 123 feuillets. Hauteur, 21 centimètres et demi; largeur, 15 centimètres et demi. 17 lignes par page. Ms. du XVIIIe siècle. — (Supplément 990.)

2675.

1° كتاب مفاتح اسرار علوم الانبياء «Clefs des secrets des connaissances des prophètes» (voir fol. 44 v°). Recueil de vingt-quatre alphabets, tous imaginaires, à l'exception d'une sorte d'alphabet hébreu. Ce recueil a été composé en 703 de l'hégire (1303-1304 de J. C.), s'il faut en croire la déclaration de l'auteur anonyme, qui cite deux autres de ses ouvrages, l'un intitulé الاعلام بغك المنزل والمصطلح عليه والمترجم وساير الاقلام, et l'autre كنز الكنوز فى حل ما اشكل من جميع الرموز. Chaque alphabet remplit un tableau de vingt-huit cases.

2° (Fol. 48 v°.) Pièce de vers, accompagnée d'un commentaire et de tables, sur les vertus secrètes des lettres de l'alphabet.

3° (Fol. 53 v°.) ملحمة «Traité de divination», attribué à Moḥyî al-Dîn Ibn al-ʿArabî. Il est dit que, par l'emploi habile d'une table à cases circulaires, qui remplit une page et demie de ce traité, on pourra trouver les

noms des Turcs qui doivent gouverner l'Égypte. Commencement : الحمد لله الذى احصى الانفاس عددا.

4° (Fol. 58.) Tables de divination.

Ms. daté de l'an 1005 de l'hégire (1596-1597 de J. C.).

Papier. 60 feuillets. Hauteur, 26 centimètres; largeur, 16 centimètres. — (Ancien fonds 1124.)

2676.

Même ouvrage que l'article 1° du numéro précédent, dans une rédaction amplifiée. Le premier feuillet manque. Des alphabets fantaisistes ont été ajoutés, après coup, au commencement et à la fin du volume.

Papier. 126 feuillets. Hauteur, 21 centimètres; largeur, 15 centimètres. Ms. du XVIIe siècle. — (Ancien fonds 1180, Colbert 4989.)

2677.

1° Fragment d'un traité de divination intitulé جدول فى استخراج امور جزية, et renfermant plusieurs tables.

2° (Fol. 6.) *Ordjouza* sur l'emploi de ces tables, par Schihâb al-Dîn al-Faïyoûmî.

3° (Fol. 9.) Notes et extraits se rapportant aux divers procédés de divination. L'écriture cursive de la plupart de ces passages est difficile à déchiffrer.

4° (Fol. 38.) Poème en l'honneur de Mahomet, attribué à Ḥassân ibn Thâbit. Commencement :

لطيبة رسم للرسول ومعهد

5° (Fol. 39 v°.) Sermon.

6° (Fol. 42 v°.) Brouillon d'une biographie de Moḥammad ibn Ismâ'îl al-Bokhârî, suivi de quelques traditions.

7° (Fol. 49.) العقد الغالى فى حلّ اشكال الصحيح البخارى « Le Collier de prix, explication des termes obscurs qui se rencontrent dans le *Ṣaḥîḥ* d'Al-Bokhârî ». L'auteur, Aḥmad al-Kordî, avait recueilli ces gloses de la bouche d'Ibrâhîm al-Ḥalabî. Ce traité n'a pas de préface; les derniers feuillets manquent.

8° (Fol. 102.) قرّة العين فى الفتح والامالة وبين اللفظين « Plaisir des yeux, traité du *fatḥa*, de l'*imâla* et de l'intermédiaire entre ces deux sons ». Cet opuscule est le résumé des opinions des sept Lecteurs, touchant les modifications que subit le son de la lettre *alif* dans la récitation du Coran. L'auteur, Abou 'l-Baqâ 'Alî ibn 'Othmân Ibn al-Qâṣiḥ al-'Odsrî, est mort en 801 de l'hégire (1398-1399 de J. C.). La copie est datée de l'an 973 de l'hégire (1566 de J. C.).

9° (Fol. 137 v°.) Gloses sur le *Ṣaḥîḥ* d'Al-Bokhârî, recueillies par le cadi 'Izz al-Dîn الحاضرى, dans un ms. qui avait appartenu à Scharaf al-Dîn al-Anṣârî. Texte pourvu des points-voyelles.

10° (Fol. 149 v°.) Gloses sur le *Ṣaḥîḥ* d'Al-Bokhârî, recueillies de la bouche du traditionniste Abou 'l-Waqt Ibrâhîm ibn Moḥammad ibn Khalîl. Texte pourvu des points-voyelles.

11° (Fol. 179.) شذور الذهب فى معرفة كلام العرب « Paillettes d'or, traité sur la connaissance de la langue arabe », par Djamâl al-Dîn ibn Hischâm al-Anṣârî. La préface, citée par Hadji Khalfa (tome IV, page 18), manque.

12° (Fol. 186 v°.) Quelques gloses sur le traité précédent, et d'autres notes, principalement grammaticales.

13° (Fol. 189.) عدّة المرشدين وعمدة المسترشدين « Approvisionnement de ceux qui sont bien dirigés et soutien de ceux qui cherchent la bonne direction », par Aḥmad ibn abî Bakr ibn Moḥammad al-Raddâd. Nous n'en avons ici qu'un extrait, dans lequel se trouve la solution de quelques questions relatives à la transmission de la خرقة (d'un prieur de soufis à son disciple).

14° (Fol. 191 v°.) Extrait d'un traité de soufisme.

15° (Fol. 195.) Sur l'âme.

16° (Fol. 196 v°.) Notes diverses.

17° (Fol. 197.) Fragment d'un brouillon d'un traité de théologie et d'un traité sur la peste.

18° (Fol. 201.) درّ التاج فى اعراب مشكل المنهاج « Perles de la couronne, ouvrage dans lequel se trouve l'éclaircissement des difficultés du *Minhâdj al-Ṭâlibîn* », par Djalâl al-Dîn 'Abd al-Raḥmân al-Soyoûṭî. Commencement : الحمد لله الذى شرف اللسان العربى ووصف به اعظم كتاب واكرم نبى. La fin manque.

19° (Fol. 209.) Questions et réponses touchant une tradition rapportée dans le *Ṣaḥîḥ* d'Al-Bokhârî.

20° (Fol. 214.) Fragment d'un poème en l'honneur de Mahomet.

21° (Fol. 214 v°.) Recueil de notes, de traditions et de renseignements au sujet des ventes et des opérations commerciales. On y trouve une notice sur les calendriers arabe et syriaque.

Papier. 221 feuillets. Hauteur, 19 centimètres; largeur, 14 centimètres. Écritures diverses du XVe et du XVIe siècle. — (Ancien fonds 1206.)

2678.

شرح دائرة الشجرة النعمانية فى الدولة العثمانية «Explication des mystères renfermés dans le cercle qui fait partie de l'arbre généalogique de la famille hanéfite de l'empire ottoman». Ce recueil de prédictions inintelligibles est attribué à Moḥyî al-Dîn ibn al-ʿArabî (comparez ci-dessus, n° 1627, 2°); le commentaire a pour auteur Al-Ṣalâḥ al-Dîn Khalîl ibn Aïbak al-Ṣafadî, mort en 764 de l'hégire (1362-1363 de J. C.). Commencement : الحمد لله واهب الاسرار لاهل الاستبصار.

Papier. 34 feuillets. Hauteur, 21 centimètres; largeur, 15 centimètres. 11 lignes par page. — (Ancien fonds 1169.)

2679.

1° Même ouvrage. Copie datée de l'an 1060 de l'hégire (1650 de J. C.).

2° (Fol. 21 v°.) القول المفيد ببيان فضل الجمعة اليوم المزيد «Discours instructif dans lequel on expose l'excellence du vendredi, jour de surcroît». Dans cette monographie, l'auteur, Ḥanîf al-Dîn ʿAbd al-Raḥmân al-Morschidî al ʿOmarî, traite d'abord des jours, des nuits et des heures; puis de la dérivation et du sens du mot جمعة; il montre ensuite pourquoi il ne convient pas de jeûner le vendredi. Vient un chapitre sur les mérites du jour de vendredi et une *qaṣîda* sur le même sujet. L'ouvrage se termine par un appendice renfermant des traditions, des anecdotes, etc. L'auteur cite quelquefois les écrits de Djalâl al-Dîn al-Soyoûṭî. Commencement : الحمد لله الذى خلق السموات والارض وفضل بعض الايام على بعض. Copie datée de l'an 1060 de l'hégire (1650 de J. C.).

3° (Fol. 40 v°.) Dissertation de Moḥammad Amîn al-Bokhârî, vulgairement appelé *Amîr Pâdischâh*, sur l'opinion de certains docteurs schaféites qui enseignaient que le pélerinage de la Mecque efface également les péchés mortels et les péchés véniels. Commencement : الحمد لله الذى صغر كباير الذنوب عظيم عفوه وغفرانه.

4° (Fol. 49 v°.) Traité en dix chapitres sur les mérites respectifs des villes de Jérusalem, de la Mecque et de Médine. La préface est en arabe, le reste de l'ouvrage est en turc.

Copie datée de l'an 1059 de l'hégire (1649 de J. C.).

Papier. 100 feuillets. Hauteur, 21 centimètres; largeur, 15 centimètres. Écritures diverses du xvii° siècle. — (Ancien fonds 1191.)

2680.

1° شرح الشجرة النعمانية فى اخبار الدولة العثمانية. Même ouvrage que les n°s 2678 et 2679, 1°.

2° (Fol. 16.) Traité de divination au moyen des vertus secrètes des lettres de l'alphabet. Commencement : الحمد لله الذى بيّن البيان لاهل العرفان.

Papier. 47 feuillets. Hauteur, 22 centimètres; largeur, 9 centimètres et demi. 21 lignes par page. Ms. du xvii° siècle. — (Supplément 1101.)

2681.

قبس الانوار وجامع الاسرار «Source de lumières et collection de secrets», traité sur les vertus mystiques des lettres de l'alphabet et des noms des animaux et des plantes. Il est dit dans la préface que l'alphabet universel, révélé par Dieu à Adam, se composait de vingt-huit lettres. Commencement : الحمد لله الملك الديّان. Selon Hadji Khalfa, l'auteur se nommait Djamâl al-Dîn Yoûsof, né à Nedroma, ville de la province d'Oran.

Ms. daté de l'an 853 de l'hégire (1449-1450 de J. C.).

Papier. 194 feuillets. Hauteur, 16 centimètres; largeur, 13 centimètres. 15 lignes par page. — (Ancien fonds 1181, Colbert 6049.)

2682.

Même ouvrage. Il est dit à la fin que ce traité a été composé en 786 de l'hégire (1384-1385 de J. C.), et que le présent exemplaire a été copié sur l'autographe, en 862 de l'hégire (1457-1458 de J. C.) [1].

Papier. 123 feuillets. Hauteur, 18 centimètres; largeur, 14 centimètres. 19 lignes par page. — (Ancien fonds 1184.)

2683.

Même ouvrage.

Ms. daté de l'an 995 de l'hégire (1587 de J. C.).

Papier. 117 feuillets. Hauteur, 21 centimètres et demi; largeur, 14 centimètres. 19 lignes par page. — (Supplément 1086.)

2684.

1° Traité de divination, sans titre ni nom d'auteur,

[1] Un titre ajouté après coup donne ainsi le nom de l'auteur : الشيخ الامام ابن الحاج يوسف بن على بن احمد بن محمد الندروى المغربى. H. Z.

composé au Maghreb, sous les auspices du sultan mérinide, Aboû Fâris ʿAbd al-ʿAzîz, qui régnait vers la fin du xivᵉ siècle de notre ère. L'auteur était probablement Abou 'l-ʿAbbâs Aḥmad al-Sibtî. Commencement : الحمد لله الذى اظهر من مكنون اياته العقل الحيولى لادراكه.

2° (Fol. 20 v°.) Traité d'Aboû Zaïd ʿAbd al-Raḥmân Ibn Khaldoûn sur le même sujet. Cet opuscule est emprunté en grande partie aux *Prolégomènes* du même auteur. (Voir *Notices et extraits des manuscrits*, t. XXI, 1ʳᵉ partie, p. 199 et suiv.)

3° (Fol. 31.) Traité anonyme sur le même sujet, intitulé طرق السالكين وكنز اسرار العارفين « Chemins pour ceux qui marchent (vers la perfection) et trésor des secrets des initiés ». Commencement : الحمد لله الذى نوّر قلوب عباده بذكره.

4° (Fol. 53.) Traité anonyme sur le même sujet, commençant par ces mots : هذه حروف تدل على كيفية العمل فى استخراج مضمون ما خفى من علم الزايرجة المنسوبة للامام... السبتى.

5° (Fol. 60 v°.) الكلام على الخافية الشمسيّة « Discours sur les mystères cachés dans (le poème astrologique intitulé) la *Schamsîya*. » L'auteur traite des vertus secrètes des lettres et de leur emploi dans l'évocation des anges.

6° (Fol. 63 v°.) Explication des noms qui se trouvent dans la *Zâïrdja*.

7° (Fol. 64 v°.) Traité de Moḥammad ibn Aḥmad sur le progrès du soleil à travers les signes du zodiaque, pour chaque mois de l'année solaire des Latins.

8° (Fol. 65 v°.) Traité sur la *Zâïrdja* d'Al-Sibtî, par un anonyme. Commencement : الحمد لله الذى فتح ازهار البهجة.

9° (Fol. 72 v°.) Traité sur les vertus des lettres et de leur emploi dans la *Zâïrdja*.

10° (Fol. 75.) Traité sur l'emploi de la *Zâïrdja*, lorsqu'on veut obtenir une réponse à une question.

11° (Fol. 81.) Traité sur le même sujet, par ʿAbd al-Ḥaqq ibn Ibrâhîm ibn Sabʿîn, de Murcie, en Espagne.

12° (Fol. 85.) Traité en vers sur les dates et les époques, et sur leur application à la *Zâïrdja*.

13° (Fol. 88.) Adjuration adressée aux esprits célestes.

14° (Fol. 90.) Illustration des diverses manières d'opérer sur la *Zâïrdja*. Commencement : اللهم امدادا وتوفيقا رب يسر ولا تعسر يا كريم الكلام الخ. Au commencement se trouve un titre, ajouté après coup : اصول العقول « Principes des intelligences », où l'ouvrage est attribué à Moḥyî al-Dîn ibn al-ʿArabî.

15° (Fol. 128.) Explication d'un certain emploi de la *Zâïrdja*. Commencement : اعلم وفقك الله تعالى لما ترضيه ان الشيخ الف زايرجة واودع من نفايس غاية العلوم المنتخبة من اسرار علم الحرف الخ.

16° (Fol. 139.) Poème sur l'emploi de la *Zâïrdja*, par Schams al-Dîn Moḥammad المرمرى.

17° (Fol. 142 v°.) Notes sur le même sujet, les unes en prose, les autres en vers.

Papier. 165 feuillets. Hauteur, 21 centimètres et demi; largeur, 15 centimètres et demi. 25 lignes par page. Ms. du xviiᵉ siècle. — (Ancien fonds 1188.)

2685.

1° عيون الحقائق فى اللطائف والرقائق. Combinaisons et recettes de magie[1].

2° (Fol. 193 v°.) كتاب علم الهياطيل. Sur les noms mystiques des planètes et sur la manière de s'en servir pour composer des talismans.

3° (Fol. 223 v°.) الدرّة المنتخبة فى الادوية المجربة « La Perle choisie, traité des remèdes éprouvés ». Recettes et amulettes. Cet ouvrage a été composé sur le désir du sultan Al-Malik al-Mowayyad (Abou 'l-Fidâ?). Commencement : الحمد لله الذى فضل نوع الانسان بنطق اللسان.

Ms. de deux mains différentes, daté de l'an 1066 de l'hégire (1655-1656 de J. C.).

Papier. 290 feuillets. Hauteur, 22 centimètres; largeur, 16 centimètres. 13 lignes par page. — (Supplément 1898.)

2686.

كشف اسرار الحروف ووصف معانى الظروف « Révélation des mystères des lettres et indication des sens contenus dans les vases ». Traité complet sur les vertus secrètes des lettres de l'alphabet, par ʿAbd al-Raḥmân ibn Moḥammad ibn ʿAlî al-Besṭâmî, mort, selon Hadji Khalfa (t. VI, p. 360), en 843 de l'hégire (1439-1440 de J. C.). L'Introduction contient une longue liste d'ouvrages relatifs au même

[1] L'ouvrage commence ainsi : بسم الله الخالق الحى الرازق الدائم هذا كتاب الخنقطريات الكبرى للشيخ الامام ابو الحسن على بن السَّيَنَّا وسميته بعيون الحقائق فى اللطائف والرقائق. قال الحكم افلاطون النواميس تنقسم الى قسمين... H. Z.

sujet. Au folio 68 se trouve la figure de la sandale de Mahomet; au folio 76, la généalogie du Prophète depuis Adam; au folio 110, la liste des personnages qui ont successivement transmis cette doctrine cabalistique; au folio 198 v°, une série de courtes notices biographiques sur les principaux saints et ascètes musulmans. Commencement : الحمد لمن كسر الاوانى بغيض الطاف المعانى. La fin manque.

Papier. 216 feuillets. Hauteur, 15 centimètres; largeur, 11 centimètres. 19 lignes par page. Ms. du XVIe siècle. — (Supplément 1098.)

2687.

1° كنز الاسرار الابجدية ولطايف انوار الاحمدية «Trésor des mystères des lettres de l'alphabet et lumières pénétrantes de Mahomet», traité de cabale, par ʿAbd al-Raḥmân ibn Moḥammad Al-Basṭâmî. Commencement : الحمد لله الذى نوّر قلوب العارفين بانوار معرفته الخ.

2° (Fol. 7.) وصف الدواء فى كشف افات الوباء. Description d'un remède contre la peste, par le même. Commencement : الحمد لله مجيب الدعاء وكاشف البلاء. Copie datée de l'an 832 de l'hégire (1428-1429 de J. C.).

3° (Fol. 18.) Album de diverses écritures, renfermant des pièces de vers en persan et en turc.

Papier. 80 feuillets. Hauteur, 17 centimètres; largeur, 12 centimètres. Écritures diverses. — (Supplément 1893.)

2688.

مفاتيح اسرار الحروف ومصابيح انوار الظروف «Clefs des secrets des lettres et lampes des lumières des vases». Traité sur les vertus mystiques des lettres de l'alphabet, sur les talismans et sur les carrés magiques, attribué à ʿAbd al-Raḥmân al-Basṭâmî. Commencement : الحمد لله الذى اطلع شمس المعارف فى سماء سرّ العارف الخ.

Ms. daté de l'an 992 de l'hégire (1584 de J. C.).

Papier. 98 pages. Hauteur, 21 centimètres et demi; largeur, 15 centimètres et demi. 20 lignes par page. — (Ancien fonds 1320.)

2689.

شمس الآفاق فى علم الحروف والاوفاق «Le Soleil des régions, traité sur la science des lettres et des talismans», par ʿAbd al-Raḥmân al-Basṭâmî. Ouvrage divisé en cinq sections (*faṣl*). La préface renferme une longue liste d'ouvrages que l'auteur dit avoir mis à contribution. Aux fol. 40 v° et 41 r°, se trouve un tableau général des soixante sciences cultivées par les musulmans. Commencement : الحمد لله الذى اطلع شموس الحروف والاوفاق من مشارق شوارق الاذواق.

Au premier feuillet se trouve un acte de vente daté de l'an 1014 de l'hégire (1605-1606 de J. C.).

Papier. 266 feuillets. Hauteur, 21 centimètres et demi; largeur, 16 centimètres. 21 lignes par page. — (Ancien fonds 1177.)

2690.

1° الدرّة اللامعة فى الادوية الجامعة «La Perle brillante, traité des médicaments qui réunissent (toutes les vertus)», par ʿAbd al-Raḥmân ibn Moḥammad al-Basṭâmî. Dans ce traité, divisé en dix chapitres, qui a été composé en 834 de l'hégire (1430 de J. C.), l'auteur expose, d'après les traditions provenant de Mahomet et des anciens musulmans, les nombreuses vertus de certains remèdes, prières et talismans. Commencement : الحمد لله الذى اشهد اخاد اولياءه خواص ادعيته الربانية.

2° (Fol. 68.) Traité sur la prière, par le même auteur. L'ouvrage est divisé en quatre sections (باب), dont chacune renferme plusieurs chapitres. C'est principalement un recueil de traditions ayant rapport à ce sujet.

Ms. écrit probablement du vivant de l'auteur.

Papier. 97 feuillets. Hauteur, 18 centimètres et demi; largeur, 13 centimètres et demi. 19 lignes par page. Ms. du XVe siècle. — (Ancien fonds 1087.)

2691.

الادعوية المنتخبة فى الادوية المجربة «Choix de prières et remèdes approuvés». Traité sur la peste et son traitement au moyen d'amulettes et de carrés magiques, en six chapitres, par ʿAbd al-Raḥmân ibn Moḥammad al-Basṭâmî. Les derniers feuillets manquent. A la fin du volume se trouve un dessin représentant le nom de Mahomet écrit dans les deux sens et entouré de passages du Coran, etc.

Papier. 52 feuillets. Hauteur, 22 centimètres et demi; largeur, 16 centimètres. 21 lignes par page. Ms. du XVIIIe siècle. — (Supplément 1052.)

2692.

السرّ المكتوم والكنز المختوم «Le secret caché et le trésor scellé», traité de magie, d'astrologie, de talismans, etc., par Moḥammad ibn ʿÎsâ al-Andalosî. Les deux premiers feuillets du volume contiennent la liste des chapitres.

Commencement : الحمد لله الذى احاط بكل شيء علمه ونفذ فى كل شيء حكمه.

Ms. daté de l'an 1130 de l'hégire (1718 de J. C.).

Papier. 273 feuillets. Hauteur, 20 centimètres et demi; largeur, 15 centimètres et demi. 21 lignes par page. — (Supplément 1121.)

2693.

1° Résumé de ce que le savant docteur, Aboû Zaïd ʿAbd al Raḥmân ibn Khaldoûn, a écrit au sujet de la manière d'opérer sur la *Zâïrdja* d'Al-Sibtî.

2° (Fol. 4 v°.) Quatrième partie du مناسيب التيسيرية, qui explique la *Zâïrdja* d'Al-Sibtî.

3° (Fol. 6 v°.) Le مناسيب التيسيرية du schaïkh Schihâb al-Dîn Aḥmad al-Marrâkoschî. Dissertation sur la manière de « poser les cordes universelles » (وضع الاوتار الكلية) dans la *Zâïrdja*. Commencement : الحمد لله الذى شهدت بربوبيّته المصنوعات.

4° (Fol. 17.) Extrait du même ouvrage. Il s'agit des cases (بيوت) formées par les douze cordes de la *Zâïrdja* d'Al-Sibtî qui se compose de cent trente cases en longueur.

Papier. 37 feuillets. Hauteur, 18 centimètres; largeur, 13 centimètres. 23 lignes par page. Ms. du XVIe siècle. — (Ancien fonds 1166.)

2694.

Traité de divination au moyen du tableau cabalistique appelé *Zâïrdja*. Commencement : الكلام وبالله التوفيق على الابتدا من الالف الى الطاء.

Ms. daté de l'an 1008 de l'hégire (1599 de J. C.).

Papier. 48 feuillets. Hauteur, 21 centimètres; largeur, 15 centimètres. 17 lignes par page. — (Supplément 1117.)

2695.

1° لسان الفلك فى علم حساب الحروف والطبايع والبروج وما يتضمّن ذلك « Langage de la sphère, traité où on enseigne le calcul des lettres, des natures, des signes du zodiaque, etc. ». Tel est le titre qui se trouve en tête du volume. L'auteur dit, dans la préface, qu'il s'attache surtout à expliquer les quatre tableaux remplis d'obscurités qui composent la *Zâïrdja* d'Al-Sibtî. C'est un traité de divination au moyen des lettres de l'alphabet, des éléments cosmiques et des constellations. Commencement : الحمد لله الذى ادار الافلاك الدائرات واطلع فيها النجوم الزاهرات.

Copie datée de l'an 1075 de l'hégire (1665 de J. C.).

2° (Fol. 69 v°.) Autre traité de divination, sans titre. L'auteur expose d'abord les vertus mystiques de chaque lettre de l'alphabet, puis il montre l'application de son système au moyen d'un grand nombre de tables. Commencement : الحمد لله الذى اوضع السرّ المكتوم فى طى الحرف المرقوم.

Papier. 183 feuillets. Hauteur, 21 centimètres et demi; largeur, 15 centimètres et demi. Écritures diverses du XVIIe siècle. — (Ancien fonds 1164.)

2696.

1° الكشف فى علم الحرف « Révélation au sujet de la science des lettres ». Ce traité, sur le sens mystique des lettres de l'alphabet, renferme des carrés magiques, des figures planétaires et de nombreuses combinaisons de lettres. Il se compose de quatre chapitres : 1° sur la connaissance de la sphère; 2° sur la science des lettres; 3° sur les connaissances qui se rattachent au microcosme (العالم الانسانى) 4° sur les quatre sciences indépendantes d'autres sciences; et dont la première est celle de la *Zâïrdja*. Commencement : احمده حمد من طلعت افلاك النعم على دائرة حروف هيولاته بالاسرار الدركية.

2° (Fol. 31.) مختصر المدخل « Abrégé de l'Introduction ». Traité d'astrologie, en sept chapitres. L'*Introduction* est celle d'Aboû Maʿschar.

Papier. 57 feuillets. Hauteur, 21 centimètres; largeur, 15 centimètres et demi. Écritures diverses du XVIIe siècle. — (Ancien fonds 1163.)

2697.

1° Traité sur les figures de la géomancie (ضرب الرمل) et sur leur signification pour les diverses circonstances de la vie. L'auteur cite les opinions de plusieurs maîtres dans cet art, tels qu'Hermès, Al-Barbarî, Al-Kordî, Ṭomṭom et d'autres personnages imaginaires. (Voyez, sur la géomancie arabe, la traduction des *Prolégomènes* d'Ibn Khaldoûn, t. I, page 238.)

2° (Fol. 53 v°.) Traité de cartomancie, par le schaïkh Abou 'l-Qâsim al-Anṣârî.

3° (Fol. 57 v°.) Principes généraux de la géomancie.

4° (Fol. 70 v°.) Traité de divination au moyen des lettres de l'alphabet, par Abou 'l-Faradj al-Kindî.

5° (Fol. 74 v°.) Diverses tables à l'usage des géomanciens.

6° (Fol. 80 v°.) Poème en strophes de cinq hémistiches, dont le second se termine régulièrement par la lettre *djîm*. Il paraît renfermer des conseils moraux adressés à un musulman.

Papier. 88 feuillets. Hauteur, 26 centimètres; largeur, 18 centimètres. 11 à 15 lignes par page. Ms. du xv° siècle. — (Ancien fonds 1125.)

2698.

1° طوالع الاشراق فى وضع الاوفاق «Ascendants de l'illumination, traité sur la composition des carrés magiques», par Moḥammad al-Schobrâmolsî. Commencement : الحمد لله الموفق لمن اراده من عباده.

2° (Fol. 74 v°.) Traité d'Al-Schobrâmolsî sur un talisman très puissant que l'on obtient par la connaissance du sens mystique des lettres. Commencement : فصل فى صفة تركيب الاسماء وكيفية استخراجها من علم الحرف بعد التكسير وهو التركيب الطبيعى الذى يخرج الاسم من اربع طبايع من نار وهوا ومآ وتراب

3° (Fol. 80 v°.) النبذة الوافية فى وضع الاوفاق العددية «Morceau qui suffit pour faire connaître la composition des carrés magiques à chiffres numériques», par Al-Schobrâmolsî. Commencement : الحمد لله يجيب من وفقه لسواله.

Papier. 103 feuillets. Hauteur, 22 centimètres; largeur, 15 centimètres et demi. Écritures diverses du xvii° siècle. — (Ancien fonds 1186.)

2699.

Traité de géomancie, que l'on dit avoir été transmis par le patriarche Idrîs à Ṭomṭom (طمطم) l'Indien, et par celui-ci à Aboû Moḥammad al-Zanâtî, par ce dernier à un autre Maghrebin, et ainsi de suite, jusqu'à ce qu'il parvint à la connaissance d'Ibrâhîm ibn Nâfi' al-Ṣâliḥî. Celui-ci a remanié et publié l'ouvrage, en y ajoutant les éclaircissements et renseignements nécessaires. C'est ce travail que renferme le présent ms. Commencement : الحمد لله الذى انزل الكتاب وبين الحق من الباطل وفصل الخطاب.

Papier. 94 feuillets. Hauteur, 21 centimètres et demi; largeur 15 centimètres et demi. 17 lignes par page. Ms. du xvi° siècle. — (Ancien fonds 1196.)

2700.

1° Recueil de formules pour servir d'amulettes et de charmes. Ce sont des lettres répétées plusieurs fois ou combinées avec d'autres, des mots et des phrases n'offrant aucun sens. A ces pièces sont joints des talismans, des carrés magiques, des lignes de chiffres et d'alphabets imaginaires, etc. L'ouvrage, qui paraît être du xvi° siècle, commence par une invocation attribuée à 'Alî.

2° (Fol. 54.) كتاب الرحمة فى الطب والحكمة «Livre de la miséricorde, traitant de la médecine et de la philosophie», par Mahdî ibn 'Alî al-Ṣonborî, mort, selon Hadji Khalfa, en 815 de l'hégire (1412-1413 de J. C.). Ce traité se compose de cinq chapitres : 1° sur la nature (طبيعة) en général; 2° sur la nature des aliments; 3° sur ce qui convient au corps en état de santé; 4° sur le traitement des maladies qui affectent l'un ou l'autre des membres du corps; 5° sur le traitement des maladies communes à toutes les parties du corps. Commencement : الحمد لله الذى اخترع من العدم الموجودات واظهر الى الوجود الكاينات. Les trois derniers chapitres et une partie du second chapitre manquent.

3° (Fol. 63.) Traité d'astrologie. Le commencement manque.

Papier. 136 feuillets. Hauteur, 20 centimètres et demi; largeur, 15 centimètres. 16 lignes par page. Ms. du xvii° siècle. — (Ancien fonds 1175.)

2701.

حلّ الرموز فى مفاتيح الكنوز «Solution des énigmes au sujet des clés des trésors». Tel est le titre qui se trouve en tête du ms., qui renferme un traité sur les vertus secrètes des lettres de l'alphabet, sur les talismans et les charmes. En tête de la préface se trouve un autre titre : كتاب ابى حامد الغزالى «le Traité d'Aboû Ḥâmid al-Ghazâlî». Commencement : بعد حمد الله تعالى بما هو اهله.

Papier. 31 feuillets. Hauteur, 22 centimètres; largeur, 16 centimètres. 25 à 29 lignes par page. Ms. du xvi° siècle. — (Ancien fonds 1200.)

2702.

Recueil de formules de conjuration, de talismans, d'amulettes et d'invocations.

Papier. 134 feuillets. Hauteur, 17 centimètres et demi; largeur, 11 centimètres et demi. 15 à 19 lignes par page. Ms. du xvi° siècle. — (Ancien fonds 1223.)

2703.

حلّ الرموز وفكّ الاقلام والطلسمات «Solution d'énigmes

et explication des alphabets et des talismans». Ce traité renferme vingt-neuf alphabets, dont à peine un seul est authentique.

Papier. 61 feuillets. Hauteur, 16 centimètres; largeur, 11 centimètres. 12 lignes par page. Ms. du XVIe siècle. — (Ancien fonds 1224.)

2704.

Recueil de charmes, de talismans, de combinaisons de lettres, de notices sur les vertus des divers noms des patriarches, à commencer par Moïse, d'opérations magiques, etc. Commencement : فصل يشتمل على اقسام ورياضات من ذلك اسماء موسى عليه السلام قال بعضهم الخ.

Papier. 48 feuillets. Hauteur, 21 centimètres; largeur, 15 centimètres. 17 à 19 lignes par page. Ms. du XVIe siècle. — (Ancien fonds 1198.)

2705.

1° Recueil d'amulettes, d'invocations, de charmes, de recettes magiques pour opérer soit le bien, soit le mal. Exemplaire écrit de la main de l'auteur, Aḥmad الطنبشاوى, et daté de l'an 1045 de l'hégire (1635-1636 de J. C.). Le commencement manque.

2° (Fol. 187.) Deux cahiers très mal écrits qui paraissent être un supplément à l'ouvrage précédent.

3° (Fol. 508 v°.) Collection de charmes et de recettes.

Papier. 523 feuillets. Hauteur, 21 centimètres; largeur, 15 centimètres et demi. Écritures diverses du XVIIe siècle. — (Ancien fonds 1203.)

2706.

كتاب القرعة الكبرى «Les Grands sorts». Recueil de tables dont les combinaisons se rapportent aux mansions de la lune, aux noms des villes, des pays, des oiseaux, des savants, des époques, des groupes de points qui s'obtiennent par la géomancie, etc. Chacune de ces tables contient dix-huit réponses, rangées en deux colonnes. Pour s'en servir, il faut commencer par opérer sur certains cercles astrologiques placés en tête de l'ouvrage. L'auteur ne se nomme pas dans la préface, mais, d'après le titre, écrit de la main du copiste au commencement, il était né en Égypte, et se nommait Moḥammad ibn ʿOmar al-Baḥîrî al-Maḥallî. Ms. daté de l'an 1076 de l'hégire (1665-1666 de J. C.).

Papier. 44 feuillets. Hauteur, 21 centimètres; largeur, 15 centimètres et demi. — (Ancien fonds 1197, Colbert 4640.)

2707.

تيسير المطالب «Ce qui facilite les recherches». Tel est le titre qui se trouve en tête du ms. C'est un traité sur les vertus secrètes des noms et des lettres de l'alphabet. L'auteur, Moḥammad ibn Moḥammad ibn Yaʿqoûb al-Koûmî al-Toûnisî[1], traite surtout des lettres, dans l'ordre de l'alphabet. Commencement : خير ما صدر به الصحف الالهيّات واشتمل عليه فواتح الزبر الاقدسيّات الخ.

Papier. 48 feuillets. Hauteur, 22 centimètres et demi; largeur, 15 centimètres et demi. 21 lignes par page. Ms. du XVIIe siècle. — (Ancien fonds 1189.)

2708.

1° Prédictions fondées sur la valeur secrète des lettres de l'alphabet et sur l'influence des sphères célestes.

2° (Fol. 35 v°.) Prédictions touchant l'empire ottoman, pour les années 1084 à 1196 de l'hégire.

3° (Fol. 41 v°.) اضواء البهجة فى ابراز دقايق المنفرجة «Lumières de la beauté, pour faire ressortir les finesses de la *Monfaridja*». Commentaire de la قصيدة المنفرجة. La préface du commentaire a été laissée en blanc. Copie datée de l'an 1162 de l'hégire (1749 de J. C.).

Papier. 65 feuillets. Hauteur, 22 centimètres; largeur, 15 centimètres et demi. Écritures diverses. — (Supplément 1125.)

2709.

شموس الانوار وكنوز الاسرار «Soleils des lumières et trésors des secrets», traité de cabale en trente chapitres, par Ibn al-Ḥaddj al-Tilimsânî. Commencement : الحمد لله الذى اودع رقوم الحروف بدايع اسراره.

Papier. 186 feuillets. Hauteur, 20 centimètres et demi; largeur, 15 centimètres et demi. 19 à 25 lignes par page. Ms. du XVIIe siècle. — (Supplément 1085 *bis*.)

[1] الكومى نسبا التونسى مولدا. H. Z.

IMPRIMERIE NATIONALE.

2710.

Même ouvrage.

Ms. daté de l'an 1164 de l'hégire (1750 de J. C.).

Papier. 149 feuillets. Hauteur, 22 centimètres; largeur, 16 centimètres. 23 lignes par page. — (Supplément 1085.)

2711.

المولد الفريد فى الحرف السعيد «Thème de nativité unique, se rapportant à la lettre fortunée», traité de cabale, par un derviche égyptien nommé Moḥammad ibn ʿAlî Kamâl al-Dîn al-Anṣârî. L'auteur expose l'excellence de la lettre *mîm*. Commencement : الحمد لله الذى خلق الافلاك وادارها بحكمته.

Papier. 56 feuillets. Hauteur, 21 centimètres; largeur, 15 centimètres. 17 lignes par page. Ms. du XVIIe siècle. — (Supplément 1116.)

2712.

Figures circulaires et tables divinatoires. Le commencement et la fin manquent.

Papier. 20 feuillets. Hauteur, 24 centimètres; largeur, 17 centimètres. Ms. du XVIIe siècle. — (Supplément 2090.)

2713.

Traité anonyme, composé probablement au XVIIe siècle, qui renferme un grand nombre de talismans, de charmes, d'amulettes et de remèdes. Ce sont d'abord certains versets du Coran, ensuite des prières, des invocations, des carrés magiques et des lettres. Commencement : الحمد لله رب العالمين القوى المبين.

Papier. 99 feuillets. Hauteur, 21 centimètres; largeur, 15 centimètres et demi. 17 lignes par page. Ms. du XVIIe siècle. — (Ancien fonds 1190.)

2714.

1° Divers fragments, contenant des invocations, des remèdes magiques, des talismans, etc.

2° (Fol. 14 v°.) Traité sur sept noms qui possèdent un grand pouvoir magique. L'auteur prétend que ce texte qui remonterait à ʿAlî, fils d'Aboû Ṭâlib, lui aurait été transmis par l'imâm Aboû Ḥâmid al-Ghazâlî.

3° (Fol. 84 v°.) Pièces de diverses mains, renfermant des conjurations, des talismans, des alphabets magiques, etc.

Papier. 105 feuillets. Hauteur, 16 centimètres; largeur, 11 centimètres. Ms. du XVIIe siècle. — (Ancien fonds 1222.)

2715.

قرعة الانبياء. Sorts et charmes fondés sur les noms des patriarches et des prophètes, depuis Adam jusqu'à Mahomet.

Papier. 57 feuillets. Hauteur, 10 centimètres et demi; largeur, 7 centimètres et demi. 11 lignes par page. Ms. du XVIIe siècle. — (Ancien fonds 1225.)

2716.

1° Traité sur les figures de points qu'on obtient par la géomancie, suivi d'un poème sur le même sujet.

2° (Fol. 41 v°.) Le تسكين du schaïkh Abou 'l-Khaïr. Traité de géomancie.

3° (Fol. 47.) Autre traité sur le même sujet.

4° (Fol. 101 v°.) Diverses dissertations sur le même sujet.

5° (Fol. 113 v°.) Traité sur les figures de la géomancie, par Naṣîr al-Dîn Moḥammad al-Ṭoûsî, traduit du persan, par ʿAbd al-Moḥsin Aḥmad ibn al-Mahdî. Il s'agit notamment de l'opération appelée تسكين الدائرة «garnir les cases du cercle». La copie est datée de l'an 1056 de l'hégire (1646 de J. C.).

6° (Fol. 151 v°.) Traité sur les rapports qui existent entre les lettres de l'alphabet et les quatre éléments, etc. (فى بيان النسبة).

7° (Fol. 167 v°.) كتاب مساحة الكردى. Traité de divination, accompagné de tableaux, par Aḥmad ibn Aḥmad al-Kordî. L'auteur indique certains rapports entre les procédés de l'arithmétique et les influences des quatre éléments.

8° (Fol. 190 v°.) Chapitre sur la géomancie et les quatre éléments.

9° (Fol. 203 v°.) Traité de divination, commençant par quatorze cercles qui fournissent la clef au moyen de

laquelle on peut consulter une série de tables renfermant les réponses aux diverses questions.

10° (Fol 228 v°.) La قرعة de Dja'far al-Şâdiq, traduite en langue turque. Les tableaux et les cercles sont assez nombreux. Cette traduction est dédiée au sultan ottoman Moḥammad-Khân, fils de Mourâd-Khân.

11° (Fol. 252 v°.) Pièces de vers en turc, au nombre de cinquante-six, dont chacune contient vingt lignes et porte en tête le nom d'un des grands poètes arabes. Le recueil entier paraît former un livre de sorts (فالنامه).

Papier. 283 feuillets. Hauteur, 21 centimètres et demi; largeur, 15 centimètres et demi. Écritures diverses du XVIIe siècle — (Ancien fonds 1209.)

2717.

كتاب الخلقطرات «Livre des Phylactères». Traité divisé en onze sections et cent chapitres, sur les talismans et sur l'emploi de la cendre animale pour les opérations de la magie blanche et noire.

Ms. daté de l'an 1063 de l'hégire (1653 de J. C.).

Papier. 13 feuillets. Hauteur, 21 centimètres et demi; largeur, 15 centimètres et demi. 17 lignes par page. — (Ancien fonds 1208.)

2718.

1° (Fol. 1 v°.) Tables de la valeur numérique des lettres de l'alphabet dans les deux systèmes appelés حساب الجمل الصغير et حساب الجمل الكبير.

2° (Fol. 2 v°.) Traité des nativités (كتاب المواليد) d'Aboû Ma'schar. Commencement : اعلم ان لكل مولود برجا من بروج الفلك الاثنا عشر.

3° (Fol. 44.) Notes supplémentaires au traité précédent.

4° (Fol. 46.) Notes sur les heures propices de chaque jour de la semaine, sur les signes du zodiaque et sur le grand nom de Dieu; talismans (وفق), prières, etc.

5° (Fol. 68 v°.) Prière «éminemment efficace».

6° (Fol. 79 v°.) Charmes et prières.

7° (Fol. 90.) Amulette appelée *Secret des secrets* (سرّ الاسرار).

8° (Fol. 93 v°.) Qaṣîda composée de plus de cent vers, pour servir d'amulette. La rime est en ر.

9° (Fol. 99 v°.) Chapitre sur les talismans.

10° (Fol. 114.) Traité attribué à l'*imâm* هرمس بيطموس, sur les vertus secrètes des lettres de l'alphabet. Commencement : الحمد لله منوّر قلوب العارفين بنور معرفته.

11° (Fol 149.) Traité sur les dix noms mystiques que Dieu a révélés à Moïse. Il y a un chapitre sur les تهاطيل et sur les heures propices des jours de la semaine.

12° (Fol. 156.) Chapitre sur l'art de déterminer lequel de deux combattants sera le vainqueur (الباب في الغالب والمغلوب).

13° (Fol. 161.) Sur les pronostics que l'on peut tirer de chaque mois de l'année solaire; amulettes, prières, etc.

14° (Fol. 180.) Sur les pronostics que l'on peut tirer du tremblement involontaire d'un membre quelconque du corps (اختلاج).

15° (Fol. 211.) Traité sur les vertus mystiques des lettres.

Chacun de ces traités renferme un grand nombre de talismans, d'amulettes et de notices sur les diverses manières de deviner.

Ms. tout entier de la même main, daté de l'an 1052 de l'hégire (1642-1643 de J. C.).

Papier. 219 feuillets. Hauteur, 21 centimètres et demi; largeur, 15 centimètres et demi. 17 lignes par page. — (Ancien fonds 1168.)

2719.

Fragments d'un ouvrage où sont indiqués les versets du Coran qui peuvent s'employer comme amulettes. L'auteur se désigne par le titre de الحكم.

Papier. 9 feuillets. Hauteur, 26 centimètres; largeur, 17 centimètres. 15 lignes par page. Ms. du XVIIe siècle. — (Supplément 2050.)

2720.

Sur la manière de consulter le sort au moyen du Coran; sur le choix des heures favorables pour s'engager dans une entreprise; sur la composition des amulettes, etc.

Papier. 24 feuillets. Hauteur, 24 centimètres et demi; largeur, 18 centimètres. Ms. du XVIIe siècle. — (Ancien fonds 279.)

2721.

1° *Fâl-nâmè*, en arabe, avec une traduction interlinéaire en latin.

2° (Fol. 4.) Dissertation sur la prononciation de certaines lettres dans la lecture du Coran, accompagnée d'un essai de traduction interlinéaire en latin.

3° (Fol. 6.) Vocabulaire de quelques mots arabes avec leurs équivalents, partie en latin, partie en italien.

Papier. 7 feuillets. Hauteur, 21 centimètres et demi; largeur, 14 centimètres et demi. Ms. du XVII° siècle d'une main européenne. — (Supplément 2113.)

2722.

Amulette à compartiments, très-bien écrite et ornée. On trouve d'abord plusieurs carrés magiques, puis quelques poèmes religieux, parmi lesquels la *Borda* de Bouṣîrî. Entre les deux bordures sont écrits plusieurs morceaux du Coran et d'autres textes pieux. Au verso on lit le حزب البحر.

Papier. Longueur, environ 3 mètres; largeur, 6 centimètres et demi. Ms. du XVII° siècle. — (Supplément 2169.)

2723.

1° Traité de géomancie, avec quelques notes marginales.

2° (Fol. 76 v°.) Diverses notes sur le même sujet, en langue turque.

Papier. 94 feuillets. Hauteur, 21 centimètres et demi; largeur, 12 centimètres. 19 lignes par page. Ms. du XVII° siècle. — (Supplément 1124.)

2724.

Traité sur les propriétés extraordinaires d'une certaine figure qui sert à faire connaître les événements de l'avenir. Cette figure est un cercle inscrit dans un carré et entouré de lettres de l'alphabet arabe. Commencement : الحمد لله بارى النسم خالق الامم.

Papier. 26 feuillets. Hauteur, 21 centimètres; largeur, 13 centimètres et demi. 19 lignes par page. Ms. du XVII° siècle. — (Supplément 1106.

2725.

1° Tables de prédiction. En tête se trouvent douze cercles qui servent de clefs à ces tables.

2° (Fol. 25 v°.) Traité de géomancie.

Papier. 33 feuillets. Hauteur, 23 centimètres; largeur, 16 centimètres. Ms. du XVII° siècle. — (Supplément 1108.)

2726.

1° Recueil d'alphabets magiques.

2° (Fol. 35.) Le كتاب المفاتيح. (Voyez ci-dessus, n°s 2675, 1° et 2676.)

Papier. 84 feuillets. Hauteur, 21 centimètres; largeur, 15 centimètres et demi. Ms. du XVII° siècle. — (Ancien fonds 1182.)

2727.

1° Recueil d'alphabets magiques.

2° (Fol. 9.) Éléments de géomancie (علم ضرب الرمل).

3° (Fol. 35 v°.) المناظرة بين السيف والقلم «Dialogue dans lequel la plume et l'épée se disputent la prééminence». Commencement : لمّا كان السيف والقلم عدّة الدول وعمدة القول والعمل.

4° (Fol. 39 v°.) Traditions attribuées à Ibn ʿAbbâs et se rapportant au dernier Jugement.

Ms. daté de l'an 1178 de l'hégire (1667-1668 de J. C.).

Papier. 42 feuillets. Hauteur, 21 centimètres et demi; largeur, 15 centimètres. 19 à 25 lignes par page. — (Ancien fonds 1183.)

2728.

Traité sur la valeur mystique des lettres, sur les talismans, les invocations, les formules magiques, etc. Compilation rédigée sans plan, ni ordre. Commencement : الحمد لله الذى علم الانسان ما لم يعلم واوجدنا من العدم.

Papier. 165 feuillets. Hauteur, 21 centimètres; largeur, 15 centimètres et demi. 17 lignes par page. Ms. du XVII° siècle. — (Ancien fonds 1193.)

2729.

1° Traité sur les vertus secrètes des noms de Dieu, avec un commentaire.

2° (Fol. 31 v°.) Traité de cabale.

3° (Fol. 38.) Traité sur les vertus secrètes des lettres de l'alphabet, par Moḥammad المرجانى. Le texte est accom-

pagné d'un commentaire. Le commencement et la fin manquent, ainsi que plusieurs feuillets au milieu.

Papier. 152 feuillets. Hauteur, 21 centimètres et demi; largeur, 14 centimètres et demi. 24 à 26 lignes par page. Écritures diverses du XVIIe siècle. — (Supplément 2263.)

2730.

زيادة الفضل فى علم الرمل «Accroissement de bonté, traité de géomancie». Commencement : الحمد لله المولى ومعلم الحكم.

Papier. 62 feuillets. Hauteur, 20 centimètres; largeur, 14 centimètres et demi. Environ 13 lignes par page. Ms. du XVIIe siècle. — (Supplément 1112.)

2731.

Traité de géomancie. Commencement : اعلم ايدك الله بروح منه.

Papier. 91 feuillets. Hauteur, 21 centimètres; largeur, 15 centimètres. 17 lignes par page. Ms. du XVIIe siècle. — (Supplément 1115.)

2732.

1° سهام الربط فى المخمّس الخالى الوسط «Flèches attachées (?), traité sur l'abacus à cinq cases de côté, dont la case centrale est vide», par Mohammad al-Fâsî. L'auteur montre comment il faut remplir la case centrale d'un certain abacus, au moyen duquel on se met en rapport avec les êtres surnaturels. Commencement : الحمد لله الذى وفق من عباده من يشا لتصريف المخمّس الذى هو كبريت احمر لطلاب الحاجات.

2° (Fol. 5 v°.) الدعوة الكبرى «La Grande invocation», appelée aussi دعوة الانوار «Invocation adressée aux lumières», c'est-à-dire aux êtres spirituels (النفس et معشر الارواح الروحانية). Il est dit que, par le concours de ces êtres spirituels, on obtient le pouvoir de commander aux anges rebelles et aux démons (المردة والعفاريت). Cette conjuration est suivie d'instructions sur son emploi.

3° (Fol. 18.) مسايل الخولانى. Résolution de problèmes touchant la divination et les vertus secrètes des lettres de l'alphabet, par Aboû Bakr ibn Baschîr al-Ḥaulânî. Cet extrait est accompagné de plusieurs pièces du même genre, tirées des écrits d'Abou 'l-ʿAbbâs al-Boûnî et du livre d'Aboû Ḥâmid al-Ghazâlî.

4° (Fol. 25 v°.) حرز الغاسلة «Amulette de la laveuse des femmes mortes», charme pour se faire aimer, qui avait été trouvé sur le corps d'une négresse passionément aimée par le calife Hâroûn al-Raschîd et au moyen duquel la laveuse obtint le même amour.

5° (Fol. 32 v°.) Collection de charmes, de talismans et d'invocations. Cette pièce et les deux pièces qui précèdent paraissent faire partie du دعوة الانوار. (Voyez ci-dessus, article 2°.)

6° (Fol. 90 v°.) Autre traité sur l'emploi de l'abacus à cinq cases de côté, dont la case centrale est vide.

7° (Fol. 107 v°.) Autre traité sur le même sujet intitulé نزهة الاقشاط. Trois chapitres.

8° (Fol. 127.) كشف الاستار عن حروف الغبار. Traité d'arithmétique et de l'extraction des racines, suivi d'un petit traité d'algèbre.

9° (Fol. 165.) Traité en vers sur l'emploi d'une certaine *zâïrdja*. Tous les vers de cette pièce riment en *lâ*. Suivent quelques éclaircissements.

10° (Fol. 170 v°.) الكواكب المضيّة فى الزايرجة الهروية «Les Étoiles brillantes, traité sur la *zâïrdja* d'Al-Harawî». C'est un poème didactique, rimant en *lâ*, suivi d'un commentaire.

11° (Fol. 176 v°.) Traité de géomancie.

Ms. tout entier de la même main et daté de l'an 1074 de l'hégire (1663-1664 de J. C.).

Papier. 181 feuillets. Hauteur, 20 centimètres; largeur, 15 centimètres. 23 lignes par page. — (Ancien fonds 1179, Colbert 4984.)

2733.

الجوهر النضير فى معرفة اخراج الضمير «La Perle brillante, traité qui enseigne l'art de découvrir ce qui est caché». Traité de géomancie, composé par un derviche de Damiette, nommé Aḥmad ibn ʿAbd al-Barr, et divisé en cinq sections, suivies d'un appendice. Commencement : سبحانك عالم الخفيّات والجليّات.

Papier. 117 feuillets. Hauteur, 21 centimètres; largeur, 15 centimètres. 19 lignes par page. Ms. du XVIIIe siècle. — (Supplément 1118.)

2734.

Traité de géomancie. Ms. daté de l'an 1191 de l'hégire (1777 de J. C.).

Papier. 37 feuillets. Hauteur, 16 centimètres et demi; largeur, 11 centimètres. 15 et 16 lignes par page. — (Supplément 1114.)

2735.

1° Explication d'une amulette divisée en vingt-cinq cases.

2° (Fol 7.) Traité imprimé, dans lequel un juif de Constantinople parle de la venue du Messie et de la prophétie de Daniel. A la fin se trouvent quatre planches de figures et une carte représentant les pays occupés par les descendants de Noé.

Papier. 35 feuillets. Hauteur, 19 centimètres; largeur, 13 centimètres et demi. — (Supplément 1100.)

2736.

ملحمة ou livre de prédictions pour les sept jours de la semaine, au mois de moḥarram.

Papier. 24 feuillets. Hauteur, 16 centimètres; largeur, 10 centimètres et demi. 9 lignes par page. Ms. du xviiie siècle. — (Supplément 1123.)

2737.

Traité de divination.

Papier. 13 feuillets. Hauteur, 21 centimètres; largeur, 15 centimètres. 13 lignes par page. Ms. du xviiie siècle. — (Supplément 1083.)

2738.

1° Traité de divination (قرعة). L'auteur prétend faire connaitre les événements qui surviennent chez les divers souverains du monde. L'ouvrage est accompagné de tableaux.

2° (Fol. 43.) حساب المريض. Art de calculer le cours d'une maladie, lorsqu'on connaît le jour où la maladie a commencé.

3° (Fol. 61.) Traité sur les influences des planètes.

4° (Fol. 77 v°.) Prière.

5° (Fol. 78 v°.) Traité qui fait connaître les jours néfastes.

6° (Fol. 82.) Calendrier solaire avec prédictions.

7° (Fol. 89.) Conte des cinq pommes.

8° (Fol. 92.) Dialogue d'Al-Ḥaddjâdj et du jeune homme.

9° (Fol. 99.) Entretien de Jésus avec le crâne.

10° (Fol. 104 v°.) Histoire de Job.

11° (Fol. 111.) Légende sur la fuite de Mahomet et sur la prise de la Mecque.

12° (Fol. 126 v°.) Histoire de la mort d'Al-Ḥosaïn, fils d'ʿAlî.

13° (Fol. 137.) Conte du Château d'or.

Ms. daté de l'an 1176 de l'hégire (1762-1763 de J. C.).

Papier. 149 feuillets. Hauteur, 18 centimètres et demi; largeur, 13 centimètres. 13 lignes par page (à l'exception de l'article 1° qui contient 20 lignes). — (Supplément 1894.)

2739.

Explication cabalistique des noms de Dieu. Le commencement et la fin manquent.

Papier. 58 feuillets. Hauteur, 16 centimètres; largeur, 10 centimètres et demi. 9 lignes par page. Ms. du xviiie siècle. — (Supplément 2112.)

2740.

Fragment d'un traité, divisé en plusieurs sections (منهج), qui fait connaître les charmes, amulettes, prières et médicaments qui servent à préserver de la peste et d'autres maladies.

Papier. 22 feuillets. Hauteur, 15 centimètres et demi; largeur, 11 centimètres. 20 à 22 lignes par page. Ms. du xviie siècle. — (Supplément 2262.)

2741.

1° Deux fragments d'un traité sur les moyens de guérir les maladies par des talismans et par la lecture de certains passages du Coran, ainsi que par l'emploi de certaines plantes.

2° (Fol. 79 v°.) السرّ المصون المستنبط من كتاب الله المكنون «Secret bien gardé, tiré du livre de Dieu qui est resté caché». Versets du Coran que l'on emploie comme amulettes. Ce recueil est attribué à Aboû Moḥammad ibn Ḥâmid al-Ṭoûsî al-Ghazâlî.

3° (Fol. 95 v°.) حجاب الاقطار للفضيل بن عياض «Voile des régions (c'est-à-dire amulette protectrice dans toutes les régions du monde) d'Al-Fodhaïl ibn ʿIyâdh.» Al-Fodhaïl ibn ʿIyâdh était un saint musulman qui vivait

du temps de Hâroûn al-Raschîd et qui avait été brigand dans sa jeunesse. (Voyez Ibn Khallikân, t. II, page 478 de la traduction anglaise.) Dans ce traité, l'auteur invoque de la manière la plus solennelle les anges et les esprits purs et saints et leur demande de protéger quiconque portera sur lui cet écrit en guise d'amulette.

4° (Fol. 109.) Modèles de charmes et d'amulettes pour guérir les maladies et pour écarter les malheurs. La fin manque.

Papier. 151 feuillets. Hauteur, 15 centimètres; largeur, 10 centimètres. 12 lignes par page. Ms. du XVIIe siècle. — (Ancien fonds 1099.)

3. ONIROCRITIQUE.

2742.

تعبير الرؤيا «L'Interprétation des songes». Ce traité, divisé en cinquante chapitres, dont la liste se trouve au commencement, est attribué à Mohammad ibn Sîrîn, célèbre traditionniste, mort en 110 de l'hégire (729 de J. C.). (Voyez Ibn Khallikân, t. II, page 586 de la traduction anglaise.) Commencement : الحمد لله خالق الارواح وفالق الاصباح.

Papier. 76 feuillets. Hauteur, 21 centimètres et demi; largeur, 15 centimètres. 25 lignes par page. Ms. du XVIe siècle. — (Ancien fonds 1210, Colbert 4573.)

2743.

Même ouvrage. Le commencement manque.

Ms. daté de l'an 1123 de l'hégire (1711 de J. C.).

Papier. 39 feuillets. Hauteur, 20 centimètres et demi; largeur, 15 centimètres et demi. 25 lignes par page. — (Supplément 2114.)

2744.

كتاب الاشارة فى علم العبارة «L'Indicateur, traité sur l'interprétation des songes». Cet ouvrage, divisé en cinquante chapitres, est attribué à Mohammad ibn Sîrîn; mais il diffère beaucoup de l'ouvrage précédent. Commencement : الحمد لله فالق الاصباح. Les derniers feuillets manquent.

Papier. 127 feuillets. Hauteur, 20 centimètres; largeur, 14 centimètres. 21 lignes par page. Ms. du XVIe siècle. — (Ancien fonds 1212.)

2745.

القادرى فى التعبير. Traité de l'interprétation des songes composé en 397 de l'hégire (1007 de J. C.), par Abou Sa'îd Naṣr ibn Ya'qoûb al-Daïnawarî et dédié au sultan abbaside Al-Qâdir Billâh. Commencement : الحمد هو الله لا اله الا هو.

Ms. daté de l'an 1196 de l'hégire (1782 de J. C.).

Papier. 206 feuillets. Hauteur, 32 centimètres et demi; largeur, 22 centimètres. 19 lignes par page. — (Supplément 1144.)

2746.

بلوغ المرام فى تعبير الرويا فى المنام «Satisfaction pour celui qui cherche l'interprétation des songes», par 'Alî ibn Sa'îd al-Khaulânî al-Qaṣṣâr.

Papier. 44 feuillets. Hauteur, 20 centimètres et demi; largeur, 14 centimètres. 15 lignes par page. Ms. du XVIIe siècle. — (Supplément 1143.)

2747.

الكتاب المنير المحكم فى صنعة التعبير «Le livre qui éclaire et qui rend (le lecteur) très fort dans l'art d'interpréter les songes», par Abou 'l-Fadhl Ismâ'îl al-Mauṣilî. Commencement : الحمد لله الذى علمنا من فضله البيان. La copie n'a pas été achevée.

Papier. 185 feuillets. Hauteur, 30 centimètres et demi; largeur, 21 centimètres. 33 lignes par page. Ms. du XVIe siècle. — (Supplément 1142.)

2748.

الاعلام فى تفسير الاحلام «L'Enseignement de l'art d'interpréter les songes», en dix chapitres, par 'Omar ibn Khalîl ibn 'Alî السلقانى. Commencement : الحمد لله الذى سبح بحمده الانس والجان. Le ms. a été écrit du vivant de l'auteur.

Papier. 145 feuillets. Hauteur, 20 centimètres et demi; largeur, 16 centimètres. 9 lignes par page. Ms. du XVIIe siècle. — (Ancien fonds 1213.)

2749.

1° المنتخب «La Compilation», par Al-Ḥosaïn ibn Ḥasan ibn Ibrâhîm al-Khalîlî al-Dârî. Traité d'onirocritique,

en cinquante-neuf chapitres. Commencement : اما بعد فان علم الرويا من اجل العلوم نفعا.

2° (Fol. 162 v°.) Note en langue turque, tirée d'un traité de divination.

3° (Fol, 163 v°.) Les quinze discours qui forment le commencement du traité d'onirocritique intitulé القادرى. Le quinzième discours renferme la liste chronologique des principaux interprètes des songes.

Papier. 171 feuillets. Hauteur, 25 centimètres et demi; largeur, 16 centimètres. 25 lignes par page. — (Supplément 1140.)

2750.

Traité d'onirocritique, par Ibrâhîm ibn Yaḥyâ ibn Ghannâm, docteur hanbalite, né en Egypte. Les matières sont disposées dans l'ordre de l'alphabet. Ce dictionnaire est précédé d'une introduction composée de quatorze dissertations assez courtes. Commencement : الحمد لله الذى لا تاخذه سنة ولا نوم وجعل النوم راحة لابدان العباد ثم توفى انفسها عند الرقاد

Papier. 186 feuillets. Hauteur, 21 centimètres; largeur, 15 centimètres. 20 lignes par page. Ms. du XVI° siècle. — (Supplément 1139.)

2751.

Même ouvrage. Cet exemplaire, qui a été écrit en 833 de l'hégire (1430 de J. C.) pour la bibliothèque d'une princesse égyptienne, fille d'Al-Mâlik al-Manṣoûr et petite-fille d'Al-Mâlik al-Ẓâhir (Tchaqmaq), sultan mamlouc, commence ainsi : الحمد لله الذى جعل النوم راحة للاجساد ثم توفى انفسها عند حلول الرقاد.

Frontispice orné.

Papier. 189 feuillets. Hauteur, 25 centimètres et demi; largeur, 16 centimètres et demi. 19 lignes par page. — (Supplément 1141.)

2752.

الاشارات فى علم العبارات «Indications pour la connaissance des significations», traité d'onirocritique en quatre-vingt sections (*bâb*), par Khalîl ibn Schâhîn al-Ẓâhirî. Commencement : الحمد لله الذى خلق ادم من طين.

Ms. daté de l'an 1109 de l'hégire (1698 de J. C.).

Papier. 276 feuillets. Hauteur, 30 centimètres; largeur, 19 centimètres et demi. 25 lignes par page. — (Supplément 1145.)

2753.

كتاب التعبير المنيف والتاويل الشريف «Excellent traité d'interprétation et de noble explication», traité d'onirocritique, par Moḥammad ibn al-Môlâ Qoṭb al-Dîn. Commencement : الحمد لله الذى اظهر المعانى فى القلم الاعلى على التجميل.

Papier. 241 feuillets. Hauteur, 24 centimètres et demi; largeur, 15 centimètres. 17 lignes par page. Ms. du XVI° siècle. — (Supplément 1138.)

2754.

Traité d'onirocritique, attribué à Schihâb al-Dîn al-Qalyoûbî. Commencement : الحمد لله الذى ذوى الاحكام على تاويل الاحلام.

Papier. 299 feuillets. Hauteur, 21 centimètres et demi; largeur, 15 centimètres. 23 lignes par page. Ms. du XVII° siècle. — (Supplément 1137 *bis*.)

2755.

كتاب الذخيرة وكشف التوقّع لاهل البصيرة «Le Trésor, l'avenir révélé aux clairvoyants». Traité complet d'onirocritique divisé en huit sections, dont chacune renferme plusieurs chapitres. Commencement : الحمد لله مبدى احكام القدرة فى دلايل الفكرة. La liste des chapitres commence au verso du second feuillet.

Ms. daté de l'an 996 de l'hégire (1588 de J. C.).

Papier. 124 feuillets. Hauteur, 30 centimètres et demi; largeur, 21 centimètres. 27 lignes par page. — (Ancien fonds 1126.)

2756.

Traité d'onirocritique, divisé en dix-neuf sections (*faṣl*), dont chacune se compose de plusieurs chapitres (*bâb*). La dernière section est divisée en cent trente-quatre chapitres, mais la copie s'arrête au quatre-vingt-douzième. Le commencement manque.

Papier. 207 feuillets. Hauteur, 24 centimètres; largeur, 16 centimètres. 21 lignes par page. Ms. du XVI° siècle. — (Supplément 1136.)

2757.

Traité général d'onirocritique, en vers. Le commence-

ment et la fin manquent. A la fin du ms. se trouvent les deux dernières pages d'un traité de divination du genre appelé *ikhtilâdj*.

Papier. 181 feuillets. Hauteur, 21 centimètres et demi; largeur, 15 centimètres. 15 lignes par page; dans les derniers feuillets, qui sont d'une autre main, on compte 17 à 20 lignes par page. Ms. du XVIIIe siècle. — (Supplément 1137.)

4. PHYSIONOMIQUE.

2758.

1° (*sic*) كتاب الاختلاج من كتوب الفلاسفة. Traité de l'*Ikhtilâdj*, c'est-à-dire des pronostics que l'on peut tirer des mouvements involontaires des différents membres du corps.

2° (Fol. 5 v°.) Abrégé du traité d'Abou 'l-Ashâr al-Kirmânî sur l'interprétation des songes, par Moḥammad ibn ʿAlî, le Sicilien et l'Espagnol, désigné ordinairement sous le nom d'Al-Ḥâddj al-Schâṭib (الحاجّ الشاطب).

3° (Fol. 52.) Histoire de la Chamelle et de quelques miracles opérés par le Prophète.

4° (Fol. 63 v°.) Histoire de la lune qui se sépara en deux moitiés (انشقاق القمر) et du miracle opéré par le Prophète.

5° (Fol. 75 v°.) Récit de quelques miracles du Prophète, d'après la شفاء du cadi ʿIyâdh.

6° (Fol. 85 v°.) Le *Ḥizb al-Baḥr* «Amulette pour préserver contre les dangers de la mer», par Abou 'l-Ḥasan al-Schâdsilî.

7° (Fol. 87.) دعاء توحيد «Profession de l'unité de Dieu sous forme de prière».

8° (Fol. 88.) Traité de géomancie.

9° (Fol. 104.) ذخيرة في الخط «Le Trésor, traité sur la science de l'alignement», par Aboû ʿAmrân al-Zanâtî. C'est encore un traité de géomancie, qui se termine par l'énumération des sorts que l'on tire des signes du zodiaque.

10° (Fol. 114 v°.) Opuscule contenant des paroles attribuées à Mahomet. Commencement : الحمد لله الذى اميز بين اصواتناطقين (*lisez* اصوات الناطقين) وعلم ما في ضمير الساكتين (*sic*).

11° (Fol. 120 v°.) La قرعة d'Aboû Djaʿfar al-Ṣâdiq.

12° (Fol. 128.) Note sur les jours néfastes des mois de l'année solaire.

13° (Fol. 131.) Recueil de sorts tirés des noms des vingt-cinq prophètes, depuis Adam jusqu'à Mahomet. La fin manque.

Ce recueil, écrit par un Maghrebin illettré, est daté (fol. 51 v°) de l'an 1015 de l'hégire (1607 de J. C.).

Papier. 163 feuillets. Hauteur, 20 centimètres et demi, largeur, 14 centimètres. 18 lignes par page. — (Ancien fonds 1211.)

2759.

Traité de physionomique, par le soufi Moḥammad ibn abî Ṭâlib al-Anṣârî, de Damas, mort en 737 de l'hégire (1336-1337 de J. C.). Commencement : الحمد لمن يستحق الحمد لهويته. Selon Hadji Khalfa, ce traité porte le titre de كتاب السياسة في علم الفراسة.

Ms. daté de l'an 1075 de l'hégire (1664-1665 de J. C.).

Papier. 44 feuillets. Hauteur, 21 centimètres et demi; largeur, 15 centimètres et demi. 21 lignes par page. — (Ancien fonds 963.)

2760.

البهجة الانسية في الفراسة الانسانية «Amusement de société, traité de la physionomie de l'homme». Ce traité, attribué au schaïkh Zaïn al-Dîn al-ʿOmarî, se compose d'une introduction, de quatre-vingt-dix paragraphes et d'un appendice. L'auteur indique les inductions qu'on peut tirer de l'examen des divers membres du corps de l'homme. Il y a aussi un chapitre sur la chiromancie. Commencement : الحمد لله الذى جمّل الانسان بالكياسة وزيّنه بالعقل والرياسة.

Papier. 36 feuillets. Hauteur, 21 centimètres et demi; largeur, 15 centimètres. 21 lignes par page. Ms. du XVIIe siècle. — (Ancien fonds 961.)

2761.

1° Traité de l'*Ikhtilâdj*, attribué à Moḥammad ibn Ibrâhîm ibn Moḥammad ibn Hischâm.

2° (Fol. 25 v°.) Itinéraire du pèlerin, depuis la Mecque jusqu'au Caire, par Schams al-Dîn Moḥammad ibn Aḥmad, moueddin et *mowaqqit*. Commencement : الحمد لله الذى اهدانا الى سوا الطريق.

3° (Fol. 57 v°.) Traité du *Vainqueur et du vaincu*. Traité de cabale attribué à Aristote. Le vainqueur sera celui

IMPRIMERIE NATIONALE.

dont le nom, d'après la valeur numérique des lettres, représente le chiffre le plus élevé.

4° (Fol. 64 v°.) Histoire de l'entretien de Jésus-Christ avec le crâne (جمجمة).

Papier. 79 feuillets. Hauteur, 19 centimètres et demi; largeur, 14 centimètres et demi. 11 lignes par page. Ms. du XVIe siècle. — (Ancien fonds 964.)

2762.

اساس الرياسة فى علم الفراسة «Bases de l'autorité du maître, traité de physionomique», par Moḥammad ibn Ibrâhîm al-Anṣârî. Commencement : الحمد لله الذى خلق الانسان وكرمه. Cette copie a été corrigée par l'auteur.

Papier. 32 feuillets. Hauteur, 21 centimètres et demi; largeur, 15 centimètres. 23 lignes par page. — (Ancien fonds 962.)

5. RECHERCHE DES TRÉSORS.

2763.

1° تحفة الطالب فى ابطال مهالك المطالب «Présent offert au chercheur, indiquant la manière de faire disparaître les dangers qui entourent les trésors cachés». Recueil d'invocations, de formules magiques et d'amulettes, dont quelques-unes sont attribuées à Aboû Ḥâmid al-Ghazâlî. Commencement : اقسمت عليكم ايتها الملئكة الكرام المتوكلين بحفظ هذا المكان. La fin manque.

2° (Fol. 61.) Charmes, talismans et recettes pour faire des opérations magiques, etc. Plusieurs de ces pièces sont empruntées aux ouvrages d'Al-Boûnî. Le commencement manque.

Papier. 101 feuillets. Hauteur, 21 centimètres et demi; largeur, 14 centimètres et demi. Écritures diverses du XVIe siècle. — (Ancien fonds 1202.)

2764.

كتاب غاية المأرب فى المناج والخبايا والمطالب «Traité de la dernière nécessité, qui indique les avantages que l'on peut obtenir, les trésors cachés et les lieux où ces trésors se trouvent». L'auteur a tracé sur les marges de son ouvrage un grand nombre de caractères talismaniques et de figures d'hommes et d'animaux. La fin manque.

Papier. 100 feuillets. Hauteur, 19 centimètres; largeur, 13 centimètres. 21 lignes par page. — (Ancien fonds 816.)

2765.

مجموع الدلائل «Recueil d'indications». Il s'agit des lieux d'Égypte où se trouvent des trésors cachés, et des moyens à l'aide desquels on peut en obtenir possession.

Papier. 147 feuillets. Hauteur, 16 centimètres; largeur, 10 centimètres. 15 lignes par page. Ms. du XVIIe siècle. — (Ancien fonds 817.)

2766.

نجاة الطالب من مهالك الكنوز والمطالب «Préservatif des dangers auxquels on s'expose dans la recherche des trésors cachés». Cet ouvrage renferme des talismans, des invocations, des charmes et des amulettes qui doivent préserver le porteur contre les génies. Commencement : فقد كثر فى زماننا الاطلاع على ما فى ارضنا من الكنوز.

Papier. 63 feuillets. Hauteur, 21 centimètres et demi; largeur, 15 centimètres. 15 à 20 lignes par page. Ms. du XVIe siècle. — (Ancien fonds 1199.)

2767.

1° Charmes et incantations à l'usage de ceux qui cherchent des trésors cachés.

2° (Fol. 74 v°.) Traité sur les vertus de l'invocation appelée دعوة السباسب الكبرى «la grande Invocation du désert». Soixante-douze chapitres, en général très courts.

3° (Fol. 98.) Texte de «la grande Invocation du désert».

4° (Fol. 101 v°.) Texte de «la petite Invocation du désert».

Papier. 104 feuillets. Hauteur, 22 centimètres; largeur, 15 centimètres et demi. 19 lignes par page. Ms. du XVIIIe siècle. — (Supplément 1110.)

XX.

HISTOIRE NATURELLE.

1. TRAITÉS GÉNÉRAUX.

2768.

غاية الارشاد الى معرفة احكام الحيوان والنبات والجماد «La direction vers la connaissance de ce dont l'usage est

licite ou illicite en fait d'animaux, de plantes et de minéraux». Dictionnaire d'histoire naturelle, par le schaïkh ʿAbd al-Raʾouf al-Monâwî, docteur schaféite. Les articles sont disposés dans l'ordre de l'alphabet et offrent des renseignements intéressants ainsi que de bonnes notes philologiques. Cet ouvrage mériterait d'être publié. Commencement : الحمد لله الكريم الجواد الذى خلق لنا ما فى الارض جميعا من حيوان ونبات وجماد.

Ms. écrit par le fils de l'auteur et annoté par l'auteur lui-même.

Papier. 140 feuillets. Hauteur, 21 centimètres et demi; largeur, 15 centimètres. 25 lignes par page. Ms. du XVIe siècle. — (Supplément 859.)

2769.

Même ouvrage.

Ms. daté de l'an 1229 de l'hégire (1814 de J. C.).

Papier. 341 feuillets. Hauteur, 23 centimètres; largeur, 16 centimètres et demi. 23 lignes par page. — (Supplément 860.)

2770.

1° نزهة النظار فى الاشجار والثمار والاطيار «Délices des spectateurs, traité des arbres, des fruits et des oiseaux». L'auteur parle des arbres et des plantes qui sont utiles à l'homme, et des qualités utiles ou nuisibles des diverses parties de certains quadrupèdes et de certains oiseaux. Commencement : الحمد لله الذى احكم الامور وقدرها.

2° (Fol. 39 v°.) Recueil d'apophthegmes, par Raschîd al-Dîn ibn Moḥammad al-ʿOmarî, surnommé Al-Waṭwaṭ, mort en 573 de l'hégire (1177-1178 de J. C.). Ce recueil se compose de cinq séries. La première porte le titre persan de صد كلمه صديق «les Cent apophthegmes du calife Aboû Bakr»; la seconde (fol. 62 v°) renferme les «Maximes du calife ʿOmar»; la troisième (fol. 91 v°), intitulée انس اللهفان «Soulagement de l'affligé», renferme cent maximes du calife ʿOthmân; la quatrième (fol. 112 v°), cent maximes du calife ʿAlî, et la cinquième, intitulée نثر اللآلى «Éparpillement de perles» (fol. 135 v°), une centaine de proverbes attribués au même calife. Le compilateur a fait suivre chacune de ces maximes d'un commentaire en langue persane. L'ouvrage est dédié au sultan de Khârizm, Maḥmoûd, fils d'Il-Arslân, qui régnait de 568 a 588 de l'hégire.

La copie est datée de l'an 913 de l'hégire (1507-1508 de J. C.).

3° (Fol. 157.) كتاب الاحجار «Traité des pierres précieuses», par Schihâb al-Dîn Aḥmad ibn Yoûsof al-Tîfâschî. Frontispice très bien exécuté en or et en couleurs. La copie est datée de l'an 826 de l'hégire (1423 de J. C.).

4° (Fol. 222 v°.) Traité des épidémies et de la peste (الوباء والطاعون). Commencement : الحمد لله القدير الصانع المعطى المانع. L'ouvrage, qui se termine par des exhortations religieuses, est datée de l'an 765 de l'hégire (1364 de J. C.).

5° (Fol. 254.) Note du schaïkh Abou 'l-Mawâhib al-Toûnisî sur certaines négligences que les fidèles commettent dans l'exécution de leurs devoirs religieux.

Papier. 255 feuillets. Hauteur, 17 centimètres et demi; largeur, 13 centimètres. Écritures diverses. — (Ancien fonds 969.)

2771.

Volume dépareillé d'un traité d'histoire naturelle. Ayant consacré le volume précédent à l'homme (الحيوان الناطق), l'auteur traite, dans la première partie du présent volume, des animaux et, dans la seconde partie, qui renferme des figures coloriées, des plantes. Il a suivi, dit-il, principalement le جامع d'Ibn al-Baïṭâr. L'arrangement des articles, dont la liste se trouve en tête, est alphabétique, mais on y remarque des irrégularités. Un titre apocryphe qui attribue l'ouvrage à Ibn al-Baïṭâr, a été ajouté après coup.

Papier. 277 feuillets. Hauteur, 26 centimètres et demi; largeur, 18 centimètres et demi. 17 lignes par page. Ms. du XIVe siècle. — (Ancien fonds 1037.)

2. MINÉRALOGIE.

2772.

1° كتاب الاحجار لارسطاطاليس ترجمه لوقا بن اسرافيون «Le Livre des pierres d'Aristote, traduit par Loûqâ, fils de Sérapion». Ce sont, dit le traducteur, des extraits d'un ouvrage d'Aristote renfermant la description de sept cents espèces de pierres, ainsi que des détails sur leur composition (جواهرها), leur couleur, leur genre et les mines où elles se trouvent (معادنها). Dans cette traduction, nous remarquons huit articles consacrés aux différentes espèces d'aimants (مغناطيس) : l'aimant *d'or*, *d'argent*, *de plomb*, *de cheveux*, *de chair*, etc., dont chacun a des vertus singulières. L'original grec est probablement le traité Περὶ λίθων διαφορᾶς faussement attribué à Aristote.

2° (Fol. 36 v°.) Traité des sigles planétaires qui s'inscrivent sur les chatons de bagues pour servir d'amulettes. Ms. daté de l'an 730 de l'hégire (1329 de J. C.).

Papier. 45 feuillets. Hauteur, 17 centimètres et demi; largeur, 12 centimètres. 13 lignes par page. — (Supplément 876.)

2773.

كتاب جواهر الاحجار «Traité des pierres précieuses», par Aboû ʿAbd Allah Aḥmad ibn Yoûsof al-Tîfâschî (né à Tipasa, ville de la province de Constantine, en Algérie), mort en 651 de l'hégire (1272-1273 de J. C.). L'auteur décrit vingt-cinq espèces de pierres fines et en indique les qualités ainsi que la valeur.

Cet ouvrage a été publié à Florence, en 1818. Mais le présent ms. présente un assez grand nombre de variantes.

Papier. 83 feuillets. Hauteur, 18 centimètres et demi; largeur, 14 centimètres. 13 lignes par page. Ms. du xiiie siècle. — (Supplément 880.)

2774.

Même ouvrage. Cet exemplaire porte le titre de كتاب رياضة الافكار في خواصّ الجواهر والاحجار.

Papier. 67 feuillets. Hauteur, 17 centimètres; largeur, 13 centimètres. 15 lignes par page. Ms. du xve siècle. — (Supplément 2534.)

2775.

1° Même ouvrage. Cet exemplaire porte le titre de كتاب اللآلى المضية في خواصّ الجواهر والاحجار الملوكية «Les Perles brillantes, sur les vertus des pierres précieuses».

2° (Fol. 75.) كتاب خواصّ الاحجار «Livre des propriétés des pierres», attribué à Ḥonaïn ibn Isḥâq. C'est un traité sur l'usage des pierres précieuses comme talismans et comme amulettes. Des figures bizarres, dessinées au trait et représentant des hommes et des animaux, sont intercalées dans le texte.

3° (Fol. 102 v°.) منافع الاحجار «Vertus des pierres précieuses». Ce traité, qui renferme des figures, est attribué à un certain ʿOṭârid (Mercure), fils de Moḥammad. Il aurait été composé d'après les ouvrages d'Hermès trismégiste qui sont compris sous le titre de اوجايقى et qui traitent des pierres, des arbres et des plantes. Au lieu de اوجايقى, il faut lire لوجايقى (φυσιολογικά).

4° (Fol. 131 v°.) Traité sur les vertus magiques des pierres, en seize chapitres. La fin manque.

Papier. 173 feuillets. Hauteur, 17 centimètres et demi; largeur, 13 centimètres. 13 lignes par page (dans les deux derniers opuscules, 11 lignes par page). Ms. du xvie siècle. — (Supplément 878, Saint-Germain 401.)

2776.

1° Traité des pierres précieuses d'Al-Tîfâschî.

2° (Fol. 25 v°.) Autre traité des pierres précieuses, intitulé كتاب نخبة الذخائر في احوال الجواهر, par Moḥammad ibn Ibrâhîm ibn Sâʿid al-Anṣârî.

3° (Fol. 30.) Autre traité des pierres précieuses. Trente chapitres et un appendice. En marge on lit le titre de كتاب نزهة الابصار.

4° (Fol. 38 v°.) Extrait de l'ouvrage intitulé مباهج الفكر ومناهج العبر, sur les pierres précieuses.

5° (Fol. 49.) Extrait du عجائب المخلوقات, sur les minéraux et les pierres précieuses.

6° (Fol. 64.) Ordjoûza, en quatre parties, intitulée ارجوزة الفصيحة في الاعمال الصحيحة, par Aboû-Bakr ibn Yaḥyâ al-Kâtib al-Khirâṭ.

7° (Fol. 71.) Extrait de l'ouvrage intitulé الايضاح في اسرار النكاح. Recettes pour teindre les cheveux.

8° (Fol. 72 v°.) Recueil de recettes, par Ibn-Rasoûl al-Ghassânî. Sept chapitres.

9° (Fol. 103 v°.) Dissertation médicale intitulée برء الساعة, par Aboû Bakr Moḥammad ibn Zakariyâ al-Râzî, suivie d'autres extraits relatifs à la médecine.

Papier. 118 feuillets. Hauteur, 22 centimètres; largeur, 16 centimètres. 25 lignes par page. Ms. du xvie siècle. — (Supplément 1951.)

2777.

Traité des pierres précieuses, par Aḥmad ibn Yoûsof al-Tîfâschî.

Papier. 42 feuillets. Hauteur, 26 centimètres et demi; largeur, 14 centimètres et demi. 25 lignes par page. Ms. du xviie siècle. — (Supplément 881.)

2778.

ازهار الافكار في جواهر الاحجار «Fleurs des pensées, traité des pierres précieuses». Tel est le titre inscrit sur ce vo-

lume; mais seuls les quatre premiers feuillets et le dernier appartiennent à l'ouvrage d'Al-Tîfâschî. Le reste du ms. contient deux ouvrages, en turc : le premier, dont le commencement manque, expose les privilèges de la ville de Médine; le second, dont la fin manque, les privilèges de Jérusalem. La première de ces pièces est datée de l'an 920 de l'hégire (1514-1515 de J. C.).

Papier. 65 feuillets. Hauteur, 18 centimètres; largeur, 13 centimètres. 11 lignes par page. Ms. du XVIe siècle. — (Ancien fonds 846.)

2779.

كنز التجار فى معرفة الاحجار « Trésor des marchands, sur la connaissance des pierres précieuses », par Baïlak-Qabdjâqî (بيلك قبجاق), ouvrage dédié au prince de Ḥamât, Al-Mâlik al-Manṣoûr II, fils d'Al-Mâlik al-Moẓaffar II et oncle de l'historien et géographe Abou 'l-Fidâ. Ce traité est divisé en trente sections (مقالة), dont la liste, ainsi que celle de leurs subdivisions, occupe les folios 4 v° à 13. La préface commence par la même phrase que l'ouvrage d'Al-Tîfâschî.

Volume écrit de la main de l'auteur et daté de l'an 681 de l'hégire (1282 de J. C.).

Papier. 88 feuillets. Hauteur, 21 centimètres et demi; largeur, 15 centimètres. 15 lignes par page. — (Ancien fonds 970.)

2780.

سرّ الاسرار فى معرفة الجواهر « Secret des secrets, touchant la connaissance des pierres précieuses ». Commencement : الحمد لله الولى الحميد.

Papier. 64 feuillets. Hauteur, 21 centimètres et demi; largeur, 15 centimètres et demi. 15 lignes par page. Ms. du XVIIe siècle. — (Supplément 879.)

3. BOTANIQUE.

2781.

Dictionnaire de botanique, sans titre ni préface, composé de deux sections, dont la première est consacrée aux arbres, la seconde aux autres plantes. Le présent ms. est l'exemplaire de l'auteur qui a ajouté, à la marge, plusieurs notes qu'il se proposait de faire rentrer dans le texte. Les matériaux de ce dictionnaire sont tirés de l'*Agriculture nabatéenne* et des autres traités qui portent le nom d'Ibn Waḥschîya, de l'*Agriculture* d'Ibn Bassâl, du *Livre des plantes* d'Aboû Ḥanîfa al-Daïnawarî, de l'*Agriculture des Grecs* et du ما لا يسع.

Papier. 23 feuillets. Hauteur, 35 centimètres; largeur, 24 centimètres. 37 lignes par page. Ms. du XVIIe siècle. — (Ancien fonds 916.)

4. ZOOLOGIE.

2782.

Traité de zoologie, avec des figures, par ʿAbd Allah ibn Djibrîl ibn Bakhtyaschoûʿ[1]. Les figures sont très nombreuses, mal dessinées et coloriées, mais représentant passablement les animaux décrits dans le texte. Après avoir parlé de l'homme, l'auteur décrit les animaux domestiques, les bêtes sauvages, les oiseaux, quelques poissons et sauriens, et quelques insectes. En tête du volume, on lit ce titre : كتاب منافع الحيوان لابن بختيشوع مصوّر « Traité des avantages qu'on peut tirer des animaux, ouvrage orné de figures, composé par Ibn Bakhtyaschoûʿ ». A la fin on lit que cet ouvrage est un extrait d'un livre intitulé كتاب الخواصّ مجرّب المنافع « Traité des propriétés dont les avantages ont été constatés par l'expérience ».

Ms. daté de l'an 700 de l'hégire (1300 1301 de J. C.).

Papier. 58 feuillets. Hauteur, 20 centimètres; largeur, 14 centimètres. 15 lignes par page. — (Ancien fonds 1077.)

2783.

حياة الحيوان « Vie des animaux », par Kamâl al-Dîn Mohammad ibn Moûsâ ibn ʿÎsâ al-Damîrî, docteur schâféite, mort en 808 de l'hégire (1405-1406 de J. C.). Exemplaire complet de la première édition[2].

Ms. daté de l'an 773 de l'hégire (1372 de J. C.).

Papier. 178 feuillets. Hauteur, 25 centimètres et demi; largeur, 15 centimètres et demi. 25 lignes par page. — (Ancien fonds 908.)

---

[1] C'est ainsi, en effet, que le nom est écrit dans la préface : قال الشيخ الامام عبد الله بن جبريل بن بختيشوع رحمه الله تعالى. H. Z. —
[2] Ce ms. renferme, ainsi que les nos 2784, 2788 et 2789, la rédaction moyenne du Ḥayât al-Ḥaïwân. H. Z.

2784.

Même ouvrage.
Ms. daté de l'an 817 de l'hégire (1414-1415 de J. C.).

Papier. 275 feuillets. Hauteur, 28 centimètres et demi; largeur, 18 centimètres. 24 à 27 lignes par page. — (Ancien fonds 910.)

2785.

Même ouvrage.
Ms. daté de l'an 917 de l'hégire (1511 de J. C.).

Papier. 346 feuillets. Hauteur, 18 centimètres; largeur, 13 centimètres. 21 lignes par page. — (Supplément 872, Saint-Germain 399.)

2786.

Même ouvrage.
Ms. daté de l'an 974 de l'hégire (1567 de J. C.).

Papier. 398 feuillets. Hauteur, 31 centimètres; largeur, 21 centimètres. 23 lignes par page. — (Supplément 873 *ter*.)

2787.

Même ouvrage.

Papier. 294 feuillets. Hauteur, 30 centimètres; largeur, 20 centimètres. 35 à 37 lignes par page. Ms. de diverses écritures du XVIe et du XVIIe siècle. — (Ancien fonds 911.)

2788.

Même ouvrage.
Ms. daté de l'an 1007 de l'hégire (1598-1599 de J. C).

Papier. 208 feuillets. Hauteur, 32 centimètres; largeur, 22 centimètres. 29 lignes par page. — (Ancien fonds 907.)

2789.

1° Même ouvrage. Copie datée de l'an 1008 de l'hégire (1600 de J. C.).

2° (Fol. 150 v°.) Histoire de *Kalîla* et *Dimna*. Copie datée de l'an 1041 de l'hégire (1631-1632 de J. C.).

Papier. 244 feuillets. Hauteur, 21 centimètres; largeur, 14 centimètres et demi. 23 lignes par page. — (Ancien fonds 965.)

2790.

Le حياة الحيوان d'Al-Damîrî.
Ms. daté de l'an 1077 de l'hégire (1667 de J. C.).

Papier. 494 feuillets. Hauteur, 30 centimètres; largeur, 21 centimètres. 27 lignes par page. — (Ancien fonds 906.)

2791.

Première partie du même ouvrage, se terminant par la lettre ص. Titre et vignettes en or et en couleurs.

Papier. 304 feuillets. Hauteur, 27 centimètres et demi; largeur, 21 centimètres. 26 lignes par page. Ms. du XIVe siècle. — (Ancien fonds 909.)

2792.

Première partie du même ouvrage, se terminant par la lettre ش. En tête se trouve une vignette en or et en couleurs.

Papier. 215 feuillets. Hauteur, 31 centimètres; largeur, 21 centimètres. 35 lignes par page. Ms. du XVIIe siècle. — (Supplément 2086.)

2793.

Première partie du même ouvrage. Ce volume devait se terminer avec la lettre ش; mais pour le faire accorder avec un autre volume qui commençait par cette lettre, on a enlevé du présent ms. plusieurs feuillets et collé sur le dernier feuillet un morceau de papier blanc avec un *explicit*.

Papier. 333 feuillets. Hauteur, 30 centimètres; largeur, 20 centimètres. 29 lignes par page. Ms. du XVIIe siècle. — (Supplément 870.)

2794.

Première partie du même ouvrage, se terminant par la lettre س.

Papier. 219 feuillets. Hauteur, 31 centimètres; largeur, 20 centimètres. 33 lignes par page. Ms. du XVIIe siècle. — (Supplément 871.)

2795.

Première partie du même ouvrage, se terminant par

la lettre ش. En tête du volume se trouve une notice biographique de l'auteur, tirée du الضوء اللامع d'Al-Qasṭalânî.

Papier. 540 feuillets. Hauteur, 22 centimètres; largeur, 16 centimètres. 23 lignes par page. Ms. du XVIIIe siècle. — (Supplément 873.)

2796.

Seconde partie du même ouvrage, commençant par la lettre ص.

Ms. daté de l'an 1171 de l'hégire (1758 de J. C.).

Papier. 487 feuillets. Hauteur, 21 centimètres; largeur, 15 centimètres. 19 lignes par page. — (Supplément 873 *bis*.)

2797.

Seconde partie du même ouvrage, commençant par la lettre ش.

Ms. daté de l'an 1227 de l'hégire (1812 de J. C.).

Papier. 241 feuillets. Hauteur, 36 centimètres; largeur, 23 centimètres. 33 lignes par pages. — (Supplément 870 *bis*.)

2798.

L'édition abrégée (rédigée par l'auteur lui-même) du même ouvrage.

Ms. daté de l'an 1064 de l'hégire (1654 de J. C.).

Papier. 228 feuillets. Hauteur, 20 centimètres et demi; largeur, 14 centimètres. 21 lignes par page. — (Supplément 875.)

2799.

حاوى الحسان من حياة الحيوان «Beautés du livre intitulé *Ḥayât al-Ḥaïwân*». Abrégé du dictionnaire d'Al-Damîrî, par le docteur hanéfite Moḥammad ibn ʿAbd al-Qâdir ibn Moḥammad al-Damîrî. L'auteur ayant voulu surtout reproduire les passages brillants et curieux, n'a eu garde d'omettre la longue et célèbre digression de l'article اوز «l'oie», qui renferme une histoire des califes et où l'auteur démontre que le sixième calife de chaque dynastie avait été détrôné. Commencement : الحمد لله خالق الانسان وفضله تفضيلا.

Ms. daté de l'an 1048 de l'hégire (1638 de J. C.).

Papier. 318 feuillets. Hauteur, 25 centimètres; largeur, 17 centimètres et demi. 27 lignes par page. — (Supplément 874.)

2800.

1° ديوان الحيوان. Abrégé du dictionnaire d'Al-Damîrî, par Al-Soyoûṭî. Cependant ce dernier auteur a fait quelques additions au travail de Damîrî et y a joint un supplément. Commencement : الحمد لله خالق الحيوان انواعا مختلفة.

2° (Fol. 188 v°.) Traité sur l'excellence du jour de vendredi, par le Al-Soyoûṭî.

3° (Fol. 196 v°.) الفانيد فى حلاوة الاسانيد, par Al-Soyoûṭî. Dans cette dissertation, l'auteur démontre que l'imâm Aboû Ḥanîfa a rapporté deux traditions sur l'autorité de l'imâm Al-Schâfiʿî.

4° (Fol. 198 v°.) Notes d'Al-Soyoûṭî sur divers sujets, tirées d'un traité en vers, qui renfermait plusieurs anecdotes et d'autres renseignements. Le titre de ces notes est : (*sic*) قلائد الفوائد وشوارد الفوائد.

5° (Fol. 202.) الباهر فى حكم النبى. Sur certaines décisions du Prophète, par le même auteur.

6° (Fol. 209 v°.) فى لبس الخرقة. Note d'Al-Soyoûṭî sur la transmission de la robe du soufi dont il avait été lui-même revêtu par Kamâl al-Dîn al-Miṣrî et qui remonte à Ibn al-Tauwizî.

7° (Fol. 211 v°.) اتحاف الفرقة برفو الخرقة. Dissertation d'Al-Soyoûṭî dans laquelle il démontre qu'Al-Ḥasan al-Baṣrî avait reçu d'ʿAlî, fils d'Aboû Ṭâlib, la robe du soufi.

8° (Fol. 213 v°.) Extraits de l'ouvrage intitulé المسلسلات الكبرى, par Al Soyoûṭî. Dans cette pièce, l'auteur rapporte plus de trente des traditions appelées مسلسلات.

9° (Fol. 218 v°.) فضل الجلد عند فقد الولد. Que l'on doit supporter avec fermeté et résignation la perte de ses enfants, par le même.

10° (Fol. 227.) اعلام الاريب بحدوث بدعة المحاريب. Dans cette pièce, Al-Soyoûṭî démontre que l'usage des *miḥrâb* dans les mosquées est une innovation et qu'il n'existait pas du vivant de Mahomet.

11° (Fol. 234.) آكام العقيان فى احكام الخصيان. Sur les lois relatives aux eunuques, par Al-Soyoûṭî.

12° (Fol. 235 v°.) Sur l'usage qui s'est conservé à la Mecque de nourrir des pauvres pendant sept jours au nom d'une personne qui vient de mourir, par le même auteur.

13° (Fol. 238.) القول المجمل فى الرّد على المهمل. Sur la

prononciation du mot تخصيصي dans un passage de la شفاء du cadi ʿIyâdh, par le même.

14° (Fol. 241.) Recueil de traditions relatives aux enfants, par le même.

15° (Fol. 244 v°.) اسعاف القاصد لتفهّم مسايل الشهاب الزاهد. Notes pour éclaircir le texte de l'ouvrage intitulé les *Soixante questions* (الستين مسئلة) et qui traite des devoirs du Musulman.

16° (Fol. 266 v°.) الطبّ النبوىّ «La Médecine du Prophète», par Djalâl al-Dîn Moḥammad ibn Aḥmad al-Maḥallî.

17° (Fol. 273 v°.) Dictionnaire alphabétique des productions de la terre, au sujet desquelles il existe des traditions. C'est un résumé (ملخّص) du هدى d'Ibn al-Qayim[1].

18° (Fol. 280 v°.) بزوغ الهلال فى الخصال الموجبة للظلال. Traité d'Al-Soyoûṭî sur les soixante-dix qualités dont la possession donne le privilège d'être placé à l'ombre du trône de Dieu.

19° (Fol. 284 v°.) طبقات الحفّاظ. Classes des traditionnistes, depuis Mahomet jusqu'à l'époque d'Ibn Ḥadjar al-ʿAsqalânî, par Al-Soyoûṭî.

20° (Fol. 366 v°.) لبّ اللباب. Dictionnaire de patronymiques, abrégé du *Lobâb* d'Ibn al-Athîr, par Al-Soyoûṭi.

21° (Fol. 423 v°.) Liste de ses ouvrages, par Al-Soyoûṭi.

22° (Fol. 427 v°.) Liste des ouvrages qu'Al-Soyoûṭî avait étudiés sous la direction de ses professeurs.

23° (Liste 444 v°.) Liste des califes qui ont transmis des traditions.

24° (Fol. 446 v°.) Sur les signes précurseurs de la fin du monde (اشراط الساعة)[2].

Ms. daté de l'an 949 de l'hégire (1542 de J. C.).

Papier. 465 feuillets. Hauteur, 29 centimètres; largeur, 20 centimètres et demi. 31 lignes par page. — (Supplément 1920.)

2801.

مغنى الخلّان عن حياة الحيوان «Traité qui dispensera les amis d'avoir recours au *Ḥayât al-Ḥaïwân*». Abrégé de l'ouvrage d'Al-Damîrî. Commencement : الحمد لله على ما انعم واولى والشكر له سبحانه وهو نعم المولى.

Papier. 32 feuillets. Hauteur, 21 centimètres; largeur, 15 centimètres. 16 à 19 lignes par page. Ms. du XVIIe siècle. — (Ancien fonds 967.)

XXI.

AGRICULTURE.

2802.

مختصر الفلاحة «Abrégé d'agriculture», attribué au philosophe Démocrite (ديمقراطيس الفيلسوف). C'est un manuel pour le cultivateur renfermant des notions utiles sur la culture des céréales, des arbres fruitiers et des légumes, et des observation sur l'éducation des animaux domestiques. On lit en tête du ms. ces mots : *Abrégé d'agriculture d'Ibn Ouahchiya.* Mais le nom d'Ibn Waḥschiya n'est mentionné nulle part dans le texte. Les premiers feuillets présentent quelques lacunes.

Papier. 30 feuillets. Hauteur, 26 centimètres; largeur, 17 centimètres et demi. 29 lignes par page. Ms. du XVIe siècle. — (Ancien fonds 914.)

2803.

الفلاحة النبطيّة «L'Agriculture nabatéenne», traduite, d'après le titre de la seconde partie (fol. 94), de la langue des Chaldéens (الكسدانيين), en arabe, en 291 de l'hégire (903-904 de J. C.), par Aboû Bakr ibn (*sic*) Aḥmad ibn ʿAlî, généralement connu sous le nom d'*Ibn Waḥschîya.* (Voyez, au sujet de cet ouvrage apocryphe, l'article de M. Renan dans le t. XXIV des *Mémoires de l'Académie des inscriptions;* le travail de M. Gutschmidt dans le t. XV du Journal de la Société orientale d'Allemagne; le *Guide des égarés*, de M. Munk, t. III, et le résumé que M. Chwolson en a donné dans les *Mémoires de l'Académie de Saint-Pétersbourg, Savants étrangers*, t. VIII, p. 443-446.)

Ce volume renferme la seconde moitié de la première partie de l'ouvrage, et toute la seconde partie. La copie est datée de l'an 1043 de l'hégire (1634 de J. C.).

Papier. 300 feuillets. Hauteur, 29 centimètres; largeur, 19 centimètres et demi. 25 lignes par page (vers la fin du volume, 23 et 24 lignes). — (Ancien fonds 913.)

[1] Cet extrait, comme le précédent, qui est également tiré du هدى, a pour auteur Djalâl al-Dîn al-Maḥallî. H. Z. — [2] L'auteur de ce traité est l'imâm Al-Sarakhsî. H. Z.

2804.

كتاب الفلاحة «Livre de l'agriculture», par Aboû Zakariya Yaḥyâ ibn Moḥammad ibn Aḥmad ibn al-ʿAuwâm. Le présent ms. renferme les seize premiers chapitres de l'ouvrage; mais il y a trois lacunes.

Papier. 282 feuillets. Hauteur, 27 centimètres; largeur, 18 centimètres et demi. 19 lignes par page. Ms. du XIIIe siècle. — (Ancien fonds 912.)

2805.

مختصر الفلاحة «Abrégé d'agriculture». L'auteur anonyme dit qu'aux notions acquises par sa propre expérience, il a ajouté celles que lui fournissaient l'*Agriculture d'Ibn Waḥschîya* et l'*Agriculture des Grecs* (الروم). Il cite aussi l'autorité d'Ibn al-Baïṭâr (voir fol. 52 v°), célèbre botaniste, mort en 646 de l'hégire (1248 de J. C.).

Papier. 110 feuillets. Hauteur, 27 centimètres; largeur, 18 centimètres. 13 lignes par page. Ms. du XIVe siècle. — (Ancien fonds 915.)

2806.

Traité d'agriculture et d'élevage d'animaux domestiques. Ouvrage sans titre, ni nom d'auteur. Les indications qui se trouvent au verso du premier et du second feuillet sont inexactes. L'auteur ne s'est pas servi de l'*Agriculture nabatéenne*, il ne la cite pas une seule fois, et le personnage nommé Aboû Bakr ibn Yaḥyâ ibn Yoûsof ibn Qorqmâs (قرقماس) al-Khamrâwî est celui qui avait fait composer ou copier (استكتب) l'ouvrage (voir la note, fol. 144 r°). L'auteur inconnu dit que le contenu de ce traité a été puisé dans les livres des Grecs et dans les trésors de leur sagesse, هذا كتاب من كتب اهل الروم ومذخور حكمتهم. Dans la préface, qui remplit quarante pages et qui forme un traité sur l'utilité de l'agriculture et de l'élevage des animaux domestiques, il cite très souvent ديمقراطيس, qui, paraît-il, attribuait une grande influence à la planète Jupiter. Suivent plusieurs chapitres très courts sur les bons et les mauvais terrains, sur les engrais, sur la découverte des sources cachées, sur les semences, sur les insectes nuisibles, sur les plantations des vignes, sur les plantes et les jardins. Vient ensuite une série d'articles sur chaque plante et chaque animal intéressant l'économie domestique. Commencement : الحمد لله الرب لكل شى الذى لم يزل ولا يزال.

Ms. daté de l'an 959 de l'hégire (1552 de J. C.).

Papier. 116 feuillets. Hauteur, 17 centimètres et demi; largeur, 13 centimètres et demi. 11 lignes par page. — (Supplément 882.)

2807.

كتاب الفلاحة «Traité d'agriculture», par طيبغا الجركشى الثانى تمرى. L'auteur dit avoir puisé les matériaux de cette compilation dans l'*Agriculture* (*nabatéenne*) d'Ibn Waḥschîya, dans l'*Agriculture des Grecs* (فلاحة الروم), et dans les connaissances pratiques qu'il s'était lui-même acquises. La préface traite en plusieurs chapitres des terres et de leurs qualités, des saisons, des vents et des cultures appropriées à chaque mois de l'année copte. Vient ensuite une série de notices sur les arbres et les plantes les plus utiles à l'homme. Commencement : الحمد لله حمدا يليق بجلاله وصلى الله على سيدنا الخ.

Ms. daté de l'an 1019 de l'hégire (1610-1611 de J. C.).

Papier. 82 feuillets. Hauteur, 21 centimètres; largeur, 15 centimètres. 19 lignes par page. — (Supplément 883.)

2808.

Même ouvrage.

Papier. 94 feuillets. Hauteur, 18 centimètres; largeur, 11 centimètres. 21 lignes par page. Ms. du XVIIe siècle. — (Supplément 883 *bis*.)*

2809.

Traité d'agriculture, sans titre ni nom d'auteur, divisé en neuf chapitres, savoir : 1° sur la nature des plantes; 2° sur les terres et les fumiers qui leur conviennent; 3° sur la culture des céréales et autres graines (قطانى); 4° sur la culture des légumes; 5° sur la culture des plantes dont les fruits sont renfermés dans une coque; 6° sur la culture des plantes qui portent des fruits à noyaux; 7° sur la culture des plantes dont le fruit n'a ni coque, ni noyau; 8° sur la culture des plantes odorantes; 9° sur les arbres à manne et à gomme. Commencement : الحمد لله متقن ما صنع ومبدع ما اخترع.

Ms. daté de l'an 1057 de l'hégire (1647 de J. C.).

Papier. 122 feuillets. Hauteur, 21 centimètres; largeur, 15 centimètres. 21 lignes par page. — (Supplément 884, Saint-Germain 403.)

IMPRIMERIE NATIONALE.

XXII.

HIPPOLOGIE ET HIPPIATRIQUE.

2810.

1° كتاب البيطرة «Traité d'hippiatrique», d'après différents ouvrages en langue grecque, principalement celui de Theomnestus (ثاومنيطيس, ثاومسطيس). Un titre qui se trouve en tête du ms. attribue cette compilation à Ḥonaïn ibn Isḥâq.

2° (Fol. 46 v°.) Traité des maladies des chevaux, en quatre-vingt-dix chapitres, traduit du persan (الفارسى) en arabe. Un titre qu'on lit en tête attribue cet ouvrage à Thâbit ibn Qorra.

Ms. daté de l'an 750 de l'hégire (1349 de J. C.).

Papier. 170 feuillets. Hauteur, 26 centimètres et demi; largeur, 18 centimètres. 17 lignes par page. — (Ancien fonds 1038.)

2811.

1° Traité d'hippiatrique, fondé sur les pratiques de Qanbar (قنبر), palefrenier d'ʿAlî, fils d'Aboû Ṭâlib.

2° (Fol. 24 v°.) Autre traité d'hippiatrique.

3° (Fol. 100.) Histoire d'Aboû Yazîd al-Basṭâmî, qui convertit tous les moines d'un couvent à l'islamisme.

Papier. 113 feuillets. Hauteur, 15 centimètres; largeur, 10 centimètres. 11 lignes par page. Ms. du xviiᵉ siècle. — (Supplément 1900.)

2812.

Traité d'hippiatrique. Le commencement et la fin manquent. L'ouvrage, qui se compose principalement de recettes, était sans doute considéré comme classique; car on voit sur les marges un grand nombre d'additions, d'une très belle écriture, faites à une époque déjà ancienne.

Papier. 211 feuillets. Hauteur, 27 centimètres et demi; largeur, 20 centimètres et demi. 11 lignes par page. Ms. du xiiᵉ ou du xiiiᵉ siècle. — (Supplément 997 *bis*.)

2813.

كشف الويل فى معرفة امراض الخيل «Le Mal mis à découvert, traité des maladies des chevaux». Ce titre que l'auteur lui-même avait donné à son ouvrage, a été remplacé plus tard par celui de كامل الصناعتين «le Complet en ce qui regarde les deux arts» (à savoir : l'hippologie et l'hippiatrique الفروسية والبيطرة) et plus communément par celui de الناصرى, parce que l'auteur, Badr al-Dîn ibn Bakr, maréchal vétérinaire employé au service du sultan mamlouc Al-Malik al-Nâṣir, fils de Qalawoun, l'avait composé pour plaire à son souverain. L'ouvrage commence par ces mots : الحمد لله الواسع العطاء المسبل الغطاء. Il se compose de dix dissertations (اقوال), dont chacune est divisée en plusieurs chapitres. Il est inutile de reproduire les titres de ces chapitres, qui se trouvent rapportés dans la traduction publiée par le docteur Perron (Paris, 1852-1860, trois vol. in-8°). Il est dit, dans la préface, que cet ouvrage renferme toutes les connaissances nécessaires pour celui qui veut apprendre la science vétérinaire, l'art d'élever et de dresser les chevaux, et l'art de l'écuyer (علم البيطرة والزرطقة والفروسية). Le mot زرطقة, que Hadji Khalfa et Freytag ont, par erreur, écrit زرطقة n'appartient pas à la langue arabe; il a dû être emprunté à l'étranger. Le docteur Perron cite (tome II, page 429), un passage de la pharmacopée du célèbre médecin Dâoûd, d'Antioche, d'après lequel «beaucoup de Roums (ou écrivains d'Europe) ont traité des animaux en traitant de l'agriculture, et ont donné à ce genre de composition le nom de *zortoka*». Le docteur Perron ajoute : «C'est donc le *res rustica*, la *maison rustique*, le *prœdium rusticum!* Les Arabes auraient-ils donc entendu les mots *res rustica* et auraient-ils eu le malheur d'en faire *zortoka?*» Un copiste arabe a pu, en effet, en déplaçant un point, changer le زرطقة en زرطقة.

Ms. daté de l'an 875 de l'hégire (1471 de J. C.).

Papier. 151 feuillets. Hauteur, 26 centimètres et demi; largeur, 17 centimètres et demi. D'abord 15 lignes, puis 16 lignes par page. — (Supplément 994.)

2814.

Même ouvrage.

Ms. daté de l'an 1077 de l'hégire (1666 de J. C.).

Papier. 229 feuillets. Hauteur, 21 centimètres; largeur, 15 centimètres. 17 lignes par page. — (Ancien fonds 1095.)

2815.

Traité sur la manière d'élever les chevaux, de les dresser, de les monter et de les soigner en cas de maladie. Le titre et le nom de l'auteur de l'ouvrage restent inconnus, car le premier et le dernier feuillet du ms.

manquent. Le second paragraphe de la préface commence par ces mots : اما بعد فانى لم ازل بعد ما وهب الله لى من المعرفة. L'ouvrage commence par un chapitre sur la guerre sainte. Suivent des fragments de poèmes à la louange des chevaux, des observations sur la manière de connaître les qualités d'un cheval, un chapitre sur les couleurs et les marques par lesquelles un cheval se distingue, des instructions pour le cavalier et pour ceux qui dressent les chevaux, des observations sur la propagation de l'espèce et sur la ferrure, l'indication des défauts corporels et des maladies, enfin une longue dissertation sur les symptômes des maladies et sur les remèdes qu'on doit employer dans chaque cas.

Papier. 145 feuillets. Hauteur, 30 centimètres; largeur, 21 centimètres. 17 lignes par page. Ms. du xve siècle. — (Supplément 995.)

2816.

كتاب فضل الخيل «De l'excellence de la race chevaline», par Scharaf al-Dîn ʿAbd al-Moûmin al-Dimyâṭî, mort en 705 de l'hégire (1305-1306 de J. C.). L'auteur a rassemblé et classé toutes les traditions dans lesquelles Mahomet a fait mention des chevaux. Chaque tradition est précédée d'un *isnâd*, souvent très long. L'ouvrage se compose de huit chapitres : 1° sur les mérites des chevaux employés dans la guerre sainte; 2° sur la défense touchant la castration et la mutilation des chevaux; 3° sur le choix des chevaux pour la guerre sainte (ارتباط) et sur la couleur que l'on doit préférer; 4° qu'il faut se méfier des marques de mauvais augure dans les chevaux et du شكال, terme qui signifie un cheval dont l'un des pieds de devant et le pied opposé de derrière sont blancs; 5° sur la défense de concourir pour des prix, si ce n'est avec des chevaux ou des chameaux, ou au tir à la flèche (لا سبق الّا فى خفّ او حافر او نصل); 6° sur la portion du butin qui revient au cavalier; 7° sur l'exemption de l'impôt dont jouissent les chevaux des Musulmans; 8° sur les noms particuliers des montures qui appartenaient à Mahomet.

Ms. daté de l'an 850 de l'hégire (1446-1447 de J. C.).

Papier. 93 feuillets. Hauteur, 18 centimètres; largeur, 14 centimètres. 17 lignes par page. — (Supplément 992.)

2817.

Traité des chevaux, sans titre ni nom d'auteur. Un titre qu'on lit en tête du volume est apocryphe. L'ouvrage commence par une série de traditions dans lesquelles Mahomet a parlé des chevaux; puis vient un poème rimant en *ri*, qui avait été récité, dit-on, par un inconnu devant le sultan Salâḥ al-Dîn (Saladin) Yoûsof ibn Aiyoûb. Dans cette pièce, dont chaque vers est accompagné d'un commentaire, l'auteur décrit les marques et les qualités d'un bon cheval. Au fol. 14 v° se trouve la figure d'un cheval noir, accompagnée des noms de toutes les parties de l'animal; au fol. 18, la représentation d'une jument et de son poulain; au fol. 19, la figure d'un cheval blanc qui paraît gravir une côte rapide; au fol. 20, la figure du *Ḥaïzoûm* (حيزوم), d'hippogriffe qui servait de monture à l'ange Gabriel. Vient ensuite une description anatomique du cheval, accompagnée de trois figures, dont l'une est la représentation très rudimentaire et très incorrecte d'un squelette; puis, un traité d'hippiatrique en vers dont la rime est en *ri*. Chaque vers est suivi d'un commentaire. Ce poème renferme les noms des défauts et des maladies des chevaux et des instructions sur l'*entraînement*, sur le traitement des maladies, sur les armes défensives et les armes offensives du cavalier, sur les harnais et sur les combats. Cet ouvrage dont plusieurs passages sont en prose rimée, paraît avoir été composé en Egypte, vers la fin du xve siècle.

Ms. daté de l'an 1180 de l'hégire (1670 de J. C.).

Papier. 100 feuillets. Hauteur, 33 centimètres; largeur, 22 centimètres. 13 lignes par page. — (Supplément 993.)

2818.

كتاب البيطرة «Traité d'hippiatrique». Les premiers feuillets manquent. Le ms. commence par ces mots : عيوب الفم قد تقدم ما قلنا فى مخالفة الصفات الخ. Afin de faire passer le volume pour complet, on a inscrit sur le premier feuillet le *bismillâh*.

Papier. 86 feuillets. Hauteur, 21 centimètres; largeur, 15 centimètres et demi. 11 lignes par page. Ms. du xvie siècle. — (Supplément 997, Saint-Germain 210 *ter*.)

2819.

Seconde partie d'un traité sur le dressage des chevaux, renfermant un grand nombre de dessins, tracés à la plume, dont quelques-uns représentent des éperons. On a ajouté, après coup, en tête du volume, en guise de titre, une note de douze lignes, dont voici les trois premières : كتاب مجموع ناقى (*sic*) يشتمل على علوم غريبة نفيسة فى علوم الخيل المسومة ومعرفة الفرس السلم من العيوب الخ.

Papier. 243 feuillets. Hauteur, 18 centimètres et demi; largeur, 13 centimètres et demi. Ms. de deux mains différentes du XVIe siècle. — (Ancien fonds 1578.)

2820.

الاقوال الكافية والفصول الشافية «Discours suffisants et chapitres satisfaisants», traité complet du cheval, par un auteur anonyme. Cet ouvrage se compose de six discours (قول), divisés en sections : le premier, sur l'excellence de la race chevaline; le second, sur la conformation, les couleurs, les qualités et les défauts du cheval; le troisième, sur les poulains, leur éducation et leur dressage; le quatrième, sur les causes et le traitement de leurs maladies; le cinquième, sur les chevaux les plus célèbres des temps anciens, avant et après la promulgation de l'islamisme, avec la mention de leurs noms; le sixième, sur les bêtes de somme, les mulets, les chevaux de la Perse et ceux du Yémen. Commencement : الحمد لله اللطيف بخلقه المتكفل لهم قبل السوال بسابغ رزقه.

Ms. daté de l'an 990 de l'hégire (1582 de J. C.).

Papier. 93 feuillets. Hauteur, 23 centimètres; largeur, 16 centimètres et demi. 25 lignes par page. — (Supplément 996, Saint-Germain 210 *bis*.)

2821.

Même ouvrage.

Papier. 140 feuillets. Hauteur, 21 centimètres; largeur, 15 centimètres. 20 lignes par page. Ms. du XVIIIe siècle. — (Supplément 2498.)

2822.

Traité d'hippiatrique, en vingt-huit chapitres (بند), sur la manière de traiter autant de maladies. Le commencement et la fin manquent.

Papier. 67 feuillets. Hauteur, 15 centimètres; largeur, 10 centimètres. 9 lignes par page. Ms. du XVIIe siècle. — (Supplément 2088.)

XXIII.

ÉQUITATION, CHASSE, ART MILITAIRE.

2823.

Premier et dernier feuillet d'un traité d'Abou ʿAbdallah Moḥammad ibn Yaʿqoûb ibn akhî Khozâm, sur la guerre sainte, l'équitation, les maladies des chevaux, etc. Commencement : الحمد لله ولى الحمد واهله واستخلصه لنفسه.

Ms. daté de l'an 1063 de l'hégire (1653 de J. C.).

Papier. 2 feuillets. Hauteur, 29 centimètres; largeur, 20 centimètres et demi. 17 lignes par page. — (Supplément 2105.)

2824.

كتاب المخزون جامع الفنون «Le Trésor où se trouvent réunies les diverses branches (de l'art)», par Ibn akhî Khozâm. Traité de l'art militaire, renfermant les écoles de peloton, de cavalier, de fantassin, d'archer et d'arbalétrier. Un grand nombre de figures coloriées et assez bien dessinées sont insérées dans le texte. Comme tous les ouvrages arabes sur le même sujet, ce traité renferme un grand nombre de termes techniques et de termes de commandement. Commencement : الحمد لله ذى العظمة المتعالى بالقدرة عن الصفات والامثال.

Ce ms. a été exécuté en 875 de l'hégire (1470 de J. C.), pour un grand personnage de la cour des sultans mamloucs, dont le nom a été soigneusement effacé du frontispice, qui est très orné. On y a toutefois laissé subsister les derniers mots renfermés dans le médaillon central, à savoir : عزه الله تعالى, ce qui indique que le nom précédent était celui d'un sultan. Or, le souverain de l'Égypte à cette époque était Qaïtbaï.

Entre les folios actuellement cotés 1 et 2, il manque plusieurs feuillets.

Papier. 90 feuillets. Hauteur, 30 centimètres; largeur, 20 centimètres. 15 lignes par page. — (Supplément 988 *bis*.)

2825.

1° كتاب الفروسية «Traité d'équitation militaire», attribué à Nadjm al-Dîn Ḥasan al-Rammâḥ al-Aḥdab, mort en 694 de l'hégire (1295-1296 de J. C.), personnage dont le père et le grand-père s'étaient distingués par leur habileté dans cet art. L'ouvrage commence par l'explication de vingt mouvements que le cavalier doit savoir exécuter avec la lance (مناصب حربية). Suit la description des vingt-six mouvements du combat singulier (مطاردة); puis un chapitre sur l'emploi du sabre, un autre sur l'emploi de la masse d'armes (عمود); la description de cinquante-huit mouvements que l'on peut exécuter avec la lance; la description d'un miroir ardent,

employé par Alexandre le Grand; enfin un traité assez étendu sur les feux d'artifice employés à la guerre et sur les machines employées pour les lancer. Cette partie de l'ouvrage est accompagnée de nombreuses figures. La préface commence par ces mots : الحمد لله الذى اعز اهل طاعته وكرمهم.

2° (Fol. 109 v°.) Traité sur le maniement de la lance, où l'auteur, apparemment le même que celui de l'article 1°, décrit soixante et onze manœuvres (بند, au pluriel بنود). Dans le paragraphe final, il donne la nomenclature des vingt-cinq parades (تساريج حربية) qui s'exécutent avec la lance, mais il ne les décrit pas.

Papier. 121 feuillets. Hauteur, 27 centimètres; largeur, 18 centimètres. 15 lignes par page. Ms. du xve siècle. — (Ancien fonds 1127.)

2826.

1° Dessins au trait qui devaient probablement accompagner un traité sur l'école du peloton.

2° (Fol. 29 v°.) Traité d'équitation militaire portant le titre de كتاب المخزون لارباب الفنون. C'est, sauf quelques variantes et omissions, le même ouvrage que l'article 2° du numéro précédent, mais l'auteur, dans cet exemplaire, est appelé Al-Ostâd Nâṣir al-Dîn ibn al-Ṭarâblosî.

3° (Fol. 54 v°.) Traité de l'art militaire. C'est le même ouvrage que le n° 2824, mais le titre manque dans cet exemplaire.

Nombreuses figures coloriées.

Ms. daté de l'an 986 de l'hégire (1578-1579 de J. C.).

Papier. 112 feuillets. Hauteur, 28 centimètres et demi; largeur 19 centimètres. 21 lignes par page. — (Ancien fonds 1128.)

2827.

1° Description technique des soixante-douze manœuvres (بند) qui se font avec la lance, d'après le système du maître Nadjm al-Dîn Ḥasan al-Rammâḥ Al-Aḥdab. Il manque un feuillet entre les folios actuellement cotés 12 et 13.

2° (Fol. 14 v°.) غاية المقصود فى العلم والعمل بالبنود «Tout ce qu'on peut désirer de mieux pour apprendre la théorie et la pratique des manœuvres avec la lance», par Moḥammad ibn Lâdjîn (لاجين) al-Ḥossâmî, généralement connu sous le nom de *Tripolitain* (الطرابلسى). L'auteur dit que ces manœuvres, au nombre de soixante-douze, appartiennent au système de Nadjm al-Dîn al-Aḥdab; mais les descriptions qu'il en donne ne s'accordent pas avec celles qui se trouvent dans l'opuscule qui précède. Commencement : الحمد لله الذى جعل رماح الخط اجل ما يعتقله ذوى الشجاعة. Il y a une lacune entre les feuillets 25 et 26.

3° (Fol. 26.) Traité de pyrotechnie militaire, indiquant la composition des matières inflammables dont on garnit (ترسيم) les lances à feu et autres armes. Il se termine par vingt-et-un chapitres, très courts, sur le maniement du cheval, suivis de quelques recettes pour la composition des feux d'artifice. Le commencement et la fin manquent.

Papier. 51 feuillets. Hauteur, 31 centimètres; largeur, 22 centimètres. 15 lignes par page. Ms. du xve ou du xvie siècle. — (Supplément 991.)

2828.

نهاية السول والامنية فى تعلم اعمال الفروسية «Terme mis aux questions et aux souhaits touchant la manière d'apprendre l'équitation». Ouvrage du genre de ceux que l'on appelle maintenant *École du cavalier* et dont l'auteur est resté inconnu. Le premier feuillet manque. Le ms. commence par un traité sur les mérites et sur la pratique de la guerre sainte (*djihâd*), en douze chapitres. Viennent ensuite (fol. 16) plusieurs chapitres sur l'arc, sur la lance et sur la manière de s'en servir. L'auteur a puisé ses renseignements dans le *Kitâb al-Bonoûd* «Traité des manœuvres avec la lance» de Nadjm al-Dîn, et il donne la description des soixante-douze de ces exercices. Plus loin, il parle des exercices du cheval, de l'instruction des fantassins, de la manière de couper et de passer les rivières, du combat singulier (مبارزة) et des diverses pratiques et usages de la guerre.

Papier. 177 feuillets. Hauteur, 22 centimètres; largeur, 14 centimètres. 25 lignes par page. Ms. du xve siècle. — (Supplément 2104.)

2829.

1° كتاب الفروسية «Traité d'équitation», ou peut-être mieux كتاب الفروسية برسم الجهاد «Traité d'équitation, en vue de la guerre contre les infidèles». C'est un traité à l'usage des cavaliers, pour apprendre l'escrime à la lance les coups (مناصب الحرب), les parades (تباطيل), les feintes, le maniement des armes, pour lancer le feu et des masses, etc. L'auteur n'est pas nommé.

2° (Fol. 25.) Signes distinctifs de l'homme intelligent et du sot.

3° (Fol. 26.) Passages du Coran et traditions relatives à la guerre sainte, accompagnées de prières et d'observations sur l'escrime à cheval. Cet opuscule qui, comme le précédent et les trois autres qui suivent, paraissent faire partie du كتاب الفروسية de l'article 1°, a été copié pour l'émir Barasbaï (بَرْسْباى) al-Saïfî, grand chancelier (امير دوادار), qui, plus tard, en 825 de l'hégire (1422 de J. C.), monta sur le trône d'Égypte.

4° (Fol. 30.) Description technique de soixante-douze manœuvres (بند) que l'on exécute avec la lance.

5° (Fol. 43.) Énumération des vingt-cinq feintes (تسارج) qui peuvent se faire avec la lance, suivie d'un chapitre sur les noms qui désignent cette arme et d'un autre sur les mouvements qui s'exécutent avec la lance (مناصب الحرب). Ce dernier chapitre, qui renferme plusieurs vers, se termine par une prière qui, dit l'auteur, ne manque jamais d'être exaucée. L'auteur donne ensuite plusieurs recettes de feux d'artifice employés à la guerre.

6° (Fol. 54 v°.) Traité des feux d'artifice qui s'emploient à la guerre.

M. Reinaud s'est servi de ces deux derniers opuscules pour son ouvrage sur la poudre à canon.

Papier. 96 feuillets. Hauteur, 22 centimètres; largeur, 15 centimètres et demi. 19 lignes par page. Ms. du XVIIe siècle. — (Supplément 988.)

2830.

كتاب فى علم الفروسية Traité d'hippologie, d'hippiatrique et de l'art de l'équitation.

Papier. 118 feuillets. Hauteur, 18 centimètres; largeur, 14 centimètres. 9 lignes par page. Ms. du XIXe siècle. — (Supplément 2499.)

2831.

Traité de fauconnerie, sans titre ni préface, commençant par ces mots : ذكروا الثقات من الرواة من اهل المعرفة ان الاسكندر الرومى قال للحكماء المختلفين لخدمته يوما اريد الخ. L'ouvrage se compose de deux parties. La première partie, traite, en cinquante-deux chapitres assez courts, de la manière d'élever et de dresser les faucons; la seconde partie, en soixante-trois chapitres, des maladies de ces oiseaux et des remèdes. En tête du volume on lit un titre qui ne paraît pas authentique : كتاب الجوارح والبزدرة تصنيف الفليسوف (sic) ابو (sic) بكر بن يوسف ابن ابى بكر بن حسن بن محمد القاسمى القرشى العلوى الاشعرى الخ.

Ms. daté de l'an 848 de l'hégire (1444 de J. C.).

Papier. 108 feuillets. Hauteur, 26 centimètres, largeur, 17 centimètres et demi. 15 lignes par page. — (Supplément 987.)

2832.

1° انس الملأ بوحش الفلا « Traité qui familiarise les grands avec les animaux du désert ». Traité de chasse, composé en 773 de l'hégire (1371 de J. C.), par Moḥammad ibn Menkelî (منكلى), officier supérieur de la *ḥalqa*, ou garde particulière du sultan mamlouc Al-Malik al-Aschraf Scha'bân. L'auteur traite d'abord des viandes permises et des viandes défendues, puis des bêtes fauves, des oiseaux et des crocodiles, en faisant connaître leurs habitudes et les diverses manières de les prendre. Commencement : الحمد لله حمد عبد بخطاه معترف.

2° (Fol. 54 v°.) Traité des maladies des faucons et des chiens de chasse, attribué à un philosophe grec, nommé Capadanios(?). Commencement : قال قابادانيوس الحكم الفيلسوف.

Ms. daté (fol. 53 v°) de l'an 923 de l'hégire (1517 de J. C.).

Papier. 60 feuillets. Hauteur, 18 centimètres et demi; largeur, 13 centimètres et demi. 21 lignes par page dans le premier traité, 19 lignes dans le second. — (Supplément 986.)

2833.

المنظومة فى الرمى مع شرحه « Poème sur l'art de tirer des flèches, avec un commentaire », le tout composé par Ṭaïboghâ al-Aschrafî surnommé Al-Baklamis al-Yoûnânî. Le poème, qui se compose de cent cinquante vers, rimant en *âni*, est séparé du commentaire. Commencement : الحمد لله العادل حكمه الشامل علمه.

Papier. 77 feuillets. Hauteur, 21 centimètres et demi; largeur, 15 centimètres et demi. 15 lignes par page. Ms. du XVIIe siècle. — (Supplément 989.)

2834.

منائح السرور والرشاد فى الرمى والسباق والصيد والجهاد

«Voies de la gaieté et de la bonne conduite, traité sur le tir, les courses, la chasse et la guerre sainte», par Zaïn al-Dîn ʿAbd al-Qâdir ibn Aḥmad ibn ʿAlî al-Fâguihî (الفاكهي). Ouvrage dédié à Aboû Nomî (نُمَي) Moḥammad ibn Barakât, chérif de la Mecque, à l'occasion d'une démonstration faite par les infidèles (les Portugais?) contre le territoire sacré de cette ville, au mois de dsou 'l-qaʿda de l'an 947 (février-mars 1541 de J. C.). Dans la première section (مقصد), l'auteur expose les mérites de la guerre sainte; dans la seconde, il raconte d'une manière sommaire les expéditions de Mahomet; dans la troisième, il parle des courses de chevaux et de chameaux. La quatrième section traite de l'art de tirer de l'arc, et la cinquième est consacrée à la chasse. Les trois dernières sections renferment des observations philologiques, des expressions proverbiales, des vers, des notices sur les animaux domestiques, sur les diverses espèces de gibier et sur les quadrupèdes et oiseaux qu'on dresse pour la chasse. L'éloge de cet ouvrage, par le schaïkh Schihâb al-Dîn Aḥmad ibn Hadjar al-Haïthamî, docteur schaféïte, a été ajouté après coup.

Ms. daté de l'an 1009 de l'hégire (1600 de J. C.).

Papier. 114 feuillets. Hauteur, 27 centimètres et demi; largeur, 18 centimètres. 27 lignes par page. — (Supplément 477.)

XXIV.

MÉDECINE.

2835.

1° افصول ابقراط «Aphorismes d'Hippocrate», en sept livres, traduits par Ḥonaïn ibn Isḥâq.

2° (Fol. 29.) تقدمة المعرفة «L'Introduction à la connaissance». C'est le Traité des pronostics d'Hippocrate, traduit par Ḥonaïn ibn Isḥâq.

3° (Fol. 49.) Commentaire sur l'ouvrage précédent, rédigé, d'après les leçons du médecin Mohaddsib al-Dîn ʿAbd al-Raḥmân ibn ʿAlî, par son élève, Badr al-Dîn al-Moẓaffar, fils du cadi de Baalbec. La préface de Badr al-Dîn est curieuse; on la trouve, texte et traduction, dans le Catalogue des mss. de la Bibliohèque Bodléïenne, tome II, page 167.

Papier. 147 feuillets. Hauteur, 16 centimètres; largeur, 12 centimètres. 12 lignes par page. Ms. du XIIIe siècle. — (Ancien fonds 1040, Colbert 6505.)

2836.

كتاب افورسموس لبقراط «Aphorismes d'Hippocrate», recueillis dans ses ouvrages et classés en douze sections (*fann*), par ابو بيلوس. La première section renferme des conseils et commence par l'aphorisme : *la vie est courte*, etc.; la seconde se rapporte aux symptômes; la troisième aux maladies; la quatrième aux crises; la cinquième aux évacuations; la sixième au régime; la septième aux époques de l'année et aux pays; la huitième à l'air; la neuvième aux maladies chroniques; la dixième aux effets divers des applications chaudes et froides; la onzième aux maladies des femmes, et la douzième au traitement. Cette collection d'aphorismes diffère beaucoup du recueil dont nous possédons le texte grec; elle est plus concise et offre ces maximes dans un autre ordre. Un des anciens possesseurs du ms. a inscrit en marge, en regard de chaque aphorisme, un renvoi à la page d'un ms. qui paraît avoir renfermé les œuvres complètes d'Hippocrate.

Papier. 41 feuillets. Hauteur, 21 centimètres et demi; largeur, 15 centimètres et demi. Ms. du XVe siècle. — (Supplément 998 *bis*.)

2837.

المقالات السبع تفسير جالينوس لفصول ابقراط ترجمة حنين بن اسحق. Commentaire de Galien sur les Aphorismes d'Hippocrate, en sept livres, traduit en arabe par Ḥonaïn ibn Isḥâq. Il y a une lacune de dix feuillets entre les folios actuellement cotés 61 et 62.

Copie datée de l'an du monde 6735 (1227-1228 de J. C.).

Papier. 149 feuillets. Hauteur, 24 centimètres et demi; largeur, 16 centimètres. 24 à 29 lignes par page. — (Ancien fonds 985.)

2838.

شرح الفصول لابوقراط «Commentaire des Aphorismes d'Hippocrate», par Abou 'l-Qâsim ʿAbd al-Raḥmân ibn ʿAlî ibn abî Ṣâdiq, de Naïsâpoûr, disciple d'Avicenne. Ce commentaire, qui a été composé en 460 de l'hégire (1068 de J. C.), est très détaillé; le texte qui l'accompagne est conforme au texte grec. Commencement : اما بعد حمد الله بجميع محامده. Aux folios 1 v° et 2 r°, on lit un extrait d'un traité sur les purifications.

Papier. 156 feuillets. Hauteur, 25 centimètres; largeur, 17 centi-

mètres et demi. 19 lignes par page. Ms. du XIIIe siècle. — (Supplément 999.)

2839.

Même ouvrage. Le texte des premiers feuillets est accompagné de quelques gloses en persan.

Papier. 161 feuillets. Hauteur, 22 centimètres; largeur, 16 centimètres. 19 lignes par page. Ms. du XVe siècle. — (Ancien fonds 1041.)

2840.

Même ouvrage.

Ms. daté de l'an 977 de l'hégire (1569 de J. C.).

Papier. 137 feuillets. Hauteur, 16 centimètres et demi; largeur, 12 centimètres. 21 lignes par page. — (Ancien fonds 1096.)

2841.

تنبيهات العقول على حلّ تشكيكات الاصول « Avertissements pour les intelligences, renfermant la solution des difficultés qui se présentent dans les Aphorismes (d'Hippocrate) », par Nadjm al-Dîn Aḥmad, surnommé Ibn al-Manfâḥ, savant médecin, qu'on désigne aussi par le surnom d'Ibn ʿOlwân, mort à Damas, en 652 de l'hégire (1254 de J. C.). Cet exemplaire se termine par quelques observations sur la septième et dernière section des Aphorismes. Commencement : احمدك يا ابدئ الوجود.

A la fin se trouve une dissertation du même auteur sur quelques passages obscurs de l'ouvrage de Ḥonaïn ibn Isḥâq, intitulé كتاب المسايل « Questions médicales ». Cette dissertation commence par ces mots : بعد حمد الله والثناء عليه.

Ms. daté de l'an 678 de l'hégire (1280 de J. C.).

Papier. 53 feuillets. Hauteur, 18 centimètres et demi; largeur, 12 centimètres et demi. 19 lignes par page. — (Supplément 1000, Saint Germain 564.)

2842.

كتاب الاصول فى شرح الفصول « Livre des Principes, pour servir de commentaire aux Aphorismes (d'Hippocrate) », par Amîn al-Daula Abou 'l-Faradj Yaʿqoûb ibn Isḥâq, médecin chrétien, désigné ordinairement par le sobriquet d'Ibn al-Qoff, mort en 685 de l'hégire (1286 de J. C.). Commencement : الحمد لله خالق الخلق ومبديه وباسط الرزق ومنميه. L'ouvrage est divisé en sept discours (مقالات).

Ce ms., divisé en deux parties, est daté de l'an 1147 de l'hégire (1734 de J. C.).

Papier. 367 feuillets. Hauteur, 31 centimètres; largeur, 20 centimètres. 29 lignes par page. — (Supplément 2348.)

2843.

Commentaire sur les Aphorismes d'Hippocrate, par Ibn al-Nafîs, médecin de Baghdâd, qui vivait au XIIIe siècle. Commencement : ان ما قد سلف من شروحنا لهذا الكتاب فان نسخه تختلف الخ.

Ms. daté de l'an 887 de l'hégire (1482 de J. C.).

Papier. 152 feuillets. Hauteur, 18 centimètres et demi; largeur, 14 centimètres. 17 lignes par page. — (Ancien fonds 1042, Colbert 6001.)

2844.

1° عمدة الفحول فى شرح الفصول « Appui des grands maîtres dans l'explication des Aphorismes d'Hippocrate », traité composé au commencement du XIVe siècle, par ʿAbd Allah ibn ʿAbd al-ʿAzîz ibn Moûsâ al-Sîwâsî. Chaque aphorisme est précédé des mots قال ابقراط, et le commentaire qui l'accompagne porte en tête le mot التفسير. Commencement : الحمد لله مبدع الارواح فى الاجسام.

2° (Fol. 99.) كتاب تقدمة المعرفة « Les Pronostics » d'Hippocrate, avec le commentaire d'Ibn al-Nafîs. Le commencement manque.

3° (Fol. 187.) الموجز فى علم الامراض « Abrégé dans lequel on traite de la connaissance des maladies ». Traité anonyme commençant par ces mots : للمحمود الحمد بلا بداية وللمعبود الشكر بلا غاية.

Ms. daté de l'an 717 de l'hégire (1317-1318 de J. C.). Les points diacritiques sont rares.

Papier. 235 feuillets. Hauteur, 13 centimètres; largeur, 9 centimètres et demi. 15 lignes par page. — (Supplément 1001.)

2845.

Commentaire de Galien sur le كتاب الاسابيع « Le Livre des septenaires » d'Hippocrate, ouvrage traduit en arabe par Ḥonaïn, fils d'Isḥâq. Copié par M. L. Leclerc sur le

ms. n° 802 de la bibliothèque de Munich, qui est daté de l'an 471 de l'hégire (1079 de J. C.).

Papier. 119 feuillets. Hauteur, 22 centimètres et demi; largeur, 17 centimètres. 22 lignes par page. — (Supplément 2391.)

2846.

Le deuxième et le sixième livre du Traité des épidémies d'Hippocrate, avec le commentaire de Galien. Le tout traduit, partie du texte grec, partie du texte syriaque, par Ḥonaïn ibn Isḥâq. Le présent volume est une copie moderne du ms. de la Bibliothèque Ambrosienne, à Milan.

Papier. 319 feuillets. Hauteur, 28 centimètres; largeur, 21 centimètres et demi. 17 lignes par page. Ms. du XIXe siècle. — (Supplément 1002 *ter.*)

[illegible] en chapitres

2847.

1° كتاب جالينوس فى الاسطقصيات على راى ابقراط «Traité de Galien sur les Éléments, d'après l'opinion d'Hippocrate», traduction de Ḥonaïn ibn Isḥâq, avec les éclaircissements (تفصيل) du médecin Aḥmad ibn Moḥammad, surnommé Ibn al-Asch'ath, mort en 360 de l'hégire (970-971 de J. C.).

2° (Fol. 33.) كتاب جالينوس فى المزاج «Traité de Galien sur le tempérament», traduit par Ḥonaïn ibn Isḥâq, avec les éclaircissements d'Ibn al-Asch'ath. D'après le titre qui se trouve en tête et la division adoptée par le copiste, l'ouvrage se compose de six sections, tandis que le texte grec n'en a que trois. En effet, Ibn al-Asch'ath, dans une notice qui remplit quatre pages, nous apprend qu'il a cru devoir rattacher à l'ouvrage qu'il éditait trois autres opuscules de Galien, en se fondant sur le passage, à la fin de la deuxième section, où l'auteur promet de compléter bientôt ses études sur le tempérament. Ce sont : 1° (fol. 106), le traité sur le tempérament anormal (المزاج المختلف); 2° (fol. 114) le traité sur la meilleure constitution du corps (فى افضل الهيآت); 3° (fol. 118 v°) le traité sur le bon état du corps (فى حصب [*sic*] البدن).

Ms. daté de l'an 614 de l'hégire (1217-1218 de J. C.).

Papier. 120 feuillets. Hauteur, 24 centimètres; largeur, 17 centimètres. 19 lignes par page. — (Ancien fonds 987.)

2848.

1° Commentaire d'Abou 'l-Faradj 'Abd Allah ibn al-Ṭaiyib, médecin chrétien, mort en 435 de l'hégire (1043-1044 de J. C.), sur le traité de Galien, intitulé «Les Éléments d'après l'opinion d'Hippocrate».

2° (Fol. 35 v°.) Commentaire du même auteur sur le traité de Galien, intitulé «Traité du tempérament».

Ms. daté de l'an 415 de l'hégire (1024 de J. C.), écrit du vivant de l'auteur.

Papier. 139 feuillets. Hauteur, 17 centimètres et demi; largeur, 11 centimètres. 20 lignes par page. — (Ancien fonds 1097, Colbert 6065.)

2849.

Le Traité des plantes de Dioscoride, traduction d'Étienne, revue par Ḥonaïn ibn Isḥâq, pour Moḥammad ibn Moûsâ. Titre : كتاب ديسقوريدس الذى من اهل عين زربة فى هيولى علاج الطب «Livre de Dioscoride, né à 'Aïn Zarba (Anazarbe) περὶ ἰατρικῆς ὕλης». Dans une note, placée en tête du ms., le copiste déclare que les figures qui devaient accompagner cet exemplaire formaient un volume à part. Les marges de ce précieux ms. sont couvertes de notes de diverses mains. Pour plus de renseignements, voyez l'article inséré par M. Leclerc dans le *Journal asiatique*, cahier de janvier 1867.

Ms. daté de l'an 616 de l'hégire (1219 de J. C.).

Papier. 143 feuillets. Hauteur, 33 centimètres et demi; largeur, 25 centimètres et demi. 23 lignes par page. — (Supplément 1067.)

2850.

Quelques parties du traité des plantes de Dioscoride. Les feuillets se suivent dans le plus grand désordre. Le verso du premier feuillet porte la figure d'une plante appelée ذروقنين كراطواس *Dorycnium Crateuas*, qui figure au IVe livre de Dioscoride; le feuillet suivant donne la fin de l'article *Mandragore*, puis l'article *Aconit*. Le feuillet qui est maintenant le dernier du volume contient l'article *Telephium* (تلافيون), suivi de cet *explicit :* تمت المقالة الثانية من الحشايش لدسقوريدوس «Fin du second livre du Traité des plantes de Dioscoride». En effet, le deuxième livre du texte grec se termine par le *Telephium*. Un titre apocryphe, ajouté après coup en tête du volume, كتاب المشجر فى النباتات, attribue l'ouvrage au savant voyageur (السائح الحكيم) Ibn abî Zohr, le moine (مترهب), qui était père de Tomtom l'Indien et, ayant voyagé dans les quatre *climats* du monde, avait composé son livre sous la dynastie des Omayyades, en 125 de l'hégire, à l'aide d'un ouvrage de Salomon, fils de David.

IMPRIMERIE NATIONALE.

Ms. exécuté en Espagne et orné de figures coloriées.

Papier. 135 feuillets. Hauteur, 24 centimètres et demi; largeur, 18 centimètres et demi. 18 lignes par page. Ms. du XIIe siècle. — (Ancien fonds 968, Colbert 4205.)

2851.

كتاب جالينوس في عمل التشريح « Ouvrage de Galien sur l'anatomie », traduction de Ḥonaïn ibn Isḥâq. Ce sont les six derniers livres (IX-XV), dont le texte grec est perdu, du traité *De anatomicis administrationibus*. Cette copie a été faite sur le ms. n° DLXX de la bibliothèque Bodléïenne, par les soins du docteur Daremberg.

Papier. 116 feuillets. Hauteur, 24 centimètres; largeur, 19 centimètres et demi. 23 lignes par page. — (Supplément 1002 *bis*.)

2852.

Le commencement du dixième discours (مقالة) de Galien sur l'anatomie.

Papier. 4 pages d'écriture européenne. Hauteur, 21 centimètres; largeur, 15 centimètres et demi. 15 à 16 lignes par page. — (Supplément 2260.)

2853.

كتاب جالينوس في منافع الاعضاء « Traité de Galien sur les usages des membres du corps (*De usu partium*) », tradui par Ḥonaïn ibn Isḥâq. Dix-sept sections.

Ms. daté de l'an 682 de l'hégire (1283-1284 de J. C.).

Papier. 301 feuillets. Hauteur, 25 centimètres et demi; largeur, 16 centimètres et demi. 23 lignes par page. — (Ancien fonds 988.)

2854.

شرح منافع الاعضاء « Commentaire sur le traité *De usu partium* » de Galien, par ʿAbd al-Raḥmân ibn ʿAlî ibn abî Ṣâdiq. Le commentateur a modifié le texte, tantôt par des additions tirées des autres écrits de Galien, tantôt par des suppressions. A la fin se trouve une courte notice sur Ibn abî Ṣâdiq, tirée de l'*Histoire des médecins* d'Ibn abî Oṣaïbiʿa.

Ms. daté de l'an 885 de l'hégire (1480 de J. C.).

Il y a une vignette en tête de l'ouvrage (fol. 1 v°). Le titre est écrit en caractères coufiques.

Papier. 516 feuillets. Hauteur, 21 centimètres et demi; largeur, 12 centimètres et demi. 21 lignes par page. — (Ancien fonds 1044.)

2855.

الصناعة الكبيرة وهو حيلة البرء « Le Grand art, à savoir, la méthode de guérir », traduit du grec par Ḥonaïn ibn Isḥâq. Ce sont les quatre premiers livres et une partie considérable du cinquième du grand ouvrage de Galien, intitulé *De Methodo curandi*. Au fol. 138, dans le corps même du texte, on lit une note de Ḥonaïn, signalant une variante des manuscrits grecs qu'il avait sous les yeux. Les derniers feuillets du ms. manquent, et il y a une lacune d'un ou de deux feuillets entre les folios actuellement cotés 1 et 2.

Papier. 142 feuillets. Hauteur, 26 centimètres; largeur, 17 centimètres et demi. 23 lignes par page. Ms. du XIVe siècle. — (Supplément 1077.)

2856.

Fragments des traités de Galien, intitulés *De Compositione medicamentorum secundum locos*, et *De Compositione medicamentorum per genera*. Les Arabes désignent généralement le premier de ces traités par un titre syriaque, *Mîamîr*, qui signifie « les discours »; ils conservent au second le titre grec, Κατὰ γένη. Mais l'auteur de cette traduction rend κατὰ τόπος par بحسب المواضع. Le présent ms. a été examiné et annoté par feu le Dr Daremberg et par M. Renan. Il manque le commencement, la fin et plusieurs cahiers au milieu. Un certain nombre de feuillets sont mutilés, d'autres transposés et renversés; écriture maghrebine-espagnole.

Papier. 71 feuillets. Hauteur, 26 centimètres; largeur, 19 centimètres et demi. 22 à 24 lignes par page. Ms. du XIVe siècle. — (Supplément 1058.)

2857.

1° (Fol. 31 à 61.) كتاب قوى الاغذية « Traité des vertus des aliments ». Traduction du Περὶ τροφῶν δυνάμεως de Galien. C'est la dernière partie du second livre et le troisième livre complet.

2° (Fol. 1 à 30 et 61 à 136.) كتاب الادوية المفردة « Traité des médicaments simples ». Traduction du Περὶ κράσεως καὶ δυνάμεως τῶν ἁπλῶν φαρμάκων de Galien. Les folios 1 à 30 sont intervertis; ils doivent être placés entre les feuillets 80 et 81.

Papier. 139 feuillets. Hauteur, 18 centimètres et demi; largeur, 13 centimètres. 17 lignes par page. Ms. du XIVe siècle. — (Ancien fonds 1073.)

2858.

كتاب جالينوس فى تدبير الصحة «Traité de Galien sur l'hygiène», en six discours (مقالة). Le nom du traducteur n'est pas mentionné. Commencement : ان الصناعة التى شانها بدن الانسان وان كانت واحدة على ما بيّنا فى غير هذا الكتاب فان اول اجزايها واعظمها جزان احدهما يسمّى تدبير الصحة والاخر يسمّى مداواة الامراض. On lit sur le verso du premier feuillet, en écriture grecque du XIVe siècle : αρχιδιακονοι και καρτωφιλακοι Σιμηω Λασω.

Papier. 158 feuillets. Hauteur, 25 centimètres; largeur, 16 centimètres et demi. 19 lignes par page. Ms. du XIVe siècle. — (Ancien fonds 986.)

2859.

Sept traités de Galien, traduits en arabe par Aboû Yazîd Ḥonaïn ibn Isḥâq. Le premier est intitulé : فى فرق الطب للمتعلمين, *De sectis, ad eos qui introducuntur.* Le premier discours (مقالة) de ce traité (fol. 12 v°), فى الاشياء الخارجة عن الطبيعة المعروف بكتاب العلل والامراض (*De causis et morbis*), correspond au traité *De morborum differentiis;* la seconde *maqâla* (fol. 23), au *De morborum causis;* la troisième (fol. 33), au *De symptomatum differentiis;* la quatrième (fol. 43 v°), la cinquième (fol. 66) et la sixième (fol. 72), aux trois livres du *De symptomatum causis.* On lit sur le recto du premier feuillet une note qui est très probablement de la main d'Avicenne et qui est ainsi conçue : فى حوز الفقير حسين بن عبد الله بن سينا المتطبب فى سنة سبع واربعماية «Est passé en la possession du pauvre Ḥosaïn ibn ʿAbd Allah ibn Sînâ, le médecin, l'an 407» (1016-1017 de J. C.).

Papier. 86 feuillets. Hauteur, 28 centimètres et demi; largeur, 20 centimètres. 28 lignes par page. Ms. du commencement du XIe siècle. (La date 232 qui se lit au fol. 11 et au fol. 86 v° a été substituée à la date véritable qui avait été grattée.) — (Supplément 1002.)

2860.

1° كتاب جالينوس فى فرق الطبّ «Traité de Galien sur les sectes en médecine». C'est le Περὶ αἱρέσεων. Cette traduction est de Ḥonaïn ibn Isḥâq.

2° (Fol. 14 v°.) كتاب الصناعة الصغيرة «Traité du petit art». C'est le Τέχνη ἰατρική de Galien, traduit par Ḥonaïn ibn Isḥâq.

3° (Fol. 48 v°.) كتاب جالينوس فى النبض الى طوثرن «Traité de Galien sur le pouls, adressé à Theutra», traduit par Ḥonaïn ibn Isḥâq.

4° (Fol. 61 v°.) كتاب جالينوس الى اغلوقن «Épître de Galien à Glaucon», en deux sections. Traduction de Ḥonaïn *ibn* Isḥâq.

Ms. copié par un médecin samaritain en 676 de l'hégire (1277 de J. C.).

Papier. 110 feuillets. Hauteur, 21 centimètres; largeur, 14 centimètres et demi. 21 lignes par page. — (Ancien fonds 1043.)

2861.

مسائل حنين بن اسحق بشرح ابن ابى صادق «Questions de Ḥonaïn ibn Isḥâq avec les gloses d'Ibn abî Ṣâdiq». Dans ce traité, chaque question est précédée des mots قال الحكيم, et la glose qui y correspond, du mot قلت. C'est un manuel de médecine, rédigé sous forme de Questions et Réponses. Commencement : قال الحكيم حنين بن اسحق الى كم ينقسم الطب الى جزءين وما هما النظر والعمل والى كم جزء ينقسم النظر الى ثلثة الخ. La glose de ce passage commence par ces mots : قلت الجملة فى انقسام الطب الى جزءين انه اما الخ.

Papier. 33 feuillets. Hauteur, 26 centimètres et demi; largeur, 18 centimètres. 22 lignes par page. Ms. du XIVe siècle. — (Ancien fonds 1031.)

2862.

Second volume du commentaire d'Ibn abî Ṣâdiq al-Naïsâboûrî sur les Questions de Ḥonaïn.

Ms. daté de l'an 686 de l'hégire (1288 de J. C.).

Papier. 185 feuillets. Hauteur, 23 centimètres et demi; largeur, 16 centimètres. 21 lignes par page. — (Ancien fonds 1090, Colbert 4152.)

2863.

مسائل حنين فى الطبّ «Questions médicales de Ḥonaïn ibn Isḥâq», avec le commentaire d'un auteur inconnu. Dans cet ouvrage, chaque question est précédée du mot النصّ, et l'explication qui y correspond porte en tête le

mot التفسير. Ce n'est donc pas l'ouvrage d'Ibn abî Ṣâdiq. Le commencement manque[1].

Papier. 164 feuillets. Hauteur, 25 centimètres; largeur, 16 centimètres. 19 lignes par page. Ms. du XIIIe siècle. — (Supplément 1003, Saint Germain 168.)

2864.

Traité de médecine, sous forme de Questions et Réponses. Le commencement et la fin manquent. Les Questions sont écrites à l'encre rouge. Le titre, ajouté après coup, en tête du volume, et la note qui se trouve à la fin avec la date 965, sont apocryphes.

Papier. 126 feuillets. Hauteur, 17 centimètres; largeur, 13 centimètres. 13 lignes par page. Ms. du XIIIe siècle. Les feuillets 90 à 124 sont d'une écriture plus moderne et portent 10 à 12 lignes par page. — (Ancien fonds 1081, Colbert 6061.)

2865.

1° المدخل الصغير «La Petite introduction», par Al-Râzî. D'après le titre, ce serait le célèbre médecin Aboû Bakr Moḥammad ibn Zakarîyâ al-Râzî. L'auteur traite d'abord de la création, puis des éléments, des humeurs du corps humain, des maladies, des membres du corps. L'ouvrage est probablement apocryphe.

2° (Fol. 6.) Fragment d'un traité de musique, avec plusieurs tableaux.

3° (Fol. 24.) Fragment d'un traité d'astronomie, en langue turque.

4° (Fol. 26.) Fragment d'un traité d'astronomie élémentaire, en arabe.

5° (Fol. 28.) Fragment astrologique. Il y est question des mois de divers peuples, des étoiles, des planètes, de l'*exaltation* (شرف) des planètes, de leur déjection (هبوط), de leurs influences, etc.

6° (Fol. 36.) Quelques pages d'une anthologie en prose et en vers, où il est traité de l'amour et des sentiments qu'il inspire.

7° (Fol. 40.) Fragment d'un traité sur la manière de tirer des réponses d'un tableau cabalistique.

8° (Fol. 49.) Fragment d'un traité d'astrologie.

9° (Fol. 51.) Fin d'un petit traité d'astronomie élémentaire.

10° (Fol. 56.) Note sur certains phénomènes que l'on explique par l'optique. Cette pièce et la suivante sont d'une écriture turque cursive très difficile à lire.

11° (Fol. 56 v°.) تحرير القواعد لتحليل استار الفرايد «Établissement des bases pour servir à dénouer les voiles (c'est-à-dire à éclaircir les difficultés) du *Ferâïd*». L'ouvrage commenté est un traité d'astronomie attribué à Al-Djaghmînî. La fin manque.

12° (Fol. 66 v°.) Petit traité sur le quart de cercle appelé المقنطرات.

13° (Fol. 70.) Dernières pages d'un traité sur le chant.

Papier. 75 feuillets. Hauteur, 18 centimètres; largeur, 13 centimètres et demi. Écritures diverses du XVe et du XVIe siècle. — (Ancien fonds 1054, Colbert 6007.)

2866.

المنصوري في الطب. Traité de médecine, par Moḥammad ibn Zakarîyâ al-Râzî. Cet ouvrage se compose de dix livres (مقالات). Le nombre des chapitres (فصول) est de quatre cent trente-neuf, dont la liste se trouve au commencement du volume. On dit que l'auteur a choisi le titre de المنصوري pour faire honneur à un émir samanide, nommé Al-Manṣoûr; mais rien dans la préface de notre exemplaire ne confirme ce renseignement.

Papier. 187 feuillets. Hauteur, 27 centimètres et demi; largeur, 18 centimètres. 22 lignes par page (à la fin du volume 21 lignes). Ms. du XIVe siècle. — (Supplément 1005.)

2867.

الفاخر في الطب «Le Précieux, traité de médecine», par Moḥammad ibn Zakarîyâ al-Râzî. Dans cet ouvrage, dont le présent ms. ne renferme que le premier volume, l'auteur expose les opinions des anciens philosophes au sujet des aliments et des remèdes, et indique la manière de traiter les diverses maladies qui affligent l'homme, depuis le sommet de la tête jusqu'à la plante des pieds.

[1] C'est bien le même ouvrage que le n° 2862 qui, également, présente toujours les rubriques النص et التفسير. Ces mss. renferment, l'un et l'autre, les sections 7 à 10. Quant au ms. 2861, c'est un ouvrage différent. Il paraît être complet et porte cet *explicit* : تم كتاب مسائل حنين بشرح [ا]بن ابى صادق ورسالة الشيخ الرئيس ابن سينا في كفاية الناشئ في الطب. En tête, on lit un titre ajouté après coup : حواشى مسائل الحكيم حنين بن اسحق لابن ابى صادق. H. Z.

Commencement : للهم اعصمنا من الزلل واعذنا من الخطل.

Papier. 238 feuillets. Hauteur, 25 centimètres; largeur, 17 centimètres. 19 lignes par page. Ms. du XIVe siècle. (Le premier feuillet et le dernier sont plus modernes.) — (Supplément 1004.)

2868.

1° كتاب دفع مضارّ الاغذية «Traité des correctifs des aliments», par Aboû Bakr Moḥammad ibn Zakarîyâ al-Râzî. Copie datée de l'an 718 de l'hégire (1318 de J. C.).

2° (Fol. 192 v°.) «Lettre qui avait été trouvée dans le tombeau d'Hippocrate».

3° (Fol. 194.) Diagnostics empruntés à Galien.

Papier. 195 feuillets. Hauteur, 24 centimètres et demi; largeur, 16 centimètres et demi. 15 lignes par page. — (Supplément 1065.)

2869.

تذكرة الكحّالين «Manuel des oculistes», par ʿÎsâ ibn ʿAlî, médecin chrétien de Baghdâd, au xe siècle de notre ère. Ce traité se compose de trois discours : le premier, sur la constitution et l'anatomie de l'œil; le deuxième, sur les maladies de l'œil qui se manifestent extérieurement; le troisième, sur les maladies cachées qui affectent cet organe. Dans cet ouvrage, l'auteur s'adresse à un ami qui lui avait fait plusieurs questions au sujet de ces maladies et de leur traitement.

Ms. daté de l'an 892 de l'hégire (1487 de J. C.). Le premier cahier est d'une main plus moderne.

Papier. 196 feuillets. Hauteur, 17 centimètres et demi; largeur, 12 centimètres. 14 lignes par page. — (Ancien fonds 1100.)

2870.

1° المرشد الى جواهر الاغذية وقوى المفردات من الادوية «Guide à la connaissance des substances dont se composent les aliments et des vertus des médicaments simples», ouvrage très étendu, dont le présent ms. ne renferme que quatre livres ou discours; le onzième, où l'auteur traite des gommes et des mannes; le douzième, consacré aux substances terreuses et aux minéraux; le treizième, qui traite des pierres qui se fondent au feu, et le quatorzième où l'on trouve des notices sur les poudres minérales employées pour la toilette. Cet ouvrage est attribué à Al-Tamîmî, probablement Moḥammad ibn Aḥmad ibn Saʿîd, né à Jérusalem, qui vivait dans la seconde moitié du IVe siècle de l'hégire. (Voyez Wüstenfeld, *Arabische Aerzte*, p. 57.)

2° (Fol. 128.) Traité sur les quatre humeurs et sur les aliments, attribué à Aboû Moḥammad ʿAbd al-Laṭîf ibn Yoûsof al-Baghdâdî, auteur de la *Relation de l'Égypte*. L'ouvrage n'a pas de préface et commence par ces mots : فصل الكيفيات الاول الباسط اربع متضادّة صنفين من التضادّ فالحرارة والبرودة ضدّان واليبوسة والرطوبة ضدّان الخ

Ms. daté de l'an 947 de l'hégire (1540-1541 de J. C.).

Papier. 172 feuillets. Hauteur, 21 centimètres; largeur, 16 centimètres. 17 lignes par page. — (Ancien fonds 1088.)

2871.

كامل الصناعة الطبّيّة «Traité complet de l'art de la médecine». Vingt sections (مقالة), divisées en chapitres (باب). Les dix premières sections sont consacrées à la théorie, et les dix dernières à la pratique de l'art. L'auteur, ʿAlî ibn ʿAbbâs al-Madjoûsî, né à Arradjân, était disciple d'Aboû Mâhir (ماهر) Moûsâ ibn Saïyâr. Il mourut en 384 de l'hégire (994-995 de J. C.). L'ouvrage a été composé sous les auspices d'ʿAdhod al-Daula le Bouïde; c'est pourquoi il est désigné sous le titre de العضدى ou الملكى «le royal».

Le présent ms. renferme les dix premières sections.

Papier. 189 feuillets. Hauteur, 35 centimètres; largeur, 27 centimètres. 27 lignes par page. Ms. du XIIe siècle. — (Ancien fonds 1012.)

2872.

Les cinq premières sections du même ouvrage.

Ms. daté de l'an 705 de l'hégire (1306 de J. C.).

Papier. 255 feuillets. Hauteur, 25 centimètres; largeur, 17 centimètres. 18 lignes par page. — (Ancien fonds 1011.)

2873.

Les cinq premières sections du même ouvrage. Les derniers feuillets manquent.

Papier. 155 feuillets. Hauteur, 26 centimètres et demi; largeur, 19 centimètres et demi. 23 lignes par page. Ms. du XIVe siècle. — (Ancien fonds 1013.)

2874.

Les cinq dernières sections de la première partie du même ouvrage.

Ms. daté de l'an 595 de l'hégire (1199 de J. C.).

Papier. 186 feuillets. Hauteur, 26 centimètres et demi; largeur, 18 centimètres et demi. 27 lignes par page. — (Ancien fonds 1060, Colbert 4272.)

2875.

Les quatre dernières sections de la première partie du même ouvrage.

Papier. 80 feuillets. Hauteur, 25 centimètres et demi; largeur, 18 centimètres. 29 lignes par page. Ms. du XIIIe siècle. — (Ancien fonds 1016.)

2876.

Les cinq premières sections de la seconde partie du même ouvrage.

Ms. daté (fol. 240 v°) de l'an 1056 de l'hégire (1646 de J. C.).

Papier. 311 feuillets. Hauteur, 21 centimètres; largeur, 15 centimètres et demi. 23 lignes par page. — (Ancien fonds 1059.)

2877.

Les trois premières sections de la seconde partie du même ouvrage. A la fin du volume se trouve une note de deux pages et demie, en langue persane, sur le traitement des éruptions cutanées.

Papier. 245 feuillets. Hauteur, 22 centimètres; largeur, 14 centimètres. 20 lignes par page. Ms. du XIe siècle. — (Ancien fonds 1061, Colbert 4731.)

2878.

Les deux premières sections de la seconde partie du même ouvrage.

Papier. 217 feuillets. Hauteur, 24 centimètres et demi; largeur, 16 centimètres. 16 à 18 lignes par page. Ms. du XIe siècle. — (Ancien fonds 1062, Colbert 4118.)

2879.

Les quatre dernières sections de la seconde partie du même ouvrage.

A la fin on lit plusieurs recettes, dont la première est celle des pastilles de violette.

Ms. daté de l'an 611 de l'hégire (1214 de J. C.).

Papier. 238 feuillets. Hauteur, 24 centimètres et demi; largeur, 16 centimètres et demi. 23 lignes par page. — (Ancien fonds 1015.)

2880.

Dixième section de la seconde partie du même ouvrage. Cette section traite de la pharmacopée, en particulier des médicaments composés.

Papier. 125 feuillets. Hauteur, 25 centimètres; largeur, 16 centimètres. Écritures diverses, dont la plus ancienne est du XIIe siècle. — (Ancien fonds 1014, Colbert 4582.)

2881.

كتاب المائة فى الطبّ « Le Livre des cent (chapitres) sur la médecine », par Aboû Sahl ʿÎsâ ibn Yaḥyâ al-Masîḥî, médecin chrétien du Khorâsân et maître d'Avicenne, mort vers l'an 390 de l'hégire (1000 de J. C.).

Papier. 256 feuillets. Hauteur, 28 centimètres; largeur, 21 centimètres et demi. 29 lignes par page. Ms. du XVe siècle. — (Ancien fonds 1010.)

2882.

1° Les vingt premiers livres du même ouvrage. Au fol. 14 v° commence l'énumération des matières contenues dans chacun des cent livres. Copie datée de l'an 582 de l'hégire (1186 de J. C.).

2° (Fol. 200.) Les livres XXI à XXX du même ouvrage. Copie du XVIe siècle.

Papier. 217 feuillets. Hauteur, 25 centimètres; largeur, 17 centimètres. 13 lignes par page (dans la seconde partie 31 lignes). — (Ancien fonds 1009, Colbert 2872.)

2883.

الحواشى النعمانية والمقاصد الطبية على كتاب المائة للمسيحى

«Gloses de Noʿmân et indications médicales se rapportant au Livre des cent chapitres d'Al-Masîḥî», par Noʿmân ibn abî 'l-Ridhâ al-Israîlî. Commencement : الحمد لله ذى المنن التى لا تغنى والمنح التى لا تحصى.

Ms. autographe.

Papier. 206 feuillets. Hauteur, 25 centimètres; largeur, 16 centimètres et demi. 21 lignes par page. Ms. du XIVe siècle. — (Supplément 1024.)

2884.

زاد المسافر «Provisions du voyageur», traité de médecine, par Aboû Djaʿfar Aḥmad ibn Ibrâhîm ibn abî Khâlid, surnommé Ibn al-Djazzâr, médecin né à Qaîrawân, mort vers l'an 395 de l'hégire (1002-1003 de J. C.).

Ms. moderne d'une bonne écriture européenne, copié sur un ms. de la Bibliothèque de Dresde.

Papier. 339 feuillets. Hauteur, 31 centimètres et demi; largeur, 20 centimètres. 19 lignes par page. — (Supplément 1008.)

2885 à 2891.

Le Canon d'Avicenne. Le premier et le second volume renferment le premier livre; le troisième volume contient la partie du second livre qui forme le dictionnaire des simples (commençant par كافور et finissant par غالية. L'article غاليون manque). Le quatrième volume commence par le second discours du dixième *fann* du troisième livre (page ٣٩٤ du texte imprimé), et se termine par le dernier article du second discours du treizième *fann* du troisième livre (page ٤٤١ du texte imprimé). Le cinquième volume commence par le premier discours du treizième *fann* du troisième livre (page ٤٢٣ du texte imprimé), et se termine par le dernier article du second discours du quinzième *fann* du troisième livre (page ٤٨٩ du texte imprimée). Le sixième volume, dont le commencement manque, renferme le quatorzième et le quinzième *fann* du troisième livre. Le septième volume renferme la fin du troisième livre et le commencement du quatrième. La copie s'arrête au milieu du cinquième discours du sixième *fann* (p. ١٤٩ du texte imprimé).

Ms. daté de 593, 596 et 597 de l'hégire (1196, 1200 et 1201 de J. C.).

7 volumes. Papier. 229, 247, 232, 206, 217, 197 et 213 feuillets. Hauteur, 23 centimètres; largeur, 15 centimètres. 15 lignes par page. — (Supplément 1006 A-G.)

2892.

Même ouvrage. Premier et second livres et première partie du troisième livre.

Ms. daté de l'an 714 de l'hégire (1314 de J. C.).

Papier. 307 feuillets. Hauteur, 36 centimètres; largeur, 25 centimètres. 31 lignes par page. — (Supplément 1007.)

2893.

Même ouvrage. Premier et second livres. Les premiers feuillets manquent; le folio actuellement coté 1 correspond à la page ٢٩ du texte imprimé.

Papier. 215 feuillets. Hauteur, 22 centimètres et demi; largeur, 30 centimètres et demi. 25 lignes par page. Ms. du XIVe siècle. — (Ancien fonds 995, Colbert 2814.)

2894.

Même ouvrage. Premier livre. Ce ms. est composé de cahiers et de feuillets de diverses écritures, dont la plus ancienne, celle des feuillets 17 à 125, 133 à 231 est probablement du XIIe siècle.

Papier. 326 feuillets. Hauteur, 25 centimètres; largeur, 17 centimètres et demi. — (Ancien fonds 989.)

2895.

Même ouvrage. Premier livre. Le commencement manque.

Ms. daté de l'an 620 de l'hégire (1223 de J. C.).

Papier. 286 feuillets. Hauteur, 24 centimètres; largeur, 17 centimètres. 17 lignes par page. — (Supplément 1009.)

2896.

Même ouvrage. Premier livre.

Papier. 236 feuillets. Hauteur, 24 centimètres; largeur, 16 centimètres. 19 lignes par page. Ms. du XIIIe siècle. — (Ancien fonds 990.)

2897.

Même ouvrage. Premier livre, accompagné d'une traduction latine. La copie et la traduction sont de la main de Ramusio et très incorrectes.

Le ms. est daté de Damas, de l'an 1485 de J. C, mais l'écriture est du XVIe siècle.

Papier. 350 feuillets. Hauteur, 22 centimètres; largeur, 15 centimètres. — (Ancien fonds 1048.)

2898.

Même ouvrage. Deuxième partie du premier livre. Le volume commence à la deuxième *djomla* du second *ta'lîm* du deuxième *fann*.

Ms. daté de l'an 617 de l'hégire (1220 de J. C.).

Papier. 185 feuillets. Hauteur, 27 centimètres et demi; largeur, 18 centimètres. 17 lignes par page. — (Ancien fonds 992.)

2899.

Même ouvrage. Deuxième livre, renfermant le dictionnaire des médicaments simples.

Ms. daté de l'an 609 de l'hégire (1212-1213 de J. C.).

Papier. 332 feuillets. Hauteur, 25 centimètres et demi; largeur, 17 centimètres et demi. 15 lignes par page. — (Ancien fonds 994.)

2900.

Même ouvrage. Fragments du troisième et du quatrième livre.

Papier. 345 feuillets. Hauteur, 22 centimètres; largeur, 14 centimètres et demi. Environ 15 lignes par page. Ms. du XIVe siècle. — (Ancien fonds 1047.)

2901.

Même ouvrage. Troisième livre.

Papier. 284 feuillets. Hauteur, 25 centimètres; largeur, 20 centimètres. 25 lignes par page. Ms. du XIIIe siècle. — (Supplément 1011.)

2902.

Même ouvrage. Ce volume renferme les dix-neuf premiers *fann* du troisième livre.

Papier. 320 feuillets. Hauteur, 33 centimètres et demi; largeur, 26 centimètres. 25 lignes par page. Ms du XIIIe siècle. Le dernier cahier est d'une écriture moderne. — (Ancien fonds 996, Colbert 2815.)

2903.

Même ouvrage. Ce volume renferme les neuf premiers *fann* du troisième livre.

Ms. daté de l'an 522 de l'hégire (1128 de J. C.).

Papier. 253 feuillets. Hauteur, 19 centimètres et demi; largeur, 16 centimètres. 17 lignes par page. — (Supplément 1012.)

2904.

Même ouvrage. Ce volume renferme les neuf premiers *fann* du troisième livre.

Papier. 121 feuillets. Hauteur, 28 centimètres; largeur, 20 centimètres. 23 lignes par page. Ms. du XIIIe siècle. — (Ancien fonds 997, Colbert 2870.)

2905.

Même ouvrage. Ce volume renferme plusieurs *fann* du troisième livre. Le neuvième *fann*, commençant par le chapitre sur l'anatomie du corps, est suivi (fol. 18) du onzième *fann*, intitulé فى الثدى واحوالها, puis (fol. 22 v°) du douzième, etc., jusqu'au dix-huitième.

Papier. 248 feuillets. Hauteur, 28 centimètres; largeur, 21 centimètres et demi. 19 lignes par page. Ms. du XIIe siècle. — (Ancien fonds 993.)

2906.

Même ouvrage. Ce volume renferme les *fann* X à XV du troisième livre.

Ms. daté de l'an 524 de l'hégire (1130 de J. C.).

Papier. 182 feuillets. Hauteur, 24 centimètres; largeur, 16 centimètres. 20 lignes par page. — (Supplément 1010.)

2907.

Même ouvrage. Troisième livre. Le commencement manque. Le ms. commence au milieu de la première *maqâla* du treizième *fann* du troisième livre (page ۲۳ du texte imprimé), et il y a une lacune d'un feuillet entre les folios actuellement cotés 312 et 313.

Ms. daté de l'an 542 de l'hégire (1147-1148 de J. C.).

Papier. 313 feuillets. Hauteur, 31 centimètres; largeur, 24 centimètres. 18 lignes par page. — (Supplément 1013.)

2908.

Même ouvrage. Le ms. commence par la seconde *maqâla* du quinzième *fann* du troisième livre, et finit par le vingt-deuxième *fann* du même livre.

Ms. daté de l'an 737 de l'hégire (1337 de J. C.).

Papier. 233 feuillets. Hauteur, 19 centimètres et demi; largeur, 24 centimètres. 13 lignes par page. — (Supplément 1018.)

2909.

Même ouvrage. Troisième livre, *fann* XVI à XXII.

Ms. daté (fol. 135) de l'an 576 de l'hégire (1181 de J. C.). Les folios 132, 133, 134 et 279 sont d'une écriture plus moderne.

Papier. 279 feuillets. Hauteur, 24 centimètres; largeur, 17 centimètres. 15 lignes par page. — (Ancien fonds 1000, Colbert 5202.)

2910.

Même ouvrage. Troisième livre, *fann* XVIII à XXII.

Papier. 114 feuillets. Hauteur, 27 centimètres et demi; largeur, 18 centimètres. 23 à 27 lignes par page. Ms. du XVIe siècle. — (Ancien fonds 991.)

2911.

Même ouvrage. Quatrième volume d'un exemplaire complet, renfermant le quatrième et le cinquième livres de l'ouvrage.

Papier. 286 feuillets. Hauteur, 25 centimètres; largeur, 17 centimètres. 24 lignes par page. Ms. du XIIe siècle. — (Ancien fonds 998, Colbert 2871.)

2912.

Même ouvrage. Quatrième et cinquième livres.

Ms. daté de l'an 632 de l'hégire (1234 de J. C.); mais ce chiffre a été changé, après coup, en 232.

Papier. 190 feuillets. Hauteur, 25 centimètres; largeur, 17 centimètres. 27 lignes par page. — (Supplément 1014.)

2913.

Même ouvrage. Ce volume commence par la seconde *maqâla* du troisième *fann* du quatrième livre, et finit par la neuvième *maqâla* de la seconde *djomla* du cinquième livre.

Ms. daté de l'an 619 de l'hégire (1222 de J. C.).

Papier. 296 feuillets. Hauteur, 25 centimètres et demi; largeur, 17 centimètres. 19 lignes par page. — (Supplément 1016.)

2914.

Même ouvrage. Ce volume renferme le sixième et le septième *fann* du quatrième livre. Le commencement manque.

Papier. 97 feuillets. Hauteur, 25 centimètres et demi; largeur, 17 centimètres. 19 lignes par page. Ms. du XIVe siècle. — (Supplément 1006 B.)

2915.

Même ouvrage. Cinquième livre.

Ms. daté de l'an 725 de l'hégire (1326 de J. C.).

Papier. 120 feuillets. Hauteur, 25 centimètres et demi; largeur, 17 centimètres et demi. 19 lignes par page. — (Supplément 1006.)

2916.

Même ouvrage. Cinquième livre. Des gloses persanes, donnant la traduction de certains mots et même de certains passages sont placés en plusieurs endroits entre les lignes.

Papier. 222 feuillets. Hauteur, 25 centimètres et demi; largeur, 17 centimètres. 9 lignes par page. Ms. du XVe siècle (le dernier feuillet est moderne). — (Ancien fonds 999.)

IMPRIMERIE NATIONALE.

2917.

1° Abrégé du Canon d'Avicenne, par Scharaf al-Dîn al-Îlâqî, disciple d'Avicenne. Commencement : الحمد لله الغنى المجيد.

2° (Fol. 66 v°.) Commentaire sur l'abrégé d'Al-Îlâqî, par Sadîd al-Dîn Moḥammad السمناني. Commencement : حمدا للمليك ابدع بقدرته اصول التراكيب من الاركان.

Ms. daté de l'an 759 de l'hégire (1358 de J. C.).

Papier. 212 feuillets. Hauteur, 17 centimètres; largeur, 14 centimètres. Dans le premier ouvrage 17 lignes, dans le second 21 lignes par page. — (Supplément 1019.)

2918.

1° مختصر كتاب كلّيّات القانون «Abrégé des généralités du Canon (d'Avicenne)», par Nadjm al-Dîn Aḥmad ibn Moḥammad al-Loboûdî (اللُبودى), auteur du xiiie siècle. Commencement : الحمد لله الذى خلق الاركان وكوّن عنها جميع الاكوان.

Copie autographe, portant des corrections.

2° (Fol. 36.) Traité d'Al-Mokhtâr ibn al-Ḥosaïn ibn ʿAbdoûn ibn Boṭlân sur les maladies des moines et des personnes qui demeurent loin des villes. Cet ouvrage se compose de quarante-deux chapitres, dont la liste occupe les premières pages. Nous n'avons ici que les quatre premiers chapitres et le commencement du cinquième.

3° (Fol. 42.) Fragments du Canon d'Avicenne. Ce sont des extraits des lettres *alif*, *djîm* et *dâl* du Livre des simples.

4° (Fol. 56.) Fragment du *Continent* (الحاوى) de Rhazès, section des fièvres.

5° (Fol. 95.) تذكرة الكحّالين «Manuel des oculistes», par ʿAlî ibn ʿÎsâ, oculiste chrétien du iiie siècle de l'hégire. Fragment qui donne la fin de la seconde partie de l'ouvrage, et la liste des chapitres et quelques feuillets détachés de la troisième partie.

6° (Fol. 106.) Fragment du commentaire d'Averroès sur l'*Ordjoûza* d'Avicenne.

7° (Fol. 155.) Fin du troisième discours et commencement du quatrième, avec la liste des chapitres, du كنّاش de Yôḥannâ ibn Sérapion.

8° (Fol. 171.) Fragments d'un recueil de Vies de quelques saints musulmans.

9° (Fol. 183.) Fragments de plusieurs sections d'un traité de médecine. Écriture cursive, probablement celle de l'auteur.

10° (Fol. 190.) Fragment d'un traité de médecine. Il y est question des maladies de la peau, de la vessie, des reins, etc.

11° (Fol. 201.) Traité des pierres, extrait de l'«*Adjâïb al-Makhloûqât*» de Qazwînî. Les feuillets sont intervertis.

12° (Fol. 207.) Fragment d'un traité de médecine. Il y est question des vers intestinaux, des hernies, des coliques, etc.

13° (Fol. 223.) Notes d'un médecin sur les maladies qu'il a soignées, extraits de ses lectures et diverses recettes. Le tout est écrit sans ordre et d'une écriture mal formée.

Papier. 253 feuillets. Hauteur, 23 centimètres et demi; largeur, 15 centimètres et demi. Écritures diverses des xiiie, xive et xve siècles. — (Ancien fonds 1056.)

2919.

الموجز فى الطبّ «Compendium de médecine». Abrégé du Canon d'Avicenne, par Ibn al-Nafîs (ʿAlâ al-Dîn Abou 'l-Ḥasan ʿAlî ibn abi 'l-Ḥazm al-Qoraschî), mort vers la fin du xiiie siècle. L'ouvrage est divisé en quatre sections : 1° la théorie et la pratique; 2° les médecins et les aliments; 3° les maladies locales et leur traitement; 4° les maladies qui affectent tout le corps et leur traitement.

Ms. daté de l'an 738 de l'hégire (1337 de J. C.).

Papier. 198 feuillets. Hauteur, 20 centimètres; largeur, 14 centimètres. 17 lignes par page. — (Ancien fonds 1050, Colbert 5953.)

2920.

Même ouvrage. Nombreuses notes marginales aux premiers feuillets. Les feuillets de garde portent diverses notes, les unes en arabe, les autres en turc.

Ms. daté de l'an 785 de l'hégire (1383 de J. C.).

Papier. 224 feuillets. Hauteur, 19 centimètres et demi; largeur, 14 centimètres. 11 à 13 lignes par page. — (Ancien fonds 1051.)

2921.

Même ouvrage.

Ms. incomplet et composé de cahiers de diverses écritures. Un titre apocryphe désigne l'ouvrage comme un

commentaire du *Moûdjiz*, et affirme que le ms. appartenait à la bibliothèque du sultan Tchaqmaq.

Papier. 120 feuillets. Hauteur, 21 centimètres et demi; largeur, 15 centimètres. Environ 19 lignes par page. — (Supplément 1033.)

2922.

Même ouvrage.

Ms. daté de l'an 963 de l'hégire (1556 de J. C.).

Papier. 195 feuillets. Hauteur, 18 centimètres; largeur, 13 centimètres et demi. 15 lignes par page. — (Ancien fonds 1057.)

2923.

Même ouvrage.

Ms. daté de l'an 1122 de l'hégire (1711 de J. C.). Il y a beaucoup de notes au commencement et à la fin.

Papier. 192 feuillets. Hauteur, 19 centimètres; largeur, 15 centimètres. 15 lignes par page. — (Supplément 1962.)

2924.

المغنى فى شرح الموجز «Le Traité qui suffit pour l'explication du texte du *Moûdjiz*», par Sadîd al-Dîn al-Kâzaroûnî, médecin du xive siècle. Le texte du *Moûdjiz*, divisé en paragraphes, se trouve presque en entier dans cet ouvrage. Commencement : الحمد لله الذى ابدع بقدرته جواهر عقلية مجرّدة.

Le texte du *Moûdjiz* est écrit à l'encre rouge.

Papier. 258 feuillets. Hauteur, 28 centimètres; largeur, 17 centimètres. 31 lignes par page. Ms. du xive siècle. — (Ancien fonds 1005, Colbert 2873.)

2925.

Même ouvrage.

Exemplaire écrit à Mâridîn, et daté de l'an 791 de l'hégire (1389 de J. C.).

Papier. 325 feuillets. Hauteur, 26 centimètres et demi; largeur, 18 centimètres et demi. 27 lignes par page. — (Ancien fonds 1006.)

2926.

Même ouvrage.

Ms. daté de l'an 946 de l'hégire (1539 de J. C.). Le commencement manque.

Papier. 230 feuillets. Hauteur, 21 centimètres et demi; largeur, 15 centimètres et demi. 19 lignes par page. — (Supplément 1035.)

2927.

Même ouvrage.

Ms. daté de l'an 968 de l'hégire (1564 de J. C.).

A la fin du ms. se trouvent des notes diverses, des réflexions morales, des prières, des recettes, des extraits d'Ibn al-Baïṭâr, etc. Quelques-unes de ces notes sont en persan.

Papier. 315 feuillets. Hauteur, 31 centimètres; largeur, 21 centimètres. 23 lignes par page. — (Ancien fonds 1004.)

2928.

Même ouvrage.

A la fin du volume se trouvent un grand nombre de notes et d'extraits, dont quelques-uns en langue turque.

Papier. 150 feuillets. Hauteur, 21 centimètres; largeur, 14 centimètres. 15 lignes par page. Ms. du xvie siècle. — (Ancien fonds 1045.)

2929.

Même ouvrage.

Papier. 510 feuillets. Hauteur, 21 centimètres; largeur, 15 centimètres. 19 lignes par page. Ms. du xviie siècle (les premiers feuillets sont plus anciens). — (Supplément 1034.)

2930.

Second volume du commentaire sur le *Moûdjiz* d'Ibn al-Nafîs, par Maḥmoûd ibn Aḥmad Al-Amschâṭî, mort en 810 de l'hégire (1407-1408 de J. C.).

Ms. daté de l'an 1126 de l'hégire (1714-1715 de J. C.).

Papier. 362 feuillets. Hauteur, 31 centimètres; largeur, 22 centimètres. 17 lignes par page. — (Supplément 1020.)

2931.

Commentaire anonyme sur le *Moûdjiz* d'Ibn al-Nafîs. Le texte du *Moûdjiz* est reproduit en entier. Il n'y a pas de préface.

Ms. dépourvu de points diacritiques.

Papier. 599 feuillets. Hauteur, 18 centimètres; largeur, 14 centimètres. 21 lignes par page. Ms. du xvie siècle. — (Supplément 1032.)

2932.

Commentaire de Moḥammad ibn Aḥmad, d'Andrinople (الادرنوى), surnommé Ibn al-ʿAṭṭâr, sur les gloses de Nafîs ibn ʿIwadh al-Kirmânî expliquant les passages difficiles de l'épitomé du Canon d'Avicenne d'Ibn al-Nafîs. Commencement : حامد المسبّب هيّأ للاشياء اسبابا.

Ms. daté de l'an 976 de l'hégire (1569 de J. C.).

Papier. 60 feuillets. Hauteur, 20 centimètres et demi; largeur, 15 centimètres. 23 lignes par page. — (Ancien fonds 1089.)

2933.

مختصر القانون في الطب. Abrégé du Canon d'Avicenne. Première moitié du second livre, renfermant le dictionnaire des simples, jusqu'à l'article غرب. L'auteur de cet abrégé se nomme Nidâ ibn ʿÎs ibn al-Ḥâddj Nidâ ibn ʿImrân (ندا بن عيس بن الحاج ندا بن عمران).

Ms. autographe, daté de l'an 990 de l'hégire (1582 de J. C.).

Papier. 109 feuillets. Hauteur, 21 centimètres et demi; largeur, 15 centimètres et demi. 15 lignes par page. — (Ancien fonds 1052, Colbert 4560.)

2934.

1° (Fol. 2 v°.) Commentaire sur le premier livre du Canon d'Avicenne. Commencement : اما بعد حمد الله مقدّر الامزجة والاجزاء. Le nom de l'auteur n'est pas indiqué [1].

2° (Fol. 128.) Traité anonyme où l'on examine, au point de vue de la métaphysique, l'influence de la prière sur l'esprit et sur le corps.

Ms. daté de l'an 635 de l'hégire (1238 de J. C.). Les points diacritiques sont souvent omis. En tête du volume on lit la fin d'une dissertation sur les sphères et sur la première intelligence; ce texte renferme des prières et des invocations adressées à Dieu.

Papier. 130 feuillets. Hauteur, 23 centimètres et demi; largeur, 16 centimètres et demi. 23 lignes par page. — (Ancien fonds 1001.)

2935.

Commentaire sur le premier livre du Canon d'Avicenne. C'est le même ouvrage que l'article 1° du numéro précédent.

Ms. daté de l'an 710 de l'hégire (1310-1311 de J. C.).

Papier. 196 feuillets. Hauteur, 16 centimètres; largeur, 12 centimètres. 20 lignes par page. — (Supplément 1015.)

2936.

حلّ شكوك القانون «Explication des difficultés qui se trouvent dans le Canon», par Aḥmad ibn abî Bakr ibn Moḥammad al-Nakhdjowânî, mort à Alep, vers le milieu du XIII° siècle. Ce sont des gloses sur le commentaire du Canon d'Avicenne, par Fakhr al-Dîn al-Râzî. Commencement : احمد الله حمدا يستحقه لسبوغ نعائه.

Ms. sans points diacritiques, qui a été collationné en l'an 651 de l'hégire (1253 de J. C.).

Papier. 128 feuillets. Hauteur, 21 centimètres et demi; largeur, 14 centimètres et demi. 15 lignes par page. — (Ancien fonds 1053.)

2937.

Commentaire sur le كلّيّات du Canon d'Avicenne, accompagné d'extraits du traité composé sur le même sujet par Fakhr al-Dîn Moḥammad ibn ʿOmar al-Râzî. Cet ouvrage a pour auteur Abou 'l-Fadhâïl Moḥammad ibn Nâmwer al-Khoûnadjî, docteur schaféite, mort, selon Hadji Khalfa (t. II, p. 623), en 649 de l'hégire (1251-1252 de J. C.), ou en 646, selon Wüstenfeld (*Arabische Aerzte*, n° 232). Commencement : الحمد لله مبدع الارواح في الاجسام.

Ms. daté de l'an 671 de l'hégire (1273 de J. C.).

Papier. 97 feuillets. Hauteur, 16 centimètres; largeur, 12 centimètres. 20 lignes par page. — (Supplément 1015 *bis*.)

2938.

Même ouvrage.

Ms. daté de l'an 732 de l'hégire (1332 de J. C.).

Papier. 112 feuillets. Hauteur, 23 centimètres et demi; largeur, 15 centimètres et demi. 23 lignes par page. — (Supplément 1017.)

[1] Ce commentaire est, paraît-il, de Fakhr al-Dîn Moḥammad ibn ʿOmar al-Râzî. H. Z.

2939.

Commentaire sur les parties anatomiques du Canon d'Avicenne, par ᶜAlâ al-Dîn ibn al-Nafîs. L'auteur dit qu'il avait réuni tous les passages sur l'anatomie qui sont dispersés dans les trois premiers livres du Canon, afin de former un traité régulier sur le sujet. Commencement : وبعد حمد الله والصلاة على انبيائه ورسله فان قصدنا الان ايراد ما تيسر لنا الخ.

Cette copie a probablement été écrite du vivant de l'auteur.

Papier. 118 feuillets. Hauteur, 25 centimètres et demi; largeur, 17 centimètres. 29 lignes par page. — (Ancien fonds 1002, Colbert 2869.)

2940.

Premier volume du commentaire de Qoṭb al-Dîn Maḥmoûd ibn Masᶜoûd al-Schîrâzî sur le Canon d'Avicenne. On lit, au fol. 3, qu'en l'an 681 de l'hégire (1282-1283 de J. C.), l'auteur était occupé à rassembler les matériaux de son ouvrage. Il mourut en 710 de l'hégire (1310-1311 de J. C.). Le commentaire commence par ces mots : ان اولى ما افتتح به خطاب واحرى ما ابتدى به كتاب حمد الله المنعم الخ. Le texte d'Avicenne est écrit à l'encre rouge. Une note de S. de Sacy, en tête du volume, constate que l'on y trouve la préface du Canon, ainsi que les dix premières pages et trois lignes de la onzième page de l'édition de Rome, et, de plus, les pages 33, 34, 35, 36 et quatorze lignes de la page 37 de la même édition. Un traité des fièvres, en quinze chapitres, termine le volume. L'auteur expose les raisons qui l'ont déterminé à insérer ce traité dans son commentaire.

Papier. 335 feuillets. Hauteur, 26 centimètres et demi; largeur, 20 centimètres et demi. 25 lignes par page. Ms. de la fin du XIIIᵉ siècle. — (Ancien fonds 1003, Colbert 2863.)

2941.

التلويح فى اسرار التنقيح « Éclaircissement des obscurités du *Tanqîḥ* », par Fakhr al-Dîn al-Khodjandî. Dans ce traité, l'auteur donne le sommaire d'un ouvrage qu'il avait publié sous le titre de تنقيح المكنون, et qui est un extrait d'un abrégé, intitulé المكنون, du Canon d'Avicenne, par un auteur inconnu. (Voy. Hadji Khalfa, t. II, p. 451, et t. IV, p. 501). Le présent ouvrage commence par ces mots : اما بعد حمد الله واهب العقل ومفيض الخير والعدل. Aux premières pages, il y a un grand nombre de notes marginales. En tête du volume se trouve un assez long article sur la vraie définition de la science de la médecine.

Papier. 102 feuillets. Hauteur, 20 centimètres et demi; largeur, 13 centimètres et demi. 13 lignes par page. Ms. du XVIᵉ siècle. — (Ancien fonds 1049, Colbert 4975.)

2942.

1° *Ordjoûza* d'Avicenne sur la médecine. Commencement :

يا سايلى عن صحة الاجساد
اسمع هديت الرشد يا استادى

2° (Fol. 5 v°.) Autre *Ordjoûza* sur le même sujet. Commencement :

بدات باسم الله فى نظم حسن
اذكر ما جربته طول الزمن

3° (Fol. 11.) *Ordjoûza* sur le même sujet, composée au commencement du XIVᵉ siècle, par Aḥmad ibn Ḥasan al-Khaṭîb.

4° (Fol. 21.) مختصر الفلاحة وذكر منافع المفردات « Abrégé de l'*Agriculture* (*nabatéenne*) et indication des vertus des simples ». Notices sur les plantes utiles, par ᶜAlî ibn Ḥasan ibn Moḥammad al Zaïtoûnî al-ᶜAufî.

5° (Fol. 62.) Notices sur les médicaments simples, tirées d'un ouvrage composé par Isḥâq ibn Solaïmân, d'après les écrits de Galien et d'autres auteurs anciens. L'auteur de cet extrait se nomme Moḥammad ibn Aḥmad ibn ᶜÂïscha (?) al-Zaïtoûnî al-ᶜAufî.

6° (Fol. 108.) Prières.

La plus grande partie de ce volume est de la main de Moḥammad ibn Aḥmad al-ᶜAufî.

Papier. 113 feuillets. Hauteur, 18 centimètres; largeur, 13 centimètres et demi. 15 à 20 lignes par page. — (Ancien fonds 1093, Colbert 6005.)

2943.

1° التوفيق للطبيب الشفيق بشرح ارجوزة الشيخ الرييس امام الطريق « Satisfaction donnée au médecin plein d'humanité et qui consiste en un commentaire sur l'*Ordjoûza* du schaïkh et *ra'îs* qui nous guide dans le chemin ». Ce commentaire a été composé en 988 de l'hégire (1580 de

J. C.), par Moḥammad ibn Ismâʿîl ibn Moḥammad. Commencement : الحمد لله المتقن بدقايق حكمته البالغة خلق كل شيء. Le dernier chapitre renferme de courtes notices biographiques sur les médecins dont les noms sont mentionnés dans le poème d'Avicenne.

2° (Fol. 203.) L'*Ordjoûza* d'Avicenne sur la médecine.

3° (Fol. 250 v°.) *Ordjoûza* sur les maladies de l'œil.

4° (Fol. 260 v°.) *Ordjoûza* énumérant les veines sur lesquelles on peut pratiquer la saignée.

Le premier traité contenu dans ce volume a été copié sur le ms. autographe, probablement au XVIIIe siècle; le second traité est daté de l'an 1185 de l'hégire (1771-1772 de J. C.).

Papier. 261 feuillets. Hauteur, 22 centimètres; largeur, 12 centimètres. 23 lignes par page dans le premier traité, 15 lignes dans les autres. — (Supplément 1022.)

2944.

الكحل النفيس لجلاء اعين الرئيس «Le Précieux collyre pour éclaircir les yeux (ou les *ʿain*, c'est-à-dire les vers rimant en *ʿaïn*) du *Raʾîs*». C'est un commentaire sur le célèbre poème d'Avicenne (العينية), qui traite de l'union et de la séparation du corps et de l'âme, par le médecin Dâʾoûd, d'Antioche, mort en 1008 de l'hégire (1599-1600 de J. C.). Commencement : تقدس نور الانوار عن حصر المرايا.

Ms. daté de l'an 1200 de l'hégire (1785 de J. C.).

Papier. 63 feuillets. Hauteur, 20 centimètres et demi; largeur, 15 centimètres. 21 lignes par page. — (Supplément 1963.)

2945.

تقويم الصحة «Entretien de la santé», traité d'hygiène par Abou 'l-Ḥasan Bawânîn (بوانين) ibn al-Ḥasan ibn al-Ḥasan ibn ʿAbdoûn (Ibn al-Boṭlân), surnommé Al-Mokhtâr, médecin chrétien de Baghdâd, mort en 444 de l'hélire (1055-1053 de J. C.). L'auteur expose, en plusieurs tableaux synoptiques, les propriétés des aliments, de l'air, des vêtements, etc. Commencement: ان الانسان في اكثر احواله شبيه بحال القمر.

Ms. daté de l'an 1014 de l'hégire (1605 de J. C.).

Papier. 21 feuillets. Hauteur, 32 centimètres; largeur, 21 centimètres et demi. — (Supplément 1061.)

2946.

1° ايضاح محجّة العلاج «Éclaircissement de la voie qui conduit à la thérapeutique», par Ṭâhir ibn Ibrâhîm ibn Moḥammad, médecin persan du XIe siècle. Ce traité a été composé à la demande du cadi Abou 'l-Fadhl Moḥammad ibn Hamawaïh. Commencement : هذه قوانين ونكت لا يستغنى عنها من اراد علاج المرضى.

2° (Fol. 30 *bis*.) Médicaments simples mentionnés dans la تحفة et classés ici selon leur nature et leur emploi. Notes marginales en persan.

3° (Fol. 34.) Traité de pharmaceutique, par Badr al-Dîn Moḥammad ibn Bahrâm Ibn al-Qalânisî (ابن القلانسى), médecin qui vivait vers la fin du XIIe siècle. Quarante-neuf chapitres. Commencement: الحمد لله الحكيم القاهر العزيز القادر.

4° (Fol. 145 v°.) Traité d'Hippocrate sur la mort, traduit en arabe par Yaḥyâ ibn al-Baṭrîq.

5° (Fol. 147 v°.) Sur le régime qu'il faut prescrire aux malades (اطعمة المرضى). Commencement : ان احد العلوم التى ينتفع بها الناس علم الطب.

6° (Fol. 164 v°.) Recettes.

7° (Fol. 167 v°.) Petit dictionnaire alphabétique des simples, suivi d'un chapitre sur les purgatifs. Au verso du premier feuillet on lit, écrit de la même main que les rubriques, ce titre : اقرباذين العلامة محمد بن على بن عمر السمرقندى «Pharmaceutique du savant Moḥammad ibn ʿAlî ibn ʿOmar al-Samarqandî».

8° (Fol. 185.) Recueil de recettes et de remèdes. D'après une note, qu'on lit au commencement, ce serait la Pharmaceutique d'Al-Nadjîbî. Il n'y a pas de préface. Le premier article est intitulé حب القوقايا.

9° (Fol. 244 v°.) Recueil de notes dont l'auteur est le médecin qui a écrit ce volume. On y trouve des recettes, des extraits de divers ouvrages, des observations sur les résultats qu'il a obtenus lui-même en employant tel ou tel traitement, etc.

10° (Fol. 278 v°.) Deux traités en langue persane, sur les pronostics qu'on peut tirer des mois de l'année. Le premier traite de l'année arabe, le second du cycle des Turcs, à commencer par les années de la Souris et de la Vache.

Ms. tout entier de la même main et daté de 859 et 860 de l'hégire (1455-1456 de J. C.).

Papier. 289 feuillets. Hauteur, 27 centimètres; largeur, 18 centimètres. 21 lignes par page. — (Ancien fonds 1022, Colbert 4102.)

2947.

1° كتاب تقويم الابدان «Tableaux synoptiques des (maladies du) corps», par Aboû ʿAlî Yaḥyâ ibn ʿÎsâ ibn Djazla, de Baghdâd, mort en 493 de l'hégire (1100 de J. C.). Ce traité, qui a été composé pour la bibliothèque du calife abbaside Al-Moqtadî, nous offre une série de tableaux, à plusieurs colonnes, accompagnés de notes marginales. Les colonnes de droite indiquent les caractères particuliers de chaque maladie, celles de gauche le traitement.

2° (Fol. 49 v°.) Deux extraits: le premier est tiré du *Continent* (*Al-Ḥâwî*) d'Al-Râzî, le second de la *Kholâṣa* de بحل ibn Isḥâq al-Ardabîlî.

3° (Fol. 52 v°.) كتاب تقويم الصحّة «Tableaux synoptiques pour l'entretien de la santé», par Abou 'l-Ḥasan al-Mokhtâr ibn al-Ḥasan ibn ʿAbdoûn ibn Boṭlân.

4° (Fol. 86.) كتاب التاج فى كيفية العلاج «La Couronne, traité sur la manière de guérir les maladies», par ʿAbd al-Wâḥid ibn ʿAbd al-Razzâq, prédicateur de la ville de Nassâ (الخطيب النسوى). Vingt-huit chapitres, dont le troisième et le dernier sont en langue persane.

Ms. daté de l'an 547 de l'hégire (1152 de J. C.). A la fin du volume se trouve un cahier d'une grossière écriture maghrebine, renfermant quelques fragments du Coran.

Papier. 135 feuillets. Hauteur, 31 centimètres; largeur, 22 centimètres et demi. — (Ancien fonds 1020.)

2948.

منهاج البيان فيما يستعمله الانسان «Le sentier de l'indication, faisant connaître ce qui est à l'usage de l'homme», par Aboû ʿAlî Yaḥyâ ibn Djazla. Notices, rangées dans l'ordre de l'alphabet, sur toutes les substances animales, végétales et minérales qui peuvent servir à l'homme, soit comme aliments, soit comme remèdes. Commencement : الحمد لله الذى تظهر بدايع مصنوعاته وبهرت غرايب مبتدعاته.

Ms. de diverses mains, dont la partie la plus considérable et la plus ancienne est datée de l'an 612 de l'hégire (1216 de J. C.).

Papier. 220 feuillets. Hauteur, 23 centimètres; largeur, 17 centimètres et demi. 22 lignes par page. — (Supplément 1046.)

2949.

Même ouvrage.
Ms. daté de l'an 615 de l'hégire (1218 de J. C.).

Papier. 203 feuillets. Hauteur, 30 centimètres; largeur, 14 centimètres. 19 lignes par page. — (Ancien fonds 1035.)

2950.

Même ouvrage.
Ms. daté de l'an 674 de l'hégire (1275 de J. C.). Les feuillets 25 à 52 sont d'une époque assez moderne.

Papier. 361 feuillets. Hauteur, 30 centimètres et demi; largeur, 23 centimètres et demi. 15 lignes par page. — (Ancien fonds 1021.)

2951.

Même ouvrage.
Ms. daté de l'an 946 de l'hégire (1540 de J. C.).

Papier. 345 feuillets. Hauteur, 22 centimètres; largeur, 16 centimètres. 15 à 17 lignes par page. — (Ancien fonds 1078.)

2952.

Même ouvrage.
Ms. daté de l'an 1058 de l'hégire (1648 de J. C.).

Papier. 294 feuillets. Hauteur, 22 centimètres; largeur, 15 centimètres et demi. 21 lignes par page. — (Ancien fonds 1079.)

2953.

المقالة فى العمل باليد «Discours sur les opérations manuelles», traité de chirurgie en trois parties, par Abou 'l-Qâsim (*Albucasis* des traducteurs latins) Khalaf ibn ʿAbbâs al-Zahrâwî, médecin espagnol, mort en 500 de l'hégire (1106-1107 de J. C.). Ce traité forme la trentième et dernière section du grand ouvrage sur la médecine qui porte le titre de التصريف لمن عجز عن التاليف.

Ce volume, d'une belle écriture maghrebine, contient des figures d'instruments assez bien dessinées; le dernier cahier et la préface particulière que l'auteur avait composée pour ce traité sont d'une main plus moderne.

Papier. 112 feuillets. Hauteur, 27 centimètres et demi; largeur, 20 centimètres et demi. 27 lignes par page. Ms. du XVIe siècle. — (Supplément 1059.)

2954.

1° Dictionnaire des divers corps et substances et de leurs vertus. Ce recueil, formé d'extraits d'une trentaine d'auteurs, dont les noms sont indiqués à la première page, avec les sigles par lesquels ils sont désignés, dans la suite de l'ouvrage, est attribué à Abou 'l-ʿAlâ Zohr, médecin espagnol. Voici ce qu'on lit immédiatement après le *bismillâh* : جميع فوايد المنتخب الصحيح من الخواص التجربة مما الفه الوزير الحكيم ابو العلا بن (*sic*) زهر. Hadji Khalfa fait mention de ce traité dans sa Bibliographie (t. V, p. 383). (Voyez aussi le Catalogue de la Bibliothèque de Leyde, t. III, p. 249.)

2° (Fol. 106 v°.) كتاب مهاريس «Le Livre de Mehârîs», personnage nommé dans la préface du traité précédent. On y trouve l'indication des vertus médicales qu'on a reconnues dans les diverses parties du corps humain et des corps des animaux. Cette compilation commence par ces mots : قال ابو جعفر احمد بن سلامة الكردى الطحاوى اعضاء الانسان ومنافعها.

3° (Fol. 113.) Charmes et amulettes qu'un certain ʿAbd Allah ibn Salâm prétend avoir trouvés dans le Pentateuque.

Ms. daté de l'an 590 de l'hégire (1194 de J. C.).

Papier. 116 feuillets. Hauteur, 23 centimètres et demi; largeur, 16 centimètres et demi. 15 lignes par page. — (Ancien fonds 1076.)

2955.

التذكرة الاشرفية فى الصناعة الطبية «L'Aide-mémoire *aschrafite* pour l'art de la médecine», traduction arabe du مختصر علاى, ouvrage composé par Ismâʿîl ibn al-Ḥasan al-Djordjânî pour ʿAlâ al-Dîn Alp Arslân Moḥammad. Al-Djordjânî mourut vers l'an 530 de l'hégire (1135 de J. C.). Le traducteur, dont le nom reste à découvrir, a dédié son travail à un prince qui portait le titre d'*Al-Malik al-Aschraf*. Une lacune entre les deux premiers feuillets du ms. nous empêche de reconnaître le nom de ce personnage. C'est peut-être Al-Malik al-Aschraf Moûsâ, fils d'Al-Malik al-ʿÂdil et neveu de Saladin. Commencement : الحمد لله مبدع الانواع والاجناس والعقول. Mais le premier feuillet a été ajouté après coup.

Papier. 104 feuillets. Hauteur, 24 centimètres; largeur, 15 centimètres et demi. 17 lignes par page. Ms. du XIIIᵉ siècle. — (Ancien fonds 1019.)

2956.

الكافى فى صناعة الطبّ «Le Suffisant, touchant l'art de la médecine», traité de médecine pratique, par Aboû Naṣr ʿAdnân ibn Naṣr al-ʿAïn-Zarbî, médecin du calife fatémide Al-Ẓâfir bi-Amr Illâh. L'auteur, après quelques observations sur l'influence de l'air, de l'alimentation, du repos et du mouvement, etc., consacre la plus grande partie de son ouvrage à la thérapeutique.

Ms. daté de l'an 953 de l'hégire (1546 de J. C.).

Papier. 184 feuillets. Hauteur, 23 centimètres; largeur, 16 centimètres et demi. 18 lignes par page. — (Ancien fonds 1067, Colbert 4117.)

2957.

المغنى فى الطب «Traité de médecine qui dispense de tous les autres», par Abou 'l-Ḥosaïn Saʿîd ibn Hibat Allah ibn al-Ḥasan, médecin du calife abbaside Al-Moqtadir, mort vers le milieu du XIIᵉ siècle de J. C. L'ouvrage se compose de tableaux, où sont indiquées les maladies, leurs causes, leurs symptomes et leur traitement. Commencement : ان اولى ما نطق به اللسان وثبت به برهانه فى الجنان.

Ms. daté de l'an 597 de l'hégire (1201 de J. C.).

Papier. 103 feuillets. Hauteur, 20 centimètres et demi; largeur, 15 centimètres et demi. — (Ancien fonds 1075, Colbert 4651.)

2958.

Même ouvrage.

Papier. 104 feuillets. Hauteur, 28 centimètres et demi; largeur, 20 centimètres et demi. Ms. du XVᵉ siècle. — (Ancien fonds 1007.)

2959.

الاقتصاد فى اصلاح الانفس والاجساد «Le Juste milieu pour la guérison des esprits et des corps», traité de médecine en sept discours (*maqâlât*), composé par ʿAbd al-Malik ibn Zohr (*Avenzohar*) ibn ʿAbd al-Malik, et dédié au prince almoravide, Ibrâhîm ibn Yoûsof ibn Taschefîn. Dans l'*explicit*, l'auteur promet de faire suivre cet ouvrage d'un second volume. Écriture sans points diacritiques; le premier cahier est d'une main plus moderne.

Papier. 141 feuillets. Hauteur, 22 centimètres et demi; largeur, 15 centimètres. 19 lignes par page. Ms. du XVIᵉ siècle. — (Supplément 1057.)

2960.

1° Traité des aliments et de l'hygiène, par Aboû Marwân ʿAbd al-Malik ibn Zohr. C'est l'*Abomeron Avenzohar* de l'ancienne traduction latine. Commencement : قال عبد الملك بن زُهر انّى اريد ان اتكلّم فى الادوية التى يسهل وجودُها ولا يتعذر فى الكثر المواطن إمكانُها كلاما مختصرا الخ. Malgré cette déclaration, l'auteur s'occupe principalement des aliments, de la chair des animaux et de l'hygiène. Copie exécutée à Barcelone (?برجلونة), en 562 de l'hégire (1166 de J. C.).

2° (Fol. 37 v°.) التذكرة «Avertissement». Conseils adressés à son fils, par Abou 'l-ʿAlâ Zohr, fils d'Aboû Marwân ʿAbd al-Malik ibn Zohr, et se rapportant à la pratique de la médecine. Chaque conseil commence par le mot تذكّر «souviens-toi». Cette pièce n'a pas de préface.

3° (Fol. 42 v°.) Recueil de recettes, par un anonyme, probablement par un des nombreux membres de la famille Zohr. Commencement : ذكر الادوية التى تُخرج الشوك والسلا والزجاج والعظام.

4° (Fol. 50.) كتاب التيسير فى المداوات والتدبير «La Médication et l'hygiène rendues faciles», par le vizir (الوزير الاجلّ) Aboû Marwân ʿAbd al-Malik ibn Zohr. Cet ouvrage, très étendu, commence par une note de quinze lignes, où l'auteur dit : انى والشاهد الله لم اضع هذا الكتاب الا وقد لزمنى الاضطرار بشدة العدم وبالامر القوى الحزم الى وضعه ومع ذلك الخ. La préface commence par ces mots : الحمد لله الذى كل ما يقع الحواس عليه تشهد له بالوحدانية والقدرة. Copie exécutée à Barcelone, en 561 de l'hégire (1165-1166 de J. C.).

Le ms. tout entier est de la même main.

Papier. 201 feuillets. Hauteur, 25 centimètres et demi; largeur, 19 centimètres et demi. 22 lignes par page. — (Ancien fonds 1028.)

2961.

النتائج العقلية فى الوصول الى المناهج الفلسفية «Produits intellectuels qui conduisent vers les voies philosophiques», traité de médecine, par Aboû ʿAbd Allah Mohammad ibn Ahmad al-Albîrî (الالبيرى, né à Elvira, en Espagne ?). Cet ouvrage, qui est sans préface, traite des devoirs d'un pharmacien et des instruments dont celui-ci a besoin pour ses manipulations; puis des vertus des divers minéraux et drogues, des saisons de l'année, des jours de la semaine et des quatre humeurs, des maladies provenant du dérangement des humeurs et des maladies qui affectent les divers membres du corps. On trouve ensuite des instructions pour la préparation des loochs, tisanes, pastilles, poudres, électuaires, etc. L'ouvrage se termine par des observations sur les vertus de certains produits végétaux et par un recueil de recettes.

Ms. daté de l'an 612 de l'hégire (1216 de J. C.).

Papier. 130 feuillets. Hauteur, 21 centimètres; largeur, 13 centimètres et demi. 15 à 17 lignes par page. — (Ancien fonds 1068.)

2962.

1° الرسالة الفاضلية. Traité dédié à Al-Qâdhî al-Fâdhil (ʿAbd al-Rahmân ibn ʿAlî), ministre du sultan Saladin, par Aboû ʿImrân Moûsâ ibn ʿObaïd Allah, de Cordoue, mieux connu sous le nom de *Ibn-Maimoûn* ou *Maïmonide*. Cet écrit se compose de deux parties (نوع), dont chacune est divisée en plusieurs chapitres. La première partie traite des piqûres des reptiles, la seconde, des empoisonnements. Ce traité a été composé au Caire, en 575 de l'hégire (1180 de J. C.).

2° (Fol. 34.) مسئلة فى الكنايس «Question sur les églises». Il s'agit des églises que les chrétiens possédaient au Caire et qui avaient été fermées par l'autorité musulmane. Les chrétiens ayant réclamé, le cas fut soumis au docteur hanbalite Taqî al-Dîn ibn Taïmiya al-Harrânî, qui approuva la mesure prise par le gouvernement. Ce traité renferme la Question *in extenso*, ainsi que la Réponse.

3° (Fol. 50.) كتاب قوانين الدواوين «Traité sur l'organisation des bureaux». Il s'agit des bureaux de l'administration financière en Égypte, au XIIIe siècle. Le traité se compose de dix chapitres : 1° sur les écritures et les écrivains; 2° sur les devoirs des écrivains; 3° sur le personnel des bureaux; 4° sur les voies et moyens (المعاملات السلطانية والجهات الديوانية); 5° sur l'année solaire et l'année lunaire; 6° sur les terres de l'Égypte et leurs divers caractères; 7° sur les canaux et les chaussées (جسور); 8° sur le cadastre; 9° sur la valeur relative des divers produits de la terre; 10° sur la question de savoir si les règlements de l'administration s'accordent avec les préceptes de la loi. Le premier feuillet de cet ouvrage instructif manque, ainsi que quelques feuillets au milieu.

Copie datée de l'an 651 de l'hégire (1253 de J. C.).

Papier. 97 feuillets. Hauteur, 17 centimètres; largeur, 12 centimètres et demi. Écritures diverses du XIIIe siècle. — (Ancien fonds 1094.)

2963.

الارشاد لمصالح الانفس والاجساد «Direction vers les

choses utiles pour l'âme et le corps », traité de médecine, en quatre sections (*maqâlât*), par Abou 'l-Makârim Hibat Allah ibn Djamî' (جميع) al-Isrâîlî. L'auteur étant mort avant d'avoir mis son ouvrage au net, son fils, Abou 'l-Ṭâhir Ismâ'îl, surnommé Ṣanîa 'l-Molk (صنيعة الملك), s'acquitta de cette tâche.

Papier. 307 feuillets. Hauteur, 29 centimètres et demi ; largeur, 20 centimètres. 21 lignes par page. Ms. du XVIe siècle. — (Supplément 1062.)

2964.

Traité de la thériaque.

Ms. daté de l'an 595 de l'hégire. Nombreux ornements et miniatures. Le premier feuillet manque.

Papier. 73 feuillets. Hauteur, 37 centimètres; largeur, 29 centimètres. — (Supplément 2433.)

2965.

1° كتاب تقويم الادوية المفردة « Tables synoptiques des médicaments simples », par Ibrâhîm ibn abî Sa'îd al-'Alâ'î, médecin maghrebin. L'ouvrage renferme une introduction et seize tableaux doubles, dans lesquels les noms des simples sont inscrits suivant l'ordre de l'alphabet ابجد, avec l'indication de leurs vertus et de leur emploi. Commencement : ان اول ما افتتح به الخطاب واجمل ما ابتدى به الكتاب التعظيم لذكر الله الخ. Cette copie est probablement du commencement du XVe siècle.

2° (Fol. 123 v°.) منهاج الدكّان ودستور الاعيان « Le Chemin de l'officine et le guide pour les hommes distingués », traité de pharmaceutique en vingt-cinq chapitres. L'auteur, Abou 'l-Monâ (المنى) ibn abî Naṣr ibn Ḥaffâẓ (حفاظ), généralement connu sous le nom de *Kôhên le droguiste* (الكوهين العطّار), nous apprend dans sa préface qu'il demeurait au Caire, en 658 de l'hégire (1260 de J. C.). Commencement : الحمد لله الذى ليس بذى بداية فيكون مسبوقا. Copie datée de l'an 932 de l'hégire (1526 de J. C.).

Papier. 233 feuillets. Hauteur, 26 centimètres et demi; largeur, 17 centimètres et demi. — (Ancien fonds 1027.)

2966.

Le *Taqwîm al-Adwiya* d'Ibn abî Sa'îd al-'Alâ'î.

Papier. 134 feuillets. Hauteur, 26 centimètres; largeur, 16 centimètres. Ms. du XVIe siècle. — (Ancien fonds 1032.)

2967.

1° Même ouvrage.

2° (Fol. 150.) Sur la préparation des potions. Extrait du *Schafâ* de Haddji Pacha.

3° (Fol. 150 v°.) Chapitre sur les poids et mesures.

4° (Fol. 151.) القراباذين على ترتيب العلل « Pharmacopée rangée d'après les maladies ». Ce traité est attribué à Nadjîb al-Dîn al-Samarqandî. (Voir fol. 149 v°.)

Papier. 200 feuillets. Hauteur, 21 centimètres et demi; largeur, 16 centimètres. Ms. du XVIe siècle. — (Supplément 1030.)

2968.

Le *Taqwîm al-Adwiya* d'Ibn abî Sa'îd al-'Alâ'î.

Papier. 149 feuillets. Hauteur, 23 centimètres; largeur, 16 centimètres et demi. Ms. du XVIIe siècle. — (Supplément 1041.)

2969.

Même ouvrage.

Papier. 133 feuillets. Hauteur, 22 centimètres; largeur, 14 centimètres et demi. Ms. du XVIIe siècle. — (Supplément 1041 *bis*.)

2970.

Troisième livre de la troisième section du traité de pharmaceutique intitulé نهاية الادراك واغراض من اقراباذين الانقراباذينات, par Dâ'oûd ibn Nâṣir al-Aghbarî (الاغبرى), né à Mossoul et établi à Ḥiṣn Kaïfa. D'après la préface, cet ouvrage, qui porte aussi le titre de العادلى, a été composé pour la bibliothèque du sultan Fakhr al-Dîn Solaïmân, fils du sultan Schihâb al-Dîn Ghâzî, fils de Moḥammad l'Ayyoubite : مولانا السلطان الملك فخر الدنيا والدين ابو المكارم سليمان ابن السلطان الشهيد السعيد شهاب الدين غازى ابن المرحوم محمد الايوبى. Le présent exemplaire a été écrit en 826 de l'hégire (1423 de J. C.), par 'Îsâ ibn al-Aghbarî, frère utérin de l'auteur (شقيق مؤلفه). Nous ne savons quel est ce sultan ayyoubide du IXe siècle de l'hégire. Les princes de cette dynastie portent généralement le titre de Al-Malik al-'Âdil. Au commencement et à la fin du ms. se trouvent

un grand nombre de notes, un traité sur les aphrodisiaques, etc.

Papier. 248 feuillets. Hauteur, 28 centimètres; largeur, 18 centimètres. 16 lignes par page. — (Ancien fonds 1036.)

2971.

الاسباب والعلامات «Livre des causes et des symptômes», traité de médecine, par Nadjîb al-Dîn Moḥammad ibn ʿAlî al-Samarqandî, qui fut tué, en 619 de l'hégire (1222 de J. C.), lors de la prise de Hérat par les Mongols.

Papier. 201 feuillets. Hauteur, 24 centimètres et demi; largeur, 16 centimètres et demi. 17 à 19 lignes par page. Ms. du XIIIe siècle. — (Ancien fonds 1018, Colbert 4981.)

2972.

Même ouvrage.

Ms. daté de l'an 700 de l'hégire (1300-1301 de J. C.).

Papier. 112 feuillets. Hauteur, 23 centimètres et demi; largeur, 16 centimètres. 21 lignes par page. — (Ancien fonds 1063.)

2973.

Même ouvrage.

Ms. daté de l'an 753 de l'hégire (1352 de J. C.). Nombreuses notes marginales.

Papier. 192 feuillets. Hauteur, 18 centimètres et demi; largeur, 11 centimètres. 17 lignes par page. — (Ancien fonds 1098.)

2974.

Même ouvrage.

Papier. 151 feuillets. Hauteur, 21 centimètres; largeur, 15 centimètres et demi. 21 lignes par page. — (Ancien fonds 1064, Colbert 4653.)

2975.

Traité de médecine, sans titre ni nom d'auteur. Commencement : قال واضع الكتاب رحمه الله عرضى من هذا التصنيف تحقيق الفصل العلى من الطب على اوجز ما يتهيا ان يكن مع تقريب اسباب العلل واعراضها وخواص فرقها ورموزها وطرح كل ما كان. Après cette courte préface suivent immédiatement les articles consacrés à la description et au traitement de chaque maladie, en commençant par l'alopécie (داء الثعلب). C'est à tort qu'on a pris cet ouvrage pour le *Kitâb al-Asbâb* de Nadjîb al-Dîn al-Samarqandî.

Ms. daté de l'an 627 de l'hégire (1230 de J. C.).

Papier. 183 feuillets. Hauteur, 23 centimètres et demi; largeur, 16 centimètres et demi. 23 lignes par page. — (Ancien fonds 1065, Colbert 5204.)

2976.

جامع الادوية «Recueil de remèdes», par ʿAbdallah ibn Aḥmad ibn al-Baïṭâr, célèbre botaniste de Malaga. C'est un dictionnaire des simples.

Ms. daté de l'an 1033 de l'hégire (1614 de J. C.).

Papier. 401 feuillets. Hauteur, 30 centimètres et demi; largeur, 20 centimètres et demi. 27 lignes par page. — (Ancien fonds 1023.)

2977.

Même ouvrage. Premier volume, se terminant par la lettre *sîn*. A la fin du ms. le titre de l'ouvrage est donné ainsi : كتاب الجامع لقوى الادوية والاغذية.

Papier. 279 feuillets. Hauteur, 25 centimètres et demi; largeur, 17 centimètres. 23 à 27 lignes par page. Ms. du XIVe siècle. — (Supplément 1025.)

2978.

Même ouvrage. Premier volume, se terminant par l'article سماق. Ce volume, très bien écrit, porte souvent en marge les équivalents en caractères grecs, syriaques et coptes.

Papier. 321 feuillets. Hauteur, 25 centimètres et demi; largeur, 19 centimètres. 23 lignes par page. Ms. du XVe siècle. — (Ancien fonds 1071.)

2979.

Même ouvrage. Premier volume, renfermant les cinq premières lettres de l'alphabet. Le premier feuillet manque.

Papier. 221 feuillets. Hauteur, 25 centimètres; largeur, 17 centimètres. 21 lignes par page. Ms. du XIVe siècle. — (Ancien fonds 1025, Colbert 4220.)

2980.

Même ouvrage. Premier volume, finissant par la lettre ح.

Papier. 216 feuillets. Hauteur, 26 centimètres; largeur, 18 centimètres. 19 lignes par page. Ms. du XIVe siècle. Les 20 premiers feuillets sont plus modernes. — (Supplément 1026.)

2981.

Même ouvrage. Second volume d'un exemplaire complet, contenant les lettres ح à ز.

Papier. 252 feuillets. Hauteur, 24 centimètres; largeur, 16 centimètres et demi. Environ 15 lignes par page. Ms. du XIIIe siècle. Les 30 derniers feuillets sont du XIVe siècle. — (Ancien fonds 1074, Colbert 4221.)

2982.

Même ouvrage. Ce volume commence par la lettre خ et finit par la lettre س.

Papier. 182 feuillets. Hauteur, 26 centimètres; largeur, 17 centimètres et demi. 23 lignes par page. Ms. du XIVe siècle. Les derniers feuillets sont plus modernes. — (Supplément 1026 *bis*.)

2983.

Même ouvrage. Volume commençant par la lettre س et finissant par la lettre ى.

Papier. 211 feuillets. Hauteur, 27 centimètres et demi; largeur, 18 centimètres et demi. 25 lignes par page. Ms. du XVe siècle. Les douze derniers feuillets sont plus modernes. — (Supplément 1028.)

2984.

Même ouvrage. Ce volume commence par la lettre ش et finit par la lettre ى.

Ms. exécuté en 668 de l'hégire (1270 de J. C.), par un médecin nommé ʿAbd al-Salâm ibn ʿOthmân ibn Ṭarkhân. Il a été collationné plusieurs fois. Les points diacritiques sont souvent omis. Quatre feuillets, vers la fin du volume, sont d'une écriture plus moderne; il en est de même des feuillets 2, 3, 4 et 5.

Papier. 219 feuillets. Hauteur, 25 centimètres; largeur, 17 centimètres. 21 lignes par page. — (Supplément 1025 *bis*.)

2985.

Même ouvrage. Ce volume commence par la lettre ش et finit par la lettre ق.

Papier. 279 feuillets. Hauteur, 24 centimètres; largeur, 17 centimètres. 19 lignes par page. Ms. de diverses mains du XIVe siècle. — (Supplément 1026 *ter*.)

2986.

Même ouvrage. Volume commençant par la lettre ض et finissant par la lettre ى. Les noms des substances sont reproduits en marge.

Ms. daté de l'an 1047 de l'hégire (1637 de J. C.).

Papier. 323 feuillets. Hauteur, 21 centimètres; largeur, 15 centimètres. 21 lignes par page. — (Supplément 1027.)

2987.

Même ouvrage. Volume commençant par la lettre ق et finissant par la lettre ى. Le titre et le nom de l'auteur sont écrits en lettres d'or et entourés d'arabesques.

Papier. 209 feuillets. Hauteur, 26 centimètres; largeur, 17 centimètres et demi. 23 lignes par page. Ms. du XIIIe siècle. — (Ancien fonds 1026, Colbert 4222.)

2988.

Même ouvrage. Ce volume commence par la lettre ك et se termine par la lettre ى.

Papier. 240 feuillets. Hauteur, 26 centimètres; largeur, 17 centimètres et demi. 19 lignes par page. Ms. du XIVe siècle. Les 32 premiers feuillets sont plus modernes. — (Supplément 1026 [4].)

2989.

Extraits du même ouvrage.

Papier. 4 feuillets. Hauteur, 32 centimètres et demi; largeur, 20 centimètres. 22 à 25 lignes par page. Ms. du XIXe siècle. — (Supplément 2261.)

2990.

المغنى فى الادوية المفردة « Traité qui suffit pour faire con-

naître les médicaments simples», par ʿAbd Allah ibn Aḥmad ibn al-Baïṭâr. Traité de pathologie spéciale et de matière médicale, divisé en vingt sections, qui traitent successivement de la tête, des yeux, des oreilles, des narines, de la bouche, de la gorge, de l'estomac, du foie et de la rate, des intestins, de l'anus, des reins, de la vessie, du membre viril, de la matrice, des articulations, des blessures et des ulcères, des tumeurs, des fards, des fièvres, des poisons, enfin des propriétés de certains simples qui ne sont pas employés comme remèdes. Commencement : الحمد لله الذى انزل لكل داء دواء.

Papier. 313 feuillets. Hauteur, 54 centimètres; largeur, 25 centimètres et demi. 21 lignes par page. Ms. du XIIIe siècle. — (Ancien fonds 1008.)

2991.

Première partie du même ouvrage.

Exemplaire écrit à Damas, en 695 de l'hégire (1296 de J. C.).

Papier. 293 feuillets. Hauteur, 24 centimètres et demi; largeur, 17 centimètres. 17 lignes par page. — (Supplément 1029.)

2992.

1° الدرّة المنتخبة فى الادوية المجرّبة «La Perle choisie, traité des remèdes approuvés», par le cadi Aboû Bakr al-Fârisî. Douze chapitres. L'auteur, parmi d'autres remèdes, recommande particulièrement plusieurs amulettes, charmes et talismans dont il donne les modèles. Il dit, dans la préface, avoir composé ce traité sur la demande d'un sultan qu'il appelle Al-Malik al-Mowaïyad Dâ'oûd, fils du sultan Al-Malik al-Moẓaffar, fils du sultan Al-Malik al-Manṣoûr. (On ne devra pas confondre ce prince avec le sultan de Hamâh, Abou 'l-Fidâ, historien et géographe, qui se nommait Ismâʿîl, et n'était pas fils, mais petit-fils d'Al-Malik al-Moẓaffar II). Commencement : الحمد لله الذى فضل نوع الانسان بنطق اللسان. Les derniers feuillets manquent.

2° (Fol. 95.) Prière efficace qui préserve l'homme de tous les maux. En marge, on trouve, écrites d'une autre main et en petits caractères, des instructions pour la manipulation des diverses substances minérales, végétales et animales,

3° (Fol. 97.) المنظومة. Poème d'Avicenne, où sont résumés les principes de l'art médical.

4° (Fol. 108 v°.) Recettes pour composer certains électuaires, etc.

Papier. 109 feuillets. Hauteur, 17 centimètres et demi; largeur, 13 centimètres. 13 lignes par page. Ms. du XVe siècle. — (Ancien fonds 1085.)

2993.

منهاج الدكّان, par Abou 'l-Monâ ibn abî Naṣr, connu sous le nom de Kôhên al-ʿAttâr. (Voyez ci-dessus, n° 2965, 2°).

Papier. 252 feuillets. Hauteur, 23 centimètres et demi; largeur, 15 centimètres et demi. 16 lignes par page. Ms. du XIIIe siècle, écrit probablement du vivant de l'auteur. — (Ancien fonds 1086.)

2994.

Même ouvrage.

Papier. 147 feuillets. Hauteur, 25 centimètres; largeur, 18 centimètres. 19 lignes par page. Ms. du XIVe siècle. Les dix-sept premiers feuillets sont plus modernes. — (Supplément 1066.)

2995.

Même ouvrage.

Papier. 97 feuillets. Hauteur, 29 centimètres et demi; largeur, 20 centimètres. 33 lignes par page. Ms. du XVIIe siècle. — (Ancien fonds 1033, Colbert 1756.)

2996.

Fragments du même ouvrage. C'est une partie considérable du vingt et unième chapitre, précédé d'une liste alphabétique des succédanées, et une partie du vingt-deuxième chapitre, qui traite des poids et des mesures.

Papier. 40 feuillets. Hauteur, 27 centimètres; largeur, 18 centimètres. 17 lignes par page. Ms. du XIVe siècle. — (Supplément 2106.)

2997.

ارجوزة فى الطب. Traité de médecine en vers, par un chrétien copte nommé Mofaddhal ibn Mâdjid ibn al-Bischr. L'auteur a donné à son ouvrage le titre de نزهة

الغلل ونفع العلل «Moyen d'apaiser la soif (de connaissances médicales) et l'avantage de boire une seconde fois». Commencement :

الحمد لله الذى ابدى البشر نارا وماء وهوا ومدر

Ms. autographe, daté de l'an 667 de l'hégire (1268-1269 de J. C.).

Papier. 137 feuillets. Hauteur, 21 centimètres et demi; largeur, 16 centimètres. 13 lignes par page. — (Supplément 1021.)

2998.

1° Même ouvrage.

2° (Fol. 109 v°.) Commencement de l'épître sur les maladies des yeux, par ʿÎsâ ibn ʿAlî, médecin du IXe siècle.

3° (Fol. 117.) Traité sur les propriétés profitables ou nuisibles des choses créées : de l'homme, des animaux, des plantes et des pierres. Il manque, au commencement, un feuillet, et à la fin il en manque plusieurs. Le premier chapitre commence ainsi : اما خواص الانسان وفوايده فكثيرة منها النطق وهى القوة التى الخ.

Papier. 184 feuillets. Hauteur, 16 centimètres; largeur, 13 centimètres. Écritures diverses. — (Supplément 1031.)

2999.

الكافى فى الكحل «Le Suffisant, traité des collyres», par Khalîfa ibn abi 'l-Maḥâsin. Cet ouvrage traite de l'anatomie de l'œil, des maladies des yeux et de l'art de l'oculiste. Plusieurs chapitres sont disposés en deux colonnes.

Ms. daté de l'an 674 de l'hégire (1276 de J. C.).

Papier. 248 feuillets. Hauteur, 24 centimètres et demi; largeur, 16 centimètres. 21 à 27 lignes par page. — (Supplément 1043.)

3000.

العمدة فى صناعة الجراحة «L'Appui, traité de chirurgie», par Abou 'l-Faradj Yaʿqoûb ibn Isḥâq ibn al-Koff, médecin chrétien melkite, mort en 685 de l'hégire (1286-1287 de J. C.). Cet ouvrage se compose de vingt sections (*maqâlât*), dont chacune est divisée en plusieurs chapitres (*foṣoûl*). Commencement : الحمد لله الذى خلق الخلق بقدرته.

Papier. 423 feuillets. Hauteur, 20 centimètres et demi; largeur, 15 centimètres et demi. 21 lignes par page. Ms. du XVIIIe siècle. — (Supplément 1023.)

3001 et 3002.

Traité de médecine qui, comme le *Moghnî* d'Ibn al-Baïṭâr, énumère les diverses maladies et les simples que l'on emploie pour les guérir. L'ouvrage, dont l'auteur est Al-Sowaïdî, porte, dans la suscription, le titre de كتاب التذكرة المفيدة «L'Aide-mémoire instructif». Les deux volumes sont les parties, séparées par erreur, d'un seul et même ms. Il y a plusieurs lacunes et interversions de feuillets.

Ms. daté de l'an 658 de l'hégire (1260 de J. C.).

2 vol. Papier. 152 et 96 feuillets. Hauteur, 25 centimètres et demi; largeur, 18 centimètres. 21 lignes par page. — (Ancien fonds 1024 et 1034.)

3003.

مختصر التذكرة Abrégé de l'Aide-mémoire d'Al-Sowaïdî, composé en 953 de l'hégire (1546 de J. C.). Commencement : استفتح بحمد الله وشكر نعائه.

Papier. 166 feuillets. Hauteur, 21 centimètres et demi; largeur, 16 centimètres. 23 lignes par page. Ms. du XVIIe siècle. — (Supplément 1054.)

3004.

كتاب السمات فى اسماء النبات «Marques distinctives (appliquées) aux noms des plantes». Dictionnaire des simples. Les articles sont disposés selon l'ordre de l'alphabet ابجد. On y trouve assez souvent des synonymes grecs, latins et berbères. Ce ms. est de la main de l'auteur, qui a introduit beaucoup de changements et de corrections dans son ouvrage. Le premier et le dernier feuillet manquent. Un copiste musulman du XVIIIe siècle a essayé de reproduire la préface d'après un feuillet détérioré, mais il n'a pu en déchiffrer que les huit premières lignes et la fin de la neuvième. Cette préface commence ainsi : الحمد لله الذى دبر الانسان من ماء مهين واقامه فى احسن تقويم مكين... وبعد فهذا كتاب فى اسامى الادوية فى مصطلح الحكام من اهل الصناعة... Le même copiste a écrit le titre, en tête du volume, en faisant observer que ce ms. était de la main de l'auteur, le savant schaïkh Ibrâhîm ibn Aḥmad ibn Ṭarkhân. D'après Hadji Khalfa (t. II, p. 260), Ibrâhîm ibn Ṭarkhân al-

Sowaïdî, mort en 690 de l'hégire (1291 de J. C.), se nommait Ibrâhîm ibn Moḥammad.

Papier. 307 feuillets. Hauteur, 24 centimètres et demi; largeur, 17 centimètres. 15 lignes par page. — (Supplément 877.)

3005.

كتاب ما لا يسع الطبيب جهله «Ce qu'un médecin ne doit pas ignorer», par Djamâl al-Dîn Yoûsof ibn Ismâ'îl, ibn al-Kotbî al-Djowaïnî, médecin de Baghdâd. Cet ouvrage se compose de deux parties, dont l'une traite des médicaments simples, l'autre des médicaments composés. Le présent ms. renferme la première partie, qui a été terminée en 711 de l'hégire (1311 de J. C.). La préface commence par ces mots : الحمد لله الذى لاتكتنه حقيقة معرفته العلوم والافهام. L'auteur déclare avoir pris pour modèle l'ouvrage d'Ibn al-Baïṭâr sur le même sujet.

Ms. daté de l'an 913 de l'hégire (1507 de J. C.).

Papier. 311 feuillets. Hauteur, 27 centimètres; largeur, 18 centimètres et demi. 23 lignes par page. — (Ancien fonds 1030, Colbert 2874.)

3006.

Même ouvrage. Première partie.

Papier. 304 feuillets. Hauteur, 21 centimètres et demi; largeur, 15 centimètres et demi. 25 lignes par page. Ms. du XVIe siècle. — (Ancien fonds 1072.)

3007.

نتيجة الفكر فى علاج امراض البصر «Produit de la réflexion sur le traitement des maladies de la vue», par Fatḥ al-Dîn Aḥmad ibn 'Othmân al-Qaïsî. L'ouvrage se compose de quinze chapitres. Commencement : الحمد لله الذى خلق الداء والدواء بحكمته.

Ms. daté de l'an 850 de l'hégire (1446-1447 de J. C.).

Papier. 90 feuillets. Hauteur, 21 centimètres; largeur, 15 centimètres et demi. 17 lignes par page. — (Supplément 1044.)

3008.

نور العيون وجامع الفنون «Lumière des yeux et Recueil d'observations diverses (?)». Traité d'ophthalmologie, composé par un praticien pour l'instruction de son fils, appelé Abou 'l-Radjâ (ايها الولد العزيز ابو [sic] الرجا). En tête du volume, on lit le nom de l'auteur ainsi : Ṣalâḥ al-Dîn ibn Yoûsof al-Kaḥḥâl (l'oculiste), de Hamâh. Les dix chapitres (*maqâla*) de l'ouvrage sont divisés en sections (*bâb*). L'auteur y traite de l'anatomie de l'œil, de la vision, des opérations et des instruments dont on se sert; il donne les dessins de ces instruments. Le dixième chapitre renferme les noms et la description des simples qu'on emploie pour guérir les maladies des yeux. Cette liste est disposée dans l'ordre de l'alphabet. Commencement : الحمد لله الذى فطر السماء وزينها بالنجوم الزاهرة.

Ms. daté de l'an 1126 de l'hégire (1714 de J. C.).

Papier. 178 feuillets. Hauteur, 32 centimètres; largeur, 21 centimètres et demi. 27 lignes par page. — (Supplément 1042.)

3009.

الاسباب والعلامات «Causes des maladies et leurs symptômes». Ce titre est commun à plusieurs ouvrages; le commencement du présent exemplaire manque et il n'a pas été possible de l'identifier. Il se compose de deux parties : la première est consacrée aux maladies et la seconde aux symptômes. Le premier paragraphe (fol. 1 v°) commence par ces mots : البيضة والخوذة هو صداع مشتمل على الراس كله.

Ms. daté de l'an 731 de l'hégire (1331 de J. C.).

Papier. 147 feuillets. Hauteur, 18 centimètres; largeur, 13 centimètres. 11 lignes par page. — (Supplément 1036.)

3010.

الوجيز المنتقى والعزيز الملتقى «Le Sommaire épuré et ce qui est précieux ramassé», par Schihâb al-Dîn Aḥmad ibn Yousôf al-Safadî, médecin du XIVe siècle. L'auteur raconte, dans un style fleuri et en prose cadencée, l'entretien d'un sultan avec dix philosophes (فلاسفة) au sujet de la médecine et les faits singuliers dont ces personnages avaient été les témoins. Cette copie, d'après une note qu'on lit en tête, est la deuxième écrite de la main de l'auteur. Commencement : الحمد لله الذى ان شاء انشا الشفا. A la fin du volume se trouvent des notes et de courtes anecdotes se rapportant à des personnages historiques.

Ms. autographe, daté de l'an 742 de l'hégire (1341 de J. C.).

Papier. 62 feuillets. Hauteur, 22 centimètres; largeur, 15 centimètres et demi. 17 lignes par page. — (Ancien fonds 1055, Colbert 4729.)

3011.

عَمَلُ مَنْ طَبَّ لِمَنْ حَبَّ «Acte de celui qui emploie son habileté (ou son talent médical) en faveur de celui qu'il aime», traité de médecine, par le célèbre vizir espagnol, Lisân al-Dîn ibn al-Khatîb (Moḥammad ibn ʿAbd Allah), qui fut mis à mort en 776 de l'hégire (1374 de J. C.). Cet ouvrage est dédié au prince mérinide, Aboû Sâlim, frère d'Aboû ʿInân, qui fut proclamé sultan du Maroc en 760 de l'hégire (1359 de J. C.). Il se compose de deux parties, l'une consacrée aux maladies qui affectent tout le corps, la seconde aux maladies spéciales. L'auteur a choisi comme titre une expression proverbiale, usitée de son temps, et qui signifie : «Il a agi comme agit celui qui emploie de l'adresse à l'égard de la personne qu'il aime», et qui se retrouve sous une autre forme, dans Al-Maïdânî, où on lit, t. II, p. 668 de l'édition de Freitag : من حبّ طبّ يعنى من احب فطن واحتال لمن يحب والطب الحذق. L'ouvrage commence par ces mots : الحمد لله الذى خلق الانسان من نطفة امشاج.

Ms. daté de l'an 894 de l'hégire (1489 de J. C.).

Papier. 197 feuillets. Hauteur, 22 centimètres; largeur, 14 centimètres et demi. 19 lignes par page. — (Ancien fonds 1070, Colbert 5200.)

3012.

شفاء الاسقام ودواء الالام «Guérison des maladies et remèdes contre les douleurs», par Khidr ibn ʿAlî ibn al-Khattâb, surnommé *Ḥâddjî-Pacha* (حاجى باشا). Ce traité de médecine est dédié au sultan ʿÎsâ, fils de Moḥammad, fils d'Aïdîn (ايدين). Aïdîn, l'un des chefs turcs qui se rendirent indépendants après la chute des Seldjoukides et avant l'établissement de la dynastie ottomane, régna sur la Carie et la Lydie, pays qui forment encore la province d'Aïdîn (Aïdîn-Ilé). Son fils Moḥammad régna après lui et eut pour successeur son fils ʿÎsâ, ainsi qu'il ressort de la dédicace de Ḥâddjî-Pacha. L'ouvrage a été composé en 782 de l'hégire (1380-1381 de J. C.). Il est divisé en quatre sections : 1° principes généraux; 2° boissons et médicaments; 3° maladies spéciales; 4° maladies générales. Commencement : الحمد لله الذى خلق الانسان فى احسن الصور وعلّمه خواصّ الاشياء من النفع والضرر.

Ms. de diverses mains, daté de l'an 914 de l'hégire (1508 de J. C.).

Papier. 466 feuillets. Hauteur, 26 centimètres; largeur, 18 centimètres. 25 à 32 lignes par page. — (Ancien fonds 1017.)

3013.

Même ouvrage.

Ms. daté de l'an 973 de l'hégire (1566 de J. C.).

Papier. 465 feuillets. Hauteur, 27 centimètres; largeur, 18 centimètres. 35 lignes par page. — (Supplément 1060.)

3014.

Même ouvrage.

Papier. 311 feuillets. Hauteur, 30 centimètres; largeur, 21 centimètres. 33 lignes par page. Ms. du XVIIe siècle. — (Supplément 1060 *bis*.)

3015.

Traité de médecine en vingt-cinq chapitres, composé vers la fin du VIIIe ou au commencement du IXe siècle de l'hégire (l'auteur se trouvait à Jérusalem en 790 de l'hégire). Le premier chapitre traite des qualités requises dans un médecin; le second, de la conduite du médecin quand il se présente chez un malade; le troisième, des causes des maladies qui affectent les articulations; le dernier chapitre (fol. 175 v°) est intitulé : فى القوانين والدستورات التى امرت بها الاطباء ولا يمكن التجاوز عنها. «Règles qu'un médecin ne doit jamais transgresser». Ce chapitre est beaucoup plus long que les autres. C'est à tort qu'on a pris cet ouvrage pour le ما لا يسع, qui est un dictionnaire des simples. Le commencement et la fin du ms. manquent.

Papier. 229 feuillets. Hauteur, 30 centimètres; largeur, 18 centimètres. 17 lignes par page. Ms. du XVIe siècle.— (Ancien fonds 1029.)

3016.

1° كتاب الرحمة فى الطبّ والحكمة «Livre de la Miséricorde, traité de médecine et de philosophie», en cinq sections. En tête du ms. on lit que l'auteur se nommait Schihâb al-Dîn Aḥmad ibn Zerdouk(?). D'après Hadji Khalfa) t. III, p. 351), l'auteur est Mahdî ibn ʿAlî al-Ṣobonrî (الصُّبُنْرى), mort en 815 de l'hégire (1412-1413 de J. C.). Commencement : الحمد لله الذى اخترع من العدم الموجودات واظهر الى الوجود الكاينات. Copie datée de l'an 1118 de l'hégire (1706 de J. C.).

2° (Fol. 40 v°.) Traité de médecine, en dix sections (*bâb*), dont chacune est divisée en plusieurs chapitres.

En tête on lit ce titre : المصابيح السنية فى طب الذوات الانسانية «Les Lumières précieuses sur l'art de guérir les êtres humains», et le nom de l'auteur Schihâb al-Dîn al-Qalyoûbî. Commencement : الحمد لله الذى جعل نوع الانسان كل انواع. Copie datée de l'an 1093 de l'hégire (1682 de J. C.).

3° (Fol. 92 v°.) Vers attribués à l'imâm Al-Schafi'î.

4° (Fol. 94.) Paroles attribuées à Mahomet.

5° (Fol. 95 v°.) Abrégé du traité de thérapeutique intitulé التذكرة «l'Aide-mémoire» d'Al-Sowaïdî, par Sîdî 'Abd al-Wahhâb al-Scha'râwî (الشعراوى). Commencement : استفتح بحمد الله وشكر نعايه.

Papier. 213 feuillets. Hauteur, 20 centimètres et demi; largeur, 16 centimètres et demi. Écritures diverses. — (Supplément 1045.)

3017.

كتاب الرحمة فى الطب والحكمة «Livre de la Miséricorde, traité de la science médicale». Même ouvrage que l'article 1° du numéro précédent.

Papier. 47 feuillets. Hauteur, 24 centimètres; largeur, 15 centimètres et demi. 19 lignes par page. Ms. du XIXe siècle — (Supplément 2352.)

3018.

Même ouvrage.

Papier. 117 feuillets. Hauteur, 20 centimètres; largeur, 15 centimètres. Écritures diverses du XIXe siècle. — (Supplément 2357.)

3019.

1° عدة الادبآ فى دفع الطاعون والوبا. Des Préservatifs contre la peste, par Schihâb al-Dîn ibn Aḥmad al-Schoschtarî.

2° (Fol. 95 v°.) La لامية العرب.

3° (Fol. 104 v°.) La عقيدة الشيبانى.

4° (Fol. 115 v°.) Traité sur l'excellence des chevaux, par Walî al-Dîn al-'Irâqî.

5° (Fol. 172 v°.) Qaṣîda d'Ismâ'îl ibn al-Moqrî al-Yamanî.

6° (Fol. 181.) Des idées d'Aristote qu'on retrouve dans les poésies d'Al-Motanabbî.

7° (Fol. 200 v°.) Recueil d'extraits en prose et en vers.

Papier. 271 feuillets. Hauteur, 18 centimètres; largeur, 13 centimètres. 7 lignes par page. Ms. du XVe siècle. — (Supplément 1943.)

3020.

تسهيل المنافع فى الطب والحكمة «Traité qui facilite l'emploi des enseignements utiles qui sont fournis par la médecine», par Ibrâhîm ibn 'Alî ibn abî Bakr al-Azraq. Cinq sections, dont la première contient quelques notions de physique, considérées au point de vue de l'art de guérir; la deuxième traite de la nature et des propriétés des aliments et des médicaments; la troisième, de l'hygiène; la quatrième, des maladies qui n'affectent qu'une partie du corps; la cinquième, des maladies qui affectent tout le corps. Commencement : الحمد لله المتعالى عن الانداد.

Papier. 161 feuillets. Hauteur, 21 centimètres; largeur, 15 centimètres et demi. 23 lignes par page. Ms. du XVIIe siècle. — (Supplément 1048.)

3021.

Même ouvrage.

Papier. 175 feuillets. Hauteur, 21 centimètres; largeur, 15 centimètres. 21 lignes par page. Ms. du XVIIe siècle. — (Supplément 1049.)

3022.

Traité de médecine que l'auteur inconnu présente comme le résumé du مغنى الطبيب d'Al-Zobaïdî. Les sections de ce traité sont les mêmes que les cinq sections du *Tashîl*, et c'est à ce dernier traité que le compilateur a emprunté une partie de ses matériaux. Le présent volume porte en tête le titre de المنتقى «l'Extrait». Commencement : وبعد فقد اطلعت على كتاب مغنى الطبيب وعدة الاريب الخ.

Papier. 148 feuillets. Hauteur, 21 centimètres; largeur, 15 centimètres et demi. Environ 23 lignes par page. Ms. du XVIIe siècle. — (Supplément 1050.)

3023.

اقراباذين الدكّان «Médicaments de l'officine». Traité sur la composition des sirops, des électuaires, des condi-

ments, des pastilles, des onguents, etc. Commencement : فانى استخرت الله العظيم انى اوضع كتابا واشرح فيه جميع ما يحتاج اليه الانسان وجعلته دستور الدكان وسميته الخ

Papier. 62 feuillets. Hauteur, 15 centimètres; largeur, 11 centimètres. 11 lignes par page. Ms. du xve siècle. — (Ancien fonds 1101, Colbert 6601.)

3024.

Traité des empoisonnements, attribué à un médecin nommé Djamâl al-Dîn ʿAbd Allah ibn ʿAlî ibn Ayyoûb, de Damas (voy. Hadji Khalfa, t. VI, p. 343, 344). Le titre de cet ouvrage est incertain. On lit deux titres différents en tête du ms. : دوا النفس من النكس « Moyen de se guérir des rechutes », et صيانة الانسان من داء المعدن والنبات والحيوان « Préservation de l'homme du mal causé par les minéraux, les plantes et les animaux ». L'ouvrage est divisé en trois sections, dont la première traite de l'introduction du poison dans le corps; la seconde des animaux dont la piqûre est dangereuse, et la troisième des remèdes. Commencement : اما بعد حمد الله المحسن وضع الاشياء.

Ms. daté de l'an 900 de l'hégire (1494 de J. C.).

Papier. 38 feuillets. Hauteur, 22 centimètres et demi; largeur, 16 centimètres et demi. 23 lignes par page. — (Ancien fonds 1084.)

3025 et 3026.

Commentaire sur le traité de médecine intitulé اللمحة, et attribué par Hadji Khalfa à un auteur égyptien nommé Ibn abî Soroûr al-Sâwî al-Isrâîlî. Le commentaire, intitulé تاسيس اللمحة, a été composé par Moẓaffar al-Dîn Maḥmoûd al-Amschâṭî. Commencement : الحمد لله الذى شرح فى ادنى من لمحة مشكلات الادواء والاسقام.

2 vol. Papier. 263 et 259 feuillets. Hauteur, 21 centimètres; largeur, 15 centimètres. 23 lignes par page. Ms. du xviie siècle. — (Supplément 1960 et 1961.)

3027.

رسالة فى تحقيق الوباء « Traité sur la véritable nature de la peste », par Moḥammad ibn abi 'l-ʿÂṣ, médecin espagnol. Commencement : الحمد لله الذى خلق الانسان.

Papier. 11 feuillets. Hauteur, 21 centimètres et demi; largeur, 15 centimètres et demi. 23 à 25 lignes par page. Ms. du xviie siècle. —(Supplément 1053.)

3028.

1° Remèdes pour les divers dérangements du corps, c'est-à-dire, d'après l'auteur anonyme, pour toutes les maladies ان الامراض هو المزاج الخارجة (*sic*) عن الاعتدال. Le premier feuillet est mutilé, de sorte qu'il ne reste du titre écrit sur le recto que les mots : ....كتاب.... علم الطب للصفوف والحقنة. La copie est datée de l'an 906 de l'hégire (1501 de J. C.).

2° (Fol. 27.) الروضة الطبية « Le Jardin médical », abrégé du livre intitulé تذكرة الحاضر وزاد المسافر « Manuel pour celui qui reste chez soi et provision pour celui qui voyage ». C'est un résumé des principes de la science médicale, par ʿObaïd Allah ibn Djibrîl ibn ʿAbd Allah ibn Bakhtyaschoûʿ, médecin du calife abbaside Al-Mottaqî. L'abrégé est du même auteur. Ce traité devait contenir cinquante chapitres, mais notre exemplaire finit par le quarante-cinquième. Les premiers chapitres traitent des catégories logiques; viennent ensuite les chapitres sur le corps, les éléments, le tempérament, le mélange, la force, l'acte, l'esprit, l'âme, l'intelligence, etc.

3° (Fol. 59 v°.) Questions et réponses philosophiques et médicales, par Aboû Saʿîd Manṣoûr ibn ʿÎsâ « l'ascète des savants, de la capitale du Sind » (زاهد العلماء من مدينة السند).

Les deux dernières pièces sont datées de l'an 867 de l'hégire (1473 de J. C.).

Papier. 74 feuillets. Hauteur, 18 centimètres; largeur, 13 centimètres et demi. — (Ancien fonds 1066, Colbert 6062.)

3029.

1° Recueil de recettes médicales, dont les deux premières concernent la préparation d'une panacée éprouvée. En tête, on lit ce titre : كتاب مجمّع (*sic*) من جليلة وهو مجربات القيسونى « Recueil des remèdes éprouvés, par Al-Qaïsoûnî ». Ce traité n'a pu être composé avant le milieu du viie siècle de l'hégire, car Ibn al-Baïṭâr y est cité.

2° (Fol. 47 v°.) فوايد فى الطب « Connaissances utiles en fait de médecine », tirées de l'ouvrage de Galien, intitulé علاج المساكين « Médecine des pauvres ».

3° (Fol. 55.) تسهيل المنافع فى الطب والحكمة « Traité qui facilite l'acquisition des connaissances utiles en médecine », par Ibrâhîm ibn ʿAbd al-Raḥmân al-Azraqî. Le présent ms. ne renferme que la première partie de l'ouvrage.

Papier. 73 feuillets. Hauteur, 21 centimètres; largeur, 14 centi-

mètres et demi. 19 lignes par page. Ms. du XVIIe siècle. — (Ancien fonds 1082.)

3030.

1° Manuel de thérapeutique. Le commencement manque. Un titre apocryphe, avec le nom d'Ibn al-Baïṭâr, a été ajouté après coup : تحفة الاريب فيما يغنى الطبيب.

2° (Fol. 32.) Traité de thérapeutique, en dix-neuf chapitres, dont le premier et le commencement du second manquent.

3° (Fol. 114.) العلاج بالاغذية «Traité sur la guérison des maladies au moyen des aliments». Commencement : ان اجل العلوم التى ينتفع بها الناس هو علم الطب.

4° (Fol. 141 v°.) كتاب الاغذية والاشربة «Traité sur les substances alimentaires et les boissons». Commencement : ان الله تبارك وتعالى لما خلق نوع الانسان اعدل مزاجا من جميع الحيوانات الخ.

Le ms. paraît être tout entier de la même main. On lit à la fin du volume une note apocryphe d'après laquelle il aurait été collationné en 701 de l'hégire (1310-1311 J. C.).

Papier. 219 feuillets. Hauteur, 24 centimètres; largeur, 16 centimètres et demi. 20 lignes par page. Ms. du XVIe siècle. — (Supplément 1056.)

3031.

تذكرة اولى الالباب والجامع للعجب العجاب «Aide-mémoire pour les hommes intelligents et recueil de choses admirables», par le schaïkh Dâ'oud ibn ʿOmar al-Anṭâkî, mort en 1005 de l'hégire (1596-1597 de J. C.). Traité de médecine, composé d'une introduction, de quatre sections (باب) et d'un appendice. La section la plus importante et la plus étendue renferme un dictionnaire alphabétique des médicaments simples. Commencement : سبحانك يا مبدع مواد الكاينات بلا مثال سبق.

Papier. 490 feuillets. Hauteur, 21 centimètres; largeur, 14 centimètres et demi. 31 à 33 lignes par page. Ms. du XVIIe siècle. — (Ancien fonds 1058.)

3032.

Même ouvrage.

Papier. 361 feuillets. Hauteur, 21 centimètres; largeur, 15 centimètres et demi. 25 lignes par page. Ms. du XVIIe siècle; quelques feuillets sont plus modernes. — (Supplément 1029 *bis*.)

3033.

Même ouvrage.

A la fin se trouve une longue note sur le *sassafras* (الصاصفراص).

Papier. 304 feuillets. Hauteur, 31 centimètres; largeur, 22 centimètres et demi. 29 lignes par page (30 lignes à partir du feuillet 221). Ms. du XVIIe siècle. — (Supplément 1958.)

3034.

1° التحفة البكرية فى احكام الاستحمام الكلية والجزوية «Cadeau de Bakrî, renfermant des règles générales et particulières au sujet de l'usage des bains», par le schaïkh Dâ'oud d'Antioche. Ce traité est dédié à un saint personnage, nommé Sîdî Moḥammad al-Bakrî. Commencement : يا من غض قلوب العارفين فى بحار آلائه.

2° (Fol. 17 v°.) Sur les maladies des yeux, par le même auteur.

3° (Fol. 25.) المصابيح السنية فى طب البرية «Lumières précieuses sur le traitement médical de l'espèce humaine». Manuel de médecine, par Schihâb al-Dîn al-Qalyoûbî. Commencement : الحمد لله الذى جعل نوع الانسان اكمل الانواع.

Papier. 88 feuillets. Hauteur, 21 centimètres; largeur, 16 centimètres. Écritures diverses du XVIIe siècle. — (Supplément 1040.)

3035.

1° السرّ المصطفوى فى الطبّ النبوى «Le Secret de l'Élu, ou médecine du Prophète», par Noûr al-Dîn Abou 'l-Ḥasan ʿAlî ibn al-Djazzâr. Commencement : الحمد لله الذى تاهت العقول فى طب حكمته.

2° (Fol. 51.) الرسالة الجلية فى العلوم العلية. Traité de morale mystique, par Moḥammad ibn Moḥammad al-Asadî. Commencement : الحمد لله الكريم الحليم السميع العليم.

Papier. 60 feuillets. Hauteur, 28 centimètres; largeur, 20 centimètres. Écritures diverses du XVIIe siècle. — (Supplément 1897.)

3036.

غناية اللبيب عند غيبة الطبيب «Guide suffisant pour l'homme intelligent en l'absence du médecin», par Ḥasan ibn Ḥosaïn al-ʿAqqâd (العقاد), de Damas. Cet ouvrage

n'est pas un manuel pratique, comme le titre nous le donne à entendre, mais un traité complet sur la théorie de la médecine. Le présent ms. ne renferme que la première moitié de l'ouvrage, et la copie n'est pas achevée. Commencement : الحمد لله الذى رفع السما وجزمها عن الزوال وخفض الارض ونصب فيها الجبال.

Papier. 118 feuillets. Hauteur, 20 centimètres et demi; largeur, 15 centimètres. 19 lignes par page. Ms. du XVIIe siècle. — (Ancien fonds 1080, Colbert 4652.)

3037.

Mélanges d'hygiène, de physiologie et de morale. Cet ouvrage, sans titre ni nom d'auteur, commence par une anecdote au sujet d'Al-Ḥâkim bi-Amr Illâh et des quatre mille médecins qu'il avait réunis auprès de lui. On y trouve aussi les conseils d'Aristote à Alexandre, ceux de Barzawaïh, d'Al-Ḥasan al-Baṣrî, etc.

Ms. daté de l'an 1124 de l'hégire (1615 de J. C.).

Papier. 116 feuillets. Hauteur, 21 centimètres; largeur, 15 centimètres. 23 lignes par page. — (Supplément 1039.)

3038.

1° زاد المسافر وقوت الحاضر «Provisions du voyageur et aliments pour celui qui est chez lui». Traité de médecine, par un auteur anonyme. Commencement : قال الشيخ الرئيس الحكيم المحقق انى رايت كثيرا من عظماء الاطباء وافاضلهم وضعوا كتبا فى علاج الادوية التى تعرض فى جميع الاعضاء الخ.

2° (Fol. 56 v°.) Traité du pouls, par Moḥammed ibn Aḥmad ibn al-Âṣ. Commencement : الحمد لله العالم بالسباب والاعراض. Copie datée de l'an 1052 de l'hégire (1642 de J. C.).

3° (Fol. 62.) المنظومة فى الطب «Traité en vers sur la médecine», par Avicenne. La fin manque.

Papier. 70 feuillets. Hauteur, 21 centimètres et demi; largeur, 15 centimètres et demi. Écritures diverses du XVIIe siècle. — (Ancien fonds 1046, Colbert 4548.)

3039.

1° المنافع المبيّنة فيما يصلح فى الاربعة الازمنة «Indications claires et utiles, au sujet de ce qui convient au corps dans les quatre saisons de l'année», traité d'hygiène en huit chapitres, par un anonyme. Commencement : استخرت الله تعالى فى جمع كتاب فى الطبّ.

2° (Fol. 28 v°.) Remède contre l'impuissance (ضعف الانتشار).

3° (Fol. 30.) Chapitre sur l'acte conjugal.

4° (Fol. 36 v°.) كتاب المصباح فى اسرار النكاح «Le Flambeau, traité sur les secrets de l'acte conjugal».

5° (Fol. 61.) Sur la composition d'électuaires et de pilules.

6° (Fol. 82.) غنية اللبيب حيث لا يوجد طبيب «Traité qui suffit à l'homme intelligent quand on ne trouve pas un médecin».

7° (Fol. 87.) Conseils d'Hippocrate adressés à son fils.

8° (Fol. 98 v°.) Sur les quatre saisons, sur les tempéraments et sur certaines maladies.

9° (Fol. 103 v°.) *Ordjoûza* sur la médecine, attribuée à Avicenne. Premiers vers :

يقول راق ربنا ابن سينا ولم يزل بالله مستعينا
يا سايلى عن صحّة الاجساد اسمع صحيح الطب بالاسناد

10° (Fol. 107 v°.) Autre *ordjoûza* sur la médecine.

11° (Fol. 109 v°.) ارتياح الارواح فى ادب النكاح. *Ordjoûza* sur l'acte conjugal.

12° (Fol. 111 v°.) Traité en prose sur le même sujet, renfermant plusieurs anecdotes et historiettes.

13° (Fol. 125.) Électuaires et talismans fortifiants.

14° (Fol. 127 v°.) Recettes pour la toilette des femmes, charmes, aphrodisiaques, etc.

15° (Fol. 138.) جامع المسرّات فيما للنفس من المفرحات Traité des plaisirs physiques, en sept chapitres.

16° (Fol. 146 v°.) موكّد المحبّة بين المحبّ ومن احبّه Sur les aphrodisiaques.

17° (Fol. 151.) تحفة الاصحاب فى معاشرة الاحباب Traité érotique, en douze sections (*djomla*), divisées en plusieurs chapitres (*bâb*). Une des dernières sections traite des convenances sociales.

18° (Fol. 259 v°.) كتاب المرتاض فى علم الابوال والانباض Traité sur les urines et le pouls.

19° (Fol. 264.) *Ordjoûza* sur les aliments et les boissons qui nuisent à la faculté génératrice.

20° (Fol. 267 v°.) Suite du traité intitulé نزهة الاعجاب الى معاشرة الاحباب (*sic*).

21° (Fol. 269 v°.) *Ordjoûza* sur la médecine.

Volume écrit de la même main et daté de l'an 1113 de l'hégire (1702 de J. C.).

Papier. 272 feuillets. Hauteur, 21 centimètres; largeur 15 centimètres. 17 lignes par page. — (Supplément 1064.)

3040.

Manuel contenant des recettes et des extraits de divers traités de médecine, surtout du *Kitâb al-Irschâd*. Nombreuses notes marginales en arabe, en persan et en turc.

Papier. 66 feuillets. Hauteur, 29 centimètres; largeur, 19 centimètres et demi. Environ 31 lignes par page. Ms. du XVII° siècle. — (Supplément 2107.)

3041.

1° Quinzième chapitre (*bâb*) d'un traité de médecine. Ce chapitre traite des maladies des paupières.

2° (Fol. 29.) Prière chrétienne.

3° (Fol. 30 v°.) Huit feuillets qui paraissent faire partie du même traité que l'article 1°.

4° (Fol. 38.) Histoire d'un jeune homme qui vend son père et sa mère et qui les rachète ensuite.

5° (Fol. 63 v°.) Prière de Carpien, intitulée, par erreur, *Histoire de Cyprien et de Justine* (قصة كبريانوس ويوسنية).

6° (Fol. 73 v°.) Des choses défendues par la loi chrétienne.

7° (Fol. 80.) Sur la gloire du Paradis, extrait de la seconde partie du خلاص الخطا, traité chrétien.

8° (Fol. 85.) Prière.

9° (Fol. 88 v°.) Panégyrique de saint Lazare (مديحة للعازر), suivi de quelques autres morceaux du même genre.

10° (Fol. 103 v°.) صلاة الغروب. Prières du soir.

11° (Fol. 110.) قانون الفصح المجيد. Prières pour la fête de Pâque.

Papier. 118 feuillets. Hauteur, 15 centimètres; largeur, 10 centimètres et demi. Ms. de diverses mains du XVII° siècle. — (Supplément 1899.)

3042.

كتاب الاكحال والاشيافات «Traité sur la préparation des collyres et des poudres pour les yeux». Recueil de recettes dont la première enseigne la composition du collyre appelé *basilicum* (صفة كحل الباسليقون).

Papier. 73 pages. Hauteur, 16 centimètres; largeur, 10 centimètres et demi. 15 lignes par page. Ms. du XVII° siècle, d'une main européenne. — (Ancien fonds 1102.)

3043.

الدرّ المنتظم في صناعة الطبّ وفنون الحكم «Le Rang de perles, sur l'art médical et ses diverses branches». Quatre-vingt chapitres (*bâb*), par un auteur anonyme. Commencement : الحمد لله الذى خلق الانسان بقدرته. En tête du ms. se trouve un titre apocryphe.

Papier. 120 feuillets. Hauteur, 21 centimètres et demi; largeur, 16 centimètres. 21 lignes par page. Ms. du XVII° siècle. — (Supplément 1055.)

3044.

1° المصابيح السنية في طب البرية «Flambeaux de prix, touchant le traitement des maladies de l'homme», par Schihâb al-Dîn al-Qalyoûbî, docteur schaféite, mort, selon Hadji Khalfa (t. V, p. 153), en 1069 de l'hégire (1658-1659 de J. C.).

2° (Fol. 66.) Explication des noms des drogues mentionnées dans l'ouvrage précédent.

Ms. daté de l'an 1132 de l'hégire (1719-1720 de J. C.).

Papier. 72 feuillets. Hauteur, 21 centimètres et demi; largeur, 15 centimètres et demi. 19 lignes par page. — (Ancien fonds 1069.)

3045.

الطب النبوى «Médecine du Prophète», par Mohammad ibn abî Bakr ibn Ayyoûb الزراعي, connu sous le nom de ابن قيّم الجوزية. Commencement : اما بعد فهذه اصول نافعة في هديه صلى الله عليه وسلم في الطب.

Papier. 246 pages. Hauteur, 23 centimètres; largeur, 16 centimètres. 27 lignes par page. Ms. du XIX° siècle. — (Supplément 1061 *bis*.)

3046.

1° Traité de l'art médical, en dix sections (*maqâlât*). L'auteur dit avoir recueilli les éléments de son ouvrage dans les écrits de ses prédécesseurs.

2° (Fol. 26 v°.) Commentaire sur une maxime de Mahomet au sujet de l'estomac.

3° (Fol. 29.) Dernier feuillet d'un traité sur les tempéraments.

Papier. 29 feuillets. Hauteur, 21 centimètres; largeur, 15 centimètres. 15 lignes par page. Ms. du XVIII° siècle. — (Supplément 1051.)

3047.

Recueil de recettes.

A la fin du volume, on lit une note, écrite d'une autre main, d'après laquelle ce ms. aurait été exécuté en 1758.

Papier. 41 feuillets. Hauteur, 20 centimètres; largeur, 15 centimètres. 19 lignes par page. — (Supplément 2420.)

3048.

1° Sixième section (باب) d'un traité de médecine. Cette section contient une liste de remèdes simples, rangés dans l'ordre de l'alphabet. Elle est suivie de neuf autres sections, renfermant des recettes, et d'un appendice.

2° (Fol. 21 v°.) Recueil de recettes, de charmes et de talismans.

Papier. 155 feuillets. Hauteur, 23 centimètres et demi; largeur, 16 centimètres et demi. 21 lignes par page. — (Supplément 1047.)

3049.

Traduction abrégée du traité de matière médicale de Barthélemy. Ce volume est de la main de Moḥammad ibn Manṣoûr, élève de l'école d'Abou Zabel.

Papier. 95 feuillets (dont plusieurs blancs). Hauteur, 17 centimètres; largeur, 12 centimètres. Ms. du XIX° siècle. — (Supplément 1063.)

3050.

Cahiers de notes écrites par les élèves en médecine de l'école des femmes, fondée en Égypte par le Dr Clot Bey.

Papier. 135 feuillets. Hauteur, 25 centimètres; largeur, 17 centimètres. — (Supplément 1064 *bis*.)

XXV.

OUVRAGES ÉROTIQUES.

3051.

رشد اللبيب الى معاشرة الحبيب. Traité en quatorze chapitres sur l'amour sexuel. Selon Hadji Khalfa, ce livre a pour auteur Aḥmad ibn Moḥammad ابن فليتة (Ibn Folaïta?), mort en 231 de l'hégire (845-846 de J. C.). Commencement : الحمد لله اعترافا بربوبيته.

Ms. daté de l'an 992 de l'hégire (1584 de J. C.).

Papier. 113 feuillets. Hauteur, 21 centimètres; largeur, 14 centimètres. 17 lignes par page. — (Supplément 1828.)

3052.

Même ouvrage.

Ms. daté de l'an 1169 de l'hégire (1756 de J. C.). Le premier feuillet manque.

Papier. 98 feuillets. Hauteur, 22 centimètres et demi; largeur, 16 centimètres. 18 à 20 lignes par page. — (Supplément 1829.)

3053.

كتاب الايضاح فى اسرار النكاح «Exposition de secrets, en ce qui regarde l'union conjugale», par ʿAbd al-Raḥmân ibn Naṣr al-Schîrâzî, médecin d'Alep, mort en 565 de l'hégire (1170 de J. C.). L'auteur traite surtout des aphrodisiaques.

Ms. daté de l'an 980 de l'hégire (1572-1573 de J. C.).

Papier. 55 feuillets. Hauteur, 17 centimètres et demi; largeur, 13 centimètres. 15 lignes par page. — (Ancien fonds 1091.)

3054.

نزهة الاصحاب فى معاشرة الاحباب «Distraction pour les amis, où il est question des rapports familiers des bien aimés», par Al-Schamou'al (الشمول) ibn Yaḥyâ ibn ʿAlî al-Maghrabî. Dans les soixante chapitres de ce traité, l'auteur examine toutes les questions qui se rapportent de près ou de loin à l'amour sexuel (علم الباه), et rapporte beaucoup d'anecdotes et de pièces de vers. La préface com-

mence par le *bismillah*, suivi des mots : الحمد لله الذى جعل رحمته للمذنبين ملاذا.

L'ouvrage a été divisé par le copiste en trois parties distinctes. (Voir fol. 85 et 147 v°.) Les derniers feuillets manquent.

Papier. 184 feuillets. Hauteur, 17 centimètres et demi; largeur, 13 centimètres. 15 lignes par page. Ms. du XVe siècle. — (Ancien fonds 1092, Colbert 6486.)

3055.

نزهة الالباب فيما لا يوجد فى كتاب «Délices des cœurs, contenant des choses qui ne se trouvent dans aucun livre», par Aḥmad al-Tîfâschî. Dix chapitres. Commencement : الحمد لله الذى علم طبع الانسان.

Papier. 118 feuillets. Hauteur, 21 centimètres; largeur, 15 centimètres. 17 lignes par page. Ms. du XVIIe siècle. — (Supplément 1805.)

3056.

رجوع الشيخ الى صباه «La Jeunesse rendue aux vieillards», traité érotique en trente chapitres. (Voy. Hadji Khalfa, t. III, p. 349.) Commencement : الحمد لله الذى خلق الاشياء بقدرته.

Ms. daté de l'an 1063 de l'hégire (1653 de J. C.).

Papier. 210 feuillets. Hauteur, 20 centimètres et demi; largeur, 14 centimètres et demi. 17 lignes par page. — (Supplément 1823.)

3057.

Même ouvrage. Dans le titre, l'auteur est nommé Abou 'l-Barakât Schams al-Dîn Moḥammad al-Tîfâschî.

Papier. 98 feuillets. Hauteur, 21 centimètres et demi; largeur, 15 centimètres. 23 lignes par page. Ms. du XVIIIe siècle. — (Supplément 1824.)

3058.

Même ouvrage. Cet exemplaire porte le titre de كتاب الانتباه فى رجوع الشيخ الى صباه.

Ms. daté de l'an 1127 de l'hégire (1715 de J. C.).

Papier. 128 feuillets. Hauteur, 21 centimètres; largeur, 15 centimètres. 21 lignes par page. — (Supplément 1825.)

3059.

Seconde moitié du même ouvrage.

Ms. daté de l'an 1142 de l'hégire (1730 de J. C.).

Papier. 131 feuillets. Hauteur, 21 centimètres et demi; largeur, 15 centimètres. 16 linges par page. — (Supplément 1827.)

3060.

1° Autre rédaction du même ouvrage, divisée en soixante chapitres. Commencement : الحمد لله الذى خلق الانسان من طين.

2° (Fol. 121.) Abrégé de l'ouvrage érotique, intitulé رشد اللبيب الى معاشرة الحبيب. Dix chapitres, précédés d'une introduction.

3° (Fol. 138.) الايضاح فى علم النكاح, traité érotique, par Djalâl al-Dîn al-Soyoûṭî. Commencement : الحمد لله الذى زين الابكار بالنهود فى الصدور.

Papier. 145 feuillets. Hauteur, 23 centimètres et demi; largeur, 16 centimètres et demi. 25 lignes par page. Ms. du XVIIIe siècle. — (Supplément 1826.)

3061.

تحفة العروس ونزهة النفوس. Traité sur l'amour sexuel, par ʿAbd Allah ibn Moḥammad al-Tidjânî. L'ouvrage renferme vingt-cinq chapitres. Commencement : الحمد لله الذى سوّغنا الفضل جزيلا.

Ms. daté de l'an 937 de l'hégire (1530 de J. C.).

Papier. 221 feuillets. Hauteur, 20 centimètres et demi; largeur, 15 centimètres et demi. 17 lignes par page. — (Supplément 1820.)

3062.

Même ouvrage, attribué, dans cet exemplaire, à Schihâb al-Dîn Aḥmad, de Bougie (البجاى).

Papier. 159 feuillets. Hauteur, 20 centimètres; largeur, 15 centimètres. 19 à 22 lignes par page. Ms. du XVIIIe siècle. — (Supplément 1821.)

3063.

Même ouvrage.

Papier. 186 feuillets. Hauteur, 20 centimètres et demi; largeur,

15 centimètres. 17 à 19 lignes par page. Ms. de deux écritures, dont la plus ancienne est du XVIIe siècle. — (Supplément 1819.)

3064.

Même ouvrage. La copie n'est pas achevée. Le premier cahier est copié trois fois.

Papier. 79 feuillets. Hauteur, 24 centimètres; largeur, 17 centimètres. 19 et 25 lignes par page. Ms. du XVIIIe siècle. — (Supplément 2416.)

3065.

اسواق الاشواق. Traité érotique, par Ibrâhîm ibn ʿOmar al-Beqâʿî. Cet exemplaire porte de nombreuses additions de la main de l'auteur.

Papier. 247 feuillets. Hauteur, 27 centimètres; largeur, 18 centimètres. 31 lignes par page. Ms. du XVe siècle. — (Supplément 1818.)

3066.

كتاب الوشاح فى فوايد النكاح. Traité érotique, par Djalâl al-Dîn al-Soyoûṭî. On y trouve une liste des synonymes qui désignent les parties sexuelles, etc., beaucoup d'anecdotes se rapportant à des personnages historiques, et des morceaux de vers de divers poètes. Commencement : الحمد لله خالق المفارش والمراشف والمشافر. La fin manque. Nombreuses notes marginales.

Papier. 50 feuillets. Hauteur, 21 centimètres; largeur, 16 centimètres. 23 à 27 lignes par page. Ms. du XVIe siècle. — (Supplément 1833)

3067.

Même ouvrage. A la fin se trouve l'explication des termes rares employés dans la préface.

Papier. 99 feuillets. Hauteur, 21 centimètres et demi; largeur, 15 centimètres. Au commencement 27 lignes, puis 21 lignes par page. Écritures diverses du XVIIe et du XVIIIe siècle. — (Supplément 1834.)

3068.

نواضر الايك فى نوادر النيك. Ouvrage érotique, par Djalâl al-Dîn al-Soyoûṭî. C'est un supplément au كتاب الوشاح du même auteur. Commencement : الحمد لله والسلام على عباده الذين اصطفى.

Papier. 97 feuillets. Hauteur, 21 centimètres et demi; largeur, 15 centimètres. 13 lignes par page. Ms. du XVIIe siècle. — (Supplément 1835.)

3069.

ياسمين الروض العاطر فى نزهة الخواطر. Traité de l'amour sexuel en vingt-et-un chapitres, par Moḥammad ibn ʿOmar al-Ghazlawî (الغزلوى). Commencement : الحمد لله الذى جعل اللذة الكبرى للرجال فى الخ.

Papier. 42 feuillets. Hauteur, 22 centimètres; largeur, 15 centimètres et demi. 21 lignes par page. Ms. du XVIIe siècle. — (Supplément 1816.)

3070.

1° Même ouvrage. L'auteur, dans cet exemplaire, est nommé Moḥammad al-Nafzâwî.

2° (Fol. 38 v°.) Histoire des Sept dormants.

3° (Fol. 48.) Histoire de Zaïd et d'Al-Kaḥlâ. Conte renfermant de nombreuses pièces de vers.

4° (Fol. 95.) Histoire de Bischr et de Hind.

5° (Fol. 103.) Histoire de la belle Tawaddoud.

Ms. daté de l'an 1221 de l'hégire (1807 de J. C.).

Papier. 128 feuillets. Hauteur, 22 centimètres et demi; largeur, 16 centimètres. 19 lignes par page. — (Supplément 1817.)

3071.

نزهة الابصار والاسماع فى اخبار ذوات القناع. Traité érotique en dix chapitres, par le schaïkh Badr al-Dîn ibn Sâlim ibn Moḥammad Tâbiʿ al-Ṣiddîq. Commencement : الحمد لله الذى خلق الانسان من ماء مهين.

Papier. 125 feuillets. Hauteur, 20 centimètres et demi; largeur, 15 centimètres. 21 lignes par page. Ms. du XVIIIe siècle (mais le dernier cahier a été écrit en 1221 de l'hégire, 1806 de J. C.). — (Supplément 1830.)

3072.

Même ouvrage.

Ms. daté de l'an 1147 de l'hégire (1734 de J. C.).

Papier. 115 feuillets. Hauteur, 21 centimètres et demi; largeur, 15 centimètres. 23 lignes par page. — (Supplément 1831.)

3073.

Même ouvrage.

Ms. daté de l'an 1212 de l'hégire (1797 de J. C.).

Papier. 93 feuillets. Hauteur, 21 centimètres; largeur, 15 centimètres et demi. 20 à 23 lignes par page. — (Supplément 1832.)

3074.

Traité érotique, intitulé لوعة الشاكى ودمعة الباكى. Une note, ajoutée après coup, au commencement, nous apprend que l'ouvrage a été composé par Al-Ṣafî al-Ḥillî, et qu'on le désigne aussi par le titre de رسالة الاشواق فيما يتعلّق بالعشّاق.

Papier. 51 feuillets. Hauteur, 22 centimètres; largeur, 15 centimètres et demi. 15 lignes par page. Ms. du XVIIIe siècle. — (Supplément 1808.)

XXVI.

POÉSIE.

I. — DIVANS ET QAṢÎDAS.

3075.

1° La لاميّة العرب d'Al-Schanfarâ. Notes marginales et interlinéaires.

2° (Fol. 7 v°.) *Takhmîs* de la *Mo'allaqa* d'Amro'lqaïs, en l'honneur du Prophète et de ses Compagnons, par 'Alâ al-Dîn, fils de Schams al-Dîn Moḥammad, fils d'Al-Ridhâ al-Ḥosaïnî al-Moûsawî al-Ṭoûsî (descendant d'Al-Ḥosaïn, fils d''Alî, par l'imâm Moûsâ al-Kâẓim). Les indications du titre pourraient faire croire que nous avons ici un ouvrage composé par le dixième imâm, 'Alî al-Hâdî, fils de Moḥammad al-Djauwâd, fils de 'Alî al-Ridhâ, fils de Moûsâ al-Kâẓim; mais les titres honorifiques d'*'Alâ al-Dîn* et de *Schams al-Dîn* n'ont jamais été appliqués aux douze imâms. Ce *takhmîs* et les huit autres qui suivent portent le titre de مبارز الاقران «le vainqueur des adversaires».

3° (Fol. 17 v°.) *Takhmîs* de la *Mo'allaqa* de Ṭarafa, fils d'Al-'Abd, par le même auteur.

4° (Fol. 29 v°.) *Takhmîs* de la *Mo'allaqa* de Zohaïr ibn abî Solmâ, par le même.

5° (Fol. 37.) *Takhmîs* de la *Mo'allaqa* de Labîd, par le même.

6° (Fol. 47 v°.) *Takhmîs* de la *Mo'allaqa* d''Antara, par le même.

7° (Fol. 54 v°.) *Takhmîs* de la *Mo'allaqa* d'Al-Ḥirth (الحِرْث) ibn Ḥilliza, par le même.

8° (Fol. 59 v°.) *Takhmîs* de la *Mo'allaqa* d''Amr ibn Kolthoûm, par le même.

9° (Fol. 69.) *Takhmîs* de la qaṣîda d'Al-A'schâ Maïmoûn ibn Qaïs ibn Djandal, par le même.

10° (Fol. 75.) *Takhmîs* de la qaṣîda يا دار ميّة, d'Al-Nâbigha, par le même.

11° (Fol. 79.) La qaṣîda d''Abîd ibn al-Abraṣ, qui commence par ce vers :

اقفر من اهله ملحوبُ فالقطبيّاتُ فالذنوبُ

Ms. daté de l'an 994 de l'hégire (1586 de J. C.).

M. de Sacy a donné une notice de ce ms. dans les *Notices et extraits*, t. IV, p. 309 et suiv.

Papier. 82 feuillets. Hauteur, 14 centimètres; largeur, 16 centimètres et demi. 15 à 16 lignes par page. — (Ancien fonds 1455, Colbert 4979.)

3076.

La *Lâmîyat al-'Arab* d'Al-Schanfarâ, suivi des sept *Mo'allaqât*, de la qaṣîda d'Al-A'schâ et du *takhmîs* du يا دار ميّة d'Al-Nâbigha. Le volume se termine par la qaṣîda d''Abîd ibn al-Abraṣ.

Ce ms. est une mauvaise copie, exécutée à Paris, du ms. précédent.

Papier. 93 feuillets. Hauteur, 18 centimètres et demi; largeur, 14 centimètres. 13 lignes par page. — (Supplément 1426.)

3077.

La *Lâmîyat al-'Arab* d'Al-Schanfarâ, avec le commentaire d'Al-Zamakhscharî. On lit en tête du ms. : هذا كتاب العجب العجب فى شرح لامية العرب. Commencement : سبحانك اللهم وبحمدك معرب الافهام.

Ms. copié à Alger, vers 1849 de J. C., par un Européen, élevé au Caire.

Papier. 66 feuillets. Hauteur, 28 centimètres; largeur, 21 centimètres et demi. — (Supplément 1426 *bis*.)

IMPRIMERIE NATIONALE.

3078.

1° La qaṣîda appelée بانت سعاد de Ka'b ibn Zohaïr, avec le commentaire d''Abd Allah ibn Fakhr al-Dîn al-Mauṣilî. Commencement : آلا ان اجدر ما وُشّحتْ به اجياد جياد الالفاظ والمبانى.

2° (Fol. 63 v°.) Commentaire sur le même poème, par Moḥammad ibn Ḥomaïd al-Kafawî. Commencement : الحمد لله الذى برا البرايا وعمهم بالاكرام والدعوة الى دار السلام.

Ms. daté de l'an 1178 de l'hégire (1764-1765 de J. C.).

Papier. 114 feuillets. Hauteur, 20 centimètres et demi; largeur, 13 centimètres. 19 lignes par page. — (Supplément 1428.)

3079.

Le بانت سعاد, avec gloses interlinéaires.

Copie de Michel Sabbâgh datée du 9 thermidor an XI de la République française.

Papier. 6 feuillets. Hauteur, 50 centimètres; largeur, 36 centimètres. 5 lignes par page. — (Supplément 1429.)

3080.

1° *Takhmîs* de la même qaṣîda, par Schams al-Dîn al-Badamâṣî (البَدَمَاصى).

2° (Fol. 13.) *Takhmîs* de la *Borda* d'Al-Boûṣîrî, par un anonyme.

Le premier ouvrage est daté de l'an 1190 de l'hégire (1776 de J. C.); le second de l'an 1054 de l'hégire (1645 de J. C.).

Papier. 40 feuillets. Hauteur, 29 centimètres et demi; largeur, 21 centimètres. — (Supplément 1431.)

3081.

Commentaire d'Ibn Hischâm al-Anṣârî (Djamâl al-Dîn Aboû Moḥammad 'Abd Allah) sur le بانت سعاد de Ka'b ibn Zohaïr. Commencement du commentaire : اما بعد حمد الله المنعم بالهام الحمد لعبيده حمدا موافيا لنعمه ومكافيا لمزيده.

Ms. daté de l'an 983 de l'hégire (1576 de J. C.).

Papier. 87 feuillets. Hauteur, 19 centimètres; largeur, 14 centimètres et demi. 16 à 20 lignes par page. — (Supplément 1430.)

3082.

Divan d''Alî ibn abî Ṭâlib. Dans cette compilation, les pièces de vers sont disposées d'après l'ordre alphabétique des rimes. L'éditeur, Sa'dî ibn Tâdjî, qui en a achevé la rédaction en 897 de l'hégire (1492 de J. C.), a mis en tête une préface en prose et, à la fin, un appendice également en prose, donnant à la collection le titre de انوار العقول فى اشعار وصى الرسول «Lumières pour les intelligences, poésies du mandataire du Prophète». Commencement : الحمد لله الذى وانت لعزّته الجبابرة وتضعضعت دون عظمته الاكاسرة. Premier vers du divan :

الناس من جهة التمثال اكفاء   ابـوهم آدم والام حـوّاء

Papier. 69 feuillets. Hauteur, 17 centimètres et demi; largeur, 12 centimètres. 15 lignes par page. Ms. du xv° siècle. — (Ancien fonds 1483.)

3083.

Même ouvrage, accompagné, sur les marges, d'une traduction persane en vers. Les feuillets 47, 48 et 49 portent une invocation adressée à Dieu et une autre adressée aux *hommes du monde invisible* (رجال الغيب), c'est-à-dire aux esprits appelés اوتاد, غوث, قطب, etc. Cette pièce est précédée d'une introduction en turc, suivie d'un cercle chargé de signes cabalistiques.

Ms. daté de l'an 966 de l'hégire (1559 de J. C.).

Papier. 49 feuillets. Hauteur, 22 centimètres; largeur, 14 centimètres et demi. 23 lignes par page. — (Ancien fonds 1423.)

3084.

Les Poésies de Ḥassân ibn Thâbit. Commencement : قال حسّان بن ثابت بن الخ... فى يوم فتح مكّة.

Papier. 105 feuillets. Hauteur, 21 centimètres; largeur, 15 centimètres. Ms. du xvii° siècle. — (Supplément 1432.)

3085.

Divan d'Aboû Tammâm (Ḥabîb ibn Aus al-Ṭâ'î). Les

poésies contenues dans ce recueil sont divisées en sept genres : المدح, fol. 1; الهجاء, fol. 105; المراثى, fol. 120 v°; الغزل, fol. 134 v°; المعاتبات, fol. 148; الاوصاف, fol. 156; الفخر, fol. 161. Les pièces de vers qui composent chacune de ces sections sont disposées suivant l'ordre alphabétique des rimes.

Ms. daté de l'an 1234 de l'hégire (1818 de J. C.).

Papier. 164 feuillets. Hauteur, 22 centimètres; largeur, 15 centimètres. 23 lignes par page, à doubles colonnes. — (Supplément 2292.)

3086.

Divan d'Aboû ʿObâda Walîd ibn ʿObaïd al-Boḥtorî, mort en 284 de l'hégire (897 de J. C.). (Voyez le Dictionnaire biographique d'Ibn Khallikân, t. III, p. 657.) Les pièces de vers sont classées suivant l'ordre alphabétique des rimes. Le présent ms. se compose de deux parties; la fin de la première partie, à savoir un certain nombre de pièces de la lettre س et la lettre ش tout entière, manque.

Ms. daté de l'an 610 de l'hégire (1213 de J. C.).

Papier. 432 feuillets. Hauteur, 26 centimètres et demi; largeur, 18 centimètres. 19 lignes par page. — (Ancien fonds 1392.)

3087.

Divan d'ʿAbd Allah ibn al-Moʿtazz, édition d'Abou 'l-ʿAbbâs al-Soûlî. Dix sections, dans chacune desquelles les pièces de vers sont classées dans l'ordre alphabétique des rimes. Titres des sections : 1° الفخر; 2° (fol. 28 v°) الغزل; 3° (fol. 56) المدح والتهانى; 4° (fol. 82 v°) الهجا والذم; 5° (fol. 96 v°) الشراب; 6° (fol. 119 v°) المعاتبات; 7° (fol. 137) الطرديات; 8° (fol. 126 v°) الاوصاف والملح; 9° (fol. 160 v°) المراثى والتعازى; 10° (fol. 176 v°) الزهديات والاداب والشيب. En tête du volume se trouvent les opinions de différents auteurs au sujet de ce recueil.

Ms. daté de l'an 1007 de l'hégire (1598-1599 de J. C.).

Papier. 158 feuillets. Hauteur, 22 centimètres; largeur, 15 centimètres et demi. 23 lignes par page. — (Ancien fonds 1439.)

3088.

1° La *Maqṣoûra* d'Ibn Doraïd. Chaque vers est accompagné d'un commentaire. Commencement : الحمد لله الظاهر احسانه الباطن برهانه العظيم آلاؤه الجسيم نعاوه.

Copie datée de l'an 844 de l'hégire (1440-1441 de J. C.).

2° (Fol. 37.) La qaṣîda d'Al-Ṭanṭarânî, accompagnée de nombreuses gloses.

Copie datée de l'an 846 de l'hégire (1442-1443 de J. C.).

3° (Fol. 49 v°.) Les *Cent régissants* d'Al-Djordjânî, texte légèrement remanié. Commencement : اعلم ان العوامل فى النحو على ما الفه الشيخ الفاضل محمد الجرجانى الخ. Nombreuses gloses.

Copie datée de l'an 844 de l'hégire.

4° (Fol. 54 v°.) Notes et observations grammaticales, suivies de quelques vers en persan.

5° (Fol. 55 v°.) Le بانت سعاد de Kaʿb ibn Zohaïr accompagné de nombreuses gloses.

Copie datée de l'an 845 de l'hégire.

6° (Fol. 72 v°.) Traité de métrique, en vers persans, par Aboû Naṣr Farâhî (فراهى). Nombreuses gloses en arabe.

Papier. 87 feuillets. Hauteur, 23 centimètres; largeur, 14 centimètres. Écritures diverses. — (Ancien fonds 1454.)

3089.

Commentaire sur la *Maqṣoûra* d'Ibn Doraïd. Le premier feuillet manque. Commencement de l'explication du premier vers : الظبية معروفة والمراد ههنا المعشوق لان العرب تشبه بها وبالبقرة الوحشية المعشوق لنظافتها ونفورها عن الخلق الخ.

Papier. 52 feuillets. Hauteur, 23 centimètres et demi; largeur, 14 centimètres. 25 lignes par page. Ms. du XVIIᵉ siècle. — (Supplément 2174.)

3090.

اعراب مقصورة ابن دريد « Analyse grammaticale de la *Maqṣoûra* d'Ibn Doraïd », ouvrage attribué au schaïkh ʿIzz al-Dîn ibn Djamâʿa. Commencement : وبعد فانه لم يزل علماء المتادبين واشياعهم واتباعهم فى كل زمان ومكان معتنين برواية مقصورة... ابن دريد.

Papier. 69 feuillets. Hauteur, 17 centimètres; largeur 13 centimètres. 15 lignes par page. Ms. du XIVᵉ siècle (les 9 premier feuillets sont plus modernes). — (Supplément 1433.)

3091.

Divan d'Aḥmad ibn al-Ḥosaïn al-Motanabbî. Les

pièces de vers sont disposées dans l'ordre chronologique. Les vers sont vocalisés. Notes marginales et interlinéaires.

Ms. daté de l'an 660 de l'hégire (1262 de J. C.). Les deux premières pages sont ornées.

Papier. 215 feuillets. Hauteur, 24 centimètres et demi; largeur, 17 centimètres. 15 lignes par page. — (Ancien fonds 1428, Colbert 4765.)

3092.

Même ouvrage. Les pièces sont disposées dans l'ordre chronologique. A la fin du volume, le copiste a reproduit plusieurs certificats qui constatent l'authenticité du texte adopté par lui.

Ms. daté de l'an 1013 de l'hégire (1604 de J. C.). Texte vocalisé.

Papier. 181 feuillets. Hauteur, 24 centimètres; largeur, 15 centimètres. 17 lignes par page. — (Ancien fonds 1430.)

3093.

Même ouvrage. Les pièces sont disposées dans l'ordre chronologique. Tous les vers sont vocalisés.

Ms. daté de l'an 1017 de l'hégire (1608-1609 de J. C.). Frontispice orné; la première page porte une jolie vignette dorée et coloriée; en marge de la même page et de la suivante, on remarque trois ronds également dorés et coloriés.

Papier. 179 feuillets. Hauteur, 23 centimètres et demi; largeur, 15 centimètres et demi. 17 lignes par page. — (Ancien fonds 1427.)

3094.

Même ouvrage dans l'ordre chronologique.

Ms. daté de l'an 1141 de l'hégire (1728 de J. C.). Nombreuses notes marginales.

Papier. 122 feuillets. Hauteur, 22 centimètres; largeur, 15 centimètres. Environ 24 lignes par page. — (Supplément 1484.)

3095.

Même ouvrage dans l'ordre chronologique.

Ms. daté de l'an 1181 de l'hégire (1768 de J. C.). Texte à deux colonnes.

Papier. 146 feuillets. Hauteur, 21 centimètres; largeur, 13 centimètres. 20 lignes par page. — (Supplément 1487.)

3096.

Même ouvrage. Les pièces de vers sont disposées dans l'ordre alphabétique des rimes.

Papier. 202 feuillets. Hauteur, 27 centimètres et demi; largeur, 18 centimètres et demi. 15 lignes par page. Ms. du XIVe siècle. — (Ancien fonds 1399.)

3097.

Même ouvrage. Les pièces de vers sont disposées dans l'ordre alphabétique des rimes. Le premier feuillet porte une courte notice sur le poète et la liste de ses commentateurs. Texte vocalisé. Les marges et les entrelignes sont couvertes de gloses empruntées au commentaire d'Al-Wâḥidî.

Papier. 175 feuillets. Hauteur, 21 centimètres; largeur, 12 centimètres. 17 lignes par page. Ms. du XVe siècle. — (Ancien fonds 1429.)

3098.

1° Même ouvrage. Les pièces de vers sont disposées dans l'ordre alphabétique des rimes. Nombreuses notes marginales.

2° (Fol. 132 v°.) Divan d'Al-Sarî al-Raffâ. Cette collection consiste principalement en éloges. L'auteur mourut à Baghdâd, entre les années 360 et 370 de l'hégire (970-980 de J. C.). Ibn Khallikân lui a consacré un article dans son Dictionnaire biographique (t. I, p. 559 de la traduction).

3° (Fol. 210 v°.) Divan d'Aḥmad ibn al-Qâsim al-Andalosî ibn Khaloûf (ابن خلوف). Cette collection renferme des poésies en l'honneur du roi (الملك) ou sultan ʿOthmân, et une pièce de vers à la louange d'un prince, nommé Al-Malik al-Masʿoûd.

Papier. 229 feuillets. Hauteur, 25 centimètres et demi; largeur, 14 centimètres et demi. 25 lignes par page. Ms. du XVIe siècle. — (Ancien fonds 1383.)

3099.

Le divan d'Al-Motanabbî. Les pièces de vers sont dis-

posées dans l'ordre alphabétique des rimes. Il y a une courte préface, qui commence par ces mots : الحمد لله الذى اطلع فى سماء البلاغة شموسا من البيان واهلّة.

Ms. daté de l'an 1094 de l'hégire (1683 de J. C.).

Papier. 131 feuillets. Hauteur, 25 centimètres; largeur, 13 centimètres et demi. 23 lignes par page. — (Supplément 1488.)

3100.

Commencement du même ouvrage. La copie s'arrête au milieu de la lettre *bâ*.

Papier. 26 feuillets. Hauteur, 32 centimètres; largeur, 20 centimètres et demi. Ms. du XVIIe siècle. — (Ancien fonds 1383 A.)

3101 à 3103.

الموضح. Commentaire sur les poésies d'Al-Motanabbî, disposées dans l'ordre alphabétique des rimes, par le khaṭîb Aboû Zakarîya Yaḥyâ ibn ʿAlî Al-Tibrîzî, mort en 502 de l'hégire (1108-1109 de J. C.).

Plusieurs feuillets du second volume, depuis le fol. 60 jusqu'au fol. 83, ont été rongés par les vers.

3 vol. Papier. 208, 186, 185 feuillets. Hauteur, 23 centimètres; largeur, 14 à 15 centimètres. 21 lignes par page. Ms. du XIIIe siècle. — (Ancien fonds 1431, 1432, 1433.)

3104.

Seconde partie du même ouvrage, de la main de Michel Ṣabbâgh.

Papier. 116 feuillets. Hauteur, 21 centimètres; largeur, 14 centimètres. 15 lignes par page. Ms. du XIXe siècle. — (Supplément 1490.)

3105.

Commentaire du divan d'Al-Motanabbî, par un auteur qui dit avoir étudié ce recueil en 599 de l'hégire (1202-1203 de J. C), et mis à contribution les ouvrages de tous ses devanciers. Ce commentaire, très bien composé, commence par ces mots : الحمد لله العظيم سلطانه الجزيل احسانه. Les pièces de vers sont disposées dans l'ordre alphabétique des rimes.

Papier. 480 feuillets. Hauteur, 25 centimètres; largeur, 16 centimètres. 35 lignes par page. Ms. du XVe siècle. — (Supplément 1485.)

3106.

Premier volume d'un commentaire sur le divan d'Al-Motanabbî. Les premiers feuillets manquent. Les pièces de vers sont disposées dans l'ordre chronologique.

Papier. 194 feuillets. Hauteur, 25 centimètres; largeur, 17 centimètres et demi. 19 lignes par page. Ms. du XVe siècle. — (Supplément 1486.)

3107.

الصبح المنبّى عن حيثيّة المتنبّى «Jour jeté sur l'histoire d'Al-Motanabbî», traité critique sur la vie et les ouvrages d'Al-Motanabbî, par Yoûsof al-Badîʿî. Commencement : سبحان الذى زيّن رياض الفضايل بازهار الادب الغض.

Ms. daté de l'an 1166 de l'hégire (1753 de J. C.).

Papier. 154 feuillets. Hauteur, 21 centimètres et demi; largeur, 14 centimètres. 19 lignes par page. — (Supplément 1491.)

3108.

ديوان ابن هانى. Divan d'Abou 'l-Qâsim Moḥammad ibn Hânî, surnommé le Motanabbî de la Mauritanie. Pour la vie de l'auteur, qui fut tué en 362 (973 de J. C.), à l'âge d'environ quarante ans, voyez le Dictionnaire biographique d'Ibn Khallikân, t. III, page 123. Dans cette collection, les pièces de vers sont disposées dans l'ordre alphabétique des rimes. Commencement : الحمد لله الذى جعل لسان العرب افصح الالسنة.

Ms. daté de l'an 858 de l'hégire (1454 de J. C.).

Papier. 189 feuillets. Hauteur, 18 centimètres et demi; largeur, 15 centimètres. 11 lignes par page. — (Supplément 1506.)

3109.

Divan d'Abou 'l-ʿAlâ al-Maʿarrî. Commencement : قال احمد بن عبد الله بن سليمن التنوخى سنة تسعين وثلثماية لسعيد الدولة ابى الفضايل بن سعد الدولة ابى المعالى بن سيف الدولة ولم يكن من طلّاب الفوايد

اعن وخد القلاص كشفت حالا

ومن عند الضلام (lis. الظلام) طلبت مالا

C'est le recueil qui, dans d'autres exemplaires, porte le titre de سقط الزند «Étincelles tombées du briquet».

Ms. daté de l'an 1066 de l'hégire (1656 de J. C.).

Papier. 221 feuillets. Hauteur, 21 centimètres; largeur, 14 centimètres et demi. 13 à 16 lignes par page. — (Supplément 1439.)

3110.

Même ouvrage. Commencement de la préface : اما بعد فان الشعراء كافراس تتابعن فى مدى الخ. Cette préface et un certain nombre de vers sont accompagnés de gloses composées par l'auteur.

Les derniers feuillets manquent.

Papier. 154 feuillets. Hauteur, 23 centimètres et demi; largeur, 16 centimètres et demi. 15 lignes par page. Ms. du XIVe siècle. — (Supplément 1440.)

3111.

ضوء السقط «Lumière de l'étincelle», commentaire d'Abou 'l-ʿAlâ al-Maʿarrî sur son divan intitulé سقط الزند. Le commentaire, très développé, renferme beaucoup d'exemples tirés d'autres poètes. Commencement : قد علم الله تعالى جلّت كلمته ان احب الكلام. En tête du volume, on a relié un cahier de dix feuillets, contenant des renseignements sur Abou 'l-Firâs al-Hamdânî et la notice consacrée à ce poète par Aboû Manṣoûr al-Thaʿâlibî, dans le *Yatîmat al-Dahr*. Ce cahier, d'écriture très cursive, est daté de Constantinople, 1060 de l'hégire (1650 de J. C.).

Papier. 93 feuillets. Hauteur, 26 centimètres; largeur, 16 centimètres et demi. 25 lignes par page. Ms. du XVe siècle. — (Ancien fonds 1409.)

3112.

Commentaire d'Aboû Zakarîya Yaḥyâ al-Tibrîzî sur le سقط الزند d'Abou 'l-ʿAlâ al-Maʿarrî. Commencement : وبعد فانى لما حضرت ابا العلاء..... قرات عليه كثيرا من اللغة وشيأ من تصانيفه فرايته يكره الكلمة اذا قرات عليه يقول معتذرا من تاتّيه من سماع هذا الديوان مدحت نفسى فيه فلا اشتهى ان اسمعه وكان يحثنى على الاشتغال بغيره من كتبه الخ

Ms. daté de l'an 632 de l'hégire (1235 de J. C.).

Papier. 552 pages. Hauteur, 24 centimètres et demi; largeur, 16 centimètres et demi. 17 lignes par page. — (Supplément 1441.)

3113.

Divan de Zaïn al-Dîn ʿAbd al-Raḥîm al-Borʿî. C'est un recueil de poésies religieuses et mystiques.

Ms. daté de l'an 1025 de l'hégire (1616 de J. C.).

Papier. 120 feuillets. Hauteur, 21 centimètres; largeur, 15 centimètres. 17 lignes par page. — (Supplément 1510.)

3114.

Même ouvrage.

Papier. 131 feuillets. Hauteur, 20 centimètres et demi; largeur, 15 centimètres. 25 lignes par page. Ms. du XVIIe siècle. — (Supplément 1508.)

3115.

Même ouvrage. Cet exemplaire est incomplet; il s'arrête à la quatrième pièce des poésies mystiques.

Papier. 76 feuillets. Hauteur, 20 centimètres et demi; largeur, 15 centimètres. 21 lignes par page. Ms. du XVIIe siècle. — (Supplément 1509.)

3116.

Commentaire sur la qaṣîda d'Aḥmad ibn ʿAbd al-Razzâq al-Ṭanṭarânî. Le commentaire, sans préface, commence par ces mots : الخلق لخاوى والفراغ فعيل من خلا يخلو الخ.

Ms. daté de l'an 1178 de l'hégire (1764 de J. C.).

Papier. 36 feuillets. Hauteur, 16 centimètres; largeur, 11 centimètres. 11 lignes par page. — (Supplément 1472.)

3117.

Divan d'Abou 'l-Moẓaffar Moḥammad ibn Aḥmad al-Abîwardî, de la famille des Omaïyades, mort à Ispahan, en 507 de l'hégire (1113 de J. C.). (Voyez le Dictionnaire biographique d'Ibn Khallikân, t. III, p. 144.) Le présent ms. ne renferme qu'une partie du divan, à savoir les العراقيات ou poésies composées à l'éloge de plusieurs grands personnages de l'ʿIrâq, et les المقطعات ou fragments d'autres poésies, composées dans l'ʿIrâq. Les النجديات et les الوجديات manquent à cette collection. Les feuillets de garde sont couverts de

notes, de maximes et d'extraits poétiques. Commencement de la préface : الحمد لله على نعمٍ غنّاء المراد ومنحة متّصلة الامداد.

Ms. daté de l'an 724 de l'hégire (1324 de J. C.). Nombreuses gloses marginales et interlinéaires.

Papier. 203 feuillets. Hauteur, 25 centimètres et demi; largeur, 17 centimètres. 13 lignes par page. — (Ancien fonds 1398.)

3118.

1° *Takhmîs* du poème intitulé منفرجة d'Abou 'l-Fadhl Yoûsof ibn Moḥammad al-Naḥwî. Premier hémistiche :

الصبر طريق اللفرج (*sic*)

2° (Fol. 9.) Plusieurs pièces de vers, dont l'une, composée de six vers, commence ainsi :

اتانى زمانى بما ارتضى   فبالله يا دهر لا تنقضى

La seconde, de dix vers, commence ainsi :

اعاتبه اذا غفل الرقيب   واساله الجواب فلا يجيب

La troisième, qui est plus longue, commence ainsi :

بكر العارض تحدوه النعامى   فسقاك الرىّ يا دار اماما

Le quatrième, de vingt-six vers, commence ainsi :

اعتزل ذكر الاغانى والغزل   وقل الفصل وجانب من هزل

3° (Fol. 11 v°.) Histoire de la ville d'airain (مدينة النحاس), fondée par Salomon, fils de David. C'est un conte populaire, différent de celui qui se trouve dans quelques éditions des *Mille et une Nuits*.

4° (Fol. 22 v°.) Histoire d'un pieux cadi et d'un voleur.

5° (Fol. 24 v°.) Histoire d'Alexandre et d'Aristote, lorsqu'ils allèrent à la conquête de l'Inde, après avoir fondé Alexandrie et conquis la Syrie et la Mauritanie.

6° (Fol. 26.) Histoire du calife Hâroûn al-Raschîd et d'un Arabe du désert, se rencontrant à la Mecque.

7° (Fol. 28 v°.) Poésies composées au XIᵉ siècle de l'hégire, par Abou 'l-Wafâ al-ʿOrdhî (العرضى), schaïkh al-Islâm de la ville d'Alep.

8° (Fol. 31 v°.) Histoire de Jésus-Christ et de deux hommes, dont l'un était perclus, l'autre aveugle.

9° (Fol. 33.) Histoire de la rencontre d'Aboû Yazîd el-Besṭâmî avec un moine, lors de son quarante-neuvième pèlerinage à la Mecque.

10° (Fol. 36 v°.) Histoire de Moïse et de Khidhr.

11° (Fol. 38.) Paroles et récits d'un saint personnage nommé Moḥammad al-Kitâbî.

12° (Fol. 41 v°.) Histoires merveilleuses, dont la première est celle de Moïse et de l'ange de la mort.

13° (Fol. 42.) Histoire de Hâroûn al-Raschîd et de Sofyân al-Thaurî.

14° (Fol. 44.) Récits touchant la manière dont divers personnages furent accueillis par les premiers califes. La première histoire est celle de Djabala ibn al-Aïham en présence d'ʿOmar ibn al-Khaṭṭâb.

15° (Fol. 49 v°.) Histoire de la conversion d'ʿOmar à l'islamisme.

16° (Fol. 53 v°.) Histoire du pécheur Khalîf et du calife Hâroûn al-Raschîd.

17° (Fol. 63 v°.) Anecdotes concernant les califes Al-Ma'moûn et Hâroûn al-Raschîd, etc.

18° (Fol. 68 v°.) Histoire de la colombe d'or et de la fille du roi, conte attribué à Kaʿb al-Aḥbâr.

19° (Fol. 80 v°.) Fragments poétiques.

20° (Fol. 86 v°.) Pièce de vers d'Ibn al-Djazzî à l'éloge d'Abou 'l-Wafâ al-ʿOrdhî.

21° (Fol. 87.) Autres poésies.

22° (Fol. 88.) Énigme en vers, par Abou'l-Wafâ ʿOmar al-ʿOrdhî. Premier vers :

بريحان العذار سبا العذارى   فغدرا ان خلعت به العذارا

23° (Fol. 89 v°.) Poésies diverses.

Papier. 98 feuillets. Hauteur, 21 centimètres; largeur, 14 centimètres. Ms. du XVIIᵉ siècle. — (Ancien fonds 1495.)

3119.

غيث الادب الذى انسجم فى شرح لامية العجم « Pluie abondante de littérature, commentaire sur la *Lâmîyat al-ʿAdjam* », par Khalîl ibn Aïbak al-Ṣafadî. L'auteur a inséré dans son commentaire de nombreux extraits et diverses historiettes. La préface seule remplit vingt-neuf feuillets. Commencement : الحمد لله الذى شرح صدر من تادّب ورفع قدر من تاهّل للعلم.

Ms. daté de l'an 818 de l'hégire (1415 de J. C.).

Papier. 450 feuillets. Hauteur, 27 centimètres et demi; largeur, 18 centimètres et demi. 21 lignes par page. — (Ancien fonds 1393.)

3120.

Même ouvrage.

Ms. daté de l'an 1004 de l'hégire (1595-1596 de J. C.). Entre les folios actuellement cotés 1 et 2, il manque quelques feuillets.

Papier. 488 feuillets. Hauteur, 23 centimètres et demi; largeur, 16 centimètres et demi. 19 lignes par page. — (Ancien fonds 1481.)

3121.

Même ouvrage.

Ms. daté de l'an 1144 de l'hégire (1732 de J. C.).

Papier. 402 feuillets. Hauteur, 28 centimètres; largeur, 18 centimètres. 19 lignes et, à partir du fol. 78, 25 lignes par page. — (Supplément 1476.)

3122.

Abrégé du commentaire d'Al-Ṣafadî sur la *Lâmîyat al-ʿAdjam* d'Al-Ṭoghrâ'î, par Kamâl al-Dîn al-Domaïrî (الدميرى). Ce résumé (تلخيص) a été composé en 767 de l'hégire (1366 de J. C.). Les préfaces des deux ouvrages commencent par la même phrase; mais elles diffèrent pour le reste.

Ms. daté de l'an 1027 de l'hégire (1618 de J. C.).

Papier. 81 feuillets. Hauteur, 21 centimètres; largeur, 14 centimètres. 19 lignes par page. — (Supplément 1475.)

3123.

Autre abrégé du commentaire d'Al-Ṣafadî sur la *Lâmîyat al-ʿAdjam* d'Al-Ṭoghrâ'î.

Ms. daté de l'an 1198 de l'hégire (1784 de J. C.).

Papier. 59 feuillets. Hauteur, 21 centimètres; largeur, 16 centimètres. 21 lignes par page. — (Supplément 1473.)

3124.

1° نزول الغيث الذى انسجم فى شرح لامية العجم. Critique du commentaire d'Al-Ṣafadî, par Moḥammad ibn abî Bakr Ibn al-Damâmînî. Cet ouvrage a été composé en 794 de l'hégire (1392 de J. C.). Commencement : اما بعد حمد الله الذى لا يتوجّه عليه الاعتراض.

2° (Fol. 45.) Description d'une amulette très efficace.

3° (Fol. 47 v°.) Première partie d'un recueil d'historiettes et de pièces de vers touchant l'amour. Commencement : الحمد لله الذى جعل الحمد اوّل كتاب رحمته واخر دعوى ساكنى جنّته.

4° (Fol. 60.) Seconde partie du même recueil, commençant par ces mots : الحمد لله اولا واخرا وقال بعض الفلاسفة خلق الله تعالى الارواح جملة واحدة كهيئة الكورة (*sic*) ثم قسمها اجزاء بين الخلايق.

5° (Fol. 77 v°.) Troisième partie du même ouvrage.

6° (Fol. 95.) Quatrième et dernière partie du même ouvrage.

Ms. daté de l'an 1070 de l'hégire (1660 de J. C.).

Papier. 116 feuillets. Hauteur, 20 centimètres et demi; largeur, 15 centimètres. 23 à 25 lignes par page. — (Supplément 1477.)

3125.

تحكيم العقول بأفول البدر للنزول « Traité qui permettra aux bons esprits de voir combien la pleine lune est penchée vers son couchant ». Réfutation du نزول الغيث d'Ibn al-Damâmînî, par ʿAlâ al-Dîn ʿAlî ibn Moḥammad ibn Aqbars, docteur schaféite du Caire, mort en 862 de l'hégire (1457-1458 de J. C.). (Voyez Hadji Khalfa, t. V, p. 254.) Le nom turc اقبرس signifie « la panthère blanche ». Commencement : الحمد لله الذى انزل من السماء ماء فتصبح الارض به مخضرة.

En tête du volume se trouvent diverses notes.

Papier. 105 feuillets. Hauteur, 18 centimètres; largeur, 13 centimètres et demi. 19 lignes par page. Ms. du XVIe siècle. — (Supplément 1474.)

3126.

Divan d'Aboû Isḥâq Ibrâhîm ibn ʿOthmân ibn Moḥammad al-Kalbî al-Aschhabî al-Ghazzî.

Copie datée de l'an 650 de l'hégire (1253-1254 de J. C.).

Papier. 167 feuillets. Hauteur, 22 centimètres; largeur, 16 centimètres. 17 lignes par page. — (Supplément 2482.)

3127.

Commentaire d'ʿAbd al-Malik ibn ʿAbdallah ibn Badroûn sur le poème appelé البشامة, d'Ibn ʿAbdoûn.

Ce ms. qui, dit-on, est de la main de Khalîl ibn Aïbak al-Ṣafadî, est daté de l'an 717 de l'hégire (1319 de J. C.).

Papier. 250 pages. Hauteur, 23 centimètres; largeur, 17 centimètres. 17 lignes par page. — (Supplément 1502.)

3128.

Même ouvrage.

Papier. 130 feuillets. Hauteur, 20 centimètres et demi; largeur, 13 centimètres et demi. 17 lignes par page. Ms. du xve siècle. — (Ancien fonds 1487.)

3129.

1° Même ouvrage.

2° (Fol. 116 v°.) Texte de la qaṣîda d'Ibn ʿAbdoûn.

3° (Fol. 120.) Qaṣîda intitulée تذكرة الاريب وتبصرة الاديب «Mémorial de l'homme intelligent et avertissement pour l'homme de lettres», par Madjd al-Dîn Moḥammad ibn Aḥmad ibn abî Schâkir al-Irbilî, qui vivait encore en 676 de l'hégire (1277 de J. C.). Commencement :

كل حى الى الممات مآبه ومدى عمره سريع ذهابه

Ms. daté de l'an 1031 de l'hégire (1621-1622 de J. C.).

Papier. 122 feuillets. Hauteur, 22 centimètres; largeur, 16 centimètres. 19 lignes par page. — (Ancien fonds 1478.)

3130.

Commentaire d'Ibn Badroûn sur la qaṣîda d'Ibn ʿAbdoûn. Le ms. est de plusieurs mains et daté de l'an 1043 de l'hégire (1633-1634 de J. C.).

Papier. 132 feuillets. Hauteur, 20 centimètres et demi; largeur, 14 centimètres. Au commencement 17 lignes, puis 23 lignes par page. — (Supplément 1500.)

3131.

1° Même ouvrage.

2° (Fol. 136.) Le سلوان المطاع d'Ibn Ẓafar.

Papier. 208 feuillets. Hauteur, 29 centimètres; largeur, 18 centimètres et demi. 21 lignes par page. Ms. du xviie siècle. — (Ancien fonds 1411.)

3132.

Commentaire d'Ibn Badroûn sur le poème d'Ibn ʿAbdoûn.

Papier. 119 feuillets. Hauteur, 22 centimètres; largeur, 15 centimètres et demi. 23 lignes par page. Ms. du xviiie siècle. — (Supplément 1501.)

3133.

Même ouvrage. On lit à la fin du volume que le titre du poème était البسامة (*sic*) فى اطواق الحمامة, et aussi كامة (كمامة) الزهر وصدفة الدر (الدرر).

Papier. 138 feuillets. Hauteur, 22 centimètres; largeur, 16 centimètres. 21 lignes par page. Ms. du xviiie siècle. — (Supplément 1499.)

3134.

1° عبرة اولى الابصار فى ملوك الامصار «Exemples instructifs que les hommes intelligents peuvent trouver dans l'histoire des grands rois». Commentaire sur les vers historiques du poème d'Ibn ʿAbdoûn, par le cadi ʿImâd al-Dîn Ism âʿîl ibn Aḥmad ibn Moḥammad Ibn al-Athîr d'Alep, mort, selon Hadji Khalfa, en 699 de l'hégire (1299-1300 de J. C.). Ce commentaire s'arrête au quarante-deuxième vers du poème. Commencement : الحمد لله الذى جعل خلقه لاولى البصاير عبرة.

2° (Fol. 84 v°.) Suite du poème d'Ibn ʿAbdoûn (ذيل العبدونية), composée et commentée par le même Ismâʿîl ibn al-Athîr. Premier vers :

وغادرت قاهرا بالله منقهرا

بالخلع والشمل بشيب الصفو بالكدر

(Voyez l'édition du commentaire d'Ibn Badroûn, publiée en 1846, par M. Dozy, préface, page 25 et suiv., 31 et 36.)

Papier. 120 feuillets. Hauteur, 21 centimètres; largeur, 13 centimètres et demi. 21 lignes par page. Ms. du xviiie siècle. — (Supplément 1505.)

3135.

Divan d'Aboû Isḥâq Ibrâhîm ibn abi 'l-Fatḥ Khafâdja, mort en 533 de l'hégire (1139 de J. C.). Plusieurs des pièces de vers contenues dans ce volume sont pré-

IMPRIMERIE NATIONALE.

cédées d'une introduction en prose. Commencement de la préface : الحمد لله الذى غمر بفضله ومنّ بعدله.

Ms. daté de l'an 1167 de l'hégire (1754 de J. C.).

Papier. 67 feuillets. Hauteur, 24 centimètres et demi; largeur, 15 centimètres. 29 lignes par page. — (Supplément 1518.)

3136.

1° عقود العقائد «Collier des articles de foi». C'est une pièce de vers dans laquelle un auteur anonyme (peut-être Ṣadîd al-Dîn al-Bokhârî), expose les doctrines de l'islamisme. L'ouvrage a été composé en 560 de l'hégire (1165-1166 de J. C.). Premier vers :

الحمد لله القديم الاحد الدايم الفرد القديم الصمد

2° (Fol. 29 v°.) Instructions morales et religieuses. Chaque paragraphe se compose de cinq vers. Le premier paragraphe rime en *alif*, le second en *bâ*, et ainsi de suite, jusqu'à la fin de l'alphabet. Cet ouvrage, faussement attribué à Al-Ḥosaïn ibn ʿAlî ibn abî Ṭâlib, a probablement pour auteur Nadjm al-Dîn ʿOmar al-Nasafî. Premier vers :

تبارك ذو العلى والكبرياء تفرّد بالجلال وبالبقاء

3° (Fol. 35.) Chapitre d'arithmétique, suivi de quelques traditions relatives à Mahomet.

Ms. daté de l'an 774 de l'hégire (1372 de J. C.).

Papier. 37 feuillets. Hauteur, 17 centimètres; largeur, 12 centimètres et demi. 15 à 20 lignes par page. — (Ancien fonds 1418.)

3137.

1° عقود العقايد «Collier des articles de foi». (Voyez l'article 1° du numéro précédent.)

2° (Fol. 29 v°.) Instructions morales et religieuses en strophes de cinq vers, par Nadjm al-Dîn ʿOmar al-Nasafî. (Voyez l'article 2° du numéro précédent.)

3° (Fol. 36.) Commencement du divan alphabétique des poésies d'Al-Motanabbî.

Ms. daté de l'an 1680 de J. C.

Papier. 46 feuillets. Hauteur, 19 centimètres; largeur, 12 centimètres et demi. 15 à 18 lignes par page. — (Supplément 1489.)

3138.

1° عقود العقائد «Collier des articles de foi». (Voyez les deux numéros précédents.)

2° (Fol. 31.) Les instructions morales et religieuses de Nadjm al-Dîn ʿOmar al-Nasafî.

Ce ms. paraît avoir été copié, ainsi que la première partie du numéro précédent, sur le n° 3136, dont la date est reproduite à la fin.

Papier. 36 feuillets. Hauteur, 21 centimètres; largeur, 14 centimètres. 17 lignes par page. Ms. du XVIIe siècle. — (Supplément 1931.)

3139.

Divan d'Abou 'l-Fotoûḥ Naṣr ibn Makhloûf ibn Qalâqis, mort en 567 de l'hégire (1172 de J. C.). La Vie de ce poète se trouve dans le Dictionnaire biographique d'Ibn Khallikân (t. III, p. 537 de la traduction anglaise).

Ms. daté de l'an 1023 de l'hégire (1614 de J. C.). Frontispice orné, vignette sur le verso du premier feuillet.

Papier. 119 feuillets. Hauteur, 23 centimètres; largeur, 14 centimètres. 16 à 18 lignes par page. — (Ancien fonds 1446.)

3140.

ديوان التدبيج «Recueil de l'enjolivement», c'est à dire des poèmes enjolivés. C'est une collection de qaṣîdas enchevêtrées les unes dans les autres et présentées sous forme d'arbres, de cercles entre-croisés, d'échiquiers, de colonnes et autres figures plus ou moins bizarres. Pour les écrire on a employé des encres de diverses couleurs, noire, rouge, verte et jaune. L'auteur, ʿAbd al-Monʿim ibn ʿOmar ibn Ḥassân al-Ghassânî, né à Djilyâna, près de Cadix, en Espagne (الجليانى الاندلسى), mort à Damas, en 602 de l'hégire (1205-1206 de J. C.), dit, dans la préface, avoir composé cet ouvrage singulier sur le désir du sultan Saladin qui, se trouvant à Jérusalem, en 588 de l'hégire (1192 de J. C.), lui avait ordonné de célébrer en vers les événements de son règne. Cet ordre donna naissance à dix divans, dont le présent recueil est le sixième. L'auteur a eu soin d'écrire à part le texte de chaque pièce de vers, pour en rendre possible la lecture. Au reste, ces pièces n'offrent aucun intérêt, ni historique, ni littéraire. Le kâtib ʿImâd al-Dîn, dans la *Kharîda*, en parlant des divers genres d'ornements ou figures de rhétorique employés dans ses vers, s'exprime ainsi : هو صاحب البديع البعيد والتوشيح والترشيح والترصيع والتصريع والتجنيس والتطبيق والتوفيق والتلفيق والتقريب والتقرير والتعريف والتعريب۞

Papier. 69 feuillets. Hauteur, 40 centimètres et demi; largeur, 28 centimètres. 19 lignes par page. Ms. du XVIIe siècle. — (Ancien fonds 1394.)

3141.

1° شرح القصايد السبع. Commentaire sur les *Sept Qaṣîdas* d'ʿAlî ibn Moḥammad ibn ʿAbd al-Ṣamad al-Hamadânî al-Sakhâwî, par Schihâb al-Dîn ʿAbd al-Raḥmân ibn Ismâʿîl Ibn al-Maqdisî, docteur schaféite. Ces poèmes, composés vers la fin du VIe siècle de l'hégire, en l'honneur de Mahomet, sont intitulés : 1° ذات الاصول فى مدح الرسول; 2° ذات الشفا فى معجزات سيد البشر; 3° ذات الدرر فى مدح المصطفى; 4° ذات القبول فى مدح الرسول; 5° مفرّجة الغمّ فى مدح سيد الامم; 6° وداع الزاير للنبى الطاهر; 7° شكوى الاشتياق الى النبى الاخلاق.

Le commentaire a été rédigé en 642 de l'hégire (1244 de J. C.).

Exemplaire copié en 654 de l'hégire (1256 de J. C.), sur le ms. de l'auteur.

2° (Fol. 178 v°.) Qaṣîda en l'honneur de Mahomet, par Abou 'l-Khattâb ʿOmar ibn al-Ḥasan ibn Diḥya (ابن دحية). Ce poème se compose d'environ quatre-vingt vers, rimant en *di*.

Papier. 180 feuillets. Hauteur, 19 centimètres et demi; largeur, 14 centimètres. 20 à 25 lignes par page. Ms. du XVIIIe siècle. — (Ancien fonds 1476.)

3142.

Divan de Bahrâm Schâh, fils de Farroukh Schâh. L'auteur, petit-neveu de Saladin, était sultan de Balbek et portait le titre d'Al-Malik al-Amdjad. Il fut assassiné en 627 de l'hégire (1229-1230 de J. C.). Toutes ces pièces de vers, dont la première a été composée en 604 de l'hégire (1208 de J. C.), traitent des femmes et du courage guerrier (النسب والتغزل والحماسة).

Papier. 130 feuillets. Hauteur, 21 centimètres; largeur, 15 centimètres. 17 lignes par page. Ms. du XVIIe siècle. — (Supplément 1497.)

3143.

Divan de Scharaf al-Dîn Aboû Ḥafṣ ʿOmar Ibn al-Fâridh, mort en 632 de l'hégire (1235 de J. C.). Ce recueil é été édité, cent ans après la mort du poète, par son petit-fils (سبط), nommé ʿAlî; car, dans la préface que celui-ci a placée en tête, il dit qu'il se trouvait au Caire vers 730 de l'hégire. (Voyez, sur cette édition, la Chrestomathie de M. de Sacy, 2e édition, t. III, p. 132.)

Papier. 108 feuillets. Hauteur, 18 centimètres; largeur, 13 centimètres et demi. 13 lignes par page. Ms. du XIIIe siècle. — (Ancien fonds 1460.)

3144.

Même ouvrage.

En tête de ce ms. se trouve un frontispice très bien dessiné et éxécuté en or et en couleurs; mais le titre, dessiné dans la partie supérieure de cet ornement, n'offre aucun sens. On y lit que ce volume avait été écrit par un nommé Moḥammad المشمر, et dans l'*explicit* on a effacé le surnom du véritable copiste pour le remplacer, très maladroitement, par celui-ci. Mais ce titre orné n'est qu'une pièce rapportée.

Papier. 108 feuillets. Hauteur, 26 centimètres et demi; largeur, 17 centimètres. 13 lignes par page. Ms. du XIVe siècle — (Ancien fonds 1395.)

3145.

Même ouvrage.

Exemplaire copié sur le ms. de l'auteur, et daté de l'an 813 de l'hégire (1410 de J. C.).

Papier. 76 feuillets. Hauteur, 21 centimètres; largeur, 15 centimètres et demi. 17 lignes par page. — (Ancien fonds 1425, Colbert 4711.)

3146.

1° Même ouvrage.

Copie du XIVe siècle. Le premier feuillet manque.

2° (Fol. 94.) Invocation mystique, par Raslân (رسلان) ibn Yaʿqoûb ibn al-Djaʿfarî, de Damas.

3° (Fol. 97 v°.) Extraits du divan d'Ibn al-Djaʿfarî.

4° (Fol. 105 v°.) Autres extraits.

5° (Fol. 106 v°.) Plusieurs pièces de vers attribuées au schaïkh Yoûnos al-Rifâʿî (الرفاعى).

6° (Fol. 111 v°.) Quelques pièces de vers, par un auteur dont le nom n'est plus lisible.

Les articles 2° à 6° sont d'une mauvaise écriture du XVe siècle.

Papier. 112 feuillets. Hauteur, 25 centimètres et demi; largeur, 17 centimètres. — (Ancien fonds 1397.)

3147.

Divan d'Aboû Ḥafṣ ʿOmar Ibn al-Fâridh. Le premier

feuillet manque. Il a été remplacé par un autre, qui contient le commencement d'une préface apocryphe.

Papier. 168 feuillets. Hauteur, 21 centimètres; largeur, 15 centimètres. 12 lignes par page. Ms. du xve siècle. — (Supplément 1447 *bis*.)

3148.

1° Même ouvrage.

2° (Fol. 67.) Premier cahier d'un traité sur l'excellence de la science. Ce sont, en majeure partie, des extraits du Coran et des paroles attribuées à Mahomet.

Ms. daté de l'an 947 de l'hégire (1541 de J. C.).

Papier. 71 feuillets. Hauteur, 25 centimètres; largeur, 18 centimètres et demi. 19 lignes par page. — (Ancien fonds 1396.)

3149.

Divan d'Ibn al-Fâridh.

Papier. 78 feuillets. Hauteur, 20 centimètres; largeur, 12 centimètres. 17 lignes par page. Ms. du xvie siècle. — (Ancien fonds 1424.)

3150.

Même ouvrage.

Papier. 71 feuillets. Hauteur, 20 centimètres; largeur, 15 centimètres. 27 lignes par page. Ms. du xvie siècle. — (Supplément 1445.)

3151.

Même ouvrage.

Ms. daté de l'an 993 de l'hégire (1585 de J. C.).

Papier. 109 feuillets. Hauteur, 25 centimètres et demi; largeur, 16 centimètres. 13 lignes par page. — (Supplément 1442.)

3152.

Même ouvrage.

Les quatre dernières pages du volume sont couvertes d'extraits divers, dont un, en persan, est d'ʿAbd al-Raḥmân al-Djâmî.

Ms. daté de l'an 1023 de l'hégire (1615 de J. C.).

Papier. 76 pages. Hauteur, 20 centimètres; largeur, 12 centimètres. 19 lignes par page. — (Supplément 1446.)

3153.

Même ouvrage.

Ms. daté de l'an 1029 de l'hégire (1620 de J. C.). La partie inférieure du volume a souffert de l'humidité et a été rongée; mais le texte est demeuré intact.

Papier. 85 feuillets. Hauteur, 20 centimètres et demi; largeur, 15 centimètres. 16 lignes par page. — (Ancien fonds 1467, Colbert 4382.)

3154.

1° Même ouvrage.

Copie datée de l'an 1044 de l'hégire (1635 de J. C.).

2° (Fol. 54.) قصيدة البوصيرية ou قصيدة مُضَرِيّة, en l'honneur de Mahomet, par Al-Boûṣîrî.

3° (Fol. 64 v°.) La *Borda* d'Al-Boûṣîrî.

4° (Fol. 68 v°.) Pièces de vers de divers auteurs, dont la plupart ont un sens mystique.

5° (Fol. 84 v°.) L'*Arbaʿîn* d'Al-Soyoûṭî.

Papier. 85 feuillets. Hauteur, 20 centimètres; largeur, 12 centimètres et demi. Écritures diverses. — (Supplément 1448.)

3155.

Divan d'ʿOmar Ibn al-Fâridh. Le copiste a omis l'introduction et les commentaires sur les premiers poèmes, jusqu'au fol. 52.

Papier. 68 feuillets. Hauteur, 21 centimètres; largeur, 14 centimètres et demi. 15 lignes par page. Ms. du xviie siècle. — (Supplément 1444.)

3156.

1° Même ouvrage.

2° (Fol. 66.) Deux qaṣîdas d'ʿAbd al-Raḥîm al-Borʿî. (Voyez ci-dessus, n° 3113.)

3° (Fol. 69.) Extrait de la qaṣîda d'Al-Bouṣîrî.

4° (Fol. 72 v°.) Dialogue mystique, tiré du livre intitulé كتاب التجلّيات.

5° (Fol. 73 v°.) Onze vers du schaïkh Moḥammad al-Bakrî, dont voici le premier :

الا فى سبيل الله عمر مضيع   وفكر بانواع الامانى موزع

6° (Fol. 74.) Quelques pièces de vers en turc et en arabe.

Les trois premiers articles sont de la même main et datés de l'an 1056 de l'hégire (1646 de J. C.).

Papier. 74 feuillets. Hauteur, 18 centimètres; largeur, 11 centimètres et demi. 21 lignes par page. — (Supplément 1447.)

3157.

Commentaire de Ḥasan al-Bourînî, mort, selon Hadji Khalfa (tome III, page 248), en 1024 de l'hégire (1615 de J. C.), sur le divan d'ʿOmar Ibn al-Fâridh. Ce commentaire, dit M. de Sacy, est très instructif. Le même savant fait observer que le poème intitulé تائيّة فى التصوّف ou نظم السلوك, ne se trouve pas dans ce commentaire. (Voyez *Chrestomathie arabe*, 2ᵉ édit., t. III, p. 134.) Commencement de la préface : الحمد لله الذى رفع الادب واهله وسوّاهم بدورًا كاملة وسواهم اهلّة.

Ms. daté de l'an 1030 de l'hégire (1621 de J. C.).

Papier. 339 feuillets. Hauteur, 20 centimètres; largeur, 14 centi- et demi. 21 lignes par page. — (Ancien fonds 1479.)

3158.

Même ouvrage. La préface n'est pas la même que celle de l'exemplaire précédent. La copie n'est pas terminée; elle s'arrête au passage qui correspond au fol. 316 du numéro précédent. Commencement : الحمد لله الذى اورد احبّاءه مناهل الصفا.

Papier. 271 feuillets. Hauteur, 26 centimètres; largeur, 14 centimètres et demi. 23 lignes par page. Ms. du XVIIᵉ siècle. — (Supplément 1443.)

3159 à 3162.

كشف السرّ الغامض فى شرح ديوان ابن الفارض «Mystères profonds mis à découvert, pour servir d'explication au Divan d'Ibn al-Fâridh», par ʿAbd al-Ghanî ibn Ismâʿîl al-Nâbolosî. Commencement : الحمد لله الذى فتح خزاين الحقايق بمفاتح العناية والتوفيق.

Ms. daté de l'an 1232 de l'hégire (1817 de J. C.).

4 volumes. Papier. 390, 390, 390 et 384 feuillets. Hauteur, 22 centimètres et demi; largeur, 16 centimètres et demi. 19 lignes par page. — (Supplément 1449, I-IV.)

3163.

كشف الوجوه الغرّ لمعانى نظم الدرّ «Beaux visages dévoilés, pour (montrer) les pensées exprimées dans le نظم الدرّ». Commentaire sur la تائيّة فى التصوّف d'ʿOmar Ibn al-Fâridh, par Al-Qâschânî. Commencement : الحمد لله الذى فلق بقدرته صبح الوجود عن غسق العدم. La préface se compose d'un avant-propos et de deux sections. La première section traite des *connaissances* et contient cinq chapitres (*faṣl*), dont voici les titres : فى معرفة فى معرفة الروح والنفس; فى معرفة العوالم; الذات والصفات فى معرفة النبوة والولاية; فى معرفة الانسان واخلاقه. La seconde section renferme aussi cinq chapitres, à savoir : فى التوحيد; فى الجمع; فى الوجد والوجود; فى السكر; فى المحبّة.

Ms. daté de l'an 1041 de l'hégire (1631 de J. C.).

Papier. 187 feuillets. Hauteur, 21 centimètres; largeur, 15 centimètres. 17 lignes par page. — (Supplément 1452.)

3164.

Second volume d'un commentaire sur la grande *Tâ'iya* d'ʿOmar Ibn al-Fâridh. Le premier et le dernier feuillet manquent; ils ont été remplacés par deux autres, dont l'un renferme une introduction apocryphe, l'autre un *explicit* dans lequel ce commentaire est donné comme étant le célèbre commentaire intitulé منتهى المدارك. Le premier vers commence par وجانب جناب الوصل, et son commentaire par جانب امر من المجانبة اى باعد. Le second vers commence par هو الحب, et le commentaire par الضمير للشان والامر فى الحب.

Papier. 122 feuillets. Hauteur, 21 centimètres; largeur, 15 centimètres. 15 lignes par page. Ms. du XVIIᵉ siècle. — (Supplément 1451 *bis*.)

3165.

1° Commentaire sur la qaṣîda الخمريّة d'ʿOmar Ibn al-Fâridh, par Dâ'oûd ibn Maḥmoûd al-Qaïṣarî, mort en 751 de l'hégire (1350-1351 de J. C.). Commencement : الحمد لله الذى تجلى لقلوب عباده المصطفين.

2° (Fol. 28.) الزجاجة البلورية «Le Verre de cristal», commentaire sur la *Khamrîya*, par Moḥammad ibn Moḥammad al-ʿOmarî al-Qaṣîrî. Commencement : الحمد لله الذى سقى اولياءه من شراب الرحيق المختوم.

Papier. 56 feuillets. Hauteur, 23 centimètres; largeur, 16 centimètres et demi. 21 lignes par page. Ms. du XVIIIᵉ siècle. — (Supplément 1451.)

3166.

Commentaire sur la *Khamrîya* d'ʿOmar Ibn al-Fâridh. Le second feuillet, renfermant le titre et peut-être le nom de l'auteur, manque. Commencement : الحمد لله الذى صفى بيد عنايته سراير الصوفية من شوايب كدورات الصفات الغيرية.

Ms. daté de l'an 1128 de l'hégire (1716 de J. C.).

Papier. 75 feuillets. Hauteur, 21 centimètres; largeur, 15 centimètres. 17 lignes par page. — (Supplément 1450.)

3167.

ترجمان الاشواق «Interprète des désirs», poésies mystiques de Moḥyî al-Dîn Ibn al-ʿArabî, avec le commentaire du même auteur.

Papier. 147 feuillets. Hauteur, 21 centimètres et demi; largeur, 15 centimètres. 17 lignes par page. Ms. du xvᵉ siècle. Les 42 premiers feuillets et les 20 derniers sont d'une main plus moderne. — (Supplément 1580 *bis.*)

3168.

Même ouvrage.

Ms. daté de l'an 999 de l'hégire (1591 de J. C.). Le premier feuillet manque.

Papier. 102 feuillets. Hauteur, 20 centimètres et demi; largeur, 15 centimètres. 21 lignes par page. — (Supplément 2047.)

3169.

Même ouvrage. La copie n'est pas achevée. Le premier feuillet manque.

Papier. 100 feuillets. Hauteur, 21 centimètres; largeur, 15 centimètres. 19 à 21 lignes par page. Ms. du xviiᵉ siècle. — (Supplément 1580.)

3170.

Même ouvrage.

Ms. daté de l'an 1183 de l'hégire (1769 de J. C.).

Papier. 107 feuillets. Hauteur, 23 centimètres; largeur, 17 centimètres. 23 lignes par page. — (Supplément 1579.)

3171.

1° Poésies religieuses, intitulées المعشّرات ou الديوان الصغير, par Moḥyî al-Dîn Ibn al-ʿArabî. Il y a vingt-neuf pièces, selon le nombre des lettres de l'alphabet, en y comptant le *lâm-alif.* Chaque pièce se compose de dix vers qui tous commencent et finissent par la même lettre de l'alphabet, depuis *alif* jusqu'à *yâ.* Cette collection est suivie d'un appendice en vers du même auteur et de deux autres pièces peu étendues.

2° (Page 65.) القصيدة العينية «Le Poème rimant en ʿ*ain*», appelé aussi الدرّة العينية في الشواهد الغيبية «La Perle, rimant en ʿ*ain*, traitant des témoignages occultes», poème mystique de plus de cinq cents vers, par ʿAbd al-Karîm al-Djîlî. Premier vers :

فـؤاد بـه شمس الـمحـبّـة طـالـعُ
وليس لنجم العـذل فـيـه مـواقـعُ

3° (Page 166.) Divan d'Aboû ʿAbd Allah Moḥammad al-Ḥanafî. Poésies mystiques.

4° (Page 182.) Extraits du divan d'ʿAlî Abou 'l-Wafâ. Poésies mystiques, classées d'après l'ordre alphabétique des rimes.

5° (Page 264.) La *Petite Tâ'îya* (التائية الصغرى) d'ʿOmar Ibn al-Fâridh, suivie (page 273), de la *Tâ'îya sur le soufisme* (التائية في التصوّف). Les deux qaṣîdas sont réunis l'une à l'autre par trois vers formant la transition.

6° (Page 343.) Un *Mokhammas* de douze stances. Commencement :

قد قابلوا قلبى ولم يتجبوا

7° (Page 346.) Prière efficace.

8° (Page 365.) Dissertation sur la foi.

9° (Page 382.) Amulette intitulée حجاب التوابع وام الصبيان.

10° (Page 392.) Autre amulette (نُشرة).

11° (Page 395.) Pièce de vers dont voici le premier :

لطيفتى نادمتّنى فى ضيا سَحَرى
متّى الىّ فاغنّتنى عن الخبر

12° (Page 397.) Autre pièce de vers, dont voici le premier :

طاب وقتى وقد صفا   بك يا طيب الوفا

13° (Page 398.) Qaṣîda d'Avicenne sur l'âme.

14° (Page 400.) Pièce de vers, commençant ainsi :

الا بلغا ليلى البسيطة حالى

15° (Page 401.) Poème attribué à ʿAbd al-Qâdir al-Guîlânî (الكيلاني). Premier vers :

طُفْ بحانى سبْعًا وقف بزمامى   وتجرّد لزورتى كل عامِر

16° (Page 403.) Autres vers, prières et charmes.

Papier. 414 pages. Hauteur, 18 centimètres et demi; largeur, 13 centimètres. Ms. du XVIe siècle. — (Ancien fonds 1444.)

3172.

1° Les معشرات de Moḥyî al-Dîn Ibn al-ʿArabî.

2° (Fol. 13 v°.) ترجمان الاشواق «Interprète des désirs», poésies mystiques du même auteur.

Papier. 38 feuillets. Hauteur, 21 centimètres; largeur, 13 centimètres et demi. 15 lignes par page. Ms. du XVIe siècle. — (Ancien fonds 1453.)

3173.

Divan, sans préface. Les pièces de vers sont rangées dans l'ordre chronologique. La première qui porte une date, est à la louange de Djildak al-Taqawî, gouverneur d'Alexandrie, en 605 de l'hégire (1208-1209 de J. C.). Une des dernières renferme des félicitations adressées, en 655 de l'hégire (1257 de J. C.), au sultan mamelouk, Al-Malik al-Manṣoûr Noûr al-Dîn ʿAlî, fils d'Al-Malik al-Moʿizz Aïbak. L'auteur de ce recueil, Bahâ al-Dîn Zohaïr ibn Moḥammad al-Mohallabî al-ʿAtakî, né à la Mecque, en 581 de l'hégire (1186 de J. C.), mourut de la peste, au Caire, en 656 de l'hégire (1258 de J. C.). Ibn Khallikân, qui l'avait connu, en a donné une notice dans son Dictionnaire biographique (voyez t. I, page 542 de la traduction).

Ms. daté de l'an 966 de l'hégire (1559 de J. C.).

Papier. 95 feuillets. Hauteur, 21 centimètres et demi; largeur, 14 centimètres. 17 lignes par page. — (Ancien fonds 1448.)

3174.

شرف ايوان البيان فى شرف بيت صاحب الديوان «Noblesse du portique de l'éloquence, faisant voir la noblesse de la maison du *Ṣâḥib al-Dîwân*». Recueil de qaṣîdas et d'épîtres, la plupart à la louange d'Al-Ṣâḥib al-Saʿîd Bahâ al-Dîn Moḥammad, ministre des finances, dans le Khorâsân, sous le règne de Doustchî, fils de Djenguîz-Khân. Au fol. 52 se trouve une pièce composée en l'honneur de son fils, ʿAlâ al-Dîn ʿAṭâ Malik al-Djowaïnî, auteur de l'histoire des Mongols, intitulée *Djihân-Kouschâï*, qui, après la chute du khalifat, devint vizir de Houlagou. Au fol. 83 se trouve une pièce composée en 631 de l'hégire (1233-1234 de J. C.). Le recueil commence, après une préface, écrite dans un style très fleuri, qui remplit douze pages, par une qaṣîda en l'honneur d'Al-Mostanṣir Billâh. L'auteur de ce divan était grand cadi et portait le titre de *Niẓâm al-Dîn*. Son nom n'est pas mentionné dans le volume. Commencement : اللهم يا مجرى ما البيان فى عود اللسان.

Ms. daté de l'an 737 de l'hégire (1336-1337 de J. C.). Les points diacritiques manquent souvent. On voit les restes d'un médaillon au premier feuillet.

Papier. 141 feuillets. Hauteur, 27 centimètres; largeur, 18 centimètres et demi. 19 lignes par page. — (Supplément 1531.)

3175.

Commentaire d'Aboû ʿAbdallah Moḥammad ibn Aḥmad, de Grenade, sur la *Maqṣoûra* et d'autres poésies d'Aboû Ḥasan Ḥâzim ibn Moḥammad ibn Ḥasan ibn Ḥâzim al-Anṣârî.

Ms. daté de l'an 1120 de l'hégire (1708 de J. C.).

Papier. 246 feuillets. Hauteur, 27 centimètres; largeur, 16 centimètres. 35 lignes par page. — (Supplément 2347.)

3176.

ديوان التلمسانى. Divan du schaïkh Schams al-Dîn Moḥammad ibn Solaïmân, de Tlemcen. Les pièces de vers sont disposées dans l'ordre alphabétique des rimes. En tête se trouvent deux *maqâmât* du même auteur, dont la première commence par ces mots : حكى بعض رواة الاخبار ومن يوثق به فى الاخبار قال كنت انهض فاهز عطف الزهر والفرح واركض فالز طرف اللهو والمرح.

Ms. daté de l'an 857 de l'hégire (1453 de J. C.).

Papier. 73 feuillets. Hauteur, 18 centimètres; largeur, 13 centimètres et demi. 17 lignes par page. — (Ancien fonds 1451.)

3177.

La *Borda* (البردة) d'Al-Boûṣîrî.

Les hémistiches en tête, en bas et au milieu de chaque page sont écrits à l'encre rouge. Vignette ornée au commencement.

Papier. 16 feuillets. Hauteur, 18 centimètres; largeur, 11 centimètres. 11 lignes par page. Ms. du XVIe siècle. — (Ancien fonds 1484.)

3178.

Même ouvrage, écrit sur un rouleau, à l'encre rouge sur un fonds doré, en lignes obliques. Les premiers plis du rouleau, qui était destiné à servir d'amulette, présentent des groupes cabalistiques, où l'on remarque quelques mots turcs. Des passages du Coran sont écrits en marge.

Papier. Hauteur, 2 mètres 25 centimètres; largeur, 4 centimètres. Ms. du XVIe siècle. — (Supplément 1457 *bis*.)

3179.

Même ouvrage.

Ms. daté de l'an 1021 de l'hégire (1612-1613 de J. C.). Les deux derniers feuillets contiennent des invocations à Mahomet, en turc.

Papier. 23 feuillets. Hauteur, 21 centimètres; largeur, 13 centimètres et demi. 8 lignes par page. — (Supplément 1457.)

3180.

Même ouvrage.

Ms. daté de l'an 1117 de l'hégire (1705 de J. C.).

Papier. 22 feuillets. Hauteur, 29 centimètres; largeur, 19 centimètres. 8 lignes par page. — (Supplément 1456.)

3181.

Même ouvrage.

Chaque hémistiche occupe une ligne; les lettres sont en blanc sur des fonds verts, rouges, noirs, jaunes.

Papier. 27 feuillets. Hauteur, 18 centimètres et demi; largeur, 13 centimètres. 6 lignes par page. — (Supplément 1456 *bis*.)

3182.

الكواكب الدرّيّة فى مدح خير البريّة «Les Étoiles brillantes, panégyrique de la meilleure des créatures». C'est le titre de la *Borda* d'Al-Boûṣîrî désignant ici le texte de ce poème transformé en *takhmîs* par Ibn al-Qabâqabî, auteur qui, selon Hadji Khalfa (t. IV, p. 528), est mort en 849 de l'hégire (1445-1446 de J. C.).

Frontispice orné. Chaque strophe est accompagnée de deux ronds en or et en couleurs.

Papier. 28 feuillets. Hauteur, 35 centimètres; largeur, 25 centimètres. 12 lignes par page. Ms. du XVe siècle. — (Ancien fonds 1380.)

3183.

Takhmîs de la *Borda*.

Ce ms., daté de l'an 866 de l'hégire (1462 de J. C.), a été exécuté pour le sultan mamelouk Aboû Sa'îd al-Malik al-Ẓâhir Khoschqadam (خشقدم), qui monta sur le trône en 865 de l'hégire. Frontispice en or et en couleurs.

Papier. 30 feuillets. Hauteur, 30 centimètres; largeur, 21 centimètres. 3 lignes par page en gros caractères, 9 lignes en petits. — (Supplément 1460.)

3184.

Takhmîs de la *Borda*, avec quelques gloses.

Papier. 43 feuillets. Hauteur, 21 centimètres et demi; largeur, 15 centimètres. Chaque page contient trois lignes en noir, six en rouge, et quatre demi-lignes latérales en vert. Ms. du XVIe siècle. — (Supplément 1454.)

3185.

1° *Takhmîs* de la *Borda*, commençant par cet hémistiche :

ما بال قلبك لا ينفكّ ذا الم

2° (Fol. 25.) *Taschṭîr* (تشطير) de la *Borda*, par Aḥmad al-Dalandjâwî (الدلنجاوى), auteur du XVIIe siècle. Le genre *taschṭîr* consiste dans l'insertion de deux hémistiches entre le premier et le second hémistiche de chaque vers de l'original. Le premier hémistiche intercalé porte la rime, le second sert de premier hémistiche au second hémistiche du poème original.

Les hémistiches forment deux colonnes; ceux de la *Borda* sont écrits à l'encre rouge et les autres en noir.

Papier. 47 feuillets. Hauteur, 29 centimètres; largeur, 19 centimètres et demi. Le premier ouvrage a 4 lignes par page en gros caractères et 12 en petits; le second ouvrage porte 9 lignes par page. — Ms. du XVIIIe siècle. — (Supplément 1459.)

3186.

Tasbî' de la *Borda*, par Moḥammad ibn Wafâ. (Voyez Hadji Khalfa, t. IV, p. 532.) Dans le genre *tasbî'*, avant chaque vers du poème original, on ajoute cinq hémistiches nouveaux, ayant la même rime que le premier hémistiche du poème. Commencement :

الله اعلم ما بالقلب من الم

Papier. 64 feuillets. Hauteur, 15 centimètres et demi; largeur, 10 centimètres. 9 lignes par page. Ms. du XVIe siècle. — (Ancien fonds 1485.)

3187.

Commentaire sur la *Borda*, par 'Alî ibn Ibrâhîm ibn Idrîs al-Antâkî. L'auteur s'attache à faire ressortir les vertus secrètes de ce poème par l'emploi de figures cabalistiques, de charmes et d'alphabets magiques. C'est plutôt un traité de divination qu'un commentaire.

Ms. daté de l'an 1196 de l'hégire (1782 de J. C.). Vignette en tête de l'ouvrage.

Papier. 248 feuillets. Hauteur, 28 centimètres; largeur, 18 centimètres. 27 lignes par page. — (Supplément 1463.)

3188.

كتاب اظهار صدق المودّة فى شرح البردة. Première partie du commentaire sur la *Borda*, par Aboû 'Abdallah Moḥammad ibn Aḥmad Ibn Marzoûq al-Tilimsânî.

Papier. 192 feuillets. Hauteur, 29 centimètres; largeur, 21 centimètres. 23 lignes par page. Ms. du XVIIIe siècle. — (Supplément 2495.)

3189.

طيب الحبيب « L'Odeur du bien-aimé », commentaire sur la *Borda*, par Djalâl al-Dîn Aboû Ṭâhir Aḥmad al-Khodjandî, mort à Médine, en 802 de l'hégire (1400 de J. C.). Commencement : الحمد لله الذى خلع على حبيبه محمد صلعم بردة عنايته السابغة.

Ms. daté de l'an 846 de l'hégire (1442-1443 de J. C.).

Papier. 253 feuillets. Hauteur, 23 centimètres; largeur, 12 centimètres. 25 lignes par page. — (Supplément 1455.)

3190.

نزهة الطالبين وتحفة الراغبين « Délices des aspirants et don pour les solliciteurs », commentaire sur la *Borda*, par Aḥmad ibn Moḥammad ibn abî Bakr, auteur du XVe siècle. Commencement : الحمد لله نحمده ونستعينه.

Ms. daté de l'an 1006 de l'hégire (1597 de J. C.).

Papier. 209 feuillets. Hauteur, 19 centimètres; largeur, 13 centimètres et demi. 11 lignes par page. — (Supplément 1458.)

3191.

1° Commentaire sur la *Borda*, par Djalâl al-Dîn al-Maḥallî.

2° (Fol. 21 v°.) Extrait de l'ouvrage du schaïkh Ibrâhîm al-Soûhâbî (السوهابى), intitulé مفتاح الافهام السنية لايضاح الالغاز الخفية. Dans cet extrait, il est question des subtilités et des difficultés de la langue arabe.

Papier. 43 feuillets. Hauteur, 20 centimètres; largeur, 15 centimètres. Écritures différentes du XVe siècle. — (Supplément 1941.)

3192.

Commentaire sur la *Borda*, par Khâlid al-Azharî. Commencement : اما بعد حمد الله مستحق التحميد والتهليل.

Papier. 58 feuillets. Hauteur, 21 centimètres et demi; largeur, 15 centimètres et demi. 21 lignes par page. Ms. du XVIIIe siècle. — (Supplément 1464.)

3193.

النبذة فى طى العُدّة لنشر معانى البردة. Commentaire sur la *Borda*, par Moḥammad ibn Ḥasan al-Baramoûnî (البَرَموني), qui a composé cet ouvrage à Constantinople, pendant qu'il était logé dans un des *téki* fondés par Bayazîd (فى بعض التكايا البايزيدية). Commencement : الحمد لله الذى اظهر من مكنون سرّه درّة.

Papier. 77 feuillets. Hauteur, 20 centimètres et demi; largeur, 15 centimètres. Ms. du XVIIe siècle. — (Supplément 1462.)

3194.

Commentaire sur la *Borda*. Le commencement est presque complètement effacé.

Ms. daté de l'an 1163 de l'hégire (1750 de J. C.).

Papier. 119 feuillets. Hauteur, 20 centimètres; largeur, 13 centimètres. 21 lignes par page. — (Supplément 1461.)

IMPRIMERIE NATIONALE.

3195.

La *Hamzîya* d'Al-Boûṣîrî. (Voyez ci-dessus, n° 3154, 2°.) Nombreuses notes marginales.

Papier. 20 feuillets. Hauteur, 21 centimètres et demi; largeur, 15 centimètres. 13 à 15 lignes par page. Ms. du XVIIe siècle. — (Supplément 1468.)

3196.

Takhmîs de la *Hamzîya* d'Al-Boûṣîrî. Premier hémistiche :

يا على العليا لغيك اعتلاء

Ms. daté de l'an 1163 de l'hégire (1750 de J. C.).

Papier. 62 feuillets. Hauteur, 25 centimètres et demi; largeur, 16 centimètres. 12 lignes par page. — (Supplément 1469.)

3197.

المنح المكية فى شرح الهمزية «Dons provenant de la Mecque, pour servir de commentaire à la *Hamzîya*, par Schihâb al-Dîn Aḥmad ibn Ḥadjar, mort, selon Hadji Khalfa (t. IV, p. 577), en 973 de l'hégire (1565-1566 de J. C.). Commencement : الحمد لله الذى اختصّ نبينا محمدا صلعم بكتاب اخرس الفصحاء.

Ms. daté de l'an 1058 de l'hégire (1648 de J. C.).

Papier. 281 feuillets. Hauteur, 21 centimètres; largeur, 15 centimètres. 21 lignes par page. — (Supplément 1467.)

3198.

1° Commentaire sur la *Hamzîya*, par Moḥammad ibn ʿAbd al-Monʿim al-Djaudjarî. Commencement : الحمد لله الذى خص نبينا محمدا صلعم بعموم الارسال.

2° (Fol. 85 v°.) *Takhmîs* d'une qaṣîda de quarante vers rimant en ج. Premier vers du poème :

اشتدّى ازمة تنفرق   قد آذن ليلك بالبلج

(Comparez ci-dessus, n° 1620, 13°.)

3° (Fol. 87 v°.) Qaṣîda attribuée à l'imâm Al-Ghazâlî et intitulée المنفرجة. Commencement :

الشدّة اودت بالمهج   يا رب فعجل بالفرج

4° (Fol. 88 v°.) Commentaire sur la *Borda* d'Al-Boûṣîrî, par Schaïkh-Zâdè (Moḥyî al-Dîn Moḥammad ibn Mosṭafâ), mort en 951 de l'hégire (1544-1545 de J. C.). Commencement : الحمد لله المحتجب عن درك العيون. A la marge on lit une traduction du poème en vers persans. L'*explicit* nous apprend que ce commentaire est connu sous le titre de الرسالة الطرازية فى مدح خير البرية.

La copie est datée de l'an 1027 de l'hégire (1618 de J. C.).

5° (Fol. 124.) Le بانت سعاد de Kaʿb ibn Zohaïr.

6° (Fol. 125.) Qaṣîda intitulée سيف النصر, par Moḥammad ibn Nâṣir الدرعى. Premier vers :

يا ربنا الاعلى يا وهاب   سبحانك اللهم يا تواب

7° (Fol. 125 v°.) Qaṣîda dont voici le commencement :

سمعت سويجع الاثلات غنا

Papier. 126 feuillets. Hauteur, 29 centimètres; largeur, 20 centimètres. Écritures diverses du XVIIe siècle. — (Supplément 1470.)

3199.

Takhmîs de la *Lâmîya* de Zaïn al-Dîn (ou Ṣirâdj al-Dîn) Aboû Ḥafṣ ʿOmar ibn al-Wardî, mort en 749 de l'hégire (1349 de J. C.). La qaṣîda, qui porte le titre de نصيحة الاخوان ومرشدة الخلان «Conseils pour nos frères et guide pour nos amis», commence par ce vers:

اعتزل ذكر الاغانى والغزلْ   وقل الفصل وجانب من هزلْ

Commencement du *takhmîs :*

ايها المغرور وافاك الاجل

Papier. 8 feuillets. Hauteur, 22 centimètres; largeur, 15 centimètres et demi. 20 lignes par page. Ms. du XVIIIe siècle. — (Supplément 1589.)

3200.

1° *Takhmîs* de la *Lâmîya* d'Ibn al-Wardî, par Yoûsof al-Maghrabî. Ce *takhmîs* a été composé en 1020 de l'hégire (1611-1612 de J. C.).

2° (Fol. 13.) تحذير الاخوان مما يورث الفقر والنسيان «Avertissement aux frères pour qu'ils se préservent contre ce qui amène la pauvreté et l'oubli», traité de morale, par Borhân al-Dîn Ibrâhîm ibn Maḥmoûd al-Dimaschqî.

3° (Fol. 34.) شفاء الغرام فى اخبار الكرام. Anecdotes

touchant les hommes généreux. Huit chapitres. Commencement : جدا لك يا من لم يزل محسنا كريما برًّا.

4° (Fol. 54 v.) Notes et extraits en prose et en vers.

5° (Fol. 57 v°.) *Taschṭîr* de la *Lâmîyat al-ʿAdjam* de Ṭoghrâʾî, par Ibrâhîm ibn Moḥammad al-Anṣârî. Premier vers :

اصالة الراى صانتنى عن الخطل
وشيمة الحلم صدّتنى عن الزلل

(Ce genre de poème est appelé aussi تصدير وتعجيز).

6° (Fol. 64.) Autre *taschṭîr* du même poème. Premier vers :

اصالة الراى صانتنى عن الخطل
وقوة العزم قادتنى الى الامل

7° (Fol. 69.) Notice biographique d'Al-Ṭoghrâʾî, suivie de quelques extraits de ses poèmes.

8° (Fol. 73 v°.) Demande d'une licence d'enseigner (*idjâza*), rédigée partie en prose, partie en vers, et texte de l'*idjâza*, également en prose et en vers.

9° (Fol. 80.) Extraits en prose et en vers.

Papier. 82 feuillets. Hauteur, 23 centimètres et demi; largeur, 13 centimètres. 17 à 19 lignes par page. Ms. du xviᵉ siècle. — (Supplément 1478.)

3201.

التحفة المرضية فى شرح القصيدة الوردية «Cadeau qui fait plaisir, explication de la Qaṣîda (*al-Lâmîya*) d'Ibn al-Wardî», par Abou 'l-Ikhlâṣ al-Ghanîmî. La préface commence par ces mots : الحمد لله الذى اودع فى البحار العلمية الجواهر النضيدة. Elle contient une notice sur Ibn al-Wardî et une liste de ses ouvrages. Le *Kharîdat al-ʿAdjâïb* n'y est pas mentionné.

Ms. daté de l'an 1123 de l'hégire (1711 de J. C.).

Papier. 147 feuillets. Hauteur, 21 centimètres; largeur, 15 centimètres. 21 lignes par page. — (Supplément 1588.)

3202.

العرف الندى فى شرح قصيدة ابن الوردى «Le Doux parfum, commentaire sur la Qaṣîda d'Ibn al-Wardî», par ʿAbd al-Wahhâb ibn Moḥammad al-Khaṭîb ibn al-Ghamrî». Commencement : الحمد لله الذى نسج فى الازل النصيحة (dans d'autres exemplaires : شقة) سنة. Cet ouvrage a été composé en 1030 de l'hégire (1620 de J.C.).

Ms. daté de l'an 1037 de l'hégire (1628 de J. C.).

Papier. 155 feuillets. Hauteur, 22 centimètres; largeur, 16 centimètres. 19 lignes par page. — (Supplément 1587.)

3203.

Même ouvrage.

Papier. 57 feuillets. Hauteur, 22 centimètres; largeur, 16 centimètres. 23 lignes par page. Ms. du xviiiᵉ siècle. — (Supplément 1590.)

3204.

1° Même ouvrage.

2° (Fol. 57.) ارشاد الحيارى فى الرد على النصارى. Réfutation de la religion chrétienne, par Al-Dîrînî (الدميرى المعروف بالديرينى).

3° (Fol. 62.) Commentaire sur la qaṣîda اوحد الاوليا الكرام de Moḥyî al-Dîn Ibn al-ʿArabî.

4° (Fol. 65.) المباحث اللغوية والكلمات المثلثة. Traité de grammaire en vers sur les particules et les mots appelés مثلّثات, par ʿAlî al-Miṣrî.

5° (Fol. 68.) Traité de grammaire en vers sur les propositions, par le schaïkh Al-Madjroûd (المجرود).

6° (Fol. 71.) Commentaire de Nadjm al-Dîn Moḥammad ibn ʿAdjloûn sur la ʿAqîda d'Al-Schaïbânî.

7° (Fol. 94 v°.) La qaṣîda intitulée بدء الامالى, de Sirâdj al-Dîn ʿAlî ibn ʿOthmân.

Ms. tout entier de la même main, daté de l'an 1171 de l'hégire (1758 de J. C.).

Papier. 98 feuillets. Hauteur, 23 centimètres; largeur, 15 centimètres. 27 lignes par page. — (Supplément 1926.)

3205.

Divan de Ṣafî al-Dîn ʿAbd al-ʿAzîz ibn Sarâyâ al-Ḥillî. Dans la préface, l'auteur expose les motifs qui le portèrent à réunir ces pièces et à en former un divan (voyez le texte et la traduction de ce passage dans le Catalogue de la Bibliothèque bodléienne, t. II, p. 302). Ces pièces de vers sont divisées, d'après leurs sujets, en douze sections. Dans la onzième, on trouve une pièce composée de plus de soixante-dix vers, renfermant beaucoup de

mots appartenant à une langue étrangère (لغة الغربا). Les équivalents arabes sont écrits dans les entre-lignes. Selon Hadji Khalfa, ce poète est mort en 759 de l'hégire (1358 de J. C.).

Papier. 265 feuillets. Hauteur, 22 centimètres; largeur, 14 centimètres. 19 lignes par page. Ms. dont la partie ancienne paraît être du xivᵉ siècle; il a été restauré vers la fin du xviiiᵉ siècle. — (Ancien fonds 1449.)

3206.

1° البديعيّة ou الكافية البديعيّة. Qaṣîda en l'honneur du Prophète, en cent quarante-cinq vers, dont chacun offre un exemple d'une figure de rhétorique (بديع), par Ṣafî al-Dîn al-Ḥillî. Le poème est accompagné d'un commentaire du même auteur. Commencement : الحمد لله الذى سهل لنا بحر البيان.

2° (Fol. 70.) Lettres de divers écrivains, données comme modèles de style.

3° (Fol, 76 v°.) نسيم الصبا «L'Haleine du zéphyr», anthologie en prose et en vers, par Ḥasan ibn Ḥabîb al-Ḥalabî. Ce recueil est divisé en trente chapitres. Commencement : اما بعد حمد الله الذى اعلا مقام اهل الادب.

4° (Fol. 148 v°.) *Badî'iya* en l'honneur de Mahomet, par Aboû Bakr ibn 'Alî ibn Ḥiddja al-Ḥamawî. Premier vers :

لى فى ابتدا مدحكم يا عرب ذى سلم
براعة تستهلّ الدمع فى العلم

5° (Fol. 152 v°.) *Badî'iya*, par Ismâ'îl ibn al-Ḥosaïn. Premier vers :

براعة راق منها مطلع الكلم
حسن افتتاح بها فى عرب ذى سلم

6° (Fol. 156 v°.) *Badî'iya*, par Ismâ'îl ibn abî Bakr al-Moqrî. Premier vers :

شارفت ذرعا فذر عن مايها الشيم
وجزت نملا فلم لا خوف فى جرم

Papier. 164 feuillets. Hauteur, 21 centimètres et demi; largeur, 13 centimètres et demi. 19 lignes par page. Ms. du xviiᵉ siècle. — (Supplément 1584.)

3207.

1° La *Badî'iya* de Ṣafî al-Dîn al-Ḥillî.

2° (Fol. 2 v°.) La *Badî'iya* d'Aboû Bakr ibn 'Alî ibn Ḥiddja al-Ḥamawî.

3° (Fol. 4.) La *Badî'iya* d''Abd al-Raḥmân ibn abî Bakr al-Soyoûṭî. Chaque vers est suivi d'un commentaire. Premier vers :

من العقيق ومن تذكار ذى سلم
براعة العين فى استهلالها بدم

Papier. 8 feuillets. Hauteur, 35 centimètres; largeur, 11 centimètres et demi. 58 à 74 lignes par page. Ms. du xviiiᵉ siècle. — (Supplément 1494.)

3208.

Divan de Moḥammad Wafâ, soufi et derviche de l'ordre de Schâdsilî. Hadji Khalfa mentionne ce poète mystique dans plusieurs endroits de son ouvrage (t. II, p. 276, 652, t. IV, p. 48 et t. V, p. 39); mais il n'indique pas à quelle époque il vivait.

Papier. 138 feuillets. Hauteur, 21 centimètres; largeur, 15 centimètres et demi. 19 lignes par page. Ms. du xviiᵉ siècle. — (Supplément 1522.)

3209.

Divan de Borhân al-Dîn Ibrâhîm ibn 'Abdallah al-Qîrâṭî. La préface, écrite en style fleuri, et remplissant dix pages, renferme un éloge de la poésie. Le premier feuillet manque.

Papier. 101 feuillets. Hauteur, 21 centimètres; largeur, 15 centimètres. 21 lignes par page. Ms. du xviiiᵉ siècle. — (Supplément 1517.)

3210.

Divan de Fakhr al-Dîn 'Abd al-Raḥmân Ibn Makânis, «vizir de l'Égypte et de la Syrie». On y trouve une qaṣîda adressée au sultan Al-Malik al-Ẓâhir Barkouk, qui régnait de 784 à 792 de l'hégire (1382 à 1391 de J. C.); une lettre adressée à Badr al-Dîn al-Neschtekî (النشتكى), datée de l'an 784 de l'hégire; une autre, adressée à Yelboghâ al-Nâṣirî, lieutenant-gouverneur d'Alep, est peut-être de la même époque. Ce recueil a été formé par le fils de l'auteur. Commencement : الحمد لله الذى ميّز اهل الادب بفصاحة اللسان.

Papier. 196 feuillets. Hauteur, 18 centimètres; largeur, 13 centimètres et demi. 13 lignes par page. Ms. du xvᵉ siècle. — (Ancien fonds 1442.)

3211.

Même ouvrage.

Papier. 157 feuillets. Hauteur, 21 centimètres; largeur, 16 centimètres. 13 lignes par page. — (Ancien fonds 1443.)

3212.

Divan de Schihâb al-Dîn Aḥmad ibn Moḥammad al-Hâïm (l'égaré) al-Salamî al-Manṣoûrî, descendant d'Al-ʿAbbâs ibn Mirdâs. L'auteur a publié ce divan au Caire, en 825 de l'hégire (1421 de J. C.).

Papier. 101 feuillets. Hauteur, 21 centimètres; largeur, 15 centimètres et demi. 19 lignes par page. Ms. du xvie siècle. — (Ancien fonds 1440.)

3213.

La *Badîʿîya* d'Aboû Bakr ibn Ḥiddja, avec un commentaire, du même auteur, intitulé تقديم ابى بكر. L'auteur déclare avoir composé ce poème en prenant pour modèle la *Borda* et en adoptant la même mesure et la même rime, d'après les recommandations de son maître (مولانا) Moḥammad al-Bârezî. Il donne successivement des exemples de toutes les figures de rhétorique. Il dit, à la fin de l'ouvrage, qu'il a reproduit toutes les élégances de style que l'étudiant de la belle littérature pourrait désirer. Les citations des poètes sont si nombreuses dans ce commentaire et les renseignements philologiques si abondants, que le célèbre Ibn Ḥadjar le regardait comme un véritable trésor. (Voyez Hadji Khalfa, t. II, p. 34.) Cet ouvrage a été achevé en 826 de l'hégire (1423 de J. C.). Commencement : الحمد لله البديع الرفيع الذى احسن ابتدا خلقنا بصنعه واولانا جميل الصنيع الخ.

Papier. 216 feuillets. Hauteur, 20 centimètres; largeur, 15 centimètres. 21 lignes par page. Ms. du xve siècle. — (Supplément 1581.)

3214.

Même ouvrage.

Ms. daté de l'an 980 de l'hégire (1572 de J. C.).

Papier. 332 feuillets. Hauteur, 28 centimètres; largeur, 18 centimètres. 29 et 31 lignes par page. — (Ancien fonds 1382.)

3215.

Même ouvrage.

En tête se trouve un index des figures de rhétorique.

Papier. 132 feuillets. Hauteur, 29 centimètres; largeur, 21 centimètres. 27 lignes par page. Ms. du xvie siècle. — (Ancien fonds 1408.)

3216.

Même ouvrage.

Ms. daté de l'an 996 de l'hégire (1588 de J. C.).

Papier. 210 feuillets. Hauteur, 31 centimètres; largeur, 20 centimètres et demi. 29 lignes par page. — (Ancien fonds 1381.)

3217.

Seconde partie du même ouvrage.

Papier. 208 feuillets. Hauteur, 21 centimètres et demi; largeur, 15 centimètres. 21 lignes par page. Ms. du xvie siècle. — (Ancien fonds 1412.)

3218.

1° لمح حجة من شرح بديعية ابن حجة «Clartés de démonstration, puisées dans le Commentaire de la *Badîʿîya* d'Ibn Ḥiddja», par Moḥammad ibn Aḥmad al-Samnoûdî, auteur du xve siècle. Commencement : الحمد لله الذى شرح صدورنا بتوفيقه البديع للاسلام.

A la fin du ms. se trouvent quelques pièces écrites de diverses mains, qui paraissent être des préfaces à des traités de rhétorique.

Papier. 120 feuillets. Hauteur, 18 centimètres; largeur, 13 centimètres et demi. 17 lignes par page. Ms. du xvie siècle. — (Ancien fonds 1475.)

3219.

Divan de Schihâb al-Dîn Aḥmad ibn Ḥadjar al-ʿAsqalânî, mort en 852 de l'hégire (1448-1449 de J. C.). Ces poésies sont distribuées en sept sections : 1° النبويات; 2° الملوكيات; 3° الاخوانيات; 4° الغزليات; 5° الاعراض المختلفة; 6° الموشحات; 7° المقاطيع. Commencement : اما بعد احمد الله على احسانه.

Papier. 110 feuillets. Hauteur, 18 centimètres; largeur, 14 centimètres. 15 lignes par page. Ms. du xve siècle. — (Ancien fonds 1441, Colbert 4987.)

3220.

نزهة النفوس ومضحك العبوس «Livre pour amuser les esprits et dérider les fronts soucieux». Divan d'ʿAlî ibn Soûdoûn al-Baschbaghâwî. Ces pièces sont classées en cinq chapitres, selon les sujets. Commencement : الحمد لله المنعم عند قبض النفوس بشرح الصدور.

Ms. daté de l'an 988 de l'hégire (1580 de J. C.).

Papier. 133 feuillets. Hauteur, 20 centimètres; largeur, 15 centimètres. 13 lignes par page. — (Supplément 1511.)

3221.

Divan de Khalîl ou Khalîlî, commençant, sans préface, par un poème moral et mystique de plus de douze cents vers, ayant la même rime, et dont voici le premier :

سَاقِ شرابَ وصلٍ ناوِلْ لِعجزِ ذاتٍ
فى المَحْوِ سُكْرِى انظُرْ مِنْ ذاكَ فى صِفاتٍ

La pièce suivante est du même genre et commence par ce vers :

تبدَّلْ فى هواكَ كَوْنُ ذاتى
بَدا من وجهِكَ وجهى صِفاتى

Viennent ensuite plusieurs *ghazals*, dans lesquels l'auteur, en finissant, joue presque toujours sur les diverses significations du mot *khalîl*, et un certain nombre de quatrains. Par des rubriques inscrites sur les feuillets 87 v° et 88 recto, on voit que l'auteur était mort en odeur de sainteté : وله ايضا عفى et وقال رضى الله عنّا به الله عنّا به.

Papier. 105 feuillets. Hauteur, 21 centimètres; largeur, 13 centimètres. 15 lignes par page (11 lignes à partir du fol. 88). — (Ancien fonds 1458.)

3222.

العينية. Poème mystique de plus de cinq cents vers rimant en *ʿaïn*, par ʿAbd al-Karîm al-Djîlî. Premier vers :

فواد به شمس المحبة طالع وليس لنجم الغير فيه مواقع

A la fin du ms. se trouvent des fragments de trois qaṣîdas, sans titres ni noms d'auteurs.

Papier. 16 feuillets. Hauteur, 21 centimètres et demi; largeur, 15 centimètres et demi. 19 lignes par page. — (Supplément 1492.)

3223.

1° *Takhmîs* de l'ʿ*Aïnîya* d'ʿAbd al-Karîm al-Djîlî, par Abou 'l-Fatḥ Sirḥân السمرى, derviche de l'ordre d'Al-Schernoûbî. La préface, en prose, remplit plus de onze pages et commence par ces mots : الحمد لله الذى تجلّى بذاته لسرّ سراير بواطن افئدة المقربين.

2° (Fol. 46 v°.) المعارف الغيبية شرح العينية الجيلية. Commentaire sur l'ʿ*Aïnîya* d'ʿAbd al-Karîm al-Djîlî, par ʿAbd al-Ghanî al-Nâbolosî. Commencement : الحمد لله شارح صدور المؤمنين بانوار التوفيق.

3° (Fol. 117 v°.) زبدة الفايدة فى الجواب عن الابيات الواردة. Commentaire d'ʿAbd al-Ghanî al-Nâbolosî sur dix vers composés par lui, pour interpréter le sens mystique de quatre vers de Moḥyî al-Dîn Ibn al-ʿArabî.

4° (Fol. 122 v°.) Commentaire d'ʿAbd al-Ghanî al-Nâbolosî sur un traité mystique du schaïkh Arslân, de Damas. Commencement : الحمد لله الذى طهّر قلوب الاوليائه بمياه اليقين من دنس الاغيار.

Papier. 190 feuillets. Hauteur, 21 centimètres; largeur, 15 centimètres. 21 lignes par page. — (Supplément 1493.)

3224.

فتح الغفور بشرح منظومة القبور «Inspiration du miséricordieux, fournissant l'explication du poème sur les tombeaux». Commentaire d'Aḥmad ibn Khalîl al-Sobkî sur l'*Ordjoûza* de Djalâl al-Dîn al-Soyoûṭî, intitulée : التثبيت عند التبييت «Traité pour raffermir le cœur lors de la visite nocturne». Selon Hadji Khalfa, l'auteur du commentaire est mort en 1037 de l'hégire (1627-1628 de J. C.). Commencement : الحمد لله الباقى بعد فنا خلقه.

Ms. daté de l'an 1201 de l'hégire (1787 de J. C.).

Papier. 194 feuillets. Hauteur, 16 centimètres; largeur, 11 centimètres. 11 lignes par page. — (Supplément 1585.)

3225.

سلك العين لاذهاب الغين «Voie de la source pour éloigner la soif». *Tâ'îya* sur la vie dévote, texte et commentaire, par ʿAbd al-Qâdir ibn ʿOmar ibn Ḥabîb al-Ṣafadî, mort en 915 de l'hégire (1509 de J. C.). Un autre soufi, nommé ʿAlî ibn ʿAṭiya al-Ḥamawî ʿAlwân, mort en 922 de l'hégire (1516 de J. C.), a commenté, à son tour, le

poème d'Al-Ṣafadî, et a placé en tête de son travail une longue notice sur l'auteur. (Voyez Hadji Khalfa, t. III, p. 609.)

Ms. daté de l'an 995 de l'hégire (1587 de J. C.).

Papier. 139 feuillets. Hauteur, 21 centimètres; largeur, 15 centimètres et demi. 23 à 25 lignes par page. — (Ancien fonds 1457.)

3226.

آية التوفيق الى معانى الجمع والتفريق «Signe de la faveur divine qui nous a fait apercevoir le sens de la réunion et de la séparation», par Nadjm al-Dîn Moḥammad ibn Moḥammad al-Ghazzî al-ʿÂmirî. C'est un commentaire sur quatre vers mystiques, composés par ʿAlî ibn ʿAṭiya ʿAlwân, et dont voici le premier :

بجمع وفرق وجمع وشرع وحق وحق وشرع

Papier. 10 feuillets. Hauteur, 21 centimètres et demi; largeur, 15 centimètres et demi. 21 lignes par page. Ms. du XVIIIe siècle. — (Supplément 1577.)

3227.

الفتوح المصونة والاسرار المكنونة «Révélations précieuses et secrets cachés», recueil de poésies mystiques, de discours et de lettres, par le schaïkh Aḥmad ibn ʿAlwân.

Papier. 121 feuillets. Hauteur, 21 centimètres; largeur, 15 centimètres. 17 à 24 lignes par page. Ms. du XVIIe siècle. — (Supplément 1542.)

3228.

Divan d'ʿIzz al-Dîn ʿAbd al-ʿAzîz al-Zamzamî al-Makkî, mort en 963 de l'hégire (1555-1556 de J. C.). Ces poésies sont réparties en trois sections : 1° à la louange du Prophète; 2° (fol. 62) à la louange des savants docteurs (العلماء المجتهدون) et des saints; 3° (fol. 97) éloge de la Mecque, du territoire sacré, du Ḥidjâz, etc. Dans la première pièce de la troisième section, l'auteur a inséré un itinéraire de Moka (المخا) à la Mecque.

Ms. de la main du petit-fils de l'auteur (voyez fol. 1 et 110). Vignette au verso du fol. 1.

Papier. 110 feuillets. Hauteur, 22 centimètres; largeur, 14 centimètres et demi. 19 lignes par page. Ms. du XVIe siècle. — (Ancien fonds 1456.)

3229.

Divan d'Aboû Bakr Moḥammad ibn abi 'l-Ḥasan Zaïn al-ʿÂbidîn al-Bakrî al-Ṣiddîqî. C'est un recueil de poésies mystiques. L'auteur vivait vers le milieu du XVIe siècle; car l'une de ces pièces de vers a été composée en 957 de l'hégire (voyez fol. 48 v°). Commencement : الحمد لله ناقش آيات الاحدية بصحايف الارواح.

La fin manque.

Papier. 83 feuillets. Hauteur, 20 centimètres; largeur, 14 centimètres. 21 lignes par page. Ms. du XVIIe siècle. — (Supplément 1514.)

3230.

Même ouvrage.

Papier. 128 feuillets. Hauteur, 25 centimètres; largeur, 18 centimètres. 13 lignes par page. Ms. du XVIIe siècle. — (Supplément 1516.)

3231.

Extraits du divan de Moḥammad al-Bakrî Zaïn al-ʿÂbidîn.

Papier. 30 feuillets. Hauteur, 21 centimètres; largeur, 15 centimètres et demi. 14 à 18 lignes par page. Ms. du XVIIe siècle. — (Supplément 1515.)

3232.

Autres extraits du divan de Moḥammad al-Bakrî Zaïn al-Âbidîn.

Papier. 62 feuillets. Hauteur, 20 centimètres; largeur, 15 centimètres. 9 à 16 lignes par page. Ms. du XVIe siècle. — (Ancien fonds 1469, Colbert 5206.)

3233.

Divan des poésies mystiques d'Aḥmad ibn Zaïn al-ʿÂbidîn al-Bakrî al-Ṣiddîkî. Commencement : الحمد لله الذى جعل رياض الادب نزهة النفوس وتحفة الاحباب.

Ce ms. a été écrit du vivant de l'auteur.

Papier. 46 feuillets. Hauteur, 19 centimètres et demi; largeur, 14 centimètres. 13 lignes par page. — (Supplément 2048.)

3234.

Divan d'ʿAbd al-Wahhâb al-Schaʿrânî. Commencement de la préface : احمد من نصب ديوان مواكب عوارف

معارف القلايد النظميات وايوان مواهب ظرايف طرايف التلايد الانعاميات ومناقب عواطف معاطف الخرايد اللطفيات الخ.

Le ms. est daté, à la fin, de l'an 942 de l'hégire (1535 de J. C.); mais le premier et le dernier feuillet ont été ajoutés après coup.

Papier. 334 feuillets. Hauteur, 26 centimètres; largeur, 15 centimètres. 21 lignes par page. — (Supplément 1530.)

3235.

1° روضة المشتاق وبهجة العشاق «Jardin de l'amoureux et délices des amants». Divan de Moḥammad ibn Aḥmad al-Roûmî (Mâmâ'î). Commencement : الحمد لله حمد من ابتكر عرايس الابكار بالافكار فى بيوت النظام.

2° (Fol. 59 v°.) Pièces de vers et notes de diverses mains.

3° (Fol. 65 v°.) Divan composé de quelques pièces de vers et d'un grand nombre de morceaux en prose rimée. Commencement : يا مهيج الاشجان قد تركتنى يا جان.

4° (Fol. 89.) Notes et extraits, en vers et en prose, de diverses mains.

Papier. 97 feuillets. Hauteur, 20 centimètres et demi; largeur, 14 centimètres et demi. Écritures diverses du XVIIIe siècle. — (Supplément 1525.)

3236.

Commentaire sur la qaṣîda intitulée روضات السلوان, composée en 986 de l'hégire, par Abou 'l-Qâsim ibn Moḥammad ibn ʿAbd al-Djabbâr ibn Aḥmad الفجيجى (de Figuig).

Ms. daté de l'an 1024 de l'hégire (1790 de J. C.).

Papier. 96 feuillets. Hauteur, 19 centimètres; largeur, 15 centimètres. 25 lignes par page. — (Supplément 2452.)

3237.

Divan d'un auteur inconnu. Ce sont des poésies mystiques, classées dans l'ordre alphabétique des rimes. Le commencement et la fin manquent. Au fol. 98 v° on lit le *takhmîs* d'une qaṣîda de Tâdj al-Dîn ibn ʿAṭâ-allah, derviche schâdsilite, mort en 709 de l'hégire (1309 de J. C.).

Papier. 177 feuillets. Hauteur, 20 centimètres et demi; largeur, 13 centimètres et demi. 15 lignes par page. Ms. du XVIIIe siècle. — (Supplément 2176.)

3238.

منح السميع بشرح تمليح البديع بمدح الشفيع «Cadeau offert à l'auditeur, pour servir d'explication au *Tamlîḥ al-Badîʿ*, poème à la louange de notre intercesseur (Mahomet)». C'est l'abrégé du commentaire d'ʿAbd al-Raḥmân al-Ḥomaïdî sur sa *Bâdîʿîya*. Commencement de la préface : الحمد لله الذى حيّر ببيان بديع صنعه الالباب والافهام.

Premier vers du poème :

رد ربع اسما واسما ما يرام رم   وق حيا حواها معدن الكرم

Ms. daté de l'an 1009 de l'hégire (1601 de J. C.).

Papier. 150 feuillets. Hauteur, 20 centimètres et demi; largeur, 15 centimètres. 21 lignes par page. — (Supplément 1582.)

3239.

ابكار المعانى المخدّرة واسرار المبانى المدخّرة «Pensées originales et tournures mises en réserve». Divan d'Ibrâhîm ibn Aḥmad ibn Moḥammad Ibn al-Mollâ. Les premières de ces poésies sont datées de l'an 987 de l'hégire (1579 de J. C.), et les dernières de 1017 (1608 de J. C.). Commencement : الحمد لله الذى هدى الشعراء الى كنوز المعانى.

Ms. autographe.

Papier. 265 feuillets. Hauteur, 21 centimètres et demi; largeur, 15 centimètres et demi. 18 à 25 lignes par page. —(Supplément 1513.)

3240.

بغية المفيد وبلغة المستفيد فى شرح القصيد «Souhait du précepteur et satisfaction de l'étudiant, commentaire sur la *Qaṣîda*». La qaṣîda est celle qui a été composée par Ḥasan ibn ʿAlî al-Sanbânî (السّنْبانى), en l'honneur du sultan Aïman (ايمن), fils du sultan ʿAbd al-Ḥosaïn ibn ʿAbd al-Moḥsin, gouverneur de Fars (ملك الديار الفارسية) et seigneur de Ḥowaïza et de Zakîya (صاحب الحويزة والزكية). L'auteur a employé dans cette qaṣîda beaucoup de mots d'un usage rare. C'est pourquoi son fils, qui ne se nomme pas, a composé le commentaire. Premier vers du poème :

جَنّ الدُجنّةُ بانسدال الدَلْهمِ
ذو اطرْمساء وارتخاء مُتْخمِ

Commencement de la préface : ان ابهى ما تباهت به مصاقع الخطباء. Quarante-six feuillets, placés en tête du

volume, renferment la liste des mots dont l'explication est donnée dans le commentaire. Les lignes de cette liste sont disposées en forme de filet.

La fin manque.

Papier. 195 feuillets. Hauteur, 20 centimètres et demi; largeur, 15 centimètres. 18 lignes par page. Ms. du XVIe siècle. — (Supplément 1594.)

3241.

Divan d'un saint personnage, appelé Al-Saïïd Ḥâtim. Plusieurs des pièces contenues dans ce recueil sont datées de l'an 1009 de l'hégire (1600 de J. C.). Commencement : الحمد لله الذى اظهر الحقايق الالهيّة منظومة فى جيد الوجود.

Papier. 194 feuillets. Hauteur, 21 centimètres; largeur, 14 centimètres et demi. 19 lignes par page. Ms. du XVIIIe siècle. — (Supplément 1521.)

3242.

حدق المقلتين فى شرح بيتى الرقمتين «Comment, en regardant des deux yeux, on pénètre le sens des deux vers intitulés *Al-Raqmataïn*». Dans ce traité, l'auteur, Aḥmad ibn Moḥammad ibn ʿAlî ibn Zîghlân (زيغلان) al-Maghribî, indique quarante explications mystiques des vers suivants :

رات قمر السماء فاذكرتنى ليالى وصلها بالرقمتين
كلانا ناظر قمرا ولكن رايت بعينها ورات بعينى

«Voyant la lune dans le ciel, elle me fit ressouvenir des nuits où nous nous rencontrions à Al-Raqmataïn.

«Chacun de nous voyait une lune, mais je la voyais avec les yeux de cette femme et elle la voyait avec les miens».

Ms. daté de l'an 1034 de l'hégire (1625 de J. C.).

Papier. 30 feuillets. Hauteur, 20 centimètres; largeur, 14 centimètres. 21 lignes par page. — (Supplément 1576.)

3243.

نصر من الله وفتح قريب «Secours venant de Dieu et victoire prochaine», commentaire très diffus d'Al-Schaloûbîn sur un poème composé en l'honneur de Mahomet par le derviche Mostafâ ibn Qâsim ibn ʿAbd al-Karîm, de Tripoli de Syrie, qui vivait encore en 1032 de l'hégire (1622-1623 de J. C.), et dont la biographie se trouve au fol. 96 v° de ce volume. Commencement : الحمد لله الذى شرح صدر الانسان بالبيان.

Commencement du poème :

بشراك يا من صار جار الكريم بطيب عيش انت فيه مقيم

Papier. 201 feuillets. Hauteur, 17 centimètres et demi; largeur, 11 centimètres et demi. 22 lignes par page. — (Ancien fonds 1486.)

3244.

1° فتح رب البرية بشرح القصيدة المقرية «Révélation du Seigneur des Créatures, pour servir de commentaire à la *qaṣîda* d'Al-Maqqarî», par Schihâb al-Dîn Aḥmad ibn ʿAlî al-Sandoûbî. C'est la qaṣîda que Schihâb al-Dîn Aḥmad al-Maqqarî a mise en tête de son histoire de l'Espagne musulmane. Commencement : سبحان الله الذى خلق من ماء الحياة انسانا.

2° (Fol. 62.) Le نسيم الصبا d'Ibn Ḥabîb al-Ḥalabî, avec une introduction contenant des certificats d'approbation émanant de Tâdj al-Dîn al-Sobkî et d'autres savants.

3° (Fol. 114.) اكمال الدر الهاطل على الادوار العواطل. Observations d'Al-Qâbisî sur une qaṣîda de Yoûsof al-Scharbînî. La qaṣîda entière, ainsi que le *taschṭîr* ajouté par le fils du poète, sont reproduits. La qaṣîda commence par ce vers :

اطرح الوهم ودع ذا الكسل واسال العالم اصلاح العمل

4° (Fol. 121 v°.) Les saints peuvent ils, après leur mort, intervenir dans la destinée de l'homme? Question discutée en la présence du grand vizir ʿAbd al-Raḥmân Pacha, sur laquelle ont opiné Aboû Saʿd al-Taftâzânî et d'autres docteurs. Commencement : الحمد لله الذى شرف اولياءه بانواع الكرامات.

5° (Fol. 132 v°.) Explication d'une énigme proposée par Taqî al-Dîn Aḥmad ibn Moḥammad al-Maqrîzî.

6° (Fol. 137.) الاتحاف فى نسب ال الاشراف. Exposé de la doctrine hanéfite au sujet de la transmission de la noblesse chez les chérifs, par ʿOmar Agha. Commencement : حمدا لمن تنزه عن الانساب.

7° (Fol. 153 v°.) Traité du docteur malékite ʿAlî al-Adjhoûrî (الاجهورى) sur le jour d'ʿÂschoûrâ.

8° (Fol. 176 v°.) Fatwa d'ʿAbd al-Monʿim al-Ṭindjânî, au sujet des فتوحات de Moḥyî al-Dîn ibn al-ʿArabî.

9° (Fol. 178 v°.) Notes et extraits divers.

IMPRIMERIE NATIONALE.

Ms. daté (Fol. 120) de l'an 1155 de l'hégire (1742 de J, C.).

Papier. 182 feuillets. Hauteur, 22 centimètres; largeur, 15 centimètres et demi. 22 à 25 lignes par page. — (Supplément 1857.)

3245.

الكواكب السنية شرح القصيدة المقرية «Les Astres brillants, commentaire sur la qaṣîda d'Al-Maqqarî», par Aḥmad Efendi al-Adhamî (الادهمى), mufti de Damiette. Commencement : الحمد لله منطق البلغاء بافصح السان (*lis.* اللسان).

Papier. 442 feuillets. Hauteur, 22 centimètres et demi; largeur, 16 centimètres. 19 à 22 lignes par page. Ms. du XVIIIe siècle. — (Supplément 1534.)

3246.

Divan de Fatḥ Allah al-Ḥalabî ibn al-Naḥḥâs, mort en 1052 de l'hégire (1642 de J. C.).

Papier. 51 feuillets. Hauteur, 21 centimètres; largeur, 15 centimètres et demi. 15 lignes par page. Ms. du XVIIIe siècle. — (Supplément 1519.)

3247.

1° Divan d'ʿAbd al-Raḥmân Efendi. Commencement : حمدا لمن خلق الانسان ومن عليه ببديع البيان.

2° (Fol. 65.) Divan de Fatḥ Allah ibn al-Naḥḥâs. La préface, qui manque dans le numéro précédent, commence par ces mots : نحمدك اللهم ان اطلعت فى سماء البلاغة شموسا وبدورا.

Ms. daté de l'an 1089 de l'hégire (1678 de J. C.).

Papier. 93 feuillets. Hauteur, 21 centimètres et demi; largeur, 13 centimètres. 27 lignes par page. — (Supplément 1526.)

3248.

1° منظومة الاسماء الحسنى. Pièce de vers renfermant les saints noms de Dieu. Commencement :

بدات ببسم الله فى النظم اوّلا

2° (Fol. 6 v°.) تخميس نشر الوردة وتلخيص طىّ البردة «*Takhmîs* du parfum de la rose et explication des idées renfermées dans la *Borda*», par Moḥammad ibn Aḥmad al-Sakhâwî. Commencement : الحمد لله البديع المنّان. Premier hémistiche :

إن جئتَ جَزْعا فجُزْ عن ايمن العلم

3° (Fol. 65 v°.) Autre *takhmîs* de la *Borda*, par Aboû Bakr ibn Ḥiddja al-Ḥamawî. La préface, bien qu'elle soit en prose, est écrite en forme de *takhmîs*. Commencement du poème :

لمّا مزجتُ دمى بالدمع من الم

4° (Fol. 96 v°.) مُنيل الاسعاف والاسعاد فى تخميس بانت سعاد. *Takhmîs* du بانت سعاد de Kaʿb ibn Zohaïr. Premier hémistiche :

اسيرُ شوق عن السلوان معقول

Ce poème est précédé d'une préface en prose de huit pages.

5° (Fol. 112.) نيل المراد فى تخميس بانت سعاد. *Takhmîs* du *Bânat Soʿâd*. Premier hémistiche :

قل للعواذل مهما شئتموا قولوا

6° (Fol. 123 v°.) Commentaire du *Bânat Soʿâd*, par un anonyme (لبعض الفضلاء).

7° (Fol. 139 v°.) Texte du *Bânat Soʿâd*, sous le titre de قصيدة الامان وهى البردة المباركة.

8° (Fol. 143 v°.) Qaṣîda en l'honneur de Mahomet. Commencement :

شكوا الدموعَ فان الصبّ مشغولُ

ولا تملوا فى املائها طولُ

9° (Fol. 147 v°.) بديع البديع فى مدح الشفيع. *Badîʿiya* de Schaʿbân ibn Moḥammad al-Qoraschî. Commencement :

دع عنك سَلْعًا وسلْ عن ساكن الحرم

10° (Fol. 167 v°.) *Badîʿiya* d'Al-Ṣafî al-Ḥillî. (Voyez ci-dessus, n° 3206, 1°.)

11° (Fol. 177 v°.) *Badîʿiya* d'ʿAbd al-Raḥmân al-Ḥomaïdî. (Voyez ci-dessus, n° 3238.)

Ms. daté de l'an 1079 de l'hégire (1669 de J. C.).

Papier. 181 feuillets. Hauteur, 21 centimètres; largeur, 15 centimètres et demi. 12 à 21 lignes par page. — (Supplément 1465.)

3249.

Divan de Fatḥ-Allah ibn Maḥmoûd al-Baïloûnî

d'Alep, qui vivait dans la première moitié du XVIIIe siècle. Ce sont des poésies religieuses et mystiques. La fin manque.

Papier. 259 feuillets. Hauteur, 21 centimètres; largeur, 14 centimètres. 19 lignes par page. Ms. du XVIIIe siècle. — (Supplément 1507.)

3250.

1° ذوات الامثال «(Pièce de vers) renfermant des proverbes», ou ريحانة الند «Parfum d'ambre gris». Qaṣîda dont chaque vers renferme une maxime de morale, par Schihâb al-Dîn Aḥmad al-Khafâdjî al-Miṣrî.

2° (Fol. 18 v°.) Poème sur la conquête de l'île de Crète par le vizir Aḥmad. Dans les derniers vers se trouve la date de 1080 de l'hégire (1669-1670 de J. C.).

3° (Fol. 25 v°.) Traité en vers sur l'usage du quart de cercle.

4° (Fol. 36 v°.) Traité de musique. Cette pièce est datée de l'an 1083 de l'hégire (1672 de J. C.).

5° (Fol. 43 v°.) Traité de géomancie, par ʿAskar (عسكر) al-Ḥalabî.

6° (Fol. 47 v°.) Commentaire d'ʿAskar al-Ḥalabî sur cette maxime : Dieu a versé ses grâces de trois manières, à savoir : sur les langues des Arabes, sur les cerveaux des Grecs et sur les mains des Chinois.

7° (Fol. 54 v°.) Poésies diverses.

Papier. 76 feuillets. Hauteur, 19 centimètres et demi; largeur, 12 centimètres et demi. 17 à 21 lignes par page. Ms. du XVIIe siècle. — (Supplément 1843.)

3251.

1° Qaṣîda attribuée à un saint personnage nommé ʿAlî al-Mâkhoûsî (الماخوسي). Premier vers :

عارضى والراس شابٍ والصبا ولّا وغابى

2° (Fol. 3.) Pièce de vers composée par Yoûsof ibn Solaïmân, relieur de ce volume (مجلّد هذه [sic] الكتاب).
Premier vers :

يا ظيفنا (sic) اهلا بكم يا مرحبا ى والنبى مع الكتاب المنزلى

3° (Fol. 4.) Conte de l'oiseau et du schaïkh Wahhâsch (وهّاش). Histoire, en prose et en vers, d'un oiseau mystérieux qui adresse au schaïkh des exhortations morales et religieuses.

4° (Fol. 29.) (sic) الواعض (sic) لمن ينتّعض «Conseils pour celui qui est disposé à en profiter». Pièces de vers attribuées au roi David, à Salomon, à ʿAlî ibn abî Ṭâlib et à d'autres moralistes.

5° (Fol. 51 v°.) Divan d'Ibn Ismâʿîl ibn ʿAlî ibn Ibrâhîm, de la province de Lataquié. Les pièces de vers sont disposées dans l'ordre alphabétique des rimes. Premier vers :

سابدى نظامى باسم من سار على الهوا
وشقّ لبدر التمّ والنجم قد هوا

6° (Fol. 73.) Autre recueil de poésies du même auteur.

7° (Fol. 104.) Poésies attribuées par le copiste à Ḥasan ibn Hânî Aboû Nowâs, qu'il présente comme étant mort en odeur de sainteté : بسم الله الرحمن الرحيم وبه نستعين نكتب اشعار ابو النواس (sic) حسن ابن هانى قدس الله روحه. Plusieurs de ces pièces sont, en effet, assez libres pour être d'Aboû Nowâs; elles ont pour sujet le vin et les échansons.

8° (Fol. 114.) Poésies de Schihâb al-Dîn ibn Ibrâhîm ibn Solaïmân الرفدى. Chaque pièce se compose de douze vers. Dans la première tous les vers commencent et finissent par un *alif*; dans la seconde ils commencent et finissent par un *bâ*, et ainsi de suite, jusqu'à la fin de l'alphabet.

9° (Fol. 129.) Correspondance poétique entre ce même Schihâb al-Dîn et un certain ʿAbd al-Raḥmân, habitant de la ville d'Al-Qadmoûs (مدينة القدموس), village près d'un château-fort qui, du temps des Croisades, appartenait aux Ismaéliens de la Syrie.

10° (Fol. 131 v°.) Poésies disposées dans l'ordre alphabétique des rimes et attribuées à Abou Nowâs. Ce divan commence par cette phrase singulière : نبتدى على خيرت (sic) الله تعالى وحسن توفيقه ومنّه وجزيل كرمه علينا وعلى ساير اخوننا (sic) المومنين بنسخت (sic) ديوان سيّدنا ومولانا صاحب السر الصيّانى والعالم (والعلم؟) الربّانى سيدنا ابو النوّاس (sic) حسن بن هانى نفعنا الله به وبسرّه ولجميع المومنين امين امين يا رب العالمين.

11° (Fol. 200 v°.) Histoire du schaïkh Ḥâtim al-Ṭaubânî (الطوبانى) et de sa captivité chez les Francs d'outremer.

12° (Fol. 203 v°.) Qaṣîda du schaïkh Ḥâtim al-Djadîlî (الجديلى), renfermant plus de deux cents vers, dont voici le premier :

يا ال بيت المصطفا الهاشمى
جمع سرات لحق تطلب للنجى

13° (Fol. 211 v°.) Vers composés par le schaïkh Ibrâhîm, fils du cadi de Balbek. C'est un *mokhammas* (مخمس), une suite de strophes, composées chacune de cinq hémistiches. Il y a plus de cent strophes. Commencement :

بسم الله ابدا فى الامورى
واحمد رب عالم فى الضميرى

14° (Fol. 222 v°.) Pièce de vers, par Solaïmân ibn Yoûsof. Premier vers :

يا من بدت من سترها الغاق
نور مضىّ بجوهرًا دفاق

15° (Fol. 223 v°.) Deux autres pièces de vers.

Ms. daté de l'an 1064 de l'hégire (1654 de J. C.).

Papier. 224 feuillets. Hauteur, 21 centimètres; largeur, 15 centimètres. 15 lignes par page. — (Ancien fonds 1438.)

3252.

ازالة العبوس عن قصيدة ابن عروس «Éloignement des difficultés que présente la qaṣîda d'Ibn ʿAroûs». Commentaire du schaïkh Al-Khalwatî (الخلوتى) sur un poème mystique d'Ibn ʿAroûs al-Maghrabî. Commencement : الحمد لله الكريم الفتاح الرزاق.

Papier. 64 feuillets. Hauteur, 20 centimètres; largeur, 14 centimètres. 17 lignes par page. Ms. du xviiiᵉ siècle. — (Supplément 1593.)

3253.

الجهات فى علم التوجيهات «Directions (côtés vers lesquels on doit se tourner) afin d'acquérir la connaissance des manières de supplier (Dieu)». Commentaire d'ʿAlî ibn Arfaʿ Râs al-Maghrebî, sur la qaṣîda mystique de Solaïmân ibn Thâbit. La qaṣîda commence par ce vers :

تفكّر فيما قلته وتأمّلا
رموزا بها السرّ المصون لمن تلا

Papier. 38 feuillets. Hauteur, 21 centimètres; largeur, 15 centimètres. 21 lignes par page. Ms. du xviiᵉ siècle. — (Supplément 1578.)

3254.

Divan d'un poète inconnu. Le premier cahier manque et le dernier feuillet est mutilé.

Papier. 172 feuillets. Hauteur, 20 centimètres et demi; largeur, 14 centimètres et demi. 24 à 28 lignes par page. Ms. du xviiᵉ siècle. — (Supplément 1523.)

3255.

انوار الربيع فى انواع البديع «Fleurs du printemps, traité des diverses figures de rhétorique». Poème du genre de *Badîʿîya* avec commentaire, par Ṣadr al-Dîn ʿAlî, fils d'Aḥmad, fils de Moḥammad ibn Maʿṣoûm. L'auteur s'est proposé de surpasser la *Badîʿîya* d'Ibn Ḥiddja. Commencement : الحمد لله بديع السموات والارض. Dans le dernier chapitre, on trouve de courtes notices biographiques sur Al-Ṣafî al-Ḥillî, Ibn Djâbir al-Andalosî, Aboû Djaʿfar al-Gharnâtî, ʿIzz al-Dîn al-Mauṣilî, Ibn Ḥiddja al-Ḥamawî Scharaf al-Dîn al-Moqrî, Djalâl al-Dîn al-Soyoûṭî, Wadjîh al-Dîn al-ʿAlawî et ʿAbd el-Qâdir al-Ṭabarî, auteurs de poèmes reproduisant les diverses figures de rhétorique.

A la fin se trouvent quelques poésies portant ce titre : ومما وجدته وظفرت به من نظم الوالد العلامة محمد امين بن على امين الشهير بامين سفر المدنى.

Ms. daté de l'an 1146 de l'hégire (1733-1734 de J. C.).

Papier. 340 feuillets. Hauteur, 22 centimètres et demi; largeur, 17 centimètres. 25 lignes par page. — (Supplément 1552.)

3256.

ديوان الدواوين وريحان الرياحين «Le Divan des divans et le bouquet des bouquets». Recueil de poésies mystiques, par ʿAbd al-Ghanî ibn Ismâʿîl al-Nâbolosî.

Papier. 272 feuillets. Hauteur, 22 centimètres; largeur, 16 centimètres et demi. 23 lignes par page. Ms. du xviiiᵉ siècle. — (Supplément 1496.)

3257.

1° Qaṣîda rimant en *âri*, accompagnée d'un commentaire. Ce poème a été composé en l'honneur d'un vizir qui n'est pas nommé, mais qu'on suppose être Keuprili-Zâdè Moṣṭafâ, fils de Moḥammad Keuprili. En tête du ms. on lit un titre ajouté après coup : عقود الجمان فى تاريخ وزير السلطان سليمان للحلبى «Collier de perles, histoire du vizir du sultan Solaïmân, par Al-Ḥalabî».

2° (Fol. 25.) Neuf traités grammaticaux (*risâla*) : le

premier est d'Al-Qouchdjî; le second (fol. 30 : الرسالة الحفيد شيخ الاسلام الشهيد), renferme la solution des difficultés qu'on avait signalées dans le traité précédent. Le troisième traité (fol. 33) a pour auteur Ibrâhîm ibn Moḥammad ibn ʿArabschah al-Isferâïnî; le quatrième (fol. 42) est d'Abou 'l-Fatḥ ibn Makhdoûm al-Ḥasanî; le cinquième (fol. 54) est intitulé اجوبة المولى عبد الغفور اللارى; le sixième (fol. 57 v°) a pour auteur Moḥammad Amîra (اميرة), surnommé *Amîr-Pâdischâh;* le septième (fol. 64 v°) est attribué (fol. 25) à un professeur de Hérat, appelé Fakhr al-Dîn; le huitième (fol. 70), à un auteur nommé Fatḥ Allah, et le neuvième (fol. 77), à Schihâb al-Dîn al-Khafâdjî.

Papier. 91 feuillets. Hauteur, 21 centimètres; largeur, 15 centimètres. 21 à 23 lignes par page. Ms. du XVIIᵉ siècle. — (Ancien fonds 876.)

3258.

العلم المفرد شعر المتنبى احمد بن احمد بن محمد العادوى «Le Signal unique, poésies du Motanabbî (de l'époque), Aḥmad ibn Aḥmad ibn Moḥammad al-ʿÂdawî», auteur qui vivait dans le Yémen vers la fin du XVIIᵉ siècle et pendant le premier quart du XVIIIᵉ. Ce divan commence par quelques qaṣîdas religieuses, suivies de plusieurs autres à la louange de certains princes descendants d'Al-Motawakkil ʿala 'llâh, dernier calife (امير المومنين) de la seconde branche des Abbassides, qui fut déposé par le sultan ottoman Sélîm, et mourut en Égypte, en 945 de l'hégire (1538-1539 de J. C.). Les fils de ce calife s'étant retirés dans le Yémen, s'établirent, dit-on, à Sanʿâ, à Saʿda et dans d'autres parties de ce pays. L'un se nommait Moḥammad, fils d'Al Motawakkil, *Amîr al-Moûminîn;* un autre Ḥosâm al-Islâm al-Moḥassin, fils de l'*Amîr al-Moûminîn*, et frère de Dhiyâ al-Dîn Yoûsof. On nomme aussi leur parent Scharaf al-Islâm al-Ḥasan, fils d'*Amîr al-Moûminîn* Al-Qâsim ibn ʿAlî, dont le fils s'appelait Aḥmad. Ces personnages paraissent avoir exercé l'autorité comme califes, dans cette partie de l'Arabie, et avoir régné de l'an 1094 de l'hégire (1682-1683 de J. C.), à l'an 1114 de l'hégire (1702 de J. C.), et peut-être plus longtemps. En l'an 1112, un de ces souverains accueillit avec de grands honneurs une ambassade envoyée par le schah de Perse, le sultan Al-Ḥosaïn, fils de Schâh-ʿAbbâs.

Ms. daté de l'an 1792 (*sic*). Le premier feuillet manque. La première partie du volume, jusqu'au fol. 59, est en très mauvais état, l'encre ayant détruit le papier.

Papier. 179 feuillets. Hauteur, 20 centimètres; largeur, 16 centimètres. 15 à 19 lignes par page. — (Supplément 1524.)

3259.

1° Divan de Moḥammad ibn ʿAlî ibn Ḥaïdar al-Ḥosaïnî, poète qui florissait dans les premières années du XIIᵉ siècle de l'hégire. Ce sont des poésies religieuses et des panégyriques.

2° (Fol. 31 v°.) Divan de Ṣadr al-Dîn ʿAlî ibn Aḥmad al-Ḥosaïnî. Ce recueil, intitulé الرحيق المختوم, commence par une *Badîʿiya*. Une pièce de vers (fol. 57) est datée de l'an 1078 de l'hégire (1668 de J. C.).

Ms. daté de l'an 1161 de l'hégire (1748 de J. C.).

Papier. 127 feuillets. Hauteur, 22 centimètres et demi; largeur, 15 centimètres et demi. Environ 23 lignes par page. — (Supplément 1512.)

3260.

Divan d'Aḥmad al-Dolandjâwî (الدلنجاوى), mort en 1123 de l'hégire (1711 de J. C.). Le recueil commence par un *taschṭîr* de la Borda.

Ms. daté de l'an 1171 de l'hégire (1758 de J. C.).

Papier. 126 feuillets. Hauteur, 21 centimètres et demi; largeur, 16 centimètres. 15 lignes par page. — (Supplément 1520.)

3261.

1° Divan d'un saint personnage, dont le nom n'est pas indiqué. Le commencement manque.

2° (Fol. 12.) Divan d'un saint personnage, nommé Moṣṭafâ, descendant des deux familles d'Al-Ḥasan et d'Al-Ḥosaïn (مصطفى سبط ال الحسنين). Ce sont des poésies mystiques. La première de ces pièces est une *maqṣoûra* ou poème dont les vers se terminent par un *alif* bref, qui est intitulée مقصورة النظام مقصورة الخيام «La *Maqṣoûra* du poète est une belle soigneusement cachée dans sa tente».

Ms. daté (fol. 12) de l'an 1151 de l'hégire (1738-1739 de J. C.). C'est aussi la date de la composition du recueil.

Papier. 91 feuillets. Hauteur, 20 centimètres et demi; largeur, 16 centimètres. 21 lignes par page. — (Supplément 2175.)

3262.

ترويح البال وتهييج البلبال «Qui donne du repos au cœur

et qui réveille les soucis». Divan de poésies mystiques d' ʿAbd al-Raḥmân ibn Moṣṭafâ al-ʿAïdaroûs. Commencement : الحمد لله الذى اطلع كواكب الادب فى سماء مواكب القلوب.

Ms. daté de l'an 1177 de l'hégire (1763-1764 de J. C.).

Papier. 106 feuillets. Hauteur, 21 centimètres; largeur, 16 centimètres. 19 lignes par page. — (Supplément 1495.)

3263.

Divan de Ḥosaïn ibn ʿAbd al-Schokoûr. L'auteur dit que ces poésies lui avaient été inspirées par la lecture d'un traité religieux intitulé الهدية السنية فى الصلاة السنية «Cadeau de prix, traité sur la prière orthodoxe». Commencement : الحمد لله ناظم شمل القلوب على التوجّه اليه.

Ms. daté de l'an 1188 de l'hégire (1774 de J. C.).

Papier. 151 feuillets. Hauteur, 22 centimètres; largeur, 16 centimètres. 19 lignes par page. — (Supplément 1529.)

3264.

1° Qaṣîda rimant en *râ*, sur les sentiments qu'inspire la contemplation des tombeaux. Premier vers :

يا رب صلى على المختار كنز الورا
ثم الرضى عن ابى بكر وعن عمرا

2° (Fol. 6.) Qaṣîdas en l'honneur du Prophète, etc.

3° (Fol. 12 v°.) بداية المبتدين فى نظم ام البراهين «Début des commençants, ou l'*Omm al-Barâhîn* mis en vers». Le ام البراهين ou عقيدة الصغرى est de Moḥammad ibn Yoûsof al-Sanoûsî.

4° (Fol. 17.) L'ʿ*Aqîda* ou profession de foi d'ʿAlî, fils d'Aboû Ṭâlib.

5° (Fol. 18.) Instructions religieuses pour une retraite de vingt-et-un jours. On doit commencer par lire la sourate du *Soleil* (سورة الشمس), cinq cents fois. La fin manque.

6° (Fol. 21 v°.) Ordjoûza sur l'orthographe coranique (الخط), intitulée (fol. 23) مورد الظمآن «l'Abreuvoir pour celui qui a soif». L'auteur dit avoir puisé ses renseignements dans le *Moqniʿ* d'Aboû ʿAmr al-Dânî, dans l'ʿ*Aqîla* d'Ibn Ferro al-Schâṭibî, et dans le traité d'un schaïkh qu'il désigne par le surnom d'Aboû Dâ'oûd. Commencement :

الحمد لله العظيم المنن ومرسل الرسل باهدى سنن

7° (Fol. 32 v°.) Autre ordjoûza du même auteur, sur les leçons (الضبط) du Coran, composée en 697 de l'hégire (1297-1298 de J. C.). Elle porte le titre de الدرر اللوامع فى اصل مقرا الامام نافع «les Perles brillantes, traité basé sur le système de lecture coranique enseigné par l'imâm Nâfiʿ». Un supplément traite des divers organes de la bouche qui servent à la formation des lettres (مخارج الحروف).

8° (Fol. 43 v°.) Ordjoûza sur la manière de déterminer la *qibla*, ou direction de la Mecque, dans tous les pays, par Ibn Mâdjid. En tête se trouve une introduction en prose.

Papier. 52 feuillets. Hauteur, 23 centimètres; largeur, 16 centimètres. Écritures diverses du XVIIIᵉ siècle. — (Supplément 2179.)

3265.

شوق الانفس الى شمّ النرجس «Aspirations des âmes vers l'odeur du narcisse». Divan renfermant des qaṣîdas et des épigrammes qui, toutes, ont une seule et même rime, écrite en lettres d'or : انّ الربيع... Une seule qaṣîda rime en اسُبُلك. Le commencement manque. Dans les premières pièces, il est question des vicissitudes d'une guerre entre le printemps et l'hiver.

Papier. 128 feuillets. Hauteur, 26 centimètres; largeur, 16 centimètres et demi. 17 lignes par page. Ms. du XVIIIᵉ siècle. — (Supplément 1592.)

3266.

مناج الالطاف فى مداج الاشراف «Faveurs accordées, ou Éloges des chérifs». Qaṣîdas en l'honneur des descendants de Mahomet, par le schaïkh ʿAbd Allah ibn Moḥammad ibn ʿÂmir al-Schobrâwî.

Ms. écrit en 1192 de l'hégire (1778 de J. C.), probablement sous les yeux de l'auteur.

Papier. 68 feuillets. Hauteur, 22 centimètres; largeur, 16 centimètres. 17 lignes par page. — (Supplément 1568.)

3267 et 3268.

هز (var. هذا) القحوف بشرح قصيد (*sic*) ابى شادوف.

Qaṣîda satirique, avec commentaire, par Yoûsof ibn Moḥammad ibn ʿAbd al-Djawâd al-Scharbînî. Commencement : الحمد لله الذى شرف نوع الانسان بنطق اللسان.

Le premier volume est daté de l'an 1167 de l'hégire (1754 de J. C.), le second est de deux mains différentes.

2 vol. Papier. 157 et 136 feuillets. Hauteur, 20 centimètres; largeur, 15 centimètres. — (Supplément 1620, I et II.)

3269.

Même ouvrage.

Ms. daté de l'an 1224 de l'hégire (1809 de J. C.).

Papier. 282 feuillets. Hauteur, 23 centimètres et demi; largeur, 16 centimètres et demi. 21 lignes par page. — (Supplément 1621.)

3270.

Commencement du même ouvrage.

Papier. 11 feuillets. Hauteur, 20 centimètres; largeur, 15 centimètres. 16 à 21 lignes par page. Ms. du XVIIIe siècle. — (Supplément 2285.)

3271.

كتاب عرف الصفا فى مداح السيد ابى الانوار ابن وفاء

« Don fait avec sincérité, composé des éloges d'Abou 'l-Anwâr ibn [Moḥammad] ibn Wafâ », par Abou 'l-Fauz Ibrâhîm al-Sandoûbî. Ce recueil, composé du vivant du saint personnage, a été mis par écrit postérieurement à l'an 1204 de l'hégire (1789 de J. C.).

Papier. 257 feuillets. Hauteur, 22 centimètres; largeur, 16 centimètres et demi. 15 lignes par page. Ms. du XVIIIe siècle. — (Supplément 1571.)

3272.

Recueil des poésies et des *maqâmât* de Naqoûlâ (Nicolas) al-Tourkî, l'auteur de l'Histoire de l'expédition française en Égypte. Plusieurs de ces pièces ont été composées dans les premières années du XIXe siècle. La fin du volume manque.

Papier. 157 feuillets. Hauteur, 22 centimètres; largeur, 15 centimètres et demi. 23 lignes par page. — (Supplément 1528.)

2. COLLECTIONS ET ANTHOLOGIES.

3273.

Les œuvres complètes des *Six Poètes*, à savoir : Amro 'l-Qaïs, Al-Nâbigha, ʿAlqama, Zohaïr, Ṭarafa et ʿAntara.

Ms. daté de l'an 571 de l'hégire (1176 de J. C.). Grande et belle écriture maghrebine-espagnole; gloses marginales et interlinéaires.

Papier. 105 feuillets. Hauteur, 26 centimètres et demi; largeur, 18 centimètres et demi. 13 lignes par page. — (Supplément 1425.)

3274.

Commentaire sur les *Six Poètes*, par Yoûsof al-Schantamarî. (Voyez l'introduction au *Diwan d'Amro 'lkaïs*, par M. de Slane). Commencement : الحمد لله المعلم الانسان البيان.

Ms. maghrebin. En tête de la première page se trouve un titre et un fleuron marginal bien exécutés en or et en couleurs.

Papier. 227 feuillets. Hauteur, 29 centimètres et demi; largeur, 20 centimètres. 25 lignes par page. Ms. du XVIIe siècle. — (Supplément 1424.)

3275.

Poèmes appelés *Moʿallaqât*, accompagnés d'un commentaire. En tête se trouve la *moʿallaqa* d'ʿAmr ibn Kolthoum, précédée d'une introduction historique. Viennent ensuite les *moʿallaqât* de Zohaïr ibn abî Solmâ, d'Al-Ḥârith ibn Ḥilliza, d'ʿAntara ibn Moʿâwiya ibn Schaddâd, de Maïmoûn ibn Qaïs al-Aʿschâ, qui commence par ce vers :

ودّع هريرة ان الركب قد رحلوا
وهل تطيق وداعا ايها الرجل

Suivent le poëme يا دار ميّة de Nâbigha al-Dsobyânî, la *moʿallaqa* de Ṭarafa Ibn al-ʿAbd, celle d'Amro'l-Qaïs al-Kindî, et la *moʿallaqa* de Labîd ibn Rabîʿa.

Ms. daté de l'an 1073 de l'hégire (1662-1663 de J. C.).

Papier. 66 feuillets. Hauteur, 30 centimètres; largeur, 19 centimètres et demi. Le nombre de lignes par page varie beaucoup. — (Supplément 1422.)

3276.

1° Les *Sept mo^callaqât*, avec le commentaire d'Al-Ḥosaïn ibn Aḥmad al-Zauzanî.

2° (Fol. 56.) La *Maqṣoûra* d'Ibn Doraïd, avec un commentaire.

3° (Fol. 78.) Maximes des anciens Arabes, avec un commentaire.

Papier. 89 feuillets. Hauteur, 19 centimètres et demi; largeur, 13 centimètres. 27 lignes par page. Ms. du XVIIe siècle. — (Supplément 1421.)

3277.

شرح القصايد السبع. Les *Sept mo'allaqât*, avec le commentaire d'Al-Zauzanî.

Ms. daté de l'an 982 de l'hégire (1575 de J. C.).

Papier. 148 feuillets. Hauteur, 21 centimètres et demi; largeur, 15 centimètres et demi. 17 lignes par page. — (Ancien fonds 1416.)

3278.

Même ouvrage.

Ms. daté de l'an 1043 de l'hégire (1634 de J. C.).

Papier. 102 feuillets. Hauteur, 20 centimètres et demi; largeur, 15 centimètres. 19 lignes par page. — (Ancien fonds 1417.)

3279.

Les *Sept mo'allaqât* (السبع الطوال), avec le commentaire d'Aboû Manṣoûr Mauhoûb ibn Aḥmad al-Ḥoṣrî (الحصرى).

Ms. daté de l'an 1113 de l'hégire (1701 de J. C.).

Papier. 54 feuillets. Hauteur, 21 centimètres et demi; largeur, 16 centimètres. 17 lignes par page. — (Supplément 1420.)

3280.

Commentaire très étendu sur les *Sept mo'allaqât* et sur le يا دار ميّة d'Al-Nâbigha. L'ouvrage commence, sans préface, par l'histoire de la *mo'allaqa* d'Amro 'l-Qaïs. Commencement : ذكرو ان عبد الله بن والان كان راوية الفرزدق ولم يكن فى زمانه احد اروى الخ. L'auteur de ce commentaire, qu'on suppose être Aboû Zakarîya Yaḥyâ al-Tibrîzî, cite très souvent l'autorité d'un nommé Aboû Djâbir et d'un certain Aboû Sa'îd al-Dharîr.

Ms. daté de l'an 616 de l'hégire (1219-1220 de J. C.).

Papier. 320 feuillets. Hauteur, 25 centimètres; largeur, 17 centimètres. Environ 20 lignes par page. — (Supplément 1423.)

3281.

La Ḥamâsa d'Aboû Tammâm Ḥabîb ibn 'Aus al-Ṭâïî.

Ms. daté de l'an 627 de l'hégire (1230 de J. C.). Les neuf premiers feuillets sont d'une écriture moderne.

Papier. 403 feuillets. Hauteur, 25 centimètres; largeur, 17 centimètres. 13 lignes par page. — (Supplément 1434.)

3282.

Même ouvrage.

Ms. de deux écritures, dont la plus récente est de l'an 1157 de l'hégire (1744 de J. C.). Il y a une vignette en or et en couleurs sur le verso du premier feuillet.

Papier. 159 feuillets. Hauteur, 22 centimètres; largeur, 15 centimètres. 15 lignes par page. — (Supplément 1438.)

3283.

La Ḥamâsa avec le grand commentaire d'Al-Tibrîzî (كتاب شرح الحماسة الكبير). Ce volume renferme la première section de l'ouvrage et la plus grande partie de la seconde. Il se termine par le poème qui rime en عا et qui a pour auteur Yaḥyâ ibn Ziyâd al-Ḥârithî. (Édition de Freytag, page ٣٩٣.)

Papier. 159 feuillets. Hauteur, 29 centimètres; largeur, 18 centimètres. 35 lignes par page. Ms. du XVIIe siècle. — (Supplément 1437.)

3284.

La Ḥamâsa avec une portion du commentaire d'Al-Tibrîzî. Copie exécutée par Michel Ṣabbâgh, d'après les mss. 3281 et 3283.

Papier. 317 feuillets. Hauteur, 29 centimètres; largeur, 21 centimètres et demi. 21 lignes par page. Ms. du XIXe siècle. — (Supplément 1436.)

3285.

التنبيه في الاعراب «Avertissement au sujet de l'analyse grammaticale». Commentaire grammatical sur la Ḥamâsa, par Ibn Djinnî. Les soixante premiers feuillets manquent. La suite de ce commentaire, qui formait un ouvrage à part, devait contenir l'explication des noms des poètes.

Papier. 245 feuillets. Hauteur, 26 centimètres et demi; largeur, 19 centimètres. 15 lignes par page. Ms. du xvᵉ siècle. — (Supplément 1435.)

3286.

اشعار الهذليين «Poèmes des Hodsaïlites», recueillis et mis en ordre par Aboû Sa'îd al-Ḥasan ibn al-Ḥosaïn al-Sokkarî, mort en 275 de l'hégire (888-889 de J. C.). C'est la seconde moitié de l'ouvrage.

Papier. 195 feuillets. Hauteur, 23 centimètres; largeur, 18 centimètres. 10 lignes par page. Ms. du xiiᵉ siècle. — (Supplément 1427.)

3287 à 3289.

العقد الفريد «Le Collier sans pareil», anthologie philologique, historique et poétique, composée par Aḥmad ibn Moḥammad, surnommé *Ibn 'Abd Rabbihi*, de Cordoue, mort en 328 de l'hégire (940 de J. C.). (Voyez la traduction d'Ibn Khallikân, t. I, p. 92.) Dans la préface, l'auteur indique le contenu de son ouvrage, qu'il avait divisé en vingt-cinq doubles chapitres (*kitâb*), dont chacun porte le nom d'une pierre précieuse. La notice sur les califes commence au fol. 221 v° du second volume. L'histoire des Omaïyades d'Espagne, qui commence au folio 335 v° du même volume, se termine par un poëme du mètre *redjez*, dans lequel l'auteur décrit, année par année, jusqu'à l'an 322 de l'hégire (934 de J. C.), les expéditions entreprises par 'Abd al-Raḥmân al-Nâṣir.

Ms. daté de l'an 1250 de l'hégire (1835 de J. C.). Il a appartenu à M. Fresnel, qui y a fait plusieurs corrections.

3 vol. Papier. 331, 350, 397 feuillets. Hauteur, 24 à 25 centimètres; largeur, 16 centimètres. 25 lignes par page. — (Supplément 1418 *bis*, I-III.)

3290.

Fragment du même ouvrage, à savoir la fin du chapitre sur les *Journées* des Arabes, les chapitres sur les poètes, la poésie, la prosodie et la musique (fol. 96 v° à 219 v° du ms. 3289). Ms. maghrebin espagnol.

Papier. 72 feuillets. Hauteur, 23 centimètres et demi; largeur, 17 centimètres et demi. 27 lignes par page. Ms. du xiiiᵉ siècle. — (Supplément 1418.)

3291.

Onzième partie du même ouvrage. C'est la section qui est consacrée à la science et aux belles-lettres et intitulée الياقوتة «le Rubis».

Ms. daté de l'an 592 de l'hégire (1196 de J. C.).

Papier. 135 feuillets. Hauteur, 26 centimètres; largeur, 16 centimètres et demi. 19 lignes par page. — (Supplément 1732.)

3292 à 3295.

Le كتاب الاغانى d'Abou 'l-Faradj al-Iṣfahânî. Commencement : اللهم اعانة وتوفيقا لما ترضاه يا كريم.

Ms. daté de l'an 1207 de l'hégire (1793 de J. C.).

La liste des chapitres, de la main de Michel Ṣabbâgh, se trouve en tête de chaque volume.

4 vol. Papier. 390, 369, 490, 374 feuillets. Hauteur, 31 centimètres; largeur, 21 centimètres et demi. 35 lignes par page. — (Supplément 1414 I-IV.)

3296.

Commencement du même ouvrage. Ce fragment se termine par les premières lignes de la notice sur العرجى.

Vignette en or et en couleurs en tête du ms.

Papier. 53 feuillets. Hauteur, 32 centimètres et demi; largeur, 21 centimètres. 45 lignes par page. Ms. du xviiᵉ siècle. — (Supplément 1417.)

3297.

Fragment du même ouvrage, commençant au milieu de la notice sur Ibrâhîm al-Mauṣilî, et se terminant par la notice sur Al-Moraqqisch al-Aṣghar (ms. 3292, fol. 322 v° à 3293, fol. 11). Il y a quelques lacunes et plusieurs feuillets sont intervertis.

Ms. maghrebin espagnol.

Papier. 193 feuillets. Hauteur, 27 centimètres; largeur, 18 centimètres. 17 lignes par page. Ms. du xiiiᵉ siècle. — (Supplément 1415.)

IMPRIMERIE NATIONALE.

3298.

Le sixième volume (سفر) d'un exemplaire du même ouvrage, commençant par la notice sur Doraïd Ibn al-Ṣimma et se terminant par celle de ابو كلدة.

Papier. 178 feuillets. Hauteur, 29 centimètres; largeur, 19 centimètres et demi. 27 lignes par page. Ms. du XIVe siècle. — (Supplément 1416.)

3299.

كتاب الشراب « Traité du vin », anthologie en prose et en vers, d'Abou 'l-ʿAbbâs ʿAbd Allah Ibn al-Moʿtazz. Ce sont des extraits de plusieurs auteurs touchant la vigne, les raisins, les diverses espèces de vins, les coupes, les vases, les effets de cette liqueur, etc. D'après la préface, cet ouvrage devait se diviser en quatre sections, mais dans le présent ms. cette division n'a pas été observée. On lit en tête ce titre : كتاب تباشير الشراب وتماثيل فنون الحكم والآداب واسماء الخمر وصفاتها ومنافعها الخ; mais le vrai titre est indiqué au fol. 3, ligne 10. Commencement : الحمد لله اجلالا لوحدانيته واخلاصا لربوبيته.

Plusieurs feuillets manquent, surtout vers la fin.

Papier. 51 feuillets. Hauteur, 23 centimètres; largeur, 15 centimètres. 13 lignes par page. Ms. du XIIIe siècle. — (Ancien fonds 1473.)

3300.

Extraits des poésies d'Al-Boḥtorî et d'Al-Motanabbî. Il n'y a ni préface, ni *explicit*.

Papier. 140 feuillets. Hauteur, 25 centimètres; largeur, 18 centimètres et demi. 17 lignes par page. Ms. du XIVe siècle. — (Supplément 1483.)

3301.

ادب النديم « Manuel du convive », recueil d'anecdotes et de pièces de vers composé par Abou 'l-Fatḥ Maḥmoûd Ibn al-Sindî al-Kâtib, surnommé Kischâdjim (ابن السندى الكاتب المعروف بكشاجم), auteur du IVe siècle de l'hégire. La préface, dans laquelle l'auteur explique l'objet du traité, est suivie d'un assez grand nombre de chapitres, dont voici les titres : باب اخلاق — ; باب مدح النديم — ; باب الشرب وكثرتهم — ; باب التداعى للمنادمة — ; النديم — ; باب غسل — ; باب المحادثة — ; باب السماع — ; وقلتهم باب — ; باب الإكثار والاقلال — ; باب ادارة الكاس — ; اليد — ; باب هيئة النديم وما يلزمه لرئيسه — ; طلب الحاجة باب الادب فى الشطرنج — ; باب ما يلزم الرئيس لنديمه.

Commencement : اما بعد حمد الله بكنه النية.

Frontispice portant le titre et le nom de l'auteur en lettres d'or.

Papier. 77 feuillets. Hauteur, 22 centimètres; largeur, 14 centimètres et demi. 7 lignes par page. Ms. du XIVe siècle. — (Supplément 1347.)

3302.

Premier volume de l'ouvrage intitulé قطب السرور فى وصف الانبذة والخمور « Le pivot de la joie ou Description des boissons et des vins » par Ibrâhîm ibn al-Qâsim ibn al-Raqîq al-Qaïrawânî, auteur du Xe siècle. Cette anthologie renferme de nombreuses historiettes, en prose et en vers, sur les califes et sur d'autres grands personnages de l'islamisme qui aimaient le vin. Commencement : الحمد لله الذى ادار افلاك السرور بالعناية الرحمانية.

Papier. 263 feuillets. Hauteur, 17 centimètres; largeur, 13 centimètres. 17 à 20 lignes par page. Ms. du XIVe siècle (un certain nombre de feuillets sont plus modernes). — (Supplément 1068.)

3303.

توجيه اعراب ابيات ملغزة الاعراب « Analyse grammaticale de certains vers dont la construction était embrouillée », ouvrage attribué à un certain Al-Românî, peut-être ʿAlî ibn ʿÎsâ le grammairien, mort en 384 de l'hégire. La préface ne fait mention ni du titre de l'ouvrage, ni du nom de l'auteur, mais ils sont écrits en tête du volume de la main même du copiste. Commencement : اما بعد فانى اطال الله بقاك وادام عزك الخ.

Ms. daté de l'an 804 de l'hégire (1402 de J. C.).

Papier. 167 feuillets. Hauteur, 18 centimètres; largeur, 14 centimètres. 13 lignes par page. — (Supplément 1591.)

3304.

انس الوحيد « Compagnon du solitaire », anthologie en prose et en vers, par Aboû Manṣoûr ʿAbd al-Malik al-Thaʿâlibî, de Naïsâboûr, mort en 429 de l'hégire (1037-1038 de J. C.). Commencement : الحمد لله الملك العظيم

الذى ليس كمثله شىء وهو السميع البصير. Le premier feuillet, qui donne le titre, et le second feuillet ont été ajoutés après coup.

Papier. 118 feuillets. Hauteur, 21 centimètres; largeur, 17 centimètres. 10 lignes par page. Ms. du XIVe siècle. — (Ancien fonds 1594.)

3305.

1° كتاب من غاب عنه المطرب «Livre pour celui qui n'a personne pour l'amuser», par Abou Manṣoûr ʿAbd al-Malik al-Thaʿâlibî. Cette anthologie, en prose et en vers, se compose de sept parties : la première a pour sujet l'éloquence et l'écriture; la seconde se rapporte aux saisons de l'année; la troisième, aux nuits et aux jours; la quatrième, aux termes que l'on emploie en courtisant les femmes; la cinquième, aux boissons enivrantes; la sixième, à la fraternité, et la septième à des sujets divers. Commencement : هذا كتاب يشتمل على محاسن الالفاظ البهجة وبدايع المعانى الارجة.

2° (Fol. 45.) كتاب الاعجاز فى الايجاز «Recueil de sentences d'une concision sans égale», par le même auteur. Dix chapitres : 1° paroles du Coran; 2° paroles du Prophète; 3° paroles des quatre califes légitimes; 4° paroles des rois qui ont vécu avant l'islamisme; 5° paroles des rois et des émirs musulmans; 6° paroles de vizirs; 7° paroles d'écrivains et d'hommes éloquents; 8° maximes de philosophes, de sages, d'ascètes et de savants; 9° bons mots de beaux esprits; 10° sentences de poètes. Commencement : اما بعد حمد الله على الايه.

Ms. daté de l'an 611 de l'hégire (1214-1215 de J. C.).

Papier. 128 feuillets. Hauteur, 24 centimètres et demi; largeur, 18 centimètres. 17 lignes par page. — (Ancien fonds 1404.)

3306.

احاسن المحاسن «Beautés les plus remarquables», choix de beaux morceaux de prose et de vers. Ce recueil, rédigé, dit-on, par Al-Thaʿâlibî, se compose de deux chapitres. Commencement : الحمد لله الذى خلق ورزق وانطق ووفق. Quelques cahiers du ms. sont intervertis et il y a des lacunes. La fin manque.

Papier. 193 feuillets. Hauteur, 20 centimètres; largeur, 14 centimètres. 21 lignes par page. Ms. du XVIIe siècle. — (Supplément 1653.)

3307.

Anthologie poétique, divisée en quinze sections, à savoir : 1° l'écriture; 2° les félicitations; 3° les condoléances; 4° les nobles qualités; 5° l'intercession; 6° la reconnaissance et la louange; 7° les reproches et les excuses; 8° la satire et le blâme; 9° plaintes dans l'adversité; 10° maximes et apophthegmes; 11° expression des sentiments fraternels; 12° les compliments que l'on adresse au sultan; 13° la prison, la ruine et l'élargissement; 14° la dévotion; 15° la prière. L'auteur dit avoir puisé ses matériaux dans les ouvrages des poètes antéislamiques, des poètes du temps de Mahomet (المخضرمين), des musulmans anciens et modernes, etc. Il donne ensuite les noms des poètes appartenant à chacune de ces classes. Commencement : اما بعد حمد الله الذى هو اول الفرقان واخر دعوى سكان الجنان. Il est possible que ce soit l'un des nombreux ouvrages d'Al-Thaʿâlibî, mais rien ne prouve l'authenticité du titre qu'on lit en tête : كتاب منتخب المنتخل انتخبه الرئيس الكامل الفاضل ابو منصور عبد الملك ابن السمعيل الثعالبى من كتاب المنتخل لابى الفضل الميكالى.

Papier. 111 feuillets. Hauteur, 21 centimètres; largeur, 14 centimètres et demi. 17 à 27 lignes par page. Ms. de diverses écritures du XVIe et du XVIIe siècle. — (Ancien fonds 1474.)

3308.

يتيمة الدهر فى محاسن اهل العصر «La Perle du temps, traité sur les mérites des gens de ce siècle», anthologie poétique et biographique, par Abou Manṣoûr ʿAbd al-Malik al-Thaʿâlibî. L'ouvrage est divisé en quatre sections. Le titre, qui n'est pas mentionné dans la préface, est reproduit à la fin de chacune des trois premières sections. La liste des auteurs dont il est traité dans cet ouvrage a été publié par M. Dieterici dans le livre intitulé *Mutanabbi und Seifuddaula*, Leipzig, 1847. Commencement : حمد الله خير ما بُدى به الكلام وختم.

Ms. daté de l'an 989 de l'hégire (1581 de J. C.).

Papier. 593 feuillets. Hauteur, 30 centimètres; largeur, 18 centimètres. 27 à 29 lignes par page. — (Supplément 1406.)

3309.

Même ouvrage.

Ms. daté de l'an 1047 de l'hégire (1637 de J. C.).

Papier. 510 feuillets. Hauteur, 30 centimètres; largeur, 20 centimètres. 29 lignes par page. — (Ancien fonds 1370.)

3310.

Fragments du même ouvrage, à savoir : la fin du hui-

tième chapitre de la première section; quelques feuillets du dixième chapitre; le septième et le huitième chapitre de la seconde section. Il y a de nombreuses lacunes.

Papier. 88 feuillets. Hauteur, 20 centimètres; largeur, 15 centimètres. 19 lignes par page. Ms. du XVIe siècle. — (Supplément 1409.)

3311.

Les six premiers chapitres de la seconde section du même ouvrage. Les derniers feuillets manquent.

Papier. 112 feuillets. Hauteur, 20 centimètres; largeur, 15 centimètres. 15 lignes par page. Ms. du XIVe siècle. — (Supplément 1407.)

3312.

Quatrième partie du même ouvrage.

Ms. daté de l'an 1026 de l'hégire (1617 de J. C.).

Papier. 139 feuillets. Hauteur, 28 centimètres; largeur, 17 centimètres. 25 lignes par page. — (Supplément 1408.)

3313.

دمية القصر وعصرة اهل العصر «La Belle statue du palais et extraits poétiques des contemporains», anthologie composée pour servir de complément au *Yatîmat al-Dahr*, d'Al-Thaʿâlibî, par ʿAlî ibn al-Ḥasan ibn abî Ṭaïyib al-Bâkharzî, qui fut assassiné en 467 de l'hégire (1075 de J. C.), dans le Bâkharz, canton des environs de Naïsâpoûr. Sa Vie se trouve dans le Dictionnaire biographique d'Ibn Khallikân, t. II, p. 323 de la traduction anglaise. Commencement : احمد الله على ما اسبغ من اذيال افضاله واشكره على ما افرغ من سجال نواله.

Papier. 308 feuillets. Hauteur, 21 centimètres et demi; largeur, 13 centimètres. 19 lignes par page. Ms. du XVIIe siècle. — (Supplément 1410.)

3314.

1° سحر البلاغة وسرّ البراعة «Magie de l'éloquence et secret de l'excellence», recueil des expressions et tournures de langage les plus élégantes de la langue arabe, par Aboû Manṣoûr ʿAbd al-Malik al-Thaʿâlibî. Il y a quatorze chapitres : 1° le Prophète et son livre; 2° temps et lieux; 3° l'homme depuis sa naissance jusqu'à la vieillesse; 4° les mets et les boissons; 5° prose et vers; 6° les louanges; 7. les vices et les méfaits; 8. la visite des malades; 9° cadeaux et compliments; 10° consolation des affligés; 11° sentiments fraternels; 12° choses qui se rapportent à la royauté; 13° divers événements de la vie; 14° proverbes et maximes. Commencement : اما بعد فان هذا الكتاب اخرجتُ بعضه من غرر نجوم الارض ونكت اعيان الفضل من بلغاء العصر فى النثر وحللتُ بعضه من نظم امراء الشعر الذين افردت ملح اشعارهم فى كتابى المترجم بيتيمة الدهر

2° (Fol. 87 v°.) المختار من رسايل كافى الكفاة ابى القسم ابن عباد «Choix d'épîtres composées par Abou 'l-Qâsim ibn ʿAbbâd, surnommé كافى الكفات (le capable par excellence)». Les épîtres et dépêches d'Abou 'l-Qâsim Ismâʿîl ibn ʿAbbâd *Al-Ṣâḥib*, vizir des sultans bouïdes Mowaïyad al-Daula et Fakhr al-Daula, étaient renommées pour l'originalité et l'élégance de leur style. L'auteur de la présente collection a choisi dans chacun des vingt volumes dont se compose la correspondance officielle du célèbre vizir, dix épîtres écrites en prose rimée et d'un style très-recherché. Il y a vingt chapitres : 1° bonnes nouvelles et conquêtes; 2° actes d'investiture; 3° lettres de grâce et de protection, diplômes, concordance de l'année solaire avec l'année lunaire; 4° protection des pèlerins, entretien des édifices publics et garde des frontières; 5° pour se concilier la bienveillance des religieux; 6° reconciliation et apaisement des querelles; 7° louanges et témoignages de respect; 8° blâme et réprobation; 9° félicitations; 10° condoléance; 11° fraternité et amitié; 12° renseignements; 13° réprimandes pour faits de négligence; 14° rentrée en grâce; 15° intercession; 16° recommandations adressées aux fonctionnaires publics; 17° exhortations; 18° passages détachés, visas; 19° jeux d'esprit; 20° sujets divers.

3° (Fol. 202 v°.) Onzième partie de la collection des dépêches rédigées par Aboû Isḥâq Ibrâhîm ibn Hilâl al-Ṣâbî, secrétaire du sultan bouïde Samsâm al-Daula Aboû Kâlîdjâr, et adressées à divers personnages marquants. La plupart de ces pièces sont datées de l'an 375 de l'hégire (985-986 de J. C.). Le ms. arabe n° 262 de la Bibliothèque de Leyde renferme la troisième partie de ce recueil. Aboû Isḥâq al-Ṣâbî est mort en 384 de l'hégire (994 de J. C.). (Voyez le Dictionnaire biographique d'Ibn Khallikân, t. I, p. 31 de la traduction anglaise.)

Ms. daté de l'an 557 de l'hégire (1162 de J. C.).

Papier. 229 feuillets. Hauteur, 25 centimètres; largeur, 17 centimètres. 23 lignes par page. — (Ancien fonds 1405.)

3315.

شرح رسالة ابن زيدون. Commentaire sur l'épître d'Abou

'l-Walîd Aḥmad Ibn Zaïdoûn, par Djamâl al-Dîn Moḥammad ibn Nobâta. (Voyez Hadji Khalfa, t. III, p. 358.) Plusieurs extraits de ce commentaire, avec la traduction latine de Reiske, ont été publiés dans l'ouvrage intitulé *Additamenta ad historiam Arabum ante Islamismum*, par Rasmussen.

Ms. daté de l'an 1161 de l'hégire (1748 de J. C.).

Papier. 127 feuillets. Hauteur, 23 centimètres et demi; largeur, 14 centimètres et demi. 27 lignes par page. — (Supplément 1504 *bis*.)

3316.

Commentaire de Ṣalâḥ al-Dîn Aïbak al-Ṣafadî sur l'épître d'Ibn Zaïdoûn, adressée à Ibn Djahwar, roi de Cordoue. On trouve au folio 3 une notice biographique d'Ibn Zaïdoûn et au fol. 11, le texte de l'épître. Ce commentaire, comme d'autres du même auteur, est très diffus. Commencement : الحمد لله الذى شرح صدورنا بالاسلام.

Ms. daté de l'an 1043 de l'hégire (1633-1634 de J. C.).

Papier. 181 feuillets. Hauteur, 20 centimètres et demi; largeur, 15 centimètres. 19 lignes par page. — (Supplément 1504.)

3317.

Même ouvrage.

Ms. daté de l'an 1174 de l'hégire (1761 de J. C.). Le premier cahier, qui manque, a été remplacé par un feuillet portant une préface apocryphe.

Papier. 192 feuillets. Hauteur, 21 centimètres; largeur, 14 centimètres. 19 lignes par page. — (Supplément 1503.)

3318.

قلايد العقيان فى محاسن الاعيان « Colliers d'or, ou beaux traits des hommes illustres », anthologie des poètes musulmans d'Espagne du XIᵉ et du XIIᵉ siècle, par Aboû Naṣr al-Fatḥ ibn Moḥammad al-Qaïsî, de Séville, connu sous le sobriquet d'*Ibn Khâqân*, mort au Maroc, en 535 de l'hégire (1140-1141 de J. C.). Cet ouvrage, dont le style est fort admiré, bien qu'il soit difficile de l'apprécier sans l'aide d'un commentaire, est divisée en quatre parties : 1° les princes; 2° les vizirs; 3° les cadis et les ulémas; 4° les hommes de lettres et les poètes.

Ms. daté de l'an 883 de l'hégire (1478 de J. C.).

Papier. 231 feuillets. Hauteur, 26 centimètres et demi; largeur, 18 centimètres. 21 lignes par page. — (Ancien fonds 734.)

3319.

Même ouvrage.

Ms. daté de l'an 1013 de l'hégire (1604-1605 de J. C.).

Papier. 219 feuillets. Hauteur, 19 centimètres; largeur, 11 centimètres et demi. 19 lignes par page. — (Ancien fonds 1415.)

3320.

Même ouvrage.

Ms. de plusieurs mains, daté de l'an 1164 de l'hégire (1750 de J. C.). Entre les folios actuellement cotés 14 et 15 et les folios 35 et 36, il manque quelques feuillets.

Papier. 122 feuillets. Hauteur, 31 centimètres et demi; largeur, 21 centimètres. 19 lignes par page. — (Supplément 677.)

3321.

الذخيرة فى محاسن اهل الجزيرة « Le Trésor, traitant des choses qui font honneur aux habitants de la péninsule (espagnole) », par Abou 'l-Ḥasan ʿAlî ibn Bassâm, mort en 542 de l'hégire (1147-1148 de J. C.). Anthologie poétique et historique, divisée en quatre sections, dont le présent volume renferme la première. Le premier feuillet manque.

Papier. 263 feuillets. Hauteur, 31 centimètres et demi; largeur, 22 centimètres. 23 lignes par page. Ms. du XVIIIᵉ siècle. — (Supplément 2393.)

3322 et 3323.

Deuxième et troisième partie du même ouvrage, copiées sur le ms. de la Bibliothèque Bodléïenne et le ms. de la Bibliothèque de Gotha.

2 vol. Papier. 265 et 263 feuillets. Hauteur, 22 centimètres; largeur, 17 centimètres. — (Supplément 2450-2451.)

3324.

التذكرة الحمدونية « L'Aide-mémoire d'Ibn Ḥamdoûn », grand recueil de notes historiques et littéraires, d'anecdotes et de morceaux de poésie, par Abou 'l-Maʿâlî Moḥammad ibn al-Ḥasan ...... ibn Ḥamdoûn, surnommé *Kâfî 'l-Kofât* « le capable par excellence ». La biographie de l'auteur, qui était employé dans les bureaux

du califat, à Baghdâd, pendant la première moitié du xiie siècle, et qui est mort en 562 de l'hégire (1167 de J. C.), se trouve dans le Dictionnaire d'Ibn Khallikân, t. III, p. 90 de la traduction anglaise. Le présent volume, le onzième de l'ouvrage, renferme quatre chapitres (باب), dont chacun est précédé d'une préface et forme un traité à part, à savoir : chapitre xlii. Tours d'adresse et tromperies; — chapitre xliii. Les épithètes, les insinuations, les énigmes, les logogriphes et les allusions détournées; — chapitre xliv. Le vin et les parties de débauche; — chapitre xlv. Le chant, les chanteurs et les musiciens. Il y a une lacune entre les folios actuellement cotés 2 et 3.

Papier. 200 feuillets. Hauteur, 23 centimètres et demi; largeur, 16 centimètres. 13 lignes par page. Ms. du xiiie siècle. — (Ancien fonds 1602.)

3325.

المنتخب والمختار في النوادر والاشعار «Choix d'anecdotes et de pièces de vers», recueil de notices instructives en cinquante chapitres. L'auteur, qui ne se nomme pas, dit que son ouvrage est un remaniement et un abrégé de l'anthologie التذكرة d'Ibn Ḥamdoûn. Commencement : الحمد لله الموفق لصواب القول وسداده الخ.

Ms. daté de l'an 1121 de l'hégire (1709-1710 de J. C.).

Papier. 176 feuillets. Hauteur, 21 centimètres et demi; largeur, 15 centimètres. 23 lignes par page. — (Supplément 1842.)

3326.

خريدة القصر وجريدة العصر. Anthologie poétique, par ʿImâd al-Dîn Moḥammad, d'Ispahan. Premier volume de l'ouvrage, qui commence par les poètes de l'ʿIrâq et se termine par un article sur Al-Ḥarîrî, l'auteur des *Maqâmât*. Commencement : الحمد لله مودع ارواح المعانى اشباح الالفاظ ومطلع ذكا الذكا من افلاك الادراك للفراغ الايقاظ...

Papier. 195 feuillets. Hauteur, 21 centimètres et demi; largeur, 14 centimètres et demi. 25 lignes par page. Ms. du xviie siècle, de diverses mains. — (Ancien fonds 1447.)

3327.

Autre volume du même ouvrage, commençant au milieu de la notice d'Ibn al-Khâzin al-Baghdâdî et finissant par la notice d'Al-Ḥosaïn ibn Thâbit, poète du vi^e siècle de l'hégire.

Papier. 192 feuillets. Hauteur, 24 centimètres et demi; largeur, 15 centimètres. 21 lignes par page. Ms. du xiiie siècle. — (Ancien fonds 1373.)

3328.

Autre volume du même ouvrage, contenant les poètes d'Égypte et ceux de la Palestine.

Le commencement manque. A la fin du ms., on a ajouté après coup, pour tromper le lecteur, cette note : تم التاليف الحاوى لشعراء مصر.

Ms. daté de l'an 642 de l'hégire (1245 de J. C.).

Papier. 201 feuillets. Hauteur, 24 centimètres; largeur, 16 centimètres. 17 lignes par page. — (Ancien fonds 1374.)

3329.

Autre volume du même ouvrage, contenant les poètes de la Syrie, de la Mésopotamie, du Ḥidjâz et du Yemen.

Papier. 286 feuillets. Hauteur, 22 centimètres; largeur, 15 centimètres. 23 lignes par page. Ms. du xvie siècle. — (Ancien fonds 1414.)

3330.

Autre volume du même ouvrage, commençant par les poètes de la Sicile et finissant par ceux de l'Espagne. Ce ms. est le onzième volume d'un exemplaire qui devait en avoir douze; car on lit, à la fin, cette note écrite de la main du copiste : يتلوه في الجزء الثانى عشر شعر ابن خفاجة الاندلسى وهو اخر الكتاب.

Papier. 198 feuillets. Hauteur, 26 centimètres et demi; largeur, 18 centimètres. 21 lignes par page. Ms. du xve siècle. — (Ancien fonds 1375.)

3331.

Dernier volume du même ouvrage, contenant les poètes d'Espagne. Le ms. commence par la notice d'Ibn Khafâdja et se termine par celle d'Ibn al-Meṣîṣî.

Papier. 217 feuillets. Hauteur, 27 centimètres; largeur, 17 centimètres et demi. 17 lignes par page. Ms. du xive siècle. — (Ancien fonds 1376.)

3332.

Dernier volume du même ouvrage, consacré aux poètes d'Espagne.

Papier. 62 feuillets. Hauteur, 25 centimètres et demi; largeur, 17 centimètres et demi. 27 lignes per page. Ms. du XVIe siècle. — (Supplément 1411.)

3333.

فصوص الفصول وعقود العقول «Gemmes en fait de phrases et colliers pour (orner) les intelligences», recueil de beaux passages tirés des lettres adressées à Ibn Sanâ al-Molk et à son père par Al-Qâdhî al-Fâdhil ʿAbd al-Raḥîm al-Baïkânî et son fils, Al-Qâdhî al-Aschraf. Le rédacteur de cette anthologie, qui y a inséré quelques extraits de de ses propres lettres et plusieurs poèmes de sa composition, était considéré comme le premier poète de son temps. Il remplissait les fonctions de cadi au Caire, sous le règne de Saladin, et portait le titre honorifique d'Al-Qâdhî 'l-Saʿîd. Il mourut en 608 de l'hégire (1212 de J. C.). Sa Vie se trouve dans le Dictionnaire d'Ibn Khallikân, t. III, p. 589 de la traduction. Le même ouvrage, t. II, p. 111, renferme une notice sur Al-Qâdhî al-Fâdhil. On lit dans le présent recueil quelques passages qui se rapportent aux guerres contre les Croisés et à la prise de la ville d'Acre. Commencement : تغنى بالله وله الحمد في الاولى والاخرى وله الحكم واليه ترجعون.

Papier. 96 feuillets. Hauteur, 20 centimètres; largeur, 14 centimètres et demi. 11 lignes par page. Ms. du XIVe siècle. — (Ancien fonds 1586.)

3334.

Choix de poésies érotiques de divers auteurs, depuis Aboû Nowâs jusqu'à Moḥyî al-Dîn Ibn al-ʿArabî.

Le commencement et la fin manquent.

Papier. 33 feuillets. Hauteur, 15 centimètres; largeur, 10 centimètres et demi. 13 lignes par page. Ms. du XVIIe siècle. — (Supplément 2049.)

3335.

المحمدون من الشعراء واشعارهم «Notices des poètes qui portaient le nom de Moḥammad et exemples de leurs poésies», ouvrage posthume du Qâdhî al-Akram ʿAlî ibn Yoûsof ibn al-Qifṭî. Les poètes sont énumérés d'après l'ordre alphabétique des noms de leurs pères. Le ms. s'arrête à l'article *Moḥammad ibn Saʿîd.* L'auteur, né à Qifṭ, dans la haute Égypte, en 568 de l'hégire (1173-1174 de J. C.), est mort en 646 de l'hégire (1248 de J. C.).

Ms. daté de l'an 1157 de l'hégire (1744 de J. C.).

Papier. 130 feuillets. Hauteur, 21 centimètres et demi; largeur, 15 centimètres et demi. 21 lignes par page. — (Supplément 681.)

3336.

Recueil d'anecdotes et de pièces de vers. Le commencement et la fin manquent, ainsi que quelques feuillets au milieu. Au fol. 37 se trouve un chapitre intitulé سوالات ابي ذر رضي الله عنه; au fol. 50, un chapitre intitulé ابيات من الشعر مستحسنة في كل معنًا. La dernière partie du volume contient une série de légendes, telles que l'histoire de Moïse et de Khidr, la justification d'ʿÂïscha, l'histoire d'Abraham, celle des Sept dormants, etc.

Papier. 112 feuillets. Hauteur, 28 centimètres; largeur, 19 centimètres. 21 lignes par page. Ms. du XIIIe siècle. — (Supplément 2188.)

3337.

بدايع الحكم في صنايع الكلم «Maximes de sagesse exprimées en divers styles», recueil de vers tirés des œuvres des poètes anciens et modernes et disposés, par ordre de matières, en seize chapitres. L'auteur anonyme de cette compilation l'a dédiée au sultan Al-Malik al-Moʿaddham Ghiyâth al-Dîn, «adversaire des infidèles et des polythéistes,..... vainqueur des adorateurs des croix» (الملك المعظم السلطان الاعظم غياث الدنيا والدين..... قارع الكفرة والمشركين..... قامع عبدة الصلبان). Ces titres d'honneur ne peuvent appartenir qu'à Al-Malik al-Moʿaddham Ghiyâth al-Dîn Toûrân-Schâh, souverain aïyoubide et vainqueur de saint Louis. L'ouvrage aurait donc été composé dans les premiers mois de l'an 1250 de J. C. Saint Louis fut fait prisonnier le 8 février 1250, et Toûrân-Schâh fut assassiné le 5 avril de la même année.

Ce ms. était destiné à la bibliothèque du souverain dont nous venons d'indiquer les principaux titres. Le frontispice orné est mutilé, ainsi que la marge supérieure du feuillet suivant.

Papier. 47 feuillets. Hauteur, 30 centimètres et demi; largeur, 22 centimètres et demi. 9 lignes par page. — (Supplément 1359.)

3338.

1° Même ouvrage. Copie exécutée en 1028 de l'hégire (1619 de J. C.), d'après un exemplaire daté de l'an 668 de l'hégire.

2° (Fol. 25.) اداب الصحبة «Traité des convenances sociales», attribué soit à ʿAbd al-Raḥmân ibn Aḥmad al-Râzî, soit à Ibn Mîlâq (ابن ميلاق). La préface a été omise par le copiste. Cette copie, également datée de l'an 1028 de l'hégire, est d'une autre main que l'article 1°.

Ces deux traités sont détachés d'un volume qui, primitivement, en renfermait six.

Papier. 40 feuillets. Hauteur, 21 centimètres; largeur, 15 centimètres. — (Supplément 1583.)

3339.

Album composé au VIIe siècle de l'hégire et renfermant un grand nombre de morceaux en vers et en prose qui, presque tous, appartiennent à des auteurs de l'époque.

Les premiers feuillets manquent.

Ms. daté de l'an 874 de l'hégire (1469-1470 de J. C.).

Papier. 74 feuillets. Hauteur, 18 centimètres; largeur, 13 centimètres. 12 à 18 lignes par page. — (Supplément 1564.)

3340.

اختصار القدح المعلّى في التاريخ المحلّى «Abrégé de *La Flèche qui gagne le prix, ouvrage historique, rédigé en style orné*». Le قدح المعلّى est l'un des nombreux ouvrages consacré par Abou 'l-Ḥasan ʿAlî ibn Moûsâ ibn Saʿîd, auteur musulman d'Espagne, mort en 685 de l'hégire (1286 de J. C.), à l'histoire littéraire de son pays et de la Mauritanie. Ce traité, composé sur le modèle du قلائد d'Al-Fatḥ ibn Khâqân (خاقانية المسلك والمقصد), et écrit en un style très recherché, renferme des notices sur quelques personnages d'Espagne qui vivaient dans la première moitié du VIIe siècle de l'hégire. Le présent abrégé, rédigé par Aboû ʿAbd Allah Moḥammad ibn ʿAbd Allah ibn Djalîl, est dédié au prince Aboû Zakarîya, fils du calife hafside Al-Mostanṣir Billâh. A la suite d'une préface, écrite dans un langage très recherché et très obscur, on trouve la notice biographique d'Ibn Saʿîd, désigné par les surnoms d'Abou 'l-Ḥasan ibn abî ʿImrân.

Papier. 70 feuillets. Hauteur, 25 centimètres et demi; largeur, 17 centimètres et demi. 27 lignes par page. Ms. du XIVe siècle. — (Ancien fonds 746.)

3341.

المثالث والمثاني في المعالي والمعاني «La deuxième et la troisième corde du luth, traité renfermant des pensées élevées et de nobles idées». Recueil de morceaux en prose et en vers, dédié au sultan de Ḥamâh, Al-Malik al-Afdhal Moḥammad, fils d'Al-Malik al-Mowaïyad Abou 'l-Fidâ, l'historien et géographe, par Ṣafî al-Dîn ʿAbd al-ʿAzîz ibn Sarâyâ. Commencement : الحمد لله الذى جعل الفصاحة اكبر معجزات القران. A la fin du volume, fol. 100 v°, se trouve un certificat délivré par l'auteur de l'ouvrage à un de ses élèves. Cette pièce est datée de l'an 743 de l'hégire, et porte la signature d'Ibn Sarâyâ. Les feuillets actuellement cotés 101 et 102 ne sont pas à leur place.

Papier. 102 feuillets. Hauteur, 26 centimètres et demi; largeur, 18 centimètres et demi. 11 lignes par page. Ms. du XIVe siècle. — (Supplément 1553.)

3342.

جواهر الكلام «Perles du discours», choix d'extraits en prose et en vers, par Moḥammad ibn Moḥammad ibn Scharaf al-Zaraʿî, docteur schaféite. L'auteur déclare avoir achevé son travail en 744 de l'hégire (1343 de J. C.). Les divers passages, empruntés aux meilleurs poètes et prosateurs musulmans, sont classés, d'après leur contenu, en quatorze chapitres. En tête du ms., au-dessus du titre, un lecteur qui avait collationné le volume avec un autre ms., a écrit : كتاب جواهر الكلام في فنون المراسلات والمكاتبات ولطايف الاشعار الرائقات. Commencement de la préface : الحمد لله حق حمده على جل احسانه (var. جميل).

Papier. 92 feuillets. Hauteur, 28 centimètres; largeur, 18 centimètres et demi. 15 lignes par page. Ms. du XVe siècle. — (Ancien fonds 1576.)

3343.

Même ouvrage.

Papier. 86 feuillets. Hauteur, 19 centimètres; largeur, 13 centimètres et demi. 17 lignes par page. Ms. du XVe siècle. — (Ancien fonds 1611.)

3344.

مطلع الفوايد ومجمع الفرايد «Source de renseignements utiles et collection d'observations précieuses», anthologie de morceaux en prose et en vers, pour servir de manuel de style et de belles-lettres, par Djamâl al-Dîn Moḥammad ibn Moḥammad ibn Nobâta, auteur égyptien, mort

en 762 de l'hégire (1360 de J. C.). Commencement : اما بعد حمد الله مؤتى الحكمة من شاء من خلقه.

Papier. 136 feuillets. Hauteur, 22 centimètres; largeur, 15 centimètres. 17 lignes par page. Ms. du XVIIIe siècle. — (Supplément 1558.)

3345.

الكشف والتنبيه على الوصف والتشبيه «Exposition et avertissement touchant la description et la comparaison», traité de la métaphore et de la comparaison, sorte d'anthologie poétique, par Khalîl ibn Aïbak al-Ṣafadî. Le présent ms. renferme le premier volume de l'ouvrage, désigné ordinairement par le titre de التنبيه على التشبيه «Avertissement touchant la description». Deux introductions (مقدمة), contenant des considérations générales, occupent les folios 4 à 32 v°, et 33 à 53 v°. La première est divisée en dix chapitres (فصل), la seconde en vingt-quatre. Suivent soixante-cinq sections (تنبيه), dont chacune, consacrée à un sujet particulier, renferme les compositions poétiques qui s'y rapportent, et dont voici les rubriques :

1 (fol. 53) فى السماء والنجوم والمجرّة; — 2 (fol. 61) فى الهلال والبدر وضوءه على الماء; — 3 (fol. 66) الثرياء; — 4 (fol. 74 v°) فى الشمس وضوءها; — 5 (fol. 77 v°) فى الصبح; — 6 (fol. 81) فى السحاب والطل والمطر; على الماء; — 7 (fol. 84 v°) فى الثلج والبرد; — 8 (fol. 89) فى الرعد والبرق; — 9 (fol. 91) فى الزلازل; — 10 (fol. 92) فى قوس السحاب; — 11 (fol. 92 v°) فى الهواء وهبوب النسيم; والهدم; — 12 (fol. 94 v°) فى النرجس; — 13 (fol. 101) فى الرياض; — 14 (fol. 105) فى البان; — 15 (fol. 108 v°) فى الورد; — 16 (fol. 109 v°) فى زهر الكتّان والسلجم; — 17 (fol. 110) فى الريحان; — 18 (fol. 111) فى الاقحوان; — 19 (fol. 112) فى البهار; — 20 (fol. 112 v°) فى زهر اللوز وزهر السفرجل; — 21 (fol. 114) فى البنفسج; — 22 (fol. 115 v°) فى اللينوفر; — 23 (fol. 118) فى المنثور; — 24 (fol. 119 v°) فى الياسمين; — 25 (fol. 120 v°) فى النسرين; — 26 (fol. 121) فى السوسن; — 27 (fol. 121 v°) فى الخشخاش وزهره; — 28 (fol. 122) فى الزعفران; — 29 (fol. 123) فى الاذريون; — 30 (fol. 124) فى الجلنار; — 31 (fol. 125) فى زهر الباقلى; — 32 (fol. 125) فى الخُرَّم; — 33 (fol. 128) فى الشقيق; — 34 (fol. 128) فى النارنج; — 35 (fol. 129) فى الآس; — 36 (fol. 131 v°) فى الاترج والدستنبويه; — 37 (fol. 133) فى التوت; — 38 (fol. 133 v°) فى المشمش; — 39 (fol. 134 v°) فى الكمثرى; — 40 (fol. 135 v°) فى التفّاح والنُقّاح; — 41 (fol. 136) فى الطلع والرطب; — 42 (fol. 136) فى البطّيخ; — 43 (fol. 138 v°) فى الرُمّان وغيرها; — 44 (fol. 139) فى الخوخ الزُهرى وغيره; — 45 (fol. 139 v°) فى السفرجل; — 46 (fol. 140) فى الاجاص والقراسيا; — 47 (fol. 140 v°) فى العُنّاب; — 48 (fol. 141) فى الزعرور والنبق; — 49 (fol. 141 v°) فى العنب; — 50 (fol. 142 v°) فى التين; — 51 (fol. 143 v°) فى الجلّوز; — 52 (fol. 144) فى الموز; — 53 (fol. 144 v°) فى الجوز واللوز والشاه بلّوط; — 54 (fol. 145) فى قصب السكر; — 55 (fol. 145 v°) فى الفستق; — 56 (fol. 146 v°) فى سُنّبل الزرع; — 57 (fol. 146 v°) فى الباذنجان; — 58 (fol. 147 v°) فى البقول; — 59 (fol. 148 v°) فى القطايف والكنافة وغيرهما; — 60 (fol. 150 v°) فى انواع المآكل; — 61 (fol. 153 v°) فى الحمّام وما يتعلق به; — 62 (fol. 154 v°) الفُقّاع; — 63 (fol. 155 v°) فى الاطيار; — 64 (fol. 159 v°) فى الغصون; — 65 (fol. 164) فى اطيار الماء وغيرها المترنّمة.

La préface commence par ces mots : الحمد لله الذى جل عن التشبيه وغنى باشراق كماله عن تنوير التنويه.

Papier. 167 feuillets. Hauteur, 22 centimètres; largeur, 15 centimètres et demi. 17 lignes par page. Ms. du XIVe siècle. — (Ancien fonds 1584.)

3346.

Brouillon (تعليقة) autographe du troisième volume d'un dictionnaire des poètes des Ve, VIe et VIIe siècles de l'hégire, par le grand cadi ʿIzz al-Dîn ʿAbd al-ʿAzîz Ibn Djamâʿa (ابن جماعة). Nous savons par Hadji Khalfa (t. II, p. 286 et t. VI, p. 132, 477), que ce personnage, mort en 767 de l'hégire (1365-1366 de J. C.), était fils de Badr al-Dîn Moḥammad, qu'il portait les noms ethniques d'Al-Ḥamawî (né à Ḥamâh) et d'Al-Dimaschqî, (habitant de Damas) et qu'il était docteur schaféïte. Al-Maqqarî, dans son grand ouvrage sur l'Espagne, cite ce dictionnaire (t. I, p. ٤١٠) sous le titre de نزهة الالبّاء «Délices des hommes intelligents». Les notices se composent ordinairement de quelques vers du poète suivis d'un commentaire. Le présent ms. contient les lettres ح à س. L'écriture est si cursive qu'à moins de connaître le sujet, il est difficile de la déchiffrer. Les points diacritiques sont presque toujours omis.

Ms. daté de l'an 756 de l'hégire (1355 de J. C.).

Papier. 134 feuillets. Hauteur, 27 centimètres; largeur, 17 centimètres et demi. 20 à 30 lignes par page. — (Ancien fonds 1378.)

3347.

1° مركز الاحاطة بأُدباء غرناطة «Centre de la circonfé-

rence qui renferme les littérateurs de Grenade», abrégé de l'ouvrage intitulé الاحاطة بتاريخ غرناطة, du célèbre vizir Lisân al-Dîn ibn al-Khaṭîb. Cet abrégé, rédigé par l'auteur lui-même, est une anthologie poétique, fournissant quelquefois des dates et des indications historiques. Il commence par une notice sur Moḥammad ibn Yaḥyâ al-Ghassânî al-Badjî. Commencement : اما بعد حمد الله على ما انعم من افضاله وصلى الله على سيدنا.

2° (Fol. 151.) Autobiographie du vizir Lisân al-Dîn, accompagnée d'extraits de ses poésies et de ses lettres.

3° (Fol. 275 v°.) Épître de grand apparat, adressée par le vizir Lisân al-Dîn au sultan de Grenade, qui lui avait envoyé une lettre et un magnifique cadeau. Le texte de cette pièce est donné d'après l'historien Ibn Khaldoûn, qui l'avait apprise par cœur.

Ms. daté de l'an 996 de l'hégire (1587 de J. C.).

Papier. 284 feuillets. Hauteur, 21 centimètres et demi; largeur, 15 centimètres et demi. 23 lignes par page. — (Ancien fonds 867.)

3348.

ديوان الصبابة «Divan de l'amour passionné», par Aḥmad ibn Yaḥyâ ibn abî Ḥadjala, de Tlemcen, mort, selon Hadji Khalfa, en 776 de l'hégire (1374-1375 de J. C.). C'est un traité complet sur l'amour. Il est divisé en trente chapitres, dans lesquels l'auteur a inséré les plus beaux vers des poètes antérieurs et les anecdotes les plus touchantes et les plus intéressantes qui s'y rapportent. Commencement : الحمد لله الذى جعل للعاشقين باحكام الغرام رضى وحبب اليهم الموت فى حب...

Ce ms. a été écrit pour un nommé Fâris, trésorier d'un grand personnage de la cour d'Al-Malik al-Ẓâhir, sultan mamelouk. Il manque un ou deux feuillets à la fin.

Papier. 215 feuillets. Hauteur, 27 centimètres et demi; largeur, 18 centimètres et demi. 11 lignes par page. Ms. du xve siècle. — (Ancien fonds 1400.)

3349.

Même ouvrage.

Ms. daté de l'an 892 de l'hégire (1487 de J. C.). A la fin se trouvent d'autres pièces de vers.

Papier. 236 feuillets. Hauteur, 17 centimètres et demi; largeur, 13 centimètres et demi. 15 lignes par page. — (Ancien fonds 1466.)

3350.

Même ouvrage.

Papier. 179 feuillets. Hauteur, 21 centimètres et demi; largeur, 15 centimètres et demi. 15 lignes par page. Ms. du xvi° siècle. — (Ancien fonds 1461.)

3351.

Même ouvrage.

Papier. 200 feuillets. Hauteur, 26 centimètres; largeur, 18 centimètres. 15 lignes par page. Ms. du xvi° siècle. — (Supplément 1810.)

3352.

Même ouvrage.

Papier. 152 feuillets. Hauteur, 18 centimètres et demi; largeur, 14 centimètres. 21 lignes par page. Ms. du xvi° siècle. — (Ancien fonds 1462.)

3353.

Même ouvrage.

Ms. daté de l'an 1017 de l'hégire (1608 de J. C.).

Papier. 162 feuillets. Hauteur, 18 centimètres; largeur, 13 centimètres. Au commencement 19 lignes par page, puis 17 lignes. — (Supplément 1814.)

3354.

Même ouvrage.

Ms. daté de l'an 1052 de l'hégire (1644 de J. C.).

Papier. 162 feuillets. Hauteur, 20 centimètres et demi; largeur, 14 centimètres et demi. 21 lignes par page. — (Supplément 1813.)

3355.

Même ouvrage.

Papier. 134 feuillets. Hauteur, 21 centimètres; largeur, 15 centimètres et demi. 23 lignes par page. Ms. du xvii° siècle. — (Supplément 1811.)

3356.

Même ouvrage.

Ms. daté de l'an 1080 de l'hégire (1669 de J. C.).

Papier. 161 feuillets. Hauteur, 21 centimètres et demi; largeur, 15 centimètres. 19 lignes par page. — (Supplément 1812.)

3357.

Même ouvrage.
La fin manque.

Papier. 145 feuillets. Hauteur, 21 centimètres; largeur, 16 centimètres. 21 lignes par page. Ms. du XVIIIe siècle. — (Supplément 2425.)

3358.

L'appendice (خاتمة) ou dernier chapitre du même ouvrage.
Ms. daté de l'an 1035 de l'hégire (1626 de J. C.).

Papier. 25 feuillets. Hauteur, 21 centimètres et demi; largeur, 14 centimètres et demi. 21 lignes par page. — (Supplément 1815.)

3359.

Extraits du même ouvrage.

Papier. 18 feuillets. Hauteur, 20 centimètres et demi; largeur, 10 centimètres. Environ 20 lignes par page. Ms. du XVIIIe siècle. — (Supplément 2277.)

3360.

الطارى على السكردان «Suite du *Soukkardân*», par Ibn abî Ḥadjala. Dans cet ouvrage, qui se compose de cinq sections, l'auteur traite principalement du sultan Al-Malik al-Nâṣir et de ses propres écrits. Chaque section est suivie de cinq récits qui en forment le sommaire et qui en font valoir le beau langage (عقد الباب وذكر ما فيه من فصل الخطاب). Commencement : اما بعد حمد الله الممدوح بكل لسان.

Papier. 69 feuillets. Hauteur, 18 centimètres et demi; largeur, 13 centimètres et demi. 15 lignes par page. Ms. du XVIIe siècle. — (Ancien fonds 1452.)

3361.

نسيم الصبا «L'Haleine du zéphyr», anthologie composée de passages en prose et en vers et divisée en trente sections, par Ḥasan ibn ʿOmar ibn Ḥabîb al-Ḥalabî, docteur schaféite, mort en 779 de l'hégire (1377 de J. C.). La première section est consacrée au ciel et aux étoiles; la seconde, au soleil et à la lune; la troisième, aux nuages et à la pluie, etc. Commencement : اما بعد حمد الله الذى اعلا مقام اهل الادب.

Papier. 77 feuillets. Hauteur, 18 centimètres et demi; largeur, 13 centimètres. 15 lignes par page. Ms. de la fin du XIVe siècle. — (Ancien fonds 1592.)

3362.

1° Même ouvrage.

2° (Fol. 92 v°.) Appréciations laudatives de l'ouvrage précédent, par plusieurs savants docteurs.

3° (Fol. 98 v°.) Divan composé de plusieurs pièces de poésie et de qaṣîdas, dont quelques-unes écrites en l'honneur du célèbre historien et géographe Abou 'l-Fidâ, souverain de Ḥamât (الملك المؤيّد اسمعيل صاحب حماه). Ces pièces sont disposées dans l'ordre alphabétique des rimes. Le présent recueil répond assez bien à la description du livre intitulé سوق الرقيق «Marché d'esclaves», décrit par Hadji Khalfa, dont l'auteur est Djamâl al-Dîn Moḥammad ibn Moḥammad ibn Nobâta, mort en 768 de l'hégire (1366-1367 de J. C.).

4° (Fol. 160 v°.) Épigrammes composés par Ḥasan ibn ʿOmar ibn Ḥabîb. Ces épigrammes, généralement de deux vers, sont classés en six sections, savoir : 1° الغلمان; 2° الجوارى; 3° الاوصاف; 4° الخمريات; 5° المعانى المختلفة; 6° الزهديات. A la fin de la collection, on trouve des appréciations très flatteuses, dont l'une est de Djamâl al-Dîn et l'autre d'Al-Ṣafî al-Ḥillî (ʿAbd al-ʿAzîz ibn Sarâyâ).

Ms. daté de l'an 805 de l'hégire (1403 de J. C.).

Papier. 206 feuillets. Hauteur, 16 centimètres et demi; largeur, 12 centimètres et demi. 13 lignes par page. — (Ancien fonds 1450.)

3363.

Le نسيم الصبا de Ḥasan ibn ʿOmar ibn Ḥabîb al-Ḥalabî.

Ce ms., daté de l'an 966 de l'hégire (1558 de J. C.), a été copié sur un exemplaire qui avait été collationné avec le ms. de l'auteur.

Papier. 77 feuillets. Hauteur, 17 centimètres; largeur, 10 centimètres et demi. 15 lignes par page. — (Ancien fonds 1622.)

3364.

1° Même ouvrage. Copie du XVIIIe siècle.

2° (Fol. 46 v°.) La *Badî'iya* de Djalâl al-Dîn al-Soyoûṭî. Copie datée de l'an 1138 de l'hégire (1726 de J. C.).

Papier. 64 feuillets. Hauteur, 21 centimètres; largeur, 14 centimètres et demi. — (Supplément 1586.)

3365.

1° مختار روضة الناظر ونزهة الخاطر «Abrégé de l'ouvrage intitulé *Parterre du regard et délices de l'esprit*». L'auteur, qui ne se nomme pas, dit avoir composé d'abord une grande anthologie, intitulée روضة الناظر, puis le présent abrégé. L'ouvrage est divisé en trois parties (قسم), comprenant plusieurs chapitres (باب), dont chacun renferme plusieurs articles (فصل). La première section, فى الحكم والادب والمدائح والافتخارات, commence au fol. 4 v°; la seconde section, فيما يتعلق بالمكاتبات, au fol. 41 v°; la troisième section, المتفرقات, au fol. 95 v°. D'après Hadji Khalfa (t. III, p. 512), cette anthologie, qui est dédiée à Amîr Ḥâddjî Moḥammad, a été composée par 'Abd al-'Azîz al-Kâschî. Les pièces de vers sont alternativement arabes et persanes. Commencement : الحمد لله على نواله وصلى الله على نبيه محمد وآله. Copie datée de l'an 793 de l'hégire (1391 de J. C.).

2° (Fol. 123 v°.) Les Cent paroles ou maximes d''Alî, fils d'Aboû Ṭâlib. Chaque maxime est accompagnée d'un mot à mot persan et d'une glose de deux vers également en langue persane. Copie datée de l'an 764 de l'hégire (1362 de J. C.).

3° (Fol. 146 v°.) Traité de l'*Ikhtilâdj* (اختلاج), en vers persans, par Badr al-Dîn Ḥâdjermî.

4° (Fol. 157.) كتاب گنج گوهر «Trésor de joyaux», réflexions morales, en vers persans.

5° (Fol. 165 v°.) گفتار ایزدجرد وستایش پندنامه لنوشروان عادل. Sentences morales en vers persans.

6° (Fol. 176.) Conseils religieux, récits et historiettes, en vers persans, par Badr al-Dîn Ḥâdjermî qui, probablement, est aussi l'auteur des articles 4° et 5°.

Les articles 2° et 6° sont écrits de la même main.

Papier. 198 feuillets. Hauteur, 19 centimètres; largeur, 14 centimètres. — (Ancien fonds 1600.)

3366.

Même ouvrage que l'article 1° du n° précédent.

Ms. daté de l'an 802 de l'hégire (1400 de J. C.). Les titres des chapitres sont écrits en or et en couleurs; les deux premières pages sont ornées de vignettes.

Papier. 110 feuillets. Hauteur, 20 centimètres; largeur, 14 centimètres. 13 lignes par page. — (Supplément 1555.)

3367.

Extraits poétiques recueillis par ابن برق. Ces extraits, généralement de deux, parfois de trois vers, sont d'Ibn Nobâta, d'Ibn al-Wardî, d'Ibn al-Mo'tazz, d'Aboû Nowâs, de Bohtorî, de Bahâ al-Dîn Zohaïr, etc. Ils sont classés sous les titres suivants : 1 فى الخال; 2 (fol. 9) فى العذار; 3 (fol. 20) فى الخمر; 4 (fol. 27) فى الحشيش; 5 (fol. 30) فى الوجه; 6 (fol. 34) فى الوداع; 7 (fol. 34 v°) فى العهد; 8 (fol. 36) فى الثغر; 9 (fol. 39) فى الفراق; 10 (fol. 45) فى الموت; 11 (fol. 49) فى الاكتفاء; 12 (fol. 52) فى الدعا; 13 (fol. 54) على الحبيب; 14 (fol. 55) فى السواك; 15 (fol. 57) فى البخل; ... 23 (fol. 69) فى الكرم; ... 26 (fol. 76) فى الالغاز; 27 (fol. 80 v°) فى الورود والرياحين; 28 (fol. 81) فى الغيرة; 20 (fol. 87) فى الصنايع; 21 (fol. 88 v°) فى الالات; 22 (fol. 93 v°) فى العين; ... 29 (fol. 96) فى القد; 30 (fol. 97 v°) فى مدح النبى; 31 (fol. 98 v°) فى الهلال والنجوم; 32 (fol. 98 v°) فى الباذهنج; 33 (fol. 99 v°) فى الشمع والفانوس; 34 (fol. 105) فى الملقّفات; 35 (fol. 108 v°) فى الاسماء المونّثة; 36 (fol. 113) فى بقية الاسماء فى العشق.

Il y a quelques lacunes et plusieurs feuillets sont intervertis.

Papier. 117 feuillets. Hauteur, 21 centimètres; largeur, 14 centimètres. 17 lignes par page. Ms. du xv° siècle. — (Ancien fonds 1463.)

3368.

حدايق الانوار وبدايع الاشعار «Jardins de fleurs et belles pensées en vers», par Djonaïd ibn Maḥmoûd. Cette anthologie, dédiée au prince mozafféride Abou Naṣr-Schâh Yaḥyâ, sultan du Kermân, a été achevée en 790 de l'hégire (1388 de J. C.). Schâh Yaḥyâ fut mis à mort par Timour, en 795 de l'hégire. Les extraits, en général très courts, sont classés en huit chapitres. Commencement : انّ اولى ما يستمطر به الغيث فى السنة الشهباء.

Ce ms. était destiné à la bibliothèque de Schâh Yaḥyâ. Il y a une vignette en tête et un médaillon sur le recto du premier feuillet.

Papier. 113 feuillets. Hauteur, 24 centimètres et demi; largeur, 16 centimètres et demi. 15 lignes par page. — (Supplément 1567.)

3369.

المستطرف من كل فنّ مستظرف «Le Livre charmant, recueil d'anecdotes intéressantes de tout genre», par Schihâb al-Dîn Mohammad ibn Aḥmad al-Abschîhî. Cet ouvrage, dont il existe une édition, imprimée au Caire, est un recueil de sentences, de mots piquants, d'historiettes et de morceaux de poésie. Le tout est classé par ordre de matières en quatre-vingt-quatre chapitres, divisés en deux parties, chacune de quarante-deux chapitres.

Papier. 443 feuillets. Hauteur, 27 centimètres; largeur, 18 centimètres. 25 lignes par page. Ms. du XVIe siècle. — (Supplément 1766.)

3370.

Même ouvrage.

Ms. daté de l'an 1052 de l'hégire (1642 de J. C.). A la fin se trouve une qaṣîda d'environ soixante vers, qui commence ainsi :

دع الدهر ياتى ما يشاء من عجايبه
فما انت من اقرانه فتغالبه

Papier. 339 feuillets. Hauteur, 29 centimètres; largeur, 20 centimètres. 25 lignes par page. — (Supplément 1767.)

3371.

Même ouvrage.

Les derniers feuillets de chacune des deux parties manquent.

Papier. 406 feuillets. Hauteur, 21 centimètres; largeur, 15 centimètres et demi. 23 lignes par page. Ms. du XVIIe siècle. — (Supplément 1768.)

3372.

Première partie du même ouvrage.

Papier. 271 feuillets. Hauteur, 21 centimètres; largeur, 15 centimètres. 21 à 23 lignes par page. Ms. du XVIe siècle — (Ancien fonds 411.)

3373.

Première partie du même ouvrage.

Ms. daté de l'an 1030 de l'hégire (1621 de J. C.). Une main plus récente a ajouté les sept premiers chapitres de la seconde partie.

Papier. 363 feuillets. Hauteur, 21 centimètres; largeur, 15 centimètres. 15 à 17 lignes par page. — (Ancien fonds 1599.)

3374.

Premier volume du même ouvrage, renfermant cinquante chapitres.

Le premier feuillet manque.

Papier. 286 feuillets. Hauteur, 20 centimètres et demi; largeur, 14 centimètres et demi. Au commencement, 21 lignes par page, puis 19 lignes. Ms. du XVIIIe siècle. — (Supplément 2190.)

3375.

Volume détaché du même ouvrage, renfermant les chapitres XXXIII à XLIX.

Ms. daté de l'an 1124 de l'hégire (1712 de J. C.). Le commencement manque, ainsi que plusieurs feuillets au milieu.

Papier. 102 feuillets. Hauteur, 21 centimètres; largeur, 15 centimètres et demi. 23 lignes par page. — (Supplément 2191.)

3376.

Second volume du même ouvrage, renfermant les chapitres XXXV à LXI.

Papier. 267 feuillets. Hauteur, 20 centimètres et demi; largeur, 15 centimètres. 17 lignes par page. Ms. du XVIIe siècle. — (Supplément 1769.)

3377.

Second volume du même ouvrage.

Ms. daté de l'an 996 de l'hégire (1588 de J. C.). Vignette en tête du volume.

Papier. 370 feuillets. Hauteur, 20 centimètres et demi; largeur, 14 centimètres et demi. 17 lignes par page. — (Ancien fonds 1598.)

3378.

Second volume du même ouvrage.

Ms. daté de l'an 1025 de l'hégire (1616 de J. C.).

Papier. 293 feuillets. Hauteur, 28 centimètres et demi; largeur, 20 centimètres. 23 lignes par page. — (Ancien fonds 1572.)

3379.

Second volume du même ouvrage, renfermant les chapitres XLIII à LXXXIV.

Les derniers feuillets et quelques feuillets au milieu manquent.

Papier. 245 feuillets. Hauteur, 29 centimètres; largeur, 20 centimètres. 25 lignes par page. Ms. du XVIIe siècle. — (Supplément 2192.)

3380.

Second volume du même ouvrage, renfermant les chapitres XLIII à LXXXIV. Il y a quelques lacunes.

Papier. 322 feuillets. Hauteur, 21 centimètres et demi; largeur, 15 centimètres et demi. 17 lignes par page. Ms. du XVIIe siècle. — (Supplément 1770.)

3381.

Second volume du même ouvrage, renfermant les chapitres L à LXXXIV.

Ms. daté de l'an 1054 de l'hégire (1644 de J. C.).

Papier. 210 feuillets. Hauteur, 21 centimètres; largeur, 15 centimètres et demi. 23 lignes par page. — (Supplément 530.)

3382.

Les chapitres LIV à LXXXIV du même ouvrage.

Le commencement et plusieurs feuillets au milieu manquent.

Ms. daté de l'an 1124 de l'hégire (1712 de J. C.).

Papier. 48 feuillets. Hauteur, 21 centimètres; largeur, 15 centimètres. 23 lignes par page. — (Supplément 2193.)

3383.

Observations sur les génies, les mers, les montagnes, les fleuves et les minéraux. Suivent (fol. 19 v°) des notices sur les quadrupèdes, les oiseaux et les reptiles, le tout classé par ordre alphabétique. Cette compilation, puisée dans le *Mostaṭraf*, se termine par un chapitre sur les merveilles du monde.

Papier. 76 feuillets. Hauteur, 22 centimètres; largeur, 16 centimètres. 19 lignes par page. Ms. du XVIIIe siècle. — (Supplément 1771.)

3384.

Abrégé du *Mostaṭraf* renfermant cinquante-six chapitres, bien que, dans la préface, l'auteur n'en mentionne que les dix premiers chapitres.

Ms. daté de l'an 1075 de l'hégire (1664-1665 de J. C.).

A la fin du volume, on a ajouté une table de divination, quatre historiettes et un traité sur l'amour, en onze chapitres, intitulé روضة القلوب ونزهة المحب والمحبوب. En tête du volume on lit quelques notes cabalistiques et une recette superstitieuse attribuée à Hippocrate, puis l'invocation (حزب) du schaïkh Abou 'l-Ḥasan al-Schâdsilî, et une autre invocation magique, appelée دعاء الناج والاحجاب.

Papier. 209 feuillets. Hauteur, 28 centimètres et demi; largeur, 20 centimètres. 19 lignes par page. — (Supplément 1770 *bis*.)

3385.

المرج النضر والارج العطر «La Prairie fleurie et l'odeur suave», recueil de morceaux en prose et en vers, par Moḥammad ibn abî Bakr al-Soyoûṭî, descendant d'Al-Ḥasan, fils d'ʿAlî ibn abî Ṭâlib. L'auteur, qui vivait au XVe siècle, dit dans la préface que cette anthologie, divisée en cinq sections, dont chacune a cinq chapitres, n'est que le développement d'une autre qu'il avait rédigée sur le même plan et publiée sous le titre de رياض الالباب ومحاسن الآداب «Jardin des cœurs et beautés de la littérature». Hadji Khalfa (t. III, p. 516) mentionne cet ouvrage, sans en nommer l'auteur.

Ce ms., d'après une note qu'on lit en tête du volume, est de la main de l'auteur. Il est daté de l'an 818 de l'hégire (1415 de J. C.).

Papier. 199 feuillets. Hauteur, 24 centimètres; largeur, 16 centimètres. 25 lignes par page. — (Ancien fonds 1569.)

3386.

Même ouvrage.

Ms. daté de l'an 885 de l'hégire (1480 de J. C.).

Papier. 251 feuillets. Hauteur, 27 centimètres; largeur, 17 centimètres. 53 à 55 lignes par page. — (Ancien fonds 1568.)

3387.

1° كتاب بيوت العشرة. C'est un recueil de dix pièces de vers d'Ibn Nobâta et d'un égal nombre composées par l'auteur, qui, sans doute, est le célèbre Aboû Bakr ibn Ḥiddja el-Ḥamawî.

2° (Fol. 58.) كتاب رياض الجنان ورياضة الجنان, par Aboû ʿAbdallah Moḥammad ibn Moḥammad ibn Moḥammad al-Ṣafadî. Ce sont des *maqâmât* en l'honneur de Mahomet, dans chacune desquelles domine une lettre de l'alphabet. Copie datée de l'an 999 de l'hégire (1591 de J. C.).

Papier. 129 feuillets. Hauteur, 18 centimètres; largeur, 13 centimètres. Écritures différentes. — (Supplément 2484.)

3388.

المجموع اللفيف «Miscellanées», recueil d'anecdotes, d'apophthegmes, de pièces de vers, de notes historiques, géographiques, théologiques et philologiques, par Amîn al-Daula Moḥammad ibn Moḥammad ibn Hibat Allah al-Ḥosaïn al-Afṭasî (الافطسى), chérif, cadi et généalogiste. La plupart des extraits appartiennent aux auteurs du xie siècle. Ce volume copié, paraît-il, sur un exemplaire écrit de la main de l'auteur, n'a pas de préface et commence par ces mots : انظر الى قول الله عز وجل واذ قال ابرهيم رب اجعل هذا البلد امنا وارزق اهله من الثمرات لخ. Le volume se compose de deux parties, dont la seconde commence au folio 146.

Papier. 201 feuillets. Hauteur, 29 centimètres; largeur, 21 centimètres. 15 lignes par page. Ms. du xve siècle. — (Ancien fonds 1403.)

3389.

1° Poèmes religieux, dont le sujet, en général, est la gloire de Dieu, puis le mérite de Mahomet.

2° (Fol. 47 v°.) Traditions rapportées par Malik ibn Anas et accompagnées d'une traduction en langue espagnole.

3° (Fol. 63.) Prières musulmanes, professions de foi et instructions données par Mahomet à ʿAlî, fils d'Aboû Ṭâlib, accompagnées d'une traduction espagnole.

Papier. 133 feuillets. Hauteur, 19 centimètres et demi; largeur, 13 centimètres et demi. Ms. du xve siècle. — (Ancien fonds 1420, Colbert 3534.)

3390.

Recueil, divisé en vingt chapitres, sans titre, ni nom d'auteur, qui renferme des sentences, des historiettes, des paroles spirituelles attribuées, les unes à Mahomet, les autres à des saints personnages et à des philosophes, enfin un grand nombre de pièces de vers des principaux poètes arabes et persans, parmi lesquelles l'auteur a inséré plusieurs morceaux de sa composition. Le premier chapitre traite de la connaissance de Dieu; le second, de l'unité de Dieu; le troisième, de la noblesse de l'homme; le quatrième, de l'avarice; le cinquième, du courage; le sixième, de la vérité et du mensonge, etc.

Le premier feuillet manque. Il a été remplacé par un autre, avec un titre apocryphe et la liste des dix premiers chapitres.

Papier. 186 feuillets. Hauteur, 22 centimètres; largeur, 12 centimètres et demi. 21 lignes par page. Ms. du xve siècle. — (Ancien fonds 413.)

3391.

Recueil de distiques (il y a aussi quelques pièces de trois vers), par différents auteurs, disposés d'après l'ordre alphabétique des rimes. Ces extraits sont de la seconde époque de la poésie arabe.

Ms. daté de l'an 876 de l'hégire (1471 de J. C.).

Papier. 92 feuillets. Hauteur, 16 centimètres; largeur, 12 centimètres. 15 lignes par page. — (Supplément 1570.)

3392.

تاهيل الغريب «Bienvenue offerte à l'étranger». Recueil de pièces de vers de divers auteurs disposées dans l'ordre alphabétique des rimes, par Moḥammad ibn Ḥasan ibn ʿAlî al-Nawâdjî, mort en 859 de l'hégire (1455 de J. C.). Les poètes antéislamiques et ceux des premiers siècles de l'hégire n'ont pas fourni des extraits à ce recueil. Les textes ne sont accompagnés d'aucune glose. Ce volume, renfermant la seconde moitié de l'ouvrage, commence par les pièces qui riment en ق.

Ms. daté de l'an 870 de l'hégire (1466 de J. C.).

Papier. 168 feuillets. Hauteur, 27 centimètres; largeur, 17 centimètres. 23 lignes par page. — (Ancien fonds 1402.)

3393.

حلبة الكميت «L'Hippodrome (du cheval) alezan, ou

du (vin) rouge foncé». Anthologie, divisée en vingt chapitres, des passages les plus intéressants, en prose et en vers, touchant le vin et les parties de plaisir, par Schams al-Dîn Moḥammad ibn al-Ḥasan al-Nawâdjî. La préface et la liste des chapitres de cet ouvrage ont été publiées dans le Catalogue des mss. orientaux de la Bibliothèque de Leyde, t. I, p. 297 et suiv. Commencement: الحمد لله الذى ادار كؤوس الادب على اهل الذوق فمالوا طربًا بقهوة الانشاء.

Papier. 237 feuillets. Hauteur, 25 centimètres; largeur, 16 centimètres et demi. 20 à 25 lignes par page. Ms. du XVe siècle (quelques feuillets sont plus modernes). — (Supplément 1481.)

3394.

Même ouvrage.
Ms. daté de l'an 883 de l'hégire (1478 de J. C.).

Papier. 144 feuillets. Hauteur, 26 centimètres; largeur, 18 centimètres. 25 lignes par page. — (Ancien fonds 1567.)

3395.

Même ouvrage.

Papier. 174 feuillets. Hauteur, 25 centimètres; largeur, 17 centimètres. 25 lignes par page. Ms. du XVIe siècle. — (Supplément 1482.)

3396.

Même ouvrage. A la fin se trouve l'éloge de cette anthologie, par Taqî al-Dîn ibn Ḥiddja.

Papier. 213 feuillets. Hauteur, 27 centimètres; largeur, 18 centimètres. 23 lignes par page. Ms. du XVIe siècle. — (Ancien fonds 1566.)

3397.

Même ouvrage, avec le jugement d'Ibn-Ḥiddja.

Papier. 194 feuillets. Hauteur, 15 centimètres; largeur, 12 centimètres. 17 lignes par page. Ms. du XVIe siècle. — (Supplément 2479.)

3398.

Même ouvrage, avec le jugement d'Ibn-Ḥiddja.

Ms. copié sur l'exemplaire de l'auteur et daté de l'an 990 de l'hégire (1582 de J. C.).

Papier. 281 feuillets. Hauteur, 19 centimètres et demi; largeur, 12 centimètres. 21 lignes par page. — (Ancien fonds 1472.)

3399.

Même ouvrage.

Papier. 339 feuillets. Hauteur, 20 centimètres; largeur, 15 centimètres. 15 lignes par page. Ms. du XVIIe siècle. — (Supplément 1479.)

3400.

Même ouvrage.

Papier. 215 feuillets. Hauteur, 20 centimètres et demi; largeur, 15 centimètres et demi. 23 lignes par page. Ms. du XVIIe siècle. — (Supplément 1480.)

3401.

1° خلع العذار فى وصف العذار. Anthologie poétique sur l'amour des éphèbes, par Schams al-Dîn Moḥammad al-Nawâdjî.

2° (Fol. 50.) كتاب صحايف الحسنات. Recueil du même genre, par le même auteur.

3° (Fol. 70.) الشفا فى بديع الاكتفاء. Exemples de la figure de rhétorique appelée اكتفا, par le même auteur.

4° (Fol. 107.) كتاب من غاب عنه المطرب. Anthologie en sept sections, par Aboû Manṣoûr ʿAbd al-Malik al-Thaʿâlibî.

5° (Fol. 124 v°.) محاسن الادب واجتناب الريب. Traité de morale et des convenances sociales, en huit chapitres, par Aboû Yoûsof ibn Solaïmân al-Isfarâïnî, mort en 488 de l'hégire (1095 de J. C.). (Voy. Hadji Khalfa, t. V, p. 411.)

6° (Fol. 205.) Lettre du schaïkh Zaïn ibn Nodjaïm au schaïkh Sarî al-Dîn al-Ṣâïgh, touchant un *fatwa* au sujet d'un *waqf*.

Papier. 246 feuillets. Hauteur, 21 centimètres et demi; largeur, 16 centimètres. 19 à 21 lignes par page. Ms. du XVIe siècle. — (Supplément 1915.)

3402.

مراتع الغزلان فى وصف الحسان من الغلمان «Prairies des

gazelles, ou description des beaux adolescents ». Extraits de divers poètes sur les jeunes gens des diverses classes de la société, par Schams al-Dîn Moḥammad ibn al-Ḥasan al-Nawâdjî. Ces pièces sont ordinairement de deux ou trois vers. Commencement : اما بعد حمد الله الذى خلق الانسان فى احسن تقويم.

En tête du ms. se trouve une courte notice sur l'auteur.

Papier. 172 feuillets. Hauteur, 18 centimètres et demi; largeur, 13 centimètres et demi. 19 lignes par page. Ms. du XVI° siècle. — (Ancien fonds 1465.)

3403.

Même ouvrage.

Le commencement et la fin manquent.

Papier. 196 feuillets. Hauteur, 18 centimètres; largeur, 13 centimètres. 17 lignes par page. Ms. du XVI° siècle. — (Supplément 1809.)

3404.

تحفة اللبيب وبغية الكئيب « Présent pour l'homme intelligent et souhait de l'affligé », anthologie poétique, anecdotique et philologique, par Abou 'l-Fatḥ Moḥammad ibn Badr al-Dîn Moḥammad, descendant d'ʿAbd al-Raḥmân ibn ʿAuf, l'un des dix Compagnons à qui Mahomet avait promis le paradis. L'auteur déclare avoir mis la dernière main à son travail en 883 de l'hégire (1478 de J. C.). Le catalogue des mss. orientaux de la Bibliothèque de Leyde, t. I, p. 308, renferme une analyse très détaillée du premier et du troisième (?) volume de l'ouvrage. Le présent ms. est sans doute le dernier volume d'un exemplaire complet, puisqu'il se termine par un épilogue, خاتمة, invective dirigée contre les faux savants. Le volume commence par la généalogie de l'auteur, suivie de plusieurs de ses propres qaṣîdas rimant en د, ذ, ر, etc. Au fol. 74, on lit une note sur les cent régissants grammaticaux, suivie d'anecdotes, de poèmes disposés en forme de rayons de cercle et d'épicicles, d'un chapitre sur les amants malheureux (مصارع العشّاق), d'autres anecdotes plus ou moins authentiques, de l'histoire des Thamoudites et du prophète Ṣâliḥ (fol. 126), de l'histoire de Loth, etc. En somme, c'est une compilation faite sans goût et n'offrant pas un intéret sérieux.

Papier. 155 feuillets. Hauteur, 35 centimètres; largeur, 28 centimètres. 19 à 21 lignes par page. Ms. du XV° siècle. — (Ancien fonds 1401.)

3405.

سكّردان العشّاق ومنارة الاسماع والآماق « Sucrier des amants et signal pour les oreilles et les yeux », recueil d'anecdotes édifiantes, suivi d'une anthologie poétique, par l'émir Owaïs, chambellan du gouvernement de Tripoli (صاحب الحجاب بطرابلس المحروسة). Commencement : الحمد لله الذى حكم بعدله فقهر.

Papier. 250 feuillets. Hauteur, 21 centimètres; largeur, 13 centimètres et demi. 23 lignes par page. Ms. du XVIII° siècle. — (Supplément 1655.)

3406.

كتاب المحاضرات والمحاورات « Conversations et entretiens ». Recueil d'extraits, en prose et en vers, d'anecdotes et d'historiettes, par Djalâl al-Dîn ʿAbd al-Raḥmân al-Soyoûṭî.

Ms. daté de l'an 1076 de l'hégire (1666 de J. C.).

On a attaché au dernier feuillet de ce volume la moitié supérieure du premier feuillet d'un traité intitulé بغية الناسك فى احكام المناسك « Satisfaction pour l'homme dévot qui désire connaître les rites et règlements du pèlerinage de la Mecque », par Moḥammad ibn Aḥmad البهوتى, docteur hanbalite. Commencement : حمدا لمن نطق اللسان بذكره تسبيحا وتهليلا.

Papier. 195 feuillets. Hauteur, 20 centimètres et demi; largeur, 15 centimètres. 23 lignes par page. — (Ancien fonds 1597.)

3407.

Même ouvrage.

En tête du volume, on lit un morceau, en style très recherché, intitulé تقريظ للاجازة البهائيّة « Éloge du magnifique certificat de licence ».

Papier. 220 feuillets. Hauteur, 22 centimètres et demi; largeur, 16 centimètres et demi. 21 lignes par page. Ms. du XVII° siècle. — (Supplément 1623.)

3408.

سقط الجواهر المنظومة فى الاشعار المحكومة « Perles détachées du fil, à savoir des vers bien tournés. » Anthologie, divisée en cinq chapitres, par Djalâl al-Dîn ʿAbd al-Raḥmân al-Soyoûṭî. Les extraits sont en général assez

courts. Commencement : الحمد لله فارض المكتوبات فهى خمس وجاعل الملاذ فى الحواس الخمس.

Papier. 100 feuillets. Hauteur, 20 centimètres et demi; largeur, 13 centimètres et demi. 19 lignes par page. Ms. du XVIe siècle. — (Supplément 1565.)

3409.

الدرّ المكنون فى السبع فنون «La Perle précieuse, traité sur les sept genres (de la poésie moderne)», par Moḥammad ibn Aḥmad ibn al-Yâs al-Ḥanafî. Ces genres sont : قوما, كان وكان, مواليا, موشحات, دو بيت, بديعية, et ازجال. Chacun des sept livres renferme de nombreux extraits de divers poètes. L'auteur dit avoir achevé son travail vers la fin de l'année 1001 de l'hégire (1592 de J. C.). Commencement : الحمد لله البديع الذى لا منتهى له فى صفات جماله المتنزه عن ان يقال فيه كان وكان اشعارا بملكوت جلاله خلق الاغصان ووشحها بانواع الازهار المتصفة وانطق الاطيار على عيدان الاشجار بزجل الالحان المختلفة وصلى الله على سيدنا محمد الذى هو ذو بيت الشرف المنسوب اليه فقوما بعزم نصلى عليه ورضى الله تعالى عن اصحابه المواليا فهم سادات الانام والتابعين لهم باحسان على ممر الليالى والايام

Papier. 100 feuillets. Hauteur, 21 centimètres; largeur, 15 centimètres. 17 lignes par page. Ms. du XVIe siècle. — (Ancien fonds 1413.)

3410.

Recueil d'anecdotes littéraires, de maximes, d'extraits poétiques, etc. Ces pièces, en général très courtes, offrent pour la plupart un certain intérêt. On y trouve aussi quelques extraits plus étendus, tels qu'une *mîmîya* du célèbre Aboû Medîn, de Tlemcen, et un traité, sous forme de dialogue, sur certains proverbes et maximes qui ont leurs analogues dans le Coran. La fin manque.

Papier. 75 feuillets. Hauteur, 18 centimètres et demi; largeur, 13 centimètres. 15 à 20 lignes par page. — (Supplément 1540.)

3411.

1° طرائف الطرف «Raretés offertes aux regards (du lecteur)», anthologie en douze parties, dont Hadji Khalfa (t. IV, p. 157) nomme l'auteur البارع الهروى.

2° (Fol. 66 v°.) Poésies appelées النجديات, par Moḥammad ibn Aḥmad al-Abîwardî.

Ms. daté de l'an 980 de l'hégire (1582 de J. C.).

Papier. 119 feuillets. Hauteur, 21 centimètres; largeur, 11 centimètres et demi. 13 à 18 lignes par page. — (Supplément 1554.)

3412.

1° (Fol. 7 v°.) طرايف الظرف «Raretés pour les hommes d'esprit». C'est le même ouvrage, avec un titre légèrement différent, que l'article 1° du n° précédent.

2° (Fol. 39.) Élégie du schaïkh al-Islâm Ibn Taïmiya sur la mort d'Ibn Khidhr al-Motaïyam (المتيم).

3° (Fol. 42.) Élégie de Djamâl al-Dîn al-Ḥanbalî sur la mort d'Ibn Taïmiya.

4° (Fol. 42 v°.) Qaṣîdas de Schams al-Dîn ibn Sa'îd al-Maqdisî, d'Ibn Khidr al-Motaïyam et d'Ibn Taïmiya, suivies de fragments divers.

5° (Fol. 45 v°.) Qaṣîda attribuée à 'Alî ibn abî Ṭâlib. Premier vers :

النار اهون من ركوب العار والعار يدخل اهله فى النار

6° (Fol. 46 v°.) Autres poèmes attribués à 'Alî.

7° (Fol. 75.) تحفة الظرفاء فى تواريخ الملوك والخلفاء «Cadeau pour les hommes d'esprit, renfermant l'histoire des princes et des califes». Ordjoûza de Moḥammad ibn Aḥmad al-Bâ'oûnî de Damas. Ce poème mnémonique s'arrête à l'avènement de Qaït-bey, sultan mamelouk, qui monta sur le trône en 901 de l'hégire (1496 de J. C.). L'auteur termine par l'éloge, en vers, de son protecteur, Al-Aschraf al-Zaïnî.

8° (Fol. 93 v°.) Pièces de vers de divers auteurs.

9° (Fol. 95 v°.) Histoire des souverains ottomans. C'est un extrait d'un grand ouvrage en turc, composé par le même auteur. La chronique s'arrête à l'an 977 de l'hégire (1569-1570 de J. C.). Le copiste la désigne, à la fin, par le titre de غاية البيان ونهاية التبيان فى تاريخ آل عثمان et dit qu'elle a été composée par 'Alî ibn al-Qâdhî Sa'dî al-Ba'lbakkî. Ces renseignements ne peuvent pas être exacts, car Hadji Khalfa nous apprend (t. V, p. 487) qu'Alî ibn Sa'dî est mort en 717 de l'hégire (1317-1318 de J. C.).

10° (Fol. 219 v°.) Fragments historiques se rapportant aux années 657, 1005, 750 et 758 de l'hégire.

11° (Fol. 222.) Pièces de vers tirées du الافكار المنتخبة «Pensées choisies» d'Ibrâhîm ibn Aḥmad ibn

al-Mollâ, suivies d'un grand nombre d'extraits en prose et en vers, dont quelques-uns sont d'Al-Soyoûṭî.

Volume tout en entier de la même main. Une des pièces de vers est datée de l'an 1010 de l'hégire (1601-1602 de J. C.). En tête du volume se trouvent d'autres extraits poétiques.

Papier. 261 feuillets. Hauteur, 21 centimètres; largeur, 15 centimètres et demi. 15 à 20 lignes par page. — (Ancien fonds 1471.)

3413.

Recueil de qaṣîdas et de fragments de qaṣîdas composées par des poètes modernes.

Le premier et le dernier feuillet manquent.

Papier. 138 feuillets. Hauteur, 18 centimètres; largeur, 13 centimètres. 13 à 15 lignes par page. Ms. du XVIe siècle. — (Supplément 1561.)

3414.

Anthologie poétique, divisée en trente chapitres précédés d'une longue introduction. Les premiers et les derniers feuillets manquent.

Papier. 99 feuillets. Hauteur, 26 centimètres et demi; largeur, 17 centimètres et demi. 13 lignes par page. Ms. du XVIe siècle. — (Supplément 1538.)

3415.

مطالع البدور فى منازل السرور « Les Pleines lunes dans l'ascendant, sur les Stations des réjouissances ». Anthologie, en prose et en vers, par ʿAlî ibn ʿAbd Allah al-Ghozoûlî. L'ouvrage renferme cinquante chapitres, dont chacun se rapporte à un sujet particulier. Commencement : الحمد لله الذى جعل قلوب البلغاء افلاكا لمطالع البدور.

Ms. daté de l'an 1005 de l'hégire (1596-1597 de J. C.).

Papier. 303 feuillets. Hauteur, 21 centimètres; largeur, 15 centimètres. 25 lignes par page. — (Supplément 1551.)

3416.

Album composé de feuillets de différentes couleurs et renfermant des extraits, en prose et en vers, en arabe, en persan, en allemand et en latin. Ces extraits ont été réunis par un ou deux Européens, qui se trouvaient à Constantinople en 1582 de J. C. (Voyez fol. 24 et 38 v°.)

Papier. 151 feuillets. Hauteur, 15 centimètres; largeur, 10 centimètres. Ms. du XVIe siècle. — (Ancien fonds 1488.)

3417.

1° Quelques pièces de vers.

2° (Fol. 3 v°.) Lettre du schaïkh Zaïn ibn Nodjaïm au schaïkh Sarî al-Dîn Aḥmad ibn al-Ṣâïgh. (Voyez ci-dessus, n° 3401, 6°.)

3° (Fol 10.) *Manẓoûma*, par ʿAbd al-Raḥmân al-Ḥomaïdî. Vingt-huit pièces de vers, dont chacune commence par l'une des vingt-huit lettres de l'alphabet. Au moyen de ces vers, dit l'auteur dans l'introduction, écrite également en vers, on peut découvrir le nom, le caractère et l'histoire d'un personnage.

4° (Fol. 12 v°.) Pièces de vers, dont l'une est attribuée à Aboû Nowâs, suivies de quelques énigmes.

5° (Fol. 13 v°.) Traité sur les logogriphes, par ʿAbd al-Moʿîn ibn Aḥmad Ibn al-Bekâ al-Balkhî. D'après Hadji Khalfa, t. V, p. 247, le titre de ce livre, composé en 993 de l'hégire (1585 de J. C.), est طراز الاسماء على كنز المعمّاء « Broderie de noms sur le traité intitulé *Trésor d'énigmes* ». Commencement : بنهاية احد نياطى الذكر ابتدى.

Copie datée de l'an 1036 de l'hégire (1627-1628 de J. C.).

6° (Fol. 22.) مطلب الادب « Répertoire pour l'homme instruit », anthologie en prose et en vers. Les premiers cahiers manquent. Voici les rubriques des sections qui restent : القسم الثالث فيما يكتب عند طلب الهدية; — (fol. 22 v°) فى استهدا كتاب مع رسول مليح; — (fol. 23 v°) الباب السادس فيما يكتب على الالات; — (fol. 27 v°) الباب السابع فى التشبيهات; — (fol. 41 v°) الباب الثامن فى المفاخرات; — (fol. 50) ما قيل بين المشرق والمغرب; — (fol. 50 v°) ما قيل فى ذم الشام ومدحها وذم اهلها; — (fol. 51 v°) ذكر مصر وفضلها; — (fol. 55) ذكر ما قيل فى مدحها ومدح نيلها; — (fol. 57) ذكر ما قيل الباب التاسع فى الفضل بين البياض والسواد; — (fol. 58) فى تفضيل الاناث على الذكور; — (fol. 67) الالغاز; — (fol. 75) الباب الحادى عشر فى الهجو; — (fol. 84 v°) الباب الثانى عشر فى الخمر والخلاعة; — (fol. 88 v°) الباب الثالث عشر فى الغلمان والجوارى; — (fol. 99) الباب الرابع عشر فى الغزل; — (fol. 104) الباب الخامس عشر فى المحبّة; — (fol. 108 v°) الباب السادس عشر فى القرب والوصال; — (fol. 110) الباب السابع عشر فى الوداع; — (fol. 113) الباب التاسع عشر فى

المكاتبة; — (fol. 115) الباب العشرون فى الخيال; — (fol. 118 v°) الباب الحادى والعشرون فى الوعد; — (fol. 120) الباب الثانى والعشرون فى العتاب; — (fol. 125 v°) الباب الرابع والعشرون فى المشيب.

7° (Fol. 132.) قراضة الذهب فى نقد اشعار العرب «Paillettes d'or, ou Choix de poésies des Arabes», par Aboû ʿAlî al-Ḥasan ibn Raschîq al-Qaïrawânî, mort en 456 de l'hégire (1064 de J. C.).

Papier. 177 feuillets. Hauteur, 21 centimètres; largeur, 15 centimètres. Écritures diverses du XVI° et du XVII° siècle. — (Ancien fonds 1605.)

3418.

1° Anthologie poétique, renfermant des extraits d'Aboû Tammâm, d'Al-Boḥtorî, d'Aboû Nowâs, d'Ibn al-Roûmî, d'Ibn al-Moʿtazz, de Koschâdjim, Al-Motanabbî, d'Al-Mohallabî, d'Ibn Qalâqis, etc.

2° (Fol. 27.) Formules de têtes de lettres, dont quelques-unes sont en vers.

3° (Fol. 34.) Sentences attribuées à ʿAlî ibn abî Ṭâlib et disposées dans l'ordre de l'alphabet.

4° (Fol. 47.) Fragments divers, en vers et en prose.

5° (Fol. 55.) Fragment d'un divan.

6° (Fol. 65.) Un *takhmîs* (تخميس للكاتب).

7° Fol. 65 v°.) Poésies du genre موال et des خمريات.

8° (Fol. 75.) Pièce de vers du genre appelé زجل. Commencement :

يا مطلب القلب كم لك معادن
فى كنز حسنك للخلق تظهر

9° (Fol. 76 v°.) Pièce de vers d'Aboû Bakr al-Arradjânî.

10° (Fol. 77.) Recueil de quatrains.

11° (Fol. 86.) Préface d'un traité anonyme, commençant par ces mots : الحمد لله خلق الانسان ولم يكن شيا مذكورا. Suit un chapitre (الباب العشرون) sur le devoir de visiter les malades.

12° (Fol. 87 v°.) Préface d'un autre traité commençant par ces mots : الحمد لله جامع اهوآء القلوب بعد شتاتها. Suit un chapitre (الباب الحادى وعشرون) sur l'amitié et la fraternité.

13° (Fol. 90.) Quelques poésies d'Al-Motanabbî.

14° (Fol. 96.) Anthologie poétique. C'est l'abrégé d'un ouvrage renfermant des extraits de soixante-sept poètes de l'Espagne et intitulé الدرة الخطيرة فى شعراء الجزيرة, par Abou 'l-Qâsim ʿAlî ibn Djaʿfar al-Tamîmî.

15° (Fol. 110 v°.) Mélanges en prose et en vers.

16° (Fol. 146 v°.) Vers de Lisân al-Dîn ibn al-Khaṭîb.

17° (Fol. 147.) Poésie d'Al-Ṣafî al-Ḥillî.

18° (Fol. 148.) Suite des mélanges. On y remarque (fol. 159) une pièce de vers attribuée à ʿAmr ibn al-ʿÂṣ, et une lettre adressée par Timour Lenk à Al-Malik al-Nâṣir (fol. 162).

19° (Fol. 214 v°.) *Ordjoûza* intitulée فى اداب القهوة, par Ahmad al-ʿAnâyâtî (العناياتى).

20° (Fol. 220 *bis*.) Quelques poésies du cadi Kamâl al-Dîn ibn al-Nabîh.

21° (Fol. 224 v°.) Autres extraits, en prose et en vers.

Papier. 243 feuillets. Hauteur, 18 centimètres; largeur, 12 centimètres et demi. Écritures diverses du XVII° siècle. — (Ancien fonds 1610, Colbert 6064.)

3419.

رياض الالباب بمحاسن الاداب «Beautés de la littérature pour gagner les cœurs». Recueil d'extraits, la plupart en vers, divisé en cinq chapitres, contenant chacun cinq sections. Les poètes cités sont en général assez modernes. Le premier feuillet manque.

Papier. 129 feuillets. Hauteur, 20 centimètres; largeur, 15 centimètres. 17 lignes par page. Ms. du XVII° siècle. — (Supplément 1556.)

3420.

تاج الجاميع «Couronne des recueils», comprenant les ouvrages en vers et en prose du chérif et docteur malékite Tâdj al-Dîn al-Anṣârî. Le fils de l'auteur, qui a réuni ces mélanges, y a joint d'autres pièces, telles que lettres, certificats de licence, actes de mariage, etc.

Ms. daté de l'an 1073 de l'hégire (1663 de J. C.).

Papier. 165 feuillets. Hauteur, 21 centimètres; largeur, 15 centimètres. 25 lignes par page. — (Supplément 1346.)

3421.

مجموع لطيف. Recueil de contes, de qaṣîdas, de دوبيت, de موشحات, etc.

Papier. 64 feuillets. Hauteur, 21 centimètres; largeur, 15 centimètres. 15 lignes par page. Ms. du XVII° siècle. — (Supplément 1532.)

3422.

Recueil renfermant des *khoṭba*, des observations sur les convenances sociales (اداب), des anecdotes, des paroles de plusieurs saints personnages, des poésies sacrées et autres, des qaṣîdas, des موشّحات, des تخاميس, des دوبيت, des renseignements utiles et d'autres pièces de divers genres. Aux folios 272 à 284 v° on trouve la qaṣîda mystique d'Al-Djilî, commençant par ce vers :

فؤاد به شمس المحبّة ساطع   وليس لنجم العذل فيه مواقع

Ce recueil porte le titre de الدرّ النفيس والخلّ الانيس «La Perle précieuse et l'ami intime».

Papier. 288 feuillets. Hauteur, 21 centimètres et demi; largeur, 15 centimètres et demi. 17 lignes par page. Ms. du XVIIe siècle. — (Supplément 1559.)

3423.

Safîna, renfermant de nombreuses pièces en prose et en vers, en arabe et en persan.

Papier. 444 feuillets. Hauteur, 26 centimètres; largeur, 10 centimètres. 15 à 40 lignes par page. Ms. du XVIIe siècle. — (Supplément 1545.)

3424.

Safîna renfermant des poésies mystiques. On y trouve des موشّحات, des دوبيت, des fragments de *takhmîs*, des extraits des qaṣîdas d'ʿOmar ibn al-Fâridh, etc.

Papier. 58 feuillets. Hauteur, 22 centimètres; largeur, 11 centimètres. 19 à 25 lignes par page. Ms. du XVIIe siècle. — (Supplément 2180.)

3425.

Volume dédié à Colbert et renfermant quelques poésies et récits que Pierre Dipy, d'Alep, avait copiés dans le *Specimen Arabicum* de J. Fabricius. Il y a des morceaux d'Ibn al-Fâridh, d'Abou 'l-ʿAlâ, d'Al-Ḥarîrî, etc., accompagnés d'une traduction latine et de notes. (Voyez *Chrestomathie arabe* de S. de Sacy, 2e édition, t. III, p. 131.)

Ms. daté de l'an 1666 de J. C.

Papier. 45 feuillets. Hauteur, 22 centimètres; largeur, 15 centimètres. — (Ancien fonds 1470, Colbert 4553.)

3426.

Safîna renfermant des qaṣîdas et d'autres pièces de vers de divers genre.

Papier. 108 feuillets. Hauteur, 22 centimètres; largeur, 8 centimètres. 10 à 24 lignes par page. Ms. du XVIIe siècle. — (Supplément 1535.)

3427.

Recueil renfermant des extraits de divers poètes, tels qu'Abou Tammâm, Ibn Khafâdja, Al-Zamakhscharî, Al-Soyoûṭî, Ibn Sanâ al-Molk, Al-Ṣafî al-Ḥillî, etc. Les poètes anciens ne sont pas représentés. Il y a aussi quelques passages en prose. Commencement : الحمد لله الذى جمع ببديع قدرته فى رياض الاداب من كل معنى زاهر عجيب

Papier. 228 feuillets. Hauteur, 21 centimètres; largeur, 15 centimètres et demi. 18 à 30 lignes par page. Ms. du XVIIe siècle. — (Supplément 1549.)

3428.

Safîna renfermant des pièces de vers, en général très courtes et appartenant aux genres appelés دور, دارج, نوبة, خانه, موال, نيرز, etc. On y trouve aussi quelques anecdotes en prose et quelques traditions.

Papier. 164 feuillets. Hauteur, 22 centimètres; largeur, 8 centimètres. Ms. du XVIIe siècle. — (Supplément 1574.)

3429.

Safîna renfermant des pièces de vers des genres موال, تخميس, موشّح, etc. On y trouve aussi des fragments de légendes en prose. Plusieurs feuillets sont intervertis.

Papier. 90 feuillets. Hauteur, 20 centimètres; largeur, 10 centimètres. Ms. du XVIIe siècle. — (Supplément 2275.)

3430.

Safîna renfermant des morceaux en prose et en vers. On lit d'abord un traité de soufisme intitulé الفتوحات الالهية «Inspirations divines», et divisé en dix paragraphes, dont les trois premiers manquent. Cette pièce est datée de l'an 1061 de l'hégire (1651 de J. C.). Au

fol. 3 se trouve une qaṣîda en l'honneur du derviche Djalâl al-Dîn al-Qâdirî : vingt-neuf vers, dont les premiers hémistiches sont en persan, les seconds en arabe. Ceux-ci forment un refrain unique, dont les paroles sont : كان جمال الدين محمد قادرى. Suit (fol. 4) le fragment d'une qaṣîda rimant en *âno* (انُ), accompagnée de gloses interlinéaires; puis, la *ʿAqîda* rimant en دا de l'imam Al-Schâfiʿî. Au fol. 9 on lit la لامية العرب d'Al-Schanfara; au fol. 11, la لامية العجم d'Al-Ṭoghrâï; au fol. 13, une qaṣîda rimant en قِ d'Al-Ṣafî en l'honneur du Prophète; au fol. 14, une qaṣîda de Yazîd, fils de Moʿâwiya, dont voici le premier vers :

اراك طروبا ذى (*sic*) شَجِىً وترنّم
تطوف باذيال السجاف المخيّم

Suit (fol. 15) la moʿallaqa d'Amro 'l-Qaïs; puis trois qaṣîdas du même poète, dont la première commence par cet hémistiche : الا انعم (عم *l.*) صباحا ايها الطلل البالى; la seconde : خليلىّ مرّا بى على ام جندب; la troisième : سما لك شوقا بعد ما كان اقصرا. Aux folios 21 et suivants, on trouve quelques qaṣîdas d'Al-Aʿschâ, la moʿallaqa de Labîd, la qaṣîda mystique attribuée à ʿAbd al-Qâdir al-Djîlânî et intitulée : البادرات العينية فى النادرات الغيبية «Improvisations rimant par la lettre ʿaïn et renfermant des raretés cachées», et qui commence ainsi :

فواد به شمس المحبة ساطع   وليس لنجم العزل فيه مواقعُ

Au fol. 45 se trouve une litanie استغفار de Moḥyî al-Dîn Aḥmad al-Qâdirî. Les folios 46 et suivants renferment des extraits divers en prose et en vers, puis (fol. 51) une qaṣîda d'Ibn al-Naḥwî al-Tauzarî, commençant par ce vers :

اشتدى ازمّة تنفرج   قد اذن ليلك بالبلج

Ce poème est accompagné de quatre *takhmîs*. Au fol. 60, on lit d'autres poésies d'ʿAbd al-Qâdir al-Djîlânî; au fol. 67, quelques poésies de Moḥyî al-Dîn al-Qâdirî; au fol. 71, la *Borda* d'Al-Boûṣîrî avec des gloses interlinéaires; des gloses sur le *Bânat Soʿad* de Kaʿb ibn Zohaïr; enfin des notices sur quelques Compagnons de Mahomet.

Le commencement du ms. manque.

Papier. 90 feuillets. Hauteur, 25 centimètres; largeur, 11 centimètres et demi. Ms. du XVIIᵉ siècle. — (Supplément 2168.)

3431.

1° Quatre ordjoûzas intitulées مراسلة وتهانى «Épîtres et félicitations». La première se compose de vingt-quatre vers. La seconde, intitulée : سخط الحبيبة وقلاها, contient quatre-vingt vers; la troisième, de quarante vers, a pour titre التنصّل والاعتذار مما جنته يد الاقدار; la quatrième, de vingt-huit vers, est intitulée : التهنية بالشهر الجديد مع مدحة النجل السعيد.

2° (Fol. 7.) مشير التاريخ «Indicateur historique». On y trouve des notes sur l'origine, sur la date de la naissance et de la mort de chaque calife, sur ses chambellans, ses secrétaires, son sceau et la légende de ses monnaies. L'ouvrage commence par Mahomet et traite ensuite des Omaiyades et des Abbâsides, jusqu'à l'avènement de Mostarschid Billâh, en 512 de l'hégire (1119 de J. C.); puis de la dynastie fatémide, jusqu'à la mort d'Al-ʿÂdhid, en 567 de l'hégire (1172 de de J. C.). Ce manuel historique est l'ouvrage d'un homme intelligent et bien instruit. La copie est du XIIIᵉ siècle.

3° (Fol. 63.) *Khoṭba* ou sermon pour la fête du sacrifice. Commencement : هو الله القديم الاعلى وبالتقديم اولى.

4° (Fol. 65.) كنز الاخبار «Trésor des Nouvelles.» Traité sur le repentir et le pardon des péchés, par Ḥosaïn al-Dâmeghânî. L'auteur a recueilli toutes les traditions qui se rapportent à ce sujet. Commencement : الحمد لله الواحد القهار الحليم الستار.

5° (Fol. 137.) Traité sur les signes précurseurs de la fin du monde et du jour de la Résurrection. Le traité est suivi d'une qaṣîda sur le même sujet rimant en *ri* et intitulée : قلادة الدر المنثور فى ذكر البعث والنشور «Collier composé de perles dispersées, traité où il est question de la Résurrection.»

6° (Fol. 157.) Exposé de la foi musulmane. Commencement : اعلم ان الايمان والاسلام واحد.

7° (Fol. 157 v°.) Traité, en huit sections, sur les obligations du vrai croyant. Commencement : اعلم بان العبد مبتلى بين ان يطيع الله تعالى.

8° (Fol. 159.) Liste alphabétique des noms féminins qui ont une forme masculine et des noms du genre commun.

9° (Fol. 160 v°.) كتاب نثر اللئالى من كلام امير المومنين وامام المتقين اسد الله الغالب على [بن] ابى طالب. Apophthegmes d'ʿAlî ibn abî Ṭâlib, dans l'ordre de l'alphabet.

10° (Fol. 162.) Premier chapitre du commentaire d'Aḥmad al-Ramadhânî sur un traité d'*Institutions* ou *Règles* (اداب) qui commence par ces mots : لك الحمد والمنة.

11° (Fol. 163.) Anecdotes relatives à Al-Ḥaddjâdj ibn Yoûsof, à Zibriqân ibn Badr, au Prophète, etc., tirées du ثمرة الاوراق et d'autres ouvrages.

12° (Fol. 169.) Maximes de Mahomet, d'Aboû Bakr, d'ʿOmar, etc.

13° (Fol. 170 v°.) Anecdotes diverses.

14° (Fol. 173.) المعشّرات, par Moḥyî al-Dîn ibn al-ʿArabî.

Papier. 182 feuillets. Hauteur, 20 centimètres et demi; largeur, 14 centimètres. Écritures diverses. — (Ancien fonds 1468.)

3432.

1° مجموع قد رق وراق ولم تسمح به الكتب والاوراق «Collection de pièces tendres et charmantes et telles que ni les livres ni les cahiers pourront fournir». Anthologie poétique comprenant des extraits de divers poètes qui vivaient entre le IIIe siècle de l'hégire et le VIIIe.

2° (Fol. 74.) بديعية جلال الدين الاسيوطى «Poème sur les figures de rhétorique, par Djalâl al-Dîn al-Soyoûṭî», avec le commentaire de l'auteur.

3° (Fol. 96 v°.) Commentaire de Qâsim ibn Qotloûboghâ al-Ḥanafî sur le poème (منظومة), d'Ibn Faraḥ, de Séville, renfermant tous les adjectifs qui s'emploient dans la critique des traditions sacrées.

Papier. 102 feuillets. Hauteur, 20 centimètres et demi; largeur, 14 centimètres et demi. 13 à 15 lignes par page. Ms. du XVIIe siècle. — (Ancien fonds 1445.)

3433.

Anthologie poétique qui renferme aussi quelques histoires en prose.

La fin manque.

Papier. 130 feuillets. Hauteur, 21 centimètres; largeur, 15 centimètres et demi. 25 lignes par page. Ms. du XVIIe siècle. — (Supplément 1537.)

3434.

Anthologie poétique, en arabe, turc et persan.

Papier. 89 feuillets. Hauteur, 21 centimètres; largeur, 12 centimètres et demi. 15 lignes par page. Ms. du XVIIe siècle. — (Supplément 1539.)

3435.

Recueil de pièces de vers des genres دور, موال, دوبيت, كان وكان, etc., précédées de quelques modèles de lettres. Commencement : الحمد لله الذى علا بعظمته على العظما.

Papier. 96 feuillets. Hauteur, 19 centimètres et demi; largeur, 13 centimètres. 21 lignes par page. Ms. du XVIIe siècle. — (Supplément 1642.)

3436.

Recueil de pièces de vers موشّح, دوبيت, دور, قصيدة, etc. On y trouve aussi quelques contes en prose.

Le second feuillet du volume et les derniers feuillets manquent.

Papier. 245 feuillets. Hauteur, 16 centimètres; largeur, 10 centimètres et demi. 17 à 22 lignes par page. Ms. du XVIIe siècle. — (Supplément 1533.)

3437.

Anthologie poétique renfermant des extraits de Djamâl al-Dîn ibn Nobâta, d'Al-Ṣafî al-Ḥillî, de Talʿafarî, d'Al-Bahâ Zohaïr, d'Al-Qirâṭî, d'Ibn Khafâdja, etc.

Papier. 169 feuillets. Hauteur, 21 centimètres; largeur, 15 centimètres et demi. 21 lignes par page. Ms. du XVIIe siècle. — (Supplément 1536.)

3438.

بهجة الابصار ونبذة الاخبار. Recueil d'anecdotes et de contes, en vers et en prose, par Moḥammad ibn ʿOmar al-Ahdab. Commencement : الحمد لله الذى كرم نوع هذا الانسان.

Papier. 208 feuillets. Hauteur, 15 centimètres et demi; largeur, 10 centimètres. 23 lignes par page. Ms. du XVIIe siècle. — (Supplément 1674.)

3439.

Poésies érotiques, divisées en quatre sections, par divers auteurs. La première section renferme les qaṣîdas et les *takhmîs;* la seconde, les موشّحات; la troisième, les مواليّا; la quatrième, les fragments et les دوبيت. Une cinquième section renferme des contes et des anecdotes, dont quelques-unes sont très libres. Commencement : الحمد لله الذى اذا اراد شيًا يقول له كن فيكون.

Papier. 170 feuillets. Hauteur, 20 centimètres; largeur, 12 centimètres et demi. 13 lignes par page. Ms. du XVIIe siècle. — (Supplément 1548.)

3440.

درّة الزين وقرّة العين «Perle pour orner et charme des yeux». Extraits en prose et en vers, disposés d'après leurs sujets et précédés d'un chapitre sur l'utilité de la poésie et du beau style et d'une liste de mots et d'expressions par lesquels on peut désigner le vin. Commencement : الحمد لله الذى كمل عقد الادب بدرة الزين.

Ms. daté de l'an 1096 de l'hégire (1685 de J. C.).

Papier. 244 feuillets. Hauteur, 21 centimètres; largeur, 15 centimètres. 17 lignes par page. — (Supplément 1557.)

3441.

المنتخب فى جمع المراثى والخطب «Choix de chants funèbres et de sermons». Ces pièces se rapportent toutes à Al-Ḥosaïn et aux autres imams de la famille d'ʿAlî. La collection dont le présent ms. est le premier volume, forme vingt *Séances* (مجلس) dont chacune renferme trois chapitres. L'auteur, qui se cache sous le titre de Fakhr al-Dîn, énumère les crimes commis par les califes omaïyades et abbâsides envers les descendants d'ʿAlî. Commencement : الحمد لمن جعل الدنيا جنّة لاعدائه وسجنا ومحنة لاوليائه واحبّائه.

Ms. daté de l'an 1118 de l'hégire (1707 de J. C.).

Papier. 163 feuillets. Hauteur, 25 centimètres; largeur, 19 centimètres. 17 lignes par page. — (Ancien fonds 1384.)

3442.

1° بغية السعدا ورغبة الشهدا. Poésies religieuses de différents auteurs recueillies par Aboû Djâbir Moḥammad al-Badrî al-Makkî.

2° (Fol. 60.) Anecdotes au sujet des femmes.

3° (Fol. 68.) Dissertation théologique.

4° (Fol. 74 v°.) Traité sur les moyens de se garantir de la peste.

5° (Fol. 81 v°.) Traité sur la noblesse de la science et des savants; extrait de l'ouvrage intitulé : ارشاد القاصد الى اسنى المقاصد, de Moḥammad ibn Ibrâhîm al-Anṣârî.

6° (Fol. 88.) Quelques pièces de vers et une khoṭba d'Aḥmad al-Badrî.

7° (Fol. 101 v°.) Qaṣîda qui termine l'ouvrage intitulé : فتح المجيد بكفاية المريد et qui est un commentaire sur la ʿAqîda d'Al-Djazâïrî.

8° (Fol. 103.) Autres extraits en prose et en vers.

Papier. 126 feuillets. Hauteur, 20 centimètres; largeur, 15 centimètres. 15 à 20 lignes par page. — (Supplément 1940.)

3443.

نزهة الابصار فى رقايق الاشعار «Poésies gracieuses pour charmer les yeux.» Anthologie divisée en deux parties, dont la première renferme des qaṣîdas, la seconde de petites pièces de vers et des anecdotes en prose. L'auteur, ʿAbd-Allah ibn Moḥammad ibn ʿÂmir al-Schobrâwî, dit avoir achevé son travail en 1154 de l'hégire (1741 de J. C.) Commencement : الحمد لله الذى زين الالباب بالاداب.

Ms. daté de l'an 1191 de l'hégire (1777 de J. C.).

Papier. 116 feuillets. Hauteur, 21 centimètres; largeur, 14 centimètres et demi. 19 lignes par page. — (Supplément 1566).

3444.

1° الدرّ المنتظم فى الشعر الملتزم «Fil de perles en fait de poèmes offrant des difficultés vaincues», par ʿAbd Allah al-Adkâwî. Ce sont des panégyriques de Mahomet. Dans la première pièce de vers, aucun mot ne renferme la lettre *alif*; dans la seconde, on ne rencontre pas la lettre *bâ*, et ainsi de suite jusqu'à la fin de l'alphabet. Le premier feuillet manque.

2° (Fol. 15 v°.) Autre ouvrage du même genre, sur le même sujet et par le même auteur, intitulé : بدايع الالتزام بروايع النظام «Exemples remarquables de difficultés vaincues, en fait de belles pièces de vers.» Commencement : حمدا لمن انطق السنتنا بحمده.

Ms. autographe daté de l'an 1180 de l'hégire (1766 de J. C.).

Papier. 45 feuillets. Hauteur, 20 centimètres et demi; largeur, 13 centimètres. 21 lignes par page. — (Supplément 1573.)

3445.

الفوائح الجنانية فى المدايح الرضوانية «Les parfums des jardins, éloges de Ridhwân». Recueil de pièces de vers de divers auteurs et surtout d'ʿAbd Allah ibn ʿAbd Allah al-Adkâwî, en l'honneur d'un émir égyptien nommé

Ketkhodâ Djalfî ʿAzabân (كتخدا جلفى عزبان) qui vivait au Caire vers le milieu du xviiiᵉ siècle. Le présent ms., autographe et, selon toute apparence, un exemplaire de présentation, est daté de l'an 1164 de l'hégire (1751 de J. C.). Commencement : الحمد لله الذى منّ على اهل العصر برضوانه.

Papier. 140 feuillets. Hauteur, 22 centimètres; largeur, 15 centimètres et demi. 15 lignes par page. — (Supplément 1498.)

3446.

بضاعة الاريب من شعر الغريب «Marchandise de l'homme habile, se composant de poésies en style recherché». Anthologie de poésies religieuses par ʿAbd-Allah al-Adkâwî. On trouve d'abord un *takhmîs* de la *kaʿba* (الكعبة), poème à la louange de Mahomet, puis des qaṣîdas sur Dieu, sur les membres de la famille de Mahomet et sur certains saints musulmans; enfin des pièces de diverse nature. L'une de ces pièces (fol. 112 v°) porte la date de 1171 de l'hégire (1757-1758 de J. C.). Il y a deux préfaces qui se suivent immédiatement; la première commence par ces mots : الحمد لله الذى خلقنا ورزقنا.

Papier. 161 feuillets. Hauteur, 21 centimètres et demi; largeur, 14 centimètres et demi. 25 lignes par page. Ms. du xviiiᵉ siècle. — (Supplément 1572.)

3447.

سفينة السرور وروضة الزهور «Navire chargé de plaisirs et prairie couverte de fleurs». Anthologie des divers genres de la poésie moderne. Sept chapitres précédés d'une introduction et suivis d'un appendice.

Ms. daté de l'an 1166 de l'hégire (1752 de J. C.).

Papier. 89 feuillets. Hauteur, 17 centimètres et demi; largeur 11 centimètres. 16 à 22 lignes par page. — (Supplément 1547.)

3448.

بغية الجليس والمسامر ونزهة الارواح والخواطر فى الاشعار والنوادر «Manuel du compagnon agréable et délices des âmes et des beaux esprits, renfermant des vers et des anecdotes curieuses.» Anthologie divisée en vingt et un chapitres, suivis d'un appendice, par Schihâb al-Dîn Aḥmad al-Baschschârî al-Ḥafnâwî, qui a achevé cette compilation en 1183 (1770 de J. C.). Commencement : الحمد لله الذى نزه الالباب فى رياض الاداب.

Papier. 165 feuillets. Hauteur, 22 centimètres; largeur, 16 centimètres et demi. 33 lignes par page. Ms. du xviiiᵉ siècle. — (Supplément 2185.)

3449.

Même ouvrage.

Ms. daté de l'an 1205 de l'hégire (1790-1791 de J. C.).

Papier. 329 feuillets. Hauteur, 22 centimètres; largeur, 15 centimètres et demi. 19 lignes par page. — (Supplément 1560.)

3450.

Même ouvrage. Exemplaire incomplet à la fin.

Papier. 101 feuillets. Hauteur, 23 centimètres et demi; largeur, 16 centimètres et demi. 23 lignes par page. Ms. du xixᵉ siècle. — (Supplément 2186.)

3451.

Même ouvrage.

Ms. daté de l'an 1242 de l'hégire (1826 de J. C.).

Papier. 181 feuillets. Hauteur, 30 centimètres; largeur, 19 centimètres. 25 lignes par page. — (Supplément 2501.)

3452.

كتاب التمثّل والمحاضرة. Recueil de vers isolés, renfermant des sentences et des maximes, dans l'ordre de l'alphabet, recueilli par Qoṭb al-Dîn ibn Schams al-Dîn, mufti hanéfite de la Mecque et de Médine, au xviiiᵉ siècle.

Ms. autographe.

Papier. 159 feuillets. Hauteur, 20 centimètres et demi; largeur, 15 centimètres. 10 à 12 lignes par page. — (Supplément 1569.)

3453.

Recueil d'historiettes et de pièces de vers. On lit en tête du volume le titre de انيس الجليس, titre commun à plusieurs ouvrages différents.

Ms. daté de l'an 1187 de l'hégire (1773 de J. C.).

Papier. 158 feuillets. Hauteur, 21 centimètres et demi; largeur, 16 centimètres et demi. 21 lignes par page. — (Supplément 1777.)

IMPRIMERIE NATIONALE.

3454.

Safina composée par un nommé Mohammad al-Rifâ'î et renfermant des poésies du genre موشّحة, دوبيت et دور, et quelques anecdotes en prose.

Ms. daté de l'an 1188 de l'hégire (1774-1775 de J. C.).

Papier. 66 feuillets. Hauteur, 16 centimètres et demi; largeur, 12 centimètres. 25 lignes par page. — (Supplément 1546.)

3455.

Fragment d'une anthologie composée de pièces en vers et en prose, dont le sujet est l'amour contre nature.

Papier. 8 feuillets. Hauteur, 22 centimètres; largeur, 15 centimètres et demi. 17 à 19 lignes par page. Ms. du XVIIIe siècle. — (Supplément 2178.)

3456.

Fragment d'une anthologie. Au premier feuillet, on lit le récit de l'emprisonnement d'Aboû Nowâs par le prince Al-Amîn, fils du calife Hâroûn al-Raschîd, dont les vers avaient été mal appréciés par le poète.

Papier. 8 feuillets. Hauteur, 19 centimètres et demi; largeur, 14 centimètres. 19 lignes par page. Ms. du XVIIIe siècle. — (Supplément 2282.)

3457.

1° الزهر الندى فى الخلق المحمدى «Fleurs qui viennent d'être cueillies, traité sur le caractère de Mahomet», Poésies à la louange du Prophète. Premier vers :

الحمد لله به البدايه   ثنا ربى ما له نهايه

2° (Fol. 15 v°.) سواكب الاحسان فيما على كواسب الانسان Vie de Mahomet en vers. Commencement :

حمدا لمن كرم خلق الادمى
بصورة الصنع البديع الاكرم

Papier. 75 feuillets. Hauteur, 21 centimètres et demi; largeur, 16 centimètres. 21 lignes par page. Ms. du XVIIIe siècle. — (Supplément 1562.)

3458.

Safina contenant des pièces de vers du genre موّال, دوبيت, etc.

Papier. 44 feuillets. Hauteur, 21 centimètres; largeur, 8 centimètres. Environ 20 lignes par page. Ms. du XVIIIe siècle. — (Supplément 2276.)

3459.

Safina contenant des qaṣîdas et des petites pièces de vers.

Papier. 12 feuillets. Hauteur, 21 centimètres; largeur, 11 centimètres. 25 à 29 lignes par page. Ms. du XVIIIe siècle. — (Supplément 2278.)

3460.

Recueil de morceaux de poésie chantés par les derviches. Ces pièces, en général très courtes, sont disposées en *Stations* (نوبة), dont chacune est désignée par un nom technique. A la fin (fol. 101 v°) se trouve un traité de musique. Commencement : الحمد لله الكريم المعبود.

Papier. 110 feuillets. Hauteur, 23 centimètres; largeur, 15 centimètres et demi. 19 lignes par page. Ms. du XVIIIe siècle. — (Supplément 1544.)

3461.

Safina renfermant des qaṣîdas, qui sont des prières adressées à Dieu, des qaṣîdas en l'honneur de Mahomet, et d'autres à la louange de la beauté. On y trouve aussi des *doûbaït*, des *mawâlîyât*, des anecdotes, etc.

Le verso de chaque feuillet est écrit en sens inverse du recto.

Papier. 100 feuillets. Hauteur, 26 centimètres et demi; largeur, 13 centimètres. 19 lignes par page. Ms. du XIXe siècle. — (Supplément 1563.)

3462.

Recueil de pièces de vers du genre موّال, حمل, زجل, موشّح, دور, etc.

Papier. 29 feuillets. Hauteur, 21 centimètres; largeur, 15 centimètres. 25 lignes par page. Ms. du XIXe siècle. — (Supplément 2293.)

XXVII.

FICTION.

1. FABLES, APOLOGUES ET RECITS DIVERS.

3463.

1° Les Fables d'Ésope.

2° (Fol. 31.) Anecdotes curieuses relatives à l'Inde. Ms. daté de l'an 1205 de l'hégire (1791 de J. C.).

Papier. 36 feuillets. Hauteur, 18 centimètres et demi; largeur, 12 centimètres. 15 à 18 lignes par page. — (Supplément 1647.)

3464.

Recueil de cent quarante fables, sans préface ni introduction. Il est dit dans l'*explicit* que ce ms., renfermant les fables d'Ésope, est de la main d'un interprète (مترجم) et prêtre, nommé ʿÎsâ Petro, de Jérusalem.

Papier. 89 feuillets. Hauteur, 22 centimètres; largeur, 16 centimètres. 17 lignes par page. Ms. du XIXe siècle. — (Supplément 1644.)

3465.

Kalîla et Dimna.

Cet exemplaire, dont le texte est pourvu de voyelles et qui renferme des figures coloriées, a servi de base à l'édition publiée par S. de Sacy, en 1816. (Voyez *Calila et Dimna*, préface, p. 57.)

Papier. 146 feuillets. Hauteur, 28 centimètres; largeur, 21 centimètres et demi. 15 lignes par page. Ms. du XIIIe siècle. — (Ancien fonds 1483 A.)

3466.

Même ouvrage. (Voyez *Calila et Dimna*, préface, p. 58.)

Les figures, dont la place est marquée dans le texte, n'ont pas été exécutées.

Papier. 344 feuillets. Hauteur, 26 centimètres et demi; largeur, 18 centimètres. 17 lignes par page. Ms. du XVe siècle. — (Ancien fonds 1489, Colbert 3024.)

3467.

Même ouvrage, avec des figures coloriées.

Le commencement manque.

Papier. 119 feuillets. Hauteur, 30 centimètres; largeur, 23 centimètres. 15 lignes par page. Ms. du XVe siècle. — (Supplément 1802.)

3468.

Même ouvrage.

Ms. daté de l'an 1005 de l'hégire (1597 de J. C.).

Papier. 141 feuillets. Hauteur, 21 centimètres et demi; largeur, 15 centimètres. 19 lignes par page. — (Supplément 1794.)

3469.

Même ouvrage.

Cet exemplaire porte quelques notes de la main de Gilbert Gaulmin. (Voyez *Calila et Dimna*, préface, p. 58 et 59.)

Papier. 353 feuillets. Hauteur, 20 centimètres et demi; largeur, 15 centimètres. Au commencement 17 lignes, puis 15 lignes par page. Ms. du XVIe siècle. — (Ancien fonds 1502.)

3470.

Même ouvrage, avec figures.

Le commencement et la fin manquent.

Papier. 122 feuillets. Hauteur, 30 centimètres; largeur, 21 centimètres. 17 lignes par page. Ms. du XVIe siècle. — (Supplément 1803.)

3471.

Même ouvrage. (Voyez, sur cet exemplaire, *Calila et Dimna*, préface, p. 59.)

Ms. daté de l'an 1053 de l'hégire (1643-1644 de J. C.).

Papier. 189 feuillets. Hauteur, 20 centimètres et demi; largeur, 15 centimètres. 17 lignes par page. — (Ancien fonds 1501.)

3472.

Même ouvrage.

Il y a, dans cet exemplaire, une vignette représentant la façade d'une maison et plusieurs figures coloriées.

Ms. daté de l'an 1080 de l'hégire (1669 de J. C.).

Papier. 165 feuillets. Hauteur, 21 centimètres; largeur, 15 centimètres. 19 lignes par page. — (Ancien fonds 1492, Colbert 5968.)

3473.

Même ouvrage.

Ms. daté de l'an 1110 de l'hégire (1700 de J. C.).

Papier. 104 feuillets. Hauteur, 20 centimètres; largeur, 14 centimètres. 21 lignes par page. — (Supplément 1798.)

3474.

Même ouvrage.

Ms. daté de l'an 1156 de l'hégire (1744 de J. C.).

Papier. 138 feuillets. Hauteur, 22 centimètres et demi; largeur, 16 centimètres et demi. 17 lignes par page. — (Supplément 1800.)

3475.

Même ouvrage, avec de nombreuses figures.

Ms. daté de l'an 1175 de l'hégire (1762 de J. C.).

Papier. 199 feuillets. Hauteur, 22 centimètres; largeur, 16 centimètres et demi. 17 lignes par page. — (Supplément 1801.)

3476.

1° Même ouvrage.

Copie datée de l'an 1168 de l'hégire (1755 de J. C.).

2° (Fol. 255.) حلية الكرماء وبهجة الندماء «Parure des hommes généreux et ornement des convives», recueil d'anecdotes, divisé en cinq chapitres et précédé d'une introduction. Le premier chapitre traite de la générosité; le second, de la bienfaisance; le troisième, des anciens rois; le quatrième, des hommes et des femmes, et le cinquième renferme des conseils. Commencement : الحمد لله الكريم الوهاب.

Copie datée de l'an 1169 de l'hégire (1756 de J. C.).

Papier. 340 feuillets. Hauteur, 22 centimètres, largeur, 15 centimètres et demi. — (Supplément 1797.)

3477.

Kalîla et Dimna.

La fin du ms. manque.

Papier. 144 feuillets. Hauteur, 20 centimètres; largeur, 14 centimètres et demi. 21 lignes par page. Ms. du XVIIIe siècle. — (Supplément 1793.)

3478.

Même ouvrage.

Les figures, dont la place est marquée dans le texte, n'ont pas été exécutées.

Papier. 211 feuillets. Hauteur, 21 centimètres et demi; largeur, 15 centimètres. 15 lignes par page. Ms. du XVIIIe siècle. — (Supplément 1795.)

3479.

Même ouvrage.

Ms. daté de l'an 1184 de l'hégire (1770 de J. C.).

Papier. 156 feuillets. Hauteur, 21 centimètres; largeur, 15 centimètres et demi. 18 à 20 lignes par page. — (Supplément 1799.)

3480.

Même ouvrage.

Ms. daté de l'an 1200 de l'hégire (1786 de J. C.).

Papier. 183 feuillets. Hauteur, 22 centimètres; largeur, 15 centimètres et demi. 17 lignes par page. — (Supplément 1796.)

3481.

المجالسة «Les Séances», recueil de traditions, d'anecdotes et de maximes, rédigé par Aboû Bakr Aḥmad ibn Marwân al-Dînawarî al-Mâlikî, mort en 310 de l'hégire. Ces pièces sont en général très courtes, et chacune d'elles est accompagnée d'un *isnâd*. L'ouvrage se compose de quarante-sept sections, dont le présent ms. renferme les quinze dernières. A la fin de chaque section se trouvent quelques *idjâza*.

Ms. daté de l'an 596 de l'hégire (1200 de J. C.).

Papier. 279 feuillets. Hauteur, 25 centimètres; largeur, 18 centimètres. 15 lignes par page. — (Supplément 1622.)

3482.

1° نشوان المحاضرة واخبار المذاكرة «Excitant de la conversation et histoires pour la causerie», historiettes recueillies par le cadi Aboû ʿAlî ibn abi'l-Qâsim ʿAlî al-Ta-

noûkhî, mort en 384 de l'hégire (994 de J. C.). (Voyez le Dictionnaire biographique d'Ibn Khallikân, t. II, p. 564 de la traduction anglaise.)

Copie datée de l'an 730 de l'hégire (1330 de J. C.).

2° (Fol. 193.) Abrégé d'un ouvrage intitulé (*sic*) عقد النفيس ونزهة الجليس «Le Collier précieux et l'agrément du convive». Maximes attribuées à ʿAlî, fils d'Aboû Ṭâlib, et classées sous trois titres : 1° aide (الاستعانة) pour mener une bonne conduite; 2° aide pour bien exprimer ses idées, et 3° aide pour bien gouverner.

Copie du XVIe siècle.

Papier. 223 feuillets. Hauteur, 27 centimètres et demi; largeur, 19 centimètres et demi. 17 lignes par page dans l'article 1°, 13 lignes dans l'article 2°. — (Ancien fonds 1570, Colbert 2487.)

3483.

الفرج بعد الشدّة. Recueil d'historiettes relatives à des personnages historiques qui furent délivrés d'une façon inespérée des malheurs qui les accablaient, par Aboû ʿAlî al-Ḥasan ibn abi 'l-Qâsim al-Tanoûkhî. Quatorze chapitres. Commencement : الحمد لله الذى جعل بعد الشدة فرجا.

Ms. daté de l'an 1126 de l'hégire (1715 de J. C.).

Papier. 306 feuillets. Hauteur, 24 centimètres; largeur, 17 centimètres. 21 lignes par page. — (Supplément 1786.)

3484.

Même ouvrage.

Ms. daté de l'an 1214 de l'hégire (1799 de J. C.).

Papier. 242 feuillets. Hauteur, 29 centimètres; largeur, 21 centimètres. 31 lignes par page. — (Supplément 1787.)

3485.

Abrégé du même ouvrage, intitulé نجاة المهج, par ʿAlî ibn abî Ṭâlib ibn ʿAlî ibn ʿAlî ibn ʿAlî ibn Saʿîd Ibn al-Khaschschâb al-Ḥalabî.

Ms. daté de l'an 830 de l'hégire (1426-1427 de J. C.).

Papier. 150 feuillets. Hauteur, 24 centimètres; largeur, 16 centimètres. 17 à 19 lignes par page. — (Ancien fonds 1606.)

3486.

1° هذا تقييد من كتاب الفرج بعد الشدة لابى على التنوخى «Ceci est un extrait de l'ouvrage d'Aboû ʿAlî al-Tanoûkhî, intitulé *Al-Faradj baʿd al-Schidda*».

2° (Fol. 92.) Le chapitre intitulé القضاء والقدر du *Sirâdj al-Moloûk* d'Al-Ṭorṭoûschî.

3° (Fol. 98 v°.) Autre abrégé de l'ouvrage d'Aboû ʿAlî al-Tanoûkhî.

4° (Fol. 139.) Extraits, traditions et pièces de vers.

5° (Fol. 143.) تحفة المغترب ببلاد المغرب «Cadeau pour celui qui voyage dans les pays du Maghreb». Panégyrique d'Aboû Marwân, saint musulman, par Aḥmad ibn Ibrâhîm al-Azdî القشتالى. Commencement : الحمد لله الذى بث الرحمة بين المسلمين.

Papier. 199 feuillets. Hauteur, 20 centimètres; largeur, 15 centimètres. 19 à 24 lignes par page. Écritures diverses du XVe siècle. — (Ancien fonds 949.)

3487.

الجليس الصالح الكافى والانيس الناصح الشافى. Recueil d'historiettes instructives, divisées en *Séances* (مجلس), par Al-Moʿâfâ ibn Zakarîya al-Djarîrî, traditioniste distingué, mort en 390 de l'hégire (1000 de J. C.). (Voyez le Dictionnaire biographique d'Ibn Khallikân, tome III, p. 374 de la traduction anglaise.)

Le présent ms. renferme les cinq premières Séances; mais le commencement de la première et la fin de la cinquième manquent. Puis vient la troisième section de l'ouvrage (fol. 27), qui commence par la douzième Séance et qui finit par la dix-septième. Au fol. 67 commence la vingt-quatrième Séance et le volume finit avec la vingt-neuvième. Le texte est souvent dépourvu de points diacritiques.

Papier. 101 feuillets. Hauteur, 22 centimètres; largeur, 15 centimètres. 21 lignes par page. Ms. du XIIIe siècle. — (Supplément 1780.)

3488.

Même ouvrage. Ce ms. renferme les Séances 63 à 97. La fin de la Séance 97 manque et il y a une lacune considérable entre les Séances 72 et 75, et une autre entre les Séances 83 et 86. C'est le troisième volume d'un exemplaire qui avait été écrit pour le sultan mamelouk Al-Malik al-Aschraf Schaʿbân, qui mourut en 1377 de J. C. A ce volume sont joints trois cahiers (ou dix-sept feuillets) d'une autre main et d'un autre format. Ce fragment renferme la fin de la Séance 97, la 98e et les dix premières pages de la Séance 99.

Papier. 262 feuillets. Hauteur, 25 centimètres et demi; largeur,

18 centimètres et demi. 17 lignes par page. Les cahiers joints au volume sont du xivᵉ ou du xvᵉ siècle. — (Supplément 1781 *bis*.)

3489.

Même ouvrage. Ce ms. renferme la fin de l'ouvrage, à partir de la 51ᵉ Séance.

Papier. 380 feuillets. Hauteur, 20 centimètres et demi; largeur, 15 centimètres. 19 lignes par page. Ms. du xviᵉ siècle. — (Supplément 1781.)

3490.

نثر الدرر ونفايس الجوهر «Perles éparpillées et joyaux de prix», par ʿAbd Allah ibn Naṣr ibn ʿAbd al-ʿAzîz al-Zaïdî. C'est un abrégé du grand recueil d'anecdotes, de paroles de personnages marquants, de renseignements littéraires, etc., en sept volumes, intitulé également نثر الدرر, du kâtib Abou 'l-Ḥonaïn (selon Hadji Khalfa, Aboû Saʿîd) Manṣoûr al-Obaïy, mort en 421 de l'hégire (1030 de J. C.). D'après la préface, cet abrégé, divisé en sept sections, dont chacune renferme plusieurs chapitres, a eté composé pour un émir nommé Djamâl al-Dîn ʿIzz al-Daula Dhiyâ al-Moulk Fakhr al-ʿIrâq Abou 'l-Ḥasan al-Mahdî ibn ʿAli. Commencement : الحمد لله مبدع البرية وخالقها.

Ms. daté de l'an 877 de l'hégire (1472 de J. C.).

Papier. 106 feuillets. Hauteur, 24 centimètres et demi; largeur, 17 centimètres. 25 lignes par page. — (Supplément 1654.)

3491.

المختار من نوادر الاخبار «Choix d'anecdotes curieuses». Recueil composé par un auteur inconnu et divisé en dix chapitres : 1° فى نجابة الابناء وحسن اجوبة الاذكياء; — 2° فى اصطناع المعروف; — 3° فى فعايل الاجواد من السلف; — 4° فى الحلم; — 5° فى التخلص من الملوك بالبلاغة وحسن الاعتذار; — 6° فى الوفود على الخلفاء; — 7° فى الحب واسبابه; — 8° فى العجايب والطرف; — 9° فى سرعة اجوبة الاذكياء; — 10° فى اخبار ساقتنها المصنفين والهدايا. Un littérateur nommé Moḥammad ibn Aḥmad al-Moqrî al-Anbârî, ayant rencontré cet ouvrage, l'a complété par un onzième chapitre, sur les saints personnages de l'islamisme, intitulé فى اخبار الصالحين من السلف الماضين.

Papier. 162 feuillets. Hauteur, 26 centimètres et demi; largeur, 18 centimètres. 11 lignes par page. Ms. du xviᵉ siècle. — (Supplément 1651.)

3492.

Même ouvrage.

Ms. daté de l'an 1043 de l'hégire (1633-1634 de J. C.).

Papier. 99 feuillets. Hauteur, 21 centimètres et demi; largeur, 15 centimètres. 19 lignes par page. — (Supplément 1652.)

3493.

نزهة الاذن والباصرة وحسن المفاكهة والمحاضرة. C'est une autre rédaction de l'ouvrage contenu dans les deux numéros précédents. La préface commence par ces mots : الحمد لله صانع المصنوعات بلا مثال.

Papier. 284 feuillets. Hauteur, 21 centimètres; largeur, 15 centimètres. 17 lignes par page. Ms. du xviiiᵉ siècle. — (Supplément 1673.)

3494.

1° بلوغ الارب فى لطايف العتاب «Satisfaction obtenue dans l'acquisition des réparties spirituelles». C'est encore une rédaction différente, avec la même division et à peu près les mêmes rubriques, de l'ouvrage contenu dans les numéros précédents. Moḥammad ibn Aḥmad al-Moqrî déclare avoir recueilli lui-même ces historiettes amusantes et édifiantes. Commencement de la préface : الحمد لله الذى ليس له اوّل يُبديه ولا اخر يغنيه.

2° (Fol. 107.) تحفة الالباب «Présent offert aux cœurs intelligents», description du monde et de ses merveilles, par un anonyme qui se trouvait à Mossoul, en 557 de l'hégire (1162 de J. C.). L'ouvrage se compose d'une courte introduction et de quatre chapitres, dont le premier traite du monde et de ses habitants; le second, des merveilles des divers pays; le troisième, des mers et des animaux extraordinaires qui l'habitent; le quatrième, des souterrains et des tombeaux. Commencement : الحمد لله الذى ابدع العالم على توحيده.

3° (Fol. 162.) محاسن الاثار والاخبار فى ذمّ الشحّ والبخل ومدح السخا والفتوة والايثار «Anecdotes et récits intéressants qui montrent combien sont laides la parcimonie et l'avarice, et combien sont louables la libéralité, la générosité et la bienfaisance». Recueil d'histoires amusantes, par ʿAlâ al-Dîn al-Qâdirî, de Damas.

Ms. daté de l'an 1013 de l'hégire (1604-1605 de J. C.).

Papier. 193 feuillets. Hauteur, 21 centimètres; largeur, 15 centimètres et demi. 15 à 17 lignes par page. —(Ancien fonds 1603.)

3495.

1° الصادح والباغم والحازم والعازم «L'Être qui crie et l'Être qui mugit, l'Avisé et le Résolu». Recueil de fables versifiées, par Aboû Ya'lâ Moḥammad ibn al-Habbârîya. L'ouvrage est dédié à Ṣadaqa ibn Manṣoûr al-Asadî, seigneur d'Al-Ḥilla et chef des Arabes nomades de la Mésopotamie. Commencement :

الحمد لله الذى حبانى بالاصغرين القلب واللسان

Pour la vie du poète, voyez le Dictionnaire biographique d'Ibn Khallikân, t. III, p. 150 et suiv. de la traduction, et pour la liste des chapitres, le Catalogue de la Bibliothèque bodléïenne, t. II, p. 325 et suiv. Ibn al-Habbârîya mourut en 504 de l'hégire (1110-1111 de J. C.).

Ms. daté de l'an 1028 de l'hégire (1619 de J. C.).

Papier. 90 feuillets. Hauteur, 20 centimètres et demi; largeur, 12 centimètres. 13 lignes par page. — (Supplément 1596.)

3496.

Même ouvrage.

Papier. 85 feuillets. Hauteur, 21 centimètres; largeur, 15 centimètres. Ms. du XVIIe siècle. — (Supplément 1597.)

3497.

1° Même ouvrage.

2° مناقب الامام الشافعى «Mérites de l'imâm Al-Schâfi'î», par Fakhr al-Dîn al-Râzî. Ce sont des fragments du septième et du neuvième chapitre de l'ouvrage. Il s'agit des vers rapportés par Al-Schafi'î ou composés par lui, ainsi que de ses bons mots.

Papier. 54 feuillets. Hauteur, 21 centimètres; largeur, 15 centimètres et demi. 17 lignes par page. Ms. du XVIIe siècle. — (Ancien fonds 1426.)

3498.

1° الصادح والباغم d'Ibn al-Habbârîya.

2° (Fol. 64 v°.) عمدة الحرفا وقدوة الظرفا. Conseils en vers, adressés par Madjd al-Dîn ibn Makânis à son fils.

Ms. daté de l'an 1129 de l'hégire (1717 de J. C.).

Papier. 67 feuillets. Hauteur, 21 centimètres; largeur, 15 centimètres et demi. 26 à 27 lignes par page. — (Supplément 1598.)

3499.

ربيع الابرار «La verte prairie pour les hommes de bien», par Abou 'l-Qâsim Maḥmoûd al-Zamakhscharî. Recueil méthodique d'anecdotes sur divers sujets, disposés, dans le présent exemplaire, en cent chapitres, dont la liste se trouve en tête du volume; on y remarque particulièrement les chapitres sur la météorologie, la géographie, la justice, la guerre sainte, la science, les vêtements, les chevaux, les bêtes sauvages, les reptiles, etc. L'auteur expose dans la préface le but qu'il s'était proposé en formant ce recueil, mais il n'en indique pas le titre. Le copiste n'a mentionné que la moitié du titre, qui, d'après Hadji Khalfa, est ربيع الابرار ونصوص الاخيار. L'ouvrage commence par ces mots : الحمد لله الذى استحمد الى عباده بموجبات المحامد.

Nombreuses notes marginales.

Ms. daté de l'an 936 de l'hégire (1530 de J. C.).

Papier. 396 feuillets. Hauteur, 26 centimètres et demi; largeur, 18 centimètres. 19 lignes par page. — (Supplément 481.)

3500.

Même ouvrage, divisé en quatre-vingt-dix-huit chapitres.

Ms. daté de l'an 960 de l'hégire (1553 de J. C.).

Papier. 274 feuillets. Hauteur, 26 centimètres et demi; largeur, 18 centimètres. 31 lignes par page. — (Ancien fonds 250.)

3501.

روض الاخيار المنتخب من ربيع الابرار «Les jardins des hommes vertueux, choix de passages fait dans le *Rabî' al-Abrâr*» par Moḥammad ibn Qâsim ibn Ya'qoûb, mort en 940 de l'hégire (1553 de J. C.). Cet abrégé du *Rabî' al-Abrâr* d'Al-Zamakhscharî, est une anthologie morale et littéraire, distribuée en cinquante *Jardins* ou chapitres, et contient aussi des passages empruntés à d'autres auteurs. Les marges du manuscrit sont couvertes de notices biographiques et philologiques.

Papier. 524 pages. Hauteur, 20 centimètres; largeur, 12 centimètres et demi. 17 lignes par page. — (Ancien fonds 421.)

3502.

1° Même ouvrage.

2° (Fol. 136 v°.) Quelques traditions.

3° (Fol. 137.) Opinion de Ḥosâm al-Dîn ʿAbd al-ʿAzîz al-Bokhârî sur certains cas qui se présentent lors du nouveau mariage d'une femme répudiée trois fois.

4° (Fol. 137 v°.) Traité attribué à Djalâl al-Dîn al-Soyoûṭî et intitulé : الكشف عن مجاوزة هذه الامة الالف «Démonstration de la sentence qui affirme que la nation musulmane doit durer plus de mille ans.

5° (Fol. 138 v°.) Diverses traditions, entre autres celles qui sont relatives à la durée de la race humaine à partir de l'époque où le soleil se lèvera du côté de l'occident, phénomène qui doit précéder le jour du jugement dernier. Cette durée, selon Mahomet, sera de cent vingt ans.

6° (Fol. 139.) Note sur les degrés de parenté réelle ou contractuelle, dans lesquels le mariage est prohibé, et note sur les poids et mesures.

Papier. 139 feuillets. Hauteur, 21 centimètres et demi; largeur, 16 centimètres. 13 lignes par page. Ms. du XVIe siècle.— (Supplément 534.)

3503.

سلوان المطاع فى عدوان الاتباع «Consolation du prince qui a encouru l'inimitié de ses sujets». Recueil d'apologues et de récits rédigé par Moḥammad ibn abî Moḥammad ibn Moḥammad ibn Ẓafar, auteur sicilien, mort en 565 de l'hégire (1169-1170 de J. C.). (Voyez le Dictionnaire biographique d'Ibn Khallikân, t. III, p. 104 de la traduction anglaise, et l'introduction de la traduction italienne de cet ouvrage par M. Amari.)

Ms. daté de l'an 588 de l'hégire (1192 de J. C.). Les dix premiers feuillets sont plus modernes.

Papier. 112 feuillets. Hauteur, 19 centimètres et demi; largeur, 14 centimètres. 16 lignes par page. — (Supplément 536.)

3504.

1° Même ouvrage.

2° (Fol. 35 v°.) النزه والانوار «De l'agrément et des Lumières». Anthologie, en grande partie poétique, distribuée en dix-neuf chapitres. Commencement : الحمد لله وحده اعلم ايدك الله انى نظرت فيما جمعت من الكتب فرايت قد شرز (sic) منها ابوابا (sic) لم تدخل فى جملتها. La plupart des morceaux contenus dans cet ouvrage sont empruntés aux poètes des quatre premiers siècles de l'hégire. La fin de la copie, à partir du chapitre XV, manque.

3° (Fol. 84 v°.) Quatre pièces de vers d'un auteur dont le nom a été biffé. Le premier vers de la première pièce, qui se compose de treize vers, se termine par les mots : كل خطب نازل. La seconde pièce se compose de trente-six vers dont le premier se termine par les mots : وسوف باسراك المنية تنسب. La troisième pièce se compose de trente-cinq vers, dont voici le premier :

ذنوبك يا مغرور تحصى وتحسب
وتجمع فى لوح حفيظ وتكتب

La quatrième pièce se compose de douze vers, dont le premier se termine par les mots : لحديث امس الزايل.

Papier. 86 feuillets. Hauteur, 24 centimètres et demi; largeur, 18 centimètres. Ms. du XIVe siècle. — (Ancien fonds 953.)

3505.

Le سلوان المطاع de Moḥammad ibn Ẓafar.

Ms. daté de l'an 867 de l'hégire (1463 de J. C.).

Papier. 162 feuillets. Hauteur, 18 centimètres; largeur, 13 centimètres et demi. 13 lignes par page. — (Ancien fonds 952.)

3506.

Même ouvrage.

Papier. 65 feuillets. Hauteur, 27 centimètres; largeur, 18 centimètres. 21 lignes par page. Ms. du XVIe siècle. — (Ancien fonds 374.)

3507.

Même ouvrage.

Papier. 92 feuillets. Hauteur, 22 centimètres; largeur, 15 centimètres et demi. 13 lignes par page. Ms. du XVIe siècle. — (Ancien fonds 950, Colbert 4585.)

3508.

Même ouvrage.

Ms. daté de l'an 998 de l'hégire (1590 de J. C.).

Papier. 54 feuillets. Hauteur, 19 centimètres et demi; largeur, 14 centimètres. 21 lignes par page. — (Supplément 537.)

3509.

Même ouvrage.

Ms. daté de l'an 1014 de l'hégire (1605 de J. C.).

Papier. 109 feuillets. Hauteur, 26 centimètres; largeur, 19 centimètres. 13 lignes par page. — (Supplément 535.)

3510.

Même ouvrage.

Papier. 59 feuillets. Hauteur, 20 centimètres et demi; largeur, 15 centimètres. 23 lignes par page. Ms. du XVIIe siècle. — (Ancien fonds 948.)

3511.

Même ouvrage. Cet exemplaire renferme des figures, en partie coloriées.

Papier. 72 feuillets. Hauteur, 29 centimètres et demi; largeur, 18 centimètres et demi. 21 lignes par page. Ms. du XVIIe siècle. — (Supplément 539.)

3512.

Même ouvrage.

Ms. daté de l'an 1185 de l'hégire (1771 de J. C.).

Papier. 156 feuillets. Hauteur, 16 centimètres; largeur, 10 centimètres et demi. 13 lignes par page. — (Supplément 538.)

3513.

1° Même ouvrage.

2° (Fol. 114 v°.) Sur les Compagnons du Prophète qui sont morts à l'âge de 120 ans, par Al-Soyoûṭî.

3° (Fol. 117 v°.) Traité sur le Nil, extrait du نشق الازهار فى عجائب الاقطار de Moḥammed ibn Aḥmad ibn Âyâs.

4° (Fol. 164 v°.) Extrait du traité de médecine intitulé كتاب الرحمة فى الطب والحكمة.

Ms. daté (fol. 161) de l'an 1119 de l'hégire (1707 de J. C.).

Papier. 172 feuillets. Hauteur, 20 centimètres; largeur, 15 centimètres. 16 lignes par page. — (Supplément 1950.)

3514.

بدايع البداية. Recueil de bons mots, de réparties spirituelles, d'improvisations, etc., divisé en cinq chapitres. L'auteur, ʿAlî ibn Ẓafar le Sicilien, dit avoir terminé son travail d'après les conseils du célèbre Qâdhî al-Fâdhil al-Baïsânî, et l'avoir présenté, l'an 603 de l'hégire (1206-1207 de J. C.), au sultan Al-Malik al-Aschraf (souverain de la haute Mésopotamie). Il exprime aussi le désir de voir son ouvrage déposé dans la bibliothèque du sultan Al-Malik al-Kâmil. Commencement : اللهم اسبل علينا سترك الجميل واسبغ لدينا عطائك الجزيل.

Ms. daté de l'an 1181 de l'hégire (1768 de J. C.).

Papier. 185 feuillets. Hauteur, 23 centimètres; largeur, 16 centimètres. 19 lignes par page. — (Supplément 1413.)

3515.

كنز الملوك فى كيفية السلوك. Recueil d'anecdotes curieuses et instructives à l'usage des princes. L'auteur, Aboû Moẓaffar Yoûsof Sibṭ ibn al-Djauzî, a tiré les matériaux de son ouvrage intitulé : جوهرة الزمان فى تذكرة السلطان. Commencement : الحمد لله الذى ضرب دون اسرار الاقدار حجابا مستورا. Ce traité est divisé en cinq chapitres : فى التفويض; — فى التأسّى; — فى الصبر; — فى الرضا; — فى الزهد.

2° (Fol. 41 v°.) Extraits du حياة الحيوان d'Al-Damîrî.

Papier. 72 feuillets. Hauteur, 21 centimètres et demi; largeur, 15 centimètres et demi. 21 lignes par page. Ms. du XVIIe siècle. — (Supplément 1881.)

3516.

Le *Goulistân* de Saʿdî, traduit en arabe par un auteur européen en 1048 de l'hégire. En tête de chaque paragraphe de la traduction, on lit le commencement du paragraphe correspondant du texte persan.

Papier. 245 feuillets. Hauteur, 22 centimètres et demi; largeur, 16 centimètres et demi. — (Ancien fonds 1493.)

3517.

Commentaire sur le *Goulistân* de Saʿdî par Yaʿqoûb ibn Saïyid ʿAlî. Commencement : الحمد لله على ما اولانا من النعم. En tête du ms. se trouve une notice sur le commentateur, par l'auteur du شقائق النعمان.

Ms. daté de l'an 934 de l'hégire (1528 de J. C.).

Papier. 183 feuillets. Hauteur, 16 centimètres; largeur, 11 centimètres. 17 lignes par page. — (Ancien fonds 981.)

3518.

Même ouvrage.

Ms. daté de l'an 967 de l'hégire (1560 de J. C.).

Papier. 115 feuillets. Hauteur, 21 centimètres et demi; largeur, 16 centimètres. 17 lignes par page. — (Supplément 1788.)

3519.

Même ouvrage.

Papier. 159 feuillets. Hauteur, 20 centimètres et demi; largeur, 14 centimètres et demi. 17 lignes par page. Ms. du XVIIe siècle. — (Supplément 1789.)

3520.

Commentaire sur le *Goulistân* de Sa'dî, composé par Soroûrî, sous le règne du sultan Moustafâ, fils de Solaïmân. Commencement : الحمد لله الذى جعلنى من علماء البيان والمعانى.

Papier. 230 feuillets. Hauteur, 21 centimètres; largeur, 14 centimètres et demi. 21 lignes par page. Ms. du XVIIe siècle. — (Supplément 1789 bis.)

3521.

1° كشف الاسرار عن حكم الطيور والازهار. Allégories morales, par 'Izz al-Dîn 'Abd al-Salâm al-Maqdasî. Cet ouvrage a été publié et traduit par M. Garcin de Tassy. (Les *Oiseaux et les fleurs*. Paris, 1821).

2° (Fol. 27.) *Maqâmât* de Djalâl al-Dîn al-Soyoûtî :

a. الوردية. Dialogue des fleurs.

b. (Fol. 36 v°.) المسكية. Sur les vertus du musc, de l'ambre gris, de la civette, etc.

c. (Fol. 42.) التفاحية. Sur les diverses espèces de fruits.

d. (Fol. 49.) الزمردية. Sur sept espèces de légumes (الخضراوات).

e. (Fol. 53.) الفستقية. Sur sept espèces de dragées.

f. (Fol. 56.) الياقوتية. Sur sept espèces de pierres précieuses.

3° (Fol. 61.) رسالة الازهار. Épître du cadi Dhiyâ al-Dîn ibn al-Athîr. C'est un dialogue des fleurs.

4° (Fol. 64 v°.) Extraits et anecdotes.

Ms. daté (fol. 61) de l'an 1118 de l'hégire (1707 de J. C.).

Papier. 69 feuillets. Hauteur, 21 centimètres; largeur, 15 centimètres. 21 lignes par page. — (Supplément 1784.)

3522.

1° Le كشف الاسرار d'Al-Maqdasî.

2° (Fol. 30 v°.) Chapitres sur le *Mi'râdj* et le *Tauhîd*. La fin se compose de morceaux de poésie.

3° (Fol. 78.) Histoire de deux amants, Bischr et Hind.

Papier. 84 feuillets. Hauteur, 21 centimètres; largeur, 15 centimètres. Écritures diverses du XVIIIe siècle. — (Supplément 1783.)

3523.

Le كشف الاسرار d'Al-Maqdasî.

Papier. 90 feuillets. Hauteur, 21 centimètres et demi; largeur, 15 centimètres. 9 lignes par page. Ms. du XIXe siècle. — (Supplément 1782.)

3524.

مرزبان نامه, traduit du persan en arabe par le grand cadi Schihâb al-Dîn. L'auteur de cet ouvrage, Merzebân, fils de Schîrouîn, était un des descendants de Kaïkaous, frère d'Anoûschirwân le juste. L'original persan (ms. de la Bibliothèque nationale, ancien fonds 384) se compose de neuf sections. La traduction n'en renferme que huit, à savoir : 1° Sur l'origine et le titre de l'ouvrage; 2° Histoire du savant et du démon; 3° Les aventures des deux renards; 4° Histoire du chien appelé Al-Zeki et de la chèvre; 5° Histoire de l'hyène et du roi des éléphants; 6° Histoire du chameau et du lion; 7° Histoire de l'aigle et des deux perdrix; 8° Devoirs réciproques des amis. On voit que l'ouvrage ressemble singulièrement par son contenu au *Fâkihat al-Kholafâ*, qui jusqu'au اما بعد, a aussi la même préface. Il est probable, par conséquent, que le traducteur est Schihâb al-Dîn Ibn 'Arabschâh.

Papier. 145 feuillets. Hauteur, 17 centimètres et demi; largeur, 11 centimètres et demi. 19 lignes par page. Ms. du XVIIIe siècle. — (Supplément 1602.)

3525.

كتاب الوحيد في سلوك اهل التوحيد «Livre du solitaire, traitant de la marche du monothéiste dans la voie de la dévotion» par ʿAbd al-Ghaffâr ibn ʿAbd al-Ḥamîd ibn Noûḥ al-Qoûsî. Cet ouvrage, commencé à Alexandrie en 708 de l'hégire (1308-1309 de J. C.), est un recueil de légendes, d'anecdotes et d'histoires édifiantes.

Papier. 293 feuillets. Hauteur, 28 centimètres; largeur, 18 centimètres. 25 lignes par page. Ms. du XIVe siècle. — (Ancien fonds 740.)

3526.

نزهة الالباب الجامعة لفنون الاداب «Délices des cœurs, renfermant des anecdotes appartenant aux diverses branches de la littérature». Recueil d'anecdotes historiques, biographiques et littéraires, divisé en quatre-vingt chapitres par ʿAzîz al-Dîn ibn al-Kamîlî (الكميلى). Un prince nommé Abou 'l-Fidâ Ismâʿîl (très probablement l'historien et géographe), qui trouva l'ouvrage intéressant mais assez confus, en fit remettre les matériaux dans l'ordre où ils se trouvent à présent. Commencement : حمدا لمن زين محافل الخلفاء بمحاسن الادباء.

Papier. 289 feuillets. Hauteur, 31 centimètres; largeur, 20 centimètres et demi. 35 lignes par page. Ms. du XVIIe siècle. — (Supplément 1804.)

3527.

ترويح الارواح ومفتاح السرور والافراح «Repos des esprits et clef des plaisirs et des joies». Recueil d'anecdotes amusantes et instructives, par Abou 'l-ʿAbbâs Aḥmad ibn Moḥammad Ibn ʿAlawîya al-Schadjarî, surnommé جراب الدولة «Valise de l'Empire». Onze chapitres. Le présent ms. renferme le premier chapitre (qui remplit plus de cent feuillets), et la première moitié du second chapitre, qui renferme les anecdotes et bons mots d'Abou 'l-ʿAïnâ, d'Al-Djammâz (Moḥammad ibn ʿAmr), d'Aboû Nowâs et de Basschâr ibn Bord. Voici ce que dit l'auteur lui-même au sujet du surnom qu'on lui avait donné :

شاع ذكرى وسرح امرى حتى عرض على بارض العراق حين
اخترتها من بين ساير الافاق اسما والقاب يتفاخر بها الاعقاب
...... فقالوا عماد الانس وقالوا ركن الفطنة فاخترت جراب
الدولة لما فيه من الجمال والصولة فاذعنت بفعلى الجان وشهد
لى باللباقة الثقلان

Commencement : كل كلام لا يستفتح بحمد الله فهو لغو فالحمد لله على الائه.

Papier. 134 feuillets. Hauteur, 25 centimètres et demi; largeur, 17 centimètres. 19 lignes par page. Ms. du XIVe siècle. — (Ancien fonds 1571.)

3528.

حدايق الازاهر في مستحسن الاجوبة والمضحكات والحكم والامثال والحكايات والنوادر «Parterres fleuris, renfermant des reparties spirituelles, des anecdotes joyeuses, des apophthegmes, des proverbes, des historiettes et des jeux d'esprit», par Aboû Bakr ibn abî Yaḥyâ ibn ʿÂṣim al-Qaïsî, vizir d'Abou 'l-Ḥaddjâdj Yoûsof II, fils d'Al-Ghanî Billâh Moḥammad et petit-fils d'Abou 'l-Ḥaddjâdj Yoûsof I. Abou 'l-Ḥaddjâdj II, souverain de Grenade, mourut en 799 de l'hégire (1396-1397 de J. C.). L'ouvrage est divisé en six sections ou *parterres*.

Papier. 119 feuillets. Hauteur, 28 centimètres; largeur, 19 centimètres et demi. 25 lignes par page. Ms. du XVe siècle. — (Ancien fonds 897, Colbert 3101.)

3529.

ثمرات الاوراق «Fruits des feuilles (*ou* de mes lectures»). Recueil d'anecdotes littéraires et d'historiettes, avec quelques pièces de vers, par Taqî al-Dîn Aboû Bakr al-Ḥamawî, surnommé Ibn Ḥiddja. Commencement : اما بعد حمد الله الذى فكهنا بثمرات اوراق العلماء.

Ms. daté de l'an 878 de l'hégire (1473 de J. C.).

Papier. 257 feuillets. Hauteur, 18 centimètres; largeur, 13 centimètres et demi. 15 lignes par page. — (Ancien fonds 1596.)

3530.

Même ouvrage.

Ms. daté de l'an 994 de l'hégire (1586 de J. C.).

Papier. 179 feuillets. Hauteur, 21 centimètres; largeur, 15 centimètres et demi. 23 lignes par page. — (Ancien fonds 1601.)

3531.

Même ouvrage.

Ms. daté de l'an 1018 de l'hégire (1609 de J. C.).

Papier. 158 feuillets. Hauteur, 21 centimètres; largeur, 15 centimètres et demi. 19 lignes par page. — (Ancien fonds 1595.)

3532.

Même ouvrage.

Papier. 135 feuillets. Hauteur, 30 centimètres; largeur, 18 centimètres et demi. 29 lignes par page. Ms. du XVIIe siècle. — (Supplément 1649.)

3533.

Même ouvrage.

Ms. daté de l'an 1140 de l'hégire (1727 de J. C.).

Papier. 124 feuillets. Hauteur, 21 centimètres et demi; largeur, 15 centimètres et demi. 25 à 27 lignes par page. — (Supplément 1648.)

3534.

Même ouvrage.

Papier. 196 feuillets. Hauteur, 20 centimètres et demi; largeur, 15 centimètres. 23 lignes par page. Ms. du XVIIIe siècle. — (Supplément 1650.)

3535.

فاكهة الخلفاء ومفاكهة الظرفاء. Recueil de contes et d'apologues par Aḥmad ibn Moḥammad Ibn ʿArabschâh.

Papier. 208 feuillets. Hauteur, 14 centimètres et demi; largeur, 9 centimètres et demi. Environ 23 lignes par page. Ms. du XVIe siècle. — (Supplément 1601.)

3536.

Même ouvrage.

Ms. daté de l'an 970 de l'hégire (1562 de J. C.).

Papier. 208 feuillets. Hauteur, 21 centimètres; largeur, 15 centimètres. 23 lignes par page. — (Supplément 1599.)

3537.

Même ouvrage.

Papier. 150 feuillets. Hauteur, 21 centimètres; largeur, 15 centimètres. 29 lignes par page. Ms. du XVIe siècle. — (Ancien fonds 1510.)

3538.

Même ouvrage.

Ms. daté de l'an 1041 de l'hégire (1631 de J. C.).

Papier. 315 feuillets. Hauteur, 21 centimètres; largeur, 15 centimètres. 21 lignes par page. — (Supplément 1605.)

3539.

Même ouvrage.

A la fin se trouve un conte qui commence ainsi : قال بعض الادباء والسادة النجباء دعانى بعض الاحباب الى سماط بقوة عزمه وشدة نشاطه.

Ms. daté de l'an 1055 de l'hégire (1645 de J. C.).

Papier. 157 feuillets. Hauteur, 20 centimètres et demi; largeur, 14 centimètres. 17 lignes par page. — (Supplément 1604.)

3540.

Même ouvrage.

Papier. 238 feuillets. Hauteur, 22 centimètres; largeur, 16 centimètres et demi. 20 lignes par page. Ms. du XVIIe siècle. — (Ancien fonds 1511.)

3541.

Même ouvrage.

Ms. daté de l'an 1174 de l'hégire (1761 de J. C.).

Papier. 322 feuillets. Hauteur, 21 centimètres; largeur, 16 centimètres. 16 à 19 lignes par page. — (Supplément 1603.)

3542.

Même ouvrage, sans la préface.

Ms. daté de l'an 1220 de l'hégire (1805 de J. C.).

Papier. 220 feuillets. Hauteur, 24 centimètres; largeur, 16 centimètres et demi. 19 lignes par page. — (Supplément 1600.)

3543.

1° Extraits du même ouvrage.

2° (Fol. 104.) كتاب الحمقاء والمغفلين « Anecdotes des fous et des hommes distraits » par Abou 'l-Qâsim ʿAbd al-Raḥmân Ibn al-Djauzî. Commencement : الحمد لله الذى اعطى من الانعام جزيلا وقبل من الشكر قليلا.

3° (Fol. 146.) Histoire de la conquête de l'Égypte par les Musulmans. C'est un extrait du *Khiṭaṭ* d'Al-Makrîzî.

Papier. 165 feuillets. Hauteur, 18 centimètres; largeur, 10 centimètres et demi (les derniers feuillets, à partir du fol. 129, n'ont en général que 11 centimètres sur 8). Ms. du XIXe siècle. — (Supplément 2334.)

3544.

راحة الارواح فى الحشيش والراح «Tranquillité des esprits au sujet du haschich et du vin». Recueil d'anecdotes, avec quelques pièces de vers, divisé en deux parties et composé au Caire, en 869 de l'hégire (1464-1465 de J. C.)., par Taqî al-Dîn Aboû Bakr ibn ʿAbd Allah al-Badrî, de Damas. Commencement : الحمد لله الذى حرم على عبده كل ما يسكر النفس الخ.

Ms. daté de l'an 1207 de l'hégire (1792 de J. C.).

Papier. 142 feuillets. Hauteur, 23 centimètres; largeur, 16 centimètres et demi. 25 lignes par page. — (Supplément 1038.)

3545.

بهجة القلوب «L'amusement des cœurs». Recueil d'anecdotes, d'histoires édifiantes et de maximes par Aḥmad ibn ʿAlî ibn Moḥammad al-Qoraschî. L'ouvrage commence par des paroles du Prophète, suivies d'anecdotes touchant les Compagnons, ʿAlî et d'autres saints musulmans.

Ms. daté de l'an 873 de l'hégire (1469 de J. C.).

A la fin on a ajouté une dissertation sur l'obligation de payer la dîme et une autre sur les principes de la foi. Ces pièces sont datées, l'une de l'an 957, et la seconde de l'an 959.

Papier. 78 feuillets. Hauteur, 27 centimètres; largeur, 17 centimètres. 23 lignes par page. — (Supplément 1675.)

3546.

عيون الاخبار «Sources des renseignements», par ʿÎsâ ibn ʿAlî ibn Aḥmad al-Andalosî. Recueil contenant des paroles des sages, des conseils, des anecdotes, etc. Commencement : الحمد لله الذى فطر السموات والارض بقدرته.

Ms. daté de l'an 1119 de l'hégire (1708 de J. C.).

Papier. 199 feuillets. Hauteur, 20 centimètres et demi; largeur, 14 centimètres et demi. 23 lignes par page. — (Supplément 1852.)

3547.

كتاب الحمقا والمغفلين par Ibn al-Djauzî (Voyez ci-dessus, n° 3543, 2°).

Papier. 107 feuillets. Hauteur, 21 centimètres et demi; largeur, 15 centimètres et demi. 21 lignes par page. Ms. du XVIIᵉ siècle. — (Ancien fonds 1616.)

3548.

Premier volume de l'ouvrage intitulé رقايق الحلل فى دقايق الحيل «Manteaux d'étoffe fine, traité des ruses et des artifices». Vingt chapitres. Le premier chapitre traite de l'utilité d'une grande intelligence; le second recommande l'emploi de ruses et d'artifices; le troisième montre l'adresse employée par Dieu dans l'accomplissement de ses desseins; le quatrième traite des ruses des anges et des génies; le cinquième, des artifices des prophètes; le sixième, des stratagèmes employés par les califes et d'autres souverains; le septième, des ruses des vizirs et des fonctionnaires publics; le huitième, des ruses des cadis; le neuvième, des ruses des jurisconsultes, et le dixième, des ruses des dévôts. Les dix chapitres de la seconde partie devaient traiter des ruses des émirs et des chefs de troupe, des médecins, des poètes, des marchands, des mendiants, des voleurs et des brigands, des femmes et des enfants, et des voisins. Dans le dix-neuvième chapitre il était question des ruses qui ont tourné contre leurs auteurs. Le vingtième renfermait des anecdotes diverses. Quelques-uns de ces récits historiques sont très intéressants. Dans la préface, l'auteur donne les titres d'un grand nombre d'ouvrages qu'il avait mis à contribution. Commencement : الحمد لله العلى العظيم البار الرحيم.

Ms. daté de l'an 1061 de l'hégire (1651 de J. C.).

Papier. 152 feuillets. Hauteur, 21 centimètres; largeur, 15 centimètres. 21 lignes par page. — (Ancien fonds 1604.)

3549.

روح المجالس وانيس كل جالس «Esprit des réunions et compagnon de celui qui aime y assister», par Salâḥ al-Dîn ibn Moḥammad ibn ʿAlî le Schaféite. Recueil d'historiettes, de récits tirés du Coran et de traditions plus ou moins fabuleuses attribuées à Mahomet.

Ms. daté de l'an 1064 de l'hégire (1653-1654 de J. C.).

Papier. 70 feuillets. Hauteur, 19 centimètres; largeur, 15 centimètres et demi. 25 lignes par page. — (Supplément 479.)

3550.

Même ouvrage.

Ms. daté de l'an 1204 de l'hégire (1790 de J. C.).

Papier. 144 feuillets. Hauteur, 21 centimètres et demi; largeur, 15 centimètres. 15 lignes par page. — (Supplément 480.)

3551.

جلوة العشّاق وخلوة المشتاق « Parure des amants et tête-à-tête avec la personne aimée ». Recueil d'histoires et d'anecdotes rédigées en style très relevé, par Bahâ al-Dîn ʿAlî ibn ʿÎsâ ibn abi 'l-Fatḥ al-Irbilî. Commencement:

يا خليلى من دؤابة قيس فى التصابى ورياضة الاخلاق

Papier. 122 feuillets. Hauteur, 19 centimètres et demi; largeur, 13 centimètres. 19 lignes par page. — (Supplément 1657.)

3552.

الفاشوش فى احكام قراقوش « La stupidité montrée dans les décisions de Qarâqoûsch ». Recueil d'anecdotes, dont le héros était Qarâqoûsch, officier qui gouvernait l'Égypte au nom de Saladin. Ibn Khallikân (t. II, p. 521 de la traduction anglaise) attribue cette compilation, qu'il déclare être un recueil de mensonges, à Asʿad al-Mammâtî, cadi du Caire, mort en 606 de l'hégire (1209-1210 de J. C.). Dans la préface de notre exemplaire, l'auteur dit avoir composé ce petit traité en 899 de l'hégire (1493-1494 de J. C.) et, d'après le titre qui se trouve en tête, cet écrivain serait le célèbre Djalâl al-Dîn al-Soyoûṭî.

Papier. 10 feuillets. Hauteur, 15 centimètres; largeur, 10 centimètres. 11 lignes par page. Ms. du XVIIe siècle. — (Ancien fonds 1548.)

3553.

1° تحفة المجالس ونزهة المجالس « Présent pour les réunions et délices du bon compagnon ». Recueil d'anecdotes en quinze chapitres, dont voici les sujets : l'intelligence, la science, les prophètes, le prophète Mahomet, les califes omaïyades, les califes abbasides, les cadis, les nobles qualités, pièces de vers, les parasites, les voleurs, les femmes d'esprit, les amants, les contes, anecdotes diverses. Commencement : الحمد لله الذى اوضح سبيله القويم.

2° (Fol. 145 v°.) Histoire des Almohades et des Hafsides, par Ibn al-Schammâʿ. Le récit va jusqu'à l'an 882 de l'hégire (1477-1478 de J. C.)

Le premier traité de ce volume, écrit à Monastir, en Tunisie, est daté de l'an 1235 de l'hégire (1820 de J. C.); le second de l'an 1243 de l'hégire (1827 de J. C.).

Papier. 214 feuillets. Hauteur, 21 centimètres; largeur, 16 centimètres. 23 à 25 lignes par page. — (Supplément 1957.)

3554 et 3555.

نزهة المجالس ومنتخب النفايس. Recueil d'anecdotes et d'historiettes édifiantes, par le schaïkh ʿAbd al-Raḥmân ibn ʿAbd al-Salâm al-Ṣafoûrî. Commencement : الحمد لله الذى قص لنا من اياته عجبا.

Ms. daté de l'an 1194 de l'hégire (1780 de J. C.).

2 vol. Papier. 389 et 289 feuillets. Hauteur, 22 centimètres; largeur, 16 centimètres. 17 lignes par page. — (Supplément 1772 I et II.)

3556.

تحفة الاصحاب ونزهة ذوى الالباب « Cadeau pour les amis et source d'amusement pour les hommes intelligents ». Recueil d'anecdotes, par Schams al-Dîn Moḥammad al-Yamanî الشرقى. L'ouvrage est divisé en cinq sections : 1° فى الغزل وذكر ايام الشباب ; — 2° فى العلم والفضل والادب ; — 3° فى ذكر الملوك والرسايل والمكاتبات ; — 4° فى ذكر نكت ; — 5° فى فنون شتى منتقاة من التواريخ وغرايب الاتفاقات. *Commencement :* الحمد لله المتفضل المنعم المنان.

Ms. daté de l'an 1136 de l'hégire (1724 de J. C.).

Papier. 118 feuillets. Hauteur, 21 centimètres et demi; largeur, 15 centimètres et demi. 18 à 25 lignes par page. — (Supplément 1550.)

3557.

النطق المفهوم من اهل الصمت المعلوم « Le langage intelligible des êtres muets ». Recueil de fables et de légendes touchant les animaux, les plantes et les êtres inorganiques ayant exprimé leurs pensées, soit par des signes, soit par la parole. Six chapitres, divisés en sections. La liste des chapitres, écrite par une main plus moderne, ne s'accorde pas toujours avec les divisions du texte. L'auteur de cet ouvrage, ʿAlî al-Marâghî al-Qabbânî, dit l'avoir composé avec l'autorisation de son directeur spirituel (شيخه), Schihâb al-Dîn Aḥmad ibn Moḥammad al-Anṣârî, docteur schaféite. Il l'a terminé en l'an 1001 de l'hégire (1592-1593 de J. C.).

Ms. autographe.

Papier. 145 feuillets. Hauteur, 21 centimètres; largeur, 15 centimètres et demi. 21 lignes par page. — (Supplément 583.)

3558.

Même ouvrage.

Ms. daté de l'an 1164 de l'hégire (1750 de J. C.).

Papier. 122 feuillets. Hauteur, 32 centimètres; largeur, 21 centimètres. 33 lignes par page. — (Supplément 1643.)

3559.

Recueil d'anecdotes, par Schihâb al-Dîn Aḥmad al-Qalyoûbî.

Papier. 85 feuillets. Hauteur, 21 centimètres; largeur, 15 centimètres et demi. 25 lignes par page. Ms. du XVIIe siècle. — (Supplément 1662.)

3560.

Même ouvrage.
Ms. daté de l'an 1118 de l'hégire (1706 de J. C.).

Papier. 276 feuillets. Hauteur, 20 centimètres et demi; largeur, 13 centimètres et demi. 13 lignes par page. — (Supplément 1711.)

3561.

Même ouvrage.
Ms. daté de l'an 1141 de l'hégire (1728 de J. C.).

Papier. 164 feuillets. Hauteur, 22 centimètres; largeur, 15 centimètres. 21 lignes par page. — (Supplément 1663.)

3562.

Même ouvrage.

Papier. 147 feuillets. Hauteur, 21 centimètres; largeur, 15 centimètres. 17 lignes par page. Ms. du XVIIIe siècle. — (Supplément 1661.)

3563.

Même ouvrage.
Ms. daté de l'an 1166 de l'hégire (1753 de J. C.).

Papier. 133 feuillets. Hauteur, 20 centimètres et demi; largeur, 16 centimètres. 23 lignes par page. — (Supplément 1660.)

3564.

العنوان في الاحتراز من النسوان «L'indicateur, avertissement de se tenir en garde contre les femmes». Recueil d'histoires relatives aux défauts et aux vices des femmes, notamment des femmes du Caire, par ʿAlî ibn ʿOmar البنوفى.
Ms. daté de l'an 1095 de l'hégire (1684 de J. C.).

Papier. 109 feuillets. Hauteur, 22 centimètres; largeur, 15 centimètres et demi. 21 lignes par page. — (Supplément 1625.)

3565.

Même ouvrage.
Ms. daté de l'an 1133 de l'hégire (1720 de J. C.).

Papier. 193 feuillets. Hauteur, 21 centimètres; largeur, 15 centimètres. 15 lignes par page. — (Supplément 1627.)

3566.

Même ouvrage.
Ms. daté de l'an 1169 de l'hégire (1756 de J. C.).

Papier. 133 feuillets. Hauteur, 21 centimètres; largeur, 15 centimètres et demi. 19 lignes par page. — (Supplément 1626.)

3567.

Même ouvrage.

Papier. 229 feuillets. Hauteur, 22 centimètres et demi; largeur, 16 centimètres. 13 lignes par page. Ms. du XVIIIe siècle. — (Supplément 1628.)

3568.

نزهة العاشقين ولذة السامعين «Amusement pour les amoureux et plaisir pour les auditeurs». Recueil d'anecdotes divisé en vingt huit chapitres. Les trois derniers chapitres sont consacrés à la poésie. Commencement : الحمد لله الذى حكم بعدله فقهر ثم دبر بلطفه فستر.

Papier. 165 feuillets. Hauteur, 20 centimètres et demi; largeur, 14 centimètres. 21 lignes par page. Ms. du XVIIe siècle. — (Supplément 1671.)

3569.

Recueil d'histoires édifiantes. Ce ms., copié sur un volume incomplet, commence par l'histoire (la sixième d'un chapitre), de la conversion d'Aboû Dorr al-Ghaffârî à l'islamisme. Il se termine par l'histoire des Sept Dormants.

Papier. 127 feuillets. Hauteur, 20 centimètres et demi; largeur, 15 centimètres. 23 lignes par page. Ms. du XVIIe siècle. — (Supplément 1743.)

3570.

Légendes et récits divers, entre autres une narration très développée du voyage nocturne de Mahomet au ciel. La seconde partie renferme des qaṣîdas et d'autres poésies. A la fin se trouvent quelques prières.

Papier. 238 feuillets. Hauteur, 15 centimètres; largeur, 10 centimètres. 15 lignes par page. Ms. du XVIIe siècle. — (Supplément 1670.)

3571.

1° Fable du filet (فخ) et du moineau, en strophes de quatre vers (دور).

2° (Fol. 13.) ايضاح. Traité de l'amour conjugal.

3° (Fol. 23.) Histoire du cadi et du voleur.

4° (Fol. 33.) Histoire du paysan et de sa femme.

5° (Fol. 43.) Histoire de Hâroûn al-Raschîd.

6° (Fol. 47 v°.) Histoire du lion, du loup et du renard qui vont ensemble à la chasse.

Papier. 50 feuillets. Hauteur, 16 centimètres et demi; largeur, 11 centimètres. Ms. du XVIIe siècle. — (Supplément 1918.)

3572.

Recueil de contes et d'histoires édifiantes.

Papier. 59 feuillets. Hauteur, 21 centimètres et demi; largeur, 15 centimètres et demi. 23 lignes par page. Ms. du XVIIe siècle. — (Supplément 1737.)

3573.

Recueil d'anecdotes et d'histoires édifiantes. Le commencement manque.

Ms. daté de l'an 1064 de l'hégire (1654 de J. C.).

Papier. 111 feuillets. Hauteur, 21 centimètres; largeur, 15 centimètres. 15 lignes par page. — (Supplément 1669.)

3574.

Recueil d'historiettes.

Ms. daté de l'an 1097 de l'hégire (1686 de J. C.).

A la fin se trouve une qaṣîda, composée à l'occasion d'un mariage, qui commence ainsi :

ففى عام الف مع مايـة وثلاثة   سمعنا لعرس لا يرى قط مثلـه

Papier. 176 feuillets. Hauteur, 21 centimètres; largeur, 15 centimètres. 21 lignes par page. — (Supplément 1668.)

3575.

اللولو المنثور فى نصيحة ولات الامور «Perles éparpillées pour l'instruction des grands fonctionnaires de l'État». Recueil d'anecdotes puisées dans les ouvrages d'Al-Ghazzî, d'Al-Soyoûṭî, d'Ibn ʿArabschâh et d'autres moralistes. Commencement : الحمد لله الذى فتح الغيوب اقفال القلوب.

Papier. 100 feuillets. Hauteur, 16 centimètres; largeur, 11 centimètres. 15 lignes par page. Ms. du XVIIe siècle. — (Supplément 1658).

3576.

تسبيح الطالبين اللطفا فى نوادر الكرما والخلفا. Anecdotes relatives à certains califes et autres personnages distingués par leur générosité. A la fin, on lit, écrit de la main du copiste, le titre suivant : بستان الظرفا وبغية الخلفا فى نوادر الكرما والخلفا. L'ouvrage commence ainsi : اما بعد وحكى والله اعلم ان يزيد بن معاوية حج فى بعض السنين.

Ms. daté de l'an 1129 de l'hégire (1717 de J. C.).

Papier. 76 feuillets. Hauteur, 21 centimètres; largeur, 14 centimètres et demi. 21 lignes par page. — (Supplément 1659.)

3577.

نزهة القلوب والنواظر فى غرايب الحكايات والنوادر «Délices des cœurs et des yeux, composées d'anecdotes et d'histoires extraordinaires», par Schams al-Dîn ʿOthmân Al-Qibâbî (القبابى ?). Dix chapitres. Commencement : الحمد لله الذى زين الانسان بنطق اللسان وفجر منه ينابيع الحكمة فنطق بها الخ.

Papier. 106 feuillets. Hauteur, 19 centimètres; largeur, 14 centimètres et demi. 19 lignes par page. Ms. du XVIIIe siècle. — (Supplément 1672.)

3578.

خير جليس وانفع انيس. Recueil d'anecdotes instruc-

tives par Moḥammad Amîn, fils de Ḥasan Mîrghanî (ميرغني).

Ms. daté de l'an 1168 de l'hégire (1755 de J. C.).

Papier. 490 feuillets. Hauteur, 22 centimètres et demi; largeur, 16 centimètres et demi. 23 lignes par page. — (Supplément 1779.)

3579 et 3580.

زبدة الادباء وشارح صدور الالبّاء «Cadeau pour les littérateurs et amusement pour les gens d'esprit». Recueil d'anecdotes en treize parties, par Aḥmad ibn Aḥmad السنتيوى. Le premier volume renferme les six premières parties; le second, les sept autres. Commencement : حمدا لمن زين محافل الخلفاء بمجالس الادباء.

Ms. daté de l'an 1774 de l'hégire (1760 de J. C.).

2 vol. Papier. 165 et 92 feuillets. Hauteur, 22 centimètres et demi; largeur, 15 centimètres et demi. 19 lignes par page. — (Supplément 1666.)

3581.

الروض الناضر ومشتهى السامع والناظر «La verte prairie, souhait de celui qui écoute et de celui qui regarde». Recueil d'anecdotes. Commencement : اللهم انا نستوهبك لسانا مصونا من العى.

Papier. 239 feuillets. Hauteur, 23 centimètres et demi; largeur, 16 centimètres et demi. 23 lignes par page. Ms. du XVIIIe siècle. — (Supplément 1656.)

3582.

Recueil d'anecdotes édifiantes. En tête du volume, on lit le titre de انيس الجليس.

Ms. daté de l'an 1162 de l'hégire (1749 de J. C.).

Papier. 271 feuillets. Hauteur, 23 centimètres et demi; largeur, 16 centimètres et demi. 15 lignes par page. — (Supplément 1776.)

3583.

Recueil de légendes et de traditions, divisées en *Séances* (مجالس) et se rattachant à certains passages du Coran. La dernière de ces *Séances* est intitulée : مجلس فى قوله تعالى فاما من طغى واثر الحياة الدنيا. Dans une autre, l'auteur donne le texte des livres (الصحف الاولى) que Dieu avait révélés à Adam, à Abraham, à Moïse, etc.

Le commencement manque. Le premier feuillet, ajouté après coup, est le commencement de l'histoire du mariage de Mahomet et de Khadîdja.

Ms. daté de l'an 1191 de l'hégire (1777 de J. C.).

Papier. 123 feuillets. Hauteur, 22 centimètres; largeur, 15 centimètres et demi. 21 lignes par page. — (Supplément 1693.)

3584.

Recueil d'anecdotes de divers genres.

Ms. daté de l'an 1146 de l'hégire (1734 de J. C.). Le commencement manque.

Papier. 433 feuillets. Hauteur, 21 centimètres et demi; largeur, 16 centimètres. 25 lignes par page. — (Supplément 1778.)

3585.

Recueil d'anecdotes qui, dans l'*explicit*, est intitulé *Safîna*.

Ms. daté de l'an 1165 de l'hégire (1752 de J. C.).

Papier. 130 feuillets. Hauteur, 21 centimètres; largeur, 16 centimètres. 25 lignes par page. — (Supplément 2189.)

3586.

1° Aventures de Mahomet, pendant sa prédication à la Mecque, avec Aboû Sofyân, Aboû Djahl, Aboû Lahab, Ḥabîb ibn Malik, etc.

2° (Fol. 39 v°.) Histoire de Mahomet et d'Aboû Djahl.

3° (Fol. 52 v°.) Entretien de Sofyân ibn ʿOyaïna avec Hâroûn al-Raschîd.

4° (Fol. 56.) Entretien de Moïse avec Dieu sur le mont Sinaï.

5° (Fol. 58.) Autre entretien de Moïse avec Dieu.

6° (Fol. 60.) Histoire racontée par un marchand d'esclaves.

7° (Fol. 62.) Histoire d'ʿAlî cherchant à emprunter de l'argent en donnant pour gage son sabre appelé *Dsou 'l-Fiqâr*. Suivent deux autres anecdotes peu importantes.

La fin manque.

Papier. 70 feuillets. Hauteur, 20 centimètres et demi; largeur, 15 centimètres. Écritures diverses du XVIIIe siècle. — (Supplément 1761.)

3587.

« Troisième partie d'une collection de contes amusants, propres à initier à la connaissance de la langue usuelle ». On y trouve la fable du Renard et de la cigogne et la fable du Lion et du cheval. La copie de cette dernière n'est pas achevée.

Papier. 6 feuillets. Hauteur, 21 centimètres et demi; largeur, 15 centimètres et demi. 25 lignes par page. Ms. du XVIIIe siècle. — (Supplément 1739.)

3588.

Recueil d'anecdotes et d'historiettes. Ce volume est désigné comme étant le second de l'ouvrage intitulé : بحر الحكايات « mer des histoires ». Les derniers feuillets manquent.

Papier. 259 feuillets. Hauteur, 23 centimètres; largeur, 15 centimètres. 27 lignes par page. Ms. du XVIIIe siècle. — (Supplément 1665.)

3589.

بحر الحكايات « Mer des histoires ». Fables et anecdotes recueillies par Asselin de Cherville, ancien consul de France, au Caire. Ce recueil est tout à fait différent du précédent.

Papier. 72 feuillets. Hauteur, 23 centimètres et demi; largeur, 17 centimètres. 25 lignes par page. Ms. du XIXe siècle. — (Supplément 1646.)

3590.

Recueil d'historiettes de la main d'Asselin.

Papier. 337 feuillets. Hauteur, 22 centimètres; largeur, 14 centimètres et demi. 23 à 25 lignes par page. Ms. du XIXe siècle. — (Supplément 1667.)

3591.

Recueil d'historiettes et de fables de la main d'Asselin.

Papier. 720 feuillets. Hauteur, 17 centimètres et demi; largeur, 12 centimètres et demi. 20 lignes par page. — (Supplément 1738.)

3592.

Recueil de fables de la main d'Asselin.

Papier. 114 pages. Hauteur, 23 centimètres; largeur, 14 centimètres et demi. 23 à 28 lignes par page. Ms. du XIXe siècle. — (Supplément 1645.)

3593.

Recueil de fables commençant par l'histoire de l'Alouette et l'éléphant. La dernière fable, le Serpent et le crapaud, n'est pas terminée; les deux feuillets qu'on a ajoutés après coup, contiennent un fragment d'un autre conte.

Papier. 135 feuillets. Hauteur, 17 centimètres et demi; largeur, 10 centimètres et demi, (les feuillets 73 et suivants ont 12 centimètres). 16 lignes par page. Ms. du XIXe siècle. — (Supplément 2197.)

3594.

Recueil de contes et de fables. Le commencement manque. Le vingt-huitième et dernier chapitre commence par ces mots : فى ذكر شى من الممسوخات من بنى ادم وهو الفيل والدب والارنب والحية الخ.

Papier. 199 feuillets. Hauteur, 21 centimètres et demi; largeur, 16 centimètres. 11 lignes par page. Ms. du XIXe siècle. — (Supplément 2187.)

2. CONTES ET ROMANS.

3595 à 3597.

Les *Mille et une nuits.* Le premier volume finit au commencement de la 241e Nuit. Le second volume renferme les Nuits 241 (reproduisant les deux dernières pages du tome I) à 655. Le troisième volume renferme les Nuits 656 à 1001.

3 vol. Papier. 298, 479 et 343 feuillets. Hauteur, 23 centimètres et demi; largeur, 18 centimètres. 27 lignes par page. Ms. du XIXe siècle. — (Supplément 1717 I-III.)

3598 à 3601.

Même ouvrage. Le premier volume s'arrête au com-

mencement de la 214e Nuit. Le second renferme les Nuits 215 à 536; le troisième, les nuits 537 à 771; le quatrième, les Nuits 772 à 1001.

4 vol. Papier. 531, 334, 367 et 391 feuillets. Hauteur, 22 centimètres; largeur, 16 centimètres. 21 lignes par page. Ms. du XIXe siècle. — (Supplément 1718 I-IV.)

3602 à 3605.

Même ouvrage. Le premier volume s'arrête au commencement de la 214e Nuit. Le second volume commence par la Nuit 218 (les Nuits 214 à 217 manquent), et s'arrête au commencement de la 536e Nuit. Le troisième commence au milieu de la 536e Nuit et se termine par la 771e Nuit. Le quatrième volume renferme les Nuits 772 à 1001.

4 vol. Papier. 481, 408, 414 et 245 feuillets. Hauteur, 21 centimètres et demi; largeur, 16 centimètres. 21 lignes par page. Ms. du XIXe siècle. — (Supplément 1719 I-IV.)

3606 à 3608.

Même ouvrage. Exemplaire incomplet du deuxième volume. Le premier volume s'arrête à la 219e Nuit. Le troisième volume commence par les dernières lignes de la 548e Nuit et s'arrête à la 771e Nuit. Le quatrième volume renferme les Nuits 771 à 1001. A la fin du premier volume se trouve un index des contes, écrit au crayon, de la main d'Asselin.

3 vol. Papier. 548, 277 et 416 feuillets. Hauteur, 23 centimètres; largeur, 16 centimètres. 21 lignes par page. — (Supplément 2198-2200.)

3609 à 3611.

Même ouvrage. Le premier volume s'arrête au milieu de la 67e Nuit; le second commence au milieu de la 67e Nuit et finit par la 166e Nuit; le troisième commence par la 167e Nuit et finit au milieu de la 281e Nuit. Deux pages, d'écriture moderne, contiennent la fin de cette Nuit et la 282e Nuit en entier.

3 vol. Papier. 70, 67 et 79 feuillets. Hauteur, 23 centimètres et demi; largeur 16 centimètres (le tome II a 26 centimètres sur 18). 25 lignes par page. Ms. du XIVe siècle. — (Ancien fonds 1508, 1507, 1506.)

3612.

Même ouvrage. Ce volume devait contenir l'ouvrage entier, mais il s'arrête au milieu de la 870e Nuit. Le copiste a divisé le texte en sections, dont celles qui portaient les numéros 15, 16, 18, 20, 21, 22, 23, 25, 27, manquent, ainsi que la fin de la 27e section et la section suivante, et il y a encore d'autres lacunes.

Papier. 408 feuillets. Hauteur, 30 centimètres; largeur, 20 centimètres. 23 lignes par page. Ms. du XVIIe siècle. — (Ancien fonds 1491 A.)

3613 et 3614.

Même ouvrage. Deux volumes renfermant les 231 premières Nuits. A la fin du premier volume se trouve un feuillet d'écriture orientale qui contient quelques pièces de vers que le copiste avait omises.

2 vol. Papier. 120 et 130 feuillets. Hauteur, 23 centimètres; largeur, 17 centimètres et demi. 19 lignes par page. Ms. du XVIIIe siècle. — (Supplément 1715 I et II.)

3615.

Même ouvrage. Volume renfermant les 211 premières Nuits.

Papier. 231 feuillets. Hauteur, 21 centimètres; largeur, 15 centimètres et demi. 18 à 21 lignes par page. Ms. du XVIIIe siècle. — (Supplément 1721 IV.)

3616.

Même ouvrage. Volume commençant au milieu de la 282e Nuit et finissant au milieu de la 631e Nuit.

Papier. 320 feuillets. Hauteur, 27 centimètres et demi; largeur, 21 centimètres (les 50 premiers feuillets ont 26 centimètres sur 19). 19 lignes par page. Ms. du XVIIIe siècle. — (Supplément 1716.)

3617.

Même ouvrage. Volume de la main d'Asselin, commençant par la 285e Nuit et finissant par la 326e Nuit.

Papier. 94 feuillets. Hauteur, 15 centimètres; largeur, 11 centimètres. 18 lignes par page. — (Supplément 1720.)

3618.

Même ouvrage. Volume commençant par la 656e Nuit et se terminant par la 1001[e] Nuit.

Ms. daté de l'an 1211 de l'hégire (1797 de J. C.).

Papier. 237 feuillets. Hauteur, 23 centimètres et demi; largeur, 16 centimètres. 27 à 30 lignes par page. —(Supplément 1721 III.)

3619.

Même ouvrage. Volume commençant au milieu de la 823e Nuit. La 909e Nuit est immédiatement suivie de la 1001[e] Nuit.

Papier. 176 feuillets. Hauteur, 21 centimètres; largeur, 15 centimètres. 19 à 21 lignes par page. Ms. du XVIIe siècle. — (Supplément 1721 II.)

3620.

Une vingtaine de contes tirés des *Mille et une nuits*.

Le commencement manque.

Papier. 99 feuillets. Hauteur, 18 centimètres; largeur, 13 centimètres et demi. Environ 12 lignes par page. Ms. du XVIIe siècle. — (Supplément 1721 A.)

3621.

Histoire de Qamar al-Zamân et de Badr al-Bodoûr. Le commencement et la fin manquent.

Papier. 42 feuillets. Hauteur, 20 centimètres et demi; largeur, 14 centimètres et demi. 21 lignes par page. Ms. du XVIIe siècle. — (Supplément 2202.)

3622.

Histoire de Qamar al-Zamân et de Badr al-Bodoûr.

Papier. 35 feuillets. Hauteur, 22 centimètres; largeur, 16 centimètres. 19 à 25 lignes par page. Ms. du XVIIe siècle. — (Ancien fonds 1497.)

3623.

1° Histoire de Qamar al-Zamân et de Badr al-Bodoûr. Copie datée de l'an 1109 de l'hégire (1697-1698 de J. C.).

2° (Fol. 13.) *Ordjoûza* renfermant l'histoire du célèbre cheval Al-Maïmoûn, que le Prophète avait procuré à son gendre ʿAlî Ḥaïdar.

Papier. 31 feuillets. Hauteur, 21 centimètres et demi; largeur, 15 centimètres. Écritures diverses. — (Ancien fonds 1499.)

3624.

1° Histoire du cheval d'ébène (فرس الابنوس).

2° (Fol. 27 v°.) Histoire de Maryam à la ceinture.

3° (Fol. 72.) Histoire de Bâsim le forgeron.

Papier. 147 feuillets. Hauteur, 20 centimètres et demi; largeur, 16 centimètres et demi. Écritures diverses du XVIIIe siècle. — (Supplément 1733.)

3625.

1° Histoire du cheval d'ébène.

2° (Fol. 26.) Histoire de Salomon, fils de David.

3° (Fol. 43.) Histoire des Sept dormants.

4° (Fol. 54.) Histoire de la ville d'airain.

Papier. 84 feuillets. Hauteur, 16 centimètres et demi; largeur, 11 centimètres et demi. 17 lignes par page. Ms. du XVIIIe siècle. — (Supplément 1740.)

3626.

Version poétique, en dialecte vulgaire, de l'histoire d'Ons al-Wodjoûd. Commencement : امدح نبينا اللى مليح الملاح.

Papier. 34 feuillets. Hauteur, 17 centimètres; largeur, 11 centimètres. 12 à 14 lignes par page. Ms. du XVIIIe siècle. — (Supplément 1725.)

3627.

Même ouvrage.

Ms. daté de l'an 1218 de l'hégire (1803 de J. C.).

Papier. 33 feuillets. Hauteur, 16 centimètres et demi; largeur, 11 centimètres. 14 à 16 lignes par page. — (Supplément 1724.)

3628.

Histoire de la ville d'airain.

Papier. 32 feuillets. Hauteur, 16 centimètres et demi; largeur, 11 centimètres. 17 lignes par page. Ms. du XVIIIe siècle. — (Supplément 1759.)

3629.

Fragment de l'histoire de Halif et du singe et fragment de l'histoire de Qoût al-Qoloûb.

Papier. 27 feuillets. Hauteur, 16 centimètres; largeur, 10 centimètres et demi. 15 à 17 lignes par page. Ms. du XVIIe siècle. — (Supplément 2203.)

3630.

Histoire de la belle esclave Tawaddoud.

Papier. 71 feuillets. Hauteur, 20 centimètres; largeur, 15 centimètres. 15 lignes par page. Ms. du XVe siècle. — (Ancien fonds 1505, Colbert 4426.)

3631.

Même ouvrage.

Papier. 49 feuillets. Hauteur, 19 centimètres; largeur, 14 centimètres. 13 lignes par page. Ms. du XVIe siècle. — (Supplément 1722.)

3632.

1° Même ouvrage.

2° (Fol. 37 v°.) Traité sur l'enterrement des morts, intitulé وصية نامه, par Mollâ Khosrau. En turc.

Papier. 40 feuillets. Hauteur, 20 centimètres et demi; largeur, 14 centimètres. 13 lignes par page. Ms. du XVIIe siècle. — (Ancien fonds 1504.)

3633.

1° Histoire de la belle esclave Tawaddoud.

2° (Fol. 72 v°.) Prière composée d'extraits du Coran.

Papier. 79 feuillets. Hauteur, 21 centimètres et demi; largeur, 14 centimètres et demi. 17 lignes par page. Ms. du XVIIIe siècle. — (Supplément 1714.)

3634.

Histoire de Djoûdar le pêcheur et du sultan Al-Malik al-Ẓâhir Bîbars.

Papier. 117 feuillets. Hauteur, 20 centimètres et demi; largeur, 15 centimètres. 17 à 21 lignes par page. Diverses écritures du XVIIIe siècle. — (Supplément 1751.)

3635.

Histoire de Gharîb et ʿAdjîb.

Ms. daté de l'an 1097 de l'hégire (1686 de J. C.).

Papier. 104 feuillets. Hauteur, 21 centimètres; largeur, 15 centimètres. 17 lignes par page. — (Supplément 1713.)

3636.

Autre rédaction du même conte.

Ms. daté de l'an 1194 de l'hégire (1780 de J. C.).

Papier. 116 feuillets. Hauteur, 21 centimètres et demi; largeur, 15 centimètres et demi. 17 lignes par page. — (Supplément 1712.)

3637.

Volume renfermant les contes suivants :

L'histoire des Dix vizirs; l'histoire du sage Ḥaïqâr; l'histoire du roi Sâboûr; l'histoire de la fille du roi Kisrâ; l'histoire des trois Calenders; l'histoire de Goulnâr de la mer; l'histoire du jeune homme, de la femme interprète et de l'intendante; l'histoire du traiteur et du médecin persan; l'histoire du Bîmâristân; l'histoire d'ʿAṭṭâf; l'histoire du sultan Ḥabîb; l'histoire du calife et du pêcheur; l'histoire du coq et du renard; l'histoire du petit oiseau et du chasseur.

Ms. daté de l'an 1772 de J. C.

Papier. 742 pages. Hauteur, 21 centimètres et demi; largeur, 16 centimètres et demi. 15 lignes par page. — (Supplément 1723.)

3638.

Histoire des Dix vizirs.

Ms. daté de l'an 1177 de l'hégire (1764 de J. C.).

Papier. 42 feuillets. Hauteur, 21 centimètres et demi; largeur, 15 centimètres. 23 lignes par page. — (Supplément 1790.)

3639.

Histoire de Sindbâd ou des Sept vizirs.

Papier. 76 feuillets. Hauteur, 20 centimètres et demi; largeur, 15 centimètres et demi. 11 lignes par page. Ms. du XVIIe siècle. — (Supplément 1791.)

3640.

Histoire de Kal'âd (كلعاد) roi de l'Inde, et de Schimâs (شماس) le sage. On y a joint le commencement d'une traduction française.

Papier. 78 et 25 pages. Hauteur, 21 centimètres; largeur, 16 centimètres. 16 lignes par page. Ms. du XVIIIe siècle. — (Supplément 2170.)

3641.

1° Même ouvrage.

2° (Fol. 42.) Histoire du jeune homme, de la fille du roi et de la femme qui servait d'interprète.

Ms. daté de l'an 1792 de J. C.

Papier. 45 feuillets. Hauteur, 23 centimètres; largeur, 16 centimètres. 20 à 23 lignes par page. — (Supplément 1742.)

3642.

Histoire de Ḥasan al-Baṣrî.

Ms. daté de l'an 1099 de l'hégire (1687-1688 de J. C.).

Papier. 102 feuillets. Hauteur, 20 centimètres et demi; largeur, 14 centimètres. 15 lignes par page. — (Supplément 1757.)

3643.

Même ouvrage.

Ms. daté de l'an 1153 de l'hégire (1740 de J. C.).

Papier. 98 feuillets. Hauteur, 21 centimètres; largeur, 15 centimètres. 15 lignes par page. — (Supplément 1755.)

3644.

Même ouvrage.

Ms. daté de l'an 1198 de l'hégire (1784 de J. C.).

Papier. 137 feuillets. Hauteur, 22 à 23 centimètres; largeur, 16 centimètres. 15 lignes par page. — (Supplément 1756.)

3645.

Histoire de Sindbâd le marin et de Hindbâd le porte-faix.

Papier. 42 feuillets. Hauteur, 18 centimètres; largeur, 11 centimètres et demi. 16 lignes par page. Ms. du XVIIe siècle. — (Ancien fonds 1547.)

3646.

1° Même ouvrage.

2° (Fol. 73 v°.) Histoire de Noûr al-Dîn et de la belle esclave.

Papier. 134 feuillets. Hauteur, 15 centimètres; largeur, 10 centimètres et demi. 13 lignes par page. Ms. du XVIIe siècle. — (Supplément 1762 *bis*.)

3647.

Histoire de Sindbâd le marin. La fin manque.

Papier. 40 feuillets. Hauteur, 24 centimètres; largeur, 16 centimètres et demi. Environ 19 lignes par page. Ms. du XVIIIe siècle. — (Supplément 2201.)

3648.

Même ouvrage.

Papier. 49 feuillets. Hauteur, 21 centimètres; largeur, 15 centimètres. 20 à 28 lignes par page. Ms. du XVIIIe siècle. — (Supplément 1762.)

3649.

Commencement du même ouvrage.

Papier. 13 feuillets. Hauteur, 23 centimètres; largeur, 16 centimètres et demi. 23 lignes par page. Ms. du XVIIe siècle. — (Supplément 2279.)

3650.

1° Histoire de Sitt Dounyâ et de son cousin Noûr al-Dîn ʿAlî. La fin de ce conte manque et quelques feuillets sont transposés.

2° (Fol. 45.) Recueil de poésies sans commencement ni fin. Le nom de l'auteur n'y est pas indiqué. Ces pièces de vers traitent des peines de l'amour.

3° (Fol. 66.) Fin de l'histoire d'Al-Haïfâ (الهيفا), de Yoûsof al-Ḥasan, des dix jeunes filles, de Moḥammad ibn Manṣoûr, d'Ibrâhîm al-Nadîm et de l'émir des croyants Al-Ma'moûn.

4° (Fol. 68.) Prière, amulettes, etc.

5° (Fol. 70.) Autre fragment de l'histoire d'Al-Haïfâ.

6° (Fol. 120 v°.) Amulette.

7° (Fol. 122.) Autre fragment de l'histoire d'Al-Haïfâ.

8° (Fol. 125.) Anecdotes, pièces de vers, etc.

Papier. 132 feuillets. Hauteur, 21 centimètres et demi; largeur, 15 centimètres et demi. Ms. du xvııe siècle. — (Ancien fonds 1498.)

3651.

1° Histoire de Noûr al-Dîn, fils du vizir du sultan Moḥammad ibn Solaïmân al-Zaïnabî, et d'Anîs al-Djalîs.

2° (Fol. 27 v°.) Histoire d'Al-Ward fî 'l-Akmâm et d'Ons al-Wodjoûd.

3° (Fol. 40.) Histoire de la ville d'airain.

4° (Fol. 76 v°.) Histoire d'une princesse qu'un fils de roi, après avoir voyagé sur mer à sa recherche et soumis les génies à son ordre, parvient à épouser.

5° (Fol. 100.) Conte très embrouillé qui se termine par ce renseignement : «Voilà ce qui nous est parvenu du discours d'ʿAlî ibn al-Ḥarrânî».

6° (Fol. 119.) Histoire d'ʿAlî ibn al-Zaïyât.

7° (Fol. 134.) Histoire d'ʿAlî Zîbaq.

8° (Fol. 143.) Histoire d'ʿAlî ibn al-Moḥsinî.

9° (Fol. 146.) Histoire d'ʿAlî al-Toûnisî.

10° (Fol. 148 v°.) Histoire du jeune homme nommé Azʿar.

11° (Fol. 174 v°.) Histoire du pêcheur et du génie.

12° (Fol. 189 v°.) Histoire d'ʿAtîschâh et de la jeune fille.

13° (Fol. 209.) Histoire d'un saint homme nommé Fadhloûn.

14° (Fol. 215.) Histoire d'un homme paresseux et de sa femme.

15° (Fol. 217.) Histoire de la vieille femme et de ses fils.

16° (Fol. 218 v°.) Histoire d'un marchand et de sa femme.

17° (Fol. 223.) Histoire du mangeur de haschich. La fin manque.

Papier. 225 feuillets. Hauteur, 20 centimètres et demi; largeur, 15 centimètres. 19 lignes par page. Ms. du xvıııe siècle. — (Supplément 1754.)

3652.

1° Histoire de Khodja ʿAlî l'orfèvre et de Sitt Dînâr.

2° (Fol. 20.) Histoire du roi du Khorâsân et de son fils ʿAlî.

3° (Fol. 54 v°.) Histoire d'Abou 'l-Ḥasan ibn abî Naṣr al-Nakhkhâl.

4° (Fol. 67 v°.) Entretien d'Al-Ḥaddjâdj avec Abou 'l-Monemnem et Al-ʿOṭbân (العوتبان).

5° (Fol. 81 v°.) Les ruses de Dalîla.

6° (Fol. 90 v°.) Entretien de Jésus-Christ avec un crâne.

7° (Fol. 94.) Histoire du capitaine de vaisseau et de la fille du roi des Francs.

8° (Fol. 98.) Histoire de Bâsim le forgeron.

9° (Fol. 140.) Histoire du fils du roi du Khorâsân dans l'Île d'or.

Papier. 156 feuillets. Hauteur, 20 centimètres et demi; largeur, 14 à 15 centimètres. 21 lignes par page. Ms. du xvııe siècle. — (Supplément 1734.)

3653.

1° Entretien de Bahloûl (بهلول) avec Hâroûn al-Raschîd.

2° (Fol. 22.) Entretien d'un médecin avec un jeune homme dans l'hôpital des amants (mystiques) (بيمارستان العُشّاق).

3° (Fol. 49 v°.) Histoire de la création de Mahomet, racontée par lui à Ibn ʿAbbâs, suivie de l'histoire de la mère de Mahomet, de la magicienne Kabîla, etc.

Papier. 186 feuillets. Hauteur, 21 centimètres; largeur, 15 centimètres et demi. 9 lignes par page. Ms. du XVIIIe siècle. — (Supplément 1736.)

3654.

Histoire d'ʿAṭṭâf.

Ms. daté de l'an 1136 de l'hégire (1724 de J. C.).

Papier. 13 feuillets. Hauteur, 22 centimètres et demi; largeur, 16 centimètres et demi. 22 à 26 lignes par page. — (Supplément 1760.)

3655.

1° Histoire d'un roi de l'Inde et de son fils ʿAlî Tchélébi (شلبي).

2° (Fol. 18 v°.) Histoire de Moḥammad Tchélébi.

3° (Fol. 32.) Histoire d'un roi et d'un anneau magique qu'il retire du doigt d'une statue de bronze.

4° (Fol. 50 v°.) Histoire de Tamîm al-Dârî.

5° (Fol. 57 v°.) Histoire du pêcheur et du génie.

6° (Fol. 68 v°.) Histoire d'Aboû Nowâs et de Hâroûn al-Raschîd.

7° (Fol. 72.) Histoire d'Al-Mohallab ibn abî Ṣofra.

8° (Fol. 81.) Histoire racontée par ʿAbd Allah ibn Maʿmar.

9° (Fol. 84.) Sur un verset du Coran dont la récitation préserve de tout danger.

10° (Fol. 85 v°.) Vers récités par Toûrân-Schâh l'Aïyoûbite après sa mort.

11° (Fol. 86.) Histoire d'un vizir qui recherche un homme parfait.

12° (Fol. 96.) Histoire de Fadhlân al-ʿAbid, dévôt qui vivait sous le règne d'ʿOmar ibn ʿAbd al-ʿAzîz.

13° (Fol. 102 v°.) Anecdotes diverses.

14° (Fol. 103 v°.) Histoire d'Aḥmad ibn Toûloûn.

15° (Fol. 106.) Histoire racontée par Al-ʿAbbâs, *ṣâḥib al-schorta* du calife Al-Ma'moûn.

16° (Fol. 110.) Entretien de Jésus avec un crâne.

17° (Fol. 116.) Entretien d'Al-Ḥaddjâdj avec un jeune homme.

18° (Fol. 124.) Histoire du chat et du rat.

19° (Fol. 126 v°.) Histoire du chasseur et du petit oiseau.

20° (Fol. 131.) Pièces de vers et modèles de lettres.

21° (Fol. 139 v°.) Histoire de deux frères, adorateurs du feu.

Papier. 143 feuillets. Hauteur, 22 centimètres; largeur, 15 centimètres et demi. 19 lignes par page. Ms. du XVIIIe siècle. — (Supplément 1792.)

3656.

1° Fragment de l'histoire du mangeur de haschich et du cadi Zeqâzeq (زقازق).

2° (Fol. 5.) Fragment de l'histoire d'Aboû Nowâs et de Hâroûn al-Raschîd.

3° (Fol. 19.) Fragment de l'histoire de Salomon.

4° (Fol. 32 v°.) Histoire du sage Ḥaïqâr.

5° (Fol. 47.) Histoire du coq et du renard.

Papier. 48 feuillets. Hauteur, 20 à 22 centimètres; largeur, 14 à 15 centimètres et demi. Écritures diverses du XVIIIe siècle. — (Supplément 2210.)

3657.

Histoire du roi Schâhremân, de son vizir Azdehâr, du prince Aḥmad et de Schams al-Nahâr.

Papier. 21 feuillets. Hauteur, 22 centimètres; largeur, 16 centimètres. 21 à 26 lignes par page. Ms. du XVIIIe siècle. — (Supplément 2213.)

3658.

1° Histoire d'une jeune fille morte et enterrée qui fut retirée du tombeau par son amant et rendue à la vie.

2° (Fol. 6.) Histoire d'Ibrâhîm ibn al-Mahdî et d'Al-Fadhl ibn al-Rabîʿa.

3° (Fol. 17.) Histoire d'Ibn al-Moʿallim et de la fille du *Baïsarî*.

4° (Fol. 26 v°.) Histoire de Hâroûn al-Raschîd et du marchand de *foqqâʿ*.

5° (Fol. 34.) Histoire d'Al-Aṣmaʿî et du tailleur.

6° (Fol. 41.) Histoire de la jeune fille Qoût al-Qoloûb et de la dame Zobaïda.

7° (Fol. 49.) Histoire d'un pauvre.

8° (Fol. 55.) Histoire de Noûr al-Dîn de Damas.

9° (Fol. 66 v°.) Histoire d'Al-Iskandarî le tailleur.

10° (Fol. 74 v°.) Histoire du jeune homme qui vend sa belle esclave.

11° (Fol. 77.) Histoire d'Al-Ḥaddjâdj et de Hind, fille d'Al-No'mân.

12° (Fol. 79.) لوعة الشاكى ودمعة الباكى. Ouvrage érotique attribué, dans cet exemplaire, à Ṣalâḥ al-Dîn al-Ṣafadî.

Papier. 107 feuillets. Hauteur, 20 centimètres et demi; largeur, 14 centimètres et demi. 15 à 17 lignes par page. Ms. du XVIIIe siècle. — (Supplément 1807.)

3659.

Aventures des princesses Ghoṣoûn al-Ward, Qamar al-Aschdjâr, Badr al-Zamân et Tîdjân avec le roi Ghoṣoûn al-Bân, seigneur de la ville de Kerdjâna (كرجانه) et du pays d'Al-Kordj (الكرج). La fin manque.

Papier. 110 feuillets. Hauteur, 22 centimètres; largeur, 16 centimètres. 20 à 28 lignes par page. Écritures diverses du XVIIe siècle. — (Supplément 1721 V.)

3660.

1° Recueil de contes portant le titre de «Les Cent et une nuits».

2° (Fol. 116.) نظم السلوك فى مسافرة الوزراء والملوك «Les fils (de perles) arrangés, à l'usage de ceux qui voyagent avec des vizirs et des rois». C'est un recueil de contes.

Papier. 201 feuillets. Hauteur, 21 centimètres; largeur, 16 centimètres et demi. 15 lignes par page. Ms. du XVIIIe siècle. — (Supplément 1728.)

3661.

Autre recueil de contes portant le titre de «Les Cent et une nuits».

Papier. 118 feuillets. Hauteur, 20 centimètres; largeur, 15 centimètres. 19 lignes par page. Ms. du XIXe siècle. — (Supplément 2500.)

3662.

1° Recueil de contes: Histoire de Ḥayât al-Nofoûs et d'Ardeschîr; histoire de Hâroûn al-Raschîd et d'Ibn Manṣoûr; histoire de Hind et de Bischr; histoire d'Ons al-Wodjoûd; histoire de Schams al-Nahâr et du prince Aḥmad; histoire de la ville d'airain, etc.

2° (Fol. 153 v°.) Autre version des «Cent et une nuits».

Ms. daté de l'an 1190 de l'hégire (1776 de J. C.).

Papier. 234 feuillets. Hauteur, 25 centimètres; largeur, 18 centimètres. 26 lignes par page. — (Supplément 1731.)

3663.

1° Histoire du prêtre Naṣîr d'Alexandrie et de son fils Marc.

2° (Fol. 68 v°.) Divers extraits de la main d'un Européen.

3° (Fol. 70 v°.) Divan d'Ibn 'Aroûs.

4° (Fol. 81 v°.) Histoire du faux calife.

5° (Fol. 124.) Chanson turque suivie de la traduction française.

6° (Fol. 125.) *Inschâ*, ou formulaire de lettres.

7° (Fol. 134 v°.) Noms des astres et des signes du zodiaque, en arabe et en français.

8° (Fol. 135 v°.) Copie d'un traité conclu entre la Porte et la France et daté de l'an 1153 de l'hégire (1740 de J. C.). En turc.

9° (Fol. 146 v°.) Quelques extraits de la main d'un Européen.

10° (Fol. 149.) Explication en vers des mots appelés المثلثات par «Gabriel, moine du mont Liban».

11° (Fol. 156.) Notes et extraits; écriture européenne.

12° (Fol. 161 v°.) Copie d'une lettre du curé (الخورى) Nicolas, suivie de la réponse.

Papier. 169 feuillets. Hauteur, 23 centimètres, largeur, 17 centimètres. Écritures diverses du XVIIIe siècle. — (Supplément 1923.)

3664.

1° Histoire du fils du marchand et du petit oiseau.

IMPRIMERIE NATIONALE.

2° (Fol. 11.) Histoire de Ḥosaïna, du chef de la police, du cadi, du gouverneur et du vizir.

3° (Fol. 59.) Histoire d'Al-Ḥaddjâdj et du jeune homme.

4° (Fol. 76 v°.) Histoire d'Al-Ḥaddjâdj et de l'Arabe du désert.

5° (Fol. 96 v°.) Histoire du roi Schâhremân et de son fils, l'émir Aḥmad.

6° (Fol. 134 v°.) Histoire d'Al-Haïfâ et de Yoûsof.

7° (Fol. 231.) Histoire du saint homme Fadhloûn.

8° (Fol. 241.) Histoire de Tamîm al-Dârî.

9° (Fol. 280 v°.) Histoire de l'habitant de Koûfa et de l'habitant de Baghdâd.

10° (Fol. 294.) Histoire d'Al-Ḥasan al-Baṣrî et de l'adorateur du feu.

11° (Fol. 295 v°.) Histoire du patriarche Job.

Papier. 304 feuillets. Hauteur, 21 centimètres; largeur, 16 centimètres. 12 lignes par page. Ms. du XIXe siècle. — (Supplément 1741.)

3665.

Histoire de Tamîm al-Dârî.
Ms. daté de l'an 994 de l'hégire (1586 de J. C.).

Papier. 15 feuillets. Hauteur, 27 centimètres et demi; largeur, 20 centimètres et demi. 23 lignes par page. — (Ancien fonds 1490.)

3666.

Même ouvrage.

Papier. 18 feuillets. Hauteur, 16 centimètres et demi; largeur, 10 centimètres et demi. 13 lignes par page. Ms. du XIXe siècle. — (Supplément 1694.)

3667.

1° Histoire de Salomon, fils de David.

2° (Fol. 16.) Histoire du chasseur et du petit oiseau.

3° (Fol. 19.) Histoire du Curde et de sa valise (جراب). Au commencement il y a une petite lacune.

4° (Fol. 21 v°.) Histoire du marchand et du roi.

5° (Fol. 23 v°.) Histoire de l'intendante, de la femme interprète et du fils du roi.

6° (Fol. 31 v°.) Histoire de Sindbâd le marin.

7° (Fol. 62.) Commencement de l'histoire du cheval d'ébène.

Ms. daté de l'an 1089 de l'hégire (1678 de J. C.).

Papier. 62 feuillets. Hauteur, 14 centimètres et demi; largeur, 10 centimètres. 15 lignes par page. — (Supplément 1735.)

3668.

1° Histoire de la malédiction de Cham par son père Noé et conseils de Noé adressés à son fils Sem. En tête on lit ce titre : كتاب الفتوح فى اخبار نوح.

2° (Fol. 10.) Histoire d'ʿAbd al-Raḥmân ibn Zaïd et de son jeune esclave.

3° (Fol. 12 v°.) Récit fait par le saint homme Dhou 'l-Noûn al-Miṣrî.

4° (Fol. 15.) Histoire du schaïkh ʿAbd al-ʿAzîz et du lion qui accomplissait la prière comme un vrai croyant.

5° (Fol. 18.) Histoire de Hâroûn al-Raschîd et de Sîdî ʿAlî l'orfèvre.

6° (Fol. 52.) Quelques vers renfermant des énigmes.

7° (Fol. 53.) Récit de la conquête de la ville d'airain.

Le premier feuillet porte la liste des chapitres; le second, des notes sans importance et le troisième, la représentation d'un palais.
Ms. daté de l'an 1146 de l'hégire (1733 de J. C.).

Papier. 107 feuillets. Hauteur, 21 centimètres; largeur, 16 centimètres et demi. 9 lignes par page. — (Supplément 1758.)

3669.

1° Aventures de Zaïd ibn ʿÂmir al-Kinânî.

2° (Fol. 32 v°.) Histoire des îles de l'ambre gris.

3° (Fol. 37 v°.) Histoire de l'île des émeraudes.

4° (Fol. 43.) Les merveilles de la mer.

5° (Fol. 45 v°.) Anecdotes sous le titre de نظم السلوك ومسامر الملوك.

6° (Fol. 58.) Recettes de magie.

7° (Fol. 64 v°.) الروض العاطر فى نزهة الخاطر. Ouvrage érotique, par Aboû ʿAbd-Allah الغزاوى (*sic*).

8° (Fol. 94 v°.) Histoire du jeune homme de Cordoue et de Zahrat al-Azhâr.

Papier. 107 feuillets. Hauteur, 26 centimètres; largeur, 16 centimètres. 22 lignes par page. Ms. du XVII° siècle (l'article 8° est d'une autre écriture). — (Supplément 1949.)

3670.

1° Comment le sultan Noûr al-Dîn entoura d'un fossé rempli de plomb l'*Enclos sacré*, (الحجرة الشريفة), où est enterré Mahomet.

2° (Fol. 3.) Histoire de Sindbâd ou des Sept vizirs. Le commencement manque.

3° (Fol. 18.) Commencement de l'histoire de Hâroûn al-Raschîd et de la femme arabe.

Papier. 18 feuillets. Hauteur, 21 centimètres et demi; largeur, 16 centimètres. 24 lignes par page. Ms. du XVIII° siècle. — (Supplément 2212.)

3671.

ماجريات. Recueil de contes, au nombre de vingt-cinq, ayant pour sujet les aventures amoureuses et les ruses des femmes. L'auteur, qui ne se nomme pas et qui écrivait après la mort du sultan mamelouk, Qalaoun (1290 de J. C.), emploie beaucoup de tournures vulgaires dans ces récits. Il n'est pas certain que le titre inscrit en or et en couleurs sur le recto du premier feuillet, كتاب الزهر الانيق فى البوس والتعنيق, soit authentique.

Papier. 116 feuillets. Hauteur, 18 centimètres; largeur, 13 centimètres. 13 lignes par page. Ms. du XV° siècle. — (Ancien fonds 1464.)

3672.

Histoire de Madjnoûn et Laïla, comprenant le divan de Madjnoûn, par Aboû Bakr al-Wâlibî (الوالبى).

Papier. 58 feuillets. Hauteur, 21 centimètres et demi; largeur, 14 centimètres et demi. 15 lignes par page. Ms. du XVII° siècle. — (Supplément 1595.)

3673.

Même ouvrage.

Papier. 45 feuillets. Hauteur, 20 centimètres et demi; largeur, 14 centimètres. 19 lignes par page. Ms. du XVII° siècle. — (Supplément 1676.)

3674.

Histoire de Madjnoûn et Laïla (avec le divan), commençant par ces mots : الحمد لله رب العالمين الذى جعل سير الاوّلين عبرة للآخرين.

Ms. daté de l'an 1080 de l'hégire (1668 de J. C.).

Papier. 108 pages. Hauteur, 20 centimètres; largeur, 14 centimètres et demi. 15 lignes par page. — (Supplément 1677.)

3675.

Histoire de Yoûsof et d'Al-Haïfâ. Le commencement manque.

Papier. 38 feuillets. Hauteur, 21 centimètres et demi; largeur, 15 centimètres. 13 lignes par page. Ms. du XVII° siècle. — (Supplément 1729.)

3676.

Même ouvrage.

Papier. 114 feuillets. Hauteur, 20 centimètres et demi; largeur, 15 centimètres. 13 lignes par page. Ms. du XIX° siècle. — (Supplément 1730.)

3677.

Roman de Saïf al-Tîdjân.

Papier. 137 feuillets. Hauteur, 18 centimètres et demi; largeur, 14 centimètres. Diverses écritures du XVII° siècle. — (Supplément 1726.)

3678.

1° Roman intitulé اه على ما فات «Regrets du passé».

2° (Fol. 69.) Histoire de Saïf al-Tîdjân, en vingt-deux chapitres (مجلس).

Papier. 247 feuillets. Hauteur, 22 centimètres et demi; largeur, 17 centimètres. 15 lignes par page. Ms. du XVIII° siècle. — (Supplément 1727.)

3679.

Fragment d'un roman, dont la scène est placée en Égypte. Les personnages qui y figurent sont Maïmoûn, Aboû Tîdj et le roi d'Osiout.

Papier. 4 feuillets. Hauteur, 20 centimètres et demi; largeur, 15 centimètres. 17 lignes par page. Ms. du XVIIIe siècle. — (Supplément 2283.)

3680.

كتاب اطالا. L'*Atala* de Chateaubriand, traduit en arabe par le prêtre ʿÎsâ Petro, sous la direction d'Asselin de Cherville.

Papier. 69 feuillets. Hauteur, 22 centimètres et demi; largeur, 15 centimètres. 27 lignes par page. Ms. du XIXe siècle. — (Supplément 1764.)

3. ROMANS DE CHEVALERIE.

3681.

Histoire d'Alexandre le Grand, traduite du grec par un chrétien melkite, qui dit avoir achevé son travail en 1660 de J. C. L'ouvrage commence par l'aventure d'Olympias et de l'astrologue égyptien Nectanébo, et paraît être la traduction de l'une des rédactions du pseudo-Callisthène.

Papier. 116 feuillets. Hauteur, 21 centimètres; largeur, 15 centimètres. 17 lignes par page. Ms. du XVIIIe siècle. — (Supplément 1679.)

3682.

Histoire d'Alexandre. L'auteur est nommé Abou 'l-Faradj al-Ṣoûrî (الصورى, né à Tyr). Cet exemplaire diffère, au commencement, de la rédaction contenue dans les trois mss. suivants et dans la plupart des mss. connus. Il commence ainsi (à partir de l'*Ammâ-Baʿd*) : فان حديث الملوك الذين ارتضاهم الله تعالى وجعلهم يقوّمون الرعية عن الاعوجاج ويسوسونهم بالاخلاق الحميدة التى هى نور من نور السراج الخ. L'ouvrage se termine par ces mots : وهذا ما انتهى الينا من حديث الاسكندر بن داراب الرومى المقدونى على التمام والكمال تمت هذه السيرة المباركة فى رابع شهر رجب الفرد الحرام من شهور عام سبعة والف الخ. (C'est la date de la copie des 50 derniers feuillets.)

Papier. 360 feuillets. Hauteur, 30 centimètres; largeur, 20 centimètres et demi. 21 lignes par page. Ms. du XVIe siècle. — (Ancien fonds 707.)

3683.

Même ouvrage. L'auteur est nommé Ibrâhîm ibn Moufarradj.

Ms. daté de l'an 1053 de l'hégire (1643 de J. C.).

Papier. 359 feuillets. Hauteur, 20 centimètres; largeur, 15 centimètres et demi. 21 lignes par page. — (Supplément 1681.)

3684.

Même ouvrage. Le nom de l'auteur est donné ainsi : Aboû Isḥâq al-Moufarradj.

Papier. 395 feuillets. Hauteur, 29 centimètres et demi; largeur, 20 centimètres. 21 lignes par page. Ms. du XVIIe siècle. — (Supplément 1680.)

3685.

Première partie du même ouvrage. En marge un assez grand nombre d'annotations de la main de Gilbert Gaulmin.

Ms. daté de l'an 961 de l'hégire (1554 de J. C.).

Papier. 239 feuillets. Hauteur, 21 centimètres et demi; largeur, 15 centimètres. 17 lignes par page. — (Ancien fonds 1494.)

3686.

Autre roman d'Alexandre. Le commencement et la fin manquent.

Papier. 187 feuillets. Hauteur, 26 centimètres; largeur, 18 centimètres et demi. 21 lignes par page. Ms. du XVe siècle. — (Supplément 1682.)

3687.

Histoire d'Alexandre dsou 'l-Qarnaïn, par un anonyme.

Ce roman renferme différentes lettres d'Alexandre et une lettre adressée par Darius à l'empereur Tibère. Commencement : قال كان ملك من ملوك اليونانيين اسمه فيلبس وكان يودى الخراج الى دارا ملك الفرس.
Ms. daté de l'an 1104 de l'hégire (1693 de J. C.).

Papier. 116 feuillets. Hauteur, 22 centimètres; largeur, 16 centimètres. 17 lignes par page. — (Ancien fonds 1494 A.)

3688 à 3698.

Roman d'ʿAntar. Copie exécutée à Constantinople par les soins de Cardin de Cardonne, drogman de l'ambassade française. Le copiste, le P. Philippos, curé de la nation grecque, avait entre les mains deux exemplaires, l'un appartenant à la rédaction de Syrie, l'autre à la rédaction du Ḥidjâz, et il a choisi les leçons qui lui paraissaient préférables. Seulement il a condensé la narration et supprimé quelques répétitions. Le t. XI renferme la table des chapitres.

11 vol. Papier. 319, 321, 351, 286, 350, 370, 359, 327, 287, 319 et 24 feuillets. Hauteur, 28 centimètres; largeur, 20 centimètres. 17 lignes par page. Mss. du XVIIIᵉ siècle. — (Supplément 1683.)

3699 à 3734.

Même ouvrage. Exemplaire composé de volumes dépareillés.

36 vol. Papier. 78, 52, 91, 96, 97, 81, 100, 103, 139, 106, 66, 67, 148, 162, 90, 79, 20, 79, 75, 44, 100, 76, 87, 19, 84, 26, 100, 18, 71, 83, 97, 92, 123, 89, 99 et 77 feuillets. Mss. de divers formats et de diverses écritures du XVIIᵉ et du XVIIIᵉ siècle. — (Supplément 2294-2329.)

3735 à 3758.

Même ouvrage. Les volumes proviennent de deux exemplaires différents qui n'étaient pas divisés de la même manière. Il y a quelques lacunes.

24 vol. Papier. 97, 58, 90, 100, 53, 92, 79, 80, 94, 101, 96, 96, 62, 111, 98, 97, 130, 100, 91, 91, 69, 80, 102 et 102 feuillets. Hauteur, 22 à 24 centimètres; largeur, 15 à 16 centimètres. Mss. de diverses écritures du XVIIᵉ et du XVIIIᵉ siècle — (Supplément 1684.)

3759 à 3782.

Diverses parties du même ouvrage.

24 vol. Papier. 60, 114, 107, 81, 50, 77, 83, 70, 58, 77, 74, 60, 68, 55, 60, 82, 64, 74, 59, 48, 51, 61, 87 et 67 feuillets. Hauteur, 22 centimètres et demi; largeur, 17 centimètres. Diverses écritures du XVIIIᵉ siècle. — (Supplément 1685.)

3783 à 3789.

Volumes dépareillés et incomplets du même ouvrage.

7 vol. Papier. 71, 69, 94, 71, 55, 69 et 49 feuillets. Mss. de divers formats et de diverses écritures du XVIIᵉ et XVIIIᵉ siècle. — (Supplément 1691.)

3790 et 3791.

Les deux premiers volumes du même ouvrage. Il ne paraît manquer qu'un troisième volume.

2 vol. Papier. 300 et 300 feuillets. Hauteur, 21 centimètres; largeur, 15 centimètres. Mss. du XVᵉ siècle. — (Ancien fonds 1521 et 1522.)

3792.

Première partie (l'histoire de l'origine des Arabes et l'histoire d'Abraham) du même ouvrage. Le commencement manque. Les quatre derniers feuillets appartiennent à un autre ms.

Papier. 40 feuillets. Hauteur, 22 centimètres; largeur, 15 centimètres. 27 lignes par page. Ms. du XVIIᵉ siècle. — (Supplément 2208.)

3793 et 3794.

Deux volumes dépareillés du même ouvrage.

2 vol. Papier. 43 et 37 feuillets. Hauteur, 22 centimètres et demi; largeur, 17 centimètres. 26 à 28 lignes par page. Mss. du XVIIᵉ siècle. — (Supplément 2415 et 2415 *bis*.)

3795.

Volume dépareillé du même ouvrage. Il est désigné comme étant le quatrième livre (كتاب).

Papier. 72 feuillets. Hauteur, 25 centimètres; largeur, 17 centimètres. 20 à 24 lignes par page. — (Supplément 2415 *ter*.)

3796.

Volume dépareillé du même ouvrage. La fin manque.

Papier. 69 feuillets. Hauteur, 16 centimètres; largeur, 11 centimètres. 13 à 15 lignes par page. Ms. du XVIIIe siècle. — (Supplément 2204.)

3797.

Dixième volume d'un exemplaire du même ouvrage. Il y a des lacunes.

Papier. 71 feuillets. Hauteur, 22 centimètres; largeur, 16 centimètres. 25 à 27 lignes par page. Ms. du XVIIe siècle. — (Supplément 2205.)

3798.

Quinzième volume d'un exemplaire du même ouvrage.

Ms. daté de l'an 848 de l'hégire (1444 de J. C.).

Papier. 98 feuillets. Hauteur, 18 centimètres; largeur, 14 centimètres. 16 lignes par page. — (Supplément 1689.)

3799.

Volume dépareillé du même ouvrage. Les premiers feuillets manquent.

Papier. 67 feuillets. Hauteur, 22 centimètres; largeur, 16 centimètres. Environ 27 lignes par page. Ms. du XVIIe siècle. — (Supplément 2206.)

3800.

Vingt-septième volume d'un exemplaire du même ouvrage. Il y a plusieurs lacunes.

Papier. 36 feuillets. Hauteur, 22 centimètres et demi; largeur, 16 centimètres. 22 à 27 lignes par page. Ms. du XVIIe siècle. — (Supplément 2207.)

3801.

Vingt-neuvième volume d'un exemplaire du même ouvrage.

Papier. 69 feuillets. Hauteur, 22 centimètres et demi; largeur, 16 centimètres. 27 lignes par page. Ms. du XVIIIe siècle. — (Supplément 1687.)

3802.

Volume dépareillé du même ouvrage.

Papier. 67 feuillets. Hauteur, 22 centimètres et demi; largeur, 16 centimètres. 25 à 27 lignes par page. Ms. du XVIIIe siècle. — (Supplément 1687 *bis*.)

3803.

Fragment du même ouvrage.

Papier. 49 feuillets. Hauteur, 22 centimètres et demi; largeur, 16 centimètres. 17 à 19 lignes par page. — (Supplément 1687 *ter*.)

3804.

Fragment du même ouvrage.

Papier. 76 feuillets. Hauteur, 15 centimètres; largeur, 10 centimètres. Diverses écritures du XVIIe siècle. — (Supplément 1688.)

3805.

Fragment du même ouvrage.

Papier. 50 feuillets. Hauteur, 20 à 21 centimètres; largeur, 13 à 15 centimètres. Diverses écritures du XVIe siècle. — (Supplément 2209.)

3806.

Fragment du même ouvrage.

Papier. 58 feuillets. Hauteur, 22 centimètres; largeur, 16 centimètres. Écritures diverses. — (Supplément 1686.)

3807.

Fragment du même ouvrage.

Papier. 57 feuillets. Hauteur, 23 centimètres; largeur, 16 centimètres. Écritures diverses. — (Supplément 1686 *bis*.)

3808.

Fragment du même ouvrage.

Papier. 72 feuillets. Hauteur, 21 centimètres; largeur, 15 centimètres et demi. Écritures diverses. — (Supplément 1686 *ter*.)

3809.

Cinq dessins à la plume et à l'encre de Chine, représentant des scènes du roman d'ʿAntar.

Papier. 5 feuillets. Hauteur, 20 centimètres; largeur, 16 centimètres. — (Supplément 2350.)

3810 et 3811.

Première et seconde parties du roman de Saïf dsou 'l-Yazan, d'après la rédaction du schaïkh Abou 'l-Maʿâlî. Le héros est désigné par les titres de : ابو الامصار وسابق النيل من ارض لحبشة الى هذه الديار. La fin manque.

2 vol. Papier. 91 et 171 feuillets. Hauteur, 21 centimètres; largeur, 15 centimètres et demi. 19 lignes par page. Ms. du XVIIIe siècle. — (Supplément 1709.)

3812 et 3813.

Même ouvrage.

Ms. daté de l'an 1197 de l'hégire (1783 de J. C.).

2 vol. Papier. 366 et 366 feuillets. Hauteur, 21 centimètres et demi; largeur, 16 centimètres. 15 lignes par page — (Supplément 1705.)

3814.

Première partie du même ouvrage.

Papier. 145 feuillets. Hauteur, 20 centimètres et demi; largeur, 15 centimètres et demi. 13 lignes par page. Ms. du XVIIe siècle. — (Supplément 1707.)

3815.

Volume incomplet du même ouvrage.

Papier. 337 feuillets. Hauteur, 22 centimètres; largeur, 15 centimètres et demi. Environ 17 lignes par page. Ms. du XVIIIe siècle. — (Supplément 1706.)

3816 et 3817.

Volumes dépareillés du même ouvrage.

2 vol. Papier. 127 et 154 feuillets. Hauteur, 21 centimètres; largeur, 15 centimètres. 17 lignes par page. Mss. du XVIIe siècle. — (Supplément 1704.)

3818.

Volume dépareillé du même ouvrage. Le commencement et la fin manquent.

Papier. 184 feuillets. Hauteur, 21 centimètres; largeur, 15 centimètres. 13 lignes par page. Ms. du XVIIIe siècle. — (Supplément 2214.)

3819.

Troisième partie du même ouvrage.

Papier. 107 feuillets. Hauteur, 21 centimètres; largeur, 15 centimètres et demi. 17 lignes par page. Ms. du XVIIIe siècle. — (Supplément 1710.)

3820.

Dernière partie du même ouvrage.

Papier. 173 feuillets. Hauteur, 23 centimètres; largeur, 16 centimètres et demi. Environ 16 lignes par page. Ms. du XVIIIe siècle. — (Supplément 1708.)

3821.

سيرة الملك التبع اليمانى «Aventures du Tobbaʿ, roi du Yemen». Roman historique commençant par ces paroles du Coran : الحمد لله الذى خلق الانسان من صلصال.

Ms. daté de l'an 1142 de l'hégire (1729 de J. C.).

Papier. 182 feuillets. Hauteur, 21 centimètres; largeur, 15 centimètres et demi. 23 lignes par page. — (Supplément 1678.)

3822.

سيرة سالم الزير القرم الخبير «Histoire du chef expérimenté Sâlem al-Zîr». Roman dont la scène est placée tantôt en Arabie, tantôt en Abyssinie, tantôt dans le Haurân, antérieurement à l'islamisme. L'ouvrage se

compose d'un grand nombre de qaṣîdas rattachées les unes aux autres par des récits en prose. L'auteur commence par l'histoire de Morra et de Rabî'a, chefs de la tribu de Qaïs, habitant la Syrie.

Papier. 136 feuillets. Hauteur, 21 centimètres; largeur, 15 centimètres et demi. 23 lignes par page. Ms. du XIXe siècle. — (Supplément 1692 *bis*.)

3823.

Histoire des guerres de Mahomet et des hauts faits de ses compagnons. Vers la fin du volume se trouve le récit de la mort de Râs al-Ghoûl, tué par 'Alî. C'est un volume détaché d'un grand ouvrage. Le commencement manque.

Papier. 125 feuillets. Hauteur, 21 centimètres; largeur, 15 centimètres. Environ 19 lignes par page. Ms. du XVIIIe siècle. — (Supplément 1692.)

3824 à 3829.

Les six premiers volumes du roman de Hamza le héros. L'auteur est nommé Aḥmad ibn Moḥammad Abou 'l-Ma'âlî al-Koûfî.

Le quatrième volume est daté de l'an 1069 de l'hégire (1659 de J. C.)

6 vol. Papier. 90, 69, 71, 66, 67 et 74 feuillets. Hauteur, 21 centimètres; largeur, 15 centimètres. 19 lignes par page. Mss. du XVIIe siècle. — (Ancien fonds 1512 à 1516 et 1523, Colbert 4808-4813.)

3830.

Septième volume du même ouvrage.

Papier. 61 feuillets. Hauteur, 21 centimètres; largeur, 15 centimètres et demi. Écritures diverses du XVIe siècle. — (Ancien fonds 1524, Colbert 4814.)

3831 à 3833.

Huitième, neuvième et dixième volumes du même ouvrage.

3 vol. Papier. 80, 88 et 73 feuillets. Hauteur, 20 centimètres; largeur, 15 centimètres. Environ 20 lignes par page. Mss. du XVIIe siècle. — (Ancien fonds 1517-1519, Colbert 4815-4817.)

3834.

Onzième volume du même ouvrage.

Papier. 103 feuillets. Hauteur, 21 centimètres; largeur, 15 centimètres. 19 lignes par page. Ms. du XVIIe siècle. — (Ancien fonds 1520, Colbert 4818.)

3835 et 3836.

Deux volumes du même ouvrage.

2 vol. Papier. 109 et 108 feuillets. Hauteur, 23 centimètres; largeur, 16 centimètres. 13 lignes par page. Mss. du XVIIIe siècle. — (Supplément 1695 et 1695 A.)

3837.

Histoire de la conquête du Yemen par 'Alî, fils d'Aboû Ṭâlib, attribuée, dans cet exemplaire, à Badr al-Dîn ibn Hischâm.

Papier. 82 feuillets. Hauteur, 22 centimètres et demi; largeur, 16 centimètres. 17 lignes par page. Ms. du XVIIe siècle. — (Supplément 768.)

3838.

Autre rédaction du même ouvrage.

Ms. daté de l'an 1111 de l'hégire (1699-1700 de J. C.).

Papier. 78 feuillets. Hauteur, 20 centimètres et demi; largeur, 15 centimètres et demi. 19 lignes par page. — (Supplément 769.)

3839.

Autre rédaction du même ouvrage, en quatre parties. L'auteur est nommé Abou 'l-Ḥasan al-Bakrî.

Ms. daté de l'an 1175 de l'hégire (1761-1762 de J. C.).

Papier. 126 feuillets. Hauteur, 22 centimètres; largeur, 16 centimètres. 23 lignes par page. — (Supplément 1696.)

3840 à 3851.

Sîrat al-Modjâhidîn. Roman de chevalerie divisé, dans cet exemplaire, en soixante-sept sections.

12 vol. Papier. 451, 435, 424, 430, 443, 411, 368, 412, 402, 448, 368, 371 feuillets. Hauteur, 21 centimètres; largeur, 15 centimètres. Écritures diverses du XVIIe, du XVIIIe et du XIXe siècle. — (Supplément 2400 à 2411.)

3852 à 3855.

Les quatre premiers volumes du même ouvrage.

4 vol. Papier. 155, 137, 124 et 173 feuillets. Hauteur, 16 centimètres; largeur, 11 centimètres. Environ 17 lignes par page. Mss. du XVIIe siècle. — (Ancien fonds 1549-1552.)

3856.

Second volume d'un exemplaire du même ouvrage. La fin manque.

Papier. 68 feuillets. Hauteur, 22 centimètres et demi; largeur, 16 centimètres. 21 lignes par page. Ms. du XVIIIe siècle. — (Supplément 1697.)

3857.

Second volume du même ouvrage.

Papier. 72 feuillets. Hauteur, 21 centimètres et demi; largeur, 15 centimètres. 22 lignes par page. Ms. du XVIIIe siècle. — (Supplément 1699.)

3858.

Troisième volume du même ouvrage. Le commencement manque.

Papier. 116 feuillets. Hauteur, 20 centimètres; largeur, 15 centimètres. 17 lignes par page. Ms. du XVIIe siècle. — (Supplément 1698.)

3859.

Sixième volume du même ouvrage.

Papier. 145 feuillets. Hauteur, 17 centimètres et demi; largeur, 13 centimètres. 11 lignes par page. Diverses écritures du XIVe, du XVe et du XVIe siècle. — (Ancien fonds 1553.)

3860.

Septième volume du même ouvrage. La fin manque.

Papier. 142 feuillets. Hauteur, 22 centimètres; largeur, 15 centimètres et demi. 27 lignes par page. Diverses écritures du XVIe et du XVIIe siècle. — (Ancien fonds 1525.)

3861.

Neuvième et dixième volumes du même ouvrage.

Papier. 194 feuillets. Hauteur, 23 centimètres; largeur, 16 centimètres. 21 lignes par page. Ms. du XIXe siècle. — (Supplément 2412.)

3862.

Neuvième volume du même ouvrage. Les derniers feuillets manquent.

Papier. 166 feuillets. Hauteur, 20 centimètres et demi; largeur, 15 centimètres. Diverses écritures du XVIIe siècle. — (Ancien fonds 1526.).

3863.

Dixième volume du même ouvrage. Les premiers et les derniers feuillets manquent.

Papier. 192 feuillets. Hauteur, 18 centimètres; largeur 13 centimètres. 15 lignes par page. Ms. du XVIe siècle. — (Ancien fonds 1527.)

3864.

Douzième volume du même ouvrage. Le commencement et la fin manquent.

Papier. 99 feuillets. Hauteur, 21 centimètres et demi; largeur, 15 centimètres et demi. Diverses écritures du XVIe et du XVIIe siècle. — (Ancien fonds 1529.)

3865.

Treizième volume du même ouvrage. Le commencement et la fin manquent.

Papier. 102 feuillets. Hauteur, 19 centimètres et demi; largeur, 14 centimètres. Diverses écritures du XVIe et du XVIIe siècle. — (Ancien fonds 1503.)

3866.

Treizième volume du même ouvrage.

Papier. 128 feuillets. Hauteur, 21 centimètres et demi; largeur, 15 centimètres. Diverses écritures du XVIe siècle. — (Ancien fonds 1528.)

3867.

Treizième volume du même ouvrage.

Papier. 78 feuillets. Hauteur, 17 centimètres et demi; largeur, 12 centimètres et demi. 15 lignes par page. Ms. du XVe siècle. — (Ancien fonds 1554.)

3868.

Deux parties, qui paraissent être la quinzième et la seizième, d'un exemplaire du même ouvrage. Le commencement de la première partie et la fin de la seconde partie manquent.

Papier. 161 feuillets. Hauteur, 21 centimètres et demi; largeur, 15 centimètres et demi. Diverses écritures du XVIe et du XVIIe siècle. — (Ancien fonds 1530.)

3869.

Quinzième et seizième volumes du même ouvrage. Le commencement et la fin de la quinzième partie et le commencement de la seizième manquent.

Ms., de deux mains différentes, daté de l'an 950 de l'hégire (1543-1544 de J. C.).

Papier. 228 feuillets. Hauteur, 20 centimètres; largeur, 14 centimètres et demi. 15 lignes par page. — (Ancien fonds 1531.)

3870.

Dix-septième volume du même ouvrage. Le commencement manque.

Papier. 58 feuillets. Hauteur, 15 centimètres et demi; largeur, 11 centimètres. 15 lignes par page. Ms. du XVIe siècle. — (Ancien fonds 1555.)

3871.

Dix-huitième volume du même ouvrage. Le commencement et la fin manquent.

Papier. 119 feuillets. Hauteur, 18 centimètres; largeur, 13 centimètres. 15 lignes par page. Ms. du XVe siècle. — (Ancien fonds 1556.)

3872.

Dix-neuvième volume du même ouvrage. Le commencement manque.

Ms. daté de l'an 876 de l'hégire (1471-1472 de J. C.).

Papier. 111 feuillets. Hauteur, 18 centimètres; largeur, 13 centimètres. 15 lignes par page. — (Ancien fonds 1539.)

3873.

Vingtième volume du même ouvrage. La fin manque.

Papier. 174 feuillets. Hauteur, 16 centimètres; largeur, 11 centimètres. 18 lignes par page. Ms. du XVe siècle. — (Ancien fonds 1557.)

3874.

Vingt et unième, vingt-deuxième et vingt-troisième parties du même ouvrage. Le commencement manque.

Papier. 68 feuillets. Hauteur, 21 centimètres; largeur, 15 centimètres et demi. 27 lignes par page. Ms. de deux mains différentes du XVIe siècle. — (Ancien fonds 1534.)

3875.

Vingt et unième volume du même ouvrage. Le commencement manque.

Papier. 174 feuillets. Hauteur, 21 centimètres; largeur, 14 centimètres et demi. Ms. de deux mains différentes du XVIe siècle. — (Ancien fonds 1533.)

3876.

Fragment, qui paraît appartenir à la vingt-deuxième partie, du même ouvrage.

Papier. 48 feuillets. Hauteur, 16 centimètres; largeur, 11 centimètres. 17 lignes par page. Ms. du XVIe siècle. — (Ancien fonds 1558.)

3877.

Vingt-huitième volume du même ouvrage.

Papier. 113 feuillets. Hauteur, 17 centimètres; largeur, 12 centi-

mètres et demi. 15 lignes par page. Diverses écritures du XVIe et du XVIIe siècle. — (Ancien fonds 1536.)

3878.

Trente-septième volume du même ouvrage.
Ms. daté de l'an 1106 de l'hégire (1695 de J. C.).

Papier. 94 feuillets. Hauteur, 19 centimètres; largeur, 15 centimètres. 20 à 22 lignes par page. — (Supplément 1697 *bis*.)

3879.

Quarante-troisième partie du même ouvrage. La fin manque. Cette partie est suivie (fol. 80) d'une autre partie dont le commencement et la fin manquent.

Papier. 168 feuillets. Hauteur, 20 centimètres et demi; largeur, 14 centimètres et demi. Ms. de deux mains différentes du XVIe siècle. — (Ancien fonds 1538.)

3880.

Quarante-septième, quarante-huitième et quarante-neuvième parties du même ouvrage. La copie de la quarante-huitième partie n'est pas achevée. Le commencement de la quarante-neuvième manque.

Papier. 150 feuillets. Hauteur, 21 centimètres; largeur, 15 centimètres. Diverses écritures du XVe siècle. — (Ancien fonds 1532.)

3881.

Cinquante-et-unième partie du même ouvrage.

Papier. 160 feuillets. Hauteur, 26 centimètres; largeur, 17 centimètres. 23 lignes par page. Ms. du XIVe siècle. — (Ancien fonds 1491.)

3882.

Deux parties du même ouvrage. La seconde (fol. 76) paraît être la cinquante-septième. Le commencement et la fin des deux parties manquent.

Papier. 102 feuillets. Hauteur, 21 centimètres; largeur, 15 centimètres. Diverses écritures du XVIe siècle. — (Ancien fonds 1542.)

3883.

Soixante-douzième partie du même ouvrage. La fin manque. Cette partie est suivie (fol. 38) d'une autre partie dont le commencement manque.

Papier. 79 feuillets. Hauteur, 21 centimètres; largeur, 15 centimètres et demi. Diverses écritures du XVIe siècle. — (Ancien fonds 1541.)

3884.

Deux parties du même ouvrage. Le commencement de la seconde partie manque.

Papier. 173 feuillets. Hauteur, 20 centimètres; largeur, 14 centimètres et demi. 17 lignes par page. Diverses écritures du XVIe siècle. — (Ancien fonds 1535.)

3885.

Volume dépareillé du même ouvrage. Le commencement et la fin manquent.

Papier. 192 feuillets. Hauteur, 15 centimètres et demi; largeur, 10 centimètres. 15 lignes par page. Ms. du XVIe siècle. — (Ancien fonds 1559.)

3886.

Deux parties du même ouvrage. Le commencement et la fin manquent.

Papier. 185 feuillets. Hauteur, 15 centimètres; largeur, 10 centimètres. 13 lignes par page. Ms. du XVIe siècle. — (Ancien fonds 1560.)

3887.

Fragment du même ouvrage.

Papier. 59 feuillets. Hauteur, 15 centimètres; largeur, 10 centimètres. 15 lignes par page. Ms. du XVIe siècle. — (Ancien fonds 1561.)

3888.

Volume dépareillé du même ouvrage. Le commencement manque. A la fin se trouve un autre fragment du roman.

Papier. 178 feuillets. Hauteur, 20 centimètres et demi; largeur, 15 centimètres. 15 lignes par page. Ms. du XVIe siècle. — (Ancien fonds 1537.)

3889.

Deux parties incomplètes du même ouvrage.

Papier. 182 feuillets. Hauteur, 21 centimètres; largeur, 15 centimètres. Diverses écritures du XVIe siècle. — (Ancien fonds 1540.)

3890.

Deux parties du même ouvrage. Le commencement et la fin de la première et le commencement de la seconde partie manquent. Cette dernière est datée de l'an 834 de l'hégire (1430-1431 de J. C.).

Papier. 198 feuillets. Hauteur, 18 centimètres; largeur, 13 centimètres. — (Ancien fonds 1543.)

3891.

Fragments du même ouvrage.

Papier. 127 feuillets. Hauteur, 21 centimètres; largeur, 15 centimètres. Diverses écritures du XVe et du XVIe siècle. — (Ancien fonds 1544.)

3892.

Volume dépareillé du même ouvrage. Le commencement et la fin manquent.

Papier. 118 feuillets. Hauteur, 21 centimètres; largeur, 15 centimètres et demi. 15 lignes par page. Ms. du XVIe siècle. — (Ancien fonds 1545.)

3893.

Histoire d'ʿOmar al-Naʿmân et de ses fils.

Papier. 292 feuillets. Hauteur, 21 centimètres; largeur, 15 centimètres. 15 à 21 lignes par page. Ms. du XVIIe siècle. — (Ancien fonds 1496.)

3894.

Histoire du roi Badrnâr, fils de Nahrwân. Seconde partie.

Papier. 48 feuillets. Hauteur, 20 centimètres et demi; largeur, 15 centimètres. Diverses écritures du XVIIe siècle. — (Supplément 1701 A.)

3895.

Deuxième partie du même ouvrage. Le commencement et la fin manquent.

Papier. 131 feuillets. Hauteur, 21 centimètres; largeur, 15 centimètres et demi. 23 lignes par page. Ms. du XVIIIe siècle. — (Supplément 1703 C.)

3896.

Quatrième, cinquième et sixième parties du même ouvrage. La fin manque.

Papier. 182 feuillets. Hauteur, 21 centimètres; largeur, 16 centimètres. 23 lignes par page. Écritures diverses du XVIIIe siècle. — (Supplément 1703 A.)

3897.

Quatrième partie du même ouvrage.

Papier. 67 feuillets. Hauteur, 20 centimètres et demi; largeur, 15 centimètres. 19 lignes par page. Ms. du XVIIe siècle. — (Supplément 1701 B.)

3898.

Cinquième partie du même ouvrage.

Papier. 70 feuillets. Hauteur, 21 centimètres et demi; largeur, 15 centimètres. 23 lignes par page. Ms. du XIXe siècle. — (Supplément 1702 A.)

3899.

Sixième partie du même ouvrage.

Papier. 69 feuillets. Hauteur, 20 centimètres; largeur, 14 centimètres. 21 lignes par page. Ms. du XVIIIe siècle. — (Supplément 1701 C.)

3900.

Huitième partie du même ouvrage. Le commencement manque.

Ms. daté de l'an 1137 de l'hégire (1724 de J. C.).

Papier. 46 feuillets. Hauteur, 19 centimètres et demi; largeur, 14 centimètres et demi. 17 lignes par page. — (Supplément 1701 D.)

3901.

Neuvième partie du même ouvrage.

Papier. 43 feuillets. Hauteur, 21 centimètres et demi; largeur, 15 centimètres. 25 lignes par page. Ms. du XIXe siècle. — (Supplément 1702 B.)

3902.

Dixième partie du même ouvrage.

Papier. 40 feuillets. Hauteur, 21 centimètres et demi; largeur, 15 centimètres. 23 lignes par page. Ms. du XIXe siècle. — (Supplément 1702 C.)

3903.

Onzième partie du même ouvrage.

Papier. 46 feuillets. Hauteur, 21 centimètres et demi; largeur, 15 centimètres. 25 lignes par page. Ms. du XIXe siècle. — (Supplément 1702 D.)

3904.

Douzième partie du même ouvrage.

Papier. 58 feuillets. Hauteur, 21 centimètres et demi; largeur, 15 centimètres. 25 lignes par page. Ms. du XIXe siècle. — (Supplément 1702 E.)

3905.

Volume dépareillé du même ouvrage.
Ms. daté de l'an 1147 de l'hégire (1734 de J. C.).

Papier. 147 feuillets. Hauteur, 21 centimètres; largeur, 15 centimètres et demi. Environ 23 lignes par page. — (Supplément 1703 B.)

3906.

Premier volume du roman de Ḥâkim.

Papier. 57 feuillets. Hauteur, 21 centimètres; largeur, 15 centimètres et demi. 23 lignes par page. Ms. du XVIIIe siècle. — (Supplément 1765.)

3907.

Dixième et dernière partie du même roman.
Ms. daté de l'an 1067 de l'hégire (1657 de J. C.).

Papier. 78 feuillets. Hauteur, 21 centimètres; largeur, 15 centimètres. 21 lignes par page. — (Supplément 1765 *bis*.)

3908.

Première partie du roman de Bîbars.

Papier. 184 feuillets. Hauteur, 21 centimètres; largeur, 15 centimètres et demi. 21 lignes par page. Ms. du XVIIe siècle. — (Supplément 1750 I.)

3909.

Première partie du même ouvrage. La fin manque, ainsi que le second feuillet et peut-être quelques autres.

Papier. 66 feuillets. Hauteur, 21 centimètres; largeur, 15 centimètres et demi. 19 lignes par page. Ms. du XVIIe siècle. — (Supplément 1750 IV.)

3910.

Première partie du même ouvrage.

Papier. 242 feuillets. Hauteur, 16 centimètres et demi; largeur, 10 centimètres et demi. 16 à 18 lignes par page. Écritures différentes du XVIIe et du XVIIIe siècle. — (Supplément 1749 A.)

3911.

Deuxième, troisième et quatrième parties du même ouvrage. La fin de la troisième partie manque.

Papier. 187 feuillets. Hauteur, 22 centimètres; largeur, 15 à 16 centimètres. Diverses écritures du XVIIIe siècle. — (Supplément 1748.)

3912.

Plusieurs parties du même ouvrage. Le récit com-

mence par ces mots : ويرجع الفصل الى الكلب المذموم الملك داهية الروم..... , et se termine par : ويرجع الفصل الى رواح جوان الى الملكة افق وبنتها للحمقا.

Papier. 333 feuillets. Hauteur, 21 centimètres et demi; largeur, 16 centimètres. 21 à 24 lignes par page. Ms. du XVIIIe siècle. — (Supplément 1745.)

3913.

Volume dépareillé du même ouvrage qui porte le titre de السيرة الشامية « Ses hauts faits en Syrie », et qui commence par l'expédition de Bîbars dans l'Inde.

Papier. 198 feuillets. Hauteur, 22 centimètres; largeur, 15 centimètres et demi. 15 lignes par page. Ms. du XVIIIe siècle. — (Supplément 1750 II.)

3914.

Autre partie du même ouvrage. La fin manque.

Papier. 99 feuillets. Hauteur, 22 centimètres; largeur, 15 centimètres et demi. 21 à 23 lignes par page. Ms. du XVIIIe siècle. — (Supplément 1750 III.)

3915.

Volume dépareillé du même ouvrage. La fin manque.

Papier. 50 feuillets. Hauteur, 22 centimètres; largeur, 17 centimètres. 25 lignes par page. Ms. du XVIIe siècle. — (Supplément 1746.)

3916.

Sixième partie du même ouvrage.

Ms. daté de l'an 1176 de l'hégire (1762-1763 de J. C.).

Papier. 103 feuillets. Hauteur, 17 centimètres; largeur, 11 centimètres. 21 lignes par page. — (Supplément 1749.)

3917.

Fragment considérable du même ouvrage.

Papier. 220 feuillets. Hauteur, 22 centimètres; largeur, 16 centimètres. 13 à 16 lignes par page. Ms. du XVIIIe siècle. — (Supplément 1750 V.)

3918.

Volume dépareillé du même ouvrage. Le commencement manque.

Papier. 144 feuillets. Hauteur, 21 centimètres et demi; largeur, 15 centimètres. 19 lignes par page. Ms. du XVIe siècle. — (Supplément 1744.)

3919.

Fragment du même ouvrage.

Papier. 154 feuillets. Hauteur, 21 à 22 centimètres; largeur, 16 centimètres. Écritures diverses du XVIIe et du XVIIIe siècle. — (Supplément 1747.)

3920.

Volume dépareillé du même ouvrage.

Papier. 179 feuillets. Hauteur, 20 centimètres; largeur, 16 centimètres. 17 à 21 lignes par page. Ms. du XVIIIe siècle. — (Supplément 2419.)

3921.

Roman intitulé سيرة احمد الدنف. Les principaux personnages de cette fiction sont Aḥmad al-Danaf, un souverain appelé Al-Malik al-Ṣaffâḥ, un guerrier, Bâriq al-Rammâh, ʿAlî ibn al-Zaïyât, ʿAlî ibn al-Basṭî, Dalîla, etc.

Ms. daté de l'an 1241 de l'hégire (1826 de J. C.).

Papier. 285 feuillets. Hauteur, 22 à 23 centimètres; largeur, 16 centimètres. 22 à 25 lignes par page. — (Supplément 2330.)

3922.

كتاب قاليصاريوس. Histoire de Bélisaire, traduite en arabe, sur une traduction grecque du roman français, par le prêtre ʿÎsâ Petro, de Jérusalem, sous la direction d'Asselin de Cherville.

Ms. daté de l'an 1812 de J. C.

Papier. 80 feuillets. Hauteur, 23 centimètres; largeur, 16 centimètres. 27 lignes par page. — (Supplément 1763.)

4. MAQÂMÂT.

3923.

Choix de Maqâmât ou Séances d'Aḥmad ibn al-Ḥosaïn al-Hamadânî. (Voyez, sur l'auteur et sur cet ouvrage, le Dictionnaire biographique d'Ibn Khallikân, t. I, p. 112 de la traduction, et la Chrestomathie arabe de S. de Sacy, 2e éd., t. III, p. 259.) La préface commence par ces mots : من كلام الاستاذ بديع الزمان ابى الفضل احمد بن الحسين الهمذانى الحافظ رحمه الله سألتَ امتع الله بك عن الخوارزمىّ وشعره وقلتَ انى اجد فيه بيتا لو رُأىَ فى المنام لاوجب الغسل حُسنا وبعده بيتا اذا سُرِدَ ينقض الطهارة نتنا الخ.

Papier. 109 feuillets. Hauteur, 20 centimètres et demi; largeur, 13 centimètres et demi. 15 lignes par page. Ms. du XIVe siècle. — (Ancien fonds 1591.)

3924.

Les Maqâmât d'Aboû Moḥammad al-Qâsim ibn ʿAlî al-Ḥarîrî.

Quelques notes marginales.

Ms. daté de l'an 584 de l'hégire (1118 de J. C.).

Papier. 232 feuillets. Hauteur, 28 centimètres; largeur, 22 centimètres et demi. 13 lignes par page. — (Supplément 1607.)

3925.

Même ouvrage.

Quelques notes marginales.

Papier. 149 feuillets. Hauteur, 32 centimètres; largeur, 23 centimètres et demi. 17 lignes par page. Ms. du XIIe siècle. — (Supplément 1608.)

3926.

Même ouvrage.

Ms. daté de l'an 611 de l'hégire (1215 de J. C.).

Papier. 143 feuillets. Hauteur, 21 centimètres et demi; largeur, 16 centimètres et demi. 17 lignes par page. — (Supplément 2182.)

3927.

Même ouvrage.

Ms. daté de l'an 611 de l'hégire (1215 de J. C.).

Papier. 131 feuillets. Hauteur, 24 centimètres; largeur, 18 centimètres. 15 lignes par page. — (Ancien fonds 1565.)

3928.

Même ouvrage. A la fin se trouvent les deux épîtres سينيّة et شينيّة du même auteur.

Notes marginales.

Ms. daté de l'an 648 de l'hégire (1250 de J. C.).

Papier. 221 feuillets. Hauteur, 20 centimètres; largeur, 16 centimètres. 13 lignes par page. — (Supplément 1616.)

3929.

Même ouvrage. Cet exemplaire est orné de peintures représentant les scènes décrites dans l'ouvrage. Les têtes des personnages sont entourées d'un nimbe. Plusieurs cahiers manquent; le commencement et la fin manquent également, et il y a des feuillets transposés. Ce ms. vient du couvent de Saint-Vaast à Arras.

Papier. 196 feuillets. Hauteur, 27 centimètres et demi; largeur, 21 centimètres. 11 lignes par page. Ms. du XIIIe siècle. — (Supplément 1618.)

3930.

Même ouvrage.

Notes marginales et interlinéaires. Titre orné.

Papier. 189 feuillets. Hauteur, 32 centimètres; largeur, 21 centimètres et demi. 15 lignes par page. Ms. du XVIe siècle. — (Ancien fonds 1564.)

3931.

Même ouvrage.

Ms. daté de l'an 1063 de l'hégire (1653 de J. C.).

Papier. 120 feuillets. Hauteur, 20 centimètres et demi; largeur, 14 centimètres et demi. 19 lignes par page. — (Ancien fonds 1588.)

3932.

Même ouvrage.

Papier. 167 feuillets. Hauteur, 23 centimètres et demi; largeur, 16 à 17 centimètres. 21 à 23 lignes par page. Ms. du XVIIe siècle. — (Supplément 1609.)

3933.

Même ouvrage. Le premier feuillet manque.

Papier. 193 feuillets. Hauteur, 31 centimètres; largeur, 20 centimètres. 13 à 16 lignes par page. Ms. du XVIIe siècle. — (Supplément 1606.)

3934.

Même ouvrage.

Ms. daté de l'an 1187 de l'hégire (1773 de J. C.).

Papier. 131 feuillets. Hauteur, 22 centimètres; largeur, 15 centimètres et demi. 15 lignes par page. — (Supplément 1611.)

3935.

Même ouvrage.

Notes marginales et interlinéaires.

Ms. daté de l'an 1214 de l'hégire (1799-1800 de J. C.).

Papier. 282 feuillets. Hauteur, 21 centimètres et demi; largeur, 15 centimètres et demi. 9 lignes par page. — (Supplément 1619.)

3936.

Premier cahier d'un exemplaire du même ouvrage, contenant la préface, la première Séance, et le commencement de la seconde.

Notes marginales et interlinéaires.

Papier. 15 feuillets. Hauteur, 22 centimètres et demi; largeur, 14 centimètres. 9 lignes par page. Ms. du XVIIIe siècle. — (Supplément 2183.)

3937.

Commentaire de Borhân al-Dîn Nâṣir ibn ʿAbd al-Saïyid Al-Moṭarrizî sur les Maqâmât d'Al-Ḥarîrî. L'auteur dit avoir terminé son travail en 563 de l'hégire (1167-1168 de J. C.). Il a placé en tête de son ouvrage un résumé de rhétorique (علم المعاني والبيان). Commencement : الحمد لله المحمود على جميع الالاء.

Ms. daté de l'an 1029 de l'hégire (1620 de J. C.).

Papier. 249 feuillets. Hauteur, 21 centimètres; largeur, 15 centimètres. 15 à 21 lignes par page. — (Ancien fonds 1589.)

3938.

Même ouvrage.

Papier. 203 feuillets. Hauteur, 23 centimètres et demi; largeur, 16 centimètres. 15 lignes par page. Ms. du XVIIe siècle. — (Supplément 1612.)

3939.

1° شرح ما غمض من الالفاظ اللغوية من المقامات الحريرية «Explication des mots à sens obscur qui se rencontrent dans les Maqâmât d'Al-Ḥarîrî», par Moḥibb al-Dîn abou 'l-Baqâ ʿAbd Allah ibn al-Ḥosaïn al-ʿOkbarî (العكبرى), de Baghdâd, mort en 616 de l'hégire (1219 de J. C.). (Voyez le Dictionnaire biographique d'Ibn Khallikân, t. II, p. 65 de la traduction anglaise.)

2° (Fol. 121.) كتاب الوحوش «Traité des animaux», par Al-Aṣmaʿî. L'auteur indique les différents noms par lesquels on désignait l'onagre, le moufflon à manchettes (البقر), la gazelle, l'autruche, le lion, le loup, l'hyène, le renard et le lièvre. Pour chacun des synonymes il cite l'autorité d'un ancien poète.

3° (Fol. 141.) Observations orthographiques sur le ض et le ظ.

4° (Fol. 158.) La Qaṣîda d'Al-Nâbigha al-Dsobyânî qui commence par les mots يا دار ميّة. Chaque vers est suivi d'un savant commentaire qui s'appuie souvent sur l'autorité d'Al-Aṣmaʿî.

5° (Fol. 178.) Aventure d'Aboû Zabîd al-Ṭâʾî avec le lion. Aboû Zabîd, dont le vrai nom était Ḥarmala ibn al-Mondsir, et qui professait la religion chrétienne, ayant récité un jour au calife ʿOthmân ibn ʿAffân un poème, fut amené, par la mention du lion à raconter des anecdotes dans le langage des Arabes du désert. Plus tard, dans une séance littéraire tenue chez Moʿâwiya ibn abî Sofyân, il énuméra les nombreuses épithètes que l'on donne au lion. Le récit se termine par l'explication des termes bédouins qui y sont employés.

Ms. en forme d'album, daté (fol. 119) de l'an 802 de l'hégire (1400 de J. C.).

Papier. 198 feuillets. Hauteur, 14 centimètres; largeur, 18 centimètres. 13 à 15 lignes par page. — (Ancien fonds 1626.)

3940.

Commentaire d'Abou 'l-ʿAbbâs Aḥmad ibn ʿAbd al-Moûmin ibn Moûsâ Al-Scharîschî sur les Maqâmât d'Al-Ḥarîrî. Commencement : الحمد لله الذى اختص هذه الامة بافصح الالسنة.

Ms. daté de l'an 1095 de l'hégire (1684 de J. C.).

Papier. 470 feuillets. Hauteur, 25 centimètres et demi; largeur, 16 centimètres et demi. 33 lignes par page. — (Supplément 1610.)

3941.

Même ouvrage.

Ms. daté de l'an 1104 de l'hégire (1693 de J. C.).

Papier. 500 feuillets. Hauteur, 31 centimètres; largeur, 19 centimètres et demi. 33 lignes par page. — (Supplément 1613.)

3942 et 3943.

Même ouvrage.

Ms. daté de l'an 1106 de l'hégire (1694 de J. C.).

2 vol. Papier. 350 et 358 feuillets. Hauteur, 29 centimètres; largeur, 19 centimètres. 27 lignes par page. — (Supplément 1617.)

3944 et 3945.

Même ouvrage.

Ms. daté de l'an 1228 de l'hégire (1813 de J. C.).

2 vol. Papier. 562 et 485 feuillets. Hauteur, 23 centimètres; largeur, 16 centimètres et demi. 23 lignes par page. — (Supplément 1615.)

3946.

Premier volume du même ouvrage.

Ms. daté de l'an 1134 de l'hégire (1722 de J. C.).

Papier. 248 feuillets. Hauteur, 30 centimètres; largeur, 17 centimètres. 27 lignes par page. — (Supplément 1614.)

3947.

1° مقامة العشّاق «La Séance des amants». Première Maqâma de Moḥammad ibn al-ʿAfîf al-Dîn al-Tilimsânî, mort en 688 de l'hégire (1289 de J. C.). Commencement : حكى بعض رواة الاخبار ومن بوكق (يوثق؟) به فى الاخبار.

2° (Fol. 9.) Horologion de l'église grecque melkite. Le commencement et la fin manquent.

Papier. 88 feuillets. Hauteur, 20 centimètres; largeur, 15 centimètres. 13 lignes par page. Ms. du xvie siècle. — (Ancien fonds 1587, Colbert 3996.)

3948.

1° Dix Maqâmât précédées d'une introduction, par un auteur anonyme. Commencement : الحمد لله الذى جعل مقامات الابرار فى عليين. La première Maqâma commence ainsi : حدّث بعضهم ساقنى القدر المحتوم والغيب المكتوم من ارض الاراك والبشام الى ان حللت بالشام.

2° (Fol. 73 v°.) اطواق الذهب «Les Colliers d'or» par Djâr Allah Abou 'l-Qâsim Maḥmoûd al-Zamakhscharî. Commencement : اللهم انى احمدك على ما ازللت علىّ من نعمتك.

3° (Fol. 90 v°.) اطباق الذهب «Les Plateaux d'or», par Scharaf al-Dîn ʿAbd al-Moûmin al-Iṣfahânî. Ouvrage imité des *Colliers d'or* d'Al-Zamakhscharî. Commencement : اللهم انا نحمدك على ما اسبلت من جلابيب كرمك.

Ms. daté de l'an 1146 de l'hégire (1733-1734 de J. C.).

Papier. 135 feuillets. Hauteur, 21 centimètres; largeur, 12 centimètres. 19 lignes par page. — (Supplément 1854.)

3949.

مقامات جلال الدين. Les Maqâmât de Djalâl al-Dîn ʿAbd al-Raḥmân al-Soyoûṭî, au mombre de vingt-neuf.

IMPRIMERIE NATIONALE.

(Voyez Hadji-Khalfa, t. VI, p. 55.) Commencement de la première Maqâma : ان اول بيت وضع للناس الذى ببكة مباركا وهدى للعالمين.

Ms. daté de l'an 1014 de l'hégire (1605 de J. C.).

Papier. 139 feuillets. Hauteur, 21 centimètres; largeur, 13 centimètres et demi. 27 lignes par page. — (Ancien fonds 1590.)

3950.

قمع المعارض فى نصرة ابن الفارض «Défense d'ʿOmar ibn al-Fâridh contre un dépréciateur». Vingt-cinquième Maqâma d'Al-Soyoûṭî. Commencement : الحمد لله الذى اعز المقربين والابرار.

Papier. 8 feuillets. Hauteur, 21 centimètres; largeur, 15 centimètres. 19 lignes par page. Ms. du XVIIIᵉ siècle. — (Supplément 2184.)

3951.

رشف الزلال من السحر الحلال «Gorgée d'eau pure de la magie licite», c'est-à-dire de la poésie. Vingt-huitième Maqâma d'Al-Soyoûṭî, dont le sujet est la relation faite par vingt-deux hommes instruits et de diverses professions de ce que chacun d'eux avait éprouvé la nuit de ses noces. Chaque discours renferme plusieurs des termes techniques employés dans la branche de science cultivée par le narrateur. Commencement : حكى ابو الدر نغيس، ابن ابى ادريس، قال خرجنا يوم عيد، الى مسجد بعيد،.

Ms. daté de l'an 1095 de l'hégire (1684 de J. C.).

Papier. 35 feuillets. Hauteur, 17 centimètres; largeur, 11 centimètres et demi. 13 lignes par page. — (Supplément 1334.)

3952.

رياض الازهار ونسيم الاسحار «Prairies émaillées de fleurs et zéphyrs du matin». Collection de dix Maqâmât composées par Schams al-Dîn Moḥammad al-Ḥalabî al-Qawwâs. Voici les noms des villes d'après lesquelles ces Séances ont reçu leurs titres : la Mecque, Damiette, Ṣafad, Damas, Tripoli, Ḥamâh, Antioche, Alep, le Caire et Sindjâr. L'auteur est mort avant d'avoir terminé la dernière Maqâma. Commencement : الحمد لله الذى جعل قلوب العارفين مشكاة لمصباح محبته.

Ms. daté de l'an 1011 de l'hégire (1602 de J. C.).

Papier. 111 feuillets. Hauteur, 21 centimètres; largeur, 13 centimètres et demi. 19 lignes par page. — (Ancien fonds 1593.)

XXVIII.

PROVERBES ET SENTENCES.

3953.

1° Maximes des philosophes grecs : Socrate, Homère, Pythagore, Platon, Aristote, Alexandre le Grand, etc. Le titre de cet ouvrage, écrit sur le frontispice, a complètement disparu, le feuillet qui le portait étant troué. Il ne reste de la première ligne de l'ouvrage que les mots suivants : الحمد.......... الغة والنعم السابغة. L'auteur, dont le nom ne se lit nulle part, a dédié son travail à Al-Malik al-Ẓâhir Ghiath al-Dîn, fils de Saladin et prince d'Alep (584 à 613 de l'hégire). C'est à tort qu'on a attribué cet ouvrage à Borhân al-Dîn al-Baqâʿî, écrivain qui est mort en 775 de l'hégire.

2° (Fol. 30.) Quelques traditions attribuées à Mahomet.

3° (Fol. 30 v°.) Qaṣîda dont la rime est formée par la syllabe مُ et qui renferme l'éloge de «nos seigneurs», c'est-à-dire, des derviches.

4° (Fol. 33.) كتاب درر البحور فى مدائح الملك المنصور «Les Perles des mers, recueil à l'éloge d'Al-Malik al-Manṣoûr (Qalâoûn)», par Ṣafî al-Dîn. Le poète désigné sous le nom de Ṣafî al-Dîn se nommait ʿAbd al-ʿAzîz ibn Sarâyâ al-Ḥillî. Ce sont des pièces de vers, dont la première a pour rime la lettre ا, la seconde la lettre ب, et ainsi de suite jusqu'à la fin de l'alphabet.

En tête du volume se trouvent quelques notes astrologiques.

Papier. 64 feuillets. Hauteur, 15 centimètres; largeur, 10 centimètres et demi. 15 lignes par page. Ms. du XIVᵉ siècle (les derniers feuillets sont modernes). — (Ancien fonds 463.)

3954.

1° Les *Cent maximes* d'ʿAlî fils d'Aboû Ṭâlib, avec un commentaire en langue persane, par le *kâtib* Moḥammad ibn Moḥammad ibn ʿAbd al-Djalîl al-ʿOmarî. Commencement : الحمد لله على لطايف كرمه واصناف نعمه.

2° (Fol. 33 v°.) ترجمة اللآلى وتذكرة المعالى «Explication des perles et rappel des hautes qualités». Autres maximes d'ʿAlî, fils d'Aboû Ṭâlib disposées dans l'ordre de l'alphabet. Chaque sentence est suivie de deux vers persans qui en forment le commentaire. L'auteur se nommait Masʿoûd ibn Aḥmad, petit-fils (سبط) de l'émir Moḥyî al-Dîn. Commencement : الحمد لله الملك المتعال كل وقت وحال.

3° (Fol. 56 v°.) Prières et notes diverses, les unes en arabe, les autres en persan.

4° (Fol. 59 v°.) رسالة الطرق «Traité des chemins (qui conduisent à Dieu)», par Nadjm al-Dîn. L'ouvrage est précédé d'une dédicace adressée par un éditeur anonyme à un vizir dont le nom n'est pas mentionné. Commencement : الحمد لله الذى قهر عبادة المشركين باسنّة تدنير سنانه.

5° (Fol. 77.) Notes diverses en arabe et en persan, suivies de plusieurs pièces de vers en turc.

6° (Fol. 83 v°.) Traité en persan sur la connaissance de Dieu et de soi-même. Commencement : شكر بى پايان بعدد ستارۀ آسمان.

7° (Fol. 95 v°.) Traité sur la foi et sur ses divers degrés, en arabe. Commencement : الحمد لله الذى نوّر ضماير ارباب الدين بانوار الاسلام والايمان.

8° (Fol. 108 v°.) Extraits du Mathnawî de Djalâl al-Dîn Roûmî et d'autres traités persans.

Papier. 131 feuillets. Hauteur, 18 centimètres; largeur, 14 centimètres. Ms. de diverses écritures du XVIᵉ siècle. — (Ancien fonds 1422.)

3955.

1° Sentences d'ʿAlî, fils d'Aboû Ṭâlib, accompagnées, en partie, d'une explication en langue turque.

2° (Fol. 9.) Traité de métrique par un auteur d'Espagne, nommé Moḥammad ibn Ḥosaïn Abou 'l-Djaïsch al-Anṣârî.

3° (Fol. 12 v°.) Commentaire anonyme sur la métrique d'Abou 'l-Djaïsch.

4° (Fol. 32 v°.) Commentaire anonyme sur le traité de métrique rédigé en vers par Dhiyâ al-Dîn ʿAbd Allah al-Khazradjî.

5° (Fol. 41 v°.) Troisième section du *Miftâḥ al-ʿOloûm* d'Al-Sakkâkî, renfermant la Rhétorique.

Il y a plusieurs notes grammaticales au commencement du volume.

Ms. daté de l'an 989 de l'hégire (1581-1582 de J. C.).

Papier. 203 feuillets. Hauteur, 21 centimètres; largeur, 14 centimètres. 15 lignes par page. — (Ancien fonds 1607.)

3956.

1° الفرايد والقلايد. Même ouvrage que le n° 2419, 2°. D'après le titre du présent exemplaire, l'auteur serait Aboû Manṣoûr ʿAbd al-Karîm ibn Ismâʿîl al-Thaʿâlibî.

2° (Fol. 27.) Album contenant un grand nombre de morceaux en prose et en vers.

Papier. 197 feuillets. Hauteur, 20 centimètres et demi; largeur, 15 centimètres. Ms. de deux mains différentes du XVIIᵉ siècle. — (Supplément 1840.)

3957.

كتاب جاويدان خرد «L'Éternelle raison», par Aḥmad ibn Moḥammad ibn Maskawaïh, mort en 421 de l'hégire (1030 de J. C.). L'ouvrage commence par un abrégé du recueil de maximes portant le titre de جاويدان خرد, traduit du pehlevi en arabe par Al-Ḥasan ibn Sahl, frère du vizir d'Al-Ma'moûn. Ibn Maskawaïh voulant compléter cette collection, y a ajouté un grand nombre de maximes attribués aux Perses, aux Indiens, aux Arabes et aux Grecs. Ce recueil porte aussi le titre de آداب العرب والفرس «Préceptes de conduite des Arabes et des Persans». M. de Sacy a traité de ce livre dans les *Mémoires de l'Académie des inscriptions et belles-lettres*, t. IX, p. 1 et suivantes.

Papier. 158 feuillets. Hauteur, 31 centimètres; largeur, 21 centimètres. 17 lignes par page. Ms. du XVᵉ siècle. — (Ancien fonds 891.)

3958.

La collection de proverbes d'Abou 'l-Fadhl Aḥmad ibn Moḥammad al-Maïdânî.

Papier. 234 feuillets. Hauteur, 31 centimètres; largeur, 20 centimètres. 26 à 32 lignes par page. Ms. du XVᵉ siècle. — (Supplément 1629.)

3959.

Même ouvrage.

Papier. 401 feuillets. Hauteur, 21 centimètres et demi; largeur, 15 centimètres; 27 lignes par page. Ms. du XVIIe siècle. — (Supplément 1630.)

3960.

Même ouvrage.

Ms. daté de l'an 1142 de l'hégire (1730 de J. C.).

Papier. 320 feuillets. Hauteur, 22 centimètres; largeur, 15 centimètres et demi. 25 lignes par page. — (Supplément 1631.)

3961 à 3963.

Même ouvrage.

3 vol. Papier. 318, 300 et 299 feuillets. Hauteur, 23 centimètres; largeur, 17 centimètres. 17 lignes par page. Ms. du XIXe siècle. — (Supplément 2194-2196.)

3964.

1° Les *Colliers d'or* d'Al-Zamakhscharî.

2° (Fol. 18.) Les *Plateaux d'or* (voyez ci-dessus n° 3948, 3°). Le nom de l'auteur est écrit ainsi : شرف الدين ... عبد المومن بن هبة الله السبروج.

3° (Fol. 66.) Paroles et maximes de personnages de mérite. Commencement : اللهم لا تخيّب رجا من هو منوط بك.

4° (Fol. 72.) Lettre du cadi Abou 'l-Ma'âlî au Schaikh al-Dîn Aboû Raschîd الحدثنى. C'est une sorte d'*amâlî*.

5° (Fol. 114 v°.) Poésies d'Îsâ ibn Mahfoûz. La première pièce est une سينية à la louange du calife abbaside Al-Nâṣir li-Dîn Illâh.

Papier. 139 feuillets. Hauteur, 24 centimètres; largeur, 18 centimètres et demi. 15 lignes par page. Ms. du XVe siècle. — (Supplément 1859.)

3965.

1° Les نوابغ الكلم de Djâr Allah al-Zamakhscharî.

2° (Fol. 18.) Chapitre du Sacrifice, extrait du traité de droit hanéfite d'Al-Qodoûrî.

3° (Fol. 19.) Prière, suivie de quelques pièces de vers.

4° (Fol. 25 v°.) Diverses poésies, les unes en turc, les autres en persan.

5° (Fol. 44 v°.) Pièces de vers en langue turque.

6° (Fol. 70 v°.) Recueil de traditions, de maximes et de moralités, en persan, par Khodja 'Obaïd Allah.

7° (Fol. 93 v°.) Autres pièces de vers en langue turque.

Papier. 97 feuillets. Hauteur, 20 centimètres et demi; largeur, 12 centimètres. Diverses écritures du XVIIe siècle. — (Ancien fonds 1621.)

3966.

1° الحكم السوابغ على الكلم النوابغ. Commentaire sur les *Nawâbigh* d'Al-Zamakhscharî, par un prince du Yemen, l'Amîr al-moûminîn Al-Nâṣir li'l-Ḥaqq al-moubîn Ṣalâḥ al-Dîn Moḥammad, fils de l'Amîr al-moûminîn Al-Mahdî li-Dîn Illâh 'Alî ibn Moḥammad ibn 'Alî. L'ouvrage a été composé en 782 de l'hégire (1380 de J. C.).

2° (Fol. 97.) Le الاحكام السلطانية d'Al-Mâwardî. Copie datée de l'an 1080 de l'hégire (1669-1670 de J. C.).

Papier. 367 feuillets. Hauteur, 20 centimètres; largeur, 15 centimètres. Ms. de deux mains différentes. — (Supplément 1922.)

3967.

1° زبدة الامثال «Choix de proverbes», avec un commentaire en langue persane et un grand nombre de notes marginales et interlinéaires en langue turque. D'après une note, en tête du volume, le commentateur, Moṣṭafâ ibn Ibrâhîm de Gallipoli (كليبولى) a tiré ces proverbes du مستقصى de Zamakhscharî.

2° (Fol. 166.) Note sur l'interprétation du Coran, et autres notes détachées.

3° (Fol. 167 v°.) Extraits de la collection des *fetwa* d'Al-Bazzâzî.

4° (Fol. 173 v°.) Note grammaticale tirée d'une explication de la première sourate du Coran (تفسير الفاتحة).

5° (Fol. 174 v°.) Commentaire, composé d'après les

enseignements d'un savant de l'Inde, sur plusieurs passages du Coran, par Al-Tamîmî.

6° (Fol. 190.) Fragment d'un traité sur le feu de l'enfer.

7° (Fol. 191.) Extrait d'un traité de théologie intitulé : زهرة الرياض «Fleurs des jardins».

8° (Fol. 198 v°.) Notes et extraits divers.

9° (Fol. 200 v°.) Formules de prières et invocations.

10° (Fol. 225 v°.) Notes et traditions.

11° (Fol. 229 v°.) فتوة نامه «Livre de la noblesse». Légende ayant pour sujet l'excellence d'ʿAlî ibn abî Țâlib.

12° (Fol. 237.) Liste d'ascètes, hommes et femmes, de derviches, de soufis, etc.

13° (Fol. 244 v°.) Notes et extraits divers en persan.

14° (Fol. 247.) Traité, en turc, sur l'aspect extérieur du Prophète.

Papier. 249 feuillets. Hauteur, 22 centimètres; largeur, 14 centimètres et demi. Diverses écritures du XVIe et du XVIIe siècle. — (Ancien fonds 1609.)

3968.

فرائد الخرائد «Perles uniques». Recueil de proverbes et de maximes, avec leur explication, disposés dans l'ordre de l'alphabet. Selon Hadji Khalfa, l'auteur, dont le nom, dans le présent ms., est écrit Yoûsof ibn Țâhir الخوّى (*sic*) et qui était disciple d'Al-Meïdânî, a terminé son ouvrage en 532 de l'hégire (1137-1138 de J. C.). Commencement : الحمد لله رافع السموات العلى.

Ms. daté de l'an 1040 de l'hégire (1631 de J. C.).

Papier. 270 feuillets. Hauteur, 18 centimètres; largeur, 12 centimètres. 17 lignes par page. — (Supplément 1634.)

3969.

Collection de proverbes attribuée à Aboû ʿObaïd, grammairien du IIIe siècle de l'hégire. Mais on rencontre en plusieurs passages le nom d'Aboû ʿObaïda, autre grammairien, mort dans la seconde moitié du Ve siècle de l'hégire.

Cet exemplaire a été écrit, probablement à Tunis, en l'an 1581 de l'Incarnation, par un Européen nommé Domenico Sirleto.

Papier. 175 feuillets. Hauteur, 11 centimètres; largeur, 16 centimètres et demi. 5 lignes par page. — (Ancien fonds 1625.)

3970.

الامثال السايرة «Proverbes usuels». Cette collection est disposée dans l'ordre de l'alphabet.

Papier. 90 feuillets. Hauteur, 14 centimètres et demi; largeur, 10 centimètres. 13 lignes par page. Ms. du XVIe siècle. — (Ancien fonds 1624, Colbert 6600.)

3971.

1° العقد النفيس ونزهة الجليس «Le collier de prix et l'amusement de l'homme sociable». L'auteur anonyme traite, en huit chapitres, de la morale et cite les maximes de Platon, de Socrate et d'Aristote, ainsi que celles du Coran et de Mahomet. Il a ajouté, à titre d'appendice (fol. 36), quelques extraits d'un recueil (جمع) composé par Sîdî Moḥammad al-Ghomarî (الغمرى) et un traité sur le soufisme (اصول الطريقة) rédigé par Aḥmad ibn Aḥmad ibn ʿÎsâ al-Fâsî, surnommé Zarroûq.

2° (Fol. 39.) الحكم العطائية. Les apothegmes du schaïkh Tâdj al-Dîn ʿAṭâ Allah. Il y a une lacune entre les folios actuellement cotés 47 et 48.

3° (Fol. 49 v°.) Premier feuillet d'un opuscule d'Ibn Doraïd (Aboû Bakr Moḥammad ibn al-Ḥosaïn al-Azdî), renfermant les sentences d'ʿAlî ibn abî Țâlib.

4° (Fol. 50.) Tradition de Mahomet relative aux noms des huit portes du paradis.

Papier. 50 feuillets. Hauteur, 19 centimètres et demi; largeur, 14 centimètres et demi. 21 lignes par page. Ms. du XVIe siècle. — (Supplément 478.)

3972.

1° Maximes et conseils intitulés : درر الكلم وغرر الحكم, par Djalâl al-Dîn al-Soyoûṭî.

2° (Fol. 3.) المقامة اللولوية. Dix-septième Maqâma d'Al-Soyoûṭî. L'auteur explique pourquoi il a cessé de donner des consultations juridiques et d'instruire des élèves. Commencement : يا معشر الاحباب الصلحا واولى الالباب النعحاء.

3° (Fol. 11.) مقامة بكشف الخال فى وصف الخال. Maqâma d'Al-Soyoûṭî sur les éphélides.

4° (Fol. 26.) رصف اللآل في وصف الهلال. Petit traité d'Al-Soyoûṭî, qui rapporte les nombreux vers dans lesquels Khalîl ibn Aïbak al-Ṣafadî fait mention de la nouvelle lune.

5° (Fol. 35.) اللازوردية في موت الذرية. Troisième Maqâma d'Al-Soyoûṭî.

6° (Fol. 41.) تحفة الظرفاء باسماء الخلفاء. Pièce de vers d'Al-Soyoûṭî qui renferme les noms des califes depuis Aboû Bakr jusqu'à la fin du règne des Abbasides de la seconde branche.

7° (Fol. 45.) الفارق بين المصنّف والسارق. Vingt-sixième Maqâma d'Al-Soyoûṭî.

8° (Fol. 55.) المقامة الفستقية اللوزمية والجوزية. Quatorzième Maqâma d'Al-Soyoûṭî.

9° (Fol. 57 v°.) Défense du poète ʿOmar ibn al-Fâridh. Vingt-cinquième Maqâma d'Al-Soyoûṭî.

10° (Fol. 65.) منهل اللطايف في الكنافة والقطايف. Maqâma d'Al-Soyoûṭi sur les deux espèces de pâtisserie appelées l'une *kināfa*, l'autre *qaṭâïf*.

11° (Fol. 75.) المقامة الثلثون. Maqâma sur les trente principaux poètes arabes, par Yoûsof al-Solamî, de Saragosse.

12° (Fol. 81 v°.) Liste des divans et d'ouvrages philologiques et littéraires dont Badr al-Dîn Maḥmoûd al-ʿAïnî s'est servi pour composer son grand commentaire sur l'Alfiya.

13° (Fol. 83.) Deux pièces de vers.

Papier. 84 feuillets. Hauteur, 19 centimètres; largeur, 14 centimètres. 19 lignes par page. Ms. du XVIᵉ siècle. — (Supplément 1917.)

3973.

1° كتاب اطباق الذهب «Les Plateaux d'or». (Voy. ci-dessus nᵒˢ 3948, 3° et 3964, 2°.) Dans le titre, l'ouvrage est attribué à Aḥmad ibn ʿAlî al-Khoûhî.

2° (Fol. 51.) Les Cent sentences d'ʿAlî ibn abî Ṭâlib, avec un commentaire

3° (Fol. 62 v°.) Conseils adressés par Mahomet à ʿAlî.

4° (Fol. 70.) Traité de la connaissance de l'islamisme.

5° (Fol. 74 v°.) Exhortations, au nombre de trente.

6° (Fol. 87 v°.) Description de la Résurrection d'après une tradition rapportée à Mahomet.

7° (Fol. 91 v°.) Le كتاب النوابغ d'Al-Zamakhscharî.

8° (Fol. 101.) نثر اللآلى. Les Apophthegmes d'ʿAlî ibn abî Ṭâlib.

9° (Fol. 106 v°.) Autre petit recueil d'apophthegmes.

10° (Fol. 112 v°.) Le traité ايّها الولد d'Al-Ghazâlî.

11° (Fol. 129.) Les «Colliers d'or» d'Al-Zamakhscharî.

12° (Fol. 150.) Traité du bon goût en fait de style, par Al-Soyoûṭî.

13° (Fol. 170.) Traité des crues du Nil par Schams al-Dîn Moḥammad al-Dimaschqî.

Papier. 189 feuillets. Hauteur, 20 centimètres; largeur, 15 centimètres. Environ 16 lignes par page. — (Supplément 1939.)

3974.

Proverbes, en langue vulgaire de la Syrie, disposés dans l'ordre de l'alphabet. Commencement : الصبر مفتاح الفرج.

Papier. 40 feuillets. Hauteur, 21 centimètres; largeur, 14 centimètres et demi. 15 à 17 lignes par page. Ms. du XVIIᵉ siècle. — (Supplément 1632.)

3975.

Proverbes recueillis par Asselin de Cherville pendant son séjour au Caire.

Papier. 38 feuillets. Hauteur, 22 centimètres; largeur, 14 centimètres. Environ 24 lignes par page. Ms. du XIXᵉ siècle. — (Supplément 1633.)

3976.

Recueil de proverbes et de maximes disposés dans l'ordre de l'alphabet. Commencement : اللهم اشغل الظالمين بالظالمين.

Ms. daté de l'an 1746 de J. C.

Papier. 44 feuillets. Hauteur, 21 centimètres; largeur, 15 centimètres. 16 lignes par page. — (Supplément 1635.)

3977.

Petite collection de proverbes disposés dans l'ordre de

l'alphabet. On a ajouté à la fin quelques passages du rituel catholique, en arabe, avec leur transcription en caractères romains.

Ms. daté de l'an 1692 de J. C.

Papier. 44 feuillets. Hauteur, 13 centimètres; largeur, 9 centimètres. 9 lignes par page. — (Supplément 1636.)

3978.

Proverbes disposés dans l'ordre de l'alphabet.

Ms. daté de l'an 1731 de J. C.

Papier. 45 feuillets. Hauteur, 17 centimètres et demi; largeur, 12 centimètres. 9 lignes par page. — (Supplément 1637.)

3979.

1° Recueil de proverbes commençant par اللهم اشغل الظالمين بالظالمين, différent du n° 3976.

2° (Fol. 24.) Sentences en vers.

Papier. 35 feuillets. Hauteur, 12 centimètres et demi; largeur, 9 centimètres. 10 lignes par page. Ms. du XVIIe siècle. — (Supplément 1638.)

3980.

Proverbes et maximes, disposés dans l'ordre de l'alphabet.

Ms. daté de l'an 1698 de J. C.

Papier. 41 feuillets. Hauteur, 14 centimètres et demi; largeur, 10 centimètres. 10 lignes par page. — (Supplément 1639.)

3981.

Recueil de proverbes disposés dans l'ordre de l'alphabet.

Les premiers et les derniers feuillets du ms. renferment un grand nombre de devises et d'armoiries exécutées, entre les années 1611 et 1615, par différents amis d'un nommé Elias Haüser.

Papier. 105 feuillets. Hauteur, 14 centimètres; largeur, 10 centimètres. Ms. du XVIIe siècle. — (Supplément 1640, Suppl. Saint-Germain 10.)

3982.

Recueil de proverbes disposés dans l'ordre de l'alphabet Commencement : الله فيه كفاية وحده.

Ms. daté de l'an 1640 de J. C.

Papier. 48 feuillets. Hauteur, 17 centimètres et demi; largeur, 12 centimètres. 9 lignes par page. — (Supplément 1640 *bis*.)

3983.

كتاب الشوارد والشواهد. Paroles remarquables et apophthegmes des prophètes, des sages, des philosophes arabes, persans, indiens, etc., en cinq chapitres. A la fin du volume se trouvent quelques charmes et amulettes en arabe et en hébreu.

Papier. 66 feuillets. Hauteur, 14 centimètres et demi; largeur, 10 centimètres. 17 lignes par page. Ms. du XVIIe siècle. — (Supplément 1641, Saint-Germain 540 *ter*.)

XXIX.

PHILOLOGIE.

1. EN GÉNÉRAL.

3984.

كتاب المزهر في علم اللغة. Traité général de philologie arabe, par Djalâl al-Dîn al-Soyoûtî. L'ouvrage se compose de cinquante chapitres. (Voyez le Catalogue de la bibliothèque de Leyde, t, I, p. 45.) Commencement : الحمد لله خالق الانسان واللغات.

Ms. daté de l'an 960 de l'hégire (1552-1553 de J. C.). Il a appartenu à Fresnel.

Papier. 262 feuillets. Hauteur, 23 centimètres; largeur, 16 centimètres et demi. 25 lignes par page. — (Supplément 1316 *ter*.)

3985 et 3986.

Même ouvrage.

Ms. exécuté au Caire en 1251 de l'hégire (1835 de J. C.) par le célèbre philologue Al-Wafâï al-Hourînî.

Notes marginales.

2 vol. Papier. 182 et 184 feuillets. Hauteur, 23 centimètres et demi; largeur, 16 centimètres et demi. 27 lignes par page. — (Supplément 1316 *bis*.)

2. GRAMMAIRE.

3987.

Le *Kitâb* de Sibawaïh (Voyez, sur cet ouvrage, l'Anthologie grammaticale de M. de Sacy, p. 381 et suiv.)

Papier. 596 feuillets. Hauteur, 32 centimètres; largeur, 22 centimètres. 25 lignes par page. Ms. du XIVe siècle.— (Supplément 1155.)

3988.

سرّ الصناعة «Le Secret de l'art», par Abou 'l-Fatḥ ʿOthmân ibn Djinnî. L'auteur traite des lettres de l'alphabet, de leur valeur phonétique, etc. Cet exemplaire commence par une dédicace dont quelques mots sont effacés. On y lit encore رسمتَ اطال الله بقاك وا..... متاع العلم واهله بك فانك....ما زلت جالا له الخ.

Ms. daté de l'an 552 de l'hégire (1157 de J. C.).

Papier. 229 feuillets. Hauteur, 17 centimètres; largeur, 13 centimètres. 21 lignes par page. — (Ancien fonds 1294.)

3989.

1° مائة عامل «Les Cent Régissants» ou العوامل فى النحو, par ʿAbd al-Qâhir al-Djordjânî.

2° (Fol. 10 v°.) L'*Adjorroûmîya*.

3° (Fol. 42 v°.) Premiers feuillets d'un commentaire sur les *Cent Régissants*. Commencement : ان اولى ما نطقت به السن الانام.

4° (Fol. 48 v°.) Copie intégrale du même commentaire, écrite de la même main.

5° (Fol. 85 v°.) Autre commentaire sur les *Cent Régissants*. Commencement : العوامل جمع عاملة فى النحو جار ومجرور.

Notes marginales.

Papier. 94 feuillets. Hauteur, 22 centimètres et demi; largeur, 16 centimètres. Écritures diverses. — (Supplément 1224.)

3990.

1° Les *Cent Régissants* d'Al-Djordjânî.

2° (Fol. 17 v°.) Commentaire sur les *Cent Régissants*. Commencement : العوامل جمع عاملة والعامل ما يرفع او ينصب او يجرّ او يجزم على ما الّفه الشيخ الفاضل عبد القاهر محمد الجرجانى رحمة الله عليه مائة عامل (*sic*) العوامل عند علماء النحو ما اوجب آخر الكلمة مرفوعا او منصوبا او مجرورا او مجزوما فالرفع علم الفاعلية نحو قام زيد الخ.

3° (Fol. 70 v°.) Une *tradition* et un exercice grammatical.

Nombreuses gloses marginales.

Aux folios 16 *bis* v°, 69 v°, 73 à 75, se trouvent quelques notes en langue malaye.

Papier. 75 feuillets. Hauteur, 20 centimètres; largeur, 15 centimètres. Écritures diverses du XVIIe siècle. — (Ancien fonds 1289.)

3991.

1° Les *Cent Régissants* d'Al-Djordjânî.

2° (Fol. 19 v°.) المغنى فى علم النحو «Le Suffisant, traité de grammaire». C'est le texte de la *Kâfiya* d'Ibn al-Ḥâdjib, avec quelques modifications. Les derniers cahiers ont été écrits à Mâridîn, par un diacre nommé Thomas, en 959 de l'hégire (1552 de J. C.).

Papier. 68 feuillets. Hauteur, 15 centimètres et demi; largeur, 10 centimètres. Écritures diverses du XVIe et du XVIIe siècle. — (Supplément 1223.)

3992.

1° Commentaire sur les *Cent Régissants* d'Al-Djordjânî.

2° (Fol. 17 v°.) المصباح. Traité de grammaire, par Al-Moṭarrizî.

Gloses marginales et interlinéaires.

Papier. 56 feuillets. Hauteur, 18 centimètres et demi; largeur, 14 centimètres. Diverses écritures du XVIe siècle. — (Ancien fonds 1288, Colbert 6142.)

3993.

1° Commentaire de Yaḥyâ ibn Naṣoûḥ (نصوح) ibn

Isrâ'îl sur les *Cent Régissants*. Commencement : توجهنا الى جنابك وقصدنا نحو بابك.

2° (Fol. 54 v°.) البيّنة على غلط الحال (? الحامل) والبنية. Indication des fautes d'orthographe que l'on est exposé à commettre. Commencement : الحمد لله الذى جعلنا من زمرة من علم ولم يجعلنا من الذين يحرفون الكلم.

3° (Fol. 79 v°.) Gloses sur un commentaire d'un traité de grammaire. Les premiers mots expliqués sont : اعلم ان معرفة هذا الحد ... موقوفة على معرفة اللفظ ... فاللفظ ما يتلفظ الخ.

4° (Fol. 125 v°.) Explication des vers cités comme exemples dans le traité de grammaire intitulé الضوء. Commencement : الحمد لله الذى شرّف نوع الانسان وخصّصه من الانواع بالنطق والبيان.

5° (Fol. 147 v°.) الشرح الاخير «Le commentaire fait en dernier lieu». C'est le troisième traité composé par Kamâl ibn ʿAlî ibn Isḥâq pour expliquer les vers cités comme exemples dans un ouvrage intitulé المتوسّط «le traité moyen».

6° (Fol. 184.) Traité sur les usages que l'on doit observer dans les discussions (رسالة فى اداب البحث).

Ms. daté de l'an 1018 de l'hégire (1609 de J. C.).

Papier. 184 feuillets. Hauteur, 18 centimètres et demi; largeur, 11 centimètres. 19 lignes par page. — (Supplément 1225.)

3994.

درّة الغوّاص فى اوهام الخواص «Perle du plongeur, traité des fautes (de langage) où tombent les gens distingués.» Ouvrage grammatical et philologique composé par Aboû Moḥammad al-Qâsim Al-Ḥarîrî. Commencement : اما بعد حمد الله الذى عمّ عباده بوظايف العوارف.

Ms. daté de l'an 1013 de l'hégire (1604 de J. C.).

Papier. 63 feuillets. Hauteur, 22 centimètres et demi; largeur, 15 centimètres. 23 lignes par page. — (Supplément 1197.)

3995.

Même ouvrage.

Papier. 88 feuillets. Hauteur, 21 centimètres et demi; largeur, 15 centimètres. 19 lignes par page. Ms. du XVIIIe siècle. — (Supplément 2289.)

3996.

ملحة الاعراب وسُبحة الآداب «Récréation grammaticale et chapelet de notions littéraires». Petit traité de syntaxe désinentielle, en vers, par Aboû Moḥammad al-Qâsim Al-Ḥarîrî.

Papier. 20 feuillets. Hauteur, 18 centimètres; largeur, 13 centimètres. 11 lignes par page. Ms. du XIIIe siècle. — (Supplément 1195.)

3997.

Le ملحة الاعراب expliqué et commenté par l'auteur lui-même.

Ms. daté de l'an 1174 de l'hégire (1760 de J. C.).

Papier. 146 feuillets. Hauteur, 21 centimètres; largeur, 15 centimètres. 17 lignes par page. — (Supplément 2291.)

3998.

Même ouvrage.

Papier. 111 feuillets. Hauteur, 25 centimètres et demi; largeur, 19 centimètres et demi. Environ 18 lignes par page. Ms. du XIXe siècle. — (Supplément 1196.)

3999.

Même ouvrage. Le ms. ne renferme que le premier tiers du texte et du commentaire.

Papier. 26 feuillets. Hauteur, 18 centimètres; largeur, 13 centimètres. 17 lignes par page. Ms. du XVIe siècle. — (Supplément 2136.)

4000.

Petit traité de grammaire arabe par Abou 'l-Fadhl Aḥmad ibn Moḥammad al-Maïdânî. Commencement : الحمد لله على سوابغ الاية والصورة على محمد خاتم النبيين.

Papier. 6 feuillets. Hauteur, 19 centimètres et demi; largeur, 13 centimètres et demi. 17 lignes par page. Ms. du XVIIIe siècle. — (Supplément 2272.)

4001.

المفصّل. Traité de grammaire par Djâr Allah al-Zamakh-

IMPRIMERIE NATIONALE.

scharî. Commencement : الله احمد على ان جعلنى من علماء العربية.

Ms. daté de l'an 738 de l'hégire (1338 de J. C.).

Notes marginales.

Papier. 224 feuillets. Hauteur, 24 centimètres; largeur, 16 centimètres. 13 lignes par page. — (Supplément 1243.)

4002.

Même ouvrage. Le commencement manque.

Ms. daté de l'an 780 de l'hégire (1378-1379 de J. C.).

Notes marginales.

Papier. 147 feuillets. Hauteur, 25 centimètres; largeur, 17 centimètres. 13 lignes par page. — (Supplément 1244.)

4003.

الاقليد «La Clef». Commentaire très étendu sur le Mofaṣṣal d'Al-Zamakhscharî, par Aḥmad ibn Maḥmoûd Al-Djondî. Hadji Khalfa fait mention de cet ouvrage sous l'article المفصّل, mais il n'indique pas l'année de la mort de l'auteur. Commencement : اياه احمد على نعم تهللت وجوهها الصباح.

Ms. daté de l'an 754 de l'hégire (1353-1354 de J. C.).

Papier. 202 feuillets. Hauteur, 26 centimètres et demi; largeur, 18 centimètres. 25 lignes par page. — (Ancien fonds 1229.)

4004.

Première partie d'un commentaire sur le Mofaṣṣal d'Al-Zamakhscharî. Le commencement et la fin manquent. Le ms. renferme l'explication des pages 8 à 36 du texte imprimé à Christiania. C'est peut-être le grand commentaire en quatre volumes composé par ʿAlam al-Dîn al-Sakhâwî sous le titre de المفضّل. (Voyez Hadji Khalfa, t. VI, p. 39.)

Papier. 235 feuillets. Hauteur, 26 centimètres et demi; largeur, 17 centimètres et demi. 15 à 19 lignes par page. Ms. du xvᵉ siècle. — (Supplément 2229.)

4005.

شرح الانموذج. Commentaire de Djamâl al-Dîn Moḥammad ibn ʿAbd al-Ghanî al-Ardabîlî sur le traité de grammaire d'Al-Zamakhscharî, intitulé الانموذج «le Spécimen». Les derniers feuillets manquent. Commencement : الحمد لله الذى جعل العربية مفتاح البيان.

Papier. 69 feuillets. Hauteur, 18 centimètres; largeur, 15 centimètres et demi. Au commencement 16, puis 15 lignes par page. Ms. du xviᵉ siècle. — (Supplément 1242.)

4006.

1° Même ouvrage.

2° (Fol. 46 v°.) Traité de grammaire, commençant par ces mots : وبعد فهذه رسالة فيما يحتاج اليه كل معرب اشدّ الاحتياج.

3° (Fol. 58 v°.) L'*Adjorroumîya*.

4° (Fol. 62 v°.) حلّ معاقد القواعد «Solution des difficultés du *Qawâʿid* (d'Ibn-Hischâm)», par Abou 'l-Thanâ Aḥmad ibn Moḥammad al-Zîlî, mort en 922 de l'hégire (1516 de J. C.). (Voyez Hadji Khalfa, t. I, p. 358.) Commencement : الحمد لله الذى رفع اسماء العلماء الخ.

5° (Fol. 95 v°.) Commentaire de Maḥmoûd ibn Saʿîd ibn ʿAbd Allah ibn Mikâʾîl sur le *Qawâʿid* d'Ibn Hischâm.

Ms. daté de l'an 1087 de l'hégire (1676-1677 de J. C.).

Papier. 120 feuillets. Hauteur, 20 centimètres et demi; largeur, 15 centimètres. 21 à 25 lignes par page. — (Supplément 1242 *bis*.)

4007.

تبصرة المبتدى وتذكرة المنتهى «Manuel du commençant et aide-mémoire du savant». Traité de grammaire, par Aboû Moḥammad ʿAbd Allah ibn ʿAlî ibn Isḥâq al-Ṣaïmarî (الصيمرى), probablement l'auteur qui, d'après Hadji Khalfa (t. II, p. 179) est mort en 541 de l'hégire (1146-1147 de J. C.). Cet ouvrage se compose de deux parties. Le présent ms. renferme les cinq dernières pages de la première et la totalité de la seconde partie. Soyoûṭî mentionne l'ouvrage d'Al-Ṣaïmarî dans le Dictionnaire des grammairiens.

Ms. exécuté en Espagne et daté de l'an 502 de l'hégire (1109 de J. C.).

Papier. 67 feuillets. Hauteur, 23 centimètres et demi; largeur, 18 centimètres. 28 lignes par page. — (Ancien fonds 1295.)

4008.

1° المصباح. Traité de grammaire, par Al-Moṭarrizî.

2° (Fol. 41.) Les *Cent Régissants* d'Al-Djordjânî.

Papier. 53 feuillets. Hauteur, 15 centimètres et demi; largeur, 10 centimètres. 10, puis 9 lignes par page. Ms. du XVIe siècle. — (Ancien fonds 1358.)

4009.

الضوء. Commentaire de Tâdj al-Dîn Moḥammad Al-Isfarâïnî sur le traité de grammaire المصباح d'Al-Moṭarrizî. Commencement : قوله اما بعد حمد الله اما كلمة فيها معنى الشرط فلهذلك (*sic*) كانت الفاء لازمة لها.

Ms. daté de l'an 779 de l'hégire (1377-1378 de J. C.). Les cinq premiers feuillets sont modernes.

Nombreuses notes marginales et interlinéaires.

Papier. 206 feuillets. Hauteur, 18 centimètres; largeur, 13 centimètres. 11 lignes par page. — (Ancien fonds 1272.)

4010.

Même ouvrage.

Ms. daté de l'an 954 de l'hégire (1547 de J. C.).

Notes marginales et interlinéaires.

Papier. 128 feuillets. Hauteur, 19 centimètres et demi; largeur, 13 centimètres et demi. 15 lignes par page. — (Ancien fonds 1274.)

4011.

Même ouvrage.

Ms. daté de l'an 1015 de l'hégire (1606-1607 de J. C.).

Notes marginales et interlinéaires.

Papier. 133 feuillets. Hauteur, 18 centimètres; largeur, 13 centimètres. 13 lignes par page. — (Supplément 1236.)

4012.

Même ouvrage. Cet exemplaire est précédé d'une préface rédigée avec élégance et commençant ainsi : ان احقّ ما يتوشّح بذكره صدور الكتب والدفاتر ويتوفّر على نشره السنة البادى والحاضر حمد الله سبحانه.

Ms. daté de l'an 1016 de l'hégire (1607-1608 de J. C.).

Notes marginales et interlinéaires.

Papier. 120 feuillets. Hauteur, 20 centimètres; largeur, 13 centimètres. 17 lignes par page. — (Ancien fonds 1275.)

4013.

Même ouvrage.

Ms. daté de l'an 1059 de l'hégire (1649 de J. C.).

Notes marginales et interlinéaires.

Papier. 122 feuillets. Hauteur, 20 centimètres; largeur, 14 centimètres. 15 lignes par page. — (Ancien fonds 1314.)

4014.

Même ouvrage. Cet exemplaire renferme la préface de l'auteur.

Papier. 211 feuillets. Hauteur, 21 centimètres; largeur, 15 centimètres et demi. 13 lignes par page. Ms. du XVIIe siècle. — (Ancien fonds 1276.)

4015.

1° Même ouvrage.

Copie datée de l'an 1077 de l'hégire (1667 de J. C.).

2° (Fol. 152 v°.) الاعراب عن قواعد الاعراب. Traité de grammaire de Djamâl al-Dîn ibn Hischâm.

3° (Fol. 174 v°.) L'*Adjorroumîya*.

4° (Fol. 179 v°.) Traité de grammaire, par un auteur nommé Aboû ʿAbd Allah al-Moḥammad (المحمد) ibn ʿAlî Ṣâliḥ al-ʿAlîmî al-Moṭarriz. Commencement : اقسام الكلام ثلثة اسم وفعل وحرف جاء لمعنى ولكل واحد منها خواصّ تختصّ به وتدلّ عليه.

5° (Fol. 185 v°.) Commentaire sur les *Cent Régissants*.

6° (Fol. 188 v°.) Commencement du texte des *Cent Régissants*.

Papier. 190 feuillets. Hauteur, 20 centimètres; largeur, 13 centimètres. Diverses écritures du XVIIe siècle. — (Supplément 1231, Saint-Germain 617.)

4016.

1° Préface de l'ouvrage الضوء d'Al-Isfarâïnî.

2° (Fol. 5 v°.) Commentaire de Djamâl al-Dîn Moḥammad ibn ʿAbd al-Ghanî al-Ardabîlî sur le traité de grammaire d'Al-Zamakhscharî intitulé الانموذج فى النحو «Essai de syntaxe». Commencement : الحمد لله الذى جعل العربية مفتاح البيان وصيّرها آلة يحترز بها عن الخطاء فى اللسان.

Papier. 64 feuillets. Hauteur, 20 centimètres et demi; largeur, 14 centimètres et demi. 17 lignes par page. Ms. du xviie siècle. — (Ancien fonds 1287.)

4017.

1° Derniers feuillets du commentaire du *Miṣbâḥ* intitulé الافتتاح.

2° (Fol. 5.) Commentaire sur les *Cent Régissants*. Commencement : الحمد لمن وجب علينا ثناؤه.

Ms. daté de l'an 993 de l'hégire (1585 de J. C.).

Papier. 35 feuillets. Hauteur, 19 centimètres; largeur, 13 centimètres et demi. 21 lignes par page. — (Supplément 1241.)

4018.

مشكاة المصباح «La niche pour la lampe». Commentaire anonyme sur le *Miṣbâḥ*. Commencement : الحمد لله الذى توحّد بالكلمات المعجزة واختصّ به الاسماء الحسنى.

Ms. daté de l'an 1064 de l'hégire (1654 de J. C.).

Papier. 226 feuillets. Hauteur, 16 centimètres; largeur, 11 centimètres. 11 lignes par page. — (Ancien fonds 1364.)

4019.

Commentaire sur la préface (الديباجة) du *Miṣbâḥ*. Commencement : الحمد لله الذى لا يبلغ كنهه جادّ.

Papier. 46 feuillets. Hauteur, 20 centimètres et demi; largeur, 14 centimètres et demi. 13 lignes par page. Ms. du xviie siècle. — (Supplément 1238.)

4020.

1° Les cinq premiers feuillets d'un exemplaire du même ouvrage.

2° (Fol. 6 v°.) Traité de grammaire qui commence ainsi : وامّا اسم كرجل وامّا فعل كنضرب وامّا حرف كـقـد والكلام مؤلف امّا من اسمين الخ.

3° (Fol. 20 v°.) Le traité الضوء accompagné de nombreuses gloses.

Ms. daté de l'an 1064 de l'hégire (1654 de J. C.).

Papier. 151 feuillets. Hauteur, 21 centimètres; largeur, 15 centimètres. 17 lignes par page. — (Supplément 1239.)

4021.

1° Commentaire sur la préface du *Miṣbâḥ* d'Al-Moṭarrizî. Même ouvrage que les précédents, sans l'introduction. Commencement : اما بعد حمد لله امّا كلمة متضمنة بمعنى الشرط فلذلك لزم دخول الفاء فى جوابها.

2° (Fol. 38 v°.) La *Kâfiya* d'Ibn al-Ḥâdjib.

3° (Fol. 72 v°.) Le *Miṣbâḥ* d'Al-Moṭarrizî.

4° (Fol. 97 v°.) Les *Cent Régissants* d'Al-Djordjânî.

Les articles 2° et 3° sont datés de l'an 939 de l'hégire (1532-1533 de J. C.).

Papier. 109 feuillets. Hauteur, 18 centimètres et demi; largeur, 12 centimètres et demi. — (Ancien fonds 1307.)

4022.

1° Commentaire sur la préface du *Miṣbâḥ*. Même ouvrage que les précédents, sans l'introduction.

2° (Fol. 35 v°.) Le *Miṣbâḥ*, accompagné de nombreuses gloses.

3° (Fol. 70 v°.) Commentaire de Djamâl al-Dîn Moḥammad ibn ʿAbd al-Ghanî al-Ardabîlî sur l'*Anmoûdsadj* d'Al-Zamakhscharî.

Les deux premières pièces sont datées de l'an 983 de l'hégire (1575-1576 de J. C.), la troisième, de l'an 1048 de l'hégire (1638-1639 de J. C.).

Papier. 136 feuillets. Hauteur, 21 centimètres; largeur, 15 centimètres. — (Ancien fonds 1313.)

4023.

1° Explication du commentaire du *Miṣbâḥ* contenu dans les n^os précédents, par Yaʿqoûb ibn Saïyid ʿAlî.

Commencement : الحمد لله الذى اعرب تركيب الكاينات من مزج كاف ونون.

2° (Fol. 75.) Fragment d'un commentaire sur un traité de grammaire. Dans ce commentaire on a inséré les explications données par plusieurs savants, tels que ʿAlî Kouschdjî, Ibn Kamâl Pacha, Moṣannifak, etc.

3° (Fol. 78 v°.) خلاصة الاعراب «Quintessence de la syntaxe désinentielle». Commentaire sur le *Miṣbâḥ* d'Al-Moṭarrizî, par Ḥâddji Bâbâ ibn al-Ḥâddji Ibrâhîm al-Ṭoûsawî (الطوسوى). Commencement : الحمد لله وفى الانعام فاطر السموات والارض والانعام.

4° (Fol. 145 v°.) Explication des vers cités comme exemples dans le *Dhaou* d'Al-Isfarâînî, par Ismâʿîl ibn ʿAlî. Commencement : الحمد لله الذى بسط الارض ورفع السماء.

Ms. daté des années 972 et 974 de l'hégire (1565 et 1567 de J. C.).

Papier. 156 feuillets. Hauteur, 20 centimètres et demi; largeur, 13 centimètres. 21 lignes par page. — (Ancien fonds 1321.)

4024.

Même ouvrage que l'article 1° du n° précédent.

Papier. 104 feuillets. Hauteur, 20 centimètres; largeur, 13 centimètres. 17 lignes par page. Ms. du XVIIᵉ siècle. — (Supplément 1237.)

4025.

1° La *Kâfiya* (الكافية) de Djamâl al-Dîn Aboû ʿAmr ʿOthmân ibn ʿOmar ibn al-Ḥâdjib.

2° (Fol. 59 v°.) Le *Miṣbâḥ* d'Al-Moṭarrizî.

3° (Fol. 98 v°.) Commentaire sur les *Cent Régissants* d'Al-Djordjânî. Commencement : وبعد فان العوامل فى النحو على ما الفه الشيخ الامام عبد القاهر الجرجانى ماية عامل وهى تنقسم الى قسمين لفظية ومعنوية.

4° (Fol. 106 v°.) Autre commentaire sur le même traité. Commencement : الحمد لمن وجب ثنائه ولمن (*sic*) لا يزال من حبيب (*sic*) النعزم علينا غنائه.

Les articles 3° et 4° sont datés de l'an 992 de l'hégire (1584 de J. C.).

Papier. 140 feuillets. Hauteur, 20 centimètres; largeur 13 centimètres. Ms. du XVIᵉ siècle. — (Ancien fonds 1283, Colbert 5000.)

4026.

1° La *Kâfiya* d'Ibn al-Ḥâdjib. Copie datée de l'an 979 de l'hégire (1571-1572 de J. C.).

2° (Fol. 54 v°.) Le *Miṣbâḥ* d'Al-Moṭarrizî.

Papier. 84 feuillets. Hauteur, 19 centimètres et demi; largeur, 14 centimètres. — (Ancien fonds 1278.)

4027.

1° La *Kâfiya* d'Ibn al-Ḥâdjib.

Notes marginales.

Papier. 53 feuillets. Hauteur, 18 centimètres; largeur, 13 centimètres. 7 à 9 lignes par page. Ms. du XVIIᵉ siècle. — (Ancien fonds 1277.)

4028.

1° Même ouvrage.

2° (Fol. 68 v°.) Le *Miṣbâḥ* d'Al-Moṭarrizî.

3° (Fol. 111 v°.) Les *Cent Régissants* d'Al-Djordjânî.

Ms. daté de l'an 1057 de l'hégire (1647 de J. C.).

Papier. 124 feuillets. Hauteur, 18 centimètres; largeur, 10 centimètres. 11 lignes par page. — (Supplément 1206.)

4029.

1° La *Kâfiya* d'Ibn al-Ḥâdjib.

2° (Fol. 78 v°.) Résumé de la grammaire arabe. Commencement : الكلمة اسم وفعل وحرف الاسم.

3° Notes diverses et prières, dont l'une, intitulée مناجات «Entretien spirituel», est en langue turque.

Papier. 93 feuillets. Hauteur, 15 centimètres; largeur, 10 centimètres. 7 lignes par page. Ms. du XVIIᵉ siècle. — (Ancien fonds 1356.)

4030.

1° La *Kâfiya* d'Ibn al-Ḥâdjib.

2° (Fol. 75 v°.) Le *Miṣbâḥ* d'Al-Moṭarrizî.

Papier. 122 feuillets. Hauteur, 16 centimètres; largeur, 11 centimètres. Diverses écritures du XVIIᵉ siècle. — (Ancien fonds 1355.)

4031.

1° La *Kâfiya* d'Ibn al-Ḥâdjib.

2° (Fol. 29 v°.) Le *Miṣbâḥ* d'Al-Moṭarrizî.

3° (Fol. 50 v°.) Les *Cent Régissants.*

Ms. daté de l'an 1180 de l'hégire (1766 de J. C.).

Papier. 60 feuillets. Hauteur, 16 centimètres, largeur, 10 centimètres et demi. 15, puis 13 lignes par page. — (Supplément 1235.)

4032.

1° La *Kâfiya* d'Ibn al-Ḥâdjib. Le commencement et la fin manquent.

2° (Fol. 41.) Premier et dernier feuillet d'une pièce de vers qui est une amplification du مثلث de Qotrob.

Notes marginales.

Papier. 42 feuillets. Hauteur, 22 centimètres; largeur, 15 centimètres. 7 lignes par page. Ms. du XVIIIe siècle. — (Supplément 2123.)

4033.

1° La *Kafiya* d'Ibn al-Ḥâdjib.

2° (Fol. 43 v°.) Traité de grammaire commençant par ces mots : وبعد فهذه رسالة فيما يحتاج اليه كل معرب اشد الاحتياج. (Comparez, ci-dessus, n° 4006 2°.)

3° (Fol. 83 v°.) Un traité des *Cent Régissants* qui commence ainsi : وبعد فاعلم انه لا بد لكل طالب معرفة الاعراب من معرفة مائة شيء ستون منها تسمى عاملا وثلثون منها تسمى معمولا وعشرة منها تسمى عملا.

Ms. daté de l'an 1218 de l'hégire (1803-1804 de J. C.).

Papier. 91 feuillets. Hauteur, 15 centimètres et demi; largeur, 11 centimètres. 11 lignes par page. — (Supplément 1222.)

4034.

Têtes de chapitre de la *Kâfiya* d'Ibn al-Ḥâdjib, avec une traduction italienne. Ce texte est suivi d'une liste des noms des constellations.

Papier. 11 feuillets. Hauteur, 22 centimètres; largeur, 15 centimètres. Ms. du XVIIe siècle. — (Supplément 2390.)

4035.

La *Kâfiya* d'Ibn al-Ḥâdjib, en vers dont la rime est la syllabe لا. Cet ouvrage a été composé en l'an ذنب (752 de l'hégire, 1351-1352 de J. C.). Commencement : حمدت الهى راجيا متفضلا.

Papier. 81 feuillets. Hauteur, 24 centimètres; largeur, 16 centimètres. 5 lignes par page. Ms. du XVe siècle. — (Supplément 1199.)

4036.

Commentaire sur la *Kâfiya* d'Ibn al-Ḥâdjib. Commencement : الحمد لله الذى جلت آلاؤه عن ان تحاط بعد. Le nom de l'auteur, Nadjm al-Dîn al-Ridhâ, ajouté après coup, en tête du volume, ne paraît pas exact.

Papier. 249 feuillets. Hauteur, 27 centimètres; largeur, 18 centimètres. 37 lignes par page. Ms. du XIVe siècle — (Ancien fonds 1227.)

4037.

الوافية فى شرح الكافية «Le Parfait, commentaire sur la *Kâfiya*», par Rokn al-Dîn Ḥasan ibn Moḥammad al-Astarâbâdî, mort en 719 de l'hégire (1319-1320 de J. C.). Commencement : احمد الله على عظمة جلاله.

Notes marginales et interlinéaires.

Ms. daté de l'an 836 de l'hégire (1432-1433 de J. C.).

Papier. 138 feuillets. Hauteur, 27 centimètres et demi; largeur, 18 centimètres. 21 lignes par page. — (Ancien fonds 1228.)

4038.

Même ouvrage.

Ms., de deux mains différentes, daté de l'an 1024 de l'hégire (1615 de J. C.).

Papier. 218 feuillets. Hauteur, 19 centimètres et demi; largeur, 12 centimètres et demi. — (Supplément 2125.)

4039.

Même ouvrage.

Papier. 181 feuillets. Hauteur, 21 centimètres; largeur, 15 centimètres. 15 à 19 lignes. Ms. du XVIIe siècle. — (Supplément 1198 *bis*.)

4040.

كشف الوافية في شرح الكافية «Explication des difficultés de la *Wâfiya*, commentaire de la *Kâfiya*», par Mohammad ibn ʿOmaïr al-Ḥalabî. Commencement : لك الحمد يا من صرف قلوبنا نحو المعانى.

Ms. daté de l'an 962 de l'hégire (1555 de J. C.).

Papier. 113 feuillets. Hauteur, 20 centimètres; largeur, 12 centimètres. 21 lignes par page. — (Supplément 1198.)

4041.

1° فتح الاعراب لافئدة الطلاب «La Porte des inflexions grammaticales ouverte à l'intelligence des amateurs». Commentaire sur la *Kâfiya* d'Ibn al-Ḥâdjib, par Yoûsof ibn Aḥmad al-Niẓâmî. L'ouvrage est dédié au sultan Mohammad, fils de Bâyezîd. Commencement : اولى مفتتح كلام يزين بتاليف كلماته الاصوات والحروف الخ.

2° (Fol. 68 v°.) Notes de diverses mains, en arabe et en turc.

3° (Fol. 69 v°.) Les *Cent Régissants* d'Al-Djordjânî, avec un commentaire perpétuel en langue turque. Commencement : باحرف جر اسم انك لفظ مجرور مجرور الخ.

4° (Fol. 86 v°.) Commentaire d'Al-Ardabîlî sur le انموذج d'Al-Zamakhscharî.

Papier. 158 feuillets. Hauteur, 17 centimètres et demi; largeur, 14 centimètres. Diverses écritures du XVIᵉ siècle. — (Supplément 2127.)

4042.

Commentaire sur la *Kâfiya* d'Ibn al-Ḥâdjib. L'auteur n'est pas mentionné dans la préface; mais le mot خبيصى, écrit sur la tranche du volume, permet de supposer que cet ouvrage est d'Ibn abî Bakr al-Khabîṣî (Hadji Khalfa, t. V, p. 8). Commencement : واحمده كما يستحق ان يحمد.

Notes marginales et interlinéaires.

Papier. 234 feuillets. Hauteur, 21 centimètres et demi; largeur, 15 centimètres. 13 à 15 lignes par page. Ms. du XVIIᵉ siècle. — (Supplément 1203.)

4043.

Même ouvrage.

Nombreuses notes marginales et interlinéaires. En tête du volume on lit des notes et des extraits divers.

Papier. 238 feuillets. Hauteur, 21 centimètres; largeur, 13 centimètres et demi. 15 lignes par page. Ms. du XVᵉ ou du XVIᵉ siècle. — (Supplément 2126.)

4044.

الفوايد الضيائية. Commentaire sur la *Kâfiya* d'Ibn al-Ḥâdjib, par ʿAbd al-Raḥmân ibn Aḥmad al-Djâmî. Commencement : الحمد لوليّه والصلوة على نبيّه.

Ms. daté de l'an 948 de l'hégire (1541-1542 de J. C.).

Papier. 136 feuillets. Hauteur, 19 centimètres et demi; largeur, 12 centimètres. 25 lignes par page. — (Ancien fonds 1280.)

4045.

Même ouvrage.

Ms. daté de l'an 969 de l'hégire (1561-1562 de J. C.).

Papier. 238 feuillets. Hauteur, 17 centimètres; largeur, 12 centimètres. 19 lignes par page. — (Ancien fonds 1357.)

4046.

Même ouvrage. La fin manque.

Notes marginales et interlinéaires.

Papier. 218 feuillets. Hauteur, 18 centimètres et demi; largeur, 11 centimètres. 17 lignes par page. Ms. du XVIᵉ siècle. — (Supplément 1202.)

4047.

Même ouvrage.

Ms. daté de l'an 998 de l'hégire (1589-1590 de J. C.).

Notes marginales.

Papier. 312 feuillets. Hauteur, 18 centimètres; largeur, 10 centimètres. 17 lignes par page. — (Supplément 1201.)

4048.

1° Même ouvrage.

2° (Fol. 176 v°.) Commentaire sur la préface de la Wâfiya.

3° (Fol. 176.) Notes diverses.

Ms. daté de l'an 1011 de l'hégire (1602 de J. C.).

Papier. 178 feuillets. Hauteur, 19 centimètres; largeur, 11 centimètres. 21 lignes par page. — (Ancien fonds 1363.)

4049.

Le *Fawâid al-Dhiyâîya* de Djâmî.

Ms. daté de l'an 1027 de l'hégire (1618 de J. C.).

Papier. 187 feuillets. Hauteur. 22 centimètres; largeur, 15 centimètres. 21 lignes par page. — (Ancien fonds 1270.)

4050.

Même ouvrage.

Papier. 387 feuillets. Hauteur, 21 centimètres; largeur, 12 centimètres et demi. 13 lignes par page. Ms. du XVIIe siècle. — (Supplément 1200.)

4051.

1° Fragment du même ouvrage.

2° (Fol. 60 v°.) Les *Cent Régissants* d'Al-Djordjânî. La fin manque.

3° (Fol. 78 v°.) Le اعراب عن قواعد الاعراب d'Ibn Hischâm.

4° (Fol. 104 v°.) ضوء المعالى لبدء الامالى «Lumière des hautes (pensées) jetée sur le *Bad' al-Amâlî*». Commentaire d'ʿAlî Ibn Solṭân Moḥammad al-Qârî mort en 1014 de l'hégire (1605 de J. C.) sur la qaṣîda rimant en *ali* (الى) de Sirâdj al-Dîn ʿAlî ibn ʿOthmân al-Ouschî. Ce poème est ordinairement désigné par le titre de قصيدة يقول العبد. Commencement : الحمد لله الذى وجب وجود ذاته الخ. La fin manque.

Papier. 125 feuillets. Hauteur, 16 centimètres et demi; largeur, 11 centimètres. Écritures diverses du XVIIe siècle. — (Supplément 2124.)

4052.

Le *Fawâid al-Dhiyâîya* de Djâmî.

Papier. 240 feuillets. Hauteur, 21 centimètres; largeur 15 centimètres. 17 lignes par page. Ms. du XVIIe siècle. — (Ancien fonds 1285.)

4053.

Même ouvrage. La fin manque.

Papier. 176 feuillets. Hauteur, 22 centimètres; largeur, 16 centimètres. 19 lignes par page. — (Supplément 1204.)

4054.

Commentaire sur la *Kâfiya* d'Ibn al-Ḥâdjib. C'est, d'après le titre, écrit en tête du volume, l'ouvrage de Schihâb al-Dîn Aḥmad ibn ʿOmar al-Hindî. Commencement : اعلم لم يبدء الشيخ رحمه الله فى هذه الرسالة بحمد الله.

Papier. 151 feuillets. Hauteur, 20 centimètres; largeur, 13 centimètres. 19 lignes par page. Ms. du XVIe siècle. — (Ancien fonds 1279.)

4055.

Commentaire sur la *Kâfiya*. Commencement : قوله الكلمة لفظ وضع لمعنى مفرد قوله لفظ يشتمل الكلمة وغيرها.

Ms. daté de l'an 895 de l'hégire (1490 de J. C.).

Papier. 131 feuillets. Hauteur, 22 centimètres; largeur, 15 centimètres. 16 à 18 lignes par page. — (Ancien fonds 1281.)

4056.

الكتاب الركنى فى تقوية الكلام النحوى «Livre de Rokn servant à donner de la force au langage grammatical.» Commentaire très prolixe sur la *Kâfiya* d'Ibn al-Ḥâdjib, par Rokn al-Dîn ʿAlî ibn al-Fâdhil al-Ḥadîthî. Commencement : الحمد لله ذى الطول حمد المومنين.

Ms. daté de l'an 1096 de l'hégire (1685 de J. C.).

Papier. 533 feuillets. Hauteur, 21 centimètres; largeur, 13 centimètres. 23 lignes par page. — (Supplément 1259.)

4057.

نيل المطالب والمآرب فى شرح كافية ابن الحاجب «Obtention de ce qu'on désire et de ce dont on a besoin, en fait de commentaire sur la *Kâfiya* d'Ibn al-Ḥâdjib». Le nom de l'auteur, tel qu'il est écrit sur le frontispice, peut se lire محمد بن علمس (?) بن على.

Papier. 206 feuillets. Hauteur, 21 centimètres; largeur 15 centimètres. 19 à 24 lignes par page. Ms. du XVIIIe siècle. — (Supplément 1205.)

4058.

Traité des flexions grammaticales et de l'orthographe (خط), par Ibn al-Ḥâdjib. C'est l'ouvrage qu'on désigne ordinairement par le titre de الشافية في علم الصرف. On remarque sur le frontispice une figure circulaire formée par l'intersection de six cercles dont chacun passe par les centres des cercles voisins. Dans les intervalles se trouve une série de gloses écrites en petits caractères dont l'une se rapporte au mot التصريف. Nombreuses notes marginales.

Papier. 105 feuillets. Hauteur, 18 centimètres et demi; largeur, 11 centimètres. 9 lignes par page. Ms. du XVIe siècle. — (Supplément 1246.)

4059.

Même ouvrage.

Papier. 42 feuillets. Hauteur, 17 centimètres et demi; largeur, 12 centimètres. 15 lignes par page. Ms. du XVIIIe siècle. — (Supplément 1246 *bis*.)

4060.

Traité dans lequel Fakhr al-Dîn Aḥmad ibn al-Ḥasan al-Tchârabardî (الجاربردى), mort en 746 de l'hégire (1345-1346 de J.-C.), commente le texte de la Schâfiya d'Ibn al-Ḥâdjib. Commencement: رب تمم بالخير ربنا افرغ علينا صبرا وثبت اقدامنا نحمدك.

Ms. daté de l'an 785 (1383-1384 de J.-C.).

Papier. 160 feuillets. Hauteur, 22 centimètres et demi; largeur, 15 centimètres. 19 lignes par page dans la première moitié du volume, 21 dans la seconde. — (Ancien fonds 1286.)

4061.

Le même commentaire d'Aḥmad ibn al-Ḥasan (*var.* al-Ḥosaïn) al-Tchârabardî sur la Schâfiya d'Ibn al-Ḥâdjib. Commencement : نحمدك يا من بيده الخير والجود.

Ms. daté de l'an 1071 (1661 de J.-C.).

Papier. 196 feuillets. Hauteur, 19 centimètres et demi; largeur, 13 centimètres et demi. 17 et 18 lignes par page. — (Supplément 1245.)

4062.

المناهج الكافية في شرح الشافية «Voies qui suffisent pour arriver à l'intelligence de la Schâfiya», par Aboû Yaḥyâ Zakarîya al-Anṣârî. Commencement : اللهم صل وسلم على سيدنا ونبينا الخ.

Ms. daté de l'an 1069 (1659 de J.-C.).

Papier. 176 feuillets collés sur onglets. Hauteur, 21 centimètres; largeur, 15 centimètres et demi. 23 lignes par page. — (Supplément 1230.)

4063.

شرح العزّى «Commentaire sur l'*ʿIzzî*» d'Al-Zandjânî, par Masʿoûd ibn ʿOmar al-Taftazânî. Commencement : ان اروى زهر يخرج في رياض الكلام الخ.

Papier. 45 feuillets. Hauteur, 21 centimètres; largeur, 15 centimètres et demi. 23 lignes par page. Ms. du XVIe siècle. — (Ancien fonds 1306.)

4064.

Même ouvrage. La fin manque.

Papier. 30 feuillets. Hauteur, 21 centimètres et demi; largeur, 13 centimètres et demi. 21 lignes par page. Ms. du XVIIIe siècle. — (Supplément 2137.)

4065.

Commentaire anonyme sur le traité des conjugaisons intitulé *Al-ʿIzzî*. Premiers mots après les louanges de Dieu : فاقول لما كان من الواجب على كل طالب لشئ ان يتصوّر اوّلا ذلك الشى ليكون على بصيرة في طلبه الخ.

Papier. 63 feuillets. Hauteur, 17 centimètres et demi; largeur, 13 centimètres. 25 lignes par page. Ms. du XVe siècle. — (Ancien fonds 1308.)

4066.

Commentaire, par قال et اقول, sur le traité des flexions intitulé *Al-ʿIzzî*.

Ms. daté de l'an 1049 (1639-1640 de J.-C.).

Papier. 77 feuillets. Hauteur, 20 centimètres et demi; largeur, 15 centimètres. 19 lignes par page. — (Ancien fonds 1309.)

IMPRIMERIE NATIONALE.

4067.

1° Dernière partie d'un commentaire sur un traité de grammaire, en prose, dont l'auteur n'est désigné que par le surnom d'*Aboû l'-Qâsim*. C'est peut-être le même personnage à qui Al-Soyoûṭî a consacré un court article dans son Dictionnaire biographique des grammairiens et qu'il appelle Aboû l'-Qâsim Aḥmad ibn Hibat-Allah ibn Sa'd-Allah al-Djebrânî (الجبرانى). Selon ce polygraphe (Ms. ar. de la Bibl. nat. 2119, fol. 81 v°), Aboû l'-Qâsim enseigna dans la grande mosquée d'Alep et mourut l'an 668 (1270 de J.-C.). Ce volume dépareillé du commentaire sur le traité d'Aboû l'-Qâsim commence ainsi : باب النسب قوله اذا نسبت رجلا الى اب او ام او بلد او قبيلة او ح (او) صناعة زدت فى اخره يا مشددة اعلم ان النسب. Le second chapitre du volume (fol. 8 v°) est intitulé : باب الف الوصل والف القطع. Le dernier a pour titre : باب من شواذّ الادغام. Rien n'indique le titre du commentaire ni le nom du commentateur.

2° (Fol. 147 v°.) Définitions grammaticales par Tâdj al-Dîn Aboû 'l-Qâsim Aḥmad ibn Hibat-Allah.

3° (Fol. 149.) Les مثلّثات de Qoṭrob mis en vers.

Ms. daté de l'an 685 (1286 de J.-C.).

Papier. 150 feuillets. Hauteur, 25 centimètres et demi; largeur, 16 centimètres et demi. 25 lignes par page. — (Ancien fonds 1232.)

4068.

L'*Alfîya* d'Ibn Mâlik.

Ms. daté de l'an 861 de l'hégire (1457 de J.-C.).

Papier. 39 feuillets. Hauteur, 18 centimètres; largeur, 13 centimètres. 13 lignes par page, puis 16 lignes. — (Ancien fonds 1291.)

4069.

Même ouvrage.

Ms. daté de l'an 1078 (1668 de J.-C.).

Papier. 33 feuillets. Hauteur, 21 centimètres; largeur, 14 centimètres et demi. 17 lignes par page. La première page seulement est vocalisée. — (Supplément 1159.)

4070.

Même ouvrage.

Papier. 30 feuillets. Hauteur, 15 centimètres; largeur, 10 centimètres et demi. 20 lignes par page. Ms. du XVII° siècle. — (Supplément 1160.)

4071.

Même ouvrage.

Papier. 37 feuillets. Hauteur, 21 centimètres; largeur, 14 centimètres et demi. 15 lignes par page. Ms. du XVII° siècle. — (Supplément 1157.)

4072.

Même ouvrage. Cet exemplaire a fait partie d'un volume qui renfermait quelques autres traités.

Ms. daté de l'an 1107 (1696 de J.-C.).

Papier. 42 feuillets. Hauteur, 21 centimètres et demi; largeur, 15 centimètres et demi. 13 lignes par page. — (Supplément 1156.)

4073.

Même ouvrage. Dans les dernières pages, le texte n'est pas vocalisé.

Ms. daté de l'an 1115 (1073 de J.-C.).

Papier. 50 feuillets. Hauteur, 20 centimètres; largeur, 15 centimètres et demi. 11 lignes par page. — (Supplément 1158.)

4074.

1° Même ouvrage.

2° (Fol. 43 v°.) نكجة المرضيّة (*sic*). Commentaire de Djalâl al-Dîn al-Soyoûṭî sur l'*Alfîya*.

Ms. daté de l'an 1154 (1741 de J.-C.).

Papier. 157 feuillets. Hauteur, 22 centimètres; largeur, 16 centimètres. 13 lignes par page dans le premier traité, 16 dans le second. — (Supplément 1168.)

4075.

Commentaire très étendu sur l'*Alfîya* d'Ibn Mâlik commençant par ces mots : الحمد لله والشكر له, ce qui nous porte à croire que c'est l'ouvrage de Schams al-Dîn Ḥasan ibn al-Qâsim al-Morâdî (المرادى), surnommé

Ibn Oumm Qâsim et mort en 749 (1348-1349 de J.-C.). Voyez la Bibliographie de Hadji Khalfa, t. I, p. 408.

Papier. 241 feuillets. Hauteur, 26 centimètres et demi; largeur, 18 centimètres. Le nombre des lignes par page varie de 25 à 30. Ms. du XIVe siècle. — (Ancien fonds 1233.)

4076.

Même ouvrage.

Ms. daté de l'an 1004 (1596 de J.-C.).

Papier. 191 feuillets. Hauteur, 29 centimètres; largeur, 19 centimètres. 31 lignes par page. — (Supplément 1173.)

4077.

اوضح المسالك الى الفية ابن مالك «Le chemin le plus facile à l'intelligence de l'*Alfiya* d'Ibn Mâlik», commentaire attribué par Hadji Khalfa (t. I, p. 413) au célèbre grammairien Djamâl al-Dîn ʿAbd Allah ibn Yoûsof ibn Hischâm al-Anṣârî, mort en 762 de l'hégire (1360-1361 de J.-C.). C'est l'ouvrage que l'auteur a intitulé plus tard التوضيح «L'éclaircissement». Commencement : اما بعد حمد الله مستحق الحمد وملهمه ومنشى الخلق ومعدمه.

Ms. daté de l'an 1082 (1671 de J.-C.).

Papier. 295 feuillets. Hauteur, 21 centimètres; largeur, 15 centimètres. 15 lignes par page. — (Supplément 1176.)

4078.

التصريح بمضمون التوضيح «Explication du contenu du *Taudhîḥ*», commentaire de Zaïn al-Dîn Khâlid al-Azharî sur le *Taudhîḥ* de Djamâl al-Dîn Yoûsof ibn Hischâm al-Anṣârî qui est le commentaire des vers dont se compose l'*Alfîya* d'Ibn Mâlik. Commencement : اللهم لا سهل الا ما جعلته سهلا.

Papier. 357 feuillets. Hauteur, 31 centimètres; largeur, 21 centimètres et demi. Ms. du XVIIe siècle. — (Supplément 1179.)

4079.

Même ouvrage.

Ms. daté de l'an 1035 (1625 de J.-C.).

Papier. 465 feuillets. Hauteur, 21 centimètres; largeur, 15 centimètres et demi. 25 lignes par page. — (Ancien fonds 1311, Colbert 4992.)

4080.

Même ouvrage. Nous lisons dans l'*explicit* de cet exemplaire, comme dans quelques autres, que l'auteur acheva son travail en 896 (1491 de J.-C.).

Ms. daté de l'an 1049 (1640 de J.-C.).

Papier. 370 feuillets. Hauteur, 29 centimètres et demi; largeur, 21 centimètres. 33 lignes par page. — (Supplément 1178.)

4081.

Même ouvrage.

Ms. daté de l'an 1162 (1749 de J.-C.).

Papier. 725 feuillets. Hauteur, 22 centimètres; largeur, 16 centimètres. 23 lignes par page. — (Supplément 1180.)

4082.

Même ouvrage. Le premier feuillet et les derniers cahiers manquent.

Papier. 431 feuillets. Hauteur, 22 centimètres; largeur, 16 centimètres. 21 lignes par page. Ms. du XIIe siècle. — (Supplément 2134.)

4083.

Premier volume du même ouvrage.

Papier. 272 feuillets. Hauteur, 21 centimètres et demi; largeur, 15 centimètres. 23 lignes par page. Ms. du XVIIIe siècle. — (Supplément 1177, I.)

4084.

Premier fascicule d'un exemplaire du même ouvrage.

Papier. 173 feuillets. Hauteur, 20 centimètres et demi; largeur, 15 centimètres et demi. 21 lignes par page. Le premier cahier de ce volume est du XVIIe siècle, les cahiers suivants du XVIIIe. — (Supplément 1180 *bis*.)

4085.

Seconde et dernière partie du même ouvrage.

Papier. 353 feuillets. Hauteur, 22 centimètres; largeur, 15 centi-

mètres et demi. 21 lignes par page. Ms. du XVIIIe siècle. — (Supplément 1177, II.)

4086.

تمرين الطلّاب في صنعة الاعراب «Exercice pour les étudiants qui cultivent l'art de l'analyse grammaticale», commentaire sur l'*Alfiya* d'Ibn Mâlik, par Khâlid al-Azharî. Commencement : الحمد لله الذى رفع قدر من اعرب بالشهادتين.

Ms. daté de l'an 1199 (1785 de J.-C.).

Papier. 214 feuillets. Hauteur, 23 centimètres; largeur, 16 centimètres et demi. Le nombre des lignes par page varie de 23 à 27. — (Supplément 1181.)

4087.

Volume sans commencement ni fin et renfermant une partie d'un commentaire sur l'*Alfiya* d'Ibn Mâlik. Le commentaire (ش c'est-à-dire شرح) sur le premier vers de la section intitulée المعرب والمبنى commence ainsi : تقدير الكلام والاسم منه معرب ومنه مبنى اى ان الاسم منحصر فى قسمين احدها المعرب وهو ما سلم من شبه الحرف ويسمى متمكنا والثانى المبنى وهو ما اشبه الحرف شبها تاما.

Papier. 85 feuillets. Hauteur, 24 centimètres et demi; largeur, 16 centimètres et demi. 21 lignes par page. Ms. du XIVe siècle. — (Supplément 2355.)

4088.

Commentaire sur l'*Alfiya* d'Ibn Mâlik. Le premier feuillet manque. Le manuscrit débute par le quatrième vers de l'*Alfiya* et donne ensuite l'explication qui commence ainsi : ش يقول هذه الالفية مع انها حاوية للمقصود الاعظم من النحو فيها من المزيّة على نظايرها انها تقرّب على الافهام المعانى البعيدة الخ. Une note de la main de S. de Sacy, inscrite sur un des feuillets de garde, porte que ce commentaire est excellent.

Ms. écrit à Balbec, l'an 823 (1420 de J.-C.).

Papier. 239 feuillets. Hauteur, 18 centimètres; largeur, 13 centimètres et demi. 21 lignes par page. — (Supplément 1166.)

4089.

Commentaire d'Ibn ʿAqîl sur l'*Alfiya* d'Ibn Mâlik. Le premier feuillet est d'une main moderne.

Papier. 169 feuillets. Hauteur, 20 centimètres et demi; largeur, 15 centimètres. 25 lignes par page. Ms. du XVIIe siècle. — (Supplément 2130.)

4090.

Même ouvrage. La fin manque.

Papier. 197 feuillets collés sur onglets. Hauteur, 21 centimètres et demi; largeur, 15 centimètres et demi. 25 lignes par page. Ms. du XVIIe siècle. — (Supplément 2131.)

4091.

Même ouvrage.

Ms. daté de l'an 1127 (1715 de J.-C.).

Papier. 181 feuillets. Hauteur, 22 centimètres; largeur, 15 centimètres et demi. 23 à 25 lignes par page. — (Supplément 1161.)

4092.

Même ouvrage. Notes marginales.

Ms. daté de l'an 1140 (1728 de J.-C.).

Papier. 177 feuillets. Hauteur, 21 centimètres; largeur, 15 centimètres. 21 lignes par page. — (Supplément 1162.)

4093.

Même ouvrage.

Papier. 175 feuillets. Hauteur, 21 centimètres; largeur, 15 centimètres. 23 lignes par page. Ms. du XVIIIe siècle. — (Supplément 1163.)

4094.

فتح الجليل على شرح ابن عقيل (*sic*) «Explication importante du commentaire d'Ibn ʿAqîl», par le schaïkh Aḥmad ibn Aḥmad al-Sadjâʿî (السجاعى). L'auteur dit avoir composé son ouvrage en 1218 (1803 de J.-C.). Commencement : الحمد لله الذى رفع قدر من انخفض لربوبيته.

Ms. daté de l'an 1256 (1840 de J.-C.).

Papier. 307 feuillets. Hauteur, 23 centimètres; largeur, 16 centimètres et demi. 27 lignes par page. — (Supplément 1164.)

4095.

Commentaire sur la *Kholâṣa* (الخلاصة) « Quintessence », autrement appelé l'*Alfiya* d'Ibn Mâlik, par Schams al-Dîn Moḥammad ibn Aḥmad ibn Djâbir al-Hawârî (الهوارى), docteur malékite, surnommé الاعمى « l'aveugle », né en Espagne. Selon Hadji Khalfa, il mourut vers l'an 780 (1378 de J.-C.). Commencement de la préface : الحمد لله الذى ارسل الينا اشرف الرسل باشرف لسان. L'auteur y a inséré une notice biographique sur Ibn Mâlik, qui était son compatriote et né à Jaen (الجيانى).

Ms. daté de 855 (1451 de J.-C.).

Papier. 275 feuillets. Hauteur, 27 centimètres; largeur, 18 centimètres et demi. 23 lignes par page. — (Ancien fonds 1235, Colbert 4237.)

4096.

Commentaire sur l'*Alfiya* d'Ibn Mâlik, par Aboû Zaïd ʿAbd al-Raḥmân al-Mokoûdî (المكودى). En tête du volume on a ajouté une *qaṣîda lâmîya* ayant pour sujet les propositions et leur analyse. Commencement :

حمدتُ الهى ثم صليت اوّلا
على سيّد الرسل الكرام ذوى العُلا

Ms. daté de l'an 1105 (1694 de J.-C.).

Papier. 146 feuillets. Hauteur, 24 centimètres; largeur, 17 centimètres. Écriture maghrebine. 23 lignes par page. — (Supplément 2133.)

4097.

1° Même ouvrage.

2° (Fol. 330 v°.) Notes de Sîdî Aḥmad al-Modjîrî (المجيرى) sur le commentaire d'Al-Mokoûdî. Dans la préface, on trouve une courte notice sur celui-ci. Il se nommait ʿAbd al-Raḥmân ibn ʿAlî et mourut à Fez l'an 801 (1398-1399 de J.-C.). Commencement : حمدا لمن وفقنا الى الاعراب عن ما خفى من المضمرات.

Papier. 424 feuillets. Hauteur, 22 centimètres; largeur, 16 centimètres. Dans le premier traité, les pages ont 21 lignes; le second traité est d'une autre main et chaque page porte 23 lignes. Ms. du XVIIIe siècle. — (Supplément 1172.)

4098.

1° Commentaire sur l'*Alfiya* d'Ibn Mâlik, par Al-Djozoûlî.

2° (Fol. 31.) Explication du *Bismillâh* et du *Al-Ḥamd lillâh*, par Moḥammad ibn Ḥamdoûn al-Bonânî.

3° (Fol. 72.) Commentaire sur l'*Adjorroûmîya*, par Al-Scharîf.

4° (Fol. 129.) Note sur la conjugaison arabe.

5° (Fol. 132.) Quelques pièces de vers.

6° (Fol. 136.) Commentaire d'Al-Bodjâï sur l'*Adjorroûmîya*. Le nom de l'auteur n'est pas mentionné (voy. ci-après, n° 4140).

Papier, 188 feuillets. Hauteur, 22 centimètres; largeur, 15 centimètres. 21 lignes par page. Ms. du XIXe siècle. Écritures diverses. Au folio 128, on trouve la date de 1238 de l'hégire (1823 de J.-C.). — (Supplément 2473.)

4099.

شرح شواهد العينى. Explication des exemples cités par Aboû Moḥammad Maḥmoûd ibn Aḥmad al-ʿAïnî dans son commentaire sur l'*Alfiya* d'Ibn Mâlik. Ce commentaire, dont l'auteur est Al-ʿAïnî lui-même, commence ainsi : حمدا ناصعا صافيا شرجعا شعلّعا وشكرا هاميا ساميا الخ.

Ms. daté de l'an 1052 (1642 de J.-C.).

Papier. 188 feuillets. Hauteur, 21 centimètres; largeur, 15 centimètres. 25 lignes par page. — (Supplément 1174.)

4100.

منهج السالك الى الفية ابن مالك « Voie de celui qui se dirige vers l'*Alfiya* d'Ibn Mâlik ». Commentaire sur ce célèbre traité de grammaire, par Noûr al-Dîn Aboû l'-Ḥasan ʿAlî ibn Moḥammad al-Ochmoûnî, mort vers l'an 900 (1494-1495 de J.-C.). Commencement : اما بعد حمد الله على ما منح من اسباب البيان.

Ms. daté de l'an 980 (1572 de J.-C.).

Papier. 196 feuillets. Hauteur, 27 centimètres; largeur, 18 centimètres. 33 lignes par page. — (Ancien fonds 1234.)

4101.

Même ouvrage. Notes marginales.

Papier. 488 feuillets collés sur onglets. Hauteur, 22 centimètres et demi; largeur, 16 centimètres. 23 lignes par page. Ms. du XVIIe siècle. — (Supplément 1185.)

4102.

Même ouvrage.
Ms. daté de l'an 1121 (1709 de J.-C.).

Papier. 304 feuillets. Hauteur, 21 centimètres; largeur, 15 centimètres et demi. 23 lignes par page. — (Supplément 1182.)

4103.

Même ouvrage. Notes marginales.
Ms. daté de l'an 1141 (1729 de J.-C.).

Papier. 373 feuillets collés sur onglets. Hauteur, 21 centimètres; largeur, 16 centimètres. 23 lignes par page. — (Supplément 1184.)

4104.

Même ouvrage.

Papier. 547 feuillets. Hauteur, 22 centimètres; largeur, 15 centimètres et demi. 19 lignes par page. Ms. du XVIIIe siècle. — (Supplément 1183.)

4105.

Première partie du même ouvrage. Notes marginales.

Papier. 348 feuillets. Hauteur, 22 centimètres et demi; largeur, 16 centimètres. 19 lignes par page. Ms. du XVIIe siècle. — (Supplément 1186.)

4106.

Seconde partie du même ouvrage.

Papier. 411 feuillets. Hauteur, 21 centimètres et demi; largeur, 15 centimètres. 15 lignes par page. Ms. du XVIIe siècle. — (Supplément 1186, II.)

4107.

Seconde partie du même ouvrage.

Papier. 160 feuillets. Hauteur, 21 centimètres et demi; largeur, 16 centimètres. 23 lignes par page. Écriture maghrebine. Ms. du XVIIIe siècle. — (Supplément 2132.)

4108 et 4109.

Gloses du schaïkh Moḥammad al-Ḥafnâwî (الحفناوى) sur le *Manhadj al-Sâlik* d'Al-Ochmoûnî.

Ms. écrit du vivant de l'auteur en 1203 de l'hégire (1789 de J.-C.).

2 volumes. Papier. 444 et 455 feuillets. Hauteur, 23 centimètres; largeur, 16 centimètres. Environ 25 lignes par page. — (Supplément 1187.)

4110.

النهجة (*sic*) المرضيّة فى شرح الالفيّة «Le chemin agréable pour arriver à l'explication de l'*Alfiya*», par Djalâl al-Dîn ʿAbd al-Raḥmân al-Soyoûṭî. Commencement : احمدك اللهم على نعمك والايك.

Papier. 147 feuillets. Hauteur, 23 centimètres; largeur, 16 centimètres. 21 lignes par page. Ms. du XVIIIe siècle. — (Supplément 1171.)

4111.

1° Même ouvrage.

2° (Fol. 115.) شرح مقدّمة الشعرانى. Commentaire perpétuel sur la préface du traité de grammaire d'ʿAbd al-Wahhâb al-Schaʿrânî, par le schaïkh Aḥmad (peut-être Schihâb al-Dîn Aḥmad al-Ghonaïmî, voy. Hadji Khalfa, t. VI, p. 88).

Ms. daté de l'an 1172 (1758 de J.-C.).

Papier. 189 feuillets. Hauteur, 22 centimètres; largeur, 16 centimètres. 23 lignes par page dans le premier traité, 19 dans le second. — (Supplément 1167.)

4112.

Commentaire très prolixe sur la *Nahdjat al-Mardîya*, par Moḥammad Ṣâliḥ ibn Ibrâhîm al-Aḥsâï (الاحساى). L'ouvrage fut achevé l'an 1073 de l'hégire (1663 de J.-C.). Commencement : نحمدك يا من رفع من انخفض لعز جنابه وميّزه بان جعله من جملة احبابه.

Ms. daté de l'an 1126 (1714 de J.-C.).

Papier. 169 feuillets. Hauteur, 30 centimètres et demi; largeur, 20 centimètres. 35 lignes par page. — (Supplément 1169.)

4113.

Même ouvrage.
Ms. daté de l'an 1201 (1787 de J.-C.).

Papier. 313 feuillets. Hauteur, 23 centimètres; largeur, 15 centimètres et demi. 23 lignes par page. — (Supplément 1170.)

4114.

فتح اللطيف المالك لشرح الغيّة ابن مالك «Révélation de l'Être gracieux qui possède tout, pour servir d'explication de l'*Alfiya* d'Ibn Mâlik», par ʿAbd Allah ibn ʿAlî ibn ʿAlî Sowaïd al-Demlîdjî (سويد الدمليجى). Commencement : الحمد لله الذى رفع بدولة محمد صلى الله عليه وسلم كلمة الاسلام الخ.
Ms. daté de l'an 1205 (1791 de J.-C.).

Papier. 244 feuillets. Hauteur. 23 centimètres et demi; largeur, 15 centimètres et demi. 21 lignes par page. — (Supplément 1175.)

4115.

1° Collection de gloses sur l'*Alfiya* d'Ibn Mâlik. Les premiers cahiers, formant environ le tiers de l'ouvrage, manquent.

2° (Fol. 71 v°.) موقد الاذهان وموقظ الوسنان «Qui éclaire les intelligences et qui éveille l'endormi». Explication de quelques énigmes grammaticales, par Ibn Hischâm (Djamâl al-Dîn ʿAbd Allah ibn Yoûsof). Commencement : الحمد لله الفاتح عند الاعواز.

Papier. 78 feuillets. Hauteur, 22 centimètres; largeur, 15 centimètres. 21 lignes par page dans le premier ouvrage, 19 dans le second. Ms. du XVIIIe siècle. — (Supplément 1189.)

4116.

Traité de grammaire en vers, avec un commentaire. Ce traité paraît être un remaniement, avec des additions considérables, de l'*Alfiya* d'Ibn Mâlik. Le texte est indiqué par la lettre *ṣâd* (ص) et la glose par la lettre *schîn* (ش). Le commencement du volume manque, le premier feuillet de la partie qui nous reste finit par l'explication du vers 255 de l'Alfiya. Les vers suivants, par lesquels commence le *Bâb al-ischtighâl*, sont accompagnés d'une explication dont voici le texte : ش حاصل هذه الابيات انه اذا تقدم اسم على فعل صالح لنصبه لفظا او محلا وشغل الفعل عن عمله فيه الخ.
Ms. daté de l'an 742 (1342 de J.-C.).

Papier. 193 feuillets. Hauteur, 28 centimètres; largeur, 20 centimètres. 23 lignes par page. — (Supplément 1165.)

4117.

Le *Tashîl al-Fawâïd*, traité de grammaire en prose, par Ibn Mâlik, l'auteur de l'*Alfiya*.

Papier. 130 feuillets. Hauteur, 20 centimètres et demi; largeur, 15 centimètres. 15 lignes par page. Ms. du XIVe siècle. — (Supplément 1188.)

4118.

1° Commentaire sur la *Lâmîyat al-Afʿâl* d'Ibn Mâlik, par Moḥammad ibn ʿOmar al-Ḥadramî. L'ouvrage porte le titre de فتح الاقفال وضرب الامثال «Serrures ouvertes et exemples cités». Commencement : الحمد لله المتصرّف قبل علّة التصريف المتعرّف بغير آلة التعريف.

2° (Fol. 107 v°.) شرح القصيدة المنفرجة «Commentaire sur la Qaṣîda intitulée *Al-Monfaridja*». Le poème a pour auteur Ibn al-Naḥwî (Yoûsof ibn Maḥammad al-Tauzarî); le commentaire est d'ʿAlî ibn Yoûsof al-Bosrawî. Celui-ci dit dans sa préface : واشتهر عن العلماء وارباب القلوب انهم اذا ضاق بهم الحال قروها فيفرج الله عنهم الكروب.

Le premier ouvrage est daté de l'an 1052 (1642-1643 de J.-C.); le second article paraît être de la même époque.

Papier. 120 feuillets. Hauteur, 20 centimètres; largeur, 13 centimètres. 17 lignes par page dans le premier ouvrage, 21 dans le second. — (Ancien fonds 1480.)

4119.

1° قصيدة فى ابنية الافعال. Qaṣîda rimant en *lâm-élif* et renfermant les règles de la conjugaison, par Ibn Mâlik, auteur de l'*Alfiya*, accompagnée d'un commentaire, par Badr al-Dîn Moḥammad, fils de l'auteur. Premier vers :

الحمد لله لا ابغى به بدلا حمدا يبلّغ من رضوانه الاملا

2° (Fol. 27 v°.) Explication, par l'Enfant Jésus, de la vraie signification de chaque lettre de l'alphabet arabe. Légende musulmane.

Ms. écrit à Paris en 1712 de J.-C. par un Marocain appelé Aḥmad ibn Qâsim, pour le nommé Aubert (?) (أُبَرْ), médecin et interprète du roi de France. Il porte un assez grand nombre de notes marginales en langue espagnole.

Papier. 29 feuillets. Hauteur, 28 centimètres et demi; largeur, 20 centimètres. 17 et 18 lignes par page. — (Ancien fonds 1410.)

4120.

Commentaire sur le لبّ اللباب, traité de grammaire du cadi Nâṣir al-Dîn ʿAbd-Allah al-Baïdhâwî, mort en 685 (1286 de J.-C.), par Moḥammad ibn Pîr-ʿAlî, surnommé *Al-Berguili* (البركلى). Selon Hadji Khalfa, ce commentaire est généralement connu sous le titre de امتحان الاذكياء «Épreuve pour les hommes intelligents». Commencement : الحمد لله قاشع غمام الغموم وقاصع همام الهموم.

Ms. daté de l'an 865 (1460-1461 de J.-C.).

Papier. 150 feuillets. Hauteur, 24 centimètres et demi; largeur, 17 centimètres. 1re partie, 21 lignes par page; 2e partie, 23 lignes. Ms. de deux écritures, dont la première est du neskhi et la seconde du taʿlîk. — (Ancien fonds 1293.)

4121.

اللباب «La moelle». Traité de grammaire, par Tâdj al-Dîn Moḥammad ibn Moḥammad ibn Aḥmad ibn al-Saïf al-Isfarâïnî, accompagné du commentaire de Moḥammad ibn Masʿoûd al-Sîrâfî, qui a été composé à Schîrâz l'an 712 de l'hégire (1312 de J.-C.). Commencement du *Lobâb* : الحمد لله على ما تناسقت من كعوب اياديه وتلاحقت بهوادى احسانه روادفه وتواليه. Le commentaire commence par ces mots : الحمد لله الذى هدانا الى معرفة اعجاز القران.

Exemplaire écrit à Basra l'an 1153 (1740 de J.-C.) pour Otter (موشى اوتير النصرانى).

Papier. 426 feuillets. Hauteur, 22 centimètres; largeur, 16 centimètres. 16 lignes par page. — (Supplément 1261.)

4122.

1° L'*Adjorroûmîya*. Moḥammad ibn Moḥammad ibn Dâoûd al-Ṣanhâdjî, l'auteur de l'*Adjorroûmîya*, était connu sous le surnom d'*Ibn Adjorroûm* (ابن أُجُرُّوم). Ce mot *adjorroûm*, dont l'orthographe est fixée, lettre par lettre, dans la préface de ce commentaire appartient à la langue berbère et signifie, dit-on, *dévot, anachorète*.

2° (Fol. 22.) الفوائد الجليّة فى حلّ الفاظ الاندلسيّة «Renseignements importants pour l'explication des termes employés dans le traité intitulé l'*Andalousienne*». C'est un commentaire composé par Schams al-Dîn Moḥammad ibn Aḥmad al-Domâṭî (الدمياطى) sur la *Moqaddima* ou *introduction* àl a connaissance de la grammaire d'ʿAlî Ibn Mofriḥ (مفرح) al-Andalosî intitulée, d'après le nom de l'auteur, *Al-Mofriḥîya* (المفرحية) *al-Andalosîya*. Commencement : الحمد لله الذى جعل النحو سبب اصلاح اللسان كما ان الذكر سبب لاصلاح الجنان.

Papier. 107 feuillets. Hauteur, 17 centimètres; largeur, 12 centimètres. 11 lignes par page. La première pièce porte un frontispice en or et en couleurs. Ms. du XVIe siècle. — (Ancien fonds 1282.)

4123.

1° L'*Adjorroûmîya*.

2° (Fol. 6.) Commentaire de Khâlid al-Azharî sur l'*Adjorroûmîya*.

3° (Fol. 43 v°.) التتمّة «L'appendice», supplément à l'*Adjorroûmîya*. Commencement : هذه مقدمة فى علم العربية متممة لمسايل الجرومية.

4° (Fol. 75.) Les *Cent Régissants* d'Al-Djordjânî.

5° (Fol. 82.) La *Kâfiya* d'Ibn al-Ḥâdjib.

6° (Fol. 104 v°.) L'ʿ*Izzî* d'Al-Zandjânî.

7° (Fol. 114 v°.) الشافية «La salutaire», traité des flexions grammaticales, par Ibn al-Ḥâdjib. Commencement : التصريف علم باصول يعرف بها احوال ابنية الكلم التى ليست باعراب.

8° (Fol. 144 v°.) Le *Maraḥ al-Arwâḥ* d'Aḥmad ibn ʿAlî ibn Masʿoûd.

Ms. tout entier de la même main et daté de l'an 1152 (1740 de J.-C.).

Papier. 168 feuillets. Hauteur, 21 centimètres et demi; largeur, 16 centimètres. 20 lignes par page, puis 16 lignes. — (Supplément 1207.)

4124.

1° L'*Adjorroûmîya*.

2° (Fol. 6 v°.) Commentaire de Khâlid al-Azharî sur l'*Adjorroûmîya*.

3° (Fol. 42 v°.) عجالة الاشعار لموازين الاشعار «Moyen prompt de faire saisir les mètres de la poésie», traité de prosodie arabe composé par Sîdî Moḥammad Ghânim.

4° (Fol. 54 v°.) La *Khazradjîya*, traité de prosodie, en vers. Premier hémistiche : وللشعر ميزان تسمى عروضه.

5° (Fol. 64 v°.) La *Lâmîyat al-ʿAdjam* d'Al-Ṭoghrâï, avec un commentaire abrégé.

6° (Fol. 78 v°.) Un poème *lâmîya* sur la prosodie. Premier vers :

بناؤهم بيننا من الشعر قد غدا   لديهم كمثل البيت من شعر جلا

7° (Fol. 81.) La *Badîʿiya* d'ʿAbd al-Raḥmân al-Soyoûṭî en l'honneur de Mahomet, poème dont chaque vers fournit un exemple d'une figure de rhétorique, et qui est intitulé اللمعة السنية في مدح خير البرية. Chaque vers est accompagné d'un commentaire par le même auteur.

Toutes les pièces de ce volume ont été écrites au commencement de ce siècle; la plupart sont de la main d'Elious Boctor (يوليوس بقطر).

Papier. 106 feuillets. Hauteur, 17 centimètres et demi; largeur, 12 centimètres. Toutes les pièces ont 15 lignes par page, excepté la première, qui en a 18 et 20, et l'article 2°, qui en a 19 et 20. — (Supplément 2331.)

4125.

1° Fragment de l'*Adjorroûmîya*.

2° (Fol. 5.) Commentaire de Khâlid al-Azharî sur l'*Adjorroûmîya*. Le premier feuillet manque.

Papier. 59 feuillets. Hauteur, 21 centimètres et demi; largeur, 13 centimètres. 19 lignes par page. Ms. du XVIIIe siècle. — (Supplément 2128.)

4126.

Premier cahier de l'*Adjorroûmîya*.

Papier. 7 feuillets. Hauteur, 18 centimètres; largeur, 14 centimètres et demi. 13 lignes par page. Ms. du XIXe siècle. — (Supplément 1190.)

4127.

الدرّة النحوية في شرح الجرومية «La perle grammaticale, commentaire sur l'Adjorroûmîya», par Moḥammad ibn Aḥmad ibn Yaʿla al-Ḥasanî (descendant d'Al-Ḥasan, petit-fils de Mahomet). Commencement : وبعد بهذا الكتاب شرح الفاظ مقدمة الشيخ الامام النحوى ابى عبد الله محمد بن محمد بن داوود الصنهاجى الجروى. Notes marginales et corrections de la main d'Erpenius.

Ms. daté de l'an 1005 de l'hégire (1597 de J.-C.).

Papier. 37 feuillets. Hauteur, 28 centimètres et demi; largeur, 21 centimètres et demi. 28 lignes par page. Écriture maghrebine. — (Ancien fonds 1230.)

4128.

Commentaire d'Aboû Zaïd ʿAbd al-Raḥmân ibn ʿAlî al-Mokoûdî sur l'*Adjorroûmîya*. Commencement : الحمد لله الذى نوّر قلوبنا بمعرفة الادب.

Papier. 28 feuillets. Hauteur, 24 centimètres; largeur, 17 centimètres. 20 et 21 lignes par page. Écriture maghrebine. Ms. du XVIIe siècle. — (Supplément 1191.)

4129.

1° Commentaire de Khâlid ibn ʿAbd Allah al-Azharî sur l'*Adjorroûmîya*. L'auteur dit (fol. 63) avoir achevé son ouvrage l'an 887 de l'hégire (1482 de J.-C.). Commencement : هذا شرح لطيف لالفاظ الاجرومية في اصول علم العربية.

2° (Fol. 63.) Prière qui remplit plus de six pages.

Papier. 66 feuillets. Hauteur, 21 centimètres; largeur, 14 centimètres. 13 lignes par page. S. de Sacy regardait ce manuscrit comme autographe. (Voyez une note manuscrite ajoutée à son exemplaire de l'*Anthologie grammaticale*, p. 223.) Ms. du XVIe siècle. — (Ancien fonds 1284.)

4130.

1° Commentaire d'Al-Azharî sur l'*Adjorroûmîya*. Les premiers feuillets manquent.

2° (Fol. 54 v°.) Les *Cent Régissants* d'Al-Djordjânî.

3° (Fol. 62 *bis* v°.) Le *Miṣbâḥ* d'Al-Motarrizî. Exemplaire d'école, avec notes marginales.

Papier. 123 feuillets. Hauteur, 22 centimètres; largeur, 15 centimètres. 13 lignes par page dans le premier et le second ouvrage; 7 lignes par page dans le troisième. Ms. du XVIIe siècle. — (Supplément 2129.)

4131.

Commentaire de Khâlid al-Azharî sur l'*Adjorroûmîya*. Nombreuses notes marginales.

Ms. daté de l'an 1135 (1723 de J.-C.).

Papier. 69 feuillets. Hauteur, 21 centimètres; largeur, 15 centimètres et demi. 15 lignes par page. — (Supplément 1193.)

4132.

Même ouvrage.

Ms. de diverses mains daté de l'an 1166 (1753 de J.-C.).

Papier. 52 feuillets. Hauteur, 23 centimètres; largeur, 17 centimètres. — (Supplément 1192.)

4133.

Commentaire très détaillé sur l'*Adjorroûmîya*. Le premier feuillet et les derniers manquent. Le volume se termine par les premières lignes du باب الاغراء. Commencement du commentaire : اعلم ان الكلام ينقسم الى قسمين كلام فى اللغة وكلام فى الاصطلاح.

Papier. 82 feuillets. Hauteur, 22 centimètres; largeur, 14 centimètres. 25 lignes par page. Écriture maghrebine. Ms. du XVIIe siècle. — (Supplément 2358.)

4134.

1° Commentaire sur l'*Adjorroûmîya*, sans titre ni nom d'auteur. Cet exemplaire est de diverses mains. L'auteur commence par nous informer qu'il y a dix-huit manières d'expliquer à quel antécédent se rattache le *bâ* du *Bismillâh*.

2° (Fol. 56.) Traité sur le *Bismillâh* et le *Ḥamdillâh*, par Aboû Yaḥyâ Zakarîya al-Anṣârî.

3° (Fol. 60 v°.) Commentaire très étendu sur l'*Adjorroûmîya*. La fin manque.

Papier. 215 feuillets. Hauteur, 21 centimètres et demi; largeur, 16 centimètres. 26 lignes par page, puis 21. Ms. du XVIIe siècle. — (Supplément 1910.)

4135.

Commentaire sur l'*Adjorroûmîya*, par Zaïn al-Dîn Djibrîl. Commencement : الحمد لله الذى هدانا لمعرفة الادهب (*sic*) وفهمنا لسان (?) اسرار العرب.

Papier. 91 feuillets. Hauteur, 21 centimètres; largeur, 15 centimètres. 21 lignes par page. Ms. du XVIIe siècle. — (Ancien fonds 1284 A.)

4136.

1° Même ouvrage.

2° (Fol. 44 v°.) Court traité sur les *foroûḍ* ou devoirs imposés par Dieu à chaque musulman.

3° (Fol. 47 v°.) Un *ʿarbaʿîn*.

Ms. daté de l'an 1019 de l'hégire (1610 de J.-C.).

Papier. 48 feuillets collés sur onglets. Hauteur, 21 centimètres; largeur, 15 centimètres. 23 lignes par page. — (Supplément 1909.)

4137.

المواهب الرحمانية لطلاب الاجرومية «Dons accordés par le Miséricordieux à ceux qui étudient l'*Adjorroûmîya*». Commentaire très détaillé, par Aboû Bakr ibn Ismaʿîl al-Schenwânî (الشنوانى). Le *Schenwa* est une montagne de la province d'Alger. Les derniers feuillets manquent. Commencement : الحمد لله الذى جعل ملح العلوم.

Papier. 400 feuillets. Hauteur, 20 centimètres et demi; largeur, 14 centimètres et demi. 21 lignes par page. Ms. du XVIIIe siècle. — (Supplément 1194.)

4138.

Commentaire sur l'*Adjorroûmîya*, par Ḥasan al-Kafrâwî (الكفراوى). Commencement : الحمد لله الذى جعل لغة العرب احسن اللغات.

Ms. daté de l'an 1235 de l'hégire (1820 de J.-C.).

Papier. 113 feuillets. Hauteur, 21 centimètres; largeur, 15 centimètres. 23 lignes par page. — (Supplément 2497.)

4139.

Commencement du même commentaire. Le nom de l'auteur est écrit اللغراوى.

Papier. 4 feuillets. Hauteur, 22 centimètres; largeur, 15 centimètres et demi. Ms. du XIXe siècle. — (Supplément 2274.)

4140.

Commentaire sur l'*Adjorroûmîya*, par Al-Bodjâï (comparez Hadji Khalfa, t. VI, p. 74). Les premiers mots de l'ouvrage cités par Hadji Khalfa ne se trouvent pas dans cet exemplaire, ni dans celui du manuscrit 4098.

Ms. daté de l'an 1273 de l'hégire (1857 de J.-C.).

Papier. 94 feuillets. Hauteur, 19 centimètres; largeur, 12 centimètres. 20 lignes par page. — (Supplément 2453.)

4141.

Commentaire sur l'*Adjorroûmîya* intitulé الفتوح القيوميّة شرح الجرّوميّة, par Aḥmad al-Soûdânî.

Ms. daté de l'an 1116 de l'hégire (1705 de J.-C.).

Papier. 77 feuillets. Hauteur, 20 centimètres; largeur, 13 centimètres. 19 lignes par page. — (Supplément 2454.)

4142.

التحفة لمسايل الجرومية «Appendice à l'*Adjorroûmîya*», par Moḥammad ibn Moḥammad ibn ʿAbd al-Raḥmân ibn Ḥasan al-Khiṭâba (الخطابة).

Papier. 54 feuillets (il y a une lacune entre les feuillets 51 et 52). Hauteur, 20 centimètres et demi; largeur, 15 centimètres et demi. 13 lignes par page. Écriture maghrebine. Ms. du XVIIe siècle. — (Supplément 1207 *bis*.)

4143.

شرح مغنى الجاربردى, commentaire sur le مغنى فى النحو, traité de grammaire d'Al-Tchârabardî (Fakhr al-Dîn Aḥmad Ibn al-Ḥasan, *sic*), mort en 746 (1345-1346 de J.-C.). L'auteur du commentaire avait été élève de Tchârabardî et se nommait Badr al-Dîn Moḥammed ibn ʿAbd al-Raḥmân al-ʿOmarî al-Guîlânî (الكيلانى). Commencement : الحمد لله الفاطر الحكيم القادر العليم. Nombreuses notes marginales.

Ms. daté de l'an 1069 (1658-1659 de J.-C.).

Papier. 171 feuillets. Hauteur, 21 centimètres; largeur, 14 centimètres et demi. 13 lignes par page. — (Supplément 1234.)

4144.

1° الاعراب عن قواعد الاعراب «Exposition des règles fondamentales de la syntaxe des désinences», par Djamâl al-Dîn al-Anṣârî ibn Hischâm, mort en 761 (1359-1360 de J.-C.).

2° (Fol. 14 v°.) شرح ديباجة المصباح. Commentaire anonyme sur la préface du *Miṣbâḥ*. Premiers mots : الحمد لله الذى لا يبلغ كنهه جادّ ولا يحصى عدد نعمه عادّ. (Voyez ci-dessus, n° 4019 et suiv.)

3° (Fol. 42 v°.) Commentaire anonyme sur les *Régissants grammaticaux* (عوامل) d'ʿAbd al-Qâhir al-Djordjânî. Commencement : (*sic*) الحمد لمن وجب علينا ثنائه ولمن لا يزول من حبّ النعم علينا غنائه (*sic*).

4° (Fol. 52 v°.) Commentaire anonyme sur la préface du *Miṣbâḥ*. Commencement : اما كلمة متضمّنة لمعنى الشرط لان اصل قولنا امّا بعد مهما يكن من شئ فاقول بعد حمد الله لحذف مهما يكن من شئ روما للاختصار الخ.

5° (Fol. 57.) الافتتاح «L'Introduction», commentaire sur le *Miṣbâḥ*. Commencement : الحمد لله الذى انزل من السماء الفرقان. Selon Hadji Khalfa, t. V, p. 583, ce traité a pour auteur Ḥasan-Pacha ibn ʿAlâ al-Dîn al-Aswad.

6° (Fol. 145 v°.) Commentaire sur un traité de la conjugaison des verbes. Premiers mots : الحمد لله الذى زين ازهان (*lisez* اذهان) المبتدئين بالمثال.

7° (Fol. 150.) Explication de quelques formes verbales peu usitées. Commencement : تُوناميِنَ اصله تُوتوسين من باب الافتعال وهو فعل المضارع المجهول المفرد المؤنث المخاطبة.

8° (Fol. 153 v°.) Mots arabes expliqués en turc et tirés, probablement, des passages cités comme exemples dans le *Miṣbâḥ* d'Al-Motarrizî.

Ms. daté de l'an 1008 de l'hégire. Il est tout entier de la même main.

Papier. 158 feuillets. Hauteur, 21 centimètres; largeur, 15 centimètres. 19 lignes par page. — (Ancien fonds 1273.)

4145.

L'*Iʿrâb* d'Ibn Hischâm. Nombreuses notes marginales et interlinéaires en turc.

Papier. 26 feuillets. Hauteur, 20 centimètres; largeur, 10 centi-

mètres et demi. 13 lignes par page. Ms. du XVIIe siècle. — (Supplément 1219.)

4146.

موصل الطلّاب الى قواعد الاعراب «Guide des étudiants qui désirent comprendre (le traité de grammaire d'Ibn Hischâm intitulé) *Qawâ'id al-I'râb*». Ce commentaire a pour auteur Khâlid ibn 'Abd Allah al-Azharî. Commencement : الحمد لله اللهم لحمده.

Papier. 38 feuillets. Hauteur, 22 centimètres; largeur, 15 centimètres. 23 lignes par page. Ms. du XVIIIe siècle. — (Supplément 1220.)

4147.

Gloses d'Aḥmad ibn Moḥammad al-Zarqânî sur le commentaire dans lequel Khâlid al-Azharî explique le texte du *Qawâ'id al-I'râb* d'Ibn Hischâm. Commencement : وبعد فهذه حواشى تتعلّق بمقدّمة الاعراب للشيخ الخ.

Ms. daté de l'an 1092 (1681 de J.-C.).

Papier. 89 feuillets. Hauteur, 21 centimètres et demi; largeur, 14 centimètres et demi. 25 lignes par page. — (Supplément 1220 *ter*.)

4148.

توضيح الاعراب فى شرح قواعد الاعراب. Commentaire d'Al-Maḥmoud (المحمود) ibn Isma'îl ibn 'Abd Allah ibn Mîkaïl al-Kharîratî (الخريرتى) ou *al-Khartabartî* (الخرتبرتى), sur le *Qawâ'id al-I'râb* d'Ibn Hischâm. Commencement : الحمد لله الذى رفع بدولة محمد صلى الله عليه وسلم كلمة الاسلام. (On lit la même préface dans le ms. 4114.)

Papier. 69 feuillets. Hauteur, 20 centimètres; largeur, 14 centimètres. 21 lignes par page. Ms. du XVIIe siècle. — (Supplément 1220 *bis*.)

4149.

1° Même ouvrage.

2° (Fol. 60 v°.) Commentaire sur les *Cent Régissants* d''Abd al-Qâhir al-Djordjânî. Commencement : الحمد لمن وجب علينا ثنائه (*sic*) ولمن لا يزول من حب النعم علينا غنائه (*sic*).

3° (Fol. 122.) Un *arba'în*.

Le premier ouvrage est daté de l'an 1095 de l'hégire (1684 de J.-C.), le second de 1094 de l'hégire; le troisième est de la même écriture que les précédents.

Papier. 129 feuillets. Hauteur, 20 centimètres; largeur, 18 centimètres. Environ 17 lignes par page. — (Supplément 1908.)

4150.

لطائف الاعراب «Délicatesses des flexions grammaticales», analyse des passages du Coran cités comme exemples dans le *Qawâ'id al-I'râb* d'Ibn Hischâm, par Ḥâddji-Bâbâ ibn 'Abd al-Karîm 'Othmân al-Ṭousawî (الطوسوى), auteur du XVIe siècle. Commencement : الحمد لله الذى جعلنا مستريحا فى ظل السلطان.

Ms. daté de l'an 939 (1532 de J.-C.).

Papier. 101 feuillets. Hauteur, 20 centimètres; largeur, 14 centimètres. 17 lignes par page. — (Ancien fonds 1271.)

4151.

1° Le قطر الندى, petit traité de grammaire de Djamâl al-Dîn Moḥammad Ibn Hischâm. Notes marginales.

2° (Fol. 24 v°.) الخلاصة الوافية بشرح الجرومية. Commentaire sur l'*Adjorroûmîya*, par le schaïkh Aboû 'l-Khaïr ibn abî 'l-Sa'oûd. La fin manque.

3° (Fol. 40.) غنية الفقير فى حكم الاجير. Lois qui concernent celui qui fait le pèlerinage pour un autre à prix d'argent, par Aboû Bakr ibn Ṭahîra (طهيرة) al-Qoraschî. Commencement : الحمد لله الذى اوجب حج بيته على المستطيع.

4° (Fol. 86 v°.) Traité du mariage, commençant par ces mots : كتاب النكاح له عدة اسما جمعها ابو القسم على بن جعفر اللغوى.

5° (Fol. 131 v°.) Traité qui forme la neuvième section d'un ouvrage d'Ibn Ḥadjar. L'auteur répond aux questions relatives aux jeux, à la musique et autres choses défendues.

6° (Fol. 134 v°.) L'*Ordjoûza 'l-Yâsimînîya*. Vers techniques sur l'algèbre, par Ibn al-Yâsimîn.

7° (Fol. 137.) Fragment qui paraît faire partie du traité d'Ibn Ḥadjar sur les choses défendues. Le feuillet 141, qui termine l'ouvrage, porte la date de 960 de l'hégire (1553 de J.-C.).

Papier. 142 feuillets. Hauteur, 20 centimètres et demi; largeur, 14 centimètres et demi. Écritures diverses du XVIe siècle. — (Supplément 1907.)

4152.

تحيب النداا الى شرح قطر الندا «Réponse à la demande d'un commentaire sur le *Qatar al-Nidâ*», par Schihâb al-Dîn Aḥmad al-Fâkihî. Commencement : الحمد لله الرافع من انخفض لعزة وسلطانه.

Ms. daté de l'an 1000 de l'hégire (1592 de J.-C.).

Papier. 122 feuillets. Hauteur, 21 centimètres; largeur, 15 centimètres. 19 lignes par page. — (Supplément 2135.)

4153.

Même ouvrage.

Ms. daté de l'an 1153 (1740 de J.-C.).

Papier. 132 feuillets. Hauteur, 21 centimètres et demi; largeur, 15 centimètres et demi. 16 lignes par page. — (Supplément 1229.)

4154.

Gloses de Yâsîn (يس) ibn Zaïn al-Dîn al-ʿAlîmî al-Ḥimsî sur le *Modjîb al-Nidâ* d'Aḥmad ibn al-Djamâl al-Fâkihî. Commencement : اللهم بك استعنت وعليك توكلت.

Ms. daté de l'an 1168 (1755 de J.-C.).

Papier. 416 feuillets. Hauteur, 22 centimètres et demi; largeur, 16 centimètres. 27 lignes par page. — (Supplément 1228.)

4155.

مغني اللبيب عن كتب الاعاريب «Ce qui suffit, en fait de traités de grammaire, à l'homme intelligent», par Ibn Hischâm. Commencement : اما بعد حمد الله على افضاله. Notes marginales.

Ms. daté de l'an 784 (1382-1383 de J.-C.).

Papier. 174 feuillets. Hauteur, 27 centimètres; largeur, 19 centimètres. 23 lignes par page. — (Ancien fonds 1231.)

4156.

Même ouvrage. Notes marginales.

Ms. daté de l'an 1094 (1683 de J.-C.).

Papier. 214 feuillets. Hauteur, 21 centimètres et demi; largeur, 15 centimètres et demi. Le nombre de lignes par page varie de 27 à 31. — (Supplément 1233.)

4157.

Même ouvrage. Notes marginales et interlinéaires.

Ms. daté de l'an 1220 (1805 de J.-C.).

Papier. 356 feuillets. Hauteur, 22 à 25 centimètres; largeur, 17 centimètres. Le nombre de lignes par page varie de 15 à 24. — (Supplément 1232.)

4158.

شرح شواهد المغنى. Explication des (vers cités comme) exemples dans le *Moghnî al-Labîb* d'Ibn Hischâm, par Djalâl al-Dîn al-Soyoûṭî. L'auteur de cet ouvrage rapporte les passages où se trouve chaque vers cité, en explique la signification et donne une courte notice du poète qui l'a composé. Il mentionne dans sa préface les sources auxquelles il avait puisé ses renseignements. Cette liste de livres se compose de tous les ouvrages les plus importants de la littérature arabe. Il semble, d'après notre manuscrit, que l'ouvrage d'Al-Soyoûṭî n'a jamais été achevé, car il s'arrête court après un vers cité, et le copiste a ajouté cette note : «Ici finit ce qui se trouve dans un exemplaire copié sur celui de l'auteur». Premiers mots de la préface : الحمد لله الذى فتق اللسن العرب العاربة بالفصاحة.

Ms. daté de l'an 973 (1565-1566 de J.-C.).

Papier. 202 feuillets. Hauteur, 27 centimètres; largeur, 18 centimètres. 31 lignes par page. — (Ancien fonds 1238.)

4159.

الجامع الصغير فى النحو «Petit recueil grammatical», par Ibn Hischâm. Commencement : الكلمة قول مفرد وهى اسم وفعل وحرف والاسم كلمة تدل لخ. Notes marginales.

Ms. daté de l'an 904 (1498-1499 de J.-C.).

Papier. 39 feuillets collés sur onglets. Hauteur, 26 centimètres; largeur, 15 centimètres et demi. 15 lignes par page. — (Supplément 1257.)

4160.

السراج المنير للجامع الصغير «Flambeau pour jeter de la lumière sur le *Djâmiʿ al-Ṣaghîr*». Commentaire très étendu d'Ismaʿîl ibn Ibrâhîm al-ʿAlawî al-Yamanî sur le *Petit recueil grammatical* d'Ibn Hischâm. Ismaʿîl al-ʿAlawî

acheva la composition de son ouvrage l'an 932 de l'hégire (1525-1526 de J.-C.). Commencement : الحمد لله الموفق لنصب عوامل الفكر الى نحو معانى كلامه المفيد.

Ms. daté de l'an 1055 (1645 de J.-C.).

Papier. 344 feuillets. Hauteur, 30 centimètres et demi; largeur, 21 centimètres et demi. 33 lignes par page. — (Supplément 1258.)

4161.

Commentaire d'Ibn Hischâm sur son traité de grammaire intitulé شذور الذهب.

Ms. daté de l'an 1150 (1738 de J.-C.).

Papier. 126 feuillets. Hauteur, 21 centimètres et demi; largeur, 15 centimètres et demi. 19 lignes par page. — (Supplément 1226.)

4162.

1° موقد الاذهان وموقظ الوسنان. Traité des subtilités grammaticales, par Aboû Moḥammad ʿAbd Allah ibn Hischâm.

2° (Fol. 11.) اللمع فى علم الحساب. Traité d'arithmétique, par Schihâb al-Dîn Aḥmad ibn al-Hâïm.

3° (Fol. 27.) رسالة فى اباحة السماع والغنا. Traité destiné à prouver qu'il est permis d'entendre la musique et d'en faire, par Djamâl al-Dîn Moḥammad al-Schâdsilî al-Toûnisî.

4° (Fol. 37.) اللمعة المارديـنـيّـة فى شـرح الـمـقـدّمـة الياسمينيّة. Conmmentaire de Moḥammad ibn Moḥammad Sibṭ al-Mâridînî sur la *Yâsimînîya*, courte introduction en vers à la science de l'algèbre.

5° (Fol. 45 v°.) Petit traité renfermant l'analyse grammaticale de la profession de foi musulmane.

Écritures diverses. Le second traité est daté de l'an 1105 de l'hégire (1694 de J.-C.), le quatrième de l'an 1093 de l'hégire (1682 de J.-C.).

Papier. 46 feuillets. Hauteur, 21 centimètres; largeur, 15 centimètres. — (Supplément 1942.)

4163.

حاشية معرّف اصفهانى لمولانا مسعود «Gloses marginales ajoutées par notre maître Masʿoûd au traité composé par Al-Iṣfahânî et intitulé *Moʿarrif*». Ce petit traité renferme un commentaire sur la définition du terme (grammatical) *moʿarrif* donnée par Al-Iṣfahânî et une discussion de la valeur de cette définition.

Papier. 11 feuillets. Hauteur, 18 centimètres et demi; largeur, 12 centimètres et demi. 19 lignes par page. Ms. du XVI° siècle. — (Ancien fonds 1324.)

4164.

شرح مختصر الهروى. Commentaire anonyme sur le traité abrégé des flexions grammaticales intitulé الهارونية de Nadjm al-Dîn ʿOmar ibn al-Harawî. Commencement : الحمد لله الذى دلّ على وجوده الحق مشاهدة الفعل والانفعال.

Ms. daté de l'an 995 (1587 de J.-C.).

Papier. 56 feuillets. Hauteur, 21 centimètres; largeur, 14 centimètres. 21 lignes par page; dans les derniers cahiers, 25 lignes. — (Ancien fonds 1310.)

4165.

الحلاوة السكرية «La dragée», traité de grammaire en vers avec un commentaire, par Zaïn al-Dîn Schaʿbân, ouvrage composé dans l'Inde, en 806 (1403-1404 de J.-C.), sous le patronage d'un prince très puissant que l'auteur désigne ainsi : مولانا السلطان المقام الشريف الملك المعظم علك رانا بن هيرانا صاحب تانا من بلاد الهند. Premier vers :

الحمد لله الذى من انتسب لنحو باب فضله نال الحسب

En l'an 821, l'auteur se trouvait dans le village d'Al-Sâliḥîya, près de Damas, et là il composa sur son poème un commentaire en prose, qu'il intitula : القلادة الجوهرية «Le collier de pierreries» et qui commence par ces mots : رب اشرح لى صدرى ويسّر لى امرى واحلل عقدة من لسانى.

Ms. daté de l'an 844 (1440 de J.-C.).

Papier. 206 feuillets. Hauteur, 18 centimètres; largeur, 13 centimètres et demi. 15 lignes par page. — (Supplément 1262.)

4166.

1° مراح الارواح «Repos des esprits», traité des inflexions grammaticales (*taṣrîf*), par Aḥmad ibn ʿAlî ibn Masʿoûd, auteur du XV° siècle. Commencement : اعلم ان التصريف ام العلوم والنحو ابوها.

2° (Fol. 37 v°.) العزّى فى التصريف « Traité d'ʿIzz al-Dîn sur les inflexions grammaticales ».

3° (Fol. 50 v°.) Traité de *taṣrîf*, par un anonyme. On le désigne quelquefois par le titre de المقصود. Premiers mots : الحمد لله الوهّاب للمؤمنين سبيل الصواب.

4° (Fol. 67 v°.) الامثلة المختلفة « Les diverses figures » ou flexions que le verbe trilitère de la première forme peut recevoir. L'auteur a pris pour modèle le verbe نصر et en donne la conjugaison.

Des gloses très nombreuses remplissent les interlignes de ce volume et se déploient sur chacune des marges en représentant des figures de fantaisie, des arbres, des arbustes, des édifices et autres objets.

Ms. daté de l'an 947 (1540 de J.-C.).

Papier. 73 feuillets. Hauteur, 19 centimètres; largeur, 13 centimètres et demi. 13 lignes par page. — (Ancien fonds 1296, Colbert 6149.)

4167.

1° Le مراح الارواح.

2° (Fol. 52 v°.) Le traité العزّى.

3° (Fol. 72 v°.) Le مقصود.

4° (Fol. 96 v°.) Conjugaison du verbe نصر.

Ms. daté de l'an 966 (1558-1559 de J.-C.).

Papier. 105 feuillets. Hauteur, 18 centimètres et demi; largeur, 11 centimètres. 11 lignes par page. — (Ancien fonds 1302.)

4168.

1° Le *Marâḥ al-Arwâḥ*. Nombreuses gloses marginales.

2° (Fol. 38 v°.) L'*ʿIzzî*.

3° (Fol. 65 v°.) Le *Taṣrîf* ou *Maqṣoûd*.

Papier. 81 feuillets. Hauteur, 19 centimètres; largeur, 14 centimètres. Écritures diverses du xvie siècle. — (Ancien fonds 1298.)

4169.

1° Le *Marâḥ al-Arwâḥ*.

2° (Fol. 38 v°.) L'*ʿIzzî*.

3° (Fol. 54 v°.) Le *Maqṣoûd*.

Papier. 69 feuillets. Hauteur, 20 centimètres et demi; largeur, 12 centimètres et demi. 13 lignes par page. Ms. du xvie siècle. — (Ancien fonds 1299.)

4170.

1° Le *Marâḥ al-Arwâḥ*.

2° (Fol. 46 v°.) L'*ʿIzzî*.

3° (Fol. 64 v°.) Le *Maqṣoûd*.

4° (Fol. 82 v°.) Traité de la conjugaison (*taṣrîf*), commençant par ces mots : اعلم ان ابواب التصريف خمسة وثلثون بابًا ستة منها للثلاثى المجرّد. C'est l'ouvrage que Hadji Khalfa désigne par le titre de بناء الافعال.

5° (Fol. 93 v°.) Conjugaison du verbe نصر.

6° (Fol. 107.) Prière que l'on récite aux enterrements. En turc.

Papier. 107 feuillets. Hauteur, 19 centimètres et demi; largeur, 13 centimètres et demi. 13 lignes par page. Ms. du xvie siècle. — (Ancien fonds 1300.)

4171.

1° Le *Marâḥ al-Arwâḥ*.

2° (Fol. 44 v°.) L'*ʿIzzî*.

3° (Fol. 60 v°.) Le *Maqṣoûd*.

Papier. 78 feuillets. Hauteur, 18 centimètres; largeur, 12 centimètres et demi. Ms. du xvie siècle. — (Supplément 1250.)

4172.

1° Le *Marâḥ al-Arwâḥ*.

2° (Fol. 60 v°.) L'*ʿIzzî*.

3° (Fol. 85 v°.) Le *Maqṣoûd*.

Notes marginales.

Papier. 111 feuillets. Hauteur, 18 centimètres; largeur, 12 centimètres et demi. 11 lignes par page. Ms. du xvie siècle. — (Ancien fonds 1301, Colbert 6148.)

4173.

1° Le *Marâḥ al-Arwâḥ*.

2° (Fol. 38.) L'*ʿIzzî*.

3° (Fol. 53.) Le *Maqṣoûd.*

4° (Fol. 69.) Traité de la conjugaison, connu sous le titre de بناء الافعال.

5° (Fol. 79.) L'*Amthilat al-Mokhtalifa;* conjugaison du verbe نصر.

Nombreuses gloses.

Ms. daté de l'an 1032-1033 (1622-1624 de J.-C.).

Papier. 92 feuillets. Hauteur, 21 centimètres; largeur, 12 centimètres. 15 lignes par page. — (Ancien fonds 1303.)

4174.

1° Le *Marâḥ al-Arwâḥ.*

2° (Fol. 38 v°.) L'*ʿIzzî.*

3° (Fol. 52 v°.) Le *Maqṣoûd.*

4° (Fol. 66 v°.) Le بناء الافعال.

5° (Fol. 74 v°.) L'*Amthilat al-Mokhtalifa;* conjugaison du verbe نصر.

Papier. 87 feuillets. Hauteur, 21 centimètres; largeur, 13 centimètres. 13 lignes par page. Ms. du XVIIe siècle. — (Ancien fonds 1305.)

4175.

Le *Marâḥ al-Arwâḥ*, accompagné de nombreuses gloses.

Papier. 41 feuillets. Hauteur, 21 centimètres; largeur, 15 centimètres. 11 lignes par page. Ms. du XVIIe siècle. — (Supplément 1214.)

4176.

1° Le *Marâḥ al-Arwâḥ.*

2° (Fol. 45 v°.) L'*ʿIzzî.*

3° (Fol. 63 v°.) Le *Maqṣoûd.*

Notes marginales et interlinéaires.

Papier. 79 feuillets. Hauteur, 18 centimètres; largeur, 12 centimètres. 11 lignes par page. Ms. du XVIIe siècle. — (Supplément 1216.)

4177.

1° Le *Marâḥ al-Arwâḥ.*

2° (Fol. 60 v°.) L'*ʿIzzî.*

3° (Fol. 83 v°.) Le *Maqṣoûd.*

4° (Fol. 109 v°.) Le *Binâ al-Afʿâl.*

5° (Fol. 122 v°.) L'*Amthilat al-Mokhtalifa;* conjugaison du verbe نصر, avec la description technique de chaque flexion.

Papier. 140 feuillets. Hauteur, 14 centimètres; largeur, 10 centimètres. 11 lignes par page. Ms. du XVIIe siècle. — (Supplément 1218.)

4178.

1° Le *Marâḥ al-Arwâḥ.*

2° (Fol. 22.) L'*ʿIzzî.*

3° (Fol. 31 v°.) Le *Maqṣoûd.*

4° (Fol. 40.) Premier feuillet du *Binâ al-Afʿâl.*

Papier. 40 feuillets. Hauteur, 21 centimètres et demi; largeur, 16 centimètres. 21 lignes par page. Ms. du XVIIe siècle. — (Ancien fonds 1328 A.)

4179.

1° Le *Marâḥ al-Arwâḥ.*

2° (Fol. 56 v°.) L'*ʿIzzî.*

3° (Fol. 75 v°.) Le *Maqṣoûd.*

Papier. 92 feuillets. Hauteur, 14 centimètres; largeur, 9 centimètres et demi. 11 lignes par page dans le premier traité, 13 dans le second et dans le troisième. Ms. du XVIIe siècle. — (Ancien fonds 1359.)

4180.

1° Le *Marâḥ al-Arwâḥ.*

2° (Fol. 48 v°.) L'*ʿIzzî.*

3° (Fol. 68 v°.) Le *Maqṣoûd.*

4° (Fol. 88 v°.) L'*Amthilat al-Afʿâl* (امثلة الافعال), Traité de la conjugaison.

5° (Fol. 100.) Conjugaison du verbe نصر.

Nombreuses notes marginales.

Papier. 109 feuillets. Hauteur, 17 centimètres; largeur, 11 centimètres et demi. 11 lignes par page. Ms. du XVIIe siècle. — (Ancien fonds 1360.)

4181.

1° Le *Marâḥ al-Arwâḥ*.

2° (Fol. 157.) L'*ʿIzzî*.

3° (Fol. 205 v°.) Le *Maqṣoûd*.

4° (Fol. 256.) Les *Régissants* (العوامل) d'Al-Djordjânî.

5° (Fol. 266.) L'*Amthilat al-Mokhtalifa*, avec la conjugaison du verbe نصر.

Notes marginales.

Papier. 272 feuillets. Hauteur, 21 centimètres; largeur, 15 centimètres. 7 lignes par page. Ms. du XVIIIe siècle. — (Supplément 1217.)

4182.

1° Le *Marâḥ al-Arwâḥ*.

2° (Fol. 47 v°.) La *Schâfiya* d'Ibn al-Ḥâdjib.

3° (Fol. 65 v°.) Le *Maqṣoûd*.

4° (Fol. 84 v°.) Le بناء الافعال.

5° (Fol. 95 v°.) L'*Amthilat al-Mokhtalifa* et la conjugaison du verbe نصر, avec la désignation de chaque forme en termes techniques.

Papier. 117 feuillets. Hauteur, 20 centimètres; largeur, 11 centimètres et demi. 15 lignes par page. Ms. du XVIIIe siècle. — (Supplément 1207 *ter*.)

4183.

1° Le *Marâḥ al-Arwâḥ*.

2° (Fol. 22 v°.) L'*ʿIzzî*.

3° (Fol. 43 v°.) Le *Binâ al-Afʿâl*.

4° (Fol. 49 v°.) Le paradigme du verbe نصر, avec la description en termes techniques de chaque flexion.

5° (Fol. 62.) Notes grammaticales en langue turque.

Ms. daté de l'an 1172 (1758 de J.-C.).

Papier. 65 feuillets. Hauteur, 21 centimètres; largeur, 14 centimètres et demi. 23 lignes par page, puis 21 lignes. — (Supplément 1213.)

4184.

1° Le *Marâḥ al-Arwâḥ*.

2° (Fol. 70.) Conjugaison du verbe نصر. Dans la seconde partie, les formes ne sont pas accompagnées de leur description technique.

Papier. 82 feuillets. Hauteur, 14 centimètres et demi; largeur, 10 centimètres. 13 lignes par page. Ms. du XVIIIe siècle. — (Supplément 2246.)

4185.

Commentaire sur le *Marâḥ al-Arwâḥ*, probablement celui que Hadji Khalfa attribue au mollah Aḥmad *Dînqoûz* (ديكقوز), surnom qui est écrit دنقوز (*Donqoûz*) sur la tranche du volume. Commencement : اللهم يا مصرّف القلوب صرّف قلوبنا نحو وضائك.

Ms. daté de l'an 1009 (1600-1601 de J.-C.).

Papier. 132 feuillets. Hauteur, 20 centimètres; largeur, 13 centimètres et demi. 17 lignes par page. — (Ancien fonds 1304.)

4186.

Même ouvrage.

Ms. daté de l'an 1039 (1630 de J.-C.).

Papier. 86 feuillets. Hauteur, 21 centimètres; largeur, 14 centimètres. 23 lignes par page. — (Supplément 1212.)

4187.

1° (Fol. 2 v°.) بحث المشترك « Discussion de la question relative à l'emploi des mots à double sens », par Saʿd al-Dîn al-Taftâzânî.

2° (Fol. 3 v°.) Gloses d'Ibrâhîm ibn Moḥammad al-Maïmoûnî ajoutées aux gloses du mollah ʿAbd al-Ghafoûr sur le commentaire de la *Kâfiya* d'Ibn al-Ḥâdjib par Al-Djâmî. Commencement : هذه حواش مفيدة وبدايع جديدة متعلقة بالحاشية للمولى عبد الغفور على شرح الجامى مع الشرح المذكور جرّدتها عن هوامش نسخة خاتمة المحققين الشيخ شهاب الدين احمد بن قاسم العبادى الخ.

Ces gloses, qui sont autographes, ont été composées en 1012 de l'hégire (1603 de J.-C.).

3° (Fol. 51 v°.). Gloses sur un traité de théologie. En tête on lit ce titre : هذه الرسالة موسومة بالفرايد من معلّقات ابن كمال « Traité intitulé *les Perles précieuses* et renfermant un choix de notes marginales écrites par Ibn al-Kamâl ».

4° (Fol. 90 v°.) Traité sur cette parole du Prophète :

«Je vous parlerai de la première prière d'Abraham, de l'évangile de Jésus et de la vision de ma mère», etc.

5° (Fol. 93 v°.) Traité sur cette maxime : Le rapport de l'intelligence aux objets qu'elle conçoit est comme le rapport de la vue aux objets qu'elle aperçoit ان نسبة البصيرة الى مدركاتها كنسبة البصر الى محسوساتها.

6° (Fol. 96.) Traité sur la nature et les facultés de l'âme (فى علم النفس), par Fakhr al-Dîn al-Râzî. Commencement : الحمد لله الذى لا يخيب من بابه امل.

7° (Fol. 101.) Traité sur la patience, par Ibn Kamâl.

8° (Fol. 102 v°.) Réfutation de l'opinion d'après laquelle Pharaon serait mort en bon musulman.

9° (Fol. 104 v°.) Traité d'Ibn Kamâl sur le pesage des œuvres au jour du jugement.

10° (Fol. 105 v°.) Traité d'Ibn Kamâl sur les cas qui autorisent l'application de la peine fixée par la loi aux buveurs de vin.

11° (Fol. 107.) Explication des divers adjectifs que l'on emploie en traitant de l'authenticité des traditions.

12° (Fol. 109 v°.) *Qaṣîda* composée par le grand cadi ʿAbd al-Karîm Zâdè et convertie en *mokhammès* par Ibn al-Ḥanbalî (Ridhâ al-Dîn Moḥammad, fils de Borhân al-Dîn Ibrâhîm).

13° (Fol. 116 v°.) La *Hamzîya*, poème rimant en *hamza* avec *dhamma* et composé par Al-Bouṣîrî en l'honneur du Prophète.

14° (Fol. 128 v°.) Traité du style épistolaire, avec modèles de lettres, écrit (حرّرها composé?) par ʿAbd al-Ghanî, l'an 895 (1490 de J.-C.). Commencement : الحمد لله الذى فضل على جميع الالسنة لسان العرب كما فضل الكتاب المنزل به على ساير الكتب.

15° (Fol. 156.) ديباجة لوامع الاسرار فى شرح مطالع الانوار. Préface de l'ouvrage intitulé «Les lueurs des secrets» et composée pour servir de commentaire au traité de logique intitulé «Les levers des lumières» de Maḥmoûd Ibn abî Bakr al-Ormawî, par Moḥammad al-Taḥtânî, mort en 766 (1364-1365 de J.-C.). Commencement : الحمد لله فياض ذوارف العوارف وملهم حقايق المعارف.

16° (Fol. 157 v°.) Préface (*dibâdja*) du commentaire de Qoṭb al-Dîn Maḥmoûd al-Râzî sur la Schamsîya, traité de logique d'Al-Kâtibî (Nadjm al-Dîn ʿOmar), mort l'an 693 (1294 de J.-C.).

17° (Fol. 158 v°.) Préface du *Mokhtaṣar*, commentaire abrégé du *Talkhîṣ al-Miftâḥ*, par Saʿd al-Dîn al-Taftâzânî.

18° (Fol. 159.) Préface du *Moṭauwal*, commentaire développé du *Talkhîṣ*, par le même auteur.

19° (Fol. 161.) Préface du livre intitulé الكتاب الفايق فى شروط المحاضر والوثايق «Livre excellent sur la rédaction des contrats et des pièces notariées». Commencement : الحمد لله الذى وتد الارض بالاعلام المنيفة كما وطد الحنيفية بعلوم ابى حنيفة. La fin de cette pièce manque, un feuillet du traité s'étant perdu.

20° (Fol. 166.) Acte de *waqf* (وقفية) rédigé, partie en persan, partie en turc, par ʿAbd al-Ghanî Efendi; le fondateur du *waqf* se nommait Schams-Pacha.

21° (Fol. 180 v°.) Acte de *waqf* constitué à Damas par le sultan Sélîm-Khân.

22° (Fol. 198 v°.) Copie d'une lettre adressée au grand vizir Moḥammad-Pacha par Ibn al-Schaïkh al-Bakrî et renfermant l'éloge de l'efendi ʿAbd al-Ghanî, qui venait d'être destitué d'un emploi de cadi qu'il remplissait en Égypte.

23° (Fol. 199.) Lettres adressées à plusieurs grands personnages.

24° (Fol. 208 v°.) *Qaṣîda*, renfermant les louanges de Mahomet. Commencement : بدا كوكب من مطلع السعد ساطعا.

25° (Fol. 210 v°.) *Qaṣîda* en persan.

26° (Fol. 213 v°.) *Qaṣîda* en turc.

27° (Fol. 217 v°.) *Qaṣîda* composée en l'honneur d'un Qâdhî al-ʿAskar (grand-juge). Premier vers :

اذا خطرتْ سلمَى وحاجتْ شُعورُها
رمتْ بالضنَى نفسى فزال شُعورُها

28° (Fol. 219.) Copies de plusieurs lettres en langue turque.

29° (Fol. 227 v°.) Gloses sur un commentaire des mots du Coran هذا الكتاب لا ريب فيه.

Papier. 239 feuillets. Hauteur, 20 centimètres et demi; largeur, 15 centimètres. Diverses écritures du XVIIe siècle. — (Ancien fonds 1322.)

4188.

Grammaire arabe dont chaque paragraphe est accompagné d'une glose très détaillée. Le texte est indiqué

par la lettre ص (pour نصّ) et le commentaire par la lettre ش (pour شرح). Le commencement manque.

Papier. 110 feuillets. Hauteur, 24 centimètres; largeur, 15 centimètres et demi. Le nombre de lignes par page varie de 22 à 33. Ms. du XVe siècle. — (Ancien fonds 1292.)

4189.

Le *Maqsoûd*, accompagné d'un commentaire intitulé المطلوب. Commencement : الحمد لله المتعالى عن الاخبار الاراجفة العلوجيية.

Ms. daté de l'an 1047 (1637 de J.-C.).

Papier. 88 feuillets. Hauteur, 21 centimètres; largeur, 15 centimètres. 25 lignes par page. — (Ancien fonds 1312.)

4190.

Commentaire de Khâlid al-Azharî sur son traité de grammaire intitulé *Al-Azharîya*. Commencement : الحمد لله على جميع الاحوال.

Papier. 42 feuillets. Hauteur, 21 centimètres et demi; largeur, 15 centimètres. 23 lignes par page. Ms. du XVIIe siècle. — (Supplément 1210.)

4191.

1° Même ouvrage.

2° (Fol. 51.) Commentaire d'Ibn Hischâm sur son ouvrage intitulé *Schodsoûr al-Dsahab*.

Le premier ouvrage est daté de l'an 1116 de l'hégire (1704 de J.-C.), le second de l'an 1211 de l'hégire (1797 de J.-C.).

Papier. 106 feuillets. Hauteur, 22 centimètres; largeur, 15 centimètres. 19 lignes par page. — (Supplément 1227.)

4192.

Commentaire de Khâlid al-Azharî sur son traité de grammaire intitulé *Al-Azharîya*.

Ms. daté de l'an 1182 (1768 de J.-C.).

Papier. 53 feuillets. Hauteur, 22 centimètres et demi; largeur, 15 centimètres et demi. 21 lignes par page. — (Supplément 1208.)

4193.

1° Même ouvrage.

2° (Fol. 53 v°.) Commentaire sur l'*Adjorroûmîya*, par Khâlid al-Azharî.

Notes marginales.

Papier. 91 feuillets. Hauteur, 21 centimètres et demi; largeur, 16 centimètres et demi. 19 lignes par page. Ms. du XVIIIe siècle. — (Supplément 1211.)

4194.

Gloses d'Aboû Bakr ibn Ismâ'îl al-Schanwânî sur le commentaire de l'Azharîya par Khâlid al-Azharî. D'après un chronogramme, à la fin du volume, Al-Schanwânî mourut l'an 1019 (1610 de J.-C.).

Ms. daté de l'an 1038 (1628 de J.-C.).

Papier. 124 feuillets collés sur onglets. Hauteur, 21 centimètres et demi; largeur, 16 centimètres. 25 lignes par page. — (Supplément 1209.)

4195.

المنقّح على الموشّح «La quintessence, commentaire sur le *Mowasschah* (l'orné)», traité de grammaire, en vers, de Djalâl al-Dîn 'Abd al-Rahmân al-Soyoûtî. L'auteur du *Monaqqah* se nommait Schihâb al-Dîn Ahmâd ibn 'Abd al-Ghaffâr. Commencement : الحمد لله الذى انزل كتابه المجيد باللغة العربية.

Ms. daté de l'an 981 (1573 de J.-C.).

Papier. 110 feuillets. Hauteur, 18 centimètres; largeur, 13 centimètres et demi. 21 lignes par page. — (Supplément 1251.)

4196.

نهاية البهجة «Le plus haut degré de la beauté». Traité de grammaire en vers, commenté par l'auteur lui-même.

Premier vers :

وبعد فان النحو علم مبيّن   لكيفية التركيب فى العربية

Commencement du commentaire : الحمد لله حمدا بالآئه وفيا. En tête du volume se trouve une pièce de vers à la louange du *Nihâyat al-Bahdja*, commençant ainsi :

تيمّنتُ بسم الله مبدى البريّة
مفيد الجدى معطى العطايا السنيّة

L'auteur de cette pièce dit en parlant du *Nihâya* :

كتاب جزيل خصّ من بين كتبهم
باحسن ترتيب وازين حليـة
سديد المعانى رايق اللفظ مبهج
مسمّى لامر ما نهاية بهجة

Hadji Khalfa a pris cette pièce de vers pour l'ouvrage commenté, qu'il attribue à Ibrâhîm al-Schabistarî.

Ms. daté de l'an 1024 (1615 de J.-C.); mais on a changé ensuite le mot الف «mille» en تسعاية «neuf cents».

Papier. 160 feuillets. Hauteur, 20 centimètres et demi; largeur, 13 centimètres. Le nombre de lignes par page varie de 17 à 20. — (Supplément 1254.)

4197.

1° Le *Binâ al-Af'âl.*

2° (Fol. 63 v°.) L'*'Izzî.*

3° (Fol. 86 v°.) Le *Maqsoûd.*

Papier. 111 feuillets. Hauteur, 15 centimètres; largeur, 7 centimètres et demi. 13 lignes par page. Ms. du XVIIe siècle. — (Supplément 1249.)

4198.

Le *Binâ al-Af'âl* et le *Amthilat al-Mokhtalifa.*

Papier. 24 feuillets. Hauteur, 21 centimètres; largeur, 13 centimètres. 11 lignes par page. Ms. du XVIIIe siècle. — (Supplément 1211 *bis.*)

4199.

Commentaire sur le *Binâ al-Af'âl.* Commencement : الحمد لله الذى صرّف صيغ وجونا (sic) الى كلمات العجيات.

Papier. 28 feuillets. Hauteur, 21 centimètres; largeur, 14 centimètres et demi. 15 lignes par page. Ms. du XVIIIe siècle. — (Supplément 1247.)

4200.

Même ouvrage.
Ms. daté de l'an 1048 (1638 de J.-C.).

Papier. 53 feuillets. Hauteur, 14 centimètres et demi; largeur, 9 centimètres et demi. 9 lignes par page. — (Ancien fonds 1361.)

4201.

1° Traité sur les particules de la grammaire arabe; sans titre ni nom d'auteur. Commencement : اعلم ان الادوات الفاظ تختلف المعانى الى الاسماء والافعال اذا اضيفت الى غيرها ولا تقوم بانفسها الخ.

2° (Fol. 5 v°.) Collection de bons mots, d'anecdotes, de maximes de sagesse, etc., par Aboû Mansoûr 'Abd al-Mâlik ibn Mohammad ibn Isma'îl al-Tha'âlibî, mort en 429 (1037-1038 de J.-C.). Ce recueil est divisé en douze parties renfermant les paroles des Compagnons de Mahomet; des rois et des puissants; des rois musulmans; des vizirs et des grands; des moralistes et des orateurs; des cadis et des jurisconsultes; des philosophes et des médecins; des belles femmes; des chanteurs et des musiciens; des hommes habiles en tout genre; des poètes (en prose et en vers). L'auteur dit avoir composé ce traité pour la bibliothèque d'Aboû Sahl al-Hamdoûnî, vizir (*'amîd*) du sultan ghaznévide Mas'oûd.

3° (Fol. 26 v°.) Recueil anonyme du genre du précédent. Il renferme des anecdotes, des apophtegmes, des conseils, des pièces de vers, des expressions passées en proverbes, etc.

4° (Fol. 35 v°.) Autre recueil du même genre. La fin manque.

5° (Fol. 53.) Traité de synonymes intitulé فى الحلا الانسانية والشّات الحيوانية «Sur les signes et marques externes qui distinguent les hommes et les animaux». Ce traité paraît incomplet. Suivent des morceaux divers en prose et en vers.

6° (Fol. 73 v°.) القصيدة الغطريفية «La princière». Pièce de près de deux cents vers, rimant tous en *âni.*

7° (Fol. 82 v°.) Pièce de (vingt-huit) vers, se terminant tous par les mots كرى البيت. L'auteur y exprime ses regrets d'avoir loué sa maison.

8° (Fol. 83.) قصيدة الدلالة. Pièce de vers composée l'an 539 (1144-1145 de J.-C.), par Samsâm al-Daula, fils d'Al-Hossâm al-Baghîdhî (البغيضى).

9° (Fol. 85 v°.) Pièce de vers attribuée à Al-Farazdaq et composée d'environ quatre-vingt-dix vers dont voici le premier :

ارى ربع هند واطلال عامر   بدت بالاوابد والريد عامر

10° (Fol. 87 v°.) Extraits de divers poètes.

11° (Fol. 96.) Maximes attribuées à divers personnages.

12° (Fol. 118 v°.) Explication de divers adjectifs employés en poésie et d'une pièce qui commence ainsi : صدوق الوبل هطال. Fragments et extraits en prose et en vers.

13° (Fol. 123 v°.) Note d'Avicenne sur les facultés de l'âme.

14° (Fol. 124 v°.) Mélanges en prose et en vers.

15° (Fol. 136.) Signification de certains noms terminés les uns par un *alif* long, les autres par un *alif* bref.

16° (Fol. 142.) Anecdote au sujet d'un vers qui se terminait par les mots فالعود احمد.

17° (Fol. 144.) Une *maqṣoûra* d'environ cent cinquante vers, attribuée à Aboû 'l-Qâsim al-Ḥasan ibn Ḥabîb.

18° (Fol. 147.) Mélanges et anecdotes.

Papier. 153 feuillets. Hauteur, 27 centimètres; largeur, 18 centimètres. 25 lignes par page. Ms. du xvᵉ siècle presque tout entier de la même main. — (Ancien fonds 1239.)

4202.

1° Traité sur l'*idhgâm*.

2° (Fol. 13 v°.) Traité sur le *fatḥ* et l'*imâla*.

3° (Fol. 17 v°.) Traité des pauses à observer dans la récitation du Coran, par Aboû ʿAmr ʿOthmân ibn Saʿîd ibn ʿOthmân al-Moqrî. Dans cet ouvrage, l'auteur applique ses règles à toutes les sourates du Coran successivement.

Ms. daté de l'an 954 (1547 de J.-C.).

Papier. 178 feuillets. Hauteur, 18 centimètres; largeur, 13 centimètres. 13 lignes par page. — (Supplément 1248.)

4203.

الانجاح «Le succès», commentaire perpétuel sur un traité de grammaire intitulé مختصر العوامل, et qui commence par ces mots : اعلم ان العامل فى اللغة الفاعل وفى الاصطلاح ما اوجب كون آخر الكلمة على وجه مخصوص من الاعراب. Il est à remarquer que la préface de ce commentaire commence à peu près comme celle du *Miṣbâḥ* d'Al-Motarrizî : الحمد لله الكريم العلّام الرحيم القدوس السلام جاعل النحو فى الكلام كالملح فى الطعام.

Ms. daté de l'an 997 (1589 de J.-C.).

Papier. 48 feuillets. Hauteur, 15 centimètres; largeur, 9 centimètres et demi. 11 lignes par page. — (Ancien fonds 1362.)

4204.

Fragment d'un traité de grammaire. C'est le chapitre sur la valeur et l'influence de la lettre *fâ* (ف).

Papier. 3 feuillets. Hauteur, 21 centimètres; largeur, 14 centimètres et demi. 15 lignes par page. Ms. du xviiᵉ siècle. — (Supplément 2273.)

4205.

1° Traité de la conjugaison. Commencement : وبعد فان كل كلمة اشتقاقية ان تجرد ماضيه المفرد المذكر الغايب عن صرف (*sic*) زائد يسمى مجردا واصليا.

2° (Fol. 26 v°.) *Al-Amthilat al-Mokhtalifa.*

Ms. daté de l'an 1214 (1799-1800 de J.-C.).

Papier. 37 feuillets. Hauteur, 17 centimètres; largeur, 11 centimètres. 15 lignes par page. — (Supplément 1252.)

4206.

زبدة الاعراب «Crème de l'analyse grammaticale», par ʿAbd Allah ibn Moḥammad. C'est une analyse de la grammaire composée par Moḥammad Birguewî (بركوى) et intitulée اظهار الاسرار «Exposition des secrets». Commencement : الحمد لله الواحد المنّان.

Ms. daté de l'an 1176 (1762-1763 de J.-C.).

Papier. 176 feuillets. Hauteur, 20 centimètres; largeur, 15 centimètres. 13 lignes par page. — (Supplément 1256.)

4207.

1° Traité de l'orthographe arabe, en vers, par Moḥammad ibn ʿAtîq al-Todjîbî. Premier vers :

الحمد لله العلى الواحد   ليس له فى الملك من معاند

Le texte est accompagné de beaucoup de gloses à l'encre rouge.

2° (Fol. 34 v°.) Autre poème sur le même sujet, par Moḥammad ibn ʿAbd Allah ibn Mâlik.

3° (Fol. 36 v°.) تحفة المودود. Poème et commentaire dans lesquels Moḥammad ibn ʿAbd Allah ibn Mâlik al-Djaïyânî indique les changements de signification que subissent certains mots selon qu'ils se prononcent avec un *fatḥa*, un *dhamma* ou un *kesra*.

4° (Fol. 52 v°.) Poème (*dâliya*) composé par Al-Ḥasan ibn Masʿoûd al-Yoûsî en l'honneur de son professeur Moḥammad ibn Nâṣir al-Darʿî. Premier vers :

عرّج بمنعرج الهضاب والورد بين اللِصاب وبين ذات الارمد

5° (Fol. 81 v°.) كتاب الانوار فى نسب آل النبى المختار. Généalogie des descendants du Prophète, par Moḥammad ibn Moḥammad ibn Aḥmad ibn Djozay al-Kalbî (ابن جُزَى الكلبى).

6° (Fol. 106 v°.) Commencement d'un traité sur l'excellence du *bismillâh*.

7° (Fol. 111.) Deux actes de divorce.

Écritures diverses. Le premier ouvrage est daté de l'an 1132 de l'hégire (1720 de J.-C.); le troisième, de l'an 1162 de l'hégire (1749 de J.-C.).

Papier. 112 feuillets. Hauteur, 21 centimètres; largeur, 15 centimètres. — (Supplément 1924.)

4208.

التحفة فى النحو « Traité de grammaire pour servir de cadeau », par Moḥammad ibn ʿAbd Allah al-Anṣârî, accompagné d'un commentaire perpétuel dont le titre a été effacé et remplacé par الازهار الزكية. Mais il y avait probablement التحفة على التحفة « Cadeau ajouté au cadeau »; le mot على est encore facile à reconnaître. Commencement du *Tohfa* : قال العبد الفقير الى الله تعالى محمد بن عبد الله الانصارى هذه تحفة فى النحو يُعرف منها النحو فى يوم فلا يبقى على حافظها لوم. Commencement du commentaire : الحمد لله الذى رفع قواعد الموحدين وخفض اعلام الملحدين.

Ms. daté de l'an 1126 (1714 de J.-C.).

Papier. 80 feuillets (le cinquième feuillet ne fait pas partie de l'ouvrage). Hauteur, 21 centimètres et demi; largeur, 15 centimètres. 21 lignes par page. — (Supplément 1260.)

4209.

1° Traité de grammaire commençant par ces mots : وبعد فهذه رسالة فيما يحتاج اليه كل معرب اشدّ الاحتياج وهو ثلثة اشياء العامل والمعمول والعمل. (Voyez ci-dessus, n° 4006, 2°.)

2° (Fol. 22.) Traité de grammaire. Commencement : اعلم ان الكلمة ثلثة انواع اسم وفعل وحرف مثال الاسم نحو زيد.

Papier. 34 feuillets collés sur onglets. Hauteur, 19 centimètres; largeur, 14 centimètres. 15 lignes par page. Ms. du XVII° siècle. — (Supplément 1221.)

4210.

بحث المطالب وحثّ الطالب « Investigation des choses à découvrir et encouragement pour le chercheur ». Grammaire arabe composée en 1707 de J.-C. par Gabriel ibn Farḥât, archevêque d'Alep, mort en 1733. Cet exemplaire a été copié sur celui de l'auteur.

Papier. 143 feuillets. Hauteur, 22 centimètres et demi; largeur, 14 centimètres et demi. 23 lignes par page. — (Ancien fonds 1295 A.)

4211.

Traité de grammaire intitulé نتائج التحصيل « Résultats de l'acquisition », accompagné d'un commentaire anonyme composé en 1138 de l'hégire (1725-1726 de J.-C.). Il n'y a pas d'introduction, mais on lit dans l'*explicit* que ce commentaire n'est qu'un abrégé du *Natâïdj*. L'ouvrage commence par le *bismillâh* et la *taṣliya;* puis vient ce titre de chapitre : باب ابنية الافعال ومعانيها, suivi d'une glose qui commence ainsi : الابنية جمع بناء وبناء الكلمة لفظها باعتبار حروفها الخ.

Ms. daté de l'an 1175 (1762 de J.-C.).

Papier. 279 feuillets. Hauteur, 21 centimètres et demi; largeur, 16 centimètres. 19 lignes par page. — (Supplément 1263.)

4212.

Second chapitre du (*sic*) هدية سبيان « Don pour les enfants », renfermant la conjugaison des diverses formes du verbe de la langue arabe. La plupart des titres sont en langue turque.

Papier. 11 feuillets. Hauteur, 21 centimètres et demi; largeur, 15 centimètres. 11 lignes par page. Ms. du XVIII° siècle. — (Supplément 2226.)

4213.

L'*Alphabetum arabicum*, publié à Rome en 1592. Le traité est interfolié. On y a joint un cahier dans lequel un étudiant qui commençait à apprendre l'arabe a inséré une quantité de notes en latin.

Papier. 61 feuillets. Hauteur, 22 centimètres et demi; largeur, 17 centimètres. — (Supplément 1149.)

4214.

Syllabaire arabe suivi de prières à l'usage des enfants musulmans.

Papier. 16 feuillets. Hauteur, 14 centimètres et demi; largeur, 10 centimètres. 7 lignes par page. Ms. du XVIe siècle. — (Ancien fonds 1354, Colbert 6410.)

4215.

Syllabaire suivi de quelques modèles d'écriture.

Papier. 18 feuillets. Hauteur, 21 centimètres et demi; largeur, 15 centimètres. Ms. du XVIIe siècle. — (Supplément 1148.)

4216.

Syllabaire.

Papier. 17 feuillets. Hauteur, 17 centimètres; largeur, 10 centimètres et demi. Ms. du XVIIe siècle. — (Supplément 1150.)

4217.

Syllabaire.

Papier. 18 feuillets. Hauteur, 20 centimètres et demi; largeur, 13 centimètres et demi. Ms. du XVIIe siècle. — (Supplément 1151.)

4218.

Syllabaire.

Papier. 16 feuillets. Hauteur, 21 centimètres et demi; largeur, 14 centimètres et demi. Ms. du XVIIe siècle. — (Supplément 1152.)

4219.

Syllabaire.

Papier. 18 feuillets. Hauteur, 22 centimètres; largeur, 15 centimètres et demi. Ms. du XVIIe siècle. — (Supplément 1153.)

4220.

Syllabaire.

Papier. 16 feuillets. Hauteur, 19 centimètres et demi; largeur, 14 centimètres. Ms. du XVIIe siècle. — (Supplément 1154.)

4221.

« Compendium linguæ arabicæ », par Guillaume Le Bé, graveur de caractères d'imprimerie. Voulant rendre ce titre en arabe, l'auteur a employé le mot قصور pour *compendium* et لِيسَنْ (*sic*) pour *linguæ*.

Ms. daté de l'an 1602.

Papier. 21 feuillets. Hauteur, 26 centimètres; largeur, 17 centimètres et demi. — (Supplément 2389.)

4222.

Essai de grammaire arabe, en latin, par Guillaume Le Bé.

Ms. daté de l'an 1603.

Papier. 14 feuillets. Hauteur, 27 centimètres; largeur, 18 centimètres. — (Supplément 2374.)

4223.

Conjugaison du verbe نصر, avec une traduction latine.

Papier. 28 feuillets. Hauteur, 17 centimètres; largeur, 12 centimètres. 8 lignes par page. Ms. du XVIIe siècle. — (Ancien fonds 1323, Colbert 5400.)

4224.

Grammaire arabe, en français, avec un vocabulaire.

Papier. 200 feuillets. Hauteur, 27 centimètres et demi; largeur,

19 centimètres et demi. 18 lignes par page. Ms. du XVIIIe siècle. — (Supplément 2139, S. Germain 193 *bis*.)

4225.

Grammaire arabe, en italien, œuvre d'un commerçant, très mal écrite.

Papier. 44 feuillets. Hauteur, 15 centimètres; largeur, 11 centimètres. — (Supplément 2140, S. Germain 614.)

4226.

Grammaire et vocabulaire arabes, composés par Fourmont, professeur au Collège royal.

Papier. 140 feuillets collés sur onglets. Hauteur, 24 centimètres; largeur, 17 à 18 centimètres. Ms. du XVIIIe siècle. — (Supplément 2142.)

4227.

1° Gramaire arabe, en français.

2° (Fol. 152.) Autre grammaire arabe, en français.

On attribue ces deux ouvrages à Le Roux Deshauterayes.

Papier. 150 feuillets. Hauteur, 21 centimètres et demi; largeur, 16 centimètres. Ms. du XVIIIe siècle. — (Supplément 2375.)

4228.

«Linguæ arabicæ elementa».
Ms. daté de l'an 1750.

Papier. 272 pages. Hauteur, 16 centimètres et demi; largeur, 10 centimètres et demi. — (Supplément 2376.)

4229.

Grammaire arabe de Th. Erpenius, traduite du latin en français par Ch. Solvet.
Ms. daté de l'an 1831.

Papier. 25 feuillets. Hauteur, 20 centimètres; largeur, 26 centimètres. 22 lignes par page. — (Supplément 2503.)

3. — DICTIONNAIRES.

A. DICTIONNAIRES EXPLIQUES EN ARABE.

4230.

1° Les مثلّثات de Qotrob.

2° (Fol. 3.) Commentaire en vers sur le petit poème qui précède, par Schihâb al-Dîn al-Qalyoûbî.

Papier. 6 feuillets. Hauteur, 21 centimètres et demi; largeur, 15 centimètres et demi. Ms. du XVIe siècle. — (Ancien fonds 1459.)

4231.

1° كتاب المطر «La pluie», par Aboû Zaïd al-Anṣârî (Sa'îd ibn 'Aus), mort en 215 de l'hégire (voy. Hadji Khalfa, t. V, p. 131). Ce sont les synonymes de la pluie, du tonnerre, des éclairs, des nuages et des eaux. L'auteur cite quelquefois comme exemples des vers de quelques anciens poètes.

2° (Fol. 15.) كتاب غلط الضعفاء من اهل الفقه «Traité des fautes de langage commises par les jurisconsultes dont les connaissances (philologiques) sont faibles», par Ibn Barrî (برّي) al-Maqdisî (né à Jérusalem). Sur ce grammairien, dont le vrai nom était Aboû Moḥammad 'Abd Allah, mort en 582 de l'hégire (1186-1187 de J.-C.), voyez Hadji Khalfa, t. III, p. 205.

3° (Fol. 23.) كتاب خطاء العوام «Fautes de langage commises par le vulgaire», par Ibn al-Djawâlîqî (الجواليقي) Aboû Manṣoûr Mauhoûb ibn Aḥmad ibn Moḥammad ibn al-Khiḍr (الخضر). Ce philologue mourut à Baghdâd l'an 529 (1134 de J.-C.). Voyez le dictionnaire biographique d'Ibn Khallikân, t. III, p. 498 de la traduction anglaise. Une édition du traité d'Ibn al-Djawâlîqî a été publiée (1875) par M. Derenbourg fils.

4° (Fol. 61.) La *Maqṣoûra* d'Ibn Doraïd, avec le commentaire d'Aboû 'Abd Allah al-Ḥosaïn ibn Aḥmad ibn Khâlawaïh (ابن خالويه). Ce commentateur mourut l'an 370 (980-981 de J.-C.). Sa vie se trouve dans Ibn Khallikân, t. I, p. 456. On trouvera dans le même ouvrage, t. III, p. 37, une notice sur Ibn Doraïd, célèbre philologue, mort l'an 321 (933 de J.-C.).

5° (Fol. 89 v°.) Première section du dictionnaire arabe d'Ibn Doraïd intitulé الجمهرة «La collection». Elle

renferme les racines composées de deux lettres, dont la seconde est redoublée (ابواب الثنائى الصحيح المدغم), et les racines quadrilitères formées par la répétition de ces lettres. Sur la distribution excessivement incommode du *Djamhara*, voyez les observations de Hamaker (*Specimen Catalogi cod. or. Biblioth. Lugd. Bat.*, p. 34).

Ms. daté de l'an 631 (1233-1234 de J.-C.).

Papier. 139 feuillets. Hauteur, 21 centimètres et demi; largeur, 15 centimètres et demi. 15 lignes par page. — (Ancien fonds 1328.)

4232.

كتاب الالفاظ «Livre des mots», collection de synonymes disposés en cent cinquante-sept chapitres, par Aboû Yoûsof Ya'qoûb ibn Isḥâq ibn al-Sikkît, mort l'an 244 de l'hégire (858-859 de J.-C.). Dans chaque paragraphe, ce célèbre philologue et grammairien cite avec soin ses autorités et appuie très souvent ses observations par des vers d'anciens poètes. C'est très probablement l'ouvrage dont Hadji Khalfa fait mention sous le titre de اصلاح المنطق.

Ms. daté de l'an 1200 (1785 de J.-C.).

Papier. 261 feuillets. Hauteur, 35 centimètres; largeur, 21 centimètres et demi. 17 lignes par page. — (Supplément 1359 *bis*.)

4233.

Seconde partie du dictionnaire arabe intitulé *Kitâb al-Djamhara*, par Aboû Bakr Moḥammad ibn al-Ḥosaïn ibn Doraïd. (Voyez ci-dessus, n° 4231, 5°.) Commencement : حرف الدال مع ساير الحروف فى الثلاثى الصحيح.

Papier. 156 feuillets. Hauteur, 32 centimètres et demi; largeur, 21 centimètres et demi. 43 lignes par page. Ms. du XVIIe siècle. — (Supplément 1364.)

4234.

المقصور والممدود «Le raccourci et l'allongé», traité des mots arabes qui se terminent soit par un *alif* bref, soit par un *alif* long, par Aboû 'l-'Abbâs Aḥmad ibn Moḥammad ibn al-Walîd ibn Wallâd (ولاد), élève du célèbre grammairien Al-Zaddjâdj. Soyoûṭî nous informe, dans son Dictionnaire des grammairiens, qu'il composa aussi une défense de Sîbawaïh contre les attaques d'Al-Mobarrad, qu'il habita le Caire et qu'il mourut l'an 332 (943-944 de J.-C.). L'ouvrage que nous avons ici se compose de deux parties, dont la première, formant un dictionnaire, est consacrée aux mots dans lesquels le caractère, soit long, soit bref, de l'*alif* final est anormal (غير مقيس) et fondé uniquement sur l'usage; la seconde partie renferme les formes dans lesquelles le même caractère est déterminé par des règles positives (مقيس). L'auteur cite de nombreux exemples tirés des anciens poètes. Il n'y a pas de préface; les premiers mots sont : قال ابو العباس احمد بن محمد بن الوليد الخ. Texte ponctué.

Papier. 130 feuillets. Hauteur, 24 centimètres; largeur, 16 centimètres. 17 lignes par page. Ms. du XIIIe siècle. — (Ancien fonds 1297.)

4235.

Fragments d'un ouvrage philologique intitulé كتاب البارع «L'excellent» et attribué à Ismâ'îl ibn al-Qâsim al-Baghdâdî. C'est la grande compilation qu'Ibn Khallikân et Hadji Khalfa désignent par le titre de البارع فى غريب الحديث «L'excellent traité sur les termes peu usités qui se rencontrent dans les traditions». L'auteur est généralement connu sous le nom d'Aboû 'Alî al-Qâlî. Il écrivait en Espagne sous l'administration d'Al-Manṣoûr ibn abî 'Amr et il est mort à Cordoue l'an 356 de l'hégire (967 de J.-C.). Nous ne possédons ici que les douze premiers feuillets de la 104e partie, le commencement de la 81e partie, et, sur le recto du dernier feuillet, la fin de la 87e partie et quelques lignes de la partie suivante. Chose extraordinaire, le verso de ce feuillet est resté en blanc.

Vélin. 71 feuillets. Hauteur, 25 centimètres; largeur, 20 centimètres et demi. 15 à 17 lignes par page. Écriture maghrebine-espagnole. Ms. du Xe siècle. — (Ancien fonds 1252.)

4236.

1° كتاب النوادر ou الامالى, par Ismâ'îl ibn al-Qâsim al-Qâlî. On lit en tête une notice sur l'auteur. (Voyez Hadji Khalfa, t. I, p. 427 et 432.)

2° (Fol. 172.) Anthologie intitulée سفينة الكبرى d'Al-Ṣâliḥî.

3° (Fol. 251.) الاغريض فى نصرة (*lisez* نظرة فى نصرة) القريض. Traité sur la poésie et ses lois, par Aboû 'Alî al-Moẓaffar al-'Alawî al-Ḥosaïnî, suivi de quelques extraits et d'une notice sur le poète Aboû 'l-'Alâ al-Ma'arrî.

Le premier ouvrage est daté de l'an 1049 de l'hégire

IMPRIMERIE NATIONALE.

(1640 de J.-C.); le second, de l'an 1038 de l'hégire (1629 de J.-C.); le troisième, de la même main, de l'an 1039 de l'hégire (1630 de J.-C.).

Papier. 289 feuillets. Hauteur, 27 centimètres; largeur, 18 centimètres. Environ 30 lignes par page dans le premier ouvrage; environ 40 dans les deux derniers. Écritures diverses. — (Supplément 1935.)

4237.

الصحاح في اللغة «Les termes authentiques de la langue», par Aboû Naṣr Ismâ'îl ibn Ḥammâd al-Djauharî (الجوهرى), mort en 393 de l'hégire (1002-1003 de J.-C.). Commencement : اما بعد فانى قد اودعت هذا الكتاب ما صح عندى من هذه اللغة التى شرّف الله منزلتها الخ.

Papier. 472 feuillets, dont les trois premiers et les sept derniers datent de l'an 1013 (1604 de J.-C.). Il y a une transposition des feuillets qui se trouvent entre les fol. 39 et 44. Hauteur, 29 centimètres; largeur, 22 centimètres et demi. 31 lignes par page. Ms. du XIIIe siècle. — (Ancien fonds 1246.)

4238.

Même ouvrage.

Ms. daté de l'an 690 (1291 de J.-C.).

Papier. 446 feuillets. Hauteur, 29 centimètres et demi; largeur, 20 centimètres. 30 lignes par page. — (Supplément 2148.)

4239.

Première partie du même ouvrage.

Les derniers feuillets manquent. Le texte s'arrête au milieu de la lettre ظ. Gloses marginales.

Papier. 251 feuillets. Hauteur, 25 centimètres et demi; largeur, 18 centimètres. 17 lignes par page. Ms. du XIVe siècle. — (Ancien fonds 1245.)

4240.

Cinquième et dernière partie du même ouvrage. Le texte commence au milieu de la lettre *mîm* (كتم).

Papier. 192 feuillets. Hauteur, 32 centimètres; largeur, 24 centimètres et demi. 19 lignes par page. Ms. du XIIIe siècle. — (Ancien fonds 1251.)

4241.

Abrégé du *Ṣiḥâḥ* d'Al-Djauharî, par Moḥammad al-Râzî.

Ms. daté de l'an 920 (1514 de J.-C.).

Papier. 296 feuillets. Hauteur, 26 centimètres; largeur, 17 centimètres. 19 lignes par page. — (Supplément 1362.)

4242.

Même ouvrage.

Ms. daté de l'an 958 (1551 de J.-C.).

Papier. 284 feuillets. Hauteur, 25 centimètres; largeur, 17 centimètres. 21 lignes par page. — (Supplément 1363.)

4243.

Même ouvrage.

Ms. daté de l'an 958 (1551 de J.-C.).

Papier. 298 feuillets. Hauteur, 20 centimètres et demi; largeur, 15 centimètres. 23 lignes par page, puis 19 lignes. — (Supplément 1361.)

4244.

Même ouvrage. Les marges de cet exemplaire sont couvertes de notes et d'additions.

Ms. daté de l'an 973 (1566 de J.-C.).

Papier. 223 feuillets. Hauteur, 26 centimètres et demi; largeur, 17 centimètres et demi. 23 lignes par page. — (Supplément 1360.)

4245.

Même ouvrage.

Sur le recto du premier feuillet on a écrit un extrait d'un traité de droit intitulé *Kholâṣa;* cet extrait se rapporte aux lois qui règlent le divorce. Le verso du fol. 126 nous offre une note sur l'usage de la lotion funèbre. Le feuillet suivant contient une longue note extraite du سامى الاسامى et traitant de la formation des pluriels réguliers. On lit sur les feuillets de garde des notes et extraits en langue turque.

Papier. 228 feuillets. Hauteur, 23 centimètres et demi; largeur,

16 centimètres et demi. Le nombre de lignes par page varie de 19 à 21. Ms. du XVIIe siècle. — (Ancien fonds 1329.)

4246.

تنقيح الصحاح «Dépouillement du *Ṣiḥâḥ*», abrégé du dictionnaire d'Al-Djauharî, par Maḥmoûd ibn Aḥmad al-Zadjânî, littérateur dont Hadji-Khalfa fait mention (t. IV, p. 95), sans toutefois indiquer l'année de sa mort. Commencement : اما بعد فانّى لما فرغت من كتاب ترويح الارواح فى تهذيب الصحاح الخ. Le premier feuillet de garde porte quelques traditions absurdes au sujet du جبل سَيَلان.

Ms. daté de l'an 1010 (1601 de J.-C.).

Papier. 143 feuillets. Hauteur, 26 centimètres et demi; largeur, 18 centimètres. 19 lignes par page. — (Ancien fonds 1250, Colbert 4259.)

4247 et 4248.

مجمل اللغة «Collection (des mots) du langage», dictionnaire arabe compilé et mis en ordre par Aḥmad ibn Fâris, philologue célèbre du IVe siècle de l'hégire. Commencement : اما بعد وليك الله بُصنعه وجعلك ممّن علت فى الخير همّته.

Ms. daté de l'an 528 (1133-1134 de J.-C.).

2 vol. Papier. 289 et 249 feuillets. Hauteur, 22 centimètres; largeur, 16 centimètres. 21 lignes par page dans le premier volume; 20 lignes par page dans le second. — (Supplément 1371 et 1371 *bis*.)

4249.

Premier volume du même ouvrage. Il se termine par les racines de plus de trois lettres dont la première est un *ṣâd* (ص). Quelques notes marginales.

Papier. 279 feuillets y compris un onglet qui n'appartient pas à l'ouvrage. Hauteur, 25 centimètres; largeur, 16 centimètres et demi. 16 à 18 lignes par page. Ms. du XIIIe siècle. — (Supplément 1372 I.)

4250.

Second volume du même ouvrage. Les premiers et les derniers feuillets manquent. Le feuillet actuellement coté 1 n'appartient pas à l'ouvrage; le second feuillet commence par les dernières lignes de la section *ṣâd lâm*.

Papier. 268 feuillets. Hauteur, 26 centimètres et demi; largeur, 17 centimètres et demi. 18 à 20 lignes par page. Ms. du XIVe siècle. — (Supplément 1372 *bis*.)

4251.

فقه اللغة وسرّ العربية «Code du langage et finesses de la langue arabe», traité des synonymes arabes en trente chapitres, par Aboû Manṣoûr ʿAbd al-Mâlik al-Thaʿâlibî. Commencement : اللهم ربنا آتنا من لدنك رحمة وهئ لنا من امرنا رشدًا الخ.

Ms. daté de l'an 1251 (1835 de J.-C.).

Papier. 117 feuillets. Hauteur, 24 centimètres et demi; largeur, 17 centimètres. 23 lignes par page. — (Supplément 1357.)

4252.

Fragment d'un dictionnaire arabe donnant la signification de tous les mots formés par les combinaisons de trois lettres. L'écriture n'est pas du genre maghrebin, bien que le *qâf* et le *fâ* soient ponctués de la manière adoptée en Mauritanie et en Espagne. Ces fragments paraissent dater du Ve siècle de l'hégire.

Vélin. 6 feuillets. Hauteur, 28 centimètres; largeur, 17 centimètres. Environ 20 lignes par page. — (Supplément 1364 *bis*.)

4253.

1° Collection d'adjectifs et d'épithètes, classés sous les noms auxquels ils se rapportent ordinairement. En tête du volume on lit ce titre : كفاية المتحفظ... تاليف... ابى اسحق ابراهيم بن اسماعيل ... الطرابلسى «Le suffisant pour celui qui veut l'apprendre par cœur», par Aboû Isḥâq Ibrâhîm ibn Ismâʿîl al-Ṭarâbolosî.

2° (Fol. 36 v°.) Gloses de Moḥammad ibn Moḥammad ibn Maḥmoûd, surnommé Al-Schaïkh al-Bokhârî, sur le اداب البحث «Règles de la discussion», d'ʿAdhod al-Dîn ʿAbd al-Raḥmân ibn Aḥmad ibn ʿAbd al-Ghaffâr al-Ṣiddîqî. Commencement : الحمد لله ملهم السداد لاولى الالباب.

3° (Fol. 51 v°.) الهيئة السنية فى الهيئة السنّية «La cosmographie telle que les saintes traditions nous la représentent» (littéralement : «La forme exaltée dans la forme sounnite»), par Djalâl al-Dîn al-Soyoûṭî. Commencement : الحمد لله الذى علمنا ما لم نكن نعلم.

Ms. daté de l'an 1071 (1660-1661 de J.-C.).

Papier. 71 feuillets. Hauteur, 21 centimètres; largeur, 15 centimètres. 21 lignes par page, puis 17, puis 21. — (Ancien fonds 1327.)

4254.

1° المغرب. Traité philologique, par Nâṣir ibn ʿAbd al-Saïyid al-Motarrizî, commentateur des séances d'Al-Ḥarîrî. C'est un dictionnaire renfermant l'explication de certains termes peu usités qui se présentent dans le langage des jurisconsultes et dans les traditions. Commencement : واحمده على ان خوّل جزيل الطول وسدد للاصابة فى الفعل والقول.

2° (Fol. 149.) Traité de grammaire, par le même auteur. Cet ouvrage est divisé en quatre chapitres : 1° les notions préliminaires (المقدمات); 2° les déclinaisons; 3° les conjugaisons; 4° les particules.

Ms. daté de l'an 964 (1556 de J.-C.).

Papier. 159 feuillets en y comptant huit feuillets préliminaires. Hauteur, 27 centimètres et demi; largeur, 17 centimètres et demi. 31 lignes par page. — (Supplément 1376.)

4255.

الاقناع لما حوى تحت القناع «Satisfaction au sujet de ce qui est caché sous le voile», par Al-Motarrizî. C'est une sorte de vocabulaire, divisé en quatre parties (قواعد) : 1° les noms; 2° les verbes; 3° les particules, et 4° la syntaxe. Dans ce recueil, les mots sont classés par ordre matières. Le premier feuillet manque.

Ms. de diverses mains; les premiers cahiers sont du temps de l'auteur; le dernier est daté de l'an 659 (1261 de J.-C.).

Papier. 322 feuillets. Hauteur, 19 centimètres; largeur, 15 centimètres. 9 lignes par page, puis 13, puis 19. — (Ancien fonds 1330.)

4256.

1° Traité des noms, surnoms, patronymiques, etc., par Al-Mofaddhal ibn ʿAlî al-Maqdisî. Cette copie, qui paraît être de la main de l'auteur, s'arrête au milieu de la lettre د.

2° (Fol. 32 v°.) Extrait du *Moschtarik* de Yâqoût al-Ḥamawî.

Le premier ouvrage est daté de l'an 643 de l'hégire (1245 de J.-C.). Le second est de la même écriture.

Papier. 121 feuillets. Hauteur, 22 centimètres et demi; largeur, 16 centimètres. 20 à 22 lignes par page. — (Supplément 1925.)

4257.

1° شرح منظومة ابن فرح. Commentaire de Yaḥyâ al-Qarâfî al-Isfahânî sur le poème dans lequel Schihâb al-Dîn ibn Faraḥ, de Séville, énumère les divers termes techniques qui s'emploient dans la critique des traditions. Commencement : الحمد لله الذى قبل بصحيح النية من هاجر اليه. Ce commentaire a été composé en 962 (1555 de J.-C.).

2° (Fol. 10.) Petit traité sur les termes techniques employés dans la science des traditions, intitulé نخبة الفكر «Choix fait après réflexion», par Ibn Ḥadjar al-ʿAsqalânî.

3° (Fol. 13 v°.) Le même ouvrage avec un commentaire perpétuel, par le même Ibn Ḥadjar. Ce traité fut achevé vers la fin de l'an 818 (1416 de J.-C.). Selon Hadji Khalfa (t. VI, p. 316), l'auteur lui donna le titre de نزهة النظر فى توضيح نخبة الفكر.

Ms. daté de l'an 984 (1577 de J.-C.).

Papier. 47 feuillets. Hauteur, 18 centimètres; largeur, 13 centimètres et demi. 19 lignes par page, puis 21 lignes. — (Ancien fonds 1477.)

4258.

Cahier d'un dictionnaire dans lequel l'auteur paraît avoir eu pour but de rassembler et d'expliquer les mots rares qui se présentent dans les traditions et autres traités théologiques. Il commence par le mot مسام et finit par le mot شق.

Papier. 8 feuillets. Hauteur, 25 centimètres et demi; largeur, 17 centimètres et demi. 19 lignes par page. Ms. du XIVe siècle. — (Supplément 2149.)

4259.

تعريفات «Définitions», dictionnaire des termes techniques, par Al-Djordjânî.

Ms. daté de l'an 958 (1551 de J.-C.).

Papier. 72 feuillets. Hauteur, 20 centimètres et demi; largeur, 13 centimètres et demi. 19 lignes par page. — (Ancien fonds 1326.)

4260.

Même ouvrage. Il y a une lacune considérable entre les feuillets cotés 2 et 3.

Ms. daté de l'an 964 (1557 de J.-C.).

Papier. 95 feuillets. Hauteur, 21 centimètres et demi; largeur, 15 centimètres. 18 lignes par page. — (Supplément 2121.)

4261.

1° (Fol. 3 v°.) Le *Ta'rifât* d'Al-Djordjânî.

2° (Fol. 106.) مختصر في علم الاخلاق. Traité abrégé d'hygiène et d'économie domestique.

3° (Fol. 108 v°.) La *Borda* disposée en *takhmîs*. Premier hémistiche : ما بال قلبك لا ينفك ذا الم.

4° (Fol. 124 v°.) La *Borda* accompagnée d'une traduction en vers turcs.

5° (Fol. 141 v°.) La qaṣîda d'Al-Farazdaq en l'honneur de Zaïn al-ʿÂbidîn, fils d'ʿAlî ibn abî Ṭâlib.

6° (Fol. 142 v°.) Le *Ta'lîm al-Mota'allim*. Notes marginales.

7° (Fol. 156.) Le *Bânat So'âd* de Ka'b ibn Zohaïr mis en *takhmîs* par Khalîl al-Achrafî.

8° (Fol. 161 v°.) *Qaṣîda lâmîya* sur la doctrine musulmane. (Voyez ci-dessus n° 1251, 1°.) Premier vers :

يقول العبد في بدء الآمال   لتوحيد بنظم كاللآل

9° (Fol. 163 v°.) Qaṣîda commençant par ce vers :

ابرق بدا من جانب الغور لامع
ام ارتفعت عن وجه سلمى البراقع

10° (Fol. 165 v°.) *Qaṣîda mîmîya* d'ʿOmar ibn al-Fâridh. Cette pièce commence ainsi :

شربنا على ذكر الحبيب مدامة
سكرنا بها من قبل ان يخلق الكرم

11° (Fol. 166 v°.) Discours sur les devoirs d'un musulman. Premiers mots : الحمد لله الذى امر عباده باقامة الصلوة وتعديلها.

12° (Fol. 176.) Notes et extraits en prose et en vers.

13° (Fol. 180 v°.) Traité renfermant de courtes notices biographiques sur des savants qu'on désigne ordinairement par leurs surnoms ou leurs sobriquets, par Ibn Kemâl Pacha.

14° (Fol. 184 v°.) Épître de Moḥammad Tchelebi Efendi adressée à un ami et renfermant des conseils religieux. On a inscrit sur cette pièce le titre de القول الوسيط بين الافراط والتفريط.

15° (Fol. 185 v°.) زهر الملوك «Conseils aux rois», par Moḥammad Tchelebi Efendi.

16° (Fol. 187 v°.) Traité composé par Al-Soyoûṭî pour montrer que la famille de Zaïnab descend de Mahomet. Titre : العجاجة الزرنبية في السلالة الزينبية.

17° (Fol. 189.) Traité dans lequel Al-Soyoûṭî réfute l'opinion que le corps de Mahomet ne devait pas rester dans le tombeau jusqu'au terme de mille ans.

18° (Fol. 192.) Discours sur l'inanité des biens de ce monde.

19° (Fol. 194 v°.) Examen de la question : Est-il permis, en faisant la purification, de passer la main sur la chaussure externe (خفّ), sans se déchausser?

20° (Fol. 197 v°.) Petite grammaire persane en turc.

21° (Fol. 205.) Note sur la prédestination (الجبر).

22° (Fol. 205 v°.) Album renfermant des poèmes et des extraits, des notes en prose, etc., dont les uns sont en arabe, les autres en turc. On y remarque notamment une liste alphabétique d'articles biographiques commençant par *Ibn Kathîr* l'historien et se terminant par *Ilderim Khân*.

Le premier ouvrage est daté de l'an 970 de l'hégire.

Au commencement du volume se trouve une qaṣîda, en turc, par Khodja Tchelebi, et d'autres pièces de vers, en arabe et en turc.

Papier. 249 feuillets. Hauteur, 20 centimètres; largeur, 14 centimètres. Écritures diverses du xvie siècle. — (Supplément 1911.)

4262.

التوقيف على مهمّات التعاريف. «Notice des termes techniques les plus importants». Dictionnaire des termes employés dans les traités de droit et formant, pour ainsi dire, un supplément au *Ta'rifât* d'Al-Djordjânî, par ʿAbd al-Ra'ouf Moḥammad al-Manâwî. Commencement : الحمد لله الذى من تعرّف اليه في الرخاء عرفه في الشدة. Notes marginales.

Ms. daté de l'an 1123 (1712 de J.-C.).

Papier. 190 feuillets. Hauteur, 21 centimètres et demi; largeur, 15 centimètres. 19 lignes par page. — (Supplément 1316.)

4263 et 4264.

القاموس المحيط «L'océan environnant», dictionnaire de la langue arabe, par Moḥammad ibn Ya'qoûb Al-Fîrouzâbâdî, mort en 871 (1467 de J.-C.). A la fin de l'ouvrage le titre est répété avec l'adjonction des mots والقابوس الوسيط. M. Flügel a rendu ce dernier mot par *exemplum*. La signification الرجل الجميل الوجه الحسن اللون «L'homme dont la figure est belle et le teint beau», qui est donnée dans le *Qâmoûs* même, ne saurait convenir dans le cas actuel.

Ms. daté de l'an 981 (1573 de J.-C.).

2 vol. Papier. 344 et 310 feuillets. Hauteur, 31 centimètres; largeur, 21 centimètres. 31 lignes par page. — (Supplément 1367.)

4265.

Même ouvrage.

Ms. daté de l'an 991 (1583 de J.-C.).

Papier. 491 feuillets. Hauteur, 57 centimètres; largeur, 24 centimètres. 37 lignes par page. — (Ancien fonds 1240.)

4266.

Même ouvrage.

Papier. 506 feuillets. Hauteur, 29 centimètres; largeur, 19 centimètres et demi. 31 lignes par page. En tête une vignette en or et en couleurs. Ms. du XVIIe siècle. — (Supplément 1366.)

4267.

Même ouvrage.

Papier. 701 feuillets. Hauteur, 32 centimètres; largeur, 18 centimètres et demi. 35 lignes par page. Ms. du XVIIe siècle. — (Supplément 1365.)

4268.

Même ouvrage.

Ms. daté de l'an 1073 (1663 de J.-C.).

Papier. 811 feuillets. Hauteur, 29 centimètres et demi; largeur, 19 centimètres. 29 lignes par page, ensuite 27. Au fol. 1 v°, vignette en or et en couleurs. — (Ancien fonds 1241.)

4269.

Même ouvrage. Le commencement, jusqu'au mot نسناس, manque.

Papier. 694 feuillets. Hauteur, 26 centimètres et demi; largeur, 15 centimètres et demi. 25 lignes par page. Ms. du XVIIIe siècle. — (Supplément 1370.)

4270 et 4271.

Même ouvrage.

Ms. daté de l'an 1229 (1814 de J.-C.).

2 vol. Papier. 362 et 342 feuillets. Hauteur, 22 centimètres et demi; largeur, 16 centimètres et demi. 23 lignes par page. — (Supplément 1396.)

4272.

Première partie du même ouvrage. La copie s'arrête au commencement de la lettre خ.

Papier. 217 feuillets. Hauteur, 32 centimètres et demi; largeur, 23 centimètres. 23 lignes par page. Ms. du XVe siècle. — (Ancien fonds 1242.)

4273.

Première partie du même ouvrage. Le texte se termine par le mot الخندع. Le premier feuillet du manuscrit a dû appartenir à un exemplaire du Coran.

Papier. 311 feuillets. Hauteur, 30 centimètres; largeur, 20 centimètres et demi. 23 lignes par page. Ms. du XVIe siècle. — (Supplément 1368 I.)

4274.

Seconde partie du même ouvrage, commençant par le mot الشنذغ.

Ms. daté de l'an 1050 (1640 de J.-C.).

Papier. 291 feuillets. Hauteur, 30 centimètres; largeur, 20 centimètres. 29 lignes par page. — (Supplément 1368 II.)

4275.

Seconde partie du même ouvrage, commençant par la lettre ص. La lettre ى manque.

Papier. 279 feuillets. Hauteur, 27 centimètres; largeur, 18 centimètres. 25 lignes par page. Ms. du XVIe siècle. — (Ancien fonds 1244.)

4276.

Seconde partie du même ouvrage, commençant par la lettre ع.

Ms. daté de l'an 963 (1556 de J.-C.).

Papier. 204 feuillets. Hauteur, 28 centimètres; largeur, 18 centimètres et demi. 29 lignes par page. — (Ancien fonds 1243.)

4277.

1° Commencement du même ouvrage. Le texte s'arrête au mot جمز.

2° (Fol. 202 v°.) Commentaire sur un traité des successions. Le texte commence par les mots الحمد لله حمد الشاكرين. Commencement du commentaire : الحمد لله الذى تفرّد بالقدرة والبقاء. La fin manque.

3° (Fol. 209 v°.) Traité des successions, par Nadjm al-Scharîḥî al-Kobrawî (نجم الشريحى الكبروى), surnommé Schaïkh-zâdè. Commencement : الحمد لله الباق الوارث الحيى المميت الباعث.

Papier. 215 feuillets. Hauteur, 23 centimètres et demi; largeur, 13 centimètres. Écritures diverses du XVIIe siècle. — (Supplément 1369.)

4278.

Dictionnaire abrégé de la langue arabe, tiré du *Ṣiḥâḥ*, du *Qâmoûs*, du commentaire des *Séances* d'Al-Ḥarîrî, etc. Le commencement de la préface est devenu illisible.

Papier. 257 feuillets. Hauteur, 15 centimètres; largeur, 10 centimètres. 15 lignes par page. Ms. du XVIe siècle. — (Supplément 1378 *bis*.)

4279.

1° باب الاعراب عن لغة الاعراب «Porte de l'Explication du langage des Arabes». Dictionnaire composé par le savant Maronite Gabriel ibn Farḥât. Commencement : الحمد لله محرك الات الالسن الاوانس بانغام اللغات الدوامس.

2° (Fol. 316.) Traité des Régissants grammaticaux, par le même auteur. Commencement : اعلم ان الالف قسمان.

Ms. daté de l'an 1725 de J.-C.

Papier. 329 feuillets. Hauteur, 21 centimètres; largeur, 16 centimètres. 25 lignes par page. — (Supplément 1374.)

4280.

1° Dictionnaire arabe de Gabriel ibn Farḥât.

2° (Fol. 292.) Traité des Régissants grammaticaux, par le même.

Ms. daté de l'an 1725 de J.-C.

Papier. 323 feuillets. Hauteur, 20 centimètres; largeur, 15 centimètres et demi. 25 lignes par page. — (Supplément 1375.)

4281.

1° مطلب «Répertoire», dictionnaire alphabétique des mots les plus remarquables qui se trouvent dans le Coran avec leur explication, par ʿAbd al-Raḥmân ibn Moḥammad Amthâlî (امثالى). Le manuscrit ne renferme que les six premières lettres de l'alphabet. Commencement : الحمد لله الذى انزل الكتاب المبين.

2° (Fol. 55 v°.) Vocabulaire arabe-malais.

Papier. 73 feuillets. Hauteur, 21 centimètres et demi; largeur, 16 centimètres. 19 lignes par page. Ms. du XVIIIe siècle. — (Supplément 1377.)

4282.

Petit vocabulaire commençant par la lettre *alif*. Chaque mot est accompagné d'une ou de deux phrases pour servir d'exemples. On y remarque beaucoup d'incorrections. L'auteur a mis en tête de ce travail un titre ainsi conçu : كتاب درّ المنظوم لاهل العلوم.

Papier. 15 feuillets. Hauteur, 17 centimètres; largeur, 11 centimètres et demi. 18 à 20 lignes par page. Ms. du XIXe siècle exécuté par un Européen. — (Supplément 1389.)

B. DICTIONNAIRES ARABES-PERSANS.

4283.

1° Dictionnaire arabe-persan des noms d'action, dis-

posé d'après l'ordre des consonnes finales. Sous quelques-uns des mots persans se trouve une traduction interlinéaire en turc. Le copiste a donné à l'ouvrage le titre de لغت جوهری «Vocabulaire extrait du dictionnaire d'Al-Djauharî».

2° (Fol. 94 v°.) La *Moqaddimat al-Adab* d'Al-Zamakhscharî. Cet exemplaire s'arrête après la première section, celle qui est consacrée au nom.

3° (Fol. 134.) Dictionnaire arabe-persan, avec explications interlinéraires en langue turque. Le commencement manque.

Les deux premiers ouvrages sont datés de l'an 866 de l'hégire (1462 de J.-C.); le troisième, de l'an 842 de l'hégire (1438 de J.-C.).

Papier. 191 feuillets. Hauteur, 21 centimètres et demi; largeur, 14 centimètres et demi. 12 lignes par page dans les deux premiers ouvrages, 9 lignes dans le troisième. — (Ancien fonds 1336 B.)

4284.

السامی فی الاسامی «L'élevé, traité des noms», vocabulaire de noms arabes et de leurs synonymes, expliqués en persan. La 1re section, renfermant cinq chapitres, contient les termes relatifs à la loi musulmane; la 2e, consacrée aux noms d'animaux, renferme vingt-sept chapitres; la 3e donne les noms des objets célestes et renferme cinq chapitres; la 4e et dernière, consacrée aux objets terrestres, contient six chapitres. Commencement : الحمد لله الذی [لا] يتم امرٌ دون حمده. Ce manuscrit est la copie d'un exemplaire qui portait la date de 497 (1103-1104 de J.-C.). Hadji Khalfa, sans avoir vu l'ouvrage, l'attribue à Aḥmad ibn Moḥammad al-Maïdânî. L'auteur dit dans sa préface qu'il dédia son ouvrage à un personnage très haut placé dans l'administration civile (العميد الاعز ثقة الملك شمس الكُتّاب), nommé Aboû 'l-Barakât ʿAlî ibn Maʿsoûd ibn Ismaʿîl.

Le premier feuillet et le dernier ont été ajoutés après coup.

Papier. 132 feuillets. Hauteur, 22 centimètres et demi; largeur, 15 centimètres et demi. 17 lignes par page. Ms. du XIIIe siècle. — (Ancien fonds 1334.)

4285.

Dictionnaire arabe-persan. En tête du volume on lit ce titre, ajouté après coup : كتاب السامی فی الاسامی «L'élevé, traité des noms». Commencement : الاٰلاء شجرة الواحدة، الٰا.

Ms. daté de l'an 875 (1470-1471 de J.-C.).

Papier. 354 feuillets. Hauteur, 27 centimètres et demi; largeur, 18 centimètres. 15 lignes par page. — (Ancien fonds 1258.)

4286.

الدستور فی اللغة «Règle du langage», dictionnaire des mots authentiques de la langue arabe, avec leur explication, soit en persan, soit en arabe vulgaire (العربية السايرة). L'ouvrage se termine par quelques observations sur la conjugaison des verbes et sur l'influence grammaticale de certaines particules. Selon Hadji Khalfa, l'auteur, qui se nommait Al-Naṭanzî (النطنزی), Ḥosaïn ibn Ibrâhîm, mourut l'an 499 (1105-1106 de J.-C.). Commencement : الحمد لله الذی ابدع العالم بقدرته وخصّ بنی ادم بكرامته.

Papier. 149 feuillets. Hauteur, 24 centimètres et demi; largeur, 19 centimètres et demi. 16 à 20 lignes par page. Ms. du XVe siècle (il est daté de l'an 536 de l'hégire (1141 de J.-C.), mais cette souscription est d'une main très moderne). — (Ancien fonds 1253.)

4287.

كتاب المصادر «Livre des noms d'action», par le cadi Aboû ʿAbdallah al-Ḥosaïn ibn Aḥmad al-Zauzanî, mort, selon Hadji Khalfa, en 486 de l'hégire (1093 de J.-C.). La préface est en arabe, le reste de l'ouvrage, en persan. Commencement : الحمد لله على سوابغ الآلاء المتسابقة.

Papier. 116 feuillets. Hauteur, 22 centimètres et demi; largeur, 14 centimètres et demi. 19 lignes par page. Ms. du XVIe siècle. — (Ancien fonds 1333.)

4288.

Même ouvrage.

Papier. 156 feuillets. Hauteur, 18 centimètres et demi; largeur, 14 centimètres. 11 lignes par page. Ms. du XVIIe siècle. — (Supplément 1388.)

4289.

مقدّمة الادب «Introduction à la philologie», par Aboû 'l-Qâsim Maḥmoûd ibn ʿOmar Al-Zamakhscharî.

Ce lexique arabe-persan a été publié par M. Wetzstein (in-4°, Leipzig, 1850). La préface, accompagnée d'une traduction persane interlinéaire, commence ainsi : الحمد لله الذى فضّل على جميع الالسنة لسان العرب.

La fin manque.

Papier. 120 feuillets. Hauteur, 16 centimètres et demi; largeur, 12 centimètres. 6 lignes par page. Ms. du xv° siècle. — (Ancien fonds 1315, Colbert 6048.)

4290.

1° Même ouvrage.

2° (Fol. 207.) كتاب المصادر «Livre des noms d'action», expliqués en persan, par le cadi Al-Zauzanî.

Au commencement et à la fin du volume se trouvent un grand nombre de notes philologiques, grammaticales, biographiques, etc., et quelques pièces de vers, en arabe et en persan. Ces notes sont de diverses époques.

Papier. 353 feuillets. Hauteur, 26 centimètres; largeur, 18 centimètres. Les pages du premier ouvrage portent 10 ou 11 lignes, celles du second en portent 19. Ms. du xvi° siècle. — (Ancien fonds 1256, Colbert 4162.)

4291.

مقدّمة الادب «Introduction à la philologie», par Al-Zamakhscharî.

Papier. 51 feuillets. Hauteur, 18 centimètres et demi; largeur, 13 centimètres. 9 lignes par page. Ms. du xvi° siècle. — (Ancien fonds 1290.)

4292.

Première partie du même ouvrage. Dans cet exemplaire, les explications sont ordinairement en persan et en turc.

Papier. 49 feuillets. Hauteur, 18 centimètres; largeur, 13 centimètres. 7 lignes par page. Ms. du xvi° siècle. — (Ancien fonds 1317.)

4293.

Dictionnaire des noms d'action arabes expliqués en persan. L'ouvrage ne renferme que les racines trilitères. Dans chaque section, les racines sont classées par ordre alphabétique d'après leurs consonnes finales. Les premiers feuillets manquent.

Ms. daté de l'an 606 (1209 de J.-C.).

Papier. 117 feuillets. Hauteur, 19 centimètres; largeur, 15 centimètres. 10 lignes par page. — (Ancien fonds 1335.)

4294.

كتاب الافعال «Livre des verbes». C'est un vocabulaire composé des diverses classes des verbes de la première forme. La signification de chaque mot est indiquée en persan, dans les entrelignes.

Ms. daté de l'an 736 (1335 de J.-C.).

Papier. 187 feuillets. Hauteur, 25 centimètres; largeur, 17 centimètres. 9 lignes par page. — (Ancien fonds 1254.)

4295.

Liste de verbes avec leur signification, tantôt en persan, tantôt en turc. Au verso du dernier feuillet se trouve une note sur les passages du Coran dans lesquels certaines prépositions (حروف المعارف) sont remplacées par d'autres.

Papier. 258 pages. Hauteur, 18 centimètres; largeur, 13 centimètres. 9 lignes par page. Ms. du xiv° siècle. — (Ancien fonds 1331.)

4296.

المعشّرات السحرية فى الابيات الفكرية «Les Dizains enchanteurs ou Vers qui font réfléchir», traité en vers persans, renfermant des mots arabes avec leurs équivalents persans. Ce traité se compose de plusieurs morceaux, chacun de dix vers d'un mètre différent. La préface est en arabe. L'auteur écrit son nom بهاء المُغا لَقَرَوِىّ. Commencement : الحمد لله واهب العقل والطبع الموزون.

Ms. écrit à Brousse et daté de 812 (1410 de J.-C.).

Papier. 56 feuillets. Hauteur, 21 centimètres; largeur, 15 centimètres. 7 lignes par page. — (Ancien fonds 1336 A.)

4297.

مصبّحة الاسماء «L'interprète des noms», vocabulaire arabe expliqué en persan et dédié à Bajazet (ابايزيد),

fils de Moḥammad Khân. Commencement : ان من لطف الله بالثبات جد المنطق باللغات.

Ms. daté de l'an 859 (1455 de J.-C.).

Papier. 228 feuillets. Hauteur, 26 centimètres; largeur, 16 centimètres et demi. — (Ancien fonds 1255.)

4298.

كنز اللغات. Dictionnaire arabe expliqué en persan, par Moḥammad ibn ʿAbd al-Khâlik ibn Maʿroûf. D'autres exemplaires de cet ouvrage se trouvent au supplément persan, nos 438 et suiv.

Papier. 299 feuillets. Hauteur, 32 centimètres et demi; largeur, 21 centimètres. 22 lignes par page. Ms. du XVIIe siècle. — (Ancien fonds 1248.)

4299 et 4300.

Même ouvrage.

Ms. daté de 1024 et 1025 de l'hégire (1615 et 1616 de J.-C.).

2 vol. Papier. 296 et 295 feuillets. Hauteur, 26 centimètres; largeur, 15 centimètres et demi. 16 lignes par page. — (Ancien fonds 1249 et 1257.)

4301.

كتاب لغت جد وثنا «Le livre philologique intitulé Louange et éloge». L'ouvrage, qui commence par ces mots, fait connaître la signification de plusieurs termes et expressions d'un usage général en arabe.

Ms. daté de l'an 936 (1530 de J.-C.).

Papier. 40 feuillets. Hauteur, 17 centimètres et demi; largeur, 12 centimètres et demi. 7 lignes par page. — (Ancien fonds 1332.)

4302.

1° الاوراق «Les feuillets», opuscule en vers persans, formant un vocabulaire arabe-persan, avec traduction interlinéaire en langue turque. Il est divisé en sections (قطعة). Commencement :

الهست الله رحمن خداى
دليلست هادى تكو (*lis.* بكو) رهنماى

2° (Fol. 14 v°.) Dictionnaire des mots les plus usités en arabe, disposés d'après leurs initiales, avec une traduction turque interlinéaire.

3° (Fol. 19.) Autre dictionnaire du même genre; seulement la traduction turque est donnée dans le texte même. Commencement : الله آله الهٰهْ طڭرى تكرى تاڭرى لايق اولى.

4° (Fol. 41 v°.) Dialogues en persan, avec une version turque interlinéaire. Premiers mots : كجا مى روى بخانه رَوَمْ در خانه چه كارى.

5° (Fol. 45 v°.) Note en langue turque sur les endroits du Coran où le lecteur, s'il faisait une pause (وقف كفر), commettrait un acte d'infidélité.

6° (Fol. 46 et suiv.) Prières, les unes en turc, les autres en arabe.

Papier. 50 feuillets. Hauteur, 21 centimètres; largeur, 15 centimètres. 9 lignes par page; à partir du fol. 21, 13 lignes. Ms. du XVIe siècle. — (Ancien fonds 1336.)

4303.

Vocabulaire arabe-persan, suivi de quelques dialogues en arabe, en persan et en turc, par Maula Ṣâliḥ al-Roûmî.

Papier. 37 feuillets. Hauteur, 22 centimètres et demi; largeur, 19 centimètres et demi. 22 et 23 lignes par page. Ms. du XVIIIe siècle. — (Supplément 1379.)

IC. DICTIONNAIRES ARABES-TURCS.

4304.

كتاب الافعال «Le livre des verbes»; même ouvrage que le n° 4294, mais les mots sont expliqués en turc. La fin manque.

Papier. 224 feuillets. Hauteur, 17 centimètres et demi; largeur, 13 centimètres et demi. 7 lignes par page. Ms. du XIVe siècle. — (Ancien fonds 1318.)

4305.

Vocabulaire arabe-turc, en vers, composé par Ferichté Oghlou ʿAbd al-Laṭîf (فرشته اوغلى عبد اللطيف). Les

mots les plus usités de la langue arabe s'y trouvent avec le turc à côté. Dans cet exemplaire, il y a beaucoup de notes et d'additions sur les marges et entre les lignes. La préface est en turc et commence par ces mots : حمد ثابتدر اول الله كه عالمى عطايله برتدى.
Ms. daté de l'an 935 (1528-1529 de J.-C.).

Papier. 30 feuillets. Hauteur, 21 centimètres; largeur, 15 centimètres. 10 lignes par page. — (Ancien fonds 1347.)

4306.

Même ouvrage.

Papier. 20 feuillets. Hauteur, 20 centimètres; largeur, 11 centimètres. 16 lignes par page. Ms. du XVIe siècle. — (Ancien fonds 1367.)

4307.

Même ouvrage.
Ms. daté de l'an 972 (1564 de J.-C.).

Papier. 53 feuillets. Hauteur, 14 centimètres et demi; largeur, 9 centimètres et demi. 9 lignes par page. — (Ancien fonds 1368.)

4308.

Même ouvrage; copie exécutée par un Européen.

Papier. 38 feuillets. Hauteur, 20 centimètres; largeur, 13 centimètres et demi. 9 lignes par page. Ms. du XVIIe siècle. — (Ancien fonds 1352, Colbert 6124.)

4309.

Fragment d'un dictionnaire arabe-turc. Les mots arabes sont classés d'après leurs initiales. Ce vocabulaire s'arrête au mot تفتيش, et la traduction interlinéaire turque au mot بش.

Papier. 75 feuillets. Hauteur, 23 centimètres et demi; largeur, 18 centimètres. 5 lignes par page et 5 mots dans chaque ligne. Ms. du XVIe siècle. — (Ancien fonds 1336 C, Colbert 3660.)

4310.

Vocabulaire arabe rangé par ordre alphabétique, avec une traduction interlinéaire en langue turque. Première ligne de l'arabe : اذان أن آل محمد آل ابرهيم آل عمران. Le premier feuillet de la préface manque.
Ms. daté de l'an 933 (1526-1527 de J.-C.).

Papier. 150 feuillets. Hauteur, 21 centimètres et demi; largeur, 15 centimètres et demi. 6 lignes par page. — (Supplément 1381.)

4311.

Même ouvrage.
Ms. daté de l'an 956 (1549 de J.-C.).

Papier. 207 feuillets. Hauteur, 21 centimètres; largeur, 14 centimètres et demi. 7 lignes par page. — (Ancien fonds 1341.)

4312.

Même ouvrage. Le commencement manque.
Ms. daté de l'an 962 (1555 de J.-C.).

Papier. 138 feuillets. Hauteur, 20 centimètres; largeur, 14 centimètres. 9 lignes par page. — (Ancien fonds 1342.)

4313.

Même ouvrage.
Ms. daté de l'an 977 (1569-1570 de J.-C.).

Papier. 147 feuillets. Hauteur, 21 centimètres; largeur, 15 centimètres. 9 lignes par page. — (Ancien fonds 1340.)

4314.

Même ouvrage. La traduction turque ne commence qu'au fol. 91. Le copiste s'est arrêté aux mots ناقة مخترجة.

Papier. 174 feuillets. Hauteur, 21 centimètres; largeur, 15 centimètres. 7 lignes par page. Ms. du XVIe siècle. — (Ancien fonds 1344.)

4315.

Même ouvrage. Un libraire turc a inscrit sur la première page de ce volume le titre de لغت المنتخب « Vocabulaire choisi ».

Ms. daté de l'an 988 (1580 de J.-C.).

Papier. 283 feuillets. Hauteur, 21 centimètres; largeur, 15 centimètres. 7 lignes par page. — (Ancien fonds 1339.)

4316.

Même ouvrage. La préface manque.
Ms. daté de l'an 999 (1590-1591 de J.-C.).

Papier. 197 feuillets. Hauteur, 21 centimètres; largeur, 15 centimètres et demi. 7 lignes par page. — (Supplément 1382.)

4317.

Vocabulaire arabe disposé dans l'ordre de l'alphabet, avec une traduction interlinéaire en langue turque. Première ligne : آبا ابا بالكسر فى الثانى ابتدا ابتغا ابقلا.
Ms. daté de l'an 947 (1540-1541 de J.-C.).

Papier. 247 feuillets. Hauteur, 22 centimètres; largeur, 15 centimètres. 9 lignes par page. — (Supplément 1380.)

4318.

Même ouvrage. Au commencement se trouvent des notes et des vers en langue turque. Une note en langue arménienne se lit sur le recto du premier feuillet; en regard, sur l'intérieur du plat, est une note en mauvais français, qui paraît être la traduction de l'arménien.

Papier. 225 feuillets. Hauteur, 21 centimètres; largeur, 15 centimètres. 9 lignes par page. Ms. du XVIe siècle. — (Ancien fonds 1343.)

4319.

مرقات اللغة «L'échelle de la langue». Vocabulaire dont les mots, extraits du *Qâmoûs* et du *Ṣiḥâḥ*, sont expliqués en turc. Commencement de la préface : حمد نامحدود وثناء نامعدود واجب الوجود اوزرنه السون كه الخ. Commencement du vocabulaire : آباء آباء إباء ابتداء.

Ms. daté de l'an 953 (1546 de J.-C.).

Papier. 285 feuillets. Hauteur, 26 centimètres et demi; largeur, 18 centimètres et demi. 11 lignes et cinq colonnes par page. — (Ancien fonds 1247.)

4320.

Même ouvrage.
Ms. daté de l'an 962 (1555 de J.-C.).

Papier. 248 feuillets. Hauteur, 23 centimètres et demi; largeur, 17 centimètres. 7 lignes par page. — (Ancien fonds 1337.)

4321.

Même ouvrage. Sans la préface.
Ms. daté de l'an 976 (1569 de J.-C.).

Papier. 177 feuillets. Hauteur, 20 centimètres et demi; largeur, 14 centimètres et demi. 7 lignes par page. — (Ancien fonds 1345.)

4322.

Même ouvrage.
Ms. daté de l'an 978 (1570-1571 de J.-C.).

Papier. 197 feuillets. Hauteur, 25 centimètres; largeur, 16 centimètres et demi. 10 lignes et 6 ou 7 colonnes par page. — (Ancien fonds 1264.)

4323.

Même ouvrage.

Papier. 229 feuillets. Hauteur, 21 centimètres et demi; largeur, 15 centimètres. 9 lignes par page. Ms. du XVIe siècle. — (Ancien fonds 1338.)

4324.

الاخترى. Dictionnaire arabe-turc très célèbre et désigné par le surnom de l'auteur, Moṣṭafâ ibn Schams al-Dîn al-Kara-Ḥissârî al-Akhtarî, mort en 968 (1560-1561 de J.-C.). Commencement de la préface : الحمد لله الذى شرّفنا بالنطق والبيان.
Quelques notes marginales.
Ms. daté de l'an 974 (1566 de J.-C.).

Papier. 368 feuillets. Hauteur, 27 centimètres et demi; largeur, 17 centimètres et demi. 27 lignes par page. — (Ancien fonds 1263.)

4325.

Même ouvrage.

Papier. 331 feuillets. Hauteur, 31 centimètres; largeur, 21 centimètres. 29 lignes par page. Ms. du XVIIe siècle. — (Ancien fonds 1260.)

4326.

Même ouvrage.
Ms. daté de l'an 1038 (1629 de J.-C.).

Papier. 228 feuillets. Hauteur, 29 centimètres; largeur, 20 centimètres et demi. 25 lignes par page. — (Ancien fonds 1261.)

4327.

Même ouvrage.

Papier. 296 feuillets. Hauteur, 31 centimètres; largeur, 20 centimètres. 23 à 25 lignes par page. Ms. du XVIIe siècle. — (Ancien fonds 1262, Colbert 3100.)

4328.

الشذور الذهبية فى اللغة التركية « Paillettes d'or, traité pour apprendre la langue turque ». C'est un vocabulaire de mots arabes expliqués en turc et des mots turcs expliqués en arabe. La préface est en arabe et commence par ces mots : الحمد لله الذى شرف الانسان وزينه بالنطق واللسان. Les derniers chapitres sont en turc.
Ms. daté de l'an 1224 (1809 de J.-C.).

Papier. 114 feuillets. Hauteur, 17 centimètres; largeur, 10 centimètres. 11 lignes par page. — (Supplément 1264.)

4329.

الشذور الذهبيّة والقطع الاحمديّة « Les parcelles d'or et les morceaux (destinés ?) à Aḥmad ». Vocabulaire arabe et turc, à l'usage des Arabes qui désiraient apprendre cette dernière langue, devenue maintenant, dit l'auteur, la langue officielle. Il a été composé sur la demande d'un personnage haut placé dans l'administration civile du nom d'Aḥmad. Commencement : الحمد لله الذى شرف الانسان وزيّنه بالنطق واللسان.
Ms. daté de l'an 1073 (1662-1663 de J.-C.).

Papier. 37 feuillets. Hauteur, 21 centimètres et demi; largeur, 15 centimètres et demi. 15 lignes par page. Dans les vocabulaires, huit lignes d'arabe et autant de turc. — (Ancien fonds 1316.)

4330.

Vocabulaire arabe-turc, par Maula Moḥammad Ṣâliḥ. C'est le même ouvrage que le précédent. Les verbes arabes y sont classés selon leurs flexions grammaticales, et les autres mots par ordre de matières.

Papier. 34 feuillets. Hauteur, 20 centimètres; largeur, 13 centimètres et demi. Environ 15 lignes par page. Ms. du XVIIe siècle. — (Supplément 1383.)

4331.

Même ouvrage. Le copiste n'a pas reproduit la préface.

Papier. 32 feuillets. Hauteur, 23 centimètres; largeur, 16 centimètres. 12 lignes par page. Ms. du XVIIe siècle. — (Supplément 1386.)

4332.

Même ouvrage, sans la préface.

Papier. 32 feuillets. Hauteur, 16 centimètres et demi; largeur, 11 centimètres. 12 lignes par page. Ms. du XVIIe siècle. — (Supplément 1387.)

4333.

Même ouvrage.

Papier. 33 feuillets. Hauteur, 23 centimètres; largeur, 16 centimètres. 27 lignes par page dans la préface, environ 26 dans le reste du volume. Ms. du XVIIIe siècle. — (Supplément 1385.)

4334.

Même ouvrage.
Ms. (en caractères maghrebins) daté de l'an 1252 (1836 de J.-C.).

Papier. 48 feuillets. Hauteur, 29 centimètres; largeur, 21 centimètres. 13 lignes par page dans la préface, 14 dans le reste du volume. — (Supplément 1384.)

4335.

Dictionnaire arabe-turc. Commencement de la préface : الحمد لله حق حمده على كل نعم مسبوغة لعباده.

Papier. 119 feuillets. Hauteur, 31 centimètres; largeur, 21 centimètres. 13 lignes par page, sans compter les interlignes. Ms. du XVIIe siècle. — (Ancien fonds 1259.)

4336.

1° Vocabulaire de mots arabes, classés selon leurs formes grammaticales et accompagnés de leurs équivalents en langue turque.

2° (Fol. 19.) Les quatre premières pages d'un petit traité en arabe sur la langue turque, par Ibn Moḥammad Ṣâliḥ.

3° (Fol. 21.) Vocabulaire et fables de la main d'Asselin.

4° (Fol. 43.) Liste alphabétique d'un certain nombre de mots arabes commençant par la lettre *bâ* (ب), avec leur explication en arabe. Cette pièce est aussi de la main d'Asselin.

Papier. 66 feuillets. Hauteur, 17 centimètres et demi; largeur, 11 centimètres et demi. Les deux premières pièces sont du XVIIIe siècle, les autres du XIXe. — (Supplément 2151.)

D. DICTIONNAIRES RÉDIGÉS PAR DES EUROPÉENS.

4337.

Dictionnaire arabe-latin, classé par ordre des racines. L'auteur, Guillaume Bedwell, ecclésiastique anglican, a achevé ce dictionnaire en 1599 de J.-C. Il a tiré ses matériaux de la traduction arabe des Psaumes et du Nouveau Testament.

Papier. 31 feuillets à deux colonnes. Hauteur, 19 centimètres; largeur, 14 centimètres et demi. — (Ancien fonds 1350, Colbert 4732.)

4338.

Dictionnaire arabe-latin, suivi d'un index en latin; ouvrage composé à Rome par les Maronites Victorius Accorensis et Gabriel Sionita; puis remanié et mis au net par Jean-Baptiste du Val, interprète du roi. Ce travail est daté de Paris, 1612 et 1613. En tête de l'index se trouve une préface dans laquelle l'auteur parle de ses études, de ses travaux et de la littérature arabe.

Papier. 1004 pages (les pages 693 à 761 sont restées en blanc). Hauteur, 29 centimètres; largeur, 20 centimètres et demi. — (Ancien fonds 1265, Colbert 1035.)

4339.

Dictionnaire arabe-latin copié par un Européen sur le *Lexicon arabicum* de Rapheleng (Leyde, 1613).

Papier. 579 feuillets. Hauteur, 22 centimètres et demi; largeur, 16 centimètres et demi. Ms. du XVIIe siècle. — (Ancien fonds 1349.)

4340.

Dictionnaire arabe-latin, par Thomas Pererius.

Papier. 290 feuillets. Hauteur, 33 centimètres; largeur, 21 centimètres. Ms. du XVIIe siècle. — (Ancien fonds 1266, Colbert 1084.)

4341.

Dictionnaire arabe-latin, composé par un Européen au XVIIe siècle. L'auteur s'est borné à expliquer les noms. Chaque second feuillet est resté en blanc.

Papier. 168 feuillets. Hauteur, 31 centimètres; largeur, 21 centimètres et demi. — (Ancien fonds 1267.)

4342.

Dictionnaire arabe-latin.

Papier. 103 feuillets. Hauteur, 24 centimètres; largeur, 17 centimètres et demi. Ms. du XVIIe siècle. — (Supplément 2222.)

4343.

Dictionnaire arabe-latin, par Petis de Lacroix.
Ms. daté de l'an 1696.

Papier. 570 feuillets. Hauteur, 16 centimètres; largeur, 11 centimètres. Environ douze articles par page. — (Supplément 2288.)

4344.

Dictionnaire arabe-latin. Plus de la moitié des termes arabes sont restés sans explication.

Papier. 513 feuillets. Hauteur, 33 centimètres et demi; largeur, 21 centimètres. Ms. du XVIIe siècle. — (Ancien fonds 1268.)

4345.

Dictionnaire arabe-latin, composé par Abraham Ecchellensis et dédié au chancelier Séguier. Exemplaire de présentation.

Papier. 337 feuillets. Hauteur, 25 centimètres; largeur, 18 centimètres. 11 à 16 lignes par page. — (Supplément 2150, S. Germain 474.)

4346.

Projet d'un dictionnaire arabe-latin, fondé sur celui de Golius.

Papier. 11 pages. Hauteur, 20 centimètres et demi; largeur, 15 centimètres et demi. — (Supplément 2349.)

4347.

Vocabulaire arabe-latin, commençant par les noms de Dieu qui se rencontrent dans le Coran. Le reste de l'ouvrage est disposé par ordre alphabétique.

Papier. 952 pages. Hauteur, 20 centimètres; largeur, 13 centimètres et demi. 9 lignes par page. — (Ancien fonds 1353, Colbert 3998.)

4348.

Dictionnaire arabe-latin. On y a intercalé quelques cahiers de vocabulaires.

Papier. 189 feuillets. Hauteur, 25 centimètres; largeur, 19 centimètres. Ms. du XVIIe siècle. — (Supplément 2383.)

4349.

Essai d'un dictionnaire arabe, par un Européen. On y trouve un très petit nombre de mots avec leur signification en latin. Ouvrage inachevé.

Papier. 146 feuillets. Hauteur, 33 centimètres et demi; largeur, 21 centimètres. Ms. du XVIIe siècle. — (Supplément 1373.)

4350.

Vocabulaire latin-arabe, par ordre des matières et par ordre alphabétique. Un index alphabétique de 62 feuillets termine le volume.

Papier. 502 feuillets. Hauteur, 18 centimètres et demi; largeur, 12 centimètres. Ms. du XVIIe siècle. — (Supplément 2379.)

4351.

Dictionnaire français-arabe, avec la transcription des mots arabes, par Jean-Baptiste Fenix, ancien gouverneur de la Calle.

Papier. 904 pages. Hauteur, 25 centimètres et demi; largeur, 17 centimètres et demi. Ms. du XVIIe siècle. — (Supplément 2382.)

4352.

Vocabulaire arabe-italien, disposé dans l'ordre alphabétique des racines.

Papier. 137 feuillets. Hauteur, 20 centimètres; largeur, 14 centimètres et demi. 23 lignes par page. Ms. du XVIIe siècle. — (Ancien fonds 1353 A.)

4353.

Dictionnaire français-italien-arabe. On trouve aussi un certain nombre d'équivalents turcs transcrits en caractères européens. Les mots arabes sont d'une main orientale, mais ils ne paraissent plus à partir du second tiers du volume.

Papier. 248 feuillets. Hauteur, 19 centimètres et demi; largeur, 14 centimètres et demi. Ms. du XVIIe siècle. — (Supplément 2223.)

4354.

Dictionnaire français avec les équivalents arabes en dialecte vulgaire de la Syrie.

Volume écrit par Michel A. A. Le Roux (Deshautesrayes) en 1738.

Papier. 736 pages, dont chacune est divisée en trois colonnes, l'une pour le français, l'autre pour l'arabe et la troisième pour la transcription. Hauteur, 17 centimètres et demi; largeur, 11 centimètres et demi. — (Supplément 2380.)

4355.

1° Copie du volume précédent portant ces deux titres كنز اللغة العربية et «Thresor de la langue arabesque».

2° (Page 724.) Litanie de la Vierge, en latin et en arabe, avec la transcription, suivie des vocabulaires et d'une collection de phrases et de dialogues en dialecte arabe de la Syrie.

Ms. daté de l'an 1739.

Papier. La première partie remplit 739 pages, la seconde 135; il y a de plus 7 feuillets préliminaires. Hauteur, 17 centimètres et demi; largeur, 11 centimètres et demi. — (Supplément 2381.)

4356.

Vocabulaire français-arabe, par Marcel. Cet ouvrage a été imprimé au Caire en 1800.

Papier. 199 pages. Hauteur, 24 centimètres et demi; largeur, 17 centimètres. Ms. du XIXe siècle. — (Supplément 1392 *bis*.)

4357.

1° Dictionnaire français et arabe vulgaire d'Afrique, composé probablement par Asselin.

2° (Fol. 105.) Dialogues français-arabes. L'arabe est écrit en caractères européens.

Papier. 126 feuillets. Hauteur, 31 centimètres; largeur, 21 centimètres. Le premier ouvrage est du XIXe siècle, le second du XVIIIe. — (Supplément 2372.)

4358 à 4360.

«Dictionnaire français-arabe, par M. Solvet, président de chambre à la cour impériale d'Alger. 1855-1865.» A la suite du titre on lit cette note : «Ce manuscrit est mentionné dans un article du *Journal des Savants* (avril 1876, p. 248)».

3 vol. Papier. 304, 485 et 522 feuillets. Hauteur, 30 centimètres; largeur, 20 centimètres. 20 à 30 lignes par page. — (Supplément 2422 à 2424.)

4361.

Chrestomathie arabe, composée principalement de dialogues, de proverbes et d'historiettes, par Petis de Lacroix. L'auteur l'a intitulée : «Seconde partie de la méthode d'apprendre l'arabe facilement en faisant la pratique».

Ms. daté de l'an 1673 de J.-C.

Papier. 108 feuillets. Hauteur, 20 centimètres; largeur, 15 centimètres. Le texte arabe, écrit par un oriental, occupe 21 lignes sur le verso de la plupart des feuillets; la traduction française écrite au recto est de la main de Petis de Lacroix. — (Supplément 2378.)

4362 et 4363.

Recueil de phrases et d'expressions en arabe vulgaire, avec le français en regard. Titre du premier volume : «Suite de l'Introduction à la langue Arabesque, contenant la Pratique des aduerbes et particules du nombre, de ciuilité et les particules négatiues et affirmatiues». Titre du second volume : «Suite de l'Introduction à la langue Arabesque, contenant la Pratique des particules affirmatives et négatives, les aduerbes et particules modules, respectiues et causales et autres dictions semblables aux particules». Ces deux volumes font suite à un premier volume que la Bibliothèque ne possède pas.

2 vol. Papier. 167 et 148 pages (cotées 175 à 491). Hauteur, 16 centimètres; largeur, 10 centimètres. Ms. du XVIIe siècle. — (Supplément 2377 et 2384.)

4364.

Phrases et dialogues en arabe vulgaire de la Syrie, accompagnées d'une transcription et d'une traduction française. Le texte arabe est de la main d'un natif de la Syrie; le texte français est de Petis de Lacroix. La fin manque.

Papier. 169 feuillets. Hauteur, 21 centimètres; largeur, 15 centimètres et demi. 11 lignes par page d'arabe et 22 lignes par page de français. Ms. du XVIIe siècle. — (Supplément 1392.)

4365.

Cahier renfermant des dialogues en arabe et en grec moderne, des phrases arabes et turques écrites en ca-

ractères hébraïques, des fragments de lettres, des vocabulaires et des notes dont une partie est de la main de Picques. La partie grecque est d'un nommé Dimitri Amirali, qui l'a exécutée en 1680 de J.-C.

Papier. 73 feuillets de formats divers. Hauteur du volume, 22 centimètres et demi; largeur, 17 centimètres. — (Supplément 2388.)

4366.

Vocabulaire, dialogues et contes en langue vulgaire de la Syrie.

Papier. 96 feuillets (dont quelques-uns sont restés en blanc). Hauteur, 16 centimètres et demi; largeur, 10 centimètres. 17 lignes par page. Ms. du XVIIIe siècle. — (Supplément 1390.)

4367.

Dialogues et contes en arabe vulgaire de la Syrie.

Papier. 36 feuillets. Hauteur, 14 centimètres; largeur, 10 centimètres et demi. 18 lignes par page. Ms. du XVIIIe siècle. — (Supplément 1391.)

4368.

1° Dialogues et contes en arabe vulgaire de la Syrie.

2° (Fol. 32 v°.) L'histoire des dix vizirs. Commencement : فى زمان السابق كان بازادبخت وكان سرير ملكه بمدينة شيتان وكان ملكه من طرف هند شيتان (sic) الى حد بارى وكان له عشرة من الوزراء.

Papier. 62 feuillets. Hauteur, 21 centimètres et demi; largeur, 15 centimètres et demi. 23 lignes par page. Ms. du XVIIIe siècle; écriture européenne. — (Supplément 1393.)

4369.

Locutions et dialogues en arabe vulgaire de la Syrie, de la main d'Asselin.

Papier. 32 feuillets. Hauteur, 17 centimètres; largeur, 12 centimètres. Environ 20 lignes par page. — (Supplément 2138.)

XXX.

RHÉTORIQUE.

4370.

كتاب الصناعتين الكتابة والشعر «Traité des deux arts, la composition en prose et en vers», ouvrage composé en 394 de l'hégire (1003-1004 de J.-C.) par Aboû Hilâl al-Ḥasan ibn ʿAbd-Allah al-ʿAskarî. Commencement : الحمد لله ولى كل نعمة.

Ms. daté de l'an 907 (1501 de J.-C.).

Papier. 264 feuillets. Hauteur, 26 centimètres et demi; largeur, 18 centimètres. 17 lignes par page. — (Supplément 1358.)

4371.

مفتاح العلوم «Clef des sciences». Encyclopédie des sciences philologiques, par Sirâdj al-Dîn Aboû Yaʿqoûb Yoûsof ibn abî Bakr al-Sakkâkî. La fin manque.

Papier. 106 feuillets (il y a une lacune entre les feuillets 105 et 106). Hauteur, 30 centimètres; largeur, 21 centimètres. 33 lignes par page. Ms. du XVIIe siècle. — (Supplément 1274.)

4372.

Troisième partie du même ouvrage.

Ms. daté de l'an 971 (1563 de J.-C.).

Papier. 122 feuillets. Hauteur, 21 centimètres; largeur, 14 centimètres et demi. 19 lignes par page. — (Ancien fonds 935.)

4373.

Fragment du commentaire de Saʿd al-Dîn al-Taftâzânî sur le *Miftâḥ al-ʿOloûm* d'Al-Sakkâkî. Les premiers feuillets sont consacrés à la grammaire; le dernier renferme la fin de la section intitulée علم المعانى.

Papier. 54 feuillets. Hauteur, 28 centimètres; largeur, 18 centimètres et demi. 23 lignes par page, puis 29. Ms. du XVIe siècle. — (Ancien fonds 1236.)

IMPRIMERIE NATIONALE.

4374.

1° تغيير المفتاح «Le texte du *Miftâḥ* remanié», avec un commentaire, par le *molla* Ibn Kamâl-Pacha-Zâdè (Schams al-Dîn Aḥmad ibn Solaïmân), mort en 940 (1533-1534 de J.-C.).

2° (Fol. 140 v°.) تجويد التجريد «Le texte du *Tadjrîd* amélioré», avec un commentaire, par Ibn Kamâl-Pacha-Zâdè. Le *Tadjrîd al-Kalâm* «Simplification de la théologie scolastique» a pour auteur Naṣîr al-Dîn Aboû Djaʿfar Moḥammad al-Ṭoûsî.

Ms. daté de l'an 994 (1586 de J.-C.).
Beaucoup de notes marginales.

Papier. 159 feuillets. Hauteur, 18 centimètres; largeur, 12 centimètres. 15 lignes par page. — (Ancien fonds 401.)

4375.

كتاب المصباح «La lampe», traité de rhétorique (معاني), par Badr al-Dîn Moḥammad, fils de Djamâl al-Dîn Moḥammad ibn ʿAbd Allâh ibn Mâlik al-Taïyî al-Djaïyânî, auteur de l'*Alfîya*. Hadji-Khalfa donne à entendre (t. V, p. 580) que ce traité n'est qu'un abrégé du *Miftâḥ al-ʿOloûm* d'Al-Sakkâkî. Commencement : أما بعد حمد الله سبحانه على ما اولاه من جميل النعم وحباه من جزيل المواهب الخ

Ms. daté de l'an 687 (1288 de J. C.).

Papier. 82 feuillets. Hauteur, 21 centimètres; largeur, 15 centimètres. 17 lignes par page. — (Ancien fonds 1319.)

4376.

Commentaire sur la troisième partie du *Miftâḥ al-ʿOloûm* d'Al-Sakkâkî. Commencement : الحمد لله الذى تتابعت عوارف كرمه. L'auteur ne saurait être Saʿd Solṭân-Schâh, qui a composé un commentaire commençant par ces mêmes mots. Solṭân-Schâh était contemporain de Hadji-Khalfa, qui l'appelle *Maulânâ*, tandis que le présent ouvrage est antérieur à la seconde moitié du xiv° siècle. Une note ajoutée après coup au folio 167 désigne l'auteur de ce commentaire par le surnom d'*Al-Mowaddsinî* (الموذني).

Ms. daté de l'an 749 (1348 de J.-C.).

Papier. 250 feuillets. Hauteur, 18 centimètres; largeur, 14 centimètres et demi. 24 lignes par page. — (Ancien fonds 937.)

4377.

Seconde partie du commentaire d'Al-Schîrâzî sur la troisième partie du *Miftâḥ al-ʿOloûm* d'Al-Sakkâkî. Commencement : وامّا القسم المختصّ بالجمل فانّه يشتمل على اربعة اضرب.

Ms. daté de l'an 724 (1324 de J.-C.).

Papier. 177 feuillets. Hauteur, 26 centimètres; largeur, 18 centimètres et demi. 23 lignes par page. — (Ancien fonds 1237.)

4378.

1° تلخيص المفتاح «Sommaire du *Miftâḥ*», par Djalâl al-Dîn Moḥammad al-Qazwînî. Il s'agit de la troisième partie du *Miftâḥ*, celle qui est consacrée à la rhétorique, avec les observations d'Al-Qazwînî. Commencement : الحمد لله على ما انعم وعلّم من البيان ما لم نعلم.

2° (Fol. 59.) آداب البحث «Convenances de la Discussion», par Schams al-Dîn Moḥammad ibn Aschraf al-Samarqandî.

Nombreuses notes marginales et interlinéaires.
Ms. daté de l'an 763 (1361-1362 de J.-C.).

Papier. 64 feuillets. Hauteur, 18 centimètres; largeur, 13 centimètres et demi. 15 lignes par page. — (Supplément 1279.)

4379.

Le *Talkhiṣ al-Miftâḥ*. On a ajouté, après coup, au commencement du volume, un certain nombre de synonymes et, à la fin, une liste de plusieurs genres de métaphores, etc.

Nombreuses notes marginales.

Papier. 132 feuillets. Hauteur, 20 centimètres; largeur, 12 centimètres et demi. 9 lignes par page. Ms. du xvii° siècle. — (Supplément 1913.)

4380.

Même ouvrage. Nombreuses notes marginales.

Papier. 102 feuillets (il y a une lacune entre les feuillets 101 et 102). Hauteur, 15 centimètres; largeur, 10 centimètres et demi. 9 lignes par page. Ms. du xvii° siècle. — (Supplément 1277.)

4381.

Même ouvrage. Nombreuses notes marginales.

Papier. 83 feuillets. Hauteur, 19 centimètres; largeur, 12 centimètres. 11 lighes par page. Ms. du XVIIe siècle. — (Supplément 1276.)

4382.

Même ouvrage.

Papier. 33 feuillets. Hauteur, 18 centimètres; largeur, 12 centimètres. 19 lignes par page. Ms. du XVIIIe siècle. — (Supplément 1278.)

4383.

Même ouvrage. Notes marginales.

Ms. daté de l'an 1182 (1768-1769 de J.-C.).

Papier. 64 feuillets. Hauteur, 16 centimètres et demi; largeur, 11 centimètres. 15 lignes par page. — (Supplément 1275.)

4384.

الايضاح فى شرح تلخيص المفتاح « L'Exposé, pour servir de commentaire du *Talkhîṣ al-Miftâḥ* ». Les deux ouvrages sont du même auteur, Djalâl al-Dîn Moḥammad ibn ʿAbd al-Raḥmân al-Qazwînî. Commencement : اما بعد فهذا كتاب فى علم البلاغه وتوابعها ترجمته بالايضاح الخ.

Ms. daté de l'an 782 (1380 de J.-C.).

Papier. 226 feuillets. Hauteur, 24 centimètres; largeur, 13 centimètres et demi. 19 lignes par page. — (Supplément 1303.)

4385.

ايضاح الايضاح « Éclaircissement de l'*Îdhâḥ* », commentaire sur l'*Îdhâḥ* d'Al-Qazwînî. Le nom de l'auteur n'est pas indiqué, mais Hadji-Khalfa nous apprend (t. I, p. 509) qu'il s'appelait Al-Âqsarâï (Djamâl al-Dîn Moḥammad ibn Moḥammad). Le texte de l'*Îdhâḥ* est reproduit en entier à l'encre rouge. Commencement : الحمد لله على نواله.

Ms. daté de l'an 1097 (1686 de J.-C.).

Papier. 186 feuillets. Hauteur, 24 centimètres; largeur, 14 centimètres et demi. 31 lignes par page. — (Supplément 1304.)

4386.

1° المطوّل « Traité développé », par Saʿd al-Dîn Masʿoûd ibn ʿOmar al-Taftâzânî. C'est un commentaire sur le *Talkhîṣ al-Miftâḥ*. Commencement : الحمد لله الذى الهمنا حقايق المعانى ودقايق البيان.

2° (Fol. 312.) المختصر « Traité abrégé ». Autre commentaire d'Al-Taftâzânî sur le *Talkhîṣ*. Commencement : نحمدك يا من شرح صدورنا لتلخيص البيان فى ايضاح المعانى.

3° (Fol. 427.) Commentaire sur الملخص فى الهيئة « Abrégé d'astronomie » d'Al-Djaghmînî, par Qâdhî-Zâdè al-Roûmî (Moûsâ ibn Maḥmoûd). L'auteur, chargé par Olough-Beg d'expliquer les difficultés du *Molakkhaṣ*, acheva son travail l'an 815 (1412-1413 de J.-C.). Commencement : الحمد لله الذى جعل الشمس ضياء والقمر نورا.

Ms. daté de l'an 1000 (1591 de J.-C.).

Papier. 505 feuillets. Hauteur, 21 centimètres et demi; largeur, 15 centimètres. Le nombre des lignes par page varie de 19 à 26. — (Ancien fonds 934.)

4387.

المطوّل. Même ouvrage que l'article 1° du numéro précédent. Notes marginales.

Ms. daté de l'an 1021 (1612 de J.-C.).

Papier. 242 feuillets. Hauteur, 21 centimètres; largeur, 14 centimètres. 21 lignes par page. — (Ancien fonds 1618.)

4388.

Même ouvrage. Nombreuses notes marginales.

Ms. daté de l'an 1085 (1674 de J.-C.).

Papier. 257 feuillets. Hauteur, 26 centimètres; largeur, 15 centimètres. 21 lignes par page. — (Supplément 1284.)

4389.

Même ouvrage. Copie inachevée. Notes marginales.

Papier. 286 feuillets. Hauteur, 23 centimètres; largeur, 16 centimètres et demi. 17 lignes par page. Ms. du XVIIIe siècle. — (Supplément 1281.)

4390.

Même ouvrage. Notes marginales.
Ms. daté de l'an 1166 (1753 de J.-C.).

Papier. 615 feuillets. Hauteur, 22 centimètres; largeur, 16 centimètres et demi. 17 lignes par page. — (Supplément 1282.)

4391.

Même ouvrage.
Ms. daté de l'an 1185 (1771 de J.-C.).

Papier. 442 feuillets. Hauteur, 22 centimètres et demi; largeur, 16 centimètres. 21 lignes par page. — (Supplément 1283.)

4392.

1° Gloses sur le *Moṭauwal*, par ʿAlî ibn Moḥammad al-Djordjânî. Copie datée de l'an 870 (1465-1466 de J.-C.).

2° (Fol. 118 v°.) Poème religieux dont voici le premier hémistiche : جادت بوبل الدمع سُحْبُ محاجري. Le feuillet suivant porte un autre poème du même genre, commençant ainsi : جاد الحبيب بوصل مَنْ هواه. Au *recto* du folio 120 se trouve un extrait du recueil de gloses de Saʿd al-Dîn al-Taftâzânî sur le *Kasschâf*, commentaire du Coran d'Al-Zamakhscharî.

3° (Fol. 120 v°.) Les امالى «Dictées» de Djamâl al-Dîn Aboû ʿAmr ʿOthmân ibn al-Ḥâdjib. Ce sont des observations grammaticales sur quelques textes du Coran et quelques passages du *Mofaṣṣal* d'Al-Zamakhscharî. L'auteur les avait dictées, les unes à Damas, les autres au Caire, entre les années 610 et 624 de l'hégire.

4° (Fol. 167 v°.) الاملاء على ابيات المعانى «Dictées sur les vers du *Maʿânî*». Gloses d'Ibn al-Ḥâdjib sur les vers cités dans l'ouvrage intitulé *Maʿânî 'l-Qor'ân.* (Voyez l'*Anthologie grammaticale* de S. de Sacy, p. 454.)

5° (Fol. 186 v°.) Recueil d'observations grammaticales dictées par Ibn al-Ḥâdjib et intitulé الاملاء على المسائل المطلقة «Dictées sur des questions générales».

6° (Fol. 198 v°.) الامالى على الحاجبية. Observations dictées par Ibn al-Ḥâdjib lui-même sur son traité de grammaire intitulé *Al-Moqaddima fi'l-Naḥw.*

7° (Fol. 228 v°.) Les trois premières pages d'un ouvrage de morale dont la préface commence par ces mots : الحمد لله الذى مدّ حِبال وجيه لمّا استعاذوا به بمعونة التوفيق.

En tête du volume se trouvent deux pièces de vers dont la première a été composée par Ibn Labbâna sur le fils de Fakhr al-Daula; puis, au folio 3, le dessin et la description d'un siphon qui, selon l'inventeur, devait faire monter l'eau d'un puits.

Papier. 229 feuillets. Hauteur, 20 centimètres; largeur, 14 centimètres et demi. Écritures diverses du xvᵉ siècle. — (Ancien fonds 568.)

4393.

Gloses d'Al-Djordjânî sur le *Moṭauwal* d'Al-Taftâzânî. La fin manque.

Papier. 150 feuillets. Hauteur, 19 centimètres; largeur, 12 centimètres. 19 lignes par page. Ms. du xviᵉ siècle. — (Supplément 1286.)

4394.

Même ouvrage.

Exemplaire écrit dans la ville de قبّة الاسلام «Coupole de l'islamisme», c'est-à-dire Samarcande, en 1004 (1596 de J.-C.).

Papier. 146 feuillets. Hauteur, 19 centimètres; largeur, 13 centimètres. 21 lignes par page. — (Supplément 1285.)

4395.

حواشى على المطوّل «Gloses sur le *Moṭauwal*», par Yaḥyâ ibn Saïf al-Sîrâmî (السيرامى). Il est dit dans notre manuscrit que l'auteur des *Gloses* a terminé son travail en 830 de l'hégire (1426-1427 de J.-C.).
Ms. daté de l'an 974 (1566-1567 de J.-C.).

Papier. 324 feuillets. Hauteur, 20 centimètres et demi; largeur, 14 centimètres et demi. 27 lignes par page. — (Ancien fonds 567.)

4396.

1° Gloses sur un commentaire de la troisième partie du *Miftâḥ al-ʿOloûm.* D'après une note qu'on lit en tête

du volume, ces gloses auraient pour auteur ʿAlâ al-Dîn ʿAlî ibn Moḥammad Moṣannifek; le commentaire est de Saʿd al-Dîn al-Taftâzânî. L'ouvrage commence ainsi : قال الشارح رحمة الله عليه خير خبر خبر اختاره فى منفتح الكتاب وعدل عن مثل الحمد لله اشارة الخ.

2° (Fol. 98 v°.) Gloses sur un commentaire du *Miṣbâḥ al-ʿOloûm*. L'auteur n'est désigné que par le titre d'*Al-Fâdhil al-Scharîf*. Commencement : قال الفاضل الشريف رتّب كتابه على ثلثة اقسام واردفها بتكملة وفنّين اقول الظاهر من كلامه هذا الخ. Il n'y a pas lieu d'identifier l'auteur avec Al-Djordjânî dont le titre honorifique était *Al-Saïyid al-Scharîf*. Une note inscrite sur le *recto* du feuillet 98 dit que cet ouvrage est le commentaire de Qâdhî-Zâdè sur le *Miftâḥ* (قاضى زاده [على] المفتاح), ce qui ne saurait être exact, puisque c'est un commentaire sur un commentaire.

Ms. daté de l'an 991-992 (1583-1585 de J.-C.).

Papier. 233 feuillets. Hauteur, 20 centimètres et demi; largeur, 13 centimètres. 23 lignes par page. — (Ancien fonds 936.)

4397.

Autre commentaire sur le *Talkhîṣ al-Miftâḥ*. Commencement : الحمد هو الثناء باللسان على قصد التعظيم سواء تعلّق بالنعمة او غيرها والشكر الخ. En tête du volume on lit ce titre, ajouté après coup : المختصر فى المعانى والبيان لابن هشام مع شرح الشيخ التفتازانى.

Une autre main a écrit sur les derniers feuillets un petit traité de rhétorique en vers : ارجوزة فى علم البيان والمعانى.

Ms. daté de l'an 784 (1383 de J.-C.).

Papier. 194 feuillets. Hauteur, 17 centimètres; largeur, 12 centimètres et demi. 17 lignes par page. — (Supplément 1280.)

4398.

المختصر. Commentaire moyen d'Al-Taftâzânî sur le *Talkhîṣ al-Miftâḥ*. (Voyez ci-dessus, n° 4386, 2°.) Nombreuses notes marginales.

Papier. 92 feuillets. Hauteur, 24 centimètres; largeur, 16 centimètres. 21 lignes par page (les dernières pages portent 23 lignes). Ms. dont la première moitié est du XVe siècle, la seconde moitié du XVIe. — (Supplément 1290.)

4399.

Même ouvrage.

Papier. 204 feuillets. Hauteur, 20 centimètres et demi; largeur, 15 centimètres et demi. 19 lignes par page. Ms. du XVIIe siècle. — (Supplément 1291 *bis*.)

4400.

Commencement du même ouvrage, accompagné de nombreuses notes marginales, tirées de divers commentaires, notamment des gloses du petit-fils de Taftâzânî.

Papier. 24 feuillets. Hauteur, 24 centimètres; largeur, 15 centimètres et demi. 21 lignes par page. Ms. du XVIIe siècle. — (Supplément 2117.)

4401.

Même ouvrage.

Papier. 181 feuillets. Hauteur, 21 centimètres et demi; largeur, 15 centimètres et demi. 23 lignes par page et quelquefois 22. Ms. du XVIIe siècle. — (Supplément 1291.)

4402.

Même ouvrage.
Ms. daté de l'an 1153 (1741 de J.-C.).

Papier. 195 feuillets. Hauteur, 22 centimètres; largeur, 10 centimètres et demi. 17 lignes par page. — (Supplément 1289.)

4403.

Même ouvrage.
Ms. daté de l'an 1167 (1754 de J.-C.).

Papier. 347 feuillets. Hauteur, 21 centimètres et demi; largeur, 16 centimètres. 17 lignes par page. — (Supplément 1288.)

4404.

Même ouvrage.

Papier. 380 feuillets. Hauteur, 21 centimètres et demi; largeur, 16 centimètres. 15 lignes par page. Ms. du XVIIIe siècle. — (Supplément 1287.)

4405.

Même ouvrage avec de nombreuses gloses.
Ms. daté de l'an 1194 (1780 de J.-C.).

Papier. 150 feuillets. Hauteur, 22 à 24 centimètres; largeur, 15 à 17 centimètres. 21 lignes par page. — (Supplément 1300.)

4406.

Gloses du petit-fils (الحفيد) d'Al-Taftâzânî sur le *Mokhtaṣar*. Commencement, immédiatement après le *bismillah* : قوله نحمدك انما اختار الحمد على الشكر.

Papier. 86 feuillets. Hauteur, 20 centimètres et demi; largeur, 14 centimètres et demi. 23 lignes par page. Ms. du XVI° siècle. — (Supplément 1295.)

4407.

Même ouvrage. Le présent exemplaire ne commence que par la glose قوله هو الثنا اى الذكر بالخير.
Ms. daté de l'an 1005 (1597 de J.-C.).

Papier. 98 feuillets. Hauteur, 19 centimètres; largeur, 15 centimètres. 21 lignes par page. — (Supplément 2483.)

4408.

حاشية الخطائى. Gloses de Maula-Zâdè Mâlik-Schâh Qâsim Qâdirî Al-Khaṭâî sur le *Mokhtaṣar*. Commencement : نحمدك اللهم على ما اعطيتنا من سوابغ النعم وبوالغ الحكم.
Ms. daté de l'an 1118 (1706 de J.-C.).

Papier. 76 feuillets. Hauteur, 19 centimètres; largeur, 10 centimètres et demi. 16 lignes par page. — (Supplément 2120.)

4409.

Gloses sur le *Mokhtaṣar*, par Schihâb al-Dîn Aḥmad ibn Qâsim al-ʿIbâdî. (Voy. Hadji-Khalfa, t. II, p. 409.) Commencement : حمدا لك اللهم على ما انعمت من بديع المعانى.
Ms. daté de l'an 1134 (1722 de J.-C.).

Papier. 397 feuillets. Hauteur, 21 centimètres et demi; largeur, 15 centimètres. 23 lignes par page. — (Supplément 1297.)

4410.

Même ouvrage.

Papier. 295 feuillets. Hauteur, 21 centimètres et demi; largeur, 16 centimètres. 25 lignes par page, et 27 lignes dans les derniers cahiers. Ms. du XIX° siècle. — (Supplément 1296.)

4411.

Même ouvrage. Le commencement manque.

Papier. 232 feuillets. Hauteur, 21 centimètres; largeur, 14 centimètres. 21 à 23 lignes par page. Écritures diverses du XVII° siècle. — (Supplément 2488.)

4412.

Deuxième volume des gloses de Yâsîn (يس) ibn Zaïn al-Dîn al-ʿAlîmî al-Ḥimṣî sur le *Mokhtaṣar* d'Al-Taftâzânî.
Ms. daté de l'an 1123 (1711 de J.-C.).

Papier. 277 feuillets. Hauteur, 21 centimètres; largeur, 15 centimètres. 21 lignes par page. — (Supplément 1298.)

4413.

Commentaire de Yoûsof al-Ḥafnâwî sur le *Mokhtaṣar* d'Al-Taftâzânî. L'auteur dit avoir composé son ouvrage en 1180 de l'hégire (1766 de J.-C.). Commencement : الحمد لله الذى حلى الاذكياء بحلية دقايق المعانى.
Ms. daté du 20 rabîʿ premier de l'an 1209 : العشرون من الثالث من التاسع من الثالث عشر (1794 de J.-C.).

Papier. 408 feuillets. Hauteur, 23 centimètres; largeur, 16 centimètres. 23 lignes par page. — (Supplément 1294.)

4414.

Commentaire de Sîdî Aḥmad ibn Moḥammad ibn Yaʿqoûb sur la préface du *Mokhtaṣar* d'Al-Taftâzânî. Commencement : فهذه تقاييد جمعتها على خطبة الشرح الصغير للتلخيص.
Ms. daté de l'an 1133 (1721 de J.-C.).

Papier. 10 feuillets. Hauteur, 21 centimètres; largeur, 15 centimètres et demi. 23 lignes par page. — (Supplément 1292.)

4415.

1° Le même commentaire sur la préface du *Mokhtaṣar* d'Al-Taftâzânî.

2° (Fol. 22 v°.) Le *Mokhtaṣar* d'Al-Taftâzânî.

Papier. 388 feuillets. Hauteur, 21 centimètres et demi; largeur, 16 centimètres. 19 lignes par page dans le commentaire de la préface, et 15 dans le *Mokhtaṣar*. Ms. du XVIIIe siècle. — (Supplément 1293.)

4416.

معاهد التنصيص على شواهد التلخيص «Résultats de l'insistance, à l'égard des vers cités comme exemples dans le *Talkhîṣ*». Cet ouvrage est très détaillé. L'auteur, ʿAbd al-Raḥîm ibn Aḥmad al-ʿAbbâsî (mort en 963 de l'hégire), explique tous les passages des poètes dont les vers sont cités. Commencement : الحمد لله الذى اطلع فى سماء البيان اهلة المعانى الخ.

Ms. daté de l'an 1027 (1618 de J.-C.).

Papier. 497 feuillets. Hauteur, 26 centimètres; largeur, 15 centimètres. 25 lignes par page. — (Supplément 1301.)

4417.

Explication des vers cités comme exemples dans le *Talkhîṣ* d'Al-Qazwînî et dans le *Miftâḥ* d'Al-Sakkâkî. Ouvrage sans nom d'auteur. Commencement : الحمد لله المؤيد بحسن توفيقه.

Ms. daté de l'an 981 (1573 de J.-C.).

Papier. 114 feuillets. Hauteur, 27 centimètres; largeur, 18 centimètres. 27 lignes par page. — (Supplément 1305.)

4418.

Commentaire perpétuel sur le traité de rhétorique intitulé تخليص التلخيص «Résumé du *Talkhîṣ*», par Ḥasan Efendi al-Âqhiṣârî, surnommé *Kâfî* (كافى). Commencement : الحمد لله الذى انعم على الانسان بعلم المعانى والبيان.

Ms. daté de l'an 1050 (1640-1641 de J.-C.).

Papier. 86 feuillets. Hauteur, 20 centimètres et demi; largeur, 13 centimètres et demi. 13 lignes par page. — (Ancien fonds 1617.)

4419.

المصباح فى شرح المفتاح «La Lampe», commentaire du chérif ʿAlî ibn Moḥammad al-Djordjânî sur la troisième partie du *Miftâḥ al-ʿOloûm*. Commencement : نحمدك اللهم على ما هديتنا اليه من دقايق المعانى.

Nombreuses notes marginales et interlinéaires.

Ms. daté de l'an 892 (1487 de J.-C.).

Papier. 209 feuillets. Hauteur, 27 centimètres; largeur, 18 centimètres. 25 à 27 lignes par page. — (Supplément 1274 *bis*.)

4420.

1° نضرة الاغريض فى نصرة القريض «Fraîcheur de la fleur du dattier ou défense de la Poésie», ouvrage composé en 642 de l'hégire (1244-1245 de J.-C.) par Aboû ʿAlî al-Moẓaffar ibn al-Saʿîd abî 'l-Qâsim al-Fadhl al-ʿAlawî al-Ḥosaïnî. L'auteur traite son sujet à fond dans cinq chapitres (*faṣl*), dont on peut trouver les titres dans le Dictionnaire bibliographique de Hadji-Khalfa, t. VI, p. 353. Commencement : الحمد لله الباهرة اياته القاهرة سطواته.

Copie datée de l'an 1100 (1689 de J.-C.).

2° (Fol. 138.) حسن الصنيع بشرح نور الربيع «Belle action, ou commentaire sur l'ouvrage intitulé *Fleur du printemps*», par ʿAbd al-Laṭîf al-ʿAschmâwî. Le poème, composé en 1059 de l'hégire par ʿAbd Allah al-Ziftâwî, est une *badîʿ*, qui présente presque dans chaque vers l'exemple d'une figure de rhétorique. Commencement : الحمد لله الذى خلق الانسان ببديع حكمته.

Copie datée de l'an 1087 (1676 de J.-C.).

Papier. 277 feuillets. Hauteur, 20 centimètres; largeur, 14 centimètres. 21 lignes par page dans le premier ouvrage, 17 lignes dans le second. — (Supplément 1914.)

4421.

المثل السابر فى ادب الكاتب والشاعر «Le modèle qu'on doit passer de main en main, renfermant des instructions pour les prosateurs et les poètes». C'est un traité de rhétorique très étendu, dans lequel l'auteur, Dhiyâ al-Dîn ibn al-Athîr, prodigue des enseignements à ceux qui veulent employer le style recherché. Commencement : نسال الله ربّنا ان يبلّغ بنا من الحمد ما هو اهله.

Ms. daté de l'an 1118 (1706 de J.-C.).

Papier. Exemplaire en deux volumes réunis dans un étui. 221 et 244 feuillets. Hauteur, 24 centimètres et demi; largeur, 17 centimètres. 17 lignes par page. — (Supplément 1355 A.)

4422.

التبيان في البيان «Éclaircissement sur la manière de bien énoncer ses idées», traité de rhétorique divisé en trois sections : المعاني «Les pensées», البيان «L'exposition», البديع «Les figures». Selon Hadji-Khalfa, l'auteur de cet ouvrage se nommait Scharaf al-Dîn Ḥosaïn ibn Moḥammad al-Ṭaïyibî, mort en 743 de l'hégire (1342-1343 de J.-C.). Commencement : الحمد لله الذى اشرق بسناء محامده في سماء المعاني شموس البيان انجم وبدور.

Ms. daté de l'an 784 (1382-1383 de J.-C.).

Papier. 167 feuillets. Hauteur, 21 centimètres et demi; largeur, 13 centimètres et demi. 15 lignes par page. — (Ancien fonds 1583.)

4423.

شرح رسالة العضدية. Commentaire sur le traité de l'imposition des mots (رسالة في الوضع) d'Adhod al-Dîn ʿAbd al-Raḥmân ibn Aḥmad al-Îdjî, auteur du المواقف. Commencement : الحمد لله الذى خصّ الانسان بمعرفة اوضاع الكلام.

Notes marginales.

Ms. daté de l'an 1117 (1705-1706 de J.-C.).

Papier. 21 feuillets. Hauteur, 20 centimètres et demi; largeur, 15 centimètres. 19 lignes par page. — (Supplément 1309.)

4424.

1° Gloses sur le commentaire composé par ʿIsâm al-Dîn sur le traité de l'imposition d'ʿAdhod al-Dîn. Commencement : هذه للايما الى المعاني المرتبة الخ.

2° (Fol. 52 v°.) Commentaire sur le traité de l'imposition d'ʿAdhod al-Dîn. Commencement : [هذه] على تقدير تقدم الديباجة على الرسالة.

3° (Fol. 88.) Texte du traité de l'imposition avec le commentaire d'ʿAbd Allah al-Schobrâwî. Commencement : الحمد لله رافع كليات النوع الانساني واضع جزييات الزيع (sic) باشارات المعاني.

4° (Fol. 98 *bis.*) Commentaire d'Aboû 'l-Qâsim ibn abî Bakr al-Laïthî al-Samarqandî sur le traité de l'imposition d'ʿAdhod al-Dîn.

5° (Fol. 118 v°.) Commentaire d'Ibrâhîm ibn Moḥammad ibn ʿArabschâh sur les آداب المناظرة «Convenances de la discussion» d'ʿAdhod al-Dîn al-Îdjî. Commencement : نحمدك يا من لا ناقص لما اعطيت.

6° (Fol. 137 v°.) Le traité d'ʿAdhod al-Dîn sur l'imposition, mis en vers et commenté par Moḥammad ibn Aḥmad al-Behoûtî (البهوتي). Commencement du commentaire : الحمد لله الذى فضل النوع الانساني على كثير من خلقه تفضيلا.

7° (Fol. 152 v°.) Commentaire d'Ibn ʿArabchâh sur l'*Âdâb al-Monâẓara* d'ʿAdhod al-Dîn al-Îdjî. C'est le même ouvrage que l'article 5° de ce ms.

Papier. 162 feuillets. Hauteur, 22 centimètres; largeur, 16 centimètres. Le premier traité a 21 lignes par page; le second et le troisième, 23 lignes; le quatrième, 21 lignes; le cinquième, 17 lignes; le sixième, 25 lignes; et le septième, 21 lignes. Écritures diverses du XVIIIᵉ siècle. — (Supplément 1312.)

4425.

1° Gloses sur le commentaire du traité de la métaphore d'Aboû 'l-Qâsim al-Laïthî al-Samarqandî, par ʿIṣâm al-Dîn Ibrâhîm ibn Moḥammad. Commencement : الحمد لله الذى خلق الانسان علّمه البيان.

2° (Fol. 51 v°.) Commentaire d'ʿIṣâm al-Dîn Ibrâhîm ibn Moḥammad sur le traité de la métaphore d'Aboû 'l-Qâsim al-Laïthî al-Samarqandî.

3° (Fol. 70.) Le texte du traité de la métaphore. Commencement : الحمد لواهب العطية.

4° (Fol. 73.) Gloses sur le commentaire du traité de la métaphore, par ʿIṣâm al-Dîn.

5° (Fol. 102 v°.) Commentaire du *Ḥafîd* Al-ʿIṣâm sur le traité de la métaphore. Commencement : احمدك حمد مسترشد لانوار هدايتك.

6° (Fol. 132.) Commentaire sur le traité de l'imposition, par Aboû 'l-Qâṣim al-Laïthî al-Samarqandî. (Voy. ci-dessus 4423 et 4424, 4°.)

7° (Fol. 163 v°.) Commentaire d'Aboû 'l-Qâsim ibn abî Bakr al-Laïthî al-Samarqandî sur le traité de l'imposition. Commencement : سبحان من نطق بذكره اللسان تسبيحا وتهليلا. Al-Laïthî dit avoir achevé ce commentaire en 888 de l'hégire.

8° (Fol. 192 v°.) Gloses d'ʿIṣâm al-Dîn sur le traité de l'imposition d'ʿAdhod al-Dîn al-Îdjî. (Voyez ci-dessus 4424, 1°.)

9° (Fol. 240 v°.) Gloses d'Aboû 'l-Baqâ sur le com-

mentaire du traité de l'imposition d'ʿAdhod al-Dîn, par Al-Samarqandî. Commencement : باسم سبحانه وبحمده والصلوة على رسوله.

Nombreuses notes marginales et interlinéaires. La plupart de ces pièces sont datées de l'an 1108 de l'hégire (1696-1697 de J.-C.).

Papier. 251 feuillets. Hauteur, 21 centimètres; largeur, 15 centimètres. 19 lignes par page dans la première pièce, 17 dans la seconde, 23 dans la quatrième et la cinquième, 13 dans la sixième, 23 dans la septième, 17 dans la huitième et 18 dans la neuvième. Écritures diverses. — (Supplément 1311.)

4426.

شرح رسالة السمرقندى. Commentaire sur le traité des expressions métaphoriques d'Al-Samarqandî, par Aḥmad ibn ʿAbd al-Fattâḥ al Malawî. Le texte du traité d'Al-Samarqandî est reproduit en entier. Commencement : الحمد لله الذى له الحمد حقيقة ثابتة ولغيره مجاز الخ.

Ms. daté de l'an 1160 de l'hégire (1747 de J.-C.).

Papier. 16 feuillets. Hauteur, 21 centimètres; largeur, 16 centimètres. 23 lignes par page. — (Supplément 1308.)

4427.

1° تحرير الاصلاح فى تقرير الافصاح « Revision des corrections qui fixent le sens de l'*Iṣâḥ* ». Traité de rhétorique par Riḍâ al-Dîn Moḥammad al-Ghazzî al-ʿÂmirî, mort en 935 (1528-1529 de J.-C.). Le texte est accompagné d'un commentaire rédigé par le même auteur et commençant par ces mots : الحمد لله الذى شرح صدورنا بتقرير الافصاح.

2° (Fol. 173 v°.) Commencement d'un traité sur certaines questions qui se rattachent au chapitre du droit musulman relatif à l'ablution.

3° (Fol. 181 v°.) Poème de Riḍâ al-Dîn al-ʿÂmirî, où sont employés tous les mots qui renferment la lettre ظ. Chaque vers est suivi d'un commentaire composé par le fils de l'auteur. L'ouvrage se termine par des observations sur les lettres ظ et ض. Cette pièce est datée de l'an 922 de l'hégire (1516 de J.-C.).

Papier. 206 feuillets. Hauteur, 18 centimètres; largeur, 13 centimètres et demi. 15 lignes par page dans la première pièce, 21 dans la seconde, 24 à 26 dans la troisième. Écritures diverses du XVIᵉ s. — (Ancien fonds 1619.)

4428.

الغيّة المعانى والبيان والبديع. Traité de rhétorique en vers, par Aḥmad al-Malawî, avec un commentaire par le même auteur qui déclare avoir pris pour base de son travail le *Talkhîṣ al-Miftâḥ*. Commencement : جدا لك اللهم يا من اشرقت على قلوبنا شموس المعانى.

Ms. daté de l'an 1169 de l'hégire (1756 de J.-C.).

Papier. 423 feuillets. Hauteur, 22 centimètres; largeur, 15 centimètres et demi. 23 lignes par page. — (Supplément 1302.)

4429.

1° الرسالة العصامية. Traité d'ʿIṣâm al-Dîn sur la métaphore, traduit du persan en arabe par Aḥmad al-Malawî (ms. المولى). Commencement de l'introduction : اما بعد فهذه رسالة فى بيان المجاز واقسامه مترجمة عن الرسالة الفارسية التى ألفها افضل المحققين ... عصام الدين الخ. Commencement du traité : اعلم ان الله تعالى جعل الانسان مدنيًّا بالطبع اى محتاجا الى التمدّن بالطبع والاجتماع.

2° (Fol. 88 v°.) Commentaire d'ʿIṣâm al-Dîn Moḥammad sur le traité de la métaphore d'Aboû 'l-Qâsim al-Laïthî al-Samarqandî. Commencement du commentaire : ان احسن ما تُزاد به النعم الوفية.

3° (Fol. 127 v°.) غاية الارادات من تحقيق عصام الاستعارات « But des souhaits au sujet des recherches d'ʿIṣâm sur les métaphores ». Commentaire de Moḥammad al-Daladjî (الدلجى) sur le traité d'ʿIṣâm al-Dîn. Commencement : الحمد لله الموصوف بالحقيقة بالكمال.

Ms. daté de l'an 1207 de l'hégire (1792 de J.-C.).

Papier. 218 feuillets. Hauteur, 20 centimètres; largeur, 15 centimètres. 14 lignes par page dans les deux premiers traités, 21 dans le troisième. — (Supplément 1310.)

4430.

لطف الرمز والاشارة الى خبايا زوايا حسن العبارة « Signes adroits pour indiquer les (notions) cachées dans les recoins du (livre intitulé) *Ḥosn al-ʿIbâra* ». Les deux traités sont du même auteur, Moḥammad ʿAlî ibn ʿAllân al-Siddîqî. Le *Ḥosn al-ʿIbâra* est en vers et traite de la métaphore. Commencement : الحمد لله الذى يفهم لطف الرمز الخ.

Ms. daté de l'an 1130 de l'hégire (1718 de J.-C.).

Papier. 41 feuillets. Hauteur, 21 centimètres; largeur, 15 centimètres et demi. 21 lignes par page. — (Supplément 1307.)

4431.

1° ملحة البديع وبهجة البديع «Beauté de l'art du style orné et amusement pour l'homme accompli». Traité de rhétorique en vers, accompagné d'un commentaire. L'auteur, Ibn Maghlṭâï (مُغلطاى) Aḥmad ibn abî 'l-Ghaïth, a composé cet ouvrage, texte et commentaire, dans l'Inde, en 1116 de l'hégire (1704-1705 de J.-C.), en le dédiant au sultan ʿÂdham-Schâh, fils d'Aurang-Zêb ʿÂlam-Guir. La dédicace aussi est en vers. Commencement : الحمد لله الذى ابدع ببديع حكمته نوع الانسان. Cet exemplaire paraît être celui qui a été présenté au prince.

2° (Fol. 126.) تحفة السايل فى اجوبة المسايل «Cadeau pour celui qui avait demandé des réponses à ses questions», par Aḥmad ibn Moḥammad al-ʿAbbâsî. C'est un recueil de trois cents questions au sujet de Mahomet, des patriarches et de divers passages du Coran. Chaque question est accompagnée de sa réponse. Commencement : الحمد لله المحيط علما بما لدينا.

Papier. 171 feuillets. Hauteur, 25 centimètres et demi; largeur, 15 centimètres. 11 lignes par page dans le premier ouvrage, 21 dans le second. Ms. du xviii° siècle. Écritures différentes. — (Supplément 1313.)

XXXI.

INSCHÂ.

4432.

ادب الكاتب. Manuel des connaissances littéraires, historiques et grammaticales qui sont indispensables à l'écrivain rédacteur, par ʿAbd Allah ibn Moslim ibn Qotaïba, mort au commencement du x° siècle de J.-C. Commencement : بعد حمد الله بجميع محامده.

Papier. 166 feuillets. Hauteur, 20 centimètres et demi; largeur, 15 centimètres. 15 lignes par page. Ms. du xviii° siècle. — (Supplément 1348.)

4433.

Inschâ. Ce volume se compose d'extraits de pièces officielles et de lettres, ainsi que d'un récit historique touchant certains événements qui se passèrent chez les Ghaznévides, au xi° siècle. Les extraits consistent en la partie des documents qui se distinguent par la recherche du langage et par les beautés du style. La plupart de ces pièces émanent, probablement, de la chancellerie ghaznévide, depuis le commencement du xi° siècle de notre ère jusqu'aux premières années du xii°. On trouve d'abord l'éloge d'un vizir appelé Aboû Naṣr Aḥmad ibn Qauwâm al-Dîn; puis des lettres officielles adressées à des personnages dont la plupart nous sont inconnus, tels que l'Isfahsalâr Naṣr al-Daulat Qâsim al-Moulk Aboû 'l-ʿAlâ al-Djanzawî (الجنزوى); Tâdj al-Moṣâfir ibn Khosrau; ʿAïn al-Kofât Khodâdâd; Aboû Ṭâhir Moḥammad ibn ʿAlî; ʿAbd al-Karîm Ismâʿîl; le vizir Bahâ al-Dîn Moḥammad ibn al-Ḥosaïn. Au fol. 91 v° se trouve une lettre datée de l'an 502 de l'hégire (1108-1109 de J.-C.) et adressée du divan du calife de Baghdâd (مدينة السلام) à un personnage qui porte le titre Al-Mowaffaq al-Moqaddas al-Nabawî al-Imâmî al-Mostadhirî. Au feuillet 183 il est fait mention de l'émir Altoun-Tasch qui était gouverneur du Kharizm en 407 de l'hégire (1016-1017 de J.-C.). Le présent volume se compose de deux parties dont la première se termine au folio 91. Une note, ajoutée par un lecteur, qu'on lit au même feuillet, porte la date de 643 (1245 de J.-C.).

Papier. 269 feuillets. Hauteur, 18 centimètres et demi; largeur, 14 centimètres. 11 lignes par page. Ms. du xiii° siècle. — (Ancien fonds 1612.)

4434.

1° Pièces officielles provenant de la chancellerie des sultans de Kharizm sous les règnes d'Atsiz, de son fils Il Arslân et de Maḥmoûd, fils d'Il Arslân. C'est pour la bibliothèque du sultan Maḥmoûd que Râschid al-Dîn Aboû Bakr Moḥammad ibn Moḥammad ibn ʿAbd al-Djalîl al-Maʿmarî, rédacteur de ces pièces, a réuni le présent recueil, probablement entre 568 et 588 de l'hégire (1172 et 1192 de J.-C.). Le volume ne porte pas de titre; celui qui est inscrit sur le recto du premier feuillet est apocryphe. Commencement : الحمد لله الخالق بلا استرشاد.

2° (Fol. 109 v°.) Qaṣîda du même auteur à la louange du sultan Maḥmoûd Kharizm-Schâh, suivi de quelques autres poèmes du même.

3° (Fol. 126.) Lettres d'un sultan à un autre. La première, en persan, est de Schâh-Rokh à Moûrâd-Khân. Une autre est de Moûrâd-Khân au sultan d'Égypte; les deux suivantes sont de Moḥammad-Khân au sultan d'Égypte. Suivent une *khotba* de mariage et une lettre, en persan, adressée au sultan Orkhân et annonçant la prise d'Iznîq (ازنيق, *Nicée* en Bithynie). On trouve encore deux lettres, en persan, de Tîmoûr à Ilderim-Khân, et plusieurs autres adressées par des souverains ottomans aux sultans d'Égypte.

4° (Fol. 172 v°.) Recueil de quarante-huit lettres écrites en beau style persan sur des sujets divers. Une dernière lettre, accompagnée de sa réponse, est écrite dans le langage technique des derviches Qalenders (بر مصطلح قلندران).

5° (Fol. 223.) Quatrains, lettres de compliments et pièces de vers; le tout en langue turque et d'une autre écriture que le reste du ms.

Ms. daté de l'an 877 de l'hégire (1473 de J.-C.). (Voyez fol. 170 v°.)

Papier. 226 feuillets. Hauteur, 17 centimètres; largeur, 12 centimètres. 13 lignes par page et ensuite 15. — (Ancien fonds 1615.)

4435.

1° الوشي المرقوم في حل المنظوم «Le tissu de soie brodé, traité qui enseigne la manière de paraphraser les passages en style cadencé», par Dhiyâ al-Dîn Naṣr-Allah ibn al-Athîr, frère du célèbre historien ʿAlî ibn al-Athîr. Cet ouvrage, destiné aux écrivains rédacteurs, se compose de trois sections (*faṣl*), dont la première expose la manière de paraphraser les vers des grands poètes. La seconde indique comment on peut paraphraser les versets du Coran, et la troisième donne des exemples de la même opération appliquée aux sentences et maximes de Mahomet. Les premières lignes de la préface sont restées en blanc. L'ouvrage se termine, sans explicit, au fol. 25 v°.

2° (Fol. 25 v°.) Les sept derniers chapitres (*bâb*) de la troisième partie d'un traité des ornements du style, intitulé : الدرّ الملتقط من كل بحر وسفط «Perles ramassées dans chaque mer et enlevées de chaque écrin». Cet ouvrage, composé de quatre parties et renfermant trente chapitres, a pour auteur Schams al-Dîn Moḥammad ibn ʿAlî ibn Maḥmoûd, écrivain rédacteur en prose et en vers. Le dix-septième chapitre, celui par lequel cet extrait commence, a pour titre : الدرّ النفيس في اجناس التجنيس.

3° (Fol. 114.) La quatrième et dernière partie (les sept derniers chapitres) du درّ الملتقط. On y trouve quantité d'extraits en prose et en vers, dont plusieurs offrent un certain intérêt.

Le copiste de ce manuscrit, n'ayant pas eu à sa disposition les seize premiers chapitres de l'ouvrage, a cru devoir les remplacer par le traité d'Ibn al-Athîr.

Ms. daté de l'an 982 de l'hégire (1575 de J.-C.).

Papier. 205 feuillets. Hauteur, 27 centimètres et demi; largeur, 18 centimètres. 29 lignes par page. — (Supplément 1351.)

4436.

حسن التوسّل الى صناعة الترسّل «La bonne voie pour atteindre à la pratique de l'art épistolaire». Traité de rhétorique illustré par de nombreux exemples, d'anecdotes intéressantes et de formules de pièces officielles et autres. L'auteur, Schihâb al-Dîn Maḥmoûd ibn Salmân ibn Fahd al-Ḥalabî, employé dans la chancellerie égyptienne sous le règne du sultan Baïbars, est mort, d'après Hadji-Khalfa (t. III, p. 67), en 725 de l'hégire (1325 de J.-C.). Commencement : اما بعد حمد الله جاعل الانسان مخبوا تحت اللسان.

Ms. exécuté, sous les yeux de l'auteur, en 716 de l'hégire (1316 de J.-C.).

Papier. 113 feuillets. Hauteur, 25 centimètres; largeur, 16 centimètres et demi. 19 lignes par page. — (Ancien fonds 1574; Colbert 5294.)

4437.

اجابة السايل الى معرفة الرسايل «Réponse à celui qui demande à connaître l'art épistolaire». C'est un manuel du secrétaire renfermant les formules qui s'emploient dans les dépêches et les lettres adressées par le gouvernement égyptien au sultan, aux souverains étrangers, aux émirs, aux princes chrétiens, etc. L'auteur y a joint des modèles de lettres aux fonctionnaires publics de toutes les classes et des formules de traités, d'actes, de lettres patentes (مناشير) et de lettres de provision (تقاليد), etc. Il était attaché à la chancellerie égyptienne en qualité d'écrivain rédacteur et on voit (fol. 9 v°) qu'il s'y trouvait encore en 776 de l'hégire (1375 de J.-C.). Le premier feuillet manque, et il manque un feuillet entre les folios 1 et 2.

Papier. 135 feuillets. Hauteur, 20 centimètres et demi; largeur, 14 centimètres et demi. 13 à 18 lignes par page. Ms. du XVIe siècle. — (Supplément 1349.)

4438.

Premier volume du قهوة الانشاء «Le vin (l'essence) du style officiel», par Taqî al-Dîn Aboû Bakr ibn Ḥoddja al-Ḥamawî, écrivain rédacteur à la chancellerie égyptienne dans les premières années du xve siècle. C'est un recueil de pièces et d'extraits, modèles du beau style. On y remarque plusieurs diplômes et lettres d'investiture. Quelques-unes de ces pièces sont datées de l'an 817 de l'hégire (1414-1415 de J.-C.) Commencement : الحمد لله الذى احسن انشاءنا فسجعنا على افنان العبودية بتحميده.

Ms. daté de l'an 845 de l'hégire (1441-1442 de J.-C.).

Papier. 97 feuillets. Hauteur, 17 centimètres; largeur, 12 centimètres. 13 lignes par page. — (Ancien fonds 1613.)

4439.

كتاب ديوان الانشاء. Traité sur le fonctionnement de la chancellerie égyptienne et sur les connaissances qu'un écrivain rédacteur doit posséder. Cet ouvrage, sans préface ni titre, commence par ces mots : مقدمة الكتاب فى معلق ديوان الانشاء وكتابه وفيها بابان الباب الاول. Un Turc, peu versé dans la connaissance de l'arabe, a écrit sur le recto du feuillet 2, en guise de titre : كتاب المقصد الرفيع المنشاء الحاوى الى (lisez على) صناعة الانشاء. Ce même titre est reproduit par d'autres mains, encore deux fois, sur le même feuillet, 1 r° et 1 v°. L'importance des matières renfermées dans cet ouvrage est bien connue. On y trouve, distribuées en treize sections (قسم), toutes les connaissances dont pouvaient avoir besoin les commis de la chancellerie, sous le règne de Barasbâï, sultan mamlouck circassien, qui mourut l'an 841 de l'hégire (1438 de J.-C.). La date de la composition de cette encyclopédie est parfaitement indiquée par deux passages : fol. 57 r° et fol. 266 r°, ligne 13. Outre les renseignements historiques, les listes des souverains musulmans et les notions géographiques, on trouve, dans la dernière section, les protocoles des traités de paix que le sultan avait contractés avec les autres puissances, tant musulmanes que chrétiennes, et les formules des dépêches et des lettres qu'il leur envoyait.

Papier. 330 feuillets. Hauteur, 28 centimètres; largeur, 18 centimètres et demi. 23 lignes par page. Ms. du xve siècle. — (Ancien fonds 1573; Colbert 2486.)

4440.

Choix de lettres pour servir de modèles aux amateurs qui cultivent le style épistolaire. Ces lettres émanent, pour la plupart, de la chancellerie des sultans mamloucks circassiens et sont adressées aux princes musulmans de divers pays. On y trouve aussi quelques lettres écrites par des particuliers. Parmi ces pièces on remarque des épîtres composées par le cadi Aboû 'l-Thanâ Maḥmoûd, par Al-Ṣalâḥ al-Safadî, par Tâdj al-Dîn ibn al-Athîr et par Djamâl al-Dîn ibn Nobâta. Ajoutons une lettre adressée par Aboû 'l-Walîd ibn Zaïdoûn à Aboû 'l-Ḥazm, gouverneur de Cordoue; une autre du Qâdhî al-Fâdhil; une dépêche adressée au souverain de Dehli, dans l'Inde; une autre du sultan Djakmak au seigneur de Tunis; une autre adressée au souverain naṣeride qui régnait en Espagne; une autre envoyée au sultan Inâl par les musulmans domiciliés à Lisbonne, et d'autres adressées au souverain du Yemen, à Qarâ Yoûsof, seigneur des deux ʿIrâq, aux souverains de Ḥiṣn-Kaïfa, de Mâridîn et de Tokroûr. La pièce la plus récente est datée de l'an 872 de l'hégire (1468 de J.-C.); elle fut adressée par le souverain de Tunis (voyez fol. 61) à Al-Mâlik al-Aschraf Qâïtbâï. Aucun ordre n'a présidé à l'arrangement de ces documents. Le nom du compilateur n'est pas indiqué. Commencement : الحمد لله منزل اللغات والكتاب الخ.

Papier. 210 feuillets. Hauteur, 27 centimètres; largeur, 18 centimètres et demi. 23 lignes par page. Ms. du xve siècle. — (Ancien fonds 1575.)

4441.

Guide du Kâtib. Volume composé de plusieurs traités et formant un manuel des connaissances dont tout employé de l'administration a besoin. On y trouve les éléments de l'arithmétique, de la géométrie, de l'arpentage, de l'assiette des impôts en Égypte, des procédés agricoles, etc. La liste de ces traités et chapitres, rédigée par M. de Sacy, se trouve en tête du ms.

Ms. daté de l'an 979 de l'hégire (1571-1572 de J.-C.).

Papier. 180 feuillets. Hauteur, 21 centimètres; largeur, 15 centimètres. 23 lignes par page. — (Supplément 1912.)

4442.

سانحات دُمى القصر فى مطارحات بنى العصر «Apparitions heureuses des beautés du sérail, en fait des correspon-

dances littéraires entre contemporains», par Darwîsch Efendi al-Ṭâlawî (الطالوى). C'est un recueil de diverses épîtres en vers que l'auteur avait adressées à des personnages marquants et plusieurs pièces qu'il avait reçues de ses correspondants. Il dit avoir achevé son travail l'an 981 de l'hégire (1573-1574 de J.-C.). Commencement : اللهم يا مُجرى رُخا طباع الانسان مستنّة في طرايق البيان.

Ms. daté de l'an 1064 de l'hégire (1654 de J.-C.).

Papier. 173 feuillets. Hauteur, 26 centimètres; largeur, 16 centimètres. 25 lignes par page. — (Supplément 1352.)

4443.

Formulaire de lettres officielles, par le Schaïkh Moḥammad al-Bakrî al-Ṣiddîqî, qui a rédigé toutes ces pièces en Égypte, sous le gouvernement ottoman.

Papier. 234 feuillets. Hauteur, 21 centimètres; largeur, 15 centimètres et demi. 13 lignes par page. Ms. du XVIIe siècle. — (Supplément 1350.)

4444.

كتاب الاوفاق في علم الاوراق «Livre de charmes, ou science des écrits». Traité d'épistolographie, intitulé aussi, sur le frontispice, الدرّ النفيس في تعليم كلّ جليس «La perle précieuse, pour l'instruction de chacun». L'auteur, ʿAbd al-Raḥmân Efendi, s'est borné, en général, à recueillir des passages remarquables dans les lettres de divers écrivains. Ces pièces ne renferment que des compliments; quelques-unes sont en vers. Commencement : الحمد لله على نعمة الاسلام.

Papier. 50 feuillets. Hauteur, 21 centimètres; largeur, 15 centimètres. 15 lignes par page. Ms. du XVIIe siècle. — (Ancien fonds 1614.)

4445.

بديع الانشاء في المكاتبات والمراسلات. Formulaire renfermant des modèles de lettres, par Marʿî ibn Yoûsof al-Ḥanbalî. Commencement : الحمد لله الذى اكرم الانسان وحلاه بحلية النطق والبيان.

Papier. 55 feuillets. Hauteur, 21 centimètres; largeur, 15 centimètres et demi. 18 lignes par page. Ms. du XVIIe siècle. — (Supplément 1353.)

XXXII.

PROSODIE ET MÉTRIQUE.

4446.

1° شرح عروض الخزرجى. Commentaire du chérif Moḥammad ibn Aḥmad al-Sibtî Al-Andalosî, sur le célèbre traité de prosodie arabe, en vers, de Dhiyâ al-Dîn Moḥammad al-Khazradjî. Commencement : الحمد لله الذى بحمده نستفتح وهو الفتاح العليم.

2° (Fol. 68 v°.) Traité d'énigmes en seize paragraphes, par Niẓâm al-Dîn, fils du schaïkh Maḥmoûd. L'ouvrage est en persan et commence par ces mots : شكر بى نهايت مرآن سلطان جهان را الخ.

3° (Fol. 80 v°.) Autre traité d'énigmes, en persan.

Papier. 83 feuillets. Hauteur, 21 centimètres; largeur, 14 centimètres et demi. 19 lignes par page, puis 21, puis 19. Diverses écritures du XVIe siècle. — (Ancien fonds 1482.)

4447.

الجواهر البهيّة على الرامزة الخزرجيّة «Pierreries éclatantes posées sur la *Râmiza* du Khazradjite». Commentaire d'Aboû 'l-Baqâ Moḥammad ibn ʿAlî ibn Khalaf al-Aḥmadî sur la *Râmiza* (indicateur) ou القصيدة الخزرجيّة, traité de prosodie et des rimes de Dhiyâ al-Dîn Moḥammad al-Khazradjî. Ce commentaire a été composé en 902 de l'hégire (1497 de J.-C.). Commencement : الحمد لله الذى خلق الانسان وعلّمه البيان.

Ms. daté de l'an 1087 de l'hégire (1676 de J.-C.).

Papier. 135 feuillets. Hauteur, 20 centimètres; largeur, 13 centimètres. 23 lignes par page. — (Supplément 1270.)

4448.

Commentaire sur la *Khazradjîya* de Dhiyâ al-Dîn al-Khazradjî, par Schihâb al-Dîn al-Balawî (البلوى). L'auteur dit avoir achevé son ouvrage en 908 de l'hégire (1502-1503 de J.-C.). Commencement : الحمد لله الذى شرح منّا لفكّ رموز علما ملته صدورا.

Papier. 280 feuillets. Hauteur, 21 centimètres; largeur, 15 centimètres. 23 lignes par page. Ms. du XVIIIe siècle. — (Supplément 1271.)

4449.

فتح ربّ البريّة بشرح القصيدة الخزرجيّة «Inspiration du Seigneur des choses créées, pour servir de commentaire à la *Khazradjîya*», par Zakarîya ibn Moḥammad al-Anṣârî. Le commentaire commence par le quatrième vers وللشعر ميزان يسمّى عروضه. Les vers sont écrits à la marge. Commencement : الحمد لله الذى وضع علم العروض.

Papier. 54 feuillets. Hauteur, 22 centimètres; largeur, 16 centimètres. 21 lignes par page. Ms. du XVIIe siècle. — (Supplément 1272.)

4450.

الدرر الخوجية «Les perles de Khôdj». Commentaire sur la *Khazradjîya*, par Badr al-Dîn ibn ʿOmar Khôdj ibn ʿAṭâ Allâh al-Fetnî (de فتن, village de l'Inde). Commencement : هذه درر احرزتها وللعالم ابرزتها. Ce commentaire est accompagné de gloses intitulées الجواهر السنية «Les pierres fines», dont l'auteur est nommé Al-Saïyid ʿAbd al-Raḥmân ibn Moṣṭafâ, et qui commencent ainsi : وبعد فهذه تعليقة كالشرح على رسالة صاحبنا الفاضل الخ.

Papier. 113 feuillets. Hauteur, 22 centimètres; largeur, 15 centimètres et demi. 19 et 20 lignes par page. Ms. du XVIIIe siècle. — (Supplément 1273.)

4451.

الدرّ النضيد فى شرح القصيد «Perles superposées, pour servir de commentaire à la *Qaṣîda*», c'est-à-dire au traité en vers sur la métrique arabe du célèbre grammairien Aboû ʿAmr ibn al-Ḥâdjib, par Moḥammad ibn Sâlim ibn Naṣr Allah ibn Sâlim ibn Wâṣil, auteur de l'Histoire des Aïyoubides. Commencement : الحمد لله ذى الفضل والاحسان والجود والامتنان. En tête du volume on a ajouté, après coup, un *takhmîs* et un éloge composé par Moḥammad al-Ḥalabî, généralement connu sous le nom d'Al-Raschîd.

Ms. daté de l'an 732 de l'hégire (1332 de J.-C.).

Papier. 86 feuillets. Hauteur, 26 centimètres; largeur, 17 centimètres. 21 lignes par page. — (Ancien fonds 1379.)

4452.

1° Qaṣîda de Moḥammad ibn Aḥmad ibn ʿAlî, généralement connu sous le nom d'Ibn Djâbir al-Hawârî, sur la prosodie arabe. Les vers de ce poème riment tous en لا. Premier vers :

بحمد اله العرش ابدا اولا　　ليحصل ما ارجوه منه ويكملا

Selon Al-Maqqarî, Ibn Djâbir mourut à Al-Bîra (البيرة, très probablement *Birédjec* sur l'Euphrate) en 780 de l'hégire (1378 de J.-C.).

2° (Fol. 34.) Qaṣîda du même auteur, sur la prosodie et la rime. Dans cette pièce, les rimes varient, mais les hémistiches de chaque vers riment ensemble. Commencement :

الحمد لله الغنى المعطى　　مُرْسِل خير خلقه بالقسط

3° (Fol. 39 v°.) Qaṣîda plus abrégée sur les mêmes sujets, par le même auteur. Premier vers :

الحمد لله ولى الحمد　　مرشدنا الى طريق الرشد

4° (Fol. 46.) كتاب المنحة فى اختصار الملحة «Le cadeau, renfermant un abrégé du *Molḥa*». Poème du même auteur, donnant un abrégé du *Molḥat al-Irâb*, poème sur la grammaire, par Al-Ḥarîrî.

5° (Fol. 53.) Traité de grammaire, en vers, par le même auteur. Premier vers :

اقول والله الكريم حسبى　　مستغفرا بما مضى من ذنبى

6° (Fol. 72 v°.) حلية الفصيح فى نظم ما قد جاء فى الفصيح «La parure de l'homme disert, à savoir le contenu du *Faṣîḥ*, mis en vers», par le même auteur. Le *Faṣîḥ*, traité de philologie très connu, a pour auteur le célèbre grammairien Aboû 'l-ʿAbbâs Thaʿlab (ثعلب), mort en 291 de l'hégire (903-904 de J.-C.). Premier vers :

الحمد لله على ما سدّده　　فهو الذى الهمنا ان نحمده

7° (Fol. 119 v°.) *Maqṣoûra*, poème dont tous les vers se terminent par un *alif* bref, par le même auteur. C'est un éloge de Mahomet. Le poème est divisé en morceaux de dix vers rimant ensemble; dans le premier morceau, la lettre pénultième est un *alif*; dans le second, un *bâ* et ainsi de suite jusqu'à la fin de l'alphabet. Premier vers :

بادر قلبى للهوى وما آرتأى
لما راى من حسنها ما قد رأى

8° (Fol. 129 v°.) Traité en vers sur la manière de distinguer entre l'*alif* bref et l'*alif* long, par le même auteur.

9° (Fol. 135 v°.) Traité en vers, rimant en *mîm*, sur

la manière de distinguer entre le ظ et le ض, par le même auteur.

10° (Fol. 139 v°.) Traité en vers où sont énumérés, dans l'ordre de l'alphabet, les noms dont la lettre initiale peut se prononcer avec l'une ou l'autre des trois voyelles (مثلث), par le même auteur. Premier vers :

يقول راق عفو ربّ غافر محمد ابن احمد بن جابر

11° (Fol. 148 v°.) تحفة الاقران فيما قرى بالتثليث من حروف القرءان «Cadeau pour mes contemporains, indiquant les mots du Coran dont une des lettres se lit avec deux voyelles différentes», par Schihâb al-Dîn Aḥmad ibn Yoûsof ibn Mâlik al-Ro'aïnî, docteur malékite de Grenade. Commencement : الحمد لله الذى يسّر أى القرءان لقاريها وانزلها على سبعة احرف لتكثر فوايدها ومعانيها. Cet ouvrage a été composé à Al-Bîra (Birédjec) sur l'Euphrate en 745 de l'hégire (1344 de J.-C.).

12° (Fol. 200 v°.) رفع الحجاب عن تنبيه الكتّاب «Dévoilement d'un avertissement aux copistes», par le même Al-Ro'aïnî. L'auteur commente assez longuement, et vers par vers, le poème d'Ibn Djâbir (voyez ci-dessus, n° 9) sur l'orthographe du ظ et du ض. Commencement : الحمد لله الذى اختصّ العرب بالفصاحة.

Ms. exécuté à Médine, en 770 de l'hégire (1369 de J.-C.), par le neveu de l'auteur des deux dernières pièces.

Papier. 263 feuillets. Hauteur, 27 centimètres et demi; largeur, 18 centimètres. 19 lignes par page. — (Ancien fonds 1369.)

4453.

Introduction à l'art des vers, par Schams al-Dîn al-Nawâḥî. L'auteur dit (fol. 6.) qu'il avait été élève de Kamâl al-Dîn al-Damîrî, l'auteur du *Hayât al-Haïwân*. Commencement : هذه مقدّمة فى صناعة النظم والنثر الشعر قول مقفى موزون بالقصد يدلّ على معنى والمعنى للشعر بمنزلة المادّة الخ.

Papier. 10 feuillets. Hauteur, 21 centimètres et demi; largeur, 16 centimètres. 23 lignes par page. Ms. du XVII° siècle. — (Supplément 1356.)

4454.

1° رفع الشكّ والمين فى تحرير الفنّين «L'incertitude et le mensonge éloignés, en ce qui regarde l'art de composer dans les deux genres», par Tâdj al-Dîn 'Abd al-Wahhâb al-Benoûnî. L'auteur expose les règles qui doivent présider à la composition des زجل et des موالیا, deux genres de poésies cultivés en Espagne.

2° (Fol. 32.) Pièces de vers, par le même auteur.

Ms. daté de l'an 1084 de l'hégire (1673 de J.-C.).

Papier. 40 feuillets. Hauteur, 20 centimètres et demi; largeur, 15 centimètres. 21 lignes par page. — (Supplément 1419.)

4455.

Commentaire sur la préface du traité de prosodie de Moḥammad Râghib Pacha. Commencement : نحمدك يا من اشرق كوكب علم العروض فى اذهان ذوى الافهام.

Papier. 14 feuillets. Hauteur, 21 centimètres; largeur, 15 centimètres et demi. 17 lignes par page. Ms. du XVII° siècle. — (Supplément 1269.)

4456.

Opuscule écrit dans un style très recherché et qui commence par un éloge d'un traité de prosodie composé par un nommé Aboû 'l-Ḥasan. Puis vient l'éloge d'un vizir appelé Moḥammad Pacha, et un commentaire très prolixe sur les premiers mots d'un traité, probablement le même. Plus loin un docteur schaféïte nommé Solaïmân ibn Yaḥyâ al-Zobaïdî parle de lui-même et de ses professeurs. Des notices biographiques de quelques-uns de ces professeurs terminent l'ouvrage. Au fol. 3 r°, on lit que ce traité a été écrit (كتبه) l'an 1171 de l'hégire (1757 de J.-C.), par un nommé 'Alî ibn abî 'Abd Allah al-Adkârî, au Caire. Commencement : حمدا لمولى نعم لا تحصى ابدا.

Papier. 12 feuillets. Hauteur, 23 centimètres; largeur, 17 centimètres et demi. 19 lignes par page. Ms. du XVIII° siècle. — (Supplément 1268.)

XXXIII.

BIBLIOGRAPHIE.

4457.

Première partie du كتاب الفهرست «Catalogue des livres», par Aboû 'l-Faradj Moḥammad ibn Isḥâq al-Warrâq, connu sous le nom d'Ibn abî Ya'qoûb al-Na-

dîm. Le texte entier de l'ouvrage a été publié par Flügel.

Manuscrit collationné en 627 de l'hégire (1229-1230 de J.-C.)

Papier. 237 feuillets. Hauteur, 20 centimètres; largeur, 13 centimètres et demi. 16 lignes par page. — (Ancien fonds 874.)

4458.

Seconde partie du كتاب الفهرست d'Ibn al-Nadîm. Le texte commence par le cinquième chapitre (فنّ) du cinquième discours (مقالة).

Ms. copié en 1846 sur l'exemplaire de la Bibliothèque Kieuprulu, à Constantinople, par les soins de M. de Slane.

Papier. 246 feuillets. Hauteur, 24 centimètres; largeur, 16 centimètres. 17 lignes par page. — (Supplément 1400 *bis*.)

4459.

كشف الظنون عن اسامى الكتب والفنون «Qui dissipe les erreurs en ce qui concerne les titres des livres et la nature des diverses branches de la science». Grand dictionnaire bibliographique, par Moṣṭafâ ibn ʿAbd Allah, surnommé Kiâtib Tchélébi, connu sous le nom de Ḥâddji Khalîfa ou Hadji Khalfa, mort en 1658 de J.-C.

Ms. daté de l'an 1091 de l'hégire (1680 de J.-C.).

Papier. 448 feuillets. Hauteur, 29 centimètres; largeur, 16 centimètres. 41 lignes par page. — (Ancien fonds 733.)

4460.

Même ouvrage.

Ms. daté de l'an 1091 de l'hégire (1680 de J.-C.).

Papier. 618 feuillets. Hauteur, 23 centimètres et demi; largeur, 15 centimètres. 35 lignes par page. — (Ancien fonds 875.)

4461.

Même ouvrage. C'est le texte revu par Ibrâhîm ibn ʿAlî Arabadjibachi (chef des troupes du train), mort vers l'an 1773 de J.-C.

Ms. daté de l'an 1200 de l'hégire (1805 de J.-C.).

Papier. 475 feuillets. Hauteur, 34 centimètres; largeur, 20 centimètres. 39 lignes par page. — (Supplément 1395.)

4462 à 4464.

Même ouvrage, accompagné d'une traduction française, par Petis de la Croix. Le premier volume se termine par la lettre ض. Le second volume contient le reste du dictionnaire, et le troisième, la table des matières dressée par le traducteur. Le tout de la main de Petis de la Croix.

Ms. daté des années 1702-1703 de J.-C.

3 vol. Papier. 1213 et 1051 pages et 465 feuillets. Hauteur, 37 centimètres; largeur, 24 centimètres. — (Supplément 2385 à 2387.)

4465.

Extraits du même ouvrage. Copie faite à mi-marge, probablement à Paris, vers la fin du XVIIᵉ siècle. En regard d'un petit nombre d'articles se trouve une traduction latine de la main de Renaudot.

Papier. 399 feuillets. Hauteur, 39 centimètres; largeur, 26 centimètres. 25 lignes par page. — (Supplément 1394.)

4466.

Abrégé du dictionnaire bibliographique de Hadji Khalfa. M. de Sacy a inséré une notice de ce manuscrit dans le tome VIII, p. 200 et suiv., des *Notices et extraits*.

Papier. 404 feuillets. Hauteur, 34 centimètres; largeur, 10 centimètres et demi. 35 lignes par page. Ms. du XVIIIᵉ siècle. — (Supplément 1397 *bis*.)

4467.

Autre abrégé du dictionnaire bibliographique de Hadji Khalfa, intitulé خلاصة تحقيق الظنون في الشروح والمتون.

Papier. 225 feuillets. Hauteur, 23 centimètres; largeur, 15 centimètres. 17 lignes par page. Ms. du XVIIIᵉ siècle. — (Supplément 1398.)

4468.

Même ouvrage.

Papier. 279 feuillets. Hauteur, 22 centimètres; largeur, 16 centimètres et demi. 23 lignes par page. Ms. du XIXᵉ siècle. — (Supplément 1397.)

4469.

Liste de livres dont la plupart traitent de matières de théologie musulmane. La seconde moitié du volume contient un grand nombre de légendes se rapportant aux patriarches et aux prophètes, jusqu'à Jésus-Christ, dont il est fait mention dans le Coran.

Papier. 45 feuillets. Hauteur, 48 centimètres; largeur, 17 centimètres et demi. Environ 57 lignes par page. Ms. du XVIIe siècle. — (Supplément 1399.)

4470.

صلة الخلف بموصول السلف «Traité qui lie nos successeurs à la troupe de nos prédécesseurs», par Mohammad ibn Solaïmân الروداني, mort à Damas l'an 1094 de l'hégire (1683 de J.-C.). L'auteur indique les filières par lesquelles les textes des ouvrages sur les traditions et sur la loi musulmane sont arrivés aux savants de son temps. C'est un catalogue alphabétique de livres avec l'indication des noms des savants qui se sont transmis successivement le texte de chaque ouvrage. Dans le titre, l'auteur joue sur les termes grammaticaux *ṣila* et *mauṣoûl*. L'ouvrage n'a pas de préface. Quatre feuillets, placés en tête du volume, contiennent des certificats d'étude.

Ms. daté de l'an 1142 de l'hégire (1729 de J.-C.).

Papier. 151 feuillets. Hauteur, 22 centimètres et demi; largeur, 16 centimètres et demi. 25 et ensuite 23 lignes par page. — (Supplément 1404.)

4471.

1° Liste des ouvrages d'Al-Râfi'î (الرافعي), docteur schaféite, et de l'imâm Al-Nawawî.

2° (Fol. 1 v°.) Liste chronologique des principaux ouvrages sur le droit schaféite et des docteurs schaféites les plus distingués.

Papier. 10 feuillets. Hauteur, 23 centimètres; largeur, 17 centimètres. 26 et 27 lignes par page. Ms. du XVIIIe siècle. — (Supplément 2160.)

4472.

Catalogue raisonné des ouvrages de Djalâl al-Dîn 'Abd al-Rahmân al-Soyoûṭî. Cette liste est de l'auteur lui-même.

Ms. daté de l'an 1129 de l'hégire (1717 de J.-C.).

Papier. 10 feuillets. Hauteur, 23 centimètres; largeur 16 centimètres et demi. 23 lignes par page. — (Supplément 1401.)

4473.

Liste des ouvrages dont le schaïkh Aḥmad ibn Moṣṭafâ al-Mâlikî al-Azharî al-Ṣabbâgh avait fait une étude spéciale; noms des maîtres sous lesquels il avait étudié ces ouvrages.

Ms. daté de l'an 1178 de l'hégire (1764 de J.-C.).

Papier. 29 feuillets. Hauteur, 22 centimètres et demi; largeur, 16 centimètres. 27 lignes par page. — (Supplément 1403.)

4474.

Catalogue des manuscrits conservés dans les bibliothèques de Constantinople, à savoir les bibliothèques d''Âṭif (عاطف), de Râghib-Pacha (راغب باشا), de Kieupréli, de Nouri-Osmaniyé, d'Ibrâhîm Pacha, d'Aïya Sofia, du sultan Solaïmân, de Hamdîya, d''Âscher Efendi (عاشر افندى), de Yéni-Djâmé, du sultan Bayézîd, de La'lélî (لعلعلى), du sultan Moṣṭafâ. Ces catalogues ont été copiés sur les catalogues originaux de ces bibliothèques, en 1846, par les soins et sous la direction de M. de Slane. Il existe à Constantinople encore d'autres bibliothèques, dont celle d'Aḥmad III, placée au Vieux-Sérail, à Top-Capou, est la plus remarquable.

Papier. 380 feuillets. Hauteur, 26 centimètres; largeur, 18 centimètres. 19 lignes par page. — (Supplément 1405 *bis*.)

4475.

Liste d'ouvrages historiques qui se trouvent dans quelques-unes des bibliothèques de Constantinople.

Papier. 2 feuillets. Hauteur, 40 centimètres; largeur, 16 centimètres. — (Supplément 1405.)

4476.

Catalogue de plusieurs collections de livres qui se trouvaient dans l'endroit (du Caire?) appelé *Portique d'Al-Sâdât al-Schauwâm* (رواق السادات الشوام). Cette liste contient plus de deux mille titres non classés.

Papier. 90 feuillets. Hauteur, 22 centimètres et demi; largeur, 16 centimètres. 13 lignes par page. Ms. du xviiie siècle. — (Supplément 1400.)

4477.

Catalogue des livres qui se trouvent dans deux chambres orientales (حجرتين شرقيتين) du collège d'Aboû ʿOmar (au Caire?). Cette liste a été rédigée en 1032 de l'hégire (1622 de J.-C.), par les soins du bibliothécaire de l'établissement.

Papier. 23 feuillets. Hauteur, 23 centimètres; largeur, 15 centimètres. 27 lignes par page. — (Supplément 1402.)

4478.

Catalogue des manuscrits dont se compose la bibliothèque de la grande mosquée Al-Zaïtoûna (الزيتونة) à Tunis, précédé d'une liste des manuscrits appartenant à « Sid Hassouna Bel Hadj, à Tunis ». A ces documents est jointe une notice rédigée par A. Rousseau et H. Cotelle, interprètes du consulat général de France à Tunis.

Ce ms. a été probablement écrit en 1848 ou 1849.

Papier. 47 feuillets. Hauteur, 32 centimètres; largeur, 21 centimètres. — (Supplément 1399 *bis*.)

4479.

Même ouvrage. Copie faite à Alger, en 1874, sur l'exemplaire de M. Rousseau, par Mlle Lucie de Fauconnet de Fontanier.

Papier. 32 feuillets. Hauteur, 29 centimètres et demi; largeur, 18 centimètres et demi. 30 à 32 lignes par page. — (Supplément 2392.)

4480.

Catalogue de la bibliothèque Al-Ṣâdiqîya de la mosquée Zaïtoûna, à Tunis. Exemplaire imprimé (en 1292 de l'hégire) avec des additions manuscrites.

Papier. 63 feuillets. Hauteur, 45 centimètres; largeur, 15 centimètres. — (Supplément 2504.)

4481.

Inventaire des manuscrits de la bibliothèque d'Asselin de Cherville, en arabe et en français.

Papier. 111 feuillets. Hauteur, 30 centimètres et demi; largeur, 21 centimètres. Il y a en général 7 articles par page. Ms. du xixe siècle. — (Supplément 2161.)

4482.

Liste de fragments de manuscrits qui se trouvaient dans le fonds Asselin, par M. de Slane.

Papier. 6 feuillets. Hauteur, 15 centimètres; largeur, 18 centimètres et demi. Ms. du xixe siècle. — (Supplément 2281.)

4483.

« Cathalogus librorum qui arabice manuscripti in Bibliotheca Illustrissimi Domini D. Petri Seguier supremi Regis Regnique Galliæ cancellarii asservantur. » Ce catalogue a été rédigé en 1657 par le moine capucin Elzéar de Sanxay. A la fin, à titre d'appendice, se trouve une liste des manuscrits turcs, persans et coptes.

Papier. 109 feuillets. Hauteur, 31 centimètres; largeur, 21 centimètres. — (Fonds des catalogues 66 A.)

4484.

Catalogue des manuscrits arabes de la Bibliothèque du Roi, rédigé en 1677, par Pierre Dipy (Diyâb) d'Alep. Les manuscrits sont cotés 368 à 1228.

Papier. 301 feuillets. Hauteur, 37 centimètres; largeur, 25 centimètres. — (Fonds des catalogues 26, fonds des traductions 121.)

4485.

« Catalogus manuscriptorum arabicorum. » Les notices de ce catalogue des manuscrits arabes de la Bibliothèque du Roi commencent par le n° 368. La copie, incomplète à la fin, paraît avoir été exécutée sur un original dont plusieurs feuillets étaient transposés. Elle est suivie d'un abrégé du même catalogue rédigé en français, dont

le dernier numéro est 1228, et d'une liste des manuscrits persans de la Bibliothèque du Roi cotés 1472 à 1609.

Ms. daté de l'an 1718. Il a été sans doute exécuté pour l'abbé Renaudot.

Papier. 142 feuillets, cotés 1 à 56 et 1 à 86. Hauteur, 38 centimètres; largeur, 25 centimètres. — (Fonds des catalogues 26 *bis*, fonds des traductions 122.)

4486 à 4491.

Catalogue des manuscrits 1 à 1952 du supplément arabe de la Bibliothèque nationale. Les notices des manuscrits qui provenaient de la collection d'Asselin de Cherville ont toutes été rédigées par M. de Slane, les autres par M. Reinaud qui a revu l'ensemble du travail. Un certain nombre de bulletins manquent.

6 vol. Papier. Les feuillets sont cotés de 1 à 1952. Hauteur, 25 centimètres; largeur, 18 centimètres. — (Fonds des catalogues 337-342.)

4492 et 4493.

Copie du catalogue contenu sous les n°s 4486 à 4491, de la main de M. Ch. Defrémery. En tête, on lit ce titre de la main de M. Reinaud : «Supplément du Catalogue des manuscrits arabes de la Bibliothèque royale, par M. Reinaud. Paris, 1846.»

2 vol. Papier. 739 pages. Hauteur, 38 centimètres; largeur, 24 centimètres. — (Fonds des catalogues 62.)

4494 à 4501.

Catalogue des manuscrits arabes de la Bibliothèque nationale, par M. Amari. Ce catalogue comprend les n°s 1 à 881 de l'ancien fonds et les n°s 1 à 534, 885 à 954 et quelques manuscrits isolés du supplément.

8 vol. Papier. 256, 208, 190, 335, 122, 132, 154 et 327 feuillets. Hauteur, 24 centimètres; largeur, 19 centimètres. — (Supplément 2361 à 2368.)

4502 à 4504.

Catalogue des manuscrits arabes 883 à 1626 de l'ancien fonds et, à partir du n° 535, d'une partie des manuscrits du supplément, par M. H. Derenbourg.

3 vol. Papier. 356, 374 et 383 feuillets. Hauteur, 24 centimètres; largeur, 19 centimètres. — (Fonds des catalogues 477.)

4505.

Catalogue des manuscrits 1959 *bis* à 2287 du supplément arabe de la Bibliothèque nationale, par M. H. Derenbourg.

Papier. 86 feuillets. Hauteur, 24 centimètres; largeur, 19 centimètres. — (Fonds des catalogues 342 *bis*.)

4506 à 4518.

Catalogue des manuscrits arabes de la Bibliothèque nationale, par M. de Slane. Ce sont les bulletins du présent catalogue.

13 vol. Papier. 332, 466, 528, 474, 303, 358, 266, 295, 260, 254, 273, 400 et 178 feuillets. Hauteur, 25 centimètres; largeur, 20 centimètres. — (Fonds des catalogues 478.)

XXXIV.

OUVRAGES DIVERS ET SUPPLÉMENT.

4519.

Cahier renfermant une nouvelle rédaction des huit premiers psaumes de David. Ce travail, fait par un faussaire musulman, consiste en quelques versets de chaque psaume avec des interpolations en style coranique. Partout Dieu est censé s'adresser à David, dont le nom paraît très souvent. Chacun de ces prétendus psaumes est intitulé «sourate» (سورة) et porte en tête le *bismillah*.

Papier. 7 feuillets. Hauteur, 21 centimètres; largeur, 14 centimètres. 13 lignes par page. Ms. du XVIIe siècle. — (Supplément 1966 *bis*.)

4520.

Les psaumes. Le ms. est incomplet. Il ne reste que les psaumes 1 à 47.

Papier. 34 feuillets. Hauteur, 20 centimètres; largeur, 14 centimètres. 14 lignes par page. Ms. du XIXe siècle. — (Supplément 2427.)

4521.

كتاب الطباخ. Exposition des croyances des Samaritains et défense de leurs doctrines. Le premier chapitre traite du prophétisme et le second des animaux dont il est permis de se servir. Les textes de la Bible sont écrits en caractères samaritains. Commencement : الحمد لله المتفرّد في الوجود الواحد القديم المعبود. L'auteur se nommait Abou 'l-Ḥasan al-Ṣoûrî (الصورى).

Ms. daté de l'an 1103 de l'hégire (1692 de J.-C.).

Papier. 104 feuillets. Hauteur, 33 centimètres; largeur, 22 centimètres. 19 à 21 lignes par page. — (Supplément 1966.)

4522.

Les chapitres I à XI de l'Évangile de saint Mathieu. La copie n'a pas été achevée.

Ms. daté de l'an 1794.

Papier. 16 feuillets. Hauteur, 21 centimètres; largeur, 16 centimètres. 18 lignes par page. — (Supplément 2445.)

4523.

1° المعونة على دفع الهمّ «Ce qui aide à chasser les soucis». Traité de morale composé par Mar Élie, métropolitain nestorien de Nisibe. L'ouvrage se compose de douze chapitres : 1° Sur la piété; 2° Sur la reconnaissance; 3° Sur la continence; 4° Sur l'humilité; 5° Sur la miséricorde; 6° Sur le repentir; 7° Sur la conduite qui est conforme à la raison; 8° Sur l'utilité de prendre l'avis d'autrui; 9° Sur la bonté du caractère; 10° Sur la libéralité; 11° Sur l'équité; 12° Sur la clémence. L'auteur, en parlant de chaque vertu, traite du vice qui en est l'opposé.

2° (Fol. 153 v°.) Traité attribué à Platon et dans lequel ce philosophe recommande la mortification des sens comme le moyen de chasser les soucis.

Ms. daté de l'an 1357 de l'ère des martyrs (1641-1642 de J.-C.).

Papier. 159 feuillets. Hauteur, 20 centimètres et demi; largeur, 15 centimètres. 11 lignes par page. — (Ancien fonds 951.)

4524.

Première partie de la chronique d'Al-Makîn. Copie très fautive.

Ms. daté de l'an 1083 de l'hégire (1672 de J.-C.).

Papier. 238 feuillets. Hauteur, 30 centimètres; largeur, 20 centimètres. 21 lignes par page. — (Ancien fonds 618.)

4525.

النهج السديد والدرّ الفريد فيما بعد تاريخ ابن العميد «Le sentier droit et la Perle unique, faisant suite à l'histoire d'Ibn al-ʿAmîd». Ouvrage composé par Mofaddhal ibn abî 'l-Fadhâïl, chrétien d'Égypte, et renfermant l'histoire très détaillée des sultans mamlouks, depuis l'avènement d'Al-Malik al-Ẓâhir Baïbars, l'an 658 de l'hégire (1260 de J.-C.), jusqu'à la mort d'Al-Malik al-Nâṣir, fils de Qalâwoûn, l'an 741 de l'hégire (1341 de J.-C.). On y trouve de plus la mention de quelques événements qui eurent lieu depuis cette dernière époque jusqu'à l'an 749 de l'hégire. L'auteur, dans son récit, ne se borne pas à l'histoire politique de l'Égypte et de la Syrie; il parle des califes abbasides de la seconde race, et mentionne des faits relatifs aux patriarches jacobites de l'Égypte, aux musulmans de l'Inde et du Yemen et aux Tartares. Il y a inséré aussi quelques pièces diplomatiques. Cet exemplaire, qui est très bien écrit et de la main même de l'auteur (d'après une note du premier feuillet), formait primitivement deux volumes; plus tard, après la disparition d'un assez grand nombre de feuillets, dont quelques-uns se trouvaient en tête du second volume, on les a reliés ensemble.

Papier. 270 feuillets. Hauteur, 25 centimètres et demi; largeur, 17 centimètres et demi. 18 lignes par page. — (Ancien fonds 619, Colbert 4475.)

4526.

Fragment d'une mauvaise copie de l'Histoire des dynasties d'Aboû 'l-Faradj.

Papier. 39 feuillets. Hauteur, 25 centimètres; largeur, 18 centimètres et demi. 20 lignes par page. Ms. du XVII° siècle. — (Supplément 2060.)

4527.

Les sourates 22 à 25 du Coran. On lit, à la fin, cette note : «Livre de prières habituel d'Achmet-bey de Constantine, détrôné en 1837. Trouvé sur sa table. Extraits du Coran.» Puis en dessous : «Donné à Raffet

en 1840 par M. G. de Bussy en remerciement d'un dessin du combat d'Oued-Alleg. A. Raffet.»

Papier. 40 feuillets. Hauteur, 28 centimètres; largeur, 20 centimètres. 9 lignes par page. Ms. du XVIIIe siècle. — (Supplément 2467.)

4528.

1° Les sourates 36 à 91 du Coran.

2° (Fol. 90.) Poème sur les perfections de Dieu, par Mohammad al-Ṣâliḥ.

3° (Fol. 96.) L'Adjorroûmîya.

Ms. daté de l'an 1092 de l'hégire (1681 de J.-C.).

Papier. 101 feuillets. Hauteur, 21 centimètres; largeur, 15 centimètres. 15 à 17 lignes par page. — (Supplément 1933.)

4529.

Copie des textes du Coran inscrits sur les parois du mausolée appelé *Tâdj Mahâll* et érigé à Agra par Schâh-Djahân sur le tombeau de sa femme. Le texte est écrit sur le recto de chaque feuillet. Un essai de traduction anglaise se trouve au verso des premiers feuillets. Ces textes sont suivis de la liste des noms de Dieu et de cinq pièces en persan relatives au monument et à Schâh Djahân.

Ms. daté de l'an 1220 de l'hégire (1805-1806 de J.-C.).

Papier. 72 feuillets. Hauteur, 25 centimètres et demi; largeur, 19 centimètres. 6 lignes par page. — (Supplément 2181.)

4530.

كنز المعانى فى شرح حرز الامانى «Trésor des pensées, commentaire sur l'*Amulette à souhaits*». Commentaire anonyme sur le *Ḥirz al-Amânî*, poème d'Ibn Ferro al-Schâṭibî sur les leçons coraniques. (Voyez *Notices et extraits*, t. VIII, p. 334.) Commencement : الحمد لله مبدى الامم الذى عمّ بالكلم الخ. Le traité d'Ibn Ferro est une *lâmîya* et commence par ce vers :

بدات ببسم الله فى النظم اولا
تبارك رحمانا رحيما وموئلا

En tête du volume se trouve une qaṣîda intitulée منفرجة «qui délivre des soucis», pièce d'une vertu merveilleuse composée par Yoûsof ibn Moḥammad al-Tauzarî (التوزرى), surnommé *Ibn al-Naḥwî* «le fils du grammairien». Suit un autre poème du même genre et attribué à Ḥoddjat al-Islâm Moḥammad ibn Moḥammad ibn Moḥammad al-Ghazâlî. Une troisième pièce, sans nom d'auteur, est une *wasîla*.

Papier. 100 feuillets. Hauteur, 28 centimètres; largeur, 18 centimètres. 24 lignes par page, à l'exception du second cahier qui en porte 29. Ms. du XVIe siècle. — (Ancien fonds 1407.)

4531.

الفرايد السرية فى شرح الجزرية «Les perles magnifiques, commentaire sur le *Djazarîya*». L'auteur, Moḥammad al-Nâdsifî al-Ḥalabî, généralement connu sous le nom d'Ibn al-Ḥanbalî (voyez Hadji-Khalfa, t. VI, p. 79), acheva son travail l'an 941 de l'hégire (1534-1535 de J.-C.).

Ms. daté de l'an 973 de l'hégire (1565-1566 de J.-C.).

Papier. 100 feuillets. Hauteur, 21 centimètres; largeur, 15 centimètres. 19 lignes par page. — (Ancien fonds 1419.)

4532.

Divers traités sur la lecture du Coran :

1° انوار التعريف لذوى التفصيل والتعريف, par Moḥammad ibn Aḥmad ibn abî 'l-Qâsim al-Djozoûlî.

2° (Fol. 7 v°.) Autre traité sur le même sujet, par le schaïkh Aboû ʿAmr ʿOthmân ibn Saʿîd (al-Dânî) al-Maqqarî.

3° (Fol. 15 v°.) التقريب النافع فى الطرق العشرة النافع. Qaṣîda lâmîya, par Moḥammad ibn Aḥmad ibn Djamâʿa al-Maʿzâwî (المعزاوى).

4° (Fol. 23.) تقريب نشر الطيّبة فى القراات العشر الجليلة, par Moḥammad ibn al-Djazarî. La fin manque.

5° (Fol. 43 v°.) La *Schâṭibîya* (حرز الامانى) d'Ibn Ferro.

6° (Fol. 67.) Le poème طيّبة العشر de Moḥammad ibn al-Djazarî sur la lecture du Coran.

Ms. daté de l'an 1149 de l'hégire (1737 de J.-C.).

Papier. 85 feuillets. Hauteur, 23 centimètres; largeur, 17 centimètres. 20 à 30 lignes par page. — (Supplément 2489.)

4533.

1° مرشدة المشتغلين باحكام النون والتنوين «Guide de ceux qui étudient les règles concernant la lettre *noûn* et le *tanwîn*». Traité sur la prononciation du texte du Coran, par Nâṣir al-Dîn Moḥammad al-Ṭablâwî. Cet ouvrage est accompagné d'un commentaire perpétuel dont l'auteur s'appelait Schams al-Dîn Moḥammad al-Behnesî. Commencement du texte : الحمد لله الذى جعلنا من التالين لكتابه. Commencement du commentaire : الحمد لله اوّلا وآخرا وباطنا وظاهرا.

2° (Fol. 62.) Autre traité sur le même sujet. Commencement : اما بعد فهذه رسالة مختصرة فى علم التجويد.

Papier. 68 feuillets (dont quelques-uns sont restés en blanc). Hauteur, 21 centimètres; largeur, 15 centimètres et demi. Dans le premier ouvrage, 21 lignes par page; dans le second, 14 à 19 lignes. Écritures différentes du XVII° et du XVIII° siècle. — (Supplément 1255.)

4534.

1° Poème sur les règles à observer dans la prononciation de certaines lettres du texte du Coran. Le commencement manque. La pièce se termine par ce vers :

مستشفعا بسيد الانام · عليه منى افضل السلام

2° (Fol. 3 v°.) Autre poème sur le même sujet, par Aboû 'l-ʿAbbâs Aḥmad al-Tâzerî. Premier vers :

من بعد حمد الله صليت على

محمد خير نبى ارسلا

3° (Fol. 8.) انوار التعريف لذوى التفصيل والتعريف «Lumières de l'indication pour les hommes de discernement et d'enseignement». Traité en prose, sur le même sujet, par Moḥammad ibn Aḥmad ibn Ghâzî al-Djozoûlî. Commencement : الحمد لله الذى حرك العزايم بخدمة كتابه العزيز. Le dernier feuillet manque.

Papier. 10 feuillets. Hauteur, 21 centimètres et demi; largeur, 14 centimètres. 25 lignes par page. Ms. du XVII° siècle. — (Supplément 2118.)

4535.

كتاب القرءات. Traité sur les leçons du Coran. L'auteur donne d'abord les leçons (حروف) particulières à chaque lecteur, puis celles au sujet desquelles deux ou plusieurs lecteurs sont d'accord. Commencement du premier article, celui d'Ibn Kathîr : باب الواحد ابن كثير وحده باربعة وتسعين حرفا عليهم بكسر الهاء واشباع ضم الميم فى الوصل وكذلك اليهم ولديهم الخ.

Ms. daté de l'an 773 de l'hégire (1371-1372 de J.-C.).

Papier. Hauteur, 14 centimètres; largeur, 9 centimètres et demi. 15 lignes par page. — (Ancien fonds 1365.)

4536.

Traité de la prononciation du Coran (تجويد). Résumé des notions les plus importantes.

Papier. 15 feuillets. Hauteur, 21 centimètres et demi; largeur, 15 centimètres. 7 lignes par page. Ms. du XVIII° siècle. — (Supplément 1253.)

4537.

Recueil de dissertations sur certains passages du Coran, sur certaines traditions et sur quelques points de morale. Chacune de ces pièces commence par une préface qui remplit ordinairement deux ou trois pages. En tête du volume, on lit ce titre : روضة العاشقين وزهرة الطالبين, ouvrage attribué au schaïkh Aḥmad al-Ḥanafî الملخّص بالحصولى.

Papier. 150 feuillets. Hauteur, 21 centimètres; largeur, 15 centimètres. 17 lignes par page. Ms. du XVIII° siècle. — (Supplément 1354.)

4538.

La *Mowaṭṭâ*. (Voyez ci-dessus n° 675 et suiv.)
Ms. daté de l'an 596 de l'hégire (1200 de J.-C.).

Vélin. 110 feuillets. Hauteur, 23 centimètres; largeur, 18 centimètres. 23 lignes par page. — (Supplément 2485.)

4539.

Fragment d'un *Arbaʿîn*.

Papier. 4 feuillets. Hauteur, 20 centimètres et demi; largeur, 15 centimètres et demi. 23 lignes par page. Ms. du XVIII° siècle. — (Supplément 1963 *bis*.)

4540.

1° حلل الاصطفاء بشم المصطفى. Commentaire sur le شم المصطفى, par Ismâ'îl ibn Ghonaïm al-Djauharî. (Voyez ci-dessus n° 716.)

2° (Fol. 47 v°.) Texte du شم المصطفى.

Papier. 62 feuillets. Hauteur, 21 centimètres; largeur, 16 centimètres. 27 lignes par page. Ms. du XVIIe siècle. — (Supplément 2012.)

4541.

الاصول «Les Principes». Traité de théologie et de droit canonique, par 'Alî ibn Moḥammad al-Pazdawî. Commencement : الحمد لله خالق النسم ورازق القِسَم.

Nombreuses notes marginales et interlinéaires.

Ms. daté de l'an 788 de l'hégire (1376 de J.-C.).

Papier. 216 feuillets. Hauteur, 26 centimètres et demi; largeur, 18 centimètres. 13 à 17 lignes par page. — (Supplément 2166.)

4542.

1° قرّة عين الطالب «Plaisir pour l'écolier». Texte versifié du منار الانوار, traité élémentaire de jurisprudence d'Aboû 'l-Barakât 'Abd Allah Ḥâfiẓ al-Dîn al-Nasafî. Premier, quatrième et huitième vers :

الحمد لله الذى هدانا
الى طريق الحق واجتبانا
وبعد فالمنار متن فايق
بالحفظ ما بين المتون لايق
وان تسل عن اسمها يا صاحبى
والعد قل قرة عين الطالب

2° (Fol. 32 v°.) Poème dans lequel tous les adjectifs sont tirés de la terminologie de la science des traditions. L'auteur les a employés en dissimulant leur véritable sens (على سبيل التورية).

3° (Fol. 33 v°.) Poème qui renferme la solution des questions singulières (مسايل غرايب) qui se présentent dans les traités de jurisprudence hanéfite. L'auteur suit l'ordre de chapitres généralement reçu dans ces traités.

4° (Fol. 65 v°.) Poème sur le partage des successions.

5° (Fol. 69 v°.) المقدّمة الجزريّة. Introduction à la la lecture du Coran, par Moḥammad ibn Moḥammad al-Djazarî.

6° (Fol. 73 v°.) Éléments de jurisprudence hanéfite, en vers. Commencement :

لك الحمد اللّهمّ ربّ البريّة
وللمصطفى والال خير التحيّة
وبعد فهذه النظم عقد عقايد
على راى اهل سنّة وجماعة

7° (Fol. 76 v°.) Traité de prosodie, en vers. Commencement :

وللشعر ميزان تسمّى عروضه
بها النقص والرجحان يدريهما الفتى

8° (Fol. 80 v°.) Traité de logique, en vers. Commencement :

بحمد لفيّاض الجدى وتحية
لخير الورى مع آله والصحابة

9° (Fol. 85 v°.) Traité de rhétorique, en vers. Commencement :

يقول عبد الحىّ وهو الحنفى   مقال عبدٍ عمّه اللطف الخفى

10° (Fol. 103 v°.) Traité de grammaire, en vers. Commencement :

تيمنت بسم الله مبدى البريّة
مفيض الجدى معطى العطا بالنيّة

Cet ouvrage a été composé en l'an 900 de l'hégire (1494-1495 de J.-C.).

11° (Fol. 133 v°.) Traité des flexions grammaticales (علم الصرف), en vers. Commencement :

لمن اوجد الاشياء حمدى ومدحتى
على ما علا نعماؤه وتوالت

À la fin se trouvent quelques prières.

Ms. daté de l'an 1078 de l'hégire (1667-1668 de J.-C.).

Papier. 148 feuillets. Hauteur, 20 centimètres et demi; largeur, 11 centimètres. 17 lignes par page. — (Ancien fonds 1435, Colbert 5221.)

4543.

Rédaction en vers du commentaire d'Aboû Moḥammad Maḥmoûd ibn Aḥmad al-ʿAïnî sur le *Madjmaʿ al-Baḥrain*, traité de droit hanéfite d'Ibn al-Saʿâtî. Commencement :

بدات بيسم الله نظمى تغوّلا
وشكرى لرحمن رحيم موئّلا

Le titre البحار فى المذاهب الاربعة «Les océans, traité sur les quatre écoles de jurisprudence», inscrit dans un médaillon qui occupe le centre de la première page, est apocryphe.

Ms. daté de l'an 864 de l'hégire (1459-1460 de J.-C.).

Papier. 175 feuillets. Hauteur, 27 centimètres et demi; largeur, 16 centimètres et demi. 13 lignes par page. — (Ancien fonds 1390.)

4544.

1° Même ouvrage.

2° (Fol. 19.) Traité de jurisprudence, en vers. Le commencement et la fin manquent. Ce sont des *fetwas* du schaïkh Aboû Ḥanîfa et de son disciple Moḥammad ibn al-Ḥasan al-Schaïbânî. Le titre de chaque cas commence par le mot كتاب (كتاب البيوع, كتاب النكاح, كتاب الذباح, etc.).

Nombreuses notes marginales.

3° (Fol. 61.) Fragment d'un traité de jurisprudence. Les sous-titres commencent en général par les mots فصل فى.

4° (Fol. 69.) Fragment d'un traité de jurisprudence, chapitre des purifications.

5° (Fol. 70.) Quelques traditions de Mahomet.

6° (Fol. 75.) Quelques traditions en turc.

7° (Fol. 80.) Fragment d'un chapitre sur les successions.

8° (Fol. 81.) Fragment d'un chapitre sur le droit de préemption.

9° (Fol. 84.) Fragment d'un traité de droit, chapitre du payement fait d'avance et de l'interdiction, etc.

10° (Fol. 92.) Fragment d'un traité de droit, chapitres des dommages commis par des esclaves ou par des animaux.

11° (Fol. 94.) Fragment d'un traité de droit, chapitres de l'affranchissement, du talion, etc.

12° (Fol. 199.) Fragments de divers traités de droit.

Papier. 277 feuillets. Hauteur, 22 centimètres; largeur, 15 centimètres et demi. Diverses écritures du XVIe siècle. — (Ancien fonds 1437.)

4545.

1° Album renfermant une grande quantité de notes et d'extraits, dont le plus considérable (fol. 18 v°) est un chapitre pris dans un traité de jurisprudence et consacré à l'état d'impureté légale dans lequel les femmes se trouvent à la suite de leurs infirmités périodiques et des accouchements.

2° (Fol. 40.) Le *Minhâdj al-Ṭâlibîn*, traité de droit schaféite, par Moḥyî al-Dîn ibn Scharîf al-Nawawî.

3° (Fol. 279 v°.) Liste des animaux purs et impurs, selon la doctrine schaféite.

4° (Fol. 281 v°.) Explication des termes particuliers au droit schaféite qui se rencontrent dans le *Minhâdj*.

Notes marginales et interlinéaires.

Ms. daté de l'an 1070 de l'hégire (1659-1660 de J.-C.).

Papier. 296 feuillets. Hauteur, 20 centimètres; largeur, 13 centimètres. 13 à 15 lignes par page. Écritures diverses. — (Supplément 2108.)

4546.

Commentaire du schaïkh Djalâl al-Dîn al-Maḥallî sur le *Minhâdj al-Ṭâlibîn* d'Al-Nawawî.

Notes marginales et interlinéaires.

Ms. daté de l'an 942 de l'hégire (1533 de J.-C.).

Papier. 295 feuillets. Hauteur, 26 centimètres; largeur, 19 centimètres. 31 lignes par page. — (Supplément 2469.)

4547.

Commentaire du chérif al-Ḥasanî al-Nassâb sur un traité de droit, en vers, de Schihâb al-Dîn Aḥmad ibn Yoûsof al-Aqfahsî intitulé الاقتصاد فى كفاية العقّاد. (Comparez, ci-dessus, n° 1029.) La première partie de ce traité a pour sujet le mariage. Commencement : الحمد لله الذى خلق الخلق بقدرته. Premier vers du poème :

الحمد لله الذى يحمد   وفى السماء عرشه واشهد

Ms. daté de l'an 995 de l'hégire (1587 de J.-C.).

Papier. 266 feuillets. Hauteur, 20 centimètres et demi; largeur, 15 centimètres. 21 lignes par page. — (Supplément 1575.)

4548.

تنوير المقالة في حل الفاظ الرسالة. Commentaire sur le traité de droit malékite d'Aboû-Moḥammad ʿAbdallah ibn abî Zaïd al-Qaïrawânî, par Aboû ʿAbdallah Moḥammad ibn Ibrâhîm ibn Khalîl al-Tatâî.

Ms. daté de l'an 1091 de l'hégire (1680 de J.-C.).

Papier. 357 feuillets. Hauteur, 21 centimètres; largeur, 15 centimètres. 23 lignes par page. — (Supplément 2477.)

4549.

Seconde partie du توضيح, commentaire sur l'abrégé de droit d'Ibn al-Ḥâdjib. (Voyez Hadji-Khalfa, t. II, p. 465, et t. V, p. 441.)

Ms. daté de l'an 998 de l'hégire (1590 de J.-C.).

Papier. 177 feuillets. Hauteur, 28 centimètres; largeur, 21 centimètres. 33 lignes par page. — (Supplément 2493.)

4550.

L'abrégé de droit malékite de Sîdî-Khalîl. Les feuillets 155 à 163 sont transposés.

Ms. daté de l'an 1182 de l'hégire (1768 de J.-C.).

Papier. 163 feuillets. Hauteur, 17 centimètres; largeur, 13 centimètres. 17 lignes par page. — (Supplément 2474.)

4551.

Même ouvrage. Il y a quelques lacunes.

Papier. 318 feuillets. Hauteur, 10 centimètres; largeur, 11 centimètres. 10 lignes par page. Ms. du XVIIIe siècle. — (Supplément 2475.)

4552.

Première partie du grand commentaire de Tâdj al-Dîn Bahrâm ibn ʿAbdallah al-Damîrî sur l'abrégé de Sîdî Khalîl.

Ms. daté de l'an 972 de l'hégire (1565 de J.-C.).

Papier. 246 feuillets. Hauteur, 27 centimètres; largeur, 18 centimètres. 33 lignes par page. — (Supplément 2470.)

4553.

Seconde partie du petit commentaire de Bahrâm al-Damîrî sur l'abrégé de Sîdî-Khalîl. Copie exécutée pour le sultan du Darfour, Ibrâhîm ibn Bâkoû, mort en 1050 de l'hégire.

Papier. 176 feuillets. Hauteur, 29 centimètres; largeur, 20 centimètres. 35 lignes par page. — (Supplément 2476.)

4554.

Première partie du commentaire de Nâṣir al-Dîn al-Loqânî sur l'abrégé de Sîdî-Khalîl. La fin manque.

Papier. 257 feuillets. Hauteur, 29 centimètres; largeur, 21 centimètres. 32 lignes par page. Ms. du XIXe siècle. — (Supplément 2496.)

4555.

كتاب جواهر الدرر في حل الفاظ المختصر. Première partie du commentaire d'Aboû ʿAbdallah Moḥammad ibn Ibrâhîm ibn Khalîl al-Tatâî sur l'abrégé de Sîdî-Khalîl. Notes marginales.

Papier. 135 feuillets. Hauteur, 29 centimètres; largeur, 22 centimètres. 31 lignes par page. Ms. du XVIe siècle. — (Supplément 2505.)

4556.

Première partie du commentaire d'Al-Kharaschî sur l'abrégé de Sîdî-Khalîl. Le commencement manque. Notes marginales.

Papier. 164 feuillets. Hauteur, 31 centimètres; largeur, 22 centimètres. Environ 40 lignes par page. Ms. du XVIIIe siècle. — (Supplément 2486.)

4557.

Seconde partie du même ouvrage. Notes marginales.

IMPRIMERIE NATIONALE.

Ms. daté de l'an 1123 de l'hégire (1711 de J.-C.).

Papier. 264 feuillets. Hauteur, 30 centimètres; largeur, 21 centimètres. 34 lignes par page. — (Supplément 2492.)

4558.

Premier volume de la seconde partie du même ouvrage.

Notes marginales.

Ms. daté de l'an 1103 de l'hégire (1692 de J.-C.). A la fin se trouve, d'une autre écriture, le chapitre الفرائض d'un autre commentaire.

Papier. 236 feuillets. Hauteur, 27 centimètres; largeur, 19 centimètres. 27 lignes par page. — (Supplément 2506.)

4559.

Second volume de la seconde partie du même ouvrage.

Ms. daté de l'an 1146 de l'hégire (1733 de J.-C.).

Papier. 152 feuillets. Hauteur, 25 centimètres; largeur, 18 centimètres. 34 lignes par page. — (Supplément 2487.)

4560.

Seconde partie du commentaire d'Ibrâhîm al-Schobrakhîtî sur l'abrégé de Sîdî-Khalîl. La fin, à partir du chapitre المساقات, manque.

Papier. 167 feuillets. Hauteur, 33 centimètres; largeur, 23 centimètres. 44 lignes par page. Ms. du XVIIIe siècle. — (Supplément 2468.)

4561.

Première partie d'un commentaire sur l'abrégé de Sîdî-Khalîl. Le commencement manque. A la fin on lit : تمّ الجزء الاول من الدرر فى شرح المختصر.

Notes marginales.

Ms. daté de l'an 1069 de l'hégire (1656 de J.-C.).

Papier. 197 feuillets. Hauteur, 29 centimètres; largeur, 21 centimètres. 32 à 36 lignes par page. — (Supplément 2507.)

4562.

Seconde partie d'un commentaire sur l'abrégé de Sîdî-Khalîl.

Papier. 187 feuillets. Hauteur, 28 centimètres; largeur, 22 centimètres. 33 lignes par page. Ms. du XVIIIe siècle. — (Supplément 2491.)

4563.

Second volume d'un commentaire sur un traité de droit, commençant au milieu du chapitre (باب) de la prière. Viennent ensuite les chapitres de la dîme, du jeûne et de la pratique des doctrines qu'on a apprises (العمل بالعلم).

Papier. 186 feuillets. Hauteur, 28 centimètres et demi; largeur, 20 centimètres. 22 lignes par page. Ms. du XVIe siècle. — (Ancien fonds 278.)

4564.

Première partie d'un traité de droit, divisé en sections (باب) et en paragraphes (فصل), qui commence par la section de la purification et finit par celle de la prière. Chaque paragraphe renferme une question à résoudre et la solution donnée par l'un ou l'autre des quatre grands imâms, chefs d'école. Les premiers feuillets manquent; il en manque d'autres dans le corps de l'ouvrage et plusieurs feuillets sont transposés.

Papier. 130 feuillets. Hauteur, 26 centimètres; largeur, 17 centimètres et demi. 21 lignes par page. Ms. du XVIe siècle. — (Ancien fonds 580 *bis*, Colbert 4274.)

4565.

1° Poème didactique sur le partage des successions, par Aboû Isḥâq Ibrâhîm ibn abî Bakr al-Anṣârî al-Tilimsânî, accompagné d'un commentaire, par Aḥmad ibn Sa'îd al-Bodjâî al-Zawâwî al-Schâṭ. Le poème a été composé en 635 de l'hégire (1237-1238 de J.-C.).

2° (Fol. 109 v°.) Autre commentaire sur le même poème, par 'Alî ibn Moḥammad al-Qoraschî al-Qalaṣâdî, composé au Caire en 808 de l'hégire (1406 de J.-C.).

Ms. daté de l'an 1070 de l'hégire (1659-1660 de J.-C.).

Papier. 152 feuillets. Hauteur, 21 centimètres et demi; largeur, 15 centimètres. 20 lignes par page. — (Supplément 1594 *bis*.)

4566.

منظومة النسفى. Traité en vers sur les différences de doctrine (خلافيات) qui existent entre les quatre écoles orthodoxes de jurisprudence, par Aboû Ḥafṣ ʿOmar ibn Moḥammad al-Nasafî, mort en 537 de l'hégire (1142-1143 de J.-C.). Commencement :

بسم الاله ربّ كل عبد   والحمد لله ولى الحمد
ثم التحيات بغير عدد   على النبى المصطفى محمد
وبعد قد قال ابو حفص عمر   يرحمه الله وعقباه عمر

Notes marginales et interlinéaires.

Exemplaire restauré, d'après une indication qu'on lit sur le recto du premier feuillet; il date de l'an 762 de l'hégire (1360-1361 de J.-C.); le premier cahier est du XVIe siècle.

Papier. 170 feuillets. Hauteur, 18 centimètres; largeur, 13 centimètres. 9 lignes par page. — (Ancien fonds 1436.)

4567.

Même ouvrage.

Notes marginales et interlinéaires.

Ms. daté de l'an 766 de l'hégire (1364 de J.-C.).

Papier. 141 feuillets. Hauteur, 19 centimètres; largeur, 13 centimètres et demi. 13 lignes par page. — (Ancien fonds 1434.)

4568.

Même ouvrage.

Notes marginales et interlinéaires.

Les derniers feuillets, à partir du folio 119, sont de l'an 936 de l'hégire (1529-1530 de J.-C.).

Papier. 146 feuillets. Hauteur, 26 centimètres et demi; largeur, 18 centimètres. 11 lignes par page. Ms. du XVe siècle. — (Ancien fonds 1385.)

4569.

Second volume du commentaire de Borhân al-Dîn Ibrâhîm ibn Aḥmad, de Mossoul, sur la *Manẓoûma* d'Al-Nasafî. La fin manque. Selon Hadji-Khalfa (t. VII, p. 196), ce commentateur mourut l'an 652 de l'hégire (1254-1255 de J.-C.).

Papier. 181 feuillets. Hauteur, 20 centimètres et demi; largeur, 17 centimètres. 25 lignes par page. — (Ancien fonds 1388, Colbert 4318.)

4570.

حقايق المنظومة «Les vérités de la *Manẓoûma*». Commentaire de Maḥmoûd ibn Dâwoûd al-Louloui al-Bokhârî al-Afschandjî (الافشنجى), mort en 671 de l'hégire (1272-1273 de J.-C.), sur la *Manẓoûma* d'Al-Nasafî. Commencement : الحمد لله الاحد بذاته الواحد فى صفاته.

Notes marginales.

Papier. 283 feuillets. Hauteur, 29 centimètres; largeur, 18 centimètres et demi. 20 à 24 lignes par page. Ms. du XIIIe siècle. — (Ancien fonds 1387.)

4571.

المصفى «Le purifié». Commentaire sur la *Manẓoûma* d'Al-Nasafî, par Aboû (*sic*) ʿAbdallah ibn Aḥmad ibn Maḥmoûd al-Nasafî. (Voyez fol. 214.) L'auteur dit en avoir achevé la composition en 670 de l'hégire (1271 de J.-C.). Commencement : الحمد لمن عمّت نعمته والشكر لمن سبقت رحمته.

Ms. daté de l'an 855 (ضنه) de l'hégire (1451 de J.-C.).

Papier. 214 feuillets. Hauteur, 28 centimètres; largeur, 18 centimètres et demi. 27 lignes par page. — (Ancien fonds 1386.)

4572.

منظومة ابن وهبان. Traité en vers sur le système de jurisprudence enseigné par Aboû Ḥanîfa, par ʿAbd al-Wahhâb ibn Aḥmad, surnommé Ibn Wahbân, de Damas, mort en 768 de l'hégire (1366-1367 de J.-C.). Commencement :

بدأتنا بالحمد لله اجدر   وما ليس مبدوا به فهو ابتر

Ms. daté de l'an 1005 de l'hégire (1597 de J.-C.).

Papier. 31 feuillets. Hauteur, 26 centimètres et demi; largeur, 16 centimètres. 17 vers par page. — (Ancien fonds 1389.)

4573.

Commentaire sur un formulaire d'actes notariés. Le commencement manque, ainsi que les derniers feuillets.

Papier. 151 feuillets. Hauteur, 21 centimètres; largeur, 14 centimètres. 25 à 29 lignes par page. Ms. du XVIe siècle. — (Supplément 2143.)

4574.

1° عنوانات. Choix de formules préliminaires pour les actes de mariage, de vente et de constitution de *waqf*. Les rubriques sont en langue turque.

2° (Fol. 9 v°.) Formulaire d'actes notariés, à l'usage des cadis, divisé en neuf sections, par Aboû 'l-Sa'oûd ibn Moḥammad al-Isklîbî (الاسكليبى).

3° (Fol. 33.) Copie de quelques firmans (خط همايون شريف).

Les deux premiers traités sont de la même main; le second est daté de l'an 990 de l'hégire (1582 de J.-C.).

Papier. 35 feuillets. Hauteur, 24 centimètres et demi; largeur, 12 centimètres et demi. 25 lignes par page. — (Supplément 2119.)

4575.

Acte original d'une fondation pie constituée au Caire, l'an 1163 de l'hégire (1750 de J.-C.), par un officier des janissaires, nommé Aḥmad ibn 'Abdallah. La pièce porte les signatures des cadis et de plusieurs témoins.

Rouleau, long de 3 mètres et large de 37 centimètres. En tête, une grosse vignette d'une exécution peu élégante. — (Supplément 2042.)

4576.

Rouleau composé de six actes originaux de fondations pies et renfermant un *fatwa* relatif à une condition énoncée dans un de ces actes. Une de ces pièces est datée de l'an 1202 de l'hégire (1787-1788 de J.-C.).

Rouleau, long de plus de 13 mètres et large de 26 centimètres et demi. En tête, une vignette. — (Supplément 2043.)

4577.

1° Prière en vers, attribuée à l'imâm Al-Schâfi'î. Extrait de l'ouvrage intitulé العوارف.

2° (Fol. 2.) رسالة القيام لاهل التكريم والاحترام «Traité sur l'obligation de se lever devant les hommes dignes de considération et de respect», par Moḥyî al-Dîn Yaḥyâ ibn Scharaf al-Nawawî. Dans cet ouvrage, qui a été composé en 665 de l'hégire (1266-1267 de J.-C.), l'auteur cite, avec un grand appareil d'autorités, les traditions qui commandent cet acte (fol. 4), et celles (fol. 14 v°) qui le condamnent. Commencement : الحمد لله الذى هدانا للاسلام وتابع علينا من احسانه والطافه الجسام.

3° (Fol. 19.) عقد اللآلى فى الاحاديث المسلسلة والعوالى «Collier de perles, traité sur les traditions remontant sans interruption à Mahomet ou à de très hautes autorités», par Moḥammad ibn Moḥammad al-Djazarî. Cette collection a été formée à Schîrâz en 808 de l'hégire (1406 de J.-C.). Commencement : الحمد لله على ما منّ من الكتاب والسنة.

4° (Fol. 31 v°.) Autre recueil de traditions du même genre, par le même auteur.

5° (Fol. 40.) تحفة ذوى الرشد فى الاحاديث الثنائيّة السند «Cadeau pour les hommes à l'esprit droit, renfermant les traditions à double *isnâd*». Petit traité composé, en 755 de l'hégire (1354 de J.-C.), par 'Abd al-Raḥmân ibn al-Mo'ammar al-Wâsiṭî. Commencement : اما بعد حمد الله على سالف احسانه.

6° (Fol. 42 v°.) اختصار علوم الحديث «Résumé des connaissances qui se rapportent aux traditions», par Aboû 'l-Fidâ Ismâ'îl ibn 'Omar, surnommé 'Imâd al-Dîn. L'auteur traite des sources d'où proviennent les traditions de Mahomet et des soixante-cinq catégories dans lesquelles on les a classées. Commencement : وبعد فان علم الحديث النبوى اعتنى بالكلام فيه جماعة.

7° (Fol. 77.) Fragment d'un commentaire sur un ouvrage traitant des classes des traditionnistes.

8° (Fol. 87.) كتاب الموقظة «L'éveil». Traité sur les diverses classes de traditions, par Moḥammad ibn Aḥmad al-Dsahabî. Ce sont les premières pages seulement.

9° (Fol. 90.) Extraits du commentaire d''Imâd al-Dîn ibn Kathîr sur le Coran.

10° (Fol. 93.) Commentaire de Hâroûn ibn Moûsâ ibn al-Djonaïd sur un recueil de quarante traditions formées par son grand-père. Commencement : الحمد لله الذى انزل كلامه على نبيه.

11° (Fol. 96 v°.) اسناد الذكر والخرقة. Exposé de la filière par laquelle furent transmis le froc et l'office à un derviche nommé Al-Djonaïd ibn Maḥmoûd ibn 'Omar al-'Omarî.

12° (Fol. 97 v°.) Prière ou office dont il est fait mention dans l'article précédent.

13° (Fol. 98 v°.) متن عقايد عضدى. Texte de la profession de foi d'ʿAdhod al-Dîn ʿAbd al-Raḥmân ibn Aḥmad al-Îdjî.

14° (Fol. 99.) Commentaire de Fakhr al-Dîn Moḥammad ibn ʿOmar al-Râzî sur la sourate intitulée *Al-Ikhlâṣ*.

15° (Fol. 101 v°.) Commentaire (du même auteur?) sur une autre sourate du Coran.

16° (Fol. 106.) Dernière partie de la première moitié du traité intitulé دستور المذكّرين «Manuel des derviches», par Aboû Moûsâ al-Madînî. Cette section commence par les mots ذكر يوم النَيْروز. La fin manque.

17° (Fol. 112.) Note sur le jour de l'an (*nawroûz*), en persan. Le commencement manque.

18° (Fol. 113 v°.) Commentaire sur la sourate *Al-Ikhlâṣ*, par un derviche nommé Hâroûn ibn Moûsâ. La fin manque.

19° (Fol. 117.) Commentaire de la *Borda*. Le premier feuillet, contenant l'introduction et le premier vers avec l'explication, manque.

20° (Fol. 146.) Dernier feuillet d'une dissertation métaphysique.

21° (Fol. 146 v°.) Traité du nom (لفظ), sa définition et ses diverses espèces.

22° (Fol. 147 v°.) Traité dans lequel on pose pour principe que le rapport qui existe entre la faculté perceptive et les perceptions est comme le rapport qui existe entre la vue et les objets aperçus. Commencement : اعلم ان نسبة البصيرة الى مدركاتها كنسبة البصر الى محسوساتها.

23° (Fol. 149.) Autre traité philosophique qui commence par ces mots : الناظر في المرآة ربّما كان متوجّها الى الصورة المرتسمة فيها ومشتغلة.

24° (Fol. 150.) Premières lignes du traité mystique intitulé هيكل النور «Temple de lumière».

La plupart des pièces sont de la même main.

Papier. 150 feuillets. Hauteur, 24 et 25 centimètres; largeur, 15 centimètres. 19 à 30 lignes par page. Ms. du XVIᵉ siècle. — (Ancien fonds 1562.)

4578.

1° Le *Dalâïl al-Khaïrât* d'Al-Djozoûlî.

2° (Fol. 81 v°.) Prière que l'on récite après avoir fini la lecture du *Dalâïl al-Khaïrât*.

3° (Fol. 83.) Poème à la louange de Dieu intitulé المرزوقية.

4° (Fol. 94.) Poème du même genre intitulé الحجرية.

5° (Fol. 98.) الملغومة (ou الملضومة). Pièce du même genre.

Papier. 111 feuillets. Hauteur, 11 centimètres; largeur, 8 centimètres et demi. 12 lignes par page. Ms. du XVIIIᵉ siècle. — (Supplément 2141.)

4579.

Abrégé du احياء علوم الدين de Ghazâlî. En tête du volume, on lit ce titre : كتاب مختصر احيا علوم الدين لمؤلفه الشيخ الامام... ابى حامد محمد بن محمد الغزالى... Commencement : قال الامام حجة الاسلام ابو حامد محمد بن محمد الغزالى قدس الله روحه ونور ضريحه، الحمد لله على جميع نعمه حتى توفيقه لحمده الخ.

Papier. 123 feuillets. Hauteur, 21 centimètres; largeur, 14 centimètres. 19 lignes par page. Ms. du XVIᵉ siècle. — (Supplément 2437.)

4580.

1° بوارق الالماع والرّد على من يحرم السماع بالاجماع. Réfutation de l'opinion qui proscrit la musique dans les réunions religieuses, par Aḥmad ibn Moḥammad al-Ghazâlî.

2° (Fol. 14.) Collection de préfaces et de titres de lettres.

3° (Fol. 54.) كفاية القنوع بالعمل بالربع المقطوع. Traité de Sibṭ al-Mâridînî sur l'emploi du quart de cercle tronqué.

4° (Fol. 62 v°.) Traité de Moḥammad ibn ʿOmar ibn Ṣiddîq al-Bakrî sur l'emploi de l'astrolabe. Titre : بغية الطلّاب في العمل بالاسطرلاب.

5° (Fol. 73 v°.) Traité des quatre saisons de l'année, des divisions des temps, des heures de la prière, de la direction de la *qibla*, par ʿAbd al-Raḥmân al-Tâdjoûrî al-Maghribî.

6° (Fol. 86.) كتاب هرمس الهرامسة المنقول من كتاب ادريس. Traité d'astrologie et de divination.

7° (Fol. 102.) Traité de l'horoscope.

8° (Fol. 131.) Notes, figures et tableaux se rapportant à l'astrologie et à la divination.

Papier. 138 feuillets. Hauteur, 20 centimètres et demi; largeur, 15 centimètres. Environ 25 lignes par page. Écritures diverses du XVIIe siècle. — (Supplément 1921.)

4581.

1° Traité de théologie et de morale, divisé en chapitres (باب). La préface et une partie de la table des chapitres manquent. Cet ouvrage renferme un grand nombre de vers, de traditions et d'histoires pieuses.

2° (Fol. 77 v°.) Dissertation sur les principes de la foi musulmane.

3° (Fol. 79.) Biographie d'ʿAbd al-Qâdir al-Djîlî (ou al-Djîlânî). La fin manque.

4° (Fol. 96.) Fragment d'un traité de morale.

5° (Fol. 98 v°.) Exhortation par Aboû 'l-ʿAbbâs Aḥmad ibn ʿAṭâ Allah.

Papier. 110 feuillets. Hauteur, 27 centimètres; largeur, 19 centimètres. 31 lignes par page. Ms. du XVIe siècle. — (Supplément 2490.)

4582.

Commentaire d'ʿAlî ibn Solṭân ibn Moḥammad al-Qârî sur la qaṣîda بدء الامالى (voy. ci-dessus n° 1251, 1°).

Ms. daté de l'an 1153 de l'hégire (1740 de J.-C.).

Papier. 45 feuillets. Hauteur, 21 centimètres; largeur, 15 centimètres. 19 lignes par page. — (Supplément 1936.)

4583.

1° Commentaire de Moḥammad ibn Yoûsof al-Sanoûsî, sur son traité de l'unité divine intitulé : مقدّمات «Connaissances préliminaires». Commencement : هذه كلمات قصدت بها شرح ما وضعته على المقدمات الخ. Commencement du texte : الحكم اثبات امر او نفيه وينقسم الى ثلاثة اقسام شرعى وعادى وعقلى.

2° (Fol. 33 v°.) عمدة اهل التوفيق والتسديد فى شرح عقيدة اهل التوحيد «Appui de ceux qui sont favorisés et dirigés par la grâce de Dieu, traité servant de commentaire à l'ouvrage intitulé Profession de foi des unitaires». Le texte et le commentaire sont de Moḥammad ibn Yoûsof al-Sanoûsî. Commencement : الحمد لله الذى شرح صدور العلماء الراسخين.

Ms. daté de l'an 1105 de l'hégire (1694 de J.-C.).

Papier. 166 feuillets. Hauteur, 20 centimètres et demi; largeur, 15 centimètres. 25 lignes par page. — (Supplément 1345.)

4584.

Commentaire de Moḥammad ibn Yoûsof al-Sanoûsî sur son ouvrage intitulé امّ البراهين «Source des preuves», exposé des preuves des articles de la foi musulmane. Commencement : الحمد لله الواسع الجود والعطاء.

Papier. 49 feuillets. Hauteur, 22 centimètres; largeur, 16 centimètres et demi. 21 à 23 lignes par page. Ms. du XVIIIe siècle. — (Supplément 1341.)

4585.

1° عقيدة الجزايرية. ʿAqîda sur l'unité de Dieu et les dogmes de la religion, par Aboû 'l-ʿAbbâs Aḥmad ibn ʿAbdallah al-Djazâïrî, suivi de l'ʿaqîda de Schaïbânî.

2° (Fol. 16.) Commentaire sur l'ʿaqîda d'Aboû Madyan.

3° (Fol. 31 v°.) Commentaire sur un *taṣrîf* ou traité des déclinaisons.

4° (Fol. 41.) Commentaire d'ʿIṣâm al-Dîn Moḥammad sur le traité des métaphores d'Aboû 'l-Qâsim al-Laïthî al-Samarqandî.

5° (Fol. 60.) كتاب اللمع فى علم الحساب. Petit traité d'arithmétique, par Schihâb al-Dîn Aḥmad ibn al-Hâïm.

6° (Fol. 74.) كتاب الدرّ المنظم فى الاسم الاعظم. Traité sur le grand nom de Dieu attribué à Djalâl al-Dîn al-Soyoûṭî.

7° (Fol. 78 v°.) Traité de prosodie, en turc.

8° (Fol. 136 v°.) *Pend-Nâmè*, poème persan de Farîd al-Dîn ʿAṭṭâr. Le commencement du texte est accompagné d'une traduction turque interlinéaire. La fin manque.

Le premier ouvrage est daté de l'an 1069 de l'hégire; le second, de l'an 1075; le troisième, de l'an 1082; le quatrième, de l'an 1149.

Papier. 165 feuillets. Hauteur, 21 centimètres; largeur, 15 centimètres. Écritures diverses du XVIIe et du XVIIIe siècle. — (Supplément 1929.)

4586.

1° Explication des noms de Dieu. En tête du volume

on lit ce titre : شرح اسماء الله الحسنى للشيخ عمر ابن عبد الرحيم ابن يحيى الخطيب.

2° (Fol. 65 v°.) الرقايق. Recueil d'historiettes.

3° (Fol. 81 v°.) Chapitre sur les animaux, extrait de l'histoire naturelle d'Al-Damîrî.

4° (Fol. 132 v°.) Histoire du peuple de Loth, histoires d'Alexandre Dsoû 'l-Qarnaïn, de Joseph, de Job, de Scho'aïb et d'autres patriarches. La fin manque.

Papier. 157 feuillets. Hauteur, 16 centimètres; largeur 12 centimètres. Environ 30 lignes par page. Ms. du XVI° siècle. — (Supplément 1928.)

4587.

شرح الصدور بشرح حال الموتى والقبور. Traité de Djalâl al-Dîn al-Soyoûṭî sur l'état des âmes entre la mort et la résurrection. (Voyez Hadji-Khalfa, t. IV, p. 39.)

Papier. 96 feuillets. Hauteur, 29 centimètres; largeur, 21 centimètres. 27 lignes par page. Ms. du XVI° siècle. — (Supplément 2435.)

4588.

Opuscules théologiques de Djalâl al-Dîn 'Abd al-Raḥmân al-Soyoûṭî, suivis de quelques *maqâmât* du même auteur :

1° التثبيت عند التبييت. Poème en vers *redjez* sur l'interrogatoire du tombeau.

2° (Fol. 7.) حسن التعهد فى احاديث التسمية فى التشهد. Traditions relatives à la formule d'invocation appelée تشهد.

3° (Fol. 8 v°.) تأخير الظلامة الى يوم القيامة. Traditions relatives au retard de la rétribution des œuvres jusqu'au jour du Jugement.

4° (Fol. 12.) Traditions sur le pèlerinage des femmes et sur le vin.

5° (Fol. 12 v°.) الصواعق على النواعق «Foudres lancés contre les braillards». Traditions et exemples pour prouver que la faculté de l'*idjtihâd* (prononcer en maître sur des questions de droit) existe encore.

6° (Fol. 20 v°.) القام الحجر لمن زكّى سابّ ابى بكر وعمر «Baillon pour celui qui justifie le calomniateur d'Aboû Bakr et d''Omar». Traité qui paraît dirigé contre les Schiïtes.

7° (Fol. 28 v°.) القانيذ فى حلاوة الاسانيد «Sucre candi ou douceur des *isnâd*». L'auteur discute la question de savoir si l'imâm Aboû Ḥanîfa a enseigné une tradition sur l'autorité de l'imâm Mâlik ibn Anas.

8° (Fol. 32.) شعلة نار «La flamme du feu». Traité où l'on examine si le Prophète, en recevant l'autorité de condamner un criminel sur des preuves bien établies, a aussi reçu l'autorité de s'appuyer sur la confession d'un criminel pour le condamner.

9° (Fol. 36.) الرسالة السلطانية. L'auteur avait été invité par le sultan Qâïtbâï à venir souvent le voir. Il s'en excuse en citant les traditions qui défendent aux uléma de fréquenter les souverains.

10° (Fol. 38.) Épître adressée aux rois de Tokrour (les rois nègres) pour leur recommander la crainte de Dieu.

11° (Fol. 40.) التصحيح لصلوة التسبيح «Examen de l'authenticité de la prière nommée *Tasbîḥ*». L'auteur cite plusieurs traditions se rapportant à ce sujet.

12° (Fol. 49 v°.) اعلام الاريب بحدوث بدعة المحاريب «Enseignements pour les hommes intelligents, montrant que l'établissement des *miḥrâb* dans les mosquées est une innovation».

13° (Fol. 51 v°.) سهام الاصابة فى الدعوات المجابة «La flèche qui atteint le but, traité sur les formules de prières que Dieu est disposé à exaucer.»

14° (Fol. 58 v°.) الزهر الباسم فيما يزوّج فيه الحاكم «La fleur qui sourit». Traité sur certaines conditions de mariage, rédigé en forme de qaṣîda par Sirâdj al-Dîn al-Bolqaïnî et réduit à cinq vers par Al-Soyoûṭî.

15° (Fol. 61.) انموذج اللبيب فى خصايص الحبيب «Manuel pour l'homme intelligent, renfermant l'indication des qualités distinctives du Bien-Aimé (c'est-à-dire de Mahomet)».

16° (Fol. 75 v°.) الاجر الجزل فى الغزل «La belle récompense pour la femme qui s'occupe à filer». Diverses traditions à ce sujet.

17° (Fol. 77.) ابواب السعادة فى اسباب الشهادة «Portes du bonheur ou causes qui donnent droit au titre de martyr».

18° (Fol. 81 v°.) اعذب المناهل «Le meilleur des abreuvoirs». Examen de la tradition dans laquelle on parle de celui qui se disait savant et qui n'était qu'un ignorant.

19° (Fol. 83 v°.) الزجر بالهجر «Correction infligée à une personne en évitant sa société». Traditions à ce sujet.

20° (Fol. 88.) رسالة الانصاف فى تمييز الاوقاف «Décision

équitable au sujet de (l'emploi des fonds et des provisions assignés à certaines) fondations religieuses».

21° (Fol. 89 v°.) الوجه الناظر فيما يقتضيه الناظر «Examen de ce que l'inspecteur (d'une fondation religieuse) peut réclamer».

22° (Fol. 90.) العجاجة الزرنبية فى السلالة الزينبية «La poussière parfumée (?) au sujet de la postérité de Zeïnab (fille d'ʿAlî)».

23° (Fol. 92 v°.) المعانى الدقيقة فى ادراك الحقيقة «Pensées subtiles qui aident à atteindre la vérité». Discussion des passages du Coran où il est dit que les œuvres de l'homme prendront un corps matériel pour se présenter à lui au jour du Jugement, et qu'il en serait de même de la mort.

24° (Fol. 98.) رصف اللآل فى وصف الهلال «Rangée de perles (collection de pièces de vers) dans lesquelles on parle de la nouvelle lune». Ces morceaux se composent ordinairement de deux vers.

25° (Fol. 103.) حصول الوفق باصول الرزق «L'obtention de ce qu'on cherche dans le but de se procurer la nourriture». Traité renfermant les passages du Coran qu'on peut employer comme amulettes pour cet objet.

26° (Fol. 107.) رفع الباس وكشف الالتباس «Le mal enlevé et le doute éclairci». Justification de l'emploi de passages du Coran dans les discours et les écrits.

27° (Fol. 114 v°.) مبحث المعاد. Questions et réponses touchant l'état des morts dans leurs tombeaux. Entendent-ils les paroles des vivants? Comment répondent-ils à l'interrogatoire du tombeau? etc.

28° (Fol. 118.) الاعلام بحكم عيسى عليه السلام. Examen de la question de savoir si, au jour de la résurrection, Jésus jugera les hommes d'après sa propre loi ou d'après la loi de Mahomet.

29° (Fol. 129.) اسئلة واجوبة. Questions et réponses au sujet de divers passages du Coran et des traditions. La première question se rapporte à une tradition selon laquelle Mahomet aurait dit : «Si quelque chose eût existé avant la prédestination, cela aurait été l'œil».

30° (Fol. 135.) اعال الفكر فى فضل الذكر «Occupation de la réflexion pour qu'elle reconnaisse le grand mérite des exercices et des chants des derviches dans les mosquées».

31° (Fol. 139 v°.) الدرّ المنظم فى الاسم الاعظم «Le fil de perles, traité sur le grand nom de Dieu».

32° (Fol. 143.) الفوايد الكامنة فى ايمان السيدة آمنة «Renseignements secrets au sujet de l'islamisme de la dame Amina (mère de Mahomet)».

33° (Fol. 154 v°.) Opinion orthodoxe touchant le salut de ceux qui sont morts avant la prédication de Mahomet.

34° (Fol. 160.) Énumération des aïeux de Mahomet qu'on s'accorde à regarder comme vrais musulmans.

35° (Fol. 163.) ذكر كتاب البعث. Questions diverses relatives au Coran, aux traditions, au paradis, etc., avec leurs réponses.

36° (Fol. 173.) ذكر الفتاوى القرانية. Solution de certaines difficultés que présente le texte du Coran.

37° (Fol. 183.) التعسّف فى اخوة يوسف «Injustice commise à l'égard des frères de Joseph». L'auteur examine la question de savoir s'ils possédaient la qualité de prophète.

38° (Fol. 188.) القول الفصيح فى تعيين الذبيح. Solution de cette question : Lequel des deux, d'Isaac ou d'Ismaël, fut celui qu'Abraham voulait sacrifier?

39° (Fol. 193.) الحزم فى حديث التكبير جزم «Collection (de traditions) au sujet de cette tradition : le mot *takbîr* ne doit pas recevoir de voyelle finale».

40° (Fol. 198.) Question relative à la *manière* (كيفيّة) de la révélation.

41° (Fol. 202 v°.) مفحمات الاقران فى مبهمات القران «Textes, c'est-à-dire ertains cversets obscurs du Coran, qui confondent nos contemporains».

42° (Fol. 233.) Les *maqâmât* intitulées الفتّاش على القشاش، المزهريّة (fol. 239), البحريّة (fol. 243), المصريّة (fol. 246 v°), الاسيوطيّة (fol. 248), الجيزيّة (fol. 250).

Ms. daté de l'an 1040 de l'hégire (1630-1631 de J.-C.).

Papier. 230 feuillets. Hauteur, 23 centimètres et demi; largeur, 13 centimètres et demi. 27 lignes par page. — (Ancien fonds 1608.)

4589.

1° Traité anonyme sur les mérites qu'on acquiert en faisant la guerre aux infidèles. L'ouvrage pourrait s'intituler كتاب فضايل الجهاد. Il se compose de versets du Coran et de traditions ayant rapport à ce sujet, le tout accompagné des réflexions de l'auteur, dont, du reste, on n'est pas parvenu à découvrir le nom. L'ouvrage commence par ces mots : الحمد لله الذى جعل الجهاد للعبادة كذروة السنام.

2° (Fol. 64.) Prière que l'on récite après avoir lu le texte entier du Coran.

3° (Fol. 64 v°.) Extrait d'un ouvrage intitulé الدرر

«Les perles». Ce fragment renferme des anecdotes dont la première concerne la pratique de se couper les ongles le vendredi.

4° (Fol. 66 v°.) Le بحر الكلام, traité de théologie, par Mo'în al-Dîn Maïmoûn ibn Moḥammad al-Nasafî. Commencement : الحمد لله ذى الجلال والاكرام.

5° (Fol. 113.) Anecdotes, traditions et notes diverses.

6° (Fol. 113 v°.) Ouvrage sans titre ni nom d'auteur. C'est un commentaire sur le texte d'un autre commentaire, peut-être celui de Sa'd al-Dîn al-Taftâzânî sur l'*'Aqâïd* d'Al-Nasafî. Au fol. 139, commence un long chapitre sur les mérites de l'Imâm Aboû Ḥanîfa. Un chapitre sur la prière intitulé : فصل الدعاء باسماء الله, se trouve au fol. 159 v°. Commencement : الحمد لله الحنّان الودود.

7° (Fol. 199.) Fragments arabes et turcs sur des sujets religieux.

Papier. 200 feuillets. Hauteur, 20 centimètres; largeur, 15 centimètres. 15 lignes par page (à l'exception du sixième ouvrage qui n'en a que 13). Écritures diverses du XVIIe siècle. — (Ancien fonds 446.)

4590.

عمدة الصفوة فى حلّ القهوة «Le soutien de l'innocence touchant la légitimité du café», par 'Abd al-Qâdir ibn Moḥammad al-Anṣârî al-Djazarî. On connaît cet ouvrage par l'extrait que S. de Sacy en a donné dans sa *Chrestomathie arabe*.

Papier. 68 feuillets. Hauteur, 20 centimètres et demi; largeur, 15 centimètres. 21 lignes par page. Ms. du XVIe siècle. — (Ancien fonds 971.)

4591.

1° Traité sur l'excellence du mois de redjeb. Brouillon de l'auteur. Commencement : الحمد لله يصرف الشهور شهرا فشهرا.

2° (Fol. 7 v°.) Traité sur la mission divine de Mahomet. Brouillon de la même main que la pièce précédente. Commencement : اعلم ان مثل النبوة مثل بيت فسيح ممتدّ الاطناب.

3° (Fol. 15 v°.) Traité dans lequel Moḥammad ibn Yoûsof al-Ḥalabî expose l'état de corruption dans lequel était tombé le soufisme à l'époque où il écrivait, c'est-à-dire en 1116 de l'hégire (1704-1705 de J.-C.). Commencement : الحمد لله ناصر المهتدين دامغ المبتدعين.

4° (Fol. 33 v°.) Note sur une parole de Mahomet.

5° (Fol. 37 v°.) Traité de Taqî al-Dîn al-Saïyid al-Ḥiṣnî (mort, selon Hadji-Khalfa, en 829 de l'hégire, 1429 de J.-C.) sur l'emploi scandaleux de la musique (السماع) par certains soufis.

6° (Fol. 45.) سير السالك فى اسنى المسالك «Progrès de celui qui s'est engagé dans la meilleure des voies». Traité de Taqî al-Dîn al-Ḥiṣnî sur la voie conduisant au salut. Commencement : الحمد لله الذى خلق الموجودات من ظلمة العدم.

7° (Fol. 73.) Les deux premiers feuillets d'un traité de théologie.

8° (Fol. 75 v°.) Dissertation sur l'usage légitime du chapelet.

9° (Fol. 77 v°.) Traité en vers sur les causes de l'oubli (qu'on montre pour ses devoirs).

10° (Fol. 80 v°.) Sur certains mariages qui ne peuvent être autorisés que par le magistrat.

11° (Fol. 82.) رسالة فى جواز اقطاع السلطان الشارع. Traité d'Al-Soyoûṭî, sur la question de savoir si le sultan a le droit d'aliéner par une concession la voie publique. Ce petit ouvrage porte aussi le titre de البارع فى اقطاع الشارع.

12° (Fol. 86.) Liste des ouvrages d'Al-Soyoûṭî.

13° (Fol. 91.) انموذج اللبيب فى خصايص الحبيب. Traité d'Al-Soyoûṭî sur les mérites de Mahomet. Commencement : الحمد لله الذى اتقن بحكمته كلّ نبى فاحتبك.

14° (Fol. 110.) Examen de la question de savoir si le personnage mentionné par quelques commentateurs du Coran sous le nom d''Audj ibn 'Anaq a réellement existé.

15° (Fol. 112 v°.) Dissertation de Taqî al-Dîn al-Sobkî sur cette parole d'Al-Schâfi'î : «Quand une tradition est authentique, elle fait partie de ma doctrine».

Papier. 124 feuillets. Hauteur, 21 centimètres; largeur, 15 centimètres et demi. Diverses écritures du XVIe et du XVIIe siècle. — (Supplément 1855.)

4592.

1° Traité anonyme dans lequel se trouvent plusieurs chapitres consacrés à la définition de l'intelligence, de l'amour, de la noblesse, de la douleur, de la pureté, de la contribution aumônière, du jeûne, etc.

2° (Fol. 18.) *Khoṭba* ou sermon, attribué au calife 'Alî.

IMPRIMERIE NATIONALE.

3° (Fol. 20.) Versets du Coran et prières pour éloigner la peste.

4° (Fol. 22.) Litanie de Mahomet.

5° (Fol. 24.) Conseils adressés par Mahomet à Aboû Horaïra.

6° (Fol. 41.) Chapitre dans lequel sont condamnés plusieurs usages comme contraires à la religion. Titre : فصل في الرّدّ على اهل البدع من الكتاب والسنّة.

7° (Fol. 51.) Histoire de la ville de l'Humanité (الناسوت) qui est gouvernée par la Foi et attaquée par les Passions.

8° (Fol. 56.) Exhortations dévotes et anecdotes tirées de l'ouvrage d'Al-Sohrawardî intitulé معلّم الطرفين.

9° (Fol. 61 v°.) Conversation de Hâroûn al-Raschîd avec un Arabe du désert.

10° (Fol. 65 v°.) Histoire de Moïse lorsqu'il se dirigea vers le feu (le buisson ardent).

11° (Fol. 70.) Anecdotes dont la première a pour sujet la défense de manger du *haschîch*, défense faite par le Prophète lui-même.

12° (Fol. 73.) Notes sur divers sujets.

13° (Fol. 83.) Anecdotes et questions de droit.

14° (Fol. 94.) Commencement d'un traité de droit, par Hibat Allâh Maḥmoûd ibn Ismâ'îl al-Ḥalabî.

15° (Fol. 99.) Traité élémentaire, en persan, sur les croyances et les devoirs d'un musulman.

Papier. 109 feuillets. Hauteur, 17 centimètres et demi; largeur, 13 centimètres. Écritures diverses du xv° siècle. — (Ancien fonds 439.)

4593.

كتاب الادب في تبليغ الارب. Traditions de Mahomet sur divers sujets de morale et de conduite, par Aboû Yaḥyâ Zakarîya al-Anṣârî al-Schâfi'î. Cet ouvrage, d'après la préface, est un abrégé du كتاب الاداب d'Aḥmad ibn al-Ḥosaïn al-Baïhaqî. A la fin on lit qu'il a été achevé le 9 du mois dsoû 'l-ḥiddja de l'an 900 de l'hégire.

Papier. 70 feuillets. Hauteur, 18 centimètres; largeur, 13 centimètres. 21 lignes par page. Ms. du xvi° siècle. — (Supplément 2444.)

4594.

خالصة عقد الدرر من خلاصة عقد الغرر «Collier de perles choisies dans la quintessence du *Collier des brillants*». Ouvrage d'éthique, par 'Alî ibn Moḥammad al-Ghazâlî, qui paraît avoir vécu dans les premières années du xvi° siècle. L'auteur rapporte en seize chapitres, dont chacun est divisé en trois sections, des réflexions et des anecdotes au sujet des vertus et des vices. Il dit avoir pris pour modèle le غرر الخصائص de Moḥammad ibn Ibrâhîm al-Qoṭbî et avoir écrit son ouvrage pour faire honneur à un grand personnage (المقرّ) de la cour des sultans d'Égypte, nommé Qânṣoû. Il s'agit probablement de celui qui, en 922 de l'hégire, devint souverain de l'Égypte et régna sous le nom de Qânṣoû 'l-Ghaurî. L'ouvrage a deux préfaces dont la première commence par ces mots : يقول المبتهج بظرف الموافاة المنتهج لطرف المكافاة على بن محمد الغزلى الخ; la seconde commence ainsi : الحمد لله الذى جعل اللسان ترجمان عقل الانسان.

Papier. 103 feuillets. Hauteur, 27 centimètres; largeur, 18 centimètres et demi. 17 lignes par page. Ms. du xvi° siècle. Plusieurs cahiers sont transposés. — (Ancien fonds 1406, Colbert 3701.)

4595.

فضلة. Traité servant d'appendice à l'ouvrage intitulé احوال المتعلّمين واحكام المعلّمين «Règles de conduite pour les instituteurs et pour leurs élèves», par Aboû 'l-Ḥasan 'Alî ibn Moḥammad al-Qâbisî (القابسى). Cet ouvrage est divisé en trois sections. L'auteur commence par expliquer la signification des termes *foi*, *islâm*, etc.; il traite ensuite de l'enseignement, du salaire des instituteurs et des punitions qu'il est permis d'infliger aux élèves. Vers la fin de la dernière partie, il parle des sept lectures du Coran.

Ms. daté de l'an 706 de l'hégire (1306-1307 de J.-C.).

Papier. 97 feuillets. Hauteur, 17 centimètres et demi; largeur, 12 centimètres. 13 lignes par page. — (Ancien fonds 443.)

4596.

فوايد الموايد «Instructions pour se conduire à table», par Djamâl al-Dîn Aboû 'l-Ḥosaïn Yaḥyâ ibn 'Abd al-'Adhîm al-Djazzâr.

Papier. 37 feuillets. Hauteur, 15 centimètres; largeur, 10 centimètres et demi. 11 lignes par page. Ms. du xvii° siècle. — (Ancien fonds 1623.)

4597.

كتاب السبعيات فى مواعظ البرية «Livre des septénaires pour l'instruction morale des hommes», par Aboû Naṣr Moḥammad ibn ʿAbd al-Raḥmân al-Hamadâni. L'auteur traite, en sept *Séances*, des choses que Dieu a créées et disposées par sept. Commencement : الحمد لله الملك الجبار العزيز الغفار.

Papier. 97 feuillets. Hauteur, 20 centimètres et demi; largeur, 15 centimètres et demi. 16 lignes par page. Ms. du XVIIe siècle. — (Supplément 1104.)

4598.

1° *Khotba* attribuée à ʿAlî et dans laquelle la lettre *alif* n'est pas employée.

2° (Fol. 7.) السبعيات «Les Septénaires» d'Al-Hamadânî.

Ms. daté de l'an 889 de l'hégire (1484 de J.-C.).

Papier. 132 feuillets. Hauteur, 18 centimètres; largeur, 13 centimètres et demi. Environ 13 lignes par page. — (Supplément 1919.)

4599.

زهرة الرياض وشفا القلوب المراض «La fleur du jardin et la guérison des cœurs malades». Soixante sermons (litt. «séances» مجلس) sur certains versets du Coran, par Solaïmân ibn Dâwoûd al-Sawârî (السوارى).

Ms. daté de l'an 1015 de l'hégire (1607 de J.-C.).

Papier. 201 feuillets. Hauteur, 25 centimètres; largeur, 16 centimètres. 27 lignes par page. — (Supplément 1624.)

4600.

Ouvrage scolaire, sans titre ni nom d'auteur. Après une courte préface, tout à fait insignifiante, commence un chapitre intitulé باب الامر; le dernier chapitre est consacré aux particules et aux expressions adverbiales. Ce paraît être un de ces traités qui avaient pour sujet les fondamentaux de la jurisprudence (اصول الفقه), principes que les légistes étaient tenus à observer en faisant leurs déductions. Commencement de la préface : الحمد لله الذى [جعل] سراير العلماء معادن كنوز الحقايق.
Nombreuses notes marginales.

Papier. 182 feuillets. Hauteur, 21 centimètres; largeur, 15 centimètres. 11 lignes par page. Ms. du XVIIe siècle. — (Supplément 1342, Saint-Germain 299.)

4601 à 4603.

كعبة الطائفين ونجة العاكفين. Commentaire de Moḥammad ibn Solaïmân al-Ṣâïm ibn ʿAbd al-Raḥmân al-Tilimsânî al-Djozoûlî sur la qaṣîda mystique de Moûsâ ibn ʿAlî al-Tilimsânî. Commencement : الحمد لله الذى نزّه قلوب اوليائه عن الالتفات الى متاع الدنيا.

Copie datée de l'an 1275 de l'hégire (1858 de J.-C.).

3 vol. Papier. 305, 227 et 273 feuillets. Hauteur, 22 centimètres; largeur, 18 centimètres. 25 lignes par page. — (Supplément 2460 à 2462.)

4604.

عين اليقين فى اصول اصول الدين «Source de la certitude, traité sur les principes des principes de la religion» ou الانوار والاسرار «Lumières et mystères», par Moḥammad ibn Mortadhâ Moḥsin. L'auteur expose les connaissances que Dieu lui avait révélées au sujet de la religion, de l'homme et du monde. Commencement : سبحان من حارت لطائف الاوهام فى بيداء كبريائه.

Papier. 319 pages. Hauteur, 19 centimètres et demi; largeur, 13 centimètres. 18 lignes par page. Ms. du XVIIIe siècle. — (Supplément 1848.)

4605.

كتاب العظمة المنقول عن دانيال النبى «Livre de la Majesté divine, transmis à la postérité par le prophète Daniel». C'est un traité de cosmogonie. On lit dans la préface que cette révélation, écrite sur une toile de soie blanche, avait été envoyée par Dieu à Adam. Un nommé ʿAbdallah ibn Salâm, ayant déterré ce trésor, en communiqua le contenu au calife ʿOthmân.

Ms. daté de l'an 1052 (1642-1643 de J.-C.).

Papier. 35 feuillets. Hauteur, 21 centimètres; largeur, 15 centimètres. 23 lignes par page. — (Ancien fonds 384.)

4606.

1° Le traité de cabale de Kamâl al-Dîn Aboû-Sâlim

Moḥammad ibn Ṭalḥa. (Voyez ci-dessus, nᵒˢ 2663 et suiv.)

2ᵒ (Fol. 85 vᵒ.) Controverse théologique entre un juif et un Turc. En turc.

3ᵒ (Fol. 95 vᵒ.) مسالك الخلاص فى مهالك الخواصّ, par Ṭâsch-Kuprizâdè. (Voyez Hadji-Khalfa, t. V, p. 507.)

4ᵒ (Fol. 107 vᵒ.) Gloses de Yoûsof ibn Djamâl sur quelques passages du Miftâḥ.

5ᵒ (Fol. 126.) Gloses de Maulà Ḥanbalî-zâdè sur le commentaire de l'Isagoge par Al-Fanârî.

6ᵒ (Fol. 155 vᵒ.) Préface de Bâbâ al-Scherwânî.

7ᵒ (Fol. 158 vᵒ.) حزب البحر de l'imâm Al-Schâdsilî.

8ᵒ (Fol. 162 vᵒ.) Observations sur le chapitre de la Hidâya relatif au jeûne.

9ᵒ (Fol. 173 vᵒ.) Observations d'Al-Scherwânî sur le commentaire des ʿAqâïd d'Al-Nasafî par Al-Taftâzânî.

10ᵒ (Fol. 177.) Pend-nâmè. En turc. Titre : پندنامه در حقّ نکونساری.

11ᵒ (Fol. 188.) Fragments et extraits divers.

12ᵒ (Fol. 251 vᵒ.) Commentaire d'Aboû Ḥaiyân al-Andalosî sur l'Adjorroûmîya.

Papier. 274 feuillets. Hauteur, 21 centimètres; largeur, 15 centimètres. Écritures diverses du xvıᵉ et du xvııᵉ siècle. — (Supplément 1934.)

4607.

Liste des chapitres contenus dans sept volumes dépareillés du *Kâmil* d'Ibn al-Athîr, par Michel Sabbâgh.

Papier. 69 feuillets. Hauteur, 27 centimètres et demi; largeur, 19 centimètres. — (Supplément 2360.)

4608.

1ᵒ Le كتاب الجمان, abrégé d'histoire universelle, par Al-Schaṭîbî. (Voyez ci-dessus, nᵒˢ 1545 et suiv.)

2ᵒ (Fol. 135 vᵒ.) Quelques recettes magiques.

3ᵒ (Fol. 136 vᵒ.) Notes sur les saints de Tlemcen, depuis le vᵉ siècle de l'hégire, et sur la généalogie d'Idrîs et des Idrîsites.

4ᵒ (Fol. 139 vᵒ.) Entretien de Moïse avec Dieu. Suivent quelques recettes superstitieuses.

5ᵒ (Fol. 143.) انموذج اللبيب فى خصائص الحبيب. Traité sur les qualités du Prophète, par Djalâl al-Dîn ʿAbd al-Raḥmân al-Soyoûṭî. C'est un abrégé de l'ouvrage du même auteur intitulé الخصائص النبويّة.

6ᵒ (Fol. 151.) Tradition et prédiction du Prophète concernant le Daddjâl.

7ᵒ (Fol. 153.) Prières, litanies et invocations, par ʿAbd al-Qâdir al-Djîlânî. Le commencement manque.

Les six premiers traités sont de la même main et datés de l'an 1239 de l'hégire, sauf le troisième, qui porte la date de 1243. Le septième est d'une écriture plus ancienne.

Papier. 190 feuillets. Hauteur, 22 centimètres; largeur, 15 centimètres. 35 à 38 lignes par page; 23 lignes dans le dernier ouvrage. — (Supplément 2478.)

4609.

1ᵒ Histoire des sultans Rasoulides (بنو رسول), souverains du Yémen, précédée d'une chronologie universelle, depuis la chute d'Adam, père du genre humain, jusqu'à l'an 845 (1441-1442 de J.-C.), qui s'étend surtout sur le règne du sultan Al-Mâlik al-Ẓâhir, fils de Yaḥyâ, fils d'Al-Mâlik al-Aschraf.

2ᵒ (Fol. 75 vᵒ.) Tableaux des prédictions qu'on peut tirer des mouvements involontaires du corps (*ikhtilâdj*) et des mouvements de la lune et des étoiles.

3ᵒ (Fol. 98.) Almanach et prédictions pour l'an 841 de l'hégire (1437-1438 de J.-C.). Suivent des tableaux indiquant les divers phénomènes astronomiques de chaque mois de l'année.

Ms. daté de l'an 845 (1441 de J.-C.).
Le texte est disposé en forme de tableaux.

Papier. 122 feuillets. Hauteur, 27 centimètres; largeur, 18 centimètres. — (Ancien fonds 1119 A.)

4610.

الروض الزاهر فى تاريخ ضاهر (sic). Histoire de Ẓâhir, chef syrien du temps d'Aḥmad-Pacha al-Djazzâr, par ʿAboûd Sabbâgh.

La copie n'est pas terminée.

Papier. 40 feuillets. Hauteur, 16 centimètres; largeur, 10 centimètres. 17 lignes par page. Ms. du xvıııᵉ siècle. — (Supplément 2472.)

4611.

Fragment d'un exemplaire du *Ḥosn al-Moḥâḍira* d'Al-Soyoûṭî. On y trouve l'autobiographie, précédée de deux pièces de vers dont l'une est d'Al-Ṣalâḥ al-Safadî.

Papier. 10 feuillets. Hauteur, 20 centimètres et demi; largeur, 14 centimètres et demi. 19 lignes par page. Ms. du XVIIIe siècle. — (Supplément 2284.)

4612.

Histoire de la conquête de l'Égypte sur les Mamloucks circassiens par le sultan Sélîm, par Moḥammad al-Zanbalî al-Rammâl. C'est le même ouvrage que le n° 1832 dans une rédaction différente.

Ms. daté de l'an 1264 de l'hégire (1848 de J.-C.).

Papier. 117 feuillets. Hauteur, 21 centimètres; largeur, 15 centimètres. 23 lignes par page. — (Supplément 2471.)

4613.

قهر الوجوه العابسة بذكر نسب الجراكسة. Dissertation sur l'origine des Circassiens, dont l'auteur fait remonter la généalogie à l'ancêtre de la tribu de Qoraïsch. Cet ouvrage a été composé après la conquête de l'Égypte par le sultan Sélîm.

Ms. daté de l'an 1043 (1633 de J.-C.).

Papier. 32 feuillets. Hauteur, 21 centimètres et demi; largeur, 15 centimètres. 15 lignes par page. — (Supplément 1837.)

4614.

1° Histoire de la dynastie des ʿObaïdites, par Aboû ʿAbdallah Moḥammad ibn ʿAlî ibn Ḥammâd. (Voyez ci-dessus, n° 1888.)

2° (Fol. 101 v°.) Extraits du recueil biographique de Badr al-Dîn Moḥammad ibn Yaḥyâ ibn ʿOmar al-Qarâfî, intitulé توشيح الديباج وحلية الابتهاج.

3° (Fol. 127 v°.) Extrait de l'histoire de l'Algérie sous la domination des Turcs, par Aboû-Râs Moḥammad ibn Aḥmad ibn ʿAbd al-Qâdir.

Papier. 138 feuillets. Hauteur, 20 centimètres; largeur, 13 centimètres. 9 lignes par page dans le premier ouvrage, 15 à 17 lignes dans les deux autres, qui sont d'une autre main. Ms. du XIXe siècle. — (Supplément 2457.)

4615.

Histoire de la dynastie des ʿObaïdites, par Ibn Ḥammâd. Copie exécutée à Alger en 1882.

Papier. 55 feuillets. Hauteur, 16 centimètres; largeur, 10 centimètres. 14 lignes par page. — (Supplément 2480.)

4616.

الفارسيّة فى مبادى الدولة الحفصيّة. Histoire des Ḥafṣides, par Aboû 'l-ʿAbbâs Aḥmad al-Khaṭîb. (Voyez *Journal asiatique*, octobre 1848; mai 1849; janvier 1851; août-septembre 1852.)

Ms. daté de l'an 1882.

Papier. 83 feuillets. Hauteur, 16 centimètres; largeur, 11 centimètres. 14 lignes par page. — (Supplément 2494.)

4617.

نزهة الحادى باخبار ملوك القرن الحادى. Histoire de la dynastie des Saʿdites du Maroc, au XIe siècle de l'hégire, par Moḥammad ibn al-Ḥâddj Moḥammad al-Ofrânî. Ce texte a été publié par M. O. Houdas (Paris, 1888).

Ms. daté de l'an 1284 de l'hégire (1867 de J.-C.).

Papier. 126 feuillets. Hauteur, 38 centimètres; largeur, 26 centimètres. 19 lignes par page. — (Supplément 2465.)

4618.

عجائب الاسفار ولطائف الاخبار. Qaṣîda sur l'histoire d'Oran et d'Alger avec commentaire, par Moḥammad Aboû Râs ibn Aḥmad ibn ʿAbd al-Qâdir al-Naṣrî. Cet ouvrage a été composé en 1206 de l'hégire.

Ms. daté de l'an 1283 de l'hégire (1866 de J.-C.).

Papier. 154 feuillets. Hauteur, 24 centimètres; largeur, 19 centimètres. 22 lignes par page. — (Supplément 2428.)

4619.

حلل السندسية فى شأن وهران والجزيرة الاندلسية. La même qaṣîda, avec un autre commentaire composé par l'auteur. Le poème présente des variantes nombreuses.

Papier. 98 feuillets. Hauteur, 24 centimètres; largeur, 17 centimètres. 23 lignes par page. Ms. du XIXe siècle. — (Supplément 2464.)

4620.

Histoire de la conquête de la Mauritanie sous le règne d'ʿOthmân (voyez ci-dessus, nos 1879 et suiv.). Commencement : هذا كتب فيه فتح فريقيه وبعد ملك جير الدنيا وكانت ملك حسينة الح. La fin manque.

Ms. daté de l'an 1057 (1647-1648 de J.-C.); très mauvaise écriture maghrébine.

Papier. 142 feuillets. Hauteur, 20 centimètres et demi; largeur, 15 centimètres. 18 à 25 lignes par page. — (Ancien fonds 1500.)

4621.

Seconde partie de l'histoire de la conquête de l'Afrique (فتوح المغرب) par les musulmans.

Ms. daté de l'an 1245 de l'hégire (1830 de J.-C.).

Papier. 189 feuillets. Hauteur, 21 centimètres; largeur, 15 centimètres. 19 lignes par page. — (Supplément 2466.)

4622.

Discours à la louange de Louis XIV, composé par Paul Pellisson et traduit en arabe par Stephano Petro, patriarche d'Antioche. En tête se trouve une dédicace à l'adresse de ce souverain signée Bonnecorse. Suit un dialogue en vers français, entre l'Asie et le Soleil. Le texte arabe du discours est accompagné d'une traduction italienne. A ce volume est jointe une lettre arabe adressée par Pierre Ignace, patriarche de Syrie, à Louis XIV, pour implorer sa protection auprès de la Porte Ottomane. Cette lettre est écrite en caractères syriaques.

Ms. daté de l'an 1671.

Papier. 20 feuillets. Hauteur, 20 centimètres et demi; largeur, 14 centimètres et demi. — (Ancien fonds 1620.)

4623.

1° Histoire du patriarche Joseph, composée principalement des récits attribués à Kaʿb al-Aḥbâr. Le commencement et la fin manquent.

2° (Fol. 70.) Collection de légendes musulmanes, dont les premières se rapportent aux miracles de Jésus-Christ. Dans les dernières, il s'agit de Mahomet. Le commencement et la fin manquent.

Papier. 84 feuillets. Hauteur, 19 centimètres; largeur, 14 centimètres et demi. 17 lignes par page dans la première pièce et 13 dans la seconde. Ms. du XVIe siècle. Deux écritures différentes. — (Ancien fonds 1546.)

4624.

1° Histoire du patriarche Joseph, en vers. Commencement :

سلام من الله الكريم   على اشرف العربان

2° (Fol. 87.) Histoire d'Al-Faṣîḥ, en vers. Dans ce poème et dans le précédent, la rime change toujours au troisième et au cinquième vers. On y remarque des locutions et des tournures vulgaires.

3° (Fol. 123 v°.) Sermon pour la solennité du sacrifice à la Mecque.

Ms. daté de l'an 1099 (1688 de J.-C.).

Papier. 130 feuillets. Hauteur, 15 centimètres; largeur, 10 centimètres. 14 lignes par page. — (Supplément 1916.)

4625.

1° Histoire du prophète Khâlid ibn-Sinân.

2° (Fol. 12 v°.) Chronique des ʿObaïdites, par Aboû ʿAbdallah Moḥammad ibn Alî ibn Ḥammâd.

3° (Fol. 42 v°.) Histoire de la dynastie des Benî-Ḥafṣ, par Aboû ʿAbdallah Moḥammad ibn Aḥmad ibn Schammâʿ. (Voyez *Journal asiatique*, 1855, t. I, p. 399.)

Ms. daté de l'an 1264 de l'hégire (1848 de J.-C.).

Papier. 91 feuillets. Hauteur, 23 centimètres; largeur, 18 centimètres. 15 lignes par page. — (Supplément 2458.)

4626.

مزيل الخفا عن الفاظ الشفاء «Traité qui fait disparaître l'obscurité des termes employés dans le *Schifâ*», par Aḥmad ibn Moḥammad al-Schomonnî. La souscription nous apprend que l'ouvrage a été achevé en 780 de l'hégire (1378-1379); il faut donc regarder comme inexacte la date de 872 donnée par Hadji-Khalfa. (Voyez

ci-dessus, n° 1957, 2°.) Commencement : اما بعد حمد الله على افضاله.

Papier. 74 feuillets. Hauteur, 21 centimètres; largeur, 15 centimètres. 14 lignes par page, puis 19, puis 30, à partir du feuillet 49. Ms. de deux écritures du XVIe siècle. — (Ancien fonds 1348.)

4627.

توشيح الديباج وحلية الابتهاج. Supplément au dictionnaire biographique des docteurs malékites intitulé ديباج المذهب في معرفة اعيان علماء المذهب de Borhân al-Dîn Ibrâhîm ibn Farḥoûn, par Badr al-Dîn Moḥammad ibn Yaḥyâ al-Qarâfî. (Voyez *Journal asiatique*, 1859, t. I, p. 94.)

Papier. 96 feuillets. Hauteur, 21 centimètres; largeur, 12 centimètres. 21 lignes par page. Ms. du XVIe siècle. — (Supplément 2455.)

4628.

كفاية المحتاج لمعرفة من ليس في الديباج. Supplément au dictionnaire biographique des docteurs malékites d'Ibn Farḥoûn, par Aḥmad Bâbâ ibn Aḥmad al-Timbouktî (voyez *Journal asiatique*, 1853, t. I, p. 93 et suiv.). L'auteur dit dans la préface que le présent ouvrage est un abrégé d'un recueil plus étendu et intitulé : نيل الابتهاج بتطريز الديباج.

Ms. exécuté pour M. Cherbonneau en 1279 de l'hégire (1863 de J.-C.).

Papier. 287 feuillets. Hauteur, 20 centimètres; largeur, 15 centimètres. 17 lignes par page. — (Supplément 2463.)

4629.

Dictionnaire chronologique des compagnons du Prophète, des traditionnistes et des savants, par Aboû 'l-ʿAbbâs Aḥmad ibn al-Ḥasan ibn ʿAlî ibn al-Khaṭîb ibn al-Qonfouds, de Constantine. (Voyez *Journal asiatique*, 1852, t. II, p. 208 et suiv.)

Ms. daté de l'an 1269 de l'hégire (1853 de J.-C.).

Papier. 81 feuillets. Hauteur, 16 centimètres; largeur, 11 centimètres. 9 lignes par page. — (Supplément 2481.)

4630.

البستان في ذكر الاولياء والعلماء بتلمسان. Biographies des saints et des savants de Tlemcen, par Moḥammad ibn Moḥammad ibn Aḥmad ibn Maryam al-Tilimsânî.

Copie moderne. La date à la fin a été changée (1269?).

Papier. 95 feuillets. Hauteur, 28 centimètres, largeur, 19 centimètres. 26 lignes par page. — (Supplément 2459.)

4631.

الطراز المنقوش في محاسن الحبوش. Panégyrique des Abyssins; traité composé à Médine, l'an 991 de l'hégire (1583 de J.-C.), par ʿAlâ al-Dîn Moḥammad ibn ʿAbdallah al-Bâqî al-Bokhârî. Commencement : الحمد لله الذى خلق الانسان من صلصال من حما مسنون.

Ms. daté de l'an 1065 de l'hégire (1655 de J.-C.).

Papier. 74 feuillets. Hauteur, 20 centimètres et demi; largeur, 15 centimètres. 21 lignes par page. — (Supplément 1838.)

4632.

الطراز المنقوش في انواع الحبوش. C'est une autre rédaction de l'ouvrage précédent. Il est dit dans la préface que ce traité porte le titre (لقبتها) de نزهة الناظر وسلوة الخاطر. Le nom de l'auteur a été supprimé. Commencement : الحمد لله الذى ابدع خلق الانسان بقوله كن فكان.

Papier. 104 feuillets. Hauteur, 20 centimètres; largeur, 14 centimètres. 13 lignes par page. Ms. du XVIIIe siècle. — (Supplément 1839.)

4633 et 4634.

Deux passeports arabes sur papyrus datés de l'an 133 de l'hégire. M. de Sacy en a donné une notice dans le tome IX des *Mémoires de l'Institut*, *Académie des inscriptions et belles-lettres*.

(Supplément 1956 et 1956 A.)

4635.

Fragment de papyrus contenant des traces de quelques mots arabes.

(Supplément 1956 *bis*.)

4636.

Deux lettres en arabe, datées de 1657 et 1658 et adressées à Henri de Guise, et trois firmans, en turc, accordés à Bernard de Montano, Barthelemy Daux et Richard Le Poignant. Ces firmans, dont l'un est accompagné de la traduction française, sont datés de l'an 985 de l'hégire (1577 de J.-C.).

Papier. 6 feuillets. Hauteur, 40 centimètres; largeur, 27 centimètres. — (Supplément 1352 *bis.*)

4637.

Traité sur les vices des femmes, etc., qui se compose principalement de maximes et forme la douzième section d'un ouvrage dont le titre n'est pas indiqué.

Papier. 8 feuillets. Hauteur, 16 centimètres; largeur, 11 centimètres et demi. 14 et 15 lignes par page. Ms. du XIXe siècle. — (Supplément 2264.)

4638.

كتاب الطريقة والادب «Livre de l'étiquette et du cérémonial». Ce traité, écrit en un jargon moitié arabe, moitié turc, renferme des instructions et des règles de conduite pour les officiers attachés à la maison militaire du pacha établi en Égypte, maison qui se composait d'un corps de janissaires. Le copiste, qui était commis principal de l'administration (*Bach-Khalîfat al-Mostaḥfiẓân*), désigne cet ouvrage par le titre de «Pancarte (قايمة) de l'étiquette et de la voie qui mène vers Ḥâddj Baktâch (patron des janissaires)».

Ms. daté de l'an 1187 de l'hégire (1773-1774 de J.-C.).

Papier. 59 feuillets. Hauteur, 23 centimètres; largeur, 16 centimètres. 13 lignes par page. — (Supplément 554.)

4639.

1° المقترح في المصطلح «Éclaircissement exigé au sujet de la Terminologie», par Moḥammad ibn Ismâ'îl, surnommé Ibn Wadâ'a (ابن وداعة), et aussi Ibn al-Bakkâl. L'auteur explique les usages, les règles très compliquées et les termes techniques qu'il faut connaître si l'on veut prendre part à un certain jeu princier dans lequel on luttait d'adresse pour abattre les gros oiseaux avec l'arc et l'arbalète. L'ouvrage, composé de dix chapitres, est dédié au calife Al-Nâṣir li-Dîn Illâh, qui régna de 575 à 622 de l'hégire. Commencement de la préface (fol. 4 v°) : الحمد لله رب العالمين وصلوته على سيدنا محمد خاتم النبيّين وعلى آله الطيّبين وعلى واسطة العقد ومالك الحلّ والعقد المؤيد باتباع الحق..... والناصر لدين الله بلغه الله من الامال كلّ نهاية الخ. Un chapitre placé en tête de l'ouvrage et composé par un nommé 'Abd al-Madjîd fournit des renseignements curieux sur les diverses espèces d'oiseaux qui se voyaient dans les réserves du sultan Al-Mâlik al-Nâṣir Aḥmad (probablement le calife abbaside Al-Nâṣir li-Dîn Illâh Aḥmad). On y lit que ce prince se distingua particulièrement dans une partie de tir qui eut lieu en 576. Plus loin, l'auteur donne des renseignements analogues sur le prince Aiyoubide Al-Mâlik al-Aschraf Moûsâ, fils d'Al-Mâlik al-'Âdil Saïf al-Dîn.

2° (Fol. 38.) الفتاوى في البندق «Décisions juridiques au sujet des cas obscurs qui se présentent dans le jeu du tir à l'arbalète». C'est un nommé Ṣalât (صلوات) Ibn Ghâzî qui paraît avoir résolu ces questions.

3° (Fol. 61.) Poème en strophes de cinq hémistiches dans lequel Al-Ṣafî al-Ḥillî donne des instructions pour le jeu du tir à l'arbalète.

4° (Fol. 68.) Autres poèmes sur le même sujet.

5° (Fol. 81 v°.) Qaṣîda d'Al-Ḥâddj Makkî al-Qauwâs (l'archer), suivi d'autres poèmes du même genre.

6° (Fol. 84.) الغندق في احكام البندق «Magasin de décisions au sujet des cas qui se présentent dans le jeu du tir à l'arbalète», par Ṣalât Ibn Ghâzî. Commencement : الحمد لله الذى خلق الانسان وعلّمه البيان.

Ms. daté de l'an 1038 (1629 de J.-C.).

Papier. 112 feuillets. Hauteur, 20 centimètres et demi; largeur, 14 centimètres. 21 lignes par page. — (Ancien fonds 1579.)

4640.

المختار في كشف الاسرار «Recueil choisi, servant à dévoiler les secrets», par 'Abd al-Raḥmân ibn abî Bakr al-Djaubarî (الجوبرى) de Damas. L'auteur expose, dans une série de chapitres formant trente sections, les fraudes, impostures et fourberies auxquelles se livrent les charlatans et les gens des divers métiers. Il indique, dans la préface, les livres qu'il avait compulsés et dont

la liste a un certain intérêt bibliographique. Commencement de la préface : الحمد لله الملك الاعظم مظهر الموجودات بعد العدم.

Papier. 142 feuillets. Hauteur, 17 centimètres et demi; largeur, 12 centimètres. 18 lignes par page, puis 11. Ms. du XIVe siècle. — (Ancien fonds 919.)

4641.

الشذور الذهبيّة في الالفاظ الطبّيّة «Paillettes d'or, dictionnaire de termes médicaux», par Moḥammad ibn ʿOmar al-Toûnesî, ancien élève de l'École de médecine du Caire. L'auteur a réuni, sous forme de dictionnaire, et expliqué les termes anciens et modernes des sciences médicales, naturelles et vétérinaires. Cet ouvrage a été fait sous la direction du docteur Clot-Bey.

Ms. autographe daté de l'an 1265 (1849 de J.-C.).

Papier. 599 feuillets. Hauteur, 28 centimètres et demi; largeur, 20 centimètres et demi. 27 lignes par page. — (Supplément 1378.)

4642.

لوعة الشاكي ودمعة الباكي «Tristesse de (l'amant) qui se plaint et larmes de celui qui pleure» (voyez ci-dessus, n° 3074). L'auteur, d'après Hadji Khalfa, est Zaïn al-Dîn Manṣoûr ibn ʿAbd al-Raḥmân.

Papier. 64 feuillets. Hauteur, 20 centimètres et demi; largeur, 15 centimètres. 17 lignes par page. Ms. du XVIIIe siècle. — (Supplément 1806.)

4643.

Recueil de traités, principalement sur des sujets érotiques, dont la plupart ont été composés et transcrits par Aboû Dsâkir Moḥammad Ḥasan, surnommé Kittâbat al-Moḥammadîya ou le secrétaire de la Moḥammadîya, vers 1170 de l'hégire. On trouve dans le volume le récit d'un voyage que Moḥammad fit dans la ville de Girgé, d'un autre qu'il fit en s'embarquant au port de Cosseïr pour le Ḥidjâz, etc.

Papier. 250 feuillets. Hauteur, 22 centimètres; largeur, 16 centimètres. 20 à 24 lignes par page. Ms. de diverses écritures du XVIIIe siècle. — (Supplément 1836.)

4644.

كشف الاسرار على لسان الطيور والازهار «Dévoilement des mystères au moyen de la parole donnée aux oiseaux et aux fleurs», ouvrage allégorique rédigé avec beaucoup d'élégance par ʿIzz al-Dîn ibn Ghânim al-Maqdisî. Commencement : الحمد لله البعيد في قربه القريب في بعده. M. Garcin de Tassy en a publié le texte avec une traduction française, en 1821.

Papier. 35 feuillets. Hauteur, 18 centimètres; largeur, 13 centimètres et demi. 17 lignes par page. Ms. du XVIe siècle. — (Ancien fonds 966, Colbert 5300.)

4645.

Cahiers d'étude d'un Français qui séjournait à Constantinople en 1067 de l'hégire (1656-1657 de J.-C.) et qui se faisait appeler ʿAlî ibn ʿAbdallah al-Ifrandjî. On trouve dans ce recueil une partie assez considérable des *Moqaddimât al-Adab* d'Al-Zamakhscharî, et un grand nombre de passages en turc, avec transcription en caractères européens et des notes en arabe, en persan et en latin. Ce volume porte la signature de Galland, qui était à Constantinople en 1670.

Papier. 578 feuillets. Hauteur, 15 à 16 centimètres; largeur, 10 centimètres et demi. — (Ancien fonds 1366.)

4646.

Quatre feuillets de carton, portant des beaux modèles d'écriture *neskhi* orientale. L'une de ces pièces est datée de l'an 980 de l'hégire (1572-1573 de J.-C.).

Papier. 4 feuillets. Hauteur, 25 centimètres, largeur 18 centimètres. — (Supplément 207 *bis*.)

4647.

Modèles d'écriture arabe qui paraissent être de la main d'un prêtre syrien.

Papier. 31 feuillets. Hauteur, 16 centimètres; largeur, 22 centimètres et demi. Ms. du XVIIe siècle. — (Supplément 1146.)

4648.

Grand feuillet plié en forme de paravent et couvert de modèles d'écriture. Les proportions des lettres sont indiquées par des points. C'est l'ouvrage d'un fameux calli-

graphe, Moḥammad al-Hâschimî, qui l'a exécuté pour les enfants du célèbre Moṣṭafâ-Pacha Kiuperli.

Pièce datée de l'an 1100 (1688-1689 de J.-C.).

Papier. Hauteur, 21 centimètres; largeur, 13 centimètres. — (Supplément 1147.)

4649.

Quelques spécimens de bonne écriture arabe.

Papier. 5 feuillets. Hauteur, 56 centimètres; largeur, 27 centimètres. — (Supplément 2336.)

4650.

Quatre tablettes de bois, de forme oblongue et aux extrémités arrondies. Ces planches, appelées لوح, servent aux enfants dans les écoles pour apprendre à lire et à écrire. On y a inscrit des passages du Coran et d'autres morceaux, le tout en mauvais caractère maghrébin.

(Supplément 2335.)

4651.

Calques de plusieurs tableaux représentant les alphabets samaritain, hébreu, grec, et quelques alphabets cabalistiques et hermétiques, avec transcriptions, rubriques et explications en arabe.

Papier. 8 feuillets. Hauteur, 28 centimètres; largeur, 19 centimètres. — (Supplément 2122.)

4652.

عنوان الشرف الوافى فى الفقه والنحو والتاريخ والعروض والقوافى «Marque de Noblesse parfaite, ouvrage renfermant la jurisprudence, la grammaire, l'histoire (des Rasoulides du Yemen), la prosodie et les règles auxquelles sont soumises les rimes». Chaque page de ce livre singulier, est divisée en colonnes, dont quatre se composent de mots et de lettres écrits à l'encre rouge. Ces mots et ces lettres font partie du traité de jurisprudence, mais en les lisant de haut en bas, ils fournissent un sens suivi et forment quatre traités séparés (voy. le Catalogue de la Bibl. de Vienne, t. I, p. 14). L'auteur de ce tour de force se nommait Scharaf al-Dîn Ismâ'îl Ibn al-Moqrî al-Yamanî, mort, selon Hadji-Khalfa, en 837 de l'hégire (1433-1434 de J.-C.). Commencement : الحمد لله تعالى ولى الحمد ومستحقه الذى لا يقوم بحمده احد من خلقه واشهد ان لا الخ.

Ms. daté de l'an 841 de l'hégire (1440-1441 de J.-C.).

Papier. 82 feuillets. Hauteur, 30 centimètres; largeur, 22 centimètres. — (Supplément 1864.)

4653.

Même ouvrage.

Ms. daté de l'an 1055 de l'hégire (1645 de J.-C.).

Papier. 78 feuillets. Hauteur, 23 centimètres; largeur, 16 centimètres. — (Supplément 1863.)

4654.

Même ouvrage.

Papier. 57 feuillets. Hauteur, 25 centimètres; largeur, 16 centimètres. Ms. du XVIIe siècle. — (Ancien fonds 1391.)

4655.

Même ouvrage.

Papier. 73 feuillets. Hauteur, 25 centimètres; largeur, 20 centimètres. Ms. du XVIIe siècle. — (Supplément 2061.)

4656.

Même ouvrage.

Ms. daté de l'an 1214 (1799-1800 de J.-C.). Il paraît être de la main de Michel Sabbâgh.

Papier. 96 feuillets. Hauteur, 48 centimètres; largeur, 31 centimètres et demi. — (Supplément 1862.)

4657.

Opuscules de Maqrîzî, savoir :

1° Traité des famines de l'Égypte. La fin manque.

2° (Fol. 20.) Traité des monnaies chez les musul-

mans. Cet opuscule a été publié en arabe et en latin par G. Tychsen. S. de Sacy en a inséré une traduction française dans le Magasin encyclopédique. Le commencement manque.

3° (Fol. 47 v°.) Traités sur les abeilles.

4° (Fol. 76 v°.) Traité historique sur la vallée de Hadhramaut.

5° (Fol. 82 v°.) Traité relatif à Tamîm-Dârî et intitulé : ضوء السارى لمعرفة تميم دارى.

6° (Fol. 101 v°.) الذهب المسبوك فى ذكر من حج من الخلفاء والملوك. Sur les califes et les rois qui ont fait le pèlerinage de la Mecque.

7° (Fol. 132 v°.) Réfutation des prétentions des descendants d'Omaïya au titre de Calife.

8° (Fol. 168 v°.) Traité des droits et des prérogatives de la famille du Prophète.

9° (Fol. 190 v°.) Traité des substances minérales.

10° (Fol. 200 v°.) Traité des tribus arabes établies en Égypte.

11° (Fol. 220 v°.) Traité des princes musulmans qui ont régné en Abyssinie. Cet opuscule a été publié en arabe et en latin par Rinck.

12° (Fol. 231 v°.) كتاب تجريد التوحيد المفيد. Traité de l'unité de Dieu.

13° (Fol. 251 v°.) Motifs qui invitent les hommes à mettre tout en œuvre pour acquérir une réputation durable.

14° (Fol. 254 v°.) Que l'homme doit demander à mourir pieusement (خاتمة الخير).

15° (Fol. 260 v°.) Explication d'une énigme dont l'eau était le sujet.

(Voyez la préface de l'histoire des sultans mamloucks, de Maqrîzî, traduite par Quatremère, p. xiv et suiv., et la Chrestomathie de S. de Sacy, 2e éd., t. I, p. 117 et suiv. Voyez aussi les *Notices* de M. Reinhardt Dozy, p. 17 et suiv.).

Papier. 265 feuillets. Hauteur, 21 centimètres; largeur, 15 centimètres. 25 lignes par page. Ms. du XVIIIe siècle. — (Supplément 1938.)

4658.

1° كشف الصلصلة عن وصف الزلزلة. Ce titre a été traduit par Flügel, dans son édition de la Bibliographie de Hadji-Khalfa, par : *Detectio fragoris de descriptione terræ motus*». Le traité commence par ces mots الحمد لله والشكر له. L'auteur, Djalâl al-Dîn al-Soyoûṭî, rapporte d'abord toutes les traditions de Mahomet au sujet des tremblements de terre; puis il donne une liste de ces phénomènes, depuis le tremblement de terre qui eut lieu lors de la naissance de Mahomet jusqu'à celui qui désola l'Égypte et la Syrie l'an 702 (1303 de J.-C.). A la suite de cette notice, vient une liste complémentaire (مقامة) dressée par Schâfa'î ibn 'Abd al-Ẓâhir et intitulée : ما ظهر من الدلايل فى الحوادث والزلازل «Indications manifestes des grands événements et des tremblements de terre» qui s'arrête à l'an 996 (1588 de J.-C.).

2° (Fol. 36.) حصول الرفق باصول الرزق «L'obtention de la faveur (divine) afin de se procurer les moyens d'existence», par Djalâl al-Dîn al-Soyoûṭî. L'auteur énumère les traditions se rapportant à ce sujet.

Au commencement et à la fin se trouvent de nombreuses notes, recettes, traditions, etc.

Ms. daté de l'an 1154 (1741-1742 de J.-C.).

Papier. 42 feuillets. Hauteur, 21 centimètres; largeur, 15 centimètres. 17 lignes par page. — (Supplément 869.)

4659.

Divers traités d'Al-Soyoûṭî :

1° Paroles d'Al-Soyoûṭî sur ce qui fait la ruine des divers pays.

2° (Fol. 3 v°.) العجاجة الزرنبية. Traité dans lequel l'auteur démontre que les chérifs zaïnabides descendent de Mahomet.

3° (Fol. 11.) كشف الصلصلة عن وصف الزلزلة. Notice chronologique des tremblements de terre.

4° (Fol. 54.) تنوير الحلك فى امكان روية النبى والملك. Sur la question de savoir si l'apparition du Prophète ou d'un ange à un soufi pendant qu'il est dans un état d'exaltation doit être considérée comme réelle ou non.

5° (Fol. 35 v°.) Sur la prière de l'avant-midi (*Al-Dhoḥâ*).

6° (Fol. 97 v°.) Un étudiant de droit doit-il porter l'habit de légiste ou conserver son habillement ordinaire?

7° (Fol. 101.) المنحة. Réponses à sept questions touchant les âmes des morts.

8° (Fol. 110 v°.) Réfutation de la doctrine de l'incarnation.

9° (Fol. 123.) Quelques questions résolues par Al-Soyoûṭî.

10° (Fol. 126 v°.) الزجر بالهجر «Réprobation manifestée par l'abstention». Sur l'obligation d'éviter la société des faux docteurs.

Papier. 130 feuillets. Hauteur, 21 centimètres; largeur, 14 centimètres. 15 lignes par page. Ms. du XVIIIe siècle. — (Supplément 1917 *bis*.)

4660.

الكنز المدفون والفلك المشحون «Le trésor caché et le navire chargé». Recueil d'extraits, de recettes, de renseignements utiles et d'anecdotes curieuses, par un homme de lettres nommé (par Hadji Khalfa) Yoûnos le Malékite. Le commencement manque.

Papier. 330 feuillets. Hauteur, 20 centimètres et demi; largeur, 14 centimètres et demi. 21 lignes par page. Ms. du XVIIIe siècle. — (Supplément 1841.)

4661.

Album renfermant des notes, des prières, de la cabale et quelques pièces en langue turque. Au fol. 16 v° se trouve un commentaire sur le traité mystique intitulé الحصن الحصين; au fol. 89 v°, un traité sur le partage des successions; au fol. 130 v°, un traité sur la terminologie de la science des traditions; et au fol. 140 v°, un traité de cabale, en turc, intitulé احكام كتاب نارنجات.

Papier. 169 feuillets. Hauteur, 16 centimètres et demi; largeur, 11 centimètres. Ms. du XVIIe siècle. — (Supplément 1858.)

4662.

1° Notes et extraits en prose et en vers.

2° (Fol. 8.) Passages du Coran avec gloses se rapportant aux croyances des musulmans.

3° (Fol. 14 v°.) Ouvrage, divisé en vingt et un chapitres, relatif aux croyances et aux pratiques religieuses des musulmans. Il se compose principalement d'anecdotes édifiantes.

4° (Fol. 249.) Notes et extraits de diverses mains.

5° (Fol. 264 v°.) Explication et analyse grammaticale de quelques passages du Coran.

6° (Fol. 278 v°.) Un *Arba'în* de Moḥammad ibn abî Bakr. Incomplet.

7° (Fol. 297.) Fragments divers.

8° (Fol. 301 v°.) Fragment qui paraît appartenir au même ouvrage que l'article 1°. Autres fragments et feuillets détachés; notes et extraits divers.

9° (Fol. 328 v°.) Traité des convenances sociales, à l'usage des derviches.

10° (Fol. 341.) Traité sur la prière.

11° (Fol. 358 v°.) Traité sur les devoirs d'un musulman.

12° (Fol. 376 v°.) La *Borda* d'Al-Bouṣîrî. Les premiers vers sont accompagnés d'une traduction interlinéaire en langue turque.

13° (Fol. 386 v°.) Autre traité sur les devoirs d'un musulman.

14° (Fol. 392 v°.) Petit traité d'arithmétique élémentaire.

15° (Fol. 400 v°.) Traité en vers sur la prononciation du texte du Coran, par Moḥammad Ibn al-Djazarî.

16° (Fol. 404.) Qaṣîda rimant en *âni* (انِ) et ayant pour sujet les dogmes de l'islamisme, intitulée العجالة, «composé à la hâte», par Khidr-Beg ibn Djalâl al-Dîn.

Papier. 402 pages. Hauteur, 21 centimètres; largeur, 15 centimètres et demi. Ms. de diverses écritures du XVIIIe siècle. — (Supplément 1955.)

4663.

Recueil de pièces de diverses natures et de divers formats : brouillons, notes, extraits, copies de lettres, fragments, etc., les uns en arabe, les autres en turc et en français, dont la plupart ont été écrits au commencement de ce siècle et auxquels on a joint un exemplaire de la grammaire française-italienne de Scoppa, portant, en quelques endroits, des annotations en langue turque. On distingue plus particulièrement :

1° Extraits du Divan d'Al-Motanabbî.

2° (Fol. 9.) Dissertation (رسالة) de l'émir Fakhr al-Dîn sur la religion des Druzes.

3° (Fol. 20.) Copie d'un des écrits sacrés des Druzes.

4° (Fol. 25.) Dialogues en langue turque.

5° (Fol. 29.) Notes sur le musicien *Zeryâb*, extrait

d'une histoire d'Espagne (من تاريخ الاندلس). La fin manque.

6° (Fol. 30.) Le dernier chapitre du *Fâkihat al-Kholafâ* d'Ibn ʿArabschâh.

7° (Fol. 50.) Dialogues arabes-turcs.

8° (Fol. 69.) Traité de philosophie commmençant par ces mots : الفلسفة باليونانية محب الحكمة ..... والحكمة قولية وفعلية واما الحكمة القولية وهي العقلية ايضا كل ما يعقله العاقل بالحد وما يجرى مجراه مثل الرسم وبالبرهان الخ.

9° (Fol. 75.) Fragments divers en français et copies de quelques pièces officielles.

10° (Fol. 94 v°.) Copie de la préface du dictionnaire bibliographique de Hadji-Khalfa.

11° (Fol. 119 v°.) Vie d'Aboû 'l-Fidâ, extrait du *Manhal al-Ṣâfi*.

12° (Fol. 113.) Notice biographique d'Ibn ʿArabschâh.

13° (Fol. 118.) Extraits divers.

14° (Fol. 130.) Chapitre de l'*Ikhwân al-Ṣafâ* qui traite de la musique.

15° (Fol. 145.) Notices, tirées du dictionnaire bibliographique de Hadji Khalfa sur les diverses sciences.

A la fin du volume se trouve une copie de la préface du tome I des *Notices et extraits*.

Papier. 216 feuillets. — (Supplément 2332.)

4664.

Carton renfermant des pièces diverses :

1° Papiers provenant de feu M. Jomard (quelques copies, ébauche d'un dictionnaire arabe, des alphabets, etc.).

2° Fragments d'un commentaire sur un traité de grammaire.

Papier. 38 feuillets. Hauteur, 30 centimètres et demi; largeur, 22 centimètres. 37 lignes par page. Écriture maghrébine du XVIIe siècle.

3° Fragment d'un commentaire sur un traité de droit rédigé en vers. Premiers mots du texte commenté :

باب الضمان وما يتعلق به

وبـ . . . ى الضامن بالجميل   كذاك بالزعيم والكفيل

Papier. 4 feuillets. Hauteur, 30 centimètres; largeur, 21 centimètres. 29 lignes par page. Écriture maghrébine du XVIIe siècle.

4° Fragments d'un commentaire sur un traité de droit. On y trouve la section du divorce et le commencement de la section استبراء.

Papier. 13 feuillets. Hauteur, 28 centimètres et demi; largeur, 22 centimètres. 36 lignes par page. Écriture maghrébine du XVIIe siècle.

5° Deux cahiers d'une histoire des califes. Ils renferment les années 243 à 286 de l'hégire.

Papier. 18 feuillets. Hauteur, 22 centimètres; largeur, 15 centimètres. 19 lignes par page. Ms. du XVIIIe siècle.

6° Dialogue en arabe vulgaire du Maroc et en anglais.

7° Volume renfermant une liste alphabétique des mots français auxquels on se proposait d'ajouter les équivalents arabes. Un petit nombre de mots orientaux transcrits en caractères romains, y ont été inscrits.

Papier. 165 pages. Hauteur, 19 centimètres; largeur, 12 centimètres. Ms. du XVIIe siècle.
(Supplément 2286.)

4665.

Carton dans lequel se trouvent les pièces suivantes :

1° Deux feuillets d'un ouvrage sur les traditions.

Papier. Hauteur, 29 centimètres et demi; largeur, 20 centimètres. 29 et 30 lignes par page. Belle écriture maghrébine espagnole du XIVe siècle.

2° Onze feuillets d'un traité de théologie scolastique. Beaucoup de notes marginales et interlinéaires.

Papier. Hauteur, 19 centimètres et demi; largeur, 13 centimètres. 17 lignes par page. Écriture cursive turque du XVIIe siècle.

3° Un feuillet et la moitié d'un feuillet d'un recueil de traditions. On y trouve une partie du chapitre sur les *mets* (الاطعمة).

Parchemin. Hauteur, 20 centimètres; largeur, 16 centimètres et demi. 20 lignes par page. Belle écriture maghrébine du Xe siècle (?).

4° Quatre feuillets d'un recueil d'anecdotes édifiantes; dans le premier il est question du calife Al-Wâthiq, et dans le dernier de Jésus-Christ.

Papier. Hauteur, 21 centimètres; largeur, 15 centimètres et demi. 23 lignes par page. Écriture du XVIIe siècle.

5° Dernier feuillet d'un exemplaire du *Qâmoûs*.

Papier. Hauteur, 25 centimètres; largeur, 15 centimètres. 22 lignes par page. Écriture du XVIIIe siècle.

6° Deux feuillets d'un exemplaire du *Kalila et Dimna.*

Papier. Hauteur, 20 centimètres; largeur, 15 centimètres. 15 lignes par page. Écriture du XVIIIe siècle.

7° Un feuillet d'une histoire de la dynastie ottomane; nous y lisons que le sultan Sélîm, fils du sultan Solaïmân, monta sur le trône l'an 974 de l'hégire.

Papier. Hauteur, 21 centimètres; largeur, 15 centimètres. 19 lignes par page. Bonne écriture du XVIIIe siècle.

8° Deux feuillets d'un recueil de traditions.

Papier. Hauteur, 26 centimètres; largeur, 20 centimètres. 22 lignes par page. Bonne écriture maghrébine du XIVe siècle.

9° Fragments dont se composaient les plats de la reliure d'un volume arabe.

10° Dernier feuillet d'un traité mystique intitulé كنز الاسرار ولاقح الافكار et composé par Moḥammad ibn ʿOmar al-Ṣinhâdjî, surnommé *Inamchând* (إنْمْشَانْد), cadi d'Azemmor, dans le Maroc. Il est daté de l'an 1056 (1646 de J.-C.).

Papier. Hauteur, 21 centimètres; largeur, 15 centimètres. 21 lignes par page. Bonne écriture orientale.

11° Cahier d'un ouvrage de théologie. C'est le chapitre sur l'excellence de la prière (فصل فى فضل الدعا).

Papier. Hauteur, 17 centimètres; largeur, 12 centimètres et demi. 19 lignes par page. Écriture maghrébine du XVIIe siècle.

12° Huit petits rouleaux de parchemin contenant une sorte de grammaire arabe, le *Lâmiyat al-ʿAdjam* d'Al-Toghrâï, des passages du Coran, la première Séance d'Al-Ḥarîrî et d'autres morceaux écrits pour l'usage du Dr Picques.

13° Un *takhmîs* de la *Borda*. Premier hémistiche : ما بال قلبك لا ينفك من الم.

Papier. 24 pages. Hauteur, 40 centimètres et demi; largeur, 14 centimètres et demi. Ms. du XVIIIe siècle.

14° Traité sur des questions qui se rattachent au droit de préemption des propriétés adjacentes (شفعة).

Papier. 4 feuillets. Hauteur, 21 centimètres et demi; largeur, 15 centimètres. 20, 23 et 24 lignes par page. Ms. du XVIIIe siècle.

15° Fragment d'un traité de thérapeutique.

Papier. 6 feuillets. Hauteur, 22 centimètres; largeur, 16 centimètres. 12 lignes par page. Ms. du XVIIIe siècle.

16° Commencement d'un commentaire sur un traité de logique, comprenant une introduction, trois discours (*maqâlât*) et un appendice.

Beaucoup de gloses marginales et interlinéaires.

Papier. 3 feuillets. Hauteur, 17 centimètres et demi; largeur, 12 centimètres. 15 lignes par page. Écriture cursive du XVIIe siècle.

17° Fragment d'un dictionnaire biographique d'homonymes et autres fragments; le tout en très mauvais état.

16 feuillets.

18° Fragments d'un commentaire sur un traité de grammaire.

Papier. 15 feuillets. Hauteur, 25 centimètres et demi; largeur, 16 centimètres. 30 à 40 lignes par page. Sur quelques pages, les lignes sont écrites obliquement. Écriture très cursive du XVIIe siècle.

19° Fragments d'un ouvrage de médecine et de quelques traités de droit, provenant des plats de la reliure du ms. 991.

20° Fragments de deux traités de droit.

Il y a dans le même carton quantité de feuillets détachés, de morceaux de feuillets, de notes, etc., dont nous n'avons pas pris note, vu leur peu d'importance.

(Supplément 2287.)

TABLE

DES

DIVISIONS DU CATALOGUE DU FONDS ARABE

ET DES MATIÈRES SE RATTACHANT À CHACUNE D'ELLES.

A. OUVRAGES CHRÉTIENS.

I. Bible. Nos 1 à 67. — 69, 7°. 80, 3°. 108, 3°. 143, 8°. 144, 3°. 153, 28° à 33°, 35°. 214, 5°. 4519 à 4522.

II. Livres apocryphes et pseudépigraphes. Nos 68 à 81. — 49, 8°. 50, 7°. 51. 107, 3°. 132, 1°, 11°, 13°. 141, 1° à 3°. 147, 10°, 14°. 150, 2°, 10°. 152, 7°. 153, 4°. 154, 9°, 10°. 155, 1°, 6°, 12°, 13°. 177, 3°, 4°. 178, 3°. 212, 12°. 213, 13°. 214, 6°. 258, 22° à 25°. 262, 7°, 16°, 22°. 263, 15°. 264, 7°, 8°. 265, 3°, 6°, 7°. 275, 2°, 5° à 9°, 15°. 281, 5°, 6°, 8°, 10°, 23°, 24°.

III. Commentaires de la Bible. Nos 82 à 96. — 4. 6. 17 à 21. 23. 40. 41. 43. 50 à 52. 54 à 59. 61. 63 à 65. 67. 68. 106. 153. 204. 205.

IV. Liturgies et rituels. Nos 97 à 101.

V. Offices et prières. Nos 102 à 130. — 28, 3°, 4°, 6° à 9°, 12°. 31. 36. 39, 3°. 40, 7°. 43. 69, 7° à 9°. 75, 7° à 10°. 103, 1°, 2°. 104. 110. 114, 2°. 145, 7°. 150, 4°. 152, 6°. 157, 7°. 177, 5°. 205, 8°. 206, 11°. 211, 2°. 262, 24°. 305, 11°. 311, 3° à 6°. 313. 3041, 2°, 5°, 8°, 10°, 11°. 3947, 2°.

VI. Homélies. Nos 131 à 156. — 40, 5°. 43. 68, 3°, 4°, 6° à 12°, 15° à 20°. 69, 2°, 10°, 11°. 72, 2°, 5°. 74, 4° à 16°. 82, 10°. 84. 88, 2° à 4°. 92. 95. 96. 157, 5°, 9°, 10°. 206, 3°, 12°. 212, 2° à 6°. 221, 2°. 253, 3°, 6°. 257, 8° à 11°, 14°, 15°. 258, 27°. 260, 4° à 6°, 8°. 262, 5°, 8°, 9°, 13°, 15°, 17°, 20°, 21°. 263, 4° à 7°, 11° à 13°. 264, 3° à 6°. 265, 2°, 4°, 5°, 9° à 12°, 14°, 15°. 267, 5°. 275, 4°, 18°, 19°. 280, 6°. 281, 2°, 3°, 9°, 16°, 20° à 22°, 28° à 30°, 32°. 281, 31°, 33°. 286. 305, 2°, 10°.

VII. Traités de théologie. Nos 157 à 233. — 28, 10°. 40, 9°. 43. 51. 70, 4°. 71, 2°. 72, 3°, 4°. 82, 3° à 5°, 7°. 228. 250, 3°. 253, 4°, 7°. 258, 4° à 10°, 14°, 15°, 26°. 264, 9°. 275, 20° à 22°. 280, 4°. 309, 16°, 17°. 315. 3041, 6°, 7°.

VIII. Conciles et Canons. Nos 234 à 252. — 150, 15°, 16°. 213, 7°, 16°. 309, 15°.

IX. Vies des saints. Nos 253 à 286. — 49, 8°. 68, 5°. 69, 6°. 70, 2°, 3°. 72, 6°. 73. 81, 20°. 115, 7°. 131, 1°, 2°, 4°. 132, 8°, 12°, 14°. 135 à 139. 143, 2°. 145, 2°, 11°. 147, 11° à 13°, 15°. 148, 1° à 4°, 6° à 10°. 150, 3° à 7°, 13°, 14°. 151, 24°. 152, 1°, 2°, 5°. 153, 2°, 7°, 8°, 10° à 27°, 37°, 38°. 154, 1° à 7°. 157, 4°, 8°. 178, 2°. 205, 11°, 12°, 14°. 206, 7°. 212, 9° à 11°, 13°, 14°. 213, 13°, 20°. 214, 2°, 11°. 215, 5°. 305, 3° à 9°. 3041, 9°.

X. Histoire. Nos 287 à 308. — 4. 40, 4°. 132, 4°. 153, 3°. 158, 3°. 177, 2°. 200. 262, 14°. 280, 7°. 312, 2°. 809, 8°. 4524 à 4526.

XI. Ouvrages divers. Nos 309 à 323. — 28, 13°. 49, 7°, 9°, 11°. 68, 2°. 82, 10°, 11°. 108, 2°. 139, 6°. 147, 3°. 149, 2°. 3°. 150, 17°. 163, 3°. 165, 2°. 173, 16°, 19°. 181. 198, 2°. 202. 206, 8°. 209. 212, 15°. 213, 10°, 15°. 214, 12°. 250, 4°. 252, 5°. 253, 2°. 257, 16°. 264, 10°. 275, 1°, 14°. 276, 1°, 7°, 14°, 15°, 34°. 285. 286. 307. 313. 4523.

B. OUVRAGES MUSULMANS.

I. Coran. Nos 324 à 589. — 4527. 4528, 1°. 4529.

II. Commentaires du Coran. Nos 590 à 674. — 387. 402. 448. 459. 499. 573. 606, 2°. 650. 945, 3°. 1057, 18°. 1060, 2°, 7°. 1061, 5°, 6°, 8°. 1077, 4°, 5°. 1122, 4°, 5°. 1160, 15°. 1310. 1768, 2°. 1951, 3°, 6°. 1973, 5°. 2254, 12°. 2314, 3°. 2571, 6°, 7°. 2677, 8°. 2721, 2°. 3264, 6°, 7°. 3967, 2°, 5°. 4187, 29°. 4202, 3°. 4392, 2°. 4530 à 4537. 4542, 5°. 4577, 9°, 14°, 15°, 18°. 4588, 36°, 41°. 4662, 2°, 5°, 15°.

III. Traditions. Nos 675 à 783. — 404. 606, 4°. 666, 13°. 774, 1°, 9°. 809, 7°. 921, 2°. 1060, 10°. 1122, 2°. 1128, 2°, 6°. 1176, 29°. 1230, 14°. 1391, 1° à 4°, 13°, 15°. 1395, 5°. 1744, 4°. 2254, 4°. 2322, 2° à 5°, 10°, 11°. 2365, 5°. 2420, 2°. 2446, 4°. 2568, 9°. 2661, 6°, 7°. 2677, 7°, 9°, 10°, 19°. 2727, 4°. 2758, 10°. 2800, 3°, 5°, 8°, 14°, 17°. 3389, 9°. 3481. 3500, 9°, 5°. 3953, 2°. 3965, 6°. 3967, 10°. 3971, 4°. 3973, 6°. 3990, 3°. 4136, 3°. 4149, 3°. 4187, 4°, 11°. 4538 à 4540. 4544, 5°, 6°. 4577, 2° à 8°, 10°. 4588, 4°, 5°, 9°, 11°, 16°, 18°, 19°, 39°. 4589, 5°. 4593. 4662, 6°. 4665, 1°, 3°, 8°.

IV. Droit.

A. Principes du droit. Nos 784 à 819. — 672, 5°. 673, 2°. 727, 2°. 736. 760, 3°. 1266, 2°. 1396, 8°. 4541. 4542. 4600.

B. Droit spécial.

1. Droit hanéfite. Nos 820 à 982. — 1160, 3°, 4°, 8°, 12°. 1230, 7°. 1266, 4° à 7°. 1328, 3°, 4°. 3244, 6°. 3965, 2°. 3967, 3°. 4542 à 4544. 4572. 4606, 8°.

2. Droit schaféite. Nos 983 à 1049. — 1266, 2°. 1396, 8°. 2800, 11°, 15°. 4545 à 4547. 4591, 11°.

3. Droit malékite. N°s 1050 à 1103. — 1179, 2°. 2580, 4°. 3244, 7°. 4548 à 4565.

4. Droit hanbalite. N°s 1104 à 1107.

5. Droit schiite. N° 1108.

6. Écoles non déterminées. N°s 1109 à 1120. — 410. 592, 6°. 624, 3°. 666, 2°, 11°. 669, 3°. 673, 3°. 744, 9°. 760, 10°. 782, 3°. 1057, 15°, 16°. 1060, 9°, 10°. 1176, 28°. 1224, 2°. 1278, 6°. 1286, 5°. 1391, 9°, 12°. 1396, 10°. 1641, 4°. 2009, 6°. 2254, 5°. 2314, 2°. 2322, 5°, 6°, 8°. 2365, 4°. 2446, 5°. 2571, 4°. 2800, 11°, 15°. 3244, 8°. 3502, 3°, 6°. 3545. 3967, 3°. 4151, 3° à 5°, 7°. 4187, 10°, 19° à 21°. 4207, 7°. 4245. 4261, 19°. 4277, 2°, 3°. 4427, 2°. 4547. 4566 à 4576. 4591, 10°, 11°. 4592, 14°. 4661. 4664, 3°, 4°. 4665, 14°, 20°.

V. Théologie.

1. Traités sur la prière. N°s 1121 à 1162. — 830, 2°. 833, 2°. 1114. 1768, 3°. 2318, 2°. 2690, 2°. 4659, 5°. 4662, 10°. 4665, 11°.

2. Prières et invocations. N°s 1163 à 1228. — 429. 441. 475. 477. 480. 577. 663, 7°, 10°. 665, 5°. 721. 765. 774, 2°, 5° à 7°, 10°, 15°. 775, 6°. 828. 884, 2°. 1057, 10°. 1060, 12°. 1128, 8°. 1163. 1316, 2°. 1326. 1367. 1667, 3°. 1668, 4°, 5°. 1973, 2° à 4°. 1974, 3°. 2254, 2°. 2350, 3°. 2357, 14°. 2360. 2365, 9°. 2502, 12°, 13°. 2562, 23°. 2569, 1°. 2637, 3°, 5°, 7°, 12°, 13°. 2718, 4° à 6°, 13°. 2738, 4°. 2758, 7°. 2942, 6°. 3389, 3°. 3430. 3633, 2°. 3650, 4°. 3954, 3°. 3965, 3°. 3967, 9°. 4029, 3°. 4129, 2°. 4170, 6°. 4214. 4302, 6°. 4529. 4542. 4577, 1°, 12°. 4578, 1°, 2°. 4589, 2°. 4592, 3°, 4°. 4606, 7°. 4608, 7°. 4661.

3. Théologie dogmatique et scolastique. N°s 1229 à 1288. — 668, 2°. 978, 4°. 1042, 23° à 25°, 32°. 1046, 5°, 6°. 1057, 15° à 17°. 1060, 3° à 6°, 11°. 1061, 3°, 10°, 11°. 1193, 3°. 1197, 3°. 1206, 4°, 5°, 7°. 2307, 5°. 2316, 4°. 2317, 2°. 2318, 3°. 2322, 12°. 2365, 2°. 2500, 2°, 3°. 2637, 6°. 2677, 17°. 2758, 7°. 3019, 3°. 3136, 1°. 3137, 1°. 3138, 1°. 3171, 8°. 3264, 3°, 4°. 3389, 3°. 3431, 6°. 3442, 3°, 7°. 3522, 2°. 3954, 6°, 7°. 4187, 3°. 4261, 8°. 4528, 2°. 4577, 13°. 4579. 4581, 2°. 4582. 4583, 1°, 2°. 4584. 4585, 1°, 2°. 4589, 4°, 6°. 4591, 2°, 7°. 4606, 9°. 4657, 12°. 4662, 16°. 4665, 2°.

4. Théologie morale. N°s 1289 à 1329. — 665, 2°, 3°, 6°. 666, 12°. 743, 2°. 748, 2°, 3°. 760, 2°, 3°, 9°. 763. 764. 774, 5°, 7°. 780, 3°. 812, 2°. 931. 978, 6°. 1046, 4°. 1057, 24°, 25°. 1176, 25° à 27°, 34°, 35°. 1230, 3°. 1287, 5°. 1363, 4°. 1546, 6°. 1667, 5°. 1913, 8° à 12°. 1931. 1974, 4°. 2026, 2° à 5°. 2033. 2034. 2035, 3°. 2254, 4°, 10°. 2316, 2°, 3°. 2405, 8°. 2637, 10°. 2661, 1°. 2677, 5°. 2738, 8° à 12°. 2761, 4°. 2800, 9°. 2811, 3°. 3136, 2°. 3137, 2°. 3200, 2°. 3251, 3°, 4°. 3365, 4°, 5°. 3389, 3°. 3401, 5°. 3431, 3°. 3442, 6°. 3525. 3545. 3546. 3569. 3572. 3573. 3582. 3954, 4°. 4136, 2°. 4253, 2°. 4261, 2°, 11°, 14°, 15°, 17°, 18°, 21°. 4378, 2°. 4392, 7°. 4424, 5°, 7°. 4577, 2°. 4581, 1°, 3°, 4°. 4591, 9°. 4592, 2°, 8° à 11°. 4593 à 4598. 4624, 3°. 4657, 13°, 14°. 4662, 3°, 9°, 11°, 13°. 4665, 4°.

5. Théologie mystique. N°s 1330 à 1380. — 760, 6° à 8°. 762, 3°. 774, 12°, 13°. 945, 2°. 1141, 5°. 1178, 3°. 1187, 2°. 1193, 5°, 7°. 1287, 2°. 1316, 3°. 1546, 7°. 1605, 2°. 1641, 2°, 3°. 1903, 2°. 1966. 2016, 2°, 4°. 2037, 2° à 7°. 2338. 2348, 2°. 2405, 6°, 7°. 2450, 3°. 2502, 3°, 8°. 2577, 24°. 2677, 13°, 14°. 2800, 6°, 7°. 3035, 2°. 3146, 2°. 3154, 4°. 3156, 4°. 3167 à 3172. 3208. 3222. 3223. 3225 à 3227. 3229 à 3234. 3237. 3241. 3252. 3253. 3256. 3261, 2°. 3262. 3422. 3424. 3430. 3431, 14°. 3971, 1°. 4577, 11°, 12°, 16°, 24°. 4601 à 4603. 4659, 4°. 4661. 4665, 10°.

6. Matières diverses de théologie. N°s 1381 à 1405. — 666, 3° à 5°. 668, 3°, 4°. 744, 8°. 781. 824, 2°. 1057, 11°. 1176, 24°, 30°. 1206, 3°, 9°. 1913, 15°. 2679, 3°. 2770, 5°. 2800, 18°. 2962, 2°. 3244, 4°. 3248, 1°. 3264, 5°. 3431, 4°, 5°, 7°. 3967, 6°, 7°. 4136, 2°. 4187, 7° à 9°. 4207, 6°. 4580, 1°. 4585, 6°. 4586, 1°. 4587. 4588. 4589, 1°. 4590. 4591, 1°, 8°. 4659, 7°.

7. Croyances hétérodoxes. N°s 1406 à 1451. — 4663, 2°, 3°.

8. Controverse. N°s 1452 à 1464. — 1699, 2°. 1913, 13°. 2405, 5°. 3204, 2°. 4606, 2°. 4659, 8°.

VI. Histoire.

1. Histoire universelle. N°s 1465 à 1565. — 1621. 1951, 7°. 4607. 4608, 1°. 4609, 1°.

2. Histoire des califes. N°s 1566 à 1627. — 1203, 8° à 10°. 1832, 3°. 1997. 2254, 9°. 2309, 2°. 3250, 2°. 3412, 7°, 9°, 10°. 3431, 2°. 4664, 5°, 7°.

3. Histoire des villes saintes. N°s 1628 à 1642.

4. Histoire du Yémen. N°s 1643 à 1651. — 4609, 1°. 4652 à 4656.

5. Histoire de la Syrie. N°s 1652 à 1685. — 2234, 2°. 4610.

6. Histoire d'Égypte. N°s 1686 à 1866. — 1931, 22°. 2446, 2°. 4611 à 4613. 4657, 1°, 10°.

7. Histoire de l'Afrique et de l'Espagne. N°s 1867 à 1893. — 1997. 3553, 2°. 4614 à 4621.

8. Histoire des contrées orientales. N°s 1894 à 1905.

9. Divers. N°s 1906 à 1908.

VII. Biographie.

1. Vies des patriarches et prophètes. N°s 1909 à 1947. — 774, 11°. 1363, 7°. 4469. 4586, 4°. 4592, 10°. 4623 à 4625.

2. Vie de Mahomet. N°s 1948 à 2010. — 774, 3°. 1046, 5°. 1050, 2°, 3°. 1363, 3°, 8°, 15°. 1546, 5°. 1667, 6°. 1819, 2°. 1916, 2°. 1931, 3°, 5°, 8°, 16°, 18°, 23°. 2677, 6°. 2758, 3° à 5°. 2568, 2°. 3016, 4°. 3136, 3°. 3457, 2°. 3967, 14°. 4626.

3. Vies des Compagnons. N°s 2011 à 2017. — 1971, 2°. 2568, 13°. 3430. 3513, 2°. 3967, 11°.

4. Vies des descendants d''Alî. N°s 2018 à 2026. — 1871, 2° à 4°. 1872. 1892. 7°.

5. Vies des saints et des soufis. N°s 2027 à 2046. — 1363, 2°, 10°. 1546, 2°. 2918, 8°. 3070, 2°. 3486, 5°. 3491. 3497, 2°. 3967, 12°. 4581, 3°. 4608, 3°. 4657, 5°.

6. Biographies générales. N°s 2047 à 2083. — 1587. 4665, 17°.

7. Biographies spéciales. N°s 2084 à 2122. — 669, 2°. 1108, 2°. 1338, 4°. 1672. 2410, 2°. 2800, 19°, 20°, 23°. 3111. 3200, 7°. 3251, 11°. 3255. 3347, 1°. 4261, 13°, 22°. 4614, 2°. 4627 à 4630. 4663, 5°, 11°, 12°.

8. Biographies locales. N°s 2123 à 2166.

VIII. Cosmographie et géographie.

1. Cosmographie. N°s 2167 à 2212. — 2776, 5°. 4253, 3°.

2. Géographie générale. N°s 2213 à 2249. — 4256, 2°.

3. Géographie spéciale. N°s 2250 à

2280. — 1203, 2°. 2446, 4°. 2761, 2°. 3513, 3°. 3973, 13°.

4. Voyages. N°s 2281 à 2299.

IX. Encyclopédies. N°s 2300 à 2345. — 978, 5°.

X. Philosophie. N°s 2346 à 2415. — 202. 809, 6°. 1013, 6° à 10°. 1042, 26° à 34°. 1267, 2°. 1278, 4°, 5°. 1286, 9°. 1396, 2°, 4° à 7°, 11° à 13°. 2281, 4°. 2307, 7° à 9°. 2500, 7°. 4187, 5°, 6°, 15°, 16°. 4201, 13°. 4542, 8°. 4577, 20°, 22°, 23°. 4592, 1°. 4606, 5°. 4663, 8°. 4665, 16°.

XI. Morale et politique. N°s 2416 à 2451. — 176, 3°.

XII. Administration. N°s 2452 à 2456. — 666, 8° à 10°. 2962, 3°.

XIII. Mathématiques. N°s 2457 à 2475. — 1396, 9°. 1769, 3°. 2204, 2°. 2330, 8° à 14°. 2500, 4°. 2732, 8°. 2865, 12°. 3136, 3°. 3250, 3°. 4151, 6°. 4162, 2°, 4°. 4662, 14°. 4585, 5°.

XIV. Mécanique. N°s 2476 à 2478. — 1230, 12°. 1360, 3°.

XV. Musique. N°s 2479 à 2481. — 2466, 2°. 2865, 2°, 13°. 3250, 4°.

XVI. Astronomie. N°s 2482 à 2555. — 1176, 10°. 2330, 2°, 7°, 8°. 2365, 7°. 2457, 12° à 14°, 17°, 21° à 23°. 2558, 3° à 13°. 2559, 2° à 9°. 2560, 4° à 18°. 2561. 2566, 2°. 2579, 2°. 2865, 3°, 4°, 9°, 11°. 3264, 8°. 4386, 3°. 4580, 3° à 5°.

XVII. Calendrier. N°s 2556 à 2576. — 314. 315. 651, 6°. 870, 4°. 1061, 4°. 1176, 15°. 2250, 2°. 2521, 7°. 2547, 20°. 2549, 3°. 2637, 2°, 5°. 2677, 21°. 2946, 10°. 4609, 3°.

XVIII. Astrologie. N°s 2577 à 2604. — 1176, 8°, 20°, 21°. 1206, 13°. 1331, 5°. 1360, 2°. 1769, 2°. 2330, 3°, 6°. 2357, 7°, 8°. 2487, 2° à 4°. 2521, 3° à 5°. 2524, 11°. 2562, 2°, 4°. 2568, 5°. 2570. 2572 à 2574. 2684, 5°, 7°. 2700, 3°. 2738, 3°. 2865, 5°, 8°. 2946, 10°. 4580, 6° à 8°.

XIX. Sciences occultes.

1. Alchimie. N°s 2605 à 2629. — 420. 2568, 14° à 16°.

2. Magie. N°s 2630 à 2741. — 158, 4°. 309, 14°. 410. 412. 429. 446. 448. 484. 743, 3° à 13°, 17°. 765. 809, 4°, 5°. 1031. 1050, 5°. 1128, 5°, 7°. 1140, 3°. 1163 à 1228. 1286, 13°. 1381, 4°, 5°. 2250, 3°. 2307, 2°. 2357, 3°, 4°, 9° à 12°, 15° à 18°. 2419, 6°. 2502, 4°, 5°. 2521, 6°. 2524, 11°. 2541, 2°. 2562, 5° à 9°, 22°, 23°. 2568, 10°, 12°. 2577, 2°. 2595, 1°, 3°, 4°, 6° à 8°. 2600, 2° à 4°. 2602, 1°, 3°, 6° à 9°. 2758, 8° à 13°. 2763, 2°. 2767, 2° à 4°. 2772, 2°. 2865, 7°. 2954, 3°. 2992, 2°. 3083. 3124, 2°. 3178. 3250, 5°. 3384. 3650, 4°, 6°. 3669, 6°. 4588, 25°. 4606, 1°, 7°. 4608, 2°, 4°. 4609, 3°. 4661.

3. Onirocritie. N°s 2742 à 2757. — 809, 3°. 2580, 5°. 2758, 2°.

4. Physionomique. N°s 2758 à 2762. — 1381, 6°. 2562, 21°. 3365, 3°. 4609, 2°.

5. Recherches des trésors. N°s 2763 à 2767. — 2357, 2°. 2602, 10°.

XX. Histoire naturelle.

1. Traités généraux. N°s 2768 à 2771.

2. Minéralogie. N°s 2772 à 2780. — 1176, 16°. 4657, 9°.

3. Botanique. N° 2781. — 2942, 4°.

4. Zoologie. N°s 2782 à 2801. — 4657, 3°.

XXI. Agriculture. N°s 2802 à 2809. — 2942, 4°.

XXII. Hippologie et hippiatrique. N°s 2810 à 2822. — 3019, 4°.

XXIII. Équitation, chasse et art militaire. N°s 2823 à 2834. — 2839.

XXIV. Médecine. N°s 2835 à 3050. — 178, 4°. 1176, 6°, 7°, 11°, 12°, 22°, 23°. 1299, 2°. 1814. 1817. 2182, 2°, 3°. 2254, 8°. 2281, 5°. 2419, 5°. 2457, 22°. 2500, 6°, 8°, 9°. 2562, 3°, 9° à 20°. 2568, 6° à 8°. 2677, 17°. 2700, 2°. 2770, 4°. 2776, 8°, 9°. 2800, 16°. 3513, 4°. 4641. 4665, 15°, 19°.

XXV. Ouvrages érotiques. N°s 3051 à 3074. — 3039, 3° à 5°, 11° à 17°, 20°. 3384. 3401, 1°, 2°. 3455. 3658, 12°. 3669, 7°. 3571, 2°. 4641. 4642.

XXVI. Poésie.

1. Divans et qaṣîdas. N°s 3075 à 3272. — 624, 4°. 743, 15°. 760, 4°. 775, 4°, 7°. 932. 1057, 21°, 22°. 1128, 4°. 1143, 2°. 1160, 10°. 1167, 10°. 1176, 5°. 1178, 3°, 4°. 1198, 2°. 1203, 5°, 6°. 1206, 9° à 13°. 1210, 1°. 1213, 2°. 1230, 10°. 1251. 1268. 1287, 8°. 1293, 2°. 1303, 3°. 1317, 2°. 1339, 5°. 1343, 3° à 5°. 1352. 1363, 12°. 1364. 1385. 1449, 2°. 1450, 9° à 11°. 1607. 1608. 1615, 2°, 3°. 1617. 1620, 2° à 13°. 1635. 1668, 3°. 1672. 1678. 1696. 1699, 5°, 6°. 1716, 2°. 1794. 1876. 1889, 2°, 3°. 1932, 4° à 6°. 1997. 1998. 2024. 2060. 2098. 2099. 2120, 4°. 2134. 2135. 2147, 2°. 2149. 2165. 2192. 2198. 2234, 4°, 5°. 2246. 2254, 6°. 2292, 2° à 6°. 2322, 9°, 12°. 2348, 2°. 2365, 2°. 2405, 3°, 4°. 2419, 7°. 2480, 2°. 2492. 2502, 4°, 5°, 11°. 2530. 2541, 3°. 2559, 5° à 8°. 2562, 9°, 11° à 13°, 15°, 21°. 2566, 2°. 2568, 4°, 11° à 13°. 2571, 6°. 2580, 5°. 2593, 2°. 2602, 9°. 2608, 1°. 2610, 1°, 2°. 2611, 1°. 2625, 6°, 10°. 2637, 6°, 7°, 9°, 14°. 2661, 4°, 8°. 2669, 11°, 13°. 2675, 2°. 2677, 2°, 4°, 20°. 2684, 12°, 16°. 2697, 6°. 2708, 3°. 2716, 11°. 2718, 8°. 2722. 2732, 9°, 10°. 2776, 6°. 2800, 4°. 2833. 2942, 1° à 3°. 2943, 1° à 4°. 2944. 2992, 3°. 2997. 2998, 1°. 3016, 3°. 3019, 2°, 5°, 7°. 3038, 3°. 3039, 9° à à 11°, 19°, 21°. 3570. 3571, 1°. 3574. 3623, 2°. 3626. 3627. 3650, 2°, 8°. 3663, 3°, 5°. 3953, 3°, 4°. 3954, 5°, 8°. 3956, 2°. 3964, 5°. 3965, 3° à 5°, 7°. 3972, 4°, 6°, 13°. 4051, 4°. 4098, 5°. 4118, 2°. 4124, 5° à 7°. 4151, 6°. 4187, 12°, 13°, 25° à 27°. 4201, 3°, 6° à 10°, 14°, 17°. 4207, 1° à 4°. 4261, 3° à 10°, 12°, 22°. 4296. 4392, 2°. 4427, 3°. 4434, 2°, 5°. 4451. 4452, 1° à 10°, 12°. 4454, 2°. 4528, 2°. 4530. 4532, 3°, 5°, 6°. 4534, 1°, 2°. 4542, 1° à 11°. 4543. 4544, 1°, 2°. 4565 à 4568. 4572. 4577, 19°. 4585, 8°. 4588, 14°, 24°. 4591, 9°. 4611. 4618. 4619. 4624, 1°, 2°. 4639, 3° à 5°. 4662, 1°, 12°, 15°, 16°. 4665, 12°, 13°.

2. Collections et anthologies. N°s 3273 à 3462. — 2865, 6°. 4201, 2° à 4°. 4236, 2°.

XXVII. Fiction.

1. Fables, apologues et récits divers. N°s 3463 à 3594. — 175. 809, 11°. 3124, 3° à 6°. 3131, 2°. 3200, 3°. 3365, 6°. 3384. 4201, 2° à 4°. 4336, 3°. 4586, 2°. 4665, 6°.

2. Contes et romans. N°s 3595 à 3680. — 1363, 6°, 13°. 2661, 9°. 2738, 7°, 13°. 3041, 4°. 3070, 3° à 5°. 3118, 3° à 18°. 3522, 3°. 3336. 3539. 3571, 3° à 5°. 3572. 3573. 4366 à 4368.

3. Romans de chevalerie. N°s 3681 à 3922. — 1363, 11°.

4. Maqâmât. N°s 3923 à 3952. 3972, 3°, 5°, 7° à 11°.

XXVIII. Proverbes et sentences. N°s 3953 à 3983. — 644, 3°. 778, 2°. 780, 2°. 1377. 1396, 7°. 1667, 5°. 1716, 2°. 1892, 4°. 1903, 3°. 1952. 2044. 2419, 2°. 2450, 4°. 2489, 2°. 2502, 10°, 14°. 2770, 2°.

Imprimerie nationale.

3250, 1°. 3276, 3°. 3365, 2°, 4° à 6°. 3390. 3418, 3°. 3431, 9°, 12°. 3481. 3482, 2°. 3545. 3954, 1°. 3973, 2°. 4201, 2° à 4°, 11°. 4637.

XXIX. Philologie.

1. En général. N°s 3984 à 3986.

2. Grammaire. N°s 3987 à 4229. — 663, 13°. 670. 674, 1°, 2°. 727, 3°. 792, 2° à 4°. 812, 7°. 1013, 5°. 1057, 7°, 8°, 13°, 20°, 26°, 27°. 1060, 8°. 1077, 2°, 3°, 8°. 1136, 3°, 4°. 1206, 12°. 1230, 13°, 16°. 1266, 3°. 1286, 7°, 10° à 12°. 1287, 6°, 7°. 1997. 2307, 3°, 4°. 2316, 6° à 8°. 2365, 3°. 2369, 7° à 9°. 2571, 2°, 3°, 5°, 7° à 9°. 2677, 11°, 12°. 3088, 3°, 4°. 3090. 3191, 2°. 3204, 4°, 5°. 3257, 2°. 3431, 8°. 3939, 3°. 3967, 4°. 4213 à 4220. 4245. 4254, 2°. 4261, 20°. 4279, 2°. 4280, 2°. 4336, 2°. 4392, 3°, 5°, 6°. 4452, 4° à 6°, 8° à 12°. 4528, 3°. 4542, 10°, 11°. 4577, 21°. 4585, 3°. 4652 à 4656. 4664, 2°. 4665, 12°, 18°.

3. Dictionnaires. N°s 4230 à 4369. — 825, 4°. 926, 6°. 1057, 28°. 1206, 6°. 1248, 5°. 2425, 2°. 2721, 3°. 3663, 10°. 3939, 2°. 4201, 5°, 12°, 15°. 4542, 2°. 4661. 4663, 4°, 7°. 4664, 6°. 4665, 5°.

XXX. Rhétorique. N°s 4370 à 4431. — 1176, 33°, 35°. 1286, 3°. 2254, 13°. 2307, 6°. 2346. 2372, 2°. 2502, 9°. 3401, 3°. 3955, 5°. 3973, 12°. 4187, 17°, 18°. 4542, 9°. 4585, 4°. 4606, 4°.

XXXI. Inschâ. N°s 4432 à 4445.

XXXII. Prosodie et métrique. N°s 4446 à 4456. — 1077, 6°, 7°. 1286, 4°. 1303, 2°. 2346. 2357, 5°. 3088, 6°. 3955, 2° à 4°. 4124, 3°, 4°, 6°. 4236, 3°. 4542, 7°. 4585, 7°. 4652 à 4656.

XXXIII. Bibliographie. N°s 4457 à 4518. — 2800, 21°. 3972, 12°. 4591, 12°. 4663, 10°.

XXXIV. Ouvrages divers et supplément. N°s 4519 à 4665. — 82, 6°. 206, 10°. 442. 458. 651, 7°. 669. 4°. 809, 9°. 926, 4°, 5°, 7°, 8°. 1951, 5°. 2198. 2295. 2967, 3°. 4215. 4622.

TABLE ALPHABÉTIQUE DES TITRES.

الآثار الباقية عن القرون الخالية. 1489.

آثار البلاد واخبار العباد. 1971, 3°. 2235. 2236.

آداب. — (Commentaire) 3431, 10°. — (de Baïhaqî, abrégé) 4593.

آداب البحث (d'Al-Îdjî). — (Commentaire) 809, 10. 1278, 2°. 4253, 2°. — (d'Al-Samarqandî) 2350, 1°, 2°. 4378, 2°. — (Commentaire) 1262, 2°. 2350, 1°. 2351, 1°.

الآداب السلطانية والدول الاسلامية. 2441. — (Abrégé) 2442.

آداب الصحبة. 3338, 2°.

آداب العرب والفرس. Voyez كتاب جاويدان خرد.

فصل في آداب المتزوج الخ. 1546, 6°.

آداب المريدين. 1337, 6°.

آداب المناظرة. — (Commentaire) 4424, 5°, 7°.

آكام العقيان في احكام الخصيان. 2800, 11°.

آه على ما فات. 3678, 1°.

آية التوفيق الى معاني الجمع والتفريق. 3226.

كتاب الابتهاج بالكلام على الاسراء والمعراج. Voyez الاسراء والمعراج.

ابراز لطائف الغوامض واحراز صناعة الفرائض. 1031.

كتاب في ابطأ الحركة في فلك الخ. 2457, 13°.

ابكار المعاني المخدرة واسرار المباني المدخرة. 3239.

ابواب السعادة في اسباب الشهادة. 4588, 17°.

اتحاف الاخصاء بفضائل المسجد الاقصى. 2255-2257.

الاتحاف بحب الاشراف. 2120, 3°.

اتحاف الراغب. 1049.

اتحاف الفرقة برفو الخرقة. 2800, 7°.

اتحاف المريد بجوهرة التوحيد. 1281. 1282.

اتحاف المنصفين والادباء الخ. 2456.

اتحاف في نسب ال الاشراف. 3244, 6°.

الاتقان في علوم القران. 656-658.

اجابة السايل الى معرفة الرسايل. 4437.

الاجر الجزل في الغزل, 4588, 16°.

الاجرومية. 1057, 2°. 1061, 7°. 1206, 12°. 1230, 16°. 2307, 4°. 2571, 5°. 3989, 2°. 4006, 3°. 4015, 3°. 4122-4126. 4528, 3°. — (Comment.) 4098, 3°, 6°. 4123, 2°. 4124, 2°. 4125, 2°. 4127-4141. 4151, 2°. 4193, 2°. 4606, 12°.

الاجوبة الجلية عن الاسئلة الخفية. 1279.

الاجوبة الفاخرة ردًّا عن الملّة الكافرة. 1456, 1°.

الاحاديث الاربعين. 744, 1°. — (Commentaire) 745-749.

احاديث الامامة والسياسة. 1566.

احاسن المحاسن. 3306.

الاحاطة في تاريخ غرناطة. 1997. — (Abrégé) 3347.

كتاب الاحجار. — Voyez كتاب جواهر الاحجار.

كتاب الاحجار لارسطاطاليس. 2772, 1°.

احسن المسالك لاخبار البرامك. 2107.

احكام. — (Commentaire) 1073.

كتاب الاحكام في اصول الاحكام. 791.

احكام تحويل سني المواليد. 2588.

احكام الدينية. 1458.

الاحكام السلطانية. 3966, 2°.

الاحكام شرح تكملة الاحكام. 1320.

الاحكام العلائية في الاعلام السمائية. 2592.

احكام كتاب نارنجات. 4661.

احوال المتعلّمين واحكام المعلّمين. 4595.

احياء علوم الدين: 1154, 2°. — (Abrégé) 4579.

اخبار في اجتناب الدينونة. 276, 5°.

اخبار اهل الجنة. 1381, 2°.

اخبار الجلاد في فتوح البلاد. 1587.

اخبار الحكماء. 310, 1°.

اخبار الدول وآثار الاول. 1556-1559.

كتاب اخبار الزمان الخ. 1470-1475.

كتاب اخبار الصين والهند. 2281, 1°. 2282, 1°.

كتاب اخبار العبرانيين المسما كتاب المكابيين الخ. 1906.

اخبار قتالات الزنا. 276, 4°.

اخبار مجموعة في افتتاح الاندلس الخ. 1867, 2°.

الاخترى. 4324-4327.

اختصار علوم الحديث. 4577, 6°.

اختصار القدح المعلّى في التأريخ المحلّى. 3340.

كتاب الاختلاج من كتوب الفلاسفة. 2758, 1°.

الاختيار لشرح المختار. 878. 879.

الاختيارات العلائية في الاختيارات السمائية. 1360, 2°. 2521, 5°.

كتاب اخراج الخطين من نقطة الخ. 2457, 8°.

اخوان الصفاء, 4663, 14°.

كتاب الادب في تبليغ الارب. 4593.

ادب السلوك. 2439.

كتاب في ادب القاضي. 1042, 7°.

ادب القضا. 996.

ادب الكاتب. 4432.

ادب النديم. 3301.

الادعوية المنتخبة في الادوية المجربة. 2691.

كتاب الادوار والالوف. 2581. 2582.

كتاب الادوية المفردة. 2857, 2°.

الادعية المعدّة عند الكرب والشدّة. 744, 2°.

كتاب الاذكار. 1130. — (Commentaire) 1131.

اذكار الاذكار المستحبة بالليل والنهار. 1178, 1°.

اذكار المخلصين. 891, 3°.

الاراء والمشاورات. 2348, 1°.

اربعين. 722. 744, 1°, 3°-6°. 757. 762, 1°. 778, 1°. 779. 782, 1°. 1042, 2°. 1177, 2°. 1185, 2°. 1230, 9°. 2009, 4°. 2254, 7°. 3154, 5°. 4136, 3°. 4149, 3°. 4539. 4662, 6°. — (Commentaire) 4577, 10°. — (Voy. aussi الاحاديث الاربعين.)

كتاب الاربعين البلدانية. Voyez الاربعين المستغني بتعيين.

الاربعين خبر. 278, 1°. 279. 280, 1°. 283.

الاربعين السباعيات. 722, 5°.

الاربعين القدسية. 775, 2°.

كتاب الاربعين المستغني بتعيين ما فيه عن المعين. 722, 1°.

اربعين المحمّدين. 722, 3°.

الارج في الفرج. 659. 4°.

ارجوزة في آداب القهوة. 3418, 19°.

ارجوزة في اصول الحديث. Voyez تبصرة المبتدي وتذكرة المنتهي.

الارجوزة السبعية. 2559, 5°.

ارجوزة فى الطب (d'Avicenne). 1176, 12°. 2942, 1°. 2943, 2°. — (Commentaire) 2918, 6°. 2943, 1°.

ارجوزة فى الطب (d'Ibn-Mâdjid). Voyez نقع الغلل.

ارجوزة الفصيحة فى اعمال الصحيحة. 2776, 6°.

ارجوزة لطيفة فى التاريخ. Voyez تحفة الظرفاء فى تواريخ الملوك والخلفاء.

ارجوزة الولدان. 1057, 15°.

ارجوزة الياسمينية. 4151, 6°. — (Commentaire) 4162, 4°.

ارشاد. 2544, 12°.

الارشاد. 1287, 11°.

ارشاد الحيارى فى الرد على النصارى. 1457. 3204, 2°.

ارشاد الحيارى فى معرفة استخراج عيد النصارى. 314.

ارشاد السارى الى شرح البخارى. 701. 702.

ارشاد السائل الى اصول المسائل. 2533.

كتاب الارشاد الى سبيل الرشاد. 1105.

ارشاد العقل السليم الى مزايا الكتاب الكريم. 2254, 12°.

ارشاد القاصد الى اسنى المقاصد. 2331-2333. — (Extrait) 3442, 5°.

كتاب الارشاد الى ما وقع فى الفقه وغيره من اعداد. Voyez كتاب الذريعة الى معرفة الاعداد.

كتاب الارشاد فى مصالح الانفس والاجساد. 1176, 6°. 2963.

ازالة العبوس عن قصيدة ابن عروس. 3252.

كتاب الازل. 1339, 3°.

ازهار الافكار فى جواهر الاحجار. Voyez كتاب جواهر الاحجار.

كتاب ازهار الروضتين. Voyez الروضتين.

ازهار الرياض فى اخبار عياض. 2106.

الازهرية. — (Commentaire) 4190-4194.

كتاب الاسابيع. — (Comment.) 2845.

اساس الرياسة فى علم الفراسة. 2762.

الاسباب والعلامات. 2971-2974. 3009.

كتاب الاستحسان. 1374, 2°.

استخارة جليلة. 2639, 2°.

كتاب الاستخراج لاحكام الخراج. 2454.

فى استخراج خطين بين خطين متواليين متناسبة الخ. 2457, 47°.

الاستدراك النضير على الجامع الصغير. Voyez مصباح البارع النضير.

الاستغاثة. 2192.

استيعاب. 1587.

الاسراء والمعراج. 1985.

اسرار الايات وانوار البلغات. 1366.

اسرار كلام هرمس المثلث الخ. 2487, 2°.

كتاب (جالينوس) فى الاسطقصيات على راى ابقراط. 2847, 1°. — (Commentaire) 2848, 1°.

اسعاف القاصد لتفهم مسائل الشهاب الزاهد. 2800, 15°.

الاسماء الحسنى. 1166. 1168. 1201, 2°. 1209. 1217. 1227. — (Commentaire) 1383. 1405.

اسماء رجال صحيح البخارى. 2086.

اسماء مفاتيح الكنوز. 2602, 10°.

اسماء المناجات. 1141, 4°.

اسماء النبى. 1166.

اسناد الذكر والخرقة. 4577, 11°.

اسنى المطالب فى شرح روض الطالب. 993-995.

اسنى المقاصد واعذب الموارد. Voy. المشيخة الخريبة.

اسنى المواهب فى تقويم الكواكب. 2537-2538.

اسهل المسالك فى تحرير المناسك. 1126, 2°.

اسواق الاشواق. 3065.

كتاب الاسوس. 1449, 1°.

اسولة القران المجيد واجوبتها. 623. 624, 1°. 625.

اسئلة واجوبة. 4588. 29°.

اشارات. — (Commentaire) 2366.

الاشارات فى علم العبارات. 2752.

كتاب الاشارة فى علم العبارة. 2744.

كتاب الاشباه والنظائر. 967. 968.

اشراط الساعة. 2800, 24°.

اشراق التواريخ. 2014.

اشرف الوسائل الى فهم الشمائل. 714.

اشعار الستة. 3273. — (Commentaire) 3274.

اشعار الهذليين. 3286.

اشكال الوسائط فى المنحرفات والبسائط. 2543.

كتاب الاصطرلاب. 2487, 1°.

الاصطلاحات الصوفية. 1347, 1°. 1374, 1°.

الاصلاح والايضاح. 917-920. — (Commentaire) 921, 1°.

اصلاح المناظر. 2467, 2°.

اصلاح الوقاية. Voyez الاصلاح والايضاح.

كتاب الاصول. 214, 9°.

الاصول. 4541.

اصول لاقليدس. — (Comment.) 2457, 6°, 7°, 9°, 39°, 41°. 2465. 2466, 1°. 2467, 16°-18°. — (Abrégé) 2458, 4°. 2484, 2°.

كتاب الاصول بدايع الموصول. 2620, 6°.

اصول البزدوى. 836.

اصول الشرع. 1286, 1°.

اصول العقول. 2684, 14°.

اصول الفقه. 672, 5°.

كتاب الاصول فى شرح الفصول. 2842.

اصول مانالاوس فى الاشكال الكرية. 2467, 1°.

اصول مقدمات الوصول. 1367.

الاصول والضوابط. 2656.

كتاب الاصيفر. 1450, 1°.

اضواء البهجة فى ابراز دقائق المنفرجة. 2708, 3°.

كتاب اطالا. 3680.

اطباق الذهب. 3948, 3°. 3964, 2°. 3973, 1°.

اطواق الذهب. 3948, 2°. 3964, 1°. 3973, 11°.

اظهار الاسرار. — (Commentaire) 4206.

اظهار التصحيح لفتح سيدنا المسيح. 2569, 2°.

كتاب اظهار صدق المودة فى شرح البردة. 3188.

كتاب الاعتبار من النسب النبى المختار. 1871, 3°, 4°.

كتاب الاعتراف والعلل الذى يخلص النفس من الخطية. 195. 196.

اعتقاد الحكماء. 1247, 3°.

الاعتقاد الكاسانى. 825, 3°.

الاعتماد فى الاعتقاد. 1261, 1°.

كتاب الاعجاز فى الايجاز. 3305. 2°.

اعذب المناهل. 4588, 18°.

كتاب اعراب القران. 670.

الاعراب عن قواعد الاعراب. 4015, 2°. 4051, 3°. 4144, 1°. 4145. — (Commentaire) 4146-4150.

باب الاعراب عن لغة الاعراب. 4279, 1°. 4280, 1°.

اعز ما يطلب. 1451, 1°.

كتاب (بيُس) فى الاعظام المنطقة والصمّ الخ. 2457, 5°.

كتاب اعلام الاخيار من فقهاء مذهب النعمان المختار. 2097.

اعلام الاريب بحدوث بدعة المحاريب. 2800, 10°. 4588, 12°.

الاعلام باعلام بلد الله الحرام. 1637-1642.

اعلام الاهتمام بجمع فتاوى شيخ الاسلام. 950.

الاعلام فى تفسير الاحلام. 2748.

الاعلام بحكم عيسى عليه السلام. 4588, 28°.

كتاب الاعلام بقواطع الاسلام. 953.

كتاب الاعلام بمصطلح الشهود والحكام. 925. 926, 1°.

اعلام الناس بما وقع للبرامكة من بنى العباس. 2108-2110.

الاعلام والتبيين فى خروج الفرنج الملاعين على بلاد المسلمين. 2234, 2°.

اعمال الفكر فى فضل الذكر. 4588, 30°.

كتاب الاغانى. 3292-3298.

كتاب الاغذية والاشربة. 3030, 4°.

الاغراب فى جدل الاعراب. 1013, 4°.

كتاب (جالينوس) الى اغلوقن. 2860, 4°.

الافتتاح. 4017, 1°. 4144, 5°.

كتاب الافصاح عن معانى الصحاح. 607.

كتاب الافعال. 4294. 4304.

الافكار المنتخبة. 3412, 11°.

كتاب افورسموس لبقراط. Voyez الفصول لابقراط.

اقالم التعالم. 2321. 2322, 1°.

الاقتصاد فى اصلاح الانفس والاجساد. 2959.

الاقتصاد فى كفاية العقاد. 1029. 4547.

اقراباذين الدكان. 3023.

اقرباذين. 2946, 7°, 8°.

الاقليد. 4003.

اقليمقس. Voyez كتاب الدرج اكليمقس.

الاقناع لما حوى تحت القناع. 4255.

اقوال الاباء القديسين. 253, 1°.

الاقوال الكافية والفصول الشافية. 2820. 2821.

الاقوال النافعة. 171, 2°.

اكام المرجان فى احكام الجان. 1388.

كتاب الاكتفاء فى مغازى المصطفى والثلاثة الخلفاء. 1568-1569.

كتاب الاكحال والاشيافات. 3042.

كتاب الاكر لثاوذوسيوس. 2467, 19°.

اكمال الدرّ الهاطل على الادوار العواطل. 3244, 3°.

اكمال الدين واتمام النعمة الخ. 1231.

الحان السواجع الخ. 2067.

كتاب الالفاظ. 4232.

الفاظ الكفر. 812, 5°.

الفية. 672, 3°. 1060, 8°. 1061, 9°. 1077, 3°. 4068-4074, 1°. — (Commentaire) 4074, 2°. 4075-4116.

ارجوزة فى اصول الحديث et تبصرة المبتدى. Voy. الفية العراق.

الالغية فى الفرائض. 934.

الفية المعانى والبيان والبديع. 4428.

ام البراهين. 3264, 3°. — (Commentaire) 1276, 2°. 4584.

الامالى (d'Al-Qâlî). 4236, 1°. — (d'Ibn al-Ḥâdjib) 4392, 3°.

الامالى على الحاجبية. 4392, 6°.

امتحان الاذكياء. 4120.

الامثال السايرة. 3970.

الامثلة المختلفة. 4166, 4°. 4167, 4°. 4173, 5°. 4174, 5°. 4177, 5°. 4180, 4°. 4181, 5°. 4182, 5°. 4198. 4205, 2°.

الامر المحكم المربوط فيما يلزم اهل طريق الله تعالى من الشروط. 1337, 1°.

الاملاء على ابيات المعانى. 4392, 4°.

الاملاء على المسائل المطلقة. 4392, 5°.

انباء ابناء الزمان. — (Abrégé) 2060.

انباء الغمر بابناء العمر. 1601-1605.

انباء نجباء الابناء. 2121. 2122.

انباء الهصر فى ابناء العصر. 1791.

انبرت كند. 1699, 3°.

كتاب الانتباه فى رجوع الشيخ الى صباه. 3058.

كتاب الانتقاد فى شرح عمدة الاعتقاد. 1245.

كتاب انتقال الدول فى الدول. Voy. المختصر.

كتاب الانجاح. 2316, 6°. 4203.

الانجم الزاهرات على حلّ الفاظ الورقات. 624, 2°.

الانس الجليل بتاريخ القدس والخليل. 1671-1682.

انس الملاّ بوحش الفلا. 2832, 1°.

كتاب انس المنقطعين الخ. 732-735.

انس الوحيد. 3304.

انس الوحيد ونزهة المريد. 2405, 8°.

انسان العيون فى سيرة الامين المأمون. 1999-2006.

الانسان الكامل فى معرفة الاواخر والاوائل. 1356-1358.

كتاب الانعام بمعرفة الانغام. 2480, 1°.

انموذج فى علم الفلك. 2357, 7°.

انموذج اللبيب فى خصائص الحبيب. 4588, 15°. 4591, 13°. 4608, 5°.

انموذج لطيف نقل من اوّل كتاب تفسير ابن الخازن. 659, 7°.

الانموذج فى النحو. — (Comm.) 4005. 4006, 1°. 4016, 2°. 4022, 3°. 4041, 4°.

انهج الطرائق والمناهج والسلوك الى تواريخ الانبياء والخلفاء والملوك. 1815, 3°-5°.

الانوار البهية فى الفرائض الاشنهية. 1037.

انوار التعريف لذوى التفصيل والتعريف. 4532, 1°. 4534, 3°.

انوار التنزيل واسرار التاويل. 627-635. — (Comment.) 636.

انوار الجواهر اللآلى فى اسرار منازل المعدن العالى. 2596, 1°.

انوار الربيع فى انواع البديع. 3255.

انوار السعادة فى اسباب الشهادة. 659, 2°.

انوار العقول فى اشعار وصىّ الرسول. 3082. 3083.

انوار علو الاحرام فى الكشف اسرار الاهرام. 2274-2277.

الانوار لعمل الابرار. 1027.

الانوار اللائحة والازهار الفائحة. 2017.

كتاب انوار فى نسب آل النبى المختار. 4207, 5°.

انوار والاسرار. Voyez عين اليقين.

كتاب الانوار وكيف خلق الله النبى المختار. 1984.

انيس الجليس. 3453.

الانيس المطرب روض القرطاس فى اخبار ملوك المغرب وتاريخ مدينة فاس. 1868-1870. 1871, 5°.

انشا. 926, 2°. 1198, 2°. 1814. 1815, 2°. 1892, 3°. 2286. 2309, 3°. 2419, 8°. 3206, 2°. 3418, 2°. 3435. 3663, 6°, 8°, 12°. 4187, 14°, 22°, 23°, 28°. 4432-4445. 4580, 2°.

اوراد. 1199.

الاوراد الزينية. 1176, 1°.

الاوراق. 4302, 1°.

اوضح المسالك الى الفية ابن مالك. 4077. — (Comment.) 4078-4085.

كتاب الاوفاق فى علم الاوراق. 4444.

الايجاز والبيان. 592, 3°.

الايذان بفتح اسرار التشهّد والاذان. 1139.

ايساغوجى. 229. — 2307, 7°. — (de Porphyre) 2346. — (Comm.) 1243, 2°. — (d'Al-Abharî) 2307, 8°. 2353, 2°. 2354, 2°. 2356, 3°. 2357, 6°. 2359, 3°. 2500, 10°. — (Comment.) 1013, 10°. 1267, 2°. 1396, 7°. 2307, 9°. 2353, 1°, 3°. 2354, 1°, 3°. 2355. 2356, 1°, 2°. 2357, 1°. 2358, 1°. 2359, 1°, 2°. 2406, 2°. 4606, 5°.

ايضاح. 3571, 2°.

الايضاح. 902, 1°.

الايضاح فى اسرار النكاح. 2676, 7°. 3053.

ايضاح الايضاح. 4385.

الايضاح فى شرح تلخيص المفتاح. 4384. — (Comment.) 4385.

الايضاح فى علم النكاح. 3060, 3°.

ايضاح محجّة العلاج. 2946, 1°.

ايّها الولد. 1122, 3°. 1291. 2351, 4°. 2405, 9°. 3973, 10°.

كتاب الباء. 1339, 4°.

البادرات العينية فى النادرات الغيبية. 3430.

البارع فى احكام النجوم. 2590.

البارع فى اقطاع الشارع. 4591, 11°.

البارع فى غريب الحديث. 4235.

باعث النفوس الى زيارة القدس المحروس. 2254, 1°.

بانت سعاد. 1620, 5°, 12°. 3078, 1°. 3079. 3088, 5°. 3198, 5°. 3248, 7°. — (Moutsallats et Takhmîs) 1620, 5°. 3080, 1°. 3248, 4°, 5°. 4261, 7°. — (Comment.) 1620, 12°. 3078, 1°, 2°. 3079. 3081. 3248, 6°. 3430.

الباهر فى حكم النبى. 2800, 5°.

بحث المشترك. 4187, 1°.

بحث المطالب وحثّ الطالب. 4210.

بحث المعروف فى معرفة الوقوف. 650, 1°.

بحر الحكايات. 3588. 3589.

بحر الدموع. 1297.

البحر الرائق. 903.

البحر الزاخر فى علم الاول والآخر. 1551.

بحر الكلام. 1232. 1233. 4589, 4°.

البحر المحيط. 811.

بدء الامالى. 3204, 7°. — (Commentaire) 1251, 1°. 1285, 3°. 4051, 4°. 4582.

بدائع الالتزام بروايع النظام. 3444, 2°.

بدائع الامور فى وقائع الدهور. 1824. 1825. — (Voyez aussi بدائع الزهور.)

بدائع البداية. 3514.

بدائع الحكم فى صنائع الكلم. 3337. 3338, 1°.

بدائع الزهور فى وقائع الدهور. 1403. 1552. 1822 et 1823. — (Voyez aussi بدائع الامور.)

البداية فى علم دراية الحديث. 1108, 3°.

بداية المبتدى. 927. — (Comm.) 842-844. — (Voyez هداية.)

بداية المبتدين فى نظم ام البراهين. 3264, 3°.

بداية الهداية. 1293, 1°.

البداية والنهاية. 1515. 1516.

البدر الزاهر فى نصرة الملك الناصر. 1793.

البدر الطالع من الضوء اللامع. 2078.

البدرية. 1216, 7°.

بديع الانشاء فى المكاتبات والمراسلات. 4445.

بديع البديع فى مدح الشفيع. 3248, 9°.

بديع النظام. — (Commentaire) 1260.

بديعية. (d'Al-Soyoûṭî) 1160, 6°. 3207, 3°. 3364, 2°. 3432, 2°. 4124, 7°. — (d'Ibn-Sarâyâ) 2307, 6°. — (d'Ibn-Ḥiddja, avec le comment.) 3206, 4°. 3207, 2°. 3213-3218. — (d'Al-Ṣafî al-Ḥillî) 3206, 1°. 3207, 1°. 3248, 10°. — (d'Ismâ'îl al-Ḥosaïn) 3206, 5°. — (d'Ismâ'îl ibn al-Moqrî) 3206, 6°. — (de Scha'bân ibn Moḥammad) 3248, 9°. — (d'Al-Ḥomaïdî) 3248, 11°. Comm., 3238. — (de Ṣadr al-Dîn 'Alî) 3255 (avec le commentaire). 3259, 2°.

بذل النصائح الشرعية فيما على السلطان الخ. 2451.

برء الساعة. 2776, 9°.

برد الاكباد عند موت الاولاد. 1312.

البردة. 441. 1128, 4°. 1167, 4°. 1170, 2°. 1206, 10°. 1224, 8°. 1395, 2°. 1660, 3°, 4°. 1903, 4°. 2637, 9°. 2722. 3154, 3°. 3177-3181. 3430. 4261, 4°. 4662, 12°. — (Takhmis, tasbî', etc.) 1251, 3°, 4°. 3080, 2°. 3182-3185. 3248, 2°, 3°. 4261, 3°. 4665, 13°. — (Comm.) 744, 7°. 1251, 2°. 1620, 3°. 3187-3194. 3198, 4°. 4577, 19°.

البرق اليمانى فى الفتح العثمانى. 1644-1650.

كتاب البركة. 2449.

كتاب البرهان فى اسرار علم الميزان. 1355.

بزوغ الهلال فى الخصال الموجبة للظلال. 2800, 18°.

بساتين الابا الرهبان. Voyez الاربعين خبر.

البسامة فى اطواق الحمامة. 3133.

البستان. 1663, 2°.

البستان فى ذكر الاولياء والعلماء بتلمسان. 4630.

بستان الظرفا وبغية الخلفا فى نوادر الكرما والخلفا. 3576.

البستان فى عجائب الارض والبلدان. 2212, 1°.

بستان الواعظين ونزهة الناظرين. 1311.

البسيط فى الشروط. 933.

البشامة. 3129, 2°. — (Comm.) 3127-3134. — (Supplément) 3134, 2°.

كتاب بشرى الكئيب بلقاء الحبيب. 1390, 1°.

بضاعة الاريب من شعر الغريب. 3446.

بضاعة القاضى لاحتياجه اليه فى المستقبل والماضى. 951.

كتاب البعث والنشور. 1913, 15°.

بغية الجليس والمسامر ونزهة الارواح والخواطر فى الاشعار والنوادر. 3448-3451.

بغية السعدا ورغبة الشهدا. 3442, 1°.

بغية الطالب فى تأريخ حلب. 2138.

بغية الطلاب فى شرح منية الحساب. 2204, 2°.

بغية الطلاب فى العمل بالاسطرلاب. 4580, 4°.

بغية الطلاب فى العمل بربع بالاسطرلاب. 2524, 10°.

بغية المفيد وبلغة المستفيد فى شرح القصيد. 3240.

بغية الناسك فى احكام المناسك. 3406.

بغية الناجيين فى شرح مقامات الساريين. 1345.

بغية النفس فى حل الشمس. 2553. 2561, 6°.

بلغة الغواص فى الاكوان الى معدن الاخلاص الخ. 2405, 6°.

بلوغ الارب فى لطائف العتاب. 3494, 1°.

بلوغ المرام فى تأريخ مولانا بهرام. 1651, 3°.

بلوغ المرام فى تعبير الرؤيا فى المنام. 2746.

بناء الافعال. 4170, 4°. 4173, 4°. 4174, 4°. 4177, 4°. 4178, 4°. 4182, 4°. 4183. 3°. 4197, 1°. 4198. — (Commentaire) 4199. 4200.

پندنامه. 2315, 2°. 4585, 5°. 4607, 10°.

بهجة الابصار ونبذة الاخبار. 3438.

بهجة الاسرار ومعدن الانوار. 2016, 4°. 2038. 2039.

البهجة الانسية فى الفراسة الانسانية. 2760.

بهجة الانوار وحضرة الاسرار الخ. 1140, 1°.

بهجة السالك والمسلوك فى تأريخ الخلفاء والسلاطين والملوك. 1607.

بهجة القلوب. 3545.

بهجة المحادث فى احكام جملة من الحوادث. 2597.

بهجة المحافل واجمل الوسائل بالتعريف برواة الشمائل. 2092.

بهجة المحافل وبغية الاماثل فى السير والمعجزات والشمائل. 1976.

البهجة المرضية فى شرح البهجة الوردية. 999.

بهجة النفوس وتحليها بمعرفة ما لها وما عليها. 695.

البهجة الوردية. — (Comment.) 999. 1000.

بوارق الالماع والرد على من يحرم السماع بالاجماع. 4580, 1°.

بوق السماء النادة الخ. 230.

بيان سلك اهل الطريق المحمدية. 1354.

البيان والاعراب عن ما فى مصر من الاعراب. 1725.

كتاب البيطرة. 2810, 1°. 2818.

البينة على غلط الحال والبنية. 3993, 2°.

كتاب بيوت العشرة. 3387, 1°.

كتاب فى التأتى لاستخراج عمل المسايل الهندسية. 2457, 43°.

تاج العروس. 1298.

كتاب التاج فى كيفية العلاج. 2947, 4°.

تاج الجاميع. 3420.

التاج المرصع فى شرح رجز ابى مقرع. 2568, 13°.

تاج المعارف وتأريخ الخلائف. 1608.

تاج المفرق فى تحلية علماء المشرق. 2286.

تأخير الظلامة الى يوم القيامة. 659, 3°. 4588, 3°.

كتاب تأريخ الاتحاف الكبير (?) 1562.

تأريخ الاسلام. 1580-1583. — (Supplément) 1598-1600.

تأريخ افتتاح الاندلس. 1867, 1°.

تأريخ ابن البديع. — (Abrégé) 1555.

تأريخ بغداد. 2128-2131. — (Abrégé) 2132. — (Supplément) 2133.

تأريخ دمشق. 2137.

تاريخ الرازى. 1643.

تأريخ الطبرى. 1466-1468.

تأريخ العبر فى خبر من عبر. 1997.

تأريخ عتبى. 1894. 1895.

تأريخ ابن العميد. 294. 295. 4524.

تأريخ ابن الفرات. 1595, 1°. 1596.

تأريخ مدينة صنعا اليمن. Voyez تأريخ الرازى.

تأريخ مصر. 1688.

تأريخ مصر وفضائلها. Voy. فضائل مصر واخبارها.

تأريخ مكة. 1628. 1629. 1631.

[تأريخ الهند] 2222, 2°. 2280.

تأسيس الصحة. 3025 et 3026.

تأسيس القواعد والاصول وتحصيل الفوايد لذوى الوصول. 1380.

تالى كتاب وفيات الاعيان. 2061.

كتاب فى تاليف النسب. 2457, 15°.

تاهيل الغريب. 3392.

التائية الكبرى فى التصوف. 3171, 5°. — (Comm.) 3163. 3164.

التائية الصغرى [فى التصوف]. 3171, 5°.

تاييد الحقيقة العلية وتشديد الطريقة الشاذلية. 1371.

التبر المسبوك فى نصيحة الملوك. Voyez نصيحة الملوك.

التبصرة. 1071.

التبصرة فى علم الحساب. — (Commentaire) 2463, 3°.

تبصرة المبتدى وتذكرة المنتهى. (d'Al-'Irâqî) 754. 755. — (Commentaire) 756. — (d'Al-Ṣaïmarî) 4007.

التبصير فى الدين وتمييز الفرقة الناجية من فرق الهالكين. 1452.

كتاب التبكليات. 1328, 1°.

كتاب التبيان فى آداب حملة القران. 592, 5°.

كتاب التبيان فى اعراب القران. 620. 621.

التبيان فى البيان. 4422.

تبييض الصحيفة بمناقب ابى حنيفة. 2094.

التبيين. 802.

تتمات الرسالة المتعلقة بربع الدائرة. 2544, 8°.

تتمة. 1344, 1°.

تتمة الفتاوى. 839.

التتمة لمسايل الجرومية. 4123, 3°. 4142.

التثبيت عند التبييت. 4588, 1°. — (Commentaire) 3224.

التجريد فى اسماء الصحابة. 2013.

كتاب تجريد التوحيد المفيد. 4657, 12°.

تجريد العقائد. — (Comment.) 2368. 2369, 1°.

تجريد الكلام. — (Commentaire) 4374, 2°.

كتاب التجليات. 3156, 4°.

التجنيس فى الحساب. 2330, 12°, 14°.

تجويد التجريد. 4374, 2°.

كتاب التحبير. 612, 3°.

تحذير الاخوان مما يورث الفقر والنسيان. 3200, 2°.

تحرير الاصلاح فى تقرير الافصاح. 4427, 1°.

تحرير اصول اقليدس. 2465. 2466, 1°.

تحرير تنقيح اللباب. — (Comm.) 1038-1040.

تحرير شرح العقائد. 1244.

تحرير القواعد لتحليل استتار الفوائد. 2865, 11°.

تحرير القواعد المنطقية فى شرح الرسالة الشمسية. 2371, 2°. 2373. 2376. 2377. — (Comment.) 2373, 2°. 2377, 1°. 2378.

تحرير كتاب الكرة المتحركة لاوطولوقس. 2467, 20°.

تحرير كتاب المفروضات. 2467, 4°.

تحرير المباحث فى تعلق القدرة بالحوادث. 1267, 1°.

تحرير المجسطى. 2485.

تحرير المناظرة. 2460.

تحرير المنقول فى مناقب امنا حوا وفاطمة البتول. 1927, 1°.

تحصيل القوانين الهندسية المحدودة. 2458, 2°.

تحفة الاديب بما فى القران من الغريب. 644, 1°.

تحفة الاريب فى الرد على اهل الصليب. 1464.

تحفة الاصحاب فى معاشرة الاحباب. 3039, 17°.

تحفة الاصحاب ونزهة ذوى الالباب. 3556.

تحفة الاقران فيما قرى بالتثليث من حروف القران. 4452, 11°.

تحفة الالباب. 3494, 2°.

تحفة الالباب ونخبة (ou وتحية) الاعجاب (ou الانجاب). 2167-2171.

تحفة اهل الصديقية باسانيد الطائفة الجزولية والزروقية. 2046.

التحفة البكرية فى احكام الاستحمام الكلية والجزوية. 3034, 1°.

التحفة البهية على المقدمة الرحبية. 2475, 1°.

التحفة على التحفة. 4208.

تحفة الترك فى ما يجب ان يعمل فى الملك. 2445. 2446, 1°.

تحفة الحكام فى نكت العقود والاحكام. 1100. 1101. — (Comment.) 1102.

تحفة ذوى الرشد فى الاحاديث الثنائية السند. 4577, 5°.

تحفة راغب وعجالة راكب. 2322, 6°.

تحفة السايل فى اجوبة المسايل. 4431, 2°.

التحفة السنية باجوبة الاسئلة المرضية. 1394.

التحفة الشاهية فى علم الهيئة. 2516.

التحفة الشريفة والطرفة المنيفة. 2010.

تحفة الطالب فى ابطال مهالك المطالب. 2763, 1°.

تحفة الطلاب بشرح تحرير تنقيح اللباب. 1038-1039. — (Comment.) 1040.

تحفة الظرفاء باسماء الخلفاء. 3972, 6°.

تحفة الظرفاء فى تواريخ الملوك والخلفاء. 1615, 1°. 3412, 7°.

تحفة الظرفاء فى حكايات الخلفاء. 1618.

تحفة العجائب وطرفة الغرائب. 2172.

تحفة العروس ونزهة النفوس. 3061-3064.

التحفة الفاخرة فى ذكر رسوم خطوط القاهرة. 2265.

تحفة الفحول فى تمهيد الاصول. 2559, 2°. — (Comm.) 2559, 9°.

تحفة الكرام باخبار البلد الحرام. 1633. 1668, 3°.

تحفة اللبيب وبغية الاريب. 2546, 2°.

تحفة اللبيب وبغية الكئيب. 3404.

تحفة المجالس ونزهة المجالس. 3553, 1°.

التحفة المحمدية. 1143, 2°.

التحفة المرضية فى شرح القصيدة الوردية. 3201.

تحفة المغترب ببلاد المغرب. 3486, 5°.

تحفة الملوك. 812, 6°. 873. 874. — (Comment.) 874.

التحفة المنصورية فى معرفة الاوقات الشرعية. 2519, 7°.

تحفة المودود. 4207, 3°.

تحفة المودود فى احكام المولود. 1294.

تحفة الناظرين فى من تصرف فى مصر من الولاة والسلاطين. 1860.

التحفة فى النحو. 4208.

التحفة فى نظم اصول الانساب الخ. 2048.

تحقيق الظنون باخبار الطاعون. 2026, 2°.

تحكم العقول بأفول البدر للنزول. 3125.

تخبير فى علم التذكير. — (Comm.) 1383.

تخميس نشر الوردة وتلخيص طى البردة. 3248, 2°.

كتاب (جالينوس) فى تدبير الصحة. 2858.

التذكار فيمن ملك طرابلس وما كان بها من الاخبار. 1889, 1°.

التذكرة. — (de Naṣîr al-Dîn al-Ṭoûsî) 2330, 8°. — (d'Aboû 'l-'Alâ Zohr) 2960, 2°. — (d'Al-Sowaïdi. Abrégé) 3003. 3016, 5°.

تذكرة الاريب وتبصرة الاديب. 3129, 3°.

التذكرة الاشرفية فى الصناعة الطبية. 2955.

تذكرة لاهل البصائر والابصار مع وجه الاختصار. 1858.

تذكرة اولى الالباب والجامع للعجب العجاب. 3031-3033.

تذكرة الحاضر وزاد المسافر. — (Abrégé) 3028, 2°.

التذكرة الحمدونية. 3324. — (Abrégé) 3325.

تذكرة الخواص وعقيدة اهل الاختصاص. 1338, 2°.

التذكرة فى علم الهيئة. 2509. — (Comment.) 2510.

تذكرة الكحالين. 2869. 2918, 5°.

كتاب التذكرة المفيدة. 3001 et 3002. — (Abrégé) 3003.

تذكرة المقتفين اثار اولى الصفاء الخ. 2036.

تذكرة فى مناقب ابى الوفاء. Voyez تذكرة المقتفين اثار اولى الصفاء.

التذكرة النصيرية. Voyez التذكرة فى علم الهيئة.

تراجم الصواعق فى وقعة الصناجق. 1853.

ترجمان الاشواق. 1339, 5°. 3167-3170. 3172, 2°.

ترجمان العبر وديوان المبتدا والخبر. 1517-1535.

ترجمان لسان الحق المبثوث فى الامر والخلق. 2642.

ترجمة اللالى وتذكرة المعالى. 3954, 2°.

الترغيب والترهيب. 740. 741. — (Abrégé) 742.

ترويح الارواح ومفتاح السرور والافراح. 3527.

ترويج البال وتهييج البلبال. 3262.

تسبيع الطالبين اللطفا فى نوادر الكرما والخلفا. 3576.

تسديد القواعد فى شرح تجريد العقائد. 2368.

تسلية الاحزان. 206, 1°.

تسهيل السبيل فى فهم معانى التنزيل. 661. 662.

تسهيل الفتاوى فى خلاصة اسرار الحاوى. 1001.

تسهيل الفوائد وتكميل المقاصد. 1077, 2°. 4117.

تسهيل المنافع فى الطب والحكمة. 3020. 3021. 3029, 3°.

تشريف الايام والعصور بسيرة السلطان الملك المنصور. 1704.

التصحيح لصلوة التسبيح. 4588, 11°.

التصريح بمضمون التوضيح. 4078-4085.

التصريف لمن عجز عن التاليف. 2953.

التطلسات الاربعون. 242, 26°.

تعبير الرؤيا. 2742. 2743.

كتاب التعبير المنيف والتاويل الشريف. 2753.

التعريفات. 2425, 2°. 4259-4261, 1°.

التعسف فى اخوة يوسف. 4588, 37°.

تعليق. Voyez كشف القناع.

تعليم المتعلم طريق التعلم. 978, 5°. 1391, 10°. 2312-2319. 4261, 6°. — (Comment.) 2320.

تعليم ووصاة للكهنة. 181.

تغيير التنقيح. 798.

تغيير المفتاح. 4374, 1°.

تفسير الامانة وتاويل الفاظها. 171, 1°.

تفسير الجلالين. 652-655.

تفسير صدر المقالة العاشرة من كتاب اقليدس. 2467, 17°.

التفسير الكبير. 613. — (Abrégé) 614-619.

تفسير المقالة العاشرة من كتاب اقليدس. 2457, 39°.

التفصيل. 594.

تفهم معانى الحروف الخ. 1398, 3°.

تقدمة المعرفة. 2835, 2°. — (Comment.) 2835, 3°. 2844, 2°.

تقديم ابى بكر. 3213-3217.

التقريب فى اسرار التركيب. 2617. 2618, 1°.

تقريب الاقصا من مسايل بن البنّا. 2464, 2°.

التقريب النافع فى الطرق العشرة النافع. 4532, 3°.

تقريب نشر الطيبة فى القراءات العشر الجليلة. 4532, 4°.

تقريظ للاجازة البهائية. 3407.

كتاب تقويم الابدان. 2947, 1°.

كتاب تقويم الادوية المفردة. 2965-2969.

تقويم البلدان. 2239-2245.

تقويم السنة العربية القمرية. 2571, 1°.

كتاب تقويم الصحّة. 2945. 2947, 3°.

تقويم النظر فى المسائل الخلافية. 788. 789.

التقييد. 758, 1°.

التقييد على المدوّنة. 1054, 1°.

التقييد فى مقرى الامام نافع. 612, 4°.

تقييد وقف القران العظيم. 672, 1°.

تكليل التاج بجواهر المعراج. 1237, 2°.

التكلة. — (Comment.) 854.

التكلة الاحكام والتصفية من بواطن الاثام. — (Comment.) 1320.

تكلة تاريخ الطبرى. 1469.

تلخيص الاثار فى عجائب الاقطار. 2246. 2247.

تلخيص اعمال الحساب. — (Comm.) 2463, 1°. 2464, 1°, 2°.

تلخيص العقيدة. 2120, 5°.

تلخيص العويص لنيل التخصيص. 1360, 1°.

تلخيص المفتاح. 1286, 3°. 2372, 2°. 4378-4383. — (Comm.) 4187, 17°, 18°. 4384-4418.

تلقيح العقول. 923.

تلقيح فهوم اهل الاثر فى عيون التواريخ والسير. 724. 725.

كتاب التلقين. 1060, 9°.

كتاب التلميذ والمعلم. 195. 196.

التلويح فى اسرار التنقيح. 2941.

التلويح الى كشف حقائق التنقيح. 797.

كتاب التمثل والمحاضرة. 3452.

تمحيص التلخيص. — (Comment.) 4418.

تمرين الطلاب فى صنعة الاعراب. 4086.

تمليح البديع بمديح الشفيع. — (Comment.) 3238.

تمنية المتملى. 1152.

التمهيد فى علم التجويد. 592, 2°.

التنبيه. — (Comment.) 1023.

كتاب التنبيه على احاديث الهداية والخلاصة. 924.

التنبيه فى الاعراب. 3285.

تنبيه الغافلين. 606, 3°. 774, 4°. 931.

كتاب التنبيه والاشراف. 1487.

تنبيهات العقول على حلّ تشكيكات الاصول. 2841.

تنزل الارواح بالروح والريحان والارواح الخ. 2348, 2°.

تنقيح اصول الفقه. — (Comm.) 673, 2°. 796-798.

كتاب التنقيح فى تحرير فتح المسيح. 2569, 3°.

تنقيح الصحاح. 4246.

تنقيح اللباب. — (Comm.) 1038-1040.

التنقيح المكنون. — (Comment.) 2941.

التنوير فى اسقاط التدبير. 1348.

كتاب التنوير فى التفسير مختصر التفسير الكبير. 614-619.

تنوير الحلك فى امكان روية النبى والملك. 4659, 4°.

تنوير المطالع. 2388.

تنوير المقالة فى حلّ الفاظ الرسالة. 4548.

التهافت. 2398, 1°. — (Comm.) 2399, 1°.

التهذيب (d'Ibn Hadjar al-ʿAsqalânî) 1587. — (d'Al-Taftâzânî, comment.) 1396, 5°. 2351, 3°. 2396.

كتاب التهذيب. 1109.

تهذيب الاسماء. 744, 10°. 753.

تهذيب حواشى التهذيب. 2351, 3°.

كتاب التهذيب لذهن اللبيب. 945, 1°.

التهذيب للقلانسى. 973.

تهذيب الكمال فى اسماء الرجال. 2089-2091.

تهذيب مسائل المدوّنة والمختلطة. 1051-1053. 1054, 2°. — (Comment.) 1054, 1°.

تهذيب مقالات تادوسيوس فى الاكر. 2468, 1°.

التهذيب المنطق والكلام. 1013, 6°. 1396, 4°. — (Commentaire) 1396, 5°.

تهذيب الواقعات. Voyez التهذيب للقلانسى.

تهليل القران العظم. 1205, 1°.

كتاب التوابين. 1384. 1385.

كتاب تواريخ الحكما. 2112.

توالى التأسيس فى معالى ابن ادريس. 2098.

توثيق عرى الايمان فى تفضيل حبيب الرحمن. 1970.

توجيه اعراب ابيات ملغزة الاعراب. 3303.

كتاب التوشية والتوفية. 1398, 5°.

توشيح الديباج وحلية الابتهاج. 4614, 2°. 4627.

التوضيح. (d'Ibn al-Hâdjib) 4549. — (d'Ibn Aïdoghmisch) 1124-1127. — (Voyez اوضح المسالك.)

توضيح الاعراب فى شرح قواعد الاعراب. 4148. 4149, 1°.

توضيح التذكرة. 2510.

التوضيح فى حلّ غوامض التنقيح. 796.

التوفيق للطبيب الشفيق بشرح ارجوزة الخ. 2943, 1°.

التوقيف على مهمات التعاريف. 4262.

التيجان الوافرة. 1651, 2°.

التيسير بشرح الجامع الصغير. 768 et 769.

كتاب التيسير فى المداواة والتدبير. 2960, 4°.

تيسير المطالب. 2707.

كتاب التيسير والتقريب. 742.

تيسير الوصول الى جامع الاصول. 730.

ثمرات الاوراق. 3529-3534.

ثمرة الارشاد وتمزيج الارواح فى الاجساد. 2626.

ثواب العبادات وفضائل الاوقات. 1249, 2°.

ثواب قضاء حوائج الاخوان واغاثة اللهفان. 1699, 4°.

كتاب جامع الاحاديث النبوية. 1374, 4°.

جامع الادوية. 2976-2989.

كتاب جامع الاصول فى احاديث الرسول. 728. 729. — (Comment.) 730.

الجامع الحاوى لما تفرق من الفتاوى. 1043.

جامع الحقائق فى كشف الحقائق. 2370.

الجامع الصغير. (d'Al-Schaibânî)

821-823. — (de Mohyî al-Din al-Maghribi) 2594.

الجامع الصغير من حديث البشير النذير. 766. — (Comment.) 767-772.

الجامع الصغير فى النحو. 4159. — (Comment.) 4160.

جامع الفنون وسلوة المحزون. 2323.

الجامع الكبير. (d'Al-Tirmidsi) 709. — (Abrégé) 710 et 711. — (d'Al-Schaïbânî, rédaction en vers et comment.) 820.

جامع المبادى والغايات. 2507 et 2508.

جامع المسرّات فيها للنفس من المفرحات. 3039, 15°.

كتاب جاويدان خرد. 3957.

كتاب الجبال والامكنة والمياه. 2219.

جدول فى استخراج امور جزيية. 2677, 1°.

كتاب جدول فضل الدائر واعمال الليل والنهار الخ. 2558.

الجزرية. — (Comment.) 4531.

كتاب الجغرافية. 2220.

الجفر الكبير. 2661, 1°, 13°.

كتاب الجلالة. 1339, 2°.

جلوة العشّاق وخلوة المشتاق. 3551.

الجليس الصالح الكافى والانيس الناصح الشافى. 3487-3489.

كتاب الجمان فى مختصر اخبار الزمان. 1545-1549. 4608, 1°.

جمع الجوامع. 803 et 804. — (Comment.) 803-810.

جمع النهاية فى بدء الخير وغاية. 695.

الجمل. 1396, 12°. — (Comm.) 1396, 6°.

كتاب الجمهرة. 4231, 5°. 4233.

جمهرة النسب. 2047.

الجهات فى علم التوجيهات. 3253.

كتاب الجوارح والبزدرة. 2831.

جوامع الكلم فى المواعظ والحكم. 1353.

كتاب الجواهر. 929-932.

كتاب جواهر الاحجار. 2770, 3°. 2773-2778.

جواهر البحر المحيط. 1026.

جواهر البحور ووقائع الامور. 1820.

جواهر البحور ووقائع الامور وعجائب الدهور واخبار الديار المصرية الخ. 1819, 1°.

الجواهر البهية على الرامزة الخزرجية. 4447.

الجواهر الثمينة فى محاسن المدينة. 2252, 1°.

الجواهر الحسان فى تفسير القران. 646-648.

الجواهر الخمس. 1197, 1°.

كتاب جواهر الدرر فى حلّ الفاظ المختصر. 4555.

الجواهر الزكية فى حلّ الفاظ العشماوية. 1129.

الجواهر السجية. 4450.

جواهر السلوك فى الخلفاء والملوك. 1616.

الجواهر السنية فى النسبة والكرامات الاحمدية. 2019.

جواهر الصلاة ويواقيت الحياة. 1157.

جواهر العقدين فى فضل الشرفين الخ. 1977.

جواهر الفرائض. 861, 5°.

جواهر الكلام. 3342. 3343.

الجواهر النفيسة فى شرح الدرّة المنيفة. 976, 1°.

الجواهر والدرر فى ترجمة شيخ الاسلام ابن حجر. 2105.

الجوشن. 1215. 1216, 1°.

الجوهر الثمين فى اخبار الخلفاء والسلاطين. 1617.

جوهر الفرائض. 1391, 12°.

الجوهر الفريد والعقد المفيد فى ترجمة اهل التوحيد. 1373.

الجوهر المنظم فى زيارة القبر المكرم. 1153, 2°.

الجوهر النضير فى معرفة اخراج الضمير. 2733.

جوهر النقى فى الردّ على البيهقى. 753.

جوهرة التوحيد. — (Comment.) 1281. 1282.

جوهرة الزمان فى تذكرة السلطان. — (Abrégé) 3515.

الجوهرة النفيسة فى علوم الكنيسة. 207. 208.

حاشية على الاشباه والنظائر الزينية. 1160, 4°.

حاشية الخطائى. 4408.

حاشية الخيالى. 1241. — (Comment.) 1242-1243.

حاشية كستل. 1241, 2°.

الحاوى. 2918, 4°. 2947, 2°.

الحاوى للاعمال السلطانية ورسوم الحساب الديوانية. 2462.

حاوى الحسان من حياة الحيوان. 2799.

الحاوى الصغير. 997. — (Comm.) 998-1001.

الحاوى الكبير. 181. 182. 257, 16°.

حاوى اللباب من علم الحساب. 2469.

حاوية الاختصار فى اصول علم البحار. 2292, 2°. 2559, 8°.

الحبائك فى اخبار الملائك. 1389.

الحبل المتين فى احكام احكام الدين. 776.

حجاب الاقطار للفضيل بن عياض. 2741, 3°.

حجاب عظيم. 1172, 2°.

الحجرية. 4578, 4°.

حدائق الازهار فى مستحسن الاجوبة والمضحكات الخ. 3528.

حدائق الانوار وبدائع الاشعار. 3368.

حدق المقلتين فى شرح بيتى الرقتين. 3242.

حديث الرحمة. 783.

حرز البحرى. 1205, 5°.

حرز الامانى ووجه التهانى. 609. 672, 2°. 1060, 7°. 1077, 4°. 4532, 5°. — (Comm.) 611. 612, 1°. 4530.

حرز التاجر. 1216, 4°.

حرز الغاسلة. 2732, 4°.

حرز الوزير. 1215. 1216, 2°.

حرز الوقاية. 743, 7°.

حزب. 743, 4°, 5°. 1201, 1°. 1203, 3°. 1973, 4°. 3384.

حزب البحر. 1193, 2°. 1974, 3°. 2637, 3°. 2722. 2758, 6°. 4606, 7°.

حزب السادات. 1200, 1°.

الحزب الشامخ الافخم المشتمل على الاسم الاعظم. 743, 3°.

حزب المغرب. 1367.

حزب النصر. 743, 9°.

الحزم فى حديث التكبير جزم. 4588, 39°.

حساب المتعلمين. 2472, 2°.

حساب المريض. 2738, 2°.

حساب المنفصل من مقالة العاشرة من كتاب اقليدس. 2457, 41°.

حسن التعهد فى احاديث التسمية فى التشهد. 4588, 2°.

حسن التوسل الى صناعة الترسل. 4436.

حسن الصنيع بشرح نور الربيع. 4420, 2°.

حسن العبارة. 4430.

كتاب حسن المحاضرة فى اخبار مصر والقاهرة. 1794-1811. 4611.

الحصن الحصين. — (Comm.) 4661.

الحصن الحصين من كلام سيد المرسلين. 1169-1171.

الحصن الحصين والدرع المتين. 1172, 1°.

حصول الرفق باصول الرزق. 748, 3°. 4588, 25°. 4658, 2°.

حصول الوفق. Voyez حصول الرفق.

حقائق المنظومة. 4570.

حقوق اخوة الاسلام. 1248, 4°.

كتاب (اوطوقيس) فى حكاية ما استخرجه القدماء من خطين بين خطين الخ. 2457, 44°.

كتاب الحكم. — (Comm.) 2450, 4°.

الحكم السوابغ على الكلم النوابغ. 3966, 1°.

الحكم العطائية. 1349. 3971, 2°. — (Comment.) 1349-1352.

الحكم الملكية والكلم الازهرية. 2026, 5°.

الحكم فى المنازل. 2598.

حكمة الاشراق. — (Comment.) 2349.

حكمة العين. — (Comm.) 2384. 2385.

كتاب الحكمة فى المخلوقات. 2310.

حلّ الرموز فى مفاتيح الكنوز. 2307, 2°. 2701.

حلّ الرموز وفكّ الاقلام والطلسمات. 2703.

حلّ شكوك القانون. 2936.

حلّ الشكوك والردّ على اليهودى المخالف. 166.

حلّ الطلسم وكشف السرّ المبهم. 2619. 2620, 1°. — (Comm.) 2621, 1°.

حلّ معاقد القواعد. 4006, 4°.

فى الحلا الانسانية والشيات الحيوانية. 4201, 5°.

الحلاوة السكرية. 4165.

حلبة الكميت. 3393-3400.

حلبة المجلى وبغية المهتدى. 1147 et 1148.

حلل الاصطفاء بشيم المصطفى. 716. 4540, 1°.

حلل السندسية فى شأن وهران والجزيرة الاندلسية. 4619.

الحلل الموشية فى ذكر اخبار المراكشية. 1873, 1°.

حلية الابدال وما يظهر عنها من المعارف والاحوال. 1338, 1°.

حلية الابرار وشعار الاخيار. 1154, 3°. 1177, 1°. 1178, 1°.

حلية الاولياء وطبقة الاصفياء. 2028-2032.

حلية الفصيح فى نظم ما قد جاء فى الفصيح. 4452, 6°.

حلية الكرماء وبهجة الندماء. 3476, 2°.

الحماسة. 3281-3284. — (Comment.) 3283-3285.

كتاب الحمقاء والمغفلين. 3543, 2°. 3547.

الحواشى النعمانية والمقاصد الطبية على كتاب المائة للمسيحى. 2883.

حوض الحياة. 773, 2°.

كتاب الحياة. 2609, 3°.

حياة الحيوان. 2562, 14°. 2783-2798. 4586, 3°. — (Abrégé) 2799-2801.

خادم الرافى والروضة. 991.

خالصة عقد الدرر من خلاصة عقد الغرر. 4594.

خبر بحيرة الراهب مع الرجل الاعرابى. 215, 5°.

كتاب الخراج. 2452. 2453.

خريدة العجائب وفريدة الغرائب. 2188-2206.

خريدة القصر وجريدة العصر. 1303, 3°. 3326-3332.

خزانة الفقه. 826.

الخزرجية. 1077, 6°. 4124, 4°. 4446, 1°.

خصائص افضل المخلوقين. 1667, 6°.

كتاب الخصائص الكبرى. Voyez المعجزات والخصائص.

كتاب خطاء العوام. 4231, 3°.

الخطب النباتية. 1289, 1°. — (Comment.) 1290.

كتاب المواعظ الخطط. Voyez والاعتبار.

خلاص الخطاة. 223. 3041, 7°.

الخلاصة. Voyez الفية.

الخلاصة. 2947, 2°. 4245.

كتاب الخلاصة. 840.

خلاصة الاثر فى اعيان القرن الحادى عشر. 2083.

خلاصة الاعراب. 4023, 3°.

كتاب خلاصة الاقوال فى معرفة الرجال. 1108, 2°.

خلاصة تحقيق الظنون فى الشروح والمتون. 4467. 4468.

خلاصة سير سيد البشر. 1546, 5°.

كتاب خلاصة الفتاوى. Voyez الخلاصة.

خلاصة الفكر. 759.

الخلاصة المرضية من الدرّة المضية. 1337, 5°.

خلاصة النهاية فى قواعد الهداية. — (Comment.) 924.

الخلاصة الوافية بشرح الجرومية. 4151, 2°.

خلاصة الوفاء باخبار دار المصطفى. 1634-1636. 2252, 2°.

خلع العذار فى وصف العذار. 3401, 1°.

كتاب الخلقطرات. 2717.

الخمرية. 645, 2°. 1343, 4°. 1932, 5°. — (Comment.) 645, 2°. 1343, 4°.

خمسة مسائل شكوك انجيلية واجوبتها. 166.

كتاب الخمسين فى اصول الدين. 1253.

كتاب الخميس فى احوال النفس النفيس. 1980-1983.

الخنفطرات الكبرى. 2636.

كتاب خواص الاحجار. 2775, 2°.

خواص الحروف. 2500, 5°.

خواص الشكل المجسم الحادث من ادارة القطع الزايد والمكافى. 2457, 28°.

فى خواص القطوع الثلثة الخ. 2457, 29°.

كتاب الخواص مجرب المنافع. 2782.

كتاب الخير الباقى فى جواز الوضوء من الفساقى. 976, 2°.

خير البشر بخير البشر. 1959.

خير جليس وانفع انيس. 3578.

دائرة الاحرف الابجدية. 2357, 12°.

درّ الانوار. 2625, 3°.

در التاج فى اعراب مشكل المنهاج. 2677, 18°.

كتاب الدرّ الثمين فى ايضاح الاعتقاد فى الدين. 209. 210.

كتاب الدرّ الثمين المنظوم فيما ورد فى مصر واعمالها الخ. 1812. 1813. 2446, 2°.

الدرّ الثمين والمورد المعين. 818.

درّ الحبب فى تأريخ اعيان حلب. 2140-2143.

الدر الفاخر فى شرح عقود الجواهر. 644, 2°.

در الحبابة فى من دخل مصر من الصحابة. 2016, 1°.

الدرّ المكنون فى السبع فنون. 3409.

الدر الملتقط من كلّ بحر وسفط. 4435, 2°, 3°.

الدرّ المنتخب بتكملة تأريخ حلب. 2139.

الدر المنتظم فى الشعر الملتزم. 3444, 1°.

الدرّ المنتظم فى صناعة الطبّ وفنون الحكم. 3043.

الدرّ المنثور فى العمل بربع الدستور. 2519, 2°. — (Comm.) 2533.

الدرّ المنصان فيما يحدث فى ايام دولة آل عثمان. 1625.

كتاب الدرّ المنضود فى الصلوة والسلام الخ. 1153, 1°. 1154, 1°.

الدرّ المنظم فى الاسم الاعظم. 4588, 31°.

الدر المنظم فى السرّ الاعظم. 2646. 2663-2669. 4606, 1°.

كتاب درّ المنظوم لاهل العلوم. 4282.

درّ المهتدى وذخر المقتدى. 927.

الدرّ النضيد فى شرح القصيد. 4451.

الدرّ النظيم فى فضائل القران العظيم. 643.

الدرّ النفيس فى تعلم كلّ جليس. Voyez كتاب الاوفاق.

الدر النفيس ونزهة الجليس. 1325, 1°.

الدرّ الوهاج فى احاديث المعراج. 1381, 3°.

درّة الاسلاك فى دولة الاتراك. 1719-1721.

الدرّة الثمينة فى اخبار المدينة. 1630.

الدرّة الخطيرة فى شعراء الجزيرة. 3418, 14°.

درّة الزين وقرّة العين. 3440.

الدرّة العينية فى الشواهد الغيبية. Voyez القصيدة العينية.

درّة الغوّاص فى اوهام الخواص. 3994. 3995.

درّة الغوّاص وكنز الاختصاص فى معرفة الخواص. 2340.

الدرّة الفاخرة فى كشف علوم الاخرة. 1381, 1°. 1382, 1°.

الدرّة اللامعة فى الادوية الجامعة. 2690, 1°.

الدرّة المضيئة فى السيرة النبوية. 1966.

الدرّة المضيئة فى المآثر الاشرفية. 1615, 3°.

الدرّة المنتخبة فى الادوية المجربة. 2685, 3°. 2992, 1°.

الدرّة المنيفة. — (Comment.) 976, 1°.

الدرّة النحوية فى شرح الجرومية. 4127.

الدرّة اليتيمة. 1344, 1°.

الدرّة اليتيمة فى الملاغم القديمة. 2568, 16°.

كتاب الدرج أكليمقس. 157, 6°. 161. 162. — (Extr.) 283.

الدرر. 4589, 3°.

درر البحار. 928.

كتاب درر البحور فى مدائح الملك المنصور. 3953, 4°.

درر الحسان فى حوادث ابناء الزمان. 2111.

درر الحكام فى شرح غرر الاحكام. 936-942. — (Comm.) 943.

الدرر الخوجية. 4450.

الدرر السنية والجواهر البهية من الاحاديث النبوية. 721.

الدرر الفاخرات فى العمل بربع المقنطرات الخ. 2551.

الدرر الفاخرة. 1965.

الدرر الكامنة فى اعيان المائة الثامنة. 2077.

درر الكلم وغرر الحكم. 3972, 1°.

الدرر اللوامع فى اصل مقرا الامام نافع. 1077, 5°. 3264, 7°.

الدرر المنتقاة من عجائب المخلوقات. 2183.

الدرر واللآلى. 1317, 1°.

درياق العقول فى علم الاصول. 178, 1°. 179. 180.

الدستور العجيب. 2540, 3°.

الدستور فى اللغة. 4286.

دستور المذكّرين. 4577, 16°.

دعاء التوحيد. 2758, 7°.

دعاء الجوشن. 1913, 18°.

دعاء الصحيفة. 2637, 7°.

الدعاء العظيم. 782, 4°.

دعاء القنوت. — (Comm.) 828.

دعاء الكفن. 884, 2°.

الدعاء المعروف بالف اسم واسم. 1973, 3°.

دعاء الناج والاجاب. 3384.

دعاء لهلاك الاعداء. 743, 8°.

الدعوة الكبرى. Voyez دعوة الانوار.

الدعوة الكبرى. 2732, 2°-5°.

كتاب دفع مضارّ الاغذية. 2868, 1°.

دقائق الفاظ المنهاج الخ. — (Comment.) 1004, 2°.

دلائل الاحكام. 736.

الدليل على ان الشريعة لا تثبت بالعقل من وجوه. 1451, 3°.

دمية القصر وعصرة اهل العصر. 3313.

دوا النفس من النكس. 3024.

دوحة الازهار الانحاقية فيمن ولى الديار المصرية. Voyez لطائف اخبار الاول.

ديباجة المصباح. — (Comment.) 4144, 2°, 4°.

دلائل الخيرات وشوارق الانوار فى ذكر الصلاة على النبى المختار. 1180-1196. 1270, 2°. 4578, 1°.

ديوان ابن اسماعيل. 3251, 5°, 6°.

ديوان الابيوردى. 3117.

ديوان احمد بن زين العابدين البكرى. 3233.

كتاب ديوان الانشاء. 4439.

ديوان البحترى. 3086.

ديوان البرعى. 3113-3115.

ديوان البشبغاوى. 3220.

ديوان بهاء الدين زهير. 3173.

ديوان بهرام شاه. 3142.

ديوان البيلونى. 3249.

ديوان التدبيج. 3140.

ديوان التلمسانى. 3176.

ديوان ابى تمّام. 3085.

ديوان حاتم. 3241.

ديوان ابن حجر العسقلانى. 3219.

ديوان حسّان بن ثابت. 3084.

ديوان ابن حيدر. 3259, 1°.

ديوان الحيوان. 2800, 1°.

ديوان ابن خفاجة. 3135.

ديوان ابن خلوف. 3098, 3°.

ديوان الخليل. 3221.

ديوان الدلنجاوى. 3260.

ديوان الدواوين وريحان الرياحين. 3256.

ديوان الرشيدى. 2420, 2°.

ديوان الزمزمى المكّى. 3228.

ديوان السرى الرفّا. 3098, 2°.

ديوان الشذور. — (Comment.) 2624.

ديوان الشعرانى. 3234.

ديوان الصبابة. 3348-3359.

ديوان صدر الدين الحسينى. 3259, 2°.

ديوان صفى الدين الحلّى. 3205.

ديوان العادوى. 3258.

ديوان ابى عبد الله الحنفى. 3171, 3°.

ديوان عبد الرحمان افندى. 3247, 1°.

ديوان ابن عبد الشكور. 3263.

ديوان ابن عروس. 3663, 3°.

ديوان ابى العلا المعرّى. 3109. 3110. — (Comment.) 3111. 3112.

ديوان على بن ابى طالب. 3082. 3083.

ديوان العيدروس. 3262.

ديوان الغزّى. 3126.

ديوان ابن الفارض. 3143-3156. — (Comment.) 3157-3162.

ديوان ابن قلاقس. 3139.

ديوان القيراطى. 3209.

ديوان ماماى الرومى. 3235, 1°.

ديوان المتنبى. 3091-3100. 3137, 3°. 4663, 1°. — (Comment.) 3097. 3101-3107.

ديوان محمد زين العابدين. 3229-3232.

ديوان محمد وفا. 3208.

ديوان المعارف الالهية. Voyez تنزل الارواح.

ديوان ابن المعتز. 3087.

ديوان ابن مكانس. 3210. 3211.

ديوان ابن الملا. 3239.

ديوان ابن نحاس. 3246. 3247, 2°.

ديوان نقولا الترك. 3272.

ديوان ابى نواس. 3251, 10°.

ديوان ابن هانى. 3108.

ديوان الهايم. 3212.

ديوان ابى الوفا على. 3171, 4°.

ذات الانوار. 2365, 2°.

ذخيرة الاعلام بتواريخ الخلفاء الاعلام وامراء مصر الحكّام الخ. 1850. 1851.

ذخيرة فى الخط. 2758, 9°.

الذخيرة فى محاسن اهل الجزيرة. 3321-3323.

كتاب الذخيرة وكشف التوقع لاهل البصيرة. 2755.

كتاب الذريعة الى معرفة الاعداد الواردة فى الشريعة. 649.

ذكر احوال ابى العباس احمد بن تيمية الحرّانى. 2104.

ذكر جزء من اخبار البحر وغرائبه ونبذ من اخبار فى ادم الخ. 1873, 2°.

ذكر خراب البلدان فى اخر الزمان. 2669, 12°.

ذكر العاقل وتنبيه الغافل. 2345.

ذكر الفتاوى القرانية. 4588, 36°.

ذكر فتح الجزيرة. 1663, 4°.

ذكر فتح الشام وقلاعها. 1663, 1°.

ذكر فتح المصر. 1663, 3°.

ذكر كتاب البعث. 4588, 35°.

كتاب ذكر ما باقاليم مصر من البلدان الخ. 2262. 2263, 1°.

ذكر معرفة الشرور السبعة. 1441.

كتاب ذمّ الهوى. 1296.

الذهب المسبوك فى ذكر من حجّ من الخلفاء والملوك. 4657, 6°.

ذوات الامثال. 3250, 1°.

الذيل والتكملة لكتابى الموصول والصلة. 2156.

راحة الارواح فى الحشيش والراح. 3544.

الرامزة. Voyez القصيدة الخزرجية.

ربيع الابرار. 3499. 3500. — (Abrégé) 3501. 3502, 1°.

رتبة الحكم. 2612, 1°. 2613.

رجوع الشيخ الى صباه. 3056-3060.

رحلة ابن بطوطة. 2287-2291.

رحلة الشتاء والصيف. 2294.

رحلة العبدرى. 2283.

كتاب الرحمة الصغير. 2605, 3°. — (Comment.) 2607.

كتاب الرحمة فى الطب والحكمة. 2700, 2°. 3016-3018. 3513, 4°.

الرحيق المختوم. 3259, 2°.

فصل فى الردّ على اهل البدع من الكتاب والسنّة. 4592, 6°.

رسالة فى آداب البحث. 3993, 6°.

رسالة فى اباحة السماع والغنا. 4162, 3°.

رسالة ابن ابى زيد القيروانى. 1057, 1°. 1058. 1059. 1060, 1°. 1061, 1°. — (Comm.) 1062-1070. 4548.

رسالة ابن زيدون. — (Comm.) 3315-3317.

رسالة فى اثبات الواجب. — (Comment.) 2398, 3°. 2399, 3°.

رسالة فى اخراج الخطوط فى الدوائر الخ. 2458, 1°.

رسالة الاخوان من اهل الفقه وحملة القران. 1372.

رسالة الاذكار الموصلة الى الحضرة نور الانوار. 1395, 7°.

رسالة الازهار. 3521, 3°.

رسالة اشفيديوس. 2611, 2°.

رسالة الاشواق فيما يتعلق بالعشاق. 3074.

رسالة فى اعمال الربع الافاق. 2524, 1°.

رسالة فى اقسام الحكمة. 2330, 1°.

رسالة الانذار. 1442.

رسالة فى انشاء المثلثات الخ. 2457, 20°.

رسالة الانصاف فى تمييز الاوقاف. 4588, 20°.

رسالة الانوار فيما يمنح صاحب الخلوة من اسرار. 1337, 3°. 2405, 7°.

رسالة البركار التامّ وكيفية التخطيط به. 2468, 4°.

رسالة ى البرهان على انه لا يمكن ان يكون ضلعا عدديين الخ. 2457, 49°.

رسالة ى بيان الروح. 2408.

الرسالة ى بيان الصحة. 1359, 2°.

رسالة ى بيان معارج الاعمال. 1386, 2°.

رسالة ى تحقيق الوباء. 3027.

رسالة التوحيد. 1450, 2°.

رسالة ى التوحيد. 1277.

رسالة ى الجبر والمقابلة. 2458, 7°. 2461.

الرسالة الجلية ى العلوم العلية. 3035, 2°.

رسالة ى جواز اقطاع السلطان الشارع. 4591, 11°.

الرسالة الحنيفية شيخ الاسلام الشهيد. 3257, 2°.

رسالة ى حقائق العلوم لاهل الفهوم. 1337, 12°.

رسالة ... ى حلّ الاشكال الماخوذة من كتاب الماخوذات لارشميدس. 2458, 3°.

رسالة الدرجة. 2560, 3°. — (Comment.) 2560, 1°.

رسالة الدنيا للذى دفنت معه ى قبره. 2611, 3°.

رسالة ى الربع المستّر بارض دمشق. 2547, 8°.

رسالة ى الربع المجيب. 2544, 1°.

رسالة زاد المساكين الى منازل السالكين. 1337, 13°.

الرسالة الزينية ى حلّ بيت قصيدة النونية. 2620, 2°.

الرسالة السخاوية. — (Comment.) 2463, 2°.

الرسالة السلطانية. 4588, 9°.

رسالة ى سمت القبلة. 2457, 17°.

الرسالة الشرفية ى النسب التاليفية. 2479.

رسالة ى الشكاية عن افعال الزمان. 926, 3°.

رسالة الشمس الى الهلال. 2610, 1°. 2611, 1°.

الرسالة الشمسية ى القواعد الحسابية. 2470.

الرسالة الشمسية ى القواعد المنطقية. 1264, 2°. 2359, 4°. 2371, 1°. 2372, 1°. — (Comment.) 2359, 5°. 2371, 2°. 2372-2383.

الرسالة الشهابية. 2560, 7°.

رسالة الطرق. 3954, 4°.

رسالة ى طريقة الصوفية. 1156, 6°.

رسالة العاشق والمعشوق. 760, 6°.

رسالة العامية. 2422.

الرسالة العبادلة. 1386, 2°.

الرسالة العصامية. 4429, 1°.

رسالة العضدية. Voyez رسالة ى الوضع.

الرسالة العضدية ى اداب البحث. — (Comment.) 1264, 1°.

رسالة ى علم الميزان الموسوم بالمنطق. 2406, 1°.

رسالة ى [العمل] بالربع الموسوم بالمقنطرات. 2547, 3°.

رسالة ى عمل مثلث حاد الزوايا الخ. 2457, 27°.

الرسالة الفاضلية. 2962, 1°.

الرسالة الفتحية. 2504, 4°. — (Comment.) 2504, 5°.

الرسالة الفتحية الرادوسية. 1622.

رسالة القشيرى. 1330.

الرسالة القمرية. 2506, 2°.

رسالة القيام لاهل التكريم والاحترام. 4577, 2°.

رسالة على الكرة ذات الكرسى. 2544, 3°.

رسالة مختصرة ى العمل بربع الدائرة الخ. 2547, 9°.

الرسالة المذهبة. 2182, 2°.

رسالة مراة الحكمة ى علم الفلسفة. 2415.

الرسالة المرشدة. 2037, 3°.

رسالة ى معرفة ربع الشكازية للاعمال الفلكية. 2547, 16°.

الرسالة المنصورية. 2037, 6°.

رسالة الموسومة بالموضحة ى حساب جذور الصمّ. 2457, 16°.

الرسالة الناصرية. 2037, 5°.

رسالة النجاة من شر الصفات. 1337, 7°.

رسالة الهايم للخايف من لومة اللايم. 1343, 2°.

رسالة ى الوضع. 4424, 3°, 6°. — (Comm.) 4423. 4424, 1°-4°, 6°.

رسائل اخوان الصفا. 2303-2309. 2596, 2°.

رشحات عين الحياة. 2044.

رشد اللبيب الى معاشرة الحبيب. 3051. 3052. — (Abrégé) 3060, 2°.

رصف اللآل ى وصف الهلال. 3972, 4°. 4588, 24°.

رفع الاصر عن قضاة مصر. 2149. — (Complément) 2150. — (Abrégé du Complém.) 2151.

رفع الباس وكشف الالتباس. 4588, 26°.

رفع الحجاب عن تنبيه الكتّاب. 4452, 12°.

رفع شان الحبشان. 659, 5°.

رفع الشكّ والمين ى تحرير الفنّين. 4454.

الرقائق. 4586, 2°.

رقائق الحقائق ى حساب الدرج والدقائق. 2541, 1°. 2560, 15°.

رقائق الحلل ى دقائق الحيل. 3548.

الكتاب الركنى ى تقوية الكلام النحوى. 4056.

رمز الحقائق ى شرح كنز الدقائق. 899 et 900.

رموز الكنوز. 622.

روح المجالس وانيس كل جالس. 3549. 3550.

روحة الجنان وراحة الجنان. 758, 2°.

روض الاخيار المنتخب من ربيع الابرار. 3501. 3502, 1°.

الروض الانف والمشرع الروى ى تفسير ما يشتمل عليه حديث السيرة واحتوى. 1960-1963.

الروض الباسم ى اخبار من مضى من العوالم. 1562.

روض الرياحين ى حكايات الصالحين. 2040. 2041.

الروض الزاهر ى تاريخ ضاهر (l. ظاهر). 4610.

روض الطالب. — (Comment.) 993-995.

الروض العاطر ى تلخيص زيج ابن الشاطر. 2520, 2°. 2521, 1°.

الروض العاطر ى نزهة الخاطر. 3669, 7°.

الروض الفائق ى المواعظ الرقائق. 743, 2°. 782, 2°. 1305-1309.

الروض المشبع ى حلّ الفاظ مختصر المقنع. 1107.

روض المناظر ى علم الاوائل والاواخر. 1537-1541. 2212, 2°.

الروض الناضر ومشتهى السامع والناظر. 3581.

الروض النيق ى علم الطريق. 1364.

روضات الازهار ى التعريف ى آل سيدنا محمد المختار. 1871, 2°.

الروضات المزهرة ى العمل بالربع المقنطرات. 2547, 14°.

كتاب الروضة. 990. — (Comm.) 991-995.

الروضة الزاهرة النافعة ى الدنيا والاخرة. 1126, 3°.

الروضة الطبّية. 3028, 2°.

روضة العاشقين وزهرة الطالبين. 4537.

روضة الفريد وسلوة الوحيد. 193. 194.

روضة القلوب ونزهة المحبّ والمحبوب. 3384.

روضة المريدين. 1369.

روضة المشتاق وبهجة العشّاق. 3235, 1°.

الروضة الناضرة. — (Comment.) 1965.

روضة الناظر ونزهة الخاطر. — (Abrégé) 3365, 1°. 3366.

كتاب الروضتين ى اخبار الدولتين. 1700. 1701.

كتاب رى الغليل ى اخبار بنى عبد الجليل. 1893.

رياض الازهار ونسيم الاسحار. 3952.

رياض الالباب بمحاسن الاداب. 3419.

كتاب رياض الجنان ورياضة الجنان. 3387, 2°.

رياض الصالحين. 743, 1°.

الرياض النضرة ى فضائل العشرة المبشرة. 1571.

رياض النفوس. 2153.

كتاب رياضة الافكار ى خواص الجواهر والاحجار. Voyez كتاب جواهر الاحجار.

ريحانة الالبّا وزهرة الحياة الدنيا. 2134-2136.

ريحانة المشتاقين الى ذكر معجزات سيد المرسلين. 2008.

ريحانة الندماء وسمامة الادباء. Voyez ريحانة الالبّا.

زاد الفقير. — (Comment.) 944.
زاد المسافر. 2884.
زاد المسافر فى معرفة رسم فضل الدائر. 2541, 4°.
زاد المسافر وقوت الحاضر. 3038, 1°.
زبد الادباء وشارح صدور الالباء. 3579 et 3580.
زبدة الادراك فى هيئة الافلاك. 2511, 1°.
زبدة الاعراب. 4206.
زبدة الاعمال وخلاصة الافعال. 1631.
زبدة الامثال. 3967, 1°.
زبدة التحقيق ونزهة التوفيق. 1386, 3°.
زبدة الحلب من تاريخ حلب. 1666.
الزبدة فى شرح البردة. 1251, 2°.
زبدة الصلوات وعدة التسليمات. 1211, 1°.
زبدة الفايدة فى الجواب عن الابيات الواردة. 3223, 3°.
زبدة الفكرة فى تاريخ الهجرة. 1572.
زبدة كشف الممالك وبيان الطرق والمسالك. 1724, 1°. 2258.
زبدة النصرة ونخبة العصرة. 2146.
الزجاجة البلورية. 3165, 2°.
الزجر بالهجر. 4588, 19°.
زلة القارى. 592, 4°. 945, 3°.
كتاب الزهر الانيق فى البوس والتعنيق. 3671.
الزهر الباسم فيما يزوج فيه الحاكم. 4588, 14°.
زهر الربيع فى شواهد البديع. 2502, 9°.
الزهر الزاهر فى الدلالة على قدرة العزيز القاهر. 1399.
الزهر الفائح فى وصف من تنزه عن الذنوب والقبائح. 1324. 2033. 2034.
زهر الكمام. 1933-1938.
زهر الملوك. 4261, 15°.
الزهر الندى فى الخلق المحمدى. 3457, 1°.
زهرة الرياض وشفا القلوب المراض. 3967, 7°. 4599.
الزهرة المضية فى سماء طرق الشاذلية. 1368.
زوال الترح فى شرح منظومة ابن فرح. 746, 2°.
الزوايد. 610, 3°.
زيادة الفضل فى علم الرمل. 2730.
زيج ابن الشاطر. 2522. — (Abrégé) 2520, 2°. 2521, 1°.
زيج الاستاذ جمال الدين. 2486.
زيج الغ بيك. 2534-2538.
الزيج الشامل. 2528. 2529. — (Comment.) 2530.
زيج الطيلسان. 2514.
الزيج الكبير الحاكمى. 2495. 2496, 1°.
السامى فى الاسامى. 4284. — 4285.
سانحات دمى القصر فى مطارحات بنى العصر. 4442.
السبع اطوال. Voyez معلقات.
كتاب السبعات. 978, 6°.
السبعة عهود السليمانية. 1216, 6°.
كتاب السبعيات فى مواعظ البريات. 1314. 1315. 4597. 4598, 2°.
سبل الهدى والرشاد فى سيرة خير العباد. 1987-1996.
الستين مسئلة. — (Comment.) 2800, 15°.
سحر البلاغة وسر البراعة. 3314.
سر الاسرار. 3417-3422. 2718, 7°.
سر الاسرار فى معرفة الجواهر. 2780.
سر الحكم وجوامع الكلم. 2595, 6°.
سر الحكمة فى شرح كتاب الرحمة. 2607.
سر الخليقة. 2300-2302.
سر الصناعة. 3988.
السر المصطفوى فى الطب النبوى. 3035, 1°.
السر المصون المستنبط من القران المكنون. 1206, 15°. 2741, 2°.
السر المكتوم. 2645.
السر المكتوم والكنز المختوم. 2692.
السراج العالى فى شرح ابى حامد الغزالى. 2568, 10°.
سراج القارى المبتدى وتذكرة المقرى المنتهى. 612, 1°.
سراج المصلى. 1230, 5°.
سراج الملوك. 2431-2437. 3486, 2°.
السراج المنير لجامع الصغير. 4160.
السراجية. 859-863. — (Comment.) 861, 2°, 3°. 864-872. 1328, 3°.
سفينة السرور وروضة الزهور. 3447.
سفينة الكبرى. 4236, 2°.
سقط الجواهر المنظومة فى الاشعار المحكومة. 3408.
سقط الزند. 3109. 3110. — (Comment.) 3111. 3112.
سقطات عوام. 2316, 5°.
سكردان السلطان. 1709-1718.
سكردان العشاق ومنارة الاسماع والآماق. 3405.
سلخ اشان. 2502, 3°.
سلسلة التواريخ. 2281, 1°.
السلك الزاهر. 2602, 9°.
سلك العين لاذهاب الغين. 3225.
سلم الفضائل. Voyez كتاب الدرج اكليمقس.
السلم المرونق فى علم المنطق. 2402. — (Comment.) 2403. 2404.
سلوان المصاب بفرقة الاحباب. 2026, 3°.
سلوان المطاع فى عدوان الاتباع. 3131, 2°. 3503-3513.
السلوك فى طبقات العلماء والملوك. 2127.
سلوك المالك فى تدبير الممالك. 2447, 2°. 2448.
كتاب السلوك لمعرفة دول الملوك. 1726-1728.
كتاب السمات فى اسماء النبات. 3004.
كتاب السماع. 2603, 4°.
سمط النجوم العوالى فى ابناء الاوائل والتوالى. 1563.
سنن ابى داود. 707. 708.
السنن الكبير والصغير. — (Comment.) 753.
كتاب السنن ابن ماجة. 706.
سهام الاصابة فى الدعوات المجابة. 4588, 13°.
سهام الربط فى المخمس الخالى الوسط. 2732, 1°.
السواد الاعظم. 824, 1°.
سواكب الاحسان فيما على كواسب الانسان. 3457, 2°.
سوق الرقيق. 3362, 2°.
سوق قسم الدروز. 1442.
سى فصل. 2512. — (Comment.) 2511, 2°. 2512.
كتاب السياسة. 82, 11°. 176, 2°.
كتاب السياسة فى تدبير الرياسة. Voyez سر الاسرار.
السياسة الشرعية فى اصلاح الراعى والرعية. 2443. 2444.
كتاب السياسة فى علم الفراسة. 2759.
كتاب سيبويه. 3987.
سير الاباء البطاركة. 301-305.
سير السالك فى اسنى المسالك. 2042, 2°. 4591, 6°.
كتاب سير السلف. 2012.
سير الصالحات المومنات الخيرات. 2042, 1°.
السير الكبير. 837 et 838.
كتاب السير والسلوك الى طريق مالك الملوك. 1379, 1°.
سيرة احمد باشا الجزار. 2166.
سيرة احمد الدنف. 3921.
سيرة اسكندر. 3682-3687.
سيرة بدرنار. 3894-3905.
سيرة بيبرس. 3908-3920.
سيرة حاكم. 3906. 3907.
السيرة الحلبية. Voyez انسان العيون.
سيرة حمزة. 3824-3836.
سيرة الرسول. 1948-1950.
سيرة سالم الزير القرم الكبير. 3822.
سيرة السلطان جلال الدين منكبرتى. 1899.
سيرة سيف بن ذى يزن. 3810-3820.
سيرة الشامى. Voyez سبل الهدى والرشاد.
السيرة الشامية. Voyez سيرة بيبرس.
كتاب سيرة عمر بن عبد العزيز. 2027.
سيرة عمر النعمان. 3893.
سيرة عنتر. 3688-3809.
سيرة الكلاعى. Voy. كتاب الاكتفاء فى مغازى المصطفى.
سيرة المجاهد خير الدين. 1878.
سيرة المجاهدين. 3840-3892.
سيرة الملك التبع اليمانى. 3821.
السيف المهند فى سيرة الملك المؤيد. 1723.
كتاب سيمية الجدى. 2595, 4°.
الشاطبية. Voyez حرز الامانى ووجه التهانى.
شافى العى فى شرح مسند الشافعى. 731.

الشافية فى علم الصرف. 4058. 4059. 4123, 7°. 4182, 2°. — (Comm.) 4060-4062.

شاكرات دالش ساكواتش. 774, 13°.

كتاب شامل. 825, 2°.

كتاب الشان. — (Abrégé) 2502, 3°.

الشبكة. 2525, 1°.

الشجرة النعمانية فى الدولة العثمانية. — (Comm.) 2678. 2679, 1°. 2680, 1°.

شذور الذهب. 2622. 2623.

شذور الذهب فى معرفة كلام العرب. 2677, 11°. — (Comment.) 2677, 12°. 4161. 4191, 2°.

الشذور الذهبية فى الالفاظ الطبّية. 4641.

الشذور الذهبية فى اللغة التركية. 4328.

الشذور الذهبية والقطع الاحدية. 4329-4334.

كتاب الشراب. 3299.

كتاب شراسم الهندية فى علم السيميا. 2634. 2635.

الشرح الاخير. 3993, 5°.

شرح حال الاولياء ومناقب الاتقياء. 1641, 2°. 2035, 1°.

شرح خواص اسماء الله الاربعين. 2644, 1°.

شرح سبعة هياكل. 1205, 3°.

شرح السنة. 1964, 2°.

شرح الصدر بغزوة بدر. 2120, 6°.

شرح الصدور بشرح حال الموق والقبور. 4587.

شرح قصّة المعراج. 1986.

شرح ما فحض من الالفاظ اللغوية من المقامات الحريرية. 3939, 1°.

شرعة الاسلام. — (Comment.) 1248-1250.

شرف ايوان البيان فى شرف بيت صاحب الديوان. 3174.

شرف المطالب فى اسنى المطالب. 1546, 2°.

شرف الموضوع ببيان معنى الموضوع. 2377, 3°.

باب شروط الصلاة. 828, 2°. 833, 2°. 1134, 2°. 1136, 2°. 1141-1145. 2318, 2°. — (Comm.) 1146.

شعلة نار. 4588, 8°.

شفاء الاسقام ودواء الالام. 2967, 2°. 3012-3014.

الشفاء فى بديع الاكتفاء. 3401, 3°.

الشفاء بتعريف حقوق المصطفى. 1953-1956. 2758, 5°. — (Comment.) 1957. 1958.

شفاء الغرام باخبار البلد الحرام. 1633.

شفاء الغرام فى اخبار الكرام. 3200, 3°.

كتاب الشفاء فى كشف ما استتر من لاهوت سيدنا المسيح. 197.

الشقائق النعمانية فى علماء الدولة العثمانية. 936. 2157-2162. — (Supplément) 2164, 1°.

شمائل النبى. 712. 713. — (Comment.) 714. 715. — (Abrégé) 716.

شمس الآفاق فى علم الحروف والاوفاق. 2689.

شمس الانوار وكنوز الاسرار. 2709. 2710.

شمس المعارف ولطائف العوارف. 2647-2655.

الشمسية. (d'Al-Kâtibî) 1396, 2°. — (Comment.) 4187, 16°. — (Poëme astrologique, Comment.) 2684, 5°.

شهاب الاخبار. 1952.

الشهدة. 1620, 9°.

شواهد العينى. — (Comment.) 4099.

شواهد المغنى. — (Comment.) 4158.

شوق الانفس الى همّ النرجس. 3265.

شيم المصطفى. 716. 4540, 2°. — (Comment.) 716. 4540, 1°.

الصادح والباغم والحازم والعازم. 3495-3498.

صادحة الازل. 2037, 7°.

الصبح المنبى عن حيثية المتنبى. 3107.

الصحاح فى اللغة. 4237-4240. — (Abrégé) 4241-4246.

الصحائف الالهية. 1247, 1°. — (Comment.) 1247, 2°.

كتاب صحائف الحسنات. 3401, 2°.

الصحائف فى الكلام. Voyez الصحائف الالهية.

الصحيح (de Bokhârî) 676. 679-694. — (Comm.) 695-703. 2677, 7°, 9°, 10°, 19°. — (de Moslim) 704. — (Abrégé) 705.

الصحيفة الكاملة. 1174. 1175.

كتاب صدر الشريعة. 908-913. — (Comment.) 914-922.

كتاب الصراط. 1449, 3°.

صفوة الصفوة. 2030. 2031. — (Abrégé) 2032.

صلة الخلف بموصول السلف. 4470.

كتاب الصناعة الصغيرة. 2860, 2°.

الصناعة الكبيرة وهو حيلة البروء. 2855.

كتاب الصناعتين الكتابة والشعر. 4370.

الصواعق على النواعق. 4588, 5°.

الصور السمائية. 2488-2492.

صور الكواكب. Voyez الصور السمائية.

الصور والاشكال. — (Comment.) 2609, 1°, 2°.

صيانة الانسان من داء المعدن والنبات والحيوان. 3024.

صيحة البوم فى حوادث الروم. 2669, 11°.

الضوء. 4009-4016, 1°. 4020, 3°. — (Comment.) 3993, 4°. 4023, 4°.

ضوء السارى لمعرفة تميم دارى. 4657, 5°.

ضوء السراج. 865, 2°. 866. 867, 1°. 868-871.

ضوء السقط. 3111.

الضوء اللامع لاهل القرن التاسع. 2078.

ضوء المعالى لبدء الامالى. 1251, 1°. 4051, 4°.

الضياء الجلىّ. 1997.

الضياء المعنوى على المقدمة الغزنوية. 606, 5°. 853.

الطارى على السكردان. 3360.

الطالع السعيد الجامع اسماء نجباء الصعيد. 2148.

باب فى طالع سنى العالم. 2580, 2°.

طبّ الانسان لنفسه. Voyez مراة المعانى.

الطب الروحانى بالقران الرحمانى. 2643.

الطبّ النبوى (de Mohammad al-Maqdisî) 2562, 18°. — (de Djalâl al-Dîn al-Mahallî) 2800, 16°. — (d'Ibn Qaïyim al-Djauziya) 3045.

كتاب الطباخ. 4521.

طبائع العقل. 1435.

طبقات الحفّاظ. 2800, 19°.

طبقات الشافعية. 2100-2102.

طبقات الشرنوبى. 1361-1363, 1°.

طبقات الفقهاء. 2093.

طبقات المناوى. 2236.

طبقات النحاة الوسطى. 2119.

طراز الاسماء على كنز المعتاء. 3417, 5°.

الطراز المنقوش فى انواع الحبوش. 4632.

الطراز المنقوش فى محاسن الحبوش. 4631.

طرائف الطرف (ou الظرف). 3411, 1°. 3412, 1°.

طرح المدر لحلّ اللالاء والدرر. 1716, 2°.

طرق السالكين وكنز اسرار العارفين. 2684, 3°.

طريق اهل البدعة. 1235, 2°.

طريق عمل البسيط. 2547, 1°.

الطريقة المحمدية والسنن الاحدية. 1321. 1322.

كتاب الطريقة والادب. 4638.

طلبات. 114, 1°.

كتاب طمطم. 2595, 2°.

طهارة القلوب. 610, 5°.

طهارة القلوب والخضوع لعلّام الغيوب. 1313.

طوالع الاشراق فى وضع الاوفاق. 2698, 1°.

طوالع الانوار من مطالع الانظار. 1255. 1256. — (Comment.) 1255. 1257. 1258. 2369, 3°. 2389. 2390.

طوالع البدور فى تحويل السنين والشهور. 2557.

طوالع البدور لصدر ديوان الشذور. 2624.

طيب الحبيب. 3189.

طيبة العشر. 4532, 6°.

كتاب العبر فى خبر من عبر. 1584 et 1585.

عبرة اولى الابصار فى ملوك الامصار. 3134, 1°.

العتبية. 1055.

العجاجة الزرنبية فى السلالة الزينبية. 4261, 16°. 4588, 22°. 4659, 2°.

العجالة. 4662, 16°.

عجالة الاشعار لموازين الاشعار. 4124, 3°.

عجالة القراء للراغب فى تاريخ ام القرى. — (Abrégé) 1668, 3°.

عجائب الآثار فى التراجم والاخبار. 1861-1866.

عجائب الاسفار ولطائف الاخبار. 4618.

عجائب البدائع. 1567.

عجائب البلدان. 2237. 2238.

عجائب المخلوقات. 1303, 4°. 2173-2183. 2776, 5°. 2918, 11°.

عجائب المخلوقات الصغرى. 2181. 2182, 1°. 2419, 3°.

عجائب المقدور فى نوائب تيمور. 1900-1905.

العجائب والغرائب. 2489, 3°.

عدة المرشدين وعدة المسترشدين. 2677, 13°.

عرائس المجالس. 1913, 2°. 1918-1922.

العرف فى تصريف الحرف. 2357, 11°. 2602, 3°.

عرف التعريف. 926, 2°.

كتاب عرف الصفا فى مدائح السيد ابى انوار ابن وفاء. 3271.

عرف الطيب فى اخبار ابن الخطيب. 1883.

العرف الندى فى شرح قصيدة ابن الوردى. 3202-3204, 1°.

عروة المفتاح. 1398, 6°.

العروس الجلية على نور الشمعة البهية. 1160, 2°.

العزى فى التصريف. 4123, 6°. 4166, 2°. 4167, 2°. 4168, 2°. 4169, 2°. 4170, 2°. 4171, 2°. 4173, 2°. 4174, 2°. 4176, 2°. 4177, 2°. 4178, 2°. 4179, 2°. 4180, 2°. 4181, 2°. 4183, 2°. 4197, 2°. — (Comment.) 4063-4066.

عزيز فى شرح الوجيز. 986-989. — (Abrégé) 990. — (Comment.) 991-995.

العسكرية. 1932, 4°.

العشماوية. — (Comm.) 1129.

عظات واخبار نافعة للنفس. 276, 16°.

عظة الالباب وذخيرة الاكتساب. 1344, 1°.

كتاب العظمة المنقول عن دانيال النبى. 4605.

العقائد العضدية. — (Comm.) 1263.

عقائد النسفى. 1261, 2°. 1286, 2°. — (Comm.) 1234-1245. 1262, 3°. 4589, 6°. 4606, 9°.

العقد الثمين فى تاريخ البلد الامين. 1668, 3°. 2123-2126.

العقد الثمين بما يتعلق بالموازين. 2476.

عقد الجمان فى تاريخ اهل الزمان. 1542-1544.

العقد الغالى فى حلّ اشكال الصحيح البخارى. 2677, 7°.

العقد الفريد. 3287-3291.

العقد الفريد للملك السعيد. 2440.

عقد اللآلى فى الاحاديث المسلسلة والعوالى. 4577, 3°.

عقد اللآلى المستضيئة. 1871, 1°.

العقد المنظوم فى ذكر افاضل الروم. 2163.

العقد النفيس ونزهة الجليس. 3971, 1°. — (Abrégé) 3482, 2°.

عقود الجمان فى تاريخ وزير السلطان سليمان. 3257, 1°.

عقود الجواهر ودرر المفاخر. 644, 2°.

عقود الجوهريات. — (Comment.) 1379, 2°.

العقود الدرية فى الامراء المصرية. 1608.

عقود العقائد. 3136-3138.

عقيدة. (d'Alî ibn abî Tâlib) 667, 2°. 3264, 4°. — (d'Al-Djazâïrî) 4585, 1°. — (de Nasafî) 1285, 4°. — (d'Al-Sanoûsî) 1057, 17°. 1060, 3°, 4°. 1061, 10°. 1141, 3°. 1206, 7°. 1270, 1°. 1285, 5°. — (Comm.) 1206, 5°. 1271-1276. 4583, 2°. — (d'Al-Schâfi'î) 3430. — (d'Al-Schaïbânî) 3019, 3°. — (Comm.) 3204, 6°. — (anonyme) 1451, 9°.

عقيدة السلف. 1396, 3°.

عقيدة صحيحة. Voyez بدء الامالى.

عقيدة الصغرى. Voy. ام البراهين.

عقيلة. — (Comm.) 610, 1°.

العلاج بالاغذية. 3030, 3°.

علاج المساكين. 3029, 2°.

كتاب (انحهريوش البابلى) فى علاجات الجنّ الخ. 2630.

كتاب العلل. 2300-2302.

علم اسطانس. 2605, 4°.

كتاب فى علم الفروسية. 2830.

العلم المفرد شعر المتنبى احمد الخ. 3258.

العلم المكتسب فى زراعة الذهب. 2611, 4°.

علم الهدى. 1128, 3°.

كتاب علم الهياطيل. 2685, 2°.

عماد الرضى فى ادب القضا. — (Comment.) 1045.

العمدة. — (Comment.) 1099.

عمدة الاحكام من كلام سيد الانام. 726. 727, 1°. — (Comment.) (Abrégé) 2088.

عمدة الادبا فى دفع الطاعون والوبا. 3019, 1°.

عمدة اهل التوفيق والتسديد فى شرح عقيدة اهل التوحيد. 1271. 1272. 4583, 2°. — (Comment.) 1273. 1274. — (Abrégé) 1275.

عمدة الحذاق فى العمل بها فى سائر الافاق. 2560, 5°.

عمدة الحرفا وقدوة الظرفا. 3498, 2°.

عمدة الصفوة فى حلّ القهوة. 4590.

العمدة فى صناعة الجراحة. 3000.

عمدة الطالب فى نسب آل ابى طالب. 2021.

عمدة العقائد. — (Comm.) 1261, 1°.

عمدة العقيدة لاهل السنّة. 784, 3°.

عمدة الحول فى شرح الفصول. 2844, 1°.

عمدة المحتاج فى شرح المنهاج. 1009.

العمدة المهرية فى ضبط العلوم البحرية. 2559, 3°.

كتاب عمل الاسطرلاب المبسوط الخ. 2457, 30°.

فى العمل بالبخش الذى فى اخر قوس الارتفاع. 2547, 11°.

كتاب (جالينوس) فى عمل التشريح. 2851. 2852.

عمل من طب لمن حبّ. 3011.

عمل اليوم والليلة. 665, 3°.

العناية. 846-847.

عندليب المنظرة. 2358, 2°.

عنقاء مغرب. 1339, 1°.

العنوان فى احتراز من النسوان. 3564-3567.

عنوان البيان وبستان الاذهان. 2120, 2°.

عنوان الدراية فيمن عرف من العلماء فى المائة السابعة ببجاية. 2155.

عنوان الشرف الوافى فى الفقه والنحو والتاريخ والعروض والقوافى. 4652-4656.

عنوان المهمات فى تحرير الاوقات. 2561, 1°.

عنوانات. 4574, 1°.

العهد السيدى. 251, 29°.

العهود اليونانية المستخرجة من رموز كتاب السياسة لافلاطن. 2416.

عوارف المعارف. 1332.

كتاب العواصم فى الذب عن سنة ابى القاسم. 1460.

العوامل فى النحو. 2571, 8°. — (de Gabriel ibn Farhât) 4279, 2°. 4280, 2°. — (Voyez مائة عامل).

عين اليقين فى اصول اصول الدين. 4604.

عينية (d'Avicenne). — (Comment.) 2944. — (d'Al-Djilî) 3222. — (Takhmîs) 3223, 1°. — (Comment.) 3223, 2°.

عيون الاثر فى فنون المغازى والشمائل والسير. 1967. — (Comment.) 1968-1969.

عيون الاخبار. 3546.

عيون اخبار الرضى. 2018, 1°.

عيون الاخبار ونزهة الابصار. 1560. 1561. 1623.

عيون الانباء فى طبقات الاطباء. 2113-2118.

عيون التواريخ. 1586-1588.

عيون الحقائق فى كل ما يعمل من علم الطرائق. 2595, 1°.

عيون الحقائق فى اللطائف والرقائق. 2685, 1°.

عيون الحقائق وايضاح الطرائق. 2673. 2674.

عيون المعارف وفنون اخبار الخلائف. 1490. 1491.

الغالب والمغلوب. 666, 7°. 2718, 12°. 2761, 3°.

غاية الاحكام فى الاحاديث والاحكام. 793.

غاية الارادات من تحقيق عصام الاستعارات. 4429, 3°.

غاية الارشاد الى معرفة احكام الحيوان والنبات والجماد. 2768. 2769.

غاية القصد فى علم الفصد. 2562, 12°.

الغاية القصوى. — (Comment.) 1024.

كتاب غاية المارب فى المنائح والخبايا والمطالب. 2764.

غاية المحتاج الى شرح المنهاج. 1017-1020. — (Comment.) 1021 et 1022.

غاية المطلب فى العمل بالربع الافاق المجيّب. 2519, 5°.

غاية المقصود فى العلم والعمل بالبنود. 2827, 2°.

غاية الوصول الى علم الفصول. 1035.

غذا الارواح بالمحادثة والمزاح. 2026, 4°.

غربال الزمان فى وفاة الاعيان. 1593.

الغرّة فى المنطق. — (Comment.) 2397.

غرر الاحكام. 936-942.

الغرر البهية فى شرح البهجة الوردية. 1000.

غرر الحسان فى ذكر ابناء الزمان. 2111.

غرر الحكم ودرر الكلم. 2502, 14°.

غرر الخصائص الواضحة وعرر النقائص الفاضحة. 1300-1304.

كتاب الغرر فى سير الملوك واخبارهم. 1488.

غريب القران. 590. 591.

كتاب غلط الضعفاء من اهل الفقه. 4231, 2°.

غنية الحساب فى علم الحساب. — (Comment.) 2474.

غنية الفقير فى حكم الاجير. 4151, 3°.

غنية الفهم والطريق الى حلّ التقويم. 2531, 3°.

غنية اللبيب حيث لا يوجد طبيب. 3039, 6°.

غنية (ms. غناية) اللبيب عند غيبة الطبيب. 3036.

غنية المتملّى. — (Abrégé) 1042, 6°. 1149-1151.

غيث الادب الذى انسجم فى شرح لامية العجم. 3119-3121. — (Abrégé) 3122. 3123.

فاتحة العلوم. 2311.

الفاخر فى الطبّ. 2867.

الفارسية فى مبادى الدولة الحفصية. 4616.

الفاشوش فى احكام قراقوش. 3552.

فاكهة الخلفاء ومفاكهة الظرفاء. 3535-3542. 3543, 1°. 4663, 6°.

فال نامه. 401. 418. 2721, 1°.

الفانيد فى حلاوة الاسانيد. 2800, 3°. 4588, 7°.

الكتاب الفائق فى شروط المحاضر والوثائق. 4187, 19°.

الفتاوى فى البندق. 4639, 2°.

تتمّة الفتاوى الصغرى. Voyez الفتاوى.

الفتاوى الصوفية. 1156, 3°.

الفتاوى الظهرية. 856 et 857.

فتاوى القاضى حسين. 983.

فتح الاعراب لافئدة الطلّاب. 4041, 1°.

فتوح افريقية. Voyez فتح افريقية.

فتح الاقفال وضرب الامثال. 4118, 1°.

فتح البارى على صحيح البخارى. 697.

فتح الجليل على شرح ابن عقيل. 4094.

فتح رب البرية بشرح القصيدة الخزرجية. 4449.

فتح رب البرية بشرح القصيدة المقرية. 3244, 1°.

فتح رب البرية على متن السخاوية. 2463, 2°.

فتح الرحمن فى ذكر صلة الرحم والاوطان. 666, 6°.

فتح الرحمن بشرح رسالة الولى ارسلان. 1160, 7°.

فتح الرحمن بكشف ما يلبس فى القران. 653. 660.

فتح الغفور بشرح منظومة القبور. 3224.

فتح القدير للعاجز الفقير. 850.

الفتح القسى فى الفتح القدسى. 1693-1699.

فتح اللطيف المالك لشرح الفية ابن مالك. 4114.

الفتح المبين بجواب بعض السائلين. 2037, 4°.

الفتح المبين فى معرفة مقام الصحيحين. 1605, 2°.

فتح المجيد بكفاية المريد. 3442, 7°.

فتح من لا يرى فى حلّ رموز الدائرة الكبرا. 1627, 2°.

فتح الوجود وشرح الجود فى مدح مولانا الباشا محمود. 2165.

فتح الوصيد فى شرح القصيد. 611.

فتح الوهاب على نزهة الحساب. 2475, 2°.

كتاب الفتوة. 1375-1377.

فتوة نامه. 3967, 11°.

كتاب الفتوح فى اخبار نوح. 3668, 1°.

فتوح افريقية والمغرب. 1879-1881. 4620.

كتاب فتوح البهنسا. 1690-1692.

فتوح الشام. 1652-1662. (Voyez aussi مختصر فتوح الشام et ذكر فتح الشام.)

كتاب فتوح الغيب. 1390, 2°.

الفتوح القيومية شرح الجرومية. 4141.

كتاب فتوح مصر. 1689.

فتوح مصر واخبارها. 1686. 1687.

الفتوح المصونة والاسرار المكنونة. 3227.

فتوح المغرب. 4621.

فتوح اليمن. 1816, 2°.

الفتوحات الالهية. 3430.

الفتوحات الربانية فى مزج الاشارات الهمدانية. 1903, 2°.

الفتوحات المكّية فى معرفة اسرار المالكية والملكية. 1333-1336.

الفتوحات الوهبية. 749.

الفخرى. Voyez الاداب السلطانية.

الفخرى فى الجبر والمقابلة. 2459.

الفرائد. — (Comment.) 2865, 11°.

فرائد الخرائد. 3968.

الفرائد السرية فى شرح الجزرية. 4531.

فرائد السلوك فى تاريخ الخلفاء والملوك. Voyez ارجوزة لطيفة فى التاريخ.

فرائد الفوائد فى اصول الدين والعقائد. 206, 2°.

فرائد فوائد الفكر فى الامام المهدى المنتظر. 2026, 1°.

الفرائد من معلّقات ابن كمال. 4187, 3°.

كتاب الفرائد والقلائد. 2419, 2°. 3956, 1°.

فرائض. 780, 1°.

الفرائض الاشنهية. — (Comment.) 1037.

فرائض السجاوندى. Voyez السراجية.

الفرج بعد الشدّة (d'Ibn abî 'l-Dounyâ). — (Abrégé) 659, 4°. — (d'Al-Tanoûkhî) 3483. 3484. — (Abrégé) 3485. 3486, 1°, 3°.

فردوس. 283.

فردوس الارتدكسية للطائفة النصرانية. 250, 1°. 252, 4°.

الفردوس العقلى. 163, 2°.

فردوس النصرانية. Voyez فردوس الارتدكسية.

فردوس النعيم. Voyez الاربعين خبر.

كتاب (جالينوس) فى فرق الطبّ. 2860, 1°.

كتاب الفروسية. 2825, 1°. 2829.

كتاب الفروق. 812, 3°.

كتاب الفصحة المقدسة. 113.

فصوص الحكم. 1340. 1341. — (Comment.) 1342.

فصوص الفصول وعقود العقول. 3333.

الفصول لابوقراط. 2835, 1°. 2836. — (Comment.) 2837-2844.

فصول الاحكام فى اصول الاحكام. 841.

فصول اسطانس الحكيم. 2605, 1°.

الفصول الثلاثون. Voyez هيئة الفرغانى.

الفصول المهمّة فى علم ميراث الامّة. — (Comment.) 1035. 1036.

الفصول المهمّة فى معرفة الائمّة. 1927, 2°. 2022-2024.

الفصيح. — (Comment.) 4452, 6°.

الفوائد المستجادات فى حلّ العقود للجوهريات، 1379، 2°.

4596. فوائد الموائد.

الفوائد النافعة فى التحذير من افعال مضرّة 2661، 5°.

كتاب الفوائد والصلاة والعوائد 765. 955، 2°.

3922. كتاب قاليصاريوس.

2745. 2749. القادرى فى التعبير 3°.

القام الحجر لمن زقّ سابّ إبى بكر وعمر. 4588، 6°.

4263-4277، 1°. القاموس المحيط 4665، 5°.

2885-2916. القانون فى الطبّ 2918, 3°. — (Commentaires et abrégés) 2917-2941.

2681-2683. قبس الانوار وجامع الاسرار.

قدح المعلّى. — (Abrégé) 3340.

4535. كتاب القراءات.

القرأندبى على ترتيب العلل 2967، 4°.

قراضة الذهب فى نقد اشعار العرب. 3417، 7°.

324-589. 1004، 3°. القرآن 4527-4529. — (en espagnol) 425. 447. 774، 8°.

2487، 4°. كتاب قرانات الكواكب.

813. قرة العين.

كتاب قرّة العين فى اوصاف الحرمين, 1203، 4°.

1378. الدنيا ويرغّب فى الآخرة 4542، 1°. قرة عين الطالب.

قرّة العين فى الفتح والامالة وبين اللفظين. 2677، 8°.

كتاب القرطاس على التحبة لخ Voyez عقد اللآلئ المستطية.

2637، 6°. القرطبية.

2715. قرعة الانبياء.

قرعة جعفر الصادق. 2637، 1°. 2638، 1°. 2639، 1°. 6°. 2716. 10°. 2758، 11°.

2706. كتاب القرعة الكبرى.

2640. 2641. القرعة المأمونية.

القسمة. — قسمة (اوقليدس) 2457، 11°.

قسمة الزاوية المستقيمة الخطين لخ 2457، 45°.

معلقات. Voyez. القصائد السبع.

1946. قصّة الخضر.

1363، 8°. قصّة اهل الكساء.

206، 4°. قصد النفس روحيل.

1909-1917. 1923-1925. قصص الانبياء.

1635. قصيدة البسكرى.

4119، 1°. قصيدة فى ابنية الافعال. — (Comment.) 4119، 1°.

— (Comm.) 3252. قصيدة ابن عروس.

— (Takhmîs) 3075، 9°. قصيدة الاعشا ميمون.

قصيدة الامان وفى البردة المباركة بانت سعاد. Voyez.

— قصيدة اوحد الاولياء الكرام. (Comment.) 3204، 3°.

— (Comm.) 4446، 1°. 4447-4450. القصيدة الخزرجية.

— (Comment.) 3165، 1°، 2°. 3166. القصيدة الحميرية.

4201، 8°. قصيدة الدلالة.

القصيدة الذهبية فى الحجة المكية لخ. 1668، 3°.

— (Comment.) 3236. قصيدة روضات السلوان.

3198، 6°. قصيدة سيف النصر.

3075، 11°. 3076. قصيدة عبيد بنى الابرص.

3171، 2°. القصيدة العينية.

4201، 6°. القصيدة الغطريفية.

— (Comment.) 3244، 1°. 3245. القصيدة المقرية.

743، 16°. قصيدة المنبجية.

743، 14°. 4530. قصيدة المنفرجة. — (Comm.) 2708، 3°. 4118، 2°.

3198، 3°. قصيدة المنفرجة للغزالى.

3410. قصيدة المجمة.

1620، 10°. قصيدة النفس 2322، 9°. 2541، 3°. 3171، 13°.

2559، 7°. القصيدة الهادية.

3154، 2°. القصيدة الهرزية.

3275. 3939. قصيدة يا دار ميمة 4°. — (Comment.) 3280. — (Takhmîs) 3075، 10°. 3076.

761، 2°. قضاء الوطر من نزهة النظر.

قطب السرور فى وصف الانبذة والخمور 3302.

2234، 4°. القطر النبات.

4151، 1°. — (Comment.) 4152-4154. قطر الندى.

قطف الازهار من الخطط والآثار 1765.

4165. القلادة الجوهرية.

قلادة الدرّ المنثور فى ذكر السبعة والنشور 3431، 5°.

قلادة الشموس واستخراج قواعد الاسوس 2559، 1°.

قلائد العقيان فى فضائل آل عثمان 1624.

قلائد العقيان فى محاسن الاعيان 3318-3320.

كتاب قلائد الفوائد وشوارد الفرائد. 1160، 5°. 2800، 4°.

قهر الوجوه العائمة بذكر نسب الجراكسة. 4613.

4438. قهوة الانشاء.

1266. قواطع فى قواعد العقائد 1°.

— (Comment.) 1287، 7°. 4006، 4°، 5°. — (Abrégé) 1287، 6°. قواعد الاعراب.

القواعد الثلاثون فى علم العربية. Voyez القواعد السنية.

القواعد السنية فى اسرار العربية 1013، 5°.

— (Comment.) 1013، 2°. قواعد العلائق.

1165، 3°. قواعد فال رمل.

2962، 3°. كتاب قوانين الدواوين.

251، 30°. قوانين مغلى البيعة.

244 et suiv. 250، 1°. 251، 9°. 25°-28°. قوانين الملوك.

قوت القلوب فى معاملة المحبوب 2016، 2°.

القول الاشبه من عرف نفسه فقد عرف ربّه 773، 1°.

القول فى ان كل متصل فانه منقسم الى 2457، 4°.

القول السديد فى بعض مسائل الاجتهاد والتقليد. 816.

القول الصحيح البديع فى معراج الرفيع للرفيع. 1998.

القول العتيق فى ردّ قول يعقوب البطريق. 2405، 5°.

القول الفصيح فى تعيين الذبيح. 4588، 38°.

القول الجميل فى الردّ على المهمل. 2800، 13°.

القول المفيد ببيان فضل الجمعة اليوم المزيد. 2679, 2°.

القول المفيد فى النيل السعيد. 2259. 2260.

القول النافع. 158, 1°.

القول الوسيط بين الافراط والتفريط. 4261, 14°.

كتاب قوى الاغذية. 2857, 1°.

الكاشف عن حقائق السنن (ou المصابيح). 751. 752.

الكافى. — (de Nasafi) 890. — (d'Ibn al-Madjdi) 1031. — (d'Ibn-Qodâma) 1104.

الكتاب الكافى. 717.

الكافى فى صناعة الطبّ. 2956.

الكافى فى علم العروض والقوافى. 2357, 5°.

الكافى فى الكحل. 2999.

الكافى فى المعنى الشافى. 258, 4°.

الكافية. 1136, 3°. 1286, 11°. 3991, 2°. 4021, 2°. 4025-4035. 4123, 5°. — (Commentaire) 2369, 9°. 4036-4057. 4187, 2°.

كامة (كمامة) الزهر وصدفة الدرر (الدرر). 3133.

الكامل. 2591.

كتاب الكامل فى التاريخ. 1468, 2°. 1492-1504. 1595, 2°. 4607.

الكامل فى شرح الزيج الشامل. 2530.

كامل الصناعة الطبّية. 2871-2880.

كامل الصناعتين. Voyez كشف الويل.

الكحل النفيس لجلاء اعين الرئيس. 2944.

الكرة والاسطوانة. — (Comment.) 2467, 8°.

الكشّاف عن حقائق التنزيل. 597-599. 600-603. 606, 2°. — (Comment.) 604-606. 4392, 2°.

كشف الاستار عن حروف الغبار. 2732, 8°.

كشف اسرار الحروف ووصف معانى الظروف. 2686.

كشف الاسرار عن حكم الطيور والازهار. 1641, 3°. 3521, 1°. 3522, 1°. 3523. 4644.

كشف الاسرار الخفية من الاسباب المسيحية. 178, 1°.

كشف الاسرار عن وضع حروف الغبار. 2473.

كشف الجلباب عن علم الحساب. 2463, 3°. — (Abrégé) 2473.

كشف عن جواز (ou مجاوزة) هذه الامّة الالف. 1546, 3°. 3502, 4°.

كشف الحجاب والران عن وجه اسئلة الجانّ. 2348, 3°. 2405, 1°.

كشف الريب فى العمل بالجيب. 2547, 13°.

كشف السرّ الغامض فى شرح ديوان ابن الفارض. 3159-3162.

الكشف الشافى والبيان الوافى فى معرفة حوادث الزمان فى دولة آل عثمان. 1626.

كشف الصلصلة عن وصف الزلزلة. 4658, 1°. 4659, 3°.

كشف الظنون عن اسامى الكتب والفنون. 4459-4465. 4663, 10°, 15°. — (Abrégé) 4466-4468.

الكشف فى علم الحرف. 2696, 1°.

كشف الغوامض فى علم الفرائض. 870, 2°.

الكشف الغيوبى للقطب الشرنوبى. Voyez طبقات الشرنوبى.

كشف القناع فى رسم الارباع. 2546, 1°.

كشف القناع عن متن وشرح ابى شجاع. 1048.

كشف القناع عن وجه الفاظ شهية السماع. 1319.

كشف المحتاج الى توضيح كلام المنهاج. 1014.

كشف الممالك وبيان الطرق والمسالك. 1724.

كشف الوافية فى شرح الكافية. 4040.

كشف الوجوه الغرّ لمعانى نظم الدر. 3163.

كشف الويل فى معرفة امراض الخيل. 2813. 2814.

الكشف والتنبيه على الوصف والتشبيه. 3345.

كعبة الطائفين ونجمة العاكفين. 4601-4603.

الكفاية. — (Comment.) 1034.

كفاية الطالب الربانى لرسالة ابن زيد القيروانى. 1062.

كفاية القنوع فى العمل بالربع المقطوع. 2521, 8°. 2542, 1°. 4580, 3°.

كفاية المتحفظ. 4253, 1°.

كفاية المحتاج لمعرفة من ليس فى الديباج. 4628.

كفاية الوقت. 2544, 8°.

گفتار ايزدجرد وستايش بندنامه انوشروان عادل. 3365, 5°.

الكلام على القافية الشمسية. 2684, 5°.

الكلام فى الصلاة. 1451, 2°.

الكلام على العلم. 1451, 5°.

الكلام فى العموم والخصوص الخ. 1451, 4°.

گلستان. 3516. — (Comment.) 3517-3520.

كتاب الكلكل. 1060, 10°.

كليلة ودمنة. 2789, 2°. 3465-3480. 4665, 6°.

الكمال فى اسماء الرجال. 2089-2091.

الكمالات الالهية فى الصفات المحمدية. 1338, 6°.

الكنّاش. 2918, 7°.

كتاب گنج گوهر. 3365, 4°.

كنز الاخبار. 3431, 4°.

كنز الاختصاص ودرّة الغوّاص. Voyez درّة الغوّاص.

كنز الاسرار الابجدية ولطائف انوار الابجدية. 2687, 1°.

كنز الاسرار ولواقح الافكار. 1400. 1401. 4665, 10°.

كنز الامانى والامل فى نظم منطق الخونجى فى الجمل. 1396, 6°.

كنز التجار فى معرفة الاحجار. 2779.

كنز الحقائق فى حديث خير الخلائق. 777.

كنز الدقائق. 891-896. — (Comment.) 896-904.

كنز الطلاب فى العمل بالاسطرلاب. 2524, 3°.

كنز العباد فى فضائل الغزو والجهاد. 955, 1°.

كنز اللغات. 4298-4300.

كنز اللغة العربية. 4354. 4355, 1°.

الكنز المدفون والفلك المشحون. 4660.

كنز المعانى فى شرح حرز الامانى. 4530.

كنز الملوك فى كيفية السلوك. 3515.

كنز النعمة ومفتاح الحكمة. 2629.

كتاب الكنوز الخفية وصية بعض الصوفية. 1337, 2°.

الكواكب الباهرة من النجوم الزاهرة. 1790.

كتاب كواكب الثابتة. Voyez الصور السمائية.

كواكب الدرّية فى مدح خير البرية. Voyez البردة.

الكواكب الزاهرة فى اجتماع الاولياء الخ. Voyez الفتح المبين فى معرفة مقام الصديقين.

الكواكب الزاهرة فى العمل بجيب ربع الدايرة. 2521, 9°.

الكواكب السائرة فى اخبار مصر والقاهرة. 1852.

الكواكب السنية شرح القصيدة المقرية. 3245.

الكواكب المضية فى الزايرجة الهروية. 2732, 10°.

كوكب الروضة. 2266-2272.

الكوكب المشرق فيما يحتاج اليه الموثق. 1047.

الكوكب المنير. — (Comment.) 1391, 2°.

كيفية الحكم على تحويل سنى العالم. 2593, 1°.

كيميا السعادة. 1343, 1°.

كتاب اللآلى المضية فى خواص الجواهر والاحجار الملوكية. Voyez كتاب جواهر الاحجار.

كتاب اللآلى والاحجار. 2625, 1°.

لامية الافعال. 672, 4°. 1057, 6°. — (Comment.) 4118, 1°.

لامية العجم. 1620, 7°. 2060. 2502, 11°. 3430. 4124, 5°. 4665, 12°. — (Taschṭîr) 3200, 5°, 6°. — (Comment.) 2502, 11°. 3119-3125.

لامية العرب. 3019, 2°. 3075, 1°. 3076. 3077. 3430. — (Comment.) 3077.

لبّ الاصول. — (Comm.) 809, 1°.

لبّ اللباب (d'Al-Soyoûṭî). — 2800, 20°. — (d'Al-Baïdhâwî, comment.) 4120.

اللباب (d'Ibn al-Athîr). — (Abrégé) 2800, 20°. — (d'Al-Isfarâïnî, avec commentaire) 4121.

لباب التاويل فى معانى التنزيل. 639-642. 1310.

لباب الفقه. — (Comm.) 1038-1040. 1046, 1°.

فى لبس الخرقة. 2800, 6°.

لذة السمع فى وصف الدمع. 2062. 2063. (Voyez Additions et Corrections.)

لسان الحكام فى معرفة الاحكام. 935.

لسان الفلك فى علم حساب الحروف الخ. 2695, 1°.

لطائف اخبار الاول فى من تصرف فى مصر الخ. 1839-1849.

لطائف الاختراع فى الربع الذى قطعه من طرف قوس الارتفاع. 2547, 18°.

لطائف الاشارات فى اسرار الحروف العلويات. 2657.

لطائف الاعراب. 4150.

لطائف قصص الانبياء. 1926.

لطف الرمز والاشارة الى خبايا زوايا حسن العبارة. 4430.

لغت جوهرى. 4283, 1°.

كتاب لغت جد وثنا. 4301.

لغت المنتخب. 4315.

اللفظ المحرر فى اظهار العمل بالربع المستتر. 2547, 7°.

لقط الجواهر فى تحديد الخطوط والدوائر. 2561, 2°.

لمح الحجة من شرح بديعية ابن حجة. 3218.

اللمحة. — (Comment.) 3025 et 3026.

كتاب اللمحة. 1398, 2°.

اللمحة الشرفية والبهجة السنية. 1615, 2°.

اللمع فى علم الحساب. 2471. 2472. 4162, 2°. 4585, 5°. — (Comment.) 2471. 2472.

اللمع الماردينية فى شرح المقدمة الياسمينية. 4162, 4°.

اللمعة. 4659, 7°.

لمعة البدر. 823.

اللمعة فى حل السبعة. 2526. 2527.

اللمعة السنية فى مدح خير البرية. 4124, 7°.

اللمعة النورانية. 1225. 1226.

لواقح الانوار فى طبقات الاخيار. 2045.

لوامع الاسرار فى شرح مطالع الانوار. 4187, 15°.

— لوامع الامرار (lis. الاسرار) (Comm.) 2381, 2°.

اللوامع اللمعية على المنظومة الجزائرية. 1269.

اللوامع والاسرار. 1176, 2°.

لوعة الشاكى ودمعة الباكى. 3074. 3658, 12°. 4642.

اللولو المنثور فى نصيحة ولاة الامور. 3575.

كتاب ما لا يسع الطبيب جهله. 3005. 3006.

ما ظهر من الدلائل فى الحوادث والزلازل. 4658, 1°.

ماء الورق والارض النجمية. Voyez رسالة الشمس الى الهلال.

ماجريات. 3671.

كتاب المآرب فى جميع الخبايا والمناخ والمطالب. 2357, 2°.

كتاب المائة فى الطب. 2881. 2882. — (Comment.) 2883.

مائة عامل. 3088, 3°. 3989, 1°. 3990, 1°. 3999, 1°. 4008, 2°. 4015, 6°. 4021, 4°. 4027, 3°. 4031, 3°. 4041, 3°. 4123, 4°. 4130, 2°. — (Comm.) 3989, 3°-5°. 3990, 2°. 3992, 1°. 3993. 1°. 4015, 5°. 4017, 2°. 4025, 3°, 4°. 4033, 3°. 4041, 3°. 4051, 2°. 4144, 3°. 4149, 2°. 4181, 4°.

مائة كلمة. 2502, 10°.

مائة ليلة وليلة. 3660, 1°. 3661, 3662, 2°.

المائة مقالة العلمية. 164. 165, 1°.

المباحث اللغوية والكلمات المثلثة. 3204, 4°.

مبارز القران. 3075, 2°-10°.

مبارق الازهار فى شرح مشارق الانوار. 738. 739.

مباهج الفكر ومناهج العبر. 2776, 4°.

مبحث المعاد. 4588, 27°.

المبهج. 1176, 35°.

متشابه القران. 645, 1°. 665, 4°.

متن عقائد عضدى. 4577, 13°.

المتوسط. — (Comm.) 3993, 5°.

المثالث والمثانى فى المعالى والمعانى. 3341.

المثل السائر فى ادب الكاتب والشاعر. 4421.

مثلثات. 825, 4°. 1206, 6°. 4032, 2°. 4067, 3°. 4230, 1°. — (Comment.) 1057, 28°. 4230, 2°.

مثنوى. 3954, 8°.

مثير الغرام لزيارة الخليل عليه السلام. 1667, 2°. 1668, 2°.

مثير الغرام الى زيارة القدس والشام. 1667, 1°. 1668, 1°. 1669.

مثير الغرام وخلاصة الكلام فى فضل زيارة سيدنا الخليل عليه السلام. 1929. 1930.

مجالس. 1323.

كتاب المجالسة. 1964, 1°. 3481.

كتاب المجدل. 190-192. 199, 2°-5°.

مجربات. 2661, 4°.

مجربات ذى النون الاخميمى. 2608.

المجسطى. 2482. 2483. — (Abrégé) 2484, 1°. — (Remanié) 2485. — (Comment.) 2458, 6°. 2544, 9°.

مجسطى ابى الوفا البوزجانى. 2494.

مجلة الخلفاء فى مناقب الخلفاء. 1571.

مجمع الاحباب وتذكرة اولى الالباب. 2032.

مجمع الاخبار فى مناقب الاخيار. Voyez مجمع الاحباب.

مجمع الامثال. 3958-3963.

مجمع الانهر فى شرح ملتقى الابحر. 962 et 963. 965 et 966.

مجمع البحرين وملتقى النيرين. 881-884. — (Comm.) 885-889. 970, 2°. 4543. 4544.

كتاب مجمع من جليلة وهو مجربات القيسونى. 3029, 1°.

مجمع القوانين. 250, 1°.

مجمل اللغة. 4247-4250.

مجموع الاحاديث المباركة. 1327.

مجموع اصول الدين ومسموع محصول اليقين. 200. 201.

مجموع الدلائل. 2765.

المجموع فى علم الفرائض. 1025, 1°.

مجموع قد رق وراق الخ. 3432, 1°.

مجموع لطيف. 3421.

المجموع اللفيف. 3388.

المجموعة الرشيدية. 2324.

مجموعة مويدزاده. 948.

مجيب الندا الى شرح قطر الندا. 4152. 4153. — (Comment.) 4154.

محاسن الآثار والاخبار فى ذم الشح والبخل الخ. 3494, 3°.

محاسن الادب واجتناب الريب. 3401, 5°.

كتاب المحاضرات والمحاورات. 3406. 3407.

محاضرة الاوائل ومسامرة الاواخر. 2079. 2080.

المحاكمات. 2367. — (Comment.) 2399, 2°.

المحدث. 1451, 7°.

المحرر. — (d'Al-Soyoûtî) 659, 1°. — (d'Al-Râfi'î, comm.) 1002.

المحصل. — (Comment.) 1254.

المحصول فى اصول الفقه. 790.

المحقق. — (Comment.) 1012.

المحمدون من الشعرا واشعارهم. 3335.

مخائل الملاحة فى مسائل المساحة. 2474.

المخبر اللبيب عن منزل الحبيب. 2251.

مختار التخيير (التخبير). 1383.

المختار من رسائل كافى الكفاة ابى القسم بن عباد. 3314, 2°.

مختار روضة الناظر ونزهة الخاطر. 3365, 1°. 3366.

المختار للفتوى. 875-877. 891, 2°. — (Comment.) 878. 879.

المختار فى كشف الاسرار. 4640.

المختار من نوادر الاخبار. 3491-3494.

مختارات الهداية. 851.

المختصر. — (d'Al-Akhsîkati, comm.) 880. — (d'Al-Taftâzânî) 4386, 2°. 4398-4405. 4415, 2°. — (Comm.) 4400. 4406-4415.

مختصر الاحكام فى مسائل الحلال والحرام. 1106.

المختصر فى اخبار البشر. 1508-1513.

— مختصر اصطلاح اهل الاثر. (Comment.) 759.

مختصر بيان صحة الدين الخ. 231.

مختصر البيان فى مجرى الزمان. 1441-1443.

مختصر فى التاريخ. Voyez الآداب السلطانية.

المختصر فى الدول. 296-299. 809, 8°.

مختصر سيدى خليل. 1077, 1°. 1078. 4550. 4551. — (Comment.) 1079-1098. 1179, 2°. 4552-4562.

مختصر سير الاوائل والملوك الخ. 1507.

مختصر العجائب. Voyez اخبار الزمان.

مختصر علاى. 2955.

مختصر فى علم الهيئة. 2515.

مختصر فى علم الاخلاق. 4261, 2°.

مختصر فى علم الحساب. Voy. الرسالة الحاوية.

مختصر العوامل. 2316, 8°. — (Comment.) 2316, 6°. 4203.

مختصر فتوح الشام. 1664. 1665.

مختصر الفلاحة. 2802. — 2805.

مختصر الفلاحة وذكر منافع المفردات. 2942, 4°.

مختصر القدورى. 827-833. — (Commentaire) 834. 835. — (Supplém.) 854.

مختصر المنتظم وملتقط الملتزم. 1550.

المختصر فى المنطق. — (Comm.) 2400. 2401.

مختصر الهروى. — (Comm.) 4164.

كتاب مختلف الرواية. 825, 1°.

كتاب المخزون لارباب الفنون. 2825, 2°. 2826, 2°.

الكتاب المخزون فى الاسرار. 2578, 1°.

كتاب المخزون جامع الفنون. 2824. 2826, 3°.

مخمّس. 3251, 13°.

المدخل. — (Abrégé) 2696, 2°.

كتاب المدخل. 2330, 2°.

المدخل الصغير. 2865, 1°.

المدخل الى علم احكام النجوم. 2589.

المدونة. — (Comment.) 1051-1054.

مرآة الجمال. 1365.

مرآة الجنان وعبرة اليقظان فى معرفة حوادث الزمان. 1589-1593.

مرآة الزمان فى تاريخ الاعيان. 1505-1506.

مرآة العالم. 1338, 7°.

مرآة المعانى لادراك العالم الانسانى. 1699, 3°.

مراتع الغزلان فى وصف الحسان من الغلمان. 3402. 3403.

مراح الارواح. 4123, 8°. 4166-4184. — (Comment.) 4185. 4186.

مراسلة وتهانى. 3431.

مراصد الاطلاع على اسماء الامكنة والبقاع. 2232.

مراقى الفلاح بامداد الفتاح. 1159.

كتاب مراكز الدوائر المتماسّة الخ. 2457, 2°.

كتاب المرتاض فى علم الابوال والاذباض. 3039, 18°.

مرج الزهور فى وقائع الدهور. 1554.

المرج النضر والارج العطر. 3385. 3386.

مرزبان نامه. 3524.

المرزوقية. 4578, 3°.

المرشد. — (Abrégé) 667, 1°.

المرشد الى جواهر الاغذية وقوى المفردات من الادوية. 2870, 1°.

المرشد المعين على الضرورى من علوم الدين. — (Comment.) 818.

المرشدة فى صناعة الغبار. — (Comment.) 2475, 2°.

مرشدة المشتغلين باحكام النون والتنوين. 4533, 1°.

مرقاة اللغة. 4319-4323.

مركز الاحاطة بادباء غرناطة. 3347, 1°.

مرموزات. 1198, 1°.

مروج الذهب. 1476-1486.

كتاب (جالينوس) فى المزاج. 2847, 2°. — (Comment.) 2848, 2°.

كتاب المزهر فى علم اللغة. 3984. 3985.

مزيل الخفاء عن الفاظ الشفاء. 1957, 2°. 4626.

كتاب فى مساحة الاكر بالاكر. 2457, 46°.

كتاب فى مساحة قطع المخروط الخ. 2457, 25°.

كتاب فى مساحة القطع المكافى. 2457, 26°.

كتاب مساحة الكردى. 2716, 7°.

كتاب فى مساحة المجسمات المكافية. 2457, 24°.

مسالك الابصار فى ممالك الامصار. 2199. 2325-2329.

مسالك الخلاص فى مهالك الخواص. 4606, 3°.

المسالك والممالك (d'Ibn Khordâdhbeh) 2213. — (d'Ibn Ḥauqal) 2215-2217. — (d''Abdallah ibn 'Abd al-'Azîz) 2218.

مسالك النظر فى مسالك البشر. 1454. 1455.

مسائل الخولانى. 2732, 3°.

كتاب المسائل فى الطبّ. 2861-2863. — (Comment.) 2841. 2861-2863.

مسائل عبد الله بن سلام. 1973, 1°. 1974, 1°.

المسائل العشر المتعبة للحشر. 1266, 3°.

مسائل عددية لطيفة حسنة. 2457, 35°.

المسائل الغربية. Voyez المسائل اللغوية.

المسائل اللغوية فى احكام الشرعية. 812, 1°.

كتاب مستحسن الطرائق فى نظم كنز الدقائق. 904.

كتاب المستخلص. 760, 3°.

مستخلص الحقائق فى شرح كنز الدقائق. 901.

المستطرف من كل فن مستظرف. 3369-3383. — (Abrégé) 3384.

المستقصى. 3967, 1°.

مستوجبة المحامد فى شرح خاتم ابى حامد. 2670. 2671, 1°.

المسلسلات الكبرى. 2800, 8°.

مسند الشافعى. — (Comment.) 731.

المسند الصحيح. Voyez الصحيح.

مسئلة فى الكنايس. 2962, 2°.

مشارق الانوار النبوية فى صحاح الاخبار المصطفوية. 737. — (Comment.) 738. 739.

المشتبه فى اسماء الرجال وانسابهم. 3075.

المشترك وضعا والمختلف صقعا. 2233. 4256, 2°.

مشكاة الانوار ومصفاة الاسرار. 1331, 4°.

مشكاة المصابيح. 720.

مشكاة المصباح. 4018.

المشيخة. Voyez التقييد.

المشيخة الفخرية. 756.

مشير التاريخ. 3431, 2°.

المصابيح. 211, 3°, 4°.

المصابيح (d'Al-Taiyibî). — (Comment.) 751.

مصابيح الاخروى. 853.

المصابيح السنية فى طبّ البرية (ou الذوات الانسانية). 3016, 2°. 3034, 3°. 3044, 1°.

مصابيح السنن. 719. 720.

مصاحبات روحانية. 218. 219.

كتاب المصادر. 4287. 4288. 4290, 2°.

مصادرات. 2467, 5° à 7°.

مصارع العشّاق. 599.

المصباح. 1136, 4°. 3992, 2°. 4008, 1°. 4021, 3°. 4022, 2°. 4025, 2°. 4026, 2°. 4028, 2°. 4030, 2°. 4031, 2°. 4130, 3°. 4375. — (Comment.) 2369, 7°. 4009-4024. 4144, 5°.

المصباح فى اسرار علم المفتاح. 2615. 2616.

المصباح البارع النضير والمفتاح لجامع الصغير. 767.

المصباح فى شرح المفتاح. 4419.

مصباح الظلمة وايضاح الخدمة. 203. 242, 4°.

مصباح العقل. 212, 8°.

مصباح العلوم. — (Comment.) 4396, 2°.

المصباح المضى فى كتّاب النبى الامى ورسله الخ. 1971, 1°.

كتاب مصحف زحل. 2595, 5°.

كتاب مصحف القمر. 2595, 3°.

مصرحة الاسماء. 4297.

المصفى. 4571.

المضنون به عن غير اهله. 1331, 3°.

كتاب (ابسقلاوس) فى المطالع. 2457, 36°.

مطالع الانظار. 1257. 1258. 2369, 3°. 2389. — (Comment.) 2390.

مطالع الانوار. 2386, 1°. 2387. — (Comm.) 2369, 2°. 2381, 2°. 2388. 2398, 4°. 4187, 15°.

مطالع البدور فى منازل السرور. (d'Al-Tîfâschî) 1176, 16°. — (d'Al-Ghozoûlî) 3415.

مطالع العلوم. 2339.

مطالع النيران. 1651, 1°.

كتاب المطر. 4231, 1°.

المطلب. 4281, 1°.

مطلب الاديب. 3417, 6°.

المطلب فى العمل بالربع المجيب. 2519, 3°.

مطلع الفوائد ومجمع الفرائد. 3344.

المطلع على مسائل المقنع. 2568, 4°.

المطلوب. 4189.

المطوّل. 4386-4391. — (Comm.) 673, 5°. 4392-4395.

معارج السالكين. 1331, 6°.

كتاب المعارف. 1465.

المعارف فى شرح الصحائف. 1247, 2°.

المعارف العقلية. 1331, 1°.

المعارف الغيبية. 3223, 2°.

المعالم فى اصول الدين. 178, 1°.

معالم الايمان فى معرفة اهل القيروان. 2154.

المعانى الدقيقة فى ادراك الحقيقة. 4588, 23°.

معانى القران. — (Comment.) 4392, 4°.

معاهد التنصيص على شواهد التلخيص. 4416.

كتاب المعجزات والخصائص. 1978.

معجم البلدان. 2226-2231.

معجم الكبير. — (d'Al-Ṭabarânî) 2011. — (d'Al-Dsahabî) 2076.

معدل الصلوة. 1155, 1°.

معراج الدراية الى شرح الهداية. 845.

المعرّب. — (Comment.) 4163.

معرفة فى شروط الايمان والتوبة. 2307, 5°.

كتاب معرفة القرّاء الكبار على الطبقات والاعصار. 2084.

معرفة مساحة الاشكال البسيطة والكرية. 2467, 3°.

المعشرات. 3171, 1°. 3172, 1°. 3431, 14°.

المعشرات الحجرية فى الابيات الفكرية. 4296.

معلقات السبع. 3076. 3141, 1°. 3275-3280. 3430. — (Takhmis) 3075, 2°-8°. — (Comment.) 3275-3280.

معلم الطرفين. 4592, 8°.

المعلومات. 1451, 6°.

كتاب المعونة على دفع الهمّ. 175. 176, 1°. 4523, 1°.

معيد النعم ومبيد النقم. 2447, 1°.

المغرب. 4254, 1°.

كتاب مغرب عن امور عجائب. 2184.

المغربة. 2292, 3°.

المغنى فى الادوية المفردة. 2990. 2991.

مغنى الخلّان عن حياة الحيوان. 2801.

المغنى فى شرح الموجز. 2924-2929.

المغنى فى الطبّ. 2957. 2958.

مغنى الطبيب. — (Abrégé) 3022.

المغنى فى علم النحو. 3991, 2°.

مغنى اللبيب عن كتب الاعاريب. 4155-4157. — (Comment.) 4158.

المغنى فى النحو. — (Comment.) 4143.

مغيث الخلق فى اختيار الاحقّ. 984.

مفاتيح اسرار الحروف ومصابيح انوار الظروف. 2660. 2688.

كتاب مفاتيح اسرار علوم الانبياء. 2675, 1°. 2676. 2726, 2°.

مفاتيح الجنان ومصابيح الجنان. 1248, 1°.

مفاتيح الرحمة ومصابيح الحكمة. 2614.

مفاتيح الغيب. Voyez التفسير الكبير.

المفتاح. — (Comment.) 2254, 13°.

مفتاح الافهام السنية لايضاح الالغاز الخفية. 3191, 2°.

مفتاح الباب المقفل لفهم القران المنزل. 1398, 4°, 6°.

مفتاح العلوم. 3955, 5°. 4371. 4372. — (Comment.) 4373. 4374, 1°. 4376. 4377. 4396, 1°. 4417. 4419. 4606, 4°. — (Abrégé) voyez كتاب تلخيص المفتاح et المصباح.

مفحمات الاقران فى مبهمات القران. 4588, 41°.

مفرج الكروب فى اخبار بنى ايوب. 1702. 1703.

المفرحية الاندلسية. — (Comm.) 4122, 2°.

كتاب المفروضات. 2467, 4°.

المفصّل. 4001. 4002. — (Comment.) 4003. 4004. 4392, 3°.

المفصّل فى شرح المحصّل. 1254.

المفصّل. 4004.

المفصّل فى العمل بنصف دائرة المعدّل. 2547, 15°.

مفيد الحكّام فيما يعرض لهم من نوازل الاحكام. 1074.

مفيد العلوم ومبيد الهموم. 2334-2337.

مقاصد التفتازانى. — (Comment.) 1265.

مقاصد الصلات. 1178, 2°.

مقاصد الفلاسفة. 202.

المقالات السبع تفسير جالينوس الفصول لابوقراط الخ. Voyez.

المقالات السنية فى مدح خير البرية. 1997. — (Abrégé) 1798.

مقالة فى استخراج الاعداد المتحابة الخ. 2457, 38°.

مقالة فى ان الخطين اذا اخرجا على اقلّ من زاويتين الخ. 2457, 32°.

مقالة فى تكسير الدائرة. 2467, 9°.

مقالة فى الثقل والخفة. 2457, 4°.

مقالة فى طريق التحليل والتركيب الخ. 2457, 1°.

المقالة فى العمل باليد. 2953.

المقالة المسيحية. 131, 3°.

مقالة فى المعلومات. 2458, 5°.

مقالة فى المقادير المنطقة والصمّ. 2457, 48°.

مقالة (لاقليدس) فى الميزان. 2457, 3°.

مقامات. — de Naqoûlâ al-Tourkî) 3272. — (d'Al-Soyoûṭî) 3521, 2°. 3949-3951. 3972, 2°, 3°, 5°, 7°-10°. 4588, 42°. — (d'Al-Hamadânî) 3923. — (d'Al-Ḥarîrî) 3924-3936. 4665, 12°. — (Comm.) 3937-3946. — (de Mohammad al-Tilimsânî) 3947. — (anon.) 3948, 1°. — (d'Al-Ḥalabî al-Qauwâs) 3952. — (de Yoûsof al-Solamî) 3972, 11°.

المقامة الثلثون. 3972, 11°.

المقامة الرومية. 2134.

مقامة العشّاق. 3947.

كتاب المقترب فى حوادث الحضر والعرب. 1685.

المقترح فى المصطلح. 4639, 1°.

مقدّمات. — (Comm.) 4583, 1°.

مقدّمة الادب. 4283, 2°. 4289-4292. 4645.

المقدّمة الجزرية. 1286, 7°. 2571, 6°. 4542, 5°.

المقدّمة الرحبية. 1042, 1°. — (Comment.) 2475, 1°, 3°.

مقدّمة الشرنوبى. 1293, 3°.

المقدّمة فى الصلاة (d'Al-Samarqandî) 1121-1123. 1141, 2°. 1142, 2°. — (Comm.) 1124-1128. — (d'Al-'Aschmâwî, comment.) 1129. — (d'Al-Fanârî, comment.) 1134, 4°.

مقدّمة فى علم الميقات. 2548.

المقدّمة الغزنوية. 852. — (Comment.) 606, 5°. 853.

المقدّمة فى النحو. — (Comment.) 4392, 6°.

مقدّمة الوردية. 2580, 5°.

المقصد الاسنى فيما يتعلق باسماء الله الحسنى. 1405, 1°.

المقصد لتلخيص ما فى المرشد. 667, 1°.

المقصود. 2307, 3°. 2571. 2°. 4166, 3°. 4167, 3°. 4168, 3°. 4169, 3°. 4170, 3°. 4171, 3°. 4172, 3°. 4173, 3°. 4174, 3°. 4176, 3°. 4177, 3°. 4178, 3°. 4179, 3°. 4180, 3°. 4181, 3°. 4182, 3°. 4189. 4197, 3°.

المقصور والممدود. 4234.

المقصورة (d'Ibn-Doraïd) 3088, 1°. 3276, 2°. 4231, 4°. — (Comment.) 792, 2°. 3089. 3090. 3276, 2°. 4231, 4°. — (d'Aboû 'l-'Abbâs Tha'lab) 4452, 7°.

المقّى. 2144.

المقنع (d'Ibn-Qodâma, comment. de l'abrégé) 1107. — (d'Al-Soûsî, comment.) 2568, 1°. — (d'Aboû Moqra', comment.) 2568, 3°, 4°, 13°.

المقنع فى رسم المصحف. 593. 663, 9°.

مقنع اللبيب فى معرفة التراكيب. 1176, 23°.

المكتفى فى الوقف والمبتدى. 592, 1°.

المكنون. — (Abrégé) 2941.

كتاب الملتقط. Voyez كتاب المستخلص.

ملتقى الابحر. 956-964. — (Comment.) 962 et 963. 965 et 966.

ملحة الاعراب وسبحة الآداب. 2571, 9°. 3996. 3997-3999. — (Comment.) 3997-3999. — (Abrégé) 4452, 4°.

ملحة البديع وبهجة البديع. 4431, 1°.

ملحمة. 2593, 3°. 2675, 3°. 2736.

ملخص اعراب القران. 596.

ملخص في الحديث. 1395, 4°.

ملخص زوائد كتاب مبهمات المبهمات على المهمات. 992.

الملخص في الهيئة. 2330, 7°. 2500-2505. — (Comment.) 2504, 2°. 2505. 4386, 3°.

الملقومة (ou الملضومة). 4578, 5°.

كتاب الملك. 2605, 2°.

كتاب الملل والنحل. 1406. 1407.

كتاب من غاب عنه المطرب. 3305, 1°. 3401, 4°.

كتاب من لا يحضره الفقيه. 1108, 1°.

مناجاة. 4029, 3°.

مناجاة شريفة. 1667, 3°.

مناجاة موسى. 213, 13°. 275, 3°, 5°. 774, 14°. 1363, 14°. 3586, 4°, 5°. 4608, 4°.

منار الانوار في اصول الفقه. 784, 2°. 794. 4542, 1°. — (Comment.) 794. 795.

منازل السائرين. — (Comment.) 1346.

مناسيب التيسيرية. 2693, 2°-4°.

المناظرة والمعارضة في ردّ الرافضة. 1461, 1°.

منافع الاحجار. 2775, 3°.

منافع الاسماء الحسنى. 1973, 6°.

كتاب (جالينوس) في منافع الاعضاء. 2853. — (Comment.) 2854.

المنافع المبينة فيما يصلح في الاربعة الازمنة. 3039, 1°.

مناقب ابي العباس السبتي. 2037, 1°.

مناقب الامام الشافعي. 3497, 2°.

المناقب السرية المنتزعة من السيرة الظاهرية. 1707.

مناهج التوسل الى مباهج الترسل. 1363, 16°.

مناهج السرور والرشاد في الرمى والسباق والصيد والجهاد. 2834.

المناهج الكافية في شرح الشافية. 4062.

مناهل الصفاء بتواريخ الايمة الخلفاء. 1609-1611. 1614. — (Abrégé) 1612. 1613.

منائح الالطاف في مدائح الاشراف. 3266.

منّة الجليل في قبول قول الوكيل. 1160, 3°.

المنتخب (d'Al-Akhsîkatî). — (Comment.) 802. — (anon.) 2602, 7°. — (d'Al-Khalîlî al-Dârî) 2749, 1°.

منتخب تاريخ ابن حبيب. 1721.

منتخب التذكرة في التاريخ الخ. 1514.

المنتخب في جمع المراثي والخطب. 3441.

منتخب قبول الاجابات لكل ساعة من الساعات. 2357, 4°.

المنتخب والمختار في النوادر والاشعار. 3325.

مختصر المنتظم. Voyez المنتظم.

المنتقى. 3022.

منتقى الجوامع للنسآى. 1032.

منتهى الادراك في تقاسم الافلاك. 2499.

منتهى الباني ومرتقى العاني. 1076.

منتهى السوّال والامل. — (Abrégé, comm.) 801. 2391. 4549.

منتهى المدارك. 3164.

المنح الالهية من مناقب السادات الوفاية. 1200, 2°.

المنح الربانية في التواريخ العرفانية. 1536.

المنح الرحمانية في الدولة العثمانية. 1623.

منح السميع بشرح تمليح البديع الخ. 3238.

المنح المكية في شرح الهمزية. 3197.

كتاب المنحة في اختصار الملحة. 4452, 4°.

المنحة المحكية لمبتدى القراءة المكية. 1057, 18°.

منشا اللطافة في ذكر من ولى الخلافة. 1770.

منشا النظر. — (Comment.) 2500, 2°, 3°.

المنصورى في الطب. 2866.

المناظرة بين السيف والقلم. 2727, 3°.

منظومة الاجهورى. 1283. 1284.

منظومة ابي اسحق التلمساني. — (Comment.) 1076.

منظومة الاسماء الحسنى. 3248, 1°.

المنظومة الجزائرية. 1268. — (Comment.) 1269.

المنظومة في الرمى مع شرحه. 2833.

المنظومة في الطب. 2992, 3°. 3038, 3°.

منظومة ابن فرح. — (Comment.) 746, 2°. 3432, 3°. 4257, 1°.

منظومة النسفي. 4566-4568. — (Comment.) 4569-4571.

منظومة ابن وهبان. 4572.

منع الموانع على جمع الجوامع. 810.

المنفرجة. — (Takhmîs) 3118, 1°.

المنقح على الموشح. 4195.

المنقذ من الضلال والمفصح عن الاحوال. 1331, 2°. 2365, 1°.

منقولة الدلائل. 1146.

المنهاج. 861, 3°. 872. (Voyez السراجية.)

منهاج البيان فيما يستعمله الانسان. 2948-2952.

منهاج الدكان ودستور الاعيان. 2965, 2°. 2993-2996.

منهاج الراغبين في اختصار منهاج الطالبين. 1006.

منهاج الطالبين. 1002-1004, 1°. 4545, 2°. — (Comm.) 1004, 2°. — 1022. 2677, 18°. 4545, 4°. 4546.

منهاج العابدين. 1248, 3°. 1292.

المنهاج الفاخر في علم البحر الزاخر. 2559, 4°.

منهاج القاصدين ومفيد الصادقين. 1295.

منهاج المذكرين. 1227.

منهاج الوصول الى علم الاصول. 727, 2°. — (Comment.) 799. 800.

منهج السالك الى الفية ابن مالك. 4100-4107. — (Comment.) 4108. 4109.

منهج الطلاب. — (Comm.) 1049.

المنهل الصافي والمستوفى بعد الوافي. 2068-2073. 4663, 11°.

المنهل العذب الرائق السلسال الخ. 1140, 2°.

منية الحسّاب. — (Comm.) 2204, 2°.

منية المصلّي وغنية المبتدى. 830, 2°. 1132-1138. — (Comm.) 1147 et 1148. 1152.

منية المفتي. 858.

الكتاب المنير المحكم في صنعة التعبير. 2747.

كتاب مهاريس. 2954, 2°.

مهج الدعوات ومنهج الغايات. 1173.

المهدية المقبولة. 2568, 6°.

مهمات القضاة. 952, 1°.

المواعظ. 1299, 1°.

كتاب المواعيظ. 2016, 3°.

المواعظ المذكرة للموت وامور الاخرة. 1318.

كتاب المواعظ والاعتبار في ذكر الخطط والآثار. 1729-1766. 3543, 3°.

مواقع النجوم ومطالع اهلة الاسرار والعلوم. 1338, 3°.

كتاب المواقف. 2392. — (Comment.) 673, 4°. 1262, 1°. 2393-2395.

كتاب مواقيت الصلاة. — (Comment.) 1161.

كتاب المواليد. 2583-2587. 2718, 2°, 3°.

المواهب الرحمانية لطلاب الاجرومية. 4137.

المواهب اللدنية في سير خير البرية. 1979.

المواهب المدنية في الصلاة على خير البرية. 1212.

الموجز في الطب. 2919-2923. — (Comment.) 2924-2932.

الموجز في علم الامراض. 2844, 3°.

مورد الظمآن. 3264, 6°.

مورد اللطافة في من ولى السلطنة والخلافة. 1606.

الموشح. — (Comment.) 4195.

موصل الطلاب الى قواعد الاعراب. 4146. — (Comment.) 4147.

الموضح. 3101-3104.

الموطّا. 675-678. 4538.

موقد الاذهان وموقظ الوسنان. 4115, 2°. 4162, 1°.

كتاب الموقظة. 4577, 8°.

نهاية الرغبة فى اداب الصحبة. 1176, 25°.

نهاية السول والامنية فى تعلم اعمال الفروسية. 2828.

نهاية المطلب. 2621, 2°.

نهاية الهداية الى تحرير الكفاية. 1034.

نهج البلاغة. 2423.

النهج السديد والدر الفريد فيما بعد تاريخ ابن العميد. 4525.

— نهج الطالب لاشرف المطالب. (Comment.) 1049.

النهج المسلوك فى سياسة الملوك. 2438.

النفحة المرضية فى شرح الالفية. 4074, 2°. 4110. 4111, 1°. — (Comment.) 4112. 4113.

نوابغ الكلم. 1620, 8°. 3965, 1°. 3973, 7°. — (Comm.) 3966.

كتاب النوادر. 4236, 1°.

نواضر الايك فى نوادر النيك. 3068.

النواقض للروافض والنوافض. 1459.

كتاب النواميس. 2577, 2°.

نور الاحداق. — (Abrégé) 2560, 5°.

نور الايضاح ونجاة الارواح. 1158. 1230, 6°. — (Comm.) 1159.

نور الشمعة فى بيان ظهر الجمعة. 1160, 1°.

نور العيون وجامع الفنون. 3008.

النور اللائح والدرّ الصادح فى اصطفا مولانا السلطان الملك الصالح. 1708.

نور النبراس على سيرة ابن سيد الناس. 1968 et 1969.

— نيل الابتهاج بتطريز الديباج. (Abrégé) 4628.

نيل الرائد من النيل الزائد. 2261.

نيل المطالب والمآرب فى شرح كافية ابن الحاجب. 4057.

هادى الارواح الى بلاد الافراح. 1387.

هادى المدقق لعبارة المحقق. 1012.

الهارونية. Voyez مختصر الهروى.

هتك الاستار فى علم الاسرار. 1374, 3°.

الهداية. 842-844. — (Comm.) 845-850. 905-922. 4606, 8°. — (Abrégé) 851.

كتاب الهداية. 82, 9°.

هداية الحكمة. 2330, 5°. — (Comment.) 2500, 7°. 2360-2365, 1°.

هداية المريد للسبيل الحميد. 2037, 2°.

هداية المشتاق المستهام الى رؤيا النبى الخ. 1546, 4°.

الهدى [السوى]. 2800, 16°. 17°.

هدية سبيان (صبيان l.). 4212.

كتاب هرمس. 2577-2580.

كتاب هرمس الهرامسة المنقول من كتاب ادريس. 4580, 6°.

هزّ القحوف بشرح قصيد ابى شادوف. 3267-3270.

همزية البوصيرى. 3195. 4187, 13°. — (Takhmîs) 3196. — (Comment.) 3197. 3198, 1°.

الهوجل. 310, 1°.

هيكل النور. 4577, 24°.

الهيئة السنية فى الهيئة السنّية. 4253, 3°.

هيئة الفرغانى. 2504, 3°.

الواعظ لمن يتعظ. 3251, 4°.

الوافى (d'Al-Nasafî). — (Comm.) 890.

الوافى فى شرح المختصر. 880.

الوافى بالوفيات. 2064-2066.

الوافية فى شرح الكافية. 2369, 9°. 4037-4039. — (Comment.) 4040. 4048, 2°.

واقعات المفتين. 974.

الوتريات فى مدح صاحب الايات. 1057, 21°.

الوثائق الفاسية. 1057, 9°.

الوجه الناظر فيما يقتضيه الناظر. 4588, 21°.

الوجيز. 985. — (Comment.) 986-995. 1032.

الوجيز المنتقى والعزيز الملتقى. 3010.

كتاب الوحوش. 3939, 2°.

كتاب الوحيد فى سلوك اهل التوحيد. 3525.

الوراقة المرضية فى الوثائق والتعلقات الشرعية. 1041.

الورقات. — (Comment.) 624, 2°. 813. 1266, 2°. 1396, 8°.

الوسائل الى معرفة الاوائل. 659, 6°.

الوسيط. — (Comment.) 1026.

الوسيلة الى كشف العقيلة. 610, 1°.

كتاب الوشاح فى فوائد النكاح. 3066. 3067.

الوشى المرقوم فى حلّ المنظوم. 4435, 1°.

وصاة فى معنى القداس الالهى. 181.

باب الوصايا. 1025, 3°.

وصايا سيدى على وفا. 1359, 1°.

الوصايا القدسية. 762, 3°.

وصايات الذهبية. 202.

وصف الدواء فى كشف افات الوباء. 2687, 2°.

كتاب الوصول الى مسائل الاصول. 786.

وصية آدم. 281, 3°.

وصية ابن سيراخ. 49, 5°. 309, 10°. 310, 5°.

وصيّة ابى حنيفة. 762, 2°. 978, 3°. 1122, 7°. 1230, 2°. 1391, 11°. 2316, 2°, 3°.

وصية الادب. — (Comm.) 1319.

وصية حارث بن كعب. 310, 9°. 312, 13°.

وصية سقراطيس. 49, 6°.

وصية سليمان بن داود. 28, 5°. 49, 4°. 310, 5°.

الوصية الصرصرية. 1607.

وصية لقمان. 28, 11°. 49, 3°. 309, 10°. 310, 4°. 312, 12°. 1913, 17°.

وصية نامة. 3632, 2°.

وصية النبى. 978, 2°. 1278, 3°. 1363, 9°. 1913, 16°. 1931, 5°. 3972, 3°. 4592, 5°.

وصية نوح. 3668, 1°.

وصيلة الطلاب. 2560, 6°.

— الوفاء باخبار دار المصطفى. (Abrégé) 1634.

الوفيات. Voyez شرف المطالب.

وفيات الاعيان وأنباء ابناء الزمان. 2050-2061.

وقاية الرواية فى مسائل الهداية. 905-907. — (Comm.) 908-922.

كتاب وقف القران. 651, 1°.

ياسمين الروض العاطر فى نزهة الخواطر. 3069. 3070, 1°.

يتيمة الدهر فى محاسن اهل العصر. 3111. 3308-3312.

بدء الامالى. Voyez يقول العبد.

اليمانيات المسلولة على الروافض المخذولة. 1462.

اليمينى. Voyez تاريخ عتبى.

ينبوع الحياة. 608.

يواقيت المواقيت. 1176, 33°.

TABLE DES AUTEURS.

'Abbâs ibn Aḥmad ibn 'Abd al-Karîm al-Ḥaddâd al-Marḥoûmî. 2008.

Aboû '-l-'Abbâs (lis. Aboû Bakr Moḥammad) al-Ṣoûlî.

Aboû 'l-'Abbâs Tha'lab. 4452, 6°.

Al-'Abbâsî. Voyez 'Abd al-Raḥîm ibn Aḥmad.

'Abd al-'Aẓîm al-Mondsirî (Zakî al-Dîn). 705. 740 et suiv.

'Abd al-'Azîz ibn 'Abd al-Salâm al-Solamî. 1178, 2°.

'Abd al-'Azîz [ibn Aḥmad] al-Bokhârî (Ḥosâm al-Dîn). 3502, 3°.

'Abd al-'Azîz ibn 'Alî al-Oschnohî (Aboû 'l-Fadhl). 1037.

'Abd al-'Azîz al-Kâschî. 3365, 1°. 3366.

'Abd al-'Azîz Moḥammad ibn Aḥmad ibn Sa'îd al-Damîrî al-Dirînî al-Schâfi'î ('Izz al-Dîn). 1313. 1457.

'Abd al-'Azîz ibn Moḥammad ibn Djamâ'a ('Izz al-Dîn). 3346.

'Abd al-'Azîz Moḥammad al-Wafâï (Aboû 'l-Fadhâïl). 2365, 7°. 2521, 10°. 2531, 1°, 2°. 2532, 1°. 2544, 7°, 8°, 15°.

'Abd al-'Azîz ibn Sarâyâ al-Ḥillî (Ṣafî al-Dîn). 2307, 6°. 3074. 3205. 3206 et suiv. 3248, 10°. 3341. 3418, 17°. 3430. 3953, 4°. 4639, 3°.

'Abd al-Azîz al-Zamzamî al-Makkî ('Izz al-Dîn). 3228.

'Abd al-Bâqî ibn Yoûsof al-Zarqânî. 1082-1091.

'Abd al-Bârî al 'Aschmâwî. 1129.

Ibn 'Abd al-Barr (?). 1587.

'Abd al-Dâïm. 1057, 7°.

'Abd al-Djabbâr ibn 'Abd al-Djabbâr ibn Moḥammad al-Thâbitî al-Khiraqî [lis. al-Kharaqî] (Aboû Moḥammad). 2499.

'Abd al-Ghaffâr ibn 'Abd al-Ḥamîd ibn Noûḥ al-Qoûṣî. 3525.

'Abd al-Ghaffâr al-Qazwînî (Nadjm al-Dîn). 997.

'Abd al-Ghafoûr al-Lârî. 3257, 2°. 4187, 2°.

'Abd al-Ghanî. 4187, 14°.

'Abd al-Ghanî ibn 'Abd al-Wâḥid ibn 'Alî ibn abî Soroûr al-Maqdisî (Aboû Moḥammad). 726. 727, 1°. 1966. 2088.

'Abd al-Ghanî Efendi. 4187, 20°.

'Abd al-Ghanî ibn Ismâ'îl al-Nâbolosî (Zaïn al-Dîn). 1626. 1627. 3159 à 3162. 3223, 2° à 4°. 3256.

Ibn 'Abd al-Ḥakam. Voyez 'Abd al-Raḥmân ibn 'Abdallah.

'Abd al-Ḥakîm ibn Schams al-Dîn. 1046, 6°. 1242.

'Abd al-Ḥaqq ibn Ibrâhîm ibn Sab'în. 2684, 11°.

'Abdîschoû'. 58. 204, 2°, 3°.

'Abdîschoû'. 82, 5°.

'Abd al-Karîm ibn Hawâzin al-Qoschaïrî (Aboû 'l-Qâsim). 1330. 1383.

'Abd al Karîm ibn Ibrâhîm ibn 'Abd al-Karîm ibn Khalîfa al-Djîlî. 1338, 6°. 1356. 2595, 1° et suiv. 3171, 2°. 3222 et suiv. 3422.

'Abd al-Karîm ibn Ismâ'îl al-Tha'âlibî (Aboû Manṣoûr). 3956, 1°.

'Abd al-Karîm ibn Moḥammad al-Qazwînî al-Râfi'î (Aboû 'l-Qâsim). 986 et suiv. 1002. 1032.

'Abd al-Karîm [ibn Moḥammad] al-Sam'ânî (Aboû Sa'd). 2133.

'Abd al-Karîm Zâdè. 4187, 12°.

'Abd al-Khâliq ibn abî 'l-Qâsim al-Miṣrî al-Khazradjî. 1360, 1°.

'Abdallah ibn 'Abbâs. 1141, 4°.

'Abdallah ibn 'Abdallah Ibn Khordâdhbeh. 2213.

'Abdallah ibn 'Abd al-'Azîz Aboû 'Obaïd al-Bakrî. 2218.

'Abdallah ibn 'Abd al-'Azîz ibn Moûsâ al-Sîwâsî. 2844, 1°, 2°.

'Abdallah ibn 'Abd al-Raḥmân ibn Djozaïy. 2086.

'Abdallah ibn 'Abd al-Ṭâhir (Aboû 'l-Fadhl). 1707.

'Abdallah al-Adkâwî. 3444, 1°, 2°. 3445. 3446.

'Abdallah ibn Aḥmad (Aboû 'l-Qâsim). 174, 5°.

'Abdallah ibn Aḥmad Ibn al-Baiṭâr. 2976 et suiv. 2990 et suiv.

'Abdallah ibn Aḥmad al-Maqdisî al-Ḥanbalî. 2546, 2°.

'Abdallah ibn Aḥmad ibn Maḥmoûd al-Nasafî (Ḥâfiẓ al-Dîn Aboû 'l-Barakât). 784, 2°, 3°. 794 et suiv. 890 et suiv. 1176, 30°. 1261, 1°. 4542, 1°. 4571.

'Abdallah ibn Aḥmad al-Maqdisî Ibn Qodâma (Mowaffiq al-Dîn). 1104. 1107. 1384 et suiv.

'Abdallah ibn Ahtam. 763.

'Abdallah ibn 'Alî ibn Isḥâq al-Ṣaïmarî (Aboû Moḥammad). 4007.

'Abdallah ibn 'Alî ibn Aïyoûb (Djamâl al-Dîn). 3024.

'Abdallah ibn 'Alî ibn 'Alî Sowaïd al-Demlîdjî. 4114.

'Abdallah 'Alî ibn Aḥmad al-Ḥirâlî (Fakhr al-Dîn). 1398.

'Abdallah ibn As'ad al-Yâfi'î al-Yamanî ('Afîf al-Dîn). 1589 et suiv. 2040.

'Abdallah al-Bakrî. 1871, 3°.

'Abdallah Ibn Barrî al-Maqdisî (Aboû Moḥammad). 4231, 2°.

'Abdallah al-Baṣrî. 1403.

'Abdallah ibn Djibrîl ibn Bakhtîschoû'. 2782.

'Abdallah Ibn al-Fadhl (Aboû 'l-Fatḥ). 82, 6°.

'Abdallah Ibn al-Fadhl. 96.

'Abdallah ibn Fadhl al-Khabîṣî. 1396, 5°. 2396.

'Abdallah ibn Fakhr al Dîn al-Mauṣilî. 3078, 1°.

'Abdallah ibn Fâris al-Tâzî. 1461, 1°.

'Abdallah Ibn Hischâm al-Anṣârî (Djamâl al-Dîn Aboû Moḥammad). 3081.

'Abdallah Ibn Ḥidjâzî al-Scharqâwî al-Khalwatî. 1860.

'Abdallah ibn al-Ḥosaïn al-'Okbarî al-Faradhî (Moḥibb al-Dîn Aboû'l-Baqâ). 620. 621. 3939, 1°.

'Abdallah [ibn Khalîl] al-Mâridînî (Djamâl al-Dîn). 2525, 1°. 2531, 1°. 2544, 15°. 2547, 17°.

'Abdallah al-Khazradjî (Dhiyâ al Dîn). 3955, 4°.

'Abdallah ibn Maḥmoûd ibn Maudoûd al-Baldadjî al-Mauṣilî (Djamâl al-Dîn). 875 et suiv.

'Abdallah ibn Mâlik al-Djaïyânî. 4207, 3°.

'Abdallah al-Ma'moûn. 2640.

'Abdallah al-Mâridînî (Aboû 'Abd al-Raḥmân). 2533.

'Abdallah ibn Moḥammad ibn 'Abbâd. 1201, 2°.

'Abdallah ibn Moḥammad [ibn Aḥmad]. 4206.

'Abdallah ibn Moḥammad ibn 'Âmir al-Schobrâwî. 2120, 1° à 6°. 3266. 3443. 4424, 3°.

'Abdallah ibn Moḥammad al-Badrî. 2253, 2°.

'Abdallah ibn Moḥammad al-Farghânî. 1024.

'Abdallah ibn Moḥammad al-Harawî. 1346.

'Abdallah ibn Moḥammad ibn al-Khauwâm. 2470.

'Abdallah ibn Moḥammad al-Mâlikî (Aboû Bakr). 2153.

'Abdallah ibn Moḥammad Schâhâwer al-Asadî. 760, 6°.

'Abdallah ibn Moḥammad al-Schanschoûrî. 759.

'Abdallah ibn Moḥammad (lisez : Aboû 'Abdallah Moḥammad) al-Tidjânî. 3061 et suiv.

'Abdallah Ibn al-Maqaffa'. 1344, 1°.

'Abdallah ibn Moslim Ibn Qotaïba. 1465. 1566. 4432.

'Abdallah Ibn al-Mo'tazz (Aboû'l-'Abbâs). 3087. 3299.

'Abdallah ibn Moûsâ al-Sarâqî. 1060, 9°.

'Abdallah Naṣr ibn 'Abd al-'Azîz al-Zaïdî. 3490.

'Abdallah ibn 'Omar al-Baïdhâwî (Nâṣir al-Dîn). 627 et suiv. 727, 2°. 799. 800. 1024. 1255 et suiv. 2369, 3°. 4120.

'Abdallah ibn Sa'îd ibn abî Djamra al-Azdî (Aboû Moḥammad). 695.

'Abdallah ibn Salâm. 1973, 1°. 1974, 1°. 2954, 3°.

'Abdallah Ibn al-Ṭaïyib (Aboû'l-Faradj). 41. 85. 86. 173, 17°. 177, 1°. 250, 1°. 252, 4°. 2848.

'Abdallah Tardjomân. 1464.

'Abdallah al-Tidjânî (Aboû Moḥammad). 2285.

'Abdallah ibn Yâsîn. 1202.

'Abdallah ibn Yoûsof ibn Hischâm al-Anṣârî (Djamâl al-Dîn). 1287, 6°. 1620, 12°. 2677, 11°. 4006, 4°, 5°. 4015, 2°. 4051, 3°. 4077 et suiv. 4115, 2°. 4144 et suiv. 4151 et suiv. 4155 et suiv. 4159 et suiv. 4161. 4162. 4191, 2°.

'Abdallah ibn abî Zaïd al-Qaïrawânî (Aboû Moḥammad). 1057 et suiv. 4548.

'Abdallah al-Ziftâwî. 4420, 2°.

'Abdallah ibn al-Zobaïr. 1363, 10°.

Aboû 'Abdallah ibn Ḥamdoûn. 1343, 6°.

Aboû 'Abdallah ibn Hâroûn al-Ṣâïgh. 1450, 3°.

Aboû 'Abdallah al-Nafzâwî. 3669, 7°.

Aboû 'Abdallah al-Zarqaschî. 1874.

'Abd al-Laṭîf ibn 'Abd al-'Azîz ibn Amîn al-Dîn. 886 à 889. 970, 2°.

'Abd al-Laṭîf ibn 'Abd al-'Azîz Farischta Ibn al-Mâlik. 738. 739. 794. 795. 4305 et suiv.

'Abd al-Laṭîf al-'Aschmâwî. 4420, 2°.

'Abd al-Laṭîf ibn Yoûsof al-Baghdâdî (Aboû Moḥammad). 2870, 2°.

'Abd al-Madjîd. 4639, 1°.

['Abd al-Madjîd] Ibn 'Abdoûn. 3127 et suiv.

'Abd al-Malik ibn 'Abdallah ibn Badroûn. 3127 et suiv.

'Abd al-Malik [ibn 'Abdallah] al-Djowaïnî (Imâm al-Ḥaramaïn Aboû'l-Ma'âlî). 624, 2°. 672, 5°. 813. 984. 1266, 2°. 1396, 8°.

'Abd al-Malik ibn Hischâm (Aboû Moḥammad). 1948 et suiv.

'Abd al-Malik al-Iṣâmî. 1563.

'Abd al-Malik ibn al-Marwân. 1892, 4°.

'Abd al-Malik ibn Moḥammad ibn Ismâ'îl al-Tha'âlibî (Aboû Manṣoûr). 1176, 35°. 3111. 3401, 4°. 3304. 3305, 1°, 2°. 3306 et suiv. 3314, 1°. 4201, 2°. 4251.

'Abd al-Malik ibn Zohr ibn 'Abd al-Malik (Aboû Marwân). 2959. 2960, 1°, 4°.

'Abd al-Masîḥ. 1564.

'Abd al-Masîḥ ibn 'Abdallah ibn Nâ'ima. 2347.

'Abd al-Moḥsin Aḥmad ibn al-Mahdî. 2716, 5°.

'Abd al-Mo'în ibn Aḥmad Ibn al-Bakkâ al-Balkhî. 3417, 5°.

'Abd al-Mon'im (Aboû'l-Ma'âlî). 722, 5°.

'Abd al-Mon'im ibn 'Omar ibn Ḥassân al-Ghassânî. 3140.

'Abd al-Mon'im al-Ṭindjânî (ou al-Ṭandjânî?). 3244, 8°.

'Abd al-Moûmin ibn 'Abd al-Ḥaqq (Taqî al-Dîn). 2232.

'Abd al-Moûmin ibn 'Alî (Aboû Moḥammad). 1451.

'Abd al-Moûmin al-Dimyâṭî (Scharaf al-Dîn). 2816.

'Abd al-Moûmin al-Iṣfahânî (Scharaf al-Dîn). 3948, 3°. 3964, 2°.

'Abd al-Qâdir ibn Aḥmad al-'Adjmâwî (Schihâb al-Dîn). 2578, 2°.

'Abd al-Qâdir ibn Aḥmad ibn 'Alî al-Fâguihî (Zaïn al-Dîn). 2834.

'Abd al-Qâdir [ibn 'Alî] al-Sakhâwî. 2463, 2°.

'Abd al-Qâdir ibn Djâr Allâh al-Amîn. 1555.

'Abd al-Qâdir Efendi Yalândjaq. 2164.

'Abd al-Qâdir al-Guîlânî (ou al-Djîlânî). 665, 6°. 3171, 15°. 3430. 4608, 7°.

'Abd al-Qâdir ibn Ḥosaïn ibn Moghaïzil. 1605, 2°.

'Abd al-Qâdir ibn Moḥammad al-Anṣârî al-Djazarî. 4590.

'Abd al-Qâdir (ibn Moḥyî al-Dîn). 2345.

'Abd al-Qâdir ibn 'Omar ibn Ḥabîb al-Ṣafadî. 3225.

'Abd al-Qâdir ibn abî Ṣâliḥ al-Ḥanbalî (Moḥyi al-Dîn Aboû Moḥammad). 1390, 2°.

'Abd al-Qâdir al-Sohrawardî (Dhiyâ al-Dîn Aboû'l-Nadjîb). 1337, 6°.

'Abd al-Qâdir ibn Yoûsof. 974.

'Abd al-Qâhir ibn 'Abd al-Raḥmân al-Djordjânî. 2571, 8°. 3088, 3°. 3989, 1°. 3990 et suiv. 4008, 2°. 4021, 4°. 4027, 3°. 4041, 3°. 4051, 2°. 4123, 4°. 4130, 2°. 4144, 3°. 4149, 2°. 4181, 4°.

Ibn 'Abd Rabbihi. Voyez Aḥmad ibn Moḥammad.

'Abd al-Raḥîm ibn Aḥmad al-'Abbâsî. 4416.

'Abd al-Raḥîm al-Baïsânî (Al-Qâdhî al-Fâdhil). 3333.

'Abd al-Raḥîm al-Bor'î (Zaïn al-Dîn). 3113 et suiv. 3156, 2°.

'Abd al-Raḥîm ibn al-Ḥosaïn al-Athîrî al-'Irâqî. 754-756.

'Abd al-Raḥîm al-Maschnâwî. 944.

'Abd al-Raḥîm al-Mizzî. 2519, 1°.

'Abd al-Raḥîm ibn Moḥammad ibn Ismâ'îl Ibn Nobâta al-Fâraqî (Aboû Yaḥyâ). 1289, 1°.

'Abd al-Raḥmân. 1057, 16. 1206, 9°.

'Abd al-Raḥmân. 3251, 9°.

'Abd al-Raḥmân ibn 'Abdallah ibn 'Abd al-Ḥakam ibn A'yân. 1686 et suiv.

'Abd al-Raḥmân ibn 'Abdallah al-Sohaïlî (Aboû'l-Qâsim). 1960 et suiv.

'Abd al-Raḥmân ibn 'Abd al-Mâlik Ibn al-Ṣâliḥ al-Hâschimî. 214, 2°. 215, 2°.

'Abd al-Raḥmân ibn 'Abd al-Salâm al-Ṣafoûrî. 3554 et 3555.

'Abd al-Raḥmân ibn Aḥmad ibn 'Abd al-Ghaffâr al-Ṣiddîqî ('Adhod al-Dîn). 4253, 2°.

'Abd al-Raḥmân ibn Aḥmad al-Djâmî (Noûr al-Dîn). 1370. 3152. 4044 et suiv. 4187, 2°.

'Abd al-Raḥmân [ibn Aḥmad] al-Ḥomaïdî. 3238. 3248, 11°. 3417, 3°.

'Abd al-Raḥmân ibn Aḥmad al-Îdjî ('Adhod al-Dîn). 801. 809, 10°. 1262, 1°. 1263. 1264, 1°. 1278, 1°. 2391. 2392 et suiv. 4423 et suiv. 4577, 13°.

'Abd al-Raḥmân ibn Aḥmad al-Iṣfahânî. 2369, 1°.

'Abd al-Raḥmân ibn Aḥmad ibn Radjab (Aboû'l-Faradj). 2454.

'Abd al-Raḥmân ibn Aḥmad al-Râzî. 3338, 2°.

'Abd al-Raḥmân ibn 'Alî (Mohaddsib al-Dîn). 2835, 3°.

'Abd al-Raḥmân ibn 'Alî ibn al-Djauzî (Djamâl al-Dîn Aboû'l-Faradj Aboû'l-Qâsim). 724. 725. 1295 et suiv. 1550. 1567. 1951, 7°. 2030 et suiv. 2033 et suiv. 3543, 2°. 3547.

'Abd al-Raḥmân ibn 'Alî al-Makoûdî (Aboû Zaïd). 4096 et suiv. 4128.

'Abd al-Raḥmân ibn 'Alî ibn abî Ṣâdiq (Aboû'l-Qâsim). 2838 et suiv. 2854. 2861 et suiv.

'Abd al-Raḥmân ibn 'Alî al-Schaïbânî al-Dîba' (Waḥîd al-Dîn). 730.

'Abd al-Raḥmân ibn abî Bakr al-Djaubarî. 4640.

'Abd al-Raḥmân ibn abî Bakr al-Soyoûṭî (Djalâl al-Dîn). 652 et suiv. 665, 3°. 748, 3°. 766 et suiv. 1160, 5°, 6°. 1178, 1°. 1371. 1389. 1390, 1°. 1546, 3°. 1552. 1608. 1609 et suiv. 1794 et suiv. 1832, 3°. 1871, 1°. 1978. 1997. 2016, 1°. 2043. 2079. 2094. 2119. 2266 et suiv. 2677, 18°. 2800, 1° à 14°, 18° à 22°. 3060, 3°. 3066 et suiv. 3068. 3154, 5°. 3207, 3°. 3224. 3364, 2°. 3406. 3407. 3408. 3432, 2°. 3502, 4°. 3513, 2°. 3521, 2°. 3552. 3949 et suiv. 3972, 1° à 10°. 3973, 12°. 3984 et suiv. 4074, 2°. 4110 et suiv. 4124, 7°. 4158. 4195. 4253, 3°. 4261, 16°, 17°. 4472. 4585, 6°. 4587. 4588. 4591, 11° à 13°. 4608, 5°. 4611. 4658, 1°, 2°. 4659.

'Abd al-Raḥmân ibn Benefschâ (Aboû Horaïra). 2521, 9°.

'Abd al-Raḥmân Efendi. 3247, 1°. — 4444.

'Abd al-Raḥmân ibn Ḥasan al-Djabartî. 1861 et suiv.

'Abd al-Raḥmân al-Hâschimî. 258, 26°.

'Abd al-Raḥmân ibn Ibrâhîm ibn Firkâh. 1266, 2°.

'Abd al-Raḥmân [ibn 'Isâ] al-Morschidî al-'Omarî (Ḥanîf al-Dîn). 2679, 2°.

'Abd al-Raḥmân ibn Isma'îl al-Maqdisî (Schihâb al-Dîn Aboû Schâma). 1620, 3°. 1700 et suiv. 3141, 1°.

'Abd al-Raḥmân al-Maḥallî. 1048.

'Abd al-Raḥmân Ibn Makânis (Fakhr al-Dîn). 3210 et suiv.

'Abd al-Raḥmân ibn al-Mo'ammar al-Wâsiṭî. 4577, 5°.

'Abd al-Raḥmân ibn Moḥammad ibn 'Abdallah al-Anṣârî al-Dabbâgh. 2154.

'Abd al-Raḥmân [ibn Moḥammad] al-Akhdharî. 2402 et suiv.

'Abd al-Raḥmân ibn Moḥammad Amthâlî. 4281, 1°.

'Abd al-Raḥmân ibn Moḥammad al-Anbârî (Kamâl al-Dîn Aboû'l-Barakât). 1013, 4°.

'Abd al-Raḥmân ibn Moḥammad ibn 'Alî al-Bisṭâmî. 1363, 16°. 2338. 2686 et suiv.

'Abd al-Raḥmân ibn Moḥammad al-Fâsî (Aboû Zaïd). 1203, 3°.

'Abd al-Raḥmân ibn Moḥammad Ibn Khaldoûn (Aboû Zaïd). 1515 et suiv. 2684, 2°. 2693, 1°.

'Abd al-Raḥmân ibn Moḥammad al-'Omarî al-'Alîmî (Modjîr al-Dîn Aboû'l-Yomn). 1671 et suiv.

'Abd al-Raḥmân ibn Moḥammad ibn Solaimân Schaïkhî Zâdè. 965 et 966.

'Abd al-Raḥmân ibn Moḥammad ibn Makhloûf al-Tha'âlibî. 646. 648. 1187, 2°. 1546, 7°.

'Abd al-Raḥmân [ibn Moḥammad] al-Tâdjoûrî al-Maghribî. 2560, 1°, 4°, 5°, 10°. 4580, 5°.

'Abd al-Raḥmân Moḥammad al-Tourkoumânî. 1696.

'Abd al-Raḥmân ibn Mosṭafâ. 4450.

'Abd al-Raḥmân ibn Mosṭafâ al-'Aïdaroûs. 3262.

'Abd al-Raḥmân ibn al-Mo'ayyad al-Amâsî. 948.

'Abd al-Raḥmân ibn Naṣr ibn 'Abdallah al-Schîrâzî. 2438. 3053.

'Abd al-Raḥmân ibn 'Omar al-Ṣoûfî (Aboû'l-Ḥosaïn). 2330, 2°. 2488 et suiv. 2493. 2498, 2°.

'Abd al-Raḥmân Pacha. 1394.

'Abd al-Raḥmân ibn al-Qâsim. 1050, 1°.

'Abd al-Raḥmân al-Raq'î. 1061, 3°.

'Abd al-Raḥmân al-Ṣâliḥî. 2496, 2°.

'Abd al-Raḥmân al-Ṭanânî. 2553.

'Abd al-Raḥmân al-Tilimsânî (Aboû Zaïd). 1061, 2°.

'Abd al-Raḥmân al-Zîraf(?) (Aboû Zaïd). 2568, 3°.

'Abd al-Ra'oûf Moḥammad al-Manâwî. 768 et 769. 777. 1045. 1046, 1°. 1957, 1°. 2236. 2768 et suiv. 4262.

'Abd al-Raschîd Ṣâliḥ ibn Noûrî al-Bâkawî. 2246 et suiv.

'Abd al-Razzâq ibn Rizq Allâh ibn abî'l-Haïdjâ al-Ras'anî ('Izz al-Dîn). 622.

'Abd al-Razzâq al-Kâschî (Kamâl al-Dîn Aboû'l-Ghanâim). 1346. 1347, 1°.

'Abd al-Salâm ibn 'Abd al-Raḥmân al-Lakhmî Ibn Barridjân. 2642.

'Abd al-Salâm ibn Aḥmad ibn Ghânim al-Maqdisî ('Izz al-Dîn). 1641, 2°, 3°. 2307, 2°. 3521 et suiv.

'Abd al-Salâm ibn Ibrâhîm al-Loqânî. 1281 et suiv.

'Abd al-Ṣamad (Zaïn al-Dîn). 2019.

'Abd al-Wahhâb ibn Aḥmad al-Scha'rânî (ou al-Scha'râwî). 814. 815. 1248, 4°. 1641, 4°. 2045. 2348, 3°. 2405, 1°. 3016, 2°. 3234. 4111, 2°.

'Abd al-Wahhâb ibn Aḥmad Ibn Wahbân. 4572.

'Abd al-Wahhâb 'Alî ibn 'Alî. 707.

'Abd al-Wahhâb ibn 'Alî ibn 'Abd al-Kâfî al-Sobkî (Tâdj al-Dîn Aboû Naṣr). 803. 804. 810. 2100 et suiv. 2447, 1°. 3244, 2°.

'Abd al-Wahhâb al-Benoûnî (lis. al-Benwânî) (Tâdj al-Dîn). 4454, 1°, 2°.

'Abd al-Wahhâb ibn Moḥammad al-Khaṭîb Ibn al-Ghamrî. 3202 et suiv.

'Abd al-Wâḥid ibn 'Abd al-Razzâq. 2947, 4°.

'Abd al-Wâḥid ibn 'Âschir. 818.

'Abd al-Wâḥid ibn Moḥammad. 2511, 2°.

'Abd al-Wâḥid [ibn Moḥammad] al-Âmidî al-Tamîmî. 2502, 14°.

Al-'Abdarî. Voyez Moḥammad ibn Moḥammad.

Ibn 'Abdoûn. Voyez 'Abd al-Madjîd.

Al-Abharî. Voyez Mofaddhal ibn 'Omar.

'Abîd ibn al-Abraṣ. 3075, 11°. 3076.

Al-Albîrî. Voyez Moḥammad ibn Aḥmad.

Al-Abîwardî. Voyez Aḥmad al-Abîwardî et Moḥammad ibn Aḥmad.

Abboûd Ṣabbâgh. 4610.

Abraham le protospathaire. 135 et suiv.

Anbâ Abraham de Tibériade. 214, 2°. 215, 2°.

Al-Abschîhî. Voyez Moḥammad ibn Aḥmad.

Al-'Absî. Voyez Manṣoûr al-'Absî.

Accorensis (Victorius). 4338.

Al-'Adawî. Voyez Moḥammad ibn Ṭalḥa.

Al-Adhamî. Voyez Aḥmad Efendi.

Ibn al-'Adîm. Voyez 'Omar ibn abî Djarâda.

Ibn Adjânâ. Voyez Moḥammad ibn abî Bakr.

Al-Adjhoûrî. Voyez 'Alî al-Adjhoûrî.

Al-'Adjloûnî. 1672.

Al-'Adjmâwî. Voyez 'Abd al-Qâdir ibn Aḥmad.

Al-Âdjorrî. Voyez Moḥammad ibn 'Alî.

Ibn-Adjorroûm. Voyez Moḥammad

ibn Dâ'oûd et Moḥammad ibn Moḥammad.

Al-Adjroûd. Voyez Al-Ḥasan al-Adjroûd.

Al-Adkâwî. Voyez 'Abdallah al-Adkâwî.

'Adnân ibn Naṣr al-'Aïn-Zarbî (Aboû Naṣr). 2956.

Al-'Adnânî. Voyez Moḥammad ibn abî Bakr.

Adyâm Sagad, roi d'Abyssinie. 321.

Afdhal al-Kâschî. 2530.

Al-Afschandjî. Voyez Maḥmoûd ibn Dâ'oûd.

Al-Afṭasî. Voyez Moḥammad ibn Moḥammad ibn Hibat-Allâh.

Agapius, moine du mont Athos. 223.

Al-Aghbarî. Voyez Dâ'oûd ibn Nâṣir.

Al-Ahdal. Voyez Al-Ḥosaïn ibn 'Abd al-Raḥmân.

Aḥmad. 2192.

Ahmad (Schaïkh). 1193, 7°.

Aḥmad ibn 'Abbâd ibn Scho'aïb al-Qanâï (Qonnâ'î?). 2357, 5°.

Aḥmad ibn 'Abd al-Barr. 2733.

Aḥmad ibn 'Abd al-Dâïm al-Anṣârî. 1889, 1°.

Aḥmad ibn 'Abd al-Fattâḥ al-Malawî. 1131. 2377, 1°. 4426.

Aḥmad ibn 'Abd al-Ghaffâr (Schihâb al-Dîn). 4195.

Aḥmad ibn 'Abdallah (Aboû Dja'far). 2457, 30°.

Aḥmad ibn 'Abdallah al-Bakrî (Aboû'l-'Abbâs). 1871, 4°.

Aḥmad ibn 'Abdallah al-Bornoûṣî. 1892, 6°.

Aḥmad ibn 'Abdallah al-Djazâïrî (Aboû'l-'Abbâs). 1268. 3442, 7°. 4585.

Aḥmad ibn 'Abdallah al-Iṣfahânî (Aboû No'aïm). 2028 et suiv.

Aḥmad ibn 'Abdallah al-Mâridînî. 2547, 4°.

Aḥmad ibn 'Abdallah ibn Moḥammad al-Râzî (Aboû'l-'Abbâs). 1643.

Aḥmad ibn 'Abdallah ibn Moḥammad al-Ṭabarî (Moḥibb al-Dîn Aboû Dja'far). 793. 1546, 5°. 1571.

Aḥmad [ibn 'Abdallah] Ibn Zaïdoûn (Aboû'l-Walîd). 3315 et suiv.

Aḥmad [ibn 'Abd al-Ḥalîm] ibn Taïmiya (Taqî al-Dîn). 214, 3°. 215, 8°. 2443 et suiv. 2962, 2°. 3412, 2°, 4°.

Aḥmad ibn 'Abd al-Laṭîf al-Bischbischî. 1394.

Aḥmad ibn 'Abd al-Mon'im al-Schabrîsî al-Wâsiṭî (Schihâb al-Dîn). 2036.

Aḥmad ibn 'Abd al-Moûmin ibn Moûsâ al-Scharîschî (Aboû'l-'Abbâs). 3940 et suiv.

Aḥmad ibn 'Abd al-Qâdir Roûmî Efendi. 1323.

Aḥmad ibn 'Abd al-Raḥîm al-'Irâqî (Aboû Zor'a). 999.

Aḥmad ibn 'Abd al-Razzâq al-Ṭanṭarânî. 1160, 9°. 2405, 4°. 3088, 2°. 3116.

Aḥmad al-Abîwardî. 2378.

Aḥmad ibn Aḥmad ibn 'Abd al-Laṭîf al-Schardjî al-Zobaïdî (Schihâb al-Dîn). 765.

Aḥmad ibn Aḥmad al-Bornisî. 1380.

Aḥmad ibn Aḥmad ibn 'Îsâ al-Fâsî Zarroûq. 3971, 1°.

Aḥmad ibn Aḥmad al-Kordî. 2677, 7°. 2716, 7°.

Aḥmad ibn Aḥmad ibn Moḥammad al-'Adawî. 3258.

Aḥmad ibn Aḥmad al-Sadjâ'î. 4094.

Aḥmad Bâbâ ibn Aḥmad al-Timbouktî. 4628.

Aḥmad [ibn 'Alî] al-Boûnî (Schihâb al-Dîn Aboû'l-'Abbâs). 743, 6°. 1225 et suiv. 2595, 6°. 2646. 2647 et suiv. 2656. 2657 et suiv. 2659. 2763, 2°.

Aḥmad ibn 'Alî Ibn Ḥadjr al-'Asqalânî (Schihâb al-Dîn Aboû'l-Fadhl). 697. 744, 8°. 760, 1°. 761, 1°. 1176, 24°. 1587. 1601 et suiv. 2077. 2098. 2149. 3219. 4151, 5°, 7°. 4257, 2°, 3°.

Aḥmad ibn 'Alî al-Hamdânî Ibn al-Faṣîḥ. 904.

Aḥmad ibn 'Alî Ibn al-Ḥarîrî. 2234, 2°.

Aḥmad ibn 'Alî al-Khoûhî. 3973, 1°.

Aḥmad ibn 'Alî al-Maqrîzî (Taqî al-Dîn). 1725. 1726 et suiv. 1729 et suiv. 2144. 3543, 3°. 4657.

Aḥmad ibn 'Alî ibn Mas'oûd. 4123, 8°. 4166 et suiv.

Aḥmad ibn 'Alî ibn Moḥammad al-Qoraschî. 3545.

Aḥmad ibn 'Alî ibn 'Othmân. 636.

Aḥmad ibn (Schaïkh) 'Alî al-Qâdhî 'Ârikân (Nizâm al-Dîn). 1244.

Aḥmad ibn 'Alî Ibn al-Sâ'âtî (Moẓaffar al-Dîn et Borhân al-Dîn). 881 et suiv. 970, 2°. 1260. 4543 et suiv.

Aḥmad ibn 'Alî al-Sandoûbî (Schihâb al-Dîn). 3244, 1°.

Aḥmad ibn 'Alî ibn Thâbit al-Khaṭîb al-Baghdâdî (Aboû Bakr). 2128 et suiv.

Aḥmad ibn 'Alwân. 3227.

Aḥmad al-'Anâyâtî. 3418, 19°.

Aḥmad ibn 'Aṭâ Allah (Aboû'l-'Abbâs). 4581, 5°.

Aḥmad al-Badrî. 3442, 6°.

Aḥmad al-Bahloûl. 1230, 7°.

Aḥmad ibn abî Bakr ibn Khalîl al-Ṭabarânî (Aboû'l-'Abbâs). 1516.

Aḥmad ibn abî Bakr ibn Moḥammad Nakhdjowânî. 2936.

Aḥmad ibn abî Bakr ibn Moḥammad al-Raddâd. 2677, 13°.

Aḥmad al-Baschschârî al-Ḥafnâwî (Schihâb al-Dîn). 3448 et suiv.

Aḥmad al-Bodjâ'î (Schihâb al-Dîn). 3062.

Aḥmad Dinqoûz. 4185 et suiv.

Aḥmad al-Djauharî. 783.

Aḥmad al-Dolandjâwî. 3185, 2°. 3260.

Aḥmad Efendi al-Adhamî. 3245.

Aḥmad al-Fâkihî (Schihâb al-Dîn). 4152 et suiv.

Aḥmad ibn Fâris. 4247 et suiv.

Aḥmad ibn abî 'l-Ghaïth Ibn Maghlîṭâ'î. 4431, 1°.

Aḥmad al-Ghamrî (ou al-Ghomrî) (Aboû'l-'Abbâs). 2619 et suiv.

Ahmad al-Ghobrînî (Aboû'l-'Abbâs). 2155.

Aḥmad ibn Gholâm Allâh al-Koûm al-Rîschî (Schihâb al-Dîn). 2526 et suiv.

Aḥmad ibn Ghonaïm ibn Sâlim (Schihâb al-Dîn). 1063 et suiv.

Aḥmad al-Ghonaïmî. 4111, 2°.

Aḥmad ibn Ḥadjar al-Haïthamî al-Makkî (Schihâb al-Dîn). 714 et suiv. 748, 1°. 953. 1153, 1°, 2°. 1154, 1°. 3197.

Aḥmad ibn Ḥamdân al-Adsra'î (Schihâb al-Dîn). 1005.

Aḥmad ibn Ḥamdân ibn Schabîb al-Ḥarrânî (Nadjm al-Dîn). 2323.

Aḥmad al-Ḥanafî. 4537.

Aḥmad ibn Ḥasan al-Khaṭîb. 2942, 3°.

Aḥmad ibn al-Ḥasan ibn 'Alî ibn al-Khaṭîb ibn al-Qonfouds (Aboû'l-'Abbâs). 4629.

Aḥmad ibn al-Ḥasan al-Tschârabardî (Fakhr al-Dîn). 4060 et suiv. 4143.

Aḥmad ibn Hibat-Allâh ibn Sa'd Allâh al-Djabrânî (Tâdj al-Dîn Aboû'l-Qâsim). 4067, 1°, 2°.

Aḥmad al-Ḥidjâzî (Schihâb al-Dîn). 2261.

Aḥmad ibn al-Ḥosaïn al-Hamadânî (Badî' al-Zamân Aboû'l-Fadhl). 2147, 2°. 3923.

Aḥmad ibn al-Ḥosaïn al-Khosroûdjirdî al-Baïhaqî (Aboû Bakr). 753. 4593.

Aḥmad ibn al-Ḥosaïn al-Motanabbî. 3091 et suiv. 3137, 3°. 3300. 3418, 13°. 4663, 1°.

Aḥmad ibn al-Ḥosaïn al-Schaqqâq (Aboû 'Abdallah). 2462.

Aḥmad ibn Ḥosaïn al-Ramlî (Schihâb al-Dîn). 800.

Aḥmad ibn Ibrâhîm (Moḥyî al-Dîn Aboû'l-'Abbâs). 975.

Aḥmad ibn Ibrâhîm al-Azdî al-Qoschtâlî. 3486, 5°

Aḥmad ibn Ibrâhîm ibn abî Khâlid Ibn al-Djazzâr (Aboû Dja'far). 2884.

Aḥmad ibn Ibrâhîm ibn Khalîl al-Ḥalabî. 2524, 10°.

Aḥmad ibn Idrîs al-Ṣinhâdjî al-Qarâfî (Schihâb al-Dîn). 1013, 5°.

Aḥmad Ibn al-'Imâd (Schihâb al-Dîn Aboû'l-'Abbâs). 1029. 2260.

Aḥmad ibn 'Îsâ. 2562, 22°.

Aḥmad ibn Khalaf al-Kalâ'î al-Ḥaufî (Aboû'l-Qâsim). 1075.

Aḥmad ibn Khalîl al-Fâkhoûrî. 2524, 1°.

Aḥmad ibn Khalîl al-Khowaïyî (Schihâb al-Dîn). 613. — (Schams al-Dîn). 2321 et suiv.

Aḥmad ibn Khalîl al-Sobkî. 3224.

Aḥmad al-Khâmî. 743, 15°.

Aḥmad al-Khaṭib (Aboû'l-'Abbâs). 4616.

Aḥmad al-Khodjandî (Djalâl al-Dîn Aboû Ṭâhir). 3189.

Aḥmad al-Lakhmî (Aboû'l-'Abbâs). 747.

Aḥmad ibn Mâdjid ibn Moḥammad... ibn Ma'laq al-Sa'dî ibn abî'l-Rakâïb al-Nadjdî (Schihâb al-Dîn). 2292, 1°, 6°. 2559, 5° à 8°.

Aḥmad Ibn al-Madjdî (Schihâb al-Dîn Aboû'l-'Abbâs). 2531, 3°. 2547, 3°.

Aḥmad al-Maghribî. 2106.

Aḥmad ibn al-Mahdî al-Ghazzâl al-Fâsî. 2297.

Aḥmad ibn Maḥmoûd al-Djondî. 4003.

Aḥmad ibn Maḥmoûd al-Harawî (Maulânâ Zâdè). 2360 et suiv.

Aḥmad al-Malawî (Schihâb al-Dîn). 1288. 2403 et suiv. 4428. 4429, 1°.

Aḥmad Ibn al-Manfâḥ Ibn 'Olwân (Nadjm al-Dîn). 2841.

Aḥmad al-Marrâkoschî (Schihâb al-Dîn). 2693, 2°-4°.

Aḥmad ibn Marwân al-Daïnawarî al Mâlikî (Aboû Bakr). 3481.

Aḥmad ibn Mas'oûd. 2120, 4°.

Aḥmad al-Modjîrî. 4097, 2°.

Aḥmad ibn Moḥammad al-'Abbâsî. 4431, 2°.

Aḥmad ibn Moḥammad ibn 'Abd al-Djalîl al-Sidjzî. 2457, 10°, 27°, 28°, 31°, 46°. 2458, 1° à 3°.

Aḥmad ibn Moḥammad ibn 'Abd al-Karîm Ibn 'Aṭâ Allâh al-Iskandarânî al-Schâdsilî (Tâdj al-Dîn). 1348. 1349 et suiv.

Aḥmad ibn Moḥammad Ibn 'Abd Rabbihi. 3287 et suiv.

Aḥmad ibn Moḥammad ibn 'Abd al-Raḥmân. 1203, 5°.

Aḥmad ibn Moḥammad ibn 'Abd al-Salâm al-Manoûfî. 2078.

Aḥmad ibn Moḥammad Ibn 'Alawiya al-Schadjarî (Djirâb al-Daula Aboû'l-'Abbâs). 3527.

Aḥmad ibn Moḥammad ibn 'Alî ibn Zighlân al-Maghribî. 3242.

Aḥmad ibn Moḥammad ibn Aḥmad al-Azharî al-Khâniqî. 2547, 7°.

Aḥmad ibn Moḥammad ibn 'Alî ibn 'Imâd Ibn al-Hâïm (Schihâb al-Dîn). 2475, 4°, 5°.

Aḥmad ibn Moḥammad Ibn 'Arabschâh. 1900 et suiv. 3524. 3535 et suiv. 4663, 6°.

Aḥmad ibn Moḥammad Ibn al-Asch'ath. 2847, 1°, 2°.

[Aḥmad ibn Moḥammad] al-Arradjânî (Aboû Bakr). 3418, 9°.

Aḥmad ibn Moḥammad ibn abî Bakr. 3190.

Aḥmad ibn Moḥammad al-Bornoûṣî. 1193, 5°.

Aḥmad ibn Moḥammad ibn Dja'far al-Baghdâdî al-Aqṭa'. 834.

Aḥmad ibn Moḥammad al-Ghazâlî (Djamâl al-Islâm). 1248, 2°. 4580, 1°.

Aḥmad ibn Moḥammad al-Ghaznawî. 606, 5°. 852. 853.

Aḥmad ibn Moḥammad al-Hâïm al-Salamî al-Manṣoûrî (Schihâb al-Dîn). 3212. 4585, 5°.

Aḥmad ibn Moḥammad Ibn al-Hâïm (Schihâb al-Dîn Aboû'l-'Abbâs). 1034. 1035. 1036. 2471 et suiv. 4162, 2°.

Aḥmad ibn Moḥammad al-Kalâbâdsî (Aboû Naṣr). 2086.

Aḥmad ibn Moḥammad ibn Kathîr al-Farghânî (Aboû'l-'Abbâs). 2504, 3°. 2546, 5°.

Aḥmad ibn Moḥammad al-Khafâdjî (Schihâb al-Dîn). 2154 et suiv. 3250, 1°. 3257, 2°.

Aḥmad ibn Moḥammad ibn Khallikân (Schams al-Dîn). 2050 et suiv.

Aḥmad ibn Moḥammad al-Loboûdî (Nadjm al-Dîn). 2918, 1°.

Aḥmad ibn Moḥammad Aboû'l-Ma'âlî al-Koûfî. 3824 et suiv.

Aḥmad ibn Moḥammad al-Maghnîsâwî (Aboû'l-Mountahî). 1229.

Aḥmad ibn Moḥammad al-Maḥâmilî. 1038.

Aḥmad ibn Moḥammad al-Maïdânî (Aboû'l-Fadhl). 3958 et suiv. 4000. 4284.

Aḥmad ibn Moḥammad ibn Makkî al-Qamoûlî (Nadjm al-Dîn). 1026.

Aḥmad ibn Moḥammad al-Maqdisî (Djamâl al-Dîn Aboû Maḥmoûd). 1667 et suiv.

Aḥmad ibn Moḥammad al-Maqqarî. 1882 et suiv. 3244, 1°. 3245.

Aḥmad ibn Moḥammad al-Maqrîzî (Taqî al-Dîn). 3244, 5°.

Aḥmad ibn Moḥammad Ibn Maskawaïh. 3957.

Aḥmad ibn Moḥammad al-Matboûlî. 767.

Aḥmad ibn Moḥammad al-Qastalânî (Schihâb al-Dîn). 701. 702. 1979.

Aḥmad ibn Moḥammad Ibn Qolaïta (Ibn-Folaïta?). 3051 et suiv.

Aḥmad ibn Moḥammad Ibn abî'l-Rabî'. 2448.

Aḥmad ibn Moḥammad al-Schomonnî. 1957, 2°. 4626.

Aḥmad ibn Moḥammad al-Sidjistânî. 2085.

Aḥmad ibn Moḥammad al-Sikandarî (Tâdj al-Dîn). 2450, 4°.

Aḥmad [ibn Moḥammad] al-Silafî (Aboû Ṭâhir). 722, 1°.

Aḥmad ibn Moḥammad al-Tha'labî (Aboû Isḥâq). 1913, 2°. 1918 et suiv. 1923.

Aḥmad ibn Moḥammad ibn al-Walîd ibn Wallâd (Aboû'l-'Abbâs). 4234.

Aḥmad ibn Moḥammad ibn Yaḥyâ al-Bokhârî. 760, 2°.

Aḥmad ibn Moḥammad ibn Ya'qoûb. 4414 et suiv.

Aḥmad ibn Moḥammad al-Zâhid (Schihâb al-Dîn Aboû'l-'Abbâs). 665, 2°.

Aḥmad ibn Moḥammad al-Ẓâhirî (Djamâl al-Dîn). 750.

Aḥmad ibn Moḥammad al-Zarqânî. 1079. 4147.

Aḥmad ibn Moḥammad Zarroûq al-Bornosî. 1317, 2°.

Aḥmad ibn Moḥammad al-Zîlî (Aboû'l-Thanâ). 4006, 4°.

Aḥmad ibn Montaṣer. 2562, 9°, 13°.

Aḥmad al-Moqrî al-Fâsî (Schihâb al-Dîn). 1547.

Aḥmad ibn Moṣṭafâ La'lî. 2314, 2°.

Aḥmad ibn Moṣṭafâ al-Mâlikî al-Azharî al-Ṣabbâgh. 4473.

Aḥmad ibn Moṣṭafâ Tâschkeuprizâdè. 1134, 4°. 1278, 5°. 2157 et suiv. 4606, 3°.

Aḥmad ibn Moûsâ. 2467, 3°.

Aḥmad ibn Moûsâ ibn 'Abd al-Ghaffâr al-Mâlikî. 2472, 1°.

Aḥmad ibn abî'l-Mo'ayyad al-Ḥamoûdî al-Nasafî (Aboû Naṣr). 820.

Aḥmad ibn 'Obaïdallah al-Maḥboûbî (Ṣadr al-Scharî'a). 923.

Aḥmad ibn 'Omar al-Hindî (Schihâb al-Dîn). 4054.

Aḥmad ibn 'Omar al-Khaïyoûqî (Nadjm al-Dîn al-Kobrâ). 1343, 2°.

Aḥmad ibn 'Othmân al-Qaïsî (Fatḥ al-Dîn). 3007.

Aḥmad ibn 'Othmân al-Scharnoûbî. 1361 et suiv.

Aḥmad Pacha. 1119.

Aḥmad al-Qâdirî (Moḥyî al-Dîn). 3430.

Aḥmad Ibn al-Qâsim al-Andalosî Ibn Khaloûf. 3098, 3°.

Aḥmad Ibn Qâsim al-'Ibâdî (Schihâb al-Dîn). 4409 et suiv.

Aḥmad ibn al-Qâsim ibn Khalifa... Ibn abi Oṣaibi'a (Mowaffiq al-Dîn). 2113 et suiv.

Aḥmad Ibn Qonfods. 1546, 2°.

Aḥmad ibn [Radjab] Ibn al-Madjdi (Schihâb al-Dîn Aboû 'l-'Abbâs). 1031. 2541, 4°.

Aḥmad ibn Radjab al Ṭanboghâ (Schihâb al-Dîn). 2533.

Aḥmad al-Ramadhânî. 3431. 10°.

Aḥmad ibn Raschîd al-Ḥanbali. 3299.

Aḥmad ibn Sa'd al-Dîn al-Ghomrî al-'Othmânî. 1850 et suiv.

Aḥmad ibn Sa'îd al-Bodjâ'î al-Zawâwî al-Schâṭ. 4565, 1°.

Aḥmad [ibn Salâma] al-Qalyoûbi (Schihâb al-Dîn). 2754. 3016, 2°. 3034, 3°. 3044, 1°. 3559 et suiv.

Aḥmad al-Scharqî al-Ṣafâqsî. 2551.

Aḥmad ibn Schiḥna (Aboû 'l-Walîd). 935.

Aḥmad al-Sibtî (Aboû 'l-'Abbâs). 2684, 1°.

Aḥmad al-Sohrawardî (Schihâb al-Dîn). 2644, 1°, 2°.

Aḥmad ibn Solaimân Ibn Kamâl Pacha (Schams al-Dîn). 798. 861, 5°. 917 et suiv. 932. 2399. 4187, 3°, 7°, 9°, 10°. 4261, 13°. 4374, 1°, 2°.

Aḥmad al-Soûdânî. 4141.

Aḥmad al-Ṭanbaschâwî. 2705, 1°.

Aḥmad al-Tâzeri (Aboû 'l-'Abbâs). 4534, 2°.

Aḥmad ibn Thâbit (Djamâl-al-Dîn). 2474.

Aḥmad ibn Torkî ibn Aḥmad. 1129.

Aḥmad ibn Yaḥyâ ibn Fadhl Allâh al-'Omarî (Schihâb al-Dîn). 2325 et suiv.

Aḥmad ibn Yaḥyâ ibn abi Ḥadjala (Aboû 'Abdallah). 1709 et suiv. 3348 et suiv. 3360.

Aḥmad ibn Yaḥyâ al-Mahdî (Schams al-Dîn). 1320.

Aḥmad ibn Yoûsof ibn Aḥmad al-Dimaschqî (Aboû 'l-'Abbâs). 1556 et suiv.

Aḥmad ibn Yoûsof al-Aqfahsî (Schihâb al-Dîn). 4547.

Aḥmad ibn Yoûsof ibn Ibrâhîm. 2416.

Aḥmad ibn Yoûsof ibn Mâlik al-Ro'aini (Schihâb al-Dîn). 4452, 11°, 12°.

Aḥmad ibn Yoûsof ibn Moḥammad Fîroûz. 1651, 1°.

Aḥmad ibn Yoûsof al-Ṣafadî (Schihâb al-Dîn). 3010.

Aḥmad ibn Yoûsof al-Tîfâschî (Schihâb al-Dîn Aboû 'l-'Abbâs et Aboû 'Abdallah). 1176, 16°. 2770, 3°. 2773 et suiv. 3055.

Aḥmad ibn Zain al-'Âbidîn al-Bakrî al-Ṣiddîqî. 3233.

Aḥmad ibn Zanbal al-Rammâl. Voyez Moḥammad al-Zanbalî.

Aḥmad ibn Zerdouk (?) (Schihâb al-Dîn). 3016 et suiv.

Al-Aḥsâ'î. Voyez Moḥammad ibn Ibrâhîm.

Al-Ahwâzî. 2467, 18°.

Al-Ahwâzî. Voyez Moḥammad ibn al-Ḥosain.

Aïdamir ibn 'Alî al-Djildakî ('Izz al-Dîn). 1355. 2615 et suiv. 2617 et suiv. 2621, 2°.

Al-'Aïdaroûs. Voyez 'Abd al-Raḥmân ibn al-Moṣṭafâ.

Ail-'Aïnî. Voyez Maḥmoûd ibn Aḥmad et Moḥammad ibn Aḥmad.

Ibn Aïyâs. Voyez Moḥammad ibn Aḥmad.

Al-Akfânî. Voyez Moḥammad ibn Ibrâhîm.

Al-Akhdarî. Voyez 'Abd al-Raḥmân ibn Mohammad.

Akhoû Dâ'oûd al-Balâṭ. Voyez Aboû 'l-'Alâ ibn Mo'allâ.

Al-Akhtarî. Voyez Moṣṭafâ ibn Schams al-Dîn.

Al-Akhsikatî. Voyez Moḥammad ibn Mohammad.

Al-'Akkârî. 1274.

Al-Akramî. Voyez Schams al-Dîn al-Akramî.

Al-'Alâ ibn Sahl. 2457, 29°.

Aboû 'l-'Alâ al-Ma'arrî. 3109 et suiv.

Aboû 'l-'Alâ ibn Mo'allâ al-Ṣâïgh. 172, 3°-8°.

'Alâ al-Dîn ibn Moḥammad Ibn al-Ridhâ al-Ḥosainî al-Moûsawî al-Ṭoûsî ('Alâ al-Dîn). 3075, 2° à 10°.

'Alâ al-Dîn al-Qâdirî. 3494, 3°.

'Alâ al-Dîn al-Qoûschdjî. 2504, 4°.

'Alâ al-Dîn ibn Ṣadaqa. 1343, 5°.

'Alâ al-Dîn ibn al-Schâṭir. 2520, 2°. 2521, 1°. 2522. 2526 et suiv. 2541, 5°.

Al-'Alâ'î. Voyez Ibrâhîm ibn abi Sa'îd.

Al-'Alawî. Voyez 'Alî al-Alawî et Ismâ'îl ibn Ibrâhîm.

Al-'Alîmî. Voyez 'Abd al-Raḥmân al-'Alîmî et Moḥammad ibn 'Alî.

Alexandros. 1564.

'Alî ('Alâ al-Dîn). 1176, 5°.

'Alî ibn 'Abbâs al-Madjoûsî. 2871 et suiv.

'Alî [ibn 'Abdallah] ibn Aḥmad ibn al-Ḥosain al-Samhoûdî (Noûr al-Dîn aboû 'l-Ḥasan). 1634 et suiv. 1977. 2252, 2°.

'Alî ibn 'Abdallah al-Bahâï ('Alâ al-Dîn). 1176, 16°.

'Alî ibn 'Abdallah al-Ghozoûlî. 3415.

'Alî ibn 'Abdallah al-Ifrandjî. 4645.

'Alî ibn 'Abd al-Raḥîm ibn Aḥmad. 1703, 2°.

'Alî al-Adjhoûrî (Aboû 'l-Irschâd). 1080 et 1081.

'Alî al-Adjhoûrî (Noûr al-Dîn). 1283 et suiv. 3244, 7°.

'Alî ibn Aḥmad al-Bakrî (Aboû 'l-Ḥasan). 1816, 2°.

'Alî ibn Aḥmad al-Djamâlî ('Alâ al-Dîn). 851.

'Alî ibn Aḥmad Fakhr al-Dîn Ibn al-Bokhârî (Aboû 'l-Ḥasan). 750.

'Alî ibn Aḥmad Ibn Hobâl (Aboû 'l-Ḥasan). 2348, 1°.

'Alî ibn Aḥmad al-Ḥosainî (Ṣadr al-Dîn). 3259, 2°.

'Alî ibn Aḥmad ibn Makkî al-Râzî (Ḥosâm al-Dîn). 854.

'Alî ibn Aḥmad ibn Moḥammad al-Scharqî al-Ṣafâqosî. 2278.

'Alî ibn Aḥmad ibn Moḥammad ibn Ma'ṣoûm (Ṣadr al-Dîn). 3255.

'Alî ibn Aḥmad al-Ṭarsoûsî (Aboû Isḥâq). 925.

'Alî al-'Alawî al-Yamanî (Aboû 'l-Ḥasan). 765. 955, 2°.

'Alî ibn abi 'Alî al-Âmidî (Saïf al-Dîn). 791.

'Alî ibn Arfa' Râs al-Maghribî. 3253.

'Alî [ibn Moḥammad] Ibn al-Athîr ('Izz al-Dîn). 1898.

'Alî ibn 'Aṭiya al-Ḥamawî 'Alwân. 3225. 3226.

'Alî al-Azharî (Aboû-Ibrâhîm). 1368.

'Alî ibn abi Bakr ibn 'Abd al-Djalîl al-Marghinânî (Borhân al-Dîn Aboû 'l-Ḥasan). 842 et suiv. 927.

'Alî ibn abi Bakr ibn al-Djamâl al-Anṣârî. 2475, 2°.

'Alî ibn Bâlî Tchemumq. 2163.

'Alî ibn Bassâm (Aboû 'l-Ḥasan). 3321 et suiv.

'Alî ibn Dâ'oûd al-Khaṭîb al-Djauharî (Noûr al-Dîn). 1791. 1812 et suiv. 2446, 2°.

'Alî Dedeh al-Sektewârî al-Roûmî. 2080.

'Alî ibn Djâbir al-Fârâsî. 774, 12°.

'Alî ibn Dja'far al-Loghawî (Aboû 'l-Qâsim). 4151, 4°.

'Alî ibn Dja'far ibn Moḥammad al-Tâwous (Aboû 'l-Qâsim). 1173.

'Alî ibn Dja'far al-Tamîmî (Aboû 'l-Qâsim). 3418, 14°.

'Alî Ibn al-Djazzâr (Noûr al-Dîn Aboû 'l-Ḥasan). 3035, 1°.

'Alî Ibn al-Fâdhil al-Ḥadîthî (Rokn al-Dîn). 4056.

'Alî ibn Ḥamza al-Kisâ'î (Aboû 'l-Ḥasan). 665, 4°.

'Alî ibn Ḥasan ibn Moḥammad al-Zaitoûnî al-'Aufî. 2942, 4°.

'Alî ibn al-Ḥasan ibn abi Ṭaiyib al-Bâkharzî. 3313.

'Alî ibn abi 'l-Ḥazm al-Qoraschî Ibn al-Nafîs ('Alâ al-Dîn Aboû 'l-Ḥasan). 2843. 2844, 2°. 2919 et suiv. 2939.

'Alî ibn al-Ḥosain ibn 'Abdallah al-Hodsalî al-Mas'oûdî (Aboû 'l-Ḥasan). 1470 et suiv.

'Ali ibn Hossâm al-Dîn al-Mottaqî. 1353.

'Ali ibn Ibrâhîm al-Ghamrî. 1126, 2°.

'Ali [ibn Ibrâhîm] al-Halabî (Noûr al-Dîn). 1015 et suiv. 1999 et suiv.

'Ali ibn Ibrâhîm ibn Idrîs al-Antâkî. 3187.

'Ali ibn 'Îsâ. 2918, 5°.

'Ali ibn 'Îsâ al-Djasrî. 1450, 2°, 12°.

'Ali ibn 'Îsâ ibn abî 'l-Fath (Bahâ al-Dîn) al-Irbilî (ou al-Arbilî). 3551.

'Ali ibn 'Îsâ al-Românî. 3303.

'Ali al-Kaïzawânî (Aboû 'l-Hasan). 1337, 13°.

'Ali Ketkhodâ. 1120.

'Ali al-Khatîb. 1379, 2°.

'Ali ibn Khidhr. 861, 4°.

'Ali ibn abî 'l-Lotf. 2151.

'Ali ibn Maïmoûn. 1372.

'Ali al-Mâkhoûsî. 3251, 1°.

'Ali ibn Mansoûr. 1450, 9°.

'Ali al-Maqdisî al-Hanafî. 1160, 4°.

'Ali al-Marâghî al-Qabbânî. 3557 et suiv.

'Ali ibn al-Mobârak ibn Mauhoûb (Aboû 'l-Hasan). 2429.

'Ali ibn Mofrih al-Andalosî. 4122, 2°.

'Ali ibn Mohammad ibn Aqbars ('Alâ al-Dîn). 3125.

'Ali ibn Mohammad ibn 'Asâkir. 2137.

'Ali ibn Mohammad al-Baghdâdî al-Schîhî al-Khâzin. 639 et suiv. 659, 7°. 1310.

'Ali ibn Mohammad al-Djibrînî Khatîb al-Nâsiriya. 2139.

'Ali ibn Mohammad al-Djordjânî (al-Saiyid al-Scharîf). 2369, 1°. 2373, 2°. 2378. 2381, 1°. 2390. 2393 et suiv. 2425, 2°. 2505. 4259 et suiv. 4392 et suiv. 4419.

'Ali ibn Mohammad al-Ghazâli. 4594.

'Ali ibn Mohammad ibn Habîb al-Mâwardî (Aboû 'l-Hasan). 2447, 3°. 3966, 2°.

'Ali ibn Mohammad al-Misrî. 1279. 1319. 3204, 4°.

'Ali ibn (Madjd al-Dîn) Mohammad al-Schâhroûdî al-Bistâmî Mosannifak ('Alâ al-Dîn). 1550. 4396, 1°.

'Ali ibn Mohammad al-Naqqâsch. 2560, 9°.

'Ali ibn Mohammad al-Oschmoûnî (Noûr al-Dîn Aboû 'l-Hasan). 4100 et suiv.

'Ali ibn Mohammad al-Pazdawî. 836. 4541.

'Ali ibn Mohammad al-Qâbisî (Aboû 'l-Hasan). 4595.

'Ali ibn Mohammad al-Qalasâdî (Aboû 'l-Hasan). 2463, 3°. 2464, 1°. 2473. 4565, 2°.

'Ali ibn Mohammad ibn abî 'l-Qâsim. 1460.

'Ali ibn Mohammad ibn Barrî al-Ribâtî. 1077, 5°.

'Ali ibn Mohammad Ibn al-Sabbâgh al-Mâlikî (Noûr al-Dîn). 1927, 1°, 2°. 2022 et suiv.

'Ali ibn Mohammad ibn 'Abd al-Samad al-Sakhâwî ('Alam al-Dîn Aboû 'l-Hasan). 610, 1°. 611. 651, 4°. 3141, 1°. 4004.

'Ali ibn Mohammad Ibn abî Zar' (Aboû 'l-Hasan). 1868 et suiv. 1871, 5°.

'Ali al-Mortadhâ. 2423.

'Ali ibn Moûsâ al-Andalosî. 2623.

'Ali ibn Moûsâ al-Ridhâ (Aboû 'l-Hasan). 2182, 2°.

'Ali ibn Moûsâ ibn Sa'îd (Aboû 'l-Hasan). 3340.

'Ali ibn Moûsâ al-Schodsoûrî (Aboû 'l-Hasan). 2643.

'Ali ibn Nâsir (Aboû 'l-Hasan). 1631 et suiv.

'Ali ibn 'Omar al-Banoûnî (lis. Batnoûnî). 3564 et suiv.

'Ali ibn 'Omar al-Kâtibî al-Qazwînî (Aboû 'l-Hasan). 1254. 2370.

'Ali ibn 'Othmân al-Oûschî (Sirâdj al-Dîn). 858. 1251, 1°. 1285, 2°. 3204, 7°. 4051, 4°.

'Ali ibn 'Othmân Ibn-al-Qâsih al-'Odsrî (Aboû'l-Baqâ). 612, 1°. 2677, 8°.

'Ali ibn 'Othmân al-Tourkomânî ('Alâ al-Dîn). 753. 924.

'Ali ibn abî 'l-Ridjâl al Schaïbânî. 2590.

'Ali ibn Sa'îd al-Khaulânî al-Qassâr. 2746.

'Ali ibn Sa'îd al-Maghribî. 2234, 1°.

'Ali ibn Sârim. 1449, 2°.

'Ali al-Schobrâmelsî (Schabrâmalissî) (Aboû l'-Dhiyâ Noûr al-Dîn). 1021 et suiv. 1048.

'Ali ibn Solaïmân al-Silikfoui (ou Silikfawî?). 1211, 1°.

'Ali ibn Soltân Mohammad al-Qârî. 1251, 1°, 2°. 1958. 2079 (?). 4051, 4°. 4582.

'Ali ibn Soûdoûn al-Baschbaghâwî. 3220.

'Ali ibn abî Tâlib. 448. 667, 2°. 1172, 2°. 1174. 1216, 5°. 1620, 2°. 1667, 5°. 2292, 6°. 2423. 2502, 10°, 14°. 2661, 1°. 3082 et suiv. 3264, 4°. 3365, 2°. 3412, 5°, 6°. 3418, 3°. 3431, 9°. 3482, 2°. 3954, 1°, 2°. 3955, 1°. 3971, 3°. 3973, 2°, 8°. 4598, 1°.

'Ali ibn abî Tâlib ibn 'Alî... Ibn al-Khaschschâb al-Halabî. 3485.

'Ali Tchelebi. 1287, 9°. — 2624. 2625, 3°.

'Ali al-Toûsî ('Alâ al-Dîn). 1262, 1°.

'Ali ibn abî 'l-Wafâ. 1359, 1°. 2480, 2°. 3171, 4°.

'Ali ibn Yahyâ al-Zendoûbestî (?) (Aboû 'l-Hasan). 824, 2°.

'Ali ibn Ya'qoûb ibn 'Alî ibn al-Walî Ibn al-Bârizî. 2060.

'Ali ibn Yoûsof al-Bosrawî. 4118, 2°.

'Ali ibn Yoûsof ibn Djarîr (ou Harîz) ibn Mi'dhâd ibn Fadhl. 2038 et suiv. (Comparez 'Alî ibn Yoûsof al-Lakhmî.)

'Ali ibn Yoûsof al-Lakhmî (Noûr al-Dîn). 2016, 4°. (Comparez 'Alî ibn Yoûsof ibn Djarîr.)

'Ali ibn Yoûsof Ibn al-Qiftî. 3335.

'Ali ibn Zafar. 3514.

'Ali Zaïn al-'Âbidîn. 663, 10°.

Aboû 'Ali ibn abî 'l-Hosaïn al-Soûfî. 2561, 4°.

Aboû 'Ali al-Zaddjâdjî. 1109.

'Alqama. 3273 et suiv.

Al-'Alqamî. Voyez Mohammad al-'Alqamî.

Amari (M.). 4494 et suiv.

Al-Amâsî. Voyez 'Abd al-Rahmân ibn al Mo'ayyad.

Ibn al-'Amîd al-Makîn. Voyez Al-Makîn.

Al-Âmidî. Voyez 'Ali ibn abî 'Alî et Mohammad Ibn al-Âmidî.

Amîr Kâtib ibn Amîr 'Omar al-Itqânî. 802.

Amîr Pâdischâh. Voyez Mohammad Amîn.

'Âmir ibn 'Âmir al-Basrî. 2365, 2°.

Amirali (Dimitri). 4365.

Al-'Âmirî. Voyez Mohammad ibn Mohammad et Yahyâ ibn abî Bakr.

'Amr ibn Kolthoûm. 3075, 8°. 3076. 3275 et suiv.

'Amr ibn Mataï al-Taïrhânî (Tîrhânî). 190. 191.

Aboû 'Amr ibn al Hâdjib. 4451.

Aboû 'Amr ibn Manzoûr. 1077, 1°.

Aboû 'Amr al-Qortobî. 610, 3°, 4°.

'Amrân. 205, 3°.

Aboû 'Amrân al-Zanâtî. 2758, 9°.

Amrou 'l-Qaïs. 3075, 2°. 3076. 3273 et suiv. 3275 et suiv. 3430.

Al-Amschâtî. Voyez Mahmoûd ibn Ahmad.

Ibn Amyal al Tamîmî. Voyez Mohammad ibn Amyal.

Anas ibn Malik. 1216, 4°.

Anastase, évêque de Samothrace. 145, 10°.

Anastase, abbé du couvent de Sinaï. 267, 5°. 281, 16°.

Al-'Anâyâtî. Voy. Ahmad al-'Anâyâtî.

Al-Andânî. Voyez 'Abd al-Rahmân ibn Mohammad; — Mohammad ibn Ahmad al-Moqrî et Mohammad Ibn al-Qâsim.

André. 214, 8°.

André, de Jérusalem. 150, 12°.

Al-Antâkî. Voy. 'Alî ibn Ibrâhîm; — Dâ'oûd ibn Khalîl; — Dâ'oûd ibn 'Omar et Yahyâ ibn Sa'îd.

'Antara ibn Mo'âwiya ibn Schaddâd. 3075, 6°. 3076. 3273 et suiv. 3275 et suiv.

Antoine, moine. 276.

Apollonius, de Tyane. 2250, 3°. 2300 et suiv.

Âq-Boghâ al Khâsekî. 2265.

Al-Âqhisârî. 1160, 14°. — Voyez Hasan Efendi.

Ibn 'Aqîl. 4089 et suiv.

Âqsarâï. Voyez Mohammad ibn Djamâl al-Dîn et Mohammad ibn Mohammad.

Ibn al-'Arabî. Voy. Mohammad ibn 'Alî.

Ibn 'Arabschâh. Voyez Ahmad ibn Mohammad et Ibrâhîm ibn Mohammad.

Archelaüs, évêque d'Îrâ. 145, 12°. 148, 3°.

Archimède. 2457, 4°, 44°. 2458, 3°. 2467, 8°, 9°. 2468, 2°.

Al-Ardabilî. Voyez Alî ibn Îsâ; — Badl ibn Ishâq; — Aboû 'l-Fath; — Mohammad ibn 'Abd al-Ghanî et Yoûsof ibn Ibrâhîm.

Aristote. 82, 11°. 132, 17°. 176, 2°. 309, 2°, 3°. 666, 7°. 1892, 4°. 2281, 4°. 2346. 2347. 2417 et suiv. 2578, 1°. 2595, 8°. 2636. 2761, 3°. 2772, 1°.

Armain. 2082.

Ibn 'Aroûs al-Maghrabî. 3252. 3663, 3°.

Arradjânî. Voyez Ahmad ibn Mohammad.

Arsène al-Fâkhoûrî. 323.

Arslân. 3223, 4°.

As'ad al-Mammâtî. 3552.

Ibn 'Asâkir. Voyez 'Alî ibn Mohammad.

Ibn Asbât. Voyez Hamza ibn Ahmad.

Al-A'schâ Maïmoûn ibn Qaïs ibn Djandal. 3075, 9°. 3076. 3275. 3430.

Al-Asch'arî. Voyez Aboû 'l-Hasan al-Asch'arî.

Ibn al-Asch'ath. Voyez Ahmad ibn Mohammad.

Al-Aschhabî. Voyez Ibrâhîm ibn 'Othmân.

'Âschiq Tchelebi. 2164.

Al-'Aschmâwî. Voyez 'Abd al-Bârî al-'Aschmâwî et 'Abd al-Latîf al-'Aschmâwî.

Al-Aschrafî. Voyez Khalîl al-Aschrafî.

Asclépius. 2611, 2°.

Aboû 'l-Asrâr al-Kermânî. 2758, 2°.

'Askar al-Halabî. 3250, 5°, 6°.

Al-'Askarî. Voyez Al-Hasan ibn 'Abdallah.

Al-Asma'î. 2405, 3°. 3939, 2°.

Al-Asnawî. Voyez Djamâl al-Dîn al-Asnawî.

Ibn al-'Assâl (Aboû Ishâq ibn al-Fadhl ou al-Fadhâïl). 198, 1°. 199, 1°. 200. 214, 9°. 241, 3°. 245 et suiv.

Asselin de Cherville. 3589. 3680. 3922. 3975. 4357, 1°.

Al-Astarâbâdî. Voyez Hasan ibn Mohammad.

Ibn abi 'l-Aswad. 2322, 12°.

'Atâ Allâh (Tâdj al-Dîn). 3971, 2°.

Ibn 'Atâ Allâh al-Iskandarî. 1298. 1299, 1°.

Al-'Atakî. Voyez Zohaïr ibn Mohammad.

Athanase, patriarche d'Alexandrie. 89. 93. 114, 1°. 132, 1°. 143, 5°. 153, 39°, 40°. 213, 15°. 214, 10°. 238, 19°. 251, 40°. 257, 1°. 267, 4°. 276, 14°. 305, 2°. 310, 2°. 311, 1°, 6°.

Athanase, évêque de Cos. 213, 6°.

Ibn al-Athîr. Voyez 'Alî ibn Mohammad; — Dhiyâ al-Dîn Ibn al-Athîr; — Ismâ'îl ibn Ahmad; — Moubârak ibn Mohammad et Nasr Allâh Ibn al-Athîr.

Ibn al-Athîr ['Izz al-Dîn 'Alî ibn Mohammad al-Djazarî]. 1468, 2°. 1492 et suiv. 1595, 2°. 2800, 20°. 4607.

Ibn al-Athîr al-Djazarî [al-Moubârak ibn abî 'l-Karam Mohammad]. 2172.

Al-Athîrî. Voyez 'Abd al-Rahîm al-Athîrî.

Ibn 'Atiya. Voyez Mohammad ibn 'Alî.

Al-Atlîdî. Voyez Mohammad Diyâb.

Ibn Atredî. 82, 9°.

'Attâr [Farîd al-Dîn Mohammad ibn Ibrâhîm]. 2315, 2°.

Ibn al-Attâr. Voyez Khalîl ibn Solaïmân; — Mohammad ibn Ahmad et Mohammad ibn Mohammad.

Al-Aufî. Voyez 'Alî ibn Hasan et Mohammad ibn Ahmad.

Aur (Anbâ), évêque de Faiyoûm. 148, 4°.

Autolycus. 2467, 20°.

Ibn al-Auwâm. Voyez Yahyâ ibn Mohammad.

Averroès. Voyez Mohammad ibn Ahmad.

Avicenne. Voyez Al-Hosaïn ibn 'Abdallah.

Al-Azarwâlî. Voyez Mohammad ibn 'Abd al Rahmân.

Al-'Azîwî. Voyez Mohammad ibn al-Fadhl.

Al-Azdî. Voyez Hischâm ibn 'Abdallah.

Al-Azharî. Voyez 'Alî al-Azharî et Khâlid ibn 'Abdallah.

'Azîz al-Dîn Ibn al-Kamilî. 3526.

Al-Azraqî. Voyez Ibrâhîm ibn 'Abd al-Rahmân et Mohammad ibn 'Abdallah.

Bâbâ al-Scharwânî. 4606, 6°, 9°.

Bâbâ Tâhir al-Hamadânî. 1903, 2°, 3°.

Al-Bâbartî. Voyez Mohammad ibn Mahmoûd.

Ibn Bâbawaïh. Voyez Mohammad ibn 'Alî.

Al-Bâbilî. 2480, 2°. Voyez Mohammad al-Bâbilî.

Al-Badamâsî. Voyez Shams al-Dîn al-Badamâsî.

Ibn al-Badî'. 1555.

Badl ibn Ishâq al-Ardabîlî. 2947, 2°.

Badr al-Dîn ibn Bakr (ou Aboû-Bakr ibn Badr?). 2813 et suiv.

Badr al-Dîn Hâdjermî. 3365, 3° à 6°.

Badr al-Dîn ibn Hischâm. 3837.

Badr al-Dîn al-Noûhânî. 2562, 8°.

Badr al-Dîn ibn 'Omar Khôdj ibn 'Atâ Allâh al-Fetnî. 4450.

Badr al-Dîn ibn Sâlim ibn Mohammad Tâbi' al-Siddîq. 3071 et suiv.

Al-Badrî. Voyez Ahmad al-Badrî; — Aboû 'l-Bakâ ibn al-Djaï'ân et Aboû Bakr ibn 'Abdallah.

Ibn Badroûn. Voyez 'Abd al-Malik ibn 'Abdallah.

Al-Baghawî. Voyez Hosaïn ibn Mas'oûd.

Al-Baghîdî. Voyez Samsam al-Daula ibn al-Hossâm.

Bahâ al-Dîn [Mohammad] al-'Âmilî. 776.

Bahâ al-Dîn ibn Bahâdour. 760, 4°.

Bahâ al-Michâ al-Qarawî (?). 4296.

Al-Bahâî. Voyez 'Alî ibn 'Abdallah.

Al-Bahloûlî. Voyez Mohammad ibn Solaïmân.

Al-Bahoûtî. Voyez Mansoûr ibn Yoûnos et Mohammad ibn Ahmad.

Bahrâm ibn 'Abdallah al-Damîrî (Tâdj al-Dîn). 4552 et suiv.

Bahrâm Schâh ibn Farroukh Schâh. 3142.

Baïbars al-Mansoûrî (Rokn al-Dîn). 1572.

Al-Baïdhâwî. Voyez 'Abdallah ibn 'Omar.

Al-Baïhaqî. Voyez Ahmad ibn al-Hosaïn.

Bailak Qabdjâqî. 2779.

Al-Baïloûnî. Voyez Fath Allâh ibn Mahmoûd.

Al-Baïsânî. Voyez 'Abd al-Rahîm al-Baïsânî.

Ibn al-Baïtâr. Voyez 'Abdallah ibn Ahmad.

Al-Bakharzî. Voyez 'Alî ibn al-Hasan.

Ibn Bakhtîschou'. Voyez 'Abdallah ibn Djibrîl et 'Obaïdallah ibn Djibrîl.

Al-Bâkawî. Voyez 'Abd al-Raschîd Şâliḥ.

Ibn Bakkâl. Voyez Moḥammad ibn Ismâ'îl.

Aboû Bakr ibn 'Abdallah al-Badrî (Taqî al-Dîn). 3544.

Aboû Bakr ibn Aḥmad ibn 'Alî Ibn Waḥschîya. 2803.

Aboû Bakr ibn Aḥmad ibn Mohammad Ibn Qâdhî Schohba (Taqî al-Dîn). 1598 et suiv. 1721. 2102.

Aboû Bakr ibn 'Alî al-Ḥaddâdî. 835.

Aboû Bakr ibn 'Alî ibn Ḥiddja al-Ḥamawî (Taqî al-Dîn). 3206, 4°. 3207, 2°. 3213 et suiv. 3248, 3°. 3387, 1°. 3396 et suiv. 3529 et suiv. 4438.

Aboû-Bakr ibn 'Alî ibn Moûsâ al-Hâmilî (Sirâdj al-Dîn). 927.

Aboû Bakr 'Atîq ibn 'Alî (Dhiyâ al-Dîn). 722, 2°.

Aboû Bakr ibn Bahrâm al-Anṣârî al-Zaïnî. 1032.

Aboû Bakr ibn Baschîr al-Ḥaulânî. 2732, 3°.

Aboû Bakr al-Fârisî. 2992, 1°.

Aboû Bakr al-Ḥiṣnî al-Ḥosaïnî (Taqî al-Dîn). 2042, 1° et 2°. 4591, 5° et 6°.

Aboû Bakr ibn Ismâ'îl al-Schanwânî. 4137. 4194.

Aboû Bakr ibn Ismâ'îl al-Senkeloûnî (Madjd al-Dîn). 1023.

Aboû Bakr al-Maqrîzî (Tâqî al-Dîn). 1514.

Aboû Bakr ibn Mas'oûd ibn Aḥmad al-Kâsânî. 825, 3°.

Aboû Bakr Mohammad ibn abî 'l-Ḥasan Zaïn al-'Âbidîn al-Bakrî al-Ṣiddîqî. 3229 et suiv.

Aboû Bakr Moḥammad al-Khawâfî (Zaïn al-Dîn). 762, 3°.

Aboû Bakr [Moḥammad] al-Râzî. 1395, 3°.

Aboû Bakr Moḥammad al-Schâschî. 1099.

Aboû Bakr ibn Moḥammad ibn Ibrâhîm al-Ḥalabî. 666, 6°.

Aboû Bakr Moḥammad ibn Moḥammad ibn 'Abd al-Djalîl al-Ma'marî (Râschid al-Dîn). 4434, 1° et 2°.

Aboû Bakr ibn 'Omar al-Kâtibî al-Qazwînî (Nadjm al-Dîn). 2384 et suiv.

Aboû Bakr ibn Ṭahira (Ibn Zohaïra?) al-Qoraschî. 4151, 3°.

Aboû Bakr al Wâlibî. 3672 et suiv.

Aboû Bakr [Moḥammad] ibn abî Yaḥyâ ibn 'Âṣim al-Qaisî. 3528.

Aboû Bakr ibn abi 'l-Waqt Dâoûd (Aboû 'l-Ṣafâ). 1973, 4°.

Aboû Bakr ibn Yaḥyâ al-Kâtib al-Khirâṭ. 2776, 6°.

Al-Bakrî. 1998.

Al-Balâsî. Voyez Al-Scharaf al-Balâsî.

Al-Balawî. Voyez Khâlid ibn 'Îsâ et Schihâb al-Dîn al-Balawî.

Al-Baldadjî. Voyez 'Abdallah ibn Maḥmoûd.

Balînôs. Voyez Apollonius de Tyane.

Al-Bâlisî. Voyez Moḥammad ibn 'Aqîl.

Ibn Bânâ. Voyez Yoûnos ibn 'Abdallah.

Ibn al-Bannâ [Aḥmad ibn Moḥammad]. 2463, 1°. 2464, 1°.

Al Bâ'oûnî. Voyez Moḥammad ibn Yoûsof.

Aboû 'l-Baqâ. 4425, 9°.

Aboû 'l-Baqâ ibn al-Djaï'ân al-Badrî. 2557.

Al-Barâdsi'î. Voyez Khalaf ibn abî 'l-Qâsim.

Aboû 'l-Barakât ibn Sa'îd al-Boṣrî. 5.

Aboû 'l-Barakât (Hibat-Allâh). 18.

Aboû 'l-Barakât Ibn Kabar. 203. 242, 4°.

Aboû 'l-Barakât al-Khalwatî (Karîm al-Dîn). 743, 3°.

Ibn Barakât. Voyez Moḥammad ibn 'Alî.

Al-Baramoûnî. Voyez Moḥammad ibn Ḥasan.

Al-Barâwî. Voyez 'Îsâ ibn Moḥammad.

Al-Barda'î. 2359, 1°.

Al-Bârî' al-Harawî. 3411 et suiv.

Al-Bârizî. Voyez 'Alî ibn Ya'qoûb.

Ibn al-Bârizî. Voyez Hibat Allâh ibn 'Abd al-Raḥmân.

Ibn Barq (?). 3367.

Ibn Barrî. 1061, 6°. 1266, 3°.

Ibn Barridjân. Voyez 'Abd al-Salâm ibn 'Abd al-Raḥmân.

Barthélemy. 3049.

Al-Barzandjî. Voyez Dja'far ibn Ḥasan et Moḥammad ibn Rasoûl.

Al-Baschbaghâwî. Voyez 'Alî ibn Soûdoûn.

Aboû-Bâschar. 72, 4°.

Basile, S., évêque de Césarée. 17. 89. 133. 134, 1°. 150, 9°. 154, 8°. 155, 5°. 181. 205, 10°. 213, 2°. 234, 29°. 235, 22°. 238, 18°. 245. 251, 24°. 258, 11°. 262, 15°, 20°. 263, 6°. 275, 4°. 281, 21°, 22°.

Basile, évêque de Manbadj. 147, 12°.

Basili Fakhr. 2554 et 2555.

Al-Baṣrî. Voyez Moḥammad ibn 'Abdallah.

Ibn Bassâm. Voyez 'Alî ibn Bassâm.

Al-Batlîsî. Voyez Khaïr al Dîn al-Batlîsî.

Al-Batnoûnî. Voyez 'Alî ibn 'Omar.

Ibn Baṭoûṭa. 2287 et suiv.

Al-Bazzâzî. 3967, 3°.

Bedwell (Guillaume). 4337.

Al-Benoûnî (lis. al-Benwânî). Voyez 'Abd al Wahhâb al-Benoûnî.

Beüil, prieur de Saint-Val. 228.

Al-Bihischtî. Voyez Moḥammad al-Bihischtî.

Al-Biqâ'î. Voyez Ibrâhîm ibn 'Omar.

Al-Birguelî ou al-Birguewî. Voyez Moḥammad ibn 'Alî.

Al-Bisṭâmî. Voyez 'Abd al-Raḥmân ibn Mohammad et 'Alî ibn Moḥammad.

Al-Bodjâî [Aḥmad ibn 'Alî]. 4098, 6°. 4140. — Voyez aussi Aḥmad al-Bodjâ'î et Aḥmad ibn Sa'îd.

Bohaïra. 215, 5°.

Al-Boḥtorî. Voyez Walîd ibn 'Obaïd.

Al-Bokhârî [Moḥammad ibn Ismâ'îl]. 676. 679 et suiv. 2677, 7°, 9°, 10°, 19°. — Voyez aussi 'Abd al-'Azîz ibn Aḥmad; — Aḥmad ibn Mohammad; — 'Alî ibn Aḥmad; — Moḥammad ibn 'Abdallah; — Moḥammad ibn abî Bakr; — Moḥammad ibn Aḥmad; — Moḥammad ibn Moḥammad; — Moḥammad ibn Moubârak-Schâh; — 'Omar ibn 'Abd al-'Azîz; — Sadîd al-Dîn al-Bokhârî; — Ṭâhir ibn Aḥmad.

Al-Boldânî. Voyez Moûsâ al-Boldânî.

Al-Bolqînî (lis. al-Bolqaïnî). 992. 1013, 3°. — Voyez aussi Moḥammad al-Bolqaïnî et Sirâdj al-Dîn al-Bolqaïnî.

Al-Bonânî. Voyez Moḥammad ibn Ḥamdoûn.

Al-Bondârî. Voyez Al-Fatḥ ibn 'Alî.

Bonnecorse. 4622.

Borhân al-Dîn al Nasafî. 250 2°, 3°.

Borhân al-Dîn al-Zarnoûdjî. 2312 et suiv.

Al-Bor'î. Voyez 'Abd al-Raḥîm al-Bor'î.

Al-Borlosî. Voyez Khidhr ibn 'Abd al-Qâdir.

Al-Borsâwî. Voyez Moṣṭafâ ibn Yoûsof.

Al-Bosrâwî. Voyez 'Alî ibn Yoûsof.

Al-Bostânî. Voyez Ya'qoûb ibn Moûsâ.

Al-Bostî. Voyez Aboû 'l-Fatḥ al-Bostî.

Ibn Boṭlân. Voyez Al-Mokhtâr ibn al-Ḥasan.

Al-Boûnî. Voyez Aḥmad ibn 'Alî.

Al-Boûrînî. Voyez Al-Ḥasan al-Boûrînî.

Al-Boûṣîrî. 441. 744, 7°. 1128, 4°. 1167, 4°. 1170, 2°. 1206, 10°. 1224, 8°. 1251, 2°. 1395, 2°. 1620, 3°, 4°. 1903, 4°.

2637, 9°. 2722. 3086, 2°. 3154, 2°, 3°. 3156, 3°. 3177 et suiv. 3195 et suiv. 3198, 4°. 3248, 2°, 3°. 3430. 4187, 13°. 4662, 12°.

Al-Boûzdjânî. Voyez Mohammad ibn Mohammad.

Britius. 315.

Callisthène. 3681.

Capadanios (?). 2832, 2°.

Cassianus. 257, 17°.

Célestin, pape. 150, 14°.

Chateaubriand. 3680.

Christodule, patriarche d'Alexandrie. 251, 42°.

Christodule, métropolitain de Damiette. 238, 26°. 251, 52°.

Clément (S.). 76 et suiv. 150, 16°, 234, 3°, 4°, 27°. 235, 19°. 236, 6°, 7°. 242, 5°, 6°, 8°. 243, 4°, 8°. 245. 251, 5°, 6°, 8°, 30°.

Constant. 234, 22°.

Constantin. 103.

Constantin, prêtre. 95.

Cotelle (H.). 4478.

Cyprien, S. 309, 14°.

Cyriaque, évêque de Behnesâ. 132, 13°. 150, 8°. 152, 1°. 153, 1°. 155, 9°, 10°. 212, 11°.

Cyrille, S., patriarche d'Alexandrie. 55. 89. 93. 132, 10°. 141, 3°. 151, 6°. 155, 4°, 7°. 212, 3°. 237, 1°. 238, 21° à 25°. 263, 4°, 5°.

Cyrille, (67°) patriarche d'Alexandrie. 238, 26°. 251, 43°, 47° à 52°.

Cyrille ibn Laqlaq, patriarche d'Alexandrie. 195.

Cyrille, S., patriarche de Jérusalem. 68, 15° à 20°. 141, 1°. 145, 7°. 150, 11°. 154, 9°. 155, 3°, 6°.

Cyrille, de Saint-Saba. 257, 7°.

Al-Dabsiyâwî. Voyez Mohammad ibn Mohammad.

Ibn al-Dahhân. Voyez Mohammad ibn 'Alî.

Al-Daînawarî. Voyez Ahmad ibn Marwân et Nasr ibn Ya'qoûb.

Al-Daladjî (ou al-Doladjî). Voyez Mohammad al-Daladjî.

Al-Dâmaghânî. Voyez Hosaïn al-Dâmaghânî.

Ibn al-Damâmînî. Voyez Mohammad ibn abî Bakr.

Al-Damîrî. Voyez 'Abd al-'Azîz Mohammad; — Bahram ibn 'Abdallah; — Mohammad ibn 'Abd-al-Qâdir; — Mohammad ibn Moûsâ.

Ibn abî al-Damm. Voyez Ibrâhîm ibn 'Abdallah.

Al-Dânî. Voyez 'Othmân ibn Sa-'îd.

Daniel (Abbâ). 276, 6°, 8° à 10°.

Ibn Dânyâl. 1608.

Dâ'oûd, le médecin. 2357, 7°.

Dâ'oûd ibn Khalîl al-Antâkî. 2625, 8°.

Dâ'oûd ibn Mahmoûd al-Qaïsarî. 645, 2°. 3165, 1°.

Dâ'oûd ibn Nâsir al-Aghbarî. 2970.

Dâ'oûd ibn 'Omar al-Antâkî. 2562, 16°. 2944. 3031 et suiv. 3034, 1°, 2°.

Al-Dârî. Voyez Al-Hosaïn ibn al-Hasan.

Al-Dar'î. Voyez Mohammad ibn Nâsir.

David (Anbâ). 132, 19°.

Darwisch Efendi al-Tâlawî. 4442.

Al-Dauwânî. Voyez Djalâl al-Dîn al-Dauwânî et Aboû Jazîd al-Dauwânî.

Dedeh Efendi. 922.

Démétrius, patriarche d'Alexandrie. 213, 12°.

Démétrius, patriarche d'Antioche. 131, 1°. 150, 5°.

Al-Demlîdjî. Voyez 'Abdallah ibn 'Alî.

Démocrite. 2802.

Denys, S., l'Aréopagite. 212, 9°. 242, 3°. 257, 16°.

Denys Bar-Salibi. 4. 17.

Derenbourg (H.). 4502 et suiv. 4505.

Al-Dhakhrî. Voyez Mohammad ibn Ahmad.

Dhiyâ al-Dîn Ibn al-Athîr. 3521, 3°. 4421.

Al-Dibsî. Voyez Ya'qoûb ibn Na'-ma.

Al-Dihnî. Voyez Mostafâ ibn 'Abd al-Qâdir.

Ibn Dihya. Voyez 'Omar ibn al-Hasan.

Al-Dimyâtî. Voyez 'Abd al-Moûmin al-Dimyâtî; — Mohammad ibn Yoûsof; — Noûr al-Dîn al-Dimyâtî.

Ibn abî Dînâr. Voyez Mohammad ibn abî 'l-Qâsim.

Dioscoride. 2849 et suiv.

Al-Dirînî. 3204, 2°. — Voyez aussi 'Abd al-'Azîz ibn Ahmad.

Al-Diyârbakrî. Voyez Hosaïn ibn Mohammad.

Al-Djabartî. Voyez 'Abd al-Rahmân ibn Hasan et Hasan ibn Ibrâhîm.

Djâbir ibn Haïyân (Aboû Moûsâ). 2605, 2°, 3°. 2606 et suiv. 2625, 6°.

Al-Djadîlî. Voyez Hâtim al-Djadîlî.

Dja'far ibn Hasan al-Barzandjî. 1216, 7°.

Dja'far al-Sâdiq. 1224, 1°, 4°. 1449, 3°. 1913, 18°. 2502, 10°. 2637 et suiv. 2716, 10°. 2758, 11°.

Dja'far ibn Tha'lab al-Odfawî (ou al-Odfowî) (Kamâl al-Dîn Aboû 'l-Fadhl). 2148.

Aboû Dja'far al-Khâzin. 2467, 17°.

Aboû Dja'far ibn Mohammad ibn al-Hosaïn. 2457, 47°, 49°.

Al-Dja'farî. Voyez Mohammad al-Dja'farî; — Mohammad ibn Mohammad.

Al-Djaghmînî. Voyez Mahmoûd ibn Mohammad et Mohammad ibn Mohammad.

Aboû 'l-Djaïsch. Voyez Mohammad ibn al-Hosaïn.

Al-Djaïyânî. Voyez 'Abdallah ibn Mâlik; — Mohammad ibn 'Alî ibn Yâsir; — Mohammad ibn Mohammad ibn 'Abdhallah.

Djalâl al-Dîn [Mohammad ibn As'ad] al-Dauwânî. 2398, 3°, 4°. 2399, 3°.

Djalâl al-Dîn al-Mahallî. 1011-1396, 8°. 2259 et suiv. 3191, 1°. 4546.

Djalâl al-Dîn al-Roûmî. 3954, 8°.

Ibn Djamâ'a. 1061, 2°. — Voyez aussi 'Abd al-'Azîz ibn Mohammad et Mohammad ibn Ahmad.

Djamâl al-Dîn al-Asnawî. 992.

Djamâl al-dîn ibn al-Djazzâr. 1608.

Djamâl al-Dîn al-Hanbalî. 3412, 3°.

Djamâl al-Dîn ibn al-Hosaïn ibn 'Oqba al-Halabî. 2021.

Djamâl al-Dîn al Qaramânî. 1156, 4°.

Al-Djamâlî. Voyez 'Alî ibn Ahmad.

Al-Djâmî. Voyez 'Abd al-Rahmân ibn Ahmad.

Al-Djanadî. Voyez Yoûsof ibn Ya'-qoûb.

Al-Djarîrî. Voyez Al-Mo'âfâ ibn Zakariyâ.

Al-Djasrî. Voyez 'Alî ibn 'Isâ.

Al-Djaubarî. Voyez 'Abd al-Rahmân ibn abî Bakr.

Al-Djaudjarî. Voyez Mohammad ibn 'Abd al-Mon'im.

Al-Djauharî. Voyez Ahmad al-Djauharî; — 'Alî ibn Dâ'oûd; — Ismâ'îl ibn Ghonaïm; — Ismâ'îl ibn Hammâd; — Mohammad al-Djauharî.

Ibn al-Djauzî. Voyez 'Abd al-Rahmân ibn 'Alî.

Al-Djawâlîqî. Voyez Mauhoûb ibn Ahmad.

Djayânî Efendi. 1619.

Al-Djazâïrî. Voyez Ahmad ibn 'Abdallah.

Al-Djazarî. Voyez 'Abd al-Qâdir ibn Mohammad; — Ibn al-Athîr al-Djazarî; — Ismâ'îl al-Djazarî; — Mohammad ibn Mohammad.

Ibn Djazla. Voyez Yahyâ ibn 'Isâ.

Ibn al-Djazzâr. Voyez Ahmad ibn Ibrâhîm; — 'Alî Ibn al-Djazzâr; — Djamâl al-Dîn Ibn al-Djazzâr.

Ibn al-Djazzi. 3118, 20°.

Djibrîl (Zaïn al-Dîn). 4135 et suiv.

Al-Djibrînî. Voyez 'Alî ibn Mohammad.

Al-Djildakî. Voyez Aïdamir ibn 'Alî.

Al-Djîlî. Voyez 'Abd al-Karîm ibn Ibrâhîm et Koûschyâr ibn Labbân.

Ibn Djinnî. Voyez 'Othmân ibn Djinnî.

Al-Djizqâî. Voyez 'Omar ibn 'Abd al-Rahmân.

Djonaïd ibn Mahmoud. 3368.

Ibn al-Djonaïd. Voyez Hâroûn ibn Moûsâ.

Al-Djordjânî. Voyez 'Abd al-Qâhir ibn 'Abd al-Rahmân; — 'Alî ibn Mohammad; — Ismâ'îl ibn al-Hasan; — Mohammad ibn Scharîf.

Al-Djorwânî. Voyez Mohammad ibn 'Abdallah.

Al-Djowânî. Voyez Mohammad ibn al-Hasan.

Al-Djowaïnî. Voyez 'Abd al-Mâlik ibn 'Abdallah et Yoûsof ibn Ismâ'îl.

Ibn Djozaïy. Voyez 'Abdallah ibn 'Abd al-Rahmân et Mohammad ibn Mohammad.

Al-Djozoûlî. 4098, 1°. — Voyez aussi Mohammad ibn 'Abd al-'Azîz; — Mohammad ibn Ahmad ibn abî 'l-Qâsim; — Mohammad ibn Solaïmân; — Yahyâ ibn Moûsâ.

Ibn al-Dobaïthî. Voyez Mohammad ibn Sa'îd.

Aboû Dolaf. 2284.

Al-Dolandjâwî. Voyez Ahmad al-Dolandjâwî.

Al-Domaïrî. Voyez Kamâl al-Dîn al-Domaïrî.

Al-Domâtî. Voyez Mohammad ibn Ahmad.

Ibn Doqmâq. Voyez Ibrâhîm ibn Mohammad.

Ibn Doraïd. Voyez Mohammad ibn al-Hosaïn.

Ibn abî 'l-Dounyâ. 659, 4°.

Al-Dsahabî. Voyez Mohammad ibn Ahmad ibn 'Othmân.

Dsoû 'l-Noûn al-Misrî. 2608. 2609, 4°.

Duval (Jean-Baptiste). 4338.

Ecchelensis (Abraham). 4345.

Élie, évêque d'Absâï. 154, 1°.

Élie, évêque de Jérusalem. 206, 1°.

Élie, métropolitain de Nisibe. 31. 82, 10°. 166. 175. 176, 1°. 206, 9°, 10°. 4523, 1°.

Éphrem le Syrien. 17. 69, 8°. 72, 5°. 74, 13°. 114, 1°. 132, 2°, 5°, 7°. 135 et suiv. 139, 1°. 140. 143, 6°. 151, 10°, 11°, 13°, 14°, 21°. 155, 2°. 214, 11°. 257, 9° à 11°. 260, 4°. 262, 5°, 8°. 265, 2°, 11°, 12°. 275, 9°.

Épiphane, patriarche de Constantinople. 234, 23°. 235, 21°, 34°. 236, 29°. 251, 33°.

Épiphane, évêque de Chypre. 40, 4°. 55. 74, 8°. 143, 3°. 147, 1°. 151, 4°.

Erpenius. 4229.

Ésope. 3463 et suiv.

Étienne, protomartyr. 213, 14°.

Étienne. 2849 et suiv.

Étienne Pierre, patriarche d'Antioche. 308.

Étienne de Saint-Saba. 139, 2°. 253, 7°.

Euclide. 2457, 3°, 6°, 11°, 18°, 34°, 39°, 41°. 2458, 4°. 2465. 2466, 1°. 2467, 2°, 5° à 7°, 16° à 18°. 2484, 2°.

Eusèbe Pamphile. 147, 15°.

Eutocius. 2457, 44°.

Eutychius. Voyez Sa'îd Ibn Batriq.

Evagrius. 157.

Aboû'l-Fadhâil al-Safî. 283.

Al-Fâdhil al-Scharîf. 4396, 2°.

Al-Fadhl ibn Hâtim al-Naïrîzî. 2457, 17°. 2467, 7°.

Fadhl Allâh ibn abî'l-Fakhr al-Saqâ'î. 2061.

Fadhl Allâh ibn Mohammad ibn Aïyoûb. 1156, 3°.

Fadhl-Allâh ibn Tâdros. 1.

Al-Fâguihî. Voyez 'Abd al-Qâdir ibn Ahmad.

Ibn-Fahd. 721.

Al-Fâkhoûrî. Voyez Arsène.

Aboû'l-Fakhr al-Masîhî. 172, 3° à 8°.

Fakhr al-Dîn. 3441.

Fakhr al-Dîn, émir. 4663, 2°.

Fakhr al-Dîn al-Harawî. 3257, 2°.

Fakhr al-Dîn al-Khodjandî. 2941.

Fakhr al-Dîn al-Râzî. 3497, 2°.

Al-Fâkihî. Voyez Ahmad al-Fâkihî.

Al-Fanârî. Voyez Mohammad ibn 'Alî et Mohammad ibn Hamza.

Al-Farâdhî. Voyez 'Abdallah ibn al-Hosaïn.

Al-Fâradhî. Voyez Ibrâhîm ibn al-Hosaïn.

Aboû'l-Faradj al-Isfahânî. 3292 et suiv.

Aboû'l-Faradj al-Kindî. 2697, 4°.

Aboû'l-Faradj al-Soûrî. 3682.

Aboû'l-Faradj Ibn al-Taïyib. Voy. 'Abdallah Ibn al-Taïyib.

Faradj-Allâh al-Ikhmîmî. 250, 1°.

Ibn Farah (Schihâb al-Dîn). 746, 2°. 3432, 3°. 4257, 1°.

Al-Farâbî. Voyez Mahmoûd ibn abî Bakr.

Al-Farâsî. Voyez 'Alî ibn Djâbir.

Al-Farazdaq. 1203, 6°. 4201, 9°. 4261, 5°.

Al-Farghânî. Voyez 'Abdallah ibn Mohammad et Ahmad ibn Mohammad.

Ibn Farhât. Voyez Gabriel ibn Farhat et Germanos ibn Farhat.

Farîd al-Dîn 'Attâr. 4585, 8°.

Ibn al-Fâridh. Voyez 'Omar ibn 'Alî.

Farîdj Ro'aïs. 282, 6°.

Ibn Fâris. Voyez Ahmad ibn Fâris et Aboû'l-Latâïf.

Ibn-Farischta. 743, 12°.

Al-Fârisî. Voyez Aboû Bakr al-Fârisî.

Ibn Farroûkh. Voyez Mohammad ibn 'Abd al-'Azîm.

Al-Fâsî. Voyez Mohammad ibn Ahmad; — Mohammad al-Fâsî; — Mohammad al-Mahdî.

Ibn al-Fasîh. Voyez Ahmad ibn 'Alî.

Al-Fath ibn 'Alî ibn Mohammad al-Bondârî. 1896 et suiv. 2146.

Al-Fath ibn Mohammad al-Qaïsî Ibn Khâqân (Aboû Nasr). 3318 et suiv.

Aboû'l-Fath al-Ardabîlî. 1264, 1°.

Aboû'l-Fath al-Bostî. 1293, 2°.

Aboû'l-Fath ibn Makhdoûm al-Hasanî. 3257, 2°.

Ibn abî'l-Fath al-Soûfî. 2602, 3°.

Fath Allâh. 3257, 2°.

Fath Allâh ibn Mahmoûd al-Bailoûnî. 3249.

Fath Allâh al-Halabî Ibn al-Nahhâs. 3246. 3247, 2°.

Fath Allâh Ibn al-Sâïgh. 1685. 2298 et suiv.

Al-Fawânisî. Voyez Mohammad ibn 'Omar.

Al-Fazârî. Voyez Ibrâhîm al-Qazâwî.

Al-Fazâwî. Voyez Aboû 'Abdallah al-Nafzâwî.

Férichté Oghlou. Voyez 'Abd al-Latîf.

Al-Fetnî. Voyez Badr al-Dîn ibn 'Omar.

Aboû'l-Fidâ. Voyez 'Ismâ'îl ibn 'Alî.

Al-Fidjidjî. Voyez Aboû'l-Qâsim ibn Mohammad.

Ibn Fierro. Voyez Aboû'l-Qâsim ibn Fierro.

Al-Firdoûsî. Voyez Aboû'l-Qâsim.

Al-Firoûzâbâdî. Voyez Ibrâhîm ibn 'Alî et Mohammad ibn Ya'qoûb.

Ibn al-Forât. Voyez Mohammad ibn 'Abd al-Rahîm.

Fenix (Jean-Baptiste). 4351.

Filenîfos (?). 73.

Nasr ibn Makhloûf Ibn Qalâqis (Aboû'l-Fotoûh). 3139.

Fourmont. 4226.

François de Sales, S. 127, 2°.

Fresnel (F.). 2299.

Gabriel, (Ibn Tarik). (70°) patriarche d'Alexandrie. 251, 44° à 46°.

Gabriel, (88°) patriarche d'Alexandrie. 98.

Gabriel, (95°) patriarche d'Alexandrie. 316 et suiv.

Gabriel ibn Farḥât. 322. 4210. 4279 et suiv.

Gabriel Sionita. 4338.

Gaiot (Marc-Antoine). 222.

Galien. 309, 11°, 12°. 310, 7°. 2837. 2845. 2846. 2847 et suiv. 2851 et suiv. 2853 et suiv. 2855 à 2860. 2868, 3°. 3029, 2°.

Gaulmin (Gilbert). 3685.

Georges, patriarche d'Alexandrie. 266, 1°. 267, 1°.

Georges, moine de Saint-Siméon. 186 et suiv.

Gérasime. 258, 4°.

Germanos ibn Farḥât. 323.

Ibn al-Ghaïb. Voyez Aboû'l-Khaïr.

Al-Ghaïṭî. Voyez Moḥammad ibn Aḥmad.

Al-Ghamrî (et al-Ghomrî). Voyez 'Abd al-Wahhâb ibn Moḥammad; — Aḥmad al-Ghamrî; — Aḥmad ibn Sa'd al-Dîn; — 'Alî ibn Ibrâhîm; — Moḥammad al-Ghamrî.

Al-Ghanîmî. Voyez Aboû'l-Ikhlâṣ al-Ghanîmî.

Al-Gharbî. Voyez Ḥamza ibn Aḥmad.

Al-Gharnâṭî. Voyez Moḥammad ibn Aḥmad.

Ghars al-Dîn ibn Schibâb al-Dîn Aḥmad al-Naqîb al-Madjdî. 2544, 1°. 2547, 5°.

Al-Ghassânî. Voyez Ibn Rasoûl al-Ghassânî.

Al-Ghaurî (Sultan). 1814.

Al-Ghazâlî. Voyez Aḥmad ibn Moḥammad; — 'Alî ibn Moḥammad; — Moḥammad ibn Moḥammad.

Ibn Ghâzî. Voyez Moḥammad ibn Aḥmad.

Al-Ghazlawî. Voyez Moḥammad ibn 'Omar.

Al-Ghaznawî. Voyez Aḥmad ibn Moḥammad.

Al-Ghazzî (ou al-Ghozzî). Voyez Ibrâhîm ibn 'Othmân et Schams al-Dîn ibn Qâsim.

Al-Ghobrînî. Voyez Aḥmad al-Ghobrînî.

Al-Ghonaïmî. Voyez Aḥmad al-Ghonaïmî.

Al-Ghozoûlî. Voyez 'Alî ibn 'Abdallah et Schams al-Dîn al-Ghozoûlî.

Golius. 4346.

Grégoire Bar-Hebræus (Aboû'l-Faradj). 296 et suiv. 809, 8°. 4526.

Grégoire, évêque. 275, 19°.

Grégoire le Grand. 276, 1°.

Grégoire, maître de Saint-Éphrem (?). 214, 11°.

Grégoire de Nazianze. 40, 5°. 42, 1°. 43. 55. 88, 3°. 93. 108, 2°. 147, 3° à 9°. 151, 2°. 206, 8°. 213, 2°. 258, 27°. 310, 7°.

Grégoire de Nysse. 74, 16°. 147, 2°. 134, 1°, 2°. 135. 136. 137. 138. 251, 36°.

Al-Guilânî. Voyez 'Abd al-Qâdir al-Guilânî et Moḥammad ibn 'Abd al-Raḥmân.

Al-Ḥabaschî. Voyez Moḥammad ibn abî Zaïd.

Al-Ḥabaṭî. Voyez Moḥammad ibn abî Djom'a.

Ibn al-Habbârîya. Voyez Moḥammad Ibn al-Habbârîya.

Ḥabîb ibn Aus al-Ṭâ'î (Aboû Tammâm). 3085. 3281 et suiv.

Ḥabîb ibn Khadma (Aboû Râïṭa). 82, 5°. 169, 13° à 17°.

Ḥabîb al-Schirâzî (Mirzâdjân). 2385, 2°. 2391.

Ibn Ḥabîb al-Ḥalabî. Voyez Al-Ḥasan ibn 'Omar.

Al-Ḥâdawî. Voyez Moḥammad ibn Ibrâhîm.

Al-Ḥaddâdî. Voyez Aboû Bakr ibn 'Alî.

Al-Ḥâddj Makkî al-Qauwâs. 4639, 5°.

Al-Ḥâddj al-Schâṭib. Voyez Moḥammad ibn 'Alî.

Ibn al-Ḥâddj al-Tilimsânî. 2709 et suiv.

Ḥâddjî Bâbâ ibn Ibrâhîm 'Abd al-Karîm 'Othmân al-Ṭoûsawî. 4023, 3°. 4150.

Ḥâddji Pacha. Voyez Khidhr ibn 'Alî.

Al-Ḥâdhirî. Voyez 'Izz al-Dîn al-Ḥâdhirî.

Al-Ḥadhramî. Voyez Moḥammad ibn 'Omar et 'Omar al-Ḥadhramî.

Al-Ḥadîthî. Voyez 'Alî ibn al-Fâdhil.

Ibn abî Ḥadjala. Voyez Aḥmad ibn Yaḥyâ.

Ibn Ḥadjar al-Asqalânî. Voyez Aḥmad ibn 'Alî.

Ibn Ḥadjar al-Makkî. Voyez Aḥmad ibn Ḥadjr.

Al-Ḥâdjermî. Voyez Badr al-Dîn al-Ḥâdjermî.

Ḥadji Khalfa. Voyez Mosṭafâ ibn 'Abdallah.

Ibn al-Ḥâdjib. Voyez 'Othmân ibn 'Omar.

Al-Ḥâfî. Voyez Moḥammad ibn Moḥammad.

Al-Ḥafnâwî. Voyez Aḥmad al-Baschschârî; — Moḥammad al-Ḥafnâwî; — Yoûsof al-Ḥafnâwî.

Aboû Ḥafṣ al-Kabîr. 824, 1°.

Aboû Ḥafṣ Ibn Schâhîn. 718.

Ḥaïdar (Monlâ). 2385, 4°.

Aboû Ḥaiyân al-Andalosî. 4606, 12°.

Ibn al-Hâïm. Voyez Aḥmad ibn Moḥammad.

Ibn al-Haïtham. Voyez Al-Hasan ibn Hasan.

Al-Ḥalabî. 3257, 1°.

Al-Hamadânî. Voyez Aḥmad ibn al-Ḥosaïn et Bâbâ Ṭâhir al-Hamadânî.

Ḥamdân [ibn 'Othmân]. 2456.

Ḥamdân ibn Ḥamdoûya (Aboû'l-Ṭaïyib). 978, 6°.

Al-Ḥamdânî. Voyez Moḥammad ibn 'Abd al-Malik et Moḥammad ibn 'Abd al-Raḥmân.

Ḥamîd al-Sa'dî ibn 'Abd al-Karîm al-Wadjhânî. 1276, 2°.

Aboû Ḥâmid al-Maqdisî. 1811, 1°.

Al-Ḥâmilî. Voyez Aboû Bakr ibn 'Alî.

Ibn Ḥammâd. Voyez Moḥammad ibn 'Alî.

Ibn al-Hammâm. Voyez Moḥammad ibn 'Abd al-Wâḥid.

Aboû Ḥammoû. 1876.

Ḥamza ibn Aḥmad Ibn Asbâṭ al-Gharbî. 1821.

Ḥamza ibn Ibrâhîm ibn Walî al-Dîn al-Roûmî (Mosliḥ al-Dîn). 853.

Ḥamza Qarâḥiṣârî. 952, 1°.

Ḥanbalî Zâdè. 4606, 5°.

Ibn al-Ḥanbalî. Voyez Moḥammad al-Nâdsifî.

Ibn Hânî. Voyez Moḥammad ibn Hânî.

Aboû Ḥanîfa. 762, 2°. 978, 4°. 1122, 6°, 7°. 1229 et suiv. 1391, 11°. 2316, 2° à 4°. 4544, 2°.

Ḥannâ. 1443.

Al-Ḥannâṭî. Voyez Al-Ḥosaïn ibn Moḥammad.

Al-Harawî. Voyez 'Abdallah ibn Moḥammad.

Ibn al-Harawî. Voyez 'Omar Ibn al-Harawî.

Al-Ḥarîrî. Voyez Aḥmad ibn Alî et Al-Qâsim ibn 'Alî.

Al-Ḥârith (ou al-*Ḥirth*) ibn Ḥilliza. 3075, 7°. 3076. 3275 et suiv.

Al-Ḥârith al-Moḥâsibî (Aboû 'Abdallah). 1913, 15°.

Ḥârith ibn Sinân ibn Sanbâṭ. 13. 14. 50.

Hâroûn ibn Moûsâ. 4577, 18°.

Hâroûn ibn Moûsâ ibn al-Djonaïd. 4577, 10°.

Ḥasan (Schaïkh). 1230, 7°.

Al-Ḥasan ibn 'Abdallah al-'Askarî (Aboû Hilâl). 4370.

Al-Ḥasan al-Adjroûd. 1450, 11°.

Al-Ḥasan ibn 'Alî ibn 'Omar al-Marrâkoschî. 2507 et 2508.

Al-Hasan ibn 'Alî al-Qommî (Aboû Naṣr). 2589.

Ḥasan ibn 'Alî al-Qoûmnâtî. 2530.

Ḥasan ibn 'Alî al-Sanbânî. 3240.

Al-Ḥasan al-Baṣrî. 780, 1°. 2250, 1°.

Al-Ḥasan al-Boûrînî. 3157 et suiv.

Ḥasan Efendi al-Âqḥisârî Kâfî. 4418.

Al-Ḥasan ibn Ḥabîb (Aboû'l-Qâsim). 4201, 17°.

Ḥasan ibn Ḥabîb al-Ḥalabî. 3206, 3°.

Ḥasan ibn Hânî (Aboû Nowâs). 3251, 7°, 10°. 3417, 4°.

Al-Ḥasan ibn Ḥasan Ibn al-Haïtham. 2458, 5°. 2460.

Ḥasan ibn Ḥosaïn ibn Aḥmad al-Ṭoûloûnî. 1814 et suiv.

Ḥasan ibn Ḥosaïn al-'Aqqâd. 3036.

Al-Ḥasan ibn al-Ḥosaïn al-Sokkarî (Aboû Sa'îd). 3286.

Ḥasan ibn Ibrâhîm al-Djabartî. 2476.

Ḥasan al-Kafrâwî. 4138 et suiv.

Ḥasan al-Kâfî (al-Kâtî) (Ḥosâm al-Dîn). 1243, 2°. 1267, 2°. 2307, 9°. 2353, 3°. 2354, 3°. 2653 et suiv. 2406, 2°.

Ḥasan ibn Khalîl ibn 'Alî ibn Mazroû' al-Ṭobnî (Badr al-Dîn). 2543.

Ḥasan al-Madâbighî al-Azharî. 1040. 1986.

Ḥasan ibn Mas'oûd al-Yoûsî. 1060, 12°. 1273. 2400, 2°. 4207, 4°.

Ḥasan ibn Moḥammad al-Astarâbâdî (Rokn al-Dîn). 2369, 9°. 4037 et suiv.

Al-Ḥasan ibn Moḥammad al-Naïsâboûrî. 2510.

Ḥasan ibn Moḥammad al-Ṣaghânî (Radhî al-Dîn). 737.

Al-Ḥasan ibn abî Moḥammad 'Abdallah al-'Abbâsî al-Hâschimî al-Ṣafadî. 1706. 1931, 22°.

Al-Ḥasan ibn abî' l-No'mânî. 667, 1°.

Al-Ḥasan ibn 'Omar Ibn Ḥabîb al-Ḥalabî. 1719 et suiv. 3244, 2°. 3361 et suiv.

Ḥasan al-Schoronbilâlî. 982.

Ḥasan ibn 'Omâra ibn 'Alî al-Wafâï al-Schoronbilâlî (Aboû'l-Ikhlâṣ). 1158 et suiv. 1160, 3°, 8°, 12°. 1230, 6°.

Ḥasan ibn al-Qâsim al-Morâdî Ibn Oumm Qâsim (Schams al-Dîn). 4075 et suiv.

Al-Ḥasan ibn abî' l-Qâsim 'Alî al-Tanoûkhî (Aboû 'Alî). 3482, 1°. 3483 et suiv.

Al-Ḥasan ibn Raḥḥâl (Aboû 'Alî). 1102.

Ḥasan al-Rammâḥ al-Aḥdab (Nadjm al-Dîn). 2825, 1°, 2°. 2826, 2°. 2827, 1°.

Al-Ḥasan ibn Raschîq al-Qaïrawânî (Aboû 'Alî). 3417, 7°.

Al-Ḥasan ibn Sahl. 3957.

Ḥasan ibn Sawar. 2346.

Al-Ḥasan ibn Scharaf al-Tibrîzî. 928.

Al-Ḥasan al-Sîrâfî (Aboû Zaïd). 2281, 1°.

Ḥasan Tchelebî Qanâlî-Zâdè. 666, 11°.

Al-Ḥasan ibn Yoûsof ibn al-Motahhar (Djamâl al-Dîn). 1108, 2°.

Aboû 'l-Ḥasan al-Anṣârî. 2624.

Aboû 'l-Ḥasan al-Asch'arî. 1077, 8°.

Aboû 'l-Ḥasan al-Bakrî. 1363, 3°. 1880. 1931, 6°. 3839.

Aboû 'l-Ḥasan al-Bakrî. 661. 662.

Aboû 'l-Ḥasan al-Bakrî al-Ṣiddîqî. 1012.

Aboû 'l-Ḥasan al-Kharaqânî. 760, 6°.

Aboû 'l-Ḥasan al-Lakhmî. 1071.

Aboû 'l-Ḥasan al-Mâlikî. 1062.

Aboû 'l-Ḥasan al-Schâdsilî. 743, 9°. 1193, 2°. 1197, 2°. 1203, 3°. 1974, 3°. 2637, 3°. 2758, 6°. 3384. 4606, 7°.

Aboû 'l-Ḥasan al-Ṣoûrî. 4521.

Al-Ḥasanî al-Nassâb. 4547.

Hâschim ibn 'Îsâ ibn 'Omar al-Ṣarkhadî. 1950.

Ibn al-Ḥaṣkafî. Voyez Nâṣir al-Dîn ibn 'Îsâ.

Al-Hâschimî. Voyez Moḥammad ibn 'Abd al-'Azîz.

Ḥassân ibn Thâbit. 2677, 4°. 3084.

Ḥâtim (Al-Saïyid). 3241.

Ḥâtim al-Djadîlî. 3251, 12°.

Al-Ḥaulânî. Voyez Aboû Bakr ibn Baschîr.

Ibn Ḥauqal. 2215 et suiv.

Al-Hawârî. Voyez Moḥammad ibn Aḥmad ibn 'Alî.

Ḥâzim ibn Moḥammad ibn Ḥasan ibn Ḥâzim al-Anṣârî (Aboû Ḥasan). 3175.

Aboû Ḥâzim al-Madanî. 945, 2°.

Hibat Allâh ibn 'Abd al-Raḥmân Ibn al-Bârizî. 1970.

Hibat Allâh ibn Dja'far Ibn Sanâ al-Molk. 2099.

Hibat Allâh ibn Djamî' al-Isrâïlî (Aboû'l-Makârim). 2963.

Hibat Allâh ibn Salâma. 760, 5°.

Ibn Hiddja. Voyez Aboû Bakr ibn 'Alî.

Al-Ḥidjâzî. Voyez Moḥammad ibn Scho'aïb.

Hiérothée. 234, 30°. 235, 23°. 242, 2°.

Hilarion, disciple de S. Basile. 153, 11°. 258, 1°.

Hippocrate. 2556. 2835 et suiv. 2845. 2846. 2847 et suiv. 2946, 4°. 3039, 7°.

Hippolyte, S. 17. 238, 17°. 245. 251, 23°.

Al-Ḥirâlî. Voyez 'Abdallah Alî ibn Aḥmad.

Hischâm ibn 'Abdallah al-Azdî (Aboû'l-Walîd). 1074.

Hischâm ibn Moḥammad al-Kalbî. 2047.

Ibn Hischâm. Voyez 'Abdallah ibn Yoûsof et 'Abd al-Malik ibn Hischâm.

Ibn Hischâm al-Lakhmî. 792, 2°.

Ibn Hobaïra. Voyez Yaḥyâ ibn Moḥammad.

Ibn Hobâl. Voyez 'Alî ibn Aḥmad.

Al-Ḥomaïdî. Voyez 'Abd al-Raḥmân ibn Aḥmad.

Honaïd (Schaïkh). 2560, 3°.

Honaïn ibn Isḥâq (Aboû Yazîd). 2775, 2°. 2810, 1°. 2835 et suiv. 2845. 2846. 2847 et suiv. 2849 et suiv. 2851 et suiv. 2853 et suiv. 2855. 2859 et suiv.

Ḥonoûn ibn 'Omar ibn Yoḥannâ ibn al-Ṣalt. 173, 16°.

Al-Ḥoraïfîsch. 743, 2°. 782, 2°. — Voyez aussi Scho'aïb al-Danoûscherî.

Ḥosaïn ibn 'Abdallah al-Schîrwânî. 1458.

Al-Ḥosaïn ibn 'Abdallah Ibn Sîna (Aboû 'Alî). 1176, 12°. 1338, 8°. 1620, 10°. 2322, 9°. 2366. 2484, 1°. 2502, 8°. 2541, 3°. 2562, 11°, 12°, 15°. 2661, 4°. 2885 et suiv. 2942, 1°. 2943, 1°, 2°. 2944. 2992, 3°. 3038, 3°. 3039, 9°. 3171, 13°. 4201, 13°.

Al-Ḥosaïn ibn 'Abd al-Raḥmân al-Ahdal. 1593.

Ḥosaïn ibn 'Abd al-Schokoûr. 3263.

Ḥosaïn ibn Aḥmad ibn Khâlawaïh (Aboû 'Abdallah). 4231, 4°.

Al-Ḥosaïn ibn Aḥmad al-Zauzanî (Aboû 'Abdallah). 3276 et suiv. 4287 et suiv. 4290, 2°.

Ḥosaïn ibn 'Alî ibn Ḥaddjâdj al-Saghnâqî. 880.

Al-Ḥosaïn ibn 'Alî al-Maghribî (Aboû'l-Qâsim). 206, 9°.

Ḥosaïn ibn 'Alî al-Ṭoghrâ'î. 1620, 7°. 2060. 2502, 11°. 2607. 2614. 2620, 9°. 3119 et suiv. 3200, 5°, 6°. 3430. 4124, 5°.

Ḥosaïn ibn 'Alî Wâïẓ al-Kâschifî. 2044.

Ḥosaïn al-Dâmaghânî. 3431, 4°.

Ḥosaïn al-Fatḥî al-Schîrâzî. 763.

Al-Ḥosaïn ibn Ḥamdân al-Khaṣîbî. 1450, 3°.

Al-Ḥosaïn ibn Hâroûn al-Ṣâïgh. 1450, 12°.

Al-Ḥosaïn ibn Ḥasan ibn Ibrâhîm al-Khalîlî al-Dârî. 2749, 1°.

Ḥosaïn ibn Ibrâhîm al-Naṭanzî. 4286.

Hosaïn ibn Kamâl. 1625.

Hosaïn ibn Mas'oûd al-Farrâ al-Baghawî. 719 et suiv.

Hosaïn ibn Mohammad ibn 'Abdallah al-Taïyibî (Scharaf al-Dîn). 751. 4422.

Al-Hosaïn ibn Mohammad al-Hannâtî. 2016, 3°.

Hosaïn ibn Mohammad ibn al-Hasan al-Diyârbakrî. 1980 et suiv.

Hosaïn ibn Mohammad al-Mahallî. 2463, 2°.

Al-Hosaïn ibn Mohammad al-Mar'aschî al-Tha'âlibî (Aboû Mansoûr). 1488.

Al-Hosaïn ibn Mohammad al-Marwaroûdî (Aboû 'Alî). 983.

Hosaïn ibn Mo'în al-Dîn al-Maïbodsî. 2363.

Al-Hosaïn ibn Moûsâ. 2467, 3°.

Aboû'l-Hosaïn. 835.

Hosâm al-Dîn. 839.

Hosâm al-Dîn. 1156, 1°.

Hosâm al-Dîn al-Rohâwî. 644, 2°.

Hoûr (Abbâ). 148, 1°.

Hypsiclès. 2457, 36°.

Al-'Irâqî. Voyez Ahmad ibn Qâsim.

Ibrâhîm (Schaïkh). 3251, 13°.

Ibrâhîm ibn 'Abdallah Ibn abî al-Damm (Scharaf al-Dîn). 996.

Ibrâhîm ibn 'Abdallah al-Qîrâtî (Borhân al-Dîn). 2405, 3°. 3209.

Ibrâhîm ibn 'Abd al-Rahmân al-Azraqî. 3029, 3°.

Ibrâhîm ibn 'Abd al-Rahmân Ibn al-Karakî. 1931, 1°.

Ibrâhîm ibn 'Abd al-Rahmân ibn 'Abdallah al-Qaïsarânî al-Khâlidî. 1708.

Ibrâhîm ibn Ahmad al-Mausilî (Borhân al-Dîn). 4569.

Ibrâhîm ibn Ahmad ibn Mohammad Ibn al-Mollâ. 3239. 3412, 11°.

Ibrâhîm ibn Ahmad (ou Mohammad) ibn Tarkhân al-Sowaïdî. 3001 et suiv. 3004. 3016, 5°.

Ibrâhîm ibn 'Alî Arabadjibachi. 4461.

Ibrâhîm ibn 'Alî ibn abî Bakr al-Azraq. 3020 et suiv.

Ibrâhîm ibn 'Alî al-Fîroûzâbâdî. 1395, 4°.

Ibrâhîm ibn 'Alî al-Tarsoûsî al-Hanafî (Borhân al-Dîn). 926. 2445. 2446, 1°.

Ibrâhîm ibn 'Alî ibn Yoûsof al-Schîrâzî (Aboû Ishâq). 786. 1023. 1396, 3°.

Ibrâhîm ibn 'Aoun. 166.

Ibrâhîm ibn abî Bakr al-Ansârî al-Tilimsânî (Aboû Ishâq). 1076. 4565.

Ibrâhîm ibn abî Bakr al-Sâlihî. 1853.

Ibrâhîm Efendi. 1167, 7°.

Ibrâhîm ibn abî'l-Fath Khafâdja (Aboû Ishâq). 3135.

Ibrâhîm al-Halabî. 2677, 7°.

Ibrâhîm ibn Hilâl al-Sâbî (Aboû Ishâq). 3314, 3°.

Ibrâhîm ibn Hosaïn al-Fâradhî. 1227.

Ibrâhîm ibn Ismâ'îl al-Tarâbolosî (Aboû Ishâq). 4253, 1°.

Ibrâhîm ibn Khalîl al-Halabî Sibt Ibn al-A'djamî (Borhân al-Dîn). 1968 et suiv.

Ibrâhîm al-Loqânî (Aboû'l-Amdâd ou Imdâd). 761, 2°. 2092.

Ibrâhîm ibn Mahmoûd al-Dimaschqî (Borhân al-Dîn). 3200, 2°.

Ibrâhîm ibn Mahmoûd al-Schâdsilî. 1367.

Ibrâhîm ibn Mar'î ibn Atiya al-Schobrâkhîtî. 749. 4560.

Ibrâhîm ibn Mohammad. 901.

Ibrâhîm ibn Mohammad ibn Aïdamir al-'Alâyî Ibn Doqmâq. 1597. 2096.

Ibrâhîm ibn Mohammad al-Ansârî. 3200, 5°.

Ibrâhîm ibn Mohammad Ibn 'Arabschâh al-Isfarâïnî ('Isâm al-Dîn). 3257, 2°. 4424, 1°, 5°, 7°. 4425, 1°, 2°, 4°, 8°. 4429, 1° à 3°. 4585, 4°.

Ibrâhîm ibn Mohammad al-Hakîm al-Samarqandî (Aboû'l-Qâsim). 824, 1°.

Ibrâhîm ibn Mohammad al-Halabî. 956 et suiv. 1042, 6°. 1149 et suiv.

Ibrâhîm ibn Mohammad ibn Khalîl (Aboû'l-Waqt). 2677, 10°.

Ibrâhîm ibn Mohammad al-Maïmoûnî. 4187, 2°.

Ibrâhîm ibn Moufarradj. 3683 et suiv.

Ibrâhîm ibn al-Moqrî (Scharaf al-Dîn). 993.

Ibrâhîm ibn Nâfi' al-Sâlihî. 2699.

Ibrâhîm ibn 'Omar al-Biqâ'î (Borhân al-Dîn). 1139. 1587. 3065.

Ibrâhîm ibn 'Othmân ibn Mohammad al-Kalbî al-Aschhabî al-Ghazzî (Aboû Ishâq). 3126.

Ibrâhîm ibn al-Qâsim Ibn al-Raqîq Qaïrawânî. 3302.

Ibrâhîm ibn abî Sa'îd al-'Alâ'î. 2965, 1° et suiv.

Ibrâhîm al-Sandoûbî (Aboû'l-Fauz). 3271.

Ibrâhîm al-Schabistarî. 4196.

Ibrâhîm ibn Sinân. 2457, 1°, 26°.

[Ibrâhîm] al-Qazîwî (ou Al-Fazârî) (Borhân al-Dîn). 2254, 1°.

Ibrâhîm al-Soûhâbî (al-Sauhâ'î?). 3191, 2°.

Ibrâhîm al-Tamîmî. 1141, 5°.

Ibrâhîm, de Tibériade. 258, 26°.

Ibrâhîm ibn Yahyâ ibn Ghannâm. 2750 et suiv.

Al-Îdjî. Voyez 'Abd al-Rahmân ibn Ahmad.

Al-Idrîsî [Mohammad ibn Mohammad]. 2221 et suiv. — Voyez aussi Mohammad ibn 'Abd al-'Azîz.

Iflâtoûn-Zâdè. Voyez Mohammad ibn Ibrâhîm.

Al-Ifrandjî. Voyez 'Alî ibn 'Abdallah.

Ignace (P.), d'Orléans. 228.

Aboû 'l-Ikhlâs al-Ghanîmî. 3201.

Al-Îlâqî. Voyez Scharaf al-Dîn al-Îlâqî.

Îlyâ (Aboû Makhlad). 206, 11°.

Ibn al-'Imâd. Voyez Mohammad ibn Ahmad.

Al-'Imâdî. Voyez Aboû Sa'oûd ibn Mohammad.

Imâm al-Haramaïn. Voyez 'Abd al-Mâlik ibn 'Abdallah.

Imâm-Zâdè. Voyez Mohammad ibn abî Bakr.

Inamschând. Voyez Mohammad ibn 'Omar.

Al-Irbilî. Voyez 'Alî ibn 'Îsâ et Mohammad ibn Ahmad ibn abî Schâkir.

'Îsâ, métropolitain. 312, 3°.

'Îsâ ibn 'Alî. 2869. 2998, 2°.

'Îsâ ibn 'Alî ibn Ahmad al-Andalosî. 3546.

'Îsâ, fils de Constantin. 257, 6°.

'Îsâ ibn 'Îsâ ibn Ishâq Ibn Zor'a (Aboû 'Alî). 173, 2°, 4°, 6°, 7°, 9°, 11°, 12°. 174.

'Îsâ ibn Ishâq ibn Zor'a. 132, 15°, 16°.

'Îsâ ibn Mahfoûz. 3964, 5°.

'Îsâ ibn Mohammad al-Barâwî. 806.

'Îsâ ibn Mohammad al Safawî (Qotb al-Dîn). 2397.

'Îsâ Petro. 1564. 3464. 3680. 3922.

'Îsâ ibn Yahyâ al-Masîhî (Aboû Sahl). 2881 et suiv.

Ibn 'Îsâ. 1940.

Aboû 'Îsâ al-Warrâq. Voyez Mohammad ibn Hâroûn.

Isaac (Mar). 157, 9°.

Isaac (Mar). 253, 2°.

Isaac, évêque d'Antinoë. 153, 8°.

Isaac, de Ninive. 149, 4°, 5°. 257, 8°. 265, 9°.

Isaac le Syrien. 69, 9°. 173, 14°, 16°.

Isaïe (Anbâ). 257, 15°.

Al-'Isâmî. Voyez 'Abd al-Mâlik al-'Isâmî.

Al-Ischbîlî. Voyez Mohammad ibn 'Abdallah.

Al-Isfahânî. 4163. — Voyez aussi Aboû 'l-Faradj al-Isfahânî; — Ismâ'îl ibn Mohammad; — Mahmoûd ibn 'Abd al-Rahmân; — Mohammad ibn Mohammad ibn Ahmad.

Al-Isfarâïnî. Voyez Ibrâhîm ibn

Mohammad; — Mohammad ibn Ahmad; — Mohammad ibn Mohammad; — Sa'd al-Dîn al-Isfarâïnî; — Tâhir ibn Mohammad; — Ya'qoûb ibn Solaïmân.

Al-Isferledî. Voyez Al-Mozaffar al-Isferledî.

Ishâq ibn al-Hasan Ibn al-Zaïyât. 2186.

Ishâq ibn Honaïn ibn Ishâq. 2457, 36°. 2482 et suiv.

Ishâq ibn Ibrâhîm ibn Ahmad ibn Mohammad ibn Kâmil al-Tadmorî (Tâdj al-Dîn). 1929 et suiv.

Ishâq ibn Ibrâhîm al-Khalîlî (Aboû 'l-Fidâ). 1667, 2°. 1668, 2°.

Ishâq ibn Solaïmân. 2942, 5°.

Aboû Ishâq. 1112.

Al-Ishâqî. 1562. — Voyez aussi Mohammad ibn 'Abd al-Mo'tî.

Isidore, S. 774, 13°.

Al-Isklîbî. Voyez Aboû Sa'oûd ibn Mohammad.

Ismâ'îl ibn 'Abbâd al-Sâhib (Aboû 'l-Qâsim). 3314, 2°.

Ismâ'îl ibn Ahmad Tâdj al-Dîn al-Haqq al-Kâtib ibn Scharaf al-Dîn Sa'îd Ibn al-Athîr ('Imâd al-Dîn Aboû 'l-Zâhir). 2088. 3134, 1°, 2°.

Ismâ'îl ibn 'Alî. 4023, 4°.

Ismâ'îl [ibn 'Alî] (Al-Malik al-Mo'aiyad Imâd al-Dîn Aboû 'l Fidâ). 1508 et suiv. 2239 et suiv.

Ismâ'îl ibn abî Bakr Ibn al-Moqri al-Yamanî (Scharaf al-Dîn). 3206, 6°. 4652 et suiv.

Ismâ'îl al-Djazarî (Aboû 'l-'Izz). 2477.

Ismâ'îl ibn Ghonaïm al-Djauharî. 716. 4540, 1°.

Ismâ'îl ibn Hammâd al-Djauharî (Aboû Nasr). 4237 et suiv.

Ismâ'îl ibn al-Hasan al-Djordjânî. 2955.

Ismâ'îl ibn al-Hosaïn. 3206, 5°.

Ismâ'îl ibn Ibrâhîm al-'Alawî al-Yamanî. 4160.

Ismâ'îl Khasschâb. 1858.

Ismâ'îl al-Mausilî (Aboû 'l-Fadhl). 2747.

Ismâ'îl ibn Mohammad ibn al-Fadhl al-Taïmî (ou al-Tayamî) al-Hâfiz al-Isfahânî (Aboû 'l-Qâsim). 2012.

Ismâ'îl ibn 'Omar Ibn Kathîr ('Imâd al-Dîn Aboû 'l-Fidâ). 1515 et suiv. 4577, 6°, 9°.

Ismâ'îl Ibn al-Qâsim al-Qâlî (Aboû 'Alî). 4235. 4236, 1°.

Ismâ'îl Sanî'a al-Molk (Aboû 'l-Tâhir). 2963.

Ibn Ismâ'îl. 2320.

Ibn Ismâ'îl ibn 'Alî ibn Ibrâhîm. 3251, 5°, 6°.

Al-Istakhrî. 2214.

Al-Itqânî. Voyez Amîr Kâtib.

'Iyâdh ibn Moûsâ al-Yahsobî (Aboû 'l-Fadhl). 1953 et suiv. 2758, 5°.

Ibn al-'Izz. Voyez Ibrâhîm ibn 'Alî al-Tarsoûsî.

'Izz al-Dîn ibn Ghânim al-Maqdisî. 4644.

'Izz al-Dîn al-Hâdhirî. 2677, 9°.

'Izz al-Dîn al-Zandjânî. 4063 et suiv. 4123, 6°. 4166, 2°. 4167 et suiv.

Jacques (Saint-), l'apôtre. 147, 14°. 262, 7°.

Jacques, évêque d'Édesse. 17.

Jacques de Saroug. 17. 74, 6°, 15°. 88, 2°. 132, 6°. 152, 4°. 153, 41°. 212, 4°. 260, 5°. 264, 3°. 265, 5°. 305, 10°.

Jean VI. 234, 22°.

Jean d'Antioche. Voyez Yahyâ Ibn Sa'îd.

Jean Carpathius. 157, 7°.

Jean Chrysostome (Saint). 17. 28, 7°. 40, 2°. 52. 55. 59. 68, 3°. 69, 2°. 74, 9° à 12°. 84. 87. 89. 92 à 96. 106. 139, 3°. 142 à 146. 151, 3°, 5°, 7°, 8°, 12°, 15° à 20°, 22°, 23°. 152, 3°. 155, 8°. 158, 2°. 173, 3°. 205, 4°. 238, 27°. 251, 34°. 253, 6°. 260, 6°. 262, 9°, 13°, 17°, 21°. 264, 4° à 6°. 265, 4°, 14°, 15°. 269, 13°. 280, 6°. 281, 2°, 3°, 9°, 15°, 29°, 30°.

Jean Climaque. 157, 6°. 161 et suiv.

Jean, prêtre de Constantinople. 68, 5°.

Jean Damascène. 28, 8°. 151, 1°. 164. 165, 1°, 2°.

Jean, moine du mont Naqloûn. 154, 11°.

Jean Thaumaturge. 281, 20°.

Jean, fils de Zébédée. 275, 15°.

Jésus. 309, 10°.

Johard. 4664, 1°.

Joseph, capucin. 230.

Joseph ben Gorion. 287. 1906.

Josaphat, moine. 129.

Jourdain. 1596.

Jules d'Aqfahsâ. 81, 20°.

Ka'b ibn Zohaïr. 1620, 5°. 3078 et suiv. 3088, 5°. 3198, 5°. 3248, 4° à 7°. 3430. 4261, 7°.

Al-Kafawî. Voyez Mohammad ibn Homaïd et Mohammad ibn Solaïmân.

Kâfî. Voyez Hasan Efendi.

Kâfiyadjî. Voyez Mohammad ibn Solaïmân.

Al-Kafrâwî. Voyez Hasan al-Kafrâwî.

Al-Kaïzawânî. Voyez 'Alî al-Kaïzawânî.

Al-Kâkî. Voyez Mohammad ibn Mohammad.

Al-Kalâbâdsî. Voyez Ahmad ibn Mohammad.

Al-Kalâ'î. Voyez Mohammad ibn Scharaf et Solaïmân ibn Moûsâ.

Al-Kalâzî. Voyez Mohammad al-Kalâzî.

Al-Kalbî. Voyez Hischâm ibn Mohammad.

Kamâl ibn 'Alî ibn Ishâq. 3993, 5°.

Ibn Kamâl Pacha (ou Pachazâdè). Voyez Ahmad ibn Solaïmân.

Kamâl al-Dîn al-Domaïrî. 3122.

Kamâl al-Dîn Hamdân. 824, 3°.

Kamâl al-Dîn ['Alî ibn Mohammad] Ibn al-Nabîh. 3418, 20°.

Ibn al-Kamîlî. Voyez 'Azîz al-Dîn Ibn al-Kamîlî.

Al-Kânî (Al-Kâtî). Voyez Hasan al-Kânî.

Al-Kânyâdjî (Kâfiyadjî). Voyez Mohammad ibn Solaïmân.

Ibn Al-Karakî. Voyez Ibrâhîm ibn 'Abd al-Rahmân.

Karîm ibn Ibrâhîm. 2415.

Al-Karkhî. Voyez Mohammad ibn al-Hasan.

Al-Kâsânî. Voyez Aboû Bakr ibn Mas'oûd.

Al-Kâschgharî. Voyez Sadîd al-Dîn al-Kâschgharî.

Al-Kâschî. Voyez 'Abd al-Azîz al-Kâschî; — 'Abd al-Razzâq al-Kâschî et Afdhal al-Kâschî.

Al-Kâschifî. Voyez Hosaïn ibn 'Alî.

Al-Kâzaroûnî. Voyez Sadîd al-Dîn al-Kâzaroûnî.

Al-Khabîsî. Voyez 'Abdallah ibn Fadhl et Mohammad ibn abî Bakr.

Al-Khâdimî. Voyez Aboû Sa'îd al-Khâdimî.

[Ibn] Khafâdja. Voyez Ibrâhîm ibn abî 'l-Fath.

Al-Khafâdjî. Voyez Ahmad ibn Mohammad.

Aboû 'l-Khaïr. 2716, 2°.

Aboû 'l-Khaïr Ibn al-Ghaïb. 178, 1°.

Aboû 'l-Khaïr ibn abî 'l-Sa'oûd. 2519, 6°. 4151, 2°.

Khaïr al-Dîn al-Batlîsî. 1013, 10°.

Al-Khaïyâmî. 2458, 7°. 2461.

Al-Khaïyoûqî. Voyez Ahmad ibn-'Omar.

Khalaf ibn 'Abbâs al-Zahrâwî (Aboû 'l-Qâsim). 2953.

Khalaf ibn abî 'l-Qâsim al-Barâdsi'î (Aboû Sa'îd). 1051 et suiv.

Ibn Khâlawaïh. Voyez Hosaïn ibn Ahmad.

Ibn Khaldoûn. Voyez 'Abd al-Rahmân ibn Mohammad.

Khâlid ibn 'Abdallah al-Azharî (Zaïn al-Dîn). 744, 7°. 1230, 16°. 2316, 7°. 3192. 4078 et suiv. 4086. 4123, 2°. 4124, 2°. 4130, 1°. 4131 et suiv. 4146 et suiv. 4190 et suiv.

Khâlid ibn 'Îsâ al-Balawî (Aboû 'l-Baqâ). 2286.

Al-Khâlidî. Voyez Ibrâhîm ibn

'Abd al-Raḥmân et Moḥammad al-Djauharî.

Khalîfa ibn abî 'l-Maḥâsin. 2999.

Khalîl ibn Aïbak al-Ṣafadî (Ṣalâḥ al-Dîn). 2062 et suiv. 2678 et suiv. 3119 et suiv. 3316 et suiv. 3345. 3658, 12°. 3972, 4°. 4611.

Khalîl al-Aschrafî. 4261, 7°.

Khalîl ibn Isḥâq ibn Ya'qoûb. 1077, 1° et suiv. 1179, 2°. 4550 et suiv.

Khalîl al-Mâlikî (Aboû 'l-Morschid). 2377, 3°.

Khalîl Ṣabbâgh al-Schâmî. 313.

Khalîl ibn Schâhîn al-Ẓâhirî. 1724. 2258. 2752.

Khalîl ibn Solaïmân Ibn al-'Aṭṭâr al-Ḥanbalî. 1345.

Khalîl Allâh ibn Noûr Allâh ibn Mo'în al-Dîn Yazdî. 1359, 2°.

Khalîlî. 3221.

Ibn Khallikân. Voyez Aḥmad ibn Moḥammad.

Al-Khalwatî. 3252. — Voyez aussi Aboû 'l-Barakât al-Khalwatî et Moṣṭafâ ibn Kamâl al-Dîn.

Al-Khâmî. Voyez Aḥmad al-Khâmî.

Ibn Khâqân. Voyez Al-Fatḥ ibn Moḥammad.

Al-Kharaqânî. Voyez Aboû'l Ḥasan al-Kharaqânî et Moḥammad ibn Aḥmad al-Nahrawânî.

Al-Kharaschî. Voyez Moḥammad ibn 'Abdallah.

Al-Kharîrатî. Voyez Maḥmoûd ibn Ismâ'îl.

Al-Khartabartî. Voyez Maḥmoûd ibn Ismâ'îl.

Al-Khâsekî. Voyez Âq-Boghâ.

Al-Khâṣî. Voyez Nadjm al-Dîn al-Khâṣî.

Al-Khaṣîbî. Voyez Al-Ḥosaïn ibn Ḥamdân.

Ibn al-Khasschâb [Moḥammad ibn Aḥmad]. 643. — Voyez aussi 'Alî ibn abî Ṭâlib.

Al-Khaṭâ'î. Voyez Maulâ-Zâdè.

Ibn al-Khaṭîb. Voyez Aḥmad ibn Ḥasan et Moḥammad ibn 'Abdallah.

Khaṭîb al-Nâṣiriya. Voyez 'Alî ibn Moḥammad.

Ibn al-Khaṭṭâb. Voyez Khidhr ibn 'Alî et Maḥfoûẓ Ibn al-Khaṭṭâb.

Al-Khaulânî. Voyez 'Alî ibn Sa'îd.

Ibn al-Khauwâm. Voyez 'Abdallah ibn Moḥammad.

Al-Khawâfî. Voyez Aboû Bakr Moḥammad al-Khawâfî.

Al-Khawwî. Voyez Yoûsof ibn Ṭâhir.

Al-Khâzin. Voyez 'Alî ibn Moḥammad.

Al-Khazradjî. Voyez 'Abdallah ibn Moḥammad et Moḥammad al-Khazradjî.

Khidhr ibn 'Abd al-Qâdir al-Borlosî al-Qabbânî. 314.

Khidr ibn 'Alî Ibn al-Khaṭṭâb Ḥâddjî Pacha. 2388. 2967, 2°. 3012 et suiv.

Khidr-Beg ibn Djalâl al-Dîn. 4662, 16°.

Ibn Khidr al-Motaïyam. 3412, 4°.

Al-Khiraqî (lisez Al-Kharaqî). Voyez 'Abd al-Djabbâr ibn Moḥammad.

Al-Khiyâlî. 1236, 3°, 4°. 1241 et suiv.

Al-Khodjandî. Voyez Aḥmad al-Khodjandî et Fakhr al-Dîn al-Khodjandî.

Ibn-Khordâdhbeh. Voyez 'Abdallah ibn 'Abdallah.

Khosroû al-Roûmî (Mollâ). 936 et suiv. 3632, 2°.

Al-Khosroûdjirdî. Voyez Aḥmad ibn al-Ḥosaïn.

Al-Khoûnadjî. Voyez Moḥammad ibn Nâmwar.

Al-Khoûyî. Voyez Moḥammad ibn Qoṭb al-Dîn.

Al-Khowârazmî. 2357, 15°.

Khwâdja-Zâdè. Voyez Moṣṭafâ ibn Yoûsof.

Al-Kilâbâdî (Al-Kalâbâdsî?). Voyez Maḥmoûd ibn abî Bakr.

Al-Kindî. Voyez Ya'qoûb ibn Isḥâq.

Al-Kirmânî. Voyez Nafîs ibn 'Iwadh.

Al-Kisâ'î. Voyez 'Alî ibn Ḥamza et Moḥammad ibn 'Abdallah.

Ibn Kizoghli. Voyez Yoûsof ibn Kizoghli.

Al-Kobrawî. Voyez Nadjm al-Schariḥî.

Kôhên al-'Aṭṭâr. Voyez Aboû 'l-Monâ.

Al-Kourdî. Voyez Aḥmad ibn Aḥmad.

Kôschkenârî. Voyez Qoṭb al-Dîn Kôschkenârî.

Al-Koṭbî. Voyez Moḥammad ibn Ibrâhîm.

Al-Koûmî. Voyez Moḥammad ibn Moḥammad.

Al-Koûrânî. Voyez Zaïn al-'Âbidîn ibn Yoûsof et Yoûsof ibn Moḥammad.

Koûschtâr ibn Labbân ibn Bâschahrî al-Djîlî (Aboû 'l-Ḥasan). 2487, 1°. 2521.

Ibn al-Labbân [Moḥammad ibn Aḥmad]. 641, 1°.

Ibn-Labbâna. 4392.

Labîd ibn Rabî'a. 3075, 5°. 3076. 3275 et suiv. 3430.

Al-Lâdsaqî. Voyez Moḥammad ibn Moḥammad.

Al-Lakhmî. Voyez Aboû 'l-Ḥasan al-Lakhmî et Ibn Hischâm al-Lakhmî.

Lalande. 2554 et 2555.

Al-Lârî. Voyez Moḥammad Moṣliḥ al-Dîn.

Aboû 'l-Laṭâïf Ibn Fâris. 1200, 2°.

Le Bé (Guillaume). 4221. 4222.

Legrand. 2273.

Léon le Sage. 103.

Léonce, évêque de Néapolis. 151, 24°. 153, 26°. 259, 4°.

Le Roux Deshauterayes. 4227.

Al-Loboûdî. Voyez Aḥmad ibn Moḥammad.

Al-Loghawî. Voyez 'Alî ibn Dja'far.

Al-Loqânî. Voyez 'Abd al-Salâm ibn Ibrâhîm; — Ibrâhîm al-Loqânî et Nâṣir al-Dîn al-Loqânî.

Loqmân. 28, 11°. 49, 3°. 309, 7°, 10°. 310, 4°. 312, 12°. 1913, 17°.

Loṭf Allâh ibn Aḥmad al-Ḥosaïnî. 1277.

Loûqâ ibn Sérapion. 2772, 1°.

Lucius. 157, 1°.

Al-Ma'âfirî. Voyez Moḥammad ibn Ibrâhîm.

Aboû 'l-Ma'âlî. 3810 et suiv. — Voyez aussi 'Abd al-Mâlik ibn 'Abdallah et Aḥmad ibn Moḥammad.

Aboû 'l-Ma'âlî (al-Qâdhî). 3964, 4°.

Al-Ma'arrî. Voyez Aboû 'l-'Alâ.

Macaire (Saint). 253, 3°, 4°, 5°. 257, 14°. 276, 15°. 305, 4°.

Macaire (Saint) d'Alexandrie, 178, 2°.

Macarius, patriarche d'Antioche. 224, 1°.

Al-Madâbighî. Voyez Ḥasan al-Madâbighî.

Aboû 'l-Madjd ibn Loûs. 205, 5°.

Madjd al-Dîn Ibn Makânis. 3498, 2°.

Ibn al-Madjdî. Voyez Aḥmad ibn Radjab et Ghars al-Dîn al-Madjdî.

Ibn Mâdjid. 3264, 8°.

Al-Madjoûsî. Voyez 'Alî ibn 'Abbâs.

Al-Madjrîṭî. Voyez Maslama ibn Aḥmad.

Al-Madjroûḥ. 3204, 5°.

Aboû Madyan. Voyez Scho'aïb Aboû Madyan.

Al-Maghnîsâwî. Voyez Aḥmad ibn Moḥammad.

Maghoûsch al-Maghribî. 2620, 5°.

Mahâdarkhisch (?). 310, 6°.

Al-Maḥallî. Voyez Djalâl al-Dîn al-Maḥallî; — Ḥosaïn ibn Moḥammad; — Moḥammad ibn Aḥmad; — Moḥammad ibn 'Omar; — Aboû 'l-Qâsim al-Maḥallî.

Al-Maḥâmilî. Voyez Aḥmad ibn Moḥammad.

Al-Mâhânî. 2457, 39°. 2467, 16°.

Aboû 'l-Maḥâsin ibn Bint al-A'azz. 945, 1°.

Al-Mahboûbî. Voyez Ahmad ibn 'Obaïdallah ibn Mas'oûd.

Al-Mahdî, calife. 215, 6°.

Mahdî ibn 'Alî al-Ṣobonrî. 2700, 2°. 3016 et suiv.

Mahfoûẓ Ibn al-Kattâb al-Ṭoûbâdî (?). 905.

Maḥmoûd ibn 'Abd al-Raḥmân al-Iṣfahânî (Schams al-Dîn Aboû 'l-Thanâ). 799. 1257 et suiv. 2369, 3°. 2389.

Maḥmoûd ibn Aḥmad al-'Aïnî (Badr al-Dîn Aboû Moḥammad). 698 et suiv. 1542 et suiv. 1723. 3972, 12°. 4099. 4543 et suiv.

Maḥmoûd ibn Aḥmad al-Amschâṭî (Moẓaffar al-Dîn). 2930. 3025 et 3026.

Maḥmoûd ibn Aḥmad al-Qoûnî. 924.

Maḥmoûd ibn Aḥmad al-Zandjânî. 4246.

Maḥmoûd ibn abî Bakr al-Farâhî (Badr al-Dîn Aboû Naṣr). 823. 3088, 6°.

Maḥmoûd ibn abî Bakr al-Kilâbâdî. 865, 2°.

Maḥmoûd ibn abî Bakr al-Ormawî (Sirâdj al-Dîn). 2369, 2°. 2381, 2°. 2386 et suiv. 2398, 4° (dans ces notices, lisez partout *Maḥmoûd* au lieu de Moḥammad). 4187, 15°.

Maḥmoûd ibn Dâ'oûd al-Loulouî al-Bokhârî al-Afschandjî. 4570.

Maḥmoûd ibn Ismâ'îl ibn 'Abdallah ibn Mikâ'îl al-Kharîratî (ou al-Khartabartî). 4148 et suiv.

Maḥmoûd ibn Ismâ'îl al-Ḥalabî (Hibat Allâh). 4592, 14°.

Maḥmoûd ibn Mas'oûd al-Schîrâzî (Qoṭb al-Dîn). 2349. 2516 et suiv. 2940. 4377.

Maḥmoûd ibn Moḥammad ibn 'Omar al-Djaghmînî al-Khowârazmî (Scharaf al-Dîn). 2330, 7°. 2500 et suiv. 2589. 2865, 11°. 4386, 3°.

Maḥmoûd [ibn Moḥammad] al-Râzî (Qoṭb al-Dîn). 4187, 16°.

Maḥmoûd ibn 'Omar al-Zamakhscharî (Djâr Allah Aboû 'l-Qâsim). 597 et suiv. 1620, 8°. 2219. 3077. 3499 et suiv. 3948, 2°. 3964 et suiv. 3973, 7°, 11°. 4001 et suiv. 4016, 2°. 4022, 3°. 4041, 4°. 4283, 2°. 4289 et suiv. 4392, 2°, 3°. 4645.

Maḥmoûd ibn Sa'îd ibn 'Abdallah ibn Mikâ'îl. 4006, 5°.

Maḥmoûd ibn Salmân ibn Fahd al-Ḥalabî (Schihâb al-Dîn). 4436.

Maḥmoûd ibn Ṣadr al Scharî'a (Borhân al-Scharî'a). 905 et suiv.

Maḥmoûd Ibn al-Sindî al-Kâtib Kischâdjim (Aboû 'l-Fatḥ). 3301.

Al-Maïbodsî. Voyez Ḥosaïn ibn Mo'în al-Dîn.

Al-Maïdânî. Voyez Aḥmad ibn Moḥammad.

Maïmoûn. 2673 et suiv. Voyez aussi Moûsâ ibn 'Obaïdallah.

Maïmoûn ibn Moḥammad al-Nasafî (Mo'în al-Dîn Aboû 'l-Mo'în). 1232 et suiv. 4589, 4°.

Maïmoûn ibn Qaïs. Voyez Al-A'schâ.

Ibn-Maïmoûn. Voyez Moûsâ ibn 'Obaïdallah.

Al-Maïmoûnî. Voyez Ibrâhîm ibn Moḥammad.

Ibn Makânis. Voyez 'Abd al-Raḥmân Ibn Makânis et Madjd al-Dîn Ibn Makânis.

Aboû Makhlad. Voyez Îlyâ.

Al-Mâkhoûsî. Voyez 'Alî al-Mâkhoûsî.

Al-Makîn. 294. 295. 4524.

Al-Makîn. Voyez Sam'ân ibn Kalîl.

Al-Makoûdî. Voyez 'Abd al-Raḥmân ibn 'Alî.

Mâlik ibn Anas. 675 et suiv. 1310. 3389, 2°.

Al-Mâlik al-Kâmil. 870, 3°.

Ibn Mâlik. Voyez Moḥammad ibn 'Abdallah.

Mâmâ'î. Voyez Moḥammad ibn Aḥmad al-Roûmî.

Al-Ma'marî. Voyez Aboû Bakr Moḥammad.

Al-Mammâtî. Voyez As'ad al-Mammâtî.

Al-Ma'moûn. 198, 3°. 215, 4°, 9°.

Al-Manâwî. Voyez 'Abd al-Ra'oûf Moḥammad.

Manṣoûr ibn 'Abd al-Raḥmân (Zaïn al-Dîn). 4642.

Manṣoûr ibn Hibat Allâh (Qoṭb al-Dîn Aboû'l-Barakât). 723.

Manṣoûr ibn 'Îsâ (Aboû Sa'îd). 3028, 3°.

Manṣoûr al-'Absî. 258, 26°.

Manṣoûr al-Obaïy (Aboû Sa'îd ou Aboû 'l-Ḥonaïn). 3490.

Manṣoûr ibn Yoûnos al-Bahoûtî. 1107.

Al-Mantoûrî. 1077, 5°.

Maqâra. 251.

Al-Maqqarî. 670. — Voyez aussi Aḥmad ibn Moḥammad.

Al-Maqrîzî. Voyez Aboû Bakr al-Maqrîzî; — Aḥmad ibn 'Alî et Aḥmad ibn Moḥammad.

Al-Mar'aschî. Voyez Al-Ḥosaïn ibn Moḥammad et Moḥammad ibn Wâïẓ.

Al-Marâghî. Voyez 'Alî al-Marâghî.

Marc Ibn Zor'a. 301 et suiv.

Marcel. 4356.

Al-Mardjânî. Voyez Moḥammad al-Mardjânî.

Al-Marghinânî. Voyez 'Alî ibn abî Bakr.

Al-Marhoûmî. Voyez 'Abbâs ibn Aḥmad.

Mânî ibn Solaïmân. 190.

Mar'î ibn Yoûsof al-Maqdisî al-Ḥanbalî. 1624. 1826 et suiv. 2026. 4445.

Al-Mar'î. Voyez Moḥammad ibn Sa'îd.

Al-Mâridînî. Voyez 'Abdallah ibn Khalîl et Aḥmad ibn 'Abdallah.

Al-Marmarî. Voyez Moḥammad al-Marmarî.

Al-Marrâkoschî. Voyez Ḥasan ibn 'Alî et Moḥammad ibn Moḥammad.

Martin, pape. 234, 22°.

Al-Marwaroûdî. Voyez Al-Ḥosaïn ibn Moḥammad.

Marzebân ibn Schîrouin. 3524.

Ibn Marzoûq. Voyez Moḥammad ibn Aḥmad.

Aboû Ma'schar [Dja'far] ibn Moḥammad al-Balkhî. 2580, 3°. 2581 et suiv. 2696, 2°. 2718, 2°.

Al-Maschnâwî. Voyez 'Abd al-Raḥîm al-Maschnâwî.

Al-Maschtoulî. Voyez Moḥammad ibn 'Alî.

Ibn Maskawaih. Voyez Aḥmad ibn Moḥammad.

Maslama ibn Aḥmad al-Madjrîṭî. 2306 et suiv. 2612, 1°. 2613.

Al-Maṣmoûdî. Voyez Moḥammad ibn Aḥmad.

Mas'oûd. 4163.

Mas'oûd ibn Aḥmad. 3954, 2°.

Mas'oûd ibn 'Omar al-Taftâzânî (Sa'd al-Dîn). 797. 926, 3°. 1013, 6°. 1234 et suiv. 1262, 3°. 1265. 1396, 4°, 5°. 2351, 3°. 2379 et suiv. 2396. 3244, 4°. 4063 et suiv. 4187, 1°, 17°, 18°. 4373. 4386 et suiv. 4400. 4406 et suiv. 4589, 6°. 4606, 9°.

Mas'oûd al-Schîrwânî (Kamâl al-Dîn). 1262, 2°. 2351, 1°, 2°.

Aboû Mas'oûd. 2316, 5°.

Al-Mas'oûdî. Voyez 'Alî ibn al-Ḥosaïn.

Ibn Ma'ṣoûm. Voyez 'Alî ibn Aḥmad ibn Moḥammad.

Matthieu (Anbâ). 153, 23°.

Matthieu, (3e) patriarche d'Alexandrie. 319.

Matthieu, patriarche d'Alexandrie. 225 et suiv.

Mauhoûb ibn Aḥmad ibn Moḥammad ibn al-Khidhr Ibn al-Djawâlîqî (Aboû Manṣoûr). 3279. 4231, 3°.

Mauhoûb ibn Manṣoûr. 301 et suiv.

Maulâ-Zâdè Mâlik Schâh Qâsim Qâdirî al-Khaṭâî. 4408.

Al-Mausafî. Voyez Zîan al-'Âbidîn al-'Omarî.

Al-Mauṣilî. Voyez Ibrâhîm ibn Aḥmad et Ismâ'îl al-Mauṣilî.

Al-Mâwardî. Voyez 'Alî ibn Moḥammad.

Maxime, S. 163, 1°. 257, 16°.

Al-Ma'zâwî. Voyez Moḥammad ibn Aḥmad ibn Djamâ'a.

Méléthus, métropolitain d'Alep. 276, 34°.

Menelaüs. 2457, 37°. 2467, 1°, 10°.

Michel ibn Bodaïr (Aboû Djaïb). 303.

Michel, métropolitain de Damiette. 238, 20°. 251, 41°.

Michel, évêque de Malig. 213, 3°.

Michel Ṣabbâgh. 4607.

Michel, évêque de Tanis. 251, 40°.

Al-Miknâsî. Voyez Moḥammad ibn Aḥmad.

Ibn Milâq. 3338, 2°.

Al-Mîlawî. Voyez Yoûsof ibn Moḥammad.

Al-Minhâdjî. Voyez Moḥammad ibn Aḥmad.

Mîram Tchelebi. 2504, 5°.

Al-Mirghanî. Voyez Moḥammad Amîn.

Mîrzâ Makhdoûm. 1459.

Mîrzâdjân. Voyez Ḥabîb al-Schîrâzî.

Al-Mizzî. Voyez 'Abd al-Raḥîm al-Mizzî; — Moḥammad ibn Aḥmad ibn 'Abd al-Raḥîm et Yoûsof ibn 'Abd al-Raḥmân.

Al-Mo'âfâ ibn abî Ismâ'îl ibn abî 'l-Sinân. 732.

Al-Mo'âfâ ibn Zakariyâ al-Djârîrî. 3487 et suiv.

Ibn al-Mo'allim. Voyez Moḥammad ibn Moḥammad.

Al-Modjîrî. Voyez Aḥmad al-Modjîrî.

Al-Mofaddhal ibn 'Alî al-Maqdisî. 4256, 1°.

Mofaddhal ibn abî 'l-Fadhâïl. 4525.

Mofaddhal ibn Mâdjid Ibn al-Bischr. 2997 et suiv.

Al-Mofaddhal ibn 'Omar. 1449, 3°. 1450, 7°.

Al-Mofaddhal ibn 'Omar al-Abharî (Athîr al-Dîn). 1013, 10°. 1267, 2°. 1286, 9°. 1396, 7°. 2307, 8°, 9°. 2330, 3°, 5°. 2353 et suiv. 2360 et suiv. 2365, 1°. 2406, 2°. 2500, 10°. 2515. 2544, 5°.

Ibn Mofriḥ. Voyez 'Alî ibn Mofriḥ.

Moḥammad ibn al-'Abbâs ibn Aḥmad al-Moqrî. 1941.

Moḥammad ibn 'Abd al-'Aẓîm ibn Farroûkh. 816.

Moḥammad ibn 'Abd al-'Azîz ibn abî Bakr al-Djozoûlî al-Ya'qoûbî al-Resmoûkî. 2568, 1°.

Moḥammad ibn 'Abd al-'Azîz al-Hâschimî. 2457, 16°.

Moḥammad ibn 'Abd al-Azîz al-Idrîsî (Djamâl al-Dîn aboû Dja'far). 2274 et suiv.

Moḥammad ibn 'Abd al Djabbâr al-'Otbî (Aboû 'l-Naṣr). 1894 et suiv.

Moḥammad 'Abd al-Djalîl. 1893.

Moḥammad ibn 'Abd al-Ghanî al-Ardabîlî (Djamâl al-Dîn). 4005 et suiv. 4016, 2°. 4022, 3°. 4041, 4°.

Moḥammad ibn 'Abd al-Karîm al-Schahrastânî (Aboû 'l-Fatḥ). 1246. 1406 et suiv.

Moḥammad ibn 'Abd al-Khâliq ibn Ma'roûf. 4298 et suiv.

Moḥammad ibn 'Abdallah ibn ['Abd al-] Djalîl (Aboû 'Abdallah). 3340.

Moḥammad ibn 'Abdallah Ibn 'Abd al-Djalîl al-Tanasî. 1875 et suiv.

Moḥammad ibn 'Abdallah al-Anṣârî. 4208.

Moḥammad ibn 'Abd-Allâhi al-Azdî al-Baṣrî (Aboû Ismâ'îl). 1664 et suiv.

Moḥammad ibn 'Abd-Allâhi al-Bâqî al-Bokhârî ('Alâ al-Dîn). 4631 et suiv.

Moḥammad ibn 'Abdallah al-Djorwânî. 1047.

Moḥammad ibn 'Abdallah al-Ischbîlî. 1388.

Moḥammad ibn 'Abdallah al-Khaṭîb (Walî al-Dîn Aboû 'Abdallah). 720.

Moḥammad ibn 'Abdallah Ibn al-Khaṭîb (Lisân al-Dîn). 1997. 3011. 3347, 1° à 3°. 3418, 16°.

Moḥammad ibn 'Abdallah al-Ḥosaïnî Kibrît (ou Kirît). 2252, 1°. 2294.

Moḥammad [ibn 'Abdallah] al-Kharaschî. 1093 et suiv. 4556 et suiv.

Moḥammad ibn 'Abdallah al-Kisâ'î (Aboû 'l-Ḥasan). 1909 et suiv. 1923.

Moḥammad ibn 'Abdallah al-Ṭâ'î al-Djaïyânî Ibn Mâlik. 672, 3°, 4°. 1057, 6°. 1060, 8°. 1061, 9°. 4068 et suiv. 4117. 4118, 1°. 4119, 1°. 4207, 2°, 3°.

Moḥammad ibn 'Abdallah... ibn al-Walîd ibn 'Okba Ibn al-Azraq... al-Azraqî al-Ghassânî (Aboû 'l-Walîd). 1628 et suiv. 1631.

Moḥammad ibn 'Abd al-Laṭîf. 874.

Moḥammad ibn 'Abd al-Malik al-Hamdânî (Aboû 'l-Ḥasan). 1469.

Moḥammad ibn 'Abd al-Mon'im al-Djaudjarî. 3198, 1°.

Moḥammad ibn 'Abd al-Mo'ṭî al-Isḥâqî. 1839 et suiv.

Moḥammad ibn 'Abd al Qâdir ibn Moḥammad al-Damîrî. 1605, 1°. 2799.

Moḥammad ibn 'Abd al-Raḥîm 'Alî ibn al-Ḥasan Ibn al-Forât. 1595 et suiv.

Moḥammad ibn 'Abd al-Raḥîm Ibn Nobâta (Aboû Ṭâhir). 1289, 2°.

Moḥammad ibn 'Abd al-Raḥîm al-Qaïsî. 2167 et suiv.

Moḥammad ibn 'Abd al-Raḥmân al-Azarwâlî. 612, 4°.

Moḥammad ibn 'Abd al-Raḥmân al-Hamdânî (Aboû'l-Naṣr). 1314 et suiv. 4597. 4598, 2°.

Moḥammad ibn 'Abd al-Raḥmân ibn Ḥasan ibn Sowaïd al-Mâlikî. 2522.

Moḥammad ibn 'Abd al-Raḥmân al-'Omarî al-Guîlânî (Badr al-Dîn). 4143.

Moḥammad ibn 'Abd al-Raḥmân al-Qazwînî (Djalâl al-Dîn). 4378 et suiv. 4384 et suiv.

Moḥammad ibn 'Abd al-Raḥmân al-Sakhâwî (Schams al-Dîn Aboû 'l-Khaïr). 1317, 1° (?). 1615, 3°. 2078. 2150.

Moḥammad ibn 'Abd al-Wâḥid Ibn al-Hammâm (Kamâl al-Dîn). 850. 944.

Moḥammad ibn 'Abd al-Wâḥid al-Maqdisî. 2562, 18°.

Moḥammad ibn 'Adjloûn (Nadjm al-Dîn). 3204, 6°.

Moḥammad ibn Aḥmad. 2684, 7°.

Moḥammad ibn Aḥmad (Schams al-Dîn). 2761, 2°.

Moḥammad ibn Aḥmad ibn 'Abd al-'Azîz al-'Otbî. 1055.

Moḥammad ibn Aḥmad ibn 'Abdallah al-Qalqaschandî. 2049.

Moḥammad ibn Aḥmad ibn 'Abd al-Qâdir al-Naṣrî (Aboû Râs). 4614, 3°. 4618 et suiv.

Moḥammad ibn Aḥmad ibn 'Abd al-Raḥîm al-Mizzî (Schams al-Dîn). 2531, 1°. 2544, 15°. 2547, 6°, 13°, 14°, 23°.

Moḥammad ibn Aḥmad al-Abschîhî. 3369 et suiv.

Moḥammad ibn Aḥmad al-Abîwardî (Aboû 'l-Moẓaffar). 3117. 3411, 2°.

Moḥammad ibn Aḥmad al-'Aïnî. 899.

Moḥammad ibn Aḥmad ibn 'Âïscha (?) al-Zaïtoûnî al-Aufî. 2942, 5°.

Moḥammad ibn Aḥmad Ibn Aïyâs. 1822 et 1823. 1824 et suiv. 2207 et suiv. 3513, 3°.

Moḥammad ibn Aḥmad al-Albîrî (Aboû 'Abdallah). 2961.

Moḥammad ibn Aḥmad ibn 'Alî al-Fâsî al-Ḥasanî (Taqî al-Dîn Aboû'l Ṭaïyib). 1633. 1668, 3°. 2123 et suiv.

Moḥammad ibn Aḥmad ibn 'Alî Ibn Djâbir al-Hawârî. 4095. 4452, 1° à 10°.

Moḥammad ibn Aḥmad [ibn ?] 'Alî al-Nasawî (Schihâb al-Dîn). 1899.

Moḥammad ibn Aḥmad Ibn al-'Âṣ. 3038, 2°.

Moḥammad ibn Aḥmad Ibn al-'Aṭṭâr. 2932.

Moḥammad ibn Aḥmad al-Bahoûtî. 3406. 4424, 6°.

Moḥammad ibn Aḥmad al-Biroûnî (Aboû 'l-Raiḥân). 1489. 2222, 2°. 2280. 2497. 2498, 1°.

Moḥammad ibn Aḥmad al-Bokhârî (Ẓahîr al-Dîn Aboû Bakr). 856 et 857.

Mohammad ibn Aḥmad al-Dhakhrî. 2568, 5°.

Mohammad ibn Aḥmad Ibn Djamâ'a al-Ma'zâwî ('Izz al-Dîn). 746, 2°. 1285, 3°. 3090. 4532, 3°.

Mohammad ibn Aḥmad al-Domâṭî (Schams al-Dîn). 4122, 2°.

Mohammad ibn Aḥmad al-Ghaïṭî (Nadjm al-Dîn). 1044. 1985 et suiv.

Mohammad ibn Aḥmad al-Gharnâṭî (Aboû 'Abdallah). 3175.

Mohammad ibn Aḥmad ibn Ḥamza al-Ramlî al-Anṣârî (Zaïn al-Dîn). 1017-1020.

Mohammad al-Hadrî (Aboû 'l-Ḥasan). 1449, 3°.

Mohammad ibn Aḥmad al-Ḥanafî. 746, 1°.

Mohammad ibn Aḥmad Ibn Ilyâs al-Ḥanafî. 3409.

Mohammad ibn Aḥmad ibn al-'Imâd (Schams al-Dîn). 649. 1029.

Mohammad ibn Aḥmad ibn Iyâs al-Miṣrî. 1554.

Mohammad ibn Aḥmad al-Maḥallî (Djalâl al-Dîn). 652 et suiv. 803 et suiv. 2800, 16°, 17°.

Mohammad ibn (abî 'l-'Abbâs) Aḥmad Maïyâra (Aboû 'Abdallah). 818. 1102.

Mohammad ibn Aḥmad ibn Marzoûq al-Tilimsânî (Aboû 'Abdallah). 1230, 10°. 1396, 6°. 3188.

Mohammad ibn Aḥmad al-Maṣmoûdî. 1057, 18°.

Mohammad ibn Aḥmad al-Miknâsî Ibn Ghâzî al-'Othmânî. 1057, 13°. 2204, 2°.

Mohammad ibn Aḥmad al-Minhâdjî al-Osyoûṭî. 2255 et suiv.

Mohammad ibn Aḥmad ibn Moḥammad al-Qoûnawî. 1354.

Mohammad ibn Aḥmad al-Moqrî al-Anbârî. 3491 et suiv.

Mohammad ibn Aḥmad al-Nahrawânî al-Makkî al-Ḥanafî al-Qâdirî al-Kharaqânî (Qoṭb al-Dîn). 1637 et suiv. 1644 et suiv.

Mohammad ibn Aḥmad ibn 'Othmân ibn Qâïmâz Ibn al-Dsahabî (Schams al-Dîn Aboû 'Abdallah). 1580 et suiv. 1584 et 1585. 1997. 2013. 2075 et suiv. 2084. 4577, 8°.

Mohammad ibn Aḥmad ibn abî'l-Qâsim Ibn Ghâzî al-Djozoûlî. 4532, 1°. 4534, 3°.

Mohammad ibn Aḥmad al-Qazwînî (Djamâl al-Dîn Aboû 'Abdallah). 2334 et suiv.

Mohammad ibn Aḥmad Ibn al-Qoraschî. 853.

Mohammad ibn Aḥmad Ibn Roschd (Aboû'l-Walîd). 1057, 4°. 1072. 2458, 6°. 2918, 6°.

Mohammad ibn Aḥmad al-Roûmî Mâmâ'î. 3235, 1°.

Mohammad ibn Aḥmad al-Sakhâwî. 3248, 2°.

Mohammad ibn Aḥmad ibn Sa'îd al-Tamîmî. 2870, 1°.

Mohammad ibn Aḥmad al-Samnoûdî. 3218.

Mohammad [ibn Aḥmad] al-Schâdsilî al-Toûnisî (Djamâl al-Dîn Aboû'l-Mawâhib). 2770, 5°. 4162, 3°.

Mohammad ibn Aḥmad ibn abî Schâkir al-Irbilî (Madjd al-Dîn). 3129, 3°.

Mohammad ibn Aḥmad Ibn Schammâ' (Aboû 'Abdallah). 4625, 3°.

Mohammad ibn Aḥmad al-Sibṭî al-Andalosî. 4446, 1°.

Mohammad ibn Aḥmad al-Tafrâwî. 1871, 2°.

Mohammad ibn Aḥmad ibn Ya'la' (al-Scharîf) al-Ḥasanî. 4098, 3°. 4127.

Mohammad ibn Aïyoûb al-Tâdsifî (Badr al-Dîn). 1965.

Mohammad ibn 'Alâ al-Dîn Ibn al-Ridhâ. 1375 et suiv.

Mohammad ibn 'Alî. 2405, 5°.

Mohammad ibn 'Alî ibn 'Abd al-'Azîz ibn 'Alî ibn Barakât. 1507.

Mohammad ibn 'Alî al-Âdjorrî (Aboû 'Obaïd). 2085.

Mohammad ibn 'Alî ibn Aḥmad (Aboû 'Abdallah). 2475, 1°.

Mohammad ibn 'Alî ibn Aḥmad Ibn Ḥadîda al-Anṣârî al-Khazradjî. 1971, 1°.

Mohammad 'Alî ibn 'Allân al-Ṣiddîqî. 4430.

Mohammad ibn 'Alî al-Anṣârî (Kamâl al-Dîn). 2711.

Mohammad ibn 'Alî al-'Anṣârî (Aboû'l-Ma'âlî). 2322, 6°, 7°.

Mohammad ibn 'Alî Ibn al-'Arabî (Moḥyi al-Dîn). 743, 7°. 1199. 1333 et suiv. 1337, 1°, 3°, 4°. 1338, 1° à 5°. 1339. 1340 et suiv. 1343, 1°. 1344. 1347, 2°. 1386, 1°, 2°. 1699, 3°, 4°. 1794. 2348, 2°. 2358, 1°. 2405, 6°, 7°. 2502, 3°. 2661, 3°. 2669, 11° à 14°. 2675, 3°. 2678 et suiv. 2684, 14°. 3167 et suiv. 3171 et suiv. 3204, 3°. 3244, 8°. 3431, 14°.

Mohammad ibn 'Alî ibn 'Aṭiya al-Makkî (Aboû Ṭâlib). 2016, 2°.

Mohammad ibn (Pîr) 'Alî al-Birguelî (ou Birguewî). 1321 et suiv. 4120. 4206.

Mohammad ibn 'Alî al-Fanârî. 926, 3°.

Mohammad ibn 'Alî al-Ḥâddj al-Schâṭib. 2758, 2°.

Mohammad ibn 'Alî ibn Haïdar al-Ḥosaïnî. 3259, 1°.

Mohammad ibn 'Alî ibn Ḥammâd (Aboû 'Abdallah). 1888. 4614, 1°. 4615. 4625, 2°.

Mohammad ibn 'Alî ibn al-Ḥosaïn ibn Moûsâ al-Qommî Ibn Bâbawaih (Aboû Dja'far). 1108, 1°. 1231. 2018, 1°, 2°.

Mohammad ibn 'Alî ibn Ibrâhîm Ibn Zarîq al-Khaïrî. 2520, 2°. 2521, 1°.

Mohammad ibn 'Alî ibn Khalaf al-Aḥmadî (Aboû'l-Baqâ). 4447.

Mohammad ibn 'Alî ibn Maḥmoûd (Schams al-Dîn). 4435, 2°, 3°.

Mohammad ibn 'Alî al-Maschtoûlî. 2017.

Mohammad ibn 'Alî ibn Mohammad al-Khaṭîbî al-Zauzanî. 2112.

Mohammad ibn 'Alî ibn Mohammad al-Schaṭibî al-Andalosî (Aboû 'Abd Allah). 1545 et suiv. 4608, 1°.

Mohammad ibn 'Alî al-Sakhâwî (Schams al-Dîn Aboû'l-Khaïr). 2105.

Mohammad ibn 'Alî Ṣâliḥ al-'Alîmî al-Moṭarriz (Aboû 'Abdallah). 4015, 4°.

Mohammad ibn 'Alî ibn 'Omar al-Samarqandî (Nadjîb al-Dîn). 2946, 7°, 8°. 2967, 4°. 2971 et suiv.

Mohammad ibn 'Alî ibn Scho'aïb Ibn al-Dabhân (Aboû Schodjâ'). 788.

Mohammad ibn 'Alî al-Schobrâmolsî. 2597. 2698, 1° à 3°.

Mohammad ibn 'Alî ibn Ṭabâṭabâ ibn al-Ṭiqṭaqâ (Ṣafî al-Dîn). 2441 et suiv.

Mohammad ibn 'Alî Ibn Wad'ân (Aboû Naṣr). 722, 7°.

Mohammad ibn 'Alî ibn Yâsir al-Djaïyânî (Aboû Bakr). 722, 3°.

Mohammad ibn علس (?) ibn 'Alî. 4057.

Mohammad al-'Alqamî (Schams al-Dîn). 770-772.

Mohammad Ibn al-Âmidî (Schams al-Dîn). 1176, 31°.

Mohammad Amîn (ou Amîra) al-Bokhârî Amîr Pâdischâh. 2679, 3°. 3257, 2°.

Mohammad Amîn ibn Ḥasan Mîrghanî. 3578.

Mohammad Amîn (al-Amîn al-Schâmî al-Moḥibbî) ibn Moḥibb al-Dîn ibn abî'l-Fadhl al-'Olwânî. 2083.

Mohammad ibn 'Ammâr al-Mâlikî. 742.

Mohammad ibn Amyal al-Tamîmî (Aboû 'Abdallah). 2609, 1°, 2°. 2610. 2611, 1°. 2620, 2°.

Mohammad ibn 'Aqîl al-Bâlisî (Nadjm al-Dîn). 710 et 711.

Mohammad ibn abî'l-'Âṣ. 3027.

Mohammad ibn Aschraf al-Samarqandî (Schams al-Dîn). 1262, 2°. 2350, 1°, 2°. 4378, 2°.

Mohammad ibn 'Atîq al-Todjîbî. 4207, 1°.

Mohammad ibn 'Azîz al-Sidjistânî (Aboû Bakr). 590.

Mohammad al-Bâbilî. 1699, 2°.

Moḥammad al-Badrî al-Makkî (Aboû Djâbir). 3442, 1°.

Moḥammad ibn Bahâdour ibn 'Abdallah al-Zarkaschî (Badr al-Dîn). 696. 811. 991. 1007 et suiv. 1013, 2°.

Moḥammad al-Bahnasî (Schams al-Dîn). 4533, 1°.

Moḥammad ibn Bahrâm Ibn al-Qalânisî (Badr al-Dîn). 2946, 3°.

Moḥammad ibn abî Bakr. 782, 1°. 2254, 7°. 4662, 6°.

Moḥammad ibn abî Bakr ibn 'Abd al-Qâdir al-Râzî. 623 et suiv.

Moḥammad ibn abî Bakr ibn Aïyoûb al-Zarâ'î (ou al-Zor'î) Ibn Qayïm al-Djauziya. 1294. 3045.

Moḥammad ibn abî Bakr Ibn al-Damâmînî. 3124, 1°. 3125.

[Moḥammad ibn abî Bakr] Imâm-Zâdè (Rokn al-Islâm). 1248 et suiv.

[Moḥammad] ibn abî Bakr al-Khabîsî. 4042 et suiv.

Moḥammad ibn abî Bakr Ibn al-Mouftî al-Bokhârî. 760, 4°.

Moḥammad ibn abî Bakr ibn Raschîd al-Baghdâdî. 1668, 3°.

Moḥammad [ibn abî Bakr] al-Râzî. 4241 et suiv.

Moḥammad ibn abî Bakr al-Râzî (Zaïn al-Dîn). 812, 6°. 873 et suiv.

Moḥammad ibn abî Bakr Ibn Schoroûn. 2308.

Moḥammad ibn abî Bakr al-Soyoûṭî. 3385 et suiv.

Moḥammad ibn abî Bakr al-Tîzâî. 2547, 16°.

Moḥammad ibn abî Bakr ibn Yoûsof al-'Adnânî Ibn Adjânâ. 1075.

Moḥammad ibn abî Bakr al-Zohrî. 2220.

Moḥammad al-Bakrî. 2037, 2°. 2246. 3156, 5°.

Moḥammad al-Bakrî. 2580, 4°.

Moḥammad al-Bakrî al-Ṣiddîqî. 4443.

Moḥammad al-Bihischtî. 1160, 9°.

Moḥammad al-Bolqînî (lisez al-Bolqaïnî). 1361 et suiv.

Moḥammad al-Daladjî (ou al-Doladjî). 4429, 3°.

Moḥammad ibn Dânyâl (Schams al-Dîn). 2149.

Moḥammad ibn al-Dhiyâ (Aboû'l-Baqâ). 606, 5°.

Moḥammad ibn Dikrâ. 1351.

Moḥammad al-Dimaschqî (Schams al-Dîn). 1312.

Moḥammad Diyâb al-Atlîdî. 2108 et suiv.

Moḥammad al-Dja'farî (Naṣr al-Dîn). 1041.

Moḥammad ibn Djamâl al-Dîn Aqsarâ'î. 775, 2°.

Moḥammad ibn Djarîr al-Ṭabarî (Aboû Dja'far). 1466 et suiv. 1944.

Moḥammad al-Djauharî al-Khâlidî. 1049. 1269.

Moḥammad ibn abî Djom'a al-Habaṭî (ou al-Habṭî). 672, 1°.

Moḥammad Efendi. 1699, 5°, 6°.

Moḥammad Efendi. 2296.

Moḥammad Ibn al-Fadhl al-'Azâwî (al-Forâwî?) (Aboû 'Abdallah). 722, 4°.

Moḥammad al-Fâsî. 2732, 1°.

Moḥammad ibn abî'l-Fotoûḥ ibn abî'l-Yomn Solaïmân (Aboû'l-Fadhâïl). 1972.

Moḥammad al-Ghamrî. 2621, 1°.

Moḥammad Ghânim. 4124, 3°.

Moḥammad al-Ghomarî (lisez al-Ghamrî). 3971, 1°.

Moḥammad Ibn al-Habbâriya (Aboû Ya'lâ). 2198. 3495 et suiv.

Moḥammad al-Ḥafnâwî. 817. 4108 et 4109.

Moḥammad al-Ḥakîm. 2405, 3°.

Moḥammad al-Ḥalabî al-Qauwâs (Schams al-Dîn). 3952.

Moḥammad al-Ḥalabî al-Raschîd. 4451.

Moḥammad ibn Ḥamdoûn al-Bonânî (ou al-Banânî). 4098, 2°.

Moḥammad ibn Ḥamza. 1156, 6°.

Moḥammad ibn Ḥamza al-Fanârî (Schams al-Dîn). 864. 1134, 4°. 1396, 7°. 2353, 1°. 2354, 1°. 2355. 4606, 5°.

Moḥammad al-Ḥanafî. 743, 4°.

Moḥammad al-Ḥanafî (Aboû 'Abdallah). 3171, 3°.

Moḥammad al-Ḥanafî al-Tibrîzî. 809, 10°.

Moḥammad Ibn al-Ḥanafî. 1364.

Moḥammad ibn Hânî (Aboû'l-Qâsim). 3108.

Moḥammad ibn Hâroûn al-Warrâq (Aboû 'Îsâ). 167. 168.

Moḥammad Ḥasan (Aboû Dsâkir Kittâbat al-Moḥammadiya). 4643.

Moḥammad ibn Ḥasan ibn 'Abdallah al-Ḥosaïnî. 2032.

Moḥammad ibn al-Ḥasan ibn 'Alî ibn al-Ḥosaïn al-Djowânî (Aboû'l-Qâsim). 2010.

Moḥammad ibn Ḥasan ibn 'Alî al-Nawâdjî (Schams al-Dîn). 2098. 3392. 3393 et suiv. 3401, 1° à 3°. 3402 et suiv. 4453.

Moḥammad ibn Ḥasan al-Baramoûnî. 3193.

Moḥammad ibn al-Ḥasan... ibn Ḥamdoûn *Kâfî'l-Kofât* (Aboû'l-Ma'âlî). 3324.

Moḥammad ibn al-Ḥasan al-Karkhî (Aboû Bakr). 2459.

Moḥammad ibn al-Ḥasan al-Schaïbânî. 784, 1°. 785. 820 et suiv. 837 et 838. 3019, 3°. 3204, 6°. 4544, 2°. 4585, 1°.

Moḥammad ibn Ḥomaïd al-Kafawî. 3078, 2°.

Moḥammad ibn al-Ḥosaïn. 2468, 4°.

Moḥammad ibn al-Ḥosaïn (Aboû Dja'far). 2457, 20°.

Moḥammad ibn al-Ḥosaïn al-Ahwâzî. 2419, 2°.

Moḥammad ibn Ḥosaïn Aboû'l-Djaïsch al-Anṣârî al-Khazradjî al-Andalosî (Dhiyâ al-Dîn Aboû 'Abdallah). 1077, 6°. 1286, 4°. 3955, 2°, 3°. 4446, 1° et suiv.

Moḥammad ibn al-Ḥosaïn Ibn Doraïd al-Azdî (Aboû Bakr). 792, 2°. 3088 et suiv. 3971, 3°. 4231, 4°, 5°. 4233.

Moḥammad ibn abî'l-Ḥosaïn al-Ṣiddîqî. 2037, 4° à 7°.

Moḥammad ibn al-Ḥosaïn al-Solamî. 2043.

Moḥammad ibn al-Ḥosaïn Yazdân Yâr (Aboû Dja'far). 1369.

Moḥammad al-Ḥosaïnî Bouzourg-Zâdè. 2254, 12°.

Moḥammad (Ṣâliḥ) ibn Ibrâhîm al-Aḥsâ'î. 4112 et suiv.

Moḥammad ibn Ibrâhîm al-Anṣârî. 2762.

Moḥammad ibn Ibrâhîm al-Bakrî al-Roûdî (lis. al-Rondî). 2450, 4°.

Moḥammad ibn Ibrâhîm Ibn al-Ḥanbalî (Ridhâ al-Dîn). 2474. 4187, 12°.

Moḥammad ibn Ibrâhîm al-Ḥasanî al-Qâsimî al-Hâdawî (Aboû 'Abdallah). 1460.

Moḥammad ibn Ibrâhîm ibn Khalîl al-Tatâ'î (Aboû 'Abdallah). 4548. 4555.

Moḥammad ibn Ibrâhîm al-Kotbî (al-Kotobî) (Djamâl al-Dîn). 1300 et suiv.

Moḥammad ibn Ibrâhîm Ibn al-Marrî al-Ma'âfirî. 758, 2°.

Moḥammad ibn Ibrâhîm ibn Moḥammad ibn Hischâm. 2761, 1°.

Moḥammad ibn Ibrâhîm al-Nafzî al-Ṣardanî Ibn 'Abbâd. 1350.

Moḥammad ibn Ibrâhîm al-Omawî al-Scharîschî. 1061, 5°.

Moḥammad ibn Ibrâhîm al-Raba'î al-Tâdafî Ibn al-Ḥanbalî. 2140 et suiv.

Moḥammad ibn Ibrâhîm ibn Sâ'îd Ibn al-Akfânî al-Sakhâwî al-Anṣârî. 2234, 3°. 2331 et suiv. 2776, 1°. 3442, 5°.

Moḥammad ibn Idrîs. 2548.

Moḥammad ibn Iflâṭoûn al-Roûmî (Iflâṭoûn Zâdè). 952, 3°.

Moḥammad ibn 'Îsâ al-Andalosî. 2692.

Moḥammad ibn 'Îsâ al-Tirmidsî (Aboû 'Îsâ). 709 et suiv.

Moḥammad ibn Isḥâq al-Moṭṭalibî (Aboû Bakr). 1960 et suiv.

Moḥammad ibn Isḥâq al-Qoûnawî (Ṣadr al-Dîn). 1354. 1386, 3°.

Moḥammad ibn Isḥâq al-Warrâq Ibn abî Ya'qoûb al-Nadîm (Aboû'l-Faradj). 4457 et suiv.

Mohammad ibn Ismâ'îl ibn Mohammad. 2943, 1°.

Mohammad ibn Ismâ'îl Ibn Wadâ'a Ibn al-Bakkâl. 4639, 1°.

Mohammad al-Kalâzî. 1450, 10°.

Mohammad ibn Khalîl Ghalboûn. 1889, 1°.

Mohammad ibn Khatîr al-Dîn ibn Bâyazid ibn Khodja Farîd al-'Attâr. 1197, 1°.

Mohammad ibn Lâdjîn al-Hossâmî al-Ṭarâbolosî. 2827, 2°.

Mohammad al-Mahdî ibn Aḥmad al-Fâsî. 2046.

Mohammad ibn al-Mahdî li-Dîn Allâh 'Alî ibn Mohammad ibn 'Alî (Al-Nâṣir li'l-Ḥaqq al-Moubîn Salâḥ al-Dîn). 3966, 1°.

Mohammad al-Mahdjoûb (Aboû 'Abdallah). 1203, 4°.

Mohammad ibn Mahmoûd al-Bâbartî (Akmal-al-Dîn). 846 et 847.

Mohammad ibn Maḥmoûd ibn al-Naddjâr al-Baghdâdî (Mohibb al-Dîn). 1630. 2089 et suiv.

Mohammad ibn Maḥmoûd ibn abî'l-Sa'adât... ibn abî'l-Djoûd al-Salmoûnî. 1608.

Mohammad al-Ma'moûn ibn Mohammad al-Ḥafṣî. 1276, 1°.

Mohammad ibn Mâlik (Djamâl al-Dîn). 1077, 2°, 3°.

Mohammad ibn Manṣoûr. 2571, 1°.

Mohammad al-Mardjânî. 2729, 3°.

Mohammad al-Marmarî (Schams al-Dîn). 2684, 16°.

Mohammad ibn Ma'roûf (Taqî al-Dîn). 2478.

Mohammad ibn Mas'oûd al-Sirâfî. 4121.

Mohammad ibn Menkelî. 2832, 1°.

Mohammad ibn Moubârak al-Tonoûkhî. 1344, 3°.

Mohammad ibn Moubârakschâh al-Bokhârî (Schams al-Dîn). 2384 et suiv.

Mohammad [ibn Mohammad] (Badr al-Dîn). 4119, 1°.

Mohammad ibn Mohammad (Aboû'l-Fatḥ). 3404.

Mohammad ibn Mohammad ibn 'Abdallah ibn Mâlik al-Taïyi al-Djaïyânî (Djamâl al-Dîn). 4375.

Mohammad ibn Mohammad ibn 'Abd al-Djalîl al-'Omarî. 3954, 1°.

Mohammad [ibn Mohammad ibn 'Abd al-Raḥmân] (Kamâl al-Dîn). 624, 2°.

Mohammad ibn Mohammad ibn 'Abd al-Raḥmân ibn Ḥasan al-Khiṭâba. 4142.

Mohammad ibn Mohammad ibn 'Abd al-Raḥmân al-Khaṭṭâb. 813.

Mohammad ibn Mohammad ibn 'Abd al-Malik al-Ausî al-Anṣârî al-Marrâkoschî. 2156.

Mohammad ibn Mohammad ibn 'Abd al-Raschîd al-Sadjâwandî (Sirâdj al-Dîn Aboû Ṭâhir). 859 et suiv. 1328, 3°. 2330, 12°, 14°.

Mohammad ibn Mohammad al-'Abdarî. 1889, 2°. 2283.

Mohammad ibn Mohammad ibn Aḥmad. 1129.

Mohammad ibn Mohammad ibn Aḥmad ibn Djozaïy al-Kalbî. 4207, 5°.

Mohammad ibn Mohammad ibn Aḥmad al-Isfarâînî (Tâdj al-Dîn). 4009 et suiv. 4020, 3°. 4023, 4°. 4121.

Mohammad ibn Mohammad ibn Aḥmad ibn Maryam al-Tilimsânî. 4630.

Mohammad ibn Mohammad ibn Aḥmad ibn Mohammad Sibṭ al-Mâridînî. 2471. 4162, 4°.

Mohammad ibn Mohammad ibn Aḥmad Sibṭ al-Mâridînî (Badr al-Dîn Aboû'l-Djoûd). 870, 2°. 1042, 1°.

Mohammad ibn Mohammad al-Akhsîkatî (Ḥosâm al-Dîn). 802. 880.

Mohammad ibn Mohammad al-Aqsarâï (Djamâl al-Dîn). 885. 4385.

Mohammad ibn Mohammad ibn Âṣim al-Qaïsî. 1100 et suiv.

Mohammad ibn Mohammad... ibn al-'Aṭṭâr al-Bakrî (Aboû 'Abdallah). 2546, 1°.

Mohammad ibn Mohammad ibn abî Bakr al-Ḥalabî. 2547, 21°, 22°.

Mohammad ibn Mohammad ibn abî Bakr al-Tîzînî. 2521, 2°. 2547, 9°. 2558, 2°.

Mohammad ibn Mohammad al-Bokhârî al-Kâkî (Qiwâm al-Dîn). 845.

Mohammad ibn Mohammad al-Boûzdjânî (Aboû'l-Wafâ). 2494.

Mohammad ibn Mohammad al-Dabsiyâwî. 1399.

Mohammad ibn Mohammad ibn Dâ'oûd al-Ṣinhâdjî Ibn Adjarroûm. 1057, 2°. 1206, 12°. 2307, 4°. 2571, 5°. 4122 et suiv.

Mohammad ibn Mohammad al-Ghazzî al-'Âmirî (Nadjm al-Dîn et al-Ridhâ al-Dîn). 3226. 4227, 1°, 3°.

Mohammad ibn Mohammad al-Ḥâfî (Zaïn al-Dîn). 1176, 1°.

Mohammad ibn Mohammad al-Ḥalabî (Ibn Amîr Ḥâddj Schams al-Dîn). 1147 et 1148.

Mohammad ibn Mohammad ibn Ḥâmid... Ibn Oloh al-Iṣfahânî ('Imâd al-Dîn Aboû 'Abdallah). 1303, 3°. 1693 et suiv. 2145. 3326.

Mohammad ibn Mohammad ibn Hibat Allâh ibn al-Ḥosaïn al-Afṭasî (Amîn al-Daula). 3388.

Mohammad ibn Mohammad ibn abî'l Khaïr al-Ḥosanî. 2569, 3°.

Mohammad ibn Mohammad ibn Khalîfa (Sa'd al-Dîn Aboû Sa'îd). 651, 1°.

Mohammad ibn Mohammad al-Lâdsaqî (ou al-Lâdsiqî). 2553.

Mohammad ibn Mohammad ibn Maḥmoûd al-Schaïkh al-Bokhârî. 4253, 2°.

Mohammad ibn Mohammad Ibn al-Mo'allim. 638.

Mohammad ibn Mohammad ibn Mohammad ibn Aḥmad al-Ya'marî al-Rab'î Ibn Saïyid al-Nâs (Fatḥ al-Dîn Aboû'l-Fatḥ). 1967 et suiv.

Mohammad ibn Mohammad ibn Mohammad al-Dja'farî. 1607. 1815, 3° à 5.

Mohammad ibn Mohammad ibn Mohammad al-Djazarî (Schams al-Dîn Aboû'l-Khaïr). 592, 2°. 762, 1°. 1169 et suiv. 2571, 6°. 4532, 4°, 6°. 4542, 5°. 4577, 3°. 4662, 15°.

Mohammad ibn Mohammad ibn Mohammad al-Khalîlî (Schams al-Dîn). 2558.

Mohammad ibn Mohammad ibn Mohammad al-Ṣafadî (Aboû 'Abd Allah). 3387, 2°.

Mohammad ibn Mohammad ibn Mohammad al-Ṭoûsî al-Ghazâlî (Ḥoddjat al-Islâm Aboû Ḥâmid). 202. 448. 748, 2°. 985. 1026. 1032. 1122, 3°. 1154, 2°. 1176, 26°. 1206, 15°. 1248, 3°. 1291 et suiv. 1331. 1327, 12°. 1381, 1° et suiv. 1405, 2°. 2035, 3°. 2310. 2311. 2351, 4°. 2365, 1°. 2405, 9°. 2424 et suiv. 2701. 2741, 2°. 2763, 1°. 3198, 3°. 3973, 10°. 4530. 4579.

Mohammad ibn Mohammad Ibn Nobâta (Djamâl al-Dîn). 2234, 4°, 5°. 3315. 3344. 3363, 2°.

Mohammad ibn Mohammad al-Ofrânî. 4617.

Mohammad ibn Mohammad al-'Omarî al-Qaṣirî. 3165, 2°.

Mohammad ibn Mohammad al-Râzî al-Taḥtânî (Qoṭb al-Dîn). 2369, 2°. 2371, 2°. 2373 et suiv. 4187, 15°.

Mohammad ibn Mohammad ibn Scharaf al-Zara'î (ou al-Zor'î). 3342 et suiv.

Mohammad [ibn Mohammad] Ibn al-Schiḥna (Mohibb al-Dîn Aboû'l-Walîd). 934. 1240. 1537 et suiv. 1683. 2212, 2°.

Mohammad ibn Mohammad Sibṭ al-Mâridînî (Badr al-Dîn). 2521, 8°. 2541, 6°. 2542, 1°. 4580, 3°.

[Mohammad ibn Mohammad] Sibṭ al-Mâridînî (Djamâl al-Dîn). 2519, 2°.

Mohammad ibn Mohammad ibn abî'l-Soroûr al-Ṣiddiqî al-Bakrî (Schams al-Dîn). 781. 1560 et suiv. 1623. 1852.

Mohammad ibn Mohammad al-Scha'bî. 1037.

Mohammad [ibn Mohammad] al-Ṭoûsî (Naṣîr al-Dîn Aboû Dja'far). 2330, 6°, 8°. 2366. 2368 et suiv. 2465. 2466. 2467, 1°, 5°, 8°, 10° à 12°. 2485. 2509 et suiv. 2716, 5°. 4374, 2°.

Mohammad ibn Mohammad ibn Ya'qoûb al-Koûmî al-Toûnisî. 2707.

Mohammad ibn abî Mohammad ibn Mohammad ibn Ẓafar (Hoddjat al-Dîn). 608. 1959. 2121 et suiv. 3131, 2°. 3503 et suiv.

Mohammad ibn al-Môlâ (Qoṭb al-Dîn). 2753.

Mohammad ibn Morthadâ Moḥsin. 4604.

Mohammad Moslih al-Dîn al-Lârî (Schams al-Dîn). 2364.

Mohammad ibn Moṣṭafâ Schaïkh Zâdè (Moḥyî al-Dîn). 3198, 4°.

Mohammad ibn Moûsâ. 2467, 3°.

Pir Mohammad ibn Moûsâ al-Broûsî. 951.

Mohammad ibn Moûsâ ibn 'Îsâ al-Damîrî (Kamâl al-Dîn). 2783 et suiv. 4586, 3°.

Mohammad ibn Moûsâ al-Naddjâr. 1620, 9°.

Mohammad ibn Moyassar. 1688.

Mohammad al-Nâdsifî al-Ḥalabî Ibn al-Ḥanbalî. 4531.

Mohammad al-Nafzâwî. 3070.

Mohammad ibn Nâmwar al-Khoûnadjî (Aboû 'l-Fadhâïl). 1396, 6°, 12°. 2937 et suiv.

Mohammad ibn Nâṣir al-Dar'î. 3198, 6°.

Mohammad ibn 'Omaïr al-Ḥalabî. 4040.

Mohammad ibn 'Omar al-Ahdab. 3438.

Mohammad ibn 'Omar al-Baḥîrî al-Maḥallî. 2706.

Mohammad ibn 'Omar al-Ghazlawî. 3069.

Mohammad ibn 'Omar al-Ḥadhramî (Djamâl al-Dîn). 2502, 11°.

Mohammad ibn 'Omar Ibn al-Qoûṭiya. 1867, 1°.

Mohammad ibn 'Omar al-Râzî (Fakhr al-Dîn Aboû 'Abdallah). 178, 1°. 613. 790. 1253. 1254. 1360, 2°. 2521, 5°. 2592. 2599, 2°. 2645. 2936. 2937 et suiv. 4187, 6°. 4577, 14°, 15°.

Mohammad ibn 'Omar ibn Ṣâdiq ibn 'Omar al-Bakrî al-Fawânisî ou al-Qawânisî. 2545. 2561.

Mohammad ibn 'Omar ibn Ṣiddîq al-Bakrî. 4580, 4°.

Mohammad ibn 'Omar al-Ṣinhâdjî *Lamschând*. 4665, 10°.

Mohammad ibn 'Omar al-Toûnisî. 4641.

Mohammad ibn 'Othmân al-Anṣârî. 2670.

Mohammad ibn Qaïyim al-Djauziya (Schams al-Dîn). 1387.

Mohammad ibn al-Qâsim al-Anbârî (Aboû Bakr). 651, 2°.

Mohammad ibn Qâsim ibn Ya'qoûb. 3501 et suiv.

Mohammad ibn abî 'l-Qâsim ibn 'Abd al-Salâm al-Righî (Schams al-Dîn Aboû 'Abdallah). 614.

Mohammad ibn abî 'l-Qâsim al-Ro'aïnî Ibn abî Dinâr al-Qaïrawânî (Aboû 'Abdallah). 1887.

Mohammad ibn Qorqamâs (Nâṣir al-Dîn). 2502, 9°.

Mohammad (Pîr) ibn Qoṭb al-Dîn al-Khoûyî. 1386, 3°.

Mohammad Râghib Pacha. 4455.

Mohammad ibn Rasoûl al-Barzandjî. 1459.

Mohammad al-Razzâq (Djalâl al-Dîn). 626.

Mohammad al-Rifâ'î. 3454.

Mohammad ibn Roschd al-Baghdâdî. 1057, 21°.

Mohammad ibn abî Sahl al-Sarakhsî (Aboû Bakr). 785. 837. 838.

Mohammad ibn Sa'îd ibn al-Dobaïthî al-Wâsiṭî. 2133.

Mohammad ibn Sa'îd al-Mar'î. 2568, 4°.

Mohammad ibn Sa'îd al-Ṣinhâdjî (Aboû 'Abdallah). 1400 et suiv.

Mohammad ibn Sa'îd al-Soûsî. 2568, 11°.

Mohammad ibn Salâma ibn Khadhr (ibn Ḥakmoûn) al-Qodhâ'î (Aboû 'Abdallah). 1490 et suiv. 1952.

Mohammad Ṣâliḥ. 4329 et suiv. 4336, 2°.

Mohammad al-Ṣâliḥ. 4528, 2°.

Mohammad ibn Sâlim al-Khallâl (Schams al-Dîn). 2661, 1°, 13°.

Mohammad ibn Sâlim ibn Naṣr Allâh ibn Sâlim Ibn Wâṣil al-Ḥamawî (Djamâl al-Dîn). 1702 et suiv. 4451.

Mohammad al-Samarqandî (Rokn al-Dîn). 773, 2°. 1699, 3°.

Mohammad Sandjakdâr al-Scharîf. 2536.

Mohammad al-Ṣarṣarî (Aboû 'Abdallah). 1607.

Mohammad Ibn Scha'ba al-Ḥarrânî. 1450, 1°.

Mohammad ibn Schâkir al-Kotobî (Fakhr al-Dîn). 1586 et suiv.

Mohammad ibn Scharaf al-Kalâ'î. 1025, 1°.

Mohammad ibn Scharîf al-Ḥosaïnî al-Djordjânî (Noûr al-Dîn). 1013, 7°, 8°. 2397.

Mohammad ibn abî Scharîf (Kamâl al-Dîn). 2255.

Mohammad al-Scharnoûbî (Schams al-Dîn). 1293, 3°.

Mohammad al-Schîrâzî (Mîr Ṣadr al-Dîn). 2398, 3°.

Mohammad ibn Scho'aïb al-Ḥidjâzî. 1373.

Mohammad Sibṭ al-Mâridînî. 2560, 7°, 15°.

Mohammad Sibṭ al-Mâridînî (Schams al-Dîn). 1036. 2541, 1°.

Mohammad ibn Sibṭ al-Mâridînî. 2547, 18°.

Mohammad al-Ṣiddîq. 1337, 2°.

Mohammad al-Simnânî (Sadîd al-Dîn). 2917, 2°.

Mohammad ibn Sîrîn. 2742 et suiv. 2744.

Mohammad ibn Solaïmân al-Bahloûlî. 782, 4°.

Mohammad ibn Solaïmân al-Djozoûlî (Aboû 'Abdallah). 1180 et suiv.

Mohammad ibn Solaïmân al-Kafawî. 2097.

Mohammad ibn Solaïmân al-Redânî. 4470.

Mohammad ibn Solaïmân al-Roûmî al Kânyâdjî [Kâfiyadjî] (Moḥyî al-Dîn). 1126, 3°.

Mohammad ibn Solaïmân al-Ṣâïm ibn 'Abd al-Raḥmân al-Tilimsânî al-Djozoûlî. 4601 et suiv.

Mohammad ibn ('Afîf al-Dîn) Solaïmân al-Tilimsânî (Schams al-Dîn). 3176. 3947, 1°.

Mohammad al-Ṭablâwî (Nâṣir al-Dîn). 4533, 1°.

Mohammad ibn Ṭalḥa al-Qoraschî al-'Adawî (Kamâl al-Dîn Aboû Sâlim). 2440. 2663 et suiv. 4606, 1°.

Mohammad ibn abî Ṭâlib al-Anṣârî al-Dimaschqî (Schams al-Dîn Aboû 'Abdallah). 2187. 2562, 20°. 2759. 3973, 13°.

Mohammad Tchelebi Efendi. 4261, 14°, 15°.

Mohammad al-Tîfâschî (Aboû 'l-Barakât Schams al-Dîn). 3057.

Mohammad al-Touâtî. 1230, 10°.

Mohammad ibn Toûmert. 1451.

Mohammad (Aboû 'l-Wafâ). 1200, 1°.

Mohammad ibn al-Wafâ. 3186. 3208.

Mohammad ibn Wâïẓ ibn Walîdjân al-Mar'aschî. 2358, 2°.

Mohammad ibn al-Walîd al-Ṭarṭoûschî al-Qoraschî (Aboû Bakr). 2431 et suiv. 3486, 2°.

Mohammad ibn Yaḥyâ al-Motaïyib. 1651, 3°.

Mohammad ibn Yaḥyâ ibn 'Omar al-Qarâfî (Badr al-Dîn). 4614, 2°. 4627.

Mohammad ibn Yaḥyâ al-Schirwânî. 673, 1°.

Mohammad al-Yamanî al-Schardjî (Schams al-Dîn). 3556.

Mohammad ibn Ya'qoûb ibn akhî Khozâm (Aboû 'Abdallah). 2823. 2824.

Mohammad ibn Ya'qoûb al-Fîroûzâbâdî. 4263 et suiv.

Mohammad ibn Yoûsof al-'Addjân. 1364.

Mohammad ibn Yoûsof ibn Ahmad al-Bâ'oûnî (Schams al-Dîn). 1615, 1°, 2°. 3412, 7°.

Mohammad ibn Yoûsof ibn 'Alî al-Schâmî. 1987 et suiv.

Mohammad ibn Yoûsof al Dimyâṭî. 2569, 2°.

Mohammad ibn Yoûsof ibn Ḥaïyân al-Andalosî (Athîr al-Dîn Aboû Ḥaïyân). 644, 1°.

Mohammad ibn Yoûsof al-Ḥalabî. 4591, 3°.

Mohammad ibn Yoûsof al-Qoûnawî (Schams al-Dîn). 1006.

Mohammad ibn Yoûsof al-Sanoûsî (Aboû 'Abdallah). 1057, 17°. 1060, 3° à 5°. 1061, 10° à 12°. 1141, 3°. 1206, 5°, 7°. 1268. 1270 et suiv. 1276, 2°. 1285, 5°. 2400 et suiv. 2502, 13°. 3264, 3°. 4583, 1°, 2°. 4584.

Mohammad ibn abî Zaïd 'Abd al-Raḥmân al-Ḥabaschî (Djamâl al-Dîn). 2449.

Mohammad ibn Zakariyâ al-Râzî (Fakhr al-Dîn Aboû Bakr). 1176, 22°. 1383. 2776, 9°. 2865, 1°. 2866 à 2868. 2918, 4°. 2947, 2°.

Mohammad al-Zanbalî (ou Ibn Zanbal) al-Rammâl al-Maḥallî (ou al-Maḥlawî). 1832 et suiv. 4612.

Al-Moḥâsibî. Voyez Al-Ḥârith al-Moḥâsibî.

Moḥibb al-Dîn ibn Taqî al-Dîn ibn Dâ'oûd. 2293.

Moḥsin al-Qaïṣarî. 867, 4°, 5°. 1266, 7°.

Moḥyî al-Dîn al-'Adjamî al-Iṣfahânî. 202.

Moḥyî al-Dîn al-Tâlidjî (ou al-Tâlischî). 1243, 2°. 2356, 1°.

Al-Mokhtâr ibn al-Ḥasan Ibn 'Abdoûn Ibn al-Boṭlân (Aboû-'l-Ḥasan). 166. 2918, 2°. 2945. 2947, 3°.

Ibn al-Molaqqin. Voyez 'Omar ibn Alî.

Ibn al-Mollâ. Voyez Ibrâhîm ibn Aḥmad.

Aboû 'l-Monâ ibn abî Naṣr ibn Ḥaffâẓ Kohên al-'Aṭṭâr. 2965, 2°. 2993 et suiv.

Al-Mondsirî. Voyez 'Abd al-'Aẓîm al-Mondsirî.

Ibn al-Moqaffa'. Voyez 'Abdallah Ibn al-Moqaffa' et Sévère Ibn al-Moqaffa'.

Aboû Moqra'. 1206, 13°.

Al-Moqrî. Voyez Ibrâhîm Ibn al-Moqrî; — Ismâ'îl ibn abî Bakr; — Mohammad ibn al-'Abbâs; — Mohammad ibn Aḥmad.

Al-Mobâdî. Voyez Ḥasan ibn al-Qâsim.

Moṣannifak. Voyez 'Alî ibn Moḥammad.

Moṣliḥ al-Dîn al-Qasṭalânî. 1241, 2°.

Moslim ibn Ḥaddjâdj. 704 et suiv.

Aboû Moslim. 774, 5°.

Moṣṭafâ. 2544, 14°.

Moṣṭafâ ibn 'Abdallah Kiâtib Tchélébi (Hadji Khalfa). 4459 et suiv. 4663, 10°, 15°.

Moṣṭafâ ibn 'Abd al-Qâdir al-Dihnî. 1212.

Moṣṭafâ al-Bakrî. 743, 16°.

Moṣṭafâ ibn Ibrâhîm. 3967, 1°.

Moṣṭafâ ibn Kamâl al-Dîn al-Khalwatî. 1377.

Moṣṭafâ al-Khaïyât. 2561, 5°.

Moṣṭafâ Khôdja ibn Qâsim al-Miṣrî. 1891. 1892, 1°.

Moṣṭafâ ibn Qâsim ibn 'Abd al-Karîm. 3243.

Moṣṭafâ ibn Schams al-Dîn al-Kara-Ḥissârî al-Akhtarî. 4324 et suiv.

Moṣṭafâ Sibṭ Âl al-Ḥasanaïn. 3261, 2°.

Moṣṭafâ ibn Yoûsof al-Borsawî Khwâdja Zâdè. 2398, 1°.

Moṣṭafâ ibn Zakariyâ ibn Aïdoghmisch al-Qaramânî. 1124 et suiv.

Al-Moṭṭalibî. Voyez Moḥammad ibn Isḥâq.

Al-Motanabbî. Voyez Aḥmad ibn al-Ḥosaïn.

Al-Moṭṭaqî. Voyez 'Alî ibn Ḥossâm al-Dîn.

Al-Moṭarriz. Voyez Moḥammad ibn 'Alî.

Al-Moṭarrizî. Voyez Nâṣir ibn 'Abd al-Saïyid.

Ibn al-Mo'tazz. Voyez 'Abdallah Ibn al-Mo'tazz.

Moubârak ibn Moḥammad al-Djazarî Ibn al-Athîr (Madjd al-Dîn Aboû 'l Sa'âdât). 728 et suiv. 731.

Moufti al-Khâdim. Voyez Aboû Sa'îd al-Khâdimî.

Ibn al-Moufti. Voyez Moḥammad ibn abî Bakr.

Moûsâ ibn Aḥmad al-Maqdisî (Scharaf al-Dîn Aboû 'l-Nadjâ). 1107.

Moûsâ ibn 'Alî al-Tilimsânî. 4501 et suiv.

Moûsâ al-Boldânî (lis. al-Yaldânî) (Scharaf al-Dîn). 1176, 23°.

Moûsâ ibn Maḥmoud Qâdhî-Zâdè al-Roûmî. 2504, 2°. 4386, 3°.

Moûsâ ibn Moḥammad al-Khalîlî (lisez *Moḥammad* au lieu de *Aḥmad*). 2547, 8°, 12°.

Moûsâ ibn 'Obaïd Allâh Ibn Maïmoûn (Aboû 'Imrân). 178, 1°. 205, 9°. 2962, 1°.

Moûsâ al-Rabṭ. 1450, 9°.

Ibn abî Moûsâ al-Hâschimî. 1105.

Aboû Moûsâ al-Madînî. 4577, 16°.

Aboû Moûsâ ibn Qâsim al-Maghrabî. 2475, 1°.

Al-Mowaddsirî. 4376.

Al-Moẓaffar al-Isferledî. 2458, 4°.

Moẓaffar ibn Moḥammad al-Schîrâzî (Ṣadr al-Dîn Aboû 'l-Ma'âlî). 1198, 1°.

Al-Moẓaffar ibn al-Sâ'îd abî 'l-Qâsim al-Fadhl al-'Alawî al-Ḥosaïnî (Aboû 'Alî). 1303, 2°. 4236, 3°. 4420, 1°.

Al-Moẓaffar [ibn 'Abd al-Salâm ibn 'Abd al-Raḥmân] (Badr al-Dîn). 2835, 3°.

Al-Nâbigha al-Dsobyânî. 3075, 10°. 3076. 3273 et suiv. 3280. 3939, 4°.

Ibn al-Nabîh. Voyez Kamâl al-Dîn Ibn al-Nabîh.

Ibn al-Naddjâr. Voyez Moḥammad ibn Maḥmoûd.

Ibn Nâdjî. 2154.

Nadjm al-Scharîfî al-Kobrawî Schaïkh Zâdè. 4277, 3°.

Nadjm al-Dîn. 3954, 4°.

Nadjm al-Dîn al-Khâṣî. 858.

Al-Nadsroûnî. Voyez Yoûsof ibn 'Alî.

Nafîs ibn 'Iwadh al-Kirmânî. 2932.

Ibn al-Nafîs. Voyez 'Alî ibn abî 'l-Ḥazm.

Al-Nafzâwî. Voyez Aboû 'Abdallah al-Nafzâwî et Moḥammad al-Nafzâwî.

Al Nafzî. Voyez Moḥammad ibn Ibrâhîm.

Ibn al-Naḥḥâs. Voyez Fatḥ Allâh al-Ḥalabî.

Al-Nahrawânî. Voyez Moḥammad ibn Aḥmad.

Ibn Nâ'ima. Voyez 'Abd al-Masîḥ ibn 'Abdallah.

Al-Naïrîzî. Voyez Al-Fadhl ibn Ḥâtim.

Al-Naïsâboûrî. Voyez Al-Ḥasan ibn Moḥammad.

Naqoûlâ al-Tourkî. 1857. 3272.

Al-Nasafî. Voyez 'Abdallah ibn Aḥmad; — Borhân al-Dîn al-Nasafî et 'Omar ibn Moḥammad.

Al-Nasawî. Voyez Moḥammad ibn Aḥmad ibn 'Alî.

Nâṣir ibn 'Abd al-Saïyid al-Moṭarrizî (Borhân al-Dîn). 1136, 4°. 3937 et suiv. 3992, 2°. 4008 et suiv. 4021, 3°. 4025, 2°. 4026, 2°. 4028, 2°. 4030, 2°. 4031, 2°. 4130, 3°. 4144, 2°, 4°, 8°. 4254, 1°, 2°. 4255.

Nâṣir al-Dîn ibn 'Îsâ Ibn al-Ḥaṣkafî. 2540, 3°.

Nâṣir al-Dîn al-Loqânî. 807. 4554.

Nâṣir al-Dîn ibn Sam'oûn. 2524, 3°.

Nâṣir al-Dîn (al-Ostâd) Ibn al-Ṭarâbolosî. 2826, 2°.

Naṣr ibn Makhloûf ibn Qalâqis (Aboû'l-Fotoûḥ). 3139.

Naṣr ibn Moḥammad ibn Ibrâhîm al-Samarqandî (Aboû 'l-Laïth). 606, 3°. 774, 4°. 825, 1°. 826. 1114. 1121 et suiv. 1141, 2°. 1142, 2°. 1247, 2°.

NAṢR ibn Ya'qoûb al-Daïnawarî (Aboû Sa'îd). 2745.

Aboû NAṢR. 1057, 14°.

Aboû NAṢR Qâïtbâï. 1118.

NAṢR ALLÂH Ibn al-Athîr (Dhiyâ al-Dîn). 4435, 1°.

Al-NAṢRÎ. Voyez MOḤAMMAD ibn Aḥmad ibn Abd al-Qâdir.

Al-NASSCHÂBÎ. Voyez YOÛSOF Ibn al-'Adjoûz.

Al-NAṬANZÎ. Voyez ḤOSAÏN ibn Ibrâhîm.

Al-NAWÂDJÎ. Voyez MOḤAMMAD ibn Ḥasan ibn 'Alî.

Al-NAWAWÎ. Voyez YAḤYÂ ibn Scharaf.

NICOLAS (curé). 3663, 12°.

NICON (métropolitain de Manbedj). 265, 12°.

NIDÂ ibn 'Îs ibn al-Ḥâddj Nidâ ibn 'Imrân. 2933.

NIẒÂM AL-DÎN ibn Maḥmoûd. 4446, 2°.

Al-NIẒÂMÎ. Voyez YOÛSOF ibn Aḥmad.

Aboû No'AÏM. Voyez AḤMAD ibn 'Abdallah.

Ibn NOBÂTA ['Abd al-'Azîz ibn 'Omar]. 3387, 1°. — Voyez aussi 'ABD AL-RAḤÎM ibn Moḥammad; — MOḤAMMAD ibn 'Abd al-Raḥîm et MOḤAMMAD ibn Moḥammad.

No'MÂN ibn abî 'l-Ridhâ al-Isrâïlî. 2883.

Al-NOḌḤÎ al-Nâṣiḥî. 1157.

NOTARAS (Chrysanthus). 2249.

Al-NOÛBÂNÎ. Voyez BADR AL-DÎN.

NOÛR AL-DÎN al-Dimyâṭî. 1193, 5°. 1317, 2°. 2562, 22°.

Al-NOWAÏRÎ. 1573 et suiv. 1587. 1588.

Aboû NOWÂS. Voyez ḤASAN ibn Hânî.

Aboû 'OBAÏD. 3969.

Aboû 'OBAÏD al-Bakrî. 2199.

'OBAÏD ALLÂH (Khodja). 3965, 6°.

OBAÏD ALLÂH ibn Djibrîl ibn 'Abdallah ibn Bakhtîschoû'. 3028, 2°.

'OBAÏD ALLÂH ibn Mas'oûd (Tâdj al-Scharî'a). 908 et suiv.

'OBAÏD ALLÂH ibn Mas'oûd ibn Tâdj al-Scharî'a al-Maḥboûbî (Ṣadr al-Scharî'a). 796. 797.

AL-ODFAWÎ. Voyez DJA'FAR ibn Tha'lab.

AL-ODSBÎ. Voyez 'ALÎ ibn 'Othmân.

Al-OFRÂNÎ. Voyez MOḤAMMAD ibn Moḥammad.

AL-'OKBARÎ. Voyez 'ABDALLAH ibn al-ḤOSAÏN.

OLOUGH BEG. 2496, 2°. 2534 et suiv.

Al-'OLWÂNÎ. Voyez MOḤAMMAD AMÎN.

'OMAR ibn al-'Azîz al-Bokhârî (Ḥosâm al-Dîn). 821 et suiv.

'OMAR ibn 'Abd al-Raḥîm ibn Yaḥyâ. 4586, 1°.

'OMAR ibn 'Abd al-Raḥmân al-Djizqâî. 2568, 12°.

'OMAR Agha. 3244, 6°.

'OMAR [ibn 'Alî] Ibn al-Fâridh. (Scharaf al-Dîn Aboû Ḥafṣ). 645, 2°. 1343, 3°, 4°. 1932, 5°. 3143 et suiv. 3171, 5°. 4261, 10°.

'OMAR ibn 'Alî al-Kâtibî el-Qazwînî (Nadjm al-Dîn). 1396, 2°. 2359, 4°. 2371 et suiv. 4187, 16°.

'OMAR ibn 'Alî Ibn' al-Molaqqin (Sirâdj al-Dîn). 1009. 1667, 6°.

'OMAR ibn abî Djarâda Ibn al-'Adîm (Kamâl al-Dîn Aboû Ḥafṣ). 1666. 2138.

'OMAR Efendi. 1230, 3°.

'OMAR ibn Ferdjân al-Ṭirân. 2600, 1°.

'OMAR al-Ḥadhramî. 4118, 1°.

'OMAR Ibn al-Harawî (Nadjm al-Dîn). 4164.

'OMAR ibn al-Ḥasan ibn Diḥya (Aboû'l-Khaṭṭâb). 3141, 2°.

['OMAR ibn] Ibrâhîm al Ausî al-Anṣârî (Aboû Isḥâq). 1933 et suiv.

'OMAR ibn Khalîl ibn 'Alî al Salqânî. 2748.

'OMAR ibn Mataï. Voyez 'AMR ibn Mataï.

'OMAR ibn Moḥammad al-Nasafî (Nadjm al-Dîn Aboû Ḥafṣ). 592, 4°. 1234 et suiv. 1261, 2°. 1262, 3°. 1285, 4°. 1286, 2°. 3136 et suiv. 4566 et suiv. 4606, 9°.

['OMAR ibn Moḥammad] al-Sohrawardî (Schihâb al-Dîn Aboû Ḥafṣ). 1247, 3°. 1332.

'OMAR ibn Moḥammad Ibn al-Wardî (Aboû Ḥafṣ). 2188 et suiv.

'OMAR ibn al-Moẓaffar al-Wardî (Zaïn al-Dîn). 999. 2580, 5°. 3199 et suiv.

'OMAR ibn 'Omar al Zohrî. 976, 1°.

'OMAR al 'Ordhî (Aboû'l-Wafâ). 3118, 7°, 22°.

Ibn-'OMAR. 2605, 1°.

'OMAÏR Ibn al-Motawakkil ibn Hâroûn al-Thaqafî. 1174.

'OMÂRAT al-Yamanî (Nadjm al-Dîn). 2147, 1°.

Al-'OMARÎ. Voyez MOḤAMMAD ibn 'Abd al-Raḥmân; — MOḤAMMAD ibn Moḥammad; — SCHIHÂB AL-DÎN al-'Omarî; — ZAÏN AL-DÎN al-'Omarî.

Al-OMAWÎ. Voyez MOḤAMMAD ibn Ibrâhîm.

OMM HÂNÎ. 1206, 11°.

Al-'ORDHÎ. Voyez 'OMAR al-'Ordhî.

Al-ORMAWÎ. Voyez MAḤMOÛD ibn abî Bakr.

Al-ORMIYOÛNÎ. Voyez YOÛSOF ibn 'Abdallah.

Ibn abî OṢAÏBI'A. Voyez AḤMAD ibn al-Qâsim.

AL-OSCHMOÛNÎ. Voyez 'ALÎ ibn Moḥammad.

Al-OSCHNOHÎ. Voyez 'ABD AL-'Azîz ibn 'Alî.

OSTANÈS. 2605, 1°, 4°.

AL-OSYOÛṬÎ. Voyez MOḤAMMAD ibn Aḥmad al-Minbâdjî.

'OṬÂRID ibn Moḥammad. 2775, 3°.

Al-'OTBÎ. Voyez MOḤAMMAD ibn 'Abd al-Djabbâr et MOḤAMMAD ibn Aḥmad ibn 'Abd al-'Azîz.

'OTHMÂN ibn 'Alî al-Zaïla'î. 897 et 898. 902, 2°.

'OTHMÂN Bey ibn 'Alî-Bey. 1997.

'OTHMÂN ibn Djinnî (Aboû'l-Fatḥ). 3285. 3988.

'OTHMÂN ibn 'OMAR Ibn al-Ḥâdjib (Djamâl al-Dîn Aboû 'Amr). 801. 1136, 3°. 2369, 9°. 2391. 3991, 2°. 4021, 2°. 4025 et suiv. 4058 et suiv. 4123, 5°, 7°. 4182, 2°. 4187, 2°. 4392, 3° à 6°. 4549.

'OTHMÂN al-Qibâbî (Schams al-Dîn). 3577.

'OTHMÂN ibn Sa'îd al-Dânî (Aboû Amr). 592, 1°, 3°. 593. 4202, 3°. 4532, 2°.

Aboû 'OTHMÂN. 2457, 6°.

Al-'OTHMÂNÎ al-Ṣafadî (Schams al-Dîn). 2093.

OUESSANT. 573. 577.

Al-OÛSCHÎ. Voyez 'ALÎ ibn 'OTHMÂN.

OWAÏS. 3405.

PAPPUS (?). 2457, 5°.

PAUL d'Antioche (évêque de Sidon). 165, 4°, 5°. 258, 5° à 10°.

PAUL Boûschî. 69, 10°. 74, 4°, 5°, 7°. 141, 4° à 6°. 195. 212, 2°, 5°, 6°.

PAUL (évêque de Monembasie). 276, 22°.

Al-PAZDAWÎ. Voyez 'ALÎ ibn Moḥammad.

PELLISSON (Paul). 4622.

PERERIUS (Thomas). 4340.

PETIS DE LA CROIX. 2169. 4343. 4361. 4364. 4462 et suiv.

PETROS ibn Petros. 127, 1°.

PHILIPPE. 205, 13°.

PICCINI (P. Onufre). 129.

PICQUES (D^r). 218.

PIERRE (évêque de Behnesâ). 75, 9°.

PIERRE DIPY (ou DIYÂB). 3425. 4484.

PIERRE IGNACE (patriarche de Syrie). 4622.

PISENTI. 150, 1°.

PLATON. 2577, 2°.

PTOLÉMÉE. 2482 et suiv. 2544, 9°.

PORPHYRE. 1243, 2°. 2346. 2347.

Ibn al-QABÂQABÎ. 3182.

Al-QABBÂNÎ. Voyez 'ALÎ al-Marâghî et KHIDHR ibn 'Abd al-Qâdir.

Al-Qâbisi. 3244, 3°. — Voyez aussi 'Alî ibn Mohammad.

Al-Qâdhi al-Aschraf. 3333.

Al-Qâdhi al-Fâdhil. Voyez 'Abd al-Rahîm al-Baïsânî.

Ibn Qâdhî Schohba. 2076.

Al-Qâdirî. Voyez Ahmad al-Qâdirî et 'Alâ al-Dîn al-Qâdirî.

Al-Qaïrawânî. Voyez Al-Hasan ibn Raschîq et Ibrâhîm ibn al-Qâsim.

Qaïsar ibn 'Abd al-Qâsim al-Hanafî ('Alam al-Dîn). 2467, 6°.

Al-Qaïsarânî. Voyez Ibrâhîm ibn Abd al Rahmân.

Al-Qaïsarî. Voyez Dâ'oûd ibn Mahmoûd et Mohsin al-Qaïsarî.

Al-Qaïsî. Voyez Aboû Bakr Mohammad.

Al-Qaïsoûnî. 3029, 1°.

Qîtbâî. Voyez Aboû Nasr.

Ibn Qaïyim al-Djauzîya. Voyez Mohammad ibn abî Bakr.

Qalânisî. 973. — Voyez aussi Mohammad ibn Bahrâm.

Ibn Qalâqis. Voyez Nasr ibn Makhloûf.

Al-Qalasâdî. Voyez 'Alî ibn Mohammad.

Qalâwoûn. 1815, 2°.

Al-Qâlî. Voyez Ismâ'îl ibn al-Qâsim.

Al-Qalqaschandî. Voyez Mohammad ibn Ahmad ibn 'Abdallah.

Al-Qalyoûbî. Voyez Ahmad al-Qalyoûbî.

Al-Qamoûlî. Voyez Ahmad ibn Mohammad al-Makkî.

Qara Kamâl. 1243, 1°.

Al-Qarâfî. Voyez Mohammad ibn Yahyâ et Yahyâ al-Qarâfî.

Qarahisârî. Voyez Hamza Qarâhisârî.

Al-Qaramânî. Voyez Djamâl al-Dîn al-Qaramânî; — Mostafâ ibn Zakarîyâ et Ya'qoûb ibn Atâ Allah.

Al-Qârî. Voyez Alî ibn Soltân Mohammad.

Al-Qâschânî. 3163.

Ibn al-Qâsih. Voyez 'Alî ibn 'Othmân.

Al-Qâsim ibn 'Alî al-Harîrî (Aboû Mohammad) 2571, 9°. 3924 et suiv. 3994 et suiv. 3996 et suiv. 4452, 4°. 4665, 12°.

Al-Qâsim ibn al-Fadhl al-Thaqafî (Aboû 'Abdallah). 722, 6°.

Qâsim ibn Qotloûboghâ. 3432, 3°.

Aboû'l-Qâsim al-Ansârî. 2697, 2°.

Aboû'l-Qâsim ibn abî Bakr al-Laïthî al-Samarqandî. 760, 3°. 4424, 4°. 4425 et suiv. 4585, 4°.

Aboû'l-Qâsim ibn Fierro al-Schâtibî (Aboû Mohammad). 609. 650, 2°. 672, 2°. 1060, 7°. 1077, 4°. 4530. 4532, 5°.

Aboû'l-Qâsim ibn Mahfoûz (Djamâl al Dîn). 2486.

Aboû'l-Qâsim al-Mahallî (Nadjm al-Dîn). 1106.

Aboû'l-Qâsim Mansoûr al-Hasan al-Toûsî al-Firdoûsî. 1896 et suiv.

Aboû'l-Qâsim ibn Mohammad ibn 'Abd al-Djabbâr ibn Ahmad al-Fidjîdjî. 3236.

Al-Qasîrî. Voyez Mohammad ibn Mohammad al-'Omarî.

Mohammad al-Qasschâsch (Aboû'l-Ghaïth). 1464.

Al-Qastalânî. Voyez Ahmad ibn Mohammad et Moslih al-Dîn al Qastalânî.

Al-Qawînisî. Voyez Mohammad ibn 'Omar.

Ibn-al-Qâyâtî. Voyez Schams al-Dîn ibn al-Qâyâtî.

Al-Qazâwî. Voyez Ibrâhîm al-Qazâwî.

Al-Qazwînî. Voyez 'Abd al-Ghaffâr al-Qazwînî; — 'Abd al-Karîm ibn Mohammad; — 'Alî ibn 'Omar; — Aboû Bakr ibn 'Omar; — Mohammad ibn 'Abd al-Rahmân; — Mohammad ibn Ahmad; — 'Omar ibn 'Alî; — Zakarîyâ ibn Mohammad.

Al-Qibâbî. Voyez 'Othmân al-Qibâbî.

Al-Qirâtî. Voyez Ibrâhîm ibn 'Abdallah.

Ibn Qodâma. Voyez 'Abdallah ibn Ahmad.

Al-Qodhâ'î. Voyez Mohammad ibn Salâma.

Al-Qodoûrî. 827 et suiv. 3965, 2°.

Ibn al-Qoff. Voyez Ya'qoûb ibn Ishâq.

Al-Qomârî. 2220.

Al-Qommî. Voyez Al-Hasan ibn 'Alî et Mohammad ibn 'Alî ibn al-Hosaïn.

Ibn Qonfods. Voyez Ahmad ibn al-Hasan et Ahmad ibn Qonfods.

Aboû Qorra (évêque de Harrân). 70, 4°. 71, 2°. 82, 5°. 198, 3°. 215, 4°, 9°.

Al-Qoschaïrî. Voyez 'Abd al-Karîm ibn Hawâzin.

Ibn Qotaïba. Voyez 'Abdallah ibn Moslim.

Qotb al-Dîn Köschkenârî. 1198, 2°.

Qotb al-Dîn ibn Schams al-Dîn. 3452.

Qotb al-Dîn al-Schîrâzî. 604.

Ibn Qotloûboghâ. Voyez Qâsim ibn Qotloûboghâ.

Qotrob. 825, 4°. 1057, 28°. 1206, 6°. 4032, 2°. 4067, 3°. 4230, 1°.

Al-Qoudjhisârî. Voyez Yahyâ al-Qoudjhisârî.

Al-Qoûmnâtî. Voyez Hasan ibn 'Alî.

Al-Qoûnawî. Voyez Mohammad ibn Ahmad ibn Mohammad; — Mohammad ibn Ishâq et Mohammad ibn Yoûsof.

Al-Qoûnî. Voyez Mahmoûd ibn Ahmad.

Al-Qouschdjî. 3257, 2°. — Voyez aussi 'Alâ al-Dîn al-Qoûschdjî.

Al-Qoûsî. Voyez 'Abd al-Ghaffâr ibn 'Abd al-Hamîd.

Ibn al-Qoûtîya. Voyez Mohammad ibn 'Omar.

Aboû Râïta. Voyez Habîb ibn Khadma.

Ramadhân. 1622.

Ramadhân ibn 'Âmir ibn 'Alî. 2165.

Ramadhân ibn Mostafâ ibn al-Walî ibn al-Hâddj Yoûsof. 955, 1°.

Al-Ramadhânî. Voyez Ahmad al-Ramadhânî.

Al-Ramlî. Voyez Mohammad ibn Ahmad ibn Hamza.

Raphelengh. 4339.

Al-Raq'î. Voyez 'Abd al-Rahmân al-Raq'î.

Ibn al-Raqîq. Voyez Ibrâhîm ibn al-Qâsim.

Raschîd al-Dîn. 2324.

Raschîd al-Dîn ibn Mohammad al-'Omarî al-Watwat. 2770, 2°.

Ibn Raschîq. Voyez Al-Hasan ibn Raschîq.

Raslân ibn Ya'qoûb Ibn al-Dja'farî. 3146, 2°, 3°.

Ibn Rasoûl al-Ghassânî. 2776, 8°.

Al-Râzî. Voyez 'Abd al-Rahmân ibn Ahmad; — Ahmad ibn 'Abdallah; — 'Alî ibn Ahmad; — Aboû Bakr Mohammad; — Fakhr al-Dîn al-Râzî; — Mahmoûd ibn Mohammad; — Mohammad ibn abî Bakr; — Mohammad ibn Mohammad; — Mohammad ibn 'Omar; — Mohammad ibn Zakarîyâ.

Reinaud. 4486 et suiv.

Renaudot. 2284. 4465.

Al-Resmoûkî. Voyez Mohammad ibn 'Abd al-'Azîz.

Al-Ribâtî. Voyez 'Alî ibn Mohammad.

Al-Rifâ'î. Voyez Mohammad al-Rifâ'î; — Yahyâ ibn 'Alî et Yoûnos al-Rifâ'î.

Al-Righî. Voyez Mohammad ibn abî 'l-Qâsim.

Al-Ro'aînî. Voyez Ahmad ibn Yoûsof.

Rodhwân Efendi. 2537 et suiv.

Al-Rohâwî. Voyez Hosâm al-Dîn.

Rollin. 1564.

Al-Românî. Voyez 'Alî ibn 'Îsâ.

Al-Rondî. Voyez Mohammad ibn Ibrâhîm.

Ibn Roschd. Voyez Mohammad ibn Ahmad.

Rousseau (A.). 4478.

Ibn Rozaïq al-Baghdâdî. 2024.

Saadias Gaon. 1. 3.

Ibn al-Sa'âtî. Voyez Ahmad ibn 'Alî.

Saba, S. 157, 10°. 159. 160. 173, 15°.

IMPRIMERIE NATIONALE.

Ibn Sabi'. Voyez Yahyâ ibn abî Zakariyâ.

Sabbâgh. Voyez Michel Şabbâgh.

Ibn al-Sabbâgh. Voyez 'Alî ibn Mohammad.

Al-Şâbi. Voyez Ibrâhîm ibn Hilâl.

Sa'd Allâh ibn Hosain Salmâsî. 650, 1°.

Sa'd al-Dîn al-Isfarâinî. 1631 et suiv.

Sa'dî. 3516 et suiv.

Al-Sa'dî. Voyez Hamîd al-Sa'dî.

Sa'dî ibn Tâdjî. 3082 et suiv.

Sadîd al-Dîn al-Bokhârî. 3136 et suiv.

Sadîd al-Dîn al-Kâschgharî. 830, 2°. 1132.

Sadîd al-Dîn al-Kâzaroûnî. 2924 et suiv.

Al-Sadjawandî. Voyez Mohammad ibn Mohammad.

Şadr al-Dîn Mohammad. 1366.

Şadr al Dîn al-Schîrwânî, 671.

Şadr al-Scharî'a. Voyez Ahmad ibn 'Obaïd Allâh.

Al-Şafadî. Voyez Ahmad ibn Yoûsof; — Al-Hasan ibn abî Mohammad; — Khalîl ibn Aïbak; — Mohammad ibn Mohammad et Al-'Othmânî al-Şafadî.

Al-Şafâqosî. Voyez 'Alî ibn Ahmad.

Al-Şafawî. Voyez 'Îsâ ibn Mohammad.

Al-Şafoûrî. Voyez 'Abd al-Rahmân ibn 'Abd al-Salâm.

Al-Şaghânî. Voyez Hasan ibn Mohammad.

Al-Saghnâqî. Voyez Hosaïn ibn 'Alî.

Şâhib al Sa'âda. 177, 1°.

Aboû Sahl al-Qoûhî. Voyez Widjân ibn Wastam.

Sa'îd. Voyez Saadias Gaon.

Sa'îd ibn Aus al-Anşârî (Aboû Zaïd). 4231, 1°.

Sa'îd Ibn Batriq. 288 et suiv.

Sa'îd ibn Dâwoûd Ischou' (Dâdyêschoû'a?) (Aboû 'Alî). 169, 11°.

Sa'îd ibn Hibat-Allâh ibn al-Hasan (Aboû 'l-Hosaïn). 2957 et suiv.

Sa'îd ibn Khafîf al-Samarqandî (Aboû 'l-Fath). 2506, 1°.

Sa'îd ibn Moûsâ al-Halabî. 1128, 3°.

Aboû Sa'îd ibn abî'l-Hosaïn ibn abî Sa'îd. 5 et suiv.

Aboû Sa'îd al-Khâdimî. 1337, 10°, 11°.

Al-Saïdâwî. Voyez Schams al-Dîn al-Şaïdâwî.

Ibn al-Şâïgh. Voyez Fath Allâh ibn al-Şâïgh.

Al-Şaïmarî. Voyez 'Abdallah ibn 'Alî.

Ibn Saïyid al-Nâs. Voyez Mohammad ibn Mohammad.

Al-Saïyid al-Scharîf. Voyez 'Alî ibn Mohammad.

Saïyid Scharîf al-Hosaïnî. 1013, 8°.

Al-Sakhâwî. Voyez 'Abd al-Qâdir ibn 'Alî; — 'Alî ibn Mohammad; — Mohammad ibn 'Abd al-Rahmân; — Mohammad ibn Ahmad; — Mohammad ibn 'Alî; — Mohammad ibn Ibrâhîm.

Al-Sakkâkî. Voyez Yoûsof ibn abî Bakr.

Aboû Şalih al-Armanî. 307.

Şalâh al-Dîn al-Halabî. 1932, 4°.

Şalâh al-Dîn ibn Mohammad ibn 'Alî. 3549 et suiv.

Şalâh al-Dîn ibn Yoûsof al-Kahhâl. 3008.

Al-Salamî. 2544, 8°.

Salâmisch ibn Kondogdî al-Şâlihî. 2212, 1°.

Salât Ibn Ghâzî. 4639, 2°, 6°.

Şâlih ibn 'Abd al-Halîm (Aboû Mohammad). 1868.

Şâlih ibn 'Abd al-Qadoûs. 206, 6°.

Şâlih al-Roûmî. 4303.

Şâlih ibn Yahyâ. 1670.

Al-Şâlihî. Voyez 'Abd al-Rahmân al-Şâlihî; — Ibrâhîm ibn abî Bakr et Ibrâhîm ibn Nâfi'.

Sâlim al-Wafâî (Aboû 'l-Taufîq). 1237, 2°.

Salmâsî. Voyez Sa'd Allâh ibn Hosaïn.

Al-Salmoûnî. Voyez Mohammad ibn Mahmoûd.

Al-Salqânî. Voyez 'Omar ibn Khalîl.

Sam'ân ibn Kalîl Ibn Maqâra (Al-Makîn). 40, 1°. 41. 43. 193. 194.

Al-Sam'ânî. Voyez 'Abd al-Karîm ibn Mohammad.

Al-Samarqandî. Voyez Ibrâhîm ibn Mohammad; — Mohammad ibn 'Alî ibn 'Omar; — Mohammad ibn Aschraf; — Mohammad al-Samarqandî; — Nasr ibn Mohammad; — Aboû 'l-Qâsim ibn abî Bakr; — Sa'îd ibn Khafîf.

Al-Samhoûdî. Voyez 'Alî ibn Abdallah.

Al-Sarakhsî. Voyez Mohammad ibn abî Sahl.

Al-Samnoûdî (al-Samanoûdî). Voyez Mohammad ibn Ahmad.

Şamşâm al-Daula ibn al-Hosâm al-Baghîdhî. 4201, 8°.

Samuel, abbé de Calamoûn. 131, 2°. 205, 11°.

Samuel ibn Yahyâ al-Maghribî. 1456, 1° à 3°.

Al-Sanbînî. Voyez Hasan ibn 'Alî.

Ibn Sanbât. Voyez Hârith ibn Sinân.

Al-Sandoûbî. Voyez Ibrâhîm al-Sandoûbî.

Şanî'a al-Molk. Voyez Ismâ'îl Şanî'a al-Molk.

Al-Sanoûsî. Voyez Mohammad ibn Yoûsof.

Sanxay (Elzéar de). 4483.

Aboû 'l-Sa'oûd ibn Mohammad al-Isklîbî. 4574, 2°.

Aboû Sa'oûd ibn Mohammad al-'Imâdî. 2254, 12°.

Al-Şaqî'î. Voyez Fadhl Allâh ibn abî 'l-Fakhr.

Al-Sarâqî. Voyez 'Abdallah ibn Moûsâ.

Ibn Sarâya. Voyez 'Abd al-'Azîz ibn Sarâyâ.

Al-Sarî al-Raffâ. 3098, 2°.

Al-Şarkhadî. Voyez Hâschim ibn 'Îsâ.

Al-Şarşarî. Voyez Mohammad al-Şarşarî.

Savary. 1549.

Al-Sawâdî. Voyez Solaïmân ibn Dâ'oûd.

Scha'bân (Zaïn al-Dîn). 4165.

Scha'bân ibn Mohammad al-Qoraschî. 3248, 9°.

Al-Scha'bî. Voyez Mohammad ibn Mohammad.

Al-Schabistarî. Voyez Ibrâhîm al-Schabistarî.

Ibn Schaddâd. Voyez Yoûsof ibn Râfi'.

Al-Schâdsilî. Voyez Aboû 'l-Hasan al-Schâdsilî; — Ibrâhîm ibn Mahmoûd et Yoûsof ibn Yahyâ.

Schâfi' ibn 'Alî ibn 'Abbâs. 1707.

Al-Schâfi'î (Imâm). 743, 5°. 1363, 5°, 12°. 3016, 4°. 3430. 4577, 1°.

Schâfi'î ibn 'Abd al Zâhir. 4658, 1°.

Schâh Ismâ'îl. 1814.

Schahâda al Yamanî. 2571, 7°.

Ibn Schâhîn. Voyez Aboû Hafs Ibn Schâhîn.

Al-Schahrastânî. Voyez Mohammad ibn 'Abd al-Karîm.

Al-Schâhroûdî. Voyez 'Alî ibn Mohammad.

Al-Schaïbânî. Voyez 'Alî ibn abî 'l-Ridjâl et Mohammad ibn Hasan.

Ibn al-Schaïkh al-Bakrî. 4187, 22°.

Al-Schaïkh al-Bokhârî. Voyez Mohammad ibn Mohammad.

Al-Schaïkh al-Dimyâţî. 1050, 5°.

Aboû Schâkir ibn abî 'l-Karm Petros. 197.

Ibn abî Schâkir. Voyez Mohammad ibn Ahmad et Mohammad Ibn Schâkir.

Al-Schaloûbîn. 3243.

Aboû Schâma. Voyez 'Abd al-Rahmân ibn Ismâ'îl.

Ibn al-Schammâ'. 3553, 2°. — Voyez aussi Mohammad ibn Ahmad Ibn Schammâ'.

Al-Schamou'al ibn Yahyâ ibn 'Alî al-Maghribî. 3054.

Schams al-Dîn al-Akramî. 933.

Schams al-Dîn al Badamâsî. 3080, 1°.

Schams al-Dîn al-Ghazoûlî (ou al-Ghozoûlî). 2519, 11°.

Schams al-Dîn al-Nawâhî (al-Nawâdjî?). 4453.

Schams al-Dîn ibn Qâsim al-Ghozzî (ou al-Ghazzî). 1048.

Schams al-Dîn ibn al-Qâyâtî. 1013, 1°.

Schams al-Dîn al-Ṣaïdâwî. 2480, 1°.

Al-Schanschoûrî. Voyez 'Abdallah ibn Moḥammad.

Al-Schanawânî. Voyez Aboû Bakr ibn Ismâ'îl.

Al-Schanfarâ. 3019, 2°. 3075, 1°. 3076 et suiv. 3430.

Al-Schantamarî. Voyez Yoûsof ibn Solaïmân.

Al-Scharaf al-Balâsî. 1395, 7°.

Scharaf al-Dîn al-Îlâqî. 2917.

Al-Scha'rânî (ou al-Scha'râwî). Voyez 'Abd al-Wahhâb ibn Aḥmad.

Al-Scharbînî. Voyez Yoûsof ibn Moḥammad.

Al-Schardjî. Voyez Moḥammad al-Yamanî.

Al-Scharîf al-Ḥasanî. Voyez Moḥammad ibn Aḥmad ibn Ya 'la.

Al-Scharîschî. Voyez Moḥammad ibn Ibrâhîm.

Al-Scharnoûbî. Voyez Aḥmad ibn Othmân et Moḥammad al-Scharnoûbî.

Al-Scharwânî. Voyez Bâbâ al-Scharwânî.

Al-Schâschî. Voyez Aboû Bakr Moḥammad al-Schâschî.

Al-Schâṭibî. Voyez Aboû 'l-Qâsim ibn Fierro.

Al-Schaṭibî. Voyez Moḥammad ibn 'Alî ibn Moḥammad.

Ibn al-Schâṭir. Voyez 'Alâ al-Dîn Ibn al-Schâṭir.

Schenoutî. 144, 2°.

Scherâsim. 2634 et suiv.

Schihâb al-Dîn ibn Aḥmad al-Schoschtarî. 3019, 1°.

Schihâb al-Dîn ibn Ibrâhîm ibn Solaïmân الرفدى. 3251, 8°, 9°.

Schickart, G. 2241 et 2242.

Schihâb al-Dîn al-Balawî. 4448.

Schihâb al-Dîn al-'Omarî. 2199.

Ibn al-Schiḥna. Voyez Aḥmad ibn Schihna et Moḥammad ibn Moḥammad.

Al-Schîrâzî. Voyez Ḥabîb al-Schîrâzî; — Maḥmoûd ibn Mas'oûd et Moḥammad al-Schîrâzî.

Al-Schirwânî. Voyez Ḥosaïn ibn 'Abdallah; — Mas'oûd al-Schirwânî; — Moḥammad ibn Yaḥyâ et Ṣadr al-Dîn al-Schirwânî.

Scho'aïb al-Danoûscherî al-Ḥoraïfîsch (Zaïn al-Dîn). 1305 et suiv.

Scho'aïb (Aboû Madyan). 1230, 10°. 1337, 5°. 2405, 8°. 3410. 4585, 2°.

Al-Schobrâkhîtî. Voyez Ibrâhîm ibn Mar'î.

Al-Schobramolsî (al-Schabrâmalissî). Voyez 'Alî al-Schobrâmelsî et Moḥammad ibn 'Alî.

Al-Schobrâwî. Voyez 'Abdallah ibn Moḥammad.

Aboû Schodjâ'. 1048.

Al-Schodsoûrî. Voyez 'Alî ibn Moûsâ.

Ibn Schohba. Voyez Aboû Bakr ibn Aḥmad.

Ibn abî Schokr. Voyez Yaḥyâ ibn Moḥammad.

Al-Schomonnî. Voyez Aḥmad ibn Moḥammad.

Al-Schoronbilâlî. Voyez Ḥasan al-Schoronbilâlî et Ḥasan ibn 'Omâra.

Ibn Schoroûn. Voyez Moḥammad ibn abî Bakr.

Al-Schoschtarî. Voyez Schihâb al-Dîn ibn Aḥmad.

Schoûbḥâ le-Yeschoû'. 204, 1°.

Al-Senkeloûnî. Voyez Aboû Bakr ibn Ismâ'îl.

Sérapion, disciple de S. Antoine. 257, 3°. 258, 18. 259, 1°.

Sergius. 258, 2°.

Sévère, patriarche d'Antioche. 55. 93. 148, 1°. 150, 13°. 153, 22°. 250, 3°.

Sévère Ibn al-Moqaffa', évêque d'Aschmounaïn. 49, 10°. 81, 18°. 170 et suiv. 212, 7°, 8°. 213, 12°. 301 et suiv.

Sevérianus de Gabala. 68, 4°.

Sibawaih. 3987.

Sibṭ Ibn al-'Adjamî. Voyez Ibrâhîm ibn Khalîl.

Sibṭ Ibn al-Djauzî. Voyez Yoûsof ibn Kizoghli.

Sibṭ al-Mâridînî. 2502, 7°. 2560. 6°. — Voyez aussi Moḥammad ibn Moḥammad et Moḥammad Sibṭ al-Mâridînî.

Al-Sibṭî. Voyez Aḥmad al-Sibṭî et Moḥammad ibn Aḥmad.

Ṣiddîq ibn Mâ'roûf (Ridhâ al-Dîn). 1140, 1°, 2°.

Al-Sidjistânî. Voyez Aḥmad ibn Moḥammad; — Moḥammad ibn 'Azîz et Yoûsof ibn abî Sa'd.

Sielve (Paul-Astoin). 1558 et 1559.

Al-Sikandarî. Voyez Aḥmad ibn Moḥammad.

Ibn al-Sikkît. Voyez Ya'qoûb ibn Isḥâq.

Al-Silafî. Voyez Aḥmad ibn Moḥammad.

Al-Silikfoutî. Voyez 'Alî Solaïmân.

Siméon Stylite. 149, 1° à 3°. 253, 2°.

Siméon le Zélateur. 234, 5°. 236, 8°. 242, 7°. 243, 7°.

Al-Simnânî. Voyez Moḥammad al-Simnânî.

Ibn-Sînâ. Voyez Al-Ḥosaïn ibn 'Abdallah.

Sinân Efendi. 606, 2°.

Ibn Sinân. Voyez Ḥârith ibn Sinân.

Al-Ṣinhâdjî. Voyez Aḥmad ibn Idrîs; — Moḥammad ibn Moḥammad ibn Dâ'oûd; — Moḥammad ibn 'Omar et Moḥammad ibn Sa'îd.

Al-Sirâdj al-Hindî. 1260.

Sirâdj al-Dîn al-Bolqaïnî. 4588, 14°.

Al-Sirâfî. Voyez Al-Ḥasan al-Sîrâfî et Moḥammad ibn Mas'oûd.

Al-Sirâmî. Voyez Yaḥyâ ibn Saïf.

Sirḥân al-Samradjî (Aboû 'l-Fatḥ). 2223, 1°.

Ibn Sîrîn. Voyez Moḥammad ibn Sîrîn.

Al-Siwâsî. Voyez 'Abdallah ibn 'Abd al-'Azîz.

Slane (de). 4474. 4482. 4486 et suiv. 4506 et suiv.

Al-Sobkî. Voyez 'Abd al-Wahhâb ibn 'Alî; — Aḥmad ibn Khalîl et Taqî al-Dîn al-Sobkî.

Al-Ṣobonrî. Voyez Mahdî ibn 'Alî.

Socrate. 213, 20°.

Al-Sohaïlî. Voyez 'Abd al-Raḥman ibn 'Abdallah.

Soḥnoûn. 1050, 1°.

Al-Sohrawardî ['Îsâ ibn Moḥammad]. 4592, 8°.

Al-Sohrawardî [Yaḥyâ ibn Ḥabasch]. 2349. — Voyez aussi 'Abd al-Qâdir al-Sohrawardî; — Aḥmad al-Sohrawardî et 'Omar ibn Moḥammad.

Al-Sokkarî. Voyez Al-Ḥasan ibn al-Ḥosaïn.

Al-Solamî. 1176, 25°. — Voyez aussi Moḥammad ibn al-Ḥosaïn.

Solaïmân. 2281, 1°.

Solaïmân ibn Aḥmad ibn Aïyoûb al-Ṭabarânî (Aboû 'l-Qâsim). 2011.

Solaïmân ibn Aḥmad ibn Solaïmân al-Mahrî al-Moḥammadî. 2559, 2° à 4°, 9°.

Solaïmân ibn al-Asch'ath al-Sidjistânî (Aboû Dâ'oûd). 707 et suiv. 2085.

Solaïmân ibn Dâ'oûd al-Sawârî (Siwârî ou Souwârî). 4599.

Solaïmân ibn Moûsâ al-Kalâ'î (Aboû 'l-Rabî'). 1568 et suiv.

Solaïmân ibn Thâbit. 3253.

Solaïmân ibn Yaḥyâ al-Zobaïdî. 4456.

Solaïmân ibn Yoûsof. 3251, 14°.

Solvet, Ch. 2244. 4229. 4358 à 4360.

Aboû 'l-Soroûr ibn Moḥammad ibn abî 'l-Soroûr al-Ṣiddîqî. 1765 et suiv.

Ibn abî Soroûr. Voyez 'Abd al-Ghanî ibn 'Abd al-Wâḥid.

Ibn abî Soroûr al-Sâwî al-Isrâïlî. 3025 et 3026.

Al-Soroûri. 3520.

Al-Soûdânî. Voyez Aḥmad al-Soûdânî.

Al-Soûhâbî. Voyez Ibrâhîm al-Soûhâbî (Soûhâ'î?).

Al-Ṣoûlî. Voyez Aboû 'l-'Abbâs al-Ṣoûlî.

Al-Ṣoûrî. Voyez Aboû 'l-Ḥasan al-Ṣoûrî.

Al-Soûsi. 2568, 1°. — Voyez aussi Moḥammad ibn Sa'îd.

Al-Sowaïdî. Voyez Ibrâhîm ibn Aḥmad (Moḥammad).

Al-Soyoûṭî. Voyez 'Abd al-Raḥmân ibn abî Bakr et Moḥammad ibn abî Bakr.

Stephano Petro, patriarche d'Antioche. 4622.

Al-Ṭabarânî. Voyez Solaïmân ibn Aḥmad.

Al-Ṭabarî. Voyez Aḥmad ibn Abdallah et Moḥammad ibn Djarîr.

Al-Ṭablâwî. Voyez Moḥammad al-Ṭablâwî.

Al-Tâdafî. Voyez Moḥammad ibn Ibrâhîm.

Tâdj al-Dîn [ibn Aḥmad al-Mâlikî] al-Anṣârî. 3420.

Tâdj al-Dîn ibn 'Aṭâ Allâh. 3237.

Tâdj al-Dîn ibn Zakarîya ibn Solṭân al-'Othmân (lisez 'Othmânî). 1370. 2044.

Az-Tâdjoûrî. Voyez 'Abd al-Raḥmân ibn Moḥammad.

Al-Tâdsifî. Voyez Moḥammad ibn Aïyoûb.

Al-Tadmorî. Voyez Isḥâq ibn Ibrâhîm.

Al-Tafrâwî. Voyez Moḥammad ibn Aḥmad.

Al-Taftâzânî. Voyez Mas'oûd ibn 'Omar.

Ṭâhir (Aboû Solaïmân). 173, 10°.

Ṭâhir ibn Aḥmad ibn 'Abd al-Raschîd al-Bokhârî. 840.

Ṭâhir ibn Ibrâhîm ibn Moḥammad. 2946, 1°.

Ṭâhir ibn Islâm ibn Qâsim al-Anṣârî al-Khowârazmî. 929 et suiv.

Ṭâhir ibn Moḥammad al-Isfarâïnî (Aboû 'l-Moẓaffar). 1452.

Ṭaïboghâ al-Aschrafî al-Baklamis al-Yoûnânî. 2833.

Ṭaïboghâ الجركتمشي الفقاني تمرى. 2807 et suiv.

Al-Taïmî. Voyez Ismâ'îl ibn Moḥammad.

Ibn-Taïmîya. Voyez Aḥmad ibn 'Abd al-Ḥalîm.

Al-Ṭaïbhânî. Voyez 'Amr ibn Mataï.

Ibn al-Ṭaïyib. Voyez 'Abdallah Ibn al-Ṭaïyib.

Al-Ṭaïyibî. Voyez Ḥosaïn ibn Moḥammad.

Al-Ṭâlawî. Voyez Darwîsh Efendi.

Al-Tâlidjî (ou al-Tâlischî). Voyez Moḥyî al-Dîn al-Tâlidjî.

Al-Tamîmî. 3967, 5°. — Voyez aussi 'Alî ibn Dja'far; — Ibrâhîm al-Tamîmî; — Moḥammad ibn Aḥmad ibn Sa'îd et Moḥammad ibn Amyal.

Tammâm ibn 'Abd al-Salâm. 1206, 6°.

Aboû-Tammâm. Voyez Ḥabîb ibn Aus.

Ṭamṭam. 2595, 2°.

Al-Ṭanânî. Voyez 'Abd al-Raḥmân al-Ṭanânî.

Al-Tanasî. Voyez Moḥammad ibn 'Abdallah.

Al-Tanoûkhî. Voyez Al-Ḥasan ibn abî'l-Qâsim.

Al-Ṭanṭarânî. Voyez Aḥmad ibn 'Abd al-Razzâq.

Taqî al-Dîn al Djarâïdî (?). 610, 2°.

Taqî al-Dîn al-Ḥanbalî. 2469.

Taqî al-Dîn al-Sobkî. 4591, 15°.

Al-Ṭarâbolosî. Voyez Ibrâhîm ibn Ismâ'îl et Moḥammad ibn Lâdjîn.

Ibn al-Ṭarâbolosî. Voyez Nâṣir al-Dîn Ibn-al-Ṭarâbolosî.

Ṭarafa Ibn al-'Abd. 3075, 3°. 3076. 3273 et suiv.

Ibn Tarkhân. Voyez Ibrâhîm ibn Aḥmad.

Al-Ṭarsoûsî. Voyez 'Alî ibn Aḥmad et Ibrâhîm ibn 'Alî.

Al-Ṭarṭoûschî. Voyez Moḥammad ibn al-Walîd.

Tâshkeuprizâdè. Voyez Aḥmad ibn Moṣṭafâ.

Al-Tatâ'î. Voyez Moḥammad ibn Ibrâhîm.

Al-Tauzarî. Voyez Yoûsof ibn Moḥammad.

Al-Tâzerî. Voyez Aḥmad al-Tâzerî.

Al-Tchârabardi. Voyez Aḥmad ibn al-Ḥasan.

Al-Tâzî. Voyez 'Abdallah ibn Fâris.

Thâbit ibn Qorra al-Ḥarrânî (Aboû'l-Ḥasan). 2457, 13°, 15°, 24°, 25°, 32°, 36° à 38°, 43° à 45°. 2467, 4°, 13°, 20°. 2482 et suiv. 2810, 2°.

Al-Tha'âlibî. Voyez 'Abd al-Kanîm ibn Ismâ'îl; — 'Abd al-Mâlik ibn Moḥammad; — 'Abd al-Raḥmân ibn Moḥammad; — Aḥmad ibn Moḥammad; — Al-Ḥosaïn ibn Moḥammad.

Al-Thâbitî. Voyez 'Abd al-Djabbâr ibn Moḥammad.

Aboû'l-Thanâ. Voyez Aḥmad ibn Moḥammad et Maḥmoûd ibn 'Abd al-Raḥmân.

Al-Thaqafî. Voyez 'Omaïr ibn al-Motawakkil et Al-Qâsim ibn al-Fadhl.

Théodore, patriarche d'Antioche. 148, 8°. 263, 3°.

Théodore, évêque. 275, 18°.

Théodose. 2467, 19°. 2468, 1°.

Théodose, patriarche d'Alexandrie. 145, 9°.

Théodose, évêque de Gangres. 148, 6°.

Théodule, 265, 10°.

Théophile, patriarche d'Alexandrie. 68, 12°. 143, 4°. 155, 11°.

Al-Tibrîzî. Voyez Al-Ḥasan ibn Scharaf; — Yaḥyâ ibn 'Alî et Moḥammad al-Ḥanafî.

Al-Tidjânî. Voyez 'Abdallah al-Tidjânî et 'Abdallah ibn Moḥammad.

Al-Tîfâschî. Voyez Aḥmad ibn Yoûsof et Moḥammad al Tîfâschî.

Al-Tilimsânî. Voyez 'Abd al-Raḥmân al-Tilimsânî; — Ibn al-Ḥâddj al-Tilimsânî; — Ibrâhîm ibn abî Bakr; — Moḥammad ibn Aḥmad; — Moḥammad ibn Moḥammad; — Moḥammad ibn Solaïmân; — Moûsâ ibn 'Alî.

Timothée. 82, 4°.

Al-Tindjânî. Voyez 'Abd al-Mon'im al-Tindjânî.

Ibn al-Ṭiqṭaqâ. Voyez Moḥammad ibn 'Alî.

Al-Tirmidsî. Voyez Moḥammad ibn 'Îsâ.

Titus. 55.

Al-Tîzâï. Voyez Moḥammad ibn abî Bakr.

Al-Tîzînî. Voyez Moḥammad ibn Moḥammad ibn abî Bakr.

Al-Ṭobnî. Voyez Ḥasan ibn Khalîl.

Al-Todjîbî. Voyez Moḥammad ibn 'Atîq.

Al-Ṭoghrâ'î. Voyez Ḥosaïn ibn 'Alî.

Al-Tonoûkhî. Voyez Moḥammad ibn Moubârak.

Al-Toûbâdî. Voyez Maḥfoûẓ ibn al-Khaṭṭâb.

Al-Ṭoûloûnî. Voyez Ḥasan ibn Ḥosaïn.

Ibn Toûmert. 1451.

Al-Toûnisî. Voyez Moḥammad ibn Aḥmad et Moḥammad ibn Moḥammad.

Al-Ṭoûsî. Voyez 'Alî al-Ṭoûsî et Moḥammad ibn Moḥammad.

Al-Tourkomânî. Voyez 'Alî ibn 'Othmân.

Ṭoursoun Zâdè Efendi. 861, 6°.

Al-Ṭoûsawî. Voyez Ḥâddji Bâbâ.

Victor, évêque d'Antinoë. 154, 7°.

Victor, abbé d'Al-Hâbeṭoûn. 305, 7°.

Venture de Paradis. 1826. 1854.

Ibn Wadâ'a. Voyez Moḥammad ibn Ismâ'îl.

Ibn Wad'ân. Voyez Moḥammad ibn 'Alî.

Al-Wafâï. Voyez 'Abd al-'Azîz Moḥammad.

Al-Wâhidî. 3097.

Ibn Wahschiya. Voyez Aboû Bakr ibn Aḥmad.

Ibn al-Wâïẓ. Voyez Ḥosaïn ibn 'Alî.

Al-Wadjhânî. Voyez Ḥamid al-Sa'dî.

Al-Walî Arslân. 1160, 7°.

Walî al-Dîn al-Baṣîr bi Aïnî Qalbihî. 744, 6°.

Walî al-Dîn al-'Irâqî. 3019, 4°.

Al-Wâlibî. Voyez Aboû Bakr al-Wâlibî.

Walîd ibn 'Obaïd al-Boḥtorî (Aboû 'Obâda). 3086. 3300.

Ibn-Wallâd. Voyez Aḥmad ibn Moḥammad.

Al-Wâqidî. 1652 et suiv. 1689.

Al-Wardî. Voyez 'Omar ibn Moḥammad et 'Omar Ibn al-Moẓaffar.

Ibn al-Wardân. 1072.

Ibn Wâṣil. Voyez Moḥammad ibn Sâlim.

Al-Wâsiṭî. Voyez 'Abd al-Raḥmân ibn Mo'ammar.

Al-Waṭwaṭ. Voyez Raschîd al-Dîn ibn Moḥammad.

Al-Wazîr al-Wâ'iẓ al-Anṭâkî. 1156, 4°.

Widjân ibn Wastam al-Qoûhî (Aboû Sahl). 2457, 2°, 8°.

Al-Yâfi'î. Voyez 'Abdallah ibn As'ad.

Al-Yaḥṣobî. Voyez 'Iyâḍh ibn Moûsâ.

Yaḥyâ ibn 'Abd al-'Aẓîm al-Djazzâr (Djamâl al-Dîn Aboû 'l-Ḥosâm). 4596.

Yaḥyâ ibn 'Adî. 167. 168. 169, 1° à 12°. 173, 13°.

Yaḥyâ ibn Aḥmad ibn Moḥammad al-Nafzî al-Ḥimyarî al-Sarrâdj. 758, 1°.

Yaḥyâ ibn 'Alî al-Khaṭîb al-Tibrîzî (Aboû Zakarîyâ). 596. 3101 et suiv. 3112. 3280. 3283 et suiv.

Yaḥyâ ibn 'Alî al-Zamâ'î ou al-Rafâ'î (al-Rifâ'î). 2354 et suiv.

Yaḥyâ ibn abî Bakr al-'Âmirî. 1976.

Yaḥyâ ibn abî Bakr al-Ḥanafî. 1266, 5°. 1287. 1°. 1391, 14°.

Yaḥyâ Ibn al-Baṭrîq. Voyez Yoḥannâ Ibn al-Baṭrîq.

Yaḥyâ Efendi Minqârzâdè. 669, 3°.

Yaḥyâ ibn Ḥamid ibn Zakarîyâ. 174, 6°.

Yaḥyâ ibn 'Îsâ Ibn Djazla (Aboû 'Alî). 2947, 1°. 2948 et suiv.

Yaḥyâ ibn Moḥammad. 669, 1°.

Yaḥyâ ibn Moḥammad ibn Aḥmad ibn al-Auwâm (Aboû Zakarîyâ). 2804.

Yaḥyâ [ibn Moḥammad] Ibn Hobaïra ('Aun al-Dîn Aboû 'l-Moẓaffar). 607.

Yaḥyâ ibn Moḥammad Ibn abî Schokr al-Maghribî (Moḥyî al-Dîn). 2468, 1°. 2593, 1°. 2594.

Yaḥyâ ibn Moûsâ al-Djozoû'î. 1060, 2°.

Yaḥyâ ibn Naṣoûḥ ibn Isrâ'îl. 3993, 1°.

Yaḥyâ al-Qarâfî al-Iṣfahânî. 4257, 1°.

Yaḥyâ al-Qoûdjḥiṣârî. 902, 1°.

Yaḥyâ ibn Saïf al-Sîrâmî. 4395.

Yaḥyâ ibn Sa'îd al-Anṭâkî. 288. 291.

Yaḥyâ ibn Scharaf al-Nawawî (Moḥyî al-Dîn Aboû Zakarîyâ). 592, 5°. 743, 1°. 744, 1°, 2°, 10°. 745 et suiv. 753. 990. 1002 et suiv. 1130. 1154, 3°. 1177, 1°. 1178, 3°. 2009, 4°. 4545, 2°. 4546. 4577, 2°.

Yaḥyâ ibn Yaḥyâ. 675.

Yaḥyâ ibn Yakhschî. 1250.

Yaḥyâ ibn abî Zakarîyâ Ibn Sabâ'. 207 et suiv.

Al-Ya'marî. Voyez Moḥammad ibn Moḥammad.

Ya'qoûb, Maphrien. 100.

Ya'qoûb ibn 'Aṭâ Allâh al-Roûmî al-Qaramânî. 2014.

Ya'qoûb ibn Ibrâhîm (Aboû Yoûsof). 2452 et suiv.

Ya'qoûb ibn Isḥâq al-Kindî (Aboû Yoûsof). 169, 12°. 2347. 2467, 2°. 2544, 9°.

Ya'qoûb ibn Isḥâq Ibn al-Qoff (Amîn al-Daula Aboû 'l-Faradj). 2842. 3000.

Ya'qoûb ibn Isḥâq Ibn al-Sikkît (Aboû Yoûsof). 4232.

Ya'qoûb ibn Moûsâ ibn 'Abd al-Raḥmân al-Bostânî. 1076.

Ya'qoûb Ibn-Na'ma al-Dibsî (Aboû 'l-Mawâhib). 58.

Ya'qoûb Pacha. 914 et suiv.

Ya'qoûb ibn Saïyid 'Alî. 1248, 1°. 1249, 1°. 3517 et suiv. 4023, 1° et suiv.

[Ya'qoûb] ibn Solaïmân al-Isfarâïnî (Aboû Yoûsof). 3401, 5°.

Yâqoût al-Ḥamawî. 2226 et suiv. 4256, 2°.

Yâsîn ibn Zaïn al-Dîn al-'Alîmî al-Ḥimṣî. 4154. 4412.

Ibn al-Yâsimîn. 4151, 6°.

Ibn Yazdân-Yâr. Voyez Moḥammad ibn al-Ḥosaïn.

Al-Yazdî. Voyez Khalîl Allâh ibn Noûr Allâh.

Yazîd ibn Mo'âwiya. 3430.

Aboû Yazîd al-Dauwânî. 992.

Yoḥannâ. 262, 8°.

Yoḥannâ Ibn al-Baṭrîq. 2417 et suiv. 2946, 4°.

Yoḥannâ ibn Sérapion. 2918, 7°.

Yoḥannâ ibn Yoûsof ibn al-Ḥârith. 2457, 10°, 48°.

Yoûnos ibn Aïdoghmisch ibn Ḥasan. 1328, 1°.

Yoûnos, patriarche d'Alexandrie. 215, 7°. 251, 48°.

Yoûnos, évêque d'Asyoûṭ. 780, 3°.

Yoûnos, évêque d'Esnâ. 153, 37°.

Yoûnos ibn 'Abdallah Ibn Bânâ (Aboû Ṣalâḥ). 252, 2°.

Yoûnos al-Mâlikî. 4660.

Yoûnos al-Rifâ'î. 3146, 5°.

Ibn Yoûnos. 2467, 15°. 2495 et suiv. 2531, 4°.

Yoûsâb, moine de Scété. 280, 2°.

Al-Yoûsî. Voyez Ḥasan ibn Mas'oûd.

Yoûsof ibn 'Abdallah al-Ḥosaïn (al-Ḥasanî) al-Ormiyoûnî. 744, 3° à 5°.

Yoûsof ibn 'Abd al-Laṭîf al-Ḥamawî (Ṣalâḥ al-Dîn). 1042, 1°.

Yoûsof ibn (al-Zakî ou ibn al-Mozakkâ) 'Abd al-Raḥmân ibn Yoûsof al Mizzî (Djamâl al-Dîn Aboû 'l-Ḥaddjâdj). 750. 2089 et suiv.

Yoûsof ibn al-'Adjoûz al-Ḥalabî al-Nasschâbî. 1450, 6°.

Yoûsof ibn Aḥmad al-Niẓâmî. 4041, 1°.

Yoûsof ibn 'Alî ibn Aḥmad ibn Moḥammad al-Nadsroûnî al Maghribî. 2681 et suiv.

Yoûsof ibn 'Arîb. 1449, 2°.

Yoûsof al-Badî'î. 3107.

Yoûsof ibn abî Bakr al-Sakkâkî (Sirâdj al-Dîn Aboû Ya'qoûb). 3955, 5°. 4371 et suiv.

Yoûsof ibn Djamâl. 4606, 4°.

Yoûsof al-Ḥafnâwî. 4413.

Yoûsof Ibn al-Ḥakîm (ou Ibn abî'l-Ḥakîm, ou Aboû'l-Ḥakîm) al-Boḥaïrî. 132, 15°. 173, 6°, 7°. 174, 8°, 9°.

Yoûsof ibn Ibrâhîm al-Ardabîlî. 1027.

Yoûsof ibn Ibrâhîm al-Maghribî (Djamâl al-Dîn Aboû Ya'qoûb). 644, 2°.

Yoûsof ibn Ismâ'îl Ibn al-Kotobî al-Djowaïnî (Djamâl al-Dîn). 3005 et suiv.

Yoûsof Ibn Kizoghlî Sibṭ Ibn al-Djauzî (Aboû'l-Moẓaffar). 1505 et suiv. 3515.

Yoûsof al-Maghribî. 3200, 1°.

Yoûsof ibn Moḥammad ibn 'Abd al-Djauwâd ibn Khiḍr al-Scharbînî. 1716, 2°. 3244, 3°. 3268 et suiv.

Yoûsof ibn Moḥammad al-Koûrânî (Zaïn al-'Âbidîn). 1462.

Yoûsof ibn Moḥammad al-Milawî. 2107.

Yoûsof ibn Moḥammad al-Naḥwî al-Tauzarî (Aboû'l-Fadhl). 3118, 1°. 3430. 4118, 2°. 4530.

Yoûsof ibn Râfi' ibn Tamîm Ibn Schaddâd (Bahâ al-Dîn Aboûl-Maḥâsin). 736. 1997.

Yoûsof al-Roûmî (Sinân al-Dîn). 2351, 1°.

Yoûsof ibn abî Sa'd ibn Aḥmad al-Sidjistânî. 858.

Yoûsof ibn Schâhîn (Djalâl al-Dîn). 2152.

Yoûsof al-Ṣinhâdj. 1216, 3°.

Yoûsof ibn Solaïmân. 3251, 2°.

Yoûsof [ibn Solaïmân] al-Schantamarî. 3274.

Yoûsof al-Solamî. 3972, 11°.

Yoûsof ibn Taghrî Bardî (Djamâl al-Dîn Aboû'l-Maḥâsin). 1551. 1606. 1770. 1771 et suiv. 1790. 2062 et suiv.

Yoûsof ibn Ṭâhir al-Khawwî. 3968.

Yoûsof ibn Yaḥyâ ibn 'Îsâ al-Schâdsilî. 2037, 1°.

Yoûsof ibn Ya'qoûb al-Djanadî (Bahâ al-Dîn Aboû 'Abdallah). 2127.

Aboû Yoûsof. 2506, 2°.

Al-Zaddjâdjî. Voyez Aboû 'Alî.

Ibn Zafar. Voyez 'Alî ibn Zafar et Moḥammad ibn abî Moḥammad.

Al Ẓâhirî. Voyez Aḥmad ibn Moḥammad et Khalîl ibn Schâhîn.

Ibn abî Zaïd. Voyez 'Abdallah ibn abî Zaïd.

Al-Zaïdî. Voyez 'Abdallah ibn Naṣr.

Ibn Zaïdoûn. Voyez Aḥmad ibn 'Abdallah.

Al-Zaïla'î. Voyez 'Othmân ibn 'Alî.

Zaïn ibn Nadjîm. Voyez Zaïn al-'Âbidîn ibn Ibrâhîm.

Zaïn al-'Âbidîn ibn Ibrâhîm al-Miṣrî (Zaïn ibn Nadjîm). 903. 967. 968. 976, 2°. 3401, 6°. 3417, 2°.

Zaïn al-'Âbidîn al-'Omarî Sibṭ al-Mauṣafî (al-Marṣafî?). 1546, 4°.

Zaïn al-'Âbidîn ibn Yoûsof al-Koûrânî. 2351, 3°.

Zaïn al-Ayimma. 1249, 2°.

Zaïn al-Dîn ibn 'Alî ibn al-Ḥâdja. 1108, 3°.

Zaïn al-Dîn al-'Irâqî. 992.

Zaïn al-Dîn al-'Omarî. 2760.

Zaïn al-Dîn al-Ramlî. 215, 10°.

Zaïn al-Milla al-Khawâfî. 760, 7°.

Al-Zaïtoûnî. Voyez 'Alî ibn Ḥasan et Moḥammad ibn Aḥmad.

Ibn al-Zaïyât. Voyez Isḥâq ibn al-Ḥasan.

Zakarîyâ ibn Moḥammad ibn Aḥmad al-Sonaïkî al-Anṣârî (Zaïn al-Dîn ou Badr al-Dîn Aboû Yaḥyâ). 653. 660. 667, 1°. 756. 950. 993 et suiv. 1000. 1015 et suiv. 1034 et suiv. 1038. 1045. 1049. 1160, 7°. 1396, 1°. 4062. 4134, 2°. 4449. 4593.

Zakarîyâ ibn Moḥammad ibn Maḥmoûd al-Qazwînî. 1303, 4°. 1971, 3°. 2173 et suiv. 2235 et suiv. 2419, 3°. 2918, 11°.

Zakarîyâ al-Marrâkoschî (Aboû Yaḥyâ). 2625, 10°.

Al-Zamâ'î. Voyez Yaḥyâ ibn 'Alî.

Al-Zamakhscharî. Voyez Maḥmoûd ibn 'Omar.

Al-Zanâtî. Voyez Aboû 'Amrân.

Al-Zandjânî. Voyez 'Izz al-Dîn al-Zandjânî et Maḥmoûd ibn Aḥmad.

Al-Zara'î (ou al-Zor'î). Voyez Moḥammad ibn abî Bakr et Moḥammad ibn Moḥammad.

Ibn Zarîq al-Khaïrî. Voyez Moḥammad ibn 'Alî ibn Ibrâhîm.

Al-Zarnoûdjî. Voyez Borhân al-Dîn al-Zarnoûdjî.

Al-Zarqânî. Voyez 'Abd al-Bâqî ibn Yoûsof et Aḥmad ibn Moḥammad.

Al-Zarqaschî. Voyez Aboû 'Abdallah al-Zarqaschî et Moḥammad ibn Bahâdour.

Al-Zaudzanî. Voyez Al-Ḥosaïn ibn Aḥmad et Moḥammad ibn 'Alî ibn Moḥammad.

Al Zendoûbestî. Voyez 'Alî ibn Yaḥyâ.

Al-Ziftâwî. Voyez 'Abdallah al-Ziftâwî.

Al-Zobaïdî. 3022. — Voyez aussi Solaïmân ibn Yaḥyâ.

Zohaïr ibn Moḥammad al-Mohallabî al-'Âtakî (Bahâ al-Dîn). 3173.

Zohaïr ibn abî Solmâ. 3075, 4°. 3076. 3273 et suiv.

Zohr ibn abî Marwân 'Abd al-Malik ibn Zohr (Aboû'l-'Alâ). 2954, 1°. 2960, 2°.

Ibn Zohr. Voyez 'Abd al-Malik ibn Zohr et Zohr ibn abî Marwân.

Al-Zohrâwî. Voyez Khalaf ibn 'Abbâs.

Al-Zohrî. Voyez Moḥammad ibn abî Bakr et 'Omar ibn 'Omar.

Aboû Zor'a al-'Irâqî. 1038.

Ibn Zor'a. Voyez Manc ibn Zor'a.

Zosime. 276, 16°. 281, 19°.

Ibn Zoûlâq. 1816, 1°. 1817. 1818.

FONDS ARABE.

CONCORDANCE DES NUMÉROS DE L'ANCIEN FONDS
ET DU SUPPLÉMENT ARABE
AVEC
LES NOUVEAUX NUMÉROS DU PRÉSENT CATALOGUE.

ANCIEN FONDS.

ANCIEN CATALOGUE.	NOUVEAU CATALOGUE.	ANCIEN CATALOGUE.	NOUVEAU CATALOGUE.	ANCIEN CATALOGUE.	NOUVEAU CATALOGUE.	ANCIEN CATALOGUE.	NOUVEAU CATALOGUE.	ANCIEN CATALOGUE.	NOUVEAU CATALOGUE.
1	**1**	21	**63**	46	**102**	72	**213**	100	**167**
2	**5**	22	**64**	47	**114**	73	**147**	101	**169**
3	**4**	23	**67**	48	**108**	74	**144**	102	**178**
4	**6**	24	**62**	49	**109**	75	**163**	102 *bis*	**210**
5	**14**	24 A	**57**	50	**107**	76	**151**	103	**199**
5 A	**16**	24 B	**58**	51	**104**	77	**311**	103 A	**180**
6	**17**	25	**66**	52	**68**	78	**182**	104	**177**
7	**18**	26	**106**	53	**77**	79	**184**	105	**204**
8	**20**	27	**54**	53 A	**73**	80	**200**	106	**186**
9	**45**	27 A	**61**	54	**76**	81	**201**	107	**150**
9 A	Arabe (Cat. ms.)	28	**59**	55	**137**	82	**190**	108	**148**
	5134	29	**92**	56	**139**	83	**170**	109	Turc (Suppl.)
9 B	Arabe (Cat. ms.)	30	**93**	57	**135**	84	**203**		**763**
	5135	31	**19**	58	**133**	85	**185**	110	**315**
10	**13**	32	**89**	59	**134**	86	**159**	111	**222**
11	**15**	33	**90**	60	**84**	87	**193**	112	**82**
12	**8**	34	**91**	61	**87**	88	**214**	113	**207**
13	**41**	35	**83**	62	**96**	89	**156**	114	**206**
14	**40**	36	**105**	63	**143**	90	**173**	115	**196**
15	**28**	37	**100**	64	**157**	91	**314**	116	**198**
16	**33**	38	**319**	65	**160**	92	**225**	117	**220**
16 A	**36**	39	**317**	66	**276**	93	**226**	118	**236**
17	**30**	40	**110**	67	**161**	94	**316**	119	**239**
18	**39**	41	**113**	68	**181**	95	**205**	120	**250**
19	**29**	42	**98**	69	**146**	96	**164**	121	**247**
19 A	**44**	43	**111**	69 A	**275**	97	**179**	122	**248**
20	**37**	44	**103**	70	**79**	98	**174**	123	**245**
20 A	**47**	45	**112**	71	**132**	99	**208**	124	**237**

ANCIEN CATALOGUE.	NOUVEAU CATALOGUE.	ANCIEN CATALOGUE.	NOUVEAU CATALOGUE.	ANCIEN CATALOGUE.	NOUVEAU CATALOGUE.	ANCIEN CATALOGUE.	NOUVEAU CATALOGUE.	ANCIEN CATALOGUE.	NOUVEAU CATALOGUE.
125	**242**	173	**403**	223	**444**	268	**662**	315	**1170**
126	**243**	174	**414**	224	**445**	269	**660**	316	Turc (Suppl.) **773**
127	**234**	175	**418**	225	**477**	270	**624**	317	Turc (Suppl.) **774**
128	**235**	176	**401**	226	Turc (Suppl.) **765**	271	**1115**	318	Turc (Suppl.) **775**
129	**1947**	177	**397**	227	Turc (Suppl.) **766**	272	**623**	319	Turc (Suppl.) **776**
130	**1906**	178	En déficit	228	Turc (Suppl.) **767**	273	**1255**	320	Turc (Suppl.) **777**
131	**288**	179	**467**	229	Persan (Suppl.) **1173**	274	**668**	321	Turc (Suppl.) **778**
131 A	**291**	180	**419**	230	**432**	274 A	**671**	321 A	Turc (Suppl.) **779**
132	**292**	181	Turc (Suppl.) **764**	231	**433**	275	**1124**	322	Turc (Suppl.) **780**
133	**290**	182	**410**	232	Turc (Suppl.) **768**	276	**1152**	323	Turc (Suppl.) **781**
134	**289**	183	**463**	233	Turc (Suppl.) **769**	277	**776**	324	Turc (Suppl.) **782**
135	**293**	184	**460**	234	**446**	278	**4563**	325	Turc (Suppl.) **783**
136	**298**	185	**451**	235	Turc (Suppl.) **770**	279	**2720**	326	Turc (Suppl.) **784**
136 A	**299**	186	**450**	236	**478**	280	Arabe (Cat. ms) **4932**	327	Turc (Suppl.) **785**
137	**296**	187	**500**	237	**479**	281	**1173**	328	Turc (Suppl.) **786**
138	**307**	188	**420**	238	**480**	282	**2543**	329	Turc (Suppl.) **787**
139	**301**	189	**448**	239	**593**	283	**1135**	330	Turc (Suppl.) **788**
140	**302**	190	**421**	240	**1176**	284	**1146**	331	Turc (Suppl.) **759**
141	**255**	191	**422**	241	**661**	285	**775**	332	Turc (Suppl.) **790**
142	**80**	192	**400**	242	**688**	286	**1113**	333	Turc (Suppl.) **791**
143	**155**	193	**469**	243	**690**	287	**1136**	334	Turc (Suppl.) **792**
144	**253**	194	**406**	244	**691**	288	**1184**	335	Turc (Suppl.) **793**
145	**257**	195	**405**	245	**694**	289	Turc (Suppl.) **771**	336	**1278**
146	**270**	196	**470**	246	**696**	290	**1155**	337	**1220**
147	**297**	197	**441**	247	**607**	291	**1125**	338	**1219**
148	**304**	198	**1167**	248	**608**	292	**1132**	339	**1221**
149	**153**	199	**442**	249	**604**	293	**1134**	340	**1224**
150	**254**	200	**452**	250	**3500**	294	**1133**	341	Turc (Suppl.) **794**
151	**74**	201	**447**	251	**621**	295	**2365**	342	Turc (Suppl.) **795**
152	**75**	202	**423**	252	**628**	296	**1187**	343	**1171**
153	**263**	203	**471**	253	**634**	297	**1186**	344	Turc (Suppl.) **796**
154	**262**	204	**2407**	254	**646**	298	**1200**		
155	**280**	205	**472**	255	**1260**	299	**1201**		
156	**258**	206	**424**	256	**1918**	300	**1181**		
157	**282**	207	**473**	257	**606**	301	**1188**		
158	**281**	208	**425**	258	**590**	302	**1270**		
159	**284**	209	**384**	259	**651**	303	**1225**		
160	**152**	210	**394**	260	**663**	304	**1178**		
160 A	**272**	211	**426**	261	**2321**	305	**1197**		
161	**303**	212	**427**	262	**650**	306	**1137**		
162	**171**	213	**474**	263	**630**	307	**1141**		
163	**279**	214	**464**	264	**636**	308	**1127**		
164	**266**	215	**428**	265	**629**	309	**1121**		
165	**261**	216	**429**	266	**605**	310	**1143**		
166	**265**	217	**430**	267	**644**	311	**1139**		
167	**259**	218	**431**			312	**1185**		
168	**260**	219	**395**			313	**1189**		
169	**269**	220	**443**			314	Turc (Suppl.) **772**		
170	**70**	221	**475**						
171	**71**	222	**476**						
172	**407**								

ANCIEN CATALOGUE.	NOUVEAU CATALOGUE.	ANCIEN CATALOGUE.	NOUVEAU CATALOGUE.	ANCIEN CATALOGUE.	NOUVEAU CATALOGUE.	ANCIEN CATALOGUE.	NOUVEAU CATALOGUE.	ANCIEN CATALOGUE.	NOUVEAU CATALOGUE.
345	1223	395	1326	444	1156	494	846	545	1047
346	1215	396	1243	445	1384	495	843	546	1323
347	Turc (Suppl.) 797	397	1957	446	4589	496	1109	547	951
		398	1247	447	1305	497	983	548	1116
348	1168	399	1463	448	1353	498	1043	549	1037
349	730	400	1231	449	1952	499	975	550	860
350	757	401	4374	450	1290	500	854	551	864
351	697	402	Persan (Suppl.) 1174	451	1289	501	908	552	867
352	1014			452	1253	502	835	553	869
353	720	403	1256	453	1375	503	820	554	865
354	708	404	1254	454	1238	504	939	555	1042
355	687	405	1266	455	1142	505	1007	556	1031
356	2324	406	1108	456	721	506	848	557	1036
357	1244	407	1236	457	1340	507	794	558	946
358	1974	408	790	458	1369	508	879	559	Turc (Suppl.) 799
359	786	409	1386	459	1228	509	785		
360	1257	410	1258	460	1226	510	913	560	945
361	1245	411	3372	461	1343	511	1024	561	880
362	1336	412	1261	462	773	512	970	562	986
363	2647	413	3390	463	3953	513	1110	563	1250
364	2657	414	1341	464	1312	514	1006	564	1013
365	1280	415	1342	465	1264	515	2314	565	1045
366	1265	416	Arabe (cat. ms.) 5133	466	1249	516	2313	566	944
367	2323			467	1112	517	844	567	4395
368	1454	417	929	468	1964	518	707	568	4392
369	814	418	1262	469	1054	519	2334	569	872
370	1460	419	1352	470	905	520	977	570	2319
371	1402	420	2663	471	710	521	821	571	971
372	1346	421	3501	472	711	522	972	572	958
373	1349	422	2310	473	891	523	990	573	956
374	3506	423	714	474	892	524	861	574	812
375	1332	424	1359	475	1105	525	1055	575	863
376	750	425	1347	476	Turc (Suppl.) 798	526	1057	576	859
377	918	426	1354			527	836	577	2188
378	2650	427	1360	477	753	528	799	578	2239
379	2013	428	1033	478	705	529	967	579	2240
380	760	429	1458	479	937	530	828	580	2218
381	2028	430	1059	480	1073	531	1002	580 bis	4564
382	758	431	1365	481	1053	532	954	581	2187
383	718	432	740	482	881	533	1104	582	2214
384	4605	433	1321	483	884	534	1114	583	2325
385	744	434	1303	484	889	535	992	584	2497
386	762	435	1398	485	793	536	894	585	2246
387	737	436	1372	486	784	537	916	586	2167
388	1316	437	1358	487	855	538	920	587	2241
389	722	438	2638	488	909	539	1077	587 A	2242
390	780	439	4592	489	704	540	935	588	2193
391	723	440	1396	490	792	541	858	589	2199
392	693	441	659	491	791	542	950	590	2198
393	746	442	781	492	839	543	875	591	2194
394	924	443	4595	493	841	544	876	592	2197

ANCIEN CATALOGUE.	NOUVEAU CATALOGUE.	ANCIEN CATALOGUE.	NOUVEAU CATALOGUE.	ANCIEN CATALOGUE.	NOUVEAU CATALOGUE.	ANCIEN CATALOGUE.	NOUVEAU CATALOGUE.	ANCIEN CATALOGUE.	NOUVEAU CATALOGUE.
593	**2191**	637	**1589**	680	**1760**	729	**2143**	776	**1610**
594	**2192**	638	**1587**	681	**1762**	730	**2050**	777	**1606**
595	**2209**	638 A	**1588**	682	**1736**	731	**2057**	778	**1607**
595 A	**1822**	639	**1611**	683	**1579**	732	**2061**	779	**1618**
595 B	**1823**	640	**1505**	684	**1544**	733	**4459**	780	**1814**
596	**2220**	641	**1506**	685	**1723**	734	**3318**	781	**1819**
597	**2281**	642	**2328**	686	**1824**	735	**2087**	782	**1843**
598	**1485**	643	**1598**	687	**1599**	736	**2086**	782 A	**1844**
599	**1484**	644	**1590**	688	**1719**	737	**2100**	783	**1815**
599 A	**1478**	645	**1574**	689	**1825**	738	**2030**	784	**1852**
599 B	**1486**	646	**1581**	690	**2150**	739	**2031**	785	**1686**
600	**2503**	647	**1576**	691	**2152**	740	**3525**	786	**1827**
601	**2196**	648	**1604**	692	**1712**	741	**2096**	787	**1845**
602	**2293**	649	**1800**	693	**2262**	742	**2084**	788	**1847**
603	**2545**	650	**2016**	694	**1713**	743	**1883**	789	**1790**
604	**2558**	651	**2266**	695	**1724**	744	**2039**	790	**1794**
605	**2486**	652	**1799**	696	**1654**	745	**2133**	791	**1801**
606	**2528**	653	**1569**	697	**1653**	746	**3340**	792	**1802**
607	**2522**	654	**1771**	698	**1652**	747	**2068**	793	**1795**
608	**2530**	655	**1687**	699	**1655**	748	**2069**	794	**1807**
609	**2559**	656	**1601**	700	**1573**	749	**2070**	795	**1770**
610	**2571**	657	**1602**	701	**1643**	750	**2071**	795 A I	**1737**
611	**2557**	658	**1603**	702	**1575**	751	**2072**	795 A II	**1738**
612	**2524**	659	**1772**	702 A	**1577**	751 A	**2052**	795 A III	**1739**
613	**2547**	659 A	**1551**	703	**1875**	751 A *bis*	**2053**	795 A IV	**1740**
614	**2562**	660	**1775**	704	**1882**	752	**2153**	796	**1514**
615	**1553**	661	**1780**	705	**1885**	753	**1582**	797	**1731**
615 A	**1511**	661 A	**1782**	706	**1867**	754	**1600**	798	**1732**
615 B	**1512**	662	**1784**	707	**3682**	755	**2093**	799	**1751**
616	**1546**	663	**1783**	707 A	**1700**	756	**2117**	800	**1757**
617	**1537**	664	**1785**	708	**1903**	757	**2115**	801	**1758**
617 A	**1554**	665	**1786**	709	**1902**	758	**1884**	801 A	**1688**
618	**4524**	666	**1787**	710	**1678**	759	**1886**	802	**1766**
619	**4525**	667	**1788**	711	**1674**	760	**2165**	803	**1707**
620	**1913**	668	**1572**	712	**1681**	761	**1491**	804	**1605**
621	**1916**	669	**1774**	713	**1671**	762	**1547**	805	**1793**
622	**1911**	670	**1781**	714	**1694**	763	**1560**	806	**1709**
623	**1921**	671	**1777**	715	**1695**	764	**1914**	807	**1717**
624	**1896**	672	**1726**	716	**1668**	765	**1935**	808	**1711**
625	**1897**	673	**1727**	717	**1693**	766	**1934**	809	**1835**
626	**1580**	673 A	**1729**	718	**1631**	767	**1923**	810	**2147**
627	**1467**	673 B	**1730**	719	**2123**	767 A	**2146**	811	**2151**
628	En déficit	673 C	**1741**	720	**2124**	768	**1555**	812	**1813**
629	**1948**	673 C *bis*	**1742**	721	**2125**	769	**1545**	813	**2260**
630	**1970**	673 C *ter*	**1743**	722	**1633**	770	**2667**	814	**1691**
631	**724**	674	**1728**	723	**1629**	771	**1967**	815	**1690**
632	**1619**	675	**2144**	724	**1630**	772	**1550**	816	**2764**
633	**1568**	676	**1744**	725	**2141**	773	**1490**	817	**2765**
634	**2132**	677	**1752**	726	**2138**	774	**1538**	818	**1898**
635	**1980**	678	**1753**	727	**2140**	774 A	**1616**	819	**1664**
636	**2021**	679	**1764**	728	**1666**	775	**1571**	820	**1660**

ANCIEN CATALOGUE.	NOUVEAU CATALOGUE.	ANCIEN CATALOGUE.	NOUVEAU CATALOGUE.	ANCIEN CATALOGUE.	NOUVEAU CATALOGUE.	ANCIEN CATALOGUE.	NOUVEAU CATALOGUE.	ANCIEN CATALOGUE.	NOUVEAU CATALOGUE.
821	**1670**	871	**2160**	921	**2406**	972	**2605**	1022	**2946**
822	**1665**	872	**2076**	922	**2330**	973	**2612**	1023	**2976**
823	**2253**	873	**2118**	923	**2398**	974	**2614**	1024	**3001**
824	**1881**	874	**4457**	924	**2399**	975	**2611**	1025	**2979**
825	**1873**	875	**4460**	925	**2369**	976	**2320**	1026	**2987**
826	**1649**	876	**3257**	926	**2359**	977	**2354**	1027	**2965**
826 A	**1644**	877	**2338**	927	**2353**	978	**2374**	1028	**2960**
827	**1650**	878	**1767**	928	**2362**	979	**2439**	1029	**3015**
828	**1647**	879	**2261**	929	**2357**	980	**2443**	1030	**3005**
829	**1651**	880	**1834**	930	**2363**	981	**3517**	1031	**2861**
830	**1622**	881	**1927**	931	**2350**	982	**2442**	1032	**2966**
831	**1679**	882	**202**	932	**2370**	983	**2180**	1033	**2995**
832	**1677**	882 A	**2346**	933	**2368**	984	**2616**	1034	**3002**
833	**1682**	883	**2392**	934	**4386**	985	**2837**	1035	**2949**
834	**1680**	884	**1331**	935	**4372**	986	**2858**	1036	**2970**
835	**1676**	885	**2416**	936	**4396**	987	**2847**	1037	**2771**
836	**2255**	886	**1300**	937	**4376**	988	**2853**	1038	**2810**
837	**2254**	887	**2431**	938	**2381**	989	**2894**	1039	**2645**
838	**2257**	888	**2437**	939	**2390**	990	**2896**	1040	**2835**
839	**1699**	889	**2436**	940	**2373**	990 A	**2183**	1041	**2839**
840	**1698**	890	**2440**	941	**2383**	991	**2910**	1042	**2843**
841	**1667**	891	**3957**	942	**2379**	992	**2898**	1043	**2860**
842	**1669**	892	**2433**	943	**310**	993	**2905**	1044	**2854**
843	**1628**	893	**2447**	944	**2418**	994	**2899**	1045	**2928**
844	**1632**	894	**2425**	945	**2419**	995	**2893**	1046	**3038**
845	**1638**	895	**2441**	946	**2444**	996	**2902**	1047	**2900**
846	**2778**	896	**2448**	947	**2445**	997	**2904**	1048	**2897**
847	**2278**	897	**3528**	948	**3510**	998	**2911**	1049	**2941**
848	**1635**	898	**2173**	949	**3486**	999	**2916**	1050	**2919**
849	**1899**	899	**2235**	950	**3507**	1000	**2909**	1051	**2920**
850	**1900**	900	**2177**	951	**4523**	1001	**2934**	1052	**2933**
851	**1908**	901	**1470**	952	**3505**	1002	**2939**	1053	**2936**
852	**2022**	902	**2360**	953	**3504**	1003	**2940**	1054	**2805**
853	**1972**	903	**2172**	954	**2168**	1004	**2927**	1055	**3010**
854	**2040**	904	**2329**	955	**1472**	1005	**2924**	1056	**2918**
855	**2042**	905	**2615**	956	**2184**	1006	**2925**	1057	**2922**
856	**2099**	906	**2790**	957	**2236**	1007	**2958**	1058	**3031**
857	**285**	907	**2788**	958	**2174**	1008	**2990**	1059	**2876**
858	**2104**	908	**2783**	959	**2302**	1009	**2882**	1060	**2874**
859	**1721**	909	**2791**	960	**2361**	1010	**2881**	1061	**2877**
860	**2101**	910	**2784**	961	**2760**	1011	**2872**	1062	**2878**
861	**2102**	911	**2787**	962	**2762**	1012	**2871**	1063	**2972**
862	**2075**	912	**2804**	963	**2759**	1013	**2873**	1064	**2974**
863	**2126**	913	**2803**	964	**2761**	1014	**2880**	1065	**2975**
864	**2054**	914	**2802**	965	**2789**	1015	**2879**	1066	**3028**
865	**2081**	915	**2805**	966	**4644**	1016	**2875**	1067	**2956**
866	**2085**	916	**2781**	967	**2801**	1017	**3012**	1068	**2961**
867	**3347**	917	**2397**	968	**2850**	1018	**2971**	1069	**3044**
868	**2157**	918	**2311**	969	**2770**	1019	**2955**	1070	**3011**
869	**2158**	919	**4640**	970	**2779**	1020	**2947**	1071	**2978**
870	**2159**	920	**2332**	971	**4590**	1021	**2950**	1072	**3006**

ANCIEN CATALOGUE.	NOUVEAU CATALOGUE.	ANCIEN CATALOGUE.	NOUVEAU CATALOGUE.	ANCIEN CATALOGUE.	NOUVEAU CATALOGUE.	ANCIEN CATALOGUE.	NOUVEAU CATALOGUE.	ANCIEN CATALOGUE.	NOUVEAU CATALOGUE.
1073	**2857**	1123	**2651**	1174	**2661**	1224	**2703**	1274	**4010**
1074	**2931**	1124	**2675**	1175	**2700**	1225	**2715**	1275	**4012**
1075	**2957**	1125	**2697**	1176	**2662**	1226	**2630**	1276	**4014**
1076	**2954**	1126	**2755**	1177	**2689**	1227	**4036**	1277	**4027**
1077	**2782**	1127	**2825**	1178	**2610**	1228	**4037**	1278	**4026**
1078	**2951**	1128	**2826**	1179	**2732**	1229	**4003**	1279	**4054**
1079	**2952**	1129	**2466**	1180	**2676**	1230	**4127**	1280	**4044**
1080	**3036**	1130	**2460**	1181	**2681**	1231	**4155**	1281	**4055**
1081	**2864**	1131	**2474**	1182	**2726**	1232	**4067**	1282	**4122**
1082	**3029**	1132	En déficit	1183	**2727**	1233	**4075**	1283	**4025**
1083	**2608**	1133	**2470**	1184	**2682**	1234	**4100**	1284	**4129**
1084	**3024**	1134	**2473**	1185	**2658**	1235	**4095**	1284 A	**4135**
1085	**2992**	1135	**2472**	1186	**2698**	1236	**4373**	1285	**4052**
1086	**2993**	1136	**2461**	1187	**2672**	1237	**4377**	1286	**4060**
1087	**2690**	1137	**2580**	1188	**2684**	1238	**4153**	1287	**4016**
1088	**2870**	1138	**2494**	1189	**2707**	1239	**4201**	1288	**3992**
1089	**2932**	1139	**2483**	1190	**2713**	1240	**4265**	1289	**3990**
1090	**2862**	1140	**2512**	1191	**2679**	1241	**4263**	1290	**4291**
1091	**3053**	1141	**2529**	1192	**2666**	1242	**4272**	1291	**4068**
1092	**3054**	1142	**2594**	1193	**2728**	1243	**4276**	1292	**4188**
1093	**2942**	1143	**2523**	1194	**2644**	1244	**4275**	1293	**4120**
1094	**2962**	1144	**2520**	1195	**2634**	1245	**4239**	1294	**3988**
1095	**2814**	1145	En déficit	1196	**2699**	1246	**4237**	1295	**4007**
1096	**2840**	1146	**2549**	1197	**2706**	1247	**4319**	1295 A	**4210**
1097	**2848**	1147	**2507**	1198	**2704**	1248	**4298**	1296	**4166**
1098	**2973**	1148	**2508**	1199	**2766**	1249	**4299**	1297	**4234**
1099	**2741**	1149	**2502**	1200	**2701**	1250	**4246**	1298	**4168**
1100	**2869**	1150	**2517**	1201	**2673**	1251	**4240**	1299	**4169**
1101	**3023**	1151	**2511**	1202	**2763**	1252	**4235**	1300	**4170**
1102	**3042**	1152	**2505**	1203	**2705**	1253	**4286**	1301	**4172**
1103	**2533**	1153	**2501**	1204	**2637**	1254	**4294**	1302	**4167**
1104	**2458**	1154	**2595**	1205	**2639**	1255	**4297**	1303	**4173**
1105	**2304**	1155	**2525**	1206	**2677**	1256	**4290**	1304	**4185**
1106	**2462**	1156	**2553**	1207	Turc (Suppl.)	1257	**4300**	1305	**4174**
1107	**2482**	1157	**2544**		**800**	1258	**4285**	1306	**4063**
1108	**2485**	1158	**2519**	1208	**2717**	1259	**4335**	1307	**4021**
1109	**2540**	1159	**2498**	1209	**2716**	1260	**4325**	1308	**4065**
1110	**2490**	1160	**2670**	1210	**2742**	1261	**4326**	1309	**4066**
1111	**2488**	1161	**2593**	1211	**2758**	1262	**4327**	1310	**4164**
1112	**2496**	1162	**2601**	1212	**2744**	1263	**4324**	1311	**4079**
1113	**2489**	1163	**2696**	1213	**2748**	1264	**4322**	1312	**4189**
1114	**2500**	1164	**2695**	1214	**2430**	1265	**4338**	1313	**4022**
1115	**2499**	1165	**2584**	1215	**2308**	1266	**4340**	1314	**4013**
1116	**2534**	1166	**2693**	1216	**2465**	1267	**4341**	1315	**4289**
1117	**2552**	1167	**2577**	1217	En déficit	1268	**4344**	1316	**4329**
1118	**2521**	1168	**2718**	1218	**2550**	1269	Persan (Suppl.)	1317	**4292**
1119	**2572**	1169	**2678**	1219	**2532**		**1176**	1318	**4304**
1119 A	**4609**	1170	**2592**	1220	**2506**	1270	**4049**	1319	**4375**
1120	**2573**	1171	**2578**	1221	**2656**	1271	**4150**	1320	**2688**
1121	**2478**	1172	**2643**	1222	**2714**	1272	**4009**	1321	**4023**
1122	**2649**	1173	**2669**	1223	**2702**	1273	**4144**	1322	**4187**

ANCIEN CATALOGUE.	NOUVEAU CATALOGUE.	ANCIEN CATALOGUE.	NOUVEAU CATALOGUE.	ANCIEN CATALOGUE.	NOUVEAU CATALOGUE.	ANCIEN CATALOGUE.	NOUVEAU CATALOGUE.	ANCIEN CATALOGUE.	NOUVEAU CATALOGUE.
1323	4223	1367	4306	1417	3278	1467	3153	1514	3826
1324	4163	1368	4307	1418	3136	1468	3431	1515	3827
1325	2339	1369	4452	1419	4531	1469	3232	1516	3828
1326	4259	1370	3309	1420	3389	1470	3425	1517	3831
1327	4253	1371	2326	1421	Turc (Suppl.) 802	1471	3412	1518	3832
1328	4231	1372	2327			1472	3398	1519	3833
1328 A	4178	1373	3327	1422	3954	1473	3299	1520	3834
1329	4245	1374	3328	1423	3083	1474	3307	1521	3790
1330	4255	1375	3330	1424	3149	1475	3213	1522	3791
1331	4295	1376	3331	1425	3145	1476	3141	1523	3829
1332	4301	1377	2106	1426	3497	1477	4257	1524	3830
1333	4287	1378	3346	1427	3093	1478	3129	1525	3860
1334	4234	1379	4451	1428	3091	1479	3157	1526	3862
1335	4293	1380	3182	1429	3097	1480	4118	1527	3863
1336	4302	1381	3216	1430	3092	1481	3120	1528	3866
1336 A	4296	1382	3214	1431	3101	1482	4446	1529	3864
1336 B	4283	1383	3098	1432	3102	1482 A	322	1530	3868
1336 C	4309	1383 A	3100	1433	3103	1483	3032	1531	3869
1337	4320	1384	3441	1434	4567	1483 A	3465	1532	3880
1338	4323	1385	4568	1435	4542	1484	3177	1533	3875
1339	4315	1386	4571	1436	4566	1485	3186	1534	3874
1340	4313	1387	4570	1437	4544	1486	3243	1535	3884
1341	4311	1388	4569	1438	3251	1487	3128	1536	3877
1342	4312	1389	4572	1439	3037	1488	3416	1537	3888
1343	4318	1390	4543	1440	3212	1489	3466	1538	3879
1344	4314	1391	4654	1441	3219	1490	3665	1539	3872
1345	4321	1392	3086	1442	3210	1491	3881	1540	3889
1346	Turc (Suppl.) 801	1393	3119	1443	3211	1491 A	3612	1541	3883
		1394	3140	1444	3171	1492	3472	1542	8882
1347	4305	1395	3144	1445	3432	1493	3516	1543	3890
1348	4626	1396	3148	1446	3139	1494	3685	1544	3891
1349	4339	1397	3146	1447	3326	1494 A	3687	1545	3892
1350	4337	1398	3117	1448	3173	1495	3118	1546	4623
1351	Turc (Suppl.) 803	1399	3096	1449	3205	1496	3893	1547	3645
		1400	3348	1450	3362	1497	3622	1548	3552
1352	4303	1401	3404	1451	3176	1498	3650	1549	3852
1353	4347	1402	3392	1452	3360	1499	3623	1550	3853
1353 A	4352	1403	3338	1453	3172	1500	4620	1551	3854
1354	4214	1404	3305	1454	3088	1501	3471	1552	3855
1355	4030	1405	3314	1455	3075	1502	3469	1553	3859
1356	4029	1406	4594	1456	3223	1503	3865	1554	3867
1357	4045	1407	4530	1457	3225	1504	3632	1555	3870
1358	4003	1408	3215	1458	3221	1505	3630	1556	3871
1359	4179	1409	3111	1459	4230	1506	3611	1557	3873
1360	4180	1410	4119	1460	3143	1507	3610	1558	3876
1361	4200	1411	3131	1461	3350	1508	3609	1559	3885
1362	4203	1412	3217	1462	3352	1509	En déficit	1560	3886
1363	4048	1413	3409	1463	3367	1510	3537	1561	3887
1364	4018	1414	3329	1464	3671	1511	3540	1562	4577
1365	4535	1415	3319	1465	3402	1512	3824	1563	2423
1366	4645	1416	3277	1466	3349	1513	3825	1564	3930

ANCIEN CATALOGUE.	NOUVEAU CATALOGUE.	ANCIEN CATALOGUE.	NOUVEAU CATALOGUE.	ANCIEN CATALOGUE.	NOUVEAU CATALOGUE.	ANCIEN CATALOGUE.	NOUVEAU CATALOGUE.	ANCIEN CATALOGUE.	NOUVEAU CATALOGUE.
1565	**3927**	1578	**2819**	1591	**3923**	1603	**3494**	1615	**4434**
1566	**3396**	1579	**4639**	1592	**3361**	1604	**3548**	1616	**3547**
1567	**3394**	1580	**1408**	1593	**3952**	1605	**3417**	1617	**4418**
1568	**3386**	1581	**1415**	1594	**3304**	1606	**3485**	1618	**4387**
1569	**3385**	1582	**1427**	1595	**3531**	1607	**3955**	1619	**4427**
1570	**3482**	1583	**1429**	1596	**3529**	1608	**4588**	1620	**4622**
1571	**3527**	1584	**3345**	1597	**3406**	1609	**3967**	1621	**3965**
1572	**3378**	1585	**4422**	1598	**3377**	1610	**3418**	1622	**3363**
1573	**4439**	1586	**3333**	1599	**3373**	1611	**3343**	1623	**4596**
1574	**4436**	1587	**3947**	1600	**3365**	1612	**4433**	1624	**3970**
1575	**4440**	1588	**3931**	1601	**3530**	1613	**4438**	1625	**3969**
1576	**3342**	1589	**3937**	1602	**3324**	1614	**4444**	1626	**3939**
1577	**2477**	1590	**3949**						

SUPPLÉMENT.

ANCIEN CATALOGUE.	NOUVEAU CATALOGUE.	ANCIEN CATALOGUE.	NOUVEAU CATALOGUE.	ANCIEN CATALOGUE.	NOUVEAU CATALOGUE.	ANCIEN CATALOGUE.	NOUVEAU CATALOGUE.	ANCIEN CATALOGUE.	NOUVEAU CATALOGUE.
1	**2**	25	**51**	50	**229**	72	**158**	96	**267**
2	**7**	26	**60**	51	**183**	73	**141**	97	**278**
3	**9**	27	**56**	52	**197**	74	**149**	98	**283**
3 *bis*	**12**	28	**86**	53	**191**	75	**88**	99	**221**
4	**11**	28 *bis*	**85**	53 *bis*	**192**	76	**154**	100	**188**
4 *bis*	**3**	29	**55**	54	**209**	77	**165**	101	**189**
5	**10**	30	En déficit	55	**212**	78	**252**	102	En déficit
6	**21**	31	**65**	56	**194**	79	**172**	103	**187**
7	**23**	32	**94**	57	**211**	80	**240**	104	**218**
8	**22**	33	**126**	58	**175**	81	**241**	105	Transmis au département des imprimés, où il porte la cote **Og^2 383**
9	**24**	34	**116**	59	**223**	82	**244**		
10	**38**	35	**117**	60	**232**	83	**251**		
11	**43**	36	**115**	60 *bis*	**233**	84	**249**		
12	**27**	37	**123**	61	**128**	85	**246**	105 *bis*	**219**
13	**32**	38	**121**	62	**162**	86	**238**	106	**168**
14	**42**	39	**118**	63	**176**	87	**131**	106 *bis*	**217**
15	**34**	40	**97**	64	**228**	88	**81**	107	**215**
16	**35**	41	**129**	64 *bis*	**230**	89	**227**	108	**166**
17	**31**	42	**130**	65	**145**	89 *bis*	**277**	109	**231**
18	**48**	43	**119**	66	Syriaque **192**	90	**256**	110	**273**
19	N° non employé	44	**120**			90 *bis*	**320**	111	**268**
20	**50**	45	**122**	67	**138**	91	**72**	112	**271**
21	**286**	46	**125**	68	**140**	92	**264**	113	**274**
22	**25**	47	**216**	69	**136**	93	**49**	114	**399**
23	**52**	48	**195**	70	**142**	94	**69**	115	**481**
24	**53**	49	**124**	71	**95**	95	**309**	116	**463**

ANCIEN CATALOGUE.	NOUVEAU CATALOGUE.	ANCIEN CATALOGUE.	NOUVEAU CATALOGUE.	ANCIEN CATALOGUE.	NOUVEAU CATALOGUE.	ANCIEN CATALOGUE.	NOUVEAU CATALOGUE.	ANCIEN CATALOGUE.	NOUVEAU CATALOGUE.
117	**482**	150 E	**326**	150 FFF	**374**	164 II	**543**	177	**613**
118	**416**	150 F	**333**	150 GGG	**383**	164 III	**544**	178 A	**614**
119	**483**	150 G	**334**	150 HHH	**375**	164 IV	**545**	178 B	**615**
120	**413**	150 H	**336**	150 III	**324**	164 V	**546**	178 C	**616**
121 A	**454**	150 I	**337**	151	**492**	164 VI	**547**	178 D	**617**
121 B	**465**	150 K	**327**	152 A	**389**	164 VII	**548**	178 E	**618**
122	**417**	150 L	**335**	152 B	**390**	164 IX	**549**	178 F	**619**
123	**449**	150 M	**329**	152 C	**391**	164 IX *bis*	**550**	179	**620**
124	**402**	150 N	**338**	152 D	**392**	164 X	**551**	180	**595**
125	**589**	150 O	**370**	152 *bis*	**437**	164 XI	**552**	181	**594**
126	**484**	150 P	**340**	153	**461**	164 XII	**553**	182	**652**
127	**415**	150 Q	**339**	154	**466**	164 XIII	**554**	183	**653**
128	**455**	150 R	**343**	155	**493**	164 XIV	**555**	184	**654**
129	**458**	150 S	**344**	155 *bis*	**494**	164 XIV *bis*	**556**	185	**622**
130	**453**	150 T	**345**	156	**495**	164 XV	**557**	186 I	**639**
131	**577**	150 U	**369**	157	**388**	164 XVI	**558**	186 *bis*	**596**
132	**485**	150 V	**342**	158	**378**	164 XVI *bis*	**559**	186 III	**641**
133	**573**	150 W	**379**	159	**774**	164 XVII	**560**	186 IV	**642**
134	**574**	150 X	**346**	159 *bis*	**513**	164 XVIII	**561**	187	**640**
135	**386**	150 Y	**347**	160	**588**	164 XX	**562**	188	**637**
136	**499**	150 Z	**348**	161	**509**	164 XXI	**563**	189	**625**
137	**403**	150 AA	**371**	162	**510**	164 XXIV	**564**	190	**670**
138	**434**	150 BB	**349**	163 I	**514**	164 XXIV *bis*	**565**	191	**643**
139	**387**	150 CC	**325**	163 I *bis*	**515**	164 XXV	**566**	192	**656**
140	**501**	150 DD	**341**	163 II	**516**	164 XXVI	**567**	193	**610**
141	**486**	150 EE	**350**	163 II *bis*	**517**	164 XXVII	**568**	194	**592**
141 *bis*	**398**	150 FF	**351**	163 III	**518**	164 XXVIII	**569**	195	**667**
142	**587**	150 GG	**352**	163 IV	**519**	164 XXIX	**570**	195 *bis*	**672**
143	**385**	150 HH	**376**	163 V	**520**	165	**412**	196	**609**
144	**411**	150 II	**353**	163 VI	**521**	166	**496**	197	**611**
145	**462**	150 KK	**354**	163 VII	**522**	167	**511**	198	**612**
146	**487**	150 LL	**355**	163 VIII	**523**	168	**497**	199	**664**
147	**488**	150 MM	**372**	163 IX	**524**	168 *bis*	**498**	200	**638**
148 I	**459**	150 NN	**356**	163 X	**525**	169	**457**	201	**649**
148 *bis*	**512**	150 OO	**357**	163 XII	**526**	170 I	**438**	202	**1227**
148 *ter*	**502**	150 PP	**380**	163 XII *bis*	**527**	170 II	**439**	203	**1172**
148 IV	**572**	150 QQ	**358**	163 XIII	**528**	170 III	**440**	204	**1217**
148 V	**456**	150 RR	**359**	163 XIV	**529**	171 A *bis*	**657**	205	**1211**
148 VI	**404**	150 SS	**360**	163 XV	**530**	171 B *bis*	**658**	206	**1212**
148 VII	**489**	150 TT	**361**	163 XV *bis*	**531**	171 A	**597**	206 *bis*	**1196**
148 VIII	**571**	150 UU	**362**	163 XVI	**532**	171 B	**598**	207	**1216**
148 IX	**585**	150 VV	**363**	163 XXII	**533**	171 C	**599**	207 *bis*	**4646**
149	**490**	150 WW	**364**	163 XXIII	**534**	172 A	**600**	208	**1222**
149 *bis*	**491**	150 XX	**365**	163 XXIV	**535**	172 B	**601**	209	**1166**
149 *ter*	**435**	150 YY	**366**	163 XXV	**536**	172 C	**602**	210	**1218**
149 IV	**586**	150 ZZ	**367**	163 XXV *bis*	**537**	172 D	**603**	211	**1165**
150	**436**	150 AAA	**381**	163 XXVII	**538**	173	**627**	212	**1164**
150 A	**328**	150 BBB	**368**	163 XXVIII	**539**	174	**635**	213	**1161**
150 B	**330**	150 CCC	**373**	163 XXIX	**540**	175	**631**	213 *bis*	**1204**
150 C	**331**	150 DDD	**382**	163 XXX	**541**	176 A	**632**	214	**1174**
150 D	**332**	150 EEE	**377**	164 I	**542**	176 B	**633**	214 *bis*	**1214**

ANCIEN CATALOGUE.	NOUVEAU CATALOGUE.	ANCIEN CATALOGUE.	NOUVEAU CATALOGUE.	ANCIEN CATALOGUE.	NOUVEAU CATALOGUE.	ANCIEN CATALOGUE.	NOUVEAU CATALOGUE.	ANCIEN CATALOGUE.	NOUVEAU CATALOGUE.
215	**1199**	259	**1252**	297	**698**	333	**832**	379	**823**
216	**1205**	260	**1382**	297 *bis*	**699**	334	**833**	380	**837**
216 *bis*	**1203**	261	**1381**	297 *ter*	**700**	335	En déficit	380 *bis*	**838**
217	**1177**	262	**1366**	298	**692**	336	**827**	381	**826**
217 *bis*	**1175**	263	**1163**	299	**679**	337	**829**	382	**824**
218	**1153**	264	**1277**	300 I	**680**	338	**831**	383	**873**
219	**1154**	265	**816**	300 II	**681**	339	**834**	383 *bis*	**851**
220	**1126**	266	**1232**	300 III	**682**	340	**825**	384	**874**
221	**1123**	267	**1233**	300 IV	**683**	341	**910**	385	**849**
222	**1140**	268	**1445**	301	**686**	342 I	**911**	386	**973**
223	**743**	268 *bis*	**1440**	301 *bis*	**701**	342 II	**912**	387	**678**
224	**1158**	269	**1444**	302	**709**	343	**906**	388	**675**
225	**1159**	269 *bis*	**1443**	303	**719**	344	**914**	389	**677**
226	**1157**	270	**1420**	303 *bis*	**777**	345	**917**	390	**1050**
227	**1151**	270 *bis*	**1421**	304	**751**	346	**919**	391	**1058**
228	**1138**	271	**1416**	305	**752**	347	**798**	392 I	**1063**
229 I	**1147**	271 *bis*	**1414**	306	**706**	348	**796**	392 II	**1064**
229 II	**1148**	272	**1432**	306 *bis*	**739**	349	**797**	392 III	**1065**
230 I	**1149**	272 *bis*	**1435**	307	**741**	350	**915**	392 IV	**1066**
230 II	**1150**	272 *ter*	**1441**	308	**742**	350 *bis*	**922**	392 V	**1067**
231 I	N° non employé	273	**1417**	309	**764**	351	**923**	392 VI	**1068**
231 II	N° non employé	274	**1430**	310	**763**	352	**890**	392 VII	**1069**
232	**1144**	274 *bis*	**1424**	311	**765**	353	**928**	392 *bis*	**1056**
233	**1327**	274 *ter*	**1412**	312	**736**	354	**856**	393	**1100**
234	**1283**	275	**1425**	313	**729**	354 *bis*	**857**	394	**1102**
235	**1284**	275 *bis*	**1442**	314	**783**	355	**897**	395	**1051**
236	**1397**	275 *ter*	**1419**	315 A	**770**	356	**898**	396	**1052**
237 A	**1333**	275 D	**1449**	315 B	**771**	357	**904**	397 I	**1080**
237 B	**1334**	275 E	**1450**	315 C	**772**	358	**896**	397 II	**1081**
237 C	**1335**	276	**717**	315 *bis*	**767**	359	**901**	398	**1072**
238	**1451**	277	**1406**	315 *ter* A	**768**	360	**900**	399	**1071**
239	**1246**	278	**1407**	315 *ter* B	**769**	361	**893**	400	**1028**
240	**1268**	279	**1452**	316	**930**	362	**895**	400 *bis*	**1074**
241	**1269**	280	**1453**	316 *bis*	**756**	363	**902**	400 *ter*	**1078**
242	**1259**	281	**1462**	317	**931**	364	**903**	401 I	**1088**
243	**2642**	282	**1461**	318	**936**	365	**957**	401 II	**1089**
244	**1281**	283	**1459**	319 I	**941**	366	**961**	401 III	**1090**
245	**1282**	284	**1456**	319 II	**942**	367	**959**	402	**1079**
246	**1272**	285	**1464**	320	**943**	368	**965**	402 *bis*	**1091**
247	**1271**	286	**1455**	321	**938**	368 *bis*	**966**	403	**1093**
248	**1273**	287	**759**	322	**940**	369 I	**962**	404	**1096**
249	**1276**	288	**755**	323	**974**	369 II	**963**	405	**1094**
250	**1239**	289	**727**	324	**802**	370	**960**	406	**801**
251	**1235**	290	**726**	325	**852**	371	**949**	407	**1070**
252	**1240**	291	**782**	326	**853**	372	**877**	408 I	**987**
253	**1241**	292	**749**	327	**1099**	373	**948**	408 II	**988**
254	**1242**	293	**748**	328	**883**	374	**840**	408 III	**989**
255	En déficit	294	**747**	329	**882**	375	**795**	408 *bis*	**1026**
256	**1311**	295 I	**684**	330	**885**	376	**976**	409	**985**
257	**1229**	295 II	**685**	331	**888**	377	**878**	410	**1032**
258	**1350**	296	**689**	332	**886**	378	**822**	410 *bis*	**984**

ANCIEN CATALOGUE.	NOUVEAU CATALOGUE.	ANCIEN CATALOGUE.	NOUVEAU CATALOGUE.	ANCIEN CATALOGUE.	NOUVEAU CATALOGUE.	ANCIEN CATALOGUE.	NOUVEAU CATALOGUE.	ANCIEN CATALOGUE.	NOUVEAU CATALOGUE.
411	**1023**	451	**815**	501	**734**	549	**2424**	596 I	**1999**
412	**1027**	452	**787**	502	**733**	550	**2426**	596 II	**2000**
413	**1039**	453	**925**	503	**732**	551	**2429**	597	**2001**
414	**1038**	454	**1041**	504	**1951**	552	**2427**	598	**2006**
414 *bis*	**1040**	455	**933**	505	**1978**	552 *bis*	**2453**	599	**2003**
415	**1000**	456	**952**	506	**713**	552 *ter*	**2454**	600	**1987**
415 *bis*	**999**	457	**996**	507	**712**	552 IV	N° non employé	600 *bis* A	**1990**
416	**997**	458	**1117**	508	**716**	553	**2438**	600 *bis* B	**1993**
417	**998**	459	**953**	509	**1385**	554	**4638**	600 *bis* C	**1996**
418	**1004**	460	**1029**	510	**1310**	555	**1371**	601 I	**1994**
419	**1012**	461	**870**	511	**1297**	556	**1394**	601 II	**1995**
420	**1008**	462	**934**	512	**1295**	557	**1345**	602	**1988**
421 I	**1017**	463	**1035**	513	**1296**	558	**1380**	603 II	**1989**
421 II	**1018**	464	**1025**	514	**1294**	559	**1337**	603 III	**1992**
421 III	**1019**	465	**1075**	515	**1298**	560	**1364**	603 *bis*	**1991**
421 IV	**1020**	466	**1076**	516	**1301**	561	**1330**	603 *ter* I	**1968**
422	**1021**	467	**866**	517	**1302**	562	**1383**	603 *ter* II	**1969**
423	**1048**	468	**868**	518	**1304**	563	**1373**	604	**1960**
423 *bis*	**1022**	469	**862**	519	**1363**	564	**1374**	605 I	**1961**
424	**1009**	470	**1120**	520	**1348**	565	**1344**	605 II	**1963**
425	**1015**	471	**1118**	521	**1291**	566	**1367**	606	**1962**
425 *bis*	**1016**	472	**1044**	522	**1378**	567	**1351**	607	**1981**
426	**1030**	473	**1119**	523	**1318**	568	**1377**	607 *bis*	**1982**
427	**1011**	474	**982**	524	**1320**	569	**1376**	608	**1983**
428	**1003**	475	**969**	525	**1319**	570	**1368**	609	**1997**
429	**1005**	476	**955**	526	**1325**	571	**932**	610	**1965**
430	**731**	477	**2834**	527	**1267**	572	**1399**	611	**1966**
431	**811**	478	**3971**	528	**1314**	573	**1403**	612	**1984**
432	**991**	479	**3549**	529	**1292**	574	**1356**	613	**1949**
433	**1034**	480	**3550**	530	**3381**	575	**1357**	614	**1950**
434 I	**993**	481	**3499**	531	**2316**	576	**1400**	615	**1945**
434 II	**994**	482	**1973**	532	**2317**	577	**1401**	616	**1930**
434 III	**995**	483	En déficit	533	**2312**	578	**1387**	617	**1929**
435	**804**	484	**1169**	534	**3502**	579	**1915**	618	**1931**
436	**803**	485	**1953**	534 *bis*	**1322**	580	En déficit	619	Syriaque **275**
436 *bis*	**805**	486	**1955**	535	**3509**	581	**1388**		
437	**810**	487	**1954**	536	**3503**	582	**1355**	620	**1938**
438	**807**	488	**1956**	537	**3508**	583	**3557**	621	**1933**
438 *bis*	**806**	489	**1958**	538	**3512**	584	**1976**	622	**1936**
439	**808**	490	**2008**	539	**3511**	585	**2009**	623	**1942**
440	**842**	491	**1977**	540	**2417**	586	**1959**	624	**1943**
441	**850**	492	**1979**	541	**2422**	587	**1998**	625	**1941**
442	**847**	493	**1130**	542	**2420**	588	**1985**	626	N° non employé
443	**845**	494	**1192**	543	**2421**	589	**1986**	627	**1946**
444	**927**	495	**1190**	543 *bis*	**1566**	590	**728**	628	**1919**
445	**1107**	496	**1191**	544	**2451**	591	**1975**	629	**1920**
446	**1106**	497	**1182**	544 *bis*	**2456**	592	**2015**	630	**1922**
447	**1010**	498	**1183**	545	**2432**	593	**2010**	630 *bis*	**1925**
448	**1279**	499	**1195**	546	**2435**	594	**2004**	631	**1910**
449	**788**	499 *bis*	**1193**	547	**2434**	595	**2002**	632	**1909**
450	**789**	500	**735**	548	**2428**	595 *bis*	**2005**	633	**1912**

IMPRIMERIE NATIONALE.

ANCIEN CATALOGUE.	NOUVEAU CATALOGUE.	ANCIEN CATALOGUE.	NOUVEAU CATALOGUE.	ANCIEN CATALOGUE.	NOUVEAU CATALOGUE.	ANCIEN CATALOGUE.	NOUVEAU CATALOGUE.	ANCIEN CATALOGUE.	NOUVEAU CATALOGUE.
634	**1926**	681	**3335**	723	**1591**	742 T	**1531**	785	**1673**
635	**1924**	682	**2156**	724	**1593**	742 U	**1524**	786	**1696**
636	**2014**	683	**2119**	725	**1702**	743	**1595**	787	**1697**
637	**1309**	684	**2128**	726	**1570**	744	**1468**	788	**1701**
638	**2041**	684 *bis*	**2129**	727	**1608**	744 *bis*	**1469**	789	**1683**
639	**1362**	685	**2130**	728	**1552**	745	**1536**	790	**1816**
640	**2043**	686	**2131**	729	**1609**	746 I	**1584**	791	**1689**
641	**2037**	687	**2137**	730	**1612**	746 II	**1585**	792	**1692**
642	**2036**	688	**2139**	731	**1613**	747	**1567**	793	**1725**
642 *bis*	**2046**	689	**2142**	732	**1614**	748	**1510**	794	**1832**
643	**2019**	690	**2105**	733	**1594**	749	**1513**	795	**1837**
644	**2033**	691	**2149**	734	**1563**	750	**1508**	796	**1833**
645	**2034**	692	**1592**	735	**1562**	751	**294**	797	**1836**
646	**2045**	693	**2012**	736	**1515**	751 *bis*	**295**	798	**1838**
647	**2029**	694	**2074**	737	**1542**	752	**300**	799	**2148**
648	**1361**	695	**2162**	738	En déficit	753	**1557**	800	**1804**
649	**2024**	696	**2164**	739	**1578**	754	**1556**	801	**1796**
650	**2023**	697	**2007**	740 I	**1496**	755	**1548**	802	**1798**
651	**2018**	698	**2067**	740 II	**1497**	756	**1561**	803	**1797**
652	**2026**	699	**2097**	740 III	**1500**	756 *bis*	**1565**	804	**1811**
653	**2079**	700	**2055**	740 IV	**1501**	757	**1543**	805	**1803**
654	**2080**	701	**2056**	740 V	**1503**	758	**1617**	806	**1806**
655	**2049**	702	**2058**	740 VI	**1504**	759	**1642**	807	**1805**
655 *bis*	**2047**	703	**2069**	740 *bis* I	**1492**	760	**1637**	808	**1810**
655 *ter*	**2048**	704	**2051**	740 *bis* II	**1493**	761	**1640**	809	**1789**
656	**305**	705	**2059**	740 *bis* III	**1494**	762	**1639**	810	**1704**
657	**2017**	706	**2065**	740 *bis* IV	**1495**	763	**1636**	811	**1615**
658	**1971**	706 *bis*	**2064**	740 *bis* V	**1499**	763 *bis*	**1634**	812	**1812**
659	**2032**	706 *ter*	**2155**	741	**1502**	764	**1646**	813	**1708**
660	**2098**	707	**2109**	741 *bis*	**1498**	765	**1648**	814	**1516**
661	**2088**	708	**2108**	742	**1703**	766	**1645**	815	**1773**
662	**2092**	709	**2110**	742 A	**1488**	767	**2127**	815 *bis*	**1776**
663	**2011**	710	**2107**	742 B	**1517**	768	**3837**	816	**1778**
664	**2044**	711	**2111**	742 C	**1518**	769	**3838**	816 *bis*	**1779**
665	**2089**	712	**2166**	742 D	**1519**	770	**1894**	817	**1715**
666	**2091**	713	**1564**	742 E	**1520**	771	**1895**	817 *bis*	**1716**
667	**2090**	713 *bis*	**1489**	742 F	**1521**	772	**2145**	818	**1710**
668	**725**	714 I	**1476**	742 G	**1522**	773	**1905**	819	**1714**
669	**2103**	714 II	**1477**	742 H	**1523**	774	**1904**	820	**1817**
670	**2134**	715	**1479**	742 I	Arabe (cat. ms.)	775	**1901**	821	**1818**
671	**2135**	716 I	**1480**		**5076**	776	**1791**	822	**1860**
672	**2112**	716 II	**1481**	742 J	**1526**	777	**1661**	823	**1706**
673	**2113**	716 III	**1482**	742 K	**1525**	778	**1662**	824	**1849**
673 *bis*	**2114**	716 IV	**1483**	742 L	**1534**	779 III	**1656**	825	**1840**
674	**2116**	717	**1473**	742 M	**1529**	779 V	**1657**	826	**1842**
675	**2077**	717 *bis*	**1475**	742 N	**1530**	779 VI	**1658**	827	**1846**
676	**2083**	718	**1474**	742 O	**1533**	780	**1659**	828	**1848**
677	**3320**	719	**1471**	742 P	**1535**	781	**1663**	829	**1839**
678	**2122**	720	**1821**	742 Q	**1527**	782	**308**	830	**1841**
679	**2121**	721	**1597**	742 R	**1528**	783	**675**	831	**1851**
680	**2163**	722	**1507**	742 S	**1532**	784	**1672**	832	**1850**

ANCIEN CATALOGUE.	NOUVEAU CATALOGUE.	ANCIEN CATALOGUE.	NOUVEAU CATALOGUE.	ANCIEN CATALOGUE.	NOUVEAU CATALOGUE.	ANCIEN CATALOGUE.	NOUVEAU CATALOGUE.	ANCIEN CATALOGUE.	NOUVEAU CATALOGUE.
833	**1826**	872	**2785**	910	**2289**	951	**2469**	989	**2833**
834	**1829**	873 I	**2795**	911	**2288**	951 *bis*	**2464**	990	**2674**
835	**1830**	873 *bis*	**2796**	911 *bis*	**2285**	951 *ter*	**2463**	991	**2827**
836	**1831**	873 *ter*	**2786**	911 *ter*	**2283**	952	**2459**	992	**2816**
837	**1828**	874	**2799**	912	**2294**	952 *bis*	**2457**	993	**2817**
838	**1769**	875	**2798**	912 *bis*	**2286**	953	**2554**	994	**2813**
839	**1705**	876	**2772**	913	**2249**	953 *bis*	**2555**	995	**2815**
840 I	**1861**	877	**3004**	914	**2248**	954	**2548**	996	**2820**
840 II	**1862**	878	**2775**	915	En déficit	954 *bis*	**2504**	997	**2818**
840 III	**1863**	879	**2780**	916	**2237**	955	**2468**	997 *bis*	**2812**
841 I	**1864**	880	**2773**	917	**2238**	955 *bis*	**2467**	998	**2556**
841 II	**1865**	881	**2777**	918	**2252**	956	**2186**	998 *bis*	**2836**
841 III	**1866**	882	**2806**	919	**2256**	957	**2515**	999	**2838**
842	**1857**	883	**2807**	920	**2265**	958	**2514**	1000	**2841**
843	**1853**	883 *bis*.	**2808**	921	**2258**	959	**2527**	1001	**2844**
844	**1854**	884	**2809**	922	**1761**	960	**2526**	1002	**2859**
845	**1722**	885	**2215**	923	**1747**	961	**2551**	1002 *bis*	**2851**
846	N° non employé	885 *bis*	**2216**	923 *bis*	**1759**	961 *bis*	**2589**	1002 *ter*	**2846**
847	**1820**	885 *ter*	**2217**	924	**1748**	962	**2509**	1003	**2863**
848	**1856**	886 I	**2226**	924 II	N° non employé	963	**2510**	1004	**2867**
849	**1720**	886 II	**2227**	925	**1746**	964	**2491**	1005	**2866**
850	**1858**	886 III	**2228**	925 *bis*	**1763**	964 *bis*	**2492**	1006	**2915**
850 *bis*	**1890**	886 IV	**2229**	926	**1734**	965	**2495**	1006 A	**2885**
850 *ter*	**1893**	886 V	**2230**	926 *bis*	**1735**	966	**2513**	1006 B	**2886**
851	**1887**	886 VI	**2231**	927	**1750**	967	**2531**	1006 C	**2887**
852	**1874**	887	**2247**	927 *bis*	**1755**	968	**2535**	1006 D	**2888**
852 *bis*	**1878**	888	**2189**	928	En déficit	968 *bis*	**2536**	1006 E	**2889**
852 *ter*	**1876**	889	**2219**	929	**1754**	969	**2518**	1006 F	**2890**
853	**1868**	890	**2233**	930	**1749**	970	**2539**	1006 G	**2891**
853 *bis*	**1870**	891	**2232**	931	**1765**	970 *bis* I	**2537**	1006 H	**2914**
853 *ter*	**1869**	891 *bis*	**2292**	932	**2264**	970 *bis* II	**2538**	1007	**2892**
854	**1871**	892	**2221**	933	**2259**	971	**2542**	1008	**2884**
855	**1626**	893	**2222**	934	**2280**	971 *bis*	**2546**	1009	**2895**
856	**1627**	894	**2223**	935	**2270**	972	**2565**	1010	**2906**
857	**1624**	895	**2224**	936	**2272**	973	**2597**	1011	**2901**
857 *bis*	**1621**	895 *bis*	**2213**	937	**2268**	974	**2564**	1012	**2903**
858	**1623**	896	**2201**	938	**2267**	975	**2603**	1013	**2907**
859	**2768**	897	**2195**	939	**2269**	976	**2604**	1014	**2912**
860	**2769**	898	**2202**	940	**2275**	977	**2569**	1015	**2935**
861	**2169**	899	**2203**	941	**2276**	978	**2570**	1015 *bis*	**2937**
862	**2171**	900	**2190**	941 *bis*	**2274**	979	**2561**	1016	**2913**
863	**2170**	901	**1487**	942	**2277**	980	**2566**	1017	**2938**
864	**2175**	902	**2279**	943	**2297**	981	**2563**	1018	**2908**
865	**2182**	903	**2212**	944	**2296**	982	**2576**	1019	**2917**
866	**2178**	904	**2208**	945	**2298**	983	**2579**	1020	**2930**
867	**2176**	905	**2207**	946	**2299**	984	**2479**		Français,
868	**2181**	906	**2210**	947	**1685**	985	**2476**	1020 *bis*	nouv. acq.
869	**4658**	906 *bis*	**2225**	948	**313**	986	**2832**		**4355**
870	**2793**	907	**2291**	949	**312**	987	**2831**	1021	**2997**
870 *bis*	**2797**	908	**2290**	950	**2471**	988	**2829**	1022	**2943**
871	**2794**	909	**2287**	950 *bis*	**2475**	988 *bis*	**2824**	1023	**3000**

ANCIEN CATALOGUE.	NOUVEAU CATALOGUE.	ANCIEN CATALOGUE.	NOUVEAU CATALOGUE.	ANCIEN CATALOGUE.	NOUVEAU CATALOGUE.	ANCIEN CATALOGUE.	NOUVEAU CATALOGUE.	ANCIEN CATALOGUE.	NOUVEAU CATALOGUE.
1024	**2883**	1066	**2994**	1113	**2632**	1161	**091**	1207	**4123**
1025	**2977**	1067	**2849**	1114	**2734**	1162	**4092**	1207 *bis*	**4142**
1025 *bis*	**2984**	1068	**3302**	1115	**2731**	1163	**4093**	1207 *ter*	**4182**
1026	**2980**	1069	**2619**	1116	**2711**	1164	**4094**	1208	**4192**
1026 *bis*	**2982**	1069 *bis*	**2626**	1117	**2694**	1165	**4116**	1209	**4194**
1026 *ter*	**2985**	1070	**2623**	1118	**2733**	1166	**4088**	1210	**4190**
1026 IV	**2988**	1071	**2624**	1119	**2340**	1167	**4111**	1211	**4193**
1027	**2986**	1072	**2625**	1120	**2664**	1168	**4074**	1211 *bis*	**4198**
1028	**2983**	1073	**2607**	1121	**2692**	1169	**4112**	1212	**4186**
1029	**2991**	1074	**2627**	1122	**2641**	1170	**4113**	1213	**4183**
1029 *bis*	**3032**	1074 *bis*	**2609**	1123	**2736**	1171	**4110**	1214	**4175**
1030	**2967**	1075	En déficit	1124	**2723**	1172	**4097**	1215	En déficit
1031	**2998**	1076	**2628**	1125	**2708**	1173	**4076**	1216	**4176**
1032	**2931**	1077	**2855**	1126	**2598**	1174	**4099**	1217	**4181**
1033	**2921**	1078	**2613**	1126 *bis*	**2583**	1175	**4114**	1218	**4177**
1034	**2929**	1079	**2618**	1127	**2590**	1176	**4077**	1219	**4145**
1035	**2926**	1080	**2606**	1128	**2596**	1177 I	**4033**	1220	**4146**
1036	**3009**	1081	**2629**	1129	**2591**	1177 II	**4035**	1220 *bis*	**4148**
1037	N° non employé	1082	**2621**	1130	**2585**	1178	**4030**	1220 *ter*	**4147**
1038	**3544**	1083	**2737**	1131	**2581**	1179	**4078**	1221	**4209**
1039	**3037**	1084	**2671**	1132	**2586**	1180	**4031**	1222	**4033**
1040	**3034**	1085	**2710**	1133	**2588**	1180 *bis*	**4034**	1223	**3991**
1041	**2968**	1085 *bis*	**2709**	1134	En déficit	1181	**4086**	1224	**3989**
1041 *bis*	**2969**	1086	**2683**	1135	**2587**	1182	**4102**	1225	**3993**
1042	**3008**	1087	**2646**	1135 *bis*	**2582**	1183	**4104**	1226	**4161**
1043	**2999**	1088 I	**2652**	1136	**2756**	1184	**4103**	1227	**4191**
1044	**3007**	1088 II	**2653**	1137	**2757**	1185	**4101**	1228	**4154**
1045	**3016**	1089	**2654**	1137 *bis*	**2754**	1186	**4105**	1229	**4153**
1046	**2948**	1090	**2655**	1138	**2753**	1186 II	**4106**	1230	**4062**
1047	**3048**	1091	**2648**	1139	**2750**	1187	**4108**	1231	**4015**
1048	**3020**	1092	En déficit	1140	**2749**	1187 II	**4109**	1232	**4157**
1049	**3021**	1093	**2640**	1141	**2751**	1188	**4117**	1233	**4156**
1050	**3022**	1094	**2309**	1142	**2747**	1189	**4115**	1234	**4143**
1051	**3046**	1095	**2635**	1143	**2746**	1190	**4126**	1235	**4031**
1052	**2691**	1096	**2301**	1144	**2745**	1191	**4128**	1236	**4011**
1053	**3027**	1097	**2300**	1145	**2752**	1192	**4132**	1237	**4024**
1054	**3003**	1098	**2686**	1146	**4647**	1193	**4131**	1238	**4019**
1055	**3043**	1099	**2665**	1147	**4648**	1194	**4137**	1239	**4020**
1056	**3030**	1100	**2735**	1148	**4215**	1195	**3996**		
1057	**2959**	1101	**2680**	1149	**4213**	1196	**3998**	1240	N° 1 du fonds des livres imprimés en Orient.
1058	**2856**	1102	N° non employé	1150	**4216**	1197	**3994**		
1059	**2953**	1103	**2668**	1151	**4217**	1198	**4040**	1241	**4017**
1060	**3013**	1104	**4597**	1152	**4218**	1198 *bis*	**4039**	1242	**4005**
1060 *bis*	**3014**	1105	**2660**	1153	**4219**	1199	**4035**	1242 *bis*	**4006**
1061	**2945**	1106	**2724**	1154	**4220**	1200	**4050**	1243	**4001**
1061 *bis*	**3045**	1107	N° non employé	1155	**3987**	1201	**4047**	1244	**4002**
1062	**2963**	1108	**2725**	1156	**4072**	1202	**4046**	1245	**4061**
1063	**3049**	1109	**2633**	1157	**4071**	1203	**4042**	1246	**4058**
1064	**3039**	1110	**2767**	1158	**4073**	1204	**4053**	1246 *bis*	**4059**
1064 *bis*	**3050**	1111	**2631**	1159	**4069**	1205	**4057**	1247	**4199**
1065	**2868**	1112	**2730**	1160	**4070**	1206	**4028**	1248	**4202**

ANCIEN CATALOGUE.	NOUVEAU CATALOGUE.	ANCIEN CATALOGUE.	NOUVEAU CATALOGUE.	ANCIEN CATALOGUE.	NOUVEAU CATALOGUE.	ANCIEN CATALOGUE.	NOUVEAU CATALOGUE.	ANCIEN CATALOGUE.	NOUVEAU CATALOGUE.
1249	**4197**	1295	**4406**	1340	**2333**	1382	**4316**	1421	**3276**
1250	**4171**	1296	**4410**	1341	**4584**	1383	**4330**	1422	**3275**
1251	**4195**	1297	**4409**	1342	**4600**	1384	**4334**	1423	**3280**
1252	**4205**	1298	**4412**	1343	**2347**	1385	**4333**	1424	**3274**
1253	**4536**	1299	En déficit	1344	**2400**	1386	**4331**	1425	**3273**
1254	**4196**	1300	**4405**	1345	**4583**	1387	**4332**	1426	**3076**
1255	**4533**	1301	**4416**	1346	**3420**	1388	**4288**	1426 *bis*	**3077**
1256	**4206**	1302	**4428**	1347	**3301**	1389	**4282**	1427	**3286**
1257	**4159**	1303	**4384**	1348	**4432**	1390	**4366**	1428	**3078**
1258	**4160**	1304	**4385**	1349	**4437**	1391	**4367**	1429	**3079**
1259	**4056**	1305	**4417**	1350	**4443**	1392	**4364**	1430	**3081**
1260	**4208**	1306	N° non employé	1351	**4435**	1392 *bis*	**4356**	1431	**3080**
1261	**4121**	1307	**4430**	1352	**4442**	1393	**4363**	1432	**3084**
1262	**4165**	1308	**4426**	1352 *bis*	**4636**	1394	**4465**	1433	**3090**
1263	**4211**	1309	**4423**	1353	**4445**	1395	**4461**	1434	**3281**
1264	**4328**	1310	**4429**	1354	**4537**	1396 I	**4270**	1435	**3285**
1265	Syriaque	1311	**4425**	1355	**4421**	1396 II	**4271**	1436	**3284**
	262	1312	**4424**	1355 A		1397	**4468**	1437	**3283**
1266	Persan (Suppl.)	1313	**4431**	1356	**4453**	1397 *bis*	**4466**	1438	**3282**
	1175	1314	En déficit	1357	**4251**	1398	**4467**	1439	**3109**
1267	Syriaque	1315	**2450**	1358	**4370**	1399	**4469**	1440	**3110**
	267	1316	**4262**	1359	**3337**	1399 *bis*	**4478**	1441	**3112**
1268	**4456**	1316 *bis* I	**3985**	1359 *bis*	**4232**	1400	**4476**	1442	**3151**
1269	**4455**	1316 *bis* II	**3986**	1360	**4244**	1400 *bis*	**4458**	1443	**3158**
1270	**4447**	1316 *ter*	**3984**	1361	**4243**	1401	**4472**	1444	**3155**
1271	**4448**	1317	**2402**	1362	**4241**	1402	**4477**	1445	**3150**
1272	**4449**	1318	**2403**	1363	**4242**	1403	**4473**	1446	**3152**
1273	**4450**	1319	**2404**	1364	**4233**	1404	**4470**	1447	**3156**
1274	**4371**	1320	**2394**	1364 *bis*	**4252**	1405	**4475**	1447 *bis*	**3147**
1274 *bis*	**4419**	1320 *bis*	**2393**	1365	**4267**	1405 *bis*	**4474**	1448	**3154**
1275	**4383**	1321	**2395**	1366	**4266**	1406	**3308**	1449 I	**3159**
1276	**4381**	1322	**2396**	1367 I	**4200**	1407	**3311**	1449 II	**3160**
1277	**4380**	1323	**2371**	1367 II	**4264**	1408	**3312**	1449 III	**3161**
1278	**4382**	1324	**2375**	1368 I	**4273**	1409	**3310**	1449 IV	**3162**
1279	**4378**	1324 *bis*	**2372**	1368 II	**4274**	1410	**3313**	1450	**3166**
1280	**4397**	1325	**2376**	1369	**4277**	1411	**3332**	1451	**3165**
1281	**4389**	1326	**2377**	1370	**4269**	1412	**2136**	1451 *bis*	**3164**
1282	**4390**	1327	**2378**	1371	**4247**	1413	**3514**	1452	**3163**
1283	**4391**	1327 *bis*	**2385**	1371 *bis*	**4248**	1414 I	**3292**	1453	N° non employé
1284	**4388**	1328	**2380**	1372 I	**4249**	1414 II	**3293**	1454	**3184**
1285	**4394**	1329	**2356**	1372 *bis*	**4250**	1414 III	**3294**	1455	**3189**
1286	**4393**	1330	**2355**	1373	**4349**	1414 IV	**3295**	1456	**3180**
1287	**4404**	1331	**2358**	1374	**4279**	1415	**3297**	1456 *bis*	**3181**
1288	**4403**	1332	**2386**	1375	**4280**	1416	**3298**	1457	**3179**
1289	**4402**	1333	**2388**	1376	**4254**	1417	**3296**	1457 *bis*	**3178**
1290	**4398**	1334	**3951**	1377	**4281**	1418	**3290**	1458	**3190**
1291	**4401**	1335	**2409**	1378	**4641**	1418 *bis* I	**3287**	1459	**3185**
1291 *bis*	**4399**	1336	**2391**	1378 *bis*	**4278**	1418 *bis* II	**3288**	1460	**3183**
1292	**4414**	1337	**2349**	1379	**4303**	1418 *bis* III	**3289**	1461	**3194**
1293	**4415**	1338	**2367**	1380	**4317**	1419	**4454**	1462	**3193**
1294	**4413**	1339	**2411**	1381	**4310**	1420	**3279**	1463	**3187**

ANCIEN CATALOGUE.	NOUVEAU CATALOGUE.	ANCIEN CATALOGUE.	NOUVEAU CATALOGUE.	ANCIEN CATALOGUE.	NOUVEAU CATALOGUE.	ANCIEN CATALOGUE.	NOUVEAU CATALOGUE.	ANCIEN CATALOGUE.	NOUVEAU CATALOGUE.
1464	3192	1514	3229	1565	3408	1614	3946	1661	3562
1465	3248	1515	3231	1566	3443	1615 I	3944	1662	3559
1466	1620	1516	3230	1567	3368	1615 II	3945	1663	3561
1467	3197	1517	3209	1568	3266	1616	3928	1664	N° non employé
1468	3195	1518	3135	1569	3452	1617 I	3942	1665	3588
1469	3196	1519	3246	1570	3391	1617 II	3943	1666 I	3579
1470	3198	1520	3260	1571	3271	1618	3929	1666 II	3580
1471	1251	1521	3241	1572	3446	1619	3935	1667	3590
1472	3116	1522	3208	1573	3444	1620 I	3267	1668	3574
1473	3123	1523	3254	1574	3428	1620 II	3268	1669	3573
1474	3125	1524	3258	1575	4547	1621	3269	1670	3570
1475	3122	1525	3235	1576	3242	1622	3481	1671	3568
1476	3121	1526	3247	1577	3226	1623	3407	1672	3577
1477	3124	1527	2622	1578	3253	1624	4599	1673	3493
1478	3200	1528	3272	1579	3170	1625	3564	1674	3438
1479	3399	1529	3263	1580	3169	1626	3566	1675	3545
1480	3400	1530	3234	1580 *bis*	3167	1627	3565	1676	3673
1481	3393	1531	3174	1581	3213	1628	3567	1677	3674
1482	3395	1532	3421	1582	3238	1629	3958	1678	3821
1483	3300	1533	3436	1583	3338	1630	3959	1679	3681
1484	3094	1534	3245	1584	3206	1631	3960	1680	3684
1485	3105	1535	3426	1585	3224	1632	3974	1681	3683
1486	3106	1536	3437	1586	3364	1633	3975	1682	3686
1487	3095	1537	3433	1587	3202	1634	3968	1683 I	3688
1488	3099	1538	3414	1588	3201	1635	3976	1683 II	3689
1489	3137	1539	3434	1589	3199	1636	3977	1683 III	3690
1490	3104	1540	3410	1590	3203	1637	3978	1683 IV	3691
1491	3107	1541	...? Turc (Sup.)	1591	3303	1638	3979	1683 V	3692
1492	3222	1542	3227	1592	3265	1639	3980	1683 VI	3693
1493	3223	1543	N° non employé	1593	3252	1640	3981	1683 VII	3694
1494	3207	1544	3460	1594	3240	1640 *bis*	3982	1683 VIII	3695
1495	3262	1545	3423	1594 *bis*	4565	1641	3983	1683 IX	3696
1496	3256	1546	3454	1595	3672	1642	3435	1683 X	3697
1497	3142	1547	3447	1596	3495	1643	3558	1583 XI	3698
1498	3445	1548	3439	1597	3496	1644	3464	1684 I	3735
1499	3133	1549	3427	1598	3498	1645	3592	1684 II	3736
1500	3130	1550	3556	1599	3536	1646	3589	1684 IV	3737
1501	3132	1551	3415	1600	3542	1647	3463	1684 VI	3738
1502	3127	1552	3255	1601	3535	1648	3533	1684 VI *bis*	3739
1503	3317	1553	3341	1602	3524	1649	3532	1684 VII	3740
1504	3316	1554	3411	1603	3541	1650	3534	1684 VIII	3741
1504 *bis*	3315	1555	3366	1604	3539	1651	3491	1684 XIII	3742
1505	3134	1556	3419	1605	3538	1652	3492	1684 XV	3743
1506	3108	1557	3440	1606	3933	1653	3306	1684 XVIII	3744
1507	3249	1558	3344	1607	3924	1654	3490	1684 XIX	3745
1508	3114	1559	3422	1608	3925	1655	3405	1684 XXIX	3746
1509	3115	1560	3449	1609	3932	1656	3581	1684 XXXIII	3747
1510	3113	1561	3413	1610	3940	1657	3551	1684 XXXIII *bis*	3748
1511	3220	1562	3457	1611	3934	1658	3575	1684 XXXV	3749
1512	3259	1563	3461	1612	3938	1659	3576	1684 XXXVII	3750
1513	3239	1564	3339	1613	3941	1660	3563	1684 XXXIX	3751

ANCIEN CATALOGUE.	NOUVEAU CATALOGUE.	ANCIEN CATALOGUE.	NOUVEAU CATALOGUE.	ANCIEN CATALOGUE.	NOUVEAU CATALOGUE.	ANCIEN CATALOGUE.	NOUVEAU CATALOGUE.	ANCIEN CATALOGUE.	NOUVEAU CATALOGUE.
1684 XLI	**3752**	1695	**3835**	1721 III	**3618**	1764	**3680**	1810	**3351**
1684 XLIII	**3753**	1695 A	**3836**	1721 IV	**3615**	1765	**3906**	1811	**3355**
1684 XLV	**3754**	1696	**3839**	1721 V	**3659**	1765 *bis*	**3907**	1812	**3356**
1684 XLVII	**3755**	1697	**3856**	1722	**3631**	1766	**3369**	1813	**3354**
1684 XLIX	**3756**	1697 *bis*	**3878**	1723	**3637**	1767	**3370**	1814	**3353**
1684 LI	**3757**	1698	**3858**	1724	**3627**	1768	**3371**	1815	**3358**
1684 LV	**3758**	1699	**3857**	1725	**3626**	1769	**3376**	1816	**3069**
1685 II	**3759**	1700	N° non employé	1726	**3677**	1770	**3380**	1817	**3070**
1685 V	**3760**	1701 A	**3894**	1727	**3678**	1770 *bis*	**3384**	1818	**3065**
1685 VI	**3761**	1701 B	**3897**	1728	**3660**	1771	**3383**	1819	**3063**
1685 XI	**3762**	1701 C	**3899**	1729	**3675**	1772 I	**3554**	1820	**3061**
1685 XII	**3763**	1701 D	**3900**	1730	**3676**	1772 II	**3555**	1821	**3062**
1685 XIII	**3764**	1702 A	**3898**	1731	**3662**	1773	**1303**	1822	En déficit
1685 XV	**3765**	1702 B	**3901**	1732	**3291**	1774	**1306**	1823	**3056**
1685 XVI	**3766**	1702 C	**3902**	1733	**3624**	1775	**1307**	1824	**3057**
1685 XVII	**3767**	1702 D	**3903**	1734	**3652**	1776	**3582**	1825	**3058**
1685 XIX	**3768**	1702 E	**3904**	1735	**3667**	1777	**3453**	1826	**3060**
1685 XXI	**3769**	1703 A	**3896**	1736	**3653**	1778	**3584**	1827	**3059**
1685 XXII	**3770**	1703 B	**3905**	1737	**3572**	1779	**3578**	1828	**3051**
1685 XXIII	**3771**	1703 C	**3895**	1738	**3591**	1780	**3487**	1829	**3052**
1685 XXIV	**3772**	1704 I	**3816**	1739	**3587**	1781	**3489**	1830	**3071**
1685 XXV	**3773**	1704 II	**3817**	1740	**3625**	1781 *bis*	**3488**	1831	**3072**
1685 XXVI	**3774**	1705 I	**3812**	1741	**3664**	1782	**3523**	1832	**3073**
1685 XXVIII	**3775**	1705 II	**3813**	1742	**3641**	1783	**3522**	1833	**3066**
1685 XXVIII	**3776**	1706	**3815**	1743	**3569**	1784	**3521**	1834	**3067**
1685 XXX	**3777**	1707	**3814**	1744	**3918**	1785	N° non employé	1835	**3068**
1685 XXXI	**3778**	1708	**3820**	1745	**3912**	1786	**3483**	1836	**4643**
1685 XXXII	**3779**	1709 I	**3810**	1746	**3915**	1787	**3484**	1837	**4613**
1685 XXXIII	**3780**	1709 II	**3811**	1747	**3919**	1788	**3518**	1838	**4631**
1685 XXXIV	**3781**	1710	**3819**	1748	**3911**	1789	**3519**	1839	**4632**
1685 XXXV	**3782**	1711	**3560**	1749	**3916**	1789 *bis*	**3520**	1840	**3956**
1686	**3806**	1712	**3636**	1749 A	**0010**	1790	**3638**	1841	**4660**
1686 *bis*	**3807**	1713	**3635**	1750 I	**3908**	1791	**3639**	1842	**3325**
1686 *ter*	**3808**	1714	**3633**	1750 II	**3913**	1792	**3655**	1843	**3250**
1687	**3801**	1715 I	**3613**	1750 III	**3914**	1793	**3477**	1844	**2305**
1687 *bis*	**3802**	1715 II	**3614**	1750 IV	**3909**	1794	**3468**	1845	**2303**
1687 *ter*	**3803**	1716	**3616**	1750 V	**3917**	1795	**3478**	1846	**2306**
1688	**3804**	1717 I	**3595**	1751	**3634**	1796	**3480**	1847	**3307**
1689	**3798**	1717 II	**3596**	1752	N° non employé	1797	**3476**	1848	**4604**
1690	En déficit	1717 III	**3597**	1753	N° non employé	1798	**3473**	1849	**2341**
1691 I	**3783**	1718 I	**3598**	1754	**3651**	1799	**3479**	1850 I	**2342**
1691 III	**3784**	1718 II	**3599**	1755	**3643**	1800	**3474**	1850 II	**2343**
1691 VIII	**3785**	1718 III	**3600**	1756	**3644**	1801	**3475**	1850 III	**2344**
1691 IX	**3786**	1718 IV	**3601**	1757	**3642**	1802	**3467**	1851	**2335**
1691 XII	**3787**	1719 I	**3602**	1758	**3668**	1803	**3470**	1851 A	**2336**
1691 XIV	**3788**	1719 II	**3603**	1759	**3628**	1804	**3526**	1852	**3546**
1691 XXI	**3789**	1719 III	**3604**	1760	**3654**	1805	**3055**	1853	**2322**
1692	**3823**	1719 IV	**3605**	1761	**3586**	1806	**4642**	1854	**3948**
1692 *bis*	**3822**	1720	**3617**	1762	**3648**	1807	**3658**	1855	**4591**
1693	**3583**	1721 A	**3620**	1762 *bis*	**3646**	1808	**3074**	1856	**1391**
1694	**3666**	1721 II	**3619**	1763	**3922**	1809	**3403**	1857	**3244**

ANCIEN CATALOGUE.	NOUVEAU CATALOGUE.	ANCIEN CATALOGUE.	NOUVEAU CATALOGUE.	ANCIEN CATALOGUE.	NOUVEAU CATALOGUE.	ANCIEN CATALOGUE.	NOUVEAU CATALOGUE.	ANCIEN CATALOGUE.	NOUVEAU CATALOGUE.
1858	**4661**	1909	**4136**	1957	**3553**	2000	**1411**	2051	**2430**
1859	**3964**	1910	**4134**	1958	**3033**	2001	**1436**	2052	**964**
1860	**1395**	1911	**4261**	1959	**2038**	2002	**1437**	2053	**1404**
1861	**669**	1912	**4441**	1959 *bis*	**101**	2003	**1438**	2054	**1937**
1862	**4656**	1913	**4379**	1960	**3025**	2004	**1439**	2055	**2035**
1863	**4653**	1914	**4420**	1960 *bis*	**306**	2005	**1446**	2056	**1940**
1864	**4652**	1915	**3401**	1961	**3026**	2006	**1448**	2057	**1944**
1865	**673**	1916	**4624**	1961 *bis*	**99**	2007	**702**	2058	**1917**
1866	**1128**	1917	**3972**	1962	**2923**	2008	**703**	2059	**1465**
1867	**1122**	1917 *bis*	**4659**	1962 *bis*	**224**	2009	**695**	2060	**4526**
1868	**1285**	1918	**3571**	1963	**2944**	2010	**738**	2061	**4655**
1869	**1248**	1919	**4598**	1963 *bis*	**4539**	2011	**766**	2062	N° non employé
1870	**1206**	1920	**2800**	1964	**2493**	2012	**4540**	2063	N° non employé
1871	**1287**	1921	**4580**	1964 *bis*	**73**	2013	**778**	2064	N° non employé
1872	**1237**	1922	**3966**	1965	**127**	2014	**745**	2065	N° non employé
1873	**830**	1923	**3663**	1965 *bis*	**26**	2015	**819**	2066	N° non employé
1874	**1230**	1924	**4207**	1966	**4521**	2016	**1393**	2067	**287**
1875	**1061**	1925	**4256**	1966 *bis*	**4519**	2017	**1313**	2068	**1509**
1876	**1060**	1926	**3204**	1967	**575**	2018	**754**	2069	**1583**
1877	**926**	1927	**2446**	1968	**576**	2019	**761**	2070	**1809**
1878	En déficit	1928	**4586**	1969	**503**	2020	**715**	2071	**1808**
1879	**1379**	1929	**4585**	1970	**504**	2021	**1062**	2072	**1733**
1880	**2315**	1930	**2382**	1971	**505**	2022	**818**	2073	**1745**
1881	**3515**	1931	**3138**	1972	**579**	2023	**1288**	2074	**1756**
1882	**1293**	1932	**2449**	1973	**578**	2024	**1097**	2075	**1586**
1883	**1299**	1933	**4528**	1974	**393**	2025	**1111**	2076	**1718**
1884	**978**	1934	**4606**	1975	**506**	2026	**809**	2077	**1855**
1885	**1317**	1935	**4236**	1976	**507**	2027	**1046**	2078	**1625**
1886	En déficit	1936	**4582**	1977	**508**	2028	**899**	2079	**2263**
1887	**1641**	1937	**1328**	1978	**647**	2029	**979**	2080	**2078**
1888	En déficit	1938	**4657**	1979	**648**	2030	**887**	2081	**1684**
1889	**1768**	1939	**3973**	1980	**655**	2031	**1095**	2082	**2295**
1890	**2120**	1940	**3442**	1981	**1939**	2032	**1049**	2083	**1891**
1891	**2600**	1941	**3191**	1982	**591**	2033	**871**	2084	**1859**
1892	**2602**	1942	**4162**	1983	**1207**	2034	**921**	2085	**2094**
1893	**2687**	1943	**3019**	1984	**1208**	2035	**1315**	2086	**2792**
1894	**2738**	1944	**2250**	1985	**1180**	2036	**1324**	2087	**2179**
1895	**2620**	1945	**666**	1986	**1202**	2037	**1129**	2088	**2822**
1896	En déficit	1946	**665**	1987	**1131**	2038	**907**	2089	**2599**
1897	**3035**	1947	**1160**	1988	**1209**	2039	**1263**	2090	**2712**
1898	**2685**	1948	**1286**	1989	**1210**	2040	**1234**	2091	**2567**
1899	**3041**	1949	**3669**	1990	**1433**	2041	**1162**	2092	**2560**
1900	**2811**	1950	**3513**	1991	**1434**	2042	**4575**	2093	**2574**
1901	**2457**	1951	**2776**	1992	**1431**	2043	**4576**	2094	**2284**
1902	**2568**	1952	**1198**	1993	**1409**	2044	**1370**	2095	**2282**
1903	N° non employé	1953	**2345**	1994	**1428**	2045	**1338**	2096	**2273**
1904	**2541**	1954	**1892**	1995	**1423**	2046	**1339**	2097	**2484**
1905	**2234**	1955	**4662**	1996	**1426**	2047	**3168**	2098	**2243**
1906	**2200**	1956	**4633**	1997	**1418**	2048	**3233**	2099	**2245**
1907	**4151**	1956 A	**4634**	1998	**1422**	2049	**3334**	2100	**2205**
1908	**4149**	1956 *bis*	**4635**	1999	**1413**	2050	**2719**	2101	**2206**

ANCIEN CATALOGUE.	NOUVEAU CATALOGUE.
2102	2211
2103	2455
2104	2828
2105	2823
2106	2996
2107	3040
2108	4545
2109	N° non employé
2110	2617
2111	2636
2112	2739
2113	2721
2114	2743
2115	2659
2116	2351
2117	4400
2118	4534
2119	4574
2120	4408
2121	4260
2122	4651
2123	4032
2124	4051
2125	4038
2126	4043
2127	4041
2128	4125
2129	4130
2130	4089
2131	4090
2132	4107
2133	4096
2134	4082
2135	4152
2136	3999
2137	4064
2138	4369
2139	4224
2140	4225
2141	4578
2142	4226
2143	4573
2144	Papiers de Sacy 39
2145	Papiers de Sacy 40
2146	Papiers de Sacy 41
2147	Papiers de Sacy 42
2148	4238
2149	4258

ANCIEN CATALOGUE.	NOUVEAU CATALOGUE.
2150	4345
2151	4336
2152	645
2153	2318
2154	2348
2155	2389
2156	2384
2157	2352
2158	2410
2159	2401
2160	4471
2161	4481
2162	1596
2163	1907
2164	2337
2165	2331
2166	4541
2167	1392
2168	3430
2169	2722
2170	3640
2171	582
2172	583
2173	584
2174	3089
2175	3261
2176	3237
2177	323
2178	3455
2179	3264
2180	3424
2181	4529
2182	3926
2183	3936
2184	3950
2185	3448
2186	3450
2187	3594
2188	3336
2189	3585
2190	3374
2191	3375
2192	3379
2193	3382
2194	3961
2195	3962
2196	3963
2197	3593
2198	3606
2199	3607
2200	3608

ANCIEN CATALOGUE.	NOUVEAU CATALOGUE.
2201	3647
2202	3621
2203	3629
2204	3796
2205	3797
2206	3799
2207	3800
2208	3792
2209	3805
2210	3656
2211	1932
2212	3670
2213	3657
2214	3818
2215	Papiers de Sacy 56
2216	Papiers de Sacy 57
2217	Papiers de Sacy 58
2218	Papiers de Sacy 59
2219	Papiers de Sacy 60
2220	Papiers de Sacy 61
2221	2082
2222	4342
2223	4353
2224	1213
2225	581
2226	4212
2227	813
2228	817
2229	4004
2230	800
2231	980
2232	1103
2233	Papiers de Sacy 43
2234	Papiers de Sacy 44
2235	Papiers de Sacy 45
2236	Papiers de Sacy 46
2237	Papiers de Sacy 47
2238	Papiers de Sacy 48
2239	Papiers de Sacy 49
2240	Papiers de Sacy 50

ANCIEN CATALOGUE.	NOUVEAU CATALOGUE.
2241	Papiers de Sacy 51
2242	Papiers de Sacy 52
2243	Papiers de Sacy 53
2244	Papiers de Sacy 54
2245	Papiers de Sacy 55
2246	4184
2247	1274
2248	1275
2249	580
2250	396
2251	409
2252	674
2253	626
2254	1329
2255	1145
2256	947
2257	2408
2258	2412
2259	2387
2260	2852
2261	2989
2262	2740
2263	2729
2264	4637
2265	2413
2266	2414
2267	2185
2268	1928
2269	2095
2270	2020
2271	1792
2272	4000
2273	4204
2274	4139
2275	3429
2276	3458
2277	3359
2278	3459
2279	3649
2280	2073
2281	4482
2282	3456
2283	3679
2284	4611
2285	3270
2286	4664
2287	4665

ANCIEN CATALOGUE.	NOUVEAU CATALOGUE.
2288	4343
2289	3995
2290	2364
2291	3997
2292	3085
2293	3462
2294	3699
2295	3700
2296	3701
2297	3702
2298	3703
2299	3704
2300	3705
2301	3706
2302	3707
2303	3708
2304	3709
2305	3710
2306	3711
2307	3712
2308	3713
2309	3714
2310	3715
2311	3716
2312	3717
2313	3718
2314	3719
2315	3720
2316	3721
2317	3722
2318	3723
2319	3724
2320	3725
2321	3726
2322	3727
2323	3728
2324	3729
2325	3730
2326	3731
2327	3732
2328	3733
2329	3734
2330	3921
2331	4124
2332	4663
2333	2405
2334	3543
2335	4650
2336	4649
2337	1101
2338	1466

ANCIEN CATALOGUE.	NOUVEAU CATALOGUE.	ANCIEN CATALOGUE.	NOUVEAU CATALOGUE.	ANCIEN CATALOGUE.	NOUVEAU CATALOGUE.	ANCIEN CATALOGUE.	NOUVEAU CATALOGUE.	ANCIEN CATALOGUE.	NOUVEAU CATALOGUE.
2339	**2452**	2378	**4361**	2416	**3064**	2456	**1888**	2496	**4554**
2340	Persan (Suppl.) **1033**	2379	**4350**	2417	**1001**	2457	**4614**	2497	**4138**
		2380	**4354**	2418	**2251**	2458	**4625**	2498	**2821**
2341	**2204**	2381	**4355**	2419	**3920**	2459	**4630**	2499	**2830**
2342	**1880**	2382	**4351**	2420	**3047**	2460	**4601**	2500	**3661**
2343	**1889**	2383	**4348**	2421	**1410**	2461	**4602**	2501	**3451**
2344	**318**	2384	**4363**	2422	**4358**	2462	**4603**	2502	**2244**
2345	**1872**	2385	**4462**	2423	**4359**	2463	**4628**	2503	**4229**
2346	**1447**	2386	**4463**	2424	**4360**	2464	**4619**	2504	**4480**
2347	**3175**	2387	**4464**	2425	**3357**	2465	**4617**	2505	**4555**
2348	**2842**	2388	**4365**	2426	**2154**	2466	**4621**	2506	**4558**
2349	**4346**	2389	**4221**	2427	**4520**	2467	**4527**	2507	**4561**
2350	**3809**	2390	**4034**	2428	**4618**	2468	**4560**	2508	Arabe (cat. ms.) **4666**
2351	**1092**	2391	**2845**	2429	**1879**	2469	**4546**	2509	**4667**
2352	**3017**	2392	**4479**	2430	**2062**	2470	**4552**	2510	**4668**
2353	**779**	2393	**3321**	2431	**2063**	2471	**4612**	2511	**4669**
2354	**676**	2394	**1082**	2432	**2066**	2472	**4610**	2512	**4670**
2355	**4087**	2395	**1083**	2433	**2964**	2473	**4098**	2513	**2366**
2356	**1098**	2396	**1084**	2434	**2271**	2474	**4550**	2514	**2415**
2357	**3018**	2397	**1085**	2435	**4587**	2475	**4551**	2515	Arabe (cat. ms.) **4671**
2358	**4133**	2398	**1086**	2436	**968**	2476	**4553**	2516	**4672**
2359	**2516**	2399	**1087**	2437	**4579**	2477	**4548**	2517	**4673**
2360	**4607**	2400	**3840**	2438	**1405**	2478	**4608**	2518	**4674**
2361	**4494**	2401	**3841**	2439	**2027**	2479	**3397**	2519	**4675**
2362	**4495**	2402	**3842**	2440	**2025**	2480	**4615**	2520	**4676**
2363	**4496**	2403	**3843**	2441	**1457**	2481	**4629**	2521	**4677**
2364	**4497**	2404	**3844**	2442	**1390**	2482	**3126**	2522	**4678**
2365	**4498**	2405	**3845**	2443	**1389**	2483	**4407**	2523	**4679**
2366	**4499**	2406	**3846**	2444	**4593**	2484	**3387**	2524	**4680**
2367	**4500**	2407	**3847**	2445	**4522**	2485	**4538**	2525	**4681**
2368	**4501**	2408	**3848**	2446	**1194**	2486	**4556**	2526	**4682**
2369	**1549**	2409	**3849**	2447	**1179**	2487	**4559**	2527	**4683**
2370	**46**	2410	**3850**	2448	**1877**	2488	**4411**	2528	**4684**
2371	**2481**	2411	**3851**	2449	N° non employé	2489	**4532**	2529	**4685**
2372	**4357**	2412	**3861**	2450	**3322**	2490	**4581**	2530	**4686**
2373	**2575**	2413	**321**	2451	**3323**	2491	**4562**	2531	**4687**
2374	**4222**	2414	**981**	2452	**3236**	2492	**4557**	2532	**4688**
2375	**4227**	2415	**3793**	2453	**4140**	2493	**4549**	2533	**4689**
2376	**4228**	2415 *bis*	**3794**	2454	**4141**	2494	**4616**	2534	**2774**
2377	**4362**	2415 *ter*	**3795**	2455	**4627**	2495	**3188**		

CONCORDANCE DES NUMÉROS DU FONDS DES CATALOGUES
INSÉRÉS DANS LE FONDS ARABE.

ANCIEN CATALOGUE.	NOUVEAU CATALOGUE.	ANCIEN CATALOGUE.	NOUVEAU CATALOGUE.	ANCIEN CATALOGUE.	NOUVEAU CATALOGUE.	ANCIEN CATALOGUE.	NOUVEAU CATALOGUE.
26	**4484**	339	**4488**	477 [3]	**4504**	478 [7]	**4512**
26 *bis*	**4485**	340	**4489**	478 [1]	**4506**	478 [8]	**4513**
62 [1]	**4492**	341	**4490**	478 [2]	**4507**	478 [9]	**4514**
62 [2]	**4493**	342	**4491**	478 [3]	**4508**	478 [10]	**4515**
66 A	**4483**	342 *bis*	**4505**	478 [4]	**4509**	478 [11]	**4516**
337	**4486**	477 [1]	**4502**	478 [5]	**4510**	478 [12]	**4517**
338	**4487**	477 [2]	**4503**	478 [6]	**4511**	478 [13]	**4518**

CONCORDANCE DES NUMÉROS DU FONDS DES TRADUCTIONS
INSÉRÉS DANS LE FONDS ARABE.

ANCIEN CATALOGUE.	NOUVEAU CATALOGUE.	ANCIEN CATALOGUE.	NOUVEAU CATALOGUE.	ANCIEN CATALOGUE.	NOUVEAU CATALOGUE.	ANCIEN CATALOGUE.	NOUVEAU CATALOGUE.
3	**1558**	51	**2161**	84	**1540**	121	**4484**
3	**1559**	83	**1539**	85	**1541**	122	**4485**

ADDITIONS ET CORRECTIONS.

Page 10, n° 48, *au lieu de :* Supplément 19, *lisez :* Supplément 18.

28, n° 131, *au lieu de :* Supplément 27, *lisez :* Supplément 87.

47, n° 188, *au lieu de :* Supplément 101, *lisez :* Supplément 100.

48, n° 194, *au lieu de :* Prière du solitaire, *lisez :* Prairie du Solitaire.

118, n° 385, *au lieu de :* Ancien fonds 143, *lisez :* Supplément 143.

124, n° 425, *au lieu de :* Ancien fonds 108, *lisez :* Ancien fonds 208.

128, n° 454, *au lieu de :* Supplément 121, *lisez :* Supplément 121 A.

129, n° 459, *au lieu de :* Supplément 148, *lisez :* Supplément 148 I.

139, n°s 597 à 599, *au lieu de :* Aboû 'l-Qâsim Moḥammad, *lisez :* Aboû 'l-Qâsim Maḥmoûd.

145, n° 639, *au lieu de :* Supplément 1861, *lisez :* Supplément 186 I.

148, n° 657, *au lieu de :* Supplément 171 A, *lisez :* Supplément 171 A *bis.*

148, n° 658, *au lieu de :* Supplément 171 B, *lisez :* Supplément 171 B *bis.*

204, n° 1027, *au lieu de :* Ardobîlî, *lisez :* Ardabîlî.

214, n° 1093, *au lieu de :* Kharschî, *lisez :* Kharaschî. On trouve aussi dans quelques mss. la leçon الهراشي.

220, n° 1129, *au lieu de :* العسماوية et Al-'Asmâwî, *lisez :* العشماوية et Al-'Aschmâwî.

239, n° 1250, *au lieu de :* Yaḥyâ ibn Yaïsch, *lisez :* Yaḥyâ ibn Yakhschî.

266, n° 1395, *au lieu de :* Supplément 1840, *lisez :* Supplément 1860.

286, n° 1504, *au lieu de :* Supplément 740 IV, *lisez :* Supplément 740 VI.

312, n° 1668, 3°, *au lieu de :* Voyez ci-après, *lisez :* Voyez ci-dessus.

364, n° 2044, *au lieu de :* 'Alî, fils de Ḥosaïn, *lisez :* Ḥosaïn, fils d''Alî.

367, n° 2062. Cette introduction n'est pas celle du Dictionnaire biographique, mais peut-être la 2e introduction du traité mentionné par Hadji Khalfa sous le titre de لذة السمع في وصف الدمع.

415, n° 2365, 1°, *au lieu de :* المنفذ, *lisez :* المنقذ.

421, n° 2405, 5°, *au lieu de :* العتيق, *lisez :* الانيق.

449, n° 2521, 5°, *au lieu de :* 'Omar al-Râzî, *lisez :* Moḥammad ibn 'Omar al-Râzî.

452, n° 2531, 1°, *au lieu de :* في العلم, *lisez :* في العمل.

454, n° 2541, 1°, *au lieu de :* رقائق الدقائق, *lisez :* رقائق الحقائق.

468, n° 2589, *au lieu de :* Scharîf al-Dîn Moḥammad . . . al-Djaghmînî, *lisez :* Scharaf al-Dîn Maḥmoûd . . . al-Djaghmînî.

493, n° 2732, 7°, *au lieu de :* الاقشاط, *lisez :* الاقتساط.

583, n° 3333, *au lieu de :* Al-Baïkânî, *lisez :* Al-Baïsânî.

618, n° 3593. Ce ms. renferme la première partie du recueil de contes du ms. 3589.

704, n° 4422, *au lieu de :* Ancien fonds 1583, *lisez :* Ancien fonds 1585.

726, n° 4585, 4°, *au lieu de :* 'Iṣâm al-Dîn Moḥammad, *lisez :* 'Iṣâm al-Dîn Ibrâhîm ibn Moḥammad.

www.ingramcontent.com/pod-product-compliance
Lightning Source LLC
Chambersburg PA
CBHW071426300426
44114CB00013B/1331

blable en marge, le tout passablement bien exécuté. (Ms. du commencement du IVe siècle de l'hégire.)

Contenu : sourates V, 105 et 106; VI, 6 à 17; IX, 91 à 95, 106 à 109; X, 95 et suiv.; XI, 1 à 103.

2° (Fol. 30 à 38.) Très-belle écriture de Damas, aux hastes élancées et aux traits anguleux, se rapprochant beaucoup du neskhi; neuf lignes par page; traits diacritiques contemporains du texte; points-voyelles; un point bleu indique le *hamza;* des rosaces dorées séparent les versets; d'autres rosaces, à la marge, exécutées en or et en couleurs, indiquent, par les inscriptions qu'elles portent, le nombre des groupes de cinq et de dix versets. (Ms. de la fin du Ve siècle de l'hégire.)

Contenu : sourates II, 156 à 181; IX, 44 à 48.

3° (Fol. 39 à 47.) Écriture coufique; quinze lignes par page; traits et points diacritiques; points-voyelles; les versets, les groupes de cinq et de dix versets se terminent, comme à l'ordinaire, par des rosaces en or et en couleur. (Ms. de la fin du IVe siècle de l'hégire.)

Contenu : sourates IV, 47 à 58; VI, 60 à 65, 103 à 109; VIII, 69 à 73; IX, 16 à 20; XV, 31 à 45; XXIII, 64 à 84.

Vélin. 47 feuillets. Hauteur, 29 centimètres et demi; largeur, 20 centimètres. — (Supplément 150 V.)

343.

Volume renfermant la plus grande partie du texte du Coran. Petite écriture coufique inclinée à gauche; seize lignes par page; points diacritiques très-rares; points-voyelles; des cercles en or et des fleurons coloriés indiquent les groupes de dix versets; les titres des sourates, contemporains du texte, sont écrits en jaune; ces titres commencent par le mot سورة. Aux folios 119 v° et 161 v°, se trouve une note en neskhi, qui nous apprend que ce volume avait appartenu à un nommé Aḥmad Aboû'l 'Abbâs al-Howaïdî (ملك احمد ابو العباس الهويدى). (Ms. du IVe siècle de l'hégire.)

Contenu : sourates II, 23 à CVIII. (Il y a quelques lacunes au milieu du texte, et le dernier feuillet est hors de sa place.)

Vélin. 226 feuillets. Hauteur, 14 centimètres et demi; largeur, 21 centimètres. — (Supplément 150 R.)

344.

Fragments de trois exemplaires du Coran.

1° (Fol. 1 à 5.) Grosse écriture coufique, de grandeur moyenne; l'*alif* est représenté par un simple trait vertical, sans queue; la queue du *mîm* est dirigée en bas; dix lignes par page; quelques traits diacritiques; points-voyelles; les versets ne sont pas séparés; un *hâ* à l'encre noire indique les groupes de cinq, une rosace en couleur, les groupes de dix versets. (Ms. du IVe siècle de l'hégire.)

Contenu : sourate VII, 131 à 156.

2° (Fol. 6 à 14.) Belle écriture coufique; sept lignes par page; nombreux traits diacritiques, mais plus modernes que le texte; points-voyelles; un point vert indique le *hamza;* les versets se terminent par des rosaces dorées, les groupes de cinq versets par des *hâ* dorés, et les groupes de dix versets par des cercles entourés de petits fleurons d'or, renfermant le nombre des dizaines écrit en toutes lettres, en or sur un fond de couleur. (Ms. du IIIe siècle de l'hégire.)

Contenu : sourate IV, 123 à 152.

3° (Fol. 15 à 39.) Belle écriture coufique; six lignes par page; quelques traits diacritiques, ajoutés après coup; points-voyelles; les versets ne sont pas séparés; le *hâ* doré marque les groupes de cinq versets, et une rosace en or et en couleur les groupes de dix versets. (Ms. du IIIe siècle de l'hégire.)

Contenu : sourate IV, 85 à 135.

Vélin. 39 feuillets. Hauteur, 12 centimètres; largeur, 17 centimètres et demi. — (Supplément 150 S.)

345.

Fragments de trois exemplaires du Coran.

1° (Fol. 1 à 9.) Grosse écriture coufique; l'*alif* est représenté par un simple trait vertical; la queue du *mîm* est dirigée en bas; quinze lignes par page; sans marques diacritiques; points-voyelles assez nombreux; les versets ne sont pas séparés; des cercles rouges grossièrement exécutés marquent les groupes de dix versets; les titres des sourates, contemporains du texte, sont écrits à l'encre jaune. (Ms. du IVe siècle de l'hégire.)

Contenu : sourates V, 49 à 58, 94 à 110; XVIII, 45 à 71; XXIX, 16 à 29; XXX, 53 et suiv.; XXXI, 1 à 10; XXXVII, 132 et suiv.; XXXVIII, 1 à 19.

2° (Fol. 10 à 39.) Belle écriture coufique; seize lignes par page; sans marques diacritiques; points-voyelles assez nombreux; les versets se terminent par trois traits ☰, les groupes de cinq versets par un *hâ* à l'encre noire, et les groupes de dix versets par un rond jaune; la queue du *yâ* final est allongée vers la droite; les titres des cha-

pitres (fol. 20 v° et 36) sont à l'encre rouge. (Ms. du IIIe siècle de l'hégire.)

Contenu : sourates II, 180 à 260; III, 192 et suiv.; IV, 1 à 91; V, 36 à 71; VI, 145 et suiv.; VII, 1 à 51.

3° (Fol. 40 à 46.) Grosse écriture coufique dont les hastes sont raccourcies et les traits horizontaux allongés; le *fâ* et le *qâf*, au milieu des mots, ont la forme circulaire et s'élèvent au-dessus de la ligne; seize lignes par page; sans traits diacritiques; les points-voyelles ont la forme d'un losange; les versets sont séparés par trois traits ⁓; un rond, grossièrement tracé à la plume et colorié, marque chaque groupe de dix versets; les lignes qui avaient été laissées en blanc pour les titres de chapitre ont été remplies plus tard à l'encre rouge. (Ms. du IIIe siècle de l'hégire.)

Contenu : sourates XLVII, 20 et suiv.; XLVIII; XLIX, 1 à 15.

Vélin. 46 feuillets. Hauteur, 19 centimètres et demi; largeur, 25 centimètres. — (Supplément 150 T.)

346.

Fragments de trois ou quatre exemplaires du Coran.

1° (Fol. 1 à 18.) Grande et belle écriture coufique; sept lignes par page; traits diacritiques fort rares; points-voyelles en or avec variantes en bleu ou en rouge; le *hamza* est indiqué par un point vert; une petite rosace en or sépare les versets; un *hâ* doré marque les groupes de cinq, et une rosace en or, bien dessinée et renfermant une lettre numérale, les groupes de dix versets; le titre d'une sourate (fol. 13 v°) en or, contemporain du texte, est placé entre deux baguettes, d'un dessin simple, en or; à la marge on voit un fleuron très-bien exécuté en or et en couleur. Quelques feuillets sont très-endommagés par l'humidité; sur d'autres, une main peu habile a repassé à l'encre plusieurs lignes dont les caractères commençaient à s'effacer. Au fol. 13 v° on trouve, en neskhi ancien, une note qui constate que le Coran dont ces feuillets faisaient partie avait été donné en *waqf* à la chapelle (مشهد) située en dehors de la ville de Tyr, par un personnage nommé al-Ḥasan al-Tonoûkhî, fils d'ʿAlî, fils d'Aḥmad, fils de Djaʿfar, fils d'abî Ḥarâm; la date du dépôt n'est pas mentionnée. (Ms. du IVe siècle de l'hégire.)

Contenu : sourates XLIX, 1 à 17; LII, 23 et suiv.; LIII, 1 à 34.

2° (Fol. 19 à 41.) Grande et belle écriture coufique; six lignes par page; sans marques diacritiques; points-voyelles en rouge; les versets sont séparés par de petites rosaces en or; un *hâ* doré marque les groupes de cinq versets, et une rosace bien exécutée, en or et en couleur, renfermant le nombre écrit en toutes lettres, les groupes de dix versets. (Ms. du IVe siècle de l'hégire.)

Contenu : sourates III, 129 à 133; XVI, 27 à 54; XVIII, 37 à 38; XLI, 37 à 45.

3° (Fol. 42 à 48.) Grande et belle écriture coufique ayant le même caractère que celle des feuillets précédents. Les deux fragments ont probablement fait partie du même volume. (Ms. du IVe siècle de l'hégire.)

Contenu : sourate XXXIII, 44 à 53.

4° (Fol. 49 à 137.) Grande et belle écriture coufique; cinq lignes par page; traits diacritiques contemporains du texte; points-voyelles à l'encre rouge; des rosaces assez bien dessinées, en or et en couleur, sur les marges du texte, indiquent les groupes de cinq et de dix versets; une petite rosace en or sépare les versets; les titres des sourates sont contemporains du texte et en lettres dorées (voyez fol. 73, 101, 127); à côté de chaque titre se trouve un fleuron ou arabesque d'une forme triangulaire, bien exécuté, en or et en couleur. Parmi ces fragments, on trouve la première sourate suivie immédiatement de la onzième, et plus loin la même sourate est suivie de la vingt-deuxième. M. Amari croit que ces feuillets appartenaient à des sections (جزء) différentes, et que la première sourate était reproduite en tête de chaque section. (Ms. de la fin du IVe siècle de l'hégire.)

Contenu : sourates II, 63 à 66; IV, 118, 136 à 139, 143 à 145; VI, 118, 119; VII, 51, 57, 58, 72, 73, 84, 85; IX, 47 à 61; I, 7; XI, 1 à 3; XII, 42 à 45, 67 à 72; XIII, 18, 19; XIV, 3 à 6, 11, 12, 46, 47; XVI, 2 à 6, 28 à 31, 126, 127; XIX, 22 à 32, 34, 36; XX, 4, 5; I, 2 et suiv.; XXI, 1 à 5, 85 à 87; XXII, 71, 72; XXVI, 25 à 28, 48 à 51; XLIX, 9, 16 à 18; LI, 21 à 30; LIX, 17 à 19; LX, 6 à 8; LXVIII, 7 et suiv.; LXIX, 1 à 44; LXXIX, 5 à 11.

Vélin. 137 feuillets. Hauteur, 21 centimètres; largeur, 27 centimètres et demi. — (Supplément 150 X.)

347.

Fragments de deux exemplaires du Coran.

1° (Fol. 1 à 51.) Très-belle écriture coufique de moyenne grandeur; cinq lignes par page; sans traits diacritiques; points-voyelles à l'encre rouge, avec variantes en couleur; le *hamza* est marqué par un point vert; quelques *teschdîd* de forme moderne sont indiqués à l'encre bleue; les versets sont séparés par de petites rosaces dorées, les groupes de cinq versets par une rosace en or et en couleur, renfermant le mot خمس, et les groupes

de dix versets par une rosace semblable, renfermant un nom de dizaine en toutes lettres; un ornement en forme d'étoile, très-bien dessiné sur la marge du fol. 22 v°, renferme le mot سجدة. Le feuillet qui contenait les versets 24 et 26 de la sourate XXXIX ayant disparu à une époque déjà ancienne, une main plus moderne les a reproduits en neskhi sur la marge supérieure du feuillet suivant. (Ms. du IVe siècle de l'hégire.)

Contenu : sourates XIX, 52 à 55, 77 à 80; XX, 108 à 120; XXIV, 14 à 21, 28 à 46; XXXVIII, 23 à 85; XXXIX, 1 à 28; XLIII, 59 à 62.

2° (Fol. 52, 52 *bis*, 52 *ter*, 53 à 97.) Belle écriture coufique; cinq lignes par page; points diacritiques, ajoutés par une autre main; points-voyelles en rouge avec variantes en vert; les versets sont séparés par un triangle en trèfle, composé de trois petits ronds dorés; les groupes de cinq versets se terminent par le *hâ* doré, et les groupes de dix versets par une rosace renfermant l'indication du nombre en toutes lettres; les titres des sourates, écrits en lettres d'or, se terminent par un fleuron qui se développe sur la marge (voy. fol. 65 et 93); le fleuron du feuillet 65 ressemble à une fleur de lys. En tête de ce même feuillet se trouvent quelques mots écrits en neskhi ancien, mais en grande partie effacés; on ne distingue avec certitude que ces mots : هذا الجزو حبس. (Ms. de la fin du IVe siècle de l'hégire.)

Contenu : sourates II, 180 à 183; III, 166 et suiv.; IV, 1 à 27; XI, 44 à 49; XXXVIII, 10 à 25, 36 et suiv.; XXXIX, 1 à 3; LV, 58 à 78.

Vélin. 99 feuillets. Hauteur, 15 centimètres et demi; largeur, 21 centimètres. — (Supplément 150 Y.)

348.

Fragments de dix exemplaires du Coran.

1° (Fol. 1 à 8.) Belle écriture coufique; six lignes par page; quelques traits diacritiques, contemporains du texte; points-voyelles; un point jaune indique le *hamza;* les versets sont séparés par une petite rosace dorée; les groupes de cinq versets se terminent par le *hâ* doré; les groupes de dix versets ne sont pas indiqués. (Ms. du IVe siècle de l'hégire.)

Contenu : sourate X, 22 à 31.

2° (Fol. 9 à 36.) Belle écriture coufique; sept lignes par page; quelques traits diacritiques, ajoutés par une autre main; le *qâf* est marqué d'un trait au-dessous de la ligne; points-voyelles en rouge; les versets ne sont pas séparés; le *hâ* doré marque les groupes de cinq versets, une rosace, renfermant un nom de dizaine en toutes lettres, les groupes de dix versets; le titre d'une sourate, (fol. 16) en lettres d'or, contemporain du texte, est placé entre deux baguettes historiées, avec un fleuron hors du cadre. (Ms. du IVe siècle de l'hégire.)

Contenu : sourates VII, 186 et suiv.; VIII, 1 à 26; XVI, 117 à 120; XVII, 7 à 12, 46 à 66, 70 à 72; XIX, 40 à 81; XXXIX, 8 à 28.

3° (Fol. 37 à 64.) Belle écriture coufique; six lignes par page; traits diacritiques ajoutés après coup; points-voyelles; les versets sont marqués par un fleuron en or, ayant la forme d'une pendeloque, les groupes de cinq versets par un *hâ* doré, et les groupes de dix versets par un cercle historié, renfermant le numéro du groupe en toutes lettres. (Ms. du IVe siècle de l'hégire.)

Contenu : sourate IX, 42 à 61.

4° (Fol. 65 à 76.) Belle écriture coufique; sept lignes par page; traits diacritiques ajoutés après coup; points-voyelles; de petits ronds jaunes séparent les versets; le *hâ* doré indique les groupes de cinq, et une rosace en or et en couleur, dans laquelle le nom de la dizaine est écrit en toutes lettres, les groupes de dix versets. (Ms. du IVe siècle de l'hégire.)

Contenu : sourates VIII, 26 à 28; X, 67 à 69; XI, 15 à 44.

5° (Fol. 77 à 126.) Belle écriture coufique; sept lignes par page; quelques rares traits diacritiques; points-voyelles; le *fatha* est en or; le *kesra* est indiqué par un point vert, le *dhamma* par un point rouge, et le *hamza* par un point bleu; les versets sont marqués par un rond en or, les groupes de cinq versets par un *hâ* en or et en couleur, de la forme d'une pendeloque, et les groupes de dix versets par une rosace cloisonnée en or et en couleur, portant le numéro du groupe en toutes lettres. (Ms. du IVe siècle de l'hégire.)

Contenu : sourates II, 66 à 106, 128 à 130; VII, 140 à 156; XXIV, 29 à 31; XXVII, 9 à 22, 28 à 107; XXVIII, 1 à 21.

6° (Fol. 126 à 142.) Belle écriture coufique; cinq lignes par page; l'encre, d'un noir très-foncé, a parfaitement résisté à l'humidité; sans signes diacritiques; points-voyelles en rouge avec variantes en jaune; le *soukoûn* en vert; chaque verset se termine par une petite rosace en or et en couleur; un cercle en or et en couleur, renfermant le mot خمس, placé à la marge, indique les groupes de cinq versets; une grande étoile en or et en couleur, renfermant le nom d'une dizaine en toutes lettres, marque les groupes de dix versets. (Ms. du IVe siècle de l'hégire.)

Contenu : sourate II, 160 à 167, 169 à 180.

7° (Fol. 143 à 152.) Belle écriture coufique; neuf

lignes par page; sans marques diacritiques; points-voyelles en rouge; un point vert indique le *hamza;* un titre de sourate, écrit en or, est contemporain du texte; en marge du titre, se trouve un fleuron en or; les versets ne sont pas séparés; le *hâ* doré marque les groupes de cinq versets, et une rosace en or et en couleur, portant le numéro écrit en toutes lettres, les groupes de dix versets. (Ms. du IVe siècle de l'hégire.)

Contenu : sourates II, 95 et suiv.; XIII, 1 à 17.

8°.(Fol. 153 à 157.) Belle écriture coufique; huit lignes par page; sans traits diacritiques; points-voyelles en rouge; les versets sont séparés par un petit fleuron en or; les groupes de cinq et de dix versets sont marqués de la même manière que dans le fragment précédent. (Ms. du IVe siècle de l'hégire.)

Contenu : sourate XXX, 4 à 37.

9° (Fol. 158 à 160.) Écriture coufique; cinq lignes par page; sans points-voyelles; quelques rares points diacritiques; les versets ne sont pas séparés. (Ms. du IVe siècle de l'hégire.)

Contenu : sourate XXII, 5 à 7, 18 à 20.

10° (Fol. 161.) Belle écriture coufique; sept lignes par page; sans points diacritiques; points-voyelles en rouge avec variantes en jaune; un point vert désigne le *hamza;* en marge, une étoile bien exécutée, en or et en couleur, renfermant le nom d'une dizaine en toutes lettres, marque la fin d'un groupe de dix versets; un rond en or sépare les versets. (Ms. du IVe siècle de l'hégire.)

Contenu : sourate XI, 31 à 33.

Vélin. 161 feuillets. Hauteur, 19 centimètres et demi; largeur, 25 centimètres et demi. — (Supplément 150 Z.)

349.

Fragments de six exemplaires du Coran.

1° (Fol. 1 à 26.) Belle écriture coufique; dix lignes par page; les points diacritiques ont été ajoutés à une époque relativement récente; points-voyelles en rouge; les points verts représentent les *hamza;* les versets ne sont pas séparés; un *hâ* doré indique les groupes de cinq versets, et une grosse étoile, en or et en couleur, renfermant un numéro de dizaine, les groupes de dix versets; ces étoiles se trouvent tantôt dans le texte, tantôt à la marge; titre de sourate en or, avec fleuron triangulaire en marge. (Ms. du IVe siècle de l'hégire.)

Contenu : sourates VIII, 19 à 26, 32 à 38, 59 à 65, 71 à 74; IX, 3 à 38, 42 à 48, 81 à 91; XXI, 57 à 73, 109 et suiv.; XXII, 1 à 20, 25 à 35, 39 à 53.

2° (Fol. 27 à 66.) Écriture coufique; seize lignes par page; quelques traits diacritiques et un grand nombre de points diacritiques ajoutés après coup; les versets sont séparés par un signe de cette forme ٧; les groupes de cinq et de dix versets sont indiqués par une lettre numérale, insérée dans un carré; les titres de chapitres, en lettres d'or, sont contemporains du texte. (Ms. du IVe siècle de l'hégire.)

Contenu : sourates VI, 16 à 28; VII, 143 à 154; XLV, 3 à 16; LXIV, 14 et suiv.; LXV à CXI.

3° (Fol. 67 à 71.) Grosse et belle écriture coufique; sept lignes par page; quelques traits diacritiques; points-voyelles à l'encre rouge; une rosace en or termine chaque verset; des étoiles en or et en couleur, renfermant, les unes le mot خمس, les autres le mot عشر, se trouvent sur les marges, et indiquent les groupes de cinq et de dix versets. (Ms. du IVe siècle de l'hégire.)

Contenu : sourate II, 139 à 141, 159 à 160, 165 à 169, 172 à 174.

4° (Fol. 72 à 73, 73 *bis* à 85, 85 *bis* à 102.) Grande et belle écriture coufique; cinq lignes par page; quelques traits diacritiques; points-voyelles; des rosaces historiées indiquent les divisions du texte; les versets sont séparés par des rosaces dorées; de grands ronds historiés, renfermant, les uns le mot خمس, les autres le nom de la dizaine, indiquent les groupes de cinq et de dix versets. (Ms. de la fin du IIIe siècle de l'hégire.)

Contenu : sourates II, 250 à 252; III, 86 à 90, 94 à 96, 98 et 99; IV, 21 et 22; V, 45; IX, 102 à 106; XII, 110 et 111; XIII, 7 et 8; XXIV, 22 à 28; XXV, 37 à 39, 55 et 56; XXXIV, 22 à 28; XXXV, 6 et 7, 34 à 37; XXXVI, 2 à 6; XLIX, 1 à 10; L, 13 à 15.

5° (Fol. 103 à 118.) Grosse écriture coufique; six lignes par page; quelques traits diacritiques; points-voyelles; les *hamza* sont indiqués par des points jaunes ou par de petits traits horizontaux rouges, accompagnés d'un point bleu; les versets sont séparés par une petite rosace en or; quelques *teschdîd* en rouge; des étoiles placées sur la marge indiquent les groupes de cinq et de dix versets. (Ms. du IVe siècle de l'hégire.)

Contenu : sourates XXI, 19 à 22, 43 à 60; XLI, 24 à 42.

6° (Fol. 119 à 136.) Petite écriture coufique; quinze lignes par page; les lignes sont très-rapprochées, tandis que les groupes de lettres ainsi que les lettres isolées sont bien séparés; points-voyelles; un trait rouge indique le *hamza;* chaque verset est suivi d'une petite rosace dorée; des rosaces dorées indiquent également les groupes de cinq et de dix versets; les sections du Coran sont